VADE MECUM DE JURISPRUDÊNCIA STF STJ

4.000 DECISÕES CLASSIFICADAS

3 ANOS DE INFORMATIVOS + SÉRIE HISTÓRICA DE SÚMULAS

Informativos publicados até 02/01/15

CB045385

Wander Garcia
Coordenador

2015
6ª EDIÇÃO

VADE MECUM DE JURISPRUDÊNCIA STF STJ

4.000 DECISÕES CLASSIFICADAS
3 ANOS DE INFORMATIVOS + SÉRIE HISTÓRICA DE SÚMULAS

Informativos publicados até 02/01/15

30 DISCIPLINAS

CRIMINAL	PÚBLICO	DIFUSOS	CIVIL
Penal	Constitucional	P. Coletivo	Civil
Processo Penal	Administrativo	Consumidor	Processo Civil
Penal Militar	Tributário	Ambiental	Empresarial
P. Penal Militar	Financeiro	ECA	Agrário
INTERNACIONAL	Econômico	Improbidade	**TRABALHO**
Intern. Privado	Urbanístico	Idoso	Trabalho
Intern. Público	Eleitoral	Deficiente	P. do Trabalho
Humanos	Previdenciário	Educacional	
	Leis de carreiras	Sanitário	

EDITORA FOCO

2015 © Editora Foco

Coordenadores: Wander Garcia
Organizadores: Wander Garcia, Ana Paula Garcia, Bruna Vieira, Eduardo Dompieri, Gabriela Rodrigues, Renan Flumian, Robinson Barreirinhas
Editor: Márcio Dompieri
Gerente Editorial: Paula Tseng
Equipe Editora Foco: Erica Coutinho, Georgia Dias e Ivo Shigueru Tomita
Capa: R2 Editorial
Projeto gráfico e diagramação: R2 Editorial
Impressão miolo e acabamento:

Dados Internacionais de Catalogação na Publicação (CIP)
(Câmara Brasileira do Livro, SP, Brasil)

Vade Mecum de jurisprudência STF e STJ : 4.000 decisões classificadas / Wander Garcia, coordenador . -- 6. ed. -- Indaiatuba, SP : Editora Foco Jurídico, 2015. -- (Coleção Vade Mecum)

1. Direito - Brasil 2. Direito - Manuais 3. Manuais, vademécuns etc. I. Garcia, Wander. II. Série.

ISBN: 978-85-8242-124-6

15-00064   CDU-34(81)(02)

Índices para Catálogo Sistemático:
1. Direito : Brasil : Vademécuns 34(81)(02)
2. Vademécuns : Direito : Brasil 34(81)(02)

Impresso no Brasil (01.2015)
Data de Fechamento (12.2014)

Direitos autorais: É proibida a reprodução parcial ou total desta publicação, por qualquer forma ou meio, sem a prévia autorização da Editora Foco, com exceção do teor das questões de concursos públicos que, por serem atos oficiais, não são protegidas como direitos autorais, na forma do Artigo 8º, IV, da Lei 9.610/1998. Referida vedação se estende às características gráficas da obra e sua editoração. A punição para a violação dos Direitos Autorais é crime previsto no Artigo 184 do Código Penal e as sanções civis às violações dos Direitos Autorais estão previstas nos Artigos 101 a 110 da Lei 9.610/1998.

Atualizações e erratas: A presente obra é vendida como está, sem garantia de atualização futura. Porém, atualizações voluntárias e erratas são disponibilizadas no site www.editorafoco.com.br, na seção *Atualizações*. Esforçamo-nos ao máximo para entregar ao leitor uma obra com a melhor qualidade possível e sem erros técnicos ou de conteúdo. No entanto, nem sempre isso ocorre, seja por motivo de alteração de software, interpretação ou falhas de diagramação e revisão. Sendo assim, disponibilizamos em nosso site a seção mencionada (*Atualizações*), na qual relataremos, com a devida correção, os erros encontrados na obra. Solicitamos, outrossim, que o leitor faça a gentileza de colaborar com a perfeição da obra, comunicando eventual erro encontrado por meio de mensagem para contato@editorafoco.com.br.

2015
Todos os direitos reservados à
Editora Foco Jurídico Ltda
Al. Júpiter 578 – Galpão 01 – American Park Distrito Industrial
CEP 13347-653 – Indaiatuba – SP
E-mail: contato@editorafoco.com.br

www.editorafoco.com.br

APRESENTAÇÃO

A jurisprudência nunca foi tão importante para os profissionais, estudantes universitários, examinandos de concursos públicos e exame de ordem, e jurisdicionados em geral.

Foi-se o tempo em que bastava que conhecêssemos a lei e a doutrina.

Estamos na era do ativismo judicial, das decisões vinculantes e da disseminação da informação produzida pelos Tribunais pela revolução tecnológica e de acesso à informação.

Isso fez com que todos nós tivéssemos que nos atualizar constantemente e ainda mais em relação às principais decisões jurisprudenciais produzidas pelos Tribunais Superiores.

Nesse sentido, criamos uma obra com informativos do STF e do STJ dos últimos três anos, mais as principais súmulas da série histórica desses dois tribunais.

Escolheu-se trabalhar com Informativos e Súmulas na presente obra, para que tivéssemos a garantia de que estamos oferecendo ao leitor, o conhecimento das decisões jurisprudenciais mais importantes do País.

Não bastasse, todas as decisões colacionadas na presente obra vêm classificadas didaticamente segundo a forma mais interessante para que o leitor possa encontrar os temas de sua preferência.

Aos profissionais, recomendamos procurar decisões sobre os temas de interesse a partir do índice da obra.

Aos estudantes universitários e examinandos de concursos públicos e exames de ordem, recomendamos que leiam a obra da seguinte forma: após estudar determinado ponto do Direito por meio de aulas, livros doutrinários ou repositórios legais, busque o mesmo ponto no índice desta obra e faça a devida leitura com vistas à atualização jurisprudencial. Em seguida, recomendamos também, que o leitor resolva questões de provas anteriores.

A presente obra foi coordenada e organizada por professores com grande experiência acadêmica e profissional, que tomaram todo o cuidado para classificar as decisões não só com o maior número possível de disciplinas, temas e subtemas, como também para inserir essas informações de forma organizada, obedecendo, em cada item, a uma ordem de tribunais (primeiro decisões do STF e depois do STJ), de tipo de decisão (primeiro decisões comuns e depois súmulas) e de data da decisão (primeiros as mais recentes).

Tudo sem contar o enorme custo-benefício de juntar tanto conteúdo num volume apenas, reduzindo custos e gasto de papel, de modo a gerar para o consumidor economia, respeito ao meio ambiente e praticidade.

Estudando pelo livro você certamente estará muito mais preparado para enfrentar os desafios profissionais, bem como os desafios das provas e exames.

Boa leitura e sucesso!

SUMÁRIO

1. DIREITO CIVIL 17

1. PARTE GERAL 17
    1.1. PESSOAS NATURAIS E DIREITOS DA PERSONALIDADE 17
    1.2. PESSOAS JURÍDICAS E DESCONSIDERAÇÃO DA PERSONALIDADE 18
    1.3. FATOS JURÍDICOS 18
    1.4. PRESCRIÇÃO E DECADÊNCIA 20
2. OBRIGAÇÕES 24
3. CONTRATOS 26
    3.1. PRINCÍPIOS CONTRATUAIS 26
    3.2. CONTRATOS EM GERAL 27
    3.3. COMPRA E VENDA E COMPROMISSO DE COMPRA E VENDA 27
    3.4. LOCAÇÃO 30
    3.5. MÚTUO 32
    3.6. DEPÓSITO 33
    3.7. MANDATO 33
    3.8. CORRETAGEM 34
    3.9. TRANSPORTE 34
    3.10. SEGURO DE DANO 34
    3.11. SEGURO DE PESSOA 36
    3.12. DPVAT 37
    3.13. FIANÇA 41
    3.14. SEGURO E PLANO DE SAÚDE 41
    3.15. PREVIDÊNCIA PRIVADA 42
    3.16. TELEFONIA 44
    3.17. OUTROS CONTRATOS 45
4. RESPONSABILIDADE CIVIL 47
    4.1. RESPONSABILIDADE PELO FATO DE TERCEIRO 47
    4.2. RESPONSABILIDADE POR CONDUTA MÉDICA 48
    4.3. RESPONSABILIDADE POR CONDUTA DE ADVOGADO 48
    4.4. RESPONSABILIDADE DO CONDOMÍNIO 48
    4.5. RESPONSABILIDADE DE INSTITUIÇÕES FINANCEIRAS 49
    4.6. ACIDENTE DE VEÍCULO 49
    4.7. RESPONSABILIDADE DO TRANSPORTADOR 50
    4.8. RESPONSABILIDADE DO ESTACIONAMENTO (DEPÓSITO) 51
    4.9. RESPONSABILIDADE PELA VIOLAÇÃO AO DIREITO DE IMAGEM 51
    4.10. RESPONSABILIDADE POR COBRANÇA INDEVIDA 55
    4.11. RESPONSABILIDADE POR QUESTÕES DE ORDEM FAMILIAR 55
    4.12. RESPONSABILIDADE POR OUTRAS CAUSAS 57
    4.13. INDENIZAÇÃO 59
        4.13.1. SUJEITOS ATIVOS DO DIREITO À INDENIZAÇÃO 59
        4.13.2. DANO MORAL 59
        4.13.3. DANOS MATERIAIS EM GERAL 61

- 4.13.4. PENSÃO 61
- 4.13.5. JUROS E CORREÇÃO MONETÁRIA 62
5. COISAS 62
    - 5.1. POSSE E PROPRIEDADE 62
    - 5.2. CONDOMÍNIO 63
    - 5.3. DIREITOS REAIS SOBRE COISA ALHEIA 63
6. FAMÍLIA 64
    - 6.1. CASAMENTO 64
        - 6.1.1. REGIME DE BENS 64
        - 6.1.2. SEPARAÇÃO E DIVÓRCIO 64
    - 6.2. UNIÃO ESTÁVEL 65
    - 6.3. PODER FAMILIAR, ADOÇÃO, TUTELA E GUARDA 66
    - 6.4. ALIMENTOS 66
    - 6.5. PATERNIDADE E FILIAÇÃO 68
    - 6.6. BEM DE FAMÍLIA 70
7. SUCESSÕES 72
8. DIREITOS AUTORAIS 75
9. NORMAS DE DIREITO INTERTEMPORAL 75
10. DIREITOS AUTORAIS 75

2. DIREITO PROCESSUAL CIVIL — 79

1. PRINCÍPIOS DO PROCESSO CIVIL 79
2. PARTES, PROCURADORES, MINISTÉRIO PÚBLICO E JUIZ 79
3. ATOS PROCESSUAIS 81
4. LITISCONSÓRCIO, ASSISTÊNCIA E INTERVENÇÃO DE TERCEIROS 83
5. COMPETÊNCIA E CONFLITO DE COMPETÊNCIA. CONEXÃO. CONTINÊNCIA. 86
6. COMPETÊNCIA GERAL E INTERNA DO STJ E DO STF 96
7. PRESSUPOSTOS PROCESSUAIS E CONDIÇÕES DA AÇÃO 97
8. TUTELA ANTECIPADA E LIMINAR EM CAUTELAR 100
9. PROCESSO DE CONHECIMENTO 101
10. SENTENÇA, CUMPRIMENTO DE SENTENÇA, COISA JULGADA E AÇÕES ANULATÓRIA E RESCISÓRIA 105
    - 10.1. SENTENÇA 105
    - 10.2. SUCUMBÊNCIA. HONORÁRIOS, CUSTAS E DESPESAS PROCESSUAIS 107
    - 10.3. CUMPRIMENTO DE SENTENÇA 109
    - 10.4. COISA JULGADA 111
    - 10.5. LIQUIDAÇÃO DE SENTENÇA 113
    - 10.6. AÇÕES ANULATÓRIA E RESCISÓRIA 114
    - 10.7. *ASTREINTES* 119
    - 10.8. SENTENÇA ESTRANGEIRA 121
11. RECURSOS 121
    - 11.1. PRESSUPOSTOS GERAIS E PRINCÍPIOS 121
    - 11.2. AGRAVO 125
    - 11.3. APELAÇÃO 127
    - 11.4. EMBARGOS DE DECLARAÇÃO 128
    - 11.5. EMBARGOS INFRINGENTES E EMBARGOS DE DIVERGÊNCIA 130
    - 11.6. RECURSO ESPECIAL 132
    - 11.7. RECURSO EXTRAORDINÁRIO 136
    - 11.8. TEMAS COMBINADOS DE RECURSOS 141
12. REPERCUSSÃO GERAL 142
13. EXECUÇÃO 144
    - 13.1. EXECUÇÃO EM GERAL 144

13.2. ESPÉCIES DE EXECUÇÃO 146
13.3. PENHORA E EXPROPRIAÇÃO DE BENS 149
13.4. EMBARGOS DO DEVEDOR E EXCEÇÃO DE PRÉ-EXECUTIVIDADE 156
14. CAUTELAR 158
15. PROCEDIMENTOS ESPECIAIS 160
15.1. POSSESSÓRIAS E PETITÓRIAS 160
15.2. CONSIGNAÇÃO 161
15.3. MONITÓRIA 161
15.4. EMBARGOS DE TERCEIRO 161
15.5. INVENTÁRIO 162
15.6. SEPARAÇÃO, DIVÓRCIO E DISSOLUÇÃO DE SOCIEDADE DE FATO 162
15.7. INVESTIGAÇÃO DE PATERNIDADE E ALIMENTOS 162
15.8. USUCAPIÃO 165
15.9. OUTRAS AÇÕES DE PROCEDIMENTO ESPECIAL 166
16. JUIZADO ESPECIAL 167
17. MANDADO DE SEGURANÇA 168
18. RECLAMAÇÃO 171
19. OUTROS TEMAS E TEMAS COMBINADOS 173

3. DIREITO PENAL — 175

1. CONCEITO, FONTES E PRINCÍPIOS 175
2. APLICAÇÃO DA LEI NO TEMPO E NO ESPAÇO 185
3. TEORIA DO CRIME 185
4. AUTORIA E CONCURSO DE PESSOAS 187
5. PENA, MEDIDA DE SEGURANÇA, CONCURSO DE CRIMES E AÇÃO PENAL 187
6. EXTINÇÃO DA PUNIBILIDADE – PRESCRIÇÃO 197
7. CRIMES CONTRA A PESSOA 203
8. CRIMES CONTRA O PATRIMÔNIO 205
9. CRIMES CONTRA A DIGNIDADE SEXUAL 210
10. CRIMES CONTRA A FÉ PÚBLICA 211
11. CRIMES CONTRA A ADMINISTRAÇÃO PÚBLICA E AS FINANÇAS PÚBLICAS 213
12. OUTROS CRIMES DO CÓDIGO PENAL 228
13. CRIMES RELATIVOS A DROGAS E ASPECTOS CORRELATOS 228
14. CRIMES CONTRA O MEIO AMBIENTE 236
15. CRIMES CONTRA A ORDEM TRIBUTÁRIA, A ORDEM ECONÔMICA E CONTRA O SISTEMA FINANCEIRO NACIONAL 236
16. CRIMES DE TRÂNSITO 239
17. ESTATUTO DO DESARMAMENTO E LEGISLAÇÃO CORRELATA 239
18. CRIMES RELATIVOS À LICITAÇÃO 244
19. VIOLÊNCIA DOMÉSTICA 245
20. OUTROS CRIMES PREVISTOS EM LEGISLAÇÃO EXTRAVAGANTE 245

4. DIREITO PROCESSUAL PENAL — 249

1. FONTES, PRINCÍPIOS GERAIS, EFICÁCIA DA LEI PROCESSUAL NO TEMPO E NO ESPAÇO E INTERPRETAÇÃO 249
2. INQUÉRITO POLICIAL E OUTRAS FORMAS DE INVESTIGAÇÃO 251
3. AÇÃO PENAL E AÇÃO CIVIL 254
4. JURISDIÇÃO E COMPETÊNCIA; CONEXÃO E CONTINÊNCIA 261
5. PROVA 275
6. SUJEITOS PROCESSUAIS 283
7. CITAÇÃO, INTIMAÇÃO E PRAZOS 285

8. PRISÃO, MEDIDAS CAUTELARES E LIBERDADE PROVISÓRIA 288
9. PROCESSOS E PROCEDIMENTOS 298
10. PROCESSO DOS CRIMES DA COMPETÊNCIA DO JÚRI 300
11. JUIZADOS ESPECIAIS 305
12. SENTENÇA, PRECLUSÃO E COISA JULGADA 307
13. NULIDADES 310
14. RECURSOS 320
15. *HABEAS CORPUS*, MANDADO DE SEGURANÇA E REVISÃO CRIMINAL 334
16. EXECUÇÃO PENAL 348
17. LEI MARIA DA PENHA – ASPECTOS PROCESSUAIS 358
18. LEGISLAÇÃO EXTRAVAGANTE 360

5. DIREITO CONSTITUCIONAL — 363

1. DIREITOS E DEVERES INDIVIDUAIS E COLETIVOS 363
2. DIREITOS SOCIAIS 369
3. DIREITOS POLÍTICOS E NACIONALIDADE 369
4. ORGANIZAÇÃO DO ESTADO EM GERAL E COMPETÊNCIA LEGISLATIVA 373
5. ADMINISTRAÇÃO PÚBLICA 383
6. PODER LEGISLATIVO 385
   6.1. PODER LEGISLATIVO EM GERAL 385
   6.2. PROCESSO LEGISLATIVO EM GERAL E INICIATIVA LEGISLATIVA 386
   6.3. FISCALIZAÇÃO CONTÁBIL, FINANCEIRA E ORÇAMENTÁRIA 394
7. PODER EXECUTIVO 398
8. PODER JUDICIÁRIO 399
   8.1. EM GERAL 399
   8.2. SUPREMO TRIBUNAL FEDERAL 400
   8.3. SUPERIOR TRIBUNAL DE JUSTIÇA 402
   8.4. TRIBUNAIS REGIONAIS FEDERAIS E JUÍZES FEDERAIS 402
   8.5. TRIBUNAIS E JUÍZES DO TRABALHO 402
   8.6. TRIBUNAIS E JUÍZES ESTADUAIS 402
   8.7. CONSELHO NACIONAL DE JUSTIÇA 403
9. RECLAMAÇÃO 407
10. CONTROLE DE CONSTITUCIONALIDADE 410
11. MINISTÉRIO PÚBLICO 412
12. ADVOCACIA E DEFENSORIA PÚBLICA 415
13. DEFESA DO ESTADO E DAS INSTITUIÇÕES DEMOCRÁTICAS 416
14. TRIBUTAÇÃO E ORÇAMENTO 417
15. ORDEM ECONÔMICA 418
16. ORDEM SOCIAL 418
17. DISPOSIÇÕES CONSTITUCIONAIS GERAIS 421
18. ATO DAS DISPOSIÇÕES CONSTITUCIONAIS TRANSITÓRIAS 421
19. OUTRAS MATÉRIAS E DECISÕES DE CONTEÚDOS VARIADOS 422

6. DIREITO ADMINISTRATIVO — 423

1. PRINCÍPIOS ADMINISTRATIVOS 423
2. PODERES ADMINISTRATIVOS 426
3. ATOS ADMINISTRATIVOS 426
4. ESTRUTURA DA ADMINISTRAÇÃO E ENTIDADES PARAESTATAIS 428
5. AGENTES PÚBLICOS 430
   5.1. REGIME JURÍDICO E ESPÉCIES DE VÍNCULOS 430

  5.2. CONCURSO PÚBLICO 433
    5.2.1. CONTRATAÇÃO TEMPORÁRIA DE EXCEPCIONAL INTERESSE PÚBLICO 455
  5.3. ESTÁGIO PROBATÓRIO, ESTABILIDADE, VITALICIEDADE E VACÂNCIA..................................458
  5.4. REMUNERAÇÃO 460
  5.5. APOSENTADORIA E PENSÃO 473
  5.6. ACUMULAÇÃO REMUNERATÓRIA..483
  5.7. OUTROS DIREITOS DOS AGENTES PÚBLICOS 485
  5.8. INFRAÇÃO E PROCESSO DISCIPLINAR 489
6. RESPONSABILIDADE DO ESTADO 495
7. BENS PÚBLICOS 502
8. INTERVENÇÃO NA PROPRIEDADE 504
  8.1. DESAPROPRIAÇÃO...504
  8.2. SERVIDÃO ADMINISTRATIVA...506
  8.3. TOMBAMENTO 506
  8.4. LIMITAÇÃO ADMINISTRATIVA E OCUPAÇÃO 506
9. TRÂNSITO 506
10. CONSELHOS PROFISSIONAIS 507
11. LICITAÇÃO 509
12. CONTRATOS ADMINISTRATIVOS 511
13. SERVIÇOS PÚBLICOS 512
14. PROCESSO ADMINISTRATIVO 515
15. PRESCRIÇÃO...517
16. CONTROLE INTERNO E PELO TRIBUNAL DE CONTAS...519
17. CONTROLE JURISDICIONAL DE POLÍTICAS PÚBLICAS E DIREITOS SOCIAIS 522
18. PROCESSO CIVIL EM GERAL APLICADO À FAZENDA PÚBLICA...524
19. MANDADO DE SEGURANÇA 526
20. OUTROS TEMAS DE DIREITO ADMINISTRATIVO 528

7. DIREITO TRIBUTÁRIO   535

1. PRINCÍPIOS E DIREITOS DOS CONTRIBUINTES 535
2. IMUNIDADES 535
3. LEGISLAÇÃO, FONTES E HIERARQUIA..546
4. FATO GERADOR, OBRIGAÇÃO, LANÇAMENTO E CRÉDITO 546
5. SUJEIÇÃO PASSIVA, RESPONSABILIDADE E DENÚNCIA ESPONTÂNEA 549
6. SUSPENSÃO, EXTINÇÃO E EXCLUSÃO DO CRÉDITO..549
7. IMPOSTOS EM ESPÉCIE 552
  7.1. IMPOSTO DE IMPORTAÇÃO E IMPOSTO DE EXPORTAÇÃO 552
  7.2. IMPOSTO DE RENDA..552
  7.3. IPI..558
  7.4. ITR...562
  7.5. IOF 562
  7.6. ICMS 562
    7.6.1. ICMS: INCIDÊNCIA, CONFLITOS DE COMPETÊNCIA...562
    7.6.2. ICMS: NÃO INCIDÊNCIA 562
    7.6.3. ICMS: IMUNIDADES..563
    7.6.4. ALÍQUOTAS E BASE DE CÁLCULO 563
    7.6.5. ICMS: NÃO CUMULATIVIDADE, CRÉDITO 564
    7.6.6. SUJEIÇÃO PASSIVA, RESPONSABILIDADE, SUBSTITUIÇÃO TRIBUTÁRIA 565
    7.6.7. ICMS: TELECOMUNICAÇÕES 565
    7.6.8. ICMS: ENERGIA ELÉTRICA E COMBUSTÍVEIS 566

       7.6.9. ICMS: IMPORTAÇÃO, *LEASING* INTERNACIONAL..567
       7.6.10. ICMS: DISTRIBUIÇÃO DA RECEITA, VALOR ADICIONADO...571
       7.6.11. ICMS: RESTITUIÇÃO, COMPENSAÇÃO, CREDITAMENTO..571
       7.6.12. ICMS: OUTRAS MATÉRIAS...574
   7.7. ITCMD...578
   7.8. IPTU..578
   7.9. ISS...579
   7.10. ITBI..581
8. CONTRIBUIÇÕES EM ESPÉCIE..581
   8.1. PIS, PASEP, COFINS E FINSOCIAL...581
   8.2. CSLL...587
   8.3. CONTRIBUIÇÕES AO REGIME GERAL DE PREVIDÊNCIA SOCIAL 589
   8.4. CONTRIBUIÇÕES PARA REGIMES PRÓPRIOS DE SERVIDORES, FUNDOS DE SAÚDE 593
   8.5. CPMF..594
   8.6. OUTRAS CONTRIBUIÇÕES 594
9. TAXAS 594
10. EMPRÉSTIMOS COMPULSÓRIOS...596
11. CONTRIBUIÇÃO DE MELHORIA..596
12. ADMINISTRAÇÃO TRIBUTÁRIA, FISCALIZAÇÃO, CERTIDÕES, DÍVIDA ATIVA, CADIN 596
13. AÇÕES TRIBUTÁRIAS, PROCESSUAL TRIBUTÁRIO..600
   13.1. EXECUÇÃO FISCAL: CITAÇÃO, COMPETÊNCIA, PENHORA, FIANÇA, DEPÓSITO, SUBSTITUIÇÃO,
       REFORÇO, LEVANTAMENTO..600
   13.2. EXECUÇÃO FISCAL: REDIRECIONAMENTO, RESPONSABILIDADE 603
   13.3. EXECUÇÃO FISCAL: PRESCRIÇÃO, PRAZOS 604
   13.4. EXECUÇÃO FISCAL: CDA 605
   13.5. EXECUÇÃO FISCAL: EMBARGOS E EXCEÇÃO DE PRÉ-EXECUTIVIDADE 605
   13.6. EXECUÇÃO FISCAL: OUTROS TEMAS...606
   13.7. MANDADO DE SEGURANÇA 608
   13.8. REPETIÇÃO, COMPENSAÇÃO, ANULATÓRIA, DECLARATÓRIA 608
   13.9. OUTROS TEMAS DE PROCESSO TRIBUTÁRIO 609
14. PROGRAMAS DE PARCELAMENTO, REFIS, PAES 610
15. SISTEMAS SIMPLIFICADOS DE TRIBUTAÇÃO, SIMPLES..612
16. ÍNDICES, SELIC...613
17. CRIMES TRIBUTÁRIOS 614
18. OUTRAS MATÉRIAS 615

8. DIREITO EMPRESARIAL — 617

1. INSCRIÇÃO E REGISTRO PÚBLICO..617
2. DESCONSIDERAÇÃO DA PERSONALIDADE 617
3. SOCIEDADE ANÔNIMA...617
4. SOCIEDADE COOPERATIVA..620
5. FALÊNCIA 620
   5.1. FALÊNCIA: COMPETÊNCIA JURISDICIONAL..620
   5.2. FALÊNCIA: PRESSUPOSTOS, REQUERIMENTO, DEPÓSITO ELISIVO 621
   5.3. FALÊNCIA: CRÉDITOS, HABILITAÇÃO, PREFERÊNCIAS, EXTRACONCURSAIS, RESTITUIÇÃO.........622
   5.4. FALÊNCIA: PROCESSO..624
   5.5. FALÊNCIA: OUTROS TEMAS 624
6. RECUPERAÇÃO JUDICIAL E EXTRAJUDICIAL...625
7. CONTRATOS EMPRESARIAIS..628
   7.1. ALIENAÇÃO FIDUCIÁRIA..628

7.2.	*LEASING*	629
7.3.	CONSÓRCIO	629
7.4.	MÚTUO	629
7.5.	FIANÇA BANCÁRIA	630
7.6.	DISTRIBUIÇÃO, REPRESENTAÇÃO E CONCESSÃO COMERCIAL	630
7.7.	OUTROS CONTRATOS EMPRESARIAIS	631
8.	TÍTULOS DE CRÉDITO	632
8.1.	ASPECTOS GERAIS	632
8.2.	NOTA PROMISSÓRIA E LETRA DE CÂMBIO	633
8.3.	CHEQUE	633
8.4.	DUPLICATA	634
8.5.	CÉDULA DE CRÉDITO RURAL, CÉDULA DE PRODUTO RURAL	634
8.6.	CÉDULAS DE CRÉDITO COMERCIAL E INDUSTRIAL	635
9.	PROPRIEDADE INDUSTRIAL	635
9.1.	MARCA	635
9.2.	PATENTE	638
10.	AÇÕES, PROCESSO CIVIL	639
11.	OUTROS TEMAS DE DIREITO EMPRESARIAL	639

9. DIREITO DO TRABALHO — 641

1. CONTRATO DE TRABALHO — 641
2. JORNADA DE TRABALHO — 641
3. RESCISÃO DO CONTRATO DE TRABALHO — 642
4. SINDICATO E CIPA — 643
5. ACIDENTE DE TRABALHO — 643
6. FGTS — 643

10. DIREITO PROCESSUAL DO TRABALHO — 647

1. COMPETÊNCIA — 647
2. PROCEDIMENTOS, SENTENÇA, RECURSOS E EXECUÇÃO — 649

11. DIREITO DO CONSUMIDOR — 651

1. CONCEITO DE CONSUMIDOR E RELAÇÃO DE CONSUMO — 651
2. PRINCÍPIOS E DIREITOS BÁSICOS — 654
3. RESPONSABILIDADE PELO FATO DO PRODUTO OU DO SERVIÇO — 656
4. RESPONSABILIDADE POR VÍCIO DO PRODUTO OU DO SERVIÇO — 661
5. PRÁTICAS COMERCIAIS — 663
6. PROTEÇÃO CONTRATUAL — 665
7. DEFESA DO CONSUMIDOR EM JUÍZO — 670

12. DIREITO AMBIENTAL — 675

1. PATRIMÔNIO CULTURAL BRASILEIRO — 675
2. PROTEÇÃO DA FLORA — 675
3. COMPETÊNCIA EM MATÉRIA AMBIENTAL — 675
4. DEFESA DO MEIO AMBIENTE EM JUÍZO — 676
5. PROTEÇÃO DA FAUNA — 676
6. RESPONSABILIDADE CIVIL AMBIENTAL — 676
7. RESPONSABILIDADE ADMINISTRATIVA AMBIENTAL — 679
8. RESPONSABILIDADE PENAL AMBIENTAL — 680

13. DIREITO DA CRIANÇA E DO ADOLESCENTE — 681

1. PRINCÍPIOS 681
2. DIREITO À CONVIVÊNCIA FAMILIAR 681
3. PREVENÇÃO 682
4. MEDIDAS SOCIOEDUCATIVAS E ATO INFRACIONAL – DIREITO MATERIAL 683
5. ATO INFRACIONAL – DIREITO PROCESSUAL 684
6. ACESSO À JUSTIÇA E MINISTÉRIO PÚBLICO 684
7. CRIMES 685

14. DIREITO DO IDOSO — 689

1. PREVIDÊNCIA E ASSISTÊNCIA SOCIAL 689
2. ENTIDADES DE ATENDIMENTO AO IDOSO 691
3. REAJUSTE DE SEGURO E PLANO DE SAÚDE 691
4. OUTROS DIREITOS DO IDOSO 692

15. DIREITO DA PESSOA COM DEFICIÊNCIA — 693

16. DIREITO SANITÁRIO — 695

1. O DIREITO À SAÚDE NA ORDEM CONSTITUCIONAL 695
2. VIGILÂNCIA SANITÁRIA 697
3. PLANO DE SAÚDE 697
4. RESPONSABILIDADE DOS PROFISSIONAIS DA SAÚDE 699
5. CRIMES CONTRA A SAÚDE PÚBLICA 699
6. SISTEMA ÚNICO DE SAÚDE (SUS) 699

17. DIREITO URBANÍSTICO — 701

18. DIREITO DA IMPROBIDADE ADMINISTRATIVA — 703

1. SUJEITOS E MODALIDADES DE IMPROBIDADE 703
2. SANÇÕES DE IMPROBIDADE ADMINISTRATIVA 705
3. INDISPONIBILIDADE DE BENS 705
4. QUESTÕES PROCESSUAIS E PRESCRIÇÃO 706

19. DIREITOS HUMANOS — 711

20. DIREITO PROCESSUAL COLETIVO — 715

1. COMPETÊNCIA, CONEXÃO, CONTINÊNCIA E LITISPENDÊNCIA 715
2. LEGITIMAÇÃO, LEGITIMADOS, MINISTÉRIO PÚBLICO 716
3. AÇÃO E PROCEDIMENTOS, SENTENÇA, COISA JULGADA E RECURSOS 723
4. EXECUÇÃO 725
5. AÇÃO POPULAR 725
6. MANDADO DE SEGURANÇA COLETIVO 726

21. DIREITO INTERNACIONAL — 727

1. IMUNIDADES DIPLOMÁTICAS, CONSULARES, DE ESTADO E DE ORGANIZAÇÃO INTERNACIONAL 727
2. EXTRADIÇÃO 728
3. EXPULSÃO 734
4. HOMOLOGAÇÃO DE SENTENÇA ESTRANGEIRA 735
5. DIREITO DO COMÉRCIO INTERNACIONAL 735

6. CONVENÇÕES 735
7. DIREITO INTERNACIONAL PRIVADO 736

22. DIREITO PREVIDENCIÁRIO — 739

1. CONTRIBUIÇÕES SOCIAIS 739
2. PRESTAÇÕES EM GERAL 740
3. APOSENTADORIA POR INVALIDEZ 745
4. APOSENTADORIA POR IDADE E POR TEMPO DE SERVIÇO 745
5. APOSENTADORIA ESPECIAL 746
6. AUXÍLIO-DOENÇA 748
7. PENSÃO POR MORTE 749
8. AUXÍLIO-ACIDENTE 750
9. BENEFÍCIO ASSISTENCIAL 750
10. PREVIDÊNCIA PRIVADA COMPLEMENTAR 751
11. DESAPOSENTAÇÃO 753
12. AÇÕES PREVIDENCIÁRIAS 756

23. DIREITO FINANCEIRO — 761

1. COMPETÊNCIA LEGISLATIVA 761
2. VINCULAÇÃO DE RECEITA 761
3. TRANSFERÊNCIA DE RECURSOS 761
4. PRECATÓRIO E REQUISIÇÃO DE PEQUENO VALOR (RPV) 762

24. DIREITO ECONÔMICO — 769

1. PRINCÍPIOS GERAIS DA ATIVIDADE ECONÔMICA 769
2. SISTEMA FINANCEIRO NACIONAL 769
3. DIREITO CONCORRENCIAL. LEI ANTITRUSTE 769
4. PLANOS ECONÔMICOS 769

25. DIREITO ELEITORAL — 771

1. ELEGIBILIDADE E INELEGIBILIDADE. FICHA LIMPA. CANDIDATURA 771
2. AÇÕES ELEITORAIS 776
3. RECURSOS ORÇAMENTÁRIOS E CAMPANHAS ELEITORAIS 779
4. PROPAGANDA ELEITORAL 783
5. VOTAÇÃO 784
6. PARTIDOS POLÍTICOS 785
7. NÚMERO DE PARLAMENTARES 785

26. DIREITO AGRÁRIO — 787

1. CONTRATOS AGRÁRIOS 787
2. DESAPROPRIAÇÃO PARA A REFORMA AGRÁRIA 788

27. DIREITO EDUCACIONAL — 791

1. DIREITOS DO EDUCANDO 791
2. TRANSFERÊNCIA DE MATRÍCULA 791
3. DIPLOMA ESTRANGEIRO E DE CURSOS NÃO RECONHECIDOS OU EXTINTOS 791
4. PROUNI 792
5. ENADE 795

6. QUESTÕES RELATIVAS A PROCESSO JUDICIAL..795
7. AUTONOMIA UNIVERSITÁRIA..795
8. CONSELHO NACIONAL DE EDUCAÇÃO...795

28. LEIS ORGÂNICAS E OUTRAS NORMAS DAS CARREIRAS PÚBLICAS — 797

1. MAGISTRATURA...797
2. MINISTÉRIO PÚBLICO 803
3. DEFENSORIA PÚBLICA...804
4. ADVOCACIA..804

29. DIREITO PENAL MILITAR — 807

30. DIREITO PROCESSUAL PENAL MILITAR — 811

1. DIREITO CIVIL

1. PARTE GERAL

1.1. Pessoas naturais e direitos da personalidade

REPERCUSSÃO GERAL EM RE N. 670.422-RS
RELATOR: MIN. DIAS TOFFOLI
EMENTA: DIREITO CONSTITUCIONAL E CIVIL. REGISTROS PÚBLICOS. REGISTRO CIVIL DAS PESSOAS NATURAIS. ALTERAÇÃO DO ASSENTO DE NASCIMENTO. RETIFICAÇÃO DO NOME E DO GÊNERO SEXUAL. UTILIZAÇÃO DO TERMO TRANSEXUAL NO REGISTRO CIVIL. O CONTEÚDO JURÍDICO DO DIREITO À AUTODETERMINAÇÃO SEXUAL. DISCUSSÃO ACERCA DOS PRINCÍPIOS DA PERSONALIDADE, DIGNIDADE DA PESSOA HUMANA, INTIMIDADE, SAÚDE, ENTRE OUTROS, E A SUA CONVIVÊNCIA COM PRINCÍPIOS DA PUBLICIDADE E DA VERACIDADE DOS REGISTROS PÚBLICOS. PRESENÇA DE REPERCUSSÃO GERAL. (Inform. STF 768)

DIREITO CIVIL. ALTERAÇÃO DO ASSENTO REGISTRAL DE NASCIMENTO. UNIÃO ESTÁVEL. INCLUSÃO DO SOBRENOME DO COMPANHEIRO.
É possível a alteração de assento registral de nascimento para a inclusão do patronímico do companheiro na constância de uma união estável, em aplicação analógica do art. 1.565, § 1º, do CC, desde que seja feita prova documental da relação por instrumento público e nela haja anuência do companheiro cujo nome será adotado. O art. 57, § 2º, da Lei n. 6.015/1973 outorgava, nas situações de concubinato, tão somente à mulher a possibilidade de averbação do patronímico do companheiro sem prejuízo dos apelidos próprios – entenda-se, sem a supressão de seu próprio sobrenome –, desde que houvesse impedimento legal para o casamento, não havendo específica regulação quanto à adoção de sobrenome pelo companheiro (união estável). A imprestabilidade desse dispositivo legal para balizar os pedidos de adoção de sobrenome dentro de uma união estável, situação completamente distinta daquela para a qual foi destinada a referida norma, reclama a aplicação analógica das disposições específicas do Código Civil relativas à adoção de sobrenome dentro do casamento, porquanto se mostra claro o elemento de identidade entre os institutos e a parelha *ratio legis* relativa à união estável com aquela que orientou o legislador na fixação dentro do casamento da possibilidade de acréscimo do sobrenome de um dos cônjuges ao do outro. **REsp 1.206.656-GO, Rel. Min. Nancy Andrighi, julgado em 16/10/2012.** (Inform. STJ 506)

ACRÉSCIMO DE SOBRENOME DO CÔNJUGE APÓS A CELEBRAÇÃO DO CASAMENTO.
Aos cônjuges é permitido incluir ao seu nome o sobrenome do outro, ainda que após a data da celebração do casamento, porém deverá ser por meio de ação judicial. O registro de nascimento da pessoa natural, com a identificação do nome civil, em regra é imutável. Contudo, a lei permite, em determinas ocasiões, sua alteração. Ao oficial de cartório somente é permitido alterar um nome, independente de ação judicial, nos casos previstos em lei, como é a hipótese do art. 1.565, § 1º do CC, o qual possibilita a inclusão do sobrenome de um dos nubentes no do outro, durante o processo de habilitação do casamento. A Turma entendeu que essa possibilidade deve-se estender ao período de convivência do casal, enquanto perdurar o vínculo conjugal. Porém, nesta hipótese, o nome deve ser acrescido por intermédio da ação de retificação de registros públicos, nos termos dos arts. 57 e 109 da Lei de Registros Públicos (Lei n. 6.015/1973). **REsp 910.094-SC, Rel. Raul Araújo, julgado em 4/9/2012.** (Inform. STJ 503)

INDENIZAÇÃO POR ABANDONO AFETIVO. PRESCRIÇÃO.
O prazo prescricional das ações de indenização por abandono afetivo começa a fluir com a maioridade do interessado. Isso porque não corre a prescrição entre ascendentes e descendentes até a cessação dos deveres inerentes ao pátrio poder (poder familiar). No caso, os fatos narrados pelo autor ocorreram ainda na vigência do CC/1916, assim como a sua maioridade e a prescrição da pretensão de ressarcimento por abandono afetivo. Nesse contexto, mesmo tendo ocorrido o reconhecimento da paternidade na vigência do CC/2002, apesar de ser um ato de efeitos *ex tunc*, este não gera efeitos em relação a pretensões já prescritas. Precedentes citados: REsp 430.839-MG, DJ de 23/9/2002, e AgRg no Ag 1. 247.622-SP, DJe de 16/8/2010. **REsp 1.298.576-RJ, Rel. Min. Luis Felipe Salomão, julgado em 21/8/2012.** (Inform. STJ 502)

PATERNIDADE SOCIOAFETIVA. INTERESSE DO MENOR.
O registro espontâneo e consciente da paternidade – mesmo havendo sérias dúvidas sobre a ascendência genética – gera a paternidade socioafetiva, que não pode ser desconstituída posteriormente, em atenção à primazia do interesse do menor. A Min. Relatora consignou que, no caso, apesar de lamentável a falta de convivência entre o pai e a criança, tal situação não é suficiente para rediscutir o registro realizado de forma consciente e espontânea. Ressaltou, ainda, que o reconhecimento de inexistência de vínculo genético não pode prevalecer sobre o *status* da criança (gerado pelo próprio pai registral há mais de 10 anos), em atenção à primazia do interesse do menor. Ademais, a prevalência da filiação socioafetiva em detrimento da verdade biológica, no caso, tão somente dá vigência à cláusula geral de tutela da personalidade humana, que salvaguarda a filiação como elemento fundamental na formação da identidade do ser humano. Precedente citado: REsp 1.259.460-SP, DJe 29/6/12. **REsp 1.244.957-SC, Rel. Min. Nancy Andrighi, julgado em 7/8/2012.** (Inform. STJ 501)

1.2. Pessoas jurídicas e desconsideração da personalidade

DIREITO PROCESSUAL CIVIL. LEGITIMIDADE DE PESSOA JURÍDICA PARA IMPUGNAR DECISÃO QUE DESCONSIDERE A SUA PERSONALIDADE. A pessoa jurídica tem legitimidade para impugnar decisão interlocutória que desconsidera sua personalidade para alcançar o patrimônio de seus sócios ou administradores, desde que o faça com o intuito de defender a sua regular administração e autonomia – isto é, a proteção da sua personalidade –, sem se imiscuir indevidamente na esfera de direitos dos sócios ou administradores incluídos no polo passivo por força da desconsideração. Segundo o art. 50 do CC, verificado "abuso da personalidade jurídica", poderá o juiz decidir que os efeitos de certas e determinadas relações obrigacionais sejam estendidos aos bens particulares dos administradores ou sócios da pessoa jurídica. O referido abuso, segundo a lei, caracteriza-se pelo desvio de finalidade da pessoa jurídica ou pela confusão patrimonial entre os bens dos sócios/administradores com os da pessoa moral. A desconsideração da personalidade jurídica, em essência, está adstrita à concepção de moralidade, probidade, boa-fé a que submetem os sócios e administradores na gestão e administração da pessoa jurídica. Vale também destacar que, ainda que a concepção de abuso nem sempre esteja relacionada à fraude, a sua figura está, segundo a doutrina, eminentemente ligada a prejuízo, desconforto, intranquilidade ou dissabor que tenha sido acarretado a terceiro, em decorrência de um uso desmesurado de um determinado direito. A rigor, portanto, a desconsideração da personalidade da pessoa jurídica resguarda interesses de credores e também da própria sociedade indevidamente manipulada. Por isso, inclusive, segundo o enunciado 285 da IV Jornada de Direito Civil, "a teoria da desconsideração, prevista no art. 50 do Código Civil, pode ser invocada pela pessoa jurídica em seu favor". Nesse compasso, tanto o interesse na desconsideração ou na manutenção do véu protetor, podem partir da própria pessoa jurídica, desde que, à luz dos requisitos autorizadores da medida excepcional, esta seja capaz de demonstrar a pertinência de seu intuito, o qual deve sempre estar relacionado à afirmação de sua autonomia, vale dizer, à proteção de sua personalidade. REsp, **Rel. Min. Nancy Andrighi, julgado em 24/4/2014. (Inform. STJ 544)**

DIREITO CIVIL. DESCONSIDERAÇÃO DA PERSONALIDADE JURÍDICA DE SOCIEDADE LIMITADA.
Na hipótese em que tenha sido determinada a desconsideração da personalidade jurídica de sociedade limitada modesta na qual as únicas sócias sejam mãe e filha, cada uma com metade das quotas sociais, é possível responsabilizar pelas dívidas dessa sociedade a sócia que, de acordo com o contrato social, não exerça funções de gerência ou administração. É certo que, a despeito da inexistência de qualquer restrição no art. 50 do CC/2002, a aplicação da desconsideração da personalidade jurídica apenas deve incidir sobre os bens dos administradores ou sócios que efetivamente contribuíram para a prática do abuso ou fraude na utilização da pessoa jurídica. Todavia, no caso de sociedade limitada modesta na qual as únicas sócias sejam mãe e filha, cada uma com metade das quotas sociais, a titularidade de quotas e a administração da sociedade se confundem, situação em que as deliberações sociais, na maior parte das vezes, ocorrem no dia a dia, sob a forma de decisões gerenciais. Nesse contexto, torna-se difícil apurar a responsabilidade por eventuais atos abusivos ou fraudulentos. Em hipóteses como essa, a previsão no contrato social de que as atividades de administração serão realizadas apenas por um dos sócios não é suficiente para afastar a responsabilidade dos demais. Seria necessária, para tanto, a comprovação de que um dos sócios estivera completamente distanciado da administração da sociedade. REsp 1.315.110-SE, Rel. Min. Nancy Andrighi, julgado em 28/5/2013. (Inform. STJ 524)

DESCONSIDERAÇÃO DA PERSONALIDADE JURÍDICA. INTIMAÇÃO DO SÓCIO.
A Turma, por maioria, entendeu pela desnecessidade da citação do sócio para compor o polo passivo da relação processual, na qual o autor/recorrido pediu a aplicação da teoria da desconsideração da personalidade jurídica da empresa, haja vista o uso abusivo da sua personalidade e a ausência de bens para serem penhorados. *In casu*, o recorrido entabulou contrato particular de compromisso de compra e venda de imóvel com a construtora recorrente, porém, apesar de cumprir a sua parte no contrato, não recebeu a contraprestação. No entendimento da douta maioria, é suficiente a intimação do sócio da empresa, ocasião em que será oportunizada a sua defesa, ainda mais quando o processo encontra-se na fase de cumprimento de sentença, onde o recorrente fará jus à ampla defesa e ao contraditório, pois, poderá impugnar o pedido ou oferecer exceção de pré-executividade. **REsp 1.096.604-DF, Rel. Luis Felipe Salomão, julgado em 2/8/2012. (Inform. STJ 501)**

1.3. Fatos Jurídicos

DIREITO CIVIL. RESPONSABILIDADE CIVIL POR DANOS DECORRENTES DE ABUSO DO DIREITO DE AÇÃO EXECUTIVA. O advogado que ajuizou ação de execução de honorários de sucumbência não só contra a sociedade limitada que exclusivamente constava como sucumbente no título judicial, mas também, sem qualquer justificativa, contra seus sócios dirigentes, os quais tiveram valores de sua conta bancária bloqueados sem aplicação da teoria da desconsideração da personalidade jurídica, deve aos sócios indenização pelos danos materiais e morais que sofreram. Com efeito, a lei não faculta ao exequente escolher quem se sujeitará à ação executiva, independentemente de quem seja o devedor vinculado ao título executivo. Ressalte-se que, tendo as sociedades de responsabilidade limitada vida própria, não se confundem com as pessoas dos sócios. No caso de as cotas de cada um estarem totalmente integralizadas, o patrimônio pessoal dos sócios não responde por dívidas da sociedade. Portanto, a regra legal a observar é a do princípio da autonomia da pessoa coletiva, distinta da pessoa de seus sócios ou componentes, distinção que só se afasta provisoriamente e tão só em hipóteses pontuais e concretas. É certo que existem exceções, e a *disregard doctrine* é um meio de estender aos sócios da empresa a responsabilidade patrimonial por dívidas da sociedade. Não menos certo, porém, é que a desconsideração da personalidade jurídica depende da constatação de que ela esteja servindo como cobertura para abuso de direito ou fraude nos negócios e atos jurídicos, hipótese em que o juiz pode, em decisão fundamental, ignorar a personalidade jurídica e projetar os efeitos dos atos contra a pessoa física que dela se beneficiou (art. 50 do CC). Além disso, o ato ilícito é um gênero dos quais são espécies as disposições insertas nos arts. 186 (violação do direito alheio) e 187 (abuso de direito próprio) do CC. Ambas as espécies se identificam por uma consequência comum, indicada no art. 927, ou seja, a reparação. Havendo excesso quanto ao limite imposto pelo fim econômico ou social do direito exercido, pela boa-fé ou pelos bons costumes, está caracterizado o abuso de direito. Nas hipóteses específicas de execução, o CPC traz regra segundo a qual "o credor ressarcirá ao devedor os danos que este sofreu, quando a sentença, passada em julgado, declarar inexistente, no todo ou em parte, a obrigação, que deu lugar à execução" (art. 574). Esse dispositivo, de natureza idêntica ao art. 187 do CC, pois ambos visam ao ressarcimento na hipótese de danos decorrentes de abuso de direito, é utilizado em casos de emprego abusivo da ação executiva, por exemplo, quando se propõe execução cujo título não garanta a efetiva existência de crédito, mesmo que isso venha a ser reconhecido após o ajuizamento da demanda, ou quando há direcionamento da execução contra quem não é responsável pelo crédito. No que diz respeito aos danos morais, o fato, por si só, de os sócios dirigentes da sociedade empresária comporem o polo passivo de uma ação não enseja a responsabilização, pois os ônus que os sócios sofreram em nome próprio sofreriam se tivessem atuando gerencialmente em nome da sociedade devedora. Contudo, desnecessariamente viram parte de seu patrimônio constrita, e isso em razão da astúcia do credor, pois, sendo técnico em direito, já que é advogado, não é razoável concluir que não soubesse que agia ferindo a lei. A ninguém é dado buscar facilidades em detrimento da lei ou de quem quer que seja, pois o limite de atuação está na lei. Quando há abuso, há prejuízos. Assim, há nexo causal entre o ato abusivo praticado pelo credor e os danos causados aos sócios pelos aborrecimentos que atingiram a esfera pessoal de cada um. **REsp 1.245.712-MT**, Rel. Min. João Otávio de Noronha, julgado em 11/3/2014. (Inform. STJ 539)

DIREITO CIVIL E PROCESSUAL CIVIL. ALEGAÇÃO COMO MATÉRIA DE DEFESA DE NEGÓCIO JURÍDICO SIMULADO REALIZADO PARA OCULTAR PACTO COMISSÓRIO.
A prática de negócio jurídico simulado para encobrir a realização de pacto comissório pode ser alegada por um dos contratantes como matéria de defesa, em contestação, mesmo quando aplicável o CC/1916. Isso porque a jurisprudência do STJ, mesmo antes da vigência do CC/2002, entende que a simulação realizada com o propósito de afastar as vedações estabelecidas em lei – na hipótese, a proibição ao pacto comissório estabelecida pelo art. 765 do CC/1916 – configura nulidade e não anulabilidade, a despeito da redação do art. 104 do CC/1916: "Tendo havido intuito de prejudicar a terceiros, ou infringir preceito de lei, nada poderão alegar, ou requerer os contraentes em juízo quanto à simulação do ato, em litígio de um contra o outro, ou contra terceiros". Além disso, o art. 145, V, do CC/1916 estabelece a nulidade do ato jurídico quando a lei taxativamente assim o declarar ou lhe negar efeito. Desse modo, a nulidade absoluta – simulação com o intuito de ocultar pacto comissório –, por se tratar de objeção substancial, é passível de pronunciamento *ex officio* pelo julgador, sendo desnecessária a sua veiculação por meio de ação própria ou reconvenção. Ademais, não é admissível a reconvenção quando o efeito prático almejado pelo seu manejo puder ser alcançado com a simples contestação, tendo em vista a ausência de interesse de agir. Precedentes citados: REsp 21.681-SP, Terceira Turma, DJ 3/8/1992; e REsp 784.273-GO, Terceira Turma, DJ 26/2/2007. **REsp 1.076.571-SP**, Rel. Min. Marco Buzzi, julgado em 11/3/2014. (Inform. STJ 538)

DIREITO CIVIL. MANUTENÇÃO DA EFICÁCIA DE NEGÓCIO JURÍDICO REALIZADO POR TERCEIRO DE BOA-FÉ DIANTE DO RECONHECIMENTO DE FRAUDE CONTRA CREDORES.
O reconhecimento de fraude contra credores em ação pauliana, após a constatação da existência de sucessivas alienações fraudulentas na cadeia dominial de imóvel que originariamente pertencia ao acervo patrimonial do devedor, não torna ineficaz o negócio jurídico por meio do qual o último proprietário adquiriu, de boa-fé e a título oneroso, o referido bem, devendo-se condenar os réus que agiram de má-fé em prejuízo do autor a indenizá-lo pelo valor equivalente ao dos bens transmitidos em fraude contra o credor. Cumpre ressaltar, de início, que, na ação pauliana, o autor tem como objetivo o reconhecimento da ineficácia (relativa) de ato jurídico fraudulento nos limites do débito do devedor com o credor lesado pela fraude. A lei, entretanto, não tem dispositivo que regulamente, de forma expressa, os efeitos do reconhecimento da fraude contra credores na hipótese em que a ineficácia dela decorrente não puder atingir um resultado útil, por encontrar-se o bem em poder de terceiro de boa-fé. Nesse contexto, poder-se-ia cogitar que a este incumbiria buscar indenização por perdas e danos em ação própria, ainda que se tratasse de aquisição onerosa. Todavia, essa solução seria contrária ao art. 109 do CC/1916 – correspondente ao artigo 161 do CC/2002 –; e também ao art. 158 do CC/1916 – que tem redação similar à do artigo 182 do CC/2002 –, cujo teor dispunha que, anulado o ato, restituir-se-ão as partes ao estado em que antes dele se achavam e, não sendo possível restituí-las, serão indenizadas pelo equivalente. Desse modo, inalcançável o bem em mãos de terceiro de boa-fé, cabe ao alienante, que o adquiriu de má-fé, indenizar o credor. Deve-se, portanto, resguardar os interesses dos terceiros de boa-fé e condenar os réus que agiram de má-fé em prejuízo do autor a indenizá-lo pelo valor equivalente ao dos bens transmitidos em fraude contra o credor – medida essa que se atém aos limites do pedido da petição inicial da ação pauliana, relativo à recomposição do patrimônio do devedor com os mesmos bens existentes antes da prática do ato viciado ou pelo seu equivalente. A propósito, a aludida conclusão, *mutatis mutandis*, vai ao encontro da Súmula 92/STJ, que orienta que "a terceiro de boa-fé não é oponível a alienação fiduciária não anotada no certificado de registro do veículo automotor". Precedente citado: REsp 28.521-RJ, Quarta Turma, DJ de 21/11/1994. **REsp 1.100.525-RS**, Rel. Min. Luis Felipe Salomão, julgado em 16/4/2013. (Inform. STJ 521)

DIREITO CIVIL. RECONHECIMENTO DE ANTERIORIDADE DE CRÉDITO PARA CARACTERIZAÇÃO DE FRAUDE CONTRA CREDORES.
Não é suficiente para afastar a anterioridade do crédito que se busca garantir – requisito exigido para a caracterização de fraude contra credores – a assinatura de contrato particular de promessa de compra e venda de imóvel não registrado e desacompanhado de qualquer outro elemento que possa evidenciar, perante terceiros, a realização prévia desse negócio jurídico. O art. 106, parágrafo único, do CC/1916 disciplinou o instituto da fraude contra credores, visando coibir o devedor de praticar atos fraudulentos que acarretem a diminuição de seu patrimônio com o propósito de prejudicar seus credores. Para isso, instituiu a ação pauliana ou revocatória, possibilitando ao credor prejudicado anular o negócio jurídico fraudulento e conservar no patrimônio do devedor determinados bens para a garantia do cumprimento das obrigações assumidas por este. Para a caracterização dessa fraude, exigem-se os seguintes pressupostos: a existência de dano ao direito do credor (*eventus damni*); o consenso entre o devedor e o adquirente do bem (*consilium fraudis*); e a anterioridade do crédito que se busca garantir em relação ao negócio jurídico tido por fraudulento, pois somente os credores que já ostentavam essa condição ao tempo do ato fraudulento é que podem demandar a anulação, visto que, apenas em relação a eles, esse ato diminui a garantia oferecida pelo patrimônio do devedor. Nesse contexto, na hipótese em que o devedor tenha firmado contrato particular de promessa de compra e venda de imóvel, para fins de constatar a anterioridade de crédito em relação ao ato fraudulento, deve ser considerada a data do registro do instrumento particular no Cartório de Registro de Imóveis, e não a data da sua elaboração. Isso porque o registro do contrato de promessa de compra e venda de imóvel, conquanto não interfira na relação de direito obrigacional – existente entre promitente comprador e promitente vendedor –, é necessário para que a eficácia da promessa de compra e venda se dê perante terceiros, de forma a gerar um direito real à aquisição do promitente comprador, em caráter *erga omnes*. Dessa forma, dispõe o art. 1.417 do CC/2002 que, mediante promessa de compra e venda em que não foi pactuado o arrependimento, celebrada por instrumento público ou particular e registrada no Cartório de Registro de Imóveis, adquire o promitente comprador direito real à aquisição do imóvel. Assim, não estando o contrato registrado, o promitente comprador pode exigir do promitente vendedor a outorga da escritura, mas não poderá opor seu direito a terceiros. Ademais, ao permitir o contrário, estar-se-ia enfraquecendo o instituto da fraude contra credores, tendo em

vista a facilidade em dar a um documento uma data falsa e, ao mesmo tempo, a dificuldade em demonstrar essa fraude.
REsp 1.217.593-RS, Rel. Min. Nancy Andrighi, julgado em 12/3/2013. (Inform. STJ 518)

DIREITO CIVIL. NECESSIDADE DE RESSARCIMENTO NO CASO DE INVIABILIDADE DE RETORNO À SITUAÇÃO ANTERIOR À NULIDADE DECLARADA.
O credor, no caso em que tenha recebido em dação em pagamento imóvel de sociedade empresarial posteriormente declarada falida, poderá ser condenado a ressarcir a massa pelo valor do objeto do negócio jurídico, se este vier a ser declarado nulo e for inviável o retorno à situação fática anterior, diante da transferência do imóvel a terceiro de boa-fé. Incide, na situação descrita, o disposto no art. 182 do CC/2002, de acordo com o qual, anulado o negócio jurídico, restituir-se-ão as partes ao estado em que antes dele se achavam, e, não sendo possível restituí-las, serão indenizadas com o equivalente. Trata-se, a propósito, de dispositivo legal que, quanto aos seus efeitos práticos, também tem aplicabilidade nos casos de nulidade absoluta, não tendo incidência restrita às hipóteses de nulidade relativa. Ademais, deve-se preservar a boa-fé de terceiros que sequer participaram do negócio jurídico viciado.
REsp 1.353.864-GO, Rel. Min. Sidnei Beneti, julgado em 7/3/2013. (Inform. STJ 517).

FRAUDE A EXECUÇÃO - NOVO PACTO ENTRE CREDOR E DEVEDOR SEM ANUÊNCIA DOS FIADORES. ILEGITIMIDADE PASSIVA DOS FIADORES NA EXECUÇÃO.
A transação entre credor e devedor sem a anuência do fiador com a dilação do prazo para o pagamento da dívida extingue a garantia fidejussória anteriormente concedida. Com base nesse entendimento, a Turma deu provimento ao recurso especial para acolher a exceção de pré-executividade oferecida em primeiro grau e, por conseguinte, determinar a exclusão dos fiadores do polo passivo da ação de execução. No caso, não obstante a existência de cláusula prevendo a permanência da garantia pessoal no novo pacto, a responsabilidade dos fiadores está limitada aos exatos termos do convencionado na obrigação original – ao qual expressamente consentiram – visto que a interpretação do contrato de fiança deve ser restritiva (art. 1.483 do CC/1916). Além disso, asseverou o Min. Relator que a extinção da garantia teria ocorrido com base em duplo fundamento, qual seja, a ocorrência da transação e moratória simultaneamente. Conquanto a transação e a moratória sejam institutos jurídicos diversos, ambas têm o efeito comum de exoneração do fiador que não anuiu com o acordo firmado entre credor e devedor (art. 838, I, do CC). Considerou-se, ainda, como parâmetro, o enunciado da Súm. 214 do STJ, a qual, apesar de se referir a contratos de locação, pode ser aplicada por extensão à situação dos fatos, pois a natureza da fiança é a mesma. REsp 1.013.436-RS, Rel. Min. Luis Felipe Salomão, julgado em 11/9/2012 (Inform. STJ 504)

1.4. Prescrição e decadência

DIREITO CIVIL E PROCESSUAL CIVIL. PRORROGAÇÃO DO PRAZO PRESCRICIONAL NO CASO DE IMPLEMENTAÇÃO DO TERMO AD QUEM DURANTE O RECESSO FORENSE.
Na hipótese em que o Tribunal suspenda, por força de ato normativo local, os atos processuais durante o recesso forense, o termo final do prazo prescricional que coincidir com data abrangida pelo referido recesso prorroga-se para o primeiro dia útil posterior ao término deste. A Corte Especial do STJ uniformizou o entendimento de que o prazo decadencial para o ajuizamento da ação rescisória prorroga-se para o primeiro dia útil seguinte, caso venha a findar no recesso forense, sendo irrelevante a controvérsia acerca da natureza do prazo para ajuizamento da ação, se prescricional ou decadencial, pois, em ambos os casos, o termo ad quem seria prorrogado (EREsp 667.672-SP, DJe 26/6/2008). Desse modo, na linha do precedente da Corte Especial e outros precedentes do STJ, deve-se entender cabível a prorrogação do termo *ad quem* do prazo prescricional no caso. Precedentes citados: REsp 969.529-SC, Primeira Turma, DJe 17/3/2008; e REsp 167.413-SP, Primeira Turma, DJ 24/8/1998. **REsp 1.446.608-RS, Rel. Min. Paulo de Tarso Sanseverino, julgado em 21/10/2014. (Inform. STJ 550)**

DIREITO CIVIL. AÇÃO CIVIL EX DELICTO.
O termo inicial do prazo de prescrição para o ajuizamento da ação de indenização por danos decorrentes de crime (ação civil ex delicto) é a data do trânsito em julgado da sentença penal condenatória, ainda que se trate de ação proposta contra empregador em razão de crime praticado por empregado no exercício do trabalho que lhe competia. Sabe-se que, em regra, impera a noção de independência entre as instâncias civil e criminal (art. 935 do CC). O CC, entretanto, previu dispositivo inédito em seu art. 200, reconhecendo causa impeditiva da prescrição. De acordo com o referido artigo, "Quando a ação se originar de fato que deva ser apurado no juízo criminal, não correrá a prescrição antes da respectiva sentença definitiva". Assim, prestigiando a boa-fé e a segurança jurídica, estabelece a norma que o início do prazo prescricional não decorre da violação do direito subjetivo em si, mas, ao contrário, a partir da definição por sentença no juízo criminal que apure definitivamente o fato, ou seja, há uma espécie legal de *actio nata*. A aplicação do art. 200 do CC tem valia quando houver relação de prejudicialidade entre as esferas cível e penal, isto é, quando a conduta originar-se de fato também a ser apurado no juízo criminal, sendo fundamental a existência de ação penal em curso (ou, ao menos, inquérito policial em trâmite). Posto isso, cumpre ressaltar que o art. 933 do CC considera a responsabilidade civil por ato de terceiro como sendo objetiva. A responsabilização objetiva do empregador, no entanto, só exsurgirá se, antes, for demonstrada a culpa do empregado ou preposto, à exceção, por evidência, da relação de consumo. Nesse contexto, em sendo necessária, para o reconhecimento da responsabilidade civil do patrão pelos atos do empregado, a demonstração da culpa anterior do causador direto do dano, deverá, também, incidir a causa obstativa da prescrição do art. 200 no tocante à ação civil *ex delicto*, caso esta conduta do preposto esteja também sendo apurada em processo criminal. É que, como bem adverte a doutrina, não obstante a ação penal só se dirigir contra os autores do dano, o prazo prescricional ficará suspenso, também, para o ajuizamento da ação contra os responsáveis, já que ne lei não se encontra limitação desse efeito (art. 932 do CC). Além disso, devem-se aplicar as regras de hermenêutica jurídica segundo as quais *ubi eadem ratio ibi idem jus* (onde houver o mesmo fundamento haverá o mesmo direito) e *ubi eadem legis ratio ibi eadem dispositio* (onde há a mesma razão de ser, deve prevalecer a mesma razão de decidir). Ademais, o fato gerador da responsabilidade indireta é a confirmação do crime praticado por seu preposto, até porque a ação civil pode ter outra sorte caso haja, por exemplo, o reconhecimento de alguma excludente de ilicitude ou até mesmo a inexistência do dito fato delituoso ou sua autoria. Por fim, não se pode olvidar que, apesar do reconhecimento do fato criminoso pelo preposto, ainda caberá a discussão quanto à causa específica da responsabilização por ato de outrem, isto é, a relação de preposição e a prática do ato em razão dela.
REsp 1.135.988-SP, Rel. Min. Luis Felipe Salomão, julgado em 8/10/2013. (Inform. STJ 530)

DIREITO CIVIL. PRAZO PRESCRICIONAL APLICÁVEL À PRETENSÃO DE COBRANÇA DE PARCELAS INADIMPLIDAS ESTABELECIDAS EM CONTRATO DE MÚTUO PARA CUSTEIO DE ESTUDOS UNIVERSITÁRIOS.
A pretensão de cobrança de parcelas inadimplidas estabelecidas em contrato de crédito rotativo para custeio de

estudos universitários prescreve em vinte anos na vigência do CC/1916 e em cinco anos na vigência do CC/2002, respeitada a regra de transição prevista no art. 2.028 do CC/2002. De fato, na vigência do CC/1916, a pretensão estava sujeita ao prazo prescricional do art. 177 do referido código (vinte anos), em razão da inexistência de prazo específico. No entanto, com a entrada em vigor do CC/2002, impera regra específica inserta no art. 206, § 5º, I, do CC/2002, que prevê o prazo prescricional quinquenal para a pretensão de cobrança de dívidas líquidas constantes de instrumento público ou particular. É inadequada, portanto, a incidência do prazo geral decenal previsto no art. 205 CC/2002 (dez anos), destinado às hipóteses em que não existir prazo menor especial, previsto em algum dos parágrafos do art. 206. **REsp 1.188.933-RS, Rel. Min. Nancy Andrighi, julgado em 13/8/2013.** (Inform. STJ 529)

DIREITO CIVIL. PRAZO PRESCRICIONAL DE PRETENSÃO DE REPARAÇÃO POR DANOS DECORRENTES DA NÃO RENOVAÇÃO DE CONTRATO DE SEGURO DE VIDA COLETIVO.
Prescreve em três anos a pretensão do segurado relativa à reparação por danos sofridos em decorrência da não renovação, sem justificativa plausível, de contrato de seguro de vida em grupo, após reiteradas renovações automáticas. Isso porque a causa de pedir da indenização é a responsabilidade extracontratual da seguradora decorrente da alegada abusividade e ilicitude da sua conduta de não renovar o contrato sem justificativa plausível, em prejuízo dos seus consumidores. Assim, o prazo prescricional da pretensão do segurado não é o de um ano definido pelo art. 206, § 1º, II, do CC, o qual diz respeito às hipóteses em que a pretensão do segurado se refira diretamente a obrigações previstas em contrato de seguro, mas sim o de três anos prescrito pelo art. 206, § 3º, V, do mesmo código. **REsp 1.273.311-SP, Rel. Min. Nancy Andrighi, julgado em 1º/10/2013.** (Inform. STJ 529)

DIREITO CIVIL. PRAZO DE PRESCRIÇÃO DA PRETENSÃO DE COBRANÇA DE COTAS CONDOMINIAIS.
Prescreve em cinco anos, contados do vencimento de cada parcela, a pretensão, nascida sob a vigência do CC/2002, de cobrança de cotas condominiais. Isso porque a pretensão, tratando-se de dívida líquida desde sua definição em assembleia geral de condôminos e lastreada em documentos físicos, adequa-se à previsão do art. 206, § 5º, I, do CC/2002, segundo a qual prescreve em cinco anos "a pretensão de cobrança de dívidas líquidas constantes de instrumento público ou particular". Ressalte-se que, sob a égide do CC/1916, o STJ entendia aplicável o prazo de prescrição de vinte anos à pretensão de cobrança de encargos condominiais, tendo em vista a natureza pessoal da ação e consoante o disposto no art. 177 do referido código. Isso ocorria porque os prazos especiais de prescrição previstos no CC/1916 abrangiam uma variedade bastante inferior de hipóteses, restando às demais o prazo geral, conforme a natureza da pretensão, real ou pessoal. O CC/2002, afastando a diferença de prazos aplicáveis conforme a natureza jurídica das pretensões, unificou o prazo geral, reduzindo-o para dez anos. Ademais, ampliou as hipóteses de incidência de prazos específicos de prescrição, reduzindo sensivelmente a aplicação da prescrição decenal ordinária. Nesse contexto, o julgador, ao se deparar com pretensões nascidas sob a vigência do CC/2002, não pode, simplesmente, transpor a situação jurídica e proceder à aplicação do novo prazo prescricional ordinário, conquanto fosse o prazo geral o aplicável sob a égide do CC/1916. Assim, deve-se observar, em conformidade com a regra do art. 206, § 5º, I, do CC/2002, que, para a pretensão submeter-se ao prazo prescricional de cinco anos, são necessários dois requisitos, quais sejam: que a dívida seja líquida e esteja definida em instrumento público ou particular. A expressão "dívida líquida" deve ser compreendida como obrigação certa, com prestação determinada, enquanto o conceito de instrumento pressupõe a existência de documentos, sejam eles públicos ou privados,

que materializem a obrigação, identificando-se a prestação, seu credor e seu devedor. Vale ressaltar que o instrumento referido pelo art. 206, § 5º, I, do CC/2002 não se refere a documento do qual se origine a obrigação, mas a documento que a expresse. Nessa perspectiva hermenêutica, conclui-se que o prazo quinquenal incide nas hipóteses de obrigações líquidas, independentemente do fato jurídico que deu origem à relação obrigacional, definidas em instrumento público ou particular, o que abrange a pretensão de cobrança de cotas condominiais. **REsp 1.366.175-SP, Rel. Min. Nancy Andrighi, julgado em 18/6/2013.** (Inform. STJ 527)

DIREITO CIVIL. PRESCRIÇÃO DA PRETENSÃO DE RESSARCIMENTO DOS VALORES PAGOS A TÍTULO DE PARTICIPAÇÃO FINANCEIRA DO CONSUMIDOR NO CUSTEIO DE PLANTAS COMUNITÁRIAS DE TELEFONIA. RECURSO REPETITIVO (ART. 543-C DO CPC E RES. 8/2008-STJ).
A pretensão de ressarcimento de quantia paga pelo consumidor a título de participação financeira no custeio de Plantas Comunitárias de Telefonia, na hipótese em que não existir previsão contratual de reembolso pecuniário ou por ações da companhia, prescreve em vinte anos na vigência do CC/1916 e em três anos na vigência do CC/2002, respeitada a regra de transição prevista no art. 2.028 do CC/2002. Nessa situação, cabe realizar raciocínio análogo ao utilizado para os litígios relativos às extensões de rede de eletrificação rural, atualizado e acolhido pela Segunda Seção no recente julgamento do REsp 1.249.321-RS, DJe 16/4/2013, apreciado sob o procedimento do art. 543-C do CPC. De fato, na vigência do CC/1916, para a definição dos prazos prescricionais, era necessário efetivar a separação entre ações pessoais e reais nas hipóteses em que o caso não se enquadrasse nas situações discriminadas pelo referido diploma legal, sujeitas a prazos especiais (art. 178). Nesse contexto, a pretensão de ressarcimento dos valores pagos no financiamento dos programas denominados Plantas Comunitárias de Telefonia não se ajustava a nenhum prazo específico. Desse modo, tratando-se de situação que se amoldava ao que o CC/1916 denominava de ações pessoais, é aplicável o prazo vintenário de prescrição, na forma do art. 177 do CC/1916. Contudo, na vigência do CC/2002, abandonou-se o critério da diferenciação entre ações pessoais e reais como elemento definidor da prescrição. Há um prazo geral de dez anos, previsto no art. 205, aplicável quando não incidir outro dos prazos listados pelo art. 206. Ocorre que o novo regramento prevê, no § 3º do art. 206, prazo prescricional específico – três anos – que se amolda à hipótese em análise, que envolve "pretensão de ressarcimento de enriquecimento sem causa". **REsp 1.220.934-RS, Rel. Min. Luis Felipe Salomão, julgado em 24/4/2013.** (Inform. STJ 520)

DIREITO CIVIL. PRESCRIÇÃO DA PRETENSÃO DE COBRANÇA DE VALORES PAGOS EM CONTRATO DE PROMESSA DE COMPRA E VENDA DE IMÓVEL RESCINDIDO JUDICIALMENTE.
Prescreve em dez anos – e não em três – a pretensão de cobrança dos valores pagos pelo promitente comprador em contrato de promessa de compra e venda de imóvel na hipótese em que tenha ocorrido a rescisão judicial do referido contrato e, na respectiva sentença, não tenha havido menção sobre a restituição. O art. 206, § 3º, do CC/2002 estabelece a prescrição trienal tanto para a pretensão de "ressarcimento" de enriquecimento sem causa (inciso IV) como para a pretensão de "reparação civil" (inciso V). A pretensão de cobrança de valores pagos no período de normalidade contratual surgida em decorrência da rescisão do contrato não se enquadra às hipóteses descritas nos referidos dispositivos legais. De fato, o enriquecimento sem causa é gênero do qual o pagamento indevido é espécie. Ocorre que o aludido inciso IV não impôs o prazo prescricional de três anos para toda e qualquer hipótese em que se verificar um enriquecimento descabido, mas somente para os casos em que se requeira

o "ressarcimento" de enriquecimento sem causa. Quando a pretensão não for de ressarcimento, mas de outra natureza, por exemplo, de cobrança, não se aplica o prazo prescricional trienal estabelecido pelo art. 206, § 3º, IV. Também não é possível a aplicação do prazo prescricional de três anos previsto no apontado inciso V à pretensão de cobrança, pois esse dispositivo se aplica à pretensão de reparação civil, expressão que designa indenização por perdas e danos e está associada, necessariamente, aos casos de responsabilidade civil, ou seja, aqueles que têm por antecedente ato ilícito. Com efeito, a pretensão de cobrança dos valores pagos no decorrer do contrato não tem natureza indenizatória e constitui consectário lógico da rescisão do negócio jurídico, o que impõe a ambas as partes a restituição das coisas ao estado anterior. Dessa forma, a pretensão de restituição de valores pagos em razão de desfazimento de negócio jurídico submete-se ao prazo prescricional geral de dez anos, previsto no art. 205 do CC/2002, e não ao prazo especial de três anos constante do art. 206, § 3º, IV e V, do mesmo diploma. **REsp 1.297.607-RS, Rel. Min. Sidnei Beneti, julgado em 12/3/2013. (Inform. STJ 518)**

DIREITO CIVIL. PRESCRIÇÃO DA PRETENSÃO DE RESSARCIMENTO DOS VALORES PAGOS A TÍTULO DE PARTICIPAÇÃO FINANCEIRA DO CONSUMIDOR NO CUSTEIO DE CONSTRUÇÃO DE REDE ELÉTRICA. RECURSO REPETITIVO (ART. 543-C DO CPC E RES. N. 8/2008-STJ).
A pretensão de ressarcimento de quantia paga pelo consumidor a título de participação financeira no custeio de extensão de rede de energia elétrica prescreve em vinte anos, na vigência do CC/1916, e em cinco anos, na vigência do CC/2002 – respeitada a regra de transição prevista no art. 2.028 do CC/2002 – na hipótese em que o pleito envolver valores cuja restituição, a ser realizada após o transcurso de certo prazo a contar do término da obra, estiver prevista em instrumento contratual – pacto geralmente denominado "convênio de devolução". Com efeito, trata-se de pretensão de cobrança de dívidas líquidas constantes de instrumento público ou particular, de modo a atrair a incidência do prazo prescricional previsto no art. 206, § 5º, I, do CC/2002, conforme decidido no Recurso Especial Repetitivo 1.063.661-RS, Segunda Seção, DJe 8/3/2010. **REsp 1.249.321-RS, Rel. Min. Luis Felipe Salomão, julgado em 10/4/2013. (Inform. STJ 518)**

DIREITO CIVIL. PRESCRIÇÃO DA PRETENSÃO DE RESSARCIMENTO DOS VALORES PAGOS A TÍTULO DE PARTICIPAÇÃO FINANCEIRA DO CONSUMIDOR NO CUSTEIO DE CONSTRUÇÃO DE REDE ELÉTRICA. RECURSO REPETITIVO (ART. 543-C DO CPC E RES. N. 8/2008-STJ).
A pretensão de ressarcimento de quantia paga pelo consumidor a título de participação financeira no custeio de extensão de rede de energia elétrica prescreve em vinte anos, na vigência do CC/1916, e em três anos, na vigência do CC/2002 – respeitada a regra de transição prevista no art. 2.028 do CC/2002 – na hipótese de pleito relativo a valores cuja devolução não estiver prevista em contrato – pactuação prevista em instrumento, em regra, nominado "termo de contribuição". Nessa conjuntura, haveria ilegalidade na retenção dos valores pagos pelo consumidor se os mencionados aportes fossem, na verdade, de responsabilidade da concessionária, tendo esta se apropriado de quantia de terceiro que, a rigor, deveria ter sido desembolsada por ela própria. Em suma, o consumidor teria arcado com parte (ou totalidade) da obra que caberia à concessionária. Dessa forma, a pretensão de ressarcimento está sujeita ao prazo prescricional de três anos previsto no art. 206, § 3º, IV, CC/2002, pois diz respeito à "pretensão de ressarcimento de enriquecimento sem causa", relativo a valores contidos em instrumentos contratuais que vedavam a devolução (como os chamados Termos de Contribuição). **REsp 1.249.321-RS, Rel. Min. Luis Felipe Salomão, julgado em 10/4/2013. (Inform. STJ 518)**

DIREITO CIVIL. PRAZO PRESCRICIONAL DA PRETENSÃO DE RECONHECIMENTO DE NULIDADE ABSOLUTA DE NEGÓCIO JURÍDICO.
Não se sujeita ao prazo prescricional de quatro anos a pretensão de anular dação em pagamento de bem imóvel pertencente ao ativo permanente da empresa sob a alegação de suposta falta de apresentação de certidões negativas tributárias. Com efeito, trata-se de hipótese de pretensão de reconhecimento de nulidade absoluta por ausência de cumprimento dos requisitos previstos em lei. Desta feita, como os atos nulos não prescrevem, a sua nulidade pode ser declarada a qualquer tempo. Não tem aplicação, portanto, o art. 178, § 9º, V, "b", do CC/1916, cuja redação previa o prazo de quatro anos para o ajuizamento das ações de nulidade relativa, ou anulabilidade pelos vícios de consentimento e incapacidade relativa. **REsp 1.353.864-GO, Rel. Min. Sidnei Beneti, julgado em 7/3/2013. (Inform. STJ 517)**

DIREITO CIVIL. PRAZO PRESCRICIONAL PARA A COBRANÇA DE HONORÁRIOS PERICIAIS.
É de cinco anos o prazo prescricional para a cobrança de honorários periciais arbitrados em processo judicial em que a parte vencedora seja a Fazenda Pública e a parte sucumbente seja beneficiária da gratuidade da justiça. Deve-se adotar, nesses casos, o prazo de cinco anos, seja por consideração ao art. 12 da Lei n. 1.060/1950 seja por força do art. 1º do Dec. n. 20.910/1932, sendo inaplicáveis a essas situações os prazos prescricionais estipulados pelo Código Civil. Precedentes citados: REsp 1.219.016-MG, DJe 21/3/2012, e REsp 1.285.932-RS, DJe 13/6/2012. **AgRg no REsp 1.337.319-MG, Rel. Min. Herman Benjamin, julgado em 6/12/2012. (Inform. STJ 515)**

DIREITO CIVIL. INTERRUPÇÃO DA PRESCRIÇÃO PELA IMPUGNAÇÃO DE DÉBITO CONTRATUAL OU DE CÁRTULA REPRESENTATIVA DO DIREITO DO CREDOR.
Constitui causa interruptiva da prescrição a propositura de demanda judicial pelo devedor, seja anulatória seja de sustação de protesto, que importe em impugnação de débito contratual ou de cártula representativa do direito do credor. Com efeito, a manifestação do credor, de forma defensiva, nas ações impugnativas promovidas pelo devedor afasta a sua inércia no recebimento do crédito, a qual implicaria a prescrição da pretensão executiva, além de evidenciar que o devedor tinha inequívoca ciência do interesse do credor em receber aquilo que lhe é devido. Ademais, o art. 585, § 1º, do CPC estabelece que a propositura de qualquer ação relativa ao débito constante do título executivo não inibe o credor de promover-lhe a execução, deve ser interpretado em consonância com o art. 202, VI, do CC, segundo o qual o ato inequívoco que importe reconhecimento do direito pelo devedor interrompe a prescrição. Logo, admitida a interrupção da prescrição em razão das ações promovidas pelo devedor, mesmo que se entenda que o credor não estava impedido de ajuizar a execução do título, ele não precisaria fazê-lo antes do trânsito em julgado nessas ações, quando voltaria a correr o prazo prescricional. **REsp 1.321.610-SP, Rel. Min. Nancy Andrighi, julgado em 21/2/2013. (Inform. STJ 515)**

DIREITO CIVIL. PRAZO PRESCRICIONAL. SERVIÇOS DE SAÚDE.
É decenal o prazo prescricional da pretensão de ressarcimento de valores despendidos, pelo segurado, com procedimento cirúrgico não custeado, pela seguradora, por suposta falta de cobertura na apólice. Cuidando-se de relação jurídica de natureza contratual, não tem incidência o prazo trienal previsto no art. 206, § 3º, V, do CC, pois este é destinado aos casos de responsabilidade extracontratual ou aquiliana. Tampouco há subsunção ao disposto no art. 206, § 1º, II, do CC, cujo teor prevê a prescrição anual das pretensões do segurado contra o segurador, ou a deste contra aquele, uma vez que a causa de pedir, na hipótese, por envolver a prestação de serviços de saúde, deve ter regramento próprio. Destarte, na ausência de

previsão legal específica, tem incidência a regra geral de prescrição estabelecida no art. 205 do CC. **REsp 1.176.320-RS, Rel. Min. Sidnei Beneti, julgado em 19/2/2013. (Inform. STJ 514).**

DIREITO CIVIL. PRESCRIÇÃO. PRAZO DE PRESCRIÇÃO DA PRETENSÃO DE COBRANÇA DE ANUIDADES PELA OAB.
Após a entrada em vigor do CC/2002, é de cinco anos o prazo de prescrição da pretensão de cobrança de anuidades pela OAB. De acordo com o art. 46, parágrafo único, da Lei n. 8.906/1994, constitui título executivo extrajudicial a certidão passada pelo Conselho competente referente a crédito decorrente de contribuição devida à OAB, não sendo necessária, para sua validade, sequer a assinatura do devedor ou de testemunhas. Assim, o título que embasa a referida cobrança é espécie de instrumento particular que veicula dívida líquida, sujeitando-se, portanto, ao prazo quinquenal estabelecido no art. 206, § 5º, I, do CC/2002, aplicável à "pretensão de cobrança de dívidas líquidas constantes de instrumento público ou particular". É certo que, até o início da vigência do CC/2002, não havia norma específica regulando a prescrição da referida pretensão, motivo pelo qual se lhe aplicava o prazo geral de vinte anos previsto no CC/1916. Todavia, com o advento do CC/2002, havendo regra específica a regular o caso, qual seja, a do art. 206, § 5º, I, é inaplicável o prazo geral de dez anos previsto no art. 205 do mesmo diploma legal. **AgRg nos EDcl no REsp 1.267.721-PR, Rel. Min. Castro Meira, julgado em 11/12/2012. (Inform. STJ 513).**

PRAZO PRESCRICIONAL. SEGURO. RESTITUIÇÃO. CONTRATO DE CORRETAGEM.
O prazo prescricional para corretora e administradora de seguros exigir da seguradora a restituição de valor pago à segurada em razão de sinistro é vintenário (art. 177 do CC/1916). É que, na espécie, além da relação de consumo entre o segurado e a seguradora, há também a relação jurídica firmada entre o corretor e a seguradora (decorrente do contrato de corretagem ou intermediação), em vínculo de caráter pessoal, a qual pode atrair a responsabilidade solidária daquele que intermediou o negócio perante o consumidor. Nessa hipótese, devido à atuação ostensiva do corretor como representante da seguradora, forma-se uma cadeia de fornecimento que torna solidários seus integrantes (arts. 14 e 18 do CDC). Assim, como o pagamento da corretora ocorreu em virtude da obrigação solidária existente entre ela e a seguradora, e não da relação exclusiva entre a seguradora e o segurado, o prazo prescricional aplicado à hipótese é o vintenário, sendo ainda possível a cobrança de quota do corretor referente ao valor pago à segurada nos termos do art. 913 do CC/1916, vigente à época dos fatos e do ajuizamento da ação. Com essas e outras considerações, a Turma deu parcial provimento ao recurso a fim de afastar a prescrição ânua e determinar o retorno dos autos ao tribunal de origem para que prossiga o julgamento da ação. **REsp 658.938-RJ, Rel. Min. Raul Araújo, julgado em 15/5/2012. (Inform. STJ 497)**

SEGURO DE VIDA. PAGAMENTO A MENOR. PRESCRIÇÃO. TERMO A QUO.
A Turma reafirmou o entendimento de que o prazo prescricional ânuo (art. 178, § 6º, do CC 1916) para o ajuizamento da ação de cobrança de diferença de indenização securitária tem início na data da ciência inequívoca do pagamento incompleto ou a menor. Na espécie, o falecimento do segurado ocorreu em 1964, ano em que teve início o processo de inventário. Apesar de determinado pelo juízo inventariante, em 24/11/1964, o depósito da importância devida pela empresa seguradora aos sucessores do *de cujus*, referente à indenização pelo seu seguro de vida, a ordem judicial somente foi cumprida em 22/11/2001. Constatada a insuficiência do pagamento, os herdeiros, em 9/7/2002, ajuizaram ação de cobrança para o recebimento da diferença do prêmio. Sob tal contexto, considerou o Min. Relator que, mesmo depois de decorrido longo período da ocorrência do sinistro, o depósito da importância do valor relativo à indenização securitária configura reconhecimento da existência da dívida por parte da seguradora. Assim, não estaria prescrito o direito dos herdeiros de pleitearem a complementação do seguro, pois a ação de cobrança foi proposta dentro do prazo de um ano, contado da data do pagamento a menor. Precedentes citados: REsp 882.588-SC, DJe 4/5/2011, e AgRg no Ag 1.277.705-GO, DJe 3/11/2010. **REsp 831.543-RJ, Rel. Min. Antonio Carlos Ferreira, julgado em 10/4/2012. (Inform. STJ 495)**

PRESCRIÇÃO. SEGURO HABITACIONAL. DANOS CONTÍNUOS E PERMANENTES.
A *quaestio juris* está em determinar, à luz do CC/1916, o prazo prescricional para que o beneficiário de seguro habitacional exerça a pretensão de receber indenização decorrente da existência de danos contínuos e permanentes no imóvel. O juiz de primeiro grau reconheceu a existência de danos contínuos e permanentes, salientando que esses vícios não são imputados a um único evento, sobrevindo de causas paulatinas, tais como a invasão de águas pluviais e dos efeitos da maré, além de defeitos decorrentes da execução da obra, motivo pelo qual não há como exigir comunicação específica de sinistro. Por outro lado, o tribunal de origem acolheu a alegação de prescrição, fazendo incidir à espécie o art. 178, § 6º, II, do CC/1916. Consignou ter o contrato sido celebrado em 1º/11/1983, e a ação, promovida mais de 20 anos depois (13/4/2004), sem que o proprietário indicasse a data em que os danos no imóvel surgiram ou se agravaram, obstando a fixação do *dies a quo* para contagem do prazo prescricional. A Min. relatora ressaltou que, dada a natureza sucessiva e gradual do dano, sua progressão dá azo a inúmeros sinistros sujeitos à cobertura securitária, renovando sucessivamente a pretensão do beneficiário do seguro e, por conseguinte, o marco inicial do prazo prescricional. A jurisprudência, em situações como essa, tem considerado que a pretensão do beneficiário do seguro emerge no momento em que, comunicado o fato à seguradora, esta se recusa a indenizar. No entanto, na hipótese, não houve recusa formal da seguradora de indenizar, sobretudo, uma data que servisse de base para a contagem do prazo prescricional. Inclusive, o STJ entende que, reconhecendo o acórdão recorrido que o dano foi contínuo, sem possibilidade de definir data para a sua ocorrência e possível conhecimento de sua extensão pelo segurado, não tem como revisar o julgado na via especial, para escolher o *dies a quo* do prazo prescricional. Assim, é impossível reconhecer a prescrição da pretensão do recorrente de ser indenizado pela seguradora dos danos descritos na exordial. Além do mais, o próprio STJ já consolidou o entendimento de que terceiro beneficiário do seguro não se sujeita ao prazo do art. 178, § 6º, II, do CC/1916, pois não se pode confundi-lo com a figura do segurado. Com essas e outras considerações, a Turma deu provimento ao recurso para afastar a prescrição reconhecida pelo acórdão recorrido, determinando o retorno dos autos à origem para que o Tribunal estadual prossiga o julgamento das apelações, na esteira do devido processo legal. Precedentes citados: REsp 247.347-MG, DJ 24/9/2001, e REsp 401.101-SP, DJ 17/2/2003. **REsp 1.143.962-SP, Rel. Min. Nancy Andrighi, julgado em 20/3/2012. (Inform. STJ 493)**

Súmula STF nº 494

A ação para anular venda de ascendente a descendente, sem consentimento dos demais, prescreve em vinte anos, contados da data do ato, revogada a súmula 152.

Súmula STF nº 445

A Lei 2437, de 7/3/1955, que reduz prazo prescricional, é aplicável às prescrições em curso na data de sua vigência (1º/1/1956), salvo quanto aos processos então pendentes.

Súmula STF nº 443
A prescrição das prestações anteriores ao período previsto em Lei não ocorre, quando não tiver sido negado, antes daquele prazo, o próprio direito reclamado, ou a situação jurídica de que ele resulta.

Súmula STF nº 154
Simples vistoria não interrompe a prescrição.

Súmula STF nº 153
Simples protesto cambiário não interrompe a prescrição.

Súmula STF nº 150
Prescreve a execução no mesmo prazo de prescrição da ação.

Súmula STF nº 149
É imprescritível a ação de investigação de paternidade, mas não o é a de petição de herança.

Súmula STJ nº 412
A ação de repetição de indébito de tarifas de água e esgoto sujeita-se ao prazo prescricional estabelecido no Código Civil.

Súmula STJ nº 405
A ação de cobrança do seguro obrigatório (DPVAT) prescreve em três anos.

Súmula STJ nº 323
A inscrição do nome do devedor pode ser mantida nos serviços de proteção ao crédito até o prazo máximo de cinco anos, independentemente da prescrição da execução.

Súmula STJ nº 291
A ação de cobrança de parcelas de complementação de aposentadoria pela previdência privada prescreve em cinco anos.

Súmula STJ nº 278
O termo inicial do prazo prescricional, na ação de indenização, é a data em que o segurado teve ciência inequívoca da incapacidade laboral.

Súmula STJ nº 229
O pedido do pagamento de indenização à seguradora suspende o prazo de prescrição até que o segurado tenha ciência da decisão.

Súmula STJ nº 194
Prescreve em vinte anos a ação para obter, do construtor, indenização por defeitos da obra.

Súmula STJ nº 143
Prescreve em cinco anos a ação de perdas e danos pelo uso de marca comercial.

Súmula STJ nº 101
A ação de indenização do segurado em grupo contra a seguradora prescreve em um ano.

Súmula STJ nº 39
Prescreve em vinte anos a ação para haver indenização, por responsabilidade civil, de sociedade de economia mista.

2. OBRIGAÇÕES

DIREITO CIVIL. ÍNDICE DE CORREÇÃO DOS DEPÓSITOS DE CADERNETA DE POUPANÇA NO PLANO COLLOR II. RECURSO REPETITIVO (ART. 543-C DO CPC E RES. 8/2008-STJ). Foram acolhidos embargos de declaração para sanar erro material, fixando-se o percentual de 20,21%, relativo ao BTN, como índice de correção dos depósitos de caderneta de poupança para o Plano Collor II, em vez do IPC. De fato, o voto-condutor do acórdão embargado se encaminha pelo direito adquirido do poupador à adoção do critério remuneratório previsto na Lei 8.088/1990, qual seja, o Bônus do Tesouro Nacional (BTN), cujo índice estaria fixado no patamar de 20,21%. Todavia, na parte dispositiva foi estabelecido o percentual de 21,87% correspondente ao Índice de Preços ao Consumidor (IPC), em contradição à fundamentação anteriormente adotada, incorreção essa que também ficou estampada na ementa do julgado. Assim, constatada a contradição entre a fundamentação e a parte dispositiva do acórdão embargado, devem os embargos de declaração ser acolhidos para sanar o erro material verificado. **EDcl no REsp 1.147.595-RS**, Rel. Min. Marco Aurélio Bellizze, julgado em 12/11/2014. (Inform. STJ 552)

DIREITO CIVIL E PROCESSUAL CIVIL. PRESUNÇÃO RELATIVA DE VERACIDADE DA QUITAÇÃO DADA EM ESCRITURA PÚBLICA. A quitação dada em escritura pública gera presunção relativa do pagamento, admitindo prova em contrário que evidencie a invalidade do instrumento eivado de vício que o torne falso. Com efeito, nos termos do art. 215 do CC, a escritura lavrada em cartório tem fé pública, o que significa dizer que é documento dotado de presunção de veracidade. O que ocorre com a presunção legal do referido dispositivo é a desnecessidade de se provar os fatos contidos na escritura (à luz do que dispõe o art. 334, IV, do CPC) e também a inversão do ônus da prova, em desfavor de quem, eventualmente, suscite a sua invalidade. Outro não é o motivo pelo qual os arts. 214 e 216 da Lei 6.015/1976 (Lei de Registros Públicos) assim preveem: "As nulidades de pleno direito do registro, uma vez provadas, invalidam-no, independentemente de ação direta" e "O registro poderá também ser retificado ou anulado por sentença em processo contencioso, ou por efeito do julgado em ação de anulação ou de declaração de nulidade de ato jurídico, ou de julgado sobre fraude à execução". Portanto, a quitação dada em escritura pública não é uma "verdade indisputável", na medida em que admite a prova de que o pagamento não foi efetivamente realizado, evidenciando, ao fim, a invalidade do instrumento em si, porque eivado de vício que o torna falso. Assim, entende-se que a quitação dada em escritura pública presume o pagamento, até que se prove o contrário. REsp, Rel. Min. Nancy Andrighi, julgado em 22/4/2014. (Inform. STJ 541)

DIREITO CIVIL. PENA CONVENCIONAL E INDENIZAÇÃO POR PERDAS E DANOS. Não se pode cumular multa compensatória prevista em cláusula penal com indenização por perdas e danos decorrentes do inadimplemento da obrigação. Enquanto a cláusula penal moratória manifesta com mais evidência a característica de reforço do vínculo obrigacional, a cláusula penal compensatória prevê indenização que serve não apenas como punição pelo inadimplemento, mas também como prefixação de perdas e danos. A finalidade da cláusula penal compensatória é recompor a parte pelos prejuízos que eventualmente decorram do inadimplemento total ou parcial da obrigação. Tanto assim que, eventualmente, sua execução poderá até mesmo substituir a execução do próprio contrato. Não é possível, pois, cumular cláusula penal compensatória com perdas e danos decorrentes de inadimplemento contratual. Com efeito, se as próprias partes já acordaram previamente o valor que entendem suficiente para recompor os prejuízos experimentados em caso de inadimplemento, não se pode admitir que, além desse valor, ainda seja acrescido outro, com fundamento na mesma justificativa – a recomposição de prejuízos. Ademais, nessas situações sobressaem direitos e interesses eminentemente disponíveis, de modo a não ter cabimento, em princípio, a majoração oblíqua da indenização prefixada pela condenação cumulativa em perdas e danos. **REsp 1.335.617-SP, Rel. Min. Sidnei Beneti, julgado em 27/3/2014. (Inform. STJ 540)**

DIREITO CIVIL. TERMO INICIAL DOS JUROS DE MORA DE OBRIGAÇÃO POSITIVA, LÍQUIDA E COM TERMO CERTO.
Em ação monitória para a cobrança de débito decorrente de obrigação positiva, líquida e com termo certo, deve-se reconhecer que os juros de mora incidem desde o inadimplemento da obrigação se não houver estipulação contratual ou legislação específica em sentido diverso. De início, os juros moratórios são os que, nas obrigações pecuniárias, compensam a mora, para ressarcir o credor do dano sofrido em razão da impontualidade do adimplemento. Por isso, sua disciplina legal está inexoravelmente ligada à própria configuração da mora. É importante destacar que, por se tratar de direito disponível, as partes podem convencionar o percentual dos juros de mora e o seu termo inicial, hipótese em que se fala em juros de mora contratual. Quando, porém, não há previsão contratual quanto a juros, ainda assim o devedor estará obrigado ao pagamento de juros moratórios, mas na forma prevista em lei (juros legais). Quanto ao aspecto legal, o CC estabelece, como regra geral, que a simples estipulação contratual de prazo para o cumprimento da obrigação já dispensa, uma vez descumprido esse prazo, qualquer ato do credor para constituir o devedor em mora. Aplica-se, assim, o disposto no art. 397 do CC, reconhecendo-se a mora a partir do inadimplemento no vencimento (*dies interpellat pro homine*) e, por força de consequência, os juros de mora devem incidir também a partir dessa data. Assim, nos casos de responsabilidade contratual, não se pode afirmar que os juros de mora devem sempre correr a partir da citação, porque nem sempre a mora terá sido constituída pela citação. O art. 405 do CC ("contam-se os juros de mora desde a citação inicial"), muitas vezes empregado com o objetivo de fixar o termo inicial dos juros moratórios em qualquer hipótese de responsabilidade contratual, não se presta a tal finalidade. Geograficamente localizado em Capítulo sob a rubrica "Das Perdas e Danos", esse artigo disciplinaria apenas os juros de mora que se vinculam à obrigação de pagar perdas e danos. Ora, as perdas e danos, de ordinário, são fixadas apenas por decisão judicial. Nesse caso, a fixação do termo inicial dos juros moratórios na data da citação se harmoniza com a regra implícita no art. 397, *caput*, de que nas obrigações que não desfrutam de certeza e liquidez, a mora é *ex persona*, ou seja, constitui-se mediante interpelação do credor. Precedentes citados: REsp 1.257.846-RS, Terceira Turma, DJe 30/4/2012; e REsp 762.799-RS, Quarta Turma, DJe 23/9/2010. **EREsp 1.250.382-PR, Rel. Min. Sidnei Beneti, julgado em 2/4/2014. (Inform. STJ 537)**

DIREITO CIVIL E PROCESSUAL CIVIL. NECESSIDADE DE DEPÓSITO DOS VALORES VENCIDOS E INCONTROVERSOS EM AÇÃO DE CONSIGNAÇÃO EM PAGAMENTO. Em ação de consignação em pagamento, ainda que cumulada com revisional de contrato, é inadequado o depósito tão somente das prestações que forem vencendo no decorrer do processo, sem o recolhimento do montante incontroverso e vencido. De fato, assim como possui o credor a possibilidade de exigir o cumprimento da obrigação, também é facultado ao devedor tornar-se livre do vínculo obrigacional, constituindo a consignação em pagamento forma válida de extinção da obrigação, a teor do art. 334 do CC. O depósito em consignação tem força de pagamento, e a correspondente ação tem por finalidade ver atendido o direito material do devedor de liberar-se da obrigação e obter quitação. Em razão disso, o provimento jurisdicional terá caráter eminentemente declaratório de que o depósito oferecido liberou o autor da obrigação relativa à relação jurídica material. A consignação em pagamento serve para prevenir a mora, libertando o devedor do cumprimento da prestação a que se vinculou, todavia para que tenha força de pagamento, conforme disposto no art. 336 do CC, é necessário que concorram, em relação a pessoas, objeto, modo e tempo, todos os requisitos sem os quais não é válido o pagamento. Assim, a consignação em pagamento só é cabível pelo depósito da coisa ou quantia devida, não sendo possível ao devedor fazê-lo por objeto ou montante diverso daquele a que se obrigou. Nesse sentido, o art. 313 do CC estabelece que o credor não é obrigado a receber prestação diversa da que lhe é devida, ainda que mais valiosa, e o art. 314 do mesmo diploma estabelece que, ainda que a obrigação tenha por objeto prestação divisível, não pode o credor ser obrigado a receber nem o devedor a pagar por partes, se assim não se ajustou. Ademais, o art. 337 do CC também estabelece que cessa a mora apenas com o depósito da quantia devida, tendo efeito a partir de sua efetivação, por isso mesmo é necessário o depósito do valor integral da dívida, incluindo eventuais encargos. Cabe ressaltar que, a teor do art. 893, I, do CPC, o depósito da quantia ou coisa devida é pressuposto processual objetivo, pois se cuida de exigência formal para o recebimento da petição inicial da ação de consignação em pagamento. **REsp 1.170.188-DF, Rel. Min. Luis Felipe Salomão, julgado em 25/2/2014. (Inform. STJ 537)**

DIREITO CIVIL E PROCESSUAL CIVIL. IMPOSSIBILIDADE DE QUE AUTOR E RÉU REALIZEM COMPENSAÇÃO QUE ENVOLVA CRÉDITO OBJETO DE PENHORA NO ROSTO DOS AUTOS.
A penhora de crédito pleiteado em juízo, anotada no rosto dos autos e de cuja constituição tenham sido as partes intimadas, impede que autor e réu realizem posterior compensação que envolva o referido crédito. Aplica-se, nessa hipótese, a regra contida no art. 380 do CC, que dispõe ser inadmissível a compensação em prejuízo de direito de terceiro. Afirma ainda o referido dispositivo que o devedor que se torne credor do seu credor, depois de penhorado o crédito deste, não pode opor ao exequente a compensação, de que contra o próprio credor disporia. Busca-se, dessa forma, evitar lesão a direito de terceiro diretamente interessado na constrição. Deve-se observar, portanto, que o art. 380 do CC tem por escopo coibir a utilização da compensação como forma de esvaziar penhora anterior. Trata-se, assim, de norma de caráter protetivo e de realce na busca de um processo de resultado. Ademais, segundo os arts. 673 e 674 do CPC, a penhora no rosto dos autos altera subjetivamente a figura a quem deverá ser efetuado o pagamento, conferindo a esta os bens que foram adjudicados ou que couberem ao devedor. Ressalte-se que a impossibilidade de compensação nessas circunstâncias decorre também do princípio da boa-fé objetiva, valor comportamental que impõe às partes o dever de cooperação e de lealdade na relação processual. **REsp 1.208.858-SP, Rel. Min. Nancy Andrighi, julgado em 3/9/2013. (Inform. STJ 528)**

DIREITO CIVIL. CONTRATOS. CUMULAÇÃO DE CLÁUSULA PENAL MORATÓRIA COM INDENIZAÇÃO POR LUCROS CESSANTES.
O promitente comprador, no caso de atraso na entrega do imóvel adquirido, tem direito a exigir, além do cumprimento da obrigação e do pagamento do valor da cláusula penal moratória prevista no contrato, a indenização correspondente aos lucros cessantes pela não fruição do imóvel durante o período da mora. Enquanto a cláusula penal compensatória funciona como prefixação das perdas e danos, a cláusula penal moratória, cominação contratual de uma multa para o caso de mora, serve apenas como punição pelo retardamento no cumprimento da obrigação. A cláusula penal moratória, portanto, não compensa o

inadimplemento, nem substitui o adimplemento, não interferindo na responsabilidade civil correlata, que é decorrência natural da prática de ato lesivo ao interesse ou direito de outrem. Assim, não há óbice a que se exija a cláusula penal moratória juntamente com o valor referente aos lucros cessantes. **REsp 1.355.554-RJ, Rel. Min. Sidnei Beneti, julgado em 6/12/2012. (Inform. STJ 513).**

DIREITO CIVIL. JUROS DE MORA. NÃO INCIDÊNCIA DA SELIC CUMULADA COM CORREÇÃO MONETÁRIA.
A incidência da taxa Selic como juros moratórios exclui a correção monetária, sob pena de *bis in idem*, considerando que a referida taxa já é composta de juros e correção monetária. Precedentes citados: EDcl nos EDcl nos EDcl nos EREsp 727.842-SP, DJe 23/11/2009; REsp 951.521-MA, DJe 11/5/2011, e REsp 1.139.997-RJ, DJe 23/2/2011. EDcl no REsp 1.025.298-RS, Rel. originário Min. Massami Uyeda, Rel. para acórdão Min. Luis Felipe Salomão, julgados em 28/11/2012. (Inform. STJ 510)

REVISÃO CONTRATUAL. CAPITALIZAÇÃO DE JUROS. CONTRATAÇÃO EXPRESSA. NECESSIDADE DE PREVISÃO.
A Turma entendeu que a contratação expressa da capitalização de juros deve ser clara, precisa e ostensiva, ou seja, as cláusulas devem ser compreensíveis plenamente, não podendo ser deduzida da mera divergência entre a taxa de juros anual e o duodécuplo da taxa de juros mensal. Assim, reconhecida a abusividade dos encargos exigidos no período de normalidade contratual, descaracteriza-se a mora. REsp 1.302.738-SC, Rel. Min. Nancy Andrighi, julgado em 3/5/2012. (Inform. STJ 496)

> **Súmula STF nº 596**
>
> As disposições do Decreto 22626/1933 não se aplicam às taxas de juros e aos outros encargos cobrados nas operações realizadas por instituições públicas ou privadas, que integram o sistema financeiro nacional.

> **Súmula STF nº 121**
>
> É vedada a capitalização de juros, ainda que expressamente convencionada.

> **Súmula STJ nº 472**
>
> A cobrança de comissão de permanência - cujo valor não pode ultrapassar a soma dos encargos remuneratórios e moratórios previstos no contrato exclui a exigibilidade dos juros remuneratórios, moratórios e da multa contratual.

> **Súmula STJ nº 464**
>
> A regra de imputação de pagamentos estabelecida no art. 354 do Código Civil não se aplica às hipóteses de compensação tributária.

> **Súmula STJ nº 422**
>
> O art. 6º, e, da Lei n. 4.380/1964 não estabelece limitação aos juros remuneratórios nos contratos vinculados ao SFH.

> **Súmula STJ nº 382**
>
> A estipulação de juros remuneratórios superiores a 12% ao ano, por si só, não indica abusividade.

> **Súmula STJ nº 379**
>
> Nos contratos bancários não regidos por legislação específica, os juros moratórios poderão ser convencionados até o limite de 1% ao mês.

> **Súmula STJ nº 296**
>
> Os juros remuneratórios, não cumuláveis com a comissão de permanência, são devidos no período de inadimplência, à taxa média de mercado estipulada pelo Banco Central do Brasil, limitada ao percentual contratado.

> **Súmula STJ nº 288**
>
> A Taxa de Juros de Longo Prazo (TJLP) pode ser utilizada como indexador de correção monetária nos contratos bancários.

> **Súmula STJ nº 287**
>
> A Taxa Básica Financeira (TBF) não pode ser utilizada como indexador de correção monetária nos contratos bancários.

> **Súmula STJ nº 283**
>
> As empresas administradoras de cartão de crédito são instituições financeiras e, por isso, os juros remuneratórios por elas cobrados não sofrem as limitações da Lei de Usura.

> **Súmula STJ nº 186**
>
> Nas indenizações por ato ilícito, os juros compostos somente são devidos por aquele que praticou o crime.

> **Súmula STJ nº 176**
>
> É nula a clausula contratual que sujeita o devedor a taxa de juros divulgada pela Anbid/Cetip.

> **Súmula STJ nº 54**
>
> Os juros moratórios fluem a partir do evento danoso, em caso de responsabilidade extracontratual.

3. CONTRATOS

3.1. Princípios contratuais

DIREITO CIVIL. RESPONSABILIDADE CIVIL PRÉ-CONTRATUAL.
A parte interessada em se tornar revendedora autorizada de veículos tem direito de ser ressarcida dos danos materiais decorrentes da conduta da fabricante no caso em que esta - após anunciar em jornal que estaria em busca de novos parceiros e depois de comunicar àquela a avaliação positiva que fizera da manifestação de seu interesse, obrigando-a, inclusive, a adiantar o pagamento de determinados valores - rompa, de forma injustificada, a negociação até então levada a efeito, abstendo-se de devolver as quantias adiantadas. A responsabilidade civil pré-negocial, ou seja, a verificada na fase preliminar do contrato, é tema oriundo da teoria da culpa *in contrahendo*, formulada pioneiramente por Jhering, que influenciou a legislação de diversos países. No Brasil, o CC/1916 não trazia disposição específica a respeito do tema, tampouco sobre a cláusula geral de boa-fé objetiva. Todavia, já se ressaltava, com fundamento no art. 159 daquele diploma, a importância da tutela da confiança e a necessidade de reparar o dano verificado no âmbito das tratativas pré-contratuais. Com o advento do CC/2002, dispôs-se, de forma expressa, a respeito da boa-fé (art. 422), da qual se extrai a necessidade de observância dos chamados deveres anexos ou de proteção. Com base nesse regramento, deve-se reconhecer a responsabilidade pela reparação de danos originados na fase pré-contratual caso verificadas a ocorrência de consentimento prévio e mútuo no início das tratativas, a afronta à boa-fé objetiva com o rompimento ilegítimo destas, a existência de prejuízo e a relação de causalidade entre a ruptura das tratativas e o dano sofrido. Nesse contexto, o dever de reparação não decorre do simples fato de as tratativas terem sido rompidas e o contrato não ter sido concluído, mas da situação de uma das partes ter gerado à outra, além da expectativa legítima de que o contrato seria concluído, efetivo prejuízo material. **REsp 1.051.065-AM, Rel. Min. Ricardo Villas Bôas Cueva, julgado em 21/2/2013. (Inform. STJ 517).**

DIREITO CIVIL. INDENIZAÇÃO POR LUCROS CESSANTES DECORRENTE DA RECUSA DE VENDER.
O titular de marca estrangeira e a sua distribuidora autorizada com exclusividade no Brasil devem, solidariamente, indenizar, na modalidade de lucros cessantes, a sociedade empresarial que, durante longo período, tenha adquirido daqueles, de maneira consentida, produtos para revenda no território brasileiro na hipótese de abrupta recusa à continuação das vendas, ainda que não tenha sido firmado qualquer contrato de distribuição entre eles e a sociedade revendedora dos produtos. A longa aquiescência do titular de marca estrangeira e da sua distribuidora autorizada no Brasil na realização das compras pela sociedade revendedora resulta "direito de comprar" titularizado por aquela sociedade. Assim, a "recusa de vender" implica violação do "direito de comprar", nos termos o art. 186 do CC, fazendo surgir, dessa maneira, o direito à indenização. **REsp 1.200.677-CE, Rel. Min. Sidnei Beneti, julgado em 18/12/2012.** (Inform. STJ 514).

3.2. Contratos em geral

DIREITO CIVIL. NÃO CARACTERIZAÇÃO DA FERRUGEM ASIÁTICA COMO FATO EXTRAORDINÁRIO E IMPREVISÍVEL PARA FINS DE RESOLUÇÃO DO CONTRATO.
A ocorrência de "ferrugem asiática" na lavoura de soja não enseja, por si só, a resolução de contrato de compra e venda de safra futura em razão de onerosidade excessiva. Isso porque o advento dessa doença em lavoura de soja não constitui o fato extraordinário e imprevisível exigido pelo art. 478 do CC/2002, que dispõe sobre a resolução do contrato por onerosidade excessiva. Precedente citado: REsp 977.007-GO, Terceira Turma, DJe 2/12/2009. **REsp 866.414-GO, Rel. Min. Nancy Andrighi, julgado em 20/6/2013.** (Inform. STJ 526)

DIREITO CIVIL E PROCESSUAL CIVIL. DESNECESSIDADE DO TRÂNSITO EM JULGADO DA SENTENÇA QUE RECONHECE A EVICÇÃO PARA QUE O EVICTO POSSA EXERCER OS DIREITOS DELA RESULTANTES.
Para que o evicto possa exercer os direitos resultantes da evicção, na hipótese em que a perda da coisa adquirida tenha sido determinada por decisão judicial, não é necessário o trânsito em julgado da referida decisão. A evicção consiste na perda parcial ou integral do bem, via de regra, em virtude de decisão judicial que atribua seu uso, posse ou propriedade a outrem em decorrência de motivo jurídico anterior ao contrato de aquisição. Pode ocorrer, ainda, em razão de ato administrativo do qual também decorra a privação da coisa. A perda do bem por vício anterior ao negócio jurídico oneroso é o fator determinante da evicção, tanto que há situações em que os efeitos advindos da privação do bem se consumam a despeito da existência de decisão judicial ou de seu trânsito em julgado, desde que haja efetiva ou iminente perda da posse ou da propriedade e não uma mera cogitação da perda ou limitação desse direito. Assim, apesar de o trânsito em julgado da decisão que atribua a outrem a posse ou a propriedade da coisa conferir o respaldo ideal para o exercício do direito oriundo da evicção, o aplicador do direito não pode ignorar a realidade comum do trâmite processual nos tribunais que, muitas vezes, faz com que o processo permaneça ativo por longos anos, ocasionando prejuízos consideráveis advindos da constrição imediata dos bens do evicto, que aguarda, impotente, o trânsito em julgado da decisão que já lhe assegurava o direito. Com efeito, os civilistas contemporâneos ao CC/1916 somente admitiam a evicção mediante sentença transitada em julgado, com base no art. 1.117, I, do referido código, segundo o qual o adquirente não poderia demandar pela evicção se fosse privado da coisa não pelos meios judiciais, mas por caso fortuito, força maior, roubo ou furto. Ocorre que o Código Civil vigente, além de não ter reproduzido esse dispositivo, não contém nenhum outro que preconize expressamente a referida exigência. Dessa forma, ampliando a rigorosa interpretação anterior, jurisprudência e doutrina passaram a admitir que a decisão judicial e sua definitividade nem sempre são indispensáveis para a consumação dos riscos oriundos da evicção. **REsp 1.332.112-GO, Rel. Min. Luis Felipe Salomão, julgado em 21/3/2013.** (Inform. STJ 519)

ONEROSIDADE EXCESSIVA. CONTRATO DE SAFRA FUTURA DE SOJA. FERRUGEM ASIÁTICA.
Reiterando seu entendimento, a Turma decidiu que, nos contratos de compra e venda futura de soja, as variações de preço, por si só, não motivam a resolução contratual com base na teoria da imprevisão. Ocorre que, para a aplicação dessa teoria, é imprescindível que as circunstâncias que envolveram a formação do contrato de execução diferida não sejam as mesmas no momento da execução da obrigação, tornando o contrato extremamente oneroso para uma parte em benefício da outra. E, ainda, que as alterações que ensejaram o referido prejuízo resultem de um fato extraordinário e impossível de ser previsto pelas partes. No caso, o agricultor argumenta ter havido uma exagerada elevação no preço da soja, justificada pela baixa produtividade da safra americana e da brasileira, motivada, entre outros fatores, pela ferrugem asiática e pela alta do dólar. Porém, as oscilações no preço da soja são previsíveis no momento da assinatura do contrato, visto que se trata de produto de produção comercializado na bolsa de valores e sujeito às demandas de compra e venda internacional. A ferrugem asiática também é previsível, pois é uma doença que atinge as lavouras do Brasil desde 2001 e, conforme estudos da Embrapa, não há previsão de sua erradicação, mas é possível seu controle pelo agricultor. Sendo assim, os imprevistos alegados são inerentes ao negócio firmado, bem como o risco assumido pelo agricultor que também é beneficiado nesses contratos, pois fica resguardado da queda de preço e fica garantido um lucro razoável. Precedentes citados: REsp 910.537-GO, DJe 7/6/2010; REsp 977.007-GO, DJe 2/12/2009; REsp 858.785-GO, DJe 3/8/2010; REsp 849.228-GO, DJe 12/8/2010; AgRg no REsp 775.124-GO, DJe 18/6/2010, e AgRg no REsp 884.066-GO, DJ 18/12/2007. **REsp 945.166-GO, Rel. Min. Luis Felipe Salomão, julgado em 28/2/2012.** (Inform. STJ 492)

3.3. Compra e venda e compromisso de compra e venda

DIREITO CIVIL. NECESSIDADE DE INFORMAR QUE O CÔMPUTO DA ÁREA TOTAL DO IMÓVEL RESIDENCIAL VENDIDO CONSIDERA A VAGA DE GARAGEM. Na compra e venda de imóvel, a vaga de garagem, ainda que individualizada e de uso exclusivo do proprietário da unidade residencial, não pode ser considerada no cômputo da área total do imóvel vendido ao consumidor caso esse fato não tenha sido exposto de forma clara na publicidade e no contrato. De fato, a vaga de garagem pode ser (i) de uso comum ou (ii) de uso particular. Quando a vaga de garagem for individualizada e de uso exclusivo do proprietário de uma unidade residencial específica, ela será considerada como área de uso particular, podendo, nesse caso, (ii.a) constituir apenas um direito acessório ou (ii.b) configurar-se como unidade autônoma, caso em que terá registro próprio em cartório. Observa-se, portanto, que a vaga de garagem individualizada pertencente exclusivamente ao proprietário do apartamento respectivo realmente não pode ser considerada bem de uso comum. Entretanto, diante da ausência de informação clara e inequívoca de que a área total do imóvel vendido corresponde à soma das áreas do apartamento e da vaga de garagem, é evidente a violação do princípio da transparência, que preside toda e qualquer relação de consumo. Ademais, essa não é, definitivamente, a praxe do mercado imobiliário brasileiro, pois, quando as construtoras e incorporadoras de imóveis oferecem seus apartamentos para venda aos consumidores em geral, a área do imóvel mencionada nos panfletos, encartes e demais instrumentos publicitários é sempre a área do apartamento em si, e não a soma de tal área com a da vaga de garagem, ainda que se saiba que esta é privativa e caracterizada como unidade autônoma. Em última análise, pode-se até cogitar a possibilidade de uma determinada construtora ou incorporadora veicular anúncio publicitário informando como área total do imóvel à venda a soma das áreas do apartamento e da vaga de garagem. Isso pode ocorrer, por exemplo, em situações em que o imóvel possui várias vagas, o que as torna um atrativo específico para o negócio. Mas nesses casos será, sempre, absolutamente imprescindível que a publicidade seja clara e inequívoca, de modo que os consumidores destinatários não tenham nenhuma dúvida quanto ao fato de que o apartamento, em si, possui área menor do que aquela área total anunciada. Trata-se de aplicação pura e simples do princípio da informação ou transparência, de especial importância no âmbito das relações consumeristas. Precedentes citados: REsp 1.121.275-SP, Terceira Turma, DJe 17/4/2012. **REsp 1.139.285-DF, Rel. Min. Marco Buzzi, julgado em 18/11/2014. (Inform. STJ 552)**

DIREITO PROCESSUAL CIVIL E DIREITO CIVIL. RECONHECIMENTO DA NULIDADE DO CONTRATO E SEU EFEITO SOBRE AÇÃO ORDINÁRIA DE RESOLUÇÃO DE PROMESSA DE COMPRA E VENDA DE IMÓVEL LOCALIZADO EM LOTEAMENTO IRREGULAR. Deve ser extinto sem resolução de mérito o processo decorrente do ajuizamento, por loteador, de ação ordinária com o intuito de, em razão da suposta inadimplência dos adquirentes do lote, rescindir contrato de promessa de compra e venda de imóvel urbano loteado sem o devido registro do respectivo parcelamento do solo, nos termos da Lei 6.766/1979. De fato, o art. 37, *caput*, da Lei 6.766/1979 (que dispõe sobre o parcelamento do solo urbano) determina que é "vedado vender ou prometer vender parcela de loteamento ou desmembramento não registrado". Além disso, verifica-se que o ordenamento jurídico exige do autor da ação de resolução do contrato de promessa de compra e venda a comprovação da regularidade do loteamento, parcelamento ou da incorporação, consoante prevê o art. 46 da Lei 6.766/1979: o "loteador não poderá fundamentar qualquer ação ou defesa na presente Lei sem apresentação dos registros e contratos a que ela se refere". Trata-se de exigência decorrente do princípio segundo o qual *a validade dos atos jurídicos depende de objeto lícito*, de modo que a venda irregular de imóvel situado em loteamento não regularizado constitui ato jurídico com objeto ilícito, conforme afirmam a doutrina e a jurisprudência. Dessa forma, constatada a *ilicitude* do objeto do contrato em análise (promessa de compra e venda de imóvel loteado sem o devido registro do respectivo parcelamento do solo urbano), deve-se concluir pela sua *nulidade*. Por conseguinte, caracterizada a impossibilidade jurídica do pedido, o processo deve ser extinto sem resolução do mérito, nos termos do art. 267, VI, do CPC. **REsp 1.304.370-SP, Rel. Min. Paulo de Tarso Sanseverino, julgado em 24/4/2014. (Inform. STJ 543)**

DIREITO CIVIL. INDENIZAÇÃO POR BENFEITORIAS OU ACESSÕES REALIZADAS SEM LICENÇA. Em ação que busque a rescisão de contrato de compra e venda de imóvel urbano, antes de afastar a indenização pelas benfeitorias ou acessões realizadas sem a obtenção de licença da prefeitura municipal (art. 34, parágrafo único, da Lei 6.766/1979), é necessário apurar se a irregularidade é insanável. De fato, o art. 34 da Lei 6.766/1979 (Lei Lehmann) disciplina em seu *caput* que "Em qualquer caso de rescisão por inadimplemento do adquirente, as benfeitorias necessárias ou úteis por ele levadas a efeito no imóvel deverão ser indenizadas, sendo de nenhum efeito qualquer disposição contratual em contrário", e seu parágrafo único ressalva que "Não serão indenizadas as benfeitorias feitas em desconformidade com o contrato ou com a lei". Nesse mesmo sentido, o Código Civil prevê que o possuidor de boa-fé tem direito à indenização das benfeitorias necessárias e úteis, bem como, quanto às voluptuárias, se não lhe forem pagas, a levantá-las, quando o puder sem detrimento da coisa, e poderá exercer o direito de retenção pelo valor das benfeitorias necessárias e úteis (art. 1.219 do CC/2002 e art. 516 do CC/1916). O âmago dos dispositivos citados é evitar o enriquecimento ilícito de quaisquer das partes, promovendo a restituição à situação originária. Embora o art. 34 da Lei Lehmann faça menção apenas a benfeitorias, parece claro que o dispositivo abarca tanto benfeitorias como acessões. Entretanto, ainda que a licença para construir seja requisito imprescindível a qualquer obra realizada em terreno urbano, seria temerário reconhecer de forma categórica que a ausência de licença para construir não constitui irregularidade apta a obstar eventual condenação à indenização por benfeitorias/acessões realizadas no lote objeto do contrato. Isso porque a ausência de licença para construir emitida pela prefeitura municipal é irregularidade que pode ser ou não sanável, a depender do caso concreto. Assim, caso seja mantida a condenação à indenização e a construção realizada seja considerada precária e não passível de regularização pela municipalidade, havendo necessidade de demolição, o vendedor arcaria com demasiado ônus. Por outro lado, caso o STJ afaste a condenação à indenização, e a municipalidade entenda que a irregularidade é sanável, esta Corte estaria ferindo de morte o escopo maior do ordenamento jurídico específico, qual seja, o retorno ao *status quo ante* e a vedação ao enriquecimento sem causa. Ressalte-se que, conforme a doutrina, construções realizadas sem licença da municipalidade estão em desacordo com a lei e, assim, sujeitas a sanções administrativas, as quais não podem ser imputadas ao promitente vendedor, porquanto a posse e o direito de construir haviam sido transmitidos ao promitente comprador. Dessa forma, antes de decidir sobre a obrigação de indenizar por benfeitorias, faz-se necessário apurar as multas pela construção sem o alvará da prefeitura e eventual necessidade de demolição da obra. Isso porque é imprescindível a verificação quanto à possibilidade de ser sanada ou não a irregularidade – consistente na ausência de licença da prefeitura para construir –, de modo a realizar a restituição das partes à situação anterior e evitar enriquecimento ilícito de qualquer dos litigantes. **REsp 1.191.862-PR, Rel. Min. Luis Felipe Salomão, julgado em 16/5/2014. (Inform. STJ 542)**

DIREITO CIVIL E PROCESSO CIVIL. PREÇO A SER DEPOSITADO PARA O EXERCÍCIO DO DIREITO DE PREFERÊNCIA EM ARRENDAMENTO RURAL. Em ação de adjudicação compulsória proposta por arrendatário rural que teve desrespeitado o seu direito de preferência para a aquisição do imóvel, o preço a ser depositado para que o autor obtenha a transferência forçada do bem (art. 92, § 4º, da Lei 4.505/1964) deve corresponder àquele consignado na escritura pública de compra e venda registrada no cartório de registro de imóveis, ainda que inferior ao constante do contrato particular de compra e venda firmado entre o arrendador e o terceiro que tenha comprado o imóvel. De fato, o art. 92 do Estatuto da Terra (Lei 4.504/1964) e o art. 45 do Dec. 59.566/1966 (que regulamentou a lei) preveem expressamente o direito de preferência, legal e real, outorgado ao arrendatário como garantia do uso econômico da terra explorada por ele, direito que é exclusivo do preferente em adquirir o imóvel arrendado, em igualdade de condições, sendo uma forma de restrição ao direito de propriedade do arrendante. Dessa maneira, vendendo o arrendador o imóvel sem a notificação do arrendatário, aparece a pretensão do arrendatário em ver declarada a invalidade do negócio entre arrendador e o terceiro, adjudicando o imóvel ao preemptor, desde que realizada no prazo decadencial de seis meses, e desde que efetuado o depósito do preço. Realmente, no tocante ao preço, nem a lei nem o seu regulamento foram suficientemente claros sobre qual seria o valor a ser depositado. A interpretação sistemática e teleológica do comando legal leva à conclusão de que o melhor norte para definição do preço a ser depositado pelo arrendatário é aquele consignado na escritura pública de compra e venda registrada em cartório. Isso porque a própria lei estabelece como marco legal para o exercício do direito de preferência a data da transcrição da escritura pública no registro de imóveis, ou seja, confere ao arrendatário o prazo de 6 meses para depositar o preço constante do ato de alienação do imóvel a que teve conhecimento por meio da transcrição no cartório imobiliário. Nessa linha de intelecção, por consectário lógico, o arrendatário, ao tomar conhecimento do ato da alienação no registro de imóveis, verifica o preço lá declarado – constante da escritura pública – e efetua o depósito (se houver o intento na aquisição do imóvel), exercendo, no momento próprio, a faculdade que o ordenamento jurídico vigente lhe concedeu. Não se pode olvidar que a escritura pública é um ato realizado perante o notário que revela a vontade das partes na realização de negócio jurídico, revestida de todas as solenidades prescritas em lei, isto é, demonstra de forma pública e solene a substância do ato, gozando o seu conteúdo de presunção de veracidade, trazendo maior segurança jurídica e garantia para a regularidade da compra. Com efeito, referido instrumento é requisito formal de validade do negócio jurídico de compra de imóvel em valor superior a 30 salários mínimos (art. 108 do CC), justamente por sua maior segurança e por expressar a realidade econômica da transação, para diversos fins. Outrossim, não podem o arrendador e o terceiro se valerem da própria torpeza para impedir a adjudicação compulsória, haja vista que simularam determinado valor no negócio jurídico publicamente escriturado, mediante declaração de preço que não refletia a realidade, com o fito de burlar a lei - pagando menos tributo. **REsp 1.175.438-PR, Rel. Min. Luis Felipe Salomão, julgado em 25/3/2014. (Inform. STJ 538)**

DIREITO CIVIL. DESNECESSIDADE DE PEDIDO EXPRESSO DO PROMITENTE COMPRADOR, EM AÇÃO DE RESOLUÇÃO DE CONTRATO DE PROMESSA DE COMPRA E VENDA, PARA RESTITUIÇÃO DO PREÇO PAGO.
O juiz, ao decretar a resolução de contrato de promessa de compra e venda de imóvel, deve determinar ao promitente vendedor a restituição das parcelas do preço pagas pelo promitente comprador, ainda que não tenha havido pedido expresso nesse sentido. A resolução, própria dos contratos bilaterais, consiste basicamente na extinção do contrato pelo inadimplemento definitivo do devedor, constituindo direito formativo extintivo, pois ocasiona, com o seu exercício, a desconstituição da relação obrigacional e a liberação do credor e do devedor de suas obrigações (eficácia liberatória). Além disso, resulta também da resolução do contrato uma nova relação obrigacional, a relação de liquidação, na qual serão tratados os direitos do credor e do devedor à restituição das prestações já efetivadas e o direito do credor à indenização por perdas e danos. A eficácia restitutória constitui, portanto, consequência natural e indissociável da resolução do contrato. Assim, na ação de resolução de contrato de compra e venda, não há necessidade de o devedor, na contestação ou em reconvenção, requerer a devolução das prestações entregues ao credor, a qual pode e deve ser determinada de ofício pelo juiz como decorrência lógica da decretação de resolução do contrato. Importante ressaltar, ainda, que o credor, da mesma forma e em decorrência do mesmo pedido de resolução, também possui o direito de receber eventuais prestações entregues ao devedor. Precedentes citados: REsp 300.721-SP, Quarta Turma, DJ 29/10/2001, e REsp 97.538-SP, Terceira Turma, DJ 8/5/2000. **REsp 1.286.144-MG, Rel. Min. Paulo de Tarso Sanseverino, julgado em 7/3/2013. (Inform. STJ 518)**

DIREITO CIVIL. NECESSIDADE DE COMPROVAÇÃO DO PREJUÍZO EM AÇÃO ANULATÓRIA DE VENDA REALIZADA POR ASCENDENTE A DESCENDENTE.
Não é possível ao magistrado reconhecer a procedência do pedido no âmbito de ação anulatória da venda de ascendente a descendente com base apenas em presunção de prejuízo decorrente do fato de o autor da ação anulatória ser absolutamente incapaz quando da celebração do negócio por seus pais e irmão. Com efeito, tratando-se de negócio jurídico anulável, para que seja decretada a sua invalidade é imprescindível que se comprove, no caso concreto, a efetiva ocorrência de prejuízo, não se admitindo, na hipótese em tela, que sua existência seja presumida. **REsp 1.211.531-MS, Rel. Min. Luis Felipe Salomão, julgado em 5/2/2013.** (Inform. STJ 514).

PROMESSA DE COMPRA E VENDA DE BEM DECLARADO TERRITÓRIO INDÍGENA ANTES DO CUMPRIMENTO DE OBRIGAÇÃO A CARGO DO VENDEDOR.
Resolve-se, por motivo de força maior, o contrato de promessa de compra e venda sobre o qual pendia como ônus do vendedor a comprovação do trânsito em julgado de ação de usucapião, na hipótese em que o imóvel objeto do contrato foi declarado território indígena por decreto governamental publicado após a celebração do referido contrato. Sobrevindo a inalienabilidade antes do implemento da condição a cargo do vendedor, não há falar em celebração do contrato principal de compra e venda, não se caracterizando como contrato diferido, nem incidindo a teoria da imprevisão. Trata-se de não perfazimento de contrato por desaparecimento da aptidão do bem a ser alienado (art. 248 do CC). **REsp 1.288.033-MA, Rel. Min. Sidnei Beneti, julgado em 16/10/2012. (Inform. STJ 507)**

VENDA - DIREITO CIVIL. ALIENAÇÃO DE IMÓVEL HIPOTECADO POR CÉDULA DE CRÉDITO RURAL. ANUÊNCIA DO CREDOR HIPOTECÁRIO.
O registro no cartório de imóveis da promessa de compra e venda de imóvel hipotecado por meio de cédula de crédito rural exige a prévia anuência por escrito do credor hipotecário. A hipoteca de imóvel, tratada nos arts. 809 a 851 do CC/1916 e atualmente nos arts. 1.473 a 1.505 do CC/2002, não impede a alienação do bem, que é acompanhado pelo ônus real em todas as suas alienações, considerando o direito de sequela. Porém, em se tratando de hipoteca cedular, o art. 59 do Dec.--lei n. 167/1967 dispõe que "a venda dos bens apenhados ou hipotecados pela cédula de crédito rural depende de prévia anuência do credor, por escrito". Trata-se de norma específica que se destina a disciplinar o financiamento concedido para o implemento de atividade rural e, como tal, prevalece sobre a regra de caráter geral prevista no CC. Dessa forma, como no direito brasileiro apenas mediante o registro no cartório de imóveis da promessa de compra e venda celebrada com cláusula de irrevogabilidade e irretratabilidade é que o comprador adquire direito real sobre o imóvel (CC/2002, art. 1.417; Lei n. 4.591/1964, art. 32, § 2º), tal providência não pode ser tomada enquanto não houver a anuência dos credores hipotecários, nos específicos termos do art. 59 do Dec.-lei n. 167/1967. Precedentes citados: REsp 1.291.923-PR, DJe 7/12/2011; AgRg no REsp 1.075.094-MG, DJe 28/2/2011; REsp 835.431-RS, DJe 1º/4/2009. **REsp 908.752-MG, Rel. Min. Raul Araújo, julgado em 16/10/2012. (Inform. STJ 506)**

Súmula STF nº 489

A compra e venda de automóvel não prevalece contra terceiros, de boa-fé, se o contrato não foi transcrito no registro de títulos e documentos.

Súmula STF nº 413

O compromisso de compra e venda de imóveis, ainda que não loteados, dá direito à execução compulsória, quando reunidos os requisitos legais.

Súmula STF nº 412

No compromisso de compra e venda com cláusula de arrependimento, a devolução do sinal, por quem o deu, ou a sua restituição em dobro, por quem o recebeu, exclui indenização maior, a título de perdas e danos, salvo os juros moratórios e os encargos do processo.

Súmula STF nº 168

Para os efeitos do Decreto-Lei 58, de 10/12/1937, admite-se a inscrição imobiliária do compromisso de compra e venda no curso da ação.

Súmula STF nº 167

Não se aplica o regime do Decreto-Lei 58, de 10/12/1937, ao compromisso de compra e venda não inscrito no registro imobiliário, salvo se o promitente vendedor se obrigou a efetuar o registro.

Súmula STF nº 166

É inadmissível o arrependimento no compromisso de compra e venda sujeito ao regime do Decreto-Lei 58, de 10/12/1937.

Súmula STJ nº 308

A hipoteca firmada entre a construtora e o agente financeiro, anterior ou posterior à celebração da promessa de compra e venda, não tem eficácia perante os adquirentes do imóvel.

Súmula STJ nº 239

O direito à adjudicação compulsória não se condiciona ao registro do compromisso de compra e venda no cartório de imóveis.

Súmula STJ nº 76

A falta de registro do compromisso de compra e venda de imóvel não dispensa a prévia interpelação para constituir em mora o devedor.

3.4. Locação

DIREITO CIVIL. INTERPRETAÇÃO DO ART. 53 DA LEI DE LOCAÇÕES. Pode haver denúncia vazia de contrato de locação de imóvel não residencial ocupado por instituição de saúde apenas para o desempenho de atividades administrativas, como marcação de consultas e captação de clientes, não se aplicando o benefício legal previsto no art. 53 da Lei de Locações. O objetivo do legislador ao editar o referido artigo fora retirar do âmbito de discricionariedade do locador o despejo do locatário que preste efetivos serviços de saúde no local objeto do contrato de locação, estabelecendo determinadas situações especiais em que o contrato poderia vir a ser denunciado motivadamente. Buscou-se privilegiar o interesse social patente no desempenho das atividades fins ligadas à saúde, visto que não podem sofrer dissolução de continuidade ao mero alvedrio do locador. Posto isso, há de ressaltar que, conforme a jurisprudência do STJ, esse dispositivo merece exegese restritiva, não estendendo as suas normas, restritivas por natureza do direito do locador, à locação de espaço voltado ao trato administrativo de estabelecimento de saúde. **REsp 1.310.960-SP, Rel. Min. Paulo de Tarso Sanseverino, julgado em 4/9/2014. (Inform. STJ 547)**

DIREITO CIVIL. LOCAÇÃO COMERCIAL DE IMÓVEL DE EMPRESA PÚBLICA FEDERAL. Empresa pública federal que realize contrato de locação comercial de imóvel de sua propriedade não pode escusar-se de renovar o contrato na hipótese em que o locatário tenha cumprido todos os requisitos exigidos pela Lei de Locações (Lei 8.245/1991) para garantir o direito à renovação. Inicialmente, vale ressaltar que somente as locações de imóveis de propriedade da União, dos Estados e dos Municípios, de suas autarquias e fundações públicas não se submetem às normas da Lei de locações, conforme previsto no art. 1º, parágrafo único, *"a"*, 1, desse diploma legal. Nos termos do Decreto-lei 200/1967 e do art. 173, § 1º, da CF, as empresas públicas são dotadas de personalidade jurídica de direito privado e, ressalvadas as hipóteses constitucionais, sujeitam-se ao regime jurídico próprio das empresas privadas, inclusive nas relações jurídicas contratuais que venham a manter. Nesse contexto, na hipótese em que empresa pública realize contrato de locação comercial de imóvel de sua propriedade, sendo o imóvel locado bem de natureza privada – por ser de titularidade de empresa pública que se sujeita ao regime jurídico de direito privado –, o contrato locatício firmado também é de natureza privada, e não administrativa, submetendo-se à Lei de Locações. Assim sendo, tendo o locatário obedecido a todos os requisitos exigidos na referida lei para garantir o direito à renovação do contrato, não é possível à locadora escusar-se da renovação. Nesse aspecto, ensina a doutrina que "As locações são contratos de direito privado, figure a administração como locadora ou locatária. Neste último caso, não há norma na disciplina locatícia que retire do locador seus poderes legais. Naquele outro também não se pode descaracterizar o contrato de natureza privada, se foi este o tipo de pacto eleito pela administração, até porque, se ela o desejasse, firmaria contrato administrativo de concessão de uso". **REsp 1.224.007-RJ, Rel. Min. Luis Felipe Salomão, julgado em 24/4/2014. (Inform. STJ 542)**

DIREITO CIVIL. LEGITIMIDADE DO LOCADOR PARA A PROPOSITURA DE AÇÃO DE DESPEJO.
O locador, ainda que não seja o proprietário do imóvel alugado, é parte legítima para a propositura de ação de despejo fundada na prática de infração legal/contratual ou na falta de pagamento de aluguéis. A Lei n. 8.245/1991 (Lei de Locações) especifica as hipóteses nas quais é exigida a prova da propriedade para o ajuizamento da ação de despejo. Nos demais casos, entre os quais se encontram os ora analisados, deve-se atentar para a natureza pessoal da relação de locação, de modo a considerar desnecessária a condição de proprietário para a propositura da demanda. Ademais, cabe invocar o princípio da boa-fé objetiva, cuja função de relevo é impedir que o contratante adote comportamento que contrarie o conteúdo de manifestação anterior, em cuja seriedade o outro pactuante confiou. Assim, uma vez celebrado contrato de locação de imóvel, fere o aludido princípio a atitude do locatário que, após exercer a posse direta do imóvel, alega que o locador, por não ser o proprietário do imóvel, não tem legitimidade para o ajuizamento de eventual ação de despejo nas hipóteses em que a lei não exige essa condição do demandante. **REsp 1.196.824-AL, Rel. Min. Ricardo Villas Bôas Cueva, julgado em 19/2/2013.** (Inform. STJ 515).

DIREITO CIVIL. DENÚNCIA, PELO COMPRADOR, DE CONTRATO DE LOCAÇÃO AINDA VIGENTE, SOB A ALEGAÇÃO DE INEXISTÊNCIA DE AVERBAÇÃO DA AVENÇA NA MATRÍCULA DO IMÓVEL.
O comprador de imóvel locado não tem direito a proceder à denúncia do contrato de locação ainda vigente sob a alegação de que o contrato não teria sido objeto de averbação na matrícula do imóvel se, no momento da celebração da compra e venda, tivera inequívoco conhecimento da locação e concordara em respeitar seus termos. É certo que, de acordo com o art. 8º da Lei n. 8.245/1991, se o imóvel for alienado durante a locação, o adquirente poderá denunciar o contrato, com o prazo de 90 dias para a desocupação, salvo se, além de se tratar de locação por tempo determinado, o contrato tiver cláusula de vigência em caso de alienação e estiver averbado junto à matrícula do imóvel. Todavia, em situações como a discutida, apesar da inexistência de averbação, há de se considerar que, embora por outros meios, foi alcançada a finalidade precípua do registro público, qual seja, a de trazer ao conhecimento do adquirente do imóvel a existência da cláusula de vigência do contrato de locação. Nessa situação, constatada a ciência inequívoca, tem o adquirente a obrigação de respeitar a locação até o seu termo final, em consonância com o princípio da boa-fé. **REsp 1.269.476-SP, Rel. Ministra Nancy Andrighi, julgado em 5/2/2013.** (Inform. STJ 515).

DIREITO CIVIL. LOCAÇÃO. TERMO INICIAL DO PRAZO PARA A DESOCUPAÇÃO DE IMÓVEL ESTABELECIDO PELO ART. 74 DA LEI N. 8.245/1991, COM REDAÇÃO DADA PELA LEI N. 12.112/2009.
O termo inicial do prazo de trinta dias para o cumprimento voluntário de sentença que determine a desocupação de imóvel alugado é a data da intimação pessoal do locatário realizada por meio de mandado de despejo. A Lei n. 12.112/2009, que modificou o art. 74 da Lei n. 8.245/1991, encurtou o prazo para a desocupação voluntária do imóvel e retirou do ordenamento jurídico a disposição dilatória de aguardo do trânsito em julgado constante da antiga redação do referido artigo, a fim de evitar o uso do processo como obstáculo ao alcance da efetividade da jurisdição. **REsp 1.307.530-SP, Rel. originário Min. Paulo de Tarso Sanseverino, Rel. para acórdão Min. Sidnei Beneti, julgado em 11/12/2012.** (Inform. STJ 513).

DIREITO CIVIL. LOCAÇÃO. INADIMPLEMENTO CONTRATUAL. FIADOR. JUROS DE MORA. TERMO INICIAL.
Os juros de mora decorrentes de inadimplemento em contrato de locação fluem a partir do vencimento de cada parcela em atraso, inclusive para o fiador. Configurada a denominada mora ex re (art. 397 do CC), na qual o simples descumprimento da obrigação constitui o devedor em mora em razão do termo estabelecido pelas partes, sendo desnecessária a constituição em mora do devedor, os juros moratórios são devidos a partir do vencimento contratual das parcelas em atraso, por se tratar de inadimplemento de obrigação positiva e líquida. Ademais, por ser a fiança tão somente garantia pessoal, o fiador se obriga a satisfazer ao credor uma obrigação assumida pelo devedor (locatário), não constituindo obrigação distinta da contraída pelo afiançado, colocando-se o garante na posição de devedor subsidiário. Assim, se o contrato especifica o valor do aluguel e a data de pagamento, os juros de mora fluem a partir do vencimento das prestações, e não a partir da citação do garante na ação de execução. Precedentes citados: **REsp 1.068.637-RS, DJe 3/8/2009, e REsp 465.836-RJ, DJ 19/10/2006. REsp 1.264.820-RS, Rel. Min. Luis Felipe Salomão, julgado em 13/11/2012.** (Inform. STJ 509)

DIREITO CIVIL. CONTRATO DE LOCAÇÃO. PRORROGAÇÃO POR PRAZO INDETERMINADO. RESPONSABILIDADE DO FIADOR PELOS DÉBITOS LOCATÍCIOS. LEI N. 12.112/2009.
Em contrato de locação ajustado por prazo determinado antes da vigência da Lei n. 12.112/2009, o fiador somente responde pelos débitos locatícios contraídos no período da prorrogação por prazo indeterminado se houver prévia anuência dele no contrato. A Lei n. 8.245/1991 (Lei do Inquilinato) prevê em seus arts. 46 e 50 que, findo o prazo ajustado, a locação será prorrogada por prazo indeterminado se o locatário continuar na posse do imóvel alugado por mais de trinta dias sem oposição do locador. Conforme a Súm. n. 214/STJ, "o fiador na locação não responde por obrigações resultantes de aditamento ao qual não anuiu". Todavia, diferente é a situação para os contratos de fiança firmados na vigência da Lei n. 12.112/2009, que não pode retroagir para atingir pactos anteriores. Referida lei conferiu nova redação ao art. 39 da Lei n. 8.245/1991, passando a estabelecer que "salvo disposição contratual em contrário, qualquer das garantias da locação se estende até a efetiva devolução do imóvel, ainda que prorrogada a locação por prazo indeterminado, por força desta Lei". Dessa forma, para os novos contratos, a prorrogação da locação por prazo indeterminado implica também prorrogação automática da fiança (ope legis), salvo pactuação em sentido contrário, resguardando-se, evidentemente, durante essa prorrogação, a faculdade do fiador de exonerar-se da obrigação mediante notificação resilitória. Precedente citado: **EREsp 566.633-CE, DJe 12/3/2008. REsp 1.326.557-PA, Rel. Min. Luis Felipe Salomão, julgado em 13/11/2012.** (Inform. STJ 509)

ARRENDAMENTO IMOBILIÁRIO ESPECIAL COM OPÇÃO DE COMPRA. FACULDADE DA INSTITUIÇÃO FINANCEIRA.
O mutuário não possui direito subjetivo à formalização de contrato de arrendamento imobiliário especial com opção de compra previsto no art. 38 da Lei n. 10.150/2000. O referido dispositivo autoriza as instituições financeiras captadoras de depósitos à vista que operem crédito imobiliário a promover contrato de arrendamento imobiliário especial com opção de compra dos imóveis que tenham arrematado, adjudicado ou recebido em dação em pagamento por força de financiamentos habitacionais por elas concedidos. O § 2º do art. 38 permite a realização do arrendamento com o ex-proprietário, com o ocupante a qualquer título ou com terceiros, mas não vincula a instituição financeira a contratar com o mutuário inadimplente. Precedentes citados: **REsp 1.110.907-AL, DJe 29/6/2012, e REsp 1.164.528-PE, DJe 30/11/2011. REsp 1.305.752-AL, Rel. Min. Marco Buzzi, julgado em 23/10/2012.** (Inform. STJ 507)

DIREITO CIVIL E PROCESSUAL CIVIL. LEGITIMIDADE PASSIVA DO LOCADOR. DESCUMPRIMENTO DOS DEVERES CONDOMINIAIS PELO LOCATÁRIO.
O proprietário possui legitimidade passiva ad causam para responder por eventuais danos relativos ao uso de sua propriedade decorrentes do descumprimento dos deveres condominiais pelo locatário. Ao firmar um contrato de locação de imóvel, o locador mantém a posse indireta do imóvel, entendida como o poder residual concernente à vigilância, à conservação ou mesmo o aproveitamento de certas vantagens da coisa, mesmo depois de transferir a outrem o direito de usar o bem objeto da locação. Dessa forma, ao locador cumpre zelar pelo uso adequado de sua propriedade, assegurando-se que o locatário dê a destinação correta ao imóvel, visto que lhe são conferidos instrumentos coercitivos para compelir o locatário a cumprir as disposições condominiais, inclusive com a possibilidade de ajuizamento de ação de despejo, nos termos da Lei n. 8.245/1991. Assim, tratando-se de direito de vizinhança, a obrigação é propter rem, ou seja, decorre da propriedade da coisa. Por isso, o proprietário com posse indireta não pode se eximir de responder pelos danos causados pelo uso indevido de sua propriedade. Todavia, a demanda também pode ser ajuizada contra o possuidor do imóvel que, em tese, é quem comete a infração condominial, sem excluir a responsabilidade do proprietário. Precedentes citados: **REsp 254.520-PR, DJ 18/12/2000, e AgRg no AgRg no Ag 776.699-SP, DJ 8/2/2008. REsp 1.125.153-RS, Rel. Min. Massami Uyeda, julgado em 4/10/2012.** (Inform. STJ 506)

DIREITO CIVIL. LOCAÇÃO URBANA PARA EXPLORAÇÃO DE ESTACIONAMENTO. INCIDÊNCIA DA LEI N. 8.245/1991.
A locação de prédio urbano para a exploração de serviço de estacionamento submete-se às disposições da Lei n. 8.245/1991. A locação que objetiva a exploração de serviço de estacionamento não se compreende na exceção contida no art. 1º, parágrafo único, a, item 2, da Lei n. 8.245/1991, que prevê que as locações de vagas autônomas de garagem ou de espaços para estacionamento de veículos continuam regulados pelo Código Civil e pelas leis especiais. Precedentes citados: **REsp 1.046.717-RJ, DJe 27/4/2009, e REsp 769.170-RS, DJ 23/4/2007. AgRg no REsp 1.230.012-SP, Rel. Min. Massami Uyeda, julgado em 2/10/2012.** (Inform. STJ 505)

CONTRATO DE COMODATO. ALUGUEL-PENA EM RAZÃO DE MORA NA RESTITUIÇÃO.
O comodante pode fixar aluguel de forma unilateral em caso de mora do comodatário na restituição da coisa emprestada, desde que em montante não superior ao dobro do valor de mercado. O art. 582, 2ª parte, do CC dispõe que o comodatário constituído em mora, além de por ela responder, pagará, até restituir a coisa, o aluguel que for arbitrado pelo comodante. A natureza desse aluguel é de uma autêntica pena privada, e não de indenização pela ocupação indevida do imóvel emprestado. O objetivo central do aluguel não é transmudar o comodato em

contrato de locação, mas sim coagir o comodatário a restituir o mais rapidamente possível a coisa emprestada, que indevidamente não foi devolvida no prazo legal. O arbitramento do aluguel-pena não pode ser feito de forma abusiva, devendo respeito aos princípios da boa-fé objetiva (art. 422/CC), da vedação ao enriquecimento sem causa e do repúdio ao abuso de direito (art. 187/CC). Havendo arbitramento em valor exagerado, poderá ser objeto de controle judicial, com eventual aplicação analógica da regra do parágrafo único do art. 575 do CC, que, no aluguel-pena fixado pelo locador, confere ao juiz a faculdade de redução quando o valor arbitrado se mostre manifestamente excessivo ou abusivo. Para não se caracterizar como abusivo, o montante do aluguel-pena não pode ser superior ao dobro da média do mercado, considerando que não deve servir de meio para o enriquecimento injustificado do comodante. REsp 1.175.848-PR, Rel. Min. Paulo de Tarso Sanseverino. Julgado em 18/9/2012. (Inform. STJ 504)

Súmula STJ nº 335
Nos contratos de locação, é válida a cláusula de renúncia à indenização das benfeitorias e ao direito de retenção.

Súmula STJ nº 214
O fiador na locação não responde por obrigações resultantes de aditamento ao qual não anuiu.

3.5. Mútuo

POSSIBILIDADE DE PURGAÇÃO DA MORA MESMO APÓS A CONSOLIDAÇÃO DA PROPRIEDADE EM NOME DO CREDOR FIDUCIÁRIO. Mesmo que já consolidada a propriedade do imóvel dado em garantia em nome do credor fiduciário, é possível, até a assinatura do auto de arrematação, a purgação da mora em contrato de alienação fiduciária de bem imóvel (Lei 9.514/1997). À luz da dinâmica estabelecida pela Lei 9.514/1997, o devedor fiduciante transfere a propriedade do imóvel ao credor fiduciário até o pagamento da dívida. Essa transferência caracteriza-se pela temporariedade e pela transitoriedade, pois o credor fiduciário adquire o imóvel não com o propósito de mantê-lo como de sua propriedade, em definitivo, mas sim com a finalidade de garantia da obrigação principal, mantendo-o sob seu domínio até que o devedor fiduciante pague a dívida. No caso de inadimplemento da obrigação, o devedor terá quinze dias para purgar a mora. Caso não o faça, a propriedade do bem se consolida em nome do credor fiduciário, que pode, a partir daí, buscar a posse direta do bem e deve, em prazo determinado, aliená-lo nos termos dos arts. 26 e 27 da Lei 9.514/1997. No entanto, apesar de consolidada a propriedade, não se extingue de pleno direito o contrato de mútuo, uma vez que o credor fiduciário deve providenciar a venda do bem, mediante leilão, ou seja, a partir da consolidação da propriedade do bem em favor do agente fiduciário, inaugura-se uma nova fase do procedimento de execução contratual. Portanto, no âmbito da alienação fiduciária de imóveis em garantia, o contrato, que serve de base para a existência da garantia, não se extingue por força da consolidação da propriedade, mas, sim, pela alienação em leilão público do bem objeto da alienação fiduciária, a partir da lavratura do auto de arrematação. Feitas essas considerações, constata-se, ainda, que a Lei 9.514/1997, em seu art. 39, II, permite expressamente a aplicação subsidiária das disposições dos arts. 29 a 41 do Decreto-Lei 70/1966 aos contratos de alienação fiduciária de bem imóvel. Nesse ponto, cumpre destacar que o art. 34 do Decreto-Lei 70/1966 diz que "É lícito ao devedor, a qualquer momento, até a assinatura do auto de arrematação, purgar o débito". Desse modo, a purgação da mora até a arrematação não encontra nenhum entrave procedimental, tendo em vista que o credor fiduciário – nos termos do art. 27 da Lei 9.514/1997 – não incorpora o bem alienado em seu patrimônio, que o contrato de mútuo não se extingue com a consolidação da propriedade em nome do fiduciário e, por fim, que a principal finalidade da alienação fiduciária é o adimplemento da dívida e a ausência de prejuízo para o credor. Além disso, a purgação da mora até a data da arrematação atende a todas as expectativas do credor quanto ao contrato firmado, visto que o crédito é adimplido. Precedente citado: REsp 1.433.031-DF, Terceira Turma, DJe 18/6/2014. **REsp 1.462.210-RS, Rel. Min. Ricardo Villas Bôas Cueva, julgado em 18/11/2014. (Inform. STJ 552)**

DIREITO CIVIL. JUROS REMUNERATÓRIOS NÃO PREVISTOS NO CONTRATO DE MÚTUO FIRMADO ENTRE A COOPERATIVA DE CRÉDITO E O COOPERADO. A cooperativa de crédito pode exigir de seu cooperado juros remuneratórios em percentual não superior à taxa média de mercado, quando o percentual do encargo tiver sido estipulado pelo conselho de administração da cooperativa, conforme previsão estatutária, e tenha ocorrido a ampla divulgação da referida taxa, mesmo que o contrato de mútuo seja silente em relação ao percentual dos juros remuneratórios. Com efeito, decorre do art. 21, *caput*, da Lei 5.764/1971 que a filiação à cooperativa implica adesão automática e implícita às normas do estatuto social, mantendo a higidez das relações entre os cooperados e entre esses e a cooperativa. Nessa linha, o STJ assevera que os estatutos das cooperativas contêm as normas fundamentais sobre a organização, a atividade de seus órgãos e os direitos e deveres dos associados. Ressalte-se, ainda, que as cooperativas de crédito não perseguem o lucro, havendo rateio de sobras e perdas, conforme previsão no estatuto social, levando em conta a proporcionalidade da expressão econômica das operações dos associados. Nesse contexto, sobressaem as atividades com encargos e tarifas menores às oferecidas pelo mercado, destacando-se que a cobrança de juros é uma das formas pela qual a entidade arrecada contribuições de seus associados e pela qual lhes propicia vantagem comparativa em relação às demais instituições financeiras. Além disso, as cooperativas de crédito são instituições financeiras, razão pela qual não há submissão dessas à Lei de Usura. Desse modo, a estipulação dos juros remuneratórios pelo conselho de administração da cooperativa, consoante previsão estatutária, permite a cobrança do encargo ali definido, ainda que esse não conste no contrato de mútuo, desde que o percentual exigido não supere a taxa média estabelecida pelo mercado. **REsp 1.141.219-MG, Rel. Min. Luis Felipe Salomão, julgado em 3/4/2014. (Inform. STJ 539)**

Súmula Vinculante STF 7
A norma do § 3º do artigo 192 da Constituição, revogada pela Emenda Constitucional nº 40/2003, que limitava a taxa de juros reais a 12% ao ano, tinha sua aplicação condicionada à edição de lei complementar.

Súmula STF nº 596
As disposições do Decreto 22.626/1933 não se aplicam às taxas de juros e aos outros encargos cobrados nas operações realizadas por instituições públicas ou privadas, que integram o sistema financeiro nacional.

Súmula STJ nº 473
O mutuário do SFH não pode ser compelido a contratar o seguro habitacional obrigatório com a instituição financeira mutuante ou com a seguradora por ela indicada.

Súmula STJ nº 382
A estipulação de juros remuneratórios superiores a 12% ao ano, por si só, não indica abusividade.

Súmula STJ nº 381
Nos contratos bancários, é vedado ao julgador conhecer, de ofício, da abusividade das cláusulas.

Súmula STJ nº 379

Nos contratos bancários não regidos por legislação específica, os juros moratórios poderão ser convencionados até o limite de 1% ao mês.

Súmula STJ nº 328

Na execução contra instituição financeira, é penhorável o numerário disponível, excluídas as reservas bancárias mantidas no Banco Central.

Súmula STJ nº 297

O Código de Defesa do Consumidor é aplicável às instituições financeiras.

Súmula STJ nº 296

Os juros remuneratórios, não cumuláveis com a comissão de permanência, são devidos no período de inadimplência, à taxa média de mercado estipulada pelo Banco Central do Brasil, limitada ao percentual contratado.

Súmula STJ nº 295

A Taxa Referencial (TR) é indexador válido para contratos posteriores à Lei n. 8.177/91, desde que pactuada.

Súmula STJ nº 294

Não é potestativa a cláusula contratual que prevê a comissão de permanência, calculada pela taxa média de mercado apurada pelo Banco Central do Brasil, limitada à taxa do contrato.

Súmula STJ nº 288

A Taxa de Juros de Longo Prazo (TJLP) pode ser utilizada como indexador de correção monetária nos contratos bancários.

Súmula STJ nº 287

A Taxa Básica Financeira (TBF) não pode ser utilizada como indexador de correção monetária nos contratos bancários.

Súmula STJ nº 286

A renegociação de contrato bancário ou a confissão da dívida não impede a possibilidade de discussão sobre eventuais ilegalidades dos contratos anteriores.

Súmula STJ nº 285

Nos contratos bancários posteriores ao Código de Defesa do Consumidor incide a multa moratória nele prevista.

Súmula STJ nº 283

As empresas administradoras de cartão de crédito são instituições financeiras e, por isso, os juros remuneratórios por elas cobrados não sofrem as limitações da Lei de Usura.

Súmula STJ nº 271

A correção monetária dos depósitos judiciais independe de ação específica contra o banco depositário.

Súmula STJ nº 259

A ação de prestação de contas pode ser proposta pelo titular de conta-corrente bancária.

Súmula STJ nº 258

A nota promissória vinculada a contrato de abertura de crédito não goza de autonomia em razão da iliquidez do título que a originou.

Súmula STJ nº 247

O contrato de abertura de crédito em conta-corrente, acompanhado do demonstrativo de débito, constitui documento hábil para o ajuizamento da ação monitória.

Súmula STJ nº 233

O contrato de abertura de crédito, ainda que acompanhado de extrato da conta-corrente, não é título executivo.

Súmula STJ nº 79

Os bancos comerciais não estão sujeitos a registro nos conselhos regionais de economia.

Súmula STJ nº 30

A comissão de permanência e a correção monetária são inacumuláveis.

3.6. Depósito

DEPOSITÁRIO INFIEL - PRISÃO CIVIL – INADMISSIBILIDADE
EMENTA: "*HABEAS CORPUS*". PRISÃO CIVIL. DEPOSITÁRIO JUDICIAL. A QUESTÃO DA INFIDELIDADE DEPOSITÁRIA. TRATADOS INTERNACIONAIS DE DIREITOS HUMANOS. A JURISPRUDÊNCIA CONSTITUCIONAL DO SUPREMO TRIBUNAL FEDERAL. ILEGITIMIDADE JURÍDICA DA DECRETAÇÃO DA PRISÃO CIVIL DO DEPOSITÁRIO INFIEL. MEDIDA CAUTELAR DEFERIDA.
- Não mais subsiste, no modelo normativo brasileiro, a prisão civil por infidelidade depositária, independentemente da modalidade de depósito, trate-se de depósito voluntário (convencional) ou cuide-se de depósito necessário, como o é o depósito judicial. Incabível, desse modo, no sistema constitucional vigente no Brasil, a decretação de prisão civil do depositário infiel Doutrina. Precedentes. **HC 98893 MC/SP. RELATOR: MIN. CELSO DE MELLO**. (Inform. STF 550)

Súmula Vinculante STF 25

É ilícita a prisão civil de depositário infiel, qualquer que seja a modalidade do depósito.

Súmula STJ nº 419

Descabe a prisão civil do depositário judicial infiel.

Súmula STJ nº 179

O estabelecimento de crédito que recebe dinheiro, em depósito judicial, responde pelo pagamento da correção monetária relativa aos valores recolhidos.

3.7. Mandato

DIREITO CIVIL E PROCESSUAL CIVIL. EFEITOS DA SENTENÇA DE INTERDIÇÃO SOBRE MANDATO JUDICIAL.
A sentença de interdição não tem como efeito automático a extinção do mandato outorgado pelo interditando ao advogado para sua defesa na demanda, sobretudo no caso em que o curador nomeado integre o polo ativo da ação de interdição. De fato, o art. 682, II, do CC dispõe que a interdição do mandante acarreta automaticamente a extinção do mandato, inclusive o judicial. Contudo, ainda que a norma se aplique indistintamente a todos os mandatos, faz-se necessária uma interpretação lógico-sistemática do ordenamento jurídico pátrio, permitindo afastar a sua incidência no caso específico do mandato outorgado pelo interditando para a sua defesa judicial na própria ação de interdição. Isso porque, além de o art. 1.182, § 2º, do CPC assegurar o direito do interditando de constituir advogado para sua defesa na ação de interdição, o art. 1.184 do mesmo diploma legal deve ser interpretado de modo a considerar que a sentença de interdição produz efeitos desde logo quanto aos atos da vida civil, mas não atinge, sob pena de afronta ao direito de defesa do interditando, os mandatos

referentes ao próprio processo. Com efeito, se os advogados constituídos pelo interditando não pudessem interpor recurso contra a sentença, haveria evidente prejuízo à defesa. Ressalte-se, ademais, que, nessa situação, reconhecer a extinção do mandato ensejaria evidente colisão dos interesses do interditando com os de seu curador. Contudo, a anulação da outorga do mandato pode ocorrer, desde que, em demanda específica, comprove-se cabalmente a nulidade pela incapacidade do mandante à época da realização do negócio jurídico. **REsp 1.251.728-PE, Rel. Min. Paulo de Tarso Sanseverino, julgado em, 14/5/2013.** (Inform. STJ 524)

DIREITO CIVIL. RESPONSABILIZAÇÃO DE IMOBILIÁRIA POR PERDAS E DANOS EM DECORRÊNCIA DE FALHA NA PRESTAÇÃO DE SERVIÇO.
A imobiliária deve indenizar o proprietário pelas perdas e danos decorrentes da frustração de execução de alugueres e débitos relativos às cotas condominiais e tributos inadimplidos na hipótese em que a referida frustração tenha sido ocasionada pela aprovação deficitária dos cadastros do locatário e do seu respectivo fiador. Tem-se que, nos termos do art. 653 do CC, essa sociedade figura como mandatária do proprietário do imóvel para, em nome dele, realizar e administrar a locação. Assim, em consideração ao art. 677 do CC, a sociedade imobiliária (mandatária) é obrigada a aplicar toda sua diligência habitual na execução do mandato e a indenizar quaisquer prejuízos sofridos pelo locador na hipótese em que ela não tenha cumprido os deveres oriundos da sua relação contratual. **REsp 1.103.658-RN, Rel. Min. Luis Felipe Salomão, julgado em 4/4/2013.** (Inform. STJ 519)

Súmula STJ nº 60
É nula a obrigação cambial assumida por procurador do mutuário vinculado ao mutuante, no exclusivo interesse deste.

3.8. Corretagem

DIREITO CIVIL. DIREITO AO RECEBIMENTO DE COMISSÃO DE CORRETAGEM.
Ainda que o negócio jurídico de compra e venda de imóvel não se concretize em razão do inadimplemento do comprador, é devida comissão de corretagem no caso em que o corretor tenha intermediado o referido negócio jurídico, as partes interessadas tenham firmado contrato de promessa de compra e venda e o promitente comprador tenha pagado o sinal. Conforme o art. 725 do CC/2002, "a remuneração é devida ao corretor uma vez que tenha conseguido o resultado previsto no contrato de mediação, ou ainda que este não se efetive em virtude do arrependimento das partes". A realização de um negócio jurídico de compra e venda de imóvel é um ato complexo, que se desmembra em diversas fases; incluindo, por exemplo, as fases de simples negociação, de celebração de contrato de promessa compra e venda ou de pagamento de arras; até alcançar sua conclusão com a transmissão do imóvel, quando do registro civil do título imobiliário no respectivo Cartório de Registro, nos termos do art. 1.227 do CC/2002. Nesse contexto, somente com a análise, no caso concreto, de cada uma dessas fases, é possível aferir se a atuação do corretor foi capaz de produzir um resultado útil para a percepção da remuneração de que trata o art. 725 do CC/2002. Assim, para o efeito de tornar devida a remuneração a que faz jus o corretor, a mediação deve corresponder somente aos limites conclusivos do negócio jurídico, mediante acordo de vontade entre as partes, independentemente da execução do próprio negócio. A inadimplência das partes, após a conclusão deste, mesmo que acarrete a rescisão contratual, não repercute na pessoa do corretor. **REsp 1.339.642-RJ, Rel. Min. Nancy Andrighi, julgado em 12/3/2013.** (Inform. STJ 518)

3.9. Transporte

Súmula STF nº 187
A responsabilidade contratual do transportador, pelo acidente com o passageiro, não é elidida por culpa de terceiro, contra o qual tem ação regressiva.

Súmula STF nº 161
Em contrato de transporte, é inoperante a cláusula de não indenizar.

Súmula STJ nº 145
No transporte desinteressado, de simples cortesia, o transportador só será civilmente responsável por danos causados ao transportado quando incorrer em dolo ou culpa grave.

Súmula STJ nº 109
O reconhecimento do direito à indenização, por falta de mercadoria transportada via marítima, independe de vistoria.

3.10. Seguro de dano

DIREITO CIVIL. INEXISTÊNCIA DE INDENIZAÇÃO SECURITÁRIA ANTE O ENVIO DA PROPOSTA DE SEGURO APÓS A OCORRÊNCIA DE FURTO. O proprietário de automóvel furtado não terá direito a indenização securitária se a proposta de seguro do seu veículo somente houver sido enviada à seguradora após a ocorrência do furto. O contrato de seguro, para ser concluído, necessita passar, comumente, por duas fases: i) a da proposta, em que o segurado fornece as informações necessárias para o exame e a mensuração do risco, indispensável para a garantia do interesse securável; e ii) a da recusa ou aceitação do negócio pela seguradora, ocasião em que a seguradora emitirá, no caso de aceitação, a apólice. A proposta é a manifestação da vontade de apenas uma das partes e, no caso do seguro, deverá ser escrita e conter a declaração dos elementos essenciais do interesse a ser garantido e do risco. Todavia, a proposta não gera, por si só, o contrato, que depende de consentimento recíproco de ambos os contratantes. Assim, para que o contrato de seguro se aperfeiçoe, são imprescindíveis o envio da proposta pelo interessado ou pelo corretor e o consentimento, expresso ou tácito, da seguradora, mesmo sendo dispensáveis a apólice ou o pagamento do prêmio. Desse modo, nota-se que, no caso em apreço, não há a manifestação de vontade no sentido de firmar a avença em tempo hábil, tampouco existe a concordância, ainda que tácita, da seguradora. Além disso, nessa hipótese, quando o proponente decidiu ultimar a avença, já não havia mais o objeto do contrato (interesse securável ou risco futuro). **REsp 1.273.204-SP, Rel. Min. Ricardo Villas Bôas Cueva, julgado em 7/10/2014.** (Inform. STJ 551)

DIREITO CIVIL. MANUTENÇÃO DA GARANTIA SECURITÁRIA APESAR DE TRANSAÇÃO JUDICIAL REALIZADA ENTRE SEGURADO E TERCEIRO PREJUDICADO. No seguro de responsabilidade civil de veículo, não perde o direito à indenização o segurado que, de boa-fé e com probidade, realize, sem anuência da seguradora, transação judicial com a vítima do acidente de trânsito (terceiro prejudicado), desde que não haja prejuízo efetivo à seguradora. De fato, o § 2º do art. 787 do CC disciplina que o segurado, no seguro de responsabilidade civil, não pode, em princípio, reconhecer sua responsabilidade, transigir ou confessar, judicial ou extrajudicialmente, sua culpa em favor do lesado, a menos que haja prévio e expresso consentimento do ente segurador, pois, caso contrário, perderá o direito à garantia securitária, ficando pessoalmente obrigado perante o terceiro, sem direito do reembolso do que despender. Entretanto, como as normas jurídicas não são estanques e sofrem influências mútuas, embora sejam defesos, o reconhecimento da responsabilidade, a confissão da ação ou a transação não retiram do segurado, que estiver de boa-fé e tiver agido com probidade, o direito à indenização e ao reembolso, sendo os atos apenas ineficazes perante a seguradora (enunciados 373 e 546 das Jornadas de Direito Civil). A vedação do reconhecimento da responsabilidade pelo segurado perante terceiro deve ser interpretada segundo a cláusula geral da boa-fé objetiva prevista no art. 422 do CC, de modo que a proibição que lhe foi imposta seja para posturas de má-fé, ou seja, que lesionem interesse da seguradora. Assim, se não há demonstração de que a transação feita pelo segurado e pela vítima do acidente de trânsito foi abusiva, infundada ou desnecessária, mas, ao contrário, for evidente que o sinistro de fato aconteceu e o acordo realizado foi em termos favoráveis tanto ao segurado quanto à seguradora, não há razão para erigir a regra do art. 787, § 2º, do CC em direito absoluto a afastar o ressarcimento do segurado. **REsp 1.133.459-RS, Rel. Min. Ricardo Villas Bôas Cueva, julgado em 21/8/2014. (Inform. STJ 548)**

DIREITO CIVIL. AGRAVAMENTO DO RISCO COMO EXCLUDENTE DO DEVER DE INDENIZAR EM CONTRATO DE SEGURO. Caso a sociedade empresária segurada, de forma negligente, deixe de evitar que empregado não habilitado dirija o veículo objeto do seguro, ocorrerá a exclusão do dever de indenizar se demonstrado que a falta de habilitação importou em incremento do risco. Isso porque, à vista dos princípios da eticidade, da boa-fé e da proteção da confiança, o agravamento do risco decorrente da culpa *in vigilando* da sociedade empresária segurada, ao não evitar que empregado não habilitado se apossasse do veículo, tem como consequência a exclusão da cobertura (art. 768 do CC), haja vista que o apossamento proveio de culpa grave do segurado. O agravamento intencional do risco, por ser excludente do dever de indenizar do segurador, deve ser interpretado restritivamente, notadamente em face da presunção de que as partes comportam-se de boa-fé nos negócios jurídicos por elas celebrados. Por essa razão, entende-se que o agravamento do risco exige prova concreta de que o segurado contribuiu para sua consumação. Assim, é imprescindível a demonstração de que a falta de habilitação, de fato, importou em incremento do risco. Entretanto, o afastamento do direito à cobertura securitária deve derivar da conduta do próprio segurado, não podendo o direito à indenização ser ilidido por força de ação atribuída exclusivamente a terceiro. Desse modo, competia à empresa segurada velar para que o veículo fosse guiado tão somente por pessoa devidamente habilitada. **REsp 1.412.816-SC, Rel. Min. Nancy Andrighi, julgado em 15/5/2014. (Inform. STJ 542)**

DIREITO CIVIL. DISPENSABILIDADE DA EMISSÃO DA APÓLICE PARA O APERFEIÇOAMENTO DO CONTRATO DE SEGURO. A seguradora de veículos não pode, sob a justificativa de não ter sido emitida a apólice de seguro, negar-se a indenizar sinistro ocorrido após a contratação do seguro junto à corretora de seguros se não houve recusa da proposta pela seguradora em um prazo razoável, mas apenas muito tempo depois e exclusivamente em razão do sinistro. Isso porque o seguro é contrato consensual e aperfeiçoa-se tão logo haja manifestação de vontade, independentemente da emissão da apólice, que é ato unilateral da seguradora, de sorte que a existência da relação contratual não poderia ficar a mercê exclusivamente da vontade de um dos contratantes, sob pena de se ter uma conduta puramente potestativa, o que é vedado pelo art. 122 do CC. Ademais, o art. 758 do CC não confere à emissão da apólice a condição de requisito de existência do contrato de seguro, tampouco eleva esse documento ao degrau de prova tarifada ou única capaz de atestar a celebração da avença. Além disso, é fato notório que o contrato de seguro é celebrado, na prática, entre corretora e segurado, de modo que a seguradora não manifesta expressamente sua aceitação quanto à proposta, apenas a recusa ou emite a apólice do seguro, enviando-a ao contratante juntamente com as chamadas condições gerais do seguro. A propósito dessa praxe, a própria SUSEP disciplinou que a ausência de manifestação por parte da seguradora, no prazo de quinze dias, configura aceitação tácita da cobertura do risco, conforme dispõe o art. 2º, *caput* e § 6º, da Circular SUSEP 251/2004. Com efeito, havendo essa prática no mercado de seguro, a qual, inclusive, recebeu disciplina normativa pelo órgão regulador do setor, há de ser aplicado o art. 432 do CC, segundo o qual, "se o negócio for daqueles em que não seja costume a aceitação expressa, ou o proponente a tiver dispensado, reputar-se-á concluído o contrato, não chegando a tempo a recusa". Na mesma linha, o art. 111 do CC preceitua que "o silêncio importa anuência, quando as circunstâncias ou os usos o autorizarem, e não for necessária a declaração de vontade expressa". Assim, na hipótese ora analisada, tendo o sinistro ocorrido efetivamente após a contratação junto à corretora de seguros, se em um prazo razoável não houver recusa da seguradora, há de se considerar aceita a proposta e plenamente aperfeiçoado o contrato. De fato, é ofensivo à boa-fé contratual a inércia da seguradora em aceitar expressamente a contratação, vindo a recusá-la somente depois da notícia de ocorrência do sinistro. **REsp 1.306.367-SP, Rel. Min. Luis Felipe Salomão, julgado em 20/3/2014. (Inform. STJ 537)**

CONTRATO DE SEGURO DE VEÍCULO. PREVISÃO DE COBERTURA DE CRIME DE ROUBO. ABRANGÊNCIA DO CRIME DE EXTORSÃO.
É devido o pagamento de indenização por seguradora em razão dos prejuízos financeiros sofridos por vítima de crime de extorsão constrangida a entregar o veículo segurado a terceiro, ainda que a cláusula contratual delimitadora dos riscos cobertos somente preveja as hipóteses de colisão, incêndio, furto e roubo. Em que pese ser de rigor a interpretação restritiva em matéria de direito penal, especialmente ao se aferir o espectro de abrangência de determinado tipo incriminador, isso por força do princípio da tipicidade fechada ou estrita legalidade (CF, art. 5º, XXXIX; e CP, art. 1º), tal viés é reservado à seara punitivo-preventiva (geral e especial) inerente ao Direito Penal, cabendo ao aplicador do Direito Civil emprestar aos institutos de direito privado o efeito jurídico próprio, especialmente à luz dos princípios da boa-fé objetiva e da conservação dos contratos. A restrição legal do art. 757 do CC encerra vedação de interpretação extensiva somente quando a cláusula delimitadora de riscos cobertos estiver redigida de modo claro e insusceptível de dúvidas. Assim, é possível afastar terminologias empregadas na construção de cláusulas contratuais que redundem na total subtração de efeitos de determinada avença, desde que presente um sentido interpretativo que se revele apto a preservar a utilidade econômica e social do ajuste. Além disso, havendo relação de consumo, devem ser observadas as diretrizes hermenêuticas de interpretação mais favorável ao consumidor (art. 47, CDC), da nulidade de cláusulas que atenuem a responsabilidade do fornecedor, ou redundem em renúncia ou disposição de direitos pelo consumidor (art. 51, I, CDC), ou desvirtuem direitos fundamentais inerentes à natureza do contrato (art. 51, § 1º, II, CDC). A proximidade entre os crimes de roubo e extorsão não é meramente topológico-geográfica, mas também conceitual, uma vez que, entre um e outro, o que essencialmente os difere é a extensão da ação do agente criminoso e a forçada participação da vítima. A distinção é muito sutil já que, no roubo, o réu desapossa, retira violentamente o bem da vítima; na extorsão, com o mesmo método, obriga a entrega. Dessa forma, a singela vinculação da cláusula que prevê os riscos cobertos a conceitos de direito penal está aquém daquilo que se supõe de clareza razoável no âmbito das relações consumeristas, sobretudo diante da carga limitativa que o dispositivo do ajuste encerra, pois a peculiar e estreitíssima diferenciação entre roubo e extorsão perpassa o entendimento do homem médio, mormente em se tratando de consumidor, não lhe sendo exigível a capacidade de diferenciar tipos penais. Trata-se de situação distinta daquela apreciada pela Quarta Turma, na qual

se assentou que a cobertura securitária estabelecida para furto e roubo não abrangia hipóteses de apropriação indébita (REsp n. 1.177.479-PR). Precedente citado: REsp 814.060-RJ, DJe 13/4/2010. REsp 1.106.827-SP, Rel. Min. Marco Buzzi, julgado em 16/10/2012. (Inform. STJ 506)

CONTRATO DE SEGURO. CLÁUSULA ABUSIVA. NÃO OBSERVÂNCIA DO DEVER DE INFORMAR.
A Turma decidiu que, uma vez reconhecida a falha no dever geral de informação, direito básico do consumidor previsto no art. 6°, III, do CDC, é inválida cláusula securitária que exclui da cobertura de indenização o furto simples ocorrido no estabelecimento comercial contratante. A circunstância de o risco segurado ser limitado aos casos de furto qualificado (por arrombamento ou rompimento de obstáculo) exige, de plano, o conhecimento do aderente quanto às diferenças entre uma e outra espécie – qualificado e simples – conhecimento que, em razão da vulnerabilidade do consumidor, presumidamente ele não possui, ensejando, por isso, o vício no dever de informar. A condição exigida para cobertura do sinistro – ocorrência de furto qualificado –, por si só, apresenta conceituação específica da legislação penal, para cuja conceituação o próprio meio técnico-jurídico encontra dificuldades, o que denota sua abusividade. REsp 1.293.006-SP, Rel. Min. Massami Uyeda, julgado em 21/6/2012. (Inform. STJ 500)

Súmula STF n° 188
O segurador tem ação regressiva contra o causador do dano, pelo que efetivamente pagou, até ao limite previsto no contrato de seguro.

Súmula STJ n° 465
Ressalvada a hipótese de efetivo agravamento do risco, a seguradora não se exime do dever de indenizar em razão da transferência do veículo sem a sua prévia comunicação.

Súmula STJ n° 31
A aquisição, pelo segurado, de mais de um imóvel financiado pelo Sistema Financeiro da Habitação, situados na mesma localidade, não exime a seguradora da obrigação de pagamento dos seguros.

3.11. Seguro de pessoa

DIREITO CIVIL. CONTRATAÇÃO DE SEGURO COM COBERTURA PARA MORTE ACIDENTAL E POSTERIOR MORTE DO SEGURADO POR CAUSAS NATURAIS. Contratado apenas o seguro de acidentes pessoais (garantia por morte acidental), não há falar em obrigação da seguradora em indenizar o beneficiário quando a morte do segurado decorre de causa natural, a exemplo da doença conhecida como Acidente Vascular Cerebral (AVC). Inicialmente, é necessário fazer a distinção entre seguro de vida e seguro de acidentes pessoais. No primeiro, a cobertura de morte abrange causas naturais e também causas acidentais; já no segundo, apenas os infortúnios causados por acidente pessoal são garantidos, como, por exemplo, a morte acidental. Nesse passo, importante diferenciar também os conceitos de morte acidental e de morte natural para fins securitários. A morte acidental evidencia-se quando o falecimento da pessoa decorre de acidente pessoal, sendo este – de acordo a Resolução CNSP 117/2004 – definido como um evento súbito, exclusivo e diretamente externo, involuntário e violento. Já a morte natural configura-se por exclusão, ou seja, por qualquer outra causa, como as doenças em geral, que são de natureza interna, a exemplo do Acidente Vascular Cerebral. Ressalte-se que, apesar dessa denominação – "acidente" –, o AVC é uma patologia, ou seja, não decorre de causa externa, mas de fatores internos e de risco da saúde da própria pessoa que levam à sua ocorrência. Dessa forma, sendo a morte do segurado decorrente de causa natural, desencadeada apenas por fatores internos à pessoa – como o AVC –, e tiver sido contratada apenas a garantia por morte acidental, não há falar em obrigação da seguradora em indenizar o beneficiário. **REsp 1.443.115-SP**, Rel. Min. Ricardo Villas Bôas Cueva, julgado em 21/10/2014. (Inform. STJ 550)

DIREITO CIVIL. INDENIZAÇÃO DECORRENTE DE CONTRATO DE SEGURO.
No contrato de seguro de vida e acidentes pessoais, o segurado não tem direito à indenização caso, agindo de má-fé, silencie a respeito de doença preexistente que venha a ocasionar o sinistro, ainda que a seguradora não exija exames médicos no momento da contratação. Isso porque, quando da contratação de um seguro de vida, ao segurado cabe o dever de fazer declarações verídicas sobre seu real estado de saúde, cujo conteúdo é determinante para a aceitação da proposta, bem como para a fixação do prêmio. Ademais, o CC destaca a necessidade de boa-fé para as relações securitárias (art. 765), além de estar presente como cláusula geral de interpretação dos negócios jurídicos (art. 113) e como diretriz de observância obrigatória na execução e conclusão de qualquer contrato (art. 422). Sendo assim, a seguradora só pode se eximir do dever de indenizar, alegando omissão de informações por parte do segurado, se dele não exigiu exames clínicos, caso fique comprovada sua má-fé. **AgRg no REsp 1.286.741-SP**, Rel. Min. Ricardo Villas Bôas Cueva, julgado em 15/8/2013. (Inform. STJ 529)

SEGURO DE VIDA. PAGAMENTO A MENOR. PRESCRIÇÃO. TERMO A QUO.
A Turma reafirmou o entendimento de que o prazo prescricional ânuo (art. 178, § 6°, do CC 1916) para o ajuizamento da ação de cobrança de diferença de indenização securitária tem início na data da ciência inequívoca do pagamento incompleto ou a menor. Na espécie, o falecimento do segurado ocorreu em 1964, ano em que teve início o processo de inventário. Apesar de determinado pelo juízo inventariante, em 24/11/1964, o depósito da importância devida pela empresa seguradora aos sucessores do *de cujus*, referente à indenização pelo seu seguro de vida, a ordem judicial somente foi cumprida em 22/11/2001. Constatada a insuficiência do pagamento, os herdeiros, em 9/7/2002, ajuizaram ação de cobrança para o recebimento da diferença do prêmio. Sob tal contexto, considerou o Min. Relator que, mesmo depois de decorrido longo período da ocorrência do sinistro, o depósito da importância do valor relativo à indenização securitária configura reconhecimento da existência da dívida por parte da seguradora. Assim, não estaria prescrito o direito dos herdeiros de pleitearem a complementação do seguro, pois a ação de cobrança foi proposta dentro do prazo de um ano, contado da data do pagamento a menor. Precedentes citados: REsp 882.588-SC, DJe 4/5/2011, e AgRg no Ag 1.277.705-GO, DJe 3/11/2010. **REsp 831.543-RJ**, Rel. Min. Antonio Carlos Ferreira, julgado em 10/4/2012. (Inform. STJ 495)

SEGURO DE VIDA. COMPLEMENTAÇÃO SECURITÁRIA. CIRURGIA DE REDUÇÃO DO ESTÔMAGO.
A discussão central do recurso reside em definir se, para fins securitários, é considerado morte natural ou morte acidental o óbito provocado por infecção generalizada decorrente de acidente durante cirurgia de gastroplastia ou bariátrica, popularmente conhecida por "cirurgia de redução de estômago". No caso, a segurada, portadora de obesidade mórbida, submeteu-se à cirurgia de gastroplastia. Durante a operação, seu baço foi lesionado, o que a fez passar por uma intervenção para retirá-lo. Após receber alta hospitalar, teve de ser novamente hospitalizada em razão de sérias complicações pós-operatórias, devido ao grave quadro de infecção generalizada. Em decorrência dessas complicações, a segurada veio a óbito vinte dias após a cirurgia. Em razão do falecimento da segurada, os beneficiários do seguro de vida pleitearam administrativamente o prêmio,

recebendo a indenização da cobertura básica por morte natural. Insatisfeitos, ajuizaram ação contra a seguradora para obter a diferença da indenização por morte acidental, estimada em R$ 33 mil. O juízo de direito acolheu o pedido, modificado pelo tribunal *a quo*, que entendeu ter ocorrido "morte natural". A Min. Relatora, inicialmente, asseverou que, ainda que o conceito de acidente pessoal encontre previsão no contrato de seguro, não se aplicam à espécie os enunciados das súmulas de número 5 e 7 do STJ. Discute-se, em realidade, a qualificação jurídica do evento que resultou na morte da segurada, caracterizando por acidente ou por fato natural o desenrolar do procedimento cirúrgico que a vitimara. A Turma entendeu que a infecção generalizada resultante de imprevista lesão no baço da paciente não se manteve na linha natural do desdobramento cirúrgico. Tal acontecimento, no contexto de procedimentos médicos da mesma natureza, representou, em realidade, evento não esperado e pouco provável; fator externo e involuntário ao ato cirúrgico de "redução de estômago", ou seja, a lesão no baço acidentalmente ocorrida durante a cirurgia. Daí por que, para quaisquer fins, inclusive securitários, a infecção causadora da morte da vítima foi provocada pela lesão acidental, o que afasta a alegação de morte natural e autoriza a complementação do prêmio por morte acidental. Diante dessa e de outras considerações, a Turma deu parcial provimento ao recurso especial para julgar procedente o pedido de complementação da cobertura securitária. **REsp 1.184.189-MS, Rel. Min. Maria Isabel Gallotti, julgado em 15/3/2012. (Inform. STJ 493)**

Súmula STF nº 105

Salvo se tiver havido premeditação, o suicídio do segurado no período contratual de carência não exime o segurador do pagamento do seguro.

Súmula STJ nº 402

O contrato de seguro por danos pessoais compreende os danos morais, salvo cláusula expressa de exclusão.

Súmula STJ nº 61

O seguro de vida cobre o suicídio não premeditado.

3.12. DPVAT

Seguro DPVAT e Leis 11.482/2007 e 11.945/2009 - 1
São constitucionais as alterações procedidas pelas Leis 11.482/2007 e 11.945/2009 na Lei 6.194/1974, que dispõe sobre o seguro obrigatório de danos pessoais causados por veículos automotores de via terrestre - DPVAT. Com base nesse entendimento, o Plenário, por maioria e em julgamento conjunto, reputou improcedentes pedidos formulados em ações diretas de inconstitucionalidade e negou provimento a recurso extraordinário com agravo para assentar a constitucionalidade do art. 8º da Lei 11.482/2007 — que reduz o valor das indenizações relativas ao citado seguro —, e dos artigos 30, 31 e 32 da Lei 11.945/2009 — que instituem novas regras para o ressarcimento de despesas médico-hospitalares das vítimas de acidentes de trânsito por meio do DPVAT. O Colegiado, inicialmente, afastou alegação segundo a qual as Medidas Provisórias 340/2006 e 451/2008 — que deram origem aos dispositivos impugnados — não teriam atendido os requisitos constitucionais de relevância e urgência (CF, art. 62), o que levaria à sua inconstitucionalidade formal. Consignou que, apesar de a conversão da medida provisória em lei não prejudicar o debate acerca do atendimento dos referidos requisitos, sua análise seria, em princípio, um juízo político a cargo do Poder Executivo e do Congresso Nacional, no qual, salvo nas hipóteses de notório abuso — inocorrente no caso —, não deveria se imiscuir o Poder Judiciário. Ainda quanto à suposta existência de inconstitucionalidade formal, arguia-se ofensa ao parágrafo único do art. 59 da CF ("Lei complementar disporá sobre a elaboração, redação, alteração e consolidação das leis"), porquanto a MP 451/2008, convertida na Lei 11.945/2009, teria tratado de matéria estranha ao seu objeto. A Corte afirmou que, no caso, o alegado confronto, se houvesse, se daria em relação à LC 95/1998, diploma que regulamenta o dispositivo constitucional em comento. Relativamente à compatibilidade material dos preceitos questionados com a Constituição, o Tribunal asseverou que não ocorreria, na espécie, a apontada afronta aos artigos 196, 197 e 199, parágrafo único, da CF ("Art. 196. A saúde é direito de todos e dever do Estado, garantido mediante políticas sociais e econômicas que visem à redução do risco de doença e de outros agravos e ao acesso universal e igualitário às ações e serviços para sua promoção, proteção e recuperação. Art. 197. São de relevância pública as ações e serviços de saúde, cabendo ao Poder Público dispor, nos termos da lei, sobre sua regulamentação, fiscalização e controle, devendo sua execução ser feita diretamente ou através de terceiros e, também, por pessoa física ou jurídica de direito privado. ... Art. 199. A assistência à saúde é livre à iniciativa privada. § 1º - As instituições privadas poderão participar de forma complementar do sistema único de saúde, segundo diretrizes deste, mediante contrato de direito público ou convênio, tendo preferência as entidades filantrópicas e as sem fins lucrativos"). A edição dos dispositivos legais impugnados, no ponto em que fora vedada a cessão do crédito do seguro a instituições privadas que tivessem atendido o segurado acidentado, não retrataria política social ou econômica, adotada pelo Estado, que tivesse frustrado os propósitos da Constituição. O serviço público de saúde, serviço não privativo, poderia ser prestado pela iniciativa privada e as alterações legais em comento não teriam maculado, instabilizado ou inviabilizado o equilíbrio econômico-financeiro das instituições privadas, ainda que filantrópicas. Ademais, a nova sistemática para o recebimento do seguro DPVAT não impediria que hospital, filantrópico ou não, credenciado ou não ao SUS, e que atendesse vítima de trânsito, recebesse pelos serviços prestados. Com efeito, não poderia atuar como cessionário do crédito do DPVAT de titularidade da vítima de trânsito, mas isso não representaria qualquer incompatibilidade com o ordenamento jurídico. Ao contrário, a restrição seria louvável, porquanto evitaria fraudes decorrentes de eventual posição simultânea e indesejável do hospital como prestador dos serviços à vítima do acidente de trânsito e de credor perante a seguradora. ADI 4627/DF, rel. Min. Luiz Fux, 23.10.2014. (ADI-4627) ADI 4350/DF, rel. Min. Luiz Fux, 23.10.2014. (ADI-4350) ARE 704520/SP, rel. Min. Gilmar Mendes, 23.10.2014. (ARE-704520)

Seguro DPVAT e Leis 11.482/2007 e 11.945/2009 - 2
Quanto à suposta ofensa aos princípios da proporcionalidade e razoabilidade, o Plenário destacou que não existiria direito constitucionalmente assegurado ao atendimento em hospitais privados. Se a vítima de acidente de trânsito não dispusesse de recursos para pagar as despesas de atendimento hospitalar na rede privada, o Estado lhe proporcionaria os hospitais do SUS. Destacou, além disso, que as normas questionadas não ofenderiam o princípio da igualdade, porquanto não estaria vedado o acesso universal à saúde pública, garantido constitucionalmente. Relativamente à diminuição do valor da indenização atinente ao seguro DPVAT verificada na legislação impugnada, o mencionado valor seria aferível mediante estudos econômicos colhidos pelo Parlamento, razão pela qual a observância da capacidade institucional do Poder Judiciário e a deferência conferida ao Poder Legislativo sob o pálio da separação dos Poderes, imporiam o desejável "judicial self-restraint". Em consequência, seriam constitucionais as novas regras legais que modificaram os parâmetros para pagamento do seguro DPVAT, as quais teriam abandonado a correlação com determinado número de salários-mínimos e estipulado valor certo em reais. No que diz com a suposta inconstitucionalidade das regras legais que criaram tabela para o cálculo do montante devido a título de indenização, cuidar-se-ia de medida que não afrontaria o ordenamento jurídico.

Ao revés, tratar-se-ia de preceito que concretizaria o princípio da proporcionalidade, a permitir que os valores fossem pagos em razão da gravidade da lesão ao acidentado. Além do mais, não haveria, no caso, violação aos princípios da dignidade da pessoa humana e da vedação do retrocesso social. O primeiro princípio não poderia ser banalizado como pretendido, sob pena de ter sua efetividade injustamente reduzida. Outrossim, dizer que a ação estatal devesse caminhar no sentido da ampliação dos direitos fundamentais e de assegurar-lhes a máxima efetividade possível não significaria afirmar que fosse terminantemente vedada qualquer forma de alteração restritiva na legislação infraconstitucional, desde que não se desfigurasse o núcleo essencial do direito tutelado. As alterações legais contestadas teriam se destinado à racionalização das políticas sociais já estabelecidas em relação ao seguro DPVAT e não afetariam desfavoravelmente o núcleo essencial de direitos sociais prestados pelo Estado, porquanto teriam modificado apenas marginalmente os contornos do referido seguro para viabilizar a sua subsistência. Vencido o Ministro Marco Aurélio, que, inicialmente, destacava o não atendimento do predicado relativo à urgência para a edição das medidas provisórias em comento. Afirmava, também, ter ocorrido, na edição dessas espécies normativas, uma miscelânea que conflitaria com o devido processo legislativo, no que, no bojo de norma a disciplinar tributos, se inseriria a regência de matéria diversa — seguro DPVAT —, o que ofenderia o parágrafo único do art. 59 da CF. Apontava, além disso, a existência de inconstitucionalidade material no ponto em que as referidas normas obstaculizaram a cessão de crédito — que se situaria no campo patrimonial —, a tolher a liberdade do seu titular. <ins>ADI 4627/DF, rel. Min. Luiz Fux, 23.10.2014.</ins> (ADI-4627) <ins>ADI 4350/DF, rel. Min. Luiz Fux, 23.10.2014.</ins> (ADI-4350) <ins>ARE 704520/SP, rel. Min. Gilmar Mendes, 23.10.2014.</ins> (ARE-704520) (Inform. STF 764)

REPERCUSSÃO GERAL EM ARE N. 704.520-SP
RELATOR: MIN. GILMAR MENDES
Recurso extraordinário com agravo. 2. Redução dos valores de indenização do Seguro DPVAT pela Medida Provisória 340/2006, convertida na Lei 11.482/2007. 3. Controvérsia quanto à constitucionalidade da modificação empreendida pelo art. 8º da Lei 11.482/007 no art. 3º da Lei 6.194/74. 3. Repercussão geral reconhecida. (Inform. STF 762)

DIREITO CIVIL. COBERTURA, PELO DPVAT, DE ACIDENTE COM COLHEITADEIRA. A invalidez permanente decorrente de acidente com máquina colheitadeira, ainda que ocorra no exercício de atividade laboral, não deverá ser coberta pelo seguro obrigatório de danos pessoais causados por veículos automotores de via terrestre (DPVAT) se o veículo não for suscetível de trafegar por via pública. O STJ entende que a caracterização do infortúnio como acidente de trabalho, por si só, não afasta a cobertura do seguro obrigatório (DPVAT) e que os sinistros que envolvam veículos agrícolas também podem estar cobertos por ele. O trator – "veículo automotor construído para realizar trabalho agrícola, de construção e pavimentação e tracionar outros veículos e equipamentos" (Anexo I do CTB) – pode ser entendido como gênero do qual a colheitadeira pode ser considerada uma espécie. No entanto, para fins de indenização pelo DPVAT, não é sempre que a colheitadeira pode ser enquadrada como trator. É bem verdade que, apesar de não se exigir que o acidente ocorra em via pública, o veículo automotor deve ser, ao menos em tese, suscetível de circular por essas vias. Isto é, caso a colheitadeira, em razão de suas dimensões e peso, jamais venha a preencher os requisitos normativos para fins de tráfego em via pública (só podendo ser transportada em caminhão), não há como reconhecer a existência de fato gerador de sinistro protegido pelo seguro DPVAT, apesar de se tratar de veículo automotor. Contudo, não há como negar que existem pequenas colheitadeiras de grãos que, em razão de suas medidas, seriam plenamente capazes de circular nas estradas, nos moldes de um trator convencional, enquadrando-se nas exigências para circulação em via terrestre da Resolução 210/2006 do CONTRAN. <ins>REsp 1.342.178-MT</ins>, Rel. Min. Luis Felipe Salomão, julgado em 14/10/2014. (Inform. STJ 550)

DIREITO CIVIL. INDENIZAÇÃO REFERENTE AO SEGURO DPVAT EM DECORRÊNCIA DE MORTE DE NASCITURO. A beneficiária legal de seguro DPVAT que teve a sua gestação interrompida em razão de acidente de trânsito tem direito ao recebimento da indenização prevista no art. 3º, I, da Lei 6.194/1974, devida no caso de morte. O art. 2º do CC, ao afirmar que a "personalidade civil da pessoa começa com o nascimento", logicamente abraça uma premissa insofismável: a de que "personalidade civil" e "pessoa" não caminham umbilicalmente juntas. Isso porque, pela construção legal, é apenas em um dado momento da existência da pessoa que se tem por iniciada sua personalidade jurídica, qual seja, o nascimento. Conclui-se, dessa maneira, que, antes disso, embora não se possa falar em personalidade jurídica – segundo o rigor da literalidade do preceito legal –, é possível, sim, falar-se em pessoa. Caso contrário, não se vislumbraria qualquer sentido lógico na fórmula "a personalidade civil da pessoa começa", se ambas – pessoa e personalidade civil – tivessem como começo o mesmo acontecimento. Com efeito, quando a lei pretendeu estabelecer a "existência da pessoa", o fez expressamente. É o caso do art. 6º do CC, o qual afirma que a "existência da pessoa natural termina com a morte", e do art. 45, caput, da mesma lei, segundo o qual "Começa a existência legal das pessoas jurídicas de direito privado com a inscrição do ato constitutivo no respectivo registro". Essa circunstância torna eloquente o silêncio da lei quanto à "existência da pessoa natural". Se, por um lado, não há uma afirmação expressa sobre quando ela se inicia, por outro lado, não se pode considerá-la iniciada tão somente com o nascimento com vida. Ademais, do direito penal é que a condição de pessoa viva do nascituro – embora não nascida – é afirmada sem a menor cerimônia. É que o crime de aborto (arts. 124 a 127 do CP) sempre esteve alocado no título referente a "crimes contra a pessoa" e especificamente no capítulo "dos crimes contra a vida". Assim, o ordenamento jurídico como um todo (e não apenas o CC) alinhou-se mais à teoria concepcionista – para a qual a personalidade jurídica se inicia com a concepção, muito embora alguns direitos só possam ser plenamente exercitáveis com o nascimento, haja vista que o nascituro é pessoa e, portanto, sujeito de direitos – para a construção da situação jurídica do nascituro, conclusão enfaticamente sufragada pela majoritária doutrina contemporânea. Além disso, apesar de existir concepção mais restritiva sobre os direitos do nascituro, amparada pelas teorias natalista e da personalidade condicional, atualmente há de se reconhecer a titularidade de direitos da personalidade ao nascituro, dos quais o direito à vida é o mais importante, uma vez que, garantir ao nascituro expectativas de direitos, ou mesmo direitos condicionados ao nascimento, só faz sentido se lhe for garantido também o direito de nascer, o direito à vida, que é direito pressuposto a todos os demais. Portanto, o aborto causado pelo acidente de trânsito subsume-se ao comando normativo do art. 3º da Lei 6.194/1974, haja vista que outra coisa não ocorreu, senão a morte do nascituro, ou o perecimento de uma vida intrauterina. <ins>REsp 1.415.727-SC</ins>, Rel. Min. Luis Felipe Salomão, julgado em 4/9/2014. (Inform. STJ 547)

DIREITO CIVIL E PROCESSUAL CIVIL. TERMO INICIAL DA PRESCRIÇÃO NAS DEMANDAS POR INDENIZAÇÃO DO SEGURO DPVAT NOS CASOS DE INVALIDEZ PERMANENTE DA VÍTIMA. RECURSO REPETITIVO (ART. 543-C DO CPC E RES. 8/2008-STJ). No que diz respeito ao termo inicial do prazo prescricional nas demandas por indenização do seguro DPVAT que envolvem invalidez permanente da vítima: a) o termo inicial do prazo prescricional é a data em que o segurado teve ciência inequívoca do caráter permanente da invalidez; e b) exceto nos casos de invalidez permanente notória, a ciência inequívoca do caráter permanente da invalidez depende de laudo médico, sendo relativa a presunção de ciência. Sobre o tema em análise, o STJ editou a Súmula 278, segundo a qual "O termo inicial do prazo prescricional, na ação de indenização, é a data em que o segurado teve ciência inequívoca da incapacidade laboral". Com o advento desse enunciado, sepultou-se o entendimento de que o termo inicial da prescrição seria sempre a data do acidente, independentemente do tipo de lesão. Persiste, porém, controvérsia no que se refere à necessidade, ou não, de um laudo médico para que a vítima do acidente (beneficiária do seguro) tenha ciência inequívoca da invalidez permanente (total ou parcial). Essa controvérsia tem gerado três entendimentos jurisprudenciais diversos. O primeiro considera que a invalidez permanente depende de uma declaração médica, sem a qual não há como presumir a ciência da vítima. No segundo há uma ligeira mitigação do primeiro, pois se aceita a presunção de ciência inequívoca, independentemente de laudo médico, mas somente nas hipóteses em que a invalidez é notória, como nos casos de amputação de membro. O laudo médico, nesses casos, serviria mais para aferir o grau de invalidez, do que para constatá-la. Interessante destacar que o fato de a invalidez permanente ser uma consequência imediata do acidente, não implica, necessariamente, ciência inequívoca da vítima. A perda do baço, por exemplo, somente chegará ao conhecimento de uma vítima leiga em Medicina se essa informação lhe for prestada por um médico. Nesses casos, ainda que a lesão seja imediata, a ciência da vítima só ocorrerá em momento posterior. Voltando às teses acerca da ciência da invalidez, o terceiro entendimento admite que essa ciência possa ser presumida, conforme as circunstâncias do caso. Colhe-se da jurisprudência do STJ, por exemplo, julgado no qual o Tribunal de origem entendeu que o longo decurso de tempo entre o acidente e a data do laudo, além da não submissão das vítimas a tratamento, permite que se presuma a ciência da invalidez. Posto isso, cumpre verificar o enquadramento dos entendimentos jurisprudenciais acima delineados nas hipóteses do art. 334 do CPC, transcrito a seguir: "Não dependem de prova os fatos: I - notórios; II - afirmados por uma parte e confessados pela parte contrária; III - admitidos, no processo, como incontroversos; IV - em cujo favor milita presunção legal de existência ou de veracidade". O primeiro entendimento, que exige um laudo médico para que se considere a ciência inequívoca da vítima, está de acordo com esse dispositivo legal (a contrario sensu), pois o laudo médico é uma prova documental. O segundo entendimento também está de acordo, pois o caráter permanente da invalidez em hipóteses como amputação de membro constitui fato notório para a vítima, enquadrando-se no inciso I, supra. O terceiro entendimento, contudo, parece afrontar o disposto no art. 334 do CPC, por não haver norma legal que autorize o julgador a presumir a ciência da invalidez a partir de circunstâncias fáticas como o decurso do tempo, a não submissão a tratamento ou a interrupção deste. Essa questão deve ser contextualizada à realidade brasileira em que a maioria das vítimas se submetem a tratamento médico e fisioterápico custeado pelo SUS (Sistema Único de Saúde), que sabidamente é bastante demorado nesses casos em que não há mais risco de vida. Desse modo, o fato de a vítima não persistir no tratamento iniciado, não pode ser utilizado para fulminar seu direito à indenização, se não há previsão legal nesse sentido. Há de se ressaltar, ademais, que por mais que as vítimas sintam a redução em sua capacidade laboral ao longo dos anos, esse fato não é suficiente para autorizá-las a pleitear a indenização, pois a legislação do DPVAT exige mais do que mera incapacidade laboral, exige invalidez "permanente". E esse caráter permanente da invalidez é inalcançável ao leigo em Medicina. Para se afirmar que uma lesão é permanente, ou seja, sem perspectiva terapêutica, é necessário concluir pela inviabilidade de qualquer dos tratamentos disponíveis, o que não é possível sem conhecimentos médicos. Frise-se que não se pode confundir ciência da lesão (ou da incapacidade) com ciência do caráter permanente da invalidez, pois esta última só é possível com auxílio médico. De outra parte, cabe refletir sobre a possibilidade de manipulação do prazo prescricional por parte da vítima. Há a preocupação de que a vítima, depois de transcorrido o prazo prescricional, obtenha um novo laudo médico e ajuíze a ação, omitindo, por má-fé, a existência de um laudo médico mais antigo. Entretanto, cabe frisar que, no Direito brasileiro, a má-fé não pode ser presumida. Então, caso a seguradora desconfie dessa manipulação do prazo prescricional, cabe-lhe diligenciar junto ao IML para saber se a vítima submeteu-se, ou não, a exame médico em data anterior. Do contrário, há de prevalecer, como termo inicial da prescrição, a data indicada no laudo médico apresentado pela vítima. **REsp 1.388.030-MG**, Rel. Min. Paulo de Tarso Sanseverino, julgado em 11/6/2014. (Inform. STJ 544)

DIREITO CIVIL. UTILIZAÇÃO DA TABELA DO CNSP NA DEFINIÇÃO DO VALOR DE INDENIZAÇÃO PAGA PELO SEGURO DPVAT. RECURSO REPETITIVO (ART. 543-C DO CPC E RES. 8/2008-STJ). Em caso de invalidez permanente parcial de beneficiário de Seguro DPVAT, é válida a utilização de tabela do Conselho Nacional de Seguros Privados (CNSP) para se estabelecer proporcionalidade entre a indenização a ser paga e o grau da invalidez, na hipótese de sinistro anterior a 16/12/2008; o que não impede o magistrado de, diante das peculiaridades do caso concreto, fixar indenização segundo outros critérios. Inicialmente, cumpre afirmar o entendimento – consolidado, inclusive, na Súmula 474 do STJ – de que, em caso de invalidez permanente parcial do beneficiário, a indenização do seguro DPVAT será paga de forma proporcional ao grau da invalidez (e não integral). De fato, o art. 3º, "b", da Lei 6.194/1974 – que dispõe sobre o DPVAT – estabelecia, até a entrada em vigor da Lei 11.482/2007, um teto de quarenta salários mínimos para a indenização por invalidez permanente parcial, mas não definia a forma de cálculo dessa indenização proporcional nesse caso, havendo, no art. 12 da Lei 6.194/1974, apenas remissão genérica à existência de normas do CNSP. Nessa conjuntura, houve controvérsia na jurisprudência em relação à possibilidade de utilização de normas do CNSP, já que as tabelas do CNSP não possuem *status* de lei ordinária. Posteriormente, a Lei 8.441/1992 incluiu o § 5º no art. 5º da Lei 6.194/1974, de modo que, a partir de então, a proporcionalidade da indenização seria calculada "de acordo com os percentuais da tabela das condições gerais de seguro de acidente suplementada" e, "nas restrições e omissões desta, pela tabela de acidentes do trabalho e da classificação internacional das doenças". Ocorre que, como essas tabelas também não estavam previstas em lei, a alteração legislativa não foi suficiente para encerrar a controvérsia estabelecida na jurisprudência. Apenas em 16/12/2008, entrou em vigor a MP 451/2008 (posteriormente convertida na Lei 11.945/2009), que inseriu no texto da Lei 6.194/1974, em anexo, uma tabela acerca do cálculo da indenização em análise. Além disso, incluiu-se no art. 3º da Lei 6.194/1974 o § 1º, segundo o qual "No caso da cobertura de que trata o inciso II do caput deste artigo [ou seja, no caso de invalidez permanente parcial], deverão ser enquadradas na tabela anexa a esta Lei as lesões diretamente decorrentes de acidente e que não sejam suscetíveis de amenização proporcionada por qualquer medida terapêutica [...]". Dessa forma, com a inclusão da aludida tabela na própria Lei 6.194/1974, encerrou-se a polêmica acerca dos critérios para o cálculo da indenização proporcional em relação aos acidentes de trânsito ocorridos posteriormente à entrada em vigor da MP 451/2008 (posteriormente convertida na Lei 11.945/2009). Entretanto, no tocante aos acidentes de trânsito ocorridos anteriormente à MP 451/2008, persistiu a controvérsia jurisprudencial. Nesse contexto, no tocante à possibilidade de utilização de tabela do CNSP para se estabelecer proporcionalidade entre a indenização a ser paga pelo seguro e o grau da invalidez na hipótese de sinistro anterior a 16/12/2008 (data da entrada em vigor da Medida Provisória 451/2008), observa-se que a declaração de invalidez da tabela do CNSP é a melhor solução para a controvérsia, pois a ausência de percentuais previamente estabelecidos para o cálculo da indenização causaria grande insegurança jurídica, uma vez que o valor da indenização passaria a depender exclusivamente de um juízo subjetivo do magistrado. Além disso, os valores estabelecidos pela tabela para a indenização proporcional pautam-se por um critério de razoabilidade em conformidade com a gravidade das lesões corporais sofridas pela vítima do acidente de trânsito. De mais a mais, o CNSP, em razão do art. 7º do Decreto-Lei 73/1966 – segundo o qual "Compete privativamente ao Governo Federal formular a política de seguros privados, legislar sobre suas normas gerais e fiscalizar as operações no mercado nacional" –, ainda detém competência normativa, que, aliás, foi recepcionada pela CF/1988. Tese firmada para fins do art. 543-C do CPC: "Validade da utilização de tabela do CNSP para se estabelecer a proporcionalidade da indenização ao grau de invalidez, na hipótese de sinistro anterior a 16/12/2008, data da entrada em vigor da Medida Provisória 451/08". Precedentes citados: REsp 1.101.572-RS, Terceira Turma, DJe 25/11/2010; e AgRg no REsp 1.298.551-MS, Quarta Turma, DJe 6/3/2012. **REsp 1.303.038-RS, Rel. Min. Paulo de Tarso Sanseverino, julgado em 12/3/2014. (Inform. STJ 537)**

DIREITO CIVIL. COBERTURA DO SEGURO DPVAT.
A vítima de dano pessoal causado por veículo automotor de via terrestre tem direito ao recebimento da indenização por invalidez permanente prevista no art. 3º da Lei 6.194/1974 – a ser coberta pelo seguro DPVAT – na hipótese em que efetivamente constatada a referida invalidez, mesmo que, na data do evento lesivo, a espécie de dano corporal sofrido – hoje expressamente mencionada na lista anexa à Lei 6.194/1974 (incluída pela MP 456/2009) – ainda não constasse da tabela que, na época, vinha sendo utilizada como parâmetro para o reconhecimento da invalidez permanente (elaborada pelo Conselho Nacional de Seguros Privados - CNSP). De fato, a expressão "invalidez permanente" prevista no art. 3º da Lei 6.194/1974 constitui conceito jurídico indeterminado. Em um primeiro momento, o conteúdo da expressão foi determinado a partir da listagem de situações que, sabidamente, seriam aptas a gerar invalidez permanente, total ou parcial. Entretanto, não é possível prever, por meio de uma listagem de situações, todas as hipóteses causadoras de invalidez permanente, de forma que, em última análise, incumbe ao intérprete a definição do conteúdo daquele conceito jurídico indeterminado. Assim, deve-se considerar que as situações previstas na lista anexa à Lei 6.194/1974 constituem rol meramente exemplificativo, em contínuo desenvolvimento tanto na ciência como no direito. O não enquadramento de uma determinada situação na lista previamente elaborada não implica, por si só, a não configuração da invalidez permanente, sendo necessário o exame das peculiaridades de cada caso concreto. Nesse contexto, a nova lista, bem como os critérios científicos que pautaram sua elaboração, pode e deve ser utilizada como instrumento de integração da tabela anterior, em razão do princípio da igualdade, sem que isso constitua aplicação retroativa. **REsp 1.381.214-SP, Rel. Min. Paulo de Tarso Sanseverino, julgado em 20/8/2013.** (Inform. STJ 530)

DIREITO CIVIL. PROPORCIONALIDADE DO VALOR DA INDENIZAÇÃO DO SEGURO DPVAT EM CASO DE INVALIDEZ PERMANENTE PARCIAL DO BENEFICIÁRIO (SÚMULA 474/STJ).
A indenização do seguro DPVAT não deve ocorrer no valor máximo apenas considerando a existência de invalidez permanente parcial (Súmula 474/STJ). Assim, as tabelas elaboradas pelo Conselho Nacional de Seguros Privados (CNSP), que estabelecem limites indenizatórios de acordo com as diferentes espécies de sinistros, podem ser utilizadas na fixação da indenização do seguro DPVAT. Reclamação julgada procedente para adequar o acórdão reclamado à jurisprudência sumulada do STJ. Expedição de ofícios a todos os Colégios Recursais do País comunicando a decisão (Resolução 12/STJ). Precedentes citados: REsp 1.101.572-RS, Terceira Turma, DJe 25/11/2010; AgRg no REsp 1.298.551-MS, Quarta Turma, DJe 6/3/2012; EDcl no AREsp 66.309-SP, Quarta Turma, DJe 1º/8/2012, e AgRg no AREsp 132.494-GO, Quarta Turma, DJe 26/6/2012. **Rcl 10.093-MA, Rel. Min. Antonio Carlos Ferreira, julgada em 12/12/2012. (Inform. STJ 518)**

DIREITO CIVIL. DPVAT. LIMITE MÁXIMO DO REEMBOLSO DE DESPESAS HOSPITALARES.
O reembolso pelo DPVAT das despesas hospitalares em caso de acidente automobilístico deve respeitar o limite máximo previsto na Lei n. 6.194/1974 (oito salários mínimos), e não o estabelecido na tabela expedida pelo Conselho Nacional de Seguros Privados (CNSP). A cobertura do DPVAT compreende o reembolso de despesas de assistência médica suplementares (DAMS) nos valores máximos indicados pela Lei n. 6.194/1974. Nessa hipótese, a vítima cede no hospital o direito de receber a indenização da seguradora. Assim, o dever da seguradora é pagar por procedimento médico hospitalar de acordo com o art. 3º, c, da Lei n. 6.194/1974, ou seja, até oito salários mínimos. Esse valor não pode ser alterado unilateralmente pelo fixado na tabela da resolução do CNSP, que é inferior ao máximo legal, ainda que seja superior ao valor de mercado, pois não há permissão legal para adoção de uma tabela de referência que delimite as indenizações a serem pagas pelas seguradoras a título de DAMS. Portanto, o hospital tem o direito de receber o reembolso integral das despesas comprovadas, respeitado o limite máximo previsto na lei. **REsp 1.139.785-PR, Rel. originário Min. Sidnei Beneti, Rel. para acórdão Min. Ricardo Villas Bôas Cueva, julgado em 11/12/2012. (Inform. STJ 511).**

DPVAT. INDENIZAÇÃO. COMPLEMENTAÇÃO. SOLIDARIEDADE.
O beneficiário do DPVAT pode acionar qualquer seguradora integrante do grupo para receber a complementação da indenização securitária, ainda que o pagamento administrativo feito a menor tenha sido efetuado por seguradora diversa. A jurisprudência do STJ sustenta que as seguradoras integrantes do consórcio do seguro DPVAT são solidariamente responsáveis pelo pagamento das indenizações securitárias, podendo o beneficiário reclamar de qualquer uma delas o que lhe é devido. Aplica-se, no caso, a regra do art. 275, caput e parágrafo único, do CC, segundo a qual o pagamento parcial não exime os demais obrigados solidários quanto ao restante da obrigação, tampouco o recebimento de parte da dívida induz a renúncia da solidariedade pelo credor. REsp 1.108.715-PR, Rel. Min. Luiz Felipe Salomão, julgado em 15/5/2012. (Inform. STJ 497)

DPVAT. QUEDA DURANTE VERIFICAÇÃO DE CARGA. INVALIDEZ PERMANENTE. NEXO CAUSAL AUSENTE.
A Turma entendeu que, para o sinistro ser protegido pelo seguro DPVAT, é necessário que ele tenha sido ocasionado pelo uso de veículo automotor. E, considerando que o uso comum que se dá ao veículo é a circulação em área pública, em regra, os sinistros somente serão cobertos quando o acidente ocorrer com pelo menos um veículo em movimento. Entretanto, é possível imaginar hipóteses excepcionais em que o veículo parado cause prejuízos indenizáveis. Para isso, seria necessário que o próprio veículo ou a sua carga causassem prejuízos a seu condutor ou a um terceiro. Na hipótese, tratou-se de uma queda do caminhão enquanto o recorrente descarregava mercadorias do seu interior, sem que o veículo estivesse em movimento ou mesmo em funcionamento. REsp 1.182.871-MS, Rel. Min. Nancy Andrighi, julgado em 3/5/2012 (Inform. STJ 496)

Súmula STJ nº 257

A falta de pagamento do prêmio do seguro obrigatório de Danos Pessoais Causados por Veículos Automotores de Vias Terrestres (DPVAT) não é motivo para a recusa do pagamento da indenização.

3.13. Fiança

NOVO PACTO ENTRE CREDOR E DEVEDOR SEM ANUÊNCIA DOS FIADORES. ILEGITIMIDADE PASSIVA DOS FIADORES NA EXECUÇÃO.
A transação entre credor e devedor sem a anuência do fiador com a dilação do prazo para o pagamento da dívida extingue a garantia fidejussória anteriormente concedida. Com base nesse entendimento, a Turma deu provimento ao recurso especial para acolher a exceção de pré-executividade oferecida em primeiro grau e, por conseguinte, determinar a exclusão dos fiadores do polo passivo da ação de execução. No caso, não obstante a existência de cláusula prevendo a permanência da garantia pessoal no novo pacto, a responsabilidade dos fiadores está limitada aos exatos termos do convencionado na obrigação original – ao qual expressamente consentiram – visto que a interpretação do contrato de fiança deve ser restritiva (art. 1.483 do CC/1916). Além disso, asseverou o Min. Relator que a extinção da garantia teria ocorrido com base em duplo fundamento, qual seja, a ocorrência da transação e moratória simultaneamente. Conquanto a transação e a moratória sejam institutos jurídicos diversos, ambas têm o efeito comum de exoneração do fiador que não anuiu com o acordo firmado entre credor e devedor (art. 838, I, do CC). Considerou-se, ainda, como parâmetro, o enunciado da Súm. 214 do STJ, a qual, apesar de se referir a contratos de locação, pode ser aplicada por extensão à situação dos fatos, pois a natureza da fiança é a mesma. **REsp 1.013.436-RS, Rel. Min. Luis Felipe Salomão, julgado em 11/9/2012 (Inform. STJ 504)**

Súmula STJ nº 332
A fiança prestada sem autorização de um dos cônjuges implica a ineficácia total da garantia.

Súmula STJ nº 268
O fiador que não integrou a relação processual na ação de despejo não responde pela execução do julgado.

Súmula STJ nº 214
O fiador na locação não responde por obrigações resultantes de aditamento ao qual não anuiu.

3.14. Seguro e Plano de saúde

DIREITO CIVIL. NECESSIDADE DE COMUNICAÇÃO AO EMPREGADO ACERCA DO DIREITO DE OPTAR PELA MANUTENÇÃO NO PLANO DE SAÚDE EM GRUPO. O empregado demitido sem justa causa deve ser expressamente comunicado pelo ex-empregador do seu direito de optar, no prazo de 30 dias a contar de seu desligamento, por se manter vinculado ao plano de saúde em grupo, desde que assuma o pagamento integral. De início, esclareça-se que o art. 30 da Lei 9.656/1998, com a redação dada pela MP 2.177-44/2001, dispõe: "Ao consumidor que contribuir para produtos de que tratam o inciso I e o § 1º do art. 1º desta Lei, em decorrência de vínculo empregatício, no caso de rescisão ou exoneração do contrato de trabalho sem justa causa, é assegurado o direito de manter sua condição de beneficiário, nas mesmas condições de cobertura assistencial de que gozava quando da vigência do contrato de trabalho, desde que assuma o seu pagamento integral". Por seu turno, o art. 35-A da mesma lei criou o Conselho de Saúde Suplementar (CONSU), com competência para "estabelecer e supervisionar a execução de políticas e diretrizes gerais do setor de saúde suplementar". Assim, o Conselho, ao regulamentar o art. 30 da Lei 9.656/1998, por meio da Resolução 20/1999, dispôs em seu art. 2º, § 6º: "O exonerado ou demitido de que trata o Art. 1º, deve optar pela manutenção do benefício aludido no caput, no prazo máximo de trinta dias após seu desligamento, em resposta à comunicação da empresa empregadora, formalizada no ato da rescisão contratual". A melhor interpretação da norma é no sentido de que o prazo de trinta dias é razoável, mas o empregador deve comunicar expressamente o ex-empregado sobre o seu direito de manter o plano de saúde, devendo o mesmo formalizar a opção. Trata-se de aplicação do dever de informação, nascido do princípio da boa-fé objetiva, expressamente acolhido pelo ordenamento pátrio no art. 422 do CC. De fato, a boa-fé objetiva constitui um modelo de conduta social ou um padrão ético de comportamento, impondo, concretamente, a todo cidadão que atue com honestidade, lealdade e probidade. As múltiplas funções exercidas pela boa-fé no curso da relação obrigacional, desde a fase anterior à formação do vínculo, passando pela sua execução, até a fase posterior ao adimplemento da obrigação, podem ser vislumbradas em três grandes perspectivas, que foram positivadas pelo CC: a) interpretação das regras pactuadas (função interpretativa); b) criação de novas normas de conduta (função integrativa); e c) limitação dos direitos subjetivos (função de controle contra o abuso de direito). A função integrativa da boa-fé permite a identificação concreta, em face das peculiaridades próprias de cada relação obrigacional, de novos deveres, além daqueles que nascem diretamente da vontade das partes (art. 422 do CC). Ao lado dos deveres primários da prestação, surgem os deveres secundários ou acidentais da prestação e, até mesmo, deveres laterais ou acessórios de conduta. Enquanto os deveres secundários vinculam-se ao correto cumprimento dos deveres principais (v.g. dever de conservação da coisa até a tradição), os deveres acessórios ligam-se diretamente ao correto processamento da relação obrigacional (v.g. deveres de cooperação, de informação, de sigilo, de cuidado). Decorre, portanto, justamente da função integradora do princípio da boa-fé objetiva, a necessidade de comunicação expressa ao ex-empregado de possível cancelamento do plano de saúde caso este não faça a opção pela manutenção no prazo de 30 dias. E mais, não pode a operadora do plano de saúde proceder ao desligamento do beneficiário sem a prova efetiva de que foi dada tal oportunidade ao ex-empregado. Por fim, destaque-se que o entendimento aqui firmado encontra guarida na Resolução Normativa 279 da ANS, de 24/11/2011, que "Dispõe sobre a regulamentação dos artigos 30 e 31 da Lei nº 9.656, de 3 de junho de 1998, e revoga as Resoluções do CONSU nºs 20 e 21, de 7 de abril de 1999". **REsp 1.237.054-PR, Rel. Min. Paulo de Tarso Sanseverino, julgado em 22/4/2014. (Inform. STJ 542)**

DIREITO CIVIL. CLÁUSULA DE CONTRATO DE PLANO DE SAÚDE QUE EXCLUA A COBERTURA RELATIVA À IMPLANTAÇÃO DE STENT.
É nula a cláusula de contrato de plano de saúde que exclua a cobertura relativa à implantação de stent. Isso porque, nesse tipo de contrato, considera-se abusiva a disposição que afaste a proteção quanto a órteses, próteses e materiais diretamente ligados a procedimento cirúrgico a que se submeta o consumidor. Precedentes citados: AgRg no Ag 1.341.183-PB, Terceira Turma, DJe 20/4/2012; e AgRg no Ag 1.088.331-DF, Quarta Turma, DJe 29/3/2010. **REsp 1.364.775-MG, Rel. Min. Nancy Andrighi, julgado em 20/6/2013.** (Inform. STJ 526)

DIREITO CIVIL. DANO MORAL DECORRENTE DA INJUSTA RECUSA DE COBERTURA POR PLANO DE SAÚDE DAS DESPESAS RELATIVAS À IMPLANTAÇÃO DE STENT.
Gera dano moral a injusta recusa de cobertura por plano de saúde das despesas relativas à implantação de "stent". Isso porque, embora o mero inadimplemento contratual não seja, em princípio, motivo suficiente para causar danos morais, deve-se considerar que a injusta recusa de cobertura agrava a situação de aflição psicológica e de angústia no espírito daquele que, ao pedir a autorização da seguradora, já se encontra em condição de dor, de abalo psicológico e com a saúde debilitada.

Precedentes citados: REsp 735.750-SP, Quarta Turma, DJe 16/2/2012; e REsp 986.947-RN, Terceira Turma, DJe 26/3/2008. **REsp 1.364.775-MG, Rel. Min. Nancy Andrighi, julgado em 20/6/2013.** (Inform. STJ 526)

DIREITO CIVIL E DO CONSUMIDOR. POSSIBILIDADE DE INCLUSÃO DE DEPENDENTE EM CONTRATO DE SEGURO DE SAÚDE.
Na hipótese de seguro de saúde contratado em momento anterior ao início da vigência da Lei 9.656/1998, caso não tenha sido garantido à titular segurada o direito de optar pela adaptação do contrato ao sistema da nova lei (art. 35, *caput*, da Lei 9.656/1998), é possível a inclusão, na qualidade de dependente, de neto, filho de uma de suas filhas originariamente indicada como dependente no referido seguro. Isso porque, nesse contexto, não se admite impor ao contratante a restrição estabelecida no § 5º do art. 35 da Lei 9.656/1998, segundo o qual a "manutenção dos contratos originais pelos consumidores não-optantes tem caráter personalíssimo, devendo ser garantida somente ao titular e a seus dependentes já inscritos, permitida inclusão apenas de novo cônjuge e filhos, e vedada a transferência da sua titularidade, sob qualquer pretexto, a terceiros". De fato, se não houve opção, por imperativo lógico, não se pode considerar a titular segurada como não-optante, sendo, nesse caso, inaplicável a restrição. **REsp 1.133.338-SP, Rel. Min. Paulo de Tarso Sanseverino, julgado em 2/4/2013.** (Inform. STJ 520)

DIREITO CIVIL. SEGURO DE VIDA. OMISSÃO DE DOENÇA PREEXISTENTE.
A doença preexistente não informada no momento da contratação do seguro de vida não exime a seguradora de honrar sua obrigação se o óbito decorrer de causa diversa da doença omitida. Ainda que o segurado omita doença existente antes da assinatura do contrato e mesmo que tal doença tenha contribuído indiretamente para a morte, enseja enriquecimento ilícito permitir que a seguradora celebre o contrato sem a cautela de exigir exame médico, receba os pagamentos mensais e, após a ocorrência de sinistro sem relação direta com o mal preexistente, negue a cobertura. **REsp 765.471-RS, Rel. Min. Maria Isabel Gallotti, julgamento em 6/12/2012.** (Inform. STJ 512).

DIREITO CIVIL. PLANO DE SAÚDE. CLÁUSULA LIMITATIVA. CIRURGIA BARIÁTRICA. OBESIDADE MÓRBIDA.
É abusiva a negativa do plano de saúde em cobrir as despesas de intervenção cirúrgica de gastroplastia necessária à garantia da sobrevivência do segurado. A gastroplastia, indicada para o tratamento da obesidade mórbida, bem como de outras doenças dela derivadas, constitui cirurgia essencial à preservação da vida e da saúde do paciente segurado, não se confundindo com simples tratamento para emagrecimento. Os contratos de seguro-saúde são contratos de consumo submetidos a cláusulas contratuais gerais, ocorrendo a sua aceitação por simples adesão pelo segurado. Nesses contratos, as cláusulas seguem as regras de interpretação dos negócios jurídicos estandardizados, ou seja, existindo cláusulas ambíguas ou contraditórias, deve ser aplicada a interpretação mais favorável ao aderente, conforme o art. 47 do CDC. Assim, a cláusula contratual de exclusão de cobertura securitária para casos de tratamento estético de emagrecimento prevista no contrato de seguro-saúde não abrange a cirurgia para tratamento de obesidade mórbida. Precedentes citados: REsp 1.175.616-MT, DJe 4/3/2011; AgRg no AREsp 52.420-MG, DJe 12/12/2011; REsp 311.509-SP, DJ 25/6/2001, e REsp 735.750-SP, DJe 16/2/2012. **REsp 1.249.701-SC, Rel. Min. Paulo de Tarso Sanseverino, julgado em 4/12/2012.** (Inform. STJ 511).

Súmula STJ nº 302
É abusiva a cláusula contratual de plano de saúde que limita no tempo a internação hospitalar do segurado.

3.15. Previdência privada

DIREITO CIVIL E PREVIDENCIÁRIO. REVISÃO DE BENEFÍCIO APÓS A MIGRAÇÃO ENTRE PLANOS DE PREVIDÊNCIA PRIVADA. Havendo transação prevendo a migração de participante ou assistido para outro plano de benefícios de previdência privada, em termos previamente aprovados pelo órgão público fiscalizador, não há direito adquirido consistente na invocação do regulamento do plano primitivo para revisão do benefício complementar, sobretudo se, ao tempo da transação, ainda não forem preenchidas todas as condições para a implementação do benefício previsto no regulamento primitivo. Inicialmente, a doutrina esclarece que, com a homologação da transação, há "destruição de toda a relação jurídica", por isso o "que persiste – no terreno do direito material – é a transação, negócio jurídico". Ademais, a teor do art. 1.026 do CC/1916 (correspondente ao art. 848 do CC/2002), sendo nula qualquer das cláusulas da transação, nula será esta. Com efeito, apenas mediante o ajuizamento de ação anulatória prevista no art. 486 do CPC, voltada à desconstituição de atos processuais inquinados de qualquer das nulidades estabelecidas nos arts. 145 e 147 do CC/1916 (similares aos arts. 166 e 171 do CC/2002), poderá o interessado obter a revogação de quaisquer atos praticados no desenrolar de procedimento judicial, bem como da sentença homologatória da transação. Uma vez acolhido o pedido anulatório, produzir-se-á o exclusivo e específico efeito de desfazer esse ato, a que corresponde a restituição do interessado ao *statu quo ante*, ou seja, à situação anterior à sua realização. Ademais, o STJ entende que a transação, com observância das exigências legais, sem demonstração de qualquer vício, é ato jurídico perfeito e acabado, não podendo o simples arrependimento unilateral de uma das partes dar ensejo à anulação do acordo (REsp 617.285-SC, Quarta Turma, DJ 5/12/2005). Além do mais, quanto à possível invocação do diploma consumerista, é de observar que "o ponto de partida do CDC é a afirmação do Princípio da Vulnerabilidade do Consumidor, mecanismo que visa a garantir igualdade formal-material aos sujeitos da relação jurídica de consumo, o que não quer dizer compactuar com exageros" (REsp 586.316-MG, Segunda Turma, DJe 19/3/2009). Com efeito, ainda que perfilhado o entendimento acerca da incidência do CDC, é bem de ver que suas regras, valores e princípios são voltados a conferir equilíbrio às relações contratuais, de modo que, ainda que fosse constatada alguma nulidade da transação, evidentemente implicaria o retorno ao *statu quo ante*, não podendo, em hipótese alguma, resultar em enriquecimento a qualquer das partes. Noutro giro, a doutrina preceitua que a migração de planos de benefícios geridos pela mesma entidade fechada de previdência privada ocorre num contexto de amplo redesenho da relação contratual previdenciária, com o concurso de vontades do patrocinador, da entidade fechada de previdência complementar, por meio de seu conselho deliberativo, e autorização prévia da Previc (que sucedeu a Secretaria de Previdência Complementar, no tocante à atribuição legal de fiscalização e supervisão das entidades de previdência privada fechada). De mais a mais, havendo a migração de plano de benefícios de previdência privada, não há falar em invocação do regulamento do plano de benefícios primitivo, vigente por ocasião da adesão do participante à relação contratual. Na hipótese em foco, à luz da ab-rogada Lei 6.435/1977 e da LC 109/2001, verifica-se que a legislação de regência, visando ao resguardado do equilíbrio financeiro e atuarial do plano de custeio, sempre previu a possibilidade de alteração do regulamento do plano de benefícios, inclusive dos valores das contribuições e benefícios. Por isso, a teor do parágrafo único do art. 17 e do § 1º do art. 68, ambos da LC 109/2001, só há falar em direito adquirido na ocasião em que o participante preenche todas as condições para o recebimento do benefício, tornando-se elegível ao benefício. Além disso, esses mesmos artigos dispõem expressamente que as alterações processadas nos regulamentos dos planos de benefícios aplicam-se a todos os participantes das entidades fechadas, a partir de sua aprovação pelo órgão regulador e fiscalizador, só sendo considerado direito adquirido do participante os benefícios, a partir da implementação de todas as condições estabelecidas para elegibilidade consignadas no regulamento do respectivo plano. **REsp 1.172.929-RS, Rel. Min. Luis Felipe Salomão, julgado em 10/6/2014. (Inform. STJ 544)**

DIREITO CIVIL E PREVIDENCIÁRIO. POSSIBILIDADE DE A REVISÃO DE PLANO DE BENEFÍCIOS DE PREVIDÊNCIA PRIVADA ATINGIR QUEM AINDA NÃO PREENCHEU TODOS OS REQUISITOS PARA APOSENTADORIA. A alteração regulamentar que implique a instituição do denominado "INSS Hipotético" para o cálculo de benefício pode alcançar todos os participantes do plano de previdência privada que ainda não atingiram todas as condições estabelecidas para elegibilidade previstas no regulamento, não havendo direito adquirido do beneficiário às normas do regulamento vigente na ocasião da adesão à relação contratual. Na previdência privada, o sistema de capitalização constitui pilar de seu regime – baseado na constituição de reservas que garantam o benefício contratado –, o qual é de adesão facultativa e de organização autônoma em relação ao regime geral de previdência social. Nessa linha, os planos de benefícios de previdência complementar são previamente aprovados pelo órgão público fiscalizador, de adesão facultativa, devendo ser elaborados com base em cálculos matemáticos, embasados em estudos de natureza atuarial, e, ao final de cada exercício, devem ser reavaliados, de modo a prevenir ou mitigar prejuízos aos participantes e beneficiários do plano (art. 43 da ab-rogada Lei 6.435/1977 e art. 23 da LC 109/2001). Os regulamentos dos planos de benefícios, evidentemente, podem ser revistos em caso de apuração de déficit ou superávit decorrentes de projeção atuarial que, no decorrer da relação contratual, não se confirme, pois no regime fechado de previdência privada há um mutualismo, com explícita submissão ao regime de capitalização. Os desequilíbrios verificados, isto é, a não confirmação de premissa atuarial decorrente de fatores diversos – até mesmo exógenos, como por exemplo a variação da taxa de juros que remunera os investimentos –, resultando em eventuais superávits ou déficits verificados no transcurso da relação contratual, repercutem para o conjunto de participantes e beneficiários. Dessa forma, os vigentes arts. 17, parágrafo único, e 68, § 1º, da LC 109/2001 dispõem que as alterações processadas nos regulamentos dos planos aplicam-se a todos os participantes das entidades fechadas, a partir de sua aprovação pelo órgão público fiscalizador, só sendo os benefícios considerados direito adquirido do participante a partir da implementação de todas as condições estabelecidas para elegibilidade consignadas no regulamento vigente do plano de previdência privada complementar. **REsp 1.184.621-MS, Rel. Min. Luis Felipe Salomão, julgado em 24/4/2014. (Inform. STJ 542)**

DIREITO CIVIL. COMPLEMENTAÇÃO DE APOSENTADORIA POR ENTIDADE FECHADA DE PREVIDÊNCIA PRIVADA. INADIMPLÊNCIA DA PATROCINADORA. IMPOSSIBILIDADE DE SUPRESSÃO DO PAGAMENTO DO BENEFÍCIO AO ASSISTIDO.
Não é possível a supressão do pagamento de complementação de aposentadoria de empregado já aposentado, que cumpriu devidamente as condições pactuadas com a entidade fechada de previdência privada para a obtenção do benefício, quando o motivo ensejador do corte é a denúncia do convênio firmado entre a referida entidade e a patrocinadora, em face do inadimplemento desta. O empregado, ao aderir ao plano de benefícios oferecido pela entidade de previdência complementar patrocinada por seu empregador, passa a contribuir para ter direito ao recebimento dos benefícios quando do preenchimento das condições previstas no regulamento do respectivo plano. Nesse contexto, pode-se reconhecer a existência de duas relações jurídicas distintas firmadas pela entidade de previdência complementar: uma com a instituição patrocinadora do fundo, outra com o empregado. Assim, não pode este, já na condição de assistido, assumir o ônus de não mais receber os benefícios de complementação de aposentadoria a que tem direito na relação jurídica estabelecida com a entidade previdenciária, quando o inadimplemento ocorreu por parte da ex-empregadora e patrocinadora, que não repassou à referida entidade as contribuições devidamente pagas pelo empregado e, dessa forma, descumpriu o acordo firmado no convênio de adesão. Ademais, a entidade de previdência privada deve constituir reservas para garantir o adimplemento dos benefícios contratados, conforme dispõe o art. 202, caput, da CF e a LC n. 109/2001. Há, inclusive, previsão neste diploma legal de, em caso de insuficiência de recursos para pagamento dos benefícios, ser autorizada a intervenção ou liquidação extrajudicial da entidade previdenciária com a finalidade de se resguardar os direitos dos participantes e assistidos. **REsp 1.242.267-ES, Rel. Min. Raul Araújo, julgado em 4/12/2012. (Inform. STJ 510)**

DIREITO CIVIL. PREVIDÊNCIA PRIVADA. RESGATE DE CONTRIBUIÇÕES. SÚM. N. 289/STJ. CORREÇÃO MONETÁRIA. EXPURGOS INFLACIONÁRIOS. RECURSO REPETITIVO (ART. 543-C DO CPC E RES. N. 8/2008-STJ)
É devida a restituição da denominada reserva de poupança a ex-participantes de planos de benefícios de previdência privada, devendo ser corrigidas monetariamente, conforme os índices que reflitam a real inflação ocorrida no período, mesmo que o estatuto da entidade preveja critério de correção diverso, devendo ser incluídos expurgos inflacionários e a Súm. n. 289/STJ. Conforme entendimento firmado no EREsp 297.194-DF, a correção monetária não se revela em um acréscimo, mas na reposição do valor real da moeda. A inclusão dos expurgos inflacionários, com o afastamento do índice de correção monetária estabelecido no estatuto, não representa uma descapitalização da entidade nem um desequilíbrio no cálculo atuarial, pois compete à entidade a administração do seu patrimônio e a adequada aplicação das reservas técnicas, fundos especiais e provisões, cabendo-lhe, portanto, zelar pela preservação da reserva de dos efeitos da inflação. Precedentes citados: EREsp 297.194-DF, DJ 4/4/2002; AgRg no REsp 1.156.781-SE, DJe 21/8/2012, e EDcl no Ag 610.054-DF, DJe 20/8/2012. **REsp 1.177.973-DF e REsp 1.183.474-DF, Rel. Min. Raul Araújo, julgados em 14/11/2012. (Inform. STJ 510)**

DIREITO CIVIL. PREVIDÊNCIA PRIVADA. RESTITUIÇÃO DAS CONTRIBUIÇÕES. NÃO INCIDÊNCIA DA SÚM. N. 252/ STJ. RECURSO REPETITIVO (ART. 543-C DO CPC E RES. N. 8/2008-STJ).
A Súm. n. 252/STJ, por ser específica para a correção de saldos do FGTS, não tem aplicação nas demandas que envolvam previdência privada. Essa súmula restringe-se à correção dos saldos das contas de FGTS. Assim, às devoluções das parcelas de contribuições pagas a ex-beneficiário de plano de previdência privada devem ser aplicados índices de correção que reflitam a real inflação do período (Súm. n. 289/STJ). Precedentes citados: AgRg nos EDcl no Ag 467.284-SC, DJ 16/6/2003, e AgRg no REsp 1.022.449-DF, DJe 28/4/2011. **REsp 1.177.973-DF, Rel. Min. Raul Araújo, julgado em 14/11/2012. (Inform. STJ 510)**

DIREITO CIVIL. PREVIDÊNCIA PRIVADA. DEVOLUÇÃO DAS CONSTRIBUIÇÕES. ATUALIZAÇÃO MONETÁRIA. IPC. RECURSO REPETITIVO (ART. 543-C DO CPC E RES. N. 8/2008-STJ)
A atualização monetária das contribuições devolvidas pela entidade de previdência privada ao associado deve ser calculada pelo IPC, por ser um índice que melhor traduz a perda do poder aquisitivo da moeda. Precedentes citados: EDcl no REsp 879.527-PB, DJe 3/3/2008; AgRg no AREsp 74.162-GO, DJe 1º/2/2012, e AgRg no Ag 813.501-RJ, DJe 9/2/2011. **REsp 1.177.973-DF e REsp 1.183.474-DF, Rel. Min. Raul Araújo, julgados em 14/11/2012. (Inform. STJ 510)**

DIREITO CIVIL. PREVIDÊNCIA PRIVADA. RESTITUIÇÃO DE CONTRIBUIÇÕES. QUITAÇÃO GERAL EM TRANSAÇÃO. ABRANGÊNCIA DAS VERBAS. RECURSO REPETITIVO (ART. 543-C DO CPC E RES. N. 8/2008-STJ)
A quitação relativa à restituição, por instrumento de transação, somente alcança as parcelas efetivamente quitadas, não tendo eficácia em relação às verbas por ele não abrangidas, de modo que, se os expurgos não foram pagos aos participantes que faziam jus à devolução das parcelas de contribuição, não se pode considerá-los saldados por recibos de quitação passados de forma geral. Assim, a existência de transação extrajudicial, realizada de forma geral, relativamente aos valores resgatados pelos participantes de plano de benefícios de previdência privada, não acarreta, em regra, a renúncia ao direito de diferenças da correção monetária não pagas, tampouco extinção dessa obrigação. Precedentes citados: AgRg no AREsp 177.942-MG, DJe 29/6/2012, e AgRg no Ag 1.136.546-DF, DJe 17/3/2010. **REsp 1.183.474-DF, Rel. Min. Raul Araújo, julgado em 14/11/2012. (Inform. STJ 510)**

DIREITO CIVIL. PREVIDÊNCIA PRIVADA. INCIDÊNCIA DE FATOR REDUTOR.
É possível a estipulação, em contrato de adesão ao plano de previdência privada, de fator redutor à renda mensal inicial do participante com idade inferior a 53 anos de idade em caso de aposentadoria especial, ou 55 anos para as demais aposentadorias. Embora as regras aplicáveis ao sistema de previdência social oficial possam, eventualmente, servir como instrumento de auxílio à resolução de questões relativas à previdência privada complementar, é preciso ressaltar que são regimes jurídicos diversos, com regramentos específicos, tanto de nível constitucional quanto infraconstitucional. Enquanto a previdência social adota o regime de repartição simples, que funciona em sistema de caixa, no qual o que se arrecada é imediatamente gasto, sem que haja, em regra, um processo de acumulação de reservas, a previdência complementar adota o de capitalização, que pressupõe a acumulação de recursos para que possam, efetivamente, assegurar os benefícios contratados num período de longo prazo. Considerando que o sistema de capitalização constitui o pilar do regime de previdência privada, a eventual inobservância ao equilíbrio atuarial, com a adoção de norma própria do regime oficial em contrariedade ao pactuado, colocará em risco o interesse de terceiros, podendo, guardadas as devidas proporções, resultar em situação um tanto assemelhada às abomináveis pirâmides financeiras, pois os primeiros participantes/beneficiários receberiam uma contraprestação (benefício) desproporcional, enquanto os últimos não teriam o devido amparo por parte do plano de previdência complementar, tendo em vista que as reservas comuns teriam sido empregadas para pagamentos de benefícios além do que elas poderiam suportar. Precedentes citados: REsp 814.465-MS, DJe 24/5/2011; REsp 1.207.071-RJ, DJe 8/8/2012; AgRg no REsp 1.172.363-RS, DJe 20/8/2012; AgRg nos EDcl no REsp 1.299.763-CE, DJe 4/9/2012, e AgRg nos EDcl no REsp 1.302.651-SE, DJe 10/8/2012. **REsp 1.015.336-SP, Rel. Min. Luis Felipe Salomão, jugado em 20/9/2012. (Inform. STJ 505)**

DIREITO CIVIL. PREVIDÊNCIA PRIVADA. INCIDÊNCIA DE FATOR REDUTOR.
É possível a estipulação, em contrato de adesão ao plano de previdência privada, de fator redutor à renda mensal inicial do participante com idade inferior a 53 anos de idade em caso de aposentadoria especial, ou 55 anos para as demais aposentadorias. Embora as regras aplicáveis ao sistema de previdência social oficial possam, eventualmente, servir como instrumento de auxílio à resolução de questões relativas à previdência privada complementar, é preciso ressaltar que são regimes jurídicos diversos, com regramentos específicos, tanto de nível constitucional quanto infraconstitucional. Enquanto a previdência social adota o regime de repartição simples, que funciona em sistema de caixa, no qual o que se arrecada é imediatamente gasto, sem que haja, em regra, um processo de acumulação de reservas, a previdência complementar adota o de capitalização, que pressupõe a acumulação de recursos para que possam, efetivamente, assegurar os benefícios contratados num período de longo prazo. Considerando que o sistema de capitalização constitui o pilar do regime de previdência privada, a eventual inobservância ao equilíbrio atuarial, com a adoção de norma própria do regime oficial em contrariedade ao pactuado, colocará em risco o interesse de terceiros, podendo, guardadas as devidas proporções, resultar em situação um tanto assemelhada às abomináveis pirâmides financeiras, pois os primeiros participantes/beneficiários receberiam uma contraprestação (benefício) desproporcional, enquanto os últimos não teriam o devido amparo por parte do plano de previdência complementar, tendo em vista que as reservas comuns teriam sido empregadas para pagamentos de benefícios além do que elas poderiam suportar. Precedentes citados: REsp 814.465-MS, DJe 24/5/2011; REsp 1.207.071-RJ, DJe 8/8/2012; AgRg no REsp 1.172.363-RS, DJe 20/8/2012; AgRg nos EDcl no REsp 1.299.763-CE, DJe 4/9/2012, e AgRg nos EDcl no REsp 1.302.651-SE, DJe 10/8/2012. **REsp 1.015.336-SP, Rel. Min. Luis Felipe Salomão, jugado em 20/9/2012. (Inform. STJ 505)**

Súmula STJ nº 290
Nos planos de previdência privada, não cabe ao beneficiário a devolução da contribuição efetuada pelo patrocinador.

Súmula STJ nº 289
A restituição das parcelas pagas a plano de previdência privada deve ser objeto de correção plena, por índice que recomponha a efetiva desvalorização da moeda.

3.16. Telefonia

DIREITO CIVIL. RESTITUIÇÃO DO VALOR INVESTIDO NA EXTENSÃO DE REDE DE TELEFONIA PELO MÉTODO PCT. RECURSO REPETITIVO (ART. 543-C DO CPC E RES. 8/2008-STJ). É válida, no sistema de planta comunitária de telefonia – PCT, a previsão contratual ou regulamentar que desobrigue a companhia de subscrever ações em nome do consumidor ou de lhe restituir o valor investido. Precedentes citados: REsp 1.190.242-RS, Quarta Turma, DJe 24/4/2012; e REsp 1.153.643-RS, Terceira Turma, DJe 21/8/2012. **REsp 1.391.089-RS, Rel. Min. Paulo de Tarso Sanseverino, julgado em 26/2/2014. (Inform. STJ 536)**

DIREITO CIVIL. RESTITUIÇÃO DO VALOR INVESTIDO NA EXTENSÃO DE REDE DE TELEFONIA PELO MÉTODO PCT.
O consumidor não tem direito à restituição dos valores por ele investidos na extensão de rede de telefonia pelo método de Plantas Comunitárias de Telefonia - PCT na hipótese em que há previsão contratual, amparada por portaria vigente na época da concessão, de doação dos bens que constituíam o acervo telefônico à empresa concessionária do serviço. As Plantas Comunitárias surgiram com o objetivo de viabilizar a implementação de terminais telefônicos em localidades desprovidas de infraestrutura e que não seriam, naquele momento, naturalmente atendidas pelo plano de expansão da concessionária. Diante das limitações técnicas inerentes a esse serviço, poderia ser prevista a participação do consumidor no financiamento das obras, conforme acordado por ocasião da outorga da concessão e na forma de ato regulamentar do poder concedente. Assim, deve ser respeitado o pactuado com a concessionária, sobretudo porquanto a doação do acervo telefônico foi considerada para efeitos de fixação da tarifa, na qual está embutida a justa remuneração, de modo que não há enriquecimento ilícito da companhia. Ademais, a reversão da rede de expansão ao patrimônio da concessionária satisfaz ao superior interesse de ordem pública atinente à continuidade do serviço, o qual deverá ser

observado também por ocasião da cessação da prestação ou da concessão, mediante nova reversão ao poder concedente dos bens vinculados ao serviço público, com ou sem indenização, nos termos dos arts. 35 e 36 da Lei n. 8.987/1995. Precedente citado: REsp 1.190.242-RS, DJe 22/5/2012. **AgRg nos EDcl no AREsp 254.007-RS, Rel. Min. Maria Isabel Gallotti, julgado em 21/2/2013.** (Inform. STJ 514).

Súmula STJ nº 371

Nos contratos de participação financeira para a aquisição de linha telefônica, o Valor Patrimonial da Ação (VPA) é apurado com base no balancete do mês da integralização.

Súmula STJ nº 193

O direito de uso de linha telefônica pode ser adquirido por usucapião.

3.17. Outros Contratos

DIREITO CIVIL. LEGALIDADE DO SISTEMA EM SÉRIE GRADIENTE E COMPATIBILIDADE COM O PLANO DE EQUIVALÊNCIA SALARIAL. A utilização do Sistema de Amortização em Série Gradiente em contratos do Sistema Financeiro da Habitação (SFH) não é incompatível com o Plano de Equivalência Salarial (PES). Precedentes citados: REsp 907.352-RJ, Terceira Turma, DJe 18/11/2009; REsp 501.134-SC, Quarta Turma, DJ 29/6/2009; e AgRg no REsp 874.201-RS, Terceira Turma, DJe 28/8/2008. **REsp 1.114.035-PR, Rel. originário Min. Sidnei Beneti, Rel. para acórdão Min. João Otávio de Noronha, julgado em 7/10/2014.** (Inform. STJ 552)

DIREITO CIVIL. RESPONSABILIDADE PELO SALDO DEVEDOR RESIDUAL DE FINANCIAMENTO CELEBRADO NO ÂMBITO DO SFH. RECURSO REPETITIVO (ART. 543-C DO CPC E RES. 8/2008-STJ). Nos contratos de financiamento celebrados no âmbito do Sistema Financeiro de Habitação (SFH), sem cláusula de garantia de cobertura do Fundo de Compensação das Variações Salariais (FCVS), o saldo devedor residual deverá ser suportado pelo mutuário. A previsão do saldo devedor residual decorre da insuficiência das prestações pagas pelo mutuário em repor o capital mutuado, pois o reajuste das prestações vinculadas aos índices aplicados à categoria profissional nem sempre acompanha o valor da inflação, o que cria um desequilíbrio contratual capaz de afetar, em última análise, a higidez do próprio sistema de financiamento habitacional. Ao lado de tal circunstância, destaca-se o fato de que o art. 2º do Decreto-Lei 2.349/1987, legislação específica sobre a matéria, é claro a respeito da responsabilidade dos mutuários pelo pagamento do saldo devedor residual: "Nos contratos sem cláusulas de cobertura pelo FCVS, os mutuários finais responderão pelos resíduos dos saldos devedores existentes, até sua final liquidação, na forma que for pactuada, observadas as normas expedidas pelo Conselho Monetário Nacional". Precedentes citados: AgRg no AREsp 282.132-PB, Terceira Turma, DJe 7/3/2014; e AgRg no AREsp 230.500-AL, Quarta Turma, DJe 28/10/2013. **REsp 1.447.108-CE e REsp 1.443.870-PE, Rel. Min. Ricardo Villas Bôas Cueva, julgado em 22/10/2014.** (Inform. STJ 550)

DIREITO CIVIL. CLÁUSULA CONTRATUAL QUE INSTITUI PRAZO DE CARÊNCIA PARA DEVOLUÇÃO DE VALORES APLICADOS EM TÍTULO DE CAPITALIZAÇÃO. Desde que redigida em estrita obediência ao previsto na legislação vigente, é válida a cláusula contratual que prevê prazo de carência para resgate antecipado dos valores aplicados em título de capitalização. Inicialmente, importante salientar que a estipulação de cláusula de carência para resgate visa proteger os recursos da capitalização, a fim de impedir que a desistência de algum dos aderentes prejudique os demais detentores de títulos dentro de uma mesma sociedade de capitalização, impedindo o cumprimento de obrigações previstas pela companhia como, por exemplo, o pagamento da premiação por sorteio. Deve-se ter em mente que o desfalque repentino do plano, caso não haja cláusula estipulando a carência, poderá impossibilitar o funcionamento das sociedades, prejudicando os demais detentores de títulos de capitalização e colocando em risco a própria atividade econômica. Analisando detidamente os dispositivos que regulamentam a matéria (art. 71, § 1º, da CNSP 15/1992 e art. 23, §§ 1º e 2º, da Circular Susep 365/2008), nota-se que o primeiro admite, genericamente, a estipulação de prazo de carência; enquanto o segundo, de forma específica, permite a fixação de prazo de carência não superior a 24 meses, contados da data de início de vigência do título de capitalização. Ressalte-se que a validade de cláusula contratual instituidora de prazo de carência pode perfeitamente ser analisada à luz da regulamentação do CNSP e da Susep, desde que sejam respeitados os limites explicitados no ato de delegação respectivo, qual seja, o Decreto-Lei 261/1967. Ademais, eventual lacuna legislativa também pode – e deve – ser suprida pela aplicação do CC e do CDC. O sistema de proteção ao consumidor busca conferir equilíbrio à relação entre consumidor e fornecedor; todavia, não tem por objetivo criar ou proteger situação em que o consumidor leve vantagem indevida sobre o fornecedor. **EREsp 1.354.963-SP, Rel. Min. Luis Felipe Salomão, julgado em 24/9/2014.** (Inform. STJ 550)

DIREITO CIVIL. REGIME DE PENALIDADES GRADATIVAS NO CONTRATO DE CONCESSÃO DE VEÍCULOS AUTOMOTORES. Nos contratos regidos pela Lei Ferrari (Lei 6.729/1979), ainda que não tenha sido celebrada convenção de marca dispondo sobre penalidades gradativas (art. 19, XV), é inválida cláusula que prevê a resolução unilateral do contrato como única penalidade para as infrações praticadas pela concessionária de veículos automotores. Isso porque o art. 19, XV – que prevê o regime de penalidades gradativas – e o art. 22, § 1º – que condiciona a resolução do contrato por iniciativa da parte inocente à prévia aplicação de penalidades gradativas – não contêm nenhuma ressalva quando ao momento em que produzirão efeitos, devendo-se concluir, com base no art. 6º da LINDB, que a eficácia é imediata. Entender que o § 1º do art. 22 seria inaplicável devido à inexistência da convenção da marca sobre as penalidades gradativas, prevista no art. 19, frustraria um dos principais objetivos da lei, que é impedir a resolução arbitrária do contrato. De fato, o art. 19, ao estabelecer que "celebrar-se-ão convenções da marca" para "estabelecer [...] o regime de penalidades gradativas", não excluiu a possibilidade de as partes pactuarem sobre essa matéria, enquanto não celebrada a convenção. Com efeito, ao prever uma convenção da marca sobre o regime de penalidades gradativas, esse dispositivo buscou garantir um tratamento uniforme das sanções contratuais a serem aplicadas a todas as concessionárias de uma mesma fabricante – e não suprimir a liberdade contratual. Noutro passo, como já exposto, o art. 22, § 1º, da Lei Ferrari condiciona a resolução do contrato por culpa à aplicação de penalidades gradativas. Ora, se o art. 19 não proíbe a pactuação de penalidades gradativas, o art. 22 praticamente exige que tais penalidades sejam pactuadas, pois elas passarão a ser etapa necessária para a resolução do contrato por culpa. O art. 22, § 1º, portanto, ao invés de ser "letra morta", é um mandamento direcionado aos fabricantes, no sentido de que incluam em seus contratos uma gradação de penalidades, uma vez que não mais se admite a resolução arbitrária do contrato. **REsp 1.338.292-SP, Rel. Min. Paulo de Tarso Sanseverino, julgado em 2/9/2014.** (Inform. STJ 550)

DIREITO CIVIL. VALORAÇÃO JUDICIAL DA GRAVIDADE DA INFRAÇÃO NO CONTRATO DE CONCESSÃO DE VEÍCULOS AUTOMOTORES. Nos contratos regidos pela Lei Ferrari (Lei 6.729/1979), não havendo convenção de marca (art. 19, XV) nem cláusulas contratuais válidas sobre penalidades gradativas, poderá o juiz decidir, em cada caso concreto, se a infração, ou sequência de infrações, é grave o suficiente para justificar a resolução do contrato, observado o caráter protetivo da referida Lei. O art. 19, XV, da Lei 6.729/1979 dispõe que se celebrarão convenções da marca para estabelecer normas e procedimentos relativos a regime de penalidades gradativas. O § 1º do artigo 22, por sua vez, condiciona a resolução do contrato por iniciativa da parte inocente à prévia aplicação de penalidades gradativas. Posto isso, esclarece-se que quando não há convenção da marca, nem cláusulas contratuais válidas sobre as penalidades gradativas, tem-se uma lacuna normativa. Havendo lacuna, cabe ao juiz supri-la, por força do art. 4º da LINDB. De fato, o juiz não pode substituir a vontade das partes e estabelecer as penalidades contratuais cabíveis. Porém, considerando que o objetivo das penalidades gradativas é impedir a resolução arbitrária do contrato, pode o juiz atender a esse objetivo da lei, decidindo, em cada caso concreto, se a infração, ou sequência de infrações, é grave o suficiente para justificar a resolução do contrato, observado o caráter protetivo da Lei Ferrari. **REsp 1.338.292-SP**, Rel. Min. Paulo de Tarso Sanseverino, julgado em 2/9/2014. (Inform. STJ 550)

DIREITO CIVIL. ERRO NA INDICAÇÃO DO CREDOR FIDUCIÁRIO EM NOTIFICAÇÃO EXTRAJUDICIAL. É nula a notificação extrajudicial realizada com o fim de constituir em mora o devedor fiduciante de imóvel, quando na referida comunicação constar nome diverso do real credor fiduciário. A notificação em questão (art. 26 da Lei 9.514/1997), para além das consequências naturais da constituição do devedor fiduciante em mora, permite, em não havendo a purgação da mora, o surgimento do direito de averbar na matrícula do imóvel a consolidação da propriedade em nome do credor notificante, isto é, do fiduciário. Justamente por isso que a referida notificação/intimação do devedor fiduciante possui requisitos especiais que, se não seguidos, acarretam sua nulidade. Desse modo, a repercussão da notificação é tamanha que qualquer vício em seu conteúdo é hábil a tornar nulos seus efeitos, principalmente quando se trata de erro crasso, como há na troca da pessoa notificante. **REsp 1.172.025-PR**, Rel. Min. Luis Felipe Salomão, julgado em 7/10/2014. (Inform. STJ 550)

DIREITO CIVIL. NÃO ACIONAMENTO DO MECANISMO STOP LOSS PREVISTO EM CONTRATO DE INVESTIMENTO. A instituição financeira que, descumprindo o que foi oferecido a seu cliente, deixa de acionar mecanismo denominado "stop loss" pactuado em contrato de investimento incorre em infração contratual passível de gerar a obrigação de indenizar o investidor pelos prejuízos causados. Com efeito, o risco faz parte da aplicação em fundos de investimento, podendo a instituição financeira criar mecanismos ou oferecer garantias próprias para reduzir ou afastar a possibilidade de prejuízos decorrentes das variações observadas no mercado financeiro interno e externo. Nessa linha intelectiva, ante a possibilidade de perdas no investimento, cabe à instituição prestadora do serviço informar claramente o grau de risco da respectiva aplicação e, se houver, as eventuais garantias concedidas contratualmente, sendo relevantes as propagandas efetuadas e os prospectos entregues ao público e ao contratante, os quais obrigam a contratada. Neste contexto, o mecanismo *stop loss*, como o próprio nome indica, fixa o ponto de encerramento de uma operação financeira com o propósito de "parar" ou até de evitar determinada "perda". Assim, a falta de observância do referido pacto permite a responsabilização da instituição financeira pelos prejuízos suportados pelo investidor. Na hipótese em foco, ainda que se interprete o ajuste firmado, tão somente, como um regime de metas quanto ao limite de perdas, não há como afastar a responsabilidade da contratada, tendo em vista a ocorrência de grave defeito na publicidade e nas informações relacionadas aos riscos dos investimentos. **REsp 656.932-SP**, Rel. Min. Antonio Carlos Ferreira, julgado em 24/4/2014. (Inform. STJ 541)

DIREITO CIVIL. TARIFAS DE ABERTURA DE CRÉDITO E DE EMISSÃO DE CARNÊ ATÉ 30/4/2008. RECURSO REPETITIVO (ART. 543-C DO CPC E RES. 8/2008-STJ). Nos contratos bancários celebrados até 30/4/2008 (fim da vigência da Resolução 2.303/1996 do CMN), era válida a pactuação de Tarifa de Abertura de Crédito (TAC) e de Tarifa de Emissão de Carnê (TEC), ressalvado o exame de abusividade em cada caso concreto. Nos termos dos arts. 4º e 9º da Lei 4.595/1964, recebida pela CF como lei complementar, compete ao Conselho Monetário Nacional (CMN) dispor sobre taxa de juros e sobre a remuneração dos serviços bancários e ao Bacen fazer cumprir as normas expedidas pelo CMN. Ao tempo da Resolução CMN 2.303/1996, a orientação estatal quanto à cobrança de tarifas pelas instituições financeiras era essencialmente não intervencionista. A regulamentação facultava às instituições financeiras a cobrança pela prestação de quaisquer tipos de serviços, com exceção daqueles que a norma definia como básicos, desde que fossem efetivamente contratados e prestados ao cliente, assim como respeitassem os procedimentos voltados a assegurar a transparência da política de preços adotada pela instituição. A cobrança das tarifas TAC e TEC é, portanto, permitida se baseada em contratos celebrados até o fim da vigência da Resolução 2.303/1996 do CMN, ressalvado abuso devidamente comprovado caso a caso, por meio da invocação de parâmetros objetivos de mercado e circunstâncias do caso concreto, não bastando a mera remissão aos conceitos jurídicos abstratos ou à convicção subjetiva do magistrado. Tese firmada para fins do art. 543-C do CPC: "Nos contratos bancários celebrados até 30.4.2008 (fim da vigência da Resolução CMN 2.303/96) era válida a pactuação das tarifas de abertura de crédito (TAC) e de emissão de carnê (TEC), ou outra denominação para o mesmo fato gerador, ressalvado o exame de abusividade em cada caso concreto". **REsp 1.251.331-RS e REsp 1.255.573-RS**, Rel. Min. Maria Isabel Gallotti, julgados em 28/8/2013. (Inform. STJ 531)

DIREITO CIVIL. TARIFAS DE ABERTURA DE CRÉDITO E DE EMISSÃO DE CARNÊ E TARIFA DE CADASTRO APÓS 30/4/2008. RECURSO REPETITIVO (ART. 543-C DO CPC E RES. 8/2008-STJ). Não é possível a pactuação de Tarifa de Abertura de Crédito (TAC) e de Tarifa de Emissão de Carnê (TEC) após 30/4/2008 (início da vigência da Resolução 3.518/2007 do CMN), permanecendo válida a pactuação de Tarifa de Cadastro expressamente tipificada em ato normativo padronizador da autoridade monetária, a qual somente pode ser cobrada no início do relacionamento entre o consumidor e a instituição financeira. Com o início da vigência da Resolução 3.518/2007 do CMN, em 30/4/2008, a cobrança por serviços bancários prioritários para pessoas físicas ficou limitada às hipóteses taxativamente previstas em norma padronizadora expedida pelo Bacen. Em cumprimento ao disposto na referida resolução, o Bacen editou a Circular 3.371/2007. A TAC e a TEC não foram previstas na Tabela anexa à referida Circular e nos atos normativos que a sucederam, de forma que não mais é válida sua pactuação em contratos posteriores a 30/4/2008. Permanece legítima, entretanto, a estipulação da Tarifa de Cadastro, a qual remunera o serviço de "realização de pesquisa em serviços de proteção ao crédito, base de dados e informações cadastrais, e tratamento de dados e informações necessários ao início de relacionamento decorrente da abertura de conta de depósito à vista ou de poupança ou contratação de operação de crédito ou de arrendamento mercantil, não podendo ser cobrada cumulativamente" (Tabela anexa à vigente Resolução 3.919/2010 do CMN, com a redação dada pela Resolução 4.021/2011). Ademais, cumpre ressaltar que o consumidor não é obrigado a contratar esse serviço de cadastro junto à instituição financeira, pois possui alternativas de providenciar pessoalmente os documentos necessários à comprovação de sua idoneidade financeira ou contratar terceiro (despachante) para fazê-lo. Tese firmada para fins do art. 543-C do CPC: "Com a vigência da Resolução CMN 3.518/2007, em 30.4.2008, a cobrança por serviços bancários prioritários para pessoas físicas ficou limitada às hipóteses taxativamente previstas em norma padronizadora expedida pela autoridade monetária. Desde então, não mais tem respaldo legal a contratação da Tarifa de Emissão de Carnê (TEC) e da Tarifa de Abertura de Crédito (TAC), ou outra denominação para o mesmo fato gerador. Permanece válida a Tarifa de Cadastro expressamente tipificada em ato normativo padronizador da autoridade monetária, a qual somente pode ser cobrada no início do relacionamento entre o consumidor e a instituição financeira. REsp 1.251.331-RS e REsp 1.255.573-RS, Rel. Min. Maria Isabel Gallotti, julgados em 28/8/2013. (Inform. STJ 531)

DIREITO CIVIL. POSSIBILIDADE DE FINANCIAMENTO DO IOF. RECURSO REPETITIVO (ART. 543-C DO CPC E RES. 8/2008-STJ).
Podem as partes convencionar o pagamento do Imposto sobre Operações Financeiras e de Crédito (IOF) por meio de financiamento acessório ao mútuo principal, sujeitando-o aos mesmos encargos contratuais. Não se discute que a obrigação tributária arrecadatória e o recolhimento do tributo à Fazenda Nacional são cumpridos por inteiro pela instituição financeira, o agente arrecadador, de sorte que a relação existente entre esta e o mutuário é decorrente da transferência ao Fisco do valor integral da exação tributária. Esse é o objeto do financiamento acessório, sujeito às mesmas condições e taxas do mútuo principal destinado ao pagamento do bem de consumo. Nesse contexto, o fato de a instituição financeira arrecadadora financiar o valor devido pelo consumidor à Fazenda não padece de ilegalidade ou abusividade. Ao contrário, atende aos interesses do financiado, que não precisa desembolsar de uma única vez todo o valor, ainda que para isso esteja sujeito aos encargos previstos no contrato. Tese firmada para fins do art. 543-C do CPC: "Podem as partes convencionar o pagamento do Imposto sobre Operações Financeiras e de Crédito (IOF) por meio de financiamento acessório ao mútuo principal, sujeitando-o aos mesmos encargos contratuais. REsp 1.251.331-RS e REsp 1.255.573-RS, Rel. Min. Maria Isabel Gallotti, julgados em 28/8/2013. (Inform. STJ 531)

DIREITO CIVIL. ARGUIÇÃO DE NULIDADE DE CLÁUSULA COMPROMISSÓRIA. NECESSIDADE DE SUBMISSÃO DA QUESTÃO AO JUÍZO ARBITRAL.
A arguição de nulidade da cláusula arbitral deve ser submetida obrigatoriamente ao próprio árbitro antes da judicialização da questão, nos termos do art. 8°, parágrafo único, da Lei n. 9.307/1996. O entendimento é aplicável indistintamente tanto à cláusula compromissória instituída em acordo judicial homologado quanto àquela firmada em contrato. O parágrafo único do art. 8° da Lei de Arbitragem determina que caberá ao árbitro decidir as questões referentes à existência, validade e eficácia da convenção de arbitragem e do contrato como um todo. Assim, por expressa previsão legal, não pode a parte ajuizar ação anulatória para desconstituir acordo judicial homologado com base na nulidade da cláusula compromissória ali presente antes de submeter o assunto ao árbitro. Isso não significa que o Judiciário não poderá apreciar a questão em momento posterior; pois, segundo o art. 33, § 3°, da Lei de Arbitragem, poderá ser arguida a nulidade mediante ação de embargos do devedor, conforme o art. 741 e seguintes do CPC se houver execução judicial. REsp 1.302.900-MG, Rel. Min. Sidnei Beneti, julgado em 9/10/2012. (Inform. STJ 506)

4. RESPONSABILIDADE CIVIL

4.1. Responsabilidade pelo fato de terceiro

DIREITO CIVIL. RESPONSABILIDADE CIVIL DO TITULAR DE BLOG PELOS DANOS DECORRENTES DA PUBLICAÇÃO EM SEU SITE DE ARTIGO DE AUTORIA DE TERCEIRO.
O titular de blog é responsável pela reparação dos danos morais decorrentes da inserção, em seu *site*, por sua conta e risco, de artigo escrito por terceiro. Isso porque o entendimento consagrado na Súmula 221 do STJ, que afirma serem civilmente responsáveis pelo ressarcimento de dano, decorrente de publicação pela imprensa, tanto o autor do escrito quanto o proprietário do veículo de divulgação, é aplicável em relação a todas as formas de imprensa, alcançado, assim, também o serviço de informação prestado por meio da internet. Nesse contexto, cabe ao titular do *blog* exercer o controle editorial das matérias a serem postadas, de modo a evitar a propagação de opiniões pessoais que contenham ofensivos à dignidade pessoal e profissional de outras pessoas. REsp 1.381.610-RS, Rel. Min. Nancy Andrighi, julgado em 3/9/2013. (Inform. STJ 528)

DIREITO CIVIL. ILEGITIMIDADE PASSIVA DA CEF EM AÇÃO INDENIZATÓRIA REFERENTE A DANOS CAUSADOS EM RAZÃO DE ROUBO OCORRIDO NO INTERIOR DE CASA LOTÉRICA.
A Caixa Econômica Federal não tem legitimidade para figurar no polo passivo de ação que objetive reparar danos materiais e compensar danos morais causados por roubo ocorrido no interior de agência lotérica. Com efeito, a CEF, na qualidade de instituição financeira, poderia ser responsabilizada pelo eventual descumprimento das imposições legais referentes à adoção de recursos de segurança específicos para proteção dos estabelecimentos que constituam sedes de instituições financeiras. Essas específicas determinações legais, contudo, não alcançam as unidades lotéricas. Em primeiro lugar, porque, a partir da análise da Circular Caixa n. 539/2011 (itens 4 e 6), que regulamenta as permissões lotéricas e delimita a atuação das respectivas unidades, pode-se inferir que estas, embora autorizadas a prestar determinados serviços bancários, não possuem natureza de instituição financeira, já que não realizam as atividades referidas na Lei n. 4.595/1964 (captação, intermediação e aplicação de recursos financeiros). Em segundo lugar, porquanto a Lei n. 7.102/1983, que prevê normas de segurança para estabelecimentos financeiros, restringe sua aplicabilidade apenas aos "bancos oficiais ou privados, caixas econômicas, sociedades de crédito, associações de poupança, suas agências, postos de atendimento, subagências e seções, assim como as cooperativas singulares de crédito e suas respectivas dependências" (art. 1°, § 1°). Além disso, a Lei n. 8.987/1995, que dispõe sobre o regime de concessão e permissão de serviços públicos, é expressa ao prever que o permissionário (no particular, a unidade lotérica) deve desempenhar a atividade que lhe é delegada "por sua conta e risco" (art. 2°, IV). No mesmo sentido, ademais, o art. 25 da mesma lei impõe ao delegatário a responsabilidade por todos os prejuízos causados aos usuários ou a terceiros. Assim, como não há qualquer obrigação legal ou contratual imposta à CEF que conduza à sua responsabilização por dano causado no interior de unidade lotérica, fica evidente a sua ilegitimidade passiva em ação que objetive reparar danos materiais e compensar danos morais causados por roubo ocorrido no interior de unidade lotérica. Por fim, deve-se ressaltar que a eventual possibilidade de responsabilização subsidiária do concedente dos serviços públicos prestados pela agência lotérica, verificada apenas em situações excepcionais, não

autoriza, por imperativo lógico decorrente da natureza de tal espécie de responsabilidade, o ajuizamento de demanda indenizatória unicamente em face do concedente (nesses casos, a CEF). **REsp 1.317.472-RJ, Rel. Min. Nancy Andrighi, julgado em 5/3/2013. (Inform. STJ 518)**

> **Súmula STF nº 341**
> É presumida a culpa do patrão ou comitente pelo ato culposo do empregado ou preposto.

4.2. Responsabilidade por conduta médica

DIREITO CIVIL. RESPONSABILIDADE CIVIL. APLICABILIDADE DA TEORIA DA PERDA DE UMA CHANCE PARA A APURAÇÃO DE RESPONSABILIDADE CIVIL OCASIONADA POR ERRO MÉDICO.
A teoria da perda de uma chance pode ser utilizada como critério para a apuração de responsabilidade civil ocasionada por erro médico na hipótese em que o erro tenha reduzido possibilidades concretas e reais de cura de paciente que venha a falecer em razão da doença tratada de maneira inadequada pelo médico. De início, pode-se argumentar ser impossível a aplicação da teoria da perda de uma chance na seara médica, tendo em vista a suposta ausência de nexo causal entre a conduta (o erro do médico) e o dano (lesão gerada pela perda da vida), uma vez que o prejuízo causado pelo óbito da paciente teve como causa direta e imediata a própria doença, e não o erro médico. Assim, alega-se que a referida teoria estaria em confronto claro com a regra insculpida no art. 403 do CC, que veda a indenização de danos indiretamente gerados pela conduta do réu. Deve-se notar, contudo, que a responsabilidade civil pela perda da chance não atua, nem mesmo na seara médica, no campo da mitigação do nexo causal. A perda da chance, em verdade, consubstancia uma modalidade autônoma de indenização, passível de ser invocada nas hipóteses em que não se puder apurar a responsabilidade direta do agente pelo dano final. Nessas situações, o agente não responde pelo resultado para o qual sua conduta pode ter contribuído, mas apenas pela chance de que ele privou a paciente. A chance em si – desde que seja concreta, real, com alto grau de probabilidade de obter um benefício ou de evitar um prejuízo – é considerada um bem autônomo e perfeitamente reparável. De tal modo, é direto o nexo causal entre a conduta (o erro médico) e o dano (lesão gerada pela perda de bem jurídico autônomo: a chance). Inexistindo, portanto, afronta à regra inserida no art. 403 do CC, mostra-se aplicável a teoria da perda de uma chance aos casos em que o erro médico tenha reduzido chances concretas e reais que poderiam ter sido postas à disposição da paciente. **REsp 1.254.141-PR, Rel. Min. Nancy Andrighi, julgado em 4/12/2012.** (Inform. STJ 513).

DANO MORAL. EXAME CLÍNICO. HIV.
Trata-se, na origem, de ação de compensação por danos morais ajuizada pela recorrente contra o hospital ora recorrido pelo fato de o nosocômio ter emitido três exames de HIV com o resultado positivo equivocado. A Min. Relatora ressaltou que o defeito no fornecimento do serviço, com exame repetido e confirmado, ainda que com a ressalva do médico de que poderia ser necessário exame complementar, causa sofrimento à paciente, visto que o recorrido assumiu a obrigação de realizar exame com resultado veraz, o que não ocorreu. Nesse contexto, a Turma, por maioria, deu parcial provimento ao recurso, para condenar o recorrido a pagar a quantia de R$ 15 mil a título de danos morais. **REsp 1.291.576-RS, Rel. Min. Nancy Andrighi, julgado em 28/2/2012.** (Inform. STJ 492)

4.3. Responsabilidade por conduta de advogado

RESPONSABILIDADE CIVIL. ADVOGADO. EXERCÍCIO DA PROFISSÃO.
A Turma manteve a condenação de advogado ora recorrente ao pagamento de indenização por danos morais ao cliente no valor de R$ 15 mil, em decorrência de sua conduta maliciosa no exercício da profissão. No caso em comento, o recorrente foi contratado para propor ação ordinária contra o Estado do Paraná, pleiteando diferenças salariais e gratificações. Procurado diversas vezes pelo recorrido, ele negou o recebimento de procuração outorgada em seu favor, bem como o ajuizamento de qualquer demanda judicial em seu nome. Tal fato foi, inclusive, apurado em representação instaurada na OAB, que resultou em arquivamento diante da negativa do recorrente. Transcorridos quase vinte anos, após pesquisa realizada pela nova advogada contratada, descobriu-se que a ação havia sido efetivamente proposta pelo recorrente, até mesmo com recursos especiais para os tribunais superiores, tendo sido julgada improcedente. Em preliminar, afastou-se a alegada prescrição. Segundo observou o Min. Relator, na ação de reparação de danos em apreço, fundada no direito comum, e de acordo com as regras de transição do CC/2002 (art. 2.028), há de ser aplicado o novo prazo prescricional de três anos, consoante o disposto no art. 206, § 3º, IV, do referido diploma legal, contado o prazo da data da entrada em vigor do novo Código, e não da data do fato gerador do direito. No mérito, sustentou-se a inaplicabilidade do CDC nas relações contratuais entre clientes e advogados, que, de fato, são regidas pelo EOAB e pelo direito comum. Ao final, considerando o patente padecimento moral do recorrido diante das inverdades perpetradas pelo recorrente e da angústia de não saber o resultado da demanda, ainda que fosse negativa, manteve-se a responsabilização do advogado. **REsp 1.228.104-PR, Rel. Min. Sidnei Beneti, julgado em 15/3/2012.** (Inform. STJ 493)

4.4. Responsabilidade do condomínio

DANO MORAL. DIREITO DE VIZINHANÇA. INFILTRAÇÃO.
É devido o pagamento de indenização por dano moral pelo responsável por apartamento de que se origina infiltração não reparada por longo tempo por desídia, a qual provocou constante e intenso sofrimento psicológico ao vizinho, configurando mais do que mero transtorno ou aborrecimento. Salientou-se que a casa é, em princípio, lugar de sossego e descanso, não podendo, portanto, considerar de somenos importância os constrangimentos e aborrecimentos experimentados pela recorrente em razão do prolongado distúrbio da tranquilidade nesse ambiente – ainda mais quando foi claramente provocado por conduta culposa da recorrida e perpetuado por sua inércia e negligência em adotar providência simples, como a substituição do rejunte do piso de seu apartamento. De modo que tal situação não caracterizou um mero aborrecimento ou dissabor comum das relações cotidianas, mas, sim, situação excepcional de ofensa à dignidade, passível de reparação por dano moral. Com essas e outras considerações, a Turma deu provimento ao recurso, determinando o retorno dos autos à origem a fim de que, incluída indenização por danos morais, prossiga o julgamento da apelação da recorrente. Precedentes citados: REsp 157.580-AM, DJ 21/2/2000, e REsp 168.073-RJ, DJ 25/10/1999. **REsp 1.313.641-RJ, Rel. Min. Sidnei Beneti, julgado em 26/6/2012.** (Inform. STJ 500)

RESPONSABILIDADE. INCORPORAÇÃO IMOBILIÁRIA. CONSTRUÇÃO.
O incorporador, como impulsionador do empreendimento imobiliário em condomínio, atrai para si a responsabilidade pelos danos que possam advir da inexecução ou da má execução do contrato de incorporação, abarcando-se os danos resultantes de construção defeituosa (art. 31, §§ 2º e 3º, da Lei n. 4.591/1964). Ainda que o incorporador não seja o executor direto da construção do empreendimento imobiliário, mas contrate construtor, permanece responsável juntamente com ele pela solidez e segurança da edificação (art. 618 do CC). In casu, trata-se de obrigação de garantia assumida solidariamente com o construtor. Por conseguinte, o incorporador é o principal garantidor do empreendimento no seu todo, solidariamente responsável com outros envolvidos nas diversas etapas da incorporação. Essa solidariedade decorre da natureza da relação jurídica estabelecida entre o incorporador e o adquirente de unidades autônomas e também de previsão legal, não podendo ser presumida (art. 942, caput, do CC; art. 25, § 1º, do CDC e arts. 31 e 43 da Lei n. 4.591/1964). Conclui-se, assim, que o incorporador e o construtor são solidariamente responsáveis por eventuais vícios e defeitos de construção surgidos no empreendimento imobiliário, sendo que o incorporador responde mesmo que não tenha assumido diretamente a execução da obra. REsp 884.367-DF, Rel. Min. Raul Araújo, julgado em 6/3/2012. (Inform. STJ 492)

4.5. Responsabilidade de instituições financeiras

DIREITO CIVIL. RESPONSABILIDADE DA INSTITUIÇÃO FINANCEIRA PELOS PREJUÍZOS CAUSADOS A CORRENTISTA EM DECORRÊNCIA DE COMPENSAÇÃO DE CHEQUE EM VALOR SUPERIOR AO DE EMISSÃO.
O correntista tem direito a ser indenizado pela instituição financeira em razão dos prejuízos decorrentes da compensação de cheque em valor superior ao de emissão na hipótese em que esse título tenha sido objeto de sofisticada adulteração por terceiro. O parágrafo único do art. 39 da Lei 7.357/1985 preconiza que "o banco sacado responde pelo pagamento do cheque falso, falsificado ou alterado, salvo dolo ou culpa do correntista, do endossante ou do beneficiário, dos quais poderá o sacado, no todo ou em parte, reaver o que pagou". Esse dispositivo sinaliza a responsabilidade objetiva dos bancos pelo pagamento de cheque alterado, sem fazer nenhuma menção quanto à qualidade dessa adulteração. Nesse contexto, no que tange ao falso hábil, aquele cuja falsidade é perceptível somente com aparelhos especializados de grafotécnica, abrem-se três possibilidades: inexistência de culpa do correntista, culpa exclusiva do cliente e culpa concorrente. Na primeira hipótese, que retrata a situação em análise, o banco procede ao pagamento do cheque habilmente falsificado sem que o correntista tenha qualquer parcela de culpa no evento danoso. Nesse caso, a instituição bancária responde objetivamente pelos danos causados por fraudes ou delitos praticados por terceiros, porquanto essa responsabilidade decorre de violação da obrigação contratualmente assumida de gerir com segurança as movimentações bancárias de seus clientes. Assim, a ocorrência de fraudes e delitos contra o sistema bancário dos quais resultem danos a correntistas insere-se na categoria doutrinária de fortuito interno, pois faz parte do próprio risco do empreendimento, atraindo, portanto, a responsabilidade objetiva da instituição bancária. Diferentemente, a culpa exclusiva de terceiro que não guarde relação de causalidade com a atividade do fornecedor, sendo absolutamente estranha ao produto ou serviço, é considerada apta a elidir a responsabilidade objetiva da instituição bancária, pois é caracterizada como fortuito externo. Precedente citado: REsp 1.199.782-PR, Segunda Seção, DJe 12/9/2011 (REPETITIVO). **REsp 1.093.440-PR, Rel. Min. Luis Felipe Salomão, julgado em 2/4/2013.** (Inform. STJ 520)

DIREITO CIVIL. RESPONSABILIDADE CIVIL. ASSALTO DE CORRENTISTA EM VIA PÚBLICA APÓS O SAQUE.
A instituição financeira não pode ser responsabilizada por assalto sofrido por sua correntista em via pública, isto é, fora das dependências de sua agência bancária, após a retirada, na agência, de valores em espécie, sem que tenha havido qualquer falha determinante para a ocorrência do sinistro no sistema de segurança da instituição. O STJ tem reconhecido amplamente a responsabilidade objetiva dos bancos pelos assaltos ocorridos no interior de suas agências, em razão do risco inerente à atividade bancária. Além disso, já se reconheceu, também, a responsabilidade da instituição financeira por assalto acontecido nas dependências de estacionamento oferecido aos seus clientes exatamente com o escopo de mais segurança. Não há, contudo, como responsabilizar a instituição financeira na hipótese em que o assalto tenha ocorrido fora das dependências da agência bancária, em via pública, sem que tenha havido qualquer falha na segurança interna da agência bancária que propiciasse a atuação dos criminosos após a efetivação do saque, tendo em vista a inexistência de vício na prestação de serviços por parte da instituição financeira. Além do mais, se o ilícito ocorre em via pública, é do Estado, e não da instituição financeira, o dever de garantir a segurança dos cidadãos e de evitar a atuação dos criminosos. Precedente citado: REsp 402.870-SP, DJ 14/2/2005. **REsp 1.284.962-MG, Rel. Min. Nancy Andrighi, julgado em 11/12/2012.** (Inform. STJ 512).

4.6. Acidente de veículo

DIREITO CIVIL. RESPONSABILIDADE CIVIL. ACIDENTE DE TRÂNSITO COM VÍTIMAS. PERDA PERMANENTE DA CAPACIDADE LABORAL. PENSÃO VITALÍCIA.
É vitalícia a pensão fixada em ação indenizatória por danos causados em acidente automobilístico, na hipótese de perda permanente da capacidade laboral da vítima. O magistrado, ao estipular a periodicidade da pensão na ação indenizatória, leva em conta a duração temporal da incapacidade da vítima, considerando o momento de consolidação de suas lesões, as quais podem ser temporárias ou permanentes. A pensão correspondente à incapacidade permanente é vitalícia conforme previsto no art. 950 do CC. Assim, no caso de a pensão ser devida à própria vítima do acidente, não há falar em limitação do pensionamento até a idade provável de sobrevida da vítima, como ocorre nos casos de fixação de pensão em razão de homicídio (art. 948, II, do CC); pois, mesmo após atingir essa idade limite, continuará o ofendido necessitando da pensão, talvez até de forma mais rigorosa, em função da velhice e do incremento das despesas com saúde. Precedentes citados: REsp 130.206-PR, DJ 15/12/1997, e REsp 280.391-RJ, DJ 27/9/2004. **REsp 1.278.627-SC, Rel. Min. Paulo de Tarso Sanseverino, julgado em 18/12/2012.** (Inform. STJ 512).

DANO MORAL. ESPERA EM FILA DE BANCO.
O dano moral decorrente da demora no atendimento ao cliente não surge apenas da violação de legislação que estipula tempo máximo de espera, mas depende da verificação dos fatos que causaram sofrimento além do normal ao consumidor. Isso porque a legislação que determina o tempo máximo de espera tem cunho administrativo e trata da responsabilidade da instituição financeira perante a Administração Pública, a qual poderá aplicar sanções às instituições que descumprirem a norma. Assim, a extrapolação do tempo de espera deverá ser considerada como um dos elementos analisados no momento

da verificação da ocorrência do dano moral. No caso, além da demora desarrazoada no atendimento, a cliente encontrava-se com a saúde debilitada e permaneceu o tempo todo em pé, caracterizando indiferença do banco quanto à situação. Para a Turma, o somatório dessas circunstâncias caracterizou o dano moral. Por fim, o colegiado entendeu razoável o valor da indenização em R$ 3 mil, ante o caráter pedagógico da condenação. Precedentes citados: AgRg no Ag 1.331.848-SP, DJe 13/9/2011; REsp 1.234.549-SP, DJe 10/2/2012, e REsp 598.183-DF, DJe 27/11/2006. REsp 1.218.497-MT, Rel. Min. Sidnei Beneti, julgado em 11/9/2012. (Inform. STJ 504).

Súmula STF nº 28
O estabelecimento bancário é responsável pelo pagamento de cheque falso, ressalvadas as hipóteses de culpa exclusiva ou concorrente do correntista.

DIREITO CIVIL. RESPONSABILIDADE CIVIL. ACIDENTE DE TRÂNSITO COM VÍTIMAS. PERDA PERMANENTE DA CAPACIDADE LABORAL. PENSÃO VITALÍCIA.
É vitalícia a pensão fixada em ação indenizatória por danos causados em acidente automobilístico, na hipótese de perda permanente da capacidade laboral da vítima. O magistrado, ao estipular a periodicidade da pensão na ação indenizatória, leva em conta a duração temporal da incapacidade da vítima, considerando o momento de consolidação de suas lesões, as quais podem ser temporárias ou permanentes. A pensão correspondente à incapacidade permanente é vitalícia conforme previsto no art. 950 do CC. Assim, no caso de a pensão ser devida à própria vítima do acidente, não há falar em limitação do pensionamento até a idade provável de sobrevida da vítima, como ocorre nos casos de fixação de pensão em razão de homicídio (art. 948, II, do CC); pois, mesmo após atingir essa idade limite, continuará o ofendido necessitando da pensão, talvez até de forma mais rigorosa, em função da velhice e do incremento das despesas com saúde. Precedentes citados: REsp 130.206-PR, DJ 15/12/1997, e REsp 280.391-RJ, DJ 27/9/2004. **REsp 1.278.627-SC, Rel. Min. Paulo de Tarso Sanseverino, julgado em 18/12/2012.** (Inform. STJ 512).

DIREITO CIVIL. RESPONSABILIDADE CIVIL. MORTE DE CARONA EM CAVALO MECÂNICO QUE TRACIONAVA REBOQUE.
O proprietário de reboque responde, solidariamente com o proprietário do cavalo mecânico que o tracionava, por acidente de trânsito no veículo conduzido por preposto do qual resultou a morte de vítima que estava dentro do veículo na condição de carona. As instâncias ordinárias expressamente afirmaram a existência de liame de subordinação e preposição entre a proprietária do reboque e o dono do cavalo-mecânico, o que não pode ser revisto na instância especial. A relação de preposição, que se caracteriza pela subordinação hierárquica, desafia a responsabilidade, pois o preposto – motorista – age no interesse e sob autoridade, ordens e instruções do proponente – empregador –, a quem cabe a fiscalização da atividade imputada. Há culpa *in eligendo* da transportadora que contrata transportador autônomo dono de automóvel inadequadamente conservado, cujas deficiências foram detectadas no sistema de freios (falha mecânica e ruptura do chassi com a presença de rachadura e oxidação). Ao permitir a circulação de veículo nessa condição, tracionando reboque da sua propriedade (alugado para o cumprimento do transporte de cargas em rodovias movimentadas), não observou o dever de cuidado objetivo de não lesar o próximo (*neminem laedere*). A despeito de não possuir força motriz independente, quer dizer, aptidão para se movimentar autonomamente, o reboque da transportadora foi alugado para cumprir uma finalidade contratual e econômica de seu interesse, circunstância que não a exime de assumir as consequências pelo acidente causado por "cavalo-mecânico" mal conservado. Trata-se de responsabilidade objetiva do transportador, atualmente prevista no art. 735 do CC (sem correspondente no Código de 1916), que não exclui a responsabilidade no caso de fortuito interno (ligado à pessoa, à coisa ou à empresa do agente). REsp 453.882-MG, Rel. Min. Ricardo Villas Boas Cueva, julgado em 18/9/2012. (Inform. STJ 504).

Súmula STF nº 492
A empresa locadora de veículos responde, civil e solidariamente com o locatário, pelos danos por este causados a terceiro, no uso do carro locado.

Súmula STJ nº 132
A ausência de registro da transferência não implica a responsabilidade do antigo proprietário por dano resultante de acidente que envolva o veículo alienado.

4.7. Responsabilidade do transportador

DIREITO CIVIL. TRANSPORTE DE CARGA PELA ECT. ROUBO. FORÇA MAIOR.
A Empresa Brasileira de Correios e Telégrafos (ECT), ao prestar serviço de coleta, transporte e entrega domiciliar de fitas de vídeo mediante Sedex, não responde pelos danos decorrentes do roubo da carga, salvo se demonstrado que a transportadora não adotou as cautelas necessárias. O STF, ao julgar a ADPF 46-DF, restringiu à categoria de serviço público stricto sensu (regime de privilégio) as atividades postais descritas no art. 9º da Lei n. 6.538/1978, excluindo do regime especial a distribuição de outros tipos de encomendas ou impressos. O serviço de coleta, transporte e entrega domiciliar de fitas de vídeo, ainda que exercido pelos Correios, caracteriza atividade econômica típica, devendo ser observado o regime de direito privado aplicável a empresas de transporte de carga, com as quais a ECT concorre no mercado. O art. 17, I, da Lei n. 6.538/1978 exclui a responsabilidade objetiva da empresa exploradora de serviço postal pela perda ou danificação de objeto postal em caso de força maior, cuja extensão conceitual abarca a ocorrência de roubo das mercadorias transportadas. Atualmente, a força maior deve ser entendida como espécie do gênero fortuito externo, do qual faz parte também a culpa exclusiva de terceiros, os quais se contrapõem ao chamado fortuito interno. O roubo mediante uso de arma de fogo é fato de terceiro equiparável à força maior, que deve excluir o dever de indenizar, mesmo no sistema de responsabilidade civil objetiva, por se tratar de fato inevitável e irresistível que gera uma impossibilidade absoluta de não ocorrência do dano. Não é razoável exigir que os prestadores de serviço de transporte de cargas alcancem absoluta segurança contra roubos, uma vez que a segurança pública é dever do Estado, também não havendo imposição legal obrigando as empresas transportadoras a contratar escoltas ou rastreamento de caminhão e, sem parecer técnico especializado, nem sequer é possível presumir se, por exemplo, a escolta armada seria eficaz para afastar o risco ou se o agravaria pelo caráter ostensivo do aparato. O exame quanto à falta de cuidado da transportadora, evidentemente, depende das circunstâncias peculiares de cada caso concreto, não bastando as afirmações de que outros assaltos semelhantes já haviam ocorrido e de que a ocorrência de um assalto não representa circunstância imprevisível em uma metrópole. Mesmo que a relação jurídica se sujeitasse ao regime público de responsabilidade civil do Estado, previsto no art. 37, § 6º, da Constituição Federal, como entendeu o acórdão recorrido, a solução seria a mesma, com a exclusão da responsabilidade dos Correios pelo roubo de mercadorias. Precedentes citados do STF: **RE 109.615-RJ, DJ 2/8/2006; do STJ: REsp 435.865-RJ, DJ 12/5/2003; REsp 927.148-SP,**

DJe 4/11/2011; REsp 721.439-RJ, DJ 31/8/2007, e REsp 135.259-SP, DJ 2/3/1998. REsp 976.564-SP, Rel. Min. Luis Felipe Salomão, julgado em 20/9/2012. (Inform. STJ 505)

DIREITO CIVIL. RESPONSABILIDADE CIVIL. FALHA NO SERVIÇO POSTAL CONTRATADO.
É cabível a indenização por danos morais ao advogado que, em razão da entrega tardia da petição ao tribunal pela prestadora de serviços contratada, teve o recurso considerado intempestivo. O fato de a ECT inserir-se na categoria de prestadora de serviço público não a afasta das regras próprias do CDC quando é estabelecida relação de consumo com seus usuários. É direito básico do consumidor a adequada e eficaz prestação dos serviços públicos em geral, nos termos dos arts. 6º, X, e 22, caput, do CDC. As empresas públicas prestadoras de serviços públicos submetem-se ao regime de responsabilidade civil objetiva prevista no art. 14 do código supradito. Essa responsabilidade pelo risco administrativo (art. 37, § 6º, da CF) é confirmada e reforçada com a celebração de contrato de consumo, do qual emergem deveres próprios do microssistema erigido pela Lei n. 8.078/1990. Assim, a empresa fornecedora será responsável se o defeito ou a falha no serviço prestado for apto a gerar danos ao consumidor. A comprovação da gravidade do ato ilícito gera, ipso facto, o dever de indenizar em razão de uma presunção natural, que decorre da experiência comum, de que houve um abalo significativo à dignidade da pessoa. Portanto, o dano moral é *in re ipsa*, extraído não exatamente da prova de sua ocorrência, mas da análise da gravidade do ato ilícito em abstrato. REsp 1.210.732-SC, Rel. Min. Luis Felipe Salomão, julgado em 2/10/2012. (Inform. STJ 505)

4.8. Responsabilidade do estacionamento (depósito)

DIREITO CIVIL E DO CONSUMIDOR. RESPONSABILIDADE CIVIL POR ROUBO OCORRIDO EM ESTACIONAMENTO PRIVADO.
Não é possível atribuir responsabilidade civil a sociedade empresária responsável por estacionamento particular e autônomo, independente e desvinculado de agência bancária, em razão da ocorrência, nas dependências daquele estacionamento, de roubo à mão armada de valores recentemente sacados na referida agência e de outros pertences que o cliente carregava consigo no momento do crime. Nesses casos, o estacionamento em si consiste na própria atividade fim da sociedade empresária, e não num serviço assessório prestado apenas para cativar os clientes de instituição financeira. Consequentemente, não é razoável impor à sociedade responsável pelo estacionamento o dever de garantir a segurança individual do usuário e a proteção dos bens portados por ele, sobretudo na hipótese em que ele realize operação sabidamente de risco consistente no saque de valores em agência bancária, uma vez que essas pretensas contraprestações não estariam compreendidas por contrato que abranja exclusivamente a guarda de veículo. Nesse contexto, ainda que o usuário, no seu subconsciente, possa imaginar que, parando o seu veículo em estacionamento privado, estará protegendo, além do seu veículo, também a si próprio, a responsabilidade do estabelecimento não pode ultrapassar o dever contratual de guarda do automóvel, sob pena de se extrair do instrumento consequências que vão além do contratado, com clara violação do *pacta sunt servanda*. Não se trata, portanto, de resguardar os interesses da parte hipossuficiente da relação de consumo, mas sim de assegurar ao consumidor apenas aquilo que ele legitimamente poderia esperar do serviço contratado. Além disso, deve-se frisar que a imposição de tamanho ônus aos estacionamentos de veículos, de serem responsáveis pela integridade física e patrimonial dos usuários, mostra-se temerária, inclusive na perspectiva dos consumidores, na medida em que a sua viabilização exigiria investimentos que certamente teriam reflexo direto no custo do serviço, que hoje já é elevado. Precedente citado: REsp 125.446-SP, Terceira Turma, DJ de 15/9/2000. REsp 1.232.795-SP, Rel. Min. Nancy Andrighi, julgado em 2/4/2013. (Inform. STJ 521)

4.9. Responsabilidade pela violação ao direito de imagem

AG. REG. NO RE N. 661.243-DF
RELATOR: MIN. DIAS TOFFOLI
EMENTA: Agravo regimental no recurso extraordinário. Direito Civil. Dano moral. Não caracterização. Dever de indenizar Inexistência. Reexame de fatos e provas. Impossibilidade. Ausência de repercussão geral. Precedentes.
1. O Tribunal de origem concluiu, com base nos fatos e nas provas dos autos, que o agravado, ao veicular o artigo jornalístico, não teria abusado do direito de informar, nem tido o ânimo de ofender a honra do ora agravante, de modo que não teria ocorrido ato ilícito apto a configurar dano moral indenizável. Incidência da Súmula nº 279/STF.
2. O Plenário da Corte, no exame do ARE nº 739.382/RJ, Relator o Ministro **Gilmar Mendes**, concluiu pela ausência de repercussão geral do tema relativo à configuração da responsabilidade civil por dano à imagem ou à honra, haja vista que o deslinde da questão não ultrapassa o interesse subjetivo das partes, tampouco prescinde do reexame de fatos e provas.
3. Agravo regimental não provido. (Inform. STF 725)

DIREITO CIVIL. DANO MORAL DECORRENTE DE DIVULGAÇÃO DE IMAGEM EM PROPAGANDA POLÍTICA.
Configura dano moral indenizável a divulgação não autorizada da imagem de alguém em material impresso de propaganda político-eleitoral, independentemente da comprovação de prejuízo. O STJ há muito assentou que, em se tratando de direito à imagem, a obrigação de reparação decorre do próprio uso indevido do direito personalíssimo, não havendo de se cogitar da prova da existência concreta de prejuízo, uma vez que o dano se apresenta *in re ipsa*. Ademais, destaca-se ser irrelevante o fato de a publicação da fotografia não denotar a existência de finalidade comercial ou econômica, mas meramente eleitoral. REsp 1.217.422-MG, Rel. Min. Ricardo Villas Bôas Cueva, julgado em 23/9/2014. (Inform. STJ 549)

DIREITO CIVIL. DANO MORAL DECORRENTE DA UTILIZAÇÃO NÃO AUTORIZADA DE IMAGEM EM CAMPANHA PUBLICITÁRIA. **Configura dano moral a divulgação não autorizada de foto de pessoa física em campanha publicitária promovida por sociedade empresária com o fim de, mediante incentivo à manutenção da limpeza urbana, incrementar a sua imagem empresarial perante a população, ainda que a fotografia tenha sido capturada em local público e sem nenhuma conotação ofensiva ou vexaminosa.** Efetivamente, é cabível compensação por dano moral decorrente da simples utilização de imagem de pessoa física, em campanha publicitária, sem autorização do fotografado. Essa é a interpretação que se extrai dos precedentes que definiram a edição da Súmula 403 do STJ, segundo a qual "Independe de prova do prejuízo a indenização pela publicação não autorizada de imagem de pessoa com fins econômicos ou comerciais". Precedentes citados: EREsp 230.268-SP, Segunda Seção, DJ de 4/8/2003; AgRg no REsp 1.252.599-RS, Terceira Turma, DJe de 5/5/2014; e AgRg no AREsp 148.421-SP, Quarta Turma, DJe de 25/10/2013. **REsp 1.307.366-RJ**, Rel. Min. Raul Araújo, julgado em 3/6/2014. (Inform. STJ 546)

DIREITO CIVIL E PROCESSUAL CIVIL. LEGITIMIDADE PARA BUSCAR REPARAÇÃO DE PREJUÍZOS DECORRENTES DE VIOLAÇÃO DA IMAGEM E DA MEMÓRIA DE FALECIDO.

Diferentemente do que ocorre em relação ao cônjuge sobrevivente, o espólio não tem legitimidade para buscar reparação por danos morais decorrentes de ofensa post mortem à imagem e à memória de pessoa. De acordo com o art. 6º do CC, segundo o qual a existência da pessoa natural termina com a morte [...], os direitos da personalidade de pessoa natural se encerram com a sua morte. Todavia, o parágrafo único dos arts. 12 e 20 do CC estabeleceram duas formas de tutela póstuma dos direitos da personalidade. O art. 12 dispõe que, em se tratando de morto, terá legitimidade para requerer a cessação de ameaça ou lesão a direito da personalidade, e para reclamar perdas e danos, o cônjuge sobrevivente ou qualquer parente em linha reta, ou colateral até o quarto grau. O art. 20, por sua vez, determina que, em se tratando de morto, o cônjuge, os ascendentes ou os descendentes são partes legítimas para requerer a proibição de divulgação de escritos, de transmissão de palavras, ou de publicação, exposição ou utilização da imagem da pessoa falecida. O espólio, entretanto, não pode sofrer dano moral por constituir uma universalidade de bens e direitos, sendo representado pelo inventariante (art. 12, V, do CPC) para questões relativas ao patrimônio do de cujus. Dessa forma, nota-se que o espólio, diferentemente do cônjuge sobrevivente, não possui legitimidade para postular reparação por prejuízos decorrentes de ofensa, após a morte do de cujus, à memória e à imagem do falecido. REsp 1.209.474-SP, Rel. Min. Paulo de Tarso Sanseverino, julgado em 10/9/2013. (Inform. STJ 532)

DIREITO CIVIL. DIREITO AO ESQUECIMENTO.

A exibição não autorizada de uma única imagem da vítima de crime amplamente noticiado à época dos fatos não gera, por si só, direito de compensação por danos morais aos seus familiares. O direito ao esquecimento surge na discussão acerca da possibilidade de alguém impedir a divulgação de informações que, apesar de verídicas, não sejam contemporâneas e lhe causem transtornos das mais diversas ordens. Sobre o tema, o Enunciado 531 da VI Jornada de Direito Civil do CJF preconiza que a tutela da dignidade da pessoa humana na sociedade da informação inclui o direito ao esquecimento. Na abordagem do assunto sob o aspecto sociológico, o antigo conflito entre o público e o privado ganha uma nova roupagem na modernidade: a inundação do espaço público com questões estritamente privadas decorre, a um só tempo, da expropriação da intimidade (ou privacidade) por terceiros, mas também da voluntária entrega desses bens à arena pública. Acrescente-se a essa reflexão o sentimento, difundido por inédita "filosofia tecnológica" do tempo atual pautada na ressocialização, segundo o qual ser devassado ou espionado é, em alguma medida, tornar-se importante e popular, invertendo-se valores e tornando a vida privada um prazer ilegítimo e excêntrico, seguro sinal de atraso e de mediocridade. Sob outro aspecto, referente à censura à liberdade de imprensa, o novo cenário jurídico apoia-se no fato de que a CF, ao proclamar a liberdade de informação e de manifestação do pensamento, assim o faz traçando as diretrizes principiológicas de acordo com as quais essa liberdade será exercida, reafirmando, como a doutrina sempre afirmou, que os direitos e garantias protegidos pela Constituição, em regra, não são absolutos. Assim, não se pode hipertrofiar a liberdade de informação à custa do atrofiamento dos valores que apontam para a pessoa humana. A explícita contenção constitucional à liberdade de informação, fundada na inviolabilidade da vida privada, intimidade, honra, imagem e, de resto, nos valores da pessoa e da família, prevista no § 1º do art. 220, no art. 221 e no § 3º do art. 222 da CF, parece sinalizar que, no conflito aparente entre esses bens jurídicos de especialíssima grandeza, há, de regra, uma inclinação ou predileção constitucional para soluções protetivas da pessoa humana, embora o melhor equacionamento deva sempre observar as particularidades do caso concreto. Essa constatação se mostra consentânea com o fato de que, a despeito de o direito à informação livre de censura ter sido inserida no seleto grupo dos direitos fundamentais (art. 5º, IX), a CF mostrou sua vocação antropocêntrica ao gravar, já no art. 1º, III, a dignidade da pessoa humana como, mais que um direito, um fundamento da república, uma lente pela qual devem ser interpretados os demais direitos. A cláusula constitucional da dignidade da pessoa humana garante que o homem seja tratado como sujeito cujo valor supera ao de todas as coisas criadas por ele próprio, como o mercado, a imprensa e, até mesmo, o Estado, edificando um núcleo intangível de proteção oponível *erga omnes*, circunstância que legitima, em uma ponderação de valores constitucionalmente protegidos, tendo sempre em vista os parâmetros da proporcionalidade e da razoabilidade, que algum sacrifício possa ser suportado, caso a caso, pelos titulares de outros bens e direitos. Ademais, a permissão ampla e irrestrita de que um fato e pessoas nele envolvidas sejam retratados indefinidamente no tempo, a pretexto da historicidade do evento, pode significar permissão de um segundo abuso à dignidade humana, simplesmente porque o primeiro já fora cometido no passado. Nesses casos, admitir-se o "direito ao esquecimento" pode significar um corretivo, tardio, mas possível, das vicissitudes do passado, seja de inquéritos policiais ou processos judiciais pirotécnicos e injustos, seja da exploração populista da mídia. Além disso, dizer que sempre o interesse público na divulgação de casos judiciais deverá prevalecer sobre a privacidade ou intimidade dos envolvidos, pode violar o próprio texto da Constituição, que prevê solução exatamente contrária, ou seja, de sacrifício da publicidade (art. 5º, LX). A solução que harmoniza esses dois interesses em conflito é a preservação da pessoa, com a restrição à publicidade do processo, tornando pública apenas a resposta estatal aos conflitos a ele submetidos, dando-se publicidade da sentença ou do julgamento, nos termos do art. 155 do Código de Processo Civil e art. 93, IX, da Constituição Federal. Por fim, a assertiva de que uma notícia lícita não se transforma em ilícita com o simples passar do tempo não tem nenhuma base jurídica. O ordenamento é repleto de previsões em que a significação conferida pelo direito à passagem do tempo é exatamente o esquecimento e a estabilização do passado, mostrando-se ilícito reagitar o que a lei pretende sepultar. Isso vale até mesmo para notícias cujo conteúdo seja totalmente verídico, pois, embora a notícia inverídica seja um obstáculo à liberdade de informação, a veracidade da notícia não confere a ela inquestionável licitude, nem transforma a liberdade de imprensa em direito absoluto e ilimitado. Nesse contexto, as vítimas de crimes e seus familiares têm direito ao esquecimento, se assim desejarem, consistente em não se submeterem a desnecessárias lembranças de fatos passados que lhes causaram, por si, inesquecíveis feridas. Caso contrário, chegar-se-ia à antipática e desumana solução de reconhecer esse direito ao ofensor, o que está relacionado com sua ressocialização, e retirá-lo dos ofendidos, permitindo que os canais de informação se enriqueçam mediante a indefinida exploração das desgraças privadas pelas quais passaram. Todavia, no caso de familiares de vítimas de crimes passados, que só querem esquecer a dor pela qual passaram em determinado momento da vida, há uma infeliz constatação: na medida em que o tempo passa e se vai adquirindo um "direito ao esquecimento", na contramão, a dor vai diminuindo, de modo que, relembrar o fato trágico da vida, a depender do tempo transcorrido, embora possa gerar desconforto, não causa o mesmo abalo de antes. Nesse contexto, deve-se analisar, em cada caso concreto, como foi utilizada a imagem da vítima, para que se verifique se houve, efetivamente, alguma violação aos direitos dos familiares. Isso porque nem toda veiculação não consentida da imagem é indevida ou digna de reparação, sendo frequentes os casos em que a imagem da pessoa é publicada de forma respeitosa e sem nenhum viés comercial ou econômico. Assim, quando a imagem não for, em si, o cerne da publicação, e também não revele situação vexatória ou degradante, a solução dada pelo STJ será o reconhecimento da inexistência do dever de indenizar. **REsp 1.335.153-RJ, Rel. Min. Luis Felipe Salomão, julgado em 28/5/2013.** (Inform. STJ 527)

DIREITO CIVIL. DIREITO AO ESQUECIMENTO.

Gera dano moral a veiculação de programa televisivo sobre fatos ocorridos há longa data, com ostensiva identificação de pessoa que tenha sido investigada, denunciada e, posteriormente, inocentada em processo criminal. O direito ao esquecimento surge na discussão acerca da possibilidade de alguém impedir a divulgação de informações que, apesar de verídicas, não sejam contemporâneas e lhe causem transtornos das mais diversas ordens. Sobre o tema, o Enunciado 531 da VI Jornada de Direito Civil do CJF preconiza que a tutela da dignidade da pessoa humana na sociedade da informação inclui o direito ao esquecimento. O interesse público que orbita o fenômeno criminal tende a desaparecer na medida em que também se esgota a resposta penal conferida ao fato criminoso, a qual, certamente, encontra seu último suspiro com a extinção da pena ou com a absolvição, ambas irreversivelmente consumadas. Se os condenados que já cumpriram a pena têm direito ao sigilo da folha de antecedentes, assim também a exclusão dos registros da condenação no Instituto de Identificação, por maiores e melhores razões aqueles que foram absolvidos não podem permanecer com esse estigma, conferindo-lhes a lei o mesmo direito de serem esquecidos. Cabe destacar que, embora a notícia inverídica seja um obstáculo à liberdade de informação, a veracidade da notícia não confere a ela inquestionável licitude, nem transforma a liberdade de imprensa em direito absoluto e ilimitado. Com efeito, o reconhecimento do direito ao esquecimento dos condenados que cumpriram integralmente a pena e, sobretudo, dos que foram absolvidos em processo criminal, além de sinalizar uma evolução humanitária e cultural da sociedade, confere concretude a um ordenamento jurídico que, entre a memória, conexão do presente com o passado, e a esperança, vínculo do futuro com o presente, fez clara opção pela segunda. E é por essa ótica que o direito ao esquecimento revela sua maior nobreza, afirmando-se, na verdade, como um direito à esperança, em absoluta sintonia com a presunção legal e constitucional de regenerabilidade da pessoa humana. Precedentes citados: RMS 15.634-SP, Sexta Turma, DJ 5/2/2007; e REsp 443.927-SP, Quinta Turma, DJ 4/8/2003. **REsp 1.334.097-RJ, Rel. Min. Luis Felipe Salomão, julgado em 28/5/2013.** (Inform. STJ 527)

DIREITO CIVIL. RESPONSABILIDADE CIVIL POR VEICULAÇÃO DE MATÉRIA JORNALÍSTICA.

A entidade responsável por prestar serviços de comunicação não tem o dever de indenizar pessoa física em razão da publicação de matéria de interesse público em jornal de grande circulação a qual tenha apontado a existência de investigações pendentes sobre ilícito supostamente cometido pela referida pessoa, ainda que posteriormente tenha ocorrido absolvição quanto às acusações, na hipótese em que a entidade busque fontes fidedignas, ouça as diversas partes interessadas e afaste quaisquer dúvidas sérias quanto à veracidade do que divulga. De fato, a hipótese descrita apresenta um conflito de direitos constitucionalmente assegurados: os direitos à liberdade de pensamento e à sua livre manifestação (art. 5º, IV e IX), ao acesso à informação (art. 5º, XIV) e à honra (art. 5º, X). Cabe ao aplicador da lei, portanto, exercer função harmonizadora, buscando um ponto de equilíbrio no qual os direitos conflitantes possam conviver. Nesse contexto, o direito à liberdade de informação deve observar o dever de veracidade, bem como o interesse público dos fatos divulgados. Em outras palavras, pode-se dizer que a honra da pessoa não é atingida quando são divulgadas informações verdadeiras e fidedignas a seu respeito e que, outrossim, são de interesse público. Quanto à veracidade do que noticiado pela imprensa, vale ressaltar que a diligência que se deve exigir na verificação da informação antes de divulgá-la não pode chegar ao ponto de as notícias não poderem ser veiculadas até se ter certeza plena e absoluta de sua veracidade. O processo de divulgação de informações satisfaz o verdadeiro interesse público, devendo ser célere e eficaz, razão pela qual não se coaduna com rigorismos próprios de um procedimento judicial, no qual deve haver cognição plena e exauriente dos fatos analisados. Além disso, deve-se observar que a responsabilidade da imprensa pelas informações por ela veiculadas é de caráter subjetivo, não se cogitando da aplicação da teoria do risco ou da responsabilidade objetiva. Assim, para a responsabilização da imprensa pelos fatos por ela reportados, não basta a divulgação de informação falsa, exige-se prova de que o agente divulgador conhecia ou poderia conhecer a falsidade da informação propalada, o que configuraria abuso do direito de informação. **REsp 1.297.567-RJ, Rel. Min. Nancy Andrighi, julgado em 28/5/2013.** (Inform. STJ 524)

DIREITO CIVIL. DIREITOS DA PERSONALIDADE. UTILIZAÇÃO DE IMAGEM DE PESSOA PÚBLICA SEM AUTORIZAÇÃO. FINALIDADE EXCLUSIVAMENTE ECONÔMICA. EXISTÊNCIA DE DANO MORAL.

Ainda que se trate de pessoa pública, o uso não autorizado da sua imagem, com fins exclusivamente econômicos e publicitários, gera danos morais. A jurisprudência do STJ firmou-se no sentido de que a indenização pela publicação não autorizada de imagem de pessoa com fins econômicos ou comerciais independe de prova do prejuízo (Súm. n. 403/STJ). Assim, a obrigação de indenizar, tratando-se de direito à imagem, decorre do próprio uso indevido desse direito, não havendo, ademais, que se cogitar de prova da existência de prejuízo. Cuida-se, portanto, de dano *in re ipsa*, sendo irrelevante que se trate de pessoa notória. Precedentes citados: EREsp 230.268-SP, DJ 4/8/2003, e AgRg no Ag 1.345.989-SP, DJe 23/3/2012. REsp 1.102.756-SP, Rel. Min. Nancy Andrighi, julgado em 20/11/2012. (Inform. STJ 509)

DANOS MORAIS. MATÉRIA JORNALÍSTICA SOBRE PESSOA NOTÓRIA.

Não constitui ato ilícito apto à produção de danos morais a matéria jornalística sobre pessoa notória a qual, além de encontrar apoio em matérias anteriormente publicadas por outros meios de comunicação, tenha cunho meramente investigativo, revestindo-se, ainda, de interesse público, sem nenhum sensacionalismo ou intromissão na privacidade do autor. O embate em exame revela, em verdade, colisão entre dois direitos fundamentais, consagrados tanto na CF quanto na legislação infraconstitucional: o direito de livre manifestação do pensamento de um lado e, de outro lado, a proteção dos direitos da personalidade, como a imagem e a honra. Não se desconhece que, em se tratando de matéria veiculada em meio de comunicação, a responsabilidade civil por danos morais exsurge quando a matéria for divulgada com a intenção de injuriar, difamar ou caluniar terceiro. Além disso, é incontestável também que as notícias cujo objeto sejam pessoas notórias não podem refletir críticas indiscriminadas e levianas, pois existe uma esfera íntima do indivíduo, como pessoa humana, que não pode ser ultrapassada. De fato, as pessoas públicas e notórias não deixam, só por isso, de ter o resguardo de direitos da personalidade. Apesar disso, em casos tais, a apuração da responsabilidade civil depende da aferição de culpa sob pena de ofensa à liberdade de imprensa. Tendo o jornalista atuado nos limites da liberdade de expressão e no seu exercício regular do direito de informar, não há como falar na ocorrência de ato ilícito, não se podendo, portanto, responsabilizá-lo por supostos danos morais. Precedentes citados: REsp 1.082.878-RJ, DJe 18/11/2008; e REsp 706.769-RN, DJe 27/4/2009. REsp 1.330.028-DF, Rel. Min. Ricardo Villas Bôas Cueva, julgado em 6/11/2012. (Inform. STJ 508)

INDENIZAÇÃO. MATÉRIA JORNALÍSTICA. DIREITO DE INFORMAR. LIBERDADE DE IMPRENSA.

A Turma deu provimento ao recurso para afastar a responsabilização da empresa jornalística, ora recorrente, pelo pagamento de indenização ao recorrido (magistrado), sob o entendimento de que, no caso, não existiria ilícito civil, pois a recorrente teria atuado nos limites do exercício de informar e do princípio da liberdade da imprensa. O Min. Relator observou que a análise relativa à ocorrência de abuso no exercício da liberdade de expressão jornalística a ensejar reparação civil por dano moral a direitos da personalidade fica a depender do exame de cada caso concreto; pois, em tese, sopesados os valores em conflito, máxime quando atingida pessoa investida de autoridade pública, mostra-se recomendável que se dê prevalência à liberdade de informação e de crítica. Na hipótese dos autos, tem-se que a matéria jornalística relacionou-se a fatos de interesse da coletividade, os quais dizem respeito diretamente aos atos e comportamentos do recorrido na condição de autoridade. Tratou a recorrente, na reportagem, em abordagem não apenas noticiosa, mas sobretudo de ácida crítica que atingiu o ora recorrido, numa zona fronteiriça, de marcos imprecisos, entre o limite da liberdade de expressão e o limiar do abuso do direito ao exercício dessa liberdade. Esses extremos podem ser identificados no título e noutras passagens sarcásticas da notícia veiculada de forma crítica. Essas, porém, estão inseridas na matéria jornalística de cunho informativo, baseada em levantamentos de fatos de interesse público, que não extrapola claramente o direito de crítica, principalmente porque exercida em relação a casos que ostentam gravidade e ampla repercussão social. O relatório final da "CPI do Judiciário" fora divulgado no mesmo mês da publicação da matéria jornalística, em dezembro de 1999; elaborada, portanto, sob o impacto e a influência daquele documento público relevante para a vida nacional. E como fatos graves foram imputados ao ora recorrido naquele relatório, é natural que revista de circulação nacional tenha dado destaque à notícia e emitido cáustica opinião, entendendo-se amparada no teor daquele documento público. Portanto, essa contemporaneidade entre os eventos da divulgação do relatório final da CPI e da publicação da notícia eivada de ácida crítica ao magistrado é levada em conta para descaracterizar o abuso no exercício da liberdade de imprensa. Desse modo, embora não se possa duvidar do sofrimento experimentado pelo recorrido, a revelar a presença de dano moral, este não se mostra indenizável, dadas as circunstâncias do caso, por força daquela "imperiosa cláusula de modicidade" subjacente a que alude a Suprema Corte no julgamento da ADPF 130-DF. Precedentes citados do STF: ADPF 130-DF, DJe de 5/11/2009; do STJ: REsp 828.107-SP, DJ 25/9/2006. REsp 801.109-DF, Rel. Min. Raul Araújo, julgado em 12/6/2012. (Inform. STJ 499)

DANOS MORAIS. MATÉRIA JORNALÍSTICA. PUBLICAÇÃO DE FOTO SEM AUTORIZAÇÃO.

A Turma negou provimento ao especial e manteve a indenização em favor do recorrido na importância de R$ 50 mil, pelo uso indevido de sua imagem em matéria jornalística. Trata-se, na espécie, de ação de reparação de danos morais proposta contra editora em razão da publicação da fotografia e nome do recorrido sem sua autorização, em reportagem na qual consta como testemunha de homicídio – estava na companhia do jovem agredido e morto – ocorrido na Praça da República, na capital paulista, por motivos homofóbicos. O Min. Relator destacou que o direito à imagem, qualificado como direito personalíssimo, assegura a qualquer pessoa a oposição da divulgação da sua imagem, em circunstâncias concernentes a sua vida privada e intimidade. Observou, contudo, que a veiculação de fotografia sem autorização não gera, por si só, o dever de indenizar, sendo necessária a análise específica de cada situação. No presente caso, reputou-se que a matéria jornalística teve como foco a intimidade do recorrido, expondo, de forma direta e clara, sua opção sexual. Dessa forma, a publicação da fotografia com o destaque "sobrevivente" não poderia ter sido feita sem autorização expressa; pois, sem dúvida, submeteu o recorrido, no mínimo, ao desconforto social de divulgação pública de sua intimidade. Assim, conclui-se ser indenizável o dano à imagem do recorrido. REsp 1.235.926-SP, Rel. Min. Sidnei Beneti, julgado em 15/3/2012. (Inform. STJ 493)

DANO MORAL. PARLAMENTAR.

De acordo com a jurisprudência pacífica do STJ, a fixação do valor de indenização por danos morais só pode ser revisada pelo tribunal se o montante for irrisório ou exagerado, em flagrante inobservância dos princípios da razoabilidade e da proporcionalidade. No caso, um parlamentar foi alvo de críticas sarcásticas em matéria publicada em revista de circulação nacional. Considerando-se que o ofendido era membro de uma das casas do Congresso Nacional, portanto pessoa exposta a abordagens críticas mais ácidas, a Turma entendeu que a reportagem não se afastou muito dos limites tolerados em qualquer democracia. Dessa forma, entendeu-se razoável a fixação por dano moral em R$ 5 mil. Precedentes citados: AgRg no REsp 971.113-SP, DJe 8/3/2010; AgRg no REsp 675.950-SC, DJe 3/11/2008, e REsp 1.082.878-RJ, DJe 18/11/2008. **REsp 685.933-DF, Rel. Min. Raul Araújo, julgado em 15/3/2012. (Inform. STJ 493)**

INDENIZAÇÃO. MATÉRIA JORNALÍSTICA. DIREITO DE INFORMAR. LIBERDADE DE IMPRENSA.

A Turma, por maioria, deu provimento ao recurso para afastar a responsabilização da empresa jornalística ora recorrente pelo pagamento de indenização à recorrida sob o entendimento de que, no caso, não existiria ilícito civil, pois a recorrente teria atuado nos limites do exercício de informar e do princípio da liberdade da imprensa. Na espécie, a defesa alegava ofensa à honra da recorrida; pois, em matéria publicada no referido jornal, ela teria sido confundida com uma evangélica fanática que, após quebrar o bloqueio da segurança presidencial, teria se aproximado do então presidente da República Luiz Inácio Lula da Silva para fazer um discurso favorável à pessoa de Fernandinho Beira-Mar. Inicialmente, observou o Min. Relator que, em se tratando de matéria veiculada pela imprensa, a responsabilidade civil por danos morais emerge quando a reportagem for divulgada com a intenção de injuriar, difamar ou caluniar. Nessas hipóteses, a responsabilidade das empresas jornalísticas seria de natureza subjetiva, dependendo da aferição de culpa, sob pena de ofensa à liberdade de imprensa. Assentou, ainda, que, se o fato divulgado for verídico e estiver presente o interesse público na informação, não há que falar em abuso na veiculação da notícia, caso em que, por consectário, inexiste o dever de indenizar, sendo essa a hipótese dos autos. Segundo destacou, a matéria publicada não tinha como objetivo ofender a honra da recorrida, mas sim noticiar a possível falha na segurança da então Presidência da República, que permitiu a aproximação de uma cidadã não identificada, sem autorização, da autoridade máxima do país, assunto, portanto, de interesse nacional. Consignou, ademais, que a matéria escorou-se em fatos objetivos e de notória relevância, o que afasta a ilicitude da divulgação, sendo que, em momento algum, foi publicada a fotografia ou o nome completo da recorrida. Pelo contrário, a reportagem trouxe a imagem da verdadeira autora do discurso, identificando-a pelo seu próprio nome. Dessa forma, ainda que tenham nomes similares, não seria crível ter havido confusão entre aquela e a ora recorrida. REsp 1.268.233-DF, Rel. Min. Massami Uyeda, julgado em 15/3/2012. (Inform. STJ 493)

DANO MORAL. DIREITO DE INFORMAR E DIREITO À IMAGEM.

O direito de informar deve ser analisado com a proteção dada ao direito de imagem. O Min. Relator, com base na doutrina, consignou que, para verificação da gravidade do dano sofrido pela pessoa cuja imagem é utilizada sem autorização prévia, devem ser analisados: (i) o grau de consciência do retratado em relação à possibilidade de captação da sua imagem no contexto da imagem do qual foi extraída; (ii) o grau de identificação do retratado na imagem veiculada; (iii) a amplitude da exposição do retratado; e (iv) a natureza e o grau de repercussão do meio pelo qual se dá a divulgação. De outra parte, o direito de informar deve ser garantido, observando os seguintes parâmetros: (i) o grau de utilidade para o público do fato informado por meio da imagem; (ii) o grau de atualidade da imagem; (iii) o grau de necessidade da veiculação da imagem para informar o fato; e (iv) o grau de preservação do contexto originário do qual a imagem foi colhida. No caso analisado, emissora de TV captou imagens, sem autorização, de funcionário de empresa de assistência técnica durante visita para realização de orçamento para conserto de uma televisão que, segundo a emissora de TV, estava apenas com um fusível queimado. O orçamento realizado englobou outros serviços, além da troca do fusível. A imagem do funcionário foi bem focalizada, permitindo sua individualização, bem como da empresa em que trabalhava. Não houve oportunidade de contraditório para que o envolvido pudesse provar que o aparelho tinha outros defeitos, além daquele informado pela rede de TV. Assim, restou configurado dano moral por utilização indevida da imagem do funcionário. Noutro aspecto analisado, o Min. Relator destacou a pacífica jurisprudência do STJ que possibilita a revisão do montante devido a título de dano moral, quando o valor for exorbitante ou irrisório, observados os princípios da proporcionalidade e da razoabilidade. Nesse contexto, a Turma entendeu desproporcional a fixação da verba indenizatória em R$ 100 mil, reduzindo-a a R$ 30 mil. Precedentes citados: REsp 267.529-RJ, DJ de 18/12/2000; REsp 1.219.197-RS, DJe de 17/10/2011; REsp 1.005.278-SE, DJe de 11/11/2010; REsp 569.812-SC, DJ de 1º/8/2005. REsp 794.586-RJ, Rel. Min. Raul Araújo, julgado em 15/3/2012. (Inform. STJ 493)

DANO MORAL. PUBLICAÇÃO. REVISTA.
Trata-se, na origem, de ação indenizatória ajuizada por ex-presidente da República, recorrente, contra grupo editorial, recorrido, em razão de matéria publicada em revista de propriedade da última. Segundo o recorrente, a reportagem agrediu-o com uma série de calúnias, injúrias e difamações. O juízo a quo julgou improcedente o pedido. O tribunal de origem reformou a sentença, fixando a indenização em R$ 60 mil. O recorrente interpôs recurso especial alegando, em síntese, que o valor da indenização foi arbitrado com excessiva parcimônia, violando o art. 944 do CC, não tendo sido levada em consideração a qualificação das partes envolvidas, a repercussão do dano causado e o lucro auferido pela recorrida com a publicação da reportagem injuriosa. A Turma, por maioria, deu provimento ao recurso por entender que a lei não fixa valores ou critérios para a quantificação do valor do dano moral. Ademais, essa Corte tem-se pronunciado no sentido de que o valor de reparação do dano deve ser fixado em montante que desestimule o ofensor a repetir a falta, sem constituir, de outro lado, enriquecimento indevido. No caso, o desestímulo ao tipo de ofensa, juridicamente catalogada como injúria, deve ser enfatizado. Não importa quem seja o ofendido, o sistema jurídico reprova sejam-lhe dirigidos qualificativos pessoais ofensivos à honra e à dignidade. A linguagem oferece larga margem de variantes para externar a crítica sem o uso de palavras e expressões ofensivas. O desestímulo ao escrito injurioso em grande e respeitado veículo de comunicação autoriza a fixação da indenização mais elevada, à moda do *punitive dammage* do direito anglo-americano, revivendo lembranças de suas consequências para a generalidade da comunicação de que o respeito à dignidade pessoal se impõe a todos. Por outro lado, não se pode deixar de atentar aos fundamentos da qualidade da ofensa pessoal considerados pela douta maioria no julgamento, salientando que o recorrente, absolvido, mesmo que por motivos formais, da acusação da prática do crime de corrupção e ainda que sancionado com o julgamento político do impeachment, veio a cumprir o período legal de exclusão da atividade política e, posteriormente, eleito senador da República, chancelado pelo respeitável fato da vontade popular. Diante dessa e de outras considerações, definiu-se o valor de R$ 500 mil, fixado à dosagem equitativa em consideração às circunstâncias objetivas e subjetivas da ofensa, ligadas ao fato e suas consequências, bem como à capacidade econômica dos ofensores e à pessoa do ofendido. Vencidos em parte o Min. Relator e o Min. Paulo de Tarso Sanseverino, que proviam em menor extensão ao fixar a indenização em R$ 150 mil. REsp 1.120.971-RJ. Rel. Min. Sidnei Beneti, julgado em 28/2/2012. (Inform. STJ 492)

> **Súmula STJ nº 403**
> Independe de prova do prejuízo a indenização pela publicação não autorizada de imagem de pessoa com fins econômicos ou comerciais.

> **Súmula STJ nº 221**
> São civilmente responsáveis pelo ressarcimento de dano, decorrente de publicação pela imprensa, tanto o autor do escrito quanto o proprietário do veículo de divulgação.

4.10. Responsabilidade por cobrança indevida

DANO MORAL. APONTAMENTO DE TÍTULO PARA PROTESTO. PESSOA JURÍDICA.
O simples apontamento de título a protesto sem o efetivo registro não gera dano moral. Isso porque, após a protocolização do título, o devedor tem a oportunidade de pagar a dívida ou sustar o protesto, antes de este ser lavrado e registrado, não configurando, portanto, nenhum constrangimento. Ademais, não há publicidade do ato quando a intimação é feita diretamente no endereço indicado pelo credor, via portador do tabelionato, correspondência registrada ou com aviso de recebimento, como no caso. Além disso, por se tratar de pessoa jurídica, é necessária a violação de sua honra objetiva para caracterizar o dano moral. Assim, não havendo publicidade de informações lesivas à sua reputação, a indenização não é cabível. Precedentes citados: **REsp 1.017.970-DF, DJe 5/9/2008; REsp 793.552-RS, DJ 27/08/2007, e REsp 60.033-MG, DJ 27/11/1995. REsp 1.005.752-PE, Rel. Min. Luis Felipe Salomão, julgado em 26/6/2012.** (Inform. STJ 500)

4.11. Responsabilidade por questões de ordem familiar

DIREITO CIVIL. INEXISTÊNCIA DE RESPONSABILIDADE CIVIL DO CÚMPLICE DE RELACIONAMENTO EXTRACONJUGAL NO CASO DE OCULTAÇÃO DE PATERNIDADE BIOLÓGICA.
O "cúmplice" em relacionamento extraconjugal não tem o dever de reparar por danos morais o marido traído na hipótese em que a adúltera tenha ocultado deste o fato de que a criança nascida durante o matrimônio e criada pelo casal seria filha biológica sua e do seu "cúmplice", e não do seu esposo, que, até a revelação do fato, pensava ser o pai biológico da criança. Isso porque, em que pese o alto grau de reprovabilidade da conduta daquele que se envolve com pessoa casada, o "cúmplice" da esposa infiel não é solidariamente responsável quanto a eventual indenização ao marido traído, pois esse fato não constitui ilícito civil ou penal, diante da falta de contrato ou lei obrigando terceiro estranho à relação conjugal a zelar pela incolumidade do casamento alheio ou a revelar a quem quer que seja a existência de relação extraconjugal firmada com sua amante. **REsp 922.462-SP, Rel. Min. Ricardo Villas Bôas Cueva, julgado em 4/4/2013. (Inform. STJ 522)**

DIREITO CIVIL. DANOS MORAIS PELA OCULTAÇÃO DA VERDADE QUANTO À PATERNIDADE BIOLÓGICA.

A esposa infiel tem o dever de reparar por danos morais o marido traído na hipótese em que tenha ocultado dele, até alguns anos após a separação, o fato de que criança nascida durante o matrimônio e criada como filha biológica do casal seria, na verdade, filha sua e de seu "cúmplice". De fato, a violação dos deveres impostos por lei tanto no casamento (art. 1.566 do CC/2002) como na união estável (art. 1.724 do CC/2002) não constitui, por si só, ofensa à honra e à dignidade do consorte, apta a ensejar a obrigação de indenizar. Nesse contexto, perde importância, inclusive, a identificação do culpado pelo fim da relação afetiva, porquanto deixar de amar o cônjuge ou companheiro é circunstância de cunho estritamente pessoal, não configurando o desamor, por si só, um ato ilícito (arts 186 e 927 do CC/2002) que enseje indenização. Todavia, não é possível ignorar que a vida em comum impõe restrições que devem ser observadas, entre as quais se destaca o dever de fidelidade nas relações conjugais (art. 231, I, do CC/1916 e art. 1.566, I, do CC/2002), o qual pode, efetivamente, acarretar danos morais. Isso porque o dever de fidelidade é um atributo de quem cumpre aquilo a que se obriga, condição imprescindível para a boa harmonia e estabilidade da vida conjugal. Ademais, a imposição desse dever é tão significativa que o CP já considerou o adultério como crime. Além disso, representa quebra do dever de confiança a descoberta, pelo esposo traído, de que a criança nascida durante o matrimônio e criada por ele não seria sua filha biológica. O STF, aliás, já sinalizou acerca do direito constitucional à felicidade, verdadeiro postulado constitucional implícito, que se qualifica como expressão de uma ideia-força que deriva do princípio da essencial dignidade da pessoa humana (RE 477.554 AgR-MG, Segunda Turma, DJe 26/8/2011). Sendo assim, a lesão à dignidade humana desafia reparação (arts. 1º, III, e 5º, V e X, da CF), sendo justamente nas relações familiares que se impõe a necessidade de sua proteção, já que a família é o centro de preservação da pessoa e base mestra da sociedade (art. 226 CF). Dessa forma, o abalo emocional gerado pela traição da então esposa, ainda com a cientificação de não ser o genitor de criança gerada durante a relação matrimonial, representa efetivo dano moral, o que impõe o dever de reparação dos danos acarretados ao lesado a fim de restabelecer o equilíbrio pessoal e social buscado pelo direito, à luz do conhecido ditame *neminem laedere*. Assim, é devida a indenização por danos morais, que, na hipótese, manifesta-se *in re ipsa*. REsp 922.462-SP, Rel. Min. Ricardo Villas Bôas Cueva, julgado em 4/4/2013. (Inform. STJ 522)

DANO MORAL. DIES A QUO DO PRAZO PRESCRICIONAL. REPARAÇÃO DE DANOS DECORRENTES DE FALECIMENTO.

O termo inicial da contagem do prazo prescricional na hipótese em que se pleiteia indenização por danos morais e/ou materiais decorrentes do falecimento de ente querido é a data do óbito, independentemente da data da ação ou omissão. Não é possível considerar que a pretensão à indenização em decorrência da morte nasça antes do evento que lhe deu causa. Diferentemente do que ocorre em direito penal, que considera o momento do crime a data em que é praticada a ação ou omissão que lhe deu causa, no direito civil a prescrição é contada da data da "violação do direito". REsp 1.318.825-SE, Rel. Min. Nancy Andrighi, julgado em 13/11/2012. (Inform. STJ 509)

DANO MORAL POR MORTE DE PARENTE.

A indenização por dano moral decorrente da morte de parente deve ser fixada de forma global à família do falecido e com observância ao montante de quinhentos salários mínimos, usualmente adotado pelo STJ, ressalvada a possibilidade de acréscimo de valor em se tratando de famílias numerosas. Embora amparado em normas constitucionais, o direito à indenização plena dos danos morais não é absoluto, podendo ser ponderado com outros direitos fundamentais de igual grandeza. O STJ tem estabelecido critérios razoavelmente objetivos para liquidar o dano moral, não com a finalidade de tarifar a compensação pelo abalo, mas para buscar soluções equânimes, na medida em que situações assemelhadas devem ser solucionadas também de forma semelhante. Em caso de morte de familiar, o valor usual adotado são quinhentos salários mínimos. O sistema de responsabilidade civil atual, com base no art. 944, parágrafo único, do CC, rechaça indenizações ilimitadas que alcançam valores que, a pretexto de reparar integralmente vítimas de ato ilícito, revelam nítida desproporção entre a conduta do agente e os resultados ordinariamente dela esperados. Simplesmente multiplicar o valor que se concebe como razoável pelo número de autores da demanda pode tornar a obrigação do causador do dano extensa e distante de padrões baseados na proporcionalidade e razoabilidade, uma vez que se analisa apenas a extensão do dano para o arbitramento da indenização, desconsiderando o outro extremo da relação, que é a conduta do causador do dano, com a valoração de sua reprovabilidade e as circunstâncias do caso concreto. A solução adequada deve, a um só tempo, sopesar a extensão do dano e a conduta de seu causador; pois, embora por vezes os atingidos pelo fato danoso sejam vários, a conduta do réu é única, e sua reprovabilidade é igualmente uma só, o que deve ser considerado na fixação da indenização por dano moral. Não se desconhece que o dano moral é uma violação individualmente experimentada pela pessoa, porém a solução apresentada considera, a um só tempo, tanto a individualidade dos atingidos pelo dano quanto a conduta do causador. Em se tratando de famílias numerosas, o arbitramento da indenização de forma global, desconsiderando o número de integrantes, também pode acarretar injustiças, de modo que o valor pode ser elevado gradativamente na medida em que cresça também o número de beneficiados, evitando que os quinhões individuais se tornem irrisórios. Se, para o arbitramento da indenização, deve ser considerado o número de autores, certamente uma ação proposta apenas por parte dos legitimados conduzirá à indenização de menor valor, não impedindo que, futuramente, outros legitimados proponham sua pretensão, desde que a soma não atinja patamares desarrazoados. Precedentes citados: AgRg no Ag 1.378.016-MS, DJe 22/8/2012; REsp 989.284-RJ, DJe 22/8/2011; REsp 936.792-SE, DJ 22/10/2007; REsp 825.275-SP, DJe 8/3/2010; REsp 210.101-PR, DJe 9/12/2008; REsp 163.484-RJ, DJ 13/10/1998; REsp 687.567-RS, DJ 13/3/2006; REsp 1.139.612-PR, DJe 23/3/2011; REsp 959.780-ES, DJe 6/5/2011. REsp 1.127.913-RS, Rel. originário Min. Marco Buzzi, Rel. para acórdão Min. Luis Felipe Salomão, julgado em 20/9/2012. (Inform. STJ 505)

DANOS MORAIS. ABANDONO AFETIVO. DEVER DE CUIDADO.

O abandono afetivo decorrente da omissão do genitor no dever de cuidar da prole constitui elemento suficiente para caracterizar dano moral compensável. Isso porque o non facere que atinge um bem juridicamente tutelado, no caso, o necessário dever de cuidado (dever de criação, educação e companhia), importa em vulneração da imposição legal, gerando a possibilidade de pleitear compensação por danos morais por abandono afetivo. Consignou-se que não há restrições legais à aplicação das regras relativas à responsabilidade civil e ao consequente dever de indenizar no Direito de Família e que o cuidado como valor jurídico objetivo está incorporado no ordenamento pátrio não com essa expressão, mas com locuções e termos que manifestam suas diversas concepções, como se vê no art. 227 da CF. O descumprimento comprovado da imposição legal de cuidar da prole acarreta o reconhecimento da ocorrência de ilicitude civil sob a forma de omissão. É que, tanto pela concepção quanto pela adoção, os pais assumem obrigações jurídicas em relação à sua prole que ultrapassam aquelas chamadas *necessarium vitae*. É consabido que, além do básico para a sua manutenção (alimento, abrigo e saúde), o ser humano precisa de outros elementos imateriais, igualmente necessários para a formação adequada (educação, lazer, regras de conduta etc.). O cuidado, vislumbrado em suas diversas manifestações psicológicas, é um fator indispensável à criação e à formação de um adulto que tenha integridade física e psicológica, capaz de conviver em sociedade, respeitando seus limites, buscando seus direitos, exercendo plenamente sua cidadania. A Min. Relatora salientou que, na hipótese, não se discute o amar – que é uma faculdade – mas sim a imposição biológica e constitucional de cuidar, que é dever jurídico, corolário da liberdade das pessoas de gerar ou adotar filhos. Ressaltou que os sentimentos de mágoa e tristeza causados pela negligência paterna e o tratamento como filha de segunda classe, que a recorrida levará ad perpetuam, é perfeitamente apreensível e exsurgem das omissões do pai (recorrente) no exercício de seu dever de cuidado em relação à filha e também de suas ações que privilegiaram parte de sua prole em detrimento dela, caracterizando o dano in re ipsa e traduzindo-se, assim, em causa eficiente à compensação. Com essas e outras considerações, a Turma, ao prosseguir o julgamento, por maioria, deu parcial provimento ao recurso apenas para reduzir o valor da compensação por danos morais de R$ 415 mil para R$ 200 mil, corrigido desde a data do julgamento realizado pelo tribunal de origem. REsp 1.159.242-SP, Rel. Min. Nancy Andrighi, julgado em 24/4/2012. (Inform. STJ 496)

DANOS MORAIS. LEGITIMIDADE *AD CAUSAM.* **NOIVO. MORTE DA NUBENTE.**
A Turma, ao prosseguir o julgamento, após voto-vista que acompanhou o relator, deu provimento ao recurso especial para restabelecer a sentença que extinguiu o processo sem julgamento do mérito, por considerar que o noivo não possui legitimidade ativa ad causam para pleitear indenização por danos morais em razão do falecimento de sua nubente. Inicialmente, destacou o Min. Relator que a controvérsia em exame – legitimidade para propor ação de reparação por danos extrapatrimoniais em decorrência da morte de ente querido – apesar de antiga, não está resolvida no âmbito jurisprudencial. Entretanto, alguns pontos vêm se firmando em recentes decisões judiciais. De fato, não há dúvida quanto à legitimidade ativa do cônjuge, do companheiro e dos parentes de primeiro grau do falecido. Da mesma forma, é uníssono que, em hipóteses excepcionais, o direito à indenização pode ser estendido às pessoas estranhas ao núcleo familiar, devendo o juiz avaliar se as particularidades de cada caso justificam o alargamento a outros sujeitos que nele se inserem. Nesse sentido, inclusive, a Turma já conferiu legitimidade ao sobrinho do falecido que integrava o núcleo familiar, bem como à sogra que fazia as vezes da mãe. Observou o Min. Relator que, diante da ausência de regra legal específica acerca do tema, caberia ao juiz a integração hermenêutica. Após um breve panorama acerca das origens do direito de herança e da ordem de vocação hereditária, e à vista de uma leitura sistemática de diversos dispositivos de lei que se assemelham com a questão em debate (art. 76 do CC/1916; arts. 12, 948, I, 1.829, todos do CC/2002 e art. 63 do CPP), sustentou-se que o espírito do ordenamento jurídico brasileiro afasta a legitimidade daqueles que não fazem parte do núcleo familiar direto da vítima. Dessarte, concluiu-se que a legitimação para a propositura da ação por danos morais deve alinhar-se à ordem de vocação hereditária, com as devidas adaptações, porquanto o que se busca é a compensação exatamente de um interesse extrapatrimonial. Vale dizer, se é verdade que tanto na ordem de vocação hereditária quanto na indenização por dano moral em razão da morte, o fundamento axiológico são as legítimas afeições nutridas entre quem se foi e quem ficou, para proceder à indispensável limitação da cadeia de legitimados para a indenização, nada mais correto que conferir aos mesmos sujeitos o direito de herança e o direito de pleitear a compensação moral. Porém, a indenização deve ser considerada de modo global para o núcleo familiar, e não a cada um de seus membros, evitando-se a pulverização de ações de indenização. Segundo se afirmou, conferir a possibilidade de indenização a sujeitos não inseridos no núcleo familiar acarretaria a diluição indevida dos valores em prejuízo dos que efetivamente fazem jus à reparação. Acrescentou-se, ainda, o fato de ter havido a mitigação do princípio da reparação integral do dano, com o advento da norma prevista no art. 944, parágrafo único, do novo CC. O sistema de responsabilidade civil atual rechaça indenizações ilimitadas que alcançam valores que, a pretexto de reparar integralmente vítimas de ato ilícito, revelam nítida desproporção entre a conduta do agente e os resultados ordinariamente dela esperados. Assim, conceder legitimidade ampla e irrestrita a todos aqueles que, de alguma forma, suportaram a dor da perda de alguém significa impor ao obrigado um dever também ilimitado de reparar um dano cuja extensão será sempre desproporcional ao ato causador. Portanto, além de uma limitação quantitativa da condenação, é necessária a limitação subjetiva dos beneficiários nos termos do artigo supracitado. No voto-vista, registrou a Min. Maria Isabel Gallotti não considerar ser aplicável a ordem de vocação hereditária para o efeito de excluir o direito de indenização dos ascendentes quando também postulado por cônjuge e filhos, pois é sabido que não há dor maior do que a perda de um filho, uma vez que foge à ordem natural das coisas. Reservou-se, também, para apreciar quando se puser concretamente a questão referente à legitimidade de parentes colaterais para postular a indenização por dano moral em concorrência com cônjuge, ascendentes e descendentes. Precedentes citados: REsp 239.009-RJ, DJ 4/9/2000, e REsp 865.363-RJ, DJe 11/11/2010. REsp 1.076.160-AM, Rel. Min. Luis Felipe Salomão, julgado em 10/4/2012. (Inform. STJ 495)

4.12. Responsabilidade por outras causas

DIREITO CIVIL. APLICABILIDADE DA TEORIA DA PERDA DE UMA CHANCE NO CASO DE DESCUMPRIMENTO DE CONTRATO DE COLETA DE CÉLULAS-TRONCO EMBRIONÁRIAS. Tem direito a ser indenizada, com base na teoria da perda de uma chance, a criança que, em razão da ausência do preposto da empresa contratada por seus pais para coletar o material no momento do parto, não teve recolhidas as células-tronco embrionárias. No caso, a criança teve frustrada a chance de ter suas células embrionárias colhidas e armazenadas para, se eventualmente fosse preciso, fazer uso delas em tratamento de saúde. Não se está diante de situação de dano hipotético – o que não renderia ensejo a indenização – mas de caso claro de aplicação da teoria da perda de uma chance, desenvolvida na França (*la perte d'une chance*) e denominada na Inglaterra de *loss-of-a-chance*. No caso, a responsabilidade é por perda de uma chance por serem as células-tronco, cuja retirada do cordão umbilical deve ocorrer no momento do parto, o grande trunfo da medicina moderna para o tratamento de inúmeras patologias consideradas incuráveis. É possível que o dano final nunca venha a se implementar, bastando que a pessoa recém-nascida seja plenamente saudável, nunca desenvolvendo qualquer doença tratável com a utilização das células-tronco retiradas do seu cordão umbilical. O certo, porém, é que perdeu, definitivamente, a chance de prevenir o tratamento dessas patologias. Essa chance perdida é, portanto, o objeto da indenização. **REsp 1.291.247-RJ**, Rel. Min. Paulo de Tarso Sanseverino, julgado em 19/8/2014. (Inform. STJ 549)

DIREITO CIVIL. APLICABILIDADE DA TEORIA DA PERDA DA CHANCE.
A emissora responsável pela veiculação de programa televisivo de perguntas e respostas deve indenizar, pela perda de uma chance, o participante do programa que, apesar de responder corretamente a pergunta sobre determinado time de futebol, tenha sido indevidamente desclassificado, ao ter sua resposta considerada errada por estar em desacordo com parte fantasiosa de livro adotado como bibliografia

básica para as perguntas formuladas. De fato, nos contratos de promessa de recompensa por concurso, vale a regra geral de que os concorrentes, ao participarem do concurso, sabem de suas condições e a elas se submetem. Dentre essas condições, está a de se submeter ao pronunciamento dos julgadores do concurso. Entretanto, em casos excepcionalíssimos, é possível que se reconheça a nulidade desse julgamento. Na situação em análise, houve erro no julgamento, o qual foi efetuado em discordância com a verdade dos fatos, fundando-se apenas na parte fictícia de livro adotado contratualmente como bibliografia básica, configurando-se, assim, hipótese excepcionalíssima apta a afastar a incidência da regra da infalibilidade do julgador. Ademais, o concurso era sobre determinado clube de futebol, e não sobre o livro adotado como bibliografia, razão pela qual inadmissível exigir que o participante respondesse erradamente, afastando-se da realidade dos fatos atinentes ao clube. Nesse contexto, deve ser aplicada a regra da boa-fé objetiva em prol do participante e em detrimento da organizadora do certame, ao mesmo tempo em que há de ser aplicada a regra segundo a qual o contrato será interpretado em detrimento do estipulante. **REsp 1.383.437-SP, Rel. Min. Sidnei Beneti, julgado em 13/8/2013.** (Inform. STJ 528)

DIREITO CIVIL. NOTIFICAÇÃO PRÉVIA PARA A INCLUSÃO DO NOME DO DEVEDOR EM CADASTRO DE PROTEÇÃO AO CRÉDITO.
Órgão de proteção ao crédito não tem o dever de indenizar devedor pela inclusão do nome deste, sem prévia notificação, em cadastro desabonador mantido por aquele na hipótese em que as informações que derem ensejo ao registro tenham sido coletadas em bancos de dados públicos, como os pertencentes a cartórios de protesto de títulos e de distribuição judicial. Isso porque não há, nesses casos, o dever de notificação prévia do devedor no tocante ao registro desabonador, haja vista que as informações constantes em bancos de dados públicos acerca da inadimplência de devedor já possuem notoriedade pública. Precedente citado: EDcl no REsp 1.080.009-DF, Quarta Turma, DJe 3/11/2010. **REsp 1.124.709-TO, Rel. Min. Luis Felipe Salomão, julgado em 18/6/2013.** (Inform. STJ 528)

DIREITO CIVIL. RESPONSABILIDADE CIVIL POR ERRO NÃO INTENCIONAL DE ARBITRAGEM.
Não gera dano moral indenizável ao torcedor, pela entidade responsável pela organização da competição, o erro não intencional de arbitragem, ainda que resulte na eliminação do time do campeonato e mesmo que o árbitro da partida tenha posteriormente reconhecido o erro cometido. Segundo o art. 3º da Lei 10.671/2003 (Estatuto do Torcedor), para todos os efeitos legais, a entidade responsável pela organização da competição e a entidade de prática desportiva detentora do mando de jogo equiparam-se a fornecedor nos termos do CDC. Todavia, para cogitar de responsabilidade civil, nos termos do art. 14 do CDC, é necessária a constatação da materialização de ato ilícito, omissivo ou comissivo, nexo de causalidade e o dano. Vale destacar que, pelas características de uma partida de futebol, com a vedação de utilização de recursos tecnológicos, o árbitro, para a própria fluidez da partida e manutenção de sua autoridade em jogo, tem a delicada missão de decidir prontamente, valendo-se apenas de sua acuidade visual e da colaboração dos árbitros auxiliares. Assim, diante da ocorrência de erro de arbitragem, ainda que com potencial para influir decisivamente no resultado da partida esportiva, mas não sendo constatado o dolo do árbitro, não há falar em ato ilícito ou comprovação de nexo de causalidade com o resultado ocorrido. A derrota de time de futebol, ainda que atribuída a erro da arbitragem, é dissabor que também não tem o condão de causar mágoa duradoura, a ponto de interferir intensamente no bem-estar do torcedor, sendo recorrente em todas as modalidades de esporte que contam com equipes competitivas. Nesse sentido, consoante vêm reconhecendo doutrina e jurisprudência, mero aborrecimento, contratempo, mágoa, inerentes à vida em sociedade, ou excesso de sensibilidade por aquele que afirma dano moral, são insuficientes à caracterização do abalo, tendo em vista que este depende da constatação, por meio de exame objetivo e prudente arbítrio do magistrado, da real lesão a direito da personalidade daquele que se diz ofendido. Por fim, não se pode cogitar de inadimplemento contratual, pois não há legítima expectativa, amparada pelo direito, de que o espetáculo esportivo possa transcorrer sem que ocorra algum erro de arbitragem não intencional, ainda que grosseiro, a envolver marcação que hipoteticamente pudesse alterar o resultado do jogo. **REsp 1.296.944-RJ, Rel. Min. Luis Felipe Salomão, julgado em 7/5/2013.** (Inform. STJ 526)

DIREITO CIVIL. RESPONSABILIDADE CIVIL DOS CORREIOS POR EXTRAVIO DE CARTA REGISTRADA.
A Empresa Brasileira de Correios e Telégrafos (ECT) deve reparar os danos morais decorrentes de extravio de correspondência registrada. Com efeito, o consumidor que opta por enviar carta registrada tem provável interesse no rastreamento e na efetiva comprovação da entrega da correspondência, por isso paga mais caro pelo serviço. Desse modo, se o consumidor escolhe enviar carta registrada, é dever dos Correios comprovar a entrega da correspondência ou a impossibilidade de fazê-lo, por meio da apresentação ao remetente do aviso de recebimento, de maneira que o simples fato da perda da correspondência, nessa hipótese, acarreta dano moral in re ipsa. **REsp 1.097.266-PB, Rel. Min. Luis Felipe Salomão, Rel. para acórdão Min. Raul Araújo, julgado em 2/5/2013.** (Inform. STJ 524)

DIREITO CIVIL. INEXISTÊNCIA DE DIREITO DO ADQUIRENTE DE EMBALAGENS PLÁSTICAS PERSONALIZADAS À INDENIZAÇÃO EM FACE DO FORNECEDOR DO PRODUTO NA HIPÓTESE EM QUE ESTE TENHA INCLUÍDO O ICMS NA OPERAÇÃO DE SAÍDA E TENHA IMPUGNADO JUDICIALMENTE O TRIBUTO.
A empresa fornecedora de embalagens plásticas personalizadas que inclui o ICMS na operação de saída e impugna judicialmente a incidência do tributo não tem que indenizar o adquirente do produto na hipótese em que ela tenha obtido êxito na mencionada demanda judicial e o Fisco, em razão disso, tenha obrigado o adquirente a estornar os valores de ICMS creditados e a recolher o referido imposto. Em hipóteses como a descrita, a empresa fornecedora de embalagens personalizadas que inclui o ICMS na operação de saída e impugna judicialmente a incidência do tributo, depositando os respectivos valores, não pratica ato ilícito, porquanto age em conformidade com norma tributária cogente na época da transação, que lhe impõe o tributo em questão, e dentro do seu direito de questionar a referida norma, tendo em vista o entendimento pacífico do STJ de que não incide ICMS na venda de embalagens personalizadas (Súmula 156 do STJ). Além do mais, entende este Tribunal que o Fisco Estadual, ante a procedência do pedido na ação da fornecedora de embalagens personalizadas e levantamento do valor depositado judicialmente, não pode estornar os valores creditados do ICMS e exigi-los do adquirente. Dessa forma, a insurgência do adquirente deveria ter sido direcionada contra a Fazenda Estadual, fosse para impugnar o estorno dos créditos, fosse para repetir o indébito, na via processual própria, não existindo direito da adquirente à indenização em face da fornecedora. **AgRg no AREsp 122.928-RS, Rel. Min. Luis Felipe Salomão, julgado em 7/2/2013.** (Inform. STJ 518)

DIREITO CIVIL. RESPONSABILIDADE CIVIL. ESTADO DE NECESSIDADE. PROPORCIONALIDADE NA FIXAÇÃO DE INDENIZAÇÃO.
O estado de necessidade, embora não exclua o dever de indenizar, fundamenta a fixação das indenizações segundo o critério da proporcionalidade. A adoção da restitutio in integrum no âmbito da responsabilidade civil por danos, sejam

materiais ou extrapatrimoniais, nos conduz à inafastabilidade do direito da vítima à reparação ou compensação do prejuízo, ainda que o agente se encontre amparado por excludentes de ilicitude, nos termos dos arts. 1.519 e 1.520 do CC/1916 (arts. 929 e 930 do CC/2002), situação que afetará apenas o valor da indenização fixado pelo critério da proporcionalidade. **REsp 1.292.141-SP, Rel. Min. Nancy Andrighi, julgado em 4/12/2012.** (Inform. STJ 513).

RESPONSABILIDADE DO FIADOR PELAS DESPESAS JUDICIAIS A PARTIR DE SUA CITAÇÃO.
As despesas judiciais só serão arcadas pelo fiador a partir de sua citação. Segundo dispõe o art. 822 do CC, não sendo limitada, a fiança compreenderá todos os acessórios da dívida principal, inclusive as despesas judiciais, desde a citação do fiador. Isso para que a lei não se afaste da fundamental equidade, impondo ao fiador uma responsabilidade excessivamente onerosa, sem antes verificar se ele deseja satisfazer a obrigação que afiançou. Precedentes citados: **REsp 473.830-DF, DJ 15/5/2006, e REsp 153.659-SP, DJ 16/2/1998. REsp 1.264.820-RS, Rel. Min. Luis Felipe Salomão, julgado em 13/11/2012.** (Inform. STJ 509)

RESPONSABILIDADE CIVIL. SITE DE RELACIONAMENTO. MENSAGENS OFENSIVAS.
A responsabilidade objetiva, prevista no art. 927, parágrafo único, do CC, não se aplica a empresa hospedeira de site de relacionamento no caso de mensagens com conteúdo ofensivo inseridas por usuários. O entendimento pacificado da Turma é que o dano decorrente dessas mensagens não constitui risco inerente à atividade dos provedores de conteúdo. A fiscalização prévia do teor das informações postadas pelo usuário não é atividade do administrador de rede social, portanto seu dever é retirar do ar, logo que for comunicado, o texto ou a imagem que possuem conteúdo ilícito, apenas podendo responder por sua omissão. Precedentes citados: **REsp 1.186.616-MG, DJe 31/8/2011, e REsp 1.175.675-RS, DJe 20/9/2011. REsp 1.306.066-MT, Rel. Min. Sidnei Beneti, julgado em 17/4/2012.** (Inform. STJ 495)

DANOS MATERIAIS. PROMOÇÃO PUBLICITÁRIA DE SUPERMERCADO. SORTEIO DE CASA. TEORIA DA PERDA DE UMA CHANCE.
A Turma, ao acolher os embargos de declaração com efeitos modificativos, deu provimento ao agravo e, de logo, julgou parcialmente provido o recurso especial para condenar o recorrido (supermercado) ao pagamento de danos materiais à recorrente (consumidora), em razão da perda de uma chance, uma vez que não lhe foi oportunizada a participação em um segundo sorteio de uma promoção publicitária veiculada pelo estabelecimento comercial no qual concorreria ao recebimento de uma casa. Na espécie, a promoção publicitária do supermercado oferecia aos concorrentes novecentos vales-compras de R$ 100,00 e trinta casas. A recorrente foi sorteada e, ao buscar seu prêmio – o vale-compra –, teve conhecimento de que, segundo o regulamento, as casas seriam sorteadas àqueles que tivessem sido premiados com os novecentos vales-compras. Ocorre que o segundo sorteio já tinha sido realizado sem a sua participação, tendo sido as trinta casas sorteadas entre os demais participantes. De início, afastou a Min. Relatora a reparação por dano moral sob o entendimento de que não houve publicidade enganosa. Segundo afirmou, estava claro no bilhete do sorteio que seriam sorteados 930 ganhadores – novecentos receberiam vales-compra no valor de R$ 100,00 e outros trinta, casas na importância de R$ 40.000,00, a ser depositado na caderneta de poupança. Por sua vez, reputou devido o ressarcimento pelo dano material, caracterizado pela perda da chance da recorrente de concorrer entre os novecentos participantes a uma das trinta casas em disputa. O acórdão reconheceu o fato incontroverso de que a recorrente não foi comunicada pelos promotores do evento e sequer recebeu o bilhete para participar do segundo sorteio, portanto ficou impedida de concorrer, efetivamente, a uma das trinta casas. Conclui-se, assim, que a reparação deste dano material deve corresponder ao pagamento do valor de 1/30 do prêmio, ou seja, 1/30 de R$ 40.000,00, corrigidos à época do segundo sorteio. **EDcl no AgRg no Ag 1.196.957-DF, Rel. Min. Maria Isabel Gallotti, julgados em 10/4/2012.** (Inform. STJ 495)

Súmula STJ nº 179
O estabelecimento de credito que recebe dinheiro, em deposito judicial, responde pelo pagamento da correção monetária relativa aos valores recolhidos.

4.13. Indenização

4.13.1. Sujeitos ativos do direito à indenização

Súmula STJ nº 387
É lícita a cumulação das indenizações de dano estético e dano moral.

4.13.2. Dano moral

DIREITO CIVIL. METODOLOGIA DE FIXAÇÃO DE DANOS MORAIS DEVIDOS A PARENTES DE VÍTIMAS DE DANO MORTE NA HIPÓTESE DE NÚCLEOS FAMILIARES COM DIFERENTE NÚMERO DE MEMBROS. Na fixação do valor da reparação pelos danos morais sofridos por parentes de vítimas mortas em um mesmo evento, não deve ser estipulada de forma global a mesma quantia reparatória para cada grupo familiar se, diante do fato de uma vítima ter mais parentes que outra, for conferido tratamento desigual a lesados que se encontrem em idêntica situação de abalo psíquico, devendo, nessa situação, ser adotada metodologia de arbitramento que leve em consideração a situação individual de cada parente de cada vítima do dano morte. Na atual sistemática constitucional, o conceito de dano moral deve levar em consideração, eminentemente, a dignidade da pessoa humana – vértice valorativo e fundamental do Estado Democrático de Direito – conferindo-se à lesão de natureza extrapatrimonial dimensões mais amplas, em variadas perspectivas. Dentre essas perspectivas, tem-se o caso específico de falecimento de um parente próximo – como a morte do esposo, do companheiro ou do pai. Nesse caso, o dano experimentado pelo ofendido qualifica-se como dano psíquico, conceituado como o distúrbio ou perturbação causado à pessoa através de sensações anímicas desagradáveis, em que a pessoa é atingida na sua parte interior, anímica ou psíquica, através de inúmeras sensações dolorosas e importunantes, como, por exemplo, a ansiedade, a angústia, o sofrimento, a tristeza, o vazio, o medo, a insegurança, o desolamento e outros. A reparabilidade do dano moral possui função meramente satisfatória, que objetiva a suavização de um pesar, insuscetível de restituição ao *statu quo ante*. A justa indenização, portanto, norteia-se por um juízo de ponderação, formulado pelo julgador, entre a dor suportada pelos familiares e a capacidade econômica de ambas as partes – além da seleção de um critério substancialmente equânime. Nessa linha, a fixação de valor reparatório global por núcleo familiar, justificar-se-ia apenas se a todos os lesados que se encontrem em idêntica situação fosse conferido igual tratamento. De fato, não se mostra equânime a diferenciação do valor indenizatório tão somente pelo fato de o núcleo familiar de uma vítima do dano morte ser mais numeroso do que o de outra. Dessa forma, deve ser adotada metodologia de arbitramento que leve em consideração a situação individual de cada lesado e, diante da inexistência de elementos concretos, atrelados a laços familiares ou afetivos, que fundamentem a discriminação entre os familiares das vítimas, deve ser fixado idêntico valor de reparação para cada familiar lesado. **EREsp 1.127.913-RS, Rel. Min. Napoleão Nunes Maia Filho, julgado em 4/6/2014 (Vide Informativo n. 505). (Inform. STJ 544)**

DIREITO CIVIL. DEDUÇÃO DO DPVAT DO VALOR DE INDENIZAÇÃO POR DANOS MORAIS. O valor correspondente à indenização do seguro de danos pessoais causados por veículos automotores de via terrestre (DPVAT) pode ser deduzido do valor da indenização por danos exclusivamente morais fixada judicialmente, quando os danos psicológicos derivem de morte ou invalidez permanente causados pelo acidente. De acordo com o art. 3º da Lei 6.194/1974, com a redação dada pela Lei 11.945/2009, os danos pessoais cobertos pelo seguro obrigatório compreendem "as indenizações por morte, por invalidez permanente, total ou parcial, e por despesas de assistência médica e suplementares". Embora o dispositivo especifique quais os danos passíveis de indenização, não faz nenhuma ressalva quanto aos prejuízos morais derivados desses eventos. A partir de uma interpretação analógica de precedentes do STJ, é possível concluir que a expressão "danos pessoais" contida no referido artigo abrange todas as modalidades de dano – materiais, morais e estéticos –, desde que derivados dos eventos expressamente enumerados: morte, invalidez permanente e despesas de assistência médica e suplementares. Nesse aspecto, "a apólice de seguro contra danos corporais pode excluir da cobertura tanto o dano moral quanto o dano estético, desde que o faça de maneira expressa e individualizada para cada uma dessas modalidades de dano extrapatrimonial" (REsp 1.408.908-SP, Terceira Turma, DJe de 19/12/2013). De forma semelhante, o STJ também já decidiu que "a previsão contratual de cobertura dos danos corporais abrange os danos morais nos contratos de seguro" (AgRg no AREsp 360.772-SC, Quarta Turma, DJe de 10/9/2013). Acrescenta-se que o fato de os incisos e parágrafos do art. 3º da Lei 6.194/1974 já fixarem objetivamente os valores a serem pagos conforme o tipo e o grau de dano pessoal sofrido não permite inferir que se esteja excluindo dessas indenizações o dano moral; ao contrário, conclui-se que nesses montantes já está compreendido um percentual para o ressarcimento do abalo psicológico, quando aplicável, como é o caso da invalidez permanente que, indubitavelmente, acarreta à vítima não apenas danos materiais (decorrentes da redução da capacidade laboral, por exemplo), mas também morais (derivados da angústia, dor e sofrimento a que se submete aquele que perde, ainda que parcialmente, a funcionalidade do seu corpo). **REsp 1.365.540-DF, Rel. Min. Nancy Andrighi, julgado em 23/4/2014. (Inform. STJ 540)**

DIREITO CIVIL. DANOS MORAIS PELO USO NÃO AUTORIZADO DA IMAGEM EM EVENTO SEM FINALIDADE LUCRATIVA. O uso não autorizado da imagem de atleta em cartaz de propaganda de evento esportivo, ainda que sem finalidade lucrativa ou comercial, enseja reparação por danos morais, independentemente da comprovação de prejuízo. A obrigação da reparação pelo uso não autorizado de imagem decorre da própria utilização indevida do direito personalíssimo. Assim, a análise da existência de finalidade comercial ou econômica no uso é irrelevante. O dano, por sua vez, conforme a jurisprudência do STJ, apresenta-se *in re ipsa*, sendo desnecessária, portanto, a demonstração de prejuízo para a sua aferição. **REsp 299.832-RJ, Rel. Min. Ricardo Villas Bôas Cueva, julgado em 21/2/2013.** (Inform. STJ 516).

DIREITO CIVIL. DANO MORAL. OFENSA À DIGNIDADE DA PESSOA HUMANA. DANO IN RE IPSA.
Sempre que demonstrada a ocorrência de ofensa injusta à dignidade da pessoa humana, dispensa-se a comprovação de dor e sofrimento para configuração de dano moral. Segundo doutrina e jurisprudência do STJ, onde se vislumbra a violação de um direito fundamental, assim eleito pela CF, também se alcançará, por consequência, uma inevitável violação da dignidade do ser humano. A compensação nesse caso independe da demonstração da dor, traduzindo-se, pois, em consequência *in re ipsa*, intrínseca à própria conduta que injustamente atinja a dignidade do ser humano. Aliás, cumpre ressaltar que essas sensações (dor e sofrimento), que costumeiramente estão atreladas à experiência das vítimas de danos morais, não se traduzem no próprio dano, mas têm nele sua causa direta. **REsp 1.292.141-SP, Rel. Min. Nancy Andrighi, julgado em 4/12/2012.** (Inform. STJ 513).

DANO MORAL. REPREENSÃO EM ESCOLA. LEGITIMIDADE. VALOR DA INDENIZAÇÃO.
Trata-se de ação de indenização proposta pelos pais da vítima – uma adolescente já falecida ao tempo da propositura da presente demanda – em conjunto com o seu ex-namorado à época dos fatos, contra diretora escolar que supostamente teria repreendido, de forma excessiva, o casal de namorados que trocavam carícias no pátio do colégio – mesmo após advertência anterior pelo mesmo motivo. Consta ainda que, em razão dos fatos narrados, foi determinado o desligamento do casal de estudantes do estabelecimento de ensino. Acolhida a pretensão nas instâncias ordinárias, a diretora do estabelecimento comercial foi condenada ao pagamento de danos morais sofridos pelo casal. Nas preliminares, a Turma entendeu que, de acordo com a jurisprudência do STJ, os pais podem ajuizar ação de indenização de danos morais sofridos pela filha falecida, em razão da proteção dada à imagem de quem falece. Quanto à legitimidade passiva, o Min. Relator asseverou que, nos casos em que uma pessoa física age em nome de uma pessoa jurídica, ocorrendo evento danoso, cabe ao interessado escolher entre ajuizar a ação reparatória contra a pessoa jurídica em conjunto com a pessoa física que atuou como órgão social, ou, ainda, separadamente, preferindo acionar uma ou outra. Assim, se a diretoria da escola era exercida de forma unipessoal por uma das sócias administradoras da sociedade educacional, ela é parte legítima para responder por danos eventualmente causados no exercício de suas funções. No mérito, não obstante a diretora tenha agido com rigidez para com os alunos, aparentou cuidado que não extrapolou o limite do razoável, sobretudo porque não utilizou expressões incompatíveis com o contexto educacional. Assim, no caso, os danos morais foram fixados em valor exacerbado e restou configurada a exceção que autoriza a alteração pelo STJ do valor da condenação por danos morais. Precedentes citados: AgRg no EREsp 978.651-SP, DJe 10/2/2011, e REsp 268.660-RJ, DJ 19/2/2001. **REsp 705.870-MA, Rel. Min. Raul Araújo, julgado em 21/8/2012.** (Inform. STJ 502)

DANO MORAL. PRESERVATIVO EM EXTRATO DE TOMATE.
A Turma manteve a indenização de R$ 10.000,00 por danos morais para a consumidora que encontrou um preservativo masculino no interior de uma lata de extrato de tomate, visto que o fabricante tem responsabilidade objetiva pelos produtos que disponibiliza no mercado, ainda que se trate de um sistema de fabricação totalmente automatizado, no qual, em princípio, não ocorre intervenção humana. O fato de a consumidora ter dado entrevista aos meios de comunicação não fere seu direito à indenização; ao contrário, divulgar tal fato, demonstrando a justiça feita, faz parte do processo de reparação do mal causado, exercendo uma função educadora. Precedente: REsp 1.239.060-MG, DJe 18/5/2011. **REsp 1.317.611-RS, Rel. Min. Nancy Andrighi, julgado em 12/6/2012.** (Inform. STJ 499)

DANOS MORAIS. AÇÃO CAUTELAR DE VISTORIA. ERRO GROSSEIRO.
A Turma entendeu ser devido o ressarcimento por danos morais, por abuso de direito, na hipótese de erro grosseiro na avaliação dos motivos que embasaram o pedido de realização de vistoria, conforme previsto no art. 14, § 5º, da Lei n. 9.609/1998. No caso, uma empresa fabricante de programas de computador ajuizou ação de vistoria com o intuito de ve-

rificar a utilização irregular de seus produtos. Após analisar trezentos computadores, ficou comprovado que a empresa vistoriada sequer utilizava os programas da autora da cautelar. Verificado o erro grosseiro na avaliação das circunstâncias que embasaram o pedido de vistoria, o ajuizamento da cautelar constituiu abuso de direito e foi aplicada a sanção indenizatória prevista no art. 14, § 5º, da Lei n. 9.609/1998. Ficou ressalvado que o entendimento ora firmado não determina a indenização sempre que a cautelar de vistoria tiver resultado desfavorável ao autor da ação. O dever de ressarcir o vistoriado ocorrerá nas hipóteses do dispositivo legal acima mencionado. REsp 1.114.889-DF, Rel. Min. Paulo de Tarso Sanseverino, julgado em 15/5/2012. (Inform. STJ 497)

Súmula STJ nº 388
A simples devolução indevida de cheque caracteriza dano moral.

Súmula STJ nº 387
É lícita a cumulação das indenizações de dano estético e dano moral.

Súmula STJ nº 385
Da anotação irregular em cadastro de proteção ao crédito, não cabe indenização por dano moral, quando preexistente legítima inscrição, ressalvado o direito ao cancelamento.

Súmula STJ nº 370
Caracteriza dano moral a apresentação antecipada de cheque pré-datado.

Súmula STJ nº 362
A correção monetária do valor da indenização do dano moral incide desde a data do arbitramento.

Súmula STJ nº 227
A pessoa jurídica pode sofrer dano moral.

Súmula STJ nº 37
São cumuláveis as indenizações por dano material e dano moral oriundos do mesmo fato.

4.13.3. Danos materiais em geral

DIREITO DE PREFERÊNCIA. VENDA DE NAVIO. AUSÊNCIA DE COMUNICAÇÃO.
Descabe pedido de indenização por danos materiais e morais com fulcro no art. 1.156 do CC/1916 na hipótese de descumprimento de cláusula de preferência (inserida em contrato para construção de um navio graneleiro) para a compra de um segundo navio, cujo casco foi alienado para terceiro. Para a Turma, não houve desrespeito ao direito de preempção ou preferência, disciplinado nos arts. 1.149 e 1.150 do CC/1916, pois o recorrente nunca fora proprietário do casco do navio alienado, não fazendo jus à incidência dos citados dispositivos previstos em numerus clausus no antigo *codex*. Assim sendo, é desarrazoada a alegação de ofensa ao art. 1.156 do CC/1916, que dispõe, exclusivamente, sobre a ação de perdas e danos proposta pelo vendedor do bem contra o comprador inadimplente do pacto acessório de preferência. Além disso, a cláusula violada possui natureza jurídica diversa, exigindo prova do dano real, concreto e efetivo, entretanto o recorrente não conseguiu demonstrar nenhum prejuízo pela falta de conhecimento da alienação do bem. Ademais, ficou comprovado que o recorrente não detinha condições financeiras para cumprir o negócio jurídico entabulado pelas partes. REsp 1.125.618-RJ, Rel. Min. Maria Isabel Gallotti, julgado em 24/4/2012. (Inform. STJ 496)

Súmula STF nº 562
Na indenização de danos materiais decorrentes de ato ilícito cabe a atualização de seu valor, utilizando-se, para esse fim, dentre outros critérios, dos índices de correção monetária.

Súmula STF nº 493
O valor da indenização, se consistente em prestações periódicas e sucessivas, compreenderá, para que se mantenha inalterável na sua fixação, parcelas compensatórias do imposto de renda, incidente sobre os juros do capital gravado ou caucionado, nos termos dos arts. 911 e 912 do Código de Processo Civil.

Súmula STF nº 491
É indenizável o acidente que cause a morte de filho menor, ainda que não exerça trabalho remunerado.

4.13.4. Pensão

DIREITO CIVIL E PREVIDENCIÁRIO. ACUMULAÇÃO DE PENSÃO DECORRENTE DE ATO ILÍCITO COM O BENEFÍCIO PREVIDENCIÁRIO DE PENSÃO POR MORTE. É possível a cumulação do benefício previdenciário de pensão por morte com pensão civil *ex delicto*. A jurisprudência do STJ é pacífica no sentido de que "o benefício previdenciário é diverso e independente da indenização por danos materiais ou morais, porquanto, ambos têm origens distintas. Este, pelo direito comum; aquele, assegurado pela Previdência. A indenização por ato ilícito é autônoma em relação a qualquer benefício previdenciário que a vítima receba" (AgRg no AgRg no REsp 1.292.983-AL, Segunda Turma, DJe 7/3/2012). Precedentes citados: AgRg no REsp 1.295.001-SC, Terceira Turma, DJe 1º/7/2013; e AgRg no AREsp 104.823-SP, Quarta Turma, DJe 17/9/2012. **REsp 776.338-SC, Rel. Min. Raul Araújo, julgado em 6/5/2014. (Inform. STJ 542)**

DIREITO CIVIL. FORMA DE PAGAMENTO DE PENSÃO POR INDENIZAÇÃO DECORRENTE DE MORTE. Os credores de indenização por dano morte fixada na forma de pensão mensal não têm o direito de exigir que o causador do ilícito pague de uma só vez todo o valor correspondente. Isso porque a faculdade de "exigir que a indenização seja arbitrada e paga de uma só vez" (parágrafo único do art. 950 do CC) é estabelecida para a hipótese do *caput* do dispositivo, que se refere apenas a defeito que diminua a capacidade laborativa da vítima, não se estendendo aos casos de falecimento. Precedentes citados: REsp 1.230.007-MG, Segunda Turma, DJe 28/2/2011; REsp 1.045.775-ES, Terceira Turma, DJe 4/8/2009. **REsp 1.393.577-PR, Rel. Min. Herman Benjamin, julgado em 20/2/2014. (Inform. STJ 536)**

DIREITO CIVIL. VALOR DA PENSÃO MENSAL INDENIZATÓRIA DEVIDA AOS PAIS PELA MORTE DE FILHO MENOR. A pensão mensal indenizatória devida aos pais pela morte de filho menor deve ser fixada em valor equivalente a 2/3 do salário mínimo, dos 14 até os 25 anos de idade da vítima, reduzido, então, para 1/3 até a data em que o de cujus completaria 65 anos. Precedentes citados: AgRg no REsp 686.398-MG, Terceira Turma, DJe 18/6/2010, AgRg no Ag 1.132.842-RS, Quarta Turma, DJe 20/6/2012. **REsp 1.279.173-SP, Rel. Min. Paulo de Tarso Sanseverino, julgado em 4/4/2013. (Inform. STJ 519)**

DIREITO CIVIL. INCLUSÃO DE GRATIFICAÇÃO NATALINA SOBRE PENSÃO MENSAL INDENIZATÓRIA. Para inclusão do 13º salário no valor da pensão indenizatória, é necessária a comprovação de que a vítima exercia atividade laboral na época em que sofreu o dano-morte. Precedente citado: AgRg no Ag 1.419.899-RJ, Segunda Turma, DJe 24/9/2012. **REsp 1.279.173-SP, Rel. Min. Paulo de Tarso Sanseverino, julgado em 4/4/2013. (Inform. STJ 519)**

DIREITO CIVIL. RESPONSABILIDADE CIVIL. PENSÃO PELA PERDA DA CAPACIDADE LABORAL.
É devido o pagamento de pensão à vítima de ilícito civil em razão da diminuição da capacidade laboral temporária, a contar da data do acidente até a convalescença, independentemente da perda do emprego ou da redução dos seus rendimentos. O art. 950 do CC, ao tratar do assunto, não cria outras condições para o pagamento da pensão civil além da redução da capacidade para o trabalho. Ademais, a indenização de cunho civil não se confunde com aquela de natureza previdenciária, sendo irrelevante o fato de que o recorrente, durante o período do seu afastamento do trabalho, tenha continuado a auferir renda. Entendimento diverso levaria à situação na qual a superação individual da vítima seria causa de não indenização, punindo o que deveria ser mérito. Precedentes citados: REsp 1.062.692-RJ, DJe 11/10/2011; REsp 869.505-PR, DJ 20/8/2007, e REsp 402.833-SP, DJ 7/4/2003. **REsp 1.306.395-RJ, Rel. Min. Nancy Andrighi, julgado em 4/12/2012.** (Inform. STJ 511).

4.13.5. Juros e correção monetária

DIREITO CIVIL. CORREÇÃO MONETÁRIA SOBRE O VALOR DAS PARCELAS PAGAS NO CASO DE RESCISÃO DE CONTRATO.
No caso de rescisão de contrato de compra e venda de imóvel, a correção monetária do valor correspondente às parcelas pagas, para efeitos de restituição, incide a partir de cada desembolso. De fato, a correção monetária não constitui acréscimo pecuniário à dívida, mas apenas fator que garante a restituição integral do valor devido, fazendo frente aos efeitos erosivos da passagem do tempo. Dessa forma, para que a devolução se opere de modo integral, a incidência da correção monetária deve ter por termo inicial o momento dos respectivos desembolsos, quando aquele que hoje deve restituir já podia fazer uso das importâncias recebidas. Precedente citado: REsp 737.856-RJ, Quarta Turma, DJ 26/2/2007. **REsp 1.305.780-RJ, Rel. Min. Luis Felipe Salomão, julgado em 4/4/2013.** (Inform. STJ 522)

DIREITO CIVIL. TERMO INICIAL DOS JUROS DE MORA NO CASO DE RESPONSABILIDADE CIVIL CONTRATUAL.
Na hipótese de condenação de hospital ao pagamento de indenização por dano causado a paciente em razão da má prestação dos serviços, sendo o caso regido pelo CC/1916, o termo inicial dos juros de mora será a data da citação, e não a do evento danoso. Isso porque, nessa situação, a responsabilidade civil tem natureza contratual. **EREsp 903.258-RS, Rel. Min. Ari Pargendler, julgado em 15/5/2013.** (Inform. STJ 521)

📖 **Súmula STJ nº 43**

Incide correção monetária sobre dívida por ato ilícito a partir da data do efetivo prejuízo.

5. COISAS

5.1. Posse e propriedade

DIREITO CIVIL. PREVALÊNCIA DA USUCAPIÃO SOBRE A HIPOTECA JUDICIAL DE IMÓVEL.
A decisão que reconhece a aquisição da propriedade de bem imóvel por usucapião prevalece sobre a hipoteca judicial que anteriormente tenha gravado o referido bem. Isso porque, com a declaração de aquisição de domínio por usucapião, deve desaparecer o gravame real constituído sobre o imóvel, antes ou depois do início da posse *ad usucapionem*, seja porque a sentença apenas declara a usucapião com efeitos *ex tunc*, seja porque a usucapião é forma originária de aquisição de propriedade, não decorrente da antiga e não guardando com ela relação de continuidade. Precedentes citados: AgRg no Ag 1.319.516-MG, Terceira Turma, DJe 13/10/2010; e REsp 941.464-SC, Quarta Turma, DJe 29/6/2012. **REsp 620.610-DF, Rel. Min. Raul Araújo, julgado em 3/9/2013.** (Inform. STJ 527)

DIREITO CIVIL. USUCAPIÃO DE TERRENO QUE A UNIÃO ALEGA SER INTEGRANTE DE FAIXA DE MARINHA.
A alegação da União de que determinada área constitui terreno de marinha, sem que tenha sido realizado processo demarcatório específico e conclusivo pela Delegacia de Patrimônio da União, não obsta o reconhecimento de usucapião. A demarcação da faixa de marinha depende de complexo procedimento administrativo prévio de atribuição do Poder Executivo, com notificação pessoal de todos os interessados, sempre que identificados pela União e de domicílio certo, com observância à garantia do contraditório e da ampla defesa. Tendo-se em conta a complexidade e onerosidade do procedimento demarcatório, sua realização submete-se a um juízo de oportunidade e conveniência por parte da Administração Pública. Ocorre que não é razoável que o jurisdicionado tenha sua pretensão de reconhecimento da usucapião de terreno que já ocupa com ânimo de dono condicionada à prévia demarcação da faixa de marinha, fato futuro e sem qualquer previsibilidade de materialização. Assim, é possível o reconhecimento da usucapião, desde que resguardados expressamente os interesses da União, admitindo que, caso se apure, no procedimento próprio, que a área usucapienda se caracteriza como bem público, não haverá prejuízo ao ente público. Com efeito, a eficácia preclusiva da coisa julgada alcança apenas as questões passíveis de alegação e efetivamente decididas pelo juízo constantes do mérito da causa, não podendo, no caso, ser considerada deduzível a matéria, pois inexistente estudo conclusivo sobre o assunto. **REsp 1.090.847-SP, Rel. Min. Luis Felipe Salomão, julgado em 23/4/2013.** (Inform. STJ 524)

USUCAPIÃO. PROMITENTE COMPRADOR. IMÓVEL HIPOTECADO.
Em preliminar, não há óbice ao conhecimento do recurso especial quando o artigo indicado como violado é do Código Civil de 2002, mas a controvérsia se restringe a artigo do Código Civil de 1916, desde que aquele reproduza, em essência, a antiga legislação. No mérito, julgou-se procedente o REsp para declarar a prescrição aquisitiva – usucapião – de imóvel em favor do promitente comprador, mesmo havendo penhora e hipoteca constituída sobre o empreendimento em benefício do agente financeiro, por empréstimo contraído pelo promitente vendedor. No entendimento da Turma, o ajuizamento de execução hipotecária pelo recorrido contra o recorrente, por interromper o prazo prescricional da usucapião, não constitui resistência à posse *ad usucapionem* de quem pleiteia a prescrição aquisitiva, não se podendo falar em falta de justo título e boa-fé do usucapiente. Este terá a propriedade originária do imóvel de forma livre e desembaraçada de quaisquer gravames. **REsp 941.464-SC, Rel. Min. Luis Felipe Salomão, julgado em 24/4/2012.** (Inform. STJ 496)

📖 **Súmula STF nº 415**

Servidão de trânsito não titulada, mas tornada permanente, sobretudo pela natureza das obras realizadas, considera-se aparente, conferindo direito à proteção possessória.

📖 **Súmula STF nº 414**

Não se distingue a visão direta da oblíqua na proibição de abrir janela, ou fazer terraço, eirado, ou varanda, a menos de metro e meio do prédio de outrem.

Súmula STF nº 340
Desde a vigência do código civil, os bens dominicais, como os demais bens públicos, não podem ser adquiridos por usucapião.

Súmula STF nº 120
Parede de tijolos de vidro translúcido pode ser levantada a menos de metro e meio do prédio vizinho, não importando servidão sobre ele.

Súmula STF nº 49
A cláusula de inalienabilidade inclui a incomunicabilidade dos bens.

Súmula STJ nº 193
O direito de uso de linha telefônica pode ser adquirido por usucapião.

5.2. Condomínio

DIREITO CIVIL. RESPONSABILIDADE DE CONDÔMINO PELAS DESPESAS PROVENIENTES DE AÇÃO AJUIZADA PELO CONDOMÍNIO EM FACE DAQUELE. O condômino que tenha sido demandado pelo condomínio em ação de cobrança deve participar do rateio das despesas do litígio contra si proposto. Com efeito, os dispositivos legais que tratam das despesas do condomínio não fazem ressalva de qualquer espécie acerca do rateio, ao contrário, excluem qualquer possibilidade de recusa ao pagamento. Essa situação se justifica pela circunstância de que o conteúdo do condomínio é a propriedade da coisa inteira, de modo que o direito de cada condômino se refere e afeta a coisa toda, não apenas uma fração, sendo que cada um tem direito qualitativamente igual ao dos demais, pois são todos proprietários, e só diferem quantitativamente, a depender da proporção que cada um concorra. Desse modo, as despesas condominiais decorrentes de ação de cobrança ajuizada pelo condomínio devem ser proporcionalmente rateadas entre todos os condôminos, inclusive pelo próprio condômino demandado. **REsp 1.185.061-SP, Rel. Min. Ricardo Villas Bôas Cueva, julgado em 16/9/2014. (Inform. STJ 549)**

DIREITO CIVIL. DIREITO DE VOTO EM ASSEMBLEIA DE CONDOMÍNIO.
Em assembleia condominial, o condômino proprietário de diversas unidades autônomas, ainda que inadimplente em relação a uma ou algumas destas, terá direito de participação e de voto relativamente às suas unidades que estejam em dia com as taxas do condomínio. É certo que o CC submete o exercício do direito de participar e votar em assembleia geral à quitação das dívidas que o condômino tiver com o condomínio. Todavia, deve-se considerar que a quitação exigida pelo art. 1.335, III, do CC para que o condômino tenha o direito de participar das deliberações das assembleias com direito a voto refere-se a cada unidade. Assim, considerando que as taxas condominiais são devidas em relação a cada unidade, autonomamente considerada, a penalidade advinda de seu não pagamento, consequentemente, também deve ser atrelada a cada unidade. Ressalte-se que, a partir de uma interpretação sistemática e teleológica dos dispositivos que tratam do condomínio edilício, é possível depreender que a figura da "unidade isolada" constitui elemento primário da formação do condomínio, estando relacionada a direitos e deveres, que devem ser entendidos como inerentes a cada unidade. De fato, em razão da natureza *propter rem* das cotas condominiais, a dívida delas decorrente estará atrelada a cada unidade, por se tratar de despesa assumida em função da própria coisa. Destaque-se que o CC trouxe como objeto central do condomínio edilício a "unidade autônoma", e não a figura do condômino, em virtude da qual o condomínio se instaura, numa relação de meio a fim, apontando assim para a adoção da concepção objetiva de condomínio.

Ademais, as dívidas relativas ao imóvel são por ele garantidas, o que indica a estrita vinculação entre o dever de seu pagamento e a propriedade do bem. **REsp 1.375.160-SC, Rel. Min. Nancy Andrighi, julgado em 1º/10/2013. (Inform. STJ 530)**

DIREITO CIVIL. QUÓRUM PARA A MODIFICAÇÃO DE REGIMENTO INTERNO DE CONDOMÍNIO EDILÍCIO.
A alteração de regimento interno de condomínio edilício depende de votação com observância do quórum estipulado na convenção condominial. É certo que o art. 1.351 do CC, em sua redação original, previa quórum qualificado de dois terços dos condôminos para a modificação do regimento interno do condomínio. Ocorre que o mencionado dispositivo teve sua redação alterada pela Lei 10.931/2004, a qual deixou de exigir para tanto a observância de quórum qualificado. Assim, conclui-se que, com a Lei 10.931/2004, foi ampliada a autonomia privada dos condôminos, os quais passaram a ter maior liberdade para definir o número mínimo de votos necessários para a alteração do regimento interno. Nesse sentido é, inclusive, o entendimento consagrado no Enunciado 248 da III Jornada de Direito Civil do CJF, que dispõe que o quórum para alteração do regimento interno do condomínio edilício pode ser livremente fixado em convenção. Todavia, deve-se ressaltar que, apesar da nova redação do art. 1.351 do CC, não configura ilegalidade a exigência de quórum qualificado para votação na hipótese em que este tenha sido estipulado em convenção condominial aprovada ainda na vigência da redação original do art. 1.351 do CC. **REsp 1.169.865-DF, Rel. Min. Luis Felipe Salomão, julgado em 13/8/2013. (Inform. STJ 527)**

Súmula STJ nº 478
Na execução de crédito relativo a cotas condominiais, este tem preferência sobre o hipotecário.

Súmula STJ nº 260
A convenção de condomínio aprovada, ainda que sem registro, é eficaz para regular as relações entre os condôminos.

5.3. Direitos reais sobre coisa alheia

DIREITO CIVIL. EXECUÇÃO HIPOTECÁRIA. NOTIFICAÇÃO. ENDEREÇO DO IMÓVEL HIPOTECADO.
São válidas as notificações da execução judicial de contrato imobiliário firmado no âmbito do Sistema Financeiro de Habitação (SFH) quando remetidas ao endereço do imóvel objeto do contrato, não sendo necessário que todos os contratantes recebam os avisos de cobrança. O requisito previsto no art. 2º, IV, da Lei n. 5.741/1971 considera-se satisfeito com o envio do aviso de cobrança ao endereço do imóvel hipotecado, no qual, por força da lei e do contrato, o mutuário está obrigado a residir. Para demonstrar a regularidade das notificações, é suficiente a comprovação de que os dois avisos de cobrança foram devidamente expedidos, não sendo imprescindível a assinatura do mutuário. Precedentes citados: AgRg no AREsp 110.945-GO, DJe 10/4/2012, e EDcl no Ag 948.327-PR, DJe 17/12/2010. REsp 332.117-SP, Rel. Min. Ricardo Villas Bôas Cueva, julgado em 4/10/2012. (Inform. STJ 506)

DIREITO CIVIL. EXECUÇÃO HIPOTECÁRIA. NOTIFICAÇÃO. INDICAÇÃO DO VALOR DO DÉBITO.
A exigência prevista no art. 2º, IV, da Lei n. 5.741/1971 é satisfeita com a indicação das prestações em atraso, sendo desnecessário que contenha o detalhamento da dívida. Essa obrigatoriedade tem como fundamento dar oportunidade ao devedor para quitar a dívida. Precedentes citados: AgRg no REsp 404.645-SP, DJe 22/3/2010, e REsp 1.295.464-SC, DJe 30/5/2012. REsp 332.117-SP, Rel. Min. Ricardo Villas Bôas Cueva, julgado em 4/10/2012. (Inform. STJ 506)

> **Súmula STF nº 122**
>
> O enfiteuta pode purgar a mora enquanto não decretado o comisso por sentença.

> **Súmula STJ nº 308**
>
> A hipoteca firmada entre a construtora e o agente financeiro, anterior ou posterior à celebração da promessa de compra e venda, não tem eficácia perante os adquirentes do imóvel.

6. FAMÍLIA

6.1. Casamento

6.1.1. Regime de bens

DIREITO CIVIL. INCOMUNICABILIDADE DE BEM RECEBIDO A TÍTULO DE DOAÇÃO NO REGIME DA COMUNHÃO PARCIAL DE BENS.
No regime de comunhão parcial de bens, não integra a meação o valor recebido por doação na constância do casamento ainda que inexistente cláusula de incomunicabilidade e utilizado para a quitação de imóvel adquirido sem a contribuição do cônjuge não donatário. De início, cumpre observar que, na relação conjugal em que há opção pelo regime de comunhão parcial, os cônjuges reconhecem que o fruto do esforço comum deve ser compartilhado pelo casal, não o patrimônio anterior, nem tampouco aquele que não advenha, direta ou indiretamente, do labor do casal. Ademais, sob o citado regime, a doação realizada a um dos cônjuges somente será comunicável quando o doador expressamente se manifestar nesse sentido e, no silêncio, presume-se feita apenas à donatária. Por fim, não há que aplicar norma atinente ao regime de comunhão universal, qual seja, a necessidade de cláusula de incomunicabilidade para excluir bens doados, quando há expressa regulação da matéria em relação ao regime da comunhão parcial de bens (arts. 1.659, I, 1.660, III, e 1.661 do CC). **REsp 1.318.599-SP, Rel. Min. Nancy Andrighi, julgado em 23/4/2013.** (Inform. STJ 523)

DIREITO CIVIL. POSSIBILIDADE DE ALTERAÇÃO DO REGIME DE BENS EM CASAMENTO CELEBRADO NA VIGÊNCIA DO CC/1916.
Na hipótese de casamento celebrado na vigência do CC/1916, é possível, com fundamento no art. 1.639, § 2º, do CC/2002, a alteração do regime da comunhão parcial para o regime da separação convencional de bens sob a justificativa de que há divergência entre os cônjuges quanto à constituição, por um deles e por terceiro, de sociedade limitada, o que implicaria risco ao patrimônio do casal, ainda que não haja prova da existência de patrimônio comum entre os cônjuges e desde que sejam ressalvados os direitos de terceiros, inclusive dos entes públicos. Muito embora não houvesse previsão legal para a alteração do regime de bens na vigência do CC/1916, e também a despeito do que preceitua o art. 2.039 do CC/2002, a jurisprudência tem se mantido uniforme no sentido de ser possível a alteração do regime de bens, mesmo nos matrimônios contraídos ainda sob a égide do diploma revogado. Nesse contexto, admitida a possibilidade de aplicação do art. 1.639, § 2º, do CC/2002 aos matrimônios celebrados na vigência do CC/1916, é importante que se interprete a sua parte final, referente ao "pedido motivado de ambos os cônjuges" e à "procedência das razões invocadas" para a modificação do regime de bens do casamento, sob a perspectiva de que o direito de família deve ocupar, no ordenamento jurídico, papel coerente com as possibilidades e limites estruturados pela própria CF, defensora de bens como a intimidade e a vida privada. Nessa linha de raciocínio, o casamento há de ser visto como uma manifestação de liberdade dos consortes na escolha do modo pelo qual será conduzida a vida em comum, liberdade que se harmoniza com o fato de que a intimidade e a vida privada são invioláveis e exercidas, na generalidade das vezes, no interior de espaço privado também erguido pelo ordenamento jurídico à condição de "asilo inviolável". Sendo assim, deve-se observar uma principiologia de "intervenção mínima", não podendo a legislação infraconstitucional avançar em espaços tidos pela própria CF como invioláveis. Deve-se disciplinar, portanto, tão somente o necessário e o suficiente para a realização não de uma vontade estatal, mas dos próprios integrantes da família. Desse modo, a melhor interpretação que se deve conferir ao art. 1.639, § 2º, do CC/2002 é a que não exige dos cônjuges justificativas exageradas ou provas concretas do prejuízo na manutenção do regime de bens originário, sob pena de esquadrinhar indevidamente a própria intimidade e a vida privada dos consortes. Nesse sentido, a constituição de uma sociedade por um dos cônjuges poderá impactar o patrimônio comum do casal. Assim, existindo divergência conjugal quanto à condução da vida financeira da família, haveria justificativa, em tese, plausível à alteração do regime de bens. Isso porque se mostra razoável que um dos cônjuges prefira que os patrimônios estejam bem delimitados, para que somente o do cônjuge empreendedor possa vir a sofrer as consequências por eventual fracasso no empreendimento. No ponto, aliás, pouco importa se não há prova da existência de patrimônio comum, porquanto se protegem, com a alteração do regime, os bens atuais e os bens futuros do cônjuge. Ademais, não se pode presumir propósito fraudulento nesse tipo de pedido, já que o ordenamento jurídico prevê mecanismos de contenção, como a própria submissão do presente pedido ao Judiciário e a possibilidade de desconsideração da personalidade jurídica. Contudo, é importante destacar que a medida não pode deixar de ressalvar os "direitos de terceiros, inclusive dos entes públicos, após perquirição de inexistência de dívida de qualquer natureza, exigida ampla publicidade", nos termos do Enunciado n. 113 da I Jornada de Direito Civil CJF. **REsp 1.119.462-MG, Rel. Min. Luis Felipe Salomão, julgado em 26/2/2013.** (Inform. STJ 518)

> **Súmula STF nº 377**
>
> No regime de separação legal de bens, comunicam-se os adquiridos na constância do casamento.

> **Súmula STJ nº 134**
>
> Embora intimado da penhora em imóvel do casal, o cônjuge do executado pode opor embargos de terceiro para defesa de sua meação.

6.1.2. Separação e divórcio

DIREITO CIVIL. DESNECESSIDADE DE PARTILHA PRÉVIA DOS BENS NO DIVÓRCIO INDIRETO.
Não é necessária a prévia partilha de bens para a conversão da separação judicial em divórcio. De fato, a partir da interpretação dos arts. 31 e 43 da Lei n. 6.515/1977, tinha-se a regra de que a realização da partilha dos bens do casal era requisito para a convolação da separação judicial em divórcio. Foi justamente em razão desses dispositivos que a jurisprudência do STJ firmou-se no sentido de que apenas o divórcio direto independia da prévia partilha de bens, o que foi consolidado na Súmula 197 do STJ. Esse entendimento, embora restrito ao divórcio direto, já refletia a tendência atual de garantir cada vez mais autonomia aos direitos da personalidade, distanciando-os dos direitos eminentemente patrimoniais. As recentes reformas legislativas no âmbito do direito de família seguiram essa orientação. Nesse contexto, o CC/2002 regulou o divórcio de forma essencialmente diversa daquela traduzida pela legislação de 1977. Assim, o art. 1.580 do novo código civil passou a condicionar a concessão do

divórcio indireto apenas a requisito temporal, qual seja, o transcurso do prazo de um ano entre o requerimento de conversão e a separação judicial ou medida cautelar equivalente; e o art. 1581 disciplinou expressamente a desnecessidade da prévia partilha de bens como condição para a concessão do divórcio. Isso porque a visão contemporânea do fenômeno familiar reconhece a importância das ações relacionadas ao estado civil das pessoas, como direitos de personalidade, a partir da proteção integral à dignidade da pessoa humana. Portanto, o estado civil de cada pessoa deve refletir sua realidade afetiva, desprendendo-se cada vez mais de formalidades e valores essencialmente patrimoniais. Estes, por sua vez, não ficam desprotegidos ou desprezados, devendo ser tratados em sede própria, por meio de ações autônomas. REsp 1.281.236-SP, Rel. Min. Nancy Andrighi, julgado em 19/3/2013. (Inform. STJ 518)

PAGAMENTO DE ALUGUERES. UTILIZAÇÃO EXCLUSIVA DE IMÓVEL DOS FILHOS POR UM DOS EX-CÔNJUGES.
Após a separação do casal, o genitor que reside em imóvel transferido aos filhos deve pagamento de alugueres (equivalente a 50% do valor da locação do imóvel) pelo usufruto isolado do patrimônio pertencente à prole. É que, embora o exercício do direito real de usufruto de imóvel de filho (baseado no poder familiar) seja atribuído aos pais conjuntamente, nos termos do art. 1.689, I, do CC, a aplicação direta dessa norma apenas é possível na constância do relacionamento; pois, findo o casamento ou a união estável, geralmente ocorre a separação física do casal, inviabilizando o exercício do usufruto de forma conjunta. Nessa hipótese, é factível a cobrança do equivalente à metade da locação do imóvel, pois a simples ocupação do bem por um dos ex-consortes representa impedimento de cunho concreto ou ainda psicológico à utilização simultânea do outro usufrutuário. REsp 1.098.864-RN, Rel. Min. Nancy Andrighi, julgado em 4/9/2012. (Inform. STJ 503)

6.2. União estável

AG.REG. NO ARE N. 767.095-DF
RELATOR: MIN. RICARDO LEWANDOWSKI
Ementa: AGRAVO REGIMENTAL NO RECURSO EXTRAORDINÁRIO COM AGRAVO. DIREITO CIVIL. RECONHECIMENTO DE UNIÃO ESTÁVEL. PARTILHA DE BENS. ANÁLISE DE NORMA INFRACONSTITUCIONAL. OFENSA INDIRETA. REEXAME DO CONJUNTO FÁTICO-PROBATÓRIO DOS AUTOS. IMPOSSIBILIDADE. SÚMULA 279 DO STF. ALEGADA VIOLAÇÃO AO ART. 5º, XXXV, LIV E LV, DA CONSTITUIÇÃO. OFENSA REFLEXA. AGRAVO IMPROVIDO.
I - Esta Corte firmou orientação no sentido de ser inadmissível, em regra, a interposição de recurso extraordinário para discutir matéria relacionada à ofensa aos princípios constitucionais do devido processo legal, da ampla defesa, do contraditório e da prestação jurisdicional, quando a verificação dessa alegação depender de exame prévio de legislação infraconstitucional, por configurar situação de ofensa reflexa ao texto constitucional. Precedentes.
II – É inadmissível o recurso extraordinário quando sua análise implica rever a interpretação de norma infraconstitucional que fundamenta a decisão a quo. A afronta à Constituição, se ocorrente, seria indireta.
III - Inviável em recurso extraordinário o reexame do conjunto fático-probatório constante dos autos. Incidência da Súmula 279 do STF.
IV - Agravo regimental improvido. (Inform. STF 728)

DIREITO CIVIL. UNIÃO ESTÁVEL. PRESUNÇÃO DE CONCEPÇÃO DE FILHOS.
A presunção de concepção dos filhos na constância do casamento prevista no art. 1.597, II, do CC se estende à união estável. Para a identificação da união estável como entidade familiar, exige-se a convivência pública, contínua e duradoura estabelecida com o objetivo de constituição de família com atenção aos deveres de lealdade, respeito, assistência, de guarda, sustento e educação dos filhos em comum. O art. 1.597, II, do CC dispõe que os filhos nascidos nos trezentos dias subsequentes à dissolução da sociedade conjugal presumem-se concebidos na constância do casamento. Assim, admitida pelo ordenamento jurídico pátrio (art. 1.723 do CC), inclusive pela CF (art. 226, § 3º), a união estável e reconhecendo-se nela a existência de entidade familiar, aplicam-se as disposições contidas no art. 1.597, II, do CC ao regime de união estável. Precedentes citados do STF: **ADPF 132-RJ, DJe 14/10/2011; do STJ: REsp 1.263.015-RN, DJe 26/6/2012, e REsp 646.259-RS, DJe 24/8/2010. REsp 1.194.059-SP, Rel. Min. Massami Uyeda, julgado em 6/11/2012.** (Inform. STJ 508)

DIREITO CIVIL. UNIÃO ESTÁVEL DISSOLVIDA APÓS A LEI N. 9.278/1996. PRESUNÇÃO DE ESFORÇO COMUM.
É devida a partilha dos bens adquiridos onerosamente por um ou ambos os conviventes na constância da união estável, independentemente da comprovação de esforço comum, em caso de dissolução da união após o advento da Lei n. 9.278/1996, salvo se houver estipulação contrária em contrato escrito ou se a aquisição ocorrer com o produto de bens adquiridos em período anterior ao início da união. Aplicam-se as disposições da Lei n. 9.278/1996 às uniões estáveis dissolvidas após a sua vigência. Dispõe o art. 5º da Lei n. 9.278/1996 que "os bens móveis e imóveis adquiridos por um ou por ambos os conviventes, na constância da união estável e a título oneroso, são considerados fruto do trabalho e da colaboração comum, passando a pertencer a ambos, em condomínio e em partes iguais, salvo estipulação contrária em contrato escrito". A Lei n. 9.278/1996 não exige, como previa o regime anterior, a prova de que a aquisição dos bens decorreu do esforço comum de ambos os companheiros para fins de partilha. Precedentes citados: **REsp 986.290-RS, DJe 28/2/2011; REsp 623.566-RO, DJ 10/10/2005; REsp 147.098-DF, DJ 7/8/2000; REsp 602.199-PB, DJe 14/9/2009, e REsp 915.297-MG, DJe 3/3/2009. REsp 1.021.166-PE, Rel. Min. Ricardo Villas Bôas Cueva, julgado em 2/10/2012.** (Inform. STJ 505)

RECONHECIMENTO DE UNIÃO ESTÁVEL SIMULTÂNEA AO CASAMENTO.
Ser casado constitui fato impeditivo para o reconhecimento de uma união estável. Tal óbice só pode ser afastado caso haja separação de fato ou de direito. Ainda que seja provada a existência de relação não eventual, com vínculo afetivo e duradouro, e com o intuito de constituir laços familiares, essa situação não é protegida pelo ordenamento jurídico se concomitante a ela existir um casamento não desfeito. Na hipótese, havia dúvidas quanto à separação fática do varão e sua esposa. Assim, entendeu-se inconveniente, sob o ponto de vista da segurança jurídica, inviolabilidade da vida privada, da intimidade e da dignidade da pessoa humana, abrir as portas para questionamento acerca da quebra da *affectio familiae*, com vistas ao reconhecimento de uniões estáveis paralelas a casamento válido. Diante disso, decidiu-se que havendo uma relação concubinária, não eventual, simultânea ao casamento, presume-se que o matrimônio não foi dissolvido e prevalece os interesses da mulher casada, não reconhecendo a união estável. Precedentes citados do STF: RE 397.762-BA, Dje 11/9/2008; do STJ: Resp 1.107.195-PR, Dje 27/5/2010, e Resp 931.155-RS, DJ 20/8/2007. **REsp 1.096.539-RS, Rel. Min. Luis Felipe Salomão, julgado em 27/3/2012.** (Inform. STJ 494)

Súmula STF nº 382

A vida em comum sob o mesmo teto, "more uxorio", não é indispensável à caracterização do concubinato.

6.3. Poder familiar, adoção, tutela e guarda

DIREITO CIVIL. ADOÇÃO. CONCESSÃO DE ADOÇÃO UNILATERAL DE MENOR FRUTO DE INSEMINAÇÃO ARTIFICIAL HETERÓLOGA À COMPANHEIRA DA MÃE BIOLÓGICA DA ADOTANDA.
A adoção unilateral prevista no art. 41, § 1º, do ECA pode ser concedida à companheira da mãe biológica da adotanda, para que ambas as companheiras passem a ostentar a condição de mães, na hipótese em que a menor tenha sido fruto de inseminação artificial heteróloga, com doador desconhecido, previamente planejado pelo casal no âmbito de união estável homoafetiva, presente, ademais, a anuência da mãe biológica, desde que inexista prejuízo para a adotanda. O STF decidiu ser plena a equiparação das uniões estáveis homoafetivas às uniões estáveis heteroafetivas, o que trouxe, como consequência, a extensão automática das prerrogativas já outorgadas aos companheiros da união estável tradicional àqueles que vivenciem uma união estável homoafetiva. Assim, se a adoção unilateral de menor é possível ao extrato heterossexual da população, também o é à fração homossexual da sociedade. Deve-se advertir, contudo, que o pedido de adoção se submete à norma-princípio fixada no art. 43 do ECA, segundo a qual "a adoção será deferida quando apresentar reais vantagens para o adotando". Nesse contexto, estudos feitos no âmbito da Psicologia afirmam que pesquisas têm demonstrado que os filhos de pais ou mães homossexuais não apresentam comprometimento e problemas em seu desenvolvimento psicossocial quando comparados com filhos de pais e mães heterossexuais. Dessa forma, a referida adoção somente se mostra possível no caso de inexistir prejuízo para a adotanda. Além do mais, a possibilidade jurídica e a conveniência do deferimento do pedido de adoção unilateral devem considerar a evidente necessidade de aumentar, e não de restringir, a base daqueles que desejem adotar, em virtude da existência de milhares de crianças que, longe de quererem discutir a orientação sexual de seus pais, anseiam apenas por um lar. **REsp 1.281.093-SP, Rel. Min. Nancy Andrighi, julgado em 18/12/2012.** (Inform. STJ 513).

6.4. Alimentos

DIREITO PROCESSUAL CIVIL. PRISÃO CIVIL DE ADVOGADO. O advogado que tenha contra si decretada prisão civil por inadimplemento de obrigação alimentícia tem direito a ser recolhido em prisão domiciliar na falta de sala de Estado Maior, mesmo que Delegacia de Polícia possa acomodá-lo sozinho em cela separada. Na esfera penal, a jurisprudência é uníssona quanto a ser garantida ao advogado a permanência em sala de Estado Maior e, na falta dessa, o regime domiciliar. Se, quando é malferido um bem tutelado pelo direito penal, permite-se ao advogado acusado o recolhimento em sala de Estado Maior, a lógica adotada no ordenamento jurídico impõe seja estendido igual direito ao advogado que infringe uma norma civil, porquanto, na linha do regramento lógico, "quem pode o mais, pode o menos". Ainda que as prisões tenham finalidades distintas, não se mostra razoável negar esse direito ao infrator de obrigação cível, por mais relevante que seja, uma vez que, na escala de bens tutelados pelo Estado, os abrangidos pela lei penal são os mais relevantes à sociedade. Em última análise, trata-se de direito a regime adequado de cumprimento de mandado de segregação. Discute-se, pois, um corolário do direito de locomoção integrante do núcleo imutável da Constituição, tema materialmente constitucional a impor, portanto, interpretação que não restrinja o alcance da norma. Assim, se o legislador, ao disciplinar os direitos do advogado, entendeu incluir no rol o de "não ser recolhido preso, antes de sentença transitada em julgado, senão em sala de Estado Maior com instalações e comodidades condignas, assim reconhecidas pela OAB, e na sua falta, em prisão domiciliar" (art. 7º, V, da Lei 8.906/1994), não cabe ao Poder Judiciário restringi-lo somente aos processos penais. Uma "cela", por sua própria estrutura física, não pode ser equiparada a "Sala de Estado Maior" (STF, Rcl 4.535-ES, Tribunal Pleno, DJe 15/6/2007), e a prisão domiciliar não deve ser entendida como colocação em liberdade, ainda que, na prática, se possa verificar equiparação. Eventual deficiência no controle do confinamento pelo Poder Público não pode servir de fundamento para afastar a aplicação de qualquer direito, submetendo-se o titular a regime mais severo de privação da liberdade por conta da omissão estatal. **HC 271.256-MS, Rel. Min. Raul Araújo, julgado em 11/2/2014. (Inform. STJ 537)**

DIREITO CIVIL. IMPOSSIBILIDADE DE PRISÃO CIVIL DO INVENTARIANTE PELO INADIMPLEMENTO DE PENSÃO ALIMENTÍCIA.
Não cabe prisão civil do inventariante em razão do descumprimento do dever do espólio de prestar alimentos. Isso porque a restrição da liberdade constitui sanção de natureza personalíssima que não pode recair sobre terceiro, estranho ao dever de alimentar. De fato, a prisão administrativa atinge apenas o devedor de alimentos, segundo o art. 733, § 1º, do CPC, e não terceiros. Dessa forma, sendo o inventariante um terceiro na relação entre exequente e executado – ao espólio é que foi transmitida a obrigação de prestar alimentos (haja vista o seu caráter personalíssimo), configura constrangimento ilegal a coação, sob pena de prisão, a adimplir obrigação do referido espólio, quando este não dispõe de rendimento suficiente para tal fim. Efetivamente, o inventariante nada mais é do que, substancialmente, auxiliar do juízo (art. 139 do CC/2002), não podendo ser civilmente preso pelo descumprimento de seus deveres, mas sim destituído por um dos motivos do art. 995 do CC/2002. Deve-se considerar, ainda, que o próprio herdeiro pode requerer pessoalmente ao juízo, durante o processamento do inventário, a antecipação de recursos para a sua subsistência, podendo o magistrado conferir eventual adiantamento de quinhão necessário à sua mantença, dando assim efetividade ao direito material da parte pelos meios processuais cabíveis, sem que se ofenda, para tanto, um dos direitos fundamentais do ser humano, a liberdade. Precedente citado: REsp 1.130.742-DF, Quarta Turma, DJe 17/12/2012. **HC 256.793-RN, Rel. Min. Luis Felipe Salomão, julgado em 1º/10/2013.** (Inform. STJ 531)

DIREITO CIVIL. ALIMENTOS NA HIPÓTESE DE FORMAÇÃO DE VÍNCULO SOCIOAFETIVO.
A esposa infiel não tem o dever de restituir ao marido traído os alimentos pagos por ele em favor de filho criado com estreitos laços de afeto pelo casal, ainda que a adúltera tenha ocultado do marido o fato de que a referida criança seria filha biológica sua e de seu "cúmplice". Isso porque, se o marido, ainda que enganado por sua esposa, cria como seu o filho biológico de outrem, tem-se por configurada verdadeira relação de paternidade socioafetiva, a qual, por si mesma, impede a repetição da verba alimentar, haja vista que, a fim de preservar o elo da afetividade, deve-se considerar secundária a verdade biológica, porquanto a CF e o próprio CC garantem a igualdade absoluta dos filhos de qualquer origem (biológica ou não biológica). Além do mais, o dever de fidelidade recíproca dos cônjuges, atributo básico do casamento, em nada se comunica com a relação paternal gerada, mostrando-se desarrazoado transferir o ônus por suposto insucesso da relação à criança alimentada. Ademais, o STJ já firmou o entendimento de que a mulher não está obrigada a restituir ao marido o valor dos alimentos pagos por ele em favor da criança que, depois se soube, era filha de outro homem (REsp 412.684-SP, Quarta Turma, DJ 25/11/2002). De mais a mais, quaisquer valores que sejam porventura apurados em favor do alimentando estarão cobertos pelo princípio da irrepetibilidade dos alimentos já pagos, justificado pelo dever de solidariedade entre os seres humanos,

uma vez que, em última análise, os alimentos garantem a própria existência do alimentado. **REsp 922.462-SP, Rel. Min. Ricardo Villas Bôas Cueva, julgado em 4/4/2013. (Inform. STJ 522)**

DIREITO CIVIL. VERBAS TRABALHISTAS PERCEBIDAS PELO ALIMENTANTE NÃO PREVISTAS EM TÍTULO JUDICIAL.
No caso em que os alimentos tenham sido arbitrados pelo juiz em valor fixo correspondente a determinado número de salários mínimos a serem pagos em periodicidade mensal, o alimentando não tem direito a receber, com base naquele título judicial, quaisquer acréscimos decorrentes de verbas trabalhistas percebidas pelo alimentante e ali não previstos. De fato, na hipótese de alimentos arbitrados em valor fixo, salvo disposição em contrário na decisão que os fixa, os rendimentos do devedor são levados em consideração para aferir suas possibilidades ou, quando muito, é mero veículo de desconto do valor devido. Assim, eventuais flutuações dos rendimentos do alimentante, para cima ou para baixo, ou mesmo sua supressão – ao menos até que os valores sejam revistos em ação própria –, não são aptas a alterar o *quantum* devido, razão pela qual o recebimento de parcelas trabalhistas a título de 13º, férias e outras verbas da mesma natureza não tem o condão de influenciar a dívida consolidada, sob pena de alterar o binômio inicial (necessidade/possibilidade) considerado para a determinação do montante fixo. Basta mencionar, por exemplo, que, em situações nas quais a remuneração do alimentante é eventual ou em periodicidade diversa da mensal, os alimentos fixados em valor determinado a ser pago mensalmente não acompanham os valores recebidos pelo devedor. A dívida existe, é certa e deve ser paga na data fixada independentemente dessa circunstância. Nesse caso, fazer que o devedor pague o valor arbitrado sempre que receber remuneração – como pagaria até mesmo no caso de não recebimento – consubstancia evidente vulneração do título judicial. Enfim, se o magistrado sentenciante arbitrou os alimentos em valor fixo à luz das circunstâncias do caso concreto, há de se presumir que esse foi o método por ele considerado como o mais adequado à satisfação do binômio necessidade/possibilidade. Assim, o débito alimentar arbitrado em valor fixo – por sentença transitada em julgado – deve ser pago pelo montante e na exata periodicidade constante no título judicial, revelando-se ofensa à coisa julgada a determinação para que o valor arbitrado seja pago a propósito do recebimento de outras verbas pelo devedor. **REsp 1.091.095-RJ, Rel. Min. Luis Felipe Salomão, julgado em 16/4/2013. (Inform. STJ 519)**

DIREITO CIVIL. ABRANGÊNCIA DOS ALIMENTOS PROVISÓRIOS.
Em regra, os alimentos provisórios fixados em percentual sobre os rendimentos líquidos do alimentante não abrangem as verbas que não façam parte da sua remuneração habitual. Com efeito, na fixação dos alimentos provisórios, o julgador, diante do pedido formulado pelo alimentando, não se volta, a princípio, para a capacidade do alimentante – na qual a natureza do valor da verba percebida tem real influência – mas procura encontrar o ideal dos alimentos *ad necessitate*, diante da análise dos elementos de que dispõe e do que vislumbra compor as necessidades do alimentando. Apenas quando ultrapassada essa análise inicial, passa-se a dispor sobre a possibilidade de adequar essa necessidade às condições financeiras do alimentante. Nesse contexto, constatada a existência de suficiente capacidade econômica do alimentante, o juiz fixa os alimentos no valor que originalmente concluiu ser o ideal para o sustento do alimentando. Vale ressaltar que, nesse caso, não há perquirição sobre a possibilidade de o alimentante pagar valor maior se a necessidade do alimentando foi plenamente satisfeita. Deparando-se o julgador, contudo, com situação contrária, na qual o valor percebido pelo alimentante não é suficiente para o pagamento do *quantum* ideal, será este valor glosado até que possa ser aumentado ao ponto de suprir a necessidade do alimentando, circunstância que ensejará um acompanhamento da fortuna do alimentante, pois um aumento em sua capacidade econômica poderá acarretar – quando pedido – equiparável acréscimo no valor dos alimentos. Dessa visão conceitual do processo de fixação dos alimentos provisórios, extrai-se que a fortuna do alimentante não está associada, de forma indiscriminada, ao valor desses alimentos. Assim, as variações positivas na remuneração total do alimentante, de regra, não terão impacto em seu valor, salvo se as necessidades do alimentando, constatadas inicialmente, não tiverem sido supridas integralmente, ou, ainda, quando houver superveniente alteração no elemento necessidade. Supridas as necessidades legalmente preconizadas pelo valor já pago e não sendo os alimentos provisórios, provisionais ou *pro tempore* cota de participação no sucesso do alimentante, razão não há para que o aumento de seus rendimentos, mormente aqueles oriundos de verbas não regulares (abono, participação nos lucros e gratificações), tenha reflexos proporcionais no monte destinado aos alimentos, pois as necessidades do alimentando não aumentam, automaticamente, com a possibilidade de aumento dos ganhos do alimentante. **REsp 1.261.247-SP, Rel. Min. Nancy Andrighi, julgado em 16/4/2013. (Inform. STJ 519)**

DIREITO CIVIL. IRRETROATIVIDADE DA DECISÃO QUE EXONERA O DEVEDOR DE ALIMENTOS DO PAGAMENTO DA DÍVIDA ALIMENTAR.
O reconhecimento judicial da exoneração do pagamento de pensão alimentícia não alcança as parcelas vencidas e não pagas de dívida alimentar anteriormente reconhecida e cobrada judicialmente. Conforme a jurisprudência do STJ, a procedência de ação proposta com fins de exclusão do pagamento de pensão alimentícia reconhecida judicialmente não obsta a execução das parcelas já vencidas e cobradas sob o rito do art. 733 do CPC. O ajuizamento de ação revisional ou de exoneração de alimentos não possibilita ao devedor reduzir ou deixar de pagar o valor dos alimentos. A alteração do encargo depende de autorização judicial, cuja sentença não dispõe de efeitos retroativos. Admitir o contrário incentivaria o inadimplemento. Como os alimentos são irrepetíveis, aquele que pagou o valor devido até a data da decisão que o libere do respectivo pagamento não teria como reaver as diferenças. Nesse caso, somente seria beneficiado quem não tivesse pagado a verba alimentar, ficando inadimplente à espera da sentença, o que violaria o princípio da igualdade e acabaria por incentivar a mora e induzir todos os que são executados a buscar a via judicial, propondo ação de redução ou exclusão do encargo só para ter a execução dos alimentos suspensa. Precedentes citados: HC 152.700-SP, Terceira Turma, DJe 26/3/2010, e HC 132.447-SP, Quarta Turma, DJe 22/3/2010. **RHC 35.192-RS, Rel. Min. Villas Bôas Cueva, julgado em 12/3/2013. (Inform. STJ 518)**

DIREITO CIVIL. INEXISTÊNCIA DE OBRIGAÇÃO DOS PAIS DE FORNECER ALIMENTOS À FILHA MAIOR DE 25 ANOS E COM CURSO SUPERIOR COMPLETO, NO CASO DE AUSÊNCIA DE PROVA REFERENTE A PROBLEMAS QUANTO À SUA SAÚDE FÍSICA OU MENTAL.
Os pais não têm obrigação de fornecer alimentos à filha maior de 25 anos e com curso superior completo, se inexistirem elementos que indiquem quaisquer problemas quanto à sua saúde física ou mental. Durante a menoridade, ou seja, até os dezoitos anos de idade, não é necessário que o alimentando faça prova efetiva da inexistência de meios próprios de subsistência, o que se presume pela incapacidade civil, estando o dever de alimentos fundamentado no poder familiar. Alcançada a maioridade, essa prova é necessária e, uma vez realizada, o filho continuará com o direito de receber alimentos dos pais, inclusive no que se refere às verbas necessárias à sua educação. Nesse contexto, haverá presunção de dependência do alimentando que, quando da extinção do poder familiar, estiver frequentando regularmente curso superior ou de natureza técnica, mas o dever de prestar alimentos passará a ser fundado

na relação de parentesco, e não no poder familiar. Tratando-se, entretanto, de filho maior, capaz e com curso superior completo, não mais se admite a presunção da necessidade, que deverá ser efetivamente demonstrada. Com efeito, nessa situação, há de se considerar que os filhos civilmente capazes e graduados podem e devem gerir suas próprias vidas, inclusive buscando meios de assegurar sua própria subsistência. **REsp 1.312.706-AL, Rel. Min. Luis Felipe Salomão, julgado em 21/2/2013.** (Inform. STJ 518)

DIREITO CIVIL. COBRANÇA RETROATIVA DA DIFERENÇA VERIFICADA ENTRE OS VALORES FIXADOS A TÍTULO DE ALIMENTOS PROVISÓRIOS E DEFINITIVOS.

Se os alimentos definitivos forem fixados em valor superior ao dos provisórios, poderá haver a cobrança retroativa da diferença verificada entre eles. A jurisprudência majoritária do STJ tem mitigado a interpretação mais literal da regra contida no § 2º do art. 13 da Lei n. 5.478/1968 para entender que os alimentos definitivos fixados em valor inferior ao dos provisórios não gerariam, para o alimentante, o direito de cobrar o que fora pago a maior, tendo em vista a irrepetibilidade da verba alimentar. Todavia, nada impede a aplicação da interpretação direta da regra contida no referido comando legal, o que possibilita a cobrança retroativa da diferença verificada na hipótese em que os alimentos definitivos tenham sido fixados em montante superior ao dos provisórios. Precedente citado: EDcl no REsp 504.630-SP, Terceira Turma, DJ 11/9/2006. **REsp 1.318.844-PR, Rel. Min. Sidnei Beneti, julgado em 7/3/2013.** (Inform. STJ 516).

DIREITO CIVIL. PRISÃO DECRETADA COM BASE EM DECISÃO DE CAUTELAR ENVOLVENDO DIREITO DE FAMÍLIA. DÚVIDA SOBRE A EFICÁCIA DA EXECUÇÃO DE ALIMENTOS.

Não é razoável manter a prisão civil decretada em execução de decisão liminar proferida em ação cautelar preparatória de separação de corpos c/c guarda de menor e alimentos provisionais, na hipótese em que o tribunal de origem não decidiu se houve perda da eficácia da cautelar com o não ajuizamento da ação principal no prazo previsto no art. 806 do CPC. Conforme a Súm. n. 482/STJ e o art. 806 do CPC, a parte tem 30 dias para propor a ação principal, sob pena de perda da eficácia da liminar deferida e a extinção do processo cautelar. A doutrina majoritária afasta a aplicação dessa regra quando se trata de ações cautelares envolvendo Direito de Família. Todavia, a Terceira Turma, em outra oportunidade, ao apreciar a questão entendeu que os arts. 806 e 808 do CPC incidem nos processos cautelares de alimentos provisionais. Assim, há dúvida acerca da eficácia do título que embasa a execução de alimentos, devendo o tribunal de origem determinar se o não ajuizamento da ação principal no prazo decadencial do art. 806 do CPC acarreta a perda da eficácia da decisão liminar concedida na cautelar preparatória e, em caso positivo, qual o período em que a referida decisão produziu efeitos. A definição dessa questão é relevante, pois poderá acarretar a redução do quantum devido ou, até mesmo, a extinção da execução. Dessa forma, não se mostra razoável o constrangimento à liberdade de ir e vir do paciente (art. 5º, LXVII, da CF), medida sabidamente excepcional, antes de se definir a eficácia e liquidez do título que embasa a execução de alimentos e, assim, a legalidade da decretação da prisão. Precedente citado: **REsp 436.763-SP, DJ 6/12/2007. RHC 33.395-MG, Rel. Min. Paulo de Tarso Sanseverino, julgado em 4/10/2012.** (Inform. STJ 506)

PRISÃO CIVIL. PAGAMENTO PARCIAL DA OBRIGAÇÃO ALIMENTÍCIA.

A Turma reafirmou que o pagamento parcial da obrigação alimentar não afasta a regularidade da prisão civil. Destacou-se que este Superior Tribunal entende ser legítima a prisão civil do devedor de alimentos, quando fundamentada na falta de pagamento de prestações vencidas nos três meses anteriores à propositura da execução ou daquelas vencidas no decorrer do processo (Súm. n. 309/STJ). Ademais, eventuais alegações quanto à incapacidade material do recorrente de satisfazer a prestação alimentícia devem ser discutidas nos autos da ação de alimentos, não no âmbito estreito do writ, cujo trâmite não comporta dilação probatória. Precedente citado: **HC 209.137-SP, DJe 13/9/2011. RHC 31.302-RJ, Rel. Min. Antonio Carlos Ferreira, julgado em 18/9/2012.** (Inform. STJ 504)

AÇÃO DE EXONERAÇÃO DE ALIMENTOS. APELAÇÃO. EFEITOS.

A apelação interposta contra sentença que julgar pedido de alimentos ou pedido de exoneração do encargo deve ser recebida apenas no efeito devolutivo. O Min. Relator afirmou que a sentença que fixa ou redefine o valor dos alimentos, bem como aquela que exonera o alimentante do dever de prestá-los, gera uma presunção ora a favor do alimentado, ora em favor do alimentante. Assim, por uma interpretação teleológica do art. 14 da Lei n. 5.478/1968 (com a redação dada pela Lei n. 6.014/1973), a apelação interposta contra sentença em ação de exoneração de alimentos deve ser recebida unicamente no efeito devolutivo, não sendo aplicável ao caso a regra geral prevista no art. 520 do CPC. Precedentes citados: **REsp 1.138.898-PR, DJe 25/11/2009, e RMS 25.837-SP, DJe 5/11/2008. REsp 1.280.171-SP, Rel. Min. Massami Uyeda, julgado em 2/8/2012.** (Inform. STJ 501)

HC. EXECUÇÃO DE DÉBITO ALIMENTAR. PRISÃO CIVIL. NATUREZA DAS VERBAS.

Apenas o inadimplemento de verbas de caráter alimentar autoriza a execução nos termos do rito previsto no art. 733 do CPC. A verba destinada à ex-esposa para manutenção de sítio – que não constitui sua moradia – até a efetivação da partilha dos bens comuns do casal não tem natureza jurídica de alimentos. Logo é insuficiente para embasar o decreto de prisão civil por dívida alimentar. Na espécie, tal verba foi estabelecida com o objetivo de impedir que a ex-esposa, responsável pela administração do bem comum do casal até a partilha, retirasse da sua pensão alimentícia, destinada, única e exclusivamente, a sua subsistência, o valor necessário ao custeio de outras despesas, no caso, a manutenção de bem imóvel de responsabilidade de ambos os litigantes. **HC 232.405-RJ, Rel. Min. Massami Uyeda, julgado em 22/5/2012.** (Inform. STJ 498)

> **Súmula STJ nº 358**
>
> O cancelamento de pensão alimentícia de filho que atingiu a maioridade está sujeito à decisão judicial, mediante contraditório, ainda que nos próprios autos.

> **Súmula STJ nº 336**
>
> A mulher que renunciou aos alimentos na separação judicial tem direito à pensão previdenciária por morte do ex-marido, comprovada a necessidade econômica superveniente.

6.5. Paternidade e filiação

DIREITO CIVIL E PROCESSUAL CIVIL. CERCEAMENTO INDEVIDO DA ATIVIDADE PROBATÓRIA DAS PARTES EM AÇÃO DECLARATÓRIA DE MATERNIDADE.

Definiu-se não ser possível julgar improcedente pedido de reconhecimento *post mortem* de maternidade socioafetiva sem que se tenha viabilizado a realização de instrução probatória, ante o julgamento antecipado da lide (art. 330, I, do CPC), na seguinte situação: i) a autora ingressou com pedido de reconhecimento da existência de filiação socioafetiva, com a manutenção de sua mãe registral em seu assentamento de nascimento; ii) o pedido foi fundado na alegação de que a pretensa mãe adotiva e sua mãe registral procederam, em conjunto, à denominada "adoção à brasileira" da demandante, constando do registro apenas uma delas porque, à época, não era admitida união homoafetiva pelo ordenamento jurídico nacional; iii) argumentou-se que a autora foi criada, como se filha fosse, por ambas as "mães", indistintamente, e mesmo após o rompimento do relacionamento delas, encontrando-se, por isso, estabelecido o vínculo socioafetivo, a propiciar o reconhecimento judicial da filiação pretendida; e iv) o julgamento de improcedência foi fundado na constatação de não ter sido demonstrado nos autos que a mãe socioafetiva teve, efetivamente, a pretensão de "adotar" a autora em conjunto com a mãe registral e, também, no entendimento de que elas não formavam um casal homossexual, como sugere a demandante, pois, posteriormente, a mãe registral casou-se com um homem, com quem formou núcleo familiar próprio. No caso descrito, o proceder do julgador, ao não permitir que a autora demonstrasse os fatos alegados, configura cerceamento de defesa. De fato, o estabelecimento da filiação socioafetiva demanda a coexistência de duas circunstâncias bem definidas e dispostas, necessariamente, na seguinte ordem: i) vontade clara e inequívoca do apontado pai ou mãe socioafetivo, ao despender expressões de afeto à criança, de ser reconhecido, voluntária e juridicamente como tal; e ii) configuração da denominada "posse de estado de filho", compreendido pela doutrina como a presença (não concomitante) de *tractatus* (tratamento, de parte a parte, como pai/mãe e filho); *nomen* (a pessoa traz consigo o nome do apontado pai/mãe); e fama (reconhecimento pela família e pela comunidade de relação de filiação), que naturalmente deve apresentar-se de forma sólida e duradoura. Nesse contexto, para o reconhecimento da filiação socioafetiva, a manifestação quanto à vontade e à voluntariedade do apontado pai ou mãe de ser reconhecido juridicamente como tal deve estar absolutamente comprovada nos autos, o que pode ser feito por qualquer meio idôneo e legítimo de prova. Todavia, em remanescendo dúvidas quanto à verificação do apontado requisito, após concedida oportunidade à parte de demonstrar os fatos alegados, há que se afastar, peremptoriamente, a configuração da filiação socioafetiva. Por oportuno, é de se ressaltar, inclusive, que a robustez da prova, na hipótese dos autos, há de ser ainda mais contundente, a considerar que o pretendido reconhecimento de filiação socioafetiva refere-se a pessoa já falecida. Nada obstante, não se pode subtrair da parte a oportunidade de comprovar suas alegações. Ademais, cabe ressaltar que o casamento da pretensa mãe com um homem, em momento posterior, não significaria que aquele alegado relacionamento com a mãe registral nunca existiu e, principalmente, que não teria havido, por parte delas, a intenção conjunta de "adotar" a demandante, que, segundo alega e pretende demonstrar, fora criada como se filha fosse pelas referidas senhoras, mesmo depois do rompimento deste relacionamento. Por fim, deve-se consignar ao menos a possibilidade jurídica do pedido posto na inicial, acerca da dupla maternidade, conforme já reconhecido por esta Corte de Justiça por ocasião do julgamento do REsp 889.852-RS, Quarta Turma, DJe 10/8/2010 (ressalvadas as particularidades do caso ora sob exame). Efetivamente, em atenção às novas estruturas familiares, baseadas no princípio da afetividade jurídica (a permitir, em última análise, a realização do indivíduo como consectário da dignidade da pessoa humana), a coexistência de relações filiais ou a denominada multiplicidade parental, compreendida como expressão da realidade social, não pode passar despercebida pelo direito. Desse modo, há que se conferir à parte o direito de produzir as provas destinadas a comprovar o estabelecimento das alegadas relações socioafetivas, que pressupõem, como assinalado, a observância dos requisitos acima referidos. **REsp 1.328.380-MS, Rel. Min. Marco Aurélio Bellizze, julgado em 21/10/2014. (Inform. STJ 552)**

DIREITO CIVIL E PREVIDENCIÁRIO. PRINCÍPIO DA IRREPETIBILIDADE DAS VERBAS PREVIDENCIÁRIAS. A viúva que vinha recebendo a totalidade da pensão por morte de seu marido não deve pagar ao filho posteriormente reconhecido em ação de investigação de paternidade a quota das parcelas auferidas antes da habilitação deste na autarquia previdenciária, ainda que a viúva, antes de iniciar o recebimento do benefício, já tivesse conhecimento da existência da ação de investigação de paternidade. De fato, a sentença declaratória de paternidade possui efeitos *ex tunc*, retroagindo à data de nascimento do investigante. Entretanto, tais efeitos não possuem caráter absoluto, encontrando um limite intransponível: o respeito às situações jurídicas definitivamente constituídas. A controvérsia envolve o princípio da irrepetibilidade das verbas previdenciárias pagas a maior, amplamente consagrado pela jurisprudência do STJ. Considerando que os valores recebidos a título de benefício previdenciário não se prestam, por natureza, a enriquecimento – e, menos ainda, ilícito –, mas sim à subsistência do segurado e de sua família, sendo manifesta a sua natureza alimentar, a jurisprudência somente excepciona sua irrepetibilidade quando o recebimento decorrer de má-fé. Ao tomar conhecimento da ação de investigação de paternidade, a viúva apenas obtém a notícia da possibilidade de haver outro beneficiário do direito previdenciário. Trata-se de mera possibilidade e nada mais do que isso, porquanto incerto o resultado da demanda, que poderia ser pela improcedência. Assim, não é razoável exigir da beneficiária, já devidamente habilitada nos termos da lei, que abrisse mão de sua pensão apenas por existir uma ação em curso que pudesse vir a reconhecer a existência de outro beneficiário. A configuração da má-fé requer a intenção maliciosa de causar lesão ou prejuízo a terceiro, o que não ocorre no caso. Note-se que o interessado poderia pleitear medida judicial no bojo da ação de investigação de paternidade para que lhe fosse assegurada a reserva de parte da pensão. Se assim não o fez, não se pode exigir de terceira pessoa (a viúva), que não era parte naquela ação investigativa, a adoção de providência voltada a assegurar efeito semelhante. Assim, a possibilidade de pagamento retroativo ao filho reconhecido judicialmente posteriormente ao óbito do instituidor do benefício não autoriza, por si só, que se exija de outros beneficiários anteriormente habilitados a devolução das verbas previdenciárias recebidas de boa-fé. **REsp 990.549-RS, Rel. Min. Ricardo Villas Bôas Cueva, Rel. para acórdão Min. João Otávio de Noronha, julgado em 5/6/2014. (Inform. STJ 545)**

DIREITO CIVIL. RECUSA À SUBMISSÃO A EXAME DE DNA. No âmbito de ação declaratória de inexistência de parentesco cumulada com nulidade de registro de nascimento na qual o autor pretenda comprovar que o réu não é seu irmão, apesar de ter sido registrado como filho pelo seu falecido pai, a recusa do demandado a se submeter a exame de DNA não gera presunção de inexistência do parentesco, sobretudo na hipótese em que reconhecido o estado de filiação socioafetivo do réu. Em demandas envolvendo reconhecimento de paternidade, a recusa de filho em se submeter ao exame de DNA permite dois ângulos de visão: a referente a filho sem paternidade estabelecida e a relacionada a filho cuja paternidade já tenha sido fixada. No primeiro caso, deve-se conferir ao pai o direito potestativo de ver reconhecido seu vínculo de paternidade com o fim de constituição da família, nada impedindo, porém, que o suposto descendente recuse submeter-se ao exame pericial. O caso será, então, interpretado à luz do art. 232 do CC (A recusa à perícia médica ordenada pelo juiz poderá suprir a prova que se pretendia obter com o exame), considerando o fato de que é imprescindível existirem outras provas da filiação. Já nas situações em que o suposto filho que possui a paternidade fixada recuse a realização do exame de DNA, a complexidade é exacerbada, de modo que, a depender do caso, dever-se-á reconhecer, sem ônus, o direito à recusa do filho, especialmente nas hipóteses nas quais se verifique a existência de paternidade socioafetiva, uma vez que a manutenção da família é direito de todos e deve receber respaldo do Judiciário. Na hipótese em apreço, a recusa do filho não pode gerar presunção de que ele não seria filho biológico do pai constante no seu registro de nascimento. Inicialmente, porque a manifestação espontânea do desejo de colocar o seu nome, na condição de pai, no registro do filho é ato de vontade perfeito e acabado, gerando um estado de filiação acobertado pela irrevogabilidade, incondicionalidade e indivisibilidade (arts. 1.610 e 1.613 do CC). Nesse sentido, não se pode esquecer que "o reconhecimento espontâneo da paternidade somente pode ser desfeito quando demonstrado vício de consentimento, isto é, para que haja possibilidade de anulação do registro de nascimento de menor cuja paternidade foi reconhecida, é necessária prova robusta no sentido de que o pai registral foi de fato, por exemplo, induzido a erro, ou ainda, que tenha sido coagido a tanto" (REsp 1.022.763-RS, Terceira Turma, DJe 3/2/2009). Além disso, deve haver uma ponderação dos interesses em disputa, harmonizando-os por meio da proporcionalidade ou razoabilidade, sempre se dando prevalência àquele que conferir maior projeção à dignidade humana, haja vista ser o principal critério substantivo na direção da ponderação de interesses constitucionais. Dessa forma, no conflito entre o interesse patrimonial do irmão que ajuíza esse tipo de ação, para o reconhecimento de suposta verdade biológica, e a dignidade do réu em preservar sua personalidade, sua intimidade, identidade, seu *status* jurídico de filho, deve-se dar primazia aos últimos. Ainda que assim não fosse, isto é, mesmo que, na situação em análise, reconheça-se a presunção relativa decorrente da negativa da demandada em se submeter ao DNA, nenhuma consequência prática nem jurídica poderia advir daí. Isso porque o STJ sedimentou o entendimento de que, em conformidade com os princípios do CC e da CF de 1988, o êxito em ação negatória de paternidade depende da demonstração, a um só tempo, de que inexiste origem biológica e também de que não tenha sido constituído o estado de filiação fortemente marcado pelas relações socioafetivas e edificado na convivência familiar. Vale dizer que a pretensão voltada à impugnação da paternidade não pode prosperar quando fundada apenas na origem genética, mas em aberto conflito com a paternidade socioafetiva. Portanto, o exame de DNA em questão serviria, por via transversa, tão somente para investigar a ancestralidade da ré, não tendo mais nenhuma utilidade para o caso em apreço. Ocorre que, salvo hipóteses excepcionais, o direito de investigação da origem genética é personalíssimo, e somente pode ser exercido diretamente pelo titular após a aquisição da plena capacidade jurídica. REsp 1.115.428-SP, Rel. Min. Luis Felipe Salomão, julgado em 27/8/2013. **(Inform. STJ 530)**

DIREITO CIVIL. REGISTROS PÚBLICOS. POSSIBILIDADE DE INCLUSÃO DE PATRONÍMICO PATERNO NO FINAL DO NOME DO FILHO, AINDA QUE EM ORDEM DIVERSA DAQUELA CONSTANTE DO NOME DO PAI.
Admite-se, excepcional e motivadamente, após apreciação judicial, a retificação de registro civil para inclusão de patronímico paterno no final do nome do filho, ainda que em ordem diversa daquela constante do nome do pai, se comprovado que tal retificação se faz necessária para corresponder, adequadamente, à forma como aquele e sua família são conhecidos no meio social em que vivem. A regra geral, no direito brasileiro, é a da imutabilidade ou definitividade do nome civil, mas são admitidas exceções, como a prevista no art. 57 da Lei n. 6.015/1973, hipótese na qual se enquadra o caso, que exige motivação, audiência do Ministério Público e prolação de sentença judicial. A lei, todavia, não faz nenhuma exigência no que tange à observância de determinada ordem quanto aos apelidos de família, seja no momento do registro do nome do indivíduo ou por ocasião da sua posterior retificação. Ademais, inexiste proibição legal de que a ordem do sobrenome dos filhos seja distinta daquela presente no sobrenome dos pais. **REsp 1.323.677-MA, Rel. Min. Nancy Andrighi, julgado em 5/2/2013.** (Inform. STJ 513).

DIREITO CIVIL. RECONHECIMENTO DA PATERNIDADE BIOLÓGICA REQUERIDA PELO FILHO. ADOÇÃO À BRASILEIRA.
É possível o reconhecimento da paternidade biológica e a anulação do registro de nascimento na hipótese em que pleiteados pelo filho adotado conforme prática conhecida como "adoção à brasileira". A paternidade biológica traz em si responsabilidades que lhe são intrínsecas e que, somente em situações excepcionais, previstas em lei, podem ser afastadas. O direito da pessoa ao reconhecimento de sua ancestralidade e origem genética insere-se nos atributos da própria personalidade. A prática conhecida como "adoção à brasileira", ao contrário da adoção legal, não tem a aptidão de romper os vínculos civis entre o filho e os pais biológicos, que devem ser restabelecidos sempre que o filho manifestar o seu desejo de desfazer o liame jurídico advindo do registro ilegalmente levado a efeito, restaurando-se, por conseguinte, todos os consectários legais da paternidade biológica, como os registrais, os patrimoniais e os hereditários. Dessa forma, a filiação socioafetiva desenvolvida com os pais registrais não afasta os direitos do filho resultantes da filiação biológica, não podendo, nesse sentido, haver equiparação entre a "adoção à brasileira" e a adoção regular. Ademais, embora a "adoção à brasileira", muitas vezes, não denote torpeza de quem a pratica, pode ela ser instrumental de diversos ilícitos, como os relacionados ao tráfico internacional de crianças, além de poder não refletir o melhor interesse do menor. Precedente citado: REsp 833.712-RS, DJ 4/6/2007. **REsp 1.167.993-RS, Rel. Min. Luis Felipe Salomão, julgado em 18/12/2012.** (Inform. STJ 512).

DIREITO CIVIL. REGISTRO CIVIL. RETIFICAÇÃO PARA O NOME DE SOLTEIRA DA GENITORA.
É possível a alteração no registro de nascimento para dele constar o nome de solteira da genitora, excluindo o patronímico do ex-padrasto. O nome civil é reconhecidamente um direito da personalidade, porquanto é o signo individualizador da pessoa natural na sociedade, conforme preconiza o art. 16 do CC. O registro público da pessoa natural não é um fim em si mesmo, mas uma forma de proteger o direito à identificação da pessoa pelo nome e filiação, ou seja, o direito à identidade é causa do direito ao registro. O princípio da verdade real norteia o registro público e tem por finalidade a segurança jurídica, razão pela qual deve espelhar a realidade presente, informando as alterações relevantes ocorridas desde a sua lavratura. Assim, é possível a averbação do nome de solteira da genitora no assento de nascimento, excluindo o patronímico do ex-padrasto. Ademais, o ordenamento jurídico prevê expressamente a possibilidade de averbação, no termo de nascimento do filho, da alteração do patronímico materno em decorrência do casamento, o que enseja a aplicação da mesma norma à hipótese inversa – princípio da simetria –, ou seja, quando a genitora, em decorrência de divórcio ou separação, deixa de utilizar o nome de casada, conforme o art. 3º, parágrafo único, da Lei 8.560/1992. Precedentes citados: REsp 1.041.751-DF, DJe 3/9/2009, e REsp 1.069.864-DF, DJe 3/2/2009. **REsp 1.072.402-MG, Rel. Min. Luis Felipe Salomão, julgado em 4/12/2012.** (Inform. STJ 512).

6.6. Bem de Família

DIREITO CIVIL. PENHORABILIDADE DO BEM DE FAMÍLIA PERTENCENTE A FIADOR. RECURSO REPETITIVO (ART. 543-C DO CPC E RES. 8/2008-STJ). É legítima a penhora de apontado bem de família pertencente a fiador de contrato de locação, ante o que dispõe o art. 3º, VII, da Lei 8.009/1990.
A Lei 8.009/1990 instituiu a proteção legal do bem de família como instrumento de tutela do direito fundamental à moradia da entidade familiar e, portanto, indispensável à composição de um mínimo existencial para uma vida digna. Nos termos do art. 1º da Lei 8.009/1990, o bem imóvel destinado à moradia da entidade familiar é impenhorável e não responderá pela dívida contraída pelos cônjuges, pais ou filhos que sejam seus proprietários e nele residam, salvo nas hipóteses previstas no art. 3º da aludida norma. Nessa linha, o art. 3º excetua, em seu inciso VII, a obrigação decorrente de fiança concedida

em contrato de locação, isto é, autoriza a constrição de imóvel – considerado bem de família – de propriedade do fiador de contrato locatício. Convém ressaltar que o STF assentou a constitucionalidade do art. 3º, VII, da Lei 8.009/1990 em face do art. 6º da CF, que, a partir da edição da Emenda Constitucional 26/2000, incluiu o direito à moradia no rol dos direitos sociais (RE 407.688-AC, Tribunal Pleno, DJ 6/10/2006 e RE 612.360-RG, Tribunal Pleno, DJe 3/9/2010). Precedentes citados: AgRg no REsp 1.347.068-SP, Terceira Turma, DJe 15/9/2014; AgRg no AREsp 151.216-SP, Terceira Turma, DJe 2/8/2012; AgRg no AREsp 31.070-SP, Quarta Turma, DJe 25/10/2011; e AgRg no Ag 1.181.586-PR, Quarta Turma, DJe 12/4/2011. **REsp 1.363.368-MS**, Rel. Min. Luis Felipe Salomão, julgado em 12/11/2014. (Inform. STJ 552)

DIREITO CIVIL E PROCESSUAL CIVIL. IMPENHORABILIDADE DO BEM DE FAMÍLIA FRENTE A HIPÓTESE DE DESCONSIDERAÇÃO DA PERSONALIDADE JURÍDICA. A desconsideração da personalidade jurídica de sociedade empresária falida que tenha sido decretada em decorrência de fraude contra a massa falida não implica, por si só, o afastamento da impenhorabilidade dos bens de família dos sócios. A desconsideração da personalidade jurídica, de um modo geral, não pode, por si só, afastar a impenhorabilidade do bem de família, salvo se os atos que ensejaram a *disregard* também se ajustarem às exceções legais previstas no art. 3º da Lei 8.009/1990. Embora o instituto da desconsideração da personalidade jurídica se apresente como importante mecanismo de recuperação de crédito, combate a fraude e, por consequência, fortalecimento da segurança do mercado, esses nobres propósitos não se sobrepõem aos valores legais e constitucionais subjacentes à proteção do bem de família. É por isso que a fraude à execução ou contra credores não se encontra prevista como exceção à regra legal da impenhorabilidade de bens de família. Além disso, a proteção legal conferida pela Lei 8.009/1990, consectária da proteção constitucional e internacional do direito à moradia, não tem como destinatária apenas a pessoa do devedor; na verdade, protege-se também a sua família quanto ao fundamental direito à vida digna. **REsp 1.433.636-SP**, Rel. Min. Luis Felipe Salomão, julgado em 2/10/2014. (Inform. STJ 549)

DIREITO CIVIL. AFASTAMENTO DA PROTEÇÃO DADA AO BEM DE FAMÍLIA. Deve ser afastada a impenhorabilidade do único imóvel pertencente à família na hipótese em que os devedores, com o objetivo de proteger o seu patrimônio, doem em fraude à execução o bem a seu filho menor impúbere após serem intimados para o cumprimento espontâneo da sentença exequenda. De início, cabe ressaltar que o STJ tem restringido a proteção ao bem de família com o objetivo de prevenir fraudes, evitando prestigiar a má-fé do devedor. Nesse sentido: "o bem que retorna ao patrimônio do devedor, por força de reconhecimento de fraude à execução, não goza da proteção da impenhorabilidade disposta na Lei nº 8.009/90" (AgRg no REsp 1.085.381-SP, Sexta Turma, DJe de 30/3/2009); "é possível, com fundamento em abuso de direito, afastar a proteção conferida pela Lei 8.009/90" (REsp 1.299.580-RJ, Terceira Turma, DJe de 25/10/2012). Nessa conjuntura, a doação feita a menor impúbere, nas circunstâncias ora em análise, além de configurar tentativa de fraude à execução, caracteriza abuso de direito apto a afastar a proteção dada pela Lei 8.009/1990. Com efeito, nenhuma norma, em nosso sistema jurídico, pode ser interpretada de modo apartado aos cânones da boa-fé. No que tange à aplicação das disposições jurídicas da Lei 8.009/1990, há uma ponderação de valores que se exige ao Juiz, em cada situação particular: de um lado, o direito ao mínimo existencial do devedor ou sua família; de outro, o direito à tutela executiva do credor; ambos, frise-se, direitos fundamentais das partes. Trata-se de sopesar a impenhorabilidade do bem de família e a ocorrência de fraude de execução. Assim, é preciso considerar que, em regra, o devedor que aliena, gratuita ou onerosamente, o único imóvel, onde reside a família, está, ao mesmo tempo, dispondo da proteção da Lei 8.009/1990, na medida em que seu comportamento evidencia que o bem não lhe serve mais à moradia ou subsistência. Do contrário, estar-se-ia a admitir o *venire contra factum proprium*. **REsp 1.364.509-RS**, Rel. Min. Nancy Andrighi, julgado em 10/6/2014. (Inform. STJ 545)

DIREITO CIVIL. CARACTERIZAÇÃO COMO BEM DE FAMÍLIA DO ÚNICO IMÓVEL RESIDENCIAL DO DEVEDOR CEDIDO A FAMILIARES. Constitui bem de família, insuscetível de penhora, o único imóvel residencial do devedor em que resida seu familiar, ainda que o proprietário nele não habite. De fato, deve ser dada a maior amplitude possível à proteção consignada na lei que dispõe sobre o bem de família (Lei 8.009/1990), que decorre do direito constitucional à moradia estabelecido no *caput* do art. 6º da CF, para concluir que a ocupação do imóvel por qualquer integrante da entidade familiar não descaracteriza a natureza jurídica do bem de família. Antes, porém, isso reafirma esta condição. Impõe-se lembrar, a propósito, o preceito contido no art. 226, *caput*, da CF – segundo o qual a família, base da sociedade, tem especial proteção do Estado –, de modo a indicar que aos dispositivos infraconstitucionais pertinentes se confira interpretação que se harmonize com o comando constitucional, a fim de assegurar efetividade à proteção a todas as entidades familiares em igualdade de condições. Dessa forma, tem-se que a Lei 8.009/1990 protege, em verdade, o único imóvel residencial de penhora. Se esse imóvel encontra-se cedido a familiares, filhos, enteados ou netos, que nele residem, ainda continua sendo bem de família. A circunstância de o devedor não residir no imóvel não constitui óbice ao reconhecimento do favor legal. Observe que o art. 5º da Lei 8.009/1990 considera não só a utilização pelo casal, geralmente proprietário do imóvel residencial, mas pela entidade familiar. Basta uma pessoa da família do devedor residir para obstar a constrição judicial. Ressalte-se que o STJ reconhece como impenhorável o imóvel residencial cuja propriedade seja de pessoas sozinhas, nos termos da Súmula 364, que dispõe: "O conceito de impenhorabilidade de bem de família abrange também o imóvel pertencente a pessoas solteiras, separadas e viúvas". Além do mais, é oportuno registrar que essa orientação coaduna-se com a adotada pela Segunda Seção do STJ há longa data, que reconhece como bem de família, inclusive, o único imóvel residencial do devedor oferecido a locação, de modo a garantir a subsistência da entidade familiar. **EREsp 1.216.187-SC**, Rel. Min. Arnaldo Esteves Lima, julgado em 14/5/2014. (Inform. STJ 543)

DIREITO CIVIL. IMPENHORABILIDADE DO BEM DE FAMÍLIA. CONTRIBUIÇÃO CRIADA POR ASSOCIAÇÃO DE MORADORES.
A impenhorabilidade do bem de família, conferida pela Lei n. 8.009/1990, não pode ser afastada em cobrança de dívida fundada em contribuições criadas por associações de moradores. As taxas de manutenção criadas por associações de moradores não são devidas por morador não associado, pois não podem ser equiparadas, para fins e efeitos de direito, a despesas condominiais. A possibilidade de cobrança de taxa condominial decorre de lei, e tem natureza jurídica de dívida *propter rem*. O fundamento da cobrança de tal contribuição é, entre outros, a existência de áreas comuns, de propriedade de todos os condôminos, que obrigatoriamente devem ser mantidas pela universalidade de proprietários. O direito ao pagamento da taxa devida à associação de moradores é pessoal, derivado da vedação ao enriquecimento ilícito, assim não se pode enquadrar a verba no permissivo do art. 3º, IV, da Lei 8.009/1990, que excepciona a impenhorabilidade do bem de família nas hipóteses de "cobrança de impostos, predial ou territorial, taxas e contribuições devidas em função do imóvel familiar". A orientação das hipóteses descritas nessa norma é claramente a de excepcionar despesas impositivas, como ocorre nos tributos em geral. Nesse sentido, a despesa condominial, por seu caráter *propter rem*, aproxima-se de tal natureza, daí a possibilidade de seu enquadramento nesse permissivo legal. A taxa asso-

ciativa, de modo algum carrega essa natureza. Precedentes citados: EREsp 444.931-SP, DJ 1º/2//2006, e AgRg no REsp 1.125.837-SP, DJe 5/6/2012. **REsp 1.324.107-SP, Rel. Min. Nancy Andrighi, julgado em 13/11/2012. (Inform. STJ 510)**

PENSÃO ALIMENTÍCIA. IMPENHORABILIDADE DO BEM DE FAMÍLIA.
A pensão alimentícia é prevista no art. 3º, III, da Lei n. 8.009/1990 como hipótese de exceção à impenhorabilidade do bem de família. E tal dispositivo não faz qualquer distinção quanto à causa dos alimentos, se decorrentes de vínculo familiar ou de obrigação de reparar danos. Na espécie, foi imposta pensão alimentícia em razão da prática de ato ilícito – acidente de trânsito –, ensejando-se o reconhecimento de que a impenhorabilidade do bem de família não é oponível à credora da pensão alimentícia. Precedentes citados: EREsp 679.456-SP, DJe 16/6/2011, e REsp 437.144-RS, DJ 10/11/2003. **REsp 1.186.225-RS, Rel. Min. Massami Uyeda, julgado em 4/9/2012. (Inform. STJ 503)**

PENHORABILIDADE DO BEM DE FAMÍLIA. ALEGAÇÃO TARDIA E ÔNUS DA PROVA.
A impenhorabilidade do bem de família, por ser matéria de ordem pública, pode ser arguida a qualquer tempo antes da arrematação do imóvel. Caso comprovada a má-fé do devedor em fazer a alegação tardia, resolve-se na redistribuição dos ônus sucumbenciais, nos termos do art. 22 do CPC. Para rebater o questionamento acerca da impossibilidade da alegação da impenhorabilidade do bem de família apenas na apelação, pois a matéria estaria preclusa, o Min. Relator fez distinção entre duas hipóteses. Na primeira, o assunto já foi alegado e decidido no processo, situação na qual há preclusão da matéria (art. 473 do CPC). Na segunda, a alegação é feita tardiamente, após a defesa de mérito do devedor. Nesse caso, por ser matéria de ordem pública, a impenhorabilidade do bem de família poderá ser conhecida a qualquer tempo antes da arrematação do imóvel. A depender da situação do caso concreto, comprovada a má-fé do devedor e conduta voltada para o prolongamento da lide, poderá haver redistribuição dos ônus sucumbenciais, nos termos do art. 22 do CPC. Outra questão debatida no recurso foi o ônus da prova sobre a impenhorabilidade do bem de família. O Min. Relator afirmou que a regra do art. 333 do CPC é voltada para os casos nos quais o magistrado não está plenamente convencido sobre as alegações das partes, ou seja, somente há necessidade de a solução do litígio se apoiar no ônus da prova quando não houver provas dos fatos ou quando essas se mostrarem insuficientes a que o julgador externe com segurança a solução que se lhe afigure a mais acertada. No caso, o Tribunal decidiu sobre a impenhorabilidade do bem de família com base nas provas já constantes nos autos, razão pela qual não se mostra relevante a discussão sobre o ônus da prova no caso concreto. Apreciando esses e outros assuntos, a Turma conheceu parcialmente do recurso e, nessa extensão, negou-lhe provimento. Precedentes citados: REsp 976.566-RS, DJ 5/4/2010; REsp 467.246-RS, DJ 12/8/2003; REsp 262.654-RS, DJ 20/11/2000; REsp 282.354-MG, DJ 19/3/2001, e AgRg no Ag 927.913-RJ, DJ 17/12/2007. REsp 981.532-RJ, Rel. Min. Luis Felipe Salomão, julgado em 7/8/2012. (Inform. STJ 501)

IMPENHORABILIDADE. BEM DE FAMÍLIA.
A exceção prevista no art. 3º, V, da Lei n. 8.009/1991, que deve ser interpretada restritivamente, somente atinge os bens que foram dados em garantia de dívidas contraídas em benefício da própria família. No caso, a hipoteca foi constituída em garantia de dívida de terceiro, o que não afasta a proteção dada ao imóvel pela lei que rege os bens de família. Precedentes citados: REsp 268.690-SP, DJ 12/3/2001; REsp 1.022.735-RS, DJe 18/2/2010, e AgRg no AgRg no Ag 1.094.203-SP, DJe 10/5/2011. REsp 997.261-SC, Rel. Min. Luis Felipe Salomão, julgado em 15/3/2012. (Inform. STJ 493)

Súmula STJ nº 449
A vaga de garagem que possui matrícula própria no registro de imóveis não constitui bem de família para efeito de penhora.

Súmula STJ nº 364
O conceito de impenhorabilidade de bem de família abrange também o imóvel pertencente a pessoas solteiras, separadas e viúvas.

7. SUCESSÕES

AR: filho adotivo e direito de suceder antes da CF/1988 - 3
Em conclusão de julgamento, o Plenário, por maioria, assentou a improcedência de pedido formulado em ação rescisória, na qual filha adotiva buscava desconstituir acórdão da 1ª Turma, que, ao dar provimento a recurso extraordinário, concluíra pela não incidência do art. 227, § 6º, da CF ("Os filhos, havidos ou não da relação do casamento, ou por adoção, terão os mesmos direitos e qualificações, proibidas quaisquer designações discriminatórias relativas à filiação") às sucessões abertas antes do advento da atual Constituição. Alegava-se violação à literal disposição do art. 51 da Lei 6.515/1977, preceito que teria alterado o art. 2º da Lei 883/1949, de modo a operar a revogação tácita do art. 377 do Código Civil de 1916 — v. Informativo 591. A Corte aduziu que o art. 51 da Lei 6.515/1977 não teria como destinatário o filho adotivo e que a Lei 883/1949 disciplinaria o reconhecimento de filhos ilegítimos, restringindo sua aplicação aos filhos biológicos. Ressaltou que o art. 377 do CC/1916, na redação atribuída pela Lei 3.133/1957, não teria sido revogado tacitamente pelo art. 51 da Lei 6.515/1977, e que a vigência do preceito teria se prolongado até a promulgação da CF/1988, que não o teria recepcionado (art. 227, § 6º). Por fim, o Colegiado mencionou jurisprudência da Corte no sentido de que a capacidade de suceder seria regida pela lei da época da abertura da sucessão, não comportando eficácia retroativa o disposto no art. 227, § 6º, da CF. Vencidos os Ministros Cezar Peluso, Ayres Britto e Cármen Lúcia, que julgavam o pleito procedente. Reputavam que todas as normas, inclusive as do CC/1916, que estabeleceriam distinção entre categorias de filhos, seriam inconstitucionais, por violarem o princípio da igualdade. Asseveravam que o art. 227 da Constituição em vigor teria apenas explicitado regra que já estaria no sistema constitucional, ou seja, a inadmissibilidade de estabelecer distinções, para qualquer efeito, entre classes ou qualidades de filhos. AR 1811/PB, rel. orig. Min. Eros Grau, red. p/ o acórdão Min. Dias Toffoli, 3.4.2014. (AR-1811) (Inform. STF 741)

DIREITO CIVIL. ASSINATURA DO TESTADOR COMO REQUISITO ESSENCIAL DE VALIDADE DE TESTAMENTO PARTICULAR. Será inválido o testamento particular redigido de próprio punho quando não for assinado pelo testador. De fato, diante da falta de assinatura, não é possível concluir, de modo seguro, que o testamento escrito de próprio punho exprime a real vontade do testador. A propósito, a inafastabilidade da regra que estatui a assinatura do testador como requisito essencial do testamento particular (art. 1.645, I, do CC/1916 e art. 1.876, § 1º, CC/2002) faz-se ainda mais evidente se considerada a inovação trazida pelos arts. 1.878 e 1.879 do CC/2002, que passaram a admitir a possibilidade excepcional de confirmação do testamento particular escrito de próprio punho nas hipóteses em que ausentes as testemunhas, desde que, frise-se, assinado pelo testador. Nota-se, nesse contexto, que a assinatura, além de requisito legal, é mais que mera formalidade, consistindo verdadeiro pressuposto de validade do ato, que não pode ser relativizada. **REsp 1.444.867-DF, Rel. Min. Ricardo Villas Bôas Cueva, julgado em 23/9/2014. (Inform. STJ 551)**

DIREITO CIVIL E PROCESSUAL CIVIL. ADJUDICAÇÃO DE DIREITOS HEREDITÁRIOS DO HERDEIRO DEVEDOR DE ALIMENTOS. É possível a adjudicação em favor do alimentado dos direitos hereditários do alimentante, penhorados no rosto dos autos do inventário, desde que observado os interesses dos demais herdeiros, nos termos dos arts. 1.793 a 1.795 do CC. De fato, o herdeiro pode ceder fração ideal da herança que lhe caiba, de modo gratuito ou oneroso, total ou parcialmente, inclusive em favor de terceiros (arts. 1.793 a 1.795 do CC), salvo se houver restrição em contrário (cláusula de inalienabilidade). Frise-se que, ante a natureza universal da herança, essa transferência não pode ser de um ou alguns bens determinados do acervo, senão da fração ideal que toca ao herdeiro. Nesse passo, como é facultado ao herdeiro dispor de seu quinhão hereditário, não é razoável afastar a possibilidade de ele ser "forçado" a transferir seus direitos hereditários aos seus credores, especialmente quando se tratar de crédito de natureza alimentar. Esclareça-se que a adjudicação, como a arrematação e os demais atos expropriatórios do processo executivo, visa à satisfação do crédito, por meio da transferência do bem penhorado ao patrimônio de outrem, com o objetivo de satisfazer o crédito. Assim, se "o devedor responde, para o cumprimento de suas obrigações, com todos os seus bens presentes e futuros, salvo as restrições estabelecidas em lei" (art. 591 do CPC); se, desde a abertura da sucessão, a herança incorpora-se ao patrimônio do herdeiro, como bem imóvel indivisível; e, se a adjudicação de bem imóvel é uma técnica legítima de pagamento, produzindo o mesmo resultado esperado com a entrega de certa quantia; conclui-se que os direitos hereditários do alimentante podem ser adjudicados para a satisfação de crédito alimentar. À vista do exposto, não há empecilho legal à adjudicação de direitos hereditários, nos termos do art. 685-A do CPC, desde que igualmente observadas as regras previstas nos arts. 1.793 a 1.795 do CC, de modo a preservar o interesse de outros herdeiros eventualmente existentes. REsp 1.330.165-RJ, Rel. Min. Nancy Andrighi, julgado em 13/5/2014. (Inform. STJ 544)

DIREITO CIVIL E PROCESSUAL CIVIL. RECONHECIMENTO DO DIREITO REAL DE HABITAÇÃO DO COMPANHEIRO SOBREVIVENTE EM AÇÃO POSSESSÓRIA. Ainda que o companheiro supérstite não tenha buscado em ação própria o reconhecimento da união estável antes do falecimento, é admissível que invoque o direito real de habitação em ação possessória, a fim de ser mantido na posse do imóvel em que residia com o falecido. O direito real de habitação é *ex vi legis* decorrente do direito sucessório e, ao contrário do direito instituído *inter vivos*, não necessita ser registrado no Cartório de Registro de Imóveis. É de se ver, portanto, que há direito sucessório exercitável desde a abertura da sucessão, sendo que, a partir desse momento, terá o cônjuge/companheiro sobrevivente instrumentos processuais para garantir o exercício do direito de habitação, inclusive, por meio dos interditos possessórios. Assim sendo, é plenamente possível a arguição desse direito para fins exclusivamente possessórios, até porque, entender de forma diversa, seria negar proteção justamente à pessoa para o qual o instituto foi desenvolvido e em momento pelo qual ele é o mais efetivo. Vale ressaltar que a constituição do direito real de habitação do cônjuge/companheiro supérstite emana exclusivamente da lei, "sendo certo que seu reconhecimento de forma alguma repercute na definição de propriedade dos bens partilhados. Em se tratando de direito *ex vi lege*, seu reconhecimento não precisa necessariamente dar-se por ocasião da partilha dos bens deixados pelo *de cujus*" (REsp 1.125.901/RS, Quarta Turma, DJe 6/9/2013). Adequada, portanto, a sentença que apenas vem a declarar a união estável na motivação do decisório, de forma incidental, sem repercussão na parte dispositiva e, por conseguinte, sem alcançar a coisa julgada (CPC, art. 469), mantendo aberta eventual discussão no tocante ao reconhecimento da união estável e seus efeitos decorrentes. Ante o exposto, não há falar em falta de interesse de agir, nem de questão prejudicial, pois, como visto, a sentença que reconheça o direito do companheiro em ação possessória não depende do julgamento de outro processo. Além do mais, uma vez que o direito real está sendo conferido exatamente àquela pessoa que residia no imóvel, que realmente exercia poder de fato sobre a coisa, a proteção possessória do companheiro sobrevivente está sendo outorgada à luz do fato jurídico posse. Nesse contexto, vale ressaltar o disposto no art. 1.210, § 2º, do CC, segundo o qual "não obsta à manutenção ou reintegração na posse a alegação de propriedade, ou de outro direito sobre a coisa", e o Enunciado 79 das Jornadas de Direito Civil, que dispõe que "a *exceptio proprietatis*, como defesa oponível às ações possessórias típicas, foi abolida pelo Código Civil de 2002, que estabeleceu a absoluta separação entre os juízos possessório e petitório". REsp 1.203.144-RS, Rel. Min. Luis Felipe Salomão, julgado em 27/5/2014. (Inform. STJ 543)

DIREITO CIVIL. INOPONIBILIDADE DO DIREITO REAL DE HABITAÇÃO NO CASO DE COPROPRIEDADE ANTERIOR À ABERTURA DA SUCESSÃO. A viúva não pode opor o direito real de habitação aos irmãos de seu falecido cônjuge na hipótese em que eles forem, desde antes da abertura da sucessão, coproprietários do imóvel em que ela residia com o marido. De fato, o direito real de habitação (arts. 1.611, § 2º, do CC/1916 e 1.831 do CC/2002) tem como essência a proteção do direito de moradia do cônjuge supérstite, dando aplicação ao princípio da solidariedade familiar. Nesse contexto, de um lado, vislumbrou-se que os filhos devem, em nome da solidariedade familiar, garantir ao seu ascendente a manutenção do lar; de outro lado, extraiu-se da ordem natural da vida que os filhos provavelmente sobreviverão ao habitador, momento em que poderão exercer, na sua plenitude, os poderes inerentes à propriedade que detêm. Ocorre que, no caso em que o cônjuge sobrevivente residia em imóvel de copropriedade do cônjuge falecido com os irmãos, adquirida muito antes do óbito, deixa de ter razoabilidade toda a matriz sociológica e constitucional que justifica a concessão do direito real de habitação ao cônjuge sobrevivente, pois não há elos de solidariedade entre um cônjuge e os parentes do outro, com quem tem apenas vínculo de afinidade, que se extingue, à exceção da linha reta, quando da dissolução do casamento. Além do mais, do contrário, estar-se-ia admitindo o direito real de habitação sobre imóvel de terceiros, em especial porque o condomínio formado pelos familiares do falecido preexiste à abertura da sucessão. Precedente citado: REsp 1.212.121-RJ, Quarta Turma, DJe 18/12/2013. REsp 1.184.492-SE, Rel. Min. Nancy Andrighi, julgado em 1º/4/2014. (Inform. STJ 541)

DIREITO CIVIL E PROCESSUAL CIVIL. LEGITIMIDADE PARA PLEITEAR DECLARAÇÃO DE NULIDADE EM DOAÇÃO INOFICIOSA. O herdeiro que cede seus direitos hereditários possui legitimidade para pleitear a declaração de nulidade de doação inoficiosa (arts. 1.176 do CC/1916 e 549 do CC/2002) realizada pelo autor da herança em benefício de terceiros. Isso porque o fato de o herdeiro ter realizado a cessão de seus direitos hereditários não lhe retira a qualidade de herdeiro, que é personalíssima. De fato, a cessão de direitos hereditários apenas transfere ao cessionário a titularidade da situação jurídica do cedente, de modo a permitir que aquele exija a partilha dos bens que compõem a herança. REsp 1.361.983-SC, Rel. Min. Nancy Andrighi, julgado em 18/3/2014. (Inform. STJ 539)

DIREITO CIVIL. FORMA PRESCRITA EM LEI PARA A CESSÃO GRATUITA DE MEAÇÃO. A lavratura de escritura pública é essencial à validade do ato praticado por viúva consistente na cessão gratuita, em favor dos herdeiros do falecido, de sua meação sobre imóvel inventariado cujo valor supere trinta salários mínimos, sendo insuficiente, para tanto, a redução a termo do ato nos autos do inventário. Isso porque, a cessão gratuita da meação não configura uma renúncia de herança, que, de acordo com o art. 1.806 do CC, pode ser efetivada não só por instrumento público, mas também por termo judicial. Trata-se de uma verdadeira doação, a qual, nos termos do art. 541 do CC, far-se-á por escritura pública ou instrumento particular, devendo-se observar, na hipótese, a determinação contida no art. 108 do CC, segundo a qual a escritura pública é essencial à validade dos negócios jurídicos que visem à constituição, transferência, modificação ou renúncia de direitos reais sobre imóveis de valor superior a trinta vezes o maior salário mínimo vigente no País. De fato, enquanto a renúncia da herança pressupõe a abertura da sucessão e só pode ser realizada por aqueles que ostentam a condição de herdeiro, a posse ou a propriedade dos bens do *de cujus* transmitem-se aos herdeiros quando e porque aberta a sucessão (princípio do *saisine*), a meação, de outro modo, independe da abertura da sucessão e pode ser objeto de ato de disposição pela viúva a qualquer tempo, seja em favor dos herdeiros ou de terceiros, já que aquele patrimônio é de propriedade da viúva em decorrência do regime de bens do casamento. Além do mais, deve-se ressaltar que o ato de disposição da meação também não se confunde com a cessão de direitos hereditários (prevista no art. 1.793 do CC), tendo em vista que esta também pressupõe a condição de herdeiro do cedente para que possa ser efetivada. Todavia, ainda que se confundissem, a própria cessão de direitos hereditários exige a lavratura de escritura pública para sua efetivação, não havendo por que prescindir dessa formalidade no que tange à cessão da meação. **REsp 1.196.992-MS, Rel. Min. Nancy Andrighi, julgado em 6/8/2013.** (Inform. STJ 529)

DIREITO CIVIL. ILEGITIMIDADE DO ESPÓLIO PARA AJUIZAR AÇÃO INDENIZATÓRIA EM RAZÃO DE DANOS SOFRIDOS PELOS HERDEIROS.
O espólio não tem legitimidade para postular indenização pelos danos materiais e morais supostamente experimentados pelos herdeiros, ainda que se alegue que os referidos danos teriam decorrido de erro médico de que fora vítima o falecido. Nessa situação, debatem as partes em torno de bens cuja titularidade é dos herdeiros por direito próprio, e não sobre bem jurídico de titularidade originária do falecido que tenha sido transmitido por efeito hereditário. Assim, não havendo coincidência entre o postulante e o titular do direito pleiteado, configura-se hipótese de ilegitimidade *ad causam*. Precedentes citados: REsp 869.970-RJ, Quarta Turma, DJe 11/2/2010, e REsp 913.131-BA, Quarta Turma, DJe 6/10/2008. **REsp 1.143.968-MG, Rel. Min. Luis Felipe Salomão, julgado em 26/2/2013.** (Inform. STJ 517).

DIREITO CIVIL. RENÚNCIA À HERANÇA POR PROCURADOR. REQUISITOS FORMAIS.
A constituição de procurador com poder especial para renunciar à herança de valor superior a trinta vezes o maior salário mínimo deve ser feita por instrumento público ou termo judicial para ter validade. Segundo o art. 1.806 do CC, a renúncia da herança deve constar expressamente de instrumento público ou termo judicial. Tal formalidade é uma decorrência lógica do previsto nos arts. 88, II, e 108 do mesmo diploma legal. Segundo o art. 80, II, considera-se bem imóvel a sucessão aberta. Já o art. 108 do mesmo código determina que a escritura pública é essencial à validade dos negócios jurídicos que visem à constituição, transferência, modificação ou renúncia de direitos reais sobre imóveis de valor superior a trinta vezes o maior salário mínimo. Assim, se a renúncia feita pelo próprio sucessor só tem validade se expressa em instrumento público ou termo judicial (art. 1.806 do CC), a transmissão de poderes para tal desiderato deverá observar a mesma formalidade. REsp 1.236.671-SP, Rel. originário Min. Massami Uyeda, Rel. para acórdão Min. Sidnei Beneti, julgado em 9/10/2012. (Inform. STJ 506)

DIREITO CIVIL. MEAÇÃO. APLICAÇÃO FINANCEIRA MANTIDA POR EX-CONSORTE DO DE CUJUS NA VIGÊNCIA DA SOCIEDADE CONJUGAL.
Quando perder o caráter alimentar, deve ser partilhada em inventário a aplicação financeira de proventos de aposentadoria mantida por um dos ex-consortes durante a vigência do matrimônio sob o regime de comunhão universal de bens. A melhor interpretação referente à incomunicabilidade dos salários, proventos e outras verbas similares (arts. 1.668, V, 1.659, VI e VII, do CC) é aquela que fixa a separação patrimonial apenas durante o período em que ela ainda mantém natureza alimentar, não desprezando a devida compatibilização dessa restrição com os deveres de mútua assistência. Embora o CC disponha expressamente que se excluem "da comunhão os proventos do trabalho pessoal de cada cônjuge", é forçoso convir que os valores, depois de recebidos por qualquer dos cônjuges, passam a compor a renda familiar e se comunicam até a separação de fato do casal, sendo absolutamente irrelevante a sua origem. Do contrário, somente o consorte que possuísse trabalho remunerado seria o titular da íntegra do patrimônio alicerçado durante a sociedade conjugal, entendimento que subverteria o sistema normativo relativo ao regime patrimonial do casamento. De modo que o comando da incomunicabilidade deve ser relativizado quando examinado em conjunto com os demais deveres do casamento; pois, instituída a obrigação de mútua assistência e de mantença do lar por ambos os cônjuges, não há como considerar isentas as verbas obtidas pelo trabalho pessoal de cada um deles ou proventos e pensões tampouco como hábeis a formar uma reserva particular. Conforme dispõe a lei, esses valores devem obrigatoriamente ser utilizados para auxílio à mantença do lar da sociedade conjugal. Assim, os proventos de aposentadoria como bem particular são excluídos da comunhão apenas enquanto as respectivas cifras mantenham um caráter alimentar em relação àquele consorte que as aufere. No entanto, suplantada a necessidade de proporcionar a subsistência imediata do titular, as verbas excedentes integram o patrimônio comum do casal e se comunicam, devendo ser incluídas entre os bens a serem meados no inventário aberto em função da morte de um dos cônjuges. REsp 1.053.473-RS, Rel. Min. Marco Buzzi, julgado em 2/10/2012. (Inform. STJ 506)

SUCESSÃO. CÔNJUGE SOBREVIVENTE. DIREITO REAL DE HABITAÇÃO.
Em sucessões abertas na vigência do CC/1916, a viúva que fora casada no regime de separação de bens com o de cujus tem direito ao usufruto da quarta parte dos bens deixados, em havendo filhos (art. 1.611, § 1º, do CC/1916). O direito real de habitação conferido pelo novo diploma civil à viúva sobrevivente, qualquer que seja o regime de bens do casamento (art. 1.831 do CC/2002), não alcança as sucessões abertas na vigência da legislação revogada (art. 2.041 do CC/2002). *In casu*, não sendo extensível à viúva o direito real de habitação previsto no art. 1.831 do novo diploma civil, os aluguéis fixados pela sentença até 10 de janeiro de 2003 – data em que entrou em vigor o novo estatuto civil – devem ser ampliados a período posterior. REsp 1.204.347-DF, Rel. Min. Luis Felipe Salomão, julgado em 12/4/2012. (Inform. STJ 495)

MANDATO. PRESTAÇÃO DE CONTAS. MORTE DO MANDANTE.
O direito de exigir a prestação de contas do mandatário transmite-se aos herdeiros do mandante, pois o dever de prestar decorre da lei e não está vinculado à vigência do contrato. Na hipótese, o contrato foi firmado para alienação de imóvel, portanto o prazo prescricional da ação de prestação de contas inicia-se após a realização de seu objeto. Assim, a obrigação do mandatário de prestar contas subsiste a extinção do mandato. De fato, a morte do mandante cessa o contrato; porém, por força do art. 1.784 do CC, uma vez aberta a sucessão, os herdeiros ficam automaticamente investidos na titularidade de

todo o acervo patrimonial do de cujus, formando-se o vínculo jurídico com o mandatário. Precedente citado: REsp 474.983-RJ, DJ 4/8/2003. REsp 1.122.589-MG, Rel. Min. Paulo de Tarso Sanseverino, julgado em 10/4/2012. (Inform. STJ 495)

LEVANTAMENTO. MEAÇÃO. PROCESSO. INVENTÁRIO. PARTILHA.
A Turma negou provimento ao recurso e cassou a liminar concedida em medida cautelar que estabeleceu a prestação de caução como condição ao levantamento do valor litigioso. Isso porque a impossibilidade de reverter a decisão (em fase de execução) que reconheceu o direito do ex-cônjuge varão à indenização em processo de dissolução de sociedade comercial cumulada com apuração de bens, adicionada ao direito incontestável da ex-mulher à meação desses valores (art. 1.658 do CC), legitima seu levantamento por ela (recorrida), especialmente tendo em vista que o patrimônio do casal é suficientemente expressivo para cobrir qualquer diferença porventura apurada em favor de um ou de outro nos autos do inventário e partilha, consoante consignado pelo tribunal a quo. Infirmar tal decisão é vedado pelo óbice da Súm. n. 7/STJ. Ademais, sendo o escopo precípuo da caução prevenir provável risco de grave dano de difícil ou incerta reparação a que exposto o executado com o prosseguimento da execução, ressoa inequívoco ser prescindível essa garantia no caso, ante o expressivo acervo patrimonial partilhável. Além disso, a antecipação de partilha outorgada ao recorrente sob idênticos fundamentos e condições outrora defendidos que ora impugna revela comportamento processual contraditório, caracterizado como *venire contra factum proprium*. Precedentes citados: REsp 846.660-RS, DJe 13/5/2011, e REsp 1.024.169-RS, DJe 28/4/2010. REsp 1.283.796-RJ, Rel. Min. Luis Felipe Salomão, julgado em 14/2/2012. (Inform. STJ 491)

8. DIREITOS AUTORAIS

DIREITO AUTORAL. RETRANSMISSÃO. TV. CLÍNICA MÉDICA. - CIVIL
A Turma, seguindo entendimento firmado nesta Corte, assentou que é legítima a cobrança de direito autoral de clínicas médicas pela disponibilização de aparelhos de rádio e televisão nas salas de espera. Segundo a legislação de regência, a simples circunstância de promover a exibição pública da obra artística em local de frequência coletiva caracteriza o fato gerador da contribuição, sendo irrelevante o auferimento de lucro como critério indicador do dever de pagar retribuição autoral. Nos termos do disposto nos arts. 28 e 29, VIII, da Lei n. 9.610/1998, a utilização direta ou indireta de obra artística por meio de radiodifusão sonora ou televisiva enseja direito patrimonial ao autor, titular exclusivo da propriedade artística. Além disso, a hipótese dos autos estaria expressamente prevista em lei. Precedentes citados: REsp 556.340-MG, DJ 11/10/2004, e REsp 742.426-RJ, DJe 15/3/2010. **REsp 1.067.706-RS, Rel. Min. Luis Felipe Salomão, julgado em 8/5/2012.** (Inform. STJ 497)

DIREITO PATRIMONIAL. OBRA CINEMATOGRÁFICA. - CIVIL
A remuneração dos intérpretes em obra cinematográfica, salvo pactuação em contrário, é a previamente estabelecida no contrato de produção – o que não confere ao artista o direito à retribuição pecuniária pela exploração econômica posterior do filme. Com base nesse entendimento, a Turma negou à atriz principal o repasse dos valores recebidos pela produtora na comercialização e distribuição das fitas de videocassete do filme em que atuou. Asseverou-se que os direitos patrimoniais decorrentes da exibição pública da obra, em regra, devem ser recolhidos por seus autores – diretor, produtor ou emissoras de televisão, conforme o caso (art. 68, § 3°, da Lei n. 9.610/1998). **REsp 1.046.603-RJ, Rel. Min. Luis Felipe Salomão, julgado em 8/5/2012.** (Inform. STJ 497)

Súmula STF nº 386
Pela execução de obra musical por artistas remunerados é devido direito autoral, não exigível quando a orquestra for de amadores.

Súmula STJ nº 261
A cobrança de direitos autorais pela retransmissão radiofônica de músicas, em estabelecimentos hoteleiros, deve ser feita conforme a taxa média de utilização do equipamento, apurada em liquidação.

Súmula STJ nº 63
São devidos direitos autorais pela retransmissão radiofônica de músicas em estabelecimentos comerciais.

9. NORMAS DE DIREITO INTERTEMPORAL

DIREITO CIVIL. RESPONSABILIDADE DE HOSPITAL PARTICULAR POR EVENTO DANOSO OCORRIDO NA VIGÊNCIA DO CC/1916 E ANTES DO INÍCIO DA VIGÊNCIA DO CDC/1990.
Para que hospital particular seja civilmente responsabilizado por dano a paciente em razão de evento ocorrido na vigência do CC/1916 e antes do início da vigência do CDC/1990, é necessário que sua conduta tenha sido, ao menos, culposa. Isso porque, nessa hipótese, devem ser observadas as regras atinentes à responsabilidade subjetiva prevista no CC/1916, e não aquela que dispõe sobre a responsabilidade objetiva do fornecedor, prevista no art. 14 do CDC, inaplicável a fatos anteriores à data de início de sua vigência. **REsp 1.307.032-PR, Rel. Min. Raul Araújo, julgado em 18/6/2013.** (Inform. STJ 526)

10. DIREITOS AUTORAIS

DIREITO CIVIL. LEGALIDADE DE CRITÉRIOS FIXADOS EM REGULAMENTO DE ARRECADAÇÃO DO ECAD. É válido o critério de estimativa da receita bruta do evento realizado, previsto em regulamento de arrecadação do ECAD, para se cobrar os valores devidos pela execução de obras musicais. Tratando-se de direito de autor, compete a esse a fixação da remuneração pela utilização de sua obra por terceiro, seja diretamente, seja por intermédio das associações ou do próprio ECAD, que possui métodos próprios para elaboração dos cálculos diante da diversidade das obras reproduzidas, segundo critérios eleitos internamente. Dessa forma, no âmbito de atuação do ECAD, os critérios para a cobrança dos direitos autorais são definidos no regulamento de arrecadação elaborado e aprovado em assembleia geral composta pelos representantes das associações que o integram. O referido regulamento contém tabela específica de preços, os quais devem observar "a razoabilidade, a boa-fé e os usos do local de utilização das obras", conforme a nova redação expressa no § 3° do art. 98 da Lei n. 9.610/1998. Neste contexto, a jurisprudência do STJ é firme no sentido de ser válida a tabela de preços instituída pelo ECAD e seu critério de arrecadação. Precedentes citados: AgRg nos EDcl no REsp 885.783-SP, Terceira Turma, DJe 22/5/2013; e AgRg no Ag 780.560-PR, Quarta Turma, DJ 26/2/2007. **REsp 1.160.483-RS, Rel. Min. Luis Felipe Salomão, julgado em 10/6/2014.** (Inform. STJ 543)

**DIREITO CIVIL. RESPONSABILIDADE PELO PAGAMENTO DE TAXA AO ECAD NA HIPÓTESE DE EXECUÇÃO DE MÚSICAS EM SUPERMERCADO SEM AUTORIZAÇÃO DOS AUTORES. É devido o pagamento de direitos autorais ao

ECAD pela transmissão radiofônica de músicas em supermercado, quando essas forem executadas sem autorização de seus autores, independentemente da obtenção de lucro direto ou indireto pelo estabelecimento comercial. Com efeito, na vigência da Lei 5.988/1973, a existência de lucro era imprescindível para cobrança de direitos autorais. Entretanto, com a edição da Lei 9.610/1998, houve subtração da expressão "que visem a lucro direto ou indireto" como pressuposto para a cobrança de direitos autorais. Nessa linha, o STJ firmou o entendimento de ser irrelevante a utilidade econômica como condição de exigência para a percepção da verba autoral, quando a execução desautorizada ocorrer na vigência do art. 68 da Lei 9.610/1998. Nesse contexto, é irrelevante a obtenção de lucro direto ou indireto pelo supermercado pela transmissão radiofônica de música em seu estabelecimento. Ademais, a Súmula 63 do STJ estabelece que "São devidos direitos autorais pela retransmissão radiofônica de músicas em estabelecimentos comerciais". Precedente citado: REsp 1.306.907-SP, Quarta Turma, DJe 18/6/2013. **REsp 1.152.820-SP, Rel. Min. Luis Felipe Salomão, julgado em 5/6/2014. (Inform. STJ 542)**

DIREITO CIVIL. MULTA PELA UTILIZAÇÃO INDEVIDA DE OBRA MUSICAL. Para a aplicação da multa prevista no art. 109 da Lei 9.610/1998 – incidente quando há utilização indevida de obra musical –, é necessária a existência de má-fé e a intenção ilícita de usurpar os direitos autorais. Precedentes citados: AgRg no AREsp 233.232-SC, Terceira Turma, DJe 4/2/2013; REsp 742.426-RJ, Quarta Turma, DJe 15/3/2010; e REsp 704.459-RJ, Quarta Turma, DJe 8/3/2010. **REsp 1.152.820-SP, Rel. Min. Luis Felipe Salomão, julgado em 5/6/2014. (Inform. STJ 542)**

DIREITO CIVIL. TERMO INICIAL DOS JUROS DE MORA RELATIVOS À EXECUÇÃO DESAUTORIZADA DE OBRA MUSICAL. Contam-se da execução pública não autorizada de obra musical – e não da data da citação – os juros de mora devidos em razão do não recolhimento de direitos ao Escritório Central de Arrecadação e Distribuição (ECAD). O ECAD – órgão instituído e administrado pelas associações de gestão coletiva musical, mandatárias de todos os titulares de obras musicais a elas filiados – intermedeia, em nome dos autores de composições musicais, a arrecadação, distribuição e fiscalização dos seus direitos. Assim, deve-se determinar não a natureza da relação entre os executores de composições musicais e o ECAD, e sim a natureza da relação entre esses executores e os próprios autores, que são apenas representados pelo ECAD na arrecadação e fiscalização de seus direitos. Nesse aspecto, ganha relevância o comando do art. 68 da Lei 9.610/1998, segundo o qual, sem prévia e expressa autorização do titular, não poderão ser utilizadas composições musicais em representações e execuções públicas. Necessário distinguir ainda a relação decorrente da execução desautorizada de composição musical, daquela derivada da execução realizada mediante prévia autorização do titular. Evidentemente, na execução comercial desautorizada de obra musical, a relação entre o titular da obra e o executor será extracontratual, ante a inexistência de vínculo entre as partes. Todavia, a situação muda de figura quando a execução comercial de composições musicais advém de prévia autorização do titular, ainda que por intermédio do ECAD, em que há autêntico acordo de vontades para a cessão parcial, temporária e não exclusiva de direitos autorais. Em suma, na execução comercial desautorizada de obras musicais a relação entre executor e ECAD (mandatário dos titulares das obras) é extracontratual, de sorte que eventual condenação judicial fica sujeita a juros de mora contados desde o ato ilícito, nos termos do art. 398 do CC e da Súmula 54 do STJ. E na execução comercial autorizada a relação entre executor e ECAD é contratual, de maneira que sobre eventual condenação judicial incidem juros de mora contados desde a citação, nos termos do art. 405 do CC. **REsp 1.424.004-GO, Rel. Min. Nancy Andrighi, julgado em 25/3/2014. (Inform. STJ 539)**

DIREITO CIVIL. SEMELHANÇA TEMÁTICA ENTRE OBRAS ARTÍSTICAS. Não configura violação de direitos autorais a produção e veiculação de minissérie que utilize o mesmo título, derivado da música brasileira mais conhecida da época retratada pela criação, bem como a mesma ideia central contida em roteiro anteriormente produzido e registrado por terceiro, na hipótese em que não tenham sido substancialmente utilizados a habilidade técnica e o labor intelectual da obra anterior. Isso porque o direito autoral protege apenas a criação de uma obra, caracterizada sua exteriorização sob determinada forma, e não a ideia em si ou um tema determinado. Com efeito, não há violação de direitos autorais pelo simples fato de as ideias de uma obra serem usadas em outra. Assim, considerando o fato de as obras em cotejo apenas contarem histórias semelhantes, mas não iguais, não fica configurado o plágio, mas apenas a identidade de temas, o que é plenamente possível, não ocorrendo, assim, violação de direitos autorais (art. 8º, I, da Lei 9.610/1998). **REsp 1.189.692-RJ, Rel. Min. Luis Felipe Salomão, julgado em 21/5/2013.** (Inform. STJ 527)

DIREITO CIVIL. SUSPENSÃO OU INTERRUPÇÃO DA TRANSMISSÃO DE OBRAS MUSICAIS EM RAZÃO DA FALTA DE PAGAMENTO DO VALOR DOS RESPECTIVOS DIREITOS AUTORAIS. A autoridade judicial competente pode determinar, como medida de tutela inibitória fundada no art. 105 da Lei 9.610/1998, a suspensão ou a interrupção da transmissão de determinadas obras musicais por emissora de radiodifusão em razão da falta de pagamento ao ECAD do valor correspondente aos respectivos direitos autorais, ainda que pendente ação judicial destinada à cobrança desse valor. Deve-se destacar, inicialmente, que o ajuizamento de medida destinada à obtenção de tutela ressarcitória não exclui a possibilidade de que se demande pela utilização de mecanismo apto à efetivação de tutela inibitória. De fato, trata-se de pretensões que não se confundem, pois, enquanto a tutela ressarcitória visa à cobrança dos valores devidos, a tutela inibitória se destina a impedir a continuação ou a repetição do ilícito. Observe-se que o *caput* do artigo 68 da Lei 9.610/1998 dispõe que, sem prévia e expressa autorização do autor ou titular, não poderão ser utilizadas obras teatrais, composições musicais ou lítero-musicais e fonogramas em representações e execuções públicas. Por sua vez, o § 4º do mesmo artigo especifica que, previamente à realização da execução pública, o empresário deverá apresentar ao escritório central de arrecadação e distribuição a comprovação dos recolhimentos relativos aos direitos autorais. Portanto, conclui-se que a autorização para exibição ou execução das obras compreende o prévio pagamento dos direitos autorais, feito por meio do recolhimento dos respectivos valores ao ECAD. Nesse contexto, admitir que a execução das obras possa continuar normalmente, ainda que sem o recolhimento dos valores devidos, porque essa cobrança já seria objeto de tutela jurisdicional específica, seria o mesmo que permitir a violação dos direitos patrimoniais do autor, em razão da relativização da norma contida no art. 68, *caput* e § 4º, da Lei 9.610/1998, comprometendo, dessa maneira, a sua razão de ser. Ressalte-se, ainda, que a tutela inibitória do art. 105 da Lei 9.610/1998, que permite que a autoridade judicial competente determine a imediata suspensão ou interrupção da transmissão e da retransmissão realizadas mediante violação de direitos autorais, apresenta, de fato, caráter protetivo dos direitos autorais. Assim, autorizar sua aplicação quando houver violação dos direitos patrimoniais de autor, representada pelo não recolhimento dos valores devidos, não a transforma em medida coercitiva. Diversamente, põe-se em evidência a proteção dos direitos autorais, impedindo-se que se prossiga auferindo vantagens econômicas, derivadas da exploração da obra, sem o respectivo pagamento. **REsp 1.190.841-SC, Rel. Min. Nancy Andrighi, julgado em 11/6/2013.** (Inform. STJ 526)

DIREITO CIVIL. RESPONSABILIDADE PELO PAGAMENTO DE TAXA AO ECAD NA HIPÓTESE DE EXECUÇÃO DE MÚSICAS, SEM AUTORIZAÇÃO DOS AUTORES, DURANTE FESTA DE CASAMENTO REALIZADA EM CLUBE.
Os nubentes são responsáveis pelo pagamento ao ECAD de taxa devida em razão da execução de músicas, sem autorização dos autores, na festa de seu casamento realizada em clube, ainda que o evento não vise à obtenção de lucro direto ou indireto. Anteriormente à vigência da Lei 9.610/1998, a jurisprudência prevalente no âmbito do direito autoral enfatizava a gratuidade das apresentações públicas de obras musicais, dramáticas ou similares como elemento de extrema relevância para distinguir o que ensejava ou não o pagamento de direitos. De fato, na vigência da Lei 5.988/1973, a existência do lucro se revelava como imprescindível à incidência dos direitos patrimoniais. Ocorre que, com a edição da Lei 9.610/1998, houve significativa alteração em relação a esse ponto. De fato, o confronto do art. 73 da Lei 5.988/1973 com o art. 68 da Lei 9.610/1998 revela a supressão, no novo texto, da cláusula "que visem a lucro direto ou indireto", antes tida como pressuposto para a cobrança de direitos autorais. Nesse contexto, o STJ, em sintonia com o novo diploma legal, alterou seu entendimento, passando a não mais considerar a utilidade econômica do evento como condição para a percepção da verba autoral. Passou-se, então, a reconhecer a viabilidade da cobrança dos direitos autorais também nas hipóteses em que a execução pública da obra protegida não tenha sido realizada com o intuito de lucro. Destaque-se, ademais, que o art. 46, VI, da Lei 9.610/1998, efetivamente, autoriza a execução musical independentemente do pagamento de qualquer taxa, desde que realizada no recesso familiar. Todavia, não é possível admitir interpretação que confira à expressão "recesso familiar" amplitude não autorizada pela norma, de modo a abarcar situações como a ora analisada. Com efeito, não é admissível que sejam ultrapassados os limites legais impostos aos direitos de autor, tendo em vista que a interpretação em matéria de direitos autorais deve ser sempre restritiva, à luz do art. 4º da Lei 9.610/1998. Observe-se que a referida lei, nos termos de seu art. 68, § 2º, considera execução pública a utilização de composições musicais ou lítero-musicais, mediante a participação de artistas, remunerados ou não, ou a utilização de fonogramas e obras audiovisuais, em locais de frequência coletiva, por quaisquer processos, inclusive a radiodifusão ou transmissão por qualquer modalidade. Além disso, o § 3º do mesmo artigo considera os clubes, sem qualquer exceção, como locais de frequência coletiva. Portanto, deve-se concluir que a limitação do art. 46, VI, da Lei 9.610/1998 não abarca eventos, mesmo que familiares e sem intuito de lucro, realizados em clubes. Assim, é devida a cobrança de direitos autorais pela execução de músicas durante festa de casamento realizada em clube, mesmo sem a existência de proveito econômico. Quanto à definição de quem deve ser considerado devedor da taxa em questão, cobrada pelo ECAD em decorrência da execução de músicas em casamentos, não há previsão explícita na Lei de Direitos Autorais. Em seu capítulo sobre a comunicação ao público, há um alerta no sentido de que, anteriormente à realização da execução pública, o empresário deverá apresentar ao escritório central a comprovação dos recolhimentos relativos aos direitos autorais (art. 68). Mais à frente, quando da previsão das sanções civis decorrentes das violações de direitos autorais, a Lei 9.610/1998 prevê que respondem solidariamente por estas os organizadores dos espetáculos, os proprietários, diretores, gerentes, empresários e arrendatários dos locais previstos no referido art. 68. Sobre o assunto, o próprio sítio eletrônico do ECAD informa que os valores devem ser pagos pelos usuários. Ademais, o regulamento de arrecadação do ECAD afirma que deverá ser considerada usuário de direito autoral toda pessoa física ou jurídica que utilizar obras musicais, lítero-musicais, fonogramas, através da comunicação pública, direta ou indireta, por qualquer meio ou processo similar, seja a utilização caracterizada como geradora, transmissora, retransmissora, distribuidora ou redistribuidora. Nesse contexto, conclui-se ser de responsabilidade dos nubentes, usuários interessados na organização do evento, o pagamento da taxa devida ao ECAD, sem prejuízo da solidariedade instituída pela lei. **REsp 1.306.907-SP, Rel. Min. Luis Felipe Salomão, julgado em 6/6/2013.** (Inform. STJ 526)

DIREITO CIVIL. LEGITIMIDADE DO ECAD PARA A FIXAÇÃO DO VALOR A SER RECEBIDO A TÍTULO DE DIREITOS AUTORAIS.
O ECAD tem legitimidade para reduzir o valor a ser recebido, a título de direitos autorais, pelos autores de obras musicais de background (músicas de fundo), bem como estabelecer, para a remuneração desse tipo de obra, valor diferente do que o recebido pelos compositores das demais composições, de forma a corrigir distorções na remuneração pela execução das diversas obras musicais. Com efeito, o ECAD é uma associação civil constituída pelas associações de direito do autor com a finalidade de defesa e cobrança dos direitos autorais, nos termos do que prevê o art. 99 da Lei 9.610/1998. Vale ressaltar que, com o ato de filiação, as associações atuam como mandatárias de seus filiados na defesa dos seus interesses (art. 98), principalmente junto ao ECAD, que tem a competência para fixar preços, efetuar a cobrança e distribuir os valores referentes aos direitos autorais. Ademais, apesar de a lei de direitos autorais não fazer distinção entre os tipos de obras, outorgando-lhes igual proteção, verifica-se que não há nada que impeça que o critério adotado pelo ECAD para a distribuição dos valores arrecadados entre os autores leve em consideração o fato de as músicas de fundo serem obras de menor evidência do que as composições que, por exemplo, são temas de novelas, de personagens etc. Dessa forma, entende o STJ que, em se tratando de direito de autor, compete a este a fixação do seu valor, o que pode ocorrer diretamente ou por intermédio das associações e do próprio ECAD, que possui métodos próprios para a elaboração dos cálculos diante da diversidade das obras reproduzidas, segundo critérios eleitos internamente, já que não há tabela oficial regulamentada por lei ou normas administrativas sobre o assunto. **REsp 1.331.103-RJ, Rel. Min. Nancy Andrighi, julgado em 23/4/2013.** (Inform. STJ 524)

DIREITO CIVIL. LIMITES À UTILIZAÇÃO DE TRECHOS DE OBRA MUSICAL.
Constitui ofensa aos direitos autorais a reprodução, sem autorização ou menção aos seus autores, em periódico de cunho erótico, de trechos de determinada obra musical que vinha sendo explorada comercialmente, em segmento mercadológico diverso, pelos titulares de seus direitos patrimoniais no caso em que o trecho tenha sido utilizado para dar completude ao ensaio fotográfico publicado, proporcionando maior valorização do produto comercializado. Em regra, a exploração comercial da obra e a escolha dos meios em que ela ocorrerá são direitos exclusivos do autor. De fato, a utilização de pequenos trechos de obras preexistentes somente não constitui ofensa aos direitos autorais quando a reprodução, em si, não seja o objetivo principal da obra nova, não prejudique a exploração normal daquela reproduzida, nem cause prejuízo injustificado aos legítimos interesses dos autores (art. 46, VIII, da Lei 9.610/1998). Nesse contexto, verificado que a situação em análise não se enquadra na exceção, por ter sido a obra utilizada em caráter de completude, e não de acessoriedade, bem como pelo fato de que esta vinha sendo explorada comercialmente em segmento mercadológico diverso pelos titulares de seus direitos patrimoniais, deve-se reconhecer, na hipótese, a ocorrência de efetiva violação aos direitos dos autores. **REsp 1.217.567-SP, Rel. Min. Luis Felipe Salomão, julgado em 7/5/2013.** (Inform. STJ 524)

2. DIREITO PROCESSUAL CIVIL

1. PRINCÍPIOS DO PROCESSO CIVIL

DIREITO PROCESSUAL CIVIL. ANÁLISE DOS EFEITOS DE IRREGULARIDADE PROCESSUAL À LUZ DO PRINCÍPIO DO MÁXIMO APROVEITAMENTO DOS ATOS PROCESSUAIS.
O fato de um recurso ter sido submetido a julgamento sem anterior inclusão em pauta não implica, por si só, qualquer nulidade quando, para aquele recurso, inexistir norma que possibilite a realização de sustentação oral. Isso porque, apesar da ocorrência de irregularidade processual (inobservância do art. 552 do CPC), deve ser considerada a regra segundo a qual o ato não se repetirá, nem se lhe suprirá a falta, quando não prejudicar a parte (art. 249, § 1º, do CPC), em consonância com o princípio do máximo aproveitamento dos atos processuais. **REsp 1.183.774-SP, Rel. Min. Nancy Andrighi, julgado em 18/6/2013.** (Inform. STJ 526)

DIREITO PROCESSUAL CIVIL. NULIDADE DE ATO PROCESSUAL DE SERVENTUÁRIO. EFEITOS SOBRE ATOS PRATICADOS DE BOA-FÉ PELAS PARTES.
A eventual nulidade declarada pelo juiz de ato processual praticado pelo serventuário não pode retroagir para prejudicar os atos praticados de boa-fé pelas partes. O princípio da lealdade processual, de matiz constitucional e consubstanciado no art. 14 do CPC, aplica-se não só às partes, mas a todos os sujeitos que porventura atuem no processo. Dessa forma, no processo, exige-se dos magistrados e dos serventuários da Justiça conduta pautada por lealdade e boa-fé, sendo vedados os comportamentos contraditórios. Assim, eventuais erros praticados pelo servidor não podem prejudicar a parte de boa-fé. Entendimento contrário resultaria na possibilidade de comportamento contraditório do Estado-Juiz, que geraria perplexidade na parte que, agindo de boa-fé, seria prejudicada pela nulidade eventualmente declarada. Assim, certidão de intimação tornada sem efeito por serventuário não pode ser considerada para aferição da tempestividade de recurso. Precedente citado: AgRg no AgRg no Ag 1.097.814-SP, DJe 8/9/2009. **AgRg no AREsp 91.311-DF, Rel. Min. Antonio Carlos Ferreira, julgado em 6/12/2012.** (Inform. STJ 511)

Súmula STF nº 667
Viola a garantia constitucional de acesso à jurisdição a taxa judiciária calculada sem limite sobre o valor da causa.

2. PARTES, PROCURADORES, MINISTÉRIO PÚBLICO E JUIZ

Associações: legitimidade processual e autorização expressa - 5
A autorização estatutária genérica conferida a associação não é suficiente para legitimar a sua atuação em juízo na defesa de direitos de seus filiados, sendo indispensável que a declaração expressa exigida no inciso XXI do art. 5º da CF ("as entidades associativas, quando expressamente autorizadas, têm legitimidade para representar seus filiados judicial ou extrajudicialmente") seja manifestada por ato individual do associado ou por assembleia geral da entidade. Por conseguinte, somente os associados que apresentaram, na data da propositura da ação de conhecimento, autorizações individuais expressas à associação, podem executar título judicial proferido em ação coletiva. Com base nessa orientação, o Plenário, em conclusão de julgamento, e por votação majoritária, proveu recurso extraordinário no qual se discutia a legitimidade ativa de associados que, embora não tivessem autorizado explicitamente a associação a ajuizar a demanda coletiva, promoveram a execução de sentença prolatada em favor de outros associados que, de modo individual e expresso, teriam fornecido autorização para a entidade atuar na fase de conhecimento — v. Informativos 569 e 722. Em preliminar, ante a ausência de prequestionamento quanto aos artigos 5º, XXXVI, e 8º, III, da CF, o Tribunal conheceu em parte do recurso. No mérito, reafirmou a jurisprudência da Corte quanto ao alcance da expressão "quando expressamente autorizados", constante da cláusula inscrita no mencionado inciso XXI do art. 5º da CF. Asseverou que esse requisito específico acarretaria a distinção entre a legitimidade das entidades associativas para promover demandas em favor de seus associados (CF, art. 5º, XXI) e a legitimidade das entidades sindicais (CF, art. 8º, III). O Colegiado reputou não ser possível, na fase de execução do título judicial, alterá-lo para que fossem incluídas pessoas não apontadas como beneficiárias na inicial da ação de conhecimento e que não autorizaram a atuação da associação, como exigido no preceito constitucional em debate. Ademais, a simples previsão estatutária de autorização geral para a associação seria insuficiente para lhe conferir legitimidade. Por essa razão, ela própria tivera a cautela de munir-se de autorizações individuais. Vencidos os Ministros Ricardo Lewandowski (relator), Joaquim Barbosa (Presidente) e Cármen Lúcia, que negavam provimento ao recurso.
RE 573232/SC, rel. orig. Min. Ricardo Lewandowski, red. p/ o acórdão Min. Marco Aurélio, 14.5.2014. (RE-573232) (Inform. STF 746)

EMB. DECL. NO RMS N. 25.841-DF
RELATOR: MIN. MARCO AURÉLIO
RECURSO – TRANSMISSÃO ELETRÔNICA – AUTORIA – CAPACIDADE POSTULATÓRIA – INEXIGIBILIDADE. É dispensável que o autor do ato eletrônico de transmissão possua capacidade postulatória, sendo suficiente que a peça protocolada esteja subscrita por detentor da referida capacidade. EMBARGOS DECLARATÓRIOS – ESCLARECIMENTOS – ACOLHIDA. Uma vez suscitada omissão, cumpre prover os declaratórios, sem, necessariamente, chegar à eficácia modificativa. (Inform. STF 742)

DIREITO PROCESSUAL CIVIL. ILEGITIMIDADE DO CONDÔMINO PARA PROPOR AÇÃO DE PRESTAÇÃO DE CONTAS.
O condômino, isoladamente, não possui legitimidade para

ajuizar ação de prestação de contas contra o condomínio. Isso porque, nos termos do art. 22, §1º, f, da Lei 4.591/1964, o condomínio, representado pelo síndico, não tem obrigação de prestar contas a cada um dos condôminos, mas sim a todos, perante a assembleia dos condôminos. No mesmo sentido, o art. 1.348, VIII, do CC dispõe que compete ao síndico, dentre outras atribuições, prestar contas à assembleia, anualmente e quando exigidas. **REsp 1.046.652-RJ, Rel. Min. Ricardo Villas Bôas Cueva, julgado em 16/9/2014.** (Inform. STJ 549)

DIREITO PROCESSUAL CIVIL. INTERVENÇÃO DO MP EM AÇÕES DE RESSARCIMENTO AO ERÁRIO. O Ministério Público não deve obrigatoriamente intervir em todas as ações de ressarcimento ao erário propostas por entes públicos. A interpretação do art. 82, III, do CPC à luz do art. 129, III e IX, da CF revela que o interesse público que justifica a intervenção do MP não está relacionado à simples presença de ente público na demanda nem ao interesse patrimonial deste (interesse público secundário ou interesse da Administração). Exige-se que o bem jurídico tutelado corresponda a um interesse mais amplo, com espectro coletivo (interesse público primário). Além disso, a causa de pedir relativa ao ressarcimento ao ente público, considerando os limites subjetivos e objetivos da lide, prescinde da análise da ocorrência de ato de improbidade administrativa, razão pela qual não há falar em intervenção obrigatória do MP, sob pena de transformar a ação de indenização em sede imprópria para discussão acerca da configuração de improbidade administrativa. **EREsp 1.151.639-GO, Rel. Min. Benedito Gonçalves, julgado em 10/9/2014.** (Inform. STJ 548)

DIREITO PROCESSUAL CIVIL. INTERVENÇÃO DA DPU COMO AMICUS CURIAE EM PROCESSO REPETITIVO. A eventual atuação da Defensoria Pública da União (DPU) em muitas ações em que se discuta o mesmo tema versado no recurso representativo de controvérsia não é suficiente para justificar a sua admissão como *amicus curiae*. Precedente citado: REsp 1.333.977-MT, Segunda Seção, DJe 12/3/2014. **REsp 1.371.128-RS, Rel. Min. Mauro Campbell Marques, julgado em 10/9/2014.** (Inform. STJ 547)

DIREITO PROCESSUAL CIVIL. PERSONALIDADE JUDICIÁRIA DAS CÂMARAS MUNICIPAIS. A Câmara Municipal não tem legitimidade para propor ação com objetivo de questionar suposta retenção irregular de valores do Fundo de Participação dos Municípios. Isso porque a Câmara Municipal não possui personalidade jurídica, mas apenas personalidade judiciária, a qual lhe autoriza tão somente atuar em juízo para defender os seus interesses estritamente institucionais, ou seja, aqueles relacionados ao funcionamento, autonomia e independência do órgão, não se enquadrando, nesse rol, o interesse patrimonial do ente municipal. Precedente citado: REsp 1.164.017-PI, Primeira Seção, DJe 6/4/2010. **REsp 1.429.322-AL, Rel. Min. Mauro Campbell Marques, julgado em 20/2/2014.** (Inform. STJ 537)

DIREITO PROCESSUAL CIVIL. EXTENSÃO DA GRATUIDADE DE JUSTIÇA AOS ATOS PRATICADOS POR NOTÁRIOS E REGISTRADORES.
A gratuidade de justiça obsta a cobrança de emolumentos pelos atos de notários e registradores indispensáveis ao cumprimento de decisão proferida no processo judicial em que fora concedido o referido benefício. Essa orientação é a que melhor se ajusta ao conjunto de princípios e normas constitucionais voltados a garantir ao cidadão a possibilidade de requerer aos poderes públicos, além do reconhecimento, a indispensável efetividade dos seus direitos (art. 5º, XXXIV, XXXV, LXXIV, LXXVI e LXXVII, da CF). Com efeito, a abstrata declaração judicial do direito nada valerá sem a viabilização de seu cumprimento. **AgRg no RMS 24.557-MT, Rel. Min. Castro Meira, julgado em 7/2/2013.** (Inform. STJ 517)

DIREITO TRIBUTÁRIO E PROCESSUAL CIVIL. INEXISTÊNCIA DE ISENÇÃO DA FAZENDA PÚBLICA QUANTO AO PAGAMENTO DOS EMOLUMENTOS CARTORÁRIOS.
A Fazenda Pública não é isenta do pagamento de emolumentos cartorários, havendo, apenas, o diferimento deste para o final do processo, quando deverá ser suportado pelo vencido. Precedentes citados: REsp 988.402-SP, Segunda Turma, DJe 7/4/2008; AgRg no REsp 1.013.586-SP, Segunda Turma, DJe 4/6/2009, e RMS 12.073-RS, Primeira Turma, DJ 2/4/2001. **AgRg no REsp 1.276.844-RS, Rel. Min. Napoleão Nunes Maia Filho, julgado em 5/2/2013.** (Inform. STJ 516)

DIREITO PROCESSUAL CIVIL. JURISDIÇÃO VOLUNTÁRIA. INTERESSE DO MP NA INTERPOSIÇÃO DE RECURSO EM AÇÃO DE RETIFICAÇÃO DE REGISTRO CIVIL.
O Ministério Público tem interesse na interposição de recurso de apelação em face de sentença que, nos autos de ação de retificação de registro civil, julga procedente o pedido para determinar que seja acrescido ao final do nome do filho o sobrenome de seu genitor. Ainda que se trate de procedimento de jurisdição voluntária, os arts. 57 e 109 da Lei n. 6.015/1973, de forma expressa, dispõem sobre a necessidade de intervenção do MP nas ações que visem, respectivamente, à alteração do nome e à retificação do registro civil. A imposição legal referida, por sua vez, decorre do evidente interesse público envolvido, justificando a intervenção do MP no processo e o seu interesse recursal. **REsp 1.323.677-MA, Rel. Min. Nancy Andrighi, julgado em 5/2/2013.** (Inform. STJ 513)

DIREITO PROCESSUAL CIVIL. TERMO INICIAL DA CONTAGEM DOS PRAZOS PARA INTERPOSIÇÃO DE RECURSOS PELO MP OU PELA DEFENSORIA PÚBLICA.
A contagem dos prazos para a interposição de recursos pelo MP ou pela Defensoria Pública começa a fluir da data do recebimento dos autos com vista no respectivo órgão, e não da ciência pelo seu membro no processo. A fim de legitimar o tratamento igualitário entre as partes, a contagem dos prazos para os referidos órgãos tem início com a entrada dos autos no setor administrativo do respectivo órgão. Estando formalizada a carga pelo servidor, configurada está a intimação pessoal, sendo despicienda, para a contagem do prazo, a aposição no processo do ciente do membro. Precedentes citados: **EDcl no RMS 31.791-AC, DJe 10/2/2012; AgRg no REsp 1.346.471-AC, DJe 25/5/2011; AgRg no AgRg no Ag 656.360-RJ, DJe 24/3/2011; AgRg no Ag 880.448-MG, DJe 4/8/2008, e AgRg no Ag 844.560-PI, DJ 17/12/2007. REsp 1.278.239-RJ, Rel. Min. Nancy Andrighi, julgado em 23/10/2012.** (Inform. STJ 507)

PETIÇÃO ELETRÔNICA. ADVOGADO PÚBLICO. NOME QUE NÃO CONSTA NO CERTIFICADO DIGITAL.
Em preliminar, a Turma entendeu ser possível o conhecimento de petição eletrônica encaminhada por advogado representante *ex lege* de pessoa jurídica de direito público, mesmo que não seja o titular do certificado digital utilizado para assinar a transmissão eletrônica do documento. Para o Min. Relator, o certificado digital gera uma presunção técnica de autoria (autenticidade), de identificação única entre o titular desse certificado e o arquivo de dados que ele subscrevera. Tal fato possibilita o conhecimento do recurso ou petição assinada por representante processual que decorra da própria lei (como é o caso dos advogados públicos), mesmo que conste, no documento assinado digitalmente, o nome de outro procurador. No mérito, o recurso especial não foi conhecido, pois o tribunal de origem decidiu a questão com base em legislação local, o que atrai o óbice da Súm. n. 280/STF. **AgRg no REsp 1.304.123-AM, Rel. Min. Humberto Martins, julgado em 22/5/2012.** (Inform. STJ 498)

INTIMAÇÃO PESSOAL. DEFENSORIA PÚBLICA. SENTENÇA PROFERIDA EM AUDIÊNCIA.
É prerrogativa da Defensoria Pública a intimação pessoal dos seus membros de todos os atos e termos do processo.

A presença do defensor público na audiência de instrução e julgamento na qual foi proferida a sentença não retira o ônus da sua intimação pessoal que somente se concretiza com a entrega dos autos com abertura de vistas, em homenagem ao princípio constitucional da ampla defesa. Para o Min. Relator, não se cuida de formalismo ou apego exacerbado às formas, mas sim de reconhecer e dar aplicabilidade à norma jurídica vigente e válida, preservando a própria função exercida pelo referido órgão e, principalmente, resguardando aqueles que não têm condições de contratar um defensor particular. **REsp 1.190.865-MG, Rel. Min. Massami Uyeda, julgado em 14/2/2012.** (Inform. STJ 491)

Súmula STF nº 644
Ao titular do cargo de procurador de autarquia não se exige a apresentação de instrumento de mandato para representá-la em juízo.

Súmula STJ nº 327
Nas ações referentes ao Sistema Financeiro da Habitação, a Caixa Econômica Federal tem legitimidade como sucessora do Banco Nacional da Habitação.

Súmula STJ nº 232
A Fazenda Pública, quando parte no processo, fica sujeita à exigência do depósito prévio dos honorários do perito.

Súmula STJ nº 226
O Ministério Público tem legitimidade para recorrer na ação de acidente do trabalho, ainda que o segurado esteja assistido por advogado.

Súmula STJ nº 99
O Ministério Público tem legitimidade para recorrer no processo em que oficiou como fiscal da lei, ainda que não haja recurso da Parte.

3. ATOS PROCESSUAIS

DIREITO PROCESSUAL CIVIL. HIPÓTESE DE NÃO CONFIGURAÇÃO DE COMPARECIMENTO ESPONTÂNEO DO RÉU. A apresentação de procuração e a retirada dos autos efetuada por advogado destituído de poderes para receber a citação não configura comparecimento espontâneo do réu (art. 214, § 1º, do CPC). Precedentes citados: REsp 648.202-RJ, Segunda Turma, DJe 11/4/2005; e REsp 1.246.098-PE, Segunda Turma, DJe 5/5/2011. **AgRg no REsp 1.468.906-RJ, Rel. Min. Mauro Campbell Marques, julgado em 26/8/2014.** (Inform. STJ 546)

DIREITO PROCESSUAL CIVIL. DIGITALIZAÇÃO DOS AUTOS E GUARDA PESSOAL DE DOCUMENTOS. Não pode ato infralegal (resolução de Tribunal) impor à parte autora o dever de providenciar a digitalização das peças dos autos, tampouco o dever de guarda pessoal de alguns dos documentos físicos do processo, ainda que os autos sejam provenientes de outro juízo ou instância. Dispõe o § 5º do art. 12 da Lei 11.419/2006 que "A digitalização de autos em mídia não digital, em tramitação ou já arquivados, será precedida de publicação de editais de intimações ou da intimação pessoal das partes e de seus procuradores, para que, no prazo preclusivo de 30 (trinta) dias, se manifestem sobre o desejo de manterem pessoalmente a guarda de algum dos documentos originais." Ademais, o mesmo diploma legal estabelece em seu art. 18 que "Os órgãos do Poder Judiciário regulamentarão esta Lei, no que couber, no âmbito de suas respectivas competências." Por sua vez, o TRF-4ª Região regulamentou a matéria por meio da Resolução 17/2010, art. 17, § 2º: "No juízo competente, a parte autora será intimada para retirar os autos físicos em 30 (trinta) dias, e providenciar a digitalização, ficando responsável pela guarda dos documentos." Conforme se verifica, a lei concede às partes e/ou aos seus procuradores a faculdade de exercerem a opção pela guarda pessoal de algum dos documentos originais dos autos físicos. O que a lei previu como faculdade, o ato infralegal do TRF transformou em dever processual. A circunstância de o art. 18 da lei em tela delegar em favor do Judiciário o poder de regulamentá-la naturalmente não consubstancia autorização para criar obrigações não previstas na lei (que em momento algum impõe à parte autora o dever de providenciar a digitalização dos autos remetidos por outro juízo e de conservar em sua guarda as peças originais). **REsp 1.448.424-RS, Rel. Min. Herman Benjamin, julgado em 22/5/2014 (Vide Informativo n. 524).** (Inform. STJ 544)

DIREITO PROCESSUAL CIVIL. PRAZOS PROCESSUAIS NO CASO DE GREVE DE ADVOGADOS PÚBLICOS.
A greve de advogados públicos não constitui motivo de força maior a ensejar a suspensão ou devolução dos prazos processuais (art. 265, V, do CPC). Precedentes citados: AgRg no REsp 502.403-RS, Segunda Turma, DJe de 16/12/2008; AgRg no Ag 1.428.316-PI, Quarta Turma, DJe 23/4/2012; AgRg no Ag 1.253.872-DF, Quinta Turma, DJe 26/4/2010; e AgRg no REsp 373.323-DF, Sexta Turma, DJe de 4/8/2008. **REsp 1.280.063-RJ, Rel. Min. Eliana Calmon, julgado em 4/6/2013.** (Inform. STJ 525)

DIREITO PROCESSUAL CIVIL. REGULAMENTAÇÃO DO PROCESSO ELETRÔNICO PELOS ÓRGÃOS DO PODER JUDICIÁRIO.
É possível que o tribunal local defina, por meio de resolução que regulamente o processo eletrônico no âmbito de sua respectiva competência, ser de responsabilidade do autor a digitalização dos autos físicos para continuidade da tramitação do processo em meio eletrônico. Isso porque, nessa hipótese, a regulamentação está em consonância com o art. 18 da Lei 11.419/2006, o qual prevê que os "órgãos do Poder Judiciário regulamentará esta Lei, no que couber, no âmbito de suas respectivas competências". **REsp 1.374.048-RS, Rel. Min. Humberto Martins, julgado em 21/5/2013.** (Inform. STJ 524)

DIREITO PROCESSUAL CIVIL. INAPLICABILIDADE DO ART. 188 DO CPC AO INCIDENTE DE SUSPENSÃO DE LIMINAR. Não incide o art. 188 do CPC, que confere prazo em dobro para recorrer à Fazenda Pública ou ao Ministério Público, na hipótese de o recurso interposto ser o incidente de suspensão de liminar previsto no art. 4º, § 3º, da Lei 8.437/1992. Precedente citado do STF: STA-AgR 172-BA, Tribunal Pleno, DJe 2/12/2010. **REsp 1.331.730-RS, Rel. Min. Herman Benjamin, julgado em 7/5/2013.** (Inform. STJ 523)

DIREITO PROCESSUAL CIVIL. BENEFÍCIO DO PRAZO EM DOBRO NO CASO EM QUE OS LITISCONSORTES CONSTITUAM ADVOGADOS DIFERENTES NO CURSO DE PRAZO RECURSAL.
Se os litisconsortes passam a ter procuradores distintos no curso do processo, quando já iniciado o prazo recursal, somente se aplica o benefício do prazo em dobro à parte do prazo recursal ainda não transcorrida até aquele momento. O art. 191 do CPC determina que "quando os litisconsortes tiverem diferentes procuradores, ser-lhe-ão contados em dobro os prazos para contestar, para recorrer e, de modo geral, para falar nos autos". Esse benefício não está condicionado à prévia declaração dos litisconsortes de que terão mais de um advogado e independe de requerimento ao juízo. Ocorre que, caso os litisconsortes passem a ter advogados distintos no curso do prazo para recurso, a duplicação do prazo se dará apenas em relação ao tempo faltante. O ingresso nos autos de novo advogado não tem o condão de reabrir o prazo recursal já expirado, pois, do contrário, no caso de pluralidade de partes no mesmo polo processual, bastaria aos litisconsortes constituir novo advogado no último

dia do prazo recursal para obter a aplicação do benefício em relação à integralidade do prazo. Precedentes citados: REsp 336.915-RS, Quarta Turma, DJ 6/5/2002, e REsp 493.396-DF, Sexta Turma, DJ 8/3/2004. REsp 1.309.510-AL, Rel. Min. Nancy Andrighi, julgado em 12/3/2013. (Inform. STJ 518)

DIREITO PROCESSUAL CIVIL. FUNDAMENTAÇÃO PER RELATIONEM.

É legítima a adoção da técnica de fundamentação referencial (per relationem), consistente na alusão e incorporação formal, em ato jurisdicional, de decisão anterior ou parecer do Ministério Público. Precedente citado: REsp 1.194.768-PR, Segunda Turma, DJe 10/11/2011. EDcl no AgRg no AREsp 94.942-MG, Rel. Min. Mauro Campbell Marques, julgado em 5/2/2013. (Inform. STJ 517).

DIREITO PROCESSUAL CIVIL. IRRELEVÂNCIA DA INDISPONIBILIDADE DO SISTEMA DE PROTOCOLO VIA FAX DO STJ NA FLUÊNCIA DO PRAZO RECURSAL.

O recurso interposto via fax fora do prazo recursal deve ser considerado intempestivo, ainda que tenha ocorrido eventual indisponibilidade do sistema de protocolo via fax do STJ no decorrer do referido período de tempo. Conforme a jurisprudência do STJ, são de responsabilidade de quem opta pelo sistema de comunicação por fax os riscos de que eventuais defeitos técnicos possam impedir a perfeita recepção da petição. Precedente citado: AgRg nos EDcl no REsp 1.096.600-RS, Terceira Turma, DJe 29/6/2009. AgRg nos EDcl no AREsp 237.482-RJ, Rel. Min. Humberto Martins, julgado em 7/2/2013. (Inform. STJ 517).

DIREITO PROCESSUAL CIVIL. ASSISTÊNCIA JUDICIÁRIA GRATUITA. IMPUGNAÇÃO DO BENEFÍCIO NOS AUTOS DO PROCESSO PRINCIPAL. AUSÊNCIA DE NULIDADE. NÃO DEMONSTRAÇÃO DE PREJUÍZO.

Não enseja nulidade o processamento da impugnação à concessão do benefício de assistência judiciária gratuita nos autos do processo principal, se não acarretar prejuízo à parte. A Lei n. 1.060/1950, ao regular as normas acerca da concessão da assistência judiciária gratuita, determina que a impugnação à concessão do benefício seja processada em autos apartados, de forma a evitar tumulto processual no feito principal e resguardar o amplo acesso ao Poder Judiciário, com o exercício da ampla defesa e produção probatória, conforme previsto nos arts. 4º, § 2º, e 6º e 7º, parágrafo único, do referido diploma legal. Entretanto, o processamento incorreto da impugnação nos mesmos autos do processo principal deve ser considerado mera irregularidade. Conforme o princípio da instrumentalidade das formas e dos atos processuais, consagrado no caput do art. 244 do CPC, quando a lei prescreve determinada forma sem cominação de nulidade, o juiz deve considerar válido o ato se, realizado de outro modo, alcançar sua finalidade. Assim, a parte interessada deveria arguir a nulidade e demonstrar a ocorrência concreta de prejuízo, por exemplo, eventual falta do exercício do contraditório e da ampla defesa. O erro formal no procedimento, se não causar prejuízo às partes, não justifica a anulação do ato impugnado, até mesmo em observância ao princípio da economia processual. Ademais, por ser relativa a presunção de pobreza a que se refere o art. 4º da Lei n. 1.060/1950, o próprio magistrado, ao se deparar com as provas dos autos, pode, de ofício, revogar o benefício. Precedente citado: REsp 494.867-AM, DJ 29/9/2003. REsp 1.286.262-ES, Rel. Min. Paulo de Tarso Sanseverino, julgado em 18/12/2012. (Inform. STJ 511).

DIREITO PROCESSUAL CIVIL. CITAÇÃO POR EDITAL. ÚNICA TENTATIVA DE CITAÇÃO POR OFICIAL DE JUSTIÇA.

A citação por edital é cabível após única tentativa de citação por oficial de justiça quando o executado não é localizado no seu domicílio fiscal, sendo o fato certificado pelo referido auxiliar da justiça. Não é necessário o exaurimento de todos os meios para localização do paradeiro do executado para se admitir a citação por edital, sobretudo porque tal exigência

não decorre do art. 8º, III, da Lei n. 6.830/1980. Precedentes citados: REsp 1.103.050-BA (Repetitivo), DJe 6/4/2009, e REsp 1.241.084-ES, DJe 27/4/2011. **AgRg no AREsp 206.770-RS, Rel. Min. Benedito Gonçalves, julgado em 13/11/2012.** (Inform. STJ 510)

DIREITO PROCESSUAL CIVIL. INTIMAÇÃO. ERRO NA GRAFIA DO NOME DO ADVOGADO. POSSIBILIDADE DE IDENTIFICAÇÃO DO FEITO. AUSÊNCIA DE PREJUÍZO.

A nulidade da publicação por erro na grafia do nome de advogado somente deverá ocorrer quando resultar em prejuízo na sua identificação. A consignação do nome completo e correto do advogado é necessária para a validade da intimação. Assim, é até despiciendo que o número de inscrição na OAB esteja correto, pois mister é que o nome do advogado conste da publicação, como expressamente exige o § 1º do art. 236 do CPC. A ratio dessa norma é que o destinatário da intimação é o próprio advogado, de sorte que a errônea grafia de seu nome que não permita sua correta identificação pode causar prejuízo à parte por ele representada, acarretando a plena nulidade da intimação. Contudo, o estipulado no § 1º do art. 236 do CPC deve ser examinado em conjunto com a ideia de que o erro inescusável é tão somente aquele que impede o conhecimento da publicação ao seu destinatário. Isso significa que a identificação do advogado reveste-se de elementos específicos de maneira que não há de se concentrar apenas e exclusivamente no seu nome, mas ainda em outros elementos que o caracterizam como atuante no processo, sobretudo em tempos de processo eletrônico. Assim, não se deve reconhecer a nulidade da intimação e a respectiva devolução do prazo recursal da qual conste, com grafia incorreta, o nome do advogado se o erro é insignificante, como a troca de apenas uma letra e ausência de um acento, e é possível identificar o feito pelo exato nome das partes e número do processo. Precedente citado: **REsp 751.241-SP, DJ 5/9/2005. RMS 31.408-SP, Rel. Min. Massami Uyeda, julgado em 13/11/2012.** (Inform. STJ 508)

DIREITO PROCESSUAL CIVIL. INTIMAÇÃO. IDENTIFICAÇÃO DE GRAFIA INCORRETA DO NOME DO ADVOGADO. MOMENTO OPORTUNO DE SE MANIFESTAR.

A alegação da nulidade de publicação errônea do nome de advogado deve ocorrer na primeira oportunidade de falar nos autos, sob pena de preclusão. Assim, aquele que se vê diante dessa irregularidade processual deve alegá-la de plano, direta e objetivamente, por meio dos instrumentos legais (art. 245 do CPC). **RMS 31.408-SP, Rel. Min. Massami Uyeda, julgado em 13/11/2012.** (Inform. STJ 508)

DIREITO PROCESSUAL CIVIL. NULIDADE. QUALIFICAÇÃO INCOMPLETA DE TESTEMUNHA. POSTERIOR REGULARIZAÇÃO. AUSÊNCIA DE PREJUÍZO.

A qualificação incompleta de testemunha do rol depositado em juízo, nos termos do art. 407 do CPC, não gera, por si só, nulidade caso regularizada em tempo hábil à sua finalidade, ainda que em momento posterior à apresentação do rol. É pacífico o entendimento nesta Corte Superior de que a decretação de nulidade de atos processuais depende da necessidade de efetiva demonstração de prejuízo da parte interessada por prevalência do princípio pas de nulitte sans grief. Precedentes citados: **AgRg no REsp 1.326.049-DF, DJe 24/8/2012; EDcl no REsp 1.087.163-RJ, DJe 24/10/2011, e REsp 158.093-SP, DJ 3/8/1998. REsp 1.330.028-DF, Rel. Min. Ricardo Villas Bôas Cueva, julgado em 6/11/2012.** (Inform. STJ 508)

DIREITO PROCESSUAL CIVIL. NULIDADE. QUALIFICAÇÃO INCOMPLETA DE TESTEMUNHA. POSTERIOR REGULARIZAÇÃO. AUSÊNCIA DE PREJUÍZO.

A qualificação incompleta de testemunha do rol depositado em juízo, nos termos do art. 407 do CPC, não gera, por si só, nulidade caso regularizada em tempo hábil à sua finalidade, ainda que em momento posterior à apresentação do rol. É pacífico o entendimento nesta Corte Superior de que a decretação de nulidade de atos processuais depende da necessidade de efetiva demonstração de prejuízo da parte interessada por prevalência do princípio *pas de nulitte sans grief*. Precedentes citados: **AgRg no REsp 1.326.049-DF, DJe 24/8/2012; EDcl no REsp 1.087.163-RJ, DJe 24/10/2011, e REsp 158.093-SP, DJ 3/8/1998. REsp 1.330.028-DF, Rel. Min. Ricardo Villas Bôas Cueva, julgado em 6/11/2012**. (Inform. STJ 508)

DIREITO PROCESSUAL CIVIL. PETIÇÃO ELETRÔNICA. FALTA DE IDENTIDADE NA CERTIFICAÇÃO DIGITAL.
É inexistente a petição eletrônica se não houver identidade entre o titular do certificado digital utilizado para assinar o documento e os advogados indicados como autores da petição. De acordo com a redação do art. 21, I, da Res. n. 1/2010-STJ, é de exclusiva responsabilidade dos usuários, entre outras coisas, o sigilo da chave privada de sua identidade digital, *login* e senha. A assinatura eletrônica destina-se à identificação inequívoca do signatário do documento, de modo que, se o nome do advogado indicado como autor da petição não confere com o do titular do certificado digital utilizado para assinar a transmissão eletrônica do documento, deve ser tida como inexistente, haja vista o descumprimento do disposto nos arts. 1º, § 2º, III, e 18, ambos da Lei n. 11.419/2006, e nos arts. 18, § 1º, e 21, I, da Res. n. 1/2010-STJ. Precedentes citados: **AgRg nos EDcl no REsp 1.234.892-SP, DJe 21/6/2011; AgRg no REsp 1.107.598-PR, DJe 6/10/2010; EDcl no AgRg no REsp 1.146.013-SC, DJe 22/11/2010, e EDcl na AR 4.173-RS, DJe 21/6/2011. AgRg no AREsp 217.075-PE, Rel. Min. Herman Benjamin, julgado em 9/10/2012**. (Inform. STJ 507)

DIREITO PROCESSUAL CIVIL. INFORMAÇÕES PROCESSUAIS VIA *INTERNET*. DEVOLUÇÃO DE PRAZO. AUSÊNCIA DE JUSTA CAUSA.
A eventual omissão dos sítios eletrônicos dos tribunais, quanto ao andamento do processo, não constitui justa causa a ensejar a devolução do prazo processual. As informações processuais prestadas pelos sítios eletrônicos dos tribunais não possuem caráter oficial, mas meramente informativo. Ausente a atualização automática da página eletrônica, cabe ao advogado obter no cartório em que o processo tramita a informação necessária para a interposição tempestiva do recurso. Portanto, a demora da comunicação na *internet* de atos processuais que impliquem início de prazo não induz ao erro, o que só poderia ocorrer caso fossem noticiadas informações erradas. Destaca-se que existe precedente desta corte em sentido contrário no qual foi decidido pela devolução do prazo, porém tratava-se de erro consistente na divulgação pelo *site* de data diversa da certificada no cartório. Precedentes citados: **EREsp 503.761-DF, DJ 14/11/2005; AgRg no AREsp 21.129-RS, DJe 24/11/2011; AgRg no REsp 1.241.885-RS, DJe 26/5/2011, e REsp 1.186.276-RS, DJe 3/2/2011. AgRg no AREsp 76.935-RS, Rel. Min. Antonio Carlos Ferreira, julgado em 18/10/2012**. (Inform. STJ 507)

CUMPRIMENTO DE SENTENÇA. FALTA DE INTIMAÇÃO PESSOAL. LEGISLAÇÃO ANTERIOR.
Antes da vigência da Lei n. 11.232/2005, a falta de intimação da parte para cumprimento da obrigação de fazer fixada na sentença transitada em julgado não permitia a cobrança de multa – *astreinte* – pelo descumprimento da obrigação. A retirada dos autos em carga pelo advogado do réu pode levá-lo à ciência de sua obrigação, mas não obriga a parte ao cumprimento da obrigação de fazer, pois a sua intimação pessoal era imprescindível, entendimento em conformidade com a Súm. n. 410/STJ. **REsp 1.121.457-PR, Rel. Min. Nancy Andrighi, julgado em 12/4/2012**. (Inform. STJ 495)

Súmula STF nº 641
Não se conta em dobro o prazo para recorrer, quando só um dos litisconsortes haja sucumbido.

Súmula STF nº 310
Quando a intimação tiver lugar na sexta-feira, ou a publicação com efeito de intimação for feita nesse dia, o prazo judicial terá início na segunda-feira imediata, salvo se não houver expediente, caso em que começará no primeiro dia útil que se seguir.

Súmula STJ nº 429
A citação postal, quando autorizada por lei, exige o aviso de recebimento.

Súmula STJ nº 273
Intimada a defesa da expedição da carta precatória, torna-se desnecessária intimação da data da audiência no juízo deprecado.

Súmula STJ nº 116
A Fazenda Pública e o Ministério Publico têm prazo em dobro para interpor agravo regimental no Superior Tribunal de Justiça.

4. LITISCONSÓRCIO, ASSISTÊNCIA E INTERVENÇÃO DE TERCEIROS

Assistente simples e ingresso após início de julgamento de RE - 4
Em conclusão de julgamento, o Plenário, por maioria, negou provimento a agravo regimental interposto de decisão que indeferira pedido de ingresso do postulante nos autos do RE 550.769/RJ (DJe de 3.4.2014), na qualidade de assistente simples (CPC, art. 50). O requerente alegava ser sócio-administrador da empresa recorrente no aludido extraordinário e que, nesta condição, poderia eventualmente ser chamado a responder pelos débitos tributários da sociedade, razão pela qual possuiria interesse direto na resolução da causa em discussão no recurso. Apontava, ainda, a existência de suposto fato novo, consistente no direito subjetivo de parcelamento do débito tributário e em outras mudanças voltadas à facilitação do adimplemento do devedor junto à Receita Federal — v. Informativo 693. O Colegiado aduziu que a admissão de assistente simples pressuporia a utilidade e a necessidade da medida, ponderada pela circunstância de o interessado receber o processo no estado em que se encontrasse. Explicitou que o requerimento teria sido formulado cerca de três meses após a sessão em que iniciado o julgamento do RE. Afirmou que, por não poder o postulante apresentar novas razões recursais, sequer realizar sustentação oral, não estaria presente a utilidade da medida. Ademais, a suposta alteração relevante do quadro fático-jurídico não existiria, pois a inclusão e a exclusão da empresa no programa de parcelamento de débito seriam anteriores ao julgamento do RE e o postulante poderia ter apresentado seu pedido antes disso. Consignou que a pretensão de conferir efeito suspensivo ao RE já teria sido apreciada por duas vezes pelo STF (AC 1.657/RJ, DJe de 30.11.2007; AC 2.101/RJ, DJe de 5.8.2008). Assim, a ausência de modificação substancial do quadro existente por ocasião do exame da primeira medida acauteladora impediria a concessão de providência análoga à anteriormente rejeitada. Reputou que, inexistente interesse jurídico legítimo, para além do simples viés econômico, descaberia proliferar os atores processuais de modo a comprometer a prestação jurisdicional. Assinalou não haver relação direta entre as medidas tendentes a cobrar o crédito tributário da empresa com a responsabilização de seus gestores e o RE, no qual se discutiria a aplicação de restrição que se teria por sanção política, mas nada se diria sobre a validade desse crédito. Vencidos os Ministros Luiz Fux, Gilmar Mendes, Celso de Mello e Ricardo Lewandowski (Presidente), que proviam o agravo. Afirmavam que o interessado figuraria no polo passivo de diversas execuções fiscais, relativas à empresa, com blo-

queio de seus bens em decorrência de medida acauteladora de 1ª instância. Dessa forma, teria interesse jurídico em intervir nos autos do RE, no estado em que este se encontrasse. **Pet 4391 AgR/RJ, rel. orig. Min. Joaquim Barbosa, red. p/ o acórdão Min. Teori Zavascki, 9.10.2014.** (PET-4391) (Inform. STF 762)

DIREITO PROCESSUAL CIVIL. ASSISTÊNCIA SIMPLES EM PROCESSO SUBMETIDO AO RITO DO ART. 543-C DO CPC. Não configura interesse jurídico apto a justificar o ingresso de terceiro como assistente simples em processo submetido ao rito do art. 543-C do CPC o fato de o requerente ser parte em outro feito no qual se discute tese a ser firmada em recurso repetitivo. Isso porque, nessa situação, o interesse do terceiro que pretende ingressar como assistente no julgamento do recurso submetido à sistemática dos recursos repetitivos é meramente subjetivo, quando muito reflexo, de cunho meramente econômico, o que não justifica sua admissão como assistente simples. Outrossim, o requerente não se enquadra no rol do art. 543-C, § 4º, do CPC, sendo certo ainda que nem mesmo aqueles inseridos da referida lista podem ser admitidos como assistentes no procedimento de recursos representativos, não sendo possível, também, a interposição de recurso por eles para impugnar a decisão que vier a ser prolatada. Ademais, a admissão da tese sustentada pelo requerente abriria a possibilidade de manifestação de todos aqueles que figuram em feitos que tiveram a tramitação suspensa em vista da afetação, o que, evidentemente, inviabilizaria o julgamento de recursos repetitivos. **REsp 1.418.593-MS, Rel. Min. Luis Felipe Salomão, julgado em 14/5/2014.** (Inform. STJ 540)

DIREITO PROCESSUAL CIVIL. CHAMAMENTO AO PROCESSO EM AÇÃO DE FORNECIMENTO DE MEDICAMENTO MOVIDA CONTRA ENTE FEDERATIVO. RECURSO REPETITIVO (ART. 543-C DO CPC E RES. 8/2008-STJ). Não é adequado o chamamento ao processo (art. 77, III, do CPC) da União em demanda que verse sobre fornecimento de medicamento proposta contra outro ente federativo. Com efeito, o instituto do chamamento ao processo é típico das obrigações solidárias de pagar quantia. Entretanto, a situação aqui controvertida representa obrigação solidária entre os Municípios, os Estados, o Distrito Federal e a União, concernente à prestação específica de fornecimento de medicamento. Neste contexto, por se tratar de hipótese excepcional de formação de litisconsórcio passivo facultativo, não se admite interpretação extensiva do referido instituto jurídico para alcançar prestação de entrega de coisa certa. Além do mais, a jurisprudência do STJ e do STF assentou o entendimento de que o chamamento ao processo (art. 77, III, do CPC) não é adequado às ações que tratam de fornecimento de medicamentos, por ser obstáculo inútil ao cidadão que busca garantir seu direito fundamental à saúde. Precedentes citados do STJ: AgRg no AREsp 13.266-SC, Segunda Turma, DJe 4/11/2011; e AgRg no Ag 1.310.184-SC, Primeira Turma, DJe 9/4/2012. Precedente do STF: RE 607.381 AgR-SC, Primeira Turma, DJe 17/6/2011. **REsp 1.203.244-SC, Rel. Min. Herman Benjamin, julgado em 9/4/2014.** (Inform. STJ 539)

DIREITO PROCESSUAL CIVIL. INTERVENÇÃO COMO AMICUS CURIAE EM PROCESSO REPETITIVO. Não se admite a intervenção da Defensoria Pública como *amicus curiae*, ainda que atue em muitas ações de mesmo tema, no processo para o julgamento de recurso repetitivo em que se discutem encargos de crédito rural, destinado ao fomento de atividade comercial. Por um lado, a representatividade das pessoas, órgãos ou entidades referidos no § 4º do art. 543-C do CPC e no inciso I do art. 3º da Resolução 8/2008 do STJ deve relacionar-se, diretamente, à identidade funcional, natureza ou finalidade estatutária da pessoa física ou jurídica que a qualifique para atender ao interesse público de contribuir para o aprimoramento do julgamento da causa; não é suficiente o interesse em defender a solução da lide em favor de uma das partes (interesse meramente econômico). Por outro lado, a intervenção formal no processo repetitivo deve dar-se por meio da entidade de âmbito nacional cujas atribuições sejam pertinentes ao tema em debate, sob pena de prejuízo ao regular e célere andamento deste importante instrumento processual. A representação de consumidores em muitas ações é insuficiente para a representatividade que justifique intervenção formal em processo submetido ao rito repetitivo. No caso em que se discutem encargos de crédito rural, destinado ao fomento de atividade comercial, a matéria, em regra, não se subsume às hipóteses de atuação típica da Defensoria Pública. Apenas a situação de eventual devedor necessitado justificaria, em casos concretos, a defesa dessa tese jurídica pela Defensoria Pública, tese esta igualmente sustentada por empresas de grande porte econômico. Por fim, a inteireza do ordenamento jurídico já é defendida pelo Ministério Público Federal. **REsp 1.333.977-MT, Rel. Min. Maria Isabel Gallotti, julgado em 26/2/2014.** (Inform. STJ 537)

DIREITO PROCESSUAL CIVIL. ÔNUS SUCUMBENCIAIS NA HIPÓTESE DE HABILITAÇÃO DE LITISCONSORTE EM AÇÃO CIVIL PÚBLICA.
Em ação civil pública que busque a tutela de direitos individuais homogêneos, a mera habilitação de interessado como litisconsorte do demandante não enseja, por si só, a condenação do demandado a pagar ônus sucumbenciais antes do julgamento final. Isso porque o pedido de intervenção no feito como litisconsorte nada mais é do que um incidente processual, haja vista que o interessado, aproveitando-se do poder de disposição em aderir ou não ao processo coletivo (art. 94 do CDC), solicita seu ingresso no feito, na qualidade de litisconsorte facultativo ulterior. Não se está dizendo que o demandado não poderá ser condenado nos ônus sucumbenciais, mas apenas que a definição do responsável pelo pagamento, com análise do princípio da causalidade, ficará para momento futuro, qual seja, a prolação da sentença na ação civil pública. Ademais, os arts. 18 da Lei 7.347/1985 e 87 do CDC consagram norma processual especial, que expressamente afastam a necessidade de adiantar custas, emolumentos, honorários periciais e quaisquer outras despesas para o ajuizamento de ação coletiva, que, conforme o comando normativo, só terá de ser recolhida ao final pelo requerido, se for sucumbente, ou pela autora, quando manifesta a sua má-fé. **REsp 1.116.897-PR, Rel. Min. Luis Felipe Salomão, julgado em 24/9/2013.** (Inform. STJ 532)

DIREITO PROCESSUAL CIVIL. AUSÊNCIA DE NULIDADE PROCESSUAL NO JULGAMENTO DA AÇÃO PRINCIPAL ANTES DA OPOSIÇÃO.
Não configura nulidade apreciar, em sentenças distintas, a ação principal antes da oposição, quando ambas forem julgadas na mesma data, com base nos mesmos elementos de prova e nos mesmos fundamentos. Nessa situação, não se vislumbra prejuízo ao devido processo legal. Conforme a estrita técnica processual, quando um terceiro apresenta oposição, pretendendo a coisa ou o direito sobre o que controvertem autor e réu, antes da audiência, ela correrá simultaneamente à ação principal, devendo ser julgada pela mesma sentença, que primeiramente deverá conhecer da oposição dado o seu caráter prejudicial (arts. 56, 59 e 61 do CPC). Entretanto, para verificar se o desrespeito à técnica processual implica a nulidade do ato processual, faz-se necessário perquirir se houve prejuízo às partes, de acordo com a moderna ciência processual que coloca em evidência o princípio da instrumentalidade e o da ausência de nulidade sem prejuízo ("pas de nullité sans grief"). Assim, o ato não será nulo porque formalmente defeituoso, mas sim quando, cumulativamente, afastar-se do modelo formal indicado em lei, deixar de realizar o escopo ao qual se destina e, por esse motivo, causar prejuízo a uma das partes. Ressalte-se que, no caso, tendo havido apenas a inversão da ordem de julgamento, não há falar em prejuízo às partes, (art. 249, § 1º, do CPC). Por outro lado, anular os julgamentos, determinando o retorno dos

autos à origem para prolação de uma única sentença em vez de duas, não traria benefício algum ao opoente porque não seriam produzidas novas provas, realizadas novas audiências, apresentados outros argumentos visando ao convencimento do juiz. Somente haveria uma alteração da forma, sem qualquer modificação no conteúdo. REsp 1.221.369-RS, Rel. Min. Nancy Andrighi, **julgado em 20/8/2013.** (Inform. STJ 531)

DIREITO PROCESSUAL CIVIL. INAPLICABILIDADE DO ART. 191 DO CPC EM EXCEÇÃO DE SUSPEIÇÃO.
O autor da ação principal que, em exceção de suspeição, tenha sido admitido como assistente simples do perito excepto não pode ser considerado "litisconsorte" para efeito de aplicação do art. 191 do CPC – prazo em dobro para recorrer no caso de litisconsortes com diferentes procuradores –, ainda que o referido incidente tenha sido acolhido para anular decisão favorável ao autor da demanda originária. De fato, as exceções de impedimento ou suspeição são opostas em face do magistrado e seus auxiliares, de modo a restaurar a higidez na prestação jurisdicional, diante de um vício interno do órgão que está prestando a jurisdição. Objetivam sanar possível vício existente no processo, não em relação às partes litigantes, mas sim no órgão que está prestando a jurisdição ou em auxiliar deste, como é o caso do perito (art. 139 do CPC). Assim sendo, a exceção de suspeição do perito é um incidente processual em que o *expert* figura como réu, como promovido, o que, entretanto, não enseja a participação da parte contrária à excipiente. Tratando-se de arguição de suspeição, por sua própria natureza, somente o excepto terá condições de refutar as alegações que lhe sejam atribuídas. Nesse contexto, a parte autora da ação principal, na situação em análise, não pode ser considerada litisconsorte do excepto, tendo em vista que ela jamais poderia ser demandada em uma exceção de suspeição. Tampouco pode ser admitida como assistente litisconsorcial, pois o julgamento da exceção não atinge diretamente sua esfera jurídica, mas apenas anula fases maculadas de um processo, nada obstante o indiscutível interesse das partes no resultado final da exceção. Ressalta-se, ademais, que, na hipótese em análise, a parte autora sequer poderia ter sido admitida como assistente simples, pois, na exceção em apreço, por consectário lógico, somente aquele de quem se poderia exigir isenção e imparcialidade pode ser apontado como suspeito e, assim, tem legitimidade para reconhecer ou refutar as alegações, considerando as hipóteses de suspeição previstas no art. 135 do CPC. REsp 909.940-ES, Rel. Min. Raul Araújo, **julgado em 17/9/2013.** (Inform. STJ 528)

DIREITO PROCESSUAL CIVIL. NÃO CONFIGURAÇÃO DE LITISCONSÓRCIO PASSIVO NECESSÁRIO NO CASO DE AÇÃO EM QUE SE OBJETIVE A RESTITUIÇÃO DE PARCELAS PAGAS A PLANO DE PREVIDÊNCIA PRIVADA.
Na ação em que se objetive a restituição de parcelas pagas a plano de previdência privada, não há litisconsórcio passivo necessário entre a entidade administradora e os participantes, beneficiários ou patrocinadores do plano. Com efeito, no caso em que existam diversos titulares de direitos que derivem do mesmo título ou do mesmo fato jurídico e que estejam em jogo direitos patrimoniais, cabendo a cada titular uma parcela do todo divisível, será, em regra, eficaz o provimento concedido a algum deles, mesmo sem a presença dos demais. Isso porque a própria lei confere caráter de excepcionalidade ao litisconsórcio necessário, impondo-o apenas nas hipóteses previstas em lei ou pela natureza da relação jurídica (art. 47 do CPC). Sendo assim, como não se trata de hipótese em que o litisconsórcio necessário seja imposto por lei, tampouco se cuida de uma única relação jurídica indivisível, não há como falar, nesses casos, na configuração de litisconsórcio passivo necessário. REsp 1.104.377-SP, Rel. Min. Luis Felipe Salomão, julgado em 18/4/2013. (Inform. STJ 522)

DIREITO PROCESSUAL CIVIL. INSUFICIÊNCIA DO MERO INTERESSE ECONÔMICO PARA ENSEJAR A INTERVENÇÃO DE ASSISTENTE SIMPLES NO PROCESSO.
O acionista de uma sociedade empresária, a qual, por sua vez, tenha ações de outra sociedade, não pode ingressar em processo judicial na condição de assistente simples da última no caso em que o interesse em intervir no feito esteja limitado aos reflexos econômicos de eventual sucumbência da #sociedade que se pretenda assistir. De acordo com o art. 50 do CPC, a modalidade espontânea de intervenção de terceiros denominada assistência pressupõe que o terceiro tenha interesse jurídico na demanda, não sendo suficiente, para ensejar a intervenção na condição de assistente, a existência de mero interesse econômico. Ademais, caso se admitisse a assistência em hipóteses como a discutida, todos os acionistas da sociedade prejudicada poderiam intervir no feito, causando real tumulto processual. AgRg nos EREsp 1.262.401-BA, Rel. Min. Humberto Martins, julgado em 25/4/2013. (Inform. STJ 521)

DIREITO PROCESSUAL CIVIL. DESNECESSIDADE DA DENUNCIAÇÃO DA LIDE AO ALIENANTE NA AÇÃO EM QUE TERCEIRO REIVINDICA A COISA DO EVICTO.
O exercício do direito oriundo da evicção independe da denunciação da lide ao alienante do bem na ação em que terceiro reivindique a coisa. O STJ entende que o direito do evicto de recobrar o preço que pagou pela coisa evicta independe, para ser exercitado, de ele ter denunciado a lide ao alienante na ação em que terceiro reivindique a coisa. A falta da denunciação da lide apenas acarretará para o réu a perda da pretensão regressiva, privando-o da imediata obtenção do título executivo contra o obrigado regressivamente. Restará ao evicto, ainda, o direito de ajuizar ação autônoma. Precedentes citados: REsp 255.639-SP, Terceira Turma, DJ 11/6/2001, e AgRg no Ag 1.323.028-GO, Quarta Turma, DJe 25/10/2012. REsp 1.332.112-GO, Rel. Min. Luis Felipe Salomão, julgado em 21/3/2013. (Inform. STJ 519)

DIREITO PROCESSUAL CIVIL. PRESERVAÇÃO DE LITISCONSÓRCIO PASSIVO INICIALMENTE ESTABELECIDO ENTRE SEGURADO E SEGURADORA EM AÇÃO DECORRENTE DE ACIDENTE DE TRÂNSITO AJUIZADA CONTRA AMBOS.
No caso de ação indenizatória decorrente de acidente de trânsito que tenha sido ajuizada tanto em desfavor do segurado apontado como causador do dano quanto em face da seguradora obrigada por contrato de seguro de responsabilidade civil facultativo, é possível a preservação do litisconsórcio passivo, inicialmente estabelecido, na hipótese em que o réu segurado realmente fosse denunciar a lide à seguradora, desde que os réus não tragam aos autos fatos que demonstrem a inexistência ou invalidade do contrato de seguro. A preservação do aludido litisconsórcio passivo é viável, na medida em que nenhum prejuízo haveria para a seguradora pelo fato de ter sido convocada a juízo a requerimento do terceiro autor da ação – tendo em vista o fato de que o réu segurado iria mesmo denunciar a lide à seguradora. Deve-se considerar que, tanto na hipótese de litisconsórcio formado pela indicação do terceiro prejudicado, quanto no caso de litisconsórcio formado pela denunciação da lide à seguradora pelo segurado, a seguradora haverá de se defender em litisconsórcio passivo com o réu, respondendo solidariamente com este pela reparação do dano decorrente do acidente até os limites dos valores segurados contratados, em consideração ao entendimento firmado no REsp 925.130-SP, julgado sob o rito do art. 543-C do CPC, no sentido de que, "Em ação de reparação de danos movida em face do segurado, a Seguradora denunciada pode ser condenada direta e solidariamente junto com este a pagar a indenização devida à vítima, nos limites contratados na apólice". REsp 710.463-RJ, Rel. Min. Raul Araújo, julgado em 9/4/2013. (Inform. STJ 518)

DIREITO PROCESSUAL CIVIL. RECURSO. LITISCONSÓRCIO. EFEITO EXTENSIVO.
O recurso produz efeitos somente ao litisconsorte que recorre, ressalvadas as hipóteses de litisconsórcio unitário, em que se aplica a extensão prevista no art. 509 do CPC. Precedentes: **AgRg no REsp 770.326-BA, DJe 27/9/2010; REsp 827.935-DF, DJe 27/8/2008; REsp 209.336-SP, DJ 26/3/2007; REsp 411.563-PR, DJ 10/5/2004. AgRg no REsp 908.763-TO, Rel. Min. Ricardo Villas Bôas Cueva, julgado em 18/10/2012.** (Inform. STJ 507)

DIREITO PROCESSUAL CIVIL. LITISCONSORTES CASADOS. DIFERENTES PROCURADORES. PRAZO EM DOBRO PARA CONTESTAR.
Independentemente de requerimento, réus com diferentes procuradores têm prazo em dobro para contestar, mesmo sendo casados e constando como promitentes compradores no contrato de promessa de compra e venda de imóvel. Por expressa disposição do art. 191 do CPC, os recorrentes, enquanto permanecerem defendidos por patronos distintos, têm prazo em dobro para oferecer contestação. Precedentes citados: **REsp 713.367-SP, DJ 27/6/2005; AgRg no Ag 1.085.026-SC, DJe 25/5/2009; AgRg no Ag 830.913-SP, DJ 23/3/2007; REsp 683.956-MG, DJ 2/4/2007, e REsp 848.658-SP, DJe 2/6/2008. REsp 973.465-SP, Rel. Min. Luis Felipe Salomão, julgado em 4/10/2012.** (Inform. STJ 506)

FALECIMENTO DE LITISCONSORTE. SUSPENSÃO DO PROCESSO. NULIDADE RELATIVA. AUSÊNCIA DE PREJUÍZO.
A Turma entendeu que a inobservância do art. 265, I, do CPC, que determina a suspensão do processo a partir da morte da parte, enseja apenas nulidade relativa, sendo válidos os atos praticados, desde que não haja prejuízo aos interessados, visto que a norma visa preservar o interesse particular do espólio e dos herdeiros do falecido. Somente deve ser declarada a nulidade que sacrifica os fins de justiça do processo. No caso, o falecido era, ao mesmo tempo, sócio da sociedade executada e fiador da dívida, juntamente com outro sócio. Assim, não houve prejuízo ao espólio do falecido, porquanto, tratando-se de garantia pessoal e possuindo o fiador em seu favor o benefício de ordem, seus bens somente estarão sujeitos à execução se os da sociedade executada forem insuficientes à satisfação do crédito, o que não ocorre no caso em tela. **REsp 959.755-PR, Rel. Min. Luis Felipe Salomão, julgado em 17/5/2012.** (Inform. STJ 497)

LITISCONSÓRCIO. ASSOCIAÇÃO. DIREITO DE VOTO.
O cerne da controvérsia diz respeito à declaração de nulidade de cláusulas estatutárias que conferiram direito exclusivo de voto aos sócios fundadores da Associação recorrente e limitaram temporalmente a permanência dos associados efetivos na entidade, em virtude de alegada violação ao disposto no art. 1.394 do CC/1916. Porém, quando a ação foi ajuizada em 1997, apenas a associação figurava como ré, não integrando o polo passivo os sócios fundadores, os quais somente em sede recursal em 2003 suscitaram a nulidade do processo desde a citação, alegando a configuração de litisconsórcio necessário, uma vez que a nulidade da norma estatutária implica ofensa ao direito adquirido de exclusividade do seu direito de voto. Nos termos do art. 47 do CPC, o litisconsórcio necessário, à exceção das hipóteses de imposição legal, encontra sua razão de ser na natureza da relação jurídica de direito material deduzida em juízo, que implica necessariamente a produção dos efeitos da decisão de mérito de forma direta na esfera jurídica de todos os integrantes dessa relação. *In casu*, é prescindível a formação do litisconsórcio necessário, uma vez que não há relação jurídica de direito material unitária entre a associação e os sócios fundadores, isso porque a esfera jurídica dos associados com direito de voto é afetada pela decisão do tribunal *a quo* apenas por via reflexa, não autorizando a formação de litisconsórcio a simples alteração qualitativa do seu direito de voto, o que se situa no plano meramente fático. No mérito, concluiu-se que todos os sócios efetivos da associação devem ser considerados, não como sócios a título precário, mas sim como sócios que, além de possuir direito a voto, têm também o de convocar, comparecer e participar efetivamente das assembleias gerais ordinárias e extraordinárias, devendo, para tal fim, delas ter ciência prévia. De modo que todas as cláusulas estatutárias objeto da demanda mostram-se nulas de pleno direito, uma vez que violam frontalmente o art. 1.394 do antigo diploma civil, o qual se reveste da qualidade de norma cogente norteadora dos princípios básicos de todas as sociedades civis que, sem eles, estariam a mercê do autoritarismo dos detentores do poder de comando, situação dissonante da boa convivência exigida entre pessoas que devem ser tratadas em condição de igualdade entre si. Na mesma linha, o voto desempate do Min. Antonio Carlos Ferreira salientou que o poder de auto-organização das associações sem fins lucrativos não é absoluto e que, na hipótese, trata-se de uma associação anômala, em que um grande número de associados contribui com sua força de trabalho e dedicação, muitas vezes de forma exclusiva e com dependência econômica, concluindo que essa atipicidade da relação existente entre associado e associação permite a intervenção jurisdicional visando a alteração das regras estatutárias da associação. Com isso, acompanhou a divergência, entendendo que, à luz das peculiaridades do caso, inviável, com base no antigo Código Civil, a exclusão do direito de voto dos sócios. Com essas e outras considerações, a Turma, por maioria, por violação ao dispositivo supracitado, declarou nulas as cláusulas puramente potestativas, entre elas, a exclusão do direito de voto, a existência de sócios precários com mandato de um ano e a possibilidade de exclusão de sócios efetivos dos quadros da entidade por força de decisão de assembleia cujos membros são os componentes da diretoria formada exclusivamente pelos sócios fundadores. Precedentes citados do STF: **RE 74.820-SP, DJ 11/4/1997; do STJ: REsp 161.658-SP, DJ 29/11/1999; REsp 20.982-MG, DJ 22/3/1993; REsp 291.631-SP, DJ 15/4/2002, e AgRg no AgRg no Ag 652.503-RJ, DJ 8/10/2007. REsp 650.373-SP, Rel. originário Min. João Otávio de Noronha, Rel. para o acórdão Min. Luis Felipe Salomão, julgado em 27/3/2012.** (Inform. STJ 494)

LITISCONSÓRCIO. HOMEM CASADO E ESPOSA. DISSOLUÇÃO DE UNIÃO ESTÁVEL.
A Turma reconheceu exceção ao entendimento anteriormente firmado de formação de litisconsórcio passivo necessário entre homem casado e esposa em ação de reconhecimento e dissolução de união estável com partilha de bens. No caso, a companheira manejou oposição na ação de divórcio, o que já permite tanto a ela quanto à esposa a defesa de seus interesses. O Min. Relator consignou que, no caso de oposição, autor e réu da ação principal (divórcio) tornam-se litisconsortes em face da oponente. Ademais, a ação de reconhecimento e dissolução de união estável tramita juntamente com a ação de divórcio, o que garante que não ocorrerão decisões contraditórias nos dois feitos. Precedentes citados: **REsp 885.951-RN, DJe 11/5/2009, e REsp 331.634-MG, DJ 12/12/2005. REsp 1.018.392-SE, Rel. Min. Luis Felipe Salomão, julgado em 6/3/2012.** (Inform. STJ 492)

5. COMPETÊNCIA E CONFLITO DE COMPETÊNCIA. CONEXÃO. CONTINÊNCIA.

Competência da justiça federal: mero interesse da União e efetiva participação no processo
A 2ª Turma negou provimento a agravo regimental em recurso extraordinário com agravo para reconhecer a legitimidade passiva da União, bem como a competência da justiça federal para

julgar ação de indenização proposta por estudante de ensino superior. No caso, o aluno, embora tivesse concluído todo o programa curricular e colado grau, não obtivera o diploma em razão de ausência de credenciamento da faculdade pelo Ministério da Educação. A União sustentava que o simples fato de as entidades privadas integrarem o sistema federal de educação não implicaria o interesse dela em todo processo que envolvesse instituição de ensino superior. A Turma consignou que, de acordo com a jurisprudência firmada na Corte, a matéria em discussão deixaria patente a competência da justiça federal e o interesse da União. O Ministro Teori Zavascki acompanhou a conclusão da Turma, mas por fundamento diverso. Explicitou que, de acordo com o estabelecido no art. 109, I a III, da CF, a competência cível da justiça federal seria fundamentalmente "ratione personae", de forma que a sua definição decorreria da identidade das pessoas que efetivamente figurassem na lide. Nesse sentido, destacou que não bastaria haver o mero interesse das entidades citadas no art. 109, I, da CF, mas, ao contrário, seria necessário que a União, suas autarquias ou empresas públicas federais efetivamente tomassem parte no processo como autoras, rés, assistentes ou oponentes. Registrou que, na espécie, a União participaria do feito e essa circunstância, independentemente de qualquer outra consideração quanto ao mérito da demanda, seria suficiente para afirmar, nos termos do art. 109, I, da CF, a competência da justiça federal para julgar a causa.
ARE 754174 AgR/RS, rel. Min. Gilmar Mendes, 2.9.2014. (ARE-754174) (Inform. STF 757)

Art. 109, § 2º, da CF e autarquias federais - 1
A regra prevista no § 2º do art. 109 da CF ("§ 2º - As causas intentadas contra a União poderão ser aforadas na seção judiciária em que for domiciliado o autor, naquela onde houver ocorrido o ato ou fato que deu origem à demanda ou onde esteja situada a coisa, ou, ainda, no Distrito Federal") também se aplica às ações movidas em face de autarquias federais. Essa a conclusão do Plenário que, por maioria, negou provimento a recurso extraordinário em que se discutia o critério de definição do foro competente para processar e julgar ação ajuizada em face do Conselho Administrativo de Defesa Econômica - CADE. A Corte registrou que o aludido dispositivo constitucional teria por escopo facilitar a propositura de ação pelo jurisdicionado em contraposição ao ente público. Lembrou que o STF já teria enfrentado a questão da aplicabilidade do art. 109, § 2º, da CF, à autarquia em debate, e que ficara consignada, na ocasião, a finalidade do preceito constitucional, que seria a defesa do réu. Ademais, assentara que o critério de competência constitucionalmente fixado para as ações nas quais a União fosse autora deveria estender-se às autarquias federais, entes menores, que não poderiam ter privilégio maior que a União. O Colegiado asseverou que o preceito constitucional em exame não teria sido concebido para favorecer a União, mas para beneficiar o outro polo da demanda, que teria, dessa forma, mais facilidade para obter a pretendida prestação jurisdicional. Frisou que, com o advento da CF/1988, não teria sido estruturada a defesa judicial e extrajudicial das autarquias federais, que possuiriam, à época, representação própria, nos termos do art. 29 do ADCT. Entretanto, com a edição da Lei 10.480/2002, a Procuradoria-Geral Federal passara a ser responsável pela representação judicial e extrajudicial das autarquias e fundações públicas federais. Ponderou que fixar entendimento no sentido de o art. 109, § 2º não ser aplicável a essas hipóteses significaria minar a intenção do constituinte de simplificar o acesso à Justiça. Ressaltou que não se trataria de eventual conflito da legislação processual civil com a Constituição, uma vez que aquela não incidiria no caso. Acresceu que as autarquias federais possuiriam, de maneira geral, os mesmos privilégios e vantagens processuais concedidos à União, dentre os quais o pagamento das custas judiciais somente ao final da demanda, quando vencidas (CPC, art. 27); prazos em quádruplo para contestar e em dobro para recorrer (CPC, art. 188); duplo grau de jurisdição, salvo as exceções legais (CPC, art. 475); execução fiscal de seus créditos (CPC, art. 578); satisfação de julgados pelo regime de precatórios (CF, art. 100 e CPC, art. 730); e foro privilegiado perante a Justiça Federal (CF, art. 109, I). Assinalou que a fixação do foro competente com base no art. 100, IV, a, do CPC, nas ações propostas contra autarquias federais resultaria na concessão de vantagem processual não estabelecida para a União, a qual possuiria foro privilegiado limitado pelo art. 109, § 2º, da CF.
RE 627709/DF, rel. Min. Ricardo Lewandowski, 20.8.2014. (RE-627709)

Art. 109, § 2º, da CF e autarquias federais - 2
O Ministro Dias Toffoli destacou a existência de quatro carreiras da advocacia pública federal: a Procuradoria da Fazenda Nacional, a Procuradoria Federal, a Advocacia da União e a Procuradoria do Banco Central. Esta última seria a única autarquia que mantivera carreira separada, tendo em vista a característica particularíssima da instituição e a necessidade de especialização de seu corpo jurídico. Assim, em face da atual estruturação da advocacia pública federal, perante o litigante particular, bem como do advento do processo eletrônico, não se poderia fixar entendimento diverso, no sentido da inaplicabilidade do art. 109, § 2º, da CF às autarquias federais. Vencidos os Ministros Teori Zavascki, Rosa Weber e Luiz Fux, que proviam o recurso. O Ministro Teori Zavascki salientava que o dispositivo constitucional em análise levaria em conta a existência, à época, de foro da justiça federal apenas nas capitais, o que não mais subsistiria. Além disso, haveria grande variedade de autarquias no País, distintas não apenas pela finalidade, mas também pelo âmbito geográfico de atuação. Assim, a norma constitucional deveria ser interpretada de maneira mais literal. Concluía pela aplicação às autarquias do regime geral de competência previsto no CPC, por considerar que ele atenderia a essa diversidade de situações.
RE 627709/DF, rel. Min. Ricardo Lewandowski, 20.8.2014. (RE-627709) (Inform. STF 755)

Conflito de competência e ato administrativo praticado por membro do Ministério Público Federal
Compete ao juízo da vara federal com atuação na cidade de domicílio do impetrante processar e julgar mandado de segurança impetrado por promotor de justiça contra ato administrativo de procurador regional eleitoral, desde que não se trate de matéria eleitoral. Essa a conclusão da 1ª Turma ao solucionar conflito de competência entre tribunal regional eleitoral e STJ. Na espécie, via portaria do Ministério Público Federal, procurador regional eleitoral teria determinado a exoneração sumária do impetrante das funções de promotoria eleitoral. Contra essa decisão, o promotor impetrara mandado de segurança perante tribunal regional eleitoral, em que alegava afronta a princípios constitucionais relativos ao processo administrativo disciplinar, como ampla defesa, contraditório, presunção de inocência e devido processo legal. Aquele tribunal declinara da competência para o STJ que, por sua vez, destacara que lhe competiria processar e julgar mandado de segurança originário apenas contra atos de Ministros de Estado, de Comandantes das Forças Armadas ou do próprio STJ (CF, art. 105, I, b). O processo baixara à origem e o tribunal regional eleitoral suscitara o presente conflito negativo de competência. A Turma destacou que o "writ" impetrado dirigir-se-ia contra a exoneração de cargo público, em processo administrativo disciplinar. Assinalou que, ante a ausência de matéria eleitoral em discussão, seria o tribunal regional eleitoral incompetente para julgar o "writ".
CC 7698/PI, rel. Min. Marco Aurélio, 13.5.2014. (CC-7698) (Inform. STF 746)

Passaporte estrangeiro falso: competência e processamento de recurso extraordinário
A 1ª Turma, por maioria, negou provimento a agravos regimentais em recursos extraordinários julgados em conjunto, ao fundamento de que a alegada ofensa à Constituição, se existente, seria reflexa, a depender da análise de normas infraconstitucio-

nais, além do exame de fatos e provas. Na espécie, os acórdãos impugnados reconheceram, de ofício, a incompetência da justiça federal para processar e julgar os feitos. A Turma asseverou que a competência seria da justiça federal se a falsificação fosse de passaporte brasileiro. Entendeu que, de igual modo, caberia à justiça federal apreciar o feito se a apresentação do passaporte falso — quer brasileiro, quer estrangeiro — fosse feita perante a polícia federal. No entanto, destacou que, na situação dos autos, o passaporte falso era estrangeiro e fora apresentado a empregado de empresa área privada. Sublinhou, ainda, que apreciar a competência do órgão julgador, se a justiça federal ou a estadual, exigiria exame mais aprofundado de provas, inclusive do elemento subjetivo, a fim de verificar o bem jurídico predominantemente violado. Vencido o Ministro Dias Toffoli, que dava provimento aos agravos regimentais. Pontuava que o poder de polícia aeroportuária seria exercido pela polícia federal (CF, art. 144, § 1º). Explicava que, por possuir a União competência material e legislativa para assuntos afetos à entrada, à saída e ao trânsito de estrangeiros nos aeroportos nacionais, a competência seria da justiça federal. Aduziu que os casos em comento estariam diretamente relacionados com a competência federal para fiscalização e controle das fronteiras do País. Frisou a competência da União para legislar sobre a matéria (CF, artigos 21, XII, c, e 22, XV), ao atribuir à Agência Nacional de Aviação Civil - Anac competência para regular e fiscalizar, entre outras, a movimentação de passageiros (Lei 11.182/2005). RE 686241 AgR/SP, rel. Min. Rosa Weber, 26.11.2013. (RE-686241)
RE 632534 AgR/SP, rel. Min. Rosa Weber, 26.11.2013. (RE-632534) (Inform. STF 730)

DIREITO PROCESSUAL CIVIL. COMPETÊNCIA PARA PROCESSAR E JULGAR AÇÃO DE DIVÓRCIO QUANDO O MARIDO FOR INCAPAZ. Compete ao foro do domicílio do representante do marido interditado por deficiência mental – e não ao foro da residência de sua esposa capaz e produtiva – processar e julgar ação de divórcio direto litigioso, independentemente da posição que o incapaz ocupe na relação processual (autor ou réu). Por um lado, art. 100, I, do CPC determina que o foro "da residência da mulher" é competente para "a ação de separação dos cônjuges e a conversão desta em divórcio". Por outro lado, o art. 98 do CPC prescreve que a "ação em que o incapaz for réu se processará no foro do domicílio de seu representante". No confronto entre essas normas protetivas, deve preponderar a regra que privilegia o incapaz, pela evidente maior fragilidade de quem atua representado, necessitando de facilitação de meios, especialmente uma relação processual formada em ação de divórcio, em que o delicado direito material a ser discutido pode envolver íntimos sentimentos e relevantes aspectos patrimoniais. Na espécie, é incontestável que para o incapaz e seu representante será mais fácil litigar no foro do domicílio deste do que se deslocarem para comarcas outras, o que dificultaria a defesa dos interesses do representado. A prevalência da norma do art. 98 do CPC, por seu turno, não trará grandes transtornos para a demandada, por ser pessoa apta e produtiva. Além disso, na melhor compreensão do referido artigo, não há razão para diferenciar-se a posição processual do incapaz – seja ele autor ou réu em qualquer ação –, pois, normalmente, sempre necessitará de proteção, de amparo, de facilitação da defesa dos seus interesses, possibilitando-se, por isso, ao seu representante litigar no foro de seu domicílio. **REsp 875.612-MG, Rel. Min. Raul Araújo, julgado em 4/9/2014. (Inform. STJ 552)**

DIREITO PROCESSUAL CIVIL. COMPETÊNCIA DE JUIZADO DE VIOLÊNCIA DOMÉSTICA E FAMILIAR CONTRA A MULHER PARA JULGAR EXECUÇÃO DE ALIMENTOS POR ELE FIXADOS. O Juizado de Violência Doméstica e Familiar contra a Mulher tem competência para julgar a execução de alimentos que tenham sido fixados a título de medida protetiva de urgência fundada na Lei Maria da Penha em favor de filho do casal em conflito. De fato, em se tratando de alimentos, a regra geral é de que serão fixados perante as varas de família. Ocorre que a Lei 11.340/2006, em seu artigo 14, estabelece que os "Juizados de Violência Doméstica e Familiar contra a Mulher, órgãos [...] com competência cível e criminal, poderão ser criados [...] para o processo, o julgamento e a execução das causas decorrentes da prática de violência doméstica e familiar contra a mulher", sem especificar as causas que não se enquadrariam na competência cível desses juizados, nas hipóteses de medidas protetivas decorrentes de violência doméstica. Portanto, da literalidade da lei, é possível extrair que a competência desses juizados compreende toda e qualquer causa relacionada a fato que configure violência doméstica ou familiar e não apenas as descritas expressamente na referida lei. E assim é, não só em razão da lei, mas também em razão da própria natureza protetiva que ela carrega, ou seja, é a sua *naturalia negotii*. O legislador, ao editar a Lei Maria da Penha, o fez para que a mulher pudesse contar não apenas com legislação repressiva contra o agressor, mas também visando criar mecanismos céleres protetivos, preventivos e assistenciais a ela. Negar o direito à celeridade, postergando o recebimento de alimentos com alteração da competência para outro juízo, quando o especializado já os tenha fixado com urgência, seria o mesmo que abrir ensejo a uma nova agressão pelo sofrimento imposto pela demora desnecessária, geradora de imensa perplexidade, retrocesso inaceitáveis perante Direitos de Terceira Geração. Saliente-se que situação diversa seria a das Comarcas que não contem com Juizado de Violência Doméstica e Familiar contra a Mulher, mas apenas com juízos criminais. Aí sim, estes teriam competência apenas para o julgamento de causas criminais, cabendo às Varas Cíveis ou de Família a fixação e julgamento dos alimentos. **REsp 1.475.006-MT, Rel. Min. Moura Ribeiro, julgado em 14/10/2014. (Inform. STJ 550)**

DIREITO PROCESSUAL CIVIL. COMPETÊNCIA PARA JULGAR AÇÃO CUJA CONTROVÉRSIA SE REFIRA À VALIDADE E À EXECUÇÃO DE DECISÕES DA JUSTIÇA DESPORTIVA ACERCA DE CAMPEONATO DE FUTEBOL DE CARÁTER NACIONAL (APLICAÇÃO ANALÓGICA DO ART. 543-C DO CPC). O Juízo do local em que está situada a sede da Confederação Brasileira de Futebol (CBF) é o competente para processar e julgar todas e quaisquer ações cujas controvérsias se refiram apenas à validade e à execução de decisões da Justiça Desportiva acerca de campeonato de futebol de caráter nacional, de cuja organização a CBF participe, independentemente de as ações serem ajuizadas em vários Juízos ou Juizados Especiais (situados em diversos lugares do país) por clubes, entidades, instituições, torcedores ou, até mesmo, pelo Ministério Público ou pela Defensoria Pública. De fato, diante de ajuizamentos plúrimos, é necessária a determinação da competência de Juízo único para cada uma dessas ações, ante a necessidade de evitar a dispersão jurisdicional, que atrasaria a prestação jurisdicional e criaria insegurança jurídica, devido à possibilidade de decisões contraditórias e, ademais, porquanto os campeonatos de caráter nacional se submetem à necessidade de regramento geral e resolução jurisdicional consistentes e claros, haja vista se tratar de matéria de interesse público. Afastada a admissibilidade de ajuizamentos plúrimos por torcedores e outros autores – pulverizando o enfrentamento do núcleo da lide –, a fixação do Juízo territorialmente competente se dá pelo critério tradicional previsto no art. 94 do CPC, que estabelece como competente o foro do domicílio do réu. Realmente, a CBF – entidade esportiva de caráter nacional, responsável, individual ou conjuntamente com quaisquer outras entidades, pela organização de campeonato de futebol de caráter nacional e pela a execução das decisões da Justiça Desportiva, por ela organizada – deve, necessariamente, inclusive por decisão de ofício, integrar o polo passivo das referidas ações (litisconsórcio passivo necessário), sob pena de não vir a ser atingida pelos efeitos subjetivos da coisa julgada (art. 472 do CPC) e de tornar-se o julgado desprovido de efetividade para que o julgamento que se profira possa vinculá-la juridicamente (art. 47, parágrafo único, do CPC). Dessa forma, as ações em apreço devem ser propostas no foro "onde está a sede" daquela pessoa jurídica (art. 100, IV, a, do CPC). Além disso, deve-se ressaltar que tanto o art. 3º da Lei 10.671/2003 (Estatuto do Torcedor) – que equipara as entidades que organizam as competições desportivas a fornecedores, de modo a sugerir, implicitamente, que os torcedores seriam, por sua vez, equiparados a consumidores para efeito de aplicação do Estatuto do Torcedor – quanto o art. 101, I, da Lei 8.078/1990 (CDC) – que permite aos consumidores ajuizar ação de responsabilidade contra fornecedores de produtos ou serviços nos foros dos seus próprios domicílios – não autorizam torcedor a propor, em seu próprio domicílio, ação judicial questionando a validade de decisões proferidas pela Justiça Desportiva. Isso porque, nas ações em análise, os torcedores não visam a direitos próprios de consumidor, mas, sim, a questionar a decisão do Superior Tribunal de Justiça Desportiva, o qual não organiza a competição, nem detém o mando de jogo, de modo que não pode ser considerado fornecedor de serviços para efeito de aplicação do CDC. Ademais, realmente o art. 101, I, do CDC confere aos consumidores a possibilidade de acionar, em seus próprios domicílios, os fornecedores de serviços ou de produtos quando se tratar de ação de responsabilidade; na hipótese em apreço, todavia, as ações não veiculam pretensão de responsabilidade civil ou criminal, mas sim pretensão desconstitutiva de ato jurídico praticado pela Justiça Desportiva, totalmente diversa da responsabilidade civil. De mais a mais, essa competência também não cede nem mesmo em prol de Juizado Especial do Torcedor, visto que, embora os juizados especiais do torcedor sejam criados por obediência ao art. 41-A da Lei 10.671/2003 (incluído pela Lei 12.299/2010), trata-se de órgãos jurisdicionais adjuntos, instituídos por Resolução do Tribunal de Justiça, e não por Lei de Organização Judiciária Estadual. Além do mais, quando, no deslinde de competência, concorrem Vara Cível – que é o mais, de competência mais ampla, com procedimento regido pelo CPC – e Juizado Especial – de competência menor, com procedimento regido pela Lei 9.099/1995 – prevalece a competência da primeira, pois a competência deste (do Juizado Especial), menos ampla, cabe na da Vara Cível, sob pena de o contrário significar submissão de órgão jurisdicional de maior amplitude ao de menor envergadura jurisdicional, com previsíveis questões subsequentes de ajustamento de atos processuais, abrindo-se ensejo, inclusive, ao inevitável incidente de questionamento de competência recursal, no Juizado perante Colégio Recursal, e não perante o próprio Tribunal de Justiça. CC 133.244-RJ, Sidnei Beneti, julgado em 11/6/2014. (Inform. STJ 549)

DIREITO PROCESSUAL CIVIL. COMPETÊNCIA PARA PROCESSAR E JULGAR INTERVENÇÃO FEDERAL. Compete ao STJ julgar pedido de Intervenção Federal baseado no descumprimento de ordem de reintegração de posse de imóvel rural ocupado pelo MST expedida por Juiz Estadual e fundada exclusivamente na aplicação da legislação infraconstitucional civil possessória. De acordo com o inciso I do art. 312 do RISTJ – dispositivo calcado no art. 19, I, da Lei 8.038/1990 –, cabe ao STJ processar e decidir sobre Intervenção Federal, "quando se tratar de prover a execução de ordem ou decisão judicial, com ressalva, conforme a matéria, da competência do Supremo Tribunal federal ou do Tribunal Superior Eleitoral (Constituição art. 34, VI e 36, II)". Dessa forma, cumpre inicialmente verificar se é ao STJ que cabe, "conforme a matéria", processar o pedido de Intervenção Federal – já que ao STF caberá apreciar a Intervenção Federal quando em destaque sentença ou acórdão da Justiça do Trabalho (STF, IF 230-3-DF, Tribunal Pleno, DJ 1º/7/1996) ou de sua própria decisão ou em matéria estritamente constitucional (art. 19, I, Lei 8.038/1990). Conforme o STF, caberá ao STJ o exame da Intervenção Federal quando "envolvida matéria legal" ou quando "a decisão exequenda, concessiva de medida liminar em ação de reintegração de posse do imóvel, somente enfrenta questões federais infraconstitucionais, [...]. O julgamento de eventual recurso para o Tribunal de Justiça ensejaria, em tese, recurso para o Superior Tribunal de Justiça (art. 105, III da Constituição Federal). E não recurso extraordinário para o Supremo Tribunal Federal (art. 105, III)" (STF, IF-QO 107-DF, Tribunal Pleno, DJ 4/9/1992). Desse modo, combinados os arts. 34, VI, e 36, II, da CF, o STF assentou que caberá ao STJ o exame da Intervenção Federal nos casos em que a matéria é infraconstitucional e o possível recurso deva ser encaminhado ao STJ. Na situação em análise, a lide envolve tema de direito civil privado, mas também de direito público, quiçá constitucional. Nada obstante, a solução dada pela decisão resume-se de maneira exclusiva à aplicação da legislação infraconstitucional. Assim, como a ordem, em tese, transgredida não afronta diretiva administrativa de origem ou natureza constitucional, a competência para apreciação da requisição de Intervenção Federal é do STJ. IF 111-PR, Rel. Min. Gilson Dipp, julgado em 1º/7/2014. (Inform. STJ 545)

DIREITO PROCESSUAL CIVIL. COMPETÊNCIA PARA PROCESSAR E JULGAR AÇÃO DECLARATÓRIA DE NULIDADE DE ESCRITURA PÚBLICA DE CESSÃO E TRANSFERÊNCIA DE DIREITOS POSSESSÓRIOS. O foro do domicílio do réu é competente para processar e julgar ação declaratória de nulidade, por razões formais, de escritura pública de cessão e transferência de direitos possessórios de imóvel, ainda que esse seja diferente do da situação do imóvel. Inicialmente, ressalte-se que o art. 95 do CPC – que versa sobre ações fundadas em direito real sobre imóveis – traz um critério territorial de fixação de competência que apresenta características híbridas, uma vez que, em regra, tem viés relativo e, nas hipóteses expressamente delineadas no referido dispositivo, possui viés absoluto. Explica-se: se o critério adotado fosse unicamente o territorial, a competência, nas hipóteses do art. 95 do CPC, seria relativa e, por conseguinte, admitiria derrogação, por vontade das partes ou prorrogação, nos termos dos arts. 111 e 114 do CPC, além de poder ser modificada em razão da conexão ou da continência. Entretanto, quando o legislador, na segunda parte do dispositivo legal, consigna que "pode o autor, entretanto, optar pelo foro do domicílio ou de eleição, não recaindo o litígio sobre direito de propriedade, vizinhança, servidão, posse, divisão ou demarcação de terras e nunciação de obra nova", ele acabou por estabelecer outro critério de fixação de competência para as ações que versem sobre determinados direitos reais, os quais foram especificamente mencionados. Conquanto exista divergência doutrinária a respeito da natureza do critério adotado pelo legislador nessa última hipótese – material ou funcional –, independentemente da posição que se adote, não se admite a modificação, a derrogação ou a prorrogação da competência, pois ela é absoluta em qualquer caso. Portanto, na hipótese do litígio versar sobre direito de propriedade, vizinhança, servidão, posse, divisão e demarcação de terras e nunciação de obra nova, a ação correspondente deverá necessariamente ser proposta na comarca em que esteja situado o bem imóvel, porque a competência é absoluta. De modo diverso, se a ação se referir a um direito real sobre imóvel, ela poderá ser ajuizada pelo autor no foro do domicílio do réu ou no foro eleito pelas partes, se não disser respeito a nenhuma daquelas hipóteses trazidas na segunda parte do art. 95 do CPC, haja vista se tratar de competência relativa. Na hipótese em foco, o litígio analisado não versa sobre nenhum direito real imobiliário, mas sobre eventual nulidade da escritura de cessão de posse do imóvel, por razões formais. Não há discussão, portanto, que envolva a posse ou a propriedade do imóvel em questão. Consequentemente, não há competência absoluta do foro da situação do bem para o julgamento da demanda em análise, de modo que é inaplicável o art. 95 do CPC, sendo competente o foro do domicílio do réu para o processamento do presente feito. CC 111.572-SC, Rel. Min. Nancy Andrighi, julgado em 9/4/2014. (Inform. STJ 543)

DIREITO PROCESSUAL CIVIL. COMPETÊNCIA PARA PROCESSAR E JULGAR AÇÃO INDENIZATÓRIA PROMOVIDA POR ALUNO UNIVERSITÁRIO CONTRA ESTABELECIMENTO DE ENSINO E INSTITUIÇÃO MINISTRADORA DE ESTÁGIO OBRIGATÓRIO. Pelos danos ocorridos durante o estágio obrigatório curricular, a Justiça Comum Estadual – e não a Justiça do Trabalho – é competente para processar e julgar ação de reparação de danos materiais e morais promovida por aluno universitário contra estabelecimento de ensino superior e instituição hospitalar autorizada a ministrar o estágio. A ação proposta não tem causa de pedir e pedidos fundados em possível relação de trabalho entre as partes, porquanto o vínculo que os uniu era aquele regido pela Lei 11.788/2008, que dispõe sobre o estágio de estudantes. Nesse passo, ressalte-se que o indigitado diploma legal, ao alterar a redação do art. 428 da CLT e revogar a Lei 9.394/1996, dispôs que o estágio de estudantes, atendidos os requisitos que especifica, não cria vínculo empregatício de nenhuma natureza. Assinale-se, ainda, que a relação de estágio pode disfarçar verdadeira relação de trabalho quando, então, é possível aventar-se vínculo trabalhista e não apenas de estágio. No caso em análise, não se vislumbra o desvirtuamento do contrato de estágio supervisionado, de forma a caracterizar vínculo de ordem laboral. Desse modo, evidencia-se a existência de relação civil de prestação de serviços de disponibilização de vaga de estágio acadêmico exigido por instituição de ensino como requisito para colação de grau, razão pela qual não há se falar em relação de trabalho entre as partes. **CC 131.195-MG**, Rel. Min. Raul Araújo, julgado em 26/2/2014. (Inform. STJ 543)

DIREITO PROCESSUAL CIVIL E PREVIDENCIÁRIO. COMPETÊNCIA PARA JULGAR PEDIDO DE PENSÃO POR MORTE DECORRENTE DE ÓBITO DE EMPREGADO ASSALTADO NO EXERCÍCIO DO TRABALHO. Compete à Justiça Estadual – e não à Justiça Federal – processar e julgar ação que tenha por objeto a concessão de pensão por morte decorrente de óbito de empregado ocorrido em razão de assalto sofrido durante o exercício do trabalho. Doutrina e jurisprudência firmaram compreensão de que, em regra, o deslinde dos conflitos de competência de juízos em razão da matéria deve ser dirimido com a observância da relação jurídica controvertida, notadamente no que se refere à causa de pedir e ao pedido indicados pelo autor da demanda. Na hipótese, a circunstância afirmada não denota acidente do trabalho típico ou próprio, disciplinado no *caput* do art. 19 da Lei 8.213/1991 (Lei de Benefícios da Previdência Social), mas acidente do trabalho atípico ou impróprio, que, por presunção legal, recebe proteção na alínea "a" do inciso II do art. 21 da Lei de Benefícios. Nessa hipótese, o nexo causal é presumido pela lei diante do evento, o que é compatível com o ideal de proteção ao risco social que deve permear a relação entre o segurado e a Previdência Social. Desse modo, o assalto sofrido no local e horário de trabalho equipara-se ao acidente do trabalho, e o direito à pensão por morte decorrente do evento inesperado e violento deve ser apreciado pelo juízo da Justiça Estadual, nos termos do art. 109, I, parte final, da CF combinado com o art. 21, II, "a", da Lei 8.213/1991. **CC 132.034-SP**, Rel. Min. Benedito Gonçalves, julgado em 28/5/2014. (Inform. STJ 542)

DIREITO PROCESSUAL CIVIL. REUNIÃO DE PROCESSOS CONEXOS. O magistrado não pode, com fundamento no art. 105 do CPC, determinar a extinção do processo e condicionar o ajuizamento de nova demanda à formação de litisconsórcio. A reunião dos processos constitui uma discricionariedade do órgão julgador por conveniência da justiça. Nesse sentido, conforme art. 105 do CPC, verificada a conexão, o juiz pode ordenar ao cartório que proceda à reunião dos processos em grupos de litigantes, mas não pode impor à parte que assim o faça, sob pena de vulnerar o princípio do livre acesso à jurisdição. Ademais, cumpre esclarecer que o instituto da conexão não se confunde com o do litisconsórcio necessário, uma vez que este último decorre da natureza da relação jurídica ou da lei e, portanto, afeta a própria legitimidade processual, sendo, portanto, cogente a sua formação (art. 47 do CPC), o que evidentemente não se compatibiliza com a facultatividade estampada no art. 105 do CPC ("pode ordenar"). **AgRg no AREsp 410.980-SE**, Rel. Min. Herman Benjamin, julgado em 18/2/2014. (Inform. STJ 537)

DIREITO PROCESSUAL CIVIL. FORO COMPETENTE PARA APRECIAR COBRANÇA DE INDENIZAÇÃO DECORRENTE DE SEGURO DPVAT. RECURSO REPETITIVO (ART. 543-C DO CPC E RES. 8/2008-STJ).
Em ação de cobrança objetivando indenização decorrente de Seguro Obrigatório de Danos Pessoais Causados por Veículos Automotores de Vias Terrestres – DPVAT, constitui faculdade do autor escolher entre os seguintes foros para ajuizamento da ação: o do local do acidente ou o do seu domicílio (parágrafo único do art. 100 do Código de Processo Civil) e, ainda, o do domicílio do réu (art. 94 do mesmo diploma). De fato, a regra geral de competência territorial encontra-se insculpida no art. 94, *caput*, do CPC e indica o foro do domicílio do réu como competente para as demandas que envolvam direito pessoal, quer de natureza patrimonial quer extrapatrimonial, e para as que tratem de direito real sobre bens móveis. Nada obstante, o art. 100, excepcionando o dispositivo mencionado, prescreve foros especiais em diversas situações, as quais, quando configuradas, possuem o condão de afastar o comando geral ou relegá-lo à aplicação subsidiária. Em princípio, a norma contida no art. 100, parágrafo único, do CPC revela elementos que permitem classificá-la como específica em relação à do art. 94 do mesmo diploma, o que, em um exame superficial, desafiaria a solução da conhecida regra de hermenêutica encartada no princípio da especialidade (*lex specialis derrogat generalis*). A situação em análise, contudo, não permite esse tipo de técnica interpretativa. Na hipótese, a regra específica, contida no art. 100, parágrafo único, não contrasta com a genérica, inserta no art. 94. Na verdade, ambas se completam. Com efeito, a demanda objetivando o recebimento do seguro obrigatório DPVAT é de natureza pessoal, implicando a competência do foro do domicílio do réu (art. 94, *caput*, do CPC). O art. 100, parágrafo único, do CPC, por sua vez, dispõe que, "nas ações de reparação do dano sofrido em razão de delito ou acidente de veículos, será competente o foro do domicílio do autor ou do local do fato". Nesse contexto, a regra prevista no art. 100, parágrafo único, do CPC cuida de faculdade que visa facilitar o acesso à justiça ao jurisdicionado, vítima do acidente; não impede, contudo, que o beneficiário da norma especial "abra mão" dessa prerrogativa, ajuizando a ação no foro domicílio do réu (art. 94 do CPC). Assim, trata-se de hipótese de competência concorrente, ou seja, como o seguro DPVAT ancora-se em finalidade eminentemente social, qual seja, a de garantir, inequivocamente, que os danos pessoais sofridos por vítimas de veículos automotores sejam compensados ao menos parcialmente, torna-se imprescindível garantir à vítima do acidente amplo acesso ao Poder Judiciário em busca do direito tutelado em lei. Precedente citado: AgRg no REsp 1.240.981-RS, Terceira Turma, DJe 5/10/2012. **REsp 1.357.813-RJ**, Rel. Min. Luis Felipe Salomão, julgado em 11/9/2013. (Inform. STJ 532)

DIREITO PROCESSUAL CIVIL. COMPETÊNCIA DO JUÍZO DEPRECADO PARA A DEGRAVAÇÃO DE DEPOIMENTOS COLHIDOS.
O juízo deprecado – e não o deprecante – é o competente para a degravação dos depoimentos testemunhais colhidos e registrados por método não convencional (como taquigrafia, estenotipia ou outro método idôneo de documentação) no cumprimento da carta precatória. De fato, a redação dada pela Lei 8.952/1994 ao "caput" do art. 417 do CPC, ao possibilitar o registro dos depoimentos de testemunhas por "taquigrafia, estenotipia ou outro método idôneo de documentação", não só permitiu tornar mais céleres os depoimentos – tendo em vista a

desnecessidade, em princípio, de sua redução a termo –, mas também possibilitou registro fiel da íntegra do ato, com imagem e som, em vez da simples escrita. Além disso, no que diz respeito à necessidade de degravação dos depoimentos colhidos, tem-se que, nos termos do § 1º do art. 417 do CPC, os depoimentos somente deverão ser datilografados "quando houver recurso da sentença ou noutros casos, quando o juiz o determinar, de ofício ou a requerimento da parte". Nessa conjuntura, o Poder Judiciário tem buscado, nos recursos tecnológicos, meios para otimizar a prestação jurisdicional em busca de celeridade. Todavia, devem-se harmonizar todos os interesses daqueles que atuam no feito, observando-se o devido processo legal. Nesse contexto, a regra trazida pelo CPC – de desnecessidade de degravação e de não transcrição dos depoimentos orais registrados por taquigrafia, estenotipia ou outro método idôneo de documentação – deve adequar-se à hipótese em que ocorra a deprecação do ato, pois, para que o juízo deprecante tome conhecimento do conteúdo dos depoimentos colhidos pelo juízo deprecado, tem-se por necessária a degravação dos testemunhos. Dessa maneira, torna-se de observância obrigatória pelo juízo deprecado a realização do procedimento de transcrição dos depoimentos como parte do cumprimento integral da carta precatória. **CC 126.747-RS, Rel. Min. Luis Felipe Salomão, julgado em 25/9/2013.** (Inform. STJ 531)

PRESTAÇÃO ALIMENTÍCIA.
Na definição da competência para o processamento de execução de prestação alimentícia, cabe ao alimentando a escolha entre: a) o foro do seu domicílio ou de sua residência; b) o juízo que proferiu a sentença exequenda; c) o juízo do local onde se encontram bens do alimentante sujeitos à expropriação; ou d) o juízo do atual domicílio do alimentante. De fato, o descumprimento de obrigação alimentar, antes de ofender a autoridade de uma decisão judicial, viola o direito à vida digna de quem dela necessita (art. 1º, III, da CF). Em face dessa peculiaridade, a interpretação das normas relativas à competência, quando o assunto é alimentos, deve, sempre, ser a mais favorável aos alimentandos, sobretudo em se tratando de menores, por incidência, também, do princípio do melhor interesse e da proteção integral à criança e ao adolescente (art. 3º da Convenção sobre os Direitos da Criança e art. 1º do ECA). Nesse contexto, é relativa (e não absoluta) a presunção legal de que o alimentando, diante do seu estado de premente necessidade, tem dificuldade de propor a ação em foro diverso do seu próprio domicílio ou residência, que dá embasamento à regra do art. 100, II, do CPC, segundo a qual é competente o foro "do domicílio ou da residência do alimentando, para a ação em que se pedem alimentos", de modo que o alimentando pode renunciar à referida presunção se lhe for mais conveniente ajuizar a ação em local diverso. Da mesma forma, ainda que se trate de execução de alimentos – forma especial de execução por quantia certa –, deve-se adotar o mesmo raciocínio, permitindo, assim, a relativização da competência funcional prevista no art. 475-P do CPC, em virtude da natureza da prestação exigida. Desse modo, deve-se resolver a aparente antinomia havida entre os arts. 475-P, II e parágrafo único, 575, II, e 100, II, do CPC em favor do reconhecimento de uma regra de foro concorrente para o processamento de execução de prestação alimentícia que permita ao alimentando escolher entre: a) o foro do seu domicílio ou de sua residência (art. 100, II, CPC); b) o juízo que proferiu a sentença exequenda (art. 475-P, II, e art. 575, II, do CPC); c) o juízo do local onde se encontram bens do alimentando sujeitos à expropriação (parágrafo único do art. 475-P do CPC); ou d) o juízo do atual domicílio do alimentante (parágrafo único do art. 475-P do CPC). **CC 118.340-MS, Rel. Min. Nancy Andrighi, julgado em 11/9/2013.** (Inform. STJ 531)

DIREITO PROCESSUAL CIVIL. COMPETÊNCIA PARA PROCESSAR E JULGAR EXECUÇÃO FISCAL. RECURSO REPETITIVO (ART. 543-C DO CPC E RES. 8/2008-STJ).
Na hipótese em que, em razão da inexistência de vara da Justiça Federal na localidade do domicílio do devedor, execução fiscal tenha sido ajuizada pela União ou por suas autarquias em vara da Justiça Federal sediada em local diverso, o juiz federal poderá declinar, de ofício, da competência para processar e julgar a demanda, determinando a remessa dos autos para o juízo de direito da comarca do domicílio do executado. Isso porque, nas comarcas do interior onde não funcionar vara da Justiça Federal, os juízes estaduais são competentes para processar e julgar os executivos fiscais da União e de suas autarquias ajuizados contra devedores domiciliados nas respectivas comarcas (art. 15, I, da Lei 5.010/1966). Portanto, a decisão do juiz federal que declina da competência quando a norma do art. 15, I, da Lei 5.010/1966 deixa de ser observada não está sujeita à Súmula 33 do STJ, segundo a qual "a incompetência relativa não pode ser declarada de ofício". No mesmo sentido é o teor da Súmula 40 do TFR, segundo a qual "a execução fiscal da Fazenda Pública Federal será proposta perante o Juiz de Direito da comarca do domicílio do devedor, desde que não seja ela sede de vara da Justiça Federal". "Será proposta", diz o texto, a significar que não há opção, nem relatividade. Cabe ressaltar, ademais, que essa regra pretende facilitar tanto a defesa do devedor quanto o aparelhamento da execução, que assim não fica, em regra, sujeita a cumprimento de atos por cartas precatórias. **REsp 1.146.194-SC, Rel. originário Min. Napoleão Nunes Maia Filho, Rel. para acórdão Min. Ari Pargendler, julgado em 14/8/2013.** (Inform. STJ 531)

DIREITO PROCESSUAL CIVIL. ALEGAÇÃO DE INEXISTÊNCIA DE CONEXÃO EM EXCEÇÃO DE INCOMPETÊNCIA.
A exceção de incompetência é meio adequado para que a parte ré impugne distribuição por prevenção requerida pela parte autora com base na existência de conexão. A conexão é hipótese de alteração legal de competência, prevista nos arts. 103 a 105 do CPC, e que consiste na reunião dos processos em decorrência da existência de similaridade entre uma demanda e outra anteriormente ajuizada, a partir da coincidência de um ou dois dos seus elementos, quais sejam: partes, pedido e causa de pedir. A finalidade da conjunção desses processos é evitar que sejam prolatadas decisões conflitantes. Nessa linha, a conexão pode ser alegada por qualquer das partes ou ser reconhecida de ofício pelo juízo. A propósito, é necessário ressaltar uma diferença entre a alegação de modificação da competência e a invocação de incompetência relativa. Na primeira situação, o réu pretende a reunião de processos conexos, podendo arguir, desde logo, em sede de preliminar da contestação, uma vez que, nesse caso, parte da premissa de que o juízo era competente e, por conta da conexão, a competência deve ser prorrogada (art. 301, VII, do CPC). Na segunda situação, a pretensão do réu pode consistir em afastar a ocorrência da conexão, que, a seu ver, acarretou a distribuição equivocada do processo. Assim, a alegação deve ser feita por meio de exceção de incompetência (arts. 307 e seguintes do CPC), uma vez que a premissa básica do seu raciocínio e seu objetivo imediato são exatamente a incompetência relativa do juízo. Desse modo, a inexistência de conexão configura exemplo revelador do não cabimento da distribuição por dependência, caracterizando a incompetência do juízo. Ademais, os dispositivos do CPC que disciplinam o instituto da exceção (arts. 304 a 311) não instituíram nenhum óbice à apreciação de outras alegações que configurem argumento meio para a obtenção do reconhecimento do real objetivo do réu, qual seja, a declaração de incompetência relativa do juízo. **REsp 1.156.306-DF, Rel. Min. Luis Felipe Salomão, julgado em 20/8/2013.** (Inform. STJ 529)

DIREITO PROCESSUAL CIVIL. COMPETÊNCIA PARA O JULGAMENTO DE AÇÃO PROPOSTA POR EX-DIRETOR SINDICAL CONTRA O SINDICATO QUE ANTERIORMENTE REPRESENTAVA.
**Compete à Justiça do Trabalho o julgamento de ação proposta por ex-diretor sindical contra o sindicato que anteriormente representava na qual se objetive o recebimento

de verbas com fundamento em disposições estatutárias. De fato, com a promulgação da EC 45/2004, ampliou-se a competência da Justiça do Trabalho para o julgamento de litígio decorrente da prestação do trabalho humano, seja ele decorrente ou não de um vínculo de emprego. Nesse contexto, a Justiça do Trabalho passou a ser competente para processar e julgar controvérsia pertinente à representação interna de entidades sindicais (sindicatos, federações e confederações), conforme o art. 114, III, da CF. Precedente citado do STJ: CC 64.192-SP, Primeira Seção, DJ 9/10/2006. Precedente citado do STF: ARE 681.641-DF, Segunda Turma, DJe 20/3/2013. **CC 124.534-DF, Rel. Min. Luis Felipe Salomão, julgado em 26/6/2013.** (Inform. STJ 524)

DIREITO PROCESSUAL CIVIL. COMPETÊNCIA PARA O JULGAMENTO DE AÇÃO DE INDENIZAÇÃO POR DANOS CAUSADOS AO AUTOR EM RAZÃO DE SUA INDEVIDA DESTITUIÇÃO DA PRESIDÊNCIA DE ENTIDADE DE PREVIDÊNCIA PRIVADA.
Compete à Justiça Comum Estadual, e não à Justiça do Trabalho, processar e julgar ação de indenização por danos materiais e de compensação por danos morais que teriam sido causados ao autor em razão de sua destituição da presidência de entidade de previdência privada, a qual teria sido efetuada em desacordo com as normas do estatuto social e do regimento interno do conselho deliberativo da instituição. Isso porque, nessa hipótese, a lide tem como fundamento o descumprimento de normas estatutárias relativas ao exercício de função eletiva, de natureza eminentemente civil, não decorrendo de relação de trabalho entre as partes. **CC 123.914-PA, Rel. Min. Raul Araújo, julgado em 26/6/2013.** (Inform. STJ 524)

DIREITO PROCESSUAL CIVIL. MEDIDA DE URGÊNCIA DECRETADA POR JUÍZO ABSOLUTAMENTE INCOMPETENTE.
Ainda que proferida por juízo absolutamente incompetente, é válida a decisão que, em ação civil pública proposta para a apuração de ato de improbidade administrativa, tenha determinado, até que haja pronunciamento do juízo competente, a indisponibilidade dos bens do réu a fim de assegurar o ressarcimento de suposto dano ao patrimônio público. De fato, conforme o art. 113, § 2º, do CPC, o reconhecimento da incompetência absoluta de determinado juízo implica, em regra, nulidade dos atos decisórios por ele praticados. Todavia, referida regra não impede que o juiz, em face do poder de cautela previsto nos arts. 798 e 799 do CPC, determine, em caráter precário, medida de urgência para prevenir perecimento de direito ou lesão grave ou de difícil reparação. **REsp 1.038.199-ES, Rel. Min. Castro Meira, julgado em 7/5/2013.** (Inform. STJ 524)

DIREITO PROCESSUAL CIVIL. COMPETÊNCIA PARA PROCESSAR E JULGAR PEDIDO DE RECONHECIMENTO E DISSOLUÇÃO DE UNIÃO ESTÁVEL HOMOAFETIVA.
Havendo vara privativa para julgamento de processos de família, essa será competente para processar e julgar pedido de reconhecimento e dissolução de união estável homoafetiva, independentemente de eventuais limitações existentes na lei de organização judiciária local. Ressalte-se, inicialmente, que a plena equiparação das uniões estáveis homoafetivas às heteroafetivas trouxe, como consequência, a extensão automática àquelas das prerrogativas já outorgadas aos companheiros dentro de uma união estável de homem e mulher. Ademais, apesar de a organização judiciária de cada estado ser afeta ao Judiciário local, a outorga de competências privativas a determinadas varas impõe a submissão destas às respectivas vinculações legais estabelecidas no nível federal, para que não se configure ofensa à lógica do razoável e, em situações como a em análise, ao princípio da igualdade. Assim, se a prerrogativa de vara privativa é outorgada, para a solução de determinadas lides, à parcela heterossexual da população brasileira, também o será à fração homossexual, assexual ou transexual, bem como a todos os demais grupos representativos de minorias de qualquer natureza que precisem da intervenção do Poder Judiciário para a solução de demandas similares. **REsp 1.291.924-RJ, Rel. Min. Nancy Andrighi, julgado em 28/5/2013.** (Inform. STJ 524)

DIREITO PROCESSUAL CIVIL. DEGRAVAÇÃO DE DEPOIMENTO DE TESTEMUNHA INQUIRIDA NO JUÍZO DEPRECADO POR MEIO AUDIOVISUAL.
No âmbito do processo civil, não é do juízo deprecado o encargo de providenciar a degravação de depoimento de testemunha por ele inquirida pelo método audiovisual. A princípio, vale ressaltar que o tema em discussão não possui regra específica na legislação processual civil capaz de elucidar a controvérsia. Diante dessa lacuna, revela-se conveniente observar a Res. 105/2010 do CNJ, a qual veio dispor, no âmbito do processo penal, sobre a "documentação dos depoimentos por meio de sistema audiovisual e realização de interrogatório e inquirição de testemunha por videoconferência", não havendo óbice, por certo, para a aplicação dessa mesma regra no processo civil. Extrai-se da citada resolução "que caracteriza ofensa à independência funcional do juiz de primeiro grau a determinação, por magistrado integrante de tribunal, da transcrição de depoimentos tomados pelo sistema audiovisual". Nesse contexto, a situação em análise revela maior grau de constrangimento, na medida em que a determinação de haver degravação procede de um magistrado de primeiro grau (deprecante) para outro de idêntica hierarquia (deprecado). De outra parte, não se pode olvidar a advertência existente na parte inicial da referida resolução no sentido de que, para cada minuto de gravação, leva-se, no mínimo, dez minutos para a sua degravação, a denotar grandes dificuldades, sobretudo de tempo e de esforço laboral, que permeiam o ato de transcrição de depoimentos colhidos na forma audiovisual. Dessa forma, o art. 2º da citada resolução estabeleceu que os depoimentos documentados por meio audiovisual não precisam de transcrição, e o parágrafo único desse artigo instituiu regra segundo a qual o magistrado, quando for de sua preferência pessoal, poderá determinar que os servidores afetos a seu gabinete ou secretaria procedam à degravação. **CC 126.770-RS, Rel. Min. Sérgio Kukina, julgado em 8/5/2013.** (Inform. STJ 523)

DIREITO PROCESSUAL CIVIL. COMPETÊNCIA PARA O JULGAMENTO DE AÇÕES CONEXAS CUJA CAUSA DE PEDIR REMOTA ENVOLVA DIREITO DE PROPRIEDADE.
Compete ao foro do local em que situado o imóvel o julgamento de ação consignatória e de ação de rescisão contratual cumulada com retificação de escritura pública, perdas e danos e alteração do registro imobiliário na hipótese em que lhes for comum causa de pedir remota consistente em contrato verbal de sociedade de fato formada para a compra do referido bem. De início, cumpre esclarecer que há conexão entre as ações, já que possuem a mesma causa de pedir remota (art. 103 do CPC), sendo conveniente a sua reunião, a fim de evitar a prolação de decisões conflitantes. Posto isso, observa-se que o art. 95 do CPC prevê regra de competência absoluta ao dispor que, nas ações fundadas em direito real sobre imóveis, é competente o foro da situação da coisa, quando o litígio recair sobre direito de propriedade. Na hipótese, a ação de rescisão contratual contém, como decorrência lógica do pedido, pleito de modificação do próprio registro imobiliário. Assim, uma vez julgado procedente o pedido, ter-se-á à modificação da propriedade do imóvel, com alteração da respectiva matrícula. Dessa maneira, verificado o caráter real da ação, o foro da situação do imóvel é o competente para a reunião dos processos. **CC 121.390-SP, Rel. Min. Raul Araújo, julgado em 22/5/2013.** (Inform. STJ 523)

DIREITO PROCESSUAL CIVIL. EXISTÊNCIA DE CONFLITO DE COMPETÊNCIA ENTRE UM ÓRGÃO JURISDICIONAL DO ESTADO E UMA CÂMARA ARBITRAL.

É possível a existência de conflito de competência entre juízo estatal e câmara arbitral. Isso porque a atividade desenvolvida no âmbito da arbitragem tem natureza jurisdicional. CC 111.230-DF, Rel. Min. Nancy Andrighi, julgado em 8/5/2013. (Inform. STJ 522)

DIREITO PROCESSUAL CIVIL. CONHECIMENTO DE CONFLITO DE COMPETÊNCIA SUSCITADO APÓS O OFERECIMENTO DE EXCEÇÃO DE INCOMPETÊNCIA.
O anterior oferecimento de exceção de incompetência não obsta o conhecimento de conflito de competência quando o objeto deste for absolutamente distinto do objeto daquela. Isso porque não se pode interpretar a regra processual contida no art. 117 do CPC – segundo o qual não pode suscitar conflito a parte que, no processo, ofereceu exceção de incompetência – de modo a gerar uma situação de impasse, subtraindo da parte meios de se insurgir contra uma situação que repute injusta, haja vista que o direito processual deve, na máxima medida possível, estar a serviço do direito material, como um instrumento para a sua realização. CC 111.230-DF, Rel. Min. Nancy Andrighi, julgado em 8/5/2013. (Inform. STJ 522)

DIREITO PROCESSUAL CIVIL. COMPETÊNCIA PARA JULGAMENTO DE DEMANDA QUE VERSE SOBRE OBTENÇÃO DE DIPLOMA DE CURSO DE ENSINO A DISTÂNCIA DE INSTITUIÇÃO NÃO CREDENCIADA PELO MEC. RECURSO REPETITIVO (ART. 543-C DO CPC E RES. 8/2008-STJ).
A Justiça Federal tem competência para o julgamento de demanda em que se discuta a existência de obstáculo à obtenção de diploma após conclusão de curso de ensino a distância em razão de ausência ou obstáculo ao credenciamento da instituição de ensino superior pelo Ministério da Educação. Quanto à competência para o julgamento de demandas que envolvam instituição de ensino particular, o STJ entende que, caso a demanda verse sobre questões privadas relacionadas ao contrato de prestação de serviços firmado entre a instituição de ensino superior e o aluno – inadimplemento de mensalidade, cobrança de taxas – e desde que não se trate de mandado de segurança, a competência, em regra, é da Justiça Estadual. Em contraposição, em se tratando de mandado de segurança ou referindo-se a demanda ao registro de diploma perante o órgão público competente – ou mesmo ao credenciamento da entidade perante o Ministério da Educação –, não há como negar a existência de interesse da União no feito, razão pela qual, nos termos do art. 109 da CF, a competência para julgamento da causa será da Justiça Federal. Essa conclusão também se aplica aos casos de ensino a distância. Isso porque, conforme a interpretação sistemática dos arts. 9º e 80, § 1º, da Lei 9.394/1996, à União cabe a fiscalização e o credenciamento das instituições de ensino que oferecem essa modalidade de prestação de serviço educacional. Precedentes citados do STJ: AgRg no REsp 1.335.504-PR, Segunda Turma, DJe 10/10/2012, e REsp 1.276.666-RS, Segunda Turma, DJe 17/11/2011; e do STF: AgRg no RE 698.440-RS, Primeira Turma, DJe 2/10/2012. REsp 1.344.771-PR, Rel. Min. Mauro Campbell Marques, julgado em 24/4/2013. (Inform. STJ 521)

DIREITO PROCESSUAL CIVIL. COMPETÊNCIA PARA JULGAR AÇÃO EM QUE O AUTOR PRETENDA, ALÉM DO RECEBIMENTO DE VALORES POR SERVIÇOS PRESTADOS COMO COLABORADOR DE SOCIEDADE DO RAMO PUBLICITÁRIO, A COMPENSAÇÃO POR DANOS MORAIS DECORRENTES DE ACUSAÇÕES QUE SOFRERA.
Compete à Justiça Comum Estadual processar e julgar ação em que o autor pretenda, além do recebimento de valores referentes a comissões por serviços prestados na condição de colaborador de sociedade do ramo publicitário, a compensação por danos morais sofridos em decorrência de acusações infundadas de que alega ter sido vítima na ocasião de seu descredenciamento em relação à sociedade. A competência para julgamento de demanda levada a juízo é fixada em razão da natureza da causa, que, a seu turno, é definida pelo pedido e pela causa de pedir.

Na situação em análise, a ação proposta não tem causa de pedir e pedido fundados em eventual relação de trabalho entre as partes, pois em nenhum momento se busca o reconhecimento de qualquer relação dessa natureza ou ainda o recebimento de eventual verba daí decorrente. Trata-se, na hipótese, de pretensões derivadas da prestação de serviços levada a efeito por profissional liberal de forma autônoma e sem subordinação, razão pela qual deve ser aplicada a orientação da Súmula 363 do STJ, segundo a qual compete "à Justiça Estadual processar e julgar a ação de cobrança ajuizada por profissional liberal contra cliente". CC 118.649-SP, Rel. Min. Raul Araújo, julgado em 24/4/2013. (Inform. STJ 521)

DIREITO PROCESSUAL CIVIL. COMPETÊNCIA DA JUSTIÇA DO TRABALHO PARA O JULGAMENTO DE DEMANDA NA QUAL EX-EMPREGADO APOSENTADO PRETENDA SER MANTIDO EM PLANO DE SAÚDE CUSTEADO PELO EX-EMPREGADOR.
Compete à Justiça do Trabalho processar e julgar a causa em que ex-empregado aposentado objetive ser mantido em plano de assistência médica e odontológica que, além de ser gerido por fundação instituída e mantida pelo ex-empregador, seja prestado aos empregados sem contratação específica e sem qualquer contraprestação. Inicialmente, deve-se considerar que há precedente do TST no qual se afirma que, na hipótese em que o plano de saúde seja integralmente custeado por fundação patrocinada pelo antigo empregador, o benefício agrega-se ao contrato de trabalho. A propósito, o STF pacificou o entendimento de que a competência para o julgamento de matéria concernente ao contrato de trabalho é da Justiça do Trabalho. Ademais, a jurisprudência do STJ também tem entendido que, se a assistência médica, hospitalar e odontológica era fornecida gratuitamente aos empregados da instituidora da fundação, consistindo em benefício acessório ao contrato de trabalho, cabe à Justiça do Trabalho, em razão da matéria, solucionar a lide. REsp 1.045.753-RS, Rel. Min. Luis Felipe Salomão, julgado em 4/4/2013. (Inform. STJ 521)

DIREITO PROCESSUAL CIVIL. COMPETÊNCIA DA JUSTIÇA DO TRABALHO PARA O JULGAMENTO DE DEMANDA NA QUAL EX-EMPREGADO APOSENTADO PRETENDA SER MANTIDO EM PLANO DE SAÚDE CUSTEADO PELO EX-EMPREGADOR.
Compete à Justiça do Trabalho processar e julgar a causa em que ex-empregado aposentado objetive ser mantido em plano de assistência médica e odontológica que, além de ser gerido por fundação instituída e mantida pelo ex-empregador, seja prestado aos empregados sem contratação específica e sem qualquer contraprestação. Inicialmente, deve-se considerar que há precedente do TST no qual se afirma que, na hipótese em que o plano de saúde seja integralmente custeado por fundação patrocinada pelo antigo empregador, o benefício agrega-se ao contrato de trabalho. A propósito, o STF pacificou o entendimento de que a competência para o julgamento de matéria concernente ao contrato de trabalho é da Justiça do Trabalho. Ademais, a jurisprudência do STJ também tem entendido que, se a assistência médica, hospitalar e odontológica era fornecida gratuitamente aos empregados da instituidora da fundação, consistindo em benefício acessório ao contrato de trabalho, cabe à Justiça do Trabalho, em razão da matéria, solucionar a lide. REsp 1.045.753-RS, Rel. Min. Luis Felipe Salomão, julgado em 4/4/2013. (Inform. STJ 521)

DIREITO PROCESSUAL CIVIL. COMPETÊNCIA PARA O JULGAMENTO DE AÇÃO ENVOLVENDO CONTRATO DE MÚTUO REALIZADO EM DECORRÊNCIA DE RELAÇÃO DE TRABALHO.
Compete à Justiça do Trabalho processar e julgar ação de execução por quantia certa, proposta por empregador em face de seu ex-empregado, na qual sejam cobrados valores relativos a contrato de mútuo celebrado entre as partes para

o então trabalhador adquirir veículo automotor particular destinado ao exercício das atividades laborais. A competência para julgamento de demanda levada a juízo é fixada em razão da natureza da causa, que é definida pelo pedido e pela causa de pedir deduzidos. Na hipótese descrita, a execução possui como causa de pedir um contrato de mútuo firmado dentro da própria relação de trabalho e em função dela. Dessa forma, cuidando-se de lide envolvendo pacto acessório ao contrato de trabalho, é manifesta a competência da Justiça Trabalhista. CC 124.894-SP, Rel. Min. Raul Araújo, julgado em 10/4/2013. (Inform. STJ 520)

DIREITO PROCESSUAL CIVIL. COMPETÊNCIA PARA O JULGAMENTO DE AÇÃO DE INDENIZAÇÃO POR DANOS MATERIAIS E DE COMPENSAÇÃO POR DANOS MORAIS PROPOSTA POR PASTOR EM FACE DE CONGREGAÇÃO RELIGIOSA À QUAL PERTENCE.

Compete à Justiça Comum Estadual processar e julgar ação de indenização por danos materiais e de compensação por danos morais proposta por pastor em face de congregação religiosa à qual pertencia na qual o autor, reconhecendo a inexistência de relação trabalhista com a ré, afirme ter sido afastado indevidamente de suas funções. A competência para julgamento de demanda levada a juízo é fixada em razão da natureza da causa, que é definida pelo pedido e pela causa de pedir deduzidos. Na hipótese em análise, a questão jurídica enfatiza aspectos de política interna de uma congregação religiosa na relação com seus ministros, envolvendo direitos e garantias constitucionais de liberdade e exercício de culto e de crença religiosos (CF, art. 5º, VI e VIII). Trata-se, portanto, de discussão atinente ao alegado direito de pastor suscitado supostamente de forma indevida de suas funções à indenização material e reparação moral de direito civil. Nesse contexto, considerando o cunho eminentemente religioso e civil da controvérsia, tem aplicação o entendimento consolidado nesta Corte de que não compete à Justiça do Trabalho processar e julgar demanda em que a causa de pedir e o pedido deduzidos na inicial não guardem relação com as matérias de competência da Justiça Laboral elencadas no art. 114 da CF. CC 125.472-BA, Rel. Min. Raul Araújo, julgado em 10/4/2013. (Inform. STJ 520)

DIREITO PROCESSUAL CIVIL. COMPETÊNCIA PARA PROCESSAR E JULGAR AÇÃO DE RECONHECIMENTO DE UNIÃO ESTÁVEL HOMOAFETIVA.

A competência para processar e julgar ação destinada ao reconhecimento de união estável homoafetiva é da vara de família. A legislação atinente às relações estáveis heteroafetivas deve ser aplicada, por analogia, às relações estáveis homoafetivas, porquanto o STF, no julgamento da ADI 4.277-DF (DJe 5/5/2011), promoveu a plena equiparação das uniões estáveis homoafetivas às uniões estáveis heteroafetivas, sobretudo no que se refere à caracterização da relação estável homoafetiva como legítimo modelo de entidade familiar. Nesse contexto, o STJ concluiu pela aplicação imediata do arcabouço normativo imposto às uniões heteroafetivas (portanto dos respectivos direitos conferidos a elas) às uniões entre pessoas do mesmo sexo, razão pela qual a competência para a demanda deve ser da vara de família e não da vara cível. Precedente citado: REsp 827.962-RS, Quarta Turma, DJe 8/8/2011. REsp 964.489-RS, Rel. Min. Antonio Carlos Ferreira, julgado em 12/3/2013. (Inform. STJ 519)

DIREITO PROCESSUAL CIVIL. COMPETÊNCIA DA JUSTIÇA ESTADUAL PARA APRECIAR AÇÕES ENVOLVENDO SOCIEDADE DE ECONOMIA MISTA EM LIQUIDAÇÃO EXTRAJUDICIAL, SOB A INTERVENÇÃO DO BACEN.

Compete à Justiça Estadual, e não à Justiça Federal, processar e julgar ação proposta em face de sociedade de economia mista, ainda que se trate de instituição financeira em regime de liquidação extrajudicial, sob intervenção do Banco Central. Com efeito, inexiste previsão no art. 109 da CF que atribua a competência à Justiça Federal para processar e julgar causas envolvendo sociedades de economia mista. Ademais, o referido dispositivo constitucional é explícito ao excluir da competência da Justiça Federal as causas relativas à falência – cujo raciocínio é extensível aos procedimentos concursais administrativos, tais como a intervenção e a liquidação extrajudicial –, o que aponta inequivocamente para a competência da Justiça Estadual, a qual ostenta caráter residual. Precedentes citados: REsp 459.352-RJ, Terceira Turma, DJe 31/10/2012, e REsp 1.162.469-PR, Terceira Turma, DJe 9/5/2012. REsp 1.093.819-TO, Rel. Min. Luis Felipe Salomão, julgado em 19/3/2013. (Inform. STJ 519)

DIREITO PROCESSUAL CIVIL. COMPETÊNCIA PARA DECIDIR SOBRE PEDIDO DE INDENIZAÇÃO POR DANOS QUE TERIAM DECORRIDO DA INADEQUADA ATUAÇÃO DE SINDICATO NO ÂMBITO DE RECLAMAÇÃO TRABALHISTA QUE CONDUZIRA NA QUALIDADE DE SUBSTITUTO PROCESSUAL.

Compete à Justiça do Trabalho processar e julgar demanda proposta por trabalhador com o objetivo de receber indenização em razão de alegados danos materiais e morais causados pelo respectivo sindicato, o qual, agindo na condição de seu substituto processual, no patrocínio de reclamação trabalhista, teria conduzido o processo de forma inadequada, gerando drástica redução do montante a que teria direito a título de verbas trabalhistas. Com efeito, considerando que os alegados danos teriam advindo justamente de deficiente atuação do sindicato na defesa dos interesses do autor perante a Justiça do Trabalho, deve-se concluir que a demanda ora em discussão somente será resolvida adequadamente no âmbito daquela justiça especializada, a mesma que antes conheceu da lide original. CC 124.930-MG, Rel. Min. Raul Araújo, julgado em 10/4/2013. (Inform. STJ 518)

DIREITO PROCESSUAL CIVIL. COMPETÊNCIA PARA JULGAMENTO DE DEMANDA CUJA CAUSA DE PEDIR E PEDIDO NÃO SE REFIRAM A EVENTUAL RELAÇÃO DE TRABALHO ENTRE AS PARTES.

Compete à Justiça Comum Estadual processar e julgar ação de reconhecimento e de dissolução de sociedade mercantil de fato, cumulada com pedido de indenização remanescente, na hipótese em que a causa de pedir e o pedido deduzidos na petição inicial não façam referência à existência de relação de trabalho entre as partes. A competência para julgamento de demanda levada a juízo é fixada em razão da natureza da causa, que é definida pelo pedido e pela causa de pedir deduzidos. Na hipótese descrita, a demanda versa sobre relação jurídica de cunho eminentemente civil, não sendo fundada em eventual relação de trabalho existente entre as partes. Nesse contexto, conforme a jurisprudência do STJ, não compete à Justiça do Trabalho processar e julgar demanda em que a causa de pedir e o pedido deduzidos na inicial não guardem relação com as matérias de competência dessa justiça especializada elencadas no art. 114 da CF. Precedentes citados: CC 76.597-RJ, Segunda Seção, DJ 16/8/2007, e CC 72.770-SP, Segunda Seção, DJ 1º/8/2007. CC 121.702-RJ, Rel. Min. Raul Araújo, julgado em 27/2/2013. (Inform. STJ 518)

DIREITO PROCESSUAL CIVIL. COMPETÊNCIA DA JUSTIÇA DO TRABALHO PARA PROCESSAR E JULGAR AÇÃO DE INDENIZAÇÃO DECORRENTE DE ATOS OCORRIDOS DURANTE A RELAÇÃO DE TRABALHO.

Compete à Justiça do Trabalho processar e julgar ação de indenização por danos morais e materiais proposta por ex--empregador cuja causa de pedir se refira a atos supostamente cometidos pelo ex-empregado durante o vínculo laboral e em decorrência da relação de trabalho havida entre as partes. Precedentes citados: CC 80.365-RS, Segunda Seção, DJ 10/5/2007, e CC 74.528-SP, Segunda Seção, DJe 4/8/2008. CC 121.998-MG, Rel. Min. Raul Araújo, julgado em 27/2/2013. (Inform. STJ 518)

DIREITO PROCESSUAL CIVIL. COMPETÊNCIA PARA JULGAMENTO DE DEMANDA NA QUAL SE EXIJA O CUMPRIMENTO DE OBRIGAÇÃO EM FACE DE ESTADO-MEMBRO.

O foro do lugar onde a obrigação deva ser satisfeita, ainda que não seja o da capital do estado-membro, é o competente para o julgamento de ação monitória ajuizada em face daquela unidade federativa e cujo objeto seja o cumprimento de obrigação contratual. Conforme o art. 100, IV, "d", do CPC, "é competente o foro do lugar onde a obrigação deve ser satisfeita, para a ação em que se lhe exigir o cumprimento". Ainda, conforme a jurisprudência do STJ, o estado-membro não tem prerrogativa de foro e pode ser demandado em outra comarca que não a de sua capital. Precedente citado: REsp 186.576-RS, Segunda Turma, DJ 21/8/2000. REsp 1.316.020-DF, Rel. Min. Herman Benjamin, julgado em 2/4/2013. (Inform. STJ 517).

Súmula Vinculante 27
Compete à Justiça estadual julgar causas entre consumidor e concessionária de serviço público de telefonia, quando a ANATEL não seja litisconsorte passiva necessária, assistente, nem opoente.

Súmula Vinculante 23
A Justiça do Trabalho é competente para processar e julgar ação possessória ajuizada em decorrência do exercício do direito de greve pelos trabalhadores da iniciativa privada.

Súmula Vinculante 22
A Justiça do Trabalho é competente para processar e julgar as ações de indenização por danos morais e patrimoniais decorrentes de acidente de trabalho propostas por empregado contra o empregador, inclusive aquelas que ainda não possuíam sentença de mérito em primeiro grau quando da promulgação da Emenda Constitucional nº 45/04.

Súmula STF nº 689
O segurado pode ajuizar ação contra a instituição previdenciária perante o Juízo Federal do seu domicílio ou nas varas federais da capital do estado-membro.

Súmula STF nº 557
É competente a Justiça Federal para julgar as causas em que são partes a COBAL e CIBRAZEM.

Súmula STF nº 556
É competente a Justiça Comum para julgar as causas em que é parte sociedade de economia mista.

Súmula STF nº 518
A intervenção da União, em feito já julgado pela segunda instância e pendente de embargos, não desloca o processo para o Tribunal Federal de Recursos.

Súmula STF nº 517
As sociedades de economia mista só têm foro na Justiça Federal, quando a União intervém como assistente ou opoente.

Súmula STF nº 516
O Serviço Social da Indústria (SESI) está sujeito à jurisdição da Justiça Estadual.

Súmula STF nº 508
Compete à Justiça Estadual, em ambas as instâncias, processar e julgar as causas em que for parte o Banco do Brasil S.A.

Súmula STF nº 363
A pessoa jurídica de direito privado pode ser demandada no domicílio da agência, ou estabelecimento, em que se praticou o ato.

Súmula STF nº 251
Responde a Rede Ferroviária federal S.A. Perante o foro comum e não perante o juízo especial da Fazenda Nacional, a menos que a União intervenha na causa.

Súmula STF nº 250
A intervenção da União desloca o processo do juízo cível comum para o fazendário.

Súmula STF nº 218
É competente o Juízo da Fazenda Nacional da capital do estado, e não o da situação da coisa, para a desapropriação promovida por empresa de energia elétrica, se a união federal intervém como assistente.

Súmula STJ nº 505
A competência para processar e julgar as demandas que têm por objeto obrigações decorrentes dos contratos de planos de previdência privada firmados com a Fundação Rede Ferroviária de Seguridade Social - REFER é da Justiça estadual.

Súmula STJ nº 428
Compete ao Tribunal Regional Federal decidir os conflitos de competência entre juizado especial federal e juízo federal da mesma seção judiciária.

Súmula STJ nº 383
A competência para processar e julgar as ações conexas de interesse de menor é, em princípio, do foro do domicílio do detentor de sua guarda.

Súmula STJ nº 368
Compete à Justiça comum estadual processar e julgar os pedidos de retificação de dados cadastrais da Justiça Eleitoral.

Súmula STJ nº 367
A competência estabelecida pela EC n. 45/2004 não alcança os processos já sentenciados.

Súmula STJ nº 365
A intervenção da União como sucessora da Rede Ferroviária Federal S/A (RFFSA) desloca a competência para a Justiça Federal ainda que a sentença tenha sido proferida por Juízo estadual.

Súmula STJ nº 363
Compete à Justiça estadual processar e julgar a ação de cobrança ajuizada por profissional liberal contra cliente.

Súmula STJ nº 324
Compete à Justiça Federal processar e julgar ações de que participa a Fundação Habitacional do Exército, equiparada à entidade autárquica federal, supervisionada pelo Ministério do Exército.

Súmula STJ nº 270
O protesto pela preferência de crédito, apresentado por ente federal em execução que tramita na Justiça Estadual, não desloca a competência para a Justiça Federal.

Súmula STJ nº 254
A decisão do Juízo Federal que exclui da relação processual ente federal não pode ser reexaminada no Juízo Estadual.

Súmula STJ nº 238
A avaliação da indenização devida ao proprietário do solo, em razão de alvará de pesquisa mineral, é processada no Juízo Estadual da situação do imóvel.

Súmula STJ nº 224
Excluído do feito o ente federal, cuja presença levara o Juiz Estadual a declinar da competência, deve o Juiz Federal restituir os autos e não suscitar conflito.

Súmula STJ nº 222
Compete à Justiça Comum processar e julgar as ações relativas à contribuição sindical prevista no art. 578 da CLT.

Súmula STJ nº 218
Compete à Justiça dos Estados processar e julgar ação de servidor estadual decorrente de direitos e vantagens estatutárias no exercício de cargo em comissão.

Súmula STJ nº 209
Compete à Justiça Estadual processar e julgar prefeito por desvio de verba transferida e incorporada ao patrimônio municipal.

Súmula STJ nº 208
Compete à Justiça Federal processar e julgar prefeito municipal por desvio de verba sujeita a prestação de contas perante órgão federal.

Súmula STJ nº 206
A existência de vara privativa, instituída por lei estadual, não altera a competência territorial resultante das leis de processo.

Súmula STJ nº 173
Compete à justiça federal processar e julgar o pedido de reintegração em cargo público federal, ainda que o servidor tenha sido dispensado antes da instituição do regime jurídico único.

Súmula STJ nº 170
Compete ao juízo onde primeiro for intentada a ação envolvendo acumulação de pedidos, trabalhista e estatutário, decidi-la nos limites da sua jurisdição, sem prejuízo do ajuizamento de nova causa, com o pedido remanescente, no juízo próprio.

Súmula STJ nº 150
Compete à Justiça Federal decidir sobre a existência de interesse jurídico que justifique a presença, no processo, da União, suas autarquias ou empresas públicas.

Súmula STJ nº 137
Compete à Justiça Comum estadual processar e julgar ação de servidor público municipal, pleiteando direitos relativos ao vínculo estatutário.

Súmula STJ nº 59
Não há conflito de competência se já existe sentença com transito em julgado, proferida por um dos juízos conflitantes.

Súmula STJ nº 34
Compete à Justiça Estadual processar e julgar causa relativa a mensalidade escolar, cobrada por estabelecimento particular de ensino.

Súmula STJ nº 33
A incompetência relativa não pode ser declarada de ofício.

Súmula STJ nº 32
Compete à Justiça Federal processar justificações judiciais destinadas a instruir pedidos perante entidades que nela tem exclusividade de foro, ressalvada a aplicação do art. 15, II, da lei 5010/66.

Súmula STJ nº 22
Não há conflito de competência entre o Tribunal de Justiça e Tribunal de Alçada do mesmo estado-membro.

Súmula STJ nº 6
Compete à Justiça Comum estadual processar e julgar delito decorrente de acidente de trânsito envolvendo viatura de polícia Militar, salvo se autor e vítima forem policiais militares em situação de atividade.

Súmula STJ nº 4
Compete à Justiça Estadual julgar causa decorrente do processo eleitoral sindical.

Súmula STJ nº 3
Compete ao Tribunal Regional Federal dirimir Conflito de Competência verificado, na respectiva região, entre juiz federal e juiz estadual investido de jurisdição federal.

6. COMPETÊNCIA GERAL E INTERNA DO STJ E DO STF

RISTF: emenda regimental e modificação de competência
A 1ª Turma recebeu, em parte, denúncia oferecida contra deputado federal pela suposta prática de crimes contra o sistema financeiro nacional (Lei 7.492/1986: "Art. 4º. Gerir fraudulentamente instituição financeira...; Art. 6º. Induzir ou manter em erro, sócio, investidor ou repartição pública competente, relativamente a operação ou situação financeira, sonegando-lhe informação ou prestando-a falsamente...; Art. 17. Tomar ou receber, qualquer das pessoas mencionadas no art. 25 desta lei, direta ou indiretamente, empréstimo ou adiantamento, ou deferi-lo a controlador, a administrador, a membro de conselho estatutário, aos respectivos cônjuges, aos ascendentes ou descendentes, a parentes na linha colateral até o 2º grau, consanguíneos ou afins, ou a sociedade cujo controle seja por ela exercido, direta ou indiretamente, ou por qualquer dessas pessoas"). De início, a Turma rejeitou questão preliminar suscitada pela defesa no sentido de que o feito fosse julgado pelo Plenário. O investigado alegava que a imediata aplicação da Emenda Regimental 49/2014 — que alterou dispositivos do Regimento Interno do STF atribuindo às Turmas a competência para processar e julgar deputados e senadores —, a processo já pautado para julgamento pelo Pleno, implicaria ofensa ao princípio do juiz natural. O Colegiado afirmou que a mencionada norma seria de natureza procedimental, e, portanto, teria incidência imediata. Ressaltou que a modificação realizada no Regimento Interno teria homenageado o interesse público, na medida em que visaria à duração razoável dos processos, o que escaparia ao interesse da parte. Observou que os processos penais semelhantes, que ainda continuariam a ser apreciados pelo Plenário, lá permaneceriam, porquanto já iniciado o respectivo julgamento. No mérito, a Turma rejeitou a denúncia quanto ao delito previsto no art. 6º da Lei 7.492/1986, em face da extinção da punibilidade pela prescrição da pretensão punitiva estatal, e a recebeu em relação aos demais delitos. Asseverou que a denúncia teria apontado — em observância à jurisprudência do STF — como o acusado teria participado das práticas delituosas que lhe teriam sido imputadas, consideradas as suas atribuições perante a instituição financeira e sua participação ativa na gestão. Afirmou que os delitos contra o sistema financeiro nacional seriam formais, e, portanto, a consumação seria antecipada à produção do resultado naturalístico. Em razão disso, não subsistiria a alegação de ausência de prejuízo ao sistema financeiro nacional. No tocante ao argumento de que ainda não se teria concluído processo administrativo no âmbito do Bacen, relativo aos mesmos fatos, assentou a

independência entre as instâncias administrativa e penal, de modo que a conclusão do mencionado processo em nada afetaria a configuração típica da conduta para fins criminais. Inq 2589/RS, rel. Min. Luiz Fux, 16.9.2014. (Inq-2589) (Inform. STF 759)

SEGUNDO AG. REG. NA PETIÇÃO N. 4.314-DF
RELATORA: MIN. ROSA WEBER
EMENTA: AGRAVO REGIMENTAL. PETIÇÃO. AÇÃO CIVIL ORIGINÁRIA. AUSÊNCIA DE CARÁTER PENAL. PROTESTO VEICULADO CONTRA MINISTROS DE ESTADO. AUSÊNCIA DE COMPETÊNCIA DO SUPREMO TRIBUNAL FEDERAL. Insuperável o óbice oposto na decisão agravada, pacificado o entendimento de que falece a esta Suprema Corte competência para apreciar ação civil pública originária - mesmo na hipótese em que dirigida contra Ministros de Estado -, à míngua de previsão no rol taxativo do art. 102 da Carta Política, bem como destituída de caráter penal a medida quanto à improbidade administrativa. Precedentes do Tribunal Pleno desta Suprema Corte (Rcl 2138, Rel. Min. NELSON JOBIM, Relator para acórdão Min. GILMAR MENDES, DJe-070 18-04-2008; Pet AgR 4089, Rel. Min. CELSO DE MELLO, DJe-022 PUBLIC 01-02-2013; Pet 4076 AgR, Rel. Min. RICARDO LEWANDOWSKI, DJe-162 PUBLIC 14-12-2007; Pet 4071 AgR, Rel. Min. EROS GRAU, DJe-227 PUBLIC 28-11-2008; Pet 4074 AgR, Rel. Min. CEZAR PELUSO, DJe-117 PUBLIC 27-06-2008; Pet 4099 AgR, Rel. Min. GILMAR MENDES, DJe-084 PUBLIC 08-05-2009; Pet 4092 AgR, Rel. Min. CÁRMEN LÚCIA, Tribunal Pleno, DJe-186 PUBLIC 02-10-2009).
Agravo regimental **conhecido e não provido**. (Inform. STF 715)

DIREITO PROCESSUAL CIVIL. COMPETÊNCIA INTERNA PARA JULGAR AÇÃO DISCRIMINATÓRIA DE TERRAS PÚBLICAS.
Compete à Primeira Seção do STJ e a suas respectivas Turmas julgar feito referente a ação discriminatória de terras públicas. De fato, a competência interna é fixada a partir da natureza da relação jurídica litigiosa. Nesse contexto, o art. 9º, § 1º, XIV, do RISTJ estabelece que compete à Primeira Seção processar e julgar os feitos que envolvem matéria de direito público, atinente à delimitação do patrimônio estatal. Sendo assim, como a ação discriminatória de terras públicas refere-se a patrimônio estatal, questão eminentemente de direito público, a competência da Primeira Seção deve ser preservada. Cabe ressaltar, a propósito, que situação diversa ocorre quando a demanda encerra discussão acerca de posse ou domínio de coisa alheia proposta por particular (ações de usucapião, reivindicatórias, reintegratórias) e o debate sobre a discriminação de terras públicas se dá apenas incidentalmente, o que configura hipótese de competência da Segunda Seção, conforme estabelece o art. 9º, § 2º, I, do RISTJ. Precedentes citados: EREsp 1.193.379-SP, Corte Especial, DJe 17/4/2013; RMS 27.524-TO, Primeira Turma, DJe 19/8/2009; e EDcl no REsp 617.428-SP, Segunda Turma, DJe 12/9/2011. **CC 124.063-DF, Rel. Min. Herman Benjamin, julgado em 2/10/2013.** (Inform. STJ 528)

DIREITO PROCESSUAL CIVIL. INCOMPETÊNCIA DA JUSTIÇA FEDERAL PARA PROCESSAR E JULGAR AÇÃO QUE OBJETIVE RESTITUIÇÃO DE INDÉBITO DECORRENTE DE MAJORAÇÃO ILEGAL DE TARIFA DE ENERGIA ELÉTRICA.
A Justiça Federal não é competente para processar e julgar ação em que se discuta restituição de indébito decorrente de majoração ilegal de tarifa de energia elétrica. Isso porque a existência de discussão acerca de restituição de indébito decorrente de majoração ilegal de tarifa de energia elétrica, por si só, não implica legitimidade da União ou da Agência Nacional de Energia Elétrica (ANEEL) para figurar no polo passivo da ação. Precedentes citados: AgRg no Ag 1.372.472-MS, Segunda Turma, DJe 14/10/2011, e REsp 1.190.139-RS, Segunda Turma, DJe 13/12/2011. AgRg no REsp 1.307.041-RS, Rel. Min. Mauro Campbell Marques, julgado em 18/12/2012. (Inform. STJ 516)

7. PRESSUPOSTOS PROCESSUAIS E CONDIÇÕES DA AÇÃO

DIREITO PROCESSUAL CIVIL. FALTA DE INTERESSE DE AGIR EM AÇÃO DE PRESTAÇÃO DE CONTAS. Falta interesse de agir em ação de prestação de contas ajuizada contra condomínio, quando as contas já tiverem sido prestadas extrajudicialmente. O interesse apto a justificar o procedimento judicial não decorre pura e simplesmente de uma relação jurídica material de gestão de bens ou interesses alheios, mas, sim, da real necessidade da intervenção judicial para compor um litígio entre as partes. Na linha da clássica doutrina, o exame do interesse processual é realizado à luz da necessidade e da utilidade do provimento jurisdicional, o que importa dizer que, na ausência de um dos seus elementos, como consequência faltará o próprio interesse processual. Na hipótese, a ação judicial não terá utilidade. **REsp 1.046.652-RJ, Rel. Min. Ricardo Villas Bôas Cueva, julgado em 16/9/2014.** (Inform. STJ 549)

DIREITO PROCESSUAL CIVIL. HIPÓTESE DE LEGITIMIDADE PASSIVA AD CAUSAM DO INPI. O Instituto Nacional da Propriedade Industrial (INPI) tem legitimidade passiva em ação que objetive invalidar sua decisão administrativa declaratória de nulidade de registro marcário em face da precedência de outro registro. Ainda que se tratasse de ação de nulidade de registro propriamente dita (art. 175 da Lei 9.279/1996), não haveria como negar a legitimidade do INPI para figurar no polo passivo na hipótese, porquanto haveria interesse da autarquia na convalidação de sua decisão, proferida em processo administrativo de nulidade, tendo em vista que eventual invalidação pelo Poder Judiciário implicará comando ao INPI para que desconstitua o registro anteriormente proferido. **REsp 1.184.867-SC, Rel. Min. Luis Felipe Salomão, julgado em 15/5/2014.** (Inform. STJ 548)

DIREITO PROCESSUAL CIVIL. LEGITIMIDADE DE PESSOA JURÍDICA PARA IMPUGNAR DECISÃO QUE DESCONSIDERE A SUA PERSONALIDADE. A pessoa jurídica tem legitimidade para impugnar decisão interlocutória que desconsidera sua personalidade para alcançar o patrimônio de seus sócios ou administradores, desde que o faça com o intuito de defender a sua regular administração e autonomia - isto é, a proteção da sua personalidade -, sem se imiscuir indevidamente na esfera de direitos dos sócios ou administradores incluídos no polo passivo por força da desconsideração. Segundo o art. 50 do CC, verificado "abuso da personalidade jurídica", poderá o juiz decidir que os efeitos de certas e determinadas relações obrigacionais sejam estendidos aos bens particulares dos administradores ou sócios da pessoa jurídica. O referido abuso, segundo a lei, caracteriza-se pelo desvio de finalidade da pessoa jurídica ou pela confusão patrimonial entre os bens dos sócios/administradores com os da pessoa moral. A desconsideração da personalidade jurídica, em essência, está adstrita à concepção de moralidade, probidade, boa-fé a que submetem os sócios e administradores na gestão e administração da pessoa jurídica. Vale também destacar que, ainda que a concepção de abuso nem sempre esteja relacionada a fraude, a sua figura está, segundo a doutrina, eminentemente ligada a prejuízo, desconforto, intranquilidade ou dissabor que tenha sido acarretado a terceiro, em decorrência de um uso desmesurado de um determinado direito. A rigor, portanto, a desconsideração da personalidade da pessoa jurídica resguarda interesses de credores e também da própria sociedade indevidamente manipulada. Por isso, inclusive, segundo o enunciado 285 da IV Jornada de Direito Civil, "a teoria da desconsideração, prevista no art. 50 do Código Civil, pode ser invocada pela pessoa jurídica em seu favor". Nesse compasso, tanto o interesse na desconsideração ou na manutenção do véu protetor, podem partir da própria pessoa jurídica, desde que, à luz dos requisitos autorizadores da medida excepcional, esta seja capaz de demonstrar a pertinência de seu intuito, o qual deve sempre estar relacionado à afirmação de sua autonomia, vale dizer, à proteção de sua personalidade. REsp, **Rel. Min. Nancy Andrighi, julgado em 24/4/2014. (Inform. STJ 544)**

DIREITO PROCESSUAL CIVIL. LEGITIMIDADE ATIVA DO ESPÓLIO EM DEMANDA NA QUAL SE BUSQUE INDENIZAÇÃO SECURITÁRIA POR INVALIDEZ PERMANENTE. O espólio possui legitimidade para ajuizar ação de cobrança de indenização securitária decorrente de invalidez permanente ocorrida antes da morte do segurado. Isso porque o direito à indenização de seguro por invalidez é meramente patrimonial, ou seja, submete-se à sucessão aberta com a morte do segurado, mesmo sem ação ajuizada pelo *de cujus*. Assim, o espólio é parte legítima para a causa, pois possui legitimidade para as ações relativas a direitos e interesses do *de cujus*. Ademais, não só os bens mas também os direitos de natureza patrimonial titularizados pelo *de cujus* integram a herança e, assim, serão pelo espólio representados em juízo. Vista por uma perspectiva subjetiva, a sucessão (forma de aquisição do patrimônio) é composta por aqueles que, em face da morte do titular dos direitos e obrigações, sub-rogam-se nessa universalidade de bens e direitos que passaram a integrar o patrimônio jurídico do falecido, em que pese não os tenha postulado junto a quem de direito quando em vida. O fato de a indenização securitária, devida por força da ocorrência do sinistro previsto contratualmente, não poder vir a ser aproveitada pelo segurado não a torna apenas por ele exigível. **REsp 1.335.407-RS, Rel. Min. Paulo de Tarso Sanseverino, julgado em 8/5/2014. (Inform. STJ 542)**

DIREITO PROCESSUAL CIVIL. LEGITIMIDADE PARA A EXECUÇÃO DE HONORÁRIOS FIXADOS EM DECISÃO JUDICIAL.
A associação que se destine a representar os interesses dos advogados empregados de determinada entidade, havendo autorização estatutária, tem legitimidade para promover, em favor de seus associados, a execução de título judicial quanto à parcela da decisão relativa aos honorários de sucumbência. Observe-se, inicialmente, que o art. 21 da Lei 8.906/1994 (Estatuto da Advocacia e da OAB) dispõe que, nas causas em que for parte o empregador, ou pessoa por este representada, os honorários de sucumbência serão devidos aos advogados empregados. Destaque-se, ainda, que o artigo emprega o termo plural "advogados empregados", considerando que o empregador, normalmente, terá mais de um advogado empregado e que eles, ao longo do processo, terão oportunidade de atuar em conjunto ou isoladamente, de modo que o êxito, acaso obtido pelo empregador na demanda, será atribuído à equipe de advogados empregados. Por sua vez, o Regulamento Geral do Estatuto da Advocacia e da OAB estabelece, no parágrafo único de seu art. 14, que os honorários de sucumbência dos advogados empregados constituem fundo comum, cuja destinação é decidida pelos profissionais integrantes do serviço jurídico da empresa ou por seus representantes. Assim, existindo uma associação regularmente criada para representar os interesses dos advogados empregados de determinada entidade, nada obsta que a entidade associativa, mediante autorização estatutária, possa executar os honorários sucumbenciais pertencentes aos "advogados empregados", seus associados. Essa possibilidade apenas facilita a formação, administração e rateio dos recursos do fundo único comum, destinado à divisão proporcional entre todos os associados. **REsp 634.096-SP, Rel. Min. Raul Araújo, julgado em 20/8/2013. (Inform. STJ 526)**

DIREITO PROCESSUAL CIVIL. APLICAÇÃO DO ART. 8º DA LEI 12.514/2011 AOS PROCESSOS EM CURSO.
As execuções fiscais ajuizadas pelos conselhos profissionais em data anterior ao início de vigência do art. 8º, caput, da Lei 12.514/2011 devem ser extintas na hipótese em que objetivarem a cobrança de anuidades cujos valores sejam inferiores a quatro vezes o montante cobrado anualmente da pessoa física ou jurídica inadimplente. Isso porque, nesses casos, há falta superveniente de interesse de agir. Cabe esclarecer que esse artigo trouxe nova condição de procedimento para as execuções fiscais ajuizadas pelos conselhos profissionais, qual seja, o limite de quatro vezes o montante das anuidades como valor mínimo que poderá ser executado judicialmente. Dessa forma, cuidando-se de norma de caráter processual, deve ter aplicação imediata aos processos em curso. **REsp 1.374.202-RS, Rel. Min. Humberto Martins, julgado em 7/5/2013. (Inform. STJ 524)**

DIREITO PROCESSUAL CIVIL. INTERESSE DE AGIR EM AÇÃO NA QUAL SE BUSQUE A RESPONSABILIZAÇÃO CIVIL DO ESTADO POR FRAUDE OCORRIDA EM CARTÓRIO DE REGISTRO DE IMÓVEIS.
Deve ser extinto o processo, sem resolução do mérito, na hipótese de ação em que se pretenda obter do Estado, antes de declarada a nulidade do registro imobiliário, indenização por dano decorrente de alegada fraude ocorrida em Cartório de Registro de Imóveis. Nessa situação, falta interesse de agir, pois, antes de reconhecida a nulidade do registro, não é possível atribuir ao Estado a responsabilidade civil pela fraude alegada. Isso porque, segundo o art. 252 da Lei 6.015/1973, o registro, enquanto não cancelado, produz todos os efeitos legais, ainda que, por outra maneira, prove-se que o título está desfeito, anulado, extinto ou rescindido. **REsp 1.366.587-MS, Rel. Min. Benedito Gonçalves, julgado em 18/4/2013. (Inform. STJ 523)**

DIREITO PROCESSUAL CIVIL. POSSIBILIDADE JURÍDICA DO PEDIDO DE REMARCAÇÃO DE TESTE FÍSICO EM CONCURSO PÚBLICO.
Não é possível a extinção do processo, sem resolução do mérito, por impossibilidade jurídica do pedido (art. 267, VI, do CPC), na hipótese em que candidato tenha requerido a remarcação de teste físico em concurso público, sob a alegação de impedimento oriundo de acidente ocorrido alguns dias antes da data prevista no edital para a referida etapa. Com efeito, a partir da análise da pretensão deduzida e independentemente de qualquer juízo de valor acerca do enquadramento da situação narrada como apta a caracterizar a alegada força maior, deve-se concluir que se trata, efetivamente, de pedido passível de apreciação pelo Poder Judiciário. REsp 1.293.721-PR, Rel. Min. Eliana Calmon, julgado em 4/4/2013. (Inform. STJ 520)

DIREITO CIVIL. LEGITIMIDADE DO CESSIONÁRIO PARA DISCUTIR EM JUÍZO QUESTÕES ENVOLVENDO MÚTUO HABITACIONAL COM COBERTURA DO FCVS CELEBRADO ATÉ 25/10/1996. RECURSO REPETITIVO (ART. 543-C DO CPC E RES. 8/2008-STJ).
Tratando-se de contrato de mútuo habitacional garantido pelo Fundo de Compensação de Variações Salariais, celebrado até 25/10/1996 e transferido sem a intervenção da instituição financeira, o cessionário possui legitimidade para discutir e demandar em juízo questões pertinentes às obrigações assumidas e aos direitos adquiridos. Isso porque, nos termos da legislação pertinente, é possível a regularização do referido contrato de cessão de direitos – conhecido como "contrato de gaveta" –, o que implica afirmar que, nesses casos, o cessionário é equiparado ao mutuário, possuindo, portanto, legitimidade para discutir e demandar em juízo questões pertinentes às obrigações assumidas e aos direitos adquiridos. Com efeito, o art. 20, caput, da Lei 10.150/2000 estabelece que as "transferências no âmbito do SFH, à exceção daquelas que envolvam contratos enquadrados nos planos de reajustamento definidos pela Lei 8.692, de 28 de julho de 1993, que tenham sido celebradas entre o mutuário e o adquirente até 25 de outubro de 1996, sem a interveniência da instituição financiadora, poderão ser regularizadas" nos termos daquela lei. Nesse contexto, os arts. 22 da Lei 10.150/2000 e

2º da Lei 8.004/1990 (com redação dada pela Lei 10.150/2000) determinam que, diante da existência de cláusula de cobertura de eventual saldo devedor residual pelo FCVS, a transferência se dá mediante a substituição do devedor, mantidas para o novo mutuário as mesmas condições e obrigações do contrato original. Cumpre destacar, ademais, que essa possibilidade de equiparação do cessionário à condição de mutuário se deve ao fato de que, no caso de contratos com cobertura do FCVS, o risco imposto à instituição financeira é apenas relacionado ao pagamento das prestações pelo cessionário, porquanto o saldo devedor residual será garantido pelo Fundo. Precedentes citados: REsp 986.873-RS, Segunda Turma, DJ 21/11/2007, e REsp 627.424-PR, Primeira Turma, DJ 28/5/2007. REsp 1.150.429-CE, Rel. Min. Ricardo Villas Bôas Cueva, julgado em 25/4/2013. (Inform. STJ 520)

DIREITO CIVIL. ILEGITIMIDADE DO CESSIONÁRIO PARA DISCUTIR EM JUÍZO QUESTÕES ENVOLVENDO MÚTUO HABITACIONAL SEM COBERTURA DO FCVS CELEBRADO ATÉ 25/10/1996. RECURSO REPETITIVO (ART. 543-C DO CPC E RES. 8/2008-STJ).
Tratando-se de contrato de mútuo habitacional sem cobertura do Fundo de Compensação de Variações Salariais, celebrado até 25/10/1996, transferido sem a anuência do agente financiador e fora das condições estabelecidas pela Lei 10.150/2000, o cessionário não tem legitimidade ativa para ajuizar ação postulando a revisão do respectivo contrato. Isso porque, nos termos da legislação pertinente, não é possível a regularização do referido contrato de cessão de direitos – conhecido como "contrato de gaveta" –, o que implica afirmar que, nesses casos, o cessionário não pode ser equiparado ao mutuário e, portanto, não possui legitimidade para postular em juízo a revisão do respectivo contrato. Com efeito, o art. 20, caput, da Lei 10.150/2000 estabelece que as "transferências no âmbito do SFH, à exceção daquelas que envolvam contratos enquadrados nos planos de reajustamento definidos pela Lei 8.692, de 28 de julho de 1993, que tenham sido celebradas entre o mutuário e o adquirente até 25 de outubro de 1996, sem a interveniência da instituição financiadora, poderão ser regularizadas" nos termos daquela lei. Contudo, os arts. 23 da Lei 10.150/2000 e 3º da Lei 8.004/1990 (com redação dada pela Lei 10.150/2000) determinam que, diante da inexistência de cláusula de cobertura de eventual saldo devedor residual pelo FCVS, a transferência de direitos e obrigações referentes ao imóvel financiado pelo SFH não é automática e somente ocorrerá a critério da instituição financeira, que estabelecerá novas condições para o ajuste, de modo que o terceiro adquirente só terá legitimidade ativa para ajuizar ação relacionada ao mencionado contrato de cessão se o agente financeiro tiver concordado com a transação. Cumpre destacar, ademais, que essas transferências dependem da anuência da instituição financiadora, segundo seu critério e mediante novas condições financeiras, na medida em que a lei não impôs a ela o risco de arcar com o saldo devedor residual da transação – diferentemente do que ocorreria caso houvesse cobertura do FCVS, situação em que o saldo devedor seria garantido pelo Fundo. Precedente citado: REsp 1.171.845-RJ, Quarta Turma, DJe 18/5/2012. REsp 1.150.429-CE, Rel. Min. Ricardo Villas Bôas Cueva, julgado em 25/4/2013. (Inform. STJ 520)

DIREITO CIVIL. ILEGITIMIDADE DO CESSIONÁRIO PARA DISCUTIR EM JUÍZO QUESTÕES ENVOLVENDO MÚTUO HABITACIONAL, COM OU SEM COBERTURA DO FCVS, CELEBRADO APÓS 25/10/1996. RECURSO REPETITIVO (ART. 543-C DO CPC E RES. 8/2008-STJ).
Tratando-se de cessão de direitos sobre imóvel financiado no âmbito do Sistema Financeiro da Habitação realizada após 25/10/1996, a anuência da instituição financeira mutuante é indispensável para que o cessionário adquira legitimidade ativa para requerer revisão das condições ajustadas, tanto para os contratos garantidos pelo Fundo de Compensação de Variações Salariais como para aqueles sem a garantia mencionada. Isso porque, nos termos da legislação pertinente, não é possível a regularização do referido contrato de cessão de direitos – conhecido como "contrato de gaveta" –, o que implica afirmar que, nesses casos, o cessionário não pode ser equiparado ao mutuário e, portanto, não possui legitimidade para postular em juízo a revisão do respectivo contrato. Com efeito, o art. 20, caput, da Lei 10.150/2000 estabelece que as "transferências no âmbito do SFH, à exceção daquelas que envolvam contratos enquadrados nos planos de reajustamento definidos pela Lei 8.692, de 28 de julho de 1993, que tenham sido celebradas entre o mutuário e o adquirente até 25 de outubro de 1996, sem a interveniência da instituição financiadora, poderão ser regularizadas" nos termos daquela lei. Precedentes citados: AgRg no Ag 1.006.713-DF, Quarta Turma, DJe 22/2/2010; REsp 721.232-PR, Primeira Turma, DJe 13/10/2008, e AgRg no REsp 980.215-RJ, Segunda Turma, DJe 2/6/2008. REsp 1.150.429-CE, Rel. Min. Ricardo Villas Bôas Cueva, julgado em 25/4/2013. (Inform. STJ 520)

DIREITO PROCESSUAL CIVIL. LEGITIMIDADE PASSIVA AD CAUSAM DE IMOBILIÁRIA EM AÇÃO QUE VISE À SUA RESPONSABILIZAÇÃO CIVIL PELA MÁ ADMINISTRAÇÃO DO IMÓVEL.
A administradora de imóveis é parte legítima para figurar no polo passivo de ação que objetive indenização por perdas e danos na hipótese em que a pretensão veiculada na petição inicial diga respeito, não à mera cobrança de alugueres atrasados, mas sim à sua responsabilização civil pela má administração do imóvel. REsp 1.103.658-RN, Rel. Min. Luis Felipe Salomão, julgado em 4/4/2013. (Inform. STJ 519)

DIREITO PROCESSUAL CIVIL. LEGITIMIDADE DA MÃE PARA O AJUIZAMENTO DE AÇÃO OBJETIVANDO O RECEBIMENTO DE COMPENSAÇÃO POR DANO MORAL DECORRENTE DA MORTE DE FILHO CASADO E QUE TENHA DEIXADO DESCENDENTES.
A mãe tem legitimidade para ajuizar ação objetivando o recebimento de indenização pelo dano moral decorrente da morte de filho casado e que tenha deixado descendentes, ainda que a viúva e os filhos do falecido já tenham recebido, extrajudicialmente, determinado valor a título de compensação por dano moral oriundo do mesmo fato. Nessa situação, é certo que existem parentes mais próximos que a mãe na ordem de vocação hereditária, os quais, inclusive, receberam indenização e deram quitação, o que poderia, à primeira vista, levar à interpretação de estar afastada sua legitimidade para o pleito indenizatório. Ocorre que, não obstante a formação de um novo grupo familiar com o casamento e a concepção de filhos, é de se considerar que o laço afetivo que une mãe e filho jamais se extingue, de modo que o que se observa é a coexistência de dois núcleos familiares cujo elemento interseccional é o filho. Correto, portanto, afirmar que os ascendentes e sua prole integram um núcleo familiar inextinguível para fins de demanda indenizatória por morte. Assim, tem-se um núcleo familiar em sentido estrito, constituído pela família imediata formada com a contração do matrimônio, e um núcleo familiar em sentido amplo, de que fazem parte os ascendentes e seu filho, o qual desponta como elemento comum e agregador dessas células familiares. Destarte, em regra, os ascendentes têm legitimidade para a demanda indenizatória por morte da sua prole, ainda quando esta já tenha constituído o seu grupo familiar imediato, o que deve ser balizado apenas pelo valor global da indenização devida, ou seja, pela limitação quantitativa do montante indenizatório. REsp 1.095.762-SP, Rel. Min. Luis Felipe Salomão, julgado em 21/2/2013. (Inform. STJ 515)

DIREITO PROCESSUAL CIVIL. AÇÃO DEMOLITÓRIA. LEGITIMIDADE PASSIVA AD CAUSAM. POSSUIDOR OU DONO DA OBRA.
O possuidor ou dono da obra, responsável pela ampliação irregular do imóvel, é legitimado passivo de ação demolitória

que vise à destruição do acréscimo irregular realizado, ainda que ele não ostente o título de proprietário do imóvel. Embora o art. 1.299 do CC se refira apenas à figura do proprietário, o art. 1.312 prescreve que "todo aquele que violar as proibições estabelecidas nesta Seção é obrigado a demolir as construções feitas, respondendo por perdas e danos". A norma se destina, portanto, a todo aquele que descumprir a obrigação de não fazer construções que violem as disposições legais, seja na condição de possuidor seja como proprietário. Além do mais, o mesmo entendimento se confirma pelo recurso à analogia com as normas que disciplinam a ação de nunciação de obra nova. Ao prever esse procedimento especial, o CPC, em seu art. 934, III, atribui legitimidade ativa ao município, a fim de impedir que o particular construa em contravenção da lei, do regulamento ou de postura. Não há, pois, legitimidade passiva exclusiva do proprietário do imóvel. REsp 1.293.608-PE, Rel. Min. Herman Benjamin, julgado em 4/12/2012. (Inform. STJ 511).

DIREITO PROCESSUAL CIVIL. CEF. AGENTE FINANCEIRO EM SENTIDO ESTRITO. VÍCIO NA OBRA. ILEGITIMIDADE *AD CAUSAM*.
A CEF não responde por vício na execução da obra cometido por construtora escolhida pelo mutuário para erguer imóvel dele, nem por vício existente em imóvel pronto voluntariamente adquirido pelo mutuário. A mera circunstância de o contrato de financiamento ser celebrado durante a construção ou no mesmo instrumento do contrato de compra e venda firmado com o vendedor não implica a responsabilidade do agente financeiro pela solidez e perfeição da obra. Isso porque não se cuida de cadeia de fornecedores a ensejar solidariedade, uma vez que as obrigações de construir e de fornecer os recursos para a obra são substancialmente distintas, guardam autonomia, sendo sujeitas a disciplina legal e contratual própria. A instituição financeira só tem responsabilidade pelo cumprimento das obrigações que assume com o mutuário referentes ao cumprimento do contrato de financiamento, ou seja, a liberação do empréstimo nas épocas e condições acordadas, tendo por contrapartida a cobrança dos encargos também estipulados no contrato. Com efeito, figurando ela apenas como financiadora, em sentido estrito, não tem responsabilidade sobre a perfeição do trabalho realizado pela construtora escolhida pelo mutuário, não responde pela exatidão dos cálculos e projetos nem, muito menos, pela execução dos serviços desenvolvidos por profissionais não contratados nem remunerados pelo agente financeiro. Ademais, a previsão contratual e regulamentar de fiscalização da obra pela CEF é no sentido de que o empréstimo seja utilizado para os fins descritos no contrato de financiamento, cujo imóvel lhe é dado em garantia hipotecária. Se constatar a existência de fraude, ou seja, que os recursos não estão sendo integralmente empregados na obra, poderá rescindir o contrato de financiamento. Assim, em relação à construtora, a CEF tem o direito e não o dever de fiscalizar. Dessa forma, figurando como mero agente financeiro em sentido estrito, a CEF não possui legitimidade passiva *ad causam* para responder por eventual defeito de construção da obra financiada. **REsp 897.045-RS, Rel. Min. Maria Isabel Gallotti, julgado em 9/10/2012.** (Inform. STJ 506)

DIREITO PROCESSUAL CIVIL. CEF. VÍCIO DE CONSTRUÇÃO DO IMÓVEL. LEGITIMIDADE *AD CAUSAM*.
A CEF possui legitimidade para responder por vícios de construção nos casos em que promove o empreendimento, tem responsabilidade na elaboração do projeto com suas especificações, escolhe a construtora e/ou negocia os imóveis, ou seja, quando realiza atividade distinta daquela própria de agente financeiro em estrito senso. As responsabilidades contratuais assumidas pela CEF variam conforme a legislação de regência de cada um dos programas em que ela atua e o tipo de atividade por ela desenvolvida. Em cada um deles, a CEF assume responsabilidades próprias, definidas em lei, regulamentação infralegal e no contrato celebrado com os mutuários. Os papéis desenvolvidos em parceria pela construtora e pelo agente financeiro poderão levar à vinculação de ambos ao "negócio da aquisição da casa própria", podendo ensejar a responsabilidade solidária. Sendo assim, a legitimidade *ad causam* é definida em função de elementos fornecidos pelo direito material. Com efeito, a depender dos fatos narrados na inicial (causa de pedir), será possível, em tese, identificar hipóteses em que haja culpa *in eligendo* da CEF na escolha da construtora e do terreno, na elaboração e acompanhamento do projeto, entre outras. Assim, quando realiza atividade distinta daquela própria de agente financeiro em estrito senso, a CEF tem legitimidade passiva para responder por vícios de construção, justificando a sua integração ao polo passivo da relação processual. **REsp 1.163.228-AM, Rel. Min. Maria Isabel Gallotti, julgado em 9/10/2012.** (Inform. STJ 506)

Súmula STF nº 365
Pessoa jurídica não tem legitimidade para propor ação popular.

Súmula STJ nº 249
A Caixa Econômica Federal tem legitimidade passiva para integrar processo em que se discute correção monetária do FGTS.

Súmula STJ nº 235
A conexão não determina a reunião dos processos, se um deles já foi julgado.

Súmula STJ nº 23
O Banco Central do Brasil é parte legítima nas ações fundadas na Resolução 1154, de 1986.

8. TUTELA ANTECIPADA E LIMINAR EM CAUTELAR

DIREITO PROCESSUAL CIVIL. CONSECTÁRIOS LEGAIS NA TUTELA DO INCONTROVERSO EM ANTECIPAÇÃO DOS EFEITOS DA TUTELA.
O valor correspondente à parte incontroversa do pedido pode ser levantado pelo beneficiado por decisão que antecipa os efeitos da tutela (art. 273, § 6º, do CPC), mas o montante não deve ser acrescido dos respectivos honorários advocatícios e juros de mora, os quais deverão ser fixados pelo juiz na sentença. Com efeito, enquanto nos demais casos de antecipação de tutela são indispensáveis os requisitos do perigo de dano, da aparência e da verossimilhança para a sua concessão, na tutela antecipada do § 6º do art. 273 do CPC basta o caráter incontroverso de uma parte dos pedidos, que pode ser reconhecido pela confissão, pela revelia e, ainda, pela própria prova inequívoca nos autos. Se um dos pedidos, ou parte deles, já se encontre comprovado, confessado ou reconhecido pelo réu, não há razão que justifique o seu adiamento até a decisão final que aprecie a parte controversa da demanda que carece de instrução probatória, podendo ser deferida a antecipação de tutela para o levantamento da parte incontroversa (art. 273, § 6º, do CPC). Verifica-se, portanto, que a antecipação em comento não é baseada em urgência, muito menos se refere a um juízo de probabilidade – ao contrário, é concedida mediante técnica de cognição exauriente após a oportunidade do contraditório. Entretanto, por política legislativa, a tutela do incontroverso, ainda que envolva técnica de cognição exauriente, não é suscetível de imunidade pela coisa julgada, o que inviabiliza o adiantamento dos consectários legais da condenação (juros de mora e honorários advocatícios). De fato, a despeito das reformas legislativas que se sucederam visando à modernização do sistema processual pátrio, deixou o legislador de prever expressamente a possibilidade de cisão da sentença. Daí a diretiva de que o processo brasileiro não admite sentenças parciais, recaindo sobre as decisões não

extintivas o conceito de "decisão interlocutória de mérito". **REsp 1.234.887-RJ, Rel. Min. Ricardo Villas Bôas Cueva, julgado em 19/9/2013.** (Inform. STJ 532)

AC: efeito suspensivo a AI e repercussão geral
A 1ª Turma negou provimento a agravo regimental, do Estado do Paraná, para manter decisão do Min. Dias Toffoli, em que negado seguimento a ação cautelar, da qual relator, autuada em 23.5.2011, tendo como objetivo conferir eficácia suspensiva ao AI 802111/PR e ao AI 802511/PR, consequentemente, ao recurso extraordinário deduzido, bem assim sustar os efeitos de decisão proferida em apelação cível no Tribunal de Justiça estadual, até julgamento final da causa no STF. Na espécie, o relator provera os aludidos agravos de instrumento com o fito de admitir o apelo extremo e, nos termos do art. 328 do RISTF, determinar a devolução daqueles feitos à origem para apensamento aos autos originais, preceituando a aplicação, quanto ao extraordinário, do disposto no art. 543-B do CPC. Trata-se, no processo principal, de discussão acerca da existência de direito adquirido dos servidores inativos permanecerem na classe em que aposentados, não obstante o advento de lei estadual que, ao promover a reclassificação de cargos, reenquadra-os em classe inferior. Assinalou-se que o STF reconhecera a repercussão geral da matéria constitucional versada (RE 606199/PR, DJe de 12.8.2011), razão porque determinada a baixa dos autos. Asseverou-se que, na presente situação, o STF não mais deteria competência para o conhecimento da medida. **AC 2883 AgR/PR, rel. Min. Dias Toffoli, em 6.11.2012.** (AC-2883) (Inform. STF 687)

DIREITO PROCESSUAL CIVIL. IMPOSSIBILIDADE DE DECRETAÇÃO OU AMEAÇA DE DECRETAÇÃO DE PRISÃO NO EXERCÍCIO DE JURISDIÇÃO CÍVEL, RESSALVADA A OBRIGAÇÃO DE NATUREZA ALIMENTÍCIA.
Não é possível que o magistrado, ao conceder tutela antecipada no âmbito de processo cível cujo objeto não consista em obrigação de natureza alimentícia, efetue ameaça de decretação de prisão para o caso de eventual descumprimento dessa ordem judicial, sob a justificativa de que, nesse caso, configurar-se-ia crime de desobediência (art. 330 do CP). Isso porque não se admite a decretação ou a ameaça de decretação de prisão nos autos de processo civil como forma de coagir a parte ao cumprimento de obrigação, ressalvada a obrigação de natureza alimentícia. Precedentes citados: HC 125.042-RS, Quarta Turma, DJe 23/3/2009; RHC 16.279-GO, Primeira Turma, DJ 30/9/2004; e HC 18.610-RJ, Quinta Turma, DJ 4/11/2002. **RHC 35.253-RJ, Rel. Min. Paulo de Tarso Sanseverino, julgado em 5/3/2013.** (Inform. STJ 517)

Súmula STF nº 729
A decisão na Ação Direta de Constitucionalidade não se aplica à antecipação de tutela em causa de natureza previdenciária.

9. PROCESSO DE CONHECIMENTO

SEGUNDO AG. REG. NO AI N. 602.724-PR
RELATOR: MIN. TEORI ZAVASCKI
Ementa: PROCESSUAL CIVIL. SEGUNDO AGRAVO REGIMENTAL NO AGRAVO DE INSTRUMENTO. COMPROVAÇÃO TARDIA DE TEMPESTIVIDADE. POSSIBILIDADE. MATÉRIA DECIDIDA PELO TRIBUNAL PLENO NO RE 626.358 AGR, MIN. CEZAR PELUSO, DJE DE 23/08/2012. INTERPOSIÇÃO DE RECURSO CONTRA DECISÃO QUE DÁ PROVIMENTO A AGRAVO DE INSTRUMENTO. POSSIBILIDADE. AGRAVO REGIMENTAL QUE DISCUTE O PRÓPRIO CONHECIMENTO DO RECURSO. GRAVAÇÃO TELEFÔNICA REALIZADA POR UM DOS INTERLOCUTORES. LICITUDE. POSSIBILIDADE DE UTILIZAÇÃO COMO PROVA EM PROCESSO JUDICIAL. PRECEDENTES.
1. É pacífico na jurisprudência do STF o entendimento de que não há ilicitude em gravação telefônica realizada por um dos interlocutores sem o conhecimento do outro, podendo ela ser utilizada como prova em processo judicial.
2. O STF, em caso análogo, decidiu que é admissível o uso, como meio de prova, de gravação ambiental realizada por um dos interlocutores sem o conhecimento do outro (RE 583937 QO-RG, Relator(a): Min. CEZAR PELUSO, DJe de 18-12-2009).
3. Agravo regimental a que se nega provimento. (Inform. STF 716)

DIREITO PROCESSUAL CIVIL. APRESENTAÇÃO APENAS DE RECONVENÇÃO SEM CONTESTAÇÃO EM PEÇA AUTÔNOMA E POSSIBILIDADE DE SE AFASTAR OS EFEITOS DA REVELIA. Ainda que não ofertada contestação em peça autônoma, a apresentação de reconvenção na qual o réu efetivamente impugne o pedido do autor pode afastar a presunção de veracidade decorrente da revelia (art. 302 do CPC). Com efeito, a jurisprudência do STJ encontra-se consolidada no sentido de que a revelia, decorrente da não apresentação de contestação, enseja apenas presunção relativa de veracidade dos fatos narrados na inicial pelo autor da ação, podendo ser infirmada pelos demais elementos dos autos, motivo pelo qual não acarreta a procedência automática dos pedidos iniciais. Ademais, o STJ já se posicionou no sentido de que constitui mera irregularidade a apresentação de contestação e de reconvenção em peça única. **REsp 1.335.994-SP, Rel. Min. Ricardo Villas Bôas Cueva, julgado em 12/8/2014.** (Inform. STJ 546)

DIREITO PROCESSUAL CIVIL. HIPÓTESE EM QUE AO MAGISTRADO NÃO É POSSÍVEL INDEFERIR PEDIDO DE REALIZAÇÃO DE EXAME DE DNA. Uma vez deferida a produção de prova pericial pelo magistrado – exame de DNA sobre os restos mortais daquele apontado como o suposto pai do autor da ação –, caso o laudo tenha sido inconclusivo, ante a inaptidão dos elementos materiais periciados, não pode o juiz indeferir o refazimento da perícia requerida por ambas as partes, quando posteriormente houver sido disponibilizado os requisitos necessários à realização da prova técnica – materiais biológicos dos descendentes ou colaterais do suposto pai –, em conformidade ao consignado pelo perito por ocasião da lavratura do primeiro laudo pericial. De fato, o resultado inconclusivo do laudo, ante a extensa degradação do material biológico em exame, com a ressalva de que o exame poderia ser *realizável a partir de materiais coletados junto a descendentes ou colaterais do falecido*, cria expectativa e confiança no jurisdicionado de que outro exame de DNA será realizado, em razão da segurança jurídica e da devida prestação jurisdicional. Isso porque o processo civil moderno vem reconhecendo, dentro da cláusula geral do devido processo legal, diversos outros princípios que o regem, como a boa-fé processual, efetividade, o contraditório, cooperação e a confiança, normativos que devem alcançar não só as partes, mas também a atuação do magistrado que deverá fazer parte do diálogo processual. Desse modo, deve o magistrado se manter coerente com sua conduta processual até o momento do requerimento, por ambas as partes, de nova perícia, pois, ao deferir a produção do primeiro exame de DNA, o magistrado acaba por reconhecer a pertinência da prova técnica, principalmente pela sua aptidão na formação do seu convencimento e na obtenção da solução mais justa. Ademais, pode-se falar na ocorrência de preclusão para o julgador que deferiu a realização do exame de DNA, porque conferiu aos demandantes, em razão de sua conduta, um direito à produção daquela prova em específico, garantido constitucionalmente (art. 5°, LV, da CF) e que não pode simplesmente ser desconsiderado. Portanto, uma vez deferida a produção da prova genética e sendo viável a obtenção de seu resultado por diversas formas, mais razoável seria que o magistrado deferisse a sua feitura sobre alguma outra vertente de reconstrução do DNA, e não simplesmente suprimi-la das partes pelo resultado inconclusivo da primeira tentativa, até porque "na fase atual da evolução do Direito de Família, não se justifica desprezar a produção da prova genética pelo DNA, que a ciência tem proclamado idônea e eficaz" (REsp 192.681-PR, Quarta Turma, DJ 24/03/2003). **REsp 1.229.905-MS, Rel. Min. Luis Felipe Salomão, julgado em 5/8/2014. (Inform. STJ 545)**

DIREITO PROCESSUAL CIVIL. PROVA EMPRESTADA ENTRE PROCESSOS COM PARTES DIFERENTES. É admissível, assegurado o contraditório, prova emprestada de processo do qual não participaram as partes do processo para o qual a prova será trasladada. A grande valia da prova emprestada reside na economia processual que proporciona, tendo em vista que se evita a repetição desnecessária da produção de prova de idêntico conteúdo. Igualmente, a economia processual decorrente da utilização da prova emprestada importa em incremento de eficiência, na medida em que garante a obtenção do mesmo resultado útil, em menor período de tempo, em consonância com a garantia constitucional da duração razoável do processo, inserida na CF pela EC 45/2004. Assim, é recomendável que a prova emprestada seja utilizada sempre que possível, desde que se mantenha hígida a garantia do contraditório. Porém, a prova emprestada não pode se restringir a processos em que figurem partes idênticas, sob pena de se reduzir excessivamente sua aplicabilidade sem justificativa razoável para isso. Assegurado às partes o contraditório sobre a prova, isto é, o direito de se insurgir contra a prova e de refutá-la adequadamente, o empréstimo será válido. **EREsp 617.428-SP, Rel. Min. Nancy Andrighi, julgado em 4/6/2014. (Inform. STJ 543)**

DIREITO PROCESSUAL CIVIL. UTILIZAÇÃO DE PROVA EMPRESTADA. Desde que observado o devido processo legal, é possível a utilização de provas colhidas em processo criminal como fundamento para reconhecer, no âmbito de ação de conhecimento no juízo cível, a obrigação de reparação dos danos causados, ainda que a sentença penal condenatória não tenha transitado em julgado. Com efeito, a utilização de provas colhidas no processo criminal como fundamentação para condenação à reparação do dano causado não constitui violação ao art. 935 do CC/2002 (1.525 do CC/16). Ademais, conforme o art. 63 do CPP, o trânsito em julgado da sentença penal condenatória somente é pressuposto para a sua execução no juízo cível, não sendo, portanto, impedimento para que o ofendido proponha ação de conhecimento com o fim de obter a reparação dos danos causados, nos termos do art. 64 do CPP. **AgRg no AREsp 24.940-RJ, Rel. Min. Napoleão Nunes Maia Filho, julgado em 18/2/2014. (Inform. STJ 536)**

DIREITO PROCESSUAL CIVIL. MOMENTO ADEQUADO PARA A ALEGAÇÃO DE SUSPEIÇÃO DO PERITO. A parte não pode deixar para arguir a suspeição de perito apenas após a apresentação de laudo pericial que lhe foi desfavorável. Por se tratar de nulidade relativa, a suspeição do perito deve ser arguida na primeira oportunidade em que couber à parte manifestar-se nos autos, ou seja, no momento da sua nomeação, demonstrando o interessado o prejuízo eventualmente suportado sob pena de preclusão (art. 245 do CPC). Permitir que a alegação de irregularidade da perícia possa ser realizada pela parte após a publicação do laudo pericial que lhe foi desfavorável seria o mesmo que autorizá-la a plantar uma nulidade, o que não se coaduna com o sistema jurídico pátrio, que rejeita o *venire contra factum proprium*. **AgRg na MC 21.336-RS, Rel. Min. Sidnei Beneti, julgado em 17/9/2013. (Inform. STJ 532)**

DIREITO PROCESSUAL CIVIL. APLICABILIDADE DOS ARTS. 19 E 33 DO CPC À AÇÃO DE INDENIZAÇÃO POR DESAPROPRIAÇÃO INDIRETA. No âmbito de ação de indenização por desapropriação indireta, os honorários periciais devem ser adiantados pela parte que requer a realização da perícia. Isso porque os arts. 19 e 33 do CPC – que preveem a regra segundo a qual cabe à parte que requereu a prova pericial o ônus de adiantar os respectivos honorários de perito – são plenamente aplicáveis à ação de indenização por desapropriação indireta, regida pelo procedimento comum. Precedentes citados: AgRg no REsp 1.253.727-MG, Primeira Turma, DJe de 15/9/2011; e AgRg no REsp 1.165.346-MT, Segunda Turma, DJe de 27/10/2010. **REsp 1.343.375-BA, Rel. Min. Eliana Calmon, julgado em 5/9/2013. (Inform. STJ 530)**

DIREITO PROCESSUAL CIVIL. APLICABILIDADE DO ART. 285-A DO CPC CONDICIONADA À DUPLA CONFORMIDADE. Não é possível a aplicação do art. 285-A do CPC quando o entendimento exposto na sentença, apesar de estar em consonância com a jurisprudência do STJ, divergir do entendimento do tribunal de origem. Isso porque, se o entendimento constante da sentença não for o mesmo do tribunal local, eventual apelação interposta será provida e os autos retornarão ao juízo de primeiro grau para processamento e julgamento da ação. Assim, ao invés de acelerar o trâmite processual, em atenção aos princípios da celeridade e economia processuais, na verdade estaria atrasando o encerramento da ação. Nesse diapasão, deve-se reconhecer que o disposto no art. 285-A do CPC fundamenta-se na ideia de que a improcedência liminar somente está autorizada quando a tese jurídica trazida para julgamento estiver tão amadurecida que a sua discussão, naquele processo, seja dispensável. Ressalte-se que a mencionada dispensabilidade somente é verificada pela unidade de entendimento entre a sentença de improcedência, o tribunal local e os tribunais superiores. Precedentes citados: REsp 1.279.570-MG, Segunda Turma, DJe de 17/11/2011. **REsp 1.225.227-MS, Rel. Min. Nancy Andrighi, julgado em 28/5/2013. (Inform. STJ 524)**

DIREITO PROCESSUAL CIVIL. INAPLICABILIDADE DO PARÁGRAFO ÚNICO DO ART. 298 DO CPC AO PROCEDIMENTO SUMÁRIO. Nas causas submetidas ao procedimento sumário, a desistência da ação em relação a corréu não citado não altera o prazo para o comparecimento dos demais réus à audiência de conciliação. Isso porque não pode ser aplicado ao procedimento sumário o parágrafo único do art. 298 do CPC, segundo o qual, se o autor desistir da ação quanto a algum réu ainda não citado, o prazo para a resposta correrá da intimação do despacho que deferir a desistência. De fato, embora o legislador tenha previsto a aplicação subsidiária das regras do procedimento ordinário ao sumário (parte final do parágrafo único do art. 272), também previu que o procedimento sumário rege-se "pelas disposições que lhe são próprias" (parte inicial do parágrafo único do art. 272). Nesse sentido, pela busca de rapidez e simplificação das formas procedimentais, vige, no procedimento sumário, o princípio da concentração dos atos processuais, razão pela qual a audiência preliminar, conquanto seja formada por duas fases diversas e excludentes, a primeira, referente ao comparecimento do réu à audiência de conciliação (ou o de seu advogado, munido de mandato com poderes para transigir) com vistas à eventual composição do litígio, e a segunda, relativa ao oferecimento da resposta (quando frustrada a conciliação), sob pena de revelia, materializa-se em um único ato processual. Sendo assim, mostra-se inviável a aplicação subsidiária das regras do procedimento ordinário ao sumário nesses casos, diante da existência de regras específicas no âmbito do procedimento sumário sobre o momento de conciliação e apresentação da resposta. **EAREsp 25.641-RJ, Rel. Min. Luis Felipe Salomão, julgado em 12/6/2013. (Inform. STJ 523)**

DIREITO PROCESSUAL CIVIL. REVELIA NO PROCEDIMENTO SUMÁRIO. Nas causas submetidas ao procedimento sumário, o não comparecimento injustificado do réu regularmente citado à audiência de conciliação, caso não tenha oferecido sua

resposta em momento anterior, pode ensejar o reconhecimento da revelia. Isso porque o § 2º do art. 277 do CPC, que dispõe que, deixando injustificadamente o réu de comparecer à audiência, reputar-se-ão verdadeiros os fatos alegados na petição inicial (art. 319), salvo se o contrário resultar da prova dos autos, aplica-se às demandas submetidas ao procedimento sumário. Além do mais, a decretação da revelia, na hipótese, também se justifica pelo não oferecimento de resposta em momento anterior à audiência de conciliação, fato que evitaria a revelia, mesmo no caso em que o réu citado não tivesse comparecido à audiência de conciliação. **EAREsp 25.641-RJ, Rel. Min. Luis Felipe Salomão, julgado em 12/6/2013.** (Inform. STJ 523)

DIREITO PROCESSUAL CIVIL. NECESSIDADE DE CONCESSÃO DO DIREITO DE VISTA À DEFENSORIA PÚBLICA, EM DEMANDA SUBMETIDA AO PROCEDIMENTO SUMÁRIO, ANTES DA DATA DESIGNADA PARA A AUDIÊNCIA DE CONCILIAÇÃO.
No procedimento sumário, não pode ser reconhecida a revelia pelo não comparecimento à audiência de conciliação na hipótese em que tenha sido indeferido pedido de vista da Defensoria Pública formulado, dias antes da data prevista para a referida audiência, no intuito de garantir a defesa do réu que somente tenha passado a ser assistido após a citação. O procedimento sumário prevê a necessidade da presença do réu na audiência de conciliação para que, restando infrutífera a tentativa de autocomposição, prossiga-se com a apresentação de contestação, sob pena de decretação da revelia. Dessa forma, na situação em análise, a não concessão de vista dos autos à Defensoria Pública, responsável pela defesa da parte ré, acaba privando esta de seu direito à ampla defesa, ao contraditório e de acesso à Justiça, gerando, assim, evidentes prejuízos, os quais não podem ser desconsiderados. **REsp 1.096.396-DF, Rel. Min. Luis Felipe Salomão, julgado em 7/5/2013.** (Inform. STJ 523)

DIREITO PROCESSUAL CIVIL. NECESSIDADE DE INTIMAÇÃO PESSOAL PARA A APLICAÇÃO DA PENA DE PROIBIÇÃO DE VISTA DOS AUTOS FORA DO CARTÓRIO.
Não é possível aplicar a sanção de proibição de vista dos autos fora do cartório (art. 196, caput, do CPC) ao advogado que não tenha sido intimado pessoalmente para sua devolução, mas apenas mediante publicação em Diário Oficial. Inicialmente, cumpre destacar que a configuração da tipicidade infracional não decorre do período de tempo de retenção indevida dos autos, mas do não atendimento à intimação pessoal para restituí-los no prazo de vinte e quatro horas estabelecido pelo art. 196, caput, do CPC. Por isso, a referida sanção somente poderá ser imposta após o término do mencionado prazo. **AgRg no REsp 1.089.181-DF, Rel. Min. Luis Felipe Salomão, julgado em 4/6/2013.** (Inform. STJ 523)

DIREITO PROCESSUAL CIVIL. INAPLICABILIDADE DA PENA DE PROIBIÇÃO DE VISTA DOS AUTOS FORA DO CARTÓRIO A ADVOGADOS E ESTAGIÁRIOS QUE NÃO TENHAM SIDO RESPONSÁVEIS PELA RETENÇÃO INDEVIDA DOS AUTOS.
No caso em que advogado não tenha devolvido os autos ao cartório no prazo legal, não é possível estender a sanção de proibição de vista dos autos fora do cartório (art. 196 do CPC), aplicada àquele advogado, aos demais causídicos e estagiários que, apesar de representarem a mesma parte, não tenham sido responsáveis pela retenção indevida. Isso porque, tratando-se de norma de ordem pública de natureza punitiva, sua interpretação não pode ser ampliativa, sob pena de subversão dos princípios básicos da hermenêutica jurídica. **AgRg no REsp 1.089.181-DF, Rel. Min. Luis Felipe Salomão, julgado em 4/6/2013.** (Inform. STJ 523)

DIREITO PROCESSUAL CIVIL. DESNECESSIDADE DE AJUIZAMENTO DE AÇÃO ESPECÍFICA PARA A DISCUSSÃO DE ENCARGOS INCIDENTES SOBRE DEPÓSITOS JUDICIAIS. RECURSO REPETITIVO (ART. 543-C DO CPC E RES. 8/2008-STJ).
A discussão quanto à aplicação de juros e correção monetária nos depósitos judiciais independe de ação específica contra o banco depositário. Precedentes citados: AgRg no REsp 1.136.119-SP, Segunda Turma, DJe 30/9/2010 e AgRg no AG 522.427-SP, Terceira Turma, DJe 2/10/2009. **REsp 1.360.212-SP, Rel. Ministro Herman Benjamin, julgado em 12/6/2013.** (Inform. STJ 522)

DIREITO PROCESSUAL CIVIL. NECESSIDADE DE GARANTIR ÀS PARTES O DIREITO DE APRESENTAR ROL DE TESTEMUNHAS NA HIPÓTESE DE CONVERSÃO DO PROCEDIMENTO.
Não é possível ao juiz converter, de ofício, o procedimento ordinário em sumário sem dar oportunidade às partes para que exerçam o direito de apresentação do rol de testemunhas a serem ouvidas na audiência de instrução e julgamento. Conforme o art. 276 do CPC, no procedimento sumário, o autor deve apresentar o rol de testemunhas na petição inicial e, se requerer perícia, deve, desde logo, formular os quesitos, podendo indicar assistente técnico. O réu, por sua vez, se não obtida conciliação em audiência, deve oferecer resposta, apresentar rol de testemunhas e requerer perícia, se for o caso. Já no procedimento ordinário, o CPC exige apenas que, na inicial, o autor proteste pela produção de provas (art. 282), a qual é postergada para a fase de saneamento e de instrução probatória (art. 331). Nesse contexto, se a parte escolheu o procedimento ordinário no lugar do sumário, não pode ela ser surpreendida por essa mudança com prejuízo da perda do momento de apresentação do rol de testemunhas, o que implicaria cerceamento do direito de defesa. Assim, quando o juízo de origem, de ofício, converte o procedimento de ordinário para sumário, deve adotar medidas de adequação ao novo rito, ordenando o processo, garantindo às partes a indicação das provas a serem produzidas, inclusive com a apresentação do rol de testemunhas. Precedente citado: REsp 1.131.741-RJ, Segunda Turma, DJe 11/11/2009. **REsp 698.598-RR, Rel. Min. Raul Araújo, julgado em 2/4/2013.** (Inform. STJ 519)

DIREITO PROCESSUAL CIVIL. DISPENSABILIDADE DA APÓLICE DE SEGURO NOS AUTOS DE AÇÃO REGRESSIVA AJUIZADA POR SEGURADORA EM FACE DO SUPOSTO CAUSADOR DO SINISTRO.
A apólice de seguro é peça dispensável à propositura de ação regressiva por seguradora em face do suposto causador do dano, tampouco configura documento essencial à comprovação do fato constitutivo do direito do autor na referida demanda. Conforme o art. 758 do CC, a apólice, o bilhete ou o comprovante do pagamento do prêmio constituem meios de prova do contrato de seguro. O referido dispositivo legal, entretanto, não exclui aprioristicamente outras formas aptas à comprovação da relação securitária. Não se trata, portanto, de hipótese de prova legal ou tarifada. Está-se, na verdade, diante de uma previsão de prova pré-constituída, cuja exibição se dá para que, no futuro, não se levantem dúvidas acerca da existência da relação jurídica. Desse modo, mesmo em face de previsão legal de prova pré-constituída – como é o caso do art. 758 do CC –, aplica-se o art. 332 do CPC, segundo o qual "todos os meios legais, bem como os moralmente legítimos, ainda que não especificados neste Código, são hábeis para provar a verdade dos fatos, em que se funda a ação ou a defesa". Ademais, em uma ação regressiva ajuizada pela seguradora contra terceiros, assumir como essencial a apresentação da apólice consubstanciaria exigência de prova demasiado frágil, porquanto é documento criado unilateralmente por quem dele se beneficiaria. **REsp 1.130.704-MG, Rel. Min. Luis Felipe Salomão, julgado em 19/3/2013.** (Inform. STJ 519)

DIREITO PROCESSUAL CIVIL. CUMULAÇÃO DO PEDIDO DE RECONHECIMENTO DE NULIDADE DE REGISTRO MARCÁRIO COM O DE REPARAÇÃO DE DANOS.

É indevida a cumulação, em um mesmo processo, do pedido de reconhecimento de nulidade de registro marcário com o de reparação de danos causados por particular que teria utilizado indevidamente marca de outro particular. Tendo em vista o disposto no art. 109, I, da CF, a análise do pedido anulatório é de competência da Justiça Federal, pois há interesse do INPI. A lide reparatória, entretanto, não envolve a entidade autárquica federal, cuidando-se de demanda entre particulares, cuja apreciação compete à Justiça Estadual. Desse modo, não é possível a acumulação de pedidos, porquanto, na forma do artigo 292, § 1º, II, do CPC, esta só é possível na hipótese em que o mesmo juízo é competente para de todos conhecer. REsp 1.188.105-RJ, Rel. Min. Luis Felipe Salomão, julgado em 5/3/2013. (Inform. STJ 519)

DIREITO PROCESSUAL CIVIL. JULGAMENTO ANTECIPADO DA LIDE. INDEFERIMENTO DO PEDIDO DE PRODUÇÃO DE PROVA DO ESTADO DE NECESSIDADE.

Não caracteriza cerceamento de defesa o julgamento antecipado da lide em ação indenizatória, na hipótese de indeferimento, em audiência, do pedido da defesa de produção de provada alegação de estado de necessidade. O ato praticado em estado de necessidade, embora seja lícito, não afasta do respectivo autor o dever de indenizar o dono da coisa atingida ou a pessoa lesada pelo evento danoso, quando estes não incorrerem em culpa na criação da situação de perigo (art. 929 do CC). Assim, o indeferimento da prova pretendida pelo autor da conduta danosa não configura cerceamento de defesa, pois a comprovação do estado de necessidade em audiência não alteraria a conclusão do processo no sentido de ser devida a indenização pelos prejuízos causados, independentemente de caracterizada a excludente de ilicitude. De toda forma, persistiria a obrigação do autor do dano de indenizar. A comprovação do estado de necessidade seria relevante apenas para efeito de ação de regresso contra aquele que criou a situação de perigo (art. 930 do CC), o que não foi veiculado neste processo. REsp 1.278.627-SC, Rel. Min. Paulo de Tarso Sanseverino, julgado em 18/12/2012. (Inform. STJ 512).

DIREITO PROCESSUAL CIVIL. INCIDÊNCIA DOS EFEITOS MATERIAIS DA REVELIA CONTRA A FAZENDA PÚBLICA EM CONTRATOS DE DIREITO PRIVADO.

Incidem os efeitos materiais da revelia contra o Poder Público na hipótese em que, devidamente citado, deixa de contestar o pedido do autor, sempre que estiver em litígio uma obrigação de direito privado firmada pela Administração Pública, e não um contrato genuinamente administrativo. Segundo os arts. 319 e 320, II, ambos do CPC, se o réu não contestar a ação, reputar-se-ão verdadeiros os fatos afirmados pelo autor, não induzindo a revelia esse efeito se o litígio versar sobre direitos indisponíveis. A Administração Pública celebra não só contratos regidos pelo direito público (contratos administrativos), mas também contratos de direito privado em que não se faz presente a superioridade do Poder Público frente ao particular (contratos da administração), embora em ambos o móvel da contratação seja o interesse público. A supremacia do interesse público ou sua indisponibilidade não justifica que a Administração não cumpra suas obrigações contratuais e, quando judicializadas, não conteste a ação sem que lhe sejam atribuídos os ônus ordinários de sua inércia, não sendo possível afastar os efeitos materiais da revelia sempre que estiver em debate contrato regido predominantemente pelo direito privado, situação na qual a Administração ocupa o mesmo degrau do outro contratante, sob pena de se permitir que a superioridade no âmbito processual acabe por desnaturar a própria relação jurídica contratual firmada. A inadimplência contratual do Estado atende apenas a uma ilegítima e deformada feição do interesse público secundário de conferir benefícios à Administração em detrimento dos interesses não menos legítimos dos particulares, circunstância não tutelada pela limitação dos efeitos da revelia prevista no art. 320, II, do CPC. Dessa forma, o reconhecimento da dívida contratual não significa disposição de direitos indisponíveis; pois, além de o cumprimento do contrato ser um dever que satisfaz o interesse público de não ter o Estado como inadimplente, se realmente o direito fosse indisponível, não seria possível a renúncia tácita da prescrição com o pagamento administrativo da dívida fulminada pelo tempo. REsp 1.084.745-MG, Rel. Min. Luis Felipe Salomão, julgado em 6/11/2012. (Inform. STJ 508)

CARTA ROGATÓRIA. OITIVA REQUERIDA ANTES DO SANEAMENTO. SUSPENSÃO DO PROCESSO. CONDIÇÕES.

A Turma entendeu que a prova testemunhal por precatória ou rogatória requerida nos moldes do art. 338 do CPC não impede o juiz de julgar a ação, muito menos o obriga a suspender o processo, devendo fazê-lo apenas quando considerar essa prova imprescindível, assim entendida aquela sem a qual seria inviável o julgamento do mérito. A prova meramente útil, esclarecedora ou complementar, não deve obstar o curso regular do processo. Ademais, nos termos do art. 130 do CPC, não há preclusão absoluta em matéria de prova, até por se tratar de questão de ordem pública. Mesmo proferido o despacho saneador, o juiz pode, mais tarde, determinar a realização de outras provas, caso entenda ser a providência necessária à instrução do processo. REsp 1.132.818-SP, Rel. Min. Nancy Andrighi, julgado em 3/5/2012. (Inform. STJ 496)

Súmula STF nº 424

Transita em julgado o despacho saneador de que não houve recurso, excluídas as questões deixadas, explícita ou implicitamente, para a sentença.

Súmula STF nº 231

O revel, em processo cível, pode produzir provas, desde que compareça em tempo oportuno.

Súmula STF nº 216

Para decretação da absolvição de instância pela paralisação do processo por mais de trinta dias, é necessário que o autor, previamente intimado, não promova o andamento da causa.

Súmula STJ nº 305

É descabida a prisão civil do depositário quando, decretada a falência da empresa, sobrevém a arrecadação do bem pelo síndico.

Súmula STJ nº 304

É ilegal a decretação da prisão civil daquele que não assume expressamente o encargo de depositário judicial.

Súmula STJ nº 271

A correção monetária dos depósitos judiciais independe de ação específica contra o banco depositário.

Súmula STJ nº 245

A notificação destinada a comprovar a mora nas dívidas garantidas por alienação fiduciária dispensa a indicação do valor do débito.

Súmula STJ nº 240

A extinção do processo, por abandono da causa pelo autor, depende de requerimento do réu.

Súmula STJ nº 181

É admissível ação declaratória, visando a obter certeza quanto à exata interpretação de clausula contratual.

Súmula STJ nº 149
A prova exclusivamente testemunhal não basta à comprovação da atividade rurícola, para efeito da obtenção de benefício previdenciário.

Súmula STJ nº 106
Proposta a ação no prazo fixado para o seu exercício, a demora na citação, por motivos inerentes ao mecanismo da justiça, não justifica o acolhimento da arguição de prescrição ou decadência.

10. SENTENÇA, CUMPRIMENTO DE SENTENÇA, COISA JULGADA E AÇÕES ANULATÓRIA E RESCISÓRIA

10.1. Sentença

DIREITO PROCESSUAL CIVIL. IMPOSSIBILIDADE DE FIXAÇÃO, EX OFFICIO, DE INDENIZAÇÃO POR DANOS SOCIAIS EM AÇÃO INDIVIDUAL. RECURSO REPETITIVO (ART. 543-C DO CPC E RES. 8/2008 DO STJ). **É nula, por configurar julgamento extra petita, a decisão que condena a parte ré, de ofício, em ação individual, ao pagamento de indenização a título de danos sociais em favor de terceiro estranho à lide.** Inicialmente, cumpre registrar que o dano social vem sendo reconhecido pela doutrina como uma nova espécie de dano reparável, decorrente de comportamentos socialmente reprováveis, pois diminuem o nível social de tranquilidade, tendo como fundamento legal o art. 944 do CC. Desse modo, diante da ocorrência de ato ilícito, a doutrina moderna tem admitido a possibilidade de condenação ao pagamento de indenização por dano social, como categoria inerente ao instituto da responsabilidade civil, além dos danos materiais, morais e estéticos. Registre-se, ainda, que na V Jornada de Direito Civil do CJF foi aprovado o Enunciado 455, reconhecendo a existência do denominado dano social: "A expressão *dano* no art. 944 abrange não só os danos individuais, materiais ou imateriais, mas também os danos sociais, difusos, coletivos e individuais homogêneos a serem reclamados pelos legitimados para propor ações coletivas". A par disso, importa esclarecer que a condenação à indenização por dano social reclama interpretação envolvendo os princípios da demanda, da inércia e, fundamentalmente, da adstrição/congruência, o qual exige a correlação entre o pedido e o provimento judicial a ser exarado pelo Poder Judiciário, sob pena da ocorrência de julgamento *extra petita*. Na hipótese em foco, em sede de ação individual, houve condenação da parte ré ao pagamento de indenização por danos sociais em favor de terceiro estranho à lide, sem que houvesse pedido nesse sentido ou sem que essa questão fosse levada a juízo por qualquer das partes. Nessa medida, a decisão condenatória extrapolou os limites objetivos e subjetivos da demanda, uma vez que conferiu provimento jurisdicional diverso daquele delineado na petição inicial, beneficiando terceiro alheio à relação jurídica processual posta em juízo. Impende ressaltar que, mesmo que houvesse pedido de condenação em danos sociais na demanda em exame, o pleito não poderia ter sido julgado procedente, pois esbarraria na ausência de legitimidade para postulá-lo. Isso porque, os danos sociais são admitidos somente em demandas coletivas e, portanto, somente os legitimados para propositura de ações coletivas têm legitimidade para reclamar acerca de supostos danos sociais decorrentes de ato ilícito, motivo por que não poderiam ser objeto de ação individual. **Rcl 12.062-GO**, Rel. Ministro Raul Araújo, julgado em 12/11/2014. (Inform. STJ 552)

DIREITO PROCESSUAL CIVIL. HIPÓTESE DE IMPOSSIBILIDADE DE ALTERAÇÃO DE OFÍCIO PELO TRIBUNAL DE PRAZO PRESCRICIONAL DEFINIDO NA SENTENÇA. **O Tribunal não pode, sem provocação, fundado na aplicabilidade de prazo prescricional maior do que o definido em primeira instância, aumentar o alcance dos efeitos da sentença que reconheceu o direito a ressarcimento de valores cobrados indevidamente ao longo do tempo.** Nos termos do art. 219, § 5º, do CPC, o julgador poderá, a qualquer tempo e grau de jurisdição, declarar de ofício a prescrição, ou seja, reconhecer que determinado direito submetido ao crivo do Poder Judiciário encontra-se prescrito, dando azo à extinção do processo com resolução do mérito, nos termos do art. 269, IV, do CPC. Entretanto, essa norma não autoriza o Tribunal a modificar, de ofício, a abrangência temporal dos efeitos da sentença. Para tanto, indispensável que a questão tenha sido levada ou devolvida ao Tribunal pela via recursal apropriada. Isso porque o interesse público que faculta o reconhecimento da prescrição de ofício e a qualquer tempo deriva da inconveniência de se prosseguir com processo em que haja perda do direito de ação, sob pena de se violar o princípio da economia processual. Mas esse interesse público não está presente nas discussões em que se busque, apenas, a extensão do período em que a sentença condenatória produzirá seus efeitos, cuja definição não terá o condão de acarretar a extinção da ação. Nessa hipótese, não se admitirá a intervenção de ofício do juiz, de modo que, inexistente recurso abordando o tema, será defeso ao Tribunal manifestar-se. **REsp 1.304.953-RS**, Rel. Min. Nancy Andrighi, julgado em 26/8/2014. (Inform. STJ 546)

DIREITO CIVIL E PROCESSUAL CIVIL. INCLUSÃO DO NOME DO CREDOR EM FOLHA DE PAGAMENTO PARA GARANTIR O ADIMPLEMENTO DE PENSÃO MENSAL VITALÍCIA DECORRENTE DE ACIDENTE DE TRABALHO. **Para garantir o pagamento de pensão mensal vitalícia decorrente de acidente de trabalho, admite-se a inclusão do nome do trabalhador acidentado na folha de pagamento de devedora idônea e detentora de considerável fortuna, dispensando-se a constituição de capital.** Conforme a Súmula 313 do STJ, "Em ação de indenização, procedente o pedido, é necessária a constituição de capital ou caução fidejussória para a garantia de pagamento da pensão, independentemente da situação financeira do demandado". De fato, a referida súmula, editada antes da entrada em vigor da Lei 11.232/2005 – que incluiu o art. 475-Q ao CPC –, continua sendo aplicada pelo STJ, evidenciando que a constituição de capital não deixou de ser obrigatória. Entretanto, é oportuno registrar que a jurisprudência passou a interpretar essa necessidade de constituição de capital de forma mais consentânea ao novo texto legal. Afinal, nos termos do art. 475-Q, § 2º, do CPC, "O juiz poderá substituir a constituição do capital pela inclusão do beneficiário da prestação em folha de pagamento de entidade de direito público ou de empresa de direito privado de notória capacidade econômica, ou, a requerimento do devedor, por fiança bancária ou garantia real, em valor a ser arbitrado de imediato pelo juiz". Desse modo, a inclusão do beneficiário na folha de pagamentos mostra-se uma alternativa de garantia viável à constituição de capital, desde que, a critério do juiz, fique demonstrada a solvabilidade da empresa devedora. Assim, demonstrado que a empresa devedora é idônea e detentora de considerável fortuna, mostra-se razoável a substituição da constituição de capital pela inclusão do nome do trabalhador na folha de pagamentos da empresa. **REsp 1.292.240-SP**, Rel. Min. Nancy Andrighi, julgado em 10/6/2014. (Inform. STJ 545)

DIREITO PROCESSUAL CIVIL. PAGAMENTO DE DIVIDENDOS E JUROS SOBRE CAPITAL PRÓPRIO COMO PEDIDOS IMPLÍCITOS. RECURSO REPETITIVO (ART. 543-C DO CPC E RES. 8/2008-STJ). **Nas demandas por complementação de ações de empresas de telefonia, admite-se a condenação ao pagamento de dividendos e juros sobre capital próprio independentemente de pedido expresso.** Relativamente à indenização a título de dividendos ao adquirente de linha telefônica, esta Corte Superior definiu, pelo rito do art. 543-C do CPC, que é possível a inclusão dos dividendos na condenação, independentemente de pedido expresso (REsp 1.034.255-RS, Segunda Seção, DJe 11/5/2010). É certo que o Direito Processual Civil tem aversão aos pedidos implícitos, pois eles geram surpresa para a contraparte, sacrificando dois pilares do processo civil, que são os princípios do contraditório e da ampla defesa. No CPC vigente, encontram-se poucas hipóteses de pedidos implícitos, como a correção monetária (Lei 6.899/1981), os juros (art. 293), os honorários advocatícios (art. 20, caput) e as prestações que se vencerem no curso da demanda (art. 290), não havendo nenhuma previsão que possa abarcar a inclusão dos dividendos ou dos juros sobre capital próprio (JCP) como pedido implícito. Porém, uma vez aberta exceção à regra processual para se admitir os dividendos como pedido implícito, não há justificativa para se adotar entendimento diverso quanto aos JCP, pois essas verbas têm a mesma natureza para o direito societário. A propósito, a despeito da existência de entendimento doutrinário em sentido contrário, ontologicamente, deve-se considerar que os JCP são, do ponto de vista societário, parcela do lucro a ser distribuído aos acionistas, sendo que, apenas por ficção jurídica, a lei tributária passou a considerá-los com natureza de juros. No entanto, é certo que, embora tenham a mesma natureza, os JCP não são idênticos aos dividendos. As diferenças, porém, entre os dois institutos não justificam um tratamento diverso no que tange aos pedidos no processo. A preocupação com o contraditório, embora extremamente relevante, fica atenuada no caso das demandas de massa, pois tanto os dividendos quanto os JCP são devidos de maneira uniforme para todos os acionistas, de modo que as possibilidades de defesa são as mesmas para os milhares de processos em que se discute a complementação de ações de empresas de telefonia. **REsp 1.373.438-RS, Rel. Min. Paulo de Tarso Sanseverino, julgado em 11/6/2014.** (Inform. STJ 542)

DIREITO PROCESSUAL CIVIL. HABILITAÇÃO DE CRÉDITO PREVIDENCIÁRIO EM PROCESSO DE FALÊNCIA.
É desnecessária a apresentação de Certidão de Dívida Ativa (CDA) para habilitação, em processo de falência, de crédito previdenciário resultante de decisão judicial trabalhista. Com efeito, a constituição do crédito tributário pela via administrativa do lançamento, da qual resulta a CDA, título executivo extrajudicial conforme o art. 585, VII, do CPC, não se confunde com o crédito materializado no título executivo judicial no qual foi reconhecida uma obrigação tributária, nascida com o fato gerador, cuja ocorrência se dá "na data da prestação do serviço" (art. 43, § 2º, da Lei n. 8.212/1991). Efetivamente, a sentença da justiça laboral que condena o empregador a uma obrigação de caráter trabalhista e, por consequência, reconhece a existência do fato gerador da obrigação tributária insere-se na categoria geral de sentença proferida no processo civil que reconhece a existência de obrigação de fazer, não fazer, entregar coisa ou pagar quantia (art. 475-N, CPC). Desse modo, a sentença consubstancia, ela própria, título executivo judicial no qual subjaz o crédito para a Fazenda Pública. **REsp 1.170.750-SP, Rel. Min. Luis Felipe Salomão, julgado em 27/08/2013.** (Inform. STJ 530)

DIREITO PROCESSUAL CIVIL. RECUSA DO RÉU À PRETENSÃO DO AUTOR DE DESISTIR DA AÇÃO APÓS O DECURSO DO PRAZO PARA A RESPOSTA.
Na hipótese em que o autor, após o decurso do prazo para a resposta, pretenda desistir da ação, constituirá motivação apta a impedir a extinção do processo a alegação do réu de que também faz jus à resolução do mérito da demanda contra si proposta. De fato, após a contestação, a desistência da ação pelo autor depende do consentimento do réu (art. 267, VIII e § 4º, do CPC), pois ele também tem direito ao julgamento de mérito. Dessa forma, o conceito de tutela jurisdicional deve levar em consideração não apenas o ponto de vista do autor, que movimentou a máquina judiciária, mas também o do réu, que, quando contesta a ação, está buscando essa tutela, só que em sentido contrário àquela que busca o autor. Assim, o processo não pode ser entendido simplesmente como um modo de exercício de direitos do autor, mas como um instrumento do Estado para o exercício de uma função sua, qual seja, a jurisdição. Nesse contexto, deve-se considerar que a sentença de improcedência interessa muito mais ao réu do que a sentença de extinção do processo sem resolução do mérito, haja vista que, em decorrência da formação da coisa julgada material, o autor estará impedido de ajuizar outra ação com o mesmo fundamento em face do mesmo réu. Vale ressaltar, ademais, que a recusa do réu deve ser fundamentada e justificada, não bastando apenas a simples alegação de discordância, sem a indicação de qualquer motivo relevante. Assim, a recusa do réu ao pedido de desistência do autor sob o fundamento de ter direito ao julgamento de mérito da demanda consiste em argumento relevante e fundamentação razoável apta a impedir a extinção do processo sem resolução do mérito, não havendo que falar em abuso de direito por parte do réu. **REsp 1.318.558-RS, Rel. Min. Nancy Andrighi, julgado em 4/6/2013.** (Inform. STJ 526)

DIREITO PROCESSUAL CIVIL. NÃO VINCULAÇÃO DO JUIZ ÀS CONCLUSÕES DO LAUDO PERICIAL.
É possível ao magistrado, na apreciação do conjunto probatório dos autos, desconsiderar as conclusões de laudo pericial, desde que o faça motivadamente. Conforme o art. 131 do CPC, "o juiz apreciará livremente a prova, atendendo aos fatos e circunstâncias constantes dos autos, ainda que não alegados pelas partes; mas deverá indicar, na sentença, os motivos que lhe formaram o convencimento". Por sua vez, o art. 436 do CPC dispõe que "o juiz não está adstrito ao laudo pericial, podendo afirmar a sua convicção com outros elementos ou fatos provados nos autos". Nesse contexto, pode-se concluir que, no sistema processual brasileiro, a norma resultante da interpretação conjunta dos referidos dispositivos legais permite ao juiz apreciar livremente a prova, mas não lhe confere a prerrogativa de trazer aos autos impressões pessoais e conhecimentos extraprocessuais que não possam ser objeto do contraditório e da ampla defesa pelas partes litigantes, nem lhe outorga a faculdade de afastar injustificadamente a prova pericial, porquanto a fundamentação regular é condição de legitimidade da sua decisão. **REsp 1.095.668-RJ, Rel. Min. Luis Felipe Salomão, julgado em 12/3/2013.** (Inform. STJ 519)

DIREITO PROCESSUAL CIVIL. SENTENÇA EM AUDIÊNCIA. NÃO COMPARECIMENTO DE PROCURADOR INTIMADO. PRESUNÇÃO DE INTIMAÇÃO.
Há presunção de intimação do ato decisório na hipótese em que o procurador, embora intimado para a audiência de instrução e julgamento na qual foi proferida a sentença, a ela não compareceu. O comparecimento ao ato é de opção e de responsabilidade do patrono, devendo ser aplicado o art. 242, § 1º, do CPC, que dispõe que os advogados "reputam-se intimados na audiência, quando nesta é publicada a decisão ou a sentença". Precedentes citados: **AgRg no AREsp 167.921-MG, DJe 2/8/2012; AgRg no AREsp 134.962-MT, DJe 26/6/2012; AgRg no REsp 1.157.382-PR, DJe 16/4/2012, e AgRg no REsp 1.267.409-PR, DJe 1º/12/2011. AgRg no AREsp 226.951-GO, Rel. Min. Humberto Martins, julgado em 9/10/2012.** (Inform. STJ 506)

HONORÁRIOS ADVOCATÍCIOS SUCUMBENCIAIS. SENTENÇA. CÁLCULO. LIQUIDAÇÃO.
A quaestio juris consiste em saber qual o critério para a apuração dos honorários advocatícios sucumbenciais de modo a ser observada a coisa julgada material, tendo em vista a imprecisão do dispositivo da sentença liquidanda. In casu, cuidou-se, na origem, de ação de execução por título extrajudicial (cédulas de crédito rural) na qual, em embargos à execução, o embargado (banco) foi condenado em custas

e honorários advocatícios sucumbenciais fixados em 16% sobre o montante atualizado das parcelas excluídas. Ocorre que, fixado o valor relativo aos honorários advocatícios (correspondentes a R$ 6.657.010,45), o banco interpôs agravo de instrumento por entender que o referido valor foi exorbitante, pois houve a inclusão de seguro Proago, previsto em apenas uma das cédulas exequendas. O recurso foi provido, ensejando novos cálculos. Entretanto, após a homologação dos novos cálculos efetuados pela perita, o banco interpôs novamente agravo de instrumento, sustentando que a decisão foi equivocada e que, transitada em julgado, resultaria em honorários no valor de R$19.364.849,61, representando 13,68 vezes mais do que o valor da execução. No REsp, o recorrente (banco) sustenta, entre outros temas, excesso de execução e afirma que é incorreta a interpretação da coisa julgada que não tem critérios claros. Nesse panorama, a Turma reiterou que a jurisprudência do STJ dispõe que o processo de execução deve observar, fielmente, o comando sentencial inserido na ação de conhecimento transitado em julgado, sob pena de malferir a coisa julgada. Porém, isso não significa que a sentença exequenda seja avessa a investigações ou interpretações. Ressaltou-se que tal procedimento não implica a relativização da coisa julgada, mas apenas reconhece que a imprecisão terminológica com que foi redigido o julgado lhe confere mais de uma interpretação possível, sem, com isso, agredir sua imutabilidade. Dessa forma, destacou-se que, nos casos em que a sentença permite mais de uma interpretação, deve-se adotar a mais razoável e coerente com a causa. Assim, para o Min. Relator, no caso, o único entendimento razoável, coerente com a causa em que atuou o recorrido é aquele que parte da premissa de que o título executivo não quis promover a iniquidade, concedendo, em causa de baixa complexidade, honorários vultuosos que suplantam o valor de R$ 20 milhões, de modo a solucionar a questão com interpretação que se infere do título, qual seja, a de que os encargos afastados não podem ser projetados para o futuro, mas somente até a data do ajuizamento da execução originária. Desarte, concluiu-se que o cálculo da diferença sobre a qual incidirão os honorários deve tomar por base o montante existente na data do ajuizamento da execução originária. Precedentes citados: AgRg no Ag 1.030.469-RO, DJe 7/6/2010; REsp 58.426-RJ, DJ 7/4/1997; REsp 928.133-RS, DJe 20/10/2008; REsp 757.459-SC, DJ 13/11/2006, e REsp 1.064.119-RS, DJe 18/12/2009. **REsp 991.780-RS, Rel. Min. Luis Felipe Salomão, julgado em 2/2/2012. (Inform. STJ 490)**

Súmula STF nº 616

É permitida a cumulação da multa contratual com os honorários de advogado, após o advento do Código de Processo Civil vigente.

Súmula STF nº 423

Não transita em julgado a sentença por haver omitido o recurso "ex officio", que se considera interposto "ex lege".

Súmula STJ nº 485

A Lei de Arbitragem aplica-se aos contratos que contenham cláusula arbitral, ainda que celebrados antes da sua edição.

Súmula STJ nº 426

Os juros de mora na indenização do seguro DPVAT fluem a partir da citação.

Súmula STJ nº 381

Nos contratos bancários, é vedado ao julgador conhecer, de ofício, da abusividade das cláusulas.

Súmula STJ nº 380

A simples propositura da ação de revisão de contrato não inibe a caracterização da mora do autor.

Súmula STJ nº 313

Em ação de indenização, procedente o pedido, é necessária a constituição de capital ou caução fidejussória para a garantia de pagamento da pensão, independentemente da situação financeira do demandado.

Súmula STJ nº 246

O valor do seguro obrigatório deve ser deduzido da indenização judicialmente fixada.

Súmula STJ nº 102

A incidência dos juros moratórios sobre os compensatórios, nas ações expropriatórias, não constitui anatocismo vedado em lei.

10.2. Sucumbência. Honorários, custas e despesas processuais.

DIREITO PROCESSUAL CIVIL. RENÚNCIA DO CREDOR AO SEU CRÉDITO E JUNTADA DO CONTRATO DE HONORÁRIOS ADVOCATÍCIOS AOS AUTOS. A juntada do contrato de honorários advocatícios aos autos antes de determinada a expedição de precatório ou de mandado de levantamento (art. 22, § 4º, da Lei 8.906/1994) não impede que o credor renuncie ao pagamento do montante que lhe era devido, inviabilizando, assim, o pagamento direto ao advogado – por dedução da quantia que seria recebida pelo constituinte – dos honorários contratuais. De início, cita-se o previsto no art. 22, § 4º, da Lei 8.906/1994: "Se o advogado fizer juntar aos autos o seu contrato de honorários antes de expedir-se o mandado de levantamento ou precatório, o juiz deve determinar que lhe sejam pagos diretamente, por dedução da quantia a ser recebida pelo constituinte, salvo se este provar que já os pagou". O § 4º do artigo supracitado, ao condicionar a juntada do contrato de honorários ao momento anterior à expedição do mandado de levantamento ou precatório, pressupõe que o depósito do valor devido à parte triunfante já tenha sido realizado em juízo. Nesse contexto, se o vencedor da lide renuncia ao seu direito de receber o pagamento do crédito antes de ele ser judicialmente depositado não haverá expedição de mandado de levantamento ou precatório e, consequentemente, não há como o juiz determinar que a parcela dos honorários advocatícios seja paga diretamente, "por dedução da quantia a ser recebida pelo constituinte", ao patrono. Ademais, admitir o contrário faria com que a relação jurídica firmada entre o cliente e o respectivo advogado – mediante contrato de honorários, com cláusulas negociadas estritamente entre eles – se estendesse ao terceiro, o qual sequer pode vir a ter conhecimento do avençado. Com efeito, se o pagamento dos honorários advocatícios contratuais for reconhecido como ato autônomo em relação ao depósito do montante principal – ao ponto de ser viável executá-los sem a existência deste –, o perdedor da lide se tornará diretamente obrigado a arcar com dívida, a qual não lhe foi legalmente imposta nem foi pactuada, porquanto a obrigação da parte mal sucedida na demanda é pagar o que foi reconhecido pelo Judiciário como devido à outra parte, o que inclui os honorários sucumbenciais (mas não os contratuais), cuja "dedução da quantia a ser recebida pelo constituinte", repita-se, é incumbência do juiz. Desse modo, a juntada aos autos do contrato de honorários advocatícios não faz com que o montante nele previsto se torne parcela autônoma em relação à quantia a ser recebida pela parte patrocinada. **REsp 1.330.611-DF, Rel. Min. Benedito Gonçalves, julgado em 7/10/2014. (Inform. STJ 550)**

DIREITO PROCESSUAL CIVIL. PRECLUSÃO DA FACULDADE DE REQUERER HONORÁRIOS SUCUMBENCIAIS EM PROCESSO EXECUTIVO. RECURSO REPETITIVO (ART. 543-C DO CPC E RES. 8/2008-STJ). Há preclusão lógica (art.

503 do CPC) em relação à faculdade de requerer o arbitramento dos honorários sucumbenciais relativos à execução na hipótese em que a parte exequente, mesmo diante de despacho citatório que desconsidera o pedido de fixação da verba feito na petição inicial, limita-se a peticionar a retenção do valor correspondente aos honorários contratuais, voltando a reiterar o pleito de fixação de honorários sucumbenciais apenas após o pagamento da execução e o consequente arquivamento do feito. Inicialmente, cumpre destacar que o STJ tem entendimento firme no sentido de que inexiste preclusão para o arbitramento de verba honorária, no curso da execução, ainda que sobre ela tenha sido silente a inicial do processo executivo e já tenha ocorrido o pagamento do ofício requisitório. Todavia, a hipótese em foco é diversa. Após ter sido cumprido o requisitório de pagamento expedido nos autos e o ocorrido o arquivamento do feito, com baixa na distribuição, a parte exequente reitera pedido formulado na inicial da execução, para que sejam arbitrados honorários advocatícios sucumbenciais. Ocorre que o despacho inicial determinou a citação do órgão executado, não arbitrando a verba honorária. Em seguida, foram interpostos embargos à execução, os quais foram definitivamente julgados. Posteriormente, a parte exequente peticionou nos autos, postulando a retenção dos honorários contratuais no requisitório de pagamento a ser expedido, nada mencionando acerca do arbitramento de honorários sucumbenciais. De acordo com essa moldura fática, a parte exequente deveria ter se insurgido, por meio da via processual adequada, contra a ausência de fixação dos honorários sucumbenciais. Ao não agir dessa forma, consolidou-se o fato de não incidência dos honorários sucumbenciais, configurando-se, dessa forma, o instituto da preclusão, pelo qual não mais cabe discutir dentro do processo situação jurídica já consolidada. Ademais, ainda que não se trate propriamente de ação autônoma, por compreensão extensiva, incide a Súmula 453 do STJ: "Os honorários sucumbenciais, quando omitidos em decisão transitada em julgado, não podem ser cobrados em execução ou em ação própria." **REsp1.252.412-RN, Rel. Min. Arnaldo Esteves Lima, julgado em 6/11/2013. (Inform. STJ 543)**

DIREITO PROCESSUAL CIVIL. UTILIZAÇÃO DA CONTADORIA JUDICIAL POR BENEFICIÁRIO DA ASSISTÊNCIA JUDICIÁRIA. RECURSO REPETITIVO (ART. 543-C DO CPC E RES. 8/2008-STJ). Se o credor for beneficiário da gratuidade da justiça, pode-se determinar a elaboração dos cálculos pela contadoria judicial. Precedente citado: EREsp 450.809-RS, Corte Especial, DJ 9/2/2004. **REsp 1.274.466-SC, Rel. Min. Paulo de Tarso Sanseverino, julgado em 14/5/2014. (Inform. STJ 541)**

DIREITO PROCESSUAL CIVIL. UTILIZAÇÃO DA CONTADORIA JUDICIAL POR BENEFICIÁRIO DA ASSISTÊNCIA JUDICIÁRIA. O beneficiário da assistência judiciária, ainda que seja representado pela Defensoria Pública, pode se utilizar do serviço de contador judicial para apuração do crédito que será objeto de execução, independentemente da complexidade dos cálculos. De fato, desde 1994, quando se deu a primeira fase da reforma do CPC, passou a ser ônus do próprio credor a apresentação da memória com os cálculos discriminados do valor a ser executado na hipótese em que a determinação do valor da condenação dependesse apenas de cálculos aritméticos (art. 604 do CPC com redação dada pela Lei 8.898/1994). A jurisprudência do STJ, ao interpretar o art. 604 do CPC, alterado pela reforma de 1994, já reconhecia que não fora excluída a possibilidade de o hipossuficiente valer-se dos serviços da contadoria judicial (EREsp 472.867-RS, Corte Especial, DJ de 4/10/2004). Posteriormente, a Lei 11.232/2005 alterou novamente o CPC, para estabelecer a fase de cumprimento das sentenças no processo de conhecimento e revogar dispositivos relativos à execução fundada em título judicial, dentre eles, o arts. 604 do CPC. Entretanto, manteve-se a sistemática que atribuía ao credor o ônus de apresentação da memória discriminada e atualizada do cálculo, quando a determinação do valor da condenação dependesse apenas de cálculos aritméticos. Ressalte-se que as reformas processuais em nenhum momento excluíram a possibilidade de utilização do contador judicial, mas apenas reduziram a sua esfera de atuação às hipóteses em que (i) a memória apresentada pelo credor aparentemente exceder os limites da decisão exequenda e (ii) nos casos de assistência judiciária (art. 475-B, § 3º, do CPC). Especificamente no que tange às hipóteses de assistência judiciária, é importante consignar que a finalidade da norma é claramente a de facilitação da defesa daquele credor que não tem condições financeiras de contratar profissional para realização dos cálculos sem comprometimento do seu sustento ou de sua família. Com efeito, a busca pela maior agilidade no processo judicial, por meio da transferência do ônus de elaboração dos cálculos àquele que tem interesse no recebimento do crédito, e, portanto, no prosseguimento célere da execução, não pode prejudicar o hipossuficiente que antes já se valia dos serviços da contadoria judicial para liquidar o valor devido. Assim, embora o art. 3º da Lei 1.060/1950 disponha somente que a assistência judiciária gratuita compreende isenções de taxas judiciárias e dos selos, emolumentos e custas, despesas com publicação, indenizações devidas com testemunhas, honorários de advogados e peritos, não havendo previsão no sentido de que o Estado elaborará os cálculos dos exequentes que litigam sob o pálio da assistência judiciária, o CPC, no art. 475-B, § 3º, conferiu-lhes essa possibilidade. Além disso, o fato de o beneficiário da assistência judiciária ser representado pela Defensoria Pública não lhe retira a possibilidade utilizar-se dos serviços da contadoria judicial, pois não se pode presumir que a Defensoria Pública esteja ou deva estar aparelhada para a execução desses cálculos. Também não pode ser invocada a complexidade dos cálculos do valor da condenação como uma condição imprescindível para que os serviços do contador judicial possam ser utilizados, uma vez que o art. 475-B, § 3º, do CPC, ao permitir a utilização da contadoria, não faz essa exigência. Cabe ressaltar que, se o pedido fosse negado, representaria entrave para o amplo e integral acesso à tutela jurisdicional pelo beneficiário da assistência judiciária. Por fim, há que se fazer uma interpretação teleológica do referido benefício, bem como de caráter conforme a própria garantia prevista no art. 5º, LXXIV, da CF ("O Estado prestará assistência judiciária integral e gratuita aos que comprovarem a insuficiência de recursos"), a fim de lhe outorgar plena eficácia. **REsp 1.200.099-SP, Rel. Min. Nancy Andrighi, julgado em 6/5/2014. (Inform. STJ 540)**

DIREITO PROCESSUAL CIVIL. HONORÁRIOS ADVOCATÍCIOS NA HIPÓTESE DE IMPUGNAÇÃO AO PEDIDO DE HABILITAÇÃO DE CRÉDITO EM RECUPERAÇÃO JUDICIAL. São devidos honorários advocatícios na hipótese em que apresentada impugnação ao pedido de habilitação de crédito em recuperação judicial. Isso porque a apresentação de impugnação ao referido pedido torna litigioso o processo. Precedentes citados: AgRg no REsp 1.062.884-SC, Quarta Turma, DJe 24/8/2012; e AgRg no REsp 958.620-SC, Terceira Turma, DJe 22/3/2011. **REsp 1.197.177-RJ, Rel. Min. Nancy Andrighi, julgado em 3/9/2013. (Inform. STJ 527)**

DIREITO PROCESSUAL CIVIL. HONORÁRIOS ADVOCATÍCIOS NA HIPÓTESE DE DESAPROPRIAÇÃO INDIRETA. Aplicam-se às desapropriações indiretas, para a fixação de honorários advocatícios, os limites percentuais estabelecidos no art. 27, §§ 1º e 3º, do Decreto-Lei 3.365/1941 (entre 0,5% e 5%). Precedentes citados: REsp 1.210.156-PR, Segunda Turma, DJe 23/4/2012; e REsp 1.152.028-MG, Segunda Turma, DJe 29/3/2011. **REsp 1.300.442-SC, Rel. Min. Herman Benjamin, julgado em 18/6/2013.** (Inform. STJ 523)

DIREITO PROCESSUAL CIVIL. IMPOSSIBILIDADE DE EXTENSÃO DA GRATUIDADE DE JUSTIÇA AOS HONORÁRIOS ADVOCATÍCIOS DEVIDOS POR FORÇA DE CONTRATO DE ÊXITO.

A concessão de gratuidade de justiça não desobriga a parte beneficiária de pagar os honorários contratuais devidos ao seu advogado particular em razão de anterior celebração de contrato de êxito. O texto do art. 3º da Lei n. 1.060/1950, cujo teor prevê isenção ao pagamento de honorários advocatícios, não diferencia os sucumbenciais dos contratuais. Entretanto, não se pode conferir a esse artigo interpretação que contradiga o próprio texto da CF e de outras normas dirigentes do ordenamento jurídico. Desse modo, entender que a gratuidade de justiça alcança os honorários contratuais significaria atribuir à decisão que concede o benefício aptidão de apanhar ato extraprocessual e pretérito, qual seja, o próprio contrato celebrado entre o advogado e o cliente, interpretação que vulnera a cláusula de sobredireito da intangibilidade do ato jurídico perfeito (CF/1988, art. 5º, XXXVI; LINDB, art. 6º). Ademais, retirar do causídico a merecida remuneração pelo serviço prestado não viabiliza, absolutamente, maior acesso do hipossuficiente ao Judiciário. Antes, dificulta-o, pois não haverá advogado que aceite patrocinar os interesses de necessitados para ser remunerado posteriormente com amparo em cláusula contratual ad exitum, circunstância que, a um só tempo, também fomentará a procura pelas Defensorias Públicas, com inegável prejuízo à coletividade de pessoas – igualmente necessitadas – que delas precisam. Precedente citado: REsp 1.153.163-RS, Terceira Turma, DJe 2/8/2012. REsp 1.065.782-RS, Rel. Min. Luis Felipe Salomão, julgado em 7/3/2013. (Inform. STJ 518)

Súmula STF nº 450

São devidos honorários de advogado sempre que vencedor o beneficiário de justiça gratuita.

Súmula STF nº 257

São cabíveis honorários de advogado na ação regressiva do segurador contra o causador do dano.

Súmula STF nº 256

É dispensável pedido expresso para condenação do réu em honorários, com fundamento nos arts. 63 ou 64 do Código de Processo Civil.

Súmula STF nº 234

São devidos honorários de advogado em ação de acidente do trabalho julgada procedente.

Súmula STJ nº 488

O § 2º do art. 6º da Lei n. 9.469/1997, que obriga à repartição dos honorários advocatícios, é inaplicável a acordos ou transações celebrados em data anterior à sua vigência.

Súmula STJ nº 481

Faz jus ao benefício da justiça gratuita a pessoa jurídica com ou sem fins lucrativos que demonstrar sua impossibilidade de arcar com os encargos processuais.

Súmula STJ nº 462

Nas ações em que representa o FGTS, a CEF, quando sucumbente, não está isenta de reembolsar as custas antecipadas pela parte vencedora.

Súmula STJ nº 453

Os honorários sucumbenciais, quando omitidos em decisão transitada em julgado, não podem ser cobrados em execução ou em ação própria.

Súmula STJ nº 421

Os honorários advocatícios não são devidos à Defensoria Pública quando ela atua contra a pessoa jurídica de direito público à qual pertença.

Súmula STJ nº 345

São devidos honorários advocatícios pela Fazenda Pública nas execuções individuais de sentença proferida em ações coletivas, ainda que não embargadas.

Súmula STJ nº 326

Na ação de indenização por dano moral, a condenação em montante inferior ao postulado na inicial não implica sucumbência recíproca.

Súmula STJ nº 201

Os honorários advocatícios não podem ser fixados em salários mínimos.

Súmula STJ nº 178

O INSS não goza de isenção do pagamento de custas e emolumentos, nas ações acidentárias e de benefícios, propostas na justiça estadual.

Súmula STJ nº 111

Os honorários advocatícios, nas ações previdenciárias, não Incidem sobre as prestações vencidas após a sentença. (*) apreciando o projeto de súmula n. 560, na sessão de 27/09/06, a terceira seção deliberou pela modificação da Súmula n. 111. A redação anterior era a seguinte (decisão de 06/10/1994, DJ 13/10/1994): Os honorários advocatícios, nas ações previdenciárias, não Incidem sobre prestações vincendas.

Súmula STJ nº 110

A isenção do pagamento de honorários advocatícios, nas ações acidentarias, é restrita ao segurado.

10.3. Cumprimento de Sentença

DIREITO PROCESSUAL CIVIL. ÔNUS DO PAGAMENTO DE HONORÁRIOS PERICIAIS EM LIQUIDAÇÃO POR CÁLCULOS DO CREDOR. RECURSO REPETITIVO (ART. 543-C DO CPC E RES. 8/2008-STJ). Na liquidação por cálculos do credor, descabe transferir do exequente para o executado o ônus do pagamento de honorários devidos ao perito que elabora a memória de cálculos. Com efeito, se o magistrado proferir sentença ilíquida, antes de se iniciar a fase de cumprimento de sentença, é necessária a liquidação do débito, que poderá ser realizada por meio de apresentação de cálculos pelo credor (art. 475-B do CPC) ou pela instauração de fase autônoma de liquidação nas hipóteses em que a determinação do *quantum debeatur* envolver cálculos complexos, que extrapolem a aritmética elementar, nos termos dos arts. 475-C e seguintes do CPC. Desse modo, a fase autônoma de liquidação de sentença está restrita a apenas duas hipóteses: (a) liquidação por arbitramento, quando se faz necessário perícia para a determinação do *quantum debeatur*; e (b) liquidação por artigos, quando necessário provar fato novo. Assinala-se que a liquidação por cálculos do credor processa-se extrajudicialmente, por memória de cálculo apresentada por esse, instaurando-se logo em seguida o cumprimento de sentença. Isso porque, tratando-se de aritmética elementar (soma, subtração, divisão e multiplicação), não há necessidade de contratação de um profissional para a elaboração da conta a ser paga, podendo a memória de cálculos ser elaborada diretamente pela parte ou por seu advogado. Entretanto, na hipótese em que o credor corriqueiramente contrate um *expert* para elaborar a planilha e pleiteie a condenação do vencido ao pagamento de mais essa despesa, o STJ entende que o encargo já foi atribuído pelo CPC ao credor, sendo descabido transferi-lo ao devedor. Além disso, importa frisar que a instauração de fase autônoma de liquidação em vez de liquidação por cálculos do credor prolonga a resolução do litígio, pois possibilita o acesso às instâncias recursais para discussão de questões interlocutórias, o que não ocorreria se tivesse sido adotada a liquidação por cálculos do credor, concentrando-se, dessa maneira, a controvérsia do *quantum debeatur* na impugnação ao cumprimento de sentença. Precedente citado: EREsp 450.809-RS, Corte Especial, DJ 9/2/2004. **REsp 1.274.466-SC, Rel. Min. Paulo de Tarso Sanseverino, julgado em 14/5/2014. (Inform. STJ 541)**

DIREITO PROCESSUAL CIVIL. IMPUGNAÇÃO AO CUMPRIMENTO DE SENTENÇA POR EXCESSO DE EXECUÇÃO. RECURSO REPETITIVO (ART. 543-C DO CPC E RES. 8/2008-STJ). Na hipótese do art. 475-L, § 2º, do CPC, é indispensável apontar, na petição de impugnação ao cumprimento de sentença, a parcela incontroversa do débito, bem como as incorreções encontradas nos cálculos do credor, sob pena de rejeição liminar da petição, não se admitindo emenda à inicial. O art. 475-L, § 2º, do CPC, acrescentado pela Lei 11.232/2005, prevê que "Quando o executado alegar que o exequente, em excesso de execução, pleiteia quantia superior à resultante da sentença, cumprir-lhe-á declarar de imediato o valor que entende correto, sob pena de rejeição liminar dessa impugnação". Segundo entendimento doutrinário, o objetivo dessa alteração legislativa é, por um lado, impedir que o cumprimento de sentença seja protelado por meio de impugnações infundadas e, por outro lado, permitir que o credor faça o levantamento da parcela incontroversa da dívida. Sob outro prisma, a exigência do art. 475-L, § 2º, do CPC é o reverso da exigência do art. 475-B do CPC, acrescentado pela Lei 11.232/2005. Este dispositivo estabelece que, se os cálculos exequendos dependerem apenas de operações aritméticas, exige-se que o credor apure o *quantum debeatur* e apresente a memória de cálculos que instruirá o pedido de cumprimento de sentença – é a chamada liquidação por cálculos do credor. Por paridade, a mesma exigência é feita ao devedor, quando apresente impugnação ao cumprimento de sentença. Além disso, o STJ tem conferido plena efetividade ao art. 475-L, § 2º, do CPC, vedando, inclusive, a possibilidade de emenda aos embargos/impugnação formulados em termos genéricos (EREsp 1.267.631-RJ, Corte Especial, DJe 1/7/2013). Por fim, esclareça-se que a tese firmada não se aplica aos embargos à execução contra a Fazenda Pública, tendo em vista que o art. 475-L, § 2º, do CPC não foi reproduzido no art. 741 do CPC. Precedentes citados: REsp 1.115.217-RS, Primeira Turma, DJe 19/2/2010; AgRg no Ag 1.369.072-RS, Primeira Turma, DJe 26/9/2011. **REsp 1.387.248-SC, Rel. Min. Paulo de Tarso Sanseverino, julgado em 7/5/2014. (Inform. STJ 540)**

DIREITO PROCESSUAL CIVIL. LIQUIDAÇÃO DE SENTENÇA EM AÇÃO COM PEDIDO DE COMPLEMENTAÇÃO DE AÇÕES. RECURSO REPETITIVO (ART. 543-C DO CPC E RES. 8/2008-STJ). O cumprimento de sentença condenatória de complementação de ações dispensa, em regra, a fase de liquidação de sentença. Isso porque o cumprimento dessa sentença depende apenas de informações disponíveis na própria companhia ou em poder de terceiros, além de operações aritméticas elementares. Embora os cálculos possam parecer complexos à primeira vista, esse fato não é suficiente para justificar a abertura da fase de liquidação. Além disso, há de se observar que recentes reformas no CPC buscaram privilegiar liquidação por cálculos do credor, restringindo-se à liquidação por fase autônoma apenas às hipóteses estritamente previstas (arts. 475-C e 475-E do CPC): liquidação por arbitramento (quando se faz necessária perícia para a determinação do *quantum debeatur*) e liquidação por artigos (quando necessário provar fato novo). Todavia, nenhuma dessas hipóteses se verifica nas demandas relativas a complementação de ações. Dessa forma, compete ao próprio credor elaborar a memória de cálculos e dar início à fase de cumprimento de sentença, sendo dispensada a fase de liquidação, conforme se depreende do disposto no art. 475-B do CPC, incluído pela Lei 11.232/2005. Por óbvio, a tese é firmada em caráter geral, não excluindo a possibilidade de a liquidação ser necessária em casos específicos, nem a

possibilidade de se realizar perícia contábil no curso da impugnação ao cumprimento de sentença, a critério do juízo. **REsp 1.387.249-SC, Rel. Min. Paulo de Tarso Sanseverino, julgado em 26/2/2014. (Inform. STJ 536)**

DIREITO PROCESSUAL CIVIL. CRITÉRIO DE FIXAÇÃO DE HONORÁRIOS ADVOCATÍCIOS NA FASE EXECUTIVA DO CUMPRIMENTO DE SENTENÇA.
A multa do art. 475-J do CPC não necessariamente integra o cálculo dos honorários advocatícios na fase executiva do cumprimento de sentença. Nos termos do art. 20, § 4º, do CPC, os honorários advocatícios serão fixados consoante apreciação equitativa do juiz, considerando o grau de zelo do profissional, o lugar da prestação do serviço, a natureza e a importância da causa, o trabalho realizado pelo advogado e o tempo exigido para o seu serviço, não se exigindo obrigatoriamente o arbitramento em percentual vinculado ao valor da condenação. Os honorários podem, inclusive, ser estipulados em valor monetário fixo que reflita a justa remuneração do advogado. Assim, é inócua a discussão acerca da inclusão ou não da multa do art. 475-J do CPC na base de cálculo dos honorários devidos na fase de cumprimento de sentença. Precedentes citados: AgRg no AREsp 276.654-RS, 3ª Turma, DJe 22/3/2013; e AgRg no REsp 1.192.633-RS, 4ª Turma, DJe 27/2/2013. **REsp 1.291.738-RS, Rel. Min. Nancy Andrighi, julgado em 1º/10/2013. (Inform. STJ 530)**

DIREITO PROCESSUAL CIVIL. IMPUGNAÇÃO AO CUMPRIMENTO DE SENTENÇA EM RELAÇÃO A SALDO REMANESCENTE.
Na fase de cumprimento de sentença, caso o exequente, após o levantamento dos valores depositados em seu favor, apresente memória de cálculo relativa a saldo remanescente, deverá ser concedida ao executado nova oportunidade para impugnação. O direito de impugnação – inclusive quanto à alegação de saldo remanescente – é decorrência natural do direito de ação, possibilitando ao executado reagir contra execução que se desenvolva de forma injusta ou ilegal. Assim, em situações como a descrita, tendo em vista tratar-se de novo procedimento executivo versando valores não abrangidos na execução anterior, deve-se conceder ao devedor a possibilidade de apresentar nova defesa, não havendo preclusão. **REsp 1.265.894-RS, Rel. Min. Luis Felipe Salomão, julgado em 11/6/2013. (Inform. STJ 526)**

DIREITO PROCESSUAL CIVIL. GARANTIA DO JUÍZO COMO CONDIÇÃO NECESSÁRIA À IMPUGNAÇÃO AO CUMPRIMENTO DE SENTENÇA.
A garantia do juízo constitui condição para a própria apresentação de impugnação ao cumprimento de sentença, e não apenas para sua apreciação. Conforme o art. 475-J, § 1º, do CPC, o executado será intimado, de imediato, do auto de penhora e de avaliação, podendo oferecer impugnação no prazo de quinze dias. Da interpretação desse dispositivo legal, tem-se por inequívoca a necessidade da prévia garantia do juízo para que seja possível o oferecimento de impugnação. Reforça esse entendimento o teor do art. 475-L, III, do CPC, que admite, como uma das matérias a serem alegadas por meio de impugnação, a penhora incorreta ou avaliação errônea. Precedentes citados: REsp 1.303.508-RS, Quarta Turma, DJe 29/6/2012; e REsp 1.195.929-SP, Terceira Turma, DJe 9/5/2012. **REsp 1.265.894-RS, Rel. Min. Luis Felipe Salomão, julgado em 11/6/2013. (Inform. STJ 526)**

DIREITO PROCESSUAL CIVIL. IMPUGNAÇÃO DO VALOR EXECUTADO MESMO APÓS O PAGAMENTO DE PARCELA INCONTROVERSA.
O pagamento espontâneo da quantia incontroversa dentro do prazo do art. 475-J, caput, do CPC não gera a preclusão do direito do devedor, previsto no § 1º do mesmo dispositivo, de impugnar o valor executado. Isso porque não há identidade

entre o prazo previsto no *caput* do art. 475-J do CPC e aquele positivado no seu § 1º. O *caput* refere-se ao pagamento espontâneo da dívida e impõe como sanção o acréscimo de multa de 10% da quantia devida, quando não observado o interregno de quinze dias para o pagamento do valor apurado, cujo termo inicial se dá na intimação do devedor na pessoa de seu advogado. Já a previsão contida no § 1º é relativa à apresentação de impugnação pelo executado para discussão do cumprimento da sentença. **REsp 1.327.781-BA, Rel. Min. Eliana Calmon, julgado em 2/5/2013.** (Inform. STJ 525)

DIREITO PROCESSUAL CIVIL. APLICAÇÃO DA MULTA DO ART. 475-J, CAPUT, DO CPC NO CASO DE PAGAMENTO VOLUNTÁRIO E EXTEMPORÂNEO DE CONDENAÇÃO.
O pagamento extemporâneo da condenação imposta em sentença transitada em julgado enseja, por si só, a incidência da multa do art. 475-J, caput, do CPC, ainda que espontâneo e anterior ao início da execução forçada. O esgotamento do prazo previsto no art. 475-J do CPC tem consequências essencialmente materiais, pois atinge o próprio crédito cobrado. Com o escoamento do período para o pagamento, o valor do título se altera, não podendo o juiz atingir o próprio direito material do credor, que foi acrescido com a multa, assim como o seria com a incidência de juros, correção monetária ou outros encargos. Portanto, a pura fluência do prazo desencadeia as consequências legais. Além disso, ainda que a execução seja, de fato, uma faculdade do credor, o cumprimento da condenação prevista no título é uma obrigação do devedor. Desta feita, certamente, a incidência da multa do art. 475-J do CPC não está vinculada ao efetivo exercício de um direito pelo credor, mas ao descumprimento de uma obrigação imposta ao devedor. Assim, pouco importa se o credor deu início ou não à execução, ou seja, se exerceu seu direito. O relevante é saber se o devedor cumpriu ou não sua obrigação no modo e tempo impostos pelo título e pela lei. REsp 1.205.228-RJ, Rel. Min. Luis Felipe Salomão, julgado em 21/2/2013. (Inform. STJ 516).

DIREITO PROCESSUAL CIVIL. HONORÁRIOS ADVOCATÍCIOS EM EXECUÇÃO PROVISÓRIA NA FASE DE CUMPRIMENTO DE SENTENÇA.
Não é cabível a condenação ao pagamento de honorários advocatícios na execução provisória levada a efeito no âmbito de cumprimento de sentença. A execução provisória é mera opção que se confere ao credor, motivo em virtude do qual corre por sua iniciativa, conta e responsabilidade (art. 475-O, I, do CPC). Assim, pendente recurso ao qual não tenha sido atribuído efeito suspensivo (art. 475-I, § 1º, do CPC), deve recair sobre o exequente a "causalidade" da instauração do procedimento provisório. Nada impede, entretanto, que o magistrado, posteriormente, convertendo-se a execução provisória em definitiva, proceda ao arbitramento dos honorários advocatícios, sempre franqueando ao devedor, com precedência, a possibilidade de cumprir, voluntária e tempestivamente, a obrigação decorrente da condenação imposta e também a de elidir a multa prevista no art. 475-J do CPC. REsp 1.323.199-PR, Rel. Min. Luis Felipe Salomão, julgado em 21/2/2013. (Inform. STJ 516).

IMPUGNAÇÃO. CUMPRIMENTO DE SENTENÇA. MULTA. INTENÇÃO. PAGAMENTO.
Para que não haja a incidência da multa prevista no art. 475-J do CPC, no percentual de dez por cento sobre o valor da condenação, é necessário que o devedor deposite a quantia devida em juízo, com a finalidade de pagar o seu débito, permitindo ao credor o imediato levantamento do valor. Por outro lado, se o devedor depositar judicialmente a quantia devida com o escopo de garantir o juízo, para que possa discutir o seu débito em sede de impugnação de cumprimento de sentença, não haverá o afastamento da multa, pois o credor não poderá levantar o dinheiro depositado até o deslinde da questão. **REsp 1.175.763-RS, Rel. Min. Marco Buzzi, julgado em 21/6/2012.** (Inform. STJ 500)

IMPUGNAÇÃO. CUMPRIMENTO DE SENTENÇA. TERMO INICIAL. DEPÓSITO JUDICIAL.
O termo inicial para o oferecimento de impugnação ao cumprimento de sentença começa com o depósito judicial em dinheiro do valor executado, consubstanciando tal ato em penhora automática, sendo desnecessária a lavratura do respectivo termo e a intimação do devedor. Ademais, com o depósito, entende-se que o executado teve ciência dos atos processuais e da oportunidade para produzir a sua defesa. Precedente citado: **REsp 972.812-RJ, DJe 12/12/2008. REsp 965.475-SP, Rel. Min. Luis Felipe Salomão, julgado em 21/6/2012.** (Inform. STJ 500)

Súmula STF nº 254

Incluem-se os juros moratórios na liquidação, embora omisso o pedido inicial ou a condenação.

Súmula STJ nº 362

A correção monetária do valor da indenização do dano moral incide desde a data do arbitramento.

Súmula STJ nº 344

A liquidação por forma diversa da estabelecida na sentença não ofende a coisa julgada.

Súmula STJ nº 306

Os honorários advocatícios devem ser compensados quando houver sucumbência recíproca, assegurado o direito autônomo do advogado à execução do saldo sem excluir a legitimidade da própria parte.

Súmula STJ nº 204

Os juros de mora nas ações relativas a benefícios previdenciários incidem a partir da citação válida.

Súmula STJ nº 14

Arbitrados os honorários advocatícios em percentual sobre o valor da causa, a correção monetária incide a partir do respectivo ajuizamento.

10.4. Coisa Julgada

Ofensa à coisa julgada e perícia em execução
A 1ª Turma proveu recurso extraordinário para restabelecer acórdão de tribunal regional que afastara perícia designada em juízo de execução. No caso, após decisão transitada em julgado que fixara o valor da indenização referente à desapropriação de imóvel rural e a concordância do expropriado pelos índices e cálculos apresentados pelo Incra, o juízo da execução, de ofício, desconsiderara a coisa julgada e o acordo firmado entre as partes e determinara a realização de nova perícia. Em seguida, a corte regional provera agravo de instrumento do expropriado para restaurar o que decidido em processo de conhecimento. Ato contínuo, o STJ dera provimento a recurso especial do Incra para que fosse concretizada nova perícia. A Turma reputou configurado desrespeito flagrante à coisa julgada. Em nome dos princípios da moralidade e da razoabilidade nas obrigações do Estado, o STJ colocara em plano secundário os parâmetros fixados em sentença transitada em julgado e objeto de execução. Observou que o recurso especial ganhara contornos de ação de impugnação autônoma. Afirmou que apenas a ação rescisória, e não o recurso especial, seria o instrumental possível para afastar do cenário jurídico pronunciamento judicial já precluso na via da recorribilidade.
RE 602439/MA, rel. Min. Marco Aurélio, 11.11.2014. (RE-602439) (Inform. STF 767)

Execução e limitação temporal de sentença transitada em julgado - 1
O Plenário iniciou julgamento de recurso extraordinário em que se discute os limites objetivos da coisa julgada em sede de execução, quando nesta fase se restringe, temporalmente, título judicial transitado em julgado no qual reconhecido o direito a diferença de percentual remuneratório, inclusive para o futuro. No caso, os recorrentes tiveram reconhecido o direito às diferenças decorrentes da aplicação da Unidade de Referência de Preços - URP, de fevereiro de 1989, no percentual de 26,05%, a ser incorporado aos seus proventos, com efeitos presentes e futuros. Na fase executória, o juízo competente consignara que o benefício pleiteado deveria limitar-se à data-base da categoria profissional, razão pela qual considerara quitada a parcela e declarara extinta a execução. Contra essa decisão, os recorrentes propuseram ação rescisória, cujo pedido fora julgado improcedente. O Ministro Marco Aurélio (relator) deu provimento ao recurso extraordinário para julgar procedente o pleito formulado na rescisória. Reconheceu haver, no caso, violação à coisa julgada — ato jurídico perfeito e acabado por excelência, que teria origem na atuação do Estado-juiz. Observou que, no pronunciamento judicial condenatório, precluso na via da recorribilidade, a incidência do mencionado índice sobre os proventos dos recorrentes com efeitos presentes e futuros teria sido assegurada. Aduziu não constar do título judicial qualquer limitação. Indagou como seria possível aditar o aludido título em sede de execução para limitá-lo. Sublinhou que, ao contrário do que percebido pelo TST, a restrição temporal deveria ser expressa na decisão proferida e não poderia ser presumida. Dessa forma, o pronunciamento judicial se mostrara abrangente. Frisou que a organicidade e a dinâmica do Direito obstaculizariam o retorno a fase já ultrapassada, ou seja, o processo de conhecimento. Asseverou que o recorrido não questionara, na oportunidade própria, a extensão do título judicial e deixara escoar o prazo para a propositura da ação rescisória. Além disso, fora condenado a satisfazer as diferenças pretéritas e futuras com integração definitiva no cálculo dos proventos da aposentadoria. Reputou necessário reconhecer o instituto da coisa julgada como direito fundamental (CF, art. 5º, XXXVI). Ressaltou que ela seria expressão do sobreprincípio da segurança jurídica. Concluiu que, em fase de execução do título judicial, limitar, no tempo, o direito assentado mediante pronunciamento transitado em julgado equivaleria a ignorar a fundamentalidade dessa garantia constitucional. Em seguida, pediu vista dos autos o Ministro Teori Zavascki.
RE 596663/RJ, rel. Min. Marco Aurélio, 18.9.2014. (RE-596663)

Execução e limitação temporal de sentença transitada em julgado - 2
A sentença que reconhece ao trabalhador ou servidor o direito a determinado percentual de acréscimo remuneratório deixa de ter eficácia a partir da superveniente incorporação definitiva do referido percentual nos seus ganhos. Essa a orientação do Plenário, que, em conclusão de julgamento e por maioria, negou provimento a recurso extraordinário em que se discutia o alcance da coisa julgada na hipótese em que o direito de incidência do percentual de 26,05% relativo à URP de fevereiro de 1989, sobre os vencimentos de trabalhador — reconhecido mediante sentença transitada em julgado — tivesse sido limitado no tempo na fase de execução do respectivo título judicial — v. Informativo 759. O Colegiado, de início, consignou que, consideradas as circunstâncias do caso, a questão jurídica em debate não diria respeito à coisa julgada, mas, sim, à eficácia temporal da sentença então proferida. Afirmou que esta teria reconhecido o direito dos recorrentes a incorporar, em seus vencimentos, o acréscimo remuneratório em comento. Tratar-se-ia, portanto, de típica sentença sobre relação jurídica de trato continuado, e que projetaria efeitos prospectivos. Asseverou, porém, que a força vinculativa desse título judicial atuaria "rebus sic stantibus", porquanto, ao pronunciar juízos de certeza sobre a existência, a inexistência ou o modo de ser das relações jurídicas, levaria em consideração as circunstâncias de fato e de direito que se apresentassem no momento da sua prolação. Observou que, no caso, seria evidente a alteração no "status quo", esgotada, portanto, a eficácia temporal da sentença exequenda. Sublinhou que o percentual de 26,05%, objeto da condenação, teria sido inteiramente satisfeito pela instituição executada e, posteriormente, teria sido objeto de incorporação aos vencimentos dos recorrentes por força de superveniente cláusula de dissídio coletivo. Esta última ensejara o reajuste dos vencimentos dos ora recorrentes de acordo com os índices apurados pelo DIEESE entre 1º.9.1988 a 31.8.1989, o que teria resultado na absorção do valor da URP correspondente ao mês de fevereiro de 1989. Vencidos os Ministros Marco Aurélio (relator) e Celso de Mello, que proviam o recurso e reconheciam a existência, no caso, de violação à coisa julgada.
RE 596663/RJ, rel. orig. Min. Marco Aurélio, red. p/ o acórdão Min. Teori Zavascki, 24.9.2014. (RE-596663) (Inform. STF 760)

Coisa julgada e ação de cumprimento - 2
A superveniente extinção do processo de dissídio coletivo, com a perda de eficácia da sentença normativa, torna insubsistente a execução de ação de cumprimento. Com base nessa orientação, a 1ª Turma, por maioria, negou provimento a agravo regimental em recurso extraordinário. No caso, o recurso extraordinário fora manejado de acórdão do TST, que declarara extinta a execução de ação de cumprimento, embora já transitada em julgado, ante a reforma, em grau recursal, de sentença normativa proferida em dissídio coletivo. Ocorre que a ação de cumprimento fora proposta antes do trânsito em julgado da sentença normativa na qual se fundara — v. Informativo 699. A Turma concluiu que a extinção da ação de cumprimento por afastamento da eficácia da sentença normativa que a embasara não ofenderia a coisa julgada. Afirmou que seria insustentável juridicamente dar curso à execução de título que teria por alicerce sentença normativa que não perduraria mais. Vencidos os Ministros Marco Aurélio e Rosa Weber, que proviam o agravo regimental. Consignavam que, uma vez transitada em julgado a ação de cumprimento, a única forma de afastá-la do cenário jurídico seria mediante revisão, na hipótese de tratar-se de relação jurídica continuada (CPC, art. 471) ou por meio de rescisória, se cabível.
RE 394051 AgR/SP, rel. Min. Dias Toffoli, 11.3.2014. (RE-394051) (Inform. STF 738)

AG. REG. NA AR N. 1.785-RS
RELATOR: MIN. DIAS TOFFOLI
EMENTA: Agravo regimental em ação rescisória. Inexistência de direito adquirido a regime jurídico. Adicional de tempo de serviço. Alteração de parcela remuneratória. Manutenção da irredutibilidade de vencimentos. Pode a fórmula de composição da remuneração do servidor público ser alterada, desde que preservado o seu montante total. Não há violação da coisa julgada, a qual apenas se verifica quando se trata das mesmas partes, causa de pedir e pedido, não se aplicando a casos análogos de outros servidores públicos. Manutenção da decisão. Agravo a que nega provimento. (Inform. STF 729)

DIREITO PROCESSUAL CIVIL. EXAME MERITÓRIO PELO STJ EM SEDE RECURSAL E LIMITES SUBJETIVOS DA CAUSA. O simples fato de a causa ter sido submetida à apreciação do STJ, por meio de recurso especial, não tem a aptidão para conferir alcance nacional à sentença proferida em ação civil pública. Isso porque o efeito substitutivo do art. 512 do CPC, decorrente do exame meritório do recurso especial, não tem o condão de modificar os limites subjetivos da causa. Caso se entendesse de modo contrário, estar-se-ia criando um novo interesse recursal, o que levaria a parte vencedora na sentença civil a recorrer até o STJ apenas para alcançar abrangência nacional. **REsp 1.114.035-PR, Rel. originário Min. Sidnei Beneti, Rel. para acórdão Min. João Otávio de Noronha, julgado em 7/10/2014. (Inform. STJ 552)**

DIREITO PROCESSUAL CIVIL. CORREÇÃO DE ERRO MATERIAL APÓS O TRÂNSITO EM JULGADO. O magistrado pode corrigir de ofício, mesmo após o trânsito em julgado, erro material consistente no desacordo entre o dispositivo da sentença que julga procedente o pedido e a fundamentação no sentido da improcedência da ação. Isso porque o art. 463, I, do CPC permite ao magistrado a correção de erros materiais existentes na sentença, ainda que a decisão já tenha transitado em julgado, sem que se caracterize ofensa à coisa julgada. Precedentes citados: AgRg no Aresp 89.520-DF, Primeira Turma, Dje 15/8/2014; e Resp 1.294.294-RS, Terceira Turma, Dje 16/5/2014. **RMS 43.956-MG, Rel. Min. Og Fernandes, julgado em 9/9/2014. (Inform. STJ 547)**

DIREITO PROCESSUAL CIVIL. IMPOSSIBILIDADE DE PAGAMENTO DE DIVIDENDOS E JUROS SOBRE CAPITAL PRÓPRIO NÃO PREVISTOS NO TÍTULO EXECUTIVO. RECURSO REPETITIVO (ART. 543-C DO CPC E RES. 8/2008-STJ). Não é cabível a inclusão dos dividendos ou dos juros sobre capital próprio no cumprimento da sentença condenatória à complementação de ações sem expressa previsão no título executivo. Essa questão envolve o princípio da imutabilidade da coisa julgada, que tem sede constitucional. Por essa razão, a jurisprudência desta Corte Superior tem sido unânime em vedar a possibilidade de execução, quer dos dividendos, quer dos JCP, sem previsão expressa no título executivo. Precedentes citados: AgRg nos EDcl no AREsp 106.937-RS, Quarta Turma, DJe 10/9/2012; AgRg no REsp 1.261.874-RS, Terceira Turma, DJe 5/3/2014. **REsp 1.373.438-RS, Rel. Min. Paulo de Tarso Sanseverino, julgado em 11/6/2014. (Inform. STJ 542)**

DIREITO PROCESSUAL CIVIL. AUSÊNCIA DE PRECLUSÃO DA DECISÃO QUE FIXA MULTA COMINATÓRIA. RECURSO REPETITIVO (ART. 543-C DO CPC E RES. 8/2008 DO STJ). A decisão que comina *astreintes* não preclui, não fazendo tampouco coisa julgada. A jurisprudência do STJ é pacífica no sentido de que a multa cominatória não integra a coisa julgada, sendo apenas um meio de coerção indireta ao cumprimento do julgado, podendo ser cominada, alterada ou suprimida posteriormente. Precedentes citados: REsp 1.019.455-MT, Terceira Turma, DJe 15/12/2011; e AgRg no AREsp 408.030-RS, Quarta Turma, DJe 24/2/2014. **REsp 1.333.988-SP, Rel. Min. Paulo de Tarso Sanseverino, julgado em 9/4/2014. (Inform. STJ 539)**

DIREITO PROCESSUAL CIVIL. PAGAMENTO DE DIFERENÇAS REMUNERATÓRIAS EM FOLHA SUPLEMENTAR. Devem ser adimplidas por meio de folha suplementar – e não por precatório – as parcelas vencidas após o trânsito em julgado que decorram do descumprimento de decisão judicial que tenha determinado a implantação de diferenças remuneratórias em folha de pagamento de servidor público. Precedentes citados: REsp 862.482-RJ, Quinta Turma, DJe 13/4/09; e REsp 1.001.345-RJ, Quinta Turma, DJe 14/12/09. **AgRg no Ag 1.412.030-RJ, Rel. Min. Arnaldo Esteves Lima, julgado em 27/8/2013.** (Inform. STJ 529)

DIREITO CIVIL E PROCESSUAL CIVIL. NÃO VINCULAÇÃO DO JUÍZO CÍVEL À SENTENÇA PENAL ABSOLUTÓRIA FUNDAMENTADA NA FALTA DE PROVAS PARA A CONDENAÇÃO OU AINDA NÃO TRANSITADA EM JULGADO. A sentença penal absolutória, tanto no caso em que fundamentada na falta de provas para a condenação quanto na hipótese em que ainda não tenha transitado em julgado, não vincula o juízo cível no julgamento de ação civil reparatória acerca do mesmo fato. O art. 935 do CC consagra, de um lado, a independência entre a jurisdição cível e a penal; de outro, dispõe que não se pode mais questionar a existência do fato, ou sua autoria, quando a questão se encontrar decidida no juízo criminal. Dessa forma, tratou o legislador de estabelecer a existência de uma autonomia relativa entre essas esferas. Essa relativização da independência de jurisdições se justifica em virtude de o direito penal incorporar exigência probatória mais rígida para a solução das questões submetidas a seus ditames, sobretudo em decorrência do princípio da presunção de inocência. O direito civil, por sua vez, parte de pressupostos diversos. Neste, autoriza-se que, com o reconhecimento de culpa, ainda que levíssima, possa-se conduzir à responsabilização do agente e, consequentemente, ao dever de indenizar. O juízo cível é, portanto, menos rigoroso do que o criminal no que concerne aos pressupostos da condenação, o que explica a possibilidade de haver decisões aparentemente conflitantes em ambas as esferas. Além disso, somente as questões decididas definitivamente no juízo criminal podem irradiar efeito vinculante no juízo cível. Nesse contexto, pode-se afirmar, conforme interpretação do art. 935 do CC, que a ação em que se discute a reparação civil somente estará prejudicada na hipótese de a sentença penal absolutória fundamentar-se, em definitivo, na inexistência do fato ou na negativa de autoria. Precedentes citados: AgRg nos EDcl no REsp 1.160.956-PA, Primeira Turma, DJe 7/5/2012, e REsp 879.734-RS, Sexta Turma, DJe 18/10/2010. REsp 1.164.236-MG, Rel. Min. Nancy Andrighi, julgado em 21/2/2013. (Inform. STJ 517).

> **Súmula STJ nº 490**
>
> A dispensa de reexame necessário, quando o valor da condenação ou do direito controvertido for inferior a sessenta salários mínimos, não se aplica a sentenças ilíquidas.

10.5. Liquidação de sentença

DIREITO PROCESSUAL CIVIL. PAGAMENTO DE HONORÁRIOS PERICIAIS EM LIQUIDAÇÃO DE SENTENÇA. RECURSO REPETITIVO (ART. 543-C DO CPC E RES. 8/2008-STJ). Na fase autônoma de liquidação de sentença (por arbitramento ou por artigos), incumbe ao devedor a antecipação dos honorários periciais. Com efeito, na fase de conhecimento, o ônus relativo ao pagamento dos honorários periciais é distribuído entre as partes de acordo com os arts. 19, 20 e 33 do CPC. Em razão dos referidos dispositivos legais, as despesas para a prática de atos processuais são antecipadas pela parte neles interessada (arts. 19 e 33 do CPC), mas o débito relativo a esses gastos sempre é imputado, no final do processo, à parte vencida, perdedora da demanda (art. 20 do CPC). Nesse passo, o art. 33 do CPC, que atribui ao autor da ação o encargo de antecipar os honorários periciais nas hipóteses em que a perícia é determinada a requerimento de ambas as partes, deve ser interpretado sistematicamente com o art. 20 do mesmo diploma legal, que imputa o débito ao vencido. Assim, se o débito é imputado ao vencido, e já se sabe quem o foi na demanda, não faz sentido atribuir a antecipação da despesa ao vencedor para depois imputá-la ao vencido. É mais adequado e efetivo imputar o encargo diretamente a quem deve suportá-lo. Desse modo, as regras dos arts. 19 e 33 têm aplicabilidade somente até o trânsito em julgado da sentença. Após isso, incide diretamente a regra do art. 20 do CPC, que imputa os encargos ao derrotado (REsp 993.559-RS, Quarta Turma, DJe 10/11/2008; e REsp 117.976-SP, Quinta Turma, DJ 29/11/1999). Ademais, conforme entendimento doutrinário a respeito do tema, o processo não pode causar prejuízo a quem "tem razão". Ora, depois de transitada em julgado a sentença condenatória, já se tem definição sobre quem "tem razão". Assim, o autor da liquidação de sentença não deve antecipar os honorários periciais, pois o processo não lhe pode causar diminuição patrimonial, na medida em que se sagrou vencedor no processo de conhecimento. Ademais, numa visão solidarista do processo, não parece adequado dizer que apenas o autor tenha interesse na liquidação do julgado. A reforma processual advinda da Lei 11.232/2005 evidencia, em vários dispositivos legais, que ambas as partes têm o dever de cooperação na fase de cumprimento do julgado, em respeito à autoridade das decisões judiciais. O art. 475-J do CPC, por exemplo, comina multa ao devedor que não pague espontaneamente a condenação no prazo de 15 dias, denotando que a conduta legitimamente esperada do vencido é o cumprimento espontâneo do julgado. Outro exemplo é o art. 475-L do CPC, que obriga o devedor a indicar a quantia que entende devida ao credor, quando for alegado excesso de execução. Depreende-se desses e de outros dispositivos legais que a lei presume o interesse do devedor no cumprimento do julgado, de forma que eventual conduta contrária não pode ser amparada pelo direito. Na verdade, o interesse no cumprimento de sentença transitada em julgado é de ambas as partes. **REsp 1.274.466-SC, Rel. Min. Paulo de Tarso Sanseverino, julgado em 14/5/2014. (Inform. STJ 541)**

DIREITO PROCESSUAL CIVIL. DEFINIÇÃO DO TERMO INICIAL DOS JUROS MORATÓRIOS EM SEDE DE LIQUIDAÇÃO.
Quando não houver, na sentença condenatória, definição do termo inicial para a contabilização dos juros moratórios decorrentes do inadimplemento de obrigação contratual, dever-se-á adotar na liquidação, como marco inicial, a citação válida do réu no processo de conhecimento. Preliminarmente, cumpre destacar que, apesar da omissão, os juros moratórios devem ser incluídos na liquidação, nos termos da Súmula 254 do STF. Nesse contexto, aplica-se o entendimento do STJ segundo o qual, na responsabilidade contratual, os juros moratórios devem ser aplicados a partir da citação inicial do réu, nos termos do art. 405 do CC (AgRg no REsp 142.807-DF, Quarta Turma, DJe 2/6/2014; e EDcl nos EDcl no AgRg no REsp 1.023.728-RS, Segunda Turma, DJe 17/5/2011). **REsp 1.374.735-RS, Rel. Min. Luis Felipe Salomão, julgado em 5/8/2014. (Inform. STJ 545)**

DIREITO PROCESSUAL CIVIL. LIQUIDAÇÃO POR ARTIGOS EM REPETIÇÃO DE INDÉBITO DE CONTRIBUIÇÃO AO PIS PAGA A MAIOR.
Em sede de execução contra a fazenda pública, far-se-á a liquidação por artigos na hipótese em que, diante da insuficiência de documentos nos autos, for necessária a realização de análise contábil para se chegar ao valor a ser restituído a título de contribuição ao PIS paga a maior. Isso porque, nos termos do art. 608 do CPC, "Far-se-á liquidação por artigos, quando, para determinar o valor da condenação, houver necessidade de alegar e provar fato novo." Precedentes citados: REsp 780.238-RS, Primeira Turma, DJ 6/3/2006; REsp 443.104-PE, Primeira Turma, DJ 9/12/2002; e AgRg no REsp 135.409-DF, Primeira Turma, julgado em 20/2/2001, DJ 11/6/2001. **EREsp 1.245.478-AL, Rel. Min. Eliana Calmon, julgado em 11/9/2013.** (Inform. STJ 529)

DIREITO PROCESSUAL CIVIL. LIQUIDAÇÃO DE SENTENÇA. PROVA DE PARTE DO DANO. IMPOSSIBILIDADE SEM CULPA DAS PARTES. LIQUIDAÇÃO IGUAL A ZERO.
Não é possível ao juízo promover a liquidação da sentença valendo-se, de maneira arbitrária, de meras estimativas, na hipótese em que a sentença fixa a obrigatoriedade de indenização do dano, mas as partes sem culpa estão impossibilitadas de demonstrar a sua extensão. Assim, por falta de previsão expressa do atual CPC, deve-se, por analogia, aplicar a norma do art. 915 do CPC/1939, extinguindo-se a liquidação sem resolução de mérito quanto ao dano cuja extensão não foi comprovada, facultando-se à parte interessada o reinício dessa fase processual, caso reúna, no futuro, as provas cuja inexistência se constatou. A norma do art. 915 do CPC/1939 preconiza que, se as provas não oferecerem elementos suficientes para que o juiz determine o valor da condenação, o liquidante será condenado nas custas, procedendo-se à nova liquidação. Ademais, o CPC/1973 não autoriza, fora das hipóteses do art. 475-B, §§ 1º e 2º, a utilização de presunções para estabelecer o montante da indenização devida. Portanto, não sendo possível apurar, na liquidação, o montante devido pela parte da condenação, sem culpa das partes, extingue-se o processo sem resolução do mérito, facultando-se à parte reiniciar a liquidação no futuro, caso reúna, com novos elementos, provas suficientes para revestir de certeza seu direito à reparação. **REsp 1.280.949-SP, Rel. Min. Nancy Andrighi, julgado em 25/9/2012.** (Inform. STJ 505)

10.6. Ações Anulatória e Rescisória

Cabimento de ação rescisória e alteração de jurisprudência - 1
O Plenário iniciou julgamento de recurso extraordinário em que se discute o cabimento de ação rescisória para desconstituir decisão — firmada com base na jurisprudência então prevalecente no STF — em decorrência de posterior mudança de entendimento desta Corte sobre a matéria. No caso, o acórdão rescindendo, em 2.3.2004, assentara o direito do contribuinte aos créditos presumidos de IPI alusivos a insumos e matérias-primas adquiridos sob o regime de isenção, de alíquota zero e não tributado, em atenção aos precedentes do STF relativos à controvérsia (RE 212.484/RS, DJU de 27.11.1998; RE 350.446/PR, DJU de 6.6.2003; RE 353.668/PR, DJU de 13.6.2003; e RE 357.277/RS, DJU de 13.6.2003). Em 25.6.2007, o STF alterara a posição adotada para proclamar a ausência de direito ao aludido crédito (RE 353.657/PR, DJe de 7.3.2008; e RE 370.682/SC, DJe de 19.12.2007). O tribunal "a quo", com esteio na nova orientação jurisprudencial, julgara procedente o pleito formulado em ação rescisória para prevalecer o último entendimento do STF. O Ministro Marco Aurélio (relator) deu provimento ao recurso extraordinário para assentar a improcedência do pedido rescisório e manter incólume o acórdão rescindendo no tocante ao direito da recorrente ao referido crédito do IPI. Inicialmente, asseverou que a alegada decadência da ação rescisória intentada pelo Fisco não poderia ser apreciada por não ter sido tratada no recurso extraordinário. Em seguida, afirmou não haver dúvida de que o acórdão rescindendo estaria em conflito com o entendimento atual do STF a respeito da questão de fundo, o que não implicaria, necessariamente, a procedência do pedido rescisório. Refutou a assertiva de que o Enunciado 343 da Súmula do STF ("Não cabe ação rescisória por ofensa a literal disposição de lei, quando a decisão rescindenda se tiver baseado em texto legal de interpretação controvertida nos tribunais") deveria ser afastado, aprioristicamente, em caso de matéria constitucional. Rememorou voto em que reconhecera a aplicação do aludido Enunciado na hipótese em que os pronunciamentos das Turmas do STF tivessem sido na mesma linha das decisões rescindendas, ainda que houvesse definição da controvérsia pelo Plenário em outro sentido, após a formação da coisa julgada. Salientou não ocorrer, nessa situação, violência à literalidade de lei, ainda que fosse discutida matéria constitucional.
RE 590809/RS, rel. Min. Marco Aurélio, 11.9.2014. (RE-590809)

Cabimento de ação rescisória e alteração de jurisprudência - 2
O relator sublinhou que a rescisória deveria ser reservada a situações excepcionalíssimas, ante a natureza de cláusula pétrea conferida pelo constituinte ao instituto da coisa julgada. Disso decorreria a necessária interpretação e aplicação estrita dos casos previstos no art. 485 do CPC, incluído o constante do inciso V ("Art. 485. A sentença de mérito, transitada em julgado, pode ser rescindida quando: ... V - violar literal disposição de lei"). Ressaltou que, diante da razão de ser do Verbete 343 da Súmula do STF, não se trataria de defender o afastamento da rescisória — presente qualquer grau de divergência jurisprudencial, mas de prestigiar a coisa julgada se, quando formada, o teor da solução do litígio dividisse a interpretação dos tribunais pátrios ou, com maior razão, se contasse com entendimento do Plenário do próprio STF favorável à tese adotada. Frisou que,

com muitas reservas, poderia se cogitar do afastamento do mencionado enunciado sumular em favor do manejo da rescisória para evitar decisão judicial transitada em julgado fundada em norma proclamada inconstitucional pelo STF, se a declaração tivesse efeito "erga omnes". Consignou, entretanto, que esse não seria o caso ora examinado. Observou que se pretenderia utilizar a ação rescisória como mecanismo de uniformização da interpretação da Constituição, particularmente, do princípio constitucional da não cumulatividade no tocante ao IPI, sem que fosse observada a garantia da coisa julgada material. Por sua vez, o Ministro Dias Toffoli deu provimento ao recurso extraordinário, mas para declarar a decadência da propositura da ação rescisória. Pontuou que a contagem de prazo para o manejo da ação rescisória seria matéria de ordem pública, razão pela qual poderia ser apreciada pelo julgador mesmo que não suscitada nas razões do recurso extraordinário. Acresceu não haver dúvida de que a rescisória fora proposta, passado mais de dois anos da publicação do acórdão rescindendo. Enfatizou que os recursos especial e extraordinário interpostos pela Fazenda Pública teriam sido inadmitidos por intempestividade. Ponderou que a intempestividade fora confirmada no julgamento do agravo de instrumento pelo STJ. Rememorou que, no STF, o agravo de instrumento não fora conhecido por deficiência na sua formação. Assim, o trânsito em julgado dos acórdãos do STF e do STJ não poderia ser considerado como marco inicial para o ajuizamento da ação rescisória. Em seguida, pediu vista a Ministra Cármen Lúcia.
RE 590809/RS, rel. Min. Marco Aurélio, 11.9.2014. (RE-590809)

Cabimento de ação rescisória e alteração de jurisprudência - 3
Não cabe ação rescisória em face de acórdão que, à época de sua prolação, estiver em conformidade com a jurisprudência predominante do STF. Com base nesse entendimento, o Plenário, por maioria, proveu recurso extraordinário para assentar a improcedência do pedido rescisório e manter incólume o acórdão rescindendo no tocante ao direito de a recorrente a crédito do IPI. No recurso, discutia-se o cabimento de ação rescisória para desconstituir decisão — firmada com base na jurisprudência então prevalecente no Supremo — em decorrência de posterior mudança de entendimento dessa Corte sobre a matéria — v. Informativo 758. Inicialmente, o Tribunal asseverou que a alegada decadência da ação rescisória intentada pelo Fisco não poderia ser apreciada por não ter sido tratada no recurso extraordinário. Em seguida, afirmou não haver dúvida de que o acórdão rescindendo estaria em conflito com a orientação atual do STF a respeito da questão de fundo, o que implicaria, necessariamente, a procedência do pedido rescisório. Refutou a assertiva de que o Enunciado 343 da Súmula do STF ("Não cabe ação rescisória por ofensa a literal disposição de lei, quando a decisão rescindenda se tiver baseado em texto legal de interpretação controvertida nos tribunais") deveria ser afastado, aprioristicamente, em caso de matéria constitucional.
RE 590809/RS, rel. Min. Marco Aurélio, 22.10.2014. (RE-590809)

Cabimento de ação rescisória e alteração de jurisprudência - 4
O Tribunal sublinhou que a rescisória deveria ser reservada a situações excepcionalíssimas, ante a natureza de cláusula pétrea conferida pelo constituinte ao instituto da coisa julgada. Dessa forma, a interpretação e a aplicação dos casos previstos no art. 485 do CPC, incluído o constante do inciso V ("Art. 485. A sentença de mérito, transitada em julgado, pode ser rescindida quando: ... V - violar literal disposição de lei") deveriam ser restritivas. Além disso, a coisa julgada deveria ser prestigiada, diante da razão de ser do Verbete 343 da Súmula do STF, mesmo que a solução do litígio dividisse a interpretação dos tribunais pátrios, com maior razão ela deveria ser venerada se contasse com entendimento do Plenário do STF favorável à tese adotada. A ação rescisória não serviria como mecanismo de uniformização da interpretação da Constituição sem que fosse observada a garantia da coisa julgada material. Por sua vez, o Ministro Dias Toffoli proveu o recurso extraordinário, mas por fundamento diverso, qual seja, para declarar a decadência da propositura da ação rescisória. Pontuou que a contagem de prazo para o manejo da ação rescisória seria matéria de ordem pública, razão pela qual poderia ser apreciada pelo julgador mesmo que não suscitada nas razões do recurso extraordinário. Acresceu não haver dúvida de que a rescisória fora proposta após mais de dois anos da publicação do acórdão rescindendo. Vencidos os Ministros Teori Zavascki e Gilmar Mendes, que negavam provimento ao recurso. Frisavam que o acolhimento da pretensão recursal agora deduzida importaria em rescindir o acórdão do recurso extraordinário que teria alterado a jurisprudência sobre a matéria. Salientavam que, na oportunidade, a Corte decidira não modular os efeitos da decisão.
RE 590809/RS, rel. Min. Marco Aurélio, 22.10.2014. (RE-590809) (Inform. STF 764)

Tutela antecipada em ação rescisória
O Plenário negou provimento a agravo regimental interposto de decisão que indeferira tutela antecipada em ação rescisória, na qual se pleiteava a desconstituição do aresto rescindendo para prevalecer a liminar implementada na ADPF 130/DF (DJe de 26.2.2010). No caso, a agravante fora condenada a indenizar a agravada por danos morais pela publicação de reportagem em revista de grande circulação. Contra essa decisão, interpusera apelação que, provida, resultara na improcedência do pedido formulado na inicial. A agravada, então, manejara recurso extraordinário em que alegara a deserção da apelação, tendo em vista o não recolhimento do depósito da quantia correspondente à indenização, garantia prevista na Lei 5.250/1967 (Lei de Imprensa). O recurso extraordinário fora acolhido sob a fundamentação de que seria constitucional a necessidade de depósito prévio, no valor da condenação, como pressuposto para apelar nas ações indenizatórias fundadas na Lei de Imprensa. Esse acórdão transitara em julgado. A agravante reiterava pretensão no sentido do afastamento da constrição dos valores relativos ao acórdão rescindendo. A Corte assentou que a concessão de tutela antecipada em ação rescisória seria medida excepcionalíssima. Afirmou não se poder vislumbrar relevância em situação concreta na qual órgão do STF assentara certo entendimento para, em sede de ação rescisória, implementar a tutela antecipada. O Ministro Teori Zavascki, além de negar provimento ao agravo regimental, desde logo, julgava extinto o processo de ofício, nos termos do art. 267, VI, § 3º, e do art. 301, X, § 4º, do CPC. Pontuava que a ação rescisória teria óbice intransponível de cabimento, já que se trataria de ação contra sentença que não examinara o mérito. Frisava que o acórdão se limitara a afirmar a constitucionalidade do pressuposto recursal então exigível às apelações deduzidas em demandas reguladas pela extinta Lei de Imprensa, mas não adiantara qualquer manifestação sobre o mérito.
AR 2125 AgR/SP, rel. Min. Marco Aurélio, 14.5.2014. (AR-2125) (Inform. STF 746)

Ação rescisória e executoriedade autônoma de julgados - 1
Conta-se o prazo decadencial de ação rescisória, nos casos de existência de capítulos autônomos, do trânsito em julgado de cada decisão. Essa a conclusão da 1ª Turma, que proveu recurso extraordinário para assentar a decadência do direito e, por conseguinte, negar seguimento ao pedido rescisório. Discutia-se a conceituação da coisa julgada e o momento preciso em que ocorre o fenômeno, considerado o início da fluência do prazo decadencial para a propositura da ação rescisória. Na espécie, o STJ considerara que o termo inicial para a propositura da ação rescisória seria a partir do trânsito em julgado da última decisão proferida nos autos, ao fundamento de que não se poderia falar em fracionamento da sentença ou acórdão, o que afastaria a possibilidade de seu trânsito em julgado parcial. Aquele Tribunal apontara o caráter unitário e indivisível da causa e consignara a inviabilidade do trânsito em julgado de partes diferentes do

acórdão rescindendo. Afirmara que o prazo para propositura de demanda rescisória começaria a fluir a partir da preclusão maior atinente ao último pronunciamento. Com essas premissas, o STJ dera provimento a recurso especial do Banco Central - Bacen para admitir o pedido rescisório, afastada a decadência reconhecida no TRF. Na origem, o TRF acolhera, em parte, pleito indenizatório formulado por corretora de valores em desfavor do Bacen. Deferira os danos emergentes e afastara os lucros cessantes, o que ensejara recurso especial por ambas as partes. O recurso do Bacen tivera sua sequência obstada pelo relator, desprovido o agravo regimental, com trânsito em julgado em 8.2.1994. O recurso especial da corretora de valores, que versava a matéria dos lucros cessantes, fora conhecido e desprovido, e sua preclusão ocorrera em 10.8.1994. O Bacen ajuizara a rescisória em 3.6.1996. No recurso extraordinário, alegava-se que o STJ, ao dar provimento ao especial e ao admitir a ação rescisória, teria olvidado, além da garantia da coisa julgada, os princípios da segurança jurídica e da celeridade processual.
RE 666589/DF, rel. Min. Marco Aurélio, 25.3.2014. (RE-666589)

Ação rescisória e executoriedade autônoma de julgados - 2
A Turma consignou que, ao contrário do que alegado pelo Bacen, a matéria discutida nos autos teria natureza constitucional (CF, art. 5º, XXXVI). Asseverou que as partes do julgado que resolvem questões autônomas formariam sentenças independentes entre si, passíveis de serem mantidas ou reformadas sem dano para as demais. Ponderou que unidades autônomas de pedidos implicariam capítulos diferentes que condicionariam as vias de impugnação disponibilizadas pelo sistema normativo processual, consistentes em recursos parciais ou interpostos por ambos os litigantes em face do mesmo ato judicial formalmente considerado. Lembrou que, em recente julgamento, o STF concluíra pela executoriedade imediata de capítulos autônomos de acórdão condenatório e declarara o respectivo trânsito em julgado, excluídos aqueles capítulos que seriam objeto de embargos infringentes (AP 470 Décima Primeira-QO/MG, DJe de 19.2.2014). Destacou que esse entendimento estaria contido nos Enunciados 354 ("Em caso de embargos infringentes parciais, é definitiva a parte da decisão embargada em que não houve divergência na votação") e 514 ("Admite-se ação rescisória contra sentença transitada em julgado, ainda que contra ela não se tenha esgotado todos os recursos") da Súmula do STF. Frisou que o STF admitiria a coisa julgada progressiva, ante a recorribilidade parcial também no processo civil. Sublinhou que a coisa julgada, reconhecida no art. 5º, XXXVI, da CF como cláusula pétrea, constituiria aquela que pudesse ocorrer de forma progressiva quando fragmentada a sentença em partes autônomas. Assinalou que, ao ocorrer, em datas diversas, o trânsito em julgado de capítulos autônomos da sentença ou do acórdão, ter-se-ia a viabilidade de rescisórias distintas, com fundamentos próprios. Enfatizou que a extensão da ação rescisória não seria dada pelo pedido, mas pela sentença, que comporia o pressuposto da rescindibilidade. Mencionou, ademais, o inciso II do Verbete 100 da Súmula do TST ("Havendo recurso parcial no processo principal, o trânsito em julgado dá-se em momentos e em tribunais diferentes, contando-se o prazo decadencial para a ação rescisória do trânsito em julgado de cada decisão, salvo se o recurso tratar de preliminar ou prejudicial que possa tornar insubsistente a decisão recorrida, hipótese em que flui a decadência a partir do trânsito em julgado da decisão que julgar o recurso parcial"). Esclareceu que a data de 8.2.1994 corresponderia ao termo inicial do prazo decadencial para o ajuizamento da ação rescisória, e não a de 20.6.1994, referente à preclusão da última decisão. Assim, formalizada a rescisória em 6.6.1996, estaria evidenciada a decadência do pleito. Outros precedentes citados: AR 903/SP (DJU de 17.9.1982) e AC 112/RN (DJe de 4.2.2005).
RE 666589/DF, rel. Min. Marco Aurélio, 25.3.2014. (RE-666589)
(Inform. STF 740)

DIREITO PROCESSUAL CIVIL. APLICABILIDADE DA SÚMULA 343 DO STF. Após a prolação da decisão rescindenda, a pacificação da jurisprudência em sentido contrário ao entendimento nela adotado não afasta a aplicação da Súmula 343 do STF, segundo a qual "Não cabe ação rescisória por ofensa a literal disposição de lei, quando a decisão rescindenda se tiver baseado em texto legal de interpretação controvertida nos tribunais". Precedentes citados: AR 4.456-SC, Primeira Seção, DJe de 7/3/2014; AR 805-RS, Segunda Seção, DJe 10/6/2003; e AgRg no REsp 1.301.531-RJ, Segunda Turma, DJe de 27/8/2012. **REsp 736.650-MT, Rel. Min. Antonio Carlos Ferreira, julgado em 20/8/2014. (Inform. STJ 547)**

DIREITO PROCESSUAL CIVIL. TERMO INICIAL DO PRAZO DECADENCIAL PARA O AJUIZAMENTO DE AÇÃO RESCISÓRIA. A contagem do prazo decadencial para a propositura de ação rescisória se inicia com o trânsito em julgado da última decisão proferida no processo, ainda que algum dos capítulos da sentença ou do acórdão tenha se tornado irrecorrível em momento anterior. De fato, a Súmula 401 do STJ dispõe que "O prazo decadencial da ação rescisória só se inicia quando não for cabível qualquer recurso do último pronunciamento judicial". Esse posicionamento leva em consideração que o trânsito em julgado – requisito para o cabimento de ação rescisória – somente se opera no momento em que a decisão proferida no processo não seja suscetível de recurso (art. 467 do CPC). Dessa forma, não se deve admitir, para fins de ajuizamento de ação rescisória, o trânsito em julgado de capítulos da sentença ou do acórdão em momentos distintos. Entender de modo diverso causaria tumulto processual e indesejável insegurança jurídica para as partes. Fica ressalvado que, caso mantida a proposta do novo Código de Processo Civil ou alterada a jurisprudência pelas Turmas do egrégio Supremo Tribunal Federal a respeito da matéria, a Corte deverá promover, no tempo oportuno, novo exame do enunciado n. 401 da Súmula deste Tribunal. Precedentes citados: REsp 1.353.473-PR, Segunda Turma, DJe 28/5/2013; AgRg no REsp 1.056.694-RS, Sexta Turma, DJe 27/2/2012; e AR 1.328-DF, Primeira Seção, DJe 1º/10/2010. **REsp 736.650-MT, Rel. Min. Antonio Carlos Ferreira, julgado em 20/8/2014. (Inform. STJ 547)**

DIREITO PROCESSUAL CIVIL. DOCUMENTOS APTOS A RESPALDAR AÇÃO RESCISÓRIA. RECURSO REPETITIVO (ART. 543-C DO CPC E RES. 8/2008-STJ).
Configuram documentos aptos a respaldar ação rescisória os microfilmes de cheques nominais emitidos por empresa de consórcio que comprovem a efetiva restituição aos consorciados de valores por estes cobrados na ação rescindenda, na hipótese em que esses microfilmes, apesar de já existirem na época da prolação da sentença rescindenda, não puderam ser utilizados em tempo hábil, considerando a situação peculiar estabelecida na comarca, na qual mais de duas mil ações foram ajuizadas contra a referida empresa por consorciados, em sua maioria, domiciliados em outras partes do território nacional, tendo sido a maior parte dos contratos firmado em outras unidades da Federação. De fato, considerando as circunstâncias mencionadas, é razoável concluir que a concentração de demandas tinha o único intuito de dificultar a defesa da empresa ré. Diante dessas circunstâncias, deve-se reconhecer como caracterizada situação de efetiva impossibilidade de utilização dos microfilmes no curso do processo originário. Tese firmada para fins do art. 543-C do CPC: "Em sede de ação rescisória, microfilmes de cheques nominais emitidos por empresa de consórcio configuram documentos novos, nos termos do art. 485, VII, do CPC, aptos a respaldar o pedido rescisório por comprovarem que a restituição das parcelas pagas pelo consorciado desistente já havia ocorrido antes do julgamento do processo originário". **REsp 1.114.605-PR, Rel. Min. Paulo de Tarso Sanseverino, julgado em 12/6/2013. (Inform. STJ 530)**

DIREITO PROCESSUAL CIVIL. REQUISITOS NECESSÁRIOS À CARACTERIZAÇÃO DO DOCUMENTO NOVO A QUE SE REFERE O ART. 485, VII, DO CPC.
Não é possível a rescisão de sentença com fundamento no inciso VII do art. 485 do CPC na hipótese em que, além de não existir comprovação acerca dos fatos que justifiquem a ausência de apresentação do documento em modo e tempo oportunos, este se refira a fato que não tenha sido alegado pelas partes e analisado pelo juízo no curso do processo em que se formara a coisa julgada. Ressalte-se, inicialmente, que doutrina e jurisprudência entendem que o "documento novo" a que se refere o inciso VII do art. 485 do CPC deve ser: a) contemporâneo à prolação da decisão rescindenda; b) ignorado pela parte que o aproveitaria ou estar ela impossibilitada de utilizá-lo no momento oportuno; c) apto a, por si só, sustentar julgamento favorável à postulante; e d) estreitamente relacionado com o fato alegado no processo em que se formou a coisa julgada que se pretende desconstituir, representando, dessa forma, prova que se refira a fato aventado pelas partes e analisado pelo juízo no curso do processo em que se formara a coisa julgada. Nesse contexto, para que se faça presente o requisito da impossibilidade de apresentação do documento no momento oportuno, tem-se por indispensável a comprovação dos fatos que corroborem a escusa de não se ter apresentado o documento em modo e tempo corretos. Além do mais, a intenção do legislador em inscrever o "documento novo" no rol das hipóteses não fora a de premiar aquele que exercera mal seu direito de defesa, mas sim a de dar a chance de afastar a injustiça que decorreria da impossibilidade de a parte utilizar prova de fato por ela efetivamente alegado no curso da ação da qual adveio a coisa julgada. Trata-se, nessa conjuntura, de requisito cujo objetivo é evitar que causas de pedir ou argumentos defensórios não alegados e encobertos pela eficácia preclusiva da coisa julgada (art. 474 do CPC) venham a colocar em xeque o instituto da ação rescisória, que, por sua primaz importância, não pode ser fragilizado por argumentos que sequer tenham sido submetidos à análise jurisdicional. REsp 1.293.837-DF, Rel. Min. Paulo de Tarso Sanseverino, julgado em 2/4/2013. (Inform. STJ 522)

DIREITO PROCESSUAL CIVIL. AÇÃO ANULATÓRIA. DE SENTENÇA QUE HOMOLOGA TRANSAÇÃO.
Os efeitos da transação podem ser afastados mediante ação anulatória sempre que o negócio jurídico tiver sido objeto de sentença meramente homologatória. Se a sentença não dispõe nada a respeito do conteúdo da pactuação, não avançando para além da mera homologação, a ação anulatória prevista no art. 486 do CPC é adequada à desconstituição do acordo homologado. AgRg no REsp 1.314.900-CE, Rel. Min. Luis Felipe Salomão, julgado em 18/12/2012. (Inform. STJ 513).

DIREITO PROCESSUAL CIVIL. AÇÃO RESCISÓRIA. INDEFERIMENTO DA PETIÇÃO INICIAL POR AUSÊNCIA DE RECOLHIMENTO DAS CUSTAS E DO DEPÓSITO PRÉVIO. POSSIBILIDADE DE EXTINÇÃO DO PROCESSO SEM PRÉVIA INTIMAÇÃO PESSOAL DA PARTE.
É possível a extinção de ação rescisória sem resolução do mérito na hipótese de indeferimento da petição inicial, em face da ausência do recolhimento das custas e do depósito prévio, sem que tenha havido intimação prévia e pessoal da parte para regularizar essa situação. O art. 267, § 1º, do CPC traz as hipóteses em que o juiz, antes de declarar a extinção do processo sem resolução do mérito, deve intimar pessoalmente a parte para que ela possa suprir a falta ensejadora de eventual arquivamento dos autos. Assim, quando o processo ficar parado durante mais de um ano por negligência das partes, ou quando o autor abandonar a causa por mais de trinta dias por não promover os atos e diligências que lhe competirem (art. 267, II e III), deve a parte ser intimada pessoalmente para suprir a falta em 48 horas, sob pena de extinção do processo. Esse procedimento, entretanto, não é exigido no caso de extinção do processo por indeferimento da petição inicial, hipótese do inciso I do referido artigo. Precedente citado: AgRg na AR 3.223-SP, DJ 18/11/2010. REsp 1.286.262-ES, Rel. Min. Paulo de Tarso Sanseverino, julgado em 18/12/2012. (Inform. STJ 511).

DIREITO PROCESSUAL CIVIL. TERMO A QUO DO PRAZO PARA A PROPOSITURA, POR PARTICULAR, DE AÇÃO RESCISÓRIA EM FACE DE DECISÃO PROFERIDA EM DEMANDA NA QUAL SE FEZ PRESENTE A FAZENDA PÚBLICA.
O termo inicial do prazo decadencial de dois anos para a propositura, por particular, de ação rescisória, disposto no art. 495 do CPC, é a data do trânsito em julgado da última decisão proferida na causa, o que, na hipótese em que a Fazenda Pública tenha participado da ação, somente ocorre após o esgotamento do prazo em dobro que esta tem para recorrer, ainda que o ente público tenha sido vencedor na última decisão proferida na demanda. Sendo a ação una e indivisível, não há como falar em fracionamento de qualquer das suas decisões, o que afasta a possibilidade do seu trânsito em julgado parcial. Por efeito, o prazo para propositura de ação rescisória somente se inicia após o trânsito em julgado da última decisão proferida na causa. Quanto à data do referido trânsito em julgado, deve-se asseverar que, se uma das partes possui o privilégio de prazo em dobro para recorrer (art. 188 do CPC), tão-somente após o esgotamento deste é que se poderá falar em coisa julgada, ocasião em que começará a fluir o prazo para ambas as partes pleitearem a rescisão do julgamento. Além disso, mesmo que se alegue a inexistência de interesse recursal da parte vitoriosa e, por consequência, a irrelevância do prazo dobrado para o trânsito em julgado da decisão, não é possível limitar o interesse em interpor recurso apenas à parte perdedora da demanda, já que até mesmo a parte vitoriosa pode ter, ainda que em tese, interesse recursal em impugnar a decisão judicial que lhe foi favorável. Nesse contexto, inclusive, não se vislumbra razoável impor à ajuizadora da ação rescisória o dever de investigar, ao tempo do ajuizamento da ação, os eventuais motivos que levaram a parte vencedora a não interpor recurso contra a decisão rescindenda, com o intuito de demonstrar, dessa forma, a existência ou não de interesse recursal pela parte vencedora, concluindo-se, assim, pela relevância ou irrelevância do prazo em dobro no cômputo do trânsito de julgado da ação. Precedentes citados: AgRg no Ag 724.742-DF, DJ 16/5/2006, e REsp 551.812-RS, DJ 10/5/2004. AREsp 79.082-SP, Rel. Min. Arnaldo Esteves Lima, julgado em 5/2/2013. (Inform. STJ 514).

DIREITO PROCESSUAL CIVIL. CABIMENTO DE AÇÃO RESCISÓRIA. VIOLAÇÃO DE SÚMULA.
Não cabe ação rescisória contra violação de súmula. Conforme o art. 485, V, do CPC a sentença pode ser rescindida quando violar literal disposição de lei, hipótese que não abrange a contrariedade à súmula. Assim, não há previsão legislativa para o ajuizamento de ação rescisória sob o argumento de violação de súmula. Precedentes citados: REsp 154.924-DF, DJ 29/10/2001, AR 2.777-SP, DJe 3/2/2010. **AR 4.112-SC, Min. Rel. Marco Aurélio Bellizze, julgada em 28/11/2012. (Inform. STJ 510)**

DIREITO PROCESSUAL CIVIL. AÇÃO RESCISÓRIA. SENTENÇA TERMINATIVA.
É cabível o ajuizamento de ação rescisória para desconstituir tanto o provimento judicial que resolve o mérito quanto aquele que apenas extingue o feito sem resolução de mérito. A redação do art. 485, *caput*, do CPC, ao mencionar "sentença de mérito" o fez com impropriedade técnica, referindo-se, na verdade, a "sentença definitiva", não excluindo os casos onde se extingue o processo sem resolução do mérito. De toda sentença terminativa, ainda que não seja de mérito, irradiam-se efeitos declaratórios, constitutivos, condenatórios, mandamentais e executivos. Se o interesse do autor reside em atacar um desses efeitos, sendo impossível renovar a ação e não havendo mais recurso cabível em razão do trânsito em julgado (coisa julgada formal), o caso é de ação rescisória, havendo que ser verificado o enquadra-

mento nas hipóteses descritas nos incisos do art. 485, do CPC. O equívoco cometido na redação do referido artigo, o foi na compreensão de que os processos extintos sem resolução do mérito (à exceção daqueles em que se acolheu a alegação de perempção, litispendência ou de coisa julgada, art. 267, V) poderiam ser renovados, na forma do art. 268, do CPC, daí que não haveria interesse de agir em ação rescisória movida contra sentença ou acórdão que não fosse de mérito. No entanto, sabe-se que a renovação da ação não permite rediscutir todos os efeitos produzidos pela ação anteriormente extinta. Exemplo disso está no próprio art. 268, do CPC, que condiciona o despacho da nova inicial à prova do pagamento ou do depósito das custas e dos honorários de advogado. Para estes casos, onde não houve sentença ou acórdão de mérito, o único remédio é a ação rescisória. **REsp 1.217.321-SC, Rel. originário Min. Herman Benjamin, Rel. para acórdão Min. Mauro Campbell Marques, julgado em 18/10/2012.** (Inform. STJ 509)

DIREITO PROCESSUAL CIVIL. AÇÃO RESCISÓRIA. DISCUSSÃO DE VERBA HONORÁRIA.

É cabível ação rescisória para discutir exclusivamente verba honorária. A parte da sentença que fixa honorários advocatícios, a exemplo das despesas, tem cunho condenatório e decorre da sucumbência, tendo ou não enfrentado o mérito da ação. Se na fixação dos honorários ocorreu qualquer das hipóteses previstas nos incisos do art. 485, do CPC (v.g. prevaricação do juiz), não há porque impedir o ajuizamento da rescisória. Precedente citado: **REsp 886.178-RS, DJe 25/2/2010, e REsp. 894.750-SC, DJe 1º/10/2008. REsp 1.217.321-SC, Rel. originário Min. Herman Benjamin, Rel. para acórdão Min. Mauro Campbell Marques, julgado em 18/10/2012.** (Inform. STJ 509)

DIREITO PROCESSUAL CIVIL. AÇÃO RESCISÓRIA. VIOLAÇÃO A LITERAL DISPOSIÇÃO DE LEI. VIOLAÇÃO AOS CRITÉRIOS DE FIXAÇÃO DOS HONORÁRIOS ADVOCATÍCIOS.

Não é cabível ação rescisória por violação literal ao art. 20, caput e §§ 3º e 4º, do CPC se a parte simplesmente discorda do resultado da avaliação segundo os critérios legalmente estabelecidos. A ação rescisória na hipótese do art. 485, V, do CPC (violação literal de disposição de lei) é cabível somente para discutir violação a direito objetivo. Assim, não pode ser manejada ação rescisória para discutir a má apreciação dos fatos ocorridos no processo pelo juiz e do juízo de equidade daí originado. Nestes casos, o autor é carecedor da ação por impossibilidade jurídica do pedido. Precedentes citados: **REsp 886.178-RS, DJe 25/2/2010; AR 977-RS, DJ 28/4/2003. REsp 1.217.321-SC, Rel. originário Min. Herman Benjamin, Rel. para acórdão Min. Mauro Campbell Marques, julgado em 18/10/2012.** (Inform. STJ 509)

DIREITO PROCESSUAL CIVIL. AÇÃO RESCISÓRIA. VALOR DOS HONORÁRIOS ADVOCATÍCIOS.

Não cabe ação rescisória para discutir a irrisoriedade ou a exorbitância de verba honorária. Apesar de ser permitido o conhecimento de recurso especial para discutir o *quantum* fixado a título de verba honorária quando exorbitante ou irrisório, na ação rescisória essa excepcionalidade não é possível já que nem mesmo a injustiça manifesta pode ensejá-la se não houver violação ao direito objetivo. Interpretação que prestigia o caráter excepcionalíssimo da ação rescisória e os valores constitucionais a que visa proteger (efetividade da prestação jurisdicional, segurança jurídica e estabilidade da coisa julgada - art. 5º, XXXVI, da CF). Precedentes citados: **REsp 937.488-RS, DJ 27/11/2007, e REsp 827.288-RO, DJe 22/6/2010. REsp 1.217.321-SC, Rel. originário Min. Herman Benjamin, Rel. para acórdão Min. Mauro Campbell Marques, julgado em 18/10/2012.** (Inform. STJ 509)

DIREITO PROCESSUAL CIVIL. COMPETÊNCIA. JULGAMENTO DE AÇÃO ANULATÓRIA DE TESTAMENTO. JUÍZO DO INVENTÁRIO.

Compete ao juízo do inventário o julgamento de ação anulatória de testamento, ainda que outro juízo tenha sido responsável pela ação de abertura, registro e cumprimento do testamento. O fato da ação de abertura, registro e cumprimento de testamento ter se processado em determinado juízo não implica sua prevenção para a ação anulatória de testamento. Afinal, trata-se de um processo de jurisdição voluntária, em que não se discute o conteúdo do testamento, limitando-se ao exame das formalidades necessárias à sua validade. De fato, não há conexão entre o inventário e a ação anulatória porque ausente a identidade entre os elementos objetivos das demandas: os pedidos e as causas de pedir são distintos. Todavia, é evidente a prejudicialidade entre as ações. Se anulado o testamento, a partilha dos bens entre os herdeiros da falecida ocorrerá de forma totalmente distinta. Assim, a declaração de nulidade do testamento interessa à herança e, por isso, deve ser apreciada pelo juízo do inventário. Nesse contexto, observa-se que a denominada vis atrativa do inventário (art. 96 do CPC) é abrangente, chegando a abarcar não somente as ações relativas à herança, tais como a de sonegados, de petição de herança, de anulação de testamento e outras diretamente ligadas ao direito sucessório, mas também traz para o seu foro, outras ações que, em princípio, seriam da competência de outro. Além disso, mesmo que não se discuta a validade do testamento nos próprios autos do inventário, porque se trata de questão de alta indagação (art. 985 do CPC), deve-se reconhecer a competência do juízo do inventário para o julgamento da anulatória também por uma questão de economia processual. Afinal, ele já tem conhecimento global dos fatos relacionados à sucessão. Ademais, não havendo prevenção do juízo responsável pela ação de abertura, registro e cumprimento do testamento, remeter-lhe a ação anulatória de testamento para julgamento poderia gerar novos questionamentos acerca da sua própria competência, em franco prejuízo à duração razoável do processo. Precedente citado: **REsp 420.394-GO, DJ 4/11/2002. REsp 1.153.194-MS, Rel. Min. Nancy Andrighi, julgado em 13/11/2012.** (Inform. STJ 509)

Súmula STF nº 514

Admite-se ação rescisória contra sentença transitada em julgado, ainda que contra ela não se tenha esgotado todos os recursos.

Súmula STF nº 343

Não cabe ação rescisória por ofensa a literal disposição de Lei, quando a decisão rescindenda se tiver baseado em texto legal de interpretação controvertida nos tribunais.

Súmula STF nº 264

Verifica-se a prescrição intercorrente pela paralisação da ação rescisória por mais de cinco anos.

Súmula STF nº 252

Na ação rescisória, não estão impedidos juízes que participaram do julgamento rescindendo.

Súmula STF nº 249

É competente o Supremo Tribunal Federal para a ação rescisória, quando, embora não tendo conhecido do recurso extraordinário, ou havendo negado provimento ao agravo, tiver apreciado a questão federal controvertida.

Súmula STJ nº 401

O prazo decadencial da ação rescisória só se inicia quando não for cabível qualquer recurso do último pronunciamento judicial.

Súmula STJ nº 175

Descabe o depósito prévio nas ações rescisórias propostas pelo INSS.

10.7. Astreintes

AG. REG. NO ARE N. 712.312-SP
RELATOR: MIN. LUIZ FUX
Ementa: AGRAVO REGIMENTAL NO RECURSO EXTRAORDINÁRIO COM AGRAVO. PROCESSUAL CIVIL. ASTREINTES. MATÉRIA DE ÍNDOLE INFRACONSTITUCIONAL. VIOLAÇÃO AOS PRINCÍPIOS DA AMPLA DEFESA E DO CONTRADITÓRIO. MATÉRIA COM REPERCUSSÃO GERAL REJEITADA PELO PLENÁRIO DO STF NO ARE Nº 748.371. ALEGADA VIOLAÇÃO AO ARTIGO 93, IX, DA CF/88. INEXISTÊNCIA.
1. A multa diária aplicada em face do descumprimento de decisão judicial, quando *sub judice* a controvérsia, implica em análise da legislação infraconstitucional aplicável à espécie, o que inviabiliza o conhecimento do apelo extremo. Precedentes: ARE 691.369-AgR, Rel. Min. Rosa Weber, Primeira Turma, DJe 28/5/2013 e ARE 759.021-AgR, Rel. Min. Ricardo Lewandowski, Segunda Turma, DJe 1º/10/2013.
2. Os princípios da ampla defesa, do contraditório, do devido processo legal e dos limites da coisa julgada, quando debatidos sob a ótica infraconstitucional, não revelam repercussão geral apta a tornar o apelo extremo admissível, consoante decidido pelo Plenário Virtual do STF, na análise do ARE nº 748.371, da Relatoria do Min. Gilmar Mendes.
3. A prestação jurisdicional resta configurada com a prolação de decisão devidamente fundamentada, embora contrária aos interesses da parte. Nesse sentido, ARE 740.877-AgR/DF, Rel. Min. Gilmar Mendes, Segunda Turma, DJe 4/6/2013.
4. *In casu*, o acórdão extraordinariamente recorrido assentou: *"AGRAVO INTERNO – ART. 557, § 1º, DO CPC – CABIMENTO – FIXAÇÃO CORRETA DAS MULTAS DIÁRIAS – DESCUMPRIMENTO REITERADO DE ORDEM JUDICIAL - VALORES EXORBITANTES – REVISÃO - NECESSIDADE – APLICAÇÃO DOS PRINCÍPIOS DA RAZOABILIDADE E DA PROPORCIONALIDADE."*
5. Agravo regimental **DESPROVIDO**. (Inform. STF 747)

DIREITO PROCESSUAL CIVIL. EXECUÇÃO PROVISÓRIA DE MULTA COMINATÓRIA FIXADA EM ANTECIPAÇÃO DE TUTELA. RECURSO REPETITIVO (ART. 543-C DO CPC E RES. 8/2008-STJ). A multa diária prevista no § 4º do art. 461 do CPC, devida desde o dia em que configurado o descumprimento, quando fixada em antecipação de tutela, somente poderá ser objeto de execução provisória após a sua confirmação pela sentença de mérito e desde que o recurso eventualmente interposto não seja recebido com efeito suspensivo. Isso porque se deve prestigiar a segurança jurídica e evitar que a parte se beneficie de quantia que, posteriormente, venha se saber indevida, reduzindo, dessa forma, o inconveniente de um eventual pedido de repetição de indébito que, por vezes, não se mostra exitoso. Ademais, o termo "sentença", assim como utilizado nos arts. 475-O e 475-N, I, do CPC, deve ser interpretado de forma restrita, razão pela qual é inadmissível a execução provisória de multa fixada por decisão interlocutória em antecipação dos efeitos da tutela, ainda que ocorra a sua confirmação por acórdão. Esclareça-se que a ratificação de decisão interlocutória que arbitra multa cominatória por posterior acórdão, em razão da interposição de recurso contra ela interposto, continuará tendo em sua gênese apenas a análise dos requisitos de prova inequívoca e verossimilhança, próprios da cognição sumária que ensejaram o deferimento da antecipação dos efeitos da tutela. De modo diverso, a confirmação por sentença da decisão interlocutória que impõe multa cominatória decorre do próprio reconhecimento da existência do direito material reclamado que lhe dá suporte, o qual é apurado após ampla dilação probatória e exercício do contraditório. Desta feita, o risco de cassação da multa e, por conseguinte, a sobrevinda de prejuízo à parte contrária em decorrência de sua cobrança prematura, tornar-se-á reduzido após a prolação da sentença, ao invés de quando a execução ainda estiver amparada em decisão interlocutória proferida no início do processo, inclusive no que toca à possibilidade de modificação do seu valor ou da sua periodicidade. **REsp 1.200.856-RS**, Rel. Min. Sidnei Beneti, julgado em 1º/7/2014. (Inform. STJ 546)

DIREITO PROCESSUAL CIVIL. DESCABIMENTO DE ASTREINTES PELA RECUSA DE EXIBIÇÃO DE DOCUMENTOS. RECURSO REPETITIVO (ART. 543-C DO CPC E RES. 8/2008 DO STJ). Tratando-se de pedido deduzido contra a parte adversa – não contra terceiro –, descabe multa cominatória na exibição, incidental ou autônoma, de documento relativo a direito disponível. No curso de uma ação que tenha objeto próprio, distinto da exibição de documentos, a consequência da recusa em exibi-los é a presunção de veracidade, por disposição expressa do art. 359 do CPC. Sendo assim, a orientação da jurisprudência do STJ é no sentido do descabimento de *astreintes* na exibição incidental de documentos. No entanto, a presunção é relativa, podendo o juiz decidir de forma diversa da pretendida pelo interessado na exibição com base em outros elementos de prova constantes dos autos. Nesse caso, no exercício dos seus poderes instrutórios, pode o juiz até mesmo determinar a busca e apreensão do documento, se entender necessário para a formação do seu convencimento. Já na hipótese de direitos indisponíveis, a presunção de veracidade é incabível, conforme os arts. 319 e 320 do CPC, restando ao juiz somente a busca e apreensão. Cumpre ressalvar que, nos casos que envolvem direitos indisponíveis, por revelar-se, na prática, ser a busca e apreensão uma medida de diminuta eficácia, tem-se admitido a cominação de *astreintes* para evitar o sacrifício do direito da parte interessada. Quanto à ação de exibição de documentos, o STJ possui entendimento consolidado na Súmula 372: "Na ação de exibição de documentos, não cabe a aplicação de multa cominatória". Também não cabe a presunção de veracidade do art. 359 do CPC (REsp 1.094.846-MS, julgado sob o rito do art. 543-C do CPC, DJe 3/6/2009). Assim, entende-se que, descumprida a ordem de exibição, cabe a busca e apreensão do documento. REsp, Rel. Min. **Paulo de Tarso Sanseverino**, julgado em 9/4/2014. (Inform. STJ 539)

DIREITO PROCESSUAL CIVIL. DESCUMPRIMENTO DE DETERMINAÇÃO DE EXIBIÇÃO INCIDENTAL DE DOCUMENTOS. Não é cabível a aplicação de multa cominatória na hipótese em que a parte, intimada a exibir documentos em ação de conhecimento, deixa de fazê-lo no prazo estipulado. Com efeito, a exibição de documento em ação ordinária submete-se ao disposto nos arts. 355 a 363 do CPC, que prevê solução específica para o descumprimento da determinação, a saber, a eventual admissão da veracidade dos fatos que se pretendia provar por meio do documento. Precedentes citados: AgRg no REsp 1.374.377-SP, Terceira Turma, DJe de 11/6/2013; AgRg nos EDcl no REsp 1.319.919-PE, Terceira Turma, DJe de 18/6/2013. **EREsp 1.097.681-RS**, Rel. Min. João Otávio de Noronha, julgado em 13/3/2014. (Inform. STJ 537)

DIREITO PROCESSUAL CIVIL. IMPOSIÇÃO DE MULTA DIÁRIA A OPERADORA DE PLANO DE SAÚDE.
É possível a imposição de multa diária (art. 461 do CPC) como forma de compelir operadora de plano de saúde a autorizar que hospital realize procedimento médico-hospitalar. Nessa situação, o elemento preponderante da prestação exigida é uma obrigação de fazer, e não de pagar quantia, de modo que não há qualquer óbice à fixação de *astreintes* para a hipótese de descumprimento. Deve-se considerar que a obrigação de dar – na qual se inclui a de pagar quantia – consiste na entrega de coisa ao credor. A obrigação de fazer, por sua vez, constitui-se na prestação de uma atividade, ou seja, na realização de um fato ou na emissão de uma declaração de vontade. Ocorre que, não raras vezes, a entrega de coisa pressupõe a realização de uma atividade, caso em que a natureza da obrigação deve ser definida pelo seu elemento preponderante. Como já ressaltado, tem-se que, na situação em análise, o elemento preponderante da

obrigação da operadora de plano de saúde é um "fazer", consistente em autorizar o hospital a realizar procedimentos médico-hospitalares. Observe-se que pouco importa ao consumidor se a operadora do plano de saúde vai, posteriormente, efetuar o pagamento das despesas médicas depois de autorizado o tratamento. De fato, caso isso não ocorra, caberá ao hospital, e não ao consumidor, buscar a devida indenização. REsp 1.186.851-MA, Rel. Min. Nancy Andrighi, julgado em 27/8/2013. **(Inform. STJ 527)**

DIREITO PROCESSUAL CIVIL. ASTREINTES. EXECUÇÃO PROVISÓRIA.

O valor referente à astreinte fixado em tutela antecipada ou medida liminar só pode ser exigido e só se torna passível de execução provisória, se o pedido a que se vincula a astreinte for julgado procedente e desde que o respectivo recurso não tenha sido recebido no efeito suspensivo. A multa pecuniária arbitrada judicialmente para forçar o réu ao cumprimento de medida liminar antecipatória (art. 273 e 461, §§ 3° e 4°, do CPC) detém caráter híbrido, englobando aspectos de direito material e processual, pertencendo o valor decorrente de sua incidência ao titular do bem da vida postulado em juízo. Sua exigibilidade, por isso, encontra-se vinculada ao reconhecimento da existência do direito material pleiteado na demanda. Para exigir a satisfação do crédito oriundo da multa diária previamente do trânsito em julgado, o autor de ação individual vale-se do instrumento jurídico-processual da execução provisória (art. 475-O do CPC). Contudo, não é admissível a execução da multa diária com base em mera decisão interlocutória, fundada em cognição sumária e precária por natureza, como também não se pode condicionar sua exigibilidade ao trânsito em julgado da sentença. Isso porque os dispositivos legais que contemplam essa última exigência regulam ações de cunho coletivo, motivo pelo qual não são aplicáveis às demandas em que se postulam direitos individuais. Assim, por seu caráter creditório e por implicar risco patrimonial para as partes, a multa diária cominada em liminar está subordinada à prolação de sentença de procedência do pedido, admitindo-se também a sua execução provisória, desde que o recurso seja recebido apenas no efeito devolutivo. Todavia, revogada a tutela antecipada, na qual estava baseado o título executivo provisório de astreinte, fica sem efeito o crédito derivado da fixação da multa diária, perdendo o objeto a execução provisória daí advinda. Precedentes citados: REsp 1.006.473-PR, DJe 19/6/2012, e EDcl no REsp 1.138.559-SC, DJe 1°/7/2011. REsp 1.347.726-RS, Rel. Min. Marco Buzzi, julgado em 27/11/2012. (Inform. STJ 511).

DIREITO PROCESSUAL CIVIL. ASTREINTES. ESTIPULAÇÃO *EX OFFICIO* E CUMULAÇÃO COM JUROS DE MORA.

É cabível a cumulação de astreintes com juros de mora, bem como sua estipulação de ofício. Ao juiz é facultado arbitrar multa *ex officio* como forma de obtenção da tutela específica da obrigação, objetivo principal da execução, conforme expressamente permite o parágrafo único do art. 621 do CPC. Quanto à cumulação das *astreintes* com encargos contratuais, esclareceu-se que é admissível devido à natureza jurídica distinta entre as parcelas, pois a primeira tem natureza processual e os juros de mora têm natureza material. Ademais, estes se destinam à reparação de parte dos prejuízos ensejados pela mora; por outro lado, a multa cominatória diária é meio de coerção para que o devedor cumpra a obrigação específica. Ressalvou-se, contudo, a hipótese em que houver previsão de *astreintes* no título, pois assim seria apenas possível ao juiz reduzir o valor, se excessivo (art. 645, parágrafo único, do CPC). Precedentes citados: **REsp 940.309-MT, DJe 25/5/2010, e REsp 859.857-PR, DJe 19/5/2010. REsp 1.198.880-MT, Rel. Min. Paulo de Tarso Sanseverino, julgado em 20/9/2012.** (Inform. STJ 505)

ASTREINTES. DESTINATÁRIO. AUTOR DA DEMANDA.

A Turma, por maioria, assentou o entendimento de que é o autor da demanda o destinatário da multa diária prevista no art. 461, § 4°, do CPC – fixada para compelir o réu ao cumprimento de obrigação de fazer. De início, ressaltou o Min. Marco Buzzi não vislumbrar qualquer lacuna na lei quanto à questão posta em análise. Segundo afirmou, quando o legislador pretendeu atribuir ao Estado a titularidade de uma multa, fê-lo expressamente, consoante o disposto no art. 14, parágrafo único, do CPC, em que se visa coibir o descumprimento e a inobservância de ordens judiciais. Além disso, consignou que qualquer pena ou multa contra um particular tendo o Estado como seu beneficiário devem estar taxativamente previstas em lei, sob pena de afronta ao princípio da legalidade estrita. Cuidando-se de um regime jurídico sancionatório, a legislação correspondente deve, necessária e impreterivelmente, conter limites à atuação jurisdicional a partir da qual se aplicará a sanção. Após minucioso exame do sistema jurídico pátrio, doutrina e jurisprudência, destacou-se a natureza híbrida das *astreintes*. Além da função processual – instrumento voltado a garantir a eficácia das decisões judiciais –, a multa cominatória teria caráter preponderantemente material, pois serviria para compensar o demandante pelo tempo em que ficou privado de fruir o bem da vida que lhe fora concedido seja previamente, por meio de tutela antecipada, seja definitivamente, em face da prolação da sentença. Para refutar a natureza estritamente processual, entre outros fundamentos, observou-se que, no caso de improcedência do pedido, a multa cominatória não subsiste. Assim, o pagamento do valor arbitrado para compelir ao cumprimento de uma ordem judicial fica, ao final, dependente do reconhecimento do direito de fundo. **REsp 949.509-RS, Rel. originário Min. Luis Felipe Salomão, Rel. para o acórdão Min. Marco Buzzi, julgado em 8/5/2012.** (Inform. STJ 497)

MULTA DO ART. 461, § 4°, DO CPC. OBRIGAÇÃO DE FAZER. DESCASO DO DEVEDOR. VALOR TOTAL ATINGIDO.

A discussão diz respeito ao valor atingido pela astreinte e busca definir se a multa cominatória fixada para o caso de descumprimento da obrigação de fazer seria exagerada a ponto de autorizar sua redução nesta Corte. In casu sub examen, o condomínio recorrido ajuizou reintegração na posse em que o recorrente proprietário de unidade autônoma construiu irregularmente um deque em área comum do edifício – a qual fora cedida sob a condição de que não fosse realizada qualquer obra. O pedido foi julgado procedente, e o recorrente foi condenado à devolução da área, livre de qualquer construção, no prazo de noventa dias, sob pena da incidência de multa diária no valor de R$ 1 mil. O tribunal a quo manteve a sentença proferida e o valor atingido pela multa por descumprimento de decisão judicial (R$ 383 mil). O recorrente sustenta que deve ser reconhecido o cumprimento parcial da obrigação, sendo possível a revisão do valor da astreinte quando atingido valor excessivo, de forma que deve ser reduzido aos limites da obrigação principal, qual seja, R$ 5 mil. A Min. Relatora observou que a multa cominatória, prevista no art. 461 do CPC, representa um dos instrumentos de que o direito processual civil pode valer-se na busca por uma maior efetividade do cumprimento das decisões judiciais. A multa diária por descumprimento de decisão judicial foi inicialmente fixada em patamar adequado à sua finalidade coercitiva e não poderia ser considerada exorbitante ou capaz de resultar no enriquecimento sem causa da parte adversa. Ademais, o prazo estabelecido para o desfazimento das obras se mostra bastante razoável. Entretanto, o recorrente, mesmo instado a desfazer as obras sob pena de multa diária fixada na sentença, furtou-se de fazê-lo e, em momento algum, suscitou a existência de impedimentos excepcionais ao cumprimento da obrigação. Assim, sendo a falta de atenção do recorrente o único obstáculo ao cumprimento da determinação judicial justifica-se a manutenção do valor atingido pelas astreintes. **REsp 1.229.335-SP, Rel. Min. Nancy Andrighi, julgado em 17/4/2012.** (Inform. STJ 495)

> **Súmula STJ nº 410**
>
> A prévia intimação pessoal do devedor constitui condição necessária para a cobrança de multa pelo descumprimento de obrigação de fazer ou não fazer.

10.8. Sentença Estrangeira

DIREITO PROCESSUAL CIVIL. HIPÓTESE EM QUE NÃO É POSSÍVEL A HOMOLOGAÇÃO DE SENTENÇA ESTRANGEIRA. A sentença estrangeira – ainda que preencha adequadamente os requisitos indispensáveis à sua homologação, previstos no art. 5º da Resolução 9/2005 do RISTJ – não pode ser homologada na parte em que verse sobre guarda ou alimentos quando já exista decisão do Judiciário Brasileiro acerca do mesmo assunto, mesmo que esta decisão tenha sido proferida em caráter provisório e após o trânsito em julgado daquela. De início, cumpre destacar que a existência de sentença estrangeira transitada em julgado não impede a instauração de ação de guarda e de alimentos perante o Poder Judiciário Brasileiro, pois a sentença de guarda ou de alimentos não é imutável, haja vista o disposto no art. 35 do ECA: "a guarda poderá ser revogada a qualquer tempo, mediante ato judicial fundamentado, ouvido o Ministério Público". Além disso, o deferimento de *exequatur* à referida sentença estrangeira importaria ofensa à soberania da jurisdição nacional. Precedentes citados: SEC 4.830-EX, Corte Especial, DJe 3/10/2013; e SEC 8.451-EX, Corte Especial, DJe 29/5/2013. **SEC 6.485-EX, Rel. Min. Gilson Dipp, julgado em 3/9/2014. (Inform. STJ 548)**

DIREITO PROCESSUAL CIVIL. SENTENÇA ARBITRAL ESTRANGEIRA. HOMOLOGAÇÃO. OBRIGATORIEDADE.
A sentença arbitral estrangeira, quando homologada, adquire plena eficácia no território nacional, tornando-se obrigatória. Essa obrigatoriedade, segundo o art. 3º da Convenção de Nova York, deve ser assegurada pelos Estados partes. Portanto, a sentença não pode ser revista ou modificada pelo Poder Judiciário, o que lhe confere, no Brasil, *status* de título executivo judicial. Assim, dar continuidade a processo judicial com o mesmo objeto da sentença homologada poderia caracterizar até ilícito internacional; pois, ao ratificar a mencionada convenção, o Brasil assumiu o compromisso de reconhecer como obrigatórias as sentenças arbitrais estrangeiras. **REsp 1.203430-PR, Rel. Min. Paulo de Tarso Sanseverino, julgado em 20/9/2012.** (Inform. STJ 505)

> **Súmula STF nº 420**
>
> Não se homologa sentença proferida no estrangeiro sem prova do trânsito em julgado.

11. RECURSOS

11.1. Pressupostos Gerais e Princípios

EMB. DECL. NO SEGUNDO AG. REG. NO RE N. 634.732-PR
RELATOR: MIN. TEORI ZAVASCKI
Ementa: PROCESSUAL CIVIL. EMBARGOS DE DECLARAÇÃO. CONTROLE, DE OFÍCIO, DA TEMPESTIVIDADE DA CADEIA RECURSAL ANTERIORMENTE SUPERADA. IMPOSSIBILIDADE. PRECLUSÃO.
1. Não há dúvida de que, ao julgar qualquer recurso, cumpre ao órgão julgador apreciar, inclusive de ofício, seus requisitos de admissibilidade, como é o da tempestividade. Isso, todavia, não faculta a esse órgão nem lhe impõe o dever de controlar, de ofício, a tempestividade da cadeia recursal anterior, objeto de outros julgamentos, coberta por preclusão.
2. No caso, a decisão que julgou o recurso alegadamente intempestivo foi a de fls. 297/303. Contra ela é que caberia, portanto, a alegação de omissão, e não contra o acórdão ora embargado, que julgou outro recurso, cuja tempestividade não foi posta em dúvida.
3. Embargos de declaração rejeitados. RE 634732 AgR-segundo-ED/PR, Rel. Min. Teori Zavascki (Inform. STF 724)

Ementa: PROCESSUAL CIVIL. EMBARGOS DE DECLARAÇÃO. CONTROLE, DE OFÍCIO, DA TEMPESTIVIDADE DA CADEIA RECURSAL ANTERIORMENTE SUPERADA. IMPOSSIBILIDADE. PRECLUSÃO.
1. Não há dúvida de que, ao julgar qualquer recurso, cumpre ao órgão julgador apreciar, inclusive de ofício, seus requisitos de admissibilidade, como é o da tempestividade. Isso, todavia, não faculta a esse órgão nem lhe impõe o dever de controlar, de ofício, a tempestividade da cadeia recursal anterior, objeto de outros julgamentos, coberta por preclusão.
2. No caso, a decisão que julgou o recurso alegadamente intempestivo foi a de fls. 297/303. Contra ela é que caberia, portanto, a alegação de omissão, e não contra o acórdão ora embargado, que julgou outro recurso, cuja tempestividade não foi posta em dúvida.
3. Embargos de declaração rejeitados. (Inform. STF 722)

AI: tempestividade de RE e recesso forense
Em conclusão de julgamento, a 1ª Turma negou provimento a agravo regimental interposto contra decisão do Min. Menezes Direito, que desprovera agravo de instrumento, porquanto reputara intempestivo o recurso extraordinário inadmitido pelo tribunal *a quo* por motivo diverso — v. Informativos 545, 560, 606 e 699. O agravante arguia que o recurso extraordinário seria tempestivo, uma vez que os prazos estariam suspensos na Corte de origem em virtude do recesso forense de final de ano, tendo sido reconhecida sua tempestividade naquele tribunal. Salientou-se que, embora a jurisprudência do STF permitisse a comprovação da tempestividade até a interposição do regimental, o recorrente limitara-se a aduzi-la e deixara de juntar aos autos cópia de documentos que comprovassem a alegada suspensão do prazo.
AI 741616 AgR/RJ, rel. Min. Dias Toffoli, 25.6.2013. (AI-741616) (Inform. STF 712)

ARE 638.106/PE
RELATOR: Ministro Celso de Mello
Simultânea **interposição**, pela *mesma* parte **e** contra a *mesma* decisão, de recurso extraordinário **e** de embargos de divergência. **Inadmissibilidade**. **Incidência** *do princípio da unirrecorribilidade* (**ou** *da singularidade*) dos recursos. **Necessidade** *de prévio esgotamento* das vias recursais ordinárias (**Súmula** 281/STF). **Pressuposto recursal** específico **inerente** ao apelo extremo. **Doutrina**. **Precedentes**.
- **Intimação**. **Pluralidade** de Advogados. Publicação **em nome** *de qualquer* dos mandatários judiciais constituídos. **Validade** (**CPC**, art. 236, § 1º). **Desnecessidade** de referência aos nomes *de todos* os procuradores. **Possibilidade**, contudo, **de que se faça**, *para fins de intimação*, **sempre a pedido** da parte interessada, *expressa menção* ao nome **de determinado** Advogado (**RISTF**, art. 82, § 1º; **RISTJ**, art. 88, "*caput*"). **Precedentes**. **ARE improvido**. (Inform. STF 754)

AG. REG. NO RE N. 495.681-MG
RELATOR: MIN. ROBERTO BARROSO
EMENTA: AGRAVO REGIMENTAL EM RECURSO EXTRAORDINÁRIO. INTEMPESTIVIDADE. RECURSO PROTOCOLADO EM TRIBUNAL DIVERSO.
A jurisprudência do Supremo Tribunal Federal já fixou entendimento de que é intempestivo o recurso protocolado por equívoco em tribunal diverso e recebido somente após o trânsito em julgado da decisão recorrida. Precedentes.
Agravo regimental não conhecido. (Inform. STF 748)

DIREITO PROCESSUAL CIVIL. SUBMISSÃO DA FAZENDA PÚBLICA À NECESSIDADE DE DEPÓSITO PRÉVIO PRESCRITA PELO § 2º DO ART. 557 DO CPC. Havendo condenação da Fazenda Pública ao pagamento da multa prevista no art. 557, § 2º, do CPC, a interposição de qualquer outro recurso fica condicionada ao depósito prévio do respectivo valor. O art. 557, § 2º, do CPC é taxativo ao dispor que "Quando manifestamente inadmissível ou infundado o agravo, o tribunal condenará o agravante a pagar ao agravado multa entre 1% (um por cento) e 10% (dez por cento) do valor corrigido da causa, ficando a interposição de qualquer outro recurso condicionada ao depósito do respectivo valor". De fato, a multa pelo uso abusivo do direito de recorrer caracteriza-se como requisito de admissibilidade do recurso, sendo o seu depósito prévio medida adequada para conferir maior efetividade ao postulado da lealdade processual, impedindo a prática de atos atentatórios à dignidade da justiça, bem como a litigância de má-fé. Nesse contexto, tanto o STJ quanto o STF têm consignado que o prévio depósito da multa referente ao agravo regimental manifestamente inadmissível ou infundado (§ 2º do art. 557), aplicada pelo abuso do direito de recorrer, também é devido pela Fazenda Pública. Além disso, a alegação de que o art. 1º-A da Lei 9.494/1997 dispensa os entes públicos da realização de prévio depósito para a interposição de recurso não deve prevalecer, em face da cominação diversa, explicitada no art. 557, § 2º, do CPC. Este dispositivo legal foi inserido pela Lei 9.756/1998, que trouxe uma série de mecanismos para acelerar a tramitação processual, como, por exemplo, a possibilidade de o relator, nas hipóteses cabíveis, dar provimento ou negar seguimento, monocraticamente, ao agravo. Assim, esse dispositivo deve ser interpretado em consonância com os fins buscados com a alteração legislativa. Nesse sentido, "não se pode confundir o privilégio concedido à Fazenda Pública, consistente na dispensa de depósito prévio para fins de interposição de recurso, com a multa instituída pelo artigo 557, § 2º, do CPC, por se tratar de institutos de natureza diversa" (AgRg no AREsp 513.377-RN, Segunda Turma, DJe de 15/8/2014). Precedentes citados do STJ: AgRg nos EAREsp 22.230-PA, Corte Especial, DJe de 1º/7/2014; EAg 493.058-SP, Primeira Seção, DJU de 1º/8/2006; AgRg no Ag 1.425.712-MG, Primeira Turma, DJe 15/5/2012; AgRg no AREsp 383.036-MS, Segunda Turma, DJe 16/9/2014; e AgRg no AREsp 131.134-RS, Quarta Turma, DJe 19/3/2014. Precedentes citados do STF: RE 521.424-RN AgR-EDv-AgR, Tribunal Pleno, DJe 27/08/2010; e AI 775.934-AL AgR-ED-ED, Tribunal Pleno, DJe 13/12/2011. **AgRg no AREsp 553.788-DF, Rel. Min. Assusete Magalhães, julgado em 16/10/2014. (Inform. STJ 551)**

DIREITO PROCESSUAL CIVIL. INADMISSIBILIDADE DA UTILIZAÇÃO DE ASSINATURA DIGITALIZADA PARA INTERPOR RECURSO. Não se admite o recurso interposto mediante aposição de assinatura digitalizada do advogado. De início, é importante ressaltar que a assinatura digitalizada não se confunde com a assinatura eletrônica, a qual, nos termos do art. 1º, § 2º, III, "a" e "b", da Lei 11.419/2006, deve estar baseada em certificado digital emitido por Autoridade Certificadora Credenciada, na forma da lei específica ou mediante cadastro de usuário no Poder Judiciário, conforme disciplinado pelos órgãos específicos. Esse prévio cadastramento, seja perante a autoridade certificadora, seja perante os órgãos do Poder Judiciário, visa exatamente resguardar a segurança na identificação dos usuários e a autenticidade das assinaturas feitas por meio eletrônico. Desse modo, a assinatura digital passa a ter o mesmo valor da assinatura original, feita de próprio punho pelo advogado, na peça processual. Diferente é a hipótese da assinatura digitalizada, normalmente feita mediante o processo de escaneamento, em que, conforme já consignado pelo STF, há "mera chancela eletrônica sem qualquer regulamentação e cuja originalidade não é possível afirmar sem o auxílio de perícia técnica" (AI 564.765-RJ, Primeira Turma, DJ 17/3/2006). Com efeito, a reprodução de uma assinatura, por meio do escaneamento, sem qualquer regulamentação, é arriscada na medida em que pode ser feita por qualquer pessoa que tenha acesso ao documento original e inserida em outros documentos. Desse modo, não há garantia alguma de autenticidade. Note-se que não se está afastando definitivamente a possibilidade de utilização do método da digitalização das assinaturas. Verifica-se, apenas, que ele carece de regulamentação que lhe proporcione a segurança necessária à prática dos atos processuais. Embora, na moderna ciência processual, seja consagrado o princípio da instrumentalidade das formas, sua aplicação deve encontrar limites exatamente no princípio da segurança jurídica. Não se trata de privilegiar a forma pela forma, mas de conferir aos jurisdicionados, usuários das modernas ferramentas eletrônicas, o mínimo de critérios para garantir a autenticidade e integridade de sua identificação no momento da interposição de um recurso ou de apresentação de outra peça processual. Posto isso, considera-se como inexistente o recurso cuja assinatura para identificação do advogado foi obtida por digitalização. **REsp 1.442.887-BA, Rel. Min. Nancy Andrighi, julgado em 6/5/2014. (Inform. STJ 541)**

DIREITO PROCESSUAL CIVIL. MOMENTO PARA HABILITAÇÃO COMO AMICUS CURIAE EM JULGAMENTO DE RECURSO SUBMETIDO AO RITO DO ART. 543-C DO CPC. O pedido de intervenção, na qualidade de *amicus curiae*, em recurso submetido ao rito do art. 543-C do CPC, deve ser realizado antes do início do julgamento pelo órgão colegiado. Isso porque, uma vez iniciado o julgamento, não há mais espaço para o ingresso de *amicus curiae*. De fato, já não há utilidade prática de sua intervenção, pois nesse momento processual não cabe mais sustentação oral, nem apresentação de manifestação escrita, como franqueia a Resolução 8/2008 do STJ, e, segundo assevera remansosa jurisprudência, o *amicus curiae* não tem legitimidade recursal, inviabilizando-se a pretensão de intervenção posterior ao julgamento (EDcl no REsp 1.261.020-CE, Primeira Seção, DJe 2/4/2013). O STJ tem entendido que, segundo o § 4º do art. 543-C do CPC, bem como o art. 3º da Resolução 8/2008 do STJ, admite-se a intervenção de *amicus curiae* nos recursos submetidos ao rito dos recursos repetitivos somente antes do julgamento pelo órgão colegiado e a critério do relator (EDcl no REsp 1.120.295-SP, Primeira Seção, DJe 24/4/2013). Ademais, o STF já decidiu que o *amicus curiae* pode pedir sua participação no processo até a liberação do processo para pauta (ADI 4.071 AgR, Tribunal Pleno, DJe 16/10/2009). **QO no REsp 1.152.218-RS, Rel. Min. Luis Felipe Salomão, julgado em 7/5/2014. (Inform. STJ 540)**

DIREITO PROCESSUAL CIVIL. JURISPRUDÊNCIA DOMINANTE PARA FINS DE JULGAMENTO MONOCRÁTICO DE RECURSO. Não há ofensa ao art. 557 do CPC quando o Relator nega seguimento a recurso com base em orientação reiterada e uniforme do órgão colegiado que integra, ainda que sobre o tema não existam precedentes de outro órgão colegiado – do mesmo Tribunal – igualmente competente para o julgamento da questão recorrida. De fato, o art. 557 do CPC concede autorização para que o Relator negue seguimento a recurso cuja pretensão confronte com a jurisprudência dominante do respectivo Tribunal, do STF ou de Tribunal Superior. Nesse contexto, a configuração de jurisprudência dominante prescinde de que todos os órgãos competentes em um mesmo Tribunal tenham proferido decisão a respeito do tema. Isso porque essa norma é inspirada nos princípios da economia processual e da razoável duração do processo e tem por finalidade a celeridade na solução dos litígios. Assim, se o Relator conhece orientação de seu órgão colegiado, desnecessário submeter-lhe, sempre e reiteradamente, a mesma controvérsia. **AgRg no REsp 1.423.160-RS, Rel. Min. Herman Benjamin, julgado em 27/3/2014. (Inform. STJ 539)**

DIREITO PROCESSUAL CIVIL. EMBARGOS DE DECLARAÇÃO CONTRA DECISÃO QUE NEGA SEGUIMENTO AO RESP DE MANEIRA GENÉRICA. Os embargos de declaração opostos em face de decisão do Tribunal de origem que nega seguimento a recurso especial podem, excepcionalmente, interromper o prazo recursal quando a decisão embargada for tão genérica que sequer permita a interposição de agravo (art. 544 do CPC). Tratando-se de decisão do Tribunal de origem que nega seguimento ao recurso especial, o STJ tem entendido que os embargos de declaração não interrompem o prazo para a interposição do agravo previsto no art. 544 do CPC. Entretanto, essa não deve ser a solução quando a decisão embargada é excessivamente deficitária, tendo em vista que, nesse caso, os embargos não serão destinados a veicular matéria de recurso nem visarão procrastinar o desfecho da causa. **EAREsp 275.615-SP, Rel. Min. Ari Pargendler, julgado em 13/3/2014. (Inform. STJ 537)**

DIREITO PROCESSUAL CIVIL. ILEGITIMIDADE DE PESSOA JURÍDICA PARA RECORRER, EM NOME PRÓPRIO, EM FAVOR DOS SEUS SÓCIOS. RECURSO REPETITIVO (ART. 543-C DO CPC E RES. 8/2008-STJ).

Em execução fiscal, a sociedade empresária executada não possui legitimidade para recorrer, em nome próprio, na defesa de interesse de sócio que teve contra si redirecionada a execução. Isso porque, consoante vedação expressa do art. 6º do CPC, ninguém poderá pleitear, em nome próprio, direito alheio, salvo quando autorizado por lei. Dessa forma, como não há lei que autorize a sociedade a interpor recurso contra decisão que, em execução ajuizada contra ela própria, tenha incluído no polo passivo da demanda os seus respectivos sócios, tem-se a ilegitimidade da pessoa jurídica para a interposição do referido recurso. **REsp 1.347.627-SP, Rel. Min. Ari Pargendler, julgado em 9/10/2013.** (Inform. STJ 530)

DIREITO PROCESSUAL CIVIL. RECURSO ESPECIAL INTERPOSTO SEM ASSINATURA DE ADVOGADO.

Não é possível conhecer de recurso especial interposto sem assinatura de advogado. Isso porque é firme o entendimento de que se trata, nessa situação, de recurso inexistente. Ademais, a instância especial é inaugurada tão logo seja manejado recurso a ela dirigido, sendo inviável a abertura de prazo para a regularização de vício formal, ante a ocorrência de preclusão consumativa. Assim, é inaplicável às instâncias extraordinárias a norma do art. 13 do CPC, segundo a qual deve o magistrado marcar prazo razoável para sanar defeito relativo à capacidade postulatória. Precedentes citados: AgRg no Ag 1.395.500-PR, Primeira Turma, DJe 22/8/2012; AgRg nos EDcl no Ag 1.400.855-BA, Segunda Turma, DJe 25/4/2012; AgRg no Ag 1.372.475-MS, Terceira Turma, DJe 11/4/2012; e AgRg no Ag 1.311.580-RJ, Quarta Turma, DJe 8/11/2010. AgRg no AREsp 219.496-RS, Rel. Min. Luis Felipe Salomão, julgado em 11/4/2013. (Inform. STJ 521)

DIREITO PROCESSUAL CIVIL. IRREGULARIDADE NA REPRESENTAÇÃO PROCESSUAL DE ENTIDADE SUBMETIDA A REGIME DE LIQUIDAÇÃO EXTRAJUDICIAL PELA SUSEP.

Não devem ser conhecidos os embargos de divergência interpostos por entidades submetidas a regime de liquidação extrajudicial pela Superintendência de Seguros Privados – Susep na hipótese em que a petição tenha sido subscrita por advogado cujo substabelecimento, apesar de conferido com reserva de poderes, não tenha sido previamente autorizado pelo liquidante. Efetivamente, conforme a Portaria 4.072/2011 da SUSEP, os poderes outorgados pelo liquidante aos advogados da massa somente podem ser substabelecidos com autorização daquele. Cumpre ressaltar, ainda, que a irregularidade na representação processual enseja o não conhecimento do recurso, descabendo sanar o referido defeito após a sua interposição. Mutatis mutandis, incide no caso a orientação da Súmula 115 do STJ, de acordo com a qual "na instância especial é inexistente recurso interposto por advogado sem procuração nos autos". Ademais, registre-se, por oportuno, que a jurisprudência desta Corte é firme no sentido de que as disposições dos arts. 13 e 37 do CPC não se aplicam na instância superior, de modo que é incabível a conversão do julgamento em diligência ou a abertura de prazo para a regularização do recurso. AgRg nos EREsp 1.262.401-BA, Rel. Min. Humberto Martins, julgado em 25/4/2013. (Inform. STJ 521)

DIREITO PROCESSUAL CIVIL. RECOLHIMENTO DO PREPARO COMO PRESSUPOSTO PARA O CONHECIMENTO DE EMBARGOS DE DIVERGÊNCIA.

Não devem ser conhecidos os embargos de divergência interpostos no STJ na hipótese em que o embargante não tenha comprovado, na data de interposição, o respectivo preparo, nem feito prova de que goze do benefício da justiça gratuita. O art. 511, caput, do CPC estabelece que, "no ato de interposição do recurso, o recorrente comprovará, quando exigido pela legislação pertinente, o respectivo preparo, inclusive porte de remessa e de retorno, sob pena de deserção". Com relação aos embargos de divergência, a Lei 11.636/2007 previu a exigência de custas para a sua oposição no STJ. Igualmente, tal obrigatoriedade está prevista na Resolução STJ 25/2012. Precedentes citados: AgRg nos EAREsp 17.869-PI, Primeira Seção, DJe 3/10/2012, e AgRg nos EAg 1.241.440-PR, Corte Especial, DJe 19/10/2010. AgRg nos EREsp 1.262.401-BA, Rel. Min. Humberto Martins, julgado em 25/4/2013. (Inform. STJ 521)

DIREITO PROCESSUAL CIVIL. INAPLICABILIDADE DA TEORIA DA CAUSA MADURA NA HIPÓTESE EM QUE VERIFICADA A NECESSIDADE DE INSTRUÇÃO PROBATÓRIA.

O tribunal, ao apreciar apelação interposta em face de sentença que tenha reconhecido a prescrição da pretensão veiculada em ação monitória fundada em cheques prescritos que não circularam, não pode desde logo julgar a lide, mediante a aplicação do procedimento previsto no § 3º do art. 515 do CPC (teoria da causa madura), na hipótese em que, existindo dúvida plausível acerca da entrega da mercadoria que dera origem à emissão dos cheques, não tenha havido, em primeira instância, a análise de qualquer questão preliminar ou de mérito diversa da prescrição. A adequada interpretação do conteúdo do art. 515, § 3º, do CPC é que esse dispositivo possibilita ao tribunal, caso propiciado o contraditório e a ampla defesa, com regular e completa instrução do processo, o julgamento do mérito da causa, mesmo que para tanto seja necessária a apreciação do acervo probatório e ainda que na origem não tenha sido proferida decisão meramente terminativa. Desta feita, o afastamento da prescrição pelo tribunal ad quem permite a este, em regra, proceder ao julgamento das demais questões suscitadas no recurso, ainda que não tenham sido analisadas diretamente pela sentença, quando a causa se encontrar suficientemente "madura". Entretanto, existindo dúvida plausível acerca da efetiva existência do crédito pleiteado, impor-se-ia, diante do afastamento da prescrição, a remessa dos autos à instância de origem para que possibilite ao réu o exercício do direito de defesa, o qual foi prejudicado pela prematura extinção do processo monitório. Efetivamente, conquanto a pacífica jurisprudência do STJ entenda ser desnecessária a perquirição do negócio jurídico que subjaz à emissão do título na petição de ação monitória, nada impede que o requerido traga à baila a discussão do negócio jurídico subjacente. Isso porque a ausência de circulação do título preserva a sua vinculação com a relação cambiária que lhe deu origem, o mesmo acontecendo no caso de prescrição do título, em que a abstração decorrente do princípio da autonomia desaparece, operando-se a perda da cambialidade. REsp 1.082.964-SE, Rel. Min. Luis Felipe Salomão, julgado em 5/3/2013. (Inform. STJ 520)

DIREITO PROCESSUAL CIVIL. DEFINIÇÃO DE SUCUMBÊNCIA RECÍPROCA PARA A INTERPOSIÇÃO DE RECURSO ADESIVO.

A extinção do processo, sem resolução do mérito, tanto em relação ao pedido do autor quanto no que diz respeito à reconvenção, não impede que o réu reconvinte interponha recurso adesivo ao de apelação. Isso porque o art. 500 do CPC não exige, para a interposição de recurso adesivo, que a sucumbência recíproca ocorra na mesma lide, devendo aquela ser aferida a partir da análise do julgamento em seu conjunto. A previsão do recurso adesivo no sistema processual brasileiro tem por objetivo atender política legislativa e judiciária de solução mais célere para os litígios. Assim, do ponto de vista teleológico, não se deve interpretar o dispositivo de forma substancialmente mais restritiva do que se faria com os artigos alusivos à apelação, aos embargos infringentes e aos recursos extraordinários. De fato, segundo o parágrafo único do artigo 500 do CPC, ao recurso adesivo devem ser aplicadas as mesmas regras do recurso independente quanto às condições de admissibilidade, preparo e julgamento no tribunal superior. REsp 1.109.249-RJ, Rel. Min. Luis Felipe Salomão, julgado em 7/3/2013. (Inform. STJ 518)

DIREITO PROCESSUAL CIVIL. PEDIDO DE DESISTÊNCIA REALIZADO APÓS O JULGAMENTO DO RECURSO.
Não é possível a homologação de pedido de desistência de recurso já julgado, pendente apenas de publicação de acórdão. Precedente citado: AgRg no Ag 941.467-MG, Primeira Turma, DJe 26/4/2010. AgRg no AgRg no Ag 1.392.645-RJ, Rel. Min. Herman Benjamin, julgado em 21/2/2013. (Inform. STJ 517).

DIREITO PROCESSUAL CIVIL. IMPOSSIBILIDADE DE CONHECIMENTO DE APELAÇÃO INTERPOSTA CONTRA DECISÃO QUE EXCLUI UM DOS LITISCONSORTES DA RELAÇÃO JURÍDICA E DETERMINA O PROSSEGUIMENTO DA EXECUÇÃO CONTRA OS DEMAIS DEVEDORES.
É inviável o conhecimento de apelação interposta contra decisão que exclui um dos litisconsortes da relação jurídica e determina o prosseguimento da execução contra os demais devedores. Referido equívoco constitui erro inescusável, por consequência, inaplicável o princípio da fungibilidade recursal em face do entendimento do STJ segundo o qual, nesses casos, seria cabível agravo de instrumento, e não apelação. Precedentes citados: AgRg no Ag 1.329.466-MG, DJe 19/5/2011, e AgRg no Ag 1.236.181-PR, DJe 13/9/2010. AgRg no REsp 1.184.036-DF, Rel. Min. Antonio Carlos Ferreira, julgado em 7/2/2013. (Inform. STJ 515).

DIREITO CIVIL E PROCESSUAL CIVIL. INTERPOSIÇÃO DE RECURSO PELO FILHO MENOR EM FACE DE SENTENÇA CONDENATÓRIA PROFERIDA EM AÇÃO PROPOSTA UNICAMENTE EM FACE DE SEU GENITOR COM FUNDAMENTO NA RESPONSABILIDADE DOS PAIS POR ATO ILÍCITO QUE TERIA COMETIDO.
O filho menor não tem interesse nem legitimidade para recorrer da sentença condenatória proferida em ação proposta unicamente em face de seu genitor com fundamento na responsabilidade dos pais pelos atos ilícitos cometidos por filhos menores. O art. 499, § 1º, do CPC assegura ao terceiro prejudicado a possibilidade de interpor recurso de determinada decisão, desde que ela afete, direta ou indiretamente, uma relação jurídica de que seja titular. Assim, para que seja admissível o recurso de pessoa estranha à relação jurídico-processual já estabelecida, faz-se necessária a demonstração do prejuízo sofrido em razão da decisão judicial, ou seja, o terceiro deve demonstrar seu interesse jurídico quanto à interposição do recurso. O CC, no seu art. 932, trata das hipóteses em que a responsabilidade civil pode ser atribuída a quem não seja o causador do dano, a exemplo da responsabilidade dos genitores pelos atos cometidos por seus filhos menores (inciso I), que constitui modalidade de responsabilidade objetiva decorrente do exercício do poder familiar. É certo que, conforme o art. 942, parágrafo único, do CC, "são solidariamente responsáveis com os autores, os coautores e as pessoas designadas no art. 932". Todavia, o referido dispositivo legal deve ser interpretado em conjunto com os arts. 928 e 934 do CC, que tratam, respectivamente, da responsabilidade subsidiária e mitigada do incapaz e da inexistência de direito de regresso em face do descendente absoluta ou relativamente incapaz. Destarte, o patrimônio do filho menor somente pode responder pelos prejuízos causados a outrem se as pessoas por ele responsáveis não tiverem obrigação de fazê-lo ou não dispuserem de meios suficientes. Mesmo assim, nos termos do parágrafo único do art. 928, se for o caso de atingimento do patrimônio do menor, a indenização será equitativa e não terá lugar se privar do necessário o incapaz ou as pessoas que dele dependam. Portanto, deve-se concluir que o filho menor não é responsável solidário com seus genitores pelos danos causados, mas, sim, subsidiário. Assim, tratando-se de pessoa estranha à relação jurídico-processual já estabelecida e não havendo demonstração do prejuízo sofrido em razão da decisão judicial, configura-se, na hipótese, a carência de interesse e legitimidade para a interposição de recurso. REsp 1.319.626-MG, Rel. Min. Nancy Andrighi, julgado em 26/2/2013. (Inform. STJ 515).

Súmula STF nº 325

As emendas ao regimento do Supremo Tribunal Federal, sobre julgamento de questão constitucional, aplicam-se aos pedidos ajuizados e aos recursos interpostos anteriormente a sua aprovação.

Súmula STF nº 322

Não terá seguimento pedido ou recurso dirigido ao Supremo Tribunal Federal, quando manifestamente incabível, ou apresentado fora do prazo, ou quando for evidente a incompetência do tribunal.

Súmula STJ nº 484

Admite-se que o preparo seja efetuado no primeiro dia útil subsequente, quando a interposição do recurso ocorrer após o encerramento do expediente bancário.

Súmula STJ nº 483

O INSS não está obrigado a efetuar depósito prévio do preparo por gozar das prerrogativas e privilégios da Fazenda Pública.

Súmula STJ nº 325

A remessa oficial devolve ao Tribunal o reexame de todas as parcelas da condenação suportadas pela Fazenda Pública, inclusive dos honorários de advogado.

Súmula STJ nº 318

Formulado pedido certo e determinado, somente o autor tem interesse recursal em arguir o vício da sentença ilíquida.

Súmula STJ nº 264

É irrecorrível o ato judicial que apenas manda processar a concordata preventiva.

Súmula STJ nº 253

O art. 557 do CPC, que autoriza o relator a decidir o recurso, alcança o reexame necessário.

Súmula STJ nº 216

A tempestividade de recurso interposto no Superior Tribunal de Justiça é aferida pelo registro no protocolo da secretaria e não pela data da entrega na agência do correio.

Súmula STJ nº 187

É deserto o recurso interposto para o Superior Tribunal de Justiça, quando o recorrente não recolhe, na origem, a importância das despesas de remessa e retorno dos autos.

Súmula STJ nº 117

A inobservância do prazo de 48 horas, entre a publicação de pauta e o julgamento sem a presença das partes, acarreta nulidade.

Súmula STJ nº 115
Na instancia especial é inexistente recurso interposto por advogado sem procuração nos autos.

Súmula STJ nº 55
Tribunal Regional Federal não é competente para julgar recurso de decisão proferida por juiz estadual não investido de jurisdição federal.

Súmula STJ nº 45
No reexame necessário, é defeso, ao tribunal, agravar a condenação imposta à Fazenda Pública.

11.2. Agravo

Representação processual e cópia não autenticada – 4
Em conclusão de julgamento, a 1ª Turma, por maioria, conheceu de agravo regimental interposto de decisão do Min. Menezes Direito que, em agravo de instrumento do qual então relator, entendera intempestivo recurso extraordinário não admitido pelo tribunal a quo por motivo diverso. No regimental, o Relator asseverara que a petição estaria subscrita por advogada que não possuiria instrumento de mandato válido para representar a agravante, haja vista que o substabelecimento – que conferiria poderes à subscritora do presente agravo –, embora original, estaria assinado por advogada que, também, não possuiria procuração válida nos autos, uma vez que o substabelecimento, juntado na interposição deste agravo regimental, seria mera cópia reprográfica sem a necessária autenticação – v. Informativos 545, 560 e 606. Aduziu-se que a subscritora do agravo estaria devidamente credenciada pela parte agravante. Afastou-se a exigência de autenticação de peças trasladadas em cópia quando apresentadas pelo advogado. Vencidos os Ministros Menezes Direito e Cármen Lúcia, que não conheciam do regimental. Atestavam validade de cópia obtida de mandato judicial somente se o escrivão portasse fé de sua conformidade com o original. AI 741616 AgR/RJ, rel. orig. Min. Dias Toffoli, red. p/ o acórdão Min. Marco Aurélio, 19.3.2013. (AI-741616) (Inform. STF 699).

DIREITO PROCESSUAL CIVIL. CONHECIMENTO DE AGRAVO DE INSTRUMENTO NÃO INSTRUÍDO COM CÓPIA DA CERTIDÃO DE INTIMAÇÃO DA DECISÃO AGRAVADA. RECURSO REPETITIVO (ART. 543-C DO CPC E RES. N. 8/2008-STJ). A ausência da cópia da certidão de intimação da decisão agravada não é óbice ao conhecimento do agravo de instrumento quando, por outros meios inequívocos, for possível aferir a tempestividade do recurso, em atendimento ao princípio da instrumentalidade das formas. O STJ entende que, apesar de a certidão de intimação da decisão agravada constituir peça obrigatória para a formação do instrumento do agravo (art. 525, I, do CPC), sua ausência pode ser relevada desde que seja possível aferir, de modo inequívoco, a tempestividade do agravo por outro meio constante dos autos. Esse posicionamento é aplicado em homenagem ao princípio da instrumentalidade das formas para o qual o exagerado processualismo deve ser evitado de forma a que o processo e seu uso sejam convenientemente conciliados e realizados. Precedentes citados: REsp 676.343-MT, Quarta Turma, DJe 8/11/2010; e AgRg no AgRg no REsp 1.187.970-SC, Terceira Turma, DJe 16/8/2010. **REsp 1.409.357-SC, Rel. Min. Sidnei Beneti, julgado em 14/5/2014. (Inform. STJ 541)**

DIREITO PROCESSUAL CIVIL. AFASTAMENTO DE NULIDADE CAUSADA POR OFENSA AO PRINCÍPIO DO CONTRADITÓRIO. A nulidade da decisão do relator que julgara agravo de instrumento do art. 522 do CPC sem prévia intimação do agravado para resposta não deve ser declarada quando suscitada apenas em embargos de declaração opostos em face de acórdão que, após a intimação para contrarrazões, julgou agravo regimental interposto pela outra parte. Segundo entendimento do STJ (REsp 1.148.296-SP, submetido ao rito do art. 543-C do CPC, DJe 18/9/2010), a intimação da parte recorrida para apresentação de contrarrazões é condição de validade da decisão que causa prejuízo ao recorrente. Apesar de esse paradigma ressaltar a importância do contraditório no procedimento recursal, a nulidade decorrente da ausência de intimação para contrarrazões não deve ser tida por insanável, pois o contraditório se renova continuamente no curso do processo, abrindo-se oportunidade às partes para se manifestarem. Na linha de entendimento doutrinário, se até mesmo a ausência de citação pode ficar sanada pela posterior citação em processo de execução, *a fortiori* a ausência de mera intimação também fica sanada com a intimação realizada em momento posterior. Já a estratégia de permanecer silente, reservando a nulidade para ser alegada em um momento posterior, já foi rechaçada, inclusive sob a denominação de "nulidade de algibeira", pela 3ª Turma do STJ. Precedentes citados: REsp 756.885-RJ, Terceira Turma, DJ 17/9/2007; e AgRg no AREsp 266.182-RJ, Segunda Turma, DJe 24/5/2013. **REsp 1.372.802-RJ, Rel. Min. Paulo de Tarso Sanseverino, julgado em 11/3/2014. (Inform. STJ 539)**

DIREITO PROCESSUAL CIVIL. RECURSO CONTRA DECISÃO QUE RESOLVE INCIDENTE DE ALIENAÇÃO PARENTAL. O agravo do art. 522 do CPC é o meio adequado para impugnar decisão que resolva incidentalmente a questão da alienação parental. A Lei 12.318/2010 prevê que o reconhecimento da alienação parental pode se dar em ação autônoma ou incidentalmente, sem especificar, no entanto, o recurso cabível, impondo, neste aspecto, a aplicação das regras do CPC. A decisão que, de maneira incidente, enfrenta e resolve a existência de alienação parental antes de decidir sobre o mérito da principal não encerra a etapa cognitiva do processo na primeira instância. Portanto, esse ato judicial tem natureza de decisão interlocutória (art. 162, §2º, do CPC) e, por consequência, o recurso cabível, nessa hipótese, é o agravo (art. 522 do CPC). Cabe ressaltar que seria diferente se a questão fosse resolvida na própria sentença, ou se fosse objeto de ação autônoma, como prevê a Lei 12.318/2010, hipóteses em que o meio de impugnação idôneo seria a apelação, porque, nesses casos, a decisão poria fim à etapa cognitiva do processo em primeiro grau. **REsp 1.330.172-MS, Rel. Min. Nancy Andrighi, julgado em 11/3/2014. (Inform. STJ 538)**

DIREITO PROCESSUAL CIVIL. CONVERSÃO DE AGRAVO DE INSTRUMENTO EM RETIDO. A mera possibilidade de anulação de atos processuais – como decorrência lógica de eventual provimento, no futuro, do agravo retido – não constitui motivo suficiente para impedir a conversão, em agravo retido, de agravo de instrumento no qual se alegue a nulidade de prova pericial realizada. Observe-se, inicialmente, que a regra no atual ordenamento processual é a interposição do agravo na forma retida, sendo o agravo de instrumento uma exceção, que ocorre apenas nas hipóteses previstas em lei (art. 522 do CPC). Nesse contexto, a simples possibilidade de anulação de atos processuais em momento futuro deve ser considerada como inerente à própria prolação de sentença de mérito na pendência de agravo, retido ou de instrumento, recebido no efeito meramente devolutivo. Esse risco de perda de atos processuais foi assumido pelo legislador como mais vantajoso para o sistema processual do que a eventual suspensão do processo na hipótese de impugnação de decisão interlocutória. Ademais, a manutenção nos autos da prova pericial realizada, ainda que tida pela parte como inválida, por si só, não tem o condão de causar ao agravante lesão grave ou de difícil reparação, pois, não tendo havido julgamento de mérito, inexiste ainda valoração em relação àquela prova. Decerto, caso a parte agravante se sinta prejudicada por eventual julgamento desfavorável amparado naquela prova pericial, poderá requerer ao Tribunal o exame de arguição de afronta ao devido processo legal, em preliminar de recurso, o que merecerá o devido exame no momento oportuno. **RMS 32.418-PR, Rel. originário Min. Raul Araújo, Rel. para acórdão Min. Luis Felipe Salomão, julgado em 4/6/2013.** (Inform. STJ 527)

DIREITO PROCESSUAL CIVIL. CONVERSÃO DE AGRAVO DE INSTRUMENTO EM AGRAVO RETIDO NO ÂMBITO DE EXECUÇÃO.
O agravo de instrumento não pode ser convertido em agravo retido quando interposto com o objetivo de impugnar decisão proferida no âmbito de execução. Isso porque a retenção do referido recurso é incompatível com o procedimento adotado na execução, em que não há sentença final de mérito. Precedentes citados: AgRg no AREsp 5.997-RS, Primeira Turma, DJe 16/3/2012; e REsp 418.349-PR, Terceira Turma, DJe 10/12/2009. **RMS 30.269-RJ, Rel. Min. Raul Araújo, julgado em 11/6/2013.** (Inform. STJ 526)

DIREITO PROCESSUAL CIVIL. AGRAVO DE INSTRUMENTO EM FACE DE ATO JUDICIAL QUE DETERMINE O CUMPRIMENTO DE SENTENÇA NO CASO DE CONTROVÉRSIA SOBRE OS LIMITES DA EXECUÇÃO A SER REALIZADA.
Havendo discussão acerca dos limites da sentença a ser executada, é cabível a interposição de agravo de instrumento com o objetivo de impugnar o ato judicial que determine o cumprimento imediato da sentença. Independentemente do nome conferido ao provimento jurisdicional, para que seja recorrível, basta que possua algum conteúdo decisório capaz de gerar prejuízo para as partes. Assim, existindo controvérsia sobre os limites da sentença proferida no processo de conhecimento, não se pode considerar que o ato que determine o cumprimento da referida sentença constitua mero impulso processual, pois se trata de ato com efetiva carga decisória e capaz de gerar prejuízo para as partes, passível de impugnação por meio de agravo de instrumento. REsp 1.219.082-GO, Rel. Min. Nancy Andrighi, julgado em 2/4/2013. (Inform. STJ 518)

DIREITO PROCESSUAL CIVIL. PRAZO CONTÍNUO DE CINCO DIAS PARA A APRESENTAÇÃO DOS ORIGINAIS NA HIPÓTESE EM QUE SE OPTA PELA UTILIZAÇÃO DE SISTEMA DE TRANSMISSÃO DE DADOS E IMAGENS DO TIPO FAX.
Ainda que o recorrente detenha o privilégio do prazo em dobro, será de cinco dias o prazo, contínuo e inextensível, para a protocolização dos originais do recurso na hipótese em que se opte pela utilização de sistema de transmissão de dados e imagens do tipo fac-símile. O STJ entende que o art. 188 do CPC, que estabelece o privilégio de recorrer com prazo em dobro, não se aplica à contagem do prazo para a juntada da peça original. Precedentes citados: EDcl nos EDcl no AgRg no REsp 1.175.952-PR, DJe 1/11/2010; AgRg no Ag 1.119.792-RJ, DJe 18/6/2010, e AgRg no REsp 1.059.613-SP, DJe 17/6/2010. AgRg no REsp 1.308.916-GO, Rel. Min. Mauro Campbell Marques, julgado em 6/12/2012. (Inform. STJ 514).

DIREITO PROCESSUAL CIVIL. RECURSOS. CABIMENTO DE AGRAVO REGIMENTAL EM FACE DE DECISÃO QUE NEGA SEGUIMENTO A RESP COM BASE NO ART. 543-C, § 7º, I, do CPC.
É cabível agravo regimental, a ser processado no Tribunal de origem, destinado a impugnar decisão monocrática que nega seguimento a recurso especial com fundamento no art. 543-C, § 7º, I, do CPC. O referido dispositivo legal prevê que os recursos especiais sobrestados no Tribunal de origem conforme o rito dos recursos repetitivos terão seguimento negado na hipótese de o acórdão recorrido coincidir com a orientação do STJ. Dessa decisão denegatória pode a parte interpor agravo regimental, que será processado e julgado no Tribunal a quo. Ademais, o STJ entende que não é cabível agravo de instrumento da referida decisão. Precedentes citados: QO no Ag 1.154.599-SP, DJe 12/5/2011, e Rcl 5.246-RS, DJe 2/8/2011. RMS 35.441-RJ, Rel. Min. Herman Benjamin, julgado em 6/12/2012. (Inform. STJ 512).

DIREITO PROCESSUAL CIVIL. DESCABIMENTO DE AGRAVO REGIMENTAL EM FACE DE DESPACHO QUE DETERMINA O SOBRESTAMENTO DO FEITO.
Não cabe agravo regimental contra despacho que determina, no âmbito do STJ, a suspensão do feito para aguardar o julgamento de recurso especial submetido ao regime do art. 543-C do CPC e da Res. n. 8/2008-STJ. Precedentes citados: **AgRg no REsp 1.167.494-PR, DJe 11/9/2012; AgRg no AREsp 110.072-PR, DJe 12/4/2012, e AgRg no REsp 1.266.921-RS, DJe 17/11/2011. AgRg no AREsp 179.403-RS, Rel. Min. Herman Benjamin, julgado em 18/10/2012.** (Inform. STJ 508)

DIREITO PROCESSUAL CIVIL. AGRAVO DE INSTRUMENTO. PEÇA OBRIGATÓRIA. CÓPIA DO CONTRATO OU ESTATUTO SOCIAL.
A cópia do contrato ou do estatuto social da pessoa jurídica não constitui peça obrigatória para a formação do instrumento, nos termos do art. 525, I, do CPC. Precedentes citados: **AgRg no REsp 1.183.229-MS, DJe 18/5/2010, e AgRg no Ag 1.084.141-RS, DJe 24/8/2009. REsp 1.344.581-RJ, Rel. Min. Herman Benjamin, julgado em 18/10/2012.** (Inform. STJ 508)

DIREITO PROCESSUAL CIVIL. AGRAVO RETIDO CONTRA DECISÃO INTERLOCUTÓRIA EM AUDIÊNCIA.
A exigência da forma oral para interposição de agravo retido contra decisão interlocutória proferida em audiência limita-se à audiência de instrução e julgamento, não incidindo quanto à audiência de tentativa de conciliação. **REsp 1.288.033-MA, Rel. Min. Sidnei Beneti, julgado em 16/10/2012.** (Inform. STJ 507)

PRINCÍPIO DA SINGULARIDADE. INTERPOSIÇÃO DE UM ÚNICO RECURSO PARA ATACAR DUAS DECISÕES DISTINTAS.
A Turma, considerando as especificidades do caso, entendeu ser possível a interposição de um único recurso de agravo de instrumento para impugnar duas decisões interlocutórias distintas proferidas no mesmo processo. *In casu*, cuidou-se, na origem, de ação de execução de título extrajudicial, sendo que, após iniciado o cumprimento provisório da sentença, o recorrente opôs exceção de pré-executividade. O juiz singular proferiu duas decisões interlocutórias: a primeira (em 30/7/2007) extinguiu a exceção de pré-executividade por irregularidade da representação processual e autorizou a penhora *online* de ativos financeiros em nome do executado; já a segunda (em 29/10/2007) autorizou o levantamento do valor penhorado e depositado judicialmente mediante a prestação de caução. Ocorre que o recorrente, em vez de impugná-las separadamente, por meio de dois agravos de instrumento, interpôs um único recurso. Nesse contexto, inicialmente, ressaltou-se que o princípio da singularidade, também denominado da unicidade do recurso, ou unirrecorribilidade consagra que, para cada decisão a ser atacada, há um único recurso próprio e adequado previsto no ordenamento jurídico. Sendo assim, salvo as exceções legais – embargos de declaração e recurso especial e extraordinário –, não é possível a utilização de mais de um recurso para impugnar a mesma decisão, sob pena de o segundo não ser conhecido por preclusão consumativa. Entretanto, destacou-se que o aludido princípio não veda a interposição de um único recurso para impugnar mais de uma decisão. Tampouco subsiste, na legislação processual, qualquer impedimento a essa prática, embora seja incomum. Assim, consignou-se que, na hipótese, não se trata de aplicação do art. 244 do CPC, pois há previsão legal quanto ao recurso cabível contra decisão interlocutória (art. 522 do CPC), sendo também desnecessária a aplicação do princípio da instrumentalidade das formas, visto que o recorrente utilizou-se do recurso correto (respeito à forma) para impugnar as decisões interlocutórias, qual seja,

o agravo de instrumento. Ademais, considerou-se que, na espécie, a interposição do agravo por meio de duas petições separadas e o julgamento separado dos recursos poderia gerar decisões conflitantes. Isso porque a segunda decisão (que autorizou o levantamento do valor penhorado) é dependente da primeira (que extinguiu a exceção de pré-executividade oposta pelo executado e autorizou a penhora daquele valor). Por fim, asseverou-se que, embora a interposição de um único recurso para impugnar mais de uma decisão não seja uma prática recomendável, reconheceu-se que, de acordo com as particularidades do caso, o não conhecimento do agravo importa violação do art. 522 do CPC, porquanto a parte, além de ter o direito de recorrer das decisões interlocutórias, utilizou-se do recurso previsto na legislação para tanto, ou seja, o agravo de instrumento. Assim, a Turma deu provimento ao recurso, para anular o acórdão recorrido e determinar o retorno dos autos ao tribunal de origem, a fim de que seja apreciado o mérito do agravo de instrumento. **REsp 1.112.599-TO, Rel. Min. Nancy Andrighi, julgado em 28/8/2012.** (Inform. STJ 503)

AGRAVO DE INSTRUMENTO INTERPOSTO NA VIGÊNCIA DE LEI ANTERIOR. PEÇAS OBRIGATÓRIAS.

A Lei n. 12.322/2010, que transformou o agravo de instrumento em agravo nos próprios autos, não se aplica aos recursos interpostos antes da sua vigência. Assim, aos agravos de instrumento anteriores a 9/12/2010, data na qual entrou em vigor a referida lei, devem-se aplicar as regras anteriores. No caso, verificou-se a má formação do agravo de instrumento, interposto em 10/9/2010, por não atender ao disposto na redação anterior do art. 544, § 1º, do CPC, já que deixou de juntar cópias de peças obrigatórias. Precedentes citados: **AgRg no Ag 1.400.931-RS, DJe 16/3/2012, e AgRg no Ag 1.407.812-PB, DJe 20/3/2012. AgRg no Ag 1.391.012-RJ, Rel. Min. Antonio Carlos Ferreira, julgado em 3/5/2012.** (Inform. STJ 496)

ART. 526 DO CPC. ALEGAÇÃO DE DESCUMPRIMENTO. COMPROVAÇÃO POR MEIOS DIVERSOS DA JUNTADA DE CERTIDÃO.

A Turma, ao prosseguir o julgamento, deu provimento ao agravo regimental ao entender que o parágrafo único do art. 526 do CPC não determina a forma pela qual será provado o descumprimento, sendo possível a comprovação por outros meios, que não a certidão cartorária, como modo eficaz de atestar a negativa da exigência imposta à parte. Precedente citado: **AgRg no Ag 1.276.253-GO, DJe de 21/9/2010. AgRg nos EDcl no AREsp 15.561-SP, Rel. Min. Herman Benjamin, julgado em 2/2/2012.** (Inform. STJ 490)

Súmula STF nº 727
Não pode o magistrado deixar de encaminhar ao Supremo Tribunal Federal o agravo de instrumento interposto da decisão que não admite recurso extraordinário, ainda que referente à causa instaurada no âmbito dos juizados especiais.

Súmula STF nº 639
Aplica-se a Súmula 288 quando não constarem do traslado do agravo de instrumento as cópias das peças necessárias à verificação da tempestividade do recurso extraordinário não admitido pela decisão agravada.

Súmula STF nº 426
A falta do termo específico não prejudica o agravo no auto do processo, quando oportuna a interposição por petição ou no termo da audiência.

Súmula STF nº 425
O agravo despachado no prazo legal não fica prejudicado pela demora da juntada, por culpa do cartório; nem o agravo entregue em cartório no prazo legal, embora despachado tardiamente.

Súmula STF nº 289
O provimento do agravo por uma das turmas do Supremo Tribunal Federal ainda que sem ressalva, não prejudica a questão do cabimento do recurso extraordinário.

Súmula STF nº 288
Nega-se provimento a agravo para subida de recurso extraordinário, quando faltar no traslado o despacho agravado, a decisão recorrida, a petição de recurso extraordinário ou qualquer peça essencial à compreensão da controvérsia.

Súmula STF nº 287
Nega-se provimento ao agravo, quando a deficiência na sua fundamentação, ou na do recurso extraordinário, não permitir a exata compreensão da controvérsia.

Súmula STJ nº 223
A certidão de intimação do acórdão recorrido constitui peça obrigatória do instrumento de agravo.

11.3. Apelação

DIREITO PROCESSUAL CIVIL. INAPLICABILIDADE DO PRINCÍPIO DA FUNGIBILIDADE RECURSAL. É inviável o conhecimento de apelação interposta contra decisão que resolva incidentalmente a questão da alienação parental. O referido equívoco, na hipótese, impede a aplicação do princípio da fungibilidade recursal, o qual se norteia pela ausência de erro grosseiro e de má-fé do recorrente, desde que respeitada a tempestividade do recurso cabível. Por sua vez, pode-se dizer que haverá erro grosseiro sempre que não houver dúvida objetiva, ou, em outras palavras, quando (i) a lei for expressa ou suficientemente clara quanto ao cabimento de determinado recurso e (ii) inexistirem dúvidas ou posições divergentes na doutrina e na jurisprudência sobre qual o recurso cabível para impugnar determinada decisão. Assim, não se admite a interposição de um recurso por outro se a dúvida decorre única e exclusivamente da interpretação feita pelo próprio recorrente do texto legal, ou seja, se se tratar de uma dúvida de caráter subjetivo. Nesse contexto, não obstante o fato de a Lei 12.318/2010 não indicar, expressamente, o recurso cabível contra a decisão proferida em incidente de alienação parental, os arts. 162, § 2º, e 522, do CPC o fazem, revelando-se, por todo o exposto, subjetiva – e não objetiva – eventual dúvida do recorrente. Por fim, no caso de fundada dúvida – até mesmo para afastar qualquer indício de má-fé – a opção deverá ser pelo agravo, cujo prazo para interposição é menor que o da apelação, e que não tem, em regra, efeito suspensivo. **REsp 1.330.172-MS, Rel. Min. Nancy Andrighi, julgado em 11/3/2014.** (Inform. STJ 538)

DIREITO PROCESSUAL CIVIL. TEORIA DA CAUSA MADURA.
No exame de apelação interposta contra sentença que tenha julgado o processo sem resolução de mérito, o Tribunal pode julgar desde logo a lide, mediante a aplicação do procedimento previsto no art. 515, § 3º, do CPC, na hipótese em que não houver necessidade de produção de provas (causa madura), ainda que, para a análise do recurso, seja inevitável a apreciação do acervo probatório contido nos autos. De fato, o art. 515, § 3º, do CPC estabelece, como requisito indispensável para que o Tribunal julgue diretamente a lide, que a causa verse questão exclusivamente de direito. Entretanto, a regra do art. 515, § 3º, deve ser interpretada em consonância com a preconizada pelo art. 330, I, cujo teor autoriza o julgamento antecipado da lide "quando a questão de mérito for unicamente de direito, ou, sendo de direito e de fato, não houver necessidade de produzir prova em audiência". Desse modo, se não há necessidade de produção de provas, ainda que a questão seja de direito e de fato, poderá o Tribunal

julgar a lide no exame da apelação interposta contra a sentença que julgara extinto o processo sem resolução de mérito. Registre-se, a propósito, que configura questão de direito, e não de fato, aquela em que o Tribunal tão somente extrai o direito aplicável de provas incontroversas, perfeitamente delineadas, construídas com observância do devido processo legal, caso em que não há óbice para que incida a regra do art. 515, § 3º, porquanto discute, em última análise, a qualificação jurídica dos fatos ou suas consequências legais. **EREsp 874.507-SC, Rel. Min. Arnaldo Esteves Lima, julgado em 19/6/2013.** (Inform. STJ 528)

DIREITO PROCESSUAL CIVIL. INÉPCIA DA APELAÇÃO. FUNDAMENTOS DA SENTENÇA NÃO IMPUGNADOS.
É inepta a apelação quando o recorrente deixa de demonstrar os fundamentos de fato e de direito para a reforma pleiteada ou deixa de impugnar, ainda que em tese, os argumentos da sentença. Entende a jurisprudência do STJ que a repetição dos argumentos da petição inicial não configura ofensa ao art. 514, II, do CPC, se apresentados os fundamentos de fato e de direito suficientes para demonstrar o interesse na reforma da sentença. A petição de apelação deve conter os fundamentos de fato e de direito, de modo que incumbe ao apelante indicar o direito que pretende exercer contra o réu, apontando o fato proveniente desse direito. A narração dos fatos deve ser inteligível, a fim de enquadrar os fundamentos jurídicos ao menos em tese, e não de forma insuficiente, vaga e abstrata. De outro lado, é imperioso que o apelante impugne, argumentada e especificamente, os fundamentos que dirigiram o magistrado na prolação da sentença. Esse requisito também tem como escopo viabilizar a própria defesa da parte apelada, que necessita de argumentos pontuais para contra-arrazoar o recurso interposto. **REsp 1.320.527-RS, Rel. Min. Nancy Andrighi, julgado em 23/10/2012.** (Inform. STJ 507)

DIREITO PROCESSUAL CIVIL. MORTE DA RECORRENTE APÓS INTERPOSIÇÃO DA APELAÇÃO. ADITAMENTO. PRECLUSÃO CONSUMATIVA.
Não é possível interpor novo recurso de apelação, nem complementar as razões da apelação anterior, em caso de morte da recorrente posterior à interposição do recurso. Os recursos devem ser interpostos no prazo previsto pelo CPC, juntamente com as razões do inconformismo. Com a interposição da apelação, ocorre a preclusão consumativa, não se reabrindo o prazo para recorrer ou complementar o recurso em favor da sucessora da recorrente falecida. Precedentes citados: **AgRg no Ag 1.152.293-RS, 24/8/2011; AgRg no REsp 761.238-SP, DJ 18/12/2006, e EDcl no AgRg no REsp 861.533-PE, DJ 14/12/2006. REsp 1.114.519-PR, Sidnei Beneti, 2/10/2012.** (Inform. STJ 505)

Súmula STF nº 428
Não fica prejudicada a apelação entregue em cartório no prazo legal, embora despachada tardiamente.

11.4. Embargos de Declaração

EMB. DECL. NO AG. REG. NO AI N. 825.077-RS
RELATORA: MIN. ROSA WEBER
EMENTA: EMBARGOS DE DECLARAÇÃO. DIREITO PREVIDENCIÁRIO. BENEFÍCIO PREVIDENCIÁRIO. RENDA MENSAL INICIAL. CRITÉRIOS DE CÁLCULO. REPERCUSSÃO GERAL. DEVOLUÇÃO DOS AUTOS À ORIGEM. APLICAÇÃO DE DOIS TEMAS DISTINTOS. CONTRADIÇÃO INOCORRENTE. CARÁTER INFRINGENTE.
Não há falar em contradição quando aplicada a sistemática da repercussão geral com base em dois paradigmas distintos, mesmo que em apenas um deles tenha sido reconhecida a repercussão geral do tema, desde que, devido à complexidade do feito, sejam cada qual concernentes à uma parcela da pretensão arguida em sede de recurso extraordinário.
Ausente contradição justificadora da oposição de embargos declaratórios, nos termos do art. 535 do CPC, a evidenciar o caráter meramente infringente da insurgência.
Embargos de declaração rejeitados. (Inform. STF 754)

EMB. DECL. NO AG. REG. EM MS N. 32.485-SP
RELATOR: MIN. TEORI ZAVASCKI
Ementa: PROCESSUAL CIVIL. EMBARGOS DE DECLARAÇÃO. INEXISTÊNCIA DE QUAISQUER DOS VÍCIOS DO ART. 535 DO CPC. REDISCUSSÃO DE QUESTÕES JÁ DECIDIDAS. IMPOSSIBILIDADE. ATO DA SECRETARIA DO STF. APLICAÇÃO DA SISTEMÁTICA DE REPERCUSSÃO GERAL. DEVOLUÇÃO DOS AUTOS À ORIGEM, PARA OBSERVÂNCIA DO ART. 543-B DO CPC. AUSÊNCIA DE LESIVIDADE. PRECEDENTES. EMBARGOS DE DECLARAÇÃO REJEITADOS. (Inform. STF 747)

ED e expressões injuriosas do advogado - 1
A 1ª Turma iniciou julgamento de segundos embargos de declaração em agravo regimental interpostos contra decisão que negara seguimento ao agravo de instrumento, por não constar a data de protocolo de interposição do recurso extraordinário e porque o acórdão recorrido decidira a questão com base em normas processuais, o que configuraria afronta indireta à Constituição. Os Ministros Ricardo Lewandowski, relator, e Luiz Fux, rejeitaram os embargos, ao fundamento de que objetivariam apenas rediscutir a matéria. Determinaram, ainda, que o STF oficiasse ao Conselho Federal da Ordem dos Advogados do Brasil para que tomasse conhecimento e providências quanto às expressões indecorosas de que se utilizara o advogado do embargante ao se referir aos integrantes desta Corte. Apontaram ser mais consentâneo que o órgão de classe do advogado pudesse aferir a legitimidade de sua conduta. O Min. Marco Aurélio, embora reconhecesse que o advogado tivesse exagerado em seus termos, desproveu o recurso, sem a providência preconizada. O Min. Dias Toffoli, a seu turno, não conhecia dos embargos, com aplicação de multa. Por fim, suspendeu-se o julgamento para aguardar voto de desempate.
AI 798188 AgR-ED-ED/MG, rel. Min. Ricardo Lewandowski, 18.6.2013. (AI-798188)

ED e expressões injuriosas ao advogado - 2
Em conclusão de julgamento, a 1ª Turma, por maioria, rejeitou segundos embargos de declaração ao fundamento de que objetivariam apenas a rediscussão da matéria — v. Informativo 711. Na espécie, tratava-se de segundos embargos de declaração em agravo regimental interpostos contra decisão que negara seguimento ao agravo de instrumento, por não constar a data de protocolo de interposição do recurso extraordinário e porque o acórdão recorrido decidira a questão com base em normas processuais, o que configuraria afronta indireta à Constituição. Também por votação majoritária, a Turma determinou, ainda, que o STF oficiasse à Ordem dos Advogados do Brasil para que tomasse conhecimento e providências quanto às expressões indecorosas de que se utilizara o advogado do embargante ao se referir aos integrantes desta Corte. Vencido o Ministro Marco Aurélio, que negava provimento ao recurso, e o Ministro Dias Toffoli, que dele não conhecia.
AI 798188 AgR-ED-ED/MG, rel. Min. Ricardo Lewandowski, 26.11.2013. (AI-798188) (Inform. STF 730)

Embargos Infringentes. Provimento de ED e submissão de RE ao Plenário Virtual
A 1ª Turma deu provimento a embargos de declaração, com efeitos infringentes, para submeter recurso extraordinário ao Plenário Virtual. Discute-se a incidência do IRPJ e da CSLL sobre rendimentos auferidos em aplicações de fundos de investimento

de entidades fechadas de previdência complementar, ante a vedação legal de obtenção de lucro por essas pessoas jurídicas.
RE 612686 AgR-ED/SC, rel. Min. Luiz Fux, 8.10.2013. (RE-612686) (Inform. STF 723)

EMB. DECL. NO AG. REG. NO AI N. 779.433-SC
RELATORA: MIN. ROSA WEBER
E M E N T A: EMBARGOS DE DECLARAÇÃO. DIREITO PROCESSUAL CIVIL. LITISPENDÊNCIA. EFETIVAÇÃO EM SERVENTIA EXTRAJUDICIAL COM FUNDAMENTO EM NORMA DECLARADA INCONSTITUCIONAL. OMISSÃO INOCORRENTE. CARÁTER INFRINGENTE.
Ausente omissão justificadora da oposição de embargos declaratórios, nos termos do art. 535 do CPC, a evidenciar o caráter meramente infringente da insurgência.
Embargos de declaração rejeitados. (Inform. STF 716)

ED e expressões injuriosas do advogado
A 1ª Turma iniciou julgamento de segundos embargos de declaração em agravo regimental interpostos contra decisão que negara seguimento a agravo de instrumento, por não constar a data de protocolo de interposição do recurso extraordinário e porque o acórdão recorrido decidira a questão com base em normas processuais, o que configuraria afronta indireta à Constituição. Os Ministros Ricardo Lewandowski, relator, e Luiz Fux, rejeitaram os embargos, ao fundamento de que objetivariam apenas rediscutir a matéria. Determinaram, ainda, que o STF oficiasse ao Conselho Federal da Ordem dos Advogados do Brasil para que tomasse conhecimento e providências quanto às expressões indecorosas de que se utilizara o advogado do embargante ao se referir aos integrantes desta Corte. Apontaram ser mais consentâneo que o órgão de classe do advogado pudesse aferir a legitimidade de sua conduta. O Min. Marco Aurélio, embora reconhecesse que o advogado tivesse exagerado em seus termos, desproveu o recurso, sem a providência preconizada. O Min. Dias Toffoli, a seu turno, não conheceu dos embargos, com aplicação de multa. Por fim, suspendeu-se o julgamento para aguardar voto de desempate.
AI 798188 AgR-ED-ED/MG, rel. Min. Ricardo Lewandowski, 18.6.2013. (AI-798188) (Inform. STF 711)

ED: conversão em regimental e multa - 2
É possível a aplicação da multa prevista no art. 557, § 2º, do CPC ("Art. 557. O relator negará seguimento a recurso manifestamente inadmissível, improcedente, prejudicado ou em confronto com súmula ou com jurisprudência dominante do respectivo tribunal, do Supremo Tribunal Federal, ou de Tribunal Superior. ... § 2º Quando manifestamente inadmissível ou infundado o agravo, o tribunal condenará o agravante a pagar ao agravado multa entre um e dez por cento do valor corrigido da causa, ficando a interposição de qualquer outro recurso condicionada ao depósito do respectivo valor") nas hipóteses de conversão de embargos declaratórios em agravo regimental. Essa conclusão da 1ª Turma, que, por maioria, recebeu dois embargos de declaração como agravos regimentais e a estes negou provimento, por votação majoritária, com a incidência da aludida multa. Em ambos os casos, trata-se de embargos de decisão monocrática que negara seguimento a extraordinário, porquanto o acórdão recorrido estaria em sintonia com decisão plenária da Corte — v. Informativo 637. Ressaltou-se que a conversão dos declaratórios em agravo seria entendimento pacificado no Supremo e que a oposição dos embargos teria o intuito de mitigar a possível incidência de multa. Vencidos os Ministros Luiz Fux e Marco Aurélio — este também quanto à conversão —, que negavam provimento aos recursos sem imposição de multa. Este aduzia não ser aplicável a sanção do referido dispositivo — inerente ao agravo regimental —, já que as partes não interpuseram este recurso e que, se cabíveis as multas, somente seriam admitidas no montante de 1%, próprio aos embargos de declaração.

RE 501726 ED/SC, rel. Min. Dias Toffoli, 4.6.2013. (RE-501726)
RE 581906 ED/SC, rel. Min. Dias Toffoli, 4.6.2013. (RE-581906)
(Inform. STF 709)

ED e recolhimento prévio de multa
A 1ª Turma, por maioria, acolheu segundos embargos de declaração para afastar a exigência de multa e conhecer dos primeiros embargos, mas rejeitá-los. Reputou-se que não se poderia cogitar da obrigatoriedade de recolhimento da multa para se conhecer do recurso, uma vez que a sua interposição partiria do pressuposto de que a prestação jurisdicional não se aperfeiçoara e, portanto, não poderia ser executada quanto à multa. Vencido o Min. Luiz Fux, que os rejeitava. AI 588831 ED-ED/RN, rel. Min. Marco Aurélio, 4.12.2012. (AI 588831) (Inform. STF 691)

DIREITO PROCESSUAL CIVIL. CUMULAÇÃO DA MULTA DO ART. 538, PARÁGRAFO ÚNICO, DO CPC COM A INDENIZAÇÃO PELO RECONHECIMENTO DA LITIGÂNCIA DE MÁ-FÉ (ARTS. 17, VII, E 18, § 2º, DO CPC). RECURSO REPETITIVO (ART. 543-C DO CPC E RES. 8/2008-STJ). A multa prevista no art. 538, parágrafo único, do CPC tem caráter eminentemente administrativo – punindo conduta que ofende a dignidade do tribunal e a função pública do processo –, sendo possível sua cumulação com a sanção prevista nos arts. 17, VII, e 18, § 2º, do CPC, de natureza reparatória. De fato, como bem anota a doutrina e demonstra a jurisprudência, os embargos de declaração, em que pese a sua imprescindibilidade como precioso instrumento para aprimoramento da prestação jurisdicional, sobressaem como o recurso com mais propensão à procrastinação, despertando a atenção do legislador. Nesse passo, extrai-se da leitura do art. 538, parágrafo único, do CPC que o legislador, previu, para o primeiro manejo, a mesma multa contida no art. 18, caput, ampliando, todavia, as hipóteses de incidência da reprimenda do art. 17, VII, pois a norma especial (art. 538) não exige o "intuito" manifestamente protelatório, isto é, dispensa a caracterização da culpa grave ou do dolo por parte do recorrente – exigida pela regra geral (art. 18). Observa-se, assim, que o legislador não pretendeu conferir tratamento mais benevolente ao litigante de má-fé que se utiliza do expediente do manejo de aclaratórios com intuito procrastinatório, tampouco afastou a regra processual geral, prevista no art. 18, § 2º, CPC, que prevê indenização à parte contrária, em caso de utilização de expediente com intuito manifestamente protelatório. Nessa linha, como princípio de hermenêutica, não compete ao intérprete distinguir onde o legislador, podendo, não o fez. Desse modo, não se deve considerar a melhor interpretação a que determina que a norma especial afasta, por si só, integralmente, a norma geral, inclusive naquilo em que claramente não são incompatíveis. Assim, conforme a doutrina, as disposições excepcionais são estabelecidas por motivos ou considerações particulares, por isso, ainda em casos em que se paire dúvida, deve-se, como regra basilar de hermenêutica, interpretar restritamente as disposições especiais que derrogam as gerais, pois não pretendem ir além do que o seu texto prescreve. Com efeito, mostra-se possível a cumulação da multa prevista no art. 538, parágrafo único, do CPC com a condenação à indenizar prevista nos arts. 17, VII, e 18, § 2º, do CPC, em caso de manejo de embargos de declaração com o intuito claramente protelatório. Precedentes do STJ: EDcl nos EDcl nos EDcl no AgRg no REsp 314.173-MG, Segunda Turma, DJ 10/3/2003; REsp 544.688-SP, Quinta Turma, julgado em 28/10/2003, DJ 24/11/2003. Precedentes do STF: RE 202.097 ED-EDv-AgR-ED, Tribunal Pleno, DJ 14/11/2003, AO 1407 QO-ED-ED, Segunda Turma, DJe 14/8/2009.**REsp 1.250.739-PA**, Rel. Min. Luis Felipe Salomão, julgado em 4/12/2013. (Inform. STJ 541)

DIREITO PROCESSUAL CIVIL. CARACTERIZAÇÃO DO INTUITO PROTELATÓRIO EM EMBARGOS DE DECLARAÇÃO. RECURSO REPETITIVO (ART. 543-C DO CPC E RES. 8/2008-STJ). Caracterizam-se como protelatórios os embargos de declaração que visam rediscutir matéria já apreciada e decidida pela Corte de origem em conformidade com súmula do STJ ou STF ou, ainda, precedente julgado pelo rito dos artigos 543-C e 543-B do CPC. Se os embargos de declaração não buscam sanar omissão, contradição ou obscuridade do acórdão embargado – desbordando, pois, dos requisitos indispensáveis inscritos no art. 535 do CPC –, mas sim rediscutir matéria já apreciada e julgada, eles são protelatórios. Da mesma forma, quando o acórdão do Tribunal *a quo*, embargado, estiver perfeitamente ajustado à orientação pacífica do Tribunal *ad quem*, não haverá nenhuma possibilidade de sucesso de eventual recurso ao Tribunal *ad quem*. Dessarte, não se pode imaginar propósito de prequestionamento diante de recurso já manifestamente inviável para o Tribunal *ad quem*. Além disso, em casos assim, o sistemático cancelamento da multa por invocação da Súmula 98 do STJ incentiva a recorribilidade abusiva e frustra o elevado propósito de desestimular a interposição de recursos manifestamente inviáveis, seja perante o Tribunal *a quo*, seja perante o Tribunal *ad quem*. **REsp 1.410.839-SC**, Rel. Min. Sidnei Beneti, julgado em 14/5/2014. (Inform. STJ 541)

Súmula STF nº 317
São improcedentes os embargos declaratórios, quando não pedida a declaração do julgado anterior, em que se verificou a omissão.

Súmula STJ nº 98
Embargos de declaração manifestados com notório propósito de prequestionamento não tem caráter protelatório.

11.5. Embargos Infringentes e Embargos de Divergência

Remessa oficial e embargos infringentes
A 2ª Turma iniciou julgamento de agravo regimental em que se discute o cabimento de embargos infringentes de decisão não unânime, em julgamento de remessa de ofício. Na decisão agravada, o Ministro Ricardo Lewandowski, relator, negara seguimento ao recurso ao fundamento de que a recorrente não teria esgotado as vias recursais ordinárias, porque cabível o recurso de embargos infringentes (CPC, art. 530). No presente agravo regimental, alega-se que seriam pacíficas as jurisprudências do STF e do STJ no sentido do não cabimento de embargos infringentes quando a demanda fosse julgada em sede de remessa oficial. O Ministro Ricardo Lewandowski manteve a decisão agravada e negou provimento ao recurso. Destacou a ausência de esgotamento da via recursal ordinária, visto que cabíveis embargos infringentes, a incidir o Enunciado 281 da Súmula do STF ("*É inadmissível o recurso extraordinário, quando couber na justiça de origem recurso ordinário da decisão impugnada*"). Após o voto do relator, pediu vista dos autos o Ministro Teori Zavascki.
ARE 761446 AgR/MG, rel. Min. Ricardo Lewandowski, 6.11.2013. (ARE-761446) (Inform. STF 727)

DIREITO PROCESSUAL CIVIL. HIPÓTESE DE NÃO CABIMENTO DE EMBARGOS INFRINGENTES.
Não cabem embargos infringentes quando o Tribunal reduz, por maioria, o valor da indenização fixado na sentença, enquanto o voto vencido pretendia diminuir o referido montante em maior extensão. A partir da Lei 10.352/2001 – que conferiu nova redação ao art. 530 do CPC – o cabimento dos embargos infringentes passou a pressupor, além da existência de julgamento não unânime (requisito já previsto na sistemática da redação anterior), a reforma de sentença de mérito. Na hipótese em apreço, o voto vencido, ao reduzir em maior extensão, de certa forma também concordou, pelo menos, com a diminuição estabelecida pela maioria vencedora. Ou seja, todos os julgadores concordaram que a indenização deveria ser reduzida para montante inferior ao arbitrado pela sentença, sendo que o voto vencido pretendia apenas baixar ainda mais o montante indenizatório. Sendo assim, de acordo com a inteligência da redação atual do art. 530 do CPC, embora não seja necessário que o voto vencido corresponda à sentença, deve estar ele mais próximo dela do que os votos vencedores para que seja reconhecido o cabimento dos embargos infringentes. Precedente citado: REsp 1.284.035-MS, Terceira Turma, DJe 20/5/2013. **REsp 1.308.957-RS**, Rel. Min. Paulo de Tarso Sanseverino, julgado em 2/10/2014. (Inform. STJ 551)

DIREITO PROCESSUAL CIVIL. EMBARGOS INFRINGENTES EM FACE DE ACÓRDÃO QUE TENHA DADO PROVIMENTO A AGRAVO DE INSTRUMENTO INTERPOSTO DE DECISÃO QUE DECRETE FALÊNCIA.
São cabíveis embargos infringentes em face de acórdão que, por maioria de votos, dê provimento a agravo de instrumento interposto com o objetivo de impugnar decisão que tenha decretado falência. Isso porque, no curso do processo de falência, o agravo de instrumento previsto no art. 100 da Lei 11.101/2005 faz as vezes da apelação. Ademais, é o conteúdo da matéria decidida que define o cabimento dos embargos infringentes, e não o nome atribuído ao recurso pela lei. Precedentes citados: REsp 818.497-MG, Terceira Turma, DJe 6/5/2010; e EREsp 276.107-GO, Corte Especial, DJ 25/8/2003. **REsp 1.316.256-RJ**, Rel. Min. Luis Felipe Salomão, julgado em 18/6/2013. (Inform. STJ 526)

DIREITO PROCESSUAL CIVIL. EMBARGOS DE DIVERGÊNCIA REFERENTES A MATÉRIA PROCESSUAL.
É possível o conhecimento de embargos de divergência na hipótese em que exista dissídio entre órgãos do STJ acerca da interpretação de regra de direito processual, ainda que não haja semelhança entre os fatos da causa tratada no acórdão embargado e os analisados no acórdão tido como paradigma. Precedente citado: EREsp 422.778-SP, Segunda Seção, DJe 21/6/2012. **EAREsp 25.641-RJ**, Rel. Min. Luis Felipe Salomão, julgado em 12/6/2013. (Inform. STJ 523)

DIREITO PROCESSUAL CIVIL. CABIMENTO DE EMBARGOS INFRINGENTES EM AÇÃO RESCISÓRIA NA HIPÓTESE EM QUE A DIVERGÊNCIA SE REFIRA APENAS À ADMISSIBILIDADE.
Ainda que, no mérito, o pedido formulado em ação rescisória tenha sido julgado procedente por unanimidade de votos, é cabível a interposição de embargos infringentes na hipótese em que houver desacordo na votação no que se refere à preliminar de cabimento da referida ação. De acordo com o art. 530 do CPC, em sua redação anterior às alterações introduzidas pela Lei 10.352/2001, para o cabimento dos embargos infringentes em ação rescisória, bastava que o acórdão tivesse sido tomado por maioria. Atualmente, é necessário que a ação tenha sido proferido por maioria e que a ação rescisória tenha sido julgada procedente. Na nova sistemática, não se identificou, na jurisprudência do STJ, julgado que abordasse a questão do cabimento da ação rescisória na hipótese em que o desacordo na votação se restringe à preliminar de cabimento. Entretanto, há um precedente, proferido sob a diretriz da anterior redação do art. 530, estabelecendo que, "para o cabimento dos embargos infringentes, é irrelevante que o voto discordante diga respeito à admissibilidade ou ao mérito da ação rescisória" (AgRg no Ag 466.571-RJ, DJ 17/2/2003). Apesar de ser outro o contexto normativo considerado pelo precedente, deve-se adotar, após as modificações introduzidas pela Lei 10.352/2001, a mesma orientação, principalmente pelo fato de que o art. 530 do CPC, em sua atual redação, não faz exigência alguma quanto ao teor da discrepância dos votos, se relativa à admissibilidade ou ao mérito da ação rescisória. A redação atual, no ponto,

veio apenas para exigir que o acórdão não unânime tenha julgado "procedente" a rescisória, como na hipótese. **REsp 646.957-MG, Rel. Min. Raul Araújo, julgado em 16/4/2013.** (Inform. STJ 521)

DIREITO PROCESSUAL CIVIL. IMPOSSIBILIDADE DE UTILIZAÇÃO DE DECISÃO MONOCRÁTICA COMO PARADIGMA EM EMBARGOS DE DIVERGÊNCIA.
Não é possível a utilização de decisão monocrática como paradigma em embargos de divergência para comprovação do dissídio jurisprudencial, ainda que naquela decisão se tenha analisado o mérito da questão controvertida. Precedentes citados: AgRg nos EREsp 1.137.041-AC, Primeira Seção, DJe 1º/4/2011; AgRg nos EREsp 1.067.124-PE, Corte Especial, DJe 16/2/2011, e AgRg nos EREsp 711.191-SC, Corte Especial, DJ 24/4/2006. **AgRg nos EAREsp 154.021-SP, Rel. Min. Marco Aurélio Bellizze, julgado em 13/3/2013.** (Inform. STJ 520)

DIREITO PROCESSUAL CIVIL. EMBARGOS INFRINGENTES EM FACE DE ACÓRDÃO QUE SE LIMITE A ANULAR A SENTENÇA EM RAZÃO DE VÍCIO PROCESSUAL.
Não são cabíveis embargos infringentes para impugnar acórdão não unânime que se limite a anular a sentença em razão de vício na citação. O art. 530 do CPC, com a nova redação conferida pela Lei n. 10.352/2001, passou a fazer referência expressa à reforma de "sentença de mérito". Assim, a admissibilidade dos embargos infringentes pressupõe que a divergência derive do mérito da controvérsia – sendo incabível quando se tratar de matéria eminentemente processual – e, mais do que isso, é necessário que se trate de reforma ou substituição da decisão de primeiro grau, e não simples anulação. Precedentes citados: REsp 1.261.943-SP, Terceira Turma, DJe 27/2/2012, e REsp 1.091.438-RJ, Primeira Turma, DJe 3/8/2010. **REsp 1.320.558-PE, Rel. Min. Nancy Andrighi, julgado em 2/4/2013.** (Inform. STJ 519)

EMBARGOS INFRINGENTES. MATÉRIA FORMALMENTE PROCESSUAL. TEORIA DA ASSERÇÃO.
A Turma decidiu que cabem embargos infringentes contra acórdão que, por maioria, acolhe preliminar de ilegitimidade passiva e reforma sentença para extinguir a ação sem julgamento do mérito. Assim, em respeito ao devido processo legal, o art. 530 deve ser interpretado harmoniosa e sistematicamente com o restante do CPC, admitindo-se embargos infringentes contra decisão que, a despeito de ser formalmente processual, implicar análise de mérito. Para a Min. Relatora, adotando a teoria da asserção, se, na análise das condições da ação, o juiz realizar cognição profunda sobre as alegações contidas na petição, depois de esgotados os meios probatórios, terá, na verdade, proferido juízo sobre o mérito da controvérsia. Na hipótese, o juiz de primeiro grau se pronunciou acerca da legitimidade passiva por ocasião da prolação da sentença, portanto depois de toda a prova ter sido carreada aos autos. **REsp 1.157.383-RS, Rel. Min. Nancy Andrighi, julgado em 14/8/2012.** (Inform. STJ 502)

TEMPESTIVIDADE. FIM DO EXPEDIENTE FORENSE. CABIMENTO. EMBARGOS INFRINGENTES.
A Turma reforçou o entendimento de que é intempestivo o recurso interposto no último dia do prazo recursal, porém recebido após o término do expediente forense. A protocolização de petições e recursos deve ser efetuada dentro do horário de expediente nos termos da lei de organização judiciária local (art. 172, § 3º, do CPC). No caso, a protocolização do recurso foi indevidamente realizada, no último dia do prazo, às 16h40min, em plantão judiciário, após o encerramento do expediente do e. Tribunal de Justiça do Estado do Piauí, que ocorre às 14h, de acordo com a resolução local n. 30/2009. Reafirmou-se também que os embargos infringentes só são cabíveis quando a sentença for reformada por acórdão não unânime. Ou seja, não são cabíveis de decisão unânime que reforma a sentença, nem de decisão não unânime que apenas decide a respeito de novo tema. Precedentes citados: **AgRg no AgRg no Ag 726.110-SC, DJe 30/4/2010; REsp 688.540-MA, DJe 21.02.2006, e AgRg no Ag 1.388.548-MG, DJe 6/3/2012. AgRg no AREsp 96.048-PI, Rel. Min. Nancy Andrighi, julgado em 16/8/2012.** (Inform. STJ 502)

EMBARGOS INFRINGENTES. CABIMENTO.
O interesse do apelado em opor embargos infringentes depende do provimento não unânime da apelação, com a necessária modificação do mérito da sentença, independentemente da fundamentação adotada no voto vencido. No caso, trata-se de ação para reparação de danos morais e materiais formulada pelas filhas de vítima de disparo de arma de fogo em *shopping center*. A sentença condenou a empresa ré ao pagamento de indenização por dano moral e fixou pensão mensal em favor das autoras, além dos honorários advocatícios. No julgamento das apelações, a sentença foi reformada para diminuir o valor da pensão (pedido formulado pelo *shopping center*) e aumentar os honorários advocatícios (pedido das autoras). Após esse julgamento, foram interpostos recursos especiais por ambas as partes. Em julgamento monocrático, o recurso especial das autoras da ação não foi conhecido ao argumento de que a modificação do valor da pensão demandaria revolvimento de matéria de fato, inviável na instância especial (enunciado da Súm. n. 7/STJ). Já o recurso da empresa ré não foi conhecido por não ter exaurido a instância de origem (enunciado da Súm. n. 281/STF), pois não foram opostos embargos infringentes. A empresa opõs embargos de declaração da decisão monocrática de não conhecimento do recurso especial e estes foram recebidos pelo Min. Relator como agravo regimental, ao qual negava provimento. O Min. Marco Buzzi inaugurou a divergência ao argumento de que, no caso, não seriam cabíveis os embargos infringentes no tribunal de origem, pois o acórdão manteve a condenação fixada em primeiro grau, apesar de ter sido em padrões diferentes dos da sentença. O Min. ponderou que o cabimento dos embargos infringentes segundo o art. 530 do CPC, com a redação dada pela Lei n. 10.352/2001, depende de julgamento colegiado que reforme o mérito da sentença. Asseverou, ainda, que o voto vencido não precisa ser idêntico à sentença, mas deve confirmar o seu resultado independentemente das razões utilizadas. Além desses pontos, o Min. Marco Buzzi aduziu que o eventual interesse recursal na oposição dos embargos infringentes sempre será do apelado, nunca do apelante, pois o manejo do referido recurso depende de provimento não unânime da apelação, nos moldes já mencionados. Dessa forma, sendo apelante a empresa e considerando o conteúdo do acórdão recorrido, não lhe seria exigível a oposição dos embargos infringentes antes da interposição do recurso especial. Com esses e outros fundamentos, a Turma, por maioria, deu provimento ao agravo regimental para desconstituir a decisão monocrática que não conheceu dos recursos especiais. Precedentes citados: **REsp 1.284.035-MS, julgado em 12/6/2012, e REsp 869.997-RS, DJe 17/11/2008. EDcl no REsp 1.087.717-SP, Rel. originário Min. Antonio Carlos Ferreira, Rel. para acórdão Min. Marco Buzzi, julgados em 19/6/2012.** (Inform. STJ 500)

Súmula STF nº 598

Nos embargos de divergência não servem como padrão de discordância os mesmos paradigmas invocados para demonstrá-la mas repelidos como não dissidentes no julgamento do recurso extraordinário.

Súmula STF nº 597

Não cabem embargos infringentes de acórdão que, em mandado de segurança decidiu, por maioria de votos, a apelação.

Súmula STF nº 455
Da decisão que se seguir ao julgamento de constitucionalidade pelo tribunal pleno, são inadmissíveis embargos infringentes quanto à matéria constitucional.

Súmula STF nº 368
Não há embargos infringentes no processo de reclamação.

Súmula STF nº 355
Em caso de embargos infringentes parciais, é tardio o recurso extraordinário interposto após o julgamento dos embargos, quanto à parte da decisão embargada que não fora por eles abrangida.

Súmula STF nº 354
Em caso de embargos infringentes parciais, é definitiva a parte da decisão embargada em que não houve divergência na votação.

Súmula STF nº 296
São inadmissíveis embargos infringentes sobre matéria não ventilada, pela turma, no julgamento do recurso extraordinário.

Súmula STF nº 295
São inadmissíveis embargos infringentes contra decisão unânime do Supremo Tribunal Federal em ação rescisória.

Súmula STF nº 294
São inadmissíveis embargos infringentes contra decisão do Supremo Tribunal Federal em mandado de segurança.

Súmula STF nº 293
São inadmissíveis embargos infringentes contra decisão em matéria constitucional submetida ao plenário dos tribunais.

Súmula STJ nº 420
Incabível, em embargos de divergência, discutir o valor de indenização por danos morais.

Súmula STJ nº 390
Nas decisões por maioria, em reexame necessário, não se admitem embargos infringentes.

Súmula STJ nº 316
Cabem embargos de divergência contra acórdão que, em agravo regimental, decide recurso especial.

Súmula STJ nº 315
Não cabem embargos de divergência no âmbito do agravo de instrumento que não admite recurso especial.

Súmula STJ nº 255
Cabem embargos infringentes contra acórdão, proferido por maioria, em agravo retido, quando se tratar de matéria de mérito.

Súmula STJ nº 169
São inadmissíveis embargos infringentes no processo de mandado de segurança.

Súmula STJ nº 168
Não cabem embargos de divergência, quando a jurisprudência do tribunal se firmou no mesmo sentido do acordão embargado.

Súmula STJ nº 158
Não se presta a justificar embargos de divergência o dissidio com acordão de turma ou seção que não mais tenha competência para a matéria neles versada.

Súmula STJ nº 88
São admissíveis embargos infringentes em processo falimentar.

11.6. Recurso Especial

Tempestividade de REsp em litisconsórcio não unitário
Ante a ilegalidade da decisão recorrida, o que autoriza o uso excepcional do mandado de segurança contra ato judicial, nos termos da jurisprudência da Corte, a 2ª Turma deu provimento a recurso ordinário em mandado de segurança para afastar a intempestividade de recurso especial. No caso, cuidava-se de ação de improbidade administrativa em que se formara litisconsórcio passivo não unitário. Os réus — Bacen e o ora impetrante — após condenados, interpuseram, respectivamente, embargos infringentes e recurso especial, o qual fora reputado intempestivo, pois teria sido manejado antes do julgamento dos embargos infringentes ajuizados pelo Bacen. A Turma ressaltou que a sentença condenatória possuiria dois dispositivos, e que os embargos infringentes, opostos pelo Bacen, não seriam capazes de integrar a decisão do tribunal de origem quanto à condenação do impetrante, uma vez que os réus teriam sido condenados sob diferentes fundamentos de fato e de direito. Assim, acrescentou que a ratificação do recurso especial — que objetivaria resguardar a unicidade do acórdão do tribunal de origem — não haveria de ser exigida no caso e que sequer seria cabível ao impetrante a interposição dos embargos infringentes, pois fora condenado por votação unânime. Dessa forma, aduziu que teriam sido aplicados paradigmas que não se identificariam com a situação dos autos.
RMS 30550/DF, rel. Min. Gilmar Mendes, 24.6.2014. (RMS-30550) (Inform. STF 752)

RE e análise dos requisitos de admissibilidade de REsp
A 1ª Turma iniciou julgamento de agravo regimental em recurso extraordinário no qual se discute a admissibilidade de recurso extraordinário interposto para questionar o cabimento de recurso especial manejado de decisão proferida em sede de suspensão de liminar deferida ao Poder Público (Lei 8.437/1992, art. 4º). Na espécie, o STJ não conhecera de recurso especial sob o fundamento de que não poderia ser utilizado para impugnar decisões proferidas no âmbito do pedido de suspensão de segurança. Segundo o STJ, o recurso especial se destinaria a combater argumentos que dissessem respeito a exame de legalidade, ao passo que o pedido de suspensão ostentaria juízo político. A Ministra Rosa Weber (relatora) desproveu o agravo. Reputou que o STJ teria examinado os pressupostos de admissibilidade de recurso de sua competência. Assinalou que a interpretação conferida pelo tribunal "a quo" aos dispositivos legais debatidos teria sido determinante para o não conhecimento do recurso especial. Em divergência, o Ministro Marco Aurélio deu provimento ao regimental. Entendeu que a decisão em sede de suspensão de segurança não seria estritamente política, mas teria conteúdo jurisdicional, o que, de início, desafiaria recurso especial. Após o voto do Ministro Luiz Fux, que acompanhou a divergência, pediu vista o Ministro Roberto Barroso.
RE 798740 AgR/DF, rel. Min. Rosa Weber, 10.6.2014. (RE-798740) (Inform. STF 750)

Devido Processo Legal e Negativa de Prestação Jurisdicional - 1
A Turma iniciou julgamento de recurso extraordinário em que se alega negativa de prestação jurisdicional e ofensa aos princípios do devido processo legal e da ampla defesa. Na espécie, a Presidência do STJ desprovera agravo de instrumento em que se pretendia a subida de recurso especial inadmitido na origem, consignando que a empresa agravante não infirmara os fundamentos decisórios nem demonstrara, no recurso especial, ofensa a determinados dispositivos do CPC, bem como

que o tribunal de origem não extrapolara, em juízo primeiro de admissibilidade, seu limite de cognição. Seguiram-se embargos de declaração, rejeitados, ao fundamento de ausência de seus pressupostos. Contra esse acórdão, a empresa apresentou o presente recurso extraordinário no qual indica violação aos artigos 5º, LIV e LV, e 105, III, ambos da CF. Sustenta que o STJ não examinou fundamento autônomo do recurso especial, relativamente à recusa do tribunal de justiça em analisar a matéria da confissão de dívida extrajudicial e que o mencionado recurso atenderia ao que disposto no Enunciado da Súmula 211 daquela Corte ("Inadmissível recurso especial quanto à questão que, a despeito da oposição de embargos declaratórios, não foi apreciada pelo Tribunal."), uma vez que opusera embargos declaratórios para prequestionar transgressão aos artigos 348 e 353 do CPC e, alternativamente, ao art. 535 do mesmo diploma legal. Aduz, por fim, que o tema constitucional pode surgir no julgamento do recurso especial. **RE 417819/DF, rel. Min. Marco Aurélio, 12.2.2008**. (RE-417819)

Devido Processo Legal e Negativa de Prestação Jurisdicional - 2

O Min. Marco Aurélio, relator, deu provimento ao recurso extraordinário para que o STJ, afastado o óbice à sequência do especial, examine-o como entender de direito, no que foi acompanhado pela Min. Cármen Lúcia, que o provia com fundamento no art. 5º, XXXV, da CF ("a lei não excluirá da apreciação do Poder Judiciário lesão ou ameaça a direito;"). Ressaltando que o Supremo encontra-se no ápice da organização judiciária brasileira e que o devido processo legal é uma garantia constitucional, considerou não ter cabimento proclamar-se a irrecorribilidade das decisões do STJ que resultem na inadmissibilidade do recurso especial, cujos pressupostos de para recorrer estão previstos na CF. Asseverou que a definição sobre até que ponto o acórdão proferido pela aludida Corte implica violência à CF deve ser analisado caso a caso. Assim, não haveria como afirmar que o exame dos requisitos de admissibilidade do recurso especial seria providência privativa do STJ, como ocorrera na hipótese. Entendeu que a assertiva segundo a qual não teria a empresa veiculado a afronta aos artigos 348 e 353 do CPC mostrar-se-ia discrepante das balizas constitucionais, não apenas do devido processo legal, como também das definidoras do cabimento do especial, haja vista que a questão da confissão fora posta tanto no tribunal de justiça quanto no próprio STJ. Em divergência, os Ministros Ricardo Lewandowski e Carlos Britto desproveram o recurso por reputar que a discussão envolveria matéria infraconstitucional. Após, verificado o empate, adiou-se a conclusão do julgamento para colher o voto de Ministro da 2ª Turma, que substituirá e preencherá o lugar vago em razão do impedimento do Min. Menezes Direito. **RE 417819/DF, rel. Min. Marco Aurélio, 12.2.2008**. (RE-417819)

Devido processo legal e negativa de prestação jurisdicional - 4

Contra esse acórdão, a empresa apresentara o presente recurso extraordinário, no qual indicada violação aos artigos 5º, LIV e LV, e 105, III, ambos da CF. Sustentava que o STJ não examinara fundamento autônomo do recurso especial, relativamente à recusa do tribunal de justiça em analisar a matéria da confissão de dívida extrajudicial e que o mencionado recurso atenderia ao que disposto no Enunciado 211da Súmula daquela Corte ("*Inadmissível recurso especial quanto à questão que, a despeito da oposição de embargos declaratórios, não foi apreciada pelo Tribunal*"), uma vez que opusera embargos declaratórios para prequestionar transgressão aos artigos 348 e 353 do CPC e, alternativamente, ao art. 535 do mesmo diploma legal. Aduzia, por fim, que o tema constitucional poderia surgir no julgamento do recurso especial — v. Informativo 494. **RE 417819/DF, rel. orig. Min. Marco Aurélio, red. p/ o acórdão Min. Ricardo Lewandowski, 12.6.2012**. (RE-417819)

Devido processo legal e negativa de prestação jurisdicional - 5

Prevaleceu o voto do Min. Ricardo Lewandowski, que, em assentada anterior, desprovera o extraordinário, ao entender que a discussão envolveria conteúdo infraconstitucional, no que fora acompanhado pelo Min. Ayres Britto. Nesta sessão, o Min. Dias Toffoli acresceu que a questão de fundo debatida nos autos seria a validade da confissão extrajudicial como título executivo, pelo que a ora recorrente teria ingressado originariamente com ação executiva. Anotou que ela insistiria na falta de apreciação de ofensa aos artigos 348 e 353 do CPC, de forma que seria inequívoca a necessidade de reapreciação de matéria fática. Assim, não teriam ocorrido as violações às normas constitucionais indicadas no recurso extraordinário. Sobrelevou, ainda, que esta Corte já reconhecera a inexistência de repercussão geral do tema alusivo ao cabimento de recursos da competência de outros tribunais. Além disso, a problemática também se restringiria ao âmbito infraconstitucional (RE 598365 RG/MG, DJe de 26.3.2010). **RE 417819/DF, rel. orig. Min. Marco Aurélio, red. p/ o acórdão Min. Ricardo Lewandowski, 12.6.2012**. (RE-417819)

Devido processo legal e negativa de prestação jurisdicional - 6

Vencidos os Ministros Marco Aurélio e Cármen Lúcia, que davam provimento ao recurso extraordinário. Esta, com fundamento no art. 5º, XXXV, da CF ("*a lei não excluirá da apreciação do Poder Judiciário lesão ou ameaça a direito*"). Aquele, para que o STJ, afastado o óbice à sequência do especial, examinasse-o como entendesse de direito. Ao ressaltar que o Supremo encontrar-se-ia no ápice da organização judiciária brasileira e que o devido processo legal seria garantia constitucional, considerava não ter cabimento proclamar-se a irrecorribilidade das decisões do STJ que resultassem na inadmissibilidade de recurso especial, cujos pressupostos de recorribilidade estariam previstos na Constituição. Asseverava que a definição sobre até que ponto o acórdão proferido pela mencionada Corte implicaria violência à Constituição deveria ser analisada caso a caso. Assim, não se teria como afirmar que o exame dos requisitos de admissibilidade do recurso especial seria providência privativa do STJ, como ocorrera na hipótese. Entendia que a assertiva segundo a qual não teria a empresa veiculado a afronta aos artigos 348 e 353 do CPC mostrar-se-ia discrepante das balizas constitucionais, não apenas do devido processo legal, como também das definidoras do cabimento do especial, haja vista que a questão da confissão fora posta tanto no tribunal de justiça quanto no próprio STJ. **RE 417819/DF, rel. orig. Min. Marco Aurélio, red. p/ o acórdão Min. Ricardo Lewandowski, 12.6.2012**. (RE-417819) (Inform. STF 670)

DIREITO PROCESSUAL CIVIL. INAPLICABILIDADE DO RECURSO ESPECIAL CONTRA ACÓRDÃO QUE INDEFERE EFEITO SUSPENSIVO AO AGRAVO DE INSTRUMENTO.
Não cabe recurso especial contra acórdão que indefere a atribuição de efeito suspensivo a agravo de instrumento. A decisão colegiada que entende pela ausência dos requisitos necessários à atribuição do efeito suspensivo a agravo de instrumento não resulta em decisão de única ou última instância, como previsto art. 105, III, da CF. Há necessidade de que o Tribunal julgue, definitivamente, o agravo de instrumento em seu mérito para que a parte vencida possa ter acesso à instância especial. A propósito, o STF sedimentou entendimento que corrobora esse posicionamento com a edição da Súmula 735: "não cabe recurso extraordinário contra acórdão que defere medida liminar". Precedentes citados: AgRg no AREsp 464.434-MS, Quarta Turma, DJe 18/3/2014; e AgRg no AREsp 406.477-MA, Segunda Turma, DJe 27/03/2014. **REsp 1.289.317-DF, Rel. Min. Humberto Martins, julgado em 27/5/2014. (Inform. STJ 541)**

DIREITO PROCESSUAL CIVIL. APRECIAÇÃO DE DISPOSITIVO CONSTITUCIONAL NO JULGAMENTO DE RECURSO ESPECIAL.
O STJ, no julgamento de recurso especial, pode buscar na própria CF o fundamento para acolher ou rejeitar alegação de violação do direito infraconstitucional ou para conferir à lei a interpretação que melhor se ajuste ao texto constitucional, sem que isso importe em usurpação de competência do STF. No atual estágio de desenvolvimento do direito, é inconcebível a análise encapsulada dos litígios, de forma estanque, como se os diversos ramos jurídicos pudessem ser compartimentados, não sofrendo, assim, ingerências do direito constitucional. Assim, não parece possível ao STJ analisar as demandas que lhe são submetidas sem considerar a própria CF, sob pena de ser entregue ao jurisdicionado um direito desatualizado e sem lastro na Constituição. Nesse contexto, aumenta a responsabilidade do STJ em demandas que exijam solução transversal, interdisciplinar e que abranjam, necessariamente, uma controvérsia constitucional oblíqua, antecedente. Com efeito, a partir da EC 45/2004, o cenário tornou-se objetivamente diverso daquele que antes circunscrevia a interposição de recursos especial e extraordinário, pois, se anteriormente todos os fundamentos constitucionais utilizados nos acórdãos eram impugnáveis – e deviam ser, nos termos da Súmula 126 do STJ – mediante recurso extraordinário, agora, somente as questões que, efetivamente, ostentarem repercussão geral (art. 102, § 3º, da CF) é que podem ascender ao STF (art. 543-A, § 1º, do CPC). **REsp 1.335.153-RJ, Rel. Min. Luis Felipe Salomão, julgado em 28/5/2013.** (Inform. STJ 527)

DIREITO PROCESSUAL CIVIL. RECURSO ESPECIAL INTERPOSTO NO DIA EM QUE DISPONIBILIZADO O ACÓRDÃO DE EMBARGOS DE DECLARAÇÃO NO DIÁRIO DA JUSTIÇA ELETRÔNICO.
Não é extemporâneo o recurso especial interposto na mesma data em que disponibilizado, no Diário da Justiça eletrônico, o acórdão referente ao julgamento dos embargos de declaração opostos no tribunal de origem. É certo que, nos termos do art. 4º da Lei 11.419/2006, considera-se como dia da publicação o dia útil seguinte àquele em que ocorrida a disponibilização. Todavia, deve-se observar que o referido dispositivo legal tem por escopo facilitar o exercício do direito de recurso, assegurando à parte o prazo integral, a contar do dia seguinte ao da disponibilização. Dessa forma, se o advogado da parte se dá por ciente no mesmo dia em que efetuada a disponibilização, oferecendo desde logo o recurso, não há prematuridade, mas simples antecipação da ciência e, portanto, do termo inicial do prazo. Nessa situação, não incide o entendimento contido na Súmula 418 do STJ, que dispõe ser "inadmissível o recurso especial interposto antes da publicação do acórdão dos embargos de declaração, sem posterior ratificação", que deve ser aplicado apenas no caso de interposição do recurso especial antes do julgamento dos embargos de declaração. Com efeito, deve-se considerar a razão de ser da edição da referida súmula, qual seja, a de evitar que o recurso especial seja interposto antes do julgamento dos embargos de declaração, pois, nessa hipótese, não está exaurida a instância ordinária, sendo prematura a interposição do recurso especial, o que impõe a ratificação das razões do recurso especial após o julgamento dos embargos de declaração, sob pena de não conhecimento. **AgRg no REsp 1.063.575-SP, Rel. Min. Isabel Gallotti, julgado em 16/4/2013.** (Inform. STJ 523)

DIREITO PROCESSUAL CIVIL. COMPLEMENTAÇÃO DO VALOR DO PORTE DE REMESSA E DE RETORNO EM RECURSO ESPECIAL.
Não ocorre a deserção do recurso especial no caso em que o recorrente, recolhidas as custas na forma devida, mas efetuado o pagamento do porte de remessa e de retorno em valor insuficiente, realize, após intimado para tanto, a complementação do valor. O art. 511 do CPC, em seu *caput*, estabelece que o recorrente deverá comprovar, no ato de interposição do recurso, o respectivo preparo, inclusive porte de remessa e de retorno, sob pena de deserção. Todavia, segundo o § 2º do mesmo artigo, a insuficiência no valor do preparo somente acarretará deserção se o recorrente, intimado, não vier a supri-lo no prazo de 5 dias. No caso do recurso especial, o preparo engloba o pagamento de custas e de porte de remessa e de retorno. Assim, recolhidas as custas na forma da legislação pertinente, admite-se a posterior regularização do pagamento do porte de remessa e de retorno a título de complementação do preparo. **EDcl no REsp 1.221.314-SP, Rel. Min. Castro Meira, julgado em 21/2/2013.** (Inform. STJ 517).

DIREITO PROCESSUAL CIVIL. DESCABIMENTO DE RECURSO DA DECISÃO QUE DETERMINA A CONVERSÃO DO AGRAVO DO ART. 544 DO CPC EM RECEURSO ESPECIAL.
Não é cabível recurso da decisão que determina a conversão do agravo do art. 544 do CPC em recurso especial, salvo na hipótese em que o agravo possua algum vício referente aos seus pressupostos de admissibilidade. Com efeito, de acordo com os arts. 544, § 4º, e 545 do CPC e do § 2º do art. 258 do RISTJ, aplicável por analogia à espécie, é irrecorrível a decisão que dá provimento ao agravo apenas para determinar a sua conversão em recurso especial. Ademais, há de se considerar que a conversão não prejudica novo exame acerca do cabimento do recurso especial, o qual poderá ser realizado em momento oportuno (art. 254, § 1º, do RISTJ). Precedente citado: AgRg no AREsp 137.770-MS, DJe 7/12/2012. **RCDesp no REsp 1.347.420-DF, Rel. Min. Ricardo Villas Bôas Cueva, julgado em 21/2/2013.** (Inform. STJ 515).

DIREITO PROCESSUAL CIVIL. IMPUGNAÇÃO DE DECISÃO QUE DETERMINE O SOBRESTAMENTO DE RECURSO ESPECIAL COM BASE NO ART. 543-C DO CPC.
Não é cabível a interposição de agravo, ou de qualquer outro recurso, dirigido ao STJ, com o objetivo de impugnar decisão, proferida no Tribunal de origem, que tenha determinado o sobrestamento de recurso especial com fundamento no art. 543-C do CPC, referente aos recursos representativos de controvérsias repetitivas. A existência de recursos se subordina à expressa previsão legal (taxatividade). No caso, inexiste previsão de recurso contra a decisão que se pretende impugnar. O art. 544 do CPC, que afirma que, não admitido o recurso especial, caberá agravo para o STJ, não abarca o caso de sobrestamento do recurso especial com fundamento no art. 543-C, pois, nessa hipótese, não se trata de genuíno juízo de admissibilidade, o qual somente ocorrerá em momento posterior, depois de resolvida a questão, em abstrato, no âmbito do STJ (art. 543-C, §§ 7º e 8º). Também não é possível a utilização do art. 542, § 3º, do CPC, que trata de retenção do recurso especial, hipótese em que, embora não haja previsão de recurso, o STJ tem admitido agravo, simples petição ou, ainda, medida cautelar. Ademais, não é cabível reclamação constitucional, pois não há, no caso, desobediência à decisão desta Corte, tampouco usurpação de sua competência. Por fim, a permissão de interposição do agravo em face da decisão ora impugnada acabaria por gerar efeito contrário à finalidade da norma, multiplicando os recursos dirigidos a esta instância, pois haveria, além de um recurso especial pendente de julgamento na origem, um agravo no âmbito do STJ. **AREsp 214.152-SP, Rel. Min. Luis Felipe Salomão, julgado em 5/2/2013.** (Inform. STJ 514).

DIREITO PROCESSUAL CIVIL. CABIMENTO DE RECURSO ESPECIAL EM SUSPENSÃO DE LIMINAR.
Não cabe recurso especial em face de decisões proferidas em pedido de suspensão de liminar. Esse recurso visa discutir argumentos referentes a exame de legalidade, e o pedido de suspensão ostenta juízo político. O recurso especial não se presta à revisão do juízo político realizado pelo tribunal *a quo* para a concessão da suspensão de liminar, notadamente porque decorrente de juízo de valor acerca das circunstâncias

fáticas que ensejaram a medida, cujo reexame é vedado nos termos da Súm. n. 7/STJ. Precedentes citados: AgRg no AREsp 103.670-DF, DJe 16/10/2012; AgRg no REsp 1.301.766-MA, DJe 25/4/2012, e AgRg no REsp 1.207.495-RJ, DJe 26/4/2011. **AgRg no AREsp 126.036-RS, Rel. Min. Benedito Gonçalves, julgado em 4/12/2012.** (Inform. STJ 511).

DIREITO PROCESSUAL CIVIL. MANDADO DE SEGURANÇA CONCOMITANTE COM RECURSO ESPECIAL. MESMA MATÉRIA. INVASÃO DE COMPETÊNCIA.
Não é cabível impetrar MS perante o Tribunal de origem para discutir matéria já aduzida em REsp pendente de apreciação do STJ, ainda que os vícios acerca dos quais a parte se insurgiu no *mandamus* não sejam, ordinariamente, passíveis de revisão no apelo extremo. Assim, há invasão de competência do STJ no julgamento de mandado de segurança (MS) pelo tribunal *a quo* no qual a parte, derrotada na anterior análise de recurso de apelação, impugna uma série de matérias ligadas ao procedimento adotado no julgamento. **Rcl 8.668-GO, Rel. Min. Nancy Andrighi, julgada em 28/11/2012.** (Inform. STJ 510)

DIREITO PROCESSUAL CIVIL. ADOÇÃO DE TESE FIRMADA EM RECURSO REPETITIVO. DESNECESSIDADE DO TRÂNSITO EM JULGADO.
É desnecessário o trânsito em julgado da decisão proferida em recurso especial submetido ao rito do art. 543-C do CPC para a adoção da tese nele firmada. Precedentes citados: **AgRg no REsp 1.218.277-RS, DJe 13/12/2011; AgRg no REsp 1.095.152-RS, DJe 27/9/2010, e AgRg no AREsp 175.188-SC, DJe 22/8/2012. EDcl no AgRg no Ag 1.067.829-PR, Rel. Min. Herman Benjamin, julgado em 9/10/2012.** (Inform. STJ 507)

DIREITO PROCESSUAL CIVIL. RECURSO ESPECIAL. NECESSIDADE DE INDICAÇÃO DO DISPOSITIVO LEGAL CONTROVERTIDO.
É necessária a indicação do dispositivo de lei federal que se entende por violado ou que recebeu interpretação divergente para o conhecimento do recurso especial, seja interposto pela alínea "a", seja pela "c" do art. 105, III, da CF. A função precípua do STJ, por meio do recurso especial, é homogeneizar a interpretação dada à norma federal pelo ordenamento jurídico pátrio, sendo que a falta de indicação do dispositivo tido por violado caracteriza deficiência de fundamentação e justifica a aplicação da Súmula n. 284/STF, que dispõe que "é inadmissível o recurso extraordinário, quando a deficiência na sua fundamentação não permitir a exata compreensão da controvérsia". Precedentes citados: **AgRg no AREsp 158.478-SP, DJe 5/9/2012; AgRg no AREsp 177.548-SP, DJe 21/8/2012; AgRg no Ag 1.295.872-SP, DJe 28/6/2012, e REsp 1.300.257-SC, DJe 17/04/2012. AgRg no AREsp 135.969-SP. Rel. Min. Castro Meira, julgado em 9/10/2012.** (Inform. STJ 506)

DIREITO PROCESSUAL CIVIL. AÇÃO E RECONVENÇÃO. DUPLICIDADE DE PREPARO. INVIABILIDADE DE ANÁLISE EM RECURSO ESPECIAL.
Não é possível que o STJ, em recurso especial, aprecie a exigência do tribunal de origem no sentido de que o preparo do recurso de apelação seja efetuado duplamente quando interposto em face de sentença única que julgou a ação principal e a reconvenção. Conforme o art. 511 do CPC, "no ato de interposição do recurso, o recorrente comprovará, quando exigido pela legislação pertinente, o respectivo preparo, inclusive porte de remessa e de retorno, sob pena de deserção". Embora esse dispositivo tenha disciplinado em linhas gerais o preparo de recursos, o próprio dispositivo remete à "legislação pertinente" a forma pela qual será cobrada a mencionada custa dos litigantes que interpuserem seus recursos. Dessa forma, o valor é fixado pela lei de organização judiciária, considerando que as custas judiciais, nas quais se insere o preparo recursal, têm natureza tributária de taxa, cuja instituição fica a cargo do ente prestador do "serviço público específico e divisível", nos termos do que dispõem os arts. 77 e 80 do CTN. Assim, inviável o recurso especial porque demandaria apreciação de legislação local, providência vedada, *mutatis mutandis*, pela Súm. n. 280/STF, segundo a qual "por ofensa a direito local não cabe recurso extraordinário". Ademais, eventual confronto entre a legislação local e a federal é matéria a ser resolvida pela via do recurso extraordinário, nos termos do art. 102, III, d, da CF, com redação dada pela EC n. 45/2004. Precedentes citados: STF: **ADI 3.694-AP, DJ 6/11/2006; ADI 1.772-MG, DJ 8/9/2000;** STJ: **AgRg no Ag 1.344.973-ES, DJe 18/5/2012, e AgRg no Ag 1.078.498-SP, DJe 16/10/2009. REsp 984.106-SC, Rel. Min. Luis Felipe Salomão, julgado em 4/10/2012.** (Inform. STJ 506)

CONTRADIÇÃO ENTRE NOTAS TAQUIGRÁFICAS E ACÓRDÃO. SANÇÃO POR USO DE *SOFTWARE* NÃO LICENCIADO.
Havendo divergência entre o acórdão e as notas taquigráficas, estas deverão prevalecer de acordo com o art. 103, § 1º, do RISTJ. No caso, após o julgamento do recurso especial, foram opostos embargos de declaração com fundamento na divergência entre a discussão registrada nas notas taquigráficas e o acórdão publicado. Esses embargos foram rejeitados. Com base nos mesmos fundamentos – divergência entre o registro taquigráfico e o acórdão do recurso especial –, a embargante renovou os embargos de declaração. Ao divergir do relator, o Min. Luis Felipe Salomão registrou que não ficaram dúvidas nas notas taquigráficas quanto ao ponto impugnado pelo embargante, qual seja, a punição da empresa embargada pela utilização de *software* não licenciado, além do pagamento pelo dano material sofrido. Dessa forma, considerando que o acórdão publicado não guardou a devida correspondência com o que foi discutido e votado na sessão de julgamento, aplicou-se a regra prevista no art. 103, § 1º, do RISTJ, segundo a qual as notas taquigráficas prevalecerão nos casos de divergência em relação ao acórdão. Com essas e outras considerações, a Turma, por maioria, deu provimento aos embargos de declaração, com efeitos infringentes, dando provimento ao recurso especial, condenando a recorrida não apenas à indenização por danos materiais em conformidade com o preço de mercado de cada programa objeto da contrafação, mas também à indenização por perdas e danos equivalente a dez vezes o valor de mercado de cada programa utilizado ilicitamente. **EDcl nos EDcl no REsp 991.721-PR, Rel. Min. Raul Araújo, Rel. para acórdão Min. Luis Felipe Salomão, julgados em 19/6/2012 (ver Informativo n. 404).** (Inform. STJ 500)

RECURSO ESPECIAL CONTRA ACÓRDÃO EM EMBARGOS DE DECLARAÇÃO. ANÁLISE DO MÉRITO PELA TURMA A QUO. EXAURIMENTO DA INSTÂNCIA ORDINÁRIA.
Cuida-se de agravo regimental interposto de decisão que negou provimento ao agravo de instrumento sob o fundamento da inadmissibilidade do recurso especial, pois não estaria exaurida a jurisdição ordinária (Súm. n. 281/STF). Segundo se depreende dos autos, o recurso especial foi interposto contra acórdão em embargos de declaração opostos a decisão singular do relator. De início, ressaltou a Min. Relatora que a questão em comento comporta distinção, não podendo ser resolvida meramente tendo em vista o nome dado pelo órgão julgador ao recurso em apreciação. Esclareceu que, no caso de oposição dos embargos de declaração contra decisão singular, se o relator optar por levar a questão à Turma, e esta, apreciando a questão de direito federal controvertida, confirmar a decisão singular, embora sem adotar a fórmula de "conhecimento dos embargos de declaração como agravo regimental", exaurida estará a jurisdição ordinária – cabível, portanto, o conhecimento do recurso especial sem óbice da Súmula 281/STF. Por outro lado, se a Turma limitar-se a afirmar a inexistência de omissão, obscuridade ou contradição na decisão singular embargada pelo conhecimento do recurso especial, caberia à parte opor novos embargos de declaração, requerendo o exame da Turma da questão e/ou prequestionando os artigos 557 e 535 do CPC. No caso em exame, os embargos de decla-

ração foram levados ao julgamento da Turma, que confirmou a decisão monocrática do relator por seus próprios fundamentos. A questão de mérito foi devidamente enfrentada pelo colegiado. Assim, satisfeitos os requisitos de exaurimento da instância ordinária e do prequestionamento das questões levantadas, não pode a parte ser prejudicada pela opção do relator de julgar o recurso na Turma, como se de agravo regimental se tratasse, apenas porque não utilizou o nome "agravo regimental". Em conclusão, negou-se provimento ao agravo regimental, mantida a negativa de seguimento do recurso especial, contudo por outro fundamento – impossibilidade da análise das circunstâncias de fato da causa, consoante o disposto na Súm. n. 7 desta Corte, visto que o acórdão recorrido conclui terem sido preenchidos todos os requisitos legais (art. 475-O) para a dispensa de caução em execução provisória de dívida alimentar. **AgRg no Ag 1.341.584-PR, Rel. Min. Maria Isabel Gallotti, julgado em 19/4/2012.** (Inform. STJ 495)

DIREITO PROCESSUAL CIVIL. COMPROVAÇÃO DE DISSÍDIO JURISPRUDENCIAL EM RESP.
Os julgados da justiça especializada não servem à demonstração de dissídio jurisprudencial para a apreciação em sede de recurso especial, haja vista que seus órgãos não estão sujeito à jurisdição do STJ. Precedentes citados: REsp 989.912-RS, DJe 23/10/2012, e REsp 824.667-PR, DJ 11/9/2006. **AgRg no REsp 1.344.635-SP, Rel. Min. Maria Isabel Gallotti, julgado em 20/11/2012.** (Inform. STJ 510)

Súmula STJ nº 418
É inadmissível o recurso especial interposto antes da publicação do acórdão dos embargos de declaração, sem posterior ratificação.

Súmula STJ nº 320
A questão federal somente ventilada no voto vencido não atende ao requisito do prequestionamento.

Súmula STJ nº 211
Inadmissível recurso especial quanto à questão que, a despeito da oposição de embargos declaratórios, não foi apreciada pelo tribunal a quo.

Súmula STJ nº 207
É inadmissível recurso especial quando cabíveis embargos infringentes contra o acordão proferido no tribunal de origem.

Súmula STJ nº 126
É inadmissível recurso especial, quando o acórdão recorrido assenta em fundamentos constitucional e infraconstitucional, qualquer deles suficiente, por si só, para mantê-lo, e a parte vencida não manifesta recurso extraordinário.

Súmula STJ nº 123
A decisão que admite, ou não, o recurso especial deve ser fundamentada, com o exame dos seus pressupostos gerais e constitucionais.

Súmula STJ nº 86
Cabe recurso especial contra acordão proferido no julgamento de agravo de instrumento.

Súmula STJ nº 83
Não se conhece do recurso especial pela divergência, quando a orientação do tribunal se firmou no mesmo sentido da decisão Recorrida.

Súmula STJ nº 13
A divergência entre julgados do mesmo tribunal não enseja recurso especial.

Súmula STJ nº 7
A pretensão de simples reexame de prova não enseja recurso especial.

Súmula STJ nº 5
A simples interpretação de cláusula contratual não enseja recurso especial.

11.7. Recurso Extraordinário

AG. REG. NO ARE N. 812.678-RS
RELATORA: MIN. ROSA WEBER
EMENTA: DIREITO DO CONSUMIDOR. RESPONSABILIDADE CIVIL. FORNECIMENTO DE ENERGIA ELÉTRICA. RESPONSABILIDADE OBJETIVA DA CONCESSIONÁRIA DE SERVIÇO PÚBLICO. INDENIZAÇÃO POR DANOS MORAIS E MATERIAIS. ANÁLISE DA OCORRÊNCIA DE EVENTUAL AFRONTA AO ART. 37, § 6º, DA LEI MAIOR DEPENDENTE DA REELABORAÇÃO DA MOLDURA FÁTICA CONSTANTE NO ACÓRDÃO REGIONAL. SÚMULA 279/STF. ÂMBITO INFRACONSTITUCIONAL DO DEBATE. EVENTUAL VIOLAÇÃO REFLEXA NÃO VIABILIZA RECURSO EXTRAORDINÁRIO. PRECEDENTES. ACÓRDÃO RECORRIDO DISPONIBILIZADO EM 15.7.2013.
A pretensão da recorrente de obter decisão em sentido diverso demanda reelaboração da moldura fática delineada no acórdão de origem. Aplicação da Súmula 279/STF.
A suposta afronta ao art. 37, § 6º, da Lei Maior dependeria da análise de legislação infraconstitucional, o que torna oblíqua e reflexa eventual ofensa, insuscetível, portanto, de viabilizar o conhecimento do recurso extraordinário, considerada a disposição do art. 102, III, "a", da Lei Maior.
As razões do agravo não são aptas a infirmar os fundamentos que lastrearam a decisão agravada, mormente no que se refere ao âmbito infraconstitucional do debate.
Agravo conhecido e não provido. (Inform. STF 761)

AG. REG. NO ARE N. 792.002-GO
RELATORA: MIN. ROSA WEBER
EMENTA: DIREITO CIVIL. ESPERA EM FILA DE INSTITUIÇÃO FINANCEIRA. INDENIZAÇÃO. DANOS MORAIS. DEBATE DE ÂMBITO INFRACONSTITUCIONAL. EVENTUAL VIOLAÇÃO REFLEXA DA CONSTITUIÇÃO DA REPÚBLICA NÃO VIABILIZA O MANEJO DE RECURSO EXTRAORDINÁRIO. ACÓRDÃO RECORRIDO PUBLICADO EM 23.10.2013.
A suposta afronta aos preceitos constitucionais indicados nas razões recursais dependeria da análise de legislação infraconstitucional, o que torna oblíqua e reflexa eventual ofensa, insuscetível, portanto, de ensejar o conhecimento do recurso extraordinário, considerada a disposição do art. 102, III, "a", da Lei Maior.
O Plenário Virtual desta Corte, no ARE 687.876, Rel. Min Ayres Brito, DJe 06.12.2012, manifestou-se pela inexistência de repercussão geral da matéria atinente aos danos morais e materiais decorrentes de espera excessiva em fila de instituição financeira, tendo em vista o seu caráter infraconstitucional.
Agravo regimental conhecido e não provido. (Inform. STF 761)

Embargos de declaração e provimento para subir o RE
O Plenário proveu embargos de declaração para que o julgamento de recurso extraordinário tenha sequência, com a possibilidade de sustentação oral e deliberação presencial pelo Colegiado. No caso, o Tribunal reafirmara, por meio eletrônico (Plenário Virtual), jurisprudência dominante quanto à possibilidade da conversão de férias não gozadas em indenização pecuniária, por servidores que não podem mais delas usufruir. Sustentava o embargante a necessidade de esclarecimento da prestação jurisdicional

e pedia a aplicação dos excepcionais efeitos infringentes ao acórdão questionado, sob argumento de que o servidor, ora embargado, encontra-se em atividade. De início, a Corte afastou a preliminar de incidência dos prazos e ritos dos juizados especiais perante o STF, porquanto o trâmite de recurso extraordinário subordina-se à Lei 8.038/1990. Por conseguinte, rejeitou a alegada intempestividade dos embargos declaratórios. Refutou, de igual modo, a aplicação do precedente firmado no julgamento do AI 855.810 RG-ED/RS (DJe de 1º.7.2013) e do art. 543-A do CPC, que afirmam a irrecorribilidade da decisão do Supremo quando não conhecer de recurso extraordinário por ausência de repercussão geral. O Tribunal consignou que, na situação dos autos, o acórdão embargado fora proferido no âmbito do Plenário Virtual, com o reconhecimento da repercussão geral e a reafirmação de jurisprudência. Assim, reputou cabíveis os embargos. Em seguida, o Colegiado asseverou que a controvérsia relativa a eventual direito de servidor em atividade à conversão em pecúnia de férias vencidas e não gozadas deveria ser submetida à apreciação do Pleno, razão pela qual se deveria dar continuidade ao recurso extraordinário. ARE 721001 RG-ED/RJ, rel. Min. Gilmar Mendes, 28.8.2014. (ARE-721001) (Inform. STF 756)

AG. REG. NO ARE N. 775.408-RJ
RELATOR: MIN. DIAS TOFFOLI
EMENTA: Agravo regimental no recurso extraordinário com agravo. Processual Civil. Coisa julgada. Limites objetivos. Legislação local. Ofensa reflexa. Precedentes.
1. É pacífica a orientação da Corte de que não se presta o recurso extraordinário para a verificação dos limites objetivos da coisa julgada, haja vista tratar-se de discussão de índole infraconstitucional.
2. Inviável, em recurso extraordinário, a análise da legislação local. Incidência da Súmula nº 280/STF.
3. Agravo regimental não provido. (Inform. STF 745)

AG. REG. NO ARE N. 792.855-RS
RELATOR: MIN. DIAS TOFFOLI
EMENTA: Agravo regimental no recurso extraordinário com agravo. Dano moral. Indenização. Prequestionamento. Ausência. Fatos e provas. Reexame. Impossibilidade. Precedentes.
1. Não se admite o recurso extraordinário quando o dispositivo constitucional que nele se alega violado não está devidamente prequestionado. Incidência das Súmulas nºs 282 e 356/STF.
2. Inadmissível, em recurso extraordinário, o reexame dos fatos e das provas dos autos. Incidência da Súmula nº 279/STF.
3. Agravo regimental não provido. (Inform. STF 745)

AG. REG. NO ARE N. 794.016-BA
RELATOR: MIN. DIAS TOFFOLI
EMENTA: Agravo regimental no recurso extraordinário com agravo. Processual Civil. Juizados especiais. Não comparecimento às audiências. Extinção do processo sem julgamento do mérito. Legislação infraconstitucional. Reexame de fatos e provas. Impossibilidade. Precedentes.
1. Não se presta o recurso extraordinário para a análise da legislação infraconstitucional e o reexame dos fatos e das provas dos autos. Incidência das Súmulas nºs 636 e 279/STF.
2. Agravo regimental não provido. (Inform. STF 745)

AG. REG. NO ARE N. 794.937-MG
RELATOR: MIN. DIAS TOFFOLI
EMENTA: Agravo regimental no recurso extraordinário com agravo. Processual civil. Agravo de instrumento dirigido a Tribunal de Justiça. Pressupostos processuais. Ausência de repercussão geral do tema. Legislação infraconstitucional. Precedentes.
1. O Plenário da Corte, no exame do RE nº 598.365/MG, Relator o Ministro **Ayres Britto**, concluiu pela ausência de repercussão geral do tema relativo a pressupostos de admissibilidade de recursos da competência de outros tribunais, dado o caráter infraconstitucional da matéria.
2. Agravo regimental não provido. (Inform. STF 745)

Jurisdição e matéria infraconstitucional - 3
Em conclusão de julgamento, a 1ª Turma proveu embargos de declaração para acolher pedido formulado em agravo de instrumento e determinar a subida do recurso extraordinário. Na espécie, a embargante argumentava que o STJ teria concluído que a matéria seria constitucional, ao passo que o STF teria se pronunciado no sentido de que a questão seria infraconstitucional — v. Informativos 659 e 709. A Turma ressaltou que, a essa altura, o embargante encontrar-se-ia sem a devida prestação jurisdicional pelo Estado. Sufragou a assertiva de que o STF assentara a ausência de envolvimento de matéria constitucional e que o STJ afirmara não haver fundamento legal, mas constitucional. Ponderou que a celeuma alusiva à negativa da prestação jurisdicional deixara de ser enfrentada pela Turma quando do exame do agravo regimental, que, sabidamente, ocorre de forma sumária mediante a apreciação em lista.
AI 633834 ED-AgR/RJ, rel. Min. Dias Toffoli, 18.3.2014. (AI-633834) (Inform. STF 739)

EMB. DECL. NO ARE N. 747.825-SC
RELATOR: MIN. RICARDO LEWANDOWSKI
Ementa: EMBARGOS DE DECLARAÇÃO OPOSTOS DE DECISÃO MONOCRÁTICA. CONVERSÃO EM AGRAVO REGIMENTAL. TERRENO DE MARINHA. TAXA DE OCUPAÇÃO. PROCESSO DEMARCATÓRIO. INTIMAÇÃO DOS INTERESSADOS. INTERPRETAÇÃO DA LEGISLAÇÃO INFRACONSTITUCIONAL. OFENSA INDIRETA. DISCUSSÃO SOBRE A TITULARIDADE DO IMÓVEL. NECESSIDADE DE REEXAME DO CONJUNTO FÁTICO-PROBATÓRIO. INCIDÊNCIA DA SÚMULA 279 DO STF. ALEGAÇÃO DE CONTRARIEDADE AO ART. 5º, LIV E LV, DA CONSTITUIÇÃO FEDERAL. OFENSA REFLEXA. AGRAVO REGIMENTAL A QUE SE NEGA PROVIMENTO.
I – É inadmissível o recurso extraordinário quando sua análise implica rever a interpretação de legislação infraconstitucional que fundamenta a decisão *a quo*. A afronta à Constituição, se ocorrente, seria apenas indireta.
II – Para dissentir da conclusão adotada pelo Tribunal de origem, quanto à titularidade do imóvel objeto da demanda, necessário seria o reexame do conjunto fático-probatório constante dos autos, circunstância que torna inviável o recurso, nos termos da Súmula 279 do STF.
III – Esta Corte firmou orientação no sentido de ser inadmissível, em regra, a interposição de recurso extraordinário para discutir matéria relacionada à ofensa aos princípios constitucionais do devido processo legal, da ampla defesa e do contraditório, quando a verificação dessa alegação depender de exame prévio de legislação infraconstitucional, por configurar situação de ofensa reflexa ao texto constitucional. Precedentes.
IV – Agravo regimental a que se nega provimento. (Inform. STF 735)

AG. REG. NO ARE N. 728.480-RS
RELATORA: MIN. ROSA WEBER
EMENTA: DIREITO ADMINISTRATIVO. CONCURSO PÚBLICO. MAGISTÉRIO. PRETERIÇÃO NÃO EVIDENCIADA. ÂMBITO INFRACONSTITUCIONAL DO DEBATE. NEGATIVA DE PRESTAÇÃO JURISDICIONAL NÃO CONFIGURADA. ANÁLISE DA OCORRÊNCIA DE EVENTUAL AFRONTA AOS PRECEITOS CONSTITUCIONAIS INVOCADOS NO APELO EXTREMO DEPENDENTE DA REELABORAÇÃO DA MOLDURA FÁTICA CONSTANTE NO ACÓRDÃO REGIONAL. EVENTUAL VIOLAÇÃO REFLEXA DA CONSTITUIÇÃO FEDE-

RAL NÃO VIABILIZA O MANEJO DE RECURSO EXTRAORDINÁRIO. ACÓRDÃO RECORRIDO PUBLICADO EM 28.8.2012.
Inexiste violação do artigo 93, IX, da CF/88. Na compreensão desta Suprema Corte, o texto constitucional exige que o órgão jurisdicional explicite as razões de seu convencimento, sem necessidade, contudo, do exame detalhado de cada argumento esgrimido pelas partes. Precedentes.
O exame da alegada ofensa à Constituição Federal, dependeria de prévia análise de norma infraconstitucional aplicada à espécie, o que refoge à competência jurisdicional extraordinária, prevista no art. 102 da Constituição Federal.
Agravo regimental conhecido e não provido. (Inform. STF 722)

AG. REG. NO ARE N. 727.104-RJ
RELATORA: MIN. CÁRMEN LÚCIA
EMENTA: AGRAVO REGIMENTAL NO RECURSO EXTRAORDINÁRIO COM AGRAVO. ADMINISTRATIVO. NOMEAÇÃO DE CANDIDATO APROVADO EM CONCURSO PÚBLICO. IRREGULARIDADE NA CONVOCAÇÃO. 1) REEXAME DE PROVAS E DE CLÁUSULAS EDITALÍCIAS. SÚMULAS N. 279 E 454 DO SUPREMO TRIBUNAL FEDERAL. 2) INTERPOSIÇÃO DE RECURSO EXTRAORDINÁRIO PELA ALÍNEA C DO INC. III DO ART. 102 DA CONSTITUIÇÃO. INADMISSIBILIDADE. SÚMULA 284 DO SUPREMO TRIBUNAL FEDERAL. AGRAVO REGIMENTAL AO QUAL SE NEGA PROVIMENTO. (Inform. STF 714)

AG. REG. NO ARE N. 742.632-SP
RELATOR: MIN. DIAS TOFFOLI
EMENTA: Agravo regimental no recurso extraordinário com agravo. Direito do Consumidor. Negativa de prestação jurisdicional. Não ocorrência. Contrato de plano de saúde. Cobertura. Legislação infraconstitucional. Princípio da legalidade. Ofensa reflexa. Reexame de provas e cláusulas contratuais. Impossibilidade. Precedentes.
1. A jurisdição foi prestada pelo Tribunal de origem mediante decisão suficientemente motivada.
2. Inadmissível, em recurso extraordinário, a análise da legislação infraconstitucional e o reexame de cláusulas contratuais e dos fatos e das provas dos autos. Incidência das Súmulas nºs 636, 454 e 279/STF.
3. Não cabe recurso extraordinário por contrariedade ao princípio da legalidade quando, para a sua verificação, seja necessário analisar a legislação infraconstitucional aplicável ao caso. Incidência da Súmula nº 636/STF.
4. Agravo regimental não provido. (Inform. STF 714)

AG. REG. NO RE N. 741.860-SP
RELATOR: MIN. DIAS TOFFOLI
EMENTA: Agravo regimental no recurso extraordinário. Competência do Relator para negar seguimento a recurso manifestamente inadmissível. Direito do consumidor. Contrato de plano de saúde. Cobertura. Decisão da origem fundamentada no Código de Defesa do Consumidor. Princípios da ampla defesa e do contraditório. Ofensa reflexa. Reexame de provas e cláusulas contratuais. Impossibilidade. Precedentes.
1. É competente o Relator (art. 557, **caput**, do Código de Processo Civil e art. 21, § 1º, do Regimento Interno do Supremo Tribunal Federal) para negar seguimento "ao recurso manifestamente inadmissível, improcedente, prejudicado ou em confronto com a súmula ou com jurisprudência dominante do respectivo tribunal, do Supremo Tribunal Federal, ou de Tribunal Superior".
2. Inadmissível, em recurso extraordinário, a análise da legislação infraconstitucional e o reexame de cláusulas contratuais e dos fatos e das provas dos autos. Incidência das Súmulas nºs 636, 454 e 279/STF.
3. A afronta aos princípios da legalidade, do devido processo legal, da ampla defesa e do contraditório, dos limites da coisa julgada e da prestação jurisdicional, quando depende, para ser reconhecida como tal, da análise de normas infraconstitucionais, configura apenas ofensa indireta ou reflexa à Constituição da República.
4. Agravo regimental não provido. (Inform. STF 714)

EMB. DECL. NO AG. REG. NO RE N. 346.736-DF
RELATOR: MIN. TEORI ZAVASCKI
Ementa: PROCESSUAL CIVIL. RECURSO EXTRAORDINÁRIO. NATUREZA REVISIONAL. TÉCNICA DE JULGAMENTO. DEMANDA COM MAIS DE UM FUNDAMENTO. ACOLHIMENTO DO RECURSO PARA AFASTAR UM DELES. INDISPENSABILIDADE DE APRECIAÇÃO DOS DEMAIS. SÚMULA 456/STF.
1. Em nosso sistema processual, o recurso extraordinário tem natureza revisional, e não de cassação, a significar que "o Supremo Tribunal Federal, conhecendo o recurso extraordinário, julgará a causa, aplicando o direito à espécie" (Súmula 456). Conhecer, na linguagem da Súmula, significa não apenas superar positivamente os requisitos extrínsecos e intrínsecos de admissibilidade, mas também afirmar a existência de violação, pelo acórdão recorrido, da norma constitucional invocada pelo recorrente.
2. Sendo assim, o julgamento do recurso do extraordinário comporta, a rigor, três etapas sucessivas, cada uma delas subordinada à superação positiva da que lhe antecede: (a) o do juízo de admissibilidade, semelhante à dos recursos ordinários; (b) a do juízo sobre a alegação de ofensa a direito constitucional (que na terminologia da Súmula 456/STF também compõe o juízo de conhecimento); e, finalmente, se for o caso, (c) a do julgamento da causa, "aplicando o direito à espécie".
3. Esse "julgamento da causa" consiste na apreciação de outros fundamentos que, invocados nas instâncias ordinárias, não compuseram o objeto do recurso extraordinário, mas que, "conhecido" o recurso (vale dizer, acolhido o fundamento constitucional nele invocado pelo recorrente), passam a constituir matéria de apreciação inafastável, sob pena de não ficar completa a prestação jurisdicional. Nada impede que, em casos assim, o STF, ao invés de ele próprio desde logo "julgar a causa, aplicando o direito à espécie", opte por remeter esse julgamento ao juízo recorrido, como frequentemente o faz.
4. No caso, a parte demandada invocou, em contestação, dois fundamentos aptos, cada um deles, a levar a um juízo de improcedência: (a) a inexistência do direito afirmado na inicial e (b) a prescrição da ação. Nas instâncias ordinárias, a improcedência foi reconhecida pelo primeiro fundamento, tornando desnecessário o exame do segundo. Todavia, em recurso extraordinário, o Tribunal afastou o fundamento adotado pelo acórdão recorrido, razão pela qual se impunha que, nos termos da Súmula 456, enfrentasse a questão prescricional, ou, pelo menos, que remetesse o respectivo exame ao tribunal recorrido. A falta dessa providência, que deixou inconclusa a prestação jurisdicional, importou omissão, sanável por embargos declaratórios.
5. Embargos de declaração acolhidos. (Inform. STF 711)

Tempestividade: RE interposto antes de ED
A 1ª Turma, por maioria, proveu agravo regimental interposto de decisão que não conheceu de recurso extraordinário por intempestividade. No caso, a decisão agravada afirmara que a jurisprudência desta Corte seria pacífica no sentido de ser extemporâneo o recurso extraordinário interposto antes do julgamento proferido nos embargos de declaração, mesmo que os embargos tivessem sido opostos pela parte contrária. Reputou-se que a parte poderia, no primeiro dia do prazo para a interposição do extraordinário, protocolizar este recurso, independentemente da interposição dos embargos declaratórios pela parte contrária. Afirmou-se ser desnecessária a ratificação do apelo extremo. Concluiu-se pela tempestividade do extraordinário. Vencido o Min. Dias Toffoli, relator, que mantinha a decisão agravada.
RE 680371 AgR/SP, rel. orig. Min. Dias Toffoli, red. p/ o acórdão Min. Marco Aurélio. (RE-680371) (Inform. STF 710)

AG. REG. NO AI N. 602.249-PR
RELATOR: MIN. DIAS TOFFOLI
Agravo regimental em agravo de instrumento. IPI. Correção monetária de créditos escriturais por aproveitamento postergado por resistência ilegítima da administração tributária. Oposição de embargos de declaração. Requisito do prequestionamento atendido. Matéria de direito. Inaplicabilidade da Súmula nº 279.
1. A agravante sustentou à exaustão o fato de que somente veio a lograr a compensação dos créditos provenientes da aquisição dos insumos isentos após transpor uma resistência ilegítima do Fisco.
2. Diante da omissão do Tribunal de origem, houve a oposição de embargos de declaração enaltecendo a premente necessidade de dirimir a lide à luz da recusa fazendária. Urge reconhecer o prequestionamento da tese.
3. Inexistência de revolvimento de provas ou de reanálise de fatos. Aplicação da jurisprudência assente na Corte à hipótese dos autos. Inaplicabilidade da Súmula nº 279/STF.
4. Agravo regimental não provido. (Inform. STF 704)

AG. REG. NO ARE. N. 730.396-MG
RELATOR: MIN. MARCO AURÉLIO
RECURSO EXTRAORDINÁRIO – CONTROVÉRSIA SOBRE CABIMENTO DE RECURSO DA COMPETÊNCIA DO SUPERIOR TRIBUNAL DE JUSTIÇA – ADEQUAÇÃO. Quando em questão controvérsia sobre cabimento de recurso da competência de Tribunal diverso, a via excepcional do recurso extraordinário apenas é aberta se no acórdão prolatado constar premissa contrária à Constituição Federal.
RECURSO EXTRAORDINÁRIO – MATÉRIA FÁTICA E LEGAL. O recurso extraordinário não é meio próprio ao revolvimento da prova, também não servindo à interpretação de normas estritamente legais. (Inform. STF 704)

AG. REG. NO AI N. 740.587-PE
RELATORA: MIN. ROSA WEBER
EMENTA: DIREITO ADMINISTRATIVO E PREVIDENCIÁRIO. SERVIDOR PÚBLICO MUNICIPAL. PENSIONISTA. RESPONSABILIDADE DE PAGAMENTO PELO INSTITUTO DE PREVIDÊNCIA DO ESTADO. LEI 9.717/1998. DEBATE DE ÂMBITO INFRACONSTITUCIONAL TRAVADO NO TRIBUNAL DE ORIGEM. EVENTUAL VIOLAÇÃO REFLEXA NÃO ENSEJA RECURSO EXTRAORDINÁRIO. PRECEDENTES. ACÓRDÃO RECORRIDO PUBLICADO EM 21.9.2007.
A suposta ofensa aos postulados constitucionais somente poderia ser constatada a partir da análise da legislação infraconstitucional apontada no apelo extremo, o que torna oblíqua e reflexa eventual ofensa, insuscetível, portanto, de viabilizar o conhecimento do recurso extraordinário.
Agravo regimental conhecido e não provido. (Inform. STF 703)

AG. REG. NO RE N. 604.221-CE
RELATORA: MIN. ROSA WEBER
EMENTA: DIREITO ADMINISTRATIVO. SERVIDOR PÚBLICO ESTADUAL. MAGISTÉRIO. GRATIFICAÇÃO "EXTRA-CLASSE". INTERPRETAÇÃO DA LEI ESTADUAL 11.820/91. PARCELA INERENTE AO CARGO. ILEGALIDADE DA RESPECTIVA SUPRESSÃO DOS PROVENTOS DE APOSENTADORIA. DEBATE DE ÂMBITO INFRACONSTITUCIONAL. EVENTUAL VIOLAÇÃO REFLEXA NÃO ENSEJA RECURSO EXTRAORDINÁRIO. APLICAÇÃO DA SÚMULA 280/STF. ACÓRDÃO RECORRIDO PUBLICADO EM 06.6.2006.
A suposta ofensa aos postulados constitucionais somente poderia ser constatada a partir da análise da legislação infraconstitucional local apontada no apelo extremo, o que torna oblíqua e reflexa eventual ofensa, insuscetível, portanto, de viabilizar o conhecimento do recurso extraordinário.
Tendo a Corte Regional dirimido a lide com espeque em interpretação de legislação estadual, incide, na espécie, o óbice da Súmula 280/STF: "Por ofensa a direito local não cabe recurso extraordinário".
Agravo regimental conhecido e não provido. (Inform. STF 703)

ED e juízo de admissibilidade de RE
A 1ª Turma iniciou julgamento conjunto de embargos de declaração em que se pretende o conhecimento de agravo interposto contra decisão que inadmitira recurso extraordinário. Na decisão embargada, julgou-se intempestivo o agravo ao fundamento de que "*os embargos de declaração opostos contra a decisão do Presidente do Tribunal de origem que não admitiu o recurso extraordinário, por serem incabíveis, não suspendem o prazo para interposição de outro recurso*". Na espécie, alega-se: a) o cabimento dos embargos contra toda e qualquer decisão; b) a incompetência do STF para analisar o cabimento ou não dos embargos de declaração; e c) a restrição dessa temática à esfera infraconstitucional e, por isso, competente o STJ. Em preliminar, por maioria, os embargos de declaração foram convertidos em agravos regimentais, vencido, no ponto, o Min. Marco Aurélio. No mérito, o Min. Dias Toffoli, relator, negou provimento aos regimentais, no que foi acompanhado pela Min. Rosa Weber. Destacou a jurisprudência da Corte segundo a qual os embargos de declaração opostos contra a decisão do Presidente do Tribunal de origem que não admitira o recurso extraordinário, por serem incabíveis, não suspenderiam o prazo para interposição de outro recurso. A Min. Rosa Weber acompanhou o relator e negou provimento ao recurso. O Min. Marco Aurélio conheceu dos embargos. Frisou que, quando protocolizados, existiria um lapso temporal em curso e, portanto, haveria interrupção de prazo, a pressupor-se unicamente em relação ao manuseio dos declaratórios (procedência ou improcedência, conhecimento ou não conhecimento). Asseverou que a decisão do juízo primeiro de admissibilidade, em especial quando negativa, admitiria embargos declaratórios. Obtemperou que todo pronunciamento com carga decisória desafiaria embargos declaratórios. Nesse mesmo sentido votou o Min. Luiz Fux. Após, o julgamento foi suspenso para aguardar voto de desempate de Ministro da 2ª Turma. **ARE 688776/RS, rel. Min. Dias Toffoli, 2.4.2013. (ARE-688776) ARE 685997/RS, rel. Min. Dias Toffoli, 2.4.2013. (ARE-685997) (Inform. STF 700)**

AI e preparo de RE
A 1ª Turma negou provimento a agravo regimental interposto de decisão do Min. Marco Aurélio, que provera agravo de instrumento, do qual relator, para processar recurso extraordinário inadmitido na origem. Alegava-se que o documento de comprovação de pagamento do preparo do RE seria peça obrigatória para formação do instrumento. Ressaltou-se que essa peça não estaria contida no rol das exigidas pelo CPC. Considerou-se inaplicável, à espécie, o Enunciado 288 da Súmula do STF ("*Nega-se provimento a agravo para subida de recurso extraordinário, quando faltar no traslado o despacho agravado, a decisão recorrida, a petição de recurso extraordinário ou qualquer peça essencial à compreensão da controvérsia*"), já que o RE fora obstado por motivo diverso da referida arguição. Por fim, mencionou-se que eventual deserção do RE seria analisada oportunamente quando de sua apreciação. **AI 479288 AgR/SP, rel. Min. Marco Aurélio, 18.12.2012. (AI-479288)** (Inform. STF 693).

RE: admissibilidade e protocolo ilegível
A 1ª Turma, por maioria, deu provimento a agravo regimental interposto de decisão do Min. Eros Grau, que negara seguimento a recurso extraordinário, do qual relator, por não constar protocolo na petição recursal. O Min. Luiz Fux, relator, considerou não ser possível sobrepujar esse aspecto formal do carimbo de protocolo ilegível em detrimento do direito quase que natural e inalienável de recorrer ao STF. Reputou inadmissível o particular sofrer prejuízo por força da máquina judiciária, que não efetuara o carimbo de forma apropriada. Em acréscimo, o Min. Marco Aurélio salientou que o recurso, na origem, teria sido considerado tempestivo, haja vista que o Presidente do tribunal *a quo* determinara o seu processamento. Vencido o Min. Dias Toffoli, que negava provimento ao recurso. **RE 611743 AgR/PR, rel. Min. Luiz Fux, 25.9.2012. (RE-611743) (Inform. STF 681)**

Pedido de justiça gratuita na fase recursal - 1
A 1ª Turma iniciou julgamento de agravo regimental contra decisão que desprovera agravo de instrumento manejado de decisão que, ante a ausência de preparo, inadmitira, na origem, recurso extraordinário no qual requerida a assistência judiciária gratuita no ato de sua interposição. Na espécie, a agravante alega ofensa ao devido processo legal. O Min. Dias Toffoli manteve a decisão agravada. Afirmou que o pedido de justiça gratuita deveria ter sido deduzido em consonância com o disposto no art. 6º da Lei 1.060/50 ("*O pedido, quando formulado no curso da ação, não a suspenderá, podendo o juiz, em face das provas, conceder ou denegar de plano o benefício de assistência. A petição, neste caso, será autuada em separado, apensando-se os respectivos autos aos da causa principal, depois de resolvido o incidente*"). Destacou que o requerimento de justiça gratuita, quando realizado na primeira oportunidade, deveria ser processado nos próprios autos principais e, se formulado posteriormente, autuado em apenso, com intimação da parte contrária para contestar. Concluiu que, ao postular a gratuidade na fase recursal, a agravante deveria tê-lo feito por meio de petição autônoma, a ser autuada em apartado, e não como simples preliminar de recurso endereçado a outra Corte, como se dera. Em divergência, os Ministros Luiz Fux e Marco Aurélio proveram o recurso por entenderem cabível deferir-se a gratuidade antes da interposição ou como um pleito embutido na petição de recurso extraordinário, salvo se houver fraude, como, por exemplo, quando a parte não efetua o preparo e, depois, requer que se releve a deserção. Esse último admitia ser plausível alguém que, até então, podia custear as despesas processuais não ter mais condições de providenciar preparo, o que teria força declaratória a retroagir ao período próprio à interposição do recurso no qual pleiteada a assistência judiciária. Após, pediu vista a Min. Cármen Lúcia. AI 652139 AgR/MG, rel. Min. Dias Toffoli, 13.9.2011. (AI-652139)

Pedido de justiça gratuita na fase recursal - 2
Em conclusão, a 1ª Turma, por maioria, deu provimento a agravo regimental interposto de decisão que desprovera agravo de instrumento manejado de decisão que, ante a ausência de preparo, inadmitira, na origem, recurso extraordinário no qual requerida a assistência judiciária gratuita no ato de sua interposição — v. Informativo 640. Entendeu-se cabível deferir-se a gratuidade antes da interposição ou como pleito embutido na petição de recurso extraordinário, salvo se houvesse fraude, como, por exemplo, quando a parte não efetuasse o preparo e, depois, requeresse que se relevasse a deserção. Afirmou-se plausível alguém que, até então, pudesse custear as despesas processuais não possuir mais condições de providenciar preparo, o que teria força declaratória a retroagir ao período próprio à interposição do recurso no qual pleiteada a assistência judiciária. Vencido o Min. Dias Toffoli, relator, que negava provimento ao recurso. Destacava que o requerimento de justiça gratuita, quando realizado na primeira oportunidade, deveria ser processado nos autos principais e, se formulado posteriormente, autuado em apenso, com intimação da parte contrária para contestar. **AI 652139 AgR/MG, rel. orig. Min. Dias Toffoli, red. p/ o acórdão Min. Marco Aurélio, 22.5.2012.** (AI-652139) (Inform. STF 667)

RE N. 455.271-RO
RELATOR: MIN. MARCO AURÉLIO
RECURSO EXTRAORDINÁRIO – MATÉRIA LEGAL. O recurso extraordinário não é meio próprio a alcançar-se exame de controvérsia equacionada sob o ângulo estritamente legal. (Inform. STF 621)

Súmula STF nº 735
Não cabe recurso extraordinário contra acórdão que defere medida liminar.

Súmula STF nº 733
Não cabe recurso extraordinário contra decisão proferida no processamento de precatórios.

Súmula STF nº 640
É cabível recurso extraordinário contra decisão proferida por juiz de primeiro grau nas causas de alçada, ou por turma recursal de juizado especial cível e criminal.

Súmula STF nº 638
A controvérsia sobre a incidência, ou não, de correção monetária em operações de crédito rural é de natureza infraconstitucional, não viabilizando recurso extraordinário.

Súmula STF nº 637
Não cabe recurso extraordinário contra acórdão de tribunal de justiça que defere pedido de intervenção estadual em município.

Súmula STF nº 636
Não cabe recurso extraordinário por contrariedade ao princípio constitucional da legalidade, quando a sua verificação pressuponha rever a interpretação dada a normas infraconstitucionais pela decisão recorrida.

Súmula STF nº 635
Cabe ao presidente do tribunal de origem decidir o pedido de medida cautelar em recurso extraordinário ainda pendente do seu juízo de admissibilidade.

Súmula STF nº 634
Não compete ao Supremo Tribunal Federal conceder medida cautelar para dar efeito suspensivo a recurso extraordinário que ainda não foi objeto de juízo de admissibilidade na origem.

Súmula STF nº 528
Se a decisão contiver partes autônomas, a admissão parcial, pelo presidente do tribunal "a quo", de recurso extraordinário que, sobre qualquer delas se manifestar, não limitará a apreciação de todas pelo Supremo Tribunal Federal, independentemente de interposição de agravo de instrumento.

Súmula STF nº 513
A decisão que enseja a interposição de recurso ordinário ou extraordinário não é a do plenário, que resolve o incidente de inconstitucionalidade, mas a do órgão (câmaras, grupos ou turmas) que completa o julgamento do feito.

Súmula STF nº 456
O Supremo Tribunal Federal, conhecendo do recurso extraordinário, julgará a causa, aplicando o direito à espécie.

Súmula STF nº 454
Simples interpretação de cláusulas contratuais não dá lugar a recurso extraordinário.

Súmula STF nº 432
Não cabe recurso extraordinário com fundamento no art. 101, III, "d", da Constituição Federal, quando a divergência alegada for entre decisões da Justiça do Trabalho.

Súmula STF nº 400
Decisão que deu razoável interpretação à Lei, ainda que não seja a melhor, não autoriza recurso extraordinário pela letra "a" do art. 101, III, da Constituição Federal.

Súmula STF nº 399
Não cabe recurso extraordinário, por violação de Lei federal, quando a ofensa alegada for a regimento de tribunal.

Súmula STF nº 369
Julgados do mesmo tribunal não servem para fundamentar o recurso extraordinário por divergência jurisprudencial.

Súmula STF nº 356
O ponto omisso da decisão, sobre o qual não foram opostos embargos declaratórios, não pode ser objeto de recurso extraordinário, por faltar o requisito do prequestionamento.

Súmula STF nº 299
O recurso ordinário e o extraordinário interpostos no mesmo processo de mandado de segurança, ou de "habeas corpus", serão julgados conjuntamente pelo tribunal pleno.

Súmula STF nº 292
Interposto o recurso extraordinário por mais de um dos fundamentos indicados no art. 101, III, da Constituição, a admissão apenas por um deles não prejudica o seu conhecimento por qualquer dos outros.

Súmula STF nº 291
No recurso extraordinário pela letra "d" do art. 101, III, da Constituição, a prova do dissídio jurisprudencial far-se-á por certidão, ou mediante indicação do "diário da justiça" ou de repertório de jurisprudência autorizado, com a transcrição do trecho que configure a divergência, mencionadas as circunstâncias que identifiquem ou assemelhem os casos confrontados.

Súmula STF nº 286
Não se conhece do recurso extraordinário fundado em divergência jurisprudencial, quando a orientação do plenário do Supremo Tribunal Federal já se firmou no mesmo sentido da decisão recorrida.

Súmula STF nº 285
Não sendo razoável a arguição de inconstitucionalidade, não se conhece do recurso extraordinário fundado na letra "c" do art. 101, III, da Constituição Federal.

Súmula STF nº 284
É inadmissível o recurso extraordinário, quando a deficiência na sua fundamentação não permitir a exata compreensão da controvérsia.

Súmula STF nº 283
É inadmissível o recurso extraordinário, quando a decisão recorrida assenta em mais de um fundamento suficiente e o recurso não abrange todos eles.

Súmula STF nº 282
É inadmissível o recurso extraordinário, quando não ventilada, na decisão recorrida, a questão federal suscitada.

Súmula STF nº 281
É inadmissível o recurso extraordinário, quando couber na justiça de origem, recurso ordinário da decisão impugnada.

Súmula STF nº 280
Por ofensa a direito local não cabe recurso extraordinário.

Súmula STF nº 279
Para simples reexame de prova não cabe recurso extraordinário.

11.8. Temas combinados de recursos

Comunicação e pedido de desentranhamento
A 2ª Turma acolheu proposta da Ministra Cármen Lúcia para afetar ao Plenário julgamento de embargos declaratórios em sede de comunicação. Na espécie, questiona-se decisão monocrática do Ministro Gilmar Mendes, que negara seguimento a petição do comunicante em virtude da inadmissibilidade da via. Na referida petição, o comunicante impugna despacho de desentranhamento de peça proferido pelo Ministro Luiz Fux e o resultado do julgamento da 1ª Turma desta Corte nos autos do AI 845223/SP (DJe de 27.4.2012). A Turma ponderou que, apesar do volume de processos a serem apreciados pelo Plenário, seria ele o órgão competente para examinar questão a ela submetida, a envolver decisão da 1ª Turma.
Cm 58 ED/DF, rel. Min. Gilmar Mendes, 8.10.2013. (Cm-58) (Inform. STF 723)

DIREITO PROCESSUAL CIVIL. JUROS DE MORA EM CONDENAÇÕES IMPOSTAS À FAZENDA PÚBLICA. RECURSO REPETITIVO (ART. 543-C DO CPC E RES. 8/2008-STJ).
Na hipótese de condenação da Fazenda Pública ao pagamento de diferenças remuneratórias devidas a servidor público, os juros de mora deverão ser contados a partir da data em que efetuada a citação no processo respectivo, independentemente da nova redação conferida pela Lei 11.960/2009 ao art. 1º-F da Lei 9.494/1997. Isso porque a referida alteração legislativa não modificou o momento a ser considerado como termo inicial dos juros moratórios incidentes sobre obrigações ilíquidas, que continuou regido pelos arts. 219 do CPC e 405 do CC. **REsp 1.356.120-RS, Rel. Min. Castro Meira, julgado em 14/8/2013.** (Inform. STJ 528)

DIREITO PROCESSUAL CIVIL. ALCANCE DA RESTRIÇÃO CONTIDA NO § 2º DO ART. 557 DO CPC.
Ainda que o recorrente tenha sido condenado ao pagamento da multa a que se refere o § 2º do art. 557 do CPC, não se pode condicionar ao seu recolhimento a interposição, em outra fase processual, de recurso que objetive a impugnação de matéria diversa daquela tratada no recurso que deu origem à referida sanção. Isso porque, sob pena de obstaculizar demasiadamente o exercício do direito de defesa, apenas a interposição do recurso que objetive impugnar a mesma matéria já decidida e em razão da qual tenha sido imposta a referida sanção está condicionada ao depósito do valor da multa. **REsp 1.354.977-RS, Rel. Min. Luis Felipe Salomão, julgado em 2/5/2013.** (Inform. STJ 523)

DIREITO PROCESSUAL CIVIL. RECURSO CABÍVEL CONTRA SENTENÇA NA QUAL TENHA SIDO INDEFERIDO PEDIDO DE ASSISTÊNCIA JUDICIÁRIA GRATUITA.
O indeferimento, na prolação da sentença, do pedido de assistência judiciária gratuita é impugnável por meio de apelação. Isso porque, pelo princípio da unirrecorribilidade, cada ato decisório só pode ser atacado por um único recurso. Ressalte-se que a hipótese em análise não se confunde com aquela na qual o pedido de assistência judiciária gratuita é apreciado em decisão interlocutória, situação em que o recurso cabível será o agravo de instrumento. Precedente citado: AgRg no REsp 553.273-BA, Sexta Turma, DJ 6/3/2006. AgRg no AREsp 9.653-SP, Rel. Min. Luis Felipe Salomão, julgado em 2/5/2013. **(Inform. STJ 523)**

DIREITO PROCESSUAL CIVIL. CONHECIMENTO EM GRAU DE RECURSO DE PROVA DOCUMENTAL CUJO DESENTRANHAMENTO FORA DETERMINADO NA INSTÂNCIA ORIGINÁRIA.
A determinação do juiz para que se desentranhe prova documental dos autos em razão de sua juntada intempestiva, por si só, não inviabiliza o conhecimento da referida prova pelo Tribunal, desde que seja observado o princípio do contraditório. O art. 397 do CPC prevê as exceções à regra de que a prova documental deve acompanhar a petição inicial e a contestação, dispondo que "é lícito às partes, em qualquer tempo, juntar aos autos documentos novos, quando destinados a fazer prova de fatos ocorridos depois dos articulados, ou para contrapô-los aos

que foram produzidos nos autos". A interpretação do referido dispositivo tem sido feita de forma ampliativa, de modo a admitir que a juntada de documentos novos ocorra em situações não formalmente previstas, relativizando a questão sobre a extemporaneidade da apresentação de prova documental, desde que não se trate de documento indispensável à propositura da ação e não haja má-fé na ocultação do documento, razão pela qual se impõe a oitiva da parte contrária (art. 398 do CPC). Dessa forma, a mera declaração do juiz de que a prova documental é intempestiva e, por isso, deve ser desentranhada dos autos não é capaz de, por si só, impedir o conhecimento da referida prova pelo Tribunal, tendo em vista a maior amplitude, no processo civil moderno, dos poderes instrutórios do juiz, ao qual cabe determinar, até mesmo de ofício, a produção de provas necessárias à instrução do processo (art. 130 do CPC). **REsp 1.072.276-RN, Rel. Min. Luis Felipe Salomão, julgado em 21/2/2013.** (Inform. STJ 516).

Súmula STF nº 734

Não cabe reclamação quando já houver transitado em julgado o ato judicial que se alega tenha desrespeitado decisão do Supremo Tribunal Federal.

12. REPERCUSSÃO GERAL

REPERCUSSÃO GERAL EM ARE N. 840.920-DF
RELATOR: MIN. LUIZ FUX
EMENTA: RECURSO EXTRAORDINÁRIO COM AGRAVO. DIREITO PROCESSUAL CIVIL. EXECUÇÃO PROVISÓRIA. HONORÁRIOS ADVOCATÍCIOS. DESCABIMENTO. MATÉRIA DE ÍNDOLE INFRACONSTITUCIONAL. INEXISTÊNCIA DE REPERCUSSÃO GERAL.

REPERCUSSÃO GERAL EM ARE N. 840.432-RJ
RELATOR: MIN. TEORI ZAVASCKI
Ementa: PROCESSUAL CIVIL. COMPETÊNCIA DELEGADA DA JUSTIÇA ESTADUAL (LEI 5.010/66, ART. 15, I, ANTES DA REVOGAÇÃO OPERADA PELA LEI 13.043/2014). EXECUÇÃO FISCAL AJUIZADA EM LOCAL DIVERSO DO FORO DO DOMICÍLIO DO RÉU. LEGITIMIDADE DO CONHECIMENTO DE OFÍCIO DA INCOMPETÊNCIA PARA SEU PROCESSAMENTO. MATÉRIA INFRACONSTITUCIONAL. AUSÊNCIA DE REPERCUSSÃO GERAL.
1. A controvérsia relativa à possibilidade, ou não, do conhecimento de ofício da incompetência para o processamento de execução fiscal ajuizada em local diverso do foro do domicílio do réu, fundada na interpretação do Código de Processo Civil, é de natureza infraconstitucional.
2. É cabível a atribuição dos efeitos da declaração de ausência de repercussão geral quando não há matéria constitucional a ser apreciada ou quando eventual ofensa à Carta Magna se dê de forma indireta ou reflexa (RE 584.608 RG, Min. ELLEN GRACIE, DJe de 13/03/2009).
3. Ausência de repercussão geral da questão suscitada, nos termos do art. 543-A do CPC. (Inform. STF 771)

RE com repercussão geral reconhecida e ausência de preliminar formal
O Plenário iniciou julgamento de recurso extraordinário em que discutida a constitucionalidade do art. 10 da Lei 10.666/2003 e do art. 202-A do Decreto 3.048/1999, com a redação dada pelo Decreto 6.957/2009. Os dispositivos questionados preveem a possibilidade de redução da alíquota referente ao Seguro de Acidente do Trabalho - SAT e dos Riscos Ambientais do Trabalho - RAT para empresas com menores índices de acidente de trabalho e permitem, por outro lado, a majoração para aquelas que não investirem na segurança do trabalhador. As mencionadas alíquotas seriam aferidas pelo desempenho da empresa em relação à respectiva atividade econômica, com a aplicação do Fator Acidentário de Prevenção - FAP, que leva em consideração os índices de frequência, gravidade e custos dos acidentes de trabalho. Entende o recorrente que os dispositivos impugnados permitiriam a instituição de alíquota baseada em metodologia aprovada somente pelo Conselho Nacional de Previdência Social por meio de resolução, o que feriria o princípio da legalidade, além de afrontar os princípios da anterioridade e da reserva de lei complementar. O Ministro Marco Aurélio suscitou questão de ordem no sentido de não conhecer do recurso, por ausência de preliminar sobre a existência de repercussão geral do tema, no que foi acompanhado pelos Ministros Teori Zavascki, Rosa Weber e Cármen Lúcia. Constatara que as razões recursais teriam sido silentes quanto a esse requisito, que sequer fora abordado. Ponderou que, embora o Plenário tivesse assentado a repercussão geral, esse defeito formal implicaria o não conhecimento do recurso extraordinário. Os Ministros Luiz Fux (relator), Ricardo Lewandowski (Presidente), Roberto Barroso e Gilmar Mendes, em divergência, conheceram do recurso. Para o relator, as modernas legislações seriam no sentido de que, se o mérito do recurso contribuísse para a evolução do Direito, qualquer defeito formal deveria ser afastado para que esse processo tivesse um cunho objetivo e que se pudesse julgar a tese. Assim, a despeito do capítulo específico da repercussão geral, teria sido possível extrair o tema em debate. Ademais, a matéria fora chancelada pelo Plenário virtual. Em seguida, o relator indicou adiamento.
RE 684261/PR, rel. Min. Luiz Fux, 3.12.2014. (RE-684261) (Inform. STF 770)

AG. REG. NO ARE N. 721.271-MG
RELATOR: MINISTRO PRESIDENTE
Ementa: AGRAVO REGIMENTAL NO RECURSO EXTRAORDINÁRIO COM AGRAVO. REPERCUSSÃO GERAL DAS QUESTÕES CONSTITUCIONAIS. AUSÊNCIA DE PRELIMINAR. AGRAVO A QUE SE NEGA PROVIMENTO.
I - Nos termos do art. 327, caput, do Regimento Interno do STF, com a redação dada pela Emenda Regimental 21/2007, os recursos que não apresentem preliminar de repercussão geral serão recusados. Exigência que também se aplica às hipóteses de repercussão geral presumida ou já reconhecida pelo Supremo Tribunal Federal. Precedentes.
II - Agravo regimental a que se nega provimento. (Inform. STF 761)

Repercussão geral com mérito julgado: retorno ao STF - 3
O Plenário, em conclusão de julgamento, resolveu questão de ordem no sentido de determinar definitivamente a devolução dos autos ao tribunal de origem para que seja observado o procedimento próprio da repercussão geral da matéria constitucional discutida. No caso, o recurso fora devolvido à origem para fins de aplicação da ritualística prevista no art. 543-B do CPC, em razão do reconhecimento da repercussão geral da matéria constitucional nele debatida por ocasião do exame do RE 573.540/MG (DJe de 11.6.2010). O Tribunal "a quo", contudo, novamente remetera os autos ao Supremo por considerar inaplicável o regramento previsto nesse dispositivo legal, por vislumbrar distinção entre a hipótese examinada no paradigma e o quadro fático-jurídico próprio dos autos sob análise — v. Informativo 599. O Colegiado entendeu não haver motivo para o retorno do processo. Consignou que, quando do julgamento do RE 573.540/MG, esta Corte decidira que "os Estados-membros podem instituir apenas contribuição que tenha por finalidade o custeio do regime de previdência de seus servidores", e que "a expressão 'regime previdenciário' não abrange a prestação de serviços médicos, hospitalares, odontológicos e farmacêuticos". Ressaltou, portanto, que a questão constitucional relevante referir-se-ia à invalidade de tributo criado por qualquer ente federado, que não a União, para custear compulsoriamente serviços de saúde. Ponderou

que, na espécie, o recurso extraordinário fora interposto por contribuintes e a causa de pedir fora cindida em dois objetos inconfundíveis, mas, ao mesmo tempo, indissociáveis. O primeiro, incidental e necessário para o conhecimento do segundo, referir-se-ia à inconstitucionalidade da contribuição, já decidida pelo STF. O segundo seria a pretensão de que os valores recolhidos a título de tributo inconstitucional fossem restituídos. Em relação a este, apontou a natureza exclusivamente infraconstitucional, tendo em conta que o cabimento da restituição dependeria do exame das normas do CTN e da legislação local que regem o assunto. Explicitou que o Supremo, durante o julgamento do precedente, não teria por missão resolver todos os detalhes subsidiários ou sucessivos da lide, especialmente quando tivessem nítida estatura infraconstitucional. Realçou que o mecanismo da repercussão geral perderia toda a sua efetividade se fosse necessário examinar esses pontos para que a análise de matéria sujeita a esse procedimento tivesse alcance amplo e geral. Asseverou, em síntese, que o tribunal "a quo" deveria proceder ao juízo de retratação quanto à questão de fundo, decidida pelo STF, e, resolvida a inconstitucionalidade da cobrança da contribuição compulsória destinada ao custeio de serviços de saúde, passar ao exame das demais questões infraconstitucionais pendentes, como o pedido para restituição do indébito e os índices de correção monetária e de juros aplicáveis. O Ministro Marco Aurélio apontou a existência de paradigma ainda mais específico, razão pela qual o processo deveria ser devolvido à origem.
RE 593995 QO/MG, rel. Min. Joaquim Barbosa, 30.4.2014. (RE-593995) (Inform. STF 744)

MS: devolução de autos e repercussão geral
O Plenário reafirmou orientação no sentido de que não possui lesividade que justifique a impetração de mandado de segurança o ato do STF que determina o retorno dos autos à origem para aplicação da sistemática de repercussão geral. Na espécie, o agravante questionava ato do Presidente desta Corte — por meio da Secretaria Judiciária do Tribunal, com fundamento na Portaria GP 138/2009 do STF — que determinara a devolução de processo do ora impetrante à origem, ante a existência de feitos representativos da controvérsia. Sustentava que a decisão impugnada havia realizado enquadramento equivocado da causa. Ao negar provimento ao agravo regimental, o Colegiado consignou que a instância *a quo* poderia, ao receber o processo, recursar-se à retratação ou à declaração de prejudicialidade (CPC: *Art. 543-B. Quando houver multiplicidade de recursos com fundamento em idêntica controvérsia, a análise da repercussão geral será processada nos termos do Regimento Interno do Supremo Tribunal Federal, observado o disposto neste artigo. ... § 3º Julgado o mérito do recurso extraordinário, os recursos sobrestados serão apreciados pelos Tribunais, Turmas de Uniformização ou Turmas Recursais, que poderão declará-los prejudicados ou retratar-se*).
MS 32485 AgR/SP, rel. Min. Teori Zavascki, 27.2.2014. (MS-32485) (Inform. STF 737)

AG. REG. NO ARE N. 698.285-SP
RELATORA: MIN. ROSA WEBER
EMENTA: DIREITO ELEITORAL. DIREITO PROCESSUAL CIVIL. RECURSO ESPECIAL. PRESTAÇÃO DE CONTAS. DESAPROVAÇÃO. CABIMENTO DE RECURSO DE COMPETÊNCIA DO TRIBUNAL SUPERIOR ELEITORAL. APLICAÇÃO DA SISTEMÁTICA DA REPERCUSSÃO GERAL PELA CORTE DE ORIGEM. MANEJO DE AGRAVO EM RECURSO EXTRAORDINÁRIO: INADEQUAÇÃO. IMPOSSIBILIDADE DE CONVERSÃO EM AGRAVO REGIMENTAL. ACÓRDÃO RECORRIDO PUBLICADO EM 27.4.2012.
A jurisprudência desta Corte firmou-se no sentido da inadequação do manejo de agravo contra decisão do Tribunal de origem que aplica a sistemática da repercussão geral, nos termos dos artigos 543-A e 543-B do CPC. Não se mostra possível a conversão em agravo regimental quanto aos recursos interpostos após o julgamento do AI 760.358-QO/SE, Rel. Min. Gilmar Mendes, Plenário, DJe 19.02.2010.
Agravo regimental conhecido e não provido. (Inform. STF 726)

ED: repercussão geral e art. 543-B do CPC
O Plenário do STF, em deliberação presencial, pode não conhecer de recurso extraordinário ao fundamento de tratar-se de matéria de índole infraconstitucional, ainda que tenha reconhecido, anteriormente, a existência de repercussão geral por meio do Plenário Virtual. Com base nesse entendimento, a Corte acolheu, em parte, embargos declaratórios opostos de acórdão no qual assentado que o Tema 347 da Repercussão Geral — relativo ao percentual de reajuste do vale-refeição dos servidores do Estado do Rio Grande do Sul — demandaria interpretação de legislação infraconstitucional e de direito local. O Tribunal aduziu que o reconhecimento da repercussão geral não impediria o reexame dos requisitos de admissibilidade do recurso quando de seu julgamento definitivo. Consignou, ainda, a eficácia do pronunciamento do Supremo acerca da conclusão de não se tratar de matéria constitucional, de modo a impedir a subida dos processos sobrestados na origem. Por fim, determinou a aplicação do art. 543-B do CPC ao tema veiculado no recurso.
RE 607607 ED/RS, rel. Min. Luiz Fux, 2.10.2013. (RE-607607) (Inform. STF 722)

AG. REG. NA El N. 4-PA
RELATOR: MIN. DIAS TOFFOLI
EMENTA: Agravo regimental em exceção de incompetência. Incidente liminarmente indeferido, porque incabível. Pretendido deslocamento de todos os processos em que reconhecida a repercussão geral da matéria para o relator do feito em que isso se deu. Inadmissibilidade.
1. Não há que se falar na aplicação da norma prevista no art. 325 do Regimento Interno da Suprema Corte a processos cuja repercussão geral tenha sido reconhecida, quando de sua apreciação pelo Plenário, como preliminar do julgamento de mérito, efetuado logo em seguida.
2. Há, ademais, decisão do Plenário da Corte determinando que os processos referentes à denominada "Lei da Ficha Limpa" (LC 135/2010) fossem monocraticamente decididos pelo respectivo relator, tal como ocorreu no processo de que decorre o presente incidente.
3. Agravo regimental ao qual se nega provimento. (Inform. STF 713)

AG. REG. NA Rcl N. 13.508-DF
RELATOR: MIN. TEORI ZAVASCKI
Ementa: CONSTITUCIONAL E PROCESSUAL CIVIL. RECURSO EXTRAORDINÁRIO. DECISÃO DENEGATÓRIA DE SEGUIMENTO. AUSÊNCIA DE REPERCUSSÃO GERAL DA MATÉRIA RECONHECIDA. NÃO CABIMENTO DE RECURSO OU RECLAMAÇÃO PARA O STF.
1. O Plenário desta Corte firmou o entendimento de que não cabe recurso ou reclamação ao Supremo Tribunal Federal para rever decisão do Tribunal de origem que aplica a sistemática da repercussão geral, a menos que haja negativa motivada do juiz em se retratar para seguir a decisão da Suprema Corte. Precedentes.
2. Agravo regimental a que se nega provimento. (Inform. STF 711)

AG. REG. NO ARE N. 656.073-MG
RELATOR: MIN. LUIZ FUX
Ementa: AGRAVO REGIMENTAL NO RECURSO EXTRAORDINÁRIO COM AGRAVO. CONSUMIDOR. TELEFONIA. COBRANÇA DE PULSOS ALÉM DA FRANQUIA. CONTROVÉRSIA DE ÍNDOLE INFRACONSTITUCIONAL. REPERCUSSÃO GERAL REJEITADA PELO PLENÁRIO VIRTUAL NO RE

Nº 777.749 QO-RG. TEMA Nº 274 DA GESTÃO POR TEMAS DA REPERCUSSÃO GERAL.
1. A controvérsia sub examine, já foi objeto de análise desta Suprema Corte, nos autos do RE n. 777.749 RG, Rel. Min. Gilmar Mendes, DJe de 26.4.2011, oportunidade em que o Plenário recusou o recurso extraordinário ante a ausência de repercussão geral, visto que a questão versa sobre matéria infraconstitucional. O julgado restou assim ementado: "RECURSO. Extraordinário. Incognoscibilidade. Plano de previdência privada. Resgate das contribuições. Índices de correção. Questão infraconstitucional. Precedentes. Ausência de repercussão geral. Recurso extraordinário não conhecido. Não apresenta repercussão geral o recurso extraordinário que, tendo por objeto questão de resgate de contribuição de plano de previdência privada, versa sobre matéria infraconstitucional."
2. A existência de precedente firmado pelo Tribunal Pleno desta Corte autoriza o julgamento imediato de causas que versem sobre a mesma matéria, independentemente da publicação ou do trânsito em julgado do paradigma. Precedentes: ARE nº. 686.607-ED, Rel. Min. Dias Toffoli, Primeira Turma, 3.12.2012 e ARE nº. 707.863-ED, Rel. Min. Ricardo Lewandowski, Segunda Turma, DJe 20.11.2012.
3. Agravo regimental a que se nega provimento. (Inform. STF 703)

DIREITO PROCESSUAL CIVIL. EXERCÍCIO DO JUÍZO DE RETRATAÇÃO PREVISTO NO ART. 543-B, § 3º, DO CPC.
Concluído no STF o julgamento de caso em que tiver sido reconhecida a repercussão geral, o exercício da faculdade de retratação prevista no art. 543-B, § 3º, do CPC não estará condicionado a prévio juízo de admissibilidade do recurso extraordinário anteriormente sobrestado no STJ. Precedentes citados: AgRg no RE nos EDcl no AgRg no REsp 1.174.808-SC, Corte Especial, DJe 26/6/2013; AgRg no RE nos EDcl no AgRg no REsp 1.145.138-RS, Corte Especial, DJe 28/5/2013; EDcl na QO nos EDcl no AgRg no REsp 972.060-RS, Quinta Turma, DJe 12/4/2013; EDcl nos EDcl nos EDcl no AgRg no REsp 971.644-RS, Quinta Turma, DJe 27/2/2013; e EDcl no Ag 1.069.923-RS, Sexta Turma, DJe 1º/10/2012. **EREsp 878.579-RS, Rel. Min. Herman Benjamin, julgado em 16/10/2013.** (Inform. STJ 531)

DIREITO PROCESSUAL CIVIL. DESNECESSIDADE DE SOBRESTAMENTO DE MANDADO DE SEGURANÇA QUE TRAMITA NO STJ EM RAZÃO DE DECLARAÇÃO DE REPERCUSSÃO GERAL PELO STF.
O reconhecimento da repercussão geral pelo STF não implica, necessariamente, a suspensão de mandado de segurança em trâmite no STJ, mas unicamente o sobrestamento de eventual recurso extraordinário interposto em face de acórdão proferido pelo STJ ou por outros tribunais. Precedente citado: EDcl no MS 13.873-DF, Primeira Seção, DJe 31/5/2011. **MS 11.044-DF, Rel. Min. Og Fernandes, julgado em 13/3/2013.** (Inform. STJ 519)

13. EXECUÇÃO

13.1. Execução em Geral

DIREITO PROCESSUAL CIVIL. DESNECESSIDADE DE AJUIZAMENTO DE AÇÃO PRÓPRIA PARA DISCUTIR REMUNERAÇÃO DOS DEPÓSITOS JUDICIAIS. RECURSO REPETITIVO (ART. 543-C DO CPC E RES. 8/2008-STJ). A discussão quanto à aplicação de juros e correção monetária nos depósitos judiciais independe de ação específica contra o banco depositário. Cabe ressalvar que isso não retira a possibilidade de a instituição bancária se contrapor, nos próprios autos, à pretensão. Precedentes citados: AgRg no REsp 1.136.119-SP, Segunda Turma, DJe 30/9/2010; e AgRg no Ag 522.427-SP, Terceira Turma, DJe 2/10/2009. **REsp 1.360.212-SP, Rel. Min. Herman Benjamin, julgado em 12/6/2013.** (Inform. STJ 543)

DIREITO PROCESSUAL CIVIL. APLICABILIDADE DOS ÍNDICES DE DEFLAÇÃO NA CORREÇÃO MONETÁRIA DE CRÉDITO ORIUNDO DE TÍTULO EXECUTIVO JUDICIAL. RECURSO REPETITIVO (ART. 543-C DO CPC E RES. 8/2008-STJ). Aplicam-se os índices de deflação na correção monetária de crédito oriundo de título executivo judicial, preservado o seu valor nominal. Precedente citado: REsp 1.265.580-RS, Corte Especial, DJe 18/4/2012. **REsp 1.361.191-RS, Rel. Min. Paulo de Tarso Sanseverino, julgado em 19/3/2014.** (Inform. STJ 542)

DIREITO PROCESSUAL CIVIL. EXTINÇÃO DA OBRIGAÇÃO DO DEVEDOR PELO DEPÓSITO JUDICIAL. RECURSO REPETITIVO (ART. 543-C DO CPC E RES. 8/2008-STJ). Na fase de execução, o depósito judicial do montante (integral ou parcial) da condenação extingue a obrigação do devedor, nos limites da quantia depositada. A questão jurídica ora sujeita à afetação ao rito do art. 543-C do CPC, "responsabilidade do devedor pelo pagamento de juros de mora e correção monetária sobre os valores depositados em juízo na fase de execução", foi exaustivamente debatida no STJ, tendo-se firmado entendimento no sentido da responsabilidade da instituição financeira depositária, não do devedor, pela remuneração do depósito judicial. Sobre o tema da remuneração dos depósitos judiciais, houve inclusive a edição de duas súmulas, embora restritas à questão da correção monetária. Com efeito, dispõe a Súmula 179 do STJ que "O estabelecimento de crédito que recebe dinheiro, em depósito judicial, responde pelo pagamento da correção monetária relativa aos valores recolhidos". A Súmula 271 do STJ, por sua vez, estabelece que "A correção monetária dos depósitos judiciais independe de ação específica contra o banco depositário". Verifica-se, portanto, não se pacifica a jurisprudência do STJ quanto ao aspecto em discussão. No entanto, diante da multiplicidade de recursos especiais referentes a essa mesma controvérsia, tornou-se necessário afetar a matéria ao rito do art. 543-C do CPC, optando-se por consolidar a seguinte tese: "na fase de execução, o depósito judicial do montante (integral ou parcial) da condenação extingue a obrigação do devedor, nos limites da quantia depositada". Nessa redação, decidiu-se limitar a tese à fase de execução, pois, na fase de conhecimento, o devedor somente é liberado dos encargos da mora se o credor aceitar o depósito parcial. É o que se depreende do disposto no art. 314 do CC, segundo o qual "Ainda que a obrigação tenha por objeto prestação divisível, não pode o credor ser obrigado a receber, nem o devedor a pagar, por partes, se assim não se ajustou". Precedentes citados: EREsp 1.306.735-MG, Corte Especial, DJe 29/5/2013; e EREsp 119.602-SP, Corte Especial, DJ 17/12/1999. **REsp 1.348.640-RS, Rel. Min. Paulo de Tarso Sanseverino, julgado em 7/5/2014.** (Inform. STJ 540)

DIREITO PROCESSUAL CIVIL. ALEGAÇÃO DE PAGAMENTO DO TÍTULO EM EXCEÇÃO DE PRÉ-EXECUTIVIDADE.
Na exceção de pré-executividade, é possível ao executado alegar o pagamento do título de crédito, desde que comprovado mediante prova pré-constituída. De fato, a exceção de pré-executividade é expediente processual excepcional que possibilita ao executado, no âmbito da execução e sem a necessidade da oposição de embargos, arguir matéria cognoscível de ofício pelo juiz que possa anular o processo executivo. Dessa forma, considerando que o efetivo pagamento do título constitui causa que lhe retira a exigibilidade e que é nula a execução se o título executivo extrajudicial não corresponder a obrigação certa, líquida e exigível (art. 618, I, do CPC), é possível ao executado arguir essa matéria em exceção de pré-executividade, sempre que, para sua constatação, mostrar-se desnecessária dilação probatória. Precedentes citados: AgRg no Ag 741.593-PR, Primeira Turma, DJ 8/6/2006, e REsp 595.979-SP, Segunda

Turma, DJ 23/5/2005. **REsp 1.078.399-MA, Rel. Min. Luis Felipe Salomão, julgado em 2/4/2013.** (Inform. STJ 521)

DIREITO PROCESSUAL CIVIL. COMPROVAÇÃO DE PAGAMENTO EXTRACARTULAR DE TÍTULO DE CRÉDITO.
No âmbito de exceção de pré-executividade oposta pelo devedor de título de crédito em face de seu credor contratual direto, é possível ao magistrado reconhecer a ocorrência do pagamento sem que a cártula tenha sido resgatada pelo devedor (pagamento extracartular). É certo que os títulos de crédito se sujeitam aos princípios da literalidade (os direitos resultantes do título são válidos pelo que nele se contém, mostrando-se inoperantes, do ponto de vista cambiário, apartados enunciativos ou restritivos do teor da cártula), da autonomia (o possuidor de boa-fé exercita um direito próprio, que não pode ser restringido em virtude de relações existentes entre os anteriores possuidores e o devedor) e da abstração (os títulos de crédito podem circular como documentos abstratos, sem ligação com a causa a que devem sua origem). Cumpre ressaltar, a propósito, que os mencionados princípios – dos quais resulta a máxima de que as exceções pessoais são inoponíveis a terceiros de boa-fé – visam conferir segurança jurídica ao tráfego comercial e celeridade na circulação do crédito, que deve ser transferido a terceiros de boa-fé purificado de todas as questões fundadas em direito pessoal que eventualmente possam ser arguidas pelos antecessores entre si. Vale dizer que esses princípios mostram plena operância quando há circulação da cártula e quando são postos em relação a duas pessoas que não contrataram entre si, encontrando-se uma em frente à outra em virtude apenas do título. Entretanto, quando estiverem em litígio o possuidor do título e seu devedor direto, esses princípios perdem força. Isso porque, em relação ao seu credor, o devedor do título se obriga por uma relação contratual, mantendo-se intactas as defesas pessoais que o direito comum lhe assegura. Precedentes citados: REsp 1.228.180-RS, Quarta Turma, DJe 28/3/2011, e REsp 264.850-SP, Terceira Turma, DJ 5/3/2001. **REsp 1.078.399-MA, Rel. Min. Luis Felipe Salomão, julgado em 2/4/2013.** (Inform. STJ 521)

DIREITO PROCESSUAL CIVIL. FALTA DE LIQUIDEZ E CERTEZA DO CONTRATO DE ABERTURA DE CRÉDITO ROTATIVO.
O contrato de abertura de crédito rotativo, ainda que acompanhado dos extratos relativos à movimentação bancária do cliente, não constitui título executivo. O contrato de abertura de crédito rotativo – utilizado, no mais das vezes, em sua modalidade cheque especial – não consubstancia, em si, uma obrigação assumida pelo consumidor. Diferentemente disso, incorpora uma obrigação da instituição financeira de disponibilizar determinada quantia ao seu cliente, que poderá, ou não, utilizar-se desse valor. Nessa situação, faltam liquidez e certeza àquele instrumento, atributos que não podem ser alcançados mediante a complementação unilateral do credor, ou seja, com a apresentação dos extratos bancários. Com efeito, não se admite conferir ao credor o poder de criar títulos executivos à revelia do devedor. Ressalte-se que a hipótese em análise é distinta daquela referente ao contrato de abertura de crédito fixo, equivalente ao mútuo feneratício, no qual a quantia é creditada na conta do cliente que, por sua vez, assume o dever de devolvê-la com os acréscimos pactuados, quando ocorrer a implementação do termo ajustado. Assim, no caso de contrato de abertura de crédito rotativo, diversamente do que ocorre quanto ao crédito fixo, aplica-se o entendimento consolidado na Súmula 233 do STJ, segundo a qual o "contrato de abertura de crédito, ainda que acompanhado de extrato da conta-corrente, não é título executivo". **REsp 1.022.034-SP, Rel. Min. Luis Felipe Salomão, julgado em 12/3/2013.** (Inform. STJ 520)

DIREITO PROCESSUAL CIVIL. RESTABELECIMENTO DE HIPOTECA EM RAZÃO DE DECISÃO JUDICIAL QUE DECLARE A INEFICÁCIA DE NEGÓCIO JURÍDICO QUE MOTIVARA SEU ANTERIOR CANCELAMENTO.
Restabelece-se a hipoteca, anteriormente cancelada em razão da aquisição do imóvel pela própria credora hipotecária, no caso em que sobrevenha decisão judicial que, constatando a ocorrência de fraude à execução, reconheça a ineficácia da referida alienação em relação ao exequente. Declarada a ineficácia do negócio jurídico, retornam os envolvidos ao estado anterior. Nesse contexto, volta o bem a integrar o patrimônio do executado, restando ineficaz também a baixa da garantia hipotecária, que poderá ser oposta em face de outros credores. **REsp 1.253.638-SP, Rel. Min. Sidnei Beneti, julgado em 26/2/2013.** (Inform. STJ 517).

DIREITO PROCESSUAL CIVIL. SUSPENSÃO DO PROCESSO DE EXECUÇÃO EM DECORRÊNCIA DO AJUIZAMENTO DE AÇÃO NA QUAL SE BUSQUE O ALONGAMENTO DA DÍVIDA RURAL.
A propositura de ação visando ao alongamento da dívida rural acarreta a suspensão, e não a imediata extinção, do processo de execução anteriormente proposto com base em cédulas de crédito rural firmadas como garantia do custeio de atividades agrícolas desenvolvidas pelo executado. É direito do devedor o alongamento de dívidas originárias de crédito rural, desde que preenchidos os requisitos legais. O exercício desse direito acarreta a perda da exigibilidade do título executivo extrajudicial, gerando a extinção do processo de execução. Todavia, nas situações em que há lide instaurada, somente ocorrerá o efetivo exercício do direito após o reconhecimento judicial do preenchimento dos requisitos legais. Assim, enquanto pendente a ação na qual se pretende o alongamento da dívida rural, deve ser determinada a suspensão da execução. Desse modo, na referida situação, até que haja a definição acerca da existência do direito ao alongamento, impõe-se a suspensão do processo, que só poderá ser extinto quando reconhecido o direito. Precedentes citados: REsp 316.499-RS, DJ 18/3/2002, e AgRg no REsp 932.151-DF, DJe 19/3/2012. **REsp 739.286-DF, Rel. Min. Nancy Andrighi, julgado em 5/2/2013.** (Inform. STJ 515).

DIREITO PROCESSUAL CIVIL. EXECUÇÃO DE TÍTULO JUDICIAL. INTERPRETAÇÃO RESTRITIVA.
Na fase de execução, a interpretação do título executivo judicial deve ser restritiva. Aplicam-se subsidiariamente as regras do processo de conhecimento ao de execução nos termos do art. 598 do CPC. O mesmo diploma determina, no art. 293, que o pedido deve ser interpretado de forma restritiva. Essa regra é aplicável na interpretação do título executivo judicial em observância aos princípios da proteção da coisa julgada, do devido processo legal e da menor onerosidade. **REsp 1.052.781-PA, Rel. Min. Antonio Carlos Ferreira, julgado em 11/12/2012.** (Inform. STJ 511).

DIREITO PROCESSUAL CIVIL. LEGITIMIDADE ATIVA. CREDOR PRIVILEGIADO. AÇÃO DE INSOLVÊNCIA CIVIL. POSSIBILIDADE.
O credor privilegiado, nos moldes do art. 24 da Lei n. 8.906/1994, pode optar por ajuizar a ação de insolvência civil, renunciando, com isso, implicitamente, ao seu privilégio. O CPC, ao disciplinar a legitimidade ativa para requerer a insolvência civil, determina, em seu art. 753, I, como legitimado à propositura referida da ação, em primeiro lugar, qualquer credor quirografário. Em seguida, elenca o devedor e o inventariante do espólio do devedor (art. 753, II e III). Contudo, seria descabido vedar aos credores privilegiados, somente porque têm privilégio ou preferência, que propusessem a ação de declaração de insolvência, pois seria negar a quem tem mais o que se permite a quem tem menos. Assim, o credor privilegiado, ao pedir a insolvência civil, renuncia implicitamente ao privilégio de seu crédito e torna-se um credor quirografário, legitimado, portanto, para a propositura da ação. **REsp 488.432-MG, Rel. Min. Raul Araújo, julgado em 6/11/2012.** (Inform. STJ 508)

HONORÁRIOS ADVOCATÍCIOS. EXCEÇÃO. PRÉ-EXECUTIVIDADE.
Não é cabível a condenação em honorários advocatícios em exceção de pré-executividade julgada improcedente. Precedentes citados: AgRg no REsp 1.098.309-RS, DJe 22/11/2010, e EREsp 1.048.043-SP, DJe 29/6/2009. **REsp 1.256.724-RS, Rel. Min. Mauro Campbell Marques, julgado em 7/2/2012. (Inform. STJ 490)**

Súmula STF nº 600

Cabe ação executiva contra o emitente e seus avalistas, ainda que não apresentado o cheque ao sacado no prazo legal, desde que não prescrita a ação cambiária.

Súmula STJ nº 375

O reconhecimento da fraude à execução depende do registro da penhora do bem alienado ou da prova de má-fé do terceiro adquirente.

Súmula STJ nº 317

É definitiva a execução de título extrajudicial, ainda que pendente apelação contra sentença que julgue improcedentes os embargos.

Súmula STJ nº 300

O instrumento de confissão de dívida, ainda que originário de contrato de abertura de crédito, constitui título executivo extrajudicial.

Súmula STJ nº 233

O contrato de abertura de crédito, ainda que acompanhado de extrato da conta-corrente, não é título executivo.

Súmula STJ nº 199

Na execução hipotecária de crédito vinculado ao sistema financeiro da habitação, nos termos da Lei n. 5.741/71, a petição inicial deve ser instruída com, pelo menos, dois avisos de cobrança.

Súmula STJ nº 196

Ao executado que, citado por edital ou por hora certa, permanecer revel, será nomeado curador especial, com legitimidade para apresentação de embargos.

Súmula STJ nº 27

Pode a execução fundar-se em mais de um título extrajudicial relativos ao mesmo negócio.

13.2. Espécies de Execução

Honorários advocatícios e execução autônoma - 3
É possível o fracionamento de precatório para pagamento de honorários advocatícios. Com base nessa orientação, ao concluir julgamento, o Plenário negou provimento a recurso extraordinário em que se discutia a admissibilidade de fracionamento do valor da execução proposta contra a Fazenda Pública de estado-membro para pagamento de honorários advocatícios — v. Informativo 531. O Tribunal, inicialmente, ressaltou que os honorários advocatícios consubstanciariam verba alimentícia. Frisou que seria evidente o direito de o advogado executar de forma autônoma seus honorários (Lei 8.906/1994 - Estatuto da OAB, artigos 23 e 24). Ademais, essas verbas não se confundiriam com o principal. Além disso, a finalidade do art. 100, § 8º, da CF — introduzido pela EC 37/2002 como art. 100, § 4º e deslocado pela EC 62/2009 — seria o de impedir que o exequente utilizasse, simultaneamente, mediante o fracionamento, repartição ou quebra do valor da dívida, dois sistemas de satisfação de crédito: o do precatório para uma parte dela e o do pagamento imediato para a outra. Assim, a regra constitucional apenas incidiria em situações em que o crédito fosse atribuído a um mesmo titular. Salientou que o advogado teria o direito de executar seu crédito nos termos dos artigos 86 e 87 do ADCT, desde que o fracionamento da execução ocorresse antes da expedição do ofício requisitório, sob pena de quebra da ordem cronológica dos precatórios. Vencidos os Ministros Cezar Peluso e Gilmar Mendes, que proviam o recurso. Destacavam o caráter acessório dos honorários advocatícios que decorreriam da sucumbência e não de um direito autônomo, o que impediria o seu fracionamento.
RE 564132/RS, rel. orig. Min. Eros Grau, red. p/ o acórdão Min. Cármen Lúcia, 30.10.2014. (RE-564132) (Inform. STF 765)

DIREITO PROCESSUAL CIVIL. LEGITIMIDADE PARA A EXECUÇÃO DE TÍTULO EXECUTIVO EXTRAJUDICIAL PROVENIENTE DE DECISÃO DO TRIBUNAL DE CONTAS. A execução de título executivo extrajudicial decorrente de condenação patrimonial proferida por tribunal de contas somente pode ser proposta pelo ente público beneficiário da condenação, não possuindo o Ministério Público legitimidade ativa para tanto. De fato, a Primeira Seção do STJ pacificou o entendimento no sentido de que o Ministério Público teria legitimidade, ainda que em caráter excepcional, para promover execução de título executivo extrajudicial decorrente de decisão de tribunal de contas, nas hipóteses de falha do sistema de legitimação ordinária de defesa do erário (REsp 1.119.377-SP, DJe 4/9/2009). Entretanto, o Pleno do STF, em julgamento de recurso submetido ao rito de repercussão geral, estabeleceu que a execução de título executivo extrajudicial decorrente de decisão de condenação patrimonial proferida por tribunal de contas pode ser proposta apenas pelo ente público beneficiário da condenação, bem como expressamente afastou a legitimidade ativa do Ministério Público para a referida execução (ARE 823.347-MA, DJe 28/10/2014). Além disso, a Primeira Turma do STJ também já se manifestou neste último sentido (REsp 1.194.670-MA, DJe 2/8/2013). Precedentes citados do STF: RE 791.575-MA AgR, Primeira Turma, DJe 27/6/2014; e ARE 791.577-MA AgR, Segunda Turma, DJe 21/8/2014. **REsp 1.464.226-MA, Rel. Min. Mauro Campbell Marques, julgado em 20/11/2014. (Inform. STJ 552)**

DIREITO PROCESSUAL CIVIL E CONSTITUCIONAL. EXECUÇÃO DE HONORÁRIOS ADVOCATÍCIOS MEDIANTE RPV. RECURSO REPETITIVO (ART. 543-C DO CPC E RES. 8/2008-STJ). É possível que a execução de honorários advocatícios devidos pela Fazenda Pública se faça mediante Requisição de Pequeno Valor (RPV) na hipótese em que os honorários não excedam o valor limite a que se refere o art. 100, § 3º, da CF, ainda que o crédito dito "principal" seja executado por meio do regime de precatórios. Isso porque os honorários advocatícios (inclusive os de sucumbência) podem ser executados de forma autônoma – nos próprios autos ou em ação distinta –, independentemente da existência do montante principal a ser executado. De fato, a sentença definitiva constitui, basicamente, duas relações jurídicas: a do vencedor em face do vencido e a deste com o advogado da parte adversa. Na primeira relação, estará o vencido obrigado a dar, fazer ou deixar de fazer alguma coisa em favor do seu adversário processual. Na segunda, será imposto ao vencido o dever de arcar com os honorários sucumbenciais em favor dos advogados do vencedor. Já na sentença terminativa – na qual o processo é extinto sem resolução de mérito –, todavia, forma-se apenas a segunda relação, entre o advogado e a parte que deu causa ao processo, o que revela não haver acessoriedade necessária entre essas duas relações. Assim, é possível que exista crédito de honorários independentemente da existência de crédito "principal" titularizado pela parte vencedora da demanda. Situação semelhante também ocorre com as sentenças declaratórias puras, que não ostentam feição condenatória e, portanto, não habilitam o vencedor a reclamar crédito algum. Nesse caso, a relação creditícia dos honorários é absolutamente autônoma e não se subordina a qualquer crédito "principal". Nesse contexto, diz-se que os honorários são créditos acessórios apenas porque não são o bem da vida imediatamente perseguido em juízo, e não porque dependem de um crédito dito "principal". Por essa razão, não é correto afirmar que a natureza acessória dos honorários impede que se adote procedimento distinto do que for utilizado para o crédito "principal". Além disso, no direito brasileiro, os honorários de quaisquer espécies (inclusive os de sucumbência) pertencem ao advogado; e o contrato, a decisão e a sentença que os estabelecem são títulos executivos que podem ser executados autonomamente, nos termos dos arts. 23 e 24, § 1°, da Lei 8.906/1994 (Estatuto da Ordem dos Advogados do Brasil). Ademais, a Corte Especial do STJ fez editar a Súmula 306, segundo a qual os "honorários advocatícios devem ser compensados quando houver sucumbência recíproca, assegurado o direito autônomo do advogado à execução do saldo sem excluir a legitimidade da própria parte". Além do mais, apesar de o § 8° do art. 100 da CF vedar a expedição de precatórios complementares ou suplementares de valor pago, bem como o fracionamento, repartição ou quebra do valor da execução para fins de enquadramento do crédito como RPV, não há proibição, sequer implícita, de que a execução dos honorários se faça sob regime diferente daquele utilizado para o crédito "principal". Portanto, o fracionamento vedado pela norma constitucional toma por base a titularidade do crédito, ou seja, um mesmo credor não pode ter seu crédito satisfeito por RPV e por precatório, simultaneamente. Entretanto, nada impede que dois ou mais credores, incluídos no polo ativo de uma mesma execução, possam receber seus créditos por sistemas distintos (RPV ou precatório), de acordo com o valor a que couber a cada um. Assim, sendo a execução promovida em regime de litisconsórcio ativo voluntário, a aferição do valor, para fins de submissão ao rito da RPV (art. 100, § 3°, da CF), deve levar em conta o crédito individual de cada exequente. Vale ressaltar que, no RE 564.132-RS, submetido ao rito da repercussão geral, formou-se, até agora – haja vista que o julgamento desse recurso ainda não foi concluído –, uma maioria provisória admitindo a execução de forma autônoma dos honorários de sucumbência mediante RPV na hipótese em que não excedam ao valor limite a que se refere o art. 100, § 3°, da CF, ainda que o crédito dito "principal" seja executado por meio do regime de precatórios. Logo, essa parece ser a melhor exegese para o art. 100, § 8°, da CF e, por tabela, para os arts. 17, § 3°, da Lei 10.259/2001 e 128, § 1°, da Lei 8.213/1991. Precedentes citados: REsp 1.335.366-RS, Primeira Turma, DJe 12/12/2012; e AgRg no Ag 1.064.622-RS, Segunda Turma, DJe 19/6/2009. **REsp 1.347.736-RS, Rel. Min. Castro Meira, Rel. para acórdão Min. Herman Benjamin, julgado em 9/10/2013.** (Inform. STJ 539)

DIREITO PROCESSUAL CIVIL. HONORÁRIOS ADVOCATÍCIOS EM EXECUÇÃO POR QUANTIA CERTA CONTRA A FAZENDA PÚBLICA. RECURSO REPETITIVO (ART. 543-C DO CPC E RES. 8/2008 DO STJ). A Fazenda Pública executada não pode ser condenada a pagar honorários advocatícios nas execuções por quantia certa não embargadas em que o exequente renuncia parte de seu crédito para viabilizar o recebimento do remanescente por requisição de pequeno valor (RPV). À luz do princípio da causalidade, uma vez que se revelava inicialmente impositiva a observância do art. 730 CPC, segundo a sistemática de pagamento de precatórios, a Fazenda Pública não deu causa à instauração do rito executivo. Não tendo sido opostos embargos à execução, tem plena aplicação o art. 1°-D da Lei 9.494/1997 ("Não serão devidos honorários advocatícios pela Fazenda Pública nas execuções não embargadas"), nos moldes da interpretação conforme a Constituição estabelecida pelo STF (RE 420.816-PR). Na hipótese de execução não embargada, inicialmente ajuizada sob a sistemática dos precatórios, caso o exequente posteriormente renuncie ao excedente do valor previsto no art. 87 do ADCT para pagamento por RPV, o STF considera não serem devidos os honorários. **REsp 1.406.296-RS, Rel. Min. Herman Benjamin, julgado em 26/2/2014.** (Inform. STJ 537)

DIREITO PROCESSUAL CIVIL. INAPLICABILIDADE DO ART. 20 DA LEI 10.522/2002 ÀS EXECUÇÕES FISCAIS PROPOSTAS POR CONSELHOS REGIONAIS DE FISCALIZAÇÃO PROFISSIONAL. RECURSO REPETITIVO (ART. 543-C DO CPC E RES. 8/2008-STJ). Nas execuções fiscais propostas por Conselhos Regionais de Fiscalização Profissional, não é possível a aplicação do art. 20 da Lei 10.522/2002, cujo teor determina o arquivamento, sem baixa das execuções fiscais referentes aos débitos com valor inferior a dez mil reais. Isso porque, da leitura do referido artigo, extrai-se que este se destina exclusivamente aos débitos inscritos como Dívida Ativa da União pela Procuradoria-Geral da Fazenda Nacional ou por ela cobrados. Nos casos de execuções propostas por Conselhos de Fiscalização Profissional, há regra específica para disciplinar o tema, prevista no art. 8° da Lei 12.514/2011 – "Os Conselhos não executarão judicialmente dívidas referentes a anuidades inferiores a 4 (quatro) vezes o valor cobrado anualmente da pessoa física ou jurídica inadimplente." –, que deve ser aplicada com base no princípio da especialidade, sem necessidade de emprego de analogia. Ademais, a submissão das referidas entidades autárquicas ao regramento do art. 20 da Lei 10.522/2002 configuraria, em última análise, embaraço ao exercício do direito de acesso ao Poder Judiciário e à obtenção da tutela jurisdicional adequada, assegurados constitucionalmente, uma vez que haveria a criação de obstáculo desarrazoado para que os conselhos em questão efetuassem as cobranças de valores aos quais têm direito. **REsp 1.363.163-SP, Rel. Min. Benedito Gonçalves, julgado em 11/9/2013.** (Inform. STJ 527)

DIREITO PROCESSUAL CIVIL. NECESSIDADE DE PRÉVIA DESISTÊNCIA DE EXECUÇÃO SINGULAR PARA POSSIBILITAR A PROPOSITURA DE AÇÃO DECLARATÓRIA DE INSOLVÊNCIA.
O autor de execução individual frustrada só pode ajuizar outra ação judicial, fundada em idêntico título, com pedido de declaração de insolvência do devedor – com o objetivo de instauração de concurso universal –, caso antes desista de sua execução singular, ainda que esta esteja suspensa por falta de bens penhoráveis. Com efeito, é impossível a utilização simultânea de duas vias judiciais para obtenção de um único bem da vida, consistente na percepção de um crédito específico. Desse modo, é necessária a extinção da relação processual instaurada pela execução individual mediante a realização de pedido de desistência, o qual depende de homologação pelo juiz para produzir efeitos. Precedente citado do STF: RE 100.031-PR, Primeira Turma, DJ 2/12/1983. **REsp 1.104.470-DF, Rel. Min. Luis Felipe Salomão, julgado em 19/3/2013.** (Inform. STJ 519)

DIREITO PROCESSUAL CIVIL. PRESCRIÇÃO INTERCORRENTE NO CASO DE SUSPENSÃO DE PROCESSO EXECUTIVO EM RAZÃO DA MORTE DO EXEQUENTE.
Durante o período em que o processo de execução contra a Fazenda Pública estiver suspenso em razão da morte da parte exequente – para a habilitação dos sucessores da parte falecida –, não corre prazo para efeito de reconhecimento de prescrição intercorrente da pretensão executória. Isso porque não há previsão legal que imponha prazo específico para a habilitação dos referidos sucessores. Precedentes citados: AgRg no AREsp 269.902-CE, Segunda Turma, DJe 19/2/2013, e AgRg no REsp 891.588-RJ, Quinta Turma, DJe 19/10/2009. **AgRg no AREsp 286.713-CE, Rel. Min. Mauro Campbell Marques, julgado em 21/3/2013.** (Inform. STJ 519)

DIREITO PROCESSUAL CIVIL. EXTINÇÃO DE PROCESSO DE INSOLVÊNCIA EM RAZÃO DA FALTA DE HABILITAÇÃO DE CREDORES.
O processo de insolvência deve ser extinto na hipótese em que não tenha ocorrido a habilitação de credores. Isso porque a fase executiva propriamente dita somente se instaura com a habi-

litação dos credores, que integram o polo ativo do feito e sem os quais, por óbvio, não há a formação da relação processual executiva. **REsp 1.072.614-SP, Rel. Min. Luis Felipe Salomão, julgado em 26/2/2013.** (Inform. STJ 517).

DIREITO PROCESSUAL CIVIL. IMPOSSIBILIDADE DE EXTINÇÃO DE PROCESSO DE INSOLVÊNCIA EM RAZÃO DA MERA AUSÊNCIA DE BENS PASSÍVEIS DE PENHORA.

A falta de bens passíveis de penhora não implica, por si só, automática extinção de processo de insolvência. A ausência de bens expropriáveis não afeta o interesse dos credores de processo de insolvência, uma vez que a declaração de insolvência protege não só a garantia atual, mas também a garantia futura de seus créditos mediante a indisponibilidade dos bens presentes e futuros do obrigado. Além disso, o interesse do devedor nessa declaração também remanesce, mormente pelo fato de que ele obterá, ao final do procedimento, a extinção das suas obrigações, ainda que não inteiramente resgatadas, nos termos do art. 778 do CPC. Por conseguinte, o interesse na declaração de insolvência, quer sob a ótica do credor, quer pela do devedor, transcende a mera existência de patrimônio passível de penhora, razão pela qual não há falar em extinção do processo de insolvência. Precedentes citados: REsp 957.639-RS, Terceira Turma, DJe 17/12/2010; e REsp 586.414-RS, Terceira Turma, DJ 1º/2/2005. **REsp 1.072.614-SP, Rel. Min. Luis Felipe Salomão, julgado em 26/2/2013.** (Inform. STJ 517).

DIREITO PROCESSUAL CIVIL. INEXISTÊNCIA DE NULIDADE DECORRENTE DO FATO DE NÃO TER SIDO SUSPENSA A EXECUÇÃO FISCAL APÓS A MORTE DE UM DOS DEVEDORES COOBRIGADOS.

Não deve ser declarada a nulidade de execução fiscal promovida em face de mais de um devedor, todos coobrigados, se, apesar de não ter sido determinada a suspensão do processo a partir da morte de um deles, até que se realizasse a adequada regularização do polo passivo, não foi demonstrada a ocorrência de qualquer prejuízo em razão de seu prosseguimento. Com a morte do devedor, cabe ao exequente realizar diligências para a correção do polo passivo, verificando a existência de inventário, partilha ou bens sobre os quais possa recair a execução. Nesses casos, o maior interessado é o ente público em razão do crédito que tem a receber. Todavia, existindo mais de um devedor, todos coobrigados, o falecimento de um deles no curso da demanda não impede o prosseguimento da execução contra os demais, podendo, assim, o exequente arcar com o ônus de não ter providenciado, a tempo e modo, a substituição processual do falecido pelo seu espólio ou pelos seus herdeiros. Dessa forma, verificado o litisconsórcio passivo, deve-se mitigar a necessidade de suspensão automática do processo por falecimento de uma das partes, em face dos princípios da segurança jurídica e da celeridade processual, sobretudo diante da ausência de comprovado prejuízo. Precedentes citados: REsp 616.145-PR, Terceira Turma, DJ 10/10/2005; REsp 767.186-RJ, Segunda Turma, DJ 19/9/2005; AgRg no Ag 1.342.853-MG, Terceira Turma, DJe 7/8/2012. **REsp 1.328.760-MG, Rel. Min. Napoleão Nunes Maia Filho, julgado em 26/2/2013.** (Inform. STJ 516).

DIREITO PROCESSUAL CIVIL. EXECUÇÃO DE HONORÁRIOS. DESMEMBRAMENTO DO MONTANTE PRINCIPAL PARA PERMITIR A COBRANÇA PELO RITO DO RPV.

Não é possível o fracionamento das parcelas relativas aos honorários advocatícios do valor principal para fins de expedição de precatório ou de RPV, devendo essas parcelas ser somadas. Os princípios da vedação ao fracionamento, repartição ou quebra implicam, por primeiro, a impossibilidade de haver duas requisições para a mesma execução. Além disso, tais princípios determinam a necessária execução conjunta do valor principal e dos honorários advocatícios, impossibilitando que parte se faça pela via célere da requisição de pequeno valor (RPV) e parte pela via do precatório. Precedentes citados: **REsp 1.291.573-RS, DJe 5/3/2012; REsp 1.212.467-SE, DJe 14/12/2010, e REsp 1.016.970-MS, DJe 23/6/2008. REsp 1.348.463-RS, Rel. Min. Herman Benjamin, julgado em 18/10/2012.** (Inform. STJ 508)

DIREITO PROCESSUAL CIVIL. HONORÁRIOS ADVOCATÍCIOS EM EXECUÇÃO. PRECLUSÃO.

Não há preclusão no pedido de arbitramento de verba honorária no curso da execução, mesmo que a referida verba não tenha sido pleiteada no início do processo executivo e já tenha ocorrido o pagamento da requisição de pequeno valor (RPV), tendo em vista a inexistência de dispositivo legal que determine o momento processual para o pleito. Precedentes citados: **AgRg no REsp 1.292.635-RS, DJe 7/3/2012, e REsp 1.252.477-MG, DJe 14/6/2011. AREsp 41.773-RS, Rel. Min. Herman Benjamin, julgado em 6/11/2012.** (Inform. STJ 508)

DIREITO PROCESSUAL CIVIL. EXECUÇÃO. ELABORAÇÃO DE NOVOS CÁLCULOS. PRECLUSÃO.

Não é cabível, em razão da preclusão, a elaboração de novos cálculos e sua consequente homologação na hipótese em que já apurado o quantum debeatur, ainda que haja a juntada de documentos novos. Precedentes citados: **REsp 299.176-PE, DJ 2/8/2001, e AgRg no Ag 1.041.629-BA, DJe 29/11/2010. AgRg no AREsp 44.230-AM, Rel. Min. Humberto Martins, julgado em 18/10/2012.** (Inform. STJ 507)

DIREITO PROCESSUAL CIVIL. EXECUÇÃO DE TÍTULO EXECUTIVO EXTRAJUDICIAL. COMPROVAÇÃO DA OCORRÊNCIA DA CONDIÇÃO.

Em execução de título executivo extrajudicial, o implemento da condição deve ser comprovado no momento da propositura da ação. Conforme art. 614, III, do CPC, cumpre ao credor, ao requerer a execução, pedir a citação do devedor e instruir a petição inicial com a prova de que se verificou a condição, ou ocorreu o termo. Tal prova deve acompanhar a exordial, porque inerente à própria exigibilidade da obrigação. Precedentes citados: **REsp 187.932-ES, DJ 22/5/2000. REsp 986.972-MS, Rel. Min. Luis Felipe Salomão, julgado em 4/10/2012.** (Inform. STJ 506)

EXECUÇÃO. LEGITIMIDADE ATIVA. ADMINISTRADORA DE IMÓVEIS. ALUGUÉIS INADIMPLIDOS.

A administradora de imóveis não é parte legítima para ajuizar ação de execução de créditos referentes a contrato de locação, pois é apenas representante do proprietário, e não substituta processual. Assim, no caso, a imobiliária carece de legitimidade ativa para postular, em nome próprio, os aluguéis inadimplidos, que compõem o patrimônio do proprietário. **REsp 1.252.620-SC, Rel. Min. Nancy Andrighi, julgado em 19/6/2012.** (Inform. STJ 500)

EXECUÇÃO DE ALIMENTOS. APLICABILIDADE DO ART. 475-J DO CPC.

A Turma decidiu ser possível a cobrança de verbas alimentares pretéritas mediante cumprimento de sentença (art. 475-J do CPC). Sustentou-se que, após a reforma processual promovida pela Lei n. 11.232/2005, em que se buscou a simplificação do processo de execução, há de se conferir ao artigo 732 do CPC – que prevê rito especial para a satisfação de créditos alimentares – interpretação consoante a urgência e a importância da execução de alimentos. Assim, tendo como escopo conferir maior celeridade à entrega na prestação jurisdicional, devem ser aplicadas às execuções de alimentos as regras do cumprimento de sentença estabelecidas no art. 475-J do CPC. **REsp 1.177.594-RJ, Rel. Min. Massami Uyeda, julgado em 21/6/2012.** (Inform. STJ 500)

EXECUÇÃO. FIADORES. LEGITIMIDADE PARA IMPUGNAÇÃO.

A controvérsia diz respeito a redirecionamento de execução aos fiadores do devedor, em razão de ter sido infrutífero o leilão que teve como objeto os bens penhorados. A Turma entendeu que o devedor afiançado não possui legitimidade para recorrer de decisão que determinou a penhora de bens dos fiadores, uma vez não ser o titular do direito ameaçado pela nova constrição. Também não possui interesse recursal na impugnação, na medida em que não se busca situação jurídica mais vantajosa do que aquela nascida do redirecionamento da execução para os fiadores. **REsp 916.112-RO, Rel. Min. Luis Felipe Salomão, julgado em 5/6/2012.** (Inform. STJ 499)

Súmula Vinculante 17

Durante o período previsto no parágrafo 1º do artigo 100 da Constituição, não incidem juros de mora sobre os precatórios que nele sejam pagos.

Súmula STF nº 655

A exceção prevista no art. 100, "caput", da Constituição, em favor dos créditos de natureza alimentícia, não dispensa a expedição de precatório, limitando-se a isentá-los da observância da ordem cronológica dos precatórios decorrentes de condenações de outra natureza.

Súmula STJ nº 419

Descabe a prisão civil do depositário judicial infiel.

Súmula STJ nº 406

A Fazenda Pública pode recusar a substituição do bem penhorado por precatório.

Súmula STJ nº 311

Os atos do presidente do tribunal que disponham sobre processamento e pagamento de precatório não têm caráter jurisdicional.

Súmula STJ nº 279

É cabível execução por título extrajudicial contra a Fazenda Pública.

Súmula STJ nº 144

Os créditos de natureza alimentícia gozam de preferência, desvinculados os precatórios da ordem cronológica dos créditos de natureza diversa.

Súmula STJ nº 85

Nas relações jurídicas de trato sucessivo em que a fazenda pública figure como devedora, quando não tiver sido negado o próprio direito reclamado, a prescrição atinge apenas as prestações vencidas antes do quinquênio anterior a propositura da ação.

13.3. Penhora e expropriação de bens

DIREITO PROCESSUAL CIVIL. REQUISITOS PARA RECONHECIMENTO DA FRAUDE À EXECUÇÃO. RECURSO REPETITIVO (ART. 543-C DO CPC E RES. 8/2008-STJ). No que diz respeito à fraude de execução, definiu-se que: (i) é indispensável citação válida para configuração da fraude de execução, ressalvada a hipótese prevista no § 3º do art. 615-A do CPC; (ii) o reconhecimento da fraude de execução depende do registro da penhora do bem alienado ou da prova de má-fé do terceiro adquirente (Súmula 375/STJ); (iii) a presunção de boa-fé é princípio geral de direito universalmente aceito, sendo milenar a parêmia: a boa-fé se presume, a má-fé se prova; (iv) inexistindo registro da penhora na matrícula do imóvel, é do credor o ônus da prova de que o terceiro adquirente tinha conhecimento de demanda capaz de levar o alienante à insolvência, sob pena de tornar-se letra morta o disposto no art. 659, § 4º, do CPC; e (v) conforme previsto no § 3º do art. 615-A do CPC, presume-se em fraude de execução a alienação ou oneração de bens realizada após a averbação referida no dispositivo. De início, deve prevalecer a posição majoritariamente adotada por este Tribunal ao longo do tempo, a qual exige a citação válida como pressuposto para caracterização da fraude de execução (AgRg no REsp 316.905-SP, Quarta Turma, DJe 18/12/2008; e REsp 418.109-SP, Terceira Turma, DJ 2/9/2002). Quanto ao ônus da prova da intenção do terceiro adquirente, não é razoável adotar entendimento que privilegie a inversão de um princípio geral de direito universalmente aceito, o da presunção da boa-fé, sendo mesmo milenar a parêmia: a boa-fé se presume; a má-fé se prova. A propósito, ensina a doutrina que, para o terceiro, é perfeitamente possível admitir que tenha adquirido o bem alienado pelo litigante ignorando a existência do processo e do prejuízo que este veio a sofrer. Vale dizer: é possível que tenha agido de boa-fé, e à ordem jurídica, em princípio, não interessa desprezar a boa-fé. Ademais, o STJ também já se posicionou no sentido de que "não tendo o registro imobiliário recebido a notícia da existência da ação, a presunção de licitude da alienação milita em favor do comprador. Entendimento contrário geraria intranquilidade nos atos negociais, conspiraria contra o comércio jurídico, e atingiria a mais não poder a confiabilidade nos registros públicos" (REsp 113.871-DF, Quarta Turma, DJ 15/9/1997). De mais a mais, significaria tornar letra morta o disposto no art. 659, § 4º, do CPC entender que há uma presunção relativa de má-fé do adquirente nos casos em que a penhora não for registrada, atribuindo-lhe o ônus de provar sua boa-fé. De que valeria essa norma? O registro não é elemento indispensável à constituição da penhora, conforme já se assentou na doutrina e na jurisprudência. Se é também dispensável para comprovação da ciência de terceiro quanto ao ônus processual, que, na sua ausência, terá de fazer prova de que não sabia da existência do gravame, qual a razão de a norma? Qual credor vai arcar com o ônus financeiro do registro se caberá ao terceiro fazer a prova negativa de sua ciência em relação à existência do gravame? Na verdade, a lei tratou de dar plenas garantias ao credor diligente, assegurando-lhe presunção absoluta de conhecimento, por terceiros, da existência de ação em curso mediante a inscrição da penhora no registro público (art. 659, § 4º, do CPC). No entanto, se não agiu com cautela, registrando o gravame, não pode ser beneficiado com a inversão do ônus da prova. Nesse caso, terá ele de provar que o adquirente tinha conhecimento da constrição. O mesmo raciocínio se aplica quando se tem presente a regra estabelecida no art. 615-A do CPC, segundo o qual: "o exequente poderá, no ato da distribuição, obter certidão comprobatória do ajuizamento da execução, com identificação das partes e valor da causa, para fins de averbação no registro de imóveis, registro de veículos ou registro de outros bens sujeitos à penhora ou arresto". O § 3º do art. 615-A ainda complementa ao asseverar que se presume a fraude de execução na alienação ou oneração de bens efetuada após a referida averbação. Ora, se a lei proporciona ao credor todos os meios para que ele prossiga com segurança na execução e ele se mostra desidioso, não se utilizando daqueles meios, não pode, então, ser beneficiado com a inversão do ônus da prova. **REsp 956.943-PR, Rel. originária Min. Nancy Andrighi, Rel. para acórdão Min. João Otávio de Noronha, julgado em 20/8/2014.** (Inform. STJ 552)

DIREITO PROCESSUAL CIVIL. PENHORA DIRETAMENTE SOBRE BENS DO ESPÓLIO. Em ação de execução de dívida contraída pessoalmente pelo autor da herança, a penhora pode ocorrer diretamente sobre os bens do espólio, em vez de no rosto dos autos do inventário. Com efeito, decorre do art. 597 do CPC e do art. 1.997 do CC que o espólio responde pelas dívidas do falecido, sendo induvidoso, portanto, que o patrimônio deixado pelo *de cujus* suportará esse encargo até o momento em que for realizada a partilha, quando então cada herdeiro será chamado a responder dentro das forças do seu quinhão. Nessa linha de entendimento, em se tratando de dívida que foi contraída pessoalmente pelo autor da herança, pode a penhora ocorrer diretamente sobre os bens do espólio. A penhora no rosto dos autos, na forma do que dispõe o art. 674 do CPC, só terá aplicação na hipótese em que o devedor for um dos herdeiros, pois, nesse caso, o objetivo será garantir o direito do credor na futura partilha. Precedentes citados: REsp 1.446.893-SP, Segunda Turma, DJe 19/5/2014; e REsp 293.609-RS, Quarta Turma, DJe 26/11/2007. **REsp 1.318.506-RS**, Rel. Min. Marco Aurélio Bellizze, julgado em 18/11/2014. (Inform. STJ 552)

DIREITO PROCESSUAL CIVIL. HIPÓTESE DE PENHORABILIDADE DE VALORES RECEBIDOS A TÍTULO DE INDENIZAÇÃO TRABALHISTA. A regra de impenhorabilidade prevista no inciso IV do art. 649 do CPC não alcança a quantia aplicada por longo período em fundo de investimento, a qual não foi utilizada para suprimento de necessidades básicas do devedor e sua família, ainda que originária de indenização trabalhista. Conferindo-se interpretação restritiva ao inciso IV do art. 649 do CPC, é cabível afirmar que a remuneração a que se refere esse inciso é a última percebida pelo devedor, perdendo a sobra respectiva, após o recebimento do salário ou vencimento seguinte, a natureza impenhorável. Dessa forma, as sobras, após o recebimento do salário do período seguinte, não mais desfrutam da natureza de impenhorabilidade decorrente do inciso IV, quer permaneçam na conta corrente destinada ao recebimento da remuneração, quer sejam investidas em caderneta de poupança ou outro tipo de aplicação financeira. Na hipótese, não se trata propriamente de sobras de salários não utilizadas no mês em que recebidas pelo empregado. De fato, as verbas rescisórias alcançadas após a solução de litígio perante a Justiça do Trabalho constituem poupança forçada de parcelas salariais das quais o empregado se viu privado em seu dia a dia por ato ilícito do empregador. Despesas necessárias, como as relacionadas à saúde, podem ter sido adiadas; arcadas por familiares ou pagas à custa de endividamento. Todavia, posta a quantia à disposição do empregado/reclamante, satisfeitas suas necessidades imediatas, e as dívidas contraídas para sua sobrevivência durante o período de litígio e privação, a quantia porventura restante, depositada em conta corrente, caderneta de poupança ou outro tipo de aplicação financeira, não está compreendida na hipótese de impenhorabilidade descrita no inciso IV do art. 649 do CPC. **REsp 1.230.060-PR**, Rel. Min. Maria Isabel Gallotti, julgado em 13/8/2014. (Inform. STJ 547)

DIREITO PROCESSUAL CIVIL. IMPENHORABILIDADE DE QUANTIA DEPOSITADA EM FUNDO DE INVESTIMENTO ATÉ O LIMITE DE 40 SALÁRIOS MÍNIMOS. Sendo a única aplicação financeira do devedor e não havendo indícios de má-fé, abuso, fraude, ocultação de valores ou sinais exteriores de riqueza, é absolutamente impenhorável, até o limite de 40 salários mínimos, a quantia depositada em fundo de investimento. A regra de impenhorabilidade estatuída no inciso X do art. 649 do CPC merece interpretação extensiva para alcançar pequenas reservas de capital poupadas, e não apenas os depósitos em caderneta de poupança. Diante do texto legal em vigor, e considerado o seu escopo, não há sentido em restringir o alcance da regra apenas às cadernetas de poupança assim rotuladas, sobretudo no contexto atual em que diversas outras opções de aplicação financeira se abrem ao pequeno investidor, eventualmente mais lucrativas, e contando com facilidades como o resgate automático. O escopo do inciso X do art. 649 não é estimular a aquisição de reservas em caderneta de poupança em detrimento do pagamento de dívidas, mas proteger devedores de execuções que comprometam o mínimo necessário para a sua subsistência e de sua família, finalidade para qual não tem influência alguma que a reserva esteja acumulada em papel moeda, conta-corrente, caderneta de poupança propriamente dita ou outro tipo de aplicação financeira, com ou sem garantia do Fundo Garantidor de Créditos (FGC). **REsp 1.230.060-PR**, Rel. Min. Maria Isabel Gallotti, julgado em 13/8/2014. (Inform. STJ 547)

DIREITO CIVIL E PROCESSUAL CIVIL. RESPONSABILIDADE DE DEVEDOR SOLIDÁRIO E IMPOSSIBILIDADE DE SE EXCUTIR BENS DE TERCEIRO ESTRANHO À AÇÃO DE CONHECIMENTO. Os bens de terceiro que, além de não estar incluído no rol do art. 592 do CPC, não tenha figurado no polo passivo de ação de cobrança não podem ser atingidos por medida cautelar incidental de arresto, tampouco por futura execução, sob a alegação de existência de solidariedade passiva na relação de direito material. De fato, conforme o art. 275, *caput* e parágrafo único, do CC, é faculdade do credor escolher a qual ou a quais devedores direcionará a cobrança do débito comum, sendo certo que a propositura da ação de conhecimento contra um deles não implica a renúncia à solidariedade dos remanescentes, que permanecem obrigados ao pagamento da dívida. Ressalte-se que essa norma é de direito material, restringindo-se sua aplicação ao momento de formação do processo cognitivo, quando, então, o credor pode incluir no polo passivo da demanda todos, alguns ou um específico devedor. Sob essa perspectiva, a sentença somente terá eficácia em relação aos demandados, não alcançando aqueles que não participaram da relação jurídica processual, nos termos do art. 472 do CPC e conforme a jurisprudência do STJ (REsp 1.169.968-RS, Terceira Turma, DJe 17/3/2014; e AgRg no AREsp 275.477-CE, Primeira Turma, DJe 8/4/2014). Ademais, extrai-se o mesmo entendimento da norma prevista no art. 568 do CPC que, enumerando os possíveis sujeitos passivos na execução, refere-se expressamente ao "devedor reconhecido como tal no título executivo"; não havendo, nesse dispositivo, previsão alguma quanto ao devedor solidário que não figure no título judicial. Além disso, a responsabilidade solidária precisa ser declarada em processo de conhecimento, sob pena de tornar-se impossível a execução do devedor solidário, ressalvados os casos previstos no art. 592 do mesmo diploma processual, que prevê a possibilidade de excussão de bem de terceiro estranho à relação processual. Ante o exposto, não é possível, em virtude de alegação quanto à eventual existência de solidariedade passiva na relação de direito material, atingir bens de terceiro estranho ao processo de cognição e que não esteja incluído no rol do art. 592 do CPC. Aliás, em alguma medida, esse entendimento está contido na Súmula 268 do STJ (segundo a qual o "fiador que não integrou a relação processual na ação de despejo não responde pela execução do julgado"), a qual, *mutatis mutandis*, deve ser também aplicada ao devedor que não tenha sido incluído no polo passivo de ação de cobrança. **REsp 1.423.083-SP**, Rel. Min. Luis Felipe Salomão, julgado em 6/5/2014. (Inform. STJ 544)

DIREITO PROCESSUAL CIVIL. ALCANCE DE PENHORA DE VALORES DEPOSITADOS EM CONTA BANCÁRIA CONJUNTA SOLIDÁRIA. A penhora de valores depositados em conta bancária conjunta solidária somente poderá atingir a parte do numerário depositado que pertença ao correntista que seja sujeito passivo do processo executivo, presumindo-se, ante a inexistência de prova em contrário, que os valores constantes da conta pertencem em partes iguais aos correntistas. De fato, há duas espécies de contrato de conta bancária: a) a conta individual ou unipessoal; e b) a conta conjunta ou coletiva. A conta individual ou unipessoal é aquela que possui titular único, que a movimenta por si ou por meio de procurador. A conta bancária conjunta ou coletiva, por sua vez, pode ser: b.1) indivisível – quando movimentada por intermédio de todos os seus titulares simultaneamente, sendo exigida a assinatura de todos, ressalvada a outorga de mandato a um ou a alguns para fazê-lo –; ou b.2) solidária – quando os correntistas podem movimentar a totalidade dos fundos disponíveis isoladamente. Nesta última espécie (a conta conjunta solidária), apenas prevalece o princípio da solidariedade ativa e passiva em relação ao banco – em virtude do contrato de abertura de conta-corrente –, de modo que o ato praticado por um dos titulares não afeta os demais nas relações jurídicas e obrigacionais com terceiros, devendo-se, portanto, afastar a solidariedade passiva dos correntistas de conta conjunta solidária em suas relações com terceiros (REsp 13.680-SP, Quarta Turma, DJ 16/11/1992). Isso porque a solidariedade não se presume, devendo resultar da vontade da lei ou da manifestação de vontade inequívoca das partes (art. 265 do CC). Nessa linha de entendimento, conquanto a penhora de saldo bancário de conta conjunta seja admitida pelo ordenamento jurídico, é certo que a constrição não pode se dar em proporção maior que o numerário pertencente ao devedor da obrigação, devendo ser preservado o saldo dos demais cotitulares. Além disso, na hipótese em que se pretenda penhorar valores depositados em conta conjunta solidária, dever-se-á permitir aos seus titulares a comprovação dos valores que integram o patrimônio de cada um, sendo certo que, na ausência de provas nesse sentido, presumir-se-á a divisão do saldo em partes iguais (AgRg no AgRg na Pet 7.456-MG, Terceira Turma, DJe 26/11/2009). **REsp 1.184.584-MG, Rel. Min. Luis Felipe Salomão, julgado em 22/4/2014. (Inform. STJ 539)**

DIREITO PROCESSUAL CIVIL. FORMALIZAÇÃO DA PENHORA ON-LINE. A falta de lavratura de auto da penhora realizada por meio eletrônico, na fase de cumprimento de sentença, pode não configurar nulidade procedimental quando forem juntadas aos autos peças extraídas do sistema BacenJud contendo todas as informações sobre o bloqueio do numerário, e em seguida o executado for intimado para oferecer impugnação. Cabe ressaltar que não se está a afirmar que é dispensável a lavratura do auto de penhora nem a defender a desnecessidade de sua redução a termo para que, após a intimação da parte executada, tenha início o prazo para apresentação de impugnação. Essa é a regra e deve ser observada, individualizando-se e particularizando-se o bem que sofreu constrição, de modo que o devedor possa aferir se houve excesso, se o bem é impenhorável, etc. Todavia, no caso de penhora de numerário existente em conta corrente, é evidente que essa regra não é absoluta. A letra do art. 475-J, § 1º, do CPC ["do auto de penhora e de avaliação será de imediato intimado o executado, na pessoa de seu advogado (arts. 236 e 237), ou, na falta deste, o seu representante legal, ou pessoalmente, por mandado ou pelo correio, podendo oferecer impugnação, querendo, no prazo de quinze dias"] não deve ser analisada sem atenção para o sistema como um todo, aí incluídas as inovações legislativas e a própria lógica do sistema. No caso da realização da penhora on-line, não há expedição de mandado de penhora ou de avaliação do bem penhorado. A constrição recai sobre numerário encontrado em conta corrente do devedor, sendo desnecessário diligência além das adotadas por meio eletrônico pelo próprio magistrado. Além disso, o art. 154 do CPC estabelece que "os autos e termos processuais não dependem de forma determinada senão quando a lei expressamente a exigir, reputando-se válidos os que, realizados de outro modo, lhe preencham a finalidade essencial". Assegurado à parte o direito de conhecer todos os detalhes da penhora realizada por meio eletrônico sobre o numerário encontrado em sua conta corrente, e não havendo prejuízo, especialmente pela posterior intimação da parte para apresentar impugnação, incide o princípio *pas de nullité sans grief*. **REsp 1.195.976-RN, Rel. Min. João Otávio de Noronha, julgado em 20/2/2014. (Inform. STJ 536)**

**DIREITO PROCESSUAL CIVIL. ORDEM PREFERENCIAL DE PENHORA ESTABELECIDA PELO ART. 655 DO CPC.
É lícito ao credor recusar a substituição de penhora incidente sobre bem imóvel por debêntures, ainda que emitidas por companhia de sólida posição no mercado mobiliário, desde que não exista circunstância excepcionalíssima cuja inobservância acarrete ofensa à dignidade da pessoa humana ou ao paradigma da boa-fé objetiva.** De fato, o art. 655 do CPC utiliza a expressão "preferencialmente" ao estabelecer o rol exemplificativo de bens sujeitos à penhora, o que denota não se tratar de um sistema legal de escolhas rígidas. Ocorre que a flexibilização da referida ordem preferencial de penhora de bens, destinada a acomodar a tutela do crédito com a menor onerosidade da execução para o devedor, deve manter as vistas voltadas para o interesse do credor, compatibilizando as regras dos arts. 612 e 620 do CPC. Dessa forma, ao deparar situações concretas nas quais seja possível a penhora de bens diversos, deve-se optar pelo bem de maior aptidão satisfativa, salvo concordância expressa do credor. Na hipótese em análise, deve-se constatar que, enquanto os bens imóveis estão inseridos no inciso IV do art. 655 do CPC, as debêntures, títulos de crédito que constituem valores mobiliários (art. 2º da Lei 6.385/1976) cuja comercialização é admitida em bolsa de valores, inserem-se no inciso X do art. 655 do CPC. Nessa conjuntura, poder-se-ia cogitar flexibilização da ordem preferencial de penhora de bens estabelecida pelo citado art. 655. Todavia, conquanto a comercialização em bolsa de valores garanta razoável liquidez econômica às debêntures, o valor financeiro que pode ser alcançado com a sua comercialização não é precisamente conhecido, ainda que tenham sido emitidas por companhia de sólida posição no mercado mobiliário, pois, assim como os demais títulos negociados em bolsa de valores, as debêntures são notavelmente voláteis, ou seja, seus valores estão sujeitos a amplas oscilações em curto espaço de tempo. Assim, é lícito ao credor recusar a substituição de penhora incidente sobre bem imóvel por debêntures. Por fim, deve-se ressaltar que a inversão da ordem preferencial de penhora somente poderá ser imposta ao credor em circunstância excepcionalíssima cuja inobservância acarrete ofensa à dignidade da pessoa humana ou ao paradigma da boa-fé objetiva. **REsp 1.186.327-SP, Rel. Min. Nancy Andrighi, julgado em 10/9/2013.** (Inform. STJ 531)

**DIREITO CIVIL E PROCESSUAL CIVIL. IMPOSSIBILIDADE DE QUE AUTOR E RÉU REALIZEM COMPENSAÇÃO QUE ENVOLVA CRÉDITO OBJETO DE PENHORA NO ROSTO DOS AUTOS.
A penhora de crédito pleiteado em juízo – anotada no rosto dos autos e de cuja constituição tenham sido as partes intimadas – impede que autor e réu realizem posterior compensação que envolva o referido crédito.** Aplica-se, nessa hipótese, a regra contida no art. 380 do CC, que dispõe ser inadmissível "a compensação em prejuízo de direito de terceiro". Afirma ainda o referido dispositivo que o "devedor que se torne credor do seu credor, depois de penhorado o crédito deste, não pode opor ao exequente a compensação, de que contra o próprio credor disporia". Busca-se, dessa forma, evitar lesão a direito de terceiro diretamente interessado na constrição. Deve-se observar, portanto, que o art. 380 do CC tem por escopo coibir a utilização da compensação como forma de esvaziar penhora anterior. Trata-se, assim, de norma de caráter protetivo e de realce na busca de um processo de resultado. Ademais, segundo os arts. 673 e 674 do CPC, a penhora no rosto dos autos altera subjetivamente a figura a quem deverá ser efetuado o pagamento, conferindo a esta os bens que forem adjudicados ou que couberem ao devedor. Ressalte-se que a impossibilidade de compensação nessas circunstâncias decorre também do princípio da boa-fé objetiva, valor comportamental que impõe às partes o dever de cooperação e de lealdade na relação processual. **REsp 1.208.858-SP, Rel. Min. Nancy Andrighi, julgado em 3/9/2013.** (Inform. STJ 528)

**DIREITO PROCESSUAL CIVIL. SUBSTITUIÇÃO DE BEM PENHORADO EM EXECUÇÃO FISCAL.
Em execução fiscal, o juiz não pode indeferir o pedido de substituição de bem penhorado se a Fazenda Pública concordar com a pretendida substituição.** Isso porque, de acordo com o princípio da demanda, o juiz, em regra, não pode agir de ofício, salvo nas hipóteses expressamente previstas no ordenamento jurídico. Assim, tendo o credor anuído com a

substituição da penhora, mesmo que por um bem que guarde menor liquidez, não poderá o juiz, de ofício, indeferi-la. Ademais, nos termos do art. 620 do CPC, a execução deverá ser feita pelo modo menos gravoso para o executado. **REsp 1.377.626-RJ, Rel. Min. Humberto Martins, julgado em 20/6/2013.** (Inform. STJ 526)

DIREITO PROCESSUAL CIVIL. PENHORABILIDADE DE VALOR RECEBIDO POR ANISTIADO POLÍTICO A TÍTULO DE REPARAÇÃO ECONÔMICA.

Os valores recebidos por anistiado político a título de reparação econômica em prestação mensal, permanente e continuada (art. 5º da Lei 10.559/2002) são suscetíveis de penhora para a garantia de crédito tributário. De fato, o art. 184 do CTN determina que são passíveis de penhora todos os bens e rendas de qualquer origem ou natureza do sujeito passivo, salvo os declarados por lei absolutamente impenhoráveis. Por sua vez, o art. 649 do CPC estabelece que são absolutamente impenhoráveis, entre outros bens, os vencimentos, subsídios, soldos, salários e remunerações (inciso IV). Ocorre que, de acordo com a Lei 10.559/2002, que regulamenta o Regime do Anistiado Político, a reparação econômica devida a anistiado político não possui caráter remuneratório ou alimentar, mas sim "caráter indenizatório" (art. 1º, II). Sendo assim, essas verbas se mostram passíveis de constrição, na medida em que não foram consideradas por lei como absolutamente impenhoráveis. **REsp 1.362.089-RJ, Rel. Min. Humberto Martins, julgado em 20/6/2013.** (Inform. STJ 525)

DIREITO PROCESSUAL CIVIL. EXCEÇÃO À IMPENHORABILIDADE DO BEM DE FAMÍLIA.

No âmbito de execução de sentença civil condenatória decorrente da prática de ato ilícito, é possível a penhora do bem de família na hipótese em que o réu também tenha sido condenado na esfera penal pelo mesmo fundamento de fato. A Lei 8.009/1990 instituiu a impenhorabilidade do bem de família como instrumento de tutela do direito fundamental à moradia. Por sua vez, o inciso VI do art. 3º desse diploma legal estabelece que "a impenhorabilidade é oponível em qualquer processo de execução civil, fiscal, previdenciária, trabalhista ou de outra natureza, salvo se movido por ter sido adquirido com produto de crime ou para execução de sentença penal condenatória a ressarcimento, indenização ou perdimento de bens". O legislador, ao registrar a exceção, não tratou do caso de execução de título judicial civil decorrente da prática de ato ilícito, ainda que devidamente apurado e cuja decisão tenha transitado em julgado. Nesse contexto, pode-se concluir que o legislador optou pela prevalência do dever do infrator de indenizar a vítima de ato ilícito que tenha atingido bem jurídico tutelado pelo direito penal e que nesta esfera tenha sido apurado, sendo objeto, portanto, de sentença penal condenatória transitada em julgado. Dessa forma, é possível afirmar que a ressalva contida no inciso VI do art. 3º da referida lei somente abrange a execução de sentença penal condenatória, ação civil *ex delicto,* não alcançando a sentença cível de indenização, salvo se, verificada a coexistência dos dois tipos, as decisões tiverem o mesmo fundamento de fato. Precedente citado: REsp 209.403-RS, Terceira Turma, DJ 5/2/2001. **REsp 1.021.440-SP, Min. Rel. Luis Felipe Salomão, julgado em 2/5/2013.** (Inform. STJ 524)

DIREITO PROCESSUAL CIVIL. OFERECIMENTO DE LANÇO POR DEPOSITÁRIO DO BEM PENHORADO.

O depositário de bem penhorado, na condição de representante de outra pessoa jurídica do mesmo grupo empresarial da executada, não pode, em leilão, fazer lanço para a aquisição desse bem. Isso porque, ainda que aquele não esteja entre os elencados no rol previsto nos incisos I a III do art. 690-A do CPC, que estabelece os impedidos de lançar, deve-se observar que o referido artigo permite ao aplicador do direito interpretação e adequação, o que afasta sua taxatividade. **REsp 1.368.249-RN, Rel. Min. Humberto Martins, julgado em 16/4/2013.** (Inform. STJ 523)

DIREITO PROCESSUAL CIVIL. PENHORABILIDADE DE VALORES APLICADOS EM FUNDO DE INVESTIMENTO.

É possível a penhora de valores que, apesar de recebidos pelo devedor em decorrência de rescisão de contrato de trabalho, tenham sido posteriormente transferidos para fundo de investimento. Destaque-se, inicialmente, que a solução da controvérsia exige uma análise sistemática do art. 649 do CPC, notadamente dos incisos que fixam a impenhorabilidade de verbas de natureza alimentar e de depósitos em caderneta de poupança até o limite de 40 salários mínimos. Segundo o inciso IV do artigo, são absolutamente impenhoráveis "os vencimentos, subsídios, soldos, salários, remunerações, proventos de aposentadoria, pensões, pecúlios e montepios", além das "quantias recebidas por liberalidade de terceiro e destinadas ao sustento do devedor e sua família, os ganhos de trabalhador autônomo e os honorários de profissional liberal". Por sua vez, o inciso X do mesmo artigo dispõe ser absolutamente impenhorável, "até o limite de 40 (quarenta) salários mínimos, a quantia depositada em caderneta de poupança". Deve-se notar que, apesar de o inciso que cuida da impenhorabilidade das verbas alimentares não dispor expressamente até que ponto elas permanecerão sob a proteção desse benefício legal, infere-se de sua redação, bem como de seu próprio espírito norteador, que somente manterão essa condição enquanto "destinadas ao sustento do devedor e sua família". Em outras palavras, na hipótese de qualquer provento de índole salarial se mostrar, ao final do período, isto é, até o recebimento de novo provento de igual natureza, superior ao custo necessário ao sustento do titular e de seus familiares, essa sobra perde o caráter alimentício e passa a ser uma reserva ou economia, tornando-se, em princípio, penhorável. Por isso, não é razoável, como regra, admitir que verbas alimentares não utilizadas no período para a própria subsistência sejam transformadas em aplicações ou investimentos financeiros e continuem a gozar do benefício da impenhorabilidade. Até porque, em geral, grande parte do capital acumulado pelas pessoas é fruto de seu próprio trabalho. Assim, se as verbas salariais não utilizadas pelo titular para subsistência mantivessem sua natureza alimentar, teríamos por impenhorável todo o patrimônio construído pelo devedor a partir desses recursos. O legislador, porém, criou uma exceção à regra, prevendo expressamente que são igualmente impenhoráveis valores até o limite de 40 salários mínimos aplicados em caderneta de poupança. Estabeleceu-se, assim, uma presunção de que os valores depositados em caderneta de poupança até aquele limite assumem função de segurança alimentícia pessoal e familiar. Trata-se, pois, de benefício que visa à proteção do pequeno investimento, da poupança modesta, voltada à garantia do titular e de sua família contra imprevistos, como desemprego ou doença. É preciso destacar que a poupança constitui investimento de baixo risco e retorno, contando com proteção do Fundo Garantidor de Crédito e isenção do imposto de renda, tendo sido concebida justamente para pequenos investimentos destinados a atender o titular e sua unidade familiar em situações emergenciais, por um período determinado e não muito extenso. Outras modalidades de aplicação financeira de maior risco e rentabilidade, como é o caso dos fundos de investimento, não detêm esse caráter alimentício, sendo voltadas para valores mais expressivos, menos comprometidos, destacados daqueles vinculados à subsistência mensal do titular e de sua família. Essas aplicações buscam suprir necessidades e interesses de menor preeminência, ainda que de elevada importância, como a aquisição de bens duráveis, inclusive imóveis, ou mesmo a realização de uma previdência informal de longo prazo. Aliás, mesmo aplicações em poupança em valor mais elevado perdem o caráter alimentício, tanto que o benefício da impenhorabilidade foi limitado a 40 salários mínimos e o próprio Fundo Garantidor de Crédito assegura proteção apenas até o limite de R$

70.000,00 por pessoa, nos termos da Res. 4.087⁄2012 do CMN. Diante disso, deve-se concluir que o art. 649, X, do CPC não admite intepretação extensiva de modo a abarcar todo e qualquer tipo de aplicação financeira, para que não haja subversão do próprio desígnio do legislador ao editar não apenas esse comando legal, mas também a regra do art. 620 do CPC de que a execução se dê pela forma menos gravosa ao devedor. De fato, o sistema de proteção legal conferido às verbas de natureza alimentar impõe que, para manterem essa natureza, sejam aplicadas em caderneta de poupança, até o limite de 40 salários mínimos, o que permite ao titular e sua família uma subsistência digna por um prazo razoável de tempo. Valores mais expressivos, superiores ao referido patamar, não foram contemplados pela impenhorabilidade fixada pelo legislador, até para que possam, efetivamente, vir a ser objeto de constrição, impedindo que o devedor abuse do benefício legal, escudando-se na proteção conferida às verbas de natureza alimentar para se esquivar do cumprimento de suas obrigações, a despeito de possuir condição financeira para tanto. Com efeito, o que se quis assegurar com a impenhorabilidade de verbas alimentares foi a sobrevivência digna do devedor, e não a manutenção de um padrão de vida acima das suas condições às custas do credor. **REsp 1.330.567-RS, Rel. Min. Nancy Andrighi, julgado em 16/5/2013.** (Inform. STJ 523)

DIREITO PROCESSUAL CIVIL. NOMEAÇÃO DE BENS À PENHORA EM EXECUÇÃO FISCAL. RECURSO REPETITIVO (ART. 543-C DO CPC E RES. 8/2008-STJ).
Na execução fiscal, o executado não tem direito subjetivo à aceitação do bem por ele nomeado à penhora em desacordo com a ordem estabelecida no art. 11 da Lei 6.830/1980 e art. 655 do CPC na hipótese em que não tenha apresentado elementos concretos que justifiquem a incidência do princípio da menor onerosidade (art. 620 do CPC). Em princípio, nos termos do art. 9º, III, da Lei 6.830/1980, cumpre ao executado nomear bens à penhora, observada a ordem do art. 11 do mesmo diploma legal. É do devedor o ônus de comprovar a imperiosa necessidade de afastar a ordem legal dos bens penhoráveis e, para que essa providência seja adotada, é insuficiente a mera invocação genérica do art. 620 do CPC. Exige-se, para a superação da ordem legal estabelecida, que estejam presentes circunstâncias fáticas especiais que justifiquem a prevalência do princípio da menor onerosidade para o devedor no caso concreto. Precedentes citados: EREsp 1.116.070-ES, Primeira Seção, DJ 16/11/2010; e AgRg no Ag 1.372.520-RS, Segunda Turma, DJe 17/3/2011. **REsp 1.337.790-PR, Rel. Min. Herman Benjamin, julgado em 12/6/2013.** (Inform. STJ 522)

DIREITO PROCESSUAL CIVIL. LIMITES À IMPENHORABILIDADE DO BEM DE FAMÍLIA NO CASO DE IMÓVEL RURAL.
Tratando-se de bem de família que se constitua em imóvel rural, é possível que se determine a penhora da fração que exceda o necessário à moradia do devedor e de sua família.
É certo que a Lei 8.009/1990 assegura a impenhorabilidade do imóvel residencial próprio do casal ou da entidade familiar. Entretanto, de acordo com o § 2º do art. 4º dessa lei, quando "a residência familiar constituir-se em imóvel rural, a impenhorabilidade restringir-se-á à sede de moradia, com os respectivos bens móveis". Assim, deve-se considerar como legítima a penhora incidente sobre a parte do imóvel que exceda o necessário à sua utilização como moradia. **REsp 1.237.176-SP, Rel. Min. Eliana Calmon, julgado em 4/4/2013.** (Inform. STJ 521)

DIREITO PROCESSUAL CIVIL. ARRESTO EXECUTIVO ELETRÔNICO NA HIPÓTESE DE NÃO LOCALIZAÇAO DO EXECUTADO.
É possível a realização de arresto on-line na hipótese em que o executado não tenha sido encontrado pelo oficial de justiça para a citação. O arresto executivo de que trata o art. 653 do CPC consubstancia a constrição de bens em nome do executado quando este não for encontrado para a citação. Trata-se de medida que objetiva assegurar a efetivação de futura penhora na execução em curso e independe da prévia citação do devedor. Com efeito, se houver citação, não haverá o arresto, realizando-se desde logo a penhora. Portanto, o arresto executivo visa a evitar que a tentativa frustrada de localização do devedor impeça o andamento regular da execução, sendo a citação condição apenas para sua conversão em penhora, e não para a constrição. Em relação à efetivação do arresto on-line, a Lei 11.382/2006 possibilitou a realização da penhora on-line, consistente na localização e apreensão, por meio eletrônico, de valores, pertencentes ao executado, depositados ou aplicados em instituições bancárias. O STJ entendeu ser possível o arresto prévio por meio do sistema Bacen Jud no âmbito de execução fiscal. A aplicação desse entendimento às execuções de títulos extrajudiciais reguladas pelo CPC é inevitável, tendo em vista os ideais de celeridade e efetividade da prestação jurisdicional. Nesse contexto, por analogia, é possível aplicar ao arresto executivo o art. 655-A do CPC, que permite a penhora on-line. **REsp 1.370.687-MG, Rel. Min. Antonio Carlos Ferreira, julgado em 4/4/2013.** (Inform. STJ 519)

DIREITO PROCESSUAL CIVIL. OPÇÃO DO CREDOR PELA ALIENAÇÃO DO DIREITO DE CRÉDITO DECLARADA ANTES DO INÍCIO DO PRAZO PREVISTO NO ART. 673, § 1º, DO CPC.
É possível que o exequente, antes mesmo do início do prazo que lhe é outorgado pelo art. 673, § 1º, do CPC, manifeste sua preferência pela alienação judicial do precatório oferecido à penhora. De acordo com o art. 673, caput, do CPC, feita a penhora em direito e ação do devedor, e não tendo este oferecido embargos, ou sendo estes rejeitados, o credor fica sub-rogado nos direitos do devedor até a concorrência do seu crédito. Todavia, conforme o § 1º do mesmo dispositivo legal, o credor pode preferir, em vez da sub-rogação, a alienação judicial do direito penhorado, caso em que declarará a sua vontade no prazo de dez dias contados da realização da penhora. A efetivação da garantia, entretanto, não configura condição de eficácia dessa declaração de vontade do credor. Dessa forma, é possível concluir que a disciplina processual contida no art. 673, caput e § 1º, do CPC privilegia a satisfação do exequente, uma vez que lhe faculta a forma de liquidação de direito de crédito que mais aprouver no caso concreto. Precedente citado: REsp 1.304.923-RS, Primeira Turma, DJe 28/5/2012. **AgRg no AgRg no AREsp 52.523-RS, Rel. Min. Arnaldo Esteves Lima, julgado em 9/4/2013.** (Inform. STJ 519)

DIREITO PROCESSUAL CIVIL. NECESSIDADE DE INTIMAÇÃO ESPECÍFICA QUANTO À PENHORA MESMO NO CASO DE COMPARECIMENTO ESPONTÂNEO DO EXECUTADO.
O comparecimento espontâneo do executado aos autos da execução fiscal, após a efetivação da penhora, não supre a necessidade de sua intimação acerca do ato constritivo com a advertência do prazo para o oferecimento dos embargos à execução fiscal. A ciência da penhora sucedida pelo comparecimento espontâneo do executado não pode ser equiparada ao ato formal de intimação, que deve se revestir da necessária solenidade da indicação do prazo para oposição dos pertinentes embargos. Afinal, a intimação é um ato de comunicação processual da mais relevante importância, pois é dela que começam a fluir os prazos para que as partes exerçam os seus direitos e faculdades processuais. Precedente citado: AgRg no REsp 1.201.056-RJ, Segunda Turma, DJe 23/9/2011. **AgRg no REsp 1.358.204-MG, Rel. Min. Arnaldo Esteves Lima, julgado em 7/3/2013.** (Inform. STJ 519)

DIREITO PROCESSUAL CIVIL. INEXISTÊNCIA DE VINCULAÇÃO DO JUIZ À INDICAÇÃO DE LEILOIERO REALIZADA NA FORMA DO ART. 706 DO CPC.
O juiz pode recusar a indicação do leiloeiro público efetivada pelo exequente para a realização de alienação em hasta pública, desde que o faça de forma motivada. Infere-

-se, a partir do art. 706 do CPC, a possibilidade jurídica de indicação de leiloeiro público pelo exequente, o que não implica afirmar que o exequente tenha o direito de ver nomeado o leiloeiro indicado por ele. Por sua vez, o CPC confere ao magistrado a competência para a direção do processo (art. 125), inclusive no âmbito da execução (art. 598), além do poder de determinação dos atos instrutórios (art. 130) necessários ao processamento da execução de forma calibrada, justa, de modo a não impor desnecessários sacrifícios ao devedor. Por conclusão, tem o juiz poderes para exercer controle sobre a idoneidade da indicação do exequente para fins de realização da alienação judicial em hasta pública da maneira mais adequada e consentânea aos fins da tutela executiva. **REsp 1.354.974-MG, Rel. Min. Humberto Martins, julgado em 5/3/2013.** (Inform. STJ 518)

DIREITO PROCESSUAL CIVIL. DESISTÊNCIA DE ARREMATAÇÃO REALIZADA NA VIGÊNCIA DA REDAÇÃO ORIGINAL DOS ARTS. 694 E 746 DO CPC.
No caso de arrematação considerada perfeita, acabada e irretratável durante a vigência da redação original dos arts. 694 e 746 do CPC, não é possível ao arrematante desistir da aquisição na hipótese de oferecimento de embargos à arrematação. Com o advento da Lei n. 11.382/2006, tornou-se possível ao arrematante requerer o desfazimento da arrematação na hipótese de oferecimento de embargos à arrematação (arts. 694, § 1º, IV, e 746, §§ 1º e 2º, do CPC). Essa previsão legal tem incidência imediata, mas não se aplica aos atos consumados sob a égide da lei antiga. **REsp 1.345.613-SC, Rel. Min. Mauro Campbell Marques, julgado em 21/2/2013.** (Inform. STJ 516).

DIREITO PROCESSUAL CIVIL. BLOQUEIO DE ATIVOS FINANCEIROS PELO SISTEMA BACEN JUD.
Para que seja efetuado o bloqueio de ativos financeiros do executado por meio do sistema Bacen Jud, é necessário que o devedor tenha sido validamente citado, não tenha pago nem nomeado bens à penhora e que tenha havido requerimento do exequente nesse sentido. De acordo com o art. 185-A do CTN, apenas o executado validamente citado que não pagar nem nomear bens à penhora poderá ter seus ativos financeiros bloqueados por meio do sistema Bacen Jud, sob pena de violação do princípio do devido processo legal. Ademais, a constrição de ativos financeiros do executado pelo referido sistema depende de requerimento expresso do exequente, não podendo ser determinada de ofício pelo magistrado, conforme o art. 655-A do CPC. Precedentes citados: REsp 1.044.823-PR, DJe 15/9/2008, e AgRg no REsp 1.218.988-RJ, DJe 30/5/2011. **AgRg no REsp 1.296.737-BA, Rel. Min. Napoleão Nunes Maia Filho, julgado em 5/2/2013.** (Inform. STJ 515).

DIREITO PROCESSUAL CIVIL. VALIDADE DA ARREMATAÇÃO EM PROCESSO DE EXECUÇÃO.
No caso de alienação em hasta pública, arrematado o bem, e emitido e entregue pelo arrematante ao leiloeiro, tempestivamente, cheque no valor correspondente ao lance efetuado, não invalida a arrematação o fato de não ter sido depositado o referido valor, em sua integralidade, à ordem do juízo, dentro do prazo previsto pela lei processual. Segundo o art. 705 do CPC, é do leiloeiro, e não do arrematante, o dever de depositar, dentro de vinte e quatro horas, à ordem do juízo, o produto da alienação. Não é admissível que a omissão do leiloeiro no cumprimento de seu dever seja considerada causa de nulidade da arrematação realizada, pois a referida nulidade acarretaria indevido prejuízo ao arrematante, o qual cumpriu com sua parte na alienação. **REsp 1.308.878-RJ, Rel. Min. Sidnei Beneti, julgado em 4/12/2012.** (Inform. STJ 514).

DIREITO PROCESSUAL CIVIL. IMPENHORABILIDADE DE VERBAS PÚBLICAS RECEBIDAS POR PARTICULARES E DESTINADAS COMPULSORIAMENTE À SAÚDE.
São absolutamente impenhoráveis as verbas públicas recebidas por entes privados para aplicação compulsória em saúde. A Lei n. 11.382/2006 inseriu no art. 649, IX, do CPC a previsão de impenhorabilidade absoluta dos "recursos públicos recebidos por instituições privadas para aplicação compulsória em educação, saúde, ou assistência social". Essa restrição à responsabilidade patrimonial do devedor justifica-se em razão da prevalência do interesse coletivo em relação ao interesse particular e visa garantir a efetiva aplicação dos recursos públicos nas atividades elencadas, afastando-a a possibilidade de sua destinação para a satisfação de execuções individuais promovidas por particulares. **REsp 1.324.276-RJ, Rel. Min. Nancy Andrighi, julgado em 4/12/2012.** (Inform. STJ 512).

DIREITO PROCESSUAL CIVIL. NOMEAÇÃO DE BENS À PENHORA. IMPOSSIBILIDADE DE EQUIPARAÇÃO DE COTAS DE FUNDOS DE INVESTIMENTO A DINHEIRO EM APLICAÇÃO FINANCEIRA.
Não é possível equiparar, para os fins do art. 655, I, do CPC, as "cotas de fundos de investimento" a "dinheiro em aplicação financeira" quando do oferecimento de bens à penhora. Embora os fundos de investimento sejam uma espécie de aplicação financeira, eles não se confundem com a expressão "dinheiro em aplicação financeira". Ao se proceder à penhora de dinheiro em aplicação financeira, a constrição processual atinge numerário certo e líquido que fica bloqueado ou depositado à disposição do juízo da execução fiscal. Por sua vez, o valor financeiro referente a cotas de fundo de investimento não é certo e pode não ser líquido, a depender de fatos futuros imprevisíveis para as partes e juízos. Dessa forma, quando do oferecimento de bens à penhora, deve-se respeitar a ordem de preferência prevista na legislação. Precedentes citados: AgRg no AREsp 66.122-PR, DJe 15/10/2012, e AgRg no AREsp 205.217-MG, DJe 4/9/2012. **REsp 1.346.362-RS, Rel. Min. Benedito Gonçalves, julgado 4/12/2012.** (Inform. STJ 512).

DIREITO PROCESSUAL CIVIL. IMPENHORABILIDADE DE BEM DE FAMÍLIA. INTERPRETAÇÃO RESTRITIVA DE SUAS EXCEÇÕES.
Não é possível a penhora do imóvel destinado à moradia de síndico em caso de indenização decorrente da prática de ilícito civil consistente na concessão pelo síndico de isenções de multas e encargos incidentes sobre contribuições condominiais em atraso, o que causou prejuízo ao condomínio. A Lei 8.009/90 institui a impenhorabilidade do bem de família como instrumento de tutela do direito fundamental à moradia da família e, portanto, indispensável à composição de um mínimo existencial para uma vida digna. Por ostentar esta legislação natureza excepcional, é insuscetível de interpretação extensiva, não se podendo presumir as exceções previstas em seu art. 3º. Precedentes citados: REsp 988.915-SP, DJe 8/6/2012, e REsp 711.889-PR, DJe 1º/7/2010. **REsp 1.074.838-SP, Rel. Min. Luis Felipe Salomão, julgado em 23/10/2012.** (Inform. STJ 509)

DIREITO PROCESSUAL CIVIL. PENHORA SOBRE O FATURAMENTO DA EMPRESA.
É possível, em caráter excepcional, que a penhora recaia sobre o faturamento da empresa, desde que o percentual fixado não torne inviável o exercício da atividade empresarial. Não há violação ao princípio da menor onerosidade para o devedor, previsto no art. 620 do CPC. Precedentes citados: **AgRg no REsp 1.320.996-RS, DJ 11/9/2012, e AgRg no Ag 1.359.497-RS, DJ 24/3/2011. AgRg no AREsp 242.970-PR, Rel. Min. Benedito Gonçalves, julgado em 13/11/2012.** (Inform. STJ 509)

DIREITO PROCESSUAL CIVIL. NULIDADE DA ARREMATAÇÃO. PRAZO DE LAVRATURA DO AUTO. REMIÇÃO.
No regime anterior à Lei n. 11.382/2006, é nula a arrematação no caso em que o auto é lavrado no mesmo dia em que realizada a praça, desde que existente pedido tempestivo de remição de bens. O art. 693 do CPC, na redação anterior à Lei n. 11.382/2006, dispunha que o auto de arrematação deveria ser lavrado em 24 horas após a praça ou leilão. A existência

desse prazo, que mediava entre o fim da hasta e a lavratura do auto, objetivava a possibilidade do exercício do direito de remição, na forma do hoje revogado art. 788, I, do mesmo diploma legal. Logo, havendo oportuno pedido de remição de bens, a não observância do mencionado prazo de 24 horas acarreta prejuízo aos requerentes. Precedentes citados: **AgRg no Ag 889.836-RS, DJe 30/9/2009; REsp 805.259-SC, DJ 18/12/2006, e REsp 793.725-SC, DJ 2/10/2006. REsp 691.137-RS, Rel. Min. Raul Araújo, julgado em 4/10/2012.** (Inform. STJ 506)

NOMEAÇÃO DE BENS À PENHORA. CITAÇÃO. ORDEM LEGAL DOS BENS PENHORÁVEIS.
Nos termos do art. 53 da Lei n. 8.212/1991, a penhora deve ser realizada concomitantemente à citação. Portanto, contrariamente ao que entendeu o tribunal de origem, a norma não autoriza a efetivação da penhora antes da citação. Além disso, o mencionado dispositivo legal faculta ao exequente nomear bens à penhora, não havendo distinções quanto àqueles passíveis de constrição. Na hipótese, a nomeação de bens feita na petição inicial da execução fiscal foi indeferida sob o fundamento de que a penhora de dinheiro não se coaduna com a faculdade conferida pelo dispositivo supradito. No entanto, não cabe ao julgador, sem respaldo em elementos do caso concreto, criar exceções que a lei não previu. Ainda mais que, no ordenamento jurídico, a prioridade é a constrição recair sobre o dinheiro (arts. 11 da Lei n. 6.830/1980 e 655 do CPC), não se mostrando razoável afastar aquela faculdade concedida ao exequente usando como fundamento a natureza desse bem. Precedentes citados: **REsp 1.090.898-SP, DJe 31/8/2009, e REsp 1.166.842-BA, DJe 8/4/2010. REsp 1.287.915-BA, Rel. Min. Herman Benjamin, julgado em 4/9/2012.** (Inform. STJ 503)

LIBERAÇÃO DE PENHORA. PRINCÍPIO DA UNIDADE DA GARANTIA DA EXECUÇÃO.
O § 2º do art. 53 da Lei n. 8.212/1991 determina que, efetuado o pagamento integral da dívida executada, a penhora poderá ser liberada, desde que não haja outra execução pendente. A Turma manteve a decisão do tribunal *a quo* que, com base no princípio da unidade da garantia da execução, considerou legítima a atuação do juízo da execução fiscal que não autorizou a liberação de parte do valor penhorado por haver outros executivos fiscais contra o recorrente. É que, diante da norma mencionada, não houve violação do princípio da inércia, uma vez que a própria lei confere ao magistrado o controle jurisdicional sobre a penhora e o poder de não liberá-la, se houver outra execução pendente. Diante disso, concluiu-se ainda ser razoável admitir que o excesso de penhora verificado num determinado processo também não seja liberado quando o devedor tiver contra si outras execuções fiscais não garantidas. Salientou-se que o dispositivo mencionado reforça o princípio da unidade da garantia da execução, positivado no art. 28 da Lei n. 6.830/1980. **REsp 1.319.171-SC, Rel. Min. Herman Benjamin, julgado em 4/9/2012.** (Inform. STJ 503)

EXECUÇÃO DE DÍVIDA CONDOMINIAL. PENHORA *ON LINE*.
Na execução de dívida relativa a taxas condominiais, ainda que se trate de obrigação *propter rem*, a penhora não deve necessariamente recair sobre o imóvel que deu ensejo à cobrança, na hipótese em que se afigura viável a penhora *on line*. Para chegar ao entendimento, a Min. Relatora relembrou a natureza da taxa condominial, destinada à manutenção ou aprimoramento da coisa comum. Em função do caráter solidário da taxa de condomínio, a execução desse valor pode recair sobre o próprio imóvel, sendo possível o afastamento da proteção dada ao bem de família. Dessa forma, pretende-se impedir o enriquecimento sem causa do condômino inadimplente em detrimento dos demais. Essa construção jurisprudencial e doutrinária não significa, contudo, que a execução tenha que obrigatoriamente atingir o imóvel, se for possível satisfazer o crédito de outra forma, respeitada a gradação de liquidez prevista no art. 655 do CPC (com redação dada pela Lei n. 11.382/2006). Assim,

encontrado saldo suficiente para o pagamento da dívida em conta corrente do executado, é cabível a penhora *on line*, sem que isso importe em violação ao princípio da menor onerosidade para o executado (art. 620 do CPC). Pelo contrário, a determinação de penhora *on line* representa observância ao princípio da primazia da tutela específica, segundo o qual a obrigação deve, sempre que possível, ser prestada como se tivesse havido adimplemento espontâneo. Precedentes citados: **AgRg no Ag 1.164.999-SP, DJe 16/10/2009; AgRg no Ag 1.325.638-MG, DJe 18/5/2012; AgRg no Ag 1.257.879-SP, DJe 13/5/2011, e REsp 1.246.989-PR, DJe 15/3/2012. REsp 1.275.320-PR, Rel. Min. Nancy Andrighi, julgado em 2/8/2012.** (Inform. STJ 501)

PENHORABILIDADE DA POUPANÇA. DEVEDOR TITULAR DE VÁRIAS CADERNETAS.
A impenhorabilidade prevista no art. 649, X, do CPC refere-se ao montante de 40 salários mínimos, considerando a totalidade do valor depositado em caderneta de poupança, independentemente do número de cadernetas titularizadas pelo devedor. No caso, o executado tinha seis cadernetas de poupança. O tribunal *a quo* determinou a penhora de uma das cadernetas de poupança ao fundamento de que o devedor mantinha várias aplicações de mesma natureza, sem considerar o valor total dos depósitos. A Min. Relatora asseverou ser indiferente o número de cadernetas de poupança titularizadas pelo devedor, pois o critério fixado por lei, apesar de ambíguo, diz respeito ao total do montante depositado. Registrou, ainda, que o limite de 40 salários mínimos foi adotado como o valor mínimo necessário para manutenção digna do executado. Assim, para a realização da penhora de poupança, deve-se apurar o valor de todas as aplicações em caderneta de poupança titularizadas pelo devedor e realizar a constrição apenas sobre o valor que exceder ao limite legal de 40 salários mínimos. **REsp 1.231.123-SP, Rel. Min. Nancy Andrighi, julgado em 2/8/2012.** (Inform. STJ 501)

IMPENHORABILIDADE. PEQUENA PROPRIEDADE RURAL.
Cinge-se a controvérsia à análise da ocorrência da renúncia tácita à impenhorabilidade de pequena propriedade rural familiar dada em garantia pelo recorrido, em acordo extrajudicial posteriormente homologado judicialmente, o qual nele figura como garantidor solidário de obrigação de terceiro. Na espécie, a recorrente alega que a garantia oferecida pelo recorrido equipara-se à garantia real hipotecária, prevista no art. 3º, V, da Lei n. 8.009/1990. Contudo, o Min. Relator salientou que a ressalva prevista nesse dispositivo legal não alcança a hipótese dos autos, limitando-se, unicamente, à execução hipotecária, não podendo tal benefício (o da impenhorabilidade) ser afastado para a execução de outras dívidas. Assim, salvo as situações compreendidas nos incisos I a VII do art. 3º da Lei n. 8.009/1990, descabe a penhora de imóvel ou a sua oferta em garantia. Além do mais, o bem é uma pequena propriedade rural, cuja impenhorabilidade encontra-se garantida constitucionalmente (art. 5º, XXVI, da CF). De modo que, a exceção à impenhorabilidade do bem de família previsto em lei ordinária não pode afetar direito reconhecido pela Constituição, nem pode ser afastada por renúncia, por tratar-se de princípio de ordem pública que visa à proteção da entidade familiar. Precedentes citados: **REsp 470.935-RS, DJ 1º/3/2004, e REsp 526.460-RS, DJ 18/10/2004. REsp 1.115.265-RS, Rel. Min. Sidnei Beneti, julgado em 24/4/2012.** (Inform. STJ 496)

PENHORA. NUA PROPRIEDADE. IMÓVEL UTILIZADO COMO RESIDÊNCIA DA GENITORA DO DEVEDOR. BEM DE FAMÍLIA.
A Turma firmou o entendimento de que a nua propriedade é suscetível de constrição judicial, salvo se o imóvel do executado for considerado bem de família. Na hipótese dos autos, a proteção conferida pela Lei n. 8.009/1990 foi estendida ao imóvel do nu-proprietário (executado), onde reside sua genitora na condição de usufrutuária vitalícia. Segundo se asseverou, a Constituição Federal alçou o direito à moradia à condição de desdobramento

da própria dignidade humana. Em especial atenção ao idoso conferiu-lhe expectativa de moradia digna no seio da família natural, situando-o, por conseguinte, como parte integrante desse núcleo familiar. Assim, quer por considerar a genitora do nu-proprietário como membro dessa entidade familiar, quer por vislumbrar o devido amparo à mãe idosa – pois o nu-proprietário habita com sua família direta outro imóvel alugado – reputou-se devidamente justificada a proteção legal ao imóvel em questão. **REsp 950.663-SC, Rel. Min. Luis Felipe Salomão, julgado em 10/4/2012.** (Inform. STJ 495)

PENHORA ONLINE. NOVO PEDIDO. SITUAÇÃO ECONÔMICA. MODIFICAÇÃO.
Na espécie, a controvérsia diz respeito à possibilidade de condicionar novos pedidos de penhora *online* à existência de comprovação da modificação econômica do devedor. *In casu*, cuidou-se, na origem, de ação de execução de título extrajudicial em que, diante da ausência de oferecimento de bens à penhora e da inexistência de bens em nome da recorrida, foi deferido pedido de penhora *online* de quantias depositadas em instituições financeiras. Entretanto, como não foram identificados valores aptos à realização da penhora, o juízo singular condicionou eventuais novos pedidos de bloqueio eletrônico à comprovação, devidamente fundamentada, da existência de indícios de recebimento de valor penhorável, sendo que tal decisão foi mantida pelo tribunal *a quo*. Nesse contexto, a Turma negou provimento ao recurso ao reiterar que a exigência de condicionar novos pedidos de penhora *online* à demonstração de indícios de alteração da situação econômica do devedor não viola o princípio de que a execução prossegue no interesse do credor (art. 612 do CPC). Consignou-se que, caso não se obtenha êxito com a penhora eletrônica, é possível novo pedido de bloqueio *online*, demonstrando-se provas ou indícios de modificação na situação econômica do devedor; pois, de um lado, protege-se o direito do credor já reconhecido judicialmente e, de outro, preserva-se o aparato judicial, por não transferir para o Judiciário os ônus e as diligências que são de responsabilidade do credor. Precedentes citados: **REsp 1.137.041-AC, DJe 28/6/2010, e REsp 1.145.112-AC, DJe 28/10/2010. REsp 1.284.587-SP, Rel. Min. Massami Uyeda, julgado em 16/2/2012.** (Inform. STJ 491)

Súmula STJ nº 497

Os créditos das autarquias federais preferem aos créditos da Fazenda estadual desde que coexistam penhoras sobre o mesmo bem.

Súmula STJ nº 451

É legítima a penhora da sede do estabelecimento comercial.

Súmula STJ nº 417

Na execução civil, a penhora de dinheiro na ordem de nomeação de bens não tem caráter absoluto.

Súmula STJ nº 328

Na execução contra instituição financeira, é penhorável o numerário disponível, excluídas as reservas bancárias mantidas no Banco Central.

Súmula STJ nº 319

O encargo de depositário de bens penhorados pode ser expressamente recusado.

Súmula STJ nº 205

A lei 8.009/90 aplica-se a penhora realizada antes de sua vigência.

13.4. Embargos do devedor e exceção de pré-executividade

AG. REG. NO AG. REG. NO RE N. 516.037-RS
RELATOR: MIN. DIAS TOFFOLI
EMENTA: Agravo regimental no agravo regimental no recurso extraordinário. Constitucional. Processual. Fazenda Pública. Execução embargada. Artigo 1º-D da Lei nº 9.494/97, acrescentado pela MP nº 2.180-35/01. Inaplicabilidade. Precedentes.
1. A premissa fática exigida para que se aplique o que foi decidido pelo Plenário desta Corte no RE nº 420.816, Relator o Ministro **Sepúlveda Pertence**, no qual se declarou a constitucionalidade da Medida Provisória nº 2.180-35/01, dando interpretação conforme ao art. 1º-D da Lei nº 9.494/97, é a de que a execução não tenha sido embargada pela União, caso contrário, são devidos os honorários advocatícios.
2. Agravo regimental não provido. (Inform. STF 713)

DIREITO PROCESSUAL CIVIL. RECEBIMENTO DE EMBARGOS DO DEVEDOR COMO IMPUGNAÇÃO AO CUMPRIMENTO DE SENTENÇA.
Em execuções de sentença iniciadas antes da vigência da Lei 11.232/2005, que instituiu a fase de cumprimento de sentença e estabeleceu a "impugnação" como meio de defesa do executado, os embargos do devedor opostos após o início da vigência da referida lei devem ser recebidos como impugnação ao cumprimento de sentença na hipótese em que o juiz, com o advento do novo diploma, não tenha convertido expressamente o procedimento, alertando as partes de que a execução de sentença passou a ser cumprimento de sentença. De fato, no direito brasileiro, não se reconhece a existência de direito adquirido à aplicação das regras de determinado procedimento. Por isso, a lei se aplica imediatamente ao processo em curso. Vale a regra do *tempus regit actum* e, nesse sentido, seria impreciso afirmar que a execução da sentença, uma vez iniciada, é imune a mudanças procedimentais. Ocorre que a aplicação cega da regra geral de direito intertemporal poderia ter consequências verdadeiramente desastrosas e, diante disso, temperamentos são necessários. Observe-se que o processo civil muito comumente vem sendo distorcido de forma a prestar enorme desserviço ao estado democrático de direito, deixando de ser instrumento da justiça para se tornar terreno incerto, repleto de arapucas e percalços, em que só se aventuram aqueles que não têm mais nada a perder. Todavia, o direito processual não pode ser utilizado como elemento surpresa, a cercear injusta e despropositadamente uma solução de mérito. A razoabilidade deve ser aliada do Poder Judiciário nessa tarefa, de forma que se alcance efetiva distribuição de justiça. Não se deve, portanto, impor surpresas processuais, pois essas só prejudicam a parte que tem razão no mérito da disputa. O processo civil dos óbices e das armadilhas é o processo civil dos rábulas. Mesmo os advogados mais competentes e estudiosos estão sujeitos ao esquecimento, ao lapso, e não se pode exigir que todos tenham conhecimento das mais recônditas nuances criadas pela jurisprudência. O direito das partes não pode depender de tão pouco. Nas questões controvertidas, convém que se adote, sempre que possível, a opção que aumente a viabilidade do processo e as chances de julgamento do mérito da lide. Nesse contexto, transpondo até quanto exposto aqui para a hipótese em discussão – na qual é patente a existência de dúvida em relação ao procedimento cabível –, conclui-se, em respeito ao princípio da segurança jurídica, serem os embargos do devedor cabíveis caso inexista a expressa conversão do procedimento. **REsp 1.185.390-SP, Rel. Min. Nancy Andrighi, julgado em 27/8/2013.** (Inform. STJ 528)

DIREITO PROCESSUAL CIVIL. RESPONSABILIDADE DA BRASIL TELECOM S/A PARA RESPONDER POR OBRIGAÇÕES DA TELEMS S/A.
Em execução individual de sentença coletiva promovida em face da Brasil Telecom S/A, sucessora da Telems S/A, não é cabível a análise de tese de ilegitimidade passiva fundada na alegação de que, em razão de disposições contidas no ato de cisão ou no edital de privatização da sucedida, a obrigação objeto de execução, consistente na restituição de valores pagos por consumidores em razão da participação financeira em construção de rede de transmissão de telefonia, não seria, conforme previsto no título executivo judicial, da sucedida (Telems S/A), e sim da Telebrás. Isso porque a referida tese só teria relevância no processo de conhecimento, não podendo, assim, ser suscitada no momento da execução individual. Desse modo, o reconhecimento da responsabilidade da sucedida, em sentença transitada em julgado, implica a da sucessora seja por força dos arts. 568 e 592 do CPC, seja por regra segundo a qual "a sentença, proferida entre as partes originárias, estende seus efeitos ao adquirente ou ao cessionário" (art. 42, § 3°, do CPC). **REsp 1.371.462-MS, Rel. Min. Luis Felipe Salomão, julgado em 7/5/2013.** (Inform. STJ 524)

DIREITO PROCESSUAL CIVIL. EXCESSO DE EXECUÇÃO ALEGADO APÓS A OPOSIÇÃO DOS EMBARGOS À EXECUÇÃO.
Não é possível ao juiz conhecer de suposto excesso de execução alegado pelo executado somente após a oposição dos embargos à execução. Isso porque eventual excesso de execução é típica matéria de defesa, e não de ordem pública, devendo ser arguida pelo executado por meio de embargos à execução, sob pena de preclusão. Precedentes citados: EDcl o AG 1.429.591 e REsp 1.270.531-PE, Segunda Turma, DJe 28/11/2011. **AgRg no AREsp 150.035-DF, Rel. Ministro Humberto Martins, julgado em 28/5/2013.** (Inform. STJ 523)

DIREITO PROCESSUAL CIVIL. REVISÃO DE CONTRATO EM EMBARGOS DO DEVEDOR.
No âmbito de embargos do devedor, é possível proceder à revisão do contrato de que se origine o título executado, ainda que, em relação ao referido contrato, tenha havido confissão de dívida. Precedentes citados: AgRg no REsp 716.961-RS, Quarta Turma, DJe 22/2/2011; AgRg no REsp 908.879-PE, Quarta Turma, DJe 19/4/2010; e AgRg no REsp 877.647-RS, Terceira Turma, julgado em 26/05/2009, DJe 8/6/2009. **REsp 1.330.567-RS, Rel. Min. Nancy Andrighi, julgado em 16/5/2013.** (Inform. STJ 523)

DIREITO PROCESSUAL CIVIL. HONORÁRIOS ADVOCATÍCIOS NA HIPÓTESE DE INDEFERIMENTO LIMINAR DOS EMBARGOS DO DEVEDOR.
Os honorários advocatícios não são devidos na hipótese de indeferimento liminar dos embargos do devedor, ainda que o executado tenha apelado da decisão indeferitória e o exequente tenha apresentado contrarrazões ao referido recurso. Precedentes citados: AgRg no REsp 923.554-RN, Primeira Turma, DJ 2/8/2007, e REsp 506.423-RS, Segunda Turma, DJ 17/5/2004. **AgRg no AREsp 182.879-RJ, Rel. Min. Ari Pargendler, julgado em 5/3/2013.** (Inform. STJ 519)

DIREITO PROCESSUAL CIVIL. EMBARGOS À ARREMATAÇÃO. NECESSIDADE DE AÇÃO PRÓPRIA PARA A DESCONSTITUIÇÃO DA ALIENAÇÃO.
Efetuada a arrematação, descabe o pedido de desconstituição da alienação nos autos da execução, demandando ação própria prevista no art. 486 do CPC. A execução tramita por conta e risco do exequente, tendo responsabilidade objetiva por eventuais danos indevidos ocasionados ao executado. Conforme o art. 694 do CPC, a assinatura do auto pelo juiz, pelo arrematante e pelo serventuário da justiça ou leiloeiro torna perfeita, acabada e irretratável a arrematação. Essa norma visa conferir estabilidade à arrematação, protegendo o arrematante e impondo-lhe obrigação, como também buscando reduzir os riscos do negócio jurídico, propiciando efetivas condições para que os bens levados à hasta pública recebam melhores ofertas em benefício das partes do feito executivo e da atividade jurisdicional na execução. Assim, ainda que os embargos do executado venham a ser julgados procedentes, desde que não sejam fundados em vício intrínseco à arrematação, tal ato se mantém válido e eficaz, tendo em conta a proteção ao arrematante terceiro de boa-fé. Precedentes citados: AgRg no CC 116.338-SE, DJe 15/2/2012; REsp 1.219.093-PR, DJe 10/4/2012, e AgRg no Ag 912.834-SP, DJe 11/2/2011. **REsp 1.313.053-DF, Rel. Min. Luis Felipe Salomão, julgado em 4/12/2012.** (Inform. TSJ 511).

DIREITO PROCESSUAL CIVIL. EXECUÇÃO FISCAL. INSTRUÇÃO DA PETIÇÃO INICIAL.
A execução fiscal deve ser instruída com a Certidão de Dívida Ativa CDA, de acordo com o artigo 6°, § 1°, da LEF, sendo inexigível a instrução com o Termo de Inscrição em Dívida Ativa do crédito executado. Precedentes citados: REsp 1.138.202-ES (Repetitivo), DJe 1°/2/2010, e REsp 1.065.622-SC, DJe 23/4/2009. **AgRg no AREsp 198.239-MG, Rel. Min. Napoleão Nunes Maia Filho, julgado em 13/11/2012.** (Inform. STJ 510)

DIREITO PROCESSUAL CIVIL. HONORÁRIOS ADVOCATÍCIOS. EMBARGOS À EXECUÇÃO. EXCESSO DE EXECUÇÃO.
A base de cálculo dos honorários advocatícios, em embargos à execução, deve incidir sobre o montante alegado como excessivo, ou seja, sobre o valor da execução que foi afastado com a procedência do pedido. Precedente citado: **EDcl no AgRg nos EmbExe MS 7.309-DF, DJe 19/6/2012. AgRg no AREsp 218.245-PR, Rel. Min. Herman Benjamin, julgado em 18/10/2012.** (Inform. STJ 508)

DIREITO PROCESSUAL CIVIL. EMBARGOS DO DEVEDOR EM EXECUÇÃO FISCAL. ADESÃO A PROGRAMA DE PARCELAMENTO FISCAL. HONORÁRIOS ADVOCATÍCIOS INDEVIDOS.
Não são devidos honorários advocatícios pelo executado no caso de desistência dos embargos à execução fiscal com a finalidade de adesão ao programa de parcelamento fiscal, salvo se a execução fiscal for ajuizada pelo INSS. Nessa situação específica, os honorários já estão incluídos no encargo de 20% previsto no Decreto-lei n. 1.025/1969 e a condenação do executado nessas verbas constituiria bis in idem. A circunstância de os incisos do § 3° do art. 1° da Lei n. 11.941/2009 preverem a redução em 100% dos valores do encargo legal não determina a condenação do contribuinte desistente da ação de embargos à execução fiscal ao pagamento de verba honorária, porque os valores cobrados na execução já contemplam a referida parcela. Precedentes citados: **AgRg no AgRg no Ag 1.223.449-SC, DJe 4/4/2011; REsp 1.143.320-RS, DJe 21/5/2010; EREsp 475.820-PR, DJ 15/12/2003, e REsp 1.006.682-RJ, DJe 22/9/2008. AgRg no REsp 1.241.370-SC, Rel. Min. Arnaldo Esteves Lima, julgado em 4/10/2012.** (Inform. STJ 506)

DIREITO PROCESSUAL CIVIL. EMBARGOS À EXECUÇÃO FISCAL. RECONHECIMENTO DA INEXIGIBILIDADE PARCIAL DA CDA.
O reconhecimento da inexigibilidade parcial de crédito representado na certidão da dívida ativa (CDA) não exige a emenda ou a substituição do título para o prosseguimento da execução fiscal quando a quantia indevida puder ser prontamente abatida por meros cálculos aritméticos. O excesso de execução não implica a decretação da nulidade do título executivo extrajudicial, mas tão-somente a redução do montante ao valor tido como devido, quando o valor remanescente puder ser apurado por simples

cálculos aritméticos. Precedentes citados: **REsp 1.115.501-SP, DJe 30/11/2010, e REsp. 1.247.811-RS, DJe 21/6/2011. AgRg no REsp 941.809-PE, Rel. Min. Napoleão Nunes Maia Filho, julgado em 4/10/2012.** (Inform. STJ 506)

DIREITO PROCESSUAL CIVIL. EXECUÇÃO. EMBARGOS DO DEVEDOR. CUMULAÇÃO DE HONORÁRIOS ADVOCATÍCIOS.

É possível a cumulação de honorários advocatícios arbitrados na execução com aqueles fixados nos embargos do devedor, desde que a soma das condenações não ultrapasse o limite máximo de 20% estabelecido pelo art. 20, § 3º, do CPC. Precedente citado: **EREsp 659.228-RS, DJe 29/8/2011. AgRg no AREsp 170.817-PR, Rel. Min. Arnaldo Esteves Lima, julgado em 16/10/2012.** (Inform. STJ 506)

EMBARGOS DE TERCEIRO. AUSÊNCIA DO VALOR DA CAUSA.

A jurisprudência pacífica do STJ é que, em ação de embargos de terceiro, o valor da causa deve ser o do bem levado à constrição, não podendo exceder o valor da dívida. Na espécie, a sentença que fixou os honorários advocatícios explicitou o percentual devido a título de tal verba. Porém, o valor da causa não foi indicado, uma vez que o autor da ação de embargos de terceiro não se desincumbiu de tal providência. Contudo, não há iliquidez no título executivo a autorizar a extinção da execução dos honorários como determinado pelo juízo sentenciante, tendo em vista que os valores são alcançados por simples cálculos aritméticos consistentes na aplicação do percentual arbitrado na sentença ao valor que legalmente deveria ter sido atribuído aos embargos de terceiro. Precedentes citados: **AgRg no Ag 1.379.627-SP, DJe 4/5/2011; EREsp 187.429-DF, DJ 29/11/1999, e REsp 161.754-SP, DJ 15/3/1999. REsp 957.760-MS, Rel. Min. Luiz Felipe Salomão, julgado em 12/4/2012.** (Inform. STJ 495)

Súmula STJ nº 487

O parágrafo único do art. 741 do CPC não se aplica às sentenças transitadas em julgado em data anterior à da sua vigência.

Súmula STJ nº 331

A apelação interposta contra sentença que julga embargos à arrematação tem efeito meramente devolutivo.

Súmula STJ nº 46

Na execução por carta, os embargos do devedor serão decididos no juízo deprecante, salvo se versarem unicamente vícios ou defeitos da penhora, avaliação ou alienação dos bens.

14. CAUTELAR

Liminar em ação cautelar: recurso extraordinário não admitido e desapropriação - 4

Em conclusão de julgamento, o Plenário, ao resolver questão de ordem suscitada pela Ministra Cármen Lúcia, declarou a extinção de ação cautelar por perda de objeto e julgou prejudicado agravo regimental interposto de decisão que deferira pedido de medida liminar na referida ação cautelar para suspender os efeitos de acórdãos de tribunal de justiça local, bem assim a imissão do ora agravante na posse de imóvel rural. O Estado-membro agravante alegava que o tema central seria a ocorrência de preclusão, matéria processual infraconstitucional, não passível de análise no âmbito de recurso extraordinário. Na espécie, encontrava-se pendente de exame, no STF, agravo de instrumento interposto de decisão que negara seguimento a recurso extraordinário dos proprietários do imóvel, ora agravados — v. Informativos 645 e 656. O Colegiado registrou que o recurso extraordinário tivera, por fim, seguimento negado, com base nos Enunciados 279, 282, 284 e 356 da Súmula do STF, além de suscitar ofensa indireta à Constituição. Assim, tendo em vista o prejuízo do recurso extraordinário, a ação cautelar perdera seu objeto.
AC 2910 AgR-MC/RS, rel. orig. Min. Ellen Gracie, red. p/ o acórdão Min. Rosa Weber, 11.12.2014. (AC-2910) (Inform. STF 771)

RE: ação cautelar e eficácia suspensiva

A 1ª Turma, por maioria, negou provimento a agravo regimental interposto contra decisão que negara seguimento a ação cautelar ajuizada com a finalidade de se atribuir efeito suspensivo a agravo em recurso extraordinário. Na espécie, discutia-se a possibilidade de se ajuizar a ação cautelar em comento, no âmbito do STF, quando ainda pendente de apreciação recurso especial em trâmite no STJ. A Turma consignou que, a teor do que disposto no art. 543 e § 1º, do CPC ("Art. 543. Admitidos ambos os recursos, os autos serão remetidos ao Superior Tribunal de Justiça. § 1º Concluído o julgamento do recurso especial, serão os autos remetidos ao Supremo Tribunal Federal, para apreciação do recurso extraordinário, se este não estiver prejudicado"), a interposição simultânea dos recursos especial e extraordinário levaria a que este só viesse a ser analisado após o julgamento do especial. Afirmou que, na situação dos autos, somente depois de esgotada a jurisdição do STJ os autos seriam remetidos ao STF para que fosse julgado o agravo e, se o caso, o recurso extraordinário; ressalvada a hipótese de eventual prejudicialidade deste último em razão do que tivesse sido deliberado no recurso especial. Vencido o Ministro Marco Aurélio, que provia o agravo regimental. Afirmava que, protocolado agravo de instrumento que visasse à subida de recurso extraordinário eventualmente inadmitido — com a devolutividade, portanto, da matéria —, não se exigiria o esgotamento da jurisdição do STJ; e que, nesta hipótese, seria inaugurada a jurisdição para a ação cautelar no STF.
AC 3683/MG, rel. Min. Rosa Weber, 2.9.2014. (AC-3683) (Inform. STF 757)

Mandado de segurança e cautelar: supressão de eficácia da decisão - 2

Em conclusão de julgamento, o Plenário assentou o prejuízo de recurso extraordinário em face da perda superveniente de objeto, decorrente do desbloqueio dos depósitos dos valores retidos no Banco Central - Bacen por ocasião do denominado Plano Collor. Na espécie, o recurso extraordinário fora interposto contra acórdão de tribunal regional federal que, em mandado de segurança impetrado contra o Bacen, entendera incabível o duplo grau de jurisdição obrigatório, contido no parágrafo único do art. 1º da Lei 8.076/1990, em razão de se tratar de autarquia federal e de haver precedente do Pleno daquela Corte no qual se declarara a inconstitucionalidade do referido dispositivo legal — v. Informativo 360. Na presente assentada, o Ministro Marco Aurélio (relator) noticiou que o Bacen formulara pedido de desistência em razão da superveniente perda do interesse de agir, não obstante iniciado o exame do feito com voto já proferido. O Plenário apontou que o pedido de desistência do recurso extraordinário ora protocolado não seria analisado ante a prejudicialidade do próprio recurso.
RE 190034/SP, rel. Min. Marco Aurélio, 9.4.2014. (RE-190034) (Inform. STF 742)

DIREITO PROCESSUAL CIVIL. COMPETÊNCIA PARA O JULGAMENTO DE AÇÃO CAUTELAR DE EXIBIÇÃO DE DOCUMENTO.

Compete à justiça comum, e não à justiça trabalhista, o processamento e o julgamento de ação cautelar de exibição de documentos na qual beneficiário de seguro de vida coletivo busque a exibição, pelo ex-empregador de seu falecido pai, de documentos necessários a instruir ação de cobrança contra a seguradora. Isso porque, nessa situação, a ação não se fundamenta em qualquer vínculo trabalhista estabelecido entre as partes, mas, sim, em relação contratual existente entre o autor, beneficiário do seguro de vida coletivo, e a seguradora. Com efeito, conforme o art. 21, § 2º, do Decreto-Lei 73/1966, nos seguros facultativos, o estipulante (empregador) é mero mandatário dos segurados, intermediando a avença celebrada entre seus empregados e a seguradora. Dessa forma, o pleito cautelar de exibição de documento está fundado em relação de direito civil, qual seja, cobrança de indenização securitária. A lide, portanto, não se enquadra nas hipóteses constitucionais que atraem a competência da Justiça do Trabalho. **CC 121.161-SP, Rel. Min. Ricardo Villas Bôas Cueva, julgado em 22/5/2013.** (Inform. STJ 524)

DIREITO PROCESSUAL CIVIL. IMPOSSIBILIDADE DE EXECUÇÃO DE MULTA FIXADA EM AÇÃO CAUTELAR NO CASO DE IMPROCEDÊNCIA DO PEDIDO FORMULADO NA AÇÃO PRINCIPAL.

No caso de improcedência do pedido formulado na ação principal, será inexigível a multa cominatória fixada em ação cautelar destinada à manutenção de contrato de distribuição de produtos. A decisão concessiva da tutela cautelar é proferida com base em cognição sumária do direito acautelado, em juízo de mera probabilidade, de modo que, por imperativo lógico, a sentença definitiva prolatada na ação principal, fundada em cognição exauriente acerca da questão de fundo, sobrepõe-se àquela. Assim, o não acolhimento da pretensão formulada na ação principal esvazia o provimento acautelatório de um dos pressupostos sobre os quais se fundou: a verossimilhança do direito invocado. Além disso, o julgamento de improcedência do pedido deduzido na ação principal, que se reveste dos atributos de definitividade e satisfatividade em relação ao objeto litigioso, faz cessar a eficácia da sentença cautelar e, por conseguinte, inviabiliza a execução de eventual multa nela fixada. Precedentes citados: REsp 401.531-RJ, Quarta Turma, DJe 8/3/2010; e REsp 846.767-PB, Terceira Turma, DJ 14/5/2007. **REsp 1.370.707-MT, Rel. Min. Nancy Andrighi, julgado em 4/6/2013.** (Inform. STJ 523)

DIREITO PROCESSUAL CIVIL. COMPETÊNCIA DO JUÍZO ARBITRAL PARA O JULGAMENTO DE MEDIDA CAUTELAR DE ARROLAMENTO DE BENS.

Na hipótese em que juízo arbitral tenha sido designado por contrato firmado entre as partes para apreciar a causa principal, será este – e não juízo estatal – competente para o julgamento de medida cautelar de arrolamento de bens, dependente da ação principal, que tenha por objeto inventário e declaração de indisponibilidade de bens. De fato, em observância aos requisitos fixados pelo art. 857 do CPC para o deferimento da medida cautelar de arrolamento de bens – demonstração do direito aos bens e dos fatos em que funda o receio de extravio ou de dissipação dos bens –, nota-se que não se trata de medida que, para ser deferida, demande cognição apenas sobre o receio de redução patrimonial do devedor. Na verdade, trata-se de medida cujo deferimento demanda, também, que esteja o juízo convencido da aparência de direito à obtenção desses bens, o que nada mais é do que uma análise ligada ao mérito da controvérsia, a qual, por sua vez, é de competência do juízo arbitral na hipótese em que exista disposição contratual nesse sentido. Ademais, é importante ressaltar que o receio de dissipação do patrimônio não fica desprotegido com a manutenção exclusiva da competência da corte arbitral para o julgamento da medida de arrolamento, pois os árbitros, sendo especialistas na matéria de mérito objeto da lide, provavelmente terão melhores condições de avaliar a necessidade da medida. Além disso, o indispensável fortalecimento da arbitragem, que vem sendo levado a efeito desde a promulgação da Lei 9.307/1996, torna indispensável que se preserve, na maior medida possível, a autoridade do árbitro como juiz de fato e de direito para o julgamento de questões ligadas ao mérito da causa. Isso porque negar essa providência esvaziaria o conteúdo da Lei de Arbitragem, permitindo que,

simultaneamente, o mesmo direito seja apreciado, ainda que em cognição perfunctória, pelo juízo estatal e pelo juízo arbitral, muitas vezes com sérias possibilidades de interpretações conflitantes para os mesmos fatos. **CC 111.230-DF, Rel. Min. Nancy Andrighi, julgado em 8/5/2013.** (Inform. STJ 522)

DIREITO PROCESSUAL CIVIL. CONFIGURAÇÃO DE INTERESSE DE AGIR EM AÇÃO EXIBITÓRIA DE DOCUMENTOS COMUNS ENTRE AS PARTES.

O prévio requerimento extrajudicial de apresentação de documentos não é requisito necessário à configuração de interesse de agir em ação exibitória de documentos comuns entre as partes. Precedentes citados: AgRg no AREsp 24.547-MG, Quarta Turma, DJe 21/5/2012, e AgRg no REsp 1.287.419-MS, Terceira Turma, DJe 4/6/2012. **REsp 1.232.157-RS, Rel. Min. Paulo de Tarso Sanseverino, julgado em 19/3/2013.** (Inform. STJ 519)

DIREITO PROCESSUAL CIVIL. RESPONSABILIDADE PELO PAGAMENTO DE CUSTAS E HONORÁRIOS DE AÇÃO EXIBITÓRIA DE DOCUMENTOS COMUNS ENTRE AS PARTES.

Incumbe ao autor de ação exibitória de documentos comuns entre as partes o pagamento das custas processuais e dos honorários advocatícios na hipótese em que ele não tenha requerido, em momento anterior à propositura da ação, a apresentação dos documentos no âmbito extrajudicial, e o réu não tenha oferecido resistência à pretensão, tendo apresentado, logo após a citação, os documentos solicitados pelo autor. Em observância ao princípio da causalidade, aquele que deu causa à propositura da ação de exibição de documentos deve arcar com o pagamento das custas processuais e dos honorários advocatícios. Nesse contexto, não tendo o autor buscado previamente a exibição dos documentos na via administrativa, foi ele próprio quem deu causa à propositura da demanda, devendo, pois, arcar com os ônus decorrentes. **REsp 1.232.157-RS, Rel. Min. Paulo de Tarso Sanseverino, julgado em 19/3/2013.** (Inform. STJ 519)

DIREITO PROCESSUAL CIVIL. MEDIDA CAUTELAR DE SEQUESTRO PARA ASSEGURAR A FUTURA SATISFAÇÃO DE CRÉDITO EM AÇÃO PRINCIPAL.

Não é cabível o deferimento de medida cautelar de sequestro no caso em que se busque apenas assegurar a satisfação futura de crédito em ação a ser ajuizada, inexistindo disputa específica acerca do destino dos bens sobre os quais se pleiteia a incidência da constrição. O sequestro é medida destinada à apreensão de bens determinados com o objetivo de assegurar a futura efetivação de provimento judicial que os tenha como objeto. Para o deferimento da medida, é necessário que o juiz se convença de que, sobre o bem objeto da ação principal cujo sequestro se pleiteia, tenha-se estabelecido, direta ou indiretamente, uma relação de disputa entre as partes da demanda. Assim, se a ação principal versa sobre pretensão creditícia, não se identifica a presença dos requisitos exigidos pelo art. 822, I, do CPC, pois inexiste, em tal caso, específica disputa sobre posse ou propriedade dos bens que seriam objeto da referida medida. Precedente citado: REsp 440.147-MT, DJ 30/6/2003. **REsp 1.128.033-GO, Rel. Min. Nancy Andrighi, julgado em 5/2/2013.** (Inform. STJ 515).

DIREITO PROCESSUAL CIVIL. PROTESTO JUDICIAL. AUSÊNCIA DE LEGÍTIMO INTERESSE.

O protesto judicial formulado por quem não demonstra vínculo com a relação jurídica invocada deve ser indeferido por falta de legítimo interesse. A instrução do protesto deve ser suficiente para demonstrar o legítimo interesse do requerente, nos termos do art. 869 do CPC. Precedentes citados: **REsp 1.188.778-BA, DJe 19/4/2011, e REsp 1.200.548-ES, DJe 13/10/2010. REsp 1.200.075-RJ, Rel. Min. Nancy Andrighi, julgado em 23/10/2012.** (Inform. STJ 507)

AÇÃO CAUTELAR. COMPETÊNCIA. JUÍZO ESTATAL E TRIBUNAL ARBITRAL.
A constituição de tribunal arbitral implica, em regra, a derrogação da jurisdição estatal, devendo os autos da ação cautelar – ajuizada antes da formação do tribunal – ser encaminhados de imediato ao juízo arbitral regularmente constituído. No caso, antes de ser instaurado o procedimento arbitral, a recorrida ingressou com a medida cautelar amparada na possibilidade de que, na pendência da nomeação dos árbitros, admite-se que a parte recorra ao Judiciário para assegurar o resultado que pretende na arbitragem. Negado provimento ao pedido formulado na inicial, foi interposta apelação. Antes do julgamento do apelo recursal, que concedeu a tutela, as partes subscreveram ata de missão confirmando a constituição do tribunal arbitral. Assim, a Turma entendeu que o juízo arbitral deve assumir o processamento da ação na situação em que se encontra, para reapreciar e ratificar ou não a cautelar que foi concedida em caráter precário pelo Poder Judiciário. Precedente citado: SEC 1-EX, DJe 1º/2/2012. **REsp 1.297.974-RJ, Rel. Min. Nancy Andrighi, julgado em 12/6/2012.** (Inform. STJ 499)

Súmula STF nº 390
A exibição judicial de livros comerciais pode ser requerida como medida preventiva.

Súmula STJ nº 482
A falta de ajuizamento da ação principal no prazo do art. 806 do CPC acarreta a perda da eficácia da liminar deferida e a extinção do processo cautelar.

15. PROCEDIMENTOS ESPECIAIS

15.1. Possessórias e Petitórias

DIREITO PROCESSUAL CIVIL. LEGITIMIDADE E INTERESSE PROCESSUAL DO USUFRUTUÁRIO PARA A PROPOSITURA DE AÇÃO DE CARÁTER PETITÓRIO. O usufrutuário possui legitimidade e interesse para propor ação reivindicatória – de caráter petitório – com o objetivo de fazer prevalecer o seu direito de usufruto sobre o bem, seja contra o nu-proprietário, seja contra terceiros. A legitimidade do usufrutuário para reivindicar a coisa, mediante ação petitória, está amparada no direito de sequela, característica de todos os direitos reais, entre os quais se enquadra o usufruto, por expressa disposição legal (art. 1.225, IV, do CC). A ideia de usufruto emerge da consideração que se faz de um bem, no qual se destacam os poderes de usar e gozar ou usufruir, sendo entregues a uma pessoa distinta do proprietário, enquanto a este remanesce apenas a substância da coisa. Ocorre, portanto, um desdobramento dos poderes emanados da propriedade: enquanto o direito de dispor da coisa permanece com o nu-proprietário (*ius abutendi*), a usabilidade e a fruibilidade (*ius utendi* e *ius fruendi*) passam para o usufrutuário. Assim é que o art. 1.394 do CC dispõe que o "usufrutuário tem direito à posse, uso, administração e percepção dos frutos". Desse modo, se é certo que o usufrutuário – na condição de possuidor direto do bem – pode valer-se das ações possessórias contra o possuidor indireto (nu-proprietário), também se deve admitir a sua legitimidade para a propositura de ações de caráter petitório – na condição de titular de um direito real limitado, dotado de direito de sequela – contra o nu-proprietário ou qualquer pessoa que obstaculize ou negue o seu direito. A propósito, a possibilidade de o usufrutuário valer-se da ação petitória para garantir o direito de usufruto contra o nu-proprietário, e inclusive *erga omnes*, encontra amparo na doutrina, que admite a utilização pelo usufrutuário das ações reivindicatória, confessória, negatória, declaratória, imissão de posse, entre outras. Precedente citado: REsp 28.863-RJ, Terceira Turma, DJ 22/11/1993. **REsp 1.202.843-PR, Rel. Min. Ricardo Villas Bôas Cueva, julgado em 21/10/2014.** (Inform. STJ 550)

DIREITO PROCESSUAL CIVIL. PEDIDO CONTRAPOSTO E REMOÇÃO DO ATO ILÍCITO. **Na apreciação de pedido contraposto formulado em ação possessória, admite-se o deferimento de tutela de remoção do ato ilícito, ainda que essa providência não esteja prevista no art. 922 do CPC.** Efetivamente, o dispositivo citado autoriza que o réu, na contestação, demande proteção possessória e indenização dos prejuízos. Porém, com a reforma processual operada com a Lei 10.444/2002, consagrou-se a ideia de atipicidade dos meios de tutela das obrigações de fazer, não fazer e de entrega de coisa, de modo a privilegiar a obtenção da tutela específica da obrigação, em vez da conversão da obrigação em perdas e danos. É o que se depreende da atual redação dos arts. 461 e 461-A do CPC. Desse modo, à luz do princípio da atipicidade dos meios de execução, a circunstância de o art. 922 do CPC mencionar apenas a tutela de natureza possessória e a tutela ressarcitória (indenização pelos prejuízos) não impede o juiz de conceder a tutela de remoção do ato ilícito. Não há falar, portanto, em ofensa ao art. 922, mas de interpretação desse dispositivo à luz dos novos princípios que passaram a orientar a execução das obrigações de fazer, não fazer e entrega de coisa. **REsp 1.423.898-MS, Rel. Min. Paulo de Tarso Sanseverino, julgado em 2/9/2014.** (Inform. STJ 548)

DIREITO PROCESSUAL CIVIL. VALOR DA CAUSA EM AÇÃO DE REINTEGRAÇÃO DE POSSE QUE OBJETIVE A RETOMADA DE BEM OBJETO DE CONTRATO DE COMODATO QUE TENHA SIDO EXTINTO.
O valor da causa em ação de reintegração de posse que objetive a retomada de bem objeto de contrato de comodato que tenha sido extinto deve corresponder à quantia equivalente a doze meses de aluguel do imóvel. Por ausência de expressa disposição do CPC, o STJ tem entendido que o valor da causa nas ações possessórias deve corresponder ao efetivo benefício patrimonial pretendido pelo autor. Dessa forma, como o benefício patrimonial almejado pelo autor da referida ação de reintegração de posse, referente a imóvel que fora objeto de um extinto contrato de comodato, consubstancia-se no valor do aluguel que ele estaria deixando de receber enquanto o réu estivesse na posse do bem, mostra-se razoável a aplicação analógica do disposto no art. 58, III, da Lei 8.245/1991 para fixar o valor da causa da aludida ação possessória como correspondente a doze meses de aluguel do imóvel objeto da demanda. **REsp 1.230.839-MG, Rel. Min. Nancy Andrighi, julgado em 19/3/2013.** (Inform. STJ 519)

IMÓVEL. INADIMPLEMENTO. LEILÃO. SUSPENSÃO. CREDOR. REINTEGRAÇÃO. POSSE.
A *quaestio juris* está em estabelecer se há pretensão possessória em favor do credor por contrato de financiamento de imóvel com pacto de alienação fiduciária em garantia, na hipótese em que tal pretensão é exercida depois da consolidação da propriedade do imóvel, mas antes dos leilões a que se refere o art. 27 da Lei n. 9.514/1997. Na espécie, cuidou-se de ação de reintegração de posse por construtora (recorrida) referente a imóvel por ela vendido mediante alienação fiduciária em garantia, tendo em vista a inadimplência dos recorrentes. Para a retomada do bem, a recorrida constituiu-os em mora mediante notificação e, sem pagamento, consolidou o imóvel em sua propriedade (art. 26, § 7º, da Lei n. 9.514/1997). Em seguida, estabeleceu datas para a realização de dois leilões extrajudiciais do bem. Entretanto, antes da possessória ajuizada pela recorrida, o leilão foi suspenso por decisão judicial, em decorrência de ação ajuizada por um dos recorrentes devido à irregularidade de intimação quanto ao procedimento, sendo precedido de outro processo do outro recorrente com o mesmo objeto. Ocorre que, independentemente da realização do leilão que estava suspenso, a recorrida solicitou a reintegração da

posse do imóvel. Nesse panorama, a Min. Relatora destacou que a disputa possessória se dá quando se está diante da afirmação de duas posses, cada uma com o seu respectivo fundamento de fato e de direito. No caso dos autos, a posse dos recorrentes sobre o imóvel foi adquirida por ato *inter vivos* consubstanciado em contrato de compra e venda com alienação fiduciária em garantia. Desse modo, os recorrentes exerceram seu poder de fato sobre o imóvel, sendo, portanto, a aquisição da posse, derivada. Porém, com a inadimplência, o credor, ora recorrido, inaugurou os procedimentos para a retomada do bem e, ao fazê-lo, resolveu o contrato que fundamentara a posse do imóvel pelos recorrentes, de modo que o fundamento jurídico dessa posse se esvaiu. Assim, uma vez resolvido o contrato do qual emergia o fundamento da posse derivada, esta retorna ao seu antigo titular, podendo-se interpretar como um ato de esbulho a permanência do antigo possuidor no bem. Dessa forma, a consolidação da propriedade do bem no nome do credor fiduciante confere-lhe o direito à posse do imóvel. Negá-lo implicaria autorizar que o devedor fiduciário permanecesse em bem que não lhe pertence sem pagamento de contraprestação, na medida em que a Lei n. 9.514/1997 estabelece, em seu art. 37-A, o pagamento de taxa de ocupação apenas depois da realização dos leilões extrajudiciais. Se os leilões são suspensos, como ocorreu na hipótese, a lacuna legislativa não pode implicar imposição ao credor fiduciante de um prejuízo a que não deu causa. Dessarte, o destino que deve ser dado ao imóvel entre o prazo da consolidação da propriedade em nome do credor fiduciante e a data dos leilões judiciais deve ser o de atender à natural destinação econômica do bem, sendo que a permanência daquele que promoveu esbulho do imóvel não atende a essa destinação. **REsp 1.155.716-DF, Rel. Min. Nancy Andrighi, julgado em 13/3/2012.** (Inform. STJ 493)

Súmula STF nº 262

Não cabe medida possessória liminar para liberação alfandegária de automóvel.

Súmula STJ nº 228

É inadmissível o interdito proibitório para a proteção do direito autoral.

15.2. Consignação

Súmula STF nº 449

O valor da causa, na consignatória de aluguel, corresponde a uma anuidade.

15.3. Monitória

DIREITO PROCESSUAL CIVIL. AMPLITUDE DA MATÉRIA DE DEFESA DOS EMBARGOS À MONITÓRIA.
É possível arguir, em embargos à ação monitória, a invalidade de taxas condominiais extraordinárias objeto da monitória sob o argumento de que haveria nulidade na assembleia que as teria instituído. De fato, os embargos à monitória serão processados pelo procedimento ordinário (art. 1.102-C, § 2º, do CPC), o que aponta inequivocamente para a vontade do legislador de conferir ao procedimento dos embargos contraditório pleno e cognição exauriente, de modo que, diversamente do processo executivo, não apresenta restrições quanto à matéria de defesa. Dessa forma, admite-se a formulação de toda e qualquer alegação no âmbito de embargos à monitória, desde que se destine a comprovar a improcedência do pedido veiculado na inicial. **REsp 1.172.448-RJ, Rel. Min. Luis Felipe Salomão, julgado em 18/6/2013.** (Inform. STJ 527)

AÇÃO MONITÓRIA. ADEQUAÇÃO DA VIA ELEITA.
Na espécie, o tribunal de origem entendeu que o autor era carecedor de interesse de agir por inadequação da via eleita, uma vez que, sendo possível o procedimento executório de títulos extrajudiciais (notas promissórias), descaberia a via da ação monitória. No entanto, assim como a jurisprudência do STJ é firme quanto à possibilidade de propositura de ação de conhecimento pelo detentor de título executivo – não havendo prejuízo ao réu em procedimento que lhe faculta diversos meios de defesa –, por iguais fundamentos o detentor de título executivo extrajudicial poderá ajuizar ação monitória para perseguir seus créditos, ainda que também o pudesse fazer pela via do processo de execução. Precedentes citados: REsp 532.377-RJ, DJ 13/10/2003; REsp 207.173-SP, DJ 5/8/2002; REsp 435.319-PR, DJ 24/3/2003, e REsp 210.030-RJ, DJ 4/9/2000. **REsp 981.440-SP, Rel. Min. Luis Felipe Salomão, julgado em 12/4/2012.** (Inform. STJ 495)

Súmula STJ nº 504

O prazo para ajuizamento de ação monitória em face do emitente de nota promissória sem força executiva é quinquenal, a contar do dia seguinte ao vencimento do título.

Súmula STJ nº 384

Cabe ação monitória para haver saldo remanescente oriundo de venda extrajudicial de bem alienado fiduciariamente em garantia.

Súmula STJ nº 339

É cabível ação monitória contra a Fazenda Pública.

Súmula STJ nº 299

É admissível a ação monitória fundada em cheque prescrito.

Súmula STJ nº 292

A reconvenção é cabível na ação monitória, após a conversão do procedimento em ordinário.

Súmula STJ nº 282

Cabe a citação por edital em ação monitória.

Súmula STJ nº 247

O contrato de abertura de crédito em conta-corrente, acompanhado do demonstrativo de débito, constitui documento hábil para o ajuizamento da ação monitória.

15.4. Embargos de terceiro

DIREITO PROCESSUAL CIVIL. EMBARGOS DE TERCEIRO. LEGITIMIDADE ATIVA DO CONDÔMINO QUE NÃO PARTICIPA DA AÇÃO POSSESSÓRIA.
Condômino, que não for parte na ação possessória, tem legitimidade ativa para ingressar com embargos de terceiro. No sistema processual brasileiro, existem situações nas quais o meio processual previsto não admite escolha pelas partes. Doutro lado, se o sistema processual permite mais de um meio para obtenção da tutela jurisdicional, compete à parte eleger o instrumento que lhe parecer mais adequado, nos termos do princípio dispositivo. Assim, não havendo previsão legal que proíba o condômino que não seja parte da ação possessória – portanto, terceiro – de opor embargos de terceiro, deve-se reconhecer a possibilidade do seu manejo, sendo indevida a imposição de ingresso apenas como assistente litisconsorcial. Precedente citado: REsp 706.380-PR, DJ 7/11/2005. **REsp 834.487-MT, Rel. Min. Antonio Carlos Ferreira, julgado em 13/11/2012.** (Inform. STJ 511)

Súmula STJ nº 303
Em embargos de terceiro, quem deu causa à constrição indevida deve arcar com os honorários advocatícios.

Súmula STJ nº 195
Em embargos de terceiro não se anula ato jurídico, por fraude contra credores.

Súmula STJ nº 84
É admissível a oposição de embargos de terceiro fundados em alegação de posse advinda do compromisso de compra e venda de imóvel, ainda que desprovido do registro.

15.5. Inventário

DIREITO PROCESSUAL CIVIL. COMPETÊNCIA PARA O JULGAMENTO DE AÇÃO DE PETIÇÃO DE HERANÇA.
A ação de petição de herança relacionada a inventário concluído, inclusive com trânsito em julgado da sentença homologatória da partilha, deve ser julgada, não no juízo do inventário, mas sim no da vara de família, na hipótese em que tramite, neste juízo, ação de investigação de paternidade que, além de ter sido ajuizada em data anterior à propositura da ação de petição de herança, encontre-se pendente de julgamento. De fato, registre-se que o art. 96 do CPC determina que "o foro do domicílio do autor da herança, no Brasil, é o competente para o inventário, a partilha, a arrecadação, o cumprimento de disposições de última vontade e todas as ações em que o espólio for réu, ainda que o óbito tenha ocorrido no estrangeiro". Entretanto, nos termos da jurisprudência do STJ, a regra do art. 96 do CPC não incide quando já encerrado o inventário, com trânsito em julgado da sentença homologatória da partilha (CC 51.061-GO, Segunda Seção, DJ de 19/12/2005). Sendo assim, não há como aplicar o mencionado dispositivo legal à hipótese em análise com o intuito de firmar, no juízo responsável pela conclusão do inventário, a competência para o julgamento da ação de petição de herança. Além disso, esta somente poderá prosperar se o pedido da ação de investigação de paternidade for julgado procedente, o que demonstra a existência de relação de dependência lógica entre as referidas demandas. Por efeito, deve-se reconhecer a existência de conexão entre as ações por prejudicialidade externa, a solução que se der a uma direciona o resultado da outra, para que elas sejam reunidas, tramitando conjuntamente no mesmo juízo; não constituindo, ademais, óbice à prevalência das regras processuais invocadas a existência de regra de organização judiciária estadual em sentido diverso. **CC 124.274-PR, Rel. Min. Raul Araújo, Segunda Seção, julgado em 8/5/2013.** (Inform. STJ 524)

DIREITO PROCESSUAL CIVIL. DESCABIMENTO DE DISCUSSÃO, EM ARROLAMENTO SUMÁRIO, SOBRE EVENTUAL DECADÊNCIA OCORRIDA EM RELAÇÃO AO ITCMD.
Não é cabível, em arrolamento sumário, a discussão acerca da eventual configuração da decadência do direito da Fazenda Pública de efetuar lançamento tributário referente ao imposto sobre transmissão causa mortis e doação. Com efeito, segundo o art. 1.034, *caput*, do CPC, "no arrolamento, não serão conhecidas ou apreciadas questões relativas ao lançamento, ao pagamento ou à quitação de taxas judiciárias e de tributos incidentes sobre a transmissão da propriedade dos bens do espólio". Além da vedação expressa contida no referido dispositivo legal, deve-se destacar que a possibilidade de as instâncias ordinárias conhecerem, de ofício, a qualquer tempo, de matéria de ordem pública, não as autoriza a examinar pretensão tributária no âmbito de arrolamento sumário, tendo em vista a existência de incompatibilidade entre essa análise e o procedimento de jurisdição voluntária. **REsp 1.223.265-PR, Rel. Min. Eliana Calmon, julgado em 18/4/2013.** (Inform. STJ 523)

DIREITO PROCESSUAL CIVIL. HABILITAÇÃO DE HERDEIRO COLATERAL NA EXECUÇÃO DE MANDADO DE SEGURANÇA.
É possível a habilitação de herdeiro colateral, na forma do art. 1.060, I, do CPC, nos autos da execução promovida em mandado de segurança, se comprovado que não existem herdeiros necessários nem bens a inventariar. De acordo com o referido dispositivo legal, no caso em que realizada "pelo cônjuge e herdeiros necessários", a habilitação será processada nos autos da causa principal, independentemente de sentença, "desde que provem por documento o óbito do falecido e a sua qualidade". Todavia, é razoável admitir também o deferimento da habilitação de herdeiro colateral em situações como esta. Com efeito, inexiste risco de prejuízo para eventuais herdeiros que não constem do processo, pois o precatório somente poderá ser expedido com a apresentação da certidão de inventariança ou do formal e da certidão de partilha. **AgRg nos EmbExeMS 11.849-DF, Rel. Min. Maria Thereza de Assis Moura, julgado em 13/3/2013.** (Inform. STJ 518)

15.6. Separação, Divórcio e Dissolução de Sociedade de Fato

Súmula STF nº 381
Não se homologa sentença de divórcio obtida, por procuração, em país de que os cônjuges não eram nacionais.

Súmula STF nº 380
Comprovada a existência de sociedade de fato entre os concubinos, é cabível a sua dissolução judicial, com a partilha do patrimônio adquirido pelo esforço comum.

Súmula STF nº 379
No acordo de desquite não se admite renúncia aos alimentos, que poderão ser pleiteados ulteriormente, verificados os pressupostos legais.

Súmula STF nº 305
Acordo de desquite ratificado por ambos os cônjuges não é retratável unilateralmente.

Súmula STF nº 226
Na ação de desquite, os alimentos são devidos desde a inicial e não da data da decisão que os concede.

Súmula STJ nº 197
O divórcio direto pode ser concedido sem que haja prévia partilha dos bens.

15.7. Investigação de Paternidade e Alimentos

DIREITO PROCESSUAL CIVIL. PRISÃO CIVIL DE ADVOGADO. O advogado que tenha contra si decretada prisão civil por inadimplemento de obrigação alimentícia não tem direito a ser recolhido em sala de Estado Maior ou, na sua ausência, em prisão domiciliar. A norma do inciso V do art. 7º da Lei 8.906/1994 – relativa à prisão do advogado, antes de sua condenação definitiva, em sala de Estado Maior, ou, na sua falta, no seu domicílio – restringe-se à prisão penal, de índole punitiva. O referido artigo é inaplicável à prisão civil, pois, enquanto meio executivo por coerção pessoal, sua natureza já é de prisão especial, porquanto o devedor de alimentos detido não será segregado com presos comuns. Ademais, essa coerção máxima e excepcional decorre da absoluta necessidade de o coagido cumprir, o mais brevemente possível, com a obrigação de alimentar que a lei lhe impõe, visto que seu célere adimplemento está diretamente ligado à subsistência do credor de alimentos. A relevância dos direitos relacionados à obrigação – vida e dignidade – exige que à disposição do credor se coloque meio executivo que exerça pressão séria e relevante em face do obrigado. Impõe-se evitar um evidente esvaziamento da razão de ser de meio executivo que extrai da coerção pessoal a sua força e utilidade, não se mostrando sequer razoável substituir o cumprimento da prisão civil em estabelecimento prisional pelo cumprimento em sala de Estado Maior, ou, na sua falta, em prisão domiciliar. Precedente citado: HC 181.231-RO, Terceira Turma, DJe 14/4/2011. **HC 305.805-GO, Rel. Min. Paulo de Tarso Sanseverino, julgado em 13/10/2014 (Vide Informativo nº 537). (Inform. STJ 551)**

DIREITO PROCESSUAL CIVIL E CIVIL. LIMITES DOS EFEITOS DA SENTENÇA PROFERIDA EM AÇÃO REVISIONAL DE ALIMENTOS. Os efeitos da sentença proferida em ação de revisão de alimentos – seja em caso de redução, majoração ou exoneração – retroagem à data da citação (art. 13, § 2º, da Lei 5.478/1968), ressalvada a irrepetibilidade dos valores adimplidos e a impossibilidade de compensação do excesso pago com prestações vincendas. Com efeito, os alimentos pagos presumem-se consumidos, motivo pelo qual não podem ser restituídos, tratando-se de princípio de observância obrigatória e que deve orientar e preceder a análise dos efeitos das sentenças proferidas nas ações de revisão de verbas alimentares. Ademais, convém apontar que o ajuizamento de ação pleiteando exoneração/revisão de alimentos não exime o devedor de continuar a prestá-los até o trânsito em julgado da decisão que modifica o valor da prestação alimentar ou exonerá-lo do encargo alimentar (art. 13, § 3º, da Lei 5.478/1968). Da sentença revisional/exoneratória caberá apelação com efeito suspensivo e, ainda que a referida decisão seja confirmada em segundo grau, não haverá liberação da prestação alimentar se for interposto recurso de natureza extraordinária. Durante todo o período de tramitação da ação revisional/exoneratória, salvo se concedida antecipação de tutela suspendendo o pagamento, o devedor deverá adimplir a obrigação, sob pena de prisão (art. 733 do CPC). Desse modo, pretendeu a lei conferir ao alimentado o benefício da dúvida, dando-lhe a segurança de que, enquanto não assentada, definitivamente, a impossibilidade do cumprimento da obrigação alimentar nos termos anteriormente firmados, as alegadas necessidades do credor não deixarão de ser providas. Nesse passo, transitada em julgado a sentença revisional/exoneratória, se, por qualquer motivo, não tiverem sido pagos os alimentos, a exoneração ou a redução terá efeito retroativo à citação, por força do disposto no art. 13, § 2º, da Lei 5.478/1968, não sendo cabível a execução de verba já afirmada indevida por decisão transitada em julgado. Esse "qualquer motivo" pode ser imputável ao credor, que demorou ajuizar ou dar andamento à ação de execução; ao devedor que, mesmo sujeito à possibilidade de prisão, deixou de pagar; à demora na tramitação da execução, devido ao congestionamento do Poder Judiciário; ou à concessão de liminar ou antecipação de tutela liberando provisoriamente o alimentante. Assinale-se que não foi feita ressalva à determinação expressa do § 2º do art. 13 da citada lei, segundo o qual "em qualquer caso, os alimentos fixados retroagem à data da citação". Isso porque a alteração do binômio possibilidade-necessidade não se dá na data da sentença ou do respectivo trânsito em julgado. Esse alegado desequilíbrio é a causa de pedir da ação revisional e por esse motivo a lei dispõe que o valor fixado na sentença retroagirá à data da citação. A exceção poderá dar-se caso a revisional seja julgada procedente em razão de fato superveniente ao ajuizamento da ação, reconhecido com base no art. 462 do CPC, circunstância que deverá ser levada em consideração para o efeito de definição do termo inicial dos efeitos da sentença. Nessa linha intelectiva, especialmente em atenção ao princípio da irrepetibilidade, em caso de redução da pensão alimentícia, não poderá haver compensação do excesso pago com prestações vincendas. Essa solução afasta o enriquecimento sem causa do credor dos alimentos, porque o entendimento contrário – sentença de redução ou exoneração dos alimentos produzindo efeitos somente após o seu trânsito em julgado – ensejaria a inusitada consequência de submeter o alimentante à execução das parcelas pretéritas não adimplidas (por qualquer razão), mesmo estando ele amparado por decisão judicial transitada em julgado que diminuiu ou até mesmo eliminou o encargo, desfecho que configuraria manifesta negativa de vigência aos arts. 15 da Lei 5.478/1968 e 1.699 do CC/2002 (correspondente ao art. 401 do CC/1916). Por fim, destaca-se que a jurisprudência do STF consolidou-se no sentido de ser possível a fixação de alimentos provisórios em ação de revisão, desde que circunstâncias posteriores demonstrem a alteração do binômio necessidade/possibilidade, hipótese em que o novo valor estabelecido ou a extinção da obrigação devem retroagir à data da citação (RHC 58.090-RS, Primeira Turma, DJ 10.10.1980; e RE 86.064/MG, Primeira Turma, DJ 25.5.1979). Precedentes citados: REsp 172.526-RS, Quarta Turma, DJ 15/3/1999; e REsp 967.168-SP, Terceira Turma, DJe 28/5/2008. **EREsp 1.181.119-RJ, Rel. originário Min. Luis Felipe Salomão, Rel. para acórdão Min. Maria Isabel Gallotti, julgado em 27/11/2013. (Inform. STJ 543)**

DIREITO PROCESSUAL CIVIL. LEGITIMIDADE DO MINISTÉRIO PÚBLICO PARA AJUIZAR AÇÃO DE ALIMENTOS EM PROVEITO DE CRIANÇA OU ADOLESCENTE. RECURSO REPETITIVO (ART. 543-C DO CPC E RES. 8/2008-STJ). O Ministério Público tem legitimidade ativa para ajuizar ação de alimentos em proveito de criança ou adolescente, independentemente do exercício do poder familiar dos pais, ou de o infante se encontrar nas situações de risco descritas no art. 98 do Estatuto da Criança e do Adolescente (ECA), ou de quaisquer outros questionamentos acerca da existência ou eficiência da Defensoria Pública na comarca. De fato, o art. 127 da CF traz, em seu *caput*, a identidade do MP, seu núcleo axiológico, sua vocação primeira, que é ser "instituição permanente, essencial à função jurisdicional do Estado, incumbindo-lhe a defesa da ordem jurídica, do regime democrático, dos interesses sociais e individuais indisponíveis". Ademais, nos incisos I a VIII do mesmo dispositivo, a CF indica, de forma meramente exemplificativa, as funções institucionais mínimas do MP, trazendo, no inciso IX, cláusula de abertura que permite à legislação infraconstitucional o incremento de outras atribuições, desde que compatíveis com a vocação constitucional do MP. Diante disso, já se deduz um vetor interpretativo invencível: a legislação infraconstitucional que se propuser a disciplinar funções institucionais do MP poderá apenas elastecer seu campo de atuação, mas nunca subtrair atribuições já existentes no próprio texto constitucional ou mesmo sufocar ou criar embaraços à realização de suas incumbências centrais, como a defesa dos "interesses sociais e individuais indisponíveis" (art. 127 da CF) ou do respeito "aos direitos assegurados nesta Constituição, promovendo as medidas necessárias a sua garantia" (art. 129, II, da CF). No ponto, não há dúvida de que a defesa dos interesses de crianças e adolescentes, sobretudo no que concerne à sua subsistência e integridade, insere-se nas atribuições centrais do MP, como órgão que recebeu a incumbência constitucional de defesa dos interesses individuais indisponíveis. Nesse particular, ao se examinar os principais direitos da infância e juventude (art. 227, *caput*, da CF), percebe-se haver, conforme entendimento doutrinário, duas linhas principiológicas básicas bem identificadas: de um lado, vige o princípio da absoluta prioridade desses direitos; e, de outro lado, a indisponibilidade é sua nota predominante, o que torna o MP naturalmente legitimado à sua defesa. Além disso, é da própria letra da CF que se extrai esse dever que transcende a pessoa do familiar envolvido, mostrando-se eloquente que não é só da família, mas da sociedade e do Estado, o dever de assegurar à criança e ao adolescente, "com absoluta prioridade, o direito à vida, à saúde, à alimentação" (art. 227, *caput*), donde se extrai o interesse público e indisponível envolvido em ações direcionadas à tutela de direitos de criança e adolescente, das quais a ação de alimentos é apenas um exemplo. No mesmo sentido, a CF consagra como direitos sociais a "alimentação" e "a proteção à maternidade e à infância" (art. 6º), o que reforça entendimento doutrinário segundo o qual, em se tratando de interesses indisponíveis de crianças ou adolescentes (ainda que individuais), e mesmo de interesses coletivos ou difusos relacionados com a infância e a juventude, sua defesa sempre convirá à coletividade como um todo. Além do mais, o STF (ADI 3.463, Tribunal Pleno, DJe 6/6/2012) acolheu expressamente entendimento segundo o qual norma infraconstitucional que, por força do inciso IX do art. 129 da CF, acresça atribuições ao MP local relacionadas à defesa da criança e do adolescente, é consentânea com a vocação constitucional do *Parquet*. Na mesma linha, é a jurisprudência do STJ em assegurar ao MP, dada a qualidade dos interesses envolvidos, a defesa dos direitos da criança e do adolescente, independentemente de se tratar de pessoa individualizada (AgRg no REsp 1.016.847-SC, Segunda Turma, DJe 7/10/2013; e EREsp 488.427-SP, Primeira Seção, DJe 29/9/2008). Ademais, não há como diferenciar os interesses envolvidos para que apenas alguns possam ser tutelados pela atuação do MP, atribuindo-lhe legitimidade, por exemplo, em ações que busquem tratamento médico de criança e subtraindo dele a legitimidade para ações de alimentos, haja vista que tanto o direito à saúde quanto o direito à alimentação são garantidos diretamente pela CF com prioridade absoluta (art. 227, caput), de modo que o MP detém legitimidade para buscar, identicamente, a concretização, pela via judicial, de ambos. Além disso, não haveria lógica em reconhecer ao MP legitimidade para ajuizamento de ação de investigação de paternidade cumulada com alimentos, ou mesmo a legitimidade recursal em ações nas quais intervém – como reiteradamente vem decidindo a jurisprudência do STJ (REsp 208.429-MG, Terceira Turma, DJ 1/10/2001; REsp 226.686-DF, Quarta Turma, DJ 10/4/2000) –, subtraindo-lhe essa legitimação para o ajuizamento de ação unicamente de alimentos, o que contrasta com o senso segundo o qual quem pode mais pode menos. De mais a mais, se corretamente compreendida a ideologia jurídica sobre a qual o ECA, a CF e demais diplomas internacionais foram erguidos, que é a *doutrina da proteção integral*, não se afigura acertado inferir que o art. 201, III, do ECA – segundo o qual compete ao MP promover e acompanhar as ações de alimentos e os procedimentos de suspensão e destituição do poder familiar, nomeação e remoção de tutores, curadores e guardiães, bem como oficiar em todos os demais procedimentos da competência da Justiça da Infância e da Juventude – só tenha aplicação nas hipóteses previstas no art. 98 do mesmo diploma, ou seja, quando houver violação de direitos por parte do Estado, por falta, omissão ou abuso dos pais ou em razão da conduta da criança ou adolescente, ou ainda quando não houver exercício do poder familiar. Isso porque essa solução implicaria ressurgimento do antigo paradigma superado pela *doutrina da proteção integral*, vigente durante o Código de Menores, que é a *doutrina do menor em situação irregular*. Nesse contexto, é decorrência lógica da *doutrina da proteção integral* o princípio da intervenção precoce, expressamente consagrado no art. 100, parágrafo único, VI, do ECA, tendo em vista que há que se antecipar a atuação do Estado exatamente para que o infante não caia no que o Código de Menores chamava situação irregular, como nas hipóteses de maus-tratos, violação extrema de direitos por parte dos pais e demais familiares. Além do mais, adotando-se a solução contrária, chegar-se-ia em um círculo vicioso: só se franqueia ao MP a legitimidade ativa se houver ofensa ou ameaça a direitos da criança ou do adolescente, conforme previsão do art. 98 do ECA. Ocorre que é exatamente mediante a ação manejada pelo MP que se investigaria a existência de ofensa ou ameaça a direitos. Vale dizer, sem ofensa não há ação, mas sem ação não se descortina eventual ofensa. Por fim, não se pode confundir a substituição processual do MP – em razão da qualidade dos direitos envolvidos, mediante a qual se pleiteia, em nome próprio, direito alheio –, com a representação processual da Defensoria Pública. Realmente, o fato de existir Defensoria Pública relativamente eficiente na comarca não se relaciona com a situação que, no mais das vezes, justifica a legitimidade do MP, que é a omissão dos pais ou responsáveis na satisfação dos direitos mínimos da criança e do adolescente, notadamente o direito à alimentação. É bem de ver que – diferentemente da substituição processual do MP – a assistência judiciária prestada pela Defensoria Pública não dispensa a manifestação de vontade do assistido ou de quem lhe faça as vezes, além de se restringir, mesmo no cenário da Justiça da Infância, aos necessitados, nos termos do art. 141, § 1º, do ECA. Nessas situações, o ajuizamento da ação de alimentos continua ao alvedrio dos responsáveis pela criança ou adolescente, ficando condicionado, portanto, aos inúmeros interesses rasteiros que, frequentemente, subjazem ao relacionamento desfeito dos pais. Ademais, sabe-se que, em não raras vezes, os alimentos são pleiteados com o exclusivo propósito de atingir o ex-cônjuge, na mesma frequência em que a pessoa detentora da guarda do filho se omite no ajuizamento da demanda quando ainda remanescer esperança no restabelecimento da relação. Enquanto isso, a criança aguarda a acomodação dos interesses dos pais, que nem sempre coincidem com os seus. **REsp 1.265.821-BA e REsp 1.327.471-MT**, Rel. Min. Luis Felipe Salomão, julgados em 14/5/2014. (Inform. STJ 541)

DIREITO PROCESSUAL CIVIL. RITO ADEQUADO A EXECUÇÃO DE ALIMENTOS TRANSITÓRIOS. Ainda que o valor fixado a título de alimentos transitórios supere o indispensável à garantia de uma vida digna ao alimentando, é adequada a utilização do rito previsto no art. 733 do CPC – cujo teor prevê possibilidade de prisão do devedor de alimentos – para a execução de decisão que estabeleça a obrigação em valor elevado tendo em vista a conduta do alimentante que, após a separação judicial, protela a partilha dos bens que administra, privando o alimentando da posse da parte que lhe cabe no patrimônio do casal. Inicialmente, é válido esclarecer que a obrigação de prestar alimentos transitórios – a tempo certo – é cabível, em regra, quando o alimentando é pessoa com idade, condições e formação profissional compatíveis com uma provável inserção no mercado de trabalho, necessitando dos alimentos apenas até que atinja sua autonomia financeira, momento em que se emancipará da tutela do alimentante – outrora provedor do lar –, que será então liberado da obrigação, a qual se extinguirá automaticamente. Dessa forma, tem os alimentos transitórios natureza jurídica própria, pois são estabelecidos em razão de uma causa temporária e específica. Se assim o é, porque dotados de caráter efêmero, os alimentos transitórios, ou mais precisamente, a obrigação à sua prestação, imprescindivelmente devem estar acompanhados de instrumentos suficientemente eficazes à sua consecução prática, evitando que uma necessidade específica e temporária se transfigure em uma demanda perene e duradoura ou, ainda, em um benefício que sequer o alimentando queira dele usufruir, tendo em vista seu anseio pela preservação da independência pessoal, da autossuficiência. Nesse contexto, a pretensão da pessoa que demanda pela partilha do patrimônio que lhe é devido deve ser albergada não por altruísmo ou outro sentimento de benevolência qualquer, mas sim pelo fato de ser ela também proprietária do que construiu em igualdade de forças com o ex-cônjuge. Vale lembrar que os alimentos transitórios, quando fixados, têm também função pedagógica, pois, como medida *sui generis* que é, se destinam à extinção definitiva do vínculo que ainda liga, involuntária e apenas patrimonialmente, os litigantes. Assim, deve-se concluir que, sem prejuízo do disposto na Súmula 309 do STJ ("O débito alimentar que autoriza a prisão civil do alimentante é o que compreende as três prestações anteriores ao ajuizamento da execução e as que se vencerem no curso do processo"), o rito da execução de alimentos com a possibilidade de prisão do alimentante (art. 733 do CPC) é o adequado para garantir a plena eficácia de decisão que confira, em razão de desarrazoada demora na partilha dos bens do casal litigante, alimentos transitórios. **REsp 1.362.113-MG, Rel. Min. Nancy Andrighi, julgado em 18/2/2014. (Inform. STJ 536)**

DIREITO PROCESSUAL CIVIL. PRISÃO CIVIL DE DEVEDOR DE ALIMENTOS.
Na hipótese de superveniência de sentença que fixa alimentos em quantia inferior aos provisórios, a prisão civil do devedor somente pode ser admitida diante do não pagamento do valor resultante do cômputo das prestações vencidas com base no novo valor estabelecido pela sentença. De fato, a prisão civil é medida coercitiva extrema, aplicável apenas em situações de débito de pensão alimentícia, em razão da premissa de que a liberdade do alimentante deve ser constrangida para garantir a sobrevivência do alimentando. Por isso, ao decretar a prisão civil do devedor de alimentos, devem-se considerar as peculiaridades do caso concreto, adequando-o à correta compreensão da norma jurídica. Deve-se considerar, nesse contexto, que, por ocasião do arbitramento dos alimentos provisórios, o binômio necessidade e possibilidade é examinado sumariamente, mediante análise de cognição perfunctória. Já na prolação da sentença, o referido binômio é apreciado sob um juízo cognitivo exauriente. Assim, a medida da prisão civil, por ser extrema, não se revela como a via executiva adequada (razoabilidade/proporcionalidade) para coagir o alimentante ao pagamento de um valor fixado em sede de cognição perfunctória e correspondente a montante superior ao arbitrado definitivamente em sentença, após ampla análise do conjunto probatório. Portanto, a prisão civil de devedor de alimentos, no caso de fixação pela sentença de alimentos definitivos em valor inferior aos provisórios, somente poderá ser admitida diante do não pagamento com base no novo valor estabelecido pela sentença. A diferença deve ser buscada nos termos do art. 732 do CPC. **HC 271.637-RJ, Rel. Min. Sidnei Beneti, julgado em 24/9/2013.** (Inform. STJ 531)

DIREITO PROCESSUAL CIVIL. INVESTIGAÇÃO DE PATERNIDADE. IMPOSSIBILIDADE DE FLEXIBILIZAÇÃO DA COISA JULGADA MATERIAL.
A flexibilização da coisa julgada material em investigação de paternidade não atinge as decisões judiciais fundadas no conhecimento científico da época, se este ainda for válido nos dias atuais. Quando da primeira ação de investigação de paternidade, o exame de DNA ainda não existia. Contudo, a decisão foi fundamentada na impossibilidade de o investigado e de a genitora gerarem pessoa do mesmo grupo sanguíneo do investigante. Essa verdade científica ainda hoje é válida e, por tal razão, não deve ser flexibilizada a coisa julgada da aludida investigação. Precedentes citados do STF: RE 363.889-DF, DJ 16/12/2011; do STJ: REsp 706.987-SP, DJe 10/10/2008. **AgRg no REsp 929.773-RS, Rel. Min. Maria Isabel Gallotti, julgado em 6/12/2012.** (Inform. STJ 512).

DIREITO PROCESSUAL CIVIL. INVESTIGAÇÃO DE PATERNIDADE. FLEXIBILIZAÇÃO DA COISA JULGADA MATERIAL.
É possível a flexibilização da coisa julgada material nas ações de investigação de paternidade, na situação em que o pedido foi julgado improcedente por falta de prova. Assim, configurada a exceção, não se pode impedir o ajuizamento de nova ação destinada a garantir o direito fundamental do interessado de investigar a sua ascendência genética, mediante a utilização do exame de DNA, que fornece elementos de convicção quase absolutos do vínculo de parentesco. Precedentes citados do STF: RE 363.889-DF, DJe 16/12/2011; do STJ: REsp 226.436-PR, DJ 4/2/2002, e REsp 826.698-MS, DJe 23/5/2008. **REsp 1.223.610-RS, Rel. Min. Maria Isabel Gallotti, julgado em 6/12/2012.** (Inform. STJ 512).

REVISÃO DE ALIMENTOS. EFICÁCIA RETROATIVA.
Na execução de prestação alimentícia, que segue o rito do art. 733 do CPC, em que há o risco de constrição à liberdade do alimentante, não é possível cobrar valores relativos a honorários advocatícios nem valores glosados em ação revisional de alimentos. No presente feito, a planilha de cálculo, anexa à execução, foi elaborada depois do oferecimento da ação revisional de alimentos e antes da prolação da sentença que reduziu o valor da pensão alimentícia paga ao recorrido. Portanto, deve o recorrente recalcular a dívida, reduzindo os valores aos montantes fixados na sentença revisional, que possui eficácia retroativa à data da citação. Precedentes citados: REsp 504.630-SP, DJ 10/4/2006, REsp 593.367-SP, DJ 17/5/2004, e HC 21.067-PA, DJ 21/10/2002. **HC 224.769-DF, Rel. Min. Paulo de Tarso Sanseverino, julgado em 14/2/2012.** (Inform. STJ 491)

Súmula STJ nº 358

O cancelamento de pensão alimentícia de filho que atingiu a maioridade está sujeito à decisão judicial, mediante contraditório, ainda que nos próprios autos.

Súmula STJ nº 309

O débito alimentar que autoriza a prisão civil do alimentante é o que compreende as três prestações anteriores ao ajuizamento da execução e as que se vencerem no curso do processo.(*) (*) julgando o HC 53.068-MS, na sessão de 22/03/2006, a Segunda Seção deliberou pela ALTERAÇÃO da súmula n. 309. REDAÇÃO ANTERIOR (decisão de 27/04/2005, DJ 04/05/2005): O débito alimentar que autoriza a prisão civil do alimentante é o que compreende as três prestações anteriores à citação e as que vencerem no curso do processo.

Súmula STJ nº 301

Em ação investigatória, a recusa do suposto pai a submeter-se ao exame de DNA induz presunção juris tantum de paternidade.

Súmula STJ nº 277

Julgada procedente a investigação de paternidade, os alimentos são devidos a partir da citação.

Súmula STJ nº 1

O foro do domicilio ou da residência do alimentando é o Competente para a ação de investigação de paternidade, quando cumulada com a de alimentos.

15.8. Usucapião

Súmula STF nº 391

O confinante certo deve ser citado, pessoalmente, para a ação de usucapião.

Súmula STF nº 263

O possuidor deve ser citado pessoalmente para a ação de usucapião.

Súmula STF nº 237

A usucapião pode ser arguida em defesa.

Súmula STJ nº 11

A presença da União ou de qualquer de seus entes, na ação de usucapião especial, não afasta a competência do foro da situação do imóvel.

15.9. Outras ações de procedimento especial

DIREITO PROCESSUAL CIVIL. CABIMENTO DE AÇÃO DE NUNCIAÇÃO DE OBRA NOVA MOVIDA POR CONDOMÍNIO CONTRA CONDÔMINO.
O condomínio tem legitimidade ativa para ajuizar contra o condômino ação de nunciação de obra nova com pedidos de paralisação e de demolição de construção irregular erguida pelo condômino em área comum para transformar seu apartamento, localizado no último andar do edifício, em um apartamento com cobertura, sem o consentimento expresso e formal de todos os proprietários do condomínio, nem licença da Prefeitura Municipal, causando danos à estética do prédio e colocando em perigo as suas fundações. Inicialmente, embora o art. 934 do CPC não inclua o condomínio entre os legitimados para ajuizar ação de nunciação de obra nova contra condôminos, deve-se interpretá-lo de forma teleológica, considerando o evidente interesse do condomínio de buscar as medidas possíveis em defesa dos interesses da coletividade que representa, de modo que o condomínio é parte legítima para figurar no polo ativo da demanda. Deve-se ressaltar, ademais, que não é adequado defender o descabimento da ação de nunciação de obra nova na hipótese sob o argumento de que a demanda teria caráter possessório – diante da invasão pelo condômino construtor de área comum do condomínio –, e não de direito de vizinhança, tendo em vista a existência, nesse tipo de demanda, de fundamentos estritamente ligados a direito de vizinhança, já que se trata de caso em que os pedidos também se fundamentam no fato de a obra colocar em perigo a estrutura do prédio como um todo. **REsp 1.374.456-MG, Rel. Min. Sidnei Beneti, julgado em 10/9/2013.** (Inform. STJ 531)

DIREITO PROCESSUAL CIVIL. INEXISTÊNCIA DE LITISCONSÓRCIO PASSIVO NECESSÁRIO NO ÂMBITO DE AÇÃO DE NUNCIAÇÃO DE OBRA NOVA.
No âmbito de ação de nunciação de obra nova movida por condomínio contra condômino objetivando a paralisação e a demolição de construção irregular erguida pelo condômino em área comum para transformar seu apartamento, localizado no último andar do edifício, em um apartamento com cobertura, não há litisconsórcio passivo necessário com os condôminos proprietários dos demais apartamentos localizados no último andar do edifício. Isso porque a situação em apreço não se enquadra nas hipóteses previstas no art. 47 do CPC, considerando o fato de que o litígio não exige solução uniforme em relação aos demais condôminos ocupantes do último andar do edifício. **REsp 1.374.456-MG, Rel. Min. Sidnei Beneti, julgado em 10/9/2013.** (Inform. STJ 531)

DIREITO PROCESSUAL CIVIL. LEGITIMIDADE PARA O AJUIZAMENTO DA MEDIDA DE BUSCA E APREENSÃO DO ART. 3º DO DECRETO-LEI 911/1969.
Na hipótese em que o contrato de alienação fiduciária em garantia tenha sido celebrado na vigência do CC/2002 e da Lei 10.931⁄2004, falta legitimidade, para propor a medida de busca e apreensão prevista no art. 3º do Decreto-lei 911/1969, à entidade que não seja instituição financeira ou à pessoa jurídica de direito público titular de créditos fiscais e previdenciários. Isso porque, de acordo com o art. 8º-A do referido decreto, incluído pela Lei 10.931/2004, aquele procedimento somente é aplicável quando se tratar de operações do mercado financeiro e de capitais ou de garantia de débitos fiscais ou previdenciários. Deve-se destacar, ainda, que a medida de busca e apreensão prevista no Decreto-lei 911/1969 constitui processo autônomo, de caráter satisfativo e de cognição sumária, que ostenta rito célere e específico. Trata-se, pois, de medida que objetiva conferir maiores garantias aos credores, estimulando o crédito e fortalecendo o mercado produtivo, inaplicável na situação em análise. **REsp 1.101.375-RS, Rel. Min. Luis Felipe Salomão, julgado em 4/6/2013.** (Inform. STJ 526)

DIREITO PROCESSUAL CIVIL. INTERESSE DE AGIR PARA O AJUIZAMENTO DE AÇÃO DE PRESTAÇÃO DE CONTAS EM FACE DE ENTIDADE DE PREVIDÊNCIA PRIVADA.
O participante de entidade de previdência privada tem interesse em demandar a respectiva entidade em ação de prestação de contas para esclarecimentos sobre as importâncias vertidas ao fundo por ela administrado, ainda que ele não tenha esgotado a via administrava e mesmo que sejam cumpridas pela entidade as exigências legais de divulgação anual das informações pertinentes ao plano por ela administrado. Com efeito, mesmo com a divulgação anual das informações referentes ao plano de benefícios – conforme determinam os arts. 22 a 24 da LC 109/2001 –, não afasta o interesse de participante da entidade em postular judicialmente, na forma individualizada, a prestação de contas. Além disso, o esgotamento da via administrativa não é condição para o surgimento do interesse em ajuizar a referida ação de prestação de contas. Precedentes citados: AgRg no Ag 1.163.447-DF, Quarta Turma, DJe 17/12/2010; e AgRg no REsp 888.090-DF, Terceira Turma, DJe 7/6/2010. **AgRg no AREsp 150.390-SP, Rel. Min. Luis Felipe Salomão, julgado em 9/4/2013.** (Inform. STJ 522)

DIREITO PROCESSUAL CIVIL. PRESTAÇÃO DE CONTAS REALIZADA POR ENTIDADE DE PREVIDÊNCIA PRIVADA DE FORMA DIVERSA DA MERCANTIL.
O magistrado não pode desconsiderar a prestação de contas realizada por entidade de previdência privada, ainda que de forma diversa da mercantil, na hipótese em que as contas tenham sido apresentadas de maneira clara e inteligível. Com efeito, o magistrado deve verificar se as contas apresentadas atingem as finalidades do processo e, em caso positivo, afastar o rigor da norma inserida no art. 917 do CPC, pois o escopo da referida norma é apenas a indicação pormenorizada dos débitos e créditos, das receitas e despesas, a fim de permitir aos autores a exata compreensão da forma como se chegou ao resultado apresentado. Precedentes citados: AREsp 11.904-DF, Terceira Turma, DJe 17/2/2012; e REsp 1.171.676-DF, Terceira Turma, DJe 19/3/2012. **AgRg no AREsp 150.390-SP, Rel. Min. Luis Felipe Salomão, julgado em 9/4/2013.** (Inform. STJ 522)

DIREITO PROCESSUAL CIVIL. NÃO CONFIGURAÇÃO DE LITISCONSÓRCIO PASSIVO NECESSÁRIO NO CASO DE AÇÃO EM QUE SE OBJETIVE A RESTITUIÇÃO DE PARCELAS PAGAS A PLANO DE PREVIDÊNCIA PRIVADA.
Na ação em que se objetive a restituição de parcelas pagas a plano de previdência privada, não há litisconsórcio passivo necessário entre a entidade administradora e os participantes, beneficiários ou patrocinadores do plano. Com efeito, no caso em que existam diversos titulares de direitos que derivem do mesmo título ou do mesmo fato jurídico e que estejam em jogo direitos patrimoniais, cabendo a cada titular uma parcela do todo divisível, será, em regra, eficaz o provimento concedido a algum deles, mesmo sem a presença dos demais. Isso porque a própria lei confere caráter de excepcionalidade ao litisconsórcio necessário, impondo-o apenas nas hipóteses previstas em lei ou pela natureza da relação jurídica (art. 47 do CPC). Sendo assim, como não se trata de hipótese em que o litisconsórcio necessário seja imposto por lei, tampouco se cuida de uma única relação jurídica indivisível, não há como falar, nesses casos, na configuração de litisconsórcio passivo necessário. **REsp 1.104.377-SP, Rel. Min. Luis Felipe Salomão, julgado em 18/4/2013.** (Inform. STJ 522)

Súmula STJ nº 389

A comprovação do pagamento do "custo do serviço" referente ao fornecimento de certidão de assentamentos constantes dos livros da companhia é requisito de procedibilidade da ação de exibição de documentos ajuizada em face da sociedade anônima.

Súmula STJ nº 372
Na ação de exibição de documentos, não cabe a aplicação de multa cominatória.

Súmula STJ nº 322
Para a repetição de indébito, nos contratos de abertura de crédito em conta-corrente, não se exige a prova do erro.

Súmula STJ nº 268
O fiador que não integrou a relação processual na ação de despejo não responde pela execução do julgado.

Súmula STJ nº 259
A ação de prestação de contas pode ser proposta pelo titular de conta-corrente bancária.

Súmula STJ nº 242
Cabe ação declaratória para reconhecimento de tempo de serviço para fins previdenciários.

16. JUIZADO ESPECIAL

AG. REG. NO AI. N. 857.811-PR
RELATOR: MIN. RICARDO LEWANDOWSKI
AGRAVO REGIMENTAL NO AGRAVO DE INSTRUMENTO. PROCESSO CIVIL. JUIZADOS ESPECIAIS. LEI 9.099/1995. MANDADO DE SEGURANÇA CONTRA DECISÃO INTERLOCUTÓRIA. NÃO CABIMENTO. AGRAVO IMPROVIDO.
I - O Plenário do Supremo Tribunal Federal, no julgamento do RE 576.847-RG/BA, Rel. Min. Eros Grau, concluiu pelo não cabimento de mandado de segurança contra decisões interlocutórias proferidas no âmbito dos Juizados Especiais. Precedentes.
II - Agravo regimental improvido. (Inform. STF 704)

Juizados Especiais Federais e intimação pessoal - 1
A regra prevista no art. 17 da Lei 10.910/2004 ("Nos processos em que atuem em razão das atribuições de seus cargos, os ocupantes dos cargos das carreiras de Procurador Federal e de Procurador do Banco Central do Brasil serão intimados e notificados pessoalmente") não se aplica a procuradores federais que atuam no âmbito dos Juizados Especiais Federais. Essa a conclusão do Plenário, que negou provimento, por maioria, a recurso extraordinário com agravo em que discutida a aplicabilidade do disposto no Enunciado 39 das Turmas Recursais ("A obrigatoriedade de intimação pessoal dos ocupantes de cargo de Procurador Federal, prevista no art. 17 da Lei 10.910/2004, não é aplicável ao rito dos Juizados Especiais Federais"), em face do art. 5º, LIV e LV, da CF. Preliminarmente, ao se deliberar acerca de questão suscitada pelo Min. Teori Zavascki, reconheceu-se, por decisão majoritária, a existência de matéria constitucional com repercussão geral a ser decidida. No ponto, o Min. Luiz Fux, relator, destacou a importância do tema para o Poder Público. Além disso, registrou que a repercussão geral da questão constitucional suscitada teria passado pelo crivo do Plenário Virtual. Consignou, ainda, que o requisito do prequestionamento estaria satisfeito, pois a parte teria ventilado o tema, embora o tribunal a quo houvesse sido omisso no julgamento dos embargos de declaração onde aventada a controvérsia. Ademais, reputou que, nos termos do art. 543-A, § 7º, do CPC, não seria possível revisitar o assunto sem impugnação pela via recursal, pois a existência de repercussão geral valeria como acórdão. No ponto, o Min. Ricardo Lewandowski asseverou que, reconhecida a repercussão geral, a matéria estaria preclusa. O Min. Dias Toffoli, embora reconhecesse a repercussão geral no caso, sublinhou que o tema não estaria sujeito a preclusão, pois o julgamento seria unitário. Vencidos os Ministros Teori Zavascki, Rosa Weber e Marco Aurélio, que entendiam cuidar-se de matéria infraconstitucional. O Min. Teori Zavascki apontava precedentes da Corte no sentido de que a discussão não alcançaria os preceitos constitucionais suscitados a partir do cotejo com a lei em comento. Ademais, não teria havido prequestionamento. O Min. Marco Aurélio, ao acompanhar essa orientação, alertava para o barateamento do instituto da repercussão geral.
ARE 648629/RJ, rel. Min. Luiz Fux, 24.4.2013. (ARE-648629)

Juizados Especiais Federais e intimação pessoal - 2
Em seguida, decidiu-se, por maioria — ao se resolver questão suscitada pelo Min. Ricardo Lewandowski — no sentido da conversão do recurso extraordinário com agravo em recurso extraordinário, para julgamento imediato do tema de fundo. O suscitante lembrou que houvera manifestação da parte quanto ao mérito e a análise da matéria controvertida já se teria iniciado. Vencido o Min. Marco Aurélio, que aduzia haver decisão a implicar a negativa de sequência do extraordinário, razão pela qual interposto o agravo. Enquanto não afastada esta decisão, não haveria como julgar o extraordinário. Ponderava ser necessário chamar o processo à ordem para que o Relator decidisse o agravo.
ARE 648629/RJ, rel. Min. Luiz Fux, 24.4.2013. (ARE-648629)

Juizados Especiais Federais e intimação pessoal - 3
No mérito, prevaleceu o voto do Relator. Ressurtiu que a inaplicabilidade da lei em comento no âmbito dos Juizados Especiais Federais não significaria desigualdade em relação a outros procuradores representantes do Poder Público, pois o diploma estaria imbricado nas cláusulas consectárias do devido processo legal. Destacou que o art. 17 da Lei 10.910/2004 teria caráter de lex generalis, a prever a intimação em todos os processos de procuradores federais e de advogados do Banco Central. Consignou que os Juizados Especiais teriam por escopo o acesso à justiça dos menos favorecidos, a celeridade e a simplicidade. Lembrou que, por essa razão, os Juizados estariam abarrotados de processos, o que estaria a ameaçar justamente estes valores. Dessumiu que não seria o caso de criar prerrogativa em lei que objetivasse favorecer a parte adversa ao Poder Público — visto que as causas nos Juizados Especiais Federais tratariam, predominantemente, de direito previdenciário, portanto de particulares contra a União. Apontou que, de maneira geral, não seria comum o Poder Público perder prazos nessas hipóteses, e registrou a participação efetiva da União nas causas em comento. Por outro lado, surgiriam problemas se houvesse burocratização dos juizados, voltados à oralidade e à agilidade na solução de conflitos. O Min. Teori Zavascki frisou que a ausência de intimação pessoal não ofenderia os princípios constitucionais especificamente articulados no recurso, mas registrou que a existência dessa prerrogativa seria compatível com a Constituição e com o art. 8º da Lei 10.259/2001 ["Art. 8º As partes serão intimadas da sentença, quando não proferida esta na audiência em que estiver presente seu representante, por ARMP (aviso de recebimento em mão própria). § 1º As demais intimações das partes serão feitas na pessoa dos advogados ou dos Procuradores que oficiem nos respectivos autos, pessoalmente ou por via postal"]. O Min. Gilmar Mendes observou que a questão perderia importância gradativamente, com o aumento da informatização dos processos. Além disso, os fatos demonstrariam que a advocacia pública atuaria em igualdade com a advocacia privada. O Min. Marco Aurélio trouxe a lume precedente da Corte em que, no âmbito de Juizado Especial Criminal — portanto em jogo a liberdade de locomoção —, a Corte decidira pela inaplicabilidade da regra de intimação pessoal (HC 76915/RS, DJU de 27.4.2001). Vencido o Min. Dias Toffoli, que provia o extraordinário. Asseverava que a Fazenda Pública teria direito a prazo em dobro. Reputava que a lei não faria distinção quanto a juizado especial ou justiça comum, no tocante à intimação pessoal de procurador federal. Entendia pela ofensa aos princípios constitucionais citados.
ARE 648629/RJ, rel. Min. Luiz Fux, 24.4.2013. (ARE-648629) (Inform. STF 703)

DIREITO PROCESSUAL CIVIL. JUIZADOS ESPECIAIS FEDERAIS CÍVEIS. VALOR DA CAUSA PARA FINS DE COMPETÊNCIA. DIVISÃO DO MONTANTE TOTAL PELO NÚMERO DE LITISCONSORTES.
O valor da causa para fins de fixação da competência nos juizados especiais federais, na hipótese de existência de litisconsórcio ativo, deve ser calculado dividindo-se o montante pelo número de autores. Dessa forma, se as parcelas percebidas e as supostamente devidas a cada um dos litisconsortes for inferior a sessenta salários mínimos, prevalece a competência absoluta do Juizado Especial Federal Cível para o julgamento da lide (art. 3º da Lei n. 10.259/2001). Precedentes citados: **AgRg no REsp 1209914/PB, DJe 14/2/2011; AgRg no CC 104714/PR, DJe 28/8/2009. REsp 1.257.935-PB, Rel. Min. Eliana Calmon, julgado em 18/10/2012.** (Inform. STJ 507)

Súmula STJ nº 376
Compete a turma recursal processar e julgar o mandado de segurança contra ato de juizado especial.

Súmula STJ nº 203
Não cabe recurso especial contra decisão proferida por órgão de segundo grau dos juizados especiais. (*) julgando o AgRg no Ag 400.076-BA, na sessão de 23/05/02, a corte especial deliberou pela alteração da súmula n. 203. A redação anterior era a seguinte (decisão de 04/02/1998, DJ 12/02/1998): Não cabe recurso especial contra decisão proferida, nos limites de sua competência, por órgão de segundo grau dos juizados especiais.

17. MANDADO DE SEGURANÇA

AG. REG. NO RE N. 550.258-SP
RELATOR: MIN. DIAS TOFFOLI
EMENTA: Agravo regimental no recurso extraordinário. Mandado de segurança. Desistência a qualquer tempo. Possibilidade.
1. A matéria teve sua repercussão geral reconhecida no RE nº 669.367, de relatoria do Ministro **Luiz Fux**, com julgamento do mérito em 2/5/13. Na assentada, o Tribunal reafirmou a assente jurisprudência da Corte de que é possível desistir-se do mandado de segurança após a sentença de mérito, ainda que seja favorável ao impetrante, sem anuência do impetrado.
2. Agravo regimental não provido. (Inform. STF 717)

Mandado de segurança e desistência
O impetrante pode desistir de mandado de segurança a qualquer tempo, ainda que proferida decisão de mérito a ele favorável, e sem anuência da parte contrária. Com base nessa orientação, o Plenário, por maioria, deu provimento a recurso extraordinário. Asseverou-se que o mandado de segurança, enquanto ação constitucional, com base em alegado direito líquido e certo frente a ato ilegal ou abusivo de autoridade, não se revestiria de lide, em sentido material. Pontuou-se não se aplicar, ao mandado de segurança, a condição disposta na parte final do art. 267, § 4º, do CPC ("Art. 267. Extingue-se o processo, sem resolução de mérito: ... § 4º Depois de decorrido o prazo para a resposta, o autor não poderá, sem o consentimento do réu, desistir da ação"). De igual forma, não incidiria o art. 269, V, do CPC ("Art. 269. Haverá resolução de mérito: ... V - quando o autor renunciar ao direito sobre que se funda a ação"). Destacou-se a viabilidade de o direito ser discutido nas vias ordinárias desde que não houvesse trânsito em julgado da decisão. Eventual má-fé do impetrante que desistisse seria coibida com instrumental próprio. Vencidos os Ministros Luiz Fux, relator, e Marco Aurélio, que negavam provimento ao extraordinário. Obtemperavam não ser razoável que se pudesse assentar a possibilidade de a parte desistir do mandado de segurança, como regra geral, e disso obter benefícios contra o Poder Público. Aduziam que, após a sentença de mérito, poder-se-ia apenas renunciar ao direito em que se fundaria a ação.
RE 669367/RJ, rel. orig. Min. Luiz Fux, red. p/ o acórdão Min. Rosa Weber, 2.5.2013. (RE-669367) (Inform. STF 704)

MS e habilitação de herdeiros
Não cabe a habilitação de herdeiros em mandado de segurança, quando houver falecimento do impetrante. Com base nessa orientação, a 1ª Turma negou provimento a agravo regimental, interposto de decisão monocrática do Min. Dias Toffoli, que julgara extinto, sem julgamento de mérito, processo do qual relator. Reconheceu-se, entretanto, a possibilidade dos herdeiros de buscar seus direitos pelas vias ordinárias. **RMS 26806 AgR/DF, rel. Min. Dias Toffoli, 22.5.2012.** (RMS-26806) (Inform. STF 667)

DIREITO PROCESSUAL CIVIL. INDICAÇÃO EQUIVOCADA DA AUTORIDADE COATORA EM INICIAL DE MS. Nos casos de equívoco facilmente perceptível na indicação da autoridade coatora, o juiz competente para julgar o mandado de segurança pode autorizar a emenda da petição inicial ou determinar a notificação, para prestar informações, da autoridade adequada – aquela de fato responsável pelo ato impugnado –, desde que seja possível identificá-la pela simples leitura da petição inicial e exame da documentação anexada. De fato, nem sempre é fácil para o impetrante identificar a autoridade responsável pela concretização do ato que entende violador de seu direito líquido e certo. A nova Lei do Mandado de Segurança (Lei 12.016/2009), entretanto, trouxe importante dispositivo em seu art. 6º, § 3º, que muito contribuiu para a solução do problema, permitindo ao julgador, pela análise do ato impugnado na exordial, identificar corretamente o impetrado, não ficando restrito à eventual literalidade de equivocada indicação. Precedente citado: AgRg no RMS 32.184-PI, Segunda Turma, Dje 29/5/2012. **RMS 45.495-SP, Rel. Min. Raul Araújo, julgado em 26/8/2014.** (Inform. STJ 551)

DIREITO PROCESSUAL CIVIL. EMENDA À PETIÇÃO DE MANDADO DE SEGURANÇA PARA RETIFICAÇÃO DA AUTORIDADE COATORA.
Deve ser admitida a emenda à petição inicial para corrigir equívoco na indicação da autoridade coatora em mandado de segurança, desde que a retificação do polo passivo não implique alteração de competência judiciária e desde que a autoridade erroneamente indicada pertença à mesma pessoa jurídica da autoridade de fato coatora. Precedentes citados: AgRg no REsp 1.222.348-BA, Primeira Turma, DJe 23/9/2011; e AgRg no RMS 35.638/MA, Segunda Turma, DJe 24/4/2012. **AgRg no AREsp 368.159-PE, Rel. Min. Humberto Martins, julgado em 1º/10/2013.** (Inform. STJ 529)

DIREITO PROCESSUAL CIVIL. SUCESSÃO PROCESSUAL EM MANDADO DE SEGURANÇA.
Não é possível a sucessão de partes em processo de mandado de segurança. Isso porque o direito líquido e certo postulado no mandado de segurança tem caráter personalíssimo e intransferível. Precedentes citados: MS 17.372-DF, Primeira Seção, DJe 8/11/2011; REsp 703.594-MG, Segunda Turma, DJ 19/12/2005; e AgRg no RMS 14.732-SC, Sexta Turma, DJ 17/4/2006. **EDcl no MS 11.581-DF, Rel. Min. Og Fernandes, julgado em 26/6/2013.** (Inform. STJ 528)

DIREITO PROCESSUAL CIVIL. MANDADO DE SEGURANÇA PARA IMPUGNAR ATO JUDICIAL QUE TENHA DETERMINADO A CONVERSÃO DE AGRAVO DE INSTRUMENTO EM AGRAVO RETIDO.
É cabível mandado de segurança para impugnar decisão que tenha determinado a conversão de agravo de instrumento em agravo retido. Isso porque, nessa hipótese, não

há previsão de recurso próprio apto a fazer valer o direito da parte ao imediato processamento de seu agravo. Precedentes citados: AgRg nos EDcl no RMS 37.212-TO, Segunda Turma, DJe 30/10/2012; e RMS 26.733-MG, Terceira Turma, DJe 12/5/2009. **RMS 30.269-RJ, Rel. Min. Raul Araújo, julgado em 11/6/2013.** (Inform. STJ 526)

DIREITO PROCESSUAL CIVIL. UTILIZAÇÃO DE MANDADO DE SEGURANÇA PARA CONTROLE DA COMPETÊNCIA DOS JUIZADOS ESPECIAIS.
É cabível mandado de segurança, a ser impetrado no Tribunal de Justiça, a fim de que seja reconhecida, em razão da complexidade da causa, a incompetência absoluta dos juizados especiais para o julgamento do feito, ainda que no processo já exista decisão definitiva de Turma Recursal da qual não caiba mais recurso. Inicialmente, observe-se que, em situações como essa, o controle por meio da ação mandamental interposta dentro do prazo decadencial de cento e vinte dias não interfere na autonomia dos Juizados, uma vez que o mérito da demanda não será decidido pelo Tribunal de Justiça. Ademais, é necessário estabelecer um mecanismo de controle da competência dos Juizados, sob pena de lhes conferir um poder desproporcional: o de decidir, em caráter definitivo, inclusive as causas para as quais são absolutamente incompetentes, nos termos da lei civil. Dessa forma, sendo o juízo absolutamente incompetente em razão da matéria, a decisão é, nesse caso, inexistente ou nula, não havendo, tecnicamente, que falar em trânsito em julgado. **RMS 39.041-DF, Rel. Min. Raul Araújo, julgado em 7/5/2013.** (Inform. STJ 524)

DIREITO PROCESSUAL CIVIL. PRAZO DECADENCIAL PARA A IMPETRAÇÃO DE MANDADO DE SEGURANÇA.
Renova-se mês a mês o prazo decadencial para a impetração de mandado de segurança no qual se contesta o pagamento de pensão feito pela Administração em valor inferior ao devido. De acordo com a jurisprudência do STJ, cuidando-se de conduta omissiva ilegal da Administração, que envolve obrigação de trato sucessivo, o prazo decadencial estabelecido pela Lei do Mandado de Segurança se renova de forma continuada. **AgRg no AREsp 243.070-CE, Rel. Min. Humberto Martins, julgado em 7/2/2013.** (Inform. STJ 517).

DIREITO PROCESSUAL CIVIL. INOCORRÊNCIA DE PERDA DO OBJETO DE MANDADO DE SEGURANÇA EM RAZÃO DO ENCERRAMENTO DO CERTAME, DO TÉRMINO DO CURSO DE FORMAÇÃO OU DA HOMOLOGAÇÃO DO RESULTADO FINAL DO CONCURSO IMPUGNADO.
O encerramento do certame, o término do curso de formação ou a homologação do resultado final do concurso público não acarretam perda do objeto de mandado de segurança impetrado em face de suposta ilegalidade ou abuso de poder praticados durante uma de suas etapas. Com efeito, entender como prejudicado o pedido nessas situações seria assegurar indevida perpetuação da eventual ilegalidade ou do possível abuso praticado. **RMS 28.400-BA, Rel. Min. Sebastião Reis Júnior, julgado em 19/2/2013.** (Inform. STJ 515).

DIREITO PROCESSUAL CIVIL. MANDADO DE SEGURANÇA. ILEGITIMIDADE DA AUTORIDADE COATORA. AGENTE DE RETENÇÃO DE TRIBUTOS.
Não tem legitimidade o Procurador-Geral de Justiça do MPDFT para figurar no polo passivo de MS impetrado por procuradora de justiça do respectivo órgão com o intuito de obter a declaração da ilegalidade da incidência de imposto de renda e de contribuição social no pagamento de parcelas referentes à conversão em pecúnia de licença-prêmio não usufruída. Para fins de mandado de segurança, autoridade coatora é aquela que pratica, ordena ou omite a prática do ato impugnado e tem o dever funcional de responder pelo seu fiel cumprimento, além de dispor da competência para corrigir eventual ilegalidade. No caso, os referidos tributos são instituídos pela União, e não pertence ao DF o produto da arrecadação do IRPF e da contribuição para o Plano de Seguridade Social do Servidor incidente sobre os rendimentos pagos pela União aos membros do MPDFT, conforme estabelecido nos arts. 21, XIII, 40, 149, 153 e 157 da CF. O Procurador-Geral de Justiça do MPDFT, ao determinar o desconto relativo ao imposto de renda e à contribuição social no pagamento de parcelas referentes à conversão em pecúnia de licença-prêmio, atua como mero responsável tributário pela retenção dos tributos sobre os rendimentos pagos pela União; não detém, portanto, legitimidade para figurar no polo passivo do respectivo mandado de segurança. O delegado da Receita Federal do Brasil no Distrito Federal seria o legitimado para figurar no polo passivo do presente writ, conforme o disposto no art. 243 do Regimento Interno da Secretaria da Receita Federal do Brasil, aprovado pela Portaria do Ministério da Fazenda n. 95/2007. Precedentes citados: AgRg no Ag 1.425.805-DF, DJe 8/8/2012, e AgRg no REsp 1.134.972-SP, DJe 31/5/2010. **AgRg no AREsp 242.466-MG, Rel. Min. Castro Meira, julgado em 27/11/2012.** (Inform. STJ 512).

DIREITO PROCESSUAL CIVIL. MANDADO DE SEGURANÇA. POSSIBILIDADE DE DECLARAÇÃO INCIDENTAL DE INCONSTITUCIONALIDADE POR VIA DIFUSA.
É possível declarar incidentalmente a inconstitucionalidade de lei ou ato normativo do Poder Público na via do mandado de segurança, vedando-se a utilização desse remédio constitucional tão somente em face de lei em tese ou na hipótese em que a causa de pedir seja abstrata, divorciada de qualquer elemento fático e concreto que justifique a impetração. Precedentes citados: **AgRg no REsp 1.301.163-SP, DJe 14/8/2012, e REsp 743.178-BA, DJ 11/9/2007. RMS 31.707-MT, Rel. Min. Diva Malerbi (Desembargadora convocada do TRF da 3ª Região), julgado em 13/11/2012.** (Inform. STJ 509)

DIREITO PROCESSUAL CIVIL. COMPETÊNCIA. MANDADO DE SEGURANÇA CONTRA PRESIDENTE DE SUBSEÇÃO DA OAB.
Compete à Justiça Federal processar e julgar mandado de segurança impetrado contra presidente de subseção da OAB. A definição da competência para o mandado de segurança dá-se, em regra, pela natureza da autoridade coatora. Há situações, contudo, em que a autoridade apontada como coatora exerce suas funções em entidades que ou são de direito privado, ou não integram os quadros da Administração Pública direta ou indireta. No caso da OAB, o STF entende que se trata de um serviço público independente, categoria única no elenco das personalidades jurídicas existentes no direito brasileiro. Assim, a competência para o *mandamus* deve ser fixada adotando-se como parâmetro a origem da função que foi delegada. No caso, as funções atribuídas à OAB pelo art. 44 da Lei n. 8.906/1994 são de natureza federal, fato que atrai a competência da Justiça Federal. Precedentes citados: **CC 122.713-SP, DJe 14/8/2012, e EREsp 235.723-SP, DJ 16/8/2004. AgRg no REsp 1.255.052-AP, Rel. Min. Humberto Martins, julgado em 6/11/2012.** (Inform. STJ 508)

DIREITO PROCESSUAL CIVIL. MANDADO DE SEGURANÇA. LEGITIMIDADE ATIVA. CUMPRIMENTO DE SENTENÇA ARBITRAL.
A câmara arbitral ou o próprio árbitro não têm legitimidade ativa para impetrar MS com o objetivo de dar cumprimento à sentença arbitral em que reconhecido ao trabalhador despedido sem justa causa o direito de levantar o saldo da conta vinculada do FGTS. Nos termos do disposto no art. 6º do CPC, somente é permitido pleitear, em nome próprio, direito de outrem nos casos previstos em lei. Assim, cabe a cada um dos trabalhadores submetidos ao procedimento arbitral insurgir-se contra o ato que recusou a liberação do levantamento do FGTS assegurada na via arbitral. Precedente citado: **AgRg no REsp 1.059.988-SP, DJe 24/9/2009. REsp 1.290.811-RJ, Rel. Min. Eliana Calmon, julgado em 18/10/2012.** (Inform. STJ 507)

DIREITO PROCESSUAL CIVIL. MANDADO DE SEGURANÇA. DESISTÊNCIA ANTES DE PROFERIDA A SENTENÇA.
A desistência do mandado de segurança pode ser requerida a qualquer tempo, desde que em momento anterior à prolação da sentença de mérito. Precedentes: **AgRg no REsp 1.098.273-MS, DJe 4/11/2011; AgRg no AgRg no REsp 928.453-RJ, DJe 14/6/2011, e AgRg no REsp 889.975-PE, DJe de 8/6/2009. REsp 1.296.778-GO, Rel. Min. Mauro Campbell Marques, julgado em 16/10/2012.** (Inform. STJ 507)

DIREITO PROCESSUAL CIVIL. MANDADO DE SEGURANÇA. RESULTADO EM EXAME PSICOTÉCNICO. DECADÊNCIA. TERMO A QUO.
O termo inicial do prazo decadencial para a impetração do mandado de segurança que se insurge contra resultado obtido em exame psicotécnico é a data da publicação do ato administrativo que determina a eliminação do candidato, não a data da publicação do edital do certame. Precedentes citados: **AgRg no AREsp 27.904-PI, DJe 30/4/2012; AgRg no RMS 28.581-CE, DJe 18/4/2012; AgRg no RMS 37.063-MS, DJe 3/4/2012; AgRg no Ag 1.108.357-SE, DJe 27/2/2012; RMS 35.192-PE, DJe 10/11/2011, e AgRg no REsp 1.269.416-MS, DJe 17/10/2011. AgRg no AREsp 202.442-RO, Rel. Min. Mauro Campbell Marques, julgado em 9/10/2012.** (Inform. STJ 506)

DIREITO PROCESSUAL CIVIL. RECURSO ORDINÁRIO EM MANDADO DE SEGURANÇA. EXIGÊNCIA DE DECISÃO COLEGIADA.
Não é cabível a interposição de recurso ordinário em face de decisão monocrática do relator no tribunal de origem que julgou extinto o mandado de segurança. A hipótese de interposição do recurso ordinário constitucional (art. 105, II, b, da CF) é clara, dirigindo-se contra os mandados de segurança decididos em única instância pelos tribunais regionais federais ou pelos tribunais dos estados, do Distrito Federal e Territórios, quando denegatória a decisão. Decisão de "tribunal" não é a monocrática exarada por um dos desembargadores, mas acórdão de um de seus órgãos fracionários. Embora se admita a utilização do recurso ordinário se o mandado de segurança for extinto sem exame do mérito, em se tratando de decisão monocrática, faz-se necessária a prévia interposição de agravo regimental sob pena de ofensa ao princípio da colegialidade. Precedente citado do STF: **RMS 30.870-BA, DJe 3/9/2012. AgRg na MC 19.774-SP, Rel. Min. Paulo de Tarso Sanseverino, julgado em 2/10/2012.** (Inform. STJ 505)

Súmula STF nº 632
É constitucional Lei que fixa o prazo de decadência para a impetração de mandado de segurança.

Súmula STF nº 631
Extingue-se o processo de mandado de segurança se o impetrante não promove, no prazo assinado, a citação do litisconsorte passivo necessário.

Súmula STF nº 630
A entidade de classe tem legitimação para o mandado de segurança ainda quando a pretensão veiculada interesse apenas a uma parte da respectiva categoria.

Súmula STF nº 629
A impetração de mandado de segurança coletivo por entidade de classe em favor dos associados independe da autorização destes.

Súmula STF nº 627
No mandado de segurança contra a nomeação de magistrado da competência do presidente da república, este é considerado autoridade coatora, ainda que o fundamento da impetração seja nulidade ocorrida em fase anterior do procedimento.

Súmula STF nº 626
A suspensão da liminar em mandado de segurança, salvo determinação em contrário da decisão que a deferir, vigorará até o trânsito em julgado da decisão definitiva de concessão da segurança ou, havendo recurso, até a sua manutenção pelo Supremo Tribunal Federal, desde que o objeto da liminar deferida coincida, total ou parcialmente, com o da impetração.

Súmula STF nº 625
Controvérsia sobre matéria de direito não impede concessão de mandado de segurança.

Súmula STF nº 624
Não compete ao Supremo Tribunal Federal conhecer originariamente de mandado de segurança contra atos de outros tribunais.

Súmula STF nº 623
Não gera por si só a competência originária do Supremo Tribunal Federal para conhecer do mandado de segurança com base no art. 102, i, "n", da Constituição, dirigir-se o pedido contra deliberação administrativa do tribunal de origem, da qual haja participado a maioria ou a totalidade de seus membros.

Súmula STF nº 622
Não cabe agravo regimental contra decisão do relator que concede ou indefere liminar em mandado de segurança.

Súmula STF nº 512
Não cabe condenação em honorários de advogado na ação de mandado de segurança.

Súmula STF nº 510
Praticado o ato por autoridade, no exercício de competência delegada, contra ela cabe o mandado de segurança ou a medida judicial.

Súmula STF nº 474
Não há direito líquido e certo, amparado pelo mandado de segurança, quando se escuda em Lei cujos efeitos foram anulados por outra, declarada constitucional pelo Supremo Tribunal Federal.

Súmula STF nº 430
Pedido de reconsideração na via administrativa não interrompe o prazo para o mandado de segurança.

Súmula STF nº 429
A existência de recurso administrativo com efeito suspensivo não impede o uso do mandado de segurança contra omissão da autoridade.

Súmula STF nº 405
Denegado o mandado de segurança pela sentença, ou no julgamento do agravo, dela interposto, fica sem efeito a liminar concedida, retroagindo os efeitos da decisão contrária.

Súmula STF nº 392
O prazo para recorrer de acórdão concessivo de segurança conta-se da publicação oficial de suas conclusões, e não da anterior ciência à autoridade para cumprimento da decisão.

Súmula STF nº 330
O Supremo Tribunal Federal não é competente para conhecer de mandado de segurança contra atos dos tribunais de justiça dos estados.

Súmula STF nº 319
O prazo do recurso ordinário para o Supremo Tribunal Federal, em "habeas corpus" ou mandado de segurança, é de cinco dias.

Súmula STF nº 304
Decisão denegatória de mandado de segurança, não fazendo coisa julgada contra o impetrante, não impede o uso da ação própria.

Súmula STF nº 272
Não se admite como ordinário recurso extraordinário de decisão denegatória de mandado de segurança.

Súmula STF nº 271
Concessão de mandado de segurança não produz efeitos patrimoniais em relação a período pretérito, os quais devem ser reclamados administrativamente ou pela via judicial própria.

Súmula STF nº 270
Não cabe mandado de segurança para impugnar enquadramento da Lei 3780, de 12/7/1960, que envolva exame de prova ou de situação funcional complexa.

Súmula STF nº 269
O mandado de segurança não é substitutivo de ação de cobrança.

Súmula STF nº 268
Não cabe mandado de segurança contra decisão judicial com trânsito em julgado.

Súmula STF nº 267
Não cabe mandado de segurança contra ato judicial passível de recurso ou correição.

Súmula STF nº 266
Não cabe mandado de segurança contra Lei em tese.

Súmula STF nº 248
É competente, originariamente, o Supremo Tribunal Federal, para mandado de segurança contra ato do Tribunal de Contas da União.

Súmula STF nº 101
O mandado de segurança não substitui a ação popular.

Súmula STJ nº 202
A impetração de segurança por terceiro, contra ato judicial, não se condiciona à interposição de recurso.

Súmula STJ nº 177
O Superior Tribunal de Justiça é incompetente para processar e julgar, originariamente, mandado de segurança contra ato de órgão colegiado presidido por ministro de estado.

Súmula STJ nº 105
Na ação de mandado de segurança não se admite condenação em honorários advocatícios.

Súmula STJ nº 41
O Superior Tribunal de Justiça não tem competência para processar e julgar, originariamente, mandado de segurança contra ato de outros tribunais ou dos respectivos órgãos.

18. RECLAMAÇÃO

Reclamação: execução provisória e ADC 4 - 2
O Plenário, em conclusão de julgamento e por maioria, julgou improcedente pedido formulado em reclamação ajuizada em face de decisão que, em mandado de segurança impetrado pelo Sindicato Nacional dos Procuradores da Fazenda Nacional - SINPROFAZ, determinara a imediata marcação de férias pretéritas e futuras a Procuradores da Fazenda Nacional, bem como a conversão de férias em pecúnia aos procuradores que assim preferissem — v. Informativo 546. Alegava-se, na espécie, ofensa à autoridade da decisão proferida no julgamento da ADC 4 MC/DF (DJU de 21.5.1999), que suspenderia a possibilidade de concessão de tutela antecipada contra a Fazenda Pública, e em cujo mérito discutira-se a constitucionalidade do art. 1º da Lei 9.494/1997 ("Art. 1º. Aplica-se à tutela antecipada prevista nos arts. 273 e 461 do Código de Processo Civil o disposto nos arts. 5º e seu parágrafo único e 7º da Lei nº 4.348, de 26 de junho de 1964, no art. 1º e seu § 4º da Lei nº 5.021, de 9 de junho de 1966, e nos arts. 1º, 3º e 4º da Lei nº 8.437, de 30 de junho de 1992"). O Colegiado inicialmente destacou o caráter estrito da competência do STF em sede originária, e, portanto, no conhecimento de reclamações. A utilização dessa figura jurídica deveria observar, assim, a estrita aderência entre o objeto do ato reclamado e o julgado do STF apontado como paradigma de confronto. A jurisprudência do STF teria se firmado no sentido da limitação objetiva do alcance da ADC 4 às hipóteses taxativas do art. 1º da Lei 9.494/1997, especificamente no ponto em que este faz referência ao art. 5º, parágrafo único, da Lei 4.348/1964 ("Art. 5º Não será concedida a medida liminar de mandados de segurança impetrados visando à reclassificação ou equiparação de servidores públicos, ou à concessão de aumento ou extensão de vantagens. Parágrafo único. Os mandados de segurança a que se refere este artigo serão executados depois de transitada em julgado a respectiva sentença"). Portanto, a decisão proferida na referida ADC não impediria toda e qualquer antecipação de tutela contra a fazenda pública, mas somente a vedaria nos casos de decisão cujo conteúdo fosse a reclassificação ou equiparação de servidores públicos, ou a concessão de aumento ou extensão de vantagens, o que não se verificaria no caso, a tratar de férias. Vencido o Ministro Joaquim Barbosa (relator), que, por considerar não haver dúvida de que a decisão reclamada estabelecera típica vantagem pecuniária aos Procuradores da Fazenda Nacional, julgava procedente o pedido formulado na reclamação.
Rcl 4311/DF, rel. orig. Min. Joaquim Barbosa, red. p/ o acórdão Min. Dias Toffoli, 6.11.2014. (Rcl-4311) (Inform. STF 766)

Reclamação e erronia em aplicação de precedente em RG - 1
O Plenário retomou julgamento de agravos regimentais interpostos de decisões do Min. Ricardo Lewandowski que, em reclamações das quais relator, delas não conhecera ao aplicar a orientação da Corte no sentido de ser incabível a reclamação para correção de eventual equívoco na sistemática do regime da repercussão geral. A parte agravante alega usurpação de competência do Supremo. Na sessão de 29.6.2011, o Min. Ricardo Lewandowski desproveu o agravo regimental. Consignou que a competência para adoção do entendimento firmado pelo STF, em regime de repercussão geral, seria dos tribunais de origem. Asseverou não haver previsão constitucional a permitir reclamação para corrigir suposta erronia nessas hipóteses. Afirmou que, caso haja algum equívoco nessa aplicação, as partes não ficariam desabrigadas, dispondo do recurso de agravo interno para sua correção. Nesta assentada, a Min. Ellen Gracie, em voto-vista, acompanhou o relator para negar provimento ao agravo regimental. Aduziu que a competência do STF somente se iniciaria com a manutenção, pela instância ordinária, de decisão contrária ao entendimento firmado no Supremo. Rememorou não caber agravo de instrumento nem reclamação da decisão contra o ato da presidência do tribunal de origem que, na aplicação do precedente firmado em sede de

repercussão geral, classificasse erroneamente o caso concreto. Nessa circunstância, reafirmou ser cabível agravo interno. Acrescentou que, da decisão equivocada do órgão especial ou do plenário, ainda poderiam ser opostos os embargos de declaração para corrigir a ocorrência de erro material. Tudo no âmbito do tribunal *a quo*. Rcl 11427AgR/MG, rel. Min. Ricardo Lewandowski, 4.8.2011. (Rcl-11427) Rcl 11408 AgR/RS, rel. Min. Ricardo Lewandowski, 4.8.2011. (Rcl-11408)

Reclamação e erronia em aplicação de precedente em RG - 2
A Ministra reputou, ademais, que seria inviável o pronunciamento do STF em cada caso e que não se poderia simplesmente substituir a via do recurso extraordinário pela da reclamação, novamente sobrecarregando esta Corte. Entretanto, asseverou que a reclamação poderia, excepcionalmente, ser admitida quando o tribunal de origem classificar erroneamente a repercussão geral, se esse equívoco não for corrigido pelos mecanismos já assentados pela jurisprudência do Supremo. Destacou que, em se tratando de matéria constitucional nova, poderia o STF – a critério do relator –, vislumbrando icto oculi a presença de transcendência e relevância, transformar em recurso extraordinário a própria reclamação. Situação esta em que seria reconhecida a repercussão geral e solucionada a questão de mérito. Tudo com efeitos vinculantes para os casos semelhantes então em tramitação em qualquer instância. Porém, reconheceu que isso não ocorrera na Rcl 11427 AgR/MG, em que a parte suscitara a inconstitucionalidade da resolução que impusera regra sobre admissibilidade de recurso especial (pagamento de custas). Destacou que o próprio Supremo já teria dado resposta à essa matéria ao estabelecer a inexistência de repercussão geral quando a alegação disser respeito a pressupostos de admissibilidade do recurso especial ou recurso equivalente. Por fim, registrou que essa conclusão aplicar-se-ia também à Rcl 11408 AgR/RS. Após, pediu vista o Min. Gilmar Mendes. Rcl 11427AgR/MG, rel. Min. Ricardo Lewandowski, 4.8.2011. (Rcl-11427) Rcl 11408 AgR/RS, rel. Min. Ricardo Lewandowski, 4.8.2011. (Rcl-11408)

Reclamação e erronia em aplicação de precedente em RG - 3
O Plenário retomou julgamento conjunto de agravos regimentais interpostos de decisões do Ministro Ricardo Lewandowski, que não conhecera de reclamações das quais relator, ao aplicar a orientação da Corte no sentido de ser incabível a ação para corrigir eventual equívoco na sistemática do regime da repercussão geral — v. Informativo 634. Nesta assentada, retificaram-se as decisões da sessão de 29.6.2011 para constar que o Ministro Marco Aurélio dava provimento aos agravos regimentais de ambas as reclamações. O Ministro Gilmar Mendes, em voto-vista, acompanhou o relator, para negar provimento a ambos os recursos. Aduziu que não se poderia substituir a via do recurso extraordinário pela da reclamação, de forma a sobrecarregar, novamente, esta Corte. Ponderou que, para o bom funcionamento do regime da repercussão geral, ainda em construção, o STF deveria cuidar para que ficasse clara a extensão dos acórdãos relativos à repercussão geral. Competiria aos demais tribunais proceder à adequada aplicação desses mesmos acórdãos. Ponderou que a atividade seria conjunta e considerou que os tribunais exerceriam papéis de extrema relevância e responsabilidade na aplicação da repercussão geral. Destacou que, em regra, não se poderia rever a aplicação da repercussão geral, caso a caso, pelo STF. Considerou, no entanto, que, verificada a existência de erro grave na aplicação do precedente pelo tribunal *a quo* — a implicar usurpação da competência desta Corte ou afronta ao acórdão-paradigma do STF, cujos efeitos não se restringiriam aos do recurso extraordinário julgado pelo Supremo —, a reclamação poderia ser admitida, em caráter excepcional. Concluiu que, no presente caso, não haveria equívoco na aplicação do precedente do STF, uma vez que os tribunais de origem ter-se-iam limitado a deliberar sobre pressuposto de admissibilidade de recurso na origem, cuja repercussão geral fora afastada por esta Corte.

Finda a manifestação do Ministro Gilmar Mendes, pediu vista dos autos o Ministro Roberto Barroso.
Rcl 11427 AgR/MG, rel. Min. Ricardo Lewandowski, 30.10.2013. (Rcl-11427)
Rcl 11408 AgR/RS, rel. Min. Ricardo Lewandowski, 30.10.2013. (Rcl-11408) (Inform. STF 726)

AG. REG. NA Rcl N. 14.810-SP
RELATOR: MIN. DIAS TOFFOLI
EMENTA: Agravo regimental em reclamação. Paradigma extraído de processo de caráter subjetivo. Eficácia vinculante restrita às partes nele relacionadas. Precedentes. Ilegitimidade ativa configurada. Reclamação utilizada como atalho processual. Submissão da controvérsia ao exame direto do Supremo Tribunal Federal. Inadmissibilidade. Precedente. Agravo regimental não provido.
1. Por atribuição constitucional, presta-se a reclamação para preservar a competência da Corte e garantir a autoridade de suas decisões (art. 102, inciso I, alínea l, CF/88), bem como para resguardar a correta aplicação das súmulas vinculantes (art. 103-A, § 3º, CF/88).
2. Nesse contexto, para que seja admitido o seu manejo, a decisão desta Suprema Corte, cuja autoridade venha a estar comprometida, deve ser revestida de efeito vinculante e eficácia **erga omnes**, o que não é o caso.
3. O reclamante não figura na relação processual do paradigma apontado, o qual é de índole subjetiva, revestindo-se de eficácia vinculante restrita somente às partes nele relacionadas.
4. Segunda a jurisprudência da Corte, "o remédio constitucional da reclamação não pode ser utilizado como um (inadmissível) atalho processual destinado a permitir, por razões de caráter meramente pragmático, a submissão imediata do litígio ao exame direto do Supremo Tribunal Federal" (RCL nº 4.381-AgR/RJ, Tribunal Pleno, Relator o Ministro **Celso de Mello**, DJe de 5/8/11).
5. Agravo regimental a que se nega provimento. (Inform. STF 714)

Reclamação e repercussão geral
A 1ª Turma julgou procedente pedido formulado em reclamação para cassar acórdão de tribunal estadual, que mantivera suspensão de procedimento de habilitação e liquidação de créditos decorrentes de procedência de ação civil pública. A Corte de origem assentara que se aplicaria à espécie o que decidido no RE 626307/SP (DJe de 1º.9.2010). No citado extraordinário – cuja repercussão geral da questão constitucional fora reconhecida –, o Min. Dias Toffoli, relator do paradigma, determinara, naquele feito, o sobrestamento, até final exame pelo Supremo, de todos os recursos que se referissem à discussão sobre o direito a diferenças de correção monetária de depósitos em cadernetas de poupança, por alegados expurgos inflacionários decorrentes dos planos econômicos denominados Bresser e Verão. Enfatizou-se que o caso seria emblemático, a revelar a necessidade de o cidadão contar com instrumento que afastasse do cenário jurídico ato formalizado a partir de enfoque errôneo do que assentado no âmbito de repercussão geral. Esclareceu-se que, em homenagem à jurisdição, o Min. Dias Toffoli apontara que a medida por ele determinada não obstaria a propositura de novas ações nem a tramitação das que fossem distribuídas ou que se encontrassem em fase instrutória. Além disso, ressaltara, na ocasião, a inaplicabilidade do pronunciamento aos processos em fase de execução definitiva e às transações efetuadas ou que viessem a ser concluídas. Na situação em apreço, consignou-se que o acórdão impugnado fizera distinção onde não caberia fazê-lo: aduzira que o título judicial transitado em julgado não se mostraria líquido. Destacou-se, também, que o mencionado acórdão inobservara os parâmetros da suspensão determinada e concluíra pela sua adequação à espécie. Assinalou-se que, dessa maneira, colocara em segundo plano a impossibilidade de a decisão proferida no

mencionado recurso extraordinário servir de baliza para rever título judicial em liquidação, presente o trânsito em julgado. Rcl 12681/DF, rel. Min. Marco Aurélio, 4.6.2013. (Rcl-12681) (Inform. STF 709)

Reclamação e revisão de decisão paradigma - 1
Ao apreciar reclamação ajuizada pelo INSS para garantir a autoridade de decisão da Corte proferida na ADI 1232/DF (DJU de 9.9.98), que declarara a constitucionalidade do § 3º do art. 20 da Lei 8.742/93 (Lei Orgânica da Assistência Social - Loas), o Plenário, por maioria, julgou improcedente o pedido por considerar possível revisão do que decidido naquela ação direta, em razão da defasagem do critério caracterizador da miserabilidade contido na mencionada norma. Assim, ao exercer novo juízo sobre a matéria e, em face do que decidido no julgamento do RE 567985/MT e do RE 580963/PR, confirmou a inconstitucionalidade do: a) § 3º do art. 20 da Lei 8.742/93, que estabelece a renda familiar mensal per capita inferior a 1/4 do salário mínimo para a concessão de benefício a idosos ou deficientes e; b) parágrafo único do art. 34 da Lei 10.741/2003 (Estatuto do Idoso) ["Art. 34. Aos idosos, a partir de 65 (sessenta e cinco) anos, que não possuam meios para prover sua subsistência, nem de tê-la provida por sua família, é assegurado o benefício mensal de 1 (um) salário-mínimo, nos termos da Lei Orgânica da Assistência Social - Loas. Parágrafo único. O benefício já concedido a qualquer membro da família nos termos do caput não será computado para os fins do cálculo da renda familiar per capita a que se refere a Loas"]. Na espécie, o INSS questionava julgado de turma recursal dos juizados especiais federais que mantivera sentença concessiva de benefício a trabalhador rural idoso, o que estaria em descompasso com o § 3º do art. 20 da Lei 8.742/93. Alegava, ainda, que a Loas traria previsão de requisito objetivo a ser observado para a prestação assistencial do Estado. Asseverou-se que o critério legal de "renda familiar per capita inferior a um quarto do salário mínimo" estaria defasado para caracterizar a situação de miserabilidade. Destacou-se que, a partir de 1998, data do julgamento da mencionada ADI, outras normas assistenciais foram editadas, com critérios de mais elásticos, a sugerir que o legislador estaria a reinterpretar o art. 203, V, da CF ("Art. 203. A assistência social será prestada a quem dela necessitar, independentemente de contribuição à seguridade social, e tem por objetivos: ... V - a garantia de um salário mínimo de benefício mensal à pessoa portadora de deficiência e ao idoso que comprovem não possuir meios de prover à própria manutenção ou de tê-la provida por sua família, conforme dispuser a lei").
Rcl 4374/PE, rel. Min. Gilmar Mendes, 18.4.2013. (Rcl-4374)

Reclamação e revisão de decisão paradigma - 2
Aduziu-se ser possível que o STF, via julgamento da presente reclamação, pudesse revisar o que decidido na ADI 1232/DF e exercer nova compreensão sobre a constitucionalidade do § 3º do art. 20 da Lei 8.742/93. Obtemperou-se que, hodiernamente, o STF disporia de técnicas diversificadas de decisão para enfrentar problemas de omissão inconstitucional. Se fosse julgada hoje, a norma questionada na ADI 1232/DF poderia ter interpretação diversa, sem necessidade de se adotar posturas de autocontenção por parte da Corte, como ocorrera naquele caso. Frisou-se que, no atual contexto de significativas mudanças econômico-sociais, as legislações em matéria de benefícios previdenciários e assistenciais teriam trazido critérios econômicos mais generosos, com consequente aumento do valor padrão da renda familiar per capita. Consignou-se a inconstitucionalidade superveniente do próprio critério definido pelo § 3º do art. 20 da Loas. Tratar-se-ia de inconstitucionalidade resultante de processo de inconstitucionalização em face de notórias mudanças fáticas (políticas, econômicas e sociais) e jurídicas (sucessivas modificações legislativas dos patamares econômicos utilizados como critérios de concessão de outros benefícios assistenciais por parte do Estado). Pontuou-se a necessidade de se legislar a matéria de forma a compor um sistema consistente e coerente, a fim de se evitar incongruências na concessão de benefícios, cuja consequência mais óbvia seria o tratamento anti-isonômico entre os diversos beneficiários das políticas governamentais de assistência social. Vencido o Min. Teori Zavascki, que julgava o pleito procedente. Sublinhava que a decisão proferida na ADI teria eficácia erga omnes e efeitos vinculantes. Considerava que, ao se mudar o quanto decidido, estar-se-ia a operar sua rescisão. Ponderava não caber, em reclamação, fazer juízo sobre o acerto ou o desacerto das decisões tomadas como parâmetro. Arrematava que, ao se concluir sobre a constitucionalidade ou inconstitucionalidade em âmbito de reclamação, atuar-se-ia em controle abstrato de constitucionalidade. Vencidos, ainda, os Ministros Dias Toffoli, Ricardo Lewandowski e Joaquim Barbosa, Presidente, que não conheciam da reclamação.
Rcl 4374/PE, rel. Min. Gilmar Mendes, 18.4.2013. (Rcl-4374) (Inform. STF 702)

DIREITO PROCESSUAL CIVIL. RECLAMAÇÃO PARA DIMINUIÇÃO DO VALOR DA ASTREINTE FIXADA POR TURMA RECURSAL.
Cabe reclamação ao STJ, em face de decisão de Turma Recursal dos Juizados Especiais dos Estados ou do Distrito Federal, com o objetivo de reduzir o valor de multa cominatória demasiadamente desproporcional em relação ao valor final da condenação. Isso porque, nessa situação, verifica-se a teratologia da decisão impugnada. De fato, o STJ entende possível utilizar reclamação contra decisão de Turma Recursal, enquanto não seja criada a Turma Nacional de Uniformização de Jurisprudência dos Juizados Especiais dos Estados e do Distrito Federal, nos casos em que a decisão afronte jurisprudência pacificada em recurso repetitivo (art. 543-C do CPC) ou em súmula do STJ, ou, ainda, em caso de decisão judicial teratológica. **Rcl 7.861-SP, Rel. Min. Luis Felipe Salomão, julgado em 11/9/2013.** (Inform. STJ 527)

19. OUTROS TEMAS E TEMAS COMBINADOS

DIREITO PROCESSUAL CIVIL. MODO DE REALIZAÇÃO DO PEDIDO DE REVOGAÇÃO DE ASSISTÊNCIA JUDICIÁRIA GRATUITA.
Não deve ser apreciado o pedido de revogação de assistência judiciária gratuita formulado nos próprios autos da ação principal. De fato, o art. 4º, § 2º, da Lei 1.060/1950, com redação dada pela Lei 7.510/1986, estabelece que a "impugnação do direito à assistência judiciária não suspende o curso do processo e será feita em autos apartados" e o art. 6º, in fine, do mesmo diploma legal determina que a respectiva petição "será autuada em separado, apensando-se os respectivos autos aos da causa principal, depois de resolvido o incidente". Além disso, o art. 7º, parágrafo único, da mesma lei preceitua que o requerimento da parte contrária de revogação do benefício "não suspenderá o curso da ação e se processará pela forma estabelecida no final do artigo 6º" do mesmo diploma. Nesse contexto, se a assistência judiciária requerida no curso da demanda deve ser processada em apenso aos autos principais, mais razão ainda há para que o pedido de revogação do benefício seja autuado em apartado, pois, diversamente daquele, este sempre ocasionará debates e necessidade de maior produção de provas, a fim de que as partes confirmem suas alegações. Nessa conjuntura, cabe ressaltar que a intenção do legislador foi evitar tumulto processual, determinando que tal exame fosse realizado em autos apartados, garantindo a ampla defesa, o contraditório e o regular curso do processo. Ademais, entender de modo diverso, permitindo que o pleito de revogação da assistência judiciária gratuita seja apreciado nos próprios autos da ação principal, resultaria, além da limitação na

produção de provas, em indevido atraso no julgamento do feito principal, o que pode prejudicar irremediavelmente as partes. Ante o exposto, não se pode entender que o processamento da impugnação nos próprios autos da ação principal constitui mera irregularidade. Efetivamente, deixar de observar a necessidade de autuação do pedido de revogação de assistência judiciária gratuita em autos apartados da ação principal configura erro grosseiro, suficiente para afastar a possibilidade de deferimento do pedido. **EREsp 1.286.262-ES, Rel. Min. Gilson Dipp, julgado em 19/6/2013.** (Inform. STJ 529)

DIREITO PROCESSUAL CIVIL. INADEQUAÇÃO DO USO DE CRITÉRIOS SUBJETIVOS PARA CONCESSÃO DE ASSISTÊNCIA JUDICIÁRIA GRATUITA.
O julgador não pode estipular, como único critério para a concessão de assistência judiciária gratuita, o recebimento de rendimentos líquidos em valor inferior a 10 salários mínimos, sem considerar, antes do deferimento do benefício, provas que demonstrem a capacidade financeira do requerente para arcar com as despesas do processo e com os honorários advocatícios sem prejuízo próprio ou de sua família. Isso porque a assistência judiciária gratuita não pode ser concedida com base exclusivamente em parâmetros subjetivos fixados pelo próprio julgador, ou seja, segundo seus próprios critérios. De fato, de acordo com o art. 4º da Lei 1.060/1950, a parte gozará do referido benefício mediante simples afirmação, na própria petição inicial, de que não está em condições de pagar as custas do processo e os honorários de advogado sem prejuízo próprio ou de sua família. Todavia, essa afirmação possui presunção *iuris tantum* de veracidade, podendo ser ilidida diante de prova em contrário (art. 4º, § 1º, da Lei 1.060/50). Nesse contexto, para a concessão da assistência judiciária gratuita, deve ser considerado o binômio possibilidade-necessidade, com o fim de verificar se as condições econômicas-financeiras do requerente permitem ou não que este arque com os dispêndios judiciais, bem como para evitar que aquele que possui recursos venha a ser beneficiado, desnaturando o instituto. Precedentes citados: AgRg no AREsp 354.197-PR, Primeira Turma, DJe 19/8/2013; e AgRg no AREsp 250.239-SC, Segunda Turma, DJe 26/4/2013. **AgRg no AREsp 239.341-PR, Rel. Min. Benedito Gonçalves, julgado em 27/8/2013.** (Inform. STJ 528)

DIREITO PROCESSUAL CIVIL. EXIGIBILIDADE DE MULTA COMINATÓRIA NA HIPÓTESE DE CUMPRIMENTO DA OBRIGAÇÃO A DESTEMPO.
O cumprimento da obrigação após o transcurso do prazo judicialmente fixado, ainda que comprovado por termo de quitação, não exime o devedor do pagamento da multa cominatória arbitrada. Ressalte-se, inicialmente, que a quitação – direito subjetivo do devedor que paga – constitui verdadeira declaração do credor de ter recebido a prestação devida, sendo meio apto à prova do adimplemento obrigacional. Ocorre que a quitação somente será apta a afastar a aplicação de multa cominatória quando declarar que o efetivo cumprimento da obrigação tenha ocorrido dentro do prazo judicialmente assinalado. Isso porque a multa cominatória – instituto processual por meio do qual o juiz força a vontade do devedor no sentido de efetivamente cumprir a obrigação judicialmente acertada –, embora se destine à realização do interesse do credor, caracteriza-se como verdadeira sanção a ser aplicada na hipótese de desobediência a uma ordem judicial. **REsp 1.183.774-SP, Rel. Min. Nancy Andrighi, julgado em 18/6/2013.** (Inform. STJ 526)

DIREITO PROCESSUAL CIVIL. PAGAMENTO DE CUSTAS E DE PORTE DE REMESSA E DE RETORNO POR MEIO DA INTERNET.
Nos processos de competência do STJ, é possível o pagamento de Guia de Recolhimento da União (GRU) referente a custas processuais e porte de remessa e de retorno por meio da internet. O processo civil brasileiro vem passando por contínuas alterações legislativas, de modo a se modernizar e a buscar celeridade, visando a efetivar o princípio da razoável duração do processo. Nesse contexto, insere-se a Lei 11.419/2006, que dispõe sobre a informatização do processo judicial. No que diz respeito ao recolhimento das despesas processuais, no âmbito do STJ, a Res. 4/2010 estabelecia, em seu art. 6º, § 1º, que as guias de recolhimento das custas e do porte e remessa e retorno deveriam ser emitidas no sítio do Tesouro Nacional. Quanto ao pagamento, essa resolução não fixava a maneira pela qual deveria ocorrer, isto é, não estabelecia se o pagamento deveria ser feito obrigatoriamente na agência bancária ou se poderia ser utilizado outro meio. Com efeito, ainda não há, na legislação de regência, norma que vede expressamente o pagamento pela internet ou determine que este ocorra na agência bancária ou em terminal de autoatendimento. Além disso, o próprio Tesouro Nacional autoriza o pagamento da GRU pela internet. Contudo, havendo dúvida acerca da autenticidade do comprovante, o Tribunal de origem ou relator poderá, de ofício ou a requerimento da parte contrária, determinar a apresentação de documento idôneo e, caso não suprida a irregularidade, declarar a deserção. **AgRg no REsp 1.232.385-MG, Rel. Min. Antonio Carlos Ferreira, julgado em 6/6/2013.** (Inform. STJ 525)

DIREITO PROCESSUAL CIVIL. DESNECESSIDADE DE AÇÃO AUTÔNOMA PARA A DESCONSIDERAÇÃO DA PERSONALIDADE JURÍDICA DE SOCIEDADE.
O juiz pode determinar, de forma incidental, na execução singular ou coletiva, a desconsideração da personalidade jurídica de sociedade. De fato, segundo a jurisprudência do STJ, preenchidos os requisitos legais, não se exige, para a adoção da medida, a propositura de ação autônoma. Precedentes citados: REsp 1.096.604-DF, Quarta Turma, DJe 16/10/2012; e REsp 920.602-DF, Terceira Turma, DJe 23/6/2008. **REsp 1.326.201-RJ, Rel. Min. Nancy Andrighi, julgado em 7/5/2013.** (Inform. STJ 524)

3. DIREITO PENAL

1. CONCEITO, FONTES E PRINCÍPIOS

Princípio da insignificância: reincidência e crime qualificado - 1

O Plenário iniciou julgamento conjunto de três "habeas corpus" impetrados contra julgados que mantiveram condenação dos pacientes por crime de furto e afastaram a aplicação do princípio da insignificância. No HC 123.108/MG, o paciente fora condenado à pena de um ano de reclusão e dez dias-multa pelo crime de furto simples de chinelo avaliado em R$ 16,00. Embora o bem tenha sido restituído à vítima, o tribunal local não substituíra a pena privativa de liberdade por restritiva de direitos em razão da reincidência. No HC 123.533/SP, a paciente fora condenada pela prática de furto qualificado de dois sabonetes líquidos íntimos avaliados em R$ 40,00. O tribunal de origem não aplicara o princípio da insignificância em razão do concurso de agentes e a condenara a um ano e dois meses de reclusão, em regime semiaberto e cinco dias-multa. Por fim, no HC 123.734/MG, o paciente fora sentenciado pelo furto de 15 bombons caseiros, avaliados em R$ 30,00. Condenado à pena de detenção em regime inicial aberto, a pena fora substituída por prestação de serviços à comunidade e, embora reconhecida a primariedade do réu e a ausência de prejuízo à vítima, o princípio da insignificância não fora aplicado porque o furto fora qualificado pela escalada e pelo rompimento de obstáculo. O Ministro Roberto Barroso (relator) concedeu a ordem em todos os "habeas corpus", por entender cabível o princípio da insignificância e, por conseguinte, reconheceu a atipicidade material das condutas dos pacientes e anulou os efeitos penais dos processos em exame. Pontuou que, segundo estatísticas do Departamento Penitenciário Nacional, 49% das pessoas estariam presas por crimes contra o patrimônio e, dentre esse número, 14% da população carcerária brasileira estaria presa por furto simples ou qualificado. Lembrou que a comissão que elaborara o anteprojeto do Código Penal — ainda em deliberação no Congresso Nacional — teria proposto significativa descarcerização do furto em geral, com previsão expressa do princípio da insignificância. Nos termos desse anteprojeto, também não haveria fato criminoso quando, cumulativamente, se verificassem as seguintes condições: "a) mínima ofensividade da conduta do agente; b) reduzidíssimo grau de reprovabilidade do comportamento; e c) inexpressividade da lesão jurídica provocada".
HC 123108/MG, rel. Min. Roberto Barroso, 10.12.2014. (HC-123108)
HC 123533/SP, rel. Min. Roberto Barroso, 10.12.2014. (HC-123533)
HC 123734/MG, rel. Min. Roberto Barroso, 10.12.2014. (HC-123734)

Princípio da insignificância: reincidência e crime qualificado - 2

O relator frisou que os "habeas corpus" ora sob julgamento seriam emblemáticos: envolveriam furto de bens de valor inferior a R$ 50,00. Em dois deles, os pacientes teriam sido condenados à pena de prisão em regime semiaberto e estariam presos se a liminar não tivesse sido deferida. Não obstante, em matéria de descaminho, se a sonegação de impostos somasse R$ 20.000,00, não haveria incriminação porque a fazenda pública não executaria dívidas de valor inferior ao mencionado. Ademais, o entendimento do STF seria no sentido de não haver crime, em face do princípio da insignificância. O desconforto que a existência dessa dualidade causaria aos cidadãos, acrescido à realidade carcerária, não poderia passar despercebido à Corte. Asseverou que a ausência de critérios claros quanto ao princípio da insignificância geraria o risco de casuísmos, além de prejudicar a uniformização da jurisprudência e agravar a precária situação do sistema carcerário. Observou que precedentes do STF admitiriam o princípio da insignificância em caso de furto desde que o agente não fosse reincidente e que não tivesse sido hipótese de furto qualificado. Apontou que toda a teoria do princípio da insignificância deveria ser reconduzida aos princípios da razoabilidade ou da proporcionalidade. Assim, o referido postulado incidiria quando, embora a conduta fosse formalmente típica, o desvalor da ação ou do resultado se mostrasse irrelevante. A circunstância de se tratar de réu reincidente ou presente alguma qualificadora não deveria, automaticamente, afastar a aplicação do princípio da insignificância. Seria necessária motivação específica à luz das circunstâncias do caso concreto, como o alto número de reincidências e a especial reprovabilidade decorrente de qualificadoras. De todo modo, a caracterização da reincidência múltipla, para fins de rejeição do princípio da insignificância, exigiria a ocorrência de trânsito em julgado de decisões condenatórias anteriores, que deveriam ser referentes a crimes da mesma espécie. Mesmo quando afastado o princípio da insignificância por força da reincidência ou da qualificação do furto, o encarceramento do agente, como regra, constituiria sanção desproporcional, inadequada, excessiva e geradora de malefícios superiores aos benefícios.
HC 123108/MG, rel. Min. Roberto Barroso, 10.12.2014. (HC-123108)
HC 123533/SP, rel. Min. Roberto Barroso, 10.12.2014. (HC-123533)
HC 123734/MG, rel. Min. Roberto Barroso, 10.12.2014. (HC-123734)

Princípio da insignificância: reincidência e crime qualificado - 3

O relator assinalou que, no caso do HC 123.108/MG, a reincidência do paciente — antes, ele furtara roupas em um varal e, agora, um chinelo — não deveria ser tratada como impedimento a que fosse aplicado o princípio da insignificância. Caso se entendesse que o furto de coisa de valor ínfimo pudesse ser punido em caso de reincidência do agente, seria necessário admitir que a insignificância passaria do domínio da tipicidade para o da culpabilidade. Não seria possível afirmar, à luz da Constituição, que uma mesma conduta fosse típica para uns e não fosse para outros — os reincidentes — sob pena de se ter configurado inaceitável direito penal do autor e não do fato. Ademais, para que a reincidência excluísse a incidência do princípio da insignificância, não bastaria mera existência de inquéritos ou processos em andamento, mas condenação

transitada em julgado e por crimes da mesma espécie. Necessário, ainda, que a sanção guardasse proporcionalidade com a lesão causada. O encarceramento em massa de condenados por pequenos furtos teria efeitos desastrosos, não apenas para a integridade física e psíquica dessas pessoas, como também para o sistema penitenciário como um todo e, reflexamente, para a segurança pública. Propôs que eventual sanção privativa de liberdade aplicável ao furto de coisa de valor insignificante fosse fixada em regime inicial aberto domiciliar, afastando-se, para os reincidentes, a aplicação do art. 33, § 2º, do CP. Embora a prisão domiciliar somente fosse prevista na LEP em hipóteses restritas, a realidade do sistema prisional obrigaria juízes e tribunais de todo o País a recorrer a essa alternativa, a fim de que o condenado não se submetesse a regime mais gravoso do que aquele a que tivesse direito por falta de vagas. Ponderou que a pena privativa de liberdade em regime aberto domiciliar deveria ser, como regra, substituída por pena restritiva de direitos, a afastar as condicionantes previstas no art. 44, II, III e § 3º, do CP, que deveriam ser interpretadas à luz da Constituição, sob pena de violação ao princípio da proporcionalidade. Assentou que as sanções restritivas de direito teriam caráter ressocializador muito mais evidente em comparação com as penas privativas de liberdade, notadamente em casos alcançados pelo princípio da insignificância. Somente em caso de descumprimento da pena restritiva deveria haver a reconversão para sanção privativa de liberdade em regime aberto domiciliar. No HC 123.108/MG, à época dos fatos em questão, o paciente teria duas condenações transitadas em julgado por crime de furto simples e esse fato não afastaria a aplicação do princípio da insignificância, ante o desvalor do resultado, traduzido pelo ínfimo valor do bem subtraído. Em seguida, o julgamento foi suspenso.
HC 123108/MG, rel. Min. Roberto Barroso, 10.12.2014. (HC-123108)
HC 123533/SP, rel. Min. Roberto Barroso, 10.12.2014. (HC-123533)
HC 123734/MG, rel. Min. Roberto Barroso, 10.12.2014. (HC-123734) (Inform. STF 771)

Princípio da insignificância e reincidência genérica
A 2ª Turma concedeu "habeas corpus" para restabelecer sentença de primeiro grau, na parte em que reconhecera a aplicação do princípio da insignificância e absolvera o ora paciente da imputação de furto (CP, art. 155). Na espécie, ele fora condenado pela subtração de um engradado com 23 garrafas de cerveja e seis de refrigerante — todos vazios, avaliados em R$ 16,00 —, haja vista que o tribunal de justiça local afastara a incidência do princípio da bagatela em virtude de anterior condenação, com trânsito em julgado, pela prática de lesão corporal (CP, art. 129). A Turma, de início, reafirmou a jurisprudência do STF na matéria para consignar que a averiguação do princípio da insignificância dependeria de um juízo de tipicidade conglobante. Considerou, então, que seria inegável a presença, no caso, dos requisitos para aplicação do referido postulado: mínima ofensividade da conduta; ausência de periculosidade social da ação; reduzida reprovabilidade do comportamento; e inexpressividade da lesão jurídica. Afirmou, ademais, que, considerada a teoria da reiteração não cumulativa de condutas de gêneros distintos, a contumácia de infrações penais que não têm o patrimônio como bem jurídico tutelado pela norma penal (a exemplo da lesão corporal) não poderia ser valorada como fator impeditivo à aplicação do princípio da insignificância, porque ausente a séria lesão à propriedade alheia.
HC 114723/MG, rel. Min. Teori Zavascki, 26.8.2014. (HC-114723) (Inform. STF 756)

Crime de violação de direito autoral e trancamento da ação penal
A 1ª Turma negou provimento a recurso ordinário em "habeas corpus" para determinar o prosseguimento de ação penal em que o recorrente, acusado pela suposta prática do crime de violação de direito autoral (CP, art. 184), pleiteava o trancamento de ação penal. No caso, a defesa alegava: a) falta de lastro probatório mínimo da materialidade delitiva; b) ausência da identificação das vítimas do delito; e c) aplicação do princípio da adequação social. A Turma consignou que o trancamento da ação penal na via do "habeas corpus" só se mostraria cabível em casos excepcionalíssimos, hipóteses que não estariam evidenciadas na espécie. Reputou que seria suficiente a comprovação da materialidade delitiva a partir da apreensão de mídias contrafeitas, produzidas no intuito de lucro e comprovadamente falsificadas por laudo pericial. Considerou desnecessária a identificação das vítimas, uma vez que a medida não seria pressuposto do tipo penal e manteria inalterada a materialidade delitiva. Aduziu que se deveria afastar a aplicação do princípio da adequação social nos crimes de violação de direito autoral, porquanto a adoção indiscriminada do postulado acabaria por incentivar a prática de delitos patrimoniais, o que fragilizaria a tutela penal de bens jurídicos relevantes para a vida em sociedade. Ressaltou que a prática em comento não poderia ser considerada socialmente tolerável, haja vista os expressivos prejuízos experimentados pela indústria fonográfica nacional, pelos comerciantes regularmente estabelecidos e pelo Fisco, uma vez que o delito encerraria a burla ao pagamento de impostos.
RHC 122127/ES, rel. Min. Rosa Weber, 19.8.2014. (RHC-122127) (Inform. STF 755)

Princípio da insignificância e reincidência
A 1ª Turma acolheu proposta do Ministro Roberto Barroso (relator) para afetar ao Plenário o julgamento de "habeas corpus" no qual se discute a aplicação do princípio da insignificância no caso de furto cometido por réu reincidente.
HC 123108/MG, rel. Min. Roberto Barroso, 5.8.2014. (HC-123108) (Inform. STF 753)

Descaminho: princípio da insignificância e atipicidade da conduta
A 1ª Turma, por maioria, declarou extinto "habeas corpus" pela inadequação da via processual, mas concedeu a ordem de ofício para trancar ação penal ante a atipicidade da conduta imputada ao paciente (CP, art. 334, "caput"). A Ministra Rosa Weber (relatora), observou que, em se tratando de crime de descaminho, a jurisprudência da Turma seria firme no sentido de reconhecer a atipicidade da conduta se, além de o valor elidido ser inferior àquele estabelecido pelo art. 20 da Lei 10.522/2002, atualizado por portaria do Ministério da Fazenda, não houvesse reiteração criminosa ou, ainda, introdução de mercadoria proibida em território nacional. O Ministro Roberto Barroso, embora acompanhasse a relatora, ressaltou a existência de julgados da Turma afastando, no tocante ao patrimônio privado, a aplicação do princípio da bagatela quando a "res" alcançasse o valor de R$500,00. Assim, não seria coerente decidir-se em sentido contrário quando se buscasse proteger a coisa pública em valores de até R$20.000,00. Ademais, aduziu que, ao se adotar o entendimento de que o princípio da insignificância acarretaria a atipicidade da conduta, o cometimento anterior de delitos similares não se mostraria apto para afastar o aludido princípio, uma vez que a atipicidade da conduta não poderia gerar reincidência. Vencido o Ministro Marco Aurélio, que conhecia do "writ", porém negava a ordem por vislumbrar que o objeto jurídico protegido pelo art. 334 do CP seria a Administração Pública e não apenas o erário. Considerava, ainda, que as esferas cível e penal seriam independentes e que adotar portaria do Ministério da Fazenda como parâmetro para se aferir eventual cometimento do delito seria permitir que o Ministro da Fazenda legislasse sobre direito penal.
HC 121717/PR, rel. Min. Rosa Weber, 3.6.2014. (HC-121717) (Inform. STF 749)

Infrações autônomas e princípio da consunção
Crime tipificado no Código Penal não pode ser absorvido por infração descrita na Lei de Contravenções Penais. Com base nessa orientação, a 1ª Turma denegou "habeas corpus" para refutar a incidência do princípio da consunção. Na espécie, a

impetração pleiteava que o crime de uso de documento falso (CP, art. 304) fosse absorvido pela contravenção penal de exercício ilegal da profissão ou atividade econômica (LCP, art. 47). A Turma aduziu, ainda, que o crime de uso de documento falso praticado pelo paciente não fora meio necessário nem fase para consecução da infração de exercício ilegal da profissão. HC 121652/SC, rel. Min. Dias Toffoli, 22.4.2014. (HC-121652) (Inform. STF 743)

Princípio da insignificância: alteração de valores por portaria e execução fiscal
A 2ª Turma, em julgamento conjunto, deferiu "habeas corpus" para restabelecer as sentenças de primeiro grau que, com fundamento no CPP ("Art. 397. Após o cumprimento do disposto no art. 396-A, e parágrafos, deste Código, o juiz deverá absolver sumariamente o acusado quando verificar: ... III - que o fato narrado evidentemente não constitui crime"), reconheceram a incidência do princípio da insignificância e absolveram sumariamente os pacientes. Na espécie, os pacientes foram denunciados como incursos nas penas do art. 334, § 1º, d, c/c o § 2º, ambos do CP (contrabando ou descaminho). A Turma observou que o art. 20 da Lei 10.522/2002 determinava o arquivamento das execuções fiscais, sem cancelamento da distribuição, quando os débitos inscritos como dívidas ativas da União fossem iguais ou inferiores a R$ 10.000,00. Destacou que, no curso dos processos, advieram as Portarias 75/2012 e 130/2012, do Ministério da Fazenda, que atualizaram os valores para R$ 20.000,00. Asseverou que, por se tratar de normas mais benéficas aos réus, deveriam ser imediatamente aplicadas, nos termos do art. 5º, XL, da CF. Aduziu que, nesses julgados, além de o valor correspondente ao não recolhimento dos tributos ser inferior àquele estabelecido pelo Ministério da Fazenda, a aplicação do princípio da bagatela seria possível porque não haveria reiteração criminosa ou introdução, no País, de produto que pudesse causar dano à saúde. Os Ministros Teori Zavascki e Cármen Lúcia concederam a ordem com ponderações. O Ministro Teori Zavascki salientou o fato de portaria haver autorizado e dobrado o valor da dispensa de execução. A Ministra Cármen Lúcia observou que "habeas corpus" não seria instrumento hábil a apurar valores.
HC 120620/RS e HC 121322/PR, rel. Min. Ricardo Lewandowski, 18.2.2014. (HC-120620) (Inform. STF 739)

HC N. 115.423-SP
RELATOR: MIN. ROBERTO BARROSO
Ementa: HABEAS CORPUS ORIGINÁRIO IMPETRADO CONTRA ACÓRDÃO QUE NEGOU PROVIMENTO A AGRAVO REGIMENTAL EM RECURSO ESPECIAL. ATIVIDADE CLANDESTINA DE TELECOMUNICAÇÕES. HABITUALIDADE. EMISSORA CLANDESTINA QUE INTERFERE NO TRÁFEGO AÉREO. INAPLICABILIDADE DO PRINCÍPIO DA INSIGNIFICÂNCIA PENAL. ORDEM DENEGADA. 1. O acórdão impugnado está em conformidade com a jurisprudência de ambas as Turmas do Supremo Tribunal Federal no sentido de que "*o uso clandestino e habitual de serviços de telecomunicações amolda-se ao tipo penal do art. 183 da Lei 9.472/1997*" (HC 115.137, Rel. Min. Luiz Fux, Primeira Turma). Precedentes. 2. Constatado pelas instâncias de origem que a rádio clandestina operada pelo paciente estava interferindo no tráfego aéreo, não é possível a adoção do princípio da insignificância penal. 3. Violação do bem jurídico tutelado pela norma incriminadora. Precedente: HC 119.979, Rel.ª Min.ª Rosa Weber. 3. Ordem denegada. (Inform. STF 739)

Princípio da insignificância e rádio comunitária de baixa potência
A 2ª Turma iniciou julgamento de *habeas corpus* em que se discute a aplicação do princípio da insignificância ao crime descrito no art. 183 da Lei 9.472/1997 (desenvolver clandestinamente atividade de telecomunicação). No caso, o juízo de 1º grau aplicara o referido postulado por não haver prova pericial que constatasse *in loco* que a rádio comunitária operara com potência efetiva radiada acima do limite de segurança. Dessa forma, considerara que o desvalor — insegurança — não estaria comprovado, e essa prova seria essencial para constatação do fato típico. Contra essa decisão, fora interposto recurso em sentido estrito para o TRF, que, provido, determinara o recebimento da denúncia. O STJ mantivera esse entendimento. A Ministra Cármen Lúcia, relatora, deu provimento ao recurso para conceder a ordem e restabelecer a rejeição da denúncia proferida pelo juízo. Ressaltou que a incidência do princípio da insignificância faria com que o tipo formal e objetivamente descrito na norma não incidisse no caso. Afirmou que, para os efeitos de aplicação da lei penal, seria necessário haver lesão aos bens penalmente tutelados, o que não teria ocorrido na espécie. Considerou, entretanto, que o Poder Público poderia ter outro tipo de atuação, como, por exemplo, a via administrativa. Em divergência, o Ministro Teori Zavascki negou provimento ao recurso. Consignou que a falta de prova de a rádio comunitária interferir, ou não, na segurança não seria motivo para rejeitar a denúncia por insignificância. Destacou que essa prova poderia e deveria ser realizada no curso da ação penal. Depois do voto do Ministro Teori Zavascki, pediu vista o Ministro Gilmar Mendes. RHC 119123/MG, rel. Min. Cármen Lúcia, 4.2.2014. (RHC-119123) (Inform. STF 734)

Princípio da insignificância e rádio comunitária de baixa potência - 2
Em conclusão de julgamento, a 2ª Turma, por maioria, proveu recurso ordinário em *habeas corpus* para conceder a ordem e restabelecer a rejeição da denúncia proferida pelo juízo de origem. No caso, o magistrado de 1º grau aplicara o princípio da insignificância ao crime descrito no art. 183 da Lei 9.472/1997 (desenvolver clandestinamente atividade de telecomunicação), por não haver prova pericial que constatasse, *in loco*, que a rádio comunitária operara com potência efetiva radiada acima do limite de segurança. Dessa forma, o magistrado considerara que o desvalor — insegurança — não estaria demonstrado, e essa prova seria essencial para constatação do fato típico. Contra essa decisão, fora interposto recurso em sentido estrito para o TRF que, provido, determinara o recebimento da denúncia. O STJ mantivera esse entendimento — v. Informativo 734. A Turma assentou a ausência, na espécie, de comprovação da materialidade delitiva da infração penal. Ressaltou que não teria sido constatada a lesão aos bens jurídicos penalmente tutelados. Considerou, entretanto, que o Poder Público poderia ter outro tipo de atuação, como, por exemplo, a via administrativa. Vencidos os Ministros Teori Zavascki e Gilmar Mendes, que negavam provimento ao recurso. O primeiro consignava que a falta de elementos que comprovassem que a rádio comunitária interferia, ou não, na segurança não seria motivo para rejeitar a denúncia por insignificância. Destacava que essa prova poderia e deveria ser realizada no curso da ação penal. O Ministro Gilmar Mendes aduzia que a instalação de estação clandestina de radiofrequência, sem autorização do órgão competente, seria suficiente para comprometer a regularidade do sistema de telecomunicações. Sublinhava que o legislador buscara tutelar a segurança dos meios de comunicação, especialmente para evitar interferência em diversos sistemas como, por exemplo, o aéreo. Assim, seria prescindível a comprovação de prejuízo efetivo para a consumação do delito.
RHC 119123/MG, rel. Min. Cármen Lúcia, 11.3.2014. (RHC-119123) (Inform. STF 738)

HC N. 120.550-PR
RELATOR: MIN. ROBERTO BARROSO
Ementa: *habeas corpus*. Importação fraudulenta de cigarros. Contrabando. 1. A importação clandestina de cigarros estrangeiros caracteriza crime de contrabando e não de descaminho. Precedentes. 2. A jurisprudência do Supremo Tribunal Federal não admite a aplicação do princípio da insignificância ao delito de contrabando. 3. *Habeas corpus* denegado. (Inform. STF 735)

RHC N. 111.749-RS
RELATOR: MIN. LUIZ FUX
Ementa: PENAL E PROCESSUAL PENAL. HABEAS CORPUS SUBSTITUTIVO DE RECURSO ORDINÁRIO CONSTITUCIONAL. COMPETÊNCIA DO SUPREMO TRIBUNAL FEDERAL PARA JULGAR HABEAS CORPUS: CF. ART. 102, I, "D" E "I". ROL TAXATIVO. MATÉRIA DE DIREITO ESTRITO. INTERPRETAÇÃO EXTENSIVA: PARADOXO. ORGANICIDADE DO DIREITO. FURTO QUALIFICADO PELO ABUSO DE CONFIANÇA (ART. 155, § 4°, II, DO CP). PRINCÍPIO DA INSIGNIFICÂNCIA. INAPLICABILIDADE. ORDEM DE HABEAS CORPUS EXTINTA POR INADEQUAÇÃO DA VIA ELEITA.
1. A subtração da coisa alheia após dissimulado pedido de empréstimo da res, caracteriza estelionato, que difere do furto mediante fraude (art. 155, § 4°, II, do CP), porquanto o ardil, nessa hipótese, é utilizado para afastar a vigilância da res furtiva.
2. O estelionato caracteriza-se exatamente pela obtenção de vantagem ilícita, em prejuízo alheio, induzindo ou mantendo alguém em erro, mediante artifício, ardil ou qualquer outro meio fraudulento.
3. Destarte, no caso sub judice, o paciente foi denunciado como incurso nas sanções do artigo 155, § 4°, inciso II, do Código Penal, por, supostamente, ter se valido da confiança da vítima – que lhe emprestou o celular – para subtrair o aparelho, avaliado em R$ 100,00 (cem reais), sendo certo que o crime de furto apenas não se consumou porque a polícia foi acionada.
4. Deveras, a emendatio libeli no juízo a quo proporcionará ao réu apresentar defesa sem prejuízo.
5. A aplicação do princípio da insignificância deve ser precedida de criteriosa análise de cada caso, a fim de evitar que sua adoção indiscriminada constitua verdadeiro incentivo à prática de pequenos delitos patrimoniais.
6. O princípio da insignificância incide quando presentes, cumulativamente, as seguintes condições objetivas: (a) mínima ofensividade da conduta do agente, (b) nenhuma periculosidade social da ação, (c) grau reduzido de reprovabilidade do comportamento, e (d) inexpressividade da lesão jurídica provocada;
7. O valor da res furtiva não pode ser o único parâmetro a ser avaliado, devendo ser analisadas as circunstâncias do fato para decidir-se sobre seu efetivo enquadramento na hipótese de crime de bagatela, bem assim o reflexo da conduta no âmbito da sociedade.
9. O legislador ordinário, ao qualificar a conduta incriminada, apontou o grau de afetação social do crime, de sorte que a relação existente entre o texto e o contexto (círculo hermenêutico) não pode conduzir o intérprete à inserção de uma norma não abrangida pelos signos do texto legal.
10. A conduta do paciente, in casu, não pode ser considerada atípica, uma vez que o paciente praticou o furto valendo-se da confiança da vítima, tendo em vista que, ardilosamente, pediu-lhe emprestado o aparelho celular, alegando que estava com problemas em seu caminhão e que, portanto, necessitava entrar em contato com um mecânico.
11. Eventual atipicidade material da conduta poderá vir a ser reconhecida ao final da instrução criminal, momento oportuno à verificação de sua ocorrência.
12. A competência originária do Supremo Tribunal Federal para conhecer e julgar habeas corpus está definida, taxativamente, no artigo 102, inciso I, alíneas "d" e "i", da Constituição Federal, sendo certo que os pacientes não estão arrolados em nenhuma das hipóteses sujeitas à jurisdição desta Corte.
13. Inexiste, no caso, excepcionalidade que justifique a concessão, ex officio, da ordem, porquanto inaplicável o princípio da insignificância na hipótese sub examine.
13. Ordem de habeas corpus extinta por inadequação da via eleita. (Inform. STF 707)

Princípio da insignificância e reiteração criminosa
Em conclusão, a 2ª Turma, por maioria, denegou ordem de habeas corpus, ao reconhecer, na espécie, a inaplicabilidade do princípio da insignificância ante a reprovabilidade e ofensividade da conduta do agente. O paciente, condenado pela prática de furto simples tentado, alegava a inexpressividade do valor do bem. Apontou-se que o reconhecimento da insignificância não poderia levar em conta apenas a expressão econômica da lesão. Ressaltou-se que o paciente possuiria acentuada periculosidade e faria do crime o seu meio de vida, a apostar na impunidade. Frisou-se que seria nesse contexto que se deveria avaliar a censurabilidade da conduta e não apenas na importância econômica dos bens subtraídos. Vencidos os Ministros Gilmar Mendes e Celso de Mello, que concediam a ordem. Asseveravam ser certo não bastar apenas o ínfimo valor das coisas furtadas. Consignavam, contudo, que, embora o paciente tivesse registro de inquéritos policiais e ações penais, não haveria condenação penal transitada em julgado. Pontuavam que esse fato não seria suficiente a atribuir ao paciente o caráter de agente criminoso ou de alguém que fizesse do crime prática reiterada e habitual, considerada a presunção constitucional de inocência que a todos beneficiaria.
HC 114340/ES, rel. Min. Ricardo Lewandowski, 14.5.2013. (HC-114340) (Inform. STF 706)

HC N. 115.869-RS
RELATOR: MIN. DIAS TOFFOLI
Habeas corpus. Processual Penal. Descaminho (CP, art. 334, § 1°, d). Trancamento da ação penal. Pretensão à aplicação do princípio da insignificância. Contumácia na conduta. Não cabimento. Ausência de constrangimento ilegal. Ordem denegada.
1. Embora seja reduzida a expressividade financeira do tributo omitido ou sonegado pelo paciente, não é possível acatar a tese de irrelevância material da conduta por ele praticada, tendo em vista ser ela uma prática habitual na sua vida pregressa, o que demonstra ser ele um infrator contumaz e com personalidade voltada à prática delitiva, ainda que, formalmente, não se possa reconhecer, na espécie, a existência da reincidência.
2. Conforme a jurisprudência da Corte, "o reconhecimento da insignificância material da conduta increpada ao paciente serviria muito mais como um deletério incentivo ao cometimento de novos delitos do que propriamente uma injustificada mobilização do Poder Judiciário" (HC n° 96.202/RS, Primeira Turma, Relator o Ministro Ayres Britto, DJe de 28/5/10).
3. Ordem denegada. (Inform. STF 705)

Princípio da insignificância e rádio clandestina
A 2ª Turma denegou *habeas corpus* no qual se requeria o trancamento da ação penal pelo reconhecimento da aplicação do princípio da insignificância à conduta de operar de forma clandestina rádios com frequência máxima de 25W. No caso, o paciente fora condenado pelo delito de atividade clandestina de telecomunicações (Lei 9.472/97, art. 183). Entendeu-se que a conduta perpetrada pelo réu conteria elevado coeficiente de danosidade, já que comprovado, por laudo da Anatel, clara interferência à segurança do tráfego aéreo com eventuais sequências catastróficas. Destacou-se que estaria ausente um dos elementos necessários para a incidência do aludido postulado, qual seja, a indiferença penal do fato. **HC 111518/DF, rel. Min. Cármen Lúcia, 5.2.2013. (HC-111518)** (Inform. STF 694).

Rádio comunitária clandestina e princípio da insignificância
Ante as circunstâncias do caso concreto, a 2ª Turma, por maioria, aplicou o princípio da insignificância e concedeu *habeas corpus* impetrado em favor de denunciado por supostamente operar rádio comunitária sem autorização legal. Destacou-se que perícia efetuada pela Agência Nacional de Telecomunicações - Anatel atestaria que o serviço de rádio difusão utilizado não teria capacidade de causar interferência nos demais meios de comunicação, que permaneceriam incólumes. Enfatizou-se que aquela emissora operaria com objetivos de evangelização e prestação de serviços sociais, do que decorreria ausência de periculosidade social e de reprovabilidade da conduta além de inexpressividade de lesão jurídica. Restabeleceu-se decisão de 1° grau, que trancara ação penal sem prejuízo da apuração dos

fatos atribuídos ao paciente na esfera administrativa. Vencido o Min. Teori Zavascki que denegava a ordem. Entendia que, na espécie, a incidência desse princípio significaria a descriminalização da própria conduta tipificada como crime. **HC 115729/BA, rel. Min. Ricardo Lewandowski, 18.12.2012. (HC-115729)** (Inform. STF 693).

Princípio da insignificância e concurso de pessoas
A 2ª Turma, por maioria, denegou *habeas corpus* em que pleiteada a aplicação do princípio da insignificância em favor de condenado pela prática do delito de furto qualificado mediante concurso de pessoas (CP, art. 155, § 4º, IV). A defesa alegava a irrelevância da lesão patrimonial sofrida pela vítima, que seria da ordem de R$ 80,00. Entendeu-se que, conquanto o bem fosse de pequeno valor, o paciente teria cometido o crime em concurso de agentes, portanto sua culpabilidade e a periculosidade do fato seriam maiores. Destacou-se que o paciente seria acusado de diversos delitos contra o patrimônio e contra a pessoa, além de já ter condenação por tráfico de entorpecentes. Vencido o Min. Gilmar Mendes, que concedia a ordem. Sublinhava que, a despeito de haver participação de outra pessoa no furto, o montante seria pouco expressivo, bem como não teria havido violência ou qualquer outro meio para que se efetuasse a subtração. **HC 112103/MG, rel. Min. Ricardo Lewandowski, 21.8.2012**. (HC-112103) (Inform. STF 676)

Princípio da insignificância e crime ambiental
A 2ª Turma, por maioria, concedeu *habeas corpus* para aplicar o princípio da insignificância em favor de condenado pelo delito descrito no art. 34, *caput,* parágrafo único, II, da Lei 9.605/98 (*"Art. 34: Pescar em período no qual a pesca seja proibida ou em lugares interditados por órgão competente: ... Parágrafo único. Incorre nas mesmas penas quem: ... II - pesca quantidades superiores às permitidas, ou mediante a utilização de aparelhos, petrechos, técnicas e métodos não permitidos"*). No caso, o paciente fora flagrado ao portar 12 camarões e rede de pesca fora das especificações da Portaria 84/2002 do IBAMA. Prevaleceu o voto do Min. Cezar Peluso, que reputou irrelevante a conduta em face do número de espécimes encontrados na posse do paciente. O Min. Gilmar Mendes acresceu ser evidente a desproporcionalidade da situação, porquanto se estaria diante de típico crime famélico. Asseverou que outros meios deveriam reprimir este tipo eventual de falta, pois não seria razoável a imposição de sanção penal à hipótese. Vencido o Min. Ricardo Lewandowski, que denegava a ordem, tendo em conta a objetividade da lei de defesa do meio ambiente. Esclarecia que, apesar do valor do bem ser insignificante, o dispositivo visaria preservar a época de reprodução da espécie que poderia estar em extinção. Ressaltava que o paciente teria reiterado essa prática, embora não houvesse antecedente específico nesse sentido. **HC 112563/SC, rel. orig. Min. Ricardo Lewandowski, red. p/ o acórdão Min. Cezar Peluso, 21.8.2012**. (HC-112563) (Inform. STF 676)

Princípio da insignificância e furto - 1
A 1ª Turma indeferiu, em julgamento conjunto, *habeas corpus* nos quais se postulava trancamento de ação penal em virtude de alegada atipicidade material da conduta. Ademais, cassou-se a liminar anteriormente deferida em um deles (HC 110932/RS). Tratava-se, no HC 109183/RS, de condenado por furtar, com rompimento de obstáculo, bens avaliados em R$ 45,00, equivalente a 30% do salário mínimo vigente à época. No HC 110932/RS, de acusado por, supostamente, subtrair, mediante concurso de pessoas, bicicleta estimada em R$ 128,00, correspondente a 50% do valor da cesta básica da capital gaúcha em outubro de 2008. Mencionou-se que o Código Penal, no art. 155, § 2º, ao se referir ao pequeno valor da coisa furtada, disciplinaria critério de fixação da pena – e não de exclusão da tipicidade –, quando se tratasse de furto simples. Consignou-se que o princípio da insignificância não haveria de ter como parâmetro tão só o valor da *res furtiva,* devendo ser analisadas as circunstâncias do fato e o reflexo da conduta do agente no âmbito da sociedade, para decidir sobre seu efetivo enquadramento na hipótese de crime de bagatela. Discorreu-se que o legislador ordinário, ao qualificar a conduta incriminada, teria apontado o grau de afetação social do crime, de sorte que a relação existente entre o texto e o contexto – círculo hermenêutico – não poderia conduzir o intérprete à inserção de norma não abrangida pelos signos do texto legal. Assinalou-se que, consectariamente, as condutas imputadas aos autores não poderiam ser consideradas como inexpressivas ou de menor afetação social, para fins penais, adotando-se a tese de suas atipicidades em razão do valor dos bens subtraídos. **HC 109183/RS, rel. Min. Luiz Fux, 12.6.2012**. (HC-109183), **HC 110932/RS, rel. Min. Luiz Fux, 12.6.2012**. (HC-110932)

Princípio da insignificância e furto - 2
O Min. Luiz Fux, relator, ponderou que não se poderia entender atípica figura penal que o Código assentasse típica, porquanto se atuaria como legislador positivo. Aduziu que, por menor, ou maior, que fosse o direito da parte, seria sempre importante para aquela pessoa que perdera o bem. Aludiu à solução com hermenêutica legal. O Min. Marco Aurélio complementou que a atuação judicante seria vinculada ao direito posto. Enfatizou haver balizamento em termos de reprimenda no próprio tipo penal. Admoestou que o furto privilegiado da primariedade do agente e, na insignificância, esta poderia ser colocada em segundo plano. O Min. Dias Toffoli subscreveu a conclusão do julgamento, tendo em conta as circunstâncias específicas de cada caso. Ante as particularidades das situações em jogo, a Min. Rosa Weber, acompanhou o relator, porém sem adotar a fundamentação deste. Vislumbrava que o Direito Penal não poderia – haja vista os princípios da interferência mínima do Estado e da fragmentariedade – atuar em certas hipóteses. **HC 109183/RS, rel. Min. Luiz Fux, 12.6.2012**. (HC-109183), **HC 110932/RS, rel. Min. Luiz Fux, 12.6.2012**. (HC-110932) (Inform. STF 670)

Receptação: princípio da insignificância e suspensão condicional do processo
O princípio da insignificância, bem como o benefício da suspensão condicional do processo (Lei 9.099/95, art. 89) não são aplicáveis ao delito de receptação qualificada (CP, art. 180, § 1º). Com base nesse entendimento, a 2ª Turma conheceu, em parte, de *habeas corpus* e, nessa extensão, indeferiu a ordem impetrada em favor de denunciado pela suposta prática do crime de receptação qualificada por haver sido encontrado em sua farmácia medicamento destinado a fundo municipal de saúde. Frisou-se que a pena mínima cominada ao tipo penal em questão seria superior a um ano de reclusão, o que afastaria o instituto da suspensão condicional do processo. **HC 105963/PE, rel. Min. Celso de Mello, 24.4.2012**.(HC-105963) (Inform. STF 663)

Princípio da insignificância e furto qualificado
A 1ª Turma, por maioria, denegou *habeas corpus* em que se requeria a incidência do princípio da insignificância em favor de condenado por tentativa de furto qualificado de impressora avaliada em R$ 250,00. Destacou-se não ser de bagatela o valor do objeto em comento, consistente em dois terços do salário mínimo vigente à época. Vencida a Min. Rosa Weber, que deferia o *writ* ante a ausência de tipicidade penal. Salientava, ainda, desconsiderar aspectos vinculados à culpabilidade, à vida pregressa ou à reincidência na análise da aplicação desse postulado. **HC 108330/RS, rel. Min. Dias Toffoli, 20.3.2012**. (HC-108330) (Inform. STF 659)

Porte de entorpecente e princípio da insignificância
Ao aplicar o princípio da insignificância, a 1ª Turma concedeu *habeas corpus* para trancar procedimento penal instaurado contra o réu e invalidar todos os atos processuais, desde a denúncia até a condenação, por ausência de tipicidade material

da conduta imputada. No caso, o paciente fora condenado, com fulcro no art. 28, *caput*, da Lei 11.343/2006, à pena de 3 meses e 15 dias de prestação de serviços à comunidade por portar 0,6 g de maconha. Destacou-se que a incidência do postulado da insignificância, de modo a tornar a conduta atípica, exigiria o preenchimento concomitante dos seguintes requisitos: mínima ofensividade da conduta do agente; nenhuma periculosidade social da ação; reduzido grau de reprovabilidade do comportamento; e inexpressividade da lesão jurídica provocada. Consignou-se que o sistema jurídico exigiria considerar a relevantíssima circunstância de que a privação da liberdade e a restrição de direitos do indivíduo somente se justificariam quando estritamente necessárias à própria proteção das pessoas, da sociedade e de outros bens jurídicos que lhes fossem essenciais, notadamente naqueles casos em que os valores penalmente tutelados se expusessem a dano, efetivo ou potencial, impregnado de significativa lesividade. Deste modo, o direito penal não deveria se ocupar de condutas que produzissem resultados cujo desvalor – por não importar em lesão significativa a bens jurídicos relevantes – não representaria, por isso mesmo, expressivo prejuízo, seja ao titular do bem jurídico tutelado, seja à integridade da própria ordem social. **HC 110475/SC, rel. Min. Dias Toffoli, 14.2.2012.** (HC-110475) (Inform. STF 655)

Contrabando e princípio da insignificância
A 2ª Turma denegou *habeas corpus* em que se requeria a aplicação do princípio da insignificância em favor de pacientes surpreendidos ao portarem cigarros de origem estrangeira desacompanhados de regular documentação. De início, destacou-se a jurisprudência do STF no sentido da incidência do aludido postulado em casos de prática do crime de descaminho, quando o valor sonegado não ultrapassar o montante de R$ 10.000,00 (Lei 10.522/2002, art. 20). Em seguida, asseverou-se que a conduta configuraria contrabando, uma vez que o objeto material do delito em comento tratar-se-ia de mercadoria proibida. No entanto, reputou-se que não se cuidaria de, tão somente, sopesar o caráter pecuniário do imposto sonegado, mas, principalmente, de tutelar, entre outros bens jurídicos, a saúde pública. Por fim, consignou-se não se aplicar, à hipótese, o princípio da insignificância, pois neste tipo penal o desvalor da ação seria maior. O Min. Celso de Mello destacou a aversão da Constituição quanto ao tabaco, conforme disposto no seu art. 220, § 4º, a permitir que a lei impusesse restrições à divulgação publicitária. **HC 110964/SC, rel. Min. Gilmar Mendes, 7.2.2012.** (HC-110964) (Inform. STF 654)

DIREITO PENAL. PARÂMETRO PARA APLICAÇÃO DO PRINCÍPIO DA INSIGNIFICÂNCIA AO CRIME DE DESCAMINHO.
O valor de R$ 20 mil fixado pela Portaria MF 75/2012 – empregado como critério para o arquivamento, sem baixa na distribuição, das execuções fiscais de débitos inscritos na Dívida Ativa da União – não pode ser utilizado como parâmetro para fins de aplicação do princípio da insignificância aos crimes de descaminho. Inicialmente, importante ressaltar que o entendimento, tanto do STF quanto do STJ (REsp 1.112.748-TO, julgado sob o rito do art. 543-C do CPC, DJe 13/10/2009), tem sido o de que incide o princípio da insignificância no crime de descaminho quando o valor dos tributos iludidos não ultrapassar o montante de R$ 10 mil, valor este fixado pela Lei 10.522/2002 para servir como piso para arquivamento, sem baixa nos autos, de execuções fiscais. Mais recentemente, o Ministério da Fazenda editou a Portaria MF 75/2012, a qual elevou o valor de arquivamento para R$ 20 mil. Desde então, o STF tem, em alguns de seus julgados, empregado o referido patamar para reconhecer a aplicação do princípio da insignificância ao descaminho, quando o valor dos tributos iludidos não ultrapassar o montante de R$ 20 mil. Não obstante esse entendimento, importante analisar a validade formal da elevação do parâmetro pela Portaria MF 75/2012. Nesse passo, ressalte-se que, atualmente, com o advento da Lei 10.522/2002, o Ministro da Fazenda possui autonomia tão somente para estabelecer o cronograma, determinando as prioridades e as condições a serem obedecidas quando forem remetidos os débitos passíveis de inscrição em Dívida Ativa da União e cobrança judicial pela Procuradoria da Fazenda Nacional. A lei não previu a competência para que o Ministro da Fazenda, por meio de portaria, altere o valor fixado como parâmetro para arquivamento de execução fiscal, sem baixa na distribuição. Com isso, a alteração do valor para arquivamento de execução fiscal só pode ser realizada por meio de lei, não sendo a referida portaria, portanto, meio normativo válido para esse fim. Ademais, da leitura da aludida portaria, extrai-se que o valor foi estabelecido para orientar a ação em sede executivo-fiscal, com base apenas no custo benefício da operação; claramente, portanto, como uma opção de política econômico-fiscal. Em vista disso, importante ponderar: pode-se aceitar que o Poder Judiciário se veja limitado por parâmetro definido por autoridade do Poder Executivo, estabelecido unicamente por critérios de eficiência, economicidade, praticidade e as peculiaridades regionais e/ou do débito? Afigura-se inusitada a compreensão de que o Ministro da Fazenda, por meio de portaria, ao alterar o patamar de arquivamento de execuções fiscais de débitos com a Fazenda Pública, determine o rumo da jurisdição criminal de outro Poder da República. Por fim, não há como aplicar os princípios da fragmentariedade e da subsidiariedade do Direito Penal ao caso analisado. O caráter fragmentário orienta que o Direito Penal só pode intervir quando se trate de tutelar bens fundamentais e contra ofensas intoleráveis; já o caráter subsidiário significa que a norma penal exerce uma função meramente suplementar da proteção jurídica em geral, só valendo a imposição de suas sanções quando os demais ramos do Direito não mais se mostrem eficazes na defesa dos bens jurídicos. Os referidos princípios penais ganhariam relevo se o atuar do Direito Administrativo eliminasse a lesão ao erário, e não na situação ora analisada, em que, por opção decorrente da confessada ineficiência da Procuradoria da Fazenda Nacional, queda-se inerte a Administração Pública quanto ao seu dever de cobrar judicialmente os tributos iludidos. **REsp 1.393.317-PR, Rel. Min. Rogerio Schietti Cruz, julgado em 12/11/2014. (Inform. STJ 551)**

DIREITO PENAL. CONTRABANDO DE ARMA DE PRESSÃO E IMPOSSIBILIDADE DE APLICAÇÃO DO PRINCÍPIO DA INSIGNIFICÂNCIA.
Configura contrabando – e não descaminho – importar, à margem da disciplina legal, arma de pressão por ação de gás comprimido ou por ação de mola, ainda que se trate de artefato de calibre inferior a 6 mm, não sendo aplicável, portanto, o princípio da insignificância, mesmo que o valor do tributo incidente sobre a mercadoria seja inferior a R$ 10 mil. Na situação em análise, não se aplica o entendimento – firmado para os casos de descaminho – de que incide o princípio da insignificância quando o valor do tributo elidido for inferior a R$ 10 mil (REsp 1.112.748-TO, Terceira Seção, DJe 13/10/2009). Com efeito, nos casos de contrabando (importação ou exportação de mercadoria proibida), em que, para além da sonegação de tributos, há lesão moral, higiene, segurança e saúde pública, não há como excluir a tipicidade material da conduta à vista do valor da evasão fiscal. No caso, embora não haja proibição absoluta de entrada no território nacional de arma de pressão, há inequívoca proibição relativa, haja vista se tratar de produto que se submete a rigorosa normatização federal de controle de comercialização e importação. De fato, conquanto armas de pressão por ação de gás comprimido ou por ação de mola de calibre inferior a 6 mm sejam de uso permitido (art. 17 do Regulamento para a Fiscalização de Produtos Controlados – R-105, aprovado pelo Decreto 3.665/2000), a sua venda e a sua importação são controladas. No caso de importação, a aquisição da arma de pressão está sujeita a autorização prévia da Diretoria de Fiscalização de Produtos Controlados do Exército Brasileiro (art. 11, § 2º, da Portaria 6/2007 do Ministério da Defesa) e é restrita aos colecionadores, atiradores e caçadores registrados no Exército (art. 11, § 3º, da citada portaria), submetendo-se,

ainda, às normas de importação e de desembaraço alfandegário previstas no Regulamento para a Fiscalização de Produtos Controlados (R-105), aprovado pelo Decreto 3.665/2000. Nessa linha, por não estar a questão limitada ao campo da tributação, destaca-se que a jurisprudência do STJ nega aplicação do princípio da insignificância em sede de importação de produtos que, embora permitidos, submetem-se a proibição relativa – como, por exemplo, certos produtos agrícolas, cigarros, gasolina etc. (AgRg no AREsp 520.289-PR, Quinta Turma, DJe 2/9/2014; e AgRg no AREsp 327.927-PR, Quinta Turma, DJe 14/8/2014). **REsp 1.427.796-RS**, Rel. Min. Maria Thereza De Assis Moura, julgado em 14/10/2014. (Inform. STJ 551)

DIREITO PENAL. HIPÓTESE DE APLICAÇÃO DO PRINCÍPIO DA INSIGNIFICÂNCIA.
Aplica-se o princípio da insignificância à conduta formalmente tipificada como furto tentado consistente na tentativa de subtração de chocolates, avaliados em R$ 28,00, pertencentes a um supermercado e integralmente recuperados, ainda que o réu tenha, em seus antecedentes criminais, registro de uma condenação transitada em julgado pela prática de crime da mesma natureza. A intervenção do Direito Penal há de ficar reservada para os casos realmente necessários. Para o reconhecimento da insignificância da ação, não se pode levar em conta apenas a expressão econômica da lesão. Todas as peculiaridades do caso concreto devem ser consideradas, como, por exemplo, o grau de reprovabilidade do comportamento do agente, o valor do objeto, a restituição do bem, a repercussão econômica para a vítima, a premeditação, a ausência de violência e o tempo do agente na prisão pela conduta. Nem a reincidência nem a reiteração criminosa, tampouco a habitualidade delitiva, são suficientes, por si sós e isoladamente, para afastar a aplicação do denominado princípio da insignificância. Nesse contexto, não obstante a certidão de antecedentes criminais indicar uma condenação transitada em julgado em crime de mesma natureza, na situação em análise, a conduta do réu não traduz lesividade efetiva e concreta ao bem jurídico tutelado. Ademais, há de se ressaltar que o mencionado princípio não fomenta a atividade criminosa. São outros e mais complexos fatores que, na verdade, têm instigado a prática delitiva na sociedade moderna. **HC 299.185-SP**, Rel. Min. Sebastião Reis Júnior, julgado em 9/9/2014. (Inform. STJ 548)

DIREITO PENAL. APLICABILIDADE DO PRINCÍPIO DA INSIGNIFICÂNCIA.
Aplica-se o princípio da insignificância à conduta formalmente tipificada como furto consistente na subtração, por réu primário e sem antecedentes, de um par de óculos avaliado em R$ 200,00. A lei penal não deve ser invocada para atuar em hipóteses desprovidas de significação social, razão pela qual os princípios da insignificância e da intervenção mínima surgem para evitar situações dessa natureza, atuando como instrumentos de interpretação restrita do tipo penal. Posto isso, conveniente trazer à colação excerto de julgado do STF (HC 98.152-MG, DJ 5/6/2009), no qual foram apresentados os requisitos necessários para a aferição do relevo material da tipicidade penal: "O postulado da insignificância – que considera necessária, na aferição do relevo material da tipicidade penal, a presença de certos vetores, tais como (a) a mínima ofensividade da conduta do agente, (b) a nenhuma periculosidade social da ação, (c) o reduzidíssimo grau de reprovabilidade do comportamento e (d) a inexpressividade da lesão jurídica provocada – apoiou-se, em seu processo de formulação teórica, no reconhecimento de que o caráter subsidiário do sistema penal reclama e impõe, em função dos próprios objetivos por ele visados, a intervenção mínima do Poder Público em matéria penal". Na hipótese em análise, verifica-se a presença dos referidos vetores, de modo a atrair a incidência do princípio da insignificância. **AgRg no RHC 44.461-RS**, Rel. Min. Marco Aurélio Bellizze, julgado em 27/5/2014. (Inform. STJ 542)

DIREITO PENAL. INAPLICABILIDADE DO PRINCÍPIO DA INSIGNIFICÂNCIA NA HIPÓTESE DE REITERAÇÃO DA PRÁTICA DE DESCAMINHO.
A reiterada omissão no pagamento do tributo devido nas importações de mercadorias de procedência estrangeira impede a incidência do princípio da insignificância em caso de persecução penal por crime de descaminho (art. 334 do CP), ainda que o valor do tributo suprimido não ultrapasse o limite previsto para o não ajuizamento de execuções fiscais pela Fazenda Nacional. Com efeito, para que haja a incidência do princípio da insignificância, não basta que seja considerado, isoladamente, o valor econômico do bem jurídico tutelado, mas, também, todas as circunstâncias que envolvem a prática delitiva, ou seja, "é indispensável que a conduta do agente seja marcada por ofensividade mínima ao bem jurídico tutelado, reduzido grau de reprovabilidade, inexpressividade da lesão e nenhuma periculosidade social" (STF, HC 114.097-PA, Segunda Turma, DJe 14/4/2014). Nessa linha, o princípio da insignificância revela-se, segundo entendimento doutrinário, importante instrumento que objetiva restringir a aplicação literal do tipo formal, exigindo-se, além da contrariedade normativa, a ocorrência efetiva de ofensa relevante ao bem jurídico tutelado (tipicidade material). A par disso, se de um lado a omissão no pagamento de tributo relativo à importação de mercadorias é suportada como irrisória pelo Estado, nas hipóteses em que uma conduta omissiva do agente (um deslize) não ultrapasse o valor de R$ 10 mil, de outro lado não se pode considerar despida de lesividade (sob o aspecto valorativo) a conduta de quem, reiteradamente, omite o pagamento de tributos sempre em valor abaixo da tolerância estatal, amparando-se na expectativa sincera de inserir-se nessa hipótese de exclusão da tipicidade. Nessas circunstâncias, o desvalor da ação suplanta o desvalor do resultado, rompendo-se, assim, o equilíbrio necessário para a perfeita adequação do princípio bagatelar, principalmente se considerada a possibilidade de que a aplicação desse instituto, em casos de reiteração na omissão do pagamento de tributos, serve, ao fim, como verdadeiro incentivo à prática do descaminho. Desse modo, quanto à aplicação do princípio da insignificância é preciso considerar que, "se de um lado revela-se evidente a necessidade e a utilidade da consideração da insignificância, de outro é imprescindível que sua aplicação se dê de maneira criteriosa. Isso para evitar que a tolerância estatal vá além dos limites do razoável em função dos bens jurídicos envolvidos. Em outras palavras, todo cuidado é preciso para que o princípio não seja aplicado de forma a estimular condutas atentatórias aos legítimos interesses dos supostos agentes passivos e da sociedade" (STJ, AgRg no REsp 1.406.355-RS, Quinta Turma, DJe 7/4/2014). Ante o exposto, a reiteração na prática de supressão ou de elisão de pagamento de tributos justifica a continuidade da persecução penal. Precedente citado do STJ: RHC 41.752-PR, Sexta Turma, DJe 7/4/2014. Precedente citado do STF: HC 118.686-PR, Primeira Turma, DJe 3/12/2013. **RHC 31.612-PB**, Rel. Min. Rogerio Schietti Cruz, julgado em 20/5/2014. (Inform. STJ 541)

DIREITO PENAL. INAPLICABILIDADE DO PRINCÍPIO DA INSIGNIFICÂNCIA AO CRIME DE PORTE DE SUBSTÂNCIA ENTORPECENTE PARA CONSUMO PRÓPRIO.
Não é possível afastar a tipicidade material do porte de substância entorpecente para consumo próprio com base no princípio da insignificância, ainda que ínfima a quantidade de droga apreendida. A despeito da subsunção formal de determinada conduta humana a um tipo penal, é possível se vislumbrar atipicidade material da referida conduta, por diversos motivos, entre os quais a ausência de ofensividade penal do comportamento em análise. Isso porque, além da adequação típica formal, deve haver uma atuação seletiva, subsidiária e fragmentária do Direito Penal, conferindo-se maior relevância à proteção de valores tidos como indispensáveis à ordem social, a exemplo da vida, da liberdade, da propriedade, do patrimônio, quando efetivamente ofendidos. A par disso, frise-se que o porte

ilegal de drogas é crime de perigo abstrato ou presumido, visto que prescinde da comprovação da existência de situação que tenha colocado em risco o bem jurídico tutelado. Assim, para a caracterização do delito descrito no art. 28 da Lei 11.343/2006, não se faz necessária a ocorrência de efetiva lesão ao bem jurídico protegido, bastando a realização da conduta proibida para que se presuma o perigo ao bem tutelado. Isso porque, ao adquirir droga para seu consumo, o usuário realimenta o comércio ilícito, contribuindo para difusão dos tóxicos. Ademais, após certo tempo e grau de consumo, o usuário de drogas precisa de maiores quantidades para atingir o mesmo efeito obtido quando do início do consumo, gerando, assim, uma compulsão quase incontrolável pela próxima dose. Nesse passo, não há como negar que o usuário de drogas, ao buscar alimentar o seu vício, acaba estimulando diretamente o comércio ilegal de drogas e, com ele, todos os outros crimes relacionados ao narcotráfico: homicídio, roubo, corrupção, tráfico de armas etc. O consumo de drogas ilícitas é proibido não apenas pelo mal que a substância faz ao usuário, mas, também, pelo poder que o consumidor dessas gera à sociedade. Essa ilação é corroborada pelo expressivo número de relatos de crimes envolvendo violência ou grave ameaça contra pessoa, associados aos efeitos do consumo de drogas ou à obtenção de recursos ilícitos para a aquisição de mais substância entorpecente. Portanto, o objeto jurídico tutelado pela norma em comento é a saúde pública, e não apenas a saúde do usuário, visto que sua conduta atinge não somente a sua esfera pessoal, mas toda a coletividade, diante da potencialidade ofensiva do delito de porte de entorpecentes. Além disso, a reduzida quantidade de drogas integra a própria essência do crime de porte de substância entorpecente para consumo próprio, visto que, do contrário, poder-se-ia estar diante da hipótese do delito de tráfico de drogas, previsto no art. 33 da Lei 11.343/2006. Vale dizer, o tipo previsto no art. 28 da Lei 11.343/2006 esgota-se, simplesmente, no fato de o agente trazer consigo, para uso próprio, qualquer substância entorpecente que possa causar dependência, sendo, por isso mesmo, irrelevante que a quantidade de drogas não produza, concretamente, danos ao bem jurídico tutelado. Por fim, não se pode olvidar que o legislador, ao editar a Lei 11.343/2006, optou por abrandar as sanções cominadas ao usuário de drogas, afastando a possibilidade de aplicação de penas privativas de liberdade e prevendo somente as sanções de advertência, de prestação de serviços à comunidade e de medida educativa de comparecimento a programa ou curso educativo, conforme os incisos do art. 28 do referido diploma legal, a fim de possibilitar a sua recuperação. Dessa maneira, a intenção do legislador foi a de impor ao usuário medidas de caráter educativo, objetivando, assim, alertá-lo sobre o risco de sua conduta para a sua saúde, além de evitar a reiteração do delito. Nesse contexto, em razão da política criminal adotada pela Lei 11.343/2006, há de se reconhecer a tipicidade material do porte de substância entorpecente para consumo próprio, ainda que ínfima a quantidade de droga apreendida. Precedentes citados: HC 158.955-RS, Quinta Turma, DJe 30/5/2011; e RHC 34.466-DF, Sexta Turma, DJe 27/5/2013. **RHC 35.920-DF**, Rel. Min. Rogerio Schietti Cruz, julgado em 20/5/2014. (Inform. STJ 541)

DIREITO PENAL. ATIPICIDADE MATERIAL DA CONDUTA NO CRIME DE FURTO.
Aplica-se o princípio da insignificância à conduta formalmente tipificada como furto consistente na subtração, por réu primário, de bijuterias avaliadas em R$ 40 pertencentes a estabelecimento comercial e restituídas posteriormente à vítima. De início, há possibilidade de, a despeito da subsunção formal de um tipo penal a uma conduta humana, concluir-se pela atipicidade material da conduta, por diversos motivos, entre os quais a ausência de ofensividade penal do comportamento verificado. Vale lembrar que, em atenção aos princípios da fragmentariedade e da subsidiariedade, o Direito Penal apenas deve ser utilizado contra ofensas intoleráveis a determinados bens jurídicos e nos casos em que os demais ramos do Direito não se mostrem suficientes para protegê-los. Dessa forma, entende-se que o Direito penal não deve ocupar-se de bagatelas. Nesse contexto, para que o magistrado possa decidir sobre a aplicação do princípio da insignificância, faz-se necessária a ponderação do conjunto de circunstâncias que rodeiam a ação do agente para verificar se a conduta formalmente descrita no tipo penal afeta substancialmente o bem jurídico tutelado. Nessa análise, no crime de furto, avalia-se notadamente: a) o valor do bem ou dos bens furtados; b) a situação econômica da vítima; c) as circunstâncias em que o crime foi perpetrado, é dizer, se foi de dia ou durante o repouso noturno, se teve o concurso de terceira pessoa, sobretudo adolescente, se rompeu obstáculo de considerável valor para a subtração da coisa, se abusou da confiança da vítima etc.; e d) a personalidade e as condições pessoais do agente, notadamente se demonstra fazer da subtração de coisas alheias um meio ou estilo de vida, com sucessivas ocorrências (reincidente ou não). Assim, caso seja verificada a inexpressividade do comportamento do agente, fica afastada a intervenção do Direito Penal. Precedentes citados do STJ: AgRg no REsp 1.400.317-MG, Sexta Turma, DJe 13/12/2013; HC 208.770-RJ, Sexta Turma, DJe 12/12/2013. Precedentes citados do STF: HC 115.246-MG, Segunda Turma, DJe 26/6/2013; HC 109.134-RS, Segunda Turma, DJe 1º/3/2012. **HC 208.569-RJ**, Rel. Min. Rogerio Schietti Cruz, julgado em 22/4/2014. (Inform. STJ 540)

DIREITO PENAL. PRINCÍPIO DA INSIGNIFICÂNCIA NO CASO DE CRIMES RELACIONADOS A TRIBUTOS QUE NÃO SEJAM DA COMPETÊNCIA DA UNIÃO.
É inaplicável o patamar estabelecido no art. 20 da Lei 10.522/2002, no valor de R$ 10 mil, para se afastar a tipicidade material, com base no princípio da insignificância, de delitos concernentes a tributos que não sejam da competência da União. De fato, o STJ, por ocasião do julgamento do REsp 1.112.748-TO, Terceira Seção, DJe 13/10/2009, submetido à sistemática do art. 543-C do CPC, consolidou o entendimento de que deve ser aplicado o princípio da insignificância aos crimes referentes a débitos tributários que não excedam R$ 10 mil, tendo em vista o disposto no art. 20 da Lei 10.522/2002. Contudo, para a aplicação desse entendimento aos delitos tributários concernentes a tributos que não sejam da competência da União, seria necessária a existência de lei do ente federativo competente, porque a arrecadação da Fazenda Nacional não se equipara à dos demais entes federativos. Ademais, um dos requisitos indispensáveis à aplicação do princípio da insignificância é a inexpressividade da lesão jurídica provocada, que pode se alterar de acordo com o sujeito passivo, situação que reforça a impossibilidade de se aplicar o referido entendimento de forma indiscriminada à sonegação dos tributos de competência dos diversos entes federativos. Precedente citado: HC 180.993-SP, Quinta Turma, DJe 19/12/2011. **HC 165.003-SP**, Rel. Min. Sebastião Reis Júnior, julgado em 20/3/2014. (Inform. STJ 540)

DIREITO PENAL. PRINCÍPIO DA INSIGNIFICÂNCIA NO CRIME DE DESCAMINHO.
O princípio da insignificância não é aplicável ao crime de descaminho quando o valor do tributo iludido for superior a R$ 10 mil, ainda que a Portaria 75/2012 do Ministério da Fazenda tenha estabelecido o valor de R$ 20 mil como parâmetro para o não ajuizamento de execuções fiscais pela Procuradoria da Fazenda Nacional. Por um lado, o valor de R$ 10 mil fixado pelo art. 20 da Lei 10.522/2002 não foi alterado. É que portaria emanada do Poder Executivo não tem força normativa capaz de revogar ou modificar lei em sentido estrito, conforme dispõe o art. 2º da Lei 4.657/1942. Por outro lado, o patamar utilizado para a incidência do princípio da insignificância é jurisprudencial e não legal, ou seja, não foi a Lei 10.522/2002 que definiu ser insignificante, na seara penal, o descaminho de valores de até R$ 10 mil; foram os julgados dos Tribunais Superiores que definiram a utilização do referido parâmetro, que, por acaso, está expresso em lei. Não é correto, portanto, fazer uma vinculação de forma absoluta, de modo que

toda vez que for modificado o patamar para ajuizamento de execução fiscal estaria alterado o valor considerado bagatelar. Além disso, a Portaria 75/2012 do Ministério da Fazenda não proíbe de modo absoluto a cobrança de créditos inferiores a R$ 20 mil, mas o permite desde que atestado o elevado potencial de recuperabilidade do crédito ou quando se mostre – observados os critérios de eficiência, economicidade, praticidade e as peculiaridades regionais e/ou do débito – conveniente a cobrança. Desse modo, ao novo valor apresentado, agregam-se outros requisitos de cunho eminentemente subjetivo. Note-se ainda que, pela forma como redigidas as disposições da Portaria 75/2012 do Ministério da Fazenda, fica patente o intuito de se aperfeiçoar a utilização da máquina pública, visando autorizar o não ajuizamento de execução cujo gasto pode ser, naquele momento, maior que o crédito a ser recuperado. Inviável, pois, falar em valor irrisório, mas sim em estratégia de cobrança. Por fim, embora relevante a missão do princípio da insignificância na seara penal, por se tratar de critério jurisprudencial e doutrinário que incide de forma tão drástica sobre a própria tipicidade penal – ou seja, sobre a lei –, deve-se ter criterioso cuidado na sua aplicação, sob pena de se chegar ao extremo de desproteger por completo bens juridicamente tutelados pelo direito penal. **AgRg no REsp 1.406.356-PR**, Min. Marco Aurélio Bellizze, julgado em 6/2/2014. (Inform. STJ 536)

DIREITO PENAL. INAPLICABILIDADE DO PRINCÍPIO DA INSIGNIFICÂNCIA AO CONTRABANDO DE GASOLINA.
Não é aplicável o princípio da insignificância em relação à conduta de importar gasolina sem autorização e sem o devido recolhimento de tributos. Isso porque essa conduta tem adequação típica ao crime de contrabando, ao qual não se admite a aplicação do princípio da insignificância. Para se chegar a essa conclusão, cumpre diferenciar o crime de contrabando do de descaminho, ambos previstos no art. 334, caput, do CP. Contrabando é a importação ou exportação de mercadorias cuja entrada no país ou saída dele é absoluta ou relativamente proibida. Sua incriminação encontra-se na 1ª parte do art. 334, caput, do CP. O crime de descaminho, por sua vez, também conhecido como contrabando impróprio, é a fraude utilizada para iludir, total ou parcialmente, o pagamento de impostos de importação ou exportação. Em face da natureza tributária do crime de descaminho, é possível a incidência do princípio da insignificância nas hipóteses em que não houver lesão significativa ao bem jurídico penalmente tutelado. Tendo como bem jurídico tutelado a ordem tributária, entende-se que a irrisória lesão ao fisco conduz à própria atipicidade material da conduta. Diversa, entretanto, a orientação aplicável ao delito de contrabando, inclusive de gasolina, uma vez que a importação desse combustível, por ser monopólio da União, sujeita-se à prévia e expressa autorização da Agência Nacional do Petróleo, sendo concedida apenas aos produtores ou importadores. Assim, sua introdução, por particulares, em território nacional, é conduta proibida, constituindo o crime de contrabando. De fato, embora previsto no mesmo tipo penal, o contrabando afeta bem jurídico diverso, não havendo que se falar em insignificância da conduta quando o objetivo precípuo da tipificação legal é evitar o fomento de transporte e comercialização de produtos proibidos. Precedente citado do STJ: AgRg no REsp 1.278.732-RR, Quinta Turma, DJe 1º/2/2013. Precedente citado do STF: HC 116.242, Primeira Turma, DJe 16/9/2013. **AgRg no AREsp 348.408-RR**, Rel. Min. Regina Helena Costa, julgado em 18/2/2014. (Inform. STJ 536)

DIREITO PENAL. PRINCÍPIO DA INSIGNIFICÂNCIA NO CRIME DE DESCAMINHO.
O princípio da insignificância não é aplicável ao crime de descaminho quando o valor do tributo iludido for superior a R$ 10 mil, ainda que a Portaria 75/2012 do Ministério da Fazenda tenha estabelecido o valor de R$ 20 mil como parâmetro para o não ajuizamento de execuções fiscais pela Procuradoria da Fazenda Nacional. Com efeito, a Sexta Turma do STJ entende que o parâmetro para a aplicação do princípio da insignificância ao delito de descaminho não está necessariamente atrelado aos critérios fixados nas normas tributárias para o ajuizamento da execução fiscal – regido pelos critérios de eficiência, economicidade e praticidade, e não sujeito a um patamar legal absoluto –, mas decorre de construção jurisprudencial erigida a partir de medida de política criminal, em face do grau de lesão à ordem tributária que atribua relevância penal à conduta, dada a natureza fragmentária do Direito Penal. Precedentes citados: AgRg no AREsp 242.049-PR, Quinta Turma, DJe 13/12/2013; AgRg no REsp 1.384.797-RS, Quinta Turma, DJe 29/11/2013; AgRg no AREsp 321.051-PR, Sexta Turma, DJe 6/12/2013; REsp 1.334.500-PR, Sexta Turma, julgado em 26/11/2013. **AgRg no REsp 1.402.207-PR**, Rel. Min. Assusete Magalhães, julgado em 4/2/2014. (Inform. STJ 536)

DIREITO PENAL. ABSORÇÃO DOS CRIMES DE FALSIDADE IDEOLÓGICA E DE USO DE DOCUMENTO FALSO PELO DE SONEGAÇÃO FISCAL.
O crime de sonegação fiscal absorve o de falsidade ideológica e o de uso de documento falso praticados posteriormente àquele unicamente para assegurar a evasão fiscal. Após evolução jurisprudencial, o STJ passou a considerar aplicável o princípio da consunção ou da absorção quando os crimes de uso de documento falso e falsidade ideológica – crimes meio – tiverem sido praticados para facilitar ou encobrir a falsa declaração, com vistas à efetivação do pretendido crime de sonegação fiscal – crime fim –, localizando-se na mesma linha de desdobramento causal de lesão ao bem jurídico, integrando, assim, o iter criminis do delito fim. Cabe ressalvar que, ainda que os crimes de uso de documento falso e falsidade ideológica sejam cometidos com o intuito de sonegar o tributo, a aplicação do princípio da consunção somente tem lugar nas hipóteses em que os crimes meio não extrapolem os limites da incidência do crime fim. Aplica-se, assim, mutatis mutandis, o comando da Súmula 17 do STJ (Quando o falso se exaure no estelionato, sem mais potencialidade lesiva, é por este absorvido). Precedentes citados: AgRg no REsp 1.366.714-MG, Quinta Turma, DJe 5/11/2013; AgRg no REsp 1.241.771-SC, Sexta Turma, DJe 3/10/2013. **EREsp 1.154.361-MG**, Rel. Min. Laurita Vaz, julgado em 26/2/2014. (Inform. STJ 535)

DIREITO PENAL. APLICABILIDADE DO PRINCÍPIO DA INSIGNIFICÂNCIA.
Não se aplica o princípio da insignificância ao furto de uma máquina de cortar cerâmica avaliada em R$ 130 que a vítima utilizava usualmente para exercer seu trabalho e que foi recuperada somente alguns dias depois da consumação do crime praticado por agente que responde a vários processos por delitos contra o patrimônio. A doutrina e a jurisprudência do STF e do STJ admitem a possibilidade de aplicação do princípio da insignificância como critério para a verificação judicial da relevância penal da conduta humana sob julgamento. Para empreender essa tarefa, importa avaliar empiricamente o valor do bem ou dos bens furtados, a situação econômica da vítima, as circunstâncias em que o crime foi perpetrado e a personalidade e as condições pessoais do agente, notadamente se demonstra fazer da subtração de coisas alheias um meio ou estilo de vida, com sucessivas ocorrências (reincidente ou não). Se, do ponto de vista da mera dogmática penal, estes últimos fatos não poderiam ser considerados como óbice ao reconhecimento da insignificância penal – por aparentemente sinalizar a prevalência do direito penal do autor e não do fato –, não deve o juiz, na avaliação da conduta formalmente correspondente a um tipo penal, ignorar o contexto que singulariza a conduta como integrante de uma série de outras de igual natureza, as quais, se não servem para caracterizar a continuidade delitiva, bem evidenciam o comportamento humano avesso à norma penal e ao convívio respeitoso e harmônico que se espera de todo componente de uma comunhão social. Assim, por razões derivadas predominantemente de política criminal, não se deve admitir a incidência do princípio da bagatela em casos nos quais o agente é contumaz autor de crimes contra

o patrimônio, ressalvadas, vale registrar, as hipóteses em que a inexpressividade da conduta ou do resultado é tão grande que, a despeito da existência de maus antecedentes, não se justifica a utilização do aparato repressivo do Estado para punir o comportamento formalmente tipificado como crime. De fato, a conduta perpetrada pelo paciente – subtração de uma máquina de cortar cerâmica avaliada em R$ 130 – não se revela de escassa ofensividade penal e social. Além disso, o fato de o paciente ostentar, na certidão de antecedentes criminais, inúmeros processos em curso por delitos contra o patrimônio, a denotar sua habitualidade criminosa, é altamente censurável a conduta do agente, porquanto, o maquinário subtraído era usualmente utilizado pela vítima para exercer seu trabalho. Não se pode considerar, também, como inexpressiva a lesão jurídica provocada, visto o valor da ferramenta de trabalho subtraída e a sua recuperação pela vítima tão somente após alguns dias da consumação do delito. **HC 241.713-DF, Rel. Min. Rogerio Schietti Cruz, julgado em 10/12/2013. (Inform. STJ 534)**

DIREITO PENAL. APLICABILIDADE DO PRINCÍPIO DA INSIGNIFICÂNCIA NA HIPÓTESE DE ACUSADO REINCIDENTE OU PORTADOR DE MAUS ANTECEDENTES.
Ainda que se trate de acusado reincidente ou portador de maus antecedentes, deve ser aplicado o princípio da insignificância no caso em que a conduta apurada esteja restrita à subtração de 11 latas de leite em pó avaliadas em R$ 76,89 pertencentes a determinado estabelecimento comercial. Nessa situação, o fato, apesar de se adequar formalmente ao tipo penal de furto, é atípico sob o aspecto material, inexistindo, assim, relevância jurídica apta a justificar a intervenção do direito penal. **HC 250.122-MG, Rel. Min. Og Fernandes, julgado em 2/4/2013.** (Inform. STJ 520)

DIREITO PENAL. PRINCÍPIO DA INSIGNIFICÂNCIA. CONTRABANDO DE MATERIAIS LIGADOS A JOGOS DE AZAR.
Não se aplica o princípio da insignificância aos crimes de contrabando de máquinas caça-níqueis ou de outros materiais relacionados com a exploração de jogos de azar. Inserir no território nacional itens cuja finalidade presta-se, única e exclusivamente, a atividades ilícitas afeta diretamente a ordem pública e demonstra a reprovabilidade da conduta. Assim, não é possível considerar tão somente o valor dos tributos suprimidos, pois essa conduta tem, ao menos em tese, relevância na esfera penal. Permitir tal hipótese consistiria num verdadeiro incentivo ao descumprimento da norma legal, sobretudo em relação àqueles que fazem de atividades ilícitas um meio de vida. Precedentes citados do STF: HC 97.772-RS, DJe 19/11/2009; HC 110.964-SC, DJe 2/4/2012; do STJ: HC 45.099-AC, DJ 4/9/2006, e REsp 193.367-RO, DJ 21/6/1999. **REsp 1.212.946-RS, Rel. Min. Laurita Vaz, julgado em 4/12/2012.** (Inform. STJ 511).

DIREITO PENAL. FURTO QUALIFICADO PELA ESCALADA. PRINCÍPIO DA INSIGNIFICÂNCIA.
Não é possível a aplicação do princípio da insignificância ao furto praticado mediante escalada (art. 155, § 4º, II, do CP). O significativo grau de reprovabilidade do *modus operandi* do agente afasta a possibilidade de aplicação do princípio da insignificância. Precedentes citados do STF: HC 84.412-SP, DJ 19/11/2004; do STJ: HC 187.881-RS, DJe 28/9/2011, e HC 195.114-RS, DJe 7/10/2011. **REsp 1.239.797-RS, Rel. Min. Laurita Vaz, julgado em 16/10/2012. (Inform. STJ 506)**

DIREITO PENAL. FURTO DE PEQUENO VALOR. PRINCÍPIO DA INSIGNIFICÂNCIA.
Não é possível a aplicação do princípio da insignificância ao furto de objeto de pequeno valor. Não se deve confundir bem de pequeno valor com o de valor insignificante, o qual, necessariamente, exclui o crime ante a ausência de ofensa ao bem jurídico tutelado, qual seja, o patrimônio. O bem de pequeno valor pode caracterizar o furto privilegiado previsto no § 2º do art. 155 do CP, apenado de forma mais branda, compatível com a lesividade da conduta. Além disso, o STF já decidiu que, mesmo nas hipóteses de restituição do bem furtado à vítima, não se justifica irrestritamente a aplicação do princípio da insignificância, mormente se o valor do bem objeto do crime tem expressividade econômica. Precedentes citados do STF: HC 97.772-RS, DJe 20/11/2009; HC 93.021-PE, DJe 22/5/2009; HC 84.412-SP, DJ 19/11/2004, e do STJ: HC 106.605-SP, DJe 20/10/2008. **REsp 1.239.797-RS, Rel. Min. Laurita Vaz, julgado em 16/10/2012. (Inform. STJ 506)**

PRINCÍPIO DA INSIGNIFICÂNCIA. TENTATIVA. FURTO. APARELHO DVD.
A Turma reformou acórdão do tribunal de justiça, restabelecendo a sentença que condenou o recorrido à pena de um ano e quatro meses de reclusão em regime aberto pela tentativa de furto de um aparelho de DVD avaliado em R$ 250,00. Na hipótese, o recorrido adentrou um dos cômodos da residência e apossou-se do bem, tendo sido detido pela vítima quando saía da residência dela. Para o Min. Relator, a verificação da lesividade mínima da conduta, apta a torná-la atípica, deve levar em consideração a importância do objeto material subtraído, a condição econômica do sujeito passivo, assim como as circunstâncias e o resultado do crime, a fim de se determinar, subjetivamente, se houve ou não relevante lesão ao bem jurídico tutelado. Embora se trate de um único bem subtraído, cujo valor de R$ 250,00 possa ser considerado como reduzido ou irrelevante dependendo da condição econômica do sujeito passivo, a hipótese revela peculiaridades que devem ser levadas em consideração para afastar a hipótese de crime de bagatela. Precedentes citados: AgRg no REsp 982.818-RS, DJe 8/6/2011, e AgRg no REsp 1.228.962-MG, DJe 8/6/2011. **REsp 1.224.795-RS, Rel. Min. Gilson Dipp, julgado em 13/3/2012. (Inform. STJ 493)**

FURTO QUALIFICADO. PRINCÍPIO DA INSIGNIFICÂNCIA.
O princípio da insignificância requer, para sua aplicação, que a mínima ofensividade da conduta seja analisada caso a caso, observando o bem subtraído, a condição econômica do sujeito passivo, as circunstâncias e o resultado do crime. No caso, invocou-se tal princípio, pois foram apreendidos como objetos do furto apenas uma colcha de casal e um edredom. A Turma entendeu ser inaplicável esse princípio porque os agentes em concurso, ao ingressar na residência da vítima, romperam obstáculos durante o repouso noturno, motivos que indicam o alto grau de reprovabilidade da conduta. Além disso, outros objetos, não recuperados, também foram furtados. Precedentes citados: HC 187.961-RS, DJe 28/11/2011; AgRg no REsp 982.818-RS, DJe 8/6/2011, e RHC 29.133-GO, DJe 17/10/2011. **HC 179.572-SP, Rel. Min. Gilson Dipp, julgado em 15/3/2012. (Inform. STJ 493)**

FURTO. PRINCÍPIO DA INSIGNIFICÂNCIA.
In casu, trata-se da tentativa de furto de quatro saquinhos de suco, quatro pedaços de picanha e um frasco de fermento em pó, avaliados no total de R$ 206,44. Após o voto do Min. Relator denegando a ordem, verificou-se empate na votação, prevalecendo a decisão mais favorável ao réu. Dessa forma, a Turma concedeu a ordem nos termos do voto da Min. Maria Thereza de Assis Moura, em razão da incidência do princípio da insignificância ante a ausência de lesividade da conduta, em especial diante da capacidade econômica da vítima, que seria uma rede de supermercados, e em razão da restituição dos bens. **HC 169.029-RS. Rel. originário Min. Sebastião Reis Júnior, Rel. para acórdão Min. Maria Thereza de Assis Moura, julgado em 16/2/2012. (Inform. STJ 491)**

Súmula STJ nº 17

Quando o falso se exaure no estelionato, sem mais potencialidade lesiva, é por este absorvido.

2. APLICAÇÃO DA LEI NO TEMPO E NO ESPAÇO

Progressão de regime em crimes hediondos e lei penal no tempo
A exigência de cumprimento de um sexto da pena para a progressão de regime se aplica a crimes hediondos praticados antes da vigência da Lei 11.464/2007, que, ao alterar a redação do art. 2º da Lei 8.072/90, exigiria o cumprimento de dois quintos da pena, para condenado primário, e três quintos, para reincidente. Essa a conclusão do Plenário que desproveu o recurso extraordinário. Asseverou-se que a irretroatividade de lei seria condição da segurança jurídica e que, no âmbito penal, essa regra teria especificidades (CF, art. 5º, XL). Registrou-se que, no caso, a prática delituosa de crime hediondo teria ocorrido antes do advento da referida lei. O Min. Teori Zavascki rememorou o teor do julgamento do RHC 91300/DF (DJe de 3.4.2009), oportunidade em que decidido que o sistema jurídico anterior à edição da Lei 11.464/2007 seria mais benéfico ao condenado em matéria de requisito temporal. Ademais, nos autos do HC 94025/SP (DJe de 1º.8.2008), deliberara-se que, relativamente aos crimes hediondos perpetrados antes da vigência do aludido diploma, a progressão de regime deveria observar o critério previsto nos artigos 33 do CP e 112 da LEP, a preconizar a fração de um sexto. Nesse sentido, o art. 1º, § 2º, da Lei 8.072/90, na sua redação original, não poderia ser usado como parâmetro de comparação com a Lei 11.464/2007, porque declarado inconstitucional no julgamento do HC 82959/SP (DJU de 1º.9.2006). O Min. Luiz Fux lembrou, ainda, precedente firmado no AI 757480/RJ (DJe de 27.11.2009), no sentido de que a Lei 11.464/2007 apenas seria aplicável aos fatos cometidos após o início de sua vigência.
RE 579167/AC, rel. Min. Marco Aurélio, 16.5.2013. (RE-579167) (Inform. STF 706)

Súmula STF nº 711
A Lei penal mais grave aplica-se ao crime continuado ou ao crime permanente, se a sua vigência é anterior à cessação da continuidade ou da permanência.

Súmula STJ nº 501
É cabível a aplicação retroativa da Lei n. 11.343/2006, desde que o resultado da incidência das suas disposições, na íntegra, seja mais favorável ao réu do que o advindo da aplicação da Lei n. 6.368/1976, sendo vedada a combinação de leis.

3. TEORIA DO CRIME

Ação penal e art. 1º, XIII, do Decreto-Lei 201/1967 - 1
A 1ª Turma, por maioria, proveu apelação para absolver parlamentar, então prefeito municipal, condenado pela prática do crime previsto no art. 1º, XIII, do Decreto-Lei 201/1967 ("Nomear, admitir ou designar servidor, contra expressa disposição de lei"). No caso, o apelante nomeara, em 10.2.2003 e em 3.3.2004, duas pessoas, sucessivamente, para ocupar cargo público comissionado de diretor administrativo e financeiro de fundação municipal, mediante remuneração, em desconformidade com o art. 2º da Lei 4.142/2000 do Município de Joinville/SC. Esse diploma legal determina que o referido cargo seja ocupado pelo diretor de administração e finanças da Companhia de Desenvolvimento Urbano de Joinville - Conurb, sem qualquer remuneração em acréscimo pelo exercício dessa atribuição. A denúncia fora recebida quando o apelante já não mais exercia o mandato de prefeito. Após a condenação, fora interposta apelação, remetida ao STF, em razão da diplomação do apelante como deputado federal. Inicialmente, por maioria, a Turma rejeitou as preliminares suscitadas. Vencido o Ministro Marco Aurélio, que acolhia a preliminar de nulidade da condenação, por reputar exíguo o prazo de 20 dias para oitiva de testemunha por carta precatória. Em seguida, o Colegiado afirmou que o STF seria competente para o julgamento de apelação criminal, na forma do art. 102, I, b, da CF, em virtude da diplomação, como membro do Congresso Nacional, de réu condenado em primeira instância. Frisou que a admissão, pelo Legislativo, da acusação criminal contra o Chefe do Executivo, seria dispensável quando já encerrado o mandato do acusado ao tempo do recebimento da denúncia.
AP 595/SC, rel. Min. Luiz Fux, 25.11.2014. (AP-595)

Ação penal e art. 1º, XIII, do Decreto-Lei 201/1967 - 2
O Ministro Luiz Fux (relator) absolveu o réu com base no art. 386, VI, do CPP. Consignou que o erro de direito consistente no desconhecimento da lei seria inescusável, de acordo com o art. 21 do CP. Essa presunção seria evidenciada pelo fato de que a lei seria do conhecimento de todos e pressuposto da vida em sociedade. Rememorou que o erro sobre a ilicitude do fato, se invencível ou escusável, isentaria de pena, nos termos do mesmo dispositivo legal. No que se refere ao erro determinado por terceiro, se quem o cometesse a ele tivesse sido levado por outrem, responderia este pelo fato que seria doloso ou culposo conforme sua conduta. Na espécie, o erro sobre a ilicitude de comportamento (desconhecimento da ilicitude das nomeações) teria sido determinado por terceiros, agentes administrativos, que pelos atos que teriam praticado previamente à assinatura das nomeações ilegais pelo prefeito, teriam induzido o réu em erro. Salientou que a dúvida razoável quanto à ocorrência de erro de ilicitude, reforçada pelas circunstâncias fáticas e pela situação pessoal do autor demonstrada nos autos, conferiria verossimilhança à tese defensiva e não afastada por outros elementos de prova que indicassem a consciência da atuação ilícita. Enfatizou que as manifestações prévias da secretária de administração, do presidente da Conurb e da procuradoria-geral do município teriam induzido o acusado a uma incorreta representação da realidade. Assim, em razão da ausência de indícios de que ele tivesse agido em união de desígnios com esses agentes públicos, ou de que, ao menos, conhecesse os servidores nomeados para favorecê-los, não seria possível comprovar o dolo da prática do crime de responsabilidade contra a administração pública municipal. Ponderou que ele teria descumprido a lei e poderia até ter cometido, no limite, uma improbidade, mas não agira com dolo porque se submetera a três pareceres prévios, sem que os tivesse pedido.
AP 595/SC, rel. Min. Luiz Fux, 25.11.2014. (AP-595)

Ação penal e art. 1º, XIII, do Decreto-Lei 201/1967 - 3
A Ministra Rosa Weber absolveu o acusado com base no art. 386, VII, do CPP. Destacou que na hipótese de norma penal em branco, o erro sobre o preceito complementador constituir-se-ia em erro de tipo, conforme se observaria do art. 20 do CP. Registrou que o inciso XIII do art. 1º do Decreto-Lei 201/1967, ao preceituar como criminosa a conduta consistente em nomear, admitir ou designar servidor contra expressa disposição de lei, constituiria preceito penal a exigir complemento, sem o qual não se inferiria com exatidão o conteúdo da proibição. Na hipótese dos autos, o preceito complementador seria a Lei Municipal 4.142/2000, a qual conferiria ao tipo do inciso XIII a exatidão necessária para tornar compreensível o conteúdo da proibição típica. Assim, os elementos constantes do preceito complementador da norma penal em branco seriam, para todos os efeitos, elementos típicos, e a falsa compreensão sobre esses elementos constituiria erro de tipo que excluiria o dolo, nos termos do já mencionado art. 20 do CP. Por sua vez, o Ministro Roberto Barroso concluiu que o fato não consistiria em infração penal e absolveu o apelante com base no art. 386, III, do CPP. Vencido o Ministro Marco Aurélio, que desprovia a apelação. Pontuava que o decreto-lei versaria responsabilidade penal de prefeitos e vereadores. O fato de haver, no âmbito do Executivo, manifestações técnicas-opinativas sobre a possibilidade de prática de certo ato, não eximiria o prefeito da responsabilidade penal. Portanto, reputava inobservado o disposto no inciso XIII do Decreto-Lei 201/1967.
AP 595/SC, rel. Min. Luiz Fux, 25.11.2014. (AP-595) (Inform. STF 769)

RHC N. 121.845-MT
RELATOR: MIN. ROBERTO BARROSO
Ementa: RECURSO ORDINÁRIO EM *HABEAS CORPUS*. ROUBO TENTADO. PERCENTUAL DE DIMINUIÇÃO DE PENA. INEXISTÊNCIA DE ILEGALIDADE OU DE CONTRARIEDADE À ORIENTAÇÃO DO SUPREMO TRIBUNAL FEDERAL. RECURSO A QUE SE NEGA PROVIMENTO. 1. A dosimetria da pena é questão relativa ao mérito da ação penal não sendo possível às instâncias extraordinárias analisar os dados fáticos da causa para redimensionar a pena finalmente aplicada. 2. A definição do percentual de redução da pena pela tentativa deve observar os atos de execução já praticados. 3. Recurso ordinário a que se nega provimento. (Inform. STF 757)

HC N. 114.877-MG
RELATOR: MIN. TEORI ZAVASCKI
Ementa: *HABEAS CORPUS*. PENAL. FURTO. PRINCÍPIO DA INSIGNIFICÂNCIA. NÃO INCIDÊNCIA NO CASO. CONTUMÁCIA DELITIVA. REPROVABILIDADE DA CONDUTA. PACIENTE MONITORADO POR SISTEMA ELETRÔNICO DE VIGILÂNCIA. CRIME IMPOSSÍVEL. NÃO OCORRÊNCIA. AUSÊNCIA DA POSSE MANSA E PACÍFICA DA COISA FURTADA. DESCLASSIFICAÇÃO PARA MODALIDADE TENTADA. INVIABILIDADE. ORDEM DENEGADA.
1. O paciente retirou a coisa móvel da esfera de disponibilidade da vítima e, ainda que por um curto período, teve a livre disposição da coisa, moldura fática suficiente para, na linha de precedentes desta Corte, caracterizar o crime de furto na modalidade consumada.
2. Na hipótese em que o sistema de vigilância não inviabiliza, mas apenas dificulta a consumação do crime de furto, não há que falar na incidência do instituto do crime impossível por ineficácia absoluta do meio (CP, art. 17). Precedentes.
3. Segundo a jurisprudência do Supremo Tribunal Federal, para se caracterizar hipótese de aplicação do denominado "princípio da insignificância" e, assim, afastar a recriminação penal, é indispensável que a conduta do agente seja marcada por ofensividade mínima ao bem jurídico tutelado, reduzido grau de reprovabilidade, inexpressividade da lesão e nenhuma periculosidade social.
4. Nesse sentido, a aferição da insignificância como requisito negativo da tipicidade envolve um juízo de tipicidade conglobante, muito mais abrangente que a simples expressão do resultado da conduta. Importa investigar o desvalor da ação criminosa em seu sentido amplo, de modo a impedir que, a pretexto da insignificância apenas do resultado material, acabe desvirtuado o objetivo a que visou o legislador quando formulou a tipificação legal. Assim, há de se considerar que "a insignificância só pode surgir à luz da finalidade geral que dá sentido à ordem normativa" (Zaffaroni), levando em conta também que o próprio legislador já considerou hipóteses de irrelevância penal, por ele erigidas, não para excluir a tipicidade, mas para mitigar a pena ou a persecução penal.
5. Para se afirmar que a insignificância pode conduzir à atipicidade é indispensável, portanto, averiguar a adequação da conduta do agente em seu sentido social amplo, a fim de apurar se o fato imputado, que é formalmente típico, tem ou não relevância penal. Esse contexto social ampliado certamente comporta, também, juízo sobre a contumácia da conduta do agente.
6. Não se pode considerar atípica, por irrelevante, a conduta formalmente típica, de delito contra o patrimônio, praticada por paciente que possui condenações anteriores transitadas em julgado, sendo uma delas por crime contra o patrimônio.
7. Ordem denegada. (Inform. STF 741)

HC N. 112.957-SP
RELATOR: MIN. TEORI ZAVASCKI
Ementa: PROCESSUAL PENAL. HABEAS CORPUS. EXTINÇÃO PREMATURA DE AÇÃO PENAL. ATIPICIDADE DA CONDUTA. AUSÊNCIA DE JUSTA CAUSA. INOCORRÊNCIA. ORDEM DENEGADA.
1. Segundo a jurisprudência do Supremo Tribunal Federal, a extinção de ação penal de forma prematura somente se dá em hipóteses excepcionais, quando patentemente demonstrada (a) a atipicidade da conduta; (b) a ausência de indícios mínimos de autoria e materialidade delitivas; ou (c) a presença de causa extintiva da punibilidade.
2. Denúncia que contém a adequada indicação da conduta delituosa imputada ao paciente, apontando os elementos indiciários mínimos aptos a tornar plausível a acusação, o que lhe permite o pleno exercício do direito de defesa.
3. Ordem denegada. (Inform. STF 702)

Dolo eventual e qualificadora da surpresa: incompatibilidade
São incompatíveis o dolo eventual e a qualificadora da surpresa prevista no inciso IV do § 2º do art. 121 do CP ("§ 2° Se o homicídio é cometido: ... IV - à traição, de emboscada, ou mediante dissimulação ou outro recurso que dificulte ou torne impossível a defesa do ofendido"). Com base nesse entendimento, a 2ª Turma concedeu *habeas corpus* para determinar o restabelecimento da sentença de pronúncia, com exclusão da mencionada qualificadora. Na espécie, o paciente fora denunciado pela suposta prática dos crimes previstos no art. 121, § 2º, IV, c/c o art. 18, I, ambos do CP, e no art. 306 da Lei 9.503/97 porque, ao conduzir veículo em alta velocidade e em estado de embriaguez, ultrapassara sinal vermelho e colidira com outro carro, cujo condutor viera a falecer. No STJ, dera-se provimento a recurso especial, interposto pelos assistentes de acusação, e submetera-se a qualificadora da surpresa (art. 121, § 2º, IV) ao tribunal do júri. Considerou-se que, em se tratando de crime de trânsito, cujo elemento subjetivo teria sido classificado como dolo eventual, não se poderia, ao menos na hipótese sob análise, concluir que tivesse o paciente deliberadamente agido de surpresa, de maneira a dificultar ou impossibilitar a defesa da vítima. **HC 111442/RS, rel. Min. Gilmar Mendes, 28.8.2012.** (HC-111442) (Inform. STF 677)

DIREITO PENAL. RESSARCIMENTO DE DANO DECORRENTE DE EMISSÃO DE CHEQUE FURTADO.
Não configura óbice ao prosseguimento da ação penal – mas sim causa de diminuição de pena (art. 16 do CP) – o ressarcimento integral e voluntário, antes do recebimento da denúncia, do dano decorrente de estelionato praticado mediante a emissão de cheque furtado sem provisão de fundos. De fato, a conduta do agente que emite cheque que chegou ilicitamente ao seu poder configura o ilícito previsto no *caput* do art. 171 do CP, e não em seu § 2º, VI. Assim, tipificada a conduta como estelionato na sua forma fundamental, o fato de ter o paciente ressarcido o prejuízo à vítima antes do recebimento da denúncia não impede a ação penal, não havendo falar, pois, em incidência do disposto na Súmula 554 do STF, que se restringe ao estelionato na modalidade de emissão de cheques sem suficiente provisão de fundos, prevista no art. 171, § 2.º, VI, do CP. A propósito, se no curso da ação penal ficar devidamente comprovado o ressarcimento integral do dano à vítima antes do recebimento da peça de acusação, esse fato pode servir como causa de diminuição de pena, nos termos do previsto no art. 16 do CP. Precedentes citados: RHC 29.970-SP, Quinta Turma, DJe 3/2/2014; e HC 61.928-SP, Quinta Turma, DJ 19/11/2007. **HC 280.089-SP, Rel. Min. Jorge Mussi, julgado em 18/2/2014. (Inform. STJ 537)**

DIREITO PENAL. CONCURSO FORMAL IMPRÓPRIO. DOLO EVENTUAL.
Os desígnios autônomos que caracterizam o concurso formal impróprio referem-se a qualquer forma de dolo, direto ou eventual. A segunda parte do art. 70 do CP, ao dispor sobre o concurso formal impróprio, exige, para sua incidência, que haja desígnios autônomos, ou seja, a intenção de praticar ambos os delitos. O dolo eventual também representa essa vontade do agente, visto que, mesmo não desejando diretamente a ocorrência de um segundo resultado, aceitou-o. Assim, quando, mediante uma só ação, o agente deseja mais de um resultado ou aceita o risco de produzi-lo, devem ser aplicadas as penas cumulativamente, afastando-se a regra do concurso

formal perfeito. Precedentes citados do STF: HC 73.548-SP, DJ 17/5/1996; e do STJ: REsp 138.557-DF, DJ 10/6/2002. **HC 191.490-RJ, Rel. Min. Sebastião Reis Júnior, julgado em 27/9/2012. (Inform. STJ 505)**

LESÃO COPORAL. MORTE. NEXO. CAUSALIDADE.
Segundo consta dos autos, o recorrente foi denunciado pela prática do crime de lesão corporal qualificada pelo resultado morte (art. 129, § 3º, do CP), porque, durante um baile de carnaval, sob efeito de álcool e por motivo de ciúmes de sua namorada, agrediu a vítima com chutes e joelhadas na região abdominal, ocasionando sua queda contra o meio-fio da calçada, onde bateu a cabeça, vindo a óbito. Ocorre que, segundo o laudo pericial, a causa da morte foi hemorragia encefálica decorrente da ruptura de um aneurisma cerebral congênito, situação clínica desconhecida pela vítima e seus familiares. O juízo singular reconheceu que houve crime de lesão corporal simples, visto que restou dúvida sobre a existência do nexo de causalidade entre a lesão corporal e o falecimento da vítima. O tribunal *a quo*, por sua vez, entendeu ter ocorrido lesão corporal seguida de morte (art. 129, § 3º, c/c o art. 61, II, **a e c**, do CP), sob o argumento de que a agressão perpetrada pelo recorrente contra a vítima deu causa ao óbito. Assim, a questão diz respeito a aferir a existência de nexo de causalidade entre a conduta do recorrente e o resultado morte (art. 13 do CP). Nesse contexto, a Turma, prosseguindo o julgamento, por maioria, deu provimento ao agravo regimental e ao recurso especial, determinando o restabelecimento da sentença. Conforme observou a Min. Maria Thereza de Assis Moura em seu voto-vista, está-se a tratar dos crimes preterdolosos, nos quais, como cediço, há dolo no comportamento do agente, que vem a ser notabilizado por resultado punível a título de culpa. Ademais, salientou que, nesse tipo penal, a conduta precedente que constitui o delito-base e o resultado mais grave devem estar em uma relação de causalidade, de modo que o resultado mais grave decorra sempre da ação precedente, e não de outras circunstâncias. Entretanto, asseverou que o tratamento da causalidade, estabelecido no art. 13 do CP, deve ser emoldurado pelas disposições do art. 18 do mesmo *codex*, a determinar que a responsabilidade somente se cristalize quando o resultado puder ser atribuível ao menos culposamente. Ressaltou que, embora alguém que desfira golpes contra uma vítima bêbada que venha a cair e bater a cabeça no meio-fio pudesse ter a previsibilidade objetiva do advento da morte, na hipótese, o próprio laudo afasta a vinculação da *causa mortis* do choque craniano, porquanto não aponta haver liame entre o choque da cabeça contra o meio-fio e o evento letal. *In casu*, a causa da morte foi hemorragia encefálica decorrente da ruptura de um aneurisma cerebral congênito, situação clínica de que sequer a vítima tinha conhecimento. Ademais, não houve golpes perpetrados pelo recorrente na região do crânio da vítima. Portanto, não se mostra razoável reconhecer como típico o resultado morte, imantando-o de caráter culposo. Dessa forma, restabeleceu-se a sentença de primeiro grau que desvinculou o resultado do comportamento do agente, que não tinha ciência da particular, e determinante, condição fisiológica da vítima. **AgRg no REsp 1.094.758-RS, Rel. originário Min. Sebastião Reis Júnior, Rel. para acórdão Min. Vasco Della Giustina (Desembargador convocado do TJ-RS), julgado em 1º/3/2012. (Inform. STJ 492)**

Súmula STF nº 145
Não há crime, quando a preparação do flagrante pela polícia torna impossível a sua consumação.

4. AUTORIA E CONCURSO DE PESSOAS

EMENTA: *Habeas corpus*. Direito Penal e Processual Penal. Concurso de pessoas. Reconhecimento de delito em modalidades de consumação distintas para corréus que praticaram o mesmo fato criminoso em unidade de desígnios. Impossibilidade. Aplicação da teoria monista. Tratando-se de concurso de pessoas que agiram com unidade de desígnios e cujas condutas tiveram relevância causal para a produção do resultado, é inadmissível o reconhecimento de que um agente teria praticado o delito na forma tentada e o outro, na forma consumada. Segundo a teoria monista ou unitária, havendo pluralidade de agentes e convergência de vontades para a prática da mesma infração penal, como se deu no presente caso, todos aqueles que contribuem para o crime incidem nas penas a ele cominadas (CP, art. 29), ressalvadas as exceções para as quais a lei prevê expressamente a aplicação da teoria pluralista. Ordem concedida. **HC N. 97.652-2. RELATOR: MIN. JOAQUIM BARBOSA.** Noticiado no Informativo 554 (Inform. STF 559)

5. PENA, MEDIDA DE SEGURANÇA, CONCURSO DE CRIMES E AÇÃO PENAL

Furto qualificado: dosimetria e circunstâncias judiciais
A 2ª Turma iniciou julgamento de "habeas corpus" impetrado contra acórdão do STJ que mantivera decisão que submeteu o paciente à pena de três anos de reclusão, em regime inicial semiaberto, pela prática do crime de furto qualificado (CP, art. 155, § 4º). A defesa sustenta a desproporcionalidade da pena-base aplicada e pleiteia a substituição da pena privativa de liberdade por restritiva de direitos. No caso, o STJ considerara as seguintes circunstâncias desfavoráveis ao réu: a) presença de patente culpabilidade, uma vez que o paciente estaria consciente da ilicitude do seu comportamento; b) ocorrência de rompimento de obstáculo à subtração da coisa (CP, art. 155, § 4º, I); e c) caracterização de maus antecedentes, tendo em conta a existência de quatro processos criminais em curso. O Ministro Gilmar Mendes (relator) deferiu a ordem. Aduziu que a consciência da ilicitude seria pressuposto da culpabilidade (CP, art. 21) e, portanto, circunstância idônea à exasperação da pena. Ressaltou que a circunstância "rompimento de obstáculo" já teria sido considerada qualificadora, e não poderia ser novamente adotada para aumentar a pena-base, sem especial demonstração de sua gravidade. Noticiou, também, que os processos criminais apontados como maus antecedentes ainda não haviam transitado em julgado. No ponto, salientou que, embora não houvesse um pronunciamento do Plenário, a Turma afastaria a consideração das ações e investigações em andamento como circunstância desfavorável (RHC 117.095/DF, DJe de 13.9.2013; e RHC 113.381/DF, DJe de 20.2.2014). Ademais, relembrou que, apesar de a aplicação da causa de aumento de pena em 1/3 em razão do repouso noturno (CP, art. 155, § 1º) — na terceira fase da dosimetria da pena — não ter sido discutida no STJ, nem suscitada no presente "habeas corpus", a controvérsia mereceria ser analisada, de ofício, pelo STF. Relatou que, na espécie, foram aplicadas conjuntamente a referida majorante e a qualificadora, o que seria considerado inviável pela doutrina e jurisprudência. Assim, julgou procedente o pedido para determinar que o juiz da condenação: a) refizesse a dosimetria da pena, desconsiderados, na primeira fase, a patente culpabilidade, o rompimento de obstáculo e os maus antecedentes como circunstâncias desfavoráveis; e b) substituísse a pena privativa de liberdade por restritivas de direito. Além disso, concedeu a ordem, de ofício, para afastar a incidência da majorante do art. 155, § 1º, do CP, e consignou que o repouso noturno poderia ser considerado na primeira fase de aplicação da pena. Em seguida, pediu vista dos autos a Ministra Cármen Lúcia. HC 122940/PI, rel. Min. Gilmar Mendes, 16.9.2014. (HC-122940) (Inform. STF 759)

Inquéritos e ações penais em andamento e maus antecedentes - 1
O Plenário iniciou julgamento de recurso extraordinário em que se discute a possibilidade de inquéritos e ações penais em andamento configurarem maus antecedentes, para efeito de fixação da pena-base. O Ministro Marco Aurélio (relator), acompanhado pelos Ministros Roberto Barroso, Teori Zavascki e Gilmar Mendes, desproveu o recurso. Explicou que a jurisprudência da Corte sobre o tema estaria em evolução, e a tendência atual seria no sentido de que a cláusula constitucional da não culpabilidade (CF, art. 5º, LVII) não poderia ser afastada. Apontou semelhante movimento por parte da doutrina, a concluir que, sob o império da nova ordem constitucional, somente poderiam ser valoradas como maus antecedentes as decisões condenatórias irrecorríveis. Assim, não poderiam ser considerados para esse fim quaisquer outras investigações ou processos criminais em andamento, mesmo em fase recursal. Salientou que esse ponto de vista estaria em consonância com a moderna jurisprudência da Corte Interamericana de Direitos Humanos e do Tribunal Europeu dos Direitos do Homem. Realçou, ainda, recomendação por parte do Comitê de Direitos Humanos das Nações Unidas, no sentido de que o Poder Público deveria abster-se de prejulgar o acusado. Colacionou, também, o Enunciado 444 da Súmula do STJ ("É vedada a utilização de inquéritos policiais e ações penais em curso para agravar a pena-base"). Observou que o lançamento, no mundo jurídico, de enfoque ainda não definitivo e, portanto, sujeito a condição resolutiva, potencializaria a atuação da polícia judiciária, bem como a precariedade de certos pronunciamentos judiciais. Asseverou que, uma vez admitido pelo sistema penal brasileiro o conhecimento do conteúdo da folha penal como fator a se ter em conta na fixação da pena, a presunção deveria militar em favor do acusado. Alertou que o arcabouço normativo não poderia ser interpretado a ponto de gerar perplexidade. Nesse sentido, elementos passíveis de perder a sustentação fática não poderiam ser sopesados como reveladores de antecedentes.
RE 591054/SC, rel. Min. Marco Aurélio, 5.5.2014. (RE-591054)

Inquéritos e ações penais em andamento e maus antecedentes - 2
O relator asseverou que os dados passíveis de valoração para aferir a culpabilidade deveriam derivar de envolvimentos judiciais que implicassem condenação definitiva, seja em relação a crimes, seja no tocante a contravenções. Assim, na eventualidade de existirem várias condenações acobertadas pela coisa julgada, remeter-se-ia aos antecedentes negativos e, em seguida, referir-se-ia à reincidência. Além disso, o transcurso do quinquênio previsto no art. 64, I, do CP não seria óbice ao acionamento do art. 59 do mesmo diploma. Por outro lado, ponderou que conflitaria com a ordem jurídica considerar, para a majoração da pena-base, processos que tivessem resultado na aceitação de proposta de transação penal (Lei 9.099/1995, art. 76, § 6º), na concessão de remissão em procedimento judicial para apuração de ato infracional previsto no ECA, com aplicação de medida de caráter reeducacional, na extinção da punibilidade, entre outros, excetuados os resultantes em indulto individual, coletivo ou comutação de pena. Reputou, por fim, que as condenações por fatos posteriores ao apurado, com trânsito em julgado, não seriam aptas a desabonar, na primeira fase da dosimetria, os antecedentes para efeito de exacerbação da pena-base. No ponto, sublinhou que a incidência penal só serviria para agravar a medida da pena quando ocorrida antes do cometimento do delito, independentemente de a decisão alusiva à prática haver sido dada como firme em momento prévio. Sintetizou que deveria ser considerado o quadro existente na data da prática delituosa. O Ministro Roberto Barroso afirmou que a jurisprudência dominante da Corte assentaria entendimento de que a presunção de inocência somente se romperia a partir do trânsito em julgado de decisão condenatória. Assim, a falta dessa qualidade da condenação impediria que se levasse em conta, para fins de maus antecedentes, a existência de inquéritos ou de processos judiciais.
RE 591054/SC, rel. Min. Marco Aurélio, 5.5.2014. (RE-591054)

Inquéritos e ações penais em andamento e maus antecedentes - 3
Em divergência, os Ministros Ricardo Lewandowski, Rosa Weber, Luiz Fux e Cármen Lúcia deram provimento ao recurso. O Ministro Ricardo Lewandowski entendeu que o art. 59 do CP compreenderia diversos aspectos, os quais deveriam ser considerados pelo juiz na dosimetria da pena. Cumpriria, então, ao julgador fixar a reprimenda da maneira que fosse suficiente para a reprovação e a prevenção do crime. Registrou que os antecedentes aludidos no art. 59 do CP não se confundiriam com os passíveis de agravar a pena nos termos do art. 61, I, do mesmo diploma, o qual trataria de reincidência. Exemplificou que haveria acusados com extensa ficha criminal, relativa a passagens pela polícia e a ações penais em andamento, o que precisaria ser considerado pelo juiz, no âmbito de sua discricionariedade. Assim, o magistrado poderia, com fulcro no art. 59 do CP, ponderar esses maus antecedentes. Por fim, frisou que o recurso extraordinário com repercussão geral reconhecida diria respeito a teses, e não a casos concretos, razão pela qual superou a questão prejudicial de conhecimento relativa à prescrição, sem prejuízo de assentá-la, eventualmente. A Ministra Rosa Weber consignou que não haveria afronta ao princípio constitucional da presunção de inocência, uma vez que o juiz, com base nas particularidades da situação concreta, teria a prerrogativa de valorar negativamente, no estabelecimento da pena-base, a existência de diversas investigações e ações penais em desfavor do acusado. O Ministro Luiz Fux aduziu que a presunção de inocência não seria um princípio, mas uma regra passível de interpretação teleológica e sistemática. Assinalou que o antecedente seria tudo aquilo que antecedesse ao fato criminoso, ou seja, a vida "ante acta" do réu. Acresceu que o fato de se levar em consideração os maus antecedentes não significaria, de início, uma condenação. Reputou que, à luz do princípio da igualdade, não se poderia dar tratamento igual para quem nunca tivesse praticado crime e para quem tivesse processos e inquéritos pendentes. Afirmou, ainda, que o Estado teria um direito fundamental que se sobreporia ao do indivíduo, de impor a ordem penal. Por fim, o Plenário deliberou suspender o julgamento.
RE 591054/SC, rel. Min. Marco Aurélio, 5.5.2014. (RE-591054)
(Inform. STF 749)

RHC N. 118.625-SP
RELATOR: MIN. RICARDO LEWANDOWSKI
Ementa: PENAL E PROCESSUAL PENAL. RECURSO ORDINÁRIO EM *HABEAS CORPUS*. RECORRENTE CONDENADO PELO DELITO DE ESTELIONATO. PENA REDIMENSIONADA PELO STJ EM HC IMPETRADO EM FAVOR DO RECORRENTE. MANUTENÇÃO DE REGIME PRISIONAL MAIS GRAVOSO. FUNDAMENTAÇÃO. INOVAÇÃO. CONSTRANGIMENTO ILEGAL. DOSIMETRIA. DESLOCAMENTO DE CIRCUNSTÂNCIA JUDICIAL, DA PRIMEIRA PARA A SEGUNDA FASE DA FIXAÇÃO DA PENA. AUSÊNCIA DE ILEGALIDADE MANIFESTA. RECURSO PARCIALMENTE PROVIDO.
I – No caso sob exame, o juízo sentenciante fixou o regime inicial semiaberto ao recorrente exclusivamente em razão da quantidade de pena imposta.
II – O Superior Tribunal de Justiça, ao analisar *habeas corpus* manejado pela defesa, concedeu parcialmente a ordem, para redimensionar a reprimenda imposta ao recorrente para 3 anos, 1 mês e 10 dias de reclusão. Todavia, manteve o regime inicial semiaberto, aduzindo, para tanto, argumentos não utilizados pelo magistrado sentenciante.
III – Não agiu bem a Corte Superior ao inovar a fundamentação para justificar a manutenção do regime inicial semiaberto e negar a substituição da pena privativa de liberdade por restritiva de direitos, no âmbito de *habeas corpus* manejado em favor do recorrente.

IV – Não merece censura o acórdão impugnado no ponto em que destacou que *"o magistrado singular não se reportou a qualquer conduta do paciente capaz de caracterizar a circunstância agravante em análise, quais sejam, a promoção ou organização da cooperação no crime, ou a direção de atividade dos demais agentes, ressaltando, apenas, a maior reprovabilidade da sua atuação no planejamento e execução do delito, em comparação ao papel desempenhado pelo corréu que também foi condenado"*.
V – Após o redimensionamento realizado pelo STJ, a pena-base imposta ao recorrente restou fixada em 2 anos e 8 meses de reclusão, num intervalo que varia de 2 a 12 anos, o que não extrapola os limites da proporcionalidade e da razoabilidade, não havendo, a meu ver, flagrante ilegalidade ou teratologia que justifiquem o provimento do recurso.
VI – Recurso parcialmente provido para determinar ao juízo sentenciante que, tendo em conta a nova quantidade de pena imposta ao recorrente, fixe – motivadamente – o regime inicial de cumprimento da reprimenda, bem como analise o preenchimento dos requisitos previstos no art. 44 do Código Penal e, em caso positivo, proceda à substituição da pena privativa de liberdade por sanção restritiva de direitos. (Inform. STF 748)

HC N. 119.200-PR
RELATOR: MIN. DIAS TOFFOLI
Ementa: **Habeas corpus. Tráfico de entorpecentes. Dosimetria. Fixação da pena-base acima do mínimo legal em decorrência de maus antecedentes. Condenações extintas há mais de cinco anos. Pretensão à aplicação do disposto no inciso I do art. 64 do Código Penal. Admissibilidade. Precedente. Writ extinto. Ordem concedida de ofício.**
1. Impetração dirigida contra decisão singular não submetida ao crivo do colegiado competente por intermédio de agravo regimental, o que configura a não exaurimento da instância antecedente, impossibilitando o conhecimento do **writ**. Precedentes.
2. Quando o paciente não pode ser considerado reincidente, diante do transcurso de lapso temporal superior a cinco anos, conforme previsto no art. 64, I, do Código Penal, a existência de condenações anteriores não caracteriza maus antecedentes. Precedentes.
3. **Writ** extinto. Ordem concedida de ofício. (Inform. STF 738)

Art. 64, I, do CP e maus antecedentes
A existência de condenação anterior, ocorrida em prazo superior a cinco anos, contado da extinção da pena, não pode ser considerada como maus antecedentes. Com base nesse entendimento, a 1ª Turma, por maioria, não conheceu de *habeas corpus*, mas concedeu a ordem de ofício para excluir o acréscimo de seis meses levado a efeito sobre a pena-base na primeira fase de dosimetria. Preliminarmente, a Turma considerou inadmissível *habeas corpus* impetrado contra decisão monocrática de Ministro do STJ, não submetida ao crivo do colegiado. Vencido o Ministro Marco Aurélio, que pontuava que, ao contrário dos recursos de natureza extraordinária, não haveria exigência de esgotamento da jurisdição na origem para a impetração de *habeas corpus*. O Ministro Dias Toffoli, relator, ressalvou posicionamento pessoal de que seria cabível o *writ* nessa hipótese. Em seguida, a Turma consignou que interpretação do disposto no inciso I do art. 64 do CP [*Art. 64. Para efeito de reincidência: I – não prevalece a condenação anterior, se entre a data do cumprimento ou extinção da pena e a infração posterior tiver decorrido período de tempo superior a 5 (cinco) anos, computado o período de prova da suspensão ou do livramento condicional, se não ocorrer revogação*] extinguiria, no prazo ali preconizado, não só os efeitos decorrentes da reincidência, mas qualquer outra valoração negativa por condutas pretéritas praticadas pelo agente. Assim, se essas condenações não mais serviriam para o efeito da reincidência, com muito maior razão não deveriam valer para fins de antecedentes criminais. HC 119200/PR, rel. Min. Dias Toffoli, 11.2.2014. (HC-119200) (Inform. STF 735)

HC N. 114.725-SP
RELATOR: MIN. RICARDO LEWANDOWSKI
Ementa: HABEAS CORPUS. PENAL. PACIENTE CONDENADO POR DOIS CRIMES DE ESTUPRO. ALEGAÇÃO DE CONTINUIDADE DELITIVA. NÃO OCORRÊNCIA DAS CONDIÇÕES OBJETIVAS E SUBJETIVAS. IMPOSSIBILIDADE DE REVOLVIMENTO DO CONJUNTO PROBATÓRIO PARA ESSE FIM. REITERAÇÃO CRIMINOSA. AÇÕES AUTÔNOMAS. ORDEM DENEGADA.
I – O decisum ora atacado está em perfeita consonância com o entendimento firmado pelas duas Turmas desta Corte, no sentido de que "não basta que haja similitude entre as condições objetivas (tempo, lugar, modo de execução e outras similares). É necessário que entre essas condições haja uma ligação, um liame, de tal modo a evidenciar-se, de plano, terem sido os crimes subsequentes continuação do primeiro", sendo certo, ainda, que "o entendimento desta Corte é no sentido de que a reiteração criminosa indicadora de delinquência habitual ou profissional é suficiente para descaracterizar o crime continuado" (RHC 93.144/SP, Rel. Min. Menezes Direito).
II - A jurisprudência deste Tribunal é pacífica no sentido da impossibilidade de revolvimento do conjunto probatório com o fim de verificar a ocorrência das condições configuradoras da continuidade delitiva.
III - Ordem denegada. (Inform. STF 711)

HC N. 93.411-RS
RELATOR: MIN. GILMAR MENDES
Habeas corpus. Latrocínio. Condenação. 2. Pedidos de afastamento da agravante da reincidência e da pena de multa. 3. Impossibilidade de conversão da pena de multa em pena privativa de liberdade. Pedido não conhecido. 4. Reconhecida a constitucionalidade da reincidência como agravante da pena (RE 453.000/RS). 5. O aumento da pena pela reincidência está de acordo com o princípio da individualização da pena. Maior reprovabilidade ao agente que reitera na prática delitiva. 6. Ordem denegada. (Inform. STF 705)

RHC N. 112.871-DF
RELATORA: MIN. ROSA WEBER
RECURSO ORDINÁRIO EM HABEAS CORPUS. PENAL. ROUBO. ÚNICA CONDUTA DIRIGIDA A VÍTIMAS DISTINTAS. PREJUÍZO A PATRIMÔNIOS DIVERSOS. CONCURSO FORMAL CONFIGURADO.
A prática do crime de roubo com ofensa a vítimas diversas, com prejuízo psíquico e físico para ambas, configura hipótese de concurso formal, com espeque no art. 70 do Código Penal. Precedentes.
Recurso ordinário em habeas corpus a que se nega provimento. (Inform. STF 704)

HC N. 108.388-SP
RELATOR: MIN. GILMAR MENDES
Habeas corpus. Tráfico internacional de entorpecentes. Condenação. 2. Pedido de aplicação da causa especial de diminuição de pena prevista no art. 33, § 4º, da Lei 11.343/2006, no patamar máximo (2/3). 3. Paciente que preenche requisitos para concessão da minorante. 4. Compete ao Juízo de origem, dentro do seu livre convencimento e segundo as peculiaridades do caso, aplicar, de forma suficientemente motivada, redução da pena de 1/6 a 2/3. Precedentes do STF. 5. Ordem concedida parcialmente para restabelecer a sentença proferida pelo Juízo de origem que aplicou redutor no patamar de ¼. (Inform. STF 703)

HC N. 115.691-SP
RELATOR: MIN. GILMAR MENDES
Habeas corpus. 2. Associação para tráfico de entorpecentes (Lei 6.368/1976). 3. Condenação. Fixação do regime inicial fechado. Negativa de substituição da pena privativa de liberdade por restritivas de direitos. 4. Circunstâncias fáticas demonstram que a substituição da pena seria insuficiente e inadequada para

reprovação e prevenção do delito, nos termos do art. 44, III, do CP. 5. Regime fechado mostra-se mais adequado. 6. Ausência de constrangimento ilegal. Ordem denegada. (Inform. STF 703)

HC N. 115.712-SP
RELATOR: MIN. GILMAR MENDES
Habeas corpus. 2. Tráfico ilícito de entorpecentes. Condenação. 3. Fixação do regime inicial fechado e negativa da substituição da pena privativa de liberdade por restritivas de direito. 4. Regime inicial fixado somente em razão da hediondez do delito, na forma do artigo 2°, § 1°, da Lei 8.072/90, com a redação dada pela Lei 11.464/2007. Com o julgamento do HC 111.840/ES, de relatoria do Ministro Dias Toffoli, ficou superada a obrigatoriedade de início do cumprimento de pena no regime fechado aos condenados por crimes hediondos ou a eles equiparados. 5. Com relação ao benefício da substituição da pena, a negativa foi justificada apenas na gravidade do delito. 6. Concessão parcial da ordem, a fim de determinar ao Juízo da Execução Penal que, afastando o disposto no art. 2°, § 1°, da Lei 8.072/90, reavalie, fundamentadamente, a fixação do regime inicial de cumprimento da pena, segundo os critérios previstos no art. 33, §§ 2° e 3° do CP. E, também, que analise a possibilidade de conversão da pena privativa de liberdade em restritivas de direitos, nos termos do julgado do Plenário nos autos do HC 97.256. (Inform. STF 703)

HC N. 113.280-MS
RELATORA: MIN. ROSA WEBER
EMENTA: HABEAS CORPUS. SUBSTITUTIVO DO RECURSO CONSTITUCIONAL. INADEQUAÇÃO DA VIA ELEITA. CONSTITUIÇÃO FEDERAL, ART. 102, II, "a". TRÁFICO DE DROGAS. SUBSTITUIÇÃO DA PENA PRIVATIVA DE LIBERDADE POR RESTRITIVA DE DIREITOS. INVIABILIDADE. CIRCUNSTÂNCIAS DESFAVORÁVEIS. REGIME INICIAL DE CUMPRIMENTO DE PENA. REAVALIAÇÃO PELO JUÍZO DE PRIMEIRO GRAU.
1. O habeas corpus tem uma rica história, constituindo garantia fundamental do cidadão. Ação constitucional que é, não pode ser amesquinhado, mas também não é passível de vulgarização, sob pena de restar descaracterizado como remédio heroico. Contra a denegação de habeas corpus por Tribunal Superior prevê a Constituição Federal remédio jurídico expresso, o recurso ordinário. Diante da dicção do art. 102, II, a, da Constituição da República, a impetração de novo habeas corpus em caráter substitutivo escamoteia o instituto recursal próprio, em manifesta burla ao preceito constitucional. Precedente da Primeira Turma desta Suprema Corte.
2. O Plenário do Supremo Tribunal Federal reputou inválida, para crimes de tráfico de drogas, a vedação à substituição da pena privativa de liberdade por restritivas de direito. Todavia, o precedente não reconheceu direito automático a esse benefício. A questão há de ser apreciada pelo juiz do processo à luz do preenchimento, ou não, dos requisitos legais. Para tanto, devem ser consideradas todas as circunstâncias do caso e do condenado, observando os parâmetros do art. 44 do CP, inclusive o previsto no inciso III do dispositivo. As circunstâncias do caso, consideradas a diversidade e a potencialidade lesiva dos entorpecentes, não evidenciam arbitrariedade na negativa de substituição da pena privativa de liberdade por restritiva de direitos.
3. O Plenário do Supremo Tribunal Federal, no HC 111.840/ES, Rel. Min. Dias Toffoli, julgado em 27.6.2012, reputou inválida a imposição compulsória do regime inicial fechado para crimes de tráfico de drogas. O julgado não reconheceu direito automático ao regime menos gravoso. A questão há de ser apreciada pelo juiz do processo à luz das regras gerais do arts. 33 do Código Penal, não limitada a fixação ao quantum da reprimenda, mas também ao exame das circunstâncias judiciais do artigo 59 do Código Penal, conforme remissão do § 3° do mencionado art. 33.
4. Habeas corpus extinto sem resolução do mérito, mas com concessão de ofício da ordem para determinar, afastada a vedação legal do § 1° do art. 2° da Lei 8.072/90, ao Juízo de primeiro grau que avalie a possibilidade de fixação de regime mais brando de cumprimento da pena para o paciente. (Inform. STF 703)

Crime cometido com violência e substituição de pena
Não cabe a substituição de pena privativa de liberdade por restritiva de direito quando o crime for cometido com violência. Com base nesse entendimento, a 2ª Turma denegou habeas corpus em que se pretendia o restabelecimento de acórdão do tribunal de justiça local que substituíra a pena cominada de 3 meses de detenção, em regime aberto, por limitação de fim de semana. No caso, o paciente fora condenado pela prática de delito previsto no art. 129, § 9°, do CP, combinado com a Lei 11.340/2006 (Lei Maria da Penha). Reputou-se que, embora a pena privativa de liberdade fosse inferior a 4 anos, o crime fora cometido com violência contra pessoa, motivo suficiente para obstaculizar o benefício, nos termos do art. 44, I, do CP ["As penas restritivas de direitos são autônomas e substituem as privativas de liberdade, quando: I - aplicada pena privativa de liberdade não superior a 4 (quatro) anos e o crime não for cometido com violência ou grave ameaça à pessoa ou, qualquer que seja a pena aplicada, se o crime for culposo"].
HC 114703/MS, rel. Min. Gilmar Mendes, 16.4.2013. (HC-114703) (Inform. STF 702)

HC N. 115.151-SP
RELATORA: MIN. ROSA WEBER
HABEAS CORPUS. SUBSTITUTIVO DO RECURSO CONSTITUCIONAL. INADEQUAÇÃO DA VIA ELEITA. TRÁFICO DE DROGAS. DOSIMETRIA DA PENA. CAUSA DE DIMINUIÇÃO DO ART. 33, § 4°, DA LEI 11.343/06. SUBSTITUIÇÃO DA PENA. CIRCUNSTÂNCIAS DESFAVORÁVEIS. REGIME INICIAL DE CUMPRIMENTO DE PENA. LIMINAR DEFERIDA. REAVALIAÇÃO PELO JUÍZO DE ORIGEM. GRAVIDADE DA CONDUTA. IMPOSSIBILIDADE. CONCESSÃO DE OFÍCIO.
1. Contra a denegação de habeas corpus por Tribunal Superior prevê a Constituição Federal remédio jurídico expresso, o recurso ordinário. Diante da dicção do art. 102, II, a, da Constituição da República, a impetração de novo habeas corpus em caráter substitutivo escamoteia o instituto recursal próprio, em manifesta burla do preceito constitucional.
2. A dosimetria da pena é matéria sujeita a certa discricionariedade judicial. O Código Penal não estabeleceu rígidos esquemas matemáticos ou regras absolutamente objetivas para a fixação da pena. Cabe às instâncias ordinárias, mais próximas dos fatos e das provas, fixar as penas. Às Cortes Superiores, no exame da dosimetria das penas em grau recursal, compete apenas o controle da legalidade e da constitucionalidade dos critérios empregados, com a correção de eventuais discrepâncias, se gritantes e arbitrárias, nas frações de aumento ou diminuição adotadas pelas instâncias anteriores. Pertinente à dosimetria da pena, encontra-se a aplicação da causa de diminuição da pena objeto do §4° do art. 33 da Lei 11.343/2006. Cabe às instâncias anteriores decidir sobre a aplicação do benefício e, se aplicável, a fração pertinente, não se mostrando hábil o habeas corpus para revisão, salvo se presente manifesta ilegalidade ou arbitrariedade.
3. No julgamento do HC 111.840/ES, rel. Min. Dias Toffoli, em sessão realizada em 27.6.2012, este Supremo Tribunal Federal declarou a inconstitucionalidade do § 1° do artigo 2° da Lei 8.072/90, com a redação dada pela Lei 11.464/07, que instituiu a obrigatoriedade de imposição do regime inicial fechado para o cumprimento da pena de crimes hediondos e equiparados.
4. Para a substituição da pena aplicada por restritiva de direitos devem ser consideradas todas as circunstâncias do crime e pessoais do condenado, com observância dos parâmetros do art. 44, inclusive inciso III, do Código Penal. Caso cujas circunstâncias não autorizam a substituição da pena.
5. A fixação do regime inicial de cumprimento de pena, nos termos do art. 33, § 3°, do Código Penal, deverá atender os critérios estabelecidos no art. 59 do Estatuto Repressivo

– culpabilidade, antecedentes, conduta social, personalidade do agente, motivos, circunstâncias e consequências do crime.
6. Carece de motivação idônea a imposição de modalidade inicial mais severa de cumprimento da pena do que o permitido pelo quantum da pena aplicada, amparada exclusivamente na gravidade da conduta. Precedente.
7. À falta de indicação de circunstâncias judiciais desfavoráveis ao paciente, bem como constatada sua primariedade, adequado se mostra o regime semiaberto para início de cumprimento de pena.
8. Habeas corpus extinto sem resolução de mérito, mas com concessão de ofício para fixar o regime inicial semiaberto de cumprimento da pena, mantendo, no mais, a pena fixada pelo Tribunal de Justiça. (Inform. STF 702)

HC N. 115.024-MS
RELATOR: MIN. RICARDO LEWANDOWSKI
Ementa: HABEAS CORPUS. PENAL. PACIENTE CONDENADO PELO DELITO DE TRÁFICO DE DROGAS. FIXAÇÃO DA PENA-BASE ACIMA DO MÍNIMO LEGAL DEVIDAMENTE JUSTIFICADA. CIRCUNSTÂNCIAS JUDICIAIS DESFAVORÁVEIS. GRANDE QUANTIDADE DE DROGA APREENDIDA (205 KG). WRIT DENEGADO. PENA. REGIME INICIAL DE CUMPRIMENTO. LEI 8.072/1990. DISPOSITIVO QUE IMPUNHA O REGIME INICIAL FECHADO PARA CRIMES HEDIONDOS E EQUIPARADOS. INCONSTITUCIONALIDADE. CONCESSÃO DA ORDEM DE OFÍCIO.
I – A sentença condenatória que fixou a pena-base acima do mínimo legal não merece nenhum reparo, pois, além de considerar desfavoráveis os antecedentes criminais e a conduta social do agente, fez preponderar no cálculo a expressiva quantidade e a qualidade da droga apreendida (205 kg de maconha), em observância ao que dispõe o art. 42 da Lei 11.343/2006.
II – O quantum de pena fixado pelo magistrado sentenciante encontra-se devidamente motivado, além de mostrar-se proporcional ao caso em apreço, sendo certo que não se pode utilizar "o habeas corpus para realizar novo juízo de reprovabilidade, ponderando, em concreto, qual seria a pena adequada ao fato pelo qual condenado o Paciente" (HC 94.655/MT, Rel. Min. Cármen Lúcia). Precedentes.
III – Writ denegado.
IV - Concessão da ordem de ofício para determinar ao juízo da execução criminal que, superada a obrigatoriedade de imposição do regime fechado aos condenados por tráfico de drogas, avalie se o paciente preenche os requisitos para a fixação do regime semiaberto, ou, caso entenda pela imposição de regime mais grave do que o previsto para o quantum de pena, que o faça de forma fundamentada. (Inform. STF 702)

RHC N. 116.066-DF
RELATORA: MIN. CÁRMEN LÚCIA
EMENTA: RECURSO ORDINÁRIO EM HABEAS CORPUS. CONSTITUCIONAL. PENAL. TRÁFICO DE ENTORPECENTE.
1. CAUSA DE AUMENTO PREVISTA NO ART. 40, INC. VI, DA LEI N. 11.343/2006. QUESTÃO APRECIADA EM SEGUNDA INSTÂNCIA. DEVOLUTIVIDADE DA MATÉRIA COM A INTERPOSIÇÃO DA APELAÇÃO DA DEFESA. 2. CAUSA DE DIMINUIÇÃO PREVISTA NO § 4º DO ART. 33 DA LEI N. 11.343/2006. QUANTIDADE E NATUREZA DA DROGA ADOTADAS PARA A FIXAÇÃO DA PENA-BASE E DEFINIÇÃO DO PERCENTUAL DE DIMINUIÇÃO. BIS IN IDEM.
1. A questão da causa de aumento prevista no art. 40, inc. VI, da Lei n. 11.343/2006 foi apreciada pela Segunda Turma Criminal do Tribunal de Justiça do Distrito Federal e dos Territórios, não podendo a Sexta Turma do Superior Tribunal de Justiça deixar de conhecer do habeas corpus na parte referente a essa matéria.
2. A apelação da defesa, salvo limitação explícita no ato de sua interposição, devolve ao Tribunal todas as questões relevantes do processo, independentemente de terem sido arguidas nas razões de apelação. Precedentes.

3. O fundamento relativo à natureza e à quantidade do entorpecente foi utilizado tanto na primeira fase da dosimetria, para a fixação da pena-base, como na terceira fase, para a definição do patamar da causa de diminuição do § 4º do art. 33 da Lei n. 11.343/2006 em 1/6. Bis in idem. Patamar de dois terços a ser observado.
4. Recurso provido para determinar que a Sexta Turma do Superior Tribunal de Justiça conheça do Habeas Corpus n. 169.660, Relator o Ministro Sebastião Reis Júnior, na parte relativa à causa de aumento prevista no art. 40, inc. VI, da Lei n. 11.343/2006, e aprecie a matéria, e, de ofício, ordem concedida para determinar que o juízo da Primeira Vara de Entorpecentes e Contravenções Penais/DF, com o trânsito em julgado do novo acórdão a ser proferido no Superior Tribunal de Justiça, reduza a pena imposta ao Recorrente, com a aplicação da causa de diminuição do art. 33, § 4º, da Lei n. 11.343/2006 no patamar máximo de dois terços. (Inform. STF 702)

HC N. 113.990-SC
RELATOR: MIN. DIAS TOFFOLI
Habeas corpus. Penal. Tráfico de entorpecentes. Alteração do regime prisional estabelecido e negativa de substituição da pena privativa de liberdade por restritiva de direitos. Impetração dirigida contra decisão do Superior Tribunal de Justiça, que indeferiu medida liminar requerida pelo impetrante. Incidência da Súmula nº 691 desta Suprema Corte. Superveniência de julgamento definitivo pelo Superior Tribunal de Justiça. Substituição de título. Precedentes. Writ prejudicado. Substituição da pena privativa de liberdade por restritiva de direitos e obrigatoriedade de imposição do regime inicial fechado. Declaração incidental de inconstitucionalidade do § 1º do art. 2º da Lei nº 8.072/90. Ofensa à garantia constitucional da individualização da pena (inciso XLVI do art. 5º da CF/88). Fundamentação necessária (CP, arts. 44 e 33, § 3º, c/c o art. 59). Constrangimento ilegal patente. Ordem concedida de ofício.
1. Impetração dirigida contra ato do Ministro Gilson Dipp, do Superior Tribunal de Justiça, que indeferiu a liminar no HC nº 244.445/SC impetrado àquela Corte de Justiça.
2. Supervenientemente, o writ impetrado ao Superior Tribunal de Justiça foi levado a julgamento definitivo. Dele não se conheceu; concedeu-se, porém, ordem de ofício para que a impetração antecedente fosse levada a julgamento perante o Tribunal estadual.
3. O julgado proferido, em casos como esse, substitui a decisão liminar que o precedeu, a qual, por isso, não pode mais produzir efeitos jurídicos (HC nº 101.571/RJ, de minha relatoria, DJe de 9/8/10).
4. Com o advento da nova Lei de Drogas (Lei nº 11.343/06), vedou-se, por efeito do que dispõe o seu art. 44, a possibilidade de conversão das penas privativas de liberdade em penas restritivas de direitos precisamente em casos como o ora em exame, relativos à prática de tráfico ilícito de entorpecentes. Dita vedação foi afastada pelo Plenário da Suprema Corte no HC nº 97.256/RS, da relatoria do Ministro Ayres Britto (DJe de 16/12/10), com declaração incidental de inconstitucionalidade da proibição da substituição da pena privativa de liberdade por restritiva de direitos.
5. A Corte Constitucional, no julgamento do HC nº 108.840/ES, da relatoria do Ministro Dias Toffoli, igualmente removeu o óbice constante do § 1º do art. 2º da Lei nº 8.072/90, com a redação dada pela Lei nº 11.464/07, o qual determina que "[a] pena por crime previsto neste artigo será cumprida inicialmente em regime fechado", declarando, de forma incidental, a inconstitucionalidade da obrigatoriedade de fixação do regime fechado para o início do cumprimento de pena decorrente da condenação por crime hediondo ou equiparado.
6. Ordem concedida de ofício para determinar ao juízo da execução que i) analise os requisitos necessários à substituição da pena privativa de liberdade pela restritiva de direitos, ou pela conjugação dessa com a de multa, nos moldes do que alude o art. 44 do CP, e ii) fixe, à vista do que dispõe o art. 33, §§ 2º e 3º, do Código Penal, o regime inicial condizente.
7. Writ prejudicado. Ordem concedida de ofício. (Inform. STF 702)

Dosimetria: agravante e fundamentação inidônea

A 1ª Turma julgou extinto *habeas corpus* por inadequação da via processual. Porém, por empate na votação, concedeu a ordem, de ofício, para reduzir a pena do paciente e estabelecer regime prisional inicial menos gravoso. No caso, o juiz de piso, ao fixar a reprimenda e regime prisional mais severos, teria considerado como circunstâncias judiciais desfavoráveis o registro de antecedentes criminais, a personalidade voltada para a prática de crimes e o fato de o delito perpetrado configurar *"porta de entrada"* a delitos de maior gravidade. Prevaleceu o voto do Min. Dias Toffoli, relator, que consignou que o juiz não poderia avaliar o crime de furto como *"porta de entrada"* para delitos de maior gravidade, de modo a aferir esse elemento como indicador de maior reprovabilidade da conduta. Tampouco, em vista da falta de certidões específicas, seria possível reconhecer-se a presença de maus antecedentes do paciente. Assim, afastou duas causas genéricas de agravamento da pena e redimensionou a dosimetria e o regime prisional. A Min. Rosa Weber, no que foi acompanhada pelo Min. Luiz Fux, não concedeu a ordem de ofício. Observava que, além de a matéria não ter sido apreciada pelo tribunal de origem, a consubstanciar supressão de instância, não haveria situação teratológica a permitir a revisão da dosimetria da pena. **HC 112309/MS, rel. Min. Dias Toffoli, 27.11.2012.** (HC-112309) (Inform. STF 690)

Roubos: continuidade delitiva e quadrilha armada - 1

A 2ª Turma denegou *habeas corpus* em que pretendida a redução de penas-base, o reconhecimento de continuidade delitiva de diversos crimes de roubo e o afastamento de qualificadora do crime de quadrilha. Na situação dos autos, cuidava-se de condenado, com outras pessoas, pela prática de 3 delitos de roubo qualificado – 2 consumados e 1tentado – e formação de quadrilha armada. No que tange ao pleito de redução das penas-base, reputou-se que a sentença condenatória não mereceria reparo, pois considerara desfavoráveis antecedentes criminais do paciente e sua personalidade para elevar a reprimenda em 2 anos acima do mínimo legal, portanto, bem justificada. Outrossim, não teria desbordado os lindes da proporcionalidade e da razoabilidade, logo, inexistiria flagrante ilegalidade ou teratologia a justificar a concessão da ordem, sendo incabível a utilização de *writ* para realização de novo juízo de reprovabilidade. **HC 113413/SP, rel. Min. Ricardo Lewandowski, 16.10.2012.** (HC-113413)

Roubos: continuidade delitiva e quadrilha armada - 2

Quanto ao pedido de reconhecimento de continuidade delitiva entre todos os delitos de roubo, consumados e tentado, apontou-se que o acórdão do STJ estaria consonante com o posicionamento firmado nesta Corte, no sentido de não bastar similitude entre as condições objetivas (tempo, lugar, modo de execução e outras similares), mas, ainda, precisaria haver, entre estas, ligação a mostrar, de plano, que os crimes subsequentes seriam continuação do primeiro. Além do mais, a reiteração delitiva, indicadora de deliquência habitual ou profissional, por si só descaracterizaria crime continuado. No ponto, esclareceu-se que o paciente fora reconhecido como criminoso habitual, uma vez que faria disto seu *modus vivendi*. Acresceu-se ser assente na doutrina e na jurisprudência que prática do crime como profissão, incidiria na hipótese de habitualidade, ou de reiteração delitiva, que não se confundiria com a da continuidade delitiva. Em seguida, afirmou-se que, para se chegar à conclusão diversa, necessitar-se-ia revolver fatos e provas, impossível nesta via eleita. **HC 113413/SP, rel. Min. Ricardo Lewandowski, 16.10.2012.** (HC-113413)

Roubos: continuidade delitiva e quadrilha armada - 3

Ato contínuo, registrou-se o acerto da aplicação do concurso material entre os roubos consumados, no interior de shopping, e a tentativa de subtração de automóvel, nas imediações do referido estabelecimento comercial. Sublinhou-se que a tentativa ocorrida na área externa consubstanciaria ação autônoma, cometida tão só com o objetivo de assegurar a fuga do paciente e de comparsa, não havendo falar em continuidade delitiva. No tocante ao concurso formal dos delitos perpetrados dentro do estabelecimento, acentuou-se a correção das decisões das instâncias antecedentes, visto que constituiriam desígnios autônomos. Por último, reportou-se à jurisprudência do STF segundo a qual a condenação simultânea pelos crimes de roubo qualificado com emprego de arma de fogo e formação de quadrilha armada não configuraria *bis in idem*. Isso porque não haveria relação de dependência ou subordinação entre as citadas condutas e os dispositivos penais visariam bens jurídicos diversos. **HC 113413/SP, rel. Min. Ricardo Lewandowski, 16.10.2012.** (HC-113413) (Inform. STF 684)

Crimes de roubo e continuidade delitiva

A prática reiterada de crimes contra o patrimônio, indicadora de delinquência habitual ou profissional, impossibilita o reconhecimento de continuidade delitiva para efeito de unificação de penas. Com base nessa orientação, a 1ª Turma, por maioria, denegou *habeas corpus* em que pretendido novo cálculo de pena pela prática de 2 delitos de roubo qualificado, objetos de condenações diversas. Ressaltou-se que as seguidas ações criminosas descaracterizariam o crime continuado. Vencido o Min. Marco Aurélio, que concedia a ordem ao consignar que a matéria teria se esgotado no tribunal de justiça. Além disso, sinalizou a existência de princípio de hermenêutica e aplicação do Direito, segundo o qual o preceito deveria ser interpretado de modo a beneficiar e não a prejudicar aquele protegido pela norma. **HC 109730/RS, rel. Min. Rosa Weber, 2.10.2012.** (HC-109730) (Inform. STF 682)

Dosimetria da pena e "error in procedendo"

A 1ª Turma negou provimento a recurso ordinário em *habeas corpus* em que se pleiteava a diminuição da pena-base ao argumento de inexistência de fundamentação idônea para majoração da reprimenda acima do mínimo legal. Aduziu-se não ter sido demonstrada qualquer ilegalidade ou arbitrariedade e, muito menos, *error in procedendo* na decisão condenatória. **RHC 101576/SP, rel. Min. Rosa Weber, 26.6.2012.** (RHC-101576) (Inform. STF 672)

Art. 44 do CPP e descrição individualizada do fato criminoso

A 2ª Turma deu provimento a recurso ordinário em *habeas corpus* para invalidar, desde a origem, procedimento penal instaurado contra o recorrente e declarar a extinção da punibilidade, por efeito da consumação do prazo decadencial. No caso, fora oferecida queixa-crime por suposta ocorrência de crime de injúria sem que na procuração outorgada pelo querelante ao seu advogado constasse o fato criminoso de maneira individualizada. Reputou-se que a ação penal privada, para ser validamente ajuizada, dependeria, dentre outros requisitos essenciais, da estrita observância, por parte do querelante, da formalidade imposta pelo art. 44 do CPP. Esse preceito exigiria constar, da procuração, o nome do querelado e a menção expressa ao fato criminoso, de modo que o instrumento de mandato judicial contivesse, ao menos, referência individualizadora do evento delituoso e não apenas o *nomen iuris*. Asseverou-se, por outro lado, não ser necessária a descrição minuciosa ou a referência pormenorizada do fato. Observou-se, ainda, que, embora a presença do querelante na audiência de conciliação possibilitasse suprir eventual omissão da procuração judicial, a regularização do mandato somente ocorreria se ainda não consumada a decadência do direito de queixa. Sucede que, decorrido, *in albis*, o prazo decadencial, sem a correção do vício apontado, impor-se-ia o reconhecimento da extinção da punibilidade do querelado. **RHC 105920/RJ, rel. Min. Celso de Mello, 8.5.2012.** (RHC-105920) (Inform. STF 665)

Confissão espontânea e caráter preponderante

A 2ª Turma, ao reconhecer, na espécie, o caráter preponderante da confissão espontânea, concedeu *habeas corpus* para determinar ao juízo processante que redimensionasse a pena imposta ao paciente. No caso, discutia-se se esse ato caracterizaria circunstância atenuante relacionada à personalidade do agente e, portanto, preponderante nos termos do art. 67 do CP ("*No concurso de agravantes e atenuantes, a pena deve aproximar-se do limite indicado pelas circunstâncias preponderantes, entendendo-se como tais as que resultam dos motivos determinantes do crime, da personalidade do agente e da reincidência*"). Inicialmente, acentuou-se que a Constituição (art. 5º, LXIII) asseguraria aos presos o direito ao silêncio e que o Pacto de São José da Costa Rica (art. 8º, 2, g) institucionalizaria o princípio da não autoincriminação – *nemo denetur se detegere*. Nesse contexto, o chamado réu confesso assumiria postura incomum, ao afastar-se do instinto do autoacobertamento para colaborar com a elucidação dos fatos, do que resultaria a prevalência de sua confissão. Em seguida, enfatizou-se que, na concreta situação dos autos, a confissão do paciente contribuíra efetivamente para sua condenação e afastara as chances de reconhecimento da tese da defesa técnica no sentido da não consumação do crime. Asseverou-se que o instituto da confissão espontânea seria sanção do tipo premial e que se assumiria com o paciente postura de lealdade. Destacou-se o caráter individual, personalístico dos direitos subjetivos constitucionais em matéria criminal e, como o indivíduo seria uma realidade única, afirmou-se que todo o instituto de direito penal que se lhe aplicasse, deveria exibir o timbre da personalização, notadamente na dosimetria da pena. **HC 101909/MG, rel. Min. Ayres Britto, 28.2.2012.** (HC-101909) (Inform. STF 656)

Dosimetria e fundamentação idônea - 1
A 2ª Turma iniciou julgamento de *habeas corpus* em que se pretende a redução da pena-base fixada, em virtude da alegada falta de fundamentação idônea para sua exacerbação. No caso, ao majorar a pena-base, o juiz considerara que "*a) os motivos que levaram à prática das infrações penais foram o egoísmo e o desejo de obter ganho fácil; b) as circunstâncias em que ocorreram as práticas criminosas foram graves, em razão da nocividade e expressiva quantidade de droga apreendida (quase 13 kg de cocaína); e c) as consequências são graves pelo mal causado aos consumidores*". O Min. Gilmar Mendes, relator, conquanto entendesse correta a conclusão do magistrado no que concerne ao motivo do crime – lucro fácil, por este não integrar a essência do crime de tráfico de entorpecentes – concedeu, parcialmente, a ordem, para que se proceda nova individualização da pena. No ponto, determinou que se afastasse a circunstância judicial referente ao "*mal causado pelo tóxico*", por ser ínsito à conduta delituosa e estar incorporado ao próprio tipo penal, o que impossibilitaria sua utilização como elemento hábil a proporcionar o recrudescimento da reprimenda, sob pena de *bis in idem*. Após, pediu vista o Min. Ayres Britto. HC 107532/SC, rel. Min. Gilmar Mendes, 28.6.2011. (HC-107532) (Inform. STF 633)

Dosimetria e fundamentação idônea - 2
A 2ª Turma retomou julgamento de *habeas corpus* em que se pretende a redução da pena-base fixada em virtude de alegada falta de fundamentação idônea para sua exacerbação. No caso, ao majorar a pena-base, o juiz considerara que "*a) os motivos que levaram à prática das infrações penais foram o egoísmo e o desejo de obter ganho fácil; b) as circunstâncias em que ocorreram as práticas criminosas foram graves, em razão da nocividade e expressiva quantidade de droga apreendida (quase 13 kg de cocaína); e c) as consequências são graves pelo mal causado aos consumidores*" – v. Informativo 633. O Min. Ayres Britto, em voto-vista, acompanhou o Min. Gilmar Mendes, relator, no tocante ao afastamento da circunstância judicial referente ao "**mal causado pelo tóxico**", mas concedeu a ordem, em maior extensão, para determinar ao juízo da causa que refaça a dosimetria da pena, excluída a referência ao motivo do crime "ganho fácil". Consignou que essa expressão apontada pelo magistrado para justificar o maior rigor no cálculo da pena já se encontraria embutida na conduta concretamente praticada

3. DIREITO PENAL

pelo agente – venda de drogas. Dessa forma, a comercialização ilícita de entorpecente teria sido, de imediato, a razão pela qual se dera a condenação do acusado, na forma do art. 33 da Lei 11.343/2006. Assim, o alegado intuito de **ganho fácil**, por ser inerente a essa modalidade delitiva, não deveria ser validamente invocado para aumentar a reprimenda por implicar *bis in idem*. Após, pediu vista o Min. Ricardo Lewandowski. **HC** 107532/SC, rel. Min. Gilmar Mendes, 6.12.2011. (**HC-107532**)

Dosimetria e fundamentação idônea - 3
Em conclusão de julgamento, a 2ª Turma, por maioria, deferiu *habeas corpus* para determinar ao magistrado de primeiro grau que efetue nova dosimetria, a afastar, além da circunstância relativa à consequência do crime "mal causado pelo tóxico", também o motivo invocado – vontade de obter lucro fácil. No caso, ao majorar a pena-base, o juiz considerara que "a) os motivos que levaram à prática das infrações penais foram o egoísmo e o desejo de obter ganho fácil; b) as circunstâncias em que ocorreram as práticas criminosas foram graves, em razão da nocividade e expressiva quantidade de droga apreendida (quase 13 kg de cocaína); e c) as consequências são graves pelo mal causado aos consumidores" – v. Informativos 633 e 651. Concluiu-se que a circunstância judicial aludida ao "mal causado pelo tóxico", seria ínsita à conduta delituosa e estaria incorporada ao próprio tipo penal, a impossibilitar sua utilização como elemento hábil a proporcionar o recrudescimento da reprimenda, sob pena de *bis in idem*. Na mesma linha de entendimento, quanto à referência ao motivo do crime "ganho fácil", consignou-se que essa expressão apontada pelo magistrado para justificar o maior rigor no cálculo da pena já se encontraria embutida na conduta praticada – venda de drogas. Dessa forma, a comercialização ilícita de entorpecente teria sido, de imediato, a razão pela qual se dera a condenação do acusado, na forma do art. 33 da Lei 11.343/2006. Assim, o alegado intuito de "ganho fácil", por ser inerente a essa modalidade delitiva, não deveria ser validamente invocado para aumentar a reprimenda por implicar, também, *bis in idem*. Vencido, em parte, o Min. Gilmar Mendes, relator, que concedia a ordem somente para afastar a fundamentação "mal causado pelo tóxico". Vencido, integralmente, o Min. Joaquim Barbosa, que indeferia o *writ*. **HC 107532/SC, rel. orig. Min. Gilmar Mendes, red. p/ o acórdão Min. Ricardo Lewandowski, 8.5.2012.** (HC-107532) (Inform. STF 665)

DIREITO PENAL. MAIOR GRAU DE REPROVABILIDADE DA CONDUTA DE PROMOTOR DE JUSTIÇA EM CRIME DE CORRUPÇÃO PASSIVA.
O fato de o crime de corrupção passiva ter sido praticado por Promotor de Justiça no exercício de suas atribuições institucionais pode configurar circunstância judicial desfavorável na dosimetria da pena. Isso porque esse fato revela maior grau de reprovabilidade da conduta, a justificar o reconhecimento da acentuada culpabilidade, dada as específicas atribuições do promotor de justiça, as quais são distintas e incomuns se equiparadas aos demais servidores públicos *latu sensu*. Assim, a referida circunstância não é inerente ao próprio tipo penal. **REsp 1.251.621-AM, Rel. Min. Laurita Vaz, julgado em 16/10/2014. (Inform. STJ 552)**

DIREITO PENAL. PROCEDIMENTO PARA DECLARAR A PERDA DO CARGO DE MEMBRO VITALÍCIO DO MINISTÉRIO PÚBLICO ESTADUAL.
Em ação penal decorrente da prática de corrupção passiva praticada por membro vitalício do Ministério Público Estadual, não é possível determinar a perda do cargo com fundamento no art. 92, I, a, do CP. De acordo com o art. 92, I, a, do CP, é efeito não automático da condenação a perda do cargo, função pública ou mandato eletivo quando aplicada a pena privativa de liberdade por tempo igual ou superior a um ano, nos crimes praticados com abuso de poder ou violação de dever para com a Administração Pública. Entretanto, quanto à perda do cargo de membro do Ministério Público Estadual, há norma especial (Lei 8.625/1993 – Lei Orgânica Nacional do

Ministério Público) que dispõe que a perda do referido cargo somente pode ocorrer após o trânsito em julgado de ação civil proposta para esse fim. O art. 38, § 2°, da Lei 8.625/1993 ainda prevê que a ação civil para a decretação da perda do cargo somente pode ser ajuizada pelo Procurador-Geral de Justiça quando previamente autorizado pelo Colégio de Procuradores, o que constitui condição de procedibilidade, juntamente com o trânsito em julgado da sentença penal condenatória. Com efeito, em se tratando de normas legais de mesma hierarquia, o fato de a Lei Orgânica Nacional do Ministério Público prever regras específicas e diferenciadas das do Código Penal para a perda de cargo, em atenção ao princípio da especialidade – *lex specialis derogat generali* –, deve prevalecer o que dispõe a lei orgânica. **REsp 1.251.621-AM**, Rel. Min. Laurita Vaz, julgado em 16/10/2014. (Inform. STJ 552)

DIREITO PENAL. INAPLICABILIDADE DO ART. 92, I, DO CP A SERVIDOR PÚBLICO APOSENTADO ANTERIORMENTE À CONDENAÇÃO CRIMINAL.
Ainda que condenado por crime praticado durante o período de atividade, o servidor público não pode ter a sua aposentadoria cassada com fundamento no art. 92, I, do CP, mesmo que a sua aposentadoria tenha ocorrido no curso da ação penal. De fato, os efeitos de condenação criminal previstos no art. 92, I, do CP – segundo o qual são efeitos da condenação criminal a "perda de cargo, função pública ou mandato eletivo" –, embora possam repercutir na esfera das relações extrapenais, são efeitos penais, na medida em que decorrem de lei penal. Sendo assim, pela natureza constrangedora desses efeitos (que acarretam restrição ou perda de direitos), eles somente podem ser declarados nas hipóteses restritas do dispositivo mencionado, o que implica afirmar que o rol do art. 92 do CP é taxativo, sendo vedada a interpretação extensiva ou analógica para estendê-los em desfavor do réu, sob pena de afronta ao princípio da legalidade. Dessa maneira, como essa previsão legal é dirigida para a "perda de cargo, função pública ou mandato eletivo", não se pode estendê-la ao servidor que se aposentou, ainda que no decorrer da ação penal. Precedentes citados: REsp 1.317.487-MT, Quinta Turma, DJe 22/8/2014; e RMS 31.980-ES, Sexta Turma, DJe 30/10/2012. **REsp 1.416.477-SP**, Rel. Min. Walter de Almeida Guilherme (Desembargador convocado do TJ/SP), julgado em 18/11/2014. (Inform. STJ 552)

DIREITO PENAL. CONFISSÃO QUALIFICADA.
A confissão qualificada – aquela na qual o agente agrega teses defensivas discriminantes ou exculpantes –, quando efetivamente utilizada como elemento de convicção, enseja a aplicação da atenuante prevista na alínea d do inciso III do artigo 65 do CP. Precedentes citados: AgRg no REsp 1.384.067-SE, Quinta Turma, DJe 12/2/2014; e AgRg no REsp 1.416.247-GO, Quinta Turma, DJe 15/5/2014. **AgRg no REsp 1.198.354-ES**, Rel. Min. Jorge Mussi, julgado em 16/10/2014. (Inform. STJ 551)

DIREITO PENAL E PROCESSUAL PENAL. NECESSIDADE DE FUNDAMENTAÇÃO DA SENTENÇA PENAL QUE DETERMINE A PERDA DO CARGO PÚBLICO.
A determinação da perda de cargo público fundada na aplicação de pena privativa de liberdade superior a 4 anos (art. 92, I, b, do CP) pressupõe fundamentação concreta que justifique o cabimento da medida. De fato, para que seja declarada a perda do cargo público, na hipótese descrita no art. 92, I, b, do CP, são necessários dois requisitos: a) que o *quantum* da sanção penal privativa de liberdade seja superior a 4 anos; e b) que a decisão proferida apresente-se de forma motivada, com a explicitação das razões que ensejaram o cabimento da medida. A motivação dos atos jurisdicionais, conforme imposição do art. 93, IX, da CF ("Todos os julgamentos dos órgãos do Poder Judiciário serão públicos, e fundamentadas todas as decisões, sob pena de nulidade..."), funciona como garantia da atuação imparcial e *secundum legis* (sentido lato) do órgão julgador. Ademais, a motivação dos atos judiciais serve de controle social sobre os atos judiciais e de controle pelas partes sobre a atividade intelectual do julgador, para que verifiquem se este, ao decidir, considerou todos os argumentos e as provas produzidas pelas partes e se bem aplicou o direito ao caso concreto. Por fim, registre-se que o tratamento jurídico-penal será diverso quando se tratar de crimes previstos no art. 1º da Lei 9.455/1997 (Lei de Tortura). Isso porque, conforme dispõe o § 5º do art. 1º deste diploma legal, a perda do cargo, função ou emprego público é efeito automático da condenação, sendo dispensável fundamentação concreta. **REsp 1.044.866-MG**, Rel. Min. Rogerio Schietti Cruz, julgado em 2/10/2014. (Inform. STJ 549)

DIREITO PENAL. REINCIDÊNCIA DECORRENTE DE CONDENAÇÃO POR PORTE DE DROGAS PARA CONSUMO PRÓPRIO.
A condenação por porte de drogas para consumo próprio (art. 28 da Lei 11.343/2006) transitada em julgado gera reincidência. Isso porque a referida conduta foi apenas despenalizada pela nova Lei de Drogas, mas não descriminalizada (*abolitio criminis*). Precedentes citados: HC 292.292-SP, Sexta Turma, DJe 25/6/2014; HC 266.827-SP, Sexta Turma, DJe 11/4/2014; e HC 194.921-SP, Quinta Turma, DJe 23/8/2013. **HC 275.126-SP**, Rel. Min. Nefi Cordeiro, julgado em 18/9/2014. (Inform. STJ 549)

DIREITO PENAL. IMPOSSIBILIDADE DE RECONHECIMENTO DA CONTINUIDADE DELITIVA ENTRE CRIMES DE ESPÉCIES DIVERSAS.
Não há continuidade delitiva entre os crimes de roubo e extorsão, ainda que praticados em conjunto. Isso porque, nos termos da pacífica jurisprudência do STJ, os referidos crimes, conquanto de mesma natureza, são de espécies diversas, o que impossibilita a aplicação da regra do crime continuado, ainda quando praticados em conjunto. Precedentes citados: HC 281.130-SP, Quinta Turma, DJe 31/3/2014; e HC 222.128-MS, Sexta Turma, DJe 21/10/2013. **HC 77.467-SP**, Rel. Min. Nefi Cordeiro, julgado em 2/10/2014. (Inform. STJ 549)

DIREITO PENAL. POSSIBILIDADE DE ESTABELECIMENTO DE REGIME PRISIONAL MAIS GRAVOSO EM RAZÃO DA GRAVIDADE CONCRETA DA CONDUTA DELITUOSA.
Ainda que consideradas favoráveis as circunstâncias judiciais (art. 59 do CP), é admissível a fixação do regime prisional fechado aos não reincidentes condenados por roubo a pena superior a quatro anos e inferior a oito anos se constatada a gravidade concreta da conduta delituosa, aferível, principalmente, pelo uso de arma de fogo. Precedentes citados: HC 274.908-SP, Quinta Turma, DJe 2/9/2014; HC 293.512-SP, Quinta Turma, DJe 1º/7/2014; e HC 262.939-SP, Sexta Turma, DJe 25/4/2014. **HC 294.803-SP**, Rel. Min. Newton Trisotto (Desembargador convocado do TJ-SC), julgado em 18/9/2014. (Inform. STJ 548)

DIREITO PENAL. APLICAÇÃO DE AGRAVANTE GENÉRICA NO CASO DE CRIME PRETERDOLOSO.
É possível a aplicação da agravante genérica do art. 61, II, "c", do CP nos crimes preterdolosos, como o delito de lesão corporal seguida de morte (art. 129, § 3º, do CP). De início, nos termos do art. 61, II, "c", do CP, são circunstâncias que sempre agravam a pena, quando não constituem ou qualificam o crime, ter o agente cometido o crime à traição, de emboscada, ou mediante dissimulação, ou outro recurso que dificultou ou tornou impossível a defesa do ofendido. De fato, apesar da existência de controvérsia doutrinária e jurisprudencial, entende-se que não há óbice legal ou incompatibilidade qualquer na aplicação da citada agravante genérica aos crimes preterdolosos. Isso porque, nos crimes qualificados pelo resultado na modalidade preterdolosa, a conduta-base dolosa preenche autonomamente o tipo legal e o resultado culposo denota mera consequência que, assim sendo, constitui elemento relevante em sede de determinação

da medida da pena. Ademais, o art. 129, § 3°, do CP descreve conduta dolosa que autonomamente preenche o tipo legal de lesões corporais, ainda que dessa conduta exsurja resultado diverso mais grave a título de culpa, consistente na morte da vítima. Assim, no crime de lesão corporal seguida de morte, a ofensa intencional à integridade física da vítima constitui crime autônomo doloso, cuja natureza não se altera com a produção do resultado mais grave previsível mas não pretendido (morte), resolvendo-se a maior reprovabilidade do fato no campo da punibilidade. Além do mais, entende a doutrina que nos casos de lesões qualificadas pelo resultado, o tipo legal de crime é o mesmo (lesão corporal dolosa), não se alterando o tipo fundamental, apenas se lhe acrescentando um elemento de maior punibilidade. **REsp 1.254.749-SC, Rel. Min. Maria Thereza de Assis Moura, julgado em 6/5/2014. (Inform. STJ 541)**

DIREITO PENAL. CONDENAÇÕES POR FATOS POSTERIORES AO CRIME EM JULGAMENTO.
Na dosimetria da pena, os fatos posteriores ao crime em julgamento não podem ser utilizados como fundamento para valorar negativamente a culpabilidade, a personalidade e a conduta social do réu. Precedentes citados: HC 268.762-SC, Quinta Turma, DJe 29/10/2013 e HC 210.787-RJ, Quinta Turma, DJe 16/9/2013. **HC 189.385-RS, Rel. Min. Sebastião Reis Júnior, julgado em 20/2/2014. (Inform. STJ 535)**

DIREITO PENAL. COMPENSAÇÃO DA ATENUANTE DA CONFISSÃO ESPONTÂNEA COM A AGRAVANTE DA REINCIDÊNCIA. RECURSO REPETITIVO (ART. 543-C DO CPC E RES. 8/2008-STJ).
É possível, na segunda fase da dosimetria da pena, a compensação da atenuante da confissão espontânea com a agravante da reincidência. Precedentes citados: EREsp 1.154.752-RS, Terceira Seção, DJe 4/9/2012; HC 217.249-RS, Quinta Turma, DJe 4/3/2013; e HC 130.797-SP, Sexta Turma, DJe 1°/2/2013. **REsp 1.341.370-MT, Rel. Min. Sebastião Reis Júnior, julgado em 10/4/2013. (Inform. STJ 522)**

DIREITO PENAL. DETRAÇÃO EM PROCESSOS DISTINTOS. DELITO PRATICADO ANTES DA SEGREGAÇÃO.
É cabível a aplicação do benefício da detração penal previsto no art. 42 do CP em processos distintos, desde que o delito pelo qual o sentenciado cumpre pena tenha sido cometido antes da segregação cautelar, evitando a criação de um crédito de pena. Precedentes citados: HC 188.452-RS, DJe 1°/6/2011, e HC 148.318-RS, DJe 21/2/2011. HC 178.894-RS, Rel. Min. Laurita Vaz, julgado em 13/11/2012. (Inform. STJ 509)

DIREITO PENAL. DOSIMETRIA DA PENA. REGISTROS CRIMINAIS. Bis in idem.
Havendo registros criminais já considerados na primeira e na segunda fase da fixação da pena (maus antecedentes e reincidência), essas mesmas condenações não podem ser valoradas para concluir que o agente possui personalidade voltada à criminalidade. A adoção de entendimento contrário caracteriza o indevido bis in idem. Precedentes citados: HC 235.496-SP, DJe 24/8/2012, e HC 184.027-MS, DJe 26/6/2012. HC 165.089-DF, Rel. Min. Laurita Vaz, julgado em 16/10/2012. (Inform. STJ 506)

DIREITO PENAL. FIXAÇÃO DA PENA-BASE. ARGUMENTOS GENÉRICOS OU CIRCUNSTÂNCIAS ELEMENTARES DO PRÓPRIO TIPO PENAL.
Não é possível a utilização de argumentos genéricos ou circunstâncias elementares do próprio tipo penal para o aumento da pena-base com fundamento nas consequências do delito. Precedentes citados: HC 150.025-DF, DJe 1/8/2011, e HC 170.730-AC, DJe 10/10/2011. HC 165.089-DF, Rel. Min. Laurita Vaz, julgado em 16/10/2012. (Inform. STJ 506)

DIREITO PENAL. CONFISSÃO ESPONTÂNEA. INCIDÊNCIA DA ATENUANTE.
A confissão realizada em juízo, desde que espontânea, é suficiente para fazer incidir a atenuante prevista no art. 65, III, d, do CP, quando expressamente utilizada para a formação do convencimento do julgador. O CP confere à confissão espontânea do acusado, no art. 65, inciso III, d, a estatura de atenuante genérica, para fins de apuração da pena a ser atribuída na segunda fase do sistema trifásico de cálculo da sanção penal. Com efeito, a afirmação de que as demais provas seriam suficientes para a condenação do paciente, a despeito da confissão espontânea, não autoriza a exclusão da atenuante, se ela efetivamente ocorreu e foi utilizada na formação do convencimento do julgador. Precedentes citados: HC 172.201-MG, DJe 24/5/2012, e HC 98.931-SP, DJe 15/8/2011. **REsp 1.183.157-SP, Rel. Min. Sebastião Reis Júnior, julgado em 16/10/2012. (Inform. STJ 506)**

DIREITO PENAL. LESÃO CORPORAL LEVE PRATICADA NO ÂMBITO FAMILIAR. IMPOSSIBILIDADE DE SUBSTITUIÇÃO DE PENA.
Não é possível a substituição da pena privativa de liberdade por restritiva de direitos em caso de condenação por crime de lesão corporal previsto no art. 129, § 9°, do CP. A substituição da pena privativa de liberdade por restritiva de direitos pressupõe, entre outras coisas, que o crime não tenha sido cometido com violência ou grave ameaça. A violência física se expressa de inúmeras maneiras, sendo comum a todas elas o uso da força e a submissão da vítima, que fica acuada. Embora haja casos de violência doméstica com requintes de crueldade extrema e outros que se restrinjam às vias de fato (tapas, empurrões, socos, por exemplo), a violência praticada em maior ou menor grau de intensidade caracteriza-se pelo simples fato de o agente utilizar a força, de forma agressiva, para submeter a vítima. O termo "violência" contido no art. 44, I, do CP, que impossibilita a substituição da pena privativa de liberdade por restritiva de direitos, não comporta quantificação ou qualificação. A Lei Maria da Penha surgiu para salvaguardar a mulher de todas as formas de violência (não só física, mas moral e psíquica), inclusive naquelas hipóteses em que a agressão possa não parecer tão violenta. Precedentes citados: HC 182.892-MS, DJe 20/6/2012, e HC 192.417-MS, DJe 19/12/2011. HC 192.104-MS, Rel. Min. Og Fernandes, julgado em 9/10/2012. (Inform. STJ 506)

DIREITO PENAL. PENA-BASE FIXADA NO MÍNIMO LEGAL. REGIME PRISIONAL MAIS GRAVOSO. INEXISTÊNCIA DE MOTIVAÇÃO CONCRETA. IMPOSSIBILIDADE.
Fixada a pena-base no mínimo legal, é vedado o estabelecimento de regime prisional mais gravoso do que o cabível em razão da sanção imposta, com base apenas na gravidade abstrata do delito. Somente se consideradas as circunstâncias judiciais de forma desfavoráveis, com fundamentos idôneos, poderia ser mantido regime prisional mais gravoso. Ademais, a opinião do julgador sobre a gravidade abstrata do crime não constitui motivação idônea para a imposição de regime mais severo do que o permitido segundo a pena aplicada (Súm. n. 718-STF). Assim, não se pode determinar regime mais rigoroso quando inidônea a fundamentação, baseada tão somente na gravidade abstrata da conduta cometida e na opinião pessoal dos julgadores. Precedentes citados do STF: HC 72.315-MG, DJ 26/5/1995; do STJ: HC 94.823-SP, DJ 23/6/2008; RHC 29.446-MG, DJe 6/4/2011, e HC 177.679-SP, DJe 13/12/2010. HC 218.617-SP, Rel. Min. Laurita Vaz, julgado em 2/10/2012. (Inform. STJ 505)

DIREITO PENAL. REINCIDÊNCIA. AUSÊNCIA DA DATA EXATA DOS FATOS NA DENÚNCIA. IN DUBIO PRO REO.
A agravante da reincidência não deve ser aplicada se não há na denúncia exatidão da data dos fatos apta a demonstrar que o delito ocorreu após o trânsito em julgado de condenação anterior. Em observância ao princípio do in dubio pro reo, deve

ser dada a interpretação mais favorável ao acusado, não se podendo presumir que o trânsito em julgado referente ao crime anterior ocorreu antes do cometimento do segundo delito. Precedentes citados: HC 52.329-RS, DJe 15/12/2008, e EDcl no HC 143.883-SP, DJe 17/10/2011. HC 200.900-RJ, Rel. Min. Sebastião Reis Júnior, julgado em 27/9/2012. (Inform. STJ 505)

DIREITO PENAL. DOSIMETRIA. REINCIDÊNCIA. MAJORAÇÃO SUPERIOR A 1/6.

O aumento da pena pela reincidência em fração superior a 1/6 exige motivação idônea. Embora a lei não preveja percentuais mínimos e máximos de majoração da pena pela reincidência, deve-se atentar aos princípios da proporcionalidade, razoabilidade, necessidade e suficiência à reprovação e à prevenção do crime. Precedentes citados: HC 126.126-SP, DJe 7/6/2011, e HC 158.848-DF, DJe 10/5/2010. **HC 200.900-RJ, Rel. Min. Sebastião Reis Júnior, julgado em 27/9/2012. (Inform. STJ 505)**

DIREITO PENAL. EFEITOS DA CONDENAÇÃO. IMPOSSIBILIDADE DE CASSAÇÃO DE APOSENTADORIA.

A cassação da aposentadoria não é consectário lógico da condenação penal. Os efeitos da condenação previstos no art. 92 do CP devem ser interpretados restritivamente. Não havendo previsão legal expressa sobre a cassação de aposentadoria no referido artigo, não pode o juiz criminal determiná-la. Dessa forma, caso o réu tenha passado para a inatividade antes da condenação, sua aposentadoria não pode ser afetada por sentença penal condenatória posteriormente proferida, mesmo que o fato apurado tenha sido cometido quando o funcionário ainda estava ativo. Isso não significa que a prática de crime em serviço não possa afetar a aposentadoria, pois a cassação da aposentadoria tem previsão legal no âmbito administrativo. Precedentes citados do STF: RE 477.554-MG, DJe 25/8/2011; do STJ: REsp 1.250.950-DF, DJe 27/6/2012. **RMS 31.980-ES, Rel. Min. Og Fernandes, julgado em 2/10/2012. (Inform. STJ 505)**

DOSIMETRIA DA PENA. CIRCUNSTÂNCIAS DESFAVORÁVEIS INERENTES DO TIPO PENAL.

Os elementos inerentes ao próprio tipo penal não podem ser considerados para a exasperação da pena-base. A primeira fase da dosimetria é o momento em que o julgador efetivamente individualiza a pena pelas circunstâncias ali analisadas. Porém, o julgador não pode agir com livre arbítrio, deve motivar as razões que foram seguidas, e demonstrá-las concretamente. No caso, trata-se de crime de tortura em que o juiz monocrático usou como parâmetro para fundamentar o aumento da pena, no tocante à culpabilidade, o fato de o crime ter sido praticado com requinte e crueldade. Quanto aos motivos, justificou a exasperação da pena por terem sidos ligados à mera maldade, intolerância, desequilíbrio emocional e insensibilidade. A Turma, por maioria, entendeu que a sentença proferida desatendeu ao princípio da motivação nas decisões judiciais, porque, ao analisar a culpabilidade e os motivos, utilizou argumentos integrantes do próprio tipo penal, tortura, para majorar a pena na sua fase inicial. Precedentes citados: HC 185.633-ES, DJe 28/6/2012, e HC 149.907-SE, DJe 18/6/2012. **HC 227.302-RJ, Rel. Gilson Dipp, julgado em 21/8/2012. (Inform. STJ 502)**

CONCUSSÃO. PENA-BASE. EXASPERAÇÃO.

Na espécie, trata-se de crime praticado por policiais civis que intencionalmente deixaram de cumprir o seu dever de ofício (não deram voz de prisão em flagrante a integrantes de organização criminosa que tinham em sua posse 25 quilos de cocaína), exigindo para si vantagem indevida no valor, aproximadamente, de R$ 250 mil, em troca da liberdade dos integrantes daquela quadrilha. Por isso, os pacientes foram condenados à pena de cinco anos de reclusão, no regime inicial fechado, mais o pagamento de 80 dias-multa, com a consequente perda dos cargos exercidos (art. 92, I, **a**, do CP), pela prática do crime previsto no art. 316 do CP (concussão). O Min. Relator asseverou que não houve constrangimento ilegal ao se considerar elevada a culpabilidade dos pacientes, visto que o magistrado sentenciante, nesse ponto, não levou em consideração a qualidade de funcionário público dos acusados, elementar do tipo penal infringido, mas sim o fato de o delito ter sido praticado por policiais civis, condição pessoal ostentada pelos pacientes que, em conjunto com as demais circunstâncias do ilícito perpetrado, são fundamentos aptos a respaldar a exacerbação da pena-base acima do mínimo legal. Segundo se afirmou, como os pacientes eram policiais civis, tinham maiores condições de entender o caráter ilícito dos seus atos e também o dever funcional de reprimir a criminalidade. Assim, demonstrada a gravidade concreta do delito, maior a censurabilidade das suas condutas, justificando-se a exasperação da reprimenda inicial. No entanto, o juiz de primeiro grau, ao prosseguir na análise das circunstâncias previstas no art. 59 do CP, afirmou que os motivos do delito somente poderiam ser a cupidez e a malevolência, argumento que não é autorizador do aumento da pena, pois tal circunstância está inserida na elementar normativa do tipo penal. Ademais, o julgador se limitou a fazer referência genérica acerca das graves consequências que a conduta criminosa trouxe à instituição policial a que pertenciam os condenados, deixando de indicar fator concreto que levasse a essa conclusão, que não a própria conduta criminosa. De modo que, à luz dos critérios previstos no art. 59 do CP, bem como dos arts. 5º, XLVI, e 93, IX, da CF/1988, careceu o decreto condenatório de motivação apta a justificar a fixação da pena-base tão acima do mínimo legal. Assim, com essas e outras considerações, a Turma concedeu em parte a ordem para reduzir a pena-base para quatro anos e três meses de reclusão e pagamento de 50 (cinquenta) dias-multa, mantidos, no mais, a sentença e o aresto combatidos. **HC 166.605-RJ, Rel. Min. Jorge Mussi, julgado em 2/8/2012. (Inform. STJ 501)**

CONCURSO FORMAL. LATROCÍNIO.

Na hipótese, os recorrentes, objetivando a reforma do julgado, sustentaram negativa de vigência ao art. 70 do CP, alegando a ocorrência de apenas uma subtração patrimonial e a morte de duas vítimas, o que configuraria crime único de latrocínio, e não concurso formal impróprio. Porém, foi comprovado que os agentes não se voltaram apenas contra um patrimônio, mas que, ao contrário, os crimes resultaram de desígnios autônomos. Daí, as instâncias *a quo* decidiram que os agentes desejavam praticar mais de um latrocínio, tendo em cada um deles consciência e vontade, quando efetuaram os disparos contra as vítimas. Assim, aplica-se o concurso formal impróprio entre os delitos de latrocínio (art. 70, parte final, do CP), pois ocorreram dois resultados morte, ainda que tivesse sido efetuada apenas uma subtração patrimonial. Ademais, consoante a Súm. n. 610 do STF, há crime de latrocínio quando o homicídio se consuma, ainda que não realize o agente a subtração de bens da vítima. Precedentes citados: HC 56.961-PR, DJ 7/2/2008; HC 33.618-SP, DJ 6/2/2006, e REsp 729.772-RS, DJ 7/11/2005. **REsp 1.164.953-MT, Rel. Min. Laurita Vaz, julgado em 27/3/2012. (Inform. STJ 494)**

DOSIMETRIA DA PENA. CONDENAÇÕES PRETÉRITAS. CRIME CULPOSO.

Não há flagrante ilegalidade se o juízo sentenciante considera, na fixação da pena, condenações pretéritas, ainda que tenha transcorrido lapso temporal superior a cinco anos entre o efetivo cumprimento das penas e a infração posterior; pois, embora não sejam aptas a gerar a reincidência, nos termos do art. 64, I, do CP, são passíveis de serem consideradas como maus antecedentes no sopesamento negativo das circunstâncias judiciais. Contudo, no caso dos autos, existem peculiaridades suficientes para infirmar o entendimento então consolidado, pois o aumento da pena do crime doloso por crime culposo cometido em passado distante afrontaria os princípios da razoabilidade e da proporcionalidade na fixação da pena privativa de liberdade. **HC 198.557-MG, Rel. Min. Marco Aurélio Bellizze, julgado em 13/3/2012. (Inform. STJ 493)**

3. DIREITO PENAL

DOSIMETRIA DA PENA. ÚNICA CONDENAÇÃO TRANSITADA EM JULGADO. VALORAÇÃO. *Bis in idem.*

O fato de o paciente registrar uma única condenação transitada em julgado não pode ser valorado, ao mesmo tempo, como circunstância judicial desfavorável e agravante de reincidência, sob pena de *bis in idem*. Por sua vez, configura constrangimento ilegal o aumento da pena no crime de roubo, na terceira fase de individualização, acima do patamar mínimo (um terço), com base apenas nos números de majorantes (Súm. n. 443/STJ). Acolhidos esses entendimentos, a Turma concedeu a ordem para reconhecer a ocorrência de *bis in idem* e reduzir para o patamar de 1/3 a exasperação decorrente das majorantes previstas no art. 157, § 2º, II e V, do CP, ficando definitivamente fixada a pena em seis anos e oito meses de reclusão, mantido o regime fechado. **HC 147.202-MG, Rel. Min. Og Fernandes, julgado em 28/2/2012. (Inform. STJ 492)**

Súmula STF Nº 723
Não se admite a suspensão condicional do processo por crime continuado, se a soma da pena mínima da infração mais grave com o aumento mínimo de um sexto for superior a um ano.

Súmula STF nº 719
A imposição do regime de cumprimento mais severo do que a pena aplicada permitir exige motivação idônea.

Súmula STF nº 718
A opinião do julgador sobre a gravidade em abstrato do crime não constitui motivação idônea para a imposição de regime mais severo do que o permitido segundo a pena aplicada.

Súmula STF nº 605
Não se admite continuidade delitiva nos crimes contra a vida.

Súmula STF nº 499
Não obsta à concessão do "sursis" condenação anterior à pena de multa.

Súmula STF nº 422
A absolvição criminal não prejudica a medida de segurança, quando couber, ainda que importe privação da liberdade.

Súmula STJ nº 493
É inadmissível a fixação de pena substitutiva (art. 44 do CP) como condição especial ao regime aberto.

Súmula STJ nº 444
É vedada a utilização de inquéritos policiais e ações penais em curso para agravar a pena-base.

Súmula STJ nº 440
Fixada a pena-base no mínimo legal, é vedado o estabelecimento de regime prisional mais gravoso do que o cabível em razão da sanção imposta, com base apenas na gravidade abstrata do delito.

Súmula STJ nº 269
É admissível a adoção do regime prisional semiaberto aos reincidentes condenados a pena igual ou inferior a quatro anos se favoráveis as circunstâncias judiciais.

Súmula STJ nº 241
A reincidência penal não pode ser considerada como circunstância agravante e, simultaneamente, como circunstância judicial.

Súmula STJ nº 231
A incidência da circunstância atenuante não pode conduzir à redução da pena abaixo do mínimo legal.

Súmula STJ nº 171
Cominadas cumulativamente, em lei especial, penas privativa de liberdade e pecuniária, é defeso a substituição da prisão por multa.

6. EXTINÇÃO DA PUNIBILIDADE – PRESCRIÇÃO

Prescrição penal retroativa e constitucionalidade - 1

É constitucional o art. 110, § 1º, do CP ("§ 1º A prescrição, depois da sentença condenatória com trânsito em julgado para a acusação ou depois de improvido seu recurso, regula-se pela pena aplicada, não podendo, em nenhuma hipótese, ter por termo inicial data anterior à da denúncia ou queixa"), na redação dada pela Lei 12.234/2010. Essa a conclusão do Plenário que, por maioria, denegou "habeas corpus" em que se pleiteava o reconhecimento da prescrição da pretensão punitiva em favor do paciente, na modalidade retroativa, entre a data do fato e o recebimento da denúncia, diante da pena em concreto aplicada, por decisão transitada em julgado para a acusação. No caso, ele fora condenado à pena de um ano de reclusão, como incurso nas sanções do art. 240 do CPM (furto). Alegava-se que a citada inovação legislativa teria praticamente eliminado as possibilidades de se reconhecer a prescrição retroativa, e que o direito à prescrição seria qualificado, implicitamente, como um dos direitos fundamentais dos cidadãos pela Constituição. O Colegiado realizou retrospectiva histórica a respeito da prescrição retroativa na legislação pátria, a culminar na alteração promovida pela Lei 12.234/2010. O dispositivo do art. 110 do CP, antes do advento da mencionada lei, tratava da prescrição calculada pela pena concretamente fixada na sentença condenatória, desde que houvesse trânsito em julgado para a acusação ou desde que improvido seu recurso.
HC 122694/SP, rel. Min. Dias Toffoli, 10.12.2014. (HC-122694)

Prescrição penal retroativa e constitucionalidade - 2

A Corte consignou que a diferença entre a prescrição retroativa e a intercorrente residiria no fato de esta ocorrer entre a publicação da sentença condenatória e o trânsito em julgado para a defesa; e aquela seria contada da publicação da decisão condenatória para trás. A prescrição seria novamente computada, pois, antes, tivera seu prazo calculado em função da maior pena possível e, depois, seria verificada de acordo com a pena aplicada na sentença. Por essa razão, se o julgador constatasse não ocorrida a prescrição com base na pena concreta entre a publicação da sentença condenatória e o acórdão, passaria imediatamente a conferir se o novo prazo prescricional, calculado de acordo com a pena concreta, teria ocorrido entre: a) a data do fato e o recebimento da denúncia ou queixa; b) o recebimento da denúncia ou queixa e a pronúncia; c) a pronúncia e sua confirmação por acórdão; d) a pronúncia ou o seu acórdão confirmatório e a sentença condenatória; e e) o recebimento da denúncia ou queixa e a publicação da sentença condenatória, no caso de crimes não dolosos contra a vida. Essa modalidade de prescrição seria denominada "retroativa" porque contada para trás, da condenação até a pronúncia ou recebimento da denúncia ou queixa, conforme a espécie de crime. Com a promulgação da nova lei, a prescrição, depois da sentença condenatória com trânsito em julgado para a acusação ou depois de improvido seu recurso, seria regulada pela pena aplicada, e não poderia ter por termo inicial data anterior à da denúncia ou queixa. Desse modo, fora vedada a prescrição retroativa incidente entre a data do fato e o recebimento da denúncia ou queixa. Nesse contexto, não se operaria a prescrição retroativa durante a fase do inquérito policial ou da investigação criminal, período em que ocorrida a apuração do fato, mas poderia incidir a prescrição da pretensão punitiva pela pena máxima em abstrato. Ademais, a norma não retroagiria, para não prejudicar autores de crimes cometidos antes de sua entrada em vigor.
HC 122694/SP, rel. Min. Dias Toffoli, 10.12.2014. (HC-122694)

Prescrição penal retroativa e constitucionalidade - 3
O Tribunal mencionou a existência de corrente doutrinária defensora da inconstitucionalidade dessa alteração legislativa, por supostamente violar a proporcionalidade e os princípios da dignidade humana, da humanidade da pena, da culpabilidade, da individualização da pena, da isonomia e da razoável duração do processo. Outra corrente afirmaria a extinção da prescrição na modalidade retroativa pela Lei 12.234/2010. A Corte aduziu, entretanto, que essa inovação estaria inserta na liberdade de conformação do legislador, que teria legitimidade democrática para, ao restringir direitos, escolher os meios que reputasse adequados para a consecução de determinados objetivos, desde que não lhe fosse vedado pela Constituição e nem violasse a proporcionalidade, a fim de realizar uma tarefa de concordância prática justificada pela defesa de outros bens ou direitos constitucionalmente protegidos. O Plenário ponderou, ainda, que os fluxos do sistema de justiça criminal no Brasil seriam pouco eficientes, e que a taxa de esclarecimento de crimes seria demasiado baixa, a indicar a impossibilidade de se investigar, com eficiência, todos os crimes praticados. Isso demonstraria a vinculação da nova lei com a realidade. Nesse sentido, dada a impossibilidade financeira de o Estado atender, em sua plenitude, a todas as outras demandas sociais, seria irreal pretender que os órgãos da persecução devessem ser providos de toda a estrutura material e humana para investigar, com eficiência e celeridade, todo e qualquer crime praticado. A avassaladora massa de delitos a apurar seria uma das causas da impunidade, dada a demora ou impossibilidade no seu esclarecimento, na verificação da responsabilidade penal e na punição do culpado, assim reconhecido definitivamente. Dessa maneira, o legislador optara por não mais prestigiar um sistema de prescrição da pretensão punitiva retroativa que culminava por esvaziar a efetividade da tutela jurisdicional penal. Demais disso, essa modalidade de prescrição, calculada a partir da pena aplicada na sentença, constituiria peculiaridade da lei brasileira, que não encontraria similar no direito comparado. Nas legislações alienígenas, a prescrição da pretensão punitiva seria regulada pela pena máxima em abstrato, e nunca pela pena aplicada, a qual regularia apenas a prescrição da pretensão executória. Isso demonstraria que, embora a pena justa para o crime fosse a imposta na sentença, seria questão de política criminal, a cargo do legislador, estabelecer se a prescrição, enquanto não ocorrido o trânsito em julgado, deveria ser regulada pela pena abstrata ou concreta, bem como, nesta hipótese, definir a expansão dos efeitos "ex tunc". Vencido o Ministro Marco Aurélio, que concedia a ordem e assentava a inconstitucionalidade do art. 110, § 1º, do CP. Assinalava que não se poderia chancelar a possibilidade de o Ministério Público ou o titular de ação penal privada não ter prazo para atuar, ainda que houvesse dados suficientes para a propositura de ação penal, independentemente de investigação.
HC 122694/SP, rel. Min. Dias Toffoli, 10.12.2014. (HC-122694)
(Inform. STF 771)

Recurso extraordinário e prescrição das pretensões punitiva e executória - 1
O Plenário iniciou julgamento de agravo regimental em agravo de instrumento em que se discute o termo inicial para a contagem da prescrição da pretensão executória do Estado: se a partir do trânsito em julgado para a acusação ou a partir do trânsito em julgado para a acusação e a defesa. Na espécie, a decisão agravada declarara extinta a punibilidade do agravante, em decorrência da prescrição da pretensão punitiva, na modalidade intercorrente, em face do decurso do prazo de oito anos antes mesmo da chegada do recurso extraordinário ao STF. O réu fora condenado, em 5.3.1999, por três homicídios culposos e três lesões corporais culposas (CP, artigos 121, § 3º e 129, § 6º, c/c art. 70) provocados na condução de veículo automotor, à pena de quatro anos e seis meses de detenção e multa, em regime inicial semiaberto. A apelação fora provida por tribunal local, em 5.10.1999, apenas para excluir o pagamento de honorários advocatícios dos assistentes de acusação. O Ministro Roberto Barroso (relator) deu provimento ao agravo regimental interposto pelo Ministério Público Federal, para negar provimento ao agravo de instrumento, e manteve a inadmissibilidade do recurso extraordinário, além de afastar a ocorrência tanto da prescrição da pretensão punitiva quanto da pretensão executória.
AI 794971 AgR/RJ, rel. Min. Roberto Barroso, 26.11.2014. (AI-794971)

Recurso extraordinário e prescrição das pretensões punitiva e executória - 2
O relator destacou que o recurso extraordinário seria incabível por um conjunto de razões. Primeiramente, porque fora interposto contra fundamentos da sentença e não contra fundamentos do acórdão que substituíra a sentença, além de haver apresentado argumentos novos. Ademais, o recurso extraordinário não questionara a condenação, apenas a dosimetria da pena. Nesse ponto, haveria jurisprudência do STF quanto às limitações para reavaliar dosimetria, sobretudo porque, na espécie, estaria envolvido reexame de matéria de fato e aplicação de direito infraconstitucional. Por conseguinte, o relator confirmou a decisão do tribunal de origem no tocante à inadmissibilidade do recurso extraordinário. Ultrapassada a questão do conhecimento do recurso, apontou que a decisão agravada reconhecera a prescrição da pretensão punitiva. Frisou que a coisa julgada se formaria quando não mais cabível a modificação do título judicial por meio da via recursal. Entretanto, o recurso inadmissível não obstaria a constituição do trânsito em julgado, que se operaria após o esgotamento do prazo para a apresentação do recurso cabível. Aduziu que, interposto recurso que fosse inadmitido por intempestividade, descabimento ou qualquer outra hipótese que gerasse o seu não conhecimento, como no caso, o título judicial se tornaria imutável e não obstaria a coisa julgada. Apontou que a jurisprudência do STF consideraria o trânsito em julgado, para fins de contagem da prescrição da pretensão punitiva, quando do esgotamento do prazo para interposição do recurso cabível. Assim, o prazo prescricional seria regulado pela pena em concreto, porquanto já proferido decreto condenatório. Ademais, a acusação não interpusera recurso. Da pena aplicada (quatro anos e seis meses de detenção) deveria ser deduzido o aumento referente ao concurso de crimes, a teor do art. 119 do CP e do Enunciado 497 da Súmula do STF ("Quando se tratar de crime continuado, a prescrição regula-se pela pena imposta na sentença, não se computando o acréscimo decorrente da continuação"). O resultado seria de três anos de detenção, o que faria incidir o prazo de oito anos de prescrição (CP, art. 109, IV). Tendo em vista que entre a data do fato (2.12.1995), da sentença condenatória (5.3.1999) e do trânsito em julgado do acórdão que confirmara a condenação (15 dias após 26.10.1999), não houvera o transcurso de oito anos, não se operara a prescrição da pretensão punitiva. Registrou que o agravo de instrumento interposto contra a inadmissão do recurso extraordinário fora remetido a esta Corte pelo tribunal local somente em 24.3.2010, porque contra o acórdão proferido em recurso especial a defesa ingressara com vários recursos. Em síntese, o trânsito em julgado não poderia depender da interposição sucessiva de diversos recursos tidos como protelatórios.
AI 794971 AgR/RJ, rel. Min. Roberto Barroso, 26.11.2014. (AI-794971)

Recurso extraordinário e prescrição das pretensões punitiva e executória - 3
O relator entendeu que, após afastada a prescrição da pretensão punitiva, tampouco haveria prescrição da pretensão executória porque, para efeito da execução da pena, seria necessário apreciar a admissibilidade do recurso extraordinário e julgar o seu mérito, quando superada a etapa do seu conhecimento. A possibilidade da execução da pena, por isso, apenas se iniciaria após a declaração do trânsito em julgado, mesmo que esse ocorresse em momento anterior. Só se admitiria falar em prescrição da pretensão executória após o trânsito em julgado para a acusação porque, a partir desse momento, seria possível a execução provisória da pena. Ocorre que, após o julgamento do HC 84.078/MG (DJe de 26.2.2010), a Corte assentara o não cabimento de execução provisória da pena quando pendentes

recursos de natureza extraordinária e, com maior razão, do recurso de apelação. Tendo isso em conta, o princípio da inocência deveria repercutir no marco inicial da contagem da prescrição, originariamente regulado pelo art. 112, I, do CP. Caso contrário, o Estado seria punido pela inação quando não poderia agir, ou seja, a prescrição somente se aplicaria quando não fosse exercida a tempo a pretensão executória. Sublinhou que o que estaria em discussão seria a inteligência do art. 112, I, do CP ("Art. 112 - No caso do art. 110 deste Código, a prescrição começa a correr: I - do dia em que transita em julgado a sentença condenatória, para a acusação, ou a que revoga a suspensão condicional da pena ou o livramento condicional"). Desse modo, o referido dispositivo estaria sujeito a uma releitura à luz da Constituição, considerada a presunção da inocência ou da não culpabilidade. Se isso não fosse possível, o relator afirmou que a interpretação conferida pelo STF ao aludido postulado paralisaria a incidência do artigo em questão.
AI 794971 AgR/RJ, rel. Min. Roberto Barroso, 26.11.2014. (AI-794971)

Recurso extraordinário e prescrição das pretensões punitiva e executória - 4

O Ministro Marco Aurélio, em divergência, desproveu o agravo regimental. Aduziu que não se poderia entender que se mostrara despicienda a interposição de recurso especial e de recurso extraordinário quanto à prescrição da pretensão punitiva e dizer o contrário quanto à pretensão executória do Estado. Lembrou que o Plenário decidira que não impediria a coisa julgada o recurso inadmissível, no campo penal, caso se tratasse de irregularidade, em termos de pressupostos de irrecorribilidade, que envolvessem aspectos objetivos propriamente ditos. Ou seja, os recursos especial e extraordinário não impediriam o trânsito em julgado para efeito criminal, se esses recursos se mostrassem intempestivos ou se irregular a representação processual. Fora esses casos, reputou que a interposição de recursos especial e extraordinário — ainda que posteriormente declarados incabíveis — obstaculizaria o trânsito em julgado. Em seguida, o julgamento foi suspenso, por indicação do relator, para se aguardar o exame, pelo Plenário virtual, de existência de repercussão geral em processo com tema semelhante (ARE 848.107 RG/DF, rel. Min. Dias Toffoli).
AI 794971 AgR/RJ, rel. Min. Roberto Barroso, 26.11.2014. (AI-794971) (Inform. STF 769)

Abuso de autoridade e prescrição

A 1ª Turma iniciou julgamento de agravo regimental em que se discute imprescritibilidade de crime de abuso de autoridade, previsto no art. 4º da Lei 4.898/1965, bem assim de pena funcional imposta em razão da prática desse tipo penal. A decisão agravada registrara a prescrição da pretensão executória da pena de 20 dias-multa, cominada com a determinação de perda do cargo público e inabilitação para o exercício de qualquer outro cargo durante três anos, imposta ao réu. O Ministério Público, agravante, alega que a imposição da perda do cargo público ocorreria automática e instantaneamente como decorrência do trânsito em julgado da condenação. Ademais, sustenta que, por se tratar de penas autônomas, não poderia o cômputo da prescrição de cada uma delas ser feito com base no menor prazo, o de dois anos para a pena corporal. Nesse sentido, defende que a pena de perda do cargo público guardaria maior identidade com a pena de inabilitação para o exercício da função, fixada pelo prazo de três anos e prescritível em oito (CP, art. 109), de modo que as duas sanções não estariam prescritas. O Ministro Dias Toffoli (relator) desproveu o agravo. Anotou que, à exceção dos delitos destacados no art. 5º, XLII e XLIV, da CF, o ordenamento jurídico não contemplaria crimes imprescritíveis. A imprescritibilidade seria a exceção, de modo que os crimes de abuso de autoridade tipificados na lei e as sanções respectivas estariam sujeitas à prescrição como regra, fosse da pretensão punitiva, fosse da pretensão executória. O fato de a Lei 4.898/1965 não tratar de prescrição não significaria que esses crimes seriam imprescritíveis, mas que a eles seria aplicável a regra geral, nos termos do art. 12 do CP. No tocante à pena funcional imposta, deveria incidir, por ser mais favorável, o menor prazo prescricional previsto no art. 109 do CP, de dois anos, sob pena de se operar analogia "in malam partem". Em seguida, pediu vista o Ministro Roberto Barroso.
ARE 664961 AgR-ED-AgR/RJ, rel. Min. Dias Toffoli, 18.11.2014. (ARE-664961) (Inform. STF 768)

Prescrição e termo inicial

A 1ª Turma afetou ao Plenário julgamento de agravo regimental em agravo de instrumento em que se discute a adequada interpretação do art. 112, I, do CP ["Art. 112 - No caso do art. 110 deste Código, a prescrição começa a correr: (...) I - do dia em que transita em julgado a sentença condenatória, para a acusação, ou a que revoga a suspensão condicional da pena ou o livramento condicional"], no que concerne ao termo inicial da prescrição da pretensão executória. Na espécie, o Ministério Público interpusera agravo regimental contra decisão monocrática que declarara a extinção da punibilidade do paciente ao fundamento de que teriam transcorrido mais de oito anos (prazo prescricional) "entre a última causa interruptiva — qual seja, a publicação da sentença condenatória recorrível — e a data de hoje" (DJe de 14.9.2011). A Turma destacou que a problemática envolveria questão da ocorrência ou não da prescrição da pretensão executória e a adequada interpretação do artigo 112, I, do CP, à luz de precedente do Tribunal, no sentido de que o mandamento da presunção de inocência impediria a execução provisória da condenação criminal.
AI 794971 AgR/RJ, rel. Min. Roberto Barroso, 4.11.2014. (AI-794971) (Inform. STF 766)

Prescrição em processo-crime e inércia estatal

A 1ª Turma retomou julgamento de embargos declaratórios em agravo de instrumento interposto de anterior inadmissão de recurso extraordinário a versar matéria penal. Na espécie, a defesa sustenta a ocorrência de prescrição da pretensão punitiva. Na sessão de 9.9.2014, a Ministra Rosa Weber (relatora) convertera os embargos de declaração em agravo regimental e o desproveu. Concedeu, entretanto, "habeas corpus" de ofício, tendo em conta a prescrição. Na presente assentada, em voto-vista, o Ministro Dias Toffoli não conheceu dos embargos. Afirmou a inviabilidade de se operar, no caso, a conversão dos declaratórios, uma vez que a parte embargante não impugnara todos os fundamentos da decisão recorrida, de modo a satisfazer a condição de admissibilidade do agravo. Embora não superasse a preliminar de conhecimento, tendo em conta a matéria em comento, passou a examinar o tema de fundo e concluiu pela não concessão de "habeas corpus" de ofício. Reputou que recursos extraordinários e especiais inadmitidos na origem não poderiam empecer a coisa julgada, de modo que não caberia falar em prescrição da pretensão punitiva. Registrou, ainda, no que se refere à prescrição da pretensão executória, que, vedada a execução provisória da pena, não seria suficiente, para o início do prazo da pretensão executória, o trânsito em julgado para a acusação. Nesse sentido, seria necessário reinterpretar o art. 112, I, do CP. Afirmou que o trânsito em julgado do título condenatório, para a acusação, seria inexequível se a defesa dele recorresse. Anotou que a prescrição da pretensão executória pressuporia a inércia do Estado em executar a sanção imposta e, se o título condenatório não pudesse ser executado, não existiria inércia. Na sequência, a Turma, por votação majoritária, converteu os embargos de declaração em agravo regimental. Vencidos, no ponto, os Ministros Dias Toffoli e Marco Aurélio, que a ele negavam provimento. Quanto à questão relativa à concessão de "habeas corpus" de ofício, após os votos da relatora, que a implementou, e dos Ministros Dias Toffoli e Roberto Barroso, que não a concederam, pediu vista dos autos o Ministro Luiz Fux.
AI 705009 ED/RJ, rel. Min. Rosa Weber, 7.10.2014. (AI-705009) (Inform. STF 762)

"Sursis" e requisito temporal para a concessão de indulto
A 1ª Turma, por maioria, denegou a ordem em "habeas corpus" no qual se pretendia o cômputo do período de prova cumprido em suspensão condicional da pena para o preenchimento do requisito temporal para concessão de indulto, instituído pelo Decreto 8.172/2013. Na espécie, o réu permanecera preso provisoriamente por cinco dias até obter o benefício do "sursis" na própria sentença condenatória. A defesa insistia na possibilidade de concessão do indulto, tendo em vista que o paciente cumpriria um quarto do período de prova do "sursis". A Turma consignou que o réu não teria jus ao benefício do indulto porque não preencheria o requisito temporal objetivo para sua concessão, qual seja o cumprimento, em prisão provisória, de um sexto da pena ou, se reincidente, um quinto (Decreto 8.172/2013, art. 1º, XIV). Vencido o Ministro Marco Aurélio, que concedia a ordem. Destacava que o "sursis" seria uma ficção jurídica de execução da pena e que o período cumprido nesse sistema deveria ser considerado como tempo de cumprimento de pena restritiva de liberdade.
HC 123381/PE, rel. Min. Rosa Weber, 30.9.2014. (HC-123381) (Inform. STF 761)

Prazo prescricional e suspensão condicional da pena - 1
Durante a suspensão condicional da pena, não corre prazo prescricional (CP, art. 77 c/c o art. 112). Com base nesse entendimento, a 2ª Turma afastou a alegada extinção de punibilidade do extraditando pela prescrição da pretensão punitiva estatal e deferiu a extradição. No caso, fora requerida a extradição executória de réu condenado, pela prática de crime de "fraude" mediante emissão de cheques sem provisão de fundos, a pena de três anos de prisão. A defesa sustentava a atipicidade da conduta imputada ao extraditando, a necessidade de sobrestamento do pedido de extradição em face da repercussão geral reconhecida nos autos do RE 608.898 RG/DF — em que se discute o tema da expulsão de estrangeiro que possui filho brasileiro nascido após o fato motivador da expulsão —, além da já mencionada extinção de punibilidade pela prescrição da pretensão punitiva. A Turma concluiu que o pedido de extradição atenderia aos requisitos formais exigidos na legislação de regência. O Estado requerente teria demonstrado a competência jurisdicional para a instrução e julgamento dos crimes impostos ao extraditando, além de ter instruído seu pedido com cópia de sentença final de privação de liberdade e dos demais documentos exigidos pelo art. 80 da Lei 6.815/1980. Esclareceu que, tendo em vista o sistema de contenciosidade limitada adotado pelo Brasil, não seria possível analisar a aplicabilidade e as implicações do novo Código Penal do país requerente, que teria entrado em vigor em 2014. Mencionou que essa matéria deveria ser debatida no juízo de origem. Registrou o disposto no Verbete 421 da Súmula do STF ("Não impede a extradição a circunstância de ser o extraditando casado com brasileiro ou ter filho brasileiro). Explanou que a questão debatida no RE 608.898 RG/DF trataria de expulsão e não de extradição, institutos que não se confundiriam.
Ext 1254/Romênia, rel. Min. Teori Zavascki, 29.4.2014. (Ext-1254)

Prazo prescricional e suspensão condicional da pena - 2
A Turma consignou que teria sido reconhecido o dolo específico de lesar vítimas ao se perpetrar o crime de "fraude" mediante emissão de cheques sem provisão de fundos. Dessa forma, teria sido atendido o requisito da dupla tipicidade, pois, no caso concreto, o aludido crime de "fraude" corresponderia ao crime de estelionato previsto no art. 171, "caput", do CP. Observou que, em relação à legislação penal brasileira, o prazo prescricional seria calculado nos termos do art. 109, IV, c/c o art. 112, I, ambos do CP, de modo que a prescrição se aperfeiçoaria em oito anos a partir de setembro de 2005. No cômputo do prazo prescricional seria necessário, porém, observar a suspensão da pena — de sua concessão até sua revogação —, período em que a prescrição também estaria suspensa. Assim, iniciada a contagem em setembro de 2005, suspensa em fevereiro de 2006, e retomada em fevereiro de 2007, a prescrição da pretensão executória somente ocorreria, em princípio, em outubro de 2014. Assinalou que, pela legislação penal de origem, o prazo de prescrição da pretensão executória, também de oito anos, só se teria iniciado na data em que se tornara definitiva a revogação da suspensão da execução da pena, e deveria ser contado somente a partir de fevereiro de 2007, ocasião em que fora determinada a revogação do benefício. Por fim, determinou o imediato recolhimento do extraditando com direito a detração do tempo em que estivera preso no Brasil por força do pedido de extradição.
Ext 1254/Romênia, rel. Min. Teori Zavascki, 29.4.2014. (Ext-1254) (Inform. STF 744)

ED: extinção de punibilidade pelo pagamento integral de débito e prescrição retroativa - 11
Em conclusão de julgamento, o Plenário, por maioria, acolheu embargos de declaração e declarou extinta a punibilidade de parlamentar apenado pela prática dos crimes de apropriação indébita previdenciária e de sonegação de contribuição previdenciária (CP, art. 168-A, § 1º, I, e art. 337-A, III, c/c o art. 71, *caput*, e art. 69). O embargante alegava que o acórdão condenatório omitira-se sobre o entendimento desta Corte acerca de pedido de extinção de punibilidade pelo pagamento integral de débito fiscal, bem assim sobre a ocorrência de prescrição retroativa da pretensão punitiva do Estado — v. Informativos 650, 705 e 712. Preponderou o voto do Ministro Luiz Fux, que deu provimento aos embargos. No tocante à assertiva de extinção da punibilidade pelo pagamento do débito tributário, realizado após o julgamento, mas antes da publicação do acórdão condenatório, reportou-se ao art. 69 da Lei 11.941/2009 (*"Extingue-se a punibilidade dos crimes referidos no art. 68 quando a pessoa jurídica relacionada com o agente efetuar o pagamento integral dos débitos oriundos de tributos e contribuições sociais, inclusive acessórios, que tiverem sido objeto de concessão de parcelamento"*). Sublinhou que eventual inconstitucionalidade do preceito estaria pendente de exame pela Corte, nos autos da ADI 4273/DF. Entretanto, haja vista que a eficácia do dispositivo não estaria suspensa, entendeu que o pagamento do tributo, a qualquer tempo, extinguiria a punibilidade do crime tributário, a teor do que já decidido pelo STF (HC 81929/RJ, DJU de 27.2.2004). Asseverou que, na aludida disposição legal, não haveria qualquer restrição quanto ao momento ideal para realização do pagamento. Não caberia ao intérprete, por isso, impor restrições ao exercício do direito postulado. Incidiria, dessa maneira, o art. 61, *caput*, do CPP (*"Em qualquer fase do processo, o juiz, se reconhecer extinta a punibilidade, deverá declará-lo de ofício"*). Observou, ainda, que a repressão penal nos crimes contra a ordem tributária seria forma reforçada de execução fiscal. Na sequência, o Ministro Dias Toffoli ressaltou que a lei privilegiaria o recebimento do valor devido pelo contribuinte, em detrimento da imposição de pena corporal. Alertou que a Corte não poderia agir de modo a restringir a aplicabilidade de norma despenalizadora — a condicionar o pagamento a determinado marco temporal —, sob pena de extrapolar sua atribuição constitucional. Ressalvou entendimento de que o pagamento integral promovido mesmo após o trânsito em julgado da condenação implicaria a extinção da punibilidade. O Ministro Marco Aurélio subscreveu a orientação segundo a qual o direito penal funcionaria como método coercitivo ao recolhimento de tributos. Ademais, se o título condenatório ainda não ostentaria irrecorribilidade e o débito estaria satisfeito, a punibilidade estaria extinta. O Ministro Celso de Mello enfatizou que a circunstância de ordem temporal da sucessão de leis penais no tempo revelar-se-ia apta a conferir aplicabilidade, no caso, às disposições contidas no § 2º do art. 9º da Lei 10.684/2003.
AP 516 ED/DF, rel. orig. Min. Ayres Britto, red. p/ o acórdão Min. Luiz Fux, 5.12.2013. (AP-516)

ED: extinção de punibilidade pelo pagamento integral de débito e prescrição retroativa - 12

Ao tecer considerações sobre a outra tese formulada nos embargos, o Ministro Luiz Fux aduziu a ocorrência da prescrição da pretensão punitiva, na modalidade retroativa, em face da redução decorrente da idade avançada [CP: *"Art. 115 - São reduzidos de metade os prazos de prescrição quando o criminoso era, ao tempo do crime, menor de 21 (vinte e um) anos, ou, na data da sentença, maior de 70 (setenta) anos"*]. Pontuou que o acusado completara 70 anos no dia seguinte à sessão do julgamento e que o art. 115 do CP deveria ser interpretado à luz da irrecorribilidade do título penal condenatório, e não da data do pronunciamento judicial. Realçou, ainda, que houvera recurso apenas da defesa. O Ministro Marco Aurélio acentuou que incidiria o prazo pela metade, pois o Código Penal, ao versar a matéria, não se referiria a sentença ou acórdão condenatórios simplesmente prolatados, mas recorríveis (CP: *"Art. 117. O curso da prescrição interrompe-se: ... IV - pela publicação da sentença ou acórdão condenatórios recorríveis"*). Avaliou que, na espécie, ele teria atingido a idade antes da publicação do acórdão. Por sua vez, o Ministro Dias Toffoli indicou que a publicação da mencionada decisão colegiada dar-se-ia na sessão de julgamento, mas o acusado, ao completar 70 anos antes do trânsito em julgado do acórdão, teria jus ao benefício relativo à prescrição da pretensão punitiva. O Ministro Ricardo Lewandowski, ao reduzir pela metade o prazo, também, assentou a prescrição. O Ministro Celso de Mello assinalou ser possível reconhecer a incidência da norma do art. 115 do CP quando o condenado completasse 70 anos após a sessão pública de julgamento, mas opusesse embargos de declaração reputados admissíveis, nos quais se buscasse infringir a decisão de modo processualmente legítimo, como no caso.
AP 516 ED/DF, rel. orig. Min. Ayres Britto, red. p/ o acórdão Min. Luiz Fux, 5.12.2013. (AP-516)

ED: extinção de punibilidade pelo pagamento integral de débito e prescrição retroativa - 13

Vencidos os Ministros Ayres Britto, relator, Teori Zavascki, Rosa Weber, Cármen Lúcia, Joaquim Barbosa, Presidente, que rejeitavam os embargos declaratórios e indeferiam o pedido de reconhecimento de extinção da punibilidade. Pontuavam o caráter protelatório do recurso, que objetivaria rediscutir matéria já analisada e repelida quanto ao decurso do prazo prescricional. Observavam que o réu não contaria com 70 anos de idade na data da sessão de julgamento, que seria o marco interruptivo desta causa de extinção da punibilidade, a afastar a aplicação do art. 115 do CP. Demais disso, não entendiam transcorrido o lapso de tempo configurador da prescrição entre a constituição definitiva do crédito tributário e o recebimento da denúncia. Em relação ao pagamento do débito, realçavam que a extinção da punibilidade seria admissível somente enquanto existente pretensão punitiva passível de anulação ou suspensão. O relator enfatizava que, verificados os marcos interpretativos, a jurisdição do STF quando exercida em única ou última instância prescindiria do trânsito em julgado para sua decisão ganhar foros de definitividade. Esta limitaria, então, a possibilidade de se reconhecer o pagamento do tributo como causa de extinção da punibilidade. O Ministro Teori Zavascki acentuava que imposta a condenação no julgamento, estaria operada naquela data a causa interruptiva da prescrição prevista no art. 117, IV, do CP. Qualquer fato superveniente a afetar esse prazo — como o posterior aniversário do embargante — deveria ser tido à luz do novo ciclo prescricional iniciado por força do art. 117, § 2°, do CP. Inferia que a regra inscrita no art. 9°, § 2°, da Lei 10.684/2003, ao não estabelecer prazo, não permitiria que o pagamento total do tributo devido fosse feito após a condenação, inclusive. Esgotada essa fase jurisdicional, ter-se-ia o exercício da pretensão executória, em que despicienda a discussão.
AP 516 ED/DF, rel. orig. Min. Ayres Britto, red. p/ o acórdão Min. Luiz Fux, 5.12.2013. (AP-516) (Inform. STF 731)

Prescrição e sentença condenatória

A 1ª Turma não conheceu de recurso extraordinário por ausência de prequestionamento e por ter o aresto recorrido examinado matéria infraconstitucional. No entanto, em votação majoritária, concedeu habeas corpus de ofício para declarar extinta a punibilidade do recorrente em virtude da consumação da prescrição da pretensão punitiva estatal (CP, art. 107, IV). No caso, o recorrente fora condenado em primeira instância à pena de dois anos de reclusão, em regime aberto. Em sede de apelação exclusiva da defesa, a pena fora diminuída para um ano e quatro meses de reclusão. Apesar de o prazo prescricional ser de quatro anos, o recorrente teria menos de 21 anos de idade na data do fato criminoso. Desta forma, o prazo prescricional contar-se-ia pela metade, ou seja, seria de dois anos. Asseverou-se que acórdão que confirmar sentença ou que diminuir pena não seria condenatório, nos termos do art. 117, IV, do CP. Logo, não poderia ser considerado marco temporal apto a interromper a prescrição. Ademais, na espécie, o aresto teria subtraído da sentença período de tempo de restrição à liberdade do recorrente. Vencido o Min. Marco Aurélio, que não concedia a ordem de ofício. Consignava que o acórdão teria substituído a sentença como título condenatório, a teor do art. 512 do CPC. Além disso, mencionava que a Lei 11.596/2007, que dera nova redação ao art. 117, IV, do CP, apenas teria explicitado o acórdão como fator interruptivo da prescrição.
RE 751394/MG, rel. Min. Dias Toffoli, 28.5.2013. (RE-751394) (Inform. STF 708)

HC N. 113.715-DF
RELATORA: MIN. CÁRMEN LÚCIA
EMENTA: HABEAS CORPUS. CONSTITUCIONAL. PENAL. FURTO QUALIFICADO. ALEGAÇÃO DE PRESCRIÇÃO DA PRETENSÃO EXECUTÓRIA. TERMO INICIAL DA CONTAGEM DO PRAZO PRESCRICIONAL: TRÂNSITO EM JULGADO DA SENTENÇA PENAL CONDENATÓRIA PARA A ACUSAÇÃO. ORDEM CONCEDIDA.
1. O Paciente foi condenado a um ano e quatro meses de reclusão, sendo que, em 23.7.2007, a sentença penal condenatória transitou em julgado para a acusação; e, em 30.9.2011, o Juízo da Execução Penal decretou a extinção da punibilidade. Entre essas datas não houve qualquer causa impeditiva, interruptiva ou suspensiva da prescrição.
2. Segundo as regras vigentes nos arts. 109 e 110 do Código Penal, a prescrição executória se regula pela pena aplicada depois de transitar em julgado a sentença condenatória para a acusação, verificando-se em quatro anos, se o máximo da pena é igual a um ano ou, sendo superior, não excede a dois.
3. A jurisprudência deste Supremo Tribunal Federal sedimentou-se no sentido de que o prazo prescricional da pretensão executória começa a fluir da data do trânsito em julgado para a acusação. Precedentes.
4. Ordem concedida. (Inform. STF 708)

Prescrição: pena restritiva de liberdade e pena de inabilitação - 1

A 1ª Turma extinguiu *habeas corpus*, porquanto substitutivo de recurso ordinário, contudo concedeu, de ofício, a ordem para, assentando a prescrição da pretensão punitiva do Estado (CP, art. 109, V), afastar a incidência da pena de inabilitação para o exercício de cargo ou função pública a que o paciente fora condenado por crime de responsabilidade. Tendo em conta tratar-se de ex-prefeito, reputou-se que não se poderia evocar a norma prevista na Constituição de serem os prefeitos julgados por tribunal de justiça, uma vez que inexistiria a prerrogativa, pois cessado o exercício do cargo. Em seguida, salientou-se que o *writ* deveria ser implementado no que diz respeito à inabilitação. Apontou-se que, no caso, haveria de observar-se que o fenômeno decorreria de processo-crime, como consequência de condenação à pena restritiva da liberdade. **HC 106962/SP, rel. Min. Marco Aurélio, 20.11.2012. (HC-106962)**

Prescrição: pena restritiva de liberdade e pena de inabilitação - 2
Ato contínuo, consignou-se que – considerado o disposto no § 2º do art. 1º do referido decreto ["Art. 1º São crimes de responsabilidade dos Prefeitos Municipal (sic), sujeitos ao julgamento do Poder Judiciário, independentemente do pronunciamento da Câmara dos Vereadores: ... § 2º A condenação definitiva em qualquer dos crimes definidos neste artigo, acarreta a perda de cargo e a inabilitação, pelo prazo de cinco anos, para o exercício de cargo ou função pública, eletivo ou de nomeação, sem prejuízo da reparação civil do dano causado ao patrimônio público ou particular"] – seria necessário, presente a mencionada inabilitação, o trânsito em julgado do pronunciamento condenatório, sob pena de firmar-se precocemente a culpa. Verificou-se a ausência de trânsito em julgado de agravo de instrumento, interposto para a subida do recurso extraordinário da defesa. Ao fim, assinalou-se que, fixada pena restritiva de liberdade em 2 anos – em virtude de condenação como incurso no art. 1º, I, do Decreto-Lei 201/67 –, ante a passagem do tempo, incidira a prescrição da pretensão punitiva, a afastar a base da inabilitação. **HC 106962/SP, rel. Min. Marco Aurélio, 20.11.2012.** (HC-106962) (Inform. STF 689)

DIREITO PENAL. CRITÉRIO OBJETIVO PARA A CONCESSÃO DE INDULTO.
A regra prevista no art. 1º, I, do Dec. 7.873/2012, que admite a concessão de indulto coletivo aos condenados a pena inferior a oito anos, não pode ser interpretada de forma a permitir que também obtenham o benefício aqueles que, embora condenados a pena total superior a esse limite, tenham menos de oito anos de pena remanescente a cumprir na data da publicação do referido diploma legal. De fato, o art. 1º, I, do Dec. 7.873/2012 dispõe que é concedido o indulto coletivo às pessoas, nacionais e estrangeiras, "condenadas a pena privativa de liberdade não superior a oito anos, não substituída por restritivas de direitos ou multa, e não beneficiadas com a suspensão condicional da pena que, até 25 de dezembro de 2012, tenham cumprido um terço da pena, se não reincidentes, ou metade, se reincidentes". Esse dispositivo legal traz critério objetivo e de redação categórica: o paradigma para a concessão do benefício é a quantidade de pena a que o réu foi condenado, não podendo essa regra ser interpretada de forma a ser considerado o período que remanesce da pena na data da publicação do Decreto, sob pena de ofensa ao princípio da legalidade. Tanto é assim que o referido diploma normativo é categórico ao estabelecer que, para a concessão da comutação das penas, "o cálculo será feito sobre o período de pena já cumprido até 25 de dezembro de 2012" (art. 2º, § 1º), ou seja, se fosse a intenção do Presidente da República instituir indulto considerando apenas o período remanescente, o teria feito expressamente. Precedente citado: HC 180.399-DF, Quinta Turma, DJe 1º/12/2011. **HC 276.416-SP, Rel. Min. Laurita Vaz, julgado em 27/3/2014.** (Inform. STJ 538)

DIREITO PENAL. PRESCRIÇÃO DE MEDIDA DE SEGURANÇA.
A prescrição da medida de segurança imposta em sentença absolutória imprópria é regulada pela pena máxima abstratamente prevista para o delito. O CP não cuida expressamente da prescrição de medida de segurança, mas essa é considerada uma espécie do gênero sanção penal. Assim considerada, sujeita-se às regras previstas no CP relativas aos prazos prescricionais e às diversas causas interruptivas da prescrição. O STF já se manifestou nesse sentido ao entender que incide o instituto da prescrição na medida de segurança, estipulando que "é espécie do gênero sanção penal e se sujeita, por isso mesmo, à regra contida no artigo 109 do Código Penal" (RHC 86.888-SP, Primeira Turma, DJ de 2/12/2005). Esta Corte Superior, por sua vez, já enfrentou a questão, também considerando a medida de segurança como espécie de sanção penal e, portanto, igualmente sujeita à prescrição e suas regras, assentando, ainda, que o lapso temporal necessário à verificação da referida causa de extinção da punibilidade deve ser encontrado tendo como referência a pena máxima abstratamente prevista para o delito. **RHC 39.920-RJ, Rel. Min. Jorge Mussi, julgado em 6/2/2014.** (Inform. STJ 535)

DIREITO PENAL. MARCO INTERRUPTIVO DA PRESCRIÇÃO DA PRETENSÃO PUNITIVA.
Para efeito de configuração do marco interruptivo do prazo prescricional a que se refere o art. 117, IV, do CP, considera-se como publicado o "acórdão condenatório recorrível" na data da sessão pública de julgamento, e não na data de sua veiculação no Diário da Justiça ou em meio de comunicação congênere. Conforme entendimento do STJ e do STF, a publicação do acórdão nos veículos de comunicação oficial deflagra o prazo recursal, mas não influencia na contagem do prazo da prescrição. Precedentes citados do STJ: EDcl no REsp 962.044-SP, Quinta Turma, DJe 7/11/2011; e AgRg no Ag 1.325.925-SP, Sexta Turma, DJe 25/10/2010. Precedentes citados do STF: AI-AgR 539.301-DF, Segunda Turma, DJ 3/2/2006; e HC 70.180-SP, Primeira Turma, DJ 1º/12/2006. **HC 233.594-SP, Rel. Min. Alderita Ramos de Oliveira, julgado em 16/4/2013.** (Inform. STJ 521)

PRESCRIÇÃO. PRETENSÃO EXECUTÓRIA. PENA RESTRITIVA DE DIREITOS. ABANDONO NO CUMPRIMENTO.
No caso de abandono pelo sentenciado do cumprimento da pena restritiva de direitos – prestação de serviços à comunidade –, a prescrição da pretensão executória será regulada pelo tempo restante do cumprimento da medida substitutiva imposta. Com base nesse entendimento, a Turma concedeu a ordem para declarar extinta a punibilidade do paciente pela ocorrência da prescrição executória da pena. Ao conferir interpretação extensiva ao art. 113 do CP, decidiu-se que o abandono no cumprimento da pena restritiva de direitos pode ser equiparado às hipóteses de "evasão" e da "revogação do livramento condicional" previstas no referido artigo, uma vez que as situações se assemelham na medida em que há, em todos os casos, sentença condenatória e o cumprimento de parte da pena pelo sentenciado. Precedentes citados: HC 101.255-SP, DJe 7/12/2009; HC 225.878-SP, DJe 25/4/2012. **HC 232.764-RS, Rel. Min. Maria Thereza de Assis Moura, julgado em 25/6/2012.** (Inform. STJ 500)

Súmula STF nº 604
A prescrição pela pena em concreto é somente da pretensão executória da pena privativa de liberdade.

Súmula STF nº 497
Quando se tratar de crime continuado, a prescrição regula-se pela pena imposta na sentença, não se computando o acréscimo decorrente da continuação.

Súmula STF nº 146
A prescrição da ação penal regula-se pela pena concretizada na sentença, quando não há recurso da acusação.

Súmula STJ nº 438
É inadmissível a extinção da punibilidade pela prescrição da pretensão punitiva com fundamento em pena hipotética, independentemente da existência ou sorte do processo penal.

Súmula STJ nº 338
A prescrição penal é aplicável nas medidas socioeducativas.

Súmula STJ nº 220
A reincidência não influi no prazo da prescrição da pretensão punitiva.

Súmula STJ nº 191
A pronúncia é causa interruptiva da prescrição, ainda que o tribunal do júri venha a desclassificar o crime.

7. CRIMES CONTRA A PESSOA

Pet 5.187/SP
RELATOR: Ministro Celso de Mello
EMENTA: **INTERPELAÇÃO JUDICIAL**. **PROCEDIMENTO** *DE NATUREZA CAUTELAR*. **MEDIDA PREPARATÓRIA DE AÇÃO PENAL REFERENTE** *A DELITOS CONTRA A HONRA* (**CP**, ART. 144). **PEDIDO DE EXPLICAÇÕES AJUIZADO** CONTRA DEPUTADO FEDERAL. **COMPETÊNCIA ORIGINÁRIA** DO SUPREMO TRIBUNAL FEDERAL, **POR DISPOR**, *O PARLAMENTAR FEDERAL*, **DE PRERROGATIVA DE FORO**, "*RATIONE MUNERIS*", **PERANTE** ESTA SUPREMA CORTE, NAS INFRAÇÕES PENAIS COMUNS. **IMPUTAÇÕES** *ALEGADAMENTE OFENSIVAS* AO PATRIMÔNIO MORAL DO INTERPELANTE. **RECONHECIMENTO**, *POR ELE PRÓPRIO*, DE QUE AS AFIRMAÇÕES QUESTIONADAS **OFENDERAM-LHE** A *IMAGEM* **E** *A REPUTAÇÃO*. **AUSÊNCIA**, *EM TAL CONTEXTO*, **DE DUBIEDADE**, **EQUIVOCIDADE** OU **AMBIGUIDADE**. *CONSEQUENTE INEXISTÊNCIA DE DÚVIDA* **QUANTO** AO CONTEÚDO DE TAIS AFIRMAÇÕES. **INVIABILIDADE JURÍDICA** DO AJUIZAMENTO DA INTERPELAÇÃO JUDICIAL, *POR FALTA DE INTERESSE PROCESSUAL*. PEDIDO DE EXPLICAÇÕES **A QUE SE NEGA** SEGUIMENTO.
- O Supremo Tribunal Federal **possui** competência originária **para processar** pedido de explicações **formulado** com apoio no art. 144 do Código Penal, **quando deduzido** contra parlamentar federal, **que dispõe** de prerrogativa de foro, "*ratione muneris*", perante esta Corte Suprema, nas infrações penais comuns (**CF**, art. 53, § 1º, "*caput*", **c/c** o art. 102, I, "**b**").
- **O pedido de explicações**, *admissível em qualquer* das modalidades de crimes contra a honra, **constitui** *típica providência* de ordem cautelar, *sempre facultativa* (**RT** 602/368 – **RT** 627/365 – **RT** 752/611 – **RTJ** 142/816), *destinada a aparelhar* ação penal principal *tendente a sentença condenatória*. O interessado, **ao formulá-lo**, invoca, *em juízo*, tutela cautelar penal, **visando a que se esclareçam** situações *revestidas de equivocidade, ambiguidade* **ou** *dubiedade*, **a fim de que** se viabilize o exercício *eventual* de ação penal condenatória.
- **O** pedido de explicações em juízo **submete-se** *à mesma* ordem ritual **que é peculiar** ao procedimento das notificações avulsas (**CPC**, art. 867 **c/c** o art. 3º do **CPP**). **Isso significa**, portanto, **que não** caberá, ao Supremo Tribunal Federal, **em** sede de interpelação penal, **avaliar o conteúdo** das explicações dadas pela parte requerida **nem examinar a legitimidade jurídica** de sua eventual recusa em prestá-las, **pois** tal matéria **compreende-se** na esfera do processo penal de conhecimento a ser *eventualmente* instaurado. **Doutrina**. **Precedentes**.
- **A interpelação judicial**, *fundada no art. 144 do Código Penal*, **acha-se instrumentalmente** vinculada **à necessidade** de esclarecer situações, frases **ou** expressões, escritas **ou** verbais, **caracterizadas** *por sua dubiedade, equivocidade* **ou** *ambiguidade*. **Ausentes** esses requisitos condicionadores de sua formulação, a interpelação judicial, **porque desnecessária**, revela-se processualmente **inadmissível**. **Doutrina**. **Precedentes**. 11.9.2014. (Inform. STF 765)

Pet 5.146/DF
RELATOR: Ministro Celso de Mello
INTERPELAÇÃO JUDICIAL. **PROCEDIMENTO** *DE NATUREZA CAUTELAR*. **MEDIDA PREPARATÓRIA DE AÇÃO PENAL REFERENTE** *A DELITOS CONTRA A HONRA* (**CP**, ART. 144). **PEDIDO DE EXPLICAÇÕES AJUIZADO** CONTRA *A SENHORA PRESIDENTE DA REPÚBLICA* **E** CONTRA *O SENHOR PRESIDENTE DA COMISSÃO DE ÉTICA PÚBLICA* DA PRESIDÊNCIA DA REPÚBLICA. **COMPETÊNCIA ORIGINÁRIA** DO SUPREMO TRIBUNAL FEDERAL **LIMITADA**, *UNICAMENTE*, **À SENHORA PRESIDENTE DA REPÚBLICA, POR DISPOR** DE PRERROGATIVA DE FORO, "*RATIONE MUNERIS*", **PERANTE** ESTA SUPREMA CORTE, NAS INFRAÇÕES PENAIS COMUNS. **EXCLUSÃO** *DO SENHOR PRESIDENTE DA COMISSÃO DE ÉTICA PÚBLICA* DA PRESIDÊNCIA DA REPÚBLICA. **IMPUTAÇÕES** *ALEGADAMENTE OFENSIVAS* AO PATRIMÔNIO MORAL DO INTERPELANTE. **RECONHECIMENTO**, *POR ELE PRÓPRIO*, DE QUE AS AFIRMAÇÕES QUESTIONADAS **OFENDERAM-LHE** A *DIGNIDADE* **E** O *DECORO*. **AUSÊNCIA**, *EM TAL CONTEXTO*, **DE DUBIEDADE**, **EQUIVOCIDADE** OU **AMBIGUIDADE**. *CONSEQUENTE INEXISTÊNCIA DE DÚVIDA* **QUANTO** AO CONTEÚDO DE TAIS AFIRMAÇÕES. **INVIABILIDADE JURÍDICA** DO AJUIZAMENTO DA INTERPELAÇÃO JUDICIAL, *POR FALTA DE INTERESSE PROCESSUAL*. PEDIDO DE EXPLICAÇÕES **A QUE SE NEGA** SEGUIMENTO.
- O Supremo Tribunal Federal **possui** competência originária **para processar** pedido de explicações **formulado** com apoio no art. 144 do Código Penal, **quando deduzido** contra a Presidente da República, **que dispõe** de prerrogativa de foro, "*ratione muneris*", perante esta Corte Suprema, nas infrações penais comuns (**CF**, art. 86, "*caput*", **c/c** o art. 102, I, "**b**").
- **O pedido de explicações**, *admissível em qualquer* das modalidades de crimes contra a honra, **constitui** *típica providência* de ordem cautelar, *sempre facultativa* (**RT** 602/368 – **RT** 627/365 – **RT** 752/611 – **RTJ** 142/816), *destinada a aparelhar* ação penal principal *tendente a sentença condenatória*. O interessado, **ao formulá-lo**, invoca, *em juízo*, tutela cautelar penal, **visando a que se esclareçam** situações *revestidas de equivocidade, ambiguidade* **ou** *dubiedade*, **a fim de que** se viabilize o exercício *eventual* de ação penal condenatória.
- **O** pedido de explicações em juízo **submete-se** *à mesma* ordem ritual **que é peculiar** ao procedimento das notificações avulsas (**CPC**, art. 867 **c/c** o art. 3º do **CPP**). **Isso significa**, portanto, **que não** caberá, ao Supremo Tribunal Federal, **em** sede de interpelação penal, **avaliar o conteúdo** das explicações dadas pela parte requerida **nem examinar a legitimidade jurídica** de sua eventual recusa em prestá-las, **pois** tal matéria **compreende-se** na esfera do processo penal de conhecimento a ser *eventualmente* instaurado. **Doutrina**. **Precedentes**.
- **Onde não houver** dúvida **em torno** do conteúdo **alegadamente** ofensivo das afirmações questionadas **ou**, então, *onde inexistir qualquer incerteza* a propósito **dos destinatários de** tais declarações, **aí não terá pertinência nem cabimento** a interpelação judicial, **pois ausentes**, *em tais hipóteses* (**como sucede** na espécie), **os pressupostos necessários** à sua adequada utilização. **Doutrina**. **Precedentes**. DJe de 27.2.2014. (Inform. STF 751)

Injúria qualificada e proporcionalidade da pena - 2
Em conclusão de julgamento, a 1ª Turma denegou habeas corpus em que se alegava a desproporcionalidade da pena prevista em abstrato quanto ao tipo qualificado de injúria, na redação dada pela Lei 10.741/2003 ("Art. 140. Injuriar alguém, ofendendo-lhe a dignidade ou o decoro: ... § 3º. Se a injúria consiste na utilização de elementos referentes à raça, cor, etnia, religião, origem ou a condição de pessoa idosa ou portadora de deficiência: Pena - reclusão de um a três anos e multa") – v. Informativo 631. Preliminarmente, indeferiu-se, por maioria, questão de ordem suscitada pelo Min. Marco Aurélio no sentido de que a matéria fosse submetida ao Plenário, diante da arguição de inconstitucionalidade do preceito. Afirmou-se que a mera arguição de inconstitucionalidade feita pelo impetrante em sede de habeas corpus não ensejaria o deslocamento da forma automática e incondicional, para o Plenário do STF, pois seria necessário juízo prévio de relevância, que justificasse o conhecimento do writ pelo Tribunal Pleno, conforme o art. 176, § 1º, do RISTF. Vencido o suscitante. Destacou-se que o tipo qualificado de injúria teria como escopo a proteção do princípio da dignidade da pessoa humana como postulado essencial da ordem constitucional, ao qual estaria vinculado o Estado no dever de respeito à proteção do indivíduo. Observou-se que o legislador teria atentado para a necessidade de se assegurar prevalência desses princípios. Assevero-se que o impetrante pretenderia o trancamento da ação penal ao sustentar a inconstitucionalidade do art. 140, § 3º, do CP, questão não enfrentada em recurso especial no STJ.
HC 109676/RJ, rel. Min. Luiz Fux, 11.6.2013. (HC-109676) (Inform. STF 710)

ADPF N. 54-DF
RELATOR: MIN. MARCO AURÉLIO
ESTADO – LAICIDADE. O Brasil é uma república laica, surgindo absolutamente neutro quanto às religiões. Considerações. FETO ANENCÉFALO – INTERRUPÇÃO DA GRAVIDEZ – MULHER – LIBERDADE SEXUAL E REPRODUTIVA – SAÚDE – DIGNIDADE – AUTODETERMINAÇÃO – DIREITOS FUNDAMENTAIS – CRIME – INEXISTÊNCIA. Mostra-se inconstitucional interpretação de a interrupção da gravidez de feto anencéfalo ser conduta tipificada nos artigos 124, 126 e 128, incisos I e II, do Código Penal. (Inform. STF 704)

Retratação e crime de calúnia
A 2ª Turma indeferiu *habeas corpus* em que alegada ausência de justa causa para a ação penal em virtude de retratação por parte do acusado, nos termos do art. 143 do CP. Na espécie, o paciente fora denunciado pela suposta prática do crime de calúnia (CP, art. 138), com a causa de aumento de pena prevista no art. 141, II, do CP ("*contra funcionário público, no exercício das funções*"), porquanto imputara a magistrado o delito de advocacia administrativa ao deferir reiterados pedidos de dilação de prazo à parte contrária. Salientou-se que a retratação seria aceitável nos crimes contra a honra praticados em desfavor de servidor ou agentes públicos, pois a lei penal preferiria que o ofensor desmentisse o fato calunioso ou difamatório atribuído à vítima à sua condenação. Porém, reputou-se que, no caso, não houvera a retratação, uma vez que o paciente apenas tentara justificar o seu ato como reação, como rebeldia momentânea, ao mesmo tempo em que negara ter-se referido ao juiz em particular. **HC 107206/RS, rel. Min. Gilmar Mendes, 6.3.2012.** (HC-107206) (Inform. STF 657)

DIREITO PENAL. INVASÃO DE GABINETE DE DELEGADO DE POLÍCIA.
Configura o crime de violação de domicílio (art. 150 do CP) o ingresso e a permanência, sem autorização, em gabinete de Delegado de Polícia, embora faça parte de um prédio ou de uma repartição públicos. O § 4º do art. 150 do CP, em seu inciso III, dispõe que a expressão "casa" compreende o "compartimento não aberto ao público, onde alguém exerce profissão ou atividade". Ora, se o compartimento deve ser fechado ao público, depreende-se que faz parte de um prédio ou de uma repartição públicos, ou então que, inserido em ambiente privado, possua uma parte conjugada que seja aberta ao público. Assim, verifica-se que, sendo a sala de um servidor público – no caso, o gabinete de um Delegado de Polícia – um compartimento com acesso restrito e dependente de autorização, e, por isso, um local fechado ao público, onde determinado indivíduo exerce suas atividades laborais, há o necessário enquadramento no conceito de "casa" previsto no art. 150 do Estatuto Repressivo. Com efeito, entendimento contrário implicaria a ausência de proteção à liberdade individual de todos aqueles que trabalham em prédios públicos, já que poderiam ter os recintos ou compartimentos fechados em que exercem suas atividades invadidos por terceiros não autorizados a qualquer momento, o que não se coaduna com o objetivo da norma penal incriminadora em questão. Ademais, em diversas situações o serviço público ficaria inviabilizado, pois bastaria que um cidadão ou que grupos de cidadãos desejassem manifestar sua indignação ou protestar contra determinada situação para que pudessem ingressar em qualquer prédio público, inclusive nos espaços restritos à população, sem que tal conduta caracterizasse qualquer ilícito, o que, como visto, não é possível à luz da legislação penal em vigor. **HC 298.763-SC, Rel. Min. Jorge Mussi, julgado em 7/10/2014.** (Inform. STJ 549)

DIREITO PENAL E PROCESSUAL PENAL. REQUISITOS PARA CONFIGURAÇÃO DO CRIME DE REDUÇÃO A CONDIÇÃO ANÁLOGA À DE ESCRAVO.
Para configuração do delito de "redução a condição análoga à de escravo" (art. 149 do CP) – de competência da Justiça Federal – é desnecessária a restrição à liberdade de locomoção do trabalhador. De fato, a restrição à liberdade de locomoção do trabalhador é uma das formas de cometimento do delito, mas não é a única. Conforme se infere da redação do art. 149 do CP, o tipo penal prevê outras condutas que podem ofender o bem juridicamente tutelado, isto é, a liberdade de o indivíduo ir, vir e se autodeterminar, dentre elas submeter o sujeito passivo do delito a condições de trabalho degradantes, subumanas. Precedentes citados do STJ: AgRg no CC 105.026-MT, Terceira Seção, DJe 17/2/2011; CC 113.428-MG, Terceira Seção, DJe 1º/2/2011. Precedente citado do STF: Inq 3.412, Tribunal Pleno, DJe 12/11/2012. **CC 127.937-GO, Rel. Min. Nefi Cordeiro, julgado em 28/5/2014.** (Inform. STJ 543)

DIREITO PENAL. ELEMENTO SUBJETIVO DO CRIME DE CALÚNIA.
A manifestação do advogado em juízo para defender seu cliente não configura crime de calúnia se emitida sem a intenção de ofender a honra. Isso porque, nessa situação, não se verifica o elemento subjetivo do tipo penal. Com efeito, embora a imunidade do advogado no exercício de suas funções incida somente sobre os delitos de injúria e de difamação (art. 142, I, do CP), para a configuração de quaisquer das figuras típicas dos crimes contra a honra – entre eles, a calúnia – faz-se necessária a intenção de ofender o bem jurídico tutelado. Nesse contexto, ausente a intenção de caluniar (*animus caluniandi*), não pode ser imputado ao advogado a prática de calúnia. **Rcl 15.574-RJ, Rel. Min. Rogerio Schietti Cruz, julgado em 9/4/2014.** (Inform. STJ 539)

DIREITO PENAL. NÃO CARACTERIZAÇÃO DE BIS IN IDEM NO CASO DE APLICAÇÃO DE CAUSA DE AUMENTO DE PENA REFERENTE AO DESCUMPRIMENTO DE REGRA TÉCNICA NO EXERCÍCIO DA PROFISSÃO.
É possível a aplicação da causa de aumento de pena prevista no art. 121, § 4º, do CP no caso de homicídio culposo cometido por médico e decorrente do descumprimento de regra técnica no exercício da profissão. Nessa situação, não há que se falar em bis in idem. Isso porque o legislador, ao estabelecer a circunstância especial de aumento de pena prevista no referido dispositivo legal, pretendeu reconhecer maior reprovabilidade à conduta do profissional que, embora tenha o necessário conhecimento para o exercício de sua ocupação, não o utilize adequadamente, produzindo o evento criminoso de forma culposa, sem a devida observância das regras técnicas de sua profissão. De fato, caso se entendesse caracterizado o bis in idem na situação, ter-se-ia que concluir que essa majorante somente poderia ser aplicada se o agente, ao cometer a infração, incidisse em pelo menos duas ações ou omissões imprudentes ou negligentes, uma para configurar a culpa e a outra para a majorante, o que não seria condizente com a pretensão legal. Precedente citado do STJ: HC 63.929-RJ, Quinta Turma, DJe 9/4/2007. Precedente citado do STF: HC 86.969-6-RS, Segunda Turma, DJ 24/2/2006. **HC 181.847-MS, Rel. Min. Marco Aurélio Bellizze, Rel. para acórdão Min. Campos Marques (Desembargador convocado do TJ/PR), julgado em 4/4/2013.** (Inform. STJ 520)

DIREITO PENAL. CRIME DE ABORTO. INÍCIO DO TRABALHO DE PARTO. HOMICÍDIO OU INFANTICÍDIO.
Iniciado o trabalho de parto, não há crime de aborto, mas sim homicídio ou infanticídio conforme o caso. Para configurar o crime de homicídio ou infanticídio, não é necessário que o nascituro tenha respirado, notadamente quando, iniciado o parto, existem outros elementos para demonstrar a vida do ser nascente, por exemplo, os batimentos cardíacos. **HC 228.998-MG, Rel. Min. Marco Aurélio Bellizze, julgado em 23/10/2012.** (Inform. STJ 507)

ADVOGADO. CRIME DE DIFAMAÇÃO. AUSÊNCIA TEMPORÁRIA DO MAGISTRADO DA SALA DO INTERROGATÓRIO.
O paciente responde à ação penal pelo crime de difamação,

por ter afirmado, ao peticionar em processo judicial em que atuava como advogado, que a juíza do feito, ainda que temporariamente, ausentou-se do interrogatório do seu cliente, deixando de assinar o referido ato. Ciente dessa manifestação, a juíza ofereceu representação ao Ministério Público Federal, requerendo que fossem tomadas as medidas criminais cabíveis, originando-se a denúncia pelo crime de difamação. A Turma concedeu a ordem de *habeas corpus* para trancar a ação penal por atipicidade da conduta do paciente, por não ter sido caracterizado o *animus difamandi*, consistente no especial fim de difamar, na intenção de ofender, na vontade de denegrir, no desejo de atingir a honra do ofendido, sem o qual não se perfaz o elemento subjetivo do tipo penal em testilha, impedindo que se reconheça a configuração do delito. Precedentes citados: APn 603-PR, DJe 14/10/2011, e APn 599-MS, DJe 28/6/2010. **HC 202.059-SP, Rel. Min. Marco Aurélio Bellizze, julgado em 16/2/2012. (Inform. STJ 491)**

Súmula STJ nº 18
A sentença concessiva do perdão judicial é declaratória da extinção da punibilidade, não subsistindo qualquer efeito condenatório.

8. CRIMES CONTRA O PATRIMÔNIO

HC N. 109.539-RS
RELATOR: MIN. GILMAR MENDES
Habeas corpus. 2. Paciente condenado pela prática de latrocínio consumado em concurso formal com latrocínio tentado (arts. 157, § 3º, última parte, c/c 61, II, c e h, e 157, § 3º, última parte, c/c 61, II, c e h, c/c 14, II, todos do CP). 3. Delito praticado mediante ação desdobrada em vários atos atingindo duas vítimas. 4. Pedido de afastamento da causa de aumento de 1/6 referente ao concurso formal de crimes. 5. Paciente objetivou roubar bens que guarneciam a residência do casal (patrimônio único). Não é razoável a importância dada à subtração das alianças das vítimas a fim de justificar a subtração de patrimônio individual. 6. Embora as alianças nupciais integrem patrimônio personalíssimo na legislação civil, na seara do Direito Penal, há de se conferir relevância ao dolo do agente. 7. Caracterizada a prática de latrocínio consumado, em razão do atingimento de patrimônio único. 8. O número de vítimas deve ser sopesado por ocasião da fixação da pena-base, na fase do art. 59 do CP. Precedente: HC n. 71267-3/ES, 2ª Turma, rel. Min. Maurício Corrêa, DJ 20.4.95. 9. Determinação de baixa dos autos ao Juízo de primeiro grau, para que proceda a nova dosimetria da pena, considerando a quantidade de vítimas na primeira fase do sistema trifásico e respeitando a pena aplicada, em atenção ao princípio do non reformatio in pejus. 10. Ordem parcialmente concedida. (Inform. STF 708)

HC e latrocínio tentado
Ante a inadequação da via eleita, a 1ª Turma, por maioria, julgou extinto *habeas corpus* em que se pleiteava a estipulação da pena do paciente de acordo com a primeira parte do § 3º do art. 157 do CP ("*Art. 157 - Subtrair coisa móvel alheia, para si ou para outrem, mediante grave ameaça ou violência à pessoa, ou depois de havê-la, por qualquer meio, reduzido à impossibilidade de resistência: Pena - reclusão, de quatro a dez anos, e multa. ... § 3º Se da violência resulta lesão corporal grave, a pena é de reclusão, de sete a quinze anos, além da multa; se resulta morte, a reclusão é de vinte a trinta anos, sem prejuízo da multa*"). Na espécie, trata-se de condenado com fulcro no art. 157, § 3º, c/c art. 14, II, ambos do CP, por decisão transitada em julgado. Esclareceu-se que se buscava o enquadramento jurídico da conduta a ele imputada como crime de roubo seguido de lesão corporal de natureza grave – e não tentativa de latrocínio –, com nova fixação da pena-base, pois a vítima sobreviveria.

Rejeitou-se eventual concessão da ordem de ofício. Assentou-se não ser possível enfrentar ponderação de circunstâncias fático-probatórias em *writ* para verificar como teria ocorrido o delito. O Min. Luiz Fux acentuou estar caracterizada a tentativa de tirar a vida da vítima, que não se teria consumado por motivos alheios à vontade do paciente. Vencido o Min. Marco Aurélio, que concedia a ordem. Asseverava inexistir, no ordenamento jurídico pátrio, a tentativa de latrocínio, que consistiria ficção jurídica conflitante com o preceito legal. Além do mais, sublinhava que o latrocínio pressuporia sempre a morte. **HC 110686/DF, rel. Min. Dias Toffoli, 5.2.2013. (HC-110686)** (Inform. STF 694).

Art. 224 do CP e latrocínio
A 1ª Turma denegou *habeas corpus*, mas concedeu a ordem, de ofício, com o fim de decotar da sanção cominada ao paciente o acréscimo resultante da aplicação do que estabelecido no art. 9º da Lei 8.072/90 ("*As penas fixadas no art. 6º para os crimes capitulados nos arts. 157, § 3º, 158, § 2º, 159, caput e seus §§ 1º, 2º e 3º, 213, caput e sua combinação com o art. 223, caput e parágrafo único, 214 e sua combinação com o art. 223, caput e parágrafo único, todos do Código Penal, são acrescidas de metade, respeitado o limite superior de trinta anos de reclusão, estando a vítima em qualquer das hipóteses referidas no art. 224 também do Código Penal*"). Na espécie, ele fora condenado à reprimenda de 45 anos de reclusão pela prática do crime de latrocínio contra menor de 14 anos. No que atine à assertiva de ter sido a pena-base indevidamente exasperada no máximo legal, sublinhou-se demandar análise de acervo fático-probatório, impróprio nesta sede. De outra face, explicitou-se que a sanção corporal fora acrescida da metade (15 anos), sem observância pelo magistrado do limitador de 30 anos de reclusão (Lei 8.072/90, art. 9º). Asseverou-se que este preceito – diante da revogação do art. 224 do CP pela Lei 12.015/2009 – teria perdido a eficácia, devendo, portanto, a adição ser extirpada da reprimenda imposta, por força do princípio da *novatio legis in mellius* (CP, art. 2º, parágrafo único). Assim, fixou-se a pena de 30 anos de reclusão. Por fim, estendeu-se a ordem ao corréu. A Min. Rosa Weber acrescentou que a revogação teria deixado o dispositivo da Lei de Crimes Hediondos redigido com deficiente técnica legislativa, carente de complemento normativo em vigor, razão pela qual reputou revogada a causa de aumento nele consignada. **HC 111246/AC, rel. Min. Dias Toffoli, 11.12.2012. (HC-111246)** (Inform. STF 692).

Porte de granada: desnecessidade de apreensão e perícia
A 1ª Turma denegou *habeas corpus* no qual postulada a exclusão da majorante de emprego de arma de fogo, prevista no art. 157, § 2º, I, do CP, em face de porte de granada no delito de roubo. Aplicou-se, relativamente ao artefato em questão, jurisprudência do STF firmada nas hipóteses de ausência de apreensão e de perícia de arma de fogo. **HC 108034/MG, rel. Min. Rosa Weber, 7.8.2012.** (HC-108034) (Inform. STF 674)

Latrocínio e nexo causal - 1
A 1ª Turma, por maioria, deferiu *habeas corpus* a fim de invalidar decisão que condenara o paciente pelo crime de latrocínio (CP, art. 157, §3º) e determinar fosse prolatada nova sentença relacionada à imputação do crime de roubo tentado. Na espécie, o ora impetrante fora denunciado pelos seguintes delitos praticados em conjunto com outro agente não identificado: a) roubo qualificado consumado (CP, art. 157, § 2º, I e II), em padaria; b) roubo qualificado tentado (CP, art. 157, §2º, I e II, c/c art. 14, II), em farmácia; e c) receptação (CP, art. 180), por conta de utilização de veículo subtraído. A vítima do primeiro delito acionara a polícia militar, que prendera em flagrante o paciente no interior da farmácia, enquanto este praticava o segundo crime. O seu cúmplice aguardava do lado de fora do estabelecimento para garantir o sucesso da subtração. Quando vários policiais chegaram ao local, detiveram o paciente, ao passo que o coautor empreendera fuga e matara policial que seguira em seu encalço. O juízo singular, ao aplicar o art. 383

do CPP, condenara o paciente, respectivamente, pelos crimes de roubo consumado (padaria); latrocínio, em decorrência da morte do policial (farmácia); e receptação, porquanto entendera que a conduta estaria narrada na inicial acusatória, tendo apenas se dado classificação inadequada do tipo criminal. Na fase recursal, as condenações foram mantidas, mas com diminuição das penas. **HC 109151/RJ, rel. Min. Rosa Weber, 12.6.2012.** (HC-109151)

Latrocínio e nexo causal - 2
Inicialmente, a Min. Rosa Weber, relatora, rememorou jurisprudência da Corte no sentido de que o coautor que participa de roubo armado responderia pelo latrocínio, ainda que o disparo tivesse sido efetuado só pelo comparsa. Entretanto, reputou que não se poderia imputar o resultado morte ao coautor quando houvesse ruptura do nexo de causalidade entre os agentes. O Min. Luiz Fux acrescentou que seria necessário o nexo biopsicológico no quesito relativo à culpabilidade. Explicou que a coautoria resultaria da ciência de ambos a respeito do que iriam fazer e que um deles já estaria preso enquanto o outro fugia. O Min. Dias Toffoli, ante as peculiaridades do caso, acompanhou a relatora. Vencido o Min. Marco Aurélio, que indeferia o *writ* ao fundamento de existir elemento a ligar o resultado morte ao roubo. Considerava ser esta a exigência do Código Penal ao retratar o latrocínio. Versava pouco importar que o segundo agente tivesse atirado tentando escapar à sua prisão, o que denotaria elo entre o roubo e o resultado morte. Precedente citado: HC 74861/SP (DJU de 25.3.97). **HC 109151/RJ, rel. Min. Rosa Weber, 12.6.2012.** (HC-109151) (Inform. STF 670)

Coatoria e participação de menor
A participação do menor de idade pode ser considerada com o objetivo de caracterizar concurso de pessoas para fins de aplicação da causa de aumento de pena no crime de furto (*"Art. 157 - Subtrair coisa móvel alheia, para si ou para outrem, mediante grave ameaça ou violência a pessoa, ou depois de havê-la, por qualquer meio, reduzido à impossibilidade de resistência: ... § 2º - A pena aumenta-se de um terço até metade: ... II - se há o concurso de duas ou mais pessoas"*). Com esse entendimento, a 1ª Turma denegou *habeas corpus* em que pretendia a redução da pena definitiva aplicada. Sustentava a impetração que o escopo da norma somente poderia ser aplicável quando a atuação conjunta de agentes ocorresse entre imputáveis. Aduziu-se que o legislador ordinário teria exigido, tão somente, *"o concurso de duas ou mais pessoas"* e, nesse contexto, não haveria nenhum elemento específico quanto à condição pessoal dos indivíduos. Asseverou-se que o fato de uma delas ser menor inimputável não teria o condão de excluir a causa de aumento de pena. **HC 110425/ES, rel. Min. Dias Toffoli, 5.6.2012.** (HC-110425) (Inform. STF 669)

Estelionato: Assistência Judiciária Gratuita e Cobrança de Honorários - 1
A Turma iniciou julgamento de *habeas corpus* em que denunciado pela suposta prática do crime previsto no art. 171, *caput*, do CP pleiteia o trancamento de ação penal, ao argumento de atipicidade da conduta imputada. Na espécie, o paciente teria auferido vantagem para si, em prejuízo alheio, ao cobrar honorários advocatícios de cliente beneficiado pela assistência judiciária gratuita, bem como forjado celebração de acordo em ação de reparação de danos para levantamento de valores referentes a seguro de vida. Aduz a impetração, ademais, que, depois de ofertada e recebida a denúncia, juízo cível homologara, por sentença, o citado acordo, reputando-o válido, isento de qualquer ilegalidade, que os autores não teriam sofrido prejuízo algum, e que os honorários advocatícios eram efetivamente devidos. O Min. Ricardo Lewandowski, relator, por considerar que ambas as condutas descritas na denúncia não caracterizam qualquer crime, concedeu a ordem para trancar a ação penal em curso, no que foi acompanhado pelo Min. Dias Toffoli. **HC 95058/ES, rel. Min. Ricardo Lewandowski, 23.2.2010.** (HC-95058)

Estelionato: Assistência Judiciária Gratuita e Cobrança de Honorários - 2
Observou, inicialmente, que, consoante jurisprudência pacífica desta Suprema Corte, o trancamento de ação penal somente seria cabível em sede de *habeas corpus* quando, de modo flagrante, e que não demande o exame aprofundado dos elementos probatórios, ficar evidenciada a atipicidade da conduta, a extinção da punibilidade ou a ausência de elementos indiciários demonstrativos de autoria e prova da materialidade. Nesse diapasão, ressaltou que, do confronto entre a inicial acusatória e a sentença homologatória cível, saltaria aos olhos a atipicidade dos fatos imputados ao paciente. Consignou, assim, não haver qualquer ilegalidade ou crime no fato de um advogado pactuar com seu cliente – em contrato de risco – a cobrança de honorários, no caso de êxito em ação judicial proposta, mesmo quando este goza do benefício da gratuidade de justiça. Frisou que tal entendimento, aliás, estaria pacificado na Súmula 450 deste Tribunal (*"são devidos honorários de advogado sempre que vencedor o beneficiário da justiça gratuita."*). Asseverou que o *parquet* estadual laborara em equívoco ao apontar, na exordial acusatória, que o paciente estaria impossibilitado de cobrar honorários advocatícios, por força art. 3º, V, da Lei 1.060/50, uma vez que o referido dispositivo apenas isentaria a pessoa necessitada de pagar os honorários resultantes da sucumbência, ou seja, aqueles devidos ao advogado da parte contrária, mas não os que ela contrata com o seu patrono, levando em conta o eventual proveito que terá na causa. Assentou, por derradeiro, que a acusação de ter o paciente forjado a celebração de acordo em ação de reparação de danos também se mostrara equivocada, porquanto o acordo tido como fraudulento fora homologado no juízo cível, que atestara estar ele isento de quaisquer vícios, além de não ter causado qualquer prejuízo aos menores envolvidos. **HC 95058/ES, rel. Min. Ricardo Lewandowski, 23.2.2010.** (HC-95058)

Estelionato: Assistência Judiciária Gratuita e Cobrança de Honorários - 3
Em divergência, o Min. Marco Aurélio indeferiu o *writ* por entender que o contexto apresenta peculiaridades que sugerem o trânsito da ação penal. Averbou que a singularidade básica – além da notícia de que o mencionado acordo teria resultado de um conluio – seria a nomeação do paciente como advogado dativo. Destacou, destarte, que, como advogado dativo, não poderia o paciente, por de trás da cortina, celebrar um acordo com o assistido, o menos afortunado, para lograr honorários. Registrou não conceber que, numa situação concreta, em que houvesse designação, pelo Estado-juiz, de defensor dativo, este viesse a entabular – asseverando presumir-se que sem conhecimento do juízo – um acordo com aquele necessitado da assistência jurídica, para tomar uma carona no resultado da ação intentada. Após, pediu vista dos autos a Min. Cármen Lúcia. **HC 95058/ES, rel. Min. Ricardo Lewandowski, 23.2.2010.** (HC-95058) (Inform. STF 576)

Estelionato: assistência judiciária gratuita e cobrança de honorários - 4
Em conclusão, a 1ª Turma, por maioria, concedeu *habeas corpus* para trancar ação penal ao fundamento de atipicidade de conduta (CP, art. 171, *caput*). Na espécie, o paciente supostamente teria auferido vantagem para si, em prejuízo alheio, ao cobrar honorários advocatícios de cliente beneficiado pela assistência judiciária gratuita, bem como forjado celebração de acordo em ação de reparação de danos para levantamento de valores referentes a seguro de vida. Aduzia a impetração que, depois de ofertada e recebida a denúncia, juízo cível homologara, por sentença, o citado acordo, reputando-o válido, isento de qualquer ilegalidade; que os autores não teriam sofrido prejuízo algum; e que os honorários advocatícios seriam efetivamente devidos – v. Informativo 576. Consignou-se não haver qualquer ilegalidade ou crime no fato de advogado pactuar com seu cliente – em contrato de risco – a cobrança de honorários, no caso de êxito em ação judicial proposta, mesmo quando gozasse

do benefício da gratuidade de justiça. Frisou-se que esse entendimento estaria pacificado no Enunciado 450 da Súmula do STF ("*São devidos honorários de advogado sempre que vencedor o beneficiário da justiça gratuita*"). Vencidos os Ministros Marco Aurélio, que denegava o *writ*, e Cármen Lúcia, que o concedia parcialmente para trancar a ação penal apenas quanto à conduta referente à cobrança de honorários advocatícios de parte amparada pela gratuidade da justiça, ante a falta de justa causa para o seu prosseguimento. Por outro lado, denegava a ordem quanto à segunda conduta imputada ao paciente ao destacar que, na denúncia, teriam sido descritos comportamentos típicos quanto à forja na formalização de acordo, sendo factíveis e obviados os indícios de autoria e materialidade delitivas. **HC 95058/ES, rel. Min. Ricardo Lewandowski, 4.9.2012.** (HC-95058) (Inform. STF 678)

Lei 10.684/2003: Extinção da Punibilidade e Aplicação da Lei Mais Benéfica - 1
A Turma iniciou julgamento de *habeas corpus* impetrado em favor de condenado pela prática do crime de apropriação indébita de contribuições previdenciárias, em que se pretende a suspensão da pretensão punitiva do Estado, pela adesão da empresa ao REFIS em data anterior ao veto ao § 2º do art. 5º da Lei 10.684/2003, o qual permitia o parcelamento de débitos referentes a contribuições descontadas dos segurados e não repassadas ao INSS. Sustenta-se, na espécie, que: a) em abril de 2000, o paciente obtivera o parcelamento do débito previdenciário; b) a Lei 10.684/2003 seria mais benéfica, a incidir o disposto no art. 2º e parágrafo único do CP; c) o trânsito em julgado do decreto condenatório ocorrera em 9.8.2004; d) o veto ao disposto no § 2º do art. 5º da Lei 10.684/2003 não alcançaria a situação do paciente, no que são excluídos do parcelamento os débitos decorrentes de contribuições dos segurados e não recolhidas pelo empregador; e) a sentença fora proferida antes do veto. O Min. Marco Aurélio, relator, acompanhado pelos Ministros Eros Grau e Cezar Peluso, deferiu, em parte, o *writ* para anular o acórdão do TRF da 1ª Região que confirmara a condenação do paciente e suspender a pretensão punitiva e o curso da prescrição, ficando sobrestado o processo instaurado. Inicialmente, o relator apresentou panorâmica da evolução legislativa no trato da matéria, ressaltando que a opção político-legislativa sempre foi no sentido de, tanto quanto possível, alcançar-se a liquidação da dívida ativa da Fazenda, afirmando, também, que tais normas dizem respeito ao fiel recolhimento de contribuições descontadas de empregados. Asseverou que, no caso, o parcelamento ocorrera em data anterior ao citado veto e que esse parcelamento produz, até ser contestado, as consequências mencionadas no referido art. 9º da Lei 10.684/2003 ("É suspensa a pretensão punitiva do Estado, referente aos crimes previstos nos arts. 1º e 2º da Lei no 8.137, de 27 de dezembro de 1990, e nos arts. 168A e 337A do Decreto-Lei no 2.848, de 7 de dezembro de 1940 - Código Penal, durante o período em que a pessoa jurídica relacionada com o agente dos aludidos crimes estiver incluída no regime de parcelamento. § 1º A prescrição criminal não corre durante o período de suspensão da pretensão punitiva. § 2º Extingue-se a punibilidade dos crimes referidos neste artigo quando a pessoa jurídica relacionada com o agente efetuar o pagamento integral dos débitos oriundos de tributos e contribuições sociais, inclusive acessórios."). Entendeu, tendo em conta a interpretação sistemática e teleológica do art. 2º do CP e do CPP, aplicável, portanto, a Lei 10.684/2003, considerando que a incidência do art. 9º desse diploma legal não poderia afastar a do seu § 1º. Dessa forma, concluiu, em observância ao princípio da unidade, ser inadmissível a tese da defesa no sentido de se ter a proclamação da incidência do art. 9º da Lei 10.648/2003, ante a adesão ao REFIS, obstando-se a pretensão punitiva do Estado e, ao mesmo tempo, assentar-se o curso da prescrição. Após, o julgamento foi adiado em virtude do pedido de vista do Min. Sepúlveda Pertence. HC 85661/DF, rel. Min. Marco Aurélio, 25.10.2005. **(HC-85661)**

Lei 10.684/2003: Extinção da Punibilidade e Aplicação da Lei Mais Benéfica - 2
Em conclusão de julgamento, a Turma concedeu, de ofício, *habeas corpus* para declarar a extinção da punibilidade pela prescrição da pretensão punitiva, e, em consequência, julgou prejudicado *writ* no qual condenado pela suposta prática do crime de apropriação indébita de contribuições previdenciárias pretendia a suspensão da pretensão punitiva do Estado, pela adesão da empresa ao REFIS em data anterior ao veto ao § 2º do art. 5º da Lei 10.684/2003, que permitia o parcelamento de débitos referentes a contribuições descontadas dos segurados e não repassadas ao INSS – v. Informativo 407. Reconheceu-se, na espécie, a prescrição retroativa com relação aos fatos ocorridos até 4 anos antes do recebimento da denúncia, questão esta sequer ventilada pela defesa, e afastou-se, por conseguinte, o trânsito em julgado da condenação imposta ao paciente. Considerou-se o fato de haver sido aplicada ao paciente a pena de 2 anos, acrescida de metade em razão da continuidade delitiva, bem como a interposição de apelação somente pela defesa, hipótese em que a prescrição regula-se pela pena aplicada (CP, art. 110, § 1º). No ponto, ressaltou-se que caberia a Corte de origem, quando do julgamento do citado recurso, reduzir o acréscimo imposto na sentença pela continuidade delitiva, o que não ocorrera. Todavia, entendeu-se não ser o caso de determinar-se o retorno dos autos para nova dosimetria, uma vez que, removido o trânsito em julgado, inevitável o reconhecimento da prescrição intercorrente relativamente aos demais fatos imputados ao paciente. Assim, concluiu-se que a prescrição ocorrera antes mesmo da inclusão do *habeas corpus* em mesa para julgamento. HC 85661/DF, rel. Min. Marco Aurélio, 3.8.2007. (HC-85661) (Inform. STF 474)

DIREITO PENAL. CONFIGURAÇÃO DE CRIME ÚNICO EM ROUBO PRATICADO NO INTERIOR DE ÔNIBUS.
Em roubo praticado no interior de ônibus, o fato de a conduta ter ocasionado violação de patrimônios distintos – o da empresa de transporte coletivo e o do cobrador – não descaracteriza a ocorrência de crime único se todos os bens subtraídos estavam na posse do cobrador. É bem verdade que a jurisprudência do STJ e do STF entende que o roubo perpetrado com violação de patrimônios de diferentes vítimas, ainda que em um único evento, configura concurso formal de crimes, e não crime único. Todavia, esse mesmo entendimento não pode ser aplicado ao caso em que os bens subtraídos, embora pertençam a pessoas distintas, estavam sob os cuidados de uma única pessoa, a qual sofreu a grave ameaça ou violência. Precedente citado: HC 204.316-RS, Sexta Turma, DJe 19/9/2011. **AgRg no REsp 1.396.144-DF, Rel. Min. Walter de Almeida Guilherme (Desembargador Convocado do TJ/SP), julgado em 23/10/2014. (Inform. STJ 551)**

DIREITO PENAL. CAUSA DE AUMENTO DE PENA RELATIVA AO TRANSPORTE DE VALORES.
Deve incidir a majorante prevista no inciso III do § 2º do art. 157 do CP na hipótese em que o autor pratique o roubo ciente de que as vítimas, funcionários da Empresa Brasileira de Correios e Telégrafos (ECT), transportavam grande quantidade de produtos cosméticos de expressivo valor econômico e liquidez. O inciso III do § 2º do art. 157 do CP disciplina que a pena aumenta-se de um terço até metade "se a vítima está em serviço de transporte de valores e o agente conhece tal circunstância". O termo "valores" não se restringe a dinheiro em espécie, devendo-se incluir bens que possuam expressão econômica (HC 32.121-SP, Quinta Turma, DJ 28/6/2004). Nesse contexto, cumpre considerar que, na hipótese em análise, a grande quantidade de produtos cosméticos subtraídos possuem expressivo valor econômico e liquidez, já que podem ser facilmente negociáveis e convertidos em pecúnia. Deve, portanto, incidir a majorante pelo serviço de transporte de valores. **REsp 1.309.966-RJ, Min. Rel. Laurita Vaz, julgado em 26/8/2014. (Inform. STJ 548)**

DIREITO PENAL. CARACTERIZAÇÃO DO TIPO PENAL DO ART. 102 DO ESTATUTO DO IDOSO.
Incorre no tipo penal previsto no art. 102 da Lei 10.741/2003 (Estatuto do Idoso) – e não no tipo penal de furto (art. 155 do CP) – o estagiário de instituição financeira que se utiliza do cartão magnético e da senha de acesso à conta de depósitos de pessoa idosa para realizar transferências de valores para sua conta pessoal. O tipo penal previsto no art. 102 da Lei 10.741/2003 tem a seguinte redação: "Apropriar-se de ou desviar bens, proventos, pensão ou qualquer outro rendimento do idoso, dando-lhes aplicação diversa da de sua finalidade". Na hipótese, o autor do delito desviou bens da vítima. Para essa conduta, não há necessidade de prévia posse por parte do agente, restrita à hipótese de apropriação. Da mesma forma, é evidente que a transferência dos valores da conta bancária da vítima para conta pessoal do autor desviou os bens de sua finalidade. Não importa perquirir qual seria a real destinação desses valores (finalidade), pois, independente de qual fosse, foram eles dela desviados, ao serem, por meio de fraude, transferidos para a conta do autor. **REsp 1.358.865-RS**, Rel. Min. Sebastião Reis Júnior, julgado em 4/9/2014. (Inform. STJ 547)

DIREITO PENAL. TIPICIDADE DA CONDUTA DESIGNADA COMO "ROUBO DE USO".
É típica a conduta denominada "roubo de uso". De início, cabe esclarecer que o crime de roubo (art. 157 do CP) é um delito complexo que possui como objeto jurídico tanto o patrimônio como a integridade física e a liberdade do indivíduo. Importa assinalar, também, que o ânimo de apossamento – elementar do crime de roubo – não implica, tão somente, o aspecto de definitividade, pois se apossar de algo é ato de tomar posse, de dominar ou de assenhorar-se do bem subtraído, que pode trazer o intento de ter o bem para si, de entregar para outrem ou apenas de utilizá-lo por determinado período. Se assim não fosse, todos os acusados de delito de roubo, após a prisão, poderiam afirmar que não pretendiam ter a posse definitiva dos bens subtraídos para tornar a conduta atípica. Ressalte-se, ainda, que o STF e o STJ, no que se refere à consumação do crime de roubo, adotam a teoria da *apprehensio*, também denominada de *amotio*, segundo a qual se considera consumado o delito no momento em que o agente obtém a posse da *res furtiva*, ainda que não seja mansa e pacífica ou haja perseguição policial, sendo prescindível que o objeto do crime saia da esfera de vigilância da vítima. Ademais, a grave ameaça ou a violência empregada para a realização do ato criminoso não se compatibilizam com a intenção de restituição, razão pela qual não é possível reconhecer a atipicidade do delito "roubo de uso". **REsp 1.323.275-GO**, Rel. Min. Laurita Vaz, julgado em 24/4/2014. (Inform. STJ 539)

DIREITO PENAL. CONFIGURAÇÃO DO DELITO DE DUPLICATA SIMULADA.
O delito de duplicata simulada, previsto no art. 172 do CP (redação dada pela Lei 8.137/1990), configura-se quando o agente emite duplicata que não corresponde à efetiva transação comercial, sendo típica a conduta ainda que não haja qualquer venda de mercadoria ou prestação de serviço. O art. 172 do CP, em sua redação anterior, assim estabelecia a figura típica do delito de duplicata simulada: "Expedir ou aceitar duplicata que não corresponda, juntamente com a fatura respectiva, a uma venda efetiva de bens ou a uma real prestação de serviço". Com o advento da Lei 8.137/1990, alterou-se a redação do dispositivo legal, que passou a assim prever: "Emitir fatura, duplicata ou nota de venda que não corresponda à mercadoria vendida, em quantidade ou qualidade, ou ao serviço prestado". Conforme se depreende de entendimento doutrinário e jurisprudencial, a alteração do artigo pretendeu abarcar não apenas os casos em que há discrepância qualitativa ou quantitativa entre o que foi vendido ou prestado e o que consta na duplicata, mas também aqueles de total ausência de venda de bens ou prestação de serviço. Dessa forma, observa-se que o legislador houve por bem ampliar a antiga redação daquele dispositivo, que cuidava apenas da segunda hipótese, mais grave, de modo a também punir o emitente quando houver a efetiva venda de mercadoria, embora em quantidade ou qualidade diversas. Precedente citado: REsp 443.929-SP, Sexta Turma, DJ 25/6/2007. **REsp 1.267.626-PR**, Rel. Min. Maria Thereza de Assis Moura, julgado em 5/12/2013. (Inform. STJ 534)

DIREITO PENAL E PROCESSUAL PENAL. DESNECESSIDADE DE OCORRÊNCIA DE LESÕES CORPORAIS PARA A CARACTERIZAÇÃO DO CRIME DE LATROCÍNIO TENTADO.
O reconhecimento da existência de irregularidades no laudo pericial que atesta a natureza das lesões sofridas pela vítima de tentativa de latrocínio (157, § 3º, parte final, do CP) não resulta na desclassificação da conduta para alguma das outras modalidades de roubo prevista no art. 157 do CP. Isso porque, para a configuração daquele delito, é irrelevante se a vítima sofreu lesões corporais. Efetivamente, a figura típica do latrocínio se consubstancia no crime de roubo qualificado pelo resultado, em que o dolo inicial é de subtrair coisa alheia móvel, sendo que as lesões corporais ou a morte são decorrentes da violência empregada, atribuíveis ao agente a título de dolo ou culpa. Desse modo, embora haja discussão doutrinária e jurisprudencial acerca de qual delito é praticado quando o agente logra subtrair o bem da vítima, mas não consegue matá-la, prevalece o entendimento de que há tentativa de latrocínio quando há dolo de subtrair e dolo de matar, sendo que o resultado morte somente não ocorre por circunstâncias alheias à vontade do agente. Por essa razão, a jurisprudência do STJ pacificou-se no sentido de que o crime de latrocínio tentado se caracteriza independentemente de eventuais lesões sofridas pela vítima, bastando que o agente, no decorrer do roubo, tenha agido com o desígnio de matá-la. **HC 201.175-MS**, Rel. Min. Jorge Mussi, julgado em 23/4/2013. (Inform. STJ 521)

DIREITO PENAL. APLICABILIDADE DO PRINCÍPIO DA INSIGNIFICÂNCIA AO FURTO DE BEM CUJO VALOR SEJA DE POUCO MAIS DE 23% DO SALÁRIO MÍNIMO DA ÉPOCA.
Sendo favoráveis as condições pessoais do agente, é aplicável o princípio da insignificância em relação à conduta que, subsumida formalmente ao tipo correspondente ao furto simples (art. 155, caput, do CP), consista na subtração de bem móvel de valor equivalente a pouco mais de 23% do salário mínimo vigente no tempo do fato. Nessa situação, ainda que ocorra a perfeita adequação formal da conduta à lei incriminadora e esteja comprovado o dolo do agente, inexiste a tipicidade material, que consiste na relevância penal da conduta e do resultado produzido. Assim, em casos como este, a aplicação da sanção penal configura indevida desproporcionalidade, pois o resultado jurídico – a lesão produzida ao bem jurídico tutelado – há de ser considerado como absolutamente irrelevante. **AgRg no HC 254.651-PE**, Rel. Min. Jorge Mussi, julgado em 12/3/2013. (Inform. STJ 516)

DIREITO PENAL. APLICAÇÃO DA REGRA DA CONTINUIDADE DELITIVA AO ESTELIONATO PREVIDENCIÁRIO PRATICADO MEDIANTE A UTILIZAÇÃO DE CARTÃO MAGNÉTICO DO BENEFICIÁRIO FALECIDO.
A regra da continuidade delitiva é aplicável ao estelionato previdenciário (art. 171, § 3º, do CP) praticado por aquele que, após a morte do beneficiário, passa a receber mensalmente o benefício em seu lugar, mediante a utilização do cartão magnético do falecido. Nessa situação, não se verifica a ocorrência de crime único, pois a fraude é praticada reiteradamente, todos os meses, a cada utilização do cartão magnético do beneficiário já falecido. Assim, configurada a reiteração criminosa nas mesmas condições de tempo, lugar e maneira de execução, tem incidência a regra da continuidade delitiva prevista no art. 71 do CP. A hipótese, ressalte-se, difere dos casos em que o estelionato é praticado pelo próprio beneficiário e daqueles em que o não beneficiário insere dados

falsos no sistema do INSS visando beneficiar outrem; pois, segundo a jurisprudência do STJ e do STF, nessas situações o crime deve ser considerado único, de modo a impedir o reconhecimento da continuidade delitiva. **REsp 1.282.118-RS, Rel. Min. Maria Thereza de Assis Moura, julgado em 26/2/2013.** (Inform. STJ 516).

DIREITO PENAL. PENA APLICÁVEL À CONDUTA DE ADQUIRIR E OCULTAR, COM INTUITO DE LUCRO, CDS E DVDS FALSIFICADOS.
Deve ser aplicado o preceito secundário a que se refere o § 2º do art. 184 do CP, e não o previsto no § 1º do art. 12 da Lei n. 9.609/1998, para a fixação das penas decorrentes da conduta de adquirir e ocultar, com intuito de lucro, CDs e DVDs falsificados. O preceito secundário descrito no § 1º do art. 12 da Lei n. 9.609/1998 é destinado a estipular, em abstrato, punição para o crime de violação de direitos de autor de programa de computador, delito cujo objeto material é distinto do tutelado pelo tipo do § 2º do art. 184 do Código Penal. Desta feita, não havendo adequação típica da conduta em análise ao previsto no § 1º do art. 12 da Lei n. 9.609/1998, cumpre aplicar o disposto no § 2º do art. 184 do Código Penal, uma vez que este tipo é bem mais abrangente, sobretudo após a redação que lhe foi dada pela Lei n. 10.695/2003. Ademais, não há desproporcionalidade da pena de reclusão de dois a quatro anos e multa quando comparada com reprimendas previstas para outros tipos penais, pois o próprio legislador, atento aos reclamos da sociedade que representa, entendeu merecer tal conduta pena considerável, especialmente pelos graves e extensos danos que acarreta, estando geralmente relacionada a outras práticas criminosas, como a sonegação fiscal e a formação de quadrilha. **HC 191.568-SP, Rel. Min. Jorge Mussi, julgado em 7/2/2013.** (Inform. STJ 515).

DIREITO PENAL. DESCLASSIFICAÇÃO DO CRIME DE DANO COMETIDO CONTRA O PATRIMÔNIO DO DF.
A conduta de destruir, inutilizar ou deteriorar o patrimônio do Distrito Federal não configura, por si só, o crime de dano qualificado, subsumindo-se, em tese, à modalidade simples do delito. Com efeito, é inadmissível a realização de analogia *in malam partem* a fim de ampliar o rol contido no art. 163, III, do CP, cujo teor impõe punição mais severa para o dano "cometido contra o patrimônio da União, Estados, Municípios, empresa concessionária de serviços públicos ou sociedade de economia mista". Assim, na falta de previsão do Distrito Federal no referido preceito legal, impõe-se a desclassificação da conduta analisada para o crime de dano simples, nada obstante a *mens legis* do tipo, relativa à necessidade de proteção ao patrimônio público, e a discrepância em considerar o prejuízo aos bens distritais menos gravoso do que o causado aos demais entes elencados no dispositivo criminal. **HC 154.051-DF, Rel. Min. Maria Thereza de Assis Moura, julgado em 4/12/2012.** (Inform. STJ 515).

DIREITO PENAL. ROUBO. MAJORANTE. PERÍCIA QUE CONSTATA INEFICÁCIA DA ARMA DE FOGO.
A majorante do art. 157, § 2º, I, do CP não é aplicável aos casos nos quais a arma utilizada na prática do delito é apreendida e periciada, e sua inaptidão para a produção de disparos é constatada. O legislador, ao prever a majorante descrita no referido dispositivo, buscou punir com maior rigor o indivíduo que empregou artefato apto a lesar a integridade física do ofendido, representando perigo real, o que não ocorre nas hipóteses de instrumento notadamente sem potencialidade lesiva. Assim, a utilização de arma de fogo que não tenha potencial lesivo afasta a mencionada majorante, mas não a grave ameaça, que constitui elemento do tipo "roubo" na sua forma simples. Precedentes citados: HC 190.313-SP, DJe 4/4/2011, e HC 157.889-SP, DJe 19/10/2012. **HC 247.669-SP, Rel. Min. Sebastião Reis Júnior, julgado em 4/12/2012.** (Inform. STJ 511).

CRIME DE EXTORSÃO. FORMA TENTADA.
Trata-se de recurso interposto pelo MP estadual contra acórdão que manteve sentença condenatória, porém reformou-a parcialmente para reconhecer a forma tentada do delito de extorsão praticado pelo ora recorrido. O órgão ministerial sustenta que o acórdão violou o art. 158 do CP, pois o legislador não subordina a consumação do delito à efetiva consecução do proveito econômico, bastando que o agente tenha obrado com tal intuito. Na espécie, o recorrido constrangeu a vítima, mediante grave ameaça, consistente no prenúncio de que a mataria, exigindo-lhe a quantia de 300 reais, a retirada dos boletins de ocorrência contra ele registrados e a entrega dos filhos nos finais de semana. Diante da reiteração das ameaças, a vítima acionou a polícia, que surpreendeu o recorrido, procedendo a sua prisão. Sob tal contexto, a Turma entendeu que, *in casu*, feita a exigência pelo recorrido, a vítima não se submeteu à sua vontade, deixando de realizar a conduta que ele procurava lhe impor. Assim, a hipótese é de tentativa como decidido pelo tribunal *a quo*, e não, como pretende o recorrente, de crime consumado. Precedente citado: HC 95389-SP, DJe 23/11/2009. **REsp 1.094.888-SP, Rel. Min. Sebastião Reis Júnior, julgado em 21/8/2012.** (Inform. STJ 502)

ESTELIONATO PREVIDENCIÁRIO. PRAZO PRESCRICIONAL.
A *quaestio juris* está em saber se o delito pelo qual foi condenada a paciente, de estelionato previdenciário (art. 171, § 3º, do CP), possui natureza permanente ou instantânea, a fim de verificar a prescrição da pretensão punitiva. Na espécie, a paciente foi condenada, pelo delito mencionado, à pena de um ano, nove meses e dez dias de reclusão em regime fechado, além de vinte dias-multa, por ter omitido o óbito de sua filha, portadora de deficiência, ocorrido em 1º/5/2001, data a partir da qual começou a receber indevidamente o benefício de aposentadoria pertencente ao *de cujus*, tendo a conduta perdurado até 12/2006. No *writ*, busca a declaração da extinção da punibilidade devido à prescrição retroativa da pretensão punitiva, sustentando que o crime de estelionato contra a Previdência Social é delito instantâneo de efeitos permanentes. Nesse contexto, destacou-se que, no julgamento do HC 85.601-SP, o STF distinguiu duas situações para a configuração da natureza jurídica do delito em comento. Para aquele que comete a fraude contra a Previdência e não se torna beneficiário da aposentadoria, o crime é instantâneo, ainda que de efeitos permanentes. Contudo, para o beneficiário, o delito continua sendo permanente, consumando-se com a cessação da permanência. *In casu*, a paciente não apenas omitiu da Previdência Social o óbito da verdadeira beneficiária da aposentadoria, mas também passou a receber indevidamente os valores respectivos. Assim, sendo a paciente beneficiária da aposentadoria indevida, que não apenas induziu, mas manteve a vítima (Previdência Social) em erro, o delito possui natureza permanente, consumando-se na data da cessação da permanência, no caso, 12/2006. Dessa forma, não há falar em prescrição retroativa, pois não transcorreu o lapso prescricional devido (quatro anos) entre a data da consumação do delito (12/2006) e o recebimento da denúncia (27/6/2008). Com essas, entre outras considerações, a Turma, prosseguindo o julgamento, por maioria, denegou a ordem. Precedentes citados do STF: HC 85.601-SP, DJ 30/11/2007, e HC 102.049-RJ, DJe 12/12/2011. **HC 216.986-AC, Rel. originário Min. Vasco Della Giustina (Desembargador convocado do TJ-RS), Rel. para acórdão Min. Maria Thereza de Assis Moura, julgado em 1º/3/2012.** (Inform. STJ 492)

ESTELIONATO JUDICIAL. TIPICIDADE.
A Turma deu provimento ao recurso especial para absolver as recorrentes – condenadas como incursas nas sanções do art. 171, § 3º, do CP – por entender que a conduta a elas atribuída – levantamento indevido de valores por meio de tutela antecipada, no bojo de ação civil – não configura o denominado "estelionato judicial". A Min. Relatora asseverou que admitir tal conduta como

ilícita violaria o direito de acesso à justiça, constitucionalmente assegurado a todos os indivíduos nos termos do disposto no art. 5º, XXXV, da CF. Sustentou-se não se poder punir aquele que, a despeito de formular pedido descabido ou estapafúrdio, obtém a tutela pleiteada. Destacou-se, ademais, a natureza dialética do processo, possibilitando o controle pela parte contrária, através do exercício de defesa e do contraditório, bem como a interposição dos recursos previstos no ordenamento jurídico. Observou-se, inclusive, que o magistrado não estaria obrigado a atender os pleitos formulados na inicial. Dessa forma, diante de tais circunstâncias, seria incompatível a ideia de ardil ou indução em erro do julgador, uma das elementares para a caracterização do delito de estelionato. Acrescentou-se que eventual ilicitude na documentação apresentada juntamente com o pedido judicial poderia, em tese, constituir crime autônomo, que não se confunde com a imputação de "estelionato judicial" e, in casu, não foi descrito na denúncia. Ponderou-se, ainda, que, em uma análise mais detida sobre os elementos do delito de estelionato, não se poderia considerar a própria sentença judicial como a vantagem ilicitamente obtida pelo agente, uma vez que resultante do exercício constitucional do direito de ação. Por sua vez, concluiu-se que o Direito Penal, como *ultima ratio*, não deve ocupar-se de questões que encontram resposta no âmbito extrapenal, como na hipótese dos autos. A deslealdade processual pode ser combatida com as regras dispostas no CPC, por meio da imposição de multa ao litigante de má-fé, além da possibilidade de punição disciplinar no âmbito do Estatuto da Advocacia. **REsp 1.101.914-RJ, Rel. Min. Maria Thereza de Assis Moura, julgado em 6/3/2012. (Inform. STJ 492)**

IMUNIDADE RELATIVA. RELAÇÃO DE PARENTESCO. AUSÊNCIA DE COABITAÇÃO. MERA HOSPEDAGEM OCASIONAL.
In casu, o recorrido foi denunciado como incurso nas sanções do art. 155, § 4o, II, do CP em virtude de ter subtraído para si, do interior da residência do seu tio, dois revólveres. O juízo *a quo* julgou extinta sua punibilidade com fundamento nos arts. 107, IV, e 182, ambos do CP, ao argumento de ter-se implementado a decadência do direito de representação. Ingressou o *parquet* com recurso em sentido estrito ao qual se negou provimento, razão pela qual interpôs o presente REsp. Sustenta o MP que não havia entre vítima e recorrido (tio e sobrinho) relação de coabitação, mas sim mera hospitalidade, haja vista o recorrido ter passado aproximadamente três semanas na casa de seu tio. A Turma deu provimento ao recurso ao entender que, para incidir a imunidade trazida no art. 182, III, do CP, deve ser comprovada a relação de parentesco entre tio e sobrinho, bem como a coabitação, a residência conjunta quando da prática do crime, que não se confunde com a mera hospedagem, a qual tem caráter temporário e, *in casu*, durou apenas três semanas. Assim, afastada a denominada imunidade penal relativa, deve ser retomado o regular curso da ação penal, porquanto desnecessária, *in casu*, a apresentação de representação pela vítima. Precedentes citados: RMS 34.607-MS, DJe 28/10/2011, e HC 101.742-DF, DJe 31/8/2011. **REsp 1.065.086-RS, Rel. Min. Maria Thereza de Assis Moura, julgado em 16/2/2012. (Inform. STJ 491)**

Súmula STF nº 610
Há crime de latrocínio, quando o homicídio se consuma, ainda que não realize o agente a subtração de bens da vítima.

Súmula STF nº 554
O pagamento de cheque emitido sem provisão de fundos, após o recebimento da denúncia, não obsta ao prosseguimento da ação penal.

Súmula STF nº 246
Comprovado não ter havido fraude, não se configura o crime de emissão de cheque sem fundos.

Súmula STJ nº 511
É possível o reconhecimento do privilégio previsto no § 2º do art. 155 do CP nos casos de crime de furto qualificado, se estiverem presentes a primariedade do agente, o pequeno valor da coisa e a qualificadora for de ordem objetiva.

Súmula STJ nº 502
Presentes a materialidade e a autoria, afigura-se típica, em relação ao crime previsto no art. 184, § 2º, do CP, a conduta de expor à venda CDs e DVDs piratas.

Súmula STJ nº 443
O aumento na terceira fase de aplicação da pena no crime de roubo circunstanciado exige fundamentação concreta, não sendo suficiente para a sua exasperação a mera indicação do número de majorantes.

Súmula STJ nº 442
É inadmissível aplicar, no furto qualificado, pelo concurso de agentes, a majorante do roubo.

Súmula STJ nº 96
O crime de extorsão consuma-se independentemente da obtenção da vantagem indevida.

Súmula STJ nº 73
A utilização de papel moeda grosseiramente falsificado configura, em tese, o crime de estelionato, da competência da justiça estadual.

Súmula STJ nº 24
Aplica-se ao crime de estelionato, em que figure como vítima entidade autárquica da previdência social, a qualificadora do § 3º, do art. 171, do Código Penal.

9. CRIMES CONTRA A DIGNIDADE SEXUAL

DIREITO PENAL. CONFIGURAÇÃO DO TIPO DE FAVORECIMENTO DA PROSTITUIÇÃO DE ADOLESCENTE.
O *cliente* que conscientemente se serve da prostituição de adolescente, com ele praticando conjunção carnal ou outro ato libidinoso, incorre no tipo previsto no inciso I do § 2º do art. 218-B do CP (favorecimento da prostituição ou de outra forma de exploração sexual de criança ou adolescente ou de vulnerável), ainda que a vítima seja atuante na prostituição e que a relação sexual tenha sido eventual, sem habitualidade. Assim dispõe o art. 218-B do CP, incluído pela Lei 12.015/2009: "Submeter, induzir ou atrair à prostituição ou outra forma de exploração sexual alguém menor de 18 (dezoito) anos ou que, por enfermidade ou deficiência mental, não tem o necessário discernimento para a prática do ato, facilitá-la, impedir ou dificultar que a abandone: Pena - reclusão, de 4 (quatro) a 10 (dez) anos". O inciso I do § 2º do referido artigo, por sua vez, prescreve o seguinte: "Incorre nas mesmas penas: I - quem pratica conjunção carnal ou outro ato libidinoso com alguém menor de 18 (dezoito) e maior de 14 (catorze) anos na situação descrita no *caput* deste artigo". Da análise da previsão típica do art. 218-B do CP, especialmente do inciso I do § 2º, extrai-se que o fato de já ser a vítima corrompida, atuante na prostituição, é irrelevante para o tipo penal. Não se pune a provocação de deterioração moral, mas o incentivo à atividade de prostituição, inclusive por aproveitamento eventual dessa atividade como cliente. Pune-se não somente quem atua para a prostituição do adolescente – induzindo, facilitando ou submetendo à prática ou, ainda, dificultando ou impedindo seu abandono –, mas também quem se serve desta atividade. Trata-se de ação político-social de defesa do adolescente, mesmo contra a vontade deste,

pretendendo afastá-lo do trabalho de prostituição pela falta de quem se sirva de seu atendimento. A condição de vulnerável é no tipo penal admitida por critério biológico ou etário, neste último caso pela constatação objetiva da faixa etária, de 14 a 18 anos, independentemente de demonstração concreta dessa condição de incapacidade plena de auto-gestão. O tipo penal, tampouco, faz qualquer exigência de habitualidade da mantença de relações sexuais com adolescente submetido à prostituição. Habitualidade há na atividade de prostituição do adolescente, não nos contatos com aquele que de sua atividade serve-se. Basta único contato consciente com adolescente submetido à prostituição para que se configure o crime. A propósito, não tem relação com a hipótese em análise os precedentes pertinentes ao art. 244-A do ECA, pois nesse caso é exigida a submissão (condição de poder sobre alguém) à prostituição (esta atividade sim, com habitualidade). No art. 218-B, § 2º, I, pune-se outra ação, a mera prática de relação sexual com adolescente submetido à prostituição – e nessa conduta não se exige reiteração, poder de mando, ou introdução da vítima na habitualidade da prostituição. **HC 288.374-AM**, Rel. Min. Nefi Cordeiro, julgado em 5/6/2014. (Inform. STJ 543)

DIREITO PENAL. APLICAÇÃO RETROATIVA DA LEI 12.015/2009.
O condenado por estupro e atentado violento ao pudor, praticados no mesmo contexto fático e contra a mesma vítima, tem direito à aplicação retroativa da Lei 12.015/2009, de modo a ser reconhecida a ocorrência de crime único, devendo a prática de ato libidinoso diverso da conjunção carnal ser valorada na aplicação da pena-base referente ao crime de estupro. De início, cabe registrar que, diante do princípio da continuidade normativa, não há falar em *abolitio criminis* quanto ao crime de atentado violento ao pudor cometido antes da alteração legislativa conferida pela Lei 12.015/2009. A referida norma não descriminalizou a conduta prevista na antiga redação do art. 214 do CP (que tipificava a conduta de atentado violento ao pudor), mas apenas a deslocava para o art. 213 do CP, formando um tipo penal misto, com condutas alternativas (estupro e atentado violento ao pudor). Todavia, nos termos da jurisprudência do STJ, o reconhecimento de crime único não implica desconsideração absoluta da conduta referente à prática de ato libidinoso diverso da conjunção carnal, devendo tal conduta ser valorada na dosimetria da pena aplicada ao crime de estupro, aumentando a pena-base. Precedentes citados: HC 243.678-SP, Sexta Turma, DJe 13/12/2013; e REsp 1.198.786-DF, Quinta Turma, DJe 10/04/2014. **HC 212.305-DF**, Rel. Min. Marilza Maynard (Desembargadora Convocada do TJ/SE), julgado em 24/4/2014. (Inform. STJ 543)

DIREITO PENAL. ATOS LIBIDINOSOS DIVERSOS DA CONJUNÇÃO CARNAL CONTRA VULNERÁVEL.
Na hipótese em que tenha havido a prática de ato libidinoso diverso da conjunção carnal contra vulnerável, não é possível ao magistrado – sob o fundamento de aplicação do princípio da proporcionalidade – desclassificar o delito para a forma tentada em razão de eventual menor gravidade da conduta. De fato, conforme o art. 217-A do CP, a prática de atos libidinosos diversos da conjunção carnal contra vulnerável constitui a consumação do delito de estupro de vulnerável. Entende o STJ ser inadmissível que o julgador, de forma manifestamente contrária à lei e utilizando-se dos princípios da razoabilidade e da proporcionalidade, reconheça a forma tentada do delito, em razão da alegada menor gravidade da conduta (REsp 1.313.369-RS, Sexta Turma, DJe 5/8/2013). Nesse contexto, o magistrado, ao aplicar a pena, deve sopesar os fatos ante os limites mínimo e máximo da reprimenda penal abstratamente prevista, o que já é suficiente para garantir que a pena aplicada seja proporcional à gravidade concreta do comportamento do criminoso. **REsp 1.353.575-PR**, Rel. Min. Rogerio Schietti Cruz, julgado em 5/12/2013. (Inform. STJ 533)

DIREITO PENAL. CARÁTER HEDIONDO DO CRIME DE ATENTADO VIOLENTO AO PUDOR PRATICADO ANTES DA LEI 12.015/2009.
O delito de atentado violento ao pudor praticado antes da vigência da Lei 12.015/2009, ainda que na sua forma simples e com violência presumida, configura crime hediondo. Precedentes citados: do STJ, AgRg no REsp 1.201.806-MG, Quinta Turma, DJe 20/9/2012, e HC 232.337-ES, Quinta Turma, DJe 3/4/2012; e do STF: HC 99.406-RS, Segunda Turma, DJe 9/9/2010, e HC 101.860-RS, Primeira Turma, DJe 17/5/2011. **AgRg no HC 250.451-MG**, Rel. Min. Jorge Mussi, julgado em 19/3/2013. (Inform. STJ 519)

ATENTADO VIOLENTO AO PUDOR. HEDIONDEZ. NÃO CONFIGURAÇÃO. CAUSA ESPECIAL DE AUMENTO DE PENA. INAPLICABILIDADE. SUPERVENIÊNCIA DE LEI PENAL MAIS BENÉFICA.
A Turma, ao prosseguir o julgamento, concedeu a ordem para afastar a hediondez do delito de atentado violento ao pudor praticado pelo paciente, bem como para excluir a incidência da causa especial de aumento de pena prevista no art. 9º da Lei n. 8.072/1990. Segundo o entendimento da Turma, os crimes de estupro e atentado violento ao pudor (artigos 213 e 214, ambos do CP), cometidos mediante violência presumida, não são considerados hediondos se praticados antes da vigência da Lei n. 12.015/2009, que alterou a redação dada a Lei dos Crimes Hediondos, visto que tais delitos não estavam incluídos de forma expressa no art. 1º da Lei n. 8.072/1990. Quanto à circunstância majorante, sustentou-se sua inaplicabilidade em decorrência da superveniência de lei penal mais benéfica. A orientação jurisprudencial desta Corte a respeito do tema era no sentido de que a causa especial de aumento de pena incidiria nos crimes sexuais supracitados apenas quando resultassem lesões corporais de natureza grave ou morte. Entretanto, com o advento da novel legislação e a unificação dos delitos em tipo penal diverso (art. 217-A), sob a denominação de estupro de vulnerável, deve ser observado o novo preceito secundário mais favorável ao paciente (art. 2º do CPP). **HC 107.949-SP**, Rel. Min. Og Fernandes, julgado em 18/9/2012. (Inform. STJ 504)

10. CRIMES CONTRA A FÉ PÚBLICA

Omissão de despesas em prestação de contas eleitoral
A 1ª Turma, por maioria, recebeu denúncia oferecida contra senador pela suposta prática do crime de falsidade ideológica (CP, art. 299). Na espécie, o investigado teria inserido informações falsas em prestação de contas eleitoral, consistente na omissão de despesas com "banners", "minidoors" e cartazes, no total de R$ 15.293,58. A Turma asseverou que a prestação de contas eleitoral haveria de corresponder aos valores arrecadados e às despesas efetuadas e que, no presente caso, não se poderia cogitar de insignificância penal. Vencidos os Ministros Luiz Fux e Dias Tofolli, que rejeitavam a denúncia por não entreverem dolo específico e elemento subjetivo do tipo.
Inq 3767/DF, rel. Min. Marco Aurélio, 28.10.2014. (Inq-3767) (Inform. STF 765)

Falsificação e uso de contrato social: documento particular e prescrição - 1
A 1ª Turma, ante a consumação da prescrição da pretensão punitiva retroativa pela pena concretizada, reconheceu a extinção da punibilidade de acusados da prática do crime de falsificação de documento (CP, art. 299), por duas vezes, e de uso de documento falso (CP, art. 304). A denúncia narrava que, em 25.2.1998, Deputado Federal e outros dois acusados — com o propósito de ocultar a condição de parlamentar como real proprietário e administrador de empresa de radiodifusão — falsificaram o contrato social da pessoa jurídica para nele incluir apenas os demais réus. O órgão ministerial aduzia que,

de 13.3.1998 em diante, os réus teriam se utilizado do contrato falso ao participarem de licitação pública junto ao Ministério das Comunicações para explorar o serviço de radiodifusão sonora. Relatava que a falsidade ideológica teria sido novamente perpetrada em 26.10.2000, ocasião da primeira alteração do contrato social, por meio da qual se incluíra na sociedade o Deputado Federal. O "Parquet" acrescentava que, nessa ocasião, a falsidade consistiria no fato de o parlamentar, apesar de não constar formalmente como gestor da sociedade, ser aquele que, de fato, conduziria sua administração. Destacava, ainda, que as falsificações teriam sido efetuadas porque o detentor de mandato parlamentar não poderia integrar o contrato social da sociedade referida, exercendo função de diretor ou gerente de empresa permissionária de exploração de serviço de radiodifusão, em razão das vedações contidas no art. 54, I e II, da CF e no art. 38 da Lei 4.117/1962. Inicialmente, a Turma rejeitou as preliminares de: a) nulidade da comunicação da prática criminosa por meio de notícia anônima, vencido o Ministro Marco Aurélio; b) nulidade da fase inquisitorial; e c) inépcia da denúncia. Assentou, em votação majoritária, a competência do STF para julgar a ação penal quanto aos réus que não detinham foro por prerrogativa de função, vencido o Ministro Marco Aurélio.
AP 530/MS, rel. orig. Min. Rosa Weber, red. p/ o acórdão Min. Roberto Barroso, 9.9.2014. (AP-530)

Falsificação e uso de contrato social: documento particular e prescrição - 2
No mérito, prevaleceu o voto do Ministro Roberto Barroso. Aduziu que não teria havido concurso de delitos, pois não se poderia falar em condenação pelo crime de uso de documento falso quando cometido pelo próprio agente que falsificou o documento, de forma que o crime de uso configuraria mero exaurimento do crime de falso. Por outro lado, registrou que, mesmo que pudesse haver o enquadramento no crime previsto no art. 304 do CP, tal prática estaria abrangida pela prescrição punitiva. Explicou que — contrariamente ao contido na denúncia — o crime de uso de documento falso seria instantâneo de efeitos permanentes, de forma que sua consumação não se prolongaria no tempo. Destacou que a falsidade ideológica referente à primeira alteração contratual, realizada em 26.10.2000, não poderia constituir novo crime, pois o elemento subjetivo do tipo seria o dolo acrescido de um especial fim de agir. Explicitou que o fato juridicamente relevante a que alude o art. 299 do CP seria a ocultação da condição de proprietário e administrador da sociedade em vista da sua condição de parlamentar federal. Reputou que, entretanto, essa finalidade já teria sido atingida quando da primeira falsificação do contrato social, sendo, portanto, desimportante a modificação contratual para o objetivo pretendido. Por fim, asseverou que o objeto material do crime de falso seria um documento particular. Pontuou que o contrato social firmado por particulares e ainda quando registrado na junta comercial não perderia essa característica. Salientou que o documento seria público quando criado por funcionário público, nacional ou estrangeiro, no desempenho de suas atividades em conformidade com as formalidades prescritas em lei. Concluiu, assim, pela condenação dos réus por apenas um crime de falsidade ideológica. Todavia, ante as penas efetivamente aplicadas, ressaltou que, nos termos do art. 109, IV e V, CP, a prescrição da pretensão punitiva ocorreria em oito e quatro anos, respectivamente, para o parlamentar e os outros dois acusados. Nesse sentido, assinalou que entre o fato delituoso e o recebimento da denúncia transcorrera prazo superior ao oito anos e por isso, estaria extinta a punibilidade e prejudicada a condenação. Vencida, parcialmente, a Ministra Rosa Weber (relatora), que entendia pela prática do delito falsificação de documento por duas vezes, pelo cometimento do crime de uso de documento falsificado e pela natureza pública do documento.
AP 530/MS, rel. orig. Min. Rosa Weber, red. p/ o acórdão Min. Roberto Barroso, 9.9.2014. (AP-530) (Inform. STF 758)

HC N. 119.970-SP
RELATOR: MIN. RICARDO LEWANDOWSKI
Ementa: PENAL. *HABEAS CORPUS*. USO DE DOCUMENTO FALSO PARA OCULTAR CONDIÇÃO DE FORAGIDO. EXERCÍCIO DE AUTO-DEFESA. ATIPICIDADE. INOCORRÊNCIA. ORDEM DENEGADA.
I – A utilização de documento falso para ocultar a condição de foragido não descaracteriza o delito de uso de documento falso (art. 304 do CP). Precedentes.
II – Ordem denegada. (Inform. STF 736)

DIREITO PENAL. AGRAVANTES NO CRIME DE INTRODUÇÃO DE MOEDA FALSA EM CIRCULAÇÃO.
Nos casos de prática do crime de introdução de moeda falsa em circulação (art. 289, § 1º, do CP), é possível a aplicação das agravantes dispostas nas alíneas "e" e "h" do inciso II do art. 61 do CP, incidentes quando o delito é cometido "contra ascendente, descendente, irmão ou cônjuge" ou "contra criança, maior de 60 (sessenta) anos, enfermo ou mulher grávida". De fato, a fé pública do Estado é o bem jurídico tutelado no delito do art. 289, § 1º, do CP. Isso, todavia, não induz à conclusão de que o Estado seja vítima exclusiva do delito. Com efeito, em virtude da diversidade de meios com que a introdução de moeda falsa em circulação pode ser perpetrada, não há como negar que vítima pode ser, além do Estado, uma pessoa física ou um estabelecimento comercial, dado o notório prejuízo experimentado por esses últimos. Efetivamente, a pessoa a quem, eventualmente, são passadas cédulas ou moedas falsas pode ser elemento crucial e definidor do grau de facilidade com que o crime será praticado, e a fé pública, portanto, atingida. A propósito, a maior parte da doutrina não vê empecilho para que figure como vítima nessa espécie de delito a pessoa diretamente ofendida. **HC 211.052-RO, Rel. Min. Sebastião Reis Júnior, Rel. para acórdão Min. Rogerio Schietti Cruz, julgado em 5/6/2014. (Inform. STJ 546)**

DIREITO PENAL. ATIPICIDADE DA FALSA DECLARAÇÃO DE HIPOSSUFICIÊNCIA PARA OBTENÇÃO DE JUSTIÇA GRATUITA.
É atípica a mera declaração falsa de estado de pobreza realizada com o intuito de obter os benefícios da justiça gratuita. O art. 4º da Lei 1.060/1950 dispõe que a sanção aplicada àquele que apresenta falsa declaração de hipossuficiência é meramente econômica, sem previsão de sanção penal. Além disso, tanto a jurisprudência do STJ e do STF quanto a doutrina entendem que a mera declaração de hipossuficiência inidônea não pode ser considerada documento para fins penais. Precedentes citados do STJ: HC 218.570-SP, Sexta Turma, DJe 5/3/2012; HC 217.657-SP, Sexta Turma, DJe 22/2/2012; e HC 105.592-RJ, Quinta Turma, DJe 19/4/2010. Precedente citado do STF: HC 85.976-MT, Segunda Turma, DJ 24/2/2006. **HC 261.074-MS, Rel. Min. Marilza Maynard (Desembargadora convocada do TJ-SE), julgado em 5/8/2014. (Inform. STJ 546)**

DIREITO PENAL E PROCESSUAL PENAL. DESNECESSIDADE DE CONSTITUIÇÃO DEFINITIVA DO CRÉDITO TRIBUTÁRIO PARA A CONSUMAÇÃO DO CRIME PREVISTO NO ART. 293, § 1º, III, B, DO CP.
É dispensável a constituição definitiva do crédito tributário para que esteja consumado o crime previsto no art. 293, § 1º, III, "b", do CP. Isso porque o referido delito possui natureza formal, de modo que já estará consumado quando o agente importar, exportar, adquirir, vender, expuser à venda, mantiver em depósito, guardar, trocar, ceder, emprestar, fornecer, portar ou, de qualquer forma, utilizar em proveito próprio ou alheio, no exercício de atividade comercial ou industrial, produto ou mercadoria sem selo oficial. Não incide na hipótese, a Súmula Vinculante 24 do STF, segundo a qual "Não se tipifica crime material contra a ordem tributária, previsto no art. 1º, incisos I a IV, da Lei nº 8.137/90, antes do lançamento definitivo do tributo". Com efeito, conforme já pacificado pela jurisprudência do STJ, nos crimes tributários de natureza formal

é desnecessário que o crédito tributário tenha sido definitivamente constituído para a instauração da persecução penal. Essa providência é imprescindível apenas para os crimes materiais contra a ordem tributária, pois, nestes, a supressão ou redução do tributo é elementar do tipo penal. **REsp 1.332.401-ES, Rel. Min. Maria Thereza de Assis Moura, julgado em 19/8/2014. (Inform. STJ 546)**

DIREITO PENAL. FALSIFICAÇÃO DE DOCUMENTO PÚBLICO POR OMISSÃO DE ANOTAÇÃO NA CTPS.
A simples omissão de anotação na Carteira de Trabalho e Previdência Social (CTPS) não configura, por si só, o crime de falsificação de documento público (art. 297, § 4º, do CP). Isso porque é imprescindível que a conduta do agente preencha não apenas a tipicidade formal, mas antes e principalmente a tipicidade material, ou seja, deve ser demonstrado o dolo de falso e a efetiva possibilidade de vulneração da fé pública. Com efeito, o crime de falsificação de documento público trata-se de crime contra a fé pública, cujo tipo penal depende da verificação do dolo, consistente na vontade de falsificar ou alterar o documento público, sabendo o agente que o faz ilicitamente. Além disso, a omissão ou alteração deve ter concreta potencialidade lesiva, isto é, deve ser capaz de iludir a percepção daquele que se depare com o documento supostamente falsificado. Ademais, pelo princípio da intervenção mínima, o Direito Penal só deve ser invocado quando os demais ramos do Direito forem insuficientes para proteger os bens considerados importantes para a vida em sociedade. Como corolário, o princípio da fragmentariedade elucida que não são todos os bens que têm a proteção do Direito Penal, mas apenas alguns, que são os de maior importância para a vida em sociedade. Assim, uma vez verificado que a conduta do agente é suficientemente reprimida na esfera administrativa, de acordo com o art. 47 da CLT, a simples omissão de anotação não gera consequências que exijam repressão pelo Direito Penal. **REsp 1.252.635-SP, Rel. Min. Marco Aurélio Bellizze, julgado em 24/4/2014. (Inform. STJ 539)**

DIREITO PENAL. CRIME DE FALSA IDENTIDADE. RECURSO REPETITIVO (ART. 543-C DO CPC E RES. 8/2008-STJ).
É típica a conduta do acusado que, no momento da prisão em flagrante, atribui para si falsa identidade (art. 307 do CP), ainda que em alegada situação de autodefesa. Isso porque a referida conduta não constitui extensão da garantia à ampla defesa, visto tratar-se de conduta típica, por ofensa à fé pública e aos interesses de disciplina social, prejudicial, inclusive, a eventual terceiro cujo nome seja utilizado no falso. Precedentes citados: AgRg no AgRg no AREsp 185.094-DF, Quinta Turma, DJe 22/3/2013; e HC 196.305-MS, Sexta Turma, DJe 15/3/2013. **REsp 1.362.524-MG, Rel. Min. Sebastião Reis Júnior, julgado em 23/10/2013. (Inform. STJ 533)**

DIREITO PENAL. COLA ELETRÔNICA. ATIPICIDADE DA CONDUTA.
A "cola eletrônica", antes do advento da Lei n. 12.550/2011, era uma conduta atípica, não configurando o crime de estelionato. Fraudar concurso público ou vestibular através de cola eletrônica não se enquadra na conduta do art. 171 do CP (crime de estelionato), pois não há como definir se esta conduta seria apta a significar algum prejuízo de ordem patrimonial, nem reconhecer quem teria suportado o revés. Assim, caso ocorresse uma aprovação mediante a fraude, os únicos prejudicados seriam os demais candidatos ao cargo, já que a remuneração é devida pelo efetivo exercício da função, ou seja, trata-se de uma contraprestação pela mão de obra empregada, não se podendo falar em prejuízo patrimonial para a administração pública ou para a organizadora do certame. Ademais, não é permitido o emprego da analogia para ampliar o âmbito de incidência da norma incriminadora; pois, conforme o princípio da legalidade estrita, previsto no art. 5º, XXXIX, da CF e art. 1º do CP, a tutela penal se limita apenas àquelas condutas previamente definidas em lei. Por fim, ressalta-se que a Lei n. 12.550/2011 acrescentou ao CP uma nova figura típica com o fim de punir quem utiliza ou divulga informação sigilosa para lograr aprovação em concurso público. Precedentes citados do STF: Inq 1.145-PB, DJe 4/4/2008; do STJ: HC 39.592-PI, DJe 14/12/2009, e RHC 22.898-RS, DJe 4/8/2008. **HC 245.039-CE, Rel. Min. Marco Aurélio Bellizze, julgado em 9/10/2012. (Inform. STJ 506)**

FALSIFICAÇÃO DE DOCUMENTO PARTICULAR. SONEGAÇÃO DE PAPEL OU OBJETO DE VALOR PROBATÓRIO. TIPICIDADE.
A conduta de alterar a petição inicial não se subsume aos tipos descritos nos arts. 298 e 356 do CP. No caso, o advogado percebeu que a lista de pedidos da petição protocolizada estava incompleta. No dia seguinte, retornou ao cartório, trocou a última folha da peça por outra que continha o pedido que faltava, momento em que foi flagrado jogando algo no lixo, o que parecia ser uma folha dos autos. Em seguida, foi chamado um representante da OAB para confirmar a adulteração, acompanhado por um servidor do tribunal e por um policial. Não foi identificada, na oportunidade, a supressão de parte dos autos ou outra grave irregularidade, apenas a alteração da última folha da petição inicial, sendo que a folha constante dos autos continha um pedido a mais. O Min. Relator registrou que a petição inicial não pode ser considerada documento para aplicação das sanções dos arts. 298 e 356 do CP, pois não atesta nada, nem certifica a ocorrência de fatos ou a existência de qualquer direito. Ela tem caráter propositivo e as afirmações nela contidas poderão ser submetidas ao contraditório para posterior análise pelo Poder Judiciário, que averiguará a procedência ou não dos pedidos. Precedentes citados do STF: HC 85.064-SP, DJ 12/5/2006; HC 82.605-GO, DJ 11/4/2003; do STJ: RHC 11.403-CE, DJ 10/6/2002, e RHC 20.414-RS, DJ 7/2/2008. **HC 222.613-TO, Rel. Min. Vasco Della Giustina (Desembargador convocado do TJ-RS), julgado em 24/4/2012. (Inform. STJ 496)**

GRATUIDADE JUDICIÁRIA. DECLARAÇÃO DE POBREZA. FALSIDADE.
A Turma reiterou o entendimento de que a apresentação de declaração de pobreza com informações falsas para obtenção da assistência judiciária gratuita não caracteriza os crimes de falsidade ideológica ou uso de documento falso. Isso porque tal declaração é passível de comprovação posterior, de ofício ou a requerimento, já que a presunção de sua veracidade é relativa. Além disso, constatada a falsidade das declarações constantes no documento, pode o juiz da causa fixar multa de até dez vezes o valor das custas judiciais como punição (Lei n. 1.060/1950, art. 4º, § 1º). Com esses fundamentos, o colegiado trancou a ação penal pela prática de falsidade ideológica e uso de documento falso movida contra acusado. **HC 217.657-SP, Rel. Min. Vasco Della Giustina (Desembargador convocado do TJ-RS), julgado em 2/2/2012. (Inform. STJ 490)**

11. CRIMES CONTRA A ADMINISTRAÇÃO PÚBLICA E AS FINANÇAS PÚBLICAS

Violação de sigilo funcional e fraude processual - 1
A 2ª Turma deu parcial provimento a recurso de apelação decorrente de ação penal oferecida contra deputado federal e corréu pela suposta prática dos crimes de violação de sigilo funcional e fraude processual. Na espécie, os recorrentes (delegado federal à época dos fatos e escrivão da polícia federal) teriam informado jornalistas a respeito de suposta reunião a ser realizada entre terceiras pessoas — as quais estariam sendo investigadas em determinada operação policial —, na qual ocorreria "ação policial controlada" e, posteriormente, teriam editado gravação jornalística feita durante esse encontro a fim

de utilizá-la em processo criminal. Pelas referidas condutas, os recorrentes foram condenados, em concurso material de crimes, por violação de sigilo funcional (CP, art. 325, "caput") e fraude processual (CP, art. 347, parágrafo único). O delegado federal também fora condenado por violação de sigilo profissional, na forma qualificada (CP, art. 325, §2º), em razão de ter, em outra ocasião, alertado jornalistas sobre a data de cumprimento de mandados de busca e apreensão. Em questão de ordem, a Turma esclareceu que o presente caso não trataria de ação penal originária, mas sim de apelação em sentença condenatória cuja competência para julgamento fora deslocada em razão da diplomação de um dos acusados no decorrer do trâmite processual. Desse modo, deveria ser seguido o regime de julgamento dos recursos, no qual a sustentação oral dos recorrentes se daria antes do pronunciamento do Ministério Público. Em seguida, ao afastar as preliminares suscitadas pela defesa, a Turma salientou que o fato de a sentença ter sido divulgada por diversos meios jornalísticos no dia de sua juntada pelo escrivão ao processo e da lavratura do respectivo termo não afetara a validade do ato judicial, nem importaria em prejuízo processual aos apelantes. Em decorrência disso, eventual irregularidade na conduta do magistrado sentenciante ao disponibilizar a sentença para a mídia, a despeito do caráter sigiloso imprimido ao feito, deveria ser apreciada no âmbito administrativo e não em processo judicial perante esta Corte.
AP 563/SP, rel. Min. Teori Zavascki, 21.10.2014. (AP-563)

Violação de sigilo funcional e fraude processual - 2
No mérito, a Turma aduziu que, pelos elementos coletados a partir do rastreamento de ligações telefônicas, judicialmente autorizado, mostrara-se inquestionável a existência de comunicações a jornalistas em ambas as oportunidades descritas na denúncia. Além disso, a edição da filmagem em questão teria efetivamente acontecido, visto que alguns trechos teriam sido cortados. No entanto, esse fato não seria suficiente para caracterizar fraude processual, porque, além de a inovação não ter propriamente alterado o conteúdo da matéria, estaria ausente o elemento normativo "artificiosamente" e, tampouco, haveria a certeza da existência do dolo específico de induzir a erro o juiz ou perito. Assim, os acusados foram absolvidos, nesse ponto, ante a atipicidade da conduta. No tocante ao vazamento de informações a jornalistas, praticada por ambos os réus, a Turma constatou a ocorrência da prescrição da pretensão punitiva. Quanto à violação de sigilo funcional em razão do vazamento de informações sobre o cumprimento dos mandados de busca e apreensão, ponderou que a conduta, detalhadamente premeditada, teria fomentado uma exposição absolutamente desnecessária à finalidade da investigação criminal. Tendo isso em conta, a condenação do ora deputado federal foi mantida. Por fim, conforme orientação fixada pelo Plenário, a Turma determinou a expedição de notificações à Câmara dos Deputados para os fins previstos no § 2º do art. 55 da CF.
AP 563/SP, rel. Min. Teori Zavascki, 21.10.2014. (AP-563) (Inform. STF 764)

Peculato-furto e lavagem de dinheiro
A 2ª Turma recebeu denúncia oferecida contra Senador pela suposta prática dos crimes de peculato-furto, em concurso de pessoas (CP, art. 312, §1º, c/c o art. 29), e lavagem de dinheiro (Lei 9.613/1998, art. 1º, V, na redação original), na qual se imputava a subtração de recursos do Fundo de Investimento da Amazônia (Finam) destinados a determinada empresa do ramo agropecuário. Na espécie, a denúncia narrava que o investigado teria usado seu prestígio político para obter a nomeação de dirigentes da Superintendência do Desenvolvimento da Amazônia (Sudam), órgão responsável pela administração dos recursos do Finam, e exercido influência para conseguir a aprovação de diversos projetos, entre eles, um proposto pela empresa agropecuarista. A peça acusatória relatava, também, que a liberação dos recursos estaria condicionada ao pagamento de 20% dos valores liberados. Os valores seriam desviados mediante emissão de notas frias por outra empresa, contratada para realizar obras de construção civil, e liquidadas pela empresa agropecuarista com cheques que, posteriormente, teriam sido endossados para sócios da empresa ou destinados ao investigado. A Turma afastou as preliminares suscitadas pela defesa para consignar que: a) a absolvição, por falta de provas, de outros implicados em ações penais por fatos semelhantes não prejudicaria a propositura da presente denúncia; b) a desclassificação para os crimes do art. 2º da Lei 8.137/1990 (crimes contra a ordem tributária) seria inviável, porquanto o aspecto preponderante dos fatos narrados seria o propósito inicial de subtração e o concurso necessário de funcionário público para a infração; c) o depoimento de envolvido assistido por defensor técnico, e repetido em juízo, seria, aparentemente, válido; d) a propositura de várias peças acusatórias originadas do mesmo contexto fático, mas com objetos distintos, não caracterizaria abuso do poder de denunciar. No mérito, asseverou que, de acordo com o depoimento dos demais envolvidos e o cruzamento de informações bancárias, o investigado — mediante pagamentos a serviços de construção civil inexistentes e endosso de cheques em branco — teria concorrido para a ocultação da origem, movimentação e propriedade dos valores subtraídos. Ademais, aduziu que as provas indicariam que os fatos narrados na denúncia estariam inseridos em um esquema de reiteradas práticas de peculato e lavagem de dinheiro no âmbito da Sudam. Concluiu haver prova da existência dos fatos e indícios de autoria a ensejar o recebimento da denúncia.
Inq 2760/TO, rel. Min. Gilmar Mendes, 7.10.2014. (INQ-2760) (Inform. STF 762)

Art. 359-D do CP e remanejamento de despesa prevista em lei orçamentária anual
A 1ª Turma, por maioria, julgou improcedente acusação formulada contra parlamentar federal pela suposta prática do delito previsto no art. 359-D do CP ("Ordenar despesa não autorizada por lei"). A denúncia narrava que o parlamentar, então Governador, teria realizado, por decreto, remanejamento de verba prevista em lei orçamentária anual destinada ao pagamento de precatórios para outra área também inerente do orçamento do Poder Judiciário. O Ministro Luiz Fux (relator) destacou que a "ratio essendi" do art. 359-D do CP seria a geração de uma despesa sem que houvesse uma lei autorizadora. Ressaltou, entretanto, que — no âmbito da legislação estadual — haveria arcabouço jurídico que admitiria interpretação de que as despesas destinadas ao pagamento de precatórios pudessem ser realocadas mediante decreto. Assim, pontuou que o princípio da legalidade não teria sido desobedecido, mas, eventualmente, interpretado de forma equivocada. Ademais, aduziu que, em razão de o remanejamento ter ocorrido no âmbito do próprio Poder e de a despesa já ter sido prevista em lei, ela não teria sido criada pelo administrador, de modo que não se configuraria a justa causa para a imputação penal. Acrescentou que o Tribunal de Contas local teria aprovado as contas do estado-membro. Vencido o Ministro Marco Aurélio, que recebia a denúncia. Considerava que, para viabilizar-se a atuação do Ministério Público no ajuizamento da ação penal em defesa da sociedade, bastaria que houvesse indícios de autoria e que o contido na denúncia se revelasse prática criminosa. Observava que a assembleia legislativa aprovara dotações orçamentárias e o chefe do Executivo simplesmente cassara a lei, mediante decreto, para destinar os recursos a uma finalidade diversa. Consignava que teriam sido justamente os abusos cometidos que teriam levado o legislador à prever esse tipo penal, cujo objeto jurídico protegido seria o equilíbrio das contas públicas, especialmente o controle legislativo do orçamento. Registrava que, em 2002, teriam sido modificados o equivalente a 60,88% da previsão inicial das dotações destinadas ao pagamento de precatórios e, no exercício de 2003, se chegara a anulação equivalente a 91,33% da dotação aprovada pela assembleia. Concluía que a aprovação de contas não ditaria a atuação do STF, uma vez que a responsabilidade cível e a responsabilidade criminal seriam independentes.
Inq 3393/PB, rel. Min. Luiz Fux, 23.9.2014. (Inq-3393) (Inform. STF 760)

3. DIREITO PENAL

Governador e § 2º do art. 327 do CP - 2
Aplica-se ao Chefe do Poder Executivo a causa de aumento de pena prevista no § 2º do art. 327 do CP ("Art. 327. Considera-se funcionário público, para os efeitos penais, quem, embora transitoriamente ou sem remuneração, exerce cargo, emprego ou função pública. § 2º. A pena será aumentada da terça parte quando os autores dos crimes previstos neste Capítulo forem ocupantes de cargos em comissão ou de função de direção ou assessoramento de órgão da administração direta, sociedade de economia mista, empresa pública ou fundação instituída pelo poder público"). Com base nessa orientação, o Plenário, em conclusão de julgamento e por maioria, recebeu denúncia formulada em face de Senador — à época ocupante do cargo de Governador — ao qual se imputa a suposta prática, com outros corréus, dos delitos previstos no art. 89 da Lei 8.666/1993 e no art. 312 do CP — v. Informativo 704. De início, o Colegiado preconizou o desdobramento do feito no tocante aos codenunciados, não detentores de foro por prerrogativa de função perante a Corte. Em seguida, reconheceu a ocorrência da prescrição da pretensão punitiva quanto ao delito do art. 89 da Lei 8.666/1993. Por outro lado, no que se refere ao crime de peculato (CP, art. 312), assentou a incidência do referido § 2º do art. 327 do CP. A respeito, o Tribunal assinalou que detentores de função de direção na Administração Pública deveriam ser compreendidos no âmbito de incidência da norma, e que a exclusão do Chefe do Executivo conflitaria com a Constituição ("Art. 84. Compete privativamente ao Presidente da República: ... II - exercer, com o auxílio dos Ministros de Estado, a direção superior da administração federal"). Vencidos os Ministros Gilmar Mendes, Marco Aurélio e Ricardo Lewandowski (Presidente eleito), que rejeitavam a peça acusatória. Não admitiam a incidência do § 2º do art. 327 do CP, à luz do princípio da legalidade estrita. Assentavam, ainda, a prescrição da pretensão punitiva em relação ao crime de peculato. No ponto, o Ministro Ricardo Lewandowski apontava que o preceito referir-se-ia a detentores de função administrativa, e não de função de governo, tipicamente exercida por Chefe de Poder.
Inq 2606/MT, rel. Min. Luiz Fux, 4.9.2014. (Inq-2606) (Inform. STF 757)

Denunciação caluniosa e elemento subjetivo do tipo
Para a configuração do tipo penal de denunciação caluniosa (CP: "Art. 339. Dar causa à instauração de investigação policial, de processo judicial, instauração de investigação administrativa, inquérito civil ou ação de improbidade administrativa contra alguém, imputando-lhe crime de que o sabe inocente: Pena - reclusão, de dois a oito anos, e multa") é necessária a demonstração do dolo direto de imputar-se a outrem, que efetivamente se sabe inocente, a prática de fato definido como crime. Com base nessa orientação, a 1ª Turma, por maioria, rejeitou denúncia oferecida em face de deputada federal a quem imputado o aludido tipo penal. Na espécie, a ora denunciada requerera, junto ao Ministério Público Federal, a abertura de procedimento administrativo para apurar eventual prática do crime de abuso de autoridade por delegado de polícia federal que, em diligência realizada na residência dela, teria se utilizado de força desnecessária e imoderada, causando-lhe lesões corporais leves. Após o arquivamento do mencionado procedimento administrativo, fora ajuizada a presente demanda em razão da suposta prática, por parte da então requerente, do crime de denunciação caluniosa. A Turma consignou que o crime em comento exigiria, para sua configuração, que a instauração de investigação policial, processo judicial, investigação administrativa, inquérito civil ou ação de improbidade, tivesse como única motivação o interesse de se atribuir fato criminoso a pessoa que se soubesse ser inocente. Consignou, ademais, que não bastaria a desconformidade da denúncia em relação à realidade, e seria necessária a demonstração do dolo, elemento subjetivo do tipo. Acrescentou que o direito fundamental de petição (CF, art. 5º, XXXIV, a) seria causa justificante do oferecimento de "notitia criminis" e que a conduta do denunciante não se tor-

naria ilícita em razão do mero arquivamento de procedimento eventualmente instaurado. Vencido o Ministro Marco Aurélio, que recebia a denúncia.
Inq 3133/AC, rel. Min. Luiz Fux, 5.8.2014. (Inq-3133) (Inform. STF 753)

AP N. 633-RS
RELATOR: MIN. TEORI ZAVASCKI
Ementa: AÇÃO PENAL ORIGINÁRIA. FALSIDADE IDEOLÓGICA. DESOBEDIÊNCIA. AUSÊNCIA DE DOLO. INSUFICIÊNCIA DE PROVAS. ABSOLVIÇÃO. DENÚNCIA JULGADA IMPROCEDENTE. RÉU ABSOLVIDO NOS TERMOS DO INC. III, DO ART. 386, DO CÓDIGO DE PROCESSO PENAL.
1. O crime de desobediência se configura quando demonstrada a clara intenção do agente de não cumprir ordem emanada da autoridade pública. Para a configuração do delito é insuficiente que a ordem não seja cumprida, sendo necessário que tenha sido endereçada diretamente a quem tem o dever de cumpri-la e que este, com vontade específica de contrariar, desatenda ao comando.
2. No caso dos autos, ficou demonstrado que o réu não foi responsável pelo descumprimento da ordem judicial, inexistindo, ademais, qualquer proceder doloso no fato ocorrido.
3. Denúncia julgada improcedente, nos termos do art. 386, inciso III, do Código de Processo Penal. (Inform. STF 736)

Patrocínio infiel e outorga de poderes
O crime de patrocínio infiel pressupõe que o profissional da advocacia tenha recebido outorga de poderes para representar seu cliente. Com base nesse entendimento, a 1ª Turma julgou extinta a ordem de habeas corpus por inadequação da via processual, mas a concedeu, de ofício, por atipicidade da conduta. No caso, constatou-se a ausência de instrumento de mandato para constituir o paciente como representante técnico de determinado réu, tampouco se verificou o credenciamento em ata de audiência nos termos do art. 266 do CPP.
HC 110196/PA, rel. Min. Marco Aurélio, 14.5.2013. (HC-110196) (Inform. STF 706)

HC N. 106.300-MG
RELATOR: MIN. MARCO AURÉLIO
HABEAS CORPUS – JULGAMENTO POR TRIBUNAL SUPERIOR – IMPUGNAÇÃO. A teor do disposto no artigo 102, inciso II, alínea "a", da Constituição Federal, contra decisão, proferida em processo revelador de habeas corpus, a implicar a não concessão da ordem, adequado é o recurso ordinário. Evolução quanto à admissibilidade do substitutivo do habeas corpus.
VISITAS ÍNTIMAS – OPORTUNIDADE – CARCEREIRO – RECEBIMENTO DE VALOR. Ante o fato de a visita íntima compor o gênero "acesso a familiares", estando ligada a um direito do reeducando a ser proporcionado pelo Estado, e de não ter o carcereiro, entre as funções a serem exercidas, a definição do momento, descabe cogitar dos crimes de corrupção ativa e passiva. (Inform. STF 704)

Governador e § 2º do art. 327 do CP
O Plenário iniciou julgamento de inquérito no qual se imputa a Senador – à época ocupante do cargo de Governador – a suposta prática, com outros corréus, dos delitos previstos no art. 89 da Lei 8.666/93 e no art. 312 do CP. O Min. Luiz Fux, relator, recebeu a inicial acusatória. Preconizou o desdobramento do feito no tocante aos codenunciados, não detentores de foro por prerrogativa de função perante a Corte. Entendeu aplicar-se ao Governador, no que se refere ao crime de peculato (CP, art. 312), o disposto no § 2º do art. 327 do CP ("Art. 327 Considera-se funcionário público, para os efeitos penais, quem, embora transitoriamente ou sem remuneração, exerce cargo, emprego ou função pública. ... § 2º A pena será aumentada da terça parte quando os autores dos crimes previstos neste Capítulo forem ocupantes de cargos em comissão ou de função de direção ou assessoramento de órgão da administração direta,

sociedade de economia mista, empresa pública ou fundação instituída pelo poder público"). No ponto, o Min. Celso de Mello anotou que, se não incidente essa causa de aumento, operar-se-ia a prescrição da pretensão punitiva. Entretanto, tendo em vista que a composição plenária do STF seria substancialmente distinta daquela em que se firmara orientação no sentido de ser cabível interpretação extensiva da norma em relação a Governador (Inq 1769/DF, DJU de 3.6.2005) – e considerada a relevância do tema, à luz do princípio da reserva legal –, deliberou-se suspender o julgamento, para que a questão fosse oportunamente enfrentada por todos os membros do Pleno.
Inq 2606/MT, rel. Min. Luiz Fux, 2.5.2013. (Inq-2606) (Inform. STF 704)

AP N. 470-MG
RELATOR: MIN. JOAQUIM BARBOSA
AÇÃO PENAL ORIGINÁRIA. PRELIMINARES REJEITADAS, SALVO A DE CERCEAMENTO DE DEFESA PELA NÃO INTIMAÇÃO DE ADVOGADO CONSTITUÍDO. ANULAÇÃO DO PROCESSO EM RELAÇÃO AO RÉU CARLOS ALBERTO QUAGLIA, A PARTIR DA DEFESA PRÉVIA. CONSEQUENTE PREJUDICIALIDADE DA PRELIMINAR DE CERCEAMENTO DE DEFESA PELA NÃO INQUIRIÇÃO DE TESTEMUNHAS ARROLADAS PELA DEFESA.
Rejeição das preliminares de desmembramento do processo; impedimento e parcialidade do relator; inépcia e ausência de justa causa da denúncia; nulidade do processo por violação do princípio da obrigatoriedade da ação penal pública; nulidade processual (reiteração de recursos já apreciados pelo pleno do STF, especialmente o que versa sobre a não inclusão do então presidente da República no pólo passivo da ação); nulidade processual por alegada violação ao disposto no art. 5º da Lei 8.038/1990; nulidade de depoimentos colhidos por juízo ordenado em que houve atuação de procurador da República alegadamente suspeito; nulidade processual pelo acesso da imprensa a interrogatório de réu; nulidade de perícia; nulidade das inquirições de testemunhas ouvidas sem nomeação de advogado ad hoc ou com a designação de apenas um defensor para os réus cujos advogados constituídos estavam ausentes; cerceamento de defesa por alegada realização de audiência sem a ciência dos réus; cerceamento de defesa em virtude do uso, pela acusação, de documento que não constaria dos autos, durante oitiva de testemunha; cerceamento de defesa em razão do indeferimento da oitiva de testemunhas residentes no exterior; cerceamento de defesa em decorrência da substituição extemporânea de testemunha pela acusação; cerceamento de defesa pelo indeferimento de diligências; cerceamento de defesa pela não renovação dos interrogatórios ao final da instrução; e suspensão do processo até o julgamento de demanda conexa.
Acolhimento da preliminar de cerceamento de defesa pela não intimação de advogado constituído, com anulação do processo em relação ao réu CARLOS ALBERTO QUAGLIA, a partir da defesa prévia, e consequente prejudicialidade da preliminar de cerceamento de defesa pela não inquirição de testemunhas arroladas pela defesa do mesmo réu.
ITEM II DA DENÚNCIA. QUADRILHA (ART. 288 DO CÓDIGO PENAL). ASSOCIAÇÃO ESTÁVEL E ORGANIZADA, CUJOS MEMBROS AGIAM COM DIVISÃO DE TAREFAS, VISANDO À PRÁTICA DE VÁRIOS CRIMES. PROCEDÊNCIA PARCIAL DO PEDIDO.
O extenso material probatório, sobretudo quando apreciado de forma contextualizada, demonstrou a existência de uma associação estável e organizada, cujos membros agiam com divisão de tarefas, visando à prática de delitos, como crimes contra a administração pública e o sistema financeiro nacional, além de lavagem de dinheiro.
Essa associação estável – que atuou do final de 2002 e início de 2003 a junho de 2005, quando os fatos vieram à tona – era dividida em núcleos específicos, cada um colaborando com o todo criminoso, os quais foram denominados pela acusação de (1) núcleo político; (2) núcleo operacional, publicitário ou Marcos Valério; e (3) núcleo financeiro ou banco Rural.
Tendo em vista a divisão de tarefas existente no grupo, cada agente era especialmente incumbido não de todas, mas de determinadas ações e omissões, as quais, no conjunto, eram essenciais para a satisfação dos objetivos ilícitos da associação criminosa.
Condenação de JOSÉ DIRCEU DE OLIVEIRA E SILVA, DELÚBIO SOARES DE CASTRO, JOSÉ GENOÍNO NETO, MARCOS VALÉRIO FERNANDES DE SOUZA, RAMON HOLLERBACH CARDOSO, CRISTIANO DE MELLO PAZ, ROGÉRIO LANZA TOLENTINO, SIMONE REIS LOBO DE VASCONCELOS, KÁTIA RABELLO e JOSÉ ROBERTO SALGADO, pelo crime descrito no art. 288 do Código Penal.
Absolvição de GEIZA DIAS DOS SANTOS e AYANNA TENÓRIO TORRES DE JESUS, nos termos do disposto no art. 386, VII, do Código de Processo Penal. Absolvição, também, contra o voto do relator e dos demais ministros que o acompanharam, de VINÍCIUS SAMARANE, ante o empate na votação, conforme decidido em questão de ordem.
CAPÍTULO III DA DENÚNCIA. SUBITEM III.1. CORRUPÇÃO PASSIVA. CORRUPÇÃO ATIVA. PECULATO. LAVAGEM DE DINHEIRO. AÇÃO PENAL JULGADA PARCIALMENTE PROCEDENTE.
1. Restou comprovado o pagamento de vantagem indevida ao então Presidente da Câmara dos Deputados, por parte dos sócios da agência de publicidade que, poucos dias depois, viria a ser contratada pelo órgão público presidido pelo agente público corrompido. Vinculação entre o pagamento da vantagem e os atos de ofício de competência do ex-Presidente da Câmara, cuja prática os réus sócios da agência de publicidade pretenderam influenciar. Condenação do réu JOÃO PAULO CUNHA, pela prática do delito descrito no artigo 317 do Código Penal (corrupção passiva), e dos réus MARCOS VALÉRIO, CRISTIANO PAZ e RAMON HOLLERBACH, pela prática do crime tipificado no artigo 333 do Código Penal (corrupção ativa).
2. Através da subcontratação quase integral do objeto do contrato de publicidade, bem como da inclusão de despesas não atinentes ao objeto contratado, os réus corruptores receberam recursos públicos em volume incompatível com os ínfimos serviços prestados, conforme constatado por equipes de auditoria de órgãos distintos. Violação, por outro lado, à modalidade de licitação que resultou na contratação da agência dos réus. Comprovado o desvio do dinheiro público, com participação ativa do Presidente da Câmara dos Deputados, que detinha a posse dos recursos em razão do cargo que exercia. Caracterizado um dos crimes de peculato (art. 312 do CP) narrados no Item III.1 da denúncia. Condenação dos réus JOÃO PAULO CUNHA, MARCOS VALÉRIO, CRISTIANO PAZ e RAMON HOLLERBACH.
3. Contratação, pela Câmara dos Deputados, de empresa de consultoria que, um mês antes, fora responsável pela propaganda eleitoral pessoal do réu JOÃO PAULO CUNHA, por ocasião da eleição à presidência da Casa Legislativa. Acusação ao réu JOÃO PAULO CUNHA pela prática do crime de peculato, que teria sido praticado por meio de desvio de recursos públicos para fins privados. Não comprovação. Denúncia julgada improcedente, nesta parte. Absolvição do acusado JOÃO PAULO CUNHA em relação a esta imputação, contra o voto do Relator e dos demais Ministros que o acompanhavam no sentido da condenação.
4. Caracteriza o crime de lavagem de dinheiro o recebimento de dinheiro em espécie, que o réu sabia ser de origem criminosa, mediante mecanismos de ocultação e dissimulação da natureza, origem, localização, destinação e propriedade dos valores, e com auxílio dos agentes envolvidos no pagamento do dinheiro, bem como de instituição financeira que serviu de intermediária à lavagem de capitais. O emprego da esposa como intermediária não descaracteriza o dolo da prática do crime, tendo em vista que o recebimento dos valores não foi formalizado no estabelecimento bancário e não deixou rastros no sistema financeiro nacional. Condenação do réu JOÃO PAULO CUNHA pela prática do delito descrito no art. 1º, V e VI, da Lei 9.613/98, na redação em vigor à época do fato.

CAPÍTULO III DA DENÚNCIA. SUBITEM III.2. PECULATO. DESVIO DE RECURSOS PERTENCENTES AO BANCO DO BRASIL, A TÍTULO DE 'BÔNUS DE VOLUME', APROPRIADOS PELA AGÊNCIA DE PUBLICIDADE CONTRATADA PELA INSTITUIÇÃO FINANCEIRA. COAUTORIA ENTRE O DIRETOR DE MARKETING DA ENTIDADE PÚBLICA E SÓCIOS DA AGÊNCIA DE PUBLICIDADE. DENÚNCIA JULGADA PROCEDENTE.
Apropriação indevida de valores pertencentes ao Banco do Brasil, denominados "bônus de volume", devolvidos por empresas contratadas pelo Banco, a título de desconto à entidade pública contratante. Os três corréus controladores da empresa de publicidade contratada pelo Banco do Brasil, em coautoria com o Diretor de Marketing da instituição financeira, desviaram os recursos que, nos termos das normas regimentais, estavam sob a posse e fiscalização do mencionado Diretor. Crime de peculato comprovado. Condenação dos réus HENRIQUE PIZZOLATO, MARCOS VALÉRIO, CRISTIANO PAZ e RAMON HOLLERBACH, pela prática do crime definido no art. 312 do Código Penal.
CAPÍTULO III DA DENÚNCIA. SUBITEM III.3. CORRUPÇÃO PASSIVA, CORRUPÇÃO ATIVA, PECULATO E LAVAGEM DE DINHEIRO. DESVIO DE RECURSOS ORIUNDOS DE PARTICIPAÇÃO DO BANCO DO BRASIL NO FUNDO VISANET. ACUSAÇÃO JULGADA PROCEDENTE.
1. Comprovou-se que o Diretor de Marketing do Banco do Brasil recebeu vultosa soma de dinheiro em espécie, paga pelos réus acusados de corrupção ativa, através de cheque emitido pela agência de publicidade então contratada pelo Banco do Brasil. Pagamento da vantagem indevida com o fim de determinar a prática de atos de ofício da competência do agente público envolvido, em razão do cargo por ele ocupado. Condenação do réu HENRIQUE PIZZOLATO, pela prática do delito descrito no artigo 317 do Código Penal (corrupção passiva), bem como dos réus MARCOS VALÉRIO, CRISTIANO PAZ e RAMON HOLLERBACH, pela prática do crime tipificado no artigo 333 do Código Penal (corrupção ativa).
2. Caracteriza o crime de lavagem de capitais o recebimento de dinheiro em espécie, que o réu sabia ser de origem criminosa, mediante mecanismos de ocultação e dissimulação da natureza, origem, localização, destinação e propriedade dos valores, com auxílio dos agentes envolvidos no pagamento do dinheiro, bem como de instituição financeira que serviu de intermediária à lavagem de capitais. O emprego de um subordinado da confiança do então Diretor de Marketing do Banco do Brasil, como intermediário do recebimento dos recursos no interior de agência bancária, foi apenas uma das etapas empregadas para consumar o crime de lavagem de dinheiro, que teve por fim assegurar o recebimento da soma, em espécie, por seu real destinatário. Ausência de registro do procedimento no sistema bancário. Condenação do réu HENRIQUE PIZZOLATO pela prática do delito de lavagem de dinheiro, nos termos do art. 1º, V e VI, da Lei 9.613/98, na redação em vigor à época do fato.
3. Ficou comprovada a prática do crime de peculato, consistente na transferência de vultosos recursos pertencentes ao Banco do Brasil, na condição de quotista do Fundo de Incentivo Visanet, em proveito da agência dos réus do denominado "núcleo publicitário", inexistente qualquer contrato entre as partes e mediante antecipações ilícitas, para pagamento de serviços que não haviam sido prestados. Ordens de transferência dos recursos emanadas do Diretor de Marketing do Banco do Brasil, em troca da vantagem financeira indevida por ele recebida dos beneficiários.
4. Ausência de prova da participação do então Ministro da Secretaria de Comunicação e Gestão Estratégica da Presidência da República, LUIZ GUSHIKEN, na prática do crime de peculato que lhe foi imputado. Absolvição.
5. Condenação dos réus HENRIQUE PIZZOLATO, MARCOS VALÉRIO, CRISTIANO PAZ e RAMON HOLLERBACH, pela prática do crime de peculato (art. 312 do Código Penal).
ITEM IV DA DENÚNCIA. LAVAGEM DE DINHEIRO (ART. 1º, V E VI, DA LEI 9.613/1998). FRAUDES CONTÁBEIS, SIMULAÇÃO DE EMPRÉSTIMOS BANCÁRIOS E REPASSES DE VALORES ATRAVÉS DE BANCO, COM DISSIMULAÇÃO DA NATUREZA, ORIGEM, LOCALIZAÇÃO, DISPOSIÇÃO E MOVIMENTAÇÃO DE TAIS VALORES, BEM COMO OCULTAÇÃO DOS VERDADEIROS PROPRIETÁRIOS DESSAS QUANTIAS, QUE SABIDAMENTE ERAM PROVENIENTES DE CRIMES CONTRA A ADMINISTRAÇÃO PÚBLICA E O SISTEMA FINANCEIRO NACIONAL. ATUAÇÃO COM UNIDADE DE DESÍGNIOS E DIVISÃO DE TAREFAS. PROCEDÊNCIA PARCIAL DO PEDIDO.
A realização do crime de lavagem de dinheiro (art. 1º, V e VI, da Lei 9.613/1998) ocorreu mediante três grandes etapas, integradas por condutas reiteradas e, muitas vezes, concomitantes, as quais podem ser agrupadas da seguinte forma: (1) fraude na contabilidade de pessoas jurídicas ligadas ao réu MARCOS VALÉRIO, especialmente na SMP&B Comunicação Ltda., na DNA Propaganda Ltda. e no próprio Banco Rural S/A; (2) simulação de empréstimos bancários, formalmente contraídos, sobretudo, no Banco Rural S/A e no Banco BMG, bem como utilização de mecanismos fraudulentos para encobrir o caráter simulado desses mútuos fictícios; e, principalmente, (3) repasses de vultosos valores através do banco Rural, com dissimulação da natureza, origem, localização, disposição e movimentação de tais valores, bem como ocultação, especialmente do Banco Central e do Coaf, dos verdadeiros (e conhecidos) proprietários e beneficiários dessas quantias, que sabidamente eram provenientes, direta ou indiretamente, de crimes contra a administração pública (itens III e VI) e o sistema financeiro nacional (item V).
Limitando-se ao que consta da denúncia, foram identificadas e comprovadas quarenta e seis operações de lavagem de dinheiro realizadas através de mecanismos ilícitos disponibilizados pelo banco Rural.
Os delitos foram cometidos por réus integrantes do chamado "núcleo publicitário" e do "núcleo financeiro", com unidade de desígnios e divisão de tarefas, ficando cada agente incumbido de determinadas funções, de cujo desempenho dependia o sucesso da associação criminosa.
Condenação de MARCOS VALÉRIO FERNANDES DE SOUZA, RAMON HOLLERBACH CARDOSO, CRISTIANO DE MELLO PAZ, ROGÉRIO LANZA TOLENTINO, SIMONE REIS LOBO DE VASCONCELOS, KÁTIA RABELLO, JOSÉ ROBERTO SALGADO e VINÍCIUS SAMARANE, pelo crime descrito no art. 1º, V e VI, da Lei 9.613/1998 (na redação anterior à Lei 12.683/2012), praticado 46 vezes em continuidade delitiva, salvo em relação a ROGÉRIO LANZA TOLENTINO, a quem o Pleno, contra o voto do relator e dos demais ministros que o acompanharam, atribuiu o crime apenas uma vez.
Absolvição de GEIZA DIAS DOS SANTOS, contra o voto do relator e dos demais ministros que o acompanharam, e AYANNA TENÓRIO TORRES DE JESUS (art. 386, VII, do Código de Processo Penal).
ITEM V DA DENÚNCIA. GESTÃO FRAUDULENTA DE INSTITUIÇÃO FINANCEIRA (ART. 4º da LEI 7.492/1986). SIMULAÇÃO DE EMPRÉSTIMOS BANCÁRIOS E UTILIZAÇÃO DE DIVERSOS MECANISMOS FRAUDULENTOS PARA ENCOBRIR O CARÁTER SIMULADO DESSAS OPERAÇÕES DE CRÉDITO. ATUAÇÃO COM UNIDADE DE DESÍGNIOS E DIVISÃO DE TAREFAS. PROCEDÊNCIA PARCIAL DO PEDIDO.
O crime de gestão fraudulenta de instituição financeira (art. 4º da Lei 7.492/1986) configurou-se com a simulação de empréstimos bancários e a utilização de diversos mecanismos fraudulentos para encobrir o caráter simulado dessas operações de crédito, tais como: (1) rolagem da suposta dívida mediante, por exemplo, sucessivas renovações desses empréstimos fictícios, com incorporação de encargos e realização de estornos de valores relativos aos encargos financeiros devidos, de modo a impedir que essas operações apresentassem atrasos; (2) incorreta classificação do risco dessas operações; (3) desconsideração da manifesta insuficiência financeira dos mutuários e das garantias por ele ofertadas e aceitas pelo banco; e (4) não observância tanto de normas aplicáveis à espécie, quanto de análises da área técnica e jurídica do próprio Banco Rural S/A. Ilícitos esses

que também foram identificados por perícias do Instituto Nacional de Criminalística e pelo Banco Central do Brasil.
Crime praticado em concurso de pessoas, com unidade de desígnios e divisão de tarefas. Desnecessidade, para a configuração da coautoria delitiva, de que cada um dos agentes tenha praticado todos os atos fraudulentos que caracterizaram a gestão fraudulenta de instituição financeira. Pela divisão de tarefas, cada co-autor era incumbido da realização de determinadas condutas, cujo objetivo era a realização do delito.
Condenação de KÁTIA RABELLO, JOSÉ ROBERTO SALGADO e VINÍCIUS SAMARANE, pelo cometimento do crime descrito no art. 4º da Lei 7.492/198.
Absolvição de AYANNA TENÓRIO TORRES DE JESUS (art. 386, VII, do Código de Processo Penal), contra o voto do relator.
CAPÍTULO VI DA DENÚNCIA. SUBITENS VI.1, VI.2, VI.3 E VI.4. CORRUPÇÃO ATIVA E CORRUPÇÃO PASSIVA. ESQUEMA DE PAGAMENTO DE VANTAGEM INDEVIDA A PARLAMENTARES PARA FORMAÇÃO DE "BASE ALIADA" AO GOVERNO FEDERAL NA CÂMARA DOS DEPUTADOS. COMPROVAÇÃO. RECIBOS INFORMAIS. DESTINAÇÃO DOS RECURSOS RECEBIDOS. IRRELEVÂNCIA. AÇÃO PENAL JULGADA PROCEDENTE, SALVO EM RELAÇÃO A DOIS ACUSADOS. CONDENAÇÃO DOS DEMAIS.
1. Conjunto probatório harmonioso que, evidenciando a sincronia das ações de corruptos e corruptores no mesmo sentido da prática criminosa comum, conduz à comprovação do amplo esquema de distribuição de dinheiro a parlamentares, os quais, em troca, ofereceram seu apoio e o de seus correligionários aos projetos de interesse do Governo Federal na Câmara dos Deputados.
2. A alegação de que os milionários recursos distribuídos a parlamentares teriam relação com dívidas de campanha é inócua, pois a eventual destinação dada ao dinheiro não tem relevância para a caracterização da conduta típica nos crimes de corrupção passiva e ativa. Os parlamentares receberam o dinheiro em razão da função, em esquema que viabilizou o pagamento e o recebimento de vantagem indevida, tendo em vista a prática de atos de ofício.
3. Dentre as provas e indícios que, em conjunto, conduziram ao juízo condenatório, destacam-se as várias reuniões mantidas entre os corréus no período dos fatos criminosos, associadas a datas de tomadas de empréstimos fraudulentos junto a instituições financeiras cujos dirigentes, a seu turno, reuniram-se com o organizador do esquema; a participação, nessas reuniões, do então Ministro-Chefe da Casa Civil, do publicitário encarregado de proceder à distribuição dos recursos e do tesoureiro do partido político executor das ordens de pagamento aos parlamentares corrompidos; os concomitantes repasses de dinheiro em espécie para esses parlamentares corrompidos, mediante atuação direta do ex-tesoureiro do Partido dos Trabalhadores e dos publicitários que, à época, foram contratados por órgãos e entidades públicas federais, dali desviando recursos que permitiram o abastecimento do esquema; existência de dezenas de "recibos", meramente informais e destinados ao uso interno da quadrilha, por meio dos quais se logrou verificar a verdadeira destinação (pagamento de propina a parlamentares) do dinheiro sacado em espécie das contas bancárias das agências de publicidade envolvidas; declarações e depoimentos de corréus e de outras pessoas ouvidas no curso da ação penal, do inquérito e da chamada "CPMI dos Correios"; tudo isso, ao formar um sólido contexto fático-probatório, descrito no voto condutor, compõe o acervo de provas e indícios que, somados, revelaram, além de qualquer dúvida razoável, a procedência da acusação quanto aos crimes de corrupção ativa e passiva. Ficaram, ainda, devidamente evidenciadas e individualizadas as funções desempenhadas por cada corréu na divisão de tarefas estabelecida pelo esquema criminoso, o que permitiu que se apontasse a responsabilidade de cada um.
4. A organização e o controle das atividades criminosas foram exercidos pelo então Ministro-Chefe da Casa Civil, responsável pela articulação política e pelas relações do Governo com os parlamentares. Conluio entre o organizador do esquema criminoso e o então Tesoureiro de seu partido; os três publicitários que ofereceram a estrutura empresarial por eles controlada para servir de central de distribuição de dinheiro aos parlamentares corrompidos, inclusive com a participação intensa da Diretora Financeira de uma das agências de publicidade. Atuação, nas negociações dos repasses de dinheiro para parte dos parlamentares corrompidos, do então Presidente do partido político que ocupava a chefia do Poder Executivo Federal (subitens VI.1 e VI.3). Atuação, ainda, do advogado das empresas de publicidade, que também pagou vantagens indevidas para parte dos parlamentares corrompidos (subitem VI.1).
5. Parlamentares beneficiários das transferências ilícitas de recursos detinham poder de influenciar os votos de outros parlamentares de seus respectivos partidos, em especial por ocuparem as estratégicas funções de Presidentes de partidos políticos, de líderes parlamentares, líderes de bancadas e blocos partidários. Comprovada a participação, no recebimento da propina, de intermediários da estrita confiança dos parlamentares, beneficiários finais do esquema. Depoimentos e recibos informais apreendidos no curso das investigações compõem as provas da prática criminosa.
6. Condenação dos réus JOSÉ DIRCEU, JOSÉ GENOÍNO, DELÚBIO SOARES, MARCOS VALÉRIO, CRISTIANO PAZ, RAMON HOLLERBACH, ROGÉRIO TOLENTINO e SIMONE VASCONCELOS, pela prática dos crimes de corrupção ativa (art. 317 do Código Penal) que lhes foram imputados.
7. Absolvição dos réus ANDERSON ADAUTO e GEIZA DIAS, por falta de provas suficientes à condenação.
7. Condenação dos réus PEDRO CORRÊA, PEDRO HENRY, JOÃO CLÁUDIO GENU, VALDEMAR COSTA NETO, CARLOS ALBERTO RODRIGUES PINTO, JACINTO LAMAS, ROBERTO JEFFERSON, ROMEU QUEIROZ, EMERSON PALMIERI e JOSÉ BORBA, pela prática do crime de corrupção passiva (art. 333 do Código Penal).
CAPÍTULO VI DA DENÚNCIA. SUBITENS VI.1, VI.2, VI.3 E VI.4. LAVAGEM DE DINHEIRO. RECURSOS DE ORIGEM CRIMINOSA. EMPREGO DE MECANISMOS DESTINADOS À OCULTAÇÃO E DISSIMULAÇÃO DA MOVIMENTAÇÃO, DESTINAÇÃO E PROPRIEDADE DOS VALORES. PROCEDÊNCIA, EM PARTE, DA DENÚNCIA.
1. Emprego de mecanismos destinados à ocultação e dissimulação da natureza, origem, movimentação, localização e propriedade dos milhares de reais, em espécie, que os réus condenados pela prática do crime de corrupção passiva receberam no desenrolar do esquema criminoso.
2. A ocultação e dissimulação da origem criminosa do dinheiro consumaram-se com o uso dos mecanismos verificados no Capítulo IV da denúncia, que foram oferecidos aos parlamentares pelos réus dos chamados "núcleo publicitário" e "núcleo financeiro" da quadrilha. Assim, os parlamentares puderam se beneficiar de uma rede de lavagem de dinheiro formada pelo Banco Rural, através de três de seus mais altos dirigentes, à época, e pelas agências de publicidade vinculadas ao réu MARCOS VALÉRIO e seus sócios. Para receber os recursos de origem criminosa, oferecidos pelos corruptores, os parlamentares praticaram o crime de lavagem de dinheiro, fundamentalmente, por meio de: a) agências de publicidade então contratadas pela Câmara dos Deputados e pelo Banco do Brasil, as quais apareciam como "sacadoras" do dinheiro nos registros bancários, apontando-se, como destinação dos recursos, o suposto "pagamento de fornecedores", artimanha com a qual se ocultaram os verdadeiros destinatários finais dos valores, ou seja, os parlamentares corrompidos; b) agências bancárias que não registravam os saques em nome dos verdadeiros destinatários, mas sim em nome das agências de publicidade ou de uma pessoa física que agia como intermediária, seja um enviado dos corruptores (em especial a ré SIMONE VASCONCELOS), seja um enviado dos parlamentares corrompidos (cujos nomes eram colhidos apenas para o controle interno da quadrilha); c) encontros em quartos de hotéis ou em escritórios de partidos, com o fim de entrega e de recebimento das malas de dinheiro em espécie de origem criminosa; d) em dois casos (subitens VI.1

e VI.2), para camuflar ainda mais a movimentação dos vultosos recursos recebidos, houve a participação de empresas de corretagem de valores, verdadeiras "lavanderias", que apareciam, formalmente, nos registros bancários, como destinatárias de depósitos de recursos oriundos de prática criminosa, as quais, na sequência, repassavam esses recursos aos parlamentares beneficiários, de modo inteiramente dissimulado, praticamente sem deixar qualquer rastro no sistema bancário ou financeiro nacional.

3. A lavagem de dinheiro constitui crime autônomo em relação aos crimes antecedentes, e não mero exaurimento do crime anterior. A lei de lavagem de dinheiro (Lei 9.613/98), ao prever a conduta delituosa descrita no seu art. 1º, teve entre suas finalidades o objetivo de impedir que se obtivesse proveito a partir de recursos oriundos de crimes, como, no caso concreto, os crimes contra a administração pública e o sistema financeiro nacional. Jurisprudência.

4. Enquadramento das condutas no tipo penal do art. 1º, V e VI, da Lei 9.613/98, na redação em vigor à época dos fatos.

5. Condenação dos réus PEDRO CORRÊA, PEDRO HENRY, JOÃO CLÁUDIO GENU, ENIVALDO QUADRADO, BRENO FISCHBERG, VALDEMAR COSTA NETO, CARLOS ALBERTO RODRIGUES PINTO, JACINTO LAMAS, ROBERTO JEFFERSON, ROMEU QUEIROZ e EMERSON PALMIERI, pela prática do crime de lavagem de dinheiro.

6. Absolvição do réu ANTÔNIO LAMAS, por falta de provas suficientes à condenação. Unânime.

7. Absolvição do réu JOSÉ BORBA, em razão do empate na votação, nos termos da questão de ordem resolvida pelo Plenário.

CAPÍTULO VI DA DENÚNCIA. SUBITENS VI.1 E VI.2. FORMAÇÃO DE QUADRILHA. ACUSAÇÃO JULGADA IMPROCEDENTE.

Absolvição do réu ANTÔNIO LAMAS, por falta de provas para a condenação. Decisão unânime.

Absolvição dos réus BRENO FISCHBERG e PEDRO HENRY, por falta de provas para a condenação. Maioria. Vencido o Relator e os demais ministros que o acompanhavam.

Absolvição dos réus PEDRO CORRÊA, JOÃO CLÁUDIO GENU, ENIVALDO QUADRADO, VALDEMAR COSTA NETO e JACINTO LAMAS, tendo em vista o empate na votação, nos termos da questão de ordem resolvida pelo plenário. Vencido o Relator e os demais ministros que o acompanharam.

ITEM VII DA DENÚNCIA. LAVAGEM DE DINHEIRO (ART. 1º, V, VI E VII, DA LEI 9.613/1998). INEXISTÊNCIA DE PROVA SUFICIENTE DE QUE OS RÉUS TINHAM CONHECIMENTO DOS CRIMES ANTECEDENTES. IMPROCEDÊNCIA DO PEDIDO.

A dissimulação da origem, localização e movimentação de valores sacados em espécie, com ocultação dos verdadeiros proprietários ou beneficiários dessas quantias, não caracteriza o delito previsto no art. 1º, V e VI, da Lei 9.613/1998 (na redação anterior à Lei 12.683/2012), se não há prova suficiente, como no caso, de que os acusados tinham conhecimento dos crimes antecedentes à lavagem do dinheiro.

Absolvição de ANITA LEOCÁDIA PEREIRA DA COSTA, LUIZ CARLOS DA SILVA (PROFESSOR LUIZINHO) e JOSÉ LUIZ ALVES (art. 386, VII, do Código de Processo Penal).

Absolvição, contra o voto do relator e dos demais ministros que o acompanharam, de PAULO ROBERTO GALVÃO DA ROCHA, JOÃO MAGNO DE MOURA e ANDERSON ADAUTO PEREIRA, ante o empate na votação, conforme decidido em questão de ordem.

ITEM VIII DA DENÚNCIA. LAVAGEM DE DINHEIRO. MANUTENÇÃO DE CONTA NÃO DECLARADA NO EXTERIOR. EVASÃO DE DIVISAS. PROCEDÊNCIA PARCIAL DO PEDIDO. LAVAGEM DE DINHEIRO (ART. 1º, V, VI e VII DA LEI 9.613/1998). INEXISTÊNCIA DE PROVA SUFICIENTE DE QUE OS RÉUS TINHAM CONHECIMENTO DOS CRIMES ANTECEDENTES. IMPROCEDÊNCIA DO PEDIDO.

A ocultação ou dissimulação da natureza, origem, localização, movimentação e propriedade de valores recebidos não caracteriza o delito previsto no art. 1º, V e VI, da Lei 9.613/1998 (na redação anterior à Lei 12.683/2012), se não há prova suficiente, como no caso, de que os acusados tinham conhecimento dos crimes antecedentes à lavagem do dinheiro.

Absolvição de JOSÉ EDUARDO CAVALCANTI DE MENDONÇA (DUDA MENDONÇA) E ZILMAR FERNANDES SILVEIRA, quanto à acusação de lavagem de dinheiro referente aos cinco repasses de valores realizados em agência do Banco Rural S/A em São Paulo (art. 386, VII, do Código de Processo Penal).

MANUTENÇÃO DE DEPÓSITOS NÃO DECLARADOS NO EXTERIOR (ART. 22, PARÁGRAFO ÚNICO, SEGUNDA PARTE, DA LEI 7.492/1986). SALDO INFERIOR A US$ 100.000,00 NAS DATAS-BASE FIXADAS PELO BANCO CENTRAL DO BRASIL. DESNECESSIDADE, NESSE CASO, DE DECLARAÇÃO DOS DEPÓSITOS EXISTENTES. IMPROCEDÊNCIA DO PEDIDO.

A manutenção, ao longo de 2003, de conta no exterior com depósitos em valor superior aos cem mil dólares americanos previstos na Circular nº 3.225/2004 e na Circular nº 3.278/2005 do Banco Central do Brasil não caracteriza o crime descrito no art. 22, parágrafo único, segunda parte, da Lei 7.492/1986, se o saldo mantido nessa conta era, em 31.12.2003 e em 31.12.2004, inferior a US$ 100.000,00, o que dispensa o titular de declarar ao Banco Central os depósitos existentes, conforme excepcionado pelo art. 3º dessas duas Circulares.

Absolvição de JOSÉ EDUARDO CAVALCANTI DE MENDONÇA (DUDA MENDONÇA) e ZILMAR FERNANDES SILVEIRA (art. 386, VII, do Código de Processo Penal), contra o voto do relator e dos demais ministros que o acompanharam.

EVASÃO DE DIVISAS (ART. 22, PARÁGRAFO ÚNICO, PRIMEIRA PARTE, DA LEI 7.492/1986). PROMOÇÃO DE OPERAÇÕES ILEGAIS DE SAÍDA DE MOEDA OU DIVISAS PARA O EXTERIOR. PROCEDÊNCIA PARCIAL DO PEDIDO.

No período de 21.02.2003 a 02.01.2004, membros do denominado "núcleo publicitário" ou "operacional" realizaram, sem autorização legal, por meio do grupo Rural e de doleiros, cinquenta e três depósitos em conta mantida no exterior. Desses depósitos, vinte e quatro se deram através do conglomerado Rural, cujos principais dirigentes à época se valeram, inclusive, de offshore sediada nas Ilhas Cayman (Trade Link Bank), que também integra, clandestinamente, o grupo Rural, conforme apontado pelo Banco Central do Brasil.

A materialização do delito de evasão de divisas prescinde da saída física de moeda do território nacional. Por conseguinte, mesmo aceitando-se a alegação de que os depósitos em conta no exterior teriam sido feitos mediante as chamadas operações "dólar-cabo", aquele que efetua pagamento em reais no Brasil, com o objetivo de disponibilizar, através do outro que recebeu tal pagamento, o respectivo montante em moeda estrangeira no exterior, também incorre no ilícito de evasão de divisas.

Caracterização do crime previsto no art. 22, parágrafo único, primeira parte, da Lei 7.492/1986, que tipifica a conduta daquele que, "a qualquer título, promove, sem autorização legal, a saída de moeda ou divisa para o exterior".

Crimes praticados por grupo organizado, em que se sobressai a divisão de tarefas, de modo que cada um dos agentes ficava encarregado de uma parte dos atos que, no conjunto, eram essenciais para o sucesso da empreitada criminosa.

Rejeição do pedido de emendatio libelli, formulado pelo procurador-geral da República, em alegações finais, a fim de os integrantes dos núcleos publicitário e financeiro fossem condenados por lavagem de dinheiro (art. 1º, V, VI e VII, da Lei 9.613/1998), e não por evasão de divisas (art. 22, parágrafo único, primeira parte, da Lei 7.492/1986).

Condenação de MARCOS VALÉRIO FERNANDES DE SOUZA, RAMON HOLLERBACH CARDOSO e SIMONE REIS LOBO DE VASCONCELOS, pela prática do crime previsto na primeira parte do parágrafo único do art. 22 da Lei 7.492/1986, ocorrido 53 vezes em continuidade delitiva. Condenação, também, de KÁTIA RABELLO e JOSÉ ROBERTO SALGADO, pelo cometimento do mesmo delito, verificado 24 vezes em continuidade delitiva.

Absolvição de CRISTIANO DE MELLO PAZ, GEIZA DIAS DOS SANTOS e VINÍCIUS SAMARANE (art. 386, VII, do Código de Processo Penal).

LAVAGEM DE DINHEIRO (ART. 1º, V, VI e VII DA LEI 9.613/1998). INEXISTÊNCIA DE PROVA SUFICIENTE DE QUE OS RÉUS TINHAM CONHECIMENTO DOS CRIMES ANTECEDENTES. IMPROCEDÊNCIA DO PEDIDO.

A ocultação ou dissimulação da natureza, origem, localização, movimentação e propriedade de valores recebidos não caracteriza o delito previsto no art. 1º, V e VI, da Lei 9.613/1998 (na redação anterior à Lei 12.683/2012), se não há prova suficiente, como no caso, de que os acusados tinham conhecimento dos crimes antecedentes à lavagem do dinheiro.

Absolvição, contra o voto do relator e dos demais ministros que o acompanharam, de JOSÉ EDUARDO CAVALCANTI DE MENDONÇA (DUDA MENDONÇA) E ZILMAR FERNANDES SILVEIRA, quanto à acusação de lavagem de dinheiro relacionada às 53 operações de evasão de divisas (art. 386, VII, do Código de Processo Penal).

PERDA DO MANDATO ELETIVO. COMPETÊNCIA DO SUPREMO TRIBUNAL FEDERAL. AUSÊNCIA DE VIOLAÇÃO DO PRINCÍPIO DA SEPARAÇÃO DE PODERES E FUNÇÕES. EXERCÍCIO DA FUNÇÃO JURISDICIONAL. CONDENAÇÃO DOS RÉUS DETENTORES DE MANDATO ELETIVO PELA PRÁTICA DE CRIMES CONTRA A ADMINISTRAÇÃO PÚBLICA. PENA APLICADA NOS TERMOS ESTABELECIDOS NA LEGISLAÇÃO PENAL PERTINENTE.

1. O Supremo Tribunal Federal recebeu do Poder Constituinte originário a competência para processar e julgar os parlamentares federais acusados da prática de infrações penais comuns. Como consequência, é ao Supremo Tribunal Federal que compete a aplicação das penas cominadas em lei, em caso de condenação. A perda do mandato eletivo é uma pena acessória da pena principal (privativa de liberdade ou restritiva de direitos), e deve ser decretada pelo órgão que exerce a função jurisdicional, como um dos efeitos da condenação, quando presentes os requisitos legais para tanto.

2. Diferentemente da Carta outorgada de 1969, nos termos da qual as hipóteses de perda ou suspensão de direitos políticos deveriam ser disciplinadas por Lei Complementar (art. 149, §3º), o que atribuía eficácia contida ao mencionado dispositivo constitucional, a atual Constituição estabeleceu as casos de perda ou suspensão dos direitos políticos em norma de eficácia plena (art. 15, III). Em consequência, o condenado criminalmente, por decisão transitada em julgado, tem seus direitos políticos suspensos pelo tempo que durarem os efeitos da condenação.

3. A previsão contida no artigo 92, I e II, do Código Penal, é reflexo direto do disposto no art. 15, III, da Constituição Federal. Assim, uma vez condenado criminalmente um réu detentor de mandato eletivo, caberá ao Poder Judiciário decidir, em definitivo, sobre a perda do mandato. Não cabe ao Poder Legislativo deliberar sobre aspectos de decisão condenatória criminal, emanada do Poder Judiciário, proferida em detrimento de membro do Congresso Nacional. A Constituição não submete a decisão do Poder Judiciário à complementação por ato de qualquer outro órgão ou Poder da República. Não há sentença jurisdicional cuja legitimidade ou eficácia esteja condicionada à aprovação dos órgãos do Poder Político. A sentença condenatória não é a revelação do parecer de umas das projeções do poder estatal, mas a manifestação integral e completa da instância constitucionalmente competente para sancionar, em caráter definitivo, as ações típicas, antijurídicas e culpáveis. Entendimento que se extrai do artigo 15, III, combinado com o artigo 55, IV, §3º, ambos da Constituição da República. Afastada a incidência do §2º do art. 55 da Lei Maior, quando a perda do mandato parlamentar for decretada pelo Poder Judiciário, como um dos efeitos da condenação criminal transitada em julgado. Ao Poder Legislativo cabe, apenas, dar fiel execução à decisão da Justiça e declarar a perda do mandato, na forma preconizada na decisão jurisdicional.

4. Repugna à nossa Constituição o exercício do mandato parlamentar quando recaia, sobre o seu titular, a reprovação penal definitiva do Estado, suspendendo-lhe o exercício de direitos políticos e decretando-lhe a perda do mandato eletivo.

A perda dos direitos políticos é "consequência da existência da coisa julgada". Consequentemente, não cabe ao Poder Legislativo "outra conduta senão a declaração da extinção do mandato" (RE 225.019, Rel. Min. Nelson Jobim). Conclusão de ordem ética consolidada a partir de precedentes do Supremo Tribunal Federal e extraída da Constituição Federal e das leis que regem o exercício do poder político-representativo, a conferir encadeamento lógico e substância material à decisão no sentido da decretação da perda do mandato eletivo. Conclusão que também se constrói a partir da lógica sistemática da Constituição, que enuncia a cidadania, a capacidade para o exercício de direitos políticos e o preenchimento pleno das condições de elegibilidade como pressupostos sucessivos para a participação completa na formação da vontade e na condução da vida política do Estado.

5. No caso, os réus parlamentares foram condenados pela prática, entre outros, de crimes contra a Administração Pública. Conduta juridicamente incompatível com os deveres inerentes ao cargo. Circunstâncias que impõem a perda do mandato como medida adequada, necessária e proporcional.

6. Decretada a suspensão dos direitos políticos de todos os réus, nos termos do art. 15, III, da Constituição Federal. Unânime.

7. Decretada, por maioria, a perda dos mandatos dos réus titulares de mandato eletivo.

DÉCIMA QUEST. ORD. NA AP N. 470-MG
RELATOR: MINISTRO PRESIDENTE
Ementa: 10ª QUESTÃO DE ORDEM. RESOLUÇÃO DE PEDIDOS ATINENTES À ORGANIZAÇÃO DO JULGAMENTO DESTA AP.

1. A sustentação oral consubstancia importante instrumento de operacionalização da ampla defesa. A faculdade em que se traduz esse meio de exposição das razões defensivas, por outra volta, não autoriza concluir pela fuga da própria essência das sustentações orais. Até porque eventual recurso gráfico ou quadro esquemático pode ser entregue aos ministros por meio de memoriais

2. Questão de ordem resolvida para: a) indeferir o pedido de uso de sistema audiovisual na sustentação oral, ficando prejudicado o requerimento de disponibilização de equipamentos por este STF; b) consignar que as sustentações orais dos acusados serão chamadas pelo Presidente na ordem da denúncia e que a previsão é de que as sessões de julgamento tenham duração de cinco horas. Donde a impossibilidade de, neste momento, fixar data e horário para esta e aquela sustentação oral; c) determinar o envio das petições ao gabinete do ministro Joaquim Barbosa para ulterior juntada aos autos.

VIGÉSIMO AG. REG. NA AP N. 470-MG
RELATOR: MIN. JOAQUIM BARBOSA
Ementa: AGRAVO REGIMENTAL. PEDIDO DE VISTA DE PROCEDIMENTO EM TRÂMITE NO JUÍZO DE PRIMEIRO GRAU. NÃO FORMULAÇÃO À AUTORIDADE JURISDICIONAL COMPETENTE. PEDIDO INCABÍVEL. INSTAURAÇÃO DE PROCEDIMENTO CONTRA POSSÍVEIS CORRÉUS. CERCEAMENTO DE DEFESA. INOCORRÊNCIA. AGRAVO DESPROVIDO.

1. O pedido de vista ou de informações sobre procedimento judicial deve ser submetido ao magistrado competente para o processamento do feito. Incabível dirigir o pleito diretamente ao Supremo Tribunal Federal.

2. A possibilidade de outros suspeitos virem a ser denunciados pelo mesmo delito por que o Agravante foi condenado, no foro competente, não cerceia o direito de defesa, que foi amplamente garantido no curso desta ação penal.

3. Agravo regimental desprovido.

AG. REG. NO ARE N. 727.076-GO
RELATORA: MIN. CÁRMEN LÚCIA.
EMENTA: AGRAVO REGIMENTAL NO RECURSO EXTRAORDINÁRIO COM AGRAVO. CONSTITUCIONAL. RESPONSABILIDADE OBJETIVA DO ESTADO. PRISÃO DE PESSOA INOCENTE. DANOS MORAIS. IMPOSSIBILIDADE

DE REEXAME DE PROVAS. SÚMULA N. 279 DO SUPREMO TRIBUNAL FEDERAL. AGRAVO REGIMENTAL AO QUAL SE NEGA PROVIMENTO. (Inform. STF 703)

AP 470/MG - 207

O Plenário retomou julgamento de ação penal movida, pelo Ministério Público Federal, contra diversos acusados pela suposta prática de esquema a envolver crimes de peculato, lavagem de dinheiro, corrupção ativa, gestão fraudulenta e outras fraudes – v. Informativos 673 a 685 e 687 a 690. Na sessão de 5.12.2012, o Relator finalizou proclamação quanto ao crime de lavagem de dinheiro praticado por João Paulo Cunha, descrito no item III.1 (a.2) da denúncia, relativamente à contratação firmada entre empresa ligada a Marcos Valério pela Câmara dos Deputados. Consignou-se a pena em 3 anos de reclusão e 50 dias-multa, no valor de 10 salários mínimos cada. Na sequência, retificou-se a pena outrora definida para Rogério Tolentino – fixada em 3 anos, 8 meses e 10 dias de reclusão – a fim de estabelecê-la em 3 anos e 2 meses de reclusão no tocante ao delito de lavagem de dinheiro, narrado no capítulo IV da inicial. A Min. Rosa Weber destacou debate acerca da ocorrência de crime único ou de mais de uma operação de lavagem de dinheiro. Asseverou que votara no sentido de crime único e, ausentes elementos aptos a aumentar ou diminuir a reprimenda, tornara a pena-base definitiva. Vencidos os Ministros Relator e Luiz Fux, que consideravam a existência de 46 operações de lavagem de capital. Manteve-se a pena de 133 dias-multa, no valor de 10 salários mínimos cada.
AP 470/MG, rel. Min. Joaquim Barbosa, 5 e 6.12.2012. (AP-470)

AP 470/MG - 208

Em seguida, o Tribunal, por maioria, rejeitou questão suscitada pelo Min. Marco Aurélio no que se refere à regra da continuidade delitiva (CP, art. 71: "*Quando o agente, mediante mais de uma ação ou omissão, pratica dois ou mais crimes da mesma espécie e, pelas condições de tempo, lugar, maneira de execução e outras semelhantes, devem os subsequentes ser havidos como continuação do primeiro, aplica-se-lhe a pena de um só dos crimes, se idênticas, ou a mais grave, se diversas, aumentada, em qualquer caso, de um sexto a dois terços*"). No ponto, prevaleceu o voto do Relator. Este explicou que a jurisprudência da Corte fixara que a citada norma somente seria aplicável se o agente praticasse o mesmo tipo penal e, ainda assim, se observadas certas condições. Examinou que, no caso, não haveria nexo de continuidade entre os crimes de corrupção ativa e peculato. Ao contrário, seriam condutas inteiramente distintas e conduziriam a diferentes resultados criminosos. Nenhum dos requisitos do art. 71 do CP – condições de tempo, lugar, maneira de execução e outras – seria comum, presentes situações díspares e específicas para cada um desses delitos, cometidos com dolos autônomos. Frisou entendimento das Turmas do STF segundo o qual a incidência do aludido preceito – ao invés de concurso material – dependeria de os crimes subsequentes poderem ser considerados continuação do primeiro. Assim, deveria haver unidade objetiva e subjetiva de condutas. Destacou que delitos de igual espécie seriam fatos típicos equivalentes tanto do ponto de vista objetivo quanto do subjetivo. Acresceu não haver relação de dependência ou de subordinação entre condutas delituosas atentatórias a bens jurídicos diversos. Aquilatou que, na espécie, os crimes de corrupção ativa pelos quais condenados Marcos Valério, Cristiano Paz e Ramon Hollerbach não poderiam ser reputados uma unidade continuada, pois envolveriam renovação de contrato de empresa privada com entidade pública; pagamento do Presidente da Câmara para interferir em procedimento licitatório e permitir a contratação de outra empresa e pagamento de propina a parlamentares para apoio político. O único elemento comum entre esses crimes seria inerente ao tipo penal, insuficiente para concluir acerca de eventual unidade continuada de conduta criminosa.
AP 470/MG, rel. Min. Joaquim Barbosa, 5 e 6.12.2012. (AP-470)

AP 470/MG - 209

Ressaltou que os requisitos e as circunstâncias objetivas do art. 71 do CP seriam diferentes. Prova disso seriam os valores pagos tendo em vista a prática de diferentes atos de ofício, por agentes diversos, contra entidades públicas distintas. Também as empresas beneficiadas por esses atos de ofício seriam diferenciadas, assim como os lugares de execução dos crimes. O mesmo sucederia quanto às corrupções ativas de parlamentares, que teriam sido comandadas por outros réus em esquema totalmente diverso. Ponderou que Marcos Valério, Cristiano Paz e Ramon Hollerbach responderiam por outros atos ilícitos perpetrados por meio de suas agências de publicidade e inferiu que a jurisprudência da Corte seria pacífica no sentido de que a reiteração criminosa e a prática profissional de delitos não poderiam ser invocadas para aplicar o benefício da continuidade. Arrematou que não se poderia confundir o fato de os acusados terem cometido vários crimes ao longo de vários anos, por meio de quadrilha organizada, com a existência de continuidade delituosa, o que seria privilégio indevido. Reputou que a intensidade de lesão ao bem jurídico deveria ser objeto de análise para fixação da pena-base de qualquer crime, independentemente de reiteração da conduta. Por fim, registrou que essas diretrizes aplicar-se-iam aos demais corréus, no sentido de afastar o reconhecimento do nexo de continuidade delitiva.
AP 470/MG, rel. Min. Joaquim Barbosa, 5 e 6.12.2012. (AP-470)

AP 470/MG - 210

A Min. Rosa Weber reforçou entendimento segundo o qual delitos da mesma espécie – para efeitos de incidência da regra do art. 71 do CP – seriam aqueles descritos no mesmo tipo penal. O Min. Luiz Fux qualificou que delitos da mesma natureza seriam os previstos no mesmo tipo, bem como aqueles que apresentassem, pelos fatos que os constituíssem ou por seus motivos determinantes, caracteres fundamentais comuns. Não bastaria que se atingisse, portanto, o mesmo bem jurídico. Estabeleceu que a interpretação da continuidade delitiva deveria ser restritiva, e não elástica a ponto de se considerar como continuados crimes completamente diferentes. Sublinhou não ser possível utilizar a continuidade para privilegiar o agente que atuara em criminalidade organizada, pois a causa de aumento teria sido criada para beneficiar o criminoso oportunista, submetido por seu impulso, portanto menos perigoso. O Min. Gilmar Mendes sinalizou que a jurisprudência restringiria o lapso temporal e o âmbito espacial necessários à configuração de continuidade, e que interpretação diversa seria danosa ao sistema penal, ao beneficiar crimes graves.
AP 470/MG, rel. Min. Joaquim Barbosa, 5 e 6.12.2012. (AP-470)

AP 470/MG - 211

Vencido o Min. Marco Aurélio, no que foi acompanhado pelo Min. Ricardo Lewandowski. Aludiu que o crime continuado consistiria em cláusula de abertura do sistema jurídico que permitiria ao magistrado, dentro de certas balizas, dar proporcionalidade à pena abstratamente cominada na legislação penal. Mencionou que a continuidade delitiva seria ficção jurídica, verdadeira opção de política criminal, voltada à amenização de penas corporais excessivamente descompassadas com o grau de agressão causado a único bem jurídico. Observou que a ocorrência de desígnios autônomos não seria óbice ao reconhecimento dessa benesse. Ressaltou que para a configuração do mencionado instituto bastaria a proteção de um único bem jurídico. Desnecessário, portanto, que os crimes fossem idênticos ou pertencentes ao mesmo tipo penal. No caso das imputações referentes à lavagem de dinheiro, à gestão fraudulenta de instituição financeira e à evasão de divisas, apontou que haveria elemento comum que se consubstanciaria na fuga dos poderes regulatórios do Banco Central. Não aplicou a continuidade delitiva quanto ao crime de quadrilha por tratar-se de delito de natureza formal, enquanto os demais possuiriam natureza material, além de tutelar outro bem jurídico: a paz social. No que tange a peculato e corrupções ativa e passiva, a legislação criminal objetivaria a proteção do prestígio e do funcionamento da Administração Pública. Assim,

haveria identidade de valores tutelados. Considerou atendidas as condições de tempo, lugar, maneira de execução e outras semelhantes exigidas pelo art. 71 do CP.
AP 470/MG, rel. Min. Joaquim Barbosa, 5 e 6.12.2012. (AP-470)

AP 470/MG - 212
Desse modo, mencionou as penais totais, de diversos réus, já proclamadas pelo Pleno seguidas do recálculo a que procedera, ao aplicar o art. 71 do CP: a) Marcos Valério, de 40 anos, 4 meses e 6 dias de reclusão para 10 anos e 10 meses de reclusão; b) Ramon Hollerbach, de 29 anos, 7 meses e 20 dias de reclusão para 8 anos e 1 mês de reclusão; c) Cristiano Paz, de 25 anos, 11 meses e 20 dias de reclusão para 8 anos e 1 mês de reclusão; d) Rogério Tolentino, de 10 anos e 6 meses de reclusão para 8 anos de reclusão; e) Simone Vasconcelos, de 12 anos, 7 meses e 20 dias de reclusão para 5 anos de reclusão; f) Kátia Rabello, de 16 anos e 8 meses de reclusão para 8 anos e 11 meses de reclusão; g) José Roberto Salgado, de 16 anos e 8meses de reclusão para 8 anos e 11 meses de reclusão; h) Henrique Pizzolato, de 12 anos e 7 meses de reclusão para 5 anos e 10 meses de reclusão; i) Romeu Queiroz, de 6 anos e 6 meses de reclusão para 4 anos, 9 meses e 18 dias de reclusão; j) Valdemar Costa Neto, de 7 anos e 10 meses de reclusão para 5 anos e 4 meses de reclusão; k) Pedro Henry, de 7 anos e 2 meses de reclusão para 4 anos e 8 meses de reclusão; l) Carlos Alberto Rodrigues, de 6 anos e 3 meses de reclusão para 3 anos, 9 meses e 15 dias de reclusão; m) Pedro Corrêa, de 9 anos e 5 meses de reclusão para 6 anos e 11 meses de reclusão; n) João Paulo Cunha, de 9 anos e 4 meses de reclusão para 3 anos, 10 meses e 20 dias de reclusão; e o) Roberto Jefferson, de 7 anos e 14 dias de reclusão para 4 anos, 6 meses e 13 dias de reclusão. Quanto a Vinícius Samarane, conquanto o tivesse absolvido, assentou que o mesmo critério deveria ser seguido, a teor do art. 580 do CPP, de maneira que a pena firmada em 8 anos, 9 meses e 10 dias de reclusão seria redimensionada para 5 anos e 9 meses de reclusão. Por fim, assinalou descaber a incidência da continuidade delitiva relativamente às penas de multa, em virtude do disposto no art. 72 do CP ("*No concurso de crimes, as penas de multa são aplicadas distinta e integralmente*").
AP 470/MG, rel. Min. Joaquim Barbosa, 5 e 6.12.2012. (AP-470)

AP 470/MG - 213
Na assentada de 6.12.2012, o Revisor reajustou seu voto quanto às penas pecuniárias por ele aplicadas. Explicou que o fizera para aproximar dos valores alcançados pelo Plenário. Constatou, ao proceder ao levantamento dessas penas, que alguns réus com patrimônio declarado em valores aproximados haviam recebido multas diferenciadas, bem assim a existência de acusados com sanções pecuniárias acima de seus bens. Ante as distorções, expôs breve histórico quanto ao surgimento do sistema do dia-multa, e obtemperou que o legislador levara em consideração a situação econômica do apenado para a sua fixação. Asseverou que, a partir das modificações promovidas pela Lei 9.268/91, ter-se-ia pena pecuniária de natureza híbrida, ou seja, penal e fiscal. Entretanto, não haveria regra a encaminhar o julgador a critério meramente objetivo no que tange à sua especificação. Ensinou que haveria 3 correntes doutrinárias quanto à metodologia de fixação da quantidade de dias-multa. A primeira entenderia que o único critério a ser utilizado pelo magistrado seria aquele correspondente à situação econômica do réu. A segunda levaria em conta a culpabilidade do agente, porém, afastaria do cálculo a incidência de agravantes ou atenuantes e as causas de aumento e diminuição da pena. A terceira, a qual o Revisor se filiaria, propugnaria que o julgador não poderia afastar-se do critério trifásico de Nelson Hungria para o cálculo das penas em geral. Aduziu que essa posição encontraria embasamento na redação do art. 59 do CP ("*O juiz, atendendo à culpabilidade, aos antecedentes, à conduta social, à personalidade do agente, aos motivos, às circunstâncias e consequências do crime, bem como ao comportamento da vítima, estabelecerá, conforme seja necessário e suficiente para reprovação e prevenção do crime*"). Relevou que seu inciso I estabeleceria, na primeira fase da dosimetria, a aplicação das penas cabíveis dentre as cominadas, sem distinguir entre a sanção corporal e a pecuniária.
AP 470/MG, rel. Min. Joaquim Barbosa, 5 e 6.12.2012. (AP-470)

AP 470/MG - 214
Exemplificou com o delito de corrupção passiva, cuja pena variaria entre 2 e 12 anos de reclusão. Na primeira fase de aplicação da reprimenda, em relação à pena privativa de liberdade, o julgador teria um intervalo de 10 anos entre o máximo e o mínimo da pena. Em relação à pena de multa, conforme disporia o art. 49 do CP, ela poderia ser fixada entre o mínimo de 10 e o máximo de 360 dias-multa. Significaria que o magistrado teria um interregno a ser percorrido de 350 dias-multa. Em outras palavras, se na dosimetria para o crime de corrupção passiva, o julgador fixasse a pena-base em 1 ano acima do mínimo legal, significaria que ele teria caminhado 1/10 do que poderia percorrer. A pena-base da multa, portanto, deveria ser também 1/10 dos 350 dias-multa possíveis, de forma a ser fixada em 45 dias-multa. Afirmou que nas demais fases, o juiz deveria aplicar à pena-base pecuniária os mesmos acréscimos que adotara em relação à pena privativa de liberdade. Esclareceu que, se a pena fosse aumentada em 1/6, a considerar alguma circunstância agravante, de igual modo exacerbar-se-ia, também, a multa. De maneira semelhante na fase subsequente. Por fim, na fixação do valor do dia-multa, o juiz atentaria, sobretudo, para a situação econômica do réu.
AP 470/MG, rel. Min. Joaquim Barbosa, 5 e 6.12.2012. (AP-470)

AP 470/MG - 215
Frisou que o juiz deveria fixar o valor do dia- multa com base no salário mínimo, de acordo com as regras do art. 49, § 1º, c/c o art. 70, parágrafo único, do CP ["*Art. 49 - A pena de multa consiste no pagamento ao fundo penitenciário da quantia fixada na sentença e calculada em dias-multa. Será, no mínimo, de 10 (dez) e, no máximo, de 360 (trezentos e sessenta) dias-multa. § 1º - O valor do dia-multa será fixado pelo juiz não podendo ser inferior a um trigésimo do maior salário mínimo mensal vigente ao tempo do fato, nem superior a 5 (cinco) vezes esse salário. Art. 70 - Quando o agente, mediante uma só ação ou omissão, pratica dois ou mais crimes, idênticos ou não, aplica-se-lhe a mais grave das penas cabíveis ou, se iguais, somente uma delas, mas aumentada, em qualquer caso, de um sexto até metade. As penas aplicam-se, entretanto, cumulativamente, se a ação ou omissão é dolosa e os crimes concorrentes resultam de desígnios autônomos, consoante o disposto no artigo anterior. Parágrafo único - Não poderá a pena exceder a que seria cabível pela regra do art. 69 deste Código*"]. Dessa forma, o Revisor expôs – acerca dos réus que condenara – os dias-multa anteriormente fixados pelo Plenário seguidos pelo *quantum* calculado a partir das premissas por ele fixadas: a) Marcos Valério, 673 e 670; b) Ramon Hollerbach, 816 e 431; c) Cristiano Paz, 716 e 306; d) Simone Vasconcelos, 288 e 163; e) Kátia Rabello, 386 e 231; f) José Roberto Salgado, 386 e 231; g) Delúbio Soares, 250 e 160; h) Jacinto Lamas, 200 e 25; i) Valdemar Costa Neto, 450 e 165; j) Enivaldo Quadrado, 260 e 11; k) Pedro Corrêa, 190 e 85; l) Roberto Jefferson, 127 e 48; m) Romeu Queiroz e José Borba, 150 e 85; n) Carlos Alberto Rodrigues (Bispo Rodrigues), 150 e 45; e o) Henrique Pizzolato, 530 e 253. Ato contínuo, o Min. Marco Aurélio reajustou seu voto para adotar o critério de cálculo trazido pelo Revisor em relação aos réus que condenara, sem, no entanto, o acompanhar nas matérias em que ficara vencido. As Ministras Cármen Lúcia e Rosa Weber também reajustaram seus votos quanto ao resultado, em conformidade com o Revisor, porém, não no que concerne aos fundamentos. O Relator sinalizou que verificaria os casos em que teria prevalecido a multa por ele fixada.
AP 470/MG, rel. Min. Joaquim Barbosa, 5 e 6.12.2012. (AP-470)

AP 470/MG - 216
Em passo seguinte, iniciou-se a apreciação sobre a perda de mandato parlamentar quanto aos deputados federais João Paulo Cunha, Valdemar Costa Neto e Pedro Henry, assim como em

relação a José Borba, atualmente prefeito. O Relator destacou que a perda ou suspensão de direitos políticos, com a consequente privação de mandato eletivo, seria situação excepcional no Estado Democrático de Direito. Observou, ainda, que se trataria de hipóteses taxativamente dispostas no art. 15 da CF, norma de eficácia plena ("*Art. 15. É vedada a cassação de direitos políticos, cuja perda ou suspensão só se dará nos casos de: I - cancelamento da naturalização por sentença transitada em julgado; II - incapacidade civil absoluta; III - condenação criminal transitada em julgado, enquanto durarem seus efeitos; IV - recusa de cumprir obrigação a todos imposta ou prestação alternativa, nos termos do art. 5º, VIII; V - improbidade administrativa, nos termos do art. 37, § 4º*"). A par disso, aduziu previsão constitucional no sentido da possibilidade de o Poder Legislativo decretar a perda de mandato de deputado federal ou senador, tendo como causa perda ou suspensão de direitos políticos ou condenação criminal transitada em julgado (art. 55, IV e VI). Ressaltou, no ponto, que esta redação segregada explicar-se-ia pela viabilidade de a reprovação estatal da conduta delituosa ter ocorrido antes ou depois do início do mandato parlamentar. Consignou que a especialidade contida no art. 55, VI, da CF ("*Art. 55. Perderá o mandato o Deputado ou Senador: ... VI - que sofrer condenação criminal em sentença transitada em julgado*") justificar-se-ia nos casos em que a sentença condenatória não tivesse decretado perda do mandato pelo parlamentar por não estarem presentes os requisitos legais [CP: "*Art. 92 - São também efeitos da condenação: I - a perda de cargo, função pública ou mandato eletivo: a) quando aplicada pena privativa de liberdade por tempo igual ou superior a um ano, nos crimes praticados com abuso de poder ou violação de dever para com a Administração Pública; b) quando for aplicada pena privativa de liberdade por tempo superior a 4 (quatro) anos nos demais casos. II - a incapacidade para o exercício do pátrio poder, tutela ou curatela, nos crimes dolosos, sujeitos à pena de reclusão, cometidos contra filho, tutelado ou curatelado; III - a inabilitação para dirigir veículo, quando utilizado como meio para a prática de crime doloso. Parágrafo único - Os efeitos de que trata este artigo não são automáticos, devendo ser motivadamente declarados na sentença*"] ou por ter sido proferida anteriormente à expedição do diploma, com o trânsito em julgado ocorrente em momento posterior.
AP 470/MG, rel. Min. Joaquim Barbosa, 5 e 6.12.2012. (AP-470)

AP 470/MG - 217
Asseverou que o procedimento estabelecido no art. 55 da CF disciplinaria circunstâncias em que a perda de mandato eletivo parlamentar poderia ser decretada com base em juízo político. Afirmou, no entanto, que conjectura diversa envolveria a aludida perda a partir de decisão do Poder Judiciário, a qual atingiria não somente o parlamentar eleito como qualquer outro mandatário político. Na decisão judicial, condenado deputado federal ou senador, no curso do mandato, pela mais alta instância judiciária, inexistiria espaço para o exercício de juízo político ou de conveniência pela Casa Legislativa, uma vez que a suspensão de direitos políticos, com a subsequente perda de mandato eletivo, seria efeito irreversível da sentença condenatória. Concluiu que a deliberação da Casa Legislativa, prevista no art. 55, § 2, da CF, possuiria efeito meramente declaratório, sem que aquela pudesse rever ou tornar sem efeito decisão condenatória final proferida pelo STF. Por outro lado, reputou que as premissas firmadas no julgamento da AP 481/PA (DJe de 29.6.2012) não seriam aplicáveis ao presente feito, haja vista que naquela oportunidade o parlamentar fora condenado a pena inferior a 4 anos de reclusão pela prática de esterilização cirúrgica irregular (Lei 9.263/96, art. 15) e não perpetrara o delito na vigência do mandato eletivo. Rememorou que João Paulo Cunha, Valdemar Costa Neto, Pedro Henry e José Borba, ao revés, cometeram crimes contra a Administração Pública quando no exercício do cargo, a revelar conduta incompatível com a função parlamentar. Assim, decretou a perda do mandato eletivo deles. Reiterou seu voto no que concerne a José Borba, de forma a converter a pena privativa de liberdade em 2 restritivas de direitos, consistentes em pena pecuniária de 300 salários mínimos e em interdição temporária de direitos (CP: "*Art. 47. As penas de interdição temporária de direitos são: I - proibição do exercício de cargo, função ou atividade pública, bem como de mandato eletivo*"). O Min. Cezar Peluso, em voto outrora prolatado, também a determinara relativamente a João Paulo Cunha como efeito específico da con-denação (CP, art. 92, I, b).
AP 470/MG, rel. Min. Joaquim Barbosa, 5 e 6.12.2012. (AP-470)

AP 470/MG - 218
Em divergência, o Revisor reconheceu ser da Câmara dos Deputados a competência para decretar a perda dos mandatos, nos termos do art. 55, § 2º, da CF ("*Art. 55. Perderá o mandato o Deputado ou Senador: I - que infringir qualquer das proibições estabelecidas no artigo anterior; II - cujo procedimento for declarado incompatível com o decoro parlamentar; ...VI - que sofrer condenação criminal em sentença transitada em julgado. ...§ 2º - Nos casos dos incisos I, II e VI, a perda do mandato será decidida pela Câmara dos Deputados ou pelo Senado Federal, por voto secreto e maioria absoluta, mediante provocação da respectiva Mesa ou de partido político representado no Congresso Nacional, assegurada ampla defesa*"), de forma a caber ao STF apenas comunicar, à Casa Legislativa respectiva, o advento do trânsito em julgado de sentença condenatória, para que o órgão proceda conforme os ditames constitucionais. Registrou que, regra geral, a suspensão dos direitos políticos, inclusive no caso de condenação criminal transitada em julgado, traria como consequência a perda do mandato eletivo que, a princípio, aplicar-se-ia a todos os exercentes desse mister. Enfatizou que a norma contida no art. 15, III, da CF seria auto--aplicável. Assinalou, contudo, que, em relação a senadores e deputados, a Constituição contemplaria exceção, no §2º do art. 55 da CF, no tocante à perda imediata do mandato na hipótese de condenação criminal transitada em julgado. Nessa situação diferenciada, a perda do mandato não seria automática, não obstante vedado aos parlamentares atingidos pela condenação criminal, enquanto durarem seus efeitos, disputarem novas eleições, ante a perda de condição de elegibilidade. No ponto, afirmou que essa restrição estender-se-ia a deputados estaduais e distritais (CF, artigos 27, §1º e 32, §3º).
AP 470/MG, rel. Min. Joaquim Barbosa, 5 e 6.12.2012. (AP-470)

AP 470/MG - 219
Ressurtiu que, quando o mandato resultasse do livre exercício da soberania popular – excluída a existência de fraude e inocorrente impugnação a sua eleição – não caberia ao Poder Judiciário decretar a perda automática de mandato. Nesse caso, a Constituição outorgaria à Câmara dos Deputados e ao Senado Federal competência para decidir e não meramente declarar a perda de mandato de parlamentares. De outro turno, enfatizou que a regra da cassação imediata de mandatos incidiria, por inteiro, no que concerne a vereadores, prefeitos, governadores e Presidente da República. Tendo isso em conta, acompanhou o Relator apenas no que diz respeito a José Borba. Por fim, entendeu que os acusados desta ação penal, eleitos no pleito de 2010, não poderiam, em decorrência de eventual inelegibilidade oriunda da Lei da "Ficha Limpa", perder, de forma automática, os mandatos à revelia das regras constitucionais pertinentes. Abordou, ademais, a questão relativa à impossibilidade física de o condenado exercer mandato parlamentar se a ele imposto regimes fechado e semiaberto para o cumprimento de pena corporal, o que não aconteceria na hipótese de fixação de regime aberto, a exemplo de qualquer reeducando que exercesse atividade laboral fora do estabelecimento carcerário em que cumprisse pena, durante o dia, a ele retornando para o repouso noturno. Após, o julgamento foi suspenso.
AP 470/MG, rel. Min. Joaquim Barbosa, 5 e 6.12.2012. (AP-470)

AP 470/MG - 220
O Plenário retomou julgamento de ação penal movida, pelo Ministério Público Federal, contra diversos acusados pela suposta prática de esquema a envolver crimes de peculato, lavagem de dinheiro, corrupção ativa, gestão fraudulenta e

outras fraudes – v. Informativos 673 a 685 e 687 a 691. Na sessão de 10.12.2012, prosseguiu-se a análise sobre a perda de mandato parlamentar quanto aos deputados federais João Paulo Cunha, Valdemar Costa Neto e Pedro Henry, assim como em relação a José Borba, atualmente prefeito. A Min. Rosa Weber, ao acompanhar o Revisor, manifestou que a possibilidade de perda automática do mandato parlamentar em decorrência de condenação judicial sofrida pelo respectivo titular seria tema extremamente sensível para o equilíbrio dos Poderes. Mencionou que a presença dos institutos relativos a prerrogativa, inviolabilidade e imunidade parlamentares em geral seria necessária. Destarte a Constituição não poderia ser interpretada de modo a não a contemplá-los. Registrou que as prerrogativas parlamentares não configurariam direito cuja finalidade seria a proteção dos próprios parlamentares, mas sim da representação popular por eles exercida. Portanto, sua legitimidade derivaria do direito fundamental dos indivíduos de governar a si mesmos. Consignou que cometimento de atos que levassem a condenação criminal de representante do povo poderia, de fato, ser entendido como quebra da relação de confiança, pressuposto do mandato.
AP 470/MG, rel. Min. Joaquim Barbosa, 10 e 13.12.2012. (AP-470)

AP 470/MG - 221

Assinalou que o juiz competente para julgar sobre o exercício do poder político, do poder de representação, seria o povo soberano, que o faria diretamente no caso de democracias, cujas Constituições previssem o instituto do *recall*, ou por meio de seus representantes na hipótese no art. 55, VI, § 2º, da CF ("*Art. 55 - Perderá o mandato o Deputado ou Senador: ... VI - que sofrer condenação criminal em sentença transitada em julgado. ... § 2º - Nos casos dos incisos I, II e VI, a perda do mandato será decidida pela Câmara dos Deputados ou pelo Senado Federal, por voto secreto e maioria absoluta, mediante provocação da respectiva Mesa ou de partido político representado no Congresso Nacional, assegurada ampla defesa*"). Observou que a Constituição de 1988 restabelecera em sua plenitude o respeito ao postulado da separação de Poderes, desprestigiado pelo regime antecedente, como princípio basilar de democracia representativa. Ressaltou que, satisfeitas as condições exigidas pela legislação eleitoral para o reconhecimento de sua legitimidade, o mandato se revestiria, durante o período para o qual constituído, da qualidade da intangibilidade. Somente poderia ser afetado nos casos expressamente previstos pela Constituição. Ponderou ser a melhor exegese aquela que não atribuísse ao art. 92 do CP ("*Art. 92 - São também efeitos da condenação: I - a perda de cargo, função pública ou mandato eletivo. Parágrafo único - Os efeitos de que trata este artigo não são automáticos, devendo ser motivadamente declarados na sentença*") a tarefa de vetor interpretativo a partir do qual se deduziria o sentido dos artigos 15, III, e 55, IV e VI, da CF. Portanto, o sentido da norma constitucional haveria de ser extraído, primordialmente, dela mesma, tomada como sistema, e não da legislação infraconstitucional que a ela se submeteria.
AP 470/MG, rel. Min. Joaquim Barbosa, 10 e 13.12.2012. (AP-470)

AP 470/MG - 222

Avaliou que a condenação criminal transitada em julgado estaria contida no art.15, III, da CF ("*Art. 15. É vedada a cassação de direitos políticos, cuja perda ou suspensão só se dará nos casos de: ... III - condenação criminal transitada em julgado, enquanto durarem seus efeitos*"), entre as causas de perda e suspensão de direitos políticos. Entretanto, o caso seria de suspensão e não de perda, enquanto durassem os efeitos da condenação. Analisou que o art. 55, § 2º, da CF, a seu turno, preveria claramente procedimento para a cassação de mandatos de deputados e senadores. Inferiu que, se a Constituição vedasse a cassação de direitos políticos e, ao mesmo tempo, previsse procedimento específico para a cassação de mandato parlamentar, a conclusão seria que o mandato não se confundiria com o direito político que o fundamentaria. A Constituição não definiria o mandato como espécie de direito político subjetivo do tipo passivo, tampouco, pelo mesmo raciocínio, a perda do mandato se confundiria com hipótese de direito político negativo, isso porque o mandato não seria direito subjetivo do representante, mas situação jurídica por ele ostentada em decorrência da manifestação concomitante, no processo eleitoral, do direito subjetivo de concorrer e dos eleitores de votar.
AP 470/MG, rel. Min. Joaquim Barbosa, 10 e 13.12.2012. (AP-470)

AP 470/MG - 223

Ressaiu que a perda do mandato eletivo de deputado federal ou senador estaria condicionada à manifestação da maioria absoluta da respectiva Casa Legislativa por expressa imposição do art. 55, §2º, da CF. A destituição de mandato de deputado ou senador, portanto, no caso de condenação criminal transitada em julgado, revestir-se-ia de contornos políticos e, sendo o mandato instituto de representação política dos governados, somente àqueles teria sido conferida a legitimidade para se pronunciar pela sua revogação. Por derradeiro, afirmou que negar a plena eficácia do art. 55, § 2º, da CF implicaria a anulação, pelo Poder Judiciário, dos votos recebidos pelo mandatário que posteriormente fora condenado. Os Ministros Dias Toffoli e Cármen Lúcia também seguiram o Revisor. O Min. Dias Toffoli aduziu que a aparente antinomia entre os artigos 15, III, e 55 da CF seria resolvida pelo critério da especialidade. Assim, os parlamentares estariam excluídos da abrangência do art. 15, III, da CF, por lhes ser aplicável, especificamente, o seu art. 55. Consignou que essa discussão não alcançaria José Borba, prefeito, no que os demais Ministros aquiesceram. A Min. Cármen Lúcia explicitou que, em face do princípio da separação de Poderes, a perda do mandato não seria consectário automático de condenação criminal emanada do STF, o qual se restringiria à jurisdição, de modo que caberia à respectiva casa do Congresso Nacional decidir sobre a referida perda, a teor do art. 55, § 2º, da CF.
AP 470/MG, rel. Min. Joaquim Barbosa, 10 e 13.12.2012. (AP-470)

AP 470/MG - 224

Por outro lado, os Ministros Luiz Fux, Gilmar Mendes e Marco Aurélio acompanharam o Relator, para decretar a perda de mandato dos aludidos réus. O Min. Luiz Fux asseverou que, com o advento da Lei da "Ficha Limpa", bastaria condenação, sem trânsito em julgado, para que o povo considerasse o detentor de mandato eletivo deslegitimado para praticar atos em nome dos respectivos eleitores. De acordo com essa concepção, não seria legítimo que os parlamentares praticassem atos contrários à lei e, ainda assim, mantivessem a higidez da representatividade popular. Ademais, não caberia discutir se o Parlamento iria cumprir a decisão da Corte ou não, mas apenas se o STF deveria declarar a perda do mandato por causa de condenação criminal, na forma do art. 55 da CF. Frisou que as hipóteses do art. 15 da CF, de cassação de direitos políticos, implicariam não só a restrição ao direito de concorrer ao *ius honorum*, mas também restringiriam o *ius sufragii*. Consignou que prevaleceria o cânone constitucional da moralidade administrativa, a reforçar a impossibilidade de manutenção de mandato após condenação na esfera penal. Rememorou a EC 35/2001, a possibilitar a suspensão do processo, para evitar que o parlamentar fosse submetido a perseguição política. Entretanto, se esta não ocorresse, o processo seria regular, a exigir o cumprimento da Constituição e da lei. Reputou que o art. 55 da CF referir-se-ia a casos em que a suspensão processual não ocorrera, porquanto o fato delituoso antecedera a diplomação.
AP 470/MG, rel. Min. Joaquim Barbosa, 10 e 13.12.2012. (AP-470)

AP 470/MG - 225

O Min. Gilmar Mendes realizou retrospecto histórico sobre a evolução normativa que culminara com os artigos 55, VI, e 15, III, da CF. Ressurtiu que o sistema apresentaria possíveis incongruências. Atentou para a necessidade de se interpretar

a questão em harmonia com o art. 37, § 4º, da CF *("§ 4º - Os atos de improbidade administrativa importarão a suspensão dos direitos políticos, a perda da função pública, a indisponibilidade dos bens e o ressarcimento ao erário, na forma e gradação previstas em lei, sem prejuízo da ação penal cabível"*). Salientou que, embora nem todas as faltas caracterizadas como atos de improbidade fossem condutas típicas, os crimes contra a Administração Pública dificilmente deixariam de ser considerados atos de improbidade. Ademais, a Lei da "Ficha Limpa" teria permitido situações em que condenado por sentença de órgão colegiado fosse impedido de se candidatar, mas condenado com trânsito em julgado preservaria seu mandato. Exemplificou métodos de solução de lacunas e antinomias preconizados pela jurisprudência do STF, como a via do pensamento do possível, a fim de compatibilizar os preceitos constitucionais acima referidos. Frisou que os crimes contra a Administração Pública deveriam ter por efeito a perda da função pública, que seria reconhecida e decretada pelo juiz. Não haveria ab-rogação do art. 55, VI, da CF, pois não se trataria de crimes de menor potencial ofensivo, por exemplo. O aludido inciso continuaria a ser aplicável nos casos em que o título judicial não impusesse a perda da função. Preconizou que o exercício de função pública pressuporia liberdade de ir e vir, incompatível com pena de prisão. Arrematou caber ao Judiciário, como efeito da condenação, decretar a perda da função ou cargo; e ao Legislativo competiria eventualmente suspender o processo, no exercício de controle político, conforme o texto constitucional.
AP 470/MG, rel. Min. Joaquim Barbosa, 10 e 13.12.2012. (AP-470)

AP 470/MG - 226
O Min. Marco Aurélio, de início, retificou seu voto para absolver, quanto ao crime de formação de quadrilha (CP, art. 288), os réus Pedro Corrêa (item VI.1.b.1), João Cláudio Genú (item VI.1.c.1), Enivaldo Quadrado (item VI.1.d.1) – a envolver parlamentares do PP – e Rogério Tolentino (capítulo II). No tocante aos 3 primeiros acusados, aquilatou que a quadrilha estaria descaracterizada tendo em vista o número de integrantes, já que o preceito legal exigiria mais de 3 envolvidos. Lembrou que o possível quarto integrante teria falecido no curso do processo, sem que sua situação quanto ao crime tivesse sido firmada. No que concerne a Rogério Tolentino, aduziu que sua participação na quadrilha não teria sido suficientemente demonstrada, pois teria simplesmente realizado 1 empréstimo bancário junto ao BMG. No tocante à questão alusiva a perda de mandato, registrou que os Poderes da República seriam harmônicos e independentes, o que afastaria antagonismos e impasses. Ademais, de acordo com a Constituição, dever-se-ia concluir pelo primado do Judiciário, ao qual caberia a última palavra sobre o direito posto e sobre a própria Constituição. Observou que se estaria a discutir eventual compatibilidade deste diploma com o art. 92 do CP. Considerou automáticos os efeitos do art. 15, III, da CF, que deveriam ser motivadamente declarados na decisão judicial. Afirmou incidir, no caso, o preceito legal. Reputou que a regra constitucional seria uma garantia, pois a normalidade consubstanciar-se-ia na preservação dos direitos políticos, verificadas as excepcionalidades taxativas neste artigo. Asseverou que a drástica consequência da suspensão dos direitos políticos imporia ao julgador ponderar, diante do caso concreto, se a qualidade do crime praticado ensejaria este resultado. Na espécie, rememorou a gravidade dos delitos perpetrados. Repisou que o primado do Judiciário afastaria a possibilidade de decisão ficar submetida à condição resolutiva de natureza política. Aludiu que o art. 55 da CF seria reservado a situações concretas em que não se teria como consequência da condenação a perda do mandato. Finalizou que a decisão do STF deveria alcançar não só aqueles com mandato atualmente, como também os demais que, condenados por crimes contra a Administração Pública, pudessem buscar mandato ou funções de confiança de natureza pública como escudo, inclusive suplentes de cargos eletivos. Assim, o título condenatório deveria ser completo, ao harmonizar os preceitos do Código Penal e da Constituição. Consignou, também, a incidência da reprimenda de interdição temporária de direitos (CP: *"Art. 47 - As penas de interdição temporária de direitos são: I - proibição do exercício de cargo, função ou atividade pública, bem como de mandato eletivo"*) em relação a todos os condenados na presente ação pela prática de crimes contra a Administração Pública.
AP 470/MG, rel. Min. Joaquim Barbosa, 10 e 13.12.2012. (AP-470)

AP 470/MG - 227
Na assentada de 13.12.2012, o Relator apontou discrepância quanto às penas pecuniárias fixadas para Kátia Rabello e José Roberto Salgado pela prática do crime de lavagem de dinheiro, descrito no capítulo IV da denúncia. Aduziu que, em virtude da mudança de voto do Min. Marco Aurélio para acompanhar o Revisor acerca dos critérios de fixação da multa, deveria prevalecer, ante o empate, para a referida condenada, a sanção pecuniária de 58 dias-multa estabelecida pelo Revisor e não os 166 dias-multa proclamados, nos termos do Relator. Destarte, Kátia Rabello seria apenada em 58 dias-multa, no valor de 15 salários mínimos cada, ao passo que o corréu José Roberto Salgado, em 166 dias-multa, no patamar de 10 salários mínimos. A Min. Rosa Weber reajustou seu voto para acolher a pena de multa fixada pelo Relator no tocante à Kátia Rabello. Após, o julgamento foi suspenso. O Min. Teori Zavascki não participou da votação.
AP 470/MG, rel. Min. Joaquim Barbosa, 10 e 13.12.2012. (AP-470)

AP 470/MG - 228
O Plenário concluiu julgamento de ação penal movida, pelo Ministério Público Federal, contra diversos acusados pela suposta prática de esquema a envolver crimes de peculato, lavagem de dinheiro, corrupção ativa, gestão fraudulenta e outras fraudes – v. Informativos 673 a 685 e 687 a 692. Inicialmente, decidiu-se que, uma vez transitado em julgado o processo: a) por unanimidade, ficam suspensos os direitos políticos de todos os réus ora condenados, com base no art. 15, III, da CF (*"Art. 15. É vedada a cassação de direitos políticos, cuja perda ou sus-pensão só se dará nos casos de: ... III - condenação criminal transitada em julgado, enquanto durarem seus efeitos"*) e; b) por maioria, fica decretada a perda de mandato eletivo dos atuais deputados federais acusados na presente ação penal, nos termos do art. 55, VI e § 3º, da CF (*"Art. 55. Perderá o mandato o Deputado ou Senador: ... VI - que sofrer condenação criminal em sentença transitada em julgado. ... § 3º Nos casos previstos nos incisos III a V, a perda será declarada pela Mesa da Casa respectiva, de ofício ou mediante provocação de qualquer de seus membros ou de partido político representado no Congresso Nacional, assegurada ampla defesa"*). Assinalou-se que as hipóteses de perda ou suspensão de direitos políticos seriam taxativas (CF, art. 15) e que o Poder Legislativo poderia decretar a perda de mandato de deputado federal ou senador, com fundamento em perda ou suspensão de direitos políticos, bem assim em condenação criminal transitada em julgado (CF, art. 55, IV e VI). Ressaltou-se que esta previsão constitucional estaria vinculada aos casos em que a sentença condenatória não tivesse decretado perda de mandato, haja vista não estarem presentes os requisitos legais (CP, art. 92), ou por ter sido proferida anteriormente à expedição do diploma, com o trânsito em julgado ocorrente em momento posterior. Afastou-se, na espécie, a incidência de juízo político, nos moldes do procedimento previsto no art. 55 da CF, uma vez que a perda de mandato eletivo seria efeito irreversível da sentença condenatória. Consignou-se, ademais, a possibilidade de suspensão do processo, com o advento da EC 35/2001, para evitar que o parlamentar fosse submetido à perseguição política. Entretanto, não ocorrida a suspensão, o feito seguiria trâmite regular. Frisou-se que esses réus teriam cometido crimes contra a Administração Pública quando no exercício do cargo, a revelar conduta incompatível com o exercício de mandato eletivo.
AP 470/MG, rel. Min. Joaquim Barbosa, 17.12.2012. (AP-470)

AP 470/MG - 229
O Min. Celso de Mello acresceu que a reserva constitucional do Parlamento, fundada no art. 55, § 2°, da CF, aplicar-se-ia a condenações criminais que não envolvessem delitos apenados com sanções superiores a 4 anos ou que, embora inferiores a este patamar, não dissessem respeito a infrações cujo tipo penal contivesse como elementar ato de improbidade administrativa. Destacou competir à Casa a que pertencesse o congressista meramente declarar o fato extintivo já reconhecido e integrado ao próprio título condenatório. Asseverou que a deliberação da Suprema Corte, manifestada em decisão revestida de coisa julgada em sentido material, deveria prevalecer em detrimento de reações corporativas ou suscetibilidades partidárias, estas no sentido de que não se devesse cumprir decisão do STF. Sublinhou que as partes poderiam valer-se dos meios processuais destinados a provocar eventual reexame da matéria, e que caberia ao Supremo – incumbido pela própria Assembleia Constituinte – o monopólio da última palavra em matéria de interpretação da Constituição. Aduziu que transgressão à autoridade da coisa julgada afetaria o próprio significado da ordem democrática, fundamento da República. Registrou que possível interpretação desfavorável de normas jurídicas pelos tribunais não poderia ser invocada pelo Executivo ou Legislativo como ato ofensivo ao princípio da separação de Poderes, sob pena de usurpação das atribuições cometidas ao Judiciário. Vencidos os Ministros Revisor, Rosa Weber, Dias Toffoli e Cármen Lúcia, que reconheciam ser da Câmara dos Deputados a competência para decretar a perda dos mandatos, consoante disposto no art. 55, § 2°, da CF. Entendiam caber ao STF apenas comunicar, à Casa Legislativa respectiva, o trânsito em julgado de sentença condenatória, para que o órgão procedesse conforme os ditames constitucionais. Houve unanimidade no sentido da decretação da perda de mandato eletivo do réu que atualmente exerce mandato de prefeito, ausente controvérsia acerca da incidência do art. 55, IV e § 2°, da CF.
AP 470/MG, rel. Min. Joaquim Barbosa, 17.12.2012. (AP-470)

AP 470/MG - 230
Após os reajustes de voto dos Ministros Cármen Lúcia, Dias Toffoli e Rosa Weber relativamente aos réus que especificaram, o Plenário rejeitou pleito formulado pelo Ministério Público Federal, em sede de alegações finais, no sentido de que fosse fixado valor mínimo para reparação dos danos causados pelas infrações penais (CPP, art. 387, IV, c/c o art. 63, parágrafo único). Mencionou-se o que decidido na AP 396/RO (DJe de 28.4.2011), no sentido de ser desnecessário que o pedido de estipulação de valor mínimo de reparação constasse expressamente da denúncia, por se tratar de efeito extrapenal da condenação. Considerou-se, todavia, que a complexidade dos fatos e a imbricação de condutas tornaria inviável assentar montante mínimo. Asseverou-se não haver como identificar com precisão qual a quantia devida por cada réu, o que só seria possível por meio de ação civil, com dilação probatória para esclarecimento deste ponto. O Revisor ponderou que incumbiria ao *parquet*, além de requerer a fixação de valor mínimo, indicá-lo e apresentar provas, para que fosse estabelecido contraditório. Salientou ser defeso ao magistrado determinar a quantia sem conferir às partes a oportunidade de se manifestar. O Min. Teori Zavascki não participou da votação.
AP 470/MG, rel. Min. Joaquim Barbosa, 17.12.2012. (AP-470)

AP 470/MG e pedido de vista em investigações correlatas
O Plenário negou provimento a agravo regimental interposto, nos autos da AP 470/MG, em que se solicitava vista de autos em trâmite no 1° grau de jurisdição, instaurados com a finalidade de apurar se funcionários do Banco do Brasil teriam participado do desvio de recursos públicos paga instituição em eventual auxílio ao ora agravante. Consignou-se a ausência de pleito no mesmo sentido perante o juízo competente para processamento daqueles autos e para análise do que requerido. Considerou-se improcedente a alegação de cerceamento de defesa, pois o acusado tivera pleno acesso ao contraditório e à ampla defesa na AP 470/MG. Salientou-se que o ora agravante não seria investigado naqueles procedimentos e que existiriam outros casos de desdobramento a partir das apurações iniciadas no Supremo. Rememorou-se que a acusação sublinhara, quando do oferecimento da denúncia perante esta Corte, que seria possível a colaboração de outros gerentes da referida instituição financeira nos fatos criminosos. O Min. Teori Zavascki não participou da votação.
AP 470 Vigésimo Segundo AgR/MG, rel. Min. Joaquim Barbosa, 17.12.2012. (AP-470)

AI: peça essencial e conversão em REsp
A 2ª Turma concedeu, em parte, *habeas corpus* para anular julgamento de recurso especial, apreciado no STJ a partir da conversão de agravo de instrumento, e determinar o exame desse recurso com base no elementos constantes dos autos. No caso, o paciente, juiz de direito, fora denunciado por suposta prática do crime de corrupção passiva (CP, art. 317, § 1°). O tribunal de justiça rejeitara a denúncia por considerar atípica a conduta imputada. Inconformado, o Ministério Público estadual interpusera recurso especial, que viera a ser inadmitido pelo Vice-Presidente do TJ. Contra essa decisão, fora manejado agravo de instrumento, convertido em REsp pelo Ministro Relator no STJ. Esse apelo fora provido para cassar o acórdão recorrido, bem como para determinar o recebimento da denúncia. O Min. Gilmar Mendes ressaltou que a conversão se dera de forma heterodoxa e acidentada, já que fora solicitado ao desembargador relator o encaminhamento por *e-mail* da inicial acusatória. O Min. Teori Zavascki chamou a atenção para a necessidade de se ouvir ambas as partes da relação processual, uma vez que fora colhido apenas o parecer do *parquet*, mas não se dera vista ao paciente. O Min. Celso de Mello acresceu, ainda, que a produção superveniente de documento essencial afetaria a própria ortodoxia do processamento do agravo de instrumento, além de transgredir a jurisprudência do STF no sentido de que não seria possível a complementação posterior conforme preceituaria o Enunciado 288 da Súmula do STF ("*Nega-se provimento a agravo para subida de recurso extraordinário, quando faltar no traslado o despacho agravado, a decisão recorrida, a petição de recurso extraordinário ou qualquer peça essencial à compreensão da controvérsia*").**HC 105948/MT, rel. Min. Gilmar Mendes, 5.2.2013. (HC-105948)** (Inform. STF 694).

Causa de aumento e agente político
A causa de aumento de pena prevista no § 2° do art. 327 do CP ("*A pena será aumentada da terça parte quando os autores dos crimes previstos neste Capítulo forem ocupantes de cargos em comissão ou de função de direção ou assessoramento de órgão da administração direta, sociedade de economia mista, empresa pública ou fundação instituída pelo poder público*") aplica-se aos agentes detentores de mandato eletivo que exerçam, cumulativamente, as funções política e administrativa. Com base nessa orientação, a 2ª Turma negou provimento a recurso ordinário em *habeas corpus* em que se questionava a dosimetria da pena. No caso, o paciente fora condenado pelo crime de peculato (CP, art. 312) por desviar valores descontados dos salários de vereadores e servidores e não repassá-los aos cofres da fazenda pública quando exercia a presidência da câmara de vereadores. **RHC 110513/RJ, rel. Min. Joaquim Barbosa, 29.5.2012.** (RHC-110513) (Inform. STF 668)

Denunciação caluniosa contra autoridade detentora de prerrogativa de foro e tipicidade - 1
A 2ª Turma denegou *habeas corpus* no qual pleiteada a atipicidade da conduta descrita como denunciação caluniosa (CP, art. 339: "*Dar causa à instauração de investigação policial, de processo judicial, instauração de investigação administrativa, inquérito civil ou ação de improbidade administrativa contra alguém, imputando-lhe crime de que o sabe inocente*") sob alegação de inexistência dos elementos objetivo e subjetivo do tipo. Na espécie, juiz federal requerera instauração de procedimento investigatório denominado representação crimi-

nal – que tramitara perante órgão especial de tribunal regional federal – em face de outro magistrado e de membro do Ministério Público, dando-lhes como incursos nos crimes de prevaricação e abuso de autoridade. Esse procedimento fora arquivado, sem a instauração de processo penal contra os representados. O parquet federal oferecera, então, denúncia contra o paciente, de forma a imputar-lhe a prática dos crimes de denunciação caluniosa e abuso de autoridade, a qual fora recebida e resultara em sua condenação. A defesa arguia ausência de justa causa para a persecução criminal, ante o arquivamento liminar do feito, porquanto hipoteticamente não teria havido a deflagração de investigação administrativa, de inquérito policial ou civil ou de ação judicial. Sustentava, igualmente, que a representação não se amoldaria às elementares da capitulação penal. **HC 106466/SP, rel. Min. Ayres Britto, 14.2.2012.** (HC-106466)

Denunciação caluniosa contra autoridade detentora de prerrogativa de foro e tipicidade - 2
No tocante ao elemento objetivo do tipo, entendeu-se que a representação criminal subscrita pelo paciente preencheria a finalidade do art. 339 do CP, com a redação da Lei 10.028/2000. Isso porque ela consubstanciaria modalidade de "investigação administrativa", cujo escopo seria apurar a veracidade das infrações penais atribuídas aos representados. Asseverou-se que a referida medida contivera os seguintes procedimentos: a) o chamamento dos representados, mediante notificação, para o exercício da ampla defesa, diante das imputações então formalizadas; b) o ônus da apresentação de resposta escrita, no prazo legal, acompanhada dos necessários esclarecimentos; c) o encaminhamento de todas as peças informativas ao Ministério Público Federal para pronunciar-se sobre a procedência das acusações; e d) a deliberação de órgão colegiado do tribunal de origem quanto ao mérito do pedido veiculado na representação. Nesse contexto, rechaçou-se a assertiva de que houvera arquivamento liminar. **HC 106466/SP, rel. Min. Ayres Britto, 14.2.2012.** (HC-106466)

Denunciação caluniosa contra autoridade detentora de prerrogativa de foro e tipicidade - 3
Com relação ao elemento subjetivo do tipo, rememorou-se jurisprudência desta Corte no sentido de que a configuração do tipo incriminador em causa exigiria dolo direto quanto ao conhecimento, por parte do acusado, da inocência dos representados, de modo que a presença de dolo eventual do agente seria insuficiente. A respeito, extraíram-se dos autos elementos bastantes que comprovariam a consciência da falsidade da imputação realizada. Salientou-se, por fim, que não seria esta a via adequada para renovação de atos próprios de instrução processual a fim de se concluir que o acusado não deteria pleno conhecimento da inocência dos representados. Precedente citado: RHC 85023/TO (DJe de 1º.2.2008). **HC 106466/SP, rel. Min. Ayres Britto, 14.2.2012.** (HC-106466) (Inform. STF 655)

DIREITO PENAL E PROCESSUAL PENAL. INÉPCIA DE DENÚNCIA POR CORRUPÇÃO ATIVA E PROSSEGUIMENTO DA PERSECUÇÃO PENAL PARA APURAÇÃO DE CORRUPÇÃO PASSIVA.
O reconhecimento da inépcia da denúncia em relação ao acusado de corrupção ativa (art. 333 do CP) não induz, por si só, o trancamento da ação penal em relação ao denunciado, no mesmo processo, por corrupção passiva (art. 317 do CP). Conquanto exista divergência doutrinária acerca do assunto, prevalece o entendimento de que, via de regra, os crimes de corrupção passiva e ativa, por estarem previstos em tipos penais distintos e autônomos, são independentes, de modo que a comprovação de um deles não pressupõe a do outro. Aliás, tal compreensão foi reafirmada pelo STF no julgamento da Ação Penal 470-DF, extraindo-se dos diversos votos nela proferidos a assertiva de que a exigência de bilateralidade não constitui elemento integrante da estrutura do tipo penal do delito de corrupção (AP 470-DF, Tribunal Pleno, DJe 19/4/2013). Não se desconhece o posicionamento no sentido de que, nas modalidades de recebimento ou aceitação da promessa de vantagem indevida, haveria bilateralidade da conduta, que seria precedida da ação do particular que a promove. Contudo, mesmo em tais casos, para que seja oferecida denúncia em face do autor da corrupção passiva é desnecessária a identificação ou mesmo a condenação do corruptor ativo, já que o princípio da indivisibilidade não se aplica às ações penais públicas. Ademais, a exclusão do acusado de corrupção ativa ocorreu apenas em razão da inépcia da denúncia, decisão que não faz coisa julgada material, permitindo que o órgão acusatório apresente outra peça vestibular quanto aos mesmos fatos sem os vícios outrora reconhecidos. Assim, não havendo qualquer decisão de mérito transitada em julgado que tenha afastado cabalmente a prática de corrupção ativa por parte do agente que teria oferecido ou prometido vantagem indevida a funcionário público, impossível o trancamento da ação quanto ao delito previsto no art. 317 do CP. **RHC 52.465-PE, Rel. Min. Jorge Mussi, julgado em 23/10/2014. (Inform. STJ 551)**

DIREITO PENAL. DESNECESSIDADE DE PRÉVIA CONSTITUIÇÃO DO CRÉDITO TRIBUTÁRIO PARA CONFIGURAÇÃO DO CRIME DE DESCAMINHO.
É desnecessária a constituição definitiva do crédito tributário por processo administrativo fiscal para a configuração do delito de descaminho (art. 334 do CP). Se para os crimes contra a ordem tributária previstos nos incisos I a IV do art. 1º da Lei 8.137/1990 elegeu-se o esgotamento da via administrativa como condição objetiva de punibilidade, esse mesmo raciocínio não deve ser empregado para todos os crimes que, de uma maneira ou de outra, acabam por vulnerar o sistema de arrecadação de receitas, tal como ocorre com o descaminho. Com efeito, quanto ao exercício do direito de punir do Estado, não se pode estabelecer igualdade de tratamento para crimes autônomos sem que haja determinação legal nesse sentido, baseando-se o intérprete, exclusivamente, na característica inerente ao objeto do crime – seja objeto jurídico (valor ou interesse tutelado), seja objeto material (pessoa ou coisa sobre a qual recai a conduta). Ademais, o objeto jurídico tutelado no descaminho é a administração pública considerada sob o ângulo da função administrativa, que, vista pelo prisma econômico, resguarda o sistema de arrecadação de receitas; pelo prisma da concorrência leal, tutela a prática comercial isonômica; e, por fim, pelo ângulo da probidade e moralidade administrativas, garante, em seu aspecto subjetivo, o comportamento probo e ético das pessoas que se relacionam com a coisa pública. Por isso, não há razão para se restringir o âmbito de proteção da norma proibitiva do descaminho (cuja amplitude de tutela alberga outros valores, além da arrecadação fiscal, que são tão importantes no cenário brasileiro atual), equiparando-o, de forma simples e impositiva, aos crimes tributários. Além do mais, diversamente do que ocorre com os crimes de sonegação fiscal propriamente ditos, havendo indícios de descaminho, cabe à fiscalização, efetivada pela Secretaria da Receita Federal, apreender, quando possível, os produtos ou mercadorias importadas/exportadas (art. 15 do Decreto 7.482/2011). A apreensão de bens enseja a lavratura de representação fiscal ou auto de infração, a desaguar em duplo procedimento: a) envio ao Ministério Público e b) instauração de procedimento de perdimento, conforme dispõe o art. 1º, § 4º, III, do Decreto-Lei 37/1966. Uma vez efetivada a pena de perdimento, inexistirá a possibilidade de constituição de crédito tributário. Daí a conclusão de absoluta incongruência no argumento de que é imprescindível o esgotamento da via administrativa, com a constituição definitiva de crédito tributário, para se proceder à *persecutio criminis* no descaminho, porquanto, na imensa maioria dos casos, sequer existirá crédito a ser constituído. De mais a mais, a descrição típica do descaminho exige a realização de engodo para supressão – no todo ou em parte – do pagamento de direito ou imposto devido no momento da entrada, saída ou consumo da mercadoria. Impõe, portanto,

a ocorrência desse episódio, com o efetivo resultado ilusório, no transpasse das barreiras alfandegárias. Desse modo, a ausência do pagamento do imposto ou direito no momento do desembaraço aduaneiro, quando exigível, revela-se como o resultado necessário para consumação do crime. Por todo o exposto, a instauração de procedimento administrativo para constituição definitiva do crédito tributário no descaminho, nos casos em que isso é possível, não ocasiona nenhum reflexo na viabilidade de persecução penal. Precedente citado do STJ: AgRg no REsp 1.435.343-PR, Quinta Turma, Dje 30/5/2014. Precedente citado do STF: HC 99.740-SP, Segunda Turma, DJe 23/11/2010. **REsp 1.343.463-BA, Rel. Min. Maria Thereza de Assis Moura, Rel. para acórdão Min. Rogerio Schietti Cruz, julgado em 20/3/2014. (Inform. STJ 548)**

DIREITO PENAL. DESCUMPRIMENTO DE MEDIDA PROTETIVA DE URGÊNCIA PREVISTA NA LEI MARIA DA PENHA.
O descumprimento de medida protetiva de urgência prevista na Lei Maria da Penha (art. 22 da Lei 11.340/2006) não configura crime de desobediência (art. 330 do CP). De fato, o art. 330 do CP dispõe sobre o crime de desobediência, que consiste em "desobedecer a ordem legal de funcionário público". Para esse crime, entende o STJ que as determinações cujo cumprimento seja assegurado por sanções de natureza civil, processual civil ou administrativa retiram a tipicidade do delito de desobediência, salvo se houver ressalva expressa da lei quanto à possibilidade de aplicação cumulativa do art. 330 do CP (HC 16.940-DF, Quinta Turma, DJ 18/11/2002). Nesse contexto, o art. 22, § 4º, da Lei 11.340/2006 diz que se aplica às medidas protetivas, no que couber, o disposto no *caput* e nos §§ 5º e 6º do art. 461 do CPC, ou seja, no caso de descumprimento de medida protetiva, pode o juiz fixar providência com o objetivo de alcançar a tutela específica da obrigação, afastando-se o crime de desobediência. Vale ressaltar que, a exclusão do crime em questão ocorre tanto no caso de previsão legal de penalidade administrativa ou civil como no caso de penalidade de cunho processual penal. Assim, quando o descumprimento da medida protetiva der ensejo à prisão preventiva, nos termos do art. 313, III, do CPP, também não há falar em crime de desobediência. **REsp 1.374.653-MG, Rel. Min. Sebastião Reis Júnior, julgado em 11/3/2014. (Inform. STJ 538)**

DIREITO PENAL. PRÉVIO PROCESSO ADMINISTRATIVO-FISCAL PARA CONFIGURAÇÃO DO CRIME DE DESCAMINHO.
É desnecessária a constituição definitiva do crédito tributário por processo administrativo-fiscal para a configuração do delito de descaminho (art. 334 do CP). Isso porque o delito de descaminho é crime formal que se perfaz com o ato de iludir o pagamento de imposto devido pela entrada de mercadoria no país, razão pela qual o resultado da conduta delituosa relacionado ao *quantum* do imposto devido não integra o tipo legal. A norma penal do art. 334 do CP – elencada sob o Título XI: "Dos Crimes Contra a Administração Pública" – visa proteger, em primeiro plano, a integridade do sistema de controle de entrada e saída de mercadorias do país como importante instrumento de política econômica. Assim, o bem jurídico protegido pela norma é mais do que o mero valor do imposto, engloba a própria estabilidade das atividades comerciais dentro do país, refletindo na balança comercial entre o Brasil e outros países. O produto inserido no mercado brasileiro fruto de descaminho, além de lesar o fisco, enseja o comércio ilegal, concorrendo, de forma desleal, com os produzidos no país, gerando uma série de prejuízos para a atividade empresarial brasileira. Ademais, as esferas administrativa e penal são autônomas e independentes, sendo desinfluente, no crime de descaminho, a constituição definitiva do crédito tributário pela primeira para a incidência da segunda. **HC 218.961-SP, Rel. Min. Laurita Vaz, julgado em 15/10/2013. (Inform. STJ 534)**

DIREITO PENAL. CRIME DE DESOBEDIÊNCIA. NECESSIDADE DE INTIMAÇÃO PESSOAL DO DESTINATÁRIO DA ORDEM.
Não se configura o crime de desobediência na hipótese em que as notificações do responsável pelo cumprimento da ordem foram encaminhadas por via postal, sendo os avisos de recebimento subscritos por terceiros. Para caracterizar o delito de desobediência, exige-se a notificação pessoal do responsável pelo cumprimento da ordem, demonstrando a ciência inequívoca da sua existência e, após, a intenção deliberada de não cumpri-la. Precedentes citados: HC 115.504-SP, DJe 9/2/2009; HC 84.664-SP, DJe 13/10/2009, e RHC 24.021-SP, DJe 28/6/2010. **HC 226.512-RJ, Rel. Min. Sebastião Reis Júnior, julgado em 9/10/2012.** (Inform. STJ 506)

12. OUTROS CRIMES DO CÓDIGO PENAL

ESTABELECIMENTO COMERCIAL. VENDA DE PRODUTOS SEM REGISTRO DA ANVISA. PERÍCIA.
In casu, os pacientes foram denunciados pela prática do delito previsto no art. 273, § 1º e § 1º-B, I, do CP, porque, no estabelecimento comercial deles (loja de suplementos alimentares), os agentes da Anvisa encontraram à venda produtos sem o exigível registro na Agência. Assim, busca-se, na impetração, entre outros temas, o trancamento da ação penal por ausência de justa causa, tendo em vista que não foi realizado exame pericial para comprovar que os produtos apreendidos não poderiam ser comercializados. A Turma entendeu *que*, para a configuração do aludido delito, não é exigível a perícia, bastando a ausência de registro na Anvisa, obrigatório na hipótese de insumos destinados a fins terapêuticos ou medicinais. Ademais, consignou-se que as características dos produtos podem ser atestadas por fiscal técnico da Agência, conhecedor das normas de regulação que, no exercício do seu mister, tem fé pública. No caso, foram os profissionais da Anvisa – conhecedores das normas da agência que gozam de fé pública no exercício de suas funções – que identificaram que os produtos apreendidos no estabelecimento administrado pelos pacientes não possuíam o necessário registro, portanto não se mostra lógico tampouco razoável exigir a perícia, até porque eram insumos sujeitos à vigilância, previstos na abrangente legislação. Além disso, os impetrantes não apresentaram documentação que demonstrasse que os produtos não estariam sujeitos à vigilância sanitária. Dessa forma, concluiu-se que não ocorre a falta de justa causa para a ação penal, devendo as instâncias ordinárias procederem ao juízo de culpabilidade na espécie. **HC 177.972-BA, Rel. Min. Laurita Vaz, julgado em 28/8/2012.** (Inform. STJ 503)

13. CRIMES RELATIVOS A DROGAS E ASPECTOS CORRELATOS

Tráfico de entorpecentes: "mulas" e agentes de organização criminosa
A 1ª Turma concedeu "habeas corpus" de ofício impetrado em favor de condenados pela prática de tráfico internacional de entorpecentes. A defesa pleiteava a aplicação da causa especial de diminuição do art. 33, §4º, da Lei 11.343/2006. A Turma considerou que a atuação dos pacientes na condição de "mulas" não significaria, necessariamente, que integrassem organização criminosa. No caso, eles seriam meros transportadores, o que não representaria adesão à estrutura de organização criminosa. HC 124107/SP, rel. Min. Dias Toffoli, 4.11.2014. (HC-124107) (Inform. STF 766)

Tráfico de drogas e qualificação jurídica dos fatos
A 2ª Turma concedeu "habeas corpus" de ofício para absolver condenado pela prática dos crimes de tráfico e associação para o tráfico de drogas (Lei 11.343/2006, artigos 33 e 35). Na espécie, o paciente fora condenado pela posse de 1,5 grama de maconha para alegados fins de tráfico. A Turma entendeu ausente a prova da existência do fato (CPP, art. 386, II). A pequena apreensão de droga e a ausência de outras diligências investigatórias teria demonstrado que a instauração da ação penal com consequente condenação representara medida nitidamente descabida. Ademais, a Turma determinou o encaminhamento de ofício ao CNJ para que fosse avaliada a uniformização do procedimento da Lei 11.343/2006, em razão da reiteração de casos idênticos aos dos presentes autos nos quais a inadequada qualificação jurídica dos fatos teria gerado uma resposta penal exacerbada.
HC 123221/SP, rel. Min. Gilmar Mendes, 28.10.2014. (HC-123221) (Inform. STF 765)

Tráfico de drogas: dosimetria e "bis in idem"
A 2ª Turma não conheceu de recurso ordinário em "habeas corpus", mas concedeu, de ofício, a ordem em razão da utilização, em instâncias diversas, das mesmas circunstâncias para agravar a sanção penal tanto na primeira, quanto na terceira fase da dosimetria da pena. No caso, devido à natureza e à quantidade de entorpecentes, o recorrente fora condenado pela prática do delito previsto no art. 33 da Lei 11.343/2006, à pena de sete anos de reclusão, a ser cumprida em regime inicial fechado. No julgamento da apelação, o tribunal, tendo em conta a natureza e a quantidade da droga, aplicara, no percentual mínimo, a causa de diminuição disposta no §4º do art. 33, da Lei 11.343/2006. A Turma consignou que estaria evidenciado o "bis in idem". Explicou que, tanto no afastamento da pena-base do mínimo legal — pelo juízo de 1º grau —, como na fixação da causa de diminuição da pena em um sexto — pelo tribunal —, teria havido a utilização dos mesmos critérios, quais sejam, a natureza e a quantidade dos entorpecentes. Relembrou que o STF, ao analisar o art. 42 da Lei 11.343/2006, dirimira divergência jurisprudencial entre a 1ª e a 2ª Turma e firmara o entendimento de a natureza e a quantidade do entorpecente poderem ser utilizadas na primeira ou na terceira fase da dosimetria penal. Asseverou que, utilizado o critério da natureza e da quantidade dos entorpecentes para elevar a pena-base, deveria a causa de diminuição do § 4º do art. 33 da Lei 11.343/2006 ser fixada no patamar de dois terços, porque não haveria qualquer outro fundamento fixado pelas instâncias antecedentes que impedir sua aplicação em grau máximo. Ressaltou o reconhecimento da inconstitucionalidade dos dispositivos que vedavam a substituição da pena em caso de condenação pelo crime de tráfico de entorpecentes (Lei 11.343/2006, artigos 33, § 4º, e 44, *caput*) e da norma que impunha regime fechado para o início do cumprimento da pena pela prática de crimes hediondos e equiparados (Lei 8.072/1990, art. 2º, § 1º). Concluiu, assim, que tornar-se-ia necessário o reexame da possibilidade de substituição da pena privativa de liberdade por restritiva de direitos e dos requisitos para fixação do regime prisional.
RHC 122684/MG, rel. Min. Cármen Lúcia, 16.9.2014. (RHC-122684) (Inform. STF 759)

Dosimetria da pena: circunstâncias judiciais, pena-base e proporcionalidade
A 2ª Turma iniciou julgamento de recurso ordinário em "habeas corpus" no qual condenado à pena de nove anos e seis meses de reclusão, pela prática do crime previsto no art. 33 da Lei 11.343/2006, sustenta ilegalidade na fixação de sua pena-base, acima do mínimo legal. A defesa alega que as circunstâncias judiciais lhe seriam favoráveis, uma vez que: a) a substância ilícita teria sido apreendida em sua totalidade; b) a quantidade de droga não seria suficiente para elevar a pena--base; c) o cumprimento de pena por delito anterior poderia configurar apenas reincidência, e constituiria "bis in idem" a sua utilização para sopesar negativamente a personalidade. A Ministra Cármen Lúcia (relatora) negou provimento ao recurso no que foi acompanhada pelo Ministro Ricardo Lewandowski. Considerou que teria havido a indicação de elementos concretos, negativos, graves e válidos para a majoração da pena-base, e não se mostraria juridicamente desproporcional a sua fixação acima do mínimo legal. Aduziu que teriam sido adequadamente destacados na dosimetria da pena os aspectos relacionados: a) às consequências do crime, dada a natureza da droga (cocaína); b) às circunstâncias do delito, considerada a quantidade de entorpecentes (54 "trouxinhas"); c) aos maus antecedentes (recorrente condenado cinco vezes, em decisões com trânsito em julgado que antecederam o crime em apreço); d) à culpabilidade (recorrente praticava o comércio de drogas em sua residência); e) à personalidade (o crime ocorrera enquanto o recorrente cumpria pena por outro delito de mesma natureza); e f) à conduta social (usuário contumaz de drogas). O Ministro Celso de Mello, em divergência, deu parcial provimento ao recurso. Destacou que, ao se tomar por referência o mínimo legal, a pena-base praticamente teria sido duplicada, com apoio em elementos insuficientes, que jamais poderiam fundamentar tão significativo aumento, qual seja, de cinco anos para nove anos e seis meses. Aduziu que a suposta grande quantidade de entorpecente resumir-se-ia a sete gramas de cocaína. Consignou que somente considerariam como antecedentes criminais idôneos para efeitos de agravamento da pena as condenações penais com trânsito em julgado. No entanto, o juiz sentenciante teria se valido de antecedentes criminais destituídos de caráter definitivo. Por fim, ressaltou que o magistrado, ao invés de observar o critério trifásico de dosimetria da pena, teria simplesmente estabelecido de um modo global uma pena única, sem ter percorrido os diversos estágios do método trifásico. Em seguida, após o voto do Ministro Teori Zavascki, que acompanhou a divergência, pediu vista o Ministro Gilmar Mendes.
RHC 122469/MS, rel. Min. Cármen Lúcia, 5.8.2014. (RHC-122469) (Inform. STF 753)

Dosimetria da pena: circunstâncias judiciais, pena-base e proporcionalidade - 2
Ante a ilegalidade na fixação da pena-base, estabelecida acima do mínimo legal, a 2ª Turma, em conclusão de julgamento e por maioria, deu parcial provimento a recurso ordinário em "habeas corpus" e determinou o retorno dos autos à origem a fim de que fosse refeita a dosimetria da pena em relação a paciente condenado à pena de nove anos e seis meses de reclusão, pela prática do crime previsto no art. 33 da Lei 11.343/2006 — v. Informativo 753. A Turma aduziu que alguns aspectos destacados na dosimetria da pena não deveriam ser considerados como circunstâncias desfavoráveis. Aludiu que, apesar de a divisão da droga em frações (54 "trouxinhas") indicar potencial de alcançar grande número de usuários, seria preponderante, no caso dos autos, o fato de que a quantidade da droga seria pequena (7,1 gramas). Acrescentou que a utilização da própria residência como ponto de venda de drogas, por si só, não ensejaria uma maior reprovabilidade da conduta delituosa. Ademais, ressaltou que o juízo sentenciante incorrera em "bis in idem" ao utilizar o fato de o réu estar cumprindo pena por crime idêntico para apontar a personalidade voltada para o crime e, simultaneamente, considerá-lo como antecedente desfavorável. Por fim, destacou que o uso contumaz de drogas não poderia ser empregado como indicativo de necessidade de agravamento da reprimenda, visto que a conduta do usuário que vendesse drogas para sustentar o próprio vício seria menos reprovável do que a daquele que tivesse contato com as drogas apenas com intuito de lucro. Vencidos os Ministros Ricardo Lewandowski e Cármen Lúcia, que negavam provimento ao recurso por considerar que a fixação da pena acima do mínimo legal não se mostrara juridicamente desproporcional.
RHC 122469/MS, rel. orig. Min. Cármen Lúcia, red. p/ o acórdão Min. Celso de Mello, 16.9.2014. (RHC-122469) (Inform. STF 759)

Tráfico de drogas: interrogatório do réu e princípio da especialidade

O rito previsto no art. 400 do CPP – com a redação conferida pela Lei 11.719/2008 – não se aplica à Lei de Drogas, de modo que o interrogatório do réu processado com base na Lei 11.343/2006 deve observar o procedimento nela descrito (artigos 54 a 59). Com base nesse entendimento, a 2ª Turma denegou "habeas corpus" em que se pretendia a observância do art. 400 do CPP em processo penal alusivo ao crime de tráfico de drogas. A Turma afirmou que o art. 57 da Lei 11.343/2006 estabelece que o interrogatório ocorreria em momento anterior à oitiva das testemunhas, diferentemente do que prevê o art. 400 do CPP, que dispõe que o interrogatório seria realizado ao final da audiência de instrução e julgamento. Assentou, ainda, que seria necessária a demonstração do prejuízo, inocorrente na espécie. Ademais, entendeu que, no confronto entre as duas leis, aplicar-se-ia a lei especial quanto ao procedimento, que, no caso, seria a Lei de Drogas. Precedente citado: HC 85.155/SP (DJU de 15.4.2005).
HC 121953/MG, rel. Min. Ricardo Lewandowski, 10.6.2014. (HC-121953) (Inform. STF 750)

Tráfico de drogas: transporte público e aplicação do art. 40, III, da Lei 11.343/2006

Em conclusão de julgamento, a 2ª Turma, por maioria, concedeu "habeas corpus" a condenado pela prática de tráfico de drogas para afastar a majorante contida no art. 40, III, da Lei 11.343/2006 ("Art. 40. As penas previstas nos arts. 33 a 37 desta Lei são aumentadas de um sexto a dois terços, se: ... III - a infração tiver sido cometida nas dependências ou imediações de estabelecimentos prisionais, de ensino ou hospitalares, de sedes de entidades estudantis, sociais, culturais, recreativas, esportivas, ou beneficentes, de locais de trabalho coletivo, de recintos onde se realizem espetáculos ou diversões de qualquer natureza, de serviços de tratamento de dependentes de drogas ou de reinserção social, de unidades militares ou policiais ou em transportes públicos"). No caso, o paciente fora flagrado em transporte coletivo transnacional, trazendo consigo considerável quantidade de substância entorpecente. Prevaleceu o voto do Ministro Ricardo Lewandowski. Destacou que a jurisprudência das Turmas seria no sentido de que a aplicação daquela causa especial de aumento de pena teria como objetivo punir com mais rigor a comercialização de drogas em locais nos quais se verificasse uma maior aglomeração de pessoas, de modo que se tornasse mais fácil a disseminação da mercancia. Assim, não seria suficiente a mera utilização do transporte público para o carregamento do entorpecente. Vencida a Ministra Cármen Lúcia (relatora), que indeferia a ordem.
HC 120624/MS, rel. orig. Min. Cármen Lúcia, red. p/ o acórdão, Min. Ricardo Lewandowski, 3.6.2014. (HC-120624) (Inform. STF 749)

Tráfico de drogas e indulto humanitário - 1

A 2ª Turma reiterou jurisprudência no sentido de não ser possível o deferimento de indulto ao réu condenado por tráfico de drogas, ainda que tenha sido aplicada a causa de diminuição prevista no art. 33, § 4°, da Lei 11.343/2006 à pena a ele imposta, circunstância que não altera a tipicidade do crime. Na espécie, paciente condenada pela prática dos delitos de tráfico e de associação para o tráfico ilícito de entorpecentes pretendia a concessão de indulto humanitário em face de seu precário estado de saúde (portadora de diabetes, hipertensão arterial sistêmica e insuficiência renal crônica, além de haver perdido a integralidade da visão). A Turma asseverou que o fato de a paciente estar doente ou ser acometida de deficiência visual não seria causa de extinção da punibilidade nem de suspensão da execução da pena. Afirmou que os condenados por tráfico de drogas ilícitas não poderiam ser contemplados com o indulto. Ponderou que, nos termos da Lei 8.072/1990, o crime de tráfico de droga, equiparado a hediondo, não permitiria anistia, graça e indulto ("Art. 2° Os crimes hediondos, a prática da tortura, o tráfico ilícito de entorpecentes e drogas afins e o terrorismo são insuscetíveis de: I - anistia, graça e indulto"). Pontuou que haveria consenso na doutrina quanto à impropriedade entre o disposto no art. 5°, XLIII, da CF ("a lei considerará crimes inafiançáveis e insuscetíveis de graça ou anistia a prática da tortura, o tráfico ilícito de entorpecentes e drogas afins, o terrorismo e os definidos como crimes hediondos, por eles respondendo os mandantes, os executores e os que, podendo evitá-los, se omitirem") e a regra de competência privativa do Presidente da República, contida no art. 84, XII, da CF ("conceder indulto e comutar penas, com audiência, se necessário, dos órgãos instituídos em lei"). Assinalou que a proibição do art. 5°, XLIII, da CF seria aplicável ao indulto individual e ao indulto coletivo. Enfatizou que, tanto o tráfico ilícito de entorpecentes, quanto a associação para o tráfico foram equiparados a crime hediondo (Lei 11.343/2006, art. 44) e, por isso, a benesse requerida não poderia ser concedida.
HC 118213/SP, rel. Min. Gilmar Mendes, 6.5.2014. (HC-118213)

Tráfico de drogas e indulto humanitário - 2

Em acréscimo, o Ministro Celso de Mello lembrou que, eventualmente, se poderia invocar a Convenção das Nações Unidas sobre os Direitos das Pessoas Portadoras de Deficiência, subscrita pelo Brasil e incorporada ao sistema de Direito positivo interno. Consignou que, hoje, essa seria a única convenção internacional revestida de eficácia constitucional, considerado o procedimento ritual de sua aprovação, nos termos do § 3º do art. 5° da CF ("§ 3° Os tratados e convenções internacionais sobre direitos humanos que forem aprovados, em cada Casa do Congresso Nacional, em dois turnos, por três quintos dos votos dos respectivos membros, serão equivalentes às emendas constitucionais"). Esclareceu que esse estatuto traria uma série de medidas destinadas a compensar a diferença entre situações de normalidade e situações excepcionais caracterizadas pela existência de necessidades especiais qualificada pela ocorrência de deficiências, inclusive essa de índole sensorial. Frisou que o art. 14 do Decreto 6.949/2009, que promulgou a referida Convenção, estabelece que os Estados nacionais, como o Brasil, não podem privar alguém do regime prisional apenas em razão dessa mesma deficiência ("1. Os Estados Partes assegurarão que as pessoas com deficiência, em igualdade de oportunidades com as demais pessoas: ... b) Não sejam privadas ilegal ou arbitrariamente de sua liberdade e que toda privação de liberdade esteja em conformidade com a lei, e que a existência de deficiência não justifique a privação de liberdade. 2. Os Estados Partes assegurarão que, se pessoas com deficiência forem privadas de liberdade mediante algum processo, elas, em igualdade de oportunidades com as demais pessoas, façam jus a garantias de acordo com o direito internacional dos direitos humanos e sejam tratadas em conformidade com os objetivos e princípios da presente Convenção, inclusive mediante a provisão de adaptação razoável"). Precedentes citados: HC 80.866/RJ (DJU de 14.6.2002) e ADI 2.795 MC/DF (DJU de 20.6.2003).
HC 118213/SP, rel. Min. Gilmar Mendes, 6.5.2014. (HC-118213) (Inform. STF 745)

REPERCUSSÃO GERAL EM ARE N. 666.334-AM
RELATOR: MIN. GILMAR MENDES

Recurso extraordinário com agravo. Repercussão Geral. 2. Tráfico de Drogas. 3. Valoração da natureza e da quantidade da droga apreendida em apenas uma das fases do cálculo da pena. Vedação ao *bis in idem*. Precedentes. 4. Agravo conhecido e recurso extraordinário provido para determinar ao Juízo da 3ª VECUTE da Comarca de Manaus/AM que proceda a nova dosimetria da pena. 5. Reafirmação de jurisprudência.
(Inform. STF 745)

Art. 28 da Lei de Drogas: ato infracional e restrição da liberdade

Para evitar supressão de instância, a 1ª Turma, por maioria, julgou extinta a ordem de "habeas corpus", vencido o Ministro

Marco Aurélio, que admitia a impetração. No entanto, concedeu a ordem, de ofício, ao fundamento de não ser possível a internação ou a restrição parcial da liberdade de adolescentes por ato infracional análogo ao delito do art. 28 da Lei de Drogas ("Quem adquirir, guardar, tiver em depósito, transportar ou trouxer consigo, para consumo pessoal, drogas sem autorização ou em desacordo com determinação legal ou regulamentar será submetido às seguintes penas: I - advertência sobre os efeitos das drogas; II - prestação de serviços à comunidade; III - medida educativa de comparecimento a programa ou curso educativo"). Na espécie, o menor fora apreendido com dois gramas de maconha, sendo-lhe atribuída a prática de fato análogo ao crime de uso de entorpecentes. Na sequência, a ele fora aplicado medida socioeducativa de semiliberdade por prazo indeterminado até o máximo de três anos. A Turma asseverou que, por se tratar da criminalização do uso de entorpecentes, não se admitiria a imposição ao menor condenado de pena restritiva de liberdade, nem mesmo em caso de reiteração ou de descumprimento de medidas anteriormente aplicadas.
HC 119160/SP, rel. Min. Roberto Barroso, 9.4.2014. (HC-119160) (Inform. STF 742)

Hediondez e tráfico privilegiado
Ao reiterar orientação no sentido de que a minorante do art. 33, § 4°, da Lei 11.343/2006 não retirou o caráter hediondo do crime de tráfico privilegiado de entorpecentes, a 1ª Turma, em julgamento conjunto, negou provimento a recurso ordinário e, por maioria, julgou extinta ordem de *habeas corpus*, sem julgamento do mérito. Destacou-se que, não obstante a matéria tenha sido afetada ao Plenário pela 2ª Turma, eventual decisão do Plenário a afastar a hediondez do tipo penal não prejudicaria a apresentação de *habeas corpus* pelo interessado ou impediria que o juiz, de ofício, reconsiderasse sua decisão. Vencido o Ministro Marco Aurélio, que indeferia a ordem.
RHC 118099/MS e HC 118032/MS, rel. Min. Dias Toffoli, 4.2.2014. (RHC-118099) (Inform. STF 734)

Tráfico de drogas e lei mais benéfica - 3
Em conclusão de julgamento, a 1ª Turma, por maioria, concedeu habeas corpus para determinar a designação de audiência na qual os pacientes deverão ser advertidos sobre os efeitos do uso de entorpecente. Na espécie, pretendia-se a desclassificação da conduta imputada, prevista no art. 12 da Lei 6.368/76 ("Importar ou exportar, remeter, preparar, produzir, fabricar, adquirir, vender, expor à venda ou oferecer, fornecer ainda que gratuitamente, ter em depósito, transportar, trazer consigo, guardar, prescrever, ministrar ou entregar, de qualquer forma, a consumo substância entorpecente ou que determine dependência física ou psíquica, sem autorização ou em desacordo com determinação legal ou regulamentar"), para a disposta no art. 33, § 3°, da Lei 11.343/2006 ("§ 3° Oferecer droga, eventualmente e sem objetivo de lucro, a pessoa de seu relacionamento, para juntos a consumirem") – v. Informativo 626. Aduziu-se que o acórdão impugnado teria invertido a ordem processual quanto à prova, atribuindo aos pacientes o dever de demonstrar sua condição de usuários, o que não se coadunaria com o Direito Penal. Registrou-se que eles não teriam o dever de demonstrar que a droga apreendida se destinaria ao consumo próprio e de amigos, e não ao tráfico. Asseverou-se que caberia à acusação comprovar os elementos do tipo penal. Reputou-se que ao Estado-acusador incumbiria corroborar a configuração do tráfico, que não ocorreria pela simples compra do entorpecente. Salientou-se que o restabelecimento do enfoque revelado pelo juízo seria conducente a afastar-se, até mesmo, a condenação à pena restritiva da liberdade. Vencido o Min. Ricardo Lewandowski, que denegava a ordem. O Min. Dias Toffoli reajustou seu voto para conceder o writ.
HC 107448/MG, rel. orig. Min. Ricardo Lewandowski, red. p/ o acórdão Min. Marco Aurélio, 18.6.2013. (HC-107448) (Inform. STF 711)

HC N. 111.837-SP
RELATOR: MIN. LUIZ FUX
Ementa: Penal e Processual Penal. Habeas corpus substitutivo de recurso. Tráfico e associação para o tráfico de entorpecentes – arts. 33 e 35 da Lei n. 11.343/06. Prisão preventiva e excesso de prazo da instrução criminal. Superveniência de sentença penal condenatória. Novação do título prisional e superação da alegação de excesso de prazo da instrução criminal. Prejudicialidade do writ. Pena-base fixada no mínimo legal. Ausência de circunstâncias judiciais desfavoráveis. Minorante do § 4° do art. 33 da Lei de Drogas aplicada na fração máxima de 2/3. Regime inicial fechado. Vedação legal a regime inicial diverso: Art. 2°, § 1°, da Lei n. 11.464/07. Inconstitucionalidade declarada, incidenter tantum, no HC 111.840. Opinião do julgador sobre a gravidade in abstracto dos crimes. Afronta às Súmulas 718 e 719/STF.
1. A superveniência de sentença penal condenatória veiculando novo título prisional torna prejudicadas as alegações de excesso de prazo da instrução criminal e de ausência de fundamentação na decisão que determinou a prisão preventiva (HC 103020/SP, rel. min. Cármen Lúcia, 1ª Turma, DJ de 6/5/2011; RHC 95207/PI, rel. min. Ricardo Lewandowski, 1ª Turma, DJ de 15/2/2011; e HC 93023 AgR/RJ, rel. min. Carlos Britto, 1ª Turma, DJ de 24/4/2009, entre outros).
2. In casu, a paciente foi presa em flagrante, em 03/08/2010, e condenada à pena de 1 (um) ano e 8 (oito) meses de reclusão, em regime inicial fechado, pela prática do crime de tráfico de entorpecentes, e a 3 (três) anos de reclusão em regime inicial fechado, pela prática do delito de associação para o tráfico de entorpecentes, crimes tipificados nos arts. 33 e 35 da Lei n. 11.343/06, sendo certo que a sentença condenatória, superveniente à impetração deste writ, constitui novação do título da prisão cautelar e torna prejudicadas as alegações de excesso de prazo da instrução criminal e de ausência de fundamentação do cerceio ante tempus da liberdade.
3. A fixação de regime inicial de cumprimento da pena mais gravoso do que o previsto em lei, com fundamento no art. 2°, § 1°, da Lei n. 11.464/07 e na gravidade dos delitos, afronta o entendimento firmado pelo Pleno desta Corte, no HC n. 111.640, no sentido da inconstitucionalidade da imposição de regime inicial fechado para o crime de tráfico de entorpecentes, e contraria as Súmulas 718 e 719 do Supremo Tribunal Federal.
4. Habeas corpus julgado extinto por inadequação da via processual, mas concedido, ex officio, com fundamento no § 2° do art. 654 do CPP, para determinar que o início do cumprimento da pena se dê no regime inicial semiaberto, em consonância com a manifestação ministerial. (Inform. STF 708)

Art. 33, § 4°, da Lei 11.343/2006 e fundamentação
A 2ª Turma concedeu *habeas corpus* para determinar a magistrado que reduzisse a pena imposta ao paciente, considerada a incidência da causa de diminuição do art. 33, § 4°, da Lei 11.343/2006 no patamar máximo de 2/3. Ademais, ordenou que fixasse o regime inicial de cumprimento da reprimenda de maneira fundamentada, com o afastamento da regra do § 1° do art. 2° da Lei 8.072/90 (na redação conferida pela Lei 11.464/2007), obrigatoriedade declarada inconstitucional pelo STF. Na espécie, o tribunal de justiça local, ao dar parcial provimento a recurso da acusação, condenara o paciente pela prática do delito de tráfico de drogas (Lei 11.343/2006, art. 33). Explicitou-se que a Corte estadual definira a pena-base no mínimo legal. Obtemperou-se que aquele tribunal não agira bem ao estabelecer, em seguida, a minorante em 1/6 sem oferecer a devida justificação. Por fim, salientou-se que o réu apresentaria bons antecedentes, não faria parte de grupo criminoso, enfim, ostentaria todos os requisitos para que a benesse fosse conferida em grau máximo. Precedente citado: HC 111840/ES (acórdão pendente de publicação, v. Informativos 670 e 672).
HC 114830/RS, rel. Min. Ricardo Lewandowski, 12.3.2013. (HC-114830) (Inform. STF 698)

Tráfico privilegiado e crime hediondo

A 2ª Turma acolheu proposição formulada pelo Min. Celso de Mello no sentido de afetar ao Plenário julgamento de *habeas corpus* em que se discute a hediondez no crime de tráfico privilegiado previsto no parágrafo 4º do art. 33 da Lei 11.343/2006 ("*§ 4º Nos delitos definidos no caput e no § 1º deste artigo, as penas poderão ser reduzidas de um sexto a dois terços, desde que o agente seja primário, de bons antecedentes, não se dedique às atividades criminosas nem integre organização criminosa*"). Na espécie, o paciente fora condenado por tráfico internacional de drogas e a defesa requerera indulto, denegado pelo juízo das execuções penais. Em mutirão carcerário, entendera-se que teria jus ao perdão da pena, já que cumprido 1/3 da reprimenda. Ocorre que, posteriormente, o tribunal local cassara o benefício, a ensejar a presente impetração. Alega-se que o tráfico privilegiado não seria hediondo porque não estaria expressamente identificado no art. 2º da Lei 8.072/90 ("*Art. 2º Os crimes hediondos, a prática da tortura, o tráfico ilícito de entorpecentes e drogas afins e o terrorismo são insuscetíveis de: I - anistia, graça e indulto; II - fiança*"), a prever tão somente a figura do tráfico de entorpecentes do *caput* do mencionado art. 33 da Lei de Drogas. Sustenta-se, ademais, que esse fato seria bastante para que o paciente não sofresse as restrições impostas pela Lei dos Crimes Hediondos. **HC 110884/MS, rel. Min. Ricardo Lewandowski, 27.11.2012.** (HC-110884) (Inform. STF 690)

HC e devolutividade de apelação - 1

A 1ª Turma julgou extinto *habeas corpus* ante a inadequação da via processual e, por maioria, concedeu a ordem, de ofício, a fim de que o juízo da execução avalie matéria referente ao regime inicial de cumprimento de pena. Na espécie, o paciente fora condenado à pena de 4 anos e 2 meses de reclusão, sob a acusação da prática do delito de tráfico de entorpecentes (Lei 11.343/2006, art. 33). A decisão monocrática aplicara-lhe a minorante do art. 33, § 4º, da mesma norma, na fração de 1/6, sem declinar a motivação, bem como assentara que o paciente seria tecnicamente primário e não integraria organização criminosa. O tribunal local, em sede de apelação exclusiva da defesa – a qual visava à redução da pena no patamar máximo (2/3) –, com base em circunstâncias não aventadas na sentença, dispusera que estas serviriam de justificativas para desprover o recurso (confissão de prática do delito como meio de sobrevivência e alusão a grande quantidade de entorpecentes), e, por isso, mantivera a reprimenda do então recorrente. O STJ encampara os fundamentos agregados ao acórdão de 2ª instância e indeferira *writ* lá impetrado. Neste *habeas*, a defesa reiterava que a não aplicação do redutor no grau máximo careceria de fundamentação idônea, bem como requeria a substituição da pena privativa de liberdade por restritiva de direitos. **HC 108183/ES, rel. Min. Luiz Fux, 11.9.2012.** (HC-108183)

HC e devolutividade de apelação - 2

De início, consignou-se existir excepcionalidade a determinar a concessão da ordem *ex officio*, tendo em conta o STF haver declarado, *incidenter tantum*, a inconstitucionalidade do art. 44 da Lei 11.343/2006, de maneira a afastar o óbice à substituição da pena privativa de liberdade por restritiva de direitos em relação ao crime de tráfico de entorpecentes. Quanto ao pleito de aplicação do redutor em grau máximo, o Min. Luiz Fux, relator, ressalvou acolher o argumento da *reformatio in pejus* ao compreender que o acréscimo de fundamentos pelo tribunal estadual, em apelação exclusiva da defesa, caracterizaria *reformatio in pejus*. Indicou que, quanto à profundidade do efeito devolutivo, teria havido reforma prejudicial, dado que assunto não devolvido em apelação fora resolvido de ofício pelo tribunal regional. Assim, entreviu que configuraria reforma prejudicial completar decisão singular, ao expor motivos por que não poderia ter sido reduzida a pena do paciente. A Min. Rosa Weber, por sua vez, sinalizou que, para decidir matéria de dosimetria da pena, haveria maior discricionariedade das instâncias anteriores. Assinalou que o tribunal local teria suprido, com fundamentação maior, a negativa do juízo de 1º grau de não incidir a minorante em fração mais expressiva, o que seria permitido em virtude do amplo efeito devolutivo do recurso. O Min. Marco Aurélio, ao perfilhar esta orientação, vislumbrou possível desprover a apelação por aspecto que não servira de base à decisão monocrática, com o fito de revelar as razões da percentagem, desde que não se agravasse a situação do réu. Vencido o Min. Dias Toffoli no tocante à concessão de ofício. **HC 108183/ES, rel. Min. Luiz Fux, 11.9.2012.** (HC-108183) (Inform. STF 679)

Artigos 12 e 13 da Lei 6.368/76

Ante a inadequação da via eleita, a 1ª Turma extinguiu *habeas corpus* – porquanto substitutivo de recurso ordinário constitucional –, em que discutido se a condenação por tráfico de entorpecentes (Lei 6.368/76, art. 12) absorveria comportamento previsto no art. 13 do mesmo diploma. Ato contínuo, por maioria, concedeu-se, de ofício, a ordem para cassar a pena cominada ao paciente pelo crime do aludido art. 13, sem prejuízo do restante da condenação a ele imposta. Cuidar-se-ia de condenado – nas instâncias ordinárias –, em concurso formal, pela prática dos delitos dos artigos 12, 13 e 14 da lei de regência anterior. Explicitou-se que o paciente integrava grupo criminoso dedicado ao tráfico internacional de drogas, especificamente cocaína, e, em laboratório de refino, desta extrairia *crack*. Reputou-se que o *writ* trataria apenas de enquadramento jurídico. A par disso, avaliou-se que, na situação dos autos, o fabrico da droga (art. 13) estaria subsumido no delito do art. 12, que seria mais amplo. Dessa maneira, o legislador teria antecipado o momento consumativo do tráfico na modalidade de produção ou preparo de entorpecentes, ao tipificar mera conduta de "*possuir ou guardar*" máquinas ou instrumentos destinados a essa finalidade. Enfatizou-se que, na situação dos autos, o delito subsidiário seria aplicável somente quando não configurado o do art. 12. Por outro lado, advertiu-se ser possível, em outro contexto, haver a caracterização de ambos os crimes. Na sequência, pontuou-se que os dispositivos em questão guardariam similitude com os atuais artigos 33 e 34 da Lei 11.343/2006. Rematou-se haver duplo apenamento e, por fim, estendeu-se o benefício aos demais corréus condenados pelo delito do art. 13, caso, igualmente sancionados pelo art. 12. Vencido o Min. Marco Aurélio, que entendia não ser hipótese de deferimento da ordem de ofício, haja vista faltar ilegalidade evidente. Estimava, ainda, descaber a discutida absorção. Precedente citado: HC 100946/GO (DJe de 27.2.2012). **HC 104633/SP, rel. Min. Rosa Weber, 11.9.2012.** (HC-104633) (Inform. STF 679)

Tráfico: causa de aumento e transporte público - 1

A 1ª Turma, por maioria, deferiu, em parte, *habeas corpus* para reduzir, da pena imposta, a causa de aumento prevista no art. 40, III, da Lei 11.343/2006 ("*As penas previstas nos arts. 33 a 37 desta Lei são aumentadas de um sexto a dois terços, se: a infração tiver sido cometida nas dependências ou imediações de estabelecimentos prisionais, de ensino ou hospitalares, de sedes de entidades estudantis, sociais, culturais, recreativas, esportivas, ou beneficentes, de locais de trabalho coletivo, de recintos onde se realizem espetáculos ou diversões de qualquer natureza, de serviços de tratamento de dependentes de drogas ou de reinserção social, de unidades militares ou policiais ou em transportes públicos*"). No caso, a paciente fora presa em flagrante delito quando trazia consigo, dentro de ônibus coletivo público intermunicipal, maconha proveniente do Paraguai, para ser entregue na cidade de São Paulo. Diante deste fato, com aplicação das causas de aumento de pena previstas no art. 40, I e III, da Lei de Drogas, fora condenada a 6 anos e 8 meses de reclusão. **HC 109538/MS, rel. orig. Min. Luiz Fux, red. p/ o acórdão Min. Rosa Weber, 15.5.2012.** (HC-109538)

Tráfico: causa de aumento e transporte público - 2

Entendeu-se que, com base em interpretação teleológica, o disposto no art. 40, III, do mencionado diploma, referir-se-ia a comercialização em transporte público, não alcançando a situação de o agente ter sido surpreendido quando trazia consigo droga em ônibus intermunicipal, sem que nele a tivesse vendido. Por fim, fixou-se em 5 anos e 10 meses a reprimenda e indeferiu-se o pedido de substituição da pena privativa de liberdade por restritivas de direito, em razão de a condenação superar 4 anos (CP, art. 44, I e II). Vencido o Min. Luiz Fux, relator, que indeferia a ordem, por reputar correto o acórdão do STJ, que considerava que a causa de aumento de pena prevista no art. 40, III, da Lei 11.343/2006 deveria incidir nos casos em que o agente utilizasse transporte público com grandes aglomerações de pessoas para passar desapercebido, a tornar a traficância mais fácil e ágil, o que bastaria, para sua incidência, o simples uso desse tipo de transporte. **HC 109538/MS, rel. orig. Min. Luiz Fux, red. p/ o acórdão Min. Rosa Weber, 15.5.2012.** (HC-109538) (Inform. STF 666)

Lei 11.343/2006 e regime inicial fechado
A ausência de pronunciamento definitivo por parte do Pleno do Supremo Tribunal Federal sobre a constitucionalidade, ou não, do início de cumprimento da pena em regime fechado no crime de tráfico de drogas praticado na vigência da Lei 11.464/2007 não permite fixação de regime inicial diverso. Essa a conclusão da Turma ao indeferir *habeas corpus* em que sustentado o preenchimento dos requisitos do art. 33, § 2°, c, do CP. Rejeitou-se, também, proposta, formulada pelo Min. Marco Aurélio, no sentido da remessa do feito ao Plenário. Salientou-se que a matéria estaria pendente de apreciação pelo referido órgão, no HC 101284/MG, a ele afetado por este órgão fracionário, de modo a impedir este último de afastar a vedação legal na espécie. Aduziu-se que, caso a ordem fosse concedida, não haveria óbice a que a defensoria impetrasse outro *writ* ou que, perante o juízo da execução, requeresse o afastamento do art. 44 da Lei 11.343/2006. Vencido o suscitante, ao fundamento de caber ao Plenário analisar a harmonia, ou não, da Lei 8.072/90 com a Constituição, no que vedaria o início do cumprimento da pena em regime diverso do fechado. Ponderava que, ante a execução da totalidade da pena até outubro deste ano, medida diversa se mostraria inócua. **HC 111510/SP, rel. Min. Dias Toffoli, 24.4.2012.** (HC-111510) (Inform. STF 663)

Tráfico de entorpecente: substituição de pena e fixação de regime
No crime de tráfico de entorpecente, a substituição da pena privativa de liberdade por restritiva de direitos, bem assim a fixação de regime aberto são cabíveis. Essa a orientação da 2ª Turma ao conceder dois *habeas corpus* para determinar que seja examinada a possibilidade de substituição da pena privativa de liberdade por restritiva de direitos. No HC 111844/SP, após a superação do óbice contido no Enunciado 691 da Súmula do STF, concedeu-se, em parte, de ofício, a ordem, ao fundamento de que, caso o paciente não preenchesse os requisitos necessários para a referida substituição, dever-se-ia analisar o seu ingresso em regime de cumprimento menos gravoso. No HC 112195/SP, reputou-se que o condenado demonstrara atender as exigências do art. 33, § 2°, c, do CP e, portanto, teria direito ao regime aberto. **HC 111844/SP, rel. Min. Celso de Mello, 24.4.2012.** (HC-111844), **HC 112195/SP, rel. Min. Gilmar Mendes, 24.4.2012.** (HC-112195) (Inform. STF 663)

Tráfico de drogas e dosimetria da pena
Ante empate na votação, a 1ª Turma deferiu *habeas corpus* para que magistrado apreciasse a percentagem de causa de diminuição da pena, prevista no art. 33, § 4°, da Lei 11.343/2006, a condenado pela prática de tráfico de drogas. Alegava-se que as instâncias ordinárias ter-se-iam fundamentado em presunções quanto às suas ligações com a criminalidade. Consideraram-se a menoridade do paciente, a ausência de registro de antecedentes e a aplicação da pena básica no mínimo legal. Asseverou-se não haver na sentença, nem no acórdão, qualquer dado concreto que mostrasse a integração do paciente a grupo criminoso. Destacou-se a circunstância de ele ter sido surpreendido com a droga revelaria o tráfico, mas não a integração à atividade em si, como contido no preceito, atividade criminosa com potencial maior. Os Ministros Luiz Fux, relator, e Min. Rosa Weber denegavam a ordem por entenderem que a mercancia de drogas, pelo réu, em lugar conhecido pelo comércio clandestino de entorpecente, por si só, constituiria prova robusta de sua participação na atividade criminosa. Aduziam que o tribunal de origem teria procedido a irrepreensível atividade intelectiva, porquanto a apreensão de grande quantidade de droga seria fato que permitiria concluir, mediante raciocínio dedutivo, pela sua dedicação ao tráfico. **HC 108280/SP, rel. orig. Min. Luiz Fux, red. p/ o acórdão Min. Marco Aurélio, 10.4.2012.** (HC-108280) (Inform. STF 661)

Tráfico de drogas: natureza pecuniária da pena e competência
Ante a peculiaridade do caso, especificamente no tocante à natureza pecuniária da sanção, a 2ª Turma deu parcial provimento a recurso ordinário em *habeas corpus*, para determinar que a Corte estadual, superada a questão relativa à possibilidade de substituição da reprimenda, prossiga no julgamento da apelação. O acórdão recorrido concedera, em parte, pedido de *writ* lá impetrado, a fim de restabelecer a sentença e determinar a substituição da pena privativa de liberdade imposta ao paciente, condenado pela prática do crime descrito no art. 33, *caput*, da Lei 11.343/2006, por restritivas de direitos. O STJ deixara de apreciar o pleito formulado pela defesa no que se referia ao abrandamento da prestação pecuniária fixada em primeiro grau, por entender que incidiria em indevida supressão de instância. Ressaltou-se – considerados inúmeros precedentes do STF – que, por se tratar de *habeas corpus* impetrado contra acórdão proferido em sede de apelação, o qual, em princípio, devolveria o conhecimento integral da causa, a competência originária para julgá-lo seria daquele Tribunal Superior, ainda quando o fundamento da impetração não houvesse sido aventado no recurso ordinário, nem dele se ocupado a decisão impugnada. No entanto, considerou-se que a especificidade da espécie recomendaria o retorno dos autos ao colegiado local. **RHC 108439/DF, rel. Min. Ayres Britto, 20.3.2012.** (RHC-108439) (Inform. STF 659)

Tráfico internacional de drogas: "mula" e organização criminosa
A 2ª Turma, por maioria, denegou *habeas corpus* impetrado em favor de condenado pela prática do crime de tráfico internacional de drogas (Lei 11.343/2006, art. 33, *caput*, c/c o art. 40, I). A defesa pretendia a aplicação da causa especial de redução de pena prevista no art. 33, § 4°, do mesmo diploma, em seu grau máximo de 2/3, a fim de que a reprimenda privativa de liberdade fosse substituída por restritiva de direitos. Reputou-se que, na situação dos autos, o paciente integraria, de fato, organização criminosa, não podendo ser considerado simples "mula" ocasional, a qual, após aliciada sairia de um país economicamente subdesenvolvido transportando pequena quantidade de droga. Ao contrário, ele teria transportado grande quantidade de entorpecente, mediante remuneração, com despesas custeadas previamente. Aduziu-se existir, consoante afirmado pelas instâncias ordinárias, estrutura logística voltada à remessa de vultuosas quantidades de droga para o exterior a partir do Brasil, com o fornecimento de passaportes, hospedagem, dinheiro e outros bens ao transportador da mercadoria. Destacou-se que concluir de forma diversa implicaria reexame fático-probatório, incabível na via eleita. Vencido o Min. Ayres Britto, que concedia a ordem. **HC 110551/SP, rel. Min. Ricardo Lewandowski, 13.3.2012.** (HC-110551) (Inform. STF 658)

Laudo definitivo de exame toxicológico no crime de tráfico de drogas
A 1ª Turma negou provimento a recurso ordinário em *habeas corpus* no qual se pleiteava a nulidade da decisão que condenara o recorrente por tráfico de drogas. Alegava-se que o laudo

toxicológico definitivo teria sido juntado após a sentença, quando da interposição de recurso pelo Ministério Público. Assentou-se que, no caso, a apresentação tardia desse parecer técnico não acarretaria a nulidade do feito, haja vista que demonstrada a materialidade delitiva por outros meios probatórios. Asseverou-se, ademais, que a nulidade decorrente da juntada extemporânea teria como pressuposto a comprovação de prejuízo ao réu, para evitar-se condenação fundada em meros indícios, sem a certeza da natureza da substância ilícita, o que não teria ocorrido na espécie. **RHC 110429/MG, rel. Min. Luiz Fux, 6.3.2012.** (RHC-110429) (Inform. STF 657)

DIREITO PENAL. NECESSIDADE DE GRADAÇÃO DA CAUSA DE DIMINUIÇÃO DE PENA PREVISTA NO ART. 46 DA LEI 11.343/2006 CONFORME O GRAU DE INCAPACIDADE DO RÉU.
Reconhecida a semi-imputabilidade do réu, o Juiz não pode aplicar a causa de diminuição de pena prevista no art. 46 da Lei 11.343/2006 em seu grau mínimo (1/3) sem expor qualquer dado substancial, em concreto, que justifique a adoção dessa fração. De acordo com o referido artigo, a pena pode ser reduzida de um terço a dois terços se, por força de determinadas circunstâncias, o agente não possuía, ao tempo da ação ou da omissão, a plena capacidade de entender o caráter ilícito do fato ou de determinar-se de acordo com esse entendimento. A diminuição da pena, nessa situação, deve ser avaliada de acordo com o grau de deficiência intelectiva do réu, vale dizer, de sua capacidade de autodeterminação. Nesse contexto, a ausência da justificativa para aplicação do redutor em seu grau mínimo viola o princípio do livre convencimento motivado, malferindo o disposto no art. 93, IX, da CF. **HC 167.376-SP, Rel. Min. Gurgel de Faria, julgado em 23/9/2014.** (Inform. STJ 547)

DIREITO PENAL. CAUSA DE AUMENTO DA PENA DO CRIME DE TRÁFICO DE DROGAS EM TRANSPORTE PÚBLICO.
A utilização de transporte público com a única finalidade de levar a droga ao destino, de forma oculta, sem o intuito de disseminá-la entre os passageiros ou frequentadores do local, não implica a incidência da causa de aumento de pena do inciso III do artigo 40 da Lei 11.343/2006. Precedente citado do STJ: REsp 1.345.827-AC, Quinta Turma, DJe 27/3/2014. Precedentes citados do STF: HC 119.782-MS, Primeira Turma, DJe 3/2/2014; e HC 119.811-MS, Segunda Turma, DJe 1º/7/2014. **REsp 1.443.214-MS, Rel. Min. Sebastião Reis Júnior, julgado em 4/9/2014 (Vide Informativo n. 543). (Inform. STJ 547)**

DIREITO PENAL. UTILIZAÇÃO DE TRANSPORTE PÚBLICO PARA CONDUZIR DROGA ILÍCITA.
O simples fato de o agente utilizar-se de transporte público para conduzir a droga não atrai a incidência da majorante prevista no art. 40, III, da Lei de Drogas (11.343/2006), que deve ser aplicada somente quando constatada a efetiva comercialização da substância em seu interior. Precedente citado do STJ: REsp 1.345.827-AC, Quinta Turma, DJe 27/3/2014. Precedentes citados do STF: HC 119.782-MS, Primeira Turma, DJe 3/2/2014; e HC 115.815-PR, Segunda Turma, DJe 28.8.2013. **AgRg no REsp 1.295.786-MS, Rel. Min. Regina Helena Costa, julgado em 18/6/2014 (Vide Informativo n. 481).** (Inform. STJ 543)

DIREITO PROCESSUAL PENAL. INTERROGATÓRIO NA LEI DE DROGAS.
Não gera nulidade o fato de, no julgamento dos crimes previstos na Lei 11.343/2006, a oitiva do réu ocorrer antes da inquirição das testemunhas. Segundo regra contida no art. 394, § 2º, do CPP, o procedimento comum será aplicado no julgamento de todos os crimes, salvo disposições em contrário do próprio CPP ou da lei especial. Logo, se para o julgamento dos delitos disciplinados na Lei 11.343/2006 há rito próprio (art. 57, da Lei 11.343/2006), no qual o interrogatório inaugura a audiência de instrução e julgamento, é de se afastar o rito ordinário (art. 400 do CPP) nesses casos, em razão da especialidade. Precedentes citados: HC 218.200-PR, Sexta Turma, DJe 29/8/2012; HC 138.876-DF, Quinta Turma, DJe 19/10/2011. **HC 275.070-SP, Rel. Min. Laurita Vaz, julgado em 18/2/2014.** (Inform. STJ 536)

DIREITO PENAL. SUBSTITUIÇÃO DA PENA NO CRIME DE TRÁFICO DE DROGAS.
O fato de o tráfico de drogas ser praticado com o intuito de introduzir substâncias ilícitas em estabelecimento prisional não impede, por si só, a substituição da pena privativa de liberdade por restritivas de direitos, devendo essa circunstância ser ponderada com os requisitos necessários para a concessão do benefício. Precedentes citados do STJ: AgRg no REsp 1.370.835-DF, Quinta Turma, DJe 29/5/2013 e AgRg no REsp 1.326.532/DF, Sexta Turma, DJe 14/11/2013. Precedente citado do STF: RHC 112.706, Primeira Turma, DJe 7/3/2013. **AgRg no REsp 1.359.941-DF, Rel. Min. Sebastião Reis Júnior, julgado em 4/2/2014.** (Inform. STJ 536)

DIREITO PROCESSUAL PENAL. INTERROGATÓRIO NA LEI DE DROGAS.
No julgamento dos crimes previstos na Lei 11.343/2006, é legítimo que o interrogatório do réu seja realizado antes da oitiva das testemunhas. Isso porque o regramento específico estabelecido no art. 57 da Lei 11.343/2006 prevalece sobre a regra geral do CPP. Precedentes citados do STJ: RHC 40.837-MG, Quinta Turma, DJe 11/12/2013 e HC 165.034-MG, Quinta Turma, DJe 9/10/2012. Precedente citado do STF: RHC 116.713-MG, Segunda Turma, DJe 24/6/2013. **HC 245.752-SP, Rel. Min. Sebastião Reis Júnior, julgado em 20/2/2014.** (Inform. STJ 535)

DIREITO PENAL. AUTOFINANCIAMENTO PARA O TRÁFICO DE DROGAS.
Na hipótese de autofinanciamento para o tráfico ilícito de drogas, não há concurso material entre os crimes de tráfico (art. 33, caput, da Lei 11.343/2006) e de financiamento ao tráfico (art. 36), devendo, nessa situação, ser o agente condenado às penas do crime de tráfico com incidência da causa de aumento de pena prevista no art. 40, VII. De acordo com a doutrina especialista no assunto, denomina-se autofinanciamento a situação em que o agente atua, ao mesmo tempo, como financiador e como traficante de drogas. Posto isso, tem-se que o legislador, ao prever como delito autônomo a atividade de financiar ou custear o tráfico (art. 36 da Lei 11.343/2006), objetivou – em exceção à teoria monista – punir o agente que não tem participação direta na execução no tráfico, limitando-se a fornecer dinheiro ou bens para subsidiar a mercancia, sem importar, exportar, remeter, preparar, produzir, fabricar, adquirir, vender, expor à venda, oferecer, ter em depósito, transportar, trazer consigo, guardar, prescrever, ministrar, entregar a consumo ou fornecer drogas ilicitamente. Observa-se, ademais, que, para os casos de tráfico cumulado com o financiamento ou custeio da prática do crime, expressamente foi estabelecida a aplicação da causa de aumento de pena do art. 40, VII, da referida lei, cabendo ressaltar, entretanto, que a aplicação da aludida causa de aumento de pena cumulada com a condenação pelo financiamento ou custeio do tráfico configuraria inegável bis in idem. De outro modo, atestar a impossibilidade de aplicação daquela causa de aumento em casos de autofinanciamento para o tráfico levaria à conclusão de que a previsão do art. 40, VII, seria inócua quanto às penas do art. 33, caput. **REsp 1.290.296-PR, Rel. Min. Maria Thereza de Assis Moura, julgado em 17/12/2013.** (Inform. STJ 534)

DIREITO PENAL. PROGRESSÃO DE REGIME NO TRÁFICO DE DROGAS. RECURSO REPETITIVO (ART. 543-C DO CPC E RES. 8/2008-STJ).
A partir da vigência da Lei 11.464/2007, que modificou o art. 2º, § 2º, da Lei 8.072/1990, exige-se o cumprimento de 2/5 (dois quintos) da pena, se o apenado for primário, e de 3/5

(três quintos), se reincidente, para a progressão de regime no caso de condenação por tráfico de drogas, ainda que aplicada a causa de diminuição prevista no art. 33, § 4°, da Lei 11.343/2006. O art. 2° da Lei 8.072/1990 equiparou o delito de tráfico de entorpecentes aos crimes hediondos, dispondo, no § 2° do mesmo artigo, que a progressão de regime, no caso dos condenados aos crimes previstos no caput, somente poderá ocorrer após o cumprimento de 2/5 (dois quintos) da pena, se o apenado for primário, e de 3/5 (três quintos), se reincidente. Por sua vez, o tipo penal do tráfico de drogas está capitulado no art. 33 da Lei 11.343/2006, que, em seu § 4°, estabelece que as penas poderão ser reduzidas de 1/6 a 2/3, desde que o agente seja primário, de bons antecedentes, não se dedique às atividades criminosas nem integre organização criminosa. Constata-se, de plano, da leitura desses dispositivos, que o art. 2°, § 2°, da Lei 8.072/1990 não excluiu de seu rol o tráfico de drogas quando houver a aplicação da minorante do art. 33, § 4°, da Lei 11.343/2006. Se assim o quisesse, poderia o legislador tê-lo feito, uma vez que a redação atual do dispositivo, conferida pela Lei 11.464/2007, é posterior à vigência da Lei 11.343/2006. Outrossim, observa-se que a causa de diminuição de pena do art. 33, § 4°, da Lei 11.343/2006 elenca, como requisitos necessários para a sua aplicação, circunstâncias inerentes não à conduta praticada pelo agente, mas à sua pessoa – primariedade, bons antecedentes, não dedicação a atividades criminosas e não integração de organização criminosa. Dessa forma, a aplicação da causa de diminuição de pena prevista no art. 33, § 4°, da Lei 11.343/2006 não afasta a hediondez do crime de tráfico de drogas, pois a sua incidência não decorre do reconhecimento de uma menor gravidade da conduta praticada e tampouco da existência de uma figura privilegiada do crime. A criação da minorante tem suas raízes em questões de política criminal, surgindo como um favor legislativo ao pequeno traficante, ainda não envolvido em maior profundidade com o mundo criminoso, de forma a lhe propiciar uma oportunidade mais rápida de ressocialização. Precedentes citados do STF: AgRg no HC 114.452-RS, Primeira Turma, DJe 8/11/2012; do STJ: HC 224.038-MG, Sexta Turma, DJe 27/11/2012, e HC 254.139-MG, Quinta Turma, DJe 23/11/2012. **REsp 1.329.088-RS, Rel. Min. Sebastião Reis Júnior, julgado em 13/3/2013.** (Inform. STJ 519)

DIREITO PENAL. INAPLICABILIDADE DA CAUSA DE DIMINUIÇÃO DO § 4° DO ART. 33 DA LEI N. 11.343/2006 NO CASO DE RECONHECIMENTO DE ASSOCIAÇÃO DE QUE TRATA O ART. 35 DO MESMO DIPLOMA LEGAL.
É inaplicável a causa especial de diminuição de pena prevista no § 4° do art. 33 da Lei n. 11.343/2006 na hipótese em que o réu tenha sido condenado, na mesma ocasião, por tráfico e pela associação de que trata o art. 35 do mesmo diploma legal. A aplicação da referida causa de diminuição de pena pressupõe que o agente não se dedique às atividades criminosas. Cuida-se de benefício destinado ao chamado "traficante de primeira viagem", prevenindo iniquidades decorrentes da aplicação a este de reprimendas semelhantes às daqueles que fazem do tráfico um "meio de vida". Desse modo, verifica-se que a redução é logicamente incompatível com a habitualidade e permanência exigidas para a configuração do delito de associação, cujo reconhecimento evidencia a conduta do agente voltada para o crime e envolvimento permanente com o tráfico. **REsp 1.199.671-MG, Rel. Min. Maria Thereza de Assis Moura, julgado em 26/2/2013.** (Inform. STJ 517)

DIREITO PENAL. APLICAÇÃO DA MINORANTE DO ART. 33, § 4° DA LEI N. 11.343/2006.
O magistrado não pode deixar de aplicar a minorante prevista no § 4° do art. 33 da Lei n. 11.343/2006 se utilizando exclusivamente dos elementos descritos no núcleo do referido tipo penal para concluir que o réu se dedicava à atividade criminosa. O art. 33, § 4°, da Lei n. 11.343/2006 prevê a aplicação de causa especial de diminuição de pena ao agente de crime de tráfico que tenha bons antecedentes, seja réu primário, não se dedique a atividades criminosas nem integre organização criminosa. Para que se negue a aplicação da referida minorante em razão do exercício do tráfico com atividade criminosa, deve o juiz basear-se em dados concretos que indiquem tal situação, sob pena de toda e qualquer ação descrita no núcleo do tipo ser considerada incompatível com a aplicação da causa especial de diminuição de pena. Precedente citado: REsp 1.085.039-MG, DJe 28/9/2009. **HC 253.732-RJ, Rel. Min. Jorge Mussi, julgado em 6/12/2012.** (Inform. STJ 514)

DIREITO PENAL. REQUISITOS PARA CONFIGURAÇÃO DO DELITO DE ASSOCIAÇÃO PARA O TRÁFICO.
Exige-se o dolo de se associar com permanência e estabilidade para a caracterização do crime de associação para o tráfico, previsto no art. 35 da Lei n. 11.343/2006. Dessa forma, é atípica a conduta se não houver ânimo associativo permanente (duradouro), mas apenas esporádico (eventual). Precedentes citados do STF: HC 64.840-RJ, DJ 21/8/1987; do STJ: HC 166.979-SP, DJe 15/8/2012, e HC 201.256-MG, DJe 29/6/2012. **HC 139.942-SP, Rel. Min. Maria Thereza de Assis Moura, julgado em 19/11/2012.** (Inform. STJ 509)

INDULTO. TRÁFICO ILÍCITO DE DROGAS.
É pacífico o entendimento do STJ de não ser possível o deferimento de indulto a réu condenado por tráfico ilícito de drogas, ainda que tenha sido aplicada a causa de diminuição de pena prevista no art. 33, § 4°, da Lei n. 11.343/2006, já que remanesce a tipicidade do crime. O STF já asseverou a inconstitucionalidade da concessão do indulto ao condenado por tráfico de drogas, independentemente do quantum da pena imposta, diante do disposto no art. 5°, XLIII, da CF. Precedentes citados do STF: ADI 2.795-DF, DJ 20/6/2003; do STJ: HC 147.389-MS, DJe 17/11/2011; HC 160.102-MS, DJe 28/9/2011; HC 167.120-MS, DJe 21/3/2011; HC 149.032-MS, DJe 22/11/2010, e HC 147.982-MS, DJe 21/6/2010. **HC 167.825-MS, Rel. Min. Alderita Ramos de Oliveira (Desembargadora convocada do TJ-PE), julgado em 16/8/2012.** (Inform. STJ 502)

TRÁFICO. NÃO APREENSÃO DA DROGA.
A ausência de apreensão da droga não torna a conduta atípica se existirem outros elementos de prova aptos a comprovarem o crime de tráfico. No caso, a denúncia fundamentou-se em provas obtidas pelas investigações policiais, dentre elas a quebra de sigilo telefônico, que são meios hábeis para comprovar a materialidade do delito perante a falta da droga, não caracterizando, assim, a ausência de justa causa para a ação penal. **HC 131.455-MT, Rel. Min. Maria Thereza de Assis Moura, julgado em 2/8/2012.** (Inform. STJ 501)

LEI PENAL NO TEMPO. TRÁFICO E ASSOCIAÇÃO PARA O TRÁFICO INTERNACIONAL DE DROGAS. DELITO PERMANENTE. PROGRESSÃO DE REGIME.
No habeas corpus, o paciente, condenado pelos crimes de tráfico e associação para o tráfico internacional de drogas, postulava a retificação da sua guia de recolhimento para que constasse como data do delito o dia 5/9/2006, conforme fixada para o corréu, em observância ao princípio da isonomia, propiciando-lhe, assim, a progressão de regime após o cumprimento de 1/6 da pena, nos termos da antiga redação da Lei n. 8.072/1990. A Turma, por maioria, denegou a ordem sob a afirmação de que, tratando-se de condenado por delito de natureza permanente, incide a legislação vigente ao tempo da cessação dos atos executórios, ainda que mais gravosa. Na espécie, as atividades criminosas se ultimaram com a prisão de diversas pessoas, inclusive com a do paciente em 11/4/2008. Dessa forma, considerada a data do cometimento do delito – 11/4/2008 –, aplica-se ao paciente, para a progressão prisional, os parâmetros estabelecidos na novel legislação (Lei n. 11.464/2007), ou seja, o cumprimento de 2/5 da pena, aos condenados por crimes hediondos ou equiparados. Destacou

o Min. Og Fernandes que, não obstante constar, na guia de execução do corréu, data diversa por suposto equívoco do Juízo da Execução, esta não poderia ser utilizada em benefício do paciente, sob o manto da isonomia. Vale dizer, um erro não justifica o outro. **HC 202.048-RN, Rel. originário Min. Sebastião Reis, Rel. para o acórdão Min. Og Fernandes, julgado em 15/5/2012. (Inform. STJ 497)**

SÚMULA STJ nº 512
A aplicação da causa de diminuição de pena prevista no art. 33, § 4º, da Lei n. 11.343/2006 não afasta a hediondez do crime de tráfico de drogas.

Súmula STJ nº 501
É cabível a aplicação retroativa da Lei n. 11.343/2006, desde que o resultado da incidência das suas disposições, na íntegra, seja mais favorável ao réu do que o advindo da aplicação da Lei n. 6.368/1976, sendo vedada a combinação de leis.

14. CRIMES CONTRA O MEIO AMBIENTE

Art. 38 da Lei 9.605/98 e potencial ofensivo
O delito tipificado no art. 38 da Lei 9.605/98 (*"Destruir ou danificar floresta considerada de preservação permanente, mesmo que em formação, ou utilizá-la com infringência das normas de proteção: Pena - detenção, de um a três anos, ou multa, ou ambas as penas cumulativamente. Parágrafo único. Se o crime for culposo, a pena será reduzida à metade"*) não constitui infração de menor potencial ofensivo. Essa a conclusão da 2ª Turma ao denegar *habeas corpus* em que se pleiteava a declaração da competência do juizado especial federal criminal para apreciação do processo na origem, em face da possibilidade de imposição de multa como reprimenda. Na espécie, tratava-se de denunciado por, supostamente, edificar obras de forma ilícita às margens de lago de preservação ambiental. Salientou-se que a competência do juizado estaria afastada, uma vez que a pena máxima cominada superaria o limite de 2 anos (art. 2º da Lei 10.259/2001 c/c art. 61 da Lei 9.099/95). Concluiu-se ser competente a justiça federal comum. **HC 112758/TO, rel. Min. Ricardo Lewandowski, 16.10.2012.** (HC-112758) (Inform. STF 684)

Dano ambiental e nexo de causalidade
Em conclusão de julgamento, a 2ª Turma, por maioria, deferiu *habeas corpus* para determinar o trancamento de ação penal ajuizada contra proprietário de área localizada em parque estadual, denunciado por crime contra o meio ambiente. Na espécie, conforme escritura de compra e venda, o paciente adquirira gleba de terra na região e, no contrato estaria previsto o direito de os proprietários anteriores procederem à colheita do que fora por eles plantado. Ao verificar desmatamento naquela área de plantio, a fiscalização ambiental lavrara boletins de ocorrência que culminaram em ação civil pública contra o paciente pelos crimes dos artigos 38, 39, 40 e 48 da Lei 9.605/98 (Lei de Crimes Ambientais). No STJ, reconhecera-se excesso acusatório com parcial concessão da ordem e delimitara-se a imputação ao crime do art. 40 da Lei 9.605/98. Ressaltou-se não ser possível que intervenções legislativas apanhassem realidades constituídas e as transformassem em práticas ilícitas. Asseverou-se que: a) o mencionado parque ambiental fora criado em data posterior à aquisição da propriedade; b) o plantio de mandioca seria preexistente à aquisição da propriedade; c) o paciente substituíra o mandiocal por gramíneas; d) o dano não adviera do plantio de gramíneas, mas da supressão da vegetação para o plantio daqueles tubérculos; e e) a área em questão seria pouco significativa. Destacou-se que, por restringir-se a imputação ao delito de dano, não se verificaria nexo de causalidade entre a conduta imputada ao paciente e o

malefício ambiental por ele supostamente causado. Frisou-se que o laudo técnico apontara para a regeneração natural da área, com indicação de medidas simples para o afastamento do dano, que poderiam ser obtidas pelas vias administrativas e cíveis. Reajustou o voto o Min. Ayres Britto, relator. Vencida a Min. Ellen Gracie, que denegava a ordem. **HC 95154/SP, rel. Min. Ayres Britto, 27.3.2012.** (HC-95154) (Inform. STF 660)

15. CRIMES CONTRA A ORDEM TRIBUTÁRIA, A ORDEM ECONÔMICA E CONTRA O SISTEMA FINANCEIRO NACIONAL

Crime tributário e prescrição
A 1ª Turma iniciou julgamento de recurso ordinário em "habeas corpus" no qual se pleiteia o reconhecimento da prescrição da pretensão punitiva estatal em razão da alegada impossibilidade de aplicação retroativa do Enunciado 24 da Súmula Vinculante do STF ("Não se tipifica crime material contra a ordem tributária, previsto no art. 1º, incisos I a IV, da Lei nº 8.137/90, antes do lançamento definitivo do tributo"). Na espécie, o recorrente fora denunciado pela suposta prática do crime previsto no art. 1º, I, II e III, da Lei 8.137/1990, em virtude de condutas que teriam sido perpetradas entre 1990 e 1992. Após o recebimento da denúncia em 18.9.2009, o ora recorrente fora condenado à pena de três anos e nove meses de reclusão, por sentença proferida em 2.5.2012. O Ministro Dias Toffoli (relator) negou provimento ao recurso. Afirmou que o Enunciado 24 da Súmula Vinculante não teria inovado no ordenamento jurídico. Na realidade, o mencionado enunciado sumular teria, apenas, consolidado a interpretação reiterada do STF na matéria. Os referidos crimes, portanto, teriam como termo de constituição o momento em que finalizado o processo administrativo tributário, o que, no caso, se dera em 24.9.2003. Após os votos dos Ministros Roberto Barroso e Rosa Weber, que acompanharam o entendimento do relator, pediu vista dos autos o Ministro Luiz Fux.
RHC 122774/RJ, rel. Min. Dias Toffoli, 5.8.2014. (RHC-122774) (Inform. STF 753)

Sonegação fiscal e presunção de inocência
Não ofende o princípio constitucional da presunção de inocência a exigência de comprovação da origem de valores estabelecida no art. 42 da Lei 9.430/1996 ("Caracterizam-se também omissão de receita ou de rendimento os valores creditados em conta de depósito ou de investimento mantida junto a instituição financeira, em relação aos quais o titular, pessoa física ou jurídica, regularmente intimado, não comprove, mediante documentação hábil e idônea, a origem dos recursos utilizados nessas operações"). Com base nesse entendimento, a 2ª Turma denegou "habeas corpus" no qual discutida a legalidade da condenação do paciente pelo crime previsto no art. 1º, I, da Lei 8.137/1990 ("Art. 1º Constitui crime contra a ordem tributária suprimir ou reduzir tributo, ou contribuição social e qualquer acessório, mediante as seguintes condutas: I - omitir informação, ou prestar declaração falsa às autoridades fazendárias"), em continuidade delitiva (CP, art. 71). Na espécie, o paciente, regularmente intimado no âmbito de processo administrativo fiscal para declinar a origem de valores creditados em sua conta corrente, informara que estaria impossibilitado de prestar os esclarecimentos solicitados. A Turma consignou que, ao assim proceder, o paciente criaria presunção, ainda que relativa, de que houvera omissão de rendimentos a dar ensejo, eventualmente, à persecução penal pelo crime em análise. Asseverou que, por se tratar de procedimento legalmente estabelecido, não haveria ofensa ao postulado da presunção de inocência. Consignou que entendimento contrário somente seria possível ao se assentar a incons-

titucionalidade do próprio tipo penal de sonegação fiscal. Quanto à alegação de ocorrência de "reformatio in pejus" — tendo em conta afirmação do STJ no sentido de que o ajuizamento de ação anulatória não teria o condão de obstar o trâmite da ação penal —, consignou que essa assertiva apenas reforçaria a afirmação daquele tribunal de que a constituição definitiva do crédito tributário seria suficiente à configuração de indícios de materialidade para o início da persecução penal. Aduziu que a mera existência da mencionada ação em nada alteraria a situação do paciente. Acrescentou, ademais, que apenas a inclusão do contribuinte em parcelamento tributário possuiria o condão de suspender a pretensão punitiva do Estado nos crimes previstos nos artigos 1º e 2º da Lei 8.137/1990, conforme o disposto no art. 83, § 2º, da Lei 9.430/1996. ("§ 2º É suspensa a pretensão punitiva do Estado referente aos crimes previstos no 'caput', durante o período em que a pessoa física ou a pessoa jurídica relacionada com o agente dos aludidos crimes estiver incluída no parcelamento, desde que o pedido de parcelamento tenha sido formalizado antes do recebimento da denúncia criminal"). HC 121125/PR, rel. Min. Gilmar Mendes, 10.6.2014. (HC-121125) (Inform. STF 750)

Sonegação fiscal: reconhecimento de majorante e concurso de crimes
A 1ª Turma, em julgamento conjunto, assentou a extinção de "habeas corpus" e, por maioria, negou provimento a recurso ordinário em "habeas corpus" em que discutida a aplicabilidade da majorante prevista no art. 12, I, da Lei 8.137/1990, bem como do concurso formal, em face de condenação imposta ao paciente. No caso, o réu fora condenado pela prática do crime previsto no art. 1º, I e II, da Lei 8.137/1990, c/c os artigos 71 e 69 do CP, por haver deixado de recolher IRPJ, contribuição para o PIS e CSLL, e por haver inserido despesas operacionais e custos de serviços vendidos inexistentes na declaração de rendimentos apresentada ao Fisco. A defesa sustentava, em preliminar, o cabimento da impetração formalizada no STJ, que não fora conhecida. No mérito, alegava que a causa de aumento referente ao art. 12, I, da Lei 8.137/1990 não poderia incidir, pois não teria constado da denúncia, bem assim que seria inviável reconhecer o concurso formal, porquanto não haveria crimes distintos com resultados autônomos, uma vez que não seria possível reduzir o IRPJ sem reduzir também a contribuição para o PIS e a CSLL. No que se refere à causa de aumento, a Turma consignou que, apesar da ausência de capitulação expressa na inicial, a Corte fixara entendimento no sentido de que o acusado defender-se-ia dos fatos descritos na denúncia. Assim, seria necessária apenas a correlação entre o fato descrito na peça acusatória e o fato que ensejara a condenação, e seria irrelevante a menção expressa na exordial de eventuais causas de aumento ou diminuição. Quanto à assertiva de impossibilidade de reconhecimento do concurso formal, a Turma registrou que a tese não poderia ser analisada, porque não teria sido aventada nas instâncias inferiores. Destacou, ainda, que seria inadmissível a impetração de "habeas corpus" em caráter substitutivo de recurso ordinário, e que o STJ, ao não conhecer da impetração lá apresentada com esse fundamento, teria examinado a possibilidade de concessão da ordem de ofício e a rejeitado. Vencido, em parte, o Ministro Marco Aurélio, no tocante ao recurso ordinário em "habeas corpus", para conceder a ordem de ofício. Afastava a incidência do concurso formal, por vislumbrar a existência de prática única.
HC 120587/SP e RHC 119962/SP, rel. Min. Luiz Fux, 20.5.2014. (HC-120587) (Inform. STF 747)

HC N. 108.159-RO
RELATOR: MIN. DIAS TOFFOLI
Habeas corpus. Crime contra a ordem tributária (art. 1º da Lei nº 8.137/90). Delito de natureza material. Impossibilidade de realização de atos persecutórios antes da formação definitiva do crédito tributário. Entendimento consolidado na Súmula Vinculante nº 24. Ordem concedida.

1. Os delitos previstos no art. 1º da Lei 8.137/90 são de natureza material, exigindo-se, para a sua tipificação, a constituição definitiva do crédito tributário para o desencadeamento da ação penal.
2. Carece de justa causa qualquer ato investigatório ou persecutório judicial antes do pronunciamento definitivo da administração fazendária no tocante ao débito fiscal de responsabilidade do contribuinte.
3. No caso em exame, é incontroverso que não houve a constituição definitiva do crédito, uma vez que o próprio Tribunal Administrativo de Tributos Estaduais do Estado de Rondônia/RO reconheceu a inexistência do ilícito tributário apontado pelo fisco.
4. Constrangimento ilegal reconhecido.
5. Ordem concedida. (Inform. STF 702)

Lei 8.137/90: atribuição funcional e suspensão de débito - 1
A 2ª Turma negou provimento a recurso ordinário em *habeas corpus* interposto, por condenado pela prática de crime funcional contra a ordem tributária, sob a alegação de que: a) o indeferimento de diligências, pleiteadas na fase do art. 499 do CPP, o prejudicara; e b) o tipo penal em questão somente poderia ser cometido por funcionário público competente para o lançamento ou a cobrança do tributo. Consignou-se que o acórdão recorrido estaria consoante a jurisprudência do STF no sentido de que para configuração do cerceamento de defesa impenderia a demonstração de efetivo prejuízo sofrido com o indeferimento da diligência. **RHC 108822/GO, rel. Min. Gilmar Mendes, 19.2.2013. (RHC-108822)**

Lei 8.137/90: atribuição funcional e suspensão de débito - 2
No tocante à tese de atipicidade de conduta, inicialmente, mencionou-se o teor do dispositivo em que fundada a condenação [Lei 8.137/90: "*Art. 3º Constitui crime funcional contra a ordem tributária, além dos previstos no Decreto-Lei n° 2.848, de 7 de dezembro de 1940 - Código Penal (Título XI, Capítulo I): ... II - exigir, solicitar ou receber, para si ou para outrem, direta ou indiretamente, ainda que fora da função ou antes de iniciar seu exercício, mas em razão dela, vantagem indevida; ou aceitar promessa de tal vantagem, para deixar de lançar ou cobrar tributo ou contribuição social, ou cobrá-los parcialmente. Pena - reclusão, de 3 (três) a 8 (oito) anos, e multa*"]. Observou-se consistir tipo especial, mas característico da própria corrupção passiva. Esclareceu-se constar da decisão do STJ que, mesmo fora da função ou antes de iniciar seu exercício, seria possível a funcionário público perpetrar o referido crime. Frisou-se que a circunstância de não ser encarregado do lançamento tributário não impediria o paciente de suspender ilicitamente o débito de empresas que, para tanto, teriam lhe oferecido vantagem indevida. **RHC 108822/GO, rel. Min. Gilmar Mendes, 19.2.2013. (RHC-108822)** (Inform. STF 695).

DIREITO PENAL E PROCESSUAL PENAL. DEMONSTRAÇÃO DA MATERIALIDADE DO CRIME PREVISTO NO ART. 7º, IX, DA LEI 8.137/1990.
Para a demonstração da materialidade do crime previsto no art. 7º, IX, da Lei 8.137/1990, é imprescindível a realização de perícia para atestar se as mercadorias apreendidas estavam em condições impróprias para o consumo. Precedentes citados do STJ: AgRg no REsp 1.175.679-RS, Sexta Turma, DJe 28/3/2012; e HC 132.257-SP, Quinta Turma, DJe 8/9/2011. Precedente citado do STF: HC 90.779-PR, Primeira Turma, DJe 23/10/2008. **AgRg no Resp 1.111.736-RS, Rel. Min. Marco Aurélio Bellizze, julgado em 17/12/2013. (Inform. STJ 533)**

DIREITO PENAL. PRETENSÃO EXECUTÓRIA PERANTE REQUERIMENTO DE ADESÃO A PROGRAMA DE PARCELAMENTO TRIBUTÁRIO.
O simples requerimento de inclusão no parcelamento instituído pela Lei 11.941/2009, sem demonstração da correspondência dos débitos tributários sonegados com os débitos objeto do requerimento, não acarreta a suspensão da execução de pena aplicada por crime contra a ordem tributária. O fato de já ter havido trânsito em julgado da conde-

nação não impede que haja a suspensão do feito em caso de concessão do parcelamento. Isso se justifica pela possibilidade, sem qualquer limitação de tempo, de haver extinção da punibilidade pelo pagamento integral dos débitos tributários, segundo o art. 69 da Lei 11.941/2009 ("Extingue-se a punibilidade dos crimes referidos no art. 68 quando a pessoa jurídica relacionada com o agente efetuar o pagamento integral dos débitos oriundos de tributos e contribuições sociais, inclusive acessórios, que tiverem sido objeto de concessão de parcelamento"). No entanto, pela análise conjunta dos arts. 1º, § 11 ("A pessoa jurídica optante pelo parcelamento previsto neste artigo deverá indicar pormenorizadamente, no respectivo requerimento de parcelamento, quais débitos deverão ser nele incluídos"), e 68, *caput* ("É suspensa a pretensão punitiva do Estado, referente aos crimes previstos nos arts. 1º e 3º desta Lei, de 27 de dezembro de 1990, e nos arts. 168-A e 337-A do Decreto-Lei nº 2.848, de 7 de dezembro de 1940 – Código Penal, limitada a suspensão aos débitos que tiverem sido objeto de concessão de parcelamento, enquanto não forem rescindidos os parcelamentos de que tratam os arts. 1º e 3º desta Lei, observado o disposto no art. 69 desta Lei"), da Lei 11.941/2009, é necessária a comprovação de que o débito objeto de parcelamento diga respeito à ação penal ou execução que se pretende ver suspensa, sendo insuficiente a mera adesão ao Programa de Recuperação Fiscal III. Precedente citado: REsp 1.165.914-ES, Sexta Turma, DJe 7/3/3012. **REsp 1.234.696-RS, Rel. Min. Laurita Vaz, julgado em 17/12/2013. (Inform. STJ 533)**

DIREITO PENAL. CRIME CONTRA A ORDEM TRIBUTÁRIA. ART. 2º, II, DA LEI N. 8.137/1990. TERMO INICIAL DO PRAZO PRESCRICIONAL.
O termo inicial do prazo prescricional do crime previsto no art. 2º, II, da Lei n. 8.137/1990 é a data da entrega de declaração pelo próprio contribuinte, e não a inscrição do crédito tributário em dívida ativa. Segundo a jurisprudência do tribunal (Súm. n. 436/STJ), "a entrega de declaração pelo contribuinte reconhecendo débito fiscal constitui o crédito tributário, dispensada qualquer outra providência por parte do fisco". A simples apresentação pelo contribuinte de declaração ou documento equivalente nos termos da lei possui o condão de constituir o crédito tributário, independentemente de qualquer outro tipo de procedimento a ser executado pelo Fisco. Assim, em razão de o crédito já estar constituído, é da data da entrega da declaração que se conta o prazo prescricional do delito previsto no art. 2º, II, da Lei n. 8.137/1990. **HC 236.376-SC, Rel. Min. Sebastião Reis Júnior, julgado em 19/11/2012. (Inform. STJ 511)**

DIREITO PENAL. GESTÃO TEMERÁRIA. PARECER OPINATIVO. PARTICIPAÇÃO. VÍNCULO SUBJETIVO.
É possível imputar àquele que emitiu parecer opinativo favorável à realização de determinado investimento a participação em crime de gestão temerária, desde que demonstrado o vínculo subjetivo entre o agente e o fato delituoso. É próprio o crime de gestão temerária, previsto no art. 4º, parágrafo único, da Lei n. 7.492/1986 (Lei dos Crimes contra o Sistema Financeiro Nacional). Dessa forma, exige, para a sua realização, especial condição do agente, descrita no art. 25 da citada lei, qual seja, que o agente tenha poderes de gestão na empresa, poderes especiais ligados à administração, controle ou direção da empresa. Entretanto, não se pode deixar de atentar para o caso em que terceiras pessoas não elencadas no rol do art. 25 da referida lei concorrem de alguma forma para a prática do crime. Nesses casos, aplica-se a norma de extensão prevista no art. 29 do Código Penal, segundo a qual, "quem, de qualquer modo, concorre para o crime incide nas penas a este cominadas, na medida de sua culpabilidade". É indeclinável que se demonstre o nexo de causalidade entre a conduta da terceira pessoa e a realização do fato típico. Esse nexo exige a presença do elemento subjetivo, consubstanciado na consciência de que sua conduta, mediante ajuste de vontades, é voltada para a ocorrência do resultado que a lei visa reprimir. **RHC 18.667-DF, Rel. Min. Og Fernandes, julgado em 9/10/2012. (Inform. STJ 506)**

DIREITO PENAL. CRIME CONTRA A ORDEM TRIBUTÁRIA. OMISSÃO DE RECEITA. TIPICIDADE.
A incompatibilidade entre os rendimentos informados na declaração de ajuste anual e valores movimentados no ano calendário caracteriza a presunção relativa de omissão de receita. Por ser relativa, a presunção pode ser afastada por prova contrária do contribuinte. O dolo do tipo manifesta-se na conduta dirigida à omissão de receita e à redução do IRPF, concretizada na apresentação de declaração de imposto de renda sem informar a realização da respectiva movimentação financeira Precedentes citados: RHC 20.438-SP, DJ 17/12/2007, e REsp 792.812-RJ, DJ 2/4/2007. **REsp 1.326.034-PE, Rel. Min. Og Fernandes, julgado em 2/10/2012. (Inform. STJ 505)**

MEDIDAS INVESTIGATÓRIAS. DELITOS CONEXOS A CRIMES CONTRA A ORDEM TRIBUTÁRIA. AUSÊNCIA DE LANÇAMENTO DEFINITIVO.
Não há nulidade na decretação de medidas investigatórias para apurar crimes autônomos conexos ao crime de sonegação fiscal quando o crédito tributário ainda pende de lançamento definitivo. Conforme a jurisprudência do STF, à qual esta Corte vem aderindo, não há justa causa para a persecução penal do crime de sonegação fiscal antes do lançamento do crédito tributário, sendo este condição objetiva de punibilidade. No caso, foram decretadas medidas investigatórias (interceptação telefônica, busca e apreensão e quebra de sigilo bancário e fiscal) antes do lançamento do crédito tributário. Porém, buscava-se apurar não apenas crimes contra a ordem tributária, mas também os de formação de quadrilha e falsidade ideológica. Portanto, não há ilegalidade na autorização das medidas investigatórias, visto que foram decretadas para apurar outros crimes nos quais não há necessidade de instauração de processo administrativo-tributário. Nesse caso, incumbe ao juízo criminal investigar o esquema criminoso, cabendo à autoridade administrativo-fiscal averiguar o montante de tributo que não foi pago. Assim, a Turma entendeu que não são nulas as medidas decretadas, pois atenderam aos pressupostos e fundamentos de cautelaridade, sobretudo porque, quando do oferecimento da denúncia, os créditos tributários já tinham sido definitivamente lançados. Precedentes do STF: HC 81.611-DF, DJ 13/5/2005, e do STJ: RHC 24.049-SP, DJe 7/2/2011. **HC 148.829-RS, Rel. Min. Laurita Vaz, julgado em 21/8/2012. (Inform. STJ 502)**

USO DE RECIBOS IDEOLOGICAMENTE FALSOS. DECLARAÇÃO DE IRPF. TIPIFICAÇÃO.
Constitui mero exaurimento do delito de sonegação fiscal a apresentação de recibo ideologicamente falso à autoridade fazendária, no bojo de ação fiscal, como forma de comprovar a dedução de despesas para a redução da base de cálculo do imposto de renda de pessoa física (IRPF), (Lei n. 8.137/1990). Na espécie, o paciente, em procedimento fiscal instaurado contra terceira pessoa (psicóloga), teria apresentado recibo referente a tratamento não realizado, para justificar declaração anterior prestada à Receita Federal por ocasião do recolhimento do seu IRPF. Segundo se afirmou, o falso teria sido cometido única e exclusivamente com o objetivo de reduzir ou suprimir o pagamento do imposto de renda. Assim, em consonância com o enunciado da Súm. n. 17 desta Corte, exaurida a potencialidade lesiva do documento para a prática de outros crimes, a conduta do falso ficaria absorvida pelo crime de sonegação fiscal. Noticiou-se, por fim, o adimplemento do débito fiscal, oriundo da referida sonegação, na esfera administrativa. Nesse contexto, a Turma determinou o trancamento da ação penal – por falta de justa causa – instaurada contra o paciente com fulcro nos arts. 299 e 304 ambos do CP. **HC 131.787-PE, Rel. Min. Marco Aurélio Bellizze, julgado em 14/8/2012. (Inform. STJ 502)**

AÇÃO PENAL. DESCAMINHO. TRIBUTO NÃO CONSTITUÍDO.
A Turma entendeu que não há justa causa para a ação penal quanto ao crime de descaminho quando o crédito tributário não está devidamente constituído. Apenas com a sua constituição definitiva no âmbito administrativo realiza-se a condição objetiva de punibilidade sem a qual não é possível a instauração de inquérito policial ou a tramitação de ação penal. Precedentes citados: HC 139.998-RS, DJe de 14/2/2011, e HC 48.805-SP, DJ de 19/11/2007. **RHC 31.368-PR, Rel. Min. Marco Aurélio Bellizze, julgado em 8/5/2012. (Inform. STJ 497).**

Súmula Vinculante 24
Não se tipifica crime material contra a ordem tributária, previsto no art. 1º, incisos I a IV, da Lei no 8.137/90, antes do lançamento definitivo do tributo.

Súmula STF nº 609
É pública incondicionada a ação penal por crime de sonegação fiscal.

16. CRIMES DE TRÂNSITO

Art. 306 do CTB: condução sob efeito de álcool e prova
A 2ª Turma denegou *habeas corpus* em que se pretendia trancar ação penal instaurada contra o paciente, ante a ausência de realização de teste de alcoolemia mediante exame de sangue para configuração do crime previsto no art. 306 da Lei 9.503/97 ["*Conduzir veículo automotor, na via pública, estando com concentração de álcool por litro de sangue igual ou superior a 6 (seis) decigramas, ou sob a influência de qualquer outra substância psicoativa que determine dependência*"]. De início, assentou-se inexistir ilegalidade evidente a conduzir à concessão da ordem pretendida. Observou-se que, com a redação da Lei 11.705/2008, o tipo penal passara a exigir para caracterização do delito, objetivamente, comprovação inequívoca da concentração de álcool igual ou superior a seis decigramas por litro de sangue. Em seguida, explicitou-se que esta poderia ser confirmada por teste de alcoolemia mediante exame de sangue ou em aparelho de ar alveolar pulmonar, também conhecido como etilômetro ou bafômetro, conforme determinaria o art. 2º do Decreto 6.488/2008 – que regulamenta o art. 276 e o parágrafo único do art. 306, ambos do CTB –, disciplinando a margem de tolerância de álcool no sangue e a equivalência entre os distintos testes para efeitos de crime de trânsito. Desse modo, considerando que o condutor submetera-se à aferição do bafômetro, reputou-se inviável cogitar da falta de justa causa para a ação penal. **HC 110905/RS, rel. Min. Joaquim Barbosa, 5.6.2012.** (HC-110905) (Inform. STF 669)

DIREITO PENAL. CRIME DO ART. 310 DO CTB. EXIGÊNCIA DE PERIGO CONCRETO DE DANO.
Para a configuração do crime previsto no art. 310 do CTB, é exigida a demonstração de perigo concreto de dano. Segundo a jurisprudência do STJ, o delito descrito no art. 309 do Código de Trânsito Brasileiro (CTB) – conduzir veículo automotor sem habilitação – necessita da existência de perigo concreto para sua configuração. No mesmo sentido segue a posição do STF, que, inclusive, editou a Súm. n. 720 sobre o tema. O mesmo entendimento deve ser aplicado ao delito previsto no art. 310 do CTB – permitir, confiar ou entregar a direção de veículo automotor a pessoa não habilitada. Assim, não basta a simples entrega do veículo a pessoa não habilitada para a caracterização do crime, fazendo-se necessária a demonstração de perigo concreto de dano decorrente de tal conduta. Precedentes citados do STF: HC 84.377-SP, DJ 27/8/2004; do STJ: Ag 1.141.187-MG, DJe 18/8/2009; REsp 331.104-SP, DJ 17/5/2004; HC 28.500-SP, DJ 4/9/2006, e HC 150.397-SP, DJe 31/5/2010. **HC 118.310-RS, Rel. Min. Og Fernandes, julgado em 18/10/2012. (Inform. STJ 507)**

DIREITO PENAL. APLICABILIDADE DO PERDÃO JUDICIAL NO CASO DE HOMICÍDIO CULPOSO NA DIREÇÃO DE VEÍCULO AUTOMOTOR.
O perdão judicial não pode ser concedido ao agente de homicídio culposo na direção de veículo automotor (art. 302 do CTB) que, embora atingido moralmente de forma grave pelas consequências do acidente, não tinha vínculo afetivo com a vítima nem sofreu sequelas físicas gravíssimas e permanentes. Conquanto o perdão judicial possa ser aplicado nos casos em que o agente de homicídio culposo sofra sequelas físicas gravíssimas e permanentes, a doutrina, quando se volta para o sofrimento psicológico do agente, enxerga no § 5º do art. 121 do CP a exigência de um laço prévio entre os envolvidos para reconhecer como "tão grave" a forma como as consequências da infração atingiram o agente. A interpretação dada, na maior parte das vezes, é no sentido de que só sofre intensamente o réu que, de forma culposa, matou alguém conhecido e com quem mantinha laços afetivos. O exemplo mais comumente lançado é o caso de um pai que mata culposamente o filho. Essa interpretação desdobra-se em um norte que ampara o julgador. Entender pela desnecessidade do vínculo seria abrir uma fenda não lei, não desejada pelo legislador. Isso porque, além de ser de difícil aferição o "tão grave" sofrimento, o argumento da desnecessidade do vínculo serviria para todo e qualquer caso de delito de trânsito com vítima fatal. Isso não significa dizer o que a a lei não disse, mas apenas conferir-lhe interpretação mais razoável e humana, sem perder de vista o desgaste emocional que possa sofrer o acusado dessa espécie de delito, mesmo que não conhecendo a vítima. A solidarização com o choque psicológico do agente não pode conduzir a uma eventual banalização do instituto do perdão judicial, o que seria no mínimo temerário no atual cenário de violência no trânsito, que tanto se tenta combater. Como conclusão, conforme entendimento doutrinário, a desnecessidade da pena que esteia o perdão judicial deve, a partir da nova ótica penal e constitucional, referir-se à comunicação para a comunidade de que o intenso e perene sofrimento do infrator não justifica o reforço de vigência da norma por meio da sanção penal. **REsp 1.455.178-DF, Rel. Min. Rogerio Schietti Cruz, julgado em 5/6/2014. (Inform. STJ 542)**

DIREITO PENAL. HOMICÍDIO CULPOSO COMETIDO NO EXERCÍCIO DE ATIVIDADE DE TRANSPORTE DE PASSAGEIROS.
Para a incidência da causa de aumento de pena prevista no art. 302, parágrafo único, IV, do CTB, é irrelevante que o agente esteja transportando passageiros no momento do homicídio culposo cometido na direção de veículo automotor. Isso porque, conforme precedente do STJ, é suficiente que o agente, no exercício de sua profissão ou atividade, esteja conduzindo veículo de transporte de passageiros. Precedente citado: REsp 1.358.214-RS, Quinta Turma, DJe 15/4/2013. **AgRg no REsp 1.255.562-RS, Rel. Min. Maria Thereza de Assis Moura, julgado em 4/2/2014. (Inform. STJ 537)**

Súmula STF nº 720
O art. 309 do Código de Trânsito Brasileiro, que reclama decorra do fato perigo de dano, derrogou o art. 32 da Lei das contravenções penais no tocante à direção sem habilitação em vias terrestres.

17. ESTATUTO DO DESARMAMENTO E LEGISLAÇÃO CORRELATA

AG. REG. NO RHC N. 123.553-MS
RELATOR: MIN. GILMAR MENDES
Agravo regimental em recurso ordinário em *habeas corpus*. 2. Decisão agravada em consonância com remansosa jurisprudência do Supremo Tribunal Federal. 3. Porte ilegal de arma e munições. Crime de perigo abstrato. Consumação independente

de demonstração da potencialidade lesiva da arma ou das munições. 4. Atipicidade da conduta em razão da ausência de ofensividade. Inocorrência. Objetividade jurídica da norma é a incolumidade pública, não só a pessoal. 5. Agravo regimental a que se nega provimento. (Inform. STF 764)

Porte Ilegal de Munição - 1
A Turma iniciou julgamento de habeas corpus em que se pretende, por ausência de potencialidade lesiva ao bem juridicamente protegido, o trancamento de ação penal instaurada contra denunciado pela suposta prática do crime de porte de munição sem autorização legal (Lei 10.826/2003, art. 14), sob o argumento de que o princípio da intervenção mínima no Direito Penal limita a atuação estatal nessa matéria. O Min. Eros Grau, relator, não obstante seu voto proferido no RHC 81057/SP (DJU de 29.4.2005), no sentido da atipicidade do porte de arma desmuniciada, indeferiu o writ por entender que a interpretação a ser dada, na espécie, seria diferente, uma vez que se trata de objeto material diverso: porte de munição, o qual é crime abstrato e não reclama, para a sua configuração, lesão imediata ao bem jurídico tutelado. Após, o Min. Joaquim Barbosa pediu vista. **HC 90075/SC, rel. Min. Eros Grau, 27.2.2007. (HC-90075) (Inform. STF 457)**

Porte Ilegal de Munição - 2
A Turma retomou julgamento de habeas corpus em que se pretende, por ausência de potencialidade lesiva ao bem juridicamente protegido, o trancamento de ação penal instaurada contra denunciado pela suposta prática do crime de porte de munição sem autorização legal (Lei 10.826/2003, art. 14), sob o argumento de que o princípio da intervenção mínima no Direito Penal limita a atuação estatal nesta matéria - v. Informativo 457. O Min. Joaquim Barbosa, em voto-vista, acompanhou o Min. Eros Grau, relator, e indeferiu o writ por considerar que o crime de porte de munição é de perigo abstrato e não fere as normas constitucionais nem padece de vícios de tipicidade. Após, o julgamento foi suspenso em virtude do pedido de vista do Min. Cezar Peluso. **HC 90075/SC, rel. Min. Eros Grau, 5.6.2007. (HC-90075) (Inform. STF 470)**

Porte Ilegal de Munição - 3
A Turma retomou julgamento de habeas corpus em que se pretende, por ausência de potencialidade lesiva ao bem juridicamente protegido, o trancamento de ação penal instaurada contra denunciado pela suposta prática do crime de porte de munição sem autorização legal (Lei 10.826/2003, art. 14), sob o argumento de que o princípio da intervenção mínima no Direito Penal limita a atuação estatal nesta matéria — v. Informativos 457 e 470. O Min. Cezar Peluso, em voto-vista, por reputar atípica a conduta imputada ao paciente, deferiu o writ para determinar o trancamento da ação penal. Observou, de início, que a matriz definidora e legitimadora do Direito Penal residiria, sobretudo, na noção de bem jurídico, sendo ela que permitiria compreender os valores aos quais o ordenamento concederia a relevância penal, de acordo com a ordem axiológica da Constituição, e, por isso, legitimaria a atuação do instrumento penal. Ressaltou que, na chamada sociedade do risco, com a pretensão de se atenuar a insegurança decorrente da complexidade, globalidade e dinamismo social, demandar-se-ia a regulação penal das atividades capazes de produzir perigo, na expectativa de que o Direito Penal fosse capaz de evitar condutas geradoras de risco e de garantir um estado de segurança. Considerou que, para justificar a antecipação da tutela penal para momento anterior à efetiva lesão ao interesse protegido, falar-se-ia em prevenção e controle das fontes de perigo a que estão expostos os bens jurídicos, para tratar situações antes não conhecidas pelo Direito Penal tradicional. Frisou que, para previsão de determinada conduta como reprovável, construir-se-ia uma relação meramente hipotética entre a ação incriminada e a produção de perigo ou dano ao bem jurídico. Destacou que o ilícito penal consistiria na infração do dever de observar determinada norma, concentrando o injusto muito mais no desvalor da ação do que no desvalor do resultado, que se faria cada vez mais difícil identificar ou mensurar. **HC 90075/SC, rel. Min. Eros Grau, 20.4.2010. (HC-90075)**

Porte Ilegal de Munição - 4
Assim, enfatizou que, em vez do tradicional elemento de lesão ao bem jurídico, apareceria como pressuposto legitimador da imputação a desaprovação do comportamento que vulnera dever definido na esfera extra-penal. Asseverou, no ponto, que essa tendência poderia entrar em choque com os pressupostos do Direito Penal clássico, fundado na estrita legalidade, na proporcionalidade, na causalidade, na subsidiariedade, na intervenção mínima, na fragmentariedade e lesividade, para citar alguns dos seus princípios norteadores. Evidenciou, destarte, que grave dilema se poria no fato de que, de um lado se professaria que o Direito Penal deveria dedicar-se apenas à proteção subsidiária repressiva dos bens jurídicos essenciais, por meio de instrumentos tradicionais de imputação de responsabilidade, segundo princípios e regras clássicos de garantia, e, de outro, postular-se-ia a flexibilização e ajuste dos instrumentos dogmáticos e das regras de atribuição de responsabilidade, para que o Direito Penal reunisse condições de atuar na proteção dos bens jurídicos supra individuais, e no controle dos novos fenômenos do risco. Esclareceu que as normas de perigo abstrato punem a realização de conduta imaginada ou hipoteticamente perigosa sem a necessidade de configuração de efetivo perigo ao bem jurídico, na medida em que a periculosidade da conduta típica seria determinada antes, por meio de uma generalização, de um juízo hipotético do legislador, fundado na ideia de mera probabilidade. Avaliou que, nos tipos de perigo concreto, se exigiria o desvalor do resultado, impondo o risco do bem protegido, enquanto, nos tipos de perigo abstrato, ocorreria claro adiantamento da proteção do bem a fases anteriores à efetiva lesão. Asseverou, todavia, que deveria restar caracterizado um mínimo de ofensividade como fator de delimitação e conformação de condutas que merecessem reprovação penal. Nesse sentido, registrou que a aplicação dos instrumentos penais de atribuição de responsabilidade às novas realidades haveria de se restringir aos casos em que fosse possível compatibilizar a nova tipificação com os princípios clássicos do Direito Penal. **HC 90075/SC, rel. Min. Eros Grau, 20.4.2010. (HC-90075)**

Porte Ilegal de Munição - 5
Salientou ser certo que a lesividade nem sempre significaria dano efetivo ao bem jurídico protegido, mas, para se entender e justificar como tal, exigiria, pelo menos, que de algum modo se pusesse em causa uma situação de perigo. Reportou que, ainda nos delitos de perigo abstrato, seria preciso acreditar na perigosidade da ação, no desvalor real da ação e na possibilidade de resultado perigoso, não sendo punível, por isso, a conduta que não pusesse em perigo, nem sequer em tese ou por hipótese, o bem jurídico protegido. Entendeu que a conduta considerada perigosa de um ponto de vista geral e abstrato poderia não o ser em verdade e, no caso dos autos, não haveria possibilidade de lesão à incolumidade pública em virtude do transporte de 10 projéteis, de forma isolada, sem a presença de arma de fogo. Sustentou que daí não se poderia admitir a comparação com eventual tráfico ou transporte de grande quantidade de material de munição. Nesse diapasão, compreendeu que a conduta de portar munição, uma das várias previstas pelo art. 14 da Lei 10.826/2003, não seria aprioristicamente detentora de dignidade penal, porquanto se haveria de se verificar, em cada caso, se a conduta seria capaz de, por si, representar ameaça real ou potencial a algum bem jurídico. Consignou que, se não se vislumbrar ofensividade da conduta, a criminalização do porte de munição fulmina a referência material, que, segundo os padrões clássicos, deveria não só justificar a intervenção do Direito Penal, mas presidir a interpretação dos tipos com vistas a determinar a sua realização. **HC 90075/SC, rel. Min. Eros Grau, 20.4.2010. (HC-90075)**

Porte Ilegal de Munição - 6
Assinalou que, se a conduta em questão não detém dignidade penal, a aplicação do art. 14 da Lei 10.826/2003, na espécie, representaria unicamente o uso do Direito Penal para a

manutenção do sistema de controle do comércio de armas e munições. Ou seja, tal modelo imporia a aceitação de um discurso eminentemente funcional, mediante prevenção em geral negativa, procurando intimidar toda a sociedade quanto à prática criminosa. Assentou que isso justificaria, do ponto de vista da política criminal, certa antecipação da tutela, derrogando-se o princípio da lesividade, em função de necessidades da administração, o que, definitivamente, não seria e nem poderia ser o seu papel, nem sequer no contexto de uma sociedade de risco. Acrescentou, ademais, que o conceito material do delito e a ideia de subsidiariedade do Direito Penal, como diretriz político-criminal, pressuporiam que, antes de lançar mão do Direito Penal, o Estado adotasse outras medidas de política social que visassem proteger o bem jurídico, podendo fazê-lo de maneira igual e até mais eficiente. Afirmou que a condenação do paciente pelo porte de 10 projéteis apenas como incurso em tipo penal tendente a proteger a incolumidade pública contra efeitos deletérios da circulação de arma de fogo no país seria um exemplo do exercício irracional do ius puniendi ou do crescente distanciamento entre bem jurídico e situação incriminada, o que, fatalmente, conduzirá à progressiva indefinição ou diluição do bem jurídico protegido que é a razão de ser do Direito Penal. Após, pediu vista dos autos a Min. Ellen Gracie.
HC 90075/SC, rel. Min. Eros Grau, 20.4.2010. (HC-90075) (Inform. STF 583)

Porte ilegal de munição - 7
Em conclusão de julgamento, a 2ª Turma reconheceu prejudicado, por perda superveniente de objeto, o exame de "habeas corpus". No caso, pretendia-se, por ausência de potencialidade lesiva ao bem juridicamente protegido, o trancamento de ação penal instaurada contra denunciado pela suposta prática do crime de porte de munição sem autorização legal (Lei 10.826/2003, art. 14), sob o argumento de que o princípio da intervenção mínima no direito penal limitaria a atuação estatal na matéria – v. Informativos 457, 470 e 583. A Turma registrou, também, a extinção da punibilidade do paciente.
HC 90075/SC, rel. orig. Min. Eros Grau, red. p/ o acórdão Min. Teori Zavascki, 3.6.2014. (HC-90075) (Inform. STF 749)

"Abolitio criminis" e porte ilegal de arma de fogo
A 2ª Turma conheceu de recurso ordinário intempestivo como habeas corpus, entretanto, denegou o writ. Alegava-se que o paciente, na qualidade de policial civil em exercício regular da profissão, estaria permanentemente em serviço, de modo que não poderia cometer o crime de porte de arma de fogo de uso restrito ao trazer consigo, sem autorização legal, uma pistola e manter outra em seu carro. Ademais, sustentava-se que parecer exarado nos autos de processo administrativo disciplinar lhe seria favorável. Preliminarmente, no que se refere à intempestividade de recurso ordinário em habeas corpus, afirmou-se que a reiterada jurisprudência do Supremo admitiria o seu conhecimento como habeas corpus substitutivo. Aduziu-se que, as instâncias ordinárias, ao analisarem o acervo probatório, teriam afastado a tese da abolitio criminis, ao fundamento de que a conduta do recorrente não se enquadraria no art. 32 da Lei 10.826/2003, modificado pela Lei 11.706/2008, que objetivara excluir a tipicidade delitiva, por lapso temporal determinado, apenas para oportunizar que o possuidor de arma não regularizada solicitasse seu registro ou a entregasse na polícia federal. Consignou-se que, em nenhum momento, o paciente demonstrara que estaria em trânsito para regularizar as armas que teriam sido apreendidas em flagrante. Ressaltou-se que o acórdão impugnado teria mencionado que o caso não seria de posse, mas de porte ilegal de arma de fogo, de modo a tornar inviável a incidência da causa excludente de tipicidade invocada pela defesa. Verificou-se, portanto, que o acórdão do Tribunal a quo harmonizar-se-ia com entendimento assente da Corte, no sentido de não admitir a abolitio criminis fora do período de abrangência determinado em lei, tampouco aceitar a sua incidência quando configurado o porte ilegal de arma de fogo. Por fim, no que diz respeito às conclusões do processo administrativo disciplinar, aludiu-se que a jurisprudência consolidada do STF reconheceria a independência das esferas administrativa e penal.
RHC 111931/DF, rel. Min. Gilmar Mendes, 4.6.2013. (RHC-111931) (Inform. STF 709)

HC N. 112.762-MS
RELATORA: MIN. CÁRMEN LÚCIA
EMENTA: HABEAS CORPUS. CONSTITUCIONAL. PENAL. PORTE ILEGAL DE ARMA DE FOGO DE USO PERMITIDO. PRETENSÃO DE EXTINÇÃO DA PUNIBILIDADE EM RAZÃO DA ABOLITIO CRIMINIS TEMPORÁRIA. QUESTÃO NÃO APRECIADA PELO SUPERIOR TRIBUNAL DE JUSTIÇA. IMPOSSIBILIDADE DE EXAME DA MATÉRIA SOB PENA DE SUPRESSÃO DE INSTÂNCIA.IMPOSSIBILIDADE DE REGULARIZAÇÃO. ARMA DESMUNICIADA. TIPICIDADE DA CONDUTA. PRECEDENTES. ORDEM PARCIALMENTE CONHECIDA E, NESSA PARTE, DENEGADA.
1. Pelo que se tem no acórdão proferido pelo Superior Tribunal de Justiça, a alegação de que a conduta dos Pacientes estaria abrangida pela causa extintiva de punibilidade temporária definida nos art. 30 e 32 da Lei 10.826/03 não foi submetida àquele Superior Tribunal. Impossibilidade de apreciação dessa questão, sob pena de supressão de instância.
2. Sem adentrar no mérito, mas para afastar o alegado constrangimento ilegal, não há falar em abolitio criminis na espécie, pois consta dos autos que as armas de posse dos Pacientes foram compradas de adolescentes, que as teriam subtraído do interior do fórum local em procedimento criminal
3. O crime de porte ilegal de arma de fogo de uso permitido é de mera conduta e de perigo abstrato, ou seja, consuma-se independentemente da ocorrência de efetivo prejuízo para a sociedade, e a probabilidade de vir a ocorrer algum dano é presumida pelo tipo penal. Além disso, o objeto jurídico tutelado não é a incolumidade física, mas a segurança pública e a paz social, sendo irrelevante o fato de estar a arma de fogo municiada ou não. Precedentes.
4. Habeas corpus conhecido em parte e, na parte conhecida, ordem denegada. (Inform. STF 702)

Porte ilegal de arma e ausência de munição – 2
Em conclusão, a 2ª Turma denegou *habeas corpus* no qual denunciado pela suposta prática do crime de porte ilegal de arma de fogo desmuniciada pleiteava a nulidade de sentença condenatória – v. Informativo 549. Asseverou-se que o tipo penal do art. 14 da Lei 10.826/2003 (*"Art. 14 Portar, deter, adquirir, fornecer, receber, ter em depósito, transportar, ceder, ainda que gratuitamente, emprestar, remeter, empregar, manter sob guarda ou ocultar arma de fogo, acessório ou munição, de uso permitido, sem autorização e em desacordo com determinação legal ou regulamentar"*) contemplaria crime de mera conduta, sendo suficiente a ação de portar ilegalmente a arma de fogo, ainda que desmuniciada. Destacou-se que, à época, a jurisprudência oscilaria quanto à tipicidade do fato, questão hoje superada. O Min. Teori Zavascki participou da votação por suceder ao Min. Cezar Peluso, que pedira vista dos autos.
HC 95073/MS, rel. orig. Min. Ellen Gracie, red. p/ o acórdão Min. Teori Zavascki, 19.3.2013. (HC-95073) (Inform. STF 699).

Atipicidade temporária e posse de arma de uso restrito
A 1ª Turma, por maioria, negou provimento a recurso ordinário em *habeas corpus* no qual alegada a atipicidade da conduta exercida pelo paciente de possuir arma de fogo de uso restrito com munições, sem autorização e em desacordo com determinação legal e regulamentar (Lei 10.826/2003, art. 16). Informou-se que, na situação dos autos, a pena privativa de liberdade fora substituída por 2 restritivas de direitos. Consignou-se que a jurisprudência do STF assentaria a incidência da descriminalização na hipótese de armas de fogo de uso permitido, detidas com irregularidades. Explicitou-se não haver que se falar, no caso, em atipicidade. Ademais, assinalou-se inexistir prova de que

o paciente estivesse para entregar o armamento. O Min. Luiz Fux ponderou que o posicionamento do Supremo distinguiria os imputados que portassem arma de uso restrito. Além disso, percebeu periculosidade maior referente a estes. Vencido o Min. Marco Aurélio, que provia o recurso. Frisava que, conforme a lei, o detentor teria prazo para buscar o registro – impossível, haja vista ser arma restrita de emprego das Forças Armadas – ou proceder à entrega dela, sem cominação legal. **RHC 114970/DF, rel. Min. Rosa Weber, 5.2.2013. (RHC-114970)** (Inform. STF 694).

Posse de arma de fogo e atipicidade temporária
A 2ª Turma denegou *habeas corpus* em que se pleiteava o reconhecimento de extinção da punibilidade da conduta atribuída ao paciente de posse irregular de arma de fogo de uso permitido (Lei 10.826/2003, art. 12). Explicitou-se constar dos autos que os armamentos apreendidos teriam sido utilizados para garantir a prática de tráfico de drogas. Salientou-se que, portanto, não seriam passíveis de regularização. Dessa maneira, não haveria que se falar em *abolitio criminis*. **HC 111842/ES, rel. Min. Cármen Lúcia, 13.11.2012.** (HC-111842) (Inform. STF 688)

Porte de munição e lesividade da conduta
A 2ª Turma denegou *habeas corpus* no qual se requeria a absolvição do paciente – condenado pelo porte de munição destinada a revólver de uso permitido, sem autorização legal ou regulamentar (Lei 10.826/2003, art. 14) – sob o argumento de ausência de lesividade da conduta. Inicialmente, não se conheceu do *writ* quanto à alegada atipicidade em razão de *abolitio criminis* temporária, pois não veiculada no STJ. No que concerne ao pedido alternativo de absolvição do paciente, enfatizou-se que a objetividade jurídica da norma penal em comento transcenderia a mera proteção da incolumidade pessoal para alcançar, também, a tutela da liberdade individual e do corpo social como um todo, asseguradas ambas pelo incremento dos níveis de segurança coletiva que a lei propiciaria. Por fim, firmou-se ser irrelevante cogitar-se da lesividade da conduta de portar apenas munição, porque a hipótese seria de crime de perigo abstrato, para cuja caracterização não importaria o resultado concreto da ação. **HC 113295/SP, rel. Min. Ricardo Lewandowski, 13.11.2012.** (HC-113295) (Inform. STF 688)

Arma de fogo de uso restrito e prerrogativas de cargo
Comete, em tese, o crime tipificado no art. 16 da Lei 10.826/2003 ["*Possuir, deter, portar, adquirir, fornecer, receber, ter em depósito, transportar, ceder, ainda que gratuitamente, emprestar, remeter, empregar, manter sob sua guarda ou ocultar arma de fogo, acessório ou munição de uso proibido ou restrito, sem autorização e em desacordo com determinação legal ou regulamentar: Pena - reclusão, de 3 (três) a 6 (seis) anos, e multa*"] aquele que for flagrado na posse de arma de fogo de uso restrito sem autorização e em desacordo com determinação legal ou regulamentar, independentemente das prerrogativas do cargo. Essa a conclusão da 2ª Turma ao denegar *habeas corpus*, em que arguida a atipicidade da conduta e a ausência de justa causa para o prosseguimento da ação penal. Na espécie, discutia-se a necessidade de registro, no Comando Militar do Exército, de arma de fogo de uso restrito das Forças Armadas mantida sob a guarda de conselheiro de Tribunal de Contas, que também seria militar da reserva. Alegava-se que as condições pessoais do paciente assegurar-lhe-iam as prerrogativas inerentes tanto aos militares quanto aos magistrados, cumulativamente. Asseverou-se que a posse legal de armamentos deveria dar-se em conformidade com a legislação ou regulamento pertinente à espécie. Consignou-se que a observância às normas permitiria que o Poder Público detivesse meios necessários à fiscalização e ao controle, dentre outros aspectos, de origem, propriedade, localização, utilização e destinação das armas de fogo. Frisou-se que, admitir-se a prescindibilidade do registro de arma seria o mesmo que consentir aos detentores de certas prerrogativas a posse ou porte de armamento de origem ilícita, com numeração

ou sinal de identificação suprimido ou adulterado, ou até mesmo produto de crime, o que contrariaria frontalmente a *mens legis* que lastrearia o Estatuto do Desarmamento (Lei 10.826/2003). **HC 110697/DF, rel. Min. Joaquim Barbosa, 25.9.2012.** (HC-110697) (Inform. STF 681)

Lei 11.706/2008: "vacatio legis" e armas de uso restrito
A 2ª Turma negou provimento a recurso ordinário em *habeas corpus* no qual se alegava atipicidade da conduta atribuída ao paciente, delineada no art. 16 da Lei 10.826/2003 ("*Possuir, deter, portar, adquirir, fornecer, receber, ter em depósito, transportar, ceder, ainda que gratuitamente, emprestar, remeter, empregar, manter sob sua guarda ou ocultar arma de fogo, acessório ou munição de uso proibido ou restrito, sem autorização e em desacordo com determinação legal ou regulamentar*"), em face da *abolitio criminis temporalis* estabelecida pela Lei 11.706/2008, que conferira nova redação aos artigos 30 e 32 do Estatuto do Desarmamento. Na espécie, fora apreendido, em 18.7.2007, na residência da namorada do paciente, arsenal contendo pistolas, granada, várias munições e carregadores para fuzil e armas de calibres diversos. Consignou-se que a *vacatio legis* prevista nos mencionados dispositivos não tornaria atípica a conduta de posse ilegal de arma de uso restrito nem a ela aplicar-se-ia. **RHC 111637/RJ, rel. Min. Ricardo Lewandowski, 5.6.2012.** (RHC-111637) (Inform. STF 669)

Porte ilegal de arma de fogo e ausência de munição - 3
Em conclusão, a 2ª Turma, por maioria, denegou *habeas corpus* no qual denunciado pela suposta prática do crime de porte ilegal de arma de fogo de uso permitido pleiteava o trancamento de ação penal – v. Informativos 601 e 612. Entendeu-se que, após a entrada em vigor da Lei 10.826/2003, a hipótese seria de crime de perigo abstrato, para cuja caracterização não importaria o resultado concreto da ação. Aduziu-se que a referida lei, além de tipificar o simples porte de munição, não exigiria para a configuração do crime sob análise que a arma estivesse municiada, de acordo com que se extrairia da redação do art. 14 daquele diploma legal. Avaliou-se, ainda, que o trancamento de ação penal seria medida reservada a situações excepcionais, como a manifesta atipicidade da conduta, a presença de causa de extinção da punibilidade do paciente ou a ausência de indícios mínimos de autoria e materialidade delitivas, inocorrentes na espécie. Para evitar supressão de instância, não se conheceu da alegação, não apreciada pelo STJ nem pelo tribunal estadual, de que o paciente fora autorizado, por presidente da Corte estadual, a portar arma, a qual só não estaria registrada em seu nome porque, à época dos fatos, ainda vigoraria o prazo legal para o devido registro. Não obstante, explicitou-se que esse prazo, espécie de *vacatio legis* indireta, teria sido destinado aos proprietários e possuidores de arma de fogo (Lei 10.826/2003, art. 12), e não àqueles acusados de porte ilegal (art. 14). Vencido o Min. Celso de Mello, que concedia a ordem por entender destituída de tipicidade penal a conduta imputada ao paciente. **HC 96759/CE, rel. Min. Joaquim Barbosa, 28.2.2012.** (HC-96759) (Inform. STF 656)

DIREITO PENAL. PORTE ILEGAL DE ARMA DE FOGO E CONCEITO TÉCNICO DE ARMA DE FOGO.
Não está caracterizado o crime de porte ilegal de arma de fogo quando o instrumento apreendido sequer pode ser enquadrado no conceito técnico de arma de fogo, por estar quebrado e, de acordo com laudo pericial, totalmente inapto para realizar disparos. De fato, tem-se como típica a conduta de portar arma de fogo sem autorização ou em desconformidade com determinação legal ou regulamentar, por se tratar de delito de perigo abstrato, cujo bem jurídico protegido é a incolumidade pública, independentemente da existência de qualquer resultado naturalístico. Nesse passo, a classificação do crime de porte ilegal de arma de fogo como de perigo abstrato traz, em seu arcabouço teórico, a presunção, pelo próprio tipo penal, da probabilidade de vir a ocorrer algum dano pelo mau uso da arma.

Com isso, flagrado o agente portando um objeto eleito como arma de fogo, temos um fato provado – o porte do instrumento – e o nascimento de duas presunções, quais sejam, de que o objeto é de fato arma de fogo, bem como tem potencial lesivo. No entanto, verificado por perícia que o estado atual do objeto apreendido não viabiliza sequer a sua inclusão no conceito técnico de arma de fogo, pois quebrado e, consequentemente, inapto para realização de disparo, não há como caracterizar o fato como crime de porte ilegal de arma de fogo. Nesse caso, tem-se, indubitavelmente, o rompimento da ligação lógica entre o fato provado e as mencionadas presunções. **AgRg no AREsp 397.473-DF, Rel. Min. Marco Aurélio Bellizze, julgado em 19/8/2014. (Inform. STJ 544)**

DIREITO PENAL. TIPICIDADE DA CONDUTA NO CRIME DE PORTE ILEGAL DE ARMA DE FOGO DE USO PERMITIDO.
É típica (art. 14 da Lei 10.826/2003) a conduta do praticante de tiro desportivo que transportava, municiada, arma de fogo de uso permitido em desacordo com os termos de sua guia de tráfego, a qual autorizava apenas o transporte de arma desmuniciada. De fato, as armas dos praticantes de tiro desportivo não integram rol dos "registros próprios" (art. 2º, § 1º, do Decreto 5.123/2004), ao menos para o fim de lhes ser deferido porte de arma. Dispõe, na verdade, sobre guia de tráfego (art. 30, § 1º, do referido Decreto 5.123/2004), licença distinta, a ser expedida pelo Comando do Exército. Poder-se-ia alegar que a restrição de se ter que trafegar com a arma desmuniciada não constaria de lei ou regulamento, daí ser ela inócua mesmo que o Exército tenha expedido a guia com essa menção. Todavia, o legislador foi extremamente cuidadoso ao consignar, claramente, na Lei 10.826/2003, em seu art. 6º, que é "proibido o porte de arma de fogo em todo o território nacional", seguindo-se as ressalvas. Em relação aos atiradores, foi autorizado o porte apenas no momento em que a competição é realizada. Nos indispensáveis trajetos para os estandes de tiro não se deferiu porte, mas específica guia de tráfego. Daí, a necessidade de cautelas no transporte. Nesse contexto, em consideração ao fato de que a prática esportiva de tiro é atividade que conta com disciplina legal, é plenamente possível o traslado de arma de fogo para a realização de treinos e competições, exigindo-se, porém, além do registro, a expedição de guia de tráfego (que não se confunde com o porte de arma) e respeito aos termos desta autorização. Não concordando com os termos da guia, a lealdade recomendaria que o praticante de tiro desportivo promovesse as medidas jurídicas cabíveis para eventualmente modificá-la, e não simplesmente que saísse com a arma municiada, ao arrepio do que vem determinado a autoridade competente sobre a matéria, o Exército. **RHC 34.579-RS, Rel. Min. Maria Thereza de Assis Moura, julgado em 24/4/2014. (Inform. STJ 540)**

DIREITO PENAL. TERMO FINAL DA ABOLITIO CRIMINIS TEMPORÁRIA RELATIVA AO CRIME DE POSSE DE ARMA DE FOGO DE USO PERMITIDO COM NUMERAÇÃO RASPADA, SUPRIMIDA OU ADULTERADA. RECURSO REPETITIVO (ART. 543-C DO CPC E RES. 8/2008-STJ).
É típica a conduta de possuir arma de fogo de uso permitido com numeração raspada, suprimida ou adulterada (art. 16, parágrafo único, IV, da Lei 10.826/2003) praticada após 23/10/2005. O STJ tem entendimento firme de que as regras contidas nos arts. 30 e 32 da Lei 10.826/2003, bem como nas sucessivas leis que prorrogaram a vigência da redação original desses dispositivos, implicam vacatio legis indireta das normas penais incriminadoras da "posse" ou "propriedade" de armas de fogo, tanto de uso permitido como de uso restrito. Sendo assim, enquanto aquelas leis tivessem vigência, tais condutas seriam consideradas atípicas, pela ocorrência de abolitio criminis temporária. Contudo, depois de ultrapassado o prazo final previsto na última prorrogação da redação original dos arts. 30 e 32 da Lei 10.826/2003 (23/10/2005), a Lei 11.706/2008 deu a eles nova redação, sendo que, posteriormente, a Lei 11.922/2009, em seu art. 20, prorrogou o prazo previsto neste último diploma para 31/12/2009. Note-se, entretanto, que não houve mera prorrogação de prazo pela Lei 11.706/2008, como nas vezes anteriores, mas uma modificação do conteúdo da lei. A propósito, na redação original do art. 32 da Lei 10.826/2003, o prazo era para que o proprietário ou possuidor da arma de fogo a "entregasse" à autoridade competente; já no tocante ao art. 30 da mesma lei, o prazo era para que fosse "solicitado o registro" da arma. Como se percebe, o art. 30 da Lei 10.826/2003, na nova redação, continuou a prever uma abolitio criminis para que se procedesse, exclusivamente, à "regularização" da arma por meio do seu "registro". Contudo, diferentemente da redação original, mencionou expressamente que a benesse dizia respeito ao proprietário ou possuidor de "arma de fogo de uso permitido". Ocorre que uma arma com o número de série adulterado ou suprimido não é passível de regularização, uma vez que o art. 15, II, "j", do Dec. 5.123/2004 estabelece como um dos requisitos para o registro o "número de série gravado no cano da arma". Portanto, não sendo viável a regularização por meio do registro da arma de fogo de uso permitido com numeração suprimida, adulterada ou raspada, o seu possuidor ou proprietário não pode ser beneficiado com a abolitio criminis temporária prevista no art. 30 da Lei 10.826/2003, com a redação atribuída pela Lei 11.706/2008. Por fim, ressalte-se que a nova regra do art. 32 da Lei 10.826/2003 não mais suspendeu, temporariamente, a vigência da norma incriminadora ou instaurou uma abolitio criminis temporária – conforme operado pelo art. 30 da mesma lei –, mas instituiu uma causa permanente de exclusão da punibilidade, consistente na "entrega espontânea" da arma. Assim, de maneira diversa da abolitio criminis temporária ou da vacatio legis indireta, em que os efeitos da norma incriminadora são temporariamente suspensos, com efeitos erga omnes, de modo que a conduta não é típica se praticada nesse período, a causa extintiva da punibilidade prevista no art. 32 da Lei 10.826/2003 não tem o condão de excluir a tipicidade em caráter geral. Como se vê, criou o legislador um meio jurídico para que, a qualquer tempo, o possuidor da arma de fogo de uso permitido, em situação irregular, procedesse à sua devolução, sem que enfrentasse problemas com a justiça criminal. **REsp 1.311.408-RN, Rel. Min. Sebastião Reis Júnior, julgado em 13/3/2013. (Inform. STJ 519)**

DIREITO PENAL. POSSE DE MUNIÇÃO. ABOLITIO CRIMINIS TEMPORÁRIA.
É atípica a conduta de possuir munição, seja de uso permitido ou restrito, sem autorização ou em desconformidade com determinação legal ou regulamentar, no período abrangido pela abolitio criminis temporária prevista no art. 30 da Lei n. 10.826/2003, na redação anterior à Lei n. 11.706/2008. O prazo legal para a regularização do registro de arma previsto na Lei n. 10.826/2003, prorrogado pelas Leis ns. 10.884/2004, 11.118/2005 e 11.191/2005, permitiu a devolução das armas e munições até 23 de outubro de 2005. Assim, nesse período, houve a descriminalização temporária no tocante às condutas delituosas relacionadas à posse de arma de fogo ou munição. Incabível a interpretação de ser aplicada apenas aos casos que envolvam arma de fogo e munição de uso permitido com base na Lei n. 11.706/2008, pois a nova redação é aplicável apenas aos crimes praticados após 24 de outubro de 2005, uma vez que a redação anterior, conferida pela Lei n. 11.191/2005, era mais benéfica em razão de não conter tal restrição. Precedentes citados: HC 164.321-SP, DJe 28/6/2012, e HC 78.481-RJ, DJe 23/8/2010. **HC 187.023-MS, Rel. Min. Marco Aurélio Bellizze, julgado em 9/10/2012. (Inform. STJ 506)**

APREENSÃO DE ARMA EM CAMINHÃO. TIPIFICAÇÃO.
O veículo utilizado profissionalmente não pode ser considerado "local de trabalho" para tipificar a conduta como posse de arma de fogo de uso permitido (art. 12 da Lei n. 10.826/2003). No caso, um motorista de caminhão profissional foi parado durante fiscalização da Polícia Rodoviária Federal, quando foram encontrados dentro do veículo um revólver e munições intactas.

Denunciado por porte ilegal de arma de fogo de uso permitido (art. 14 do Estatuto do Desarmamento), a conduta foi desclassificada para posse irregular de arma de fogo de uso permitido (art. 12 do mesmo diploma), reconhecendo-se, ainda, a *abolitio criminis* temporária. O entendimento foi reiterado pelo tribunal de origem no julgamento da apelação. O Min. Relator registrou que a expressão "local de trabalho" contida no art. 12 indica um lugar determinado, não móvel, conhecido, sem alteração de endereço. Dessa forma, a referida expressão não pode abranger todo e qualquer espaço por onde o caminhão transitar, pois tal circunstância está sim no âmbito da conduta prevista como porte de arma de fogo. Precedente citado: HC 116.052-MG, DJe 9/12/2008. **REsp 1.219.901-MG, Rel. Min. Sebastião Reis Júnior, julgado em 24/4/2012. (Inform. STJ 496)**

PORTE ILEGAL DE MUNIÇÃO. AUSÊNCIA DE ARMA DE FOGO.
A Turma, por maioria, absolveu o paciente do crime de porte ilegal de munição; ele fora preso com um único projétil, sem ter havido apreensão da arma de fogo. O Min. Relator entendeu que se trata de crime de perigo abstrato, em que não importa se a munição foi apreendida com a arma ou isoladamente para caracterizar o delito. Contudo, no caso, verificou que não houve lesão ao bem jurídico tutelado na norma penal, que visa resguardar a segurança pública, pois a munição foi utilizada para suposta ameaça, e não é esse tipo de perigo, restrito a uma única pessoa, que o tipo penal visa evitar. E, por se tratar de apenas um projétil, entendeu pela ofensividade mínima da conduta, portanto por sua atipicidade. A Min. Maria Thereza de Assis Moura e o Min. Og Fernandes também reconheceram a atipicidade da conduta, mas absolveram o paciente sob outro fundamento: o crime de porte de munição é de perigo concreto, ou seja, a munição sem arma não apresenta potencialidade lesiva. Precedente citado do STF: HC 96.532-RS, DJe 26/11/2009. **HC 194.468-MS, Rel. Min. Sebastião Reis Júnior, julgado em 17/4/2012. (Inform. STJ 495)**

ARMA DE FOGO DESMUNICIADA. TIPICIDADE.
A Turma, acompanhando recente assentada, quando do julgamento, por maioria, do REsp 1.193.805-SP, manteve o entendimento de que o porte ilegal de arma de fogo é crime de perigo abstrato, cuja consumação se caracteriza pelo simples ato de alguém levar consigo arma de fogo sem autorização ou em desacordo com determinação legal – sendo irrelevante a demonstração de efetivo caráter ofensivo. Isso porque, nos termos do disposto no art. 16, parágrafo único, IV, da Lei n. 10.826/2003, o legislador teve como objetivo proteger a incolumidade pública, transcendendo a mera proteção à incolumidade pessoal, bastando, assim, para a configuração do delito em discussão a probabilidade de dano, e não sua ocorrência. Segundo se observou, a lei antecipa a punição para o ato de portar arma de fogo; é, portanto, um tipo penal preventivo, que busca minimizar o risco de comportamentos que vêm produzindo efeitos danosos à sociedade, na tentativa de garantir aos cidadãos o exercício do direito à segurança e à própria vida. Conclui-se, assim, ser irrelevante aferir a eficácia da arma para a configuração do tipo penal, que é misto-alternativo, em que se consubstanciam, justamente, as condutas que o legislador entendeu por bem prevenir, seja ela o simples porte de munição ou mesmo o porte de arma desmuniciada. Relativamente ao regime inicial de cumprimento da pena, reputou-se mais adequada ao caso a fixação do semiaberto; pois, apesar da reincidência do paciente, a pena-base foi fixada no mínimo legal – três anos – aplicação direta da Súm. n. 269/STJ. **HC 211.823-SP, Rel. Min. Sebastião Reis Júnior, julgado em 22/3/2012. (Inform. STJ 493)**

PORTE. ARMA DE FOGO DESMUNICIADA. MUNIÇÃO INCOMPATÍVEL.
In casu, o paciente foi flagrado em via pública com uma pistola calibre 380 com numeração raspada e um cartucho com nove munições, calibre 9 mm, de uso restrito. Em primeiro grau, foi absolvido do porte de arma, tendo em vista a falta de potencialidade lesiva do instrumento, constatada por meio de perícia. Entendeu, ainda, o magistrado que não se justificaria a condenação pelo porte de munição, já que os projéteis não poderiam ser utilizados. O tribunal *a quo* deu provimento ao apelo ministerial ao entender que se consubstanciavam delitos de perigo abstrato e condenou o paciente, por ambos os delitos, a quatro anos e seis meses de reclusão no regime fechado e vinte dias-multa. A Turma, ao prosseguir o julgamento, após o voto-vista do Min. Sebastião Reis Júnior, denegando a ordem de *habeas corpus*, no que foi acompanhado pelo Min. Vasco Della Giustina, e o voto da Min. Maria Thereza de Assis Moura, acompanhando o voto do Min. Relator, verificou-se o empate na votação. Prevalecendo a situação mais favorável ao acusado, concedeu-se a ordem de *habeas corpus* nos termos do voto Min. Relator, condutor da tese vencedora, cujo entendimento firmado no âmbito da Sexta Turma, a partir do julgamento do AgRg no REsp 998.993-RS, é que, "tratando-se de crime de porte de arma de fogo, faz-se necessária a comprovação da potencialidade do instrumento, já que o princípio da ofensividade em direito penal exige um mínimo de perigo concreto ao bem jurídico tutelado pela norma, não bastando a simples indicação de perigo abstrato." Quanto ao porte de munição de uso restrito, apesar de tais munições terem sido aprovadas no teste de eficiência, não ofereceram perigo concreto de lesão, já que a arma de fogo apreendida, além de ineficiente, era de calibre distinto. O Min. Relator ressaltou que, se a Sexta Turma tem proclamado que é atípica a conduta de quem porta arma de fogo desmuniciada, quanto mais a de quem leva consigo munição sem arma adequada ao alcance. Aliás, não se mostraria sequer razoável absolver o paciente do crime de porte ilegal de arma de fogo ao fundamento de que o instrumento é ineficiente para disparos e condená-lo, de outro lado, pelo porte da munição. Precedente citado: AgRg no REsp 998.993-RS, DJe 8/6/2009. **HC 118.773-RS, Rel. Min. Og Fernandes, julgado em 16/2/2012. (Inform. STJ 491)**

SÚMULA STJ nº 513
A *abolitio criminis* temporária prevista na Lei n. 10.826/2003 aplica-se ao crime de posse de arma de fogo de uso permitido com numeração, marca ou qualquer outro sinal de identificação raspado, suprimido ou adulterado, praticado somente até 23/10/2005.

18. CRIMES RELATIVOS À LICITAÇÃO

EFEITOS EXTRAPENAIS. PERDA DO CARGO PÚBLICO. NOVO MANDATO.
Os efeitos extrapenais de *decisum* condenatório de agente político (prefeito) não podem alcançar novo mandato de modo a afastá-lo do cargo atual. Na hipótese, a interpretação extensiva do art. 83 da Lei de Licitações e Contratos não pode ser admitida porque o mandato do recorrido (2001-2004) expirou antes de ele ser julgado pelo crime cometido, não podendo perder o cargo atual para o qual foi reeleito em 2009. É que a perda do cargo público (sanção administrativa) é um efeito da condenação pelos crimes definidos na lei supradita, logo o afastamento deve ser daquele cargo que permitiu o cometimento do crime, e não de outro que, no futuro, venha a ser ocupado pelo condenado, como ocorreu na espécie. Ademais, ressaltou-se que, em observância ao princípio da legalidade, caso o legislador objetivasse proibir novas investiduras em cargos públicos de agente político criminalmente condenado, deveria, como efeito da sanção penal – nos termos do dispositivo mencionado –, afirmar literalmente tal impedimento legal (como ocorre, por exemplo, na denominada Lei da Ficha Limpa, em relação à inelegibilidade para cargo público), entretanto, *in casu*, essa determinação não ocorreu. **REsp 1.244.666-RS, Rel. Min. Sebastião Reis Júnior, julgado em 16/8/2012. (Inform. STJ 502)**

19. VIOLÊNCIA DOMÉSTICA

DIREITO PENAL E PROCESSUAL PENAL. APLICAÇÃO DA LEI MARIA DA PENHA NA RELAÇÃO ENTRE MÃE E FILHA.
É possível a incidência da Lei 11.340/2006 (Lei Maria da Penha) nas relações entre mãe e filha. Isso porque, de acordo com o art. 5º, III, da Lei 11.340/2006, configura violência doméstica e familiar contra a mulher qualquer ação ou omissão baseada no gênero que lhe cause morte, lesão, sofrimento físico, sexual ou psicológico e dano moral ou patrimonial em qualquer relação íntima de afeto, na qual o agressor conviva ou tenha convivido com a ofendida, independentemente de coabitação. Da análise do dispositivo citado, infere-se que o objeto de tutela da Lei é a mulher em situação de vulnerabilidade, não só em relação ao cônjuge ou companheiro, mas também qualquer outro familiar ou pessoa que conviva com a vítima, independentemente do gênero do agressor. Nessa mesma linha, entende a jurisprudência do STJ que o sujeito ativo do crime pode ser tanto o homem como a mulher, desde que esteja presente o estado de vulnerabilidade caracterizado por uma relação de poder e submissão. Precedentes citados: HC 175.816-RS, Quinta Turma, DJe 28/6/2013; e HC 250.435-RJ, Quinta Turma, DJe 27/9/2013. **HC 277.561-AL, Rel. Min. Jorge Mussi, julgado em 6/11/2014. (Inform. STJ 551)**

DIREITO PROCESSUAL PENAL. COMPETÊNCIA DO JUIZADO DE VIOLÊNCIA DOMÉSTICA E FAMILIAR CONTRA A MULHER.
O fato de a vítima ser figura pública renomada não afasta a competência do Juizado de Violência Doméstica e Familiar contra a Mulher para processar e julgar o delito. Isso porque a situação de vulnerabilidade e de hipossuficiência da mulher, envolvida em relacionamento íntimo de afeto, revela-se *ipso facto*, sendo irrelevante a sua condição pessoal para a aplicação da Lei Maria da Penha. Com efeito, a presunção de hipossuficiência da mulher é pressuposto de validade da referida lei, por isso o Estado deve oferecer proteção especial para reequilibrar a desproporcionalidade existente. Vale ressaltar que, em nenhum momento, o legislador condicionou esse tratamento diferenciado à demonstração desse pressuposto – presunção de hipossuficiência da mulher –, que, aliás, é ínsito à condição da mulher na sociedade hodierna. Além disso, não é desproporcional ou ilegítimo o uso do sexo como critério de diferenciação, visto que a mulher é vulnerável no tocante a constrangimentos físicos, morais e psicológicos sofridos em âmbito privado (STF, ADC 19-DF, Tribunal Pleno, DJe 29/4/2014). Desse modo, as denúncias de agressões, em razão do gênero, que porventura ocorram neste contexto, devem ser processadas e julgadas pelos Juizados de Violência Doméstica e Familiar contra a Mulher, nos termos do art. 14 da Lei 11.340/2006. **REsp 1.416.580-RJ, Rel. Min. Laurita Vaz, julgado em 1º/4/2014. (Inform. STJ 539)**

DIREITO PENAL E PROCESSUAL PENAL. LESÃO CORPORAL LEVE OU CULPOSA NO ÂMBITO DOMÉSTICO. AÇÃO PENAL PÚBLICA INCONDICIONADA.
O crime de lesão corporal, mesmo que leve ou culposa, praticado contra a mulher, no âmbito das relações domésticas, deve ser processado mediante ação penal pública incondicionada. No julgamento da ADI 4.424-DF, o STF declarou a constitucionalidade do art. 41 da Lei n. 11.340/2006, afastando a incidência da Lei n. 9.099/1995 aos crimes praticados com violência doméstica e familiar contra a mulher, independentemente da pena prevista. Precedente citado do STF: ADI 4.424-DF, DJe 17/2/2012; do STJ: AgRg no REsp 1.166.736-ES, DJe 8/10/2012, e HC 242.458-DF, DJe 19/9/2012. **AREsp 40.934-DF, Rel. Min. Marilza Maynard (Desembargadora convocada do TJ-SE), julgado em 13/11/2012**. (Inform. STJ 509)

QUALIFICADORA. LESÃO CORPORAL CONTRA HOMEM. VIOLÊNCIA DOMÉSTICA.
O aumento de pena do § 9º do art. 129 do CP, alterado pela Lei n. 11.340/2006, aplica-se às lesões corporais cometidas contra homem no âmbito das relações domésticas. Apesar da Lei Maria da Penha ser destinada à proteção da mulher, o referido acréscimo visa tutelar as demais desigualdades encontradas nas relações domésticas. *In casu*, o paciente empurrou seu genitor, que com a queda sofreu lesões corporais. Assim, não há irregularidade em aplicar a qualificadora de violência doméstica às lesões corporais contra homem. Contudo, os institutos peculiares da citada lei só se aplicam quando a vítima for mulher. **RHC 27.622-RJ, Rel. Min. Jorge Mussi, julgado em 7/8/2012.(Inform. STJ 501)**

LEI MARIA DA PENHA. BRIGA ENTRE IRMÃOS.
A hipótese de briga entre irmãos – que ameaçaram a vítima de morte – amolda-se àqueles objetos de proteção da Lei n. 11.340/2006 (Lei Maria da Penha). *In casu*, caracterizada a relação íntima de afeto familiar entre os agressores e a vítima, inexiste a exigência de coabitação ao tempo do crime, para a configuração da violência doméstica contra a mulher. Com essas e outras ponderações, a Turma, por maioria, denegou a ordem de *habeas corpus*. Precedentes citados do STF: HC 106.212-MS, DJe 13/6/2011; do STJ: HC 115.857-MG, DJe 2/2/2009; REsp 1.239.850-DF, DJe 5/3/2012, e CC 103.813-MG, DJe 3/8/2009. **HC 184.990-RS, Rel. Min. Og Fernandes, julgado em 12/6/2012. (Inform. STJ 499)**

LEI MARIA DA PENHA. CRIME DE AMEÇA ENTRE IRMÃOS.
A Turma, cassando o acórdão recorrido, deu provimento ao recurso para estabelecer a competência de uma das varas do Juizado de Violência Doméstica e Familiar contra a Mulher para examinar processo em que se apura a prática do crime de ameaça. Na hipótese, o recorrido foi ao apartamento da sua irmã, com vontade livre e consciente, fazendo várias ameaças de causar-lhe mal injusto e grave, além de ter provocado danos materiais em seu carro, causando-lhe sofrimento psicológico e dano moral e patrimonial, no intuito de forçá-la a abrir mão do controle da pensão que a mãe de ambos recebe. Para os integrantes da Turma, a relação existente entre o sujeito ativo e o passivo deve ser analisada em face do caso concreto, para verificar a aplicação da Lei Maria da Penha, tendo o recorrido se valido de sua autoridade de irmão da vítima para subjugar a sua irmã, com o fim de obter para si o controle do dinheiro da pensão, sendo desnecessário configurar a coabitação entre eles. Precedentes citados: CC 102.832-MG, DJe 22/4/2009, e HC 115.857-MG, DJe 2/2/2009. **REsp 1.239.850-DF, Rel. Min. Laurita Vaz, julgado em 16/2/2012. (Inform. STJ 491)**

20. OUTROS CRIMES PREVISTOS EM LEGISLAÇÃO EXTRAVAGANTE

Discriminação por orientação sexual: atipicidade e reprovabilidade
Ante a atipicidade da conduta, a 1ª Turma não recebeu denúncia oferecida contra Deputado Federal que teria publicado na rede social "twitter" manifestação de natureza discriminatória em relação aos homossexuais. A Turma destacou que o artigo 20 da Lei 7.716/1989 — assim como toda norma penal incriminadora — possui rol exaustivo de condutas tipificadas, cuja lista não contempla a discriminação decorrente de opção sexual ("Art. 20. Praticar, induzir ou incitar a discriminação ou preconceito de raça, cor, etnia, religião ou procedência nacional. Pena: reclusão de um a três anos e multa"). Nesse sentido, ressaltou que a clareza do ditame contido no art. 5º, XXXIX da CF impediria que se enquadrasse a conduta do

deputado como crime, em que pesasse à sua reprovabilidade ("Art. 5°, XXXIX. Não há crime sem lei anterior que o defina, nem pena sem prévia cominação legal"). O Ministro Roberto Barroso consignou que o comentário do parlamentar teria sido preconceituoso, de mau gosto e extremamente infeliz. Aduziu, entretanto, que a liberdade de expressão não existiria para proteger apenas aquilo que fosse humanista, de bom gosto ou inspirado. Ressaltou que seria razoável entender que o princípio da dignidade da pessoa humana (CF, art. 1°, III) impusesse um mandamento ao legislador para que tipificasse condutas que envolvessem manifestações de ódio ("hate speech"). Ponderou que haveria um projeto de lei nesse sentido em discussão no Congresso Nacional. O Ministro Luiz Fux acrescentou que o STF, ao julgar a legitimação da união homoafetiva, entendera que a homoafetividade seria um traço da personalidade e que, portanto, ela não poderia trazer nenhum discrime, de sorte que a fala do parlamentar, ao mesmo tempo, ultrajaria o princípio da dignidade da pessoa humana e o da isonomia.
Inq 3590/DF, rel. Min. Marco Aurélio, 12.8.2014. (Inq-3590) (Inform. STF 754)

AP N. 596-PR
RELATOR: MIN. LUIZ FUX
Ementa: AÇÃO PENAL. CRIME DE DESOBEDIÊNCIA À ORDEM DA JUSTIÇA ELEITORAL. ART. 347 DO CÓDIGO ELEITORAL. AUSÊNCIA DE DEMONSTRAÇÃO DA VONTADE LIVRE E CONSCIENTE DE RECUSAR O CUMPRIMENTO DE DETERMINAÇÃO JUDICIAL PARA RETIRADA DE PROPAGANDA IRREGULAR. AUSÊNCIA DE NOTIFICAÇÃO PESSOAL DO RÉU. DOLO NÃO COMPROVADO. ABSOLVIÇÃO. AÇÃO PENAL JULGADA IMPROCEDENTE.
1. O crime de desobediência previsto no art. 347 do Código Eleitoral aperfeiçoa-se com a verificação de que o agente agiu impulsionado por dolo, ou seja, consciente da ilegalidade do ato que está praticando, recusando o cumprimento ou obediência a diligências, ordens ou instruções da Justiça Eleitoral.
2. A doutrina penal acerca do tipo *sub examine* assenta que "*O tipo subjetivo exige vontade livre e consciente de desobedecer ou recusar cumprimento. O elemento subjetivo do tipo, portanto, encontra-se no dolo. Mas basta o dolo genérico ou eventual, ou seja, a só intenção em desobedecer, sem se exigir que esse agir tenha um objetivo certo e especial*". (STOCO, Rui, *Legislação Eleitoral Interpretada: Doutrina e Jurisprudência*, São Paulo: Editora Revista dos Tribunais, 2006, 2. ed., p. 470).
"*O elemento subjetivo do tipo em questão é o dolo genérico, ou seja, a vontade livre e consciente de recusar cumprimento ou obediência a diligências, ordens ou instruções da Justiça Eleitoral ou opor embaraços à sua execução*" (GOMES, Suzana de Camargo, Crimes Eleitorais, São Paulo: Editora Revista dos Tribunais, 2008, 3. ed., p. 327).
3. *In casu*, a denúncia narra que:
i) o acusado fixou pintura em propriedade particular contendo propaganda eleitoral com área superior ao permitido pela legislação, sendo deferida medida liminar pela Justiça Eleitoral determinando que o réu retirasse a propaganda irregular no prazo de 24 (vinte e quatro) horas.
ii) A notificação expedida para que o acusado cumprisse a ordem judicial foi recebida por terceiros e não foi informado ao Juízo eleitoral que o réu tivesse retirado a propaganda irregular, o que ensejou o oferecimento de denúncia na presente ação penal.
4. As provas produzidas não demonstraram, de forma inequívoca, o dolo na conduta do réu. Ao revés, o contexto probatório que exsurge dos autos indica que o acusado não teve ciência da determinação judicial.
5. O órgão acusador possui o ônus de provar o dolo do agente na prática do ato tido como criminoso. Não se pode atribuir a responsabilidade penal do agente sem comprovação cabal do conhecimento da ordem emanada da Justiça Eleitoral, necessário para a consumação da prática delituosa.
6. A jurisprudência desta Corte é no sentido de que "***a configuração desse delito tipificado no art. 347 do Código Eleitoral, pressupõe a existência de dolo, sem o qual a conduta descrita no preceito primário de incriminação torna-se atípica***". Precedentes: (HC 84.758/GO, Rel. Min. Celso de Mello, Pleno, DJ de 16/6/2006 e Pet 4.172/PA, Rel. Min. Cezar Peluso, Pleno, DJe de 28/11/2008).
7. Ação penal julgada improcedente para absolver o acusado com base no artigo 386, inciso III, do Código de Processo Penal. (Inform. STF 734)

"Flanelinha" e registro de profissão
O guardador ou lavador autônomo de veículos automotores não registrado na Superintendência Regional do Trabalho e Emprego - SRTE, nos termos fixados pela Lei 6.242/75, não pode ser denunciado pela suposta prática de exercício ilegal da profissão (Lei das Contravenções Penais: "*Art. 47. Exercer profissão ou atividade econômica ou anunciar que a exerce, sem preencher as condições a que por lei está subordinado o seu exercício*"). Com base nesse entendimento, a 2ª Turma concedeu *habeas corpus* para restabelecer decisão de 1° grau, que rejeitara a peça acusatória por falta de "*... pressuposto processual ou condição para o exercício da ação penal*" (CPP, art. 395, II). Verificou-se a presença de requisitos para a aplicação do princípio da insignificância, a reconhecer a atipicidade material do comportamento dos pacientes. Reputou-se minimamente ofensiva e de reduzida reprovabilidade a conduta. Destacou-se que a tipificação em debate teria por finalidade garantir que as profissões fossem exercidas por profissionais habilitados e, no caso daqueles conhecidos por "flanelinhas", a falta de registro no órgão competente não atingiria, de forma significativa, o bem jurídico penalmente protegido. Nessa senda, considerou-se que, se ilícito houvera, aproximar-se-ia do de caráter administrativo.
HC 115046/MG, rel. Min. Ricardo Lewandowski, 19.3.2013. (HC-115046) (Inform. STF 699).

Crime de lavagem de dinheiro e jogo ilegal - 1
A 1ª Turma iniciou julgamento de *habeas corpus* em que alegado constrangimento ilegal, decorrente de inépcia da denúncia e de falta de justa causa para a ação penal, em virtude da impossibilidade de configuração do necessário crime antecedente do delito de lavagem de dinheiro. Na espécie, o tribunal de origem indeferira o *writ* lá impetrado mediante os seguintes fundamentos: a) a denúncia oferecida pelo Ministério Público conteria narrativa relacionada à existência de quadrilha organizada para o cometimento de delitos; b) essa organização criminosa ligar-se-ia à prática de crime de lavagem de dinheiro, inclusive pelo primeiro paciente e esposa, responsáveis pelas retificações nas declarações de rendimentos exatamente para lavarem dinheiro decorrente de atividades de associação criminosa; c) a finalidade da lavagem de dinheiro seria obter da Receita Federal a legitimação dos capitais amealhados, ainda que mediante artifício, sendo que o Conselho de Controle de Atividades Financeiras - COAF informara operação atípica em relação ao nome da segunda paciente; e d) aquele que pratica o crime antecedente não seria o único possível autor do crime de lavagem de dinheiro, mas também com ele responderiam todos os que, de alguma forma, concorressem para a conduta de dissimulação, emprestando nomes. O STJ indeferira o pedido de medida liminar em *habeas corpus* impetrado em face dessa decisão, porquanto o deslinde da controvérsia demandaria aprofundado exame do mérito da impetração. HC 101798/RJ, rel. Min. Marco Aurélio, 13.12.2011. (HC-101798)

Crime de lavagem de dinheiro e jogo ilegal - 2
O Min. Marco Aurélio, relator, concedeu a ordem para assentar a inexistência de justa causa para a persecução criminal. Consignou que o crime previsto no art. 1° da Lei 9.613/98 pressuporia recursos decorrentes dos tipos constantes de seus incisos ("*Art. 1° Ocultar ou dissimular a natureza, origem, localização, disposição, movimentação ou propriedade de bens, direitos ou valores provenientes, direta ou indiretamente, de crime: I - de tráfico ilícito de substâncias entorpecentes ou drogas afins; II ❏ de terrorismo e seu financiamento; III - de contrabando ou tráfico*

de armas, munições ou material destinado à sua produção; IV - de extorsão mediante sequestro; V - contra a Administração Pública, inclusive a exigência, para si ou para outrem, direta ou indiretamente, de qualquer vantagem, como condição ou preço para a prática ou omissão de atos administrativos; VI - contra o sistema financeiro nacional; VII - praticado por organização criminosa; VIII – praticado por particular contra a administração pública estrangeira"). Assim, reputou que, sem o crime antecedente enquadrável em um dos dispositivos do citado artigo, não caberia versar o de lavagem de dinheiro e tê-lo como configurado, pois, na espécie, a retificação da declaração de imposto de renda teria se dado em virtude da prática de jogo ilegal, conduta não descrita na norma acima mencionada. Por fim, excluiu a possibilidade de cogitar-se como organização criminosa o tipo rotulado, uma vez que ainda não ocorrida a inserção desse delito no arcabouço normativo pátrio. Após, pediu vista o Min. Luiz Fux. HC 101798/RJ, rel. Min. Marco Aurélio, 13.12.2011. (HC-101798) (Inform. STF 652)

Crime de lavagem de dinheiro e jogo ilegal - 3
Em conclusão, a 1ª Turma, por maioria, em face de julgamento de mérito do *writ* no STJ, não conheceu de *habeas corpus* impetrado de decisão liminar daquele tribunal. Na espécie, alegava-se constrangimento ilegal, decorrente de inépcia da denúncia e de falta de justa causa para a ação penal, em virtude da impossibilidade de configuração do necessário crime antecedente do delito de lavagem de dinheiro. O STJ indeferira a liminar porquanto o deslinde da controvérsia demandaria aprofundado exame do mérito da impetração – v. Informativo 652. Ressaltou-se que, conforme consulta ao STJ, teria havido decisão de mérito do *habeas* lá impetrado, passível de recurso para o STF, não sendo cabível o presente *writ*. Vencido o Min. Marco Aurélio, relator, que entendia não haver o prejuízo. Asseverava que a notícia do julgamento impediria articular-se o Verbete 691 da Súmula deste Supremo. No mérito, assentara a inexistência de justa causa para a persecução criminal. **HC 101798/RJ, rel. orig. Min. Marco Aurélio, red. p/ o acórdão Min. Luiz Fux, 27.3.2012**. (HC-101798) (Inform. STF 660)

DIREITO PROCESSUAL PENAL. LEGALIDADE DE INTERCEPTAÇÃO TELEFÔNICA DEFERIDA POR JUÍZO DIVERSO DAQUELE COMPETENTE PARA JULGAR A AÇÃO PRINCIPAL.
A sentença de pronúncia pode ser fundamentada em indícios de autoria surgidos, de forma fortuita, durante a investigação de outros crimes no decorrer de interceptação telefônica determinada por juiz diverso daquele competente para o julgamento da ação principal. Nessa situação, não há que se falar em incompetência do Juízo que autorizou a interceptação telefônica, tendo em vista que se trata de hipótese de encontro fortuito de provas. Além disso, a regra prevista no art. 1º da Lei 9.296/1996, de acordo com a qual a interceptação telefônica dependerá de ordem do juiz competente da ação principal, deve ser interpretada com ponderação, não havendo ilegalidade no deferimento da medida por Juízo diverso daquele que vier a julgar a ação principal, sobretudo quando autorizada ainda no curso da investigação criminal. Precedente citado: RHC 32.525-AP, Sexta Turma, DJe 4/9/2013. **REsp 1.355.432-SP, Rel. Min. Jorge Mussi, Rel. para acórdão Min. Marco Aurélio Bellizze, julgado em 21/8/2014. (Inform. STJ 546)**

DIREITO PENAL. EXERCÍCIO DA PROFISSÃO DE FLANELINHA SEM A OBSERVÂNCIA DAS CONDIÇÕES PREVISTAS EM LEI.
O exercício, sem o preenchimento dos requisitos previstos em lei, da profissão de guardador e lavador autônomo de veículos automotores (flanelinha) não configura a contravenção penal prevista no art. 47 do Decreto-Lei 3.688/1941 (exercício ilegal de profissão ou atividade). Consoante ensinamento doutrinário, o núcleo do tipo de exercício ilegal de profissão ou atividade busca coibir o abuso de certas pessoas, ludibriando inocentes que acreditam estar diante de profissionais habilitados, quando, na realidade, trata-se de uma simulação de atividade laboral especializada. No caso do guardador ou lavador de carros, não se pode afirmar que haja uma atividade especializada a exigir conhecimentos técnicos para a sua realização, não sendo a previsão de registro em determinado órgão, por si só, capaz de tornar a conduta penalmente relevante. Precedentes citados do STJ: HC 273.692-MG, Quinta Turma, DJe 2/10/2013; HC 190.186-RS, Quinta Turma, DJe 14/6/2013. Precedente citado do STF: HC 115.046, Segunda Turma, DJe 16/8/2013. **RHC 36.280-MG, Rel. Min. Laurita Vaz, julgado em 18/2/2014. (Inform. STJ 536)**

DIREITO PROCESSUAL PENAL. INTERCEPTAÇÃO TELEFÔNICA SEM AUTORIZAÇÃO JUDICIAL. VÍCIO INSANÁVEL.
Não é válida a interceptação telefônica realizada sem prévia autorização judicial, ainda que haja posterior consentimento de um dos interlocutores para ser tratada como escuta telefônica e utilizada como prova em processo penal. A interceptação telefônica é a captação de conversa feita por um terceiro, sem o conhecimento dos interlocutores, que depende de ordem judicial, nos termos do artigo XII do artigo 5º da CF, regulamentado pela Lei n. 9.296/1996. A ausência de autorização judicial para captação da conversa macula a validade do material como prova para processo penal. A escuta telefônica é a captação de conversa feita por um terceiro, com o conhecimento de apenas um dos interlocutores. A gravação telefônica é feita por um dos interlocutores do diálogo, sem o consentimento ou a ciência do outro. A escuta e a gravação telefônicas, por não constituírem interceptação telefônica em sentido estrito, não estão sujeitas à Lei 9.296/1996, podendo ser utilizadas, a depender do caso concreto, como prova no processo. O fato de um dos interlocutores dos diálogos gravados de forma clandestina ter consentido posteriormente com a divulgação dos seus conteúdos não tem o condão de legitimar o ato, pois no momento da gravação não tinha ciência do artifício que foi implementado pelo responsável pela interceptação, não se podendo afirmar, portanto, que, caso soubesse, manteria tais conversas pelo telefone interceptado. Não existindo prévia autorização judicial, tampouco configurada a hipótese de gravação de comunicação telefônica, já que nenhum dos interlocutores tinha ciência de tal artifício no momento dos diálogos interceptados, se faz imperiosa a declaração de nulidade da prova, para que não surta efeitos na ação penal. Precedente citado: EDcl no HC 130.429-CE, DJe 17/5/2010. **HC 161.053-SP, Rel. Min. Jorge Mussi, julgado em 27/11/2012.** (Inform. STJ 510)

INVASÃO DE IMÓVEL PARTICULAR. VENDA DIRETA AOS DETENTORES. PARCELAMENTO IRREGULAR E EXTORSÃO.
A ameaça de exercício de direito de reintegração da posse durante negociação de venda direta aos detentores de terreno irregularmente ocupado não configura o crime de extorsão ou de parcelamento irregular de solo urbano. No caso, durante os anos 70, houve irregular ocupação e fracionamento de terreno próximo ao município. Tempos depois, foi reconhecida pela municipalidade a irreversibilidade da ocupação e foram realizadas obras de urbanização no local. No final da década de 90, os proprietários do terreno obtiveram judicialmente a reintegração da posse. Utilizando o argumento de possibilidade de execução da reintegração, o paciente – na qualidade de procurador dos proprietários – passou a negociar a venda dos lotes irregularmente ocupados diretamente com seus detentores. Com base nessa conduta, foi oferecida denúncia contra o paciente pela prática dos crimes previstos no art. 50, I, da Lei n. 6.766/1979, art. 71 do CDC e art. 158, *caput* e § 1º, do CP. Absolvido em primeiro grau, o paciente foi condenado pelos crimes de extorsão, na modalidade continuada, e parcelamento irregular do solo. O Min. Jorge Mussi registrou que a previsão do art. 50, I, da Lei n. 6.766/1979 visa tutelar o interesse da Administração Pública na ordenação da ocupação do solo urbano, bem como o interesse dos adquirentes das áreas parceladas em obter legitimamente

a propriedade. Para a configuração do crime, é necessário que o agente faça as alterações no solo, com intenção de fracionar a área, sem a prévia autorização do órgão público competente ou em desacordo com a legislação aplicável. No caso, após a ocupação irregular, à revelia dos proprietários, a própria municipalidade realizou as obras de urbanização. Assim, não se pode atribuir ao paciente qualquer conduta que pudesse ser tipificada no referido dispositivo legal. Quanto ao crime de extorsão, o Min. Jorge Mussi asseverou que na hipótese não há descrito na conduta nenhum dos dois elementos do delito, quais sejam, a vantagem indevida e o constrangimento ilegal. De fato, o paciente representava os interesses dos legítimos proprietários quando negociava a venda direta aos detentores das frações do terreno irregularmente ocupado, não havendo falar em obtenção de vantagem indevida. Ressaltou, ainda, que eventual vício de vontade no negócio celebrado é matéria a ser discutida no âmbito civil, sem repercussão penal. **HC 121.718-PR, Rel. originário Min. Adilson Vieira Macabu (Desembargador convocado do TJ-RJ), Rel. para acórdão Min. Jorge Mussi, julgado em 5/6/2012. (Inform. STJ 499)**

PRESCRIÇÃO. CRIME ANTECEDENTE. LAVAGEM DE DINHEIRO.

A extinção da punibilidade pela prescrição quanto aos crimes antecedentes não implica o reconhecimento da atipicidade do delito de lavagem de dinheiro (art. 1º da Lei n. 9.613/1998) imputado ao paciente. Nos termos do art. 2º, II, § 1º da lei mencionada, para a configuração do delito de lavagem de dinheiro não há necessidade de prova cabal do crime anterior, mas apenas a demonstração de indícios suficientes de sua existência. Assim sendo, o crime de lavagem de dinheiro é delito autônomo, independente de condenação ou da existência de processo por crime antecedente. Precedentes citados do STF: HC 93.368-PR, DJe 25/8/2011; HC 94.958-SP, DJe 6/2/2009; do STJ: HC 137.628-RJ, DJe 17/12/2010; REsp 1.133.944-PR, DJe 17/5/2010; HC 87.843-MS, DJe 19/12/2008; APn 458-SP, DJe 18/12/2009, e HC 88.791-SP, DJe 10/11/2008. **HC 207.936-MG, Rel. Min. Jorge Mussi, julgado em 27/3/2012. (Inform. STJ 494)**

PREFEITO. INABILITAÇÃO. FUNÇÃO PÚBLICA. PENA AUTÔNOMA.

A inabilitação para o exercício de função pública, prevista no art. 1º, § 2º, do DL n. 201/1967, foi elevada ao *status* de pena restritiva de direitos com o advento da Lei n. 7.209/1984, sendo, portanto, autônoma, em relação à privativa de liberdade. Além disso, aquela possui natureza jurídica distinta desta, devendo os seus prazos prescricionais fluírem de forma diversa. Precedentes citados: REsp 945.828-PR, DJe 18/10/2010; HC 91.954-RJ, DJe 3/8/2009, e REsp 885.452-PR, DJe 14/4/2008. **REsp 1.182.397-RS, Rel. Min. Gilson Dipp, julgado em 13/3/2012. (Inform. STJ 493)**

INTERCEPTAÇÃO TELEFÔNICA. TERMO INICIAL.

A Lei n. 9.296/1996, que regula a quebra de sigilo das comunicações telefônicas, estabelece em 15 dias o prazo para duração da interceptação, porém não estipula termo inicial para cumprimento da ordem judicial. No caso, a captação das comunicações via telefone iniciou-se pouco mais de três meses após o deferimento, pois houve greve da Polícia Federal no período, o que interrompeu as investigações. A Turma entendeu que não pode haver delonga injustificada para o começo da efetiva interceptação e deve-se atentar sempre para o princípio da proporcionalidade, mas, na hipótese, sendo a greve evento que foge ao controle direto dos órgãos estatais, não houve violação do mencionado princípio. Assim, a alegação de ilegalidade das provas produzidas, por terem sido obtidas após o prazo de 15 dias, não tem fundamento, uma vez que o prazo é contado a partir do dia em que se iniciou a escuta, e não da data da decisão judicial que a autorizou. Precedente citado: HC 135.771-PE, DJe 24/8/2011. **HC 113.477-DF, Rel. Min. Maria Thereza de Assis Moura, julgado em 20/3/2012. (Inform. STJ 493)**

INTERCEPTAÇÃO TELEFÔNICA. PRORROGAÇÃO REITERADA DA MEDIDA.

A Turma, por maioria, reiterou o entendimento de que as interceptações telefônicas podem ser prorrogadas sucessivas vezes pelo tempo necessário para a produção da prova, especialmente quando o caso for complexo e a prova, indispensável, sem que a medida configure ofensa ao art. 5º, *caput*, da Lei n. 9.296/1996. Sobre a necessidade de fundamentação da prorrogação, esta pode manter-se idêntica à do pedido original, pois a repetição das razões que justificaram a escuta não constitui, por si só, ilicitude. Precedentes citados: RHC 13.274-RS, DJ 29/9/2003; HC 151.415-SC, DJe 2/12/2011; HC 134.372-DF, DJe 17/11/2011; HC 153.994-MT, DJe 13/12/2010; HC 177.166-PR, DJe 19/9/2011, e HC 161.660-PR, DJe 25/4/2011. **HC 143.805-SP, Rel. originário Min. Adilson Vieira Macabu (Desembargador Convocado do TJRJ), Rel. para o acórdão Min. Gilson Dipp, julgado em 14/2/2012. (Inform. STJ 491)**

INTERCEPTAÇÃO TELEFÔNICA. INVESTIGAÇÃO EM CURSO.

O pedido de interceptação telefônica não pode ser a primeira providência investigatória realizada pela autoridade policial. *In casu*, ao formular o pedido de quebra do sigilo telefônico, a autoridade policial descreveu quais eram os ilícitos que estariam sendo praticados, quais tipos de pessoas integravam a organização criminosa, bem como qual era a sua forma de atuação no cometimento dos crimes. Ficou evidenciado que a quebra do sigilo telefônico não foi a primeira medida efetivada pela autoridade policial. Pelo contrário, tal providência teve suporte em elementos já colhidos que demonstravam que as investigações em curso levantaram indícios da prática criminosa e apontavam para a imprescindibilidade do deferimento da medida excepcional, segundo o disposto no art. 2º da Lei n. 9.296/1996. Precedentes citados: HC 85.502-SP, DJe 9/5/2011, e HC 43.234-SP, DJe 21/5/2011. **HC 130.054-PE, Rel. Min. Sebastião Reis Júnior, julgado em 7/2/2012. (Inform. STJ 490)**

Súmula STF nº 592

Nos crimes falimentares, aplicam-se as causas interruptivas da prescrição, previstas no código penal.

4. DIREITO PROCESSUAL PENAL

1. FONTES, PRINCÍPIOS GERAIS, EFICÁCIA DA LEI PROCESSUAL NO TEMPO E NO ESPAÇO E INTERPRETAÇÃO

AP 520/DF
RELATOR: Ministro Celso de Mello
EMENTA: PROCESSO PENAL. TESTEMUNHA. SUBSTITUIÇÃO. POSSIBILIDADE, NÃO OBSTANTE A SUPERVENIÊNCIA DA LEI Nº 11.719/2008 QUE DERROGOU AS NORMAS LEGAIS (CPP, art. 397 e 405) QUE FACULTAVAM A SUBSTITUIÇÃO DE TESTEMUNHAS. APLICAÇÃO ANALÓGICA, AO PROCESSO PENAL, DO ART. 408 DO CPC, POR EFEITO DO ART. 3º DO CPP. DOUTRINA. PRECEDENTE DO STF (PLENO). DJe de 5.8.2014. (Inform. STF 764)

HC 111.567/AM
RELATOR: Ministro Celso de Mello
"HABEAS CORPUS" – RÉU MILITAR – INSTRUÇÃO PROCESSUAL – PRETENDIDO COMPARECIMENTO À AUDIÊNCIA PENAL EM QUE INQUIRIDO O CORRÉU – AUSÊNCIA DE OFERECIMENTO DE TRANSPORTE PARA O LOCAL DE REALIZAÇÃO DO ATO PROCESSUAL – CONSTRANGIMENTO ILEGAL CARACTERIZADO – A GARANTIA CONSTITUCIONAL DA PLENITUDE DE DEFESA: UMA DAS PROJEÇÕES CONCRETIZADORAS DA CLÁUSULA DO "DUE PROCESS OF LAW" – CARÁTER GLOBAL E ABRANGENTE DA FUNÇÃO DEFENSIVA: DEFESA TÉCNICA E AUTODEFESA (DIREITO DE AUDIÊNCIA E DIREITO DE PRESENÇA) – PACTO INTERNACIONAL SOBRE DIREITOS CIVIS E POLÍTICOS/ONU (ARTIGO 14, N. 3, "D") E CONVENÇÃO AMERICANA DE DIREITOS HUMANOS/OEA (ARTIGO 8º, § 2º, "D" E "F") – DEVER DO ESTADO DE ASSEGURAR, AO RÉU MILITAR, O EXERCÍCIO DESSA PRERROGATIVA ESSENCIAL, ESPECIALMENTE A DE PROPICIAR TRANSPORTE (DECRETO Nº 4.307/2002, ART. 28, INCISO I) PARA COMPARECER À AUDIÊNCIA DE INQUIRIÇÃO DAS TESTEMUNHAS, AINDA MAIS QUANDO ARROLADAS PELO MINISTÉRIO PÚBLICO – RAZÕES DE CONVENIÊNCIA ADMINISTRATIVA OU GOVERNAMENTAL NÃO PODEM LEGITIMAR O DESRESPEITO NEM COMPROMETER A EFICÁCIA E A OBSERVÂNCIA DESSA FRANQUIA CONSTITUCIONAL – NULIDADE PROCESSUAL ABSOLUTA – PEDIDO DEFERIDO.
- O acusado tem o direito de *comparecer*, de *assistir* e de *presenciar*, sob pena de nulidade absoluta, os atos processuais, notadamente aqueles que se produzem na fase de instrução do processo penal, que se realiza, sempre, sob a égide do contraditório. São irrelevantes, para esse efeito, as alegações do Poder Público *concernentes à dificuldade ou inconveniência* de proceder ao custeio do deslocamento do réu, no interesse da Justiça, para fora da sede de sua Organização Militar, eis que *razões de mera conveniência administrativa* não têm – nem podem ter – precedência sobre as inafastáveis exigências de cumprimento e de respeito ao que determina a Constituição. Doutrina. Jurisprudência.
- O direito de audiência, de um lado, e o direito de presença do réu, de outro, esteja ele preso ou não, traduzem prerrogativas jurídicas essenciais que derivam da garantia constitucional do "*due process of law*" e que asseguram, por isso mesmo, ao acusado, o direito de comparecer aos atos processuais a serem realizados perante o juízo processante, *ainda que situado este em local diverso daquele da sede da Organização Militar a que o réu esteja vinculado*. Pacto Internacional sobre Direitos Civis e Políticos/ONU (Artigo 14, n. 3, "d"). Convenção Americana de Direitos Humanos/OEA (Artigo 8º, § 2º, "d" e "f") e Decreto nº 4.307/2002 (art. 28, inciso I).
- Essa prerrogativa processual reveste-se *de caráter fundamental*, pois compõe o próprio estatuto constitucional do direito de defesa, enquanto complexo de princípios e de normas que amparam qualquer acusado em sede de persecução criminal, seja *perante a Justiça Comum*, seja *perante a Justiça Militar*. Precedentes. DJe de 11.3.2014. (Inform. STF 752)

Protesto por novo júri e "tempus regit actum"
A 2ª Turma negou provimento a agravo regimental em que pretendido o cabimento de protesto por novo júri. Na espécie, a prolação da sentença penal condenatória ocorrera em data posterior à entrada em vigor da Lei 11.689/2008, a qual revogara o dispositivo do CPP que previa a possibilidade de interposição do aludido recurso. Reputou-se que o art. 2º do CPP ("*Art. 2º. A lei processual aplicar-se-á desde logo, sem prejuízo da validade dos atos realizados sob a vigência da lei anterior*") disciplinaria a incidência imediata da lei processual aos feitos em curso, de modo que, se nova lei viesse a suprimir ou abolir recurso existente antes da sentença, não haveria direito ao exercício daquele. Ressaltou-se inexistir óbice à supressão de recursos na ordem jurídica processual ou à previsão de outras modalidades recursais serem instituídas por lei superveniente, considerado o disposto no artigo em comento e o princípio fundamental de que a recorribilidade reger-se-á pela lei em vigor na data em que a decisão for publicada. Por fim, salientou-se a ausência de amparo legal do pleito, ante a observância do princípio da taxatividade dos recursos. RE 752988 AgR/SP, rel. Min. Ricardo Lewandowski, 10.12.2013. (RE-752988) (Inform. STF 732)

Aplicação retroativa da Lei 12.015/2009 e juízo da execução
Cabe ao juízo da execução criminal avaliar a aplicação retroativa da Lei 12.015/2009 — norma considerada mais benéfica — em favor de condenados pela prática dos crimes de atentado violento ao pudor e estupro, em concurso material. Com base nesse entendimento, a 2ª Turma não conheceu, por maioria, da impetração, mas concedeu a ordem de ofício para determinar que o juiz da execução aprecie as condutas criminosas praticadas pelo paciente e, se for o caso, proceda ao redimensionamento das penas. Preliminarmente, consignou-se que seria incabível impetração de *habeas corpus* em face de decisão monocrática de Ministro do STJ, sendo indispensável a interposição de agravo regimental. Vencidos os Ministros Gilmar Mendes e Celso de Mello. Pontuavam que o recurso de agravo

seria voluntário e não necessário. Portanto, a parte poderia perfeitamente abster-se de interpô-lo. Além disso, afirmavam que o relator no STJ, ao proferir a decisão monocrática, com apoio no art. 38 da Lei 8.038/90, pronunciar-se-ia em nome do Tribunal. Aludiam que não haveria, em relação ao *habeas corpus*, o mesmo tratamento dado ao recurso extraordinário, que imporia o exaurimento da via recursal ordinária. Assinalavam que essa exigência restringiria o direito de liberdade. HC 117640/SP, rel. Min. Ricardo Lewandowski, 12.11.2013. (HC-109193) (Inform. STF 728)

RELATOR: MIN. LUIZ FUX
Ementa: PROCESSO PENAL. *HABEAS CORPUS*. HOMICÍDIO PRATICADO POR MILITAR CONTRA CIVIL, COM ARMA DA CORPORAÇÃO, ANTES DA VIGÊNCIA DA LEI Nº 9.299/96. ALEGAÇÃO DE IRRETROATIVIDADE E VIOLAÇÃO AO PRINCÍPIO DO JUIZ NATURAL. ATO IMPUGNADO FORMALIZADO EM 1997. AUSÊNCIA DE *PERICULUM IN MORA*. ALTERAÇÃO DE COMPETÊNCIA. LEI PURAMENTE PROCESSUAL. APLICAÇÃO IMEDIATA, SALVO SE PROFERIDA SENTENÇA DE MÉRITO. ORDEM DENEGADA.
1. A Justiça Comum é competente para julgar crime de militar (homicídio) contra civil, por força da Lei nº 9.299/96, cuja natureza processual impõe a sua aplicação imediata aos inquéritos e ações penais, mercê de o fato delituoso ter ocorrido antes da sua entrada em vigor (Precedente: HC nº 76.380/BA, Re. Moreira Alves, DJ 05.06.1998)
2. Deveras, a redação do § único do art. 9º do Código Penal Militar, promovida pela Lei nº 9.299/96, a despeito de sua topografia, ostenta nítida natureza processual, razão por que deve ser aplicada imediatamente aos processos em curso, salvo se já houver sido proferida sentença de mérito. (Precedentes: HC nº 78320/SP, rel. Min. Sydney Sanches, 1ª Turma, DJ de 28/5/1999; HC 76510/SP, rel. Min. Carlos Velloso, 2ªTurma, DJ de 15/5/21998).
3. A doutrina acerca do tema é assente no "as disposições concernentes à jurisdição e à competência aplicam-se imediatamente, salvo se já houver sentença relativa ao mérito – hipótese em que a causa prossegue no juízo onde surgiu o *veredictum* – ou se suprimindo o tribunal primitivo" (MAXIMILIANO, Carlos. *Direito Intertemporal*. 2ª ed. Rio de Janeiro: Freitas Bastos, 1995, p. 312-313, nº 269).
4. *In casu*,
a) O paciente, policial militar, fora denunciado perante o Juízo Auditor da 4ª Auditoria da Justiça Militar do Estado de São Paulo, uma vez que, em 18.11.1995, valendo-se de revólver da Corporação a cujos quadros integrava, efetuou disparos que resultaram na morte do civil Marco Antônio Alves Rodrigues;
b) A denúncia foi recebida pela Justiça Militar em 06.03.1996;
c) O Juízo Militar declarou-se incompetente para apreciar o feito, remetendo os autos à Justiça Comum, ao argumento de que a alteração promovida pela Lei nº 9.299/96 no § único do art. 9º ao CPM, estabelecendo a competência da Justiça Comum para o julgamento dos crimes dolosos contra a vida cometidos por militar contra a civil, possui aplicação imediata às ações penais em curso quando de sua promulgação;
d) O Juízo da 4ª Vara do Tribunal do Júri de Penha da França da Comarca de São Paulo/SP suscitou conflito negativo de competência perante o Superior Tribunal de Justiça (CC nº 19.833/SP, sob o fundamento de que o § 2º do art. 82 do Código de Processo Penal Militar, também acrescentado pela Lei nº 9.299/96, objetivou apenas e tão somente o encaminhamento dos inquéritos em andamento à Justiça Comum, e não das ações penais;
e) A Terceira Seção do STJ, em decisão proferida em 25.06.1997, conheceu do conflito de competência do Juízo de Direito da 4ª Vara do Tribunal do Júri de Penha da França da Comarca de São Paulo/SP.
5. A Lei nº 9.299/96 entrou em vigor antes da sentença de mérito proferida pelo Juízo de Direito da 4ª Vara do Tribunal do Júri São Paulo/SP, que ocorreu em 14.09.2005, não configurando qualquer vício apto a inquinar de nulidade o processo.

A decisão meramente formal do conflito de competência não atinge diretamente a liberdade ambulatorial, razão por que inadmissível o recurso substitutivo cuja pretensão meritória não atende pressupostos para a concessão *ex officio* da ordem.
6. Ordem denegada. (Inform. STF 715)

Réu preso e comparecimento a audiência – 1
O acusado, embora preso, tem o direito de comparecer, de assistir e de presenciar, sob pena de nulidade absoluta, os atos processuais, notadamente aqueles que se produzem na fase de instrução do processo penal. Ao reafirmar esse entendimento, a 2ª Turma concedeu *habeas corpus* para restabelecer decisão do tribunal de justiça paulista, que declarara a nulidade do processo desde a audiência de oitiva da vítima e das testemunhas de acusação. Na situação dos autos, conquanto tivesse sido requisitado pelo juiz, os pacientes, acautelados em comarca diversa, não foram apresentados à referida audiência, sobrevindo condenação. No STJ, houvera a reforma da decisão que acolhera a nulidade – suscitada em apelação –, assim como a alusão de que o defensor teria aquiescido em continuar a audiência, mesmo sem a presença dos réus. No julgamento deste *writ*, prevaleceu o voto da Min. Cármen Lúcia, que pontuou a existência de nulidade absoluta e de direito constitucional à apresentação. Assinalou, ainda, que o direito de presença seria personalíssimo. **HC 111728/SP, rel. Min. Cármen Lúcia, 19.2.2013. (HC-111728)**

Réu preso e comparecimento a audiência – 2
O Min. Celso de Mello salientou que o Estado teria o dever de assegurar a réu preso o exercício pleno do direito de defesa. Complementou que, no contexto desta prerrogativa, estaria o direito de presença de acusado. Sopesou que razões de mera conveniência administrativa não teriam precedência sobre o cumprimento e o respeito ao que determinaria a Constituição. Mencionou o art. 14, 3, d, do Pacto Internacional sobre Direitos Civis e Políticos e o art. 8º, 2, d e f, da Convenção Americana de Direitos Humanos, a conter garantias processuais básicas de qualquer pessoa que sofra persecução penal em juízo. Aludiu a posicionamento da Corte segundo o qual a possibilidade de o próprio acusado intervir, direta e pessoalmente, na realização de atos processuais, constituiria autodefesa. Obtemperou que o Estado deveria facilitar o exercício de o imputado ser ouvido e falar durante os atos processuais, bem assim o de assistir à realização deles, máxime quando se encontrasse preso, sem a faculdade de livremente deslocar-se ao fórum. Alguns precedentes citados: HC 86634/RJ (DJU de 23.2.2007); HC 95106/RJ (DJe de 11.2.2011). **HC 111728/SP, rel. Min. Cármen Lúcia, 19.2.2013. (HC-111728)** (Inform. STF 695).

DIREITO PROCESSUAL PENAL. IRRETROATIVIDADE DO ART. 387, IV, DO CPP, COM A REDAÇÃO DADA PELA LEI 11.719/2008.
A regra do art. 387, IV, do CPP, que dispõe sobre a fixação, na sentença condenatória, de valor mínimo para reparação civil dos danos causados ao ofendido, aplica-se somente aos delitos praticados depois da vigência da Lei 11.719/2008, que deu nova redação ao dispositivo. Isso porque se trata de norma híbrida - de direito material e processual - mais gravosa ao réu, de sorte que não pode retroagir. Precedente citado: REsp 1.206.635-RS, Quinta Turma, DJe 9/10/2012. **REsp 1.193.083-RS, Rel. Min. Laurita Vaz, julgado em 20/8/2013.** (Inform. STJ 528)

DIREITO PENAL E PROCESSUAL PENAL. NATUREZA DA AÇÃO PENAL. NORMA PROCESSUAL PENAL MATERIAL.
A norma que altera a natureza da ação penal não retroage, salvo para beneficiar o réu. A norma que dispõe sobre a classificação da ação penal influencia decisivamente o *jus puniendi*, pois interfere nas causas de extinção da punibilidade, como a decadência e a renúncia ao direito de queixa, portanto tem efeito material. Assim, a lei que possui normas de natureza híbrida (penal e processual) não tem pronta

aplicabilidade nos moldes do art. 2º do CPP, vigorando a irretroatividade da lei, salvo para beneficiar o réu, conforme dispõem os arts. 5º, XL, da CF e 2º, parágrafo único, do CP. Precedente citado: HC 37.544-RJ, DJ 5/11/2007. **HC 182.714-RJ, Rel. Min. Maria Thereza de Assis Moura, julgado em 19/11/2012. (Inform. STJ 509)**

DIREITO PROCESSUAL PENAL. ANTECEDENTES CRIMINAIS. EXCLUSÃO DA INFORMAÇÃO EM CASO DE PRESCRIÇÃO DA PRETENSÃO PUNITIVA.
É indevida a manutenção na folha de antecedentes criminais de dados referentes a processos nos quais foi reconhecida a extinção da pretensão punitiva estatal. Não há por que serem mantidos os registros do investigado ou processado no banco de dados do instituto de identificação nos casos de arquivamento do inquérito policial, absolvição, reabilitação ou extinção da punibilidade pelo advento da prescrição, porquanto as referidas informações passam a ser de interesse meramente eventual do juízo criminal. A manutenção dos dados na folha de antecedentes criminais nessas circunstâncias constitui ofensa ao direito à preservação da intimidade de quem foi investigado ou processado. Assim, os dados deverão ficar apenas registrados no âmbito do Poder Judiciário e disponibilizados para consultas justificadas de juízes criminais. Precedentes citados: RMS 32.886-SP, DJe 1º/12/2011; RMS 35.945-SP, DJe 3/4/2012; RMS 25.096-SP, DJe 7/4/2008; Pet 5.948-SP, DJe 7/4/2008. **RMS 29.273-SP, Rel. Min. Maria Thereza de Assis Moura, julgado em 20/9/2012.(Inform. STJ 505)**

FUNDAMENTAÇÃO REMISSIVA. NULIDADE.
O órgão judicante, ao decidir um recurso, deve agregar suas próprias fundamentações nas razões de decidir. A mera repetição da decisão ou a referência remissiva à sentença violam o art. 93, IX, da CF e prejudicam a garantia do duplo grau de jurisdição. No caso, o órgão julgador do tribunal de origem apenas ratificou as razões da sentença e incorporou o parecer da Procuradoria-Geral de Justiça, sem acrescentar argumentos próprios ao acórdão. A Min. Relatora, com base na doutrina, alertou que tal procedimento resulta em omissão do julgador, que deixa de expor suas próprias razões para justificar a manutenção da decisão recorrida. Em outras palavras, nessas situações, o magistrado se omite quanto à valoração crítica dos argumentos por ele adotados. Por outro lado, ficou registrada a possibilidade de o órgão julgador adotar razões de decidir da sentença, desde que traga ao contexto os argumentos contrapostos nas razões e contrarrazões recursais, de tal forma a viabilizar o salutar caráter dialético, expressão da garantia do contraditório. Com esses fundamentos, a Turma anulou o acórdão atacado, determinando novo julgamento que enfrente os argumentos contrapostos no recurso. Precedentes citados: HC 90.684-RS, DJe 13/4/2009; HC 63.664-SP, DJ 26/2/2007, e HC 23.893-PA, DJ 17/11/2003. **HC 232.653-SP, Rel. Min. Maria Thereza de Assis Moura, julgado em 24/4/2012. (Inform. STJ 496)**

HC. ADVOGADO. ACESSO. DENÚNCIA.
In casu, requerem os impetrantes o reconhecimento do direito de ter acesso à denúncia de uma ação penal na qual não possuem procuração, visando instruir a defesa de seu cliente na ação penal a que responde. Noticiam os autos que o paciente foi denunciado e pronunciado por homicídio qualificado com dolo eventual, acusado de ter causado a morte de nove pessoas ao dirigir embriagado. Com base em notícias vinculadas na imprensa nacional, a defesa do paciente solicitou ao juízo processante cópia da exordial acusatória de uma ação penal em trâmite no órgão especial do Tribunal de Justiça estadual, envolvendo um promotor público que teria, também, atropelado e matado três pessoas, vindo a ser denunciado por homicídio culposo. Alegam os impetrantes que o paciente e o aludido promotor de justiça, embora tenham praticado a mesma conduta, receberam tratamentos legais e processuais diversos, razão pela qual o elemento de prova pretendido seria essencial à tese da defesa, visando à desclassificação do tipo denunciado. Com o indeferimento do pedido, a defesa impetrou *habeas corpus* na corte local, também denegado. Inicialmente, observou o Min. Relator que, por determinação constitucional, é assegurado aos membros do *Parquet* foro especial por prerrogativa de função, criado para proteger determinados cargos ou funções públicas diante de sua relevância, já que as decisões referentes aos delitos praticados por seus ocupantes poderiam ocasionar uma série de implicações. Por outro vértice, ainda que a regra seja a da publicidade nos termos do art. 93, IX, da CF, excepcionalmente, a fim de que se preserve a intimidade do réu e desde que não prejudique o interesse público à informação, a autoridade competente poderá decretar o sigilo processual. É o que aparenta ser o caso da ação penal movida em desfavor do promotor. Também, é certo que a ampla defesa deve abranger tanto o direito de o acusado ser assistido por profissional habilitado, como o direito de defender-se com a maior amplitude possível, e é certo que a imputação de responsabilidade penal a qualquer acusado deve observar o devido processo legal e permitir o pleno exercício da ampla defesa e do contraditório. Nesse viés, cabe ao magistrado a faculdade do indeferimento, de forma motivada, das providências que julgar protelatórias, irrelevantes ou impertinentes. Ressaltou, ainda, o Min. Relator que, no caso, restou equivocadamente fundamentada a negativa de acesso à cópia da denúncia, limitando-se o magistrado processante a afirmar que a eventual simetria entre os fatos não justifica a juntada ou a quebra de sigilo decretado por outro juízo. É exatamente a aparente simetria entre os fatos que justifica o pedido do paciente para ter acesso à cópia da exordial de outra ação penal, visando ao cotejo entre aquela e a sua acusação. Diante dessa e de outras considerações, a Turma concedeu a ordem. **HC 137.422-SP, Rel. Min. Jorge Mussi, julgado em 10/4/2012.(Inform. STJ 495)**

PRINCÍPIO DA IDENTIDADE FÍSICA DO JUÍZ. JUÍZA SUBSTITUTA.
Não há ofensa ao art. 399, § 2º do CPP, que estatui que o juiz que presidiu a instrução deverá proferir a sentença – identidade física –, na hipótese de juíza substituta tomar os depoimentos das testemunhas de acusação e, posteriormente, ser sucedida pela juíza titular que prosseguiu com a audiência, ouvindo as testemunhas de defesa e proferindo sentença de mérito que condenou o impetrante. Ademais, a juíza substituta estava exercendo o seu *munus* em caráter temporário, podendo ser designada, por ato da presidência do tribunal, a atuar em qualquer outra vara. Por outro lado, a juíza titular tem por função, dentre outros atos, a entrega da prestação jurisdicional nos feitos conclusos para sentença. **HC 219.482-SC, Rel. Min. Og Fernandes, julgado em 27/3/2012. (Inform. STJ 494)**

Súmula STF nº 704

Não viola as garantias do juiz natural, da ampla defesa e do devido processo legal a atração por continência ou conexão do processo do corréu ao foro por prerrogativa de função de um dos denunciados.

2. INQUÉRITO POLICIAL E OUTRAS FORMAS DE INVESTIGAÇÃO

Quebra de sigilo bancário e unilateralidade em inquérito policial
A 1ª Turma iniciou julgamento de agravo regimental em que se discute a legalidade de pedido de quebra de sigilo bancário para fins de investigação criminal. No caso, o "*Parquet*" requerera, além da quebra de sigilo, o encaminhamento direto dos dados colhidos ao Ministério Público, bem como a autorização para que o órgão atuasse diretamente junto às instituições bancárias, sem necessidade de intervenção judicial, com o intuito de obter do-

cumentos de suporte das transações financeiras realizadas no período. O Ministro Marco Aurélio (relator) desproveu o agravo. Afirmou que a quebra de sigilo bancário somente seria possível por ordem judicial, nas situações e na forma previstas em lei, para fins de investigação ou instrução processual penal. Não se poderia compatibilizar entendimento de que a autorização do afastamento do sigilo dependeria de determinação do órgão competente para capitanear o inquérito, mas, por outro lado, os elementos coligidos seriam direcionados exclusivamente ao Ministério Público, parte em eventual ação penal. Tratar-se-ia de espécie de concentração unilateral de poder, incompatível com a ordem jurídica. Os artigos 9º, 11 e 12 do CPP corroborariam essa conclusão. Assim, a juntada do objeto das diligências permitiria o acompanhamento pelo investigado e, portanto, a observância do Enunciado 14 da Súmula Vinculante do STF ("É direito do defensor, no interesse do representado, ter acesso amplo aos elementos de prova que, já documentados em procedimento investigatório realizado por órgão com competência de polícia judiciária, digam respeito ao exercício do direito de defesa"). Em seguida, pediu vista o Ministro Roberto Barroso.
Inq 3552 AgR/RS, Min. Marco Aurélio, 21.10.2014. (Inq-3552)
(Inform. STF 764)

Poder de investigação do Ministério Público - 1
A 2ª Turma iniciou julgamento de recurso ordinário em *habeas corpus* em que se discute a nulidade das provas colhidas em inquérito presidido pelo Ministério Público. Além disso, a impetração alega: a) inépcia da denúncia, bem como ausência de elementos aptos a embasar o seu oferecimento; b) ofensa ao princípio do promotor natural; c) violação ao princípio da identidade física do juiz; d) possibilidade de suspensão condicional do processo antes do recebimento da denúncia; e) ausência de provas para a condenação; f) possibilidade de aplicação da atenuante prevista no art. 65, III, *b*, do CP; e g) incompatibilidade entre a causa de aumento da pena do art. 121, § 4º, do CP e o homicídio culposo, sob pena de *bis in idem*. No caso, as investigações que antecederam o oferecimento da denúncia por homicídio culposo foram realizadas pela Curadoria da Saúde do Ministério Público. Segundo os autos, a filha da vítima noticiara ao *parquet* a ocorrência de possível homicídio culposo por imperícia de médico que operara seu pai, bem como cobrança indevida pelo auxílio de enfermeira durante sessão de hemodiálise.
RHC 97926/GO, rel. Min. Gilmar Mendes, 1º.10.2013.
(RHC-97926)

Poder de investigação do Ministério Público - 2
O Ministro Gilmar Mendes, relator, negou provimento ao recurso. Entendeu que ao Ministério Público não seria vedado proceder a diligências investigatórias, consoante interpretação sistêmica da Constituição (art. 129), do CPP (art. 5º) e da Lei Complementar 75/93 (art. 8º). Afirmou que a jurisprudência do STF acentuara reiteradamente ser dispensável, ao oferecimento da denúncia, a prévia instauração de inquérito policial, desde que evidente a materialidade do fato delituoso e presentes indícios de autoria. Considerou que a colheita de elementos de prova se afiguraria indissociável às funções do Ministério Público, tendo em vista o poder-dever a ele conferido na defesa da ordem jurídica, do regime democrático e dos interesses sociais e individuais indisponíveis (CF, art. 127). Frisou que seria ínsito ao sistema dialético de processo, concebido para o estado democrático de direito, a faculdade de a parte colher, por si própria, elementos de provas hábeis para defesa de seus interesses. Da mesma forma, não poderia ser diferente com relação ao *parquet*, que teria o poder-dever da defesa da ordem jurídica. Advertiu que a atividade investigatória não seria exclusiva da polícia judiciária. O próprio constituinte originário, ao delimitar o poder investigatório das comissões parlamentares de inquérito (CF, art. 58, § 3º), encampara esse entendimento. Raciocínio diverso — exclusividade das investigações efetuadas por organismos policiais — levaria à conclusão de que também outras instituições, e não somente o Ministério Público, estariam impossibilitadas de exercer atos investigatórios, o que seria de todo inconcebível. Por outro lado, o próprio CPP, em seu art. 4º, parágrafo único, disporia que a apuração das infrações penais e sua autoria não excluiria a competência de autoridades administrativas a quem por lei fosse cometida a mesma função.
RHC 97926/GO, rel. Min. Gilmar Mendes, 1º.10.2013.
(RHC-97926)

Poder de investigação do Ministério Público - 3
Prosseguindo, o Ministro Gilmar Mendes reafirmou que seria legítimo o exercício do poder de investigar por parte do Ministério Público, mas essa atuação não poderia ser exercida de forma ampla e irrestrita, sem qualquer controle, sob pena de agredir, inevitavelmente, direitos fundamentais. Mencionou que a atividade de investigação, seja ela exercida pela polícia ou pelo Ministério Público, mereceria, pela sua própria natureza, vigilância e controle. Aduziu que a atuação do *parquet* deveria ser, necessariamente, subsidiária, a ocorrer, apenas, quando não fosse possível ou recomendável efetivar-se pela própria polícia. Exemplificou situações em que possível a atuação do órgão ministerial: lesão ao patrimônio público, excessos cometidos pelos próprios agentes e organismos policiais (*vg.* tortura, abuso de poder, violências arbitrárias, concussão, corrupção), intencional omissão da polícia na apuração de determinados delitos ou deliberado intuito da própria corporação policial de frustrar a investigação, em virtude da qualidade da vítima ou da condição do suspeito. Sublinhou que se deveria: a) observar a pertinência do sujeito investigado com a base territorial e a natureza do fato investigado; b) formalizar o ato investigativo, delimitando objeto e razões que o fundamentem; c) comunicar de maneira imediata e formal ao Procurador-Chefe ou Procurador-Geral; d) autuar, numerar e controlar a distribuição; e) dar publicidade a todos os atos, salvo sigilo decretado de forma fundamentada; f) juntar e formalizar todos os atos e fatos processuais, em ordem cronológica, principalmente diligências, provas coligidas, oitivas; g) garantir o pleno conhecimento dos atos de investigação à parte e ao seu advogado, consoante o Enunciado 14 da Súmula Vinculante do STF; h) observar os princípios e regras que orientam o inquérito e os procedimentos administrativos sancionatórios; i) respeitar a ampla defesa e o contraditório, este ainda que de forma diferida; e j) observar prazo para conclusão e controle judicial no arquivamento.
RHC 97926/GO, rel. Min. Gilmar Mendes, 1º.10.2013.
(RHC-97926)

Poder de investigação do Ministério Público - 4
O Ministro Gilmar Mendes consignou, ainda, que, na situação dos autos, o Ministério Público estadual buscara apurar a ocorrência de erro médico em hospital de rede pública, bem como a cobrança ilegal de procedimentos que deveriam ser gratuitos. Em razão disso, o procedimento do *parquet* encontraria amparo no art. 129, II, da CF ("*São funções institucionais do Ministério Público: ... II — zelar pelo efetivo respeito dos Poderes Públicos e dos serviços de relevância pública aos direitos assegurados nesta Constituição, promovendo as medidas necessárias a sua garantia*"). Asseverou que seria inegável a necessidade de atuação do Ministério Público, pois os fatos levados a seu conhecimento sinalizariam ofensa à política pública de saúde. Reputou, assim, legítima a sua atuação. Assinalou a improcedência das assertivas relativas à falta de elementos lícitos a embasarem o oferecimento e o recebimento da denúncia, bem como a alegação atinente à inépcia da denúncia. Apontou que o entendimento do STF seria no sentido de que o trancamento de ação penal, por falta de justa causa, seria medida excepcional, especialmente na via estreita do *habeas corpus*. Dessa forma, se não comprovada, de plano, a atipicidade da conduta, a incidência de causa de extinção da punibilidade ou a ausência de indícios de autoria e materialidade, impor-se-ia a continuidade da persecução criminal. Na espécie, destacou que a peça inicial estaria

em consonância com a jurisprudência desta Corte e com os requisitos do art. 41 do CPP, pois se consubstanciaria em contundente conjunto probatório, com a conduta do agente devidamente individualizada. Não haveria, portanto, constrangimento ilegal a ser corrigido.
RHC 97926/GO, rel. Min. Gilmar Mendes, 1°.10.2013. (RHC-97926)

Poder de investigação do Ministério Público - 5
O Ministro Gilmar Mendes ressaltou que inexistiria, também, ofensa ao princípio do promotor natural, porquanto a distribuição da ação penal se dera em cumprimento à Lei Orgânica do Ministério Público do Estado de Goiás (Lei Complementar Estadual 25/98), que permite a criação de promotorias especializadas. Destarte, não estaria configurada a desobediência à regra de atuação do promotor e, portanto, inviável a anulação da atuação da Procuradoria de Curadoria da Saúde do Estado de Goiás no caso. No que tange à alegação de nulidade por afronta ao princípio da identidade física do juiz, apontou que não teria sido demonstrado o prejuízo. Quanto à ausência de análise da suspensão condicional do processo, antes do recebimento da denúncia, afirmou que seria inviável a concessão do pedido, nos termos do art. 89 da Lei 9.099/95, uma vez que o recebimento da denúncia seria condição para a proposta de suspensão condicional do processo. No que diz respeito à inexistência de prova para condenação por homicídio culposo, enfatizou que a jurisprudência do STF seria pacífica em não admitir o *habeas corpus* como sucedâneo de revisão criminal e, tampouco, permitir o revolvimento aprofundado de conjunto fático-probatório. Além disso, ponderou que não mereceria ser acolhido o requerimento para incidência da atenuante prevista no art. 65, III, b, do CP, haja vista que, neste recurso ordinário, a defesa restringira-se a simplesmente invocar a regra normativa, sem fundamentar a aplicação da atenuante. Por último, no que se refere à incompatibilidade entre a causa de aumento de pena (CP, art. 121, § 4°) e o homicídio culposo caracterizado pela negligência, sob pena de *bis in idem*, observou que nem a sentença condenatória nem o acórdão confirmatório da sentença imputaram ao paciente esta causa de aumento de pena. Após o voto do Ministro Gilmar Mendes, pediu vista o Ministro Ricardo Lewandowski.
RHC 97926/GO, rel. Min. Gilmar Mendes, 1°.10.2013. (RHC-97926) (Inform. STF 722)

Poder de investigação do Ministério Público - 6
Em conclusão de julgamento, a 2ª Turma negou provimento a recurso ordinário em "habeas corpus" em que discutida a nulidade das provas colhidas em inquérito presidido pelo Ministério Público — v. Informativo 722. Prevaleceu o voto do Ministro Gilmar Mendes (relator). Entendeu que ao Ministério Público não seria vedado proceder a diligências investigatórias, consoante interpretação sistêmica da Constituição (art. 129), do CPP (art. 5°) e da LC 75/1993 (art. 8°). Advertiu que a atividade investigatória não seria exclusiva da polícia judiciária. Mencionou que a atividade de investigação, fosse ela exercida pela polícia ou pelo Ministério Público, mereceria, pela sua própria natureza, vigilância e controle. Aduziu que a atuação do "parquet" deveria ser, necessariamente, subsidiária, a ocorrer, apenas, quando não fosse possível ou recomendável efetivar-se pela própria polícia. Exemplificou situações em que possível a atuação do órgão ministerial: lesão ao patrimônio público, excessos cometidos pelos próprios agentes e organismos policiais (vg. tortura, abuso de poder, violências arbitrárias, concussão, corrupção), intencional omissão da polícia na apuração de determinados delitos ou deliberado intuito da própria corporação policial de frustrar a investigação, em virtude da qualidade da vítima ou da condição do suspeito. Consignou, ainda, que, na situação dos autos, o Ministério Público estadual buscara apurar a ocorrência de erro médico em hospital de rede pública, bem como a cobrança ilegal de procedimentos que deveriam ser gratuitos. Em razão disso, o procedimento do "parquet" encontraria amparo no art. 129,

II, da CF. O Ministro Ricardo Lewandowski, por sua vez, destacou que a alegação relativa à nulidade das provas obtidas no inquérito presidido pelo Ministério Público não teria sido ventilada nas instâncias inferiores.
RHC 97926/GO, rel. Min. Gilmar Mendes, 2.9.2014. (RHC-97926) (Inform. STF 757)

RHC 116.002/GO
RELATOR: Ministro Celso de Mello
PRETENDIDA NULIDADE DA INVESTIGAÇÃO PENAL PELO FATO DE A POLÍCIA JUDICIÁRIA *ESTADUAL* HAVER RECEBIDO COOPERAÇÃO DA POLÍCIA FEDERAL. **INOCORRÊNCIA**. **MÚTUA ASSISTÊNCIA TÉCNICA** ENTRE A POLÍCIA FEDERAL **E** AS POLÍCIAS ESTADUAIS, **ALÉM DO FORNECIMENTO RECÍPROCO** DE DADOS INVESTIGATÓRIOS **E** O INTERCÂMBIO DE INFORMAÇÕES ENTRE REFERIDOS ORGANISMOS POLICIAIS: **MEDIDAS QUE SE LEGITIMAM** EM FACE DO *MODELO CONSTITUCIONAL DE FEDERALISMO COOPERATIVO*.
- *PERSECUÇÃO PENAL* **E** *DELAÇÃO ANÔNIMA*. POSSIBILIDADE, *DESDE QUE* A INSTAURAÇÃO FORMAL DO PROCEDIMENTO INVESTIGATÓRIO *TENHA SIDO PRECEDIDA* DE AVERIGUAÇÃO SUMÁRIA, "COM PRUDÊNCIA E DISCRIÇÃO", **DESTINADA** A APURAR A *VEROSSIMILHANÇA DOS FATOS DELATADOS* **E** DA RESPECTIVA AUTORIA. **DOUTRINA**. **PRECEDENTES** DO SUPREMO TRIBUNAL FEDERAL.
- **INVIABILIDADE** DE EXAME APROFUNDADO DA PROVA PENAL **E** DA REAPRECIAÇÃO DE MATÉRIA DE FATO *NA VIA SUMARÍSSIMA* DO PROCESSO DE "*HABEAS CORPUS*". **PRECEDENTES**.
- **ACOLHIMENTO INTEGRAL** DO PARECER DA PROCURADORIA-GERAL DA REPÚBLICA. **ADOÇÃO DA TÉCNICA** DA MOTIVAÇÃO "*PER RELATIONEM*". **COMPATIBILIDADE** DESSA TÉCNICA DECISÓRIA COM A REGRA **INSCRITA** NO ART. 93, **INCISO** IX, DA CONSTITUIÇÃO. **PRECEDENTES**.
RECURSO ORDINÁRIO IMPROVIDO. DJe de 17.3.2014. (Inform. STF 755)

HC N. 94.869-DF
RELATOR: MIN. RICARDO LEWANDOWSKI
Ementa: PROCESSUAL PENAL. *HABEAS CORPUS*. DESARQUIVAMENTO E REABERTURA DE INQUÉRITO POLICIAL. DIFERENÇA ENTRE NECESSIDADE DE PROVAS NOVAS E NOTÍCIA DE PROVAS NOVAS: SÚMULA 524 DO STF E ART. 18 DO CPP. ORDEM DENEGADA.
I - Para que ocorra o desarquivamento de inquérito, basta que haja notícia de novas provas (art. 18 do CPP), enquanto não se extinguir a punibilidade pela prescrição.
II - Diversamente, o Ministério Público só poderá oferecer denúncia se efetivamente tiverem sido produzidas provas novas, nos termos da Súmula 524 do Supremo Tribunal Federal.
III - Ordem denegada. (Inform. STF 737)

Inq N. 2.842-DF
RELATOR: MIN. RICARDO LEWANDOWSKI
Ementa: PROCESSUAL PENAL. DEPUTADO FEDERAL. FORO POR PRERROGATIVA DE FUNÇÃO. COMPETÊNCIA DO STF INCLUSIVE NA FASE DE INVESTIGAÇÃO. DENÚNCIA LASTREADA EM PROVAS COLHIDAS POR AUTORIDADE INCOMPETENTE. DENÚNCIA REJEITADA.
I – Os elementos probatórios destinados a embasar a denúncia foram confeccionados sob a égide de autoridades desprovidas de competência constitucional para tanto.
II - Ausência de indícios ou provas que, produzidas antes da posse do acusado como Deputado Federal, eventualmente pudessem apontar para a sua participação nos crimes descritos na inicial acusatória.
III - A competência do Supremo Tribunal Federal, quando da possibilidade de envolvimento de parlamentar em ilícito penal,

alcança a fase de investigação, materializada pelo desenvolvimento do inquérito. Precedentes desta Corte.
VI - A usurpação da competência do STF traz como consequência a inviabilidade de tais elementos operarem sobre a esfera penal do denunciado. Precedentes desta Corte.
V - Conclusão que não alcança os acusados destituídos de foro por prerrogativa de função.
VI – Denúncia rejeitada. (Inform. STF 737)

HC N. 115.015-SP
RELATOR: MIN. TEORI ZAVASCKI
Ementa: *HABEAS CORPUS*. PROCESSUAL PENAL. CRIME CONTRA ORDEM TRIBUTÁRIA. REQUISIÇÃO DE INDICIAMENTO PELO MAGISTRADO APÓS O RECEBIMENTO DENÚNCIA. MEDIDA INCOMPATÍVEL COM O SISTEMA ACUSATÓRIO IMPOSTO PELA CONSTITUIÇÃO DE 1988. INTELIGÊNCIA DA LEI 12.830/2013. CONSTRANGIMENTO ILEGAL CARACTERIZADO. SUPERAÇÃO DO ÓBICE CONSTANTE NA SÚMULA 691. ORDEM CONCEDIDA.
1. Sendo o ato de indiciamento de atribuição exclusiva da autoridade policial, não existe fundamento jurídico que autorize o magistrado, após receber a denúncia, requisitar ao Delegado de Polícia o indiciamento de determinada pessoa. A rigor, requisição dessa natureza é incompatível com o sistema acusatório, que impõe a separação orgânica das funções concernentes à persecução penal, de modo a impedir que o juiz adote qualquer postura inerente à função investigatória. Doutrina. Lei 12.830/2013.
2. Ordem concedida. (Inform. STF 719)

Indiciamento por magistrado
Não cabe ao juiz determinar indiciamento. Com base nessa orientação, a 2ª Turma superou o Enunciado 691 da Súmula do STF para conceder *habeas corpus* e anular o indiciamento dos pacientes. No caso, diretores e representantes legais de pessoa jurídica teriam sido denunciados pelo Ministério Público em razão da suposta prática do crime previsto no art. 1º, I e II, da Lei 8.137/90. Após o recebimento da denúncia, o magistrado de 1º grau determinara à autoridade policial a efetivação do indiciamento formal dos pacientes. HC 115015/SP, rel. Min. Teori Zavascki, 27.8.2013. (HC-115015) (Inform. STF 717)

DIREITO PROCESSUAL PENAL. INDICIAMENTO COMO ATRIBUIÇÃO EXCLUSIVA DA AUTORIDADE POLICIAL.
O magistrado não pode requisitar o indiciamento em investigação criminal. Isso porque o indiciamento constitui atribuição exclusiva da autoridade policial. De fato, é por meio do indiciamento que a autoridade policial aponta determinada pessoa como a autora do ilícito em apuração. Por se tratar de medida ínsita à fase investigatória, por meio da qual o delegado de polícia externa o seu convencimento sobre a autoria dos fatos apurados, não se admite que seja requerida ou determinada pelo magistrado, já que tal procedimento obrigaria o presidente do inquérito à conclusão de que determinado indivíduo seria o responsável pela prática criminosa, em nítida violação ao sistema acusatório adotado pelo ordenamento jurídico pátrio. Nesse mesmo sentido, é a inteligência do art. 2º, § 6º, da Lei 12.830/2013, o qual consigna que o indiciamento é ato inserto na esfera de atribuições da polícia judiciária. Precedente citado do STF: HC 115.015-SP, Segunda Turma, DJe 11/9/2013. **RHC 47.984-SP, Rel. Min. Jorge Mussi, julgado em 4/11/2014. (Inform. STJ 552)**

DIREITO PROCESSUAL PENAL. PODERES DO RELATOR EM INVESTIGAÇÃO CONTRA MAGISTRADO.
O prosseguimento da investigação criminal em que surgiu indício da prática de crime por parte de magistrado não depende de deliberação do órgão especial do tribunal competente, cabendo ao relator a quem o inquérito foi distribuído determinar as diligências que entender cabíveis. O parágrafo único do art. 33 da LOMAN ("Quando, no curso de investigação, houver indício da prática de crime por parte de magistrado, a autoridade policial, civil ou militar, remeterá os respectivos autos ao Tribunal ou órgão especial competente para o julgamento, a fim de que prossiga na investigação") não autoriza concluir, pelo seu conteúdo normativo, ser necessária a submissão do procedimento investigatório ao órgão especial tão logo chegue ao tribunal competente, para que seja autorizado o prosseguimento do inquérito. Trata-se, em verdade, de regra de competência. No tribunal, o inquérito é distribuído ao relator, a quem cabe determinar as diligências que entender cabíveis para realizar a apuração, podendo chegar, inclusive, ao arquivamento. Cabe ao órgão especial receber ou rejeitar a denúncia, conforme o caso, sendo desnecessária a sua autorização para a instauração do inquérito judicial, segundo a jurisprudência do STF. Precedente citado do STF: HC 94.278-SP, Tribunal Pleno, DJ 28/11/2008. **HC 208.657-MG, Rel. Min. Maria Thereza de Assis Moura, julgado em 22/4/2014. (Inform. STJ 540)**

DIREITO PROCESSUAL PENAL. INVESTIGAÇÃO PENAL. MP. ACESSO DOS SERVIDORES ÀS PROVAS.
O MP pode promover, por autoridade própria, atos de investigação penal, sendo permitido o acesso dos servidores da referida instituição à colheita da prova. Com fundamento na CF e na Lei Complementar n. 75/1993, o MP possui a prerrogativa de instaurar processo administrativo de investigação e de conduzir diligências investigatórias. Isso porque a atuação do MP representa o exercício concreto de uma atividade típica de cooperação que, mediante a requisição de elementos informativos e acompanhamento de diligências investigatórias, promove a convergência de dois importantes órgãos estatais incumbidos da persecução penal e da concernente apuração da verdade real. Tratando-se de escutas telefônicas, não se pode concluir do art. 6º da Lei n. 9.296/1996 que apenas a autoridade policial é autorizada a proceder às interceptações. No entanto, esses atos de investigação não comprometem ou reduzem as atribuições de índole funcional das autoridades policiais, a quem sempre caberá a presidência do inquérito policial. Ademais, a eventual escuta e posterior transcrição das interceptações pelos servidores do MP não anulam as provas, pois se trata de mera divisão de tarefas dentro do próprio órgão, o que não retira dos promotores de justiça a responsabilidade pela condução das diligências, conforme o art. 4º, V, da Res. n. 76/2009 do CNMP. Precedentes citados do STF: RE 468.523-SC, DJ 19/2/2010; do STJ: HC 131.836-RJ, DJe 6/4/2011, e REsp 998.249-RS, DJe 30/5/2012. **HC 244.554-SP, Rel. Min. Marco Aurélio Bellizze, julgado em 9/10/2012.(Inform. STJ 506)**

Súmula Vinculante 14
É direito do defensor, no interesse do representado, ter acesso amplo aos elementos de prova que, já documentados em procedimento investigatório realizado por órgão com competência de polícia judiciária, digam respeito ao exercício do direito de defesa.

Súmula STF nº 524
Arquivado o inquérito policial, por despacho do juiz, a requerimento do promotor de justiça, não pode a ação penal ser iniciada, sem novas provas.

Súmula STF nº 397
O poder de polícia da câmara dos deputados e do senado federal, em caso de crime cometido nas suas dependências, compreende, consoante o regimento, a prisão em flagrante do acusado e a realização do inquérito.

3. AÇÃO PENAL E AÇÃO CIVIL

Inq N. 3.534-BA
RELATORA: MIN. CÁRMEN LÚCIA
EMENTA: INQUÉRITO. DENÚNCIA CONTRA DEPUTADO FEDERAL. CRIMES DE ARREGIMENTAÇÃO DE ELEITOR

E PROPAGANDA DE BOCA DE URNA. INDÍCIOS SUFICIENTES DE AUTORIA E MATERIALIDADE DA CONDUTA. OBSERVÂNCIA DOS REQUISITOS DO ART. 41 DO CÓDIGO DE PROCESSO PENAL. INEXISTÊNCIA DAS HIPÓTESES DO ART. 395 DO MESMO CÓDIGO. DENÚNCIA RECEBIDA.
1. Para o recebimento da denúncia, cumpre analisar a existência de indícios suficientes da materialidade e da autoria dos delitos imputados ao Denunciado.
2. A denúncia é proposta da demonstração de prática de fatos típicos e antijurídicos imputados a determinada pessoa, sujeita à efetiva comprovação e à contradita.
3. A denúncia examinada preenche os requisitos do art. 41 do Código de Processo Penal, individualiza as condutas do denunciado no contexto fático da fase pré-processual, expõe de forma pormenorizada os elementos indispensáveis à existência, em tese, dos crimes de arregimentação de eleitores e propaganda de boca de urna, permitida o pleno exercício do contraditório e da ampla defesa.
4. Ausência das hipóteses do art. 395 do Código de Processo Penal.
5. Denúncia recebida. (Inform. STF 761)

RHC N. 123.086-SP
RELATOR: MIN. GILMAR MENDES
Recurso ordinário em *habeas corpus*. 2. Penal e Processo Penal. 3. Assédio Sexual. Representação feita mediante o comparecimento da vítima à delegacia para registrar a ocorrência. 4. Jurisprudência desta Corte no sentido de que a representação nos crimes de ação penal pública condicionada prescinde de qualquer formalidade. Precedentes. 5. Ausência de constrangimento ilegal. Recurso a que se nega provimento. (Inform. STF 761)

Crime contra o patrimônio da União, coisa julgada formal e empate na votação
Ante o empate na votação, a 2ª Turma recebeu, em parte, denúncia oferecida contra Deputado Federal pela suposta prática do crime de dano qualificado (CP: "Art. 163 - Destruir, inutilizar ou deteriorar coisa alheia: ... Parágrafo único - Se o crime é cometido: ... III - contra o patrimônio da União, Estado, Município, empresa concessionária de serviços públicos ou sociedade de economia mista; ... Pena - detenção, de seis meses a três anos, e multa, além da pena correspondente à violência."). Na espécie, após ordem de desocupação emitida pelo STF em março de 2009, o denunciado teria destruído e deteriorado patrimônio da União, consistente em acessões em duas fazendas, localizadas na Reserva "Raposa Serra do Sol", em Roraima, das quais fora desapossado em razão da demarcação de terras indígenas. Preliminarmente, a defesa alegava que a denúncia seria inepta por não conter descrição do momento da prática do crime, nem especificar quais acessões teriam sido destruídas. No mérito, sustentava que sua conduta praticada seria atípica, pois as acessões seriam de sua propriedade. Os Ministros Gilmar Mendes (relator) e Teori Zavascki acolhiam parcialmente a preliminar de inépcia da denúncia ao fundamento de que não haveria identificação suficiente para que fosse possível precisar o objeto do crime supostamente perpetrado contra as acessões existentes em uma das fazendas, haja vista a ausência de descrição em laudo de exame do local. Por outro lado, os Ministros Cármen Lúcia e Celso de Mello rejeitavam a preliminar de inépcia da denúncia. A Turma consignou que, nesse caso, em razão da falta de regra regimental, o empate deveria favorecer o denunciado. Ressaltou que a rejeição por inépcia faria apenas coisa julgada formal. Assim, restaria a acusação a possibilidade de apresentar nova exordial sem o defeito apontado nesse julgamento. No tocante à outra fazenda, a Turma, por maioria, recebeu a denúncia, porquanto os supostos danos praticados contra as acessões estariam descritos em laudo de exame do local. Asseverou, ademais, que a arguição de que o denunciado poderia destruir aquilo que não pudesse ser retirado da terra ocupada por considerá-la de sua titularidade não seria suficiente para que se pudesse afastar o que alegado pelo Ministério Público. Vencido, no ponto, o relator. Aduzia que o denunciado teria incorrido em erro de tipo (CP, art. 20) quanto ao caráter alheio da coisa, porque estaria convicto de que fora injustamente desapossado da terra pela União e de que o patrimônio danificado seria seu.
Inq 3670/RR, rel. Min. Gilmar Mendes, 23.9.2014. (Inq-3670) (Inform. STF 760)

Crime societário e recebimento da denúncia
A 2ª Turma recebeu, em parte, denúncia oferecida contra deputado federal pela suposta prática dos crimes previstos no art. 55 da Lei 9.605/1998 ("Executar pesquisa, lavra ou extração de recursos minerais sem a competente autorização, permissão, concessão ou licença, ou em desacordo com a obtida") e no art. 2º da Lei 8.176/1991 ("Constitui crime contra o patrimônio, na modalidade de usurpação, produzir bens ou explorar matéria-prima pertencentes à União, sem autorização legal ou em desacordo com as obrigações impostas pelo título autorizativo"). A defesa alegava que não seria possível responsabilizar o ora denunciado pela prática dos fatos que lhe foram imputados, pois seriam de responsabilidade da pessoa jurídica da qual proprietário. Aduzia que esse argumento seria corroborado por decisão proferida pelo juízo que o havia excluído do polo passivo de ação civil pública. A Turma, de início, ao resolver questão de ordem suscitada pela Ministra Cármen Lúcia (relatora), não acolheu pedido formulado pela defesa no sentido de que fosse adiado o julgamento. Ponderou que o processo estaria pautado há 15 dias, devidamente aparelhado para julgamento. Mencionou que o anterior defensor do denunciado, cinco dias após o feito entrar em pauta, renunciara aos poderes a ele outorgados. Porém, somente na véspera do julgamento fora juntado novo mandato, com o referido pedido de adiamento. Na sequência, em questão preliminar, a Turma rejeitou a denúncia, nos termos do art. 395, II, do CPP ("Art. 395. A denúncia ou queixa será rejeitada quando: ... II - faltar pressuposto processual ou condição para o exercício da ação penal"), no tocante ao delito previsto no art. 55 da Lei 9.605/1998, em razão da prescrição da pretensão punitiva estatal. Com relação ao crime previsto no art. 2º da Lei 8.176/1991, o Colegiado recebeu a denúncia. Consignou, primeiramente, que a jurisprudência do STF seria no sentido de que, mesmo em relação aos delitos societários, a denúncia deveria conter, ainda que minimamente, a descrição individualizada da conduta supostamente praticada pela pessoa física dela integrante. Acrescentou que seria suficiente, para a aptidão da denúncia por crimes societários, a indicação, na peça acusatória, de que a pessoa física denunciada tivesse participação na gestão da pessoa jurídica, e que não fosse infirmada, de plano, pelo ato constitutivo desta última, a responsabilidade daquela na condução da sociedade. Asseverou que, no caso, o poder de gestão e a titularidade da empresa seriam ambos do denunciado. Apontou, ademais, que a exclusão do acusado do polo passivo de ação civil pública não seria motivo para obstar a "persecutio criminis in iudicio". Destacou que haveria uma independência relativa entre os juízos cível, criminal e administrativo. Dessa forma, o quanto decidido no juízo cível não seria suficiente para obstar, nesta fase, o recebimento da denúncia.
Inq 3644/AC, rel. Min. Cármen Lúcia, 9.9.2014. (Inq-3644) (Inform. STF 758)

Corrupção eleitoral e inépcia da denúncia
A 2ª Turma rejeitou denúncia oferecida em face de deputados federais em razão da suposta prática do delito previsto no art. 299 do Código Eleitoral ("Dar, oferecer, prometer, solicitar ou receber, para si ou para outrem, dinheiro, dádiva, ou qualquer outra vantagem, para obter ou dar voto e para conseguir ou prometer abstenção, ainda que a oferta não seja aceita: Pena - reclusão até quatro anos e pagamento de cinco a quinze dias-multa"). A Turma, ao considerar o quanto disposto no art. 41 do CPP ("A denúncia ou queixa conterá a exposição do fato criminoso, com todas as suas circunstâncias, a qualificação do

acusado ou esclarecimentos pelos quais se possa identificá-lo, a classificação do crime e, quando necessário, o rol das testemunhas"), considerou inepta a denúncia oferecida. Afirmou que, para ser apta, a referida peça deveria ter projetado ao caso concreto todos os elementos da figura típica em comento. Assim, deveria ter descrito: a) quem praticara o verbo típico — "dar, oferecer ou prometer" —; b) os meios empregados — "dinheiro, dádiva ou qualquer outra vantagem" —; e c) a ligação da conduta ao fim especial de obter o voto de pessoa determinada ou, se indeterminada, a especificação dessa circunstância. Consignou, então, que a inicial acusatória sem a definição dos elementos estruturais que compusessem o tipo penal, e que não narrasse, com precisão e de maneira individualizada, os elementos, tanto essenciais como acidentais, pertinentes ao tipo, incidiria em afronta à Constituição.
Inq 3752/DF, rel. Min. Gilmar Mendes, 26.8.2014. (Inq-3752) (Inform. STF 756)

Inq N. 3.344-DF
RELATOR: MIN. TEORI ZAVASCKI
Ementa: INQUÉRITO. IMPUTAÇÃO DO CRIME DE FALSIDADE IDEOLÓGICA PARA FINS ELEITORAIS. ART. 350 DO CÓDIGO ELEITORAL. INDÍCIOS DE AUTORIA E MATERIALIDADE DEMONSTRADOS. SUBSTRATO PROBATÓRIO MÍNIMO PRESENTE. DENÚNCIA RECEBIDA.
1. Denúncia que contém a adequada indicação da conduta delituosa imputada ao acusado e aponta os elementos indiciários mínimos aptos a tornar plausível a acusação, o que permite o pleno exercício do direito de defesa.
2. O dolo específico é questão que desafia a fase instrutória e, isoladamente, não se presta a desqualificar a denúncia. Precedentes.
3. Denúncia recebida. (Inform. STF 756)

Crime de responsabilidade de prefeitos e justa causa para a ação penal
Por ausência de justa causa para a propositura da ação penal, a 1ª Turma, por maioria, não recebeu denúncia oferecida contra Senador da República pela suposta prática do crime descrito no art. 1º, II, do Decreto-Lei 201/1967 ("Art. 1º São crimes de responsabilidade dos Prefeitos Municipal, sujeitos ao julgamento do Poder Judiciário, independentemente do pronunciamento da Câmara dos Vereadores: ... II - utilizar-se, indevidamente, em proveito próprio ou alheio, de bens, rendas ou serviços públicos"). Narrava a inicial acusatória que o investigado, no exercício do mandato de Prefeito, teria atestado inveridicamente a conclusão de obras decorrentes de convênio realizado com a Fundação Nacional de Saúde - Funasa. O Ministério Público argumentava que, de acordo com laudos de vistorias e auditorias, a empresa contratada pela prefeitura não teria executado a totalidade do objeto ajustado e, assim, teria havido a malversação de dinheiro público. A Turma consignou o fato de o prefeito ter emitido relatório em que atestara a execução integral, porém com ressalva de redução das metas, das obras e serviços previstos no convênio. Destacou que o documento não teria relevância causal para a imputação do crime, uma vez que o relatório não teria dado ensejo aos pagamentos. Acrescentou que a impossibilidade de cumprimento das metas previstas no plano de trabalho originário teria decorrido do dilatado lapso temporal transcorrido entre a celebração do convênio, a liberação dos recursos e a licitação. Esclareceu que os fatos teriam implicado a redução de metas em razão do aumento do custo unitário dos bens a serem construídos. Reputou, ante a falta de outras provas que corroborassem a acusação, que inexistiriam elementos sérios e idôneos que demonstrassem utilização indevida ou desvio de valores transferidos ao Município por força de convênio com a Funasa. Por fim, destacou que o simples fato de o Prefeito ter sido o responsável por firmar o convênio ou ser hierarquicamente superior à secretaria responsável pela obra seria insuficiente para sustentar a imputação. Vencido o Ministro Marco Aurélio, que recebia a denúncia. Considerava que, nessa fase, não se poderia formar um juízo quanto à procedência ou não da imputação. Entendia que o recebimento da denúncia demandaria apenas o atendimento da forma e dos indícios de autoria. Consignava que se deveria viabilizar a atuação do Ministério Público, o qual poderia, a partir daí, comprovar a procedência do que articulado em defesa da sociedade.
Inq 3719/DF, rel. Min. Dias Toffoli, 12.8.2014. (Inq-3719) (Inform. STF 754)

Ação penal: juízo absolutório e prescrição - 1
O Tribunal, por maioria, julgou improcedente pedido formulado em ação penal para absolver senador — acusado da suposta prática de falsidade ideológica, corrupção passiva e peculato (CP, artigos 299, 317 e 312, respectivamente) — com fulcro no art. 386, VII, do CPP ("Art. 386. O juiz absolverá o réu, mencionando a causa na parte dispositiva, desde que reconheça: ... VII - não existir prova suficiente para a condenação"). Preliminarmente, o Colegiado afastou assertiva de inépcia da denúncia, tendo em vista que as condutas estariam devidamente individualizadas e os fatos criminosos estariam suficientemente expostos, ainda que de forma precária. Assim, não haveria razão para trancamento da ação penal. Rejeitou, ademais, alegado cerceamento de defesa decorrente de falta de oportunidade para apresentação de resposta preliminar. A defesa sustentava que se trataria de crimes funcionais típicos, próprios de funcionário público no exercício da função. O Plenário anotou, entretanto, que, à época do recebimento da denúncia, o réu não mais deteria a qualidade de funcionário público, portanto seria dispensável a adoção da regra do art. 514 do CPP. A Corte rejeitou, também em preliminar, alegações de cerceamento de defesa ocasionadas por indeferimento de diligências e por falta de exame de corpo de delito. A respeito, salientou que essas providências teriam sido fundamentadamente indeferidas. No mérito, prevaleceu o voto da Ministra Cármen Lúcia (relatora). Explicou que os autos referir-se-iam a suposto esquema de corrupção durante o governo do réu, então Presidente da República, em que haveria distribuição de benesses com dinheiro público, advindo de contratos de publicidade governamental. O Tribunal aduziu que o pedido condenatório baseara-se principalmente em depoimentos de corréus e de informante, que apresentaram, na fase policial, versões colidentes com a denúncia. Destacou, entretanto, que nenhuma dessas versões seria suficiente para vincular o réu às condutas criminosas a ele imputadas. Lembrou que delação de corréu e depoimento de informante não poderiam servir como elementos decisivos para a condenação, porque não seria exigido o compromisso legal de falar a verdade. Nesses casos, esses elementos probatórios poderiam servir apenas de substrato para a denúncia, conforme precedentes do STF. Consignou que mesmo a confissão em juízo, que, diversamente da delação, constituiria meio de prova direto, deveria ser confrontada com as demais provas processuais. Ponderou que, nos limites dos autos, não haveria provas suficientes para a condenação, a qual exigiria a certeza dos fatos e de sua autoria.
AP 465/DF, rel. Min. Cármen Lúcia, 24.4.2014. (AP-465)

Ação penal: juízo absolutório e prescrição - 2
A relatora frisou, ademais, que os crimes de falsidade ideológica e de corrupção passiva estariam atingidos pela prescrição. Todavia, diante da peculiaridade do caso, considerou que seria necessário analisar o mérito quanto aos três tipos penais em questão, tendo em conta a imbricação dos fatos. Salientou que a jurisprudência da Corte seria orientada no sentido de que, remanescente um dos crimes sob julgamento, deveria ser analisado o conjunto fático-jurídico como um todo, a partir do qual estaria motivada a acusação. Sublinhou que, se prevalecesse entendimento pela condenação, assentar-se-ia a prescrição da pretensão punitiva quanto à falsidade e à corrupção. Por outro lado, destacou que eventual sentença absolutória seria mais favorável do que o registro da prescrição. O Ministro Roberto Barroso considerou que, nas hipóteses em que finda a instrução, seria facultado ao juiz reconhecer a prescrição ou absolver —

embora não seja direito subjetivo da parte —, exceto na eventualidade de vir a ser proferida decisão condenatória, situação na qual necessário assentar a prescrição. Ressalvou que, se a extinção da punibilidade pelo reconhecimento da prescrição fosse atestada em fases iniciais do processo, o magistrado teria a prerrogativa de extingui-lo. No ponto, o Ministro Luiz Fux explicitou que seria mais condizente com a dignidade da pessoa humana conferir ao julgador a possibilidade de proferir sentença absolutória ao invés de declarar a prescrição.
AP 465/DF, rel. Min. Cármen Lúcia, 24.4.2014. (AP-465)

Ação penal: juízo absolutório e prescrição - 3
Vencido, parcialmente, o Ministro Ricardo Lewandowski, que enquadrava a absolvição no art. 386, V, do CPP ("V - não existir prova de ter o réu concorrido para a infração penal"). Asseverava que esse fundamento seria mais preciso e benéfico. Vencidos, também em parte, os Ministros Teori Zavascki, Rosa Weber e Joaquim Barbosa (Presidente), que reconheciam a prescrição da pretensão punitiva em relação aos delitos de falsidade ideológica e de corrupção passiva. O Ministro Teori Zavascki anotava que, verificada a prescrição em abstrato, como na espécie, a análise do mérito ficaria prejudicada, e seria dever do magistrado decretar, de ofício, a extinção da punibilidade. Reputava que a pretensão punitiva, quando extinta pela prescrição, levaria a situação idêntica à da anistia, o que seria mais forte do que a absolvição. Alertava que, se adotada a tese de que o juízo absolutório seria mais benéfico e, portanto, necessário, inviabilizar-se-ia o conhecimento da prescrição em abstrato, o que imporia, em todos os casos, o julgamento de mérito para, posteriormente, se declarar prescrita a pretensão punitiva. A Ministra Rosa Weber acrescia que o fundamento adotado para a absolvição, qual seja, a inexistência de prova suficiente para se condenar, seria menos favorável do que a extinção da punibilidade pela prescrição. O Presidente destacava que a opção pela apreciação do mérito, nas hipóteses em que já atingido o prazo prescricional, geraria insegurança, pois o réu permaneceria sujeito ao risco de um julgamento.
AP 465/DF, rel. Min. Cármen Lúcia, 24.4.2014. (AP-465) (Inform. STF 743)

AG. REG. NO RHC N. 115.998-PR
RELATORA: MIN. ROSA WEBER
EMENTA: AGRAVO REGIMENTAL NO RECURSO ORDINÁRIO EM *HABEAS CORPUS*. CRIME DE RESPONSABILIDADE. PREFEITO. NOMEAÇÃO DE SERVIDOR CONTRA EXPRESSA DISPOSIÇÃO DE LEI. TRANCAMENTO DA AÇÃO PENAL. FALTA DE JUSTA CAUSA NÃO DEMONSTRADA.
1. Não se exigem, quando do recebimento da denúncia, a cognição e a avaliação exaustiva da prova ou a apreciação exauriente dos argumentos das partes, bastando o exame da validade formal da peça e a verificação da presença de indícios suficientes de autoria e de materialidade.
2. Pode-se confiar no devido processo legal, com o trâmite natural da ação penal, para prevenir de forma suficiente eventuais ilegalidades, abusos ou injustiças no processo penal, não se justificando o trancamento da ação, salvo em situações excepcionalíssimas.
3. Agravo regimental conhecido e não provido. (Inform. STF 737)

MP: legitimidade e situação de miserabilidade
Constatada a situação de miserabilidade, o Ministério Público tem legitimidade para a propositura de ação penal, ainda que os genitores da vítima, menor, tenham se retratado. Com base nesse entendimento, a 2ª Turma denegou *habeas corpus* em que se pleiteava o trancamento de ação penal. Na espécie, discutia-se: a) a ilegitimidade da atuação do Ministério Público, porque os genitores da menor teriam se retratado antes do oferecimento da denúncia; b) a validade da retratação da retratação da representação feita pelo pai da vítima, ao argumento de vício de consentimento, porque desconheceria os termos do documento que a ele fora apresentado por advogada; c) a modalidade de ação penal — privada — do crime pelo qual o paciente fora condenado, porque vigente, à época, a redação originária do art. 225 do CP (*Nos crimes definidos nos capítulos anteriores, somente se procede mediante queixa*); d) a ausência de prova, nos autos, da situação de miserabilidade da família da vítima; e e) a decadência, porque o direito de queixa não fora exercido pela vítima ou seu representante legal no prazo de 6 meses. Inicialmente, a Turma registrou que o pai da menor declarara, em juízo, sua situação de pobreza. Consignou que esta Corte já firmara entendimento no sentido de que a mera declaração de pobreza seria suficiente para comprovar a miserabilidade da vítima e de seus representantes. Seria admitido ao *parquet*, inclusive, basear-se em presunção acerca dessa situação. Nesse ponto, concluiu ser impossível acolher a tese de ilegitimidade do Ministério Público para o oferecimento da ação penal. No que diz respeito aos atos de retratação, a Turma asseverou que o tribunal de origem reconhecera a imprestabilidade da retratação da retratação e, ainda, julgara eivada de vícios a retratação da representação e, portanto, válida para o oferecimento da denúncia, afastada a decadência.
HC 115196/RR, rel. Min Gilmar Mendes, 11.2.2014. (HC-115196) (Inform. STF 735)

RHC N. 119.607-PB
RELATOR: MIN. LUIZ FUX
Ementa: PENAL E PROCESSUAL PENAL. RECURSO ORDINÁRIO EM *HABEAS CORPUS*. HOMICÍDIO QUALIFICADO. TRANCAMENTO DA AÇÃO PENAL. EXCEPCIONALIDADE. INÉPCIA DA DENÚNCIA. INOCORRÊNCIA. RECURSO ORDINÁRIO EM *HABEAS CORPUS* A QUE SE NEGA PROVIMENTO.
1. O trancamento da ação penal por meio de *habeas corpus* é medida excepcional, somente admissível quando transparecer dos autos, de forma inequívoca, a inocência do acusado, a atipicidade da conduta ou a extinção da punibilidade. Precedentes: HC 101754, Segunda Turma, Relatora a Ministra Ellen Gracie, DJ de 24.06.10; HC 92959, Primeira Turma, Relator o Ministro Carlos Britto, DJ de 11.02.10.
2. *"A denúncia que contém condição efetiva que autorize o denunciado a proferir adequadamente a defesa não configura indicação genérica capaz de manchá-la com a inépcia"* (HC 94.272, Primeira Turma, Relator o Ministro Menezes de Direito, DJe de 27.03.09). No mesmo sentido: HC 101.066, Segunda Turma, Relator o Ministro Ayres Britto, DJe de 02.05.12; HC 96.608, Primeira Turma, Relator o Ministro Dias Toffoli, DJe de 04.12.09; HC 94.160, Primeira Turma, Relator o Ministro Menezes Direito, DJe de 22.08.08; HC 89.433, Segunda Turma, Relator o Ministro Joaquim Barbosa, DJ de 06.11.06.
3. *In casu*, narra a denúncia que *"os denunciados, agindo livre e consciente, em comunhão de ações e desígnios, utilizando-se de arma de fogo, efetuaram vários disparos contra a vítima, Sr. Cícero Gomes de Almeida, conhecido por ⬜Moinho⬜, causando-lhe a morte, conforme dispõe a perícia tanatoscópica de fls. 65. Conforme revelação evidente dos autos, a vítima Sr. Cícero, taxista, estava trabalhando na Praça Marcos Freire, Ponte dos Carvalhos, nesta cidade, quando foi solicitado para os dois indivíduos desconhecidos para conduzi-los com o destino ao Cabo. Porém, ao chegar nas imediações do Mac. Petróleo, neste município, houve um tiroteio entre os dois indivíduos que estavam no interior do veículo da vítima e policiais. Após tal acontecimento, a vítima segundo informações, foi executada pelos denunciados, quando encontrava-se embaixo de uma carreta para proteger-se, chegando a pedir que não a matassem, alegando que não era assaltante, mas não adiantou, pois os acusados efetuaram vários disparos de arma de fogo em sua direção. Mesmo diante da gravidade dos ferimentos, a vítima ainda chegou a ser socorrida para o Hospital Mendo Sampaio, nesta Cidade, onde falecera".*
4. O erro quanto à pessoa não isenta o réu de pena (art. 20, § 3º, do Código Penal).

5. Destarte, a peça acusatória descreve satisfatoriamente a conduta praticada pelo recorrente, de modo a permitir o exercício do direito ao contraditório e à ampla defesa. Por conseguinte, não há falar em inépcia da denúncia.
6. Recurso ordinário em *habeas corpus* a que se nega provimento. (Inform. STF 728)

HC N. 110.742-DF
RELATOR: MIN. GILMAR MENDES. *Habeas Corpus*. Denúncia. Delitos de formação de quadrilha e lavagem de capitais decorrente da prática de crimes contra a administração pública. 2. Pedido de trancamento da ação penal por inépcia da denúncia. 3. A peça acusatória atende aos requisitos exigidos pela lei processual, trazendo a exposição dos fatos criminosos com todas as circunstâncias de tempo, lugar e modo de execução (art. 41 do CPP) necessárias ao exercício do contraditório e da ampla defesa. Ausência de constrangimento ilegal. 4. Ordem denegada. (Inform. STF 713)

AG. REG. NO Inq N. 2.840-GO
RELATORA: MIN. CÁRMEN LÚCIA
EMENTA: AGRAVO REGIMENTAL EM INQUÉRITO. PROCESSUAL PENAL. AÇÃO PENAL PRIVADA. QUEIXA-CRIME CONTRA DEPUTADO FEDERAL. PRETENSAS OFENSAS PRATICADAS PELO QUERELADO: CRIMES CONTRA A HONRA. IMUNIDADE PARLAMENTAR. PRECEDENTES. AGRAVO REGIMENTAL AO QUAL SE NEGA PROVIMENTO.
1. Afirmações proferidas, pelo Querelado, tidas como ofensivas foram feitas, ainda que fora do âmbito parlamentar, em razão do exercício do mandato parlamentar. Querelado acobertado pela imunidade parlamentar. Precedentes.
3. O Relator da causa pode, na hipótese de reconhecimento na espécie da imunidade parlamentar em sentido material, decidir monocraticamente. Precedentes.
4. Agravo regimental ao qual se nega provimento. (Inform. STF 711)

DIREITO PENAL E PROCESSUAL PENAL. REJEIÇÃO DE QUEIXA-CRIME RELACIONADA À SUPOSTA PRÁTICA DE CRIME CONTRA A HONRA.
A queixa-crime que impute ao querelado a prática de crime contra a honra deve ser rejeitada na hipótese em que o querelante se limite a transcrever algumas frases, escritas pelo querelado em sua rede social, segundo as quais o querelante seria um litigante habitual do Poder Judiciário (fato notório, publicado em inúmeros órgãos de imprensa), sem esclarecimentos que possibilitem uma análise do elemento subjetivo da conduta do querelado consistente no intento positivo e deliberado de lesar a honra do ofendido. A nova sistemática do processo penal traz os aspectos nos quais o magistrado deve se debruçar na fase de prelibação. O inciso I do art. 395 do CPP, a propósito, dispõe que a denúncia ou queixa será rejeitada quando for "manifestamente inepta". Na situação em análise, a queixa-crime não atende ao comando estabelecido pelo art. 41 do CPP, segundo o qual a "denúncia ou queixa conterá a exposição do fato criminoso, com todas as suas circunstâncias, a qualificação do acusado ou esclarecimentos pelos quais se possa identificá-lo, a classificação do crime e, quando necessário, o rol das testemunhas". Isso porque, embora se exija, para a caracterização de crime contra a honra, demonstração do intento positivo e deliberado de lesar a honra alheia (animus injuriandi vel diffamandi), não existem, na queixa-crime em apreço, esclarecimentos que possibilitem uma análise do elemento subjetivo da conduta do querelado consistente no intento positivo e deliberado de lesar a honra do ofendido. **AP 724-DF**, Rel. Min. Og Fernandes, julgado em 20/8/2014. (Inform. STJ 547)

DIREITO PENAL E PROCESSUAL PENAL. APLICABILIDADE DO PRINCÍPIO DA INDIVISIBILIDADE DA AÇÃO PENAL PRIVADA.
Caso o querelante proponha, na própria queixa-crime, composição civil de danos para parte dos querelados, a peça acusatória deverá ser rejeitada em sua integralidade – isto é, em relação a todos os querelados. Isso porque a composição pelos danos, sendo aceita e homologada judicialmente, implica a renúncia ao direito de queixa, nos termos do disposto no art. 74, parágrafo único, da Lei 9.099/1995, tratando-se a renúncia, expressa ou tácita (art. 104 do CP), de causa extintiva da punibilidade, sendo irretratável (art. 107, V, CP). Por força do princípio da indivisibilidade, a todos se estende a manifestação do intento de não processar parte dos envolvidos, de modo que a renúncia beneficia a todos eles. Precedente citado: HC 29.861-SP, Quinta Turma, DJ 25/2/2004. **AP 724-DF**, Rel. Min. Og Fernandes, julgado em 20/8/2014. (Inform. STJ 547)

DIREITO PROCESSUAL PENAL. NULIDADE DE QUEIXA-CRIME POR VÍCIO DE REPRESENTAÇÃO.
É nula a queixa-crime oferecida por advogado substabelecido com reserva de direitos por procurador que recebera do querelante apenas os poderes da cláusula *ad judicia et extra* – poderes para o foro em geral –, ainda que ao instrumento de substabelecimento tenha sido acrescido, pelo substabelecente, poderes especiais para a propositura de ação penal privada. De acordo com o art. 44 do CPP, a "queixa poderá ser dada por procurador com poderes especiais, devendo constar do instrumento do mandato o nome do querelante e a menção do fato criminoso, salvo quando tais esclarecimentos dependerem de diligências que devem ser previamente requeridas no juízo criminal". Posto isso, cabe esclarecer que a procuração é o instrumento pelo qual uma pessoa nomeia outra de sua confiança como seu representante (procurador), para agir em seu nome em determinada situação. É a procuração que define o conteúdo, os limites e a extensão do poder de representação. O substabelecimento, por sua vez, é um ato de transferência dos poderes outorgados na procuração inicial para que terceira pessoa possa praticar os mesmos atos, ou seja, é o repasse de poderes. Em decorrência, ainda que o substabelecimento esteja inserido na cláusula *ad judicia*, há limites objetivos que devem ser observados quando da transferência desses poderes. Ou seja, apenas aqueles originariamente outorgados podem ser transferidos. Consequentemente, não podem ser ampliados pelo substabelecente, visto que este lida com poderes e direitos de terceiros, e não próprios. Destarte, o mandatário só pode substabelecer aqueles poderes que lhe foram constituídos pelo outorgante originário, não sendo possível falar em transferência, pelo mencionado instrumento, daquilo que não recebeu. Nessa conjuntura, se a procuração firmada pelo querelante somente conferir os poderes da cláusula *ad judicia et extra*, apenas estes podem ser objeto de transferência aos substabelecidos. Assim, deve ser tida por inexistente a inclusão, ao substabelecer, de poderes especiais para a propositura de ação penal privada, se eles não constavam do mandato originário. Portanto, cabe reconhecer a nulidade da queixa-crime, por vício de representação, tendo em vista que a procuração outorgada para a sua propositura não atende às exigências do art. 44 do CPP. **RHC 33.790-SP**, Rel. originário Min. Maria Thereza De Assis Moura, Rel. para Acórdão Min. Sebastião Reis Júnior, julgado em 27/6/2014. (Inform. STJ 544)

DIREITO PROCESSUAL PENAL. INÉPCIA DA DENÚNCIA QUE NÃO INDIVIDUALIZA A CONDUTA DE SÓCIO E ADMINISTRADOR DE PESSOA JURÍDICA.
É inepta a denúncia que, ao imputar a sócio a prática dos crimes contra a ordem tributária previstos nos incisos I e II do art. 1º da Lei 8.137/1990, limita-se a transcrever trechos dos tipos penais em questão e a mencionar a condição do denunciado de administrador da sociedade empresária que, em tese, teria suprimido tributos, sem descrever qual con-

duta ilícita supostamente cometida pelo acusado haveria contribuído para a consecução do resultado danoso. Assim dispõe o art. 1º, I e II, da Lei 8.137/1990: "Constitui crime contra a ordem tributária suprimir ou reduzir tributo, ou contribuição social e qualquer acessório, mediante as seguintes condutas: I - omitir informação, ou prestar declaração falsa às autoridades fazendárias; II - fraudar a fiscalização tributária, inserindo elementos inexatos, ou omitindo operação de qualquer natureza, em documento ou livro exigido pela lei fiscal". Posto isso, cabe ressaltar que uma denúncia deve ser recebida se atendido seu aspecto formal (artigo 41 c/c 395, I, do CPP), identificada a presença tanto dos pressupostos de existência e validade da relação processual, quanto das condições para o exercício da ação penal (artigo 395, II, do CPP), e a peça vier acompanhada de lastro probatório mínimo a amparar a acusação (art. 395, III, do CPP). Nesse contexto, observa-se que o simples fato de o acusado ser sócio e administrador da empresa constante da denúncia não pode levar a crer, necessariamente, que ele tivesse participação nos fatos delituosos, a ponto de se ter dispensado ao menos uma sinalização de sua conduta, ainda que breve, sob pena de restar configurada a repudiada responsabilidade criminal objetiva. Não se pode admitir que a narrativa criminosa seja resumida à simples condição de acionista, sócio, ou representante legal de uma pessoa jurídica ligada a eventual prática criminosa. Vale dizer, admitir a chamada denúncia genérica nos crimes societários e de autoria coletiva não implica aceitar que a acusação deixe de correlacionar, com o mínimo de concretude, os fatos considerados delituosos com a atividade do acusado. Não se deve admitir que o processo penal se inicie com uma imputação que não pode ser rebatida pelo acusado, em face da indeterminação dos fatos que lhe foram atribuídos, o que, a toda evidência, contraria as bases do sistema acusatório, de cunho constitucional, mormente a garantia insculpida no inciso LV do artigo 5º da Constituição Federal. **HC 224.728-PE**, Rel. Min. Rogerio Cruz, julgado em 10/6/2014. (Inform. STJ 543)

DIREITO PROCESSUAL PENAL. INAPLICABILIDADE DO PRINCÍPIO DA INDIVISIBILIDADE EM AÇÃO PÚBLICA.
Na ação penal pública, o MP não está obrigado a denunciar todos os envolvidos no fato tido por delituoso, não se podendo falar em arquivamento implícito em relação a quem não foi denunciado. Isso porque, nessas demandas, não vigora o princípio da indivisibilidade. Assim, o *Parquet* é livre para formar sua convicção incluindo as pessoas que entenda terem praticado ilícitos penais, mediante a constatação de indícios de autoria e materialidade. Ademais, há possibilidade de se aditar a denúncia até a sentença. Precedentes citados: REsp 1.255.224-RJ, Quinta Turma, DJe 7/3/2014; APn 382-RR, Corte Especial, DJe 5/10/2011; e RHC 15.764-SP, Sexta Turma, DJ 6/2/2006. **RHC 34.233-SP**, Rel. Min. Maria Thereza de Assis Moura, julgado em 6/5/2014. (Inform. STJ 540)

DIREITO PROCESSUAL PENAL. DENÚNCIA INEPTA POR FALTA DE DESCRIÇÃO ADEQUADA DE CONDUTA COMISSIVA POR OMISSÃO.
É inepta denúncia que impute a prática de homicídio na forma omissiva imprópria quando não há descrição clara e precisa de como a acusada – médica cirurgiã de sobreaviso – poderia ter impedido o resultado morte, sendo insuficiente a simples menção do não comparecimento da denunciada à unidade hospitalar, quando lhe foi solicitada a presença para prestar imediato atendimento a paciente que foi a óbito. Com efeito, o legislador estabeleceu alguns requisitos essenciais para a formalização da acusação, a fim de que seja assegurado ao acusado o escorreito exercício do contraditório e da ampla defesa, pois a higidez da denúncia é uma garantia do denunciado. Neste contexto, quando se imputa a alguém crime comissivo por omissão (art. 13, § 2º, *b*, do CP), é necessário que se demonstre o nexo normativo entre a conduta omissiva e o resultado normativo, porque só se tem por constituída a relação de causalidade se, baseado em elementos empíricos, for possível concluir, com alto grau de probabilidade, que o

resultado não ocorreria se a ação devida fosse efetivamente realizada. Na hipótese em foco, a denúncia não descreveu com a clareza necessária qual foi a conduta omitida pela denunciada que teria impedido o resultado morte, com probabilidade próxima da certeza. Assim, se inexistir a descrição do liame de causalidade normativa entre a conduta comissiva por omissão e a morte da vítima, não há que se falar em materialidade de crime de homicídio, porquanto é imprescindível que a imputação esteja embasada em prova técnica, como laudo cadavérico, parecer médico ou perícia médica, que permita, com dados científicos, demonstrar com a mínima segurança que a vítima evoluiu a óbito por falta daquele atendimento médico imediato e especializado não prestado pelo acusado. Destaque-se que a falta de laudo de necropsia não impede o reconhecimento da materialidade delitiva nos crimes de homicídio, podendo, muitas vezes, vir demonstrada por outros meios de prova, como, por exemplo, depoimentos testemunhais. **RHC 39.627-RJ**, Rel. Min. Rogerio Schietti Cruz, julgado em 8/4/2014. (Inform. STJ 538)

DIREITO PROCESSUAL PENAL. INÉPCIA DA DENÚNCIA QUE NÃO DESCREVE DE FORMA CLARA E PRECISA A CONDUTA DO AGENTE.
É inepta denúncia que, ao descrever a conduta do acusado como sendo dolosa, o faz de forma genérica, a ponto de ser possível enquadrá-la tanto como culpa consciente quanto como dolo eventual. Com efeito, o elemento psíquico que caracteriza o injusto penal, em sua forma dolosa ou culposa, deve estar bem caracterizado, desde a denúncia, pois é tênue a linha entre o dolo eventual e a culpa consciente. Na hipótese em análise, há nítida violação da garantia do contraditório e da plenitude de defesa, por não despontar da exordial acusatória, com a clareza e a precisão exigidas, o dolo, em sua forma eventual, que teria animado o agente, sendo impossível conhecer no caso em apreço as circunstâncias subjetivas. **RHC 39.627-RJ**, Rel. Min. Rogerio Schietti Cruz, julgado em 8/4/2014. (Inform. STJ 538)

DIREITO PROCESSUAL PENAL. REPARAÇÃO CIVIL DOS DANOS DECORRENTES DE CRIME.
Para que seja fixado na sentença valor mínimo para reparação dos danos causados pela infração, com base no art. 387, IV, do CPP, é necessário pedido expresso do ofendido ou do Ministério Público e a concessão de oportunidade de exercício do contraditório pelo réu. Precedentes citados: REsp 1.248.490-RS, Quinta Turma, DJe 21/5/2012; e Resp 1.185.542-RS, Quinta Turma, DJe de 16/5/2011. **REsp 1.193.083-RS**, Rel. Min. Laurita Vaz, julgado em 20/08/2013, DJe 27/8/2013. (Inform. STJ 528)

DIREITO PROCESSUAL PENAL. RATIFICAÇÃO DA DENÚNCIA NA HIPÓTESE DE DESLOCAMENTO DO FEITO EM RAZÃO DE SUPERVENIENTE PRERROGATIVA DE FORO DO ACUSADO.
Não é necessária a ratificação de denúncia oferecida em juízo estadual de primeiro grau na hipótese em que, em razão de superveniente diplomação do acusado em cargo de prefeito, tenha havido o deslocamento do feito para o respectivo Tribunal de Justiça sem que o Procurador-Geral de Justiça tenha destacado, após obter vista dos autos, a ocorrência de qualquer ilegalidade. Isso porque tanto o órgão ministerial que ofereceu a denúncia como o magistrado que a recebeu eram as autoridades competentes para fazê-lo quando iniciada a persecução criminal, sendo que a competência da Corte Estadual para processar e julgar o paciente só adveio quando iniciada a fase instrutória do processo. Assim, tratando-se de incompetência superveniente, em razão da diplomação do acusado em cargo detentor de foro por prerrogativa de função, remanescem válidos os atos praticados pelas autoridades inicialmente competentes, afigurando-se desnecessária a ratificação de denúncia oferecida. Desse modo, não há que se falar em necessidade de ratificação da peça inaugural, tampouco

da decisão que a acolheu, uma vez que não se tratam de atos nulos, mas válidos à época em que praticados. Ademais, não tendo o órgão ministerial – após análise da denúncia ofertada e dos demais atos praticados no Juízo inicialmente competente – vislumbrado qualquer irregularidade ou mácula que pudesse contaminá-los, conclui-se, ainda que implicitamente, pela sua concordância com os termos da denúncia apresentada. **HC 202.701-AM, Rel. Ministro Jorge Mussi, julgado em 14/5/2013.** (Inform. STJ 522)

DIREITO PROCESSUAL PENAL. NECESSIDADE DE DEMONSTRAÇÃO DO VÍNCULO ENTRE O DENUNCIADO E A EMPREITADA CRIMINOSA NAS DENÚNCIAS NOS CRIMES SOCIETÁRIOS.

Nos crimes societários, embora não se exija a descrição minuciosa e individualizada da conduta de cada acusado na denúncia, é imprescindível que haja uma demonstração mínima acerca da contribuição de cada acusado para o crime a eles imputado. Apesar de nos crimes societários a individualização da conduta ser mais difícil, deve a denúncia demonstrar de que forma os acusados concorreram para o fato delituoso, de modo a estabelecer um vínculo mínimo entre eles e o crime, não se admitindo imputação consubstanciada exclusivamente no fato de os acusados serem representantes legais da empresa. O STJ tem decidido ser inepta a denúncia que, mesmo em crimes societários e de autoria coletiva, atribui responsabilidade penal à pessoa física levando em consideração apenas a qualidade dela dentro da empresa, deixando de demonstrar o vínculo do acusado com a conduta delituosa, por configurar, além de ofensa à ampla defesa, ao contraditório e ao devido processo legal, responsabilidade penal objetiva, repudiada pelo ordenamento jurídico pátrio. Precedentes citados do STF: **HC 85.327-SP, DJ 20/10/2006**; e do STJ: **HC 65.463-PR, DJe 25/5/2009**, e **HC 164.172-MA, 21/5/2012. HC 218.594-MG, Rel. Min. Sebastião Reis Júnior, julgado em 11/12/2012.** (Inform. STJ 514)

DIREITO PROCESSUAL PENAL. TRANCAMENTO DA AÇÃO PENAL. INÉPCIA DA DENÚNCIA. SUPERVENIÊNCIA DE SENTENÇA CONDENATÓRIA. IMPOSSIBILIDADE.

A alegação de inépcia da denúncia perde força diante da superveniência de sentença condenatória. O trancamento da ação penal por inépcia da exordial acusatória não se afigura cabível diante da prolação de sentença, pois o juízo singular, ao examinar abrangentemente as provas dos autos, entendeu serem suficientes para embasar o *decisum* condenatório. O édito condenatório afasta a dúvida quanta à existência de elementos suficientes para a inauguração do processo penal como também para a própria condenação. Precedentes citados do STF: **HC 88.963-RJ, DJe 11/4/2008**; do STJ: **HC 111.720-PE, DJe 15/6/2011**, e **EDcl no HC 130.499-BA, DJe 28/2/2011. HC 122.296-MG, Rel. Min. Og Fernandes, julgado em 16/10/2012.** (Inform. STJ 506)

PRESCRIÇÃO DA PRETENSÃO PUNITIVA. COMUNICABILIDADE DA ESFERA PENAL E CIVIL.

A extinção da punibilidade, em função da prescrição retroativa, não vincula o juízo cível na apreciação de pedido de indenização decorrente do ato delituoso. No caso, após o atropelamento, foram ajuizadas uma ação penal por lesão corporal culposa na direção de veículo automotor (art. 303 do CTB) e uma ação de reparação de danos materiais e morais pela vítima. A ação cível ficou suspensa até a conclusão da penal. Quanto a esta, a sentença reconheceu a autoria e materialidade do fato e aplicou a pena. Na apelação, o tribunal acolheu a preliminar de prescrição, na forma retroativa, da pretensão punitiva do Estado. Retomado o julgamento da ação indenizatória, a sentença julgou improcedente o pedido, reconhecendo a culpa exclusiva da vítima, fundamentando-se nas provas produzidas nos autos. Na apelação, o tribunal reformou a sentença com base exclusiva no reconhecimento da autoria e materialidade presentes na sentença criminal, condenando a motorista ao pagamento de indenização por danos materiais e morais. Dessa decisão foi interposto o recurso especial. O Min. Relator afirmou ser excepcional a hipótese de comunicação das esferas cível e penal, conforme interpretação do art. 1.525 do CC/1916 (art. 935 do CC/2002) e do art. 65 do CPP. Ressaltou, ainda, que o art. 63 do CPP condiciona a execução cível da sentença penal condenatória à formação da coisa julgada no juízo criminal. No caso, não houve reconhecimento definitivo da autoria e materialidade delitiva, pois o acórdão, ao reconhecer a prescrição da pretensão punitiva, rescindiu a sentença penal condenatória e extinguiu todos os seus efeitos, incluindo o efeito civil previsto no art. 91, I, do CP. Com esses e outros argumentos, a Turma deu provimento ao recurso para anular o acórdão do Tribunal de origem e determinar novo julgamento da apelação, com base nos elementos de prova do processo cível, podendo, ainda, ser utilizados os elementos probatórios produzidos no juízo penal, a título de prova emprestada, observado o contraditório. **REsp 678.143-MG, Rel. Min. Raul Araújo, julgado em 22/5/2012.** (Inform. STJ 498)

DENÚNCIA. IN DUBIO PRO SOCIETATE.

In casu, a denúncia foi parcialmente rejeitada pelo juiz singular quanto a alguns dos denunciados por crime de roubo circunstanciado e quadrilha, baseando a rejeição no fato de a denúncia ter sido amparada em delação posteriormente tida por viciada, o que caracteriza a fragilidade das provas e a falta de justa causa. O tribunal *a quo*, em sede recursal, determinou o recebimento da denúncia sob o argumento de que, havendo indícios de autoria e materialidade, mesmo na dúvida quanto à participação dos corréus deve vigorar o princípio *in dubio pro societate*. A Turma entendeu que tal princípio não possui amparo legal, nem decorre da lógica do sistema processual penal brasileiro, pois a sujeição ao juízo penal, por si só, já representa um gravame. Assim, é imperioso que haja razoável grau de convicção para a submissão do indivíduo aos rigores persecutórios, não devendo se iniciar uma ação penal carente de justa causa. Nesses termos, a Turma restabeleceu a decisão de primeiro grau. Precedentes citados do STF: HC 95.068, DJe 15/5/2009; HC 107.263, DJe 5/9/2011, e HC 90.094, DJe 6/8/2010; do STJ: HC 147.105-SP, DJe 15/3/2010, e HC 84.579-PI, DJe 31/5/2010. **HC 175.639-AC, Rel. Min. Maria Thereza de Assis Moura, julgado em 20/3/2012.** (Inform. STJ 493)

DENÚNCIA. INÉPCIA. CONDUTA. INDIVIDUALIZAÇÃO.

A Turma reiterou que, nos crimes de autoria coletiva, é prescindível a descrição minuciosa e individualizada da ação de cada acusado, bastando a narrativa das condutas delituosas e da suposta autoria, com elementos suficientes para garantir o direito à ampla defesa e ao contraditório. Entretanto, consignou-se que, embora não seja indispensável a descrição pormenorizada da conduta de cada denunciado em tais delitos, não se pode conceber que o órgão acusatório deixe de estabelecer qualquer vínculo entre o denunciado e a empreitada criminosa a ele imputada. *In casu*, não foi demonstrada a mínima relação entre os atos praticados pelo paciente com os delitos que lhe foram imputados, isto é, o efetivo nexo de causalidade entre a conduta e os crimes pelos quais responde. Dessa forma, concluiu-se que a ausência absoluta de elementos individualizados que apontem a relação entre os fatos delituosos e a autoria ofende o princípio da ampla defesa, tornando, assim, inepta a denúncia. Dessarte, a Turma concedeu a ordem para reconhecer a inépcia da denúncia apenas em relação ao ora paciente, determinando o trancamento da ação penal em seu favor, sem prejuízo do oferecimento de nova peça acusatória contra ele, com observância do disposto no art. 41 do CPP. Precedentes citados do STF: HC 88.600-SP, DJ 9/3/2007; e HC 73.271-SP, DJ 4/10/1996; do STJ: HC 107.503-AP, DJe 9/2/2009, e HC 117.945-SE, DJe 17/11/2008. **HC 214.861-SC, Rel. Min. Laurita Vaz, julgado em 28/2/2012.** (Inform. STJ 492)

Súmula STF nº 714
É concorrente a legitimidade do ofendido, mediante queixa, e do ministério público, condicionada à representação do ofendido, para a ação penal por crime contra a honra de servidor público em razão do exercício de suas funções.

Súmula STF nº 594
Os direitos de queixa e de representação podem ser exercidos, independentemente, pelo ofendido ou por seu representante legal.

4. JURISDIÇÃO E COMPETÊNCIA; CONEXÃO E CONTINÊNCIA

PSV: competência jurisdicional e falsificação de documento expedido pela Marinha (Enunciado 36 da Súmula Vinculante)
O Tribunal acolheu proposta de edição de enunciado de súmula vinculante com o seguinte teor: "Compete à Justiça Federal comum processar e julgar civil denunciado pelos crimes de falsificação e de uso de documento falso quando se tratar de falsificação da Caderneta de Inscrição e Registro (CIR) ou de Carteira de Habilitação de Amador (CHA), ainda que expedidas pela Marinha do Brasil".
PSV 86/DF, 16.10.2014. (PSV-86) (Inform. STF 763)

EMB. DECL. NO Inq N. 3.412-AL
RELATORA: MIN. ROSA WEBER
EMENTA: EMBARGOS DE DECLARAÇÃO. RECEBIMENTO DA DENÚNCIA. FORO PRIVILEGIADO. REJEIÇÃO.
1. Embargos de declaração manejados contra decisão que recebeu parcialmente a denúncia oferecida contra parlamentar e coacusado.
2. Não se prestam os embargos de declaração, não obstante sua vocação democrática e a finalidade precípua de aperfeiçoamento da prestação jurisdicional, para o reexame das questões de fato e de direito já apreciadas no acórdão recorrido.
3. Não se exigem, quando do recebimento da denúncia, a cognição e a avaliação exaustiva da prova ou a apreciação exauriente dos argumentos das partes, bastando o exame da validade formal da peça e a verificação da presença de indícios suficientes de autoria e de materialidade.
4. "Não viola as garantias do juiz natural, da ampla defesa e do devido processo legal a atração por continência ou conexão do processo do corréu ao foro por prerrogativa de função de um dos denunciados" (Súmula 704 do Supremo Tribunal Federal). A decisão pela manutenção da unidade de processo e de julgamento perante o Supremo Tribunal Federal ou pelo desmembramento da ação penal está sujeita a questões de conveniência e oportunidade, como permite o art. 80 do Código de Processo Penal.
5. Embargos de declaração rejeitados. (Inform. STF 762)

Competência: sociedade de economia mista e ação penal - 3
Compete à justiça federal processar e julgar ação penal referente a crime cometido contra sociedade de economia mista, quando demonstrado o interesse jurídico da União. Esse o entendimento da 1ª Turma, que, em conclusão de julgamento e por maioria, desproveu agravo regimental para acolher recurso extraordinário no qual se discutia a justiça competente para apreciar causa em que figurava como parte a sociedade de economia mista Companhia Docas do Pará — v. Informativo 661. A Turma consignou que a mencionada companhia, cuja maior parcela de seu capital seria composta por verba pública federal, teria por ofício administrar e explorar as instalações portuárias do Estado do Pará, atividades exclusivamente atribuídas à União, conforme o disposto no art. 21, XII, f, da CF. Asseverou que, em princípio, os crimes praticados contra sociedade de economia mista, em geral, não se submeteriam à competência da justiça federal. Reputou que estaria justificada a competência desta se os delitos estivessem, de alguma forma, relacionados a serviços por concessão, autorização ou delegação da União ou se houvesse indícios de desvio das verbas federais recebidas por sociedades de economia mista e sujeitas à prestação de contas perante o órgão federal. Afirmou, ademais, que a presença de interesse direto e específico da União, de suas entidades autárquicas e empresas públicas constituiria pressuposto para atrair a competência da justiça federal. Ressaltou que, no caso, o interesse jurídico da União estaria demonstrado na medida em que esta teria manifestado expresso interesse em integrar a lide, o que atrairia a incidência do Enunciado 517 da Súmula do STF ("As sociedades de economia mista só têm foro na justiça federal, quando a União intervém como assistente ou oponente"). Vencidos os Ministros Luiz Fux e Marco Aurélio, que davam provimento ao agravo regimental e assentavam a competência da justiça comum estadual.
RE 614115 AgR/PA, rel. Min. Dias Toffoli, 16.9.2014. (RE-614115) (Inform. STF 759)

Inq 3.357/PR
RELATOR: Ministro Celso de Mello
INQUÉRITO. PLURALIDADE DE INVESTIGADOS. DESMEMBRAMENTO. POSSIBILIDADE (CPP, ART. 80). PRECEDENTES. SEPARAÇÃO DOS AUTOS EM RELAÇÃO AO DEPUTADO ESTADUAL, INVESTIGADO POR SUPOSTA PRÁTICA DE DELITO ELEITORAL (CÓDIGO ELEITORAL, ART. 323). HIPÓTESE EM QUE É DO TRIBUNAL REGIONAL ELEITORAL (TRE) DO ESTADO EM QUE EXERCE O MANDATO LEGISLATIVO A COMPETÊNCIA PENAL ORIGINÁRIA PARA PROCESSAR E JULGAR REFERIDO PARLAMENTAR ESTADUAL. DOUTRINA. PRECEDENTES (STF E TSE). CONSEQUENTE ENCAMINHAMENTO DOS AUTOS, MEDIANTE CÓPIA, AO TRE/PR, QUE DISPÕE DE COMPETÊNCIA PENAL ORIGINÁRIA PARA PROCESSAR E JULGAR DEPUTADOS ESTADUAIS NOS DELITOS ELEITORAIS. DEPUTADO FEDERAL LICENCIADO. EXERCÍCIO ATUAL DO CARGO DE SECRETÁRIO DE ESTADO. LEGITIMIDADE (CF, ART. 56, I). PRESERVAÇÃO, MESMO ASSIM, DA PRERROGATIVA DE FORO, PERANTE O SUPREMO TRIBUNAL FEDERAL, NOS CRIMES COMUNS. PRECEDENTES. CRIMES ELEITORAIS. MODALIDADE DELITUOSA QUE SE CONTÉM NA LOCUÇÃO CONSTITUCIONAL "CRIMES COMUNS". PRECEDENTES. TRANSAÇÃO PENAL (LEI Nº 9.099/95, ART. 76). "NOLO CONTENDERE". MEDIDA DESPENALIZADORA. REQUISITOS. NECESSIDADE DE ACEITAÇÃO EXPRESSA, PELO SUPOSTO AUTOR DO DELITO, DA PROPOSTA DE TRANSAÇÃO PENAL. APLICABILIDADE DESSE INSTITUTO AOS PROCEDIMENTOS PENAIS ORIGINÁRIOS INSTAURADOS PERANTE A CORTE SUPREMA. DOUTRINA. PRECEDENTES.
- **O** membro *do Congresso Nacional*, **quando licenciado** para o exercício *de determinados cargos* no Poder Executivo (*CF*, art. 56, inciso I), *como o de Secretário de Estado*, **não perde** a *prerrogativa de foro*, **perante** o Supremo Tribunal Federal, *nas infrações penais comuns*, cuja noção conceitual **abrange** *os crimes eleitorais*. **Precedentes**.
- **São plenamente aplicáveis** *aos procedimentos penais originários* instaurados **perante** o Supremo Tribunal Federal *as medidas de despenalização* previstas na Lei nº 9.099/95 (**RTJ** 162/483-484), *entre as quais figura a transação penal* (art. 76), **cuja pessoal e expressa aceitação** por parte do *suposto* autor da infração, **desde que regularmente assistido** por seu Advogado, **traduz** verdadeiro "*nolo contendere*".
- **A transação penal**, *em referido contexto*, **qualifica-se** como instituto que, **ao valorizar** *a autonomia da vontade* dos sujeitos **integrantes** da relação processual penal, **representa** significativa *ampliação do espaço de consenso* **em sede** de persecução criminal. **Doutrina**.
- **O Deputado Estadual**, *nos crimes eleitorais*, **dispõe** de prerrogativa de foro, "*ratione muneris*", **perante** o Tribunal Re-

gional Eleitoral do Estado onde foi eleito. **Aplicação**, *ao caso*, da diretriz **consubstanciada** *na Súmula 702/STF*. **Doutrina**. **Precedentes** (STF e TSE). DJe de 22.4.2014. (Inform. STF 758)

Incompetência absoluta e aproveitamento de atos processuais
A 1ª Turma, por maioria, deferiu, em parte, ordem de "habeas corpus" para declarar insubsistentes os atos decisórios proferidos pela justiça militar, e determinar a remessa do processo-crime à justiça federal. No caso, o paciente, civil, fora denunciado pela suposta prática do crime de uso de documento falso (CPM, art. 315), por ter apresentado "notas frias" para a regularização de embarcações perante a Marinha do Brasil. Prevaleceu o voto do Ministro Roberto Barroso. Consignou que as atividades do paciente não o qualificariam ou o inseririam em função eminentemente militar, pois as notas fiscais falsificadas utilizadas para o registro de embarcações teriam atingido bens e serviços de cunho administrativo, não militar. Nada obstante, ressaltou que haveria interesse da União, a atrair a competência da justiça federal (CF, art. 109, IV). Reputou que, ao reconhecer a incompetência da justiça militar, caberia ao STF somente anular a decisão condenatória. Asseverou que se deveria deixar ao juízo que o Supremo estaria a considerar competente a decisão de anular, ou não, os demais atos do processo, pois, do contrário, haveria um salto jurisdicional. Nesse sentido, destacou caber ao juiz federal decidir acerca da subsistência, ou não, dos atos já praticados. O Ministro Luiz Fux acrescentou que, atualmente, a divisão de competência em absoluta ou relativa deveria ter como única consequência remeter os autos ao juízo competente, pois a jurisdição seria una. Registrou tratar-se de tendência decorrente da "translatio iudicii". Explicou que o juízo competente, ao receber o processo, absorveria a causa e a julgaria e, se entendesse necessário, poderia renovar os atos processuais. Vencidos, em parte, os Ministros Rosa Weber (relatora) e Dias Toffoli, que deferiam o "writ" para decretar a nulidade do processo desde a denúncia, e o Ministro Marco Aurélio, que indeferia a ordem por entender pela competência da justiça militar.
HC 121189/PR, rel. orig. Min. Rosa Weber, red. p/ o acórdão Min. Roberto Barroso, 19.8.2014. (HC-121189) (Inform. STF 755)

HC: crime militar impróprio e competência
A 1ª Turma retomou julgamento de "habeas corpus" em que se discute a competência para o julgamento de militar denunciado pela suposta prática do crime de falsidade ideológica na forma continuada (CPM, art. 312, c/c o art. 80). No caso, o paciente teria atestado, falsamente, a regularidade técnica para navegação de embarcações civis. A defesa alega a incompetência da justiça militar para o julgamento do feito. Na sessão de 28.5.2013, o Ministro Luiz Fux (relator) concedeu a ordem para declarar a competência da justiça federal para o julgamento do paciente, no que foi acompanhado pela Ministra Rosa Weber. Consignou que, em que pese o crime ter sido supostamente praticado por militar no exercício de atribuição da Marinha do Brasil, a licença conferida pelos documentos assim emitidos seria de natureza civil e consubstanciaria, assim, mero ato de polícia administrativa. Afirmou que, por não ter havido, na espécie, prejuízo patrimonial às instituições militares, a conduta do paciente na condução de atividades de fiscalização e policiamento marítimos configuraria infração comum, em detrimento de bens, serviços ou interesses da União, e cujo processamento e julgamento, portanto, competiriam à justiça federal (CF, art. 109, IV). Na presente assentada, o Ministro Marco Aurélio, em voto-vista, inaugurou a divergência, no que foi acompanhado pelo Ministro Dias Toffoli. O Ministro Marco Aurélio apontou que o crime em comento seria de natureza formal. Configurar-se-ia, portanto, independentemente do resultado e, ademais, seria praticado em detrimento da fé pública militar. Asseverou, portanto, a incidência do art. 9º, II, e, do CPM ("Consideram--se crimes militares, em tempo de paz: II - os crimes previstos neste Código, embora também o sejam com igual definição na lei penal comum, quando praticados: ... e) por militar em situação de atividade, ou assemelhado, contra o patrimônio sob a administração militar, ou a ordem administrativa militar"); e do art. 124 da CF ("À Justiça Militar compete processar e julgar os crimes militares definidos em lei"). Em seguida, pediu vista dos autos o Ministro Roberto Barroso.
HC 110233/AM, rel. Min. Luiz Fux, 19.8.2014. (HC-110233) (Inform. STF 755)

Tráfico internacional de crianças e competência jurisdicional
A 1ª Turma, por maioria, julgou extinto, sem julgamento de mérito, "habeas corpus" em que se pleiteava a nulidade de decisão de juiz estadual que declinara da competência para a justiça federal para processar e julgar o crime previsto no art. 239 da Lei 8.069/1990 - Estatuto da Criança e do Adolescente ("Promover ou auxiliar a efetivação de ato destinado ao envio de criança ou adolescente para o exterior com inobservância das formalidades legais ou com o fito de obter lucro: Pena - reclusão de quatro a seis anos, e multa"). A Turma considerou que o STJ em momento algum teria se pronunciado sobre a matéria. Portanto, sua apreciação, de modo originário, pelo STF, configuraria supressão de instância, o que seria inadmissível. No entanto, não vislumbrou flagrante ilegalidade ou teratologia que justificasse a superação do aludido óbice. O Colegiado realçou que a decisão impugnada destacara que, no caso, estaria envolvido o cumprimento de tratados internacionais dos quais o Brasil seria signatário, a atrair a incidência do inciso V do art. 109 da CF. Em razão disso, teria se tornado irrelevante a questão quanto à eventual incompetência funcional do juízo de piso. Vencido o Ministro Marco Aurélio, que deferia a ordem. Assentava a competência da justiça comum estadual para o processamento e julgamento do crime em comento. Afirmou que, considerado o que previsto no ECA, não haveria norma específica que direcionasse seu julgamento à atuação da justiça federal.
HC 121472/PE, rel. Min. Dias Toffoli, 19.8.2014. (HC-121472) (Inform. STF 755)

Ação penal originária: renúncia de parlamentar e competência do STF
Nas ações penais originárias do STF, eventual renúncia de parlamentar ao cargo eletivo — após o final da instrução criminal — não gera o efeito de cessar a competência do Supremo para julgar o processo. Com base nessa orientação, a 1ª Turma resolveu questão de ordem, suscitada pelo Ministro Roberto Barroso (relator), para declinar de suas atribuições em favor do juízo de 1º grau, para julgamento de ação penal em que o réu, ex-Senador da República, renunciara ao mandato antes daquela fase processual. O relator, tendo em vista a ocorrência de situações semelhantes na Corte, consignou que seria perfeitamente legítimo que o STF estabelecesse um momento a partir do qual não mais haveria a perda da sua jurisdição. Esclareceu que não se trataria de mudar a regra de competência, mas apenas de aplicar um instituto tradicional e convencional do direito que seria a fraude à lei. Explicitou que o instituto em comento não declararia a nulidade, nem induziria ao desfazimento do ato, mas somente estabeleceria que aquele ato seria ineficaz para determinar fins. Lembrou que o Supremo já teria assentado, em Plenário, que o reconhecimento da fraude impediria o deslocamento da competência. Nesse sentido, destacou que seria preferível, em vez de deixar a fraude como um componente subjetivo a ser aferido em cada caso pelo relator, que se estabelecesse um momento objetivo em que se consideraria a sua ocorrência. Acrescentou que seria direito dos advogados dos réus, ao traçarem suas estratégias, saberem qual seria a posição do Tribunal e qual seria o critério a ser praticado. A Ministra Rosa Weber citou o art. 11 da Lei 8.038/1990 ("Realizadas as diligências, ou não sendo estas requeridas nem determinadas pelo relator, serão intimadas a acusação e a defesa para, sucessivamente, apresentarem, no prazo de quinze dias, alegações escritas"). Aduziu que esse seria o marco, pois, em vez de

alegações finais, o réu teria de apresentar a sua renúncia. O Ministro Marco Aurélio acompanhou o relator, porém por motivo diverso. Reputou o STF incompetente para prosseguir no feito, uma vez que somente seria possível prorrogar-se competência relativa e que o julgamento da presente ação penal pela Corte pressuporia o mandato. Ressaltou que, na espécie, tratar-se-ia de incompetência absoluta, uma vez que envolveria o critério de exercício da função que, no caso, não mais existiria.
AP 606 QO/MG, rel. Min. Roberto Barroso, 12.7.2014. (AP-606) (Inform. STF 754)

Crime de Redução a Condição Análoga à de Escravo e Competência - 1

O Tribunal iniciou julgamento de recurso extraordinário, afetado ao Pleno pela 2ª Turma, interposto contra acórdão da 3ª Turma do TRF da 1ª Região que declarara ser da competência da Justiça Estadual processar e julgar ação penal por crime de "reduzir alguém a condição análoga à de escravo" (CP, art. 149) — v. Informativo 556. O Min. Cezar Peluso, relator, negou provimento ao recurso. Entendeu que a conduta prevista no art. 149 do CP não basta para deslocar a competência da Justiça Estadual para a Federal, quando não é caso de aplicação do art. 109, IV e VI, da CF. Relativamente à incidência do inciso VI, asseverou que não se desconheceria o precedente da Corte consubstanciado no acórdão do RE 398041/PA (DJE de 19.12.2008). Lembrou que, na ocasião, teria se manifestado no sentido de que, quando aquela norma constitucional se refere a crimes contra a organização do trabalho, está a tratar dos que, típica e essencialmente, dizem respeito a relações de trabalho, e não, aos que, eventualmente, possam ter relações circunstanciais com o trabalho, haja vista que apenas no primeiro caso se justificaria a competência da Justiça Federal, perante o interesse da União no resguardo da específica ordem jurídica concernente ao trabalho. Ressaltou, ademais, não discordar que o cerne desse julgamento estaria em que o princípio da dignidade humana seria indissociável dos princípios que regem a organização do trabalho. Ponderou, contudo, que, embora o princípio da dignidade humana seja a fonte última de todos os outros valores e direitos fundamentais, isso não autorizaria concluir que a violação daquele implique violação de todos estes. Aduziu que, no caso, a norma penal estaria a proteger não a organização do trabalho, não obstante tenha a dignidade humana como um de seus princípios informadores. Enfatizou que o tipo penal da conduta de redução a condição análoga à de escravo não seria tutelar a organização do trabalho como sistema ou ordem, mas evitar que a pessoa humana fosse rebaixada à condição de mercadoria. Nesse sentido, o foco da tutela normativa seria o ser humano considerado em si mesmo, na sua liberdade imanente de sujeito de direito, cuja dignidade não tolera seja reduzido a objeto, e não o interesse estatal no resguardo da organização do trabalho, dentro da qual o ser humano é visto apenas como protagonista de relações que daí se irradiam. Por essa razão, concluiu não ser possível incluir o delito tipificado no art. 149 do CP na categoria dos crimes contra a organização do trabalho, a qual seria uma noção sistêmica cuja autonomia conceitual, apesar de refletir a preocupação da ordem jurídica com a pessoa do trabalhador, constituiria a objetividade jurídica primeira da norma.
RE 459510/MT, rel. Min. Cezar Peluso, 4.2.2010. (RE-459510)

Crime de Redução a Condição Análoga à de Escravo e Competência - 2

O relator afastou, da mesma forma, a aplicação do inciso IV do art. 109 da CF. Frisou que, para a incidência de tal preceito, a alegação de lesão a bens, serviços ou interesse da União, ou de suas autarquias, haveria de ser estimada perante a situação concreta, dentro da qual o interesse haveria de ser direto e específico, conforme reiterada jurisprudência da Corte, o que não ocorreria no caso. No ponto, salientou, ainda, não ser possível confundir o objeto de fiscalização da entidade federal com sua atividade fiscalizatória, para assim demonstrar interesse da União ou da entidade, como pretendido pelo recorrente. Registrou, por fim, não ter o recorrente apresentado elementos que demonstrassem e justificassem o reconhecimento de interesse direto e específico da União, concluindo ser da Justiça Estadual a competência para cognição do processo e das medidas conexas. Em divergência, o Min. Dias Toffoli deu provimento ao recurso, por vislumbrar ofensa ao art. 109, VI, da CF. Considerou, em suma, que esse dispositivo constitucional conteria o art. 149 do CP, haja vista que o crime de redução a condição análoga à de escravo atentaria contra o principal objetivo da organização do trabalho que é garantir a liberdade do trabalhador de, dignamente e dentro dos parâmetros legais e constitucionais, vender a sua força de trabalho. Após, pediu vista dos autos o Min. Joaquim Barbosa.
RE 459510/MT, rel. Min. Cezar Peluso, 4.2.2010. (RE-459510)

Crime de redução a condição análoga à de escravo e competência - 3

O Plenário retomou julgamento de recurso extraordinário, afetado pela 2ª Turma, em que se discute a competência para processar e julgar ação penal por crime de "reduzir alguém a condição análoga a de escravo" (CP, art. 149), se da justiça estadual ou federal — v. Informativos 556 e 573. Em voto-vista, o Ministro Joaquim Barbosa (Presidente) divergiu do entendimento do Ministro Cezar Peluso (relator) e proveu o recurso, para reconhecer a competência da justiça federal. Aduziu que esse caso seria similar ao tratado no RE 398.041/PA (DJe de 19.12.2008), oportunidade em que o STF teria firmado a competência da justiça federal para processar e julgar ação penal referente ao crime do art. 149 do CP. Ressaltou que, após aquele julgamento, teria se aprofundado o combate ao trabalho escravo no País, a indicar que a manutenção da competência da justiça federal na matéria seria essencial para a segurança jurídica e para o desenvolvimento social brasileiro. Asseverou que a Constituição traria robusto conjunto normativo voltado à proteção e à implementação dos direitos fundamentais, caracterizado pela preocupação com a dignidade humana e com a construção de uma sociedade livre, democrática, igualitária e plural. Assinalou que o constituinte teria dado importância especial à valorização da pessoa humana e de seus direitos fundamentais, de maneira que a existência comprovada de trabalhadores submetidos à escravidão afrontaria não apenas os princípios constitucionais do art. 5º da CF, mas toda a sociedade, em seu aspecto moral e ético.
RE 459510/MT, rel. Min. Cezar Peluso, 1º.7.2014. (RE-459510)

Crime de redução a condição análoga à de escravo e competência - 4

O Ministro Joaquim Barbosa consignou que os crimes contra a organização do trabalho comportariam outras dimensões, para além de aspectos puramente orgânicos. Nesse sentido, não se cuidaria apenas de velar pela preservação de um sistema institucional voltado à proteção coletiva dos direitos e deveres dos trabalhadores. Reputou que a tutela da organização do trabalho deveria necessariamente englobar outro elemento: o homem, abarcados aspectos atinentes à sua liberdade, autodeterminação e dignidade. Assim, quaisquer condutas violadoras não somente do sistema voltado à proteção dos direitos e deveres dos trabalhadores, mas também do homem trabalhador, seriam enquadráveis na categoria dos crimes contra a organização do trabalho, se praticadas no contexto de relações de trabalho. Anotou que a Constituição teria considerado o ser humano como um dos componentes axiológicos aptos a dar sentido a todo o arcabouço jurídico-constitucional pátrio. Ademais, teria atribuído à dignidade humana a condição de centro de gravidade de toda a ordem jurídica. Acresceu que o constituinte teria outorgado aos princípios fundamentais a qualidade de normas embasadoras e informativas de toda a ordem constitucional, inclusive dos direitos fundamentais, que integrariam o núcleo essencial da Constituição. Salientou, nesse sentido, o art. 170 da CF ("A ordem econômica, fundada na valorização do trabalho humano e na livre iniciativa, tem por fim assegurar a todos existência digna, conforme os ditames da justiça social"). Ponderou que, diante da opção constitucional pela tutela da dignidade intrínseca do

homem, seria inadmissível pensar que o sistema de organização do trabalho pudesse ser concebido unicamente à luz de órgãos e instituições, excluído dessa relação o próprio ser humano.
RE 459510/MT, rel. Min. Cezar Peluso, 1º.7.2014. (RE-459510)

Crime de redução a condição análoga à de escravo e competência - 5
O Ministro Joaquim Barbosa registrou que o art. 109, VI, da CF estabelece competir à justiça federal processar e julgar os crimes contra a organização do trabalho, sem explicitar quais delitos estariam nessa categoria. Ressalvou que, embora houvesse um capítulo destinado a esses crimes no Código Penal, inexistiria correspondência taxativa entre os delitos capitulados naquele diploma e os crimes indicados na Constituição, e caberia ao intérprete verificar em quais casos se estaria diante de delitos contra a organização do trabalho. Reputou que o bem jurídico protegido no tipo penal do art. 149 do CP seria a liberdade individual, compreendida sob o enfoque ético-social e da dignidade, no sentido de evitar que a pessoa humana fosse transformada em "res". Frisou que a conduta criminosa contra a organização do trabalho atingiria interesse de ordem geral, que seria a manutenção dos princípios básicos sobre os quais estruturado o trabalho em todo o País. Concluiu que o tipo previsto no art. 149 do CP se caracterizaria como crime contra a organização do trabalho, e atrairia a competência da justiça federal. Afastou tese no sentido de que a extensão normativa do crime teria como resultado o processamento e a condenação de pessoas inocentes pelo simples fato de se valerem de trabalho prestado em condições ambientais adversas. Sob esse aspecto, um tipo aberto ou fechado deveria ser interpretado pela justiça considerada competente nos termos da Constituição. Sublinhou que a má redação ou a contrariedade diante da disciplina penal de determinado tema não desautorizariam a escolha do constituinte. Em seguida, pediu vista o Ministro Dias Toffoli.
RE 459510/MT, rel. Min. Cezar Peluso, 1º.7.2014. (RE-459510) (Inform. STF 752)

Procurador-Geral do Estado e foro por prerrogativa de função - 1
O Plenário denegou a ordem em "habeas corpus", afetado pela 2ª Turma, no qual discutida eventual nulidade de ação penal por incompetência do juízo de 1º grau e pretendida a revogação da prisão cautelar imposta ao paciente. Ademais declarou, "incidenter tantum", a inconstitucionalidade da expressão "os Agentes Públicos a ele equiparados", contida no art. 77, X, a, da Constituição do Estado de Roraima. No caso, o paciente, Procurador-Geral do Estado à época dos fatos, pretendia fosse-lhe garantido o foro por prerrogativa de função no TJ/RR, à luz da regra prevista no art. 77, X, a, da Constituição estadual ["Art. 77. Compete ao Tribunal de Justiça: ... X - processar e julgar, originariamente: a) nos crimes comuns e de responsabilidade, o Vice-governador do Estado, os Secretários de Estado, os Agentes Públicos a ele equiparados, os Juízes Estaduais, os membros do Ministério Público e os Prefeitos, ressalvada a competência da Justiça Eleitoral"], bem assim do que disposto no parágrafo único do art. 4º da LC Estadual 71/2003 ("O Procurador-Geral do Estado terá, além do contido nesta Lei Complementar, as mesmas prerrogativas, subsídio e obrigações de Secretário de Estado"). Inicialmente, o Tribunal rememorou decisão proferida, em situação análoga, nos autos da ADI 3.140/CE (DJU de 29.6.2007), oportunidade em que declarada a inconstitucionalidade de norma de Constituição estadual, tendo em vista ser ela incompatível com o art. 125, § 1º, da CF. Salientou que, na ocasião, o STF ponderara que a Constituição estadual haveria de definir, de um lado, o que o tribunal de justiça poderia julgar e, de outro, quem poderia ser julgado por aquela Corte. Nesse sentido, o art. 125, § 1º, da CF, firma o âmbito de atuação do constituinte estadual na matéria especificada, de modo a caber a ele definir a competência do tribunal de justiça. Em outras palavras, a Constituição da República convoca o constituinte estadual para demarcar a competência do tribunal de justiça. O Colegiado salientou que esse mesmo entendimento deveria

nortear a decisão em comento, na qual o constituinte do Estado de Roraima, ao promulgar norma aberta referente à definição de competência do tribunal estadual, delegara ao legislador infraconstitucional o poder de dispor sobre a matéria e de ampliar seus limites, circunstância incompatível com o art. 125, § 1º, da CF. Concluiu, no ponto, pela inconstitucionalidade da expressão acima referida, contida na norma constitucional estadual.
HC 103803/RR, rel. Min. Teori Zavascki, 1º.7.2014. (HC-103803)

Procurador-Geral do Estado e foro por prerrogativa de função - 2
O Plenário afastou, de igual modo, a invocação do princípio da simetria. Segundo a defesa, o cargo de Procurador-Geral do Estado equivaleria, na esfera estadual, ao de Advogado-Geral da União, a quem o STF reconhecera foro por prerrogativa de função igual ao de Ministro de Estado, por ocasião do julgamento do Inq 1.660 QO/DF (DJU de 6.6.2003). A respeito, a Corte afirmou não haver similitude entre o quadro normativo considerado no exame da aludida questão de ordem. Frisou que, naquele caso, o STF reconhecera sua competência originária ao adotar como premissa a existência de norma segundo a qual o Advogado-Geral da União seria Ministro de Estado. Por outro lado, ressaltou que a legislação estadual roraimense não estabeleceria que o Procurador-Geral do Estado seria Secretário de Estado. Nesse aspecto, o parágrafo único do art. 4º da LC estadual roraimense não afirmaria que o Procurador-Geral seria Secretário, mas dispensaria a ele o mesmo tratamento dado aos Secretários, equiparação que não garantiria foro por prerrogativa de função no TJ/RR. No que concerne à segregação cautelar do paciente, o Colegiado não identificou incompatibilidade com o art. 312 do CPP. Constatou que a ordem de prisão preventiva estaria devidamente fundamentada, voltada à garantia da ordem pública, consubstanciada na possibilidade de reiteração delituosa. Sublinhou que haveria evidências acerca de vasta rede de crimes sexuais contra menores, sob influência política e funcional do paciente. Além disso, registrou que o paciente tentara evadir-se do distrito da culpa, mediante plano de fuga, com o uso de recursos estaduais, o que demonstraria a intenção de furtar-se à aplicação da lei penal.
HC 103803/RR, rel. Min. Teori Zavascki, 1º.7.2014. (HC-103803) (Inform. STF 752)

Competência por prerrogativa de foro e desmembramento - 1
Compete ao Supremo Tribunal Federal decidir quanto à conveniência de desmembramento de procedimento de investigação ou persecução penal, quando houver pluralidade de investigados e um deles tiver prerrogativa de foro perante a Corte. Com base nessa orientação, a 2ª Turma resolveu questão de ordem no sentido de que fosse promovida a remessa à origem das ações penais autuadas no STF, bem como dos autos indiciários relacionados a não parlamentares, para que lá tivessem curso. A Turma determinou fosse promovido o desmembramento do feito, a permanecer sob a jurisdição do STF a investigação que tem como alvo integrante do Congresso Nacional, com remessa dos demais autos indiciários ao juízo de origem. Na espécie, reclamação fora protocolada no STF sob a alegação de que magistrado federal teria usurpado a competência do STF, porque diligências investigatórias presididas por aquele juízo teriam, dentre seus alvos, agentes políticos com foro por prerrogativa de função perante o Supremo (CF, art. 102, I, b). Solicitadas informações pelo Ministro Teori Zavascki (relator), o magistrado reclamado esclarecera que, durante interceptação telemática, teriam sido colacionadas, em encontro fortuito de provas, mensagens trocadas com pessoa identificada por determinado sobrenome. Explicara que, somente após buscas e apreensões, a polícia federal concluíra que o nome citado se referiria a deputado federal. Depreendera, do conteúdo das mensagens, possível caráter criminoso. O magistrado destacara, ainda, que o parlamentar não fora investigado no processo e que as supostas provas em relação a ele teriam

surgido fortuitamente, após interceptação dos terminais de outra pessoa, não parlamentar. Pontuara que, no material selecionado pelo próprio juízo reclamado para remessa ao STF, haveria relatório de monitoramento telemático datado de 17.4.2014, em que teriam sido trocadas mensagens entre determinada pessoa e parlamentar, ao longo de largo período de tempo. Na sequência, o relator, Ministro Teori Zavascki, deferira a liminar na reclamação para suspender o processamento dos inquéritos e das ações penais relacionados pela autoridade reclamada e determinara a remessa imediata dos autos correspondentes ao STF. Esclarecera que assim, teriam sido remetidos ao STF os autos das presentes ações penais acompanhados de outros procedimentos investigatórios em curso.
AP 871QO/PR, rel. Min. Teori Zavascki, 10.6.2014. (AP-871)
AP 872 QO/PR, rel. Min. Teori Zavascki, 10.6.2014. (AP-872)
AP 873 QO/PR, rel. Min. Teori Zavascki, 10.6.2014. (AP-873)
AP 874 QO/PR, rel. Min. Teori Zavascki, 10.6.2014. (AP-874)
AP 875 QO/PR, rel. Min. Teori Zavascki, 10.6.2014. (AP-875)
AP 876 QO/PR, rel. Min. Teori Zavascki, 10.6.2014. (AP-876)
AP 877 QO/PR rel. Min. Teori Zavascki, 10.6.2014. (AP-877)
AP 878 QO/PR, rel. Min. Teori Zavascki, 10.6.2014. (AP-878)

Competência por prerrogativa de foro e desmembramento - 2

A Turma consignou que a competência de foro por prerrogativa de função seria matéria de direito estrito, reservada às ações penais e aos inquéritos em que se figurasse patente a participação das autoridades indicadas no preceito constitucional. Pontuou que, em relação ao parlamentar com prerrogativa de foro perante o STF, a referência a ele teria sido veiculada somente a partir de 17.4.2014, nos autos de interceptação telefônica e telemática de não parlamentar. Registrou que, com relação às ações penais em que não figurassem pessoas com prerrogativa de foro, não haveria razão para submetê-las à jurisdição do STF. Reputou que essas ações deveriam ser remetidas ao juízo de primeiro grau para que lá reassumissem seu curso a partir do estado em que se encontrassem. Considerou que essas providências não deveriam inibir que a higidez dos atos e provas neles produzidos viesse a receber o controle jurisdicional apropriado, se fosse o caso. Enfatizou que não caberia a qualquer órgão judiciário de inferior jurisdição manter, em situações em que houvesse hipótese de conexão ou de continência de causas — em relação a terceiros que não detivessem prerrogativa de foro — a tramitação da persecução penal. Concluiu que o juízo de conveniência fundado no art. 80 do CPP, quanto à eventual cisão processual, competiria sempre ao STF. Advertiu que, definida objetivamente uma data no tempo — 17.4.2014 — os atos probatórios produzidos antes desse momento se revestiriam de plena validade.
AP 871QO/PR, rel. Min. Teori Zavascki, 10.6.2014. (AP-871)
AP 872 QO/PR, rel. Min. Teori Zavascki, 10.6.2014. (AP-872)
AP 873 QO/PR, rel. Min. Teori Zavascki, 10.6.2014. (AP-873)
AP 874 QO/PR, rel. Min. Teori Zavascki, 10.6.2014. (AP-874)
AP 875 QO/PR, rel. Min. Teori Zavascki, 10.6.2014. (AP-875)
AP 876 QO/PR, rel. Min. Teori Zavascki, 10.6.2014. (AP-876)
AP 877 QO/PR rel. Min. Teori Zavascki, 10.6.2014. (AP-877)
AP 878 QO/PR, rel. Min. Teori Zavascki, 10.6.2014. (AP-878)
(Inform. STF 750)

Crime doloso contra a vida e vara especializada

A 2ª Turma conheceu, em parte, de "habeas corpus" e, na parte conhecida, denegou a ordem para assentar a legalidade de distribuição, e posterior redistribuição, de processo alusivo a crime doloso contra a vida. Na espécie, o paciente fora denunciado pela suposta prática de homicídio, perante vara especializada de violência doméstica e familiar contra a mulher. Após a pronúncia, os autos foram redistribuídos para vara do tribunal do júri. De início, a Turma anotou que, com o advento da Lei 11.340/2006 (Lei Maria da Penha), o tribunal local criara os juizados de violência doméstica e familiar contra a mulher, inclusive na comarca em que processado o paciente. Destacou resolução do mesmo tribunal, segundo a qual, na hipótese de crimes dolosos contra a vida, a competência dos aludidos juizados estender-se-ia até a fase do art. 421 do CPP, ou seja, até a conclusão da instrução preliminar e a pronúncia. Frisou que, nos casos de crimes dolosos contra a vida, a instrução e a pronúncia não seriam privativas do presidente do tribunal do júri, e a lei poderia atribuir a prática desses atos a outros juízes. Sublinhou que somente após a pronúncia a competência seria deslocada para a vara do júri, onde ocorreria o julgamento. Reputou que a distribuição da ação penal em análise ocorrera nos termos da legislação vigente à época da prática do ato. Não haveria razão, portanto, para que o feito fosse inicialmente distribuído à vara do júri. Enfatizou que tanto a criação das varas especializadas de violência doméstica e familiar contra a mulher, quanto a instalação da vara do tribunal do júri, teriam sido realizadas dentro dos limites constitucionais (CF, art. 96, I, a). A Turma rememorou, ainda, jurisprudência da Corte no sentido de que a alteração da competência dos órgãos do Poder Judiciário, por deliberação dos tribunais, não feriria os princípios constitucionais do devido processo legal, do juiz natural e da "perpetuatio jurisdictionis". Por fim, no que concerne a alegações referentes à atuação da promotoria no processo em que pronunciado o paciente, a Turma não conheceu do pedido, sob pena de supressão de instância.
HC 102150/SC, rel. Min. Teori Zavascki, 27.5.2014. (HC-102150)
(Inform. STF 748)

AG. REG. NO AG. REG. NA AP N. 512-BA
RELATOR: MIN. TEORI ZAVASCKI
Ementa: AGRAVO REGIMENTAL INTERPOSTO CONTRA DECISÃO QUE REPUTOU VÁLIDO O RECEBIMENTO DA DENÚNCIA. COMPETÊNCIA DO JUÍZO. FORO POR PRERROGATIVA DE FUNÇÃO. ART. 84, §§ 1º E 2º, DO CÓDIGO DE PROCESSO PENAL. MODULAÇÃO DOS EFEITOS DA DECLARAÇÃO DE INCONSTITUCIONALIDADE NA ADI 2.797/DF. EFEITOS EX NUNC. AGRAVO REGIMENTAL A QUE SE NEGA PROVIMENTO.
1. No julgamento dos embargos de declaração opostos contra o acórdão prolatado na ADI 2.797/DF, foram modulados os efeitos jurídicos da inconstitucionalidade, cujo termo inicial foi estipulado em 15 de setembro de 2009, razão pela qual resultaram preservados os atos praticados até a referida data.
2. Agravo regimental a que se nega provimento. (Inform. STF 745)

HC N. 119.581-PA
RELATOR: MIN. DIAS TOFFOLI
EMENTA: *Habeas corpus*. Penal militar. Crime de porte ilegal de arma de fogo. Concurso material com o crime de receptação. Aplicação do princípio da consunção. Crimes que atingem bens jurídicos tutelados absolutamente diversos. Inaplicabilidade. Receptação. Competência. Armamento que pertencia à polícia civil e que se encontrava sob custódia do exército para fins de destruição. Suposto furto com posterior receptação por civil. Patrimônio sob administração militar. Competência da Justiça militar (CPM, art. 9º, III, a). Ordem denegada.
1. A prática dos delitos de porte ilegal de arma e receptação deflagra típica hipótese caracterizadora de concurso material de crimes. Esses, por se revestirem de autonomia jurídica e por tutelarem bens jurídicos diversos, impedem a aplicação do princípio da consunção - major absorbet minorem. Precedentes.
2. A decisão objeto da impetração está em consonância com a jurisprudência do Supremo Tribunal Federal, preconizada no sentido de que, se o objeto do delito é patrimônio sob a administração militar, o crime é de natureza militar, sendo competente para o julgamento da respectiva ação penal a Justiça Militar. Precedentes.
3. Ordem denegada. (Inform. STF 745)

Competência da justiça comum e crime praticado por meio da internet

Compete à justiça estadual processar e julgar crime de incitação à discriminação cometido via internet, quando praticado contra pessoas determinadas e que não tenha ultrapassado as fronteiras territoriais brasileiras. Com base nessa orientação, a 1ª Turma denegou "habeas corpus" e confirmou acórdão do STJ que, em conflito de competência, concluíra que o feito seria da competência da justiça comum. Destacou que as declarações preconceituosas dirigidas a particulares participantes de fórum de discussão dentro do território nacional não atrairiam a competência da justiça federal (CF, art. 109). A Turma manteve, também, a decisão do STJ na parte em que não conhecera de arguição de suspeição de Ministro daquela Corte. No caso, o STJ dela não conhecera ao fundamento de que o tema deveria ter sido suscitado até o início do julgamento (RISTJ, art. 274) e não após a publicação do acórdão, como ocorrera. A Turma asseverou não ser possível declarar a nulidade de ato processual que não influíra na decisão da causa.
HC 121283/DF, rel. Min. Roberto Barroso, 29.4.2014. (HC-121283) (Inform. STF 744)

QUEST. ORD. EM AP N. 711-RR
RELATOR: MIN. DIAS TOFFOLI
EMENTA: Ação penal. Crime de peculato (CP, art. 312). Deputado federal eleito. Mandato cassado por tribunal regional eleitoral local e posteriormente restabelecido por força de decisão do Tribunal Superior Eleitoral. Prerrogativa de foro a partir da publicação do acórdão (CF, art. 53, § 1º). Competência do Supremo Tribunal Federal. Incompetência do juízo criminal prolator da decisão condenatória. Sentença nula. Questão de ordem resolvida no sentido de declarar-se a nulidade da decisão.
1. A partir da publicação do acórdão do Tribunal Superior Eleitoral, que reformou a decisão de cassação de mandato proferida pelo Tribunal Regional Eleitoral de Roraima, o réu recuperou o mandato de deputado federal, passando, então, ao Supremo Tribunal Federal a competência para processar e julgar o feito, nos termos do estatuído no art. 53, § 1º, da Constituição Federal.
2. A sentença condenatória foi prolatada por juízo incompetente, sendo manifesta sua nulidade.
3. **Questão de ordem resolvida no sentido de se declarar nula a referida decisão.** (Inform. STF 743)

Ação penal: renúncia a mandato de parlamentar e competência do STF - 1

Em face da renúncia do réu ao cargo de deputado federal, o Plenário, por maioria, assentou o declínio da competência do STF para prosseguir com o trâmite de ação penal na qual se imputa a suposta prática dos crimes de peculato e de lavagem de dinheiro, em concurso material e de pessoas. Por conseguinte, determinou a remessa do feito ao juízo de primeiro grau. Tratava-se de questão de ordem em que se discutia o eventual deslocamento da competência para o primeiro grau de jurisdição como consequência automática do ato de renúncia ao mandato. Na espécie, após o oferecimento de alegações finais pelo Procurador-Geral da República, o réu comunicara a esta Corte a renúncia ao cargo de deputado federal. Dias depois, a defesa apresentara suas razões finais. Inicialmente, o Colegiado destacou que a vigente Constituição estabelece extenso rol de autoridades com prerrogativa de foro, o que geraria disfuncionalidades no sistema. Assinalou, no ponto, a necessidade de se promover um diálogo institucional com o Poder Legislativo. Em seguida, distinguiu a situação dos autos do precedente firmado na AP 396/RO (DJe de 4.10.2013), ocasião na qual o Tribunal mantivera a sua competência para o exame da ação penal, não obstante a renúncia do réu, porquanto considerara ter havido abuso de direito e fraude processual na aludida renúncia, ocorrida após a inclusão do processo em pauta, na véspera do julgamento e com iminente risco de prescrição da pretensão punitiva. Consignou que, no presente caso, o processo já estaria instruído e pronto para ser julgado. Ademais, afastou eventual perigo de prescrição da pena em abstrato. Assim, adotou entendimento no sentido de que a perda do mandato, por qualquer razão, importaria em declínio da competência do STF. Vencido o Ministro Joaquim Barbosa, Presidente. Asseverava que o exercício da prerrogativa de renúncia do parlamentar nesse momento processual tivera a finalidade de obstar o exercício da competência da Corte e a própria prestação jurisdicional.
AP 536 QO/MG, rel. Min. Roberto Barroso, 27.3.2014. (AP-536)

Ação penal: renúncia a mandato de parlamentar e competência do STF - 2

O Ministro Roberto Barroso, relator, após fazer um retrospecto da jurisprudência da Corte quanto aos efeitos da renúncia ao mandato de parlamentar, propôs que o Tribunal definisse um critério geral na matéria. Reputou indispensável a fixação de marco temporal a partir do qual a renúncia não mais deveria produzir o efeito de deslocar a competência do STF para outro órgão. Mencionou que, na construção desse critério, existiriam três balizas a serem consideradas: a) o princípio do juiz natural; b) o caráter indisponível da competência jurisdicional do STF; e c) a natureza unilateral da renúncia ao mandato parlamentar. Tendo em conta esses parâmetros, assim como o fato de o processo penal instaurar-se com o recebimento da denúncia, o relator concluiu que, a partir do recebimento da inicial acusatória, mesmo que o parlamentar viesse a renunciar, a competência para o processo e julgamento da ação penal não se deslocaria. Salientou que essa solução estaria em consonância com o art. 55, § 4º, da CF ("Art. 55. ... § 4º. A renúncia de parlamentar submetido a processo que vise ou possa levar à perda do mandato, nos termos deste artigo, terá seus efeitos suspensos até as deliberações finais de que tratam os §§ 2º e 3º"), que poderia ser aplicado por analogia. Os Ministros Teori Zavascki, Luiz Fux e Joaquim Barbosa endossaram a proposta. No entanto, o relator registrou que a controvérsia no caso concreto deveria ser resolvida sem a adoção do critério geral por ele formulado. Realçou que, na ação em julgamento, a renúncia se dera no momento em que se encontrava aberto o prazo para a defesa apresentar alegações finais e que a mudança substancial das regras do jogo afrontaria os princípios da segurança jurídica e do devido processo legal. Por outro lado, a Ministra Rosa Weber sugeriu como critério geral o encerramento da instrução processual (Lei 8.038/1990, art. 11). Frisou que a renúncia após o citado marco indicaria presunção relativa de que teria sido feita para afastar a competência do STF. O Ministro Dias Toffoli, por sua vez, aventou o lançamento, pelo relator da ação penal, do visto com a liberação do processo ao revisor. Os Ministros Celso de Mello, Gilmar Mendes e Marco Aurélio ponderaram que o exame sobre a ocorrência, ou não, do eventual exercício abusivo do direito de renunciar deveria ser feito caso a caso. Por fim, o Tribunal deliberou pela apreciação do tema em outra ocasião, uma vez que não fora alcançada a maioria absoluta no sentido da definição, para o futuro, de critério objetivo referente à preservação da competência penal originária da Corte na hipótese de renúncia do réu ao mandato parlamentar.
AP 536 QO/MG, rel. Min. Roberto Barroso, 27.3.2014. (AP-536) (Inform. STF 740)

AP 570/ES
RELATOR: Ministro Celso de Mello
DIPLOMATA. PRERROGATIVA DE FORO. INFRAÇÕES PENAIS COMUNS. TRATAMENTO NORMATIVO DO TEMA NO CONSTITUCIONALISMO BRASILEIRO. **PERDA** DA CONDIÇÃO **DE CHEFE** DE MISSÃO DIPLOMÁTICA *DE CARÁTER PERMANENTE*. **REMOÇÃO** *"EX OFFICIO"* PARA A SECRETARIA DE ESTADO EM BRASÍLIA. **CESSAÇÃO IMEDIATA** DA PRERROGATIVA *"RATIONE MUNERIS"*. **INSUBSISTÊNCIA** *DA COMPETÊNCIA PENAL ORIGINÁRIA* DO SUPREMO TRIBUNAL FEDERAL. **REMESSA** DOS AUTOS AO MAGISTRADO **DE PRIMEIRO** GRAU. DJe de 29.10.2013 (Inform. STF 739)

AG. REG. NA AP N. 695-MT
RELATORA: MIN. ROSA WEBER
EMENTA: AGRAVO REGIMENTAL EM AÇÃO PENAL. ATOS PROCESSUAIS PRATICADOS PELO JUÍZO DE PRIMEIRO GRAU APÓS A DIPLOMAÇÃO DO RÉU COMO DEPUTADO FEDERAL. ATOS INSTRUTÓRIOS.
1. Na fase de instauração da ação penal, com o oferecimento e recebimento da denúncia, o Juízo de primeiro grau era o competente. Desnecessária, em decorrência, a ratificação da decisão de recebimento da denúncia, e válidos os atos praticados até a diplomação do réu como Parlamentar Federal.
2. Meros atos de instrução da causa não são atos decisórios, não incidindo a norma do artigo 567 do Código de Processo Penal. É possível o aproveitamento dos atos da instrução. Além disso, foi assegurada à defesa a reinquirição de testemunhas. As partes poderão, ainda, apresentar, requerer ou renovar requerimento de juntada de prova documental em qualquer fase do processo.
3. Agravo regimental conhecido e não provido. (Inform. STF 738)

Competência: crime praticado por civil contra militar e atividade de policiamento
A 2ª Turma acolheu proposta da Ministra Cármen Lúcia para afetar ao Plenário o julgamento de *habeas corpus*, no qual se discute a competência da justiça militar para processar e julgar o paciente, civil, pela suposta prática dos crimes de resistência mediante ameaça ou violência, lesão leve e ameaça, todos do CPM, perpetrados contra militares do Exército em atividade de policiamento.
HC 112848/RJ, rel. Min. Ricardo Lewandowski, 18.2.2014. (HC-112848) (Inform. STF 736)

AG. REG. NO ARE N. 717.734-DF
RELATORA: MIN. ROSA WEBER
E M E N T A: AGRAVO REGIMENTAL NO RECURSO EXTRAORDINÁRIO COM AGRAVO. DIREITO PENAL. HOMICÍDIO E OCULTAÇÃO DE CADÁVER. POLICIAL MILITAR. PERDA DE CARGO PÚBLICO. EFEITO DA CONDENAÇÃO.
1. Nos casos de crime comum praticado por militar, compete à Justiça Comum decretar a perda do cargo, enquanto efeito da condenação, consoante previsto no art. 92, I, *b*, do Código Penal. Precedentes.
2. Agravo regimental conhecido e não provido. (Inform. STF 736)

Foro por prerrogativa de função e desmembramento
O desmembramento de inquéritos ou de ações penais de competência do STF deve ser regra geral, admitida exceção nos casos em que os fatos relevantes estejam de tal forma relacionados que o julgamento em separado possa causar prejuízo relevante à prestação jurisdicional. Essa a orientação do Plenário, que desproveu agravo regimental interposto de decisão proferida pelo Ministro Marco Aurélio, nos autos de inquérito do qual relator. Na decisão agravada, fora determinado o desmembramento do feito em relação a agente não detentor de foro por prerrogativa de função perante o STF. Na presente sessão, o relator asseverou que a competência da Corte seria de direito estrito, e não poderia ser alterada por normas instrumentais infraconstitucionais, mormente as regras do Código de Processo Penal sobre conexão e continência. O Ministro Roberto Barroso pontuou que o desmembramento independeria de requisição ministerial. Analisou que, no caso concreto, haveria apenas dois agentes, sem elementos que demonstrassem especial imbricação entre suas condutas, de maneira que seria possível individualizar as respectivas participações e responsabilidades. Os Ministros relator, Ricardo Lewandowski, Rosa Weber e Teori Zavascki ponderaram que o desmembramento, quando necessário, deveria ser feito prontamente, sem que fosse preciso aguardar o término das investigações. No ponto, o Ministro Teori Zavascki destacou o princípio do juiz natural, que seria observado, da mesma forma, nas questões atinentes à atração da competência da Corte por prerrogativa de foro. O Ministro Ricardo Lewandowski, por sua vez, asseverou que o desmembramento precoce permitiria que os incidentes investigatórios fossem determinados no foro ordinário, a evitar que o STF ficasse assoberbado com esses atos.
Inq 3515 AgR/SP, rel. Min. Marco Aurélio, 13.2.2014. (Inq-3515) (Inform. STF 735)

Foro por prerrogativa de função e prorrogação de competência - 1
O Plenário, por decisão majoritária, resolveu questão de ordem suscitada em ação penal pelo Ministro Roberto Barroso, relator, no sentido de manter acórdão condenatório proferido por tribunal de justiça, em julgamento de apelação, invalidando-se os atos subsequentes. No caso, o réu fora condenado, em 1º grau, pela prática do crime previsto no art. 359-D do CP. Mantida parcialmente a sentença condenatória em julgamento de apelação proferido por tribunal de justiça, fora protocolada, no mesmo dia do julgamento, petição pela defesa, na qual informado que o réu teria assumido o cargo de deputado federal durante o julgamento da apelação, ou seja, entre a sessão em que apresentado o voto do desembargador relator e a assentada na qual concluído o julgado. Por essa razão, ou autos foram encaminhados ao Supremo. O Colegiado reiterou o entendimento no sentido da prorrogação de sua competência para julgar penalmente detentor de foro por prerrogativa de função na hipótese de o réu deixar de possuir o cargo atrativo dessa competência durante o julgamento nesta Corte. Asseverou que o mesmo não ocorreria em situação inversa, ou seja, não se prorrogaria a competência da instância ordinária quando, no curso do julgamento lá iniciado, o réu viesse a ostentar cargo detentor de foro por prerrogativa de função perante o STF. Contudo, tendo em conta as particularidades do caso, o Pleno declarou a validade da decisão condenatória e remeteu o feito ao tribunal de justiça, haja vista o réu não mais ostentar a condição de parlamentar.
AP 634 QO/DF, rel. Min. Roberto Barroso, 6.2.2014. (AP-634)

Foro por prerrogativa de função e prorrogação de competência - 2
O Ministro Roberto Barroso rememorou que o STF já enfrentara questão semelhante (Inq 2.295/MG, DJe de 5.6.2009), em que o réu, detentor de foro por prerrogativa de função perante esta Corte, perdera essa prerrogativa no curso de julgamento já iniciado. O relator salientou que o entendimento firmado pelo Plenário seria no sentido de não se deslocar a competência do STF para órgão inferior quando houvesse superveniência do término do mandato eletivo. Destacou que, na oportunidade, ficara consignado que o julgamento seria ato processual unitário, motivo pelo qual se submeteria à regra vigente à data da sua prática. Assim, eventual circunstância de, após iniciado o julgamento, ter-se alterado um estado de fato a implicar modificação da competência, não atingiria esse ato, porque unitário. Não se poderia, portanto, reputar cada voto como um ato processual diferente. Registrou que a questão ora analisada deveria ser resolvida sob o mesmo enfoque: fixada a competência de um órgão colegiado pelo início do julgamento, considerada a natureza unitária do acórdão, eventual alteração fática no que se refere ao foro por prerrogativa de função, seja perda ou surgimento, não conduziria ao deslocamento da competência. Sublinhou, ainda, que o réu não mais ostentaria, atualmente, mandato parlamentar que implicasse foro por prerrogativa de função perante o STF. Por fim, concluiu que o tribunal de justiça local seria ainda competente para encerrar o julgamento do recurso de apelação, mesmo que um dos réus tivesse passado a exercer mandato parlamentar durante aquele ato processual.
AP 634 QO/DF, rel. Min. Roberto Barroso, 6.2.2014. (AP-634)

Foro por prerrogativa de função e prorrogação de competência - 3
Os Ministros Rosa Weber, Luiz Fux, Dias Toffoli, Cármen Lúcia e Joaquim Barbosa, Presidente, ao acompanharem o relator, ressaltaram as particularidades do caso concreto, tendo em vista o fato de o réu não mais ostentar mandato parlamentar e não mais possuir foro por prerrogativa de função perante esta

Corte. Ressalvaram, entretanto, que a competência do STF quanto a detentores de foro por prerrogativa de função seria absoluta e definida na Constituição, de maneira que não se poderia prorrogar a competência da justiça comum em hipóteses análogas. Os Ministros Dias Toffoli e Joaquim Barbosa realçaram, ainda, que a defesa saberia da regra constitucional atinente à competência durante o julgamento da apelação, mas teria optado por comunicar àquele tribunal a diplomação somente após o término do julgamento, que não fora totalmente favorável ao réu. Asseveraram que esses fatos indicariam má-fé processual a fim de protelar o julgamento. Vencidos os Ministros Ricardo Lewandowski, Gilmar Mendes, Marco Aurélio e Celso de Mello, que concediam *habeas corpus* de ofício para invalidar o acórdão prolatado pelo tribunal de justiça relativamente ao réu que exercera mandato parlamentar. Sublinhavam o fato de a competência conferida ao STF para julgar detentores de foro por prerrogativa de função seria absoluta e definida constitucionalmente, de modo que seria inadmissível, por razões de ordem prática, prorrogar-se a incompetência da Corte local para julgar a apelação naquela época. Reputavam que isso significaria ignorar o princípio do juiz natural em face de suposta economia processual. Destacavam, ainda, que não se poderia presumir comportamento malicioso por parte da defesa quando comunicara a diplomação do acusado do modo como o fizera, pois o julgamento seria nulo, mesmo se não tivesse ocorrido comunicação àquele tribunal.
AP 634 QO/DF, rel. Min. Roberto Barroso, 6.2.2014. (AP-634) (Inform. STF 734)

RHC N. 117.097-RJ
RELATOR: MIN. RICARDO LEWANDOWSKI
Ementa: *HABEAS CORPUS*. PENAL. CRIME DE RACISMO. DESCLASSIFICAÇÃO. IMPOSSIBILIDADE. REEXAME DE PROVAS. COMPETÊNCIA DA JUSTIÇA FEDERAL. ARTS. 109, XI, E 231, AMBOS DA CF. RECURSO AO QUAL SE NEGA PROVIMENTO.
I – O pleito de desclassificação de crime não tem lugar na estreita via do *habeas corpus*, por demandar aprofundado exame do conjunto fático-probatório da causa. Precedentes.
II - A competência da Justiça Federal em relação aos direitos indígenas não se restringe às hipóteses de disputa de terras, eis que os direitos contemplados no art. 231 da Constituição da República são muito mais extensos. Precedente.
III – Recurso ao qual se nega provimento. (Inform. STF 734)

Competência e injúria praticada por civil contra militar
A 1ª Turma, por maioria, concedeu *habeas corpus* para declarar a incompetência absoluta da Justiça Militar para processar e julgar crimes de injúria e difamação praticados por civil contra militar. Reputou-se que as supostas ofensas difamatórias teriam sido proferidas em razão da conduta do ofendido durante atendimento odontológico à paciente, razão pela qual teriam ficado limitadas à esfera pessoal da vítima de modo a macular somente a honra subjetiva desta. Assim, não se vislumbrou ter a conduta da paciente ofendido as instituições militares para fins de fixação da competência da Justiça Castrense para processamento e julgamento do feito. Vencidos os Ministros Marco Aurélio e Dias Toffoli, que denegavam a ordem. Consignavam que a competência seria da Justiça Militar. Pontuavam que a vítima procedera ao atendimento da paciente como odontólogo militar, em ambiente militar, situação concreta que atrairia a incidência do art. 9º, III, b, do CPM ("*Consideram-se crimes militares, em tempo de paz: ... os crimes praticados por militar da reserva, ou reformado, ou por civil, contra as instituições militares, considerando-se como tais não só os compreendidos no inciso I, como os do inciso II, nos seguintes casos: ... em lugar sujeito à administração militar contra militar em situação de atividade ou assemelhado, ou contra funcionário de Ministério militar ou da Justiça militar, no exercício da função inerente ao seu cargo*").
HC 116780/CE, rel. Min. Rosa Weber, 22.10.2013. (HC-116780) (Inform. STF 725)

Criação de nova vara e "perpetuatio jurisdictionis" - 1
A 1ª Turma iniciou julgamento de *habeas corpus* em que se pleiteia o reconhecimento da competência de vara federal com jurisdição sobre o Município de Unaí/MG para processar e julgar crimes dolosos contra a vida de auditores-fiscais do trabalho. A impetração alega a nulidade de acórdão do STJ, proferido em reclamação, que cassara decisão do juízo federal em Belo Horizonte/MG, o qual declinara de sua competência, ante a criação da mencionada vara federal em Unaí/MG, local em que ocorreram os homicídios. Sustenta, ainda, cerceamento de defesa em face de ausência de intimação da parte interessada para se manifestar sobre a referida reclamação. Além disso, aduz que a decisão do STJ teria afrontado orientação desta Corte sobre a matéria (HC 89849/MG, DJU de 16.2.2007). O Ministro Marco Aurélio, relator, concedeu a ordem para fixar a competência da vara federal no Município de Unaí/MG, a fim de que esta realize o júri. Inicialmente, afirmou que a reclamação poderia implicar o afastamento de situação constituída que seria favorável aos pacientes. Ponderou que se mostraria irrefutável o direito do cidadão de ter ciência de quando o processo fosse colocado em pauta, porque lhe assistiria o direito de, por seu defensor, assomar à tribuna para fazer sustentação oral, além de distribuir memoriais aos integrantes do órgão julgador. Entretanto, entendeu possível a aplicação do § 2º do art. 249 do CPC ("*Quando puder decidir do mérito a favor da parte a quem aproveite a declaração da nulidade, o juiz não a pronunciará nem mandará repetir o ato, ou suprir-lhe a falta*"). Aduziu que o Plenário, ao assentar a perpetuação da jurisdição (RHC 83181/RJ, DJU de 22.10.2004), levara em conta o que disposto no art. 87 do CPC ("*Determina-se a competência no momento em que a ação é proposta. São irrelevantes as modificações do estado de fato ou de direito ocorridas posteriormente, salvo quando suprimirem o órgão judiciário ou alterarem a competência em razão da matéria ou da hierarquia*").
HC 117871/MG, rel. Min. Marco Aurélio, 1º.10.2013. (HC-117871)
HC 117832/MG, rel. Min. Marco Aurélio, 1º.10.2013. (HC-117832)

Criação de nova vara e "perpetuatio jurisdictionis" - 2
O Ministro Marco Aurélio salientou, ainda, que o Plenário não emitira entendimento sob a óptica da prática de crime doloso contra a vida. Consignou que estaria implícito no preceito constitucional (CF, art. 5º, XXXVIII) o julgamento do acusado pelos próprios pares. Rememorou que no julgamento do HC 89849/MG, a Turma assentara que a incidência da *perpetuatio jurisdictionis* nos crimes dolosos contra a vida somente se justificaria na fase anterior ao julgamento pelo júri. Sublinhou que, no caso, houvera a instrução processual no juízo federal de Belo Horizonte/MG e este viera a declinar da competência ante a criação da vara federal no Município de Unaí/MG, local em que ocorreram os homicídios e onde o paciente teria domicílio, segundo a denúncia. Enfatizou que não bastasse a regra linear do art. 70 do CPP ("*A competência será, de regra, determinada pelo lugar em que se consumar a infração, ou, no caso de tentativa, pelo lugar em que for praticado o último ato de execução*"), ter-se-ia a peculiaridade de tratar-se de crime doloso contra a vida submetido ao tribunal do júri. Assim, a interpretação sistemática do arcabouço jurídico constitucional seria conducente a assentar-se a competência do júri da vara federal criada no Município de Unaí/MG.
HC 117871/MG, rel. Min. Marco Aurélio, 1º.10.2013. (HC-117871)
HC 117832/MG, rel. Min. Marco Aurélio, 1º.10.2013. (HC-117832)

Criação de nova vara e "perpetuatio jurisdictionis" - 3
Em divergência, a Ministra Rosa Weber denegou a ordem. Entendeu não haver descumprimento pelo STJ de decisão do STF. Asseverou que a norma do art. 87 do CPC, consagradora da *perpetuatio jurisdictionis* como regra geral, só teria aplicação até o momento do libelo que antecederia o júri. Aduziu que não haveria preclusão do tema, porque, não existindo mais o libelo, houvera, no momento oportuno, a arguição da incompetência superveniente da vara federal em Belo Horizonte/MG. Ressaltou a perplexidade de se ter três acusados já julgados pela aludida

vara federal em Belo Horizonte/MG. Afirmou que a matéria seria de competência relativa, de competência territorial. Reputou que a competência da Justiça Federal decorrera do envolvimento de servidores federais no exercício de suas funções. Frisou que, no entanto, não haveria vara federal do tribunal do júri em Belo Horizonte ou em Unaí. Afiançou que o direito do cidadão de ser julgado pelos seus pares significaria que os jurados seriam cidadãos leigos. Por fim, rejeitou a tese da nulidade por ausência de intimação. Recordou jurisprudência do STF no sentido de que a falta de intimação de interessados para julgamento de reclamação não geraria nulidade absoluta, porque a participação deles seria facultativa ou espontânea. Após o voto da Ministra Rosa Weber, pediu vista o Ministro Dias Toffoli.
HC 117871/MG, rel. Min. Marco Aurélio, 1º.10.2013. (HC-117871)
HC 117832/MG, rel. Min. Marco Aurélio, 1º.10.2013. (HC-117832) (Inform. STF 722)

Inq N. 3.102-MG
RELATOR: MIN. GILMAR MENDES
Penal. Rejeição da denúncia. Recurso em Sentido Estrito. Ilegitimidade ativa do Ministério Público Federal em 1ª Instância. Réu com prerrogativa de foro. Legitimidade do Procurador-Geral da República. Falsificação de documento Público (GFIP). Sonegação de contribuição previdenciária. Falso utilizado como crime-meio para a sonegação. Princípio da consunção. Ausência de constituição definitiva do crédito. Súmula Vinculante n. 24 do STF. Recurso não provido. (Inform. STF 720)

AG.REG. NA PET N. 3.894-DF
RELATOR: MIN. DIAS TOFFOLI
Agravo regimental em petição. Interpelação judicial. Procurador-Geral da República. Supostas práticas de atos de improbidade administrativa e de crimes de responsabilidade pelo Presidente da República. Incompetência originária do STF. Precedentes. Agravo regimental não provido. (Inform. STF 720)

RHC N. 116.712-RS
RELATOR : MIN. RICARDO LEWANDOWSKI
Ementa: RECURSO ORDINÁRIO EM *HABEAS CORPUS*. PENAL. PROCESSUAL PENAL. CONCURSO DE JURISDIÇÃO ENTRE JUÍZES DE MESMA CATEGORIA. COMPETÊNCIA DO JUÍZO DO LUGAR ONDE PRATICADA A INFRAÇÃO À QUAL FOR COMINADA, ABSTRATAMENTE, A PENA MÁXIMA MAIS ALTA. RECURSO IMPROVIDO.
I — Na hipótese de concurso de jurisdições entre juízes de mesma categoria, a competência é determinada em face da infração penal à qual for cominada, abstratamente, a pena máxima mais elevada, consoante disposto no art. 78, II, **a**, do Código de Processo Penal.
II — Revela-se insubsistente a pretensão de ver estabelecida a competência do juízo tomando-se como parâmetro a sanção mínima prevista para o tipo penal, que é o limite da possibilidade de fazer-se a gradação da pena, ao passo que a sanção máxima representa a qualidade da condenação imposta em virtude da prática da conduta penalmente tipificada.
III - Recurso ordinário em *habeas corpus* a que se nega provimento. (Inform. STF 719)

Conflito de competência e delito mais grave
A 2ª Turma negou provimento a recurso ordinário em *habeas corpus* no qual se pretendia ver reconhecida a incompetência do juízo processante. No caso, o paciente estaria sendo processado pela suposta prática dos delitos de peculato (CP, art. 312), corrupção passiva (CP, art. 317) e corrupção ativa (CP, art. 333) — crimes punidos com pena em abstrato de reclusão de dois a doze anos —, bem como de extorsão (CP, art. 158) — com pena em abstrato de reclusão de quatro a dez anos. O recorrente alegava que deveria ser processado pela vara federal responsável pela circunscrição onde perpetrado o crime de extorsão e não pela vara competente em relação aos demais delitos. A Turma reputou que, conforme preceitua o art. 78, II, a, do CPP ("*Art. 78. Na determinação da competência por conexão ou continência, serão observadas as seguintes regras: ... II - no concurso de jurisdições da mesma categoria: a) preponderará a do lugar da infração, à qual for cominada a pena mais grave*"), a competência seria da vara em cuja circunscrição fora cometido o delito mais grave. RHC 116712/RS, rel. Min. Ricardo Lewandowski, 27.8.2013. (RHC-116712) (Inform. STF 717)

Competência: justiça federal e desclassificação de crime
Ao assentar a incompetência da justiça federal, a 2ª Turma concedeu *habeas corpus* para confirmar os efeitos de medida liminar deferida, declarar nula a condenação do paciente — pelos crimes de receptação e de posse ilegal de arma de fogo — e determinar a remessa do processo à justiça comum estadual. Na espécie, o juiz sentenciara o paciente após desclassificar o crime de contrabando — que atrairia a competência da justiça federal — para o de receptação. Salientou-se que a norma do art. 81, *caput*, do CPP, embora buscasse privilegiar a celeridade, a economia e a efetividade processuais, não possuiria aptidão para modificar competência absoluta constitucionalmente estabelecida, como seria a da justiça federal (CPP: "*Art. 81. Verificada a reunião dos processos por conexão ou continência, ainda que no processo da sua competência própria venha o juiz ou tribunal a proferir sentença absolutória ou que desclassifique a infração para outra que não se inclua na sua competência, continuará competente em relação aos demais processos*"). Assim, ausente hipótese prevista no art. 109, IV, da CF, os autos deveriam ser encaminhados ao juízo competente, ainda que o vício tivesse sido constatado depois de realizada a instrução (CPP: "*Art. 383. O juiz, sem modificar a descrição do fato contida na denúncia ou queixa, poderá atribuir-lhe definição jurídica diversa, ainda que, em consequência, tenha de aplicar pena mais grave. ... § 2º Tratando-se de infração da competência de outro juízo, a este serão encaminhados os autos*"). Sublinhou-se, ainda, que o caso não fora de sentença absolutória, mas de desclassificação da infração que justificava o seu processo e julgamento perante a justiça federal. Inferiu-se que, no contexto, a prorrogação da competência ofenderia o princípio do juiz natural (CF, art. 5º, LIII).
HC 113845/SP, rel. Min. Teori Zavascki, 20.8.2013. (HC-113845) (Inform. STF 716)

Conflito de competência e crimes conexos
A 2ª Turma denegou *habeas corpus* e reconheceu a competência da justiça federal para processar e julgar crimes de estupro e atentado violento ao pudor conexos com crimes de pedofilia e pornografia infantil de caráter transnacional. Na espécie, houvera a quebra de sigilo de dados do paciente, identificado por meio do endereço "IP" (*Internet Protocol*) de seu computador, no curso de operação policial desencadeada na Espanha. Apurara-se que o investigado também teria supostamente cometido crimes de estupro e atentado violento ao pudor contra menores no Brasil. Entendeu-se que os crimes seriam conexos e, para perfeita investigação do caso, seria necessário examinar provas em ambos os processos e, por isso, impossível desmembrar os feitos. HC 114689/SP, rel. Min. Ricardo Lewandowski, 13.8.2013. (HC-114689) (Inform. STF 715)

EMB.DECL. NO RE N. 670.569-SC
RELATOR: MIN. DIAS TOFFOLI
EMENTA: Embargos de declaração no recurso extraordinário. Processual Penal. Recurso oposto contra decisão monocrática. Não cabimento. Conversão em agravo regimental. Possibilidade. Precedentes. Competência da Justiça Federal para julgar e processar crimes de falsificação de selo de junta comercial. Interesse jurídico direto e específico da União demonstrado. Artigo 109, inciso IV, da Constituição Federal. Regimental não provido.
1. Os embargos de declaração opostos contra decisão mono-

crática, embora não admissíveis, podem ser convertidos em agravo regimental, na esteira da uníssona jurisprudência da Suprema Corte.

2.º O julgado ora impugnado, ao assentar que "a mera falsificação de documento oriundo da Junta Comercial não enseja o processamento perante a Justiça Federal, porquanto ausente interesse da União" (fl. 114), divergiu da jurisprudência do Supremo Tribunal, que, em casos como esse, tem assentado a competência da Justiça Federal.

3. Agravo regimental não provido. (Inform. STF 707)

AG. REG. NA AP N. 674-PE
RELATORA: MIN. ROSA WEBER
AÇÃO PENAL ORIGINÁRIA. DESMEMBRAMENTO. ART. 80 DO CÓDIGO DE PROCESSO PENAL. CONVENIÊNCIA E OPORTUNIDADE.

1. O Supremo Tribunal Federal, diante de sua estrutura limitada, tem, em vários casos criminais de sua competência originária, determinado o desmembramento do feito.

2. Não é possível tratar a questão do desmembramento de forma geral e abstrata, sendo ela sensível, como permite o mencionado art. 80, a questões de conveniência e oportunidade. Caso no qual o número expressivo de coacusados recomenda o desmembramento.

3. Agravo regimental a que se nega provimento. (Inform. STF 704)

DIREITO PROCESSUAL PENAL. AMPLIAÇÃO DA COMPETÊNCIA DOS JUIZADOS DA INFÂNCIA E DA JUVENTUDE POR LEI ESTADUAL.

Lei estadual pode conferir poderes ao Conselho da Magistratura para, excepcionalmente, atribuir aos Juizados da Infância e da Juventude competência para processar e julgar crimes contra a dignidade sexual em que figurem como vítimas crianças ou adolescentes. Embora haja precedentes do STJ em sentido contrário, em homenagem ao princípio da segurança jurídica, é de se seguir o entendimento assentado nas duas Turmas do STF no sentido de ser possível atribuir à Justiça da Infância e da Juventude, entre outras competências, a de processar e julgar crimes de natureza sexuais praticados contra crianças e adolescentes. Precedentes citados do STF: HC 113.102-RS, Primeira Turma, DJe 18/2/2013; e HC 113.018-RS, Segunda Turma, DJe 14/11/2013. **HC 238.110-RS**, Rel. Min. Rogerio Schietti Cruz, julgado em 26/8/2014 (Vide Informativo nº 529). (Inform. STJ 551)

DIREITO PROCESSUAL PENAL. COMPENTÊNCIA PARA JULGAR CRIME DE PERIGO DE DESASTRE FERROVIÁRIO.

Não havendo ofensa direta a bens, serviços ou interesses da União ou de suas entidades autárquicas ou empresas públicas (art. 109, IV, da CF), compete à Justiça Estadual – e não à Justiça Federal – processar e julgar suposto crime de perigo de desastre ferroviário qualificado pelo resultado lesão corporal e morte (art. 260, IV, § 2º, c/c art. 263 do CP) ocorrido por ocasião de descarrilamento de trem em malha ferroviária da União. De fato, o bem jurídico tutelado pelo crime de perigo de desastre ferroviário é a incolumidade pública, consubstanciada na segurança dos meios de comunicação e transporte. Indiretamente, também se tutelam a vida e a integridade física das pessoas vítimas do desastre. O sujeito passivo do delito é, portanto, a coletividade em geral e, de forma indireta, as pessoas que, eventualmente, sofram lesões corporais ou morte. Precedente citado: CC 45.652-SP, Terceira Seção, DJe 24/11/2004. **RHC 50.054-SP**, Rel. Min. Nefi Cordeiro, julgado em 4/11/2014. (Inform. STJ 551)

DIREITO PROCESSUAL PENAL E PROCESSUAL PENAL MILITAR. COMPETÊNCIA PARA PROCESSAR CRIME PRATICADO POR MILITAR CONTRA CIVIL QUANDO HOUVER DÚVIDA QUANTO AO ELEMENTO SUBJETIVO.

Havendo dúvida sobre a existência do elemento subjetivo do crime de homicídio, deverá tramitar na Justiça Comum – e não na Justiça Militar – o processo que apure a suposta prática do crime cometido, em tempo de paz, por militar contra civil. De fato, os crimes dolosos contra a vida cometidos por militar contra civil, mesmo que no desempenho de suas atividades, serão da competência da Justiça Comum (Tribunal do Júri), nos termos do art. 9º, parágrafo único, do CPM. Para se eliminar a eventual dúvida quanto ao elemento subjetivo da conduta, de modo a afirmar se o agente militar agiu com dolo ou culpa, é necessário o exame aprofundado de todo o conjunto probatório, a ser coletado durante a instrução criminal, observados o devido processo legal, o contraditório e a ampla defesa. Dessa forma, o feito deve tramitar na Justiça Comum, pois, nessa situação, prevalece o princípio do *in dubio pro societate*, o que leva o julgamento para o Tribunal do Júri, caso seja admitida a acusação em eventual sentença de pronúncia. No entanto, se o juiz se convencer de que não houve crime doloso contra a vida, remeterá os autos ao juízo competente, em conformidade com o disposto no art. 419 do CPP. Precedente citado: CC 130.779-RS, Terceira Seção, DJe 4/9/2014. **CC 129.497-MG**, Rel. Min. Ericson Maranho (Desembargador convocado do TJ/SP), julgado em 8/10/2014. (Inform. STJ 550)

DIREITO PROCESSUAL PENAL. COMPETÊNCIA PARA PROCESSAR E JULGAR CRIME DE TORTURA COMETIDO FORA DO TERRITÓRIO NACIONAL.

O fato de o crime de tortura, praticado contra brasileiros, ter ocorrido no exterior não torna, por si só, a Justiça Federal competente para processar e julgar os agentes estrangeiros. De fato, o crime de tortura praticado integralmente em território estrangeiro contra brasileiros não se subsume, em regra, a nenhuma das hipóteses de competência da Justiça Federal previstas no art. 109 da CF. Esclareça-se que não há adequação ao art. 109, V, da CF, que dispõe que compete à Justiça Federal processar e julgar "os crimes previstos em tratado ou convenção internacional, quando, iniciada a execução no País, o resultado tenha ou devesse ter ocorrido no estrangeiro, ou reciprocamente", pois não se trata de crime à distância. De igual modo, não há possibilidade de aplicar o inciso IV do art. 109 da CF, visto que não se tem dano direto a bens ou serviços da União, suas entidades autárquicas ou empresas públicas. Ademais, ressalte-se que o deslocamento de competência a jurisdição federal de crimes com violação a direitos humanos exige provocação e hipóteses extremadas e taxativas, nos termos do art. 109, V-A e § 5º, da CF. Desse modo, o incidente só será instaurado em casos de grave violação aos direitos humanos, em delitos de natureza coletiva, com grande repercussão, e para os quais a Justiça Estadual esteja, por alguma razão, inepta à melhor apuração dos fatos e à celeridade que o sistema de proteção internacional dos Direitos Humanos exige (AgRg no IDC 5-PE, Terceira Seção, DJe 3/6/2014; IDC 2-DF, Terceira Seção, DJe 22/11/2010; e IDC 1-PA, Terceira Seção, DJ 10/10/2005). **CC 107.397-DF**, Rel. Min. Nefi Cordeiro, julgado em 24/9/2014. (Inform. STJ 549)

DIREITO PENAL E PROCESSUAL PENAL. COMPETÊNCIA PENAL RELACIONADA A INJÚRIA MOTIVADA POR DIVERGÊNCIAS POLÍTICAS ÀS VÉSPERAS DE ELEIÇÃO.

Compete à Justiça Comum Estadual – e não à Justiça Eleitoral – processar e julgar injúria cometida no âmbito doméstico, desvinculada, direta ou indiretamente, de propaganda eleitoral, ainda que motivada por divergências políticas às vésperas de eleição. De fato, o crime previsto no art. 326 do Código Eleitoral possui nítida simetria com o crime de injúria previsto no art. 140 do CP, mas com este não se confunde, distinguindo-se, sobretudo, pelo acréscimo de elementares objetivas à figura típica, que acabou por resultar em relevante restrição à sua aplicação, refletindo, também por isso, na maior especialização do objeto jurídico tutelado. Para que se visualize a distinção entre ambos os delitos, convém que se reproduzam os textos legais: "Art. 140 - Injuriar alguém, ofendendo-lhe a dignidade ou o decoro:[...]" e "Art. 326. Injuriar alguém, na propaganda eleitoral, ou visando a fins de propaganda, ofendendo-lhe a dignidade ou o decoro:[...]". Como se vê, a injúria eleitoral somente se perfectibiliza quando a ofensa ao decoro ou à dignidade ocorrer na propaganda eleitoral ou com fins de propaganda. Ou seja, a caracterização do crime de injúria previsto na legislação eleitoral exige, como elementar do tipo, que a ofensa seja perpetrada na propaganda eleitoral ou vise fins de propaganda (TSE, HC 187.635-MG, DJe de 16/2/2011), sob pena de incorrer-se no crime de injúria comum. Ademais, há de se ressaltar que, na injúria comum, tutela-se a honra subjetiva, sob o viés da dignidade ou decoro individual, e, na injúria eleitoral, protegem-se esses atributos ante o interesse social, que se extrai do direito subjetivo dos eleitores à lisura da competição eleitoral ou do "inafastável aprimoramento do Estado Democrático de Direito e o direito dos cidadãos de serem informados sobre os perfis dos candidatos, atendendo-se à política da transparência" (STF, Inq 1.884-RS, Tribunal Pleno, DJ 27/8/2004). **CC 134.005-PR**, Rel. Min. Rogerio Schietti Cruz, julgado em 11/6/2014. (Inform. STJ 545)

DIREITO PROCESSUAL PENAL. COMPETÊNCIA NO CASO DE INJÚRIA MOTIVADA POR DIVERGÊNCIA POLÍTICA ÀS VÉSPERAS DA ELEIÇÃO.
Compete à Justiça Comum Estadual, e não à Eleitoral, processar e julgar injúria cometida no âmbito doméstico e desvinculada, direta ou indiretamente, de propaganda eleitoral, embora motivada por divergência política às vésperas da eleição. De fato, o crime previsto no art. 326 do Código Eleitoral possui nítida simetria com o crime de injúria previsto no art. 140 do CP, mas com este não se confunde, distinguindo-se, sobretudo, pelo acréscimo de elementares objetivas à figura típica, que acabou por resultar em relevante restrição à sua aplicação, refletindo, também por isso, na maior especialização do objeto jurídico tutelado. A propósito, assim dispõem os referidos dispositivos legais: "Art. 140 - Injuriar alguém, ofendendo-lhe a dignidade ou o decoro:[...]" e "Art. 326. Injuriar alguém, na propaganda eleitoral, ou visando a fins de propaganda, ofendendo-lhe a dignidade ou o decoro:[...]". Como se vê, a injúria eleitoral somente se perfectibiliza quando a ofensa ao decoro ou à dignidade ocorrer na propaganda eleitoral ou com fins de propaganda. Ou seja, a caracterização do crime de injúria previsto na legislação eleitoral exige, como elementar do tipo, que a ofensa seja perpetrada na propaganda eleitoral ou vise fins de propaganda (TSE, HC 187.635-MG, DJe de 16/2/2011), sob pena de incorrer-se no crime de injúria comum. Por fim, cabe ressaltar que, na injúria comum, tutela-se a honra subjetiva, sob o viés da dignidade ou decoro individual e, na injúria eleitoral, protegem-se esses atributos ante o interesse social que se extrai do direito subjetivo dos eleitores à lisura da competição eleitoral ou do "inafastável aprimoramento do Estado Democrático de Direito e o direito dos cidadãos de serem informados sobre os perfis dos candidatos, atendendo-se à política da transparência" (STF, Inq 1.884-RS, Tribunal Pleno, DJ de 27/8/2004). **CC 134.005-PR**, Rel. Min. Rogerio Schietti Cruz, julgado em 11/6/2014. (Inform. STJ 543)

DIREITO PROCESSUAL PENAL. COMPETÊNCIA PENAL NO CASO DE IMPORTAÇÃO DE DROGAS VIA POSTAL.
Na hipótese em que drogas enviadas via postal do exterior tenham sido apreendidas na alfândega, competirá ao juízo federal do local da apreensão da substância processar e julgar o crime de tráfico de drogas, ainda que a correspondência seja endereçada a pessoa não identificada residente em outra localidade. Isso porque a conduta prevista no art. 33, caput, da Lei 11.343/2006 constitui delito formal, multinuclear, que, para a consumação, basta a execução de qualquer das condutas previstas no dispositivo legal, dentre elas o verbo "importar", que carrega a seguinte definição: fazer vir de outro país, estado ou município; trazer para dentro. Logo, ainda que desconhecido o autor, despiciendo é o seu reconhecimento, podendo-se afirmar que o delito se consumou no instante em que tocou o território nacional, entrada essa consubstanciada na apreensão da droga. Ressalte-se, por oportuno, que é firme o entendimento da Terceira Seção do STJ no sentido de ser desnecessário, para que ocorra a consumação da prática delituosa, a correspondência chegar ao destinatário final, por configurar mero exaurimento da conduta. Dessa forma, em não havendo dúvidas acerca do lugar da consumação do delito, da leitura do caput do art. 70 do CPP, torna-se óbvia a definição da competência para o processamento e julgamento do feito, uma vez que é irrelevante o fato da droga estar endereçada a destinatário em outra localidade. **CC 132.897-PR**, Rel. Min. Rogerio Schietti Cruz, julgado em 28/5/2014. (Inform. STJ 543)

DIREITO PROCESSUAL PENAL. COMPETÊNCIA PENAL RELACIONADA A INVASÃO DE CONSULADO ESTRANGEIRO.
Compete à Justiça Estadual – e não à Justiça Federal – processar e julgar supostos crimes de violação de domicílio, de dano e de cárcere privado – este, em tese, praticado contra agente consular – cometidos por particulares no contexto de invasão a consulado estrangeiro. De acordo com o disposto no art. 109, IV e V, da CF, a competência penal da Justiça Federal pressupõe que haja ofensa a bens, serviços ou interesses da União ou que, comprovada a internacionalidade do fato, o crime praticado esteja previsto em tratados ou convenções internacionais. No entanto, os supostos crimes praticados estão previstos no CP, não havendo qualquer indício de internacionalidade dos fatos. De igual modo, na situação em análise, as condutas ilícitas não ofendem diretamente os bens, serviços ou interesses da União, entidades autárquicas ou empresas públicas federais. Ressalte-se que o disposto nos incisos I e II do art. 109 da CF e o fato de competir à União a manutenção de relações diplomáticas com Estados estrangeiros – do que derivam as relações consulares – não alteram a competência penal da Justiça Federal. **AgRg no CC 133.092-RS**, Rel. Min. Maria Thereza de Assis Moura, julgado em 23/4/2014. (Inform. STJ 541)

DIREITO PROCESSUAL PENAL. COMPETÊNCIA PARA PROCESSAR E JULGAR CRIME ENVOLVENDO JUNTA COMERCIAL.
Compete à Justiça Estadual processar e julgar a suposta prática de delito de falsidade ideológica praticado contra Junta Comercial. O art. 6º da Lei 8.934/1994 prescreve que as Juntas Comerciais subordinam-se administrativamente ao governo da unidade federativa de sua jurisdição e, tecnicamente, ao Departamento Nacional de Registro do Comércio, órgão federal. Ao interpretar esse dispositivo legal, a jurisprudência do STJ sedimentou o entendimento de que, para se firmar a competência para processamento de demandas que envolvem Junta Comercial de um estado, é necessário verificar a existência de ofensa direta a bens, serviços ou interesses da União, conforme determina o art. 109, IV, da CF. Caso não ocorra essa ofensa, como na hipótese em análise, deve-se reconhecer a competência da Justiça Estadual. Precedentes citados: CC 119.576-BA, Terceira Seção, DJe 21.6.2012; CC 81.261-BA, Terceira Secão, DJe 16.3.2009. **CC 130.516-SP**, Rel. Min. Rogerio Schietti Cruz, julgado em 26/2/2014. (Inform. STJ 536)

DIREITO PROCESSUAL PENAL. COMPETÊNCIA PARA JULGAMENTO DE AÇÃO PENAL REFERENTE À PRÁTICA DE CRIME CONTRA O SISTEMA FINANCEIRO NACIONAL POR MEIO DE SOCIEDADE QUE DESENVOLVA A ATIVIDADE DE FACTORING.
Compete à Justiça Federal processar e julgar a conduta daquele que, por meio de pessoa jurídica instituída para a prestação de serviço de factoring, realize, sem autorização legal, a captação, intermediação e aplicação de recursos financeiros de terceiros, sob a promessa de que estes receberiam, em contrapartida, rendimentos superiores aos aplicados no mercado. Isso porque a referida conduta se subsume, em princípio, ao tipo do art. 16 da Lei 7.492/1986 (Lei dos Crimes contra o Sistema Financeiro Nacional), consistente em fazer "operar, sem a devida autorização, ou com autorização obtida mediante declaração falsa, instituição financeira, inclusive de distribuição de valores mobiliários ou de câmbio". Ademais,

nessa hipótese, apesar de o delito haver sido praticado por meio de pessoa jurídica criada para a realização de atividade de factoring, deve-se considerar ter esta operado como verdadeira instituição financeira, justificando-se, assim, a fixação da competência na Justiça Federal. **CC 115.338-PR, Rel. Min. Marco Aurélio Bellizze, julgado em 26/6/2013.** (Inform. STJ 528)

DIREITO PROCESSUAL PENAL. COMPETÊNCIA PARA O JULGAMENTO DE CRIME DE SONEGAÇÃO DE ISSQN.
Compete à Justiça Estadual – e não à Justiça Federal – o julgamento de ação penal em que se apure a possível prática de sonegação de ISSQN pelos representantes de pessoa jurídica privada, ainda que esta mantenha vínculo com entidade da administração indireta federal. Isso porque, nos termos do art. 109, IV, da CF, para que se configure hipótese de competência da Justiça Federal, é necessário que a infração penal viole bens, serviços ou interesses da União ou de suas entidades autárquicas ou empresas públicas, o que não ocorre nas hipóteses como a em análise, em que resulta prejuízo apenas para o ente tributante, pessoa jurídica diversa da União – no caso de ISSQN, Municípios ou DF. **CC 114.274-DF, Rel. Min. Marco Aurélio Bellizze, julgado em 12/6/2013.** (Inform. STJ 527)

DIREITO PROCESSUAL PENAL. COMPETÊNCIA PARA PROCESSAR E JULGAR AÇÃO PENAL REFERENTE AOS CRIMES DE CALÚNIA E DIFAMAÇÃO ENVOLVENDO DIREITOS INDÍGENAS.
Compete à Justiça Federal – e não à Justiça Estadual – processar e julgar ação penal referente aos crimes de calúnia e difamação praticados no contexto de disputa pela posição de cacique em comunidade indígena. O conceito de direitos indígenas, previsto no art. 109, XI, da CF/88, para efeito de fixação da competência da Justiça Federal, é aquele referente às matérias que envolvam a organização social dos índios, seus costumes, línguas, crenças e tradições, bem como os direitos sobre as terras que tradicionalmente ocupam, compreendendo, portanto, a hipótese em análise. Precedentes citados: CC 105.045-AM, DJe 1º/7/2009; e CC 43.155-RO, DJ 30/11/2005. **CC 123.016-TO, Rel. Min. Marco Aurélio Bellizze, julgado em 26/6/2013.** (Inform. STJ 527)

DIREITO PROCESSUAL PENAL. COMPETÊNCIA PARA O JULGAMENTO DE AÇÕES PENAIS RELATIVAS A DESVIO DE VERBAS ORIGINÁRIAS DO SUS.
Compete à Justiça Federal processar e julgar as ações penais relativas a desvio de verbas originárias do Sistema Único de Saúde (SUS), independentemente de se tratar de valores repassados aos Estados ou Municípios por meio da modalidade de transferência "fundo a fundo" ou mediante realização de convênio. Isso porque há interesse da União na regularidade do repasse e na correta aplicação desses recursos, que, conforme o art. 33, § 4º, da Lei 8.080/1990, estão sujeitos à fiscalização federal, por meio do Ministério da Saúde e de seu sistema de auditoria. Dessa forma, tem aplicação à hipótese o disposto no art. 109, IV, da CF, segundo o qual aos juízes federais compete processar e julgar os crimes políticos e as infrações penais praticadas em detrimento de bens, serviços ou interesse da União ou de suas entidades autárquicas ou empresas públicas, excluídas as contravenções e ressalvada a competência da Justiça Militar e da Justiça Eleitoral. Incide, ademais, o entendimento contido na Súmula 208 do STJ, de acordo com a qual compete à Justiça Federal processar e julgar prefeito municipal por desvio de verba sujeita a prestação de contas perante órgão federal. Cabe ressaltar, a propósito, que o fato de os Estados e Municípios terem autonomia para gerenciar a verba destinada ao SUS não elide a necessidade de prestação de contas ao TCU, tampouco exclui o interesse da União na regularidade do repasse e na correta aplicação desses recursos. **AgRg no CC 122.555-RJ, Rel. Min. Og Fernandes, julgado em 14/8/2013.** (Inform. STJ 527)

DIREITO PROCESSUAL PENAL. COMPETÊNCIA PARA PROCESSAR E JULGAR O CRIME DE PECULATO-DESVIO.
Compete ao foro do local onde efetivamente ocorrer o desvio de verba pública – e não ao do lugar para o qual os valores foram destinados – o processamento e julgamento da ação penal referente ao crime de peculato-desvio (art. 312, "caput", segunda parte, do CP). Isso porque a consumação do referido delito ocorre quando o funcionário público efetivamente desvia o dinheiro, valor ou outro bem móvel. De fato, o resultado naturalístico é exigido para a consumação do crime, por se tratar o peculato-desvio de delito material. Ocorre que o resultado que se exige nesse delito não é a vantagem obtida com o desvio do dinheiro, mas sim o efetivo desvio do valor. Dessa forma, o foro do local do desvio deve ser considerado o competente, tendo em vista que o art. 70 do CPP estabelece que a competência será, de regra, determinada pelo lugar em que se consumar a infração. **CC 119.819-DF, Rel. Min. Marco Aurélio Bellizze, julgado em 14/8/2013.** (Inform. STJ 526)

DIREITO PROCESSUAL PENAL. COMPETÊNCIA PARA PROCESSAR E JULGAR AÇÃO PENAL REFERENTE A SUPOSTO CRIME DE AMEAÇA PRATICADO POR NORA CONTRA SUA SOGRA.
É do juizado especial criminal, e não do juizado de violência doméstica e familiar contra a mulher, a competência para processar e julgar ação penal referente a suposto crime de ameaça (art. 147 do CP) praticado por nora contra sua sogra na hipótese em que não estejam presentes os requisitos cumulativos de relação íntima de afeto, motivação de gênero e situação de vulnerabilidade. Isso porque, para a incidência da Lei 11.340/2006, exige-se a presença concomitante desses requisitos. De fato, se assim não fosse, qualquer delito que envolvesse relação entre parentes poderia dar ensejo à aplicação da referida lei. Nesse contexto, deve ser conferida interpretação restritiva ao conceito de violência doméstica e familiar, para que se não inviabilize a aplicação da norma. **HC 175.816-RS, Rel. Min. Marco Aurélio Bellizze, julgado em 20/6/2013.** (Inform. STJ 524)

DIREITO PROCESSUAL PENAL. JUÍZO DE ADMISSIBILIDADE DE EXCEÇÃO DA VERDADE OPOSTA EM FACE DE AUTORIDADE QUE POSSUA PRERROGATIVA DE FORO.
A exceção da verdade oposta em face de autoridade que possua prerrogativa de foro pode ser inadmitida pelo juízo da ação penal de origem caso verificada a ausência dos requisitos de admissibilidade para o processamento do referido incidente. Com efeito, conforme precedentes do STJ, o juízo de admissibilidade, o processamento e a instrução da exceção da verdade oposta em face de autoridades públicas com prerrogativa de foro devem ser realizados pelo próprio juízo da ação penal na qual se aprecie, na origem, a suposta ocorrência de crime contra a honra. De fato, somente após a instrução dos autos, caso admitida a exceptio veritatis, o juízo da ação penal originária deverá remetê-los à instância superior para o julgamento do mérito. Dessa modo, o reconhecimento da inadmissibilidade da exceção da verdade durante o seu processamento não caracteriza usurpação de competência do órgão responsável por apreciar o mérito do incidente. A propósito, eventual desacerto no processamento da exceção da verdade pelo juízo de origem poderá ser impugnado pelas vias recursais ordinárias. **Rcl 7.391-MT, Rel. Min. Laurita Vaz, julgado em 19/6/2013.** (Inform. STJ 522)

DIREITO PROCESSUAL PENAL. COMPETÊNCIA PARA PROCESSAR E JULGAR ACUSADO DE CAPTAR E ARMAZENAR, EM COMPUTADORES DE ESCOLAS MUNICIPAIS, VÍDEOS PORNOGRÁFICOS, ORIUNDOS DA INTERNET, ENVOLVENDO CRIANÇAS E ADOLESCENTES.
Compete à Justiça Comum Estadual processar e julgar acusado da prática de conduta criminosa consistente na captação e armazenamento, em computadores de escolas

municipais, de vídeos pornográficos oriundos da internet, envolvendo crianças e adolescentes. Segundo o art. 109, V, da CF, compete aos juízes federais processar e julgar "os crimes previstos em tratado ou convenção internacional, quando, iniciada a execução no País, o resultado tenha ou devesse ter ocorrido no estrangeiro, ou reciprocamente". Nesse contexto, de acordo com o entendimento do STJ e do STF, para que ocorra a fixação da competência da Justiça Federal, não basta que o Brasil seja signatário de tratado ou convenção internacional que preveja o combate a atividades criminosas dessa natureza, sendo necessário, ainda, que esteja evidenciada a transnacionalidade do delito. Assim, inexistindo indícios do caráter transnacional da conduta apurada, estabelece-se, nessas circunstâncias, a competência da Justiça Comum Estadual. **CC 103.011-PR, Rel. Min. Assusete Magalhães, julgado em 13/3/2013.** (Inform. STJ 520)

DIREITO PROCESSUAL PENAL. COMPETÊNCIA PARA PROCESSAR E JULGAR ESTELIONATO PRATICADO MEDIANTE FRAUDE PARA A CONCESSÃO DE APOSENTADORIA.

No caso de ação penal destinada à apuração de estelionato praticado mediante fraude para a concessão de aposentadoria, é competente o juízo do lugar em que situada a agência onde inicialmente recebido o benefício, ainda que este, posteriormente, tenha passado a ser recebido em agência localizada em município sujeito a jurisdição diversa. Segundo o art. 70 do CPP, a competência será, em regra, determinada pelo lugar em que se consumar a infração, o que, em casos como este, ocorre no momento em que recebida a indevida vantagem patrimonial. Assim, embora tenha havido a posterior transferência do local de recebimento do benefício, a competência já restara fixada no lugar em que consumada a infração. **CC 125.023-DF, Rel. Min. Marco Aurélio Bellizze, julgado em 13/3/2013.** (Inform. STJ 518)

DIREITO PROCESSUAL PENAL. COMPETÊNCIA PARA JULGAMENTO DE CRIME COMETIDO POR MILITAR EM SERVIÇO CONTRA MILITAR REFORMADO.

A Justiça Militar é competente para julgar crime de homicídio praticado por militar em serviço contra militar reformado. O fato de a vítima do delito ser militar reformado, por si só, não é capaz de afastar a competência da Justiça especializada. O art. 125, § 4º, da CF preceitua que "compete à Justiça Militar estadual processar e julgar os crimes militares dos Estados, nos crimes militares definidos em lei e as ações judiciais contra os atos disciplinares militares, ressalvada a competência do júri quando a vítima for civil". O CPM, por sua vez, estabelece em seu art. 9º os crimes considerados militares em tempo de paz, dentre os quais prevê a hipótese de crime cometido "por militar em serviço ou atuando em razão da função, em comissão de natureza militar, ou em formatura, ainda que fora do lugar sujeito à administração militar contra militar da reserva, ou reformado, ou assemelhado, ou civil" (art. 9º, II, c, do CPM). Embora os militares na inatividade sejam considerados civis para fins de aplicação da lei penal militar, o próprio CPM fixa a competência da Justiça Militar quando o crime é praticado por militar em serviço contra outro na inatividade. Vale ressaltar que o parágrafo único do art. 9º do CPM, ao dispor que são da competência da Justiça Comum os crimes nele previstos quando dolosos contra a vida e cometidos contra civil, não exclui da competência da Justiça Militar o julgamento dos ilícitos praticados nas circunstâncias especiais descritas nos incisos I, II e III do referido artigo. Precedente citado: **REsp 1.203.098-MG, DJe 1º/12/2011. HC 173.131-RS, Rel. Min. Jorge Mussi, julgado em 6/12/2012.** (Inform. STJ 514)

DIREITO PROCESSUAL PENAL. COMPETÊNCIA. PENA MAIS GRAVE. CONSIDERAÇÃO DA PENA MÁXIMA COMINADA.

Infração com pena mais grave, para os fins de fixação de competência (art. 78, II, a, do CPP), é aquela em que a pena máxima cominada é a mais alta, e não a que possui maior pena mínima. Na determinação da competência por conexão ou continência, havendo concurso de jurisdições da mesma categoria, preponderará a do lugar da infração à qual for cominada a pena mais grave. A gravidade do delito, para fins penais, é estabelecida pelo legislador. Por isso, tem-se por mais grave o delito para o qual está prevista a possibilidade de, abstratamente, ser conferida pena maior. O legislador permitiu cominar sanção mais alta a determinado delito porque previu hipóteses em que a conduta ocorre sob particularidades de maior reprovabilidade, razão pela qual essa deve, em abstrato, ser entendida como a mais grave. **HC 190.756-RS, Rel. Min. Laurita Vaz, julgado em 23/10/2012.** (Inform. STJ 507)

FORO ESPECIAL. MOMENTO DO INÍCIO DA GARANTIA CONSTITUCIONAL.

O foro por prerrogativa de função vale a partir da diplomação para o exercício de cargo eletivo. No caso, o paciente foi denunciado no juízo da comarca onde fora prefeito por não mais ocupar o cargo. Por decisão do STJ, com base nos §§ 1º e 2º do art. 84 do CPP (com redação dada pela Lei n. 10.628/2002), que determinavam a manutenção do foro por prerrogativa de função mesmo após o mandato, foi reconhecida a competência do TJPR para julgar a ação. Após a decisão do STJ, o STF declarou a inconstitucionalidade dos parágrafos do art. 84 do CPP, razão pela qual o feito foi remetido ao juízo de primeiro grau. Ocorre que, antes de a sentença ser proferida, o réu foi diplomado para o exercício de mandato de prefeito municipal, tornando novamente o TJPR competente para o feito e viciando os atos processuais praticados após o referido marco temporal. O Min. Relator ressaltou, contudo, a possibilidade de ratificação dos atos que não sejam diretamente ligados ao julgamento do mérito da ação. Precedentes citados do STF: ADI 2.797; Inq 1.935-AP, DJ de 4/6/2004; HC 94.705-RJ, DJe 1º/7/2009; HC 73.196-SP, DJ 31/5/1996; HC 88.262-SP, 15/9/2009; do STJ: AgRg na APn 236-SC, DJ 12/2/2007; HC 10.564-PE, DJ 23/10/2000, e HC 76.946-SP, DJe 16/3/2009. **HC 233.832-PR, Rel. Min. Jorge Mussi, julgado em 4/9/2012.** (Inform. STJ 503)

HC. COMPETÊNCIA. TRÁFICO INTERNACIONAL DE DROGAS.

Trata-se de HC em favor de paciente que foi preso preventivamente e denunciado por tráfico de drogas e associação para o tráfico. Sustentando a incompetência do juízo federal que avocou processo em trâmite na Justiça estadual, o impetrante afirma que os fatos objeto do processo instaurado na Justiça Federal já eram objeto de ação penal anterior em trâmite no juízo estadual no qual houve a decretação da prisão preventiva dos acusados e a expedição de cartas precatórias para a oitiva das testemunhas de acusação e defesa. Alega, ainda, a ocorrência da *perpetuatio jurisdictionis* daquele juízo, sendo ilegal o encaminhamento do feito ao juízo federal. Ocorre, porém, que os fatos descritos perante a Justiça estadual, resultando na prisão dos acusados, estavam relacionados com aqueles que foram objeto da Operação Marambaia, responsável pela investigação de um grupo especializado no tráfico internacional de entorpecentes, em cujo processo o paciente é réu. Por isso, o Tribunal a quo determinou a reunião do feito que tramitava no juízo estadual com aquele que tramitava no juízo federal, encaminhando os autos ao último. O Min. Relator manteve esse entendimento porquanto caracterizada a chamada conexão intersubjetiva por concurso, aplicando-se ao caso a Súm. n. 122/STJ, a qual preceitua o seguinte: "Compete à Justiça Federal o processo e julgamento unificado dos crimes conexos de competência federal e estadual, não se aplicando a regra do art. 78, II, a, do Código de Processo Penal". Também, não houve a inépcia da proemial nem ausência da justa causa, pois a denúncia ampara-se em suporte probatório mínimo e apto a deflagrar a persecução penal, indicando a possível autoria dos delitos, estando, entre os elementos de prova, as interceptações de conversas telefônicas judicialmente autorizadas. Quanto ao excesso de prazo, o pedido está prejudicado, pois foi proferida sentença condenatória em 31/1/2011. Com essas e outras considerações, a Turma julgou prejudicado em parte o pedido e, no mais, denegou a ordem. Precedentes citados: HC 95.339-SP, DJe 1º/7/2010; HC 160.026-BA, DJe 23/2/2010, e HC 173.401-SP, DJe 26/6/2010. **HC 169.989-RS, Rel. Min. Og Fernandes, julgado em 28/2/2012. (Inform. STJ 492)**

SÚMULA VINCULANTE 36
COMPETE À JUSTIÇA FEDERAL COMUM PROCESSAR E JULGAR CIVIL DENUNCIADO PELOS CRIMES DE FALSIFICAÇÃO E DE USO DE DOCUMENTO FALSO QUANDO SE TRATAR DE FALSIFICAÇÃO DA CADERNETA DE INSCRIÇÃO E REGISTRO (CIR) OU DE CARTEIRA DE HABILITAÇÃO DE AMADOR (CHA), AINDA QUE EXPEDIDAS PELA MARINHA DO BRASIL.

Súmula STF N º 722
São da competência legislativa da União a definição dos crimes de responsabilidade e o estabelecimento das respectivas normas de processo e julgamento.

Súmula STF nº 721
A competência constitucional do tribunal do júri prevalece sobre o foro por prerrogativa de função estabelecido exclusivamente pela Constituição Estadual.

Súmula STF nº 704
Não viola as garantias do juiz natural, da ampla defesa e do devido processo legal a atração por continência ou conexão do processo do corréu ao foro por prerrogativa de função de um dos denunciados.

Súmula STF nº 703
A extinção do mandato do prefeito não impede a instauração de processo pela prática dos crimes previstos no art. 1º do Decreto-Lei 201/1967.

Súmula STF nº 702
A competência do tribunal de justiça para julgar prefeitos restringe-se aos crimes de competência da justiça comum estadual; nos demais casos, a competência originária caberá ao respectivo tribunal de segundo grau.

Súmula STF nº 611
Transitada em julgado a sentença condenatória, compete ao juízo das execuções a aplicação de Lei mais benigna.

Súmula STF nº 603
A competência para o processo e julgamento de latrocínio é do juiz singular e não do tribunal do júri.

Súmula STF nº 522
Salvo ocorrência de tráfico para o exterior, quando, então, a competência será da justiça federal, compete à justiça dos estados o processo e julgamento dos crimes relativos a entorpecentes.

Súmula STF nº 498
Compete à justiça dos estados, em ambas as instâncias, o processo e o julgamento dos crimes contra a economia popular.

Súmula STF nº 451
A competência especial por prerrogativa de função não se estende ao crime cometido após a cessação definitiva do exercício funcional.

Súmula STF nº 396
Para a ação penal por ofensa à honra, sendo admissível a exceção da verdade quanto ao desempenho de função pública, prevalece a competência especial por prerrogativa de função, ainda que já tenha cessado o exercício funcional do ofendido.

Súmula STJ nº 244
Compete ao foro do local da recusa processar e julgar o crime de estelionato mediante cheque sem provisão de fundos.

Súmula STJ nº 200
O juízo federal competente para processar e julgar acusado de crime de uso de passaporte falso é o do lugar onde o delito se consumou.

Súmula STJ nº 192
Compete ao juízo das execuções penais do estado a execução das penas impostas a sentenciados pela justiça federal, militar ou eleitoral, quando recolhidos a estabelecimentos sujeitos à administração estadual.

Súmula STJ nº 172
Compete à justiça comum processar e julgar militar por crime de abuso de autoridade, ainda que praticado em serviço.

Súmula STJ nº 165
Compete à justiça federal processar e julgar crime de falso testemunho cometido no processo trabalhista.

Súmula STJ nº 151
A competência para o processo e julgamento por crime de contrabando ou descaminho define-se pela prevenção do juízo federal do lugar da apreensão dos bens.

Súmula STJ nº 147
Compete à justiça federal processar e julgar os crimes praticados contra funcionário público federal, quando relacionados com o exercício da função.

Súmula STJ nº 122
Compete à justiça federal o processo e julgamento unificado dos crimes conexos de competência federal e estadual, não se aplicando a regra do art. 78, II, "a", do Código de Processo Penal.

Súmula STJ nº 108
A aplicação de medidas socioeducativas ao adolescente, pela pratica de ato infracional, é da competência exclusiva do juiz.

Súmula STJ nº 107
Compete a justiça comum estadual processar e julgar crime de estelionato praticado mediante falsificação das guias de recolhimento das contribuições previdenciárias, quando não ocorrente lesão a autarquia federal.

Súmula STJ nº 104
Compete à justiça estadual o processo e julgamento dos crimes de falsificação e uso de documento falso relativo a estabelecimento particular de ensino.

Súmula STJ nº 90
Compete à justiça estadual militar processar e julgar o policial militar pela prática do crime militar, e a comum pela prática do crime comum simultâneo aquele.

Súmula STJ nº 78
Compete à justiça militar processar e julgar policial de corporação estadual, ainda que o delito tenha sido praticado em outra unidade federativa.

Súmula STJ nº 75
Compete à justiça comum estadual processar e julgar o policial militar por crime de promover ou facilitar a fuga de preso de estabelecimento penal.

Súmula STJ nº 62
Compete à justiça estadual processar e julgar o crime de falsa anotação na carteira de trabalho e previdência social, atribuído a empresa privada.

Súmula STJ nº 53
Compete à justiça comum estadual processar e julgar civil acusado de pratica de crime contra instituições militares estaduais.

Súmula STJ nº 48
Compete ao juízo do local da obtenção da vantagem ilícita processar e julgar crime de estelionato cometido mediante falsificação de cheque.

Súmula STJ nº 47
Compete à justiça militar processar e julgar crime cometido por militar contra civil, com emprego de arma pertencente à corporação, mesmo não estando em serviço.

Súmula STJ nº 42
Compete à justiça comum estadual processar e julgar as causas cíveis em que é parte sociedade de economia mista e os crimes praticados em seu detrimento.

Súmula STJ nº 38
Compete à justiça estadual comum, na vigência da constituição de 1988, o processo por contravenção penal, ainda que praticada em detrimento de bens, serviços ou interesse da União ou de suas entidades.

5. PROVA

Busca e apreensão e autorização judicial - 1
A 2ª Turma iniciou julgamento de "habeas corpus" em que se alega a nulidade de provas obtidas a partir de mandado judicial inespecífico. No caso, ao cumprir mandado de busca e apreensão que teria como alvo o endereço profissional do paciente, localizado no 28º andar de edifício, foram apreendidos dois equipamentos de informática no endereço de instituição financeira localizada no 3º andar do mesmo edifício, sem que houvesse mandado judicial para esse endereço. O Ministro Gilmar Mendes (relator) concedeu a ordem para determinar a imediata devolução do material apreendido à referida instituição financeira. De início, reconheceu a legitimidade do "habeas corpus" para aferir procedimentos de feição penal ou processual penal. Afirmou que a "casa" seria protegida contra o ingresso não consentido, sem autorização judicial, na forma do art. 5º, XI, da CF ("a casa é asilo inviolável do indivíduo, ninguém nela podendo penetrar sem consentimento do morador, salvo em caso de flagrante delito ou desastre, ou para prestar socorro, ou, durante o dia, por determinação judicial").
HC 106566/SP, rel. Min. Gilmar Mendes, 9.12.2014. (HC-106566)

Busca e apreensão e autorização judicial - 2
O relator ressaltou que, embora a Constituição empregasse o termo "casa" à proteção contra a busca domiciliar não autorizada, essa proteção iria além do ambiente doméstico. O art. 150, §4º, do CP, ao definir "casa" para fins do crime de violação de domicílio, traria conceito abrangente do termo ("A expressão 'casa' compreende: I - qualquer compartimento habitado; II - aposento ocupado de habitação coletiva; III - compartimento não aberto ao público, onde alguém exerce profissão ou atividade"). Assim, o conceito de "casa" estender-se-ia aos escritórios profissionais. Reputou que a busca e apreensão de documentos e objetos realizados por autoridade pública no domicílio de alguém, sem autorização judicial fundamentada, revelar-se-ia ilegítima, e o material eventualmente apreendido configuraria prova ilicitamente obtida. Assim, refutou o argumento de que o mandado de busca e apreensão não precisaria indicar endereço determinado. Enfatizou que a legislação processual determinaria que o mandado contivesse, precisamente, o local da diligência (CPP, art. 243). A indicação, no caso concreto, não deixara margem para dúvidas e não teria ocorrido equívoco na localização do endereço da busca. O local não seria de difícil identificação, como comumente ocorreria no meio rural. Concluiu que, desde o início, os policiais teriam identificado o 28º andar como alvo da diligência. Em seguida, pediu vista à Ministra Cármen Lúcia.
HC 106566/SP, rel. Min. Gilmar Mendes, 9.12.2014. (HC-106566) (Inform. STF 771)

Foro por prerrogativa de função: duplo grau de jurisdição e prova emprestada - 1
A 2ª Turma desproveu recurso ordinário em "habeas corpus" no qual promotor de justiça processado conforme os ditames da Lei 8.038/1990, pela suposta prática do crime de corrupção passiva, arguia: a) ausência de análise da defesa preliminar; b) falta de citação para defesa prévia; c) inexistência de fundamentação no recebimento da denúncia; c) investigação motivada por vingança e por inimigos institucionais; e) presença de prova plantada para incriminá-lo; f) existência de processo administrativo disciplinar presidido por inimigo capital; g) afastamento cautelar de funções antes do término do prazo de defesa; h) contrariedade ao princípio do duplo grau de jurisdição, tendo em conta suposta recusa do STJ em reexaminar provas; i) nulidade de interceptações telefônicas produzidas em outro processo, em alegada inobservância à Lei 9.296/1996; j) inversão do ônus da prova; e k) atipicidade dos fatos imputados. No que se refere às assertivas de parcialidade no processo, existência de provas plantadas, nulidade das interceptações telefônicas utilizadas como prova emprestada, atipicidade da conduta, ausência de provas, contrariedade à presunção de inocência e ao duplo grau de jurisdição, a Turma reputou que a apreciação do pleito recursal, no ponto, demandaria inviável reexame fático-probatório. No tocante à alegação de que a defesa preliminar não teria sido analisada, o Colegiado asseverou que a denúncia estaria devidamente fundamentada, de modo que estariam afastadas as teses da defesa preliminar. A respeito da falta de citação para defesa prévia, sublinhou a inexistência de prejuízo, tendo em conta que, no momento da resposta preliminar, teria sido apresentada argumentação quanto ao mérito da ação penal. A respeito, destacou o princípio do "pas de nullité sans grief".
RHC 122806/AM, rel. Min. Cármen Lúcia, 18.11.2014. (RHC-122806)

Foro por prerrogativa de função: duplo grau de jurisdição e prova emprestada - 2
O Ministro Celso de Mello discorreu sobre as questões da prova emprestada e do duplo grau de jurisdição. No que se refere à temática da prova emprestada, assinalou que a jurisprudência da Corte admitiria, excepcionalmente, sua validade, desde que observados determinados postulados. No caso, a prova derivada de interceptação telefônica teria sido produzida, em outro processo, sob observância do contraditório, a conferir-lhe legitimidade jurídica. Nesse sentido, os elementos informativos de persecução penal ou as provas colhidas no bojo de instrução processual penal, desde que obtidos mediante interceptação telefônica devidamente autorizada por juízo competente, admitiriam compartilhamento para fins de instruir procedimento criminal ou administrativo disciplinar. Além disso, no juízo para o qual trasladada a prova deveria ser observada a garantia do contraditório, como teria ocorrido. De outro lado, no que concerne a suposta infringência ao princípio do duplo grau de jurisdição, a definição de competência penal originária para efeito de outorga da prerrogativa de foro não ofenderia o postulado do juiz natural, o devido processo legal ou a ampla defesa. No particular, membro do Ministério Público teria, em razão de seu ofício, essa prerrogativa, e deveria ser processado originariamente por tribunal de justiça. Ademais, sobrevinda condenação, ele teria tido acesso a graus de jurisdição superior.
RHC 122806/AM, rel. Min. Cármen Lúcia, 18.11.2014. (RHC-122806) (Inform. STF 768)

RHC N. 109.979-DF
RELATOR: MIN. RICARDO LEWANDOWSKI
Ementa: *HABEAS CORPUS*. PROCESSUAL PENAL. INSTRUÇÃO CRIMINAL. BUSCA E APREENSÃO. NULIDADE. AUSÊNCIA DE MANDADO JUDICIAL. INOCORRÊNCIA.

ACESSO AUTORIZADO. NECESSIDADE DO REEXAME DE FATOS E PROVAS. IMPOSSIBILIDADE. RECURSO NÃO PROVIDO.

I – Da análise dos autos é possível verificar que a autoridade policial, após o recebimento de denúncia anônima noticiando a suposta prática de crime de pedofilia, dirigiu-se ao local indicado – endereço onde residia o recorrente – e lá teve o acesso autorizado pelo recorrente, não havendo falar em violação de domicílio e ilegalidade na apreensão dos elementos de prova que embasaram a condenação.

II – A conclusão da instrução criminal, que resultou na condenação do recorrente à pena de 59 anos e 4 meses de reclusão, revelou que nos equipamentos apreendidos estavam armazenadas aproximadamente 16.000 (dezesseis mil) imagens pornográficas envolvendo menores, o que demonstra o acerto da medida adotada pela autoridade policial, que contribuiu para a formação do juízo condenatório.

III – Para se chegar à conclusão contrária à adotada pelas instâncias ordinárias, seria necessário o reexame aprofundado de fatos e provas, providência incabível em *habeas corpus*, por se tratar de instrumento destinado à proteção de direito demonstrável de plano, que não admite dilação probatória.

IV – Recurso ordinário ao qual se nega provimento. (Inform. STF 761)

Princípio da não-autoincriminação e confissão de testemunha
Ofende o princípio da não-autoincriminação denúncia baseada unicamente em confissão feita por pessoa ouvida na condição de testemunha, quando não lhe tenha sido feita a advertência quanto ao direito de permanecer calada. Com base nesse entendimento, a 2ª Turma deu provimento a recurso ordinário em "habeas corpus" para reconhecer a inépcia da denúncia apresentada em desfavor do ora recorrente, que, ouvido na condição de testemunha em inquérito policial militar, confessara a prática do crime de furto simples (CPM, art. 240). A Turma, ao reafirmar a jurisprudência do STF sobre a matéria, consignou que o direito do preso, e do acusado em geral, de permanecer em silêncio (CF, art. 5º, LXIII), seria expressão do princípio da não-autoincriminação, pelo qual se lhe outorgaria o direito de não produzir prova contra si mesmo. Asseverou, outrossim, que o direito à oportuna informação da faculdade de permanecer calado teria por escopo assegurar ao acusado a escolha entre permanecer em silêncio e a intervenção ativa. Não haveria dúvida, portanto, que a falta de advertência quanto ao direito ao silêncio tornaria ilícita a prova contra si produzida. Afirmou, ademais, que, embora o mencionado dispositivo constitucional se referisse à pessoa presa, a doutrina e a própria jurisprudência do Supremo, teriam ampliado a aplicação daquela cláusula para estendê-la, também, às pessoas que estivessem soltas. RHC 122279/RJ, rel. Min. Gilmar Mendes, 12.8.2014. (RHC-122279) (Inform. STF 754)

Advocacia em causa própria e art. 191 do CPP
O fato de o réu advogar em causa própria não é suficiente para afastar a regra contida no art. 191 do CPP ("Havendo mais de um acusado, serão interrogados separadamente"). Com base nesse entendimento, a 2ª Turma denegou "habeas corpus" em que se pleiteava a anulação do interrogatório de corréu, por não ter sido franqueado ao impetrante/paciente acesso à sala de audiências no momento da realização daquele ato. No caso, o paciente e corréu — ambos advogando atuando em causa própria — foram condenados pela prática do delito descrito no art. 339 do CP. A Turma considerou inocorrentes ilegalidade ou cerceamento de defesa. Consignou que, além de inexistir razão jurídica para haver distinção entre acusados, nada impediria, caso o paciente desejasse, a constituição de outro causídico ou de membro da Defensoria Pública para acompanhar especificamente o interrogatório do corréu. Ademais, a Turma reputou não haver prejuízo comprovado, uma vez que a condenação do impetrante lastreara-se nos depoimentos das testemunhas, colhidos sob o crivo do contraditório, os quais seriam categóricos ao infirmar as versões apresentadas pelos dois acusados em seus interrogatórios, harmoniosos entre si.
HC 101021/SP, rel. Min. Teori Zavascki, 20.5.2014. (HC-101021) (Inform. STF 747)

Ampla Defesa: Citação e Interrogatório no mesmo Dia - 1
A Turma iniciou julgamento de habeas corpus contra acórdão do STJ que denegara idêntica medida ao fundamento de que, apesar de imprópria a designação de interrogatório no mesmo dia da citação (antes do advento da Lei 11.719/2008), a ausência de prejuízos inviabilizaria a declaração de nulidade do feito, em obediência ao princípio pás de nullité sans grief. Trata-se de writ em que a Defensoria Pública da União reitera a alegação de nulidade absoluta de processo-crime, por ausência de citação do paciente, uma vez que ele fora apenas requisitado para comparecer em juízo e, no mesmo dia, realizara-se a audiência de interrogatório, na qual nomeado defensor ad hoc. Sustenta violação à garantia constitucional da ampla defesa ao argumento de que o paciente não tivera conhecimento prévio da acusação formulada e que não pudera constituir advogado de sua confiança. **HC 98434/MG, rel. Min. Cármen Lúcia, 13.10.2009. (HC-98434)**

Ampla Defesa: Citação e Interrogatório no mesmo Dia - 2
A Min. Cármen Lúcia, relatora, denegou a ordem, no que foi acompanhada pelo Min. Ricardo Lewandowski. Enfatizou que, consoante demonstrado nos autos, a Defensoria Pública assistira o paciente não desde o momento em que houvera a citação e o interrogatório, mas ainda na fase do inquérito policial, quando, uma semana antes do recebimento da denúncia, familiares daquele procuraram tal órgão. Consignou, ainda, que, durante o referido interrogatório, o magistrado nomeara o mesmo defensor público que já acompanhava o caso e que, inclusive, propusera, dias antes, incidente de insanidade mental do acusado. Assim, tendo em conta que o paciente não se encontrava sem defensor, reputou não ter havido prejuízo da defesa. Em divergência, o Min. Marco Aurélio deferiu o habeas corpus por não considerar possível requisitar-se alguém que está sob a custódia do Estado, proceder-se a sua citação e, no mesmo instante, com queima de etapas, interrogar-se essa pessoa, sem a entrevista reservada com seu defensor, consoante previsto no art. 185, § 2º, do CPP (com a redação incluída pela Lei 10.792/2003, antes do advento da Lei 11.900/2009). Assentou que, na espécie, o prejuízo seria ínsito, na medida em que o paciente não tivera contato prévio com o advogado de sua livre escolha, o qual lhe é constitucionalmente garantido. Afirmou que o defensor dativo somente pode atuar na hipótese de silêncio do acusado quanto ao credenciamento direto de profissional da advocacia, todavia não com a automaticidade ocorrida na situação em apreço. Após, pediu vista dos autos o Min. Carlos Britto. **HC 98434/MG, rel. Min. Cármen Lúcia, 13.10.2009. (HC-98434) (INFORM. STF 563)**

Ampla defesa: citação e interrogatório no mesmo dia - 3
Em conclusão de julgamento, a 1ª Turma, por maioria, denegou "habeas corpus" impetrado contra acórdão do STJ que denegara idêntica medida ao fundamento de que, apesar de imprópria a designação de interrogatório no mesmo dia da citação (antes do advento da Lei 11.719/2008), a ausência de prejuízos inviabilizaria a declaração de nulidade do feito, em obediência ao princípio "pás de nullité sans grief" — v. Informativo 563. A defesa alegava nulidade absoluta de processo-crime, por ausência de citação do paciente, uma vez que ele fora apenas requisitado para comparecer em juízo e, no mesmo dia, realizar-se a audiência de interrogatório, na qual nomeado defensor "ad hoc". Sustentava, ainda, violação à garantia constitucional da ampla defesa, ao argumento de que o paciente não tivera conhecimento prévio da acusação formulada e que não pudera constituir advogado de sua confiança. A Turma enfatizou que, consoante demonstrado nos autos, a Defensoria Pública assistira o paciente não

desde o momento em que houvera a citação e o interrogatório, mas ainda na fase do inquérito policial. Consignou, ainda, que, durante o referido interrogatório, o magistrado nomeara o mesmo defensor público que já acompanhava o caso e que, inclusive, propusera, dias antes, incidente de insanidade mental do acusado. Assim, tendo em conta que o paciente não se encontrava sem defensor, reputou não ter havido prejuízo da defesa. Em voto-vista, o Ministro Roberto Barroso acrescentou que a jurisprudência da Corte seria no sentido de que, no período anterior à Lei 11.719/2008, que alterou o art. 185, § 2º, do CPP, a realização do interrogatório do acusado no mesmo dia da citação não acarretaria a automática anulação do processo-crime por cerceamento de defesa. Vencido o Ministro Marco Aurélio, que deferia a ordem. Assentava que, na espécie, o prejuízo seria ínsito, na medida em que o paciente não tivera contato prévio com o advogado de sua livre escolha, o qual lhe seria constitucionalmente garantido.
HC 98434/MG, rel. Min. Cármen Lúcia, 20.5.2014. (HC-98434) (Inform. STF 747)

RHC N. 117.192-MG
RELATORA: MIN. ROSA WEBER
RECURSO ORDINÁRIO EM *HABEAS* CORPUS. PROCESSO PENAL. CONDENAÇÃO CRIMINAL. ELEMENTOS INFORMATIVOS COLHIDOS NA INVESTIGAÇÃO CRIMINAL. POSSIBILIDADE DE VALORAÇÃO NA SENTENÇA.
1. O art. 155 do Código de Processo Penal não impede que o juiz, para a formação de sua livre convicção, considere elementos informativos colhidos na fase de investigação criminal, vedada a condenação fundamentada exclusivamente em tais provas.
2. Na espécie, o édito condenatório lastreado em declarações colhidas de testemunhas na fase inquisitorial, bem como em depoimentos prestados em juízo, sob o crivo do contraditório e da ampla defesa, não resulta em ilegalidade.
3. Recurso ordinário em *habeas corpus* a que se nega provimento. (Inform. STF 720)

HC N. 112.341-SP
RELATORA: MIN. CÁRMEN LÚCIA
EMENTA: *HABEAS CORPUS*. PENAL. TRÁFICO DE ENTORPECENTES. ALEGAÇÃO DE CONSTRANGIMENTO DECORRENTE DO NÃO CONHECIMENTO PARCIAL DA AÇÃO IMPETRADA NO SUPERIOR TRIBUNAL DE JUSTIÇA, DA NÃO INTIMAÇÃO DO DEFENSOR PÚBLICO PARA A SESSÃO DE JULGAMENTO DA APELAÇÃO E DA NULIDADE DA PROVA EMPRESTADA: IMPROCEDÊNCIA. ORDEM DENEGADA.
1. Não há nulidade por terem sido juntadas aos autos do processo principal provas emprestadas de outro processo-crime. Precedentes.
2. Este Supremo Tribunal assentou que, no sistema processual-penal vigente, a declaração de nulidade depende demonstração de prejuízo efetivo para a defesa ou acusação, ou de comprovação de interferência indevida na apuração da verdade substancial e na decisão da causa; não se declara nulidade processual por presunção. Precedentes.
3. Não procede o argumento de inocorrência da intimação pessoal do Defensor Público.
4. Os fatos descritos na sentença penal condenatória caracterizam a dedicação da Paciente às atividades criminosas e foram sopesados pelas instâncias de mérito para o fim de afastar a causa de diminuição da pena prevista no art. 33, §4º, da Lei n. 11.343/2006.
5. Ordem denegada. (Inform. STF 719)

RHC N. 116.173-RS
RELATORA: MIN. CÁRMEN LÚCIA
EMENTA: RECURSO ORDINÁRIO EM *HABEAS CORPUS*. HOMICÍDIO QUALIFICADO. 1. INEXISTÊNCIA DE PEDIDO DE SUSTENTAÇÃO ORAL. DESNECESSIDADE DE INTIMAÇÃO PARA A SESSÃO DE JULGAMENTO DE *HABEAS CORPUS* NO SUPERIOR TRIBUNAL DE JUSTIÇA. 2. PROVA ORAL COLHIDA POR MEIO AUDIOVISUAL. ALEGAÇÃO DE NECESSIDADE DE DEGRAVAÇÃO SOB PENA DE CERCEAMENTO DE DEFESA. AUSÊNCIA DE PEDIDO DE DEGRAVAÇÃO DA DEFESA. PRECLUSÃO DA MATÉRIA. DISPONIBILIZAÇÃO DA CÓPIA DO REGISTRO ORIGINAL DO DEPOIMENTO COLHIDO EM AUDIÊNCIA. PREJUÍZO NÃO DEMONSTRADO. PRESCINDIBILIDADE DA DEGRAVAÇÃO, NOS TERMOS DO ART. 405, § 2º, DO CÓDIGO DE PROCESSO PENAL.
1. Não havendo pedido de sustentação oral da Defensoria Pública, a falta de intimação para a sessão de julgamento não suprime o direito da defesa do Recorrente de comparecer para efetivar essa sustentação. Precedentes.
2. Ausência de pedido da defesa de degravação da prova oral colhida por meio audiovisual. Matéria preclusa.
3. Registro na ata da audiência de que a cópia do registro original do depoimento colhido, nos termos do art. 405 do Código de Processo Penal, está disponível nos autos. O princípio do *pas de nullité sans grief* exige, sempre que possível, a demonstração de prejuízo concreto pela parte que suscita o vício. Precedentes. Prejuízo não demonstrado pela defesa.
4. Nos termos do art. 405, § 2º, do Código de Processo Penal, é desnecessária a degravação da audiência realizada por meio audiovisual, sendo obrigatória apenas a disponibilização da cópia do que registrado nesse ato. A ausência de transcrição não impede o acesso à prova.
5. Recurso ao qual se nega provimento. (Inform. STF 719)

RHC N. 115.983-RJ
RELATOR: MIN. RICARDO LEWANDOWSKI
RECURSO ORDINÁRIO EM *HABEAS CORPUS*. CONSTITUCIONAL E PROCESSUAL PENAL. DELITO DE HOMICÍDIO. BUSCA E APREENSÃO DE CARTAS AMOROSAS ENVIADAS PELA RECORRENTE A UM DOS CORRÉUS COM QUEM MANTINHA RELACIONAMENTO EXTRACONJUGAL. ART. 240, § 1º, **F**, DO CPP. VIOLAÇÃO DO DIREITO À INVIOLABILIDADE DE CORRESPONDÊNCIA. NÃO OCORRÊNCIA. GARANTIA QUE NÃO É ABSOLUTA. AUTORIA INTELECTUAL EVIDENCIADA POR OUTRAS PROVAS COLHIDAS NA INSTRUÇÃO CRIMINAL. AUSÊNCIA DE DEMONSTRAÇÃO DO EFETIVO PREJUÍZO. IMPOSSIBILIDADE DE REVOLVIMENTO DO CONJUNTO FÁTICO-PROBATÓRIO NA VIA ESTREITA DO *HABEAS CORPUS*. SOBERANIA DOS VEREDICTOS PROFERIDOS PELO TRIBUNAL DO JÚRI. TRÂNSITO EM JULGADO DA CONDENAÇÃO. IMPOSSIBILIDADE DE ADMITIR-SE O *WRIT* CONSTITUCIONAL COMO SUCEDÂNEO DE REVISÃO CRIMINAL. PRECEDENTES. RECURSO IMPROVIDO.
I – A jurisprudência desta Corte consagrou o entendimento de que o princípio constitucional da inviolabilidade das comunicações (art. 5º, XII, da CF) não é absoluto, podendo o interesse público, em situações excepcionais, sobrepor-se aos direitos individuais para evitar que os direitos e garantias fundamentais sejam utilizados para acobertar condutas criminosas.
II – A busca e apreensão das cartas amorosas foi realizada em procedimento autorizado por decisão judicial, nos termos do art. 240, § 1º, **f**, do Código de Processo Penal.
III – A condenação baseou-se em outros elementos de prova, em especial nos depoimentos de testemunhas, reproduzidos em plenário, sob o crivo do contraditório.
IV – Esta Corte assentou o entendimento de que a demonstração de prejuízo, *"a teor do art. 563 do CPP, é essencial à alegação de nulidade, seja ela relativa ou absoluta, eis que, ( ) o âmbito normativo do dogma fundamental da disciplina das nulidades pas de nullité sans grief compreende as nulidades absolutas"* (HC 85.155/SP, Rel. Min. Ellen Gracie).
V – Não cabe a este Tribunal, na via do remédio constitucional, decidir de modo diverso, ainda mais quando se analisa a questão sob a ótica do preceito fundamental da soberania dos veredictos, assegurado ao Tribunal do Júri na alínea **c** do inciso XXXVIII do art. 5º da Carta Magna.

VI – O *habeas corpus*, em que pese configurar remédio constitucional de largo espectro, não pode ser utilizado como sucedâneo da revisão criminal, salvo em situações nas quais se verifique flagrante ilegalidade ou nulidade, o que não é o caso dos autos.
VII – Recurso ordinário improvido. (Inform. STF 718)

Lei 10.792/2003: entrevista e audiência de instrução - 2
Em conclusão, ante a inadequação da via eleita, a 1ª Turma julgou extinto habeas corpus – substitutivo de recurso constitucional – em que se pretendia fosse declarada a nulidade de processo-crime a partir da audiência para oitiva de testemunha, sob o argumento de não concessão, naquela oportunidade, de entrevista reservada entre o acusado e o defensor público – v. informativo 672. Pontuou-se não haver obrigatoriedade de assegurar-se à defesa, já anteriormente constituída, fosse ela pública ou privada, a realização de entrevista prévia ao réu antes do início de audiência para inquirição de testemunhas. Asseverou-se ser diversa a situação caso se tratasse de interrogatório do paciente, ocasião em que se poderia cogitar de eventual necessidade de prévio aconselhamento do réu com seu advogado, para subsidiá-lo com elementos técnicos para a produção da defesa pessoal do acusado (CPP, art. 185, § 5º). Ademais, rejeitou-se, por maioria, proposta formulada pelo Min. Marco Aurélio no sentido de concessão da ordem, de ofício. O Min. Luiz Fux, relator, reajustou o voto.
HC 112225/DF, rel. Min. Luiz Fux, 18.6.2013. (HC-112225) (Inform. STF 711)

Bacen e envio de informações individualizadas - 1
A 1ª Turma iniciou exame de *habeas corpus* em que se pleiteia a declaração de nulidade de ação penal, embasada na ilegalidade das quebras de sigilos bancário e fiscal dos pacientes. Outrossim, busca seja assentada a nulidade das provas obtidas ilicitamente, determinando-se a prolação de nova sentença. O Min. Marco Aurélio, relator, julgou extinto o *habeas*, sem apreciação do pedido, por inadequação da via processual, porquanto substitutivo de recurso ordinário, mas concedeu, de ofício, a ordem para declarar insubsistente o processo adversado. Delineou estar em discussão a possibilidade de o Banco Central do Brasil - Bacen poder fornecer ao Ministério Público, sem autorização judicial, dados bancários. Explicitou que se, de um lado, a notícia da prática de crime seria dever de todo cidadão e, com base maior, de entidade como o Bacen, de outro, o afastamento do sigilo de dados, consoante disposto no inciso XII do art. 5º da CF (*"é inviolável o sigilo da correspondência e das comunicações telegráficas, de dados e das comunicações telefônicas, salvo, no último caso, por ordem judicial, nas hipóteses e na forma que a lei estabelecer para fins de investigação criminal ou instrução processual penal"*), somente se faria possível mediante ato de órgão judicial. Anotou que o primado do Judiciário presente a garantia constitucional revelada no aludido preceito também abarcaria dados bancários. Aduziu estar-se diante de tema de grande importância considerada a ordem jurídica no que as Leis 4.729/65, 6.385/76 e 7.492/86 conteriam preceitos abrangentes a versarem o envio de elementos ao Ministério Público sem a intermediação judicial. Acentuou que o Bacen, mediante expediente dirigido ao Procurador-Geral da República, não se limitara a noticiar possível prática de crime e procedera à remessa de diversos dados, inclusive de correntistas individualizados. Dessa maneira, o Bacen, ao implementar a mencionada quebra, teria colocado em segundo plano a reserva do Judiciário prevista na Constituição. Por fim, complementou que, a partir desse fenômeno, a ação penal ter-se-ia iniciado. Após, pediu vista a Min. Rosa Weber. HC 99223/PR, rel. Min. Marco Aurélio, 6.11.2012. (HC-99223)
Bacen e envio de informações individualizadas - 2
Em conclusão de julgamento, a 1ª Turma assentou o prejuízo de habeas corpus no qual se pleiteava a declaração de nulidade de ação penal, embasada na ilicitude das quebras de sigilos bancário e fiscal dos pacientes – v. Informativo 687. Na espécie, o Banco Central do Brasil - Bacen teria enviado documentos ao Ministério Público e à Receita federais noticiando a suposta prática de crime contra o Sistema Financeiro Nacional. Esclareceu-se que o juízo de origem oficiara a esta Corte comunicando ter proferido sentença extintiva da punibilidade dos pacientes, pela ocorrência de prescrição da pretensão punitiva do Estado. Assim, consignou-se que o writ estaria prejudicado por perda de objeto.
HC 99223/PR, rel. Min. Marco Aurélio, 21.5.2013. (HC-99223) (Inform. STF 707)

Audiência de instrução e formulação de perguntas
A 2ª Turma denegou habeas corpus em que pretendida a anulação de sentença de pronúncia com realização de nova audiência, ao argumento de que o magistrado teria formulado perguntas antes de conceder a palavra às partes. Na espécie, alegava-se que as indagações por parte do juiz seriam de caráter complementar, realizadas ao final, em consonância com a nova redação dada pela Lei 11.690/2008 (CPP: "Art. 212. As perguntas serão formuladas pelas partes diretamente à testemunha, não admitindo o juiz aquelas que puderem induzir a resposta, não tiverem relação com a causa ou importarem na repetição de outra já respondida. Parágrafo único. Sobre os pontos não esclarecidos, o juiz poderá complementar a inquirição"). Ponderou-se que, conforme assentada jurisprudência do STF, para o reconhecimento de eventual nulidade, necessário demonstrar-se o prejuízo por essa pretensa inversão no rito inaugurado por alteração no CPP, o que não teria ocorrido.
HC 115336/RS, rel. Min. Cármen Lúcia, 21.5.2013. (HC-115336) (Inform. STF 707)

Interceptações telefônicas e teoria do juízo aparente - 1
Ao admitir a ratificação de provas – interceptações telefônicas – colhidas por juízo aparentemente competente à época dos fatos, a 2ª Turma, por maioria, denegou habeas corpus impetrado em favor de vereador que supostamente teria atuado em conluio com terceiros para obtenção de vantagem indevida mediante a manipulação de procedimentos de concessão de benefícios previdenciários, principalmente de auxílio- doença. Na espécie, a denúncia fora recebida por juiz federal de piso que decretara as prisões e as quebras de sigilo. Em seguida, declinara da competência para o TRF da 2ª Região, observado o art. 161, IV, d-3, da Constituição do Estado do Rio de Janeiro, bem como o julgamento do RE 464935/RJ (DJe de 27.6.2008), pelo qual se reconhecera que os vereadores fluminenses deveriam ser julgados pela segunda instância, em razão de prerrogativa de função. Por sua vez, o TRF da 2ª Região entendera que a competência para processar e julgar vereadores seria da primeira instância, ao fundamento de que a justiça federal seria subordinada à Constituição Federal (art. 109) e não às constituições estaduais. Alegava-se que o magistrado federal não teria competência para as investigações para julgamento da ação penal, uma vez que vereadores figurarariam no inquérito. **HC 110496/RJ, rel. Min. Gilmar Mendes, 9.4.2013. (HC-110496)**

Interceptações telefônicas e teoria do juízo aparente - 2
Asseverou-se que o precedente mencionado não se aplicaria à espécie, porquanto aquela ação penal tramitara na justiça estadual e não na federal. Destacou-se que, à época dos fatos, o tema relativo à prerrogativa de foro dos vereadores do Município do Rio de Janeiro seria bastante controvertido, mormente porque, em 28.5.2007, o Tribunal de Justiça local havia declarado a inconstitucionalidade do art. 161, IV, d-3, da Constituição estadual. Observou-se que, embora essa decisão não tivesse eficácia erga omnes, seria paradigma para seus membros e juízes de primeira instância. Nesse contexto, obtemperou-se não ser razoável a anulação de provas determinadas pelo juízo federal de primeira instância. Aduziu-se que, quanto à celeuma acerca da determinação da quebra de sigilo pelo juízo federal posteriormente declarado incompetente – em razão de se identificar a atuação de organização criminosa, a ensejar a remessa do feito à vara especializada –, aplicar-se-ia a teoria

do juízo aparente. Vencido o Min. Celso de Mello, que concedia a ordem. Ressaltava que, embora a jurisprudência do STF acolhesse a mencionada teoria, essa apenas seria invocável se, no momento em que tivessem sido decretadas as medidas de caráter probatório, a autoridade judiciária não tivesse condições de saber que a investigação fora instaurada em relação a alguém investido de prerrogativa de foro. Pontuava que o juízo federal, ao deferir as interceptações, deixara claro conhecer o envolvimento, naquela investigação penal, de três vereadores, dois dos quais do Rio de Janeiro, cuja Constituição outorgava a prerrogativa de foro perante o Tribunal de Justiça. Frisava que a decisão que decretara a medida de índole probatória fora emanada por autoridade incompetente. Após, cassou-se a liminar anteriormente deferida. **HC 110496/RJ, rel. Min. Gilmar Mendes, 9.4.2013. (HC-110496)** (Inform. STF 701).

Produção antecipada de provas e fundamentação
Ante o empate na votação, a 1ª Turma deferiu *habeas corpus*, de ofício, para reconhecer a nulidade da prova produzida antecipadamente e determinar seu desentranhamento. De início, julgou-se extinta a impetração, porquanto manejada de acórdão de recurso ordinário em *habeas corpus*, julgado pelo STJ, em substituição ao recurso cabível, que, no caso, seria o extraordinário. O Min. Dias Toffoli, relator, concedera a ordem de ofício, no que foi acompanhado pela Min. Rosa Weber. Consignou que o eventual esquecimento dos fatos pelas testemunhas, em razão da passagem do tempo, não seria fundamento idôneo para antecipar a oitiva delas. Além disso, avaliou que o magistrado teria considerado o fato de as testemunhas serem policiais militares, o que não corresponderia à realidade. Em divergência, os Ministros Marco Aurélio e Luiz Fux concediam a ordem de ofício. Aquele ressaltava que o juiz poderia proceder à colheita antecipada de provas para evitar o esquecimento dos fatos, em virtude da passagem do tempo. Este afirmava que o perigo da demora seria para a formação da prova do processo e não para a liberdade de ir e vir. **HC 114519/DF, rel. Min. Dias Toffoli, 26.2.2013. (HC-114519)** (Inform. STF 696).

Videoconferência e entrevista reservada com defensor – 3
A 1ª Turma retomou julgamento de *habeas corpus* em que pretendida a declaração de nulidade de ação penal decorrente da realização do interrogatório do paciente por videoconferência, quando não havia previsão legal. A outra nulidade suscitada referir-se-ia à não concessão do direito de entrevista reservada com seu defensor – v. Informativos 644 e 651. Em divergência, o Min. Dias Toffoli, depois de extinguir o *writ* – por considerar inadequado o meio escolhido e ao harmonizar-se com posicionamento atual deste Colegiado –, concedeu, de ofício, a ordem para anular o interrogatório realizado por videoconferência, bem assim os atos processuais posteriores dele dependentes. A princípio, salientou que seu voto concluiria da mesma maneira que decisão do STJ proferida após iniciado o exame do presente *habeas*, sem enfrentar tema relativo à prisão do paciente. Sublinhou que, na primeira oportunidade, a defesa insurgira-se expressamente contra o interrogatório. Explicou que se dera a ela a possibilidade de complementar o ato, mas sem revogação do ocorrido com autorização em lei estadual. O defensor, em audiência, aceitara a feitura de outro, e não houve a complementação do anterior. Consignou que inexistiria, à época, regramento federal a esse respeito. Assim, reafirmou orientação do STF no sentido de que a videoconferência dependeria de norma federal e de que a lei paulista seria inconstitucional. Na sequência, ante a notícia de que sobreviera entendimento do STJ favorável ao paciente, a Turma, ao acolher proposta do Min. Marco Aurélio, relator, determinou o sobrestamento deste *writ* até o trânsito em julgado da mencionada decisão. **HC 104603/SP, rel. Min. Marco Aurélio, 5.2.2013.(HC-104603)** (Inform. STF 694).

Interceptação telefônica e investigação preliminar
A 2ª Turma concedeu *habeas corpus* impetrado em favor de denunciado por crime contra a ordem tributária (Lei 8.137/90, art.3º, II), assim como por violação do dever funcional e prevaricação (CP, art.325, §1º, II, c/c art. 319) – com o fim de se declarar a ilicitude de provas produzidas em interceptações telefônicas, ante a ilegalidade das autorizações e a nulidade das decisões judiciais que as decretaram amparadas apenas em denúncia anônima, sem investigação preliminar. Além disso, determinou a juízo federal de piso examinar as implicações da nulidade dessas interceptações nas demais provas dos autos. Na espécie, a autorização das interceptações deflagrara-se a partir de documento apócrifo recebido por membro do Ministério Público. Este confirmara com delegado da Receita Federal os dados de identificação de determinada empresa e do ora paciente, auditor fiscal daquele órgão. Em seguida, solicitara a interceptação, sem, no entanto, proceder a investigação prévia. Ressaltou-se, no ponto, ausência de investigação preliminar. Apontou-se que a interceptação deveria ter sido acionada após verificação da ocorrência de indícios e da impossibilidade de se produzir provas por outros meios. **HC 108147/PR, rel. Min. Cármen Lúcia, 11.12.2012. (HC-108147)** (Inform. STF 692).

Interrogatório de réu sem recursos para deslocamento e carta precatória
A 1ª Turma deu provimento a recurso ordinário em *habeas corpus* para que o interrogatório da recorrente – declarada revel – fosse realizado mediante carta precatória. Na espécie, ela fora citada e apusera ciência no mandado expedido. Ocorre que, no dia do interrogatório, não comparecera ao juízo. O Conselho Permanente de Justiça para o Exército marcara, então, nova audiência e, posteriormente, tornara sem efeito a designação. Na sequência, determinara a intimação da acusada para comprovar as alegações de não dispor de recursos bastantes para o deslocamento da cidade de sua residência para o local em que o ato judicial ocorreria. Inicialmente, salientou-se que oficiala consignara declaração da recorrente quanto à insuficiência financeira. Ademais, em processo anterior a ré já teria sido ouvida por meio de carta precatória. Assentou-se o cerceamento de defesa. Destacou-se a importância, no processo-crime, da defesa direta, a ocorrer em depoimento. RHC 103468/MS, rel. Min. Marco Aurélio, 20.11.2012. (RHC-103468) (Inform. STF 689)

Lesão corporal grave e laudo pericial
A 2ª Turma denegou *habeas corpus* em que requerida a reforma da condenação imposta ao paciente por crime de lesão corporal de natureza grave para simples. A defesa argumentava que, ante a ausência de laudo pericial a apontar o grau das lesões sofridas pela vítima, não se caracterizaria a qualificadora de perigo de vida (CP, art. 129, § 1º, II). O Colegiado informou que constara da sentença o risco de morte fora latente, uma vez que envolveria dano provocado em região extremamente vital (pescoço). Demais disso, houvera necessidade de intervenção cirúrgica e de internação. Aludiu ao acórdão do tribunal estadual em que consignadas a existência de provas documentais e a possibilidade de substituição da prova pericial por testemunhal, desde que desaparecidos os vestígios da conduta (CPP, art. 167). Na sequência, extraiu-se dos autos não ter sido possível realizar a perícia porque a vítima teria desaparecido. Ademais, assinalou-se a efetiva comprovação das lesões mediante prova testemunhal e relatórios de atendimento hospitalar. Ao fim, asseverou-se inexistir nulidade, porquanto a falta de laudo pericial não impediria o reconhecimento da materialidade do adversado delito por outros meios. HC 114567/ES, rel. Min. Gilmar Mendes, 16.10.2012. (HC-114567) (Inform. STF 684)

HC e validade de provas colhidas em "lan house"
A 1ª Turma denegou *habeas corpus* impetrado em favor de sargento do Exército condenado pelo envio de panfletos, divulgados pela internet, a incitar militares à desobediência, à indisciplina e à prática de crimes. Além disso, teria ofendido a dignidade e desacatado diversos oficiais das Forças Armadas. A defesa sustentava nulidade: a) do processo, ao argumento de utilização, para fins condenatórios, de provas ilícitas, porque

recolhidas, sem autorização judicial, em *lan house*, a afrontar o art. 5º, XII, da CF ("*é inviolável o sigilo da correspondência e das comunicações telegráficas, de dados e das comunicações telefônicas, salvo, no último caso, por ordem judicial, nas hipóteses e na forma que a lei estabelecer para fins de investigação criminal ou instrução processual penal*"); e b) do interrogatório, colhido por precatória, com cerceamento de defesa. Destacou-se a gravidade do conteúdo das mensagens enviadas pela rede. Ressaltou-se, no entanto, não estar em discussão o teor delas ou a materialidade dos delitos, mas apenas os aspectos processuais que teriam ensejado a condenação criminal. Asseverou-se que os dados contidos no computador não requereriam acesso via autorização judicial ou do acusado, porquanto o proprietário do estabelecimento comercial teria: a) permitido o exame do equipamento e consequente identificação das provas; e b) autorizado que o computador fosse periciado. O laudo resultante teria sido elemento probatório a corroborar a autoria do crime pelo paciente. Assinalou-se que o conteúdo das comunicações por ele transmitidas não fora descoberto pelo exame na máquina, porém explicitado pelos destinatários que, diante da gravidade, levaram o fato ao conhecimento da autoridade que procedera à investigação. Por fim, aduziu-se não haver nulidade na precatória, visto que demonstrada a enorme distância entre a sede do juízo e a cidade em que o paciente servia. HC 103425/AM, rel. Min. Rosa Weber, 26.6.2012. (HC-103425) (Inform. STF 672)

Corrupção de menores e prova da idade da vítima
Ao concluir julgamento, a 1ª Turma concedeu *habeas corpus* para afastar a condenação imposta ao paciente pela prática do crime de corrupção de menores, decotando-se a pena a ela referente, tendo em conta a inexistência, nos autos de ação penal, de prova civil da menoridade de corréu. Esclareceu-se que, para a caracterização do delito em comento, o tribunal de justiça local admitira, como prova da idade da vítima, declaração por ela prestada perante a autoridade policial. Aduziu-se que a idade comporia o estado civil da pessoa e se provaria pelo assento de nascimento, cuja certidão – salvo quando o registro seja posterior ao fato – tem sido considerada prova inequívoca, para fins criminais, tanto da idade do acusado quanto de vítima (CPP, art. 155). Avaliou-se inexistir, na espécie, prova documental idônea da menoridade, a impossibilitar a configuração típica da conduta atribuída ao condenado. A Min. Cármen Lúcia frisou que, especificamente em relação às provas que dizem respeito ao estado das pessoas, dever-se-ia verificar exceção à regra da ampla liberdade probatória, isto é, a observância das restrições estabelecidas na lei civil. Precedente citado: HC 73338/RJ (DJU de 19.12.96). HC 110303/DF, rel. Min. Dias Toffoli, 26.6.2012. (HC-110303) (Inform. STF 672)

DIREITO PROCESSUAL PENAL. INTIMAÇÃO DE AUTORIDADE PARA PRESTAR DECLARAÇÕES.
As autoridades com prerrogativa de foro previstas no art. 221 do CPP, quando figurarem na condição de investigados no inquérito policial ou de acusados na ação penal, não têm o direito de serem inquiridas em local, dia e hora previamente ajustados com a autoridade policial ou com o juiz. Isso porque não há previsão legal que assegure essa prerrogativa processual, tendo em vista que o art. 221 do CPP se restringe às hipóteses em que as autoridades nele elencadas participem do processo na qualidade de testemunhas, e não como investigados ou acusados. Precedente citado do STF: Pet 4.600-AL, DJe 26/11/2009. **HC 250.970-SP**, Rel. Min. Jorge Mussi, julgado em 23/9/2014. (Inform. STJ 547)

DIREITO PROCESSUAL PENAL. NULIDADE DE PROVA ADVINDA DE QUEBRA DE SIGILO BANCÁRIO PELA ADMINISTRAÇÃO TRIBUTÁRIA SEM AUTORIZAÇÃO JUDICIAL.
Os dados obtidos pela Receita Federal com fundamento no art. 6º da LC 105/2001, mediante requisição direta às instituições bancárias no âmbito de processo administrativo fiscal sem prévia autorização judicial, não podem ser utilizados para sustentar condenação em processo penal. Efetivamente, afigura-se decorrência lógica do respeito aos direitos à intimidade e à privacidade (art. 5º, X, da CF) a proibição de que a administração fazendária afaste, por autoridade própria, o sigilo bancário do contribuinte, especialmente se considerada sua posição de parte na relação jurídico-tributária, com interesse direto no resultado da fiscalização. Apenas o Judiciário, desinteressado que é na solução material da causa e, por assim dizer, órgão imparcial, está apto a efetuar a ponderação imprescindível entre o dever de sigilo – decorrente da privacidade e da intimidade asseguradas aos indivíduos em geral e aos contribuintes, em especial – e o também dever de preservação da ordem jurídica mediante a investigação de condutas a ela atentatórias. Nesse contexto, diante da ilicitude da quebra do sigilo bancário realizada diretamente pela autoridade fiscalizadora sem prévia autorização judicial, deve ser reconhecida a inadmissibilidade das provas dela advindas, na forma do art. 157 do CPP, de acordo com o qual "São inadmissíveis, devendo ser desentranhadas do processo, as provas ilícitas, assim entendidas as obtidas em violação a normas constitucionais ou legais". Precedente citado do STF: RE 389.808-PR, Tribunal Pleno, DJe 9/5/2011. Precedente citado do STJ: RHC 41.532-PR, Sexta Turma, DJe 28/2/2014; e AgRg no REsp 1.402.649-BA, Sexta Turma, DJe 18/11/2013. **REsp 1.361.174-RS**, Rel. Min. Marco Aurélio Bellizze, julgado em 3/6/2014. (Inform. STJ 543)

DIREITO PROCESSUAL PENAL. UTILIZAÇÃO DE GRAVAÇÃO TELEFÔNICA COMO PROVA DE CRIME CONTRA A LIBERDADE SEXUAL.
Em processo que apure a suposta prática de crime sexual contra adolescente absolutamente incapaz, é admissível a utilização de prova extraída de gravação telefônica efetivada a pedido da genitora da vítima, em seu terminal telefônico, mesmo que solicitado auxílio técnico de detetive particular para a captação das conversas. Consoante dispõe o art. 3º, I, do CC, são absolutamente incapazes os menores de dezesseis anos, não podendo praticar ato algum por si, de modo que são representados por seus pais. Assim, é válido o consentimento do genitor para gravar as conversas do filho menor. De fato, a gravação da conversa, em situações como a ora em análise, não configura prova ilícita, visto que não ocorre, a rigor, uma interceptação da comunicação por terceiro, mas mera gravação, com auxílio técnico de terceiro, pelo proprietário do terminal telefônico, objetivando a proteção da liberdade sexual de absolutamente incapaz, seu filho, na perspectiva do poder familiar, vale dizer, do poder-dever de que são investidos os pais em relação aos filhos menores, de proteção e vigilância. A presente hipótese se assemelha, em verdade, à gravação de conversa telefônica feita com a autorização de um dos interlocutores, sem ciência do outro, quando há cometimento de crime por este último, situação já reconhecida como válida pelo STF (HC 75.338, Tribunal Pleno, DJ 25/9/1998). Destaque-se que a proteção integral à criança, em especial no que se refere às agressões sexuais, é preocupação constante de nosso Estado, constitucionalmente garantida em caráter prioritário (art. 227, *caput*, c/c o § 4º, da CF), e de instrumentos internacionais. Com efeito, preceituou o art. 34, "b", da Convenção Internacional sobre os Direitos da Criança, aprovada pela Resolução 44/25 da ONU, em 20/11/1989, e internalizada no ordenamento jurídico nacional mediante o DL 28/1990, *verbis*: "Os Estados-partes se comprometem a proteger a criança contra todas as formas de exploração e abuso sexual. Nesse sentido, os Estados-parte tomarão, em especial, todas as medidas de caráter nacional, bilateral e multilateral que sejam necessárias para impedir: (...) b) a exploração da criança na prostituição ou outras práticas sexuais ilegais; (...)". Assim, é inviável inquinar de ilicitude a prova assim obtida, prestigiando o direito à intimidade e privacidade do acusado em detrimento da própria liberdade sexual da vítima absolutamente incapaz e em face de toda uma política estatal de proteção à criança e ao adolescente, enquanto ser

em desenvolvimento. REsp 1.026.605-ES, Rel. Min. Rogerio Schietti Cruz, julgado em 13/5/2014. (Inform. STJ 543)

DIREITO PROCESSUAL PENAL. UTILIZAÇÃO DA INTERCEPTAÇÃO DE COMUNICAÇÃO TELEFÔNICA EM DESFAVOR DE INTERLOCUTOR NÃO INVESTIGADO.
As comunicações telefônicas do investigado legalmente interceptadas podem ser utilizadas para formação de prova em desfavor do outro interlocutor, ainda que este seja advogado do investigado. A interceptação telefônica, por óbvio, abrange a participação de quaisquer dos interlocutores. Ilógico e irracional seria admitir que a prova colhida contra o interlocutor que recebeu ou originou chamadas para a linha legalmente interceptada é ilegal. No mais, não é porque o advogado defendia o investigado que sua comunicação com ele foi interceptada, mas tão somente porque era um dos interlocutores. Precedente citado: HC 115.401/RJ, Quinta Turma, DJe 1º/2/2011. RMS 33.677-SP, Rel. Min. Laurita Vaz, julgado em 27/5/2014. (Inform. STJ 541)

DIREITO PROCESSUAL PENAL. DESCOBERTA FORTUITA DE DELITOS QUE NÃO SÃO OBJETO DE INVESTIGAÇÃO.
O fato de elementos indiciários acerca da prática de crime surgirem no decorrer da execução de medida de quebra de sigilo bancário e fiscal determinada para apuração de outros crimes não impede, por si só, que os dados colhidos sejam utilizados para a averiguação da suposta prática daquele delito. Com efeito, pode ocorrer o que se chama de fenômeno da serendipidade, que consiste na descoberta fortuita de delitos que não são objeto da investigação. Precedentes citados: HC 187.189-SP, Sexta Turma, DJe 23/8/2013; e RHC 28.794-RJ, Quinta Turma, DJe 13/12/2012. HC 282.096-SP, Rel. Min. Sebastião Reis Júnior, julgado em 24/4/2014. (Inform. STJ 539)

DIREITO PROCESSUAL PENAL. UTILIZAÇÃO NO PROCESSO PENAL DE INFORMAÇÕES OBTIDAS PELA RECEITA FEDERAL MEDIANTE REQUISIÇÃO DIRETA ÀS INSTITUIÇÕES BANCÁRIAS.
Os dados obtidos pela Receita Federal com fundamento no art. 6º da LC 105/2001, mediante requisição direta às instituições bancárias no âmbito de processo administrativo fiscal sem prévia autorização judicial, não podem ser utilizados no processo penal, sobretudo para dar base à ação penal. Há de se ressaltar que não está em debate a questão referente à possibilidade do fornecimento de informações bancárias, para fins de constituição de créditos tributários, pelas instituições financeiras ao Fisco sem autorização judicial – tema cuja repercussão geral foi reconhecida no RE 601.314-SP, pendente de apreciação. Discute-se se essas informações podem servir de base à ação penal. Nesse contexto, reafirma-se, conforme já decidido pela Sexta Turma do STJ, que as informações obtidas pelo Fisco, quando enviadas ao MP para fins penais, configuram inadmissível quebra de sigilo bancário sem prévia autorização judicial. Não cabe à Receita Federal, órgão interessado no processo administrativo e sem competência constitucional específica, requisitar diretamente às instituições bancárias a quebra do sigilo bancário. Pleito nesse sentido deve ser necessariamente submetido à avaliação do magistrado competente, a quem cabe motivar concretamente sua decisão, em observância aos arts. 5º, XII e 93, IX, da CF. Precedentes citados: HC 237.057-RJ, Sexta Turma, DJe 27/2/2013; REsp 1.201.442-RJ, Sexta Turma, DJe 22/8/2013; AgRg no REsp 1.402.649-BA, Sexta Turma, DJe 18/11/2013. RHC 41.532-PR, Rel. Min. Sebastião Reis Júnior, julgado em 11/02/2014. (Inform. STJ 535)

DIREITO PROCESSUAL PENAL. REALIZAÇÃO DE PERÍCIA NA HIPÓTESE DE FALTA DE PERITOS OFICIAIS.
Verificada a falta de peritos oficiais na comarca, é válido o laudo pericial que reconheça a qualificadora do furto referente ao rompimento de obstáculo (art. 155, § 4º, I, do CP) elaborado por duas pessoas idôneas e portadoras de diploma de curso superior, ainda que sejam policiais. A incidência da qualificadora prevista no art. 155, § 4º, I, do CP está condicionada à comprovação do rompimento do obstáculo por laudo pericial, salvo em caso de desaparecimento dos vestígios, quando a prova testemunhal poderá lhe suprir a falta. Na ausência de peritos oficiais na comarca, é possível que se nomeie duas pessoas para realizar o exame, como autoriza o art. 159, § 1º, do CPP. O referido preceito, aliás, não impõe nenhuma restrição ao fato de o exame ser realizado por policiais. REsp 1.416.392-RS, Rel. Min. Moura Ribeiro, julgado em 19/11/2013. (Inform. STJ 532)

DIREITO PENAL. EXAME PERICIAL NO CASO DE CRIME DE FURTO QUALIFICADO PELA ESCALADA.
Ainda que não tenha sido realizado exame de corpo de delito, pode ser reconhecida a presença da qualificadora de escalada do crime de furto (art. 155, § 4º, II, do CP) na hipótese em que a dinâmica delitiva tenha sido registrada por meio de sistema de monitoramento com câmeras de segurança e a materialidade do crime qualificado possa ser comprovada por meio das filmagens e também por fotos e testemunhos. De fato, nas infrações que deixam vestígios, é indispensável o exame de corpo de delito, nos termos do que disciplina o art. 158 do CPP, o qual somente pode ser suprido pela prova testemunhal quando aqueles houverem desaparecido. Contudo, estando devidamente demonstrada a existência de provas referentes à utilização da escalada para realizar o furto, por meio de filmagem, fotos e testemunhos, mostra-se temerário desconsiderar o arcabouço probatório ante a ausência de laudo pericial da escalada, o qual certamente apenas confirmaria as provas já existentes. Note-se que prevalece igualmente no STJ o entendimento de que não se deve reconhecer uma nulidade sem a efetiva demonstração do prejuízo, pois a forma não deve preponderar sobre a essência no processo penal. Ademais, importante ponderar que não pode o processo penal andar em descompasso com a realidade, desconsiderando elementos de prova mais modernos e reiteradamente usados, os quais, na maioria das vezes, podem revelar de forma fiel a dinâmica delitiva e as circunstâncias do crime praticado. REsp 1.392.386-RS, Rel. Min. Marco Aurélio Bellizze, julgado em 3/9/2013. (Inform. STJ 529)

DIREITO PENAL E PROCESSUAL PENAL. COMPROVAÇÃO DA MATERIALIDADE DO CRIME DE VIOLAÇÃO DE DIREITOS AUTORAIS DE QUE TRATA O § 2º DO ART. 184 DO CP.
Para a comprovação da prática do crime de violação de direito autoral de que trata o § 2º do art. 184 do CP, é dispensável a identificação dos produtores das mídias originais no laudo oriundo de perícia efetivada nos objetos falsificados apreendidos, sendo, de igual modo, desnecessária a inquirição das supostas vítimas para que elas confirmem eventual ofensa a seus direitos autorais. De acordo com o § 2º do art. 184 do CP, é formalmente típica a conduta de quem, com intuito de lucro direto ou indireto, adquire e oculta cópia de obra intelectual ou fonograma reproduzido com violação do direito de autor, do direito de artista intérprete ou do direito do produtor de fonograma. Conforme o art. 530-D do CPP, deve ser realizada perícia sobre todos os bens apreendidos e elaborado laudo, que deverá integrar o inquérito policial ou o processo. O exame técnico em questão tem o objetivo de atestar a ocorrência ou não de reprodução procedida com violação de direitos autorais. Comprovada a materialidade delitiva por meio da perícia, é totalmente desnecessária a identificação e inquirição das supostas vítimas, até mesmo porque o ilícito em exame é apurado mediante ação penal pública incondicionada, nos termos do inciso II do artigo 186 do CP. HC 191.568-SP, Rel. Min. Jorge Mussi, julgado em 7/2/2013. (Inform. STJ 515).

DIREITO PROCESSUAL PENAL. RECONHECIMENTO DO RÉU POR FOTOGRAFIA.

Para embasar a denúncia oferecida, é possível a utilização do reconhecimento fotográfico realizado na fase policial, desde que este não seja utilizado de forma isolada e esteja em consonância com os demais elementos probatórios constantes dos autos. Precedentes citados: HC 186.916-SP, DJe 11/5/2011, e HC 105.683-SP, DJe 3/5/2011. **HC 238.577-SP, Rel. Min. Sebastião Reis Júnior, julgado em 6/12/2012.** (Inform. STJ 514).

DIREITO PROCESSUAL PENAL. ILICITUDE DE PROVA. GRAVAÇÃO SEM O CONHECIMENTO DO ACUSADO. VIOLAÇÃO DO DIREITO AO SILÊNCIO.

É ilícita a gravação de conversa informal entre os policiais e o conduzido ocorrida quando da lavratura do auto de prisão em flagrante, se não houver prévia comunicação do direito de permanecer em silêncio. O direito de o indiciado permanecer em silêncio, na fase policial, não pode ser relativizado em função do dever-poder do Estado de exercer a investigação criminal. Ainda que formalmente seja consignado, no auto de prisão em flagrante, que o indiciado exerceu o direito de permanecer calado, evidencia ofensa ao direito constitucionalmente assegurado (art. 5°, LXIII) se não lhe foi avisada previamente, por ocasião de diálogo gravado com os policiais, a existência desse direito. **HC 244.977-SC, Rel. Min. Sebastião Reis Júnior, julgado em 25/9/2012.**(Inform. STJ 505)

INTERROGATÓRIO DE CORRÉU. POSSIBILIDADE DE ESCLARECIMENTOS A PEDIDO DAS DEFESAS DOS OUTROS CORRÉUS.

A defesa do corréu tem o direito de fazer perguntas no interrogatório dos demais acusados, conforme dispõe o art. 188 do CPP – com redação dada pela Lei n. 10.792/2003. Tal modificação foi feita com o objetivo de assegurar a ampla defesa e o contraditório durante a produção da prova em interrogatório, respeitado o direito do acusado inquirido de não ser obrigado a prestar declarações que o autoincriminem. Dessa forma, além de poder assistir ao interrogatório de corréu, a defesa dos demais corréus pode fazer os questionamentos que entender necessários no interesse dos seus clientes. Precedentes citados do STF: HC 101.648-ES, DJe 9/2/2011; HC 94.601-CE, DJe 11/9/2009; do STJ: HC 162.451-DF, DJe 16/6/2010, e HC 172.390-GO, DJe 1°/2/2011. **HC 198.668-SC, Rel. Min. Jorge Mussi, julgado em 4/9/2012.**(Inform. STJ 503)

INTERROGATÓRIO. VIDEOCONFERÊNCIA.

A Turma reafirmou que o interrogatório do acusado realizado por videoconferência antes da regulamentação do procedimento por lei federal (Lei n. 11.900/2009) consubstancia nulidade absoluta, pois viola o princípio constitucional do devido processo legal, por restringir a defesa do acusado sem fundamentação legal idônea. In casu, tanto o interrogatório quanto a instrução criminal se valeram do expediente de teleaudiência. Além disso, à época de sua realização (15/6/2007), não havia lei federal que respaldasse o ato, existindo, tão somente a Lei n. 11.819/2005-SP, posteriormente declarada inconstitucional pelo STF. Assim, consignou-se que a realização do interrogatório judicial por meio de videoconferência, antes da vigência da Lei n. 11.900/2009, constitui causa de nulidade absoluta, pois, como dito, opõe-se nitidamente ao interesse público na preservação do devido processo legal. Precedentes citados do STF: AI 820.070-SP, DJe 1°/2/2011; do STJ: RHC 26.190-SP, DJe 1°/8/2011; HC 193.025-SP, DJe 21/9/2011, e HC 179.922-SP, DJe 11/5/2011. **HC 193.904-SP, Rel. Min. Adilson Vieira Macabu (Desembargador convocado do TJ-RJ), julgado em 22/5/2012.**(Inform. STJ 498)

SIGILO. CORRESPONDÊNCIA. VIOLABILIDADE.

A Turma, por maioria, entendeu que não é absoluto o princípio constitucional da inviolabilidade das comunicações. In casu, a simples menção, no julgamento plenário, de cartas apreendidas que provaram o relacionamento extraconjugal entre a paciente e o corréu, acusados do homicídio da vítima (marido da paciente), não viola o sigilo de correspondência. Nos termos da jurisprudência do STF, o interesse público, em situações excepcionais, como na hipótese, pode se sobrepor aos direitos individuais a fim de evitar que os direitos e garantias fundamentais sejam utilizados para resguardar conduta criminosa. Também já decidiu a Suprema Corte que a cláusula tutelar da inviolabilidade do sigilo epistolar não pode constituir instrumento de salvaguarda de práticas ilícitas. Além disso, a apreensão das cartas é respaldada pelo art. 240, § 1°, **f**, do CPP. Ademais, o juízo condenatório não estava alicerçado somente nessa prova, obtida na fase inquisitorial, mas em amplo contexto probatório colhido nas duas fases do procedimento, sendo incabível a pretensão de anular o julgamento soberano realizado pelo Tribunal do Júri. Precedentes citados do STF: HC 70.814-SP, DJ 24/6/1994, e do STJ: HC 93.874-DF, DJe 2/8/2010. **HC 203.371-RJ, Rel. Min. Laurita Vaz, julgado em 3/5/2012.**(Inform. STJ 496)

INOBSERVÂNCIA DA ORDEM DE INQUIRIÇÃO DE TESTEMUNHAS.

A inobservância da ordem de inquirição de testemunhas prevista no art. 212 do CPP é causa de nulidade relativa, ou seja, o reconhecimento do vício depende de arguição em momento oportuno e comprovação do prejuízo para a defesa. No caso, a magistrada realizou dezenas de perguntas às testemunhas de acusação antes da inquirição direta pelas partes. Os questionamentos demonstraram o interesse na colheita de provas de caráter eminentemente acusatório. No momento de inquirição das testemunhas de defesa, a juíza não realizou perguntas. A defesa pediu que constasse na ata a discrepância quanto à ordem de indagação prevista no art. 212 do CPP. Nesse contexto, restou claro o prejuízo à defesa do acusado, com ofensa ao citado artigo do diploma processual, o qual foi modificado pela Lei n. 11.690/2008. O Min. Relator para acórdão ressaltou que a nova redação do dispositivo teve como objetivo consolidar um modelo com feições acusatórias, distanciando o juiz do papel de protagonista da prova. Assim, a Turma reconheceu a nulidade desde a audiência de instrução, bem como de todos os atos posteriores. Determinou, ainda, que nova audiência seja feita observando o disposto no art. 212 do CPP. Precedente citado do STF: HC 87.926-SP, DJe 24/4/2008. **HC 212.618-RS, Rel. originário Min. Og Fernandes, Rel. para acórdão Min. Sebastião Reis Júnior, julgado em 24/4/2012.** (Inform. STJ 496)

BUSCA E APREENSÃO. DOCUMENTOS. ESCRITÓRIO DE ADVOCACIA. NOVA INVESTIGAÇÃO.

Cuida-se de habeas corpus no qual os impetrantes postulam o trancamento do inquérito policial devido à suposta nulidade no procedimento, pelo fato de o inquérito ter sido originado de documentos apreendidos no escritório do advogado do paciente em determinação judicial relativa a outra investigação. A Turma reafirmou que configura excesso a instauração de investigações ou ações penais com base apenas em elementos recolhidos durante a execução de medidas judiciais cautelares relativamente a investigados que não eram, inicialmente, objeto da ação policial. Nesse tocante, destacou-se que os escritórios de advocacia, como também os de outros profissionais, não são impenetráveis à investigação de crimes. Entretanto, consignou-se que os documentos, as mídias e os objetos pertencentes a clientes do advogado averiguado, bem como dos demais instrumentos de trabalho que contenham informações sobre clientes somente poderão ser utilizados caso ele esteja sendo formalmente investigado como partícipe ou coautor pela prática do mesmo crime que deu causa à quebra de inviolabilidade (§ 7° do art. 7° da Lei n. 8.906/1994). In casu, o paciente não estava sendo formalmente investigado e o crime ora apurado não guardava relação com o crime que originou a cautelar de busca e apreensão (estelionato judiciário). Assim, a Turma concedeu em parte a ordem para afastar do inquérito policial instaurado contra o paciente a utilização dos documentos obtidos por meio da busca e apreensão no escritório de seu advogado. Precedente citado: HC 149.008-PR, DJe 9/8/2010. **HC 227.799-RS, Rel. Min. Sebastião Reis Júnior, julgado em 10/4/2012. (Inform. STJ 495)**

TESTEMUNHAS. INQUIRIÇÃO. JUIZ. DEPOIMENTO POLICIAL. LEITURA. RATIFICAÇÃO.
A discussão diz respeito à maneira pela qual o magistrado efetuou a oitiva de testemunhas de acusação, ou seja, a forma como a prova ingressou nos autos. Na espécie, o juiz leu os depoimentos prestados perante a autoridade policial, indagando, em seguida, das testemunhas se elas ratificavam tais declarações. O tribunal a quo afastou a ocorrência de nulidade, por entender que a defesa encontrava-se presente na audiência na qual teve oportunidade para formular perguntas para as testemunhas. Nesse panorama, destacou a Min. Relatora que, segundo a inteligência do art. 203 do CPP, o depoimento da testemunha ingressa nos autos de maneira oral. Outrossim, frisou que, desse comando, retiram-se, em especial, duas diretrizes. A primeira, ligada ao relato, que será oral, reforçado, inclusive, pelo art. 204 do CPP. A segunda refere-se ao filtro de fidedignidade, ou seja, ao modo pelo qual a prova ingressa nos autos. Dessa forma, ressaltou que a produção da prova testemunhal, por ser complexa, envolve não só o fornecimento do relato oral, mas também o filtro de credibilidade das informações apresentadas. In casu, tal peculiaridade foi maculada pelo modo como empreendida a instrução, na medida em que o depoimento policial foi chancelado como judicial com uma simples confirmação, não havendo como, dessa maneira, aferir sua credibilidade. Assim, concluiu não se mostrar lícita a mera leitura do magistrado das declarações prestadas na fase inquisitória, para que a testemunha, em seguida, ratifique-a. Com essas, entre outras considerações, a Turma, prosseguindo o julgamento, concedeu a ordem para anular a ação penal a partir da audiência de testemunhas de acusação, a fim de que seja refeita a colheita da prova testemunhal, mediante a regular realização das oitivas, com a efetiva tomada de depoimento, sem a mera reiteração das declarações prestadas perante a autoridade policial. Precedentes citados do STF: HC 75.652- MG, DJ 19/12/1997, e HC 54.161-RJ, DJ 22/4/1976. **HC 183.696-ES, Rel. Min. Maria Thereza de Assis Moura, julgado em 14/2/2012. (Inform. STJ 491)**

HOMICÍDIO QUALIFICADO. PRONÚNCIA. FALTA DE MATERIALIDADE. AUSÊNCIA DO CORPO DA SUPOSTA VÍTIMA.
Trata-se, na origem, de recurso em sentido estrito no qual o tribunal a quo entendeu existirem outras provas que demonstrariam a materialidade do crime, indicando a confissão do paciente e depoimentos testemunhais. A Turma negou a ordem ao entender que, nos termos do art. 167 do CPP, a prova testemunhal pode suprir a falta do exame de corpo de delito, caso desaparecidos os vestígios. O STJ já decidiu que tal situação se aplica, inclusive, aos casos de homicídio, se ocultado o corpo da vítima. Diante desse contexto, não se mostra possível avaliar profundamente as provas carreadas aos autos para concluir de modo diverso. Ademais, caberá aos jurados competentes a análise detida dos elementos de convicção carreados, por ocasião do julgamento pelo tribunal do júri, mostrando-se prematuro o trancamento do feito. Precedentes citados: HC 110.642-ES, DJe 6/4/2009; HC 79.735-RJ, DJ 3/12/2007; HC 205.763-PR, DJe 22/8/2011, e HC 204.733-RJ, DJe 25/8/2011. **HC 170.507-SP, Rel. Min. Maria Thereza de Assis Moura, julgado em 16/2/2012. (Inform. STJ 491)**

DIREITO PROCESSUAL PENAL. BUSCA EM INTERIOR DE VEÍCULO. PRESCINDIBILIDADE DE MANDADO JUDICIAL.
Prescinde de mandado judicial a busca por objetos em interior de veículo de propriedade do investigado fundada no receio de que a pessoa esteja na posse de material que possa constituir corpo de delito, salvo nos casos em que o veículo é utilizado para moradia, como é o caso de cabines de caminhão, barcos, trailers. Isso porque, nos termos do art. 244 do CPP, a busca nessa situação equipara-se à busca pessoal. **HC 216.437-DF, Rel. Min. Sebastião Reis Júnior, julgado em 20/9/2012. (Inform. STJ 505)**

6. SUJEITOS PROCESSUAIS

Procedimento administrativo disciplinar e impedimento jurisdicional
A 1ª Turma iniciou julgamento de "habeas corpus" em que se discute nulidade processual por suposto impedimento de desembargador integrante de órgão especial de tribunal, que julgara procedimento administrativo disciplinar contra magistrada. No caso, o mesmo fato teria sido apreciado, primeiramente, sob o ângulo administrativo e, posteriormente, sob o criminal. Inicialmente, indeferiu-se, por maioria, questão de ordem suscitada pelo Ministro Marco Aurélio, no sentido de que a matéria fosse submetida ao Plenário, em razão da competência fixada no art. 102, I, n, da CF. Na sequência, a Turma, também por votação majoritária, admitiu a impetração. Vencido o Ministro Roberto Barroso, que não conhecia do "writ" por não vislumbrar situação a envolver o direito de ir e vir. No Mérito, o Ministro Dias Toffoli (relator) denegou a ordem, no que foi acompanhado pelo Ministro Luiz Fux. Afirmou que o rol do art. 252 do CPP seria taxativo e deveria ser interpretado restritivamente ("Art. 252. O juiz não poderá exercer jurisdição no processo em que: I - tiver funcionado seu cônjuge ou parente, consangüíneo ou afim, em linha reta ou colateral até o terceiro grau, inclusive, como defensor ou advogado, órgão do Ministério Público, autoridade policial, auxiliar da justiça ou perito; II - ele próprio houver desempenhado qualquer dessas funções ou servido como testemunha; III - tiver funcionado como juiz de outra instância, pronunciando-se, de fato ou de direito, sobre a questão; IV - ele próprio ou seu cônjuge ou parente, consanguíneo ou afim em linha reta ou colateral até o terceiro grau, inclusive, for parte ou diretamente interessado no feito"). Explicitou que o inciso III do referido dispositivo trataria de instância judicial. Mencionou que o julgador — mesmo que tivesse tido contato com provas ou analisado a circunstância sob a perspectiva do processo administrativo ou civil — poderia e deveria se ausentar de si mesmo para julgar. Enfatizou que esse primeiro contato não contaminaria uma análise jurisdicional posterior, na qual seria aplicado outro arcabouço jurídico com ampla defesa e contraditório. Em divergência, a Ministra Rosa Weber concedeu a ordem. Consignou que o processo seria instrumento informado pelos mesmos princípios que animariam o direito material que ele veicularia. Observou que haveria nulidade em decorrência do impedimento, cuja razão de ser diria respeito à presunção absoluta de que, por ter conhecido os fatos sob outra ótica, o julgador não deveria participar de um juízo condenatório com relação aos mesmos fatos. Em seguida, pediu vista o Ministro Roberto Barroso. HC 120017/SP, rel. Min. Dias Toffoli, 9.4.2014. (HC-120017) (Inform. STF 742)

Impedimento e nulidade
A 1ª Turma, por maioria, denegou habeas corpus em que se alegava nulidade processual em razão da participação de magistrada impedida no julgamento de recurso interposto pelo paciente. No caso, desembargadora convocada participara de julgamento no STJ, apesar de haver proferido voto vogal em órgão judicante de 2º grau de jurisdição. Reputou-se não ocorrer prejuízo, sobretudo porque nesse órgão — composto por dez membros — a decisão teria sido unânime. Assim, não haveria alteração no julgamento, caso se desconsiderasse a presença da magistrada. Consignou-se que se tornaria inútil o pronunciamento de nulidade quando a exclusão do voto de Ministro impedido não modificasse o resultado do julgamento. Vencido o Ministro Marco Aurélio, que concedia a ordem para reconhecer a nulidade. Salientava que o prejuízo seria ínsito à participação

indevida. Pontuava que, relativamente ao mesmo processo, não seria possível pronunciar-se como desembargadora em tribunal de justiça e como desembargadora convocada no STJ. HC 116715/SE, rel. Min. Rosa Weber, 5.11.2013. (HC-116715) (Inform. STF 727)

EMENTA: "*Habeas corpus*". **Terceiro interveniente** que se opõe, **na condição** de assistente do Ministério Público, **à concessão** do "writ" constitucional. **Inadmissibilidade. Ausência de legitimação** para interpor recurso extraordinário **contra** acórdão **concessivo** de "habeas corpus". **Súmula 208/STF. Legitimação** do assistente do Ministério Público para intervir **somente** nos processos penais de natureza condenatória. **Caráter estrito** dos poderes processuais **outorgados** ao assistente do Ministério Público pelo ordenamento positivo. **Doutrina. Precedentes.** Recurso extraordinário **não** conhecido. RE 700853/AM, Min. Celso de Mello, J. em 21.06.2013 (Inform. STF 718)

HC N. 114.690-SP
RELATORA: MIN. ROSA WEBER
EMENTA: *HABEAS CORPUS*. SUBSTITUTIVO DO RECURSO CONSTITUCIONAL. INADEQUAÇÃO DA VIA ELEITA. CORRUPÇÃO PASSIVA. OITIVA DE MEMBRO DO *PARQUET* COMO TESTEMUNHA. AUSÊNCIA DE NULIDADE. CONDENAÇÃO EMBASADA EXCLUSIVAMENTE EM ELEMENTOS DO INQUÉRITO. INOCORRÊNCIA. PROVAS PRODUZIDAS EM JUÍZO. CERCEAMENTO DE DEFESA NÃO CONFIGURADO. DEFESA TÉCNICA ASSEGURADA E DEMONSTRADA. AUSÊNCIA DE PREJUÍZO.
1. Contra a denegação de *habeas corpus* por Tribunal Superior prevê a Constituição Federal remédio jurídico expresso, o recurso ordinário. Diante da dicção do art. 102, II, "a", da Constituição da República, a impetração de novo *habeas corpus* em caráter substitutivo escamoteia o instituto recursal próprio, em manifesta burla do preceito constitucional.
2. O Promotor de Justiça ouvido como testemunha não foi o mesmo que ofereceu a denúncia e atuou no processo, não existindo qualquer impedimento nos termos do art. 252, II, do CPP. A exclusão desse depoimento, por si só, não acarretaria a absolvição do paciente, ante a existência de outras provas.
3. Não há falar em condenação apenas com base em elementos inquisitoriais se da leitura da sentença e do acórdão verifica-se que foram produzidas em juízo, sob o pálio do contraditório e da ampla defesa, provas documentais e ouvidas outras testemunhas, formando o conjunto probatório que culminou no édito condenatório.
4. A descrição da conduta do causídico que defendeu o paciente durante a ação penal no acórdão estadual não autoriza concluir que houve deficiência de defesa.
4. *Habeas corpus* extinto sem resolução do mérito. (Inform. STF 712)

Atuação de juiz e imparcialidade - 1
Em conclusão, a 1ª Turma, por maioria, denegou habeas corpus em que se discutia a atuação de magistrado federal em feito mediante o qual imputada ao paciente a prática de crimes contra o Sistema Financeiro Nacional. Pleiteava-se, também, a anulação dos autos. Na espécie, a defesa interpusera exceção de suspeição, sucessivamente rejeitada pelo magistrado, e julgada improcedente por tribunal. Preponderou o voto do Min. Gilmar Mendes. Afirmou que o exame da alegada suspeição/impedimento do juiz não reclamaria, nos termos em que veiculada a pretensão, revolvimento de acervo fático-probatório. Ademais, sublinhou não se colocar em causa comportamento ou fatos estranhos ao feito, mas, propriamente, fatos e atos processuais consubstanciados em decisões formais que, segundo a impetração, estariam impregnadas de subjetivismo e falta de impessoalidade. Inferiu, então, que o tema cingir-se-ia a verificar se o conjunto de decisões revelaria atuação parcial do magistrado. Considerou evidenciados excessos do juiz no exercício dos poderes legais, a mostrar acentuada preocupação em dar concretude em suas decisões, independentemente de eventual censura recursal. Avaliou que, no entanto, não seria possível confundir excessos com parcialidade. Manifestou-se pela possibilidade de se caracterizar infração disciplinar, no caso, e não o afastamento do juiz do processo. Determinou o envio de ofício à Corregedoria e ao CNJ com cópia do acórdão deste julgamento.
HC 95518/PR, rel. orig. Min. Eros Grau, red. p/ o acórdão Min. Gilmar Mendes, 28.5.2013. (HC-95518)

Atuação de juiz e imparcialidade - 2
Ato contínuo, enfatizou inexistir usurpação de atribuição do Ministério Público na suplementação, de ofício, de medidas cautelares. Assinalou que o magistrado teria agido em conformidade com o poder geral de cautela a elas inerente, consoante extrair-se-ia dos §§ 3º e 4º do art. 135 do CPP ("Art. 135. Pedida a especialização mediante requerimento, em que a parte estimará o valor da responsabilidade civil, e designará e estimará o imóvel ou imóveis que terão de ficar especialmente hipotecados, o juiz mandará logo proceder ao arbitramento do valor da responsabilidade e à avaliação do imóvel ou imóveis. ... § 3º O juiz, ouvidas as partes no prazo de dois dias, que correrá em cartório, poderá corrigir o arbitramento do valor da responsabilidade, se lhe parecer excessivo ou deficiente. § 4º O juiz autorizará somente a inscrição da hipoteca do imóvel ou imóveis necessários à garantia da responsabilidade").
HC 95518/PR, rel. orig. Min. Eros Grau, red. p/ o acórdão Min. Gilmar Mendes, 28.5.2013. (HC-95518)

Atuação de juiz e imparcialidade - 3
No que se refere a sucessivos decretos de prisão e a censura de alguns comportamentos referidos pelos impetrantes – demora na expedição de alvará de soltura, cumprimento de decreto prisional em audiência, autorização para obtenção de informações de voos dos advogados –, acentuou que os atos foram impugnados e muitos foram revistos pelas instâncias superiores. Aduziu que, não obstante a excepcionalidade de que se deveria revestir o ato de constrição de liberdade e, com maior razão, a reiteração de decretos prisionais, seria antiga a jurisprudência do STF a admitir a prisão, desde que devidamente motivada. Enfatizou que o sistema processual teria funcionado em sua plenitude, a permitir a ampla defesa. Explicitou que o conjunto de decisões desfavoráveis, por si só, não poderia conduzir ao afastamento do juiz quando não demonstrada a subsunção das hipóteses legais de impedimento ou suspeição. O Min. Eros Grau denegou o writ, mas por fundamento distinto. Reputou que conclusão diversa das instâncias precedentes implicaria análise de acervo fático-probatório. Vencido o Min. Celso de Mello, que deferia o pedido e invalidava o feito. Observava que todo o procedimento penal contaminar-se-ia de maneira irremediável quando presente o vício de nulidade desde o início, a partir da atuação de magistrado de primeiro grau.
HC 95518/PR, rel. orig. Min. Eros Grau, red. p/ o acórdão Min. Gilmar Mendes, 28.5.2013. (HC-95518) (Inform. STF 708)

Impedimento de magistrado e juízo de admissibilidade
As hipóteses de impedimento previstas no art. 252 do CPP constituem rol taxativo. Ao reafirmar essa orientação, a 2ª Turma indeferiu *habeas corpus* em que se sustentava o impedimento de juiz federal que participara de julgamento de mérito de ação penal originária no órgão especial e, posteriormente, na condição de vice-presidente de tribunal regional federal, negara seguimento a recursos extraordinário e especial interpostos pelo paciente. Reputou-se não haver ilegalidade derivada do juízo de admissibilidade dos aludidos recursos excepcionais realizado pelo mesmo magistrado que presidira a sessão e proferira voto pela condenação do ora paciente, uma vez que teria se limitado a cumprir norma regimental ao verificar os requisitos de admissibilidade dos recursos manejados, o que não se confundiria com a natureza da análise de mérito efetuada no julgamento da ação originária pela Corte regional. HC 94089/SP, rel. Min. Ayres Britto, 14.2.2012. (HC-94089) (Inform. STF 655)

4. DIREITO PROCESSUAL PENAL

DIREITO PROCESSUAL PENAL. DIREITO À RÉPLICA DO ASSISTENTE DA ACUSAÇÃO.
O assistente da acusação tem direito à réplica, ainda que o MP tenha anuído à tese de legítima defesa do réu e declinado do direito de replicar. Isso porque o CPP garante ao assistente da acusação esse direito. Efetivamente, de acordo com o art. 271 do CPP, ao assistente da acusação será permitido "participar do debate oral", e, conforme o art. 473 do CPP, "o acusador poderá replicar". **REsp 1.343.402-SP, Rel. Min. Laurita Vaz, julgado em 21/8/2014. (Inform. STJ 546)**

DIREITO PROCESSUAL PENAL. VALOR MÍNIMO DOS HONORÁRIOS ADVOCATÍCIOS ARBITRADOS EM FAVOR DO DEFENSOR DATIVO.
O arbitramento judicial dos honorários advocatícios ao defensor dativo nomeado para oficiar em processos criminais deve observar os valores mínimos estabelecidos na tabela da OAB, considerados o grau de zelo do profissional e a dificuldade da causa como parâmetros norteadores do *quantum*. Precedentes citados: AgRg no REsp 1.350.442-ES, Quinta Turma, DJe 1/2/2013; AgRg no REsp 999.078-AL, Sexta Turma, DJe 14/10/2013; e AgRg no REsp 1.370.209-ES, Segunda Turma, DJe 14/6/2013. **REsp 1.377.798-ES, Rel. Min. Rogerio Schietti Cruz, julgado em 19/8/2014. (Inform. STJ 545)**

DIREITO ADMINISTRATIVO. OBRIGATORIEDADE DE O JUIZ REMETER CÓPIAS DOS AUTOS AO MP QUANDO VERIFICAR A EXISTÊNCIA DE INDÍCIOS DE CRIME.
A abertura de vista ao Ministério Público para eventual instauração de procedimento criminal, após a verificação nos autos, pelo magistrado, da existência de indícios de crime de ação penal pública, não é suficiente ao cumprimento do disposto no art. 40 do CPP. Isso porque o referido artigo impõe ao magistrado, nessa hipótese, o dever de remeter ao Ministério Público as cópias e os documentos necessários ao oferecimento da denúncia, não podendo o Estado-juiz se eximir da obrigação por se tratar de ato de ofício a ele imposto pela lei. Precedente citado: HC 20.948-BA, Quinta Turma, DJ 26/9/2005. **REsp 1.360.534-RS, Rel. Min. Humberto Martins, julgado em 7/3/2013. (Inform. STJ 519)**

DIREITO PROCESSUAL PENAL. IMPEDIMENTO DE MAGISTRADO. PRONUNCIAMENTO ANTERIOR EM OUTRA INSTÂNCIA.
O impedimento previsto no art. 252, III, do CPP, refere-se à hipótese do magistrado ter funcionado como juiz de outra instância, de modo que não se enquadra a situação na qual o julgador acumula, no mesmo juízo, jurisdição cível e criminal. O referido impedimento busca evitar ofensa ao duplo grau de jurisdição, que ocorreria caso o magistrado sentenciante participasse do julgamento do mesmo feito em outra instância. Assim, o impedimento, quando presente, ocorre dentro do mesmo processo, não o configurando a simples circunstância de o magistrado ter se pronunciado sobre os mesmos fatos em esferas jurídicas distintas, tal como no caso de decisão em ação civil pública e, posteriormente, em ação penal. Precedentes citados do STF: HC 73.099-SP, DJ 17/5/1996; do STJ: REsp 1.177.612-SP, DJe 17/10/2011, e HC 131.792-SP, DJe 6/12/2011. **REsp 1.288.285-SP, Rel. Min. Campos Marques (Desembargador-convocado do TJ-PR), julgado em 27/11/2012. (Inform. STJ 510)**

DESEMBARGADOR SUSPEITO. VOTAÇÃO EM ÓRGÃO ESPECIAL.
Não há nulidade no julgamento realizado pelo órgão especial do Tribunal de Justiça, composto de vinte e quatro desembargadores, apesar de um deles ter declarado a sua suspeição e, mesmo assim, ter participado da votação. Tendo em vista que apenas dois desembargadores foram contrários ao recebimento da denúncia contra a promotora de justiça, deve-se entender que a efetiva participação do magistrado suspeito não influenciou no resultado do julgamento, circunstância que, nos termos da jurisprudência deste Superior Tribunal, afasta a alegação de nulidade. Também não pode ser declarada a nulidade da ação penal por ilicitude das escutas telefônicas realizadas em outro processo, que julgava terceira pessoa, sob a alegação da incompetência do magistrado que autorizou a produção da prova, com base na prerrogativa de função da paciente, pois se trata de prova emprestada, resultante do encontro fortuito, submetida ao crivo do contraditório e da ampla defesa no processo em que a paciente figura como denunciada. Precedente citado: HC 130.990-RJ, DJe 22/2/2010. **HC 227.263-RJ, Rel. Min. Vasco Della Giustina (Desembargador convocado do TJ-RS), julgado em 27/3/2012. (Inform. STJ 494)**

▣ Súmula STF nº 210
O assistente do ministério público pode recorrer, inclusive extraordinariamente, na ação penal, nos casos dos arts. 584, § 1º, e 598 do Código de Processo Penal.

▣ Súmula STF nº 208
O assistente do ministério público não pode recorrer, extraordinariamente, de decisão concessiva de "habeas corpus".

▣ Súmula STJ nº 234
A participação de membro do Ministério Público na fase investigatória criminal não acarreta o seu impedimento ou suspeição para o oferecimento da denúncia.

7. CITAÇÃO, INTIMAÇÃO E PRAZOS

HC N. 115.524-BA
RELATOR: MIN. GILMAR MENDES
Habeas corpus. 2. Homicídio duplamente qualificado. Pronúncia. Recurso especial inadmitido. Interposição de agravo de instrumento. 3. Autos retirados do cartório pelo advogado do outro corréu. Pedido de devolução do prazo indeferido. 4. A Secretaria da Corte estadual desconsiderou o prazo comum para as partes. Injusto obstáculo imputável ao aparelho judiciário. 5. Ordem concedida para determinar a devolução do prazo à defesa para interposição do agravo de instrumento contra a decisão que inadmitiu o recurso especial. (Inform. STF 743)

Diário da Justiça eletrônico e disponibilização
A 1ª Turma denegou *habeas corpus* em que se sustentava a tempestividade de agravo regimental interposto no STJ, ao argumento de que aquela Corte teria antecipado o *dies a quo* do prazo recursal, o que afrontaria a Lei 11.419/2006 (*Art. 4º ... § 4º. Os prazos processuais terão início no primeiro dia útil que seguir ao considerado como data da publicação*). A Turma asseverou que a expressão *disponibilização* contida no § 3º do art. 4º da Lei 11.419/2006 (§ 3º. *Considera-se como data da publicação o primeiro dia útil seguinte ao da disponibilização da informação no Diário da Justiça eletrônico*) indicaria a data em que o ato fora divulgado às partes no Diário da Justiça eletrônico. Destacou que o sítio do STJ permitiria pesquisa pela data de publicação e pela data de disponibilização. Apontou que a decisão questionada fora disponibilizada no DJe de 24.9.2013 e publicada em 25.9.2013 (terça-feira). Aduziu que o prazo recursal de cinco dias começara a transcorrer em 26.9.2013 (quarta-feira) e cessara em 30.9.2013 (segunda-feira), sendo o agravo protocolizado em 1º.10.2013 intempestivo.
HC 120478/SP, rel. Min. Roberto Barroso, 11.3.2014. (HC-120478) (Inform. STF 738)

VIGÉSIMO TERCEIRO AG. REG. NA AP N. 470-MG
RELATOR: MIN. JOAQUIM BARBOSA
EMENTA: AÇÃO PENAL. AGRAVO REGIMENTAL. PLURALIDADE DE RÉUS COM DIFERENTES DEFENSORES. DOBRA DO PRAZO PARA EMBARGOS DE DECLARAÇÃO. PROVIMENTO PARCIAL.
O Pleno do Supremo Tribunal Federal, ao julgar o 22º agravo regimental, concedeu prazo em dobro (dez dias) para a oposição de embargos de declaração contra acórdão proferido na ação penal 470.
Provimento parcial do recurso, para aplicar o mesmo entendimento ao agravante, à acusação e aos demais corréus (art. 580 do Código de Processo Penal). (Inform. STF 732)

VIGÉSIMO QUARTO AG. REG. NA AP N. 470-MG
RELATOR: MIN. JOAQUIM BARBOSA
EMENTA: AÇÃO PENAL. AGRAVO REGIMENTAL. PLURALIDADE DE RÉUS COM DIFERENTES DEFENSORES. DOBRA DO PRAZO PARA EMBARGOS DE DECLARAÇÃO. PROVIMENTO PARCIAL.
O Pleno do Supremo Tribunal Federal, ao julgar o 22º agravo regimental, concedeu prazo em dobro (dez dias) para a oposição de embargos de declaração contra acórdão proferido na ação penal 470.
Provimento parcial do recurso, para aplicar o mesmo entendimento ao agravante, à acusação e aos demais corréus (art. 580 do Código de Processo Penal). (Inform. STF 730)

EMB. DECL. NO HC N. 105.897-SP
RELATOR: MIN. LUIZ FUX
EMBARGOS DE DECLARAÇÃO NO *HABEAS CORPUS*. ALEGAÇÃO DE NULIDADE. AUSÊNCIA DE INTIMAÇÃO PRÉVIA DA DEFESA PARA A SESSÃO DE JULGAMENTO. PEDIDO FORMULADO EXPRESSAMENTE NOS AUTOS PARA REALIZAÇÃO DE SUSTENTAÇÃO ORAL. NULIDADE RECONHECIDA. PRECEDENTES. EMBARGOS PROVIDOS PARA DETERMINAR A REALIZAÇÃO DE OUTRO JULGAMENTO COM A CIÊNCIA PRÉVIA DOS IMPETRANTES.
1. A intimação da defesa para a sessão de julgamento, havendo pedido expresso nos autos para sustentar oralmente, é de rigor sob pena de constituir nulidade absoluta do julgado. Precedentes: HC 99.929-QO/SP, Rel. Min. Eros Grau, Segunda Turma, DJe 4/6/2010 e RHC 110.622-ED/DF, Rel. Min. Dias Toffoli, Primeira Turma, DJe 23/12/2012.
2. *In casu*, a defesa do paciente formulou expressamente pedido nos autos para que fosse intimada da data da sessão de julgamento do *habeas corpus*, contudo a intimação foi encaminhada para endereço diverso do informado na petição inicial, frustrando, por consequência, a ciência dos impetrantes para exercerem o direito de sustentar oralmente.
3. Embargos de declaração providos para anular o julgamento do *writ* ocorrido em 13/9/2011, a fim de que outro se realize com a prévia intimação dos impetrantes.
4. Autos remetidos ao gabinete do Ministro Relator originário deste *habeas corpus*. (Inform. STF 718)

HC N. 114.094-SP
RELATORA: MIN. ROSA WEBER
EMENTA: DIREITO PENAL. *HABEAS CORPUS*. SUBSTITUTIVO DO RECURSO CONSTITUCIONAL. INADEQUAÇÃO DA VIA ELEITA. ESTELIONATO. CITAÇÃO POR EDITAL. REGULARIDADE DO ATO. ACUSADA NÃO LOCALIZADA PARA CITAÇÃO PESSOAL.
1. Contra a denegação de *habeas corpus* por Tribunal Superior prevê a Constituição Federal remédio jurídico expresso, o recurso ordinário. Diante da dicção do art. 102, II, a, da Constituição da República, a impetração de novo *habeas corpus* – ação constitucional de tutela à liberdade de locomoção –, em caráter substitutivo escamoteia o instituto recursal próprio, em manifesta burla ao preceito constitucional.
2. A citação por edital demanda o esgotamento dos meios usuais de chamamento pessoal do denunciado para responder à acusação.
3. Inviável reconhecer a nulidade da citação por edital, quando precedidas pelas providências necessárias à citação pessoal da paciente, em todos os endereços constantes dos autos, sem sucesso.
4. *Habeas corpus* extinto sem resolução do mérito. (Inform. STF 715)

RHC N. 113.852-SP
RELATOR: MIN. MARCO AURÉLIO
HABEAS CORPUS – JULGAMENTO POR TRIBUNAL SUPERIOR – IMPUGNAÇÃO. Conforme disposto no artigo 102, inciso II, alínea "a", da Constituição Federal, contra decisão, proferida em processo revelador de habeas corpus, a implicar a não concessão da ordem, cabível é o recurso ordinário. Evolução quanto à admissibilidade do substitutivo do habeas corpus.
DEFENSOR DATIVO – INTIMAÇÃO FICTA – IMPROPRIEDADE – ORDEM IMPLEMENTADA DE OFÍCIO. A teor do arcabouço normativo, cumpre intimar pessoalmente quer o defensor público, quer aquele que lhe faça as vezes, ou seja, o dativo – Habeas Corpus nº 111.976, da relatoria do ministro Ricardo Lewandowski, Segunda Turma, e Habeas Corpus nº 110.656, da relatoria do ministro Ayres Britto, Segunda Turma. (Inform. STF 706)

Defensoria Pública e termo de intimação
A intimação da Defensoria Pública se aperfeiçoa com o recebimento dos autos na instituição. Com base nessa orientação, a 1ª Turma negou provimento a recurso ordinário em habeas corpus em que se discutia a tempestividade de apelação. No caso, o recorrente e outro denunciado foram representados por defensores públicos diversos, tendo em vista a adoção de teses defensivas colidentes. Proferida a sentença, os autos foram recebidos na Defensoria Pública e remetidos ao defensor do outro codenunciado. Reputou-se que o Poder Judiciário não poderia interferir ou imiscuir-se na distribuição dos autos no âmbito da Defensoria.
RHC 116061/ES, rel. Min. Rosa Weber, 23.4.2013. (RHC-116061) (Inform. STF 703)

AP 470/MG: litisconsórcio multitudinário e prazo recursal - 1
O Plenário, por maioria, deu parcial provimento a agravo regimental interposto contra decisão do Min. Joaquim Barbosa, proferida em ação penal da qual relator, em que indeferira pleito da defesa. Neste, pretendia-se que os votos da referida ação fossem disponibilizados, bem como que houvesse intervalo de 20 dias entre essa disponibilização e a publicação do acórdão decisório. Alternativamente, requeria-se dilação para 30 dias dos prazos para quaisquer recursos cabíveis. Concedeu-se prazo em dobro, a totalizar 10 dias, para a oposição de embargos declaratórios, reconhecida a aplicação do art. 191 do CPC ("Quando os litisconsortes tiverem diferentes procuradores, ser-lhes-ão contados em dobro os prazos para contestar, para recorrer e, de modo geral, para falar nos autos"), combinado com o art. 3º do CPP ("A lei processual penal admitirá interpretação extensiva e aplicação analógica, bem como o suplemento dos princípios gerais de direito"). Deliberou-se, ainda, estender ao Ministério Público o mesmo prazo de 10 dias para impugnar eventual oposição de embargos com efeitos modificativos. Conferiu-se eficácia extensiva dessa decisão aos demais réus que não formularam o pedido, nos termos do art. 580 do CPP.
AP 470 Vigésimo Segundo AgR/MG, rel. orig. Min. Joaquim Barbosa, red. p/ o acórdão Min. Teori Zavascki, 17.4.2013. (AP-470)

AP 470/MG: litisconsórcio multitudinário e prazo recursal - 2
Prevaleceu o voto do Min. Teori Zavascki. De início, anotou que a regra inscrita no CPP preveria prazo de 2 dias para a oposição de embargos declaratórios (art. 619). Entretanto, haveria disposição no Regimento Interno do Supremo Tribunal

Federal - RISTF no sentido de que o prazo seria de 5 dias para essa espécie recursal (art. 337, § 1°), o mesmo previsto no CPC (art. 536). Asseverou não haver previsão explícita, entretanto, no que diz respeito a litisconsórcio. Lembrou que a espécie trataria de litisconsórcio passivo multitudinário, com procuradores distintos, de modo que seria razoável a aplicação da regra do art. 191 do CPC. O Min. Celso de Mello destacou precedentes da Corte no sentido de validar a possibilidade da contagem em dobro de prazo recursal para defensores públicos. Frisou não se tratar de construção casuística de prazo especial, mas de entendimento apoiado em critério de ordem jurídica, objetiva e impessoal, aplicável a outras situações em que houvesse formação litisconsorcial passiva multitudinária. Explicou que a norma regimental em comento teria sido editada sob a égide da CF/69, quando o STF era investido de competência para legislar materialmente em tema próprio de sua competência originária. Assim, as regras da Corte a consubstanciar normas materialmente legislativas teriam sido recebidas pela ordem constitucional vigente com força, autoridade e eficácia de lei. Sublinhou que o prazo de 2 dias, previsto no CPP, não seria aplicável aos casos do STF, portanto. Salientou ser incoerente admitir-se a duplicação de prazo recursal no âmbito do processo civil – onde não estaria em jogo a liberdade – e não fazê-lo em sede processual penal. Invocou, ainda, o princípio da paridade de armas, a implicar a duplicação do prazo recursal ao órgão acusador, inclusive, para a hipótese de embargos de declaração com efeito infringente. O Min. Luiz Fux considerou haver omissão – para as situações de litisconsórcio – no CPP e no RISTF. Reputou que, em matéria recursal, o princípio maior seria o que evitasse a prodigalidade e infirmasse a duração razoável dos processos. Destacou que, dada a excepcionalidade da espécie, a Corte já decidira pela flexibilização do período para sustentação oral.
AP 470 Vigésimo Segundo AgR/MG, rel. orig. Min. Joaquim Barbosa, red. p/ o acórdão Min. Teori Zavascki, 17.4.2013. (AP-470)

AP 470/MG: litisconsórcio multitudinário e prazo recursal - 3
Vencidos os Ministros Joaquim Barbosa, relator e Presidente, e Marco Aurélio. O Presidente negava provimento ao agravo. Fundamentava que os votos teriam sido amplamente divulgados durante o julgamento e que o conteúdo do acórdão, embora não divulgado, seria de conhecimento de todos, o que permitiria a preparação de eventual recurso pelos interessados. Ademais, o prazo recursal previsto no RISTF seria mais benéfico à defesa do que aquele disposto no CPP. O Min. Marco Aurélio, por sua vez, dava provimento ao recurso, em parte, mas em maior extensão. Aludia ao § 7° do art. 96 do RISTF ("O Relator sorteado ou o Relator para o acórdão poderá autorizar, antes da publicação, a divulgação, em texto ou áudio, do teor do julgamento") como um direito da defesa e firmava a publicidade como tônica da Administração. Além do prazo recursal em dobro, implementava intervalo de 20 dias entre o acesso das partes aos votos e a publicação do acórdão.
AP 470 Vigésimo Segundo AgR/MG, rel. orig. Min. Joaquim Barbosa, red. p/ o acórdão Min. Teori Zavascki, 17.4.2013. (AP-470)

AP 470/MG: litisconsórcio multitudinário e legitimidade recursal
O Plenário, por maioria, negou provimento a agravo regimental interposto de decisão proferida pelo Min. Joaquim Barbosa, Presidente, nos autos de ação cautelar da qual relator. Na cautelar, condenado nos autos da AP 470/MG pretendia conferir efeito suspensivo a agravo regimental por ele interposto na ação penal, de decisão em que indeferido pedido de divulgação dos votos escritos antes da publicação do acórdão. Requeria, também, a concessão de intervalo razoável entre a disponibilização dos votos e a publicação do acórdão, tendo em vista a suposta complexidade do feito e a exiguidade do prazo para oposição de embargos. O Relator, entretanto, negara seguimento à ação cautelar, o que ensejara o presente agravo regimental apresentado por corréu. Preliminarmente, assentou-se a ilegitimidade do

ora agravante, porquanto questionaria decisão proferida em ação cautelar proposta por outro condenado na mesma ação penal. No mérito, frisou-se que o pleito de fixação de "prazo razoável" configuraria inovação indevida, pois o recurso de agravo não poderia ir além do pedido que ensejara a decisão agravada. Ademais, o ajuizamento de ação cautelar com a finalidade de conferir efeito suspensivo a agravo regimental seria excepcional, a demandar periculum in mora e fumus boni iuris. No caso, o objeto da ação cautelar não seria plausível. Pretender-se-ia a manipulação de prazo processual legalmente previsto. Sucede que o hipotético acolhimento do pleito de divulgação dos votos, com antecedência razoável, ampliaria o prazo para a oposição de embargos declaratórios indefinidamente. Asseverou-se, ainda, que os votos proferidos quando do julgamento da AP 470/MG teriam sido amplamente divulgados durante as sessões plenárias. Vencido o Min. Marco Aurélio, que provia o agravo. Reconhecia a legitimidade do agravante para recorrer, embora não fosse autor da cautelar, uma vez se tratar de condenados em idêntica situação, conforme o art. 580 do CPP. Além disso, considerava não haver inovação indevida, pois o segundo pedido estaria compreendido no primeiro.
AC 3348 AgR/DF, rel. Min. Joaquim Barbosa, 17.4.2013. (AC-3348) (Inform. STF 702)

Produção antecipada de provas e fundamentação - 1
A 2ª Turma denegou *habeas corpus* em que se pleiteava a nulidade de produção antecipada de prova testemunhal, em face de alegada ausência de fundamentação válida da decisão que a teria determinado sem indicação da necessária urgência. Na espécie, denunciado pela suposta prática de furto qualificado pelo concurso de agentes (CP, art. 155, § 4°, IV), depois de citado por edital, não constituíra defensor nem manifestara resposta. Por sua vez, o corréu, citado pessoalmente, apresentara defesa. O juízo de origem, a seu turno, designara audiência de instrução e julgamento, consignando que o ato, em relação ao paciente, constituiria realização antecipada de provas nos termos do art. 366 do CPP ("*Se o acusado, citado por edital, não comparecer, nem constituir advogado, ficarão suspensos o processo e o curso do prazo prescricional, podendo o juiz determinar a produção antecipada das provas consideradas urgentes e, se for o caso, decretar prisão preventiva, nos termos do disposto no art. 312*"). HC 110280/MG, rel. Min. Gilmar Mendes, 7.8.2012. (HC-110280)

Produção antecipada de provas e fundamentação - 2
Assinalou-se que, na situação vertente, o adiantamento daquela prova configurar-se-ia medida necessária em virtude da possibilidade concreta de perecimento (fato teria ocorrido em 2008). Aduziu-se que, além disso, a prova fora efetuada durante audiência de instrução e julgamento de corréu, na presença da Defensoria Pública. Sublinhou-se que, se comparecesse ao processo, o acusado poderia requerer a realização de provas, inclusive a repetição daquela praticada em antecipação, desde que apresentasse argumentos idôneos. Destacou-se, assim, que os embasamentos adotados pelo juízo de origem – a limitação da memória humana e o comprometimento da busca da verdade real – seriam aptos a justificar a determinação da antecipação de prova testemunhal. HC 110280/MG, rel. Min. Gilmar Mendes, 7.8.2012. (HC-110280) (Inform. STF 674)

REPERCUSSÃO GERAL EM RE N. 600.851-DF
RELATOR: MIN. RICARDO LEWANDOWSKI
EMENTA: CONSTITUCIONAL. PROCESSUAL PENAL. RÉU CITADO POR EDITAL. REVELIA. SUSPENSÃO DO PROCESSO E DO PRAZO PRESCRICIONAL NOS TERMOS DO ART. 366 DO CÓDIGO DE PROCESSO PENAL. CONTROVÉRSIA SOBRE A EXISTÊNCIA DE LIMITAÇÃO TEMPORAL. ARTIGO 5°, XLII E XLIV, DA CONSTITUIÇÃO FEDERAL. REPERCUSSÃO GERAL RECONHECIDA. (Inform. STF 633)

DIREITO PROCESSUAL PENAL. PRODUÇÃO ANTECIPADA DE PROVA TESTEMUNHAL.
Pode ser deferida produção antecipada de prova testemunhal – nos termos do art. 366 do CPP – sob o fundamento de que a medida revelar-se-ia necessária pelo fato de a testemunha exercer função de segurança pública. O atuar constante no combate à criminalidade expõe o agente da segurança pública a inúmeras situações conflituosas com o ordenamento jurídico, sendo certo que as peculiaridades de cada uma acabam se perdendo em sua memória, seja pela frequência com que ocorrem, ou pela própria similitude dos fatos, sendo inviável a exigência de qualquer esforço intelectivo que ultrapasse a normalidade para que estes profissionais colaborem com a Justiça apenas quando o acusado se submeta ao contraditório deflagrado na ação penal. Esse é o tipo de situação que justifica a produção antecipada da prova testemunhal, pois além da proximidade temporal com a ocorrência dos fatos proporcionar uma maior fidelidade das declarações, possibilita o registro oficial da versão dos fatos vivenciados pelo agente da segurança pública, o qual terá grande relevância para a garantia da ampla defesa do acusado, caso a defesa técnica repute necessária a repetição do seu depoimento por ocasião da retomada do curso da ação penal. Precedente citado: HC 165.659-SP, Sexta Turma, DJe 26/8/2014. **RHC 51.232-DF, Rel. Min. Jorge Mussi, julgado em 2/10/2014. (Inform. STJ 549)**

DIREITO PROCESSUAL PENAL. PRAZO PARA RECURSOS DO MP EM MATÉRIA PENAL.
Em matéria penal, o Ministério Público não goza da prerrogativa da contagem dos prazos recursais em dobro. Precedentes citados: AgRg no AgRg no HC 146.823-RS, Sexta Turma, DJE 24/9/2013; e REsp 596.512-MS, Quinta Turma, DJ 22/3/2004. **AgRg no EREsp 1.187.916-SP, Rel. Min. Regina Helena Costa, julgado em 27/11/2013. (Inform. STJ 533)**

DIREITO PROCESSUAL PENAL. REPUBLICAÇÃO DE DECISÃO. REABERTURA DO PRAZO RECURSAL.
O prazo para a interposição de recurso flui a partir da última publicação da decisão a ser impugnada, de modo que a republicação, mesmo que desnecessária ou feita por equívoco, acarreta a reabertura do prazo recursal. Precedentes citados: AgRg no REsp 1.219.132-PR, DJe 12/5/2011, e EREsp 281.590-MG, DJ 1º/8/2006. **HC 238.698-SP, Rel. Min. Marilza Maynard (Desembargadora-convocada do TJ-SE), julgado em 20/11/2012. (Inform. STJ 510)**

DIREITO PROCESSUAL PENAL. NULIDADE. CITAÇÃO POR EDITAL.
É nulo o processo a partir da citação na hipótese de citação editalícia determinada antes de serem esgotados todos os meios disponíveis para a citação pessoal do réu. A citação por edital, a teor do disposto nos arts. 361 e 362 do CPP, constitui medida de exceção e, sem esgotamento do chamamento pessoal mediante mandado no endereço mencionado pelo réu, configura nulidade insanável, consoante preceitua o art. 546, III, e, também do CPP, pois acarreta prejuízo ao réu e viola o direito constitucional da ampla defesa. Precedentes citados: HC 209.466-MG, DJe 29/03/2012; REsp 684.811-MG, DJ 5/09/2005; RHC 11.271-PR, DJ 26/08/2002; HC 7.967-SP, DJ 31/05/1999. **HC 213.600-SP, Rel. Min. Laurita Vaz, julgado em 4/10/ 2012. (Inform. STJ 506)**

INTIMAÇÃO. PRONÚNCIA. CITAÇÃO POR EDITAL.
Há a necessidade de intimação pessoal da sentença de pronúncia quando o réu foi citado por edital. No caso, a citação ocorreu antes de o art. 366 do CPP ser alterado pela Lei n. 9.271/1996, o qual não determinava a suspensão do processo se o acusado houvesse sido citado por edital, como hoje dispõe. Seguindo a norma então vigente, o processo prosseguiu à revelia da ré até a pronúncia, quando ficou suspenso por ser, naquele momento, essencial a intimação pessoal da acusada, a qual não foi localizada. Com o advento da Lei n. 11.689/2008, que permite a intimação da pronúncia por edital, o tribunal *a quo* procedeu, assim, à intimação. No entanto, a Turma, por maioria, entendeu que a intimação editalícia da pronúncia somente pode ocorrer quando o réu tomou conhecimento da ação contra ele promovida, de forma inconteste, seja pela sua citação pessoal, pelo seu comparecimento em cartório ou pela constituição de advogado. Portanto, a nova norma (art. 420, parágrafo único, do CPP) deve ser interpretada em consonância com o art. 366 do mesmo Código, ou seja, há impossibilidade da intimação por edital daquele citado fictamente para defender-se. O Min. Relator ressaltou que tal entendimento está em consonância com o Pacto de San José da Costa Rica, que assegura a todo acusado a comunicação prévia e pormenorizada da acusação formulada. Dessa forma, a ordem foi concedida para declarar a nulidade da intimação por edital da pronúncia, devendo serem obstados os atos processuais até a intimação pessoal da paciente. Precedente citado: HC 172.382-RJ, DJe 15/6/2011. **HC 152.527-MG, Rel. Min. Og Fernandes, julgado em 17/4/2012. (Inform. STJ 495)**

Súmula STF nº 710
No processo penal, contam-se os prazos da data da intimação, e não da juntada aos autos do mandado ou da carta precatória ou de ordem.

Súmula STF nº 366
Não é nula a citação por edital que indica o dispositivo da Lei penal, embora não transcreva a denúncia ou queixa, ou não resuma os fatos em que se baseia.

Súmula STF nº 351
É nula a citação por edital de réu preso na mesma unidade da federação em que o juiz exerce a sua jurisdição.

Súmula STJ nº 455
A decisão que determina a produção antecipada de provas com base no art. 366 do CPP deve ser concretamente fundamentada, não a justificando unicamente o mero decurso do tempo.

Súmula STJ nº 415
O período de suspensão do prazo prescricional é regulado pelo máximo da pena cominada.

8. PRISÃO, MEDIDAS CAUTELARES E LIBERDADE PROVISÓRIA

Tribunal do júri e recursos pendentes
A 2ª Turma afetou ao Plenário julgamento de "habeas corpus" no qual se sustenta a ocorrência de constrangimento ilegal pelo excesso de prazo de prisão processual. Discute-se, ainda, o alcance do art. 421 do CPP ("Preclusa a decisão de pronúncia, os autos serão encaminhados ao juiz presidente do Tribunal do Júri"), de modo a permitir que eventuais recursos no STJ e no STF não fossem obstáculo a que se prosseguisse com o julgamento do tribunal do júri. Na espécie, quando do oferecimento da denúncia, em 4.1.2008, por homicídio qualificado, em concurso de pessoas, e por corrupção de menores, fora decretada a prisão preventiva do paciente, cumprida na mesma data. A sentença de pronúncia fora proferida em 27.4.2010 e houvera recurso em sentido estrito. Tendo em vista seu improvimento, a defesa interpusera recurso especial no STJ. Na presente sessão, após o voto do Ministro Ricardo Lewandowski (relator), que denegou a ordem com a recomendação ao STJ para que providenciasse o célere exame do agravo em recurso especial, sem prejuízo do julgamento do paciente pelo tribunal do júri — no que foi acompanhado pelo Ministro Teori Zavascki —, a Turma acolheu proposta formulada pelo Ministro Gilmar

Mendes de remeter o feito ao exame do Plenário. O relator observou que, em consulta ao sítio do STJ, teria verificado que o agravo em recurso especial fora distribuído naquela Corte em 27.12.2013. Destacou o número de réus e o fato de o paciente, apontado como chefe de grupo de extermínio na localidade em que vivia, ter permanecido preso durante toda a instrução criminal. O Ministro Gilmar Mendes sinalizou que o Pleno do STF poderia se pronunciar acerca da viabilidade de imediato julgamento pelo tribunal do júri, não obstante a pendência de recursos de natureza extraordinária. Os Ministros Cármen Lúcia e Teori Zavascki frisaram que o sistema processual vigente garantiria o direito de recorrer e, ao mesmo tempo, asseguraria que o processo de origem fosse a julgamento, para que não houvesse excesso de prazo na prestação jurisdicional, o que geraria interpretações distorcidas do art. 421 do CPP.
HC 119314/PE, rel. Min. Ricardo Lewandowski, 1º.4.2014. (HC-119314) (Inform. STF 741)

Fiança e capacidade econômica do paciente
O arbitramento da fiança deve obedecer, dentre outros critérios de valoração, ao das "condições pessoais de fortuna" do réu (CPP, art. 326). Assim, ante a incapacidade econômica do paciente e existente fundamento para a prisão preventiva, essa deve ser justificada nos termos dos artigos 312 e 313 do CPP, ou deve ser aplicada medida cautelar diversa da fiança. Com base nesta orientação, a 2ª Turma, tendo em conta o Enunciado 691 da Súmula do STF, não conheceu do "habeas corpus", porém, concedeu a ordem, de ofício, para determinar a liberdade provisória do paciente. Na espécie, ele fora preso em flagrante e a autoridade competente arbitrara a fiança em cinco salários mínimos. O magistrado de 1º grau não acatara pedido de redução daquele valor e indeferira a liberdade provisória do paciente em face de antecedentes criminais. A Turma destacou que caberia ao magistrado apontar as circunstâncias de fato e as condições pessoais do agente que justificassem a medida restritiva a ser aplicada. Aduziu que, na situação dos autos, a medida cautelar da fiança fora mantida sem levar em consideração fator essencial exigido pela legislação processual penal e indispensável para o arbitramento do valor: a capacidade econômica do agente. Frisou, assim, a ausência de fundamentação adequada. Assinalou que, no caso, não haveria razão jurídica em se manter a fiança, como óbice intransponível para a liberdade. Sublinhou que aquela medida somente fora arbitrada em virtude da ausência dos pressupostos da prisão preventiva. Por fim, dispensou o pagamento de fiança, ressalvada a hipótese de o juízo competente impor, ante as circunstâncias de fato e as condições pessoais do paciente, medidas cautelares diversas da prisão previstas no CPP ["Art. 319. São medidas cautelares diversas da prisão: I - comparecimento periódico em juízo, no prazo e nas condições fixadas pelo juiz, para informar e justificar atividades; II - proibição de acesso ou frequência a determinados lugares quando, por circunstâncias relacionadas ao fato, deva o indiciado ou acusado permanecer distante desses locais para evitar o risco de novas infrações; III - proibição de manter contato com pessoa determinada quando, por circunstâncias relacionadas ao fato, deva o indiciado ou acusado dela permanecer distante; IV - proibição de ausentar-se da Comarca quando a permanência seja conveniente ou necessária para a investigação ou instrução; V - recolhimento domiciliar no período noturno e nos dias de folga quando o investigado ou acusado tenha residência e trabalho fixos; VI - suspensão do exercício de função pública ou de atividade de natureza econômica ou financeira quando houver justo receio de sua utilização para a prática de infrações penais; VII - internação provisória do acusado nas hipóteses de crimes praticados com violência ou grave ameaça, quando os peritos concluírem ser inimputável ou semi-imputável (art. 26 do Código Penal) e houver risco de reiteração; VIII - fiança, nas infrações que a admitem, para assegurar o comparecimento a atos do processo, evitar

a obstrução do seu andamento ou em caso de resistência injustificada à ordem judicial; IX - monitoração eletrônica"].
HC 114731, rel. Min. Teori Zavascki, 1º.4.2014. (HC-114731) (Inform. STF 741)

HC N. 119.463-SP
RELATORA: MIN. CÁRMEN LÚCIA
EMENTA: *HABEAS CORPUS*. CONSTITUCIONAL. PROCESSO PENAL. ESTUPRO DE VULNERÁVEL. PEDOFILIA. FUNDAMENTAÇÃO IDÔNEA PARA A PRISÃO CAUTELAR. ALEGAÇÃO DE EXCESSO DE PRAZO PARA A FORMAÇÃO DA CULPA. MATÉRIA NÃO APRECIADA PELO SUPERIOR TRIBUNAL DE JUSTIÇA. TRAMITAÇÃO REGULAR DA AÇÃO PENAL NA ORIGEM.
1. As circunstâncias da prática do ato imputado ao Paciente demonstram que os fundamentos adotados nas instâncias antecedentes harmoniza-se com a jurisprudência deste Supremo Tribunal, que assentou que a periculosidade do agente, evidenciada pelo *modus operandi* e o risco concreto de reiteração criminosa, são motivos idôneos para a manutenção da custódia cautelar. Precedentes.
2. Alegação de excesso de prazo para a formação da culpa. Questão não apreciada pelo Tribunal de Justiça de São Paulo e também não apreciada no Superior Tribunal de Justiça. Impossibilidade de atuação jurisdicional, sob pena de supressão de instância.
3. Ação penal tramitando na origem em prazo razoável, de forma regular, consideradas as peculiaridades do feito. Iminência de prolação da sentença.
4. *Habeas corpus* parcialmente conhecido e, nessa parte, ordem denegada. (Inform. STF 741)

HC N. 118.347-PR
RELATOR: MIN. TEORI ZAVASCKI
Ementa: *HABEAS CORPUS*. PROCESSUAL PENAL. PRISÃO PREVENTIVA. TRÁFICO DE DROGAS. GARANTIA DA ORDEM PÚBLICA. PERICULOSIDADE DO AGENTE. GRAVIDADE CONCRETA DO DELITO. APLICAÇÃO DE MEDIDAS CAUTELARES DIVERSAS DA PRISÃO. INVIÁVEL. AUSÊNCIA DE CONSTRANGIMENTO ILEGAL. ORDEM DENEGADA.
1. Os fundamentos utilizados revelam-se idôneos para manter a segregação cautelar do paciente, na linha de precedentes desta Corte. É que a decisão aponta de maneira concreta a necessidade de garantir a ordem pública, ante a periculosidade do agente (= suposto membro de uma organização criminosa dedicada ao tráfico de drogas, com condenação anterior por posse ilegal de arma de fogo com numeração raspada).
2. As circunstâncias concretas do caso e as condições pessoais do paciente não recomendam a aplicação das medidas cautelares diversas da prisão preventiva, previstas no art. 319 do Código de Processo Penal.
3. Ordem denegada. (Inform. STF 741)

Prisão federal: competência e prorrogação
Cabe ao Poder Judiciário verificar se o preso tem perfil apropriado para a transferência ou a permanência nos presídios federais, em controle exercido tanto pelo juiz de origem como pelo juiz federal responsável pelo presídio federal. Deferido o requerimento pelo magistrado de execução estadual, não cabe ao juiz federal exercer juízo de valor sobre a gravidade das razões do solicitante, salvo se evidenciadas condições desfavoráveis ou inviáveis da unidade prisional. Com base nessa orientação, a 1ª Turma denegou *habeas corpus* e confirmou acórdão do STJ, que mantivera o paciente em prisão federal. Na espécie, tratava-se de conflito de competência suscitado por magistrado estadual que, ao solicitar renovação de permanência do paciente em prisão federal, tivera o pedido indeferido por magistrado federal ao fundamento de não mais subsistirem os motivos justificadores da custódia naquele presídio. O STJ, ao solucionar a controvérsia, autorizara a renovação da permanência do preso em estabelecimento federal por mais 360 dias. A Turma destacou que se revestiriam de certa excepcionalidade a transferência

e a permanência dos presos em presídios federais. Asseverou que o encarceramento em prisões federais se destinaria apenas aos presos de elevada periculosidade, cujo recolhimento condissesse com a Lei 11.671/2008 (*Art. 3º. Serão recolhidos em estabelecimentos penais federais de segurança máxima aqueles cuja medida se justifique no interesse da segurança pública ou do próprio preso, condenado ou provisório*). Sublinhou que os presídios federais não teriam sido criados para que as penas fossem neles integralmente cumpridas. Apontou que, a teor do art. 10 e § 1º da Lei 11.671/2008, a permanência de presos nesses estabelecimentos seria em caráter singular e por até 360 dias, prazo renovável excepcionalmente [*Art. 10. A inclusão de preso em estabelecimento penal federal de segurança máxima será excepcional e por prazo determinado. § 1º O período de permanência não poderá ser superior a 360 (trezentos e sessenta) dias, renovável, excepcionalmente, quando solicitado motivadamente pelo juízo de origem, observados os requisitos da transferência*]. Esclareceu que, embora os presídios federais, de segurança máxima, tivessem caráter temporário, em caso de necessidade seria possível a prorrogação excepcionalmente, quer por fato novo, quer pela persistência das razões ensejadoras da transferência inicial. Pontuou que a justificativa baseada no interesse da segurança pública seria o perfil do preso, considerado de elevada periculosidade. Frisou que não competiria ao STF o controle dos fundamentos do acórdão atacado ao resolver o conflito de competência, mas apenas do resultado, ou seja, se justificada a permanência do paciente no presídio federal. Aduziu, ademais, que o juiz estadual teria atuado nos termos exigidos pela Lei 11.671/2008 [*Art. 5º ... § 2º Instruídos os autos do processo de transferência, serão ouvidos, no prazo de 5 (cinco) dias cada, quando não requerentes, a autoridade administrativa, o Ministério Público e a defesa, bem como o Departamento Penitenciário Nacional - DEPEN, a quem é facultado indicar o estabelecimento penal federal mais adequado*]. HC 112650/RJ, rel. Min. Rosa Weber, 11.3.2014. (HC-112650) (Inform. STF 738)

RHC N. 118.407-DF
RELATOR: MIN. ROBERTO BARROSO
Ementa: recurso ordinário em *habeas corpus*. Duplo homicídio qualificado. Prisão preventiva. 1. Embora a natureza abstrata do crime não constitua motivo hábil e suficiente para a determinação da segregação cautelar, é certo que a gravidade concreta do delito, evidenciada pelas circunstâncias em que ele foi cometido, justifica a custódia preventiva para o resguardo da ordem pública. 2. No caso, além da gravidade concreta dos fatos pelos quais o recorrente foi condenado a 18 anos e 4 meses de reclusão, a prisão preventiva está baseada no risco de reiteração delitiva, tendo em vista (i) a existência de outro processo por crimes semelhantes e (ii) a constatação de que "*após a prisão dos acusados, os delitos com modus operandi similar cessaram*". 3. Prolatada a sentença e julgada a apelação, fica superada a alegação de inércia do Poder Público e, consequentemente, prejudicada a arguição de excesso de prazo. Recurso ordinário em *habeas corpus* a que se nega provimento. (Inform. STF 738)

AG. REG. NA MEDIDA CAUTELAR NA SUSPENSÃO DE SEGURANÇA N. 4.380-RJ
RELATOR: MINISTRO PRESIDENTE
Ementa: **Agravo regimental em Suspensão de Segurança. Decisão que suspendeu os efeitos do acórdão proferido pelo Superior Tribunal de Justiça nos autos do Conflito de Competência nº 114.478. Detento de alta periculosidade que, mesmo preso, persiste na prática de atividades delitivas promovidas pela facção criminosa da qual é integrante. Manutenção da custódia em estabelecimento penal federal de segurança máxima. Possibilidade. Art. 3º da Lei nº 11.671/08. Necessidade de salvaguardar os direitos coletivos à ordem e à segurança públicas. Agravo não conhecido.**
O pedido de suspensão de segurança é medida excepcional que se presta à salvaguarda da ordem, da saúde, da segurança e da economia públicas contra perigo de lesão.
No caso, a plausibilidade jurídica da pretensão deduzida - fundamentada na invocação expressa dos direitos coletivos à ordem e à segurança públicas e na imprescindibilidade da medida de urgência pretendida, justificáveis pelos atuais acontecimentos notórios que acometem a segurança pública do Estado requerente - justifica o deferimento da suspensão requerida (cf. art. 15, § 4º, da Lei nº 12.016/2009). Precedentes.
Agravo regimental desprovido. (Inform. STF 737)

HC N. 117.063-MG
RELATOR: MIN. TEORI ZAVASCKI
Ementa: PROCESSUAL PENAL. *HABEAS CORPUS*. PRISÃO PREVENTIVA. DUPLO HOMICÍDIO QUALIFICADO E FORMAÇÃO DE QUADRILHA. GARANTIA DA ORDEM PÚBLICA E CONVENIÊNCIA DA INSTRUÇÃO CRIMINAL. PERICULOSIDADE CONCRETA E MODO DE EXECUÇÃO DOS DELITOS. CONDIÇÕES SUBJETIVAS DA PACIENTE. IRRELEVÂNCIA NO CASO. ORDEM DENEGADA.
1. Os fundamentos utilizados revelam-se idôneos para manter a segregação cautelar do paciente, na linha de precedentes desta Corte. É que a decisão aponta de maneira concreta a necessidade de garantir a ordem pública, consubstanciada nas circunstâncias em que os delitos foram praticados (motivação e modo de execução), e por conveniência da instrução criminal, ante a possibilidade de intimidação de testemunhas.
2. A jurisprudência desta Corte firmou-se no sentido de que a primariedade, a residência fixa e a ocupação lícita não possuem o condão de impedir a prisão cautelar, quando presentes os requisitos do art. 312 do Código de Processo Penal, como ocorre no caso.
3. Ordem denegada. (Inform. STF 735)

RHC N. 117.930-MG
RELATOR: MIN. LUIZ FUX
Ementa: **PENAL E PROCESSUAL PENAL. RECURSO ORDINÁRIO EM *HABEAS CORPUS*. TRÁFICO DE ENTORPECENTES. CORRUPÇÃO ATIVA. USO DE DOCUMENTO FALSO. PRISÃO PREVENTIVA MANTIDA NA SENTENÇA CONDENATÓRIA. GARANTIA DA ORDEM PÚBLICA. PERICULOSIDADE DO AGENTE. GRAVIDADE EM CONCRETO DOS CRIMES. DECISÃO DEVIDAMENTE FUNDAMENTADA. RÉU QUE PERMANECEU PRESO DURANTE TODA A INSTRUÇÃO CRIMINAL E QUE TEVE OS FUNDAMENTOS DA PRISÃO CAUTELAR CONVALIDADOS NA SENTENÇA. RECURSO ORDINÁRIO DESPROVIDO.**
1. "*A custódia preventiva visando à garantia da ordem pública, por conveniência da instrução criminal e para assegurar a aplicação da lei penal, legitima-se quando presente a necessi150 ade de acautelar-se o meio social ante a concreta possibilidade de reiteração criminosa e as evidências de que, em liberdade, o agente empreenderá esforços para escapar da aplicação da lei penal*" (HC 109.723, Primeira Turma, Relator o Ministro Luiz Fux, DJ de 27.0612). No mesmo sentido: HC 106.816, Segunda Turma, Relatora a Ministra Ellen Gracie, DJ de 20/06/2011; HC 104.608, Primeira Turma, Relatora a Ministra Ellen Gracie, DJ de 1º/09/2011; HC 106.702, Primeira Turma, Rel. Min. Cármen Lúcia, DJ de 27/05/2011.
2. A periculosidade do agente, evidenciada pelo *modus operandi*, e a gravidade em concreto do crime constituem motivação idônea para a manutenção da custódia cautelar. Precedentes: HC 113.793, Segunda Turma, Relatora a Ministra Cármen Lúcia, DJe de 28/05/2013; HC 110.902, Primeira Turma, Relator o Ministro Luiz Fux, DJe de 03/05/2013; HC 112.738, Segunda Turma, Relator o Ministro Ricardo Lewandowski, Dje de 21/11/2012; HC 111.058, Segunda Turma, Relatora a Ministra Cármen Lúcia, DJe de 12/12/2012; HC 108.201, Primeira Turma, Relator o Ministro Luiz Fux, DJe de 30/05/2012.

3. O magistrado de primeira instância negou o apelo em liberdade de forma fundamentada, conforme exigência contida no art. 387, parágrafo único, do CPP, asseverando a inalterabilidade do quadro fático que ensejou a prisão preventiva.
4. *"Não há sentido lógico permitir que o réu, preso preventivamente durante toda a instrução criminal, possa aguardar o julgamento da apelação em liberdade"* (HC 89.089/SP, Rel. Min. Ayres Britto, Primeira Turma, DJ de 01/06/2007).
5. *In casu*, a) O recorrente foi preso em flagrante, em 19/05/2010, e condenado, em 12/12/2011, à pena de 8 (oito) anos e 6 (seis) meses de reclusão, em regime inicial fechado, pela prática dos crimes de tráfico de entorpecentes, uso de documento falso e corrupção ativa, sendo-lhe negado direito de recorrer em liberdade em face da subsistência do fundamentos da prisão cautelar. b) Conforme destacou o Tribunal de Justiça do Estado de Minas Gerais, *"a manutenção da segregação cautelar do paciente mostra-se necessária para a garantia da ordem pública (...), sobretudo diante do modus operandi que envolveu a empreitada criminosa, apreendendo 03 barras de cocaína com 3.040g, o que, inegavelmente, evidencia a periculosidade do acusado. Ainda, o paciente ofereceu R$10.000,00 (dez mil reais) em dinheiro, aos policiais que efetuaram sua prisão, para que fosse liberado"*. c) O alvará de soltura expedido em favor do paciente foi decorrente de outro processo. Quanto à ação penal, objeto do presente recurso ordinário, não foi revogada sua prisão preventiva, sendo mantida na sentença condenatória por ainda estarem presentes os requisitos da segregação cautelar.
6. Recurso ordinário em *habeas corpus* desprovido. (Inform. STF 729)

HC N. 113.945-SP
RELATOR: MIN. TEORI ZAVASCKI
Ementa: HABEAS CORPUS. CONSTITUCIONAL E PROCESSUAL PENAL. TRÁFICO DE ENTORPECENTES. LIBERDADE PROVISÓRIA. VEDAÇÃO DO ART. 44 DA LEI DE DROGA. INCONSTITUCIONALIDADE. PRECEDENTE DO PLENÁRIO. PRISÃO PREVENTIVA. GRAVIDADE ABSTRATA DO DELITO. FUNDAMENTO INSUFICIENTE. PRECEDENTES. NATUREZA E QUANTIDADE DA DROGA APREENDIDA. FUNDAMENTO INIDÔNEO. INVIABILIDADE DE REFORÇO DA FUNDAMENTAÇÃO PELAS INSTÂNCIAS SUPERIORES. ORDEM CONCEDIDA.
1. O Plenário do Supremo Tribunal Federal, no HC 104.339/SP (Min. GILMAR MENDES, DJe de 06.12.2012), em evolução jurisprudencial, declarou a inconstitucionalidade da vedação à liberdade provisória prevista no art. 44 da Lei 11.343/2006. Entendeu-se que (a) a mera inafiançabilidade do delito (CF, art. 5º, XLIII) não impede a concessão da liberdade provisória; (b) sua vedação apriorística é incompatível com os princípios constitucionais da presunção de inocência e do devido processo legal, bem assim com o mandamento constitucional que exige a fundamentação para todo e qualquer tipo de prisão.
2. A gravidade abstrata do delito de tráfico de entorpecentes não constitui fundamento idôneo para a decretação da custódia cautelar. Precedentes.
3. Não cabe às instâncias superiores, em sede de *habeas corpus*, adicionar novos fundamentos à decisão de primeiro grau, visando a suprir eventual vício de fundamentação. Precedentes.
4. Ordem concedida. (Inform. STF 728)

RHC N. 117.264-DF
RED P/ O ACÓRDÃO: MIN. ROBERTO BARROSO
EMENTA: RECURSO ORDINÁRIO EM *HABEAS CORPUS*. HOMICÍDIO QUALIFICADO E PROMESSA DE VANTAGEM A TESTEMUNHA. RAZOABILIDADE DAS MEDIDAS CAUTELARES ALTERNATIVAS À PRISÃO (ART. 319 DO CPP). RECURSO DESPROVIDO.
Inexistência de ilegalidade flagrante ou de abuso de poder.
Razoabilidade das medidas cautelares fixadas pela autoridade impetrada.
Recurso ordinário *em habeas corpus* a que se nega provimento. (Inform. STF 726)

HC N. 111.205-CE
RED P/ O ACÓRDÃO: MIN. ROBERTO BARROSO
EMENTA: *HABEAS CORPUS*. ROUBO MAJORADO. PRISÃO PREVENTIVA. EXCESSO DE PRAZO. SUPERVENIÊNCIA DA SENTENÇA CONDENATÓRIA. ORDEM DENEGADA.
A alegação de excesso de prazo da prisão preventiva fica superada pela superveniência da sentença condenatória.
Ordem denegada. Cassada a liminar deferida. (Inform. STF 725)

HC N. 114.534-SP
RELATOR: MIN. GILMAR MENDES
Habeas corpus. 2. Quadrilha armada, falsidade ideológica e concussão. Condenação. Negativa do direito de recorrer em liberdade. 3. Pedido de concessão da ordem para que os pacientes possam recorrer em liberdade ou, subsidiariamente, conversão da prisão em medidas cautelares, nos termos da Lei 12.403/2011. 4. Manutenção da prisão justificada na necessidade de garantir a ordem pública e assegurar a aplicação da lei penal. Quadrilha armada composta por policiais civis e militares, voltada à exploração de jogos de azar. Cometimento de crimes com prevalecimento do cargo, propiciando, em Guarulhos, o descrédito da polícia investigativa. Fundamentação idônea que recomenda a medida constritiva. 5. Medidas cautelares alternativas diversas da prisão, previstas na Lei 12.403/2011, não se mostram suficientes para acautelar o meio social. 6. Ausência de constrangimento ilegal. Ordem denegada. (Inform. STF 725)

Prisão preventiva e estupro - 1
A 1ª Turma iniciou julgamento de *habeas corpus* em que se pleiteia o direito de aguardar em liberdade o trânsito em julgado de eventual condenação. A impetração alega que o decreto de prisão preventiva não estaria devidamente fundamentado, porquanto motivado na gravidade abstrata do crime e na preservação da credibilidade das instituições. Sustenta, ainda, não haver indícios de autoria nem prova de que o paciente teria administrado entorpecente à vítima para a prática do crime de estupro. O Ministro Marco Aurélio, relator, concedeu a ordem. Destacou que a circunstância de ter sido prolatada sentença condenatória não tornaria legítima a prisão preventiva. Asseverou que a pena imposta somente seria passível de execução após o trânsito em julgado da decisão condenatória. Pontuou que a preventiva fora lastreada na ausência do paciente do distrito da culpa. Aduziu que, nos termos do art. 366 do CPP ("*Se o acusado, citado por edital, não comparecer, nem constituir advogado, ficarão suspensos o processo e o curso do prazo prescricional, podendo o juiz determinar a produção antecipada das provas consideradas urgentes e, se for o caso, decretar prisão preventiva, nos termos do disposto no art. 312*"), mesmo citado por edital e sem credenciar advogado, não se teria a automaticidade da prisão preventiva. Destacou que ficariam suspensos processo e prescrição e que a preventiva poderia ser implementada se o caso se enquadrasse no art. 312 do CPP ["*A prisão preventiva poderá ser decretada como garantia da ordem pública, da ordem econômica, por conveniência da instrução criminal, ou para assegurar a aplicação da lei penal, quando houver prova da existência do crime e indício suficiente de autoria. Parágrafo único. A prisão preventiva também poderá ser decretada em caso de descumprimento de qualquer das obrigações impostas por força de outras medidas cautelares (art. 282, § 4º)*"]. Salientou que a superveniência de sentença seria elemento neutro, porque a custódia seria provisória enquanto não houvesse preclusão do pronunciamento penal condenatório. HC 111779/GO, rel. Min. Marco Aurélio, 15.10.2013. (HC-111779)

Prisão preventiva e estupro - 2
Os Ministros Roberto Barroso e Rosa Weber julgaram prejudicado o *writ* pela alteração do título prisional. O Ministro Roberto Barroso entendeu que a decisão estaria adequadamente fundamentada, na medida em que não se limitara à questão de se encontrar o paciente foragido, mas exploraria aspectos

da periculosidade concreta do acusado e as circunstâncias hediondas em que perpetrado o crime, qual seja, haver dopado a vítima. A Ministra Rosa Weber aduziu que, além da mudança do título prisional, a tornar prejudicada a impetração, não considerava plausível a sua concessão de ofício, dada a ausência de ilegalidade ou teratologia. O Ministro Dias Toffoli, por sua vez, julgou prejudicado o *habeas corpus*, porém, o concedia de ofício por vislumbrar antecipação de execução da pena. Após, pediu vista dos autos o Ministro Luiz Fux. HC 111779/GO, rel. Min. Marco Aurélio, 15.10.2013. (HC-111779) (Inform. STF 724)

HC N. 109.248-MG
REDATOR P/ O ACÓRDÃO: MIN. ROBERTO BARROSO
EMENTA: *HABEAS CORPUS.* TRÁFICO DE ENTORPECENTES. PRISÃO PREVENTIVA. SUPERVENIÊNCIA DA SENTENÇA CONDENATÓRIA. PREJUÍZO.
A superveniência da sentença condenatória altera o título da prisão.
Habeas Corpus prejudicado. Cassada a liminar deferida. (Inform. STF 722)

RHC N. 116.946-PI
RELATOR: MIN. DIAS TOFFOLI
EMENTA: Recurso ordinário em *habeas corpus*. Crimes de estelionato, formação de quadrilha, falsa identidade e falsidade ideológica. Prisão preventiva. Requisitos autorizadores elencados no art. 312 do CPP. Presença. Fundamentação válida. Recurso não provido.
1. A decisão impugnada está em perfeita sintonia com a manifestação do Supremo Tribunal no sentido da inadmissibilidade do *habeas corpus* que tenha por objetivo substituir o recurso ordinário. Precedentes.
2. O entendimento do Superior Tribunal de Justiça não dissente do magistério jurisprudencial deste Supremo Tribunal, preconizado no sentido de que "a possibilidade de reiteração criminosa e a participação em organização criminosa são motivos idôneos para a manutenção da custódia cautelar, a fim de garantir a ordem pública" (HC nº 104.669/SP, Primeira Turma, Relatora a Ministra **Cármen Lúcia**, DJe de 24/11/10).
3. Esta Suprema Corte já se manifestou no sentido de que, "quando da maneira de execução do delito sobressair a extrema periculosidade do agente, abre-se ao decreto de prisão a possibilidade de estabelecer um vínculo funcional entre o modus operandi do suposto crime e a garantia da ordem pública" (HC nº 97.688/MG, Primeira Turma, Relator o Ministro **Ayres Britto**, DJe de 27/11/09) e de que "a evasão após a prática delitiva é fundamento idôneo para a segregação cautelar para resguardar a aplicação da lei penal" (HC nº 90.162/RJ, Primeira Turma, Relator o Ministro **Ayres Britto**, DJe de 29/6/07), não se podendo desqualificar como tal a alegada "mudança para local desconhecido".
4. Recurso não provido. (Inform. STF 722)

HC N. 107.148-SP
RELATOR: MIN. MARCO AURÉLIO
HABEAS CORPUS – SUBSTITUTIVO DO RECURSO ORDINÁRIO CONSTITUCIONAL – LIBERDADE DE LOCOMOÇÃO ATINGIDA NA VIA DIRETA – ADEQUAÇÃO. Sendo objeto do *habeas corpus* a preservação da liberdade de ir e vir atingida diretamente, porquanto expedido mandado de prisão ou porque, com maior razão, esta já ocorreu, mostra-se adequada a impetração, dando-se alcance maior à garantia versada no artigo 5º, inciso LXVIII, da Carta de 1988. Evolução em óptica linear assentada anteriormente.
PRISÃO PROVISÓRIA – FUNDAMENTOS – INSUBSISTÊNCIA. Contraria o arcabouço normativo ato que implique prisão preventiva decorrente da gravidade do crime imputado ao paciente.
PRISÃO PREVENTIVA – PRAZO – SENTENÇA CONDENATÓRIA – INTERRUPÇÃO – IMPROPRIEDADE. O instituto do excesso de prazo da preventiva não fica sujeito a interrupção. É aferido levando-se em conta a data em que implementada a custódia e o encerramento do processo.
PRISÃO PREVENTIVA – EXCESSO DE PRAZO. Uma vez configurado o excesso de prazo na formação da culpa, a prisão preventiva há de ser afastada. (Inform. STF 720)

RHC N. 118.002-RJ
RELATORA: MIN. CÁRMEN LÚCIA
EMENTA: RECURSO ORDINÁRIO EM *HABEAS CORPUS*. CONSTITUCIONAL. PROCESSUAL PENAL. HOMICÍDIO QUALIFICADO E ROUBO. PRISÃO PREVENTIVA. GARANTIA DA ORDEM PÚBLICA E APLICAÇÃO DA LEI PENAL. RECORRENTE FORAGIDO.
1. Este Supremo Tribunal assentou que a gravidade concreta do crime, o *modus operandi* da ação delituosa e a periculosidade do agente respaldam a prisão preventiva para a garantia da ordem pública. Precedentes.
2. Tem-se a necessidade da prisão preventiva para resguardar a aplicação da lei penal quando, expedido mandado de prisão há mais de três anos, o Recorrente não é encontrado, estando foragido.
3. Recurso ao qual se nega provimento. (Inform. STF 719)

RHC N. 116.295-SP
RELATORA: MIN. CÁRMEN LÚCIA
EMENTA: RECURSO ORDINÁRIO EM *HABEAS CORPUS*. CONSTITUCIONAL. TRÁFICO DE ENTORPECENTE. 1. SUPERVENIÊNCIA DE SENTENÇA CONDENATÓRIA. PRISÃO MANTIDA PELOS MESMOS FUNDAMENTOS. INEXISTÊNCIA DE PREJUÍZO. 2. PRISÃO PREVENTIVA DECRETADA COM BASE EM FUNDAMENTO IDÔNEO. PERICULOSIDADE DO RECORRENTE EVIDENCIADA PELO *MODUS OPERANDI* E PELA POSSIBILIDADE DE REITERAÇÃO DELITIVA.
1. Conforme reiterada jurisprudência do Supremo Tribunal Federal, o *habeas corpus* fica prejudicado apenas quando a sentença condenatória que mantém o réu preso utiliza fundamentos diversos do decreto de prisão preventiva, o que não ocorreu na espécie vertente.
2. Este Supremo Tribunal assentou que a periculosidade do agente evidenciada pelo *modus operandi* e o risco concreto de reiteração criminosa são motivos idôneos para a manutenção da custódia cautelar. Precedentes.
3. Recurso ao qual se nega provimento. (Inform. STF 719)

HC N. 113.560-PR
RELATOR: MIN. GILMAR MENDES
Habeas corpus. 2. Homicídio duplamente qualificado. Prisão preventiva. 3. Alegações de ausência dos requisitos previstos no art. 312 do CPP e excesso de prazo na formação da culpa. 4. Demonstrada a necessidade da segregação cautelar para garantir a ordem pública. Contribuição da defesa para a mora processual. 5. Ordem denegada. Recomendação de celeridade na conclusão de perícia solicitada pela defesa. (Inform. STF 718)

RHC N. 116.345-SC
RELATORA: MIN. ROSA WEBER
RECURSO ORDINÁRIO EM *HABEAS CORPUS*. TRÁFICO DE DROGAS. PRISÃO CAUTELAR RESTABELECIDA NO ACÓRDÃO CONDENATÓRIO. PRESSUPOSTOS E FUNDAMENTOS DA PRISÃO PREVENTIVA. RISCO DE REITERAÇÃO DELITIVA E À ORDEM PÚBLICA.
1. Havendo condenação criminal, encontram-se presentes os pressupostos da preventiva, a saber, prova da materialidade e indícios de autoria. Não se trata, apenas, de juízo de cognição provisória e sumária acerca da responsabilidade criminal do acusado, mas, sim, de julgamento condenatório, precedido por amplo contraditório e no qual as provas foram objeto de avaliação imparcial, ou seja, um juízo efetuado, com base em

cognição profunda e exaustiva, de que o condenado é culpado de um crime. Ainda que a sentença esteja sujeita à reavaliação crítica através de recursos, a situação difere da prisão preventiva decretada antes do julgamento.
2. Se as circunstâncias concretas da prática do crime indicam o envolvimento profundo dos Recorrentes com o tráfico de drogas e, por conseguinte, a periculosidade e o risco de reiteração delitiva, está justificada a decretação ou a manutenção da prisão cautelar para resguardar a ordem pública, desde que igualmente presentes boas provas da materialidade e da autoria. Precedentes.
3. Recurso ordinário em *habeas corpus* a que se nega provimento. (Inform. STF 718)

HC N. 117.285-SC
RELATOR: MIN. TEORI ZAVASCKI
HABEAS CORPUS. LIBERDADE PROVISÓRIA. SENTENÇA CONDENATÓRIA QUE MANTÉM PRISÃO PREVENTIVA COM FUNDAMENTOS LIGADOS À EXECUÇÃO DA PENA. IMPOSSIBILIDADE. ORDEM CONCEDIDA.
1. Nos termos do artigo 387 do Código de Processo Penal, o juiz, ao proferir sentença condenatória, decidirá, fundamentadamente, sobre a manutenção de eventual prisão já realizada.
2. No caso, o fundamento adotado para manutenção da cautelar diz respeito a elementos da execução da pena, e não com aspecto cautelar inerente à prisão preventiva (CPP, art. 312), o que é não é admitido. Precedente.
3. Ordem concedida. (Inform. STF 718)

RHC N. 116.085-RS
RELATORA: MIN. CÁRMEN LÚCIA
EMENTA: RECURSO ORDINÁRIO EM *HABEAS CORPUS*. CONSTITUCIONAL. IMPUTAÇÃO DE TENTATIVA DE HOMICÍDIO QUALIFICADO POR DUAS VEZES. 1. FUGA DO RÉU CAPTURADO POSTERIORMENTE. PRISÃO PREVENTIVA PARA RESGUARDAR A APLICAÇÃO DA LEI PENAL. FUNDAMENTO IDÔNEO. 2. ALEGAÇÃO DE EXCESSO DE PRAZO PARA A FORMAÇÃO DA CULPA. IMPROCEDÊNCIA. COMPLEXIDADE DO FEITO. INTERFERÊNCIA DA FUGA DO RECORRENTE NA TRAMITAÇÃO DA AÇÃO PENAL.
1. A intenção de se furtar à aplicação da lei penal é razão suficiente para a manutenção do decreto de prisão preventiva. Fundamento idôneo apresentado para a constrição da liberdade. Precedentes.
2. Alegação de excesso de prazo para a formação da culpa. Feito complexo e fuga a justificar o tempo para a tramitação da ação penal contra o ora Recorrente.
3. Recurso ao qual se nega provimento. (Inform. STF 718)

HC N. 103.027-SP
REDATORA P/ O ACÓRDÃO: MIN. ROSA WEBER
HABEAS CORPUS. SUBSTITUTIVO DO RECURSO CONSTITUCIONAL. PROCESSO PENAL. INADEQUAÇÃO DA VIA ELEITA. PREVENTIVA. CONDENAÇÃO SUPERVENIENTE. PERDA DE OBJETO.
1. O *habeas corpus* tem uma rica história, constituindo garantia fundamental do cidadão. Ação constitucional que é, não pode ser amesquinhado, mas também não é passível de vulgarização, sob pena de restar descaracterizado como remédio heroico. Contra a denegação de *habeas corpus* por Tribunal Superior prevê a Constituição Federal remédio jurídico expresso, o recurso ordinário. Diante da dicção do art. 102, II, a, da Constituição da República, a impetração de novo *habeas corpus* em caráter substitutivo escamoteia o instituto recursal próprio, em manifesta burla ao preceito constitucional. Precedente da Primeira Turma desta Suprema Corte.
2. A superveniência de sentença de pronúncia ou condenatória na qual é mantida a prisão cautelar, anteriormente decretada, implica a mudança do título da prisão e prejudica o conhecimento de *habeas corpus* impetrado contra a prisão antes do julgamento.
3. Se o histórico criminal do paciente indica risco de reiteração delitiva, está justificada a decretação ou a manutenção da prisão cautelar para resguardar a ordem pública, desde que igualmente presentes boas provas da materialidade e da autoria.
4. *Habeas corpus* extinto sem resolução do mérito. (Inform. STF 715)

RHC N. 117.093-MS
RELATOR: MIN. RICARDO LEWANDOWSKI
Ementa: RECURSO ORDINÁRIO EM *HABEAS CORPUS*. PENAL. TRÁFICO INTERESTADUAL DE DROGAS. LEGITIMIDADE DOS FUNDAMENTOS DA PRISÃO PREVENTIVA. GARANTIA DA ORDEM PÚBLICA. PERICULOSIDADE DO AGENTE. GARANTIA DE APLICAÇÃO DA LEI PENAL. POSSIBILIDADE DE FUGA. AUSÊNCIA DE CONSTRANGIMENTO ILEGAL. RECURSO IMPROVIDO.
I – A prisão cautelar se mostra suficientemente motivada para a preservação da ordem pública, tendo em vista a periculosidade do paciente, revelada pelas graves circunstâncias do crime. A corte estadual destacou, em seu *decisum*, a expressiva quantidade de droga apreendida (439 quilos de maconha e 3 "esferas" de haxixe) além de circunstância de o recorrente portar 13 cápsulas de munição calibre 380 intactas.
II – A possibilidade concreta de fuga também mostra-se apta a embasar a segregação cautelar para assegurar a aplicação da lei penal. Precedentes.
III – Recurso improvido. (Inform. STF 715)

RELATOR: MIN. LUIZ FUX
Ementa: PROCESSUAL PENAL. *HABEAS CORPUS* IMPETRADO CONTRA DECISÃO MONOCRÁTICA QUE INDEFERIU LIMINAR EM IDÊNTICA SEDE PROCESSUAL. SÚMULA 691/STF. NÃO CABIMENTO. AUSÊNCIA DE TERATOLOGIA NO ATO IMPUGNADO. EXCESSO DE PRAZO DA PRISÃO. INEXISTÊNCIA DE PRAZO RIGIDAMENTE IMPOSTO DE DURAÇÃO DA PRISÃO CAUTELAR. NECESSIDADE DE EXAME À LUZ DA PROPORCIONALIDADE. AGRAVO A QUE SE NEGA PROVIMENTO.
1. A duração da instrução criminal deve submeter-se ao postulado da proporcionalidade, de modo a evitar a impunidade em casos de aguda complexidade. Precedentes (HC 103385, Relator(a): Min. DIAS TOFFOLI, Primeira Turma, julgado em 08/02/2011; HC 92719, Relator(a): Min. JOAQUIM BARBOSA, Segunda Turma, julgado em 24/06/2008; HC 105133, Relator(a): Min. CELSO DE MELLO, Segunda Turma, julgado em 26/10/2010; HC 102062, Relator(a): Min. RICARDO LEWANDOWSKI, Primeira Turma, julgado em 02/12/2010).
2. *In casu*, o impetrante alega, em suma, que: (i) na origem, o acusado foi citado por edital, mas constituiu advogado particular para sua defesa técnica, razão pela qual o processo seguiu seu curso normal, tendo sido decretada a prisão preventiva em 14/07/2008; (ii) o advogado constituído, no entanto, teria renunciado ao mandato em 26/11/2008, e por esse motivo, segundo afirma o impetrante, o paciente não teria tomado conhecimento da audiência de interrogatório; (iii) em 06/05/2009 o paciente foi preso; (iii) em 11/06/2009, sobreveio sentença condenando o réu a 13 anos e 4 meses de reclusão, em regime inicial fechado, como incurso nas penas do art. 157, § 3º, *in fine*, c/c art. 14, II, do Código Penal (tentativa de latrocínio); (iv) em sede de apelação, o julgamento foi convertido em diligência para a qualificação e interrogatório do réu; (v) o impetrante sustenta que haveria excesso de prazo da prisão do paciente, que encontrar-se-ia preso desde 06/05/2009; (vi) sustenta, ainda, que a sentença seria nula, em virtude da ausência de interrogatório do paciente.
3. O patrono do acusado somente renunciou ao mandato em 28 de novembro de 2008, quando já estava ciente da designação da audiência de instrução e julgamento para 7 de abril de 2009; ademais, o réu encontrava-se foragido e não houve pedido expresso da defesa para que o acusado fosse interrogado, noticiando o local onde estava preso, de modo que não se pode acoimar de nula a sentença condenatória.

4. O Supremo Tribunal Federal não é competente para conhecer de *habeas corpus* impetrado contra decisão de Relator que, em HC requerido a Tribunal Superior, indefere a liminar, sob pena de supressão de instância (art. 5º, XXXVII e LIII, CRFB). Aplicação do verbete nº 691 da Súmula da Jurisprudência dominante no Supremo Tribunal Federal. Precedentes (HC 103446/MT, rel. Min. Cezar Peluso, 13/04/2010; HC 107053 AgR, Rel. Min. Ricardo Lewandowski, Primeira Turma, julgado em 29/03/2011).
5. A relativização do entendimento sumulado só é admitida por este Tribunal em casos de flagrante ilegalidade ou abuso de poder, o que não se verifica nos autos. Jurisprudência (HC 102668/PA, Rel. Min. Dias Toffoli, 05/10/2010; HC 84.014/MG, 1ª Turma, Rel. Min. Marco Aurélio, DJ 25/06/2004; HC 85.185/SP, Pleno, Rel. Min. Cezar Peluso, DJ 01/09/2006; e HC 88.229/SE, Rel. Min. Ricardo Lewandowski, 1ª Turma, 10/10/2006).
6. Agravo regimental desprovido. (Inform. STF 714)

HC N. 107.202-CE
REDATOR P/ O ACÓRDÃO: MIN. ROSA WEBER
EMENTA: *HABEAS CORPUS*. PRISÃO PREVENTIVA. EXCESSO DE PRAZO. COMPLEXIDADE.
1. A razoável duração do processo, que não se traduz necessariamente em processo rápido ou célere, e melhor se exprime em processo sem dilações indevidas, não pode ser descontextualizada do caso criminal.
2. Em lides complexas, envolvendo crimes de acentuada gravidade concreta, há que tolerar alguma demora na instrução. Os prazos processuais não são inflexíveis, devendo se amoldar às necessidades da vida.
3. *Habeas corpus* denegado. (Inform. STF 714)

HC N. 110.288-PE
REDATOR P/ O ACÓRDÃO: MIN. DIAS TOFFOLI
EMENTA: ***Habeas corpus*. Processual Penal. Prisão preventiva. Alegação de falta de fundamentação e de excesso de prazo para o julgamento do paciente pelo tribunal do júri. Questão não analisada pelas instâncias antecedentes. Inadmissível dupla supressão de instância. Precedentes. *Writ* extinto. Ilegalidade flagrante. Alongamento processual para o qual não concorreu decisivamente a defesa. Direito subjetivo à razoável duração do processo. Retardamento injustificado da causa. Ordem concedida de ofício.**
1. As questões tratadas nesta impetração não foram analisadas pelas instâncias antecedentes. Por conseguinte, sua análise pela Suprema Corte, de forma originária, configuraria verdadeira dupla supressão de instância, o que não se admite.
2. O Supremo Tribunal Federal entende que a aferição de eventual excesso de prazo é de se dar em cada caso concreto, atento o julgador às peculiaridades do processo em que estiver oficiando.
3. A gravidade da imputação que recai sobre o paciente, que não contribuiu para a demora na formação da culpa, não é causa suficiente para se relevar o desmensurado prazo de mais de três anos em que ele permanece sob custódia cautelar aguardando julgamento.
4. *Writ* extinto. Ordem concedida, de ofício, para revogar a custódia cautelar do paciente. (Inform. STF 714)

HC N. 103.514-SP
REDATOR P/ O ACÓRDÃO: MIN. ROSA WEBER
EMENTA: *HABEAS CORPUS*. SUPERVENIÊNCIA DE DECISÃO COLEGIADA DO TRIBUNAL REGIONAL FEDERAL. SUPRESSÃO DE INSTÂNCIA. PERDA DE OBJETO. TRÁFICO DE DROGAS. PRISÃO PREVENTIVA. EXCESSO DE PRAZO.
1. A superveniência de decisão colegiada com a denegação do *habeas* perante a Corte Federal demanda impugnação própria perante o Superior Tribunal de Justiça e, apenas depois, se o caso, impugnação perante esta Suprema Corte.
2. Não traduz manifesta arbitrariedade a decretação de prisão cautelar de acusado integrante de grupo criminoso organizado dedicado ao tráfico internacional de drogas.
3. Com o julgamento da ação penal, ainda que em primeiro grau, não mais se cogita de excesso de prazo, conforme reiterados precedentes desta Corte (v.g.: HC 110.313/MS; HC 104.227/MS; HC 103.020/SP; HC 97.548/SP; e HC 86.630/RJ).
4. *Habeas corpus* prejudicado. (Inform. STF 714)

HC N. 105.923-SC
REDATOR P/ O ACÓRDÃO: MIN. ROSA WEBER
EMENTA: *HABEAS CORPUS*. PROCESSUAL PENAL. EXCESSO DE PRAZO. SUPERVENIÊNCIA DO JULGAMENTO. PRISÃO PREVENTIVA. REITERAÇÃO DELITIVA E ORDEM PÚBLICA.
1. Com o julgamento da ação penal, ainda que em primeiro grau, não mais se cogita de excesso de prazo, conforme reiterados precedentes desta Corte (*v.g.*: HC 110.313/MS; HC 104.227/MS; HC 103.020/SP; HC 97.548/SP; e HC 86.630/RJ).
2. A jurisprudência do STF é no sentido de que "a periculosidade do agente concretamente demonstrada, acrescida da possibilidade de reiteração criminosa e a participação em organização criminosa são motivos idôneos para a manutenção da custódia cautelar, a fim de garantir a ordem pública (HC n. 104.699/SP, 1ª Turma, Relatora a Ministra Cármen Lúcia, DJ de 23.11.10 e HC n. 103.107/MT, 1ª Turma, Relator o Ministro Dias Toffoli, DJ de 29.11.10)" (HC 103.716/SP – Relator para o acórdão Min. Luiz Fux – 1.ª Turma – por maioria - j. 02.8.2011 – DJe-210 de 04.11.2011).
3. No caso, a associação dos pacientes para a prática do tráfico de drogas, aliada à quantidade substancial de droga apreendida, autoriza a inferência de que o crime de tráfico não foi ocasional e que se dedicam, eles, à atividade criminosa, o que justifica a manutenção da prisão para evitar a reiteração delitiva e resguardar a ordem pública.
4. *Habeas corpus* denegado. (Inform. STF 714)

HC N. 116.491-SP
RELATOR: MIN. GILMAR MENDES
Habeas corpus. 2. Liberdade provisória. Impetração contra decisão do STJ que julgou prejudicado o feito e cassou liminar concedida ante à superveniência de sentença condenatória. 3. Constrição cautelar mantida pelos mesmos fundamentos. Perda do objeto não configurada. 4. O acusado respondeu ao processo em liberdade e, sobrevindo a sentença condenatória, as circunstâncias fáticas não se alteraram. Prisão provisória que não atende aos requisitos do art. 312 do CPP, limitando-se a invocar a gravidade abstrata do delito. 5. Ordem concedida, de ofício, para que o paciente possa aguardar em liberdade o trânsito em julgado da condenação, se por algum outro motivo não estiver preso. (Inform. STF 712)

HC N. 110.708-CE
REDATORA P/ O ACÓRDÃO: MIN. ROSA WEBER
EMENTA: HABEAS CORPUS. DIREITO PROCESSUAL PENAL. PRISÃO PREVENTIVA. SÚMULA 691/STF. EXCESSO DE PRAZO.
1. Não se conhece de habeas corpus impetrado contra denegação de liminar por Relator em habeas corpus requerido a Tribunal Superior. Súmula 691/STF. Supressão de instância que se viabiliza apenas em casos teratológicos.
2. Não se pode afirmar a manifesta arbitrariedade da decretação ou da manutenção de prisão cautelar diante do profundo envolvimento dos agentes com o tráfico de drogas, a indicar risco de reiteração delitiva e à ordem pública.
3. Toda a construção doutrinária e jurisprudencial sobre o excesso de prazo no processo penal para a formação da culpa diz respeito à demora para o julgamento em primeiro grau de jurisdição. Prolatada a sentença, a jurisprudência posiciona-se no sentido de que não há mais falar em excesso de prazo, à

falta em especial de parâmetros normativos para avaliar quando a demora no julgamento do recurso se torna arbitrária. Caso concreto no qual não se verifica manifesto excesso de prazo para julgamento da apelação diante do lapso temporal decorrido entre a sua interposição e a impetração do writ.
4. Habeas corpus não conhecido. (Inform. STF 710)

Sustentação oral e prerrogativa de novo mandatário - 1
A 2ª Turma denegou habeas corpus em que se sustentava ser descabida a segregação cautelar do paciente. Nos autos, dois advogados formularam pedidos de sustentação oral: um deles, o impetrante, e o outro, o defensor posteriormente constituído pelo réu. Por meio de petição, o novo mandatário judicial noticiara que o paciente teria desconstituído o impetrante, inclusive para atuação neste writ, e requerera intimação com o intuito de exercer a sua prerrogativa em comento. Na sequência, houvera pronunciamento contrário do impetrante, que ratificara o pleito de ciência da data do julgamento do habeas com a mesma finalidade. Preliminarmente, resolveu-se questão de ordem proposta pelo Min. Teori Zavascki, relator, para reconhecer ao atual patrono o direito de realizar a sustentação oral. O Relator sublinhou ter levado em conta a circunstância de que a espécie encobriria típica hipótese de representação. Enfatizou que a impetração ter-se-ia dado por contratação e que, assim, atender-se-ia à real manifestação de vontade do paciente. O Min. Celso de Mello, por sua vez, salientou a universalidade da legitimação para agir em sede de habeas corpus. Complementou que, não obstante isso, caberia ter presente a norma inscrita no § 3º do art. 192 do RISTF ("Não se conhecerá de pedido desautorizado pelo paciente"). Reportou-se à informação do réu, prestada por intermédio do novo advogado, de que teria interesse na impetração e que aguardaria ser designada data para julgamento do writ, quando este causídico proferiria sustentação oral. A par disso, verificou, por implicitude, desautorização a que aludiria o mencionado dispositivo.
HC 111810/MG, rel. Min. Teori Zavascki, 11.6.2013. (HC-111810)

Sustentação oral e prerrogativa de novo mandatário - 2
No mérito, após consignar-se não haver a perda de objeto deste habeas, assinalou-se a inexistência de qualquer ilegalidade no ato que decretara a custódia cautelar do paciente. Acentuou-se que os atributos da primariedade, residência fixa e ocupação lícita não teriam o condão de, por si sós, impedir a prisão preventiva se presentes os requisitos do art. 312 do CPP, como no caso. Assentou-se, por fim, que implicaria supressão de instância emitir juízo sobre a tese de deficiência da defesa técnica, porquanto não fora objeto da impetração no STJ, não tendo sido por ele analisada. O Min. Ricardo Lewandowski aduziu que o paciente permanecera preso durante todo o processo.
HC 111810/MG, rel. Min. Teori Zavascki, 11.6.2013. (HC-111810) (Inform. STF 710)

RHC N. 111.620-SP
RELATOR: MIN. GILMAR MENDES
Habeas corpus. 2. Tentativa de homicídio duplamente qualificado. Prisão preventiva. 3. Alegações de ausência dos requisitos previstos no art. 312 do CPP e excesso de prazo na formação da culpa. 4. Demonstrada a necessidade da segregação cautelar para garantir a ordem pública. Contribuição da defesa para a mora processual. 5. Ordem denegada. Recomendação de celeridade no julgamento da ação penal. (Inform. STF 707)

RHC N. 111.038-SP
RELATOR: MIN. MARCO AURÉLIO
HABEAS CORPUS – JULGAMENTO POR TRIBUNAL SUPERIOR – IMPUGNAÇÃO. A teor do disposto no artigo 102, inciso II, alínea "a", da Constituição Federal, contra decisão, proferida em processo revelador de habeas corpus, a implicar a não concessão da ordem, cabível é o recurso ordinário. Evolução quanto à admissibilidade do substitutivo do habeas corpus.

PRISÃO PREVENTIVA – EXCESSO DE PRAZO. Uma vez configurado o excesso de prazo da prisão preventiva, impõe-se o implemento da ordem de ofício. (Inform. STF 706)

HC N. 106.443-PE
RED. P/ O ACORDÃO: MIN. LUIZ FUX
Processual penal. Habeas corpus. Homicídio duplamente qualificado, em concurso de pessoas (CP, art. 121, § 2º, incisos II e IV, c/c art. 29). Prisão preventiva. Modus operandi da prática delituosa. Base empírica idônea justificadora da prisão preventiva. Precedentes.
1. O modus operandi da prática delitiva, a revelar a periculosidade in concreto do réu, constitui justificativa idônea da prisão preventiva para garantia da ordem pública: HC 102.475/SC, Rel. Min. Marco Aurélio, Relator p/ o acórdão Min. Luiz Fux, Primeira Turma, DJe de 16/09/11; HC 104.522/MG, Rel. Min. Marco Aurélio, Rel. p/ o acórdão Min. Luiz Fux, Primeira Turma, DJe de 16/09/11; HC 105.725/SP, Rel. Min. Cármen Lúcia, 1ª Turma, DJe de 18/08/11; HC 103.107/MT, 1ª Turma, Relator o Min. Dias Toffoli, DJ de 29.11.10; HC 104.410/GO, Rel. Min. Ellen Gracie, DJe de 30/06/11; e HC 97.891/SP, Rel. Min. Joaquim Barbosa, Segunda Turma, DJe de 19/10/10.
2. In casu, o paciente praticou, fria e brutalmente, o crime de homicídio duplamente qualificado, em concurso de pessoas (CP, art. 121, § 2º, incisos II e IV, c/c art. 29) de modo premeditado, sem chance de defesa para a vítima, na residência dela, por motivos de somenos importância, denotando, pelo modus operandi, acentuada periculosidade, a evidenciar o acerto do decisum que determinou sua prisão cautelar para garantia da ordem pública.
3. Habeas corpus extinto, por unanimidade, e rejeitada, por maioria, a concessão da ordem de ofício, restando a cassada a decisão que deferiu a liminar. (Inform. STF 705)

HC N. 113.189-RS
RELATORA: MIN. CÁRMEN LÚCIA
EMENTA: HABEAS CORPUS. PROCESSUAL PENAL. TRÁFICO DE DROGAS. PRISÃO PREVENTIVA. INDEFERIMENTO DO PEDIDO DE LIBERDADE PROVISÓRIA. ALEGAÇÕES DE AUSÊNCIA DE FUNDAMENTAÇÃO CAUTELAR IDÔNEA E DE EXCESSO DE PRAZO NA FORMAÇÃO DA CULPA. SUPERVENIÊNCIA DA SENTENÇA PENAL CONDENATÓRIA. CONSTRANGIMENTO ILEGAL: NÃO OCORRÊNCIA. PRECEDENTES. HABEAS CORPUS DENEGADO.
1. Decreto de prisão preventiva devidamente fundamentado na garantia da ordem pública, considerada a possibilidade objetiva de reiteração delituosa, que não é desmentida pelos elementos constantes dos autos.
2. A pluralidade de réus, a expedição de cartas precatórias, o ajuizamento de inúmeras medidas liberatórias e a existência de outros processos criminais em andamento tornam mais lenta a instrução do processo e podem constituir-se em um fator determinante para o alongamento dos prazos, nos limites do razoável.
3. Este Supremo Tribunal assentou que, com a superveniência da sentença condenatória, que constitui novo título da prisão, está superada a questão relativa ao antecedente excesso de prazo da prisão. Precedentes.
4. Habeas corpus denegado. (Inform. STF 702)

DIREITO PROCESSUAL PENAL. POSSIBILIDADE DE SUBSTITUIÇÃO DE PRISÃO PREVENTIVA POR PRISÃO DOMICILIAR (ART. 318 DO CPP).
É possível a substituição de prisão preventiva por prisão domiciliar, quando demonstrada a imprescindibilidade de cuidados especiais de pessoa menor de 6 anos de idade (art. 318, III, do CPP) e o decreto prisional não indicar peculiaridades concretas a justificar a manutenção da segregação cautelar em estabelecimento prisional. Na situação em análise, não se mostra adequada a manutenção do encarceramento do paciente quando presente um dos requisitos do art. 318 do CPP. Ademais, a prisão domiciliar, na hipótese, revela-se adequada para garantir a ordem pública,

sobretudo por não haver, no decreto prisional, demonstração de periculosidade concreta, a evidenciar que a cautela extrema seria a única medida a tutelar a ordem pública. Além disso, a substituição da prisão preventiva se justifica, por razões humanitárias, além de ser útil e razoável como alternativa à prisão ad custodiam. Ressalte-se a posição central, em nosso ordenamento jurídico, da doutrina da proteção integral e do princípio da prioridade absoluta, previstos no art. 227 da CF, no ECA e, ainda, na Convenção Internacional dos Direitos da Criança, ratificada pelo Decreto 99.710/1990. Portanto, atendidos os requisitos legais e em nome da dignidade da pessoa humana, bem como da proteção integral da criança, é possível substituir a prisão preventiva do paciente por prisão domiciliar. **HC 291.439-SP, Rel. Min. Rogerio Schietti Cruz, julgado em 22/5/2014. (Inform. STJ 544)**

DIREITO PROCESSUAL PENAL. COMPATIBILIDADE ENTRE A PRISÃO CAUTELAR E O REGIME PRISIONAL SEMIABERTO FIXADO NA SENTENÇA.
Há compatibilidade entre a prisão cautelar mantida pela sentença condenatória e o regime inicial semiaberto fixado nessa decisão, devendo o réu, contudo, cumprir a respectiva pena em estabelecimento prisional compatível com o regime inicial estabelecido. Precedentes citados: HC 256.535-SP, Quinta Turma, DJe 20/6/2013; e HC 228.010-SP, Quinta Turma, DJe 28/5/2013. **HC 289.636-SP, Rel. Min. Moura Ribeiro, julgado em 20/5/2014. (Inform. STJ 540)**

DIREITO PROCESSUAL PENAL. ILEGALIDADE DE PRISÃO PROVISÓRIA QUANDO REPRESENTAR MEDIDA MAIS SEVERA DO QUE A POSSÍVEL PENA A SER APLICADA.
É ilegal a manutenção da prisão provisória na hipótese em que seja plausível antever que o início do cumprimento da reprimenda, em caso de eventual condenação, dar-se-á em regime menos rigoroso que o fechado. De fato, a prisão provisória é providência excepcional no Estado Democrático de Direito, só sendo justificável quando atendidos os critérios de adequação, necessidade e proporcionalidade. Dessa forma, para a imposição da medida, é necessário demonstrar concretamente a presença dos requisitos autorizadores da preventiva (art. 312 do CPP), representados pelo fumus comissi delicti e pelo periculum libertatis e, além disso, não pode a referida medida ser mais grave que a própria sanção a ser possivelmente aplicada na hipótese de condenação do acusado. É o que se defende com a aplicação do princípio da homogeneidade, corolário do princípio da proporcionalidade, não sendo razoável manter o acusado preso em regime mais rigoroso do que aquele que eventualmente lhe será imposto quando da condenação. Precedente citado: HC 64.379-SP, Sexta Turma, DJe 3/11/2008. **HC 182.750-SP, Rel. Min. Jorge Mussi, julgado em 14/5/2013. (Inform. STJ 523)**

DIREITO PROCESSUAL PENAL. NECESSIDADE DE FUNDAMENTAÇÃO CONCRETA E INDIVIDUALIZADA PARA A IMPOSIÇÃO DAS MEDIDAS CAUTELARES PREVISTAS NO ART. 319 DO CPP.
É necessária a devida fundamentação – concreta e individualizada – para a imposição de qualquer das medidas alternativas à prisão previstas no art. 319 do CPP. Isso porque essas medidas cautelares, ainda que mais benéficas, representam um constrangimento à liberdade individual. Assim, é necessária a devida fundamentação em respeito ao art. 93, IX, da CF e ao disposto no art. 282 do CPP, segundo o qual as referidas medidas deverão ser aplicadas observando-se a "necessidade para aplicação da lei penal, para a investigação ou a instrução criminal e, nos casos expressamente previstos, para evitar a prática de infrações penais", bem como a "adequação da medida à gravidade do crime, circunstâncias do fato e condições pessoais do indiciado ou acusado". **HC 231.817–SP, Rel. Min. Jorge Mussi, julgado em 23/4/2013. (Inform. STJ 521)**

DIREITO PROCESSUAL PENAL. CAUTELAR DE SEQUESTRO. DEFERIMENTO DO PEDIDO SEM PRÉVIA INTIMAÇÃO DA DEFESA.
Não acarreta nulidade o deferimento de medida cautelar patrimonial de sequestro sem anterior intimação da defesa. Na hipótese de sequestro, o contraditório será diferido em prol da integridade do patrimônio e contra a sua eventual dissipação. Nesse caso, não se caracteriza qualquer cerceamento à defesa, que tem a oportunidade de impugnar a determinação judicial, utilizando os meios recursais legais previstos para tanto. **RMS 30.172-MT, Rel. Min. Maria Thereza de Assis Moura, julgado em 4/12/2012. (Inform. STJ 513)**

DIREITO PROCESSUAL PENAL. PRISÃO PREVENTIVA. RÉU FORAGIDO.
A fuga do acusado do distrito da culpa é fundamentação suficiente para a manutenção da custódia preventiva ordenada para garantir a aplicação da lei penal. Precedentes citados: HC 242.546-DF, DJe 22/8/2012; HC 241.826-MS, DJe 13/8/2012, e HC 214.862-SP, DJe 22/8/2012. **HC 239.269-SP, Rel. Min. Jorge Mussi, julgado em 13/11/2012. (Inform. STJ 509)**

DIREITO PENAL. REGIME INICIAL SEMIABERTO. MANUTENÇÃO DA PRISÃO PREVENTIVA.
O acusado tem direito de aguardar o julgamento do recurso de apelação em liberdade na hipótese em que fixado o regime inicial semiaberto para o cumprimento da pena, ainda que a sentença condenatória tenha fundamentado a necessidade de manutenção da prisão preventiva. O acusado não pode aguardar o julgamento do recurso em regime mais gravoso do que aquele estabelecido na sentença condenatória. Precedentes citados: HC 89.018-RS, DJe 10/3/2008, e HC 71.049-DF, DJ 10/12/2007. **HC 227.960-MG, Rel. Min. Laurita Vaz, julgado em 18/10/2012. (Inform. STJ 507)**

DIREITO PROCESSUAL PENAL. CRIME PERMANENTE. ESTADO DE FLAGRÂNCIA. PRISÃO POR QUALQUER DO POVO.
Não é ilegal a prisão realizada por agentes públicos que não tenham competência para a realização do ato quando o preso foi encontrado em estado de flagrância. Os tipos penais previstos nos arts. 12 e 16 da Lei n. 10.826/2003 (Estatuto do Desarmamento) são crimes permanentes e, de acordo com o art. 303 do CPP, o estado de flagrância nesse tipo de crime persiste enquanto não cessada a permanência. Segundo o art. 301 do CPP, qualquer do povo pode prender quem quer que seja encontrado em situação de flagrante, razão pela qual a alegação de ilegalidade da prisão – pois realizada por agentes que não tinham competência para tanto – não se sustenta. **HC 244.016-ES, Rel. Min. Jorge Mussi, julgado em 16/10/2012. (Inform. STJ 506)**

DIREITO PENAL. USO DE ALGEMAS. NECESSIDADE DE FUNDAMENTAÇÃO IDÔNEA.
Não há nulidade processual na recusa do juiz em retirar as algemas do acusado durante a audiência de instrução e julgamento, desde que devidamente justificada a negativa. O STF editou a Súmula vinculante n. 11 no sentido de que o uso de algemas somente é lícito em casos excepcionais. Como o uso de algemas constitui exceção, sua adoção deve ser justificada concretamente, por escrito, em uma das seguintes hipóteses: resistência indevida da pessoa; fundado receio de fuga; perigo à integridade física própria ou alheia. Caso seja constatado que a utilização desse instrumento foi desarrazoada e desnecessária, poderá haver a responsabilização do agente ou autoridade, além da declaração de nulidade do ato processual realizado. Assim, havendo motivação adequada, concreta e suficiente para manter algemado o acusado, não há falar em nulidade do ato processual. Precedente citado: HC 160.230-PR, DJe 14/12/2011. **HC 140.718-RJ, Rel. Min. Og Fernandes, julgado em 16/10/2012. (Inform. STJ 506)**

MEDIDA DE SEGURANÇA. FUNDAMENTAÇÃO. EXECUÇÃO. TRÂNSITO EM JULGADO.

Em retificação à nota do HC 226.014-SP (Informativo n. 495, divulgado em 25/4/2012), leia-se: A medida de segurança é uma espécie de sanção penal, ao lado da pena, logo não é cabível, no ordenamento jurídico, sua execução provisória, à semelhança do que ocorre com a pena aplicada aos imputáveis. A custódia cautelar só pode ser decretada antes da sentença definitiva, se estiverem presentes os requisitos autorizadores previstos no art. 312 do CPP e for devidamente fundamentada. Esse entendimento foi fixado pelo STF em observância ao princípio constitucional da presunção de inocência. No caso, verificou-se a ilegalidade da medida cautelar; pois, como o paciente encontrava-se em liberdade durante a tramitação da apelação e não foi fundamentada a necessidade da imediata aplicação da medida de segurança de internação, tem ele o direito de aguardar em liberdade até o trânsito em julgado da sentença. Tal interpretação se extrai da LEP; pois, consoante o exposto nos arts. 171 e 172, a guia para a internação do apenado em hospital psiquiátrico ou para sua submissão a tratamento ambulatorial será expedida somente após o trânsito em julgado da decisão que aplicar a medida de segurança. Precedentes citados do STF: HC 84.078-MG, DJe 26/2/2010; HC 98.166-MG, DJe 18/6/2009; HC 90.226-SP, DJe 14/5/2009; do STJ: HC 103.429-SP, DJe 23/3/2009, e HC 148.976-PR, DJe 28/6/2010. **HC 226.014-SP, Rel. Min. Laurita Vaz, julgado em 19/4/2012. (Inform. STJ 496)**

PRISÃO PREVENTIVA. SUBSTITUIÇÃO. EXCEPCIONALIDADE. LEI N. 12.403/2011.

Trata-se de *habeas corpus* com pedido de liminar impetrado em favor do paciente contra acórdão que manteve a decisão que decretou sua prisão preventiva pelo crime de homicídio duplamente qualificado tentado. Sustentam os impetrantes a ocorrência de constrangimento ilegal sob o argumento de que o tribunal de origem não teria apresentado dados concretos que justificassem a necessidade da segregação cautelar do paciente e de que as instâncias ordinárias sequer se manifestaram acerca das medidas cautelares alternativas previstas no art. 319 do CPP, com redação dada pela Lei n. 12.403/2011. O Min. Relator destacou que a matéria referente à incidência de medidas alternativas à prisão foi examinada somente em parte pela autoridade impetrada, a qual se ateve a tecer considerações somente no que diz respeito à impossibilidade de arbitramento de fiança nos crimes hediondos, omitindo-se quanto às demais providências passíveis de aplicação, alternativas à prisão. Isso porque, com a inovação legislativa introduzida pela Lei n. 12.403/2011, o CPP passou a capitular diversas providências substitutivas à prisão, sendo essa imposta apenas quando aquelas não se mostrarem suficientes à repressão e à reprovabilidade do delito, o que, contudo, não foi tratado na espécie. Diante dessa e de outras considerações, a Turma concedeu parcialmente a ordem, determinando que a corte *a quo* proceda ao exame da possibilidade de aplicação de providência cautelar diversa da prisão. **HC 219.101-RJ, Rel. Min. Jorge Mussi, julgado em 10/4/2012. (Inform. STJ 495)**

MEDIDA DE SEGURANÇA. TRÂNSITO EM JULGADO.

A prisão preventiva é excepcional e só deve ser decretada a título cautelar e de forma fundamentada em observância ao princípio constitucional da presunção de inocência. O STF fixou o entendimento de que ofende o princípio da não culpabilidade a execução da pena privativa de liberdade antes do trânsito em julgado da sentença condenatória, ressalvada a hipótese de prisão cautelar do réu, desde que presentes os requisitos autorizadores previstos no art. 312 do CPP. Assim, verificou-se a ilegalidade da medida cautelar no caso; pois, como o paciente encontrava-se em liberdade durante a tramitação da apelação e não foi fundamentada a necessidade da imediata aplicação da medida de segurança de internação, ele tem o direito de aguardar o eventual trânsito em julgado da condenação em liberdade. Destaque-se que a medida de segurança é uma espécie de sanção penal ao lado da pena, logo não é cabível, no ordenamento jurídico, sua execução provisória, pois a LEP (arts. 171 e 172) determina a expedição de guia pela autoridade judiciária para a internação em hospital psiquiátrico ou submissão a tratamento ambulatorial, o que só se mostra possível depois do trânsito em julgado da decisão. Precedentes citados do STF: HC 90.226-SP, DJe 14/5/2009; HC 84.078-MG, DJe 26/2/2010; HC 98.166, DJe 18/6/2009, e do STJ: HC 103.429-SP, DJe 23/3/2009. **HC 226.014-SP, Rel. Min. Laurita Vaz, julgado em 19/4/2012. (Inform. STJ 495)**

EXCESSO DE PRAZO NA FORMAÇÃO DA CULPA. RÉU PRESO.

A Turma discutiu se há excesso de prazo na formação da culpa, quando o paciente encontra-se preso há mais de um ano, sem recebimento da denúncia. Entendeu-se, por maioria, que os prazos indicados para a conclusão da instrução criminal servem apenas como parâmetro geral, pois variam conforme as peculiaridades de cada hipótese, razão pela qual a jurisprudência os tem mitigado à luz do princípio da razoabilidade. Assim, somente se cogita da existência de constrangimento ilegal por eventual excesso de prazo para a formação da culpa, quando o atraso na instrução criminal for motivado por injustificada demora ou desídia do aparelho estatal. No caso, o processo é complexo, pois há vários corréus, integrantes da organização criminosa e, no curso da instrução criminal, o paciente foi transferido para estabelecimento penal federal de segurança máxima, ou seja, para estado distinto do distrito da culpa, o que demanda a expedição de cartas precatórias. Concluiu-se, portanto, que não há constrangimento ilegal por excesso de prazo. Porém, a Min. Relatora recomendou urgência na designação de audiência para exame da inicial acusatória ofertada. Precedentes citados: HC 142.692-RJ, DJe 15/3/2010; HC 114.935-MA, DJe 19/4/2010, e HC 145.042-MS, DJe 14/6/2010. **HC 220.218-RJ, Rel. Min. Laurita Vaz, julgado em 16/2/2012. (Inform. STJ 491)**

Súmula Vinculante 25
É ilícita a prisão civil de depositário infiel, qualquer que seja a modalidade do depósito.

Súmula Vinculante 11
Só é lícito o uso de algemas em casos de resistência e de fundado receio de fuga ou de perigo à integridade física própria ou alheia, por parte do preso ou de terceiros, justificada a excepcionalidade por escrito, sob pena de responsabilidade disciplinar, civil e penal do agente ou da autoridade e de nulidade da prisão ou do ato processual a que se refere, sem prejuízo da responsabilidade civil do Estado.

Súmula STF nº 697
A proibição de liberdade provisória nos processos por crimes hediondos não veda o relaxamento da prisão processual por excesso de prazo.

Súmula STJ nº 81
Não se concede fiança quando, em concurso material, a soma das penas mínimas cominadas for superior a dois anos de reclusão.

Súmula STJ nº 64
Não constitui constrangimento ilegal o excesso de prazo na instrução, provocado pela defesa.

Súmula STJ nº 52
Encerrada a instrução criminal, fica superada a alegação de constrangimento por excesso de prazo.

Súmula STJ nº 21
Pronunciado o réu, fica superada a alegação do constrangimento Ilegal da prisão por excesso de prazo na instrução.

9. PROCESSOS E PROCEDIMENTOS

Ação penal originária no STJ e citação - 1
A 2ª Turma denegou *habeas corpus* no qual requerida anulação de decisão proferida no bojo de ação penal originária para que a citação do paciente se realizasse nos moldes dos artigos 396 e 396-A do CPP, com a redação dada pela Lei 11.719/2008 [*Art. 396. Nos procedimentos ordinário e sumário, oferecida a denúncia ou queixa, o juiz, se não a rejeitar liminarmente, recebê-la-á e ordenará a citação do acusado para responder à acusação, por escrito, no prazo de 10 (dez) dias. Parágrafo único. No caso de citação por edital, o prazo para a defesa começará a fluir a partir do comparecimento pessoal do acusado ou do defensor constituído. Art. 396-A. Na resposta, o acusado poderá arguir preliminares e alegar tudo o que interesse à sua defesa, oferecer documentos e justificações, especificar as provas pretendidas e arrolar testemunhas, qualificando-as e requerendo sua intimação, quando necessário*]. A impetração pleiteava, também, a análise pela Corte de origem de incidência de situação de absolvição sumária prevista no art. 397 do CPP. No caso, o paciente, desembargador aposentado, fora denunciado pela suposta prática dos crimes de formação de quadrilha e corrupção passiva. O Ministro relator no STJ notificara o paciente para apresentar defesa com base na Lei 8.038/1990 (*Art. 4º. Apresentada a denúncia ou a queixa ao Tribunal, far-se-á a notificação do acusado para oferecer resposta no prazo de quinze dias. § 1º. Com a notificação, serão entregues ao acusado cópia da denúncia ou da queixa, do despacho do relator e dos documentos por este indicados. ... Art. 6º. A seguir, o relator pedirá dia para que o Tribunal delibere sobre o recebimento, a rejeição da denúncia ou da queixa, ou a improcedência da acusação, se a decisão não depender de outras provas*).
HC 116653/RJ, rel. Min. Cármen Lúcia, 18.2.2014. (HC-116653)

Ação penal originária no STJ e citação - 2
A Turma ressaltou que o procedimento previsto na Lei 8.038/1990 para as ações penais originárias no STF e no STJ seria mais benéfico ao acusado, pois ele seria notificado para apresentar resposta, no prazo de 15 dias, da qual poderiam constar todas as razões de defesa pertinentes, antes mesmo da análise da denúncia. Afirmou que somente depois de facultada ao acusado a oportunidade de manifestação, nos termos do art. 6º, *caput*, da Lei 8.038/1990, o órgão julgador deliberaria sobre o recebimento, a rejeição da denúncia ou da queixa ou mesmo a improcedência da acusação. Por outro lado, com o procedimento comum dos artigos 394 e seguintes do CPP, oferecida a inicial acusatória, o juiz apreciaria de plano essa peça, e não seria facultada ao acusado a defesa prévia. Sublinhou que somente após o recebimento da acusação, o juiz ordenaria a citação do acusado para se defender, por escrito e no prazo de dez dias, e, em seguida, verificaria a possibilidade de absolvê-lo sumariamente. Frisou que, no rito do CPP, a primeira oportunidade de manifestação do acusado em juízo dar-se-ia somente depois do recebimento da denúncia, o que o impediria de influir nessa decisão. Ademais, ponderou que, no procedimento especial da Lei 8.038/1990, o acusado teria a possibilidade de se manifestar sobre a acusação antes de se tornar réu na ação penal, ao contrário do rito do CPP, situação desfavorável e que tornaria necessária, nesse último caso, a previsão da possibilidade de absolvição sumária.
HC 116653/RJ, rel. Min. Cármen Lúcia, 18.2.2014. (HC-116653)

Ação penal originária no STJ e citação - 3
A Turma consignou, ainda, que a opção, no ponto, pelo rito da Lei 8.038/1990 privilegiaria o princípio da especialidade por aplicar a norma especial em aparente conflito com a norma geral. Em consequência, assinalou que seria possível a postergação do interrogatório, mesmo no procedimento da Lei 8.038/1990, para o final da instrução, a possibilitar ao acusado o exercício da autodefesa somente depois de colhidas todas as provas, porque neste caso não se estaria a inovar ou a criar fase nova. Rememorou precedente do STF que possibilitaria, com base no art. 400 do CPP, fixar o interrogatório do réu como ato final da instrução penal, por ser a prática mais benéfica à defesa. Registrou que o adiamento do interrogatório para o final da instrução não teria similitude com o que pretenderiam os impetrantes, já que esse deslocamento do interrogatório refletiria mera alteração do momento da prática de um ato processual. Entretanto, o pedido da defesa corresponderia à criação de nova fase processual, o que não se admitiria. Concluiu que a mescla do procedimento especial da Lei 8.038/1990 com o procedimento comum do CPP importaria em criação de novas fases processuais, a selecionar o que cada qual teria de mais favorável ao acusado, de modo a gerar hibridismo incompatível com o princípio da reserva legal.
HC 116653/RJ, rel. Min. Cármen Lúcia, 18.2.2014. (HC-116653) (Inform. STF 736)

AG. REG. NO HC N. 108.360-SP
RELATOR: MIN. LUIZ FUX
Ementa: PENAL E PROCESSUAL PENAL. AGRAVO REGIMENTAL NO *HABEAS CORPUS*. *HABEAS CORPUS* SUBSTITUTIVO DE RECURSO ORDINÁRIO CONSTITUCIONAL. INADMISSIBILIDADE. COMPETÊNCIA DO SUPREMO TRIBUNAL FEDERAL PARA JULGAR *HABEAS CORPUS*: CRFB/88, ART. 102, I, *"D"* E *"I"*. HIPÓTESE QUE NÃO SE AMOLDA AO ROL TAXATIVO DE COMPETÊNCIA DESTA SUPREMA CORTE. CRIME FUNCIONAL. PECULATO (CP, ART. 312) E INSERÇÃO DE DADOS FALSOS EM SISTEMAS DE INFORMAÇÃO (CP, ART. 313-A). CONCURSO MATERIAL. PENAS MÍNIMAS DE RECLUSÃO QUE, QUANDO SOMADAS, ULTRAPASSAM DOIS ANOS. DEFESA PRÉVIA PREVISTA NO ART. 514 DO CPP. NAO INCIDÊNCIA NA HIPÓTESE, NOS TERMOS DO ART. 323, I, DO CPP, NA REDAÇÃO ANTERIOR À LEI Nº 12.403/2011. AGRAVO REGIMENTAL DESPROVIDO.
1. A defesa prévia do art. 514 do CPP é imperiosa tão somente nos crimes afiançáveis.
2. O artigo 323, I, do CPP, na redação anterior à Lei nº 12.403/2011, não admitia a fiança quando a pena mínima de reclusão for superior a dois anos.
3. *In casu*, a paciente fora denunciada pela prática em 2006 dos crimes de peculato (CP, art. 312) e de inserção de dados falsos em sistemas de informação (CP, art. 313-A), cujas penas mínimas privativas de liberdade são de dois anos. O concurso material impõe a soma das penas-mínimas, o que, no caso *sub judice*, perfaz um total de quatro anos, inviabilizando a aplicação do disposto no art. 514 do CPP.
4. A competência originária do Supremo Tribunal Federal para conhecer e julgar *habeas corpus* está definida, exaustivamente, no artigo 102, inciso I, alíneas *"d"* e *"i"*, da Constituição da República, sendo certo que a paciente não está arrolada em nenhuma das hipóteses sujeitas à jurisdição desta Corte.
5. A concessão, *ex officio*, da ordem não se justifica *in casu* porquanto inexiste *error in procedendo*.
6. Agravo Regimental desprovido. (Inform. STF 714)

RHC N. 116.713-MG
RELATOR: MIN. RICARDO LEWANDOWSKI
Ementa: RECURSO ORDINÁRIO EM *HABEAS CORPUS*. PROCESSUAL PENAL. PACIENTE PROCESSADA PELO DELITO DE TRÁFICO DE DROGAS SOB A ÉGIDE DA LEI 11.343/2006. PEDIDO DE NOVO INTERROGATÓRIO AO FINAL DA INSTRUÇÃO PROCESSUAL. ART. 400 DO CPP. IMPOSSIBILIDADE. PRINCÍPIO DA ESPECIALIDADE. AUSÊNCIA DE DEMONSTRAÇÃO DO PREJUÍZO. RECURSO ORDINÁRIO IMPROVIDO.
I – Se a paciente foi processada pela prática do delito de tráfico ilícito de drogas, sob a égide da Lei 11.343/2006, o procedimento a ser adotado é o especial, estabelecido nos arts. 54 a 59 do referido diploma legal.
II – O art. 57 da Lei de Drogas dispõe que o interrogatório ocorrerá em momento anterior à oitiva das testemunhas, diferentemente do que prevê o art. 400 do Código de Processo Penal.

III – Este Tribunal assentou o entendimento de que a demonstração de prejuízo, *"a teor do art. 563 do CPP, é essencial à alegação de nulidade, seja ela relativa ou absoluta, eis que ( ) o âmbito normativo do dogma fundamental da disciplina das nulidades pas de nullité sans grief compreende as nulidades absolutas"* (HC 85.155/SP, Rel. Min. Ellen Gracie).
IV – Recurso ordinário improvido. (Inform. STF 712)

Resposta à acusação e foro por prerrogativa de função - 1
O Plenário, ao resolver questão de ordem suscitada em ação penal, deliberou pelo prosseguimento do feito nos termos do art. 397 do CPP, com a consequente intimação regular das partes, incluído o processo em pauta para apreciação do tema. No caso, denunciado, na justiça comum, pela suposta prática do crime de recusa, retardamento ou omissão de dados técnicos (Lei 7.347/85, art. 10) fora, posteriormente, diplomado Senador, sem que, nesse intervalo, fosse-lhe oportunizado o oferecimento de resposta à acusação (CPP, artigos 396 e 396-A) e sua respectiva análise pelo juízo (CPP, art. 397). Ademais, não teria apresentado resposta escrita (Lei 8.038/90, art. 4º), haja vista que, quando oferecida a exordial acusatória, o processo ainda não seria de competência do STF. O acusado requeria, então, a nulidade do recebimento da denúncia. Considerou-se que, uma vez esta Corte tendo reputado válido o recebimento da inicial ocorrido no juízo de 1º grau, seria possível analisar a resposta à acusação – para a qual o juízo de piso já haveria citado a parte –, com os fins de absolvição sumária. Anotou-se a semelhança entre a regra inscrita no diploma processual penal e a disposição da Lei 8.038/90 para essa finalidade. Registrou-se precedente no Plenário nesse mesmo sentido (AP 630 AgR/MG, DJe de 22.3.2012), embora, naquele caso, a defesa houvesse apresentado resposta à acusação perante o juízo comum. Invocou-se o princípio tempus regit actum, a significar que os atos praticados validamente, por autoridade judiciária então competente, subsistiriam íntegros. Assim, seria válido o procedimento até o instante em que, com a superveniência da diplomação, deslocara-se a competência para o STF. Consignou-se que, transitoriamente, a Corte adotaria o rito previsto no CPP – exclusivamente para essa finalidade – e, em seguida, o procedimento previsto na Lei 8.038/90.
AP 679 QO/RJ, rel. Min. Dias Toffoli, 18.4.2013. (AP-679)

Resposta à acusação e foro por prerrogativa de função - 2
Vencido o Min. Marco Aurélio, que resolvia a questão de ordem no sentido de acolher a nulidade suscitada. Considerava, ainda, que o termo "recebê-la-á" contido no art. 396 do CPP ["Nos procedimentos ordinário e sumário, oferecida a denúncia ou queixa, o juiz, se não a rejeitar liminarmente, recebê-la-á e ordenará a citação do acusado para responder por escrito, no prazo de 10 (dez) dias"] referir-se-ia à mera entrega da denúncia ao juízo, visto que a resposta à acusação voltar-se-ia contra esta peça. Não haveria lógica em se receber a inicial, com os efeitos jurídicos próprios, e oportunizar à defesa que impugnasse o ato que ensejara esta decisão. O recebimento da denúncia deveria ocorrer, portanto, em momento posterior à manifestação do acusado. Registrava que interpretação distinta implicaria afronta à isonomia, pois a Lei 8.038/90 permitiria ao denunciado – detentor de foro por prerrogativa de função – que se defendesse antes do recebimento da denúncia, e o Código de Processo Penal, voltado ao cidadão comum, não. Isso violaria o princípio do contraditório.
AP 679 QO/RJ, rel. Min. Dias Toffoli, 18.4.2013. (AP-679) (Inform. STF 702)

HC: vista ao "parquet" após defesa prévia e nulidade
A 1ª Turma indeferiu habeas corpus em que alegada nulidade em virtude de abertura de vista ao Ministério Público após a juntada de defesa prévia. Na espécie, o paciente fora denunciado pela prática de calúnia (CP, art. 138), com a causa de aumento de pena prevista no art. 141, II, do CP ("contra funcionário público, no exercício das funções"). A defesa prévia fora apresentada com novos documentos com o fito de demonstrar a improcedência da persecução criminal. Após, o juízo instara a acusação a manifestar-se sobre essa peça apresentada e acerca dos documentos que a acompanharam. Cumprida a diligência, o magistrado recebera a denúncia, sem antes intimar o acusado para ciência da petição apresentada pelo órgão ministerial e, ato contínuo, designara audiência de instrução. De início, rememorou-se que a defesa prévia manejada nos termos do art. 396 do CPP ["Nos procedimentos ordinário e sumário, oferecida a denúncia ou queixa, o juiz, se não a rejeitar liminarmente, recebê-la-á e ordenará a citação do acusado para responder à acusação, por escrito, no prazo de 10 (dez) dias"] não se confundiria com defesa preliminar, anterior ao recebimento da acusação, estabelecida em procedimentos como os das Leis 8.038/90, 9.099/95 ou 11.343/2006. Em seguida, asseverou-se que, no caso, o juízo teria intimado o Ministério Público para pronunciar-se quanto à sequência da ação penal. Ademais, reputou-se descabido transportar para essa fase processual a ordem alusiva às alegações finais, momento em que seria impossível a inversão da ordem prevista em lei. Sublinhou-se que, apresentada defesa prévia em que articuladas, até mesmo, preliminares, seria cabível a audição do parquet para se definir sobre o prosseguimento da ação penal. HC 105739/RJ, rel. Min. Marco Aurélio, 7.2.2012. (HC-105739) (Inform. STF 654)

DIREITO PROCESSUAL PENAL. POSSIBILIDADE DE RECONSIDERAÇÃO DA DECISÃO DE RECEBIMENTO DA DENÚNCIA APÓS A DEFESA PRÉVIA DO RÉU.
O fato de a denúncia já ter sido recebida não impede o juízo de primeiro grau de, logo após o oferecimento da resposta do acusado, prevista nos arts. 396 e 396-A do CPP, reconsiderar a anterior decisão e rejeitar a peça acusatória, ao constatar a presença de uma das hipóteses elencadas nos incisos do art. 395 do CPP, suscitada pela defesa. Nos termos do art. 396, se não for verificada de plano a ocorrência de alguma das hipóteses do art. 395, a peça acusatória deve ser recebida e determinada a citação do acusado para responder por escrito à acusação. Em seguida, na apreciação da defesa preliminar, segundo o art. 397, o juiz deve absolver sumariamente o acusado quando verificar uma das quatro hipóteses descritas no dispositivo. Contudo, nessa fase, a cognição não pode ficar limitada às hipóteses mencionadas, pois a melhor interpretação do art. 397, considerando a reforma feita pela Lei 11.719/2008, leva à possibilidade não apenas de o juiz absolver sumariamente o acusado, mas também de fazer novo juízo de recebimento da peça acusatória. Isso porque, se a parte pode arguir questões preliminares na defesa prévia, cai por terra o argumento de que o anterior recebimento da denúncia tornaria sua análise preclusa para o Juiz de primeiro grau. Ademais, não há porque dar início à instrução processual, se o magistrado verifica que não lhe será possível analisar o mérito da ação penal, em razão de defeito que macula o processo. Além de ser desarrazoada essa solução, ela também não se coaduna com os princípios da economia e celeridade processuais. Sob outro aspecto, se é admitido o afastamento das questões preliminares suscitadas na defesa prévia, no momento processual definido no art. 397 do CPP, também deve ser considerado admissível o seu acolhimento, com a extinção do processo sem julgamento do mérito por aplicação analógica do art. 267, § 3º, CPC. Precedentes citados: HC 150.925-PE, Quinta Turma, DJe 17/5/2010; HC 232.842-RJ, Sexta Turma, DJe 30/10/2012.
REsp 1.318.180-DF, Rel. Min. Sebastião Reis Júnior, julgado em 16/5/2013. (Inform. STJ 522)

ABSOLVIÇÃO SUMÁRIA. CONTROVÉRSIA QUANTO AO DOLO.
A absolvição sumária só é possível se evidenciada uma das hipóteses previstas no art. 397 do CPP. No caso, o tribunal de origem manteve a absolvição sumária do réu acusado de crime de contrabando ao argumento de que ele não tinha consciência da origem das máquinas caça-níqueis apreendidas em seu estabelecimento. A Min. Relatora asseverou que, sendo ponto

controvertido o conhecimento da procedência estrangeira das máquinas apreendidas e de seus componentes, mostra-se descabido o afastamento do dolo do agente sem a devida instrução probatória. Precedentes citados: REsp 1.206.024-ES, DJe de 13/8/2012, e REsp 1.206.103-ES, DJe de 14/2/2012. **REsp 1.206.320-ES, Rel. Min. Laurita Vaz, julgado em 4/9/2012. (Inform. STJ 503)**

DEFESA PRELIMINAR. FUNDAMENTAÇÃO. ART. 396-A DO CPP.
O juiz deverá fundamentar, ainda que sucintamente, a decisão que acolher ou não as teses defensivas declinadas na defesa preliminar estabelecida no art. 396-A do CPP (incluído pela Lei n. 11.719/2008), sob pena de configurar a negativa de prestação jurisdicional. **HC 183.355-MG, Rel. originário Min. Marco Aurélio Bellizze, Rel. para o acórdão Min. Adilson Vieira Macabu (desembargador convocado do TJ/RJ), julgado em 3/5/2012.(Inform. STJ 496)**

Súmula STJ nº 330
É desnecessária a resposta preliminar de que trata o artigo 514 do Código de Processo Penal, na ação penal instruída por inquérito policial.

10. PROCESSO DOS CRIMES DA COMPETÊNCIA DO JÚRI

Tribunal do júri e anulação de quesito
A 2ª Turma denegou "habeas corpus" em que se postulava a anulação de julgamento de tribunal do júri em razão de suposto vício quanto à formulação de quesito apresentado ao conselho de sentença. No caso, questionava-se a validade do acréscimo da expressão "pelo que ouviu em Plenário" ao quesito geral de absolvição — "O jurado absolve o acusado?" —, previsto no art. 483, § 2º, do CPP. A Turma, de início, consignou que qualquer oposição aos quesitos formulados deveria ser arguida imediatamente, na própria sessão de julgamento, sob pena de preclusão, nos termos do CPP ("Art. 571. As nulidades deverão ser arguidas: ... VIII - as do julgamento em plenário, em audiência ou em sessão do tribunal, logo depois de ocorrerem"), o que não teria ocorrido na espécie. Asseverou, ademais, que, embora não tivesse sido empregada a redação prevista no referido dispositivo, não se detectaria a apontada nulidade, pois a redação do quesito em comento teria sido formulada com conteúdo similar ao mencionado no texto legal.
HC 123307/AL, rel. Min. Gilmar Mendes, 9.9.2014. (HC-123307) (Inform. STF 758)

HC N. 119.565-DF
RELATOR: MIN. DIAS TOFFOLI
EMENTA: *Habeas corpus.* Penal. Júri. Crime de homicídio qualificado (CP, art. 121, § 2º, I). Absolvição, não obstante o reconhecimento da participação do paciente na empreitada criminosa. Apelação do Ministério Público, sob o fundamento de que houve contradição na quesitação. Recurso provido para determinar a submissão do réu a novo julgamento pelo júri. Alegação de violação da soberania dos veredictos do júri popular. Questão não analisada pela instância antecedente. Inadmissível supressão de instância. Precedentes. Admissibilidade de recurso especial. Competência do Superior Tribunal de Justiça. Inadequação da via eleita. *Writ* extinto.
1. A questão tratada na impetração não foi analisada pela instância antecedente. Por conseguinte, sua análise pela Suprema Corte, de forma originária, configuraria verdadeira supressão de instância, o que não se admite. Precedentes.

2. Não cabe **habeas corpus**, como regra, para rever decisão do Superior Tribunal de Justiça quanto à admissibilidade do recurso especial.
3. Não conhecimento do **writ**. (Inform. STF 737)

RHC N. 116.950-ES
RELATORA: MIN. ROSA WEBER
EMENTA: RECURSO ORDINÁRIO EM *HABEAS CORPUS*. HOMICÍDIO NA DIREÇÃO DE VEÍCULO AUTOMOTOR. DOLO EVENTUAL. CULPA CONSCIENTE. PRONÚNCIA. TRIBUNAL DO JÚRI.
1. Admissível, em crimes de homicídio na direção de veículo automotor, o reconhecimento do dolo eventual, a depender das circunstâncias concretas da conduta. Precedentes.
2. Mesmo em crimes de trânsito, definir se os fatos, as provas e as circunstâncias do caso autorizam a condenação do paciente por homicídio doloso ou se, em realidade, trata-se de hipótese de homicídio culposo ou mesmo de inocorrência de crime é questão que cabe ao Conselho de Sentença do Tribunal do Júri.
3. Não cabe na pronúncia analisar e valorar profundamente as provas, pena inclusive de influenciar de forma indevida os jurados, de todo suficiente a indicação, fundamentada, da existência de provas da materialidade e autoria de crime de competência do Tribunal do Júri.
4. Recurso ordinário em *habeas corpus* a que se nega provimento. (Inform. STF 735)

Sentença de pronúncia: contradição e qualificadora
A 1ª Turma, em face da inadequação da via eleita, por ser o *habeas corpus* substitutivo de recurso constitucional, declarou o *writ* extinto, sem resolução de mérito. Porém, por maioria, concedeu a ordem de ofício para afastar a qualificadora relativa ao motivo fútil e determinar a submissão do paciente ao tribunal do júri por homicídio na forma simples. No caso, a sentença de pronúncia afastara a qualificadora concernente ao emprego de recurso que teria dificultado a defesa do ofendido pela surpresa da agressão. Constaria dos autos que a vítima, no início do desentendimento com o paciente, poderia ter deixado o local, mas preferira enfrentar os oponentes, além de ameaçá-los. Por isso, não fora apanhado de surpresa. Contudo, a decisão de pronúncia teria reconhecido a qualificadora do motivo fútil, em decorrência de a discussão ser de somenos importância, tendo como pano de fundo a ocupação de uma mesa de bilhar. Afirmou-se que não seria o caso de revolvimento de prova, porquanto haveria contradição entre os termos da sentença e a conclusão para considerar o motivo fútil como qualificadora. Consignou-se que o evento "morte" haveria decorrido de postura assumida pela vítima, de ameaça e de enfrentamento. Acrescentou-se que descaberia assentar a provocação da vítima e o motivo fútil. Vencidos os Ministros Roberto Barroso e Luiz Fux, que não concediam a ordem de ofício, por reputar que seria competência do tribunal do júri analisar as referidas qualificadoras. HC 107199/SP, rel. Min. Marco Aurélio, 20.8.2013. (HC-107199) (Inform. STF 716)

Tribunal do júri e motivo fútil - 2
Em conclusão, a 1ª Turma, por maioria, denegou habeas corpus, ao reconhecer, na espécie, a competência do tribunal do júri para analisar se o ciúme seria, ou não, motivo fútil. Na presente situação, o paciente fora pronunciado pela suposta prática de homicídio triplamente qualificado por impossibilidade de defesa da vítima, meio cruel e motivo fútil, este último em razão de ciúme por parte do autor (CP, art. 121, § 2º, II, III e IV) – v. informativo 623. Reputou-se que caberia ao conselho de sentença decidir se o paciente praticara o ilícito motivado por ciúme, bem como analisar se esse sentimento, no caso concreto, constituiria motivo fútil apto a qualificar o crime em comento. Asseverou-se que apenas a qualificadora que se revelasse improcedente poderia ser excluída da pronúncia, o que não se verificara. Enfatizou-se que esse entendimento não assentaria que o ciúme fosse instrumento autorizador ou imune a justificar

o crime. Vencidos os Ministros Luiz Fux e Marco Aurélio, que concediam a ordem para afastar a incidência da qualificadora. HC 107090/RJ, rel. Min. Ricardo Lewandowski, 18.6.2013. (HC-107090) (Inform. STF 711)

HC N. 113.156-RJ
RELATOR: MIN. GILMAR MENDES
Habeas corpus. 2. Pronúncia em sede de recurso em sentido estrito. Possibilidade. 3. Indícios de autoria e materialidade do crime. 4. Excesso de linguagem. Não ocorrência. 5. In dubio pro societate. Prevalência. Garantia da competência reservada ao Tribunal do Júri. 6. Tratando-se de pronúncia, exige-se apenas juízo de admissibilidade. Precedentes. 7. Ordem denegada. (Inform. STF 708)

Tribunal do júri e cerceamento de defesa – 1
A 2ª Turma iniciou julgamento de *habeas corpus* em que pretendida a nulidade de julgamento realizado por tribunal do júri, que culminara com a condenação do paciente. Na espécie, designada a sessão de julgamento do paciente, esta não ocorrera em razão da ausência dos defensores constituídos, sem escusa legítima, motivo pelo qual o juiz-presidente determinara o adiamento para 12 dias subsequentes, bem como a intimação da defensoria, nos termos do art. 456 do CPP ["*Se a falta, sem escusa legítima, for do advogado do acusado, e se outro não for por este constituído, o fato será imediatamente comunicado ao presidente da seccional da Ordem dos Advogados do Brasil, com a data designada para a nova sessão. § 1º Não havendo escusa legítima, o julgamento será adiado somente uma vez, devendo o acusado ser julgado quando chamado novamente. § 2º Na hipótese do § 1º deste artigo, o juiz intimará a Defensoria Pública para o novo julgamento, que será adiado para o primeiro dia desimpedido, observado o prazo mínimo de 10 (dez) dias*"]. Ocorre que, antes do início desta nova sessão, fora protocolizado substabelecimento, sem reservas de poderes, dos antigos defensores, tendo o novo advogado constituído pleiteado, sem sucesso, adiamento para estudo do processo. De início, negou-se referendo à decisão do Min. Ricardo Lewandowski, proferida na qualidade de Presidente da Turma, e indeferiu-se a utilização de mecanismo audiovisual requerido pela defesa. **HC 108527/PA, rel. Min. Gilmar Mendes, 11.12.2012. (HC-108527)**

Tribunal do júri e cerceamento de defesa – 2
Em seguida, o Min. Gilmar Mendes, relator, concedeu parcialmente a ordem para declarar nulo o aludido julgamento, no que seguido pelo Min. Teori Zavascki. Consignou que, no caso, houvera cumprimento estrito da legislação, nos termos do art. 456 do CPP. Porém, ressaltou que, destacado o esmero e a lealdade processual do defensor público, não seria possível desmerecer o princípio da ampla defesa, pois decorreria deste postulado a necessidade de justo equilíbrio entre as partes envolvidas em processo judicial ou administrativo. Ressaltou que essa orientação deveria ser potencializada nos casos a envolver julgamento pelo tribunal do júri, em que o convencimento dos jurados – leigos – estaria diretamente ligado à apresentação oral da acusação e da defesa, mesmo com prévio conhecimento do processo por parte deles. Asseverou que, tendo em conta o exíguo prazo concedido à defesa diante da complexidade do feito, o conhecimento superficial do processo prejudicaria argumentos que seriam dirigidos aos julgadores leigos. Assim, afetar-se-ia o livre convencimento dos jurados, a resultar em julgamento não equânime entre as partes. Por fim, manteve a custódia do paciente, haja vista a contribuição da defesa para a mora processual. Em divergência, a Min. Cármen Lúcia denegou a ordem por entender que a defesa fora apresentada, mesmo que o defensor não tivesse lido todos os dados. Ademais, assinalou que esta circunstância teria sido causada pela própria parte. Após, pediu vista, o Min. Ricardo Lewandowski. **HC 108527/PA, rel. Min. Gilmar Mendes, 11.12.2012. (HC-108527)**

Tribunal do júri e cerceamento de defesa – 3
Em conclusão, a 2ª Turma, por maioria, concedeu, em parte, habeas corpus para declarar nulo o julgamento condenatório de tribunal do júri, mantida a custódia do paciente. Na espécie, designada a sessão de julgamento, esta não ocorrera em razão da ausência dos defensores constituídos, sem escusa legítima, motivo pelo qual o juiz-presidente determinara o adiamento para doze dias subsequentes, bem como a intimação da Defensoria Pública, nos termos do art. 456 do CPP ["*Se a falta, sem escusa legítima, for do advogado do acusado, e se outro não for por este constituído, o fato será imediatamente comunicado ao presidente da seccional da Ordem dos Advogados do Brasil, com a data designada para a nova sessão. § 1º Não havendo escusa legítima, o julgamento será adiado somente uma vez, devendo o acusado ser julgado quando chamado novamente. § 2º Na hipótese do § 1º deste artigo, o juiz intimará a Defensoria Pública para o novo julgamento, que será adiado para o primeiro dia desimpedido, observado o prazo mínimo de 10 (dez) dias*"] – v. Informativo 692. Asseverou-se caracterizado o cerceamento de defesa. Destacou-se que, não obstante o Presidente do tribunal do júri tivesse cumprido estritamente o disposto na mencionada regra processual, ao determinar o adiamento da sessão de julgamento por doze dias, quando a lei estabeleceria um mínimo, para qualquer caso, de dez dias, o prazo fixado não teria se mostrado razoável. HC 108527/PA, rel. Min. Gilmar Mendes, 14.5.2013. (HC-108527)

Tribunal do júri e cerceamento de defesa – 4
Pontuou-se que o magistrado dera ao caso em apreço tratamento similar aos feitos com os quais o Poder Judiciário se depararia no seu cotidiano. Frisou-se que a complexidade da causa, somada aos 26 volumes da ação penal demandariam fixação de maior prazo de adiamento. Aduziu-se que esse período de tempo mais elastecido estaria em conformidade com os princípios da razoabilidade, da proporcionalidade e, ainda, do devido processo legal substantivo, não o meramente formal. Concluiu-se que não estaria afrontado o princípio constitucional da razoável duração do processo (CF, art. 5º, LXXVIII), tampouco caracterizado constrangimento ilegal a justificar a concessão da liberdade provisória, consideradas as vicissitudes do feito em comento. Vencidos os Ministros Cármen Lúcia e Celso de Mello, que denegavam a ordem. Assentavam que a circunstância questionada teria sido provocada pela própria defesa do réu, a criar artimanhas para protelar indefinidamente o desfecho do processo. Destacavam que não se poderia presumir que a condenação, por si, caracterizasse prova de ineficiência da defesa técnica.
HC 108527/PA, rel. Min. Gilmar Mendes, 14.5.2013. (HC-108527) (Inform. STF 706)

Pronúncia e fundamentação
A 1ª Turma retomou julgamento de *habeas corpus* impetrado em favor de denunciado pela suposta prática de delitos de homicídio – na forma do art. 18, I, parte final, do CP (dolo eventual), c/c art. 29 do CP (concurso de pessoas) – e de participação em "racha". Na espécie, o juiz do tribunal do júri desclassificara o ilícito penal imputado ao paciente e declinara de sua competência. A Corte estadual, por sua vez, pronunciara o paciente em sede de recurso em sentido estrito, a fim de submetê-lo ao tribunal do júri. Requer-se a nulidade do julgamento por ausência de fundamentação da pronúncia e sua consequente anulação, bem como dos atos processuais que se seguiram. Em sessão de 27.3.2012, o Min. Marco Aurélio, relator, concedeu a ordem, no que foi acompanhado pelo Min. Luiz Fux. Entendeu acertada a sentença proferida pelo juízo do tribunal do júri, que determinara a remessa dos autos a uma das varas criminais da comarca. Frisou que a pronúncia formalizada pelo tribunal de justiça não conteria a especificação do dispositivo legal em que estaria incurso o acusado, mas apenas referências a parâmetros alusivos ao sinistro. Em divergência, as Ministras Rosa Weber e Cármen Lúcia denegaram o *writ*, por considerarem que a matéria exigiria reavaliação de provas, inviável na via estreita

eleita. Nesta assentada, o Min. Dias Toffoli, em voto-vista, acompanhou a dissidência. Aduziu não vislumbrar a alegada falta de motivação do recurso que pronunciara o paciente e o submetera a julgamento pelo tribunal do júri. De outro lado, assinalou que, concluir pelo acerto da decisão proferida pelo juízo singular ou pelo tribunal de justiça implicaria reexame do cotejo fático-probatório, inviável em *habeas corpus*. Por sua vez, ante o novo enfoque da Turma, o Min. Marco Aurélio assentou a impropriedade da impetração, substitutiva de recurso ordinário. Porém, de ofício, concedeu a ordem, pelas razões já lançadas. Após os votos dos Ministros Luiz Fux e Rosa Weber, que reajustaram seus votos quanto ao conhecimento do *habeas*, o julgamento foi suspenso para aguardar a manifestação da Min. Cármen Lúcia. HC 109210/RJ, rel. Min. Marco Aurélio, 21.8.2012. (HC-109210) (Inform. STF 676)

Mudança de proclamação e intimação da defesa - 1
A 1ª Turma, por maioria, deferiu *habeas corpus* a fim de que outro julgamento de recurso especial se perfaça com a composição completa do órgão julgador, contendo o quinto juiz para desempate, consoante previsto na sessão realizada em 27.10.2009. Na origem, o paciente fora pronunciado pela alegada prática dos crimes de homicídio e de lesão corporal grave, ao supostamente dirigir embriagado e em velocidade muito superior à permitida. Dessa sentença, sob vários fundamentos, a defesa interpusera sucessivos recursos. No STJ, órgão fracionário proclamara a ocorrência de empate na apreciação do apelo especial, em 27.10.2009, e decidira convocar Ministro de Turma diversa para proferir voto de desempate. Na mencionada sessão, consignou-se que, após a relatora se manifestar pelo conhecimento parcial do recurso e, nessa parte, dar-lhe provimento, sendo acompanhada por outro Ministro, houvera 2 votos no sentido de não conhecimento do feito. Conforme notas taquigráficas, a relatora o provia parcialmente para cassar acórdão e sentença de pronúncia, determinando que outra fosse proferida, sanado o vício apontado. Quanto ao magistrado que a seguia, este concedia *habeas corpus* de ofício para que fosse suprimida da pronúncia a palavra "racha". Em 29.10.2009, o Colegiado daquela Corte retificara o resultado da assentada anterior, para fazer constar o não conhecimento do recurso por votação majoritária. Nesse sentido, computado o voto do juiz que concedia a ordem de ofício. Na sessão de 4.12.2009, realizara-se nova retificação, para que figurasse ter a Turma, por maioria, negado provimento à parte em que conhecido o especial. A defesa arguia a ocorrência de constrangimento ante modificação ilegal, em 29.10.2009, no resultado do recurso e a falta de intimação para a sessão em que ele alterado. HC 108739/SC, rel. orig. Min. Rosa Weber, red. p/ o acórdão Min. Luiz Fux, 14.8.2012. (HC-108739)

Mudança de proclamação e intimação da defesa - 2
Prevaleceu voto do Min. Luiz Fux. Verificou que a "retificação" da assentada resultara em *reformatio in pejus*, porquanto a relatora, que provia o recurso na parte conhecida, e o Ministro que concedia *habeas corpus* de ofício, entendiam existir excesso de linguagem na pronúncia. Explicitou que, consoante apontado pela parte, a nulidade decorreria da readaptação do que julgado, 2 dias depois, em detrimento do paciente e sem intimação de seu advogado. Sublinhou que somente poder-se-ia chegar ao mérito da impugnação, genericamente, caso ultrapassada a fase de admissibilidade do recurso. Dessa feita, embora ele não tivesse conhecido, o Ministro que acompanhava a relatora favorecia o réu. O Min. Marco Aurélio, ao subscrever essa conclusão, reputou configurado vício de procedimento, a partir do que indicara como direito natural: o do cidadão de saber o dia de julgamento. Constatou que a defesa fora surpreendida, após sair da sala de sessão segura de que seria convocada integrante para o desempate. Complementou que isso não poderia ter acontecido sem a intimação dela. Dessumiu haver insubsistência do pronunciamento da Turma de 29.10.2009. Por fim, ressaltou ser possível que os Ministros do STJ – componentes da primeira apreciação do feito, em 27.10.2009 – ainda reajustassem seus votos, tendo em conta que o julgamento não

teria sido finalizado. O Min. Dias Toffoli também considerou o fato de que, originariamente, fora convocado outro Ministro e, depois, a defesa fora surpreendida. Ponderou que a relatora do STJ provera o recurso em maior extensão, para anular decisão, e o outro Ministro, para retirar aquilo por ele entendido como excesso de linguagem, ou seja, em âmbito menor. Frisou que ambos os votos teriam sido benéficos ao ora paciente. Destacou, ainda, ser bastante o assentamento de que seria convocado quinto juiz. HC 108739/SC, rel. orig. Min. Rosa Weber, red. p/ o acórdão Min. Luiz Fux, 14.8.2012. (HC-108739)

Mudança de proclamação e intimação da defesa - 3
Vencida a Min. Rosa Weber, relatora, que não conhecia da impetração e, nisto superada, denegava a ordem. Em suma, aduzia que se buscava nulidade de pronúncia, muito anterior a 2009, por excesso de linguagem. Avaliava existir verdadeira supressão de instância. Interpretava não ter ocorrido mudança de voto, mas correção de atecnia, de erro material. Inferia que, ainda se não fosse assim, uma vez que provisória a proclamação de 27.10.2009, qualquer magistrado poderia alterar seu voto. Avaliava que a verdadeira modificação de resultado seria a decorrente da proclamação de 4.12.2009. No que concerne à intimação, explanava que o processo permanecera pautado para sessão de convocação de desempatador. Além disso, rematava não vislumbrar qualquer nulidade. HC 108739/SC, rel. orig. Min. Rosa Weber, red. p/ o acórdão Min. Luiz Fux, 14.8.2012. (HC-108739) (Inform. STF 675)

Desistência voluntária e quesitação
A resposta afirmativa dos jurados à indagação sobre a ocorrência de tentativa afasta automaticamente a hipótese de desistência voluntária. Essa a conclusão da 2ª Turma ao denegar *habeas corpus* impetrado – em favor de condenado pela prática do crime previsto no art. 121, § 2º, I e IV, c/c o art. 14, II, do CP – com base em suposto cerceamento de defesa, em virtude da falta de quesitação específica requerida pela defesa. Esclareceu-se que o conselho de sentença, após responder positivamente ao primeiro quesito, inerente à autoria, também o fizera de forma assertiva quanto ao segundo, a fim de reconhecer a prática de homicídio tentado. Reputou-se que, assim, fora rejeitada a tese de desistência voluntária. Inferiu-se que, no caso, a ausência de quesito específico relativo à matéria não inquinaria de nulidade o julgamento do tribunal do júri. Precedente citado: HC 89921/PR (DJe de 27.4.2007). HC 112197/SP, rel. Min. Gilmar Mendes, 5.6.2012. (HC-112197) (Inform. STF 669)

DIREITO PROCESSUAL PENAL. NECESSIDADE DE ENCERRAR A VOTAÇÃO CASO OS JURADOS RESPONDAM AFIRMATIVAMENTE AO QUESITO REFERENTE À ABSOLVIÇÃO DO ACUSADO.
Suscitada a legítima defesa como única tese defensiva perante o Conselho de Sentença, caso mais de três jurados respondam afirmativamente ao terceiro quesito – "O jurado absolve o acusado?" –, o Juiz Presidente do Tribunal do Júri deve encerrar o julgamento e concluir pela absolvição do réu, não podendo submeter à votação quesito sobre eventual excesso doloso alegado pela acusação. Na atual sistemática do Tribunal do Júri, o CPP não prevê quesito específico sobre a legítima defesa. Após a Lei 11.689/2008, foram unificadas teses defensivas em um único quesito obrigatório (art. 483, inciso III, do CPP). Ao concentrar diversas teses absolutórias nesta questão – "O jurado absolve o acusado?" –, o legislador buscou impedir que os jurados fossem indagados sobre aspectos técnicos. Nessa perspectiva, declarada a absolvição pelo Conselho de Sentença, prosseguir no julgamento para verificar se houve excesso doloso constituiu constrangimento manifestamente ilegal ao direito ambulatório do acusado. Caracteriza, ademais, ofensa à garantia da plenitude de defesa, pois o novo sistema permite justamente que o jurado possa absolver o réu baseado unicamente em sua livre convicção e de forma independente das teses defensivas. HC 190.264-PB, Rel. Min. Laurita Vaz, julgado em 26/8/2014. (Inform. STJ 545)

DIREITO PROCESSUAL PENAL. CONTRADIÇÃO ENTRE AS RESPOSTAS A QUESITOS NO TRIBUNAL DO JÚRI.
Cabe ao Juiz Presidente do Tribunal do Júri, ao reconhecer a existência de contradição entre as respostas aos quesitos formulados, submeter à nova votação todos os quesitos que se mostrem antagônicos, e não somente aquele que apresentou resultado incongruente. Aplica-se, nessa situação, o disposto no art. 490 do CPP, segundo o qual "Se a resposta a qualquer dos quesitos estiver em contradição com outra ou outras já dadas, o presidente, explicando aos jurados em que consiste a contradição, submeterá novamente à votação os quesitos a que se referirem tais respostas". Precedente citado: REsp 126.938-PB, Quinta Turma, DJ 18/12/2000. **REsp 1.320.713-SP**, Rel. Min. Laurita Vaz, julgado em 27/5/2014. (Inform. STJ 542)

DIREITO PROCESSUAL PENAL. MANDADO DE INTIMAÇÃO DE TESTEMUNHA EXPEDIDO PARA LOCALIDADE DIVERSA DA INDICADA PELA DEFESA.
O julgamento do Tribunal do Júri sem a oitiva de testemunha indicada pela defesa pode ser anulado se o mandado de intimação houver sido expedido para localidade diversa daquela apontada, ainda que se trate de testemunha que não fora indicada como imprescindível. De acordo com o art. 461 do CPP, "o julgamento não será adiado se a testemunha deixar de comparecer, salvo se uma das partes tiver requerido a sua intimação por mandado, na oportunidade de que trata o art. 422 deste Código, declarando não prescindir do depoimento e indicando a sua localização". Da leitura do mencionado dispositivo legal, depreende-se que o julgamento só pode ser adiado caso a testemunha faltante tenha sido intimada com a cláusula de imprescindibilidade. No entanto, ainda que a testemunha não tenha sido indicada como imprescindível, não se pode admitir que a defesa seja prejudicada por um equívoco do Estado-Juiz, que expediu mandado de intimação para endereço distinto daquele indicado pelos advogados do acusado. Assim, caberia ao Poder Judiciário empreender os esforços necessários para intimá-la no endereço indicado, não se podendo admitir a realização do julgamento em Plenário quando a ausência da testemunha foi causada por um erro que sequer pode ser atribuído à defesa. Cabe ressaltar que apenas seria possível a sua realização no caso de não ser possível efetivar a intimação no local fornecido pela defesa, ou, quando devidamente intimada, a testemunha não arrolada com cláusula de imprescindibilidade não comparecer ao julgamento. **HC 243.591-PB**, Rel. Min. Jorge Mussi, julgado em 18/2/2014. (Inform. STJ 538)

DIREITO PROCESSUAL PENAL. NULIDADE NO JULGAMENTO DO TRIBUNAL DO JÚRI.
É nulo o julgamento no Tribunal do Júri que tenha ensejado condenação quando a acusação tiver apresentado, durante os debates na sessão plenária, documento estranho aos autos que indicaria que uma testemunha havia sido ameaçada pelo réu, e a defesa tiver se insurgido contra essa atitude fazendo consignar o fato em ata. De acordo com a norma contida na antiga redação do art. 475 do CPP, atualmente disciplinada no art. 479, é defeso às partes a leitura em plenário de documento que não tenha sido juntado aos autos com a antecedência mínima de três dias. Trata-se de norma que tutela a efetividade do contraditório, que é um dos pilares do devido processo legal, sendo certo que a sua previsão legal seria até mesmo prescindível, já que o direito das partes de conhecer previamente as provas que serão submetidas à valoração da autoridade competente é ínsito ao Estado Democrático de Direito. De fato, existem entendimentos doutrinários e jurisprudenciais no sentido de que eventual inobservância à norma em comento caracterizaria nulidade de natureza relativa, a ensejar arguição oportuna e comprovação do prejuízo suportado. Entretanto, não há como negar que a atuação de qualquer das partes em desconformidade com essa norma importa na ruptura da isonomia probatória, a qual deve ser observada em toda e qualquer demanda judicializada, ainda mais no âmbito de uma ação penal – cuja resposta estatal, na maioria das vezes, volta-se contra um dos bens jurídicos mais preciosos do ser humano – e, principalmente, no procedimento dos crimes dolosos contra a vida, em que o juízo condenatório ou absolutório é proferido por juízes leigos, dos quais não se exige motivação. Com efeito, o legislador ordinário estabeleceu, ao regulamentar o referido procedimento, uma peculiar forma de julgamento, já que os jurados que compõem o Conselho de Sentença são chamados a responderem de forma afirmativa ou negativa a questionamentos elaborados pelo juiz presidente, razão pela qual os seus veredictos são desprovidos da fundamentação que ordinariamente se exige das decisões judiciais. Assim, toda a ritualística que envolve o julgamento dos delitos dolosos contra a vida tem por finalidade garantir que os jurados formem o seu convencimento apenas com base nos fatos postos em julgamento e nas provas que validamente forem apresentadas em plenário. No caso de ser constatada quebra dessa isonomia probatória, como na hipótese em análise, não há como assegurar que o veredicto exarado pelo Conselho de Sentença tenha sido validamente formado, diante da absoluta impossibilidade de se aferir o grau de influência da indevida leitura de documento não juntado aos autos oportunamente, justamente porque aos jurados não se impõe o dever de fundamentar. Ademais, ainda que se empreste a essa nulidade a natureza relativa, na hipótese em que a defesa do acusado tenha consignado a sua irresignação em ata, logo após o acusador ter utilizado documento não acostado aos autos oportunamente, não há falar em preclusão do tema. Sobrevindo, então, um juízo condenatório, configurado também se encontra o prejuízo para quem suportou a utilização indevida do documento, já que não se vislumbra qualquer outra forma de comprovação do referido requisito das nulidades relativas. **HC 225.478-AP**, Rel. Min. Laurita Vaz e Rel. para acórdão Min. Jorge Mussi, julgado em 20/2/2014. (Inform. STJ 537)

DIREITO PROCESSUAL PENAL. INTIMAÇÃO POR EDITAL NO PROCEDIMENTO DO JÚRI.
No procedimento relativo aos processos de competência do Tribunal do Júri, não é admitido que a intimação da decisão de pronúncia seja realizada por edital quando o processo houver transcorrido desde o início à revelia do réu que também fora citado por edital. Efetivamente, o art. 420, parágrafo único, do CPP – cujo teor autoriza a utilização de edital para intimação da pronúncia do acusado solto que não for encontrado – é norma de natureza processual, razão pela qual deve ser aplicado imediatamente aos processos em curso. No entanto, excepciona-se a hipótese de ter havido prosseguimento do feito à revelia do réu, citado por edital, em caso de crime cometido antes da entrada em vigor da Lei 9.271/1996, que alterou a redação do art. 366 do CPP. A referida exceção se dá porque, em se tratando de crime cometido antes da nova redação conferida ao art. 366 do CPP, o curso do feito não foi suspenso em razão da revelia do réu citado por edital. Dessa forma, caso se admitisse a intimação por edital da decisão de pronúncia, haveria a submissão do réu a julgamento pelo Tribunal do Júri sem que houvesse certeza da sua ciência quanto à acusação, o que ofende as garantias do contraditório e da plenitude de defesa. Precedentes citados: HC 228.603-PR, Quinta Turma, DJe 17/9/2013; e REsp 1.236.707-RS, Sexta Turma, DJe 30/9/2013. **HC 226.285-MT**, Rel. Min. Sebastião Reis Júnior, julgado em 20/2/2014. (Inform. STJ 537)

DIREITO PROCESSUAL PENAL. INTIMAÇÃO POR EDITAL NO PROCEDIMENTO DO JÚRI.
No procedimento relativo aos processos de competência do Tribunal do Júri, o acusado solto que, antes da Lei 11.689/2008, tenha sido intimado pessoalmente da decisão de pronúncia pode, após a vigência da referida Lei, ser intimado para a sessão plenária por meio de edital caso não seja encontrado e, se não comparecer, poderá ser julgado à revelia. Os arts. 413 e 414 do CPP, em sua redação original, impunham a suspensão do processo enquanto não

operada a intimação pessoal do acusado acerca da decisão de pronúncia, embora o prazo prescricional continuasse a fluir. Com a modificação operada pela Lei 11.689/2008 no art. 420 do CPP, entende-se que foi superada a crise de instância a que submetido os feitos anteriores à referida Lei, ao restabelecer-se a marcha processual de ações penais suspensas. Cuidando-se de norma puramente processual, entende-se que o art. 420 do CPP, com a redação conferida pela Lei 11.689/2008, tem aplicabilidade imediata, tendo em vista a necessidade de densificação da isonomia, por meio do critério *tempus regit actum*. O mesmo entendimento é aplicável no que diz respeito à intimação ficta para a sessão plenária. Com efeito, o art. 431 do CPP assim dispõe: "Estando o processo em ordem, o juiz presidente mandará intimar as partes, o ofendido, se for possível, as testemunhas e os peritos, quando houver requerimento, para a sessão de instrução e julgamento, observando, no que couber, o disposto no art. 420 deste Código." No preceito normativo processual, houve expressa remissão ao artigo 420 do CPP, a possibilitar a intimação por edital do réu acerca da data da sessão plenária do júri. O art. 457 do CPP, por sua vez, admite que o julgamento ocorra sem a presença do réu, ao dispor que o julgamento "não será adiado pelo não comparecimento do acusado solto, do assistente ou do advogado do querelante, que tiver sido regularmente intimado". Desse modo, em hipóteses como a em análise, não há vício de procedimento, eis que o acusado está ciente do processo que tramita em seu desfavor, optando por não comparecer em plenário. Precedentes citados: HC 251.000-SP, Quinta Turma, DJe 3/2/2014; HC 215.956-SC, Sexta Turma, DJe 16/10/2012; e HC 132.087-RJ, Quinta Turma, DJe 26/10/2009. **HC 210.524-RJ, Rel. Min. Maria Thereza De Assis Moura, julgado em 11/3/2014. (Inform. STJ 537)**

DIREITO PROCESSUAL PENAL. LIMITES DA COMPETÊNCIA DO JUIZ DA PRONÚNCIA.
O juiz na pronúncia não pode decotar a qualificadora relativa ao "meio cruel" (art. 121, § 2º, III, do CP) quando o homicídio houver sido praticado mediante efetiva reiteração de golpes em região vital da vítima. O STJ possui entendimento consolidado no sentido de que o decote de qualificadoras por ocasião da decisão de pronúncia só está autorizado quando forem manifestamente improcedentes, isto é, quando completamente destituídas de amparo nos elementos cognitivos dos autos. Nesse contexto, a reiteração de golpes na vítima, ao menos em princípio e para fins de pronúncia, é circunstância indiciária do "meio cruel", previsto no art. 121, § 2º, III, do CP, que consiste em meio no qual o agente, ao praticar o delito, provoca um maior sofrimento à vítima. Não se trata, pois, a reiteração de golpes na vítima de qualificadora manifestamente improcedente que autorize a excepcional exclusão pelo juiz da pronúncia, sob pena de usurpação da competência constitucionalmente atribuída ao Tribunal do Júri. Precedente citado: HC 224.773-DF, Quinta Turma, DJe 6/6/2013.**REsp 1.241.987-PR, Rel. Min. Maria Thereza de Assis Moura, julgado em 6/2/2014. (Inform. STJ 537)**

DIREITO PROCESSUAL PENAL. ABSOLVIÇÃO IMPRÓPRIA NO PROCEDIMENTO DO TRIBUNAL DO JÚRI.
No procedimento do tribunal do júri, o juiz pode, na fase do art. 415 do CPP, efetivar a absolvição imprópria do acusado inimputável, na hipótese em que, além da tese de inimputabilidade, a defesa apenas sustente por meio de alegações genéricas que não há nos autos comprovação da culpabilidade e do dolo do réu, sem qualquer exposição dos fundamentos que sustentariam esta tese. De fato, no que diz respeito à pretensão de submissão do réu a julgamento pelo Tribunal do Júri, é imperioso consignar que no procedimento dos delitos dolosos contra a vida, se a inimputabilidade não é a única tese sustentada pela defesa, que apresenta outros fundamentos aptos a afastar a responsabilização penal do acusado, deve o magistrado pronunciá-lo, pois pode ser inocentado sem que lhe seja imposta medida de segurança. Esse entendimento, aliás, levou o legislador ordinário a incluir, na reforma pontual realizada no CPP com o advento da Lei 11.689/2008, o parágrafo único no art. 415, estabelecendo que o juiz poderá absolver desde logo o acusado pela prática de crime doloso contra a vida se restar demonstrada a sua inimputabilidade, salvo se esta não for a única tese defensiva. Nesse contexto, a simples menção genérica de que não haveria nos autos comprovação da culpabilidade e do dolo do réu, sem qualquer exposição dos fundamentos que sustentariam a tese defensiva, não é apta a caracterizar ofensa ao referido entendimento jurisprudencial e à citada inovação legislativa. Precedente citado: HC 73.201-DF, Sexta Turma, DJe 17/8/2009. **RHC 39.920-RJ, Rel. Min. Jorge Mussi, julgado em 6/2/2014. (Inform. STJ 535)**

PROCESSO PENAL. REFERÊNCIA À DECISÃO DE PRONÚNCIA DURANTE OS DEBATES NO JÚRI.
As referências ou a leitura da decisão de pronúncia durante os debates em plenário do tribunal do júri não acarretam, necessariamente, a nulidade do julgamento, que somente ocorre se as referências forem feitas como argumento de autoridade que beneficiem ou prejudiquem o acusado. Precedente citado: REsp 1.190.757-DF, Sexta Turma, DJe 14/6/2013. **AgRg no REsp 1.235.899-MG, Rel. Min. Maria Thereza de Assis Moura, julgado em 5/11/2013. (Inform. STJ 531)**

PROCESSO PENAL. REFERÊNCIA À DECISÃO DE PRONÚNCIA DURANTE OS DEBATES NO JÚRI.
A simples leitura da pronúncia ou das demais decisões que julgaram admissível a acusação não conduz, por si só, à nulidade do julgamento, o que só ocorre quando a menção a tais peças processuais é feita como argumento de autoridade, de modo a prejudicar o acusado. Precedente citado: REsp 1.190.757-DF, Sexta Turma, DJe 14/6/2013. **HC 248.617-MT, Rel. Min. Jorge Mussi, julgado em 5/9/2013. (Inform. STJ 531)**

DIREITO PROCESSUAL PENAL. IMPOSSIBILIDADE DE NOVA MANIFESTAÇÃO NOS TERMOS DO ART. 422 DO CPP APÓS DETERMINAÇÃO DE NOVO JULGAMENTO COM BASE NO § 3º DO ART. 593 DO CPP.
No caso em que o Tribunal, em apelação, determine a realização de novo júri em razão do reconhecimento de que a decisão dos jurados fora manifestamente contrária à prova dos autos, não é possível que se conceda às partes o direito de inovar no conjunto probatório mediante a apresentação de novo rol de testemunhas a serem ouvidas em plenário. A preparação prevista no art. 422 do CPP, que consiste, entre outras coisas, na apresentação do rol de testemunhas que irão depor em plenário, é ato antecedente ao julgamento em si. Praticado o referido ato de preparação - que não se confunde com o ato de julgamento propriamente dito - , ocorrerá, em regra, a sua preclusão consumativa. Dessa maneira, tendo sido provida apelação tão somente para a realização de novo julgamento, não será possível repetir a realização de outro ato (o de preparação) que já fora consumado, sendo cabível proceder apenas ao novo julgamento do acusado. Além do mais, se o Tribunal *ad quem* determina um novo julgamento por estar convencido de que o veredicto exarado pelo Conselho de Sentença anterior seria manifestamente contrário à prova dos autos, deve o novo Júri realizar uma nova análise sobre o mesmo acervo de provas anteriormente analisado. Caso contrário, estar-se-ia, no novo Conselho de Sentença, diante do primeiro juízo de valoração de prova inédita - que não fora valorada no primeiro julgamento - sem que fosse possível outro pleito de anulação desse novo julgamento com base no art. 593, III, *d*, do CPP, visto que a norma contida na parte final do § 3º do aludido dispositivo impede a interposição de segunda apelação fundamentada no mesmo motivo. **HC 243.452-SP, Rel. Min. Jorge Mussi, julgado em 26/2/2013. (Inform. STJ 516)**

DIREITO PROCESSUAL PENAL. NULIDADE ABSOLUTA DE SESSÃO DE JULGAMENTO DE TRIBUNAL DO JÚRI.

Deve ser reconhecida a nulidade absoluta de ação penal, desde a sessão de julgamento em Tribunal do Júri, na hipótese em que um dos jurados do Conselho de Sentença tenha integrado o júri de outro processo nos doze meses que antecederam à publicação da lista geral de jurados, considerando que o placar da votação tenha sido o de quatro a três em favor da condenação do réu, ainda que a defesa tenha deixado de consignar a insurgência na ata de julgamento da sessão. De acordo com o § 4º do art. 426 do CPP, não pode ser incluída na lista geral de jurados a pessoa que tenha integrado Conselho de Sentença nos doze meses que antecederem à publicação da lista. Tratando-se de nulidade absoluta, é cabível o seu reconhecimento, mesmo considerando a falta de registro da insurgência na ata de julgamento da sessão viciada. Além do mais, é evidente o prejuízo ao réu diante de uma condenação apertada, pelo placar de quatro a três, tendo em vista que há possibilidade de o voto do jurado impedido ter sido decisivo na condenação. **HC 177.358-SP, Rel. Min. Maria Thereza de Assis Moura, julgado em 5/2/2013.** (Inform. STJ 513).

Súmula STF nº 712
É nula a decisão que determina o desaforamento de processo da competência do júri sem audiência da defesa.

Súmula STF nº 206
É nulo o julgamento ulterior pelo júri com a participação de jurado que funcionou em julgamento anterior do mesmo processo.

Súmula STF nº 162
É absoluta a nulidade do julgamento pelo júri, quando os quesitos da defesa não precedem aos das circunstâncias agravantes.

Súmula STF nº 156
É absoluta a nulidade do julgamento, pelo júri, por falta de quesito obrigatório.

11. JUIZADOS ESPECIAIS

PSV: transação penal e coisa julgada material (Enunciado 35 da Súmula Vinculante)
O Tribunal acolheu proposta de edição de enunciado de súmula vinculante com o seguinte teor: "A homologação da transação penal prevista no artigo 76 da Lei 9.099/1995 não faz coisa julgada material e, descumpridas suas cláusulas, retoma-se a situação anterior, possibilitando-se ao Ministério Público a continuidade da persecução penal mediante oferecimento de denúncia ou requisição de inquérito policial".
PSV 68/DF, 16.10.2014. (PSV-68) (Inform. STF 763)

Transação penal e efeitos próprios de sentença penal condenatória - 1
O Tribunal iniciou julgamento de recurso extraordinário em que se discute a possibilidade de imposição de efeitos extrapenais acessórios de sentença penal condenatória à transação penal prevista na Lei 9.099/1995. No caso, procedimento penal fora instaurado em desfavor do ora recorrente para apurar a prática de contravenção tipificada no art. 58 do Decreto-lei 3.688/1941 ("Explorar ou realizar a loteria denominada jogo do bicho, ou praticar qualquer ato relativo à sua realização ou exploração"). Por ocasião da lavratura do termo circunstanciado, a motocicleta de propriedade do investigado fora apreendida em virtude de suposto uso na execução do ilícito. Ocorre que o Ministério Público ofertara transação penal que, aceita pelo recorrente e integralmente cumprida, culminara em sentença extintiva da punibilidade, a qual, no entanto, impusera a perda do veículo anteriormente apreendido. O recorrente sustenta que somente a sentença condenatória seria capaz de produzir o confisco de bens como efeito automático. Além disso, alega: a) ofensa ao direito de propriedade, porquanto não observado o devido processo legal; e b) afronta ao princípio da presunção de inocência, uma vez que teriam sido aplicados à transação os efeitos equivalentes ao ato de confissão.
RE 795567/PR, rel. Min. Teori Zavascki, 29.5.2014. (RE-795567)

Transação penal e efeitos próprios de sentença penal condenatória - 2
Por considerar violadas as garantias constitucionais dos artigos 5º, XXII, LIV, LV e LVII, o Ministro Teori Zavascki (relator) deu provimento ao recurso. Destacou que a Lei 9.099/1995 introduziu no sistema penal brasileiro o instituto da transação penal, que permite a dispensa da persecução penal pelo magistrado em crimes de menor potencial ofensivo, desde que o suspeito da prática do delito concorde em se submeter, sem qualquer resistência, ao cumprimento de uma pena restritiva de direito ou multa que lhe tenha sido oferecida por representante do Ministério Público em audiência (art. 76). Assim, a lei relativizara, de um lado, o princípio da obrigatoriedade da instauração da persecução penal em crimes de ação penal pública de menor ofensividade, e, de outro, autorizara o investigado a dispor das garantias processuais penais que o ordenamento lhe confere. O relator aduziu que as consequências geradas pela transação penal seriam apenas as definidas no instrumento do acordo. Além delas, enfatizou que o único efeito acessório gerado pela homologação do ato estaria previsto no § 4º do art. 76 da Lei 9.099/1995 ("... registrada apenas para impedir novamente o mesmo benefício no prazo de cinco anos"). Observou que os demais efeitos penais e civis decorrentes das condenações penais não seriam constituídos (art. 76, § 6º). Asseverou, ainda, que a sanção imposta com o acolhimento da transação não decorreria de qualquer juízo estatal a respeito da culpabilidade do investigado. Tendo isso em conta, reputou que se trataria de um ato judicial homologatório. Salientou, também, que o juiz, em caso de descumprimento dos termos do acordo, não poderia substituir a medida restritiva de direito consensualmente fixada por uma pena privativa de liberdade compulsoriamente aplicada.
RE 795567/PR, rel. Min. Teori Zavascki, 29.5.2014. (RE-795567)

Transação penal e efeitos próprios de sentença penal condenatória - 3
O Ministro Teori Zavascki consignou que as consequências jurídicas extrapenais previstas nos parágrafos do art. 91 do CP, dentre as quais a do confisco de instrumentos do crime (art. 91, II, a) e de seu produto ou de bens adquiridos com o seu proveito (art. 91, II, b), só poderiam ocorrer como efeito acessório, reflexo ou indireto de uma condenação penal. Enfatizou que, apesar de não possuírem natureza penal propriamente dita, não haveria dúvidas de que esses efeitos constituiriam drástica intervenção estatal no patrimônio dos acusados, razão pela qual sua imposição só poderia ser viabilizada mediante a observância de um devido processo, que garantisse ao acusado a possibilidade de exercer seu direito de resistência por todos os meios colocados à sua disposição. Afirmou que as medidas acessórias previstas no art. 91 do CP, embora incidissem "ex lege", exigiriam juízo prévio a respeito da culpa do investigado, sob pena de transgressão ao devido processo legal. Registrou que a aplicação da medida confiscatória sem processo revelar-se-ia antagônica não apenas à acepção formal da garantia do art. 5º, LIV, da CF, como também ao seu significado material, destinado a vedar as iniciativas estatais que incorressem, seja pelo excesso ou pela insuficiência, em resultado arbitrário. Concluiu que, no caso, o excesso do decreto de confisco residiria no fato de que a aceitação da transação reverter em prejuízo daquele a quem deveria beneficiar (o investigado), pois produziria contra ele um efeito acessório — a perda da propriedade de uma motocicleta — que se revelara muito mais gravoso do que a própria prestação principal originalmente avençada (pagamento de cinco cestas de alimentos). Logo, o recorrente fora privado da titularidade de um bem sem que lhe fosse oportunizado o exercício dos meios de defesa legalmente estabelecidos. Após

os votos dos Ministros Roberto Barroso, que realçou a licitude do bem apreendido, e Rosa Weber, ambos no mesmo sentido do relator, pediu vista dos autos o Ministro Luiz Fux. RE 795567/PR, rel. Min. Teori Zavascki, 29.5.2014. (RE-795567) (Inform. STF 748)

Denúncia: erro na tipificação e Lei 9.099/95
A 1ª Turma, ante a inadequação da via eleita e por não vislumbrar ilegalidade flagrante, abuso de poder ou teratologia a justificar a concessão da ordem, de ofício, julgou extinto, por maioria, habeas corpus que pretendia substituir recurso ordinário constitucional. Na espécie, o paciente fora denunciado pela suposta prática dos crimes de falsidade documental e ideológica e uso de documento falso (CP, artigos 297, 299 e 304). Buscava a concessão da ordem para corrigir a capitulação jurídica da denúncia – para tentativa de estelionato – a possibilitar o benefício da suspensão condicional do processo (Lei 9.099/95, art. 89). Destacou-se jurisprudência da Corte no sentido de não ser possível, na via do habeas corpus, discutir-se a correta tipificação dos fatos imputados ao paciente na ação penal. Ponderou-se, ainda, não ser lícito ao magistrado, quando do recebimento da denúncia, em mero juízo de admissibilidade da acusação, conferir definição jurídica aos fatos narrados na peça acusatória. O momento adequado para fazê-lo seria na prolação da sentença, ocasião em que poderia haver a emendatio libelli ou a mutatio libelli, se a instrução criminal assim o indicar. Vencido o Min. Marco Aurélio, que concedia a ordem de ofício. Precedentes citados: HC 98526/RS (DJe de 20.8.2010) e HC 87324/SP (DJe de 18.5.2007).
HC 111445/PE, rel. Min. Dias Toffoli, 16.4.2013. (HC-111445) (Inform. STF 702)

DIREITO PROCESSUAL PENAL. SUSPENSÃO CONDICIONAL DO PROCESSO. REVOGAÇÃO POSTERIOR AO PERÍODO DE PROVA.
É possível a revogação do benefício da suspensão condicional do processo após o término do período de prova, desde que os fatos ensejadores da revogação tenham ocorrido durante esse período. Conforme a jurisprudência do STF e do STJ, o descumprimento de uma das condições no curso do período de prova da suspensão condicional do processo acarreta, obrigatoriamente, a cessação do benefício (art. 89, §§ 3º e 4º, da Lei n. 9.099/1995). A ausência de revogação do benefício antes do término do lapso probatório não ocasiona a extinção da punibilidade e pode ocorrer após o decurso do período de prova. Precedentes citados do STF: **HC 103.706-SP, DJe 30/11/2010; e do STJ: HC 176.891-SP, DJe 13/4/2012, e HC 174.517-SP, DJe 4/5/2011. HC 208.497-RS, Rel. Min. Assusete Magalhães, julgado em 11/12/2012.** (Inform. STJ 513).

DIREITO PROCESSUAL PENAL. SUSPENSÃO CONDICIONAL DO PROCESSO. OFERECIMENTO DO BENEFÍCIO AO ACUSADO POR PARTE DO JUÍZO COMPETENTE EM AÇÃO PENAL PÚBLICA.
O juízo competente deverá, no âmbito de ação penal pública, oferecer o benefício da suspensão condicional do processo ao acusado caso constate, mediante provocação da parte interessada, não só a insubsistência dos fundamentos utilizados pelo Ministério Público para negar o benefício, mas o preenchimento dos requisitos especiais previstos no art. 89 da Lei n. 9.099/1995. A suspensão condicional do processo representa um direito subjetivo do acusado na hipótese em que atendidos os requisitos previstos no art. 89 da Lei dos Juizados Especiais Cíveis e Criminais. Por essa razão, os indispensáveis fundamentos da recusa da proposta pelo Ministério Público podem e devem ser submetidos ao juízo de legalidade por parte do Poder Judiciário. Além disso, diante de uma negativa de proposta infundada por parte do órgão ministerial, o Poder Judiciário estaria sendo compelido a prosseguir com uma persecução penal desnecessária, na medida em que a suspensão condicional do processo representa uma alternativa à persecução penal. Por efeito, tendo em vista o interesse público do instituto, a proposta de suspensão condicional do processo não pode ficar ao alvedrio do MP. Ademais, conforme se depreende da redação do art. 89 da Lei n. 9.099/1995, além dos requisitos objetivos ali previstos para a suspensão condicional do processo, exige-se, também, a observância dos requisitos subjetivos elencados no art. 77, II, do CP. Assim, pode-se imaginar, por exemplo, situação em que o Ministério Público negue a benesse ao acusado por consideração a elemento subjetivo elencado no art. 77, II, do CP, mas, ao final da instrução criminal, o magistrado sentenciante não encontre fundamentos idôneos para valorar negativamente os requisitos subjetivos previstos no art. 59 do CP (alguns comuns aos elencados no art. 77, II, do CP), fixando, assim, a pena-base no mínimo legal. Daí a importância de que os fundamentos utilizados pelo órgão ministerial para negar o benefício sejam submetidos, mediante provocação da parte interessada, ao juízo de legalidade do Poder Judiciário. **HC 131.108-RJ, Rel. Min. Jorge Mussi, julgado em 18/12/2012.** (Inform. STJ 513).

DIREITO PROCESSUAL PENAL. SURSIS PROCESSUAL. IMPOSIÇÃO DE CONDIÇÕES NÃO PREVISTAS EXPRESSAMENTE NO ART. 89 DA LEI N. 9.099/1995.
É cabível a imposição de prestação de serviços à comunidade ou de prestação pecuniária como condição especial para a concessão do benefício da suspensão condicional do processo, desde que observados os princípios da adequação e da proporcionalidade. Conforme o art. 89, § 2º, da Lei n. 9.099/1995, no momento da elaboração da proposta do sursis processual, é permitida a imposição ao acusado do cumprimento de condições facultativas, desde que adequadas ao fato e à situação pessoal do beneficiário. Precedentes citados do STF: **HC 108.103-RS, DJe 06/12/2011; do STJ: HC 223.595-BA, DJe 14/6/2012, e REsp 1.216.734-RS, DJe 23/4/2012. RHC 31.283-ES, Rel. Min. Laurita Vaz, julgado em 11/12/2012.** (Inform. STJ 512).

SUSPENSÃO CONDICIONAL DO PROCESSO E PRESTAÇÃO PECUNIÁRIA.
A Turma entendeu que fere o princípio da legalidade a imposição de prestação pecuniária como condição para a suspensão condicional do processo. O § 2º do art. 89 da Lei n. 9.099/1995 traz a possibilidade de o juiz estabelecer outras condições, além das elencadas no § 1º, para a concessão do benefício, desde que adequadas ao fato e à situação pessoal do acusado. Porém, a prestação pecuniária – consistente em pena restritiva de direito, autônoma e substitutiva – depende de expressa previsão legal para sua imposição, o que a lei supramencionada não o fez. Assim, não sendo a prestação pecuniária requisito expresso para a suspensão condicional do processo, não pode o magistrado fazer tal imposição ao beneficiário. Precedente citado: REsp 799.021-PE, DJe 9/11/2009. **HC 222.026-BA, Rel. Min. Maria Thereza de Assis Moura, julgado em 20/3/2012.** (Inform. STJ 493)

TRANSAÇÃO PENAL. DESCUMPRIMENTO. PROPOSITURA. AÇÃO PENAL.
A Turma, prosseguindo o julgamento, por maioria, reconheceu ser possível a propositura de ação penal quando descumpridas as condições impostas em transação penal (art. 76 da Lei n. 9.099/1995). Destacou-se que o Supremo Tribunal Federal reconheceu a repercussão geral do tema, firmando o posicionamento de que não fere os preceitos constitucionais a propositura de ação penal em decorrência do não cumprimento das condições estabelecidas em transação penal, uma vez que a decisão homologatória do acordo não faz coisa julgada material. Dessa forma, diante do descumprimento das cláusulas estabelecidas na transação penal, retorna-se ao status quo ante, viabilizando-se, assim, ao Parquet a continuidade da persecução penal. Precedentes citados do STF: RE 602.072-RS, DJe 26/2/2010; do STJ: HC 188.959-DF, DJe 9/11/2011. **HC 217.659-MS, Rel. originária Min. Maria Thereza de Assis Moura, Rel. para acórdão Min. Og Fernandes, julgado em 1º/3/2012.** (Inform. STJ 492)

SÚMULA VINCULANTE 35
A HOMOLOGAÇÃO DA TRANSAÇÃO PENAL PREVISTA NO ARTIGO 76 DA LEI 9.099/1995 NÃO FAZ COISA JULGADA MATERIAL E, DESCUMPRIDAS SUAS CLÁUSULAS, RETOMA-SE A SITUAÇÃO ANTERIOR, POSSIBILITANDO-SE AO MINISTÉRIO PÚBLICO A CONTINUIDADE DA PERSECUÇÃO PENAL MEDIANTE OFERECIMENTO DE DENÚNCIA OU REQUISIÇÃO DE INQUÉRITO POLICIAL.

Súmula STF nº 723
Não se admite a suspensão condicional do processo por crime continuado, se a soma da pena mínima da infração mais grave com o aumento mínimo de um sexto for superior a um ano.

Súmula STF nº 696
Reunidos os pressupostos legais permissivos da suspensão condicional do processo, mas se recusando o promotor de justiça a propô-la, o juiz, dissentindo, remeterá a questão ao procurador-geral, aplicando-se por analogia o art. 28 do Código de Processo Penal.

Súmula STJ nº 337
É cabível a suspensão condicional do processo na desclassificação do crime e na procedência parcial da pretensão punitiva.

Súmula STJ nº 243
O benefício da suspensão do processo não é aplicável em relação às infrações penais cometidas em concurso material, concurso formal ou continuidade delitiva, quando a pena mínima cominada, seja pelo somatório, seja pela incidência da majorante, ultrapassar o limite de um (01) ano.

12. SENTENÇA, PRECLUSÃO E COISA JULGADA

Art. 383 do CP: "emendatio libelli" e "reformatio in pejus"
Há "reformatio in pejus" no acórdão que, em julgamento de recurso exclusivo da defesa, reforma sentença condenatória para dar nova definição jurídica ao fato delituoso — "emendatio libelli" —, mantida a pena imposta, porém desclassificado o crime de furto qualificado (CP, 155, § 4º, II) para o crime de peculato (CP, art. 312, § 1º). Com base nesse entendimento, a 2ª Turma denegou "habeas corpus", mas, por maioria, concedeu a ordem de ofício apenas para reenquadrar a condenação no art. 155, § 4º, II, do CP, conforme constara na sentença condenatória. O Colegiado, em preliminar, afastou alegação relativa à suposta prescrição da pretensão punitiva. No mérito, afirmou que, de acordo com a jurisprudência do STF, seria possível a realização da "emendatio libelli" (CP: "Art. 383. O juiz, sem modificar a descrição do fato contida na denúncia ou queixa, poderá atribuir-lhe definição jurídica diversa, ainda que, em consequência, tenha de aplicar pena mais grave") em 2º grau de jurisdição, mesmo nas hipóteses de recurso exclusivo da defesa, desde que respeitados os limites estabelecidos pelo art. 617 do CPP ("O tribunal, câmara ou turma atenderá nas suas decisões ao disposto nos arts. 383, 386 e 387, no que for aplicável, não podendo, porém, ser agravada a pena, quando somente o réu houver apelado da sentença"). No caso, o tribunal de 2º grau, ao readequar a capitulação legal à narrativa apresentada — o fato descrito na acusação teria sido praticado por funcionário público equiparado (CP, art. 327, § 1º) —, mantivera a pena privativa de liberdade anteriormente aplicada, na tentativa de não gerar prejuízo ao sentenciado. Porém, ao ponderar atentamente os efeitos da condenação e as circunstâncias referentes à "emendatio libelli" efetivada, seria inevitável concluir pela superveniência de vedada "reformatio in pejus". Com efeito, não se poderia olvidar não ser a pena fixada o único efeito ou única circunstância a permear uma condenação. Haveria regra específica para os condenados pela prática de crime contra a Administração Pública, como o peculato: a progressão de regime do cumprimento da pena respectiva seria condicionada à reparação do dano causado ou à devolução do produto do ilícito praticado (CP, art. 33, § 4º). Na espécie, apesar de ter sido aplicado o regime inicial aberto ao paciente, não se poderia descartar que, durante a execução da reprimenda, este sofresse regressão de regime e fosse prejudicado pela "emendatio libelli", aparentemente inofensiva. Vencida a Ministra Cármen Lúcia, que não concedia a ordem por entender não ter havido, na situação dos autos, a "reformatio in pejus".
HC 123251/PR, rel. Min. Gilmar Mendes, 2.12.2014. (HC-123251) (Inform. STF 770)

Sonegação fiscal: reconhecimento de agravante em 2ª instância e "emendatio libelli"
A 2ª Turma denegou ordem em "habeas corpus" no qual se pretendia o reconhecimento de constrangimento ilegal em razão da causa de aumento de pena ter sido considerada tão somente em 2ª instância. No caso, os réus foram condenados pela prática dos delitos de sonegação fiscal (Lei 8.137/1990, art. 1º, I, II e IV) e apropriação indébita previdenciária (CP, art. 168-A). Segundo a denúncia, a prática dos delitos teria culminado em dívida equivalente a quase 2 milhões de reais. Em apelação, o TRF dera provimento ao recurso do Ministério Público e, em face da elevada quantia sonegada, reconhecera a incidência da causa de aumento de pena prevista no art. 12, I, da Lei 8.137/1990 ("Art. 12 - São circunstâncias que podem agravar de 1/3 até a metade as penas previstas nos arts. 1º, 2º e 4º a 7º: I - ocasionar grave dano à coletividade"). A defesa alegava a ocorrência de constrangimento ilegal, decorrente da aplicação dessa causa de aumento tão somente quando da apreciação do recurso de apelação do Ministério Público. Sustentava a inobservância do disposto pelo art. 384 do CPP, pois aduzia tratar-se de hipótese de aditamento obrigatório da denúncia. A Turma consignou que a decisão questionada estaria harmônica com a jurisprudência assentada pelo STF no sentido de que o réu se defende dos fatos narrados na denúncia e não da tipificação a eles atribuída. Explicou que o caso seria de "emendatio libelli" (correção da inicial) e não de "mutatio libelli" (alteração do próprio fato imputado ao acusado). Ressaltou que, na concreta situação dos autos, a inicial acusatória mencionara explicitamente todos os fatos ensejadores da condenação do paciente. Asseverou que, todavia, esses fatos receberam do juízo processual classificação jurídica diversa daquela efetuada pelo órgão de acusação, o que se coadunaria com o art. 383 do CPP. Acrescentou, ademais, que a descrição dos fatos narrados na denúncia teriam sido suficientes para a regularidade do exercício da ampla defesa e, dessa forma, no momento da condenação poderia o juiz alterar a definição jurídica dos fatos, ainda que isso importasse em aplicação de pena mais gravosa.
HC 123733/AL, rel. Min. Gilmar Mendes, 16.9.2014. (HC-123733) (Inform. STF 759)

"Emendatio libelli" e competência - 1
Ante a situação peculiar dos autos, a 1ª Turma denegou *habeas corpus* em que se arguia a possibilidade de o magistrado conferir definição jurídica diversa aos fatos narrados na peça acusatória em momento anterior à prolação de sentença, quando repercutisse na fixação de competência ou na delimitação de procedimento a ser adotado. Na origem, juiz federal de 1º grau, no ato do recebimento da denúncia, entendera que os fatos apurados se enquadrariam ao delito de estelionato previdenciário (CP, art. 171, § 3º) e não ao delito de lavagem de dinheiro (Lei 9.613/98, art. 1º, V), e, assim, fixara sua competência. Desta decisão, o Ministério Público Federal interpusera recurso em sentido estrito, provido para determinar a remessa da ação penal a outro juízo federal, especializado em crimes de lavagem de capitais.
HC 115831/MA, rel. Min. Rosa Weber, 22.10.2013. (HC-115831)

"Emendatio libelli" e competência - 2
Preponderou o voto da Ministra Rosa Weber, relatora, que indeferiu o pedido. Consignou que, em regra, a sentença seria a

ocasião oportuna para a *emendatio libelli* (CPP, art. 383). Aduziu que, no entanto, seria admissível antecipar a desclassificação em hipótese de definição de rito e da própria competência. Sublinhou que, não obstante isso, o caso em apreço conteria peculiaridade, uma vez que existiria processo-crime, conexo a esta ação, em trâmite na vara especializada. Observou, ainda, que subtrair do magistrado a oportunidade de apreciar, na esfera de sua própria competência, o exame dos fatos narrados na denúncia como configuradores de lavagem de dinheiro tornaria inócua a especialização do juízo. Por fim, considerou que, acaso configurada a existência do esquema de fraudes e de lavagem de ativos, que já originara a outra ação penal, impenderia concluir ser mais conveniente que o mesmo juízo julgasse ambos os feitos, sobretudo para evitar decisões contraditórias. O Ministro Dias Toffoli registrou ser resistente às especializações havidas para tratar de um ou outro artigo ou tipo penal. Salientou que se teria, na espécie, conflito de competência entre dois juízos criminais. O Ministro Marco Aurélio enfatizou que o acusado defender-se-ia dos fatos, e não do seu enquadramento jurídico. **HC 115831/MA, rel. Min. Rosa Weber, 22.10.2013.** (HC-115831) (Inform. STF 725)

Réu preso e comparecimento a audiência – 1

O acusado, embora preso, tem o direito de comparecer, de assistir e de presenciar, sob pena de nulidade absoluta, os atos processuais, notadamente aqueles que se produzem na fase de instrução do processo penal. Ao reafirmar esse entendimento, a 2ª Turma concedeu *habeas corpus* para restabelecer decisão do tribunal de justiça paulista, que declarara a nulidade do processo desde a audiência de oitiva da vítima e das testemunhas de acusação. Na situação dos autos, conquanto tivesse sido requisitado pelo juiz, os pacientes, acautelados em comarca diversa, não foram apresentados à referida audiência, sobrevindo condenação. No STJ, houvera a reforma da decisão que acolhera a nulidade – suscitada em apelação –, assim como a alusão de que o defensor teria aquiescido em continuar a audiência, mesmo sem a presença dos réus. No julgamento deste *writ*, prevaleceu o voto da Min. Cármen Lúcia, que pontuou a existência de nulidade absoluta e de direito constitucional à apresentação. Assinalou, ainda, que o direito de presença seria personalíssimo. **HC 111728/SP, rel. Min. Cármen Lúcia, 19.2.2013. (HC-111728)**

Réu preso e comparecimento a audiência – 2

O Min. Celso de Mello salientou que o Estado teria o dever de assegurar a réu preso o exercício pleno do direito de defesa. Complementou que, no contexto desta prerrogativa, estaria o direito de presença do acusado. Sopesou que razões de mera conveniência administrativa não teriam precedência sobre o cumprimento e o respeito ao que determinaria a Constituição. Mencionou o art. 14, 3, d, do Pacto Internacional sobre Direitos Civis e Políticos e o art. 8º, 2, d e f, da Convenção Americana de Direitos Humanos, a conter garantias processuais básicas de qualquer pessoa que sofra persecução penal em juízo. Aludiu a posicionamento da Corte segundo o qual a possibilidade de o próprio acusado intervir, direta e pessoalmente, na realização de atos processuais, constituiria autodefesa. Obtemperou que o Estado deveria facilitar o exercício de o imputado ser ouvido e falar durante os atos processuais, bem assim o de assistir à realização deles, máxime quando se encontrasse preso, sem a faculdade de livremente deslocar-se ao fórum. Alguns precedentes citados: HC 86634/RJ (DJU de 23.2.2007); HC 95106/RJ (DJe de 11.2.2011). **HC 111728/SP, rel. Min. Cármen Lúcia, 19.2.2013. (HC-111728)** (Inform. STF 695)

Inércia de advogado e intimação pessoal do réu

A 2ª Turma denegou *habeas corpus* no qual se requeria a desconstituição do trânsito em julgado de ação penal e a devolução de prazo recursal, com o retorno dos autos ao juízo de origem, para que o réu pudesse constituir novo advogado ou, na sua impossibilidade, fosse nomeado defensor público para interpor recursos especial e extraordinário. Na espécie, o paciente sustentara que, não obstante ter constituído causídico e ter sido este intimado do acórdão de apelação, quedara-se inerte. Asseverou-se que o art. 392 do CPP disporia quanto à necessidade de intimação pessoal do réu apenas da sentença condenatória e não do acórdão proferido em sede de apelação. Destacou-se, ainda, que o paciente estaria solto sem que houvesse notícia de renúncia por parte de seu advogado. **HC 114107/DF, rel. Min. Ricardo Lewandowski, 27.11.2012.** (HC-114107) (Inform. STF 690)

Tribunal de justiça e exame de insanidade mental "ex officio" – 1

A 2ª Turma, por maioria, deferiu *habeas corpus* a fim de cassar acórdão de tribunal de justiça que, em face das circunstâncias fáticas que cercaram o episódio delituoso atribuído ao réu, convertera, em diligência, o julgamento de apelação interposta por ele e determinara a instauração de incidente de insanidade mental (CPP, art. 149). Estipulou-se, ainda, que a Corte *a quo* julgasse, incontinente, a apelação. A impetração sustentava constrangimento ilegal porque, não tendo o órgão acusatório recorrido da sentença condenatória, seria defeso ao tribunal local determinar a realização de exame médico-legal, o que afrontaria o Enunciado 525 da Súmula do STF ("*A medida de segurança não será aplicada em segunda instância, quando só o réu tenha recorrido*"). Em preliminar, superou-se o óbice do Verbete 691 da Súmula desta Corte. No mérito, entendeu-se pela impossibilidade jurídica do que decidido pelo tribunal estadual, porque da sentença não recorrera o Ministério Público. Acentuou-se não ser lícito, em âmbito de recurso exclusivo da defesa, que não requerera a realização do mencionado exame, sua fixação *ex officio*. Salientou-se, ainda, que o paciente teria peticionado àquele tribunal para arguir a inexistência do crime e postular a redução da pena. Inferiu-se, portanto, não ser possível que o tribunal local substituísse a penalidade imposta por medida de segurança, porque formada a *res iudicata* material quanto à aplicação da pena. **HC 111769/SP, rel. orig. Min. Gilmar Mendes, red. p/ o acórdão Min. Cezar Peluso, 26.6.2012.** (HC-111769)

Tribunal de justiça e exame de insanidade mental "ex officio" – 2

Destacou-se que, se fosse permitida a substituição de pena, reabrir-se-iam as execuções criminais sob o pretexto de existirem causas anteriores à sentença a enquadrar muitos condenados na condição de inimputáveis. Asseverou-se que a reprimenda estaria parcialmente cumprida e não haveria como assegurar que a aplicação da medida de segurança consubstanciasse *reformatio in melius*. Ademais, essa medida, dada a ideia de periculosidade que envolveria, seria providência ordenada à defesa da coletividade, e não do condenado inimputável. Vencidos os Ministros Gilmar Mendes, relator, e Ricardo Lewandowski, que denegavam a ordem. Reconheciam a possibilidade de o tribunal determinar o exame de insanidade mental. Explicitavam que, nos termos do art. 777 do CPP ("*Em qualquer tempo, ainda durante o prazo mínimo de duração da medida de segurança, poderá o tribunal, câmara ou turma, a requerimento do Ministério Público ou do interessado, seu defensor ou curador, ordenar o exame, para a verificação da cessação da periculosidade*"), a lei teria estabeleceria o momento processual para a realização do exame médico. Esta circunstância surgiria com a existência de dúvida razoável a respeito da integridade mental do acusado. Aduziam que essa hipótese entre a condenação e o eventual tratamento não configuraria *reformatio in pejus*. Ao final, sugeriu-se encaminhar a matéria à consideração da Comissão de Jurisprudência para eventual reformulação do Enunciado 525 da Súmula. **HC 111769/SP, rel. orig. Min. Gilmar Mendes, red. p/ o acórdão Min. Cezar Peluso, 26.6.2012.** (HC-111769) (Inform. STF 672)

"Emendatio libelli" e nulidade de julgamento

A 2ª Turma iniciou julgamento conjunto de *habeas corpus* em que se pleiteia, preliminarmente, a nulidade de acórdãos do STJ ante ausência de intimação, postulada pela defesa, para fins de sustentação oral. No mérito do HC 109098/RJ, requer-se a anulação do feito a partir do despacho que determinara a baixa dos autos para o aditamento da denúncia; alternativamente, desde o novo interrogatório dos pacientes, com abertura de prazo para novas alegações e manifestações a respeito da alteração na tipificação penal. No HC 109099/RJ, por sua vez, pede a cassação da decisão que negara aos pacientes o direito de recorrer em liberdade. Na espécie, eles foram denunciados pela suposta prática dos crimes de seqüestro e cárcere privado (CP, art. 148, c/c com o art. 70), roubo qualificado pelo concurso de pessoas (CP, art. 157, § 2º, II) e concussão (CP, art. 316), todos em concurso material. Ocorre que, após o término da instrução criminal, as partes apresentaram alegações finais e o magistrado remetera os autos ao Ministério Público para que procedesse ao aditamento da denúncia, o que resultara na desclassificação da imputação do delito de concussão para o de extorsão mediante seqüestro (CP, art. 159). Posteriormente, os pacientes foram condenados com base no novo enquadramento legal. O Min. Ricardo Lewandowski, relator, rejeitou a preliminar formulada no HC 109098/RJ em razão da falta de provas quanto ao pedido de sustentação oral. No mérito, denegou a ordem, ao considerar que a emendatio libelli ocorrera nos termos do parágrafo único do art. 384 do CPP, sem imposição ao Ministério Público por parte do magistrado. No tocante ao HC 109099/RJ, concedeu, em parte, a ordem para anular o acórdão proferido no STJ e possibilitar novo julgamento do feito. Razão pela qual reputou prejudicado o pedido de liberdade provisória. Após, pediu vista o Min. Gilmar Mendes. HC 109098/RJ, rel. Min. Ricardo Lewandowski, 20.9.2011. (HC-109098) HC 109099/RJ, rel. Min. Ricardo Lewandowski, 20.9.2011. (HC-109099)

"Mutatio libelli" e nulidade de julgamento - 2
Em conclusão de julgamento conjunto, a 2ª Turma, ao afastar preliminar de nulidade de acórdão do STJ, denegou a ordem no HC 109098/RJ em que se pleiteava a anulação do feito a partir do despacho que determinara a baixa dos autos para o aditamento da denúncia. Alternativamente, requeria-a desde o novo interrogatório dos pacientes, com abertura de prazo para novas alegações e manifestações a respeito da alteração na tipificação penal. Na sequência, concedeu, em parte, a ordem no HC 109099/RJ para anular o acórdão proferido no STJ e possibilitar o rejulgamento do feito, com renovação da oportunidade de produção de provas, considerado prejudicado o pedido de liberdade provisória. Na espécie, os pacientes foram denunciados pela suposta prática dos crimes de sequestro e cárcere privado (CP, art. 148, c/c com o art. 70), roubo qualificado pelo concurso de pessoas (CP, art. 157, § 2º, II) e concussão (CP, art. 316), todos em concurso material. Ocorre que, após o término da instrução criminal, as partes apresentaram alegações finais e a magistrada remetera os autos ao Ministério Público para que procedesse ao aditamento da denúncia, o que resultaria na desclassificação da imputação do delito de concussão para o de extorsão mediante sequestro (CP, art. 159). Posteriormente, os pacientes foram condenados com base no novo enquadramento legal – v. Informativo 641. HC 109098/RJ, rel. Min. Ricardo Lewandowski, 20.3.2012. (HC-109098), HC 109099/RJ, rel. Min. Ricardo Lewandowski, 20.3.2012. (HC-109099)

"Mutatio libelli" e nulidade de julgamento - 3
No tocante ao HC 109098/RJ, rejeitou-se a preliminar formulada em razão da falta de provas quanto ao pedido de sustentação oral e, no mérito, reputou-se que a mutatio libelli ocorrera nos termos do então vigente parágrafo único do art. 384 do CPP, sem imposição ao Ministério Público por parte da magistrada. Ressaltou-se não haver afronta ao princípio da imparcialidade do órgão jurisdicional pelo dispositivo em comento, porquanto este jamais fora contestado quanto à sua constitucionalidade, encontrando-se em plena vigência à época. O Min. Gilmar Mendes acrescentou que o desvelamento, objetivo, de um fato verificado durante a instrução processual, por si só, não seria hábil a comprometer a imparcialidade do juiz, derivada de busca da verdade real, de modo que conseguisse apreender os acontecimentos com todas as suas circunstâncias, inclusive colhendo aquilo que as partes – por limitação ou vontade – teriam deixado de narrar. Outrossim, realçou que, ao constatar a existência deste fato omitido ou desconhecido, fora instaurado o contraditório, consoante o parágrafo único do art. 384 do CPP, tendo em conta a necessidade de provocação do parquet para eventual aditamento. Ademais, destacou que a nova redação do dispositivo, embora tivesse suprimido a possibilidade de o próprio juiz "alterar a acusação", teria incluído novo mecanismo de "controle" sob a forma de remessa do feito ao Procurador--Geral nos termos do art. 28 do CPP (§ 1º do art. 384 do CPP). Entendeu que a mudança da denúncia, decorrida da mutatio libelli, não implicaria ampla modificação dos fatos imputados, sendo mera consequência de prova existente nos autos. Por fim, assinalou que, observada a cronologia dos fatos e a vacatio legis, ainda que se pudesse cogitar de medida de precaução da juíza, a magistrada não estaria obrigada a aplicar a norma projetada a viger no futuro. HC 109098/RJ, rel. Min. Ricardo Lewandowski, 20.3.2012. (HC-109098), HC 109099/RJ, rel. Min. Ricardo Lewandowski, 20.3.2012. (HC-109099) (Inform. STF 659)

DIREITO PROCESSUAL PENAL. UTILIZAÇÃO DE TERMOS MAIS FORTES E EXPRESSIVOS EM SENTENÇA.
A utilização de termos mais fortes e expressivos na sentença penal condenatória – como "bandido travestido de empresário" e "delinquente de colarinho branco" – não configura, por si só, situação apta a comprovar a ocorrência de quebra da imparcialidade do magistrado. Com efeito, o discurso empolgado, a utilização de certos termos inapropriados em relação ao réu ou a manifestação de indignação no tocante aos crimes não configuram, isoladamente, causas de suspeição do julgador. Ademais, as causas de suspeição de magistrado estão dispostas de forma taxativa no art. 254 do CPP, dispositivo que não comporta interpretação ampliativa. **REsp 1.315.619-RJ, Rel. Min. Campos Marques (Desembargador convocado do TJ-PR), julgado em 15/8/2013.** (Inform. STJ 530)

DIREITO PROCESSUAL PENAL. SUSTENTAÇÃO ORAL. PEDIDO DE ADIAMENTO DO JULGAMENTO EM RAZÃO DE OUTRO COMPROMISSO DO ADVOGADO.
Não é nulo o julgamento colegiado de mandado de segurança por ausência de sustentação oral no caso em que a defesa pede seu adiamento apenas na véspera da sessão, declinando, para tanto, a necessidade de estar presente em outro compromisso profissional do qual já tinha conhecimento há mais de um mês. Em primeiro lugar, é facultativo o deferimento do pedido de adiamento da apreciação do processo por órgão colegiado. Além disso, não é possível acolher o referido pedido sem que se apresente motivação adequada, apta a demonstrar a efetiva necessidade de modificação da pauta, o que não ocorre na hipótese em que o requerente, incidindo em clara desídia, sequer apresenta sua motivação em tempo hábil, não diligenciando nem mesmo em prol da apreciação tempestiva da petição pelo relator do processo. Por fim, é de destacar que, de acordo com o art. 565 do CPP, nenhuma das partes poderá arguir nulidade a que haja dado causa, ou para a qual tenha concorrido. **RMS 30.172-MT, Rel. Min. Maria Thereza de Assis Moura, julgado em 4/12/2012.** (Inform. STJ 513)

DIREITO PROCESSUAL PENAL. PRINCÍPIO DA CORRELAÇÃO. CAUSA DE AUMENTO DE PENA.
A causa de aumento de pena não pode ser presumida pelo julgador, devendo o fato que a configurar estar descrito pormenorizadamente na denúncia ou queixa. O princípio da correlação entre acusação e sentença, também chamado de princípio da congruência, representa uma das mais relevantes garantias do direito de defesa, visto que assegura a não condenação do acusado por fatos não descritos na peça acusatória. É dizer, o réu sempre terá a oportunidade de refutar a acusação, exercendo plenamente o contraditório e a ampla defesa. É

certo que, a teor do disposto no art. 383 do CPP, o acusado se defende dos fatos que lhe são atribuídos na denúncia ou queixa, e não da capitulação legal, razão pela qual o juiz poderá, sem modificar a descrição fática, atribuir-lhe definição jurídica diversa, ainda que tenha de aplicar pena mais grave. Contudo, o fato que determina a incidência do preceito secundário da norma penal deverá estar descrito na peça acusatória, com o objetivo de viabilizar o contraditório e a ampla defesa. Autorizar a presunção de causa de aumento de pena, sem qualquer menção na exordial, configura inversão do sistema de ônus da prova vigente no ordenamento processual, visto que seria imposto à defesa o dever de provar a inexistência dessa circunstância, e não à acusação o ônus de demonstrá-la. Precedentes citados: HC 149.139-DF, DJe 2/8/2010; HC 139.759-SP, DJe 1º/9/2011. **REsp 1.193.929-RJ, Rel. Min. Marco Aurélio Bellizze, julgado em 27/11/2012. (Inform. STJ 510)**

DIREITO PROCESSUAL PENAL. ALTERAÇÃO DA TIPIFICAÇÃO QUANDO DO RECEBIMENTO DA DENÚNCIA. FINALIDADE DE AFASTAR PRESCRIÇÃO.
Não é possível que o magistrado, ao receber a denúncia, altere a capitulação jurídica dos fatos a fim de justificar a inocorrência de prescrição da pretensão punitiva e, consequentemente, viabilizar o prosseguimento da ação penal.
A verificação da existência de justa causa para a ação penal, vale dizer, da possibilidade jurídica do pedido, do interesse de agir e da legitimidade para agir, é feita a partir do que contido na peça inaugural, que não pode ser corrigida ou modificada pelo magistrado quando do seu recebimento. Com efeito, ainda que se trate de mera retificação da capitulação jurídica dos fatos descritos na vestibular, tal procedimento apenas é cabível quando da prolação da sentença, nos termos do art. 383 do CPP (*emendatio libelli*). Quanto ao ponto, é imperioso destacar que, ainda que o acusado se defenda dos fatos narrados na denúncia, e não da definição jurídica a eles dada pelo MP, não se pode admitir que, no ato em que é analisada a própria viabilidade da persecução criminal, o magistrado se manifeste sobre a adequação típica da conduta imputada ao réu, o que, evidentemente, configura indevida antecipação de juízo de valor acerca do mérito da ação penal. Dessa forma, havendo erro na correta tipificação dos fatos descritos pelo órgão ministerial, ou dúvida quanto ao exato enquadramento jurídico a eles dado, cumpre ao magistrado receber a denúncia tal como proposta, para que, no momento em que for prolatar a sentença, proceda às correções necessárias. Ressalte-se que a doutrina e a jurisprudência têm admitido em determinados casos a correção do enquadramento típico logo no ato de recebimento da exordial acusatória, mas somente para beneficiar o réu ou para permitir a correta fixação da competência ou do procedimento a ser adotado. Por outro lado, não se pode admitir que o magistrado, em prejuízo ao réu e sem que exista erro grosseiro por parte do membro do *Parquet*, atue de modo a alterar os parâmetros da denúncia formulada, o que configura violação ao princípio dispositivo, desrespeito à titularidade da ação penal e antecipação do julgamento do mérito do processo. Portanto, já transcorrido o lapso prescricional previsto para o crime imputado na denúncia quando do juízo de admissibilidade da acusação, é imperiosa a extinção da punibilidade do agente pela prescrição da pretensão punitiva estatal. Precedentes citados do STF: HC 89.686-SP, DJ 17/8/2007; do STJ: HC 103.763-MG, DJe 16/3/2009. **RHC 27.628-GO, Rel. Min. Jorge Mussi, julgado em 13/11/2012. (Inform. STJ 509)**

APLICAÇÃO. REPARAÇÃO. ART. 387, IV, DO CPP.
A alteração advinda da Lei n. 11.719/2008, que determinou ao juiz que, ao proferir a sentença condenatória, fixe o valor mínimo para reparação dos danos causados pela infração considerando os prejuízos sofridos pelo ofendido (art. 387, IV, do CPP), é norma processual. Tal norma modificou apenas o momento em que deve ser fixado o mencionado valor, aplicando-se imediatamente às sentenças proferidas após a sua entrada em vigor.

Ocorre que, no caso, inexistem elementos suficientes para que o juiz fixe um valor, ainda que mínimo, para reparar os danos causados pela infração, considerando os prejuízos sofridos pelo ofendido (ou seus sucessores). Além disso, na hipótese, o delito é homicídio e eventuais danos não são de simples fixação, até porque provavelmente são de natureza material e moral. Assim, não houve contrariedade ao dispositivo legal supradito. **REsp 1.176.708-RS, Rel. Min. Sebastião Reis Júnior, julgado em 12/6/2012. (Inform. STJ 499)**

Súmula STF nº 453
Não se aplicam à segunda instância o art. 384 e parágrafo único do Código de Processo Penal, que possibilitam dar nova definição jurídica ao fato delituoso, em virtude de circunstância elementar não contida, explícita ou implicitamente, na denúncia ou queixa.

13. NULIDADES

Audiência de instrução e ausência de testemunha
A 1ª Turma iniciou julgamento de recurso ordinário em "habeas corpus" em que se discute a condenação do paciente à pena de oito anos de reclusão pelo crime de estupro. A defesa sustenta que nenhuma das testemunhas por ele arroladas fora ouvida e que a instrução dos autos se limitara à oitiva da vítima e das testemunhas de acusação. Alega que, juntamente com uma das testemunhas, chegara ao tribunal de origem 15 minutos após o término da audiência, em virtude de chuva, porém, o magistrado a realizara sem a sua presença e tampouco nomeara defensor "ad hoc". Destaca ainda que requerera e lhe fora deferida a condução coercitiva de outra testemunha, porém, o referido mandado não fora cumprido. Sob essas condições, o magistrado encerrara a instrução. O réu pleiteia a reabertura da instrução para oitiva das testemunhas, sob o argumento de que teria havido cerceamento de defesa. O Ministro Dias Toffoli (relator) deu provimento ao recurso para anular o processo a partir do encerramento da instrução. Asseverou que, em face da condenação do recorrente, constituiria nulidade absoluta o encerramento da instrução sem a oitiva das testemunhas de defesa. Estaria caracterizada a violação do direito à prova, decorrente dos princípios constitucionais do contraditório e da ampla defesa (CF, art. 5º, LV). Em seguida, pediu vista o Ministro Roberto Barroso.
RHC 124041/GO, rel. Min. Dias Toffoli, 11.11.2014. (RHC-124041) (Inform. STF 767)

Nulidade e julgamento de apelação sem advogado constituído - 1
A 1ª Turma iniciou julgamento de "habeas corpus" em que se discute nulidade do julgamento de apelação em virtude da ausência de defensor constituído do apelado, ora paciente. No caso, às vésperas do exame da apelação interposta pelo Ministério Público contra sentença absolutória, o paciente requerera juntada de peça em que cassara os poderes outorgados aos advogados credenciados. Desse modo, alega que os advogados estariam impedidos de praticar qualquer ato processual. A relatora, no tribunal de origem, acionara o disposto no § 3º do art. 5º da Lei nº 8.906/1994 (Estatuto da OAB), segundo o qual o advogado que renunciasse continuaria responsável pela defesa do constituinte pelo prazo de dez dias, e determinou fossem os causídicos intimados da decisão. O oficial de justiça certificara a ciência do ato pelos destinatários. No dia seguinte, a apelação fora julgada e a absolvição, transmudada em condenação. O Ministro Marco Aurélio (relator) deferiu o "habeas corpus" para declarar insubsistente a condenação do paciente, e determinou que o tribunal "a quo" incluísse a apelação em pauta para apreciá-la com entendesse de direito. Ressaltou que as normas processuais, sobretudo as de processo-crime — em que envolvido o direito de locomoção —, seriam imperativas e

envolveriam a liberdade. Citou os artigos 261, 263, 264 e 265 do CPP ["Art. 261. Nenhum acusado, ainda que ausente ou foragido, será processado ou julgado sem defensor. Parágrafo único. A defesa técnica, quando realizada por defensor público ou dativo, será sempre exercida através de manifestação fundamentada. ... Art. 263. Se o acusado não o tiver, ser-lhe-á nomeado defensor pelo juiz, ressalvado o seu direito de, a todo tempo, nomear outro de sua confiança, ou a si mesmo defender-se, caso tenha habilitação. Parágrafo único. O acusado, que não for pobre, será obrigado a pagar os honorários do defensor dativo, arbitrados pelo juiz. Art. 264. Salvo motivo relevante, os advogados e solicitadores serão obrigados, sob pena de multa de cem a quinhentos mil-réis, a prestar seu patrocínio aos acusados, quando nomeados pelo Juiz. Art. 265. O defensor não poderá abandonar o processo senão por motivo imperioso, comunicado previamente ao juiz, sob pena de multa de 10 (dez) a 100 (cem) salários mínimos, sem prejuízo das demais sanções cabíveis. § 1º A audiência poderá ser adiada se, por motivo justificado, o defensor não puder comparecer. § 2º Incumbe ao defensor provar o impedimento até a abertura da audiência. Não o fazendo, o juiz não determinará o adiamento de ato algum do processo, devendo nomear defensor substituto, ainda que provisoriamente ou só para o efeito do ato"]. O relator afirmou ser estreme de dúvidas a ênfase normativa à necessidade de o acusado contar com patrocínio no processo-crime. Notou que o caso seria de cassação e não de renúncia. Sublinhou que, em vez de proceder-se à suspensão do processo para intimar-se o acusado, como requer a legislação processual, de modo a permitir a escolha de defensor, teriam sido intimados os advogados desconstituídos para, em contrariedade à vontade do interessado, continuarem no patrocínio. Consignou que o ora paciente, absolvido em primeira instância, teria sido condenado sem defesa técnica. Considerou que o quadro revelaria constrangimento ilegal a alcançar o direito de ir e vir do paciente, uma vez que a absolvição acabara por transformar-se, com o crivo do tribunal decorrente do recurso interposto pelo Ministério Público, em substancial condenação.
HC 118856/SP, rel. Min. Marco Aurélio, 8.4.2014. (HC-118856)

Nulidade e julgamento de apelação sem advogado constituído - 2
Em divergência, o Ministro Roberto Barroso denegou a ordem. Enfatizou que, caso se tratasse de renúncia, aplicar-se-ia o art. 5º, § 3º, do Estatuto da OAB e os advogados teriam o dever jurídico de continuar no patrocínio por dez dias subsequentes. Porém, se a hipótese fosse de revogação, aplicar-se-ia o art. 44 do CPC ("A parte, que revogar o mandato outorgado ao seu advogado, no mesmo ato constituirá outro que assuma o patrocínio da causa"). Realçou que, em nenhuma das duas situações, o réu teria ficado indefeso, salvo se por vontade própria. Observou que o único ato processual que teria deixado de ser praticado por atitude deliberada do paciente seria a sustentação oral, ato reputado dispensável segundo a jurisprudência do STF. Asseverou que a conduta unilateral de se submeter à jurisdição configuraria fraude à lei e produziria atos ineficazes. Afiançou que incidiria o art. 565 do CPP ("Nenhuma das partes poderá arguir nulidade a que haja dado causa, ou para que tenha concorrido, ou referente à formalidade cuja observância só à parte contrária interessa"), de modo que quem tivesse dado causa a nulidade não poderia invocá-la. Assinalou que não seria correto e justo que qualquer acusado, às vésperas de um julgamento, pudesse simplesmente destituir o seu advogado e depois pedir prazo para constituir outro. Em seguida, pediu vista à Ministra Rosa Weber.
HC 118856/SP, rel. Min. Marco Aurélio, 8.4.2014. (HC-118856) (Inform. STF 742)

Nulidade e julgamento de apelação sem advogado constituído - 3
Ante o empate na votação, a 1ª Turma, em conclusão de julgamento, concedeu "habeas corpus" para declarar insubsistente a condenação do paciente tendo em vista a nulidade do julgamento de apelação em virtude da ausência de defensor constituído do apelado, ora paciente — v. Informativo 742. No caso, às vésperas do exame da apelação interposta pelo Ministério Público contra sentença absolutória, o paciente requerera juntada de peça em que cassara os poderes outorgados aos advogados credenciados. Prevaleceu o voto do Ministro Marco Aurélio (relator). Afirmou ser estreme de dúvidas a ênfase normativa (CPP, artigos 261, 263, 264 e 265) à necessidade de o acusado contar com patrocínio no processo-crime. Notou que o caso seria de cassação e não de renúncia. Consignou que o ora paciente, absolvido em primeira instância, teria sido condenado sem defesa técnica. Considerou que o quadro revelaria constrangimento ilegal a alcançar o direito de ir e vir do paciente, uma vez que a absolvição acabara por transformar-se, com o crivo do tribunal decorrente do recurso interposto pelo Ministério Público, em substancial condenação. Por outro lado, os Ministros Roberto Barroso e Rosa Weber denegavam a ordem por entender não estar configurada a nulidade, uma vez que o único ato processual que teria deixado de ser praticado por atitude deliberada do paciente seria a sustentação oral, ato reputado dispensável segundo a jurisprudência do STF.
HC 118856/SP, rel. Min. Marco Aurélio, 10.6.2014. (HC-118856) (Inform. STF 750)

Queixa-crime: pedido de adiamento e prescrição
O Plenário, ao resolver questão de ordem trazida pelo Ministro Dias Toffoli (relator), deliberou, por decisão majoritária, adiar o julgamento de queixa-crime na qual se discute suposta prática de calúnia por senador. No caso, o advogado do querelante apresentara pedido de adiamento do feito, tendo em conta a impossibilidade de comparecer para fins de sustentação oral. Ocorre que, deferido o adiamento, operar-se-ia a extinção da punibilidade pela prescrição da pretensão punitiva. O relator destacou que o advogado do querelado, ouvido da tribuna, não se opusera ao adiamento. Ademais, frisou cuidar-se de ação penal privada. O Ministro Ricardo Lewandowski assentua que seria direito fundamental da parte ser representada pela defesa técnica, de maneira que a continuidade do julgamento sem a presença do advogado implicaria nulidade. Ademais, salientou que, nos termos do art. 21, I, do RISTF, o relator seria soberano para retirar determinado feito de pauta conforme julgasse conveniente. Vencidos os Ministros Teori Zavascki, Gilmar Mendes, Celso de Mello e Joaquim Barbosa (Presidente), que não acolhiam o pedido de adiamento. O Ministro Teori Zavascki frisava a relevância de se defender uma causa perante o STF, de modo que não poderia haver compromisso maior. Sublinhava, ainda, que o advogado do querelante seria experiente e notável, de modo que o problema da prescrição não teria sido despercebido. O Ministro Celso de Mello registrava que, embora se cuidasse de ação penal privada, o interesse de punir pertenceria ao Estado e seria de ordem pública. Assim, o Colegiado não poderia concorrer para a consumação da prescrição penal.
AP 584 QO/PR, rel. Min. Dias Toffoli, 10.4.2014. (AP-584) (Inform. STF 742)

HC N. 107.054-SP
RELATOR: MIN. DIAS TOFFOLI
EMENTA: *Habeas corpus*. Processual Penal. Alegação de cerceamento de defesa. Defensores que não puderam estar presentes à sessão de julgamento da apelação para oferecer sustentação oral. Ausência de nulidade. Precedentes. Ordem denegada.
1. O Supremo Tribunal Federal fixou o entendimento de que, por possuir caráter facultativo, o indeferimento de pedido de adiamento de sessão de julgamento, pela impossibilidade de comparecimento do advogado da parte para oferecer sustentação oral, não gera nulidade.
2. Ademais, conforme já se manifestou a Suprema Corte "a excepcionalidade do adiamento de uma sessão de julgamento, por alegada impossibilidade de comparecimento do Advogado do réu, impõe e justifica a exigência de ne-

cessária comprovação da causa impeditiva invocada. Esse ônus processual, que foi por ele descumprido, não pode ser, agora, invocado em benefício do impetrante, para o efeito de desconstituir decisão validamente proferida pelo Tribunal" (HC n° 61.714/RJ, Primeira Turma, Relator o Ministro **Celso de Mello**, DJ de 15/3/91).
3. **Habeas corpus** denegado. (Inform. STF 734)

Ausência de inclusão do feito na pauta de audiência e nulidade - 1
A 1ª Turma iniciou julgamento de *habeas corpus* no qual se discute a obrigatoriedade, ou não, de se afixar cópia da pauta de julgamento no saguão do fórum. No caso, o advogado do paciente fora intimado pessoalmente da data de audiência de instrução e julgamento, porém, ante sua ausência no dia avençado, o magistrado nomeara defensor dativo. Argui o impetrante que comparecera à sede do juízo na data aprazada, porém, constatara que, na pauta da sessão de julgamento daquele dia, não fora inserido o processo a que vinculado e, por isso, concluíra pela sua não-ocorrência. Avisado da realização da audiência, conseguira fazer-se presente quando já ouvidas as testemunhas de acusação e uma de defesa. Sustenta prejuízo ao paciente, porquanto o defensor nomeado pelo magistrado deixara de formular perguntas que seriam relevantes para a defesa. Noticia ter impugnado o fato, mediante petição, com pedido de nova audiência, o que fora indeferido, a acarretar cerceamento de defesa. HC 107882 Seg. Julg./MG, rel. Min. Luiz Fux, 5.6.2012. (HC-107882)

Ausência de inclusão do feito na pauta de audiência e nulidade - 2
O Min. Luiz Fux, relator, denegou a ordem, no que foi acompanhado pela Min. Rosa Weber. Ante a lacuna da lei, asseverou o cabimento, no campo do direito punitivo, da analogia, da interpretação extensiva e dos princípios gerais do direito. Entretanto, consignou que o costume não seria fonte do direito penal nem do processo penal. Destacou que a comunicação de atos processuais envolveria questão de legalidade estrita. Apontou que a lei processual penal não exigiria a afixação de cópia da pauta de julgamento no saguão do fórum e, por isso, não vislumbraria constrangimento ilegal a ensejar a anulação da audiência. Concluiu que o impetrante não lograra demonstrar o prejuízo causado ao réu, assim como o alegado cerceamento de defesa. Em divergência, o Min. Marco Aurélio concedeu o *writ*. Frisou que, nos termos da Constituição, o advogado seria indispensável à administração da justiça. Pontuou que o Poder Judiciário não poderia ser uma caixa de surpresa para a parte e profissionais da advocacia. Acrescentou que, na espécie, a defesa técnica fora induzida a erro ao confiar em documento tradicionalmente afixado pelo cartório em lugar próprio e que, por lapso, equívoco ou esquecimento, não continha em seu rol o processo do seu cliente. Entendeu que teria ocorrido nulidade. Após, pediu vista dos autos o Min. Dias Toffoli. HC 107882 Seg. Julg./MG, rel. Min. Luiz Fux, 5.6.2012. (HC-107882)

Ausência de inclusão do feito na pauta de audiência e nulidade - 3
Em conclusão de julgamento, a 1ª Turma, por maioria, declarou extinto *habeas corpus* pela inadequação da via processual eleita — v. Informativo 669. O Ministro Luiz Fux, relator, tendo em vista a alteração da jurisprudência, retificou seu voto para acompanhar o voto-vista do Ministro Dias Toffoli, no sentido da extinção do *writ*. A defesa discutia, na espécie, a obrigatoriedade de se afixar cópia da pauta de julgamento no saguão do fórum. No caso, o advogado do paciente fora intimado pessoalmente da data de audiência de instrução e julgamento, porém, ante sua ausência no dia acordado, o magistrado nomeara defensor dativo. A Turma asseverou que o *habeas* fora ajuizado como substitutivo de recurso ordinário constitucional (CF, art. 102, II, a), o que esbarraria na atual jurisprudência. Vencido o Ministro Marco Aurélio, que concedia a ordem. Destacava que, nos termos da Constituição, o advogado seria indispensável à administração da justiça. HC 107882/MG, rel. Min. Luiz Fux, 12.11.2013. (HC-107882) (Inform. STF 728)

Videoconferência e entrevista reservada com defensor
A 1ª Turma iniciou julgamento de *habeas corpus* em que pretendida declaração de nulidade de ação penal decorrente da realização do interrogatório do paciente por videoconferência quando não havia previsão legal. A outra nulidade suscitada se referia à não-concessão do direito de entrevista reservada com seu defensor. O Min. Marco Aurélio, relator, denegou a ordem. Consignou, quanto à aplicação, no tempo, da lei disciplinadora do interrogatório mediante videoconferência, que essa matéria não teria sido analisada pelo STJ. Assentou ainda que, antes do interrogatório, o juiz, seus auxiliares e o representante do Ministério Público teriam se retirado da sala de audiência e nela teriam permanecido apenas os policiais, o que não impedira a entrevista do paciente com seu defensor. Na sequência, pediu vista dos autos o Min. Luiz Fux.
HC 104603/SP, rel. Min. Marco Aurélio, 11.10.2011.(HC-104603)

Videoconferência e entrevista reservada com defensor - 2
A 1ª Turma retomou julgamento de *habeas corpus* em que pretendida declaração de nulidade de ação penal decorrente da realização do interrogatório do paciente por videoconferência quando não havia previsão legal — v. Informativo 644. O Min. Luiz Fux acompanhou o Min. Marco Aurélio, relator, e denegou a ordem. Após, pediu vista o Min. Dias Toffoli.
HC 104603/SP, rel. Min. Marco Aurélio, 6.12.2011. (HC-104603)

Videoconferência e entrevista reservada com defensor - 3
A 1ª Turma retomou julgamento de *habeas corpus* em que pretendida a declaração de nulidade de ação penal decorrente da realização do interrogatório do paciente por videoconferência, quando não havia previsão legal. A outra nulidade suscitada referir-se-ia à não concessão do direito de entrevista reservada com seu defensor — v. Informativos 644 e 651. Em divergência, o Min. Dias Toffoli, depois de extinguir o *writ* — por considerar inadequado o meio escolhido e ao harmonizar-se com posicionamento atual deste Colegiado —, concedeu, de ofício, a ordem para anular o interrogatório realizado por videoconferência, bem assim os atos processuais posteriores dele dependentes. A princípio, salientou que seu voto concluiria da mesma maneira que decisão do STJ proferida após iniciado o exame do presente *habeas*, sem enfrentar tema relativo à prisão do paciente. Sublinhou que, na primeira oportunidade, a defesa insurgira-se expressamente contra o interrogatório. Explicou que se dera a ela a possibilidade de complementar o ato, mas sem revogação do ocorrido com autorização em lei estadual. O defensor, em audiência, aceitara a feitura de outro, e não a complementação do anterior. Consignou que inexistiria, à época, regramento federal a esse respeito. Assim, reafirmou orientação do STF no sentido de que a videoconferência dependeria de norma federal e de que a lei paulista seria inconstitucional. Na sequência, ante a notícia de que sobreviera entendimento do STJ favorável ao paciente, a Turma, ao acolher proposta do Min. Marco Aurélio, relator, determinou o sobrestamento deste *writ* até o trânsito em julgado da mencionada decisão.
HC 104603/SP, rel. Min. Marco Aurélio, 5.2.2013.(HC-104603)

Videoconferência e entrevista reservada com defensor - 4
Em conclusão de julgamento, a 1ª Turma concedeu *habeas corpus* de ofício, ante o excesso de prazo, para determinar a expedição de alvará de soltura do paciente. A impetração arguia a nulidade de ação penal em virtude de realização de interrogatório por videoconferência quando não havia previsão legal — v. Informativos 644, 651 e 694. O Ministro Marco Aurélio, relator, ante a notícia do trânsito em julgado da decisão do STJ, aditou o voto proferido em assentada anterior para deferir o *writ*,

no que foi acompanhado pela Turma. Aduziu que o STJ anulara o processo-crime em que o paciente figurava como réu, mas deixara de implementar sua liberdade. Salientou que a prisão passara a ser provisória, não mais resultante da execução da pena, pois o título judicial fora anulado.
HC 104603/SP, rel. Min. Marco Aurélio, 8.10.2013. (HC-104603)
(Inform. STF 723)

HC N. 114.786-SP
RELATOR: MIN. GILMAR MENDES
Habeas corpus. 2. Homicídio duplamente qualificado. Estupro e atentado violento ao pudor. Pronúncia. 3. Audiência de instrução. Inobservância da regra sobre inquirição de testemunhas prevista no art. 212 do CPP. Preclusão da matéria. Prejuízo não demonstrado. Nulidade relativa. Precedentes. 4. Excesso de prazo. Questão superada. Superveniência de sentença condenatória. Presença dos fundamentos da prisão preventiva. 5. Constrangimento ilegal inexistente. Ordem denegada.
(Inform. STF 720)

RHC N. 116.850-RJ
RELATOR: MIN. RICARDO LEWANDOWSKI
Ementa: RECUSO ORDINÁRIO EM *HABEAS CORPUS*. PROCESSUAL PENAL. INTEMPESTIVIDADE. NÃO CONHECIMENTO. CONCESSÃO DA ORDEM DE OFÍCIO. DESCABIMENTO. RECORRENTE CONDENADA PELO DELITO DE PECULATO (ART. 312 DO CP). CONDENAÇÃO TRANSITADA EM JULGADO. AUSÊNCIA DE DEFESA PRÉVIA. ART. 514 DO CPP. NULIDADE RELATIVA. DEFESA TÉCNICA. DEFICIÊNCIA. MATÉRIA QUE NÃO FOI ANALISADA PELO SUPERIOR TRIBUNAL DE JUSTIÇA. SUPRESSÃO DE INSTÂNCIA.
I – O acórdão impugnado foi publicado em 26/10/2012 e o recurso foi protocolizado, mediante fax, em 17/11/2012, fora, portanto, do prazo de cinco dias previsto no art. 310 do Regimento Interno do Supremo Tribunal Federal, o que impede o seu conhecimento.
II – Esta Corte já decidiu, por diversas vezes, que a defesa preliminar de que trata o art. 514 do Código de Processo Penal tem como objetivo evitar a propositura de ações penais temerárias contra funcionários públicos e, por isso, a ausência de defesa preliminar constitui apenas nulidade relativa.
III – É o entendimento deste Tribunal, de resto, que para o reconhecimento de eventual nulidade, ainda que absoluta, faz-se necessária a demonstração do efetivo prejuízo, o que não ocorreu na espécie. Precedente.
IV – A matéria relativa à deficiência da defesa técnica não foi abordada na petição inicial do HC e no acórdão ora questionado, fato que impede o seu conhecimento por esta Corte, sob pena de indevida supressão de instância e de extravasamento dos limites de competência previstos no art. 102 da Constituição Federal.
V – Recurso ordinário em *habeas corpus* não conhecido.
(Inform. STF 719)

HC N. 112.811-SP
RELATORA: MIN. CÁRMEN LÚCIA
EMENTA: *HABEAS CORPUS*. CONSTITUCIONAL. PROCESSUAL PENAL. NULIDADE DO INTERROGATÓRIO. SIGILO NA QUALIFICAÇÃO DE TESTEMUNHA. PROGRAMA DE PROTEÇÃO À TESTEMUNHA. PROVIMENTO N. 32/2000 DA CORREGEDORIA DO TRIBUNAL DE JUSTIÇA PAULISTA. ACESSO RESTRITO À INFORMAÇÃO. NULIDADE INEXISTENTE. IMPOSSIBILIDADE DE REEXAME DE FATO EM *HABEAS CORPUS*. ORDEM DENEGADA.
1. Não se comprova, nos autos, a presença de constrangimento ilegal a ferir direito dos Pacientes, nem ilegalidade ou abuso de poder a ensejar a concessão da presente ordem de *habeas corpus*.
2. Não há falar em nulidade da prova ou do processo-crime devido ao sigilo das informações sobre a qualificação de uma das testemunhas arroladas na denúncia, notadamente quando a ação penal omite o nome de uma testemunha presencial dos crimes que, temendo represálias, foi protegida pelo sigilo, tendo sua qualificação anotada fora dos autos, com acesso exclusivo ao magistrado, acusação e defesa. Precedentes.
3. O *habeas corpus* não é instrumento processual adequado para análise da prova, para o reexame do material probatório produzido, para a reapreciação da matéria de fato e também para a revalorização dos elementos instrutórios coligidos no processo penal de conhecimento. Precedentes.
4. Ordem denegada. (Inform. STF 715)

RHC. 109.978-DF
RELATOR: MIN. LUIZ FUX
Ementa: PENAL E PROCESSUAL PENAL. RECURSO ORDINÁRIO EM *HABEAS CORPUS*. QUADRILHA OU BANDO (ART. 288 DO CP). AUDIÊNCIA DE OITIVA DE TESTEMUNHAS REALIZADA NO JUÍZO DEPRECADO. PACIENTE SOB CUSTÓDIA. AUSÊNCIA DE REQUISIÇÃO. ALEGAÇÃO DE NULIDADE ABSOLUTA. IMPROCEDÊNCIA. RECURSO ORDINÁRIO EM *HABEAS CORPUS* A QUE SE NEGA PROVIMENTO.
1. A declaração de nulidade no direito penal não prescinde da demonstração do efetivo prejuízo para a defesa, consoante dispõe o artigo 563 do Código de Processo Penal, o que importa dizer que a desobediência às formalidades estabelecidas na legislação processual somente poderá implicar o reconhecimento da invalidade do ato quando a sua finalidade estiver comprometida em virtude do vício verificado. Precedentes: HC 68.436, Primeira Turma, Relator o Ministro Celso de Mello, DJ de 27.03.92; HC 95.654, Segunda Turma, Relator o Ministro Gilmar Mendes, DJe de 15.10.10; HC 84.442, Primeira Turma, Relator o Ministro Carlos Britto, DJe de 25.02.05; HC 75.225, Primeira Turma, Relator o Ministro Sepúlveda Pertence, DJ de 19.12.97; RHC 110.056, Primeira Turma, Relator o Ministro Luiz Fux, DJ de 09.05.12.
2. A ausência do acusado na audiência de instrução não constitui vício insanável apto a ensejar a nulidade absoluta do processo, posto tratar-se de nulidade relativa, exigindo-se, para o seu reconhecimento, a demonstração de prejuízo à defesa.
3. *In casu*, o paciente encontra-se sob custódia e o Juízo deprecante deixou de requisitá-lo para participar de audiência de oitiva de testemunhas no Juízo deprecado, em razão de dificuldades enfrentadas pelo Estado de São Paulo em *"promover o transporte e a devida escolta de presos"*, assegurando, todavia, a presença de seu defensor no ato.
4. O defensor do paciente compareceu ao ato processual, tendo, inclusive, formulado reperguntas, comprovando a inexistência de prejuízo para a defesa (*"pas de nullités sans grief"*).
5. A possibilidade do réu não comparecer à audiência é uma expressão do direito constitucional ao silêncio (art. 5º, LXIII, da CF/88), pois *"nemo tenetur se deterege"*.
6. Recurso ordinário em *habeas corpus* a que se nega provimento. (Inform. STF 714)

AG. REG. NO HC N. 116.481-SP
RELATORA: MIN. ROSA WEBER
EMENTA: AGRAVO REGIMENTAL NO *HABEAS CORPUS*. PROCESSO PENAL. TRÁFICO INTERNACIONAL DE DROGAS. SUBSTITUTIVO DE RECURSO CONSTITUCIONAL. INADEQUAÇÃO DA VIA ELEITA. PROCEDIMENTO PREVISTO NO ART. 38 DA LEI 10.409/2002. INOBSERVÂNCIA. NULIDADE RELATIVA. FALTA DE DEMONSTRAÇÃO DE PREJUÍZO.
1. Contra a denegação de *habeas corpus* por Tribunal Superior prevê a Constituição Federal remédio jurídico expresso, o recurso ordinário. Diante da dicção do art. 102, II, *a*, da Constituição da República, a impetração de novo *habeas corpus* em caráter substitutivo escamoteia o instituto recursal próprio, em manifesta burla ao preceito constitucional.
2. É relativa a nulidade decorrente da inobservância do rito processual estabelecido na Lei 10.409/2002, sendo imprescindível comprovação de efetivo prejuízo.

3. O princípio maior que rege a matéria é de que não se decreta nulidade sem prejuízo, conforme o art. 563 do Código de Processo Penal. Não se prestigia a forma pela forma, com o que se, da irregularidade formal, não deflui prejuízo, o ato deve ser preservado.
4. Agravo regimental conhecido e não provido. (Inform. STF 713)

RHC N. 115.520-SP
RELATOR: MIN. RICARDO LEWANDOWSKI
Ementa: HABEAS CORPUS. PACIENTE DENUNCIADO E, POSTERIORMENTE, CONDENADO PELO CRIME PREVISTO NO ART. 229 DO CÓDIGO PENAL. DECISÃO QUE AFASTOU AS QUESTÕES SUSCITADAS NA RESPOSTA À ACUSAÇÃO. FUNDAMENTAÇÃO ADEQUADA. CONDENAÇÃO POSTERIOR SUPERA AS TESES DEFENSIVAS APRESENTADAS PRELIMINARMENTE. ORDEM DENEGADA.
I – A assertiva de ausência de fundamentação da decisão que rejeitou as questões suscitadas em resposta à acusação não deve ser acolhida, pois o magistrado processante examinou, ainda que de forma concisa, as teses defensivas apresentadas e concluiu pelo prosseguimento da ação penal por não vislumbrar inépcia da denúncia e nenhuma das hipóteses de absolvição sumária, previstas no art. 397 do CPP.
II – Ausência de violação do art. 93, IX, da Constituição Federal, que impõe ao magistrado o dever de motivar e fundamentar toda decisão judicial.
III – Proferida a sentença condenatória, com a imposição da pena de 2 anos de reclusão, convertida em prestação de serviços à comunidade, ficam superadas todas as questões suscitadas na resposta à acusação, ante o reconhecimento da existência de materialidade e a comprovação da autoria do crime.
IV – Incide, na espécie, mutatis mutandis, o entendimento sedimentado nesta Corte no sentido que "a superveniência de sentença condenatória, que denota a viabilidade da ação penal, prejudica a preliminar de nulidade processual por falta de defesa prévia à denúncia" (HC 89.517/RJ, Rel. Min. Cezar Peluso).
V – Habeas corpus denegado. (Inform. STF 707)

RHC N. 113.307-SP
RELATOR: MIN. GILMAR MENDES
Habeas corpus. 2. Apropriação indébita qualificada. Condenação. 3. Audiência de oitiva das testemunhas de defesa. Dispensa de testemunha por parte do defensor dativo. Homologação da desistência. Pedido de nulidade de tal decisão e de todos os atos subsequentes. 4. Testemunha que não comparece à audiência, embora intimada. Nomeação regular de defensor ad hoc nos termos do art. 265, § 2º, do CPP, em razão do não comparecimento do advogado constituído. Réu, (advogado) embora presente, nada arguiu a respeito. 5. Ausência de prejuízo. 6. Ordem denegada. (Inform. STF 706)

Advogado e defesa técnica - 3
Em conclusão, a 1ª Turma, em face da inadequação da via eleita, por ser o habeas corpus substitutivo de recurso constitucional, declarou extinto, sem resolução de mérito, o writ em que se pretendia a declaração de nulidade de processo, em virtude de ausência de defesa ou dos atos praticados por advogado que, com inscrição suspensa na OAB, apresentara as razões de apelação – v. Informativo 693. No entanto, concedeu-se a ordem, de ofício, ante empate na votação, para declarar nulo o processo a partir das alegações finais, inclusive. Constatou-se falta de atuação do causídico na defesa técnica do paciente. Votaram no sentido da impossibilidade da concessão da ordem de ofício os Ministros Rosa Weber e Dias Toffoli, que apenas examinavam a questão no que tange à extinção do processo. Aduziam que a suspensão do causídico junto à OAB seria apenas decorrente de débito junto àquela instituição, fato que não desqualificaria tecnicamente o profissional que apresentara a defesa, ainda que deficiente.
HC 110271/ES, rel. Min. Marco Aurélio, 7.5.2013. (HC-110271) (Inform. STF 705)

Ausência de citação de réu preso e nulidade - 2
Diante do comparecimento do preso em juízo, não é possível invocar nulidade por ausência de citação. Com base neste entendimento, a 2ª Turma desproveu recurso ordinário em habeas corpus em que se alegava constrangimento ilegal decorrente de falta de citação pessoal do paciente para audiência de interrogatório. A impetração sustentava, ainda, nulidade absoluta da ação penal por suposta ofensa aos princípios constitucionais da legalidade, da ampla defesa e do contraditório – v. Informativo 644. Ressaltou-se que, conquanto preso, o réu teria sido regularmente requisitado à autoridade carcerária a fim de comparecer ao interrogatório. Na oportunidade, teria sido entrevistado e assistido por defensor dativo. No ponto, destacou-se o art. 570 do CPP ("A falta ou a nulidade da citação, da intimação ou notificação estará sanada, desde que o interessado compareça, antes de o ato consumar-se, embora declare que o faz para o único fim de argui-la. O juiz ordenará, todavia, a suspensão ou o adiamento do ato, quando reconhecer que a irregularidade poderá prejudicar direito da parte"). Frisou-se que a apresentação do denunciado ao juízo, a despeito de não cumprir a ortodoxia na novel redação do art. 360 do CPP, introduzida pela Lei 10.792/2003 ("Se o réu estiver preso, será pessoalmente citado"), supriria a eventual ocorrência de nulidade. Ademais, sublinhou-se que o mencionado vício não fora arguido oportunamente, em defesa preliminar ou nas alegações finais, mas só após o julgamento de apelação criminal, em sede de embargos de declaração, o que corroboraria a inexistência de prejuízo ao paciente.
RHC 106461/DF, rel. Min. Gilmar Mendes, 7.5.2013. (RHC-106461) (Inform. STF 705)

RHC N. 107.394-ES
RELATORA: MIN. ROSA WEBER
EMENTA: RECURSO ORDINÁRIO EM HABEAS CORPUS. PROCESSO PENAL. NULIDADE PROCESSUAL. AUSÊNCIA DE INTIMAÇÃO DE DEFENSOR CONSTITUÍDO. PREJUÍZO DEMONSTRADO.
Ausência de intimação do defensor constituído para comparecer na audiência de oitiva das testemunhas da acusação. O legislador processual penal acolheu expressamente o princípio de conservação, significando que, sem prejuízo, não há que se reconhecer nulidade, ainda que se esteja diante de vício existente. Prejuízo aferido em relação ao procedimento concreto no qual está sendo questionado o descumprimento da normativa estabelecida em lei.
Desrespeito aos princípios constitucionais do contraditório e da ampla defesa, uma vez que a prova oral produzida na audiência de instrução realizada sem a prévia intimação do defensor constituído e do próprio réu foi relevante na conclusão do juízo condenatório Prejuízo demonstrado. Nulidade reconhecida.
Recurso ordinário em habeas corpus não provido, mas com concessão da ordem ofício, para invalidar, desde a audiência de inquirição de testemunhas da acusação, inclusive, o Processo nº 035.020.583.437 (2965) da Terceira Vara Criminal da Comarca de Vila Velha/ES, anulando, em consequência, a condenação penal imposta. (Inform. STF 705)

HC N. 113.408-RS
RELATORA: MIN. CÁRMEN LÚCIA
EMENTA: HABEAS CORPUS. PENAL. PROCESSO PENAL. REVOGAÇÃO DE MANDATO E CONSTITUIÇÃO DE NOVOS ADVOGADOS. INTIMAÇÃO IRREGULAR. NULIDADE DOS ATOS SUBSEQUENTES. PRINCÍPIO DA AMPLA DEFESA. ORDEM CONCEDIDA.

4. DIREITO PROCESSUAL PENAL

1. É nula a intimação de ato processual feita apenas em nome de advogado, cujo mandato havia sido revogado pela parte, que constitui novos procuradores.
2. Constatada a omissão do Poder Judiciário em juntar ao processo a nova procuração outorgada pela parte, assim como o ato de revogação do anterior mandato, impõe-se, em respeito ao princípio da ampla defesa, o reconhecimento da nulidade das intimações de todos os atos processuais feitas em nome de advogado que não mais detinha poder de representação.
3. Ordem concedida. (Inform. STF 704)

Competência em razão da matéria e distribuição: alteração de norma regimental
A 2ª Turma negou provimento a recurso ordinário em habeas corpus no qual condenado pela prática de estupro pretendia a anulação de julgado de tribunal estadual sob o argumento de ilegalidade na composição do quórum de julgamento. Na espécie, em face de inobservância do quórum mínimo de dois terços de desembargadores efetivos do tribunal de justiça, o STJ anulara o julgamento. Ao retornar à Corte Estadual, o feito fora distribuído, em 10.12.2010, à mesma desembargadora relatora, integrante de Câmara Cível que, em sessão de 29.6.2011, novamente o condenara. Destarte, em setembro de 2008, alteração no regimento interno do tribunal local conferira nova redação ao art. 158, § 3º ("Art. 158. ... §3º A distribuição de processos de competência originária do Tribunal Pleno será feita, conforme a matéria, a Desembargador Cível ou Criminal"). No presente habeas, o paciente alegava nulidade absoluta do julgamento em razão de não ter sido observado o citado preceito regimental, a ensejar a revogação do decreto de prisão preventiva. Asseverou-se que o novo dispositivo regimental não modificara a competência para julgamento da ação penal, que continuara a pertencer ao tribunal pleno da Corte estadual, conforme artigo daquela mesma norma (art. 83, X, a). Destacou-se que ocorrera apenas a introdução de regra a determinar que a relatoria do feito, não o seu julgamento, competiria a desembargador integrante de órgão fracionário cível ou penal, conforme o tema. Reportou-se ao parecer da Procuradoria-Geral da República que obtemperara que eventual incompetência em razão da matéria deveria ser arguida em função do órgão ao qual competiria julgar a causa como um todo. Pouco importaria se o relator fosse componente de turma cível ou criminal na Corte de Justiça, ainda que houvesse previsão regimental a privilegiar a relatoria de ação penal ao magistrado que compusesse turma criminal. No que concerne ao pleito de revogação da ordem de segregação cautelar, aduziu-se que a decisão que lhe negara o direito de recorrer em liberdade estaria devidamente fundamentada em elementos concretos que demonstrariam a necessidade da custódia para a garantia da ordem pública e para assegurar a aplicação da lei penal. Por fim, destacou-se jurisprudência do STF no sentido de que para o reconhecimento de nulidade, ainda que absoluta, necessária a demonstração do efetivo prejuízo, o que não teria ocorrido.
RHC 117096/BA, rel. Min. Ricardo Lewandowski, 23.4.2013. (RHC-117096) (Inform. STF 703)

HC N. 113.340-SP
RELATOR: MIN. RICARDO LEWANDOWSKI
Ementa: PROCESSUAL PENAL. HABEAS CORPUS. SUSTENTAÇÃO ORAL. COMUNICAÇÃO DA DATA DE JULGAMENTO POR QUALQUER MEIO. EXIGÊNCIA QUE DECORRE DO PRINCÍPIO DA AMPLA DEFESA. ART. 5º, LIV E LV, DA CONSTITUIÇÃO FEDERAL. PEDIDO DA DEFESA PARA QUE O RECURSO INTERPOSTO NO SUPERIOR TRIBUNAL DE JUSTIÇA SEJA REDISTRIBUÍDO A OUTRO ÓRGÃO JULGADOR. IMPOSSIBILIDADE. ORDEM PARCIALMENTE CONCEDIDA.
I – Esta Corte tem manifestado o entendimento de que, revelada pela defesa a intenção de sustentar oralmente as teses da impetração, deve ser assegurada a ela tal possibilidade. Precedentes.

II – O impetrante/paciente logrou demonstrar a existência de manifestação prévia, em que restou evidenciado o interesse em realizar sustentação oral.
III – Sem razão o impetrante/paciente relativamente ao pleito para que o referido RHC seja redistribuído para outro Órgão Colegiado do Superior Tribunal de Justiça. Isso porque, conforme enfatizou o parecer ministerial, "cabe àquela Corte de Justiça a distribuição automática dos processos, conforme a competência e prevenção dos feitos".
IV – Desnecessidade de anulação do acórdão proferido pela Primeira Turma desta Corte no HC 107.644/SP, tendo em vista que, embora essa impetração tenha se voltado contra aquele primeiro julgamento do RHC, ora atacado, os momentos processuais são distintos e não impedem que a defesa do impetrante/paciente possa questionar neste Tribunal a nova decisão a ser proferida no STJ, caso lhe seja desfavorável.
V – Ordem parcialmente concedida para anular o acórdão proferido pelo Superior Tribunal de Justiça no RHC ora atacado, a fim de que outro julgamento seja realizado, devendo o procurador do impetrante/paciente ser cientificado, por qualquer meio, para o referido ato processual. (Inform. STF 703)

Juízo deprecado e intimação de defensor público
Em razão da peculiaridade do caso, a 1ª Turma deu provimento a recurso ordinário em *habeas corpus* para reconhecer nulidade processual em face da não intimação da Defensoria Pública do local de cumprimento de carta precatória. Na espécie, o juízo deprecado nomeara defensora dativa para acompanhar audiência de inquirição da vítima. Destacou-se que, na origem, o acusado fora assistido por defensor público, o qual não poderia deslocar-se para outro estado e prestar assistência ao réu, tendo em conta a existência, no juízo deprecado, de Defensoria Pública estadual estruturada. Assentou-se que, embora a jurisprudência do STF estivesse consolidada no sentido da prescindibilidade da intimação da defesa para audiência a ocorrer no juízo deprecado – necessária apenas a ciência da expedição da carta precatória –, a questão posta nos autos mereceria resposta em respeito àquela instituição. RHC 106394/MG, rel. Min. Rosa Weber, 30.10.2012. (RHC-106394) (Inform. STF 686)

Ausência de intimação de defensor público e nulidade
A 2ª Turma concedeu *habeas corpus* impetrado em favor de condenada pela prática do crime descrito no art. 171, § 3º, do CP, com o fim de afastar o trânsito em julgado da condenação e determinar ao juízo de 1º grau que proceda à intimação da Defensoria Pública da União para que apresente contrarrazões ao recurso de apelação interposto pelo *parquet*. Na espécie, a paciente, assistida por defensor dativo no curso do processo, procurara a Defensoria Pública, que protocolara petição na qual informava haver assumido o patrocínio da ré. O pedido fora indeferido, sob o fundamento de não haver prova de que a então acusada solicitara assistência àquele órgão. A Defensoria Pública não fora intimada desta decisão e a ré sofrera condenação decorrente de acórdão reformatório de sentença absolutória. Asseverou-se que a escolha do advogado seria direito do acusado. Ademais, registrou-se que a jurisprudência da Corte seria pacífica no sentido de a Defensoria Pública dever ser intimada, pessoalmente, dos atos processuais, o que não ocorrera. HC 111532/SP, rel. Min. Ricardo Lewandowski, 7.8.2012. (HC-111532) (Inform. STF 674)

Limites da competência de juízo de primeiro grau - 1
O juízo de primeiro grau não pode rescindir acórdão de instância superior, mesmo na hipótese de existência de nulidade absoluta, sob pena de violação das normas processuais penais e constitucionais relativas à divisão de competência. Essa a conclusão da 2ª Turma ao conhecer, em parte, de *habeas corpus* e, nessa extensão, indeferir a ordem impetrada em favor de denunciado pela suposta prática dos delitos de moeda falsa, falsidade ideológica e identidade falsa. Na espécie, em virtude de o paciente não ter sido localizado, o juízo processante decretara a revelia

e a sua prisão preventiva, ocasião em que nomeado defensor dativo para patrocinar a defesa. Baixados os autos à vara de origem, em virtude do trânsito em julgado da sentença condenatória, a juíza sentenciante declarara a nulidade de todos os atos processuais, a partir do recebimento das contrarrazões da apelação, sob o fundamento de que o paciente não teria sido intimado pessoalmente da sentença condenatória, mas somente o seu defensor. Os autos retornaram ao tribunal *ad quem* para que fosse julgada a apelação interposta pelo *parquet*, sendo anulada a decisão da magistrada de piso, por entender que o juízo de primeiro grau não teria competência para rescindir julgado de instância superior. HC 110358/SP, rel. Min. Ricardo Lewandowski, 12.6.2012. (HC-110358)

Limites da competência de juízo de primeiro grau - 2
Neste *habeas*, buscava-se a nulidade dos autos da ação penal, a partir da sentença de primeiro grau, sob o argumento de que o paciente não teria sido intimado pessoalmente, nem por meio de edital, da sentença condenatória, mas somente o seu defensor dativo. Enfatizou-se que apenas o tribunal prolator de uma decisão teria competência para, nas hipóteses legais e pela via própria, rescindir, originariamente, seus julgados. Asseverou-se que o órgão colegiado limitara-se a anular a decisão do juízo de primeira instância que rescindira indevidamente o seu julgado, sem manifestar-se, expressamente, sobre eventual nulidade decorrente da falta de intimação do paciente. Assim, não competiria ao STF analisar, *per saltum*, essa questão. Aduziu-se, ademais, que a impetrante não demonstrara o efetivo prejuízo causado pela ausência de intimação da sentença condenatória ao paciente mediante edital, visto que defendido em todas as fases do processo por defensor designado pelo juízo. HC 110358/SP, rel. Min. Ricardo Lewandowski, 12.6.2012. (HC-110358) (Inform. STF 670)

Audiência de instrução: inversão na formulação de perguntas e nulidade
A 2ª Turma negou provimento a recurso ordinário em *habeas corpus* no qual se pretendia fosse anulada audiência de instrução e julgamento em face de suposta inversão na ordem de perguntas formuladas às testemunhas, em contrariedade ao que alude o art. 212 do CPP ("*As perguntas serão formuladas pelas partes diretamente à testemunha, não admitindo o juiz aquelas que puderem induzir a resposta, não tiverem relação com a causa ou importarem na repetição de outra já respondida*"). O Ministério Público Federal, ora recorrente, sustentava que a magistrada de 1º grau, ao elaborar suas perguntas em primeiro lugar, teria afrontado os princípios do devido processo legal, do contraditório e da iniciativa daquele órgão para a ação penal pública, além de causar constrangimento ilegal na liberdade de locomoção dos recorridos. Asseverou-se que, conforme assentada jurisprudência deste Tribunal, para o reconhecimento de eventual nulidade, necessário demonstrar-se o prejuízo por essa pretensa inversão no rito inaugurado por alteração no CPP, o que não teria ocorrido. RHC 110623/DF, rel. Min. Ricardo Lewandowski, 13.3.2012. (RHC-110623) (Inform. STF 658)

Interrogatório único e nulidade de julgamento
A 1ª Turma iniciou julgamento de *habeas corpus* em que pleiteada a declaração de nulidade de processo-crime, a partir do interrogatório, ao argumento de que este ato teria sido aproveitado nas demais ações penais em curso contra o paciente. O Min. Marco Aurélio, relator, concedeu a ordem. Reputou que, inexistente ou viciado o interrogatório, o prejuízo seria ínsito ao fato. Asseverou que descaberia adotar-se peça emprestada de procedimento distinto, uma vez que diversas foram as ações propostas, as quais culminaram em processos individualizados, com imputações próprias. Ressaltou ainda, tratar-se de formalidade essencial à valia dos atos a serem implementados que constituiria de modo basilar o devido processo legal. Ademais, apontou que a série de atos processuais compor-se-ia, não da juntada de interrogatório formalizado em processo diferente, com balizas objetivas próprias, mas da feitura de outro, em audiência previamente marcada. Aduziu que, nesse caso, a inobservância à aludida formalidade, implicaria nulidade absoluta, impondo-se o retorno à fase pertinente para ouvir-se o acusado, em audiência designada, especificamente quanto à imputação veiculada. Após, pediu vista o Min. Luiz Fux. HC 96503/SP, rel. Min. Marco Aurélio, 22.11.2011. (HC-96503) (Inform. STF 649)

Interrogatório único e nulidade de julgamento - 2
Em conclusão, a 1ª Turma, por maioria, reputou prejudicado *habeas corpus* em face de julgamento de mérito do *writ* no STJ. Na espécie, pleiteava-se a declaração de nulidade de processo, a partir do interrogatório, ao argumento de que este ato teria sido aproveitado nas demais ações penais em curso contra o paciente – v. Informativo 649. Vencido o Min. Marco Aurélio, relator, por entender que, inexistente ou viciado o interrogatório, o prejuízo seria ínsito ao fato. Asseverava que descaberia adotar-se peça emprestada de procedimento distinto, uma vez que diversas teriam sido as ações propostas, as quais culminaram em processos individualizados, com imputações próprias. Ressaltou, ainda, tratar-se de formalidade essencial à valia dos atos a serem implementados que constituiria, de modo basilar, o devido processo legal. HC 96503/SP, rel. orig. Min. Marco Aurélio, red. p/ o acórdão Min. Luiz Fux, 10.4.2012. (HC-96503) (Inform. STF 661)

Apelação Criminal e Nulidades - 1
A Turma iniciou julgamento de *habeas corpus* em que se reitera a alegação de nulidade de acórdão do TRF da 4ª Região, em virtude de: a) ausência de intimação de advogado do paciente, ora impetrante, da pauta de julgamento de apelação e de seu resultado e b) não-participação de revisor original na sessão de julgamento de recurso criminal. Na espécie, a Corte Federal, ao dar parcial provimento à apelação da defesa, diminuíra, pela metade, a sanção imposta ao paciente, substituindo a pena privativa de liberdade por restritiva de direito, mantida a multa arbitrada na sentença. Sustenta a impetração ofensa à ampla defesa, tendo em conta a intimação realizada com o vocábulo "e outro", em fase recursal. Nessa intimação, constaria expressamente o nome de advogado substabelecido, com reserva de iguais poderes, no Juízo processante, o qual, entretanto, não subscrevera a petição de interposição e de razões recursais da apelação. Diz, ainda, que fora violada a garantia do devido processo legal e o princípio do juiz natural, em razão de ter participado do colegiado juíza convocada em substituição de revisor que teria aposto visto e requerido dia para julgamento. HC 102433/PR, rel. Min. Ellen Gracie, 5.10.2010. (HC-102433)

Apelação Criminal e Nulidades - 2
A Min. Ellen Gracie, relatora, denegou o *writ*. Inicialmente, observou que o tema relativo à falta de intimação do causídico não fora examinada pelo STJ, por se tratar de pedido idêntico ao de outro *habeas corpus* lá impetrado. Realçou que o impetrante não seria o único defensor do paciente na ação penal instaurada; que os defensores teriam sido intimados da sessão de julgamento do recurso criminal; e que o endereço profissional indicado pelo impetrante e pelo advogado substabelecido no juízo processante seria o mesmo. Consignou a ausência de manifestação pela defesa, tanto na ação penal quanto na apelação, no sentido de que as publicações fossem realizadas em nome exclusivo do advogado subscritor deste *writ*. A relatora, no ponto, assinalou que tal advogado sequer peticionara para comunicar que o defensor substabelecido na ação penal não mais comporia a equipe de defesa. Asseverou não haver qualquer nulidade processual relacionada à intimação da pauta de julgamento de apelação efetuada em nome do mencionado substabelecido "e outro". Ressaltou o entendimento do Supremo segundo o qual, havendo mais de um advogado regularmente constituído, sem nenhuma ressalva ao recebimento de intimação, basta, para sua validade, que a publicação seja feita em nome de um deles. No tocante a não-participação de revisor original, não vislumbrou qualquer ilegalidade referente ao ato que, nos termos do regimento interno, determinara a substitui-

ção do revisor, que se encontrava em férias, pela juíza federal convocada. Salientou que a magistrada não só demonstrara haver efetivamente revisado o caso concreto, como, inclusive, proferira voto que se tornara o condutor do acórdão, reduzindo o *quantum* da pena do condenado, beneficiando-o. Entendeu que o fato de a juíza integrar a turma julgadora como revisora não seria capaz de acarretar, por si só, a nulidade do processo, sem a demonstração de efetivo prejuízo para a defesa, de acordo com o princípio *pas de nullité sans grief*, adotado pelo art. 563 do CPP. Relembrou jurisprudência desta Corte no sentido de que a demonstração de prejuízo, a teor desse dispositivo, é essencial à alegação de nulidade, seja ela relativa ou absoluta, além de precedente da 2ª Turma no qual se declarara que, não comprovada a configuração de prejuízo, não haveria que se falar em cerceamento de defesa (Enunciado 523 da Súmula do STF), quando juiz federal integrasse o órgão colegiado como revisor. Concluiu não estar demonstrado o efetivo prejuízo suportado pelo paciente em virtude da substituição de revisor pela juíza federal convocada. HC 102433/PR, rel. Min. Ellen Gracie, 5.10.2010. (HC-102433)

Apelação Criminal e Nulidades - 3
Em divergência, o Min. Celso de Mello deferiu o *habeas corpus* em ordem a invalidar o julgamento desde a apreciação do recurso de apelação, inclusive. Considerou que uma situação específica como a dos autos frustraria a plenitude do direito de defesa e, com isso, comprometeria a proteção judicial efetiva que se deveria dispensar notadamente nas hipóteses em que o Estado faz instaurar contra alguém um procedimento penal persecutório. Ademais, ressaltou que o CPP, ao tratar do procedimento recursal de apelação, especialmente nos casos de delitos apenados com reclusão, imporia a dualidade de órgãos intervenientes no julgamento daquele recurso em particular, a figurar um relator e um revisor. Reputou ter havido, na situação dos autos, verdadeira confusão, no sentido técnico, ao concentrar-se em uma única pessoa a dupla e incompatível condição de revisor e de relator. Aduziu que a circunstância de não se saber qual seria o voto que o revisor originário iria proferir bastaria para afastar a necessária demonstração de prejuízo, que estaria *in re ipsa*. Entendeu que, se a petição de interposição e as correspondentes razões foram subscritas por determinados advogados sem que nela interviesse o anteriormente substabelecido, haveria falha administrativa da secretaria do Tribunal que não poderia, simplesmente, acrescentar um outro profissional que se limitara a atuar no primeiro grau de jurisdição. Salientou que o prejuízo causado por esse fato seria evidente, uma vez que a sustentação oral comporia a garantia constitucional do direito de defesa e não poderia ser, portanto, comprometida. Apontou que a inclusão nos documentos dos autos na fase recursal de substabelecido, que não subscrevera quaisquer peças da apelação, teria sido realizada, aparentemente, de forma indevida, a comprometer de maneira plena a própria eficácia do direito de defesa, haja vista a ciência dos atos ter sido comunicada a quem, na verdade, já não mais intervinha no procedimento recursal. Após, pediu vista dos autos o Min. Joaquim Barbosa.
HC 102433/PR, rel. Min. Ellen Gracie, 5.10.2010. (HC-102433)

Apelação criminal e nulidades - 4
A 2ª Turma retomou julgamento de *habeas corpus* em que se reitera a alegação de nulidade de acórdão do TRF da 4ª Região, em virtude de: a) ausência de intimação de advogado do paciente, ora impetrante, da pauta de julgamento de apelação e de seu resultado e b) não-participação de revisor original na sessão de julgamento de recurso criminal – v. Informativo 603. Em voto-vista, o Min. Joaquim Barbosa acompanhou a Min. Ellen Gracie, relatora, e denegou a ordem. Aduziu que, quanto à não-participação do revisor originário na sessão de julgamento, não haveria qualquer nulidade, tendo em vista que sua substituição por juíza convocada ocorrera com base em previsão legal e regimental. No que se refere ao outro argumento, consignou que o impetrante sabia que as intimações dos atos processuais foram feitas em seu nome e no de outro advogado que vinha sendo intimado desde o primeiro grau de jurisdição. Portanto, caber-lhe-ia requerer, nos autos, que as publicações não fossem mais realizadas no nome deste último, mas, tão-somente, em seu próprio nome. Deste modo, ressaltou que se aplicaria a regra do art. 565 do CPP ("*Nenhuma das partes poderá arguir nulidade a que haja dado causa, ou para que tenha concorrido, ou referente a formalidade cuja observância só à parte contrária interesse*"). Após, o Min. Gilmar Mendes pediu vista. HC 102433/PR, rel. Min. Ellen Gracie, 3.5.2011. (HC-102433) (Inform. STF 625)

Apelação criminal e nulidades - 5
Em conclusão de julgamento, a 2ª Turma, por maioria, indeferiu *habeas corpus* no qual se reiterava a alegação de nulidade de acórdão, em virtude de: a) ausência de intimação de advogado do paciente, ora impetrante, da pauta de julgamento de apelação e de seu resultado e b) não participação de revisor original na sessão de julgamento de recurso criminal – v. Informativo 625. Inicialmente, observou-se que o tema relativo à falta de intimação do causídico não fora examinado pelo STJ, por se tratar de pedido idêntico ao de outro *writ* lá impetrado. Realçou-se que o impetrante não seria o único defensor do paciente na ação penal instaurada; que os defensores teriam sido intimados da sessão de julgamento do recurso criminal; e que o endereço profissional indicado pelo impetrante e pelo advogado substabelecido no juízo processante seria o mesmo. Consignou-se a ausência de manifestação pela defesa, tanto na ação penal quanto na apelação, no sentido de que as publicações fossem realizadas em nome exclusivo do advogado subscritor deste *habeas*. No ponto, assinalou-se que o advogado sequer peticionara para comunicar que o defensor substabelecido na ação penal não mais comporia a equipe de defesa. Asseverou-se não haver qualquer nulidade processual relacionada à intimação da pauta de julgamento de apelação efetuada em nome do mencionado substabelecido "e outro". Ressaltou-se entendimento do Supremo segundo o qual, havendo mais de um advogado regularmente constituído, sem nenhuma ressalva ao recebimento de intimação, bastaria, para sua validade, que a publicação fosse feita em nome de um deles. HC 102433/PR, rel. orig. Min. Ellen Gracie, red. p/ o acórdão Min. Joaquim Barbosa, 28.2.2012. (HC-102433)

Apelação criminal e nulidades - 6
No tocante à não participação de revisor original, não se vislumbrou qualquer ilegalidade referente ao ato que, nos termos do regimento interno, determinara a substituição do revisor, que se encontrava em férias, pela juíza federal convocada. Salientou-se que a magistrada não só demonstrara haver efetivamente revisado o caso concreto, como, inclusive, proferira voto que se tornara o condutor do acórdão, reduzindo o *quantum* da pena do condenado. Entendeu-se que o fato de a juíza integrar a turma julgadora como revisora não seria capaz de acarretar, por si só, a nulidade do processo, sem a demonstração de efetivo prejuízo para a defesa, de acordo com o princípio *pas de nullité sans grief*, adotado pelo art. 563 do CPP. Relembrou-se jurisprudência desta Corte no sentido de que a prova do prejuízo, a teor desse dispositivo, seria essencial à alegação de nulidade, fosse ela relativa ou absoluta, além de precedente desta Turma no qual se declarara que, não comprovada a configuração de prejuízo, não haveria que se falar em cerceamento de defesa (Enunciado 523 da Súmula do STF), quando juiz federal integrasse o órgão colegiado como revisor. Concluiu-se não estar demonstrado o efetivo prejuízo suportado pelo paciente em virtude da substituição de revisor pela juíza federal convocada. Vencido o Min. Celso de Mello, que concedia a ordem por considerar que uma situação específica como a dos autos frustraria a plenitude do direito de defesa e, com isso, comprometeria a proteção judicial efetiva. HC 102433/PR, rel. orig. Min. Ellen Gracie, red. p/ o acórdão Min. Joaquim Barbosa, 28.2.2012. (HC-102433) (Inform. STF 656)

DIREITO PROCESSUAL PENAL. REQUISIÇÃO DE RÉU PRESO PARA ENTREVISTA PESSOAL COM DEFENSOR PÚBLICO.

Não configura nulidade a negativa de pedido da Defensoria Pública de requisição de réu preso para entrevista pessoal com a finalidade de subsidiar a elaboração de defesa preliminar. Isso porque inexiste previsão legal que autorize a Defensoria Pública a transferir ao Poder Judiciário o ônus de promoção de entrevista pessoal do réu preso. Observe-se que o art. 185 do CPP garante ao acusado preso o direito à prévia entrevista pessoal com o respectivo defensor quando da realização do seu interrogatório ou de outros atos processuais que dependam da sua participação, hipóteses a que não se amolda a situação em análise. Ao que se tem, a realização de entrevista pessoal para esclarecimento de situações de fato, úteis à formulação da defesa dos réus presos, constitui, na verdade, atribuição da Defensoria Pública, cuja função consiste também em atuar diretamente nos presídios, conforme dispõe o art. 4°, XVII e § 11, da LC 80/1994. Além do mais, o direito de o preso ser requisitado para comparecer à Defensoria Pública estaria em colisão com o direito à segurança dos demais cidadãos, isso sem mencionar os recursos necessários para tal fim. Precedentes citados: RHC 40.980-RJ, Quinta Turma, DJe 8/5/2014; e RHC 36.495-RJ, Sexta Turma, DJe 5/9/2014. **RHC 50.791-RJ, Rel. Min. Sebastião Reis Júnior, julgado em 14/10/2014. (Inform. STJ 551)**

DIREITO PROCESSUAL PENAL. NECESSIDADE DE FUNDAMENTAR DECISÃO QUE DETERMINE DILIGÊNCIAS INVASIVAS DE ACESSO DE DADOS.

É nula a decisão que, sem fundamentação, determine o acesso a dados bancários, telefônicos e de empresas de transporte aéreo, ainda que as diligências tenham sido solicitadas com o objetivo de verificar o regular cumprimento de pena restritiva de direitos. De fato, é garantido ao cidadão o direito à intimidade e à vida privada, com a inviolabilidade do sigilo de seus dados, inclusive bancários e fiscal (art. 5°, X e XII, da CF; arts. 1° e 5° da Lei 9.296/1996; art. 1°, § 4°, e art. 2° da LC 105/2001; e art. 3° da Lei 9.472/1997). Embora não sejam absolutas as restrições de acesso à privacidade e aos dados pessoais do cidadão, é imprescindível que qualquer decisão judicial explicite os seus motivos (art. 93, IX, da CF), ainda que considerado o interesse público no acompanhamento da execução penal. **REsp 1.133.877-PR, Rel. Min. Nefi Cordeiro, julgado em 19/8/2014. (Inform. STJ 545)**

DIREITO PROCESSUAL PENAL. DESNECESSIDADE DE NOVAS INTIMAÇÕES DO ASSISTENTE DE ACUSAÇÃO QUE, INTIMADO, DEIXE DE COMPARECER A QUALQUER DOS ATOS DA INSTRUÇÃO OU DO JULGAMENTO.

Não há nulidade processual na hipótese em que o assistente de acusação, por não ter arrazoado recurso interposto pelo MP após ter sido intimado para tanto, deixe de ser intimado quanto aos atos processuais subsequentes. Segundo o art. 271, § 2°, do CPP, o assistente de acusação não será mais intimado se, sendo-o, não comparecer a qualquer dos atos de instrução e julgamento. Nesse passo, ao falar em atos de instrução e julgamento, quis a norma abranger todo e qualquer ato processual para cuja prática o assistente foi cientificado, em qualquer fase do processo, e não apenas em primeiro grau – especialmente porque o art. 269 do CPP estabelece que o assistente será admitido enquanto não passar em julgado a sentença. Dessa forma, se é possível a admissão do assistente em qualquer tempo, antes do trânsito em julgado da sentença, não há como entender que a pena pela sua desídia tenha como pressuposto apenas a falta de comparecimento a atos processuais a serem praticados em primeiro grau. Por outro lado, embora somente ocorram atos de instrução em primeiro grau, os atos de julgamento, nesse contexto, devem ser entendidos como todos aqueles atos processuais realizados durante a tramitação do processo no qual haja a previsão de participação ou manifestação do assistente, seja em primeira instância ou em grau recursal, entre eles, o oferecimento de razões recursais. **REsp 1.035.320-SP, Rel. Min. Sebastião Reis Júnior, julgado em 2/4/2013.** (Inform. STJ 519)

DIREITO PROCESSUAL PENAL. NULIDADE. AUSÊNCIA DE INTIMAÇÃO PESSOAL DO ACÓRDÃO.

Não há nulidade na falta de intimação pessoal do acórdão, ainda que a condenação apenas tenha ocorrido em segundo grau. A intimação pessoal da sentença, prevista no art. 392 do CPP, só é aplicável ao primeiro grau de jurisdição, não se estendendo às decisões de tribunais. Precedentes citados do STF: HC 81.691-SP, DJ 23/11/2007; HC 84.442-SP, DJ 25/2/2005; HC 98.715-SC, DJe 11/09/2009; do STJ: HC 180.314-GO, DJe 16/05/2011; HC 111.698-MG, DJe 23/03/2009; HC 59.636-RR, DJ de 22/06/2009; HC 120.092-RJ, DJe 23/8/2010, e RHC 22.218-RN, DJe 13/10/2008. **HC 111.393-RS, Rel. Min. Alderita Ramos de Oliveira (Desembargadora convocada do TJ-PE), julgado em 2/10/2012. (Inform. STJ 505)**

DIREITO PROCESSUAL PENAL. NULIDADE. AUSÊNCIA DE RECURSO.

A ausência de interposição de recurso pelo defensor, por si só, não é suficiente para comprovar eventual prejuízo sofrido pelo réu com consequente nulidade processual. Segundo o art. 574 do CPP, os recursos são voluntários, ressalvadas as hipóteses ali elencadas. Precedentes citados do STF: HC 81.691-SP, DJ 23/11/2007; HC 84.442-SP, DJ 25/2/2005; HC 98.715-SC, DJe 11/09/2009; do STJ: HC 180.314-GO, DJe 16/05/2011; HC 111.698-MG, DJe 23/03/2009; HC 59.636-RR, DJ de 22/06/2009; HC 120.092-RJ, DJe 23/8/2010, e RHC 22.218-RN, DJe 13/10/2008. **HC 111.393-RS, Rel. Min. Alderita Ramos de Oliveira (Desembargadora convocada do TJ-PE), julgado em 2/10/2012. (Inform. STJ 505)**

DEFENSOR DATIVO. AUSÊNCIA DE INTIMAÇÃO PESSOAL. NULIDADE. PRECLUSÃO. TRANSCURSO DE LONGO PRAZO.

A Turma denegou a ordem na qual se buscava a nulidade absoluta do processo em decorrência da falta de intimação pessoal do defensor dativo da data designada para a sessão de julgamento do recurso de apelação, nos termos do disposto no art. 5°, § 5°, da Lei n. 1.060/1950 e art. 370, § 4°, do CPP. A Min. Relatora sustentou que, diante das peculiaridades do caso concreto, a alegada nulidade estaria superada pela inércia da defesa. Embora não intimado pessoalmente da sessão de julgamento da apelação, o defensor dativo teve ciência da íntegra do acórdão e, somente após seis anos, impetrou o presente *writ*. Segundo consta, a matéria sequer foi ventilada nos recursos especiais e extraordinários interpostos em favor do paciente. Assim, diante do transcurso de longo período de tempo sem que nada fosse alegado pela defesa, não se afigura plausível, à luz do princípio da segurança jurídica, o reconhecimento do suposto vício. Precedentes do STF: HC 99.226-SP, DJ 8/10/2010; HC 96.777-BA, DJ 22/10/2010: Precedentes do STJ: HC 130.191-SP, DJe 11/10/2010, e HC 68.167-SP, DJe 16/3/2009. **HC 241.060-SC, Rel. Min. Maria Thereza de Assis Moura, julgado em 18/9/2012 (Inform. STJ 504)**

PUBLICAÇÃO. ACÓRDÃO. ADVOGADA. FALECIMENTO.

A Turma decidiu que existe manifesto prejuízo para a defesa na hipótese de falecimento da única advogada do paciente após a interposição do recurso de apelação, haja vista a publicação do acórdão do Tribunal de Justiça ter sido realizado em nome daquela. Para o Min. Relator, o acórdão deverá ser republicado em nome do advogado regularmente constituído. **HC 226.673-SP, Rel. Min. Sebastião Reis Júnior, julgado em 4/9/2012. (Inform. STJ 503)**

4. DIREITO PROCESSUAL PENAL

NULIDADE. JÚRI. AUSÊNCIA DE DEFESA.
In casu, o paciente foi condenado à pena de 14 anos de reclusão, como incurso no art. 121, § 2º, I e IV, do CP. Sustenta-se a nulidade do processo por ausência de defesa técnica efetiva, pois o patrono do paciente, na sessão plenária do júri, teria utilizado apenas quatro minutos para proferir sua sustentação oral. Invoca a aplicação da Súm. n. 523/STF, asseverando que, após sustentação proferida, deveria ter a magistrada declarado o réu indefeso, dissolvendo o conselho de sentença e preservando, assim, o princípio do devido processo legal. O Min. Relator observou que a matéria objeto da impetração não foi suscitada e debatida previamente pelo tribunal a quo, razão pela qual o habeas corpus não deve ser conhecido, sob pena de supressão de instância. Contudo, entendeu a existência de ilegalidade flagrante, visto que emerge dos autos que a atuação do defensor do paciente, na sessão de julgamento do tribunal do júri, não caracterizou a insuficiência de defesa, mas a sua ausência. Como se verificou, o defensor dativo utilizou apenas quatro minutos para fazer toda a defesa do paciente. É certo que a lei processual penal não estipula um tempo mínimo que deve ser utilizado pela defesa quando do julgamento do júri. Contudo, não se consegue ver razoabilidade no prazo utilizado no caso concreto, por mais sintética que tenha sido a linha de raciocínio utilizado. O art. 5º, XXXVIII, da CF assegura a plenitude de defesa nos julgamentos realizados pelo tribunal do júri. Na mesma linha, o art. 497, V, do CPP estatui ser atribuição do juiz presidente do tribunal do júri nomear defensor ao acusado, quando considerá-lo indefeso, podendo, neste caso dissolver o conselho e designar novo dia para o julgamento, com a nomeação ou a constituição de novo defensor. Cabia, portanto, a intervenção do juiz presidente, a fim de garantir o cumprimento da norma constitucional que garante aos acusados a plenitude de defesa, impondo-se que esta tenha caráter material, não apenas formal. Diante dessa e de outras considerações, a Turma concedeu a ordem de ofício, para anular o processo desde o julgamento pelo tribunal do júri e determinar outro seja realizado e ainda o direito de responder ao processo em liberdade, até decisão final transitada em julgado, salvo a superveniência de fatos novos e concretos que justifiquem a decretação de nova custódia. **HC 234.758-SP, Rel. Min. Sebastião Reis Júnior, julgado em 19/6/2012. (Inform. STJ 500)**

NULIDADES. NECESSIDADE DE DEMONSTRAÇÃO DO PREJUÍZO. TRADUÇÃO DE INTERCEPTAÇÃO TELEFÔNICA. CONVÊNIO INTERNACIONAL.
A nulidade alegada sem demonstração do efetivo prejuízo à defesa não tem o condão de invalidar o ato processual impugnado. A simples alegação de que a oitiva dos corréus ocorreu sem seus respectivos advogados não é suficiente para demonstrar o prejuízo sofrido pela defesa do paciente. Da mesma forma, alegações abstratas de que as normas internas de presídio de segurança máxima impediram o acesso às provas dos autos não é o bastante para o reconhecimento da nulidade por cerceamento de defesa. Ademais, foi proposta ao paciente a realização de audiência conjunta para a oitiva dos CDs de áudio, mas a proposta foi rejeitada pela defesa. Dessa forma, não pode a parte alegar nulidade para a qual concorreu (art. 565 do CPP). Noutro ponto, o Min. Relator consignou que a ausência do réu na inquirição de testemunhas gera nulidade relativa, mormente porque o advogado compareceu ao ato. Em seguida, assentou que o processamento da ação penal pelo rito ordinário só é possível quando não houver previsão de procedimento específico (art. 394, § 2º, CPP). No caso, apuraram-se crimes previstos na Lei n. 11.343/2006, cujos arts. 54 a 59 tratam do procedimento a ser adotado na ação penal. Quanto à tradução do conteúdo de interceptações telefônicas feita por agentes públicos (que não são tradutores compromissados), em cumprimento a acordo de cooperação internacional, tal circunstância não gera nulidade. No caso, policiais paraguaios que traduziram as conversas em língua guarani para o português fizeram o trabalho de acordo com convênio oficial celebrado entre o Brasil e o Paraguai, por intermédio da Secretaria Nacional de Política sobre Drogas – SENAD, do Ministério da Justiça. Precedentes citados: HC 123.432-SP, DJe 19/9/2011; HC 85.522-SP, DJe 22/10/2007; HC 209.706-SP, DJe 17/10/2011, e AgRg no RMS 28.642-PR, DJe 15/8/2011. **HC 218.200-PR, Rel. Min. Sebastião Reis Júnior, julgado em 21/6/2012. (Inform. STJ 500)**

DEFENSOR. INTIMAÇÃO PESSOAL. AUSÊNCIA.
Na espécie, a paciente foi condenada à pena de nove anos e quatro meses de reclusão em regime inicial fechado, além do pagamento de 120 dias-multa no valor mínimo legal, pela prática do delito descrito no art. 12, caput, c/c art. 18, IV, e art. 14 da Lei n. 6.368/1976. Em grau de apelação, essa condenação foi reduzida a oito anos e quitação de 120 dias-multa mínimos. Pretende-se, agora, no habeas corpus, entre outros temas, a nulidade do julgamento da apelação por falta de intimação pessoal do defensor da paciente, visto que isso ocasionou a falta de interposição de recurso contra o acórdão proferido. Neste Superior Tribunal, é pacífico o entendimento de que a ausência de intimação pessoal do defensor público ou dativo acerca da data aprazada para o julgamento do apelo é causa de nulidade absoluta, por cerceamento de defesa, a teor do disposto no art. 370 do CPP e na Lei n. 1.060/1950. Entretanto, a intimação pessoal a que se refere o art. 370 do CPP somente é exigível quando se tratar de defensor público ou dativo. In casu, cuidou-se de defensor constituído, pois a paciente nomeou advogados para promover a sua defesa. Além disso, segundo informações prestadas pelo tribunal a quo, os patronos foram devidamente intimados da inclusão do apelo em pauta de julgamento (em que constou, de forma correta, o número do processo, o nome da apelante e de seus advogados), por meio de publicação do respectivo decisório no órgão oficial de imprensa. Dessa forma, consignou-se que a falta de intimação pessoal do advogado nomeado pela própria paciente acerca da data do julgamento do recurso não consubstancia nulidade processual, não havendo, portanto, que falar em mitigação do exercício do direito de ampla defesa. Precedentes citados: HC 72.531-SP, DJ 285/2007; HC 213.818-SP, DJe 28/2/2012, e HC 98.562-SP, DJe 3/11/2009. **HC 187.757-SP, Rel. Min. Gilson Dipp, julgado em 22/5/2012. (Inform. STJ 498)**

INTIMAÇÃO. CARTA ROGATÓRIA. SESSÃO DE JULGAMENTO DO TRIBUNAL DO JÚRI.
A Turma decidiu que não há nulidade na falta de intimação pessoal do réu sobre a mudança do seu advogado constituído para um núcleo de prática jurídica de uma faculdade privada. A sistemática processual penal não prevê recurso contra a decisão do magistrado que nomeia patrono para o réu revel, o qual pode, a qualquer momento, constituir novo advogado. Quanto à segunda nulidade arguida pelo paciente, entendeu-se pela desnecessidade da intimação da advogada alienígena que atuou como sua defensora em interrogatório perante a polícia de outro país. Para a Turma, há menção nos autos de que a defensora fora contratada para outros processos, além do de extradição. Portanto, descabe a pretensão de ter a advogada como sua patrona no processo criminal brasileiro. Destarte, o Estatuto da Ordem dos Advogados Brasileiros – EOAB (Lei n. 8.906/1994) exige, para o exercício profissional, aprovação em exame da ordem e a subsequente inscrição na OAB. Por fim, descabe o pleito de intimação pessoal do réu, para sessão de julgamento do Tribunal do Júri, mediante carta rogatória, por falta de determinação legal quanto a esse procedimento. Ademais, o réu possui advogado constituído em território pátrio, por meio deste é realizada a comunicação dos atos ordinários do processo, somente se justificando a expedição de cartas rogatórias para a intimação de situações excepcionais as quais a lei revista de formalidades comparáveis à citação. **HC 223.072-DF, Rel. Min. Gilson Dipp, julgado em 16/2/2012. (Inform. STJ 491)**

ADVOGADO. INTIMAÇÃO EXCLUSIVA. CERCEAMENTO. DEFESA.
Na hipótese dos autos, busca-se a anulação do processo sob o fundamento de que teria havido irregularidade na intimação da defesa. *In casu*, havia pedido expresso para que, nas publicações referentes ao feito, constasse exclusivamente o nome de um patrono, embora o corpo de advogados fosse mais extenso. Ocorre que as intimações (tanto para o julgamento da apelação quanto para a ciência do acórdão desse recurso) foram realizadas em nome de uma terceira advogada, que recebeu o substabelecimento para, apenas, extração de cópia da sentença. A Turma concedeu a ordem de *habeas corpus* ao reiterar que, havendo substabelecimento com reserva de poderes, é válida a intimação de qualquer dos causídicos – substabelecente ou substabelecido –, desde que não haja pedido expresso de intimação exclusiva. Consignou-se que o fato de ter sido apresentado substabelecimento com reserva de poderes não torna sem efeito o pedido de intimação exclusiva antes formulado pela defesa, já que o advogado ao qual deveriam ser dirigidas as intimações continuou a atuar nos autos. Desse modo, não se mostra razoável exigir que, a cada substabelecimento apresentado, seja renovado o pedido de intimação exclusiva, sob pena de tornar sem efeito aquele anteriormente formulado. Ademais, frisou-se que o erro na intimação da defesa torna o ato inexistente, constituindo nulidade absoluta, na qual o prejuízo é presumido. Com essas considerações, a Turma, prosseguindo o julgamento, concedeu a ordem para anular o acórdão proferido na apelação criminal, bem como o respectivo trânsito em julgado, devendo outro ser proferido com a correta intimação da defesa e observância da vedação a *reformatio in pejus* indireta, devendo ainda ser suspensos os atos de execução da pena. Precedentes citados: AgRg na APn 510-BA, DJe 2/8/2011; AgRg no Ag 578.962-RJ, DJ 24/3/2006; HC 44.181-PR, DJe 3/10/2005; HC 25.693-SP, DJ 16/5/2005, e REsp 166.863-AL, DJ 29/6/1998. **HC 129.748-SP, Rel. Min. Sebastião Reis Júnior, julgado em 14/2/2012. (Inform. STJ 491)**

Súmula STF nº 708
É nulo o julgamento da apelação se, após a manifestação nos autos da renúncia do único defensor, o réu não foi previamente intimado para constituir outro.

Súmula STF nº 707
Constitui nulidade a falta de intimação do denunciado para oferecer contrarrazões ao recurso interposto da rejeição da denúncia, não a suprindo a nomeação de defensor dativo.

Súmula STF nº 706
É relativa a nulidade decorrente da inobservância da competência penal por prevenção.

Súmula STF nº 523
No processo penal, a falta da defesa constitui nulidade absoluta, mas a sua deficiência só o anulará se houver prova de prejuízo para o réu.

Súmula STF nº 431
É nulo o julgamento de recurso criminal, na segunda instância, sem prévia intimação, ou publicação da pauta, salvo em "habeas corpus".

Súmula STF nº 352
Não é nulo o processo penal por falta de nomeação de curador ao réu menor que teve a assistência de defensor dativo.

Súmula STF nº 155
É relativa a nulidade do processo criminal por falta de intimação da expedição de precatória para inquirição de testemunha.

14. RECURSOS

Baixa imediata de RE em matéria penal e abuso do direito de recorrer - 1
O abuso do direito de recorrer no processo penal, com o escopo de obstar o trânsito em julgado da condenação, autoriza a determinação monocrática de baixa imediata dos autos por Ministro do STF, independentemente de publicação da decisão. Esse o entendimento do Plenário, que resolveu questão de ordem em recurso extraordinário no sentido de não conhecer de pleito formulado pelo recorrente e determinar a devolução da petição aos subscritores. No caso, ele fora condenado, em segunda instância, como incurso nas penas do art. 297, § 2º, do CP, à pena de três anos e seis meses de reclusão em regime semiaberto, e multa. Em razão desse julgado, interpusera cumulativamente recursos especial e extraordinário, inadmitidos pelo tribunal de origem. Tendo em conta o juízo de inadmissibilidade do extraordinário, perante o STF foram interpostos quatro recursos, sucessivamente, e esta Corte reconhecera seu caráter protelatório, com determinação da baixa dos autos, independentemente de publicação do acórdão, e consequente trânsito em julgado. No que se refere ao recurso especial, fora admitido, e a partir dele foram manejados três recursos extraordinários, oriundos de diversos recursos protocolados durante o trâmite do especial. Um desses recursos extraordinários seria objeto da presente questão de ordem. A Corte anotou que o agrupamento de todas essas circunstâncias reforçaria a conclusão de que o requerente pretenderia apenas alcançar a prescrição da pretensão punitiva, a qual teria se efetivado, caso não tivesse sido negado seguimento, monocraticamente, ao recurso extraordinário, com determinação da baixa dos autos independentemente de publicação da decisão.
RE 839163 QO/DF, rel. Min. Dias Toffoli, 5.11.2014. (RE-839163)

Baixa imediata de RE em matéria penal e abuso do direito de recorrer - 2
Preliminarmente, o Colegiado admitiu que fosse realizada sustentação oral em questão de ordem, considerados precedentes nesse sentido. Em seguida, foram analisados os pedidos ventilados na questão de ordem. No que se refere ao requerimento de sobrestamento do recurso especial até que o STF se pronunciasse em definitivo sobre os poderes de investigação do Ministério Público (RE 593.727/MG-RG), o Plenário afirmou que o tema não teria relação com aqueles autos, que se prestariam para análise de questão legal, e não constitucional. Além disso, a jurisprudência do STF seria firme no sentido de não admitir recurso extraordinário interposto contra acórdão do STJ no qual se suscitasse questão resolvida na decisão de 2º grau. Em segundo lugar, ainda que o julgamento do referido extraordinário não tivesse sido concluído, já haveria posicionamento de sete Ministros no sentido de reconhecer base constitucional para os poderes de investigação do Ministério Público. Além disso, haveria julgado da 2ª Turma a entender que não seria vedado ao órgão ministerial proceder a diligências investigatórias.
RE 839163 QO/DF, rel. Min. Dias Toffoli, 5.11.2014. (RE-839163)

Baixa imediata de RE em matéria penal e abuso do direito de recorrer - 3
No que diz respeito à inexistência de juízo de inadmissibilidade prévio, por parte do STJ, em relação a um dos recursos extraordinários, o Colegiado reputou que esse fato não obstaria a apreciação direta pelo STF, ao qual incumbiria o juízo definitivo do apelo extremo, e que não estaria vinculado ao juízo proferido na origem. Em relação à assertiva de que o STJ teria vilipendiado dispositivos constitucionais, o Plenário aduziu que aquela Corte teria decidido conforme a legislação infraconstitucional. Ademais, seria assente na jurisprudência do STF que a afronta aos princípios da legalidade, do devido processo legal, do juiz natural, da ampla defesa e do contraditório, dos limites da coisa julgada ou da prestação jurisdicional, quando dependesse da análise de normas infraconstitucionais, não configuraria ofensa direta ao texto constitucional. No que concerne à alegação de

prescrição, o Colegiado afastou a assertiva, tendo em conta que não se cuidaria de mero acórdão confirmatório da sentença, que teria sido reformada para majorar a pena aplicada em 1º grau. Nesse sentido, seria aplicável orientação jurisprudencial segundo a qual o acórdão confirmatório da condenação que aumenta a pena interrompe a prescrição, e nova contagem é feita a partir do julgamento, e não da publicação do aresto. Além disso, a alteração promovida pela Lei 11.596/2007, para constar como marco interruptivo da prescrição os acórdãos condenatórios recorríveis, não alteraria o quadro, porque o STF, desde antes dessa modificação, já possuiria a referida orientação jurisprudencial. Desse modo, não caberia falar em "novatio legis in pejus".
RE 839163 QO/DF, rel. Min. Dias Toffoli, 5.11.2014. (RE-839163)

Baixa imediata de RE em matéria penal e abuso do direito de recorrer - 4

A respeito de suposta ofensa ao princípio da colegialidade, tendo em vista a determinação monocrática de baixa dos autos independentemente de publicação da decisão, o Colegiado anotou que a orientação do STF seria de permitir essa prática, seja em face de risco iminente de prescrição, seja no intuito de repelir a utilização de sucessivos recursos com nítido abuso do direito de recorrer, para obstar o trânsito em julgado. Nesse sentido, caberia à Corte, em defesa da efetividade do princípio da razoável duração do processo (CF, art. 5º, LXXVIII), obstar a utilização de estratégias jurídicas que buscassem, unicamente, protelar o deslinde final da causa. Para esse fim, à luz de interpretação teleológica do art. 21, § 1º, do RISTF ["§ 1º Poderá o(a) Relator(a) negar seguimento a pedido ou recurso manifestamente inadmissível, improcedente ou contrário à jurisprudência dominante ou a Súmula do Tribunal, deles não conhecer em caso de incompetência manifesta, encaminhando os autos ao órgão que repute competente, bem como cassar ou reformar, liminarmente, acórdão contrário à orientação firmada nos termos do art.543-B do Código de Processo Civil"], seria legítimo que o relator assim procedesse. O Ministro Teori Zavascki acrescentou que o tema envolveria o conflito de vários princípios constitucionais: da presunção de inocência; do devido processo legal; da duração razoável do processo; da efetividade da jurisdição; e do monopólio da jurisdição. Sob esse aspecto, a prevalência pura e simples de entendimento segundo o qual a pena só poderia ser executada depois da preclusão de todos os recursos possíveis comprometeria o dever do Estado de prestar jurisdição efetiva, em tempo útil e adequado, tendo em vista a possibilidade de serem usados mecanismos procrastinatórios e abusivos pela defesa. Considerado esse conflito, deveria ser construída solução a permitir a convivência mais harmônica possível entre os citados postulados no caso concreto, a exemplo do que a Corte reiteradamente faria ao determinar a baixa imediata dos autos, independentemente de trânsito em julgado, em hipóteses nas quais houvesse possibilidade de se levar à falência da função jurisdicional em nome da presunção de inocência. O Ministro Celso de Mello frisou que o processo não poderia ser manipulado para viabilizar abuso de direito, tendo em conta o dever de probidade imposto à observância das partes. O Ministro Ricardo Lewandowski (Presidente) anotou que o processo, de maneira geral, seria um conjunto de atos preordenados com o objetivo de atingir um resultado juridicamente relevante, e não poderia ser manipulado para se tornar imóvel.
RE 839163 QO/DF, rel. Min. Dias Toffoli, 5.11.2014. (RE-839163)

Baixa imediata de RE em matéria penal e abuso do direito de recorrer - 5

Em passo seguinte, o Plenário resolveu outra questão de ordem, a envolver o mesmo recorrente, no sentido de não conhecer dos pleitos nela formulados e devolver a petição aos signatários. Quanto ao primeiro argumento, no sentido de o STF não poder analisar os demais recursos extraordinários oriundos do mesmo recurso especial, tendo em vista a determinação de baixa imediata dos autos, a Corte assinalou que a jurisdição do STF não teria se encerrado de fato. Sucede que, não obstante

os autos tivessem sido encaminhados formalmente à origem, sua disponibilidade — garantida pela natureza eletrônica de seus documentos — teria permitido constatar a pendência de análise de dois recursos extraordinários, de um total de três apresentados nos mesmos autos, a demonstrar que a jurisdição da Corte não teria se exaurido. Esta só se encerraria após a entrega da prestação jurisdicional em todos os recursos ao STF, o que não teria ocorrido. Ademais, o Plenário verificou ocorrência de violação do princípio da unicidade recursal, tendo em vista a interposição simultânea de embargos de divergência e de dois recursos extraordinários. Nesse caso, seria necessário aguardar o julgamento dos embargos para posterior interposição de extraordinário, sob pena de ausência de esgotamento de instância. Além disso, abstraído esse princípio, despiciena seria a necessidade de se analisar o primeiro e o segundo recursos extraordinários, já que todas as teses teriam sido incorporadas ao terceiro recurso extraordinário, ao qual fora negado seguimento monocraticamente.
RE 839163 QO - segunda/DF, rel. Min. Dias Toffoli, 5.11.2014. (RE-839163) (Inform. STF 766)

EMB. DECL. NO AG. REG. NO ARE N. 764.848-SP
RELATOR: MIN. ROBERTO BARROSO
EMENTA: EMBARGOS DECLARATÓRIOS EM AGRAVO REGIMENTAL EM RECURSO EXTRAORDINÁRIO COM AGRAVO. INEXISTÊNCIA DOS VÍCIOS RELACIONADOS NO ART. 619 DO CPP. PRETENSÃO DE CARÁTER INFRINGENTE. PRESCRIÇÃO DA PRETENSÃO PUNITIVA ESTATAL. INOCORRÊNCIA.
Não há ambiguidade, obscuridade, contradição ou omissão no acórdão questionado, o que afasta a presença de qualquer dos pressupostos de embargabilidade, nos termos do art. 619 do CPP.
A via recursal adotada não se mostra adequada para a renovação de julgamento que se efetivou regularmente.
Não é possível falar em extinção da punibilidade pela prescrição, tendo em vista que não transcorreu prazo superior a 4 (quatro) anos entre quaisquer dos marcos interruptivos previstos nos incisos do art. 117 do Código Penal. Embargos de declaração desprovidos. (Inform. STF 764)

AG. REG. NO AI N. 860.862-RS
RELATOR: MIN. LUIZ FUX
Ementa: AGRAVO REGIMENTAL NO AGRAVO DE INSTRUMENTO. PENAL E PROCESSUAL PENAL. CRIME DE INTRODUÇÃO DE MOEDA FALSA EM CIRCULAÇÃO. ARTIGO 289, § 1º, DO CÓDIGO PENAL. AUSÊNCIA DE PREQUESTIONAMENTO. SÚMULAS 282 E 356/STF.
1. O prequestionamento da questão constitucional é requisito indispensável à admissão do recurso extraordinário.
2. As Súmulas 282 e 356 do STF dispõem, respectivamente, *verbis*: "*É inadmissível o recurso extraordinário, quando não ventilada, na decisão recorrida, a questão federal suscitada*" e "*o ponto omisso da decisão, sobre o qual não foram opostos embargos declaratórios, não podem ser objeto de recurso extraordinário, por faltar o requisito do prequestionamento*". **3.** *In casu*, o acórdão recorrido assentou: "*MOEDA FALSA. ARTIGO 289, § 1º, DO CÓDIGO PENAL. REFERÊNCIA EXPRESSA DAS TESES DE DEFESA. DESNECESSIDADE. MATERIALIDADE E AUTORIA COMPROVADAS. DOLO CONFIGURADO. PRINCÍPIO DA PROPORCIONALIDADE – INAPLICABILIDADE. PRESTAÇÃO PECUNIÁRIA. REDUÇÃO.1. É obrigação do magistrado examinar as teses relevantes da defesa, não prejudicadas pelas conclusões que adota. Inexistente nulidade. 2. Devidamente comprovada a falsidade da cédula, bem como a autoria do delito de moeda falsa, resta caracterizado o crime do § 1º do artigo 289 o Código Penal.3. O dolo – consubstanciado na vontade livre e consciente de praticar a conduta típica – pode--se aferir da análise das circunstâncias fáticas que envolvem o evento criminoso.4. Não se há falar em aplicação do princípio da proporcionalidade, com a aplicação de pena abstrata pre-*

vista em delito diverso, eis que a situação em concreto indica grande lesividade da conduta.5. Deve ser reduzido o valor da prestação pecuniária quando, avaliada a situação econômica do réu, aquela revelar-se exacerbada." 4. Agravo regimental **DESPROVIDO**. (Inform. STF 764)

AG. REG. NO HC N. 123.796-SP
RELATOR: MIN. GILMAR MENDES
Agravo regimental em *habeas corpus*. 2. Impetração contra decisão que indeferiu medida liminar no Superior Tribunal de Justiça. Inadmissibilidade. Súmula 691. 3. Ausência de argumentos capazes de infirmar a decisão agravada. 4. Agravo regimental a que se nega provimento. (Inform. STF 764)

AG. REG. NO HC N. 124.150-RJ
RELATOR: MIN. TEORI ZAVASCKI
Ementa: *HABEAS CORPUS*. IMPETRAÇÃO CONTRA DECISÃO MONOCRÁTICA DE MINISTRO DO STJ. INVIABILIDADE. CABIMENTO DE AGRAVO INTERNO. INTERPOSIÇÃO INDISPENSÁVEL PARA ATENDER AO PRINCÍPIO DO JUIZ NATURAL E PARA EXAURIR A INSTÂNCIA, PRESSUPOSTO PARA INAUGURAR A COMPETÊNCIA DO STF. RECURSO A QUE SE NEGA PROVIMENTO.1. O *habeas corpus* ataca diretamente decisão monocrática de Ministro do STJ. Essa decisão tem o respaldo formal do art. 38 da Lei 8.038/1990 e contra ela é cabível o agravo previsto no art. 39 da mesma lei. Ambos os dispositivos estão reproduzidos, tanto no Regimento Interno do STF (arts. 192 e 317), quanto no Regimento do STJ (arts. 34, XVIII, e 258). Em casos tais, o exaurimento da jurisdição e o atendimento ao princípio da colegialidade, pelo tribunal prolator, se dá justamente mediante recurso de agravo interno, previsto em lei, que não pode simplesmente ser substituído pela ação de *habeas corpus*, de competência de outro tribunal. 2. A se admitir essa possibilidade estar-se-á atribuindo ao impetrante a faculdade de eleger, segundo conveniências próprias, qual tribunal irá exercer o juízo de revisão da decisão monocrática: se o STJ, juízo natural indicado pelo art. 39 da Lei 8.038/1990, ou o STF, por via de *habeas corpus* substitutivo. O recurso interno para o órgão colegiado é medida indispensável não só para dar adequada atenção ao princípio do juiz natural, como para exaurir a instância recorrida, pressuposto para inaugurar a competência do STF (cf. HC 118.189, Relator(a): Min. RICARDO LEWANDOWSKI, Segunda Turma, julgado em 19/11/2013; HC 97009, Relator(a): Min. MARCO AURÉLIO, Relator(a) p/ Acórdão: Min. TEORI ZAVASCKI, Tribunal Pleno, julgado em 25/4/2013; HC 108718-AgR, Relator(a): Min. LUIZ FUX, Primeira Turma, julgado em 10/9/2013, DJe de 24/9/2013, entre outros).3. Agravo regimental a que se nega provimento. (Inform. STF 764)

HC N. 113.198-PI
RELATOR: MIN. DIAS TOFFOLI
EMENTA: *Habeas corpus* substitutivo de recurso ordinário. Crime eleitoral (art. 350 do CE, c/c o art. 29 do CP). Alegada ausência de justa causa, por atipicidade da conduta. Trancamento da ação penal. Sentença absolutória proferida pelo juízo eleitoral. Perda superveniente de objeto. Questão de ordem resolvida no sentido de declarar-se prejudicada a impetração.
1. Impetração contra ato do Tribunal Superior Eleitoral, que denegou a ordem no HC nº 1580-76.2011.6.00.0000/PI, Relator o Ministro **Arnaldo Versiani** .
2. Informações complementares prestadas pelo Juízo da 97ª Zona Eleitoral do Piauí noticiam que o paciente, por sentença de primeiro grau, foi absolvido das imputações que lhe foram feitas em ambas as ações penais, tendo ocorrido o trânsito em julgado daquelas decisões em 17/1/14 e 14/3/14, respectivamente.
3. Questão de ordem resolvida no sentido de se declarar prejudicada a impetração. (Inform. STF 762)

RHC N. 123.456-SP
RELATOR: MIN. DIAS TOFFOLI
EMENTA: Recurso ordinário constitucional. *Habeas corpus*. **Negativa de seguimento pelo relator do *writ* no Superior Tribunal de Justiça confirmada pelo colegiado. Fundamento: agravo em recurso especial pendente de julgamento. Descabimento. Pressuposto de admissibilidade não previsto na Constituição Federal. Precedentes. Recurso provido para determinar o exame de mérito do *habeas corpus*.**
1. É incabível, para restringir-se o conhecimento do **habeas corpus**, estabelecer-se pressuposto de admissibilidade não previsto na Constituição Federal.
2. É pacífico o entendimento da Primeira Turma do Supremo Tribunal Federal de que a interposição de recurso especial contra acórdão de tribunal local não constitui óbice processual ao manejo concomitante do **habeas corpus**. Precedentes.
3. Recurso provido. (Inform. STF 762)

AG. REG. NO HC N. 123.872-SP
RELATOR: MIN. GILMAR MENDES
Agravo regimental em *habeas corpus*. 2. Recurso especial e respectivo agravo regimental não conhecidos pelo STJ ao fundamento da incidência da Súmula 182 daquela Corte Superior. 3. Decisão atacada em consonância com a jurisprudência do STF a fazer incidir as súmulas 283 e 284. 4. Agravo regimental que não impugna a decisão agravada, mas, tão só, reitera suposta ilegalidade não apreciada pelo STJ. 5. Inexistência de ilegalidade a ser sanada de ofício. Decisão mantida. Agravo regimental a que se nega provimento. (Inform. STF 761)

Princípio da não-culpabilidade e execução da pena
Ofende o princípio da não-culpabilidade a determinação de execução imediata de pena privativa de liberdade imposta, quando ainda pendente de julgamento recurso extraordinário admitido na origem. Com base nessa orientação, a 2ª Turma concedeu "habeas corpus" para anular acórdão do STJ no ponto em que, em sede de recurso especial, determinara a baixa dos autos para a imediata execução de sentença condenatória prolatada na origem em desfavor do ora paciente. Na espécie, a Corte de origem (TRF) admitira recurso extraordinário unicamente no que diz com a suposta ofensa ao art. 93, IX, da CF. Ocorre que, com a superveniência da decisão proferida pelo STF nos autos do AI 791.292 QO-RG/PE (DJe de 13.8.2010), firmara-se o entendimento de que o art. 93, IX, da CF exige que o acórdão ou a decisão sejam fundamentados, ainda que sucintamente, sem determinar, contudo, o exame pormenorizado de cada uma das alegações ou provas, nem que sejam corretos os fundamentos da decisão. O juízo de 1º grau, então, com base nessa decisão do STF, julgara prejudicado o recurso extraordinário interposto, e dera cumprimento à ordem de execução imediata de pena procedida pelo STJ. A Turma entendeu que a decisão proferida pelo juiz de origem, que julgara prejudicado recurso extraordinário já admitido pelo TRF, revestir-se-ia de flagrante nulidade, uma vez que teria usurpado a competência do STF. Consignou que, com o juízo positivo de admissibilidade do recurso extraordinário, que teria sido concretizado na decisão proferida pela Corte regional, instaurara-se a jurisdição do STF, de modo que não competiria ao juízo de 1º grau a análise da prejudicialidade do recurso.
HC 122592/PR, rel. Min. Ricardo Lewandowski, 12.8.2014. (HC-122592) (Inform. STF 754)

AG. REG. NO AI N. 860.503-BA
RELATOR: MIN. GILMAR MENDES
Agravo regimental em agravo de instrumento. 2. Produção e divulgação na *internet* de vídeo contendo cenas de sexo com adolescente (art. 241, caput, da Lei 8.069/90). Condenação. Pedido de perícia. Indeferimento motivado pelo conteúdo. 3. Mero inconformismo do recorrente, que objetiva sua absolvição mediante o revolvimento fático-probatório. Incidência do Enunciado

279 da Súmula do STF. Tema infraconstitucional: ARE-RG 639.228/RJ, DJe 31.8.2011. 4. Agravo regimental a que se nega provimento. (Inform. STF 745)

Rito da Lei 8.038/1990 e demonstração de prejuízo
A 1ª Turma, por maioria, negou provimento a recurso ordinário em *habeas corpus* no qual se discutia eventual nulidade processual por afronta ao princípio do devido processo legal ante a falta de intimação para cumprimento das diligências previstas no art. 10 da Lei 8.038/1990. No caso, o recorrente, em 1998, fora absolvido, sumariamente, pelo juízo, da suposta prática do crime de homicídio tentado. Em 2008, o tribunal de justiça dera provimento a recurso de ofício para pronunciar o recorrente. Ato contínuo, acolhera, em parte, embargos de declaração para anular a pronúncia e fixar a competência do tribunal de justiça para o processamento e julgamento do feito, dado o foro por prerrogativa de função decorrente da superveniente diplomação do recorrente no cargo de prefeito. Estabelecida a competência do tribunal de justiça, os atos processuais praticados perante o juízo de primeiro grau foram ratificados. Convertido o feito para o rito da Lei 8.038/1990, o tribunal de justiça condenara o recorrente à pena de oito anos e oito meses de reclusão, no regime inicialmente fechado, pelo crime de homicídio duplamente qualificado, na forma tentada. Da tribuna, o advogado sustentara que o tribunal não poderia apreciar o recurso de ofício, porquanto esse recurso não existiria mais no ordenamento jurídico quando julgado. A Turma concluiu que não seria possível declarar a alegada nulidade processual sem que fosse demonstrado o efetivo prejuízo sofrido pelo recorrente. A Ministra Rosa Weber (relatora) salientou que o prejuízo não se aferiria pelo resultado, mas pela possibilidade de chegar-se a uma posição diferente. O Ministro Roberto Barroso observou que bastaria para a decretação da nulidade a invocação de aspecto puramente formal. Sublinhou, ademais, que, por envolver elementos probatórios e por não ter sido apreciado pelo STJ, não poderia analisar o argumento de que o recurso de ofício não poderia ser mais julgado. O Ministro Luiz Fux destacou que prejuízo somente haveria se houvesse a supressão de etapas que antecederiam a sentença condenatória, o que não ocorrera na espécie. No que se refere à arguição invocada da tribuna, reputou que a lei que regularia o recurso cabível seria a da época da sentença. Explicitou que sentença desfavorável seria lesiva e, portanto, a partir desse momento, a parte teria o direito ao recurso cabível para afastar essa desvantagem. Ressaltou que, na ocasião em que a sentença fora proferida, seria obrigatório e existente o recurso de ofício. Vencido o Ministro Marco Aurélio, que pontuava não ter sido observado o rito da Lei 8.038/1990. Realçava que a inobservância de regra que visaria implementar o devido processo legal inviabilizaria a defesa e acarretaria o prejuízo ao acusado. Além disso, o prejuízo estaria estampado no acórdão condenatório.
RHC 120356/DF, rel. Min. Rosa Weber, 1º.4.2014. (RHC-120356) (Inform. STF 741)

HC N. 118.576-SP
RELATOR: MIN. RICARDO LEWANDOWSKI
Ementa: HABEAS CORPUS. PROCESSUAL PENAL. DIREITO DE DEFESA. AJUIZAMENTO DE SUCESSIVOS RECURSOS MANIFESTAMENTE PROTELATÓRIOS. DETERMINAÇÃO DE IMEDIATA EXECUÇÃO DA SENTENÇA CONDENATÓRIA. ALEGAÇÃO DE INCONSTITUCIONALIDADE DA DECISÃO. IMPROCEDÊNCIA. SOBERANIA DO SUPERIOR TRIBUNAL DE JUSTIÇA PARA ANALISAR OS REQUISITOS DE ADMISSIBILIDADE DOS RECURSOS DE SUA COMPETÊNCIA. INADEQUAÇÃO DA VIA ELEITA. ORDEM DENEGADA.
I – O entendimento esposado pelo STJ, no sentido de determinar a imediata execução da sentença condenatória, vai ao encontro de diversos precedentes desta Corte, que, em várias oportunidades, já decidiu sobre a possibilidade de dar-se início ao cumprimento da pena quando a defesa se utiliza da interposição de recursos manifestamente incabíveis para obstar o trânsito em julgado da condenação.

II – Não é possível utilizar a via do *habeas corpus* para rever as decisões do Superior Tribunal de Justiça quanto à admissibilidade ou não do apelo especial. Essa questão, aliás, não está relacionada diretamente com a liberdade de locomoção do paciente.
III – Ordem denegada. (Inform. STF 741)

Inteiro teor de acórdão e direito de defesa
A juntada do voto vencido em momento posterior à publicação do acórdão afronta o princípio da ampla defesa, a ensejar que o tribunal de origem proceda a novo juízo de admissibilidade do recurso cabível. Com base nessa orientação, a 2ª Turma deferiu, em parte, "habeas corpus" para reconhecer a nulidade da certidão de trânsito em julgado da condenação e determinar ao tribunal de justiça que, superada a intempestividade do recurso interposto, proceda a novo juízo de admissibilidade. Determinou, ainda, fosse oficiado ao juízo das execuções para sobrestar o andamento da execução e recolher o mandado de prisão. Na espécie, o acórdão da apelação fora publicado em determinada data, a constar decisão unânime, e o voto divergente a ele fora juntado posteriormente. A Turma asseverou que, ante a ausência do mencionado voto, a defesa teria sido impedida de verificar os fundamentos e a extensão da divergência para apresentar o recurso cabível. Acentuou que esse fato não poderia ser tratado como mera irregularidade, em face do manifesto prejuízo ao paciente.
HC 118344/GO, rel. Min. Gilmar Mendes, 18.3.2014. (HC-118344) (Inform. STF 739)

AP 470/MG: embargos infringentes
O Plenário iniciou julgamento conjunto de embargos infringentes opostos de decisões não unânimes em ação penal, que tiveram o mínimo de quatro votos pela absolvição. Nas decisões embargadas, os réus foram condenados pela prática de esquema a abranger, dentre outros crimes, peculato, lavagem de dinheiro, corrupção ativa e gestão fraudulenta. A Corte deliberou, em questão de ordem suscitada pelo Ministro Luiz Fux, relator, que seriam julgados, conjuntamente, os embargos infringentes relativos ao delito de formação de quadrilha (CP, art. 288). Decidiu que os Ministros votariam após a leitura conjunta dos relatórios, seguida da sustentação oral dos advogados e da manifestação do Ministério Público. O Tribunal consignou, ainda, que o Procurador-Geral da República teria prazo em dobro em sua sustentação oral. Após a leitura do relatório e a realização de sustentações orais, o julgamento foi suspenso.
AP 470 EI - sétimo - AgR/MG; AP 470 EI - nono - AgR/MG; AP 470 EI - décimo primeiro - AgR/MG; AP 470 EI - décimo quarto - AgR/MG, rel. Min. Luiz Fux, 20.2.2014. (AP-470) (Inform. STF 736)

AP 470/MG: embargos infringentes - 2
O Plenário retomou julgamento conjunto de embargos infringentes opostos de decisões não unânimes em ação penal, que tiveram o mínimo de quatro votos pela absolvição. Nas decisões embargadas, os réus foram condenados pela prática de esquema a abranger, dentre outros crimes, peculato, lavagem de dinheiro, corrupção ativa, formação de quadrilha e gestão fraudulenta — v. Informativo 736. O Colegiado, em votação majoritária, acolheu os embargos infringentes para absolver os embargantes quanto ao crime de quadrilha (CP, art. 288), com base no art. 386, III, do CPP (*Art. 386. O juiz absolverá o réu, mencionando a causa na parte dispositiva, desde que reconheça: ... III - não constituir o fato infração penal*). O Ministro Roberto Barroso considerou ter havido exacerbação inconsistente das penas aplicadas quanto a esse delito, tendo em vista a adoção, pela maioria do Tribunal, de critério discrepante dos princípios da razoabilidade e proporcionalidade. Destacou a existência de precedentes do próprio STF em que teria havido condenações pela prática de quadrilha, em casos que também envolveriam corrupção política, mas sem a mesma desproporção penal. Explicou que essa desproporção adviria do critério

utilizado pela Corte na dosimetria das penas, com a adoção de percentuais distintos de aumento da pena-base no cálculo referente ao crime de formação de quadrilha. Ao estabelecer comparação, o Ministro ressaltou que, em relação aos demais delitos pelos quais condenados os embargantes, as reprimendas aplicadas teriam sido significativamente inferiores, muito embora os fatos tomados em consideração para dosar todos os delitos, inclusive a quadrilha, fossem os mesmos.
AP 470 EI/MG; AP 470 EI-Quintos/MG; AP 470 EI-Sétimos/MG; AP 470 EI-Nonos/MG; AP 470 EI-Décimos/MG; AP 470 EI-Décimos Primeiros/MG; AP 470 EI-Décimos Terceiros/MG; AP 470 EI-Décimos Quartos/MG, rel. orig. Min. Luiz Fux, red. p/ o acórdão Min. Roberto Barroso, 26 e 27.2.2014. (AP-470)

AP 470/MG: embargos infringentes - 3
O Ministro Roberto Barroso afirmou que a exacerbação não resultaria de juízos formulados em ações distintas, ou mesmo de análises realizadas por julgadores diferentes. Ao contrário, decorreria do próprio acórdão condenatório, o que tornaria a incoerência insuperável. Ressalvou que não se trata de exigir que as penas por cada delito fossem estabelecidas com proporção exata, mas de evitar que a gradação da pena se tornasse ato de vontade livre, incompatível com o Estado de Direito. Reputou que, se as penas de quadrilha tivessem sido fixadas de maneira mais proporcional com os demais delitos perpetrados pelos embargantes, já teria ocorrido a extinção da punibilidade pela prescrição da pretensão punitiva, que seria passível de reconhecimento inclusive por *habeas corpus* de ofício. Asseverou que não se cuidaria de analisar a pena em perspectiva, mas a reprimenda máxima validamente aplicável, sem incidir em desproporção objetiva e injurídica. Superada essa questão preliminar de mérito, assinalou que a situação dos autos não configuraria quadrilha, mas apenas coautoria, o que também implicaria o provimento dos recursos, tendo em vista a absolvição. Consignou que essa convicção não minimizaria o juízo de reprovabilidade quanto ao caso, que envolveria fatos graves, apenados severamente. Entretanto, registrou que isso não significaria que qualquer agravamento de pena fosse desejável ou que a condenação pela prática de quadrilha impor-se-ia por seu caráter exemplar e simbólico. Nesse sentido, afirmou que o discurso jurídico não poderia se confundir com o político, do contrário perderia sua autonomia e autoridade.
AP 470 EI/MG; AP 470 EI-Quintos/MG; AP 470 EI-Sétimos/MG; AP 470 EI-Nonos/MG; AP 470 EI-Décimos/MG; AP 470 EI-Décimos Primeiros/MG; AP 470 EI-Décimos Terceiros/MG; AP 470 EI-Décimos Quartos/MG, rel. orig. Min. Luiz Fux, red. p/ o acórdão Min. Roberto Barroso, 26 e 27.2.2014. (AP-470) (Inform. STF 737)

AP 470/MG: embargos infringentes - 4
O Ministro Teori Zavascki salientou o efeito translativo dos embargos infringentes, o que significaria que o órgão julgador está investido do dever de conhecimento, de ofício, das questões de ordem pública, dentre as quais a prescrição penal. Aduziu que a matéria prescricional deveria ser examinada com prioridade em relação às demais, visto que, verificada a prescrição da pretensão punitiva, as outras questões estariam prejudicadas. Explicou que a prescrição teria os mesmos efeitos da anistia e impediria a verificação do fato delituoso e sua vinculação com o agente, acobertada pela presunção *juris et de jure* da inocência. Reputou que, na espécie, o crime de quadrilha estaria prescrito, não em face da pena concretizada, mas de espécie peculiar de pena em abstrato. Consignou que, à luz das especiais circunstâncias em que se encontraria o processo, as penas estabelecidas estariam sujeitas à modificação apenas em favor dos acusados, uma vez que não há recurso da acusação. Explicitou que seria pressuposto de legitimidade, na aplicação das diversas penas, a observância de tratamento uniforme para os casos em que as premissas fáticas fossem as mesmas. Anotou que o acórdão embargado, embora tivesse partido de pressupostos fáticos semelhantes para definir as circunstâncias judiciais desfavoráveis e, em consequência, tivesse adotado certa homogeneidade de tratamento em relação a vários outros delitos imputados, teria sido inteiramente discrepante em relação à quadrilha, cuja pena-base fora estabelecida com notória exacerbação. Asseverou que a dosimetria, além de não admitir soluções arbitrárias, suporia adequada fundamentação, revestida de proporcionalidade. Ponderou que o máximo da pena definitiva cabível na hipótese conduziria à extinção da punibilidade pela prescrição da pretensão punitiva. Ademais, ressaltou que o crime de quadrilha constituir-se-ia em acordo de vontades com um fim comum, o cometimento de crimes. Seria distinto da participação criminosa, que exigiria ocasional e transitório concerto de vontades para delito determinado. Concluiu que, no caso, não existiria o dolo específico de contribuir, de forma estável e permanente, para as ações do grupo criminoso.
AP 470 EI/MG; AP 470 EI-Quintos/MG; AP 470 EI-Sétimos/MG; AP 470 EI-Nonos/MG; AP 470 EI-Décimos/MG; AP 470 EI-Décimos Primeiros/MG; AP 470 EI-Décimos Terceiros/MG; AP 470 EI-Décimos Quartos/MG, rel. orig. Min. Luiz Fux, red. p/ o acórdão Min. Roberto Barroso, 26 e 27.2.2014. (AP-470)

AP 470/MG: embargos infringentes - 5
Os Ministros Cármen Lúcia, Dias Toffoli, Rosa Weber e Ricardo Lewandowski, ao reafirmarem os votos proferidos quando do julgamento de mérito da ação penal, também proveram os embargos para absolver os réus quanto à imputação pelo crime de quadrilha. A Ministra Rosa Weber afirmou que o tipo do art. 288 do CP seria de perigo abstrato, cuja perpetração não dependeria apenas da participação de mais de três pessoas, unidas por tempo expressivo para o cometimento de delitos. Reputou que também seria necessário que essa união se fizesse para a específica prática de crimes. No ponto, consignou que a *affectio societatis* deveria ser qualificada pela intenção específica de delinquir ou o dolo de participar de associação criminosa e autônoma, para praticar crimes indeterminados. Assinalou que, no caso dos autos, essa especificidade não existiria.
AP 470 EI/MG; AP 470 EI-Quintos/MG; AP 470 EI-Sétimos/MG; AP 470 EI-Nonos/MG; AP 470 EI-Décimos/MG; AP 470 EI-Décimos Primeiros/MG; AP 470 EI-Décimos Terceiros/MG; AP 470 EI-Décimos Quartos/MG, rel. orig. Min. Luiz Fux, red. p/ o acórdão Min. Roberto Barroso, 26 e 27.2.2014. (AP-470)

AP 470/MG: embargos infringentes - 6
Vencidos os Ministros Luiz Fux, relator; Gilmar Mendes; Celso de Mello; e Joaquim Barbosa, Presidente. Afirmavam que o crime de quadrilha – por ser delito de caráter plurissubjetivo e de concurso necessário que se apresentaria independentemente dos delitos praticados ou que pudessem vir a ser cometidos pelos seus integrantes – dispensaria o exame aprofundado do grau de participação de cada um na ação delituosa. Bastaria o fato da integração na quadrilha para figurar o acordo para a prática de crimes. Registravam a existência de vínculo associativo permanente, projetado entre os anos de 2002 e 2005, estabelecido com o propósito de viabilizar, no contexto de um nítido programa delinquencial, a prática de uma série de delitos em razão dos quais se organizara o bando criminoso. Observavam que a operação de dosimetria da pena em questão obedecera, com plena e pertinente fundamentação, ao método trifásico, no qual fora constatada a existência de diversos fatores negativos reputados desfavoráveis aos condenados no exame das circunstâncias judiciais aludidas no art. 59 do CP. Pontuavam que, dessa forma, teria sido valorado, de modo adequado e proporcional, a gravidade da conduta dos embargantes. Consignavam que a associação de forma estável e permanente e o objetivo de cometer vários crimes seriam os elementos a diferenciar o crime de quadrilha ou bando do concurso eventual de pessoas. Aduziam que, conquanto o tipo penal do art. 288 do CP reclamasse a estabilidade e a permanência, não exigiria exclusividade, ou seja, que a quadrilha fosse o próprio meio de vida do indivíduo. Asseveravam que os réus teriam preenchido todos os requisitos do art. 288 do CP, porquanto teriam se associado de modo estável e permanente, com o objetivo de satisfazer interesse comum por meio da prática dos mais variados crimes, cuja materialidade fora chancelada

pela unanimidade da Corte. Apontavam que não teria havido ocasional e transitório concerto de vontades, mas que os réus teriam se congregado para perpetrar uma indeterminada série de crimes tipificados e reconhecidos, e não para o cometimento de delitos específicos e determinados. Enfatizavam que o STF teria partido da premissa de que a associação dos condenados fora capaz de criar uma entidade autônoma atentatória à paz pública, a ocasionar intranquilidade à democracia e à República. Sublinhavam ser possível a configuração do crime de quadrilha ainda que as instituições e pessoas nela envolvidas não tivessem como única atividade a prática de ilícitos, especialmente porque o tipo do art. 288 do CP não exigiria o cometimento de crimes pela quadrilha e, tampouco, que os seus integrantes só estivessem reunidos para a prática exclusiva de delitos.
AP 470 EI/MG; AP 470 EI-Quintos/MG; AP 470 EI-Sétimos/MG; AP 470 EI-Nonos/MG; AP 470 EI-Décimos/MG; AP 470 EI-Décimos Primeiros/MG; AP 470 EI-Décimos Terceiros/MG; AP 470 EI-Décimos Quartos/MG, rel. orig. Min. Luiz Fux, red. p/ o acórdão Min. Roberto Barroso, 26 e 27.2.2014. (AP-470)

AP 470/MG: embargos infringentes - 7
Os vencidos destacavam que, na espécie, a engrenagem arquitetada pelos réus funcionaria para a prática de delitos de manipulação do Parlamento com o objetivo de satisfazer os interesses de seus membros. Reconheciam que bastaria que os integrantes da *societas delinquentium* se reunissem para que se chegasse à consecução de uma finalidade criminosa comum. Aduziam ser inequívoca a presença de unidade finalística, bem assim a prática de crimes indeterminados por extenso lapso de tempo. Frisavam que, a prevalecer a compreensão de que só existiria quadrilha quando as entidades estivessem voltadas exclusivamente para a perpetração de delitos, seria impossível concebê-la nas hipóteses de crimes de colarinho branco, porquanto, nesses casos, as instituições raramente seriam criadas para o cometimento exclusivo de crimes. Registraram o receio de que eventual adoção da tese vencedora pudesse manchar a imagem do País no cenário internacional de combate à criminalidade sob qualquer forma organizada, porquanto esses grupos normalmente se utilizariam de instituições e de entidades lícitas para camuflar seus delitos. Lembravam que o Brasil, signatário da Convenção das Nações Unidas contra o Crime Organizado, de 2000, teria se comprometido a implementar, de forma célere e eficaz, a repressão penal à criminalidade organizada. Salientavam que o crime de quadrilha ou bando seria sempre independente daquele praticado pela *societas delinquentium*, a configurar o concurso material entre eles, sem que isso significasse *bis in idem*. Acentuavam que a estabilidade da quadrilha teria sido demonstrada nos autos por meio da duradoura mecânica empregada pelos réus para retirada de expressivas quantias de dinheiro em agências bancárias, pelas datas dos empréstimos, de suas renovações ilícitas e pelos contatos mantidos pelos integrantes do grupo durante longo período de tempo. Atestavam que, de acordo com a prova dos autos, todos os réus condenados saberiam a composição de cada um dos núcleos da quadrilha e a função específica dos seus integrantes, subdivididos em núcleos especializados, cada qual responsável por determinada tarefa relevante para os demais.
AP 470 EI/MG; AP 470 EI-Quintos/MG; AP 470 EI-Sétimos/MG; AP 470 EI-Nonos/MG; AP 470 EI-Décimos/MG; AP 470 EI-Décimos Primeiros/MG; AP 470 EI-Décimos Terceiros/MG; AP 470 EI-Décimos Quartos/MG, rel. orig. Min. Luiz Fux, red. p/ o acórdão Min. Roberto Barroso, 26 e 27.2.2014. (AP-470)

AP 470/MG: embargos infringentes - 8
O Presidente sublinhava que, ao dar provimento aos embargos infringentes, se estaria a adotar um conceito discriminatório para o crime de quadrilha. Enfatizava que, segundo esse novo conceito, seriam suscetíveis de enquadramento na prática do crime de quadrilha somente os seguimentos sociais dotados de certas características socioantropológicas. Sob esse aspecto, apenas seriam condenados agentes que rotineiramente incorressem na prática de certos delitos, como nos crimes de sangue ou nos crimes contra o patrimônio privado. Aduzia que, ao assim proceder, se teria criado um novo determinismo social. Vencido, parcialmente, o Ministro Marco Aurélio, que acolhia os embargos infringentes em menor extensão para, sem transmudar a condenação, diminuir a pena para o patamar fixado no voto proferido nos embargos declaratórios. Na sequência, o julgamento foi suspenso.
AP 470 EI/MG; AP 470 EI-Quintos/MG; AP 470 EI-Sétimos/MG; AP 470 EI-Nonos/MG; AP 470 EI-Décimos/MG; AP 470 EI-Décimos Primeiros/MG; AP 470 EI-Décimos Terceiros/MG; AP 470 EI-Décimos Quartos/MG, rel. orig. Min. Luiz Fux, red. p/ o acórdão Min. Roberto Barroso, 26 e 27.2.2014. (AP-470) (Inform. STF 737)

AP 470/MG: embargos infringentes - 9
O Plenário concluiu o julgamento conjunto de embargos infringentes opostos de decisões não unânimes em ação penal, que tiveram o mínimo de quatro votos pela absolvição. Nas decisões embargadas, os réus foram condenados pela prática de esquema a abranger, dentre outros crimes, peculato, lavagem de dinheiro, corrupção ativa, formação de quadrilha e gestão fraudulenta — v. Informativos 736 e 737. O Colegiado, por maioria, acolheu os embargos para absolver então parlamentar da condenação pelo delito de lavagem de dinheiro [Lei 9.613/1998: *Art. 1º. Ocultar ou dissimular a natureza, origem, localização, disposição, movimentação ou propriedade de bens, direitos ou valores provenientes, direta ou indiretamente, de infração penal. Pena: reclusão, de 3 (três) a 10 (dez) anos, e multa*]. Prevaleceu o voto do Ministro Roberto Barroso. O Ministro considerou que o delito antecedente à suposta lavagem, pelo qual condenado o embargante, tipificado no art. 317 do CP [*Solicitar ou receber, para si ou para outrem, direta ou indiretamente, ainda que fora da função ou antes de assumi-la, mas em razão dela, vantagem indevida, ou aceitar promessa de tal vantagem: Pena - reclusão, de 2 (dois) a 12 (doze) anos, e multa*], constituiria tipo misto alternativo, e consumar-se-ia com a solicitação, recebimento ou aceitação de vantagem indevida. Reputou não ser compatível com o teor do citado dispositivo a qualificação do recebimento da vantagem como ato posterior ao delito. Afirmou que, ao contrário, todo recebimento pressuporia aceitação prévia, ainda que ambas as ações ocorressem em momentos imediatamente sucessivos. Ponderou que a referência, no tipo penal, ao ato de aceitação, bastaria para a configuração da conduta, mesmo que inexistente prova de que o corrompido tivesse recebido a vantagem. Entretanto, asseverou que nos casos em que existente a prova, seria artificial considerar o ato de entrega como posterior à corrupção, menos ainda para o fim de se pretender caracterizar a ocorrência de novo crime. Nesse sentido, frisou que o recebimento por modo clandestino e capaz de ocultar o destinatário da propina, além de esperado, integraria a materialidade da corrupção passiva, e não constituiria ação autônoma de lavagem de capitais. Consignou que, para se caracterizar esse delito, seria necessário identificar atos posteriores, destinados a colocar a vantagem indevida na economia formal. Registrou que os atos supostamente configuradores do crime de lavagem, consistentes no saque de valores em espécie por interposta pessoa, seriam componentes consumativos da corrupção passiva. Acresceu, ainda, que o embargante não teria ciência da origem ilícita dos recursos, pois não teria sido denunciado pelo crime de quadrilha, e sequer teria integrado o denominado *núcleo político*.
AP 470 EI-Sextos/MG, rel. orig. Min. Luiz Fux, red. p/ o acórdão Min. Roberto Barroso, 13.3.2014. (AP-470)

AP 470/MG: embargos infringentes - 10
O Ministro Teori Zavascki acrescentou que não teria sido demonstrada a intenção de o agente esconder a origem ilícita do dinheiro. Concluiu que a simples movimentação de bens com o intuito de utilizá-los, mas sem o dolo de ocultá-los, não configuraria delito autônomo. O Ministro Marco Aurélio

sublinhou que o tipo penal da lavagem de dinheiro não exigiria a simples ocultação de valor, mas também que se desse a esse produto criminoso a aparência de numerário legítimo. Analisou que os fatos supostamente configuradores do crime não teriam essa característica essencial. O Ministro Ricardo Lewandowski asseverou que a imputação por corrupção passiva e lavagem de dinheiro, considerados os fatos em discussão, caracterizaria inaceitável *bis in idem*. Vencidos os Ministros Luiz Fux (relator), Cármen Lúcia, Gilmar Mendes e Celso de Mello, que rejeitavam os embargos. Afirmavam que a utilização de interposta pessoa para o saque de valores em agência bancária configuraria o delito de lavagem de dinheiro, pois seria o meio pelo qual a identidade do verdadeiro destinatário desses bens ficaria em sigilo. Anotavam que o tipo penal da lavagem de dinheiro não tutelaria apenas o bem jurídico atingido pelo crime antecedente, mas também a higidez do sistema econômico-financeiro e a credibilidade das instituições. Aduziam que a conduta caracterizada pelo recebimento de vantagem de forma dissimulada, máxime quando a prática ocorre por meio do sistema bancário, seria suscetível de censura penal autônoma.
AP 470 El-Sextos/MG, rel. orig. Min. Luiz Fux, red. p/ o acórdão Min. Roberto Barroso, 13.3.2014. (AP-470)

AP 470/MG: embargos infringentes - 11
Em passo seguinte, o Plenário, por decisão majoritária, proveu embargos infringentes para também absolver outro embargante da imputação de lavagem de dinheiro. Prevaleceu o voto do Ministro Roberto Barroso, que reiterou o entendimento firmado nos embargos acima mencionados. Registrou não ter havido ato autônomo subsequente ao crime de corrupção passiva, sujeito a imputação como lavagem de capitais. Ademais, assinalou que o embargante não teria ciência de que os valores seriam produto de atos ilícitos, pois seria mero intermediário. A respeito, destacou que o Tribunal, no julgamento de mérito da ação penal, teria aplicado ao acusado a atenuante do art. 65, III, c, do CP [*Art. 65 - São circunstâncias que sempre atenuam a pena: ... III - ter o agente: ... c) cometido o crime sob coação a que podia resistir, ou em cumprimento de ordem de autoridade superior, ou sob a influência de violenta emoção, provocada por ato injusto da vítima*], o que reforçaria a ideia de que o embargante não havia participado do esquema de lavagem de dinheiro. Vencidos os Ministros Luiz Fux (relator), Cármen Lúcia e Celso de Mello, que desproviam os embargos. Reputavam que o embargante teria ciência do esquema de lavagem, bem assim que dissimulara a natureza, origem, localização e disposição dos valores envolvidos, além de seus reais destinatários. Atestavam que as operações financeiras realizadas pelo embargante, bem assim os recebimentos de quantias em quarto de hotel, indicariam flagrante anormalidade.
AP 470 El-Décimos Sextos/MG, rel. orig. Min. Luiz Fux, red. p/ o acórdão Min. Roberto Barroso, 13.3.2014. (AP-470)

AP 470/MG: embargos infringentes - 12
Por fim, o Colegiado, em votação majoritária, rejeitou embargos infringentes para manter a condenação de outro embargante por lavagem de dinheiro. Entendeu que haveria farto acervo probatório a indicar que ele teria conhecimento acerca de expediente de lavagem de capital. Reputou que o embargante teria sido responsável pelo repasse de vultosa quantia a pessoas ligadas a partido político. Sublinhou, ademais, que o réu teria recebido dinheiro por meio de retirada, em determinado banco envolvido no esquema criminoso, efetuada por diversos prepostos, com objetivo de dissimular os referidos saques, o que configuraria lavagem de dinheiro. Vencidos os Ministros Dias Toffoli, Ricardo Lewandowski, Gilmar Mendes e Marco Aurélio, que proviam os embargos infringentes e reafirmavam os votos proferidos no julgamento de mérito da ação penal.
AP 470 El-Décimos Segundos/MG, rel. Min. Luiz Fux, 13.3.2014. (AP-470) (Inform. STF 738)

HC N. 115.814-SP
RELATOR: MIN. MARCO AURÉLIO
HABEAS CORPUS – SUBSTITUTIVO DO RECURSO ORDINÁRIO CONSTITUCIONAL – LIBERDADE DE LOCOMOÇÃO ATINGIDA NA VIA DIRETA – ADEQUAÇÃO. Sendo objeto do *habeas corpus* a preservação da liberdade de ir e vir atingida diretamente, porque expedido mandado de prisão ou porquanto, com maior razão, esta já ocorreu, mostra-se adequada a impetração substitutiva, dando-se alcance maior à garantia versada no artigo 5º, inciso LXVIII, da Carta de 1988. Evolução em óptica linear assentada anteriormente.
PRISÃO PREVENTIVA – PRESUNÇÃO. Descabe presumir, visando o implemento da custódia preventiva, o excepcional, ou seja, que, sob os holofotes do Judiciário, o acusado voltará a delinquir.
CUSTÓDIA PREVENTIVA – EXCESSO DE PRAZO. Uma vez configurado o excesso de prazo da preventiva, impõe-se o afastamento.
PRISÃO PREVENTIVA – CORRÉUS – EXTENSÃO. Distintas as situações dos acusados, fica afastada a incidência do disposto no artigo 580 do Código de Processo Penal, a revelar: "No caso de concurso de agentes (Código Penal, art. 25), a decisão do recurso interposto por um dos réus, se fundado em motivos que não sejam de caráter exclusivamente pessoal, aproveitará aos outros." (Inform. STF 738)

AG. REG. NO RE N. 632.534-SP
RELATORA: MIN. ROSA WEBER
EMENTA: DIREITO PROCESSUAL PENAL. COMPETÊNCIA. PASSAPORTE ESTRANGEIRO FALSIFICADO. REEXAME DE FATOS E PROVAS. IMPOSSIBILIDADE. OFENSA INDIRETA À CONSTITUIÇÃO FEDERAL. INEXISTÊNCIA.
Acórdão de Tribunal Regional Federal que concluiu pela incompetência da Justiça Federal para processar crime de apresentação de passaporte estrangeiro falsificado a empregado de empresa aérea.
Divergir quanto às circunstâncias de fato demandaria o reexame dos fatos e provas, incidindo à espécie o óbice da Súmula 279 desta Corte.
Inviável o Recurso Extraordinário quando a alegada ofensa à Constituição Federal, se existente, seria meramente reflexa, a depender do exame da legislação infraconstitucional. Precedentes.
Agravo regimental conhecido e não provido. (Inform. STF 737)

EMB. INFR. NA AP N. 481-PA
RELATOR: MIN. DIAS TOFFOLI
EMENTA: Embargos infringentes em ação penal originária. Descabimento. Ausência de um mínimo de quatro votos divergentes (RISTF, art. 333, parágrafo único). Alegação de inconstitucionalidade da norma, por violação do princípio da proporcionalidade. Não ocorrência. Não conhecimento dos embargos. Pedido alternativo de recebimento como embargos de declaração. Possibilidade, diante da interposição no prazo legal previsto no § 1º do art. 337 do RISTF. Ausência de omissão, contradição ou obscuridade a ser sanada. Questões afastadas na decisão embargada. Prescrição retroativa. Não ocorrência. Interrupção do prazo prescricional, em face da prolação de decisão condenatória em sessão pública. Publicação da decisão por órgão oficial em data posterior. Irrelevância. Conhecimento desses embargos de declaração. Embargos de declaração rejeitados.
1. O uso legítimo dos embargos infringentes pressupõe a existência de, no mínimo, quatro votos divergentes, o que não ocorreu no caso concreto. Precedente.
2. É constitucional a fixação de **quorum** para a admissibilidade dos embargos infringentes pelo regimento interno da Corte. O dispositivo se coaduna com a necessidade de conferir ao processo duração razoável. Não conhecimento do recurso.

3. Interposto no prazo legalmente estabelecido para os embargos de declaração (RISTF, art. 337, § 1°), é o caso de se aplicar o princípio da fungibilidade recursal e de se processar o recurso como tal. Precedentes.
4. As questões postas pela parte embargante foram enfrentadas adequadamente. Não há qualquer dos vícios apontados no art. 619 do Código de Processo Penal.
5. A jurisprudência da Suprema Corte é assente no sentido de que são incabíveis os embargos de declaração quando a parte, a pretexto de esclarecer uma situação de obscuridade, omissão ou contradição, os utiliza com o objetivo de infringir o julgado e de, assim, viabilizar o reexame da causa. Precedentes.
6. Embargos de declaração rejeitados. (Inform. STF 736)

AP 470/MG: embargos infringentes e dosimetria da pena - 1
A divergência estabelecida na fixação da dosimetria da pena não enseja o cabimento de embargos infringentes, haja vista se tratar de mera consequência da condenação. Com base nesse entendimento, o Plenário, por maioria, desproveu agravo regimental em que se arguia a viabilidade dos embargos infringentes na referida hipótese. Segundo o agravante, o recurso em questão deveria ser admitido quanto a todos os tópicos em que houvesse divergência, independentemente da expressão numérica. Pleiteava, em consequência, a interpretação do art. 333, I e parágrafo único, do RISTF (*Art. 333. Cabem embargos infringentes à decisão não unânime do Plenário ou da Turma: I – que julgar procedente a ação penal ... Parágrafo único. O cabimento dos embargos, em decisão do Plenário, depende da existência, no mínimo, de quatro votos divergentes, salvo nos casos de julgamento criminal em sessão secreta*) à luz do art. 609, parágrafo único, do CPP [*Quando não for unânime a decisão de segunda instância, desfavorável ao réu, admitem-se embargos infringentes ou de nulidade, que poderão ser opostos dentro de 10 (dez) dias, a contar da publicação do acórdão, na forma do art. 613. Se o desacordo for parcial, os embargos serão restritos à matéria objeto de divergência*]. O Tribunal reiterou posicionamento no sentido da observância do quórum mínimo de quatro votos absolutórios para a admissibilidade dos embargos infringentes, o que não teria ocorrido na presente situação, salvo no tocante ao crime de formação de quadrilha. Destacou, ainda, que a decisão que fixa a dosimetria da pena não se confundiria com decisão de procedência ou improcedência da ação penal. Rejeitou, ademais, a pretendida interpretação do art. 333, I e parágrafo único, do RISTF, conforme o CPP, porquanto norma especial não poderia ser derrogada por norma geral. Vencidos os Ministros Teori Zavascki, Dias Toffoli, Ricardo Lewandowski e Marco Aurélio, que davam provimento ao agravo regimental. Aduziam que a procedência do pedido formulado em ação penal significaria procedência da pretensão punitiva do Estado, de maneira que a aplicação da pena integraria essa pretensão. Registravam que a fixação da pena *in concreto* poderia, em tese, importar o reconhecimento da prescrição da pretensão punitiva, a qual traduziria juízo de improcedência ou de absolvição do acusado. Ressaltavam, além disso, que o próprio Ministério Público ter-se-ia manifestado, no ponto, pelo cabimento dos embargos infringentes.
AP 470 El-décimos quartos-AgR/MG, rel. Min. Joaquim Barbosa, 13.2.2014. (AP-470)

AP 470/MG: embargos infringentes e dosimetria da pena - 2
Ao aplicar o entendimento vencedor, o Plenário, por maioria, desproveu agravo regimental no qual se alegava, ainda, que o número de quatro votos divergentes para a admissão de embargos infringentes seria referencial, a depender da quantidade de Ministros votantes. O Tribunal afirmou que esse numerário seria requisito objetivo para admissibilidade e processamento do recurso. Antes, contudo, rejeitou preliminar de nulidade da decisão agravada no sentido de que todas as teses defensivas no tocante ao cabimento dos embargos infringentes não teriam sido apreciadas. A Corte consignou que o magistrado não estaria obrigado a rebater, um a um, os argumentos trazidos pela parte. Ademais, afirmou que a decisão impugnada estaria devidamente fundamentada. No mérito, refutou, também, a assertiva de ausência do duplo grau de jurisdição, pois se trataria de ação penal originária de competência do STF. Vencidos os Ministros Ricardo Lewandowski e Marco Aurélio, que davam provimento ao regimental pelas razões supracitadas. Os Ministros Teori Zavascki e Dias Toffoli acompanharam o relator, com ressalva de seus pontos de vista.
AP 470 El-segundos-AgR/MG, rel. Min. Joaquim Barbosa, 13.2.2014. (AP-470)

AP 470/MG: embargos infringentes e dosimetria da pena - 3
Pelos mesmos fundamentos explicitados nos dois agravos regimentais anteriormente apreciados, o Plenário não conheceu do pedido de *habeas corpus* de ofício e, por maioria, desproveu agravo regimental no qual se reiterava, ademais, a impugnação quanto à metodologia do fatiamento do julgamento, sem a adoção do voto médio. O Tribunal asseverou que o pleito implicaria reexame de matéria já exaustivamente analisada e decidida pela Corte. Além disso, rememorou que, à época, houvera deliberação no sentido de que os Ministros que votaram pela absolvição dos réus não participariam da dosimetria da pena. O Colegiado afastou, também, a pretensão de que fossem somados os votos proferidos no julgamento dos embargos de declaração aos votos favoráveis prolatados no julgamento de mérito da ação penal. Aduziu que, na espécie, as penas fixadas durante a análise do mérito teriam sido mantidas no julgamento dos declaratórios, porquanto estes teriam sido rejeitados e não integrariam o acórdão. Vencido o Ministro Marco Aurélio, que provia o agravo regimental. Salientava que os embargos de declaração desprovidos integrariam ou esclareceriam um pronunciamento judicial e que, somados os votos, o agravante teria obtido, nesse contexto maior, quatro votos a ele favoráveis. Por fim, o Tribunal adotou idêntica conclusão ao desprover, por votação majoritária, agravo regimental interposto por outro agravante. Vencido o Ministro Marco Aurélio.
AP 470 El-décimos-AgR/MG rel. Min. Joaquim Barbosa, 13.2.2014. (AP-470)
AP 470 El-terceiros-AgR/MG, rel. Min. Joaquim Barbosa, 13.2.2014. (AP-470) (Inform. STF 735)

EMB. DECL. NA PPE N. 623-REPÚBLICA DO LÍBANO
RELATORA: MIN. CÁRMEN LÚCIA
EMENTA: EMBARGOS DE DECLARAÇÃO NA PRISÃO PREVENTIVA PARA EXTRADIÇÃO. ALEGAÇÕES DE OMISSÃO E CONTRADIÇÃO: INEXISTÊNCIA. IMPOSSIBILIDADE DE REEXAME DA CAUSA. EMBARGOS REJEITADOS.
1. Ausência de obscuridade, omissão, ambiguidade ou contradição a ser sanada pelos embargos declaratórios.
2. São incabíveis embargos de declaração quando a parte, a pretexto de esclarecer inexistente obscuridade, omissão ou contradição, utiliza-os com o objetivo de infringir o julgado e, assim, viabilizar indevido reexame da causa. Precedentes.
3. Embargos de Declaração rejeitados. (Inform. STF 735)

EMB. DECL. NOS EMB. DECL. NO HC N. 109.676-RJ
RELATOR: MIN. LUIZ FUX
Ementa: PENAL E PROCESSUAL PENAL. EMBARGOS DE DECLARAÇÃO NOS EMBARGOS DE DECLARAÇÃO NO *HABEAS CORPUS*. OMISSÃO, CONTRADIÇÃO E OBSCURIDADE. INEXISTÊNCIA. INJÚRIA QUALIFICADA. PLEITO DE ABSOLVIÇÃO DO PACIENTE. REDISCUSSÃO DA MATÉRIA. IMPOSSIBILIDADE. MATÉRIA DEVIDAMENTE APRECIADA NA IMPETRAÇÃO. EFEITOS INFRINGENTES. IMPOSSIBILIDADE. NÃO CONHECIMENTO. ARQUIVAMENTO IMEDIATO DOS AUTOS.
1. A revisão do julgado, com manifesto caráter infringente, revela-se inadmissível, em sede de embargos. (Precedentes: AI n. 799.509-AgR-ED, Relator o Ministro Marco Aurélio, 1ª Turma, DJe de 8/9/2011; e RE n. 591.260-AgR-ED, Relator o Ministro Celso de Mello, 2ª Turma, DJe de 9/9/2011).

2. A omissão, contradição ou obscuridade, quando inocorrentes, tornam inviável a revisão em sede de embargos de declaração, em face dos estreitos limites do art. 535 do CPC.
3. A interposição de sucessivos recursos com nítido intuito protelatório é prática repudiada no âmbito desta Corte, dando ensejo ao imediato arquivamento dos autos, independentemente da publicação deste acórdão e do seu respectivo trânsito em julgado. Precedentes: ARE 665.384-AgR-ED, Rel. Min. Gilmar Mendes, Segunda Turma, DJe de 04/09/2012; AI 727.244-AgR-ED-ED, Rel. Min. Joaquim Barbosa, Segunda Turma, DJe de 19/10/2012; AI 746.016-AgR-ED-ED, Rel. Min. Celso de Mello, Segunda Turma, DJe de 11/02/2010; e AI 362.828-AgR-ED-ED-EDv-AgR--ED, Rel. Min. Cezar Peluso, Tribunal Pleno, DJ de 06/10/2006.
4. *In casu* , a) o acórdão embargado assentou que: *"i) A Lei nº 9.459/97 acrescentou o § 3º ao artigo 140 do Código Penal, dispondo sobre o tipo qualificado de injúria, que tem como escopo a proteção do indivíduo contra a exposição a ofensas ou humilhações, pois não seria possível acolher a liberdade que fira direito alheio, mormente a honra subjetiva. ii) O legislador ordinário atentou para a necessidade de assegurar a prevalência dos princípios da igualdade, da inviolabilidade da honra e da imagem das pessoas para, considerados os limites da liberdade de expressão, coibir qualquer manifestação preconceituosa e discriminatória que atinja valores da sociedade brasileira, como o da harmonia inter-racial, com repúdio ao discurso de ódio. iii) A pretensão de ser alterada por meio de provimento desta Corte a sanção penal prevista em lei para o tipo de injúria qualificada implicaria a formação de uma terceira lei, o que, via de regra, é vedado ao Judiciário. Precedentes. iv) O pleito de reconhecimento da atipicidade ou de desclassificação da conduta, do tipo de injúria qualificada para o de injúria simples, igualmente não pode ser acolhido, por implicar revolvimento de matéria fático-probatória, não admissível na via do writ. b) o embargante/paciente foi condenado à pena de um ano e quatro meses de reclusão, substituída por uma pena restritiva de direito consistente em prestação de serviço à comunidade e à prestação pecuniária de 16 (dezesseis) cestas básicas, de valor não inferior a R$ 100,00 (cem reais), em virtude de infração do disposto no artigo 140, § 3º, do Código Penal, a saber, injúria qualificada pelo preconceito".*
5. Embargos de declaração não conhecidos, com determinação de imediato arquivamento dos autos. (Inform. STF 735)

AP 470/MG e cabimento de embargos infringentes
Por reputar manifestamente inadmissíveis, o Plenário desproveu embargos infringentes em que se alegava o cabimento desse recurso desde que houvesse um único voto divergente. De início, o Tribunal rejeitou preliminar de nulidade da decisão agravada, suscitada sob a alegação de que o juízo de admissibilidade somente poderia ser exercido pelo Ministro Luiz Fux, relator designado para os embargos infringentes na AP 470/MG. Destacou que o procedimento a ser observado para os embargos infringentes estaria previsto no art. 335, § 3º, do RISTF ("*Art. 335. Interpostos os embargos, o Relator abrirá vista ao recorrido, por quinze dias, para contrarrazões. ... § 3º Admitidos os harmbogs, proceder-se-á à distribuição nos termos do artigo 76*"). Portanto, assinalou não haver dúvida que o relator da ação penal manteria a competência para receber, processar e exercer o juízo de admissibilidade dos embargos infringentes. Salientou que o Ministro Luiz Fux fora sorteado como relator dos embargos infringentes opostos por outro réu, após o exame de admissibilidade realizado pelo relator originário. No mérito, reputou necessário, no mínimo, quatro votos absolutórios para se admitir os embargos infringentes, de acordo com o art. 333, I e parágrafo único, do RISTF ("*Art. 333. Cabem embargos infringentes à decisão não unânime do Plenário ... I - que julgar procedente a ação penal ... Parágrafo único. O cabimento dos embargos, em decisão do Plenário, depende da existência, no mínimo, de quatro votos divergentes, salvo nos casos de julgamento criminal ...*"). AP 470 EI - décimos oitavos - AgR/MG, rel. Min. Joaquim Barbosa, 5.12.2013. (AP-470) (Inform. STF 731)

EMB. DECL. NOS OITAVOS EMB. DECL. JULG. NA AP N. 470-MG
RELATOR: MIN. JOAQUIM BARBOSA
Ementa: EMBARGOS DE DECLARAÇÃO NOS EMBARGOS DE DECLARAÇÃO NA AÇÃO PENAL 470. CONTRADIÇÃO ENTRE EMENTA E DISPOSITIVO. CORREÇÃO. ERRO NO DISPOSITIVO. RETIFICAÇÃO. EMBARGOS ACOLHIDOS.
Verificada a existência de contradição entre a ementa e o dispositivo do acórdão, os embargos de declaração constituem a via adequada para a correção.
No caso do embargante, em razão da contradição apontada, no caso, deve ser retificada a ementa do acórdão embargado para que passe a ter a seguinte redação: "*Devem ser parcialmente acolhidos os presentes embargos, tão somente para, atribuindo efeito integrativo ao julgado, esclarecer que João Paulo Cunha foi condenado, a título de peculato, com base no valor de R$ 536.440,55, exatamente nos termos constantes da denúncia. Aplicação dos artigos 33, §4º do CP e 63, parágrafo único do CPP*".
Pela mesma razão, deve ser retificado o cabeçalho e o último parágrafo da ementa para que passe a constar: embargos parcialmente acolhidos.
A parte final do dispositivo, tal como redigido, encontra-se obscura, pois a fixação do montante desviado com a prática do peculato foi feita para o fim de permitir a progressão de regime, conforme exigência do artigo 33, §4º do CP. Embargos acolhidos para determinar a correção do dispositivo do acórdão embargado, dele excluindo a expressão: "*sem prejuízo do § 4º do artigo 33 do Código Penal*.
Embargos de declaração **acolhidos**. (Inform. STF 730)

AP 470/MG: segundos embargos de declaração - 1
O Plenário acolheu, em parte, para fins de redimensionar a pena, segundos embargos de declaração opostos da decisão que condenara o embargante à pena de três anos e seis meses em regime semiaberto, pelo crime de lavagem de dinheiro. A defesa alegava omissão do Tribunal quanto à definição do regime inicial de cumprimento da pena e à possibilidade de substituição da pena privativa de liberdade por restritiva de direitos. Apontava, ainda, que as penas aplicadas ao embargante deveriam ser de mesmo patamar daquelas a que apenado o seu sócio e corréu. A Corte asseverou que, no julgamento dos primeiros embargos de declaração, prevalecera o entendimento de que a valoração desigual nas operações de lavagem de dinheiro realizadas por sócios de mesma empresa, sem que se verificasse no acórdão qualquer motivação plausível para essa divergência, imporia o realinhamento da pena aplicada ao embargante. Reconheceu que a conversão da pena privativa de liberdade em restritiva de direitos não teria ficado clara no julgamento dos primeiros embargos. Definiu, assim, que a pena restritiva de direitos consistiria em prestação de serviços à comunidade na razão de uma hora de tarefas por dia e no pagamento de multa no valor de 300 salários mínimos. AP 470 EDj - vigésimos sextos - ED/MG, rel. Min. Roberto Barroso, 13.11.2013. (AP-470)

AP 470/MG: segundos embargos de declaração - 2
Na sequência, o Plenário, por maioria não conheceu de segundos embargos de declaração opostos por condenado pelos crimes de corrupção passiva e lavagem de dinheiro, por considerá-los procrastinatórios. Na espécie, o embargante requeria a revisão da pena. A defesa alegava que o réu teria situação similar à de outro ex-assessor parlamentar, cuja pena fora reduzida. Pleiteava que ao réu fosse aplicada a mesma fração de aumento pela continuidade delitiva imposta a outro corréu e parlamentar, diminuindo-se, por conseguinte, a penalidade. O Tribunal afirmou não serem compatíveis os crimes praticados pelo embargante e o paradigma por ele indicado. Frisou que o recurso estaria a reiterar argumentos de mérito já analisados pelo STF. Concluiu pela inadmissibilidade dos embargos porque não ocorrentes os respectivos pressupostos de embargabilidade. Vencidos os Ministros Teori Zavascki, Dias

Toffoli, Ricardo Lewandowski e Marco Aurélio, que acolhiam os embargos para reconhecer a continuidade delitiva na fração de 1/3. Destacavam que outro corréu fora condenado em 41 operações de lavagem de dinheiro e a reprimenda fora aumentada, pela continuidade delitiva, em 1/3. Aduziam, por outro lado, que, embora o embargante tivesse sido condenado em 40 operações, a ele fora aplicado o acréscimo de 2/3. AP 470 EDj - décimos primeiros - ED/MG, rel. Min. Joaquim Barbosa, 13.11.2013. (AP-470)

AP 470/MG: segundos embargos de declaração - 3
Em seguida, o Plenário, por maioria, não conheceu de segundos embargos de declaração opostos por condenado pelos crimes de corrupção passiva, peculato e lavagem de dinheiro. O embargante sustentava a nulidade do acórdão embargado, porque teria afrontado os artigos 76 e 77 do CPP. Defendia, ainda, que teria havido omissão e obscuridade no julgado, que não enfrentara a alegação de existência de coautoria entre quatro empregados da instituição financeira federal para a qual trabalhava. Segundo o embargante, eles teriam assinado notas técnicas que deram origem e fundamento para a sua condenação. Em consequência, entendia que os autos deveriam ser desmembrados. O Tribunal reportou-se à insistência do embargante em temas que teriam sido objeto de apreciação e julgamento em várias ocasiões. Assentou que o acórdão embargado afastara a arguição de nulidade por afronta aos artigos 76 e 77 do CPP. De igual forma, consignou não haver omissão na tese de ausência de indicação de qual item de regulamento de fundo de cartão de crédito teria sido violado. Reconheceu, ainda, que os presentes embargos seriam mera reiteração de fundamentos afastados nos primeiros embargos de declaração, utilizados para impedir o trânsito em julgado da condenação. Vencido, em parte, o Ministro Marco Aurélio, que não admitia a execução imediata da pena. Aduzia que o embargante deveria aguardar a publicação do acórdão. AP 470 EDj - vigésimos primeiros - ED/MG, rel. Min. Joaquim Barbosa, 13.11.2013. (AP-470)

AP 470/MG: segundos embargos de declaração - 4
Ato contínuo, o Plenário não conheceu dos segundos embargos de declaração opostos por ex-parlamentar condenado pelos crimes de corrupção passiva e lavagem de dinheiro. O embargante alegava a necessidade de se ampliar o objeto do recurso, porque se trataria de julgamento em instância única. Sustentava, ainda, que a decisão embargada estaria em confronto com o teor da denúncia e com o princípio da correlação. Entendia que haveria contradição na incidência da Lei 10.763/2002, a refletir na dosimetria de sua pena por corrupção passiva. Arguia, ainda, omissão no acórdão embargado quanto à regra aplicável ao concurso de crimes, porque deveria ser adotado concurso formal. O Tribunal destacou que o embargante intentaria rediscutir o julgado. Salientou que não haveria contradição, omissão ou obscuridade. Asseverou que, no julgamento dos primeiros embargos de declaração, a Corte teria exaustivamente examinado as temáticas apresentadas, que teriam sido afastadas pelos seus integrantes. Apontou estar caracterizada mera reiteração de fundamentos afastados nos primeiros embargos e utilizados para impedir o trânsito em julgado da condenação. Por fim, por maioria, o Colegiado reconheceu o caráter protelatório do recurso, vencidos, neste ponto, os Ministros Ricardo Lewandowski e Marco Aurélio. AP 470 EDj - décimos - ED/MG, rel. Min. Joaquim Barbosa, 13.11.2013. (AP-470)

AP 470/MG: segundos embargos de declaração - 5
O Tribunal rejeitou, ainda, segundos embargos de declaração opostos por parlamentar condenado pelo crime de corrupção passiva. O embargante sustentava que teria havido contradição e omissão no acórdão embargado, porque inexistente prova quanto à data da consumação do delito, se posterior ou anterior à Lei 10.763/2003. Requeria a aplicação do princípio *in dubio pro reo*, para que se procedesse a nova dosimetria da pena. A Corte destacou já haver conclusão fundamentada no sentido de que os crimes praticados pelo embargante teriam ocorrido em 20.11.2003, após a entrada em vigor da nova lei. Explicitou que o embargante não tratara desse tema nos primeiros embargos de declaração. Por maioria, o Colegiado reconheceu o caráter protelatório desses embargos, vencidos, neste ponto, os Ministros Ricardo Lewandowski e Marco Aurélio. AP 470 - EDj - vigésimos terceiros - ED/MG, rel. Min. Joaquim Barbosa, 13.11.2013. (AP-470)

AP 470/MG: segundos embargos de declaração - 6
O Plenário, por maioria, não conheceu de embargos de declaração em que requerido o perdão judicial com a aplicação da redução de 2/3 da reprimenda, bem como a conversão da pena privativa de liberdade em restritiva de direito ou o cumprimento de pena em prisão domiciliar em razão da fragilidade do estado de saúde do embargante. Em relação ao pedido de prisão domiciliar, o Tribunal entendeu que o pleito não guardaria pertinência com o acórdão embargado, mas que poderia ser apreciado na fase de execução da pena. Vencido o Ministro Marco Aurélio, que admitia os embargos relativamente a essa questão e aplicava o que disposto no inciso II do art. 117 da Lei de Execução Penal - LEP para fixar, desde já, o regime domiciliar ao embargante. Quanto às demais questões, o Colegiado reputou que a matéria teria sido exaustivamente debatida no acórdão embargado. Declarou, além disso, o caráter procrastinatório do recurso. Vencidos, neste ponto, os Ministros Ricardo Lewandowski e Marco Aurélio. Em seguida, a Corte não conheceu de embargos de declaração em que apontada contradição entre a condenação do embargante e a absolvição de outro réu. Consignou que o tema já teria sido rechaçado pelo aresto embargado. Destacou o caráter meramente protelatório do recurso. Vencidos, neste ponto, os Ministros Ricardo Lewandowski e Marco Aurélio. AP 470 EDj - décimos sextos - ED/MG e AP 470 EDj - segundos - ED/MG, rel. Min. Joaquim Barbosa, 13.11.2013. (AP-470)

AP 470/MG: segundos embargos de declaração - 7
Na sequência, o Plenário não conheceu de embargos de declaração em que alegada omissão por falta de apreciação de erro material na fixação da pena-base. O embargante aduzia que esta deveria ter sido estabelecida em dois anos e não de dois anos e seis meses. Pleiteava, também, o reconhecimento do direito à atenuante de confissão espontânea. O Tribunal sublinhou que as arguições teriam sido enfrentadas no acórdão dos primeiros embargos de declaração, motivo pelo qual reconheceu o caráter meramente procrastinatório do recurso. Vencidos, neste ponto, os Ministros Ricardo Lewandowski e Marco Aurélio. De igual modo, a Corte não conheceu de embargos de declaração em que se reiterava a assertiva de ofensa ao princípio da proporcionalidade na aplicação da pena imposta ao embargante, quando comparada às de outros condenados. Enfatizou que a matéria já fora analisada no julgamento dos primeiros embargos de declaração. Reconheceu-se o caráter meramente protelatório do recurso. Vencidos, neste ponto, os Ministros Ricardo Lewandowski e Marco Aurélio. Por fim, o Plenário acolheu embargos de declaração para sanar contradição entre a parte dispositiva do acórdão e a respectiva ementa no que tange ao valor desviado em crime de peculato. Ressaltou que a correção do valor seria importante para efeito de progressão de regime, consoante o disposto no art. 33, § 4º, do CP. AP 470 EDj - vigésimos segundos - ED/MG, AP 470 EDj - vigésimos quartos - ED/MG e AP 470 EDj - oitavos - ED/MG, rel. Min. Joaquim Barbosa, 13.11.2013. (AP-470) (Inform. STF 728)

ED e conversão em AgR
A 2ª Turma, por maioria, converteu embargos de declaração em agravo regimental e a ele negou provimento por ausência de impugnação do fundamento da decisão agravada. Preponderou o voto do Min. Ricardo Lewandowski, relator, que esclareceu ter convertido os embargos de declaração em agravo, haja vista que o recurso de embargos seria meio impróprio para atacar decisão monocrática. Complementou que o agravo não mereceria provimento, porque o ato monocrático estaria hígido. Reiterou

que o recurso teria sido equivocado e que a decisão agravada manter-se-ia e não conteria quaisquer ilegalidades. Vencido o Ministro Teori Zavascki, que rejeitava os embargos, no que foi acompanhado pelo Min. Gilmar Mendes. Aduzia ser possível sujeitar uma decisão monocrática a embargos declaratórios. Reputava haver aparente contradição no fato de se receber como agravo regimental os embargos declaratórios porque atacariam decisão e, na sequência, desprover o recurso por não impugnar os fundamentos do ato decisório. Acentuava que, a rigor, não se estaria, também, conhecendo do agravo regimental. Sublinhava que, se não havia ataque ao ato recorrido, não seria caso de conversão dos embargos.
ARE 749715 ED/RJ, rel. Min. Ricardo Lewandowski, 24.9.2013. (ARE-749715) (Inform. STF 721)

AP 470/MG: embargos infringentes e admissibilidade - 16
Em conclusão de julgamento de agravos regimentais, o Plenário, por maioria, admitiu a interposição de embargos infringentes em face de decisão que condenara diversas pessoas pela prática de esquema a abranger, dentre outros crimes, peculato, lavagem de dinheiro, corrupção ativa e gestão fraudulenta — v. Informativos 718 e 719. Preliminarmente, por decisão majoritária, o Tribunal rejeitou questão suscitada pelo Ministro Marco Aurélio, que assentava a preclusão consumativa, tendo em vista a oposição simultânea de embargos declaratórios e embargos infringentes, pelas mesmas partes. A Corte reputou que os recursos interpostos cumulativamente teriam âmbito de cognição e objetos diferentes um do outro, e que incidiria o princípio da eventualidade, aplicado subsidiariamente ao CPP. Vencido o suscitante. No mérito, o Ministro Celso de Mello proferiu voto de desempate no sentido de admitir a possibilidade de utilização, na espécie, dos embargos infringentes (RISTF, art. 333, I), desde que existentes, pelo menos, quatro votos vencidos, acompanhando a divergência iniciada pelo Ministro Roberto Barroso. Considerou, em sua manifestação, que o art. 333, I, do RISTF não sofrera, no ponto, derrogação tácita ou indireta em decorrência da superveniente edição da Lei 8.038/90, que se limitara a dispor sobre normas meramente procedimentais concernentes a causas penais originárias, indicando-lhes a ordem ritual e regendo-as até o encerramento da instrução probatória. Afirmou que o tema deveria ser examinado à luz de dois critérios: o da reserva constitucional de lei, de um lado, e o da reserva constitucional do regimento, de outro. Explicou que a Constituição delimitaria o campo de incidência da atividade legislativa, e vedaria ao Congresso a edição de normas que disciplinassem matérias reservadas, com exclusividade, à competência normativa dos tribunais. Aduziu que, por essa razão, o STF teria julgado inconstitucionais normas que transgrediriam a cláusula de reserva constitucional de regimento. Esta qualidade, segundo o Ministro Celso de Mello, transformaria o texto regimental em *sedes materiae* no que concerne aos temas sujeitos ao exclusivo poder de regulação normativa dos tribunais. Afirmou, portanto, que o art. 333, I, do RISTF, embora de natureza formalmente regimental, teria caráter material de lei, e fora recebido pela nova ordem constitucional com essa característica. Assinalou, entretanto, que, atualmente, faleceria ao STF o poder de derrogar normas regimentais veiculadoras de conteúdo processual, que somente poderiam ser alteradas mediante lei em sentido formal, nos termos da Constituição.
AP 470 AgR - vigésimo quinto/MG, rel. orig. Min. Joaquim Barbosa, red. p/ o acórdão Min. Teori Zavascki. (AP-470)
AP 470 AgR - vigésimo sexto/MG, rel. orig. Min. Joaquim Barbosa, red. p/ o acórdão Min. Roberto Barroso. (AP-470)
AP 470 AgR - vigésimo sétimo/MG, rel. Min. Joaquim Barbosa, 18.9.2013. (AP-470)

AP 470/MG: embargos infringentes e admissibilidade - 17
Prosseguindo em sua manifestação, o Ministro Celso de Mello mencionou a existência de projeto de lei relativo a eventual alteração no texto da Lei 8.038/90. Referido projeto propunha a abolição dos embargos infringentes em todas as hipóteses dispostas no art. 333 do RISTF. Destacou que a proposta não fora acatada ao fundamento de que os embargos infringentes constituiriam importante canal para a reafirmação ou modificação do entendimento sobre temas constitucionais, bem como sobre outras matérias para as quais os embargos infringentes seriam previstos. Observou, ainda, que, segundo essa mesma manifestação acolhida pela Câmara dos Deputados para rejeitar o aludido projeto de lei, a exigência de, no mínimo, quatro votos divergentes para que fosse viabilizada a oposição do recurso em questão indicaria a relevância de se oportunizar novo julgamento para a rediscussão do tema e a fixação de um entendimento definitivo. O Ministro Celso de Mello reportou que nessas razões apresentadas pela manutenção dos embargos infringentes constaria, ainda, a justificativa de que eventual mudança na composição do STF no interregno poderia influir no resultado final, que também poderia ser modificado por argumentos ainda não considerados ou até por circunstâncias conjunturais relevantes.
AP 470 AgR - vigésimo quinto/MG, rel. orig. Min. Joaquim Barbosa, red. p/ o acórdão Min. Teori Zavascki. (AP-470)
AP 470 AgR - vigésimo sexto/MG, rel. orig. Min. Joaquim Barbosa, red. p/ o acórdão Min. Roberto Barroso. (AP-470)
AP 470 AgR - vigésimo sétimo/MG, rel. Min. Joaquim Barbosa, 18.9.2013. (AP-470)

AP 470/MG: embargos infringentes e admissibilidade - 18
O Ministro Celso de Mello reiterou que não se presumiria a revogação tácita das leis, mormente por não incidir, no caso, qualquer hipótese configuradora de revogação das espécies normativas, na forma descrita no art. 2º, § 1º, da Lei de Introdução às Normas de Direito Brasileiro - LINDB. Registrou, ademais, que a Lei 8.038/90 abstivera-se de disciplinar o sistema recursal interno do Supremo, embora pudesse fazê-lo, a caracterizar uma lacuna intencional do legislador ordinário. Assinalou, também, que a regra consubstanciada no art. 333, I, do RISTF buscaria permitir a concretização, no âmbito desta Corte, no contexto das causas penais originárias, do postulado do duplo reexame, que visa a amparar direito consagrado na Convenção Americana de Direitos Humanos, na medida em que realizaria, embora insuficientemente, a cláusula da proteção judicial efetiva. Sublinhou, por fim, que o referido postulado seria invocável mesmo nas hipóteses de condenações penais em decorrência de prerrogativa de foro, formuladas por Estados que houvessem formalmente reconhecido, como obrigatória, a competência da Corte Interamericana de Direitos Humanos em todos os casos relativos à interpretação ou aplicação desse tratado internacional. O Ministro Celso de Mello, então, ao proferir o voto de desempate, admitiu a possibilidade de utilização, no caso, dos embargos infringentes. Vencidos os Ministros Joaquim Barbosa, Presidente e relator, Luiz Fux, Cármen Lúcia, Gilmar Mendes e Marco Aurélio, que não admitiam os infringentes por entenderem que esse recurso estaria revogado pela Lei 8.038/90.
AP 470 AgR - vigésimo quinto/MG, rel. orig. Min. Joaquim Barbosa, red. p/ o acórdão Min. Teori Zavascki. (AP-470)
AP 470 AgR - vigésimo sexto/MG, rel. orig. Min. Joaquim Barbosa, red. p/ o acórdão Min. Roberto Barroso. (AP-470)
AP 470 AgR - vigésimo sétimo/MG, rel. Min. Joaquim Barbosa, 18.9.2013. (AP-470)

AP 470/MG: embargos infringentes e admissibilidade - 19
Em passo seguinte, o Plenário desproveu agravo regimental na parte em que pretendida a admissibilidade de embargos infringentes em face de condenação na qual o número de votos divergentes e vencidos — pela absolvição — seria inferior a quatro. A defesa argumentava que seria permitido utilizar-se desse recurso mesmo que houvesse apenas um voto divergente na decisão condenatória. A Corte reputou que não se poderia ampliar a regra do RISTF, expressa nesse ponto. A exceção inscrita no final do parágrafo único do art. 333 desse diploma ("*O cabimento dos embargos, em decisão do Plenário, depende da existência, no mínimo, de quatro votos divergentes, salvo nos casos de julgamento criminal em sessão secreta*") seria

aplicável apenas a julgamentos secretos, não mais existentes. Nas assentadas públicas, haveria de se observar o quórum mínimo de quatro votos vencidos. Seria defeso, portanto, suprimir a alusão a julgamento secreto do preceito, uma vez que implicaria a criação de nova norma. Explicou-se que, nos termos da Constituição, o STF não teria competência para legislar sobre matéria processual.
AP 470 AgR - vigésimo sétimo/MG, rel. Min. Joaquim Barbosa, 18.9.2013. (AP-470)

AP 470/MG: embargos infringentes e admissibilidade - 20
Ato contínuo, o Plenário, por decisão majoritária, ao aplicar o art. 191 do CPC por analogia, acolheu pedido formulado em agravo regimental para admitir prazo em dobro — portanto de trinta dias — para oposição dos embargos infringentes, contados a partir da publicação do acórdão referente à sua admissibilidade. O Ministro Teori Zavascki considerou que deveria ser conferido o mesmo tratamento dado aos embargos declaratórios, em que aumentado o prazo, e que a questão, de cunho processual, não deveria ser analisada à luz do caso concreto apenas. Concluiu que, existente litisconsórcio passivo em ação penal, deveria incidir o prazo em dobro previsto no CPC, regra subsidiária. O Ministro Dias Toffoli acresceu que, muito embora se tratasse de litisconsórcio passivo, se houvesse apenas uma peça subscrita por todos os embargantes, o prazo deveria ser simples. Por se tratar de peças distintas, com diferentes procuradores, o prazo deveria ser dobrado. Vencidos os Ministros Joaquim Barbosa, Presidente e relator, Roberto Barroso, Luiz Fux e Gilmar Mendes. Reputavam que o prazo regimental de quinze dias deveria ser observado. Após, deliberou-se que os embargos infringentes já interpostos seriam distribuídos imediatamente a relator a ser definido por sorteio, excluídos o relator e o revisor da ação penal. Além disso, esse futuro relator tornar-se-ia prevento em relação aos demais embargos infringentes eventualmente interpostos.
AP 470 AgR - vigésimo quinto/MG, rel. orig. Min. Joaquim Barbosa, red. p/ o acórdão Min. Teori Zavascki. (AP-470)
AP 470 AgR - vigésimo sexto/MG, rel. orig. Min. Joaquim Barbosa, red. p/ o acórdão Min. Roberto Barroso. (AP-470)
(Inform. STF 720)

HC N. 112.593-SP
RELATORA: MIN. ROSA WEBER
HABEAS CORPUS. APROPRIAÇÃO INDÉBITA PREVIDENCIÁRIA. PRESSUPOSTOS DE ADMISSIBILIDADE DO RECURSO ESPECIAL. COMPETÊNCIA PRECÍPUA DO SUPERIOR TRIBUNAL DE JUSTIÇA. SÚMULA 182 DO STJ. FALTA DE IMPUGNAÇÃO DE TODOS OS FUNDAMENTOS DA DECISÃO AGRAVADA. ENTENDIMENTO CONSAGRADO PELA SÚMULA 287 DO STF.
1. Compete constitucionalmente ao Superior Tribunal de Justiça o julgamento do recurso especial, cabendo-lhe, enquanto órgão *ad quem*, o segundo, e definitivo, juízo de admissibilidade positivo ou negativo deste recurso de fundamentação vinculada. Inadmissível a apreciação desses pressupostos de admissibilidade pelo Supremo Tribunal Federal, exceto nos casos de flagrante ilegalidade ou abuso de poder. Precedentes.
2. Recurso especial inadmitido por ausência de ataque aos fundamentos da decisão hostilizada, consoante entendimento desta Suprema Corte consagrado na Súmula 287 STF.
3. Ordem denegada. (Inform. STF 720)

AP 470/MG: embargos de declaração – (conclusão)
O Tribunal, por maioria, rejeitou embargos de declaração em que se alegava contradição no fato de o embargante ter sido condenado pelo delito de corrupção ativa, com a pena prevista na Lei 10.763/2003, ao passo que os parlamentares corrompidos, condenados por corrupção passiva, teriam sido apenados com base na redação original dessa mesma norma. Rememorou-se que o STF já teria resolvido essa questão. Reputou-se que a oferta de vantagem indevida pela qual o réu fora condenado ocorrera, indubitavelmente, quando já em vigor a referida norma. Portanto, estaria devidamente fundamentado o aresto no trecho que considerara aplicável o preceito secundário do art. 333 do CP, com redação dada pela aludida lei. Destacou-se que o embargante teria sido acusado de coautoria na prática de crimes de corrupção ativa e não de corrupção passiva. Aludiu-se que se aplicara a mesma regra estabelecida para os demais corruptores, tendo em vista a continuidade delitiva. Assim, seria incabível invocar, para caracterizar suposta contradição no acórdão, decisão referente à pena aplicável a réus que teriam sido condenados pela prática de crimes diversos — corrupção passiva —, pois a contradição sanável por meio de embargos de declaração seria apenas aquela que se verificasse entre os fundamentos da condenação e a conclusão. Vencidos os Ministros Ricardo Lewandowski, Teori Zavascki, Dias Toffoli, Marco Aurélio e Celso de Mello.
AP 470 ED/MG, rel. Min. Joaquim Barbosa, 5.9.2013. (AP-470) (Inform. STF 718)

AG. REG. NO RE N. 548.181-PR
RELATORA: MIN. ROSA WEBER
EMENTA: AGRAVO REGIMENTAL EM RECURSO EXTRAORDINÁRIO. DIREITO PENAL. CRIME AMBIENTAL. RESPONSABILIDADE PENAL DA PESSOA JURÍDICA. CONDICIONAMENTO À IDENTIFICAÇÃO E À PERSECUÇÃO DA PESSOA FÍSICA.
Tese do condicionamento da responsabilização penal da pessoa jurídica à simultânea identificação e persecução penal da pessoa física responsável, que envolve, à luz do art. 225, § 3º, da Carta Política, questão constitucional merecedora de exame por esta Suprema Corte.
Agravo regimental conhecido e provido. (Inform. STF 711)

RHC N. 99.798-SP
RELATORA: MIN. CÁRMEN LÚCIA
EMENTA: RECURSO ORDINÁRIO EM HABEAS CORPUS. PENAL. PROCESSUAL PENAL. AUSÊNCIA DE PRESSUPOSTOS DE ADMISSIBILIDADE. CONHECIMENTO COMO HABEAS CORPUS ORIGINÁRIO. ALEGAÇÃO DE OFENSA AO PRINCÍPIO DO JUIZ NATURAL. COMPETÊNCIA. DISTRIBUIÇÃO POR PREVENÇÃO. AUSÊNCIA DE NULIDADE. DENEGAÇÃO DA ORDEM.
1. Manifesta a impugnação da decisão, malgrado a ausência de pressuposto de admissibilidade do recurso ordinário em habeas corpus, não se deve, em homenagem à forma, negar conhecimento como pedido originário.
2. A homologação da desistência não constitui mero ato ordinatório, mas decisão judicial, que põe fim ao processo e gera prevenção na distribuição de novas ações ou recursos.
3. O artigo 71, caput, do Regimento Interno do Superior Tribunal de Justiça indica que a prevenção é determinada pela distribuição, não havendo previsão de que se tenha que proferir decisões judiciais para se tornar prevento.
4. Eventual nulidade decorrente da inobservância da competência penal pela prevenção é relativa, cabendo ao prejudicado alegá-la no primeiro momento processual oportuno, sob pena de preclusão, e demonstrar o prejuízo. Súmula 706 do STF.
5. Ordem denegada. (Inform. STF 710)

Tempestividade: RE interposto antes de ED
A 1ª Turma, por maioria, proveu agravo regimental interposto de decisão que não conheceu de recurso extraordinário por intempestividade. No caso, a decisão agravada afirmara que a jurisprudência desta Corte seria pacífica no sentido de ser extemporâneo o recurso extraordinário interposto antes do julgamento proferido nos embargos de declaração, mesmo que os embargos tivessem sido opostos pela parte contrária. Reputou-se que a parte poderia, no primeiro dia do prazo para a interposição do extraordinário, protocolizar este recurso, independentemente da interposição dos embargos declaratórios pela parte contrária. Afirmou-se ser desnecessária a ratificação

do apelo extremo. Concluiu-se pela tempestividade do extraordinário. Vencido o Min. Dias Toffoli, relator, que mantinha a decisão agravada.
RE 680371 AgR/SP, rel. orig. Min. Dias Toffoli, red. p/ o acórdão Min. Marco Aurélio. (RE-680371) (Inform. STF 710)

RHC N. 116.061-ES
RELATORA: MIN. ROSA WEBER
EMENTA: RECURSO ORDINÁRIO EM HABEAS CORPUS. PROCESSO PENAL. SENTENÇA CONDENATÓRIA. INTIMAÇÃO DA DEFENSORIA PÚBLICA. APELAÇÃO INTEMPESTIVA. DEFENSOR RESPONSÁVEL PELA ASSISTÊNCIA JURÍDICA DE COACUSADO. VERSÕES COLIDENTES SOBRE OS FATOS. FLEXIBILIZAÇÃO DA CONTAGEM DO PRAZO RECURSAL. IMPOSSIBILIDADE. PRINCÍPIOS DA INDIVISIBILIDADE E DA UNICIDADE DA INSTITUIÇÃO.
1. A intimação do Defensor Público se aperfeiçoa com a chegada dos autos e recebimento na instituição. Precedentes.
2. Em havendo sido intimada a Defensoria Pública da sentença condenatória no dia 25.10.2010 e o condenado, ora Recorrente, em 21.02.2011, intempestiva a apelação interposta em 04.3.2011, mesmo contado em dobro o prazo recursal.
3. Recurso ordinário em habeas corpus a que se nega provimento. Determinada a imediata reautuação do feito com a inserção do nome completo do Recorrente. (Inform. STF 710)

AG. REG. NO ARE N. 730.240-SP
RELATOR: MIN. MARCO AURÉLIO
PRAZO – AGRAVO – RECURSO EXTRAORDINÁRIO CRIMINAL. O prazo para interposição do agravo, visando à subida de recurso extraordinário criminal, não tem regência pelo Código de Processo Civil, considerada a Lei nº 9.850/94, mas pela Lei nº 8.038/90, na redação primitiva. Precedentes: Agravo de Instrumento nº 197.032-1/RS, relatado no Pleno pelo ministro Sepúlveda Pertence, com acórdão publicado no Diário da Justiça de 5 de dezembro de 1997. (Inform. STF 703)

RHC e efeito devolutivo pleno de apelação - 1
Ante empate na votação, a 1ª Turma deu parcial provimento a recurso ordinário em habeas corpus a fim de determinar que o STJ retome o exame da suposta semi-imputabilidade do recorrente. Tratava-se de condenado, perante o juízo de 1º grau, à sanção de 15 anos e 2 meses de reclusão pela prática de tipos previstos nos arts. 214 c/c 71, caput (2 vezes) e 213 c/c art. 69, caput, todos do CP. O tribunal local provera, em parte, apelação do réu, para afastar o concurso material entre os crimes e fixara a reprimenda em 7 anos de reclusão, tendo em vista a revogação do citado art. 214, cuja conduta, após o advento da Lei 12.015/2009, teria sido englobada pelo art. 213 do diploma em tela. Essa decisão fora impugnada por meio de recursos especial e extraordinário pela defesa, os quais não foram admitidos pelo tribunal a quo. Isso ensejara a interposição de agravos para subida de ambos os recursos, bem como, posteriormente, a impetração de writ perante o STJ. O recorrente sustentava que, após tomar ciência do parecer do Ministério Público Federal pelo conhecimento parcial da ordem impetrada naquela Corte Superior e, nessa parte, pela denegação, impetrara outro HC no tribunal de origem, com o fito de afastar a supressão de instância quanto ao reconhecimento da semi-imputabilidade postulado no STJ. Aduzia, em síntese, que essa causa geral de diminuição de pena teria sido atestada em laudo pericial, realizado em ação penal anteriormente promovida, contra ele, perante o mesmo juízo. Logo, arguia que esta circunstância deveria ter sido igualmente reconhecida na sentença condenatória em comento, com a devida mitigação da pena imposta. RHC 110624/SP, rel. orig. Min. Dias Toffoli, red. p/ o acórdão Min. Marco Aurélio, 16.10.2012. (RHC-110624)

RHC e efeito devolutivo pleno de apelação - 2
O tribunal estadual entendera ser incompetente para apreciar a medida lá impetrada, porquanto já teria julgado a apelação, bem assim porque seria autoridade coatora diante do habeas impetrado pelo recorrente no STJ. Por sua vez, o STJ reputara haver supressão de instância, de sorte que não conhecera do writ. Neste recurso ordinário, colimava-se o acolhimento da semi-imputabilidade e, alternativamente, a apreciação da matéria pelo Tribunal Superior ou pela Corte local. O Min. Marco Aurélio, redator para o acórdão, acompanhado pelo Min. Luiz Fux, salientou que a apelação teria eficácia devolutiva plena, e, portanto, o tribunal de justiça já poderia ter examinado a questão. Assim, considerada a impetração no STJ, não caberia cogitar de supressão de instância. De outro lado, os Ministros Dias Toffoli e Rosa Weber negavam provimento ao recurso. O primeiro ponderava que configuraria tripla supressão de instância analisar argumentos acerca do constrangimento ilegal imposto ao paciente, pois o tema não teria sido submetido ao juízo monocrático, nem ao TJ, tampouco ao STJ. RHC 110624/SP, rel. orig. Min. Dias Toffoli, red. p/ o acórdão Min. Marco Aurélio, 16.10.2012. (RHC-110624) (Inform. STF 684)

Demora no julgamento de reclamação
A 2ª Turma concedeu habeas corpus a fim de que seja apresentada em mesa, para julgamento – até a 10ª sessão subsequente à comunicação deste writ –, reclamação proposta no STJ, pelo ora paciente. A defesa sustenta, em sede reclamatória, o não cumprimento integral de decisão daquela Corte em habeas corpus, no qual concedida ordem para determinar o refazimento da dosimetria da pena a ele imposta. Considerou-se o tempo decorrido desde a protocolização do referido feito. Enfatizou-se que a reclamação fora distribuída em 27.11.2009 e ainda não apreciada. HC 111587/SP, rel. Min. Ricardo Lewandowski, 7.8.2012. (HC-111587) (Inform. STF 674)

HC e tempestividade recursal
A 2ª Turma deferiu habeas corpus para que o STJ conheça de agravos de instrumento e se pronuncie sobre o seu mérito. Tratava-se, na espécie, de 2 writs impetrados de acórdãos daquele tribunal, que negara provimento a agravos regimentais, porquanto caberia aos recorrentes demonstrarem, no ato de interposição de agravo de instrumento – para a subida de recurso especial em matéria criminal –, não ter havido expediente forense na Corte de origem em razão de feriado local. Asseverou-se que as partes teriam comprovado a causa de prorrogação do prazo para recurso, não obstante o tivessem feito somente em sede de agravo regimental. HC 108638/SP, rel. Min. Joaquim Barbosa, 8.5.2012. (HC-108638), HC 112842/PE, rel. Min. Joaquim Barbosa, 8.5.2012. (HC-112842) (Inform. STF 665)

DIREITO PROCESSUAL PENAL. PRINCÍPIO DA FUNGIBILIDADE RECURSAL NO CASO DE INTERPOSIÇÃO DE APELAÇÃO QUANDO CABÍVEL RECURSO EM SENTIDO ESTRITO.
Pode ser conhecida como recurso em sentido estrito a apelação erroneamente interposta contra decisão que julga inepta a denúncia, com a condição de que, constatada a ausência de má-fé, tenha sido observado o prazo legal para a interposição daquele recurso e desde que o erro não tenha gerado prejuízo à parte recorrida no que tange ao processamento do recurso. Isso porque, nessa situação, tem aplicabilidade o princípio da fungibilidade recursal. De fato, o art. 581, I, do CPP dispõe que caberá recurso em sentido estrito da decisão, despacho ou sentença que não receber a denúncia ou a queixa. Todavia, o mero equívoco na indicação do meio de impugnação escolhido para atacar a decisão não deve implicar necessariamente a inadmissibilidade do recurso, conforme determina o art. 579 do CPP, segundo o qual "Salvo a hipótese de má-fé, a parte não será prejudicada pela interposição de um recurso por outro. Parágrafo único. Se o juiz, desde logo, reconhecer a impropriedade do recurso interposto pela parte, mandará processá-lo de acordo com o rito do recurso cabível".

Precedentes citados: AgRg no REsp 1.244.829-RS, Quinta Turma, DJe 27/4/2012; e HC 117.118-MG, Sexta Turma, DJe 3/8/2009. **REsp 1.182.251-MT, Rel. Min. Jorge Mussi, julgado em 5/6/2014. (Inform. STJ 543)**

DIREITO PROCESSUAL PENAL. PRAZO PARA APELAÇÃO DE ASSISTENTE DE ACUSAÇÃO HABILITADO NOS AUTOS.
Após intimado da sentença, o prazo para o assistente da acusação já habilitado nos autos apelar é de 5 dias, contado a partir do término do prazo conferido ao Ministério Público para recorrer. Dispõe a Súm. n. 448/STF que "o prazo para o assistente recorrer, supletivamente, começa a correr imediatamente após o transcurso do prazo do Ministério Público." Conforme a jurisprudência do STF e do STJ, se o ofendido já estiver habilitado no processo o prazo para apelar é de 5 dias, não se aplicando o prazo de 15 dias previsto no art. 598, parágrafo único, do CPP. Precedente citado do STF: HC 59.668-RJ, DJ 4/6/1982; do STJ: REsp 708.169-RJ, DJ 23/5/2005. **HC 237.574-SP, Rel. Min. Laurita Vaz, julgado em 13/11/2012. (Inform. STJ 509)**

DIREITO PROCESSUAL PENAL. OMISSÃO NA PETIÇÃO DE APELAÇÃO DAS ALÍNEAS QUE FUNDAMENTAM O APELO.
É possível, por ocasião das razões de apelação, se tempestivas, sanar o vício de não terem sido indicados, na petição de apelo, os fundamentos do pedido de reforma da decisão de tribunal do júri. A omissão do apelante em não indicar, no momento da interposição do recurso, as alíneas que fundamentam o apelo representa mera irregularidade, não podendo o direito de defesa do réu ficar cerceado por um formalismo exacerbado. Indicadas as alíneas por ocasião da apresentação das razões de apelação, a omissão está suprida e o recurso há de ser conhecido e examinado no seu mérito, desde que nas razões se encontrem os fundamentos que ensejaram o recurso e as pretensões do recorrente estejam perfeitamente delineadas. Precedentes citados do STF: RE 80.423-DF, DJ 19/9/1975; HC 71.456-1-SP, DJ 12/5/1995; do STJ: HC 39.852-RS, DJ 20/2/2006; REsp 114.539-DF, DJ 16/4/2001; HC 72.893-AL, DJ 17/12/2007; HC 66.194-RS, DJ 29/6/2007; REsp 8.960-PR, DJ 26/8/1991. **HC 149.966-RS, Rel. Min. Sebastião Reis Júnior, julgado em 18/10/2012. (Inform. STJ 507)**

DIREITO PROCESSUAL PENAL. APELAÇÃO DA DEFESA POR TERMO NOS AUTOS COM PEDIDO DE POSTERIOR JUNTADA DAS RAZÕES. OBRIGATORIEDADE DE JUNTADA DAS RAZÕES.
É nulo o julgamento de recurso de apelação da defesa manifestado por termo na hipótese em que as razões não foram apresentadas, a despeito do pedido formulado para juntada destas na instância superior, nos termos do art. 600, § 4°, do CPP. No modelo penal garantista hoje vigente, não se concebe a possibilidade de um recurso de apelação ser apreciado sem que se apresentem as razões (ou contrarrazões) da defesa. Caso não sejam expostas as razões de apelação, deve-se intimar o réu para que indique novo advogado. Se o réu permanecer inerte, deverá ser nomeado defensor público ou advogado dativo para apresentar as razões do recurso. Precedentes citados: HC 225.292-MG, DJe 15/2/2012; HC 71.054-SC, DJ 10/12/2007, e REsp 279.170-RO, DJ 19/12/2002. **HC 137.100-SE, Rel. Min. Og Fernandes, julgado em 2/10/2012. (Inform. STJ 506)**

PRAZO. INTERPOSIÇÃO DE RECURSO. FAX. APRESENTAÇÃO DO ORIGINAL.
Embora a interposição de recursos por meio de fax seja admitida, é imprescindível, sob pena de não conhecimento, a apresentação do original em até cinco dias, conforme determina o art. 2º da Lei n. 9.800/1999, cujo prazo é contínuo, iniciando no dia imediatamente subsequente ao termo final do prazo recursal, ainda que não haja expediente forense. Precedentes citados: AgRg nos EAg 528.063-MG, DJe 22/2/2010; EDcl nos EDcl no AgRg no AgRg no Ag 1.096.680-PB, DJe 15/12/2011, e AgRg no AREsp 47.172-RJ, DJe 28/11/2011. **HC 244.210-RS, Rel. Min. Jorge Mussi, julgado em 6/9/2012. (Inform. STJ 503)**

AGRAVO. TEMPESTIVIDADE. FERIADO LOCAL. COMPROVAÇÃO. POSTERIOR
A Turma, por maioria, ao rever posicionamento anterior, para acompanhar recente decisão do STF, assentou que é possível a comprovação posterior da tempestividade do recurso, no caso de feriado local. Na espécie, o agravo – interposto da decisão que inadmitiu o especial – não foi conhecido nesta Corte por ser intempestivo, uma vez que a parte não trouxe, quando da sua interposição, prova do feriado ocorrido no tribunal de origem. Segundo afirmou o Min. Sebastião Reis Júnior, trata-se, na verdade, de uma questão meramente formal que pode ser sanada por uma simples certidão emitida pela Secretaria do Tribunal de origem, atestando o fato que deu origem à suspensão do prazo recursal. Dessa forma, demonstrada no presente agravo regimental a suspensão do prazo recursal em razão do feriado local, nada impede a admissão do recurso especial para análise do mérito. Nesses termos, deu-se provimento ao regimental. Precedente do STF: HC 112.842-PE, DJe 23/5/2012. **AgRg no REsp 1.080.119-RJ, Rel. originário Min. Vasco Della Giustina (Desembargador convocado do TJ-RS), Rel. para acórdão Min. Sebastião Reis Júnior, julgado em 5/6/2012. (Inform. STJ 499)**

JÚRIS. REFORMATIO IN PEJUS INDIRETA.
In casu, o paciente foi condenado à pena de 42 anos de reclusão pelos crimes praticados e, ao apelar, teve sua pena reduzida para 33 anos, 7 meses e 6 dias de reclusão, momento em que foi afastado o concurso material, reconhecida a continuidade delitiva e deferido o protesto por novo júri. Neste, a condenação foi fixada em 39 anos de reclusão. Ao recorrer novamente, o paciente teve a pena redimensionada para 37 anos e 7 meses de reclusão, superior àquela da primeira apelação. Assim, alegou o paciente que ocorreu reformatio in pejus indireta e que, em recurso exclusivamente da defesa, não se pode piorar a situação do paciente, como ocorreu. Conforme ressaltou o Min. Relator, o STF decidiu que os jurados têm liberdade para decidir a causa conforme sua convicção, tanto no primeiro quanto no segundo júri. No entanto, no novo julgamento, o juiz, ao proceder à dosimetria, ficaria limitado à pena obtida no primeiro julgamento. Na hipótese, a diferença se deu por um detalhe incapaz de acarretar uma mudança na dosimetria da pena do paciente. Isso porque, enquanto no primeiro julgamento, os jurados reconheceram a qualificação do delito pelo motivo torpe (art. 121, § 2°, I, do CP), no segundo, esses crimes foram qualificados pelo motivo fútil (art. 121, § 2°, II, do CP), de modo que os julgamentos não se deram de forma tão diferente a ponto de permitir mudanças drásticas na dosimetria. Além do mais, na primeira condenação, foi aplicada a regra do concurso material, que é mais gravosa do que aquela referente à continuidade delitiva que incidiu na segunda. Concluiu-se que, embora um dos princípios do Tribunal do Júri seja o da soberania dos veredictos, tal princípio deve ser conciliado com os demais listados na Constituição Federal, principalmente o da plenitude de defesa. Com essas considerações, a Turma concedeu a ordem para determinar ao juízo das execuções que proceda a novo cálculo da pena, considerando a sanção fixada na primeira apelação, devendo ser cumprida no regime fechado. Precedentes do STF: HC 89.544-RN, DJe 15/5/2009, e do STJ: HC 58.317-SP, DJe 30/3/2009, e HC 102.858-RJ, DJe 1º/2/2011. **HC 205.616-SP, Rel. Min. Og Fernandes, julgado em 12/6/2012. (Inform. STJ 499)**

FUNGIBILIDADE RECURSAL. APELAÇÃO. RESE.
Caracteriza erro grosseiro a interposição de recurso de apelação em vez de recurso em sentido estrito contra decisão que desclassificou o crime determinando a remessa dos autos ao Juizado Especial Criminal. A Turma, por maioria, entendeu

que a declinação da competência para juízo diverso não caracteriza dúvida necessária para autorizar a aplicação do princípio da fungibilidade recursal, a teor do art. 579 do CPP. Precedente citado: REsp 1.098.670-SP, DJe 13/10/2009. **REsp 611.877-RR, Rel. originário Min. Og Fernandes, Rel. para acórdão Min. Sebastião Reis Júnior, julgado em 17/4/2012. (Inform. STJ 495).**

PROTESTO POR NOVO JÚRI. NORMA PROCESSUAL PENAL. TEMPUS REGIT ACTUM.
A Turma firmou o entendimento de que a exclusão do ordenamento jurídico do protesto por novo júri, nos termos da redação conferida pela Lei n. 11.689/2008, tem aplicação imediata aos processos pendentes em consonância com o princípio *tempus regit actum*, previsto no art. 2º do CPP. Segundo se afirmou, o interesse recursal do paciente surgiu tão somente no momento em que já não havia previsão legal do recurso de protesto por novo júri, pois a sentença condenatória foi proferida em 12/4/2011. Além disso, não obstante o fato criminoso ter sido praticado antes da edição da lei em questão, tal circunstância não teria o condão de manter a aplicação de dispositivo outrora revogado, visto que o tema circunscreve-se à matéria estritamente processual, de incidência imediata. Precedente citado: RHC 26.033-RO, DJe 1º/8/2011. **RHC 31.585-SP, Rel. Min. Vasco Della Giustina (Desembargador convocado do TJ-RS), julgado em 22/3/2012. (Inform. STJ 493)**

DOSIMETRIA DA PENA. USO DE ENTORPECENTE. MÁ-CONDUTA SOCIAL. REFORMATIO IN PEJUS.
Na hipótese, o juiz de primeiro grau fixou a pena-base acima do mínimo legal com o argumento de que o acusado seria usuário de drogas. Apresentado recurso da defesa, o Tribunal de origem manteve a decisão de primeiro grau e agregou novas fundamentações à decisão recorrida. Nesse contexto, a Turma reiterou o entendimento de que o uso de entorpecente pelo réu, por si só, não pode ser considerado como má-conduta social para o aumento da pena-base. Além disso, o colegiado confirmou o entendimento de que não pode haver agravamento da situação do réu em julgamento de recurso apresentado exclusivamente pela defesa, por caracterizar *reformatio in pejus*. Assim, a pena foi reduzida ao mínimo legal previsto e foi fixado o regime aberto para o cumprimento de pena. **HC 201.453-DF, Rel. Min. Sebastião Reis Júnior, julgado em 2/2/2012. (Inform. STJ 490)**

Súmula STF nº 713
O efeito devolutivo da apelação contra decisões do júri é adstrito aos fundamentos da sua interposição.

Súmula STF nº 709
Salvo quando nula a decisão de primeiro grau, o acórdão que provê o recurso contra a rejeição da denúncia vale, desde logo, pelo recebimento dela.

Súmula STF nº 705
A renúncia do réu ao direito de apelação, manifestada sem a assistência do defensor, não impede o conhecimento da apelação por este interposta.

Súmula STF nº 700
É de cinco dias o prazo para interposição de agravo contra decisão do juiz da execução penal.

Súmula STF nº 699
O prazo para interposição de agravo, em processo penal, é de cinco dias, de acordo com a Lei 8038/1990, não se aplicando o disposto a respeito nas alterações da Lei 8950/1994 ao Código de Processo Civil.

Súmula STF nº 602
Nas causas criminais, o prazo de interposição de recurso extraordinário é de 10 (dez) dias.

Súmula STF nº 344
Sentença de primeira instância concessiva de "habeas corpus", em caso de crime praticado em detrimento de bens, serviços ou interesses da união, está sujeita a recurso "ex officio".

Súmula STF nº 160
É nula a decisão do tribunal que acolhe, contra o réu, nulidade não arguida no recurso da acusação, ressalvados os casos de recurso de ofício.

Súmula STJ nº 347
O conhecimento de recurso de apelação do réu independe de sua prisão.

Súmula STJ nº 267
A interposição de recurso, sem efeito suspensivo, contra decisão condenatória não obsta a expedição de mandado de prisão.

Súmula STJ nº 9
A exigência da prisão provisória, para apelar, não ofende a garantia constitucional da presunção de inocência.

15. *HABEAS CORPUS*, MANDADO DE SEGURANÇA E REVISÃO CRIMINAL

Medida cautelar de afastamento de cargo público e cabimento de "habeas corpus" - 1
A 2ª Turma iniciou julgamento de "habeas corpus" impetrado em face de decisão do STJ que determinara o afastamento do ora paciente de suas funções de Conselheiro do Tribunal de Contas do Estado do Amapá, além do impedimento de sua entrada nas dependências da referida corte de contas, a proibição de utilização de veículos e de recebimento de vantagens decorrentes do efetivo exercício no cargo, como passagem aérea, diárias, ajuda de custo, telefone e quaisquer outros bens do tribunal, até a apreciação de denúncia oferecida em seu desfavor. O impetrante sustenta que: a) a decisão seria nula, visto que o afastamento por prazo indeterminado não teria sido requerido pelo Ministério Público; b) o afastamento do cargo se daria por prazo desproporcional, e, portanto, seria verdadeira antecipação de pena; c) a medida não seria necessária, tendo em conta a conclusão das investigações; e d) o ato coator seria baseado exclusivamente na gravidade do delito. O Ministro Gilmar Mendes (relator) concedeu a ordem para desconstituir a decisão do STJ no ponto em que fora determinado o afastamento do paciente do cargo, além de impostas outras medidas cautelares. Primeiramente, rejeitou questão preliminar relativa à suposta inadequação da via eleita em razão de não haver, no caso, ameaça à liberdade de locomoção do paciente. Afirmou que inexistiria divergência teórica quanto ao fato de o "habeas corpus" se destinar a proteger o indivíduo contra qualquer medida restritiva à liberdade de ir, vir e permanecer (CF, art. 5º, LXVIII). Ademais, a jurisprudência do STF seria prevalecente no sentido de que o aludido remédio constitucional teria como escopo a proteção da liberdade de locomoção. Seu cabimento teria parâmetros constitucionalmente estabelecidos, justificando-se a impetração sempre que alguém sofresse, ou se achasse ameaçado de sofrer, violência ou coação em sua liberdade de ir e vir, por ilegalidade ou abuso de poder. Porém, a despeito da força que essa interpretação teria assumido na sua jurisprudência, o STF, quando do julgamento do HC 90.617/PE (DJe de 7.3.2008), decidira reintegrar magistrado afastado do cargo por período além do razoável por força de decisão em processo criminal. Dada a configuração fática daquele caso — constrangimento ilegal decorrente de mora na prestação jurisdicional no âmbito processual penal; persistência do afastamento cautelar em razão do recebimento da denúncia pelo STJ;

e afastamento do paciente por lapso temporal excessivo —, a ação de "habeas corpus" seria a via processual adequada para o pleito. Portanto, apesar das decisões em sentido contrário, se o afastamento imposto decorresse de decisão em processo penal ou investigação criminal, e houvesse dúvida quanto à justeza do tempo, seria cabível o "habeas corpus", porquanto se trataria, na hipótese, de um tipo de restrição associada a processo criminal ou investigação criminal. Não se trataria, portanto, de usar o referido "writ" constitucional para outro objeto diferente daquilo que a Constituição preconizaria.
HC 121089/AP, rel. Min. Gilmar Mendes, 2.12.2014. (HC-121089)

Medida cautelar de afastamento de cargo público e cabimento de "habeas corpus" - 2
No mérito, o relator asseverou que o afastamento do paciente do cargo perduraria por mais de quatro anos, tendo-se iniciado em 10.9.2010, interrompido este período por apenas 31 dias. A acusação fora formalizada em 13.4.2012, sem que sua admissão tivesse sido analisada. Apesar da complexidade da investigação e da posterior acusação que levara ao afastamento, este último já perduraria além do aceitável. No referido precedente — HC 90.617/PE —, consignara-se que o prazo de dois anos, para além do qual o STF teria dado por configurado "excesso de prazo gritante" para prisões, poderia ser transportado para as medidas cautelares de afastamento de cargo ou de função pública. No caso em análise, mesmo que descontada a fase de investigação, o referido prazo estaria ultrapassado. Há mais de dois anos teria sido superada a fase de acusação e resposta na ação penal, a pender a análise da admissibilidade da acusação, e nada indicaria demora imputável à defesa. Além disso, não haveria sequer sinalização de data para julgamento pelo STJ. Ou seja, existiria justo receio de que a medida tendesse a se tornar perene. Em seguida, pediu vista dos autos a Ministra Cármen Lúcia.
HC 121089/AP, rel. Min. Gilmar Mendes, 2.12.2014. (HC-121089) (Inform. STF 770)

HC N. 111.426-PE
RED. P/ O ACÓRDÃO: MIN. LUIZ FUX
Ementa: **PENAL E PROCESSUAL PENAL. HABEAS CORPUS. ESTELIONATO E QUADRILHA (ARTIGOS 171 E 288 DO CÓDIGO PENAL, COM REDAÇÃO ANTERIOR À LEI N. 12.850/2013). ENUNCIADO N. 691 DA SÚMULA DO SUPREMO TRIBUNAL FEDERAL. SUPERVENIÊNCIA DE DECISÃO DEFINITIVA. PREJUDICIALIDADE. AUSÊNCIA DE TERATOLOGIA. PRISÃO PREVENTIVA DECRETADA NA SENTENÇA. FUNDAMENTAÇÃO IDÔNEA. ORDEM EXTINTA.**
1. O Supremo Tribunal Federal segue, de forma pacífica, a orientação de que não lhe cabe julgar *habeas corpus* impetrado em face de decisão de órgão de outro tribunal que indefere pedido de liminar, no bojo de idêntico remédio apreciado na instância inferior, *ex vi* do verbete n. 691 da Súmula desta Corte: *"Não compete ao Supremo Tribunal Federal conhecer de habeas corpus impetrado contra decisão do Relator que, em habeas corpus requerido a tribunal superior, indefere a liminar"*.
2. *In casu*, o exame da impetração revela-se prejudicado com a superveniência da decisão definitiva do Superior Tribunal de Justiça no bojo do *habeas corpus* n. 220.230, julgando-o prejudicado ante a análise do mérito do *writ* manejado na Corte estadual. Nessa senda, o conhecimento da impetração implicaria em indevida supressão de instância.
3. Malgrado o enunciado n. 691 da Súmula do Supremo Tribunal Federal tenha sido superado nos casos de patente ilegalidade, teratologia ou abuso no poder de decidir, esse não é o caso dos autos. O Juízo singular fundamentou a segregação cautelar na necessidade de garantia da ordem pública e na aplicação da lei penal, porquanto colhe-se dos autos elementos suficientes a aferir que, em liberdade, possa praticar novos delitos.
4. Ordem extinta. (Inform. STF 764)

"Habeas corpus" e autodefesa técnica
O "habeas corpus" não é o instrumento processual adequado a postular o direito de exercer a autodefesa técnica, uma vez que não está em jogo a liberdade de locomoção do paciente. Com base nessa orientação, a 2ª Turma não conheceu de "writ" impetrado, em causa própria, por advogado preso que pretendia atuar isoladamente em sua defesa no curso do processo penal.
HC 122382/SP, rel. Min. Cármen Lúcia, 5.8.2014. (HC-122382) (Inform. STF 753)

HC N. 108.748-ES
RELATOR: MIN. RICARDO LEWANDOWSKI
Ementa: *HABEAS CORPUS*. DENÚNCIA OFERECIDA E RECEBIDA ANTES DE ENCERRADAS INVESTIGAÇÕES EM INQUÉRITO JUDICIAL INSTAURADO PARA APURAR OS MESMOS FATOS OBJETO DA DENÚNCIA. POSTERIOR ARQUIVAMENTO DO INQUÉRITO POR ATIPICIDADE DE CONDUTA DO PACIENTE. AUSÊNCIA DE JUSTA CAUSA SUPERVENIENTE. TRANCAMENTO DE AÇÃO PENAL. POSSIBILIDADE. ORDEM CONCEDIDA.
I - Falta de justa causa à ação penal iniciada antes de encerradas as investigações em sede de inquérito instaurado para apurar os mesmos fatos e arquivado por decisão judicial, ante a constatação de atipicidade da conduta do paciente.
II - O trancamento da ação penal, em *habeas corpus*, constitui medida excepcional que só deve ser aplicada nos casos de manifesta atipicidade de conduta, presença de causa de extinção da punibilidade ou ausência de indícios mínimos de autoria e materialidade delitivas.
III - Na situação sob exame, verifica-se a atipicidade da conduta do paciente, constatada no Inquérito 333, que tramitou o Superior Tribunal de Justiça.
IV - Ordem concedida para trancar a ação penal. (Inform. STF 748)

HC N. 117.923-SP
RELATOR: MIN. RICARDO LEWANDOWSKI
Ementa: *HABEAS CORPUS*. INTERPOSIÇÃO SIMULTÂNEA DE RECURSO ORDINÁRIO EM *HABEAS CORPUS* E DESTE *WRIT* CONTRA ACÓRDÃO PROFERIDO PELO SUPERIOR TRIBUNAL DE JUSTIÇA. VEICULAÇÃO DE IDÊNTICA MATÉRIA EM AMBOS. JULGAMENTO DO RECURSO ORDINÁRIO. PREJUDICIALIDADE DO HC.
I – No caso sob exame, a defesa impetrou *habeas corpus* originário paralelamente à interposição de recurso ordinário, suscitando as mesmas questões em ambos. Assim, com vistas a prestigiar o sistema recursal vigente, que prevê, contra acórdão proferido pelo STJ em *habeas corpus*, o recurso ordinário em *habeas corpus*, conhece-se do recurso, mesmo que distribuído em momento posterior à distribuição da impetração originária.
II – Apreciadas todas as alegações postas pela defesa no julgamento do RHC, fica prejudicada esta impetração e, por conseguinte, revogada a liminar concedida.
III – *Habeas Corpus* prejudicado, com a revogação da liminar concedida. (Inform. STF 748)

HC N. 106.325-RS
RELATOR: MIN. ROBERTO BARROSO
Ementa: *Habeas Corpus* impetrado contra decisão monocrática de Ministro do Superior Tribunal de Justiça. Crime de porte ilegal de arma de fogo. Tempestividade do recurso interposto pela defesa. Ilegalidade flagrante. 1. O entendimento majoritário da Primeira Turma do Supremo Tribunal Federal é no sentido de que o *habeas corpus* "é incabível quando endereçado em face de decisão monocrática que nega seguimento ao writ, sem a interposição de agravo regimental" (HC 113.186, Rel. Min. Luiz Fux). 2. As peculiaridades da causa revelam a tempestividade dos recursos interpostos pela parte impetrante. 3. *Habeas Corpus* extinto sem resolução de mérito por inadequação da via processual. Ordem concedida de ofício para determinar que o Superior Tribunal de Justiça prossiga no exame do agravo de instrumento. (Inform. STF 748)

Recurso em "habeas corpus" e capacidade postulatória
A 2ª Turma, por maioria, não conheceu de recurso ordinário em "habeas corpus" subscrito por advogado com inscrição suspensa na OAB. Prevaleceu o voto do Ministro Ricardo Lewandowski (relator). Destacou jurisprudência da Corte no sentido de que, ainda que o mesmo causídico tivesse interposto originariamente o "habeas corpus", a suspensão obstaria o conhecimento do recurso subsequente, tendo em conta infração direta ao art. 4º, parágrafo único, do Estatuto da Ordem dos Advogados do Brasil - EOAB. Frisou que o recurso ordinário em "habeas corpus" seria instrumento processual que exigiria capacidade postulatória. Rememorou que a defesa técnica seria um direito fundamental do cidadão. No que se refere à questão de fundo, não vislumbrou a existência de teratologia que justificasse a concessão da ordem de ofício. O Ministro Teori Zavascki acompanhou essa orientação tendo em conta a situação concreta. Vencido, em parte, o Ministro Gilmar Mendes, que, à luz das particularidades do caso concreto, não reconhecia a legitimação extraordinária para o recurso em "habeas corpus", mas determinava a devolução do prazo para que fosse, eventualmente, interposto o recurso cabível.
RHC 121722/MG, rel. Min. Ricardo Lewandowski, 20.5.2014. (RHC-121722) (Inform. STF 747)

RHC N. 121.524-MG
RELATORA: MIN. CÁRMEN LÚCIA
EMENTA: RECURSO ORDINÁRIO EM *HABEAS CORPUS*. CONSTITUCIONAL. PROCESSUAL PENAL. PENAL. DOSIMETRIA DE PENA. ROUBO TRIPLAMENTE MAJORADO. IMPOSSIBILIDADE DE REEXAME DE PROVA. RECURSO AO QUAL SE NEGA PROVIMENTO.
1. Este Supremo Tribunal assentou não ser possível em *habeas corpus* a reapreciação dos critérios subjetivos considerados pelo magistrado para a dosimetria da pena.
2. A dosimetria da pena e os critérios subjetivos considerados pelos órgãos inferiores para a sua realização não são passíveis de aferição em *habeas corpus* por necessitar reexame de provas.
3. Recurso ao qual se nega provimento. (Inform. STF 747)

HC N. 121.035-PB
RELATOR: MIN. DIAS TOFFOLI
EMENTA: *Habeas corpus*. Processual penal. Crimes de fraude à licitação (Art. 90, da Lei nº 8.666/93) e de formação de quadrilha (CP, art. 288, caput). Impetração dirigida contra decisão liminar do Superior Tribunal de Justiça indeferindo a medida liminar pleiteada. Incidência da Súmula nº 691 desta Corte Suprema. Precedentes. Não conhecimento do writ.
1. Trata-se de decisão indeferitória de liminar, devendo incidir, na espécie, a Súmula nº 691 do Supremo Tribunal Federal, segundo a qual "não compete ao Supremo Tribunal Federal conhecer de 'habeas corpus' impetrado contra decisão do Relator que, em 'habeas corpus' requerido a tribunal superior, indefere a liminar".
2. O descontentamento pela falta de êxito no pleito submetido ao Superior Tribunal de Justiça, ainda em exame precário e inicial, não pode ensejar o conhecimento deste writ, sob pena de supressão de instância e de grave violação das regras de competência. Precedentes.
3. Writ do qual não se conhece. (Inform. STF 745)

HC N. 121.061-RJ
RELATOR: MIN. DIAS TOFFOLI
EMENTA: *Habeas corpus*. Processual Penal. Prisão preventiva. Crime de roubo qualificado (CP, art. 157, § 2º, incisos I e II). Impetração dirigida contra decisão liminar do Superior Tribunal de Justiça indeferindo a medida liminar pleiteada. Incidência da Súmula nº 691 da Corte Suprema. Precedentes. Não conhecimento do Writ.
1. Trata-se de decisão indeferitória de liminar, devendo incidir, na espécie, a Súmula nº 691 do Supremo Tribunal Federal, segundo a qual "não compete ao Supremo Tribunal Federal conhecer de 'habeas corpus' impetrado contra decisão do Relator que, em 'habeas corpus' requerido a tribunal superior, indefere a liminar".
2. O descontentamento pela falta de êxito no pleito submetido ao Superior Tribunal de Justiça, ainda em exame precário e inicial, não pode ensejar o conhecimento do writ, sob pena de supressão de instância e de grave violação das regras de competência. Precedentes.
3. **Não conhecimento do Writ**. Ordem extinta sem julgamento do mérito. (Inform. STF 745)

HC N. 119.558-ES
RELATORA: MIN. CÁRMEN LÚCIA
EMENTA: *HABEAS CORPUS*. CONSTITUCIONAL. PENAL. CRIME DE ESTUPRO. IMPOSIÇÃO DE REGIME INICIAL MAIS GRAVOSO. CIRCUNSTÂNCIAS JUDICIAIS DESFAVORÁVEIS. PRETENSÃO DE AFASTAMENTO DAS CONCLUSÕES DAS INSTÂNCIAS ORDINÁRIAS. NECESSIDADE DE REEXAME DE FATOS E PROVAS: INADEQUAÇÃO DA VIA ELEITA. ORDEM DENEGADA.
1. É válida a decisão que fixa o regime inicial mais gravoso com base nas circunstâncias judiciais desfavoráveis (Código Penal, arts. 33, §3º e 59), não se prestando o *habeas corpus* para ponderar, em concreto, a suficiência dos dados assentados: Precedentes.
2. O reexame dos elementos de convicção considerados pelas instâncias ordinárias na avaliação das circunstâncias judiciais do art. 59 do Código Penal demandaria o revolvimento do conjunto probatório, inviável em *habeas corpus*.
3. Ordem denegada. (Inform. STF 743)

RHC N. 118.974-PB
RELATOR: MIN. ROBERTO BARROSO
Ementa: recurso ordinário em *habeas corpus*. Peculato. Dosimetria da pena. 1. O acórdão impugnado assentou que a dosimetria da pena é questão relativa ao mérito da ação penal e está necessariamente vinculada ao conjunto fático probatório, não sendo possível às instâncias extraordinárias analisar os dados fáticos da causa para redimensionar a pena finalmente aplicada. 2. Essa conclusão está alinhada com a jurisprudência do Supremo Tribunal Federal de que, tanto na via do *habeas corpus* quanto na via do Recurso Extraordinário, a discussão a respeito da dosimetria da pena é restrita àquelas situações de flagrante ilegalidade dos critérios utilizados. 3. Recurso ordinário em *habeas corpus* a que se nega provimento. (Inform. STF 738)

RHC N. 117.748-SP
RELATOR: MIN. LUIZ FUX
Ementa: PENAL E PROCESSUAL PENAL. RECURSO ORDINÁRIO EM *HABEAS CORPUS*. ESTUPRO COMETIDO CONTRA VÍTIMA MENOR DE 14 ANOS. ART. 213 DO CÓDIGO PENAL. REDISCUSSÃO DE CRITÉRIOS DE DOSIMETRIA DA PENA. FUNDAMENTAÇÃO IDÔNEA. ALEGAÇÃO DE INSUFICIÊNCIA DE PROVAS PARA A CONDENAÇÃO. REEXAME DE FATOS E PROVAS. IMPOSSIBILIDADE DE REVISÃO DO CONTEXTO FÁTICO PROBATÓRIO DOS AUTOS EM *HABEAS CORPUS*. RECURSO ORDINÁRIO DESPROVIDO.
1. A dosimetria da pena, bem como os critérios subjetivos considerados pelos órgãos inferiores para a sua realização, não são passíveis de aferição na via estreita do *habeas corpus*, por demandar minucioso exame fático e probatório inerente a meio processual diverso. Precedentes: HC 97058, Relator(a): Min. JOAQUIM BARBOSA, Segunda Turma, julgado em 01/03/2011; HC 94073, Relator(a): Min. RICARDO LEWANDOWSKI, Primeira Turma, julgado em 09/11/2010.
2. O *habeas corpus* não é instrumento jurídico que se preste a revisar os elementos de prova invocados e valorados pelas instâncias ordinárias de mérito, somente sendo cabível a inter-

venção corretiva do Supremo Tribunal Federal nas hipóteses de equívoco flagrante ou de decisão teratológica.
3. *In casu*, a) o paciente foi condenado à pena de 8 (oito) anos de reclusão, em regime inicial fechado, pela prática do crime previsto no arts. 213 do Código Penal, pois *"constrangeu a vítima de 10 anos, mediante violência presumida, a prática de ato libidinoso e posteriormente no curso da ação delitiva, a prática de conjunção carnal"*. b) Segundo a denúncia, *"o acusado, por ser primo da vítima, costumava passar as férias escolares com a família desta. (...) aproveitando-se da situação de proximidade familiar e da ausência dos genitores da menor, chamou-a para ir à sua casa e, mediante violência presumida, obrigou (...) a tirar a roupa e com ela praticou atos libidinosos diversos da conjunção carnal e, ainda, não satisfeito tão somente com os atos libidinosos, no curso da ação delitiva, mediante violência, constrangeu a vítima à conjunção carnal"*.
4. A pena-base foi devidamente fixada, sendo reconhecida a prática de apenas um delito de estupro e, em razão das peculiaridades existentes no caso, em especial o número e o tipo das condutas praticadas pelo paciente (conjunção carnal e outros atos libidinosos cometidos contra criança de 10 anos de idade), foi aumentada em dois anos, nos termos do art. 59 do Código Penal.
5. É cediço que a via estreita do *habeas corpus* não comporta reexame de fatos e provas para alcançar a absolvição, consoante remansosa jurisprudência desta Corte: HC 105.022/DF, Rel. Min. CÁRMEN LÚCIA, 1ª Turma, DJe de 09/05/2011; HC 102.926/MS, Rel. Min. LUIZ FUX, 1ª Turma, DJe de 10/05/2011; HC 101.588/SP, Rel. Min. DIAS TOFFOLI, 1ª Turma, DJe de 01/06/2010; HC 100.234/SP, Rel. Min. JOAQUIM BARBOSA, 2ª Turma, DJe de 01/02/2011; HC 90.922, Rel. Min. CEZAR PELUSO, 2ª Turma, DJe de 18/12/2009; e RHC 84.901, Rel. Min. CEZAR PELUSO, 2ª Turma, DJe de 07/08/2009.
6. Recurso ordinário em *habeas corpus* desprovido. (Inform. STF 737)

HC N. 119.46-SP
RELATORA: MIN. CÁRMEN LÚCIA
EMENTA: *HABEAS CORPUS*. CONSTITUCIONAL. PENAL. CRIME CONTRA A ECONOMIA POPULAR. IMPOSIÇÃO DE REGIME INICIAL MAIS GRAVOSO. CIRCUNSTÂNCIAS JUDICIAIS DESFAVORÁVEIS. POSSIBILIDADE. PRETENSÃO DE AFASTAMENTO DAS CONCLUSÕES DAS INSTÂNCIAS ORDINÁRIAS. NECESSIDADE DE REEXAME DE FATOS E PROVAS IMPRÓPRIO NA VIA ELEITA. ORDEM DENEGADA.
1. Não há nulidade na decisão que fixa o regime inicial mais gravoso considerando-se as circunstâncias judiciais desfavoráveis (Código Penal, arts. 33, § 3º e 59), não se prestando o *habeas corpus* para ponderar, em concreto, a suficiência daquelas circunstâncias: Precedentes.
2. O reexame dos elementos de convicção considerados pelas instâncias ordinárias na avaliação das circunstâncias judiciais do art. 59 do Código Penal demandaria o revolvimento do conjunto probatório, o que ultrapassa os limites do procedimento sumário e documental do *habeas corpus*.
3. Ordem denegada. (Inform. STF 735)

Prejudicialidade: prisão cautelar e superveniência de sentença condenatória
Não fica prejudicado *habeas corpus* impetrado contra decreto de prisão cautelar, se superveniente sentença condenatória que utiliza os mesmos fundamentos para manter a custódia do réu. Com base nessa orientação, a 2ª Turma não conheceu da impetração — em virtude de a matéria de fundo não ter sido apreciada pelo STJ —, mas concedeu a ordem de ofício para determinar que o STJ prossiga no julgamento de *habeas corpus* lá impetrado. No caso, aquela Corte assentara o prejuízo do *writ*, haja vista a superveniência de sentença condenatória, a implicar a substituição do título prisional.
HC 119396/ES, rel. Min. Cármen Lúcia, 4.2.2014. (HC-119396) (Inform. STF 734)

HC N. 113.592-SP
RELATORA: MIN. CÁRMEN LÚCIA
EMENTA: *HABEAS CORPUS*. DIREITO PENAL E CONSTITUCIONAL. USO E PORTE DE ARMA DE FOGO PELA GUARDA MUNICIPAL. AUSÊNCIA DE CONVÊNIO ENTRE MUNICÍPIO E POLÍCIA FEDERAL. EXPEDIÇÃO DE SALVO-CONDUTO. AUSÊNCIA DE RISCO À LIBERDADE DE LOCOMOÇÃO. *HABEAS CORPUS* NÃO CONHECIDO.
1. Não se comprovam, nos autos, constrangimento ilegal a ferir direito dos Pacientes nem ilegalidade ou abuso de poder a ensejar a concessão da ordem no sentido da expedição de salvo-conduto com a finalidade de autorizar o uso de arma de fogo pelos guardas municipais.
2. O Supremo Tribunal Federal não admite o conhecimento de *habeas corpus* no qual não se demonstra risco efetivo de constrição à liberdade de locomoção física. Precedentes.
3. Improcedência da afirmação dos Impetrantes de cumprimento dos requisitos da Lei Nacional n. 10.826/2003 e do Decreto n. 5.123/2004.
4. A jurisprudência deste Supremo Tribunal é firme no sentido de que o porte de armas de fogo é questão de segurança nacional.
5. O interesse de guarda municipal não pode suprir a ausência de convênio entre a Municipalidade e a Polícia Federal nem eventual falta de interesse pelo Município na celebração do convênio.
6. *Habeas corpus* não conhecido. (Inform. STF 734)

Exaurimento de instância e conhecimento de "writ"
Não se conhece de *habeas corpus* ou de recurso ordinário em *habeas corpus* perante o STF quando, da decisão monocrática de Ministro do STJ que não conhece ou denega o *habeas corpus*, não se interpõe agravo regimental. Sublinhou-se a necessidade de o paciente exaurir, no tribunal *a quo*, as vias recursais acessíveis. Os Ministros Celso de Mello e Gilmar Mendes acompanharam o relator, com a ressalva de seus entendimentos pessoais no sentido de se conhecer do pedido. RHC 116711/DF, rel. Min. Gilmar Mendes, 19.11.2013. (RHC-116711) (Inform. STF 729)

HC N. 117.837-SP
RELATORA: MIN. CÁRMEN LÚCIA
EMENTA: *HABEAS CORPUS*. CONSTITUCIONAL. PENAL. PROCESSUAL PENAL. CRIMES DE HOMICÍDIO QUALIFICADO, FORMAÇÃO DE QUADRILHA, PORTE ILEGAL DE ARMA DE FOGO DE USO RESTRITO E COAÇÃO NO CURSO DO PROCESSO. REVOGAÇÃO DE PRISÃO PREVENTIVA. QUESTÃO NÃO SUSCITADA NAS INSTÂNCIAS ANTECEDENTES. INDEVIDA SUPRESSÃO DE INSTÂNCIA: IMPOSSIBILIDADE. ALEGAÇÃO DE OFENSA À COISA JULGADA. *HABEAS CORPUS* CONHECIDO PARCIALMENTE E, NESSA PARTE, DENEGADO.
1. O Supremo Tribunal Federal não admite o conhecimento de *habeas corpus* com argumentos inéditos, não apresentados nas instâncias antecedentes. Ausência de ilegalidade apta a provocar, no caso, a supressão de instância.
2. Ao acolher alegação da existência de vício na quesitação, e determinar a realização de novo julgamento do Paciente pelo Tribunal do Júri, o Tribunal de Justiça de São Paulo não apreciou, por prejudicada, a outra tese deduzida no recurso de apelação interposto pelo Ministério Público relativa à manifesta contrariedade da decisão recorrida à prova dos autos.
3. Afastado o reconhecimento da nulidade na quesitação pela Quinta Turma do Superior Tribunal de Justiça no *Habeas Corpus* n. 206.008, hígida a determinação de que aprecie o juízo de 2ª instância a outra tese deduzida no recurso do Ministério Público, daí não se inferindo ofensa à coisa julgada.
4. *Habeas corpus* conhecido parcialmente e, nessa parte, denegado. (Inform. STF 728)

EMENTA: REVISÃO CRIMINAL. CONDENAÇÃO PENAL PELO JÚRI. ERRO JUDICIÁRIO. INOPONIBILIDADE DA SOBERANIA DO VEREDICTO DO CONSELHO DE SENTENÇA À PRETENSÃO REVISIONAL. JULGAMENTO *DESSA*

AÇÃO AUTÔNOMA DE IMPUGNAÇÃO **PELO TRIBUNAL DE SEGUNDO GRAU. CUMULAÇÃO** DO *"JUDICIUM RESCINDENS"* **COM O** *"JUDICIUM RESCISSORIUM"*. **POSSIBILIDADE. RECURSO DO MINISTÉRIO PÚBLICO A QUE SE NEGA SEGUIMENTO.**
- O Tribunal de segunda instância, **ao julgar** a ação de revisão criminal, **dispõe** *de competência plena* **para formular** *tanto o juízo rescindente ("judicium rescindens")*, **que viabiliza** *a desconstituição* da autoridade da coisa julgada penal **mediante** invalidação da condenação criminal, *quanto o juízo rescisório ("judicium rescissorium")*, **que legitima** *o reexame do mérito da causa* **e autoriza**, *até mesmo*, quando for o caso, **a prolação** de provimento absolutório, **ainda que se trate** **de decisão emanada** do júri, **pois a soberania do veredicto** do Conselho de Sentença, **que representa** *garantia fundamental do acusado*, **não pode**, *ela própria*, constituir paradoxal obstáculo **à restauração** da liberdade jurídica do condenado. **Doutrina. Precedentes.** ARE 674151/MT, rel. Min. Celso de Mello, j. em 15.10.13. (Inform. STF 728)

HC: cabimento e organização criminosa - 1
A 1ª Turma iniciou julgamento de *habeas corpus* em que pretendido o trancamento de ação penal, ante a insubsistência da imputação de crimes de participação em organização criminosa e de lavagem de dinheiro por ausência, respectivamente, de tipificação legal e de delito antecedente. O Min. Marco Aurélio, relator, preliminarmente, externou a inadequação do *writ* quando possível interposição de recurso ordinário constitucional. Considerou que a Constituição encerraria como garantia maior essa ação nobre voltada a preservar a liberdade de ir e vir do cidadão. Aduziu que se passara admitir o denominado *habeas corpus* substitutivo de recurso ordinário constitucional previsto contra decisão judicial em época na qual não haveria a sobrecarga de processos hoje notada. Atualmente, esse quadro estaria a inviabilizar a jurisdição em tempo hábil, levando o STF e o STJ a receber inúmeros *habeas corpus* que, com raras exceções, não poderiam ser enquadrados como originários, mas medidas intentadas a partir de construção jurisprudencial. Asseverou que o *habeas corpus* substitutivo de recurso ordinário careceria de previsão legal e não estaria abrangido pela garantia constante do art. 5°, LXVIII, da CF. Além disso, o seu uso enfraqueceria a Constituição, especialmente por tornar desnecessário recurso ordinário constitucional (CF, artigos 102, II, a, e 105, II, a), a ser manuseado, tempestivamente, contra o Supremo, contra decisão proferida por tribunal superior que denegar a ordem, e para o STJ, contra ato de tribunal regional federal e de tribunal de justiça. Consignou que o Direito seria avesso a sobreposições e que a impetração de novo *habeas*, embora para julgamento por tribunal diverso, de modo a impugnar pronunciamento em idêntica medida, implicaria inviabilizar a jurisdição, em detrimento de outras situações em que requerida.
HC 108715/RJ, rel. Min. Marco Aurélio 7.8.2012. (HC-108715)

HC: cabimento e organização criminosa - 2
Salientou que teria sido proposta a edição de verbete de súmula que, no entanto, esbarrara na ausência de precedentes. Registrou ser cômodo não interpor o recurso ordinário quando se poderia, a qualquer momento e considerado o estágio do processo-crime, buscar-se infirmar decisão há muito proferida, mediante o denominado *habeas corpus* substitutivo, alcançando-se, com isso, a passagem do tempo, a desaguar, por vezes, na prescrição. Reputou que a situação não deveria continuar, pois mitigada a importância do *habeas corpus* e emperrada a máquina judiciária, sendo prejudicados os cidadãos em geral. Aludiu que seria imperioso o STF, como guardião da Constituição, acabar com esse círculo vicioso. Uma vez julgado o *habeas corpus*, acionar-se-ia a cláusula constitucional e interpor-se-ia, no prazo de 15 dias, o recurso ordinário constitucional, podendo ser manejado inclusive pelo cidadão comum, haja vista que não se exigiria sequer a capacidade postulatória. Entretanto, concedeu a ordem de ofício. Sublinhou que o STJ deferira a ordem para trancar a ação penal apenas quanto ao delito de descaminho, porque ainda pendente processo administrativo, mas teria mantido as imputações relativas à suposta prática dos crimes de lavagem de dinheiro e de participação em organização criminosa. Rememorou recente julgado da Turma que assentara inexistir na ordem jurídica pátria o tipo "crime organizado", dado que não haveria lei em sentido formal e material que o tivesse previsto e tampouco revelado a referida pena (HC 96007/SP, acórdão pendente de publicação). Concluiu, diante da decisão do STJ e do aludido precedente, inexistir crime antecedente no que concerne à lavagem de dinheiro. O Min. Luiz Fux, após acompanhar o relator no que pertine à preliminar, pediu vista.
HC 108715/RJ, rel. Min. Marco Aurélio 7.8.2012. (HC-108715)

HC: cabimento e organização criminosa - 3
A 1ª Turma retomou julgamento de *habeas corpus* em que pretendido o trancamento de ação penal, ante a insubsistência da imputação de crimes de participação em organização criminosa e de lavagem de dinheiro por ausência, respectivamente, de tipificação legal e de delito antecedente — v. Informativo 674. Os Ministros Luiz Fux e Rosa Weber acompanharam o Min. Marco Aurélio, relator, quanto à extinção do *writ* pela inadequação da via processual, por ser essa ação constitucional substitutiva de recurso ordinário. Em relação à matéria de fundo, o Min. Luiz Fux manifestou-se pela impossibilidade de se conceder a ordem de ofício. Reportou-se ao voto proferido na AP 470/MG (DJe de 24.4.2013), oportunidade em que destacara a admissibilidade de prática da lavagem de dinheiro por organização criminosa, a qual seria sujeito ativo do referido crime. A Min. Rosa Weber acompanhou o relator para conceder a ordem de ofício. Após, pediu vista o Min. Dias Toffoli.
HC 108715/RJ, rel. Min. Marco Aurélio, 14.5.2013. (HC-108715)

HC: cabimento e organização criminosa - 4
Em conclusão de julgamento, a 1ª Turma declarou extinto *habeas corpus* pela inadequação da via processual e, por maioria, concedeu a ordem de ofício para trancar ação penal, ante a insubsistência da imputação de crimes de participação em organização criminosa e de lavagem de dinheiro, por ausência, respectivamente, de tipificação legal e de delito antecedente — v. Informativos 674 e 706. Preliminarmente, externou-se o não cabimento do *writ* quando possível interposição de recurso ordinário constitucional. Considerou-se que a Constituição encerraria como garantia maior essa ação nobre voltada a preservar a liberdade de ir e vir do cidadão. Aduziu-se que se passara admitir o denominado *habeas corpus* substitutivo de recurso ordinário constitucional previsto contra decisão judicial em época na qual não haveria a sobrecarga de processos hoje notada. Atualmente, esse quadro estaria a inviabilizar a jurisdição em tempo hábil, levando o STF e o STJ a receber inúmeros *habeas corpus* que, com raras exceções, não poderiam ser enquadrados como originários, mas medidas intentadas a partir de construção jurisprudencial. Asseverou-se que o *habeas corpus* substitutivo de recurso ordinário careceria de previsão legal e não estaria abrangido pela garantia constante do art. 5°, LXVIII, da CF. Além disso, o seu uso enfraqueceria a Constituição, especialmente por tornar desnecessário recurso ordinário constitucional (CF, artigos 102, II, a, e 105, II, a), a ser manuseado, tempestivamente, contra decisão denegatória, para o Supremo, se proferida por tribunal superior, e para o STJ, se emanada de tribunal regional federal e de tribunal de justiça. Consignou-se que o Direito seria avesso a sobreposições e que a impetração de novo *habeas corpus*, embora para julgamento por tribunal diverso, de modo a impugnar pronunciamento em idêntica medida, implicaria inviabilizar a jurisdição, em detrimento de outras situações em que requerida.
HC 108715/RJ, rel. Min. Marco Aurélio, 24.9.2013. (HC-108715)

HC: cabimento e organização criminosa - 5
Salientou-se que teria sido proposta a edição de verbete de súmula que, no entanto, esbarrara na falta de precedentes. Registrou-se ser cômodo não interpor o recurso ordinário, quando se poderia, a qualquer momento e considerado o

estágio do processo-crime, questionar decisão há muito proferida, mediante o denominado *habeas corpus* substitutivo, alcançando-se, com isso, a passagem do tempo, a desaguar, por vezes, na prescrição. Reputou-se que a situação não deveria continuar, pois mitigada a importância do *habeas corpus* e emperrada a máquina judiciária, sendo prejudicados os cidadãos em geral. Aludiu-se que seria imperioso o STF, como guardião da Constituição, acabar com esse círculo vicioso. Uma vez julgado o *habeas corpus*, acionar-se-ia a cláusula constitucional e interpor-se-ia, no prazo de quinze dias, o recurso ordinário constitucional, podendo ser manejado inclusive pelo cidadão comum, haja vista que não se exigiria sequer a capacidade postulatória. Entretanto, concedeu-se a ordem de ofício. Sublinhou-se que o STJ deferira a ordem para trancar a ação penal apenas quanto ao delito de descaminho, porque ainda pendente processo administrativo, mas teria mantido as imputações relativas à suposta prática dos crimes de lavagem de dinheiro e de participação em organização criminosa. Rememorou-se julgado da Turma que assentara inexistir, à época, na ordem jurídica pátria, o tipo "crime organizado", dado que não haveria lei em sentido formal e material que o tivesse previsto e tampouco revelado a referida pena (HC 96007/SP, DJe de 8.2.2013). Concluiu-se, diante da decisão do STJ e do aludido precedente, inexistir crime antecedente no que concerne à lavagem de dinheiro. Vencido o Min. Luiz Fux, que acompanhava o relator na preliminar, mas não concedia a ordem de ofício por considerar admissível a prática da lavagem de dinheiro por organização criminosa.
HC 108715/RJ, rel. Min. Marco Aurélio, 24.9.2013. (HC-108715) (Inform. STF 721)

HC N. 115.582-MG
RELATOR: MIN. RICARDO LEWANDOWSKI
Ementa: PENAL. PROCESSUAL PENAL. *HABEAS CORPUS*. DECISÃO TERMINATIVA QUE APRECIA O MÉRITO PROFERIDA MONOCRATICAMENTE PELO MINISTRO RELATOR DO *WRIT* NO STJ. INADMISSIBILIDADE. DEVIDO PROCESSO LEGAL. INOBSERVÂNCIA. ORDEM CONCEDIDA.
I – O *habeas corpus* deve ser apresentado ao colegiado após seu regular processamento, sendo indevida a decisão monocrática terminativa que examina o mérito da causa. Hipótese de violação ao princípio da colegialidade. Precedentes.
II – Ordem concedida para anular a decisão atacada e determinar a apreciação do mérito pelo colegiado competente. Prejudicado o exame do pedido de liberdade provisória. (Inform. STF 720)

HC N. 114.291-SP
RELATORA: MIN. CÁRMEN LÚCIA
EMENTA: *HABEAS CORPUS*. CONSTITUCIONAL. PENAL. TRÁFICO DE ENTORPECENTES. INDEFERIMENTO DA MEDIDA LIMINAR NO SUPERIOR TRIBUNAL DE JUSTIÇA. PRISÃO PREVENTIVA. INEXISTÊNCIA DE FUNDAMENTO CAUTELAR. SITUAÇÃO EXCEPCIONAL A JUSTIFICAR A FLEXIBILIZAÇÃO DA SÚMULA N. 691 DO SUPREMO TRIBUNAL FEDERAL. ORDEM CONCEDIDA.
1. Este Supremo Tribunal tem admitido, em casos excepcionais e em circunstâncias fora do ordinário, o temperamento na aplicação da Súmula n. 691 do Supremo Tribunal (*"Não compete ao Supremo Tribunal Federal conhecer de habeas corpus impetrado contra decisão do Relator que, em habeas corpus requerido a tribunal superior, indefere a liminar"*).
2. Essa excepcionalidade fica demonstrada nos casos em que se patenteie flagrante ilegalidade ou contrariedade a princípios constitucionais ou legais na decisão questionada, como se tem na espécie vertente.
3. Ao julgar recurso de apelação criminal, a 4ª Câmara de Direito Criminal do Tribunal de Justiça de São Paulo determinou a expedição de mandado de prisão sem apresentar fundamento cautelar.
4. Ordem concedida para, confirmando a medida liminar deferida, determinar que o Paciente continue respondendo ao processo em liberdade até o trânsito em julgado do acórdão condenatório para a defesa, sem prejuízo da decretação da prisão pelo surgimento dos pressupostos cautelares e desde que não tenha sido preso por outro motivo. (Inform. STF 719)

HC N. 115.715-CE
RED. P/ O ACÓRDÃO: MIN. MARCO AURÉLIO
HABEAS CORPUS – JULGAMENTO POR TRIBUNAL SUPERIOR – IMPUGNAÇÃO. A teor do disposto no artigo 102, inciso II, alínea "a", da Constituição Federal, contra decisão, proferida em processo revelador de *habeas corpus*, a implicar a não concessão da ordem, cabível é o recurso ordinário. Evolução quanto à admissibilidade irrestrita do substitutivo do *habeas corpus*.
HABEAS CORPUS – ATO IMPUGNADO – ADEQUAÇÃO DE RECURSO. Excetuado o caso de o recurso pertinente ser o ordinário constitucional, porque julgada impetração na origem, descabe vislumbrar óbice presente a recorribilidade.
***HABEAS CORPUS* – COISA JULGADA. A coisa julgada não é obstáculo ao manuseio do *habeas corpus*.** (Inform. STF 719)

RHC e capacidade postulatória
A 2ª Turma iniciou julgamento de recurso ordinário em *habeas corpus* no qual se questiona a necessidade, ou não, de capacidade postulatória para a sua interposição. No caso, o recorrente, na qualidade de diretor de instituição social sem fins lucrativos de âmbito nacional, insurgira-se contra decisão monocrática de Ministra do STJ, que não conhecera de agravo regimental por ele manejado, ante sua intempestividade e ausência de capacidade postulatória da parte. A decisão adversada tivera origem em *writ* lá impetrado, pelo ora recorrente, com o objetivo de cancelar ordem de serviço — emanada da presidência de seção criminal de tribunal de justiça —, que determinara o encaminhamento, à Defensoria Pública, de petições subscritas por presos. O Min. Ricardo Lewandowski, relator, não conheceu do recurso, haja vista que interposto por pessoa que não deteria capacidade postulatória para a prática desse ato processual, embora tivesse sido o impetrante originário do *habeas*. Assentou tratar-se de ato privativo de advogado, consoante já afirmado pela jurisprudência do STF. Ademais, consignou que, ainda que superado esse óbice, o agravo regimental seria intempestivo e o *writ* não caracterizaria instrumento adequado para impugnar norma regulamentar. Após, pediu vista o Min. Gilmar Mendes.
RHC 111438/DF, rel. Min. Ricardo Lewandowski, 5.8.2012. (RHC-111438)

RHC e capacidade postulatória - 2
A 2ª Turma retomou exame de recurso ordinário em *habeas corpus* no qual se questiona a necessidade, ou não, de capacidade postulatória para a sua interposição. No caso, o recorrente, na qualidade de diretor de instituição social sem fins lucrativos de âmbito nacional, insurgira-se contra decisão monocrática de Ministra do STJ, que não conhecera de agravo regimental por ele manejado, ante sua intempestividade e ausência de capacidade postulatória da parte. A decisão impugnada tivera origem em *writ* lá impetrado, pelo ora recorrente, com o objetivo de cancelar a Ordem de Serviço 2/2010 — emanada da presidência de seção criminal de tribunal de justiça —, que determinara o encaminhamento, à Defensoria Pública, de petições subscritas por presos — v. Informativo 665. Em voto-vista, o Min. Gilmar Mendes iniciou a divergência e afastou a preliminar de não conhecimento, por atribuir capacidade postulatória ao recorrente, conhecendo, no entanto, do recurso como impetração originária de *habeas corpus* e, de ofício, concedeu a ordem para invalidar o ato normativo questionado. Assinalou não se afigurar compatível com a estatura constitucional do remédio heroico restringir a legitimação do leigo e de terceiros à interposição de *writ*, inviabilizando-se eventuais recursos. Realçou que quem teria legitimação para propor ação também poderia recorrer. Assim, ponderou que o fato de o mencionado diretor não ser inscrito

nos quadros da OAB não obstaria o conhecimento do recurso ordinário. No mais, reputou que a norma administrativa criaria condição de procedibilidade inexistente na lei, a restringir o livre e direto acesso de custodiado para postular junto ao tribunal (LEP: "*Art. 41 - Constituem direitos do preso: ... XIV - representação e petição a qualquer autoridade, em defesa de direito*"). RHC 111438/DF, rel. Min. Ricardo Lewandowski, 5.8.2012. (RHC-111438)

RHC e capacidade postulatória - 3
Ato contínuo, o Colegiado deliberou converter o julgamento em diligência para requisitar informações complementares a desembargador da Corte estadual, para prestar esclarecimento acerca da subsistência do referido ato, bem assim da situação individual dos ora pacientes alegadamente por ele afetados. O Min. Gilmar Mendes sublinhou que a medida serviria para que a matéria fosse apreciada no Plenário do STF. RHC 111438/DF, rel. Min. Ricardo Lewandowski, 5.8.2012. (RHC-111438)

RHC e capacidade postulatória - 4
Em conclusão de julgamento, a 2ª Turma reconheceu prejudicado, por perda superveniente de objeto, o exame de recurso ordinário em *habeas corpus* no qual se questionava a necessidade de capacidade postulatória para a sua interposição. No caso, a decisão impugnada tivera origem em *writ* impetrado perante o STJ, pelo ora recorrente, com o objetivo de cancelar a Ordem de Serviço 2/2010 — emanada da presidência de seção criminal de tribunal de justiça —, que determinara o encaminhamento, à Defensoria Pública, de petições subscritas por presos — v. Informativos 665 e 710. Em resposta a pedido de informações complementares formulado pelo STF, a Corte de origem esclareceu que a norma impugnada teria sido revogada. RHC 111438/DF, rel. Min. Ricardo Lewandowski, 10.9.2013. (RHC-111438) (Inform. STF 719)

HC e abertura de inquérito judicial
A 1ª Turma, por maioria, não conheceu de *habeas corpus* impetrado contra decisão monocrática de Ministro do STJ que, por não vislumbrar lesão ou ameaça a direito de liberdade do paciente, negara, liminarmente, seguimento a *writ* lá impetrado. No caso, a defesa postulava a suspensão de inquérito judicial instaurado contra o paciente, em curso perante tribunal de justiça estadual. Sustentava a inviabilidade desse inquérito, tendo em conta que a Corte local, em julgamento de processo administrativo disciplinar, já teria assentado o não reconhecimento da materialidade do delito a ele imputado. Asseverou-se que o despacho autorizador da abertura de inquérito judicial instaurado contra magistrado amparado em elementos colacionados em representação do Ministério Público não padeceria de nulidade e tampouco atingiria a liberdade de locomoção do paciente. Registrou-se que o *parquet* — em decorrência de elementos obtidos em correição — teria descrito de maneira pormenorizada as supostas práticas de atos de improbidade administrativa pelo paciente e por outros juízes. Ressaltou-se que a alusão aos fundamentos constantes da representação ministerial seriam suficientes, *per se*, para deferir o pedido de abertura de inquérito judicial. Por fim, frisou-se a inadmissibilidade da via eleita com o objetivo de permitir a cognição de questões não apreciadas em instâncias anteriores, bem como seu não cabimento contra decisões proferidas nos moldes do Enunciado 691 da Súmula do STF ("*Não compete ao Supremo Tribunal Federal conhecer de habeas corpus impetrado contra decisão do relator que, em habeas corpus requerido a tribunal superior, indefere a liminar*"). Vencidos os Ministros Dias Toffoli e Marco Aurélio, que concediam a ordem para que o processo retornasse para julgamento de mérito no STJ, ante a inobservância do princípio da colegialidade. HC 111095/PB, rel. Min. Luiz Fux, 3.9.2013. (HC-111095) (Inform. STF 718)

HC N. 104.302-SC
REDATORA P/ O ACÓRDÃO: MIN. ROSA WEBER
EMENTA: DIREITO PENAL. *HABEAS CORPUS*. DOSIMETRIA DA PENA. SÚMULA 691. EXCESSO DE PRAZO.
1. Não se conhece de *habeas corpus* impetrado contra indeferimento de liminar por Relator em *habeas corpus* requerido a Tribunal Superior. Súmula 691. Óbice superável apenas em hipótese de teratologia, inocorrente na espécie.
2. A dosimetria da pena é matéria sujeita a certa discricionariedade judicial. O Código Penal não estabelece rígidos esquemas matemáticos ou regras absolutamente objetivas para tanto. Cabe às instâncias ordinárias, mais próximas dos fatos e das provas, fixar as penas. Às Cortes Superiores, no exame da dosimetria em grau recursal, compete o controle da legalidade e da constitucionalidade dos critérios empregados, bem como a correção de eventuais discrepâncias — se gritantes e arbitrárias —, nas frações de aumento ou diminuição adotadas pelas instâncias anteriores.
3. Não se presta ainda o *habeas corpus*, enquanto não comporta, em seu âmbito, ampla avaliação e valoração das provas, como instrumento hábil ao reexame do conjunto fático probatório conducente à fixação das penas.
4. *Habeas corpus* não conhecido. (Inform. STF 714)

HC N. 108.980-MG
RELATOR: MIN. MARCO AURÉLIO
HABEAS CORPUS SUBSTITUTIVO DO RECURSO ORDINÁRIO CONSTITUCIONAL – LIBERDADE DE LOCOMOÇÃO ALCANÇADA NA VIA DIRETA – ADMISSIBILIDADE. Consoante a previsão do artigo 5º, inciso LXVIII, da Carta Federal, admissível é o *habeas corpus* substitutivo do recurso ordinário constitucional quando em jogo, na via direta, a liberdade de locomoção quer ante mandado de prisão a ser cumprido, quer considerado o implemento da custódia dele decorrente. PRISÃO PREVENTIVA – EXCESSO DE PRAZO. Uma vez verificado o excesso de prazo quanto à prisão provisória, impõe-se o deferimento da ordem. (Inform. STF 713)

HC N. 114.132-PE
RELATOR: MIN. DIAS TOFFOLI
EMENTA: ***Habeas corpus*. Penal. Apropriação indébita de contribuições previdenciárias (CP, art. 171, § 3º). Dosimetria. Pretensão a reavaliação das circunstâncias judiciais (CP, art. 59). Questão não analisada pelo Superior Tribunal de Justiça. Inadmissível supressão de instância. Precedentes. *Writ* não conhecido.**
1. As questões tratadas nesta impetração não foram analisadas pelo Superior Tribunal de Justiça. Por conseguinte, sua análise pela Suprema Corte, de forma originária, na presente oportunidade, configuraria verdadeira supressão de instância, o que não se admite.
2. **Habeas corpus não conhecido.** (Inform. STF 713)

HC N. 109.004-SC
RELATORA: MIN. CÁRMEN LÚCIA
EMENTA: *HABEAS CORPUS*. PENAL. PROCESSO PENAL. AGRAVO DE INSTRUMENTO NÃO CONHECIDO NO SUPERIOR TRIBUNAL DE JUSTIÇA. AUSÊNCIA DE CONSTRANGIMENTO À LIBERDADE DE LOCOMOÇÃO. DESCABIMENTO DE *HABEAS CORPUS*. ORDEM DENEGADA.
1. Não configura constrangimento à liberdade de locomoção decisão que não conhece agravo de instrumento, pela ausência de seus requisitos, não se prestando o *habeas corpus* ao reexame dos pressupostos de admissibilidade recursal.
2. *Habeas corpus* não é substitutivo recursal. A prova de causa local de prorrogação de prazo deve ocorrer no momento da interposição do recurso próprio contra a decisão que reconhecer a sua intempestividade.
3. Ordem denegada. (Inform. STF 713)

HC N. 114.127-DF
RELATOR: MIN. MARCO AURÉLIO
HABEAS CORPUS – PERDA DE OBJETO – PREJUÍZO. Uma vez alcançada a providência buscada com a impetração, há o prejuízo desta. (Inform. STF 711)

Art. 654, § 1°, do CPP e cognoscibilidade de HC - 1
A 2ª Turma proveu recurso ordinário para que o STJ conhecesse de habeas corpus lá impetrado e solicitasse informações ao juízo das execuções criminais, apontado como autoridade coatora, a fim de esclarecer as alegações contidas na inicial do writ. No caso, o STJ indeferira de plano a impetração peticionada, de próprio punho, por réu preso – não advogado –, ao fundamento de não caber "à Corte Superior promover a completa instrução dos autos, num processo de 'ir atrás' de informações que, na verdade deveriam fazer parte da impetração do mandamus". Em seguida, encaminhara os autos à Defensoria Pública da União para que esta tomasse as providências que entendesse pertinentes. Aduziu-se que a intimação do mencionado órgão estatal não eximiria o tribunal a quo de pedir informações para a autoridade apontada como coatora, com vistas a averiguar a veracidade de constrangimento ilegal em tese sofrido pelo paciente. Consignou-se que seria desarrazoado o tribunal se recusar a pedir informações à autoridade impetrada e indeferir liminarmente o writ ao entendimento de que deveria estar instruído de forma satisfatória, pois a referida documentação não seria exigida pela Constituição e, tampouco, pela norma infraconstitucional.
RHC 113315/SP, rel. Min. Gilmar Mendes, 18.6.2013. (RHC-113315) (Inform. STF 711)

Art. 654, § 1°, do CPP e cognoscibilidade de HC - 2
Frisou-se que a petição inicial do writ estaria de acordo com o art. 654, § 1°, do CPP ("O habeas corpus poderá ser impetrado por qualquer pessoa, em seu favor ou de outrem, bem como pelo Ministério Público. § 1° A petição de habeas corpus conterá: a) o nome da pessoa que sofre ou está ameaçada de sofrer violência ou coação e o de quem exercer a violência, coação ou ameaça; b) a declaração da espécie de constrangimento ou, em caso de simples ameaça de coação, as razões em que funda o seu temor; c) a assinatura do impetrante, ou de alguém a seu rogo, quando não souber ou não puder escrever, e a designação das respectivas residências"). Além disso, ressaltou-se o disposto no art. 662 do mesmo diploma ("Se a petição contiver os requisitos do art. 654, § 1°, o presidente, se necessário, requisitará da autoridade indicada como coatora informações por escrito"). Por fim, destacou-se que o impetrante-paciente, por se encontrar preso, estaria impossibilitado de providenciar documentos necessários para a instrução do habeas corpus, além de se achar em situação de vulnerabilidade.
RHC 113315/SP, rel. Min. Gilmar Mendes, 18.6.2013. (RHC-113315) (Inform. STF 711)

RHC e capacidade postulatória - 2
A 2ª Turma retomou exame de recurso ordinário em habeas corpus no qual se questiona a necessidade, ou não, de capacidade postulatória para a sua interposição. No caso, o recorrente, na qualidade de diretor de instituição social sem fins lucrativos de âmbito nacional, insurgira-se contra decisão monocrática de Ministra do STJ, que não conhecera de agravo regimental por ele manejado, ante sua intempestividade e ausência de capacidade postulatória da parte. A decisão impugnada tivera origem em writ lá impetrado, pelo ora recorrente, com o objetivo de cancelar a Ordem de Serviço 2/2010 – emanada da presidência de seção criminal de tribunal de justiça –, que determinara o encaminhamento, à Defensoria Pública, de petições subscritas por presos – v. Informativo 665. Em voto-vista, o Min. Gilmar Mendes iniciou a divergência e afastou a preliminar de não conhecimento, por atribuir capacidade postulatória ao recorrente, conhecendo, no entanto, do recurso como impetração originária de habeas corpus e, de

ofício, concedeu a ordem para invalidar o ato normativo questionado. Assinalou não se afigurar compatível com a estatura constitucional do remédio heroico restringir a legitimação do leigo e de terceiros à interposição de writ, inviabilizando-se eventuais recursos. Realçou que quem teria legitimação para propor ação também poderia recorrer. Assim, ponderou que o fato de o mencionado diretor não ser inscrito nos quadros da OAB não obstaria o conhecimento do recurso ordinário. No mais, reputou que a norma administrativa criaria condição de procedibilidade inexistente na lei, a restringir o livre e direto acesso de custodiado para postular junto ao tribunal (LEP: "Art. 41 - Constituem direitos do preso: ... XIV - representação e petição a qualquer autoridade, em defesa de direito").
RHC 111438/DF, rel. Min. Ricardo Lewandowski, 5.8.2012. (RHC-111438)

RHC e capacidade postulatória - 3
Ato contínuo, o Colegiado deliberou converter o julgamento em diligência para requisitar informações complementares a desembargador da Corte estadual, para prestar esclarecimento acerca da subsistência do referido ato, bem assim da situação individual dos ora pacientes alegadamente por ele afetados. O Min. Gilmar Mendes sublinhou que a medida serviria para que a matéria fosse apreciada no Plenário do STF.
RHC 111438/DF, rel. Min. Ricardo Lewandowski, 5.8.2012. (RHC-111438) (Inform. STF 710)

STJ: recurso protelatório e baixa imediata
A 2ª Turma denegou habeas corpus em que se pretendia a suspensão da execução de pena imposta, sob o argumento de que a decisão de Ministra do STJ, em agravo de instrumento interposto pelo paciente, teria afrontado a ordem concedida pelo Supremo no HC 94434/SP (DJe de 22.5.2009) e, ainda, o art. 5°, LIV, LV e XXXV, da CF. Na espécie, o referido ato jurisdicional daquela Corte determinara o cumprimento de acórdão em que ordenada a baixa imediata dos autos na apreciação de terceiros embargos de declaração, bem assim a certificação do respectivo trânsito em julgado. Explicitou-se que a decisão do STJ, em se mostrando os recursos protelatórios, harmonizar-se-ia com a jurisprudência e a prática do STF. Enfatizou-se não ser possível utilizar-se de writ para rever o que lá decidido quanto à admissibilidade ou não de apelo especial. Além disso, essa matéria não estaria diretamente relacionada com a liberdade de locomoção.
HC 115939/SP, rel. Min. Ricardo Lewandowski, 11.6.2013. (HC-115939) (Inform. STF 710)

HC N. 101.952-SP
REDATORA P/ O ACÓRDÃO: MIN. ROSA WEBER
HABEAS CORPUS. SUBSTITUTIVO DO RECURSO CONSTITUCIONAL. PROCESSO PENAL. INADEQUAÇÃO DA VIA ELEITA. CONVOCAÇÃO PARA JUÍZES ATUAREM EM TRIBUNAIS. INEXISTÊNCIA DE VIOLAÇÃO DO PRINCÍPIO DO JUIZ NATURAL. WRIT DENEGADO.
1. O habeas corpus tem uma rica história, constituindo garantia fundamental do cidadão. Ação constitucional que é, não pode ser amesquinhado, mas também não é passível de vulgarização, sob pena de restar descaracterizado como remédio heroico. Contra a denegação de habeas corpus por Tribunal Superior prevê a Constituição Federal remédio jurídico expresso, o recurso ordinário. Diante da dicção do art. 102, II, a, da Constituição da República, a impetração de novo habeas corpus em caráter substitutivo escamoteia o instituto recursal próprio, em manifesta burla ao preceito constitucional. Precedente da Primeira Turma desta Suprema Corte.
2. Não viola o postulado constitucional do juiz natural o julgamento de apelação por órgão composto majoritariamente por juízes convocados, autorizado no âmbito da Justiça Federal pela Lei 9.788/1999. Precedentes.
3. Em processo, especificamente em matéria de nulidades, vigora o princípio maior de que, sem prejuízo, não se reconhece nulidade (art. 566 do CPP). A falta de demonstração na impetra-

ção de que a convocação, sujeita a regras de mera organização judiciária, teria afetado substancialmente o julgado acarreta, por si só, a conservação do ato. (Inform. STF 710)
4. Habeas corpus extinto sem resolução do mérito.

HC e trancamento de ação penal: admissibilidade - 1
O controle judicial prévio de admissibilidade de qualquer acusação penal, mesmo em âmbito de habeas corpus, é legítimo e não ofende os princípios constitucionais do juiz natural e do monopólio da titularidade do Ministério Público em ação penal de iniciativa pública, quando a pretensão estatal estiver destituída de base empírica idônea. Essa foi a conclusão do Plenário que, por votação majoritária, desproveu recurso extraordinário no qual se questionava decisão proferida pelo STJ, que, em sede de habeas corpus, trancara ação penal, por ausência de justa causa, de modo a afastar a submissão dos pacientes ao tribunal do júri pela suposta prática de homicídio doloso. Alegava-se que a decisão daquela Corte superior teria violado a Constituição, na medida em que o Ministério Público teria a função institucional de promover, privativamente, ação penal pública. Além disso, sustentava-se que o STJ ter-se-ia substituído ao juiz natural da causa – o tribunal do júri –, pois teria examinado o conjunto fático-probatório de maneira aprofundada, com o fim de fundamentar sua decisão. Preliminarmente, por maioria, conheceu-se do recurso, vencidas as Ministras Rosa Weber e Cármen Lúcia. Entendiam que o exame do tema pressuporia revolvimento de fatos e provas, bem como análise de legislação infraconstitucional, o que não seria cabível na via eleita.
RE 593443/SP, rel. orig. Min. Marco Aurélio, red. p/ o acórdão Min. Ricardo Lewandowski, 6.6.2013. (RE-593443)

HC e trancamento de ação penal: admissibilidade - 2
No mérito, manteve-se a decisão recorrida. O Min. Ricardo Lewandowski ponderou que o STJ teria apenas verificado os aspectos formais da denúncia, à luz do art. 41 do CPP, ao tangenciar as provas que embasariam a acusação. Asseverou que, de acordo com aquela Corte superior, o Ministério Público não teria demonstrado que as práticas narradas estariam direcionadas à produção do resultado. Ademais, esses atos não seriam imputados a ninguém, de modo que não seria possível compreender quem seriam os autores. Verificou que não se teria estabelecido o liame entre as condutas e o resultado morte, de forma que sequer o método de eliminação hipotética seria suficiente para imputar aos pacientes o resultado danoso. Considerou que cumpriria declarar a inépcia de denúncia em que não narradas as condutas individualmente, ou quando impossível estabelecer o nexo causal entre ação e resultado. Afirmou que a inicial acusatória simplesmente expusera as circunstâncias em que o fato ocorrera, sem possibilidade de conclusão pelo cometimento de homicídio doloso. O máximo que se poderia imputar – caso individualizadas as condutas – seria delito culposo. Acresceu que o Ministério Público, ao interpor o extraordinário, pretenderia revolvimento de fatos e provas, inadmissível, de acordo com o Enunciado 279 da Súmula do STF.
RE 593443/SP, rel. orig. Min. Marco Aurélio, red. p/ o acórdão Min. Ricardo Lewandowski, 6.6.2013. (RE-593443)

HC e trancamento de ação penal: admissibilidade - 3
O Min. Gilmar Mendes assinalou que a situação seria similar às denúncias oferecidas em crimes societários, em que cabível analisar a descrição da conduta delituosa feita na inicial acusatória, em sede de habeas corpus, mesmo que a partir do exame ou contraste de provas. O Min. Celso de Mello registrou que, a partir de elementos documentais que evidenciassem a procedência de determinada pretensão, seria legítimo ao Poder Judiciário examinar, naquele contexto, os fatos subjacentes a determinado pleito. Reconheceu que o STJ, dada a singularidade do caso concreto, destacara que a alegação de falta de justa causa seria examinada a partir da avaliação dos próprios elementos de convicção que embasaram a denúncia. Não se cuidaria, portanto, de revolvimento de provas. Aduziu que reconhecer eventual transgressão aos postulados constitucionais evocados implicaria declarar a inconstitucionalidade dos artigos 414 e 415 do CPP, a tratar da sentença de impronúncia e da absolvição sumária no contexto do júri, respectivamente. Nesse sentido, destacou o caráter bifásico do procedimento penal relativo a crimes dolosos contra a vida. Reiterou que pronunciamento judicial de qualquer órgão do Poder Judiciário que rejeitasse denúncia, impronunciasse réu ou que o absolvesse sumariamente, assim como que concedesse ordem de habeas corpus de modo a extinguir procedimento penal, não ofenderia a cláusula do monopólio do poder de iniciativa do Ministério Público em matéria de persecução penal (CF, art. 129, I). Ademais, não transgrediria o postulado do juiz natural, no tocante aos procedimentos penais de competência do tribunal do júri (CF, art. 5º, XXXVIII, d). Impenderia caracterizar a incontestabilidade dos fatos, para que a matéria fosse suscetível de discussão nessa via sumaríssima. Dessa maneira, cumpriria ao Judiciário impor rígido controle sobre a atividade persecutória do Estado, em ordem a impedir injusta coação processual, revestida de conteúdo arbitrário ou destituída de suporte probatório.
RE 593443/SP, rel. orig. Min. Marco Aurélio, red. p/ o acórdão Min. Ricardo Lewandowski, 6.6.2013. (RE-593443)

HC e trancamento de ação penal: admissibilidade - 4
Ficaram vencidos os Ministros Marco Aurélio, relator, Teori Zavascki e Joaquim Barbosa, Presidente, que proviam o recurso, para reformar a decisão concessiva de habeas corpus e determinar o prosseguimento da ação penal perante o juízo competente. O relator aduzia que o trancamento de ação penal pressuporia a inexistência de juízo de probabilidade da ocorrência da infração e da autoria. Assim, o tribunal no qual impetrado o writ não poderia adentrar o exame de fundo, pois não caberia aferir a procedência da imputação, mas averiguar se estaria lastreada em suporte probatório mínimo, sem emitir juízo de valor. A cognição da matéria, em habeas corpus, seria ampla no tocante à extensão – considerada a possibilidade de concessão de ordem de ofício –, mas dependeria da clara demonstração de ilegalidade do ato coator. No caso, reputava que o STJ, ao conceder a ordem, teria se substituído ao juízo e ao júri, ao valorar e cotejar as provas profundamente. O Min. Teori Zavascki não vislumbrava ofensa ao postulado alusivo à atribuição do Ministério Público, mas reconhecia que o STJ teria emitido, ao conceder a ordem, juízo típico de tribunal do júri. O Presidente também descartava o fundamento relativo ao art. 129, I, da CF, mas não considerava que a denúncia padeceria de vício, de modo que o STJ teria extrapolado os limites do habeas corpus.
RE 593443/SP, rel. orig. Min. Marco Aurélio, red. p/ o acórdão Min. Ricardo Lewandowski, 6.6.2013. (RE-593443) (Inform. STF 709)

HC e erronia no uso da expressão "ex officio" - 2
Por inadequação da via eleita, a 1ª Turma extinguiu habeas corpus em que se pretendia a declaração de nulidade de julgamento em virtude de tribunal local, ao julgar apelação do Ministério Público, haver reconhecido, de ofício, nulidade não arguida. Na espécie, a Corte estadual anulara decisão prolatada por juiz-auditor de justiça militar que deferira indulto pleno ao paciente. A defesa alegava, em suma, afronta à garantia constitucional da coisa julgada, uma vez que a decisão que concedera indulto seria de pleno direito e o órgão acusador poderia desconstituí-la somente por ações e instrumentos próprios de impugnação – v. Informativo 698. Salientou-se não ser caso de concessão, de ofício, da ordem. Pontuou-se que, ao votar, o desembargador, equivocadamente, usara a expressão "de ofício". Asseverou-se que, ao contrário do que sustentado, o parquet teria suscitado a nulidade. Aduziu-se que a utilização do mencionado termo pelo magistrado não retiraria dos autos a circunstância de a nulidade ter sido peticionada. Por fim, consignou-se que não se poderia conceder indulto se houvesse recurso pendente por parte da acusação.
HC 108444/SP, rel. Min. Dias Toffoli, 4.6.2013. (HC-108444) (Inform. STF 709)

HC N. 111.445-PE
RELATOR: MIN. DIAS TOFFOLI
EMENTA: Habeas corpus substitutivo de recurso ordinário constitucional. Artigo 102, inciso II, alínea a, da Constituição Federal. Inadequação da via eleita ao caso concreto. Precedente da Primeira Turma. Flexibilização circunscrita às hipóteses de flagrante ilegalidade, abuso de poder ou teratologia. Não ocorrência. Writ extinto.
1. Impetração manejada em substituição ao recurso ordinário constitucional prescrito no art. 102, inciso II, alínea a, da Carta da República, a qual esbarra em decisão da Primeira Turma, que, em sessão extraordinária datada de 7/8/12, assentou, quando do julgamento do HC nº 109.956/PR, Relator o Ministro Marco Aurélio, a inadmissibilidade do habeas corpus que tenha por objetivo substituir o recurso ordinário.
2. Nada impede, entretanto, que a Suprema Corte, quando do manejo inadequado do habeas corpus como substitutivo (art. 102, inciso II, alínea a, da CF), analise a questão de ofício nas hipóteses de flagrante ilegalidade, abuso de poder ou teratologia, o que não é o caso dos autos.
3. Habeas corpus extinto, por inadequação da via processual eleita. (Inform. STF 709)

HC N. 116.305-PR
RELATOR: MIN. RICARDO LEWANDOWSKI
Ementa: HABEAS CORPUS. CONSTITUCIONAL E PROCESSUAL PENAL. DECISÃO DE MINISTRO DO STJ QUE NEGA SEGUIMENTO AO RECURSO ESPECIAL. SOBERANIA DAQUELA CORTE PARA ANALISAR OS REQUISITOS DE ADMISSIBILIDADE DOS RECURSOS DE SUA COMPETÊNCIA. INADEQUAÇÃO DA VIA ELEITA. NEGATIVA DE PRESTAÇÃO JURISDICIONAL E AUSÊNCIA DE FUNDAMENTAÇÃO IDÔNEA NÃO VERIFICADAS. ORDEM DENEGADA.
I – Não é possível utilizar a via do habeas corpus para rever as decisões do Superior Tribunal de Justiça quanto à admissibilidade ou não do apelo especial. Essa questão, aliás, não está relacionada diretamente com a liberdade de locomoção do paciente e deve ser resolvida naquele Tribunal.
II – A defesa valeu-se dos meios recursais cabíveis e teve a jurisdição prestada por meio de decisão suficientemente fundamentada, de modo que eventual julgamento contrário aos interesses do paciente não basta à configuração da negativa de prestação jurisdicional. Precedentes.
III – Não há contrariedade ao art. 93, IX, da Constituição quando a decisão atacada encontra-se suficientemente fundamentada. Precedentes.
IV – Ordem denegada. (Inform. STF 708)

HC N. 113.329-MS
RELATORA: MIN. CÁRMEN LÚCIA
EMENTA: HABEAS CORPUS. CONSTITUCIONAL. PROCESSO PENAL. TRÁFICO DE DROGAS. DESCLASSIFICAÇÃO DO CRIME PARA USO DE ENTORPECENTES: NECESSIDADE REVOLVIMENTO DE FATOS E PROVAS, AO QUE NÃO SE PRESTA O HABEAS CORPUS. ORDEM DENEGADA.
1. O exame do pedido de desclassificação do delito de tráfico ilícito de entorpecentes para o de uso de entorpecentes demanda o revolvimento de fatos e provas, ao que não se presta o procedimento sumário e documental do habeas corpus. Precedentes.
2. Ordem denegada. (Inform. STF 708)

HC N. 107.848-SP
RELATOR: MIN. GILMAR MENDES
Habeas corpus. 2. Homicídio. Continuidade delitiva. 3. Condenação. 4. Ausência de intimação do defensor constituído para a sessão de julgamento da apelação. Intimação realizada pela publicação na imprensa oficial. 5. A prerrogativa de intimação pessoal dos atos do processo não se estende aos advogados constituídos. Precedentes. 6. Inobservância do artigo 600 do CPP e possibilidade de protesto por novo júri. Questões não apreciadas no STJ não podem ser analisadas no Supremo Tribunal Federal, sob pena de supressão de instância. 7. Ordem denegada. (Inform. STF 708)

HC N. 104.098-SP
RELATOR: MIN. MARCO AURÉLIO
HABEAS CORPUS – PERDA DE OBJETO – PREJUÍZO. Uma vez ocorrida a perda de objeto do habeas corpus, impõe-se o reconhecimento do prejuízo, descabendo redirecioná-lo. (Inform. STF 708)

RHC N. 114.579-SP
RELATORA: MIN. ROSA WEBER
E M E N T A: HABEAS CORPUS. SUBSTITUTIVO DO RECURSO CONSTITUCIONAL. INADEQUAÇÃO DA VIA ELEITA. FURTO. DESCONSIDERAÇÃO E DESENTRANHAMENTO DO AUTO DE AVALIAÇÃO DA RES FURTIVA. ABSOLVIÇÃO SUMÁRIA. DECISÃO SUFICIENTEMENTE FUNDAMENTADA.
O habeas corpus tem uma rica história, constituindo garantia fundamental do cidadão. Ação constitucional que é, não pode ser o writ amesquinhado, mas também não é passível de vulgarização, sob pena de restar descaracterizado como remédio heroico. Contra a denegação de habeas corpus por Tribunal Superior prevê a Constituição Federal remédio jurídico expresso, o recurso ordinário. Diante da dicção do art. 102, II, a, da Constituição da República, a impetração de novo habeas corpus em caráter substitutivo escamoteia o instituto recursal próprio, em manifesta burla do preceito constitucional. Precedente da Primeira Turma desta Suprema Corte.
Verificada fundamentação suficiente na decisão indeferitória de desconsideração e desentranhamento do auto de avaliação da res furtiva e de absolvição sumária, conjugada à falta de comprovação de prejuízo, não há como reconhecer a nulidade do ato. Habeas corpus extinto sem resolução do mérito. (Inform. STF 706)

HC N.113.596-SP
RELATOR: MIN. DIAS TOFFOLI
EMENTA: Habeas corpus. Penal. Comércio ilegal de arma de fogo e munição (art. 17 da Lei 10.826/03). Impetração dirigida contra decisão do Superior Tribunal de Justiça, que indeferiu medida liminar requerida pelo impetrante. Incidência da Súmula nº 691 da Suprema Corte. Ausência de constrangimento ilegal apto à superação do enunciado. Não conhecimento do writ.
1. Impetração dirigida contra ato do Ministro Marco Aurélio Bellizze, do Superior Tribunal de Justiça, que indeferiu a liminar no HC nº 240.677/SP impetrado àquela Corte.
2. Trata-se de decisão indeferitória de liminar, devendo incidir, na espécie, a Súmula nº 691 do Supremo Tribunal Federal, segundo a qual "não compete ao Supremo Tribunal Federal conhecer de 'habeas corpus' impetrado contra decisão do Relator que, em 'habeas corpus' requerido a tribunal superior, indefere a liminar". Precedentes.
3. Não conhecimento do writ. (Inform. STF 705)

HC N. 116.285-RS
RELATOR: MIN. TEORI ZAVASCKI
HABEAS CORPUS CONTRA ACÓRDÃO PROFERIDO EM SEDE DE RECURSO ESPECIAL. STJ APRECIOU QUESTÃO COMPLETAMENTE ALHEIA E DISSOCIADA DA CAUSA DE PEDIR E DO PEDIDO INSERTOS NO RECURSO. ORDEM CONCEDIDA PARA RECONHECER A NULIDADE DO ACÓRDÃO E PARA QUE SE PROCEDA A NOVO JULGAMENTO. (Inform. STF 704)

HC N. 116.887-SP
RELATOR: MIN. GILMAR MENDES
Agravo regimental em habeas corpus. 2. Alegação de demora, por parte do Superior Tribunal de Justiça, para apreciar e julgar o HC n. 255.126/SP. Não ocorrência. Princípio da razoabilidade.

3. Constrangimento ilegal não configurado. 4. Agravo regimental a que se nega provimento, com recomendação de celeridade no julgamento. (Inform. STF 703)

HC N. 114.039-MA
RELATOR: MIN. GILMAR MENDES
Habeas corpus. 2. Excessiva demora na realização do julgamento de mérito de HC impetrado no STJ. Ausência de prestação jurisdicional. Violação ao direito fundamental à razoável duração do processo. 3. Constrangimento ilegal configurado. 4. Ordem concedida para que a autoridade coatora apresente o writ em mesa até a 10ª sessão subsequente à comunicação da ordem. (Inform. STF 703)

HC N.115.112-SP
RELATOR: MIN. RICARDO LEWANDOWSKI
Ementa: HABEAS CORPUS. PENAL. PROCESSUAL PENAL. PRISÃO PREVENTIVA. EXCESSO DE PRAZO. VIOLAÇÃO DO PRINCÍPIO DA RAZOÁVEL DURAÇÃO DO PROCESSO. NÃO CARACTERIZAÇÃO. COMPLEXIDADE DA AÇÃO PENAL. INEXISTÊNCIA DE INÉRCIA OU DESÍDIA DO PODER JUDICIÁRIO. LEGITIMIDADE DOS FUNDAMENTOS DA PRISÃO PREVENTIVA. GARANTIA DA ORDEM PÚBLICA. PERICULOSIDADE DO AGENTE. MODUS OPERANDI. AUSÊNCIA DE CONSTRANGIMENTO ILEGAL. ORDEM DENEGADA.
I – O prazo para julgamento da ação penal mostra-se dilatado em decorrência da complexidade do caso, uma vez que o réu e mais três corréus foram denunciados pela prática do crime de homicídio triplamente qualificado em concurso material com o de furto. Ademais, várias testemunhas residem em comarca diversa daquela onde tramita o feito, o que demanda a expedição de cartas precatórias e provoca a dilação dos prazos processuais.
II – A jurisprudência desta Corte é firme no sentido de que não procede a alegação de excesso de prazo quando a complexidade do feito, as peculiaridades da causa ou a defesa contribuem para eventual dilação do prazo. Precedentes.
III – A prisão cautelar mostra-se suficientemente motivada para a preservação da ordem pública, tendo em vista a periculosidade do paciente, verificada pelo modus operandi mediante o qual foi praticado o delito. Precedentes.
IV – Ordem denegada. (Inform. STF 703)

HC N. 114.711-MT
RED. P/ O ACÓRDÃO: MIN. DIAS TOFFOLI
Habeas corpus substitutivo de recurso ordinário constitucional. Artigo 102, inciso II, alínea a, da Constituição Federal. Inadequação da via eleita ao caso concreto. Precedente da Primeira Turma. Writ extinto, em face da inadequação da via eleita. Tráfico e associação para o tráfico. Prisão preventiva. Excesso de prazo na conclusão da instrução criminal. Custódia que se arrasta desde 10/7/09. Dilação processual injustificada não imputada à defesa do paciente. Ocorrência de flagrante constrangimento ilegal. Ordem concedida de ofício.
1. Impetração manejada em substituição ao recurso ordinário constitucional prescrito no art. 102, inciso II, alínea a, da Carta da República, a qual esbarra em decisão da Primeira Turma, que, em sessão extraordinária datada de 7/8/12, assentou, quando do julgamento do HC nº 109.956/PR, Relator o Ministro Marco Aurélio, a inadmissibilidade do habeas corpus que tenha por objetivo substituir o recurso ordinário.
2. Nada impede, entretanto, que a Suprema Corte, quando do manejo inadequado do habeas corpus como substitutivo (art. 102, inciso II, alínea a, da CF), analise a questão de ofício nas hipóteses de flagrante ilegalidade, abuso de poder ou teratologia, o que se verifica no caso em exame.
3. A complexidade da ação penal, bem como a necessidade da expedição de cartas precatórias, à luz das circunstâncias demonstradas na espécie, não são causas suficientes a relevar o desmensurado prazo de mais de 3 (três) anos em que o paciente permanece sob custódia cautelar.

4. Writ extinto por inadequação da via eleita. Ordem concedida, de ofício, para revogar a custódia cautelar do paciente, sendo facultado ao juízo de origem aplicar qualquer das medidas cautelares do art. 319 do Código de Processo Penal. (Inform. STF 702)

HC e decisão monocrática de Ministro do STJ
Não cabe *habeas corpus* de decisão monocrática de Ministro do STJ que nega seguimento a idêntica ação constitucional lá impetrada por ser substitutivo de recurso ordinário. Com base nessa orientação, a 1ª Turma não conheceu do *writ*. Consignou-se que a decisão impugnada não teria enfrentado o mérito. Vencido o Min. Marco Aurélio, que admitia a ordem. Entendia que, muito embora houvesse a extinção do processo, o STJ teria julgado o habeas, a desafiar a presente impetração. **HC 116114/MG, rel. Min. Dias Toffoli, 9.4.2013. (HC-116114)** (Inform. STF 701).

Cabimento de HC e busca e apreensão
A 2ª Turma concedeu *habeas corpus* para determinar que Ministro do STJ aprecie *writ* lá impetrado e julgue como entender de direito. No caso, juízo criminal deferira medida cautelar de busca e apreensão, a pedido do *parquet*, para que este obtivesse elementos materiais e de convicção referentes à suposta prática dos crimes previstos nos artigos 203 e 337-A, do CP, e artigos 1º, I, a IV, e 2º, I e II, da Lei 8.137/90. Os delitos diriam respeito ao pagamento de comissões indevidas a empregados de pessoas jurídicas, sem o recolhimento de contribuições previdenciárias. A defesa, então, impetrara *habeas corpus* no TRF para anular a referida medida cautelar. Alega-se falta de justa causa em face da ausência de constituição definitiva do crédito tributário. Sustenta-se, ainda, violação ao princípio do juiz natural em razão de prevenção, uma vez que juiz de outra vara criminal já teria apreciado suposta sonegação fiscal previdenciária perpetrada nos autos de processo trabalhista ajuizado em desfavor de empresa da qual o paciente seria sócio. A ordem fora concedida parcialmente, apenas para que fossem devolvidos, ao paciente, os documentos não compreendidos durante o período de investigação. Na sequência, impetrara-se *habeas corpus* no STJ, liminarmente indeferido pelo relator por falta de risco à liberdade de locomoção do paciente. **HC 112851/DF, rel. Min. Gilmar Mendes, 5.3.2013. (HC-112851)**

Cabimento de HC e busca e apreensão – 2
Preliminarmente, por maioria, conheceu-se da impetração, vencido o Min. Teori Zavascki não dela não conhecia. Advertia que a utilização de *habeas corpus* em cascata e como sucedâneo de recurso ordinário substituiria de modo universal as vias ordinárias, bem como tornaria letra morta a possibilidade de recurso previsto constitucionalmente. No mérito, prevalecera o voto do Min. Gilmar Mendes, relator. Consignou que o Plenário da Corte reiteradamente assentara que o aludido remédio teria como escopo a proteção da liberdade de locomoção e seu cabimento disporia de parâmetros constitucionalmente estabelecidos, a justificar-se a impetração sempre que alguém sofrer, ou se achar ameaçado de sofrer, violência ou coação em sua liberdade de ir e vir, por ilegalidade ou abuso de poder. Seria inadequado o *writ* quando utilizado com a finalidade de proteger outros direitos. Afastou a assertiva de que *habeas corpus* seria o meio próprio para tutelar tão somente o direito de ir e vir do cidadão em face de violência, coação ilegal ou abuso de poder. Rememorou que o *habeas corpus* configuraria proteção especial tradicionalmente oferecida no sistema constitucional brasileiro. **HC 112851/DF, rel. Min. Gilmar Mendes, 5.3.2013. (HC-112851)**

Cabimento de HC e busca e apreensão – 3
Entendeu cabível o *writ* quando se discutir, efetivamente, aquilo que a dogmática constitucional e penal alemã denominaria *Justizgrundrechte*. Explicou que essa expressão seria utilizada para se referir a elenco de normas constantes da Constituição que teria por escopo proteger o indivíduo no contexto do processo judicial. Reconheceu não ter dúvidas de que o termo seria imperfeito, uma vez que, amiúde, esses direitos

transcenderiam a esfera propriamente judicial. Assim, à falta de outra denominação genérica, também optou por adotar designação assemelhada – direitos fundamentais de caráter judicial e garantias constitucionais do processo –, embora consciente de que se cuidaria de denominações que pecariam por imprecisão. Não olvidou as legítimas razões que alimentariam a preocupação com o alargamento das hipóteses de cabimento do *habeas corpus* e, com efeito, as distorções que dele decorreriam. Contudo, observou que seria mais lesivo, ante os fatos históricos, restringir seu espectro de tutela. Ressaltou que, no presente caso, a liberdade de ir, vir e permanecer do paciente não se encontraria ameaçada, ainda que de modo reflexo. Afinal, a impetração se dirigiria contra ato de ministro do STJ que não conhecera de *habeas corpus* impetrado naquela Corte. A questão subjacente, porém, seria a validade do ato consubstanciado na concessão de medida de busca e apreensão, deferida pelo juízo. Afirmou que, segundo os impetrantes, a medida padeceria de ilegitimidade, em síntese, por falta de justa causa e por violação do princípio do juiz natural. Na perspectiva dos direitos fundamentais de caráter judicial e de garantias do processo, reputou cabível a utilização do *writ* no caso em apreço, porquanto, efetivamente, encontrar-se-ia o paciente sujeito a ato constritivo, real e concreto, do poder estatal. **HC 112851/DF, rel. Min. Gilmar Mendes, 5.3.2013. (HC-112851)**

Cabimento de HC e busca e apreensão – 4
O Min. Celso de Mello acresceu que a decisão emanada do STJ cominaria por frustrar a aplicabilidade e a própria eficácia de um dos remédios constitucionais mais caros à preservação do regime de tutela e amparo das liberdades. Aludiu que estaria preocupado com a abordagem tão limitativa das virtualidades jurídicas de que se acharia impregnado o remédio constitucional do *habeas corpus*, especialmente se se considerar o tratamento que o STF dispensaria ao *writ*. O Min. Ricardo Lewandowski acrescentou que, além das questões constitucionais suscitadas – a falta de justa causa para a cautelar e a incompetência do juízo que determinara a medida com violação do juiz natural –, haveria um terceiro tema que seria a ofensa ao princípio do colegiado, já que o relator no STJ julgara o mérito da referida ação mandamental monocraticamente. Vislumbrou haver reflexo quase que imediato no direito de ir e vir do paciente. **HC 112851/DF, rel. Min. Gilmar Mendes, 5.3.2013. (HC-112851)** (Inform. STF 697).

HC: empate e convocação de magistrado
Cumpre proclamar a decisão mais favorável ao paciente quando ocorrer empate na votação e, por isso, desnecessária a participação de magistrado de outra turma para fins de desempate. Essa a conclusão da 2ª Turma ao conceder *habeas corpus* para manter julgado que não conhecera de recurso especial. Na espécie, tribunal estadual concedera a ordem para trancar instauração de inquérito e, interposto recurso especial, a votação empatara. Esse fato ensejara a convocação de Ministro de turma diversa para proferir voto. Asseverou-se que as normas que fundamentaram a convocação seriam regras gerais não aplicáveis ao presente caso. Por fim, ressaltou-se haver precedentes do STF no mesmo sentido (HC 89974/DF, DJe de 5.12.2008, e HC 72445/DF, DJU de 22.9.95). **HC 113518/GO, rel. Min. Teori Zavascki, 26.2.2013. (HC-113518)** (Inform. STF 696).

HC: novo título e ausência de prejudicialidade
A superveniência de sentença condenatória que mantém preso o réu sob os mesmos fundamentos expostos no decreto de prisão preventiva não é causa de prejudicialidade de *habeas corpus*. Com base nessa orientação, a 2ª Turma concedeu a ordem apenas para determinar que fosse apreciado o mérito do *writ* apresentado no STJ, como entendesse de direito. Na espécie, o relator daquela Corte julgara prejudicada a impetração e cassara liminar nela deferida, tendo em conta a expedição de título condenatório pelo juízo de piso. HC 113457/SP, rel. Min. Cármen Lúcia, 4.12.2012. (HC-113457) (Inform. STF 691)

HC substitutivo de recurso ordinário e adequação
A 2ª Turma deu provimento a recurso ordinário em *habeas corpus* para determinar ao STJ que conheça de *writ* lá impetrado e, por conseguinte, se pronuncie quanto às alegações da defesa. No caso, o tribunal *a quo* não conhecera da ordem pleiteada por entender que consistiria em utilização inadequada da garantia constitucional, em substituição aos recursos ordinariamente previstos. Ressaltou-se que o acórdão ora impugnado contrariaria a jurisprudência desta 2ª Turma, porquanto deixara de conhecer de *habeas corpus* ajuizado naquela Corte, ao fundamento de tratar-se de substitutivo de recurso ordinário. RHC 114188/MG, rel. Min. Gilmar Mendes, 30.10.2012. (RHC-114188) (Inform. STF 686)

HC substitutivo de recurso extraordinário e inadequação
É inadmissível *habeas corpus* substitutivo de recurso extraordinário. Esse o entendimento da 1ª Turma ao extinguir, sem mérito, a impetração ante sua inadequação processual. Reputou-se contrassenso o Colegiado assentar a impropriedade da ação constitucional quando substitutiva de recurso ordinário e aceitá-la no lugar de interposição de extraordinário. Rejeitou-se, por maioria, proposta formulada pela Min. Rosa Weber no sentido da concessão, de ofício, da ordem. HC 110055/MG, rel. Min. Marco Aurélio, 16.10.2012. (HC-110055) (Inform. STF 684)

Extensão em HC e esclarecimento - 1
Ante empate na votação, a 1ª Turma deferiu pedido de extensão em *habeas corpus* com esclarecimento de que o pleito formalizado no *writ* havia sido concedido, de ofício, para declarar a insubsistência da sentença condenatória na totalidade, inclusive quanto aos corréus alvo da imposição de penas. Na espécie, cuidava-se de questionamento a respeito da legalidade de interceptações telefônicas. A ordem fora anteriormente acatada para se viabilizar, em 2 processos, a feitura de diligência voltada a explicitar parâmetros das referidas interceptações. Em 1 destes, assentara-se que o deferimento implicaria a declaração de sua nulidade, com retorno do feito ao estado anterior, sendo totalmente insubsistente o decreto condenatório. Inicialmente, o Min. Marco Aurélio, relator, anotou que o juízo monocrático tivera dúvidas quanto à abrangência da ordem implementada pela 1ª Turma do STF. Destarte, com objetivo de evitar-se incidentes, sublinhou que o processo consubstanciaria um todo, consideradas as interceptações telefônicas, de modo que o pronunciamento pretérito do Colegiado em sede de *habeas corpus* seria suficiente para revelar que a instrução abarcaria também os corréus. HC 106272 Extensão/RJ, rel. Min. Marco Aurélio, 18.9.2012. (HC-106272)

Extensão em HC e esclarecimento - 2
Explicou que, verificado o vício de procedimento quando da concessão da medida, ter-se-ia como consectário lógico a invalidade dos atos praticados após este fenômeno. Nesse sentido, explanou que não se estaria a julgar novamente o *writ*, mas apenas a reafirmar o que já decidido, pelo que acolheu o pedido formulado na extensão. O Min. Dias Toffoli acresceu que haveria pretensão resistida, pelas instâncias inferiores, à autoridade do STF. Aludiu que não se surpreenderia com a concessão de idêntica medida, inclusive contra trânsito em julgado de condenação, muito menos em deferi-la se outra ação constitucional de mesma índole fosse denegada, porquanto o *habeas corpus* não faria coisa julgada. Por outro lado, os Ministros Rosa Weber e Luiz Fux julgavam extinto o processo. A primeira reputava que o pedido em tela configuraria embargos de declaração, pois a 1ª Turma já havia concedido a pretensão, de maneira que a parte já teria atingido o que colimara no bojo do próprio *habeas*. O segundo corroborava essa compreensão, tendo em conta aspecto técnico. Frisava que a questão poderia ser resolvida por meio de ofício do Colegiado, a elucidar a conclusão do STF no *writ*. Versava que o feito careceria de interesse de agir, pois a forma de se fazer valer a autoridade da decisão do Supremo não seria por meio de outro *habeas corpus*. HC 106272 Extensão/RJ, rel. Min. Marco Aurélio, 18.9.2012. (HC-106272) (Inform. STF 680)

HC substitutivo de recurso ordinário
É inadmissível impetração de *habeas corpus* quando cabível recurso ordinário constitucional. Com base nessa orientação e na linha do voto proferido pelo Min. Marco Aurélio no caso acima, a 1ª Turma, por maioria, reputou inadequada a via do *habeas corpus* como substitutivo de recurso. Vencido o Min. Dias Toffoli, que se alinhava à jurisprudência até então prevalecente na 1ª Turma e ainda dominante na 2ª Turma, no sentido da viabilidade do *writ*. HC 109956/PR, rel. Min. Marco Aurélio, 7.8.2012. (HC-109956) (Inform. STF 674)

HC e suspensão de prazo prescricional
A 2ª Turma concedeu *habeas corpus* a fim de que o STJ, na linha da jurisprudência do Supremo, aprecie o mérito de idêntica ação constitucional lá impetrada. Além disso, determinou que fosse suspensa a execução da pena do paciente até o julgamento do referido *writ*, com a suspensão do prazo prescricional da pretensão executória. Na espécie, condenado à pena de 2 anos de reclusão em regime aberto – pela prática do delito de furto praticado mediante rompimento de obstáculo (CP, art. 155, § 4º, I, do CP) – tivera sua reprimenda convertida em restritiva de direitos, consistente em prestação de serviços à comunidade. Contra a sentença, a defesa interpusera apelação, cujo provimento fora negado, o que resultara na impetração de *habeas* perante o STJ, que dele não conhecera por entendê-lo incabível, em virtude de não configurar substituto de recurso ordinário. HC 111210/DF, rel. Min. Gilmar Mendes, 7.8.2012. (HC-111210) (Inform. STF 674)

Demora no julgamento de HC e paciente solto
Ante empate na votação, a 1ª Turma concedeu *habeas corpus* para que seja apresentada em mesa, até a segunda sessão subsequente à comunicação desta ordem, medida de idêntica natureza aduzida no STJ em favor do paciente, na qual se pleiteia trancamento de ação penal. Na espécie, o acusado, em liberdade provisória, aguarda julgamento definitivo daquele *writ*, em que indeferida a liminar monocraticamente ao qual juntado, em 29.11.2010, parecer do *parquet*. Destacou-se que o paciente teria direito à jurisdição na referida Corte em período razoável. Ponderou-se que, para tanto, não caberia distinguir se preso, ou não, o acusado. Na sequência, considerou-se acentuada a demora na apreciação do *habeas*. O Min. Marco Aurélio sublinhou entender que bastaria pedido de informações do STF para se agilitar a tramitação naqueloutro Tribunal. Os Ministros Rosa Weber, relatora, e Luiz Fux denegavam a ordem. Avaliavam não configurar situação excepcional para a determinação do imediato julgamento do *writ*, em virtude de o paciente estar solto. A Min. Rosa Weber acentuava, além disso, não haver qualquer registro de que ele se encontrasse ameaçado de prisão imediata ou, ainda, em curto ou médio prazo. HC 112659/RS, rel. orig. Min. Rosa Weber, red. p/ o acórdão Min. Marco Aurélio, 29.5.2012. (HC-112659) (Inform. STF 668)

HC e necessidade de interposição de REsp
O eventual cabimento de recurso especial não constitui óbice à impetração de *habeas corpus*, desde que o direito-fim se identifique direta ou imediatamente com a liberdade de locomoção física do paciente. Com base nesse entendimento, a 2ª Turma deferiu *writ* para que o STJ conheça de *habeas* lá impetrado e se pronuncie sobre o seu mérito. No caso, a Corte *a quo* não conhecera dessa medida por considerar inadequada a utilização da garantia constitucional em substituição aos recursos ordinariamente previstos nas leis processuais, haja vista que seria hipótese de cabimento de recurso especial. HC 108994/MG, rel. Min. Joaquim Barbosa, 15.5.2012. (HC-108994) (Inform. STF 666)

HC e necessidade de interposição de REsp
A 1ª Turma, por maioria, indeferiu *habeas corpus* em que se pretendia anulação de acórdão do STJ que não conhecera de *writ* lá impetrado em virtude de falta de interposição de recurso especial e ocorrência de trânsito em julgado de apelação. Não se vislumbrou constrangimento ilegal, porquanto a análise do objeto do *habeas* naquela Corte – redução da pena imposta por suposto erro na dosimetria – demandaria revolvimento do contexto fático probatório, vedado na sede eleita. O Min. Luiz Fux ressaltou que somente em casos excepcionais e, a depender da matéria veiculada, admitir-se-ia *habeas corpus* de decisão transitada em julgado. Vencidos os Ministros Marco Aurélio e Dias Toffoli, que concediam a ordem para que o STJ julgasse o tema de fundo. O primeiro enfatizava que o Supremo não exigira o esgotamento da jurisdição para esta ação nobre. Ponderava haver retrocesso em termos de garantias constitucionais. Afirmava que o *writ* se mostraria adequado por não sofrer qualquer peia, nem mesmo da coisa julgada, pois bastaria que se articulasse um ato praticado à margem da ordem jurídica para se alcançar, na via direta ou indireta, a liberdade de ir e vir do cidadão. HC 110152/MS, rel. Min. Cármen Lúcia, 8.5.2012. (HC-110152) (Inform. STF 665)

DIREITO PENAL. INADEQUAÇÃO DE HABEAS CORPUS PARA QUESTIONAR PENA DE SUSPENSÃO DO DIREITO DE DIRIGIR VEÍCULO AUTOMOTOR.
O habeas corpus não é o instrumento cabível para questionar a imposição de pena de suspensão do direito de dirigir veículo automotor. Isso porque a pena de suspensão do direito de dirigir veículo automotor não acarreta, por si só, qualquer risco à liberdade de locomoção, uma vez que, caso descumprida, não pode ser convertida em reprimenda privativa de liberdade, tendo em vista que inexiste qualquer previsão legal nesse sentido. Desse modo, inexistindo qualquer indício de ameaça de violência ou constrangimento à liberdade de ir e vir do paciente, revela-se inadequada a via do *habeas corpus* para esse fim. Precedentes citados do STJ: HC 172.709-RJ, Sexta Turma, DJe 6/6/2013; HC 194.299-MG, Quinta Turma, DJe 17/4/2013; e HC 166.792-SP, Quinta Turma, DJe 24/11/2011. Precedente citado do STF: HC 73.655-GO, Primeira Turma, DJ 13/9/1996. **HC 283.505-SP, Rel. Min. Jorge Mussi, julgado em 21/10/2014. (Inform. STJ 550)**

DIREITO PROCESSUAL PENAL. MANDADO DE SEGURANÇA PARA ATRIBUIÇÃO DE EFEITO SUSPENSIVO A RECURSO EM SENTIDO ESTRITO.
Não cabe, na análise de pedido liminar de mandado de segurança, atribuir efeito suspensivo ativo a recurso em sentido estrito interposto contra a rejeição de denúncia, sobretudo sem a prévia oitiva do réu. Destaca-se que, em situações teratológicas, abusivas e que possam gerar dano irreparável à parte, admite-se, excepcionalmente, a impetração de mandado de segurança contra ato judicial para atribuir-lhe efeito suspensivo. No entanto, tratando-se de não recebimento de denúncia, nem sequer em hipóteses de teratologia seria permitida a realização do ato em outra relação processual. Com efeito, em homenagem ao princípio do devido processo legal, o recebimento da denúncia deve ocorrer, necessariamente, nos autos da ação penal instaurada para apurar a prática do suposto ato criminoso. Ademais, há de ressaltar que o não recebimento da denúncia gera para o réu uma presunção de que não se instaurará, contra ele, a ação penal. Essa presunção, contudo, não é absoluta, pois contra a rejeição da denúncia pode ser interposto recurso em sentido estrito. No entanto, permitir-se-á ao réu a apresentação de contrarrazões e a sustentação oral antes de seu julgamento do recurso pelo colegiado. Desse modo, observa-se que, por certo, viola o contraditório e a ampla defesa decisão liminar proferida na análise de mandado de segurança que determine o recebimento da denúncia sem permitir qualquer manifestação da parte contrária. Ressalte-se, ainda, que o recebimento da denúncia, nessas circunstâncias, causa um tumulto processual inaceitável, porque, ao mesmo tempo em que nos autos da ação principal há uma decisão de rejeição da denúncia (pendente de julgamento do recurso cabível), em

razão de liminar concedida em outra relação processual, qual seja, um mandado de segurança, há o recebimento da inicial acusatória. O tumulto processual é tão grande que a parte ré, beneficiada pela rejeição da denúncia (em decisão ainda não modificada dentro da própria ação penal), por meio de uma liminar proferida em mandado de segurança, se vê obrigada a, nos autos da ação principal, apresentar resposta à acusação, em primeira instância, e contrarrazões ao recurso em sentido estrito, em segunda instância, além de ter de se manifestar no mandado de segurança, que é uma relação processual autônoma. **HC 296.848-SP, Rel. Min. Rogerio Schietti Cruz, julgado em 16/9/2014. (Inform. STJ 547)**

DIREITO PROCESSUAL PENAL. *HABEAS CORPUS*. CABIMENTO DE *HABEAS CORPUS* SUBSTITUTIVO DE AGRAVO EM EXECUÇÃO
Não é cabível a impetração de habeas corpus em substituição à utilização de agravo em execução na hipótese em que não há ilegalidade manifesta relativa a matéria de direito cuja constatação seja evidente e independa de qualquer análise probatória. É imperiosa a necessidade de racionalização do *habeas corpus*, a bem de prestigiar a lógica do sistema recursal, devendo ser observada sua função constitucional, de sanar ilegalidade ou abuso de poder que resulte em coação ou ameaça à liberdade de locomoção. Sendo assim, as hipóteses de cabimento do *writ* são restritas, não se admitindo que o remédio constitucional seja utilizado em substituição a recursos ordinários ou de índole extraordinária, tampouco como sucedâneo de revisão criminal. Nesse sentido, o STF, sensível a essa problemática, já tem pronunciado também a inadequação de impetrações manejadas em substituição ao recurso próprio. Para o enfrentamento de teses jurídicas na via restrita do *habeas corpus*, é imprescindível que haja ilegalidade manifesta relativa a matéria de direito cuja constatação seja evidente e independa de qualquer análise probatória. Precedentes citados do STF: **HC 109.956-PR, DJe 11/9/2012; e HC 104.045-RJ, DJe 6/9/2012. HC 238.422-BA, Rel. Min. Maria Thereza de Assis Moura, julgado em 6/12/2012. (Inform. STJ 513).**

DIREITO PROCESSUAL PENAL. CABIMENTO DE HABEAS CORPUS SUBSTITUTIVO DE AGRAVO EM EXECUÇÃO.
É possível a impetração de habeas corpus em substituição à utilização do agravo em execução, previsto no art. 197 da LEP, desde que não seja necessário revolvimento de provas para a sua apreciação e que a controvérsia se limite à matéria de direito. Precedentes citados: HC 238.021-SP, DJe 29/6/2012, e HC 232.497-SP, DJe 23/4/2012. **HC 255.405-SP, Rel. Min. Campos Marques (Desembargador convocado do TJ-PR), julgado em 13/11/2012. (Inform. STJ 509)**

HC SUBSTITUTIVO DE RECURSO ORDINÁRIO. NOVA ORIENTAÇÃO.
A Turma, acompanhando recente orientação do STF, decidiu não ser cabível a impetração de *habeas corpus* substitutivo de recurso ordinário, o que inviabiliza a concessão da ordem, de ofício, para os *writs* já impetrados antes da mudança do entendimento. A nova orientação deu-se em resposta ao alargamento da admissibilidade do remédio constitucional em detrimento das vias recursais próprias constitucionalmente previstas, como é o caso do recurso ordinário em *habeas corpus* (arts. 102, II, **a**, e 105, II, **a**, da CF). A possibilidade de impetração de *habeas corpus* como substitutivo de recurso no processo penal abarrotou as cortes superiores e passou a inviabilizar os demais pronunciamentos jurisdicionais. Dessa forma, fez-se necessária a mudança de orientação para retomar a ordem constitucional, observados os princípios do devido processo legal, da celeridade e economia processual e da razoável duração do processo. Assim, não se conheceu do *habeas corpus*, mas a ordem foi concedida de ofício para revogar a prisão preventiva por falta de fundamentação, sendo ainda possível a expedição de novo decreto prisional fundamentado ou a adoção de outras medidas cautelares previstas no art. 319 do CPP. Precedentes citados do STF: HC 109.956-PR, DJe 11/9/2012; HC 104.045-RJ, DJe 6/9/2012; do STJ: HC 235.735-MG, DJe 1º/8/2012, e HC 234.354-SP, DJe 6/8/2012. **HC 239.550-RJ, Rel. Min. Laurita Vaz, julgado em 18/9/2012. (Inform. STJ 504)**

REVISÃO CRIMINAL. EMPATE NA VOTAÇÃO. DECISÃO MAIS FAVORÁVEL.
A Turma, prosseguindo o julgamento, concedeu a ordem para reformar o acórdão recorrido, a fim de afastar a condenação do paciente pelo crime de tentativa de homicídio, diante do empate verificado, na revisão criminal de sentença proferida pelo tribunal do júri. A respeito do tema, ponderou a Min. Relatora que, no entendimento do STF, a condenação penal definitiva imposta pelo Júri é passível de desconstituição mediante revisão criminal, não lhe sendo oponível a cláusula constitucional da soberania do veredicto do Conselho de Sentença. Consignou-se, ademais, que, à falta de norma expressa sobre o empate (em julgamento de revisão criminal), deve-se aplicar a regra do art. 615, § 1º, do CPP, reproduzida para o *habeas corpus* no parágrafo único do art. 664 do mesmo *Codex*. Assim, mesmo que se considere tratar-se de normas específicas, atinentes a recursos determinados, caberá o apelo à analogia, expressamente permitido pelo art. 3º do aludido código. *In casu*, o tribunal *a quo* decidiu, por maioria, pela improcedência da revisão criminal. Contudo, da leitura das notas taquigráficas acostadas aos autos, verificou-se que, quanto ao pedido de afastamento da condenação por tentativa de homicídio, houve empate na votação, uma vez que, dos seis desembargadores presentes, três acolheram a súplica revisional, enquanto outros três a indeferiram. Desarte, consoante o disposto no art. 615, § 1º, do CPP, consignou-se que o empate na votação importa reconhecimento de decisão favorável ao paciente. Precedentes citados do STF: HC 70.193-RS, DJ 6/11/2006; HC 59.863-SP, DJ 13/3/1982; HC 52.838-SP, DJ 26/9/1975, e HC 54.467-SP, DJ 18/3/1977. **HC 137.504-BA, Rel. Min. Laurita Vaz, julgado em 28/8/2012. (Inform. STJ 503)**

HC. TRANCAMENTO DA AÇÃO PENAL. FALTA DE JUSTA CAUSA.
O *habeas corpus*, por ser ação de rito célere, demandar prova pré-constituída e dotada de absoluta certeza, somente poderá ser o instrumento apto para trancar a ação penal, quando, excepcionalmente, manifestarem-se, de forma inequívoca e patente, a inocência do acusado, a atipicidade da conduta ou a extinção da punibilidade. *In casu*, a denúncia descreveu elementos indiciários suficientes da autoria e da materialidade do delito de lavagem de dinheiro. Os diálogos mencionados na denúncia, travados entre o recorrido, advogado do grupo, e alguns dos envolvidos no crime antecedente – furto a banco – dão o mínimo de indicação da prática do delito que lhe fora imputado, pois causam a impressão de haver interesses que ultrapassam os meramente profissionais, devendo-se oportunizar ao Estado investigar e provar o efetivo cometimento do delito de lavagem de dinheiro. Além disso, o acórdão impugnado, ao decidir pelo trancamento do feito, acabou por apreciar o próprio mérito da ação penal, devendo, por isso, ser cassado para que seja dado prosseguimento à *persecutio criminis*. **REsp 1.046.892-CE, Rel. Min. Laurita Vaz, julgado em 16/8/2012. (Inform. STJ 502)**

AÇÃO PENAL. TRANCAMENTO. JUSTA CAUSA. INDÍCIOS. AUTORIA.
In casu, o impetrante foi denunciado pela suposta prática dos delitos dispostos nos arts. 157, § 2º, I, II e V, e 288, ambos do CP, porque teria sido o responsável por pilotar a aeronave utilizada na fuga dos autores de roubo praticado contra agência bancária, além de ser o proprietário de oficina onde o avião era mantido para revisão. Assim, no *writ*, busca-se o reconhecimento de falta de justa causa para a persecução

penal, ao argumento de que o paciente não teria cometido os delitos que lhe foram imputados e de que faltariam indícios mínimos de autoria. Nesse panorama, a Turma reiterou que o trancamento da ação penal em *habeas corpus* é medida excepcional, somente se justificando se demonstrada, inequivocamente, a absoluta falta de provas, a atipicidade da conduta ou a existência de causa extintiva da punibilidade. Na espécie, o tribunal *a quo* apontou a existência de indícios da participação do paciente nos delitos, ressaltando, inclusive, que o avião utilizado estava na oficina de sua propriedade. Dessa forma, se o tribunal de origem entendeu haver indícios da participação na conduta criminosa, não se mostra possível, na via exígua do *habeas corpus*, analisar profundamente provas produzidas, para concluir pela sua inocência. Ressaltou-se, ademais, que tal exame será efetuado pelo magistrado de primeiro grau por ocasião da sentença, mostrando-se, portanto, prematuro o trancamento da ação penal. Diante disso, a Turma denegou a ordem. Precedentes citados: RHC 22.471-SC, DJe 8/6/2009; HC 108.645-PR, DJe 3/11/2008; HC 136.830-AL, DJe 14/9/2009, e HC 109.072-DF, DJe 3/8/2009. **HC 155.840-MG, Rel. Min. Maria Thereza de Assis Moura, julgado em 1º/3/2012. (Inform. STJ 492)**

Súmula STF nº 701
No mandado de segurança impetrado pelo ministério público contra decisão proferida em processo penal, é obrigatória a citação do réu como litisconsorte passivo.

Súmula STF nº 695
Não cabe "habeas corpus" quando já extinta a pena privativa de liberdade.

Súmula STF nº 693
Não cabe "habeas corpus" contra decisão condenatória a pena de multa, ou relativo a processo em curso por infração penal a que a pena pecuniária seja a única cominada.

Súmula STF nº 606
Não cabe "habeas corpus" originário para o tribunal pleno de decisão de turma, ou do plenário, proferida em "habeas corpus" ou no respectivo recurso.

Súmula STF nº 395
Não se conhece de recurso de "habeas corpus" cujo objeto seja resolver sobre o ônus das custas, por não estar mais em causa a liberdade de locomoção.

Súmula STF nº 393
Para requerer revisão criminal, o condenado não é obrigado a recolher-se à prisão.

16. EXECUÇÃO PENAL

REPERCUSSÃO GERAL EM RE N. 776.823-RS
RELATOR: MIN. RICARDO LEWANDOWSKI
Ementa: RECURSO EXTRAORDINÁRIO. MANIFESTAÇÃO SOBRE REPERCUSSÃO GERAL. PROCESSUAL PENAL. EXECUÇÃO PENAL. ART. 52 DA LEP. FALTA GRAVE. NECESSIDADE DO TRÂNSITO EM JULGADO DA CONDENAÇÃO POR CRIME DOLOSO PARA CARACTERIZAÇÃO DA FALTA GRAVE. APLICAÇÃO DO PRINCÍPIO DA NÃO CULPABILIDADE. RELEVÂNCIA JURÍDICO-SOCIAL DA QUESTÃO CONSTITUCIONAL DISCUTIDA NOS AUTOS. EXISTÊNCIA DE REPERCUSSÃO GERAL. (Inform. STF 759)

REPERCUSSÃO GERAL EM RE N. 638.239-DF
RELATOR: MIN. LUIZ FUX
EMENTA: RECURSO EXTRAORDINÁRIO. EXECUÇÃO PENAL. PERDA DOS DIAS REMIDOS. ART. 127 DA LEI DE EXECUÇÃO PENAL. SUPERVENIÊNCIA DA LEI Nº 12.433/2011.

NATUREZA PENAL EXECUTIVA. RETROATIVIDADE DA *NOVATIO LEGIS IN MELLIUS*. ART. 5º, XL, DA CONSTITUIÇÃO. APLICAÇÃO DA ORIENTAÇÃO FIXADA PELA CORTE AOS RECURSOS PENDENTES E FUTUROS. POSSIBILIDADE. CANCELAMENTO DA SÚMULA VINCULANTE Nº 9. REPERCUSSÃO GERAL RECONHECIDA. (Inform. STF 758)

Medida de segurança: recolhimento em presídio e flagrante ilegalidade
A 2ª Turma não conheceu de "habeas corpus", mas deferiu a ordem, de ofício, para determinar a inclusão do paciente em tratamento ambulatorial, sob a supervisão do juízo da execução criminal. No caso, a pena privativa de liberdade ao paciente (dois anos, um mês e vinte dias de reclusão) fora substituída por medida de segurança consistente em internação hospitalar ou estabelecimento similar para tratamento de dependência química pelo prazo de dois anos, e, ao seu término, pelo tratamento ambulatorial. Nada obstante, passados quase três anos do recolhimento do paciente em estabelecimento prisional, o Estado não lhe teria garantido o direito de cumprir a medida de segurança fixada pelo juízo sentenciante. A Turma destacou que estaria evidenciada situação de evidente ilegalidade, uma vez que o paciente teria permanecido custodiado por tempo superior ao que disposto pelo magistrado de 1º grau. Além disso, não teria sido submetido ao tratamento médico adequado.
HC 122670/SP, rel. Min. Ricardo Lewandowski, 5.8.2014. (HC-122670) (Inform. STF 753)

Trabalho externo e cumprimento mínimo de pena - 1
A exigência objetiva de prévio cumprimento do mínimo de 1/6 da pena, para fins de trabalho externo, não se aplica aos condenados que se encontrarem em regime semiaberto. Essa a conclusão do Plenário ao dar provimento, por maioria, a agravo regimental, interposto de decisão proferida em sede de execução penal, para afastar a exigência do referido requisito temporal a condenado pela prática do crime de corrupção ativa. No caso, o Ministro Joaquim Barbosa (Presidente e então relator) indeferira o pedido do apenado pelos seguintes fundamentos: a) a realização de trabalho externo por condenado que cumprisse pena em regime semiaberto dependeria do requisito temporal definido no art. 37 da LEP (cumprimento de 1/6 da pena); b) a proposta de trabalho externo oferecida por empregador privado seria inidônea e inviabilizaria a fiscalização do cumprimento da pena; e c) a realização de trabalho interno pelo condenado já preencheria a finalidade educativa da pena, desnecessária a realização dos serviços da mesma natureza fora da unidade prisional. O Tribunal, inicialmente, reportou-se a estudo do CNJ, intitulado "A crise do sistema penitenciário", no qual se constatara o impressionante déficit de vagas do sistema prisional brasileiro. Verificou que o Brasil teria a quarta maior população carcerária do mundo e, se fossem computados os presos domiciliares, teria a terceira. Mencionou que, no denominado "Mutirão Carcerário" do CNJ, se observara que na maioria dos Estados-membros não funcionaria colônias agrícolas, industriais ou estabelecimento similares. Aludiu à ocorrência de dois extremos, ambos caracterizados por ilegalidades ou descontroles: ou se manteria o condenado em regime fechado, geralmente sem acesso a trabalho interno, ou se lhe concederia prisão domiciliar fora das hipóteses em que seria tecnicamente cabível.
EP 2 TrabExt-AgR/DF, rel. Min. Roberto Barroso, 25.6.2014. (EP-2)

Trabalho externo e cumprimento mínimo de pena - 2
A Corte afirmou que a interpretação do direito não poderia ignorar a realidade. Ressaltou que juízes e tribunais deveriam prestigiar entendimentos razoáveis que não sobrecarregassem, ainda mais, o sistema, nem tampouco impusessem aos apenados situações mais gravosas do que as que decorreriam da lei e das condenações que teriam sofrido. Sublinhou que o STJ — órgão encarregado de uniformizar a

interpretação do direito federal —, há mais de 15 anos sedimentara jurisprudência de que o prévio cumprimento de 1/6 da pena, para fins de trabalho externo, não se aplicaria aos que se encontrassem em regime semiaberto, mas somente aos condenados a regime fechado. Consignou que alguns tribunais de justiça dos Estados-membros teriam passado a adotar a mesma linha de entendimento. Rememorou que o único precedente do STF na matéria a esposar a mesma tese da decisão agravada fora o HC 72.565/AL (DJU de 30.8.1996), julgado em 1995, quando ainda não teria ocorrido — ou, pelo menos, sido percebida — a explosão nas estatísticas de encarceramento, que passaram do patamar de 100.000 para o de 500.000 ou 700.000, se computadas as prisões domiciliares. O Colegiado sublinhou que teria sido essa realidade fática que impusera a virada jurisprudencial conduzida pelo STJ no final da década de 90. Asseverou que jamais fora consistente e volumosa a jurisprudência do STF no sentido de aplicar-se a exigência de cumprimento de 1/6 da pena para autorizar-se o trabalho externo. Enfatizou que negar o direito ao trabalho externo, e reintroduzir a exigência de prévio cumprimento de 1/6 da pena, significaria drástica alteração da jurisprudência em vigor e iria de encontro às circunstâncias do sistema carcerário brasileiro dos dias de hoje. Destacou que boa parte da doutrina especializada defenderia a possibilidade de trabalho externo, independentemente do cumprimento de 1/6 da pena.
EP 2 TrabExt-AgR/DF, rel. Min. Roberto Barroso, 25.6.2014. (EP-2)

Trabalho externo e cumprimento mínimo de pena - 3
No ponto, o Ministro Marco Aurélio acresceu que o trabalho externo seria admitido até mesmo no regime fechado, em obras públicas (CP, art. 34, §3º). Ponderou que não faria sentido a exigência do cumprimento de 1/6 da pena para o trabalho externo, pois satisfeita essa condição, o reeducando teria direito ao regime aberto. O Ministro Teori Zavascki assinalou que esse requisito levaria a um tratamento desigual aos presos condenados originariamente pelo STF. O Ministro Luiz Fux salientou que, embora se devesse prestigiar a jurisprudência do STF, que exigiria o cumprimento de 1/6 da pena, a Corte possuiria pronunciamento segundo o qual a ausência de unidades para o cumprimento do regime semiaberto — colônia agrícola, industrial ou estabelecimento similar — permitiria o trabalho externo do condenado. Mencionou que as decisões judiciais não deveriam ficar apartadas da realidade fenomênica e que a realidade normativa teria de se adaptar à realidade prática. O Ministro Gilmar Mendes propôs a realização de um inventário do sistema prisional pelo CNJ a fim de ajudar na formulação de soluções.
EP 2 TrabExt-AgR/DF, rel. Min. Roberto Barroso, 25.6.2014. (EP-2)

Trabalho externo e cumprimento mínimo de pena - 4
A Corte frisou não existir vedação legal ao trabalho externo em empresa privada. Ao contrário, destacou que o art. 36 da LEP expressamente menciona "entidades privadas". Anotou que, não obstante esse dispositivo cuidasse especificamente do trabalho externo para os condenados em regime fechado, que deveria ser realizado em obras públicas, não seria coerente imaginar que o regime semiaberto, menos restritivo, estaria sujeito a vedações adicionais e implícitas. Explanou que o trabalho externo em entidade privada seria não apenas possível, mas efetivamente praticado na realidade do sistema, a beneficiar numerosos condenados que se valeriam de oportunidades como essa para proporcionar a sua reinserção social. Realçou que, na situação dos autos, após procedimento que incluiriam entrevistas e treinamentos com os candidatos a empregador e inspeções no local de trabalho, além da exigência do compromisso formal no sentido de não se criar embaraços à atividade fiscalizatória do Poder Público, o escritório de advocacia que oferecera ao agravante a oportunidade de trabalho externo obtivera manifestação favorável das autoridades do sistema penitenciário. Assinalou que não se impusera óbice a esse fato. Pontuou que eventual dificuldade fiscalizatória justificaria a revogação imediata do benefício. Consignou, ainda, não haver elementos para afirmar a existência de relação pessoal entre o titular do escritório e o agravante. Registrou que o trabalho externo teria uma finalidade relevante de reinserção social a permitir ao apenado exercitar — e, sobretudo demonstrar à sociedade — o seu senso de responsabilidade e readequação. Reputou que a legislação criara essa possibilidade a fim de promover a reintegração supervisionada dos condenados, em benefício deles mesmos e da sociedade que, mais cedo ou mais tarde, teria de recebê-los de volta em definitivo. Vencido o Ministro Celso de Mello, que negava provimento ao agravo regimental. Entendia que a exigência temporal mínima prevista no art. 37 da LEP não poderia ser desconsiderada, mesmo em se tratando de regime penal semiaberto. Recordava que essa exigência constaria da exposição de motivos do projeto de lei que culminara na LEP. Aduzia que haveria atualmente projeto de lei em tramitação no Congresso Nacional, que pretenderia suprimir, a regra equivalente ao art. 37 da atual LEP, a exigência temporal mínima de 1/6. Portanto, a matéria seria de "lege ferenda". Em seguida, o Plenário autorizou o relator a decidir monocraticamente os demais incidentes sobre a concessão de trabalho externo.
EP 2 TrabExt-AgR/DF, rel. Min. Roberto Barroso, 25.6.2014. (EP-2) (Inform. STF 752)

Código Penal e prescrição de infrações disciplinares
Ante a inexistência de legislação específica quanto à prescrição de infrações disciplinares de natureza grave, aplica-se, por analogia, o Código Penal. Com base nessa orientação, a 2ª Turma indeferiu "habeas corpus" no qual se pretendia restabelecer decisão de tribunal local, que reconhecera a prescrição de Processo Administrativo Disciplinar - PAD, instaurado para apurar suposta prática de falta grave. Na espécie, o paciente empreendera fuga do sistema prisional e, recapturado, contra ele fora instaurado o aludido PAD. Na sequência, o juízo das execuções deixara de homologar o PAD ao fundamento de não ter sido observado o prazo máximo de 30 dias para a sua conclusão, conforme previsto no Regime Disciplinar Penitenciário do Rio Grande do Sul, porém, reconhecera a prática de falta grave e determinara a regressão de regime, a perda dos dias remidos e a alteração da data-base para a concessão de novos benefícios para a data da recaptura. Interposto agravo em execução, o tribunal local reconhecera a prescrição do PAD e, por consequência, restabelecera o regime semiaberto, a data-base anterior e devolvera os dias remidos perdidos. No presente "habeas corpus", a defesa afirmava que o tribunal "a quo" teria reconhecido a prescrição do PAD e não a da falta grave e, prescrito aquele, não poderia prevalecer a falta grave. A Turma sublinhou que, em razão da ausência de norma específica, aplicar-se-ia, à evasão do estabelecimento prisional (infração disciplinar de natureza grave), o prazo prescricional de dois anos, em conformidade com o artigo 109, VI, do CP, com redação anterior à Lei 12.234/2010, que alterou esse prazo para três anos. Assinalou, ainda, que o Regime Penitenciário do Rio Grande do Sul não teria o condão de regular a prescrição. Destacou que essa matéria seria de competência legislativa privativa da União (CF, art. 22, I). Precedentes citados: HC 92.000/SP (DJe de 23.11.2007) e HC 97.611/RS (DJe de 5.6.2009).
HC 114422/RS, rel. Min. Gilmar Mendes, 6.5.2014. (HC-114422) (Inform. STF 745)

Ausência de casa de albergado e prisão domiciliar
Constatada pelo juízo da execução competente a inexistência, no Estado-membro, de estabelecimento prisional para cumprimento de pena em regime aberto, nos termos da sentença, permite-se o início do cumprimento em prisão domiciliar, até ser disponibilizada vaga no regime adequado. Com base nesse entendimento, em conclusão, a 1ª Turma, por maioria, concedeu em parte a ordem de *habeas corpus*, para assegurar ao paciente o direito de iniciar o cumprimento da pena em prisão domiciliar. Na espécie, ele fora condenado

à pena de reclusão, em regime aberto e, à falta de estabelecimento carcerário que atendesse à Lei de Execução Penal, fora colocado em prisão domiciliar. Ao fundamento de que o tribunal *a quo* teria subtraído a competência do juízo das execuções penais, o STJ cassara aquela determinação, objeto do presente *writ*. A Turma asseverou que, com ressalva das hipóteses legais de regressão, não seria admissível o recolhimento do paciente em regime mais severo do que o fixado na sentença condenatória. Aduziu que a prisão domiciliar deveria ser estabelecida pelo magistrado responsável pela execução apenas se inexistentes casas prisionais que atendessem a todos os requisitos da Lei de Execução Penal. Vencida a Ministra Rosa Weber, relatora, que denegava a ordem. O Ministro Roberto Barroso reajustou seu voto para conceder a ordem. (Inform. STF 736)

Falta grave e não retorno a prisão - 1
A 1ª Turma iniciou julgamento de *habeas corpus* em que se pretende o afastamento de falta grave. No caso, o paciente estaria cumprindo pena em regime semiaberto e lograra o benefício de visitação periódica ao lar. Ciente de que a referida benesse teria sido cassada em razão de provimento de recurso do Ministério Público, não regressara ao estabelecimento prisional. O Ministro Marco Aurélio, relator, considerou como justificada a ausência de retorno do paciente à penitenciária e, por conseguinte, repeliu o cometimento de falta grave. Consignou que a resistência a ato que, de início, surgisse discrepante da ordem jurídica consubstanciaria direito natural a implicar autodefesa. Reputou que o cidadão não estaria compelido a aceitar o ato, especialmente quando implicasse injustiça. Após, pediu vista o Ministro Roberto Barroso. HC 115279/RJ, rel. Min. Marco Aurélio, 22.10.2013. (HC-115279)

Falta grave e não retorno a prisão - 2
Em conclusão de julgamento, a 1ª Turma, por maioria, extinguiu, por inadequação da via processual, *habeas corpus* em que se pretendia o afastamento de falta grave. No caso, o paciente estaria cumprindo pena em regime semiaberto e lograra o benefício de visitação periódica ao lar. Ciente de que a referida benesse teria sido cassada em razão de provimento de recurso do Ministério Público, não regressara ao estabelecimento prisional — v. Informativo 725. Esclareceu-se que não caberia *habeas corpus* para o STF em substituição a recurso ordinário. Reputou-se não haver ilegalidade flagrante ou abuso de poder que autorizasse a concessão da ordem de ofício. Vencido o Ministro Marco Aurélio, que deferia a ordem por entender justificada a ausência de retorno do paciente à penitenciária. HC 115279/RJ, rel. orig. Min. Marco Aurélio, red. p/ o acórdão Min. Roberto Barroso, 10.12.2013. (HC-115279) (Inform. STF 732)

Remição e cálculo da pena
O cálculo da remição da pena será efetuado pelos dias trabalhados pelo condenado e não pelas horas, nos termos da Lei de Execução Penal (Lei 7.210/84). Com base nesse entendimento, a 2ª Turma denegou habeas corpus em que se discutia a possibilidade de se adotar o critério de dezoito horas para um dia remido, com o mínimo de seis horas como correspondente a uma jornada de trabalho. Enfatizou-se que, nos termos dos artigos 33 e 126 da LEP, a contagem é feita pelos dias trabalhados pelo apenado, à razão de "1 (um) dia de pena a cada 3 (três) dias de trabalho" (LEP, art. 126, § 1º, II). HC 114393/RS, rel. Min. Cármen Lúcia, 3.12.2013. (HC-114393) (Inform. STF 731)

AP 470/MG: trânsito em julgado e executoriedade autônoma de condenações - 1
O Plenário, por decisão majoritária, rejeitou questão de ordem suscitada da tribuna, segundo a qual deveria ser aberta vista à defesa para que se manifestasse acerca de pedido formulado pelo Ministério Público. O *Parquet* requeria que, em relação às condenações que não teriam sido objeto de embargos infringentes, fosse iniciado o cumprimento imediato da pena imposta. O Ministro Joaquim Barbosa, Presidente e relator, afirmou que, muito embora a petição tivesse sido juntada aos autos na véspera do julgamento, não seria levada em conta para a decisão na matéria, haja vista que seu voto a respeito já estaria pronto e fundamentado desde data anterior. Além disso, aduziu que a análise do tema prescindiria de manifestação das partes, visto que a execução da pena seria consequência natural do trânsito em julgado da condenação. Acresceu que a questão poderia, inclusive, ser solucionada monocraticamente, de ofício (LEP, art. 105), mas que optara por submetê-la ao Plenário (RISTF, art. 21, III). O Ministro Roberto Barroso invocou, ainda, o art. 675 do CPP. Vencidos os Ministros Ricardo Lewandowski e Marco Aurélio. Consideravam que o pleito trataria de matéria inédita na Corte, a respeito da decretação parcial de trânsito em julgado de condenação criminal, decorrente da admissibilidade de embargos infringentes. Ressaltavam que o contraditório e a ampla defesa deveriam ser observados. AP 470 Décima Primeira-QO/MG, rel. Min. Joaquim Barbosa, 13.11.2013. (AP-470)

AP 470/MG: trânsito em julgado e executoriedade autônoma de condenações - 2
Em seguida, o Plenário resolveu questão de ordem trazida pelo relator para: a) por unanimidade, decretar o trânsito em julgado e determinar a executoriedade imediata dos capítulos autônomos do acórdão condenatório, não impugnados por embargos infringentes, considerados os estritos limites do recurso; b) por maioria, excluir da execução imediata do acórdão as condenações já impugnadas por meio de embargos infringentes, considerados os estritos limites de cada recurso, por ainda pender o respectivo exame de admissibilidade; c) por maioria, observados os pressupostos anteriormente citados, admitir o trânsito em julgado e a execução imediata da pena em relação aos réus cujos segundos embargos declaratórios já teriam sido julgados nesta sessão. No tocante ao trânsito em julgado parcial do acórdão, à luz dos capítulos autônomos nele existentes, prevaleceu o voto do Ministro Joaquim Barbosa. O relator consignou que se teria operado o trânsito em julgado integral relativamente às penas impostas a alguns réus. Salientou, ainda, caso em que, apesar da existência de quatro votos em favor de determinado crime praticado por um dos acusados, não lhe teria sido imposta sanção penal, tendo em vista a extinção da pretensão punitiva, alcançada pela prescrição da pena em concreto. Desse modo, em relação aos demais crimes perpetrados por esse réu, também impor-se-ia a execução do acórdão. Registrou, ademais, outras situações em que caberia a oposição de embargos infringentes no tocante a certos crimes praticados por alguns réus, motivo pelo qual ainda não ocorrido o trânsito em julgado. Entretanto, no que se refere aos demais delitos perpetrados pelos mesmos acusados, a condenação respectiva teria transitado em julgado. Determinou, como consequência: a) fosse certificado o trânsito em julgado — integral ou parcial, conforme o caso — do acórdão condenatório, independentemente de sua publicação, feitas as ressalvas anteriormente citadas; b) fossem lançados os nomes dos réus no rol dos culpados; c) fossem expedidos mandados de prisão, para fins de cumprimento da pena privativa de liberdade, no regime inicial legalmente correspondente ao *quantum* da pena transitada em julgado, nos termos do art. 33, § 2º, do CP. Destacou, ainda, que esse aspecto implicaria vantagem para os acusados, pois significaria o início do cumprimento de pena em regime mais brando do que o cominado às condenações integrais. Assim, decotadas as condenações passíveis de embargos infringentes, a pena seria cumprida em regime mais favorável do que o eventualmente imposto se fosse aguardado o julgamento dos infringentes; d) fossem informados o TSE e o Congresso Nacional, para os fins do art. 15, III, da CF; e) fosse delegada competência ao Juízo de Execuções Penais do Distrito Federal (LEP, art. 65) para a prática dos atos executórios, excluída a apreciação de eventuais pedidos de reconhecimento do direito ao indulto, à anistia, à graça, ao livramento condicional ou questões referentes à

mudança de regime de cumprimento de pena, que deveriam ser dirigidos diretamente ao STF, assim como outros pleitos de natureza excepcional. AP 470 Décima Primeira-QO/MG, rel. Min. Joaquim Barbosa, 13.11.2013. (AP-470)

AP 470/MG: trânsito em julgado e executoriedade autônoma de condenações - 3
O Ministro Roberto Barroso considerou que o longo julgamento que ocorrera, seguido da apreciação de dois embargos de declaração, tornariam legítima a certificação do trânsito em julgado para o exercício da pretensão executória. Acresceu que mesmo os réus que tivessem apresentado embargos infringentes deveriam iniciar o cumprimento da pena referente a condenações insuscetíveis de rediscussão naquela via. Aduziu que, na existência de condenações definitivas, não haveria fundamento legítimo que justificasse o retardamento da execução. Sublinhou que o início imediato do cumprimento da pena em regime semiaberto, por exemplo, pendente o julgamento dos embargos infringentes, poderia significar o cômputo do tempo já cumprido para fins de posterior progressão de regime. Isso poderia significar menor tempo em regime fechado. O Ministro Teori Zavascki destacou o art. 119 do CP. Analisou que, se a prescrição da pretensão executória se verificaria em relação à pena de cada um dos crimes, isso ocorreria porque o trânsito em julgado também se operaria pelo mesmo critério. Do contrário, poderia ocorrer absurda hipótese em que existente a prescrição da pretensão executória antes mesmo da pretensão executória ocorrer. A Ministra Rosa Weber salientou o Enunciado 100 da Súmula do TST ("*Havendo recurso parcial no processo principal, o trânsito em julgado dá-se em momentos e em tribunais diferentes, contando-se o prazo decadencial para a ação rescisória do trânsito em julgado de cada decisão, salvo se o recurso tratar de preliminar ou prejudicial que possa tornar insubsistente a decisão recorrida, hipótese em que flui a decadência a partir do trânsito em julgado da decisão que julgar o recurso parcial*"). O Ministro Luiz Fux aduziu que as decisões de mérito fariam coisa julgada na medida em que ficassem ao desabrigo dos recursos. O Ministro Dias Toffoli citou o Enunciado 31 da Súmula da AGU ("*É cabível a expedição de precatório referente a parcela incontroversa, em sede de execução ajuizada em face da Fazenda Pública*"), no sentido de ser possível, em relação à parte incontroversa, iniciar-se a execução imediata da condenação. AP 470 Décima Primeira-QO/MG, rel. Min. Joaquim Barbosa, 13.11.2013. (AP-470)

AP 470/MG: trânsito em julgado e executoriedade autônoma de condenações - 4
O Ministro Ricardo Lewandowski, embora admitisse o trânsito em julgado por capítulos, nos termos em que já delineado, especialmente à luz do art. 119 do CP, ponderou não se poder invocar princípios de natureza cível ou trabalhista, atinentes ao trânsito em julgado parcial de condenação, para que fossem aplicados no campo penal, no qual em jogo a liberdade do cidadão. O Ministro Marco Aurélio acresceu que o órgão acusador poderia ter ajuizado tantas ações penais quantos os acusados e os crimes praticados, mas que teria optado pela cumulação objetiva e subjetiva. Assim, a existência de várias ações em um mesmo processo seria ficção jurídica e evidenciaria que o acórdão seria dividido em capítulos autônomos. O Ministro Celso de Mello ponderou que, nas situações em que houvesse cúmulo material de pedidos ou formação litisconsorcial passiva, seria possível divisar-se a existência de vários capítulos de conteúdo sentencial, a impor o reconhecimento da possibilidade de existir, também no âmbito penal, a formação progressiva da coisa julgada. Nesse sentido, a sentença ou acórdão poderia apresentar capítulos estáveis, que não mais admitiriam a possibilidade de impugnação recursal. Considerou que cada capítulo, portanto, seria dotado de eficácia executiva própria. Asseverou não se cuidar de execução provisória, mas definitiva. Analisou que o STF reconheceria a suspensibilidade dos embargos infringentes apenas quando atacassem a totalidade do acórdão majoritário, mas não quando essa decisão fosse composta por capítulos sentenciais autônomos. AP 470 Décima Primeira-QO/MG, rel. Min. Joaquim Barbosa, 13.11.2013. (AP-470)

AP 470/MG: trânsito em julgado e executoriedade autônoma de condenações - 5
No que diz respeito à exclusão das condenações já impugnadas por meio de embargos infringentes, quanto ao trânsito em julgado e à exequibilidade imediata, prevaleceu o voto do Ministro Teori Zavascki. Ressalvou que, relativamente aos réus que tivessem interposto embargos infringentes, e naquilo que fosse objeto desses embargos, não se poderia considerar ter havido trânsito em julgado. Nesse sentido, o eventual cabimento dos infringentes seria juízo próprio a ser dirimido quando do julgamento daquele recurso, observado o devido processo legal. O Ministro Celso de Mello salientou que o respeito aos ritos legais quanto à admissibilidade desse recurso deveria ser observado, tendo em conta o devido processo legal, sem que isso implicasse mero formalismo. Vencidos, no ponto, os Ministros Relator, Roberto Barroso, Dias Toffoli, Luiz Fux e Gilmar Mendes. Assinalavam que alguns embargantes não possuiriam, em seu favor, quatro votos absolutórios, nos termos do art. 333 do RISTF. Registravam que esse requisito teria sido expressamente considerado pelo Plenário como essencial à admissibilidade dos embargos infringentes, de modo que não se poderia beneficiar — com a não decretação do trânsito em julgado — os recorrentes que, conhecedores dessa regra, teriam ainda assim embargado, por um lado, e prejudicar, por outro, aqueles que teriam respeitado o critério da Corte e deixado de recorrer. AP 470 Décima Primeira-QO/MG, rel. Min. Joaquim Barbosa, 13.11.2013. (AP-470)

AP 470/MG: trânsito em julgado e executoriedade autônoma de condenações - 6
No que se refere à admissão do trânsito em julgado e a execução imediata da pena em relação aos réus cujos segundos embargos declaratórios já teriam sido julgados nesta sessão, os Ministros Ricardo Lewandowski e Marco Aurélio ficaram vencidos. Entendiam que existiria a possibilidade de interposição de embargos infringentes quanto a embargos declaratórios que contassem com quatro votos, no mínimo, favoráveis ao acusado. Salientavam não haver distinção no tocante à adequação dos embargos infringentes, se cabíveis para questionar apenas matéria de fundo ou se também para enfrentar pressuposto de recorribilidade, como na hipótese. Assentavam que tampouco seria admissível a execução do título condenatório, pois a culpa não estaria selada. AP 470 Décima Primeira-QO/MG, rel. Min. Joaquim Barbosa, 13.11.2013. (AP-470) (Inform. STF 728)

HC N. 115.797-SP
RELATOR MIN. LUIZ FUX
Ementa: PENAL E PROCESSUAL PENAL. *HABEAS CORPUS.* **PACIENTE SOB CUSTÓDIA DO ESTADO. TRANSFERÊNCIA PARA OUTRO ESTABELECIMENTO PRISIONAL. MATÉRIA NÃO APRECIADA PELAS INSTÂNCIAS PRECEDENTES. SUPRESSÃO DE INSTÂNCIA. IMPOSSIBILIDADE. AUSÊNCIA DE ELEMENTOS NOS AUTOS QUE PERMITAM CONCLUIR QUE O PACIENTE FAZ JUS À TRANSFERÊNCIA. ANÁLISE DE FATOS E PROVAS. VEDAÇÃO. ORDEM DENEGADA.**
1. "*A ressocialização do preso e a proximidade da família devem ser prestigiadas **sempre que ausentes elementos concretos e objetivos ameaçadores da segurança pública***" - Sem grifos no original (HC 100.087, Segunda Turma, Relatora a Ministra Ellen Gracie, DJe de 09.04.10). No mesmo sentido: HC 101.540, Segunda Turma, Relator o Ministro Ayres Britto, DJe de 18.02.11; HC 89597, Segunda Turma, Relator o Ministro Joaquim Barbosa, DJ de 15.12.06).
2. *In casu*, a deficiência na instrução do *habeas corpus* e a ausência da apreciação da matéria pelas instâncias precedentes não permitem concluir que o paciente faça *jus* ao cumprimento da pena privativa de liberdade na cidade de São Paulo/SP.

Isto porque não consta dos autos o tipo penal que embasou a condenação, a descrição do fato criminoso praticado, a localidade onde o fato foi cometido, o *quantum* da pena imposta, nem qualquer consideração acerca das condições pessoais do condenado. Ademais, não consta, ainda, qualquer documento que comprove que a família do paciente, de fato, reside na cidade de São Paulo/SP.
3. Acrescente-se ainda que verificar a existência, ou não, de elementos concretos que inviabilizariam o cumprimento da pena na cidade de São Paulo, demandaria o revolvimento do conjunto fático-probatório, inviável na via do *habeas corpus*.
4. A supressão de instância impede que sejam conhecidas, em sede de *habeas corpus*, matérias não apreciadas pelo Tribunal de origem. Precedentes: HC 100.616, Segunda Turma, Relator o Ministro Joaquim Barbosa, DJ de 14.03.11, e HC 103.835, Primeira Turma, Relator o Ministro Ricardo Lewandowski, DJ de 8/2/201.
5. *In casu*, a matéria trazida ao crivo desta Corte não foi, a rigor, analisada por nenhuma das instâncias precedentes. Isso porque o *habeas corpus* impetrado no Superior Tribunal de Justiça não foi conhecido sob o fundamento de que a questão nele deduzida *"não foi dirimida pelo Tribunal de Justiça impetrado, que limitou-se a não conhecer da ordem originária por entender que o pedido deveria ser antes formulado perante o Juízo da Vara das Execuções Criminais respectivo"*. A decisão foi mantida pelo colegiado do STJ em sede de agravo regimental.
6. Ordem denegada. (Inform. STF 728)

HC N. 114.591-RS
RELATOR: MIN. ROBERTO BARROSO
Ementa: *HABEAS CORPUS* IMPETRADO EM SUBSTITUIÇÃO A RECURSO ORDINÁRIO. 1. O condenado que estiver cumprindo pena privativa de liberdade em regime aberto não tem direito à remição da pena pelo trabalho, nos termos do art. 126 da Lei nº 7.210/1984. 2. Esse entendimento não foi alterado com a edição da Lei nº 12.433/2011. Precedentes. 3. *Habeas Corpus* extinto sem resolução de mérito por inadequação da via processual. (Inform. STF 728)

HC N. 110.013-MS
RELATOR: MIN. TEORI ZAVASCKI
Ementa: *HABEAS CORPUS*. EXECUÇÃO PENAL. PROGRESSÃO DE REGIME. COMETIMENTO DE FALTA GRAVE. INTERRUPÇÃO DO PRAZO PARA A CONCESSÃO DE NOVA PROGRESSÃO. ILEGALIDADE. NÃO OCORRÊNCIA. PRECEDENTES. ORDEM DENEGADA.
1. É firme a jurisprudência desta Corte no sentido de que a prática de falta grave no decorrer da execução penal interrompe o prazo para concessão de progressão de regime, reiniciando-se, a partir do cometimento da infração disciplinar grave, a contagem do prazo para que o condenado possa pleitear novamente o referido benefício executório. Precedentes.
2. Ordem denegada. (Inform. STF 725)

HC N. 113.763-SP
RELATOR: MIN. GILMAR MENDES
Habeas corpus. 2. Livramento condicional. Decisão do Tribunal de origem que não concedeu ao paciente a fruição do benefício, ao fundamento de não preenchimento do requisito subjetivo. Fuga do estabelecimento prisional. 3. Decisão devidamente motivada. Ausência de constrangimento ilegal. 4. Ordem denegada. (Inform. STF 722)

HC N. 114.370-RS
RELATOR: MIN. TEORI ZAVASCKI
Ementa: *HABEAS CORPUS*. EXECUÇÃO PENAL. COMETIMENTO DE FALTA GRAVE. INTERRUPÇÃO DO PRAZO PARA O PLEITO DE NOVA PROGRESSÃO. ILEGALIDADE. NÃO OCORRÊNCIA. PRECEDENTES. FRAÇÃO DE 1/3 PREVISTA NO ART. 127 DA LEP. LIMITE DE REVOGAÇÃO DOS DIAS REMIDOS. NÃO EXTENSIVO AOS DEMAIS BENEFÍCIOS EXECUTÓRIOS. PRECEDENTE. ORDEM DENEGADA.
1. É firme a jurisprudência desta Corte no sentido de que a prática de falta grave no decorrer da execução penal interrompe o prazo para concessão de progressão de regime, reiniciando-se, a partir do cometimento da infração disciplinar grave, a contagem do prazo para que o condenado possa pleitear novamente o referido benefício executório. Precedentes.
2. O art. 127 da Lei de Execução Penal, com a redação dada pela Lei 11.433/2011, impôs a limitação de 1/3 somente à revogação dos dias remidos, não havendo previsão legal que permita a extensão desse limite a todos os benefícios executórios que dependam da contagem de tempo. Precedente.
3. Conforme ressaltou a Procuradoria-Geral da República, em seu parecer, "analisando a decisão do Juízo da Vara das Execuções Criminais de Novo Hamburgo, constata-se que não foi declarada a perda dos dias remidos pelo paciente".
4. Ordem denegada. (Inform. STF 722)

Transferência para presídio federal de segurança máxima e prévia oitiva de preso
A transferência de preso para presídio federal de segurança máxima sem a sua prévia oitiva, desde que fundamentada em fatos caracterizadores de situação emergencial, não configura ofensa aos princípios do devido processo legal, da ampla defesa, da individualização da pena e da dignidade da pessoa humana. Com base nesse entendimento, a 1ª Turma denegou *habeas corpus* em que se pleiteava a anulação de transferência de preso recolhido em penitenciária estadual para estabelecimento federal por suposta inobservância de requisitos legais. Aludiu-se ao que contido no § 6º do art. 5º da Lei 11.671/2008, que dispõe sobre a transferência e inclusão de presos em estabelecimentos penais federais de segurança máxima e dá outras providências ("*§ 6o Havendo extrema necessidade, o juiz federal poderá autorizar a imediata transferência do preso e, após a instrução dos autos, na forma do § 2o deste artigo, decidir pela manutenção ou revogação da medida adotada*"). Consignou-se a possibilidade de postergação da oitiva dos agentes envolvidos no processo de transferência, cuja formalidade estaria prevista no § 2º do mesmo preceito ["*Instruídos os autos do processo de transferência, serão ouvidos, no prazo de 5 (cinco) dias cada, quando não requerentes, a autoridade administrativa, o Ministério Público e a defesa, bem com o Departamento Penitenciário Nacional - DEPEN, a quem é facultado indicar o estabelecimento penal mais adequado*"]. Aduziu-se que, no caso, estariam demonstrados os fatos ensejadores da situação emergencial: a) rebeliões ocorridas em determinado período, com a morte de vários detentos; b) julgamento, pela Corte Interamericana de Direitos Humanos, do Brasil e do estado-membro em que localizada a penitenciária na qual inicialmente recluso o paciente; c) interdição do presídio; e d) periculosidade do paciente. Ressaltou-se, ademais, a inexistência de direito subjetivo do reeducando de cumprir a pena em penitenciária específica. HC 115539/RO, rel. Min. Luiz Fux, 3.9.2013. (HC-115539) (Inform. STF 718)

RECURSO ORDINÁRIO EM HC N. 116.190-SP
RELATORA: MIN. CÁRMEN LÚCIA
EMENTA: RECURSO ORDINÁRIO EM HABEAS CORPUS. CONSTITUCIONAL. EXECUÇÃO PENAL. 1. OITIVA DO RECORRENTE E ASSISTÊNCIA DA DEFESA TÉCNICA NO PROCEDIMENTO ADMINISTRATIVO DISCIPLINAR PARA A APURAÇÃO DA FALTA GRAVE. 2. FALTA GRAVE. REINÍCIO DA CONTAGEM DO PRAZO PARA O BENEFÍCIO DA PROGRESSÃO DE REGIME. 3. RECONHECIMENTO DA FALTA GRAVE SEM OITIVA DO RECORRENTE E DA ACUSAÇÃO EM JUÍZO. ILEGALIDADE. ORDEM CONCEDIDA DE OFÍCIO.
1. Não há falar em nulidade da fase administrativa do procedimento para apuração da falta grave atribuída ao Recorrente; evidência de sua oitiva no momento apropriado e da assistência da defesa técnica.

2. O Supremo Tribunal Federal assentou que o cometimento de falta grave impõe o reinício da contagem do prazo exigido para a obtenção do benefício da progressão de regime de cumprimento da pena. Precedentes.
3. Recurso ao qual se nega provimento.
4. Ordem concedida de ofício para cassar a decisão judicial do juízo da Vara das Execuções Criminais da Comarca de Presidente Prudente/SP que reconheceu a falta grave e "determinar que outra seja proferida após a oitiva do apenado em juízo e a manifestação das partes – Defesa e Ministério Público". (Inform. STF 710)

Art. 118, I, da LEP e princípio da não culpabilidade - 2

Em conclusão, ante a inadequação da via processual, a 1ª Turma julgou extinta a ordem de habeas corpus em que se pleiteava o retorno do cumprimento de pena em regime semiaberto. Ademais, por maioria, denegou-se a concessão da ordem de ofício. Na espécie, após o juízo das execuções ter concedido a progressão, o paciente fora preso em flagrante pelo cometimento de outro crime, o que ensejara a regressão ao regime mais gravoso – v. Informativo 689. Asseverou-se inexistir o alegado bis in idem, porquanto o magistrado não necessitaria aguardar o trânsito em julgado do segundo crime para determinar a regressão. Aduziu-se que, diante a prática de novo fato delitivo, a transferência para regime mais rigoroso não significara condenação, apenas fora considerada a circunstância. Vencido o Min. Marco Aurélio, que concedia a ordem, de ofício. Assentava a regra da não culpabilidade, nos termos do art. 118, I, da LEP ("Art. 118. A execução da pena privativa de liberdade ficará sujeita à forma regressiva, com a transferência para qualquer dos regimes mais rigorosos, quando o condenado: I - praticar fato definido como crime doloso ou falta grave"). Pontuava que, antes de encerrado o processo no qual ele fora acusado da prática criminosa, não se poderia ter o fato como incontroverso.
HC 110881/MT, rel. orig. Min. Marco Aurélio, red. p/ o acórdão Min. Rosa Weber, 7.5.2013. (HC-110881) (Inform. STF 705)

RHC N. 116.203-DF
RELATOR: MIN. DIAS TOFFOLI
Recurso ordinário em habeas corpus. Execução penal. Cometimento de falta grave. Reinício do cômputo do prazo para a obtenção de benefícios executórios. Possibilidade. Precedentes.
1. A reiterada jurisprudência da Corte preconiza que, "o cometimento de falta grave, durante a execução da pena privativa de liberdade, implica [o] recomeço da contagem do prazo para a obtenção de benefícios executórios" (HC nº 106.865/SP, Primeira Turma, Relator o Ministro Ricardo Lewandowski, DJe de 15/3/11).
2. Recurso ordinário a que se nega provimento. (Inform. STF 705)

HC N. 116.033-SP
RELATOR: MIN. RICARDO LEWANDOWSKI
Ementa: RECURSO ORDINÁRIO EM HABEAS CORPUS. EXECUÇÃO PENAL. PROGRESSÃO DE REGIME. EXAME CRIMINOLÓGICO. POSSIBILIDADE. SÚMULA VINCULANTE 26. DECISÃO DEVIDAMENTE FUNDAMENTADA. REQUISITO SUBJETIVO. PREENCHIMENTO. AUSÊNCIA. RECURSO IMPROVIDO.
I – Prevalece nesta Corte o entendimento no sentido de que a alteração do artigo 112 da LEP pela Lei 10.792/2003 não proibiu a realização do exame criminológico, quando necessário para a avaliação do sentenciado, tampouco proibiu a sua utilização para a formação do convencimento do magistrado sobre o direito de promoção para regime mais brando.
II – O entendimento desta Corte, consubstanciado na Súmula Vinculante 26, é o de que, "Para efeito de progressão de regime no cumprimento de pena por crime hediondo ou equiparado, o juízo da execução observará a inconstitucionalidade do art. 2.º da Lei n.º 8.072, de 25 de julho de 1990, sem prejuízo de avaliar se o condenado preenche, ou não, os requisitos objetivos e subjetivos do benefício, podendo determinar, para tal fim, de modo fundamentado, a realização do exame criminológico".
III – No caso dos autos, o acórdão proferido pelo Tribunal de Justiça do Estado de São Paulo não padece de nenhuma ilegalidade, pois manteve decisão que indeferiu a progressão de regime com fundamento na ausência de preenchimento do requisito subjetivo.
IV – Recurso ordinário em habeas corpus improvido. (Inform. STF 703)

Falta grave: regressão e benefícios diversos

A 1ª Turma extinguiu *habeas corpus* em que se pleiteava assegurar ao paciente, em face de cometimento de falta grave, direito a não ter interrompida a contagem do tempo para progressão de regime prisional. Para tanto, reputou-se inadequada a impetração de *writ* substitutivo de recurso ordinário. Contudo, concedeu-se, de ofício, a ordem para assentar que o termo inicial da contagem de prazo concerniria, estritamente, à progressão no regime de cumprimento da pena, descabendo observá-lo no tocante a outros direitos. A princípio, salientou-se ser incongruente interpretar os preceitos alusivos à matéria a ponto de concluir que, ocorrida a regressão, no dia seguinte, poderia o preso progredir no regime. Observou-se, então, que o princípio da legalidade estrita afastaria interpretação analógica prejudicial ao réu. A par disso, aduziu-se que a Lei de Execução Penal silenciaria quanto ao surgimento de novo termo inicial para reconhecer-se o direito do preso a benefícios diversos. HC 109389/RS, rel. Min. Marco Aurélio, 6.11.2012. (HC-109389) (Inform. STF 687)

Exame criminológico e livramento condicional

A 1ª Turma extinguiu *habeas corpus*, uma vez que substituto de recurso constitucional, mas concedeu, de ofício, a ordem para restabelecer decisão do juízo das execuções que implementara o livramento condicional do paciente. Na situação dos autos, após o citado deferimento, o *parquet* interpusera agravo em execução, provido pelo Tribunal local, ao entender que se imporia o exame criminológico. Qualificou-se que, com a edição da Lei 10.792/2003, o mencionado exame teria sido expungido da ordem jurídica. Além disso, repisou-se que o magistrado admitira o livramento condicional. Ao fim, ponderou-se ter havido o desapreço às condições impostas pela lei para a benesse: decurso do tempo e certidão de bom comportamento carcerário. HC 109565/SP, rel. Min. Marco Aurélio, 6.11.2012. (HC-109565) (Inform. STF 687)

Prisão cautelar e livramento condicional

A 1ª Turma denegou *habeas corpus* em que se pretendia fosse revogada prisão ordenada por juízo da execução, bem assim determinada análise de pedido de livramento condicional somente com base em condenação definitiva. Na espécie, o paciente fora sentenciado em duas ações penais. A primeira decisão transitara em julgado anteriormente à segunda condenação, por delito distinto, ainda pendente de exame de recurso da defesa. Esclareceu-se que, na época desta última, o paciente estaria em liberdade e o juiz teria assentado a necessidade de prisão cautelar. Dessumiu-se não se tratar de revogação de livramento condicional, mas de mera consequência decorrente de condenação posterior com vedação a recurso em liberdade. Acrescentou-se que, diante deste novo título prisional, até que se decidisse definitivamente sobre ele, o balizamento a que estaria jungido o juízo da execução seria aquele resultante do somatório da condenação definitiva, ostentada pelo paciente, e daqueloutra pena provisoriamente estabelecida. HC 109618/RJ, rel. Min. Dias Toffoli, 12.6.2012. (HC-109618) (Inform. STF 670)

Art. 127 da LEP e benefícios da execução

A 2ª Turma denegou *habeas corpus* em que se pleiteava fosse declarado que a prática de falta grave estaria limitada ao máximo de 1/3 do lapso temporal no desconto da pena para todos os benefícios da execução da reprimenda que exigissem a contagem de tempo. Na situação dos autos, o STJ concedera, parcialmente, a ordem postulada para afastar o reinício da contagem do prazo, decorrente do cometimento de falta grave, necessário à aferição do requisito objetivo quanto aos benefícios de livramento condicional e comutação de pena. Enfatizou-se que o art. 127 da LEP, com a redação conferida pela Lei 12.433/2011, imporia ao juízo da execução, ao decretar a perda dos dias remidos, que se ativesse ao limite de 1/3 do tempo remido e levasse em conta, na aplicação dessa sanção, a natureza, os motivos, as circunstâncias e as consequências do fato, bem como a pessoa do faltoso e seu tempo de prisão [LEP: "Art. 127. Em caso de falta grave, o juiz poderá revogar até 1/3 (um terço) do tempo remido, observado o disposto no art. 57, recomeçando a contagem a partir da data da infração disciplinar"]. Na sequência, observou-se que, embora a impetrante postulasse a incidência da referida norma à espécie, verificar-se-ia que o juízo da execução não decretara a perda do tempo remido, a impedir a concessão da ordem para esse fim. Assinalou-se que, da leitura do dispositivo legal, inferir-se-ia que o legislador pretendera restringir somente a revogação dos dias remidos ao patamar de 1/3, motivo pelo qual não mereceria acolhida pretensão de estender o referido limite aos demais benefícios da execução. HC 110921/RS, rel. Min. Ricardo Lewandowski, 22.5.2012. (HC-110921) (Inform. STF 667)

DIREITO PENAL. PRÁTICA DE FALTA GRAVE E PROGRESSÃO DE REGIME. RECURSO REPETITIVO (ART. 543-C DO CPC E RES. 8/2008-STJ).
A prática de falta grave interrompe o prazo para a progressão de regime, acarretando a modificação da data-base e o início de nova contagem do lapso necessário para o preenchimento do requisito objetivo. Precedentes citados: AgRg nos EREsp 1.238.177-SP, Terceira Seção, DJe 30/4/2013; e AgRg nos EREsp 1.197.895-RJ, Terceira Seção, DJe 19/12/2012. **REsp 1.364.192-RS**, Rel. Min. Sebastião Reis Júnior, julgado em 12/2/2014. (Inform. STJ 546)

DIREITO PENAL. PRÁTICA DE FALTA GRAVE E LIVRAMENTO CONDICIONAL. RECURSO REPETITIVO (ART. 543-C DO CPC E RES. 8/2008-STJ). A prática de falta grave não interrompe o prazo para a obtenção de livramento condicional. Aplica-se, nessa situação, o entendimento consagrado na Súmula 441 do STJ. **REsp 1.364.192-RS**, Rel. Min. Sebastião Reis Júnior, julgado em 12/2/2014. (Inform. STJ 546)

DIREITO PENAL. PRÁTICA DE FALTA GRAVE, COMUTAÇÃO DE PENA E INDULTO. RECURSO REPETITIVO (ART. 543-C DO CPC E RES. 8/2008-STJ).
A prática de falta grave não interrompe automaticamente o prazo necessário para a concessão de indulto ou de comutação de pena, devendo-se observar o cumprimento dos requisitos previstos no decreto presidencial pelo qual foram instituídos. Precedentes citados: AgRg no HC 275.754-RS, Quinta Turma, DJe 9/10/2013; e AgRg no AREsp 199.014-SP, Sexta Turma, DJe 28/10/2013. **REsp 1.364.192-RS**, Rel. Min. Sebastião Reis Júnior, julgado em 12/2/2014. (Inform. STJ 546)

DIREITO PENAL. REGIME INICIAL DE CUMPRIMENTO DE PENA NO CRIME DE TORTURA.
Não é obrigatório que o condenado por crime de tortura inicie o cumprimento da pena no regime prisional fechado. Dispõe o art. 1º, § 7º, da Lei 9.455/1997 – lei que define os crimes de tortura e dá outras providências – que "O condenado por crime previsto nesta Lei, salvo a hipótese do § 2º, iniciará o cumprimento da pena em regime fechado". Entretanto, cumpre ressaltar que o Plenário do STF, ao julgar o HC 111.840-ES (DJe 17.12.2013), afastou a obrigatoriedade do regime inicial fechado para os condenados por crimes hediondos e equiparados, devendo-se observar, para a fixação do regime inicial de cumprimento de pena, o disposto no art. 33 c/c o art. 59, ambos do CP. Assim, por ser equiparado a crime hediondo, nos termos do art. 2º, caput e § 1º, da Lei 8.072/1990, é evidente que essa interpretação também deve ser aplicada ao crime de tortura, sendo o caso de se desconsiderar a regra disposta no art. 1º, § 7º, da Lei 9.455/1997, que possui a mesma disposição da norma declarada inconstitucional. Cabe esclarecer que, ao adotar essa posição, não se está a violar a Súmula Vinculante n.º 10, do STF, que assim dispõe: "Viola a cláusula de reserva de plenário (CF, art. 97) a decisão de órgão fracionário de tribunal que, embora não declare expressamente a inconstitucionalidade de lei ou ato normativo do poder público, afasta sua incidência, no todo ou em parte". De fato, o entendimento adotado vai ao encontro daquele proferido pelo Plenário do STF, tornando-se desnecessário submeter tal questão ao Órgão Especial desta Corte, nos termos do art. 481, parágrafo único, do CPC: "Os órgãos fracionários dos tribunais não submeterão ao plenário, ou ao órgão especial, a arguição de inconstitucionalidade, quando já houver pronunciamento destes ou do plenário do Supremo Tribunal Federal sobre a questão". Portanto, seguindo a orientação adotada pela Suprema Corte, deve-se utilizar, para a fixação do regime inicial de cumprimento de pena, o disposto no art. 33 c/c o art. 59, ambos do CP e as Súmulas 440 do STJ e 719 do STF. Confiram-se, a propósito, os mencionados verbetes sumulares: "Fixada a pena-base no mínimo legal, é vedado o estabelecimento de regime prisional mais gravoso do que o cabível em razão da sanção imposta, com base apenas na gravidade abstrata do delito." (Súmula 440 do STJ) e "A imposição do regime de cumprimento mais severo do que a pena aplicada permitir exige motivação idônea." (Súmula 719 do STF). Precedente citado: REsp 1.299.787-PR, Quinta Turma, DJe 3/2/2014. **HC 286.925-RR**, Rel. Min. Laurita Vaz, julgado em 13/5/2014. (Inform. STJ 540)

DIREITO PENAL. PRÁTICA DE CRIME DURANTE LIVRAMENTO CONDICIONAL.
O cometimento de crime durante o período de prova do livramento condicional não implica a perda dos dias remidos. Isso porque o livramento condicional possui regras distintas da execução penal dentro do sistema progressivo de penas. Assim, no caso de revogação do livramento condicional que seja motivada por infração penal cometida na vigência do benefício, aplica-se o disposto nos arts. 142 da Lei 7.210/1984 (LEP) e 88 do CP, os quais determinam que não se computará na pena o tempo em que esteve solto o liberado e não se concederá, em relação à mesma pena, novo livramento. A cumulação dessas sanções com os efeitos próprios da prática da falta grave não é possível, por inexistência de disposição legal nesse sentido. Desse modo, consoante o disposto no art. 140, parágrafo único, da LEP, as penalidades para o sentenciado no gozo de livramento condicional consistem em revogação do benefício, advertência ou agravamento das condições. Precedentes citados: REsp 1.101.461-RS, Sexta Turma, DJe 19/2/2013; e AgRg no REsp 1.236.295-RS, Quinta Turma, DJe 2/10/2013. **HC 271.907-SP**, Rel. Min. Rogerio Schietti Cruz, julgado em 27/3/2014. (Inform. STJ 539)

DIREITO PENAL. NECESSIDADE DE FUNDAMENTAÇÃO PARA A DECRETAÇÃO DA PERDA DE 1/3 DOS DIAS REMIDOS.
Reconhecida falta grave no decorrer da execução penal, não pode ser determinada a perda dos dias remidos na fração máxima de 1/3 sem que haja fundamentação concreta para justificá-la. De fato, a Lei de Execução Penal (LEP) estipula como um dos vetores do mérito do apenado, cuja avaliação decorre do cumprimento de seus deveres (art. 39), da disciplina praticada dentro do estabelecimento prisional (art. 44) e, por óbvio, do comportamento observado quando em gozo dos benefícios previstos na aludida norma de regência. Inserido nesse escopo, a configuração da falta de natureza grave enseja vários efeitos (art. 48, parágrafo único), entre eles: a possibilidade de colocação do sentenciado em regime

disciplinar diferenciado (art. 56); a interrupção do lapso para a aquisição de outros instrumentos ressocializantes, como, por exemplo, a progressão para regime menos gravoso (art. 112); a regressão no caso do cumprimento da pena em regime diverso do fechado (art. 118); além da revogação em até 1/3 do tempo remido (art. 127). Nesse contexto, o STJ adota o entendimento de que "o cometimento de falta grave implica a perda de até 1/3 dos dias remidos, cabendo ao Juízo das Execuções dimensionar o *quantum* cabível, observando os critérios do artigo 57 da Lei 7.210/1984, relativos à natureza, aos motivos, às circunstâncias e às consequências do fato, bem como à pessoa do faltoso e seu tempo de prisão, recomeçando a contagem a partir da data da infração". (HC 271.185-RS, Sexta Turma, DJe 14/3/2014). Dessa forma, ao decretar a perda dos dias remidos, o magistrado não pode apenas repetir o disposto no art. 57 da LEP, deixando de apontar elementos concretos do caso que, efetivamente, evidenciem a necessidade de decretação da perda dos dias remidos na fração máxima de 1/3. Isso porque, a motivação dos atos jurisdicionais, conforme imposição do artigo 93, IX, da CF ("Todos os julgamentos dos órgãos do Poder Judiciário serão públicos, e fundamentadas todas as decisões, sob pena de nulidade..."), funciona como garantia da atuação imparcial e*secundum legis* (sentido lato) do órgão julgador. **HC 282.265-RS, Rel. Min. Rogerio Shietti Cruz, julgado em 22/4/2014. (Inform. STJ 539)**

DIREITO PENAL. ILEGALIDADE NA MANUTENÇÃO DE INIMPUTÁVEL EM ESTABELECIMENTO PRISIONAL.
É ilegal a manutenção da prisão de acusado que vem a receber medida de segurança de internação ao final do processo, ainda que se alegue ausência de vagas em estabelecimentos hospitalares adequados à realização do tratamento. Com efeito, o inimputável não pode, em nenhuma hipótese, ser responsabilizado pela falta de manutenção de estabelecimentos adequados ao cumprimento da medida de segurança, por ser essa responsabilidade do Estado. Precedentes citados: HC 81.959-MG, Sexta Turma, DJ 25/2/2008; RHC 13.346-SP, Quinta Turma, DJ 3/2/2003; e HC 22.916-MG, Quinta Turma, DJ 18/11/2002.**RHC 38.499-SP, Rel. Min. Maria Thereza De Assis Moura, julgado em 11/3/2014. (Inform. STJ 537)**

DIREITO PENAL E PROCESSUAL PENAL. PROCEDIMENTO PARA A CONVERSÃO DA PENA RESTRITIVA DE DIREITOS EM PRIVATIVA DE LIBERDADE.
É imprescindível a prévia intimação pessoal do reeducando que descumpre pena restritiva de direitos para que se proceda à conversão da pena alternativa em privativa de liberdade. Isso porque se deve dar oportunidade para que o reeducando esclareça as razões do descumprimento, em homenagem aos princípios do contraditório e da ampla defesa. Precedentes citados: HC 256.036-SP, Quinta Turma, DJe 3/9/2013; HC 221.404-RJ, Sexta Turma, DJe 23/4/2013. **HC 251.312-SP, Rel. Min. Moura Ribeiro, julgado em 18/2/2014. (Inform. STJ 536)**

DIREITO PENAL. BENEFÍCIOS DA EXECUÇÃO PENAL NO CASO DE ESTRANGEIRO EM SITUAÇÃO IRREGULAR NO BRASIL.
O fato de estrangeiro estar em situação irregular no país, por si só, não é motivo suficiente para inviabilizar os benefícios da execução penal. Isso porque a condição humana da pessoa estrangeira submetida a pena no Brasil é protegida constitucionalmente e no âmbito dos direitos humanos. Com efeito, esses são aplicáveis não só às relações internacionais, mas a todo o ordenamento jurídico interno, principalmente às normas de direito penal e processual penal, por incorporarem princípios que definem os direitos e garantias fundamentais. **HC 274.249-SP, Rel. Min. Marilza Maynard (Desembargadora convocada do TJ-SE), julgado em 4/2/2014. (Inform. STJ 535)**

DIREITO PENAL. PROGRESSÃO DE REGIME PRISIONAL DE CONDENADO ESTRANGEIRO NO CASO DE EXISTÊNCIA DE DECRETO DE EXPULSÃO.
É irrelevante a existência de decreto de expulsão em desfavor do estrangeiro na análise de pedido de progressão de regime de cumprimento da pena. Isso porque o art. 67 da Lei 6.815/1980 determina que, conforme o interesse nacional, a expulsão poderá ocorrer antes ou depois do cumprimento da sentença. Precedentes citados: AgRg no HC 260.768-SP, Sexta Turma, DJe 5/4/2013, e HC 186.490-RJ, Sexta Turma, DJe 13/2/2012. **HC 274.249-SP, Rel. Min. Marilza Maynard (Desembargadora convocada do TJ-SE), julgado em 4/2/2014. (Inform. STJ 535)**

DIREITO PENAL. CONDIÇÃO SUBJETIVA PARA LIVRAMENTO CONDICIONAL.
Para a concessão de livramento condicional, a avaliação da satisfatoriedade do comportamento do executado não pode ser limitada a um período absoluto e curto de tempo. Embora não se possa inviabilizar a concessão do livramento condicional apenas porque durante a execução penal o condenado cometeu uma falta grave, o comportamento de um recluso do sistema penitenciário há de ser aferido em sua inteireza, por todo o período em que esteve cumprindo sua pena. Cingir o "comprovado comportamento satisfatório durante a execução da pena", conforme demanda o art. 83, III, do CP, apenas a um curto período de tempo que anteceda a análise do pedido implica dispensar o magistrado – especialmente o que está em permanente contato com a realidade dos presídios – de usar seu tirocínio, sua experiência e as informações de que dispõe nos autos para avaliar o merecimento do benefício pretendido pelo interno. O poder discricionário do juízo da execução penal não pode ser restringido a ponto de transformar a avaliação subjetiva em um simples cálculo aritmético. **REsp 1.325.182-DF, Rel. Min. Rogerio Schietti Cruz, julgamento em 20/2/2014. (Inform. STJ 535)**

DIREITO PROCESSUAL PENAL. PROCESSO ADMINISTRATIVO PARA APLICAÇÃO DE FALTA DISCIPLINAR AO PRESO. RECURSO REPETITIVO (ART. 543-C DO CPC E RES. 8/2008-STJ).
Para o reconhecimento da prática de falta disciplinar, no âmbito da execução penal, é imprescindível a instauração de procedimento administrativo pelo diretor do estabelecimento prisional, assegurado o direito de defesa, a ser realizado por advogado constituído ou defensor público nomeado. No âmbito da execução penal, a atribuição de apurar a conduta faltosa do detento, assim como realizar a subsunção do fato à norma legal, ou seja, verificar se a conduta corresponde a uma falta leve, média ou grave, e aplicar eventual sanção disciplinar é do diretor do estabelecimento prisional, em razão de ser o detentor do poder disciplinar (Seção III do Capítulo IV da LEP). Não se olvida, entretanto, que, em razão do cometimento de falta de natureza grave, determinadas consequências e sanções disciplinares são de competência do juiz da execução penal, quais sejam, a regressão de regime (art. 118, I), a revogação de saída temporária (art. 125), a perda dos dias remidos (art. 127) e a conversão de pena restritiva de direitos em privativa de liberdade (art. 181, § 1°, d, e § 2°). A propósito, o art. 48 estabelece que a autoridade administrativa "representará" ao juiz da execução penal para adoção dessas sanções disciplinares de competência do juiz da execução penal. Dessa forma, constata-se que a LEP não deixa dúvida ao estabelecer que todo o "processo" de apuração da falta disciplinar (investigação e subsunção), assim como a aplicação da respectiva punição, é realizado dentro da unidade penitenciária, cuja responsabilidade é do seu diretor. Somente se for reconhecida a prática de falta disciplinar de natureza grave pelo diretor do estabelecimento prisional, é que será comunicado ao juiz da execução penal para que aplique determinadas sanções, que o legislador, excepcionando a regra, entendeu por bem conferir caráter jurisdicional. No tocante à formalização dessa sequência de atos concernentes à apuração da conduta faltosa do detento e aplicação da respectiva sanção,

o art. 59 da LEP é expresso ao determinar que: "praticada a falta disciplinar, deverá ser instaurado o procedimento para a sua apuração, conforme regulamento, assegurado o direito de defesa". E mais, mesmo sendo a referida lei do ano de 1984, portanto, anterior à CF de 1988, ficou devidamente assegurado o direito de defesa do preso, que abrange não só a autodefesa, mas também a defesa técnica, a ser realizada por profissional devidamente inscrito nos quadros da OAB. Não por outro motivo o legislador disciplinou expressamente nos arts. 15, 16 e 83, § 5º, da LEP, a obrigatoriedade de instalação da Defensoria Pública nos estabelecimentos penais, a fim de assegurar a defesa técnica daqueles que não possuírem recursos financeiros para constituir advogado. Ademais, vale ressaltar que o direito de defesa garantido ao sentenciado tem assento constitucional, mormente porque o reconhecimento da prática de falta disciplinar de natureza grave acarreta consequências danosas que repercutem, em última análise, em sua liberdade. Com efeito, os incisos LIV e LV do art. 5º da CF respaldam a obrigatoriedade da presença de defensor regularmente constituído na OAB, em procedimento administrativo disciplinar, no âmbito da execução da pena. No particular, registre-se que a Súmula Vinculante 5, a qual dispõe que "a falta de defesa técnica por advogado no processo administrativo disciplinar não ofende a Constituição", não se aplica à execução penal. Primeiro, porque todos os precedentes utilizados para elaboração do aludido verbete sumular são originários de questões não penais, onde estavam em discussão procedimentos administrativos de natureza previdenciária (RE 434.059); fiscal (AI 207.197); disciplinar-estatutário militar (RE 244.027); e tomada de contas especial (MS 24.961). Segundo, porque, conforme mencionado, na execução da pena está em jogo a liberdade do sentenciado, o qual se encontra em situação de extrema vulnerabilidade, revelando-se incompreensível que ele possa exercer uma ampla defesa sem o conhecimento técnico do ordenamento jurídico, não se podendo, portanto, equiparar-lo ao indivíduo que responde a processo disciplinar na esfera cível-administrativa. Ademais, observa-se que o Regulamento Penitenciário Federal, aprovado pelo Dec. 6.049/2007 – que disciplina as regras da execução da pena em estabelecimento prisional federal, seguindo a diretriz traçada pela Lei 7.210/1984 (LEP) –, determina expressamente a obrigatoriedade de instauração de procedimento administrativo para apuração de falta disciplinar, bem como a imprescindibilidade da presença de advogado. Seria, portanto, um verdadeiro contrassenso admitir que o preso que cumpre pena em estabelecimento penal federal, regido pelo aludido Decreto, possua mais direitos e garantias em relação àquele que esteja cumprindo pena em presídio estadual. Ademais, quanto ao disposto no art. 118, I e § 2º, da LEP – que determina que o apenado deva ser ouvido previamente antes de ser regredido definitivamente de regime –, mesmo que se entenda que somente o juiz possa ouvi-lo, não se pode perder de vista que antes de ser aplicada qualquer sanção disciplinar pela prática de falta grave deve ser instaurado o devido procedimento administrativo pelo diretor do presídio. Somente após todo esse procedimento é que o diretor do estabelecimento prisional representará ao juiz da execução para que aplique as sanções disciplinares de sua competência, dentre elas, quando for o caso, a regressão de regime, ocasião em que o apenado deverá ser previamente ouvido, por meio de sua defesa técnica. Dessarte, verifica-se que a defesa do sentenciado no procedimento administrativo disciplinar revela-se muito mais abrangente em relação à sua oitiva prevista no art. 118, § 2º, da LEP, tendo em vista que esta tem por finalidade tão somente a questão acerca da regressão de regime, a ser determinada ou não pelo juiz da execução. Nota-se que os procedimentos não se confundem. Ora, se de um lado, o PAD visa apurar a ocorrência da própria falta grave, com observância do contraditório e da ampla defesa, bem como a aplicação de diversas sanções disciplinares pela autoridade administrativa; de outro, a oitiva do apenado tem como único objetivo a aplicação da sanção concernente à regressão de regime, exigindo-se, por óbvio, que já tenha sido reconhecida a falta grave pelo diretor do presídio.

Conquanto a execução penal seja uma atividade complexa, pois desenvolve-se nos planos jurisdicional e administrativo, da leitura dos dispositivos da LEP, notadamente do seu art. 66, que dispõe sobre a competência do juiz da execução, conclui-se que não há nenhum dispositivo autorizando o magistrado instaurar diretamente procedimento judicial para apuração de falta grave. Assim, embora o juiz da Vara de Execuções Penais possa exercer, quando provocado, o controle de legalidade dos atos administrativos realizados pelo diretor do estabelecimento prisional, bem como possua competência para determinadas questões no âmbito da execução penal, não lhe é permitido adentrar em matéria de atribuição exclusiva da autoridade administrativa, no que concerne à instauração do procedimento para fins de apuração do cometimento de falta disciplinar pelo preso, sob pena de afronta ao princípio da legalidade. **REsp 1.378.557-RS, Rel. Min. Marco Aurélio Bellizze, julgado em 23/10/2013.** (Inform. STJ 532)

DIREITO PROCESSUAL PENAL. ILEGALIDADE NO RECONHECIMENTO DE FALTA GRAVE.
A mudança de endereço sem autorização judicial durante o curso do livramento condicional, em descumprimento a uma das condições impostas na decisão que concedeu o benefício, não configura, por si só, falta disciplinar de natureza grave. Com efeito, essa conduta não está prevista no art. 50 da LEP, cujo teor estabelece, em rol taxativo, as hipóteses de falta grave, a saber, as situações em que o condenado à pena privativa de liberdade: a) incitar ou participar de movimento para subverter a ordem ou a disciplina; b) fugir; c) possuir, indevidamente, instrumento capaz de ofender a integridade física de outrem; d) provocar acidente de trabalho; e) descumprir, no regime aberto, as condições impostas; f) inobservar os deveres previstos nos incisos II e V do artigo 39 da LEP; e g) tiver em sua posse, utilizar ou fornecer aparelho telefônico, de rádio ou similar, que permita a comunicação com outros presos ou com o ambiente externo. Desse modo, não é possível o reconhecimento da falta grave com fundamento na simples mudança de endereço durante o curso do livramento condicional, sem que evidenciada situação de fuga, sob pena de ofensa ao princípio da legalidade. **HC 203.015-SP, Rel. Min. Maria Thereza de Assis Moura, julgado em 26/11/2013.** (Inform. STJ 532)

DIREITO PROCESSUAL PENAL. IMPOSSIBILIDADE DE CUMPRIMENTO DE MEDIDA DE SEGURANÇA EM ESTABELECIMENTO PRISIONAL COMUM.
O inimputável submetido à medida de segurança de internação em hospital de custódia e tratamento psiquiátrico não poderá cumpri-la em estabelecimento prisional comum, ainda que sob a justificativa de ausência de vagas ou falta de recursos estatais. Isso porque não pode o paciente ser submetido a situação mais gravosa do que aquela definida judicialmente. Precedentes citados: HC 211.750-SP, Sexta Turma, DJe 26/10/2011; HC 207.019-SP, Quinta Turma, DJe 31/8/2011. **HC 231.124-SP, Rel. Min. Laurita Vaz, julgado em 23/4/2013.** (Inform. STJ 522)

DIREITO PENAL. REQUISITOS PARA A CONCESSÃO DE PRISÃO DOMICILIAR.
A superlotação carcerária e a precariedade das condições da casa de albergado não são justificativas suficientes para autorizar o deferimento de pedido de prisão domiciliar. De fato, conforme o art. 117 da LEP, somente se admitirá o recolhimento do beneficiário de regime aberto em residência particular quando se tratar de condenado maior de 70 (setenta) anos, condenado acometido de doença grave, condenada com filho menor ou deficiente físico ou mental, ou condenada gestante. Além disso, cumpre ressaltar que, excepcionalmente, quando o sentenciado se encontrar cumprindo pena em estabelecimento destinado a regime mais gravoso, por inexistência de vagas no regime adequado, admite-se, provisoriamente, a concessão da prisão domiciliar. Dessa forma, não se enquadrando a situação

analisada em nenhuma das hipóteses descritas, não é cabível a concessão da prisão domiciliar. Precedentes citados: AgRg no HC 258.638-RS, Quinta Turma, DJe 1º/3/2013; e HC 153.498-RS, Quinta Turma, DJe 26/4/2010. **HC 240.715-RS, Rel. Min. Laurita Vaz, julgado em 23/4/2013.** (Inform. STJ 520)

DIREITO PROCESSUAL PENAL. INOCORRÊNCIA DE FALTA GRAVE PELA POSSE DE UM CABO USB, UM FONE DE OUVIDO E UM MICROFONE POR VISITANTE DE PRESO.
No âmbito da execução penal, não configura falta grave a posse, em estabelecimento prisional, de um cabo USB, um fone de ouvido e um microfone por visitante de preso. Primeiramente, os referidos componentes eletrônicos não se amoldam às hipóteses previstas no art. 50, VII, da Lei 7.210/1984 porque, embora sejam considerados acessórios eletrônicos, não são essenciais ao funcionamento de aparelho de telefonia celular ou de rádio de comunicação e, por isso, não se enquadram na finalidade da norma proibitiva que é a de impedir a comunicação intra e extramuros. Além disso, também não há como falar em configuração de falta grave, pois a conduta praticada por visitante não pode alcançar a pessoa do preso, tendo em vista que os componentes eletrônicos não foram apreendidos com o detento, mas com seu visitante. **HC 255.569-SP, Rel. Min. Marco Aurélio Bellizze, julgado em 21/3/2013.** (Inform. STJ 519)

DIREITO PROCESSUAL PENAL. FALTA GRAVE DECORRENTE DA POSSE DE CHIP DE TELEFONIA MÓVEL POR PRESO.
No âmbito da execução penal, configura falta grave a posse de chip de telefonia móvel por preso. Essa conduta se adéqua ao disposto no art. 50, VII, da LEP, de acordo com o qual constitui falta grave a posse de aparelho telefônico, de rádio ou similar que permita a comunicação com outros presos ou com o ambiente externo. Trata-se de previsão normativa cujo propósito é conter a comunicação entre presos e seus comparsas que estão no ambiente externo, evitando-se, assim, a deletéria conservação da atividade criminosa que, muitas vezes, conduziu-os ao aprisionamento. Portanto, há de se ter por configurada falta grave também pela posse de qualquer outra parte integrante do aparelho celular. Conclusão diversa permitiria o fracionamento do aparelho entre cúmplices apenas com o propósito de afastar a aplicação da lei e de escapar das sanções nela previstas. **HC 260.122-RS, Rel. Min. Marco Aurélio Bellizze, julgado em 21/3/2013.** (Inform. STJ 517)

DIREITO PROCESSUAL PENAL. EXECUÇÃO PENAL. CRIME HEDIONDO TENTADO. PROGRESSÃO DE REGIME.
A progressão de regime prisional para o cumprimento de pena pela prática de crime hediondo, ainda que na forma tentada, deve observar os parâmetros do art. 2º, § 2º, da Lei n. 8.072/1990, com a redação dada pela Lei n. 11.464/2007. O fato de não ter sido consumado o crime não afasta a hediondez do delito. Precedentes citados do STF: HC 82.867-SP, DJ 27/6/2003; HC 73.924-SP, DJ 20/9/1996; do STJ: HC 239.682-MG, DJe 29/6/2012, e HC 136.829-SP, DJe 3/5/2010. **HC 220.978-RJ, Rel. Min. Laurita Vaz, julgado em 16/10/2012.** (Inform. STJ 506)

PROGRESSÃO. REGIME ABERTO. COMPROVAÇÃO DE TRABALHO. RAZOABILIDADE.
A Turma concedeu a ordem por entender que deve ser interpretada com temperamento a regra descrita no art. 114, I, da LEP, que exige do condenado, para a progressão ao regime aberto, a comprovação de trabalho ou a possibilidade imediata de fazê-lo. Isso porque a realidade mostra que, estando a pessoa presa, raramente tem condições de, desde logo, comprovar a existência de proposta efetiva de emprego ou de demonstrar estar trabalhando por meio de apresentação de carteira assinada. No caso, o paciente cumpriu os requisitos exigidos pelo art. 112 da LEP, deixando, apenas, de obter a pretendida progressão prisional ante a ausência de apresentação de carta de proposta de emprego, o que configura o alegado constrangimento ilegal. Ademais, somente a superveniente inércia do apenado em demonstrar o exercício de atividade laboral lícita poderá autorizar a cassação do benefício. **HC 229.494-RJ, Rel. Min. Marco Aurélio Bellizze, julgado em 11/9/2012.** (Inform. STJ 504)

MEDIDA DE SEGURANÇA SUBSTITUTIVA DA PENA PRIVATIVA DE LIBERDADE. TÉRMINO.
A medida de segurança aplicada em substituição à pena privativa de liberdade, prevista no art. 183 da LEP, se limita ao término da pena estabelecida na sentença, sob pena de ofensa à coisa julgada e ao princípio da proporcionalidade. *In casu*, no curso da execução criminal, em razão da constatação de superveniente doença mental, a pena privativa de liberdade imposta ao paciente foi convertida em medida de segurança. Portanto, extrapolado o prazo de cumprimento da pena privativa de liberdade, deve cessar a intervenção do Estado na esfera penal, ainda que não cessada a periculosidade do paciente. Hipótese na qual o MP poderá buscar a interdição do paciente perante o juízo cível, se necessário à sua proteção ou da sociedade. Precedentes citados: HC 44.972-SP, DJ 8/10/2007, e HC 130.160-SP, DJe 14/12/2009. **HC 130.162-SP, Rel. Min. Maria Thereza de Assis Moura, julgado em 2/8/2012.** (Inform. STJ 501)

EXECUÇÃO PENAL. FALTA GRAVE. SANÇÃO COLETIVA.
Por violação da determinação expressa no art. 45, § 3º, da LEP (que proíbe a aplicação de sanções coletivas) e ao art. 5º, XLV, da CF (princípio da responsabilidade pessoal), a Turma anulou a punição aplicada ao paciente pela prática de falta grave. No caso, vários detentos estavam dentro de uma viatura, cujo interior foi danificado durante o transporte, mais especificamente a tela de proteção de uma das lâmpadas do corredor direito. Questionados sobre o responsável pelo dano, todos os presos permaneceram silentes. Com esses fatos, a Justiça estadual entendeu que todos deveriam ser responsabilizados pelo fato ocorrido e aplicou a punição por falta grave aos detentos transportados naquela oportunidade. Nesse contexto, a Turma anulou a referida punição, reconhecendo que não houve a individualização da conduta a ponto de poder atribuir ao paciente a responsabilidade pelo dano provocado na viatura. **HC 177.293-SP, Rel. Min. Maria Thereza de Assis Moura, julgado em 24/4/2012.** (Inform. STJ 496)

EXECUÇÃO PENAL. REMIÇÃO. REGIME ABERTO.
A Turma reafirmou o entendimento de que o condenado que cumpre pena no regime aberto não tem direito à remição pelo trabalho nos termos do art. 126 da LEP. Precedentes citados do STF: HC 98.261-RS, DJe 23/4/2010; do STJ: REsp 1.088.611-RS, DJe 23/8/2010; REsp 984.460-RS, DJe 13/10/2009; HC 130.336-RS, DJe 24/8/2009, e HC 206.084-RS, DJe 17/8/2011. **HC 186.389-RS, Rel. Min. Sebastião Reis Júnior, em 28/2/2012.** (Inform. STJ 492)

EXECUÇÃO PENAL. SUPERVENIÊNCIA DE CONDENAÇÃO. UNIFICAÇÃO DAS PENAS. TERMO INICIAL. NOVOS BENEFÍCIOS.
A Turma reafirmou a orientação sedimentada nesta Corte de que, sobrevindo nova condenação ao apenado no curso da execução seja por fato anterior ou seja posterior ao início do cumprimento da reprimenda, a contagem do prazo para concessão de benefícios é interrompida, devendo ser feito novo cálculo com base no somatório das penas restantes a serem cumpridas. O marco inicial da contagem do novo prazo é o trânsito em julgado da sentença condenatória superveniente. **HC 210.637-MA, Rel. Min. Maria Thereza de Assis Moura, julgado em 6/3/2012.** (Inform. STJ 492)

PROGRESSÃO DE REGIME. AUSÊNCIA DE VAGA EM ESTABELECIMENTO ADEQUADO. PRISÃO DOMICILIAR.

A Turma concedeu a ordem para que o paciente cumpra a pena em prisão domiciliar até que surja vaga em estabelecimento prisional com as condições necessárias ao adequado cumprimento da pena em regime aberto. Isso porque, apesar de existir casa de albergado no estado-membro, faltam vagas para atender todos os presos que têm direito ao regime aberto. Além disso, ante a inexistência de vagas para o cumprimento de pena no regime semiaberto, os presos com o direito de cumprimento neste regime foram alojados nas casas de albergados, nas quais foram colocadas barreiras para evitar fugas, tais como portões, grades, cadeados, galerias e guardas. Assim, a administração penitenciária passou a tratar igualmente presos com direito a regimes de cumprimento de pena distintos, submetendo aqueles com direito ao regime aberto a tratamento mais gravoso. Nesse contexto, a Turma entendeu que o cumprimento de pena em regime aberto nas condições relatadas ofende princípios constitucionais, tais como o da dignidade da pessoa humana (art. 1º, III), o da humanidade da pena (art. 5º, XLVII) e o da individualização da pena (art. 5º, XLVI e XLVIII). Ademais, as condições em que se encontram as casas de albergado mostram inobservância dos princípios da autodisciplina e do senso de responsabilidade do preso, basilares do cumprimento de pena do regime aberto. **HC 216.828-RS, Rel. Min. Maria Thereza de Assis Moura, julgado em 2/2/2012. (Inform. STJ 490)**

Súmula Vinculante 26

Para efeito de progressão de regime no cumprimento de pena por crime hediondo, ou equiparado, o juízo da execução observará a inconstitucionalidade do art. 2º da Lei n. 8.072, de 25 de julho de 1990, sem prejuízo de avaliar se o condenado preenche, ou não, os requisitos objetivos e subjetivos do benefício, podendo determinar, para tal fim, de modo fundamentado, a realização de exame criminológico.

Súmula Vinculante 9

O disposto no artigo 127 da Lei nº 7.210/1984 (Lei de Execução Penal) foi recebido pela ordem constitucional vigente, e não se lhe aplica o limite temporal previsto no *caput* do artigo 58.

Súmula Vinculante 5

A falta de defesa técnica por advogado no processo administrativo disciplinar não ofende a Constituição.

Súmula STF nº 717

Não impede a progressão de regime de execução da pena, fixada em sentença não transitada em julgado, o fato de o réu se encontrar em prisão especial.

Súmula STF nº 716

Admite-se a progressão de regime de cumprimento da pena ou a aplicação imediata de regime menos severo nela determinada, antes do trânsito em julgado da sentença condenatória.

Súmula STF nº 715

A pena unificada para atender ao limite de trinta anos de cumprimento, determinado pelo art. 75 do Código Penal, não é considerada para a concessão de outros benefícios, como o livramento condicional ou regime mais favorável de execução.

Súmula STJ nº 491

É inadmissível a chamada progressão *per saltum* de regime prisional.

Súmula STJ nº 471

Os condenados por crimes hediondos ou assemelhados cometidos antes da vigência da Lei n. 11.464/2007 sujeitam-se ao disposto no art. 112 da Lei n. 7.210/1984 (Lei de Execução Penal) para a progressão de regime prisional.

Súmula STJ nº 441

A falta grave não interrompe o prazo para obtenção de livramento condicional.

Súmula STJ nº 439

Admite-se o exame criminológico pelas peculiaridades do caso, desde que em decisão motivada.

Súmula STJ nº 341

A frequência a curso de ensino formal é causa de remição de parte do tempo de execução de pena sob regime fechado ou semiaberto.

Súmula STJ nº 40

Para obtenção dos benefícios de saída temporária e trabalho externo, considera-se o tempo de cumprimento da pena no regime fechado.

17. LEI MARIA DA PENHA – ASPECTOS PROCESSUAIS

REPERCUSSÃO GERAL EM ARE N. 773.765-PR
RELATOR: MIN. GILMAR MENDES

Recurso extraordinário com agravo. Repercussão Geral. 2. Crime de lesão corporal praticado contra a mulher no âmbito doméstico e familiar. Ação penal pública incondicionada. ADI 4.424. 3. Agravo conhecido e recurso extraordinário provido para cassar o acórdão proferido pela 1ª Câmara Criminal do Tribunal de Justiça do Estado do Paraná, determinando a apreciação do mérito da apelação interposta pelo Ministério Público Estadual. 4. Reafirmação de jurisprudência. (Inform. STF 744)

Lei "Maria da Penha" e art. 41 da Lei 9.099/95 - 1

O Plenário denegou *habeas corpus* no qual pretendida a suspensão dos efeitos da condenação imposta ao paciente, nos termos do art. 89 da Lei 9.099/95, e, em consequência, declarou a constitucionalidade do art. 41 da Lei 11.340/2006 (*"Aos crimes praticados com violência doméstica e familiar contra a mulher, independentemente da pena prevista, não se aplica a Lei nº 9.099, de 26 de setembro de 1995."*). Na espécie, o paciente fora condenado, pela prática de contravenção penal de vias de fato (Decreto-Lei 3.688/41, art. 21, *caput*), à pena de 15 dias de prisão simples, substituída por restritiva de direitos consistente em prestação de serviços à comunidade. HC 106212/MS, rel. Min. Marco Aurélio, 24.3.2011. (HC-106212)

Lei "Maria da Penha" e art. 41 da Lei 9.099/95 - 2

Aduziu-se, inicialmente, que a Lei 11.340/2006 teria por escopo coibir a violência doméstica e familiar contra a mulher, em observância ao art. 226, § 8º, da CF (*"Art. 226. A família, base da sociedade, tem especial proteção do Estado. ... § 8º - O Estado assegurará a assistência à família na pessoa de cada um dos que a integram, criando mecanismos para coibir a violência no âmbito de suas relações."*). A esse respeito, salientou-se que a mesma lei, em seu art. 7º, definiria como *"violência doméstica e familiar contra a mulher"* não apenas a violência física, mas também a psicológica, social, patrimonial e moral. Reputou-se, por sua vez, que o preceito contido no art. 41 da referida lei afastaria, de forma categórica, a Lei 9.099/95 de todo processo-crime cujo quadro revelasse violência doméstica ou familiar contra a mulher, o que abarcaria os casos de contravenção penal. No ponto, o Min. Luiz Fux ressaltou que as causas a envolver essa matéria seriam revestidas de complexidade incompatível com o rito sumaríssimo dos Juizados Especiais. O Min. Marco Aurélio, relator, acrescentou que a Lei "Maria da Penha" preveria a criação de juizados específicos para as situações de que trata a lei, o que seria incongruente, pois, a aplicação de regras da Lei 9.099/95. HC 106212/MS, rel. Min. Marco Aurélio, 24.3.2011. (HC-106212)

Lei "Maria da Penha" e art. 41 da Lei 9.099/95 - 3
Assinalou-se, ademais, que o ato perpetrado pelo paciente teria atingido não só a integridade física da mulher, mas também sua dignidade, a qual o contexto normativo buscaria proteger. Nesse aspecto, o Min. Cezar Peluso, Presidente, observou que o art. 98, I, da CF não conteria a definição de *"infrações penais de menor potencial ofensivo"*, de modo que a lei infraconstitucional poderia estabelecer critérios – não restritos somente à pena cominada – aptos a incluir, ou não, determinadas condutas nesse gênero. Entendeu-se, também, que a norma impugnada estaria de acordo com o princípio da igualdade, na medida em que a mulher careceria de especial proteção jurídica, dada sua vulnerabilidade, e que atenderia à ordem jurídico-constitucional, no sentido de combater o desprezo às famílias, considerada a mulher como sua célula básica. Destacou-se, por fim, que a pena imposta consubstanciaria mera advertência a inibir a reiteração de práticas mais condenáveis. HC 106212/MS, rel. Min. Marco Aurélio, 24.3.2011. (HC-106212) (Inform. STF 620)

DIREITO PENAL. DESCUMPRIMENTO DE MEDIDA PROTETIVA DE URGÊNCIA PREVISTA NA LEI MARIA DA PENHA.
O descumprimento de medida protetiva de urgência prevista na Lei Maria da Penha (art. 22 da Lei 11.340/2006) não configura crime de desobediência (art. 330 do CP). De fato, a jurisprudência do STJ firmou o entendimento de que, para a configuração do crime de desobediência, não basta apenas o não cumprimento de uma ordem judicial, sendo indispensável que inexista a previsão de sanção específica em caso de descumprimento (HC 115.504-SP, Sexta Turma, Dje 9/2/2009). Desse modo, está evidenciada a atipicidade da conduta, porque a legislação previu alternativas para que ocorra o efetivo cumprimento das medidas protetivas de urgência, previstas na Lei Maria da Penha, prevendo sanções de natureza civil, processual civil, administrativa e processual penal. Precedentes citados: REsp 1.374.653-MG, Sexta Turma, DJe 2/4/2014; e AgRg no Resp 1.445.446-MS, Quinta Turma, DJe 6/6/2014. **RHC 41.970-MG, Rel. Min. Laurita Vaz, julgado em 7/8/2014 (Vide Informativo n. 538). (Inform. STJ 544)**

DIREITO PENAL E PROCESSUAL PENAL. INAPLICABILIDADE DA TRANSAÇÃO PENAL ÀS CONTRAVENÇÕES PENAIS PRATICADAS CONTRA MULHER NO CONTEXTO DE VIOLÊNCIA DOMÉSTICA.
A transação penal não é aplicável na hipótese de contravenção penal praticada com violência doméstica e familiar contra a mulher. De fato, a interpretação literal do art. 41 da Lei Maria da Penha ("Aos crimes praticados com violência doméstica e familiar contra a mulher, independentemente da pena prevista, não se aplica a Lei 9.099, de 26 de setembro de 1995.") viabilizaria, em apressado olhar, a conclusão de que os institutos despenalizadores da Lei 9.099/1995, entre eles a transação penal, seriam aplicáveis às contravenções penais praticadas com violência doméstica e familiar contra a mulher. Entretanto, o legislador, ao editar a Lei 11.340/2006, conferiu concretude ao texto constitucional (art. 226, § 8°, da CF) e aos tratados e as convenções internacionais de erradicação de todas as formas de violência contra a mulher, a fim de mitigar, tanto quanto possível, qualquer tipo de violência doméstica e familiar contra a mulher, abrangendo não só a violência física, mas, também, a psicológica, a sexual, a patrimonial, a social e a moral. Desse modo, à luz da finalidade última da norma (Lei 11.340/2006) e do enfoque da ordem jurídico-constitucional, considerando, ainda, os fins sociais a que a lei se destina, a aplicação da Lei 9.099/1995 é afastada pelo art. 41 da Lei 11.340/2006, tanto em relação aos crimes quanto às contravenções penais praticados contra mulheres no âmbito doméstico e familiar. Ademais, o STJ e o STF já se posicionaram no sentido de que os institutos despenalizadores da Lei 9.099/1995, entre eles a transação penal, não se aplicam a nenhuma prática delituosa contra a mulher no âmbito doméstico e familiar, ainda que configure contravenção penal. Precedente citado do STJ: HC 196.253-MS, Sexta Turma, DJe 31/5/2013. Precedente citado do STF: HC 106.212-MS, Tribunal Pleno, DJe 13/6/2011. **HC 280.788-RS, Rel. Min. Rogerio Schietti Cruz, julgado em 3/4/2014. (Inform. STJ 539)**

DIREITO PROCESSUAL PENAL. DEFINIÇÃO DA COMPETÊNCIA PARA APURAÇÃO DA PRÁTICA DO CRIME PREVISTO NO ART. 241 DO ECA.
Não tendo sido identificado o responsável e o local em que ocorrido o ato de publicação de imagens pedófilo-pornográficas em site de relacionamento de abrangência internacional, competirá ao juízo federal que primeiro tomar conhecimento do fato apurar o suposto crime de publicação de pornografia envolvendo criança ou adolescente (art. 241 do ECA). Por se tratar de site de relacionamento de abrangência internacional – que possibilita o acesso dos dados constantes de suas páginas, em qualquer local do mundo, por qualquer pessoa dele integrante – deve ser reconhecida, no que diz respeito ao crime em análise, a transnacionalidade necessária à determinação da competência da Justiça Federal. Posto isso, cabe registrar que o delito previsto no art. 241 do ECA se consuma com o ato de publicação das imagens. Entretanto, configurada dúvida quanto ao local do cometimento da infração e em relação ao responsável pela divulgação das imagens contendo pornografia infantil, deve se firmar a competência pela prevenção a favor do juízo federal em que as investigações tiveram início (art. 72, § 2°, do CPP). **CC 130.134-TO, Rel. Min. Marilza Maynard (Desembargadora convocada do TJ-SE), julgado em 9/10/2013. (Inform. STJ 532)**

DIREITO PROCESSUAL PENAL. DETERMINAÇÃO EM LEI ESTADUAL DE COMPETÊNCIA DO JUÍZO DA INFÂNCIA E DA JUVENTUDE PARA O PROCESSAMENTO DE AÇÃO PENAL DECORRENTE DA PRÁTICA DE CRIME CONTRA CRIANÇA OU ADOLESCENTE.
Devem ser anulados os atos decisórios do processo, desde o recebimento da denúncia, na hipótese em que o réu, maior de 18 anos, acusado da prática do crime de estupro de vulnerável (art. 217-A, caput, do CP), tenha sido, por esse fato, submetido a julgamento perante juízo da infância e da juventude, ainda que lei estadual estabeleça a competência do referido juízo para processar e julgar ação penal decorrente da prática de crime que tenha como vítima criança ou adolescente. De fato, o ECA permitiu que os Estados e o Distrito Federal possam criar, na estrutura do Poder Judiciário, varas especializadas e exclusivas para processar e julgar demandas envolvendo crianças e adolescentes (art. 145). Todavia, o referido diploma restringiu, no seu art. 148, quais matérias podem ser abrangidas por essas varas. Neste dispositivo, não há previsão de competência para julgamento de feitos criminais na hipótese de vítimas crianças ou adolescentes. Dessa forma, não é possível a ampliação do rol de competência do juizado da infância e da juventude por meio de lei estadual, de modo a modificar o juízo natural da causa. Precedentes citados: RHC 30.241-RS, Quinta Turma, DJe 22/8/2012; HC 250.842-RS, Sexta Turma, DJe 21/6/2013. **RHC 37.603-RS, Rel. Min. Assusete Magalhães, DJe 16/10/2013. (Inform. STJ 529)**

DIREITO PROCESSUAL PENAL. DETERMINAÇÃO, EM LEI ESTADUAL, DE COMPETÊNCIA DO JUÍZO DA INFÂNCIA E DA JUVENTUDE PARA A AÇÃO PENAL DECORRENTE DA PRÁTICA DE CRIME CONTRA CRIANÇA OU ADOLESCENTE.
O maior de 18 anos acusado da prática de estupro de vulnerável (art. 217-A, caput, do CP) pode, por esse fato, ser submetido a julgamento perante juízo da infância e da juventude na hipótese em que lei estadual, de iniciativa do tribunal de justiça, estabeleça a competência do referido juízo para processar e julgar ação penal decorrente

da prática de crime que tenha como vítima criança ou adolescente. A jurisprudência do STJ havia se pacificado no sentido de que a atribuição conferida pela CF aos tribunais de justiça estaduais de disciplinar a organização judiciária não implicaria autorização para revogar, ampliar ou modificar disposições sobre competência previstas em lei federal. Nesse contexto, em diversos julgados no STJ, entendeu-se que, como o art. 148 da Lei 8.069/90 (ECA) disciplina exaustivamente a competência das varas especializadas da infância e juventude, lei estadual não poderia ampliar esse rol, conferindo-lhes atribuição para o julgamento de processos criminais, que são completamente alheios à finalidade do ECA, ainda que sejam vítimas crianças e adolescentes. Todavia, em recente julgado, decidiu-se no STF que tribunal de justiça pode atribuir a competência para o julgamento de crimes sexuais contra crianças e adolescentes ao juízo da vara da Infância e juventude, por agregação, ou a qualquer outro juízo que entender adequado, ao estabelecer a organização e divisão judiciária. Precedente citado do STF: HC 113.102-RS, Primeira Turma, DJe 15/2/2013. **HC 219.218-RS, Rel. Min. Laurita Vaz, julgado em 17/9/2013.** (Inform. STJ 528)

DIREITO PROCESSUAL PENAL. DETERMINAÇÃO, EM LEI ESTADUAL, DE COMPETÊNCIA DO JUÍZO DA INFÂNCIA E DA JUVENTUDE PARA A AÇÃO PENAL DECORRENTE DA PRÁTICA DE CRIME CONTRA CRIANÇA OU ADOLESCENTE.
É nulo o processo, desde o recebimento da denúncia, na hipótese em que o réu, maior de 18 anos, acusado da prática do crime de estupro de vulnerável (art. 217-A do CP), tenha sido, por esse fato, submetido a julgamento perante juízo da infância e da juventude, ainda que exista lei estadual que estabeleça a competência do referido juízo para processar e julgar ação penal decorrente da prática de crime que tenha como vítima criança ou adolescente. Com efeito, a atribuição conferida pela CF aos tribunais de justiça estaduais de disciplinar a organização judiciária não implica autorização para revogar, ampliar ou modificar disposições sobre competência previstas em lei federal. Nesse contexto, para que não haja afronta à CF e à legislação federal, deve-se considerar que a faculdade concedida aos estados e ao DF de criar varas da infância e da juventude (art. 145 do ECA) não se confunde com a possibilidade de ampliar o rol de hipóteses de competência estabelecido no art. 148 do mesmo diploma legal, que não contempla qualquer permissivo para julgamento de feitos criminais no âmbito do juízo da infância e juventude. **RHC 34.742-RS, Rel. Min. Jorge Mussi, julgado em 15/8/2013.** (Inform. STJ 526)

18. LEGISLAÇÃO EXTRAVAGANTE

Interceptação telefônica e transcrição integral - 1
Não é necessária a transcrição integral das conversas interceptadas, desde que possibilitado ao investigado o pleno acesso a todas as conversas captadas, assim como disponibilizada a totalidade do material que, direta e indiretamente, àquele se refira, sem prejuízo do poder do magistrado em determinar a transcrição da integralidade ou de partes do áudio. Essa a conclusão do Plenário que, por maioria, rejeitou preliminar de cerceamento de defesa pela ausência de transcrição integral das interceptações telefônicas realizadas. O Tribunal reafirmou que a concessão de acesso às gravações afastaria a referida alegação, porquanto, na espécie, os dados essenciais à defesa teriam sido fornecidos. Ademais, destacou que se estaria em fase de inquérito, no qual a denúncia poderia ser recebida com base em prova indiciária. O Ministro Ricardo Lewandowski salientou a necessidade de o STF estabelecer diretrizes em relação à quebra de sigilo telefônico e de dados. Observou, ainda, que nem sempre seria viável, do ponto de vista pragmático, colocar, desde logo, à disposição da defesa todos os dados colhidos e ainda sigilosos. Vencidos os Ministros Marco Aurélio e Celso de Mello, que acolhiam a preliminar para que o julgamento fosse convertido em diligência, a fim de que ocorresse a degravação da íntegra dos diálogos. O Ministro Marco Aurélio realçava a utilização de dados que, de início, somente serviriam a uma das partes do processo, a saber, o Estado-acusador. Além disso, consignava que a Lei 9.296/1996 preconiza a degravação das conversas e a realização de audiência pública para eliminar o que não diria respeito ao objeto da investigação. O Ministro Celso de Mello, em acréscimo, mencionou o postulado da comunhão da prova, a qual não pertenceria a qualquer dos sujeitos processuais, mas se incorporaria ao processo. Afirmava, também, a imprescindibilidade de acesso ao conteúdo integral dos diálogos, para que fosse efetivado o direito à prova. A Corte repeliu, outrossim, a assertiva de inexistência de autorização judicial para a quebra de sigilo. Aduziu não haver demonstração de que a interceptação tivesse sido efetuada de modo irregular.
Inq 3693/PA, rel. Min. Cármen Lúcia, 10.4.2014. (Inq-3693)

Interceptação telefônica e transcrição integral - 2
No mérito, por votação majoritária, o Colegiado julgou improcedente a acusação formulada em desfavor de deputado federal pela suposta prática do crime de corrupção eleitoral ativa (Código Eleitoral: "Art. 299. Dar, oferecer, prometer, solicitar ou receber, para si ou para outrem, dinheiro, dádiva, ou qualquer outra vantagem, para obter ou dar voto e para conseguir ou prometer abstenção, ainda que a oferta não seja aceita"). A acusação sustentava que o parlamentar teria solicitado a representantes estaduais da Secretaria de Estado de Meio Ambiente - Sema e da Superintendência do Instituto Brasileiro do Meio Ambiente e dos Recursos Naturais Renováveis - Ibama a aprovação indevida de planos de manejo ambiental de terceiros com o objetivo de angariar votos na eleição de 2010, quando concorria ao cargo de deputado federal. O Plenário reputou que a conduta imputada ao denunciado não se enquadraria ao tipo penal em questão, o qual exigiria dolo específico, consistente na obtenção de voto ou na promessa de abstenção. Asseverou que dos diálogos contidos na denúncia não se depreenderia a entrega, o oferecimento ou a promessa de vantagem para a obtenção de votos. A Corte ressaltou que o delito de corrupção eleitoral ativa se consumaria com a promessa, doação ou oferecimento de bem, dinheiro ou qualquer outra vantagem a eleitores com o propósito de obter voto ou de conseguir abstenção. Entendeu, por outro lado, que a eventual intermediação do parlamentar estaria mais ligada à obtenção de apoio político, visando o êxito de sua candidatura. Vencidos os Ministros Roberto Barroso e Marco Aurélio, que recebiam a denúncia. O Ministro Roberto Barroso assentava que o especial fim de agir de obtenção da promessa de voto fora descrito e haveria amparo em elementos de informação, os quais deveriam ser aferidos somente após a instrução processual. Considerava ter havido a descrição de oferecimento de vantagem para a obtenção de voto, mesmo ausente referência na denúncia à abordagem direta a eleitor, haja vista que os beneficiários dessa vantagem oferecida seriam os eleitores identificados nos processos administrativos. O Ministro Marco Aurélio vislumbrava a ocorrência de indícios de prática enquadrável penalmente, quer considerado o art. 321 do CP (advocacia administrativa), quer o art. 299 do Código Eleitoral.
Inq 3693/PA, rel. Min. Cármen Lúcia, 10.4.2014. (Inq-3693) (Inform. STF 742)

Interceptação telefônica e prorrogações
Não se revestem de ilicitude as escutas telefônicas autorizadas judicialmente, bem como suas prorrogações, ante a necessidade de investigação diferenciada e contínua, demonstradas

a complexidade e a gravidade dos fatos. Com base nessa orientação, a 2ª Turma denegou "habeas corpus", em que se sustentava a nulidade das interceptações telefônicas realizadas. Na espécie, no curso de investigação da polícia federal destinada a apurar delitos contra a Administração Pública Federal, praticados por grupo de empresários, as interceptações telefônicas, devidamente autorizadas por juízo de 1º grau, revelaram que delitos de outra natureza estariam sendo praticados por grupo diverso, voltado à obtenção ilícita de lucros por meio de contratação e execução de obras públicas em vários Estados-membros com fraude em licitações. Diante do envolvimento de autoridades com prerrogativa de foro, determinara-se o deslocamento do feito para o STJ, cuja relatora autorizara a interceptação telefônica e sua prorrogação, o que culminara na indicação do paciente como envolvido em grupo criminoso. A Turma destacou que decisão proferida no STJ, ao autorizar a interceptação telefônica, estaria fundamentada ante a complexidade do esquema a envolver agentes públicos e políticos, aliada à dificuldade em se colher provas tradicionais. Pontuou que os atos estariam em consonância com a Lei 9.296/1996, que regulamenta o inciso XII, parte final, do art. 5º da CF ("é inviolável o sigilo da correspondência e das comunicações telegráficas, de dados e das comunicações telefônicas, salvo, no último caso, por ordem judicial, nas hipóteses e na forma que a lei estabelecer para fins de investigação criminal ou instrução processual penal").
HC 119770/BA, rel. Min. Gilmar Mendes, 8.4.2014. (HC-1197700) (Inform. STF 742)

RHC N. 108.496-RJ
RELATORA: MIN. CÁRMEN LÚCIA
EMENTA: RECURSO ORDINÁRIO EM *HABEAS CORPUS*. PENAL. PROCESSUAL PENAL. INTERCEPTAÇÃO TELEFÔNICA. VEREADOR. PRERROGATIVA DE FORO ESTABELECIDA EM CONSTITUIÇÃO ESTADUAL. ALEGAÇÃO DE OFENSA AO PRINCÍPIO DO JUIZ NATURAL. PRORROGAÇÕES SUCESSIVAS DA MEDIDA. AUSÊNCIA DE NULIDADE. IMPROCEDÊNCIA.

1. Art. 1º da Lei 9.296/96: interceptação telefônica é medida cautelar, dependente de ordem do juiz competente da ação principal. Tratando-se de medida preparatória, postulada no curso da investigação criminal; competência aventada entendida e aplicada com temperamentos. Precedente.
2. Entendimento jurisprudencial consolidado quanto à constitucionalidade da prerrogativa de foro estabelecida pela al. *d* do inc. IV do art. 161 da Constituição Estadual do Rio de Janeiro: não há incompetência absoluta do juízo de 1ª instância para autorização de interceptação telefônica de vereador.
3. Admite-se prorrogação sucessiva de interceptação telefônica, se os fatos forem *"complexos e graves"* (Inq. 2424, Relator o Ministro Cezar Peluso, DJ 26.03.2010) e as decisões sejam *"devidamente fundamentas pelo juízo competente quanto à necessidade de prosseguimento das investigações"* (RHC 88.371, Relator o Ministro Gilmar Mendes, DJ 02.02.2007).
4. O período das escutas telefônicas autorizadas e o número de terminais alcançados subordinam-se à necessidade da investigação e ao princípio da razoabilidade. Precedentes.
5. Recurso ao qual se nega provimento. (Inform. STF 738)

Súmula STF nº 564
A ausência de fundamentação do despacho de recebimento de denúncia por crime falimentar enseja nulidade processual, salvo se já houver sentença condenatória.

Súmula STJ nº 342
No procedimento para aplicação de medida socioeducativa, é nula a desistência de outras provas em face da confissão do adolescente.

Súmula STJ nº 265
É necessária a oitiva do menor infrator antes de decretar-se a regressão da medida socioeducativa.

Súmula STJ nº 51
A punição do intermediador, no jogo do bicho, independe da identificação do "apostador" ou do "banqueiro".

5. DIREITO CONSTITUCIONAL

1. DIREITOS E DEVERES INDIVIDUAIS E COLETIVOS

Rcl 18.836-MC/GO
RELATOR: Ministro Celso de Mello
RECLAMAÇÃO. ALEGAÇÃO DE DESRESPEITO À AUTORIDADE DO JULGAMENTO PLENÁRIO **DA ADPF** 130/DF. EFICÁCIA VINCULANTE DESSA DECISÃO DO SUPREMO TRIBUNAL FEDERAL. **POSSIBILIDADE DE CONTROLE**, MEDIANTE RECLAMAÇÃO, **DE ATOS QUE TENHAM TRANSGREDIDO** TAL JULGAMENTO. **LEGITIMIDADE ATIVA** DE TERCEIROS (**INCLUSIVE** DE JORNALISTAS) QUE NÃO INTERVIERAM **NO PROCESSO** DE FISCALIZAÇÃO NORMATIVA ABSTRATA. **LIBERDADE DE EXPRESSÃO**. JORNALISMO DIGITAL. **PROTEÇÃO CONSTITUCIONAL**. **DIREITO DE INFORMAR:** PRERROGATIVA FUNDAMENTAL **QUE SE COMPREENDE** NA LIBERDADE CONSTITUCIONAL DE MANIFESTAÇÃO DO PENSAMENTO **E** DE COMUNICAÇÃO. **INADMISSIBILIDADE** DE CENSURA ESTATAL, **INCLUSIVE** DAQUELA IMPOSTA PELO PODER JUDICIÁRIO, À LIBERDADE DE EXPRESSÃO, **NESTA COMPREENDIDA** A LIBERDADE DE INFORMAÇÃO JORNALÍSTICA. TEMA EFETIVAMENTE VERSADO NA ADPF 130/DF, CUJO JULGAMENTO **FOI INVOCADO** COMO PARÂMETRO DE CONFRONTO. **CONFIGURAÇÃO**, NO CASO, **DA PLAUSIBILIDADE JURÍDICA** DA PRETENSÃO RECLAMATÓRIA **E OCORRÊNCIA** DE SITUAÇÃO CARACTERIZADORA DE "PERICULUM IN MORA". **PRECEDENTES** DO SUPREMO TRIBUNAL FEDERAL **QUE DESAUTORIZAM** A UTILIZAÇÃO, **PELO JUDICIÁRIO,** DO PODER GERAL DE CAUTELA **COMO INSTRUMENTO** DE INTERDIÇÃO CENSÓRIA DOS MEIOS DE COMUNICAÇÃO, MESMO EM AMBIENTES VIRTUAIS ("blogs"). **MEDIDA CAUTELAR DEFERIDA**. DJe de 2.12.2014. (Inform. STF 769)

Dano moral e manifestação de pensamento por agente político - 1
O Plenário iniciou julgamento de recurso extraordinário em que se discute a existência de direito a indenização por dano moral em razão da manifestação de pensamento por agente político, considerados a liberdade de expressão e o dever do detentor de cargo público de informar. Na espécie, o recorrente — Ministro de Estado à época dos fatos — fora condenado ao pagamento de indenização por danos morais em virtude de ter imputado ao ora recorrido responsabilidade pela divulgação do teor de gravações telefônicas obtidas a partir da prática de ilícito penal. O Ministro Marco Aurélio (relator) deu provimento ao recurso para reformar o acórdão recorrido e julgar improcedente o pedido formalizado na inicial. A princípio, destacou que, diferentemente do regime aplicável aos agentes públicos, o regime de direito comum, aplicável aos cidadãos, seria de liberdade quase absoluta de expressão, assegurada pelos artigos 5º, IV e XIV, e 220, "caput", e § 2º, ambos da CF. No sistema constitucional de liberdades públicas, a liberdade de expressão possuiria espaço singular e teria como único paralelo, em escala de importância, o princípio da dignidade da pessoa humana, ao qual relacionado. O referido direito seria alicerce, a um só tempo, do sistema de direitos fundamentais e do princípio democrático, portanto, genuíno pilar do Estado Democrático de Direito.

Dano moral e manifestação de pensamento por agente político - 2
Segundo a jurisprudência do STF, as restrições à liberdade de expressão decorreriam da colisão com outros direitos fundamentais previstos no texto constitucional, dos quais seriam exemplos a proteção da intimidade, da vida privada, da honra e da imagem de terceiros (CF, art. 5º, X). Porém, ainda que fosse possível a relativização de um princípio em certos contextos, seria forçoso reconhecer a prevalência da liberdade de expressão quando em confronto com outros valores constitucionais, raciocínio que encontraria diversos e cumulativos fundamentos. Assim, a referida liberdade seria uma garantia preferencial em razão da estreita relação com outros princípios e valores constitucionais fundantes, como a democracia, a dignidade da pessoa humana e a igualdade. Nesse sentido, o livre desenvolvimento da personalidade, por exemplo, um dos alicerces de vida digna, demandaria a existência de um mercado livre de ideias, onde os indivíduos formariam as próprias cosmovisões. Outrossim, sob o prisma do princípio democrático, a liberdade de expressão impediria que o exercício do poder político pudesse afastar certos temas da arena pública de debates, na medida em que o funcionamento e a preservação do regime democrático pressuporia alto grau de proteção aos juízos, opiniões e críticas, sem os quais não se poderia falar em verdadeira democracia.

Dano moral e manifestação de pensamento por agente político - 3
O relator afirmou que, por outro lado, os agentes públicos estariam sujeitos a regime de menor liberdade em relação aos indivíduos comuns, tendo em conta a teoria da sujeição especial. Portanto, a relação entre eles e a Administração, funcionalizada quanto ao interesse público materializado no cargo, exigiria que alguns direitos fundamentais tivessem a extensão reduzida. Desse modo, no rol de direitos fundamentais de exercício limitado alusivos aos servidores públicos estaria a liberdade de expressão, por exemplo, no que diz com o dever de guardar sigilo acerca de informações confidenciais (CF, art. 37, § 7º). No caso em comento, entretanto, o que estaria em debate não seria a liberdade de expressão nas relações entre o servidor e a própria Administração Pública, à qual estaria ligado de forma vertical. Buscar-se-ia definir a extensão do direito à liberdade de expressão no trato com os administrados de modo geral e presente à coisa pública. Dentre os servidores públicos, se destacariam os agentes políticos — integrantes da cúpula do Estado e formadores de políticas públicas —, competindo-lhes formar a vontade política do Estado. Aqueles agentes estatais deveriam, portanto, gozar de proteção especial, o que seria estabelecido pela própria Constituição, por exemplo, no tocante aos integrantes do Poder Legislativo (CF, artigos 25; 29, VIII; e 53, "caput").

Dano moral e manifestação de pensamento por agente político - 4
De igual modo, os agentes políticos inseridos no Poder Executivo, embora não possuíssem imunidade absoluta quando no exercício da função, deveriam também ser titulares de algum grau de proteção conferida pela ordem jurídica constitucional. Isso se daria por dois motivos. Primeiramente, porque existiria evidente interesse público em que os agentes políticos mantivessem os administrados plenamente informados a respeito da condução dos negócios públicos, exigência clara dos princípios democrático e republicano. Em outras palavras, haveria o dever de expressão do agente público em relação aos assuntos públicos, a alcançar não apenas os fatos a respeito do funcionamento das instituições, mas até mesmo os prognósticos que eventualmente efetuassem. Consequentemente, reconhecer a imunidade relativa no tocante aos agentes do Poder Executivo, como ocorreria com os membros do Poder Legislativo, no que tange às opiniões, palavras e juízos que manifestassem publicamente, seria importante no sentido de fomentar o livre intercâmbio de informações entre eles e a sociedade civil. Em segundo lugar, por conta da necessidade de reconhecer algum grau de simetria entre a compreensão que sofrem no direito à privacidade e o regime da liberdade de expressão. No ponto, o STF admitiria a ideia de que a proteção conferida à privacidade dos servidores públicos situar-se-ia em nível inferior à dos cidadãos comuns, conforme decidido na SS 3.902 AgR-segundo/SP (DJe de 3.10.2011). O argumento seria singelo: aqueles que ocupassem cargos públicos teriam a esfera de privacidade reduzida. Isso porque o regime democrático imporia que estivessem mais abertos à crítica popular. Em contrapartida, deveriam ter também a liberdade de discutir, comentar e manifestar opiniões sobre os mais diversos assuntos com maior elasticidade que os agentes privados, desde que, naturalmente, assim o fizessem no exercício e com relação ao cargo público ocupado. Seria plausível, portanto, no contexto da Constituição, reconhecer aos servidores públicos campo de imunidade relativa, vinculada ao direito à liberdade de expressão, quando se pronunciassem sobre fatos relacionados ao exercício da função pública. Essa liberdade seria tanto maior quanto mais flexíveis fossem as atribuições políticas do cargo que exercessem, excluídos os casos de dolo manifesto, ou seja, o deliberado intento de prejudicar outrem.

Dano moral e manifestação de pensamento por agente político - 5
O relator asseverou que, consideradas as premissas expostas, restaria analisar se teria havido, ou não, extrapolação no caso em comento, afinal, a integração entre norma e fatos mostrar-se-ia particularmente relevante quando se tratasse do conflito entre proteção à personalidade e liberdade de expressão. No caso dos autos, o recorrente teria declarado, em entrevistas veiculadas em matérias jornalísticas, a suspeita de que o recorrido teria promovido a distribuição de fitas cassete obtidas por intermédio de interceptação telefônica ilícita, suposição que seria confirmada ou desfeita no curso de inquérito policial sob a condução da polícia federal. Da análise dos fatos, surgiriam três certezas: a) as afirmações feitas pelo recorrente teriam sido juízos veiculados no calor do momento, sem maior reflexão ou prova das declarações; b) em nenhuma entrevista teria sido explicitada acusação peremptória de que o recorrido teria praticado o crime de interceptação ilegal de linhas telefônicas; ao contrário, as manifestações seriam sempre obtemperadas no sentido da ausência de certeza quanto ao que apontado; e c) as afirmações feitas pelo recorrente, então Ministro das Comunicações, teriam ocorrido no bojo das controvérsias a envolver a privatização da telefonia no País, fenômeno capitaneado pelo Ministério que comandava. Assim, o nexo de causalidade entre a função pública exercida pelo recorrente e as declarações divulgadas a levantar suspeitas sobre o recorrido, o qual detinha negócios com a Administração Pública Federal e, mais especificamente, em seara alcançada pelo Ministério das Comunicações, deixaria nítida a natureza pública e política da disputa. Por fim, e ante a motivação consignada, tudo o que se acrescentasse ao campo da calúnia, da injúria, da difamação e das ações reparatórias por danos morais seria subtraído ao espaço da liberdade. Obviamente, imputações sabidamente falsas não poderiam ser consideradas legítimas em nenhum ordenamento jurídico justo. Porém, o desenvolvimento da argumentação revelaria não ser esse o quadro retratado na espécie. Em seguida, pediu vista dos autos o Ministro Luiz Fux. RE 685493/SP rel. Min. Marco Aurélio, 20.11.2014. (RE-685493) (Inform. STF 768)

REPERCUSSÃO GERAL EM RE N. 670.422-RS
RELATOR: MIN. DIAS TOFFOLI
EMENTA: DIREITO CONSTITUCIONAL E CIVIL. REGISTROS PÚBLICOS. REGISTRO CIVIL DAS PESSOAS NATURAIS. ALTERAÇÃO DO ASSENTO DE NASCIMENTO. RETIFICAÇÃO DO NOME E DO GÊNERO SEXUAL. UTILIZAÇÃO DO TERMO TRANSEXUAL NO REGISTRO CIVIL. O CONTEÚDO JURÍDICO DO DIREITO À AUTODETERMINAÇÃO SEXUAL. DISCUSSÃO ACERCA DOS PRINCÍPIOS DA PERSONALIDADE, DIGNIDADE DA PESSOA HUMANA, INTIMIDADE, SAÚDE, ENTRE OUTROS, E A SUA CONVIVÊNCIA COM PRINCÍPIOS DA PUBLICIDADE E DA VERACIDADE DOS REGISTROS PÚBLICOS. PRESENÇA DE REPERCUSSÃO GERAL. (Inform. STF 768)

Rcl 18.566-MC/SP
RELATOR: Ministro Celso de Mello
RECLAMAÇÃO. ALEGAÇÃO DE DESRESPEITO À AUTORIDADE DO JULGAMENTO PLENÁRIO **DA ADPF** 130/DF. *EFICÁCIA VINCULANTE* DESSA DECISÃO DO SUPREMO TRIBUNAL FEDERAL. **POSSIBILIDADE DE CONTROLE**, *MEDIANTE RECLAMAÇÃO*, DE ATOS QUE TENHAM TRANSGREDIDO TAL JULGAMENTO. **LEGITIMIDADE ATIVA** DE TERCEIROS *QUE NÃO INTERVIERAM* NO PROCESSO DE FISCALIZAÇÃO NORMATIVA ABSTRATA. **LIBERDADE DE EXPRESSÃO. JORNALISMO DIGITAL. PROTEÇÃO CONSTITUCIONAL. DIREITO DE INFORMAR:** *PRERROGATIVA FUNDAMENTAL* QUE SE COMPREENDE *NA LIBERDADE CONSTITUCIONAL* DE MANIFESTAÇÃO DO PENSAMENTO E DE COMUNICAÇÃO. **INADMISSIBILIDADE** *DE CENSURA* ESTATAL, **INCLUSIVE** DAQUELA IMPOSTA PELO PODER JUDICIÁRIO, À LIBERDADE DE EXPRESSÃO, **NESTA COMPREENDIDA** A LIBERDADE DE INFORMAÇÃO JORNALÍSTICA. TEMA **EFETIVAMENTE VERSADO** *NA ADPF 130/DF*, CUJO JULGAMENTO **FOI INVOCADO** *COMO PARÂMETRO DE CONFRONTO*. **CONFIGURAÇÃO**, NO CASO, **DA PLAUSIBILIDADE JURÍDICA** DA PRETENSÃO RECLAMATÓRIA **E OCORRÊNCIA** DE SITUAÇÃO CARACTERIZADORA DE *"PERICULUM IN MORA"*. **MEDIDA CAUTELAR DEFERIDA**. DJe de 17.9.2014. (Inform. STF 767)

MI: inadequação do instrumento e contagem de prazo diferenciado
O mandado de injunção não é via adequada para que servidor público pleiteie a verificação de contagem de prazo diferenciado de serviço exercido em condições prejudiciais à saúde e à integridade física. Ao reafirmar esse entendimento, o Plenário, por maioria, vencido o Ministro Marco Aurélio, recebeu embargos de declaração como agravo regimental e a este, também por votação majoritária, negou provimento. O Tribunal, sem adentrar no mérito, destacou que a situação dos autos seria distinta da hipótese de concessão de mandado de injunção para que a Administração analise requerimento de aposentadoria especial, com observância do art. 57 da Lei 8.213/1991, até o advento de legislação específica sobre a matéria no tocante aos servidores públicos. Vencidos os Ministros Marco Aurélio e Roberto Barroso, que proviam o agravo. Não vislumbravam justificativa para se obstacularizar tratamento igualitário entre os

trabalhadores em geral, que teriam direito à contagem diferenciada de tempo trabalhado em ambiente nocivo à saúde, e os servidores públicos. MI 3162 ED/DF, rel. Min. Cármen Lúcia, 11.9.2014. (MI-3162) (Inform. STF 758)

Rcl 16.492 MC/SP
RELATOR: Ministro Celso de Mello
EMENTA: RECLAMAÇÃO. ALEGADA TRANSGRESSÃO AO JULGAMENTO DA ADPF 130/DF. INOCORRÊNCIA. TRIBUNAL DE JUSTIÇA QUE CONDENA EMPRESA JORNALÍSTICA, COM BASE NA LEGISLAÇÃO CIVIL (E NÃO NO ART. 75 *DA HOJE INSUBSISTENTE* LEI DE IMPRENSA), A PUBLICAR, *NO JORNAL QUE EDITA*, O TEOR INTEGRAL DE SENTENÇA CONDENATÓRIA PROFERIDA EM PROCESSO DE INDENIZAÇÃO CIVIL. CONSIDERAÇÕES EM TORNO DA POSSIBILIDADE JURÍDICA DE SE IMPOR REFERIDA *OBRIGAÇÃO DE FAZER* COM O OBJETIVO DE CONFERIR EFETIVIDADE AO PRINCÍPIO *DA REPARAÇÃO INTEGRAL DO DANO*. PRECEDENTES DO SUPERIOR TRIBUNAL DE JUSTIÇA. DETERMINAÇÃO *QUE SÓ NÃO SE REVELARIA LÍCITA*, SE ORDENADA COM FUNDAMENTO NO ART. 75 DA LEI DE IMPRENSA, OBJETO *DE JUÍZO NEGATIVO DE RECEPÇÃO* QUANDO DO JULGAMENTO PROFERIDO, *COM EFICÁCIA VINCULANTE*, PELO SUPREMO TRIBUNAL FEDERAL, NO EXAME DA ADPF 130/DF. INADMISSIBILIDADE DA RECLAMAÇÃO PELO FATO DE O ACÓRDÃO ORA IMPUGNADO NÃO SE AJUSTAR, *COM EXATIDÃO E PERTINÊNCIA*, AO PARADIGMA DE CONFRONTO INVOCADO PELA PARTE RECLAMANTE. PRECEDENTES. RECLAMAÇÃO *NÃO CONHECIDA*. (Inform. STF 753)

ADI: liberdade de expressão e dignidade da pessoa humana - 1
O Plenário, por maioria, julgou improcedente pedido formulado em ação direta de inconstitucionalidade ajuizada contra o § 1º do art. 28 da Lei 12.663/2012 - Lei Geral da Copa ("É ressalvado o direito constitucional ao livre exercício de manifestação e à plena liberdade de expressão em defesa da dignidade da pessoa humana"). Após o início do julgamento, o Tribunal acolheu proposta da Ministra Cármen Lúcia para que houvesse a conversão do exame da medida cautelar em julgamento de mérito da ação direta, razão pela qual a Procuradoria-Geral da República emitiu parecer em sessão. A Corte esclareceu que o principal fundamento da ação seria a impossibilidade de a legislação impor restrições à liberdade de expressão, além das já constitucionalmente previstas. Ressaltou que o constituinte não concebera a liberdade de expressão como direito absoluto, insuscetível de restrição, fosse pelo Judiciário, fosse pelo Legislativo. Mencionou que haveria hipóteses em que a liberdade de expressão acabaria por colidir com outros direitos e valores também constitucionalmente protegidos. Explicou que essas tensões dialéticas precisariam ser sopesadas a partir da aplicação do princípio da proporcionalidade. Afirmou que a incidência desse princípio se daria quando verificada restrição a determinado direito fundamental ou quando configurado conflito entre distintos princípios constitucionais, o que exigiria a ponderação do peso relativo de cada um dos direitos por meio da aplicação das máximas que integrariam o mencionado princípio da proporcionalidade. Realçou que se deveria perquirir se, em face do conflito entre dois bens constitucionais contrapostos, o ato impugnado afigurar-se-ia adequado, ou seja, apto para produzir o resultado desejado. Além disso, verificar-se-ia se esse ato seria necessário e insubstituível por outro meio menos gravoso e igualmente eficaz, e proporcional em sentido estrito, de modo que se estabelecesse uma relação ponderada entre o grau de restrição de um princípio e o grau de realização do princípio contraposto.

ADI: liberdade de expressão e dignidade da pessoa humana - 2
O Plenário sublinhou que as restrições impostas pelo art. 28 da Lei Geral da Copa trariam limitações específicas aos torcedores que comparecessem aos estádios em evento de grande porte internacional e contariam com regras específicas para ajudar a prevenir confrontos em potencial. Consignou que o legislador, a partir de juízo de ponderação, teria objetivado limitar manifestações que tenderiam a gerar maiores conflitos e a atentar não apenas contra o evento em si, mas, principalmente, contra a segurança dos demais participantes. Recordou que várias dessas restrições já haveriam, inclusive, sido inseridas no Estatuto do Torcedor (Lei 10.671/2003) pela Lei 12.299/2010, que dispõe sobre medidas de prevenção e repressão aos fenômenos de violência por ocasião das competições esportivas. Asseverou que, ao contrário do que defendido na inicial, o dispositivo impugnado não constituiria limitação à liberdade de expressão. Salientou, contudo, que seria vedada qualquer espécie de censura injustificada e desproporcional à liberdade de expressão. Vencidos os Ministros Marco Aurélio e Joaquim Barbosa (Presidente), que julgavam procedente o pedido e davam interpretação conforme a Constituição para assentar a inconstitucionalidade da interpretação que limitasse a manifestação de vontade apenas à defesa da dignidade da pessoa humana. Pontuavam que o direito à liberdade de expressão preservaria o indivíduo e impediria que o Estado moldasse, à sua vontade, os seus pensamentos. Frisavam que, se outros direitos fossem respeitados, não haveria razão para restringir a expressão do público nos jogos da Copa do Mundo ao que os seus organizadores e o Governo entendessem como adequado. Em acréscimo, o Presidente enfatizava que o financiamento público direto e indireto teria sido condição necessária para a realização da Copa do Mundo. Portanto, não faria sentido limitar o plexo de liberdades constitucionais justamente das pessoas que teriam custeado o evento. ADI 5136/DF, rel. Min. Gilmar Mendes, 1º.7.2014. (ADI-5136) (Inform. STF 752)

ARE 722.744/DF
RELATOR: Ministro Celso de Mello
Liberdade de expressão. Profissional de imprensa e empresa de comunicação social. Proteção constitucional. Direito de crítica: *prerrogativa fundamental* que se compreende na liberdade constitucional de manifestação do pensamento. Magistério da doutrina. Precedentes do Supremo Tribunal Federal (ADPF 130/DF, Rel. Min. AYRES BRITTO – AI 505.595-AgR/RJ, Rel. Min. CELSO DE MELLO – Pet 3.486/DF, Rel. Min. CELSO DE MELLO, *v.g.*). Jurisprudência comparada (*Tribunal Europeu de Direitos Humanos* e *Tribunal Constitucional Espanhol*). *O significado político* e *a importância jurídica da Declaração de Chapultepec* (11/03/1994). Matéria jornalística e responsabilidade civil. *Excludentes anímicas* e *direito de crítica*. Precedentes. Plena legitimidade do direito constitucional de crítica *a figuras públicas* ou *notórias*, ainda que de seu exercício resulte *opinião jornalística extremamente dura* e *contundente*. Recurso extraordinário provido. Consequente improcedência *da ação de reparação civil por danos morais*. DJe de 13.3.2014. (Inform. STF 750)

AG. REG. NO ARE N. 778.148-RS
RELATOR: MIN. LUIZ FUX
Ementa: AGRAVO REGIMENTAL NO RECURSO EXTRAORDINÁRIO COM AGRAVO. CIVIL. DANO MORAL. DIREITO DE IMAGEM. MATÉRIA COM REPERCUSSÃO GERAL REJEITADA PELO PLENÁRIO DO STF NO ARE Nº 739.382. CONTROVÉRSIA DE ÍNDOLE INFRACONSTITUCIONAL.
1. O dano moral, quando aferido pelas instâncias ordinárias, não revela repercussão geral apta a dar seguimento ao apelo extremo, consoante decidido pelo Plenário virtual do STF, na análise do ARE nº 739.382, da Relatoria do Min. Gilmar Mendes.
2. *In casu*, o acórdão originariamente recorrido assentou: *"DIREITO CIVIL. AÇÃO DE REPARAÇÃO DE DANOS. INCONFORMIDADE DA AUTORIA COM INFORMAÇÕES VEICULADAS EM JORNAL DO SINDICATO DOS PROFESSORES. CRÍTICA EM CINCO LINHAS QUANTO A INTERPRETAÇÃO DE UMA LEI. DESCABIMENTO DA PRETENSÃO, FACE*

AO CONTEXTO EM QUE FOI DIVULGADA A OPINIÃO DAS GARANTIAS CONSTITUCIONAIS DE LIBERDADE DE EXPRESSÃO."
3. Agravo regimental **DESPROVIDO**. (Inform. STF 741)

REPERCUSSÃO GERAL EM RE N. 603.116-RS
RELATOR: MIN. DIAS TOFFOLI
EMENTA: CONSTITUCIONAL. ESTATUTO DOS MILITARES DAS FORÇAS ARMADAS. CONTRAVENÇÕES E TRANSGRESSÕES DISCIPLINARES. ACÓRDÃO QUE DECLAROU NÃO RECEPCIONADO O ARTIGO 47 DA LEI Nº 6.880/80 PELO ORDENAMENTO CONSTITUCIONAL VIGENTE À LUZ DO ART. 5º, INCISO LXI, DA CF. TEMA EMINENTEMENTE CONSTITUCIONAL E QUE NÃO SE CONFUNDE COM A AUSÊNCIA DE REPERCUSSÃO GERAL FIXADA NO RE Nº 610.218/RS-RG (TEMA 270). REPERCUSSÃO GERAL RECONHECIDA. (Inform. STF 739)

AG. REG. NO MI N. 2.227-DF
RELATOR: MIN. RICARDO LEWANDOWSKI
Ementa: AGRAVO REGIMENTAL. MANDADO DE INJUNÇÃO. ALEGADA OMISSÃO NA EXISTÊNCIA DE NORMA QUE TORNE VIAVÁVEL O EXERCÍCIO PROFISSIONAL DOS GRADUADOS EM DIREITO. INOCORRÊNCIA. PRETENDIDA DECLARAÇÃO DE INCONSTITUCIONALIDADE DO EXAME DE ORDEM. IMPOSSIBILIDADE. AGRAVO REGIMENTAL A QUE SE NEGA PROVIMENTO. I – Não há qualquer ausência de norma regulamentadora que torne inviável o exercício profissional dos graduados em Direito. II – O impetrante busca, em verdade, a declaração de inconstitucionalidade do exame de ordem para inscrição na OAB – providência que não cabe nesta via. II – O Plenário desta Corte reconheceu a validade constitucional da norma legal que inclui, na esfera de atribuições do Relator, a competência para negar seguimento, por meio de decisão monocrática, a recursos, pedidos ou ações quando inadmissíveis, intempestivos, sem objeto ou que veiculem pretensão incompatível com a jurisprudência predominante deste Supremo Tribunal. IV – Agravo regimental a que se nega provimento. (Inform. STF 728)

HC N. 110.526-SP
RELATOR: MIN. LUIZ FUX
Ementa: Prisão civil por inadimplemento voluntário e inescusável de pensão alimentícia (CF, art. 5º, inc. LXVII). Perda superveniente do objeto do writ. Ausência do interesse de agir. Writ prejudicado.
1. O artigo 5º, inciso LXVII, da Carta Magna, dispõe que "não haverá prisão civil por dívida, salvo a do responsável pelo inadimplemento voluntário e inescusável de obrigação alimentícia e a do depositário infiel".
2. In casu, o paciente teve decretada a prisão civil por inadimplemento voluntário e inescusável de obrigação alimentícia, sobrevindo a perda do objeto do presente writ, pelo decurso do prazo de 30 (trinta) dias da prisão civil, consoante entendimento desta Corte (HC n. 107.558, Rel. Min. Marco Aurélio, DJe de 29/11/2012).
3. Habeas corpus julgado extinto, sem resolução do mérito, face à perda superveniente de seu objeto. (Inform. STF 708)

AG. REG. NO HC N. 117.296-DF
RELATOR: MIN. GILMAR MENDES
Agravo regimental em habeas corpus. 2. Pedido de retirada de informações veiculadas no sítio do Conselho Nacional de Justiça. 3. Ausência de risco à liberdade de locomoção física. Writ incabível. Precedentes. 4. Decisão agravada mantida por seus próprios fundamentos. Recurso a que se nega provimento. (Inform. STF 707)

ADPF N. 54-DF
RELATOR: MIN. MARCO AURÉLIO
ESTADO – LAICIDADE. O Brasil é uma república laica, surgindo absolutamente neutro quanto às religiões. Considerações. FETO ANENCÉFALO – INTERRUPÇÃO DA GRAVIDEZ – MULHER – LIBERDADE SEXUAL E REPRODUTIVA – SAÚDE – DIGNIDADE – AUTODETERMINAÇÃO – DIREITOS FUNDAMENTAIS – CRIME – INEXISTÊNCIA. Mostra-se inconstitucional interpretação de a interrupção da gravidez de feto anencéfalo ser conduta tipificada nos artigos 124, 126 e 128, incisos I e II, do Código Penal. (Inform. STF 704)

Bacen e envio de informações individualizadas
A 1ª Turma iniciou exame de habeas corpus em que se pleiteia a declaração de nulidade de ação penal, embasada na ilegalidade das quebras de sigilos bancário e fiscal dos pacientes. Outrossim, busca seja assentada a nulidade das provas obtidas ilicitamente, determinando-se a prolação de nova sentença. O Min. Marco Aurélio, relator, julgou extinto o habeas, sem apreciação do pedido, por inadequação da via processual, porquanto substitutivo de recurso ordinário, mas concedeu, de ofício, a ordem para declarar insubsistente o processo adversado. Delineou estar em discussão a possibilidade de o Banco Central do Brasil - Bacen poder fornecer ao Ministério Público, sem autorização judicial, dados bancários. Explicitou que se, de um lado, a notícia da prática de crime deve ser de todo cidadão e, com base maior, de entidade como o Bacen, de outro, o afastamento do sigilo de dados, consoante disposto no inciso XII do art. 5º da CF (é inviolável o sigilo da correspondência e das comunicações telegráficas, de dados e das comunicações telefônicas, salvo, no último caso, por ordem judicial, nas hipóteses e na forma que a lei estabelecer para fins de investigação criminal ou instrução processual penal), somente se faria possível mediante ato de órgão judicial. Anotou que o primado do Judiciário presente a garantia constitucional revelada no aludido preceito também abarcaria dados bancários. Aduziu estar-se diante de tema de grande importância considerada a ordem jurídica no que as Leis 4.729/65, 6.385/76 e 7.492/86 conteriam preceitos abrangentes a versarem o envio de elementos ao Ministério Público sem a intermediação judicial. Acentuou que o Bacen, mediante expediente dirigido ao Procurador-Geral da República, não se limitara a noticiar possível prática de crime e procedera à remessa de diversos dados, inclusive de correntistas individualizados. Dessa maneira, o Bacen, ao implementar a mencionada quebra, teria colocado em segundo plano a reserva do Judiciário prevista na Constituição. Por fim, complementou que, a partir desse fenômeno, a ação penal ter-se-ia iniciado. Após, pediu vista a Min. Rosa Weber. **HC 99223/PR, rel. Min. Marco Aurélio, 6.11.2012. (HC-99223) (Inform. STF 687)**

Polícia militar e execução de interceptação telefônica - 1
A 2ª Turma indeferiu habeas corpus em que se alegava nulidade de interceptação telefônica realizada pela polícia militar em suposta ofensa ao art. 6º da Lei 9.296/96 ("Deferido o pedido, a autoridade policial conduzirá os procedimentos de interceptação, dando ciência ao Ministério Público, que poderá acompanhar a sua realização"). Na espécie, diante de ofício da polícia militar, dando conta de suposta prática dos crimes de rufianismo, manutenção de casa de prostituição e submissão de menor à exploração sexual, a promotoria de justiça requerera autorização para interceptação telefônica e filmagens da área externa do estabelecimento da paciente, o que fora deferida pelo juízo.

Polícia militar e execução de interceptação telefônica - 2
Asseverou-se que o texto constitucional autorizaria interceptação telefônica para fins de investigação criminal ou de instrução processual penal, por ordem judicial, nas hipóteses e na forma da lei (CF, art. 5º, XII). Sublinhou-se que seria típica reserva legal qualificada, na qual a autorização para intervenção legal estaria submetida à condição de destinar-se à investigação criminal ou

à instrução processual penal. Reconheceu-se a possibilidade excepcional de a polícia militar, mediante autorização judicial, sob supervisão do *parquet*, efetuar a mera execução das interceptações, na circunstância de haver singularidades que justificassem esse deslocamento, especialmente quando, como no caso, houvesse suspeita de envolvimento de autoridades policias da delegacia local. Consignou-se não haver ilicitude, já que a execução da medida não seria exclusiva de autoridade policial, pois a própria lei autorizaria o uso de serviços e técnicos das concessionárias (Lei 9.296/96, art. 7º) e que, além de sujeitar-se a ao controle judicial durante a execução, tratar-se-ia apenas de meio de obtenção da prova (instrumento), com ela não se confundindo. HC 96986/MG, rel. Min. Gilmar Mendes, 15.5.2012. (HC-96986) (Inform. STF 666)

Quebra de sigilo bancário e TCU
O TCU não detém legitimidade para requisitar diretamente informações que importem quebra de sigilo bancário. Ao reafirmar essa orientação, a 2ª Turma concedeu mandado de segurança a fim de cassar a decisão daquele órgão, que determinara à instituição bancária e ao seu presidente a apresentação de demonstrativos e registros contábeis relativos a aplicações em depósitos interfinanceiros. Entendeu-se que, por mais relevantes que fossem suas funções institucionais, o TCU não estaria incluído no rol dos que poderiam ordenar a quebra de sigilo bancário (Lei 4.595/64, art. 38 e LC 105/2001, art. 13). Aludiu-se que ambas as normas implicariam restrição a direito fundamental (CF, art. 5º, X: *"são invioláveis a intimidade, a vida privada, a honra e a imagem das pessoas, assegurado o direito a indenização pelo dano material ou moral decorrente de sua violação"*), logo, deveriam ser interpretadas restritivamente. Precedente citado: MS 22801/DF (DJe de 14.3.2008). MS 22934/DF, rel. Min. Joaquim Barbosa, 17.4.2012. (MS-22934) (Inform. STF 662)

DIREITO ADMINISTRATIVO, CONSTITUCIONAL E TRIBUTÁRIO. INADEQUAÇÃO DE HABEAS DATA PARA ACESSO A DADOS DO REGISTRO DE PROCEDIMENTO FISCAL. O **habeas data não é via adequada para obter acesso a dados contidos em Registro de Procedimento Fiscal (RPF).** Isso porque o RPF, por definição, é documento de uso privativo da Receita Federal; não tem caráter público, nem pode ser transmitido a terceiros. Além disso, não contém somente informações relativas à pessoa do impetrante, mas, principalmente, informações sobre as atividades desenvolvidas pelos auditores fiscais no desempenho de suas funções. Nessa linha, o acesso a esse documento pode, em tese, obstar o regular desempenho do poder de polícia da Receita Federal. **REsp 1.411.585-PE, Rel. Min. Humberto Martins, julgado em 5/8/2014. (Inform. STJ 548)**

DIREITO CONSTITUCIONAL E PROCESSUAL PENAL. RHC QUE CONSISTA EM MERA REITERAÇÃO DE HC. A análise pelo STJ do mérito de *habeas corpus* com o objetivo de avaliar eventual possibilidade de concessão da ordem de ofício, ainda que este tenha sido considerado incabível por inadequação da via eleita, impede a posterior apreciação de recurso ordinário em *habeas corpus* que também esteja tramitando no Tribunal, e que consista em mera reiteração do *mandamus* já impetrado (com identidade de partes, objeto e causa de pedir). Isso porque, nessa hipótese, estaria configurada a litispendência, instituto que visa precipuamente à economia processual e ao propósito de evitar a ocorrência de decisões contraditórias. Vale ressaltar que, de um lado, não se veda à defesa do paciente a impetração de *mandamus* incabível, na busca da sorte da concessão de ordem de *habeas corpus* de ofício. De outro lado, porém, caso o *habeas corpus* seja analisado, pode-se ter de arcar com o ônus de o recurso ordinário também impetrado não ter seu pedido de mérito apreciado pelo Tribunal, embora se trate da correta via de impugnação. Nesse contexto, deve-se ter em conta que o acesso ao Judiciário não pode acontecer de forma indiscriminada e deve ser conduzido com ética e lealdade, sendo consectário do princípio da lealdade processual a impossibilidade de a defesa pleitear pretensões descabidas, inoportunas, tardias ou já decididas, que contribuam com o abarrotamento dos tribunais. **RHC 37.895-RS, Rel. Min. Laurita Vaz, julgado em 27/3/2014. (Inform. STJ 539)**

DIREITO CONSTITUCIONAL. CABIMENTO DE HABEAS CORPUS EM AÇÃO DE INTERDIÇÃO. É cabível a impetração de *habeas corpus* para reparar suposto constrangimento ilegal à liberdade de locomoção decorrente de decisão proferida por juízo cível que tenha determinado, no âmbito de ação de interdição, internação compulsória. De fato, a jurisprudência do STJ entende que o *habeas corpus* não constitui via processual idônea para a impugnação de decisão proferida por juízo cível competente para a apreciação de matérias relativas a Direito de Família (HC 206.715-SP, Quarta Turma, DJe 1/2/2012; e HC 143.640-SP, Terceira Turma, DJe 12/11/2009). Todavia, a hipótese de determinação de internação compulsória, embora em decisão proferida por juízo cível, apresenta-se capaz, ao menos em tese, de configurar constrangimento ilegal à liberdade de locomoção, justificando, assim, o cabimento do remédio constitucional, nos termos do art. 5º, LXVIII, da CF, segundo o qual o *habeas corpus* será concedido "sempre que alguém sofrer ou se achar ameaçado de sofrer violência ou coação em sua liberdade de locomoção, por ilegalidade ou abuso de poder". **HC 135.271-SP, Rel. Min. Sidnei Beneti, julgado em 17/12/2013. (Inform. STJ 533)**

MANDADO DE SEGURANÇA. LEGITIMIDADE PASSIVA. DECISÃO DO CNJ.
A Turma, prosseguindo o julgamento, por maioria, entendeu que o presidente de Tribunal de Justiça estadual que executa decisão proferida pelo CNJ não pode ser considerado autoridade coatora para fins de impetração de mandado de segurança. No caso, o presidente do tribunal decretou o afastamento dos titulares de serventias extrajudiciais efetivados sem concurso público após CF com base no Pedido de Providências n. 861 do CNJ. Sabe-se que, no mandado de segurança, a autoridade coatora é aquela que ordena a execução do ato impugnado e quem cumpre a ordem é o mero executor. Portanto, como o ato coator emanou do CNJ, o presidente do tribunal não tem legitimidade para figurar no polo passivo da ação mandamental. Assim, não cabe ao Judiciário substituir a autoridade erroneamente indicada na petição inicial como coatora, além do que, no caso, sendo o STF competente para o julgamento do *mandamus*, haveria indevida alteração da competência absoluta. Precedentes citados: RMS 29.896-GO, DJe 2/2/2010, e RMS 30.920-GO, DJe 22/2/2010. **RMS 30.561-GO, Rel. Teori Albino Zavascki, julgado em 14/8/2012. (Inform. STJ 502)**

BUSCA E APREENSÃO. DOCUMENTOS. ESCRITÓRIO DE ADVOCACIA. NOVA INVESTIGAÇÃO.
Cuida-se de *habeas corpus* no qual os impetrantes postulam o trancamento do inquérito policial devido à suposta nulidade no procedimento, pelo fato de o inquérito ter sido originado de documentos apreendidos no escritório do advogado do paciente em determinação judicial relativa a outra investigação. A Turma reafirmou que configura excesso a instauração de investigações ou ações penais com base apenas em elementos recolhidos durante a execução de medidas judiciais cautelares relativamente a investigados que não eram, inicialmente, objeto da ação policial. Nesse tocante, destacou-se que os escritórios de advocacia, como também os de outros profissionais, não são impenetráveis à investigação de crimes. Entretanto, consignou-se que os documentos, as mídias e os objetos pertencentes a clientes do advogado averiguado, bem como dos demais instrumentos de trabalho que contenham informações sobre clientes somente poderão ser utilizados caso ele esteja sendo formalmente

investigado como partícipe ou coautor pela prática do mesmo crime que deu causa à quebra de inviolabilidade (§ 7º do art. 7º da Lei n. 8.906/1994). *In casu*, o paciente não estava sendo formalmente investigado e o crime ora apurado não guardava relação com o crime que originou a cautelar de busca e apreensão (estelionato judiciário). Assim, a Turma concedeu em parte a ordem para afastar do inquérito policial instaurado contra o paciente a utilização dos documentos obtidos por meio da busca e apreensão no escritório de seu advogado. Precedente citado: HC 149.008-PR, DJe 9/8/2010. **HC 227.799-RS, Rel. Min. Sebastião Reis Júnior, julgado em 10/4/2012. (Inform. STJ 495)**

Súmula vinculante STF 28
É inconstitucional a exigência de depósito prévio como requisito de admissibilidade de ação judicial na qual se pretenda discutir a exigibilidade de crédito tributário.

Súmula vinculante STF 26
Para efeito de progressão de regime no cumprimento de pena por crime hediondo, ou equiparado, o juízo da execução observará a inconstitucionalidade do art. 2º da Lei n. 8.072, de 25 de julho de 1990, sem prejuízo de avaliar se o condenado preenche, ou não, os requisitos objetivos e subjetivos do benefício, podendo determinar, para tal fim, de modo fundamentado, a realização de exame criminológico.

Súmula vinculante STF 25
É ilícita a prisão civil de depositário infiel, qualquer que seja a modalidade do depósito.

Súmula vinculante STF nº 21
É inconstitucional a exigência de depósito ou arrolamento prévios de dinheiro ou bens para admissibilidade de recurso administrativo.

Súmula vinculante STF nº 14
É direito do defensor, no interesse do representado, ter acesso amplo aos elementos de prova que, já documentados em procedimento investigatório realizado por órgão com competência de polícia judiciária, digam respeito ao exercício do direito de defesa.

Súmula vinculante STF nº 11
Só é lícito o uso de algemas em casos de resistência e de fundado receio de fuga ou de perigo à integridade física própria ou alheia, por parte do preso ou de terceiros, justificada a excepcionalidade por escrito, sob pena de responsabilidade disciplinar, civil e penal do agente ou da autoridade e de nulidade da prisão ou do ato processual a que se refere, sem prejuízo da responsabilidade civil do Estado.

Súmula vinculante STF nº 9
O disposto no artigo 127 da lei n. 7.210/1984 (lei de execução penal) foi recebido pela ordem constitucional vigente, e não se lhe aplica o limite temporal previsto no caput do artigo 58.

Súmula vinculante STF nº 5
A falta de defesa técnica por advogado no processo administrativo disciplinar não ofende a Constituição.

Súmula vinculante STF nº 1
Ofende a garantia constitucional do ato jurídico perfeito a decisão que, sem ponderar as circunstâncias do caso concreto, desconsidera a validez e a eficácia de acordo constante de termo de adesão instituído pela Lei Complementar 110/2001.

Súmula STF nº 721
A competência constitucional do Tribunal do Júri prevalece sobre o foro por prerrogativa de função estabelecido exclusivamente pela Constituição Estadual.

Súmula STF nº 704
Não viola as garantias do juiz natural, da ampla defesa e do devido processo legal a atração por continência ou conexão do processo do corréu ao foro por prerrogativa de função de um dos denunciados.

Súmula STF nº 695
Não cabe *habeas corpus* quando já extinta a pena privativa de liberdade.

Súmula STF nº 694
Não cabe *habeas corpus* contra a imposição da pena de exclusão de militar ou de perda de patente ou de função pública.

Súmula STF nº 693
Não cabe *habeas corpus* contra decisão condenatória a pena de multa, ou relativo a processo em curso por infração penal a que a pena pecuniária seja a única cominada.

Súmula STF nº 654
A garantia da irretroatividade da lei, prevista no art. 5º, XXXVI, da Constituição da República, não é invocável pela entidade estatal que a tenha editado.

Súmula STF nº 632
É constitucional lei que fixa o prazo de decadência para a impetração de mandado de segurança.

Súmula STF nº 630
A entidade de classe tem legitimação para o mandado de segurança ainda quando a pretensão veiculada interesse apenas a uma parte da respectiva categoria.

Súmula STF nº 629
A impetração de mandado de segurança coletivo por entidade de classe em favor dos associados independe da autorização destes.

Súmula STF nº 625
Controvérsia sobre matéria de direito não impede concessão de mandado de segurança.

Súmula STF nº 429
A existência de recurso administrativo com efeito suspensivo não impede o uso do mandado de segurança contra omissão da autoridade.

Súmula STF nº 365
Pessoa jurídica não tem legitimidade para propor ação popular.

Súmula STF nº 268
Não cabe mandado de segurança contra decisão judicial com trânsito em julgado.

Súmula STF nº 267
Não cabe mandado de segurança contra ato judicial passível de recurso ou correição.

Súmula STF nº 266
Não cabe mandado de segurança contra lei em tese.

Súmula STF nº 70
É inadmissível a interdição de estabelecimento como meio coercitivo para cobrança de tributo.

Súmula STJ nº 469
Aplica-se o Código de Defesa do Consumidor aos contratos de plano de saúde.

Súmula STJ nº 460
É incabível o mandado de segurança para convalidar a compensação tributária realizada pelo contribuinte.

Súmula STJ nº 434
O pagamento da multa por infração de trânsito não inibe a discussão judicial do débito.

Súmula STJ nº 419
Descabe a prisão civil do depositário judicial infiel.

Súmula STJ nº 333
Cabe mandado de segurança contra ato praticado em licitação promovida por sociedade de economia mista ou empresa pública.

Súmula STJ nº 227
A pessoa jurídica pode sofrer dano moral.

Súmula STJ nº 105
Na ação de mandado de segurança não se admite condenação em honorários advocatícios.

Súmula STJ nº 37
São cumuláveis as indenizações por dano material e dano moral oriundos do mesmo fato.

Súmula STJ nº 2
Não cabe o habeas data (CF, art. 5º, LXXII, letra a) se não houve recusa de informações por parte da autoridade administrativa.

2. DIREITOS SOCIAIS

AG. REG. NO AI N. 506.302-RS
RELATOR: MIN. MARCO AURÉLIO
SAÚDE – PROMOÇÃO – MEDICAMENTOS. O preceito do artigo 196 da Constituição Federal assegura aos menos afortunados o fornecimento, pelo Estado, dos medicamentos indispensáveis ao restabelecimento da saúde. (Inform. STF 707)

Súmula vinculante STF nº 6
Não viola a Constituição o estabelecimento de remuneração inferior ao salário mínimo para as praças prestadoras de serviço militar inicial.

Súmula vinculante STF nº 4
Salvo nos casos previstos na Constituição, o salário mínimo não pode ser usado como indexador de base de cálculo de vantagem de servidor público ou de empregado, nem ser substituído por decisão judicial.

Súmula STF nº 675
Os intervalos fixados para descanso e alimentação durante a jornada de seis horas não descaracterizam o sistema de turnos ininterruptos de revezamento para o efeito do art. 7º, XIV, da Constituição.

Súmula STF nº 666
A contribuição confederativa de que trata o art. 8º, IV, da Constituição, só é exigível dos filiados ao sindicato respectivo.

Súmula STJ nº 466
O titular da conta vinculada ao FGTS tem o direito de sacar o saldo respectivo quando declarado nulo seu contrato de trabalho por ausência de prévia aprovação em concurso público.

Súmula STJ nº 252
Os saldos das contas do FGTS, pela legislação infraconstitucional, são corrigidos em 42,72% (IPC) quanto às perdas de janeiro de 1989 e 44,80% (IPC) quanto às de abril de 1990, acolhidos pelo STJ os índices de 18,02% (LBC) quanto as perdas de junho de 1987, de 5,38% (BTN) para maio de 1990 e 7,00%(TR) para fevereiro de 1991, de acordo com o entendimento do STF (RE 226.855-7-RS).

Súmula STJ nº 201
Os honorários advocatícios não podem ser fixados em salários mínimos.

3. DIREITOS POLÍTICOS E NACIONALIDADE

Detentor de mandato eletivo e efeitos da condenação - 1
O Plenário condenou senador (prefeito à época dos fatos delituosos), bem assim o presidente e o vice-presidente de comissão de licitação municipal pela prática do crime descrito no art. 90 da Lei 8.666/93 ["*Art. 90. Frustrar ou fraudar, mediante ajuste, combinação ou qualquer outro expediente, o caráter competitivo do procedimento licitatório, com o intuito de obter, para si ou para outrem, vantagem decorrente da adjudicação do objeto da licitação: Pena - detenção, de 2 (dois) a 4 (quatro) anos, e multa*"] à pena de 4 anos, 8 meses e 26 dias de detenção em regime inicial semiaberto. Fixou-se, por maioria, multa de R$ 201.817,05 ao detentor de cargo político, e de R$ 134.544,07 aos demais apenados, valores a serem revertidos aos cofres do município. Determinou-se — caso estejam em exercício — a perda de cargo, emprego ou função pública dos dois últimos réus. Entendeu-se, em votação majoritária, competir ao Senado Federal deliberar sobre a eventual perda do mandato parlamentar do ex-prefeito (CF, art. 55, VI e §2º). Reconheceu-se, também por maioria, a data deste julgamento como causa interruptiva da prescrição. Ademais, considerado o empate na votação, o Tribunal absolveu os sócios dirigentes das empresas envolvidas nas licitações em questão, denunciados pelo mesmo crime. Absolveu, outrossim, os sócios não detentores do cargo de gerência das empresas no tocante a essa imputação. Além disso, por decisão majoritária, absolveu todos os acusados no tocante ao crime de quadrilha (CP: "*Art. 288. Associarem--se mais de três pessoas, em quadrilha ou bando, para o fim de cometer crimes: Pena - reclusão, de um a três anos*"). A inicial narrava suposto esquema articulado com o propósito de burlar licitações municipais, perpetrado durante o mandato do então prefeito.

Detentor de mandato eletivo e efeitos da condenação - 2
Inicialmente, a Corte resolveu duas questões de ordem. A primeira, para determinar o imediato julgamento do feito, não obstante alegação da defesa acerca da necessidade de sobrestamento, diante da pendência de decisão final do TCU em processo de tomada de contas. A segunda, para manter o julgamento conjunto de todos os réus no STF. Vencidos os Ministros Marco Aurélio, suscitante, e Ricardo Lewandowski, que votavam pelo desdobramento do processo em relação aos acusados que não detivessem prerrogativa de foro perante o Supremo. Em seguida, o Plenário rejeitou todas as questões preliminares arguidas. Quanto à primeira delas — inépcia da denúncia e nulidade por prejuízo ao contraditório e à ampla defesa —, aduziu-se que a inicial conteria a exposição do fato criminoso com todas as suas circunstâncias e com a narração satisfatória de todas as condutas imputadas aos acusados em atendimento aos requisitos do art. 41 do CPP. Com relação à segunda — nulidade decorrente da realização de investigação criminal pelo Ministério Público —, ressaltou-se que, na espécie,

a denúncia fora formulada com base em dados probatórios coligidos no âmbito de inquérito civil, questão distinta da legitimidade constitucional do poder investigatório do Ministério Público.

Detentor de mandato eletivo e efeitos da condenação - 3
No tocante à terceira preliminar — quebra de sigilo bancário e fiscal pelo STJ —, assentou-se que o procedimento cautelar de quebra de sigilo bancário e fiscal estaria relacionado à ação de improbidade administrativa, de modo a não incidir norma concernente à prerrogativa de foro. Relativamente à quarta — vício de prova pericial em razão de o perito responsável pelos laudos ser "compadre" do promotor de justiça encarregado pelas investigações iniciais —, sublinhou-se que essa prova fora juntada e valorada como mero documento e não como prova pericial. No que tange à quinta — ausência de condição de punibilidade e de justa causa para ação penal, ante a aprovação, por tribunal de contas estadual e câmara municipal, de contas referentes aos exercícios em que constatados os fatos delituosos —, afirmou-se inexistir relação de dependência ou prejudicialidade entre a aprovação de contas pelos órgãos administrativos e a persecução penal. Por fim, afastou-se, ainda, prejudicial de mérito quanto à prescrição da pretensão punitiva. Esclareceu-se que as imputações seriam sancionadas com penas privativas de liberdade de dois a quatro anos e que não teriam transcorrido oito anos, seja entre a data dos fatos narrados na inicial e a do recebimento da denúncia, seja entre o recebimento da inicial e a presente data.

Detentor de mandato eletivo e efeitos da condenação - 4
No mérito, prevaleceu o entendimento da relatora, que afirmou ser a licitação regra obrigatória no País, e que objetivaria à escolha, pela Administração, de prestadores de serviço e fornecedores de bens, em observância aos princípios gerais descritos no art. 37, *caput*, da CF. Além disso, a legislação pertinente exigiria o atendimento estrito ao que estabeleceriam as diferentes modalidades de licitação, que variariam de acordo com o valor de seu objeto. Acresceu que a licitação teria por escopo permitir a escolha, pelo Poder Público, de bens ou serviços dentro de um universo de competitividade, para se obter o melhor produto por um preço justo. Assim, a norma do art. 90 da Lei 8.666/93 buscaria proteger essa situação. Reputou que o tipo penal em comento seria crime próprio, restrito a quem interviesse em procedimento licitatório, a abranger agente público ou particular, desde que participasse do ajuste para impedir a regular disputa no processo de licitação. Analisou que o dolo seria específico no sentido de obtenção da vantagem indevida por meio da fraude ou frustração ao caráter competitivo. Explicou que, no caso em exame, a forma de cerceamento da ampla competição teria sido feita por meio do fracionamento dos valores das obras contratadas, para que as licitações ocorressem por convite, ao invés de tomada de preços. Dessa maneira, as licitações indevidamente realizadas seriam dirigidas a determinados fornecedores de bens e serviços, e nisso constituir-se-ia a fraude. No ponto, destacou que as obras teriam sido realizadas e que não houvera superfaturamento, mas esses fatos não obstariam o aperfeiçoamento do tipo penal, que não exigiria resultado naturalístico. Asseverou que as empresas pertencentes aos sócios dirigentes supostamente envolvidos no esquema delituoso frequentemente disputavam licitações na municipalidade, durante o mandato do então prefeito, e seus proprietários teriam ligação próxima com o ora parlamentar, de amizade ou parentesco. Entretanto, esse contexto isoladamente considerado não seria suficiente para caracterizar o crime. Frisou que as empresas contratadas não teriam estrutura suficiente para atender aos objetos licitados, de maneira que o argumento de serem as únicas capazes de cumprir o respectivo contrato não se sustentaria. Assentou que a autoria do delito estaria comprovada em relação ao então prefeito, ao presidente da comissão de licitação do município e ao vice-presidente dessa mesma comissão. No que se refere aos sócios das empresas vencedoras das licitações em exame, não considerou haver provas suficientes quanto a eventual conluio para o cometimento do crime, sequer acerca de possível dolo

específico. No que se refere ao crime de quadrilha, afirmou que, tendo em vista o total de agentes em relação aos quais seria certa a prática do delito do art. 90 da Lei 8.666/93, não seria possível imputar-lhes o crime do art. 288 do CP, que exigiria a existência de mais de três pessoas. Destacou, não obstante, que não se poderia falar em associação para prática reiterada de crimes, mas apenas em concurso de agentes.

Detentor de mandato eletivo e efeitos da condenação - 5
Acompanharam essa orientação os Ministros Teori Zavascki, Rosa Weber, Gilmar Mendes e Celso de Mello. O Min. Teori Zavascki sublinhou a natureza formal do crime descrito no art. 90 da Lei 8.666/93, que se aperfeiçoaria com a obtenção do *status* de vencedor da licitação. Assinalou que não seria necessário haver superfaturamento. Reconheceu a frustração da competitividade licitatória por meio da adoção indevida da modalidade convite e da escolha de certas empresas ligadas por laços de parentesco ou amizade, condutas imputáveis apenas aos membros da Administração. Analisou que o delito em questão seria plurissubjetivo e que não haveria elementos caracterizadores de quadrilha. O Min. Celso de Mello observou que o crime seria formal, e a obtenção de qualquer vantagem constituiria mero exaurimento. Além disso, sinalizou que, se considerasse que a prática delitiva tivesse sido realizada por mais de três agentes, julgaria o pleito procedente também em relação ao crime de quadrilha, porque presentes os demais requisitos deste tipo penal.

Detentor de mandato eletivo e efeitos da condenação - 6
O Min. Dias Toffoli, revisor, acompanhou a relatora no tocante à condenação imposta ao então prefeito e aos demais membros da Administração. Em sua análise, frisou que os integrantes da comissão de licitação teriam sido indicados pelo prefeito, responsável pela homologação final dos certames. Assim, não se poderia falar em responsabilização penal objetiva em relação a ele, pois a comissão de licitação seria composta por pessoas de sua estrita confiança, que teriam ocupado funções semelhantes em âmbito estadual, quando o réu, posteriormente, ocupara o cargo de governador. Consignou que os atos praticados pelos prepostos do Chefe do Executivo municipal teriam por finalidade atender aos anseios particulares dele. Registrava, entretanto, o vínculo — de parentesco ou amizade — entre os sócios administradores das empresas vencedoras dos certames com o prefeito, de modo que estes, conhecedores do esquema narrado e dele beneficiários, seriam também agentes do tipo penal em questão. Entendeu não configurado o crime de quadrilha, pois não vislumbrou associação dos acusados para prática reiterada de crimes, mas apenas coautoria. Nesse mesmo sentido votaram os Ministros Roberto Barroso e Ricardo Lewandowski. O Min. Ricardo Lewandowski discorreu que o tipo penal do art. 90 da Lei 8.666/93 trataria de "vantagem" em sentido amplo, que poderia ser pecuniária, social, política e de outra natureza. Ademais, poderia ser lícita ou ilícita. Isso decorreria do fato de o bem tutelado pela norma não ser apenas patrimonial, mas relacionado à moralidade administrativa, à lisura, à idoneidade, à credibilidade e à regularidade na licitação. Reputava que o conluio em análise não seria possível sem a participação consciente dos dirigentes das empresas.

Detentor de mandato eletivo e efeitos da condenação - 7
Os Ministros Marco Aurélio e Joaquim Barbosa, Presidente, além de acompanharem o revisor no que pertine ao delito do art. 90 da Lei 8.666/93, julgavam o pleito procedente no tocante à quadrilha. O Min. Marco Aurélio afirmava existir liame subjetivo entre os membros da Administração e os beneficiários das licitações, ocorrida a adjudicação. Considerava, ainda, configurada a quadrilha. Nesse sentido, o Presidente reputava evidenciada a associação permanente dos acusados para frustrar reiteradamente o caráter competitivo dos diversos procedimentos licitatórios. Aduzia que as empresas teriam sido criadas assim que o prefeito fora eleito, com o fim exclusivo de fraude. Ressaltava

que as práticas delitivas teriam ocorrido ao longo de quatro anos e que seria característica do crime em discussão o cometimento reiterado e especializado de delitos idênticos ou semelhantes. Na sequência, verificou-se empate acerca da caracterização do delito previsto no art. 90 da Lei 8.666/93 em relação aos sócios dirigentes das empresas beneficiárias do esquema criminoso. O Plenário deliberou que, nessa circunstância, o entendimento mais favorável aos réus deveria prevalecer. Dessa maneira, a pretensão acusatória deveria ser acolhida apenas em relação ao prefeito, ao presidente e ao vice-presidente da comissão de licitações municipal pelo mencionado delito. O Min. Marco Aurélio registrava, a exemplo de como procedera no julgamento da AP 470/MG (DJe de 22.4.2013), que o empate na votação deveria implicar a adoção da corrente defendida pelo Presidente, ou seja, a condenação dos membros da Administração municipal e dos sócios dirigentes das empresas.

Detentor de mandato eletivo e efeitos da condenação - 8

Passou-se à definição das reprimendas. Quanto às penas privativas de liberdade, adotou-se parâmetro de aproximação dos votos de cada Ministro, independentemente dos critérios utilizados, para fixação das sanções no julgamento. Assim, preponderou o voto do revisor, que fixou aos condenados a sanção de 4 anos, 8 meses e 26 dias de detenção em regime inicial semiaberto. Na dosimetria pertinente ao parlamentar, aplicou a agravante do art. 61, II, g, do CP ["*g) com abuso de poder ou violação de dever inerente a cargo, ofício, ministério ou profissão*"] e entendeu não incidir a causa especial de aumento disposta no § 2º do art. 84 da Lei 8.666/93 ("*Art. 84. Considera-se servidor público, para os fins desta Lei, aquele que exerce, mesmo que transitoriamente ou sem remuneração, cargo, função ou emprego público ... § 2º A pena imposta será acrescida da terça parte, quando os autores dos crimes previstos nesta Lei forem ocupantes de cargo em comissão ou de função de confiança em órgão da Administração direta, autarquia, empresa pública, sociedade de economia mista, fundação pública, ou outra entidade controlada direta ou indiretamente pelo Poder Público*"). Para tanto, levou em conta a distinção entre os regimes de responsabilização político-administrativa, no sistema constitucional brasileiro, dos agentes políticos em relação demais agentes públicos. Na fixação das reprimendas daqueles que integravam a comissão municipal, considerou inexistente circunstância agravante, uma vez que incidiria o § 2º do art. 84 da Lei 8.666/93. Reconheceu a continuidade delitiva entre os diversos crimes praticados por todos os apenados e somou 1/3 à sanção. Os Ministros Teori Zavascki e Rosa Weber acompanharam o Min. Dias Toffoli. O Min. Gilmar Mendes seguiu o revisor pela inaplicabilidade da causa de aumento ao parlamentar, em face da legalidade estrita. O Min. Roberto Barroso definia a reprimenda em 4 anos, 5 meses e 9 dias aos condenados, em cujo cálculo final foi acompanhado pelo Min. Ricardo Lewandowski. O Min. Roberto Barroso fixava as penas com o emprego dos critérios explicitados pelo revisor nas duas últimas etapas de dosimetria, porém, no concurso de crimes, aplicava o aumento de 2/3.

Detentor de mandato eletivo e efeitos da condenação - 9

Por sua vez, a relatora estabelecia as penas de detenção de 5 anos, 6 meses e 20 dias, ao ex-prefeito; e de 5 anos, ao então presidente e ao então vice-presidente da comissão licitatória. Na dosimetria, aplicava a todos os condenados a causa especial do art. 84, § 2º, da Lei 8.666/93 e, quanto à continuidade delitiva, o aumento de 2/3. Esclareceu que atribuía referida majorante ao ora congressista haja vista que, na apreciação da AP 470/MG, o STF teria entendido pela incidência da causa de aumento do art. 327, § 2º, do CP — teor análogo a do § 2º art. 84 — a agentes políticos, conceito que abrangeria tanto o Chefe do Poder Executivo, independentemente da esfera, como aqueles que exercessem mandatos parlamentares. Afastava a possibilidade de substituição das penas por restritivas de direitos, pois excederiam o limite firmado na lei (CP, art. 44, I) e, pelas mesmas razões, de suspensão condicional (CP, artigos 77 e seguintes). No mesmo sentido votaram os Ministros Celso de Mello e Presidente. No que pertine à causa de aumento, o decano ressaltou que aderiria ao voto da relatora em atenção ao princípio da colegialidade, haja vista possuir entendimento em sentido diverso. O Min. Marco Aurélio estipulava pena de 8 anos e 10 meses de detenção para o agente político. Aplicava tanto a agravante do art. 61, II, g, do CP quanto a causa de aumento da Lei de Licitações, porquanto seriam institutos distintos. Além disso, majorava a reprimenda em 2/3 (CP, art. 71). No mais, condenava o presidente da comissão a 6 anos e 8 meses e o vice-presidente a 3 anos de detenção.

Detentor de mandato eletivo e efeitos da condenação - 10

No tocante à pena de multa, o Plenário, por maioria, fixou-a em R$ 201.817,05 para o então prefeito e em R$ 134.544,70 para os membros da comissão licitatória [Lei 8.666/93: "*Art. 99. A pena de multa cominada nos arts. 89 a 98 desta Lei consiste no pagamento de quantia fixada na sentença e calculada em índices percentuais, cuja base corresponderá ao valor da vantagem efetivamente obtida ou potencialmente auferível pelo agente. § 1º Os índices a que se refere este artigo não poderão ser inferiores a 2% (dois por cento), nem superiores a 5% (cinco por cento) do valor do contrato licitado ou celebrado com dispensa ou inexigibilidade de licitação*"], monetariamente atualizados a partir da formalização de cada um dos contratos impugnados na denúncia. Esclareceu-se que as importâncias corresponderiam a 3% e a 2%, respectivamente, do valor dos contratos questionados e deveriam ser revertidas à Fazenda Pública municipal (art. 99, § 2º). Destacou-se que a lei de regência preveria a imposição de dupla punição: pena privativa de liberdade acrescida de multa. Os Ministros Celso de Mello e Gilmar Mendes complementaram que a teoria monista justificaria a aplicação da sanção pecuniária. O decano ressaltou que a vantagem não precisaria ser econômica e que a base de cálculo da multa teria sido definida de forma objetiva. O Presidente aduziu que a lei teria estipulado a reprimenda em função do valor do contrato e não do lucro. Vencidos os Ministros Teori Zavascki, Ricardo Lewandowski e Marco Aurélio, que não aplicavam a sanção pecuniária, porquanto entendiam inexistir base adequada para isso. O primeiro afirmava não ser possível incidir a sanção nos casos em que o crime ocorresse sem vantagem pecuniária, em virtude do princípio da legalidade estrita. O segundo complementava que haveria possibilidade de que ela excedesse o patrimônio de alguns dos réus e, dessa forma, equivalesse a confisco, o que seria vedado pela Constituição.

Detentor de mandato eletivo e efeitos da condenação - 11

Além disso, o Tribunal determinou a perda de cargo, emprego ou função pública do então presidente e vice-presidente da comissão licitatória, se estiverem em exercício. Relativamente ao atual mandato de senador da República, decidiu-se, por maioria, competir à respectiva Casa Legislativa deliberar sobre sua eventual perda (CF: "*Art. 55. Perderá o mandato o Deputado ou Senador: ... VI - que sofrer condenação criminal em sentença transitada em julgado. ... § 2º - Nos casos dos incisos I, II e VI, a perda do mandato será decidida pela Câmara dos Deputados ou pelo Senado Federal, por voto secreto e maioria absoluta, mediante provocação da respectiva Mesa ou de partido político representado no Congresso Nacional, assegurada ampla defesa*"). A relatora e revisor, no que foram seguidos pela Min. Rosa Weber, reiteraram o que externado sobre o tema na apreciação da AP 470/MG. O revisor observou que, se por ocasião do trânsito em julgado o congressista ainda estivesse no exercício do cargo parlamentar, dever-se-ia oficiar à Mesa Diretiva do Senado Federal para fins de deliberação a esse respeito. O Min. Roberto Barroso pontuou haver obstáculo intransponível na literalidade do § 2º do art. 55 da CF. O Min. Teori Zavascki realçou que a con-

denação criminal transitada em julgado conteria como efeito secundário, natural e necessário, a suspensão dos direitos políticos, que independeria de declaração. De outro passo, ela não geraria, necessária e naturalmente, a perda de cargo público. Avaliou que, no caso específico dos parlamentares, essa consequência não se estabeleceria. No entanto, isso não dispensaria o congressista de cumprir a pena. O Min. Ricardo Lewandowski concluiu que o aludido dispositivo estaria intimamente conectado com a separação dos Poderes. Vencidos os Ministros Gilmar Mendes, Marco Aurélio, Celso de Mello e o Presidente, que reafirmavam os votos proferidos na ação penal já indicada. Reputavam ser efeito do trânsito em julgado da condenação a perda do mandato. Dessa maneira, caberia à mesa da Casa respectiva apenas declará-la. O Colegiado ordenou que, após a decisão se tornar definitiva e irrecorrível, os nomes dos réus fossem lançados no rol dos culpados e expedidos os competentes mandados de prisão. Por fim, em votação majoritária, registrou-se que a data desta sessão plenária constituiria causa interruptiva da prescrição (CP, art. 117, IV), vencido, neste aspecto, o Min. Marco Aurélio, que considerava necessária a publicação.
AP 565/RO, rel. Min. Cármen Lúcia, 7 e 8.8.2013. (AP-565) (Inform. STF 714)

RE N. 637.485-RJ
RELATOR: MIN. GILMAR MENDES
RECURSO EXTRAORDINÁRIO. REPERCUSSÃO GERAL. REELEIÇÃO. PREFEITO. INTERPRETAÇÃO DO ART. 14, § 5º, DA CONSTITUIÇÃO. MUDANÇA DA JURISPRUDÊNCIA EM MATÉRIA ELEITORAL. SEGURANÇA JURÍDICA.
I. REELEIÇÃO. MUNICÍPIOS. INTERPRETAÇÃO DO ART. 14, § 5º, DA CONSTITUIÇÃO. PREFEITO. PROIBIÇÃO DE TERCEIRA ELEIÇÃO EM CARGO DA MESMA NATUREZA, AINDA QUE EM MUNICÍPIO DIVERSO. O instituto da reeleição tem fundamento não somente no postulado da continuidade administrativa, mas também no princípio republicano, que impede a perpetuação de uma mesma pessoa ou grupo no poder. O princípio republicano condiciona a interpretação e a aplicação do próprio comando da norma constitucional, de modo que a reeleição é permitida por apenas uma única vez. Esse princípio impede a terceira eleição não apenas no mesmo município, mas em relação a qualquer outro município da federação. Entendimento contrário tornaria possível a figura do denominado "prefeito itinerante" ou do "prefeito profissional", o que claramente é incompatível com esse princípio, que também traduz um postulado de temporariedade/alternância do exercício do poder. Portanto, ambos os princípios – continuidade administrativa e republicanismo – condicionam a interpretação e a aplicação teleológicas do art. 14, § 5º, da Constituição. O cidadão que exerce dois mandatos consecutivos como prefeito de determinado município fica inelegível para o cargo da mesma natureza em qualquer outro município da federação.
II. MUDANÇA DA JURISPRUDÊNCIA EM MATÉRIA ELEITORAL. SEGURANÇA JURÍDICA. ANTERIORIDADE ELEITORAL. NECESSIDADE DE AJUSTE DOS EFEITOS DA DECISÃO. Mudanças radicais na interpretação da Constituição devem ser acompanhadas da devida e cuidadosa reflexão sobre suas consequências, tendo em vista o postulado da segurança jurídica. Não só a Corte Constitucional, mas também o Tribunal que exerce o papel de órgão de cúpula da Justiça Eleitoral devem adotar tais cautelas por ocasião das chamadas viragens jurisprudenciais na interpretação dos preceitos constitucionais que dizem respeito aos direitos políticos e ao processo eleitoral. Não se pode deixar de considerar o peculiar caráter normativo dos atos judiciais emanados do Tribunal Superior Eleitoral, que regem todo o processo eleitoral. Mudanças na jurisprudência eleitoral, portanto, têm efeitos normativos diretos sobre os pleitos eleitorais, com sérias repercussões sobre os direitos fundamentais dos cidadãos (eleitores e candidatos) e partidos políticos. No âmbito eleitoral, a segurança jurídica assume a sua face de princípio da confiança para proteger a estabilização das expectativas de todos aqueles que de alguma forma participam dos prélios eleitorais. A importância fundamental do princípio da segurança jurídica para o regular transcurso dos processos eleitorais está plasmada no princípio da anterioridade eleitoral positivado no art. 16 da Constituição. O Supremo Tribunal Federal fixou a interpretação desse artigo 16, entendendo-o como uma garantia constitucional (1) do devido processo legal eleitoral, (2) da igualdade de chances e (3) das minorias (RE 633.703). Em razão do caráter especialmente peculiar dos atos judiciais emanados do Tribunal Superior Eleitoral, os quais regem normativamente todo o processo eleitoral, é razoável concluir que a Constituição também alberga uma norma, ainda que implícita, que traduz o postulado da segurança jurídica como princípio da anterioridade ou anualidade em relação à alteração da jurisprudência do TSE. Assim, as decisões do Tribunal Superior Eleitoral que, no curso do pleito eleitoral (ou logo após o seu encerramento), impliquem mudança de jurisprudência (e dessa forma repercutam sobre a segurança jurídica), não têm aplicabilidade imediata ao caso concreto e somente terão eficácia sobre outros casos no pleito eleitoral posterior.
III. REPERCUSSÃO GERAL. Reconhecida a repercussão geral das questões constitucionais atinentes à (1) elegibilidade para o cargo de Prefeito de cidadão que já exerceu dois mandatos consecutivos em cargo da mesma natureza em Município diverso (interpretação do art. 14, § 5º, da Constituição) e (2) retroatividade ou aplicabilidade imediata no curso do período eleitoral da decisão do Tribunal Superior Eleitoral que implica mudança de sua jurisprudência, de modo a permitir aos Tribunais a adoção dos procedimentos relacionados ao exercício de retratação ou declaração de inadmissibilidade dos recursos repetitivos, sempre que as decisões recorridas contrariarem ou se pautarem pela orientação ora firmada.
IV. EFEITOS DO PROVIMENTO DO RECURSO EXTRAORDINÁRIO. Recurso extraordinário provido para: (1) resolver o caso concreto no sentido de que a decisão do TSE no RESPE 41.980-06, apesar de ter entendido corretamente que é inelegível para o cargo de Prefeito o cidadão que exerceu por dois mandatos consecutivos cargo de mesma natureza em Município diverso, não pode incidir sobre o diploma regularmente concedido ao recorrente, vencedor das eleições de 2008 para Prefeito do Município de Valença-RJ; (2) deixar assentados, sob o regime da repercussão geral, os seguintes entendimentos: (2.1) o art. 14, § 5º, da Constituição, deve ser interpretado no sentido de que a proibição da segunda reeleição é absoluta e torna inelegível para determinado cargo de Chefe do Poder Executivo o cidadão que já exerceu dois mandatos consecutivos (reeleito uma única vez) em cargo da mesma natureza, ainda que em ente da federação diverso; (2.2) as decisões do Tribunal Superior Eleitoral que, no curso do pleito eleitoral ou logo após o seu encerramento, impliquem mudança de jurisprudência, não têm aplicabilidade imediata ao caso concreto e somente terão eficácia sobre outros casos no pleito eleitoral posterior. (Inform. STF 707)

Súmula vinculante STF nº 18

A dissolução da sociedade ou do vínculo conjugal, no curso do mandato, não afasta a inelegibilidade prevista no § 7º do artigo 14 da Constituição Federal.

Súmula vinculante STF nº 13

A nomeação de cônjuge, companheiro ou parente em linha reta, colateral ou por afinidade, até o terceiro grau, inclusive, da autoridade nomeante ou de servidor da mesma pessoa jurídica investido em cargo de direção, chefia ou assessoramento, para o exercício de cargo em comissão ou de confiança ou, ainda, de função gratificada na administração pública direta e indireta em qualquer dos Poderes da União, dos Estados, do Distrito Federal e dos Municípios, compreendido o ajuste mediante designações recíprocas, viola a Constituição Federal.

4. ORGANIZAÇÃO DO ESTADO EM GERAL E COMPETÊNCIA LEGISLATIVA

Conflito federativo e imóvel afetado ao MPDFT - 3
Em conclusão de julgamento, o Plenário julgou procedente pedido formulado em ação cível originária na qual discutida a ocupação, pela Associação dos Magistrados de Roraima, de imóvel pertencente à União. No caso, este ente federativo ajuizara ação de reintegração de posse contra o Estado de Roraima e requerera a inclusão da aludida associação na lide, na condição de litisconsorte passivo — v. Informativo 634. O Colegiado esclareceu que a União cedera o imóvel ao Ministério da Justiça que, por sua vez, o cedera para uso do Ministério Público do Distrito Federal e Territórios - MPDFT, quando Roraima ainda era Território. Asseverou que seria inconteste a entrega do imóvel para esse fim e que, com a criação do novo Estado-membro, este deixara de integrar o MPDFT. Assim, fora implementada a condição aposta em termo de entrega, segundo a qual haveria reversão do imóvel em favor do Serviço do Patrimônio Público da União, caso não fosse utilizado na finalidade prevista. A propriedade do imóvel sempre fora da União, e ato normativo editado pela recém criada unidade federativa (LC estadual 2/1993, art. 256, III, c) — no sentido de que todos os imóveis por ela ocupados passariam ao seu domínio — não poderia dispor sobre propriedade pertencente à União. Tendo isso em conta, o Tribunal declarou a inconstitucionalidade da alínea c do inciso III do art. 256 da LC estadual 2/1993 e determinou a reintegração da União na posse do imóvel, o qual poderia ser desocupado, voluntariamente, no prazo de 90 dias, a contar do trânsito em julgado.
ACO 685/RR, rel. orig. Min. Ellen Gracie, red. p/ o acórdão Min. Marco Aurélio, 11.12.2014. (ACO-685) (Inform. STF 771)

RE 673.681/SP
RELATOR: Ministro Celso de Mello
Lei **municipal** contestada *em face de Constituição estadual*. **Possibilidade** *de controle normativo abstrato* por Tribunal de Justiça (**CF**, art. 125, **§ 2º**). **Competência do Município** *para dispor sobre preservação* **e** *defesa da integridade do meio ambiente*. A **incolumidade** *do patrimônio ambiental* **como expressão** de um direito fundamental *constitucionalmente atribuído* à **generalidade** das pessoas (**RTJ** 158/205-206 **RTJ** 164/158-161, *v.g*). *A questão do meio ambiente* como um dos tópicos **mais** relevantes *da presente agenda nacional* **e** *internacional*. **O poder de regulação** dos Municípios **em tema** de formulação de políticas públicas, de regras e de estratégias **legitimadas** *por seu peculiar interesse* **e destinadas a viabilizar**, de modo efetivo, *a proteção local* do meio ambiente. **Relações entre** *alei* **e** *o regulamento*. **Os regulamentos de execução** (*ou subordinados*) **como condição** *de eficácia* **e** *aplicabilidade* da norma legal **dependente** *de regulamentação executiva*. **Previsão**, *no próprio corpo do diploma legislativo*, **da necessidade** de sua regulamentação. **Inocorrência de ofensa**, em tal hipótese, *ao postulado da reserva constitucional de administração*, que **traduz** emanação resultante **do dogma** *da divisão funcional do poder*. **Doutrina**. **Precedentes**. **Legitimidade da competência monocrática** do Relator para, *em sede recursal extraordinária*, **tratando-se** de fiscalização abstrata **sujeita** à competência originária dos Tribunais de Justiça (**CF**, art. 125, **§ 2º**), **julgar** o apelo extremo, **em ordem**, *até mesmo*, a declarar a inconstitucionalidade **ou** a confirmar a validade constitucional do ato normativo impugnado. **Precedentes** (**RE** 376.440-ED/DF, Rel. Min. DIAS TOFFOLI, **Pleno**, *v.g.*). **Recurso extraordinário** *conhecido e provido*. DJ 16.12.2014. (Inform. STF 770)

ADI: leis de organização administrativa e competência legislativa
O Plenário conheceu em parte de ação direta ajuizada em face da EC estadual 30/2001, que alterara o inciso III do art. 63 da Constituição do Estado do Espírito Santo, e, na parte conhecida, julgou improcedente o pedido. A norma impugnada, ao alterar o referido dispositivo da constituição capixaba, fixara a competência privativa do Governador do Estado para a iniciativa de leis que dispusessem sobre a organização administrativa e de pessoal do Poder Executivo, exclusivamente. Segundo alegado, essa modificação teria contrariado os artigos 2º, 61, § 1º, II, b, e 84, VI, da CF, porquanto a competência privativa para iniciar leis referentes à matéria orçamentária e aos serviços públicos em geral, incluídos os demais Poderes, seria do chefe do Poder Executivo. Inicialmente, a Corte destacou que o art. 84, VI, da CF, supostamente violado, teria sido alterado antes do ajuizamento da ação direta, o que ensejaria, no ponto, o não conhecimento do pedido. Na parte conhecida, o Plenário asseverou que a jurisprudência do STF seria no sentido de que a iniciativa privativa do chefe do Poder Executivo, prevista art. 61, § 1º, II, b, da CF, somente se aplicaria aos territórios federais. Ademais, a norma impugnada não ensejaria eventual descumprimento da separação de Poderes (CF, art. 2º), porquanto envolvida, na espécie, questão especificamente alusiva a caso em que não haveria essa interferência indevida. ADI 2755/ES, rel. Min. Cármen Lúcia, 6.11.2014. (ADI-2755) (Inform. STF 766)

ADI: inclusão de município em região metropolitana e competência legislativa
O Plenário julgou improcedente pedido formulado em ação direta ajuizada em face da LC 11.530/2000 do Estado Rio Grande do Sul. Na espécie, apontava-se a inobservância da iniciativa privativa do chefe do Poder Executivo para a edição da citada lei, em suposta ofensa aos artigos 61, § 1º, e; 63, I; e 84, III e IV, da CF, além do descumprimento da disciplina prevista no art. 25, § 3º, também do texto constitucional ["Art. 25. Os Estados organizam-se e regem-se pelas Constituições e leis que adotarem, observados os princípios desta Constituição. ... § 3º - Os Estados poderão, mediante lei complementar, instituir regiões metropolitanas, aglomerações urbanas e microrregiões, constituídas por agrupamentos de municípios limítrofes, para integrar a organização, o planejamento e a execução de funções públicas de interesse comum; Art. 61. A iniciativa das leis complementares e ordinárias cabe a qualquer membro ou Comissão da Câmara dos Deputados, do Senado Federal ou do Congresso Nacional, ao Presidente da República, ao Supremo Tribunal Federal, aos Tribunais Superiores, ao Procurador-Geral da República e aos cidadãos, na forma e nos casos previstos nesta Constituição. § 1º - São de iniciativa privativa do Presidente da República as leis que: ... e) criação e extinção de Ministérios e órgãos da administração pública, observado o disposto no art. 84, VI; Art. 63. Não será admitido aumento da despesa prevista: I - nos projetos de iniciativa exclusiva do Presidente da República, ressalvado o disposto no art. 166, § 3º e § 4º; Art. 84. Compete privativamente ao Presidente da República: ... III - iniciar o processo legislativo, na forma e nos casos previstos nesta Constituição; ... IV - sancionar, promulgar e fazer publicar as leis, bem como expedir decretos e regulamentos para sua fiel execução"]. A norma impugnada, de iniciativa parlamentar, determina a inclusão do município de Santo Antônio da Patrulha na região metropolitana de Porto Alegre. ADI 2803/RS, rel. Min. Dias Toffoli, 6.11.2014. (ADI-2803) (Inform. STF 766)

Venda de produtos de conveniência e prestação de serviços em farmácias e drogarias
Na linha de precedentes firmados no sentido da não usurpação da competência legislativa da União, o Plenário deu provimento a agravo regimental e julgou improcedente pedido formulado em ação direta ajuizada em face da Lei 7.668/2004 do Estado da Paraíba. A referida norma autoriza "as farmácias e as drogarias a comercializar mercadorias de caráter não farmacêutico, bem como a prestar serviços de menos complexidade, considerados úteis à população". O Colegiado asseverou que a lei não teria regulamentado a comercialização privativa de drogas, medicamentos, insumos farmacêuticos e correlatos por farmácias e

drogarias, tema regulado, em bases gerais, pela Lei 5.991/1973. A ausência de usurpação de competência reforçaria a atuação legítima da iniciativa legislativa estadual no campo suplementar. ADI 4952 AgR/PB, rel. Min. Luiz Fux, 29.10.2014. (ADI-4952) (Inform. STF 765)

ADI: norma processual e competência legislativa da União
O Plenário julgou procedente pedido formulado em ação direta para declarar a inconstitucionalidade do art. 7º e parágrafos da Lei 6.816/2007 do Estado de Alagoas. O dispositivo criara como requisito de admissibilidade, para a interposição de recurso inominado no âmbito dos juizados especiais, o depósito prévio de 100% do valor da condenação. O Tribunal sublinhou que a norma atacada versaria sobre admissibilidade recursal e, consequentemente, teria natureza processual. Dessa forma, seria evidente a inconstitucionalidade formal por ofensa ao art. 22, I, da CF ("Compete privativamente à União legislar sobre: I - direito civil, comercial, penal, processual, eleitoral, agrário, marítimo, aeronáutico, espacial e do trabalho"). Ademais, a mencionada lei dificultaria ou inviabilizaria a interposição de recurso para o conselho recursal. Assim, vulneraria os princípios constitucionais do acesso à jurisdição, do contraditório e da ampla defesa, contidos no art. 5º, XXXV e LV, da CF. ADI 4161/AL, rel. Min. Cármen Lúcia, 30.10.2014. (ADI-4161)

ADI e competência para criação de juizado especial
O Plenário confirmou medida cautelar (noticiada no Informativo 107) e julgou procedente pedido formulado em ação direta para declarar a inconstitucionalidade dos artigos 9º e 60 da Lei 6.176/1993 do Estado de Mato Grosso, alterado pela Lei 6.490/1994. Os dispositivos questionados, editados antes do advento da Lei 9.099/1995, estabelecem, respectivamente, as hipóteses de competência dos juizados especiais cíveis e criminais no âmbito do Poder Judiciário local. O Tribunal endossou fundamentação lançada na cautelar deferida e ressaltou que, não obstante o art. 98, § 1º, da CF, a criação dos juizados especiais no âmbito dos estados-membros dependeria de normas processuais para seu funcionamento, e seria privativa da União a competência para legislar sobre direito processual (CF, art. 22, I). ADI 1807/MT, rel. Min. Dias Toffoli, 30.10.2014. (ADI-1807) (Inform. STF 765)

Venda de produtos de conveniência e prestação de serviços em farmácias e drogarias
Na linha de precedentes já firmados no sentido da não usurpação da competência legislativa da União, o Plenário julgou improcedentes pedidos formulados em ações diretas de inconstitucionalidade ajuizadas, respectivamente, em face da Lei 2.248/2010 do Estado de Rondônia e da Lei 14.103/2010 do Estado de Pernambuco. Ambas as normas dispõem sobre o comércio de artigos de conveniência e a prestação de serviços em farmácias e drogarias. ADI 4950/RO, rel. Min. Cármen Lúcia, 15.10.2014. (ADI-4950) ADI 4957/PE, rel. Min. Cármen Lúcia, 15.10.2014. (ADI-4957) (Inform. STF 763)

Telefonia fixa e proibição de assinatura mensal
Por reputar usurpada a competência privativa da União para legislar sobre telecomunicações (CF, art. 22, IV), o Plenário confirmou medida acauteladora (noticiada no Informativo 592) para julgar procedente pedido formulado em ação direta ajuizada em face da Lei 13.854/2009 do Estado de São Paulo. A norma proíbe a cobrança de assinatura mensal pelas concessionárias de serviços de telecomunicações. ADI 4369/SP, rel. Min. Marco Aurélio, 15.10.2014. (ADI-4369) (Inform. STF 763)

ADI N. 4.387-SP
RELATOR: MIN. DIAS TOFFOLI
EMENTA: Ação direta de inconstitucionalidade. Lei nº 8.107, de 27 de outubro de 1992, e Decretos nº 37.420 e nº 37.421, todos do Estado de São Paulo. Regulamentação da atividade de despachante perante os órgãos da Administração Pública estadual. Competência legislativa privativa da União (art. 22, I e XVI, da CF/88). Ratificação da cautelar. Ação julgada procedente.
1. A Lei estadual nº 8.107/92, a pretexto de prescrever regras de caráter administrativo acerca da atuação dos despachantes junto aos órgãos públicos estaduais, acabou por regulamentar essa atividade, uma vez que estabeleceu os próprios requisitos para seu exercício. Violação da competência legislativa da União, a quem compete privativamente editar leis sobre direito do trabalho e sobre condições para o exercício de profissões. Precedentes. A norma de que trata o art. 5º, XIII, da Carta Magna, que assegura ser "livre o exercício de qualquer trabalho, ofício ou profissão, atendidas as qualificações profissionais que a lei estabelecer", deve ter caráter nacional, não se admitindo que haja diferenças entre os entes federados quanto aos requisitos ou condições para o exercício de atividade profissional. 2. O Estado de São Paulo, conforme se verifica nos arts. 7º e 8º da lei impugnada, impôs limites excessivos ao exercício da profissão de despachante no âmbito do Estado, submetendo esses profissionais liberais a regime jurídico assemelhado ao de função delegada da administração pública, afrontando materialmente o disposto no art. 5º, inciso XIII, da Carta Magna. 3. Ação direta de inconstitucionalidade julgada procedente. (Inform. STF 762)

ADI e venda de produtos de conveniência em farmácias e drogarias
Na linha de precedentes já firmados no sentido da não usurpação da competência legislativa da União, o Plenário julgou improcedentes pedidos formulados em ações diretas de inconstitucionalidade, apreciadas em conjunto, ajuizadas contra as Leis 4.353/2009, 14.588/2009, 63/2009, 12.623/2007 e 5.465/2005, respectivamente, do Distrito Federal e dos Estados do Ceará, do Amazonas, de São Paulo e do Piauí. As normas impugnadas dispõem sobre o comércio de artigos de conveniência em farmácias e drogarias. ADI 4423/DF, rel. Min. Dias Toffoli, 24.9.2014. (ADI-4423) ADI 4955/CE, rel. Min. Dias Toffoli, 24.9.2014. (ADI-4955) ADI 4956/AM, rel. Min. Dias Toffoli, 24.9.2014. (ADI-4956) ADI 4093/SP, rel. Min. Rosa Weber, 24.9.2014. (ADI-4093) ADI 4951/PI, rel. Min. Teori Zavascki, 24.9.2014. (ADI-4951) (Inform. STF 760)

ADPF: legislação municipal e regime de portos
O Plenário referendou medida cautelar concedida, durante o curso de férias coletivas, pelo Ministro Ricardo Lewandowski (Presidente) em arguição de descumprimento de preceito fundamental para suspender a eficácia da expressão "exceto granel sólido" constante dos artigos 17, I, e 22, § 3º, III, bem como do item IV do anexo 11, todos da LC 730/2011 do Município de Santos/SP, na redação dada pela LC municipal 813/2013. A norma em questão disciplina o ordenamento do uso e da ocupação do solo na área insular municipal e dá outras providências. Preliminarmente, a Corte, por maioria, resolveu questão de ordem, suscitada pelo Ministro Marco Aurélio (relator), no sentido de permitir a sustentação oral em referendo em medida cautelar. O Tribunal apontou o quanto disposto no § 2º do art. 10 da Lei 9.868/1999 ("No julgamento do pedido de medida cautelar, será facultada sustentação oral aos representantes judiciais do requerente e das autoridades ou órgãos responsáveis pela expedição do ato, na forma estabelecida no Regimento do Tribunal"), o qual seria aplicado, por analogia, ao procedimento da ADPF. Vencido o suscitante, que destacava o teor do § 2º do art. 131 do RISTF ("Não haverá sustentação oral nos julgamentos de agravo, embargos declaratórios, arguição de suspeição e medida cautelar"). No mérito, o Plenário apontou que a restrição à atividade portuária, no tocante às operações com granéis sólidos, apenas poderia ocorrer por meio de legislação federal, tendo em conta a interpretação sistemática dos artigos 21, XII, f, e 22, X, da CF ["Art. 21. Compete à União: ... XII - explorar, diretamente ou mediante autorização, concessão ou permissão: ... f) os portos marítimos, fluviais e lacustres;

Art. 22. Compete privativamente à União legislar sobre: ... X - regime dos portos, navegação lacustre, fluvial, marítima, aérea e aeroespacial"]. Afirmou que a inobservância ou limitação à repartição constitucional de competências legislativas e materiais implicaria flagrante desprezo à autonomia política e funcional das entidades federativas. Por fim, julgou prejudicado o agravo regimental interposto. ADPF 316 Referendo-MC/DF, rel. Min. Marco Aurélio, 25.9.2014. (ADPF-316) (Inform. STF 760)

ADI e competência legislativa - 1
O Plenário confirmou medida cautelar (noticiada no Informativo 43) e julgou procedente pedido formulado em ação direta para declarar a inconstitucionalidade do art. 300 da Constituição do Estado do Pará e da Lei Complementar paraense 31/1996. As normas impugnadas dispõem, respectivamente, sobre populações indígenas e instituição do Conselho Estadual Indigenista - Conei, com a imposição de atribuições ao Ministério Público estadual. O Tribunal reiterou a competência privativa da União para legislar sobre a matéria, bem como a missão institucional do Ministério Público Federal para a defesa dos direitos e interesses dessas populações.

ADI e competência legislativa - 2
Por afronta ao art. 22, XI, da CF, o Plenário confirmou medida cautelar (noticiada no Informativo 153) e julgou procedente pedido formulado em ação direta para declarar a inconstitucionalidade da Lei 11.311/1999, do Estado do Rio Grande do Sul, que dispõe sobre a inspeção técnica de veículos naquela unidade federada. O Tribunal destacou que a assembleia legislativa, ao disciplinar tema inserido na noção conceitual de trânsito, atuara com excesso no exercício de sua competência normativa. Salientou, ainda, que a matéria não se confundiria com a denominada "política de educação para segurança no trânsito", prevista no art. 23, XII, da CF.
ADI 1972/RS, rel. Min. Teori Zavascki, 18.9.2014. (ADI-1972) (Inform. STF 759)

ADI e venda de produtos de conveniência em farmácias e drogarias
Ao aplicar o entendimento firmado na ADI 4.954/AC (acórdão pendente de publicação – v. Informativo 755), o Plenário julgou improcedentes pedidos formulados em ações diretas de inconstitucionalidade ajuizadas contra as Leis 4.663/2005, 792/2010 e 18.679/2009, respectivamente, dos Estados do Rio de Janeiro, Roraima e Minas Gerais. As normas impugnadas disciplinam o comércio varejista de artigos de conveniência em farmácias e drogarias. O Tribunal reafirmou que as referidas leis não teriam usurpado competência da União para legislar sobre proteção e defesa à saúde, tampouco ofendido o direito à saúde. ADI 4949/RJ, rel. Min. Ricardo Lewandowski, 11.9.2014. (ADI-4949) ADI 4948/RR, rel. Min. Gilmar Mendes, 11.9.2014. (ADI-4948) ADI 4953/MG, rel. Min. Gilmar Mendes, 11.9.2014. (ADI-4953) (Inform. STF 758)

ADI e criação de município
O Plenário confirmou medida cautelar (noticiada no Informativo 712) e julgou procedente pedido formulado em ação direta para assentar a inconstitucionalidade da Lei 2.264/2010, do Estado de Rondônia. A norma questionada cria o Município de Extrema de Rondônia a partir de desmembramento de área territorial do Município de Porto Velho; fixa seus limites territoriais; e informa os distritos a integrarem a nova municipalidade. O Tribunal registrou a existência de inúmeros precedentes da Corte quanto à impossibilidade de criação de municípios em desconformidade com a Constituição (art. 18, § 4º). ADI 4992/RO, rel. Min. Gilmar Mendes, 11.9.2014 (ADI-4992) (Inform. STF 758)

Julgamento de contas de Presidente da Câmara Municipal e competência
O Plenário conheceu, em parte, de ação direta e, na parte conhecida, julgou o pedido procedente para declarar a inconstitucionalidade da expressão "e o Presidente da Câmara", contida no art. 29, § 2º, da Constituição do Estado do Espírito Santo. A norma prevê o julgamento das contas anuais do Presidente da Câmara Municipal pela respectiva Casa Legislativa. No tocante ao referido dispositivo, o Colegiado confirmou a medida cautelar (noticiada no Informativo 143). Reputou que a Constituição seria assente em definir o papel específico do Legislativo municipal para julgar, após parecer prévio do Tribunal de Contas, as contas anuais elaboradas pelo Chefe do Executivo local, sem abrir margem de ampliação para outros agentes ou órgãos públicos. Assim, a norma adversada, ao alargar a competência de controle externo exercida pelas Câmaras Municipais para alcançar, além do Prefeito, o Presidente da Câmara Municipal, alteraria esse modelo. Por outro lado, assentou o prejuízo da ação no que se refere aos incisos I e II do art. 71 da Constituição estadual, tendo em conta alteração substancial de seu texto, com a supressão das expressões "e pela Mesa da Assembleia Legislativa" e "e Mesas das Câmaras Municipais". ADI 1964/ES, rel. Min. Dias Toffoli, 4.9.2014. (ADI-1964) (Inform. STF 757)

Regulamentação de atividade profissional e competência legislativa
O Plenário julgou procedente pedido formulado em ação direta para declarar a inconstitucionalidade da Lei 8.107/1992 e dos Decretos 37.420/1993 e 37.421/1993, todos do Estado de São Paulo. As normas regulamentam a atividade de despachante perante os órgãos da Administração Pública estadual. O Colegiado asseverou que os diplomas estabelecem requisitos para o exercício da atividade profissional, o que implicaria violação da competência legislativa da União, à qual cabe privativamente editar leis sobre direito do trabalho e sobre condições para o exercício profissional. Pontuou que o art. 5º, XIII, da CF ("XIII - é livre o exercício de qualquer trabalho, ofício ou profissão, atendidas as qualificações profissionais que a lei estabelecer") teria caráter nacional, e não se admitiriam diferenças entre os entes federados quanto a requisitos ou condições para exercer atividade profissional. Frisou que as normas em comento teriam imposto limites excessivos ao exercício do ofício de despachante e submetido esses profissionais liberais a regime jurídico assemelhado ao de função delegada da Administração Pública, em confronto material com a Constituição. ADI 4387/SP, rel. Min. Dias Toffoli, 4.9.2014. (ADI-4387) (Inform. STF 757)

ADI e venda de produtos de conveniência em farmácias e drogarias - 1
O Plenário julgou improcedente pedido formulado em ação direta de inconstitucionalidade ajuizada contra a Lei 2.149/2009, do Estado do Acre, que disciplina o comércio varejista de artigos de conveniência em farmácias e drogarias. O Tribunal, preliminarmente, afastou a alegação de que a via eleita seria inadequada por ser imprescindível o exame de compatibilidade entre a norma estadual impugnada e a legislação federal, para concluir-se pela usurpação ou não de competência da União. Aduziu que, à vista da regra constitucional do § 1º do art. 24 da CF, bastaria o exame do ato normativo atacado, mediante a ação direta, para saber se o Estado-membro adentraria o campo reservado à União. Observou que, nos autos, se discutiria se a lei estadual usurpara a competência da União para legislar sobre normas gerais de proteção e de defesa da saúde, além de violar o direito à saúde (CF, artigos 6º, "caput"; 24, XII, §§ 1º e 2º; e 196). Reconheceu que o sistema de distribuição de competências materiais e legislativas privativas, concorrentes e comuns entre os três entes da Federação, assim como estabelecido na Constituição e tendo em vista a aplicação do princípio da predominância do interesse, seria marcado pela complexidade, e não seria incomum acionar-se o STF para solucionar problemas de coordenação e sobreposição de atos legislativos, especialmente federais e estaduais.

ADI e venda de produtos de conveniência em farmácias e drogarias - 2

A Corte verificou que a harmonia do sistema federativo encontraria no STF momento exegético determinante, com destaque para os conflitos surgidos ante o condomínio legislativo previsto no art. 24 da CF — a competência da União para dispor acerca de normas gerais sobre as matérias previstas no § 1º, e a concorrente dos Estados-membros e do Distrito Federal para, em caráter suplementar, fazer observar a realidade própria de cada unidade federativa contida no § 2º. Mencionou que o inciso XII do aludido art. 24 versaria a competência concorrente entre a União e os Estados-membros no campo da proteção e defesa da saúde. Ressaltou que cumpriria ao ente central editar normas gerais e diretrizes fundamentais, e aos locais, as suplementares, em face do que estabelecesse o legislativo federal. Recordou que, na inicial, o Procurador-Geral da República apontara que a União teria exercido a competência geral, relativa ao tema do processo, por meio da Lei 5.991/1973, segundo a qual o comércio de drogas, medicamentos e de insumos farmacêuticos seria privativo de farmácias e drogarias. Concluiu que os Estados-membros e o Distrito Federal poderiam autorizar, mediante lei e em observância ao que disposto no mencionado diploma federal, a comercialização dos chamados artigos de conveniência pelos aludidos estabelecimentos sem que isso representasse invasão da esfera de ação legislativa da União. O Pleno explicou que a norma impugnada não cuidaria de proteção e defesa da saúde, mas sim de local de venda de certos produtos. Além disso, ainda que se entendesse existente a disciplina relativa à saúde, esta se dera no campo suplementar, e descaberia cogitar da edição de normas gerais pelo Estado do Acre.

ADI e venda de produtos de conveniência em farmácias e drogarias - 3

O Tribunal explicitou que, ao autorizar a venda de artigos de conveniência por farmácias e drogarias, o legislador estadual nada dispusera sobre saúde, e sim acerca do comércio local. Ponderou que não se trataria de operações de venda interestadual, em relação às quais incumbiria à União a disciplina (CF, art. 22, VIII), e que inexistiria norma constitucional específica a respeito da regulação do comércio de artigos de conveniência. Desse modo, remanesceria a competência dos Estados-membros para legislar sobre o tema (CF, art. 25, § 1º), permitido aos Municípios disporem de forma complementar, caso imprescindível diante de particularidades e interesses locais, em observância a normas federais e estaduais. Rememorou que, por meio da Lei 5.991/1973, regulamentada pelo Decreto 74.170/1974, a União estabelecera normas gerais sobre o controle sanitário do comércio de drogas, medicamentos, insumos farmacêuticos e correlatos. Entretanto, nada dispusera acerca da venda de bens de conveniência por farmácias e drogarias. Ao contrário do que afirmado na peça inicial, a disciplina federal não seria abrangente a ponto de ter excluído do legislador estadual margem política para editar atos dessa natureza e com esse conteúdo. Consignou que, apesar de ser privativo das farmácias e drogarias o comércio de drogas, medicamentos e de insumos farmacêuticos, não existiria proibição de esses estabelecimentos comercializarem outros produtos. Afirmou que, por meio da norma federal, procurara-se garantir a segurança da saúde do consumidor e, como diretriz essencial nesse campo, que esses produtos fossem vendidos apenas por estabelecimentos especializados, nos quais atuaria profissional habilitado — o farmacêutico. Contudo, isso não autorizaria interpretação no sentido de que a especialização necessária excluiria a possibilidade de farmácias e drogarias comercializarem bens diversos. Na realidade, esse entendimento implicaria situação inversa à alegada na ação direta — a de invasão de competência dos Estados-membros pela União, haja vista que norma com esse conteúdo, ao entrar em pormenores, viria a extrapolar o campo de normas gerais, princípios e questões fundamentais.

ADI e venda de produtos de conveniência em farmácias e drogarias - 4

O Plenário frisou que admitir que a União, a despeito de editar normas gerais, regulasse situações particulares, de modo a esgotar o tema legislado, implicaria esvaziamento do poder dos Estados-membros de legislar supletivamente. Ao assim proceder, não se preservariam regras de convivência entre os entes, pois se permitiria que o ente central sufocasse a autonomia política dos Estados-membros e do Distrito Federal. Reputou que, ausente normatização explicitamente oposta às diretrizes gerais estabelecidas em lei federal, dever-se-ia prestigiar a autonomia dos entes estaduais. Refutou a assertiva de que haveria legítima proibição ao comércio varejista de artigos de conveniência em farmácias e drogarias pela Anvisa (Resolução RDC 328/1999, com a redação dada pela Resolução RDC 173/2003). Realçou que inovação infralegal na ordem jurídica não poderia ser oposta ao exercício legislativo dos Estados-membros, sob pena de afronta ao princípio da legalidade. Depreendeu que a circunstância de a Lei 9.782/1999, mediante a qual foi criada a aludida agência, haver instituído amplo espaço de atuação regulatória em favor da autarquia não a tornaria titular de atribuição tipicamente legislativa, de modo a poder expedir atos de hierarquia eventualmente superior às leis estaduais.

ADI e venda de produtos de conveniência em farmácias e drogarias - 5

A Corte sublinhou que, na espécie, a pretensão formulada na inicial revelaria medida restritiva de direitos inapta a atingir o fim público visado; desnecessária ante a possibilidade de o propósito buscado ser alcançado por meios menos onerosos às liberdades fundamentais envolvidas; e desproporcional por promover desvantagens que superariam, em muito, eventuais vantagens. Enfatizou não haver implicação lógica entre a proibição de venda de produtos de conveniência em farmácias e drogarias — o meio — e a prevenção do uso indiscriminado de medicamentos — o fim. Salientou que, ainda que se admitisse a adequação ínfima da medida, esta seria desnecessária em razão de haver outros meios menos onerosos e hábeis a alcançar o propósito almejado, sem representar limitações ao exercício da livre iniciativa, como, por exemplo, controle de venda de remédios mediante receita médica, bem assim políticas de informação e campanhas de conscientização. Asseverou que as desvantagens em cercear as atividades econômicas do referido segmento comercial, considerados os efeitos negativos, principalmente, no tocante à disponibilidade de empregos e à comodidade oferecida à população, revelar-se-iam superiores às vantagens, relativas ao campo da saúde, cujo alcance sequer se mostraria abstrato ou empiricamente viável. ADI 4954/AC, rel. Min. Marco Aurélio, 20.8.2014. (ADI-4954) (Inform. STF 755)

ADI: lei estadual e regras para empresas de planos de saúde

Afronta a regra de competência privativa da União para legislar sobre direito civil e comercial, e sobre política de seguros (CF, art. 22, I e VII, respectivamente), a norma estadual que determina prazos máximos para a autorização de exames, que necessitem de análise prévia, a serem cumpridos por empresas de planos de saúde, de acordo com a faixa etária do usuário. Com base nessa orientação, o Plenário julgou procedente pedido formulado em ação direta para declarar a inconstitucionalidade da Lei pernambucana 14.464/2011. Preliminarmente, o Tribunal reconheceu a legitimidade ativa da Unidas — União Nacional das Instituições de Autogestão em Saúde, porque teria como membros pessoas e entidades com um propósito específico. No mérito, asseverou que a lei questionada disporia sobre matéria contratual, portanto, de direito civil e, na hipótese, tema assimilável a seguros, da competência privativa da União. ADI 4701/PE, rel. Min. Roberto Barroso, 13.8.2014. (ADI-4701) (Inform. STF 754)

Carteira de identidade: tipo sanguíneo e fator Rh - 1

O Plenário, por maioria, julgou improcedentes pedidos formulados em ações diretas de inconstitucionalidade ajuizadas contra a Lei 12.282/2006, do Estado de São Paulo, e a Lei 14.851/2009, do Estado de Santa Catarina, que dispõem sobre a inclusão dos dados sanguíneos na carteira de identidade emitida pelo órgão de identificação do Estado-membro. O Tribunal observou que o devido equacionamento da distribuição constitucional de competências legislativas entre a União, os Estados-membros, o Distrito Federal e os Municípios levaria sempre em conta o princípio federativo. Sublinhou que a exigência de conformação legislativa uniforme da matéria no território nacional emergiria da própria finalidade social da manutenção de registros. Constatou que a natureza jurídica da cédula de identidade seria de registro público e sua disciplina legislativa competiria privativamente à União (CF, art. 22, XXV). Salientou que, ao fixar a competência privativa da União no tocante à natureza, à forma, à validade e aos efeitos dos registros públicos em geral e da carteira de identidade em particular, a Constituição imporia aos Estados-membros, ao Distrito Federal e aos Municípios a observância do quanto disciplinado pela União sobre a matéria.

Carteira de identidade: tipo sanguíneo e fator Rh - 2

A Corte frisou que o art. 1º da Lei 7.116/1983 asseguraria a validade e a fé pública em todo o território nacional às carteiras de identidade emitidas pelos órgãos de identificação dos Estados-membros, do Distrito Federal e dos Territórios. O art. 3º desse diploma legislativo relacionaria os elementos que a carteira de identidade deveria conter obrigatoriamente e o art. 4º facultaria a inclusão de outros dados no documento, desde que solicitada pelo interessado ("Art 4º - Desde que o interessado o solicite a Carteira de Identidade conterá, além dos elementos referidos no art. 3º desta Lei, os números de inscrição do titular no Programa de Integração Social - PIS ou no Programa de Formação do Patrimônio do Servidor Público - PASEP e no Cadastro de Pessoas Físicas do Ministério da Fazenda. § 1º - O Poder Executivo Federal poderá aprovar a inclusão de outros dados opcionais na Carteira de Identidade. § 2º - A inclusão na Carteira de Identidade dos dados referidos neste artigo poderá ser parcial e dependerá exclusivamente da apresentação dos respectivos documentos comprobatórios"). Registrou que o rol das informações cujo registro nos documentos pessoais de identificação seria facultado ao cidadão teria sido ampliado pela Lei 9.049/1995 ("Art. 1º Qualquer cidadão poderá requerer à autoridade pública expedidora o registro, no respectivo documento pessoal de identificação, do número e, se for o caso, da data de validade dos seguintes documentos: 1. Carteira Nacional de Habilitação; 2. Título de Eleitor; 3. Cartão de Identidade do Contribuinte do Imposto de Renda; 4. Identidade Funcional ou Carteira Profissional; 5. Certificado Militar. Art. 2º Poderão, também, ser incluídas na Cédula de Identidade, a pedido do titular, informações sucintas sobre o tipo sanguíneo, a disposição de doar órgãos em caso de morte e condições particulares de saúde cuja divulgação possa contribuir para preservar a saúde ou salvar a vida do titular").

Carteira de identidade: tipo sanguíneo e fator Rh - 3

O Plenário consignou que o Poder Legislativo da União, no exercício da competência prevista no art. 22, XXV, da CF, introduziria no ordenamento jurídico pátrio, mediante o art. 2º da Lei 9.049/1995, autorização para que as autoridades públicas expedidoras — os órgãos estaduais responsáveis pela emissão das carteiras de identidade — registrassem, quando solicitados pelos interessados, informações relativas ao tipo sanguíneo e ao fator Rh nos documentos pessoais de identificação. Ressaltou, por oportuno, que a Lei 9.454/1997, ao instituir o número único de Registro de Identidade Civil - RIC de modo a centralizar o cadastro de registros de identificação pessoal no Sistema Nacional de Registro de Identificação Civil, e ainda em fase inicial de implementação, em nada alteraria o panorama legislativo federal pertinente. Enfatizou que, ao determinar que o órgão estadual responsável pela emissão da carteira de identidade incluísse no documento, quando solicitado pelo interessado, o registro do seu tipo sanguíneo e fator Rh, as leis impugnadas guardariam absoluta conformidade material com a disciplina da União relativamente ao documento pessoal de identificação, particularmente o disposto no art. 2º da Lei 9.049/1995. Explicitou que, ainda que vedado aos entes federados legislar sobre registros públicos propriamente, se inseriria no âmbito de sua competência legislativa a disciplina da organização e da atuação dos órgãos integrantes das estruturas administrativas dos Estados-membros e do Distrito Federal, aos quais competiria a expedição dos documentos pessoais de identificação. Afirmou que os diplomas em debate observariam fielmente a conformação legislativa do documento pessoal de identificação — cédula de identidade — como delineada pela União no exercício da competência privativa prevista no art. 22, XXV, da CF.

Carteira de identidade: tipo sanguíneo e fator Rh - 4

O Tribunal avaliou que as leis estaduais limitar-se-iam a orientar a atuação administrativa do órgão estadual responsável pela emissão da carteira de identidade, no tocante ao cumprimento do disposto no art. 2º da Lei 9.049/1995, de modo que não haveria usurpação de competência privativa da União para legislar sobre registros públicos. Realçou que as normas veiculariam comando e instruções endereçados unicamente ao órgão estadual responsável pela emissão do documento, no sentido de observar o regramento federal. Asseverou que a vigência da norma federal que autorizaria as autoridades públicas expedidoras a registrar, quando solicitadas pelos interessados, informações relativas ao tipo sanguíneo e ao fator Rh nos documentos pessoais de identificação delimitaria a eficácia do diploma estadual impugnado. Reputou, por fim, que os diplomas estaduais em comento não disporiam sobre direitos ou deveres dos particulares — limitado o seu escopo a disciplinar a organização e a atuação do órgão da Administração estadual responsável pela emissão da carteira de identidade — tampouco se poderia falar em afronta à competência privativa da União para legislar sobre direito civil (CF, art. 22, I). Os Ministros Roberto Barroso, Marco Aurélio, Celso de Mello e Ricardo Lewandowski (Presidente eleito) acrescentaram que as normas estaduais inserir-se-iam no âmbito de proteção à saúde, o que justificaria a competência estadual. Vencido o Ministro Luiz Fux, que julgava procedentes os pedidos para declarar a inconstitucionalidade das lei estaduais. Pontuava que a competência seria exclusiva da União, por se tratar de matéria a envolver direitos da personalidade e de registros públicos, que deveriam ser uniformes em todo o Brasil. Precedente citado: ADI 2.254/ES (DJU de 26.9.2003). ADI 4007/SP, rel. Min. Rosa Weber, 13.8.2014. (ADI-4007) ADI 4343/SC, rel. Min. Rosa Weber, 13.8.2014. (ADI-4343) (Inform. STF 754)

AG. REG. NO AI N. 730.856-RJ

RELATOR: MIN. MARCO AURÉLIO
COMPETÊNCIA PRIVATIVA DA UNIÃO – DIREITO CIVIL – ESTACIONAMENTO – SHOPPING *CENTER* – HIPERMERCADOS – GRATUIDADE – LEI Nº 4.541/2005, DO ESTADO DO RIO DE JANEIRO – PRECEDENTES. Invade competência legislativa da União, prevista no artigo 22, inciso I, da Carta da República, norma estadual que veda a cobrança por serviço de estacionamento em locais privados. Precedentes: Ações Diretas de Inconstitucionalidade nº 1.472/DF, relator ministro Ilmar Galvão, nº 2.448/DF, relator ministro Sydney Sanches, e nº 1.623/RJ, relator ministro Joaquim Barbosa.

Lei processual civil e competência legislativa - 2

Em conclusão de julgamento, o Plenário julgou improcedente pedido formulado em ação direta de inconstitucionalidade, proposta contra a Lei 1.504/1989, do Estado do Rio de Janeiro, que regula a homologação judicial de acordo sobre a prestação de alimentos firmada com a intervenção da Defensoria Pública — v. Informativo 619. O Tribunal afastou a alegação de que a norma impugnada estaria eivada de inconstitucionalidade formal, por invasão da competência privativa da União para legislar sobre direito civil e processual civil (CF, art. 22, I). Afirmou, no ponto, que seu conteúdo versaria sobre critérios procedimentais em matéria processual e estaria subsumido à competência concorrente, nos termos do art. 24, XI e XII, da CF. Aduziu que os entes federativos teriam a prerrogativa de definir a maneira com que a matéria processual deveria ser executada, de acordo com as particularidades deles, nos termos do art. 24, § 3º, da CF. Ressaltou que a competência legislativa concorrente, nesse aspecto, teria o condão de transformar os Estados-membros em verdadeiros laboratórios legislativos, a permitir que novas e exitosas experiências fossem formuladas e eventualmente adotadas pelos demais. Assinalou que, no caso, estar-se-ia a permitir que o defensor público atuasse junto ao juiz no sentido de promover a homologação do acordo judicial, atividade inserida no âmbito de atuação profissional daquele, ao encontro da desjudicialização e desburocratização da justiça. ADI 2922/RJ, rel. Min. Gilmar Mendes, 3.4.2014. (ADI-2922) (Inform. STF 741)

ADI: prioridade em tramitação e competência processual
O Plenário julgou procedente pedido formulado em ação direta para declarar a inconstitucionalidade da Lei 7.716/2001, do Estado do Maranhão. A norma estabelece prioridade na tramitação processual, em qualquer instância, para as causas que tenham, como parte, mulher vítima de violência doméstica. O Tribunal esclareceu que a competência para normatizar tema processual seria da União e, por isso, a lei estadual impugnada teria afrontado o art. 22, I, da CF. ADI 3483/MA, rel. Min. Dias Toffoli, 3.4.2014. (ADI-3483) (Inform. STF 741)

ADI e competência estadual - 1
O Plenário confirmou medida cautelar e julgou procedente, em parte, pedido formulado em ação direta para declarar a inconstitucionalidade das expressões *municipais* e *de empresa pública e de sociedade de economia mista*, constantes do § 5º do art. 28 da Constituição do Estado do Rio Grande do Norte (*Os vencimentos dos servidores públicos estaduais e municipais, da administração direta, indireta autárquica, fundacional, de empresa pública e de sociedade de economia mista são pagos até o último dia de cada mês, corrigindo-se monetariamente os seus valores, se o pagamento se der além desse prazo*). O Tribunal asseverou, à época, que, ao incluir os municípios, a norma estadual estaria a afrontar a autonomia municipal, consagrada nos artigos 29 e 30 da CF. Aduziu, ainda, que os Estados-membros não poderiam impor obrigações de natureza civil, comercial ou trabalhista às empresas públicas e às sociedades de economia mista, porquanto sujeitas ao regime das empresas privadas.

ADI e competência estadual - 2
O Plenário julgou procedente pedido formulado em ação direta para confirmar medida cautelar e declarar a inconstitucionalidade do art. 40 do ADCT da Constituição do Estado de Minas Gerais (*Fica assegurada isonomia de remuneração entre os servidores das entidades Caixa Econômica do Estado de Minas Gerais e Banco de Desenvolvimento de Minas Gerais para os cargos, empregos e funções de atribuições iguais ou assemelhadas*). O Tribunal consignou que as empresas em questão estariam sujeitas a regime trabalhista, razão pela qual o constituinte estadual não poderia tratar de temática relativa a direito do trabalho no âmbito de empresas públicas e de sociedades de economia mista. ADI 318/MG, rel. Min. Gilmar Mendes, 19.2.2014. (ADI-318)

ADI: uso de veículos apreendidos e competência – 1
O Plenário iniciou exame de ação direta de inconstitucionalidade ajuizada, pelo Procurador-Geral da República, contra as Leis 5.717/98 e 6.931/2001, ambas do Estado do Espírito Santo, que autorizava a utilização, pela polícia militar ou pela polícia civil estadual, de veículos apreendidos e não identificados quanto à procedência e à propriedade, exclusivamente no trabalho de repressão penal. O Min. Dias Toffoli, relator, julgou procedente o pedido formulado, no que foi acompanhado pelos Ministros Ricardo Lewandowski, Rosa Weber e Luiz Fux. Destacou que a Constituição, na parte em que fixaria a competência legislativa dos entes federados, teria outorgado à União, privativamente, a faculdade de editar normas sobre trânsito e transporte. Em divergência, a Min. Cármen Lúcia considerou o pleito improcedente, no que foi seguida pelos Ministros Marco Aurélio, Celso de Mello e Joaquim Barbosa, Presidente. Obtemperou não se tratar de matéria correlata a trânsito, mas concernente à administração. Recordou que norma do Código de Trânsito Brasileiro permitiria que veículos fossem levados a hasta pública, embora constituísse permissão que nem sempre ocorreria. O Min. Marco Aurélio aduziu que o ente federado não teria invadido a esfera de competência da União porque, ante a inexistência de lei geral, os Estados-membros exerceriam normatividade plena, nos termos previstos na Constituição. Para o Min. Celso de Mello, a matéria em causa não envolveria trânsito e transporte, mas, sim, típica norma de caráter administrativo, integrada no âmbito de autonomia do próprio Estado-membro. Após, o julgamento foi suspenso para colher-se os votos dos demais Ministros.

ADI: uso de veículos apreendidos e competência – 2
O Plenário retomou julgamento de ação direta de inconstitucionalidade ajuizada contra as Leis 5.717/98 e 6.931/2001, ambas do Estado do Espírito Santo, que autorizam a utilização, pela polícia militar ou pela polícia civil estadual, de veículos apreendidos e não identificados quanto à procedência e à propriedade, exclusivamente no trabalho de repressão penal — v. Informativo 701. Nesta assentada, os Ministros Teori Zavascki e Gilmar Mendes, ao acompanharem a divergência iniciada pela Min. Cármen Lúcia, consideraram o pleito improcedente. O Min. Teori Zavascki asseverou que os diplomas não tratariam de trânsito. O Min. Gilmar Mendes salientou que as leis cuidariam apenas da destinação dos bens apreendidos, o que configuraria disciplina meramente administrativa, de competência do estado-membro. O Min. Marco Aurélio, por sua vez, reajustou o voto anteriormente proferido, para julgar o pedido procedente. Asseverou que a competência normativa do tema estaria restrita à União, por versar disciplina do Código de Trânsito Brasileiro. Após, verificado empate na votação, deliberou-se suspender o julgamento para aguardar-se o voto do 11º membro da Corte.

ADI: uso de veículos apreendidos e competência - 3
Revestem-se de constitucionalidade as Leis 5.717/98 e 6.931/2001, do Estado do Espírito Santo, que autorizam a utilização, pela polícia militar ou pela polícia civil estadual, de veículos apreendidos e não identificados quanto à procedência e à propriedade, exclusivamente no trabalho de repressão penal. Essa a orientação do Plenário que, em conclusão, por maioria, julgou improcedente pedido formulado em ação direta de inconstitucionalidade ajuizada contra as mencionadas normas — v. Informativos 701 e 706. Avaliou-se não se tratar de matéria correlata a trânsito, mas concernente à administração. Recordou-se que norma do Código de Trânsito Brasileiro permitiria que veículos fossem levados a hasta pública, embora constituísse permissão que nem sempre ocorreria. Destacou-se que as normas disporiam sobre a regulação no plano estritamente administrativo, na esfera de autonomia do estado-membro. Vencidos os Ministros Dias Toffoli, relator, Rosa Weber, Luiz Fux, Ricardo Lewandowski e Marco Aurélio, que julgavam o pleito procedente. Aduziam que as leis em comento teriam invadido a esfera de competência privativa da União para legislar sobre trânsito e transporte. ADI 3327/ES, rel. orig. Min. Dias Toffoli, red. p/ o acórdão Min. Cármen Lúcia, 8.8.2013. (ADI-3327) (Inform. STF 714)

ADI e criação de município
O Plenário concedeu medida cautelar em ação direta de inconstitucionalidade, para suspender a eficácia da Lei 2.264/2010, do Estado de Rondônia, por vislumbrar aparente ofensa ao art. 18, § 4º, da CF, que estabelece a previsão da forma mediante a qual poderá haver a criação de novos municípios no Brasil. A norma impugnada criara a municipalidade de Extrema de Ron-

dônia, a partir de desmembramento de área territorial de Porto Velho, fixara os seus limites, bem como informara os distritos que integrariam a municipalidade criada. Ponderou-se que, até a presente data, não fora editada a lei complementar a que aludiria o art. 18, § 4º, da CF ("*§ 4º A criação, a incorporação, a fusão e o desmembramento de Municípios, far-se-ão por lei estadual, dentro do período determinado por Lei Complementar Federal, e dependerão de consulta prévia, mediante plebiscito, às populações dos Municípios envolvidos, após divulgação dos Estudos de Viabilidade Municipal, apresentados e publicados na forma da lei*"). Destacou-se a pacífica jurisprudência da Corte quanto ao procedimento constitucionalmente previsto para a criação de municípios, que não fora observado na espécie. ADI 4992 MC/RO, rel. Min. Gilmar Mendes, 26.6.2013. (ADI-4992) (Inform. STF 712)

ADI e prerrogativas de Procuradores de Estado - 2

Em conclusão, o Plenário julgou procedente pedido formulado em ação direta para declarar a inconstitucionalidade da expressão "com porte de arma, independente de qualquer ato formal de licença ou autorização", contida no art. 88 da Lei Complementar 240/2002, do Estado do Rio Grande do Norte. A norma impugnada dispõe sobre garantias e prerrogativas dos Procuradores do Estado. Na sessão de 16.11.2005, o Plenário assentou a inconstitucionalidade do inciso I e §§ 1º e 2º do art. 86, e dos incisos V, VI, VIII e IX do art. 87 da aludida lei — v. Informativo 409. Na presente assentada, concluiu-se o exame do pleito remanescente relativo ao art. 88, que autoriza o porte de arma aos integrantes daquela carreira. Asseverou-se que, se apenas à União fora atribuída competência privativa para legislar sobre matéria penal, somente ela poderia dispor sobre regra de isenção de porte de arma. Em acréscimo, o Min. Gilmar Mendes ressaltou que o registro, a posse e a comercialização de armas de fogo e munição estariam disciplinados no Estatuto do Desarmamento (Lei 10.826/2003). Esse diploma criara o Sistema Nacional de Armas - Sinarm e transferira à polícia federal diversas atribuições até então executadas pelos estados-membros, com o objetivo de centralizar a matéria em âmbito federal. Mencionou precedentes da Corte no sentido da constitucionalidade do Estatuto e da competência privativa da União para autorizar e fiscalizar a produção e o comércio de material bélico (CF, art. 21, VI). Aduziu que, não obstante a necessidade especial que algumas categorias profissionais teriam do porte funcional de arma, impenderia um diálogo em seara federal. Precedentes citados: ADI 3112/DF (DJe 26.10.2007); ADI 2035 MC/RJ (DJU de 1º.8.2003); ADI 3258/RO (DJU de 9.9.2005). ADI 2729/RN, rel. orig. Min. Luiz Fux, red. p/ o acórdão Min. Gilmar Mendes, 19.6.2013. (ADI-2729) (Inform. STF 711)

ADI N. 4.414-AL
RELATOR: MIN. LUIZ FUX

Ementa: Direito Processual penal. Direito Constitucional. Ação Direta de Inconstitucionalidade. Criação, por Lei estadual, de Varas especializadas em delitos praticados por organizações criminosas. — Previsão de conceito de "crime organizado" no diploma estadual. Alegação de violação à competência da União para legislar sobre matéria penal e processual penal. Entendimento do Egrégio Plenário pela procedência do pedido de declaração de inconstitucionalidade. — Inclusão dos atos conexos aos considerados como Crime Organizado na competência da Vara especializada. Regra de prevalência entre juízos inserida em Lei estadual. Inconstitucionalidade. Violação da competência da União para tratar sobre Direito Processual Penal (Art. 22, I, CRFB). — Ausência de ressalva à competência constitucional do Tribunal do Júri. Violação ao art. 5º, XXXVIII, CRFB. Afronta à competência da União para legislar sobre processo (art. 22, I, CRFB). — Criação de órgão colegiado em primeiro grau por meio de Lei estadual. Aplicabilidade do art. 24, XI, da Carta Magna, que prevê a competência concorrente para legislar sobre procedimentos em matéria processual. Colegialidade como fator de reforço da independência judicial. Omissão da legislação federal. Competência estadual para suprir a lacuna (art. 24, § 3º, CRFB). Constitucionalidade de todos os dispositivos que fazem referência à Vara especializada como órgão colegiado. — Dispositivos que versam sobre protocolo e distribuição. Constitucionalidade. Competência concorrente para tratar de procedimentos em matéria processual (Art. 24, XI, da CRFB). — Atividades da Vara Criminal anteriores ou concomitantes à instrução prévia. Alegação de malferimento ao sistema acusatório do processo penal. Interpretação conforme à Constituição. Atuação do Judiciário na fase investigativa preliminar apenas na função de "juiz de garantias". Possibilidade, ainda, de apreciação de remédios constitucionais destinados a combater expedientes investigativos ilegais. — Atribuição, à Vara especializada, de competência territorial que abrange todo o território do Estado-membro. Suscitação de ofensa ao princípio da territorialidade. Improcedência. Matéria inserida na discricionariedade do legislador estadual para tratar de organização judiciária (Art. 125 da CRFB). — Comando da lei estadual que determina a redistribuição dos inquéritos policiais em curso para a nova Vara. Inexistência de afronta à perpetuatio jurisdictionis. Aplicação das exceções contidas no art. 87 do CPC. Entendimento do Pleno deste Pretório Excelso. — Previsão, na Lei atacada, de não redistribuição dos processos em andamento. Constitucionalidade. Matéria que atine tanto ao Direito Processual quanto à organização judiciária. Teoria dos poderes implícitos. Competência dos Estados para dispor, mediante Lei, sobre a redistribuição dos feitos em curso. Exegese do art. 125 da CRFB. — Possibilidade de delegação discricionária dos atos de instrução ou execução a outro juízo. Matéria Processual. Permissão para qualquer juiz, alegando estar sofrendo ameaças, solicitar a atuação da Vara especializada. Vício formal, por invadir competência privativa da União para tratar de processo (art. 22, I, CRFB). Inconstitucionalidade material, por violar o princípio do Juiz Natural e a vedação de criação de Tribunais de exceção (art. 5º, LIII e XXXVII, CRFB). — Atribuição, à Vara especializada, de competência para processar a execução penal. Inexistência de afronta à Carta Magna. Tema de organização judiciária (art. 125 CRFB). — Permissão legal para julgar casos urgentes não inseridos na competência da Vara especializada. Interpretação conforme à Constituição (art. 5º, XXXV, LIII, LIV, LXV, LXI e LXII, CRFB). Permissão que se restringe às hipóteses de relaxamento de prisões ilegais, salvante as hipóteses de má-fé ou erro manifesto. Translatio iudicii no Processo Penal, cuja aplicabilidade requer haja dúvida objetiva acerca da competência para apreciar a causa. — Previsão genérica de segredo de justiça a todos os inquéritos e processos. Inconstitucionalidade declarada pelo Plenário. — Indicação e nomeação de magistrado para integrar a Vara especializada realizada politicamente pelo Presidente do Tribunal de Justiça. Inconstitucionalidade. Violação aos critérios para remoção e promoção de juízes previstos na Carta Magna (art. 93, II e VIII-A). Garantias de independência da magistratura e de qualidade da prestação jurisdicional. — Estabelecimento de mandato de dois anos para a ocupação da titularidade da Vara especializada. Designação política também do juiz substituto, ante o afastamento do titular. Inconstitucionalidade. Afastamento indireto da regra da identidade física do juiz (art. 399, § 2º, CPP). Princípio da oralidade. Matéria processual, que deve ser tratada em Lei nacional (art. 22, I, CRFB). — Ação Direta de Inconstitucionalidade julgada parcialmente procedente. Modulação dos efeitos temporais da decisão.

1. Os delitos cometidos por organizações criminosas podem submeter-se ao juízo especializado criado por lei estadual, porquanto o tema é de organização judiciária, prevista em lei editada no âmbito da competência dos Estados-membros (art. 125 da CRFB). Precedentes (ADI 1218, Relator(a): Min. MAURÍCIO CORRÊA, Tribunal Pleno, julgado em 05/09/2002, DJ 08-11-2002; HC 96104, Relator(a): Min. RICARDO LEWANDOWSKI, Primeira Turma, julgado em 16/06/2010, Dje-145; HC 94146, Relator(a): Min. ELLEN GRACIE, Segunda Turma, julgado em 21/10/2008, Dje-211; HC 85060, Relator(a): Min. EROS GRAU, Primeira Turma, julgado em 23/09/2008, Dje-030; HC 91024, Relator(a): Min. ELLEN GRACIE, Segunda Turma, julgado em

05/08/2008, Dje-157). Doutrina (TOURINHO FILHO, Fernando da Costa. Código de Processo Penal Comentado, 12ª ed. São Paulo: Saraiva, 2009. p. 278-279).
2. O conceito de "crime organizado" é matéria reservada à competência legislativa da União, tema interditado à lei estadual, à luz da repartição constitucional (art. 22, I, CRFB).
3. À Lei estadual não é lícito, a pretexto de definir a competência da Vara especializada, imiscuir-se na esfera privativa da União para legislar sobre regras de prevalência entre juízos (arts. 78 e 79 do CPP), matéria de caráter processual (art. 22, I, CRFB).
4. A competência constitucional do Tribunal do Júri (art. 5º, XXXVIII) não pode ser afastada por Lei estadual, nem usurpada por Vara criminal especializada, sendo vedada, ainda, a alteração da forma de sua composição, que deve ser definida em Lei nacional. Precedentes do Pleno deste Pretório Excelso (ADI 1218/RO, rel. Min. MAURÍCIO CORRÊA, julg. 05/09/2002, Tribunal Pleno).
5. A composição do órgão jurisdicional se insere na competência legislativa concorrente para versar sobre procedimentos em matéria processual, mercê da caracterização do procedimento como a exteriorização da relação jurídica em desenvolvimento, a englobar o modo de produção dos atos decisórios do Estado-juiz, se com a chancela de um ou de vários magistrados (Machado Guimarães. Estudos de Direito Processual Civil. Rio de Janeiro - São Paulo: Jurídica e Universitária, 1969. p. 68).
6. A independência do juiz nos casos relativos a organizações criminosas, injunção constitucional, na forma do art. 5º, XXXVII e LIII, da CRFB, não está adequadamente preservada pela legislação federal, constituindo lacuna a ser preenchida pelos Estados-membros, no exercício da competência prevista no art. 24, § 3º, da Carta Magna.
7. Os Estados-membros podem dispor, mediante Lei, sobre protocolo e distribuição de processos, no âmbito de sua competência para editar normas específicas sobre procedimentos em matéria processual (art. 24, XI, CRFB).
8. A separação entre as funções de acusar defender e julgar é o signo essencial do sistema acusatório de processo penal (Art. 129, I, CRFB), tornando a atuação do Judiciário na fase pré-processual somente admissível com o propósito de proteger as garantias fundamentais dos investigados (FERRAJOLI, Luigi. Derecho y Razón – Teoría del Garantismo Penal. 3ª ed., Madrid: Trotta, 1998. p. 567).
9. Os procedimentos investigativos pré-processuais não previstos no ordenamento positivo são ilegais, a exemplo das VPIs, sindicâncias e acautelamentos, sendo possível recorrer ao Judiciário para fazer cessar a ilicitude, mantida a incolumidade do sistema acusatório (HAMILTON, Sergio Demoro. A Ilegalidade das VPIS, das Sindicâncias, dos Acautelamentos e Quejandos. In: Processo Penal Reflexões. Rio de Janeiro: Lumen Juris, 2002).
10. O princípio do juiz natural não resta violado na hipótese em que Lei estadual atribui a Vara especializada competência territorial abrangente de todo o território da unidade federada, com fundamento no art. 125 da Constituição, porquanto o tema gravita em torno da organização judiciária, inexistindo afronta aos princípios da territorialidade e do Juiz natural.
11. A perpetuatio jurisdictionis é excepcionada nas hipóteses de modificação da competência ratione materiae do órgão, motivo pelo qual é lícita a redistribuição dos inquéritos policiais para a nova Vara Criminal, consoante o art. 87, in fine, do CPC. Precedentes (HC 88.660-4, Rel. Min. Cármen Lúcia, Tribunal Pleno, julg. 15.05.2008; HC 85.060, Rel. Min. Eros Grau, Primeira Turma, julg. 23.09.2008; HC 76.510/SP Rel. Min. Carlos Velloso, Segunda Turma, julg. 31.03.1998). Doutrina (CARNELUTTI, Francesco. Sistema di Diritto Processuale Civile. V. III. Padova: CEDAM, 1939. p. 480; MARQUES, José Frederico. Enciclopédia Saraiva do Direito. Vol. 46. p. 446; TORNAGHI, Tornaghi. Instituição de Processo Penal. Vol. I. 2ª ed. São Paulo: Saraiva, 1977. p. 174).
12. A Lei estadual que cria Vara especializada em razão da matéria pode, de forma objetiva e abstrata, impedir a redistribuição dos processos em curso, através de norma procedimental (art. 24, XI, CRFB), que se afigura necessária para preservar a racionalidade da prestação jurisdicional e uma eficiente organização judiciária (art. 125 CRFB) (GRECO, Leonardo. Instituições de Processo Civil. V. I. Rio de Janeiro: Forense, 2009. p. 174-175; DINAMARCO, Cândido Rangel. Instituições de Direito Processual Civil. V. I. 6ª ed. São Paulo: Malheiros, 2009. p. 365-366).
13. O princípio do Juiz natural (art. 5º, XXXVII e LIII, CRFB) é incompatível com disposição que permita a delegação de atos de instrução ou execução a outro juízo, sem justificativa calcada na competência territorial ou funcional dos órgãos envolvidos, ante a proibição dos poderes de comissão (possibilidade de criação de órgão jurisdicional ex post facto) e de avocação (possibilidade de modificação da competência por critérios discricionários), sendo certo que a cisão funcional de competência não se insere na esfera legislativa dos Estados-membros (art. 22, I, CRFB) (FERRAJOLI, Luigi. Direito e Razão: teoria do garantismo penal. 2ª ed. São Paulo: RT, 2006. p. 544; SCHWAB, Karl Heinz. Divisão de funções e o juiz natural. Revista de Processo, vol 12 n 48 p 124 a 131 out/dez 1987).
14. A criação, no curso do processo, de órgão julgador composto pelo magistrado que se julga ameaçado no exercício de suas funções e pelos demais integrantes da Vara especializada em crime organizado é inconstitucional, por afronta aos incisos LIII e XXXVII do artigo 5º da Carta Magna, que vedam, conforme mencionado alhures, o poder de comissão, é dizer, a criação de órgão jurisdicional ex post facto, havendo, ainda, vício formal, por se tratar de matéria processual, de competência da União (art. 22, I, CRFB).
15. A Lei estadual pode definir que um mesmo juízo disponha de competência para atuar na fase de conhecimento e na fase executória do processo penal, máxime em razão do disposto no art. 65 da Lei Federal nº 7.210/84 (Lei de Execução Penal), verbis: "A execução penal competirá ao Juiz indicado na lei local de organização judiciária e, na sua ausência, ao da sentença".
16. O juízo incompetente pode, salvante os casos de erro grosseiro e manifesta má-fé, em hipóteses de urgência e desde que haja dúvida razoável a respeito do órgão que deve processar a causa, determinar o relaxamento de prisão ilegal, remetendo o caso, em seguida, ao juiz natural, configurando hipótese de translatio iudicii inferida do art. 5º, LXV, da Carta Magna, o qual não exige a competência da autoridade judiciária responsável pelo relaxamento, sendo certo que a complexidade dos critérios de divisão da competência jurisdicional não podem obstaculizar o acesso à justiça (art. 5º, XXXV, CRFB). Jurisprudência do Supremo Tribunal Federal admitindo a ratificação de atos prolatados por juiz incompetente inclusive em desfavor do réu (HC 83.006/SP, rel. Min. Ellen Gracie, Plenário, DJ de 29.8.2003; HC 88.262/SP, rel. Min. Gilmar Mendes, Segunda Turma, julgado em 18/12/2006, DJ 30-03-2007). Doutrina (GRECO, Leonardo. Translatio iudicii e reassunção do processo. RePro, na 33, nº 166. São Paulo: RT, 2008; BODART, Bruno e ARAÚJO, José Aurélio. Alguns apontamentos sobre a Reforma Processual Civil Italiana – Sugestões de Direito Comparado para o Anteprojeto do Novo CPC Brasileiro. In: O novo processo civil brasileiro – Direito em expectativa. Coord. Luiz Fux. Rio de Janeiro: Forense, 2011. p. 27-28).
17. É vedado à Lei Estadual estabelecer o sigilo do inquérito policial, aplicando-se as normas da legislação federal sobre a matéria.
18. A publicidade assegurada constitucionalmente (art. 5º, LX, e 93, IX, da CRFB) alcança os autos do processo, e não somente as sessões e audiências, razão pela qual padece de inconstitucionalidade disposição normativa que determine abstratamente segredo de justiça em todos os processos em curso perante Vara Criminal. Doutrina (GRECO, Leonardo. Instituições de Processo Civil. Vol. I. Rio de Janeiro: Forense, 2009. p. 558; TUCCI, Rogério Lauria. Direitos e garantias individuais no processo penal brasileiro. 3ª ed. São Paulo: RT, 2009. p. 184; TOURINHO FILHO, Fernando da Costa. Manual de Processo Penal. 11ª ed. São Paulo: 2009. p. 20; CAPPELLETTI, Mauro. Fundamental guarantees of the parties in civil litigation. Milano: A. Giuffre, 1973. p. 756-758).

19. Os juízes integrantes de Vara especializada criada por Lei estadual devem ser designados com observância dos parâmetros constitucionais de antiguidade e merecimento previstos no art. 93, II e VIII-A, da Constituição da República, sendo inconstitucional, em vista da necessidade de preservação da independência do julgador, previsão normativa segundo a qual a indicação e nomeação dos magistrados que ocuparão a referida Vara será feita pelo Presidente do Tribunal de Justiça, com a aprovação do Tribunal. Doutrina (FERRAJOLI, Luigi. Direito e Razão: teoria do garantismo penal. 2ª ed. São Paulo: RT, 2006. p. 534; GARAPON, Antoine. O juiz e a democracia. Trad. Maria Luiza de Carvalho. Rio de Janeiro: Revan, 1999. p. 60; CARNELUTTI, Francesco. Sistema di Diritto Processuale Civile. V. I. Padova: CEDAM, 1936. p. 647-651; Idem. Lezioni di Diritto Processuale Civile. V. Terzo. Padova: CEDAM, 1986. p. 114; GUIMARÃES, Mário. O Juiz e a Função Jurisdicional. Rio de Janeiro: Forense, 1958. p. 117).
20. O mandato de dois anos para a ocupação da titularidade da Vara especializada em crimes organizados, a par de afrontar a garantia da inamovibilidade, viola a regra da identidade física do juiz, componente fundamental do princípio da oralidade, prevista no art. 399, § 2º, do CPP ("O juiz que presidiu a instrução deverá proferir a sentença"), impedindo, por via oblíqua, a aplicação dessa norma cogente prevista em Lei nacional, em desfavor do Réu, usurpando a competência privativa da União (art. 22, I, CRFB). Doutrina (CHIOVENDA, Giuseppe. A oralidade e a prova. In: Processo Oral. 1ª série. Rio de Janeiro: Forense, 1940. p. 137).
21. O princípio do Juiz natural obsta "qualquer escolha do juiz ou colegiado a que as causas são confiadas", de modo a se afastar o "perigo de prejudiciais condicionamentos dos processos através da designação hierárquica dos magistrados competentes para apreciá-los" (FERRAJOLI, Luigi. Direito e Razão: teoria do garantismo penal. 2ª ed. São Paulo: RT, 2006. p. 545), devendo-se condicionar a nomeação do juiz substituto, nos casos de afastamento do titular, por designação do Presidente do Tribunal de Justiça, à observância de critérios impessoais, objetivos e aprioristicos. Doutrina (LLOBREGAT, José Garberí. Constitución y Derecho Procesal – Los fundamentos constitucionales del Derecho Procesal. Navarra: Civitas/Thomson Reuters, 2009. p. 65-66).
22. Improcedente o pleito de inconstitucionalidade por arrastamento, permanecendo válidas todas as disposições da Lei questionada que não sofreram declaração de nulidade.
23. Ação Direta de Inconstitucionalidade julgada parcialmente procedente pelo Plenário para declarar a nulidade, com redução de texto, dos seguintes dispositivos e termos da Lei estadual de Alagoas nº 6.806 de 2007: (a) as palavras "todos indicados e nomeados pelo Presidente do Tribunal de Justiça do Estado de Alagoas, com aprovação do Pleno, para um período de dois (2) anos, podendo, a critério do Tribunal, ser renovado", no art. 2º; (b) o art. 5º, caput e seu parágrafo único; (c) o art. 7º e o art. 12, que violam o princípio do juiz natural ao permitir os poderes de avocação e de comissão; (d) o art. 8º; (e) o art. 9º, parágrafo único e respectivos incisos, bem como a expressão "crime organizado, desde que cometido por mais de dois agentes, estabelecida a divisão de tarefas, ainda que incipiente, com perpetração caracterizada pela vinculação com os poderes constituídos, ou por posição de mando de um agente sobre os demais (hierarquia), praticados através do uso da violência física ou psíquica, fraude, extorsão, com resultados que traduzem significante impacto junto à comunidade local ou regional, nacional ou internacional"; (f) o art. 10; (g) os parágrafos 1º, 2º e 3º do art. 11, preservado o seu caput; (h) a expressão "e procedimentos prévios", no art. 13.
24. Ação Direta de Inconstitucionalidade parcialmente procedente, ainda, para o fim de conferir interpretação conforme à Constituição: (a) ao art. 1º, de modo a estabelecer que os crimes de competência da 17ª Vara Criminal da Capital são aqueles praticados na forma do art. 1º da Lei nº 9.034/95, com a redação dada pela Lei nº 10.217/01; (b) ao art. 3º, com o fito de impor a observância, pelo Presidente do Tribunal, na designação de juiz substituto, de critérios objetivos, aprioristicos e impessoais, nos termos do quanto decidido pela Corte nos autos do MS nº 27.958/DF; (c) ao art. 9º, inciso I, para excluir da competência da Vara especializada o processo e julgamento de crimes dolosos contra a vida.
25. Modulação dos efeitos temporais da decisão, na forma do art. 27 da Lei 9.868/99, para que os dispositivos objurgados não produzam efeitos sobre os processos com sentenças já proferidas e sobre os atos processuais já praticados, ressalvados os recursos e habeas corpus pendentes que tenham como fundamento a inconstitucionalidade dos dispositivos da Lei Estadual ora em exame, ressaltando-se, ainda, que os processos pendentes sem prolação de sentença devem ser assumidos por juízes designados com a observância dos critérios constitucionais, nos termos do presente aresto, fixado o prazo de noventa dias para o provimento dos cargos de juízes da 17ª Vara Criminal da Capital. (Inform. STF 711)

Comercialização de produtos em recipientes reutilizáveis - 1
O Plenário iniciou julgamento de ação direta de inconstitucionalidade proposta contra a Lei 15.227/2006, do Estado do Paraná, que dispõe sobre o uso de garrafões de água reutilizáveis por empresas concorrentes, independentemente da marca gravada pela titular do vasilhame. O Min. Gilmar Mendes, relator, julgou o pleito improcedente. Salientou, de início, a similitude com o objeto da ADI 2359/ES (DJe de 7.12.2006), que se referia à comercialização de produtos, entre eles o gás liquefeito de petróleo - GLP, por meio de vasilhames, recipientes ou embalagens reutilizáveis. Em seguida, afirmou que a matéria diria respeito à produção e ao consumo, cuja competência legislativa seria concorrente entre a União, os estados-membros e o Distrito Federal (CF, art. 24, V). Registrou que, em face da ausência de legislação federal a estabelecer normas gerais sobre circulação e reutilização de vasilhames e demais embalagens retornáveis, os estados-membros possuiriam plena competência para tratar do assunto. Afastou, por conseguinte, as alegações de que a controvérsia envolveria tema relativo a direito civil e comercial (CF, art. 22, I). águas (CF, art. 22, IV), jazidas, minas, outros recursos minerais e metalurgia (CF, art. 22, XII), a implicar competência legislativa exclusiva da União. Destacou, ainda, que as sanções previstas na norma impugnada (art. 4º) possuiriam natureza administrativa, e não penal (CF, art. 22, I). Aduziu que a Lei 15.227/2006 teria por escopo proteger o consumidor (CF, art. 170, V) e que as limitações, por ela veiculadas, à livre concorrência e a outros direitos relacionados à liberdade de iniciativa e de desenvolvimento empresarial — a exemplo da propriedade e da utilização de marcas e signos distintivos —, deveriam ser apreciadas do ponto de vista da proporcionalidade.

Comercialização de produtos em recipientes reutilizáveis - 2
Mencionou que a justificativa do projeto de lei seria coibir fidelização compulsória ao consumidor, uma vez que o obrigaria a adquirir água somente de empresa cuja marca estivesse estampada no vasilhame, embora houvesse no mercado outras concorrentes com preço inferior, as quais não estariam obrigadas a aceitar o recipiente. Enfatizou a contundência dos argumentos trazidos pela autora no sentido de que cada água mineral possuiria origem (fonte), composição química e propriedade físico-química distinta de outras, bem como ação medicamentosa específica, de modo que as marcas e sinais característicos impressos nos rótulos e as próprias embalagens deveriam ser adequadas ao tipo de água comercializada. Reputou, no entanto, que as diretrizes traçadas pela norma questionada não dariam margem aos problemas apontados. Esclareceu que a lei estadual exigiria: a) inserção do garrafão no mercado, com a sua aquisição por consumidores, revendedores e produtores; b) adoção de um tipo padrão de vasilhame, efetivamente reutilizável; e c) colocação de rótulo comercial próprio do produtor na embalagem reutilizada. Ressaltou que o rótulo asseguraria a cada empresa o uso individual de sua marca e a identificação do conteúdo do recipiente, com suas

especificações, originalidade e distinção em relação a outras marcas. Garantiria, ademais, que o consumidor obtivesse as informações básicas e necessárias sobre o produto a ser consumido. Após, o julgamento foi suspenso.
ADI 3885/PR, rel. Min. Gilmar Mendes, 29.5.2013. (ADI-3885) (Inform. STF 708)

ADI: uso de veículos apreendidos e competência
O Plenário julgou procedente pedido formulado em ação direta, para declarar a inconstitucionalidade da Lei 8.493/2004, do Estado do Rio Grande do Norte. A norma questionada determina o uso de carros particulares apreendidos e que se encontram nos pátios das delegacias e no Departamento Estadual de Trânsito - Detran, notificados há mais de noventa dias, em serviços de inteligência e operações especiais, a critério da Secretaria de Defesa Social. Aduziu-se que o estado-membro não poderia criar hipóteses semelhantes à requisição administrativa para incidência no período em que a destinação do veículo aguardaria definição. Observou-se que a legalidade da medida dependeria do exame no curso do processo legislativo da União. O Min. Luiz Fux enfatizou que a Constituição estabeleceria a competência privativa da União para legislar sobre trânsito e transporte (CF, art. 22, XI). Em acréscimo, assinalou a edição do Código de Trânsito Brasileiro - CTB, em que fixadas as consequências específicas para a apreensão de veículos particulares (CTB, art. 328). Assim, ao versar sobre sanções administrativas da infração, preveria expressa e pontualmente o destino dos veículos após o decurso do lapso de noventa dias. Reputou que a lei estadual, ao desconsiderar por completo a legislação federal, trataria do tema de forma inteiramente distinta, a tornar imperativo o emprego dos veículos mencionados em atividades da própria Administração Pública. A par disso, sublinhou ser evidente existir antinomia jurídica instaurada na espécie. De igual modo, se a apreensão estivesse fundada em ordem judicial, também configuraria inconstitucionalidade por usurpação da competência da União para legislar sobre direito processual. Consignou que a forma de alienação ou de emprego de bens tomados judicialmente seria questão a integrar o cerne de matéria processual, a orientar a própria atividade jurisdicional. A Min. Cármen Lúcia entendeu que a norma impugnada, inclusive, seria lacônica.
ADI 3639/RN, rel. Min. Joaquim Barbosa, 23.5.2013. (ADI-3639) (Inform. STF 707)

ADI e competência para parcelar multa de trânsito
O Plenário, por maioria, julgou procedente pleito formulado em ação direta contra o art. 29 da Lei 6.555/2004, do Estado de Alagoas, na parte em que autoriza o parcelamento de débitos oriundos de multas de trânsito, inclusive os inscritos em dívidas ativas. Reputou-se que, na esteira da jurisprudência da Corte, a norma questionada estaria em conflito com o art. 22, XI, da CF, segundo o qual competiria privativamente à União legislar sobre trânsito e transporte. Vencido, em parte, o Min. Marco Aurélio, que julgava procedente o pedido em menor extensão. Admitia o parcelamento por entender tratar-se de receita do estado-membro. Sublinhava, no entanto, que o legislador alagoano teria adentrado no campo do direito processual, ao prever, no § 4º do art. 29 da norma impugnada, que "o pleito de parcelamento do débito implica, em si, a desistência, a renúncia a processo, a pretensão já submetida ao Judiciário". Assentava, assim, a inconstitucionalidade do aludido preceito. ADI 4734/AL, rel. Min. Rosa Weber, 16.5.2013. (ADI-4734) (Inform. STF 706)

Comercialização de produtos em recipientes reutilizáveis e competência
O Plenário julgou improcedente pedido formulado em ação direta ajuizada contra a Lei 3.874/2002, do Estado do Rio de Janeiro, que dispõe sobre a comercialização de produtos por meio de vasilhames, recipientes ou embalagens reutilizáveis. Afastou-se alegação de inconstitucionalidade formal da norma, por suposto vício de competência legislativa, pois esta seria concorrente dos estados-membros, do Distrito Federal e da União, no tocante à defesa do consumidor. Frisou-se que o diploma não disciplinaria matéria de direito de marcas e patentes ou relacionada à propriedade intelectual. Lembrou-se que a Corte apreciara lei de redação idêntica em outra oportunidade (ADI 2359/ES, DJe de 7.12.2006) e também julgara improcedente aquele pleito, haja vista o disposto no art. 24, V e VIII, da CF. ADI 2818/RJ, rel. Min. Dias Toffoli, 9.5.2013. (ADI-2818) (Inform. STF 705)

Destinação de armas de fogo apreendidas e competência
O estado-membro não tem competência para legislar sobre uso de armas de fogo apreendidas. Com base nessa orientação, o Plenário julgou procedente pedido formulado em ação direta, para declarar a inconstitucionalidade da Lei 11.060/2002, do Estado de São Paulo. A norma impugnada dispõe sobre o uso, pelas polícias civil e militar da referida entidade federativa, das armas de fogo apreendidas. De início, ressaltou-se que a existência de regulamentação federal sobre a matéria (Estatuto do Desarmamento) não impediria a análise em abstrato do diploma atacado com base exclusivamente no texto constitucional. Aduziu-se, na sequência, que a lei paulista possuiria peculiaridade, porquanto teria previsto que a transferência das armas de fogo ocorreria nos termos da legislação federal em vigor. Destacou-se que, ao assim proceder, a norma em tela incorporaria ao ordenamento jurídico estadual regras de competência privativa da União, a quem caberia legislar sobre comércio de material bélico e direito processual penal. Asseverou-se que o estado-membro não possuiria qualquer relação com o tema, de maneira que não lhe seria permitido utilizar-se da técnica de remissão à lei federal, distinto do que aconteceria se envolvida matéria de competência comum. O Min. Marco Aurélio consignou a impropriedade da manifestação do Advogado-Geral da União na defesa do ato questionado. Precedentes citados: AI 189433 AgR/RJ (DJU de 21.11.97); ADI 2035 MC/RJ (DJU de 4.8.2000); ADI 3258/RO (DJe de 9.9.2005); RE 372462 AgR/DF (DJe de 15.10.2010). ADI 3193/SP, rel. Min. Marco Aurélio, 9.5.2013. (ADI-3193) (Inform. STF 705)

Interesse local e conflito federativo
Por inexistirem interesses antagônicos entre unidades da Federação, a 1ª Turma negou provimento a agravo regimental e manteve decisão monocrática do Min. Marco Aurélio, em mandado de segurança do qual relator, que declinara da competência para tribunal de justiça local. No caso, entendeu-se não haver conflito federativo entre seccional da OAB e presidente de tribunal de justiça, com o envolvimento, também, do Ministério Público, todos do mesmo estado-membro. **MS 31396 AgR/AC, rel. Min. Marco Aurélio, 26.2.2013. (MS-31396)** (Inform. STF 696).

DIREITO CONSTITUCIONAL. HIPÓTESE DE DEFERIMENTO DE PEDIDO DE INTERVENÇÃO FEDERAL. Deve ser deferido pedido de intervenção federal quando verificado o descumprimento pelo Estado, sem justificativa plausível e por prazo desarrazoado, de ordem judicial que tenha requisitado força policial (art. 34, VI, da CF) para promover reintegração de posse em imóvel rural ocupado pelo MST, mesmo que, no caso, tenha se consolidado a invasão por um grande número de famílias e exista, sem previsão de conclusão, procedimento administrativo de aquisição da referida propriedade pelo Incra para fins de reforma agrária. Intervenção federal é medida de natureza excepcional, porque restritiva da autonomia do ente federativo. Daí serem as hipóteses de cabimento taxativamente previstas no art. 34 da CF. Nada obstante sua natureza excepcional, a intervenção se impõe nas hipóteses em que o Executivo estadual deixa de fornecer, sem justificativa plausível, força policial para o cumprimento de ordem judicial. É certo que a ocupação de grande número de famílias é sempre um fato que merece a consideração da autoridade encarregada da desocupação, mas não é em si impeditiva da intervenção. Ademais, a suposta ocupação por considerável contingente de pessoas pode ser resultado da falta de cumprimento da decisão judicial em tempo razoável. No estado democrático de direito, é crucial o funcionamento das instituições; entre elas, os órgãos do Poder Judiciário. A inércia do Estado-executivo em dar cumprimento à decisão do Estado-juiz enfraquece o Estado de direito, que caracteriza a República brasileira. Precedente citado: IF 103-PR, DJe 21/8/2008. **IF 107-PR, Rel. Min. João Otávio de Noronha, julgado em 15/10/2014. (Inform. STJ 550)**

DIREITO CONSTITUCIONAL. HIPÓTESE DE INDEFERIMENTO DE PEDIDO DE INTERVENÇÃO FEDERAL. Pode ser indeferido pedido de intervenção federal fundado no descumprimento de ordem judicial que tenha requisitado força policial para promover reintegração de posse em imóvel rural produtivo ocupado pelo MST caso, passados vários anos desde que prolatada a decisão transgredida, verifique-se que a remoção das diversas famílias que vivem no local irá, dada a inexistência de lugar para acomodar de imediato as pessoas de forma digna, causar estado de conflito social contrastante com a própria justificação institucional da medida de intervenção. Tecnicamente a recusa em fornecer força policial para a desocupação ordenada pelo Poder Judiciário caracteriza a situação prevista no art. 36, II, da CF, pois há desobediência à ordem "judiciária", o que justificaria a intervenção (art. 34, VI) para "prover a execução da ordem ou decisão judicial". Entretanto, a situação em análise – que envolve pedido de remoção, após corridos vários anos, de diversas famílias sem destino ou local de acomodação digna – revela quadro de inviável atuação judicial, assim como não recomenda a intervenção federal para compelir a autoridade administrativa a praticar ato do qual vai resultar conflito social muito maior que o suposto prejuízo do particular. Mesmo presente a finalidade de garantia da autoridade da decisão judicial, a intervenção federal postulada perde a intensidade de sua razão constitucional ao gerar ambiente de insegurança e intranquilidade em contraste com os fins da atividade jurisdicional, que se caracteriza pela formulação de juízos voltados à paz social e à proteção de direitos. Com efeito, pelo princípio da proporcionalidade, não deve o Poder Judiciário promover medidas que causem coerção ou sofrimento maior que sua justificação institucional e, assim, a recusa pelo Estado não é ilícita. Cabe registrar que se cuida de caso de afetação por interesse público que se submete ao regime próprio dessa modalidade jurisprudencial de perda e aquisição da propriedade, que se resolverá em reparação a ser buscada via ação de indenização (desapropriação indireta) promovida pelo interessado. Portanto, revela-se defensável o afastamento da necessidade de intervenção federal contra o Estado e, ao contrário, parece manifestar-se evidente a hipótese de perda da propriedade por ato lícito da administração, não remanescendo outra alternativa que respeitar a ocupação dos ora possuidores como corolário dos princípios constitucionais da dignidade da pessoa humana, de construção de sociedade livre, justa e solidária com direito à reforma agrária e acesso à terra e com erradicação da pobreza, marginalização e desigualdade social. **IF 111-PR, Rel. Min. Gilson Dipp, julgado em 1º/7/2014 (vide Informativo n. 401). (Inform. STJ 545)**

Súmula vinculante STF nº 2

É inconstitucional a lei ou ato normativo estadual ou distrital que disponha sobre sistemas de consórcios e sorteios, inclusive bingos e loterias.

Súmula STF nº 722

São da competência legislativa da união a definição dos crimes de responsabilidade e o estabelecimento das respectivas normas de processo e julgamento.

Súmula STF nº 647

Compete privativamente à União legislar sobre vencimentos dos membros das polícias civil e militar do Distrito Federal.

Súmula STF nº 646

Ofende o princípio da livre concorrência lei municipal que impede a instalação de estabelecimentos comerciais do mesmo ramo em determinada área.

Súmula STF nº 419

Os municípios têm competência para regular o horário do comércio local, desde que não infrinjam leis estaduais ou federais válidas.

Súmula STJ nº 19

A fixação do horário bancário, para atendimento ao público, é da competência da União.

5. ADMINISTRAÇÃO PÚBLICA

ADI: constituição estadual e afastamento sindical
O Plenário, por maioria, julgou improcedente pedido formulado em ação direta ajuizada contra o § 7º do art. 110 da Constituição do Estado do Amazonas ("Art. 110 - O Estado e os Municípios instituirão, no âmbito de sua competência, regime jurídico único e planos de carreira para os servidores da administração pública direta, das autarquias e das fundações instituídas e mantidas pelo Poder Público. ... § 7º. O servidor público, investido em função executiva em Instituição Sindical representativa de classe, será afastado do serviço pelo tempo que durar seu mandato, sendo-lhe assegurados todos os direitos e vantagens do cargo como se em exercício estivesse, exceto promoção por merecimento"). Inicialmente, a Corte afastou preliminar de prejudicialidade da ação, porque lei estadual superveniente limitara-se a regulamentar o dispositivo atacado. No mérito, o Tribunal afirmou que o § 7º do art. 110 da Constituição estadual continuaria em vigor e o preceito questionado, quanto ao afastamento para o mandato sindical, teria o mesmo teor da norma referente aos servidores federais (Lei 8.112/1990). Rememorou que, no julgamento da medida cautelar, o STF teria assentado que a Constituição estadual se afiguraria instrumento normativo hábil para assegurar aos respectivos dirigentes sindicais o afastamento do exercício do cargo, sem prejuízo de vencimentos e vantagens. Ressaltou que, se seria legítimo à União conceder aos servidores federais licença para o desempenho de atividade sindical por lei ordinária, com mais razão os Estados-membros poderiam adotar a mesma benesse por norma constitucional. Refutou a alegação de que o Estado-membro teria ônus pelo número de servidores que possivelmente tivesse de contratar, porquanto nada impediria que o legislador estadual viesse a fixar número máximo de servidores afastados. Sublinhou que a garantia da remuneração e dos direitos inerentes ao exercício de cargo público, ao servidor afastado para atuar em função executiva em instituição sindical, teria suporte no art. 37, VI, da CF. Destacou que sem essa prerrogativa ficaria inviável a atividade sindical por servidores públicos que dependeriam de remuneração. Vencido o Ministro Marco Aurélio, que julgava procedente o pedido. Pontuava que haveria inconstitucionalidade formal por vício de iniciativa, em virtude de a norma questionada não ter sido proposta pelo Poder Executivo. ADI 510/AM, rel. Min. Cármen Lúcia, 11.6.2014. (ADI-510) (Inform. STF 750)

REPERCUSSÃO GERAL EM RE N. 797.905-SE
RELATOR: MIN. GILMAR MENDES
Recurso extraordinário. Repercussão Geral da questão constitucional reconhecida. Reafirmação de jurisprudência. A omissão referente à edição da Lei Complementar a que se refere o art. 40, §4º, da CF/88, deve ser imputada ao Presidente da República e ao Congresso Nacional. 2. Competência para julgar mandado de injunção sobre a referida questão é do Supremo Tribunal Federal. 3. Recurso extraordinário provido para extinguir o mandado de injunção impetrado no Tribunal de Justiça. (Inform. STF 748)

AG. REG. NO MI N. 1.675-DF
RELATORA: MIN. ROSA WEBER
EMENTA: AGRAVO REGIMENTAL EM MANDADO DE INJUNÇÃO. ART. 40, § 4º, III, DA MAGNA CARTA. ORDEM CONCEDIDA PARA ASSEGURAR O EXAME DE PEDIDO DE APOSENTADORIA ESPECIAL DE SERVIDOR PÚBLICO À LUZ DO ART. 57 DA LEI 8.213/91.
Ordem injuncional fundada na inexistência de norma regulamentadora do art. 40, § 4º, III, da Carta da República, a impedir o exercício de direito constitucionalmente assegurado, qual seja, a aposentadoria especial do servidor público que exerce atividades sob condições prejudiciais à saúde ou à integridade física. Ao julgamento do MI 721-7/DF, o Plenário do STF fixou o entendimento de que, evidenciada a mora legislativa em disciplinar a aposentadoria especial do servidor público prevista no art. 40, § 4º, da Lei Maior, se impõe a adoção supletiva, via pronunciamento judicial, da disciplina própria do Regime Geral da Previdência Social, a teor do art. 57 da Lei 8.213/1991. Precedentes.
Agravo Regimental conhecido e não provido. (Inform. STF 713)

EMB. DECL. NO MI N. 1.551-DF
RELATORA: MIN. ROSA WEBER
EMENTA: EMBARGOS DE DECLARAÇÃO RECEBIDOS COMO AGRAVO REGIMENTAL. MANDADO DE INJUNÇÃO. SERVIDOR PÚBLICO. PRETENSÃO DE ASSEGURAR A CONTAGEM E AVERBAÇÃO DE TEMPO DE SERVIÇO PRESTADO EM CONDIÇÕES ESPECIAIS. INIDONEIDADE DA VIA ELEITA.
Pressuposto do writ previsto no art. 5º, LXXI, da Constituição da República é a existência de omissão legislativa que torne inviável o exercício dos direitos e liberdades constitucionais e das prerrogativas inerentes à nacionalidade, à soberania e à cidadania.
A conversão de períodos especiais em comuns, para fins de contagem diferenciada e averbação nos assentamentos funcionais de servidor público, não constitui pretensão passível de tutela por mandado de injunção, à míngua de dever constitucional de legislar sobre a matéria. Precedentes: MI 2140 AgR/DF, MI 2123 AgR/DF, MI 2370 AgR/DF e MI 2508 AgR/DF.
Embargos de declaração recebidos como agravo regimental, ao qual se nega provimento. (Inform. STF 713)

AC: efeito suspensivo a AI e repercussão geral
A 1ª Turma negou provimento a agravo regimental, do Estado do Paraná, para manter decisão do Min. Dias Toffoli, em que negado seguimento a ação cautelar, da qual relator, autuada em 23.5.2011, tendo como objetivo conferir eficácia suspensiva ao AI 802111/PR e ao AI 802511/PR, consequentemente, ao recurso extraordinário deduzido, bem assim sustar os efeitos de decisão proferida em apelação cível no Tribunal de Justiça estadual, até julgamento final da causa no STF. Na espécie, o relator provera os aludidos agravos de instrumento com o fito de admitir o apelo extremo e, nos termos do art. 328 do RISTF, determinar a devolução daqueles feitos à origem para apensamento aos autos originais, preceituando a aplicação, quanto ao extraordinário, do disposto no art. 543-B do CPC. Trata-se, no processo principal, de discussão acerca da existência de direito adquirido dos servidores inativos permanecerem na classe em que aposentados, não obstante o advento de lei estadual que, ao promover a reclassificação de cargos, reenquadra-os em classe inferior. Assinalou-se que o STF reconhecera a repercussão geral da matéria constitucional versada (RE 606199/PR, DJe de 12.8.2011), razão porque determinada a baixa dos autos. Asseverou-se que, na presente situação, o STF não mais deteria competência para o conhecimento da medida. AC 2883 AgR/PR, rel. Min. Dias Toffoli, em 6.11.2012. (AC-2883) (Inform. STF 687)

SERVIDOR PÚBLICO. FUNÇÃO GRATIFICADA. TETO CONSTITUCIONAL.
O recorrente, servidor de TC estadual, impetrou, na origem, mandado de segurança irresignado com a redução de seus proventos após a edição da Lei estadual n. 13.268/2009, que instituiu o novo plano de carreira para o quadro efetivo dos servidores daquele órgão. Para tanto, invocou o princípio da irredutibilidade dos vencimentos, pois o ato impugnado acarretou redução do valor da função gratificada que ocupa. Nesse contexto, a Turma reiterou que, a partir da entrada em vigor da EC n. 41/2003 (que deu nova redação ao art. 37, XI, da CF), não há falar em direito adquirido ao recebimento de remuneração, proventos ou pensão acima do teto remuneratório estabelecido pela aludida emenda, nem em ato jurídico perfeito que se sobreponha ao teto constitucional, não preponderando a garantia da irredutibilidade de vencimentos diante da nova ordem constitucional. Dessa forma, consignou-se que a garantia da irredutibilidade dos vencimentos (art. 37, XV, da CF) deve ser observada, desde que os valores percebidos se limitem ao teto do funcionalismo público. In casu, a redução no valor das funções gratificadas foi efetivada com o específico intuito de adequar a remuneração do recorrente ao teto remuneratório do serviço público (art. 37, XI, da CF). Assim, a adequação dos vencimentos ao limite fixado no texto constitucional não representa violação do princípio que assegura a irredutibilidade de vencimentos, pois essa proteção somente abrange aqueles pagos em conformidade com a Constituição. Precedentes citados do STF: RE 477.447-MG, DJ 24/11/2006; do STJ: RMS 32.258-RJ, DJe 12/11/2010; AgRg no RMS 29.318-PE, DJe 18/10/2010; RMS 24.855-RS, DJ 7/2/2008; RMS 28.226-MA, DJe 30/6/2010, e AgRg no RMS 26.951-CE, DJe 3/11/2008. **RMS 32.796-RS, Rel. Min. Mauro Campbell Marques, julgado em 26/6/2012. (Inform. STJ 500)**

Súmula vinculante STF nº 20
A Gratificação de Desempenho de Atividade Técnico-Administrativa – GDATA, instituída pela Lei n. 10.404/2002, deve ser deferida aos inativos nos valores correspondentes a 37,5 (trinta e sete vírgula cinco) pontos no período de fevereiro a maio de 2002 e, nos termos do artigo 5º, parágrafo único, da Lei n. 10.404/2002, no período de junho de 2002 até a conclusão dos efeitos do último ciclo de avaliação a que se refere o artigo 1º da Medida Provisória no 198/2004, a partir da qual passa a ser de 60 (sessenta) pontos.

Súmula vinculante STF nº 16
Os artigos 7º, IV, e 39, § 3º (redação da EC 19/98), da Constituição, referem-se ao total da remuneração percebida pelo servidor público.

Súmula vinculante STF nº 15
O cálculo de gratificações e outras vantagens do servidor público não incide sobre o abono utilizado para se atingir o salário mínimo.

Súmula STF nº 726
Para efeito de aposentadoria especial de professores, não se computa o tempo de serviço prestado fora da sala de aula.

No julgamento da ADI 3772 (DJe 29.10.2009), o Supremo Tribunal Federal, em Sessão Plenária, por maioria, decidiu que as funções de direção, coordenação e assessoramento pedagógico integram a carreira do magistério, desde que exercidos, em estabelecimentos de ensino básico, por professores de carreira, excluídos os especialistas em educação, fazendo jus aqueles que as desempenham ao regime especial de aposentadoria estabelecido nos arts. 40, § 4º, e 201, § 1º, da Constituição Federal.

Súmula STF nº 686
Só por lei se pode sujeitar a exame psicotécnico a habilitação de candidato a cargo público.

Súmula STF nº 685
É inconstitucional toda modalidade de provimento que propicie ao servidor investir-se, sem prévia aprovação em concurso público destinado ao seu provimento, em cargo que não integra a carreira na qual anteriormente investido.

Súmula STF nº 684
É inconstitucional o veto não motivado à participação de candidato a concurso público.

Súmula STF nº 683
O limite de idade para a inscrição em concurso público só se legitima em face do art. 7º, XXX, da Constituição, quando possa ser justificado pela natureza das atribuições do cargo a ser preenchido.

Súmula STF nº 681
É inconstitucional a vinculação do reajuste de vencimentos de servidores estaduais ou municipais a índices federais de correção monetária.

Súmula STJ nº 467
Prescreve em cinco anos, contados do término do processo administrativo, a pretensão da Administração Pública de promover a execução da multa por infração ambiental.

Súmula STJ nº 378
Reconhecido o desvio de função, o servidor faz jus às diferenças salariais decorrentes.

Súmula STJ nº 377
O portador de visão monocular tem direito de concorrer, em concurso público, às vagas reservadas aos deficientes.

6. PODER LEGISLATIVO

6.1. Poder legislativo em geral

Imunidade material de parlamentar: calúnia e publicação em blogue
A imunidade material de parlamentar (CF, art. 53, "caput"), quanto a crimes contra a honra, alcança as supostas ofensas irrogadas fora do Parlamento, quando guardarem conexão com o exercício da atividade parlamentar. Com base nessa orientação, a 1ª Turma, por maioria, recebeu denúncia oferecida contra deputado federal pela suposta prática do crime de calúnia (CP, art. 138). Na espécie, o investigado, em blogue pessoal, imputara a delegado de polícia o fato de ter arquivado investigações sob sua condução para atender a interesses políticos de seus aliados — conduta definida como crime de corrupção passiva e/ou prevaricação. A Turma consignou que as afirmações expressas no blogue do investigado não se inseririam no exercício de sua atividade parlamentar e não guardariam liame com ela. Concluiu, pois, que a imunidade material não seria aplicável ao caso concreto. Vencido o Ministro Dias Toffoli, que rejeitava a denúncia por considerar a conduta atípica. Aduzia que a crítica mais dura e ríspida faria parte da atividade de fiscalização parlamentar. Ressaltava que o fato de a crítica ter sido feita em um blogue em nada retiraria a sua qualidade de atividade fiscalizatória. Inq 3672/RJ, rel. Min. Rosa Weber, 14.10.2014. (Inq-3672) (Inform. STF 763)

ADI: regras atinentes à perda de mandato estadual
O Plenário julgou procedente pedido formulado em ação direta, para declarar a inconstitucionalidade da expressão "nos crimes apenados com reclusão, atentatórios ao decoro parlamentar", contida no art. 16, VI, da Constituição do Estado de São Paulo, introduzido pela EC 18/2004 ("Artigo 16 - Perderá o mandato o Deputado: ... VI - que sofrer condenação criminal em sentença transitada em julgado, nos crimes apenados com reclusão, atentatórios ao decoro parlamentar"). O Tribunal asseverou que contrariaria a Constituição Federal jungir a atuação da Assembleia Legislativa, quanto à perda de mandato de deputado estadual, no caso de condenação criminal, aos crimes apenados com reclusão e atentatórios ao decoro parlamentar. Apontou que os princípios do § 1º do art. 27 da CF ("§ 1º - Será de quatro anos o mandato dos Deputados Estaduais, aplicando-se-lhes as regras desta Constituição sobre sistema eleitoral, inviolabilidade, imunidades, remuneração, perda de mandato, licença, impedimentos e incorporação às Forças Armadas") deveriam ser observados. Destacou que a limitação da Constituição paulista conflitaria com o que a Constituição Federal dispõe relativamente a deputados federais. ADI 3200/SP, rel. Min. Marco Aurélio, 22.5.2014. (ADI-3200) (Inform. STF 747)

Sessão extraordinária e pagamento de remuneração
É inconstitucional o pagamento de remuneração a parlamentares em virtude de convocação de sessão extraordinária. Com base nessa orientação, o Plenário julgou procedente pedido formulado em ação direta para declarar a inconstitucionalidade do art. 147, § 5º, do Regimento Interno da Assembleia Legislativa do Estado de Goiás ["§5º - As sessões extraordinárias serão remuneradas até o máximo de 8 (oito) por mês e pelo comparecimento a elas será pago valor não excedente, por reunião, a um trinta avos da remuneração"]. O Tribunal afirmou que o art. 57, § 7º, da CF vedaria pagamento de parcela indenizatória aos parlamentares em razão de convocação extraordinária. Ressaltou que essa norma seria de reprodução obrigatória pelos Estados-membros por força do art. 27, § 2º, da CF. Realçou que o art. 39, § 4º, da CF, seria expresso ao vedar acréscimo de qualquer gratificação, adicional, abono, prêmio, verba de representação ou outra espécie remuneratória ao subsídio percebido pelos parlamentares. ADI 4587/GO, rel. Min. Ricardo Lewandowski, 22.5.2014. (ADI-4587) (Inform. STF 747)

ADI e complementariedade à Constituição
O Plenário julgou improcedente pedido formulado em ação direta de inconstitucionalidade proposta contra o art. 54 da Constituição do Estado da Paraíba ("Compete privativamente à Assembleia Legislativa: ... XXII – autorizar a resolver definitivamente sobre empréstimo, acordos e convênios que acarretem encargos ou compromissos gravosos ao patrimônio estadual"). A Corte assentou que, nos termos do que decidido na medida cautelar, a norma questionada apenas serviria de complemento ao texto da Constituição Federal, sem que se pudesse considerar comprometida a continuidade da Administração. Destacou que, nesse sistema de complementariedade, o texto federal poderia ser influenciado, via poder constituinte reformador, pelas experiências das constituições estaduais. Precedente citado: ADI 4.298 MC/TO (DJe de 27.11.2009). ADI 331/PB, rel. Min. Gilmar Mendes, 3.4.2014. (ADI-331) (Inform. STF 741)

ADI: ex-deputados estaduais e prejudicialidade
O Plenário julgou parcialmente procedente pedido formulado em ação direta para declarar a inconstitucionalidade do art. 272 da Constituição do Estado de Rondônia (Os Ex-Deputados da Assembleia Legislativa que forem servidores públicos, vencida a legislatura, optarão pelo seu retorno ao órgão de origem ou ficarão em disponibilidade). O Colegiado consignou, ainda, o prejuízo do pleito quanto aos artigos 101, que estipula as funções institucionais do Ministério Público; e 102, IV, que dispõe sobre aposentadoria voluntária de membros do Ministério Público da referida Constituição estadual. Ademais, também julgou prejudicado o pedido em relação ao art. 37 do ADCT estadual, que concede anistia de dívida entre a Assembleia Legislativa e o Instituto de Previdência do Estado de Rondônia - IPERO, até o mês de março de 1989. ADI 119/RO, rel. Min. Dias Toffoli, 19.2.2014. (ADI-119) (Inform. STF 736)

CPI estadual e quebra de sigilo fiscal - 6
Em conclusão de julgamento, o Plenário, em virtude da perda superveniente de objeto, assentou o prejuízo de pedido formulado em ação cível originária, processada segundo o rito do mandado de segurança. A ação havia sido ajuizada pela Assembleia Legislativa do Estado do Rio de Janeiro – Alerj contra ato coator do Chefe da Superintendência Regional da Receita Federal na 7ª Região Fiscal. Na espécie, questionava-se decisão da mencionada autoridade, que, com base no dever do sigilo fiscal, negara pedido de transferência de dados fiscais relativos aos principais investigados em comissão parlamentar de inquérito - CPI, criada pela autora, destinada a apurar a ação de milícias no referido Estado-membro – v. Informativo 578. Na presente assentada, em voto-vista, o Ministro Dias Toffoli julgou prejudicado o pedido diante do encerramento das atividades da mencionada CPI. Não obstante, ressalvou seu entendimento quanto à possibilidade de CPI estadual obter informações dessa ordem, desde que observado o âmbito de poder e das competências que um Estado-membro teria. O Ministro Joaquim Barbosa, relator e Presidente, reajustou seu voto no sentido do prejuízo. ACO 1271/RJ, rel. Min. Joaquim Barbosa, 12.2.2014. (ACO-1271) (Inform. STF 735)

EMENTA: RECURSO EM MANDADO DE SEGURANÇA. EXTINÇÃO SUPERVENIENTE DO MANDATO PARLAMENTAR DO IMPETRANTE. LEGITIMAÇÃO ATIVA "AD CAUSAM" QUE NÃO MAIS SUBSISTE EM FACE DE O CONGRESSISTA, ELEITO PARA OUTRO CARGO PÚBLICO, JÁ NÃO TITULARIZAR A CONDIÇÃO POLÍTICO-JURÍDICA DE MEMBRO DO CONGRESSO NACIONAL QUE LHE CONFERIA A PRERROGATIVA DE REQUISITAR INFORMAÇÕES AO PODER EXECUTIVO (CF, ART. 50, § 2º). NECESSIDADE DE SE ACHAREM PRESENTES, NO MOMENTO DA RESOLUÇÃO DO LITÍGIO (CPC, ART. 462), TODAS AS CONDIÇÕES DA AÇÃO. RELAÇÃO DE CONTEMPORANEIDADE NÃO MAIS EXISTENTE. EXTINÇÃO ANÔMALA DO PROCESSO MANDAMENTAL. DOUTRINA. PRECEDENTE ESPECÍFICO DO SUPREMO TRIBUNAL FEDERAL. PROCESSO JULGADO EXTINTO, PREJUDICADA, EM CONSEQUÊNCIA, A APRECIAÇÃO DOS RECURSOS DEDUZIDOS NOS AUTOS. RMS 28337/DF, RELATOR: Min. Celso de Mello, DJe de 5.8.2013 (Inform. STF 713)

Inq N. 2.915-PA
RELATOR: MIN. LUIZ FUX
Ementa: PENAL. INQUÉRITO. CRIME CONTRA A HONRA: CALÚNIA E DIFAMAÇÃO. DECLARAÇÕES PROFERIDAS EM PROGRAMA RADIOFÔNICO POR PARLAMENTAR FEDERAL. IMUNIDADE. INEXISTÊNCIA. QUEIXA-CRIME. RECEBIMENTO.
1. O crime de calúnia, para a sua configuração, reclama a imputação de fato específico, que seja criminoso, e a intenção de ofender a honra; enquanto para o delito de difamação pressupõe-se, para a concretização, a existência de ofensa à honra, objetivo do querelante.
2. In casu, em programa radiofônico, o parlamentar federal teria imputado ao querelante a prática do delito de ameaça de morte a repórter, fazendo-o de modo concreto, indicando o local, a data e o móvel da suposta conduta delituosa, bem como a imputação do crime previsto no artigo 28 da Lei nº 11.343/2006 – uso de drogas. Afirmou, também, "ter o querelante praticado falcatruas durante as eleições municipais, bem como realizado transações ilícitas, agressões à imprensa e às pessoas que não lhe fossem simpáticas politicamente, realçando que o prefeito/querelante é pessoa que se dá a bebedeiras, é moleque e vagabundo, agindo com desrespeito em relação às mulheres residentes na comarca".
3. O animus calumniandi presente naquele que imputa a outrem, falsamente, as condutas de ameaça de morte e de consumo de drogas, delitos previstos no artigo 147 do Código Penal e no artigo 28 da Lei nº 11.343/2006, respectivamente, configura a prática do crime de calúnia.
4. O delito de difamação considera-se perpetrado por quem, afirmando fato certo e definido, ofende a honra de outrem, ainda que se repisem fatos sobre aquilo que os outros reputam a respeito da cidadão, no tocante a seus atributos físicos, intelectuais e morais. Precedente: Inquérito nº 2.503, Plenário, Relator Ministro Eros Grau, DJe de 21/05/2010.
5. Imunidade parlamentar. Inexistência, quando não se verificar liame entre o fato apontado como crime contra a honra e o exercício do mandato parlamentar pelo ofensor. Os atos praticados em local distinto do recinto do Parlamento escapam à proteção absoluta da imunidade, que abarca apenas manifestações que guardem pertinência, por um nexo de causalidade, com o desempenho das funções do mandato (Precedentes).
6. Os indícios da prática dos crimes de calúnia e difamação nas declarações prestadas pelo querelado em programa radiofônico no caso sub judice, impõem o recebimento da queixa-crime. (Inform. STF 708)

Súmula STF nº 245
A imunidade parlamentar não se estende ao corréu sem essa prerrogativa.

6.2. Processo Legislativo em geral e iniciativa legislativa

ADI: vício de iniciativa e forma de provimento de cargo público
O Plenário julgou procedente pedido formulado em ação direta ajuizada em face da LC 259/2002 do Estado do Espírito Santo. A norma impugnada, de iniciativa parlamentar, autoriza o Poder Executivo a instituir o Sistema Estadual de Auditoria da Saúde - SEAS e institui normas para sua estrutura e funcionamento, o que, conforme alegado, ofenderia os artigos 37, II; 61, § 1º, II, a e c; 63, I e 84, III, todos da CF, porquanto seria de competência privativa do Poder Executivo a iniciativa de leis concernentes à criação de cargos e estruturação de órgãos da Administração direta e autárquica, além de ser vedada a criação de forma derivada de provimento de cargo público. O Colegiado afirmou que, além da inconstitucionalidade formal evidenciada, o art. 13 da mencionada lei também padeceria de vício material, porque, ao ter possibilitado o provimento derivado — de servidores investidos em cargos de outras carreiras — no cargo de auditor de saúde, teria violado o disposto no art. 37, II, da CF, que exige a prévia aprovação em concurso para a investidura em cargo público, ressalvadas as exceções previstas na Constituição. O STF teria, inclusive, entendimento consolidado sobre o tema, revelado no Enunciado 685 de sua Súmula ("É inconstitucional toda modalidade de provimento que propicie ao servidor investir-se, sem prévia aprovação em concurso público destinado ao seu provimento, em cargo que não integra a carreira na qual anteriormente investido"). ADI 2940/ES, rel. Min. Marco Aurélio, 11.12.2014. (ADI-2940) (Inform. STF 771)

ADI: chefia da polícia civil e iniciativa legislativa
O Plenário julgou procedente pedido formulado em ação direta para dar interpretação conforme ao § 1º do art. 106 da Constituição do Estado de Santa Catarina, no sentido de que se mostra inconstitucional nomear, para a chefia da polícia civil, delegado que não integre a respectiva carreira, ou seja, que não tenha ingressado por meio de concurso público. A norma impugnada, na redação conferida pela EC estadual 18/1999 — esta última de iniciativa parlamentar —, dispõe que o chefe da polícia civil, nomeado pelo governador, será escolhido entre os delegados de polícia. Na sua redação originária — norma também impugnada — o dispositivo determinava que a escolha recaísse sobre delegados de final de carreira. O Colegiado as-

severou que, no caso, estaria viabilizada a disciplina da matéria em comento mediante emenda constitucional, considerado o parâmetro da Constituição Federal, portanto, a simetria. Não procederia, assim, a alegação de vício formal decorrente do vício de iniciativa privativa do Poder Executivo. No tocante ao vício material, ressaltou que, consoante disposto no art. 144, § 4º, da CF ("Às polícias civis, dirigidas por delegados de polícia de carreira, incumbem, ressalvada a competência da União, as funções de polícia judiciária e a apuração de infrações penais, exceto as militares"), as polícias civis seriam dirigidas por delegados de carreira. Não caberia, portanto, a inobservância da citada qualificação, nem a exigência de que se encontrassem no último nível da organização policial. ADI 3038/SC, rel. Min. Marco Aurélio, 11.12.2014. (ADI-3038) (Inform. STF 771)

ADI: norma administrativa e vício de iniciativa
O Plenário, por maioria, julgou procedente pedido formulado em ação direta para declarar a inconstitucionalidade da Lei 10.877/2001, do Estado de São Paulo, de iniciativa parlamentar ["Fica a Secretaria da Segurança Pública obrigada a enviar por correio, com 30 (trinta) dias de antecedência, aviso de vencimento da validade da Carteira Nacional de Habilitação, aos portadores cadastrados nos terminais da Companhia de Processamento de Dados do Estado de São Paulo – PRODESP"]. A Corte entendeu que, por ser tipicamente administrativa, a matéria deveria ser regulada pelo Poder Executivo e não pelo Poder Legislativo. Salientou que a norma criara ônus administrativo e financeiro ao obrigar a Secretaria de Segurança a destacar pessoal, equipamentos, tempo e energia para advertir o cidadão de que o prazo de validade da sua carteira estaria a expirar. Vencidos os Ministros Marco Aurélio (relator) e Luiz Fux, que julgavam improcedente o pedido. Pontuavam não haver inconstitucionalidade na lei em questão, que apenas buscaria valorizar a relação entre Estado e cidadão. ADI 3169/SP, rel. Min. Marco Aurélio, red. p/ o acórdão Min. Roberto Barroso, 11.12.2014. (ADI-3169) (Inform. STF 771)

Lei municipal e vício de iniciativa
Por vício de iniciativa, o Plenário deu provimento a recurso extraordinário para declarar, de forma incidental, a inconstitucionalidade do art. 1º da Lei 10.905/1990, do Município de São Paulo, que autoriza oficial de justiça a estacionar seu veículo de trabalho em vias públicas secundárias e em zonas azuis, sem pagamento das tarifas próprias. Na espécie, a norma questionada decorrera de iniciativa de vereador e, mesmo vetada pelo chefe do Poder Executivo local, fora aprovada pelo Poder Legislativo municipal. Dessa forma, ao aprovar a Lei 10.905/1990, a Câmara Municipal de São Paulo, por seus vereadores, teria criado regras para a prática de atos típicos da Administração pública municipal. Ademais, ao eximir os oficiais de justiça do pagamento da denominada "zona azul", a lei acarretara redução de receita legalmente estimada, cuja atribuição seria do Poder Executivo, a evidenciar afronta ao princípio da harmonia e independência dos Poderes ("Art. 2º São Poderes da União, independentes e harmônicos entre si, o Legislativo, o Executivo e o Judiciário). RE 239458/SP, rel. Min. Cármen Lúcia, 11.12.2014. (RE-239458) (Inform. STF 771)

Vedação ao nepotismo e iniciativa legislativa - 1
Leis que tratam dos casos de vedação a nepotismo não são de iniciativa exclusiva do Chefe do Poder Executivo. Esse o entendimento do Plenário, que, por maioria, deu provimento a recurso extraordinário para reconhecer a constitucionalidade da Lei 2.040/1990, do Município de Garibaldi/RS, que proíbe a contratação, por parte do Executivo, de parentes de 1º e 2º graus do prefeito e vice-prefeito, para qualquer cargo do quadro de servidores, ou função pública. Discutia-se eventual ocorrência de vício de iniciativa. Na espécie, o acórdão recorrido, proferido em sede de ação direta de inconstitucionalidade, declarara a inconstitucionalidade formal do referido diploma normativo sob o fundamento de que, por se tratar de matéria respeitante ao regime jurídico dos servidores municipais, a iniciativa do processo legislativo competiria ao Chefe do Poder Executivo. O Colegiado, de início, rejeitou preliminares suscitadas acerca das supostas intempestividade do recurso e ilegitimidade do Procurador-Geral do Estado para a interposição de recurso extraordinário contra acórdão proferido em ação direta de inconstitucionalidade estadual. No tocante à legitimidade do Procurador-Geral do Estado para o recurso, a Corte destacou o que disposto no § 4º do art. 95 da Constituição do Estado do Rio Grande do Sul ("Quando o Tribunal de Justiça apreciar a inconstitucionalidade, em tese, de norma legal ou de ato normativo, citará previamente o Procurador-Geral do Estado, que defenderá o ato ou texto impugnado"), que repetiria, por simetria, o disposto no § 3º do art. 103 da CF ("Quando o Supremo Tribunal Federal apreciar a inconstitucionalidade, em tese, de norma legal ou ato normativo, citará, previamente, o Advogado-Geral da União, que defenderá o ato ou texto impugnado"). Pela teoria dos poderes implícitos, se a Constituição atribuísse competência a determinada instituição jurídica, a ela também deveria ser reconhecida a possibilidade de se utilizar dos instrumentos jurídicos adequados e necessários para o regular exercício da competência atribuída. No caso, a Constituição Estadual conferira ao Procurador-Geral do Estado — em simetria com o Advogado-Geral da União — o papel de defesa da norma estadual ou municipal atacada via ação direta, o que o tornaria, portanto, legitimado para a interposição de recurso extraordinário contra acórdão que tivesse declarado a inconstitucionalidade da norma defendida, sob pena de se negar a efetiva defesa desta última.

Vedação ao nepotismo e iniciativa legislativa - 2
No mérito, o Colegiado reafirmou o quanto decidido na ADI 1.521/RS (DJe de 13.8.2013), no sentido de que a vedação a que cônjuges ou companheiros e parentes consanguíneos, afins ou por adoção, até o segundo grau, de titulares de cargo público ocupassem cargos em comissão visaria a assegurar, sobretudo, o cumprimento do princípio constitucional da isonomia, bem assim fazer valer os princípios da impessoalidade e moralidade na Administração Pública. Ademais, seria importante destacar a decisão proferida no RE 579.951 (DJe de 24.10.2008) — principal paradigma do Enunciado 13 da Súmula Vinculante do STF —, a afirmar que a vedação do nepotismo não exigiria a edição de lei formal para coibi-lo, proibição que decorreria diretamente dos princípios contidos no art. 37, "caput", da CF. Portanto, se os princípios do citado dispositivo constitucional sequer precisariam de lei para que fossem obrigatoriamente observados, não haveria vício de iniciativa legislativa em norma editada com o objetivo de dar evidência à força normativa daqueles princípios e estabelecer casos nos quais, inquestionavelmente, se configurassem comportamentos administrativamente imorais ou não-isonômicos. Vencido o Ministro Marco Aurélio, que negava provimento ao recurso. Reconhecia a existência de reserva de iniciativa, haja vista que a lei municipal em comento teria disposto sobre relação jurídica mantida pelo Executivo com o prestador de serviços desse mesmo Poder. RE 570392/RS, rel. Min. Cármen Lúcia, 11.12.2014. (RE-570392) (Inform. STF 771)

ADI: órgão de segurança pública e vício de iniciativa
O Plenário julgou procedente pedido formulado em ação direta ajuizada em face da EC 10/2001, que inseriu a Polícia Científica no rol dos órgãos de segurança pública previsto na Constituição do Estado do Paraná. A Corte afirmou que não se observara a reserva de iniciativa legislativa do Chefe do Poder Executivo para disciplinar o funcionamento de órgão administrativo de perícia. ADI 2616/PR, rel. Min. Dias Toffoli, 19.11.2014. (ADI-2616) (Inform. STF 768)

ADI e participação de empregados em órgãos de gestão
É constitucional o art. 24 da Lei Orgânica do Distrito Federal ("A direção superior das empresas públicas, autarquias, fundações e sociedades de economia mista terá representantes dos servidores, escolhidos do quadro funcional, para exercer funções

definidas, na forma da lei"). Com base nesse entendimento, o Plenário julgou improcedente pedido formulado em ação direta de inconstitucionalidade. O Tribunal esclareceu que a norma em questão, por ser oriunda do poder constituinte originário decorrente, não sofreria vício de reserva de iniciativa legislativa do chefe do Poder Executivo. Frisou, ainda, não haver violação da competência privativa da União para legislar sobre direito comercial. Além disso, a norma observaria a diretriz constitucional voltada à realização da ideia de gestão democrática. ADI 1167/DF, rel. Min. Dias Toffoli, 19.11.2014. (ADI-1167) (Inform. STF 768)

ADI: servidor público e iniciativa legislativa
O Plenário julgou procedente pedido formulado em ação direta ajuizada em face da Lei 751/2003 do Estado do Amapá. A norma impugnada, de iniciativa do Poder Legislativo, dispõe sobre a carga horária diária e semanal de cirurgiões-dentistas nos centros odontológicos do referido Estado-membro. A Corte afirmou que a disciplina legislativa da matéria em comento — jornada de trabalho de servidores públicos — seria de iniciativa privativa do Poder Executivo. Além do mais, o fato de o Governador do Estado ter sancionado a lei não sanaria o referido vício. ADI 3627/AP, rel. Min. Teori Zavascki, 6.11.2014. (ADI-3627) (Inform. STF 766)

ADI: disciplina de cargos em tribunal de contas estadual e iniciativa de lei
O Plenário julgou procedente pedido formulado em ação direta ajuizada em face do art. 35 da Lei 10.926/1998 do Estado de Santa Catarina. Na espécie, apontava-se a inconstitucionalidade formal do dispositivo em comento em razão de suposto vício de iniciativa, violados os artigos 75, "caput", e 96, da CF. A norma impugnada, de iniciativa do Poder Legislativo, determina a transposição de cargos de provimento efetivo do tribunal de contas estadual, com os respectivos ocupantes, para o quadro único de pessoal da administração pública direta, em órgão vinculado ao Poder Executivo. ADI 3223/SC, rel. Min. Dias Toffoli, 6.11.2014. (ADI-3223) (Inform. STF 766)

ADI e emenda parlamentar - 1
O Plenário, por maioria, confirmou medida acauteladora e julgou procedente pedido formulado em ação direta para declarar a inconstitucionalidade do art. 2º da Lei 10.385/1995 do Estado do Rio Grande do Sul. O artigo impugnado decorre de emenda parlamentar ao texto de iniciativa do Poder Judiciário. Considera, de efetivo exercício, "para todos os efeitos legais, os dias de paralisação dos servidores do Poder Judiciário, compreendidos no período de 13 de março de 1995 a 12 de abril de 1995, mediante compensação a ser definida pelo próprio Poder". O Tribunal asseverou que a jurisprudência do STF admitiria emendas parlamentares a projetos de lei de iniciativa privativa dos Poderes Executivo e Judiciário, desde que guardassem pertinência temática e não importassem em aumento de despesas. O cotejo entre o Projeto de Lei 54/1995, apresentado pelo Poder Judiciário gaúcho e a Proposta de Emenda Parlamentar 4/1995, que dera origem à norma ora impugnada evidenciaria que a emenda não guardaria pertinência temática com o projeto originário — reajuste de vencimentos dos servidores do Poder Judiciário gaúcho. Ao fundamento de que o preceito desrespeitaria os limites do poder de emenda, o Tribunal entendeu haver ofensa ao princípio da separação de Poderes (CF, art. 2º). Por se tratar de iniciativa de competência do Poder Judiciário, inviável à assembleia legislativa gaúcha propor emendas que afetassem a autonomia financeira e administrativa do Poder Judiciário, sob pena de exercer poder de iniciativa paralela. Vencido o Ministro Marco Aurélio, que julgava improcedente o pedido. Apontava que a Constituição, em seu art. 96, nada disporia sobre a iniciativa privativa de lei voltada à anistia. Dessa forma, o Poder Legislativo poderia atuar no sentido de implementar a anistia.

ADI e emenda parlamentar - 2
O Plenário confirmou medida cautelar (noticiada no Informativo 189) e julgou procedente pedido formulado em ação direta para declarar a inconstitucionalidade do art. 1º das Disposições Transitórias da Lei 10.207/1999 do Estado de São Paulo. O dispositivo questionado, resultante de emenda parlamentar, determina a admissão automática de servidores da Fundação para o Desenvolvimento da Universidade Estadual Paulista - Fundnesp no quadro de pessoal da recém-criada Fundação Instituto de Terras do Estado de São Paulo "José Gomes da Silva" - Itesp. O Tribunal assentou que o aproveitamento de empregados em cargo público, submetidos a simples processo seletivo, sem concurso, afrontaria o art. 37, II, da CF. Ademais, também conflitaria com a Constituição introduzir, em projeto de iniciativa do Poder Executivo, emenda parlamentar a implicar aumento de despesas (CF, artigos 61, § 1º, II, a e c; e 63, I). Precedente citado: ADI 2.305/SE (DJe de 4.8.2011). ADI 2186/SP, rel. Min. Marco Aurélio, 29.10.2014. (ADI-2186) (Inform. STF 765)

Anistia e vício de iniciativa
O Plenário, por maioria, confirmou medida acauteladora (noticiada no Informativo 33) e julgou procedente pedido formulado em ação direta ajuizada em face da Lei 10.076/1996 do Estado de Santa Catarina. A norma trata de concessão de anistia a servidores públicos punidos em virtude de participação em movimentos reivindicatórios. O Colegiado registrou a ocorrência de vício formal, uma vez cuidar-se de lei que dispõe sobre servidores públicos, mas que não tivera a iniciativa do Chefe do Executivo (CF, art. 61, § 1º, II, c). Vencido o Ministro Marco Aurélio, que julgava o pedido improcedente. Entendia que a lei a versar sobre anistia não requereria iniciativa privativa do Chefe do Executivo. ADI 1440/SC, rel. Min. Teori Zavascki, 15.10.2014. (ADI-1440) (Inform. STF 763)

Emenda parlamentar e aumento de despesa
O Plenário, por maioria, confirmou medida cautelar (noticiada no Informativo 118) e julgou parcialmente procedente pedido formulado em ação direta para declarar a inconstitucionalidade da expressão "e extrajudiciais" contida no parágrafo único do art. 1º da Lei Complementar 164/1998 do Estado de Santa Catarina. Na espécie, o dispositivo impugnado estende aos servidores inativos e extrajudiciais aumento remuneratório dado aos servidores do Poder Judiciário daquele Estado. O Colegiado esclareceu que referida lei complementar tem origem em emenda aditiva parlamentar a projeto do Poder Judiciário local. Assinalou a constitucionalidade da extensão do aumento remuneratório aos servidores inativos do tribunal de justiça, porquanto a norma questionada, editada no início de 1998, seria anterior às reformas do regime público de previdência (EC 20/1998 e EC 41/2003), quando a Corte entendia que a cláusula de equiparação seria de aplicabilidade imediata. Reputou que, ante a ampliação de despesa não prevista no projeto originalmente encaminhado, estaria caracterizada a inconstitucionalidade da extensão de aumento aos servidores extrajudiciais. Vencido o Ministro Marco Aurélio, que julgava improcedente o pedido. Assinalava não vislumbrar ingerência do Poder Legislativo porque a iniciativa do projeto teria sido do Poder Judiciário. ADI 1835/SC, rel. Min. Dias Toffoli, 17.9.2014. (ADI-1835) (Inform. STF 759)

ADI: lei estadual e vício de iniciativa
O Plenário confirmou medida cautelar (noticiada no Informativo 342) e julgou procedente pedido formulado em ação direta para declarar a inconstitucionalidade da Lei 11.605/2001 do Estado do Rio Grande do Sul. A referida lei, de iniciativa parlamentar, versa sobre programa estadual de desenvolvimento do cultivo e aproveitamento da cana-de-açúcar e dispõe sobre a estrutura de órgão da administração pública. O Tribunal consignou que haveria vício de iniciativa em relação à referida norma, na medida em que seria atribuição do chefe do Poder Executivo deflagrar o processo legislativo que envolvesse órgão da administração pública, nos termos do art. 61, §1º, II, e, da CF ["Art. 61. A iniciativa das leis complementares e ordinárias cabe

a qualquer membro ou Comissão da Câmara dos Deputados, do Senado Federal ou do Congresso Nacional, ao Presidente da República, ao Supremo Tribunal Federal, aos Tribunais Superiores, ao Procurador-Geral da República e aos cidadãos, na forma e nos casos previstos nesta Constituição. § 1º. São de iniciativa privativa do Presidente da República as leis que: ... II - disponham sobre: ... e) criação e extinção de Ministérios e órgãos da administração pública, observado o disposto no art. 84, VI"]. ADI 2799/RS, rel. Min. Marco Aurélio, 18.9.2014. (ADI-2799) (Inform. STF 759)

ADI e vício de iniciativa - 1
O Plenário confirmou medida cautelar e julgou procedente pedido formulado em ação direta para declarar a inconstitucionalidade da Lei 899/1995, do Distrito Federal. A referida norma, de iniciativa parlamentar, dentre outras providências, transfere da Região Administrativa IX – Ceilândia, e inclui "... à base territorial de jurisdição administrativa da RA IV - Brazlândia, parte da área onde se situa o Núcleo denominado INCRA 9...". O Tribunal assentou que compete privativamente ao Presidente da República a iniciativa de lei que disponha sobre a organização administrativa federal (CF, art. 61, § 1º, II, b), prerrogativa que cabe ao Governador do Distrito Federal, quando se tratar dessa unidade da Federação.

ADI e vício de iniciativa - 2
O Plenário confirmou medida cautelar (noticiada no Informativo 578) e julgou procedente pedido formulado em ação direta ajuizada contra a Lei distrital 3.189/2003, que inclui no calendário anual de eventos oficiais do Distrito Federal o "Brasília Music Festival". A referida norma destina, ainda, recursos do Poder Executivo para o patrocínio do festival, além de aparato de segurança e controle de trânsito a cargo da Secretaria de Segurança Pública distrital. O Tribunal asseverou que a norma questionada, de iniciativa parlamentar, teria afrontado os artigos 61, § 1º, II, b, e 165, III, ambos da CF.
ADI 4180/DF, rel. Min. Gilmar Mendes, 11.9.2014. (ADI-4180) (Inform. STF 758)

ADI: Diário Oficial estadual e iniciativa de lei
O Plenário confirmou medida cautelar e julgou procedente pedido formulado em ação direta para declarar a inconstitucionalidade da Lei 11.454/2000, do Estado do Rio Grande do Sul. A lei, de iniciativa parlamentar, disciplina as matérias suscetíveis de publicação pelo Diário Oficial do Estado, órgão vinculado ao Poder Executivo. O Tribunal consignou que, no caso, estaria configurada a inconstitucionalidade formal e material do ato normativo impugnado. Afirmou que a edição de regra que disciplinasse o modo de atuação de órgão integrante da Administração Indireta do Estado-membro somente poderia advir de ato do Chefe do Poder Executivo estadual. Haveria, ademais, na edição da norma em comento, nítida afronta ao princípio constitucional da separação dos Poderes, na medida em que, ao se restringir a proibição de publicações exclusivamente ao Poder Executivo, teria sido criada situação discriminatória em relação a um dos Poderes do Estado-membro. ADI 2294/RS, rel. Min. Ricardo Lewandowski, 27.8.2014. (ADI-2294) (Inform. STF 756)

ADI: aumento de despesas e vício de iniciativa - 1
É possível emenda parlamentar a projeto de lei de iniciativa reservada ao Chefe do Poder Executivo, desde que haja pertinência temática e não acarrete aumento de despesas. Com base nesse entendimento, o Plenário, por maioria, concedeu medida cautelar em ação direta de inconstitucionalidade para suspender a vigência do art. 31 do ADCT da Constituição do Estado do Rio Grande do Norte, com a redação dada pelo art. 2º da EC 11/2013 ("Art. 31. Não serão computados, para efeito dos limites remuneratórios de que trata o art. 26, inciso XI, da Constituição Estadual, valores recebidos a título de indenização prevista em lei, nos termos do art. 37, § 11, da Constituição Federal, o abono de permanência de que trata o art. 40, § 19, da Constituição Federal, bem como o adicional por tempo de serviço e outras vantagens pessoais percebidos até 31 de dezembro de 2003, data da publicação da Emenda Constitucional nº 41, de 19 de dezembro de 2003, que compunham a remuneração ou integravam o cálculo de aposentadoria ou pensão do ocupante de cargo, função e emprego público da Administração Direta e Indireta, observado, neste último caso, o disposto no § 9º do art. 37 da Constituição Federal, do membro de qualquer dos Poderes do Estado, do Ministério Público, do Tribunal de Contas, da Defensoria Pública, do Procurador Público, dos demais agentes políticos e dos beneficiários de proventos, pensões ou outra espécie remuneratória, percebidos cumulativamente ou não").

ADI: aumento de despesas e vício de iniciativa - 2
No caso, a norma contestada resultara de processo legislativo desencadeado pela governadora do estado-membro que, com base no art. 37, § 12, da CF, encaminhara à assembleia legislativa proposta de alteração de um único artigo da Constituição Estadual (art. 26, XI), que passaria a prever o subsídio mensal, em espécie, dos desembargadores do tribunal de justiça, como teto para a remuneração de todos os servidores estaduais, à exceção dos deputados estaduais, conforme determinado pela Constituição Federal após a EC 41/2003. No curso de sua tramitação na casa legislativa, o projeto fora alterado pelos parlamentares para excluir, do referido teto, as verbas contidas no art. 31 do ADCT. O Tribunal afirmou que os traços básicos do processo legislativo estadual deveriam prestar reverência obrigatória ao modelo contemplado no texto da Constituição Federal, inclusive no tocante à reserva de iniciativa do processo legislativo. Sublinhou que, por força da prerrogativa instituída pelo art. 61, § 1º, II, a, da CF, somente o Chefe do Poder Executivo estadual teria autoridade para instaurar processo legislativo sobre o regime jurídico dos servidores estaduais, no que se incluiria a temática do teto remuneratório. Salientou que esta prerrogativa deveria ser observada mesmo quanto a iniciativas de propostas de emenda à Constituição Estadual. A Corte frisou que o dispositivo ora impugnado configuraria imoderação no exercício do poder parlamentar de emenda. Concluiu que, ao criar hipóteses de exceção à incidência do teto remuneratório do serviço público estadual e, consequentemente, exceder o prognóstico de despesas contemplado no texto original do projeto encaminhado pelo Chefe do Poder Executivo estadual, a assembleia legislativa atuara em domínio temático sobre o qual não lhe seria permitido interferir, de modo a configurar abuso de poder legislativo. Vencido, em parte, o Ministro Marco Aurélio, que deferia a medida cautelar em menor extensão para suspender, por vício material e formal, os dispositivos que excluem do teto o adicional por tempo de serviço e, de uma forma genérica, outras vantagens pessoais percebidas até 31.12.2003. Pontuava que a Constituição Federal excluiria do teto as verbas recebidas a título de indenização, nelas incluída o abono de permanência (CF, art. 40, § 19).
ADI 5087 MC/DF, rel. Min. Teori Zavascki, 27.8.2014. (ADI-5087) (Inform. STF 756)

ADI e vício de iniciativa - 1
Usurpa a competência privativa do Chefe do Poder Executivo norma de iniciativa parlamentar que dispõe sobre regime jurídico, remuneração e critérios de provimento de cargo público. Com base nesse entendimento, o Plenário julgou procedente pedido formulado em ação direta para declarar a inconstitucionalidade da Lei 7.385/2002, do Estado do Espírito Santo, que dispõe sobre a reestruturação da carreira de fotógrafo criminal pertencente ao quadro de serviços efetivos da polícia civil daquele Estado-membro. O Tribunal destacou que a norma impugnada conteria vício formal de iniciativa.

ADI e vício de iniciativa - 2
O Plenário confirmou medida cautelar e julgou procedente pedido formulado em ação direta para declarar a inconstitucionalidade da Lei 5.729/1995, do Estado de Alagoas, que insere regras atinentes à transferência para a reserva, à reforma e

à elegibilidade de policiais militares. A Corte asseverou que a matéria tratada na norma seria de reserva do Governador, porém, o diploma impugnado decorrera de iniciativa parlamentar.

ADI e vício de iniciativa - 3
Ao confirmar a orientação proferida quando do julgamento de medida cautelar no sentido de que compete ao Chefe do Poder Executivo a iniciativa de lei referente a direitos e vantagens de servidores públicos, o Plenário julgou procedente pedido formulado em ação direta para declarar a inconstitucionalidade da LC 11.370/1999 do Estado do Rio Grande do Sul. Na espécie, a norma impugnada, de iniciativa parlamentar, veda a supressão administrativa de direitos e vantagens que foram legalmente incorporados ao patrimônio funcional dos servidores, que somente poderiam tê-los suprimido pela via judicial. O Tribunal asseverou que a lei complementar operara modificação no estado de direito, em área de competência privativa do Governador. ADI 2300/RS, rel. Min. Teori Zavascki, 21.8.2014. (ADI-2300) (Inform. STF 755)

ADI: agentes públicos e vício de iniciativa
Ao confirmar a orientação proferida quando do julgamento da medida cautelar no sentido de que compete ao Poder Executivo estadual a iniciativa de lei referente aos direitos e deveres de servidores públicos (CF, art. 61, § 1°, II, c), o Plenário julgou procedente pedido formulado em ação direta para declarar a inconstitucionalidade da Lei Complementar 109/2005, do Estado do Paraná. Na espécie, a norma impugnada, de iniciativa da Assembleia Legislativa paranaense, previa prazo de 90 dias, após o trânsito em julgado, sob pena de multa correspondente a 1/30 do montante da remuneração mensal, para os procuradores ajuizarem ação regressiva contra os agentes públicos que, nesta qualidade, por dolo ou culpa, tivessem dado causa à condenação da Administração Pública, direta ou indireta em ações de responsabilidade civil. O Tribunal asseverou que o Chefe do Executivo estadual seria a autoridade competente para iniciar o processo legislativo de norma criadora de obrigações funcionais aos servidores de procuradoria-geral estadual. Consignou que a Constituição conferiria aos Estados-membros a capacidade de auto-organização e autogoverno e imporia observância obrigatória de vários princípios, dentre os quais o pertinente ao processo legislativo. Assentou que o legislador estadual não poderia, validamente, dispor sobre as matérias reservadas à iniciativa privativa do Chefe do Executivo. O Ministro Marco Aurélio acrescentou que a norma, ao disciplinar tema que envolveria, em tese, a própria prescrição, estaria, de forma indireta, a disciplinar sobre processo, tema de competência exclusiva da União. ADI 3564/PR, rel. Min. Luiz Fux, 13.8.2014. (ADI-3564) (Inform. STF 754)

ADI: conselho estadual de educação e vício de iniciativa
O Plenário confirmou orientação proferida quando do julgamento da medida cautelar no sentido de que compete ao Chefe do Poder Executivo a iniciativa privativa das leis que disponham sobre a organização e a estruturação de Conselho Estadual de Educação, órgão integrante da Administração Pública. Assim, julgou procedente pedido formulado em ação direta para declarar a inconstitucionalidade da Emenda Constitucional 24/2002, do Estado de Alagoas. A norma impugnada regula o processo de escolha dos integrantes do referido órgão e prevê que um dos representantes do mencionado Conselho seria indicado pela Assembleia Legislativa. O Tribunal asseverou que, além da ofensa ao princípio da separação de Poderes, teria sido afrontado o disposto no art. 61, § 1°, II, e, da CF. Por fim, esclareceu que o presente julgamento teria efeitos "ex tunc". ADI 2654/AL, rel. Min. Dias Toffoli, 13.8.2014. (ADI-2654) (Inform. STF 754)

Aumento de despesa: iniciativa de lei e separação de Poderes
O Plenário concedeu medida cautelar em ação direta de inconstitucionalidade, para suspender a vigência do art. 5° da Lei 11.634/2010, do Estado da Bahia. O dispositivo incorpora gratificação à remuneração de servidores do estado-membro que se encontram à disposição do Poder Judiciário há pelo menos dez anos, assegurada a irredutibilidade de vencimentos, inclusive para fins de aposentadoria. Asseverou-se que a norma buscaria conferir caráter perene à percepção da mencionada gratificação por servidores que não integrariam o quadro permanente do Judiciário estadual, o que implicaria modificação do regime jurídico do servidor público e repercussão financeira para outros Poderes e órgãos estaduais. Salientou-se que o exercício de função comissionada durante vários anos não obstaria o caráter provisório do cargo correspondente, que dependeria de vínculo contínuo de confiança. Acresceu-se que a regra teria sido introduzida ao então projeto de lei por meio de emenda parlamentar. Rememorou-se que a Corte já afirmara a obrigatoriedade de os entes federados observarem a separação de Poderes, inclusive quanto às regras específicas de processo legislativo. Nesse sentido, o estado-membro deveria observar a Constituição quanto à reserva de iniciativa do Chefe do Executivo no tocante a projetos de lei concernentes à remuneração e ao regime jurídico dos respectivos servidores, o que não teria ocorrido. Ademais, frisou-se que a norma impugnada também gerara aumento de despesa em matéria de iniciativa reservada a governador, em ofensa ao art. 63, I, da CF (*Art. 63. Não será admitido aumento da despesa prevista: I - nos projetos de iniciativa exclusiva do Presidente da República, ressalvado o disposto no art. 166, § 3° e § 4°*). Ressalvou-se que não se apreciariam argumentos quanto à eventual inconstitucionalidade da gratificação de função, porque não pleiteado exame nesse sentido. No ponto, salientou-se a inviabilidade da proclamação de inconstitucionalidade de ato normativo de ofício, conforme precedentes da Corte. Concluiu-se não se poder cogitar de inconstitucionalidade por arrastamento, porquanto a insubsistência da verba remuneratória não decorreria, necessariamente, da invalidade da incorporação da gratificação. O Ministro Celso de Mello destacou que a Constituição admitiria a possibilidade de emenda independentemente da exclusividade de iniciativa, desde que dela não resultasse aumento de despesa. Discorreu que, em relação a projetos de iniciativa reservada ao Judiciário, teria de haver relação de pertinência, com o fim de evitar abusos no exercício do poder de emenda. Observou que o caso em discussão cuidaria de emenda parlamentar que implicara claro aumento da despesa global, de modo que existiria restrição constitucional ao exercício legítimo do poder de emenda. ADI 4759 MC/BA, rel. Min. Marco Aurélio, 5.2.2014. (ADI-4759) (Inform. STF 734)

MS: projeto de lei e criação de novos partidos políticos - 1
O Plenário iniciou julgamento de mandado de segurança preventivo em que senador alega ofensa ao devido processo legislativo na tramitação do Projeto de Lei - PL 4.470/2012, que estabelece novas regras para a distribuição de recursos do fundo partidário e de horário de propaganda eleitoral no rádio e na televisão, nas hipóteses de migração partidária. Em 24.4.2013, o Min. Gilmar Mendes, relator, por vislumbrar possível violação ao direito público subjetivo do parlamentar de não se submeter a processo legislativo inconstitucional, deferira pedido de liminar para suspender a tramitação do aludido projeto. Aduzira, na ocasião, os seguintes fundamentos: a) excepcionalidade do caso, confirmada pela velocidade no trâmite do PL, em detrimento de ponderação a nortear significativa mudança na organização política nacional; b) aparente tentativa casuística de alterar as regras para criação de partidos na vigente legislatura, em prejuízo das minorias políticas e, por conseguinte, da própria democracia; e c) contradição entre a proposição em tela e a decisão proferida na ADI 4430/DF (acórdão pendente de publicação, v. Informativo 672), na qual definida a forma de distribuição do tempo de propaganda eleitoral entre os partidos políticos. Preliminarmente, o Tribunal, por maioria, negou provimento a agravo regimental, interposto pela União, que impugnava a admissão dos amici curiae. Asseverou-se que a Corte vinha aceitando a possibilidade de ingresso do amicus

curiae não apenas em processos objetivos de controle abstrato de constitucionalidade, mas também em outros feitos com perfil de transcendência subjetiva. O relator, ante a ampla repercussão do tema e a feição de controle preventivo do writ, afirmou que a participação de alguns parlamentares e partidos políticos, nessa qualidade, não feriria a dogmática processual. Destacou, inclusive, a viabilidade da admissão deles como litisconsortes. O Min. Celso de Mello consignou que a figura do amicus curiae não poderia ser reduzida à condição de mero assistente, uma vez que ele não interviria na situação de terceiro interessado na solução da controvérsia. Pluralizaria o debate constitucional, de modo que o STF pudesse dispor de todos os elementos informativos possíveis e necessários ao enfrentamento da questão, a enfatizar a impessoalidade do litígio constitucional.

MS: projeto de lei e criação de novos partidos políticos - 2
Ficaram vencidos os Ministros Teori Zavascki, Ricardo Lewandowski e Marco Aurélio, que davam provimento ao regimental. O Min. Teori Zavascki salientava que o writ conteria pretensão de controle preventivo de constitucionalidade de norma. Tendo isso em conta, afirmava a existência de dois óbices para a admissão de amicus curiae: a) incompatibilidade dessa figura com o mandado de segurança no seu sentido estrito de tutela de direitos subjetivos individuais ameaçados ou lesados; e b) óbice legislativo do ingresso de terceiros em ação direta de inconstitucionalidade. Registrava que os peticionantes teriam natureza de assistentes do autor, a defender interesse próprio. O Min. Ricardo Lewandowski, em acréscimo, ressaltava a jurisprudência do Supremo no sentido do não cabimento do amicus curiae em mandado de segurança. Observava que a feição objetiva da presente ação seria examinada durante o julgamento do writ. O Min. Marco Aurélio assentava, ainda, a vedação legal da participação do terceiro juridicamente interessado (Lei 12.016/2009: "Art. 24. Aplicam-se ao mandado de segurança os arts. 46 a 49 da Lei nº 5.869, de 11 de janeiro de 1973 - Código de Processo Civil"). Reputava não ser possível acionar a legislação que disporia sobre o processo objetivo para permitir-se o ingresso do amigo da Corte em mandado de segurança, voltado à proteção de direito individual. Em seguida, após o relatório e as sustentações orais, o julgamento foi suspenso.

MS: projeto de lei e criação de novos partidos políticos - 3
O Plenário retomou julgamento de mandado de segurança preventivo em que senador alega ofensa ao devido processo legislativo na tramitação do Projeto de Lei - PL 4.470/2012 (Câmara dos Deputados), convertido no Senado no Projeto de Lei da Câmara - PLC 14/2013, que estabelece novas regras para a distribuição de recursos do fundo partidário e de horário de propaganda eleitoral no rádio e na televisão, nas hipóteses de migração partidária — v. Informativo 709. O Min. Gilmar Mendes, relator, concedeu, em parte, a segurança para declarar a inconstitucionalidade da deliberação legislativa sobre o PLC 14/2013, nos termos atuais, isto é, se aprovado para reger esta legislatura e, portanto, as eleições que ocorrerão em 2014. De início, assentou a possibilidade de mandado de segurança ser impetrado para suspender a tramitação não apenas de proposta de emenda à Constituição, mas, também, de projeto de lei alegadamente violador de cláusula pétrea. Assinalou ser percebível a inconstitucionalidade do PLC 14/2013 ao se verificar o seu conteúdo e a circunstância a envolver a sua deliberação, a revelar ser ofensivo a direitos fundamentais como a isonomia, a igualdade de chances, a proporcionalidade, a segurança jurídica e a liberdade de criação de legendas, cláusulas pétreas da Constituição. Rememorou que o projeto de lei em exame pretenderia impor interpretação constitucional diametralmente oposta à exarada pelo STF no julgamento da ADI 4430/DF (acórdão pendente de publicação, v. Informativo 672), por se tratar de coisa julgada dotada de eficácia erga omnes. Asseverou que a sua não observância afrontaria a segurança jurídica em sua expressão concernente à proteção da confiança legítima, uma vez que todo o sistema político confiaria que, nas próximas eleições gerais, a regra seria aquela fixada naquele julgado. Observou que, caso aprovado, o mencionado projeto transgrediria o princípio da igualdade de chances e, por consequência, o direito das minorias políticas de livremente mobilizarem-se para a criação de novas legendas. Aduziu que, no processo democrático eleitoral, as regras deveriam ser previsíveis e justas, sob pena de minarem as condições de legitimidade do regime democrático.

MS: projeto de lei e criação de novos partidos políticos - 4
Destacou que a segurança jurídica e a isonomia exigiriam que nova conformação jurisprudencial ou legislativa da matéria somente poderia ser debatida e produzir efeitos a partir, pelo menos, da próxima legislatura. Apontou que os direitos políticos, neles contidos a livre criação de partidos em situação isonômica à dos demais, o pluripartidarismo e o direito à participação política, também seriam cláusulas pétreas da Constituição. Enfatizou não se tratar de "judicialização da política", quando as questões políticas estiverem configuradas como verdadeiras questões de direitos. O Min. Dias Toffoli acompanhou o relator para conceder, em parte, a segurança. De início, ressaltou o direito líquido e certo subjetivo do impetrante, a não apreciar texto aprovado pela Câmara se entender atentar contra cláusulas pétreas. Sublinhou o caráter casuístico do projeto, porquanto grupos majoritários no Parlamento pretenderiam atingir a essência da disputa democrática por meio de importantes instrumentos do debate político e eleitoral, que seriam acesso a rádio e televisão gratuitamente, seja pelo programa partidário ou fundo partidário, disciplinados pela Lei 9.096/95, seja pelas normas para eleição contidas na Lei 9.504/97. Registrou que, a admitir-se o pretendido pelo projeto, as maiorias políticas estariam a sufocar as minorias, o que afrontaria a jurisprudência do STF no que diz respeito à cláusula de barreira e a decisão da ADI 4430/DF.

MS: projeto de lei e criação de novos partidos políticos - 5
O Min. Teori Zavascki, em divergência, denegou a segurança. Reputou evidente que o direito líquido e certo afirmado na impetração, de o parlamentar não ser obrigado a participar do processo legislativo em comento, não traduziria a verdadeira questão debatida, pois ele teria o direito de, espontaneamente, abster-se de votar. Buscar-se-ia, a pretexto de tutelar direito individual, provimento no sentido de inibir a própria tramitação do projeto de lei. Considerou que as eventuais inconstitucionalidades do texto impugnado poderiam ser resolvidas se e quando o projeto se transformasse em lei. Ademais, a discussão sobre a legitimidade do controle constitucional preventivo de proposta legislativa teria consequências transcendentais, com reflexos para além do caso em pauta, pois tocaria o cerne da autonomia dos poderes. Reputou que o sistema constitucional pátrio não autorizaria o controle de constitucionalidade prévio de atos normativos, e que a jurisprudência da Corte estaria consolidada no sentido de deverem ser, em regra, rechaçadas as demandas judiciais com essa finalidade. Delimitou haver duas exceções a essa regra: a) proposta de emenda à Constituição manifestamente ofensiva a cláusula pétrea; e b) projeto de lei ou de emenda em cuja tramitação se verificasse manifesta ofensa a cláusula constitucional que disciplinasse o correspondente processo legislativo. Aduziu que, em ambas as hipóteses, a justificativa para excepcionar a regra estaria claramente definida na jurisprudência do STF. O vício de inconstitucionalidade estaria diretamente relacionado aos aspectos formais e procedimentais da atuação legislativa. Nessas hipóteses, a impetração de segurança seria admissível porque buscaria corrigir vício efetivamente concretizado, antes e independentemente da final aprovação da norma.

MS: projeto de lei e criação de novos partidos políticos - 6
Assinalou que o caso em exame não se enquadraria em qualquer dessas duas excepcionais situações, pois sustentado apenas que o projeto de lei teria conteúdo incompatível com os

artigos 1º, V; e 17, caput, ambos da CF. Ressaltou que a mais notória consequência de eventual concessão da ordem seria a universalização do controle preventivo de constitucionalidade, em descompasso com a Constituição e com a jurisprudência já consolidada. Destacou a existência de modelo de exclusivo de controle de normas (sucessivo repressivo), exercido pelos órgãos e instituições arrolados no art. 103 da CF, mediante ação própria. Admitir-se-ia, se prevalecente entendimento diverso, controle jurisdicional por ação da constitucionalidade material do projeto de norma, a ser exercido exclusivamente por parlamentar. Esse modelo de controle prévio não teria similar no direito comparado e ultrapassaria os limites constitucionais da intervenção do Judiciário no processo de formação das leis. Asseverou que as discussões políticas, nesse âmbito, pertenceriam ao Legislativo e não ao Judiciário, cujas decisões somente seriam consideradas políticas quando tivessem por substrato interpretação e aplicação de leis de conteúdo político. Sublinhou o distanciamento que as Cortes constitucionais deveriam ter dos processos políticos, inclusive pela sua inaptidão para resolver, por via de ação, os conflitos carregados de paixões dessa natureza. Salientou não fazer sentido, ademais, atribuir a parlamentar, a quem a Constituição não habilitara para provocar o controle abstrato de constitucionalidade normativa, prerrogativa muito mais abrangente e eficiente de provocar esse controle sobre os próprios projetos legislativos. Além disso, subtrair-se-ia dos outros Poderes a prerrogativa de exercerem o controle constitucional preventivo de leis.

MS: projeto de lei e criação de novos partidos políticos - 7
A Min. Rosa Weber acompanhou a divergência. Frisou a jurisprudência da Corte, no sentido de ser inviável a fiscalização preventiva em abstrato, pelo STF, de meras proposições normativas em formação. Examinou que esse tipo de controle seria mais marcadamente político, cujo local mais adequado seria o Parlamento. Sublinhou, entretanto, que a apreciação formal de projeto de lei, entendido como o resguardo da regularidade jurídico-constitucional do processo legislativo, pelo Judiciário, seria admissível de acordo com precedentes do Supremo. Assim, não seria cabível mandado de segurança impetrado para impedir a tramitação de projeto de lei, simplesmente com base em alegação de que seu conteúdo entraria em choque com algum princípio constitucional. Possível violação à Constituição só ocorreria depois do projeto se transformar em lei, ou de a proposta de emenda ser aprovada. Reputou que, por se tratar de mandado de segurança, e não de controle concentrado de constitucionalidade, aplicar-se-ia o princípio da demanda, e o pedido seria o arquivamento do projeto ou a suspensão de seu trâmite. A via eleita não seria adequada, porém, para impedir o debate legislativo, mormente porque não suscitado vício formal ou afronta a cláusula pétrea.

MS: projeto de lei e criação de novos partidos políticos - 8
A seu turno, o Min. Luiz Fux também denegou a ordem. Destacou o dever de cautela redobrada no exercício da jurisdição constitucional. Nesse sentido, os tribunais não poderiam asfixiar a autonomia pública dos cidadãos, ao substituir as escolhas políticas de seus representantes por preferências pessoais de magistrados. Dever-se-ia, portanto, rechaçar leitura maximalista das cláusulas constitucionais, a amesquinhar o papel da política ordinária na vida social. Assinalou, ainda, a posição central que a Constituição ocuparia no sistema jurídico, pois definidora dos cânones estruturantes do Estado de Direito. A respeito da jurisprudência da Corte, no que tange às violações do direito público subjetivo do parlamentar de não se submeter a processo legislativo a veicular preposição tendente a abolir cláusulas pétreas, analisou inexistir precedente específico. Asseverou que o art. 60, § 4º, da CF seria categórico ao não admitir propostas de emenda tendentes a abolir esses direitos. Não haveria alusão a projetos de lei ou outras espécies normativas. Ademais, se o constituinte pretendesse emprestar o mesmo regime jurídico às propostas de emendas e aos projetos de lei, não teria apartado o regramento dessas espécies normativas primárias no texto constitucional. Haveria, desse modo, disciplina normativa específica para cada uma delas. Reconheceu, além disso, que, ao se admitir o controle prévio de projeto de lei, subverter-se-ia a sistemática atual do controle de constitucionalidade, cuja repressão ocorreria a posteriori. Somente se autorizaria o juízo preventivo de inconstitucionalidade excepcionalmente. Exemplificou que, caso se considerasse que o PLC 14/2013 deveria ser arquivado, a médio e longo prazo haveria uma série de demandas da mesma espécie perante a Corte. Nesse sentido, o STF atuaria como uma espécie de terceiro participante das rodadas parlamentares, e exerceria papel típico do Legislativo. O controle repressivo de constitucionalidade cederia espaço, então, ao controle preventivo. Além disso, a não suspensão do trâmite desse projeto significaria não extinguir o debate político. Se por um lado seria admissível atuação do Supremo para assegurar os direitos individuais indispensáveis para a participação popular no procedimento democrático de tomada de decisões, por outro não caberia antecipar o desfecho de um debate parlamentar. Impenderia vedar a "supremocracia". Discorreu que a Corte deveria atuar como catalisador deliberativo, ao promover a interação e o diálogo institucional, de modo a maximizar a qualidade democrática em produzir boas decisões. Sob esse aspecto, dever-se-ia propiciar ao governo, em conjunto com a sociedade, a oportunidade de debater e resolver questões constitucionais por meio de canais democráticos.

MS: projeto de lei e criação de novos partidos políticos - 9
O Min. Ricardo Lewandowski também denegou a ordem. Afirmou que discussão de projeto de lei concernente à migração partidária, durante certa legislatura, bem como à transferência de recurso do fundo partidário e do horário de propaganda eleitoral não colidiria com as cláusulas pétreas, razão pela qual não poderia ser objeto de controle prévio de constitucionalidade. Salientou, ainda, que a via eleita não seria adequada, porque inexistente direito líquido e certo. Reputou que simples projeto de lei, ainda que aprovado, sancionado e publicado, não ameaçaria a higidez da Constituição. Eventual interferência do Judiciário nesse processo seria abusiva e inconstitucional. Consignou que somente após a regular tramitação do projeto estaria o STF autorizado a examinar sua compatibilidade com a Constituição, mediante o instrumento adequado. Assim, negar ao Congresso o direito de estabelecer sua própria pauta seria negar a democracia, bem assim colidiria com a cláusula pétrea da separação de Poderes.

MS: projeto de lei e criação de novos partidos políticos - 10
O Min. Marco Aurélio, preliminarmente, não conheceu do mandado de segurança. Destacou que a impetração decorreria de suposto vício quanto ao conteúdo do projeto de lei, à luz do que decidido na ADI 4430/DF, sem que fosse apontado erro procedimental. Evidenciou que o objetivo seria controle prévio de constitucionalidade, por suposta ofensa a princípios constitucionais. Consignou que isso seria inadmissível, consoante jurisprudência da Corte. Rememorou que, na vigente ordem constitucional, apenas seria cabível obstar o trâmite de emenda constitucional tendente a atingir cláusula pétrea (CF, art. 60, § 4º). Tratar-se-ia de situação taxativa em que a Constituição permitiria o controle de constitucionalidade antecipado. Nessa situação, considerados os riscos de alteração da Constituição, seria necessário que o controle sobre essa atividade legislativa fosse reforçado, tendo em vista os aspectos fundantes da ordem constitucional e a defesa da identidade do pacto originário. Anotou que, no que se refere a processos legislativos ordinários, os projetos de lei apenas seriam impugnáveis, na via eleita, quando e se verificada inobservância a dispositivos reguladores do processo legislativo. Asseverou que, no caso, se admitida a plena discussão sobre a constitucionalidade do projeto de lei, estaria comprometido não só o modelo de controle repressivo amplo em vigor, mas a própria separação de Poderes. Nesse sentido, sublinhou que a admissão de mandado de segurança

em hipóteses semelhantes permitiria a inclusão do STF no processo legislativo ordinário, e a Corte se tornaria partícipe dessa deliberação, com poder de veto prévio. Reputou que a impetração teria por objetivo impedir o debate parlamentar legítimo e que caberia ao Supremo, eventualmente, enfrentar a matéria na via judicial repressiva adequada.

MS: projeto de lei e criação de novos partidos políticos - 11
No mérito, indeferiu a ordem. Afastou a tese de que o legislador estaria vinculado aos efeitos da decisão proferida na ADI 4430/DF, o que viabilizaria a tramitação do projeto de lei questionado, embora pudesse ter, em tese, conteúdo "desafiador" de interpretação anterior do STF. Assinalou que a celeridade na tramitação do texto não afrontaria o devido processo legislativo. Apontou que a "superinterpretação" do texto constitucional, forma de interpretação ilegítima ou de ativismo judicial distorcido, teria como exemplo as interferências na tramitação de matéria legislativa. Arrematou que os atores do devido processo legislativo não seriam os juízes, mas os representantes do povo. Em seguida, deliberou-se suspender o julgamento.

MS: projeto de lei e criação de novos partidos - 12
Em conclusão, o Plenário, por maioria, denegou mandado de segurança preventivo em que senador alegava ofensa ao devido processo legislativo na tramitação do Projeto de Lei - PL 4.470/2012 (Câmara dos Deputados), convertido, no Senado, no Projeto de Lei da Câmara - PLC 14/2013, que estabelece novas regras para a distribuição de recursos do fundo partidário e de horário de propaganda eleitoral no rádio e na televisão, nas hipóteses de migração partidária – v. Informativos 709 e 710. Preliminarmente, por votação majoritária, conheceu-se do writ, vencidos os Ministros Marco Aurélio e Cármen Lúcia. Estes consideravam que o objetivo da impetração seria controle prévio de constitucionalidade de lei, por suposta ofensa a princípios constitucionais, o que seria inadmissível, consoante jurisprudência da Corte. No que se refere a processo legislativo ordinário, acresciam que os projetos de lei apenas seriam impugnáveis, na via eleita, quando e se verificada inobservância a dispositivos reguladores desse procedimento. Ademais, essa forma de controle também seria admissível na hipótese de emenda constitucional atentatória a cláusula pétrea (CF, art. 60, § 4º). No ponto, a Min. Cármen Lúcia destacava que, se houvesse projeto de lei a contrariar essas cláusulas, o controle judicial em mandado de segurança também seria cabível, embora não fosse o caso.

MS: projeto de lei e criação de novos partidos - 13
No mérito, prevaleceu o voto do Min. Teori Zavascki. Considerou que as eventuais inconstitucionalidades do texto impugnado poderiam ser resolvidas se e quando o projeto se transformasse em lei. Ademais, a discussão sobre a legitimidade do controle constitucional preventivo de proposta legislativa teria consequências transcendentais, com reflexos para além do caso em pauta, pois tocaria o cerne da autonomia dos Poderes. Reputou que o sistema constitucional pátrio não autorizaria o controle de constitucionalidade prévio de atos normativos, e que a jurisprudência da Corte estaria consolidada no sentido de, em regra, deverem ser rechaçadas as demandas judiciais com essa finalidade. Delimitou haver duas exceções a essa regra: a) proposta de emenda à Constituição manifestamente ofensiva a cláusula pétrea; e b) projeto de lei ou de emenda em cuja tramitação se verificasse manifesta afronta a cláusula constitucional que disciplinasse o correspondente processo legislativo. Aduziu que, em ambas as hipóteses, a justificativa para excepcionar a regra estaria claramente definida na jurisprudência do STF. O vício de inconstitucionalidade estaria diretamente relacionado aos aspectos formais e procedimentais da atuação legislativa. Nessas circunstâncias, a impetração de segurança seria admissível porque buscaria corrigir vício efetivamente concretizado, antes e independentemente da final aprovação da norma.

MS: projeto de lei e criação de novos partidos - 14
Assinalou que o caso em exame não se enquadraria em qualquer dessas duas excepcionais situações, pois sustentado apenas que o projeto de lei teria conteúdo incompatível com os artigos 1º, V; e 17, caput, ambos da CF. Ressaltou que a mais notória consequência de eventual concessão da ordem seria a universalização do controle preventivo de constitucionalidade, em descompasso com a Constituição e com a jurisprudência já consolidada. Destacou a existência de modelo exclusivo de controle de normas, exercido pelos órgãos e instituições arrolados no art. 103 da CF, mediante ação própria. Admitir-se-ia, se prevalecente entendimento diverso, controle jurisdicional por ação da constitucionalidade material de projeto de norma, a ser exercido exclusivamente por parlamentar. Esse modelo de controle prévio não teria similar no direito comparado e ultrapassaria os limites constitucionais da intervenção do Judiciário no processo de formação das leis. Asseverou que as discussões políticas, nesse âmbito, pertenceriam ao Legislativo e não ao Judiciário. Sublinhou o distanciamento que as Cortes constitucionais deveriam ter dos processos políticos, inclusive pela sua inaptidão para resolver, por via de ação, os conflitos carregados de paixões dessa natureza. Salientou não fazer sentido, ademais, atribuir a parlamentar, a quem a Constituição não habilitaria para provocar o controle abstrato de constitucionalidade normativa, prerrogativa muito mais abrangente e eficiente de provocar esse controle sobre os próprios projetos legislativos. Além disso, subtrair-se-ia dos outros Poderes a prerrogativa de exercerem o controle constitucional preventivo de leis.

MS: projeto de lei e criação de novos partidos - 15
O Min. Luiz Fux exemplificou que, caso se considerasse que o PLC 14/2013 deveria ser arquivado, a médio e longo prazo haveria uma série de demandas da mesma espécie perante a Corte. Nesse sentido, o STF atuaria como uma espécie de terceiro participante das rodadas parlamentares, e exerceria papel típico do Legislativo. O controle repressivo de constitucionalidade cederia espaço, então, ao controle preventivo. O Min. Marco Aurélio afastou a tese de que o legislador estaria vinculado aos efeitos da decisão proferida na ADI 4430/DF (acórdão pendente de publicação, v. Informativo 672), o que viabilizaria a tramitação do projeto de lei questionado, embora pudesse ter, em tese, conteúdo "desafiador" de interpretação anterior do STF. Assinalou que a celeridade na tramitação do texto não afrontaria o devido processo legislativo. Apontou que a "superinterpretação" do texto constitucional, forma de interpretação ilegítima ou de ativismo judicial distorcido, teria como exemplo as interferências na tramitação de matéria legislativa. Arrematou que os atores do devido processo legislativo não seriam os juízes, mas os representantes do povo.

MS: projeto de lei e criação de novos partidos - 16
Vencidos os Ministros Gilmar Mendes, relator, Dias Toffoli e Celso de Mello, que concediam parcialmente a segurança, para declarar a inconstitucionalidade da deliberação legislativa sobre o PLC 14/2013, se aprovado para reger as eleições que ocorreriam em 2014. O relator assentava a possibilidade de mandado de segurança ser impetrado para suspender a tramitação de projeto de lei alegadamente violador de cláusula pétrea. Registrava que o projeto de lei em comento seria ofensivo à isonomia, à igualdade de chances, à proporcionalidade, à segurança jurídica e à liberdade de criação de partidos. Rememorava que pretender-se-ia impor interpretação constitucional diametralmente oposta à exarada no julgamento da ADI 4430/DF. O Min. Dias Toffoli sublinhava o caráter casuístico do projeto, porquanto grupos majoritários no Parlamento pretenderiam atingir a essência da disputa democrática por meio de importantes instrumentos do debate político e eleitoral, que seriam acesso a rádio e televisão gratuitamente, seja pelo programa partidário ou fundo partidário, disciplinados pela Lei 9.096/95, seja pelas normas para eleição contidas na Lei 9.504/97. O Min. Celso de Mello consignava a possibilidade jurídico-constitucional de fiscalização de determinados atos emanados do Executivo ou do Legislativo, quando

alegadamente eivados de vício de inconstitucionalidade formal ou material, sem vulnerar a separação de Poderes. Afirmava que, mesmo que em seu próprio domínio institucional, nenhum órgão estatal poderia pretender-se superior ou supor-se fora do alcance da autoridade da Constituição. Nesse sentido, a separação de Poderes jamais poderia ser invocada como princípio destinado a frustrar a resistência jurídica a qualquer ato de repressão estatal ou a qualquer ensaio de abuso de poder e desrespeito à cláusula pétrea. Frisava jurisprudência da Corte no sentido da possibilidade de controle jurisdicional de atos políticos. Por fim, o Tribunal cassou a decisão liminar anteriormente deferida. MS 32033/DF, rel. orig. Min. Gilmar Mendes, red. p/ o acórdão Min. Teori Zavascki, 20.6.2013. (MS-32033) (Inform. STF 711)

Súmula STF n° 651

A medida provisória não apreciada pelo congresso nacional podia, até a Emenda Constitucional n. 32/01, ser reeditada dentro do seu prazo de eficácia de trinta dias, mantidos os efeitos de lei desde a primeira edição.

6.3. Fiscalização Contábil, Financeira e Orçamentária

TCU e critério de escolha de Ministro
O Plenário confirmou medida cautelar e julgou parcialmente procedente pedido formulado em ação direta para declarar a inconstitucionalidade do art. 105, III, da Lei 8.443/1992 - Lei Orgânica do TCU ("Art. 105. O processo de escolha de ministro do Tribunal de Contas da União, em caso de vaga ocorrida ou que venha a ocorrer após a promulgação da Constituição de 1988, obedecerá ao seguinte critério: ... III - a partir da décima vaga, reinicia-se o processo previsto nos incisos anteriores, observada a alternância quanto à escolha de auditor e membro do Ministério Público junto ao Tribunal, nos termos do inciso I do § 2° do art. 73 da Constituição Federal"), bem como do art. 280, III, do Regimento Interno do TCU. Referidas normas dispõem sobre o processo de escolha de Ministros daquela Corte de Contas. O Colegiado ressaltou que, a persistirem os dispositivos impugnados, haveria possibilidade de não se observar a razão de ser da distribuição das vagas, que se destacaria pela composição heterogênea daquele Tribunal. Registrou a necessidade de se respeitar a regra contida no § 2° do art. 73 da CF. ADI 2117/DF, rel. Min. Marco Aurélio, 27.8.2014. (ADI-2117) (Inform. STF 756)

Tribunal de Contas estadual: preenchimento de vagas e separação de Poderes - 1
O Plenário iniciou julgamento de recurso extraordinário em que se discute a constitucionalidade de eventual preenchimento, por membro do Ministério Público de Contas estadual, de cargo vago de conselheiro da Corte de Contas local, a ser escolhido pelo Governador, cujo ocupante anterior teria sido nomeado mediante indicação da Assembleia Legislativa. O Ministro Marco Aurélio (relator), acompanhado pelos Ministros Dias Toffoli, Cármen Lúcia e Ricardo Lewandowski (Presidente eleito), proveu o recurso, e assentou a competência da Assembleia Legislativa para a indicação do nome do futuro ocupante da vaga aberta ante a aposentadoria de conselheiro anteriormente escolhido pelo aludido órgão legislativo. Apontou as premissas fáticas do caso: a) a Corte de Contas seria composta por sete Conselheiros, quatro indicados pela Assembleia Legislativa e três pelo Governador, um deles nomeado pelo Executivo antes da CF/1988; b) a inexistência de conselheiros oriundos do Ministério Público Especial no Tribunal de Contas até o momento; c) o primeiro concurso público para ingresso no Ministério Público Especial junto ao Tribunal de Contas ocorrera em 2008, e a primeira posse, em 2011; d) a aposentadoria, em 2012, de um dos Conselheiros indicados pela Assembleia, e o surgimento da vaga em questão. O relator examinou o alcance dos artigos 73, § 2°, I e II ("Art. 73. O Tribunal de Contas da União, integrado por nove Ministros, tem sede no Distrito Federal, quadro próprio de pessoal e jurisdição em todo o território nacional, exercendo, no que couber, as atribuições previstas no art. 96. ... § 2° - Os Ministros do Tribunal de Contas da União serão escolhidos: I - um terço pelo Presidente da República, com aprovação do Senado Federal, sendo dois alternadamente dentre auditores e membros do Ministério Público junto ao Tribunal, indicados em lista tríplice pelo Tribunal, segundo os critérios de antiguidade e merecimento; II - dois terços pelo Congresso Nacional"); e 75 ("As normas estabelecidas nesta seção aplicam-se, no que couber, à organização, composição e fiscalização dos Tribunais de Contas dos Estados e do Distrito Federal, bem como dos Tribunais e Conselhos de Contas dos Municípios"), ambos da CF.

Tribunal de Contas estadual: preenchimento de vagas e separação de Poderes - 2
O Ministro Marco Aurélio, no ponto, afirmou que os Tribunais de Contas possuiriam a atribuição, constitucionalmente estabelecida, de auxiliar o Legislativo no controle da execução do orçamento público e de emitir parecer final sobre as contas da Administração. Asseverou que o constituinte, no sentido de concretizar o sistema de freios e contrapesos e viabilizar a natureza eminentemente técnica desempenhada por esses órgãos, disciplinara modelo heterogêneo de composição, e o fizera em dois níveis: partilhara a formação, consoante a autoridade responsável pela indicação, entre o Legislativo e o Executivo (CF, art. 73, § 2°, I e II); e, tendo em vista o âmbito de escolha deste, determinara fosse uma vaga reservada a auditor, e outra, a membro do Ministério Público Especial (CF, art. 73, § 2°, I). Frisou que, para o TCU, composto por nove Ministros, o aludido § 2° dispõe que 1/3 seja indicado pelo Presidente da República, observadas as vagas específicas acima descritas, e 2/3 pelo Congresso Nacional. No tocante aos tribunais estaduais, integrados por sete Conselheiros, essas regras devem ser aplicadas no que couberem (CF, art. 75), e o STF, no Enunciado 653 de sua Súmula, definira que a escolha de quatro membros competiria à Assembleia Legislativa, e a de três, ao Governador. Nesse último caso, um deles seria de livre escolha, um auditor e um membro do Ministério Público Especial. Sintetizou que o constituinte preconizara a formação dos Tribunais de Contas em dois passos: a partilha interpoderes, fundada no princípio da separação de Poderes; e a intrapoder, no âmbito das indicações do Executivo, motivada pela necessidade de conferir tecnicidade e independência ao órgão.

Tribunal de Contas estadual: preenchimento de vagas e separação de Poderes - 3
O relator consignou que o Supremo, ao enfrentar o tema, proclamara prevalecer a regra constitucional de divisão proporcional das indicações entre o Legislativo e o Executivo sobre a obrigatória indicação de clientelas específicas pelos Governadores. Apontou que o STF definira tratar-se de regras sucessivas: primeiro, observar-se-ia a proporção de escolhas entre os Poderes para, então, cumprirem-se os critérios impostos ao Executivo. Não haveria exceção, nem mesmo em face de ausência de membro do Ministério Público Especial. Assim, o atendimento da norma quanto à distribuição de cadeiras em favor de auditores e do Ministério Público somente poderia ocorrer quando surgida vaga pertencente ao Executivo, e não seria legítimo o sacrifício ao momento e ao espaço de escolha do Legislativo. Explicitou não haver autêntico conflito entre normas constitucionais contidas no art. 73, § 2°, da CF, mas dualidade de critérios a reclamar aplicação sucessiva: dever-se-ia cumprir, primeiro, o critério a levar em conta o órgão competente para a escolha e, depois, o ligado à clientela imposta ao Executivo. Sublinhou que, de acordo com a jurisprudência do Tribunal,

a liberdade para formular ordem de escolha de conselheiros, a fim de, mais efetivamente, estruturar as Cortes de Contas segundo as balizas constitucionais, não permitiria afastar, mesmo transitoriamente, a regra de proporção dessas vagas entre o Executivo e o Legislativo. De acordo com a Constituição, mais importaria a autoridade que indica do que a clientela à qual pertencente o indicado. Assim, a escolha desta última, em qualquer circunstância, incluída a de ausência de membro do Ministério Público Especial do Tribunal de Contas, apenas poderia ocorrer se estivesse disponível cadeira pertencente à cota do Governador.

Tribunal de Contas estadual: preenchimento de vagas e separação de Poderes - 4

O Ministro Marco Aurélio ressaltou ser inequívoca a circunstância de a vaga em exame decorrer de aposentadoria de conselheiro escolhido pelo Legislativo local, a significar a impossibilidade de destiná-la a membro do Ministério Público Especial do Tribunal de Contas, mediante indicação do Chefe do Executivo. Assinalou que o fato de a Corte de Contas estadual possuir membro nomeado sob a égide da Constituição pretérita não seria capaz de alterar essa premissa. Assentou que, mesmo que as Cortes de Contas não estivessem inteiramente organizadas segundo a disciplina constitucional vigente, a liberdade dos Estados-membros quanto à ocupação de vagas por clientelas específicas seria limitada pela preponderância temporal da partilha das cadeiras entre Assembleia e Governador. Afirmou que a ausência de membro do Ministério Público Especial no Tribunal de Contas não autorizaria a superação dessa regra, solução esta que deveria ser reservada a situações nas quais presente conflito de princípios. Anotou haver, na espécie, regras rígidas que reclamariam o cumprimento sucessivo no plano temporal e institucional, cuja sequência teria sido claramente definida pelo STF. O Ministro Dias Toffoli acrescentou que o Ministério Público não seria um dos três Poderes, mas sim função essencial à Justiça. No caso, o Ministério Público de Contas exerceria o mister de fiscalização do órgão encarregado de análise das prestações de contas. A Ministra Cármen Lúcia pontuou que o art. 73, § 2º, da CF deveria ser aplicado como norma de simetria e, portanto, de repetição obrigatória por parte dos Estados-membros. O Ministro Ricardo Lewandowski (Presidente eleito) sublinhou que o constituinte de 1988 quisera dar ao Poder Legislativo preeminência maior no que tange ao controle externo das contas dos demais Poderes, razão pela qual o número de indicados estaria estabelecido nessa proporção.

Tribunal de Contas estadual: preenchimento de vagas e separação de Poderes - 5

Em divergência, os Ministros Teori Zavascki, Rosa Weber, Luiz Fux e Celso de Mello desproveram o recurso. O Ministro Teori Zavascki salientou a existência, no plano normativo, de disposição constitucional segundo a qual quatro membros do Tribunal de Contas Estadual deveriam ser indicados pela Assembleia Legislativa e três pelo Governador. Observou, por outro lado, que haveria outra disposição normativa constitucional, de mesma hierarquia, a estabelecer que um dos membros do Tribunal de Contas deveria ser representante do Ministério Público, dentre os três indicados pelo Governador. Assinalou que, embora esses dois comandos constitucionais fossem harmônicos, na situação dos autos um deles deveria ser restringido, de acordo com alguns princípios: o da necessidade; o da menor restrição possível ou da proibição do excesso; e o da manutenção do núcleo essencial dos princípios colidentes no plano concreto. Lembrou que, se fosse chancelada a possibilidade de a Assembleia Legislativa nomear novo conselheiro, isso significaria perpetuar a situação de não haver representante ministerial no Tribunal de Contas. Considerou que a solução recorrida, por sua vez, seria mais adequada, porque privilegiaria a participação do Ministério Público no órgão e determinaria que a próxima vaga, que seria de indicação do Governador, fosse atendida pela Assembleia. Assim, não obstante mantida, momentaneamente, uma disfunção constitucional, desde logo seria sanado um vício importante, que seria a ausência de membro do Ministério Público. A Ministra Rosa Weber sublinhou que o caso revelaria situação transitória, tendo em vista que uma das cadeiras do Tribunal de Contas ainda seria ocupada por membro designado em momento anterior à Constituição atual, e que, considerados os valores em conflito, deveria prevalecer a exigência de membro do Ministério Público na composição do órgão.

Tribunal de Contas estadual: preenchimento de vagas e separação de Poderes - 6

O Ministro Luiz Fux frisou a supremacia do interesse da sociedade em ter, na composição do Tribunal e Contas, membro do Ministério Público, em face de indicação de Conselheiro ora pela Assembleia Legislativa, ora pelo Executivo. Apontou que a integração de membro ministerial levaria em conta a necessidade de haver Conselheiros de fora da classe política, que auxiliariam o Legislativo na aferição do gasto do dinheiro público. Reputou que, na solução de problemas de transição de um para outro modelo constitucional, deveria prevalecer, sempre que possível, a interpretação que viabilizasse a implementação mais rápida do novo ordenamento. Assinalou que, no caso, desde o advento da CF/1988 ainda não haveria membro do Ministério Público nos quadros do Tribunal de Contas local. O Ministro Celso de Mello registrou que a situação concreta de permanente transgressão constitucional, que a solução recorrida buscaria superar, não poderia subsistir, tendo em conta a ausência, na composição do Tribunal de Contas, de representante ministerial. Em seguida, o julgamento foi suspenso para se aguardar o voto desempate do Ministro Gilmar Mendes.

Tribunal de Contas estadual: preenchimento de vagas e separação de Poderes - 7

Para definir-se a ocupação de cadeiras vagas nos Tribunais de Contas estaduais, nos casos de regime de transição, prevalece a regra constitucional de divisão proporcional das indicações entre o Legislativo e o Executivo em face da obrigatória indicação de clientelas específicas pelos Governadores. Esse o entendimento do Plenário que, em conclusão e por maioria, proveu recurso extraordinário em que discutida a constitucionalidade de eventual preenchimento, por membro do Ministério Público de Contas estadual, de cargo vago de conselheiro da Corte de Contas local, a ser escolhido pelo Governador, cujo ocupante anterior teria sido nomeado mediante indicação da Assembleia Legislativa — v. Informativo 754. O Colegiado assentou a competência da Assembleia Legislativa para a indicação do nome do futuro ocupante da vaga aberta ante a aposentadoria de conselheiro anteriormente escolhido pelo aludido órgão legislativo. Afirmou que os Tribunais de Contas possuiriam a atribuição, constitucionalmente estabelecida, de auxiliar o Legislativo no controle da execução do orçamento público e de emitir parecer final sobre as contas da Administração. Asseverou que o constituinte, no sentido de concretizar o sistema de freios e contrapesos e viabilizar a natureza eminentemente técnica desempenhada por esses órgãos, disciplinara modelo heterogêneo de composição, e o fizera em dois níveis: partilhara a formação, consoante a autoridade responsável pela indicação, entre o Legislativo e o Executivo (CF, art. 73, § 2º, I e II); e, tendo em vista o âmbito de escolha deste, determinara fosse uma vaga reservada a auditor, e outra, a membro do Ministério Público Especial (CF, art. 73, § 2º, I). Frisou que, para o TCU, composto por nove Ministros, o aludido § 2º dispõe que 1/3 seja indicado pelo Presidente da República, observadas as vagas específicas acima descritas, e 2/3 pelo Congresso Nacional. No tocante aos tribunais estaduais, integrados por sete Conselheiros, essas regras devem ser aplicadas no que couberem (CF, art. 75), e o STF, no Enunciado 653 de sua Súmula, definira que a escolha de quatro membros competiria à Assembleia Legislativa, e a de três, ao Governador. Nesse último caso, um deles seria de livre escolha, um auditor e um membro do Ministério Público Especial. Sintetizou que o constituinte preconizara a formação dos Tribunais de Contas em dois passos: a partilha interpoderes, fundada no princípio da separação de Poderes; e a intrapoder, no âmbito das indicações do Executivo, motivada pela necessidade de conferir tecnicidade e independência ao órgão.

Tribunal de Contas estadual: preenchimento de vagas e separação de Poderes - 8
O Plenário apontou haver regras sucessivas: primeiro, observar-se-ia a proporção de escolhas entre os Poderes para, então, cumprirem-se os critérios impostos ao Executivo. Não haveria exceção, nem mesmo em face de ausência de membro do Ministério Público Especial. Assim, o atendimento da norma quanto à distribuição de cadeiras em favor de auditores e do Ministério Público somente poderia ocorrer quando surgida vaga pertencente ao Executivo, e não seria legítimo o sacrifício ao momento e ao espaço de escolha do Legislativo. Explicitou não haver autêntico conflito entre normas constitucionais contidas no art. 73, § 2º, da CF, mas dualidade de critérios a reclamar aplicação sucessiva: dever-se-ia cumprir, primeiro, o critério a levar em conta o órgão competente para a escolha e, depois, o ligado à clientela imposta ao Executivo. De acordo com a Constituição, mais importaria a autoridade que indica do que a clientela à qual pertencente o indicado. Assim, a escolha desta última, em qualquer circunstância, incluída a de ausência de membro do Ministério Público Especial do Tribunal de Contas, apenas poderia ocorrer se estivesse disponível cadeira pertencente à cota do Governador. Ressaltou ser inequívoca a circunstância de a vaga em exame decorrer de aposentadoria de conselheiro escolhido pelo Legislativo local, a significar a impossibilidade de destiná-la a membro do Ministério Público Especial junto ao Tribunal de Contas, mediante indicação do Chefe do Executivo. Assinalou que o fato de a Corte de Contas estadual possuir membro nomeado sob a égide da Constituição pretérita não seria capaz de alterar essa premissa. Assentou que, mesmo que as Cortes de Contas não estivessem inteiramente organizadas segundo a disciplina constitucional vigente, a liberdade dos Estados-membros quanto à ocupação de vagas por clientelas específicas seria limitada pela preponderância temporal da partilha das cadeiras entre Assembleia e Governador. Vencidos os Ministros Teori Zavascki, Rosa Weber, Luiz Fux e Celso de Mello, que desproviam o recurso, ao fundamento de que a solução impugnada seria a mais adequada, por privilegiar a participação do Ministério Público. RE 717424/AL, rel. Min. Marco Aurélio, 21.8.2014. (RE-717424) (Inform. STF 755)

Tribunal de Contas: competências institucionais e modelo federal
O Plenário confirmou medida cautelar e julgou procedente pedido formulado em ação direta para declarar a inconstitucionalidade da expressão "licitação em curso, dispensa ou inexigibilidade", contida no inciso XXVIII do art. 19 e no § 1º do art. 33; da expressão "excetuados os casos previstos no § 1º deste artigo", constante do inciso IX do art. 33; e do inteiro teor do § 5º do art. 33, todos da Constituição do Estado do Tocantins, com a redação dada pela EC estadual 16/2006. Na decisão acauteladora, o Tribunal consignara que os preceitos atribuiriam, à Assembleia Legislativa, a competência para sustar as licitações em curso, e os casos de dispensa e inexigibilidade de licitação, bem como criariam recurso, dotado de efeito suspensivo, para o Plenário da Assembleia Legislativa, das decisões do Tribunal de Contas estadual acerca do julgamento das contas dos administradores e demais responsáveis por dinheiro, bens e valores públicos. Naquela assentada, entenderam que os preceitos impugnados não observariam o modelo instituído pela Constituição Federal, de observância compulsória pelos Estados-membros (CF, art. 75), que limitaria a competência do Congresso Nacional a sustar apenas os contratos (CF, art. 71, § 1º), e não preveria controle, pelo Poder Legislativo, das decisões proferidas pelo Tribunal de Contas, quando do julgamento das referidas contas (CF, art. 71, II). ADI 3715/TO, rel. Min. Gilmar Mendes, 21.8.2014. (ADI-3715) (Inform. STF 755)

Execução de multa aplicada por Tribunal de Contas estadual a agente político municipal e legitimidade
O estado-membro não tem legitimidade para promover execução judicial para cobrança de multa imposta por Tribunal de Contas estadual à autoridade municipal, uma vez que a titularidade do crédito é do próprio ente público prejudicado, a quem compete a cobrança, por meio de seus representantes judiciais. Com base nessa orientação, a 1ª Turma negou provimento a agravo regimental em recurso extraordinário, no qual se discutia a legitimidade ad causam de município para execução de multa que lhe fora aplicada. O Min. Dias Toffoli destacou que, na omissão da municipalidade nessa execução, o Ministério Público poderia atuar.
RE 580943 AgR/AC, rel. Min. Ricardo Lewandowski, 18.6.2013. (RE-580943) (Inform. STF 711)

MS N. 31.344-DF
RELATOR: MIN. MARCO AURÉLIO
TRIBUNAL DE CONTAS – ATUAÇÃO – NATUREZA. A atividade do Tribunal de Contas é exercida no campo administrativo. CONTRADITÓRIO – PRINCÍPIO CONSTITUCIONAL – ADEQUAÇÃO. A exigibilidade do contraditório pressupõe o envolvimento, no processo administrativo, de acusado ou de litígio. Descabe observá-lo em julgamento implementado pelo Tribunal de Contas da União ante auditoria realizada em órgão público. DECADÊNCIA – ARTIGO 54 DA LEI Nº 9.784/99 – ATO DO TRIBUNAL DE CONTAS – ADEQUAÇÃO. Aplica-se à atuação do Tribunal de Contas o disposto no artigo 54 da Lei nº 9.784/99, presente situação jurídica constituída há mais de cinco anos. (Inform. STF 706)

TCU: repactuação de termos contratados, limites de atuação e via processual adequada - 1
A 1ª Turma iniciou julgamento de mandado de segurança no qual se postula anular decisão do TCU que condenara a empresa impetrante, solidariamente, à devolução de valores ao erário, apurados a título de sobrepreço. Segundo aquela Corte de Contas, teria havido superfaturamento de preços, constatado em aditamentos contratuais celebrados entre o Departamento de Estradas e Rodagens - DNER de determinado estado-membro e a impetrante (construtora). Os referidos contratos destinavam-se a obras em rodovia que tiveram o aporte de recursos federais oriundos de convênios firmados com o extinto Departamento Nacional de Estradas de Rodagem - DNER. Com o intuito de cumprir determinação do TCU, o ente federado tentara repactuar os termos do contrato, o que não fora aceito. Diante da negativa da empresa contratada, o estado teria rescindido o instrumento contratual e seus aditivos, com base no art. 78, VII, da Lei 8.666/93. Esse fato dera origem à tomada de contas especial, perante o TCU, objeto da presente impetração. Na espécie, alegava-se: a) participação regular no processo licitatório, abarcado pelo Decreto-Lei 2.300/86, e cumprimento das especificações do edital, inclusive quanto ao preço dos serviços a serem executados; b) incompetência do TCU para promover alteração retroativa e unilateral dos preços, a modificar cláusulas econômico-financeiras de contrato; c) necessidade de preservação dos direitos adquiridos ou dos efeitos consolidados desses contratos e aditivos, no que se refere aos serviços já executados, ainda que o TCU pudesse anular contrato ou aditivos firmados com a impetrante e fixar novos preços; e d) violação ao devido processo legal por não terem sido considerados os elementos técnicos favoráveis à impetrante, somado ao indeferimento de produção de prova pericial por parte da empresa.

TCU: repactuação de termos contratados, limites de atuação e via processual adequada - 2
O Min. Dias Toffoli, relator, denegou a ordem, no que foi acompanhado pelo Min. Luiz Fux. De início, o Relator destacou que a impetrante não fora condenada a restituir valores recebidos em razão da execução de contrato, tampouco se trataria de

modificação de cláusulas econômico-financeiras. Ela teria sido condenada a devolver aos cofres públicos a diferença de valores superfaturados apontados pelo TCU. Ressurtiu que o núcleo das prerrogativas do TCU no exame de atos e negócios administrativos estaria contido no inciso IX do art. 71 da CF ("Art. 71. O controle externo, a cargo do Congresso Nacional, será exercido com o auxílio do Tribunal de Contas da União, ao qual compete: ... IX - assinar prazo para que o órgão ou entidade adote as providências necessárias ao exato cumprimento da lei, se verificada ilegalidade"). Asseverou que as atribuições daquela Corte de Contas abrangeriam a fixação de prazo ao órgão ou à entidade a fim de que adotasse providências necessárias ao exato cumprimento da lei, se verificada ilegalidade. Julgou ser legítima a condenação da impetrante ao ressarcimento do dano causado ao erário, bem como a sua consequente inscrição no CADIN, no caso de inadimplemento, nos termos da Lei 8.443/92.

TCU: repactuação de termos contratados, limites de atuação e via processual adequada - 3
Ressaltou que, ante o estreito limite da ação mandamental, extrair-se-ia dos autos que a impugnação padeceria de liquidez necessária, uma vez que demandaria análise pericial e verificação dos preços, dados e tabelas apresentados; em suma, revolvimento de fatos e provas. Frisou não prosperar a alegação de afronta ao princípio do devido processo legal, porque a impetrante teria participado, de forma efetiva, tanto do processo de denúncia, como da tomada de contas especial, com apresentação de defesa e interposição dos respectivos recursos. Por fim, aduziu que o mandado de segurança não seria a via adequada para impor ao TCU a análise de elementos técnicos ou o deferimento de requerimento de produção de prova pericial. Reconheceu, entretanto, a possibilidade de a impetrante de buscar seus direitos pelas vias ordinárias, passível de obter, inclusive, antecipação de tutela, oportunidade em que seriam discutidos dados técnicos. O Min. Luiz Fux ponderou que a Constituição estabeleceria a competência do TCU e traria as sanções ("Art. 71 ... VIII - aplicar aos responsáveis, em caso de ilegalidade de despesa ou irregularidade de contas, as sanções previstas em lei, que estabelecerá, entre outras cominações, multa proporcional ao dano causado ao erário") àqueles que agissem com ilegalidade nas contas públicas, a fazer valer os preceitos de seu art. 37. MS 29599/DF, rel. Min. Dias Toffoli, 7.5.2013. (MS-29599)

TCU: auditoria e decadência
O disposto no art. 54 da Lei 9.784/99 ("Art. 54. O direito da Administração de anular os atos administrativos de que decorram efeitos favoráveis para os destinatários decai em cinco anos, contados da data em que foram praticados, salvo comprovada má-fé") aplica-se às hipóteses de auditorias realizadas pelo TCU em âmbito de controle de legalidade administrativa. Com base nesse entendimento, a 1ª Turma reconheceu a decadência e, por conseguinte, concedeu mandado de segurança para afastar a exigibilidade da devolução de certas parcelas. Tratava-se de writ impetrado contra ato do TCU que, em auditoria realizada no Tribunal Regional Eleitoral do Piauí, em 2005, determinara o ressarcimento de valores pagos em duplicidade a servidores no ano de 1996. Salientou-se a natureza simplesmente administrativa do ato. Dessa forma, a atuação do TCU estaria submetida à Lei 9.784/99, sob o ângulo da decadência e presentes relações jurídicas específicas, a envolver a Corte tomadora dos serviços e os prestadores destes. Consignou-se que a autoridade impetrada glosara situação jurídica já constituída no tempo. Aduziu-se que conclusão em sentido diverso implicaria o estabelecimento de distinção onde a norma não o fizera, conforme o órgão a praticar o ato administrativo. Destacou-se, por fim, que o caso não se confundiria com aquele atinente a ato complexo, a exemplo da aposentadoria, no que inexistente situação aperfeiçoada. Leia o inteiro teor do voto condutor na seção "Transcrições" deste Informativo. MS 31344/DF, rel. Min. Marco Aurélio, 23.4.2013. (MS-31344) (Inform. STF 703)

MS N. 31.835-DF
RELATORA: MIN. CÁRMEN LÚCIA
EMENTA: MANDADO DE SEGURANÇA. SERVIDOR APOSENTADO DO TRIBUNAL DE CONTAS DA UNIÃO PORTADOR DE NEOPLASIA MALIGNA. BENEFÍCIOS (INTEGRALIZAÇÃO DA APOSENTADORIA, ISENÇÃO DO IMPOSTO DE RENDA, REDUÇÃO DA BASE DE CÁLCULO DA CONTRIBUIÇÃO PREVIDENCIÁRIA). LAUDO PERICIAL COM PRAZO DE VALIDADE. REAVALIAÇÃO DO QUADRO CLÍNICO DO APOSENTADO. JUNTA MÉDICA OFICIAL. CONTROLE DA PATOLOGIA. CANCELAMENTO DOS BENEFÍCIOS. LAUDO PERICIAL DEFICIENTEMENTE FUNDAMENTADO. INOBSERVÂNCIA DO CONTRADITÓRIO E DA AMPLA DEFESA. ORDEM CONCEDIDA.
1. A alteração na aposentadoria do Impetrante foi efetivada por ato do Presidente do Tribunal de Contas da União, autoridade que figura dentre aquelas arroladas na al. d do inc. I do art. 102 da Constituição da República: exclusão da Secretária de Gestão de Pessoas da Secretaria Geral de Administração do Tribunal de Contas da União do polo passivo da impetração.
2. O reconhecimento da condição de portador de neoplasia maligna ao Impetrante gerou presunção juris tantum de manutenção desse quadro no prazo estipulado no Manual de Perícia Médica da Área de Saúde do Tribunal de Contas da União (cinco anos): imprestabilidade de mera declaração de ausência de evidências clínicas de sinais e sintomas dessa enfermidade.
3. O prazo de validade do laudo pericial no qual constatada a doença (§ 1º do art. 30 da Lei n. 9.250/1995) exige o comparecimento do servidor perante junta médica oficial para reavaliação do seu quadro de saúde, para atestar o controle ou a cura da doença por laudo fundamentado, a fim de se garantir o contraditório e a ampla defesa do interessado.
4. Mandado de segurança concedido. (Inform. STF 702)

Contraditório e laudo pericial
A 2ª Turma concedeu mandado de segurança para anular laudo pericial e tornar sem efeito as alterações realizadas na aposentadoria do impetrante por portaria do Tribunal de Contas da União. No caso, servidor aposentado do TCU obtivera isenção integral do imposto de renda e redução da base de cálculo da contribuição previdenciária em decorrência de ter contraído neoplasia maligna. Em seguida, fora submetido a procedimento cirúrgico e, aproximadamente um ano após, realizara exame pericial que constatara não haver sinais ou sintomas da continuidade da doença, a ensejar portaria de revisão que cancelara os benefícios. Ressaltou-se que, pela legislação, só se consideraria a cura após 5 anos sem intercorrência. Afirmou-se, ademais, a legitimidade dos órgãos administrativos, em geral, e do TCU, especificamente, para estabelecer normas e fixar prazo para realização de laudos periciais. No entanto, reputou-se, especialmente nas hipóteses em que possível restringir direitos e alterar situações, imprescindível observar-se o contraditório de modo a possibilitar o direito de defesa até para se questionar o laudo, o que não teria ocorrido na espécie. Consignou-se que o laudo estaria deficientemente fundamentado e seria extremamente frágil para afastar a invalidez, de modo a lesar direito líquido e certo do impetrante. **MS 31835/DF, rel. Min. Cármen Lúcia, 2.4.2013. (MS-31835)** (Inform. STF 700).

Reposição ao erário: contraditório e ampla defesa
A 2ª Turma concedeu, em parte, mandado de segurança para anular acórdão do TCU no ponto que em determinara majoração de descontos na remuneração de magistrados do Tribunal Regional do Trabalho da 2ª Região. Na espécie, a Corte de Contas assentara que os descontos das quantias pagas indevidamente a título de recálculo da parcela autônoma de equivalência fossem reajustados de 1% para 25% da remuneração. Destacou-se jurisprudência da 1ª Turma quanto ao tema da insegurança jurídica. Obtemperou-se que, se houvesse ilegalidade, essa não teria sido causada pelo servidor ou magistrado e, por isso, a fixação dos descontos deveria ser nos termos da lei.

Manteve-se o percentual de 1%, valor esse que não fora objeto do ato coator do TCU, sem prejuízo de reavaliação do Tribunal Regional do Trabalho da 2ª Região quanto à adequação legal. **MS 30932/DF, rel. Min. Cármen Lúcia, 18.12.2012. (MS-30932)** (Inform. STF 693).

Súmula vinculante STF nº 3
Nos processos perante o Tribunal de Contas da União asseguram-se o contraditório e a ampla defesa quando da decisão puder resultar anulação ou revogação de ato administrativo que beneficie o interessado, excetuada a apreciação da legalidade do ato de concessão inicial de aposentadoria, reforma e pensão.

Súmula STF nº 347
O Tribunal de Contas, no exercício de suas atribuições, pode apreciar a constitucionalidade das leis e dos atos do poder público.

7. PODER EXECUTIVO

ADI N. 1.964-ES
RELATOR: MIN. DIAS TOFFOLI
EMENTA: Ação direta de inconstitucionalidade. Constituição do Estado do Espírito Santo. Alteração da redação de parte dos dispositivos impugnados, eliminando-se as expressões objeto do pedido. Parcial prejudicialidade da ação. Previsão de julgamento das contas anuais do presidente da câmara municipal pela respectiva casa legislativa. Ofensa ao modelo constitucional. Agressão aos arts. 31, § 2º; 71, I e II; e 75 da Lei Fundamental. Conhecimento parcial da ação, a qual, nessa parte, é julgada procedente.
1. Prejudicialidade parcial da ação, em virtude de alteração substancial da redação dos incisos I e II do art. 71 da Constituição do Estado do Espírito Santo, a qual resultou na eliminação das expressões impugnadas.
2. A Constituição Federal foi assente em definir o papel específico do legislativo municipal para julgar, após parecer prévio do tribunal de contas, as contas anuais elaboradas pelo chefe do poder executivo local, sem abrir margem para a ampliação para outros agentes ou órgãos públicos. O art. 29, § 2º, da Constituição do Estado do Espírito Santo, ao alargar a competência de controle externo exercida pelas câmaras municipais para alcançar, além do prefeito, o presidente da câmara municipal, alterou o modelo previsto na Constituição Federal.
3. Ação direta de inconstitucionalidade de que se conhece parcialmente e que se julga, na parte de que se conhece, procedente. (Inform. STF 762)

ADI e vício material
O Plenário confirmou medida cautelar (noticiada no Informativo 334) e julgou procedente pedido formulado em ação direta para declarar a inconstitucionalidade da Lei 14.235/2003 do Estado do Paraná. A norma citada proíbe o Poder Executivo estadual de iniciar, renovar e manter, em regime de exclusividade, as contas dos depósitos que especifica, em qualquer instituição bancária privada, e adota outras providências. O Tribunal asseverou que a norma questionada teria intentado revogar o regime anterior, estabelecido pela Lei 12.909/2000, além de desconstituir os atos e contratos firmados com base em suas normas. Destacou, ainda, que o art. 3º da Lei 14.235/2003, ao afirmar que "caberá ao Poder Executivo revogar, imediatamente, todos os atos e contratos firmados nas condições previstas no art. 1º desta lei", teria violado os princípios da separação dos Poderes e da segurança jurídica. ADI 3075/PR, rel. Min. Gilmar Mendes, 24.9.2014. (ADI-3075) (Inform. STF 760)

ADI e princípios da separação de Poderes e da segurança jurídica
O Plenário confirmou medida cautelar (noticiada no Informativo 231) e julgou procedente pedido formulado em ação direta para declarar a inconstitucionalidade da Lei 11.529/2000 do Estado do Rio Grande do Sul. Referida norma, de origem parlamentar, dispõe sobre a unificação, por meio do número 190, de central de atendimento telefônico para emergências, naquele estado-membro. Em preliminar, a Corte rejeitou a alegação de prejudicialidade do pedido em face da modificação do parâmetro de controle (nova redação dada ao art. 61, § 1º, II, e, da CF pela EC 32/2001). Destacou que a EC 32/2001 não retirara a iniciativa privativa do Chefe do Executivo para enviar projetos de lei sobre as atribuições e a estruturação de órgãos da Administração Pública. Ao contrário, teria permitido que essas medidas fossem veiculadas por decreto, desde que não houvesse aumento de despesa, nem criação e extinção de entes públicos. No mérito, aduziu a permanência da vedação de o Poder Legislativo iniciar proposições que interfiram na organização de órgãos da Administração. ADI 2443/RS, rel. Marco Aurélio, 25.9.2014. (ADI-2443) (Inform. STF 760)

ADI e autonomia entre Poderes
O Plenário confirmou medida cautelar e julgou procedente pedido formulado em ação direta para declarar a inconstitucionalidade dos artigos 61, III; e 115, parágrafo único, ambos da Constituição do Estado de Sergipe ("Art. 61. São de iniciativa privativa do Governador do Estado as leis que disponham sobre: ... III - organização administrativa e judiciária, matéria tributária e orçamentária"; ... "Art. 115. O Conselho Estadual de Justiça é o órgão de controle externo da atividade administrativa e do desempenho dos deveres funcionais do Poder Judiciário e do Ministério Público. Parágrafo único. Lei complementar definirá a organização e funcionamento do Conselho Estadual de Justiça, em cuja composição haverá membros indicados pela Assembleia Legislativa, Poder Judiciário, Ministério Público e Conselho Seccional da Ordem dos Advogados do Brasil"). A Corte aduziu, à época, que a norma questionada comprometeria a autonomia e a independência do Poder Judiciário, bem como desencadearia conflitos entre Poderes do Estado. ADI 197/SE, rel. Min. Gilmar Mendes, 3.4.2014. (ADI-197) (Inform. STF 741)

ADI: chefia do Poder Executivo estadual e autorização para viagem - 1
O Plenário confirmou medida cautelar e julgou procedente pedido formulado em ação direta para declarar a inconstitucionalidade das expressões "ou do País por qualquer tempo" e "por qualquer tempo", contidas, respectivamente, no inciso IV do art. 53 e no art. 81, ambos da Constituição do Estado do Rio Grande do Sul ("Art. 53 - Compete exclusivamente à Assembleia Legislativa, além de outras atribuições previstas nesta Constituição: ... IV - autorizar o Governador e o Vice Governador a afastar-se do Estado por mais de quinze dias, ou do País por qualquer tempo"; ... "Art. 81 - O Governador e o Vice Governador não poderão, sem licença da Assembleia Legislativa, ausentarem-se do País, por qualquer tempo, nem do Estado, por mais de quinze dias, sob pena de perda do cargo"). A Corte asseverou, na cautelar, que a referência temporal contida na Constituição gaúcha não encontraria parâmetro na Constituição Federal.

ADI: chefia do Poder Executivo estadual e autorização para viagem - 2
O Plenário confirmou medida cautelar e julgou procedente pedido formulado em ação direta para declarar a inconstitucionalidade da expressão "por qualquer tempo", contida no inciso X do art. 54 e no "caput" do art. 86 da Constituição do Estado do Paraná, com a redação dada pela EC 7/2000 ("Art. 54. Compete, privativamente, à Assembleia Legislativa: ... X - conceder licença, bem como autorizar o Governador e o Vice-Governador a se ausentarem do País por qualquer tempo, e do Estado, quando a ausência exceder a quinze dias"; ... "Art. 86.

O Governador e o Vice-Governador não poderão, sem licença da Assembleia Legislativa, ausentar-se do País, por qualquer tempo, e do Estado, quando a ausência exceder a quinze dias, sob pena de perda do cargo"). A Corte asseverou, na cautelar, que o processo legislativo dos Estados-membros deveria obedecer aos parâmetros federais. Aduziu haver falta de simetria com o modelo federal (CF: "Art. 49. É da competência exclusiva do Congresso Nacional: ... III - autorizar o Presidente e o Vice-Presidente da República a se ausentarem do País, quando a ausência exceder a quinze dias"). ADI 2453/PR, rel. Min. Marco Aurélio, 3.4.2014. (ADI-2453) (Inform. STF 741)

ADI: auto-organização de Estado-membro e separação de Poderes

O Plenário conheceu, em parte, de ação direta e, na parte conhecida, julgou procedente pedido formulado para declarar a inconstitucionalidade de diversos dispositivos do ADCT da Constituição do Estado do Rio Grande do Sul. Os preceitos impugnados fixam prazo para o Poder Executivo encaminhar proposições legislativas e praticar atos administrativos. Preliminarmente, o Tribunal assentou o prejuízo em relação ao parágrafo único do art. 7º; ao parágrafo único do art. 12; ao inciso I do art. 16; ao § 1º do art. 25; ao art. 57; e ao art. 62, tendo em conta o pleno exaurimento da eficácia desses preceitos, porquanto teriam sido objeto de posterior regulamentação. No mérito, a Corte reputou inconstitucionais os artigos 4º; 9º, parágrafo único; 11; 12, caput; 13; 16, inciso II e parágrafo único; 19; 26; 28; 29; 30; 31; 38; 50; 60; 61 e 63 ao fundamento de que exorbitariam da autorização constitucional para fins de auto-organização da unidade federativa. Asseverou a indevida interferência dos dispositivos questionados na independência e harmonia entre os Poderes ao criar verdadeiro plano de governo. ADI 179/RS, rel. Min. Dias Toffoli, 19.2.2014. (ADI-179) (Inform. STF 736)

Subsídio de prefeito e vice-prefeito e critério de fixação

A 1ª Turma negou provimento a recurso extraordinário do Município de Belo Horizonte, em que se discutia critério de estabelecimento de remuneração de prefeito e de vice-prefeito mediante a Resolução 2021/96 da Câmara daquela municipalidade. Na origem, o *parquet* ajuizara ação civil pública sob argumento de que o subsídio deveria ser equivalente ao valor fixado para os deputados, e não ao que realmente percebido, pois estaria sujeito à variação mês a mês, sob pena de se conceder reajuste salarial mensal, em afronta aos princípios da legalidade e da moralidade. O pedido fora julgado procedente, tendo sido confirmada a declaração de inconstitucionalidade pelo tribunal de justiça. A municipalidade alegava contrariedade aos artigos 29, V, e 37 da CF. Consignou-se que o acórdão do tribunal estadual não conteria abordagem da problemática alusiva à possível confusão entre ação civil pública e ação direta de inconstitucionalidade. Nesse tocante, enfatizou-se que o recurso padeceria da ausência do indispensável prequestionamento. No mais, considerou-se que o extraordinário não mereceria provimento. Esclareceu-se que a Constituição mostrar-se-ia expressa ao revelar que subsídio de prefeito e vice-prefeito, bem como de secretários municipais, seriam determinados por lei de iniciativa da respectiva câmara (CF, art. 29, V, na redação existente à época), com disciplina idêntica no texto em vigor. Observou-se que, no caso, ela adotaria critério flexível, remetendo à remuneração dos integrantes da assembleia legislativa. Salientou-se que fora implementada vinculação conflitante com a Carta de 1988, haja vista que se abriria possibilidade de haver variação mês a mês, consoante o que percebido no todo — e a isso remeteria o vocábulo remuneração — por este ou aquele deputado estadual. RE 434278/MG, rel. Min. Marco Aurélio, 12.6.2012. (RE-434278) (Inform. STF 670)

8. PODER JUDICIÁRIO

8.1. Em geral

AG. REG. NO RE N. 733.657-DF
RELATORA: MIN. CÁRMEN LÚCIA
EMENTA: AGRAVO REGIMENTAL NO RECURSO EXTRAORDINÁRIO. CONSTITUCIONAL. ACÓRDÃO PROFERIDO POR ÓRGÃO FRACIONÁRIO QUE AFASTA A APLICAÇÃO DE LEI COM FUNDAMENTO EM PRINCÍPIO EXTRAÍDO DA CONSTITUIÇÃO DA REPÚBLICA. AFRONTA AO PRINCÍPIO DA RESERVA DE PLENÁRIO, ART. 97 DA CONSTITUIÇÃO. SÚMULA VINCULANTE N. 10 DO SUPREMO TRIBUNAL FEDERAL. AGRAVO REGIMENTAL AO QUAL SE NEGA PROVIMENTO. (Inform. STF 722)

Vara especializada e competência

É constitucional lei estadual que confere poderes ao Conselho da Magistratura para atribuir aos juizados da infância e juventude competência para processar e julgar crimes de natureza sexual praticados contra criança e adolescente, nos exatos limites da atribuição que a Constituição Federal confere aos tribunais. Com base nesse entendimento, a 2ª Turma denegou *habeas corpus* em que se discutia a incompetência absoluta de vara especializada para processar e julgar o paciente pela suposta prática de delito de atentado violento ao pudor contra menor (CP, artigos 214 e 224). Reputou-se que não haveria violação aos princípios constitucionais da legalidade, do juiz natural e do devido processo legal, visto que a leitura interpretativa do art. 96, I, a, da CF admitiria a alteração da competência dos órgãos do Poder Judiciário por deliberação dos tribunais. Consignou-se que a especialização de varas consistiria em alteração de competência territorial em razão da matéria, e não em alteração de competência material, regida pelo art. 22 da CF. HC 113018/RS, rel. Min. Ricardo Lewandowski, 29.10.2013. (HC-113018) (Inform. STF 726)

EMENTA: "QUINTO CONSTITUCIONAL" (CF, art. 94). ELABORAÇÃO DE LISTA TRÍPLICE POR TRIBUNAL DE JUSTIÇA. OBSERVÂNCIA DO PRINCÍPIO DA PUBLICIDADE, EM OPOSIÇÃO À PRÁTICA DOS "ARCANA IMPERII", COMO FATOR DE LEGITIMAÇÃO CONSTITUCIONAL DAS DELIBERAÇÕES DOS ÓRGÃOS DO PODER JUDICIÁRIO. APARENTE VALIDADE DA RESOLUÇÃO DO CONSELHO NACIONAL DE JUSTIÇA QUE CONSAGROU, EM TAL HIPÓTESE, A NECESSIDADE DE "votação aberta, nominal e fundamentada". IMPORTÂNCIA DA TRANSPARÊNCIA DOS ATOS ESTATAIS COMO ELEMENTO VIABILIZADOR DO ESCRUTÍNIO PÚBLICO. A RUPTURA DOS CÍRCULOS DE INDEVASSABILIDADE DAS DELIBERAÇÕES DO PODER. INSTITUIÇÃO DO REGIME DE SIGILO FORA DAS HIPÓTESES CONSTITUCIONALMENTE AUTORIZADAS: MEDIDA QUE TRANSGRIDE O PRINCÍPIO DEMOCRÁTICO E QUE VULNERA O ESPÍRITO DA REPÚBLICA. A QUESTÃO DO REPÚDIO A ATOS INCONSTITUCIONAIS E A DEFESA DA INTEGRIDADE DA CONSTITUIÇÃO POR ÓRGÃOS ADMINISTRATIVOS: DISTINÇÃO NECESSÁRIA ENTRE DECLARAÇÃO DE INCONSTITUCIONALIDADE (MATÉRIA SOB RESERVA DE JURISDIÇÃO) E RECUSA DE APLICABILIDADE DE ATOS REPUTADOS INCONSTITUCIONAIS. PRETENSÃO MANDAMENTAL APARENTEMENTE DESVESTIDA DE PLAUSIBILIDADE JURÍDICA. MEDIDA CAUTELAR INDEFERIDA. MS 31923 MC/RN. RELATOR: Min. Celso de Mello. DJe de 22.4.2013. (Inform. STF 702)

Alegação de inconstitucionalidade e "Zona Azul"

A 2ª Turma deliberou afetar ao Plenário julgamento de recurso extraordinário em que se alega a inconstitucionalidade de lei municipal paulistana, de iniciativa de vereador, que autorizaria oficiais de justiça estacionar seus veículos em áreas denominadas "Zona Azul", sem pagamento das tarifas próprias. Destacou-se que o recurso poderia ser paradigmático, apesar de anterior à sistemática da repercussão geral, porque esses estacionamentos rotativos onerosos existiriam em muitas localidades brasileiras. **RE 239458/SP, rel. Min. Cármen Lúcia, 18.12.2012. (RE-239458)** (Inform. STF 693).

Repercussão geral reconhecida após julgamento do RE
A 1ª Turma sobrestou julgamento de segundo agravo regimental e de embargos de declaração em recurso extraordinário para se aguardar a apreciação do RE 587371/DF (DJe de 2.5.2012), no qual reconhecida a repercussão geral da matéria — possibilidade de incorporação de "quintos" por magistrados em decorrência do exercício de função comissionada anteriormente ao ingresso na magistratura. Destacou-se que, no interregno entre o julgamento dos presentes recursos e as decisões recorridas, o STF reconhecera a repercussão geral da questão suscitada. Ressaltou-se haver precedentes da Corte, em decisões monocráticas, nas quais determinada a devolução de autos ao tribunal de origem. Pontuou-se, porém, a dificuldade em se aplicar retroativamente o instituto da repercussão geral, disciplinado posteriormente à interposição do recurso, à situação jurídica em espécie. Frisou-se que, se o Plenário vier a concluir pelo direito à integração dos quintos, não poderia o tribunal de origem cassar a decisão da Min. Ellen Gracie, relatora originária, que julgara o mérito do recurso. RE 556149 ED/DF e RE 556149 Segundo AgR/DF, rel. Min. Rosa Weber, 5.6.2012. (RE-556149) (Inform. STF 669)

FUNDAMENTAÇÃO REMISSIVA. NULIDADE.
O órgão judicante, ao decidir um recurso, deve agregar suas próprias fundamentações nas razões de decidir. A mera repetição da decisão ou a referência remissiva à sentença violam o art. 93, IX, da CF e prejudicam a garantia do duplo grau de jurisdição. No caso, o órgão julgador do tribunal de origem apenas ratificou as razões da sentença e incorporou o parecer da Procuradoria-Geral de Justiça, sem acrescentar argumentos próprios ao acórdão. A Min. Relatora, com base na doutrina, alertou que tal procedimento resulta em omissão do julgador, que deixa de expor suas próprias razões para justificar a manutenção da decisão recorrida. Em outras palavras, nessas situações, o magistrado se omite quanto à valoração crítica dos argumentos por ele adotados. Por outro lado, ficou registrada a possibilidade de o órgão julgador adotar razões de decidir da sentença, desde que traga ao contexto os argumentos contrapostos nas razões e contrarrazões recursais, de tal forma a viabilizar o salutar caráter dialético, expressão da garantia do contraditório. Com esses fundamentos, a Turma anulou o acórdão atacado, determinando novo julgamento que enfrente os argumentos contrapostos no recurso. Precedentes citados: HC 90.684-RS, DJe 13/4/2009; HC 63.664-SP, DJ 26/2/2007, e HC 23.893-PA, DJ 17/11/2003. **HC 232.653-SP, Rel. Min. Maria Thereza de Assis Moura, julgado em 24/4/2012. (Inform. STJ 496)**

Súmula vinculante STF 27
Compete à Justiça estadual julgar causas entre consumidor e concessionária de serviço público de telefonia, quando a ANATEL não seja litisconsorte passiva necessária, assistente, nem opoente.

Súmula vinculante STF nº 17
Durante o período previsto no parágrafo 1º do artigo 100 da Constituição, não incidem juros de mora sobre os precatórios que nele sejam pagos.

Súmula vinculante STF nº 10
Viola a cláusula de reserva de plenário (CF, artigo 97) a decisão de órgão fracionário de tribunal que, embora não declare expressamente a inconstitucionalidade de lei ou ato normativo do poder público, afasta sua incidência, no todo ou em parte.

Súmula STF nº 727
Não pode o magistrado deixar de encaminhar ao Supremo Tribunal Federal o Agravo de Instrumento interposto da decisão que não admite recurso extraordinário, ainda que referente a causa instaurada no âmbito dos Juizados Especiais.

Súmula STF nº 702
A competência do Tribunal de Justiça para julgar prefeitos restringe-se aos crimes de competência da justiça comum estadual; nos demais casos, a competência originária caberá ao respectivo tribunal de segundo grau.

Súmula STF nº 451
A competência especial por prerrogativa de função não se estende ao crime cometido após a cessação definitiva do exercício funcional.

Súmula STJ nº 434
O pagamento da multa por infração de trânsito não inibe a discussão judicial do débito.

Súmula STJ nº 367
A competência estabelecida pela EC n. 45/2004 não alcança os processos já sentenciados.

Súmula STJ nº 311
Os atos do presidente do tribunal que disponham sobre processamento e pagamento de precatório não têm caráter jurisdicional.

Súmula STJ nº 201
Os honorários advocatícios não podem ser fixados em salários mínimos.

Súmula STJ nº 140
Compete à Justiça Comum estadual processar e julgar crime em que o indígena figure como autor ou vítima.

Súmula STJ nº 59
Não há conflito de competência se já existe sentença com trânsito em julgado, proferida por um dos juízos conflitantes.

Súmula STJ nº 42
Compete à Justiça Comum estadual processar e julgar as causas cíveis em que é parte sociedade de economia mista e os crimes praticados em seu detrimento.

Súmula STJ nº 15
Compete à justiça estadual processar e julgar os litígios decorrentes de acidente do trabalho.

8.2. Supremo Tribunal Federal

"Habeas corpus" e impetração contra órgão do STF
Ao reafirmar o Enunciado 606 da Súmula do STF ("Não cabe 'habeas corpus' originário para o Tribunal Pleno de decisão de Turma ou do Plenário, proferida em 'habeas corpus' ou no respectivo recurso"), o Plenário, por maioria, não conheceu de "writ", impetrado contra decisão colegiada da 2ª Turma, em que se discutia suposta nulidade decorrente de ausência de publicação da pauta para o julgamento de "habeas corpus". O Ministro Roberto Barroso destacou a possibilidade de, em situações teratológicas, superar o referido enunciado sumular. Porém, entendia não ser o caso dos autos. Vencidos os Ministros Marco Aurélio (relator) e Ricardo Lewandowski, que conheciam da impetração, mas denegavam a ordem. Sustentavam que a adequação do "habeas corpus" pressuporia apenas que se apontasse na inicial um ato de constrangimento, que alcançasse

a liberdade de ir e vir do cidadão, e um órgão capaz de apreciar o ato praticado. Apontavam ocorrer essa situação na hipótese de decisão de órgão fracionário do Tribunal, diante da possibilidade de o Plenário analisá-la. No mérito, destacavam que os artigos 83, § 1º, e 131, § 2º, do RISTF, dispensariam a publicação da pauta. HC 117091/MG, rel. orig. Min. Marco Aurélio, red. p/ o acórdão Min. Roberto Barroso, 22.5.2014. HC 117091 (HC-117091) (Inform. STF 747)

Simetria entre carreiras e incompetência originária do STF
Ao reafirmar a incompetência do STF para apreciar a demanda, a 2ª Turma negou provimento a agravo regimental em ação originária ajuizada por magistrado federal. Na espécie, juizado especial federal suscitara a competência originária do Supremo para processar ação em que alegadamente envolvidos direitos, interesses ou vantagens atinentes à magistratura. A Turma apontou que o agravante, juiz federal, objetivava a percepção de ajuda de custo em razão de mudança de domicílio. Destacou que, na origem, tratava-se de pedido de simetria entre as carreiras da magistratura federal e a do Ministério Público da União. Ponderou que o mencionado benefício não estaria dirigido a todos os membros da magistratura. AO 1840 AgR/PR, rel. Min. Ricardo Lewandowski, 11.2.2014. (AO-1840) (Inform. STF 735)

AG. REG. NA Rcl N. 15.607-SC
RELATORA: MIN. CÁRMEN LÚCIA
EMENTA: AGRAVO REGIMENTAL NA RECLAMAÇÃO. CONSTITUCIONAL. INVESTIDURA NO CARGO DE JUIZ FEDERAL SUBSTITUTO. AJUDA DE CUSTO. MATÉRIA DE INTERESSE DE TODA A MAGISTRATURA. COMPETÊNCIA DO SUPREMO TRIBUNAL FEDERAL: ART. 102, INC. I, ALÍNEA *N*, DA CONSTITUIÇÃO DA REPÚBLICA. PRECEDENTES. AGRAVO REGIMENTAL AO QUAL SE NEGA PROVIMENTO. (Inform. STF 735)

AG. REG. NO RE N. 594.368-MA
RELATOR: MIN. MARCO AURÉLIO
COMPETÊNCIA – INTERESSE DE TODA A MAGISTRATURA – ARTIGO 102, INCISO I, ALÍNEA "N", DA CONSTITUIÇÃO FEDERAL – ALCANCE. O deslocamento da competência para o Supremo, considerada controvérsia envolvendo magistrados, pressupõe o interesse de toda a magistratura. (Inform. STF 708)

AG. REG. NA AÇÃO CAUTELAR N. 2.596-DF
RELATOR: MIN. CELSO DE MELLO
E M E N T A: AÇÃO POPULAR – AJUIZAMENTO CONTRA O PRESIDENTE DA CÂMARA LEGISLATIVA DO DISTRITO FEDERAL – AUSÊNCIA DE COMPETÊNCIA ORIGINÁRIA DO SUPREMO TRIBUNAL FEDERAL – AÇÃO POPULAR DE QUE NÃO SE CONHECE – AGRAVO IMPROVIDO.
O PROCESSO E O JULGAMENTO DE AÇÕES POPULARES CONSTITUCIONAIS (CF, ART. 5º, LXXIII) NÃO SE INCLUEM NA ESFERA DE COMPETÊNCIA ORIGINÁRIA DO SUPREMO TRIBUNAL FEDERAL.
- O Supremo Tribunal Federal - por ausência de previsão constitucional - não dispõe de competência originária para processar e julgar ação popular promovida contra o Presidente da Câmara Legislativa do Distrito Federal ou contra qualquer outro órgão ou autoridade da República, mesmo que o ato cuja invalidação se pleiteie tenha emanado do Presidente da República, das Mesas da Câmara dos Deputados ou do Senado Federal ou, ainda, de qualquer dos Tribunais Superiores da União. Jurisprudência. Doutrina.
- A competência originária do Supremo Tribunal Federal, por qualificar-se como um complexo de atribuições jurisdicionais de extração essencialmente constitucional - e ante o regime de direito estrito a que se acha submetida -, não comporta a possibilidade de ser estendida a situações que extravasem os rígidos limites fixados, em "numerus clausus", pelo rol exaustivo inscrito no art. 102, I, da Carta Política. Doutrina. Precedentes. (Inform. STF 702)

Reclamação e transcendência dos motivos determinantes
A 1ª Turma desproveu agravo regimental interposto de decisão do Min. Marco Aurélio, que negara seguimento a reclamação, da qual relator, por considerar descaber emprestar-lhe contornos próprios ao incidente de uniformização, o que ocorreria caso admitida a teoria da transcendência dos motivos determinantes. Na espécie, o reclamante noticiava ter, na qualidade de prefeito, prestado contas à câmara municipal, que as aprovara. No entanto, estas foram rejeitadas, pelo tribunal de contas, com aplicação de multa. Na reclamação, alegava-se inobservância aos acórdãos proferidos nas Ações Diretas de Inconstitucionalidade 3715 MC/TO (DJU de 25.8.2006), 1779/PE (DJU de 14.9.2001) e 849/MT (DJU de 23.4.99). Arguia ter o STF proclamado, nas aludidas decisões, que, no tocante aos chefes do Poder Executivo, os tribunais de contas sempre emitiriam pareceres prévios, nunca podendo apreciar as contas. O Colegiado salientou que a reclamação seria medida excepcional e pressuporia a usurpação da competência do Supremo ou o desrespeito a decisão por ele proferida. Consignou-se que se estaria a articular com a teoria da transcendência dos motivos. O relator assinalou que a Corte não teria admitido a adequação da reclamação pela teoria em comento. O Min. Luiz Fux observou que o reclamante faria analogia com decisão proferida em relação a estado-membro distinto daquele em questão. A Min. Cármen Lúcia lembrou que, várias vezes, os componentes do Supremo, no Plenário, chegariam à idêntica conclusão com fundamentos distintos e apenas contar-se-iam os votos da parte dispositiva. Precedente citado: Rcl 3014/SP (DJe de 21.5.2010). Rcl 11477 AgR/CE, rel. Min. Marco Aurélio, 29.5.2012. (Rcl-11477) (Inform. STF 668)

📖 Súmula STF nº 735

Não cabe recurso extraordinário contra acórdão que defere medida liminar.

📖 Súmula STF nº 734

Não cabe reclamação quando já houver transitado em julgado o ato judicial que se alega tenha desrespeitado decisão do Supremo Tribunal Federal.

📖 Súmula STF nº 733

Não cabe recurso extraordinário contra decisão proferida no processamento de precatórios.

📖 Súmula STF nº 731

Para fim da competência originária do Supremo Tribunal Federal, é de interesse geral da magistratura a questão de saber se, em face da Lei Orgânica da Magistratura Nacional, os juízes têm direito à licença prêmio.

📖 Súmula STF nº 691

Não compete ao Supremo Tribunal Federal conhecer de *habeas corpus* impetrado contra decisão do relator que, em *habeas corpus* requerido a Tribunal Superior, indefere a liminar.

📖 Súmula STF nº 640

É cabível recurso extraordinário contra decisão proferida por juiz de primeiro grau nas causas de alçada, ou por Turma Recursal de Juizado Especial Cível e Criminal.

📖 Súmula STF nº 624

Não compete ao Supremo Tribunal Federal conhecer originariamente de mandado de segurança contra atos de outros tribunais.

📖 Súmula STF nº 72

No julgamento de questão constitucional, vinculada à decisão do Tribunal Superior Eleitoral, não estão impedidos os Ministros do Supremo Tribunal Federal que ali tenham funcionado no mesmo processo, ou no processo originário.

8.3. Superior Tribunal de Justiça

Súmula STJ nº 41
O superior Tribunal de Justiça não tem competência para processar e julgar, originariamente, mandado de segurança contra ato de outros tribunais ou dos respectivos órgãos.

8.4. Tribunais Regionais Federais e Juízes Federais

RE N. 586.453-SE
REDATOR P/ O ACÓRDÃO: MIN. DIAS TOFFOLI
EMENTA: Recurso extraordinário – Direito Previdenciário e Processual Civil – Repercussão geral reconhecida – Competência para o processamento de ação ajuizada contra entidade de previdência privada e com o fito de obter complementação de aposentadoria – Afirmação da autonomia do Direito Previdenciário em relação ao Direito do Trabalho – Litígio de natureza eminentemente constitucional, cuja solução deve buscar trazer maior efetividade e racionalidade ao sistema – Recurso provido para afirmar a competência da Justiça comum para o processamento da demanda - Modulação dos efeitos do julgamento, para manter, na Justiça Federal do Trabalho, até final execução, todos os processos dessa espécie em que já tenha sido proferida sentença de mérito, até o dia da conclusão do julgamento do recurso (20/2/13).
1. A competência para o processamento de ações ajuizadas contra entidades privadas de previdência complementar é da Justiça comum, dada a autonomia do Direito Previdenciário em relação ao Direito do Trabalho. Inteligência do art. 202, § 2º, da Constituição Federal a excepcionar, na análise desse tipo de matéria, a norma do art. 114, inciso IX, da Magna Carta.
2. Quando, como ocorre no presente caso, o intérprete está diante de controvérsia em que há fundamentos constitucionais para se adotar mais de uma solução possível, deve ele optar por aquela que efetivamente trará maior efetividade e racionalidade ao sistema.
3. Recurso extraordinário de que se conhece e ao qual se dá provimento para firmar a competência da Justiça comum para o processamento de demandas ajuizadas contra entidades privadas de previdência buscando-se o complemento de aposentadoria.
4. Modulação dos efeitos da decisão para reconhecer a competência da Justiça Federal do Trabalho para processar e julgar, até o trânsito em julgado e a correspondente execução, todas as causas da espécie em que houver sido proferida sentença de mérito até a data da conclusão, pelo Plenário do Supremo Tribunal Federal, do julgamento do presente recurso (20/2/2013).
5. Reconhecimento, ainda, da inexistência de repercussão geral quanto ao alcance da prescrição de ação tendente a questionar as parcelas referentes à aludida complementação, bem como quanto à extensão de vantagem a aposentados que tenham obtido a complementação de aposentadoria por entidade de previdência privada sem que tenha havido o respectivo custeio. (Inform. STF 709)

Súmula STJ nº 428
Compete ao Tribunal Regional Federal decidir os conflitos de competência entre juizado especial federal e juízo federal da mesma seção judiciária.

Súmula STJ nº 150
Compete à Justiça Federal decidir sobre a existência de interesse jurídico que justifique a presença, no processo, da União, suas autarquias ou empresas públicas.

Súmula STJ nº 55
Tribunal Regional Federal não é competente para julgar recurso de decisão proferida por juiz estadual não investido de jurisdição federal.

8.5. Tribunais e Juízes do Trabalho

MS N. 31.375-DF
RELATORA: MIN. CÁRMEN LÚCIA
EMENTA: MANDADO DE SEGURANÇA. NOMEAÇÃO DE MAGISTRADO PARA TRIBUNAL REGIONAL DO TRABALHO DA 2ª REGIÃO: O IMPETRANTE EM TRÊS LISTAS TRÍPLICES CONSECUTIVAS PARA PROMOÇÃO POR MERECIMENTO PARA DESEMBARGADOR DO TRIBUNAL REGIONAL DO TRABALHO DA 2ª REGIÃO (ART. 115, INC. II, DA CONSTITUIÇÃO DA REPÚBLICA). OBSERVÂNCIA OBRIGATÓRIA DO ART. 93, INC. II, AL. *A*, DA CONSTITUIÇÃO DA REPÚBLICA. REGRA APLICÁVEL À MAGISTRATURA. PRECEDENTE. SEGURANÇA CONCEDIDA. AGRAVO REGIMENTAL PREJUDICADO. (Inform. STF 714)

Súmula vinculante STF nº 23
A Justiça do Trabalho é competente para processar e julgar ação possessória ajuizada em decorrência do exercício do direito de greve pelos trabalhadores da iniciativa privada.

Súmula vinculante STF nº 22
A Justiça do Trabalho é competente para processar e julgar as ações de indenização por danos morais e patrimoniais decorrentes de acidente de trabalho propostas por empregado contra empregador, inclusive aquelas que ainda não possuíam sentença de mérito em primeiro grau quando da promulgação da Emenda Constitucional n. 45/04.

Súmula STF nº 736
Compete à Justiça do Trabalho julgar as ações que tenham como causa de pedir o descumprimento de normas trabalhistas relativas à segurança, higiene e saúde dos trabalhadores.

Súmula STF nº 433
É competente o Tribunal Regional do Trabalho para julgar mandado de segurança contra ato de seu presidente em execução de sentença trabalhista.

Súmula STJ nº 15
Compete à justiça estadual processar e julgar os litígios decorrentes de acidente do trabalho.

8.6. Tribunais e Juízes Estaduais

ADI e estrutura organizacional de tribunal de justiça
O Plenário confirmou medida cautelar e julgou procedente pedido formulado em ação direta para assentar a inconstitucionalidade de dispositivos da Constituição do Estado do Ceará e de seu ADCT. Na espécie, foram declarados inconstitucionais: a) a expressão "ou a determinação de abertura de tal procedimento contra o juiz acusado" contida no art. 96, II, f; b) o § 1º do art. 105; c) a expressão "vinte e um", constante do art. 107; d) o art. 109, "caput" e parágrafos; e) os artigos 110 a 113; f) o § 5º do art. 11 do ADCT; e g) o art. 12 do ADCT. As normas questionadas alteram a estrutura organizacional do tribunal de justiça cearense e a carreira da magistratura.
ADI 251/CE, rel. Min. Gilmar Mendes, 27.8.2014. (ADI-251) (Inform. STF 756)

Procurador-Geral do Estado e foro por prerrogativa de função - 1
O Plenário denegou a ordem em "habeas corpus", afetado pela 2ª Turma, no qual discutida eventual nulidade de ação penal por incompetência do juízo de 1º grau e pretendida a revogação da prisão cautelar imposta ao paciente. Ademais declarou, "incidenter tantum", a inconstitucionalidade da expressão "os Agentes Públicos a ele equiparados", contida no art. 77, X, a, da Constituição do Estado de Roraima. No caso, o paciente, Procurador-Geral do Estado à época dos fatos, pretendia fosse-lhe garantido o foro por prerrogativa de função no TJ/RR, à luz da regra prevista no art. 77, X, a, da Constituição estadual ["Art. 77. Compete ao Tribunal de Justiça: ... X - processar e julgar, originariamente: a) nos crimes comuns e de responsabilidade, o Vice-governador do Estado, os Secretários de Estado, os Agentes Públicos a ele equiparados, os Juízes Estaduais, os membros do Ministério Público e os Prefeitos, ressalvada a competência da Justiça Eleitoral"], bem assim do que disposto no parágrafo único do art. 4º da LC Estadual 71/2003 ("O Procurador-Geral do Estado terá, além do contido nesta Lei Complementar, as mesmas prerrogativas, subsídio e obrigações de Secretário de Estado"). Inicialmente, o Tribunal rememorou decisão proferida, em situação análoga, nos autos da ADI 3.140/CE (DJU de 29.6.2007), oportunidade em que declarada a inconstitucionalidade de norma da Constituição estadual, tendo em vista ser ela incompatível com o art. 125, § 1º, da CF. Salientou que, na ocasião, o STF ponderara que a Constituição estadual haveria de definir, de um lado, o que o tribunal de justiça poderia julgar e, de outro, quem poderia ser julgado por aquela Corte. Nesse sentido, o art. 125, § 1º, da CF, firma o âmbito de atuação do constituinte estadual na matéria especificada, de modo a caber a ele definir a competência do tribunal de justiça. Em outras palavras, a Constituição da República convoca o constituinte estadual para demarcar a competência do tribunal de justiça. O Colegiado salientou que esse mesmo entendimento deveria nortear a decisão em comento, na qual o constituinte do Estado de Roraima, ao promulgar norma aberta referente à definição de competência do tribunal estadual, delegara ao legislador infraconstitucional o poder de dispor sobre a matéria e de ampliar seus limites, circunstância incompatível com o art. 125, § 1º, da CF. Concluiu, no ponto, pela inconstitucionalidade da expressão acima referida, contida na norma constitucional estadual.

Procurador-Geral do Estado e foro por prerrogativa de função - 2
O Plenário afastou, de igual modo, a invocação do princípio da simetria. Segundo a defesa, o cargo de Procurador-Geral do Estado equivaleria, na esfera estadual, ao Advogado-Geral da União, a quem o STF reconhecera foro por prerrogativa de função igual ao de Ministro de Estado, por ocasião do julgamento do Inq 1.660 QO/DF (DJU de 6.6.2003). A respeito, a Corte afirmou não haver similitude com o quadro normativo considerado no exame da aludida questão de ordem. Frisou que, naquele caso, o STF reconhecera sua competência originária ao adotar como premissa a existência de norma segundo a qual o Advogado-Geral da União seria Ministro de Estado. Por outro lado, ressaltou que a legislação estadual roraimense não estabeleceria que o Procurador-Geral do Estado seria Secretário de Estado. Nesse aspecto, o parágrafo único do art. 4º da LC estadual roraimense não afirmaria que o Procurador-Geral seria Secretário, mas dispensaria a ele o mesmo tratamento dado aos Secretários, equiparação que não garantiria foro por prerrogativa de função no TJ/RR. No que concerne à segregação cautelar do paciente, o Colegiado não identificou incompatibilidade com o art. 312 do CPP. Constatou que a ordem de prisão preventiva estaria devidamente fundamentada, voltada à garantia da ordem pública, consubstanciada na possibilidade de reiteração delituosa. Sublinhou que haveria evidências acerca de vasta rede de crimes sexuais contra menores, sob influência política e funcional do paciente. Além disso, registrou que o paciente tentara evadir-se do distrito da culpa, mediante plano de fuga,

com o uso de recursos estaduais, o que demonstraria a intenção de furtar-se à aplicação da lei penal. HC 103803/RR, rel. Min. Teori Zavascki, 1º.7.2014. (HC-103803) (Inform. STF 756)

8.7. Conselho Nacional de Justiça

CNJ: PAD e punição de magistrado
É desnecessário esgotar as vias ordinárias para que o CNJ instaure processo de revisão disciplinar. Com base nessa orientação, a 1ª Turma negou provimento a agravo regimental em mandado de segurança. A Turma assinalou que a análise do processo de revisão disciplinar instaurado contra magistrado pelo CNJ cumpriria os requisitos previstos nos artigos 82 e 83 de seu regimento interno, de modo que seria desnecessária a comprovação do esgotamento das vias ordinárias. De igual maneira, reiterou o que decidido em julgado monocrático no sentido de ser possível a aplicação subsidiária da Lei 8.112/1990 nos casos em que a LC 35/1979 (Loman) se mostrasse omissa, porém, não seria aplicável a prescrição da pretensão punitiva em perspectiva.
MS 28918 AgR/DF, rel. Min. Dias Toffoli, 4.11.2014. (MS-28918) (Inform. STF 766)

MS N. 32.375-DF
RELATORA: MIN. CÁRMEN LÚCIA
EMENTA: *MANDADO DE SEGURANÇA. CONSELHO NACIONAL DE JUSTIÇA. RECLAMAÇÃO DISCIPLINAR. SUSTENTAÇÃO ORAL. PEDIDO DE VISTA. RETOMADA DO JULGAMENTO. COMPOSIÇÃO DO CONSELHO ALTERADA. PRETENSÃO DE RENOVAÇÃO DO JULGAMENTO: ALEGADA VIOLAÇÃO AO DEVIDO PROCESSO LEGAL E SEUS COROLÁRIOS. INOCORRÊNCIA. PRECEDENTES. MANDADO DE SEGURANÇA DENEGADO.*
1. A informatização do processo tem facilitado o acesso dos julgadores a todos os elementos existentes nos autos, conferindo-lhes, assim, o pleno conhecimento das questões jurídicas postas na causa e os argumentos desenvolvidos a favor e contra as teses das partes, autorizando a participação no julgamento daqueles que não tenham assistido à sustentação oral, ao relatório ou aos debates.
2. Mandado de segurança denegado. (Inform. STF 764)

PAD no âmbito do CNJ: sindicados de tribunais diversos e princípio do juiz natural
Por reputar observado o princípio do juiz natural, a 1ª Turma denegou ordem em mandado de segurança impetrado em face do CNJ, com o objetivo de anular decisão administrativa que determinara a instauração de processo administrativo disciplinar - PAD em desfavor do impetrante. Este alegava que a designação do Ministro-Corregedor para a relatoria do processo teria violado os princípios do juiz natural e do devido processo legal, uma vez que, de acordo com o Regimento Interno do Conselho Nacional de Justiça - RICNJ, àquele conselheiro não deveriam ser distribuídos processos administrativos disciplinares. Sustentava que a distribuição seria livre, dentre todos os conselheiros, inclusive ausentes ou licenciados por até 30 dias. Defendia que, no tocante ao processamento de procedimentos disciplinares, a competência do Corregedor Nacional de Justiça estaria adstrita à realização de sindicâncias, inspeções e correições, quando houvesse fatos graves ou relevantes que as justificassem. A Turma afirmou que o caso diria respeito a suposto envolvimento de quatro magistrados integrantes de tribunais diversos, inclusive de tribunal superior. Anotou que o ato impugnado registrara omissão do RICNJ quanto à instauração de processo disciplinar decorrente de sindicância com multiplicidade de sindicados de tribunais diversos, e que o CNJ concluíra, com fulcro no art. 120 do aludido diploma ("Os casos omissos serão resolvidos pelo Plenário"), designar o Corregedor Nacional de Justiça como

relator. A Turma, ademais, reputou viger, à época da decisão adversada, o art. 44 da Resolução CNJ 2/2005 ("Não serão objeto de distribuição os feitos de natureza disciplinar cuja tramitação, após protocolizada a respectiva peça na Secretaria, se inicia na Corregedoria do Conselho"), bem assim normas do RICNJ a preverem a competência do Plenário para receber e conhecer das reclamações contra membros ou órgãos do Judiciário e para julgar os processos disciplinares regularmente instaurados. MS 27021/DF, rel. Min. Dias Toffoli, 14.10.2014. (MS-27021) (Inform. STF 763)

MS N. 28.127-DF
RELATOR: MIN. DIAS TOFFOLI
EMENTA: Mandado de segurança. Conselho Nacional de Justiça. Decadência do direito de instaurar o processo de revisão disciplinar não configurada. Competência do colegiado. Motivação do ato. Respeito à garantia constitucional do devido processo legal. Segurança indeferida.
1. Compete ao plenário do CNJ instaurar, de ofício, processo de revisão disciplinar (art. 86 do RICNJ), consistindo o posterior despacho do Corregedor Nacional de Justiça mera execução material da decisão administrativa.
2. O julgamento pelo plenário do CNJ ocorreu em data anterior ao decurso do prazo disposto no inciso V do § 4º do art. 103-B da Constituição Federal, razão pela qual não se configura a decadência do direito do Poder Público de instaurar o procedimento.
3. A instauração de ofício foi motivada nos elementos do processo disciplinar objeto da revisão, os quais eram de conhecimento do impetrante, uma vez que os autos se encontravam apensados ao processo revisional. Não houve violação da garantia constitucional do devido processo legal.
4. Segurança indeferida. (Inform. STF 762)

Ato praticado pelo CNJ e competência - 1
O Plenário iniciou julgamento conjunto de questão de ordem em ação originária e de agravo de instrumento em ação cível originária nas quais se discute o alcance do disposto na alínea r do inciso I do art. 102 da CF. Em ambos os casos, examina-se o órgão competente para processar e julgar demanda que envolva ato do CNJ: se o STF, à luz do art. 102, I, r, da CF, ou se a justiça federal, conforme o art. 109, I, da CF. O Ministro Marco Aurélio, relator da ação originária, resolveu a questão de ordem no sentido de fixar a competência do juízo federal. Explicou que os autos referir-se-iam a ação movida por magistrado tendo em vista supostos descontos em seu subsídio. Asseverou que o art. 102, I, r, da CF, deveria ser interpretado de maneira sistemática. Consignou que a referência a "ações" alcançaria apenas mandado de segurança. Aduziu que seria impróprio concluir que toda e qualquer ação a envolver o CNJ ou o CNMP competiria ao STF, uma vez que, no tocante a atos do Presidente da República, das Mesas da Câmara dos Deputados e do Senado Federal, do TCU, do Procurador-Geral da República e do próprio STF, caberia a esta Corte apreciar somente mandado de segurança. Assentou que, proposta ação contra a União, ainda que alusiva a ato do CNJ, cumpriria ao juízo federal processá-la e julgá-la, a teor do art. 109, I, da CF. O Ministro Teori Zavascki, relator da ação cível originária, adotou essa mesma orientação e negou provimento ao agravo regimental. Acresceu que o STF não seria competente para processar e julgar apenas mandado de segurança impetrado contra ato do CNJ, mas também as outras ações tipicamente constitucionais: mandado de injunção, "habeas data" e "habeas corpus". Mencionou que a Corte já firmara esse posicionamento na AO 1.706 AgR/DF (DJe de 18.2.2014). Em seguida, pediu vista o Ministro Dias Toffoli.

Ato praticado pelo CNJ e competência - 2
Em regra, à justiça federal compete, nos termos do art. 109, I, da CF ("Art. 109. Aos juízes federais compete processar e julgar: I - as causas em que a União, entidade autárquica ou empresa pública federal forem interessadas na condição de autoras, rés, assistentes ou oponentes, exceto as de falência, as de acidentes de trabalho e as sujeitas à Justiça Eleitoral e à Justiça do Trabalho") processar e julgar demanda que envolva ato praticado pelo CNJ. Ao STF compete julgar apenas as ações tipicamente constitucionais movidas em face desse mesmo órgão. Essa a conclusão do Plenário que, em julgamento conjunto, resolveu questão de ordem em ação originária e desproveu agravo regimental em ação cível originária nas quais discutido o alcance do disposto na alínea r do inciso I do art. 102 da CF ["Art. 102. Compete ao Supremo Tribunal Federal, precipuamente, a guarda da Constituição, cabendo-lhe: I - processar e julgar, originariamente: ... r) as ações contra o Conselho Nacional de Justiça e contra o Conselho Nacional do Ministério Público"] — v. Informativo 744. O Colegiado asseverou que o art. 102, I, r, da CF, deveria ser interpretado de maneira sistemática. Consignou que a referência a "ações" alcançaria apenas mandado de segurança, mandado de injunção, "habeas data" e "habeas corpus". Aduziu que seria impróprio concluir que toda e qualquer ação a envolver o CNJ ou o CNMP competiria ao STF, uma vez que, no tocante a atos do Presidente da República, das Mesas da Câmara dos Deputados e do Senado Federal, do TCU, do Procurador-Geral da República e do próprio STF, caberia a esta Corte apreciar somente mandado de segurança. Assentou que, proposta ação ordinária contra a União, ainda que alusiva a ato do CNJ, cumpriria ao juízo federal processá-la e julgá-la.

Ato praticado pelo CNJ e competência - 3
O Ministro Dias Toffoli, ao acompanhar o dispositivo da decisão do Pleno — tendo em conta as particularidades dos casos concretos, haja vista um deles envolver serventias extrajudiciais, e o outro, supostos descontos em subsídio de magistrado —, adotou fundamentos diversos. Analisou que o critério para a fixação da competência não deveria ser formal, mas material. Frisou que não seria a pessoalidade na integração do polo passivo o elemento definidor da competência originária do STF, e sim o objeto do ato do CNJ. Assim, deveriam ser preservadas à apreciação primária do Supremo as demandas que dissessem respeito a atividades disciplinadora e fiscalizadora do CNJ, a repercutirem frontalmente sobre os tribunais ou seus membros (magistrados), ainda que não veiculadas por ação mandamental, ou seja, todas as ações alusivas à autonomia dos tribunais ou ao regime disciplinar da magistratura. Além disso, a Corte também seria competente para processar e julgar demanda a respeito de decisões do CNJ que desconstituíssem ato normativo ou deliberação de tribunal, relacionados a matérias diretamente afetas a este. Ademais, o STF possuiria competência no tocante aos casos em que a atuação do CNJ se desse, precipuamente, na consecução de sua atividade finalística, quando direta e especialmente incidente sobre membros (magistrados) e órgãos a ele diretamente subordinados. AO 1814 QO/MG, rel. Min. Marco Aurélio, 24.9.2014. (AO-1814) ACO 1680 AgR/AL, rel. Min. Teori Zavascki, 24.9.2014. (AO-1680) (Inform. STF 760)

MS 32.865 - MC/RJ
RELATOR: Ministro Celso de Mello
EMENTA: **CONSELHO NACIONAL DE JUSTIÇA**. **CONTROLE DE CONSTITUCIONALIDADE**. **INADMISSIBILIDADE**. **ATRIBUIÇÃO ESTRANHA** À ESFERA DE COMPETÊNCIA **DESSE ÓRGÃO** *DE PERFIL ESTRITAMENTE ADMINISTRATIVO*. ATUAÇÃO *"ULTRA VIRES"*. **LEGITIMIDADE** DO CONTROLE JURISDICIONAL. **PRECEDENTES** DO SUPREMO TRIBUNAL FEDERAL (**PLENO**). *AUTOGOVERNO* DA MAGISTRATURA, *PRERROGATIVA INSTITUCIONAL* DOS TRIBUNAIS JUDICIÁRIOS E *AUTONOMIA* DOS ESTADOS-MEMBROS: LIMITAÇÕES CONSTITUCIONAIS *QUE NÃO PODEM SER DESCONSIDERADAS* PELO CONSELHO NACIONAL DE JUSTIÇA. **LIMINAR MANDAMENTAL E A QUESTÃO DA INVESTIDURA APARENTE**. **PRINCÍPIOS** *DA SEGURANÇA JURÍDICA, DA PROTEÇÃO DA CONFIANÇA E DA BOA-FÉ OBJETIVA*. **CONSEQUENTE SUBSISTÊNCIA** *DOS ATOS ADMINISTRATIVOS* **E/OU** *JURISDICIONAIS* PRATICADOS **EM DECORRÊNCIA** DO PROVIMENTO CAUTELAR, **AINDA** *QUE EVENTUALMENTE DENEGADO* O MANDADO DE

SEGURANÇA. **DOUTRINA**. **JURISPRUDÊNCIA**. **MEDIDA CAUTELAR** DEFERIDA. DJe de 5.6.2014. (Inform. STF 760)

Quinto constitucional: requisito constitucional da reputação ilibada e inquérito - 1
A 2ª Turma iniciou julgamento de mandado de segurança em que se discute a legitimidade de ato do CNJ, que, em procedimento de controle administrativo, obstara liminarmente a posse de advogado no cargo de desembargador em vaga destinada ao quinto constitucional (CF: "Art. 94. Um quinto dos lugares dos Tribunais Regionais Federais, dos Tribunais dos Estados, e do Distrito Federal e Territórios será composto de membros, do Ministério Público, com mais de dez anos de carreira, e de advogados de notório saber jurídico e de reputação ilibada, com mais de dez anos de efetiva atividade profissional, indicados em lista sêxtupla pelos órgãos de representação das respectivas classes"). Na espécie, o MPF promovera a instauração do procedimento de controle administrativo com o intuito de obstar a posse de advogado investigado em inquérito, o que, segundo alegara, demonstraria a ausência do requisito constitucional da reputação ilibada. No âmbito do CNJ, o relator do referido procedimento, ao deferir liminar cujo conteúdo acatava o argumento do MPF, afirmara, ademais, que o CNJ não teria, ainda, decidido se integrantes de tribunais regionais eleitorais poderiam, ou não, ser candidatos ao cargo de desembargador. O Ministro Ricardo Lewandowski (relator), de início, assentou a legitimidade ativa "ad causam" da OAB. Consignou que, no caso, a OAB buscaria preservar sua própria competência no tocante à elaboração de lista sêxtupla encaminhada ao tribunal de justiça. Além disso, seria função institucional da referida entidade defender a Constituição e a ordem jurídica, conforme disposto na Lei 8.906/1994. No mérito, o relator ressaltou ser pacífica a jurisprudência do STF no sentido de que o princípio constitucional da presunção de inocência vedaria o tratamento diferenciado a qualquer pessoa, ou a restrição de seus direitos, pelo simples fato de responder a inquérito. Registrou que, por conseguinte, a existência de um único inquérito instaurado em face do postulante ao cargo de desembargador, não demonstraria sua inidoneidade moral. Ressaltou, inclusive, que o aludido inquérito tramitaria há mais de sete anos e que nem mesmo a denúncia teria sido formulada, à míngua de provas. Observou, ainda, que o fato de o indicado ser, à época, juiz de TRE, nomeado pelo Presidente da República, reforçaria o entendimento de que ele preencheria as condições exigidas para ocupar o cargo de desembargador. Quanto à alegação de que o CNJ não teria, ainda, decidido sobre a viabilidade de juiz de TRE tornar-se desembargador, o relator afirmou que não existiria impedimento legal e que, por isso, a ausência de pronunciamento do CNJ não prejudicaria o nomeado. Em seguida, pediu vista dos autos o Ministro Gilmar Mendes.

Quinto constitucional: requisito constitucional da reputação ilibada e inquérito - 2
Em conclusão de julgamento, a 2ª Turma concedeu mandado de segurança para anular ato do CNJ, que, em procedimento de controle administrativo, obstara liminarmente a posse de advogado no cargo de desembargador em vaga destinada ao quinto constitucional (CF: "Art. 94. Um quinto dos lugares dos Tribunais Regionais Federais, dos Tribunais dos Estados, e do Distrito Federal e Territórios será composto de membros, do Ministério Público, com mais de dez anos de carreira, e de advogados de notório saber jurídico e de reputação ilibada, com mais de dez anos de efetiva atividade profissional, indicados em lista sêxtupla pelos órgãos de representação das respectivas classes") — v. Informativo 754. A Turma ressaltou ser pacífica a jurisprudência do STF no sentido de que o princípio constitucional da presunção de inocência vedaria o tratamento diferenciado a qualquer pessoa, ou a restrição de seus direitos, pelo simples fato de responder a inquérito. Observou que o fato de o indicado ser, à época, juiz de TRE, nomeado pelo Presidente da República, reforçaria o entendimento de que ele preencheria as condições exigidas para ocupar o cargo de desembargador. Quanto à alegação de que o CNJ não teria, ainda, decidido sobre a viabilidade de juiz de TRE tornar-se desembargador, a Turma afirmou que não existiria impedimento legal e que, por isso, a ausência de pronunciamento do CNJ não prejudicaria o nomeado. MS 32491/DF, rel. Min. Ricardo Lewandowski, 19.8.2014. (MS-32491) (Inform. STF 755)

Ações contra atos do CNJ e competência do STF
A competência originária do STF para as ações ajuizadas contra o CNJ se restringe ao mandado de segurança, mandado de injunção, "habeas data" e "habeas corpus". As demais ações em que questionado ato do CNJ ou do CNMP submetem-se consequentemente ao regime de competência estabelecido pelas normas comuns de direito processual. Com base nesse entendimento, a 2ª Turma, negou provimento a agravos regimentais em ações cíveis originárias e manteve a decisão monocrática atacada que assentara a incompetência do STF e remetera os autos à justiça federal. ACO 2373 AgR/DF, rel. Min. Teori Zavascki, 19.8.2014. (ACO-2373) (Inform. STF 755)

CNJ: deferimento de liminares e dispensa de interstício para remoção de magistrados
A 1ª Turma concedeu mandado de segurança para anular ato do CNJ que, em procedimento de controle administrativo, suspendera, liminarmente, decisão do Órgão Especial do TJ/RJ, a qual determinara a adoção do critério do interstício de dois anos de exercício, na mesma entrância, como requisito para a remoção de magistrados (CF, art. 93, II, b). De início, a Turma assentou a competência do CNJ para o deferimento de medidas liminares. No mérito, registrou a impossibilidade de aplicação do mencionado interstício, porque inexistiriam candidatos que preenchessem essa exigência. MS 27704/RJ, rel. Min. Dias Toffoli, 5.8.2014. (MS-27704) (Inform. STF 753)

Promoção por antiguidade: recusa de juiz mais antigo e quórum de deliberação - 1
Em julgamento conjunto, a 1ª Turma, por maioria, concedeu mandados de segurança para anular ato do CNJ que, em procedimento de controle administrativo instaurado para verificar a legitimidade de recusa de magistrado à promoção por antiguidade, entendera incabível a relativização do quórum de deliberação previsto na alínea d do inciso II do art. 93 da CF ("Art. 93. Lei complementar, de iniciativa do Supremo Tribunal Federal, disporá sobre o Estatuto da Magistratura, observados os seguintes princípios: ... II - promoção de entrância para entrância, alternadamente, por antiguidade e merecimento, atendidas as seguintes normas: ... d) na apuração de antiguidade, o tribunal somente poderá recusar o juiz mais antigo pelo voto fundamentado de dois terços de seus membros, conforme procedimento próprio, e assegurada ampla defesa, repetindo-se a votação até fixar-se a indicação"). Discutia-se, na espécie, qual o parâmetro a ser adotado na fixação do quórum de deliberação. Segundo o CNJ, dever-se-ia ter em conta o número de cargos de desembargador existentes na estrutura do tribunal de justiça. Para um dos impetrantes, a totalidade dos membros da Corte local, assim considerados apenas os a exercer a jurisdição, excluídos do cômputo os desembargadores afastados dos cargos em caráter não eventual. E, para o outro impetrante, o número de cargos de desembargador efetivamente preenchidos em determinado momento, descontados os vagos.

Promoção por antiguidade: recusa de juiz mais antigo e quórum de deliberação - 2
Prevaleceu o voto do Ministro Marco Aurélio (relator) que, de início, registrou que a previsão constitucional de quórum qualificado para a deliberação acerca da recusa de promoção por antiguidade de magistrado representaria importante norma protetiva dos integrantes da magistratura nacional. Consignou que a relativização do quórum acarretaria, portanto, a fragilização da sistemática prevista na Constituição para o acesso aos cargos nos tribunais. Afirmou, entretanto, que a interpretação

do dispositivo constitucional em comento não prescindiria da análise detida do cenário excepcional em que aplicado. O constituinte, ao prever o quórum qualificado, teria levado em consideração a composição legal do órgão, a presumir que os tribunais atuassem na sua composição plena, ou seja, providos todos os seus cargos. Em circunstâncias normais, portanto, o quórum de deliberação deveria ser computado tendo como base o número de cargos da estrutura do tribunal. Ressaltou, porém, que a contingência fática caracterizada pela eventual incompletude da composição teria de ser sopesada pelo intérprete. Pontuou, então, que a vontade do órgão composto por uma pluralidade de agentes resultaria da conjugação de vontades externadas por seus membros, desde que devidamente investidos nos respectivos cargos, e desde que juridicamente aptos a exercer suas atribuições. Nesse sentido, enfatizou que os cargos vagos, bem como os cargos providos, mas cujos ocupantes estivessem afastados cautelarmente do exercício da função jurisdicional, não deveriam ser computados para o fim de determinação do referido quórum. Contudo, deveriam ser levados em consideração os cargos preenchidos por membros afastados em caráter eventual, nesses incluídos todos aqueles que, juridicamente aptos a exercer suas atribuições, estivessem impedidos por motivos transitórios. Vencidos os Ministros Rosa Weber e Dias Toffoli, que denegavam os mandados de segurança. A Ministra Rosa Weber destacava que as prerrogativas judiciais visariam mais do que a pessoa do juiz, mas a própria sociedade, e, portanto, entendia adequado um olhar mais rígido sobre o mencionado quórum de deliberação. MS 31357/DF, rel. Min. Marco Aurélio, 5.8.2014. (MS-31357) MS 31361/MT, rel. Min. Marco Aurélio, 5.8.2014. (MS-31361) (Inform. STF 753)

Competência do STF: ato do CNJ e interesse de toda a magistratura
Compete ao STF julgar mandado de segurança contra ato do Presidente do TJDFT que, na condição de mero executor, apenas dá cumprimento à resolução do CNJ. Com base nessa orientação, a 2ª Turma julgou procedente pedido formulado em reclamação ajuizada pela União para determinar a remessa ao Supremo dos autos do "writ" impetrado pela Associação dos Magistrados do Distrito Federal e Territórios (Amagis/DF). No caso, a impetrante obtivera liminarmente, junto ao TJDFT, a suspensão do ato praticado pelo Presidente daquela Corte que, em obediência aos artigos 3º, 4º e 12 da Resolução 13/2006 do CNJ, excluíra o adicional por tempo de serviço do subsídio mensal dos juízes vinculados ao tribunal. A Turma consignou que teria havido usurpação de competência do STF. Destacou que a verdadeira autoridade coatora seria o CNJ e que, na situação, se discutiria matéria de interesse da magistratura nacional (CF, art. 102, I, n e r). Rcl 4731/DF, rel. Min. Cármen Lúcia, 5.8.2014. (Rcl-4731) (Inform. STF 753)

CNJ e âmbito de atuação
A 2ª Turma concedeu mandado de segurança para anular decisão do CNJ que declarara a invalidade de norma do regimento interno de tribunal de justiça estadual, que dispõe sobre a competência de Vice-Presidentes ("Compete ao 1º Vice-Presidente indeferir a distribuição de recursos, bem como das ações e outras medidas de competência originária do Tribunal, quando manifestamente inadmissíveis no que concerne à tempestividade, preparo e ausência de peças obrigatórias e, ainda, declarar a deserção e homologar pedidos de desistência ou renúncia; e ao 2º Vice-Presidente decidir sobre pedidos de desistência de recursos, antes da distribuição"). Na espécie, em procedimento de controle administrativo, o CNJ assentara a invalidade da norma regimental ao fundamento de sua incompatibilidade com os artigos 93, XV e 96, I, a, da CF e, de imediato, determinara a distribuição dos autos. A Turma asseverou que a existência de mais de uma vice-presidência e a fixação de suas competências por norma regimental estariam previstas no § 1º do art. 103 da LC 35/1979 (Loman). Destacou a possibilidade de tribunal local, por meio de seu regimento, estabelecer regras de competência interna, organização e atuação, desde que respeitados a lei e a Constituição. Frisou que, ao instituir o CNJ, a EC 45/2004 a ele teria atribuído o controle da atuação administrativa e financeira do Poder Judiciário e do cumprimento dos deveres funcionais dos juízes. No ponto, afirmou que as competências e limitações institucionais daquele Conselho seriam as mesmas previstas para os órgãos administrativos de igual natureza existentes no País, dos quais se distinguiria em face de sua competência nacional e de seu fundamento constitucional, ausente a função jurisdicional. Por fim, assinalou que a decisão questionada teria feito inserção em matéria que a Constituição não incluíra no rol de competências do CNJ. MS 30793/DF, rel. Min. Cármen Lúcia, 5.8.2014. (MS-30793) (Inform. STF 753)

Princípio da inamovibilidade e elevação de entrância de comarca
O princípio da inamovibilidade, assegurado aos magistrados, não admite a abertura de concurso — seja para promoção, seja para remoção — sem que o cargo a ser ocupado esteja vago. Essa a conclusão da 1ª Turma ao denegar mandado de segurança impetrado contra ato do CNJ que determinara ao tribunal de justiça estadual a anulação de concurso de promoção por merecimento ao juízo de determinada comarca — terceira entrância —, em que fora beneficiado o impetrante. Na espécie, lei estadual elevara de segunda para terceira entrância a comarca em que o impetrante atuava como magistrado titular. Na sequência, o tribunal de justiça local, aberto processo de provimento para a mencionada comarca (por remoção ou promoção), pelo critério de merecimento, viera a promover o impetrante. Por sua vez, outro magistrado integrara, pela terceira vez consecutiva, lista de promoção pelo critério do merecimento. Essa a origem do procedimento de controle administrativo por parte do CNJ, iniciado pelo magistrado preterido, ora impetrante. A Turma enfatizou que o juiz que figurara pela terceira vez consecutiva em lista de merecimento teria direito à promoção compulsória. Frisou que aquele tribunal, ao promover o impetrante em detrimento daquele magistrado, desrespeitara o disposto no art. 93, II, da CF. Destacou ser legítima, por parte do CNJ, a glosa do ato administrativo que não se coadunasse com a Constituição. Asseverou que, ainda que a comarca tivesse sido elevada à terceira entrância por lei estadual, nada obstaria a permanência do juiz que anteriormente a ocupasse na condição de titular, com todas as prerrogativas do cargo, inclusive a inamovibilidade. Rememorou o Enunciado 40 da Súmula do STF ("A elevação da entrância da comarca não promove automaticamente o Juiz, mas não interrompe o exercício de suas funções na mesma comarca"). Explicou que o ato do CNJ salvaguardara os interesses do próprio impetrante que, na condição de juiz de segunda entrância, não poderia ser removido compulsoriamente, salvo por motivo de interesse público, na forma do art. 93, VIII, da CF. MS 26366/PI, rel. Min. Marco Aurélio, 24.6.2014. (MS-26366) (Inform. STF 752)

CNJ: processo de revisão disciplinar e prazo de instauração
O despacho do Corregedor Nacional de Justiça que instaura processo de revisão disciplinar com base no art. 86 do Regimento Interno do CNJ ("A instauração de ofício da Revisão de Processo Disciplinar poderá ser determinada pela maioria absoluta do Plenário do CNJ, mediante proposição de qualquer um dos Conselheiros, do Procurador-Geral da República ou do Presidente do Conselho Federal da OAB") é mero ato de execução material da decisão do Plenário do CNJ e não deve ser considerado na contagem do prazo previsto no inciso V do § 4º do art. 103-B da CF ("§ 4º Compete ao Conselho o controle da atuação administrativa e financeira do Poder Judiciário e do cumprimento dos deveres funcionais dos juízes, cabendo-lhe, além de outras atribuições que lhe forem conferidas pelo Estatuto da Magistratura: ... V - rever, de ofício ou mediante provocação, os processos disciplinares de juízes e membros de tribunais julgados há menos de um ano"). Com base nessa orientação, a 1ª Turma denegou mandado de segurança impetrado em face de ato do CNJ, que, em processo de revisão disciplinar, aplicara a

pena de aposentadoria compulsória a juiz de direito. Na espécie, alegava-se ofensa ao que disposto no referido preceito constitucional quanto ao prazo de instauração do processo de revisão disciplinar. A Turma aduziu que a determinação para instaurar o processo revisional teria ocorrido em 19.6.2006, quando o Plenário do CNJ, por unanimidade, determinara a instauração, de ofício, do referido processo. Consignou que o despacho do Corregedor Nacional de Justiça, datado de 29.8.2006, e protocolado em 15.9.2006, constituiria mera execução material do que antes já decidira o CNJ, pela sua maioria absoluta, na forma do art. 86 do seu regimento interno. Consignou, portanto, que, ocorrido o julgamento pelo tribunal de origem em 23.8.2005, e determinada, em 19.6.2006, a instauração do processo de revisão por deliberação do Plenário do CNJ, estaria devidamente respeitado o prazo do mencionado dispositivo constitucional. Quanto à arguição de desrespeito à garantia do devido processo legal, no ponto em que não teriam sido especificados os motivos fáticos ou jurídicos que deram ensejo à instauração do juízo revisional, a Turma destacou que o fato atribuído ao impetrante, e acerca do qual deveria exercer o contraditório e a ampla defesa, seria o mesmo tratado no processo disciplinar do juízo de origem, objeto da revisão no âmbito do CNJ. No ponto, consignou que o processo revisional estaria devidamente instruído e que, ademais, não haveria nulidade sem prejuízo. MS 28127/DF, rel. Min. Dias Toffoli, 25.6.2014. (MS-28127) (Inform. STF 752)

Ato do CNJ e matéria sujeita à apreciação judicial
Tendo em conta a jurisprudência da Corte no sentido de que o CNJ não pode se manifestar quando a matéria está submetida à apreciação do Poder Judiciário, a 2ª Turma concedeu mandado de segurança para declarar nula decisão do CNJ, proferida em sede de procedimento de controle administrativo. Na decisão impugnada, o CNJ determinara que o TJ/MT deixasse de conceder qualquer afastamento aos magistrados daquela unidade federativa, nos termos do Código de Organização e Divisão Judiciárias do Estado-membro (art. 252, b). A Turma ressaltou a existência de mandado de segurança com o mesmo objeto. MS 27650/DF, rel. Min. Cármen Lúcia, 24.6.2014. (MS-27650) (Inform. STF 752)

MS 32.582-MC/DF
RELATOR: Ministro Celso de Mello
Conselho Nacional de Justiça. Processo legislativo instaurado *por iniciativa de Tribunal de Justiça*. **Suposta** *eiva de inconstitucionalidade*. **Impossibilidade** de o Conselho Nacional de Justiça, **sob alegação** de "*aparente vício do projeto original*", **impor**, *cautelarmente*, **ao Presidente** do Tribunal de Justiça, **que se abstenha** *de cumprir o diploma legislativo editado*. **Limitações** *que incidem sobre a competência* do Conselho Nacional de Justiça (**CF**, art. 103-B, § 4º). **Precedentes**. **Magistério da doutrina**. **A instauração** *do processo legislativo* **como ato de** caráter *eminentemente* político **e** de extração *essencialmente* constitucional. **Doutrina**. **A questão** *do controle de constitucionalidade* pelo Conselho Nacional de Justiça. **Reconhecimento**, pelo Relator **desta** causa, *de que há*, na matéria, **controvérsia doutrinária**. **Inadmissibilidade**, *contudo*, de referida fiscalização *segundo precedentes* do STF **e** do próprio CNJ. **Medida cautelar deferida**. DJe de 11.2.2014. (Inform. STF 744)

MS N. 28.102-DF
RELATOR: MIN. JOAQUIM BARBOSA
Ementa: MANDADO DE SEGURANÇA. ATO DO CONSELHO NACIONAL DE JUSTIÇA. REVISÃO DE PROCESSO DISCIPLINAR. RESPONSABILIDADE DE JUIZ DE DIREITO. ENCARCERAMENTO DE MENOR DO SEXO FEMININO EM CELA SOBRELOTATA COM HOMENS. PRIMEIRA DE DUAS AÇÕES DE MANDADO DE SEGURANÇA. ALEGADAS VIOLAÇÕES DA (A) UNICIDADE DO PROCESSO ADMINISTRATIVO DISCIPLINAR; (B) SOBERANIA DA DECISÃO EXONERATÓRIA PROFERIDA PELO TRIBUNAL DE JUSTIÇA LOCAL EM FAVOR DE SEU INTEGRANTE; (C) CONSTATAÇÃO DE PLANO DA INOCÊNCIA DA IMPETRANTE; (D) DISTINÇÃO ENTRE O QUADRO EXAMINADO PELO CNJ E O QUADRO QUE PODERIA TER SIDO INVESTIGADO. SEGURANÇA DENEGADA.
A) O art. 103-B, § 4º da Constituição dá competência ao CNJ para fazer o controle da atuação administrativa dos Tribunais, e o exame dos requisitos para a instauração do processo disciplinar faz parte de tal controle. A cisão sindicância-processo disciplinar é apenas de procedimento, mas a sequência processual continua íntegra;
B) se o CNJ somente pudesse examinar os processos disciplinares efetivamente instaurados, sua função seria reduzida à de órgão revisor de decisões desfavoráveis aos magistrados. Isto porque a decisão negativa de instauração do processo disciplinar pelos Tribunais de Justiça e pelos Tribunais Regionais Federais teria eficácia bloqueadora de qualquer iniciativa do CNJ.
B1) O Regimento Interno do CNJ não poderia reduzir-lhe a competência constitucional;
C) Quanto à alegada possibilidade de os fatos atribuídos à impetrante serem infirmados de plano (art. 5º, LV da Constituição), o atendimento do pleito dependeria de ampla instrução probatória.
D) Não há disparidade entre o que disposto na portaria de instauração da sindicância e da decisão pelo CNJ, pois a circunstância de a menina ser menor foi irrelevante. Os fatos em comum examinados tanto no TJ/PA como no CNJ são dois: (a) a circunstância de deixar mulher encarcerada com homens e (b) a fraude ou falsidade ideológica.
Segurança denegada. (Inform. STF 709)

DIREITO CONSTITUCIONAL. DIREITO CIVIL. MANDADO DE SEGURANÇA. PARTIDO POLÍTICO COM REPRESENTAÇÃO NO CONGRESSO NACIONAL. LEGITIMIDADE "AD CAUSAM" RECONHECIDA. RESOLUÇÃO Nº 175 DO CNJ. VEDAÇÃO ÀS AUTORIDADES COMPETENTES DE HABILITAÇÃO, CELEBRAÇÃO DE CASAMENTO CIVIL OU CONVERSÃO DA UNIÃO ESTÁVEL EM CASAMENTO. ATO NORMATIVO DOTADO DE GENERALIDADE, ABSTRAÇÃO E IMPESSOALIDADE. INADEQUAÇÃO DA VIA ELEITA (SÚMULA Nº 266 DO STF). CONSTITUCIONALIDADE DO ATO IMPUGNADO. COMPETÊNCIA NORMATIVA DO CNJ RECONHECIDA NA ADC Nº 12, REL. MIN. AYRES BRITTO. POSSIBILIDADE DE O CNJ FORMULAR EX ANTE E IN ABSTRACTO JUÍZOS ACERCA DA VALIDADE DE DADA SITUAÇÃO FÁTICA. MANDADO DE SEGURANÇA EXTINTO SEM RESOLUÇÃO DE MÉRITO.
1. A legitimidade ad causam de Partido Político para a impetração do mandado de segurança coletivo, ex vi do art. 5º, LXX, alínea "a", é satisfeita com representação em qualquer das Casas Legislativas, sob pena de frustrar a teleologia subjacente à norma Constitucional.
2. A Resolução nº 175 do CNJ, enquanto dotada de generalidade, abstração e impessoalidade, não se expõe ao controle jurisdicional pela via do mandado de segurança, nos termos da Súmula nº 266 do STF.
3. O Supremo Tribunal Federal, nos autos da ADC nº 12, Rel. Min. Ayres Britto, reconheceu o poder normativo do Conselho Nacional de Justiça, para inovar na ordem jurídica a partir de parâmetros erigidos constitucionalmente.
4. O Conselho Nacional de Justiça pode emitir juízos, ex ante e in abstracto, acerca da validade ou invalidade de determinada situação fática concreta.
5. Mandado de segurança extinto sem resolução de mérito. MS 32077/DF. RELATOR: Min. Luiz Fux. (Inform. STF 708)

9. RECLAMAÇÃO

Reclamação: conflito federativo e usurpação de competência do STF
A 1ª Turma julgou procedente pedido formulado em reclamação para determinar a remessa ao STF de três ações correlacionadas que tramitam na 7ª Vara Federal da Seção

Judiciária do Amazonas. ["Art. 102. Compete ao Supremo Tribunal Federal, precipuamente, a guarda da Constituição, cabendo-lhe: I - processar e julgar, originariamente: ... f) as causas e os conflitos entre a União e os Estados, a União e o Distrito Federal, ou entre uns e outros, inclusive as respectivas entidades da administração indireta"]. No caso, o Estado do Amazonas propusera, contra a União e o Instituto do Patrimônio Histórico e Artístico Nacional - IPHAN, ação ordinária com o objetivo de anular o processo administrativo de tombamento do "Encontro das Águas dos Rios Negro e Solimões". Em razão da alegada ofensa aos princípios ambientais da informação e da participação, o juízo reclamado deferira parcialmente o pedido para declarar a nulidade do processo administrativo a partir do tombamento provisório do fenômeno natural. Na exordial, o Ministério Público Federal argumentava que o juiz federal, ao conhecer da ação e demais causas a ela relacionadas, teria usurpado competência do STF por se tratar de ação instaurada entre o Estado do Amazonas, a União e uma autarquia federal. Aduzia que o Estado do Amazonas não se voltara simplesmente contra supostas irregularidades formais do processo de tombamento. Salientava que o fim último do ente estatal seria evitar a proteção do "Encontro das Águas" como forma de garantir a instalação de empreendimento portuário privado no seu entorno. A Turma destacou que, mesmo reconhecido o conflito entre entes da federação, a disputa deveria ter densidade suficiente para abalar o pacto federativo e, assim, deslocar a competência para o STF. Registrou que, após a decisão que anulara o tombamento provisório e suspendera a impossibilidade de licenciamento, o Instituto de Proteção Ambiental do Amazonas - IPAAM concedera autorização de instalação para o porto privado em tempo recorde. Consignou, a partir da moldura fático-jurídica do objeto da reclamação, que o agente motivador oculto nos autos da ação ordinária de anulação seria a autonomia do Estado do Amazonas na gestão de seus recursos naturais. Asseverou que o tombamento do "Encontro das Águas" pela União — para preservação do cenário paisagístico como patrimônio cultural brasileiro — acabaria por se contrapor ao interesse jurídico, econômico, financeiro e social do Estado do Amazonas. Dessa forma, concluiu que a controvérsia seria apta a colocar em risco o equilíbrio federativo e suficiente para instaurar a jurisdição de competência originária do Supremo. Rcl 12957/AM, rel. Min. Dias Toffoli, 26.8.2014. (Rcl-12957) (Inform. STF 756)

Reclamação e competência legislativa
A 2ª Turma julgou improcedente pedido formulado em reclamação ajuizada em face de decisão que denegara mandado de segurança preventivo. Na espécie, alegava-se ofensa ao que decidido na Representação 1.246/PR (DJU de 12.9.1986) na qual, sob a égide da CF/1967, se afirmara a competência exclusiva da União para legislar sobre normas gerais de produção, comércio e consumo de mercadorias que contivessem substâncias nocivas, e se declarara a inconstitucionalidade de determinados dispositivos de lei estadual e respectivo decreto regulamentador. A Turma afirmou que a CF/1988 mudou o modelo de repartição de competências legislativas no Brasil e que, em consequência, o Estado-membro seria competente para condicionar a prévio cadastramento o uso de agrotóxicos e biocidas em seu território. Asseverou, ademais, que a reclamação não seria meio apto a questionar eventual desrespeito a fundamentos determinantes de votos proferidos em decisão do STF ou para se afirmar, ou não, a recepção de dispositivos que tenham sido examinados sob a égide da CF/1967. Rcl 5847/PR, rel. Min. Cármen Lúcia, 25.6.2014. (Rcl-5847) (Inform. STF 752)

AG. REG. NA Rcl N. 8.686-CE
RELATOR: MIN. MARCO AURÉLIO
RECLAMAÇÃO – AÇÃO DECLARATÓRIA DE CONSTITUCIONALIDADE Nº 11/DF – LIMINAR – VIGÊNCIA EXAURIDA – NEGATIVA DE SEGUIMENTO AO PEDIDO. Exaurida a vigência de medida acauteladora em ação declaratória de constitucionalidade, torna-se insubsistente a eficácia vinculante a viabilizar o manuseio da reclamação. (Inform. STF 746)

Reclamação: cabimento e Senado Federal no controle da constitucionalidade - 11
Em conclusão de julgamento, o Plenário, por maioria, julgou procedente pedido formulado em reclamação ajuizada sob o argumento de ofensa à autoridade da decisão da Corte no HC 82.959/SP (DJU de 1º.9.2006), em que declarada a inconstitucionalidade do § 1º do art. 2º da Lei 8.072/1990, que veda a progressão de regime a condenados pela prática de crimes hediondos. Na espécie, juiz de 1º grau indeferira pedido de progressão de regime em favor de condenados a penas de reclusão em regime integralmente fechado, à luz do aludido dispositivo legal — v. Informativos 454, 463 e 706. O Ministro Gilmar Mendes, relator, determinou a cassação das decisões impugnadas, ao assentar que caberia ao juízo reclamado proferir nova decisão para avaliar se, no caso concreto, os interessados atenderiam ou não os requisitos para gozar do referido benefício. Considerou possível determinar, para esse fim, e desde que de modo fundamentado, a realização de exame criminológico. Preliminarmente, quanto ao cabimento da reclamação, o relator afastou a alegação de inexistência de decisão do STF cuja autoridade deveria ser preservada.

Reclamação: cabimento e Senado Federal no controle da constitucionalidade - 12
O relator afirmou, inicialmente, que a jurisprudência do STF evoluíra relativamente à utilização da reclamação em sede de controle concentrado de normas, de maneira que seria cabível a reclamação para todos os que comprovassem prejuízo resultante de decisões contrárias às suas teses, em reconhecimento à eficácia vinculante "erga omnes" das decisões de mérito proferidas em sede de controle concentrado. Em seguida, entendeu ser necessário, para análise do tema, verificar se o instrumento da reclamação fora usado de acordo com sua destinação constitucional: garantir a autoridade das decisões do STF; e, superada essa questão, examinar o argumento do juízo reclamado no sentido de que a eficácia "erga omnes" da decisão no HC 82.959/SP dependeria da expedição de resolução do Senado que suspendesse a execução da lei (CF, art. 52, X). Para apreciar a dimensão constitucional do tema, discorreu sobre o papel do Senado Federal no controle de constitucionalidade. Aduziu que, de acordo com a doutrina tradicional, a suspensão da execução, pelo Senado, do ato declarado inconstitucional pelo STF seria ato político que emprestaria eficácia "erga omnes" às decisões definitivas sobre inconstitucionalidade proferidas em caso concreto. Asseverou, no entanto, que a amplitude conferida ao controle abstrato de normas e a possibilidade de se suspender, liminarmente, a eficácia de leis ou atos normativos, com eficácia geral, no contexto da CF/1988, concorreriam para infirmar a crença na própria justificativa do instituto da suspensão da execução do ato pelo Senado, inspirado em concepção de separação de poderes que hoje estaria ultrapassada. Ressaltou, ademais, que, ao alargar, de forma significativa, o rol de entes e órgãos legitimados a provocar o STF no processo de controle abstrato de normas, o constituinte restringira a amplitude do controle difuso de constitucionalidade.

Reclamação: cabimento e Senado Federal no controle da constitucionalidade - 13
O relator considerou que, em razão disso, bem como da multiplicação de decisões dotadas de eficácia geral e do advento da Lei 9.882/1999, alterara-se de forma radical a concepção que dominava sobre a divisão de Poderes, e seria comum no sistema a decisão com eficácia geral, excepcional sob a EC 16/1965 e a CF/1967. Salientou serem inevitáveis, portanto, as reinterpretações dos institutos vinculados ao controle incidental de inconstitucionalidade, notadamente o da exigência da maioria absoluta para declaração de inconstitucionalidade

e o da suspensão de execução da lei pelo Senado Federal. Reputou ser legítimo entender que, atualmente, a fórmula relativa à suspensão de execução da lei pelo Senado haveria de ter simples efeito de publicidade, ou seja, se o STF, em sede de controle incidental, declarasse, definitivamente, que a lei é inconstitucional, essa decisão teria efeitos gerais, fazendo-se a comunicação àquela Casa legislativa para que publicasse a decisão no Diário do Congresso.

Reclamação: cabimento e Senado Federal no controle da constitucionalidade - 14

O Ministro Teori Zavascki registrou que a discussão estaria polarizada em torno do sentido e do alcance do art. 52, X, da CF. Observou que também deveria ser apreciada a temática relativa à possibilidade, ou não, de concessão de eficácia "erga omnes" às decisões do STF, de modo a reconhecer a inconstitucionalidade, mesmo quando proferidas no âmbito do controle incidental. Entendeu que esse debate não seria, por si só, fator determinante do não conhecimento ou da improcedência da reclamação. Asseverou que, ainda que se reconhecesse que a resolução do Senado permaneceria com aptidão para conferir eficácia "erga omnes" às decisões do STF que, em controle difuso, declarassem a inconstitucionalidade de preceitos normativos, isso não significaria que essa aptidão expansiva das decisões só ocorreria quando e se houvesse intervenção do Senado. Por outro lado, ponderou que, ainda que as decisões da Corte, além das indicadas no art. 52, X, da CF, tivessem força expansiva, isso não significaria que seu cumprimento pudesse ser exigido por via de reclamação. Explicou que o direito pátrio estaria em evolução, voltada a um sistema de valorização dos precedentes emanados dos tribunais superiores, aos quais se atribuiria, com crescente intensidade, força persuasiva e expansiva. Demonstrou que o Brasil acompanharia movimento semelhante ao de outros países nos quais adotado o sistema da "civil law", que se aproximariam, paulatinamente, de uma cultura do "stare decisis", própria do sistema da "common law". Sublinhou a existência de diversas previsões normativas que, ao longo do tempo, confeririam eficácia ampliada para além das fronteiras da causa em julgamento.

Reclamação: cabimento e Senado Federal no controle da constitucionalidade - 15

O Ministro Teori Zavascki considerou, ainda, que certas decisões seriam naturalmente dotadas de eficácia "ultra partes", como aquelas produzidas no âmbito do processo coletivo. Destacou, nesse sentido, o mandado de injunção, especialmente se levado em conta seu perfil normativo-concretizador atribuído pela jurisprudência do Supremo. Sublinhou que as sentenças decorrentes do mandado de injunção teriam o escopo de preencher, ainda que provisoriamente, a omissão do legislador, razão pela qual seriam revestidas de características reguladoras e prospectivas semelhantes às dos preceitos normativos. Frisou que seria inimaginável admitir que, no âmbito da jurisdição injuntiva, fossem produzidas soluções casuísticas e anti-isonômicas para situações semelhantes. Asseverou que o sistema normativo pátrio atualmente atribuiria força "ultra partes" aos precedentes das Cortes superiores, especialmente o STF. Reputou que esse entendimento seria fiel ao perfil institucional atribuído ao STF, na seara constitucional, e ao STJ, no campo do direito federal, que teriam, dentre suas principais finalidades, a de uniformização da jurisprudência e a de integração do sistema normativo. Anotou que a força vinculativa dos precedentes do STF fora induzida por via legislativa, cujo passo inicial fora a competência, atribuída ao Senado, para suspender a execução das normas declaradas inconstitucionais, nos termos do art. 52, X, da CF. Entretanto, assinalou que a resolução do Senado não seria a única forma de ampliação da eficácia subjetiva das decisões do STF, porque diria respeito à área limitada da jurisdição constitucional (apenas decisões declaratórias de inconstitucionalidade). Haveria outras sentenças emanadas desta Corte, não necessariamente relacionadas com o controle de constitucionalidade, com eficácia subjetiva expandida para além das partes vinculadas ao processo.

Reclamação: cabimento e Senado Federal no controle da constitucionalidade - 16

O Ministro Teori Zavascki registrou que a primeira dessas formas ocorrera com o sistema de controle de constitucionalidade por ação, cujas sentenças seriam dotadas naturalmente de eficácia "erga omnes" e vinculante, independentemente da intervenção do Senado. Ademais, citou a criação das súmulas vinculantes e da repercussão geral das questões constitucionais discutidas em sede de recurso extraordinário. Destacou, ainda, a modulação de efeitos nos julgamentos do STF, o que significaria dispor sobre a repercussão de acórdão específico a outros casos análogos. Lembrou que houvera modulação no "habeas corpus" de que cuida a presente reclamação, para que não gerasse consequências jurídicas em relação a penas já extintas. Sopesou, por outro lado, que nem todas essas decisões com eficácia expansiva, além das englobadas pelo art. 52, X, da CF, ensejariam ajuizamento de reclamação, sob pena de a Corte se transformar em órgão de controle dos atos executivos decorrentes de seus próprios acórdãos. Assinalou que o descumprimento de quaisquer deles implicaria ofensa à autoridade das decisões do STF. Todavia, seria recomendável conferir interpretação estrita a essa competência. Sob esse aspecto, a reclamação não poderia ser utilizada como inadmissível atalho processual destinado a permitir, por motivos pragmáticos, a submissão imediata do litígio ao exame direto desta Corte.

Reclamação: cabimento e Senado Federal no controle da constitucionalidade - 17

O Ministro Teori Zavascki concluiu que, sem negar a força expansiva de uma significativa gama de decisões do STF, deveria ser mantida a jurisprudência segundo a qual, em princípio, a reclamação somente seria admitida quando proposta por quem fosse parte na relação processual em que proferida a decisão cuja eficácia se buscaria preservar. A legitimação ativa mais ampla apenas seria cabível em hipóteses expressamente previstas, notadamente a súmula vinculante e contra atos ofensivos a decisões tomadas em ações de controle concentrado. Haveria de se admitir também a reclamação ajuizada por quem fosse legitimado para propositura de ação de controle concentrado, nos termos do art. 103 da CF. Entendeu que, no caso concreto, à luz da situação jurídica existente quando da propositura da reclamação, ela não seria cabível. Porém, anotou que, no curso do julgamento, fora editado o Enunciado 26 da Súmula Vinculante do STF ("Para efeito de progressão de regime no cumprimento de pena por crime hediondo, ou equiparado, o juízo de execução observará a inconstitucionalidade do art. 2º da Lei n. 8.072, de 25 de julho de 1990, sem prejuízo de avaliar se o condenado preenche, ou não, os requisitos objetivos e subjetivos do benefício, podendo determinar, para tal fim, de modo fundamentado, a realização de exame criminológico"). Ponderou que, considerado esse fato superveniente, que deveria ser levado em consideração à luz do art. 462 do CPC, impor-se-ia conhecer e deferir o pedido.

Reclamação: cabimento e Senado Federal no controle da constitucionalidade - 18

O Ministro Roberto Barroso, ao acompanhar essa orientação, frisou que a expansão do papel dos precedentes atenderia a três finalidades constitucionais: segurança jurídica, isonomia e eficiência. Explicou que essa tendência tornaria a prestação jurisdicional mais previsível, menos instável e mais fácil, porque as decisões poderiam ser justificadas à luz da jurisprudência. Assinalou que, embora os precedentes só vinculassem verticalmente e para baixo, na linha da doutrina "stare decisis", eles deveriam vincular horizontalmente, para que os próprios tribunais preservassem, conforme possível, a sua jurisprudência. Sublinhou que, na medida em que expandido o papel dos precedentes, seria necessário produzir decisões em que a tese jurídica fosse mais nítida, o que seria denominado, pelo direito anglo-saxão, de "holding". Considerou que o denominado processo de mutação constitucional encontraria limite na textualidade dos dispositivos da Constituição. Nesse sentido, a suposta mutação do art. 52, X, da CF não poderia prescindir da mudança de texto da norma. Vencidos os Ministros Sepúlveda Pertence, Joaquim Barbosa (Presidente), Ricardo Lewandowski e Marco Aurélio, que não conheciam da reclamação, mas concediam "habeas corpus" de ofício para que o juízo de 1º grau examinasse os requisitos para progressão de regime dos condenados. O Ministro Marco Aurélio registrava que as reclamações exigiriam que o ato supostamente inobservado deveria ser anterior ao ato atacado. Na situação dos autos, somente após a prática do ato reclamado surgira o verbete vinculante. Ademais, reputava que não se poderia emprestar ao controle difuso eficácia "erga omnes", pois seria implementado por qualquer órgão jurisdicional. Rcl 4335/AC, rel. Min. Gilmar Mendes, 20.3.2014. (Rcl-4335) (Inform. STF 739)

10. CONTROLE DE CONSTITUCIONALIDADE

ADPF: fungibilidade e erro grosseiro
O Plenário desproveu agravo regimental em arguição de descumprimento de preceito fundamental, na qual se discutia a inconstitucionalidade por omissão relativa à Lei 12.865/2013. O Tribunal, de início, reconheceu a possibilidade de conversão da arguição de descumprimento de preceito fundamental em ação direta quando imprópria a primeira, e vice-versa, se satisfeitos os requisitos para a formalização do instrumento substituto. Afirmou que dúvida razoável sobre o caráter autônomo de atos infralegais impugnados, como decretos, resoluções e portarias, e alteração superveniente da norma constitucional dita violada legitimariam a Corte a adotar a fungibilidade em uma direção ou em outra, a depender do quadro normativo envolvido. Ressaltou, porém, que essa excepcionalidade não estaria presente na espécie. O recorrente incorrera naquilo que a doutrina processual denominaria de erro grosseiro ao escolher o instrumento formalizado, ante a falta de elementos, considerados os preceitos legais impugnados, que pudessem viabilizar a arguição. No caso, ainda que a arguição de descumprimento de preceito fundamental tivesse sido objeto de dissenso no STF quanto à extensão da cláusula da subsidiariedade, nunca houvera dúvida no tocante à inadequação da medida quando o ato pudesse ser atacado mediante ação direta de inconstitucionalidade. Por se tratar de impugnação de lei ordinária federal pós-constitucional, propor a arguição em vez de ação direta, longe de envolver dúvida objetiva, encerraria incontestável erro grosseiro, por configurar atuação contrária ao disposto no § 1º do art. 4º da Lei 9.882/1999. Os Ministros Roberto Barroso, Gilmar Mendes e Cármen Lúcia negaram provimento ao agravo por outro fundamento. Consideraram que o requerente, Sindicato Nacional das Empresas de Medicina de Grupo, por não ser uma confederação sindical, não preencheria o requisito da legitimação ativa "ad causam". ADPF 314 AgR/DF, rel. Min. Marco Aurélio, 11.12.2014. (ADPF-314) (Inform. STF 771)

ADC N. 33-DF
RELATOR: MIN. GILMAR MENDES
Ação Declaratória de Constitucionalidade. Medida Cautelar. 2. Julgamento conjunto com as ADIs 4.947, 5.020 e 5.028. 3. Relação de dependência lógica entre os objetos das ações julgadas em conjunto. Lei Complementar 78/1993, Resolução/TSE 23.389/2013 e Decreto Legislativo 424/2013, este último objeto da ação em epígrafe. 4. O Plenário considerou que a presente ADC poderia beneficiar-se da instrução levada a efeito nas ADIs e transformou o exame da medida cautelar em julgamento de mérito. 5. Impossibilidade de alterar-se os termos de lei complementar, no caso, a LC 78/1993, pela via do decreto legislativo. 6. Ausência de previsão constitucional para a edição de decretos legislativos que visem a sustar atos emanados do Poder Judiciário. Violação à separação dos poderes. 7. O DL 424/2013 foi editado no mês de dezembro de 2013, portanto, há menos de 1 (um) ano das eleições gerais de 2014. Violação ao princípio da anterioridade eleitoral, nos termos do art. 16 de CF/88. 8. Inconstitucionalidade formal e material do Decreto Legislativo 424/2013. Ação Declaratória de Constitucionalidade julgada improcedente. (Inform. STF 765)

Declaração de inconstitucionalidade por órgão fracionário e cláusula de reserva de plenário
A existência de pronunciamento anterior, emanado do Plenário do STF ou do órgão competente do tribunal de justiça local, sobre a inconstitucionalidade de determinado ato estatal, autoriza o julgamento imediato, monocrático ou colegiado, de causa que envolva essa mesma inconstitucionalidade, sem que isso implique violação à cláusula da reserva de plenário (CF, art. 97). Essa a conclusão da 2ª Turma, que desproveu agravo regimental em reclamação na qual discutido eventual desrespeito ao Enunciado 10 da Súmula Vinculante do STF ["Viola a cláusula de reserva de plenário (CF, artigo 97) a decisão de órgão fracionário de tribunal que, embora não declare expressamente a inconstitucionalidade de lei ou ato normativo do poder público, afasta sua incidência, no todo ou em parte"]. No caso, a eficácia de norma estadual fora suspensa, em virtude de provimento cautelar em ação direta de inconstitucionalidade ajuizada perante a Corte local. Em seguida, a eficácia desse provimento cautelar fora mantida pelo STF. Os reclamantes ajuizaram ação perante o juízo de 1º grau, que declarara, incidentalmente, a inconstitucionalidade da mesma lei estadual, decisão esta mantida, em apelação, por câmara do tribunal de justiça, com base na decisão do STF. Alegava-se que esse órgão não teria competência para proferir declaração de inconstitucionalidade. A Turma reputou que o citado órgão fracionário apenas teria cumprido a decisão do STF, sem infringir a cláusula da reserva de plenário. Além disso, não haveria motivo para se submeter a questão a julgamento do Plenário da Corte local, que já teria decidido a controvérsia. Rcl 17185 AgR/MT, rel. Min. Celso de Mello, 30.9.2014. (Rcl-17185) (Inform. STF 761)

AG. REG. NA ADI N. 4.036-DF
RELATOR: MIN. ROBERTO BARROSO
Ementa: AGRAVO REGIMENTAL. AÇÃO DIRETA DE INCONSTITUCIONALIDADE. 1. Se a decisão agravada adota dois ou mais fundamentos autônomos, suficientes para mantê-la, a ausência de impugnação de um ou de alguns deles torna inviável o agravo regimental. Aplicação analógica da Súmula 283/STF. 2. Agravo a que se nega provimento. (Inform. STF 761)

Inconstitucionalidade de lei e decisão monocrática - 2
É possível o julgamento de recurso extraordinário por decisão monocrática do relator nas hipóteses oriundas de ação de controle concentrado de constitucionalidade em âmbito estadual de dispositivo de reprodução obrigatória, quando a decisão impugnada refletir pacífica jurisprudência do STF sobre o tema. Com base nessa orientação, por maioria, o Plenário recebeu os embargos de declaração como agravo regimental e a este negou provimento. Na espécie, tratava-se de declaratórios opostos de decisão monocrática proferida pelo Ministro Dias Toffoli (CPC, art. 557, § 1º, a), na qual assentada — com fundamento na jurisprudência consolidada da Corte — a inconstitucionalidade de lei que dispõe sobre a criação de cargos em comissão para funções que não exigissem o requisito da confiança para o seu preenchimento. Na mencionada decisão, o relator destacara que os cargos, consoante a norma impugnada, deveriam ser ocupados por pessoas determinadas conforme a descrição nela constante — v. Informativo 707. Em acréscimo, o Ministro Teori Zavascki, tendo em conta a natureza objetiva do recurso extraordinário nesses casos, destacou que o procedimento se justificaria pelas mesmas razões que autorizariam a dispensa da cláusula da reserva de plenário (CPC, art. 481, parágrafo

único), invocáveis por analogia. Observou, também, que a análise pelo órgão colegiado não estaria excluída, pois poderia ser provocada por recurso interno. Vencido o Ministro Marco Aurélio quanto à conversão e ao mérito. Destacava impossibilidade de o relator, monocraticamente, julgar o tema de fundo de processo objetivo a envolver controvérsia constitucional. RE 376440 ED/DF, rel. Min. Dias Toffoli, 18.9.2014. (RE-376440) (Inform. STF 759)

ADI 5.089-MC/CE
RELATOR: Ministro Celso de Mello
CONTROLE ABSTRATO DE CONSTITUCIONALIDADE. LEI COMPLEMENTAR *MUNICIPAL*. AÇÃO DIRETA AJUIZADA, *ORIGINARIAMENTE*, **PERANTE** O SUPREMO TRIBUNAL FEDERAL. **IMPOSSIBILIDADE**. **FALTA DE COMPETÊNCIA ORIGINÁRIA** DA SUPREMA CORTE. **INVIABILIDADE** DE FISCALIZAÇÃO *ABSTRATA* DE CONSTITUCIONALIDADE, *MEDIANTE AÇÃO DIRETA*, DE LEI **MUNICIPAL CONTESTADA** EM FACE DA CONSTITUIÇÃO **FEDERAL**. **DOUTRINA**. **PRECEDENTES**. **POSSIBILIDADE**, *TÃO SOMENTE*, **DE CONTROLE INCIDENTAL** DE LEI MUNICIPAL, *CONFRONTADA COM A CONSTITUIÇÃO FEDERAL*, **EM FISCALIZAÇÃO** REALIZADA, *DE MODO DIFUSO*, **NO EXAME** *DE UMA DADA SITUAÇÃO CONCRETA*. **CONTROLE PRÉVIO** DO PROCESSO OBJETIVO DE FISCALIZAÇÃO **CONCENTRADA** DE CONSTITUCIONALIDADE **PELO RELATOR** DA CAUSA. **LEGITIMIDADE** DO EXERCÍCIO *MONOCRÁTICO* DESSE PODER PROCESSUAL (**RTJ** 139/67, *v.g.*). AÇÃO DIRETA **NÃO** CONHECIDA. DJe de 20.2.2014. (Inform. STF 749)

AG. REG. NA ADI N. 4.116-SP
RELATOR: MIN. GILMAR MENDES
Agravo regimental na ação direta de inconstitucionalidade. 2. Associação. Ilegitimidade ativa. Associação que não representa uma classe definida. 3. Não comprovação do efetivo caráter nacional. 4. Agravo regimental ao qual se nega provimento. (Inform. STF 747)

RE interposto de representação de inconstitucionalidade e prazo em dobro - 1
A Fazenda Pública possui prazo em dobro para interpor recurso extraordinário de acórdão proferido em sede de representação de inconstitucionalidade (CF, art. 125, § 2º). Com base nesse entendimento, a 1ª Turma, por maioria, reputou tempestivo o recurso extraordinário, mas lhe negou provimento para manter o aresto do tribunal de justiça. No caso, a Corte de origem, em sede de controle concentrado de constitucionalidade, declarara a inconstitucionalidade de lei municipal que condicionava o acesso aos serviços públicos à apresentação do cartão-cidadão, destinado aos munícipes. Contra essa decisão, o Município interpusera recurso extraordinário dentro do prazo em dobro. Preliminarmente, a Turma, por maioria, rejeitou proposta suscitada pelo Ministro Marco Aurélio para afetar o processo ao Plenário. O Colegiado afirmou que a Turma seria competente e, portanto, desnecessário o deslocamento do processo ao Pleno, na hipótese de se confirmar a declaração de inconstitucionalidade feita na origem. Vencido o suscitante, que asseverava não ser possível interpretar o art. 97 da CF de forma literal. Afiançava que, quer para declarar a lei harmônica com a Constituição, quer para declará-la conflitante, a competência seria do Plenário. Pontuava que, ao assim proceder, apreciar-se-ia primeiro a preliminar e depois a questão de fundo.

RE interposto de representação de inconstitucionalidade e prazo em dobro - 2
A Turma sublinhou que se aplicaria o disposto no art. 188 do CPC ("Computar-se-á em quádruplo o prazo para contestar e em dobro para recorrer quando a parte for a Fazenda Pública ou o Ministério Público"). Mencionou que não haveria razão para que existisse prazo em dobro no controle de constitucionalidade difuso e não houvesse no controle concentrado. Aludiu que o prazo em dobro seria uma prerrogativa exercida pela Fazenda Pública em favor do povo. Vencidos os Ministros Roberto Barroso e Rosa Weber, que julgavam intempestivo o recurso. Enfatizavam que, de acordo com a jurisprudência predominante do STF, inclusive em julgamento realizado no Plenário, o prazo em dobro somente se aplicaria aos processos subjetivos. Rejeitaram eventual alegação de cerceamento de direito à Fazenda Pública ao não se reconhecer esse privilégio. Realçavam não haver direito subjetivo em jogo, mas uma questão institucional. Destacavam que não se deveria fomentar a cultura brasileira de se recorrer de tudo, pois em outros ordenamentos jurídicos, as questões seriam julgadas em um grau de jurisdição, e, por exceção, encaminhadas a um segundo grau de jurisdição. Ponderavam que, no Brasil, em alguns casos, haveria quatro graus de jurisdição. ARE 661288/SP, rel. Min. Dias Toffoli, 6.5.2014. (ARE-661288) (Inform. STF 745)

RE 659.424/RS
RELATOR: Ministro Celso de Mello
"*AMICUS CURIAE*". *JURISDIÇÃO CONSTITUCIONAL* E *LEGITIMIDADE DEMOCRÁTICA*. O SUPREMO TRIBUNAL FEDERAL COMO "*mediador entre as diferentes forças com legitimação no processo constitucional*" (GILMAR MENDES). **POSSIBILIDADE DA INTERVENÇÃO** DE TERCEIROS, **NA CONDIÇÃO** DE "*AMICUS CURIAE*", **EM SEDE** DE RECURSO EXTRAORDINÁRIO **COM** REPERCUSSÃO GERAL RECONHECIDA. **NECESSIDADE**, *CONTUDO*, **DE PREENCHIMENTO**, *PELA ENTIDADE INTERESSADA*, **DO PRÉ-REQUISITO** CONCERNENTE *À REPRESENTATIVIDADE ADEQUADA*. **DOUTRINA**. CONDIÇÃO **NÃO OSTENTADA** *POR PESSOA FÍSICA* OU *NATURAL*. **CONSEQUENTE INADMISSIBILIDADE** DE SEU INGRESSO, **NA QUALIDADE** DE "*AMICUS CURIAE*", EM RECURSO EXTRAORDINÁRIO **COM** REPERCUSSÃO GERAL RECONHECIDA. **PRECEDENTES**. **PEDIDO INDEFERIDO**. (Inform. STF 742)

ADPF-MC 288/DF
RELATOR: Ministro Celso de Mello
CONTROLE NORMATIVO ABSTRATO. **AUTORA QUE SE QUALIFICA** COMO "*ENTIDADE CONFEDERATIVA SINDICAL*". **INEXISTÊNCIA**, *CONTUDO*, QUANTO A ELA, **DE REGISTRO SINDICAL** EM ÓRGÃO ESTATAL COMPETENTE. **A QUESTÃO** *DO DUPLO REGISTRO*: O REGISTRO CIVIL **E** O REGISTRO SINDICAL. **DOUTRINA**. **PRECEDENTES** DO SUPREMO TRIBUNAL FEDERAL (**RTJ** 159/413-414, *v.g.*). *CADASTRO NACIONAL DE ENTIDADES SINDICAIS* **MANTIDO** PELO MINISTÉRIO DO TRABALHO E EMPREGO: **COMPATIBILIDADE** DESSE REGISTRO ESTATAL COM O POSTULADO DA LIBERDADE SINDICAL (**SÚMULA** 677/STF). **AUSÊNCIA** *DO NECESSÁRIO REGISTRO SINDICAL* **COMO FATOR DE DESCARACTERIZAÇÃO** DA QUALIDADE **PARA AGIR** EM SEDE DE FISCALIZAÇÃO ABSTRATA. **FEDERAÇÃO SINDICAL**, *MESMO DE ÂMBITO NACIONAL*, **NÃO DISPÕE** DE LEGITIMIDADE ATIVA **PARA O AJUIZAMENTO** *DE ADPF*. **PRECEDENTE ESPECÍFICO** DO SUPREMO TRIBUNAL FEDERAL **EM RELAÇÃO** *À PRÓPRIA FASUBRA*. **INADMISSIBILIDADE** DA ADPF **QUANDO AJUIZADA** CONTRA DECISÃO **JÁ TRANSITADA** EM JULGADO. **CONTROLE PRÉVIO** DAS CONDIÇÕES DA ARGUIÇÃO DE DESCUMPRIMENTO DE PRECEITO FUNDAMENTAL **PELO RELATOR** DA CAUSA. **LEGITIMIDADE DO EXERCÍCIO** *DESSE PODER MONOCRÁTICO* (**RTJ** 139/67, *v.g.*). ARGUIÇÃO DE DESCUMPRIMENTO **NÃO** CONHECIDA. DJ 25.10.2013 (Inform. STF 736)

Rcl 16.431-MC/RS
RELATOR: Ministro Celso de Mello
FISCALIZAÇÃO NORMATIVA ABSTRATA. AÇÃO DIRETA DE INCONSTITUCIONALIDADE. **TRIBUNAL DE JUSTIÇA**. **COMPETÊNCIA ORIGINÁRIA**. **POSSIBILIDADE** (**CF**, ART.

125, § 2º). **PARÂMETRO ÚNICO DE CONTROLE**: A CONSTITUIÇÃO **DO PRÓPRIO** ESTADO-MEMBRO **OU**, QUANDO FOR O CASO, A LEI ORGÂNICA DO DISTRITO FEDERAL. **IMPOSSIBILIDADE**, CONTUDO, **QUANDO SE TRATAR** DE JURISDIÇÃO CONSTITUCIONAL "IN ABSTRACTO" NO ÂMBITO DO ESTADO-MEMBRO, **DE ERIGIR-SE** A PRÓPRIA CONSTITUIÇÃO DA REPÚBLICA COMO PARADIGMA DE CONFRONTO. **APARENTE USURPAÇÃO** DA COMPETÊNCIA DESTA SUPREMA CORTE, **EM SUA CONDIÇÃO** DE "guardiã primacial da Constituição Federal" (**Rcl 337/DF**, Rel. Min. PAULO BROSSARD, **Pleno**). **MEDIDA CAUTELAR DEFERIDA**. DJe de 25.10.2013 (Inform. STF 734)

ADI e ato de efeito concreto
O Plenário não conheceu de pedido formulado em ação direta de inconstitucionalidade ajuizada contra a modificação do Decreto 6.161/2007 pelo Decreto 6.267/2007. O diploma questionado dispõe sobre a inclusão e exclusão, no Programa Nacional de Desestatização - PND, de empreendimentos de transmissão de energia elétrica integrantes da Rede Básica do Sistema Elétrico Interligado Nacional - SIN, e determina à Agência Nacional de Energia Elétrica - Aneel a promoção e o acompanhamento dos processos de licitação das respectivas concessões. Asseverou-se inexistir fundamentação do pleito de declaração de inconstitucionalidade. Não haveria impugnação específica sobre os pontos em que a legislação adversada contrariaria a Constituição. Demais disto, assentou-se que se trataria de ato de efeito concreto e que o diploma regulamentaria lei.
ADI 4040/DF, rel. Min. Cármen Lúcia, 19.6.2013. (ADI-4040) (Inform. STF 711)

AG. REG. NA Rcl N. 14.185-SP
RELATOR: MIN. MARCO AURÉLIO
LEI – INCONSTITUCIONALIDADE VERSUS INTERPRETAÇÃO – VERBETE VINCULANTE Nº 10 DA SÚMULA DO SUPREMO – INADEQUAÇÃO. Estando o pronunciamento judicial baseado em simples interpretação de norma legal, descabe cogitar de enfrentamento de conflito desta com o texto constitucional e, assim, da adequação do Verbete Vinculante nº 10 da Súmula do Supremo. (Inform. STF 710)

ADI ajuizada por governador e legitimidade
A O Plenário, por maioria, negou provimento a agravo regimental interposto de decisão proferida pelo Min. Dias Toffoli, relator, em sede de ação direta de inconstitucionalidade ajuizada pelo Governador do Estado de Alagoas. Nesta decisão, o Relator não conhecera de anterior agravo interno, haja vista que a peça não teria sido subscrita pelo procurador-geral, mas por um dos procuradores do estado-membro. Anotou-se que, nessa hipótese, faleceria legitimidade recursal ao ente federado. Vencidos os Ministros Marco Aurélio e Luiz Fux, que reconheciam a legitimidade. O Min. Marco Aurélio registrava que a referida peça teria como escopo defender interesse do autor. Considerava que a qualidade do procurador, se geral ou não, estaria restrita ao âmbito administrativo da procuradoria-geral do estado. O Min. Luiz Fux acrescia ser evidente que a pessoa interessada no agravo e conhecedora de seu conteúdo seria o governador, de modo que não seria necessário exigir a formalidade da subscrição do recurso pelo procurador-geral do estado.
ADI 1663 AgR/AL, rel. Min. Dias Toffoli, 24.4.2013. (ADI-1663) (Inform. STF 703)

Representação de inconstitucionalidade e vício de iniciativa
É inconstitucional a Lei 4.525/2005 do Estado do Rio de Janeiro, a qual torna obrigatória a gratuidade do serviço de teleatendimento realizado por entidades públicas e privadas ao consumidor no âmbito da respectiva unidade federativa e dá outras providências. Com base nesse entendimento, a 1ª Turma, por maioria, após converter embargos de declaração em agravo regimental e desprovê-lo, manteve decisão monocrática do Min. Dias Toffoli, que negara seguimento a agravo de instrumento, do qual relator, ao assentar vício de iniciativa do diploma normativo adversado. Na espécie, a decisão singular entendera que, nos termos de jurisprudência da Corte, padeceria de inconstitucionalidade formal a lei resultante de iniciativa parlamentar que dispusesse sobre atribuições de órgãos públicos, matéria afeta ao Chefe do Poder Executivo. Vencido o Min. Marco Aurélio, que apontava a necessidade de submissão da questão ao Plenário, tendo em vista que somente este órgão poderia examinar processos que tratassem de conflito de lei com a Constituição. AI 643926 ED/RJ, rel. Min. Dias Toffoli, 13.3.2012. (AI-643926) (Inform. STF 658)

DIREITO CONSTITUCIONAL E PROCESSUAL CIVIL. NÃO CONFIGURAÇÃO DE OFENSA AO PRINCÍPIO DA RESERVA DE PLENÁRIO. É válida a decisão de órgão fracionário de tribunal que reconhece, com fundamento na CF e em lei federal, a nulidade de ato administrativo fundado em lei estadual, ainda que esse órgão julgador tenha feito menção, mas apenas como reforço de argumentação, à inconstitucionalidade da lei estadual. Nessas circunstâncias, não ocorre ofensa à cláusula da reserva de plenário. **AgRg no REsp 1.435.347-RJ**, Rel. Min. Mauro Campbell Marques, julgado em 19/8/2014. (Inform. STJ 546)

LEI DE IMPRESA. CONHECIMENTO. RESP.
Não se conhece do REsp em que o recorrente pleiteia a aplicação da Lei de Imprensa contra acórdão do tribunal a quo que não a aplicou, salvo alguma excepcionalidade a ser examinada em cada processo. O STF, ao julgar a ADPF n. 130/DF, declarou a não recepção pela CF da Lei de Imprensa em sua totalidade. Não sendo possível a modulação de efeitos das decisões que declaram a não recepção, tem-se que a Lei de Imprensa é inválida desde a promulgação da CF. Precedentes citados: REsp 990.079/DF, DJe 1/7/2011; REsp 942.587/ES, DJe 22/8/2011, e REsp 945.461/MT, DJe 26/5/2011. **REsp 997.647-SP**, Rel. Min. Luis Felipe Salomão, julgado em 20/3/2012. (Inform. STJ 493)

Súmula vinculante STF nº 10
Viola a cláusula de reserva de plenário (CF, artigo 97) a decisão de órgão fracionário de tribunal que, embora não declare expressamente a inconstitucionalidade de lei ou ato normativo do poder público, afasta sua incidência, no todo ou em parte.

Súmula STF nº 729
A decisão na ADC-4 não se aplica à antecipação de tutela em causa de Natureza previdenciária.

Súmula STF nº 649
É inconstitucional a criação, por constituição estadual, de órgão de controle administrativo do Poder Judiciário do qual participem representantes de outros poderes ou entidades.

Súmula STF nº 642
Não cabe ação direta de inconstitucionalidade de lei do distrito federal derivada da sua competência legislativa municipal.

11. MINISTÉRIO PÚBLICO

Conflito de atribuições e Fundef - 3
O Plenário retomou julgamento de ação cível originária em que o Ministério Público Federal suscita conflito negativo de atribuição relativamente ao Ministério Público do Estado do Rio Grande do Norte para a investigação de supostas irregularidades concernentes à gestão de recursos oriundos do Fundo de Manutenção e Desenvolvimento do Ensino Fundamental e de Valorização do Magistério - Fundef — v. Informativos 604 e

699. Em voto-vista, o Ministro Joaquim Barbosa (Presidente), acompanhado pelos Ministros Roberto Barroso e Rosa Weber, não conheceu do conflito de atribuições. O Ministro Roberto Barroso assinalou que a competência do STF seria de direito estrito, e não poderia ser ampliada, sobretudo acerca de tema que deveria ser resolvido intrainstitucionalmente. Consignou não haver razão para o Poder Judiciário resolver conflito de atribuições no âmbito do Ministério Público. Ponderou que o órgão apto a dirimir a controvérsia seria o Conselho Nacional do Ministério Público, tendo em conta sua composição plural. Salientou, no ponto, o art. 130-A, § 2°, da CF. Destacou que esse conflito seria tipicamente administrativo e que, muito embora não conhecesse do feito, deveria ser apontada solução nesse sentido. Em seguida, pediu vista dos autos o Ministro Dias Toffoli. ACO 1394/RN, rel. Min. Marco Aurélio, 1°.7.2014. (ACO-1394) (Inform. STF 752)

Controle de constitucionalidade e órgão administrativo
A 1ª Turma iniciou julgamento de mandado de segurança em que se discute a possibilidade de o Conselho Nacional do Ministério Público - CNMP exercer controle de constitucionalidade. No caso, promotor de justiça requerera, com base em lei orgânica do Ministério Público estadual, permanência na comarca que teria sido elevada de entrância. Em seguida, o CNMP declarara a inconstitucionalidade da norma local e glosara a pretensão do impetrante. O Ministro Luiz Fux (relator) concedeu a segurança para cassar o ato impugnado. Ressaltou que o direito subjetivo de promotor de justiça de permanecer na comarca elevada de entrância não poderia ser analisado sob o prisma da constitucionalidade da lei local, que previra a ascensão, máxime se a questão já estivesse judicializada no STF. Destacou que, por ser órgão de natureza administrativa cuja atribuição adstringir-se-ia ao controle de legitimidade dos atos administrativos praticados por membros ou órgãos do Ministério Público federal ou estadual (CF, art. 130, § 2°), o CNMP não ostentaria a competência para efetuar controle de constitucionalidade de lei. Afirmou que o CNMP, ao declarar a inconstitucionalidade do mencionado diploma normativo, exorbitara de suas funções. Em seguida, pediu vista o Ministro Roberto Barroso. MS 27744/DF, rel. Min. Luiz Fux, 6.5.2014. (MS-27744) (Inform. STF 745)

DIREITO CONSTITUCIONAL. PRERROGATIVA INSTITUCIONAL DO MP DE TOMAR ASSENTO À DIREITA DO MAGISTRADO.
É prerrogativa institucional dos membros do Ministério Público sentar-se à direita dos juízes singulares ou presidentes dos órgãos judiciários perante os quais oficiem, independentemente de estarem atuando como parte ou fiscal da lei. Com efeito, o Ministério Público é instituição permanente, essencial à função jurisdicional do Estado, incumbindo-lhe a defesa da ordem jurídica, do regime democrático e dos interesses sociais e individuais indisponíveis, conforme estabelece o art. 127 da CF. Dessa forma, em razão da sua relevância para o Estado Democrático de Direito, essa instituição possui prerrogativas e garantias para que possa exercer livremente suas atribuições. Ademais, não se pode falar em privilégio ou quebra da igualdade entre os litigantes, uma vez que a citada garantia é proveniente de lei (art. 41, XI, da Lei 8.625/1993 e art. 18, I, a, da LC 75/1993). Precedentes citados: RMS 6.887-RO, Primeira Turma, DJ 15/12/1997; AgRg na MC 12.417-SP, Segunda Turma, DJ 20/6/2007; e RMS 19.981-RJ, Quinta Turma, DJ 3/9/2007. RMS 23.919-SP, Rel. Min. Mauro Campbell Marques, julgado em 5/9/2013. (Inform. STJ 529)

AG. REG. NA Rcl N. 9.327-RJ
RELATOR: MIN. DIAS TOFFOLI
EMENTA: Agravo regimental na reclamação. Legitimidade ativa autônoma do Ministério Público estadual para propor reclamação perante a Suprema Corte. Precedente. Alegado descumprimento das Súmulas Vinculantes n°s 9 e 10/STF. Feito ajuizado em razão de ato judicial acobertado pelo trânsito em julgado. Não cabimento. Incidência da Súmula n° 734/STF. Precedentes. Regimental não provido.
1. É da jurisprudência contemporânea da Corte o entendimento de que o Ministério Público estadual detém legitimidade ativa autônoma para propor reclamação constitucional perante o Supremo Tribunal Federal (RCL n° 7.358/SP, Tribunal Pleno, Relatora a Ministra **Ellen Gracie**, DJe de 3/6/11).
2. Impropriedade do uso da reclamação em face da coisa julgada incidente sobre o ato reclamado, a teor do enunciado da Súmula n° 734/STF.
3. Agravo regimental a que se nega provimento. (Inform. STF 713)

MS N. 28.028-ES
RELATORA: MIN. CÁRMEN LÚCIA
EMENTA: MANDADO DE SEGURANÇA. CONSELHO NACIONAL DO MINISTÉRIO PÚBLICO. ANULAÇÃO DE ATO DO CONSELHO SUPERIOR DO MINISTÉRIO PÚBLICO DO ESTADO DO ESPÍRITO SANTO EM TERMO DE AJUSTAMENTO DE CONDUTA. ATIVIDADE-FIM DO MINISTÉRIO PÚBLICO ESTADUAL. INTERFERÊNCIA NA AUTONOMIA ADMINISTRATIVA E NA INDEPENDÊNCIA FUNCIONAL DO CONSELHO SUPERIOR DO MINISTÉRIO PÚBLICO NO ESPÍRITO SANTO – CSMP/ES. MANDADO DE SEGURANÇA CONCEDIDO. (Inform. STF 709)

CNMP e revisão de ato homologatório de TAC
A 2ª Turma concedeu mandado de segurança impetrado por Ministério Público estadual contra ato do Conselho Nacional do Ministério Público - CNMP, para invalidar decisão deste órgão. Na espécie, o Conselho Superior do Ministério Público estadual negara homologação a termo de ajustamento de conduta - TAC proposto por promotor de justiça. O CNMP, após reclamação de membro do *parquet*, apesar do entendimento de que não seria de sua competência adentrar na atividade-fim daquele Colegiado estadual, anulara a decisão e mantivera o TAC. Consignou-se tratar-se de interferência indevida na autonomia administrativa e funcional do órgão estadual, não passível de apreciação pelo CNMP. Ademais, ressaltou-se a existência de sistema de controle interno na legislação local de cada Ministério Público, a cargo Conselho de Procuradores Regionais, sem prejuízo da fiscalização jurisdicional. MS 28028/ES, rel. Min. Cármen Lúcia, 30.10.2012. (MS-28028) (Inform. STF 686)

HC. ADVOGADO. ACESSO. DENÚNCIA.
In casu, requerem os impetrantes o reconhecimento do direito de ter acesso à denúncia de uma ação penal na qual não possuem procuração, visando instruir a defesa de seu cliente na ação penal a que responde. Noticiam os autos que o paciente foi denunciado e pronunciado por homicídio qualificado com dolo eventual, acusado de ter causado a morte de nove pessoas ao dirigir embriagado. Com base em notícias vinculadas na imprensa nacional, a defesa do paciente solicitou ao juízo processante cópia da exordial acusatória de uma ação penal em trâmite no órgão especial do Tribunal de Justiça estadual, envolvendo um promotor público que teria, também, atropelado e matado três pessoas, vindo a ser denunciado por homicídio culposo. Alegam os impetrantes que o paciente e o aludido promotor de justiça, embora tenham praticado a mesma conduta, receberam tratamentos legais e processuais diversos, razão pela qual o elemento de prova pretendido seria essencial à tese da defesa, visando à desclassificação do tipo denunciado. Com o indeferimento do pedido, a defesa impetrou *habeas corpus* na corte local, também denegado. Inicialmente, observou o Min. Relator que, por determinação constitucional, é assegurado aos membros do *Parquet* foro especial por prerrogativa de função, criado para proteger determinados cargos ou funções públicas diante de sua relevância, já que as decisões referentes aos delitos praticados por seus ocupantes poderiam ocasionar uma série de implicações. Por outro vértice, ainda que a regra seja a da publicidade nos termos do art. 93, IX, da CF, excepcionalmente, a fim de que se preserve a intimidade do réu e

desde que não prejudique o interesse público à informação, a autoridade competente poderá decretar o sigilo processual. É o que aparenta ser o caso da ação penal movida em desfavor do promotor. Também, é certo que a ampla defesa deve abranger tanto o direito de o acusado ser assistido por profissional habilitado, como o direito de defender-se com a maior amplitude possível, e é certo que a imputação de responsabilidade penal a qualquer acusado deve observar o devido processo legal e permitir o pleno exercício da ampla defesa e do contraditório. Nesse viés, cabe ao magistrado a faculdade do indeferimento, de forma motivada, das providências que julgar protelatórias, irrelevantes ou impertinentes. Ressaltou, ainda, o Min. Relator que, no caso, restou equivocadamente fundamentada a negativa de acesso à cópia da denúncia, limitando-se o magistrado processante a afirmar que a eventual simetria entre os fatos não justifica a juntada ou a quebra de sigilo decretado por outro juízo. É exatamente a aparente simetria entre os fatos que justifica o pedido do paciente para ter acesso à cópia da exordial de outra ação penal, visando ao cotejo entre aquela e a sua acusação. Diante dessa e de outras considerações, a Turma concedeu a ordem. **HC 137.422-SP, Rel. Min. Jorge Mussi, julgado em 10/4/2012. (Inform. STJ 495)**

CNMP e competência revisional - 1
A 1ª Turma, por maioria, concedeu mandado de segurança impetrado por Ministério Público estadual contra ato do Conselho Nacional do Ministério Público - CNMP, para invalidar decisão deste órgão. No caso, o *parquet* aplicara pena de demissão a servidor público de seu quadro, em virtude de conduta irregular de natureza grave e de insubordinação caracterizada por violação de dever funcional, tendo em vista o uso de equipamento do serviço para fins estranhos e alheios ao interesse público e o exercício da advocacia concomitante ao da função pública. O CNMP, após reclamação do servidor, anulara a sanção demissionária por considerá-la desproporcional e carente de razoabilidade, motivo pelo qual determinara que outra pena fosse aplicada. Preliminarmente, afastou-se o pleito de extinção do processo, formulado por litisconsorte passivo, ante suposto vício de citação. Ocorre que a Min. Cármen Lúcia, relatora, determinara sua intimação para que ele se manifestasse, o que se dera com apresentação de contestação. Em seguida, reconheceu-se a legitimidade ativa dos Ministérios Públicos estaduais para atuar originariamente no STF. Além disso, em votação majoritária, rejeitou-se proposta, formulada pelo Min. Marco Aurélio, de afetação dos autos ao Plenário, vencidos o suscitante e o Min. Dias Toffoli.

CNMP e competência revisional - 2
No mérito, esclareceu-se que a questão em julgamento restringir-se-ia ao exame da possibilidade de revisão, pelo órgão de controle externo, de penalidade administrativa imposta por Ministério Público estadual a seus servidores. Consignou-se que a Constituição trataria da matéria no art. 130-A, § 2º ("§ 2º Compete ao Conselho Nacional do Ministério Público o controle da atuação administrativa e financeira do Ministério Público e do cumprimento dos deveres funcionais de seus membros, cabendo-lhe: ... II - zelar pela observância do art. 37 e apreciar, de ofício ou mediante provocação, a legalidade dos atos administrativos praticados por membros ou órgãos do Ministério Público da União e dos Estados, podendo desconstituí-los, revê-los ou fixar prazo para que se adotem as providências necessárias ao exato cumprimento da lei, sem prejuízo da competência dos Tribunais de Contas; III - receber e conhecer das reclamações contra membros ou órgãos do Ministério Público da União ou dos Estados, inclusive contra seus serviços auxiliares, sem prejuízo da competência disciplinar e correicional da instituição, podendo avocar processos disciplinares em curso, determinar a remoção, a disponibilidade ou a aposentadoria com subsídios ou proventos proporcionais ao tempo de serviço e aplicar outras sanções administrativas, assegurada ampla defesa; IV - rever, de ofício ou mediante provocação, os processos disciplinares de membros do Ministério Público da União ou dos Estados julgados há menos de um ano").

CNMP e competência revisional - 3
Aduziu-se que o inciso III do referido dispositivo cuidaria de competência disciplinar e correicional originária contra membros e serviços auxiliares do *parquet*, classificação em que inseridos os servidores que dariam suporte administrativo necessário ao funcionamento e ao desempenho das funções dos membros do órgão ministerial. Assinalou-se que a possibilidade de tramitação originária de procedimento disciplinar dirigido, ao CNMP, contra servidor do Ministério Público seria realçada no inciso I do § 3º do mesmo art. 130-A ("§ 3º ... I - receber reclamações e denúncias, de qualquer interessado, relativas aos membros do Ministério Público e dos seus serviços auxiliares"). No entanto, a competência revisional do CNMP estaria prevista no inciso IV do § 2º do preceito em comento ("*rever, de ofício ou mediante provocação, os processos disciplinares de membros do Ministério Público da União ou dos Estados julgados há menos de um ano*"). Inferiu-se que para a solução da controvérsia, dever-se-ia levar em consideração o princípio elementar de que a lei, e mais ainda a Constituição, não conteria disposições inúteis. O alcance conferido pela autoridade coatora ao inciso II do § 2º do art. 130-A da CF, no sentido de submeter quaisquer atos administrativos ao controle do CNMP, tornaria inaplicáveis as regras de competência subsequentes. Aludiu-se que a Constituição teria resguardado o Conselho da eventualidade de se tornar mera instância revisora de processos administrativos disciplinares instaurados em órgãos correicionais competentes contra servidores auxiliares do *parquet*. Somente as ilegalidades perpetradas por membro do Ministério Público dariam ensejo à competência revisora do Conselho, exatamente por envolver a atuação de agentes estatais com vínculo político-institucional.

CNMP e competência revisional - 4
Reputou-se que entender de modo diverso resultaria em diminuir a importante missão constitucionalmente atribuída ao CNMP, sobrecarregando-o com a revisão de processos disciplinares de menor importância institucional e resolvidos pelos órgãos correicionais competentes. Concluiu-se que eventuais abusos e arbitrariedades dos órgãos correicionais estaduais poderiam ser aventados nos Judiciários locais, garantida a inafastabilidade de jurisdição, a preservar o Supremo de se tornar espécie de tribunal administrativo de última instância para discussão de matérias de índole pessoal. Vencidos os Ministros Marco Aurélio e Dias Toffoli, que denegavam a segurança. Este, ao fundamento de que a competência do CNMP não seria apenas para condenar, mas também para rever aquilo que o órgão disciplinar de origem fizera administrativamente. Aquele, por avaliar que o inciso IV do §2º do art. 130-A da CF refletiria prazo decadencial, de modo que o Conselho pudesse atuar em processo contra servidor se não houvesse preclusão maior da decisão administrativa. **MS 28827/SP, rel. Min. Cármen Lúcia, 28.8.2012. (MS-28827) (Inform. STF 677)**

Concurso público: CNMP e exame psicotécnico - 1
A 2ª Turma denegou mandado de segurança impetrado, pelo Estado de Rondônia e pelo respectivo Ministério Público, contra decisões do Conselho Nacional do Ministério Público - CNMP, proferidas em procedimentos de controle administrativo, que afastaram reprovação de candidatos em exame psicotécnico aplicado em concurso de ingresso para o cargo de promotor público substituto daquela unidade federativa, a fim de garantir-lhes nomeação e posse. Nas situações, primeiramente, em sede cautelar, o CNMP assegurara a eles participação na fase subsequente do certame (prova oral), na qual, posteriormente, aprovados. Depois disso, o Conselho emanara os ora atos impugnados. Inicialmente, salientou-se a competência desta Turma para o julgamento do feito, consoante Emenda Regimental 45/2011 do RISTF. Na sequência, afastaram-se as preliminares suscitadas. No tocante à aduzida decadência,

registrou-se que os atos combatidos seriam os de 18.5.2011, logo, tempestivo o presente *mandamus* impetrado em 8.8.2011, não havendo falar que os prazos iniciar-se-iam das liminares prolatadas nos procedimentos, pois substituídas pelas decisões de mérito. No que concerne à assertiva de ausência de condição de procedibilidade (Lei 12.016/2009, art. 5º, I), afirmou-se que o preceito em questão configuraria tão somente causa impeditiva de que se utilizassem simultaneamente dos embargos de declaração de natureza administrativa e da ação mandamental. A respeito da suposta nulidade dos julgados do CNMP por falta de interesse geral, asseverou-se que a necessidade de observância de critérios objetivos na aplicação do exame psicotécnico em concursos públicos revestir-se-ia de relevância jurídica e ultrapassaria de fato os interesses subjetivos da causa. No ponto, reportou-se a decisão do STF que reconhecera a repercussão geral do tema no julgamento do AI 758533/MG (DJe de 13.8.2010).

Concurso público: CNMP e exame psicotécnico - 2
Ato contínuo, analisou-se pleito de nulidade dos procedimentos por inobservância dos princípios do contraditório e da ampla defesa, tendo em conta que se deixara de intimar os demais concorrentes aprovados no certame, que seriam afetados pela alteração na ordem classificatória com o prosseguimento dos não recomendados no psicotécnico. Acerca do assunto, entendeu-se que, nos termos de competência constitucional, o Conselho limitara-se a afastar o exame considerado ilegal em relação a três participantes reprovados naquela etapa, garantindo a manutenção deles, sem interferir na situação jurídica dos outros. Sublinhou-se que os candidatos recomendados não sofreram qualquer tipo de prejuízo. Dessa maneira, assinalou-se que não seria obrigatória a intimação destes para participar do controle de legalidade. Por fim, consignou-se que, embora desnecessário, o CNMP expedira edital de notificação com o intuito de que eventuais interessados pudessem apresentar, se quisessem, razões nos citados procedimentos.

Concurso público: CNMP e exame psicotécnico - 3
No mérito, enfatizou-se que, como salientado na apreciação do AI 758533/MG, a jurisprudência desta Corte consolidara-se no sentido de que a exigência do teste psicotécnico em concurso dependeria de previsão legal e no edital, além de obedecer a critérios objetivos. Observou-se que a previsão do exame em comento estaria no art. 65 da Lei Complementar rondoniense 93/93. Passou-se, então, à análise do segundo aspecto: a necessidade de grau mínimo de objetividade e de publicidade dos critérios de avaliação psicológica. Assim, ressurtiu-se que nada constaria de mais substantivo na Resolução 8/2010 do Conselho Superior do Ministério Público de Rondônia, no edital de abertura do concurso e naquele de convocação para o processo seletivo, que pudesse conferir mínimo de objetividade ao teste ou pudesse servir de informação prévia aos concorrentes. Além disso, rejeitou-se que o pedido alternativo dos impetrantes de realização de outra avaliação psicológica. Ponderou-se que a definição ulterior de requisitos a serem utilizados violaria ainda mais o princípio da impessoalidade a que se submeteria a Administração Pública, uma vez que seriam estipuladas novas regras para candidatos conhecidos. Dessumiu-se inexistir direito líquido e certo dos impetrantes a ser tutelado. Ao fim, cassou-se medida liminar deferida e julgou-se prejudicado agravo regimental interposto pela União. O Min. Gilmar Mendes registrou que o Tribunal tem admitido mandado de segurança manejado por órgão, geralmente, em situação típica de conflito entre eles. MS 30822/DF, rel. Min. Ricardo Lewandowski, 5.6.2012. (MS-30822) (Inform. STF 669)

Súmula STJ nº 470
O Ministério Público não tem legitimidade para pleitear, em ação civil pública, a indenização decorrente do DPVAT em benefício do segurado.

Súmula STJ nº 226
O Ministério Público tem legitimidade para recorrer na ação de acidente do trabalho, ainda que o segurado esteja assistido por advogado.

Súmula STJ nº 99
O Ministério Público tem legitimidade para recorrer no processo em que oficiou como fiscal da lei, ainda que não haja recurso da parte.

12. ADVOCACIA E DEFENSORIA PÚBLICA

Art. 132 da CF e criação de cargos comissionados
O Plenário referendou medida liminar concedida monocraticamente com o fim de suspender os efeitos da alínea a do inciso I do art. 3º; dos artigos 16 e 19; e do Anexo IV, todos da Lei 8.186/2007, do Estado da Paraíba. Os dispositivos criam cargos em comissão, no âmbito do Estado-membro, de "Consultor Jurídico do Governo"; "Coordenador da Assessoria Jurídica"; e "Assistente Jurídico". O Colegiado reputou violado o art. 132 da CF, que confere aos Procuradores de Estado a representação exclusiva do Estado-membro em matéria de atuação judicial e de assessoramento jurídico, sempre mediante investidura fundada em prévia aprovação em concurso público. O aludido dispositivo constitucional teria por escopo conferir às procuradorias não apenas a representação judicial, como também o exame da legalidade interna dos atos estaduais, a consultoria e a assistência jurídica. O órgão deveria possuir ocupantes detentores das garantias constitucionais conducentes à independência funcional, para o bom exercício de seu mister, em ordem a que os atos não fossem praticados somente de acordo com a vontade do administrador, mas também conforme a lei. Assim, essa função não poderia ser exercida por servidores não efetivos, como no caso. Por fim, julgou prejudicados embargos declaratórios opostos pelo Governador. ADI 4843 MC-Referendo/PB, rel. Min. Celso de Mello, 11.12.2014. (ADI-4843) (Inform. STF 771)

ADI e Prerrogativas de Procuradores de Estado - 1
O Tribunal iniciou julgamento de ação direta de inconstitucionalidade proposta pelo Governador do Rio Grande do Norte contra o inciso I e os §§ 1º e 2º do art. 86, e os incisos V, VI, VIII e IX do art. 87, e o art. 88, todos da Lei Complementar 240/2002, do referido Estado-membro, que outorgam a garantia de vitaliciedade aos Procuradores do Estado, criam ação civil para decretação de perda de cargo destes, conferem-lhes privilégio quanto à prisão especial, forma de depoimento, prerrogativa de foro, bem como a eles autorizam o porte de arma independentemente de qualquer ato formal de licença ou autorização. Por unanimidade, o Tribunal declarou a inconstitucionalidade do inciso I e §§ 1º e 2º do art. 86, e dos incisos V, VI, VIII e IX do art. 87, da lei em questão. Entendeu-se que a garantia da vitaliciedade não se coaduna com a estrutura hierárquica a que se submetem as Procuradorias estaduais, diretamente subordinadas aos Governadores de Estado. Assim, em face da inconstitucionalidade da concessão de vitaliciedade, por arrastamento, declarou-se a inconstitucionalidade dos preceitos relativos às hipóteses de perda do cargo e de ação civil para decretação da perda do cargo. Quanto às questões concernentes à prisão cautelar e à forma de depoimento em inquérito ou processo, considerou-se que, com exceção do depoimento perante a autoridade policial - no qual há competência legislativa concorrente, por se tratar de procedimento em matéria processual -, os demais incisos usurpam a competência privativa da União para legislar sobre matéria processual (CF, art. 22, I). Julgou-se inconstitucional, da mesma forma, o preceito que trata da prerrogativa de foro, por afronta ao § 1º do art. 125 da CF, que estabelece que a competência dos tribunais será

definida na Constituição do Estado-membro. Em relação ao art. 88, que autoriza o porte de arma, o Min. Eros Grau, relator, também julgou procedente o pedido, no que foi acompanhado pelo Min. Carlos Velloso, por entender que o dispositivo viola o art. 22, I, da CF, porquanto a isenção à regra que define a ilicitude penal só pode ser concedida por norma penal. Quanto a esse ponto, o julgamento foi suspenso em virtude do pedido de vista do Min. Gilmar Mendes.

ADI e prerrogativas de Procuradores de Estado - 2
Em conclusão, o Plenário julgou procedente pedido formulado em ação direta para declarar a inconstitucionalidade da expressão "com porte de arma, independente de qualquer ato formal de licença ou autorização", contida no art. 88 da Lei Complementar 240/2002, do Estado do Rio Grande do Norte. A norma impugnada dispõe sobre garantias e prerrogativas dos Procuradores do Estado. Na sessão de 16.11.2005, o Plenário assentou a inconstitucionalidade do inciso I e §§ 1° e 2° do art. 86, e dos incisos V, VI, VIII e IX do art. 87 da aludida lei — v. Informativo 409. Na presente assentada, concluiu-se o exame do pleito remanescente relativo ao art. 88, que autoriza o porte de arma aos integrantes daquela carreira. Asseverou-se que, se apenas à União fora atribuída competência privativa para legislar sobre matéria penal, somente ela poderia dispor sobre regra de isenção de porte de arma. Em acréscimo, o Min. Gilmar Mendes ressaltou que o registro, a posse e a comercialização de armas de fogo e munição estariam disciplinados no Estatuto do Desarmamento (Lei 10.826/2003). Esse diploma criara o Sistema Nacional de Armas - Sinarm e transferira à polícia federal diversas atribuições até então executadas pelos estados-membros, com o objetivo de centralizar a matéria em âmbito federal. Mencionou precedentes da Corte no sentido da constitucionalidade do Estatuto e da competência privativa da União para autorizar e fiscalizar a produção e o comércio de material bélico (CF, art. 21, VI). Aduziu que, não obstante a necessidade especial que algumas categorias profissionais teriam do porte funcional de arma, impenderia um diálogo em seara federal. Precedentes citados: ADI 3112/DF (DJe 26.10.2007); ADI 2035 MC/RJ (DJU de 1°.8.2003); ADI 3258/RO (DJU de 9.9.2005). ADI 2729/RN, rel. orig. Min. Luiz Fux, red. p/ o acórdão Min. Gilmar Mendes, 19.6.2013. (ADI-2729) (Inform. STF 711)

EMENTA: Defensoria Pública. Implantação. Omissão estatal que compromete e frustra direitos fundamentais de pessoas necessitadas. Situação constitucionalmente intolerável. O reconhecimento, em favor de populações carentes e desassistidas, postas à margem do sistema jurídico, do "direito a ter direitos" como pressuposto de acesso aos demais direitos, liberdades e garantias. Intervenção jurisdicional concretizadora de programa constitucional destinado a viabilizar o acesso dos necessitados à orientação jurídica integral e à assistência judiciária gratuitas (CF, art. 5°, inciso LXXIV, e art. 134). Legitimidade dessa atuação dos Juízes e Tribunais. O papel do Poder Judiciário na implementação de políticas públicas instituídas pela Constituição e não efetivadas pelo Poder Público. A fórmula da reserva do possível na perspectiva da teoria dos custos dos direitos: impossibilidade de sua invocação para legitimar o injusto inadimplemento de deveres estatais de prestação constitucionalmente impostos ao Estado. A teoria da "restrição das restrições" (ou da "limitação das limitações"). Controle jurisdicional de legitimidade sobre a omissão do Estado: atividade de fiscalização judicial que se justifica pela necessidade de observância de certos parâmetros constitucionais (proibição de retrocesso social, proteção ao mínimo existencial, vedação da proteção insuficiente e proibição de excesso). Doutrina. Precedentes. A função constitucional da Defensoria Pública e a essencialidade dessa instituição da República. Recurso extraordinário conhecido e provido. AI 598.212/PR. RELATORES: Min. Celso De Mello (Inform. STF 711)

Sustentação oral em correição parcial e prerrogativa da DPU
A 2ª Turma concedeu parcialmente habeas corpus a fim de garantir à defesa o direito de apresentar razões escritas e de realizar sustentação oral na ocasião do julgamento de correição parcial proposta, no STM, em desfavor do paciente. No caso, o feito fora promovido naquele tribunal com o objetivo de desconstituir sentença proferida por Conselho Permanente de Justiça, o qual julgara extinta, sem resolução de mérito, ação penal em que o réu seria processado pela suposta prática do crime de deserção. O pleito da Defensoria Pública da União — de que fosse intimada da data da apreciação da correição parcial com a finalidade de proferir sustentação oral — fora indeferido pelo tribunal a quo, mediante a justificativa de que o procedimento não teria sido suscitado por nenhuma das partes do processo, mas sim pelo juiz-auditor corregedor. A impetração sustentava ofensa ao contraditório e à ampla defesa e requeria que fosse: a) concedida vista dos autos à instituição para apresentação de razões escritas, porquanto o feito teria o intuito de desconstituir sentença favorável ao paciente; b) deferida a oportunidade de defender oralmente suas razões quando do julgamento da correição em tela; e c) assegurado a membro da DPU o exercício de sua prerrogativa legal de sentar-se no mesmo plano do Ministério Público (Lei Complementar 80/94, art. 4°, § 7°). Verificou-se que o direito de sustentar oralmente nas correições parciais adviria do próprio regimento interno do órgão em questão, pelo que deveria ter sido franqueado à defesa. Citou-se jurisprudência do STF segundo a qual deveria ser atendido o pedido explícito da instituição de defender oralmente suas razões. Com relação ao requerimento de sentar-se no mesmo plano do parquet, denegou-se a ordem. Explicou-se que a matéria não poderia ser apreciada, porque não relativa ao risco aparente à liberdade de locomoção, de modo a justificar sua arguição pela via estreita do writ. Precedente citado: HC 112839/RJ (DJe de 17.9.2012). HC 112516/RJ, rel. Min. Ricardo Lewandowski, 11.9.2012. (HC-112516) (Inform. STF 679)

13. DEFESA DO ESTADO E DAS INSTITUIÇÕES DEMOCRÁTICAS

ADI: órgão de segurança pública e repristinação - 1
O Plenário iniciou julgamento de ação direta ajuizada em face da EC 10/2001, que inseriu a Polícia Científica no rol dos órgãos de segurança pública previsto na Constituição do Estado do Paraná. Além disso, também se impugna o art. 50 da Constituição estadual ("A Polícia Científica, com estrutura própria, incumbida das perícias de criminalísticas e médico-legais, e de outras atividades técnicas congêneres, será dirigida por peritos de carreira da classe mais elevada, na forma da lei") em virtude da repristinação de sua redação primitiva, diante da declaração de inconstitucionalidade da EC 10/2001. O Ministro Dias Toffoli (relator) julgou parcialmente procedente o pedido formulado para declarar a inconstitucionalidade da EC 10/2001 — já mencionada no caso acima —, bem como para conferir interpretação conforme à expressão "polícia científica", constante da redação primitiva do art. 50 da Constituição do Estado do Paraná. O relator rememorou o entendimento firmado na ADI 2.827/RS (DJe de 6.4.2011) no sentido de que o rol de órgãos encarregados do exercício da segurança pública, previsto no art. 144, I a V, da CF, seria taxativo e de que esse modelo federal deveria ser observado pelos Estados-membros e pelo Distrito Federal. Frisou que nada impediria que a polícia científica, órgão responsável pelas perícias, continuasse a existir e a desempenhar suas funções, sem estar, necessariamente, vinculada à polícia civil, razão pela qual afastou a alegada inconstitucionalidade da redação originária do art. 50 da Constituição paranaense. Contudo,

reputou necessário, com vistas a evitar confusão pelo uso do termo "polícia científica", conferir-lhe interpretação conforme, para afastar qualquer interpretação que lhe outorgasse o caráter de órgão de segurança pública.

ADI: órgão de segurança pública e repristinação - 2
Em divergência, o Ministro Roberto Barroso julgou integralmente procedente o pedido formulado. Inicialmente, acompanhou o relator na parte em que declarada a inconstitucionalidade da citada emenda. Entretanto, dissentiu, em parte, para não repristinar o art. 50 da Constituição paranaense. Considerou que esse artigo cairia por arrastamento, pelos mesmos fundamentos pelos quais julgada inconstitucional a aludida emenda, qual seja, a de instituir órgão — polícia técnica — fora da estrutura da polícia civil, o que seria materialmente incompatível com a Constituição. Sublinhou não ser possível criar uma polícia técnica fora da estrutura dos órgãos de segurança pública. Enfatizou que a polícia técnica deveria ter autonomia e não poderia estar subordinada ao delegado de polícia, mas sim à estrutura geral da polícia civil, a qual integraria, por mandamento constitucional. Ressaltou que sem a polícia técnica, a polícia civil não poderia cumprir as duas missões que a Constituição lhe atribuíra: polícia judiciária e a condução da investigação criminal. Em seguida, pediu vista o Ministro Teori Zavascki. ADI 2575/PR, rel. Min. Dias Toffoli, 19.11.2014. (ADI-2575) (Inform. STF 768)

14. TRIBUTAÇÃO E ORÇAMENTO

ADI: matéria orçamentária e competência legislativa
O Plenário julgou parcialmente procedente pedido formulado em ação direta para declarar a inconstitucionalidade do inciso I do art. 189 da Constituição do Estado de Rondônia, inserido pela EC estadual 17/1999, e confirmou, em parte desse dispositivo, medida cautelar anteriormente deferida (noticiada no Informativo 195). A Corte afirmou que a norma impugnada, ao considerar como integrantes da receita aplicada na manutenção e desenvolvimento do ensino as despesas empenhadas, liquidadas e pagas no exercício financeiro, afrontaria o quanto disposto no art. 24, I, II, e § 1º, da CF ("Art. 24. Compete à União, aos Estados e ao Distrito Federal legislar concorrentemente sobre: I - direito tributário, financeiro, penitenciário, econômico e urbanístico; II - orçamento; ... § 1º - No âmbito da legislação concorrente, a competência da União limitar-se-á a estabelecer normas gerais"). O Ministro Roberto Barroso, ao acompanhar esse entendimento, acrescentou que o art. 212 da CF ("A União aplicará, anualmente, nunca menos de dezoito, e os Estados, o Distrito Federal e os Municípios vinte e cinco por cento, no mínimo, da receita resultante de impostos, compreendida a proveniente de transferências, na manutenção e desenvolvimento do ensino") estabeleceria a necessidade de efetiva liquidação das despesas nele versadas. Não bastaria, portanto, o simples empenho da despesa para que se considerasse cumprido o mandamento constitucional, prática adotada pelo Estado de Rondônia. ADI 2124/RO, rel. Min. Gilmar Mendes, 19.11.2014. (ADI-2124) (Inform. STF 768)

ADI e vinculação de receita
O Plenário, por maioria, julgou parcialmente procedente pedido formulado em ação direta para declarar a inconstitucionalidade dos artigos 309, § 1º, e 314, "caput", § 5º e da expressão "e garantirá um percentual mínimo de 10% (dez por cento) para a educação especial", contida na parte final do § 2º do art. 314, todos da Constituição do Estado do Rio de Janeiro. Além disso, o Colegiado declarou a inconstitucionalidade por arrastamento das expressões "à UERJ e", "306, § 1º (atual 309), e" e "e, na hipótese da UERJ, sobre a sua receita tributária líquida" do art. 1º da Lei fluminense 1.729/1990 e do art. 6º da Lei fluminense 2.081/1993, que regulamentam os referidos dispositivos da Constituição estadual. As citadas normas estabelecem vinculação de receita para a educação em geral e, especificamente, para a UERJ e a FAPERJ. O Tribunal ressaltou que a jurisprudência do STF seria pacífica no sentido da inconstitucionalidade das normas que estabelecessem vinculação de parcelas das receitas tributárias a órgãos, fundos ou despesas. Frisou que essas leis desrespeitariam a vedação contida no art. 167, IV, da CF, bem como restringiriam a competência constitucional do Poder Executivo para a elaboração das propostas de leis orçamentárias. Essa regra constitucional somente seria excepcionada nos casos expressamente previstos na parte final do inciso IV do art. 167 da CF, que ressalva "a destinação de recursos para as ações e serviços públicos de saúde, para manutenção e desenvolvimento do ensino e para realização de atividades da administração tributária, como determinado, respectivamente, pelos artigos 198, § 2º, 212 e 37, XXII, e a prestação de garantias às operações de crédito por antecipação de receita, previstas no art. 165, § 8º, bem como o disposto no § 4º deste artigo". Em relação ao art. 332 da Constituição fluminense, também impugnado, o Colegiado recordou que o STF já teria declarado a constitucionalidade de norma de conteúdo semelhante prevista no art. 329 da Constituição estadual. Rememorou que a EC 32/2003 à Constituição estadual apenas alterara a sua redação sem modificar sua essência, além de deslocar essa norma para o art. 332 da Constituição estadual ["Art. 332. O Estado do Rio de Janeiro destinará, anualmente, à Fundação de Amparo à Pesquisa - FAPERJ, 2% (dois por cento) da receita tributária do exercício, deduzidas as transferências e vinculações constitucionais e legais"]. Concluiu que o art. 332 da Constituição fluminense estaria em harmonia com o art. 218, § 5º, da CF. Vencido, em parte, o Ministro Marco Aurélio, que julgava procedente o pedido para declarar também a inconstitucionalidade do art. 332, por afrontar a iniciativa do Chefe do Poder Executivo para propor lei orçamentária. ADI 4102/RJ, rel. Min. Cármen Lúcia, 30.10.2014. (ADI-4102) (Inform. STF 765)

Súmula vinculante STF 32

O ICMS não incide sobre alienação de salvados de sinistro pelas seguradoras.

Súmula vinculante STF 31

É inconstitucional a incidência do Imposto sobre Serviços de Qualquer Natureza – ISS sobre operações de locação de bens móveis.

Súmula vinculante STF 29

É constitucional a adoção, no cálculo do valor de taxa, de um ou mais elementos da base de cálculo própria de determinado imposto, desde que não haja integral identidade entre uma base e outra.

Súmula vinculante STF 28

É inconstitucional a exigência de depósito prévio como requisito de admissibilidade de ação judicial na qual se pretenda discutir a exigibilidade de crédito tributário.

Súmula vinculante STF 24

Não se tipifica crime material contra a ordem tributária, previsto no art. 1º, incisos I a IV, da Lei n. 8.137/90, antes do lançamento definitivo do tributo.

Súmula vinculante STF nº 19

A taxa cobrada exclusivamente em razão dos serviços públicos de coleta, remoção e tratamento ou destinação de lixo ou resíduos provenientes de imóveis, não viola o artigo 145, II, da Constituição Federal.

Súmula vinculante STF nº 8
São inconstitucionais o parágrafo único do artigo 5º do Decreto-lei n. 1.569/1977 e os artigos 45 e 46 da Lei n. 8.212/1991, que tratam de prescrição e decadência de crédito tributário.

Súmula STF nº 70
É inadmissível a interdição de estabelecimento como meio coercitivo para cobrança de tributo.

Súmula STJ nº 468
A base de cálculo do PIS, até a edição da MP n. 1.212/1995, era o faturamento ocorrido no sexto mês anterior ao do fato gerador.

Súmula STJ nº 463
Incide imposto de renda sobre os valores percebidos a título de indenização por horas extraordinárias trabalhadas, ainda que decorrentes de acordo coletivo.

Súmula STJ nº 461
O contribuinte pode optar por receber, por meio de precatório ou por compensação, o indébito tributário certificado por sentença declaratória transitada em julgado.

Súmula STJ nº 460
É incabível o mandado de segurança para convalidar a compensação tributária realizada pelo contribuinte.

Súmula STJ nº 458
A contribuição previdenciária incide sobre a comissão paga ao corretor de seguros.

Súmula STJ nº 447
Os Estados e o Distrito Federal são partes legítimas na ação de restituição de imposto de renda retido na fonte proposta por seus servidores.

15. ORDEM ECONÔMICA

AMBIENTAL. RESTRIÇÃO À ATIVIDADE ECONÔMICA. MADEIREIRA EXPLORADORA DE MOGNO.
A edição de norma que suspende o transporte, a comercialização e a exportação de madeira, bem como as autorizações para exploração e desmatamento têm efeito sobre a madeira já derrubada, sob pena de esvaziar o comando normativo do ato protetivo. O Min. Relator asseverou que, caso a Instrução Normativa n. 3/1998 do Ibama – que restringiu a exploração de mogno – não pudesse ter o alcance por ela definido, deveria ser reconhecida sua parcial ilegalidade e inconstitucionalidade, pois o transporte, a comercialização e a exportação pressupõem logicamente que a madeira já esteja derrubada. Pelo contrário, a referida instrução normativa embasou-se no art. 14, **b**, da Lei n. 4.771/1965 e nos arts. 225, § 1º, V e VII, da CF. Ademais, os atos da Administração tendentes a proteger o ambiente, tal como a restrição à atividade econômica desenvolvida pela madeireira, devem ser plenamente aceitos, dada a previsão do art. 170, VI, da CF.
REsp 1.183.279-PA, Rel. Min. Humberto Martins, julgado em 16/8/2012. (Inform. STJ 502)

Súmula vinculante STF nº 7
A norma do §3º do artigo 192 da Constituição, revogada pela emenda constitucional n. 40/2003, que limitava a taxa de juros reais a 12% ao ano, tinha sua aplicação condicionada à edição de lei complementar.

16. ORDEM SOCIAL

ED e demarcação da terra indígena Raposa Serra do Sol - 1
O Plenário, por maioria, proveu em parte embargos de declaração opostos de decisão proferida em sede de ação popular (Pet 3388/RR, DJe de 1º.7.2010), na qual julgara-se parcialmente procedente o pedido formulado para, observadas algumas condições, declarar a validade da Portaria 534, de 13.4.2005, do Ministro de Estado da Justiça, que demarcou a Terra Indígena Raposa Serra do Sol, e do Decreto Presidencial de 15.4.2005, que a homologou. Sustentava-se que o acórdão seria contraditório, na medida em que daria natureza mandamental a decisão declaratória proferida em sede de ação popular. Além disso, alegava-se que o Estado de Roraima não teria sido citado para integrar a lide como litisconsorte do autor, embora a competência da Corte para julgar a ação popular resultasse da existência de conflito federativo. Suscitavam-se, também, as seguintes questões: a) se pessoas miscigenadas poderiam permanecer na reserva; b) se pessoas que vivem maritalmente com índios poderiam permanecer na reserva; c) se autoridades religiosas de denominações não indígenas poderiam continuar a exercer suas atividades na reserva; d) se templos religiosos já construídos deveriam ser destruídos; e) se escolas públicas estatuais e municipais poderiam continuar em funcionamento; f) se, em caso positivo, poderiam continuar a lecionar conteúdo voltado à população não indígena; g) se a passagem de não índios pela única rodovia federal a ligar Boa Vista a Pacaraima, na fronteira com a Venezuela, teria sido negada ou assegurada, no todo ou em parte, ou se dependeria de autorização; h) se o mesmo ocorreria quanto à rodovia que liga Normandia a Pacaraima; i) a quem caberia autorizar a passagem por essas rodovias; j) qual seria a situação das ações individuais que questionam a boa-fé dos portadores de títulos de propriedade, se estariam automaticamente extintas ou se seriam julgadas individualmente; e k) como se procederia a posse das fazendas desocupadas.

ED e demarcação da terra indígena Raposa Serra do Sol - 2
No tocante à ausência de citação do Estado de Roraima, desproveram-se os embargos. Lembrou-se que, após encerrada a instrução, esse Estado-membro teria pleiteado ingresso como litisconsorte ativo, e o STF teria rejeitado o pedido, para admitir o ente federativo somente como assistente simples, a fim de ingressar no processo na situação em que se encontrava. Quanto à natureza da decisão proferida em ação popular, desproveu-se o recurso. Registrou-se que não seria mais aceito em caráter absoluto entendimento segundo o qual apenas sentenças condenatórias seriam suscetíveis de execução. Essa percepção teria sido reforçada após a alteração do CPC, que suprimira a referência a sentença condenatória proferida em processo civil. Sobreviera o art. 475-N, cujo inciso I identificaria como título executivo a sentença proferida no processo civil que reconhecesse a existência de obrigação de fazer, não fazer, entregar coisa ou pagar quantia. Assentou-se que esse dispositivo aplicar-se-ia à sentença que, ao julgar improcedente, parcial ou totalmente, o pedido de declaração de inexistência de relação jurídica obrigacional, reconhecesse a existência de obrigação do demandante para com o demandado. No caso, apontou-se que o STF teria declarado a validade da Portaria 534, de 13.4.2005, do Ministro de Estado da Justiça, que estabelecera a demarcação, bem como as condições em que seria implementada. Assim, o objeto executado na decisão da Corte seria o decreto presidencial que homologara essa portaria. Ademais, destacou-se que simples declaração judicial não teria o condão de fazer cessar, de forma imediata, toda e qualquer oposição indevida aos direitos reconhecidos no processo. Concluiu-se que o STF optara por dar execução própria a essa decisão, de modo a concretizar a portaria do Poder Executivo.

ED e demarcação da terra indígena Raposa Serra do Sol - 3
No que se refere às demais questões formuladas nos embargos, assinalou-se que pessoas miscigenadas, ou que vivessem mari-

talmente com índios, poderiam permanecer na área. Explicou-se que a CF/88 teria caráter pluralista e inclusivo, de maneira que o critério adotado pelo acórdão do STF não seria genético, mas sociocultural. Desse modo, poderiam permanecer na área demarcada e valer-se de seu usufruto todos que integrassem as comunidades indígenas locais. Importaria, para esse fim, a comunhão com o modo de vida tradicional dos índios da região. Reputou-se que a indagação acerca da presença de autoridades religiosas ou de templos de denominações não indígenas não teria sido debatida no acórdão de forma específica, mas reforçou-se que o objetivo da Constituição seria resguardar, para os índios, um espaço exclusivo onde pudessem viver a própria cultura e religiosidade. Esse direito, entretanto, não exigiria a ausência de contato com pessoas de fora desse espaço, como os não indígenas. Ressalvou-se, por outro lado, que não seria legítima a presença de indivíduos que tivessem como propósito interferir sobre a religião dos índios. Sublinhou-se, ainda, que a Constituição não teria por objetivo impedir os índios de fazer suas próprias escolhas, como se devessem permanecer em isolamento incondicional. Concluiu-se que, nos termos do acórdão, seria aplicável à questão religiosa a mesma lógica aplicada quanto ao usufruto das riquezas do solo, que seria conciliável com uma eventual presença de não índios, desde que tudo ocorresse sob a liderança institucional da União. Asseverou-se caber às comunidades indígenas o direito de decidir se, como, e em quais circunstâncias seria admissível a presença dos missionários e seus templos. Não se trataria de ouvir a opinião dos índios, mas de dar a ela o caráter definitivo que qualquer escolha existencial mereceria. No tocante às escolas públicas, explicitou-se que o acórdão teria sido expresso ao dizer que as entidades federadas deveriam continuar a prestar serviços públicos nas terras indígenas, desde que sob a liderança da União (CF, art. 22, XIV). Assim, seria necessária a presença de escolas públicas na área, desde que respeitadas as normas federais sobre a educação dos índios, inclusive quanto ao currículo escolar e o conteúdo programático. No que se refere à passagem de não índios pelas rodovias citadas, lembrou-se que o acórdão estabelecera esse direito de passagem, visto que os índios não exerceriam poder de polícia, sequer poderiam obstar a passagem de outros pelas vias públicas que cruzassem a área demarcada. Quanto às ações individuais que questionam a boa-fé dos portadores de títulos de propriedade, proveu-se o recurso para explicitar que ao STF não teriam sido submetidos outros processos a respeito de questões individuais relacionadas à área. Assentou-se que, uma vez transitada em julgado a sentença de mérito proferida em ação popular, nos termos do art. 18 da Lei 4.717/65 ("*Art. 18. A sentença terá eficácia de coisa julgada oponível 'erga omnes', exceto no caso de haver sido a ação julgada improcedente por deficiência de prova'; neste caso, qualquer cidadão poderá intentar outra ação com idêntico fundamento, valendo-se de nova prova*"), todos os processos relacionados a essa terra indígena deveriam adotar as seguintes premissas: a) a validade da portaria do Ministério da Justiça e do decreto presidencial, observadas as condições estabelecidas no acórdão; e b) a caracterização da área como terra indígena, para os fins dos artigos 20, XI, e 231 da CF. Disso resultaria a inviabilidade de pretensões possessórias ou dominiais de particulares, salvo no tocante a benfeitorias derivadas da ocupação de boa-fé. Por fim, quanto à posse das fazendas desocupadas, desproveu-se o recurso. Frisou-se que o tema não teria sido objeto de decisão no acórdão, mas eventuais disputas do tipo deveriam ser resolvidas pelas comunidades interessadas, com a participação da Funai e da União, sem prejuízo da intervenção do Ministério Público e do Judiciário. Vencido, em parte, o Ministro Marco Aurélio, que, considerados os esclarecimentos prestados pelo Plenário quanto a essas questões, provia os embargos em maior extensão.

ED e demarcação da terra indígena Raposa Serra do Sol - 4
Em seguida, o Plenário, por maioria, proveu parcialmente embargos declaratórios nos quais impugnadas as condições incorporadas ao dispositivo do acórdão recorrido. Alegava-se que não caberia ao STF traçar parâmetros abstratos de conduta, que sequer teriam sido objeto de discussão na lide. Sustentava-se que condições definidas em caráter geral e abstrato só poderiam ser impostas, a partir de casos concretos, por meio de súmula vinculante, inviável na hipótese porque inexistiriam reiteradas decisões da Corte sobre o tema. A Corte afirmou que as citadas condições seriam pressupostos para o reconhecimento da demarcação válida. Dessa forma, se o fundamento para se reconhecer a validade da demarcação é o sistema constitucional, seria o caso de não apenas explicitar o resultado, mas também as diretrizes que conferiram substância ao usufruto indígena e o compatibilizariam com outros elementos protegidos pela Constituição. Ponderou-se que seria impossível resolver o conflito fundiário apresentado sem enunciar os aspectos básicos do regime jurídico aplicável à área demarcada. Nesse sentido, as condições integrariam o objeto da decisão e fariam coisa julgada material. Portanto, a incidência das referidas diretrizes na reserva em comento não poderia ser objeto de questionamento em outros processos. Ressalvou-se, porém, que isso não significaria transformação da coisa julgada em ato normativo geral e abstrato, vinculante para outros processos que discutissem matéria similar. Assim, a decisão proferida na ação popular não vincularia juízes e tribunais quanto ao exame de outros processos relativos a terras indígenas diversas. Entretanto, uma vez pronunciado o entendimento da Corte sobre o tema, a partir da interpretação do sistema constitucional, seria natural que esse pronunciamento servisse de diretriz relevante para as autoridades estatais que viessem a enfrentar novamente as mesmas questões. Em suma, ainda que o acórdão embargado não tivesse efeitos vinculantes em sentido formal, ostentaria a força de decisão da mais alta Corte do País, do que decorreria elevado ônus argumentativo nos casos em que se cogitasse de superação das suas razões.

ED e demarcação da terra indígena Raposa Serra do Sol - 5
A parte recorrente sustentava, ainda, que o STF teria dado primazia incondicionada a interesses da União, bem como à tutela do meio ambiente, em detrimento dos direitos indígenas. No ponto, o Tribunal observou que o acórdão teria sido expresso a respeito da orientação adotada, sem que se pudesse vislumbrar primazia incondicionada em favor de alguém. Explicou-se que se aplicariam aos índios, como a quaisquer outros brasileiros nas suas terras, os regimes de proteção ambiental e de segurança nacional. O acórdão embargado teria definido como seriam conciliadas, em princípio, as pretensões antagônicas existentes. Sublinhou-se que essa seria tarefa ordinária do legislador, mas, na ausência de disposições claras sobre essas questões, coubera à Corte discorrer sobre o sentido das exigências constitucionais na matéria, à luz do caso concreto. Destacou-se que essa ponderação em abstrato, feita pelo STF, não impediria que outros julgadores chegassem a conclusões específicas diversas, que poderiam ser questionadas pelas vias próprias.

ED e demarcação da terra indígena Raposa Serra do Sol - 6
Alegava-se, também, que a utilização das terras indígenas pela União dependeria da prévia edição de lei complementar (CF, art. 231, § 6º). A respeito, o Tribunal asseverou que, de acordo com a interpretação conferida pelo acórdão, a reserva de lei complementar prevista nesse dispositivo não alcançaria toda e qualquer atuação da União nas terras indígenas. Em particular, o patrulhamento de fronteiras, a defesa nacional e a conservação ambiental nas áreas demarcadas não dependeriam da prévia promulgação da referida lei.

ED e demarcação da terra indígena Raposa Serra do Sol - 7
Indagava-se, ademais, como se realizaria a participação das comunidades indígenas nas deliberações que afetassem seus interesses e direitos. A respeito, a Corte afirmou que a consulta aos indígenas seria elemento central da Convenção 169 da OIT, que integraria o direito pátrio e teria sido con-

siderada no acórdão. Entretanto, frisou-se que esse direito de participação não seria absoluto. Assim, certos interesses também protegidos pela Constituição poderiam excepcionar ou limitar, sob certas condições, o procedimento de consulta prévia. No caso, lembrou-se que a decisão destacara que o direito de prévia consulta deveria ceder diante de questões estratégicas relacionadas à defesa nacional. Via de regra, o planejamento das operações militares não envolveria a necessidade de prévia consulta, mas, em relação a outros temas, ainda que estrategicamente relevantes, caberia às autoridades, e eventualmente ao Judiciário, utilizar-se da referida Convenção para ponderar os interesses em jogo. Salientou-se que a relevância da consulta às comunidades indígenas não significaria que as decisões dependessem formalmente da aceitação dessas comunidades como requisito de validade. A mesma lógica se aplicaria em matéria ambiental, de modo que não haveria problema no fato de que as tradições e costumes indígenas fossem considerados como apenas mais um fator, a ser sopesado pela autoridade ambiental. Assim, a autoridade responsável pela administração das áreas de preservação não poderia decidir apenas com base nos interesses dos indígenas, e deveria levar em conta as exigências relacionadas à tutela do meio ambiente. Assinalou-se que, em qualquer caso, estaria garantido o acesso ao Judiciário para impugnar qualquer decisão da autoridade competente.

ED e demarcação da terra indígena Raposa Serra do Sol - 8
Questionava-se, ainda, a vedação à ampliação das áreas demarcadas, nos termos do que decidido pelo Plenário. Primeiramente, o Tribunal esclareceu que o instrumento da demarcação, previsto no art. 231 da CF, não poderia ser empregado, em sede de revisão administrativa, para ampliar a terra indígena já reconhecida, sob pena de insegurança jurídica quanto ao espaço adjacente. Isso não impediria, entretanto, que a área sujeita a uso pelos índios fosse aumentada por outras vias previstas no direito. Nesse sentido, os índios e suas comunidades poderiam adquirir imóveis na forma da lei. Além disso, a União poderia obter o domínio de outras áreas, por meio de compra e venda, doação ou desapropriação. Em segundo lugar, a Corte explicitou que o acórdão não proibiria toda e qualquer revisão do ato de demarcação. Permitir-se-ia o controle judicial, e a limitação prevista no ato decisório alcançaria apenas o exercício da autotutela administrativa. Portanto, não haveria espaço para nenhum tipo de revisão fundada na conveniência e oportunidade do administrador. Isso não ocorreria, porém, nos casos de vício no processo de demarcação. Impor-se-ia o dever à Administração de anular suas decisões quando ilícitas, observado o prazo decadencial de 5 anos. Nesses casos, a anulação deveria ser precedida de procedimento administrativo idôneo. Ademais, como a nulidade configuraria vício de origem, fatos ou interesses supervenientes à demarcação não poderiam ensejar a cassação administrativa do ato. Em terceiro lugar, o Tribunal explicitou que seria vedado à União rever os atos de demarcação da Terra Indígena Raposa Serra do Sol, ainda que no exercício de autotutela administrativa, considerado o fato de que sua correção formal e material teria sido atestada pela Corte. Vencidos os Ministros Marco Aurélio e Joaquim Barbosa, Presidente, que proviam os embargos quanto às condicionantes expostas na parte dispositiva do acórdão, visto que encerrariam normas abstratas autônomas. Aduziam não caber ao STF atuar de forma tão alargada, como legislador positivo, para introduzir regras que somente poderiam existir mediante atuação do Poder Legislativo.

ED e demarcação da terra indígena Raposa Serra do Sol - 9
Em seguida, o Plenário proveu parcialmente embargos de declaração nos quais, em face da condicionante do acórdão a estipular que o usufruto dos índios não compreenderia a garimpagem ou a faiscação, que dependeriam de permissão de lavra garimpeira, alegava-se que caberia apenas aos indígenas o aproveitamento de jazimento mineral localizado naquelas terras. A Corte rememorou que o acórdão embargado não discutira à exaustão o regime legal e regulamentar aplicável à espécie, mas apenas definira que o usufruto não conferiria aos índios o direito de explorar os recursos minerais sem autorização da União, nos termos de lei específica (CF, artigos 176, § 1º, e 231, § 3º). Diferenciou-se mineração, como atividade econômica, das formas tradicionais de extrativismo, praticadas imemorialmente, nas quais a coleta constituiria expressão cultural de determinadas comunidades indígenas. Assim, no primeiro caso, não haveria como afastarem-se as exigências constitucionais citadas. Ademais, indagava-se como se realizaria o pagamento de indenização quando a feitura de obras públicas, fora da terra indígena, prejudicasse o usufruto exclusivo dos índios sobre a área. Esclareceu-se que o ponto não integraria o objeto da ação e, por isso, não teria sido abordado na decisão embargada. Salientou-se que a configuração do dever de indenizar dependeria de pressupostos que deveriam ser examinados em cada caso concreto, à luz da legislação pertinente.

ED e demarcação da terra indígena Raposa Serra do Sol - 10
Seguindo no julgamento do recurso, o Plenário deliberou, em face de questão de ordem apresentada pelo Ministro Roberto Barroso, relator, que tão logo transitado em julgado o acórdão, cessaria a competência do STF em relação ao feito. Anotou-se que a execução do que decidido pela Corte estaria a transcorrer, na justiça federal local, normalmente, e que não haveria mais conflito federativo a sanar. Dessa forma, eventuais processos a envolver a área em questão deveriam ser julgados pelos órgãos locais competentes.
Pet 3388 ED - Primeiros a Sétimos/RR, rel. Min. Roberto Barroso, 23.10.2013. (Pet-3388) (Inform. STF 725)

Súmula vinculante STF nº 12
A cobrança de taxa de matrícula nas universidades públicas viola o disposto no art. 206, IV, da Constituição Federal.

Súmula STF nº 732
É constitucional a cobrança da contribuição do salário-educação, seja sob a Carta de 1969, seja sob a Constituição Federal de 1988, e no regime da Lei 9424/1996.

Súmula STF nº 729
A decisão na ADC-4 não se aplica à antecipação de tutela em causa de Natureza previdenciária.

Súmula STF nº 650
Os incisos I e XI do art. 20 da Constituição Federal não alcançam terras de aldeamentos extintos, ainda que ocupadas por indígenas em passado remoto.

Súmula STJ nº 469
Aplica-se o Código de Defesa do Consumidor aos contratos de plano de saúde.

Súmula STJ nº 467
Prescreve em cinco anos, contados do término do processo administrativo, a pretensão da Administração Pública de promover a execução da multa por infração ambiental.

Súmula STJ nº 416
É devida a pensão por morte aos dependentes do segurado que, apesar de ter perdido essa qualidade, preencheu os requisitos legais para a obtenção de aposentadoria até a data do seu óbito.

17. DISPOSIÇÕES CONSTITUCIO-NAIS GERAIS

Serventia extrajudicial: oitiva de titular efetivado e declaração de nulidade - 1
A 1ª Turma iniciou julgamento de recurso extraordinário em que se discute a declaração de nulidade de ato do Presidente do Tribunal de Justiça do Estado de Santa Catarina que efetivara, em 15.6.90, o recorrente na titularidade de cartório sem concurso público, consoante o art. 14 do ADCT da Constituição da mencionada unidade federativa. Na origem, trata-se de mandado de segurança impetrado contra o ato mediante o qual, em 12.2.98, Presidente daquela Corte afastara a aludida outorga da delegação, sem oitiva do interessado, tendo em conta inconstitucionalidade assentada, com eficácia retroativa, do citado artigo (ADI 363/SC, DJU de 3.5.96) e deferimento de medida cautelar, com efeitos *ex tunc*, na ADI 1573/SC (DJU de 5.9.97). Aduz o recorrente: a) a inobservância do devido processo legal; e b) a incompetência da autoridade para emanar a decisão hostilizada, que caberia ao Executivo. Além disso, aponta infringência à Constituição (art. 2º; incisos LIV e LV do art. 5º; cabeça e § 1º do art. 236).

Serventia extrajudicial: oitiva de titular efetivado e declaração de nulidade - 2
O Min. Marco Aurélio, relator, deu provimento ao recurso para conceder a segurança e declarar a nulidade do ato impugnado, com as consequências próprias. Ressaltou que o processo motivador da interposição deste feito mostrar-se-ia subjetivo, diversamente daqueloutro aludido nas contrarrazões e no parecer, que declarara a inconstitucionalidade do art. 14. Salientou que na ADI 363/SC, o pronunciamento do Supremo ganhara eficácia retroativa, irradiando-se, mas não a ponto de, por si mesmo, afastar do cenário jurídico situações em curso, situações constituídas. Aduziu que a titularidade fora suprimida sem que se tivesse aberto oportunidade, ao então detentor, de se manifestar, de exercer, procedente ou não, o direito de defesa. Reportou, então, ao que asseverado no RE 158543/RS (DJU de 6.10.95). Dessumiu inobservados o devido processo legal, com o desrespeito ao contraditório, haja vista que possuiria situação jurídica aperfeiçoada por ato de Presidente da Corte estadual, fulminada sem a manifestação do interessado.

Serventia extrajudicial: oitiva de titular efetivado e declaração de nulidade - 3
Relativamente à alegação de incompetência para a prática do ato que implicara a declaração de vacância da serventia, asseverou que haveria de se levar em conta a autoria daquele que o antecedera. Ressaltou que a controvérsia teria solução considerada a origem do ato da outorga. Acresceu que o desfazimento deveria ser implementado pela mesma autoridade. Consignou, ainda, que não caberia potencializar a referência, no art. 236 da CF, à delegação do Poder Público, nem o veto ocorrido ao art. 2º da Lei 8.935/94, que dispunha competir ao Poder Judiciário operar a delegação. A Min. Rosa Weber acompanhou o relator apenas quanto ao fundamento de que, no mínimo, deveria ter sido ouvido o recorrente, a assegurar-lhe o contraditório e a ampla defesa. Após, pediu vista o Min. Luiz Fux.

Serventia extrajudicial: oitiva de titular efetivado e declaração de nulidade - 4
A 1ª Turma retomou julgamento de recurso extraordinário em que se discute a declaração de nulidade de ato do Presidente do Tribunal de Justiça do Estado de Santa Catarina que efetivara, em 15.6.90, o recorrente na titularidade de cartório sem concurso público, consoante o art. 14 do ADCT da Constituição da mencionada unidade federativa. Na origem, trata-se de mandado de segurança impetrado contra o ato mediante o qual, em 12.2.98, Presidente daquela Corte afastara a aludida outorga da delegação, sem oitiva do interessado, tendo em conta inconstitucionalidade assentada, com eficácia retroativa, do citado artigo (ADI 363/SC, DJU de 3.5.96) e deferimento de medida cautelar, com efeitos ex tunc, na ADI 1573/SC (DJU de 5.9.97). Alega o recorrente: a) a inobservância do devido processo legal; e b) a incompetência da autoridade para emanar a decisão hostilizada, que caberia ao Executivo. Além disso, aponta infringência à Constituição (art. 2º; incisos LIV e LV do art. 5º; caput e § 1º do art. 236) — v. Informativo 668.

Serventia extrajudicial: oitiva de titular efetivado e declaração de nulidade - 5
O Min. Luiz Fux, em divergência aos Ministros Marco Aurélio, relator, e Rosa Weber, negou provimento ao recurso extraordinário, no que foi acompanhado pelo Min. Dias Toffoli. Consignou que o acórdão recorrido estaria de acordo com a diretriz jurisprudencial desta Corte. Aduziu que a mens legislatoris dos artigos 14, 15 e 39, § 2º, da Lei 8.935/94 (Lei dos Cartórios) apontaria que a autoridade competente para proceder à declaração de vacância seria a judicial, mais especificamente o Presidente do tribunal de justiça da respectiva unidade da Federação. Isto porque, ante a ausência de menção expressa e tendo o legislador ordinário federal condicionado a delegação para os exercícios das atividades notariais à prévia aprovação em concurso público de provas e títulos realizado pelo Poder Judiciário (arts. 14 e 15), supor-se-ia que a declaração de vacância dessa serventia incumbiria ao próprio Poder Judiciário. Ressaltou que o Supremo teria fixado entendimento segundo o qual a investidura para o exercício dos serviços notariais e de registro, após o advento da CF/88, dependeria de prévia habilitação em concurso público (CF, art. 37, II).

Serventia extrajudicial: oitiva de titular efetivado e declaração de nulidade - 6
Sublinhou que o art. 22, XXV, da CF, que atribuiria à União competência para legislar sobre registros públicos, c/c o art. 236 § 1º, da CF (" § 1º Lei regulará as atividades, disciplinará a responsabilidade civil e criminal dos notários, dos oficiais de registro e de seus prepostos, e definirá a fiscalização de seus atos pelo Poder Judiciário"), que outorgaria à lei regulamentar as atividades dos notários e dos oficiais de registro, indicaria inexoravelmente que a competência para regular e disciplinar a autoridade competente para declarar a vacância de serventias extrajudiciais recairia sobre a União. Essa conclusão levaria ao afastamento, com declaração incidental de inconstitucionalidade formal, da Lei Complementar 183/99, do Estado de Santa Catarina, por usurpação de competência legislativa privativa da União para legislar sobre registros públicos. Por fim, reputou que, uma vez comprovado que o ato de habilitação teria ocorrido em desacordo com o aludido imperativo constitucional, não se cogitaria de instauração de processo administrativo àqueles que se encontrassem nessa situação. Seria, ademais, irrelevante o lapso temporal em que exercidas as atividades. Após, o julgamento foi suspenso para aguardar-se o voto de desempate. RE 336739/SC, rel. Min. Marco Aurélio, 14.5.2013. (RE-336739) (Inform. STF 706)

18. ATO DAS DISPOSIÇÕES CONS-TITUCIONAIS TRANSITÓRIAS

EMB. DECL. NO RE N. 368.090-PR
RELATOR: MIN. GILMAR MENDES
Embargos de declaração em recurso extraordinário. 2. Direito Constitucional. Anistia. Art. 8º do ADCT. Extensão. Promoções e indenizações pertinentes a carreiras de servidores públicos e empregados. Precedentes. 3. Confisco decorrente de sanção pela prática de enriquecimento ilícito. Pedido de restituição de bens confiscados. Impossibilidade. Inaplicabilidade do art. 8º

do ADCT. 4. Ausência de contradição, obscuridade ou omissão da decisão recorrida. Tese que objetiva a concessão de efeitos infringentes aos embargos declaratórios. Mero inconformismo. Precedentes. Embargos protelatórios. Imposição de multa. 5. Embargos de declaração rejeitados. (Inform. STF 703)

Precatório: ação plúrima e art. 87 do ADCT
A 1ª Turma negou provimento a recurso extraordinário no qual a fazenda pública sustentava a necessidade de expedição de precatório ao argumento de que a soma dos créditos dos litisconsortes ativos facultativos ultrapassaria o limite previsto no art. 87 do ADCT. Reputou-se não caber a junção dos créditos de pessoas diferentes contemplados no título para expedir-se o precatório, sob pena de desestimular-se a propositura de ação plúrima, o que sobrecarregaria, ainda mais, o Poder Judiciário. Ademais, asseverou-se que cada obrigação contida no título judicial, considerada individualmente, não ultrapassaria o aludido limite.RE 634707/SP, rel. Min. Marco Aurélio, 17.4.2012. (RE-634707) (Inform. STF 662)

19. OUTRAS MATÉRIAS E DECISÕES DE CONTEÚDOS VARIADOS

Resolução 80/2009 do CNJ e extinção de serventia - 1
O Plenário iniciou julgamento de agravo regimental em mandado de segurança em que se requer a submissão do writ ao crivo do Colegiado. Na espécie, cuida-se de impetração contra ato do Corregedor do Conselho Nacional de Justiça - CNJ, que negara seguimento a recurso administrativo. Este, por sua vez, fora deduzido em face de decisão do CNJ que mantivera na relação de serventias declaradas vagas (Resolução 80/2009 do CNJ) — a fim de ser submetida a concurso público para outorga de delegação — aquela para a qual o ora impetrante fora removido, por permuta, mediante decreto judiciário (Decreto Judiciário 665/92 do TJ/PR). O impetrante pleiteia a declaração de insubsistência do ato tido como coator ou, na hipótese de não ser acatado este pedido, que ele seja colocado à disposição, recebendo vencimentos proporcionais aos valores que aufere na serventia até que futuramente lhe seja concedida outra (CF, art. 41, § 3º). Alega, ainda, que teria ingressado na atividade notarial e de registro mediante aprovação em concurso público, conforme o Decreto Judiciário 372/92 do TJ/PR. Além disso, afirma que não poderia retornar para a serventia de origem, uma vez que esta teria sido extinta.

Resolução 80/2009 do CNJ e extinção de serventia - 2
O Ministro Dias Toffoli, relator, negou provimento ao agravo regimental. Assinalou que o recorrente não prestara certame para a atual serventia. Aludiu à jurisprudência do STF no sentido de que, a partir de 5.10.88, o concurso público seria pressuposto infestável para a delegação de serventias extrajudiciais, inclusive em se tratando de remoção (CF, art. 236, § 3º). Além disso, estaria sedimentado no Supremo que a atividade notarial e de registro sujeitar-se-ia a regime jurídico de caráter privado. Em divergência, os Ministros Marco Aurélio e Roberto Barroso deram provimento ao agravo regimental para que o mandado de segurança tivesse sequência e fosse submetido ao Colegiado. O primeiro salientou que se deveria viabilizar o exame do mandado de segurança, já aparelhado com parecer da Procuradoria-Geral da República. O segundo enfatizou que se necessário avaliar se a situação dos autos distinguir-se-ia da regra geral. Após, pediu vista o Ministro Joaquim Barbosa, Presidente. MS 29286 AgR/DF, rel. Min. Dias Toffoli, 17.10.2013. (MS-29286) (Inform. STF 724)

Desistência e recurso pendente de julgamento
A 1ª Turma deu parcial provimento a agravo regimental, interposto pela União, para homologar apenas a desistência de embargos de declaração do contribuinte. No caso, ele, ora agravado, interpusera agravo de instrumento, monocraticamente desprovido, cuja decisão fora mantida pela Turma em agravo regimental. Opostos embargos declaratórios, ainda pendentes de apreciação, requerera desistência do agravo de instrumento e dos recursos que se seguiram. Homologada a pretensão, determinara-se a baixa dos autos, a ensejar o presente regimental. A União sustentava que não se poderia homologar desistência de recurso já julgado e que, como o contribuinte pretendia aderir a parcelamento de débito, previsto na Lei 12.249/2010, deveria ser, desde logo, homologada sua renúncia ao direito sobre o qual se fundaria a ação. Consignou-se que somente seria possível a desistência de recurso ainda pendente de julgamento. O Min. Luiz Fux ressaltou que esse instituto teria como termo ad quem a sustentação oral ou o pronunciamento final do julgamento. Reajustou voto o Min. Dias Toffoli, relator. AI 773754 AgR-ED-AgR/RJ, rel. Min. Dias Toffoli, 10.4.2012. (AI-773754) (Inform. STF 661)

Súmula STJ nº 410
A prévia intimação pessoal do devedor constitui condição necessária para a cobrança de multa pelo descumprimento de obrigação de fazer ou não fazer.

Súmula STJ nº 193
O direito de uso de linha telefônica pode ser adquirido por usucapião.

6. DIREITO ADMINISTRATIVO

1. PRINCÍPIOS ADMINISTRATIVOS

Verba indenizatória e publicidade - 1
O Plenário iniciou julgamento de mandado de segurança impetrado contra ato do Senado Federal, que indeferira pedido de acesso aos comprovantes apresentados pelos senadores para recebimento de verba indenizatória, no período de setembro a dezembro de 2008. O Ministro Roberto Barroso (relator) concedeu a ordem para que o Senado forneça à impetrante cópia reprográfica dos documentos comprobatórios do uso da verba indenizatória solicitados, no que foi acompanhado pelos Ministros Teori Zavascki, Rosa Weber, Cármen Lúcia e Marco Aurélio. De início, reconheceu a legitimidade ativa da impetrante, por considerar que os veículos de imprensa teriam direito líquido e certo à obtenção desses elementos, com base no princípio da publicidade (CF, art. 37, "caput") e em outras disposições constitucionais correlatas, notadamente a liberdade de informação jornalística (CF, art. 220, § 1º). Ressaltou que as referidas verbas destinar-se-iam a indenizar despesas diretas e exclusivamente relacionadas ao exercício da função parlamentar. Sua natureza pública estaria presente tanto na fonte pagadora — o Senado Federal — quanto na finalidade, vinculada ao exercício da representação popular. Nesse contexto, a regra geral seria a publicidade e decorreria de um conjunto de normas constitucionais, como o direito de acesso à informação por parte dos órgãos públicos (CF, art. 5º, XXXIII) — especialmente no tocante à documentação governamental (CF, art. 216, § 2º) —, o princípio da publicidade (CF, art. 37, "caput" e § 3º, II) e o princípio republicano (CF, art. 1º), do qual se originariam os deveres de transparência e prestação de contas, bem como a possibilidade de responsabilização ampla por eventuais irregularidades. Recordou que o art. 1º, parágrafo único, da CF enuncia que "todo o poder emana do povo". Assim, os órgãos estatais teriam o dever de esclarecer ao seu mandante, titular do poder político, como seriam usadas as verbas arrecadadas da sociedade para o exercício de suas atividades. Observou que a Constituição ressalvaria a regra da publicidade apenas em relação às informações cujo sigilo fosse imprescindível à segurança da sociedade e do Estado (CF, art. 5º, XXXIII, parte final) e às que fossem protegidas pela inviolabilidade conferida à intimidade, vida privada, honra e imagem das pessoas (CF, art. 5º, X, c/c art. 37, § 3º, II). Por se tratar de situações excepcionais, o ônus argumentativo de demonstrar a caracterização de uma dessas circunstâncias incumbiria a quem pretendesse afastar a regra geral da publicidade.

Verba indenizatória e publicidade - 2
O relator consignou que a autoridade impetrada teria justificado sua recusa nas duas exceções acima citadas. Refutou a assertiva de que a concessão da ordem poderia gerar um perigoso precedente, uma vez que permitiria igualmente o acesso a informações sobre verbas indenizatórias pagas no âmbito de outros órgãos estratégicos, como a ABIN, o Centro de Inteligência do Exército e da Marinha, a Comissão Nacional de Energia Nuclear do Ministério da Ciência e da Tecnologia, a Presidência da República e mesmo os tribunais superiores. Sublinhou que o caráter estratégico das atividades desenvolvidas por determinado órgão não tornaria automaticamente secretas todas as informações a ele referentes. No caso do Senado Federal, as atividades ordinárias de seus membros estariam muito longe de exigir um caráter predominantemente sigiloso. Em se tratando de órgão de representação popular por excelência, presumir-se-ia justamente o contrário. Nesse domínio, eventual necessidade de sigilo não poderia ser invocada de forma genérica, devendo ser concretamente justificada. Quanto à segunda exceção que justificaria a restrição à publicidade — informações relacionadas à intimidade, vida privada, honra e imagem das pessoas —, entendeu não ser pertinente que se invocasse a intimidade, de forma genérica, para restringir a transparência acerca do emprego de verbas públicas exclusivamente relacionadas ao exercício da função parlamentar. Salientou que a hipótese nada teria a ver com uma devassa genérica na vida privada dos agentes políticos. Não se cuidaria da divulgação, pelo Poder Público, da forma como os senadores gastariam o subsídio recebido a título de remuneração ou mesmo sobre o emprego de outras rendas privadas auferidas a título diverso. Em seguida, pediu vista dos autos o Ministro Ricardo Lewandowski (Presidente). MS 28178/DF, rel. Min. Roberto Barroso, 3.12.2014. (MS-28178) (Inform. STF 770)

ADI: divulgação de obras públicas e princípio da publicidade
O Plenário julgou improcedente pedido formulado em ação direta ajuizada em face da Lei 11.521/2000 do Estado Rio Grande do Sul, a qual obriga o Poder Executivo do referido Estado-membro a divulgar na imprensa oficial e na internet a relação completa de obras atinentes a rodovias, portos e aeroportos. A Corte apontou não se verificar a existência de vício formal ou material na edição da norma em comento, visto que editada em atenção aos princípios da publicidade e da transparência, a viabilizar a fiscalização das contas públicas. ADI 2444/RS, rel. Min. Dias Toffoli, 6.11.2014. (ADI-2444) (Inform. STF 766)

ADPF e atos judicial e administrativo - 1
O Plenário referendou medida cautelar em arguição de descumprimento de preceito fundamental para suspender decisão de tribunal regional federal, que determinara o cumprimento de cronograma inicialmente proposto de implementação de audiodescrição por parte dos prestadores de radiodifusão de sons e imagens e de retransmissão de televisão. O Colegiado suspendeu, ainda, a Portaria 332/A/2013 do Ministério das Comunicações, editada em observância àquele pronunciamento judicial. Na espécie, o Ministério das Comunicações editara a Portaria 310/2006, que estabeleceu cronograma de implementação do recurso de audiodescrição, consistente na narrativa, em língua portuguesa, integrada ao som original da obra audiovisual, em que se descrevem sons e elementos visuais e quaisquer informações adicionais que sejam relevantes para possibilitar a melhor compreensão da obra por pessoas com deficiência visual e intelectual. Consoante a Portaria 310/2006, o recurso de acessibilidade deveria ser executado no prazo de

24 a 132 meses, a contar de sua publicação, e segundo escala crescente de disponibilidade temporal dentro da programação diária. Verificadas dificuldades técnicas e após consulta pública, o Ministério das Comunicações concluíra pela inviabilidade dos prazos estabelecidos e editara nova portaria – Portaria 188/2010 –, que alterou o cronograma originário e as metas impostas para a implantação do citado recurso. Na sequência, via ação civil pública, o Ministério Público requerera o cumprimento do cronograma originário previsto na aludida Portaria 310/2006. O feito fora extinto sem julgamento de mérito. Entretanto, em grau de recurso, o tribunal regional federal afastara as mudanças promovidas pela Portaria 188/2010 e determinara a observância dos prazos inicialmente fixados. Em virtude disso, o Ministério das Comunicações editara a questionada Portaria 332/A/2013.

ADPF e atos judicial e administrativo - 2
O STF assentou que o ato judicial que impusera novo lapso temporal implicara reavaliação de diagnósticos e prognósticos feitos pelo órgão especializado competente. Destacou que o novo cronograma fora fixado após audiência pública, ouvidas as partes interessadas. Aduziu que a Portaria 188/2010 seria providência adotada por órgão revestido de capacidade cognitiva para investigar as condições materiais e de tempo imprescindíveis à implantação da medida de acessibilidade e para definir o procedimento pertinente. Assinalou que o Ministério das Comunicações estaria habilitado, diante de seu quadro de pessoal e de sua função constitucional, a tomar decisões complexas como a ora examinada, considerados aspectos essencialmente técnicos, com amplo domínio sobre as limitações fáticas e as perspectivas operacionais dos destinatários da política pública em jogo. Esclareceu que as múltiplas variáveis que teriam motivado a edição da Portaria 188/2010 não seriam imunes ao crivo judicial, em especial se levada em conta a relevância constitucional do propósito social buscado. Ressaltou que a complexidade requereria cautela por parte dos magistrados e maior deferência às soluções encontradas pelos órgãos especializados na área. Concluiu que a decisão do tribunal regional federal afrontara preceitos fundamentais como a separação de Poderes, o devido processo legal e a eficiência administrativa. ADPF 309 Referendo-MC/DF, rel. Min. Marco Aurélio, 25.9.2014. (ADPF-309) (Inform. STF 760)

ADI e decisão administrativa: cabimento e reserva legal
O Plenário julgou procedente pedido formulado em ação direta, para declarar a inconstitucionalidade de decisão proferida por tribunal de justiça local, nos autos de processo administrativo, em que reconhecido o direito à gratificação de 100% aos interessados — servidores daquele tribunal — e estendida essa gratificação aos demais servidores do órgão em situação análoga. Preliminarmente, por maioria, conheceu-se da ação. No ponto, o Ministro Roberto Barroso salientou que a decisão da Corte de origem teria conteúdo normativo, com generalidade e abstração, porque estendera os efeitos da concessão de gratificação a um número expressivamente maior de pessoas, em comparação às diretamente interessadas no procedimento administrativo. Desse modo, ponderou cabível o controle abstrato de constitucionalidade. A Ministra Rosa Weber destacou que esse caráter de generalidade seria aferível a partir da indeterminação subjetiva das pessoas eventualmente atingidas pela decisão discutida. O Ministro Ricardo Lewandowski constatou que os servidores beneficiados com a decisão favorável no tocante à gratificação serviriam como paradigmas a partir dos quais o mesmo benefício seria estendido a outros servidores, em número indeterminado. Ademais, registrou que a decisão em comento fundar-se-ia diretamente na Constituição, porque invocado o princípio da isonomia. Vencida, quanto à preliminar, a Ministra Cármen Lúcia, relatora, que não conhecia da ação por considerar inadequada a via eleita. Reputava que o ato adversado não seria dotado de autonomia, suficiência, generalidade, abstração e obrigatoriedade de cumprimento para todos. No mérito, o Colegiado asseverou que o tribunal de justiça local teria estendido o recebimento da gratificação por ato diverso de lei, em contrariedade ao art. 37, X, da CF (*X - a remuneração dos servidores públicos e o subsídio de que trata o § 4º do art. 39 somente poderão ser fixados ou alterados por lei específica, observada a iniciativa privativa em cada caso, assegurada revisão geral anual, sempre na mesma data e sem distinção de índices*). Assinalou que teria havido, ademais, equiparação remuneratória entre servidores, vedada pelo art. 37, XIII, da CF (*XIII - é vedada a vinculação ou equiparação de quaisquer espécies remuneratórias para o efeito de remuneração de pessoal do serviço público*), conforme reiterada jurisprudência do STF. Acrescentou que a decisão impugnada adotara como fundamento o princípio da isonomia. Entretanto, de acordo com o Enunciado 339 da Súmula do STF (*Não cabe ao Poder Judiciário, que não tem função legislativa, aumentar vencimentos de servidores públicos sob fundamento de isonomia*), afirmou que não se poderia invocar esse postulado para obtenção de ganho remuneratório sem respaldo legal. Nesse sentido, se ao Poder Judiciário, em sua função jurisdicional, não seria permitido o aumento de vencimento de servidores com base no referido princípio, menos ainda no exercício de função administrativa. ADI 3202/RN, rel. Min. Cármen Lúcia, 5.2.2014. (ADI-3202) (Inform. STF 734)

EMENTA: PROCEDIMENTO ADMINISTRATIVO E DESCONSIDERAÇÃO EXPANSIVA DA PERSONALIDADE JURÍDICA. "DISREGARD DOCTRINE" E RESERVA DE JURISDIÇÃO: EXAME DA POSSIBILIDADE DE A ADMINISTRAÇÃO PÚBLICA, MEDIANTE ATO PRÓPRIO, AGINDO "PRO DOMO SUA", DESCONSIDERAR A PERSONALIDADE CIVIL DA EMPRESA, EM ORDEM A COIBIR SITUAÇÕES CONFIGURADORAS DE ABUSO DE DIREITO OU DE FRAUDE. A COMPETÊNCIA INSTITUCIONAL DO TRIBUNAL DE CONTAS DA UNIÃO E A DOUTRINA DOS PODERES IMPLÍCITOS. INDISPENSABILIDADE, OU NÃO, DE LEI QUE VIABILIZE A INCIDÊNCIA DA TÉCNICA DA DESCONSIDERAÇÃO DA PERSONALIDADE JURÍDICA EM SEDE ADMINISTRATIVA. A ADMINISTRAÇÃO PÚBLICA E O PRINCÍPIO DA LEGALIDADE: SUPERAÇÃO DE PARADIGMA TEÓRICO FUNDADO NA DOUTRINA TRADICIONAL? O PRINCÍPIO DA MORALIDADE ADMINISTRATIVA: VALOR CONSTITUCIONAL REVESTIDO DE CARÁTER ÉTICO-JURÍDICO, CONDICIONANTE DA LEGITIMIDADE E DA VALIDADE DOS ATOS ESTATAIS. O ADVENTO DA LEI Nº 12.846/2013 (ART. 5º, IV, "e", E ART. 14), AINDA EM PERÍODO DE "VACATIO LEGIS". DESCONSIDERAÇÃO DA PERSONALIDADE JURÍDICA E O POSTULADO DA INTRANSCENDÊNCIA DAS SANÇÕES ADMINISTRATIVAS E DAS MEDIDAS RESTRITIVAS DE DIREITOS. MAGISTÉRIO DA DOUTRINA. JURISPRUDÊNCIA. PLAUSIBILIDADE JURÍDICA DA PRETENSÃO CAUTELAR E CONFIGURAÇÃO DO "PERICULUM IN MORA". MEDIDA LIMINAR DEFERIDA. MS 32.494-MC/DF, Rel. Ministro Celso de Mello, j. Em 11.11.2013. (Inform. STF 732)

AG. REG. NO ARE N. 681.780-DF
RELATOR: MIN. DIAS TOFFOLI
EMENTA: Agravo regimental no recurso extraordinário com agravo. Administrativo. Servidor público. Remoção de ofício. Impossibilidade de continuar frequentando curso superior na nova lotação. Impossibilidade de remoção do cônjuge para acompanhá-lo. Circunstâncias fáticas que nortearam a decisão da origem em prol do princípio da proteção à família. Reexame de fatos e provas. Impossibilidade. Precedentes.
1. A Corte de origem concluiu, em razão de circunstâncias fáticas específicas, que o princípio da proteção à família deveria prevalecer em relação ao princípio da supremacia do interesse público, ante o evidente prejuízo que a remoção acarretaria ao servidor e à sua família.
2. Ponderação de interesses que, **in casu**, não prescinde do reexame dos fatos e das provas dos autos, o que é inadmissível em recurso extraordinário. Incidência da Súmula nº 279/STF.
3. Agravo regimental não provido. (Inform. STF 725)

AG. REG. NO RE N. 701.993-SC
RELATORA: MIN. ROSA WEBER
EMENTA: DIREITO ADMINISTRATIVO. POSSIBILIDADE DE A ADMINISTRAÇÃO ANULAR OU REVOGAR SEUS ATOS. SÚMULA 473/STF. AS RAZÕES DO AGRAVO REGIMENTAL NÃO SÃO APTAS A INFIRMAR OS FUNDAMENTOS DA DECISÃO AGRAVADA. ACÓRDÃO RECORRIDO PUBLICADO EM 15.8.2011.
A jurisprudência da Corte é firme no sentido de que a Administração Pública pode anular os seus próprios atos quando eivados de vícios que os tornem ilegais, desde que observado o devido processo legal, conforme disposto na Súmula 473/STF: *"A Administração pode anular seus próprios atos, quando eivados de vícios que os tornam ilegais, porque deles não se originam direitos; ou revogá-los, por motivo de conveniência ou oportunidade, respeitados os direitos adquiridos, e ressalvada em todos os casos, a apreciação judicial".*
As razões do agravo regimental não são aptas a infirmar os fundamentos que lastrearam a decisão agravada.
Agravo regimental conhecido e não provido. (Inform. STF 717)

AG. REG. NO ARE N. 718.343-RS
RELATORA: MIN. ROSA WEBER
EMENTA: DIREITO ADMINISTRATIVO. CONTROLE DE LEGALIDADE DOS ATOS ADMINISTRATIVOS PELO PODER JUDICIÁRIO. PRINCÍPIO DA SEPARAÇÃO DE PODERES. SUPOSTA AFRONTA AOS ARTS. 2º E 37 DA CONSTITUIÇÃO DA REPÚBLICA. OFENSA NÃO CONFIGURADA. ACÓRDÃO RECORRIDO DISPONIBILIZADO EM 7.5.2012.
O controle de legalidade dos atos administrativos pelo Poder Judiciário não ofende o princípio da separação dos poderes. Precedentes
Agravo regimental conhecido e não provido. (Inform. STF 716)

AG. REG. NO RE N. 636.686-RS
RELATOR: MIN. GILMAR MENDES
Agravo regimental em recurso extraordinário. 2. Direito Administrativo. 3. Defensoria pública. Implantação de plantão permanente na cidade de Erechim. Mérito administrativo. Impossibilidade de ingerência do Poder Judiciário ante a ausência de ilegalidade ou abuso de poder. Princípio da separação dos poderes. Precedentes. Inexistência de argumentos capazes de infirmar a decisão agravada. 5. Agravo regimental a que se nega provimento. (Inform. STF 715)

AG. REG. NO RE N. 628.159-MA
RELATORA: MIN. ROSA WEBER
EMENTA: DIREITO ADMINISTRATIVO. SEGURANÇA PÚBLICA. IMPLEMENTAÇÃO DE POLÍTICAS PÚBLICAS. PRINCÍPIO DA SEPARAÇÃO DE PODERES. OFENSA NÃO CONFIGURADA. ACÓRDÃO RECORRIDO PUBLICADO EM 04.11.2004.
O Poder Judiciário, em situações excepcionais, pode determinar que a Administração Pública adote medidas assecuratórias de direitos constitucionalmente reconhecidos como essenciais, sem que isso configure violação do princípio da separação de poderes. Precedentes.
Agravo regimental conhecido e não provido. (Inform. STF 715)

AG. REG. NO AI N. 810.410-GO
RELATOR: MIN. DIAS TOFFOLI
EMENTA: Agravo regimental no agravo de instrumento. Constitucional. Poder Judiciário. Determinação para implementação de políticas públicas. Segurança pública. Destacamento de policiais para garantia de segurança em estabelecimento de custódia de menores infratores. Violação do princípio da separação dos Poderes. Não ocorrência. Precedentes.

1. O Poder Judiciário, em situações excepcionais, pode determinar que a Administração pública adote medidas assecuratórias de direitos constitucionalmente reconhecidos como essenciais sem que isso configure violação do princípio da separação dos poderes.
2. Agravo regimental não provido. (Inform. STF 714)

DIREITO CONSTITUCIONAL E ADMINISTRATIVO. ACESSO A INFORMAÇÕES DE CARTÃO CORPORATIVO DO GOVERNO FEDERAL. O não fornecimento pela União do extrato completo – incluindo tipo, data, valor das transações efetuadas e CNPJ dos fornecedores – do cartão de pagamentos (cartão corporativo) do Governo Federal utilizado por chefe de Escritório da Presidência da República constitui ilegal violação ao direito de acesso à informação de interesse coletivo, quando não há evidência de que a publicidade desses elementos atentaria contra a segurança do Presidente e Vice-Presidente da República ou de suas famílias. No caso, o não fornecimento de documentos e informações constitui ilegal violação ao direito de acesso à informação de interesse coletivo, sendo importante a sua divulgação, regida pelos princípios da publicidade e da transparência – consagrados na CF e na Lei 12.527/2011 (Lei de Acesso à Informação). De igual forma, não há evidência de que a publicidade de tais elementos atentaria contra a segurança do Presidente e Vice-Presidente da República ou de suas famílias. Ressalte-se que o fornecimento apenas de planilha em que os gastos aparecem de forma genérica impede a elaboração de análise minimamente conclusiva. Deve-se, ainda, assinalar que a transparência dos gastos e das condutas governamentais não deve ser apenas um *flatus vocis*, mas sim um comportamento constante e uniforme. Além disso, a divulgação dessas informações seguramente contribui para evitar episódios lesivos e prejudicantes. **MS 20.895-DF, Rel. Min. Napoleão Nunes Maia Filho, julgado em 12/11/2014. (Inform. STJ 552)**

DIREITO ADMINISTRATIVO E CONSTITUCIONAL. PUBLICIDADE ACERCA DE PASSAPORTES DIPLOMÁTICOS. O Ministério das Relações Exteriores não pode sonegar o nome de quem recebe passaporte diplomático emitido na forma do parágrafo 3º do art. 6º do Anexo do Decreto 5.978/2006. O nome de quem recebe um passaporte diplomático emitido por interesse público não pode ficar escondido do público. O interesse público pertence à esfera pública, e o que se faz em seu nome está sujeito ao controle social, não podendo o ato discricionário de emissão daquele documento ficar restrito ao domínio do círculo do poder. A noção de interesse público não pode ser linearmente confundida com "razões de Estado" e, no caso, é incompatível com o segredo da informação. Noutra moldura, até é possível que o interesse público justifique o sigilo, não aqui. **MS 16.179-DF, Rel. Min. Ari Pargendler, julgado em 9/4/2014. (Inform. STJ 543)**

Súmula STF nº 654

A garantia da irretroatividade da Lei, prevista no art. 5º, XXXVI, da Constituição da república, não é invocável pela entidade estatal que a tenha editado.

Súmula STF nº 473

A administração pode anular seus próprios atos, quando eivados de vícios que os tornam ilegais, porque deles não se originam direitos; ou revogá-los, por motivo de conveniência ou oportunidade, respeitados os direitos adquiridos, e ressalvada, em todos os casos, a apreciação judicial.

Súmula STF nº 346

A administração pública pode declarar a nulidade dos seus próprios atos.

2. PODERES ADMINISTRATIVOS

AG. REG. NO AI N. 822.770-ES
RELATOR: MIN. DIAS TOFFOLI
EMENTA: Agravo regimental no agravo de instrumento. Administrativo. Órgão de fiscalização. Poder de polícia. Imposição de multa. Princípio da legalidade. Legislação infraconstitucional. Ofensa reflexa. Precedentes. Fundamentos não impugnados. Precedentes.
1. O Tribunal de origem, analisando as Leis nºs 5.966/73 e 9.933/99, concluiu que havia amparo legal para a imposição de multa pelo INMETRO à parte agravante, em decorrência de essa haver descumprido normas pertinentes à uniformidade e à racionalização das unidades de medida.
2. Inadmissível, em recurso extraordinário, a análise da legislação infraconstitucional. Incidência da Súmulas nº 636/STF.
3. A jurisprudência do Supremo Tribunal é firme no sentido de que a parte deve impugnar, na petição de agravo regimental, todos os fundamentos da decisão agravada.
4. Agravo regimental não provido. (Inform. STF 738)

DIREITO ADMINISTRATIVO E PENAL. SANÇÃO PENAL E ADMINISTRATIVA DECORRENTE DA MESMA CONDUTA. COMPETÊNCIA.
Se o ato ensejador do auto de infração caracteriza infração penal tipificada apenas em dispositivos de leis de crimes ambientais, somente o juízo criminal tem competência para aplicar a correspondente penalidade. Os fiscais ambientais têm competência para aplicar penalidades administrativas. No entanto, se a conduta ensejadora do auto de infração configurar crime ou contravenção penal, somente o juízo criminal é competente para aplicar a respectiva sanção. Precedente citado: AgRg no AREsp 67.254-MA, DJe 2/8/2012. **REsp 1.218.859-ES, Rel. Min. Arnaldo Esteves Lima, julgado em 27/11/2012.** (Inform. STJ 511).

DIREITO ADMINISTRATIVO. PODER REGULAMENTAR. IMPOSSIBILIDADE DE LIMITAÇÃO NÃO PREVISTA NA LEI REGULAMENTADA.
É ilegal o art. 2º da Res. n. 207/2006-Aneel que, ao exigir o adimplemento do consumidor para a concessão de descontos especiais na tarifa de fornecimento de energia elétrica relativa ao consumidor que desenvolva atividade de irrigação ou aquicultura (Lei n. 10.438/2002), estabeleceu condição não prevista na lei para o benefício, exorbitando o poder de regulamentar. Precedentes citados: REsp 1.048.317-PR, DJe 30/9/2010, e RMS 26.889-DF, DJe 3/5/2010. **AgRg no REsp 1.326.847-RN, Rel. Min. Humberto Martins, julgado em 20/11/2012.** (Inform. STJ 509)

INFRAÇÃO ADMINISTRATIVA E CRIMINAL. PRAZO PRESCRICIONAL.
A Turma reiterou que a pretensão punitiva da Administração Pública em relação à infração administrativa que também configura crime em tese somente se sujeita ao prazo prescricional criminal quando instaurada a respectiva ação penal. Ademais, destacou-se que a regra constante do art. 4º da Lei n. 9.873/1999 não se aplica às hipóteses em que a prescrição já se haja consumado antes da entrada em vigor do referido diploma legal. *In casu*, o tribunal *a quo* consignou que não houve sequer a abertura de inquérito policial e que os fatos questionados são anteriores à edição da Lei n. 9.873/1999, motivos pelos quais, na hipótese, torna-se inaplicável a aplicação da equiparação da prescrição administrativa penal. Precedentes citados: MS 14.446-DF, DJe 15/2/2011; MS 15.462-DF, DJe 22/3/2011; EDcl no REsp 1.099.647-RS, DJe 15/12/2010, e REsp 1.088.405-RS, DJe 1º/4/2009. **REsp 1.116.477-DF, Rel. Min. Teori Albino Zavascki, julgado em 16/8/2012.** (Inform. STJ 502).

SERVIDOR PÚBLICO. ATESTADO MÉDICO. PRAZO. HOMOLOGAÇÃO. DESCONTO DOS DIAS NÃO TRABALHADOS. PAD. DESCABIMENTO.
A Turma entendeu que não se mostra desarrazoada ou exorbitante dos limites do poder regulamentar a resolução que, à falta de norma disciplinadora da lei federal à época, fixa prazo para a apresentação do atestado médico particular para homologação, sob risco de que já tenha terminado o tratamento de saúde quando vier a ser concedido o afastamento ao servidor. Assim, deixando de apresentar antecipadamente o atestado particular para homologação, não é ilegal ou abusivo o ato que importou no desconto dos dias em que o servidor não compareceu ao serviço, nem justificou sua falta, nos estritos limites do art. 44 da Lei n. 8.112/1990. Sendo descabida, assim, a instauração de processo administrativo disciplinar quando não se colima a aplicação de sanção disciplinar de qualquer natureza, mas o mero desconto da remuneração pelos dias não trabalhados, sob pena de enriquecimento sem causa do servidor público. **RMS 28.724-RS, Rel. Min. Maria Thereza de Assis Moura, julgado em 22/5/2012.** (Inform. STJ 498)

Súmula STF nº 646
Ofende o princípio da livre concorrência lei municipal que impede a instalação de estabelecimentos comerciais do mesmo ramo em determinada área.

Súmula STF nº 645
É competente o município para fixar o horário de funcionamento de estabelecimento comercial.

Súmula STF nº 419
Os municípios têm competência para regular o horário do comércio local, desde que não infrinjam Leis estaduais ou federais válidas.

SÚMULA STJ nº 510
A liberação de veículo retido apenas por transporte irregular de passageiros não está condicionada ao pagamento de multas e despesas.

Súmula STJ nº 127
É ilegal condicionar a renovação da licença de veículo ao pagamento de multa, da qual o infrator não foi notificado.

Súmula STJ nº 19
A fixação do horário bancário, para atendimento ao público, é da competência da União.

3. ATOS ADMINISTRATIVOS

TCU: registro de aposentadoria e prazo decadencial - 1
A 1ª Turma iniciou julgamento de mandado de segurança no qual se postula a cessação dos efeitos de acórdão do TCU que negara registro ao ato de aposentadoria da impetrante. A Corte de Contas também reputara ilegal a forma de cálculo dos quintos/décimos de função comissionada incorporada pela servidora, com base na Portaria 474/87 do MEC. A impetrante alega que a forma de cálculo de seus proventos lhe fora assegurada por decisão judicial passada em julgado, de acordo com o que preconizado pela aludida portaria, razão por que não incidiria a redução de vencimentos prevista na Lei 8.168/91. Sustenta, ainda, o transcurso do prazo decadencial de cinco anos para a Administração Pública revisar o ato de sua aposentadoria, nos termos do art. 54 da Lei 9.784/99. O Ministro Luiz Fux, relator, denegou a ordem. Afirmou que o aresto do TCU não teria contrariado o conteúdo de qualquer decisão judicial transitada em julgado. Isto porque o ato daquele tribunal objetivara apenas adequar a forma de cálculo do pagamento das referidas vantagens, a compatibilizá-las com a legislação vigente. Portanto, não houvera anulação de ato de pagamento, mas, ao revés,

determinação de que se verificasse se a base de cálculo estaria em conformidade com a lei. Registrou que a Corte de Contas teria assentado a alteração da fórmula de cálculo das vantagens concedidas judicialmente, conforme planos de carreira e as legislações posteriores à decisão judicial, de modo a observar a irredutibilidade dos proventos. Destarte, considerou que não prosperaria a alegação da impetrante de que o TCU teria contrariado decisão judicial. Consignou não configurar ofensa à Constituição transformar, por lei, gratificações incorporadas em vantagem pessoal nominalmente identificada (VPNI), reajustável pelos índices gerais de revisão de vencimentos dos servidores públicos, máxime porque inexistiria direito adquirido a regime jurídico. Asseverou que não incidiria o art. 54 da Lei 9.784/99. Assinalou que, de acordo com as informações prestadas pela autoridade coatora, a despeito de a impetrante ter se aposentado em 27.11.1992, o ato concessivo de sua aposentação somente teria sido disponibilizado para análise do TCU, em 14.3.2008, tendo sido lavrado acórdão em 24.1.2012. Assim, apenas nesta data se teria verificado o aperfeiçoamento do ato concessivo de aposentadoria, motivo pelo qual não decorrera o lapso necessário à configuração da decadência administrativa. Sublinhou que esse entendimento não se distanciaria da jurisprudência do STF, segundo a qual a aposentadoria se afiguraria ato administrativo complexo, que somente se tornaria perfeito e acabado após seu exame e registro pelo TCU. Após, pediu vista o Min. Roberto Barroso.

TCU: registro de aposentadoria e prazo decadencial - 2
Ao concluir julgamento de mandado de segurança, a 1ª Turma, por maioria, denegou *writ* em que se postulava a cessação dos efeitos de acórdão do TCU que negara registro ao ato de aposentadoria da impetrante. Alegava-se que a forma de cálculo dos proventos fora assegurada por decisão judicial passada em julgado, razão pela qual não incidiria a redução de vencimentos prevista em legislação posterior. Sustentava-se, ainda, o transcurso do prazo decadencial de cinco anos para a Administração Pública revisar o ato de aposentadoria (Lei 9.784/99, art. 54) — v. Informativo 716. A Turma afirmou que o aresto do TCU não teria contrariado o conteúdo de qualquer decisão judicial transitada em julgado. Isso porque o ato daquele tribunal objetivara apenas adequar a forma de cálculo do pagamento das referidas vantagens, a compatibilizá-las com a legislação vigente. Portanto, não houvera anulação de ato de pagamento, mas, ao revés, determinação de que se verificasse se a base de cálculo estaria em conformidade com a lei. Registrou-se que a Corte de Contas teria assentado a alteração da fórmula de cálculo das vantagens concedidas judicialmente, conforme planos de carreira e legislações posteriores à decisão judicial, de modo a observar a irredutibilidade dos proventos. Consignou-se não configurar ofensa à Constituição transformar, por lei, gratificações incorporadas em Vantagem Pessoal Nominalmente Identificada (VPNI), reajustável pelos índices gerais de revisão de vencimentos dos servidores públicos, máxime porque inexistiria direito adquirido a regime jurídico.

TCU: registro de aposentadoria e prazo decadencial - 3
Asseverou-se, ainda, não incidir o art. 54 da Lei 9.784/99. Assinalou-se que, de acordo com as informações prestadas pela autoridade coatora, a despeito de a impetrante ter se aposentado em 27.11.92, o ato concessivo de sua aposentação somente teria sido disponibilizado para análise do TCU em 14.3.2008, tendo sido lavrado acórdão em 24.1.2012. Assim, apenas nesta data ter-se-ia verificado o aperfeiçoamento do ato concessivo de aposentadoria, motivo pelo qual não decorrera o lapso necessário à configuração da decadência administrativa. Sublinhou-se que esse entendimento não se distanciaria da jurisprudência do STF, segundo a qual a aposentadoria afigura-se ato administrativo complexo, que somente se tornaria perfeito e acabado após seu exame e registro pelo TCU. Por fim, afastou-se a incidência dos princípios da isonomia e da segurança jurídica. Destacou-se a impossibilidade de, em nome do princípio da isonomia, cometer-se um equívoco para a correção de eventuais injustiças. Ademais, salientou-se a ausência de pressupostos para a aplicação do princípio da segurança jurídica, porquanto, no caso, a impetrante não estaria recebendo esse benefício sem qualquer contestação, sendo posteriormente surpreendida com a sua retirada. Aduziu-se, no ponto, que o direito à aposentadoria seria controvertido, haja vista o longo decurso da discussão judicial a envolver a forma de cálculo dos proventos em questão. Vencido o Ministro Roberto Barroso que, tendo em conta a excepcionalidade do caso e os imperativos da segurança jurídica e da isonomia, concedia parcialmente o *writ* para afastar a redução no valor nominal total dos proventos da impetrante, sem impedir, porém, que reajustes futuros fossem corretamente calculados. Ressaltava o decurso de quase vinte anos da aposentadoria e o fato de a outra câmara do TCU haver mantido esse benefício a outros aposentados em idêntica situação à da impetrante.
MS 31736/DF, rel. Min. Luiz Fux, 10.9.2013. (MS-31736) (Inform. STF 719)

SEGUNDO AG. REG. NO RE N. 450.458-DF
RELATOR: MIN. TEORI ZAVASCKI
Ementa: ADMINISTRATIVO. AGRAVOS REGIMENTAIS NO RECURSO EXTRAORDINÁRIO. SERVIDOR PÚBLICO. APOSENTADORIA DECLARADA ILEGAL PELO TRIBUNAL DE CONTAS. DEVOLUÇÃO DOS VALORES INDEVIDAMENTE RECEBIDOS. TERMO INICIAL. DATA DA DECISÃO DO ÓRGÃO DE CONTAS. APLICAÇÃO DA SÚMULA 106 DO TCU. PRECEDENTES. SERVIDOR INDUZIDO A ERRO PELA ADMINISTRAÇÃO. AUSÊNCIA DE PREQUESTIONAMENTO. SÚMULA 282/STF. 1. O Plenário do Supremo Tribunal Federal, em diversas oportunidades, já assentou que, havendo boa-fé do servidor público que recebe valores indevidos a título de aposentadoria, só a partir da data em que for ela julgada ilegítima pelo órgão competente deverá ser devolvida a quantia recebida a maior (MS 26085, Relator(a): Min. CÁRMEN LÚCIA, Tribunal Pleno, DJe de 13-06-2008; e MS 24781, Relator(a): Min. ELLEN GRACIE, Relator(a) p/ Acórdão: Min. GILMAR MENDES, Tribunal Pleno, DJe de 09-06-2011). 2. Agravos regimentais a que se nega provimento. (Inform. STF 716)

AG. REG. NO ARE N.737.035-RN
RELATOR: MIN. GILMAR MENDES
Agravo regimental em recurso extraordinário com agravo. 2. Direito Administrativo. 3. Decisão judicial que designa delegado de polícia civil. Mérito administrativo. Impossibilidade de ingerência do Poder Judiciário ante a ausência de ilegalidade ou abuso de poder. Princípio da separação dos poderes. Precedentes. 4. Inexistência de argumentos capazes de infirmar a decisão agravada. 5. Agravo regimental a que se nega provimento. (Inform. STF 707)

Controle de ato administrativo e separação dos Poderes
Ao assinalar que não viola o princípio da separação dos Poderes o controle de legalidade exercido pelo Judiciário, a 1ª Turma negou provimento a agravo regimental, das Centrais Elétricas da Mantiqueira S/A, interposto de decisão do Min. Dias Toffoli, que desprovera agravo de instrumento, do qual relator. No acórdão recorrido, o Tribunal de origem consignara que *"em linha de princípio, o Poder Judiciário controla somente o aspecto da legalidade estrita do ato administrativo, ou seja, o plano de validade do mesmo. 7. Todavia, em se tratando de direitos da terceira geração, envolvendo interesses difusos e coletivos, como ocorre com afetação negativa do meio ambiente, o controle deve ser da legalidade ampla"*. Inicialmente, explicitou-se que, na espécie, referir-se-ia à suspensão de estudos de viabilização de usina hidrelétrica. Asseverou-se não ser o caso de ofensa ao aludido princípio (CF, art. 2º). No mais, sublinhou-se ser vedado o reexame de fatos e provas dos autos. **AI 817564 AgR/MG, rel. Min. Dias Toffoli, 18.12.2012. (AI-817564)** (Inform. STF 693).

TCU e decadência administrativa
O disposto no art. 54 da Lei 9.784/99 ("*O direito da Administração de anular os atos administrativos de que decorram efeitos favoráveis para os destinatários decai em cinco anos, contados da data em que foram praticados, salvo comprovada má-fé*") não se aplica à aposentadoria, porque esta reclama atos sequenciais. Com base nessa orientação, a 1ª Turma denegou mandado de segurança impetrado contra julgado do TCU. Este, ao apreciar a legalidade, para fins de registro, de atos concessórios de aposentadoria, determinara a glosa dos proventos considerada a incorporação da Unidade de Referência de Preços - URP concernente ao mês de fevereiro/89, no total de 26,05%, bem assim a restituição dos valores pagos durante a pendência do julgamento de eventuais recursos. Alegava-se decadência administrativa, além de nulidade por ofensa aos princípios da coisa julgada, do contraditório, da ampla defesa, da segurança jurídica, da boa-fé, da razoabilidade, da moralidade e da separação dos Poderes. Arguia-se que se trataria de valor percebido há mais de 17 anos assegurado por título judicial. Por fim, assinalava-se a inobservância ao disposto na Súmula Vinculante 3 ("*Nos processos perante o Tribunal de Contas da União asseguram-se o contraditório e a ampla defesa quando da decisão puder resultar anulação ou revogação de ato administrativo que beneficie o interessado, excetuada a apreciação da legalidade do ato de concessão inicial de aposentadoria, reforma e pensão*"). O Colegiado consignou que o contraditório requereria, a teor do disposto no art. 5º, LV, da CF, litígio ou acusação não alcançando os atos alusivos ao registro de aposentadoria. Ademais, reputou-se inexistir coisa julgada presente a situação de inativo. **MS 28604/DF, rel. Min. Marco Aurélio, 4.12.2012. (MS-28604) (Inform. STF 691)**

DIREITO ADMINISTRATIVO. MOTIVAÇÃO POSTERIOR DO ATO DE REMOÇÃO EX OFFICIO DE SERVIDOR.
O vício consistente na falta de motivação de portaria de remoção ex officio de servidor público pode ser convalidado, de forma excepcional, mediante a exposição, em momento posterior, dos motivos idôneos e preexistentes que foram a razão determinante para a prática do ato, ainda que estes tenham sido apresentados apenas nas informações prestadas pela autoridade coatora em mandado de segurança impetrado pelo servidor removido. De fato, a remoção de servidor público por interesse da Administração Pública deve ser motivada, sob pena de nulidade. Entretanto, consoante entendimento doutrinário, nos casos em que a lei não exija motivação, não se pode descartar alguma hipótese excepcional em que seja possível à Administração demonstrar de maneira inquestionável que: o motivo extemporaneamente alegado preexistia; que era idôneo para justificar o ato; e que o motivo foi a razão determinante da prática do ato. Se esses três fatores concorrem, há de se entender que o ato se convalida com a motivação ulterior. Precedentes citados: REsp 1.331.224-MG, Segunda Turma, DJe 26/2/13; MS 11.862-DF, Primeira Seção, DJe 25/5/09. AgRg no RMS 40.427-DF, Rel. Min. Arnaldo Esteves Lima, julgado em 3/9/2013. (Inform. STJ 529)

DIREITO ADMINISTRATIVO. CONVALIDAÇÃO DE VÍCIO DE COMPETÊNCIA EM PROCESSO LICITATÓRIO.
Não deve ser reconhecida a nulidade em processo licitatório na hipótese em que, a despeito de recurso administrativo ter sido julgado por autoridade incompetente, tenha havido a posterior homologação de todo o certame pela autoridade competente. Isso porque o julgamento de recurso por autoridade incompetente não é, por si só, bastante para acarretar a nulidade do ato e dos demais subsequentes, tendo em vista o saneamento da irregularidade por meio da homologação do procedimento licitatório pela autoridade competente. Com efeito, o ato de homologação supõe prévia e detalhada análise de todo o procedimento, atestando a legalidade dos atos praticados, bem como a conveniência de ser mantida a licitação. Ademais, o vício relativo ao sujeito, competência, pode ser convalidado pela autoridade superior quando não se tratar de competência exclusiva. REsp 1.348.472-RS, Rel. Min. Humberto Martins, julgado em 21/5/2013. (Inform. STJ 524)

DIREITO ADMINISTRATIVO. POSSIBILIDADE DE ENTREGA DE CARNÊS DE IPTU E ISS POR AGENTES ADMINISTRATIVOS DO MUNICÍPIO.
A entrega de carnês de IPTU e ISS pelos municípios sem a intermediação de terceiros no seu âmbito territorial não constitui violação do privilégio da União na manutenção do serviço público postal. Isso porque a notificação, por fazer parte do processo de constituição do crédito tributário, é ato próprio do sujeito ativo da obrigação, que pode ou não delegar tal ato ao serviço público postal. Precedente citado: REsp 1.141.300-MG, Primeira Seção, DJe 5/10/2010 (REPETITIVO). **AgRg no AREsp 228.049-MG, Rel. Min. Mauro Campbell Marques, julgado em 21/3/2013.** (Inform. STJ 519)

DIREITO ADMINISTRATIVO. ATOS COMISSIVOS, ÚNICOS E DE EFEITOS PERMANENTES PRATICADOS ANTES DA LEI N. 9.784/1999. DECADÊNCIA. TERMO INICIAL.
Os atos administrativos praticados anteriormente ao advento da Lei n. 9.784/1999 estão sujeitos ao prazo decadencial quinquenal, contado, entretanto, da sua entrada em vigor, qual seja 1º/2/1999, e não da prática do ato. Precedente citado: AgRg no REsp 1.270.252-RN, DJe 5/9/2012. **REsp 1.270.474-RN, Rel. Min. Herman Benjamin, julgado em 18/10/2012. (Inform. STJ 508)**

Súmula Vinculante STF 3

Nos processos perante o Tribunal de Contas da União asseguram-se o contraditório e a ampla defesa quando da decisão puder resultar anulação ou revogação de ato administrativo que beneficie o interessado, excetuada a apreciação da legalidade do ato de concessão inicial de aposentadoria, reforma e pensão.

Súmula STF nº 473

A administração pode anular seus próprios atos, quando eivados de vícios que os tornam ilegais, porque deles não se originam direitos; ou revogá-los, por motivo de conveniência ou oportunidade, respeitados os direitos adquiridos, e ressalvada, em todos os casos, a apreciação judicial.

Súmula STF nº 346

A administração pública pode declarar a nulidade dos seus próprios atos.

4. ESTRUTURA DA ADMINISTRAÇÃO E ENTIDADES PARAESTATAIS

Agência reguladora estadual e destituição de dirigentes
Por ofensa ao princípio da separação de Poderes (CF, art. 2º), o Plenário julgou parcialmente procedente pedido formulado em ação direta para declarar a inconstitucionalidade do art. 8º da Lei 10.931/1997, do Estado do Rio Grande do Sul, em sua redação originária e na decorrente de alteração promovida pela Lei gaúcha 11.292/1998. O dispositivo impugnado prevê a destituição, no curso do mandato, de dirigentes da Agência Estadual de Regulação dos Serviços Públicos Delegados do Rio Grande do Sul - AGERGS por decisão exclusiva da assembleia legislativa. O Tribunal aduziu que o legislador infraconstitucional não poderia criar ou ampliar os campos de intersecção entre os Poderes estatais constituídos, sem autorização constitucional, como no caso em que extirpa a possibilidade de qualquer participação do governador na destituição de dirigente de agência reguladora e transfere de maneira ilegítima, a totalidade da atribuição ao Poder Legislativo local. Afirmou que a natureza da investidura a termo no referido cargo, bem assim a incompatibilidade da

demissão "ad nutum" com esse regime, exigiriam a fixação de balizas precisas quanto às situações de demissibilidade dos dirigentes dessas entidades. A Corte destacou que, em razão do vácuo normativo resultante da inconstitucionalidade da legislação estadual, fixaria, enquanto perdurasse a omissão normativa, hipóteses específicas de demissibilidade dos dirigentes da entidade. No ponto, foi além do que decidido na medida cautelar (noticiada no Informativo 171), para estabelecer, por analogia ao que disposto na Lei federal 9.986/2000, que a destituição desses dirigentes, no curso dos mandatos, dar-se-ia em virtude de: a) renúncia; b) condenação judicial transitada em julgado; ou c) processo administrativo disciplinar, sem prejuízo da superveniência de outras possibilidades legais, desde que observada a necessidade de motivação e de processo formal, sem espaço para discricionariedade pelo chefe do Executivo. O Colegiado assentou, também, a constitucionalidade do art. 7º da aludida lei gaúcha, que determina a prévia aprovação da indicação pela assembleia legislativa para nomeação e posse dos dirigentes da autarquia. Asseverou que a Constituição permite que a legislação condicione a nomeação de determinados titulares de cargos públicos à prévia aprovação do Senado Federal (art. 52, III), aplicável aos Estados-membros, por simetria. ADI 1949/RS, rel. Min. Dias Toffoli, 17.9.2014. (ADI-1949) (Inform. STF 759)

Serviços sociais autônomos e exigência de concurso público - 1

Os serviços sociais autônomos, por possuírem natureza jurídica de direito privado e não integrarem a Administração Pública, mesmo que desempenhem atividade de interesse público em cooperação com o ente estatal, não estão sujeitos à observância da regra de concurso público (CF, art. 37, II) para contratação de seu pessoal. Essa a conclusão do Plenário, que negou provimento a recurso extraordinário no qual se discutia a necessidade de realização de concurso público para a contratação de empregados por pessoa jurídica integrante do chamado "Sistema S". De início, a Corte afastou preliminar de ilegitimidade do Ministério Público do Trabalho para interpor o presente recurso extraordinário. Destacou que, nos termos dos artigos 83, VI, e 107, "caput", ambos da LC 75/1993, incumbiria àquele órgão oficiar perante o TST, o que abrangeria a atribuição de interpor recurso perante o STF. Esclareceu que os precedentes citados pelo recorrido (SEST - Serviço Social do Transporte) não se aplicariam à espécie, porque neles o Ministério Público do Trabalho teria atuado de forma originária perante o STF, o que seria vedado. No mérito, o Tribunal lembrou que a configuração jurídica dessas entidades relacionadas aos serviços sociais teriam sido expressamente recepcionadas pelo art. 240 da CF e pelo art. 62 do ADCT. Recordou ainda que os serviços sociais do Sistema "S" (SEST - Serviço Social do Transporte; SESCOOP - Serviço Nacional de Aprendizagem no Cooperativismo; SESC - Serviço Social do Comércio; SENAC - Serviço Nacional de Aprendizagem; SESI - Serviço Social da Indústria; SENAI - Serviço de Aprendizado Industrial; e SENAR - Serviço Nacional de Aprendizagem Rural), vinculados às entidades patronais de grau superior e patrocinados, basicamente, por recursos recolhidos do próprio setor produtivo beneficiado, teriam inegável autonomia administrativa. Asseverou que essa autonomia teria limites no controle finalístico exercido pelo TCU quanto à aplicação dos recursos recebidos, sujeição que decorreria do art. 183 do Decreto-lei 200/1967 e do art. 70 da Constituição. Ademais, mencionou no caso concreto, a entidade estaria sujeita às auditorias a cargo do Ministério dos Transportes e à aprovação de seus orçamentos pelo Poder Executivo. Assinalou que a não obrigatoriedade de submissão das entidades do denominado Sistema "S" aos ditames constitucionais do art. 37, notadamente ao seu inciso II, não as eximiria de manter um padrão de objetividade e eficiência na contratação e nos gastos com seu pessoal. Enfatizou que essa exigência traduziria um requisito de legitimidade da aplicação dos recursos arrecadados na manutenção de sua finalidade social, porquanto entidades de cooperação a desenvolver atividades de interesse coletivo.

Serviços sociais autônomos e exigência de concurso público - 2

A Corte enunciou as características básicas desses entes autônomos: a) dedicam-se a atividades privadas de interesse coletivo cuja execução não é atribuída de maneira privativa ao Estado; b) atuam em regime de mera colaboração com o Poder Público; c) possuem patrimônio e receita próprios, constituídos, majoritariamente, pelo produto das contribuições compulsórias que a própria lei de criação institui em seu favor; e d) possuem a prerrogativa de autogerir seus recursos, inclusive no que se refere à elaboração de seus orçamentos, ao estabelecimento de prioridades e à definição de seus quadros de cargos e salários, segundo orientação política própria. Alertou para a necessidade de não se confundir essas entidades e tampouco equipará-las a outras criadas após a CF/1988, como a Associação dos Pioneiros Sociais - APS; a Agência de Promoção de Exportações do Brasil - APEX; e também a Agência Brasileira de Desenvolvimento Industrial - ABDI, cuja configuração jurídica teria peculiaridades próprias: a) criadas por autorização de lei e implementadas pelo Poder Executivo, não por entidades sindicais; b) não destinadas a prover prestações sociais ou de formação profissional a determinadas categorias de trabalhadores, mas a atuar na prestação de assistência médica qualificada e na promoção de políticas públicas de desenvolvimento setoriais; c) financiadas, majoritariamente, por dotações consignadas no orçamento da União; d) obrigadas a gerir seus recursos de acordo com os critérios, metas e objetivos estabelecidos em contrato de gestão cujos termos seriam definidos pelo próprio Poder Executivo; e e) supervisionadas pelo Poder Executivo, quanto à gestão de seus recursos. Feitas essas considerações, o Colegiado pontuou que, embora o recorrido tenha sido criado após a CF/1988, a natureza das atividades por ele desenvolvidas, a forma de financiamento e o regime de controle a que estaria sujeito o enquadrariam no conceito original de serviço social autônomo, vinculado e financiado por determinado segmento produtivo. Concluiu, assim que, em razão de sua natureza jurídica de direito privado e não integrante da Administração Pública, direta ou indireta, a ele não se aplicaria o inciso II do art. 37 da Constituição. Registrou que a ausência de imposição normativa de observância obrigatória dos princípios gerais da Administração Pública na contratação de pessoal, não se aplicaria a certos serviços sociais (como APS, APEX e ABDI) e outras espécies de entidades colaboradoras com o Poder Público, cuja disciplina geral imporia a adoção desses princípios. Precedentes citados: ADI 1.864/PR (DJe de 2.5.2008); ARE 683.979/DF (DJe de 23.8.2012); RE 366.168/SC (DJU de 14.5.2004) e AI 349.477 AgR/PR (DJU de 28.2.2003). RE 789874/DF, rel. Min. Teori Zavascki, 17.9.2014. (RE-789874) (Inform. STF 759)

Nomeação de dirigentes: aprovação legislativa e fornecimento de informações protegidas por sigilo fiscal

O Plenário, por maioria, julgou parcialmente procedente pedido formulado em ação direta para declarar a inconstitucionalidade da expressão "empresas públicas, sociedades de economia mista" constante do art. 1º, bem assim da íntegra do inciso IV do art. 2º e do art. 3º, todos da Lei 11.288/1999 do Estado de Santa Catarina. A norma impugnada estabelece condições e critérios a serem observados para o exercício de cargos de direção da Administração Indireta da referida unidade federativa. Quanto ao art. 1º da aludida lei catarinense ("A nomeação para cargos de presidente, vice-presidente, diretor e membro do conselho de administração de autarquias, empresas públicas, sociedades de economia mista e fundações do Estado de Santa Catarina, obedecerá as condições estabelecidas nesta Lei"), o Tribunal confirmou a orientação fixada no julgamento da medida cautelar no sentido da impossibilidade de a Assembleia Legislativa manifestar-se sobre a indicação de dirigentes de empresa pública e de sociedade de economia mista feita pelo Poder Executivo. Assentou, contudo, não haver óbice relativamente aos dirigentes de autarquias. No tocante ao inciso IV do art. 2º e ao art. 3º ("Art. 2º O pretendente a um dos cargos referidos no artigo anterior deverá apresentar à Assembleia Legislativa os seguintes documentos: ... IV - declaração atualizada de bens, contendo informações quanto à pessoa física e as pessoas jurídicas de que seja sócio ou tenha sido sócio-gerente nos últimos cinco anos; ... Art. 3º Com a exoneração do cargo, a pedido ou no interesse do serviço público, deverá apresentar à Assembleia Legislativa, no período de dois anos seguintes ao da exoneração: I - declaração atualizada de bens; II - comunicação de ocupação de cargos ou subscrição de cotas ou ações em empresas que operem no mesmo ramo de atuação da empresa estatal em que trabalhou, ou em empresa de consultoria, assessoramento e intermediação de contratos com o Poder Público"), o Colegiado aduziu que os preceitos extrapolariam o sistema de freios e contrapesos autorizado pela Constituição. Asseverou que os artigos em questão, além de determinarem o fornecimento de informações protegidas por sigilo fiscal como condição para a aprovação prévia pelo Poder Legislativo dos titulares de determinados cargos, criariam mecanismo de fiscalização pela Assembleia Legislativa que se estenderia após a exoneração dos ocupantes dos citados cargos. Reputou, ainda, violado o princípio da separação dos Poderes (CF, art. 2º) em virtude da outorga à Assembleia Legislativa de competências para fiscalizar, de modo rotineiro e indiscriminado, a evolução patrimonial dos postulantes de cargos de direção da Administração Indireta do Estado-membro e de seus ex-ocupantes, bem como as atividades por eles desenvolvidas nos dois anos seguintes à exoneração. Destacou que essas atribuições não teriam relação com as funções próprias do Legislativo. Vencidos, em parte, os Ministros Teori Zavascki e Gilmar Mendes, que, por não vislumbrarem inconstitucionalidade no art. 2º, IV, da Lei catarinense 11.288/1999, julgavam o pleito improcedente em maior extensão. O primeiro consignava inexistir incompatibilidade com a Constituição na exigência de apresentação de demonstrativo patrimonial, para efeito de emissão de juízo político de aprovação/reprovação do candidato. O último, em acréscimo, ressaltava a ausência de impedimento para que a Assembleia solicitasse informações básicas sobre a vida do pretendente, que poderia vir a dirigir entidade com grande poder econômico-financeiro. ADI 2225/SC, rel. Min. Dias Toffoli, 21.8.2014. (ADI-2225) (Inform. STF 755)

DIREITO ADMINISTRATIVO. NECESSIDADE DE APRESENTAÇÃO DE DECLARAÇÃO DE BENS E RENDIMENTOS POR CONSELHEIRO REGIONAL SUPLENTE DO SERVIÇO SOCIAL DO COMÉRCIO NO DF.
O conselheiro regional suplente do SESC-DF tem o dever de apresentar declaração de bens e rendimentos ao Conselho Regional da referida entidade. Apesar de possuírem personalidade jurídica de direito privado, as entidades paraestatais se submetem a algumas nuances do regime jurídico de direito público. Entre as particularidades a que estão sujeitos os entes de cooperação estatal, destaca-se o fato de receberem recursos públicos provenientes de contribuições parafiscais. O SESC é pessoa de cooperação governamental que, embora não integre a administração indireta, tem sua criação autorizada por lei e recebe recursos considerados públicos, razão pela qual é imprescindível que os responsáveis por sua administração sujeitem-se ao controle público. Segundo o art. 5º, V, da Lei n. 8.443/1992, estão sujeitos a prestar contas ao TCU os responsáveis por entidades dotadas de personalidade jurídica de direito privado que recebam contribuições parafiscais e prestem serviço de interesse público ou social. Ademais, de acordo com o art. 4º da Lei n. 8.730/1993, toda pessoa que, por força de lei, estiver sujeita a prestar contas ao TCU deve apresentar cópia da declaração de rendimentos e de bens relativa ao período base da gestão. O SESC-DF é administrado por um órgão colegiado, o Conselho Regional, cabendo ao presidente desse conselho apenas a função de materializar as decisões, após discussão, votação e aprovação do órgão colegiado. Assim, todos os conselheiros devem ser considerados como responsáveis pela administração da entidade, sendo dever de cada um deles a apresentação de declaração de bens e rendimentos. **REsp 1.356.484-DF, Rel. Min. Humberto Martins, julgado em 5/2/2013.** (Inform. STJ 516).

Súmula STF nº 25
A nomeação a termo não impede a livre demissão pelo presidente da república, de ocupante de cargo dirigente de autarquia.

Súmula STF nº 8
Diretor de sociedade de economia mista pode ser destituído no curso do mandato.

5. AGENTES PÚBLICOS

5.1. Regime Jurídico e espécies de vínculos

Ascensão funcional e transposição: servidor público distrital e provimento derivado
Ao reafirmar jurisprudência da Corte segundo a qual a ascensão e a transposição constituem formas inconstitucionais de provimento derivado de cargos por violarem o princípio do concurso público, o Plenário, em votação majoritária, julgou parcialmente procedente pedido formulado em ação direta para declarar a inconstitucionalidade dos artigos 8º e 17 da Lei 68/1989 e do art. 6º da Lei 82/1989, ambas do Distrito Federal. Os preceitos questionados dispõem sobre a possibilidade de provimento em carreira diversa por meio de ascensão e transposição de cargos. De início, o Colegiado assentou a competência do STF para exercer o controle concentrado de normas que tratam sobre organização de pessoal, tendo em conta a impossibilidade de se distinguir se a sua natureza seria municipal ou estadual. Em seguida, não conheceu do pleito no tocante à impugnação aos artigos 1º e 2º da Lei distrital 282/1992, porquanto eventual ofensa ao texto constitucional seria indireta, haja vista a necessidade de cotejo com outras normas infraconstitucionais. Reputou, ainda, prejudicada a análise do art. 3º da Lei distrital 66/1989 e do art. 6º da Lei distrital 83/1989 — ante a superveniente perda de objeto em face de revogações sucessivas —, bem assim do art. 1º da Lei distrital 96/1990 — uma vez que o Tribunal já afirmara a constitucionalidade desse dispositivo no julgamento de outra ação direta. Vencido, em parte, o Ministro Marco Aurélio, que conferia interpretação conforme aos artigos 8º e 17 da Lei distrital 68/1989 e ao art. 6º da Lei distrital 82/1989. Ressalvava as situações jurídicas em que o ingresso do prestador de serviços ocorrera por meio de concurso público e aquelas cuja escolaridade exigida para os novos cargos fosse idêntica à do concurso público pretérito. ADI 3341/DF, rel. Min. Ricardo Lewandowski, 29.5.2014. (ADI-3341) (Inform. STF 748)

Servidor público: acesso e provimento derivado
Por ofensa ao princípio da ampla acessibilidade aos cargos públicos (CF, art. 37, II), o Plenário julgou procedente pedido formulado em ação direta para declarar a inconstitucionalidade dos artigos 15 e 17 do ADCT da Constituição do Estado do Rio Grande do Norte. O referido art. 15 autoriza o denominado "enquadramento", ao permitir que servidores públicos estaduais, da administração direta, autárquica e fundacional, com tempo igual ou superior a cinco anos de exercício e que há mais de dois anos estejam à disposição de órgão diverso daquele de sua lotação, optem pelo enquadramento definitivo no órgão em que estiverem a serviço, ainda que de outro Poder. O art. 17, por seu turno, possibilita que o servidor estadual tenha acesso a cargo ou emprego de nível superior identificado ou equivalente à formação do curso de nível superior que venha a concluir. O Tribunal asseverou que reiterados julgamentos da Corte teriam assentado a indispensabilidade da prévia aprovação em concurso de provas ou de provas e títulos para

investidura em cargo público de provimento efetivo. Destacou que a matéria fora objeto do Verbete 685 da Súmula do STF ("É inconstitucional toda modalidade de provimento que propicie ao servidor investir-se, sem prévia aprovação em concurso público destinado ao seu provimento, em cargo que não integra a carreira na qual anteriormente investido"). Esclareceu que a estabilidade excepcional garantida pelo art. 19 do ADCT da CF não conferiria direito a qualquer tipo de reenquadramento em cargo público. Sublinhou que ao servidor estável, nos termos do preceito citado, seria assegurada somente a permanência no cargo para o qual fora contratado, sem que pudesse integrar carreira distinta. Aduziu que, com a promulgação da atual Constituição, teriam sido banidos do ordenamento jurídico brasileiro os modos de investidura derivada. Frisou que a finalidade de corrigir eventuais distorções existentes no âmbito do serviço público estadual não tornaria legítima a norma impugnada. Precedentes citados: ADI 248/RJ (DJU de 8.4.1994) e ADI 2.689/RN (DJU de 21.11.2003). ADI 351/RN, rel. Min. Marco Aurélio, 14.5.2014. (ADI-351) (Inform. STF 746)

AG. REG. NO RMS N. 29.403-DF
RELATOR: MIN. TEORI ZAVASCKI
Ementa: ADMINISTRATIVO. AGRAVO REGIMENTAL NO RECURSO ORDINÁRIO EM MANDADO DE SEGURANÇA. DEPARTAMENTO DE GESTÃO DA DÍVIDA ATIVA DA PROCURADORIA-GERAL DA FAZENDA NACIONAL. CARGO DE DIRETOR.
1. Os cargos em comissão não privativos de bacharel em Direito, por serem de livre provimento, podem ser ocupados por pessoa estranha ao quadro da Advocacia-Geral da União.
2. A nomeação de auditor fiscal para o cargo de Diretor de unidade da Procuradoria-Geral da Fazenda Nacional que não desempenhe atividade de representação judicial ou extrajudicial da União, nem de consultoria ou assessoramento jurídicos, não viola direito líquido e certo a ser tutelado por mandado de segurança.
3. Agravo regimental a que se nega provimento. (Inform. STF 742)

Cargo em comissão e provimento por pessoa fora da carreira
O cargo em comissão de Diretor do Departamento de Gestão da Dívida Ativa da Procuradoria-Geral da Fazenda Nacional - PGFN, não privativo de bacharel em direito, pode ser ocupado por pessoa estranha a esse órgão. Com base nessa orientação, a 2ª Turma negou provimento a agravo regimental em que sindicato reiterava alegação acerca da necessidade de provimento do aludido cargo, exclusivamente, por procuradores da Fazenda Nacional. A Turma considerou que as atividades desempenhadas pelo referido cargo não seriam essencialmente jurídicas, especialmente por não abarcarem consultoria e assessoramento, tampouco por não envolverem a coordenação da representação judicial ou extrajudicial da União na execução da dívida. Ademais, afirmou que o cargo em questão seria de livre nomeação e exoneração (CF, art. 37, II). Consignou que a nomeação de auditor fiscal para o cargo encontraria respaldo na Lei 11.890/2008, que permite aos integrantes da Auditoria da Receita Federal — servidores de outra carreira — ter exercício na PGFN. Destacou que, se todas as atividades desenvolvidas pela PGFN fossem de natureza jurídica, conforme aduzido pelo ora agravante, não haveria subordinação administrativa ao Ministro de Estado da Fazenda. RMS 29403 AgR/DF, rel. Min. Teori Zavascki, 25.3.2014. (RMS-29403) (Inform. STF 740)

AG. REG. NO ARE N. 758.277-DF
RELATOR: MIN. DIAS TOFFOLI
EMENTA: Agravo regimental no recurso extraordinário com agravo. Administrativo. Servidor público celetista. Advento da Lei nº 8.112/90, que transformou vínculos celetistas em estatutários. Pretensão de manutenção de vantagens do regime anterior. Impossibilidade. Princípios da coisa julgada, do devido processo legal, da ampla defesa e do contraditório. Ofensa reflexa. Precedentes.
1. É pacífica a jurisprudência da Corte no sentido da impossibilidade de o servidor público que teve o vínculo com a Administração transformado de celetista em estatutário pela Lei nº 8.112/90 manter as vantagens típicas do regime anterior.
2. A afronta aos princípios da legalidade, do devido processo legal, da ampla defesa e do contraditório, dos limites da coisa julgada e da prestação jurisdicional, quando depende, para ser reconhecida como tal, da análise de normas infraconstitucionais, configura apenas ofensa indireta ou reflexa à Constituição da República, o que não enseja o reexame da questão em recurso extraordinário.
3. Agravo regimental não provido. (Inform. STF 738)

EMB. DECL. NO AG. REG. NO AI N. 651.512-RS
RELATOR: MIN. RICARDO LEWANDOWSKI
Ementa: EMBARGOS DE DECLARAÇÃO NO AGRAVO REGIMENTAL NO AGRAVO DE INSTRUMENTO. EMPRESA BRASILEIRA DE CORREIOS E TELÉGRAFOS - ECT. DEMISSÃO IMOTIVADA DE SUA EMPREGADA. IMPOSSIBILIDADE. NECESSIDADE DE MOTIVAÇÃO DA DISPENSA. EMBARGOS ACOLHIDOS COM EFEITOS INFRINGENTES.
I - O Plenário do Supremo Tribunal Federal, ao julgar o mérito do RE 589.998/PI, de minha relatoria, com repercussão geral reconhecida, firmou o entendimento no sentido de que a dispensa de empregados de empresas públicas e sociedades de economia mista prestadoras de serviços públicos deve ser motivada, em obediência aos princípios da impessoalidade e isonomia que regem a admissão por concurso público, afastando-se, entretanto, o direito à estabilidade prevista no art. 41 da Constituição Federal.
II - Embargos de declaração acolhidos para, atribuindo-lhes excepcionais efeitos infringentes, cassar o acórdão embargado, dar provimento ao agravo regimental, para dar provimento ao agravo de instrumento, para dar provimento ao recurso extraordinário, em conformidade ao que foi decidido no julgamento do RE 589.998-RG/PI. (Inform. STF 734)

AG. REG. NO ARE N. 732.512-MG
RELATOR: MIN. GILMAR MENDES
1. Agravo regimental em recurso extraordinário com agravo. 2. Transposição do regime celetista para estatutário. 3. Ausência de direito adquirido às vantagens do regime anterior. 4. Inexistência de argumentos suficientes para infirmar a decisão recorrida. 5. Agravo regimental a que se nega provimento. (Inform. STF 711)

SEGUNDO AG. REG. NO RE N. 634.732-PR
RELATOR: MIN. TEORI ZAVASCKI
Ementa: CONSTITUCIONAL. SERVIDOR PÚBLICO. PROVENTOS DE APOSENTADORIA. LEI SUPERVENIENTE ESTABELECENDO VENCIMENTO ÚNICO PARA A CARREIRA. DIREITO ADQUIRIDO A REGIME JURÍDICO. INEXISTÊNCIA, ASSEGURADA A IRREDUTIBILIDADE DO VALOR PERCEBIDO. PRECEDENTES DO SUPREMO TRIBUNAL FEDERAL.
1. A jurisprudência do Supremo Tribunal Federal consolidou-se no sentido de que não existe direito adquirido nem a regime jurídico, nem aos critérios que determinaram a composição da remuneração ou dos proventos, desde que o novo sistema normativo assegure a irredutibilidade dos ganhos anteriormente percebidos.
2. Não havendo redução dos proventos percebidos pelo inativo, não há inconstitucionalidade na lei que estabelece, para a carreira, o sistema de vencimento único, com absorção de outras vantagens remuneratórias.
3. Agravo regimental desprovido. (Inform. STF 711)

Cargos em comissão e nepotismo - 1
O Plenário julgou parcialmente procedente pedido formulado em ação direta para declarar a inconstitucionalidade do art. 4º

("Ficam extintos os cargos em comissão que não atendam às disposições do parágrafo 4º do artigo 20 e do artigo 32, caput, da Constituição do Estado"), bem assim das expressões "4º e" e "inclusive de extinção de cargos em comissão e de exoneração" constantes do art. 6º ("O Governador do Estado, o Presidente do Tribunal de Justiça e a Mesa da Assembleia Legislativa, no âmbito dos respectivos Poderes, o Procurador-Geral de Justiça e o Presidente do Tribunal de Contas do Estado, no âmbito das suas respectivas instituições, emitirão os atos administrativos declaratórios de atendimento das disposições dos artigos 4º e 5º desta emenda constitucional, inclusive de extinção de cargos em comissão e de exoneração"), ambos da Emenda Constitucional 12/95, do Estado do Rio Grande do Sul, que cuida da criação, disciplina e extinção de cargos em comissão na esfera dos Poderes locais. Conferiu-se ao parágrafo único do art. 6º interpretação conforme a Constituição Federal para abranger apenas os cargos situados no âmbito do Poder Executivo. Além disso, assentou-se a inconstitucionalidade, por arrastamento, do art. 7º, a, da referida emenda. Por fim, entendeu-se pela improcedência do pleito no tocante aos artigos 1º, 2º, 5º e 7º, b, desse mesmo diploma. Reportou-se aos fundamentos expendidos quando do julgamento da medida cautelar (DJU de 17.3.2000) e enfatizou-se que a matéria sobre o nepotismo estaria pacificada nesta Corte mediante a Súmula Vinculante 13.

Cargos em comissão e nepotismo - 2
Quanto ao art. 4º, asseverou-se que a extinção de cargos públicos, efetivos ou em comissão não poderia ser tratada por norma genérica inserida na Constituição estadual. Esse tema pressuporia lei específica nesse sentido, a dispor quantos e quais cargos seriam extintos. Destacou-se que o dispositivo apresentaria inconstitucionalidade formal, ou seja, vício de iniciativa, porquanto a Assembleia Legislativa teria determinado a extinção de cargos que integrariam a estrutura funcional de outros Poderes, a invadir competência privativa destes na matéria. Distinguiu-se o que disposto no art. 4º do que contido no art. 5º – que estabeleceria extinção do provimento, após respectiva exoneração, dos cargos em comissão nas situações em que providos de maneira a configurar nepotismo –, porquanto este prescindiria de lei. A proibição de ocupar os cargos decorreria da própria Constituição.

Cargos em comissão e nepotismo - 3
No que concerne ao art. 6º, registrou-se que, em virtude do art. 4º, a inconstitucionalidade dos termos expungidos seria mera consequência daquele primeiro vício, pois a extinção do cargo não poderia ocorrer por ato administrativo. Relativamente ao parágrafo único do art. 6º ("Governador do Estado poderá delegar atribuições para a prática dos atos previstos neste artigo"), explicitou-se que a delegação só poderia ocorrer no âmbito do Poder Executivo, porque essa transferência de atribuições, pelo Governador, de atos de competência exclusiva do Judiciário ou do Legislativo configuraria ingerência indevida nos demais Poderes. Ato contínuo, ao cuidar do art. 7º, consignou-se que, embora a alínea a tivesse sofrido alteração pela EC 14/97 do ente federativo, a revogação do texto impugnado não prejudicaria a ação direta. No entanto, somente teria motivo para ser mantida íntegra se subsistisse o art. 4º, pois guardaria inteira dependência normativa com ele. A respeito da alínea b, registrou-se inexistir razão para declará-la inconstitucional, uma vez que disporia sobre a vigência de dispositivo considerado constitucional.
ADI 1521/RS, rel. Min. Ricardo Lewandowski, 19.6.2013. (ADI-1521) (Inform. STF 711)

ADI e vedação ao nepotismo
O Plenário julgou procedente pedido formulado em ação direta para declarar a inconstitucionalidade do parágrafo único do art. 1º da Lei 13.145/97, do Estado de Goiás. Entendeu-se que o dispositivo questionado, ao permitir a nomeação, admissão ou permanência de até dois parentes das autoridades mencionadas no caput do preceito, além do cônjuge do Chefe do Poder Executivo, criaria hipóteses que excepcionariam a vedação ao nepotismo. ADI 3745/GO, rel. Min. Dias Toffoli, 15.5.2013. (ADI-3745) (Inform. STF 706)

DIREITO ADMINISTRATIVO. EXAME MÉDICO PARA INGRESSO EM CARGO PÚBLICO. O candidato a cargo público federal pode ser eliminado em exame médico admissional, ainda que a lei que discipline a carreira não confira caráter eliminatório ao referido exame. Isso porque a inspeção de saúde é exigência geral direcionada a todos os cargos públicos federais (arts. 5º, VI, e 14 da Lei 8.112/1990), daí a desnecessidade de constar expressamente na lei que disciplina a carreira da qual se pretende o ingresso. Ademais, a referida inspeção clínica não se confunde com o teste físico ou psicológico, os quais são exigências específicas para o desempenho de determinados cargos e, portanto, devem possuir previsão legal em lei específica. Precedente citado: REsp 944.160-DF, Quinta Turma, DJe 6/12/2010. **AgRg no REsp 1.414.990-DF, Rel. Min. Humberto Martins, julgado em 3/4/2014. (Inform. STJ 538)**

DIREITO ADMINISTRATIVO. INAPLICABILIDADE DO ART. 19-A DA LEI N. 8.036/1990 NA HIPÓTESE DE CONTRATO DE TRABALHO TEMPORÁRIO DECLARADO NULO EM RAZÃO DO DISPOSTO NO ART. 37, § 2º, DA CF.
Não é devido o depósito do FGTS na conta vinculada do trabalhador cujo contrato de trabalho temporário efetuado com a Administração Pública sob o regime de "contratação excepcional" tenha sido declarado nulo em razão da falta de realização de concurso público. De acordo com o art. 19-A da Lei n. 8.036/1990, é devido o depósito do FGTS na conta vinculada do trabalhador cujo contrato de trabalho tenha sido declarado nulo devido à inobservância das regras referentes ao concurso público previstas na CF. A questão disciplinada por esse artigo diz respeito à necessidade de recolhimento do FGTS em favor do ex-servidor que teve sua investidura em cargo ou emprego público anulada. O trabalhador admitido sob o regime de contrato temporário, entretanto, não se submete a esse regramento. **AgRg nos EDcl no AREsp 45.467-MG, Rel. Min. Arnaldo Esteves Lima, julgado em 5/3/2013.** (Inform. STJ 518)

DIREITO ADMINISTRATIVO. CÔMPUTO DO PERÍODO DE LICENÇA-PRÊMIO NÃO GOZADA COMO DE EFETIVO EXERCÍCIO PARA O FIM DE ENQUADRAMENTO NO PLANO DE CARREIRA INSTITUÍDO PELA LEI N. 11.091/2005.
O período de licença-prêmio não gozada deve ser computado como de efetivo exercício para o fim de enquadramento no Plano de Carreira dos Cargos Técnico-Administrativos em Educação no âmbito das Instituições Federais de Ensino – instituído pela Lei n. 11.091/2005 – se, na época da aposentadoria do servidor, vigia o art. 102, VIII, "e", da Lei n. 8.112/1990 em sua redação original, que considerava a licença-prêmio como de efetivo exercício. Com efeito, se a licença-prêmio não gozada foi computada para o fim de aposentadoria como tempo efetivo de serviço, não pode, posteriormente, ser desconsiderada para efeito do enquadramento previsto na Lei n. 11.091/2005. É o que se infere dos termos da Súmula 359 do STF, segundo a qual, ressalvada a revisão prevista em lei, os proventos da inatividade serão regulados pela lei vigente ao tempo em que o militar ou o servidor civil reuniram os requisitos necessários para tanto. Ressalte-se que, embora o referido enunciado trate da norma aplicável para a concessão do benefício, também pode ser aplicado, *mutatis mutandis*, à hipótese de enquadramento em plano de carreira. **REsp 1.336.566-RS, Rel. Min. Humberto Martins, julgado em 7/2/2013.** (Inform. STJ 516).

Súmula Vinculante STF 13

A nomeação de cônjuge, companheiro ou parente em linha reta, colateral ou por afinidade, até o terceiro grau, inclusive, da autoridade nomeante ou de servidor da mesma pessoa jurídica investido em cargo de direção, chefia ou assessoramento, para o exercício de cargo em comissão ou de confiança ou, ainda, de função gratificada na administração pública direta e indireta em qualquer dos Poderes da União, dos Estados, do Distrito Federal e dos Municípios, compreendido o ajuste mediante designações recíprocas, viola a Constituição Federal.

Súmula STF nº 39
À falta de Lei, funcionário em disponibilidade não pode exigir, judicialmente, o seu aproveitamento, que fica subordinado ao critério de conveniência da administração.

Súmula STF nº 22
O estágio probatório não protege o funcionário contra a extinção do cargo.

Súmula STF nº 17
A nomeação de funcionário sem concurso pode ser desfeita antes da posse.

Súmula STF nº 16
Funcionário nomeado por concurso tem direito à posse.

Súmula STJ nº 218
Compete à Justiça dos Estados processar e julgar ação de servidor estadual decorrente de direitos e vantagens estatutárias no exercício de cargo em comissão.

Súmula STJ nº 137
Compete à justiça comum estadual processar e julgar ação de servidor público municipal, pleiteando direitos relativos ao vinculo estatutário.

5.2. Concurso Público

Concurso público: nomeação por via judicial e direito à indenização
O Plenário iniciou julgamento de recurso extraordinário em que se discute eventual direito, de candidatos nomeados e empossados em cargos públicos por força de decisão transitada em julgado, à indenização por danos materiais em decorrência da demora na nomeação determinada judicialmente. Na espécie, os recorridos foram aprovados, dentro do número de vagas, na primeira fase do certame. Entretanto, antes da realização da etapa seguinte (curso de formação), a Administração promovera novos concursos e empossara os respectivos aprovados, a despeito daqueles candidatos do concurso anterior. Os ora recorridos somente participaram da segunda fase do concurso em virtude de decisão judicial transitada em julgado, sendo ao final, aprovados, nomeados e empossados. O tribunal de origem assentara o direito dos recorridos a receberem indenização relativa ao período compreendido entre a data na qual deveriam ter assumido o cargo correspondente, e a data da efetiva posse, considerado o interregno decorrente do trâmite processual. O Ministro Marco Aurélio (relator) desproveu o recurso, no que foi acompanhado pelo Ministro Luiz Fux. Destacou que não se trataria de pretensão de receber vencimentos ou subsídios e sim pagamento de quantia certa, em dinheiro, a título de indenização por danos materiais, a caracterizar típica obrigação do civilmente responsável. Ficara comprovado em juízo que o ato ilícito da Administração causara a nomeação e posse tardia dos recorridos. Dessa forma, seria devida a indenização, em face da responsabilidade civil objetiva do Estado pelo ato ilegal de seus agentes (CF, art. 37, § 6º). A decisão que assentara a ilicitude da Administração estaria preclusa e, na via do recurso extraordinário, seria inviável a revisão dos termos inicial e final do cômputo da indenização, considerada a necessidade do reexame das premissas fáticas utilizadas pelo tribunal de origem. Nesse sentido, deveria ser observado o Verbete 279 da Súmula do STF ("Para simples reexame de prova não cabe recurso extraordinário"). Em divergência, os Ministros Roberto Barroso e Dias Toffoli deram provimento ao recurso. Consideraram que o pagamento de remuneração a servidor público e o reconhecimento de efeitos funcionais pressuporia efetivo exercício do cargo, o que não ocorrera, sob pena de enriquecimento sem causa. O Ministro Roberto Barroso citou jurisprudência da Corte, segundo a qual seria indevida indenização pelo tempo que se teria aguardado a solução judicial definitiva sobre aprovação em concurso público. Em seguida, pediu vista o Ministro Teori Zavascki. RE 724347/DF, rel. Min. Marco Aurélio, 23.10.2014. (RE-724347) (Inform. STF 764)

RMS 32.732-TA/DF
RELATOR: Ministro Celso de Mello
Concurso público. Pessoa portadora de deficiência. Reserva percentual de cargos e empregos públicos (CF, art. 37, VIII). Ocorrência, na espécie, dos requisitos necessários ao reconhecimento do direito vindicado pela recorrente. Atendimento, no caso, da exigência de compatibilidade entre o estado de deficiência e o conteúdo ocupacional ou funcional do cargo público disputado, independentemente de a deficiência produzir dificuldade para o exercício da atividade funcional. Pessoa portadora de necessidades especiais cuja situação de deficiência não a incapacita nem a desqualifica, de modo absoluto, para o exercício das atividades funcionais. Inadmissibilidade da exigência adicional de a situação de deficiência também produzir "dificuldades para o desempenho das funções do cargo". Reconhecimento, em favor de pessoa comprovadamente portadora de necessidades especiais, do direito de investidura em cargos públicos, desde que – obtida prévia aprovação em concurso público de provas ou de provas e títulos dentro da reserva percentual a que alude o art. 37, VIII, da Constituição – a deficiência não se revele absolutamente incompatível com as atribuições funcionais inerentes ao cargo ou ao emprego público. Incidência, na espécie, das cláusulas de proteção fundadas na Convenção das Nações Unidas sobre os Direitos das Pessoas com Deficiência. Incorporação desse ato de direito internacional público, com eficácia e hierarquia de norma constitucional (CF, art. 5°, § 3°), ao ordenamento doméstico brasileiro (Decreto nº 6.949/2009). Primazia da norma mais favorável: critério que deve reger a interpretação judicial, em ordem a tornar mais efetiva a proteção das pessoas e dos grupos vulneráveis. Precedentes. Vetores que informam o processo hermenêutico concernente à interpretação/aplicação da Convenção Internacional sobre os Direitos das Pessoas portadoras de deficiência (Artigo 3). Mecanismos compensatórios que concretizam, no plano da atividade estatal, a implementação de ações afirmativas. Necessidade de recompor, pelo respeito à diversidade humana e à igualdade de oportunidades, sempre vedada qualquer ideia de discriminação, o próprio sentido de igualdade inerente às instituições republicanas. Parecer favorável da Procuradoria-Geral da República. Recurso ordinário provido. DJe de 19.5.2014. (Inform. STF 762)

AR: concurso público, direito adquirido à nomeação e coisa julgada - 1
O Plenário iniciou julgamento de ação rescisória em que a União requer seja desconstituída a decisão proferida pela 2ª Turma do STF no julgamento do RMS 23.040/DF (DJU de 14.9.1999). Naquele acórdão, a Turma assentara que o Ministro do Trabalho não poderia nomear candidatos aprovados em concursos posteriores para o cargo de fiscal do trabalho, enquanto não concluído o mesmo concurso objeto da AR 2.274/DF, acima noticiada, com a nomeação dos outrora impetrantes para a 2ª etapa do certame. A Ministra Cármen Lúcia (relatora), acompanhada pelo Ministro Dias Toffoli (revisor), reportou-se ao que decidido no caso anterior para julgar procedente o pedido e rescindir o acórdão proferido no aludido RMS. Inicialmente, afastou eventual decadência da ação, haja vista que o tema já teria sido enfrentado pela Corte em sede de embargos declaratórios (AR 1.685 ED/DF, DJe de 25.9.2008), oportunidade em que saneado o processo. Sublinhou, no ponto, o art. 473 do CPC

("É defeso à parte discutir, no curso do processo, as questões já decididas, a cujo respeito se operou a preclusão"). No que se refere a suposto julgamento "extra petita" — tendo em conta que o pedido no RMS 23.040/DF seria a convocação para a 2ª etapa do concurso, mas o STF, ao julgar a Rcl 1.728/DF (DJU de 6.11.2001), teria garantido o direito de nomeação para o exercício do cargo — e a erro de fato no acórdão rescindendo — uma vez que teria sido determinada, pelo STF, a nomeação de candidatos, muito embora não existissem mais vagas a serem preenchidas —, explicou que os alegados vícios não existiriam. Assinalou que a 2ª Turma do STF, ao julgar o RMS 23.040/DF, teria apenas assegurado o direito à convocação para a 2ª etapa do certame antes que fosse feita a nomeação de outros candidatos, aprovados em concurso posterior, para o mesmo cargo. Anotou que a decisão proferida na Rcl 1.728/DF não seria objeto da ação rescisória em debate, e não poderia ser analisada, sob pena de ofensa ao art. 460 do CPC. Em seguida, pediu vista dos autos o Ministro Luiz Fux.

AR: concurso público, direito adquirido à nomeação e coisa julgada - 2

O Plenário, em conclusão de julgamento e por maioria, assentou a improcedência de pedido formulado em ação rescisória em que a União requeria fosse desconstituída decisão proferida pela 2ª Turma do STF no julgamento do RMS 23.040/DF (DJU de 14.9.1999). O acórdão rescindendo assegurara que o Ministro do Trabalho não poderia nomear candidatos aprovados em concursos posteriores para o cargo de fiscal do trabalho, enquanto não concluído o processo seletivo com a convocação dos impetrantes para a segunda etapa do certame (programa de formação) — v. Informativo 746. Na espécie, diante do descumprimento da decisão proferida no RMS 23.040/DF, os recorrentes ajuizaram a Rcl 1.728/DF (DJU de 6.11.2001), cujo pedido fora declarado procedente e, determinada à autoridade reclamada que procedesse à efetivação dos atos de nomeação dos impetrantes ao cargo pleiteado. Em questão de ordem, a União requerera e obtivera prorrogação de prazo para cumprimento da decisão reclamada (Rcl 1.728 QO/DF, DJU de 19.12.2001). Nesse ínterim, a União ajuizara a presente ação rescisória, com fundamento no art. 485, V e IX, do CPC, por entender violado o art. 47 do CPC, ao argumento de que inúmeros candidatos atingidos pelos efeitos da concessão da ordem não teriam integrado a lide. Na sequência, a liminar fora deferida para antecipar os efeitos da tutela pretendida para que a Administração não fosse compelida a implementar as nomeações dos ora réus. Essa decisão fora referendada pelo Plenário (AR 1.685 MC/DF, DJU de 12.6.2002). O Colegiado salientou que haveria previsão, no edital, no sentido de que o concurso seria realizado em duas fases, e o provimento dar-se-ia em vagas existentes ou que viessem a ocorrer no seu prazo de validade. Assinalou que teriam surgido vagas durante a validade do certame e, ao invés de convocar os aprovados, a Administração promovera novo concurso. Assentou que haveria erro de fato na reclamação, que assegurara a posse dos réus e que o acórdão rescindendo não a impugnaria, mas sim a decisão prolatada em sede de recurso em mandado de segurança. Destacou que o julgado da reclamação fora "extra petita" e que o recurso em mandado de segurança fora decidido de acordo com o pedido e com a "causa petendi". Ponderou, assim, que a reclamação é que seria passível de ser rescindida. Frisou que o acórdão rescindendo não se enquadraria em qualquer das hipóteses de rescindibilidade contidas no art. 485 do CPC. Consignou que condicionar o exercício do direito de ação a citar mais de nove mil candidatos seria o mesmo que negar o exercício do direito de ação. Aduziu que a formação do litisconsórcio necessário não poderia esbarrar na cláusula pétrea de acesso à Justiça. Vencidos os Ministros Cármen Lúcia (relatora), Teori Zavascki e Rosa Weber, que julgavam procedente o pedido. Entendiam ter havido contrariedade à literal disposição da lei (CPC, art. 47). O Ministro Dias Toffoli reajustou seu voto. AR 1685/DF, rel. orig. Min. Cármen Lúcia, redator p/ o acórdão Min. Dias Toffoli, 1º.10.2014. (AR-1685) (Inform. STF 761)

Concurso público: prova objetiva e resoluções do CNMP e CSMPF

A 1ª Turma iniciou julgamento de agravo regimental em mandado de segurança impetrado contra ato praticado pelo PGR, na qualidade de Presidente da Banca Examinadora do 26º Concurso para Provimento de Cargos de Procurador da República. Na espécie, a impetrante pleiteia a anulação de três questões da prova objetiva que apresentavam ao candidato uma sequência de proposições a serem analisadas, individualmente, quanto à correção, para posterior marcação, no gabarito, de uma única alternativa, dentre quatro disponíveis, a indicar apenas a quantidade de assertivas que seriam verdadeiras ou falsas. Sustenta que essa formulação estaria em desacordo com o disposto nos artigos 29 da Resolução 116/2009 do Conselho Superior do Ministério Público Federal-CSMPF e 17 da Resolução 14/2006 do Conselho Nacional do Ministério Público-CNMP, que disciplinam aspectos formais da redação a ser conferida às questões de múltipla escolha. Aduz que, embora não aplicável diretamente ao concurso, a Resolução 57/2009 do CNJ é explícita quanto à ilegalidade na estruturação de questões que não agrupam, precisamente, as assertivas que devem ser julgadas verdadeiras e falsas pelos candidatos. De início, a Ministra Rosa Weber (relatora) ressaltou que a natureza da controvérsia não se assemelharia à pretensão de revisão do mérito administrativo no âmbito de concursos públicos, porquanto o seu exame jurisdicional se limitaria ao controle de legalidade do ato administrativo. Cotejou a redação das questões impugnadas e as exigências das normas do CSMPF e CNMP — "questões objetivas, de pronta resposta e apuração padronizada". Destacou que, apesar de as referidas questões apresentarem estrutura objetivamente diversa das demais perguntas da prova, isso conferiria apenas nuance de dificuldade proposta igualmente a todos os candidatos e condizente com o objetivo de um concurso destinado a medir conhecimentos de vários tipos — não só jurídicos, mas também lógicos e gramaticais. Ademais, acrescentou que a invocação da Resolução 57/2009 do CNJ não seria suficiente para configurar, diante das peculiaridades da controvérsia, o direito líquido e certo necessário à concessão da ordem. Salientou que, embora o CNJ e o CNMP possuíssem estruturas semelhantes e mesma origem constitucional, seriam órgãos autônomos e que não haveria falar, portanto, em lacuna na normatização do tema pelo CNMP. Após os votos dos Ministros Luiz Fux e Dias Toffoli, que acompanhavam o entendimento da relatora, pediu vista dos autos o Ministro Marco Aurélio. MS 31323 AgR/DF, rel. Min. Rosa Weber, 16.9.2014. (MS-31323) (Inform. STF 759)

CNJ: concurso público e prova de títulos

A 1ª Turma, por maioria, concedeu mandados de segurança para cassar decisão do CNJ que referendara a reprovação dos ora impetrantes em concurso público de provas e títulos realizado para o preenchimento de vagas em serventias extrajudiciais. Na espécie, discutia-se a possibilidade de — em razão do estabelecimento de determinado critério de cálculo das notas atribuídas aos candidatos —, se atribuir caráter eliminatório à prova de títulos no referido certame. De início, a Turma, por maioria, rejeitou preliminar suscitada pela Ministra Rosa Weber quanto à impossibilidade de conhecimento dos mandados de segurança, visto que impetrados em face de deliberação negativa do CNJ. A suscitante afirmava que as deliberações negativas do CNJ, porquanto não substituíssem o ato originalmente questionado, não estariam sujeitas à apreciação por mandado de segurança impetrado diretamente no STF. O Colegiado entendeu, porém, que a jurisprudência do STF distinguiria as situações em que o CNJ adentrara, ou não, na matéria de fundo. Asseverou, ademais, que, mesmo no campo administrativo, sempre que houvesse competência recursal, a decisão do órgão recursal substituiria a decisão do órgão "a quo". Vencidos a suscitante e o Ministro Dias Toffoli. No mérito, a Turma afirmou que as provas de títulos em concurso público para provimento de cargos públicos efetivos na Administração Pública, em qualquer dos Poderes e em qualquer nível federativo, não poderiam ostentar natureza eliminatória. A finalidade das provas seria, unicamente, classificar os candidatos, sem jamais justificar sua eliminação do certame. Vencida, também no mérito, a Ministra Rosa Weber, que indeferia os mandados de segurança. MS 31176/DF, rel. Min. Luiz Fux, 2.9.2014. (MS-31176) MS 32074/DF, rel. Min. Luiz Fux, 2.9.2014. (MS-32074) (Inform. STF 757)

Contratações pela Administração Pública sem concurso público e efeitos trabalhistas
É nula a contratação de pessoal pela Administração Pública sem a observância de prévia aprovação em concurso público, razão pela qual não gera quaisquer efeitos jurídicos válidos em relação aos empregados eventualmente contratados, ressalvados os direitos à percepção dos salários referentes ao período trabalhado e, nos termos do art. 19-A da Lei 8.036/1990, ao levantamento dos depósitos efetuados no Fundo de Garantia do Tempo de Serviço - FGTS. Com base nessa orientação, o Plenário negou provimento a recurso extraordinário no qual trabalhadora — que prestava serviços a fundação pública estadual, embora não tivesse sido aprovada em concurso público — sustentava que o § 2º do art. 37 da CF ("A não observância do disposto nos incisos II e III implicará a nulidade do ato e a punição da autoridade responsável, nos termos da lei") não imporia a supressão de verbas rescisórias relativas a aviso prévio, gratificação natalina, férias e respectivo 1/3, indenização referente ao seguro desemprego, multa prevista no art. 477, § 8º, da CLT entre outras. Discutiam-se, na espécie, os efeitos trabalhistas decorrentes de contratação pela Administração Pública sem observância do art. 37, II, da CF. O Tribunal asseverou que o citado § 2º do art. 37 da CF constituiria referência normativa que não poderia ser ignorada na avaliação dos efeitos extraíveis das relações estabelecidas entre a Administração e os prestadores de serviços ilegitimamente contratados. Destacou a importância que a Constituição atribuiria ao instituto do concurso público e às consequências jurídicas decorrentes de sua violação. Mencionou, também, que as Turmas possuiriam jurisprudência assente no tocante à negativa de pagamento, com base na responsabilidade extracontratual do Estado (CF, art. 37, § 6º), de outras verbas rescisórias típicas do contrato de trabalho, ainda que a título de indenização. O Colegiado consignou que o suposto prejuízo do trabalhador contratado sem concurso público não constituiria dano juridicamente indenizável e que o reconhecimento do direito a salários pelos serviços efetivamente prestados afastaria a alegação de enriquecimento ilícito. RE 705140/RS, rel. Min. Teori Zavascki, 28.8.2014. (RE-705140) (Inform. STF 756)

Concurso público: prova oral e recurso administrativo
A 2ª Turma concedeu mandado de segurança para cassar decisão proferida pelo CNJ, que excluíra o ora impetrante de concurso público para ingresso em magistratura estadual. No caso, o então candidato ao cargo de juiz substituto, após ter sido reprovado na prova oral do concurso, tivera seu recurso administrativo provido pela comissão organizadora, a qual anulara algumas questões formuladas naquela fase e recalculara a nota a ele atribuída, o que resultara em sua aprovação. O CNJ, em processo de controle administrativo instaurado por outro candidato — que, a despeito de se encontrar em situação similar à do ora impetrante, tivera seu recurso administrativo negado —, excluíra ambos os concorrentes da fase subsequente à prova oral, sob o fundamento de que, segundo o art. 70, § 1º, da Resolução 75/2009 do CNJ, a nota atribuída na prova oral seria irretratável em sede recursal. A Turma, de início, afastou as alegações de ocorrência de ofensa ao devido processo legal e de extrapolação dos limites objetivos do processo de controle administrativo. Consignou que não se poderia transpor para o processo administrativo a integralidade das regras que regem o processo judicial, sob pena de desnaturá-lo. Afirmou que o exercício do controle da atuação administrativa dos órgãos que compõem o Poder Judiciário imporia ao CNJ o poder-dever de apurar e corrigir irregularidades, nos termos do art. 103-B da CF. Em razão disso, a inclusão do ora impetrante como interessado no processo administrativo em análise, aliada à faculdade que tivera, e exercera, de defender a validade da decisão administrativa que o beneficiara em detrimento de outro candidato, evidenciariam a improcedência das referidas assertivas de ofensa ao devido processo legal e de extrapolação dos limites objetivos do processo de controle administrativo. Quanto à discussão relativa à suposta impossibilidade de a comissão examinadora do concurso público revisar notas de prova oral, a Turma asseverou que o § 1º do art. 70 da Resolução 75/2009 do CNJ ("É irretratável em sede recursal a nota atribuída na prova oral") pressuporia a validade da prova feita. Assinalou que conclusão diversa redundaria no não cabimento de recurso administrativo quando houvesse, inclusive, eventuais erros manifestos no processamento de concursos públicos. No caso, a comissão examinadora reconhecera o descumprimento de normas do edital do concurso no que diz com as questões que deveriam ter sido cobradas na fase oral. Ocorre que seria assente no STF o entendimento segundo o qual o edital de concurso público rege as relações entre os candidatos e a Administração Pública. Ambos estariam submetidos, portanto, às suas regras, e, eventual desrespeito ao que nele disciplinado consubstanciaria violação ao princípio da legalidade, o que autorizaria o candidato a buscar sua correção. MS 32042/DF, rel. Min. Cármen Lúcia, 26.8.2014. (MS-32042) (Inform. STF 756)

Concurso público: direito subjetivo à nomeação e discricionariedade
A 1ª Turma acolheu embargos de declaração para, emprestando-lhes efeitos modificativos, dar provimento a recurso extraordinário em que se discutia a existência de discricionariedade por parte Administração na nomeação de candidatos aprovados em concurso público para o preenchimento de vagas no TRE/PR. No caso, os ora embargantes, embora aprovados, estariam classificados além do número de vagas previsto no edital do certame. Antes de expirar o prazo de validade do concurso — o que se daria em 28.6.2004 —, fora editada a Lei 10.842, de 20.2.2004, a qual criaria novos cargos nos quadros de pessoal dos tribunais regionais eleitorais. Posteriormente, o TSE editara a Resolução 21.832, de 22.6.2004, em cujo art. 2º dispunha-se que os tribunais regionais deveriam aproveitar, nos cargos criados pela Lei 10.842/2004, os candidatos habilitados em concurso público, realizado ou em andamento na data de publicação da referida lei. O TRE/PR optara, entretanto, por deixar expirar o prazo de validade do concurso e realizar novo certame, publicado o respectivo edital em 23.12.2004. A Turma afirmou que, no caso, não haveria discricionariedade por parte do TRE/PR na nomeação dos candidatos aprovados no concurso em comento, configurado, portanto, o direito subjetivo dos embargantes à nomeação, respeitada a ordem classificatória do certame. Consignou que a Resolução 21.832/2004 teria estabelecido um dever, para os tribunais regionais eleitorais, de aproveitamento dos candidatos aprovados em concursos públicos vigentes à época da edição da Lei 10.842/2004. Assim, tratar-se-ia de uma decisão vinculada. Com relação ao argumento de que a referida resolução fora editada apenas seis dias antes de expirar o prazo de validade do certame, o Colegiado asseverou que a norma somente formalizara orientação que já vinha sendo reiteradamente expendida pelo TSE. RE 607590/PR, rel. Min. Roberto Barroso, 19.8.2014. (RE-607590) (Inform. STF 755)

Posse em concurso público por medida judicial precária e "fato consumado" - 1
A posse ou o exercício em cargo público por força de decisão judicial de caráter provisório não implica a manutenção, em definitivo, do candidato que não atende a exigência de prévia aprovação em concurso público (CF, art. 37, II), valor constitucional que prepondera sobre o interesse individual do candidato, que não pode invocar, na hipótese, o princípio da proteção da confiança legítima, pois conhece a precariedade

da medida judicial. Com base nessa orientação, o Plenário, por maioria, deu provimento a recurso extraordinário para reformar acórdão que, com base na "teoria do fato consumado", concluíra pela permanência da recorrida no cargo público por ela ocupado desde 2002. Discutia-se a possibilidade de manutenção de candidato investido em cargo público em decorrência de decisão judicial de natureza provisória. Na espécie, a recorrida tomara posse no cargo de agente da polícia civil em virtude de medida liminar deferida em ação cautelar, embora ela tivesse sido reprovada na segunda etapa do certame (teste físico) e não tivesse se submetido à terceira fase (exame psicotécnico).

Posse em concurso público por medida judicial precária e "fato consumado" - 2

O Tribunal destacou, de início, a existência de conflito entre duas ordens de valores que, ante a incompatibilidade, deveriam ser sopesadas. De um lado, o interesse individual da candidata em permanecer no cargo público que, por força de liminar, exerceria há mais de 12 anos. De outro lado, o interesse público no cumprimento do art. 37, II, da CF e de seus consectários. Em seguida, mencionou que a jurisprudência predominante da Corte seria no sentido da prevalência à estrita observância das normas constitucionais. Asseverou que, na questão em debate, não seria cabível o argumento da boa-fé ou do princípio, a ela associado, da proteção da confiança legítima do administrado. No ponto, aduziu que essa alegação seria viável quando, por ato de iniciativa da própria Administração, decorrente de equivocada interpretação da lei ou dos fatos, o servidor seria alçado a determinada condição jurídica ou seria incorporada determinada vantagem ao seu patrimônio funcional, de modo que essas peculiares circunstâncias provocassem em seu íntimo justificável convicção de que se trataria de um "status" ou de uma vantagem legítima. Assim, superveniente constatação da ilegitimidade desses proveitos configuraria comprometimento da boa-fé ou da confiança legítima provocada pelo primitivo ato da Administração, o que poderia autorizar, ainda que em nome do "fato consumado", a manutenção do "status quo", ou, pelo menos, a dispensa de restituição de valores. O Colegiado frisou, no entanto, a excepcionalidade dessa hipótese.

Posse em concurso público por medida judicial precária e "fato consumado" - 3

A Corte salientou, ainda, que a situação dos autos seria distinta, porquanto a nomeação e posse no cargo teriam ocorrido por provocação da recorrida e contra a vontade da Administração, a qual apresentara resistência no plano processual. Explicitou, também, que o acórdão recorrido não afirmara a plausibilidade do direito de a recorrida permanecer no cargo, mas somente se limitara a aplicar a "teoria do fato consumado", tendo em conta que a liminar vigoraria, à época, há mais de sete anos. O Colegiado observou que, na espécie, não faria sentido invocar-se o princípio da proteção da confiança legítima nos atos administrativos, haja vista que a beneficiária não desconheceria, porque decorrente de lei expressa, a natureza provisória do provimento, cuja revogação poderia se dar a qualquer momento e acarretar automático efeito retroativo. Acrescentou que a concessão das medidas antecipatórias correria por conta e responsabilidade do requerente. Assim, afastado o princípio da proteção da confiança legítima, o Plenário registrou que apenas o interesse individual na manutenção do cargo sobejaria como fundamento para sustentar a conclusão do acórdão impugnado. Considerou, todavia, que a pretensão da recorrida não poderia justificar o desatendimento do superior interesse público no cumprimento das normas constitucionais. Frisou, ademais, que esse interesse individual se oporia, inclusive, ao interesse de mesma natureza de candidato que, aprovado no concurso, fora alijado do cargo, ocupado sem observância das regras constitucionais. Por fim, o Tribunal assegurou à recorrida os vencimentos e as vantagens percebidos até a data do julgamento.

Posse em concurso público por medida judicial precária e "fato consumado" - 4

Vencidos os Ministros Roberto Barroso e Luiz Fux negavam provimento ao recurso extraordinário. O Ministro Roberto Barroso entendia que, no caso, a ponderação não se daria entre interesse privado do indivíduo e interesse público da Administração, mas, entre o princípio da confiança legítima e o mandamento do concurso público. Esclarecia que, como em toda ponderação, nem sempre seria possível estabelecer, "prima facie", qual dos dois princípios deveria prevalecer. Aduzia que essa ponderação deveria ser feita à luz dos elementos do caso concreto. Registrava que a proteção da confiança legítima seria valor constitucional decorrente do princípio da segurança jurídica e, por isso, se mostraria impróprio o argumento no sentido de ser inexistente tese constitucional em favor da recorrida. Destacava que a ideia de segurança jurídica teria vertente objetiva a impedir a retroatividade das normas. Nesse ponto, sublinhava que haveria proteção ao ato jurídico perfeito, ao direito adquirido e à coisa julgada, e amparar as expectativas legítimas das pessoas, a preservar, inclusive, efeitos de atos eventualmente inválidos. Reiterava que as situações de investiduras de servidor público envolveriam muitas nuances, do que decorreria a necessidade de se conhecer o caso "sub judice" para se proceder à interpretação constitucionalmente adequada. Propunha a observância de parâmetros para a aferição de eventual confiança legítima: a) o tempo decorrido entre as decisões contraditórias, adotando-se, por analogia, o prazo de cinco anos previsto no art. 54 da Lei 9.784/1999; b) a boa-fé do candidato; c) o grau de estabilidade da decisão judicial, de maneira que uma decisão de 2º grau geraria maior expectativa de direito; d) o órgão prolator da decisão, pois quanto mais elevado o órgão judicial, maior a expectativa de direito originado; e e) a plausibilidade da tese jurídica que justificara a investidura e a ausência de conduta processual procrastinatória.

Posse em concurso público por medida judicial precária e "fato consumado" - 5

O Ministro Luiz Fux, por sua vez, enfatizava que a recorrida teria prestado concurso público e sido aprovada com nota exemplar no curso de aperfeiçoamento, apesar de não ter sido submetido ao exame psicotécnico. Registrava que a função desse teste seria aferir condições biopsicológicas no exercício de uma função, e a recorrida a exercera, de forma exemplar por vários anos, o que superaria completamente a ausência do referido exame. Reputava que a recorrida tivera seu direito reafirmado em sentença de mérito e confirmado em acórdão que perdurara por mais de 12 anos. Frisava que a tendência mundial seria fazer com que o jurisdicionado se contentasse com uma só decisão judicial e o advento de uma segunda decisão, por órgão colegiado, apuraria a sua juridicidade. Comparava, no ponto, com o que contido na denominada "Lei da Ficha Limpa", que prevê a decisão colegiada para fins de tornar alguém inelegível. Aduzia que, na espécie, estaria em jogo direito fundamental encartado no art. 5º da CF e, como direito fundamental, prevaleceria sobre outros interesses correlatos à causa.
RE 608482/RN, rel. Min. Teori Zavascki, 7.8.2014. (RE-608482)
(Inform. STF 753)

EMENTA: Agravo regimental no recurso extraordinário. Administrativo. Concurso público. Prequestionamento. Ausência. Prazo de validade. Prorrogação. Ato discricionário. Reexame de cláusulas editalícias e de fatos e provas. Impossibilidade. Precedentes.

1. Não se admite o recurso extraordinário quando os dispositivos constitucionais que nele se alega violados não estão devidamente prequestionados. Incidência das Súmulas nºs 282 e 356/STF.

2. A Corte tem reconhecido a discricionariedade da Administração pública no tocante à prorrogação do prazo de validade de concursos públicos.

3. Inadmissível, em recurso extraordinário, a análise de cláusulas editalícias e o reexame do conjunto fático-probatório da causa. Incidência das Súmulas nºs 454 e 279/STF.
4. Agravo regimental não provido. (Inform. STF 748)

AR: concurso público e direito adquirido à nomeação - 1
O Plenário julgou improcedente pedido formulado em ação rescisória na qual se buscava desconstituir decisão proferida pela 2ª Turma do STF, nos autos do RE 367.460/DF (DJe de 9.10.2008). No caso, os ora autores teriam sido aprovados na 1ª etapa de concurso público para fiscal do trabalho, mas não teriam sido selecionados para a 2ª fase do certame (programa de formação). Esperavam que, no prazo de validade do concurso, fossem convocados para a 2ª etapa e, na sequência, nomeados. No aludido recurso extraordinário, ficara consignado que a jurisprudência da Corte seria pacífica no sentido de inexistir direito adquirido à nomeação em hipóteses análogas. No que se refere à rescisória, de início, a Corte afastou suposta contrariedade ao art. 485, II, do CPC ("Art. 485. A sentença de mérito, transitada em julgado, pode ser rescindida quando: ... II - proferida por juiz impedido ou absolutamente incompetente"). A respeito, os autores alegavam que o Ministro Gilmar Mendes, relator do RE 367.460/DF, estaria impedido, pois teria atuado como Advogado-Geral da União em processos nos quais discutida idêntica matéria tratada na decisão rescindenda. No ponto, o Colegiado assentou que o impedimento, nos termos do art. 485, II, do CPC, pressupõe que o magistrado tivesse contrariado as regras do art. 134 do CPC no processo em que atuasse. Assim, a circunstância de o Ministro Gilmar Mendes ter funcionado como Advogado-Geral da União em processos distintos não causaria seu impedimento no RE 367.460/DF.

AR: concurso público e direito adquirido à nomeação - 2
Os autores sustentavam, ainda, suposta ofensa ao art. 485, V, do CPC ("V - violar literal disposição de lei"), tendo em vista que: a) o edital do concurso disporia que o provimento dar-se-ia em vagas existentes ou que viessem a ocorrer no prazo de validade do concurso; e b) a decisão formulada nos autos do RMS 23.040/DF (DJU de 14.9.1999) seria aplicável ao caso. O Plenário consignou que a decisão proferida no RE 367.460/DF registrara a ausência de direito líquido e certo de os autores serem convocados para a 2ª etapa do certame, pois o prazo de validade do concurso não fora prorrogado e não houvera convocação para cadastro de reserva. O Tribunal assinalou que esse entendimento estaria de acordo com a jurisprudência da Corte, segundo a qual o candidato aprovado na 1ª fase de concurso público, classificado além do número de vagas existentes para a 2ª etapa, não teria direito líquido e certo à nomeação, pois a prorrogação de concurso público seria ato discricionário da Administração. Reputou que o cabimento de ação rescisória com fulcro no art. 485, V, do CPC exigiria que a decisão rescindenda fosse manifestamente contrária ao dispositivo legal apontado, o que não seria o caso.

AR: concurso público e direito adquirido à nomeação - 3
Os autores alegavam, ademais, eventual erro de fato (CPC, art. 485, IX), uma vez que o relator do RE 367.460/DF teria feito alusão à AR 1.685/DF como precedente a fundamentar a decisão, mas este caso ainda não teria sido julgado. Aduziam, além disso, que a decisão proferida em sede de embargos declaratórios seria nula, pois contrariaria o art. 93, IX, da CF ("IX - todos os julgamentos dos órgãos do Poder Judiciário serão públicos, e fundamentadas todas as decisões, sob pena de nulidade, podendo a lei limitar a presença, em determinados atos, às próprias partes e a seus advogados, ou somente a estes, em casos nos quais a preservação do direito à intimidade do interessado no sigilo não prejudique o interesse público à informação"). No ponto, o Plenário asseverou que o erro de fato passível de subsidiar ação rescisória seria relacionado a fato averiguável mediante o exame das provas existentes no processo originário. Desse modo, não constituiria erro de fato a simples menção de acórdão proferido em medida cautelar para demonstrar que a decisão estaria de acordo com a jurisprudência do STF. Sublinhou que, para o cabimento de rescisória com esteio no art. 485, IX, do CPC, o erro de fato deveria surgir da interpretação dos atos e documentos da causa, ou seja, dos elementos constantes dos autos que seriam objeto da decisão rescindenda, o que não teria ocorrido. Acresceu que a suposta nulidade de acórdão por ofensa ao art. 93, IX, da CF, não prosperaria, porque devidamente fundamentado. AR 2274/DF, rel. Min. Cármen Lúcia, 15.5.2014. (AR-2274) (Inform. STF 746)

AG. REG. EM MS N. 31.790-DF
RELATOR: MIN. GILMAR MENDES
Agravo regimental em mandado de segurança. 2. Direito Administrativo. 3. Concurso público. Formação de cadastro de reserva. 4. Candidato aprovado em certame para formação de reserva não tem direito subjetivo à nomeação, mas mera expectativa. 5. Agravo regimental a que se nega provimento. (Inform. STF 746)

AG. REG. NO RE N. 607.590-PR
RELATOR: MIN. ROBERTO BARROSO
EMENTA: AGRAVO REGIMENTAL EM RECURSO EXTRAORDINÁRIO. CONCURSO PÚBLICO. APROVADOS FORA DO NÚMERO DE VAGAS PREVISTAS NO EDITAL. PRETERIÇÃO NÃO CONFIGURADA. AUSÊNCIA DE DIREITO SUBJETIVO À NOMEAÇÃO. PRORROGAÇÃO DE CONCURSO PÚBLICO. ATO DISCRICIONÁRIO DA ADMINISTRAÇÃO. PRECEDENTES.
O Supremo Tribunal Federal, após reconhecer a existência de repercussão geral da matéria no RE 598.099-RG, julgado sob a relatoria do Ministro Gilmar Mendes, entendeu que, em regra, apenas o candidato aprovado entre as vagas previstas no edital de concurso público tem direito líquido e certo à nomeação.
A jurisprudência desta Corte é pacífica ao afirmar se tratar de decisão discricionária da Administração a questão relativa à prorrogação ou não de concurso público. Precedentes.
Agravo regimental a que se nega provimento. (Inform. STF 742)

ED: serventia extrajudicial e concurso público
Por reputar ausentes os pressupostos de embargabilidade, o Plenário rejeitou embargos de declaração e manteve o entendimento firmado no sentido de não haver direito adquirido do substituto, que preencheu os requisitos do art. 208 da Constituição pretérita, à investidura na titularidade de cartório, quando a vaga tenha surgido após a promulgação da Constituição de 1988, a qual exige expressamente, no seu art. 236, § 3º, a realização de concurso público de provas e títulos para o ingresso na atividade notarial e de registro. Inicialmente, a Corte denegou pedido de sobrestamento do feito para que fosse apreciado, em conjunto, com a ADI 4.300/DF. O ora embargante arguia a ocorrência de conexão por prejudicialidade, uma vez que na mencionada ação direta questiona-se a legitimidade constitucional do modo de atuar do Conselho Nacional de Justiça - CNJ no tocante à questão dos cartórios brasileiros. A Ministra Rosa Weber (relatora) destacou anterior deferimento de pleito formulado pela mesma parte para que os embargos apenas fossem examinados após o julgamento do MS 26.860/DF, que versaria o mesmo tema do presente processo. Salientou sua perplexidade diante de requerimento manifestado da tribuna, para que o feito fosse analisado anteriormente ao aludido MS 26.860/DF. O Ministro Joaquim Barbosa (Presidente) observou que, dessa maneira, estar-se-ia sempre fazendo remissão a outro processo. Em seguida, o Tribunal aduziu que o acórdão impugnado não padeceria de quaisquer dos vícios que autorizariam a oposição de embargos declaratórios. Consignou tratar-se de tentativa de rediscussão da matéria. Asseverou que, não obstante a Ministra Rosa Weber tivesse adotado, no MS 26.860/DF, tese consentânea à defendida pelo ora embargante, haveria distinção entre mérito da causa e mérito do recurso. Afirmou que o mérito do recurso em debate diria respeito à presença, ou não, de vícios

ensejadores de embargos de declaração. O Colegiado reiterou, ainda, a inocorrência de omissão em torno dos temas relativos à decadência para a Administração Pública e aos princípios constitucionais da segurança jurídica e da boa-fé, devidamente analisados e afastados. MS 28279 ED/DF, rel. Min. Rosa Weber, 2.4.2014. (MS-28279) (Inform. STF 741)

Serventia extrajudicial e concurso público - 5
Inexiste direito adquirido à efetivação na titularidade de cartório quando a vacância do cargo ocorre na vigência da Constituição de 1988, que exige a submissão a concurso público, de modo a afastar a incidência do art. 54 da Lei 9.784/1999 ("O direito da Administração de anular os atos administrativos de que decorram efeitos favoráveis para os destinatários decai em cinco anos, contados da data em que foram praticados, salvo comprovada má-fé") a situações flagrantemente inconstitucionais. Ao ratificar essa diretriz firmada no MS 28.279/DF (DJe de 29.4.2011), o Tribunal, em conclusão de julgamento, denegou mandado de segurança em que se pleiteava a declaração de insubsistência de resolução do Conselho Nacional de Justiça - CNJ por meio da qual determinara a imediata desconstituição da outorga de titularidade de serventia extrajudicial aos impetrantes. Tratava-se de substitutos efetivados entre 1992 e 1994 — por ato do Tribunal de Justiça do Estado de Mato Grosso do Sul, com fundamento no, ora revogado, art. 31 do ADCT da Constituição da mesma unidade federativa —, sem prévia aprovação em concurso público, em serventias cujas vacâncias ocorreram posteriormente à atual Constituição — v. Informativo 659. Por conseguinte, o Colegiado declarou o prejuízo dos agravos regimentais interpostos da decisão que indeferira a medida liminar. Destacou que o art. 236, § 3º, da CF ("Art. 236. Os serviços notariais e de registro são exercidos em caráter privado, por delegação do Poder Público. ... § 3º - O ingresso na atividade notarial e de registro depende de concurso público de provas e títulos, não se permitindo que qualquer serventia fique vaga, sem abertura de concurso de provimento ou de remoção, por mais de seis meses") seria norma constitucional autoaplicável. Assim, rejeitou tese de que somente com a edição da Lei 8.935/1994 — que regulamenta o art. 236 da CF, ao dispor sobre serviços notariais e de registro — a referida norma teria conquistado plena eficácia. Aduziu, ademais, que o aludido preceito condicionaria o ingresso na atividade notarial e de registro à aprovação em concurso público de provas e títulos. Ponderou que os princípios republicanos da igualdade, da moralidade e da impessoalidade deveriam nortear a ascensão às funções públicas.

Serventia extrajudicial e concurso público - 6
Sob o ângulo do princípio da confiança, consectário da segurança jurídica do Estado de Direito, a Corte acentuou que o mencionado postulado pressuporia, desde a origem, situação a que o administrado não teria dado ensejo. Registrou que nas hipóteses em que o exercício do direito calcar-se-ia em inconstitucionalidade flagrante, seria evidente a ausência de boa-fé, requisito indispensável para a incidência do princípio da proteção da confiança. Frisou que o prazo decadencial basear-se-ia na ausência de má-fé. O Ministro Roberto Barroso acompanhou a conclusão, porém, por fundamento diverso. Salientou que a situação dos autos não versaria sobre vício banal de ilicitude, mas sobre inconstitucionalidade, causa de invalidade mais grave do sistema jurídico. Afirmou que, paralelamente à técnica da modulação temporal da declaração de inconstitucionalidade, seria possível a fixação, nesses casos, de um marco final para a desconstituição de efeitos jurídicos. Ponderou pela incidência do maior prazo previsto no Código Civil, qual seja, vinte anos no código de 1916 e dez anos no vigente. Tendo isso em conta, assentou que não se verificaria a decadência no tocante aos atos questionados. Vencidos a Ministra Rosa Weber e o Ministro Marco Aurélio, que concediam a segurança. Observavam que o CNJ teria cassado atos praticados por tribunal de justiça há mais de dez anos. Além disso, realçavam não estar descaracterizada a boa-fé dos impetrantes. Por fim, o Tribunal reiterou a autorização aos relatores para decidirem monocraticamente sobre o tema. MS 26860/DF, rel. Min. Luiz Fux, 2.4.2014. (MS-26860) (Inform. STF 741)

AG. REG. NO RE N. 782.997-DF
RELATOR: MIN. DIAS TOFFOLI
EMENTA: Agravo regimental no recurso extraordinário. Administrativo. Concurso público. Exame psicotécnico. Subjetividade dos critérios de avaliação. Impossibilidade. Precedentes.
1. É pacífica a jurisprudência do Tribunal no sentido de ser possível a exigência de teste psicotécnico como condição de ingresso no serviço público, desde que i) haja previsão no edital regulamentador do certame e em lei; ii) que referido exame seja realizado mediante critérios objetivos e iii) que se confira a publicidade aos resultados da avaliação, a fim de viabilizar sua eventual impugnação.
2. Agravo regimental não provido. (Inform. STF 741)

AG. REG. NO ARE N. 735.077-ES
RELATOR: MIN. DIAS TOFFOLI
EMENTA: Agravo regimental no recurso extraordinário com agravo. Concurso público. Reserva de vagas para portadores de deficiência. Arredondamento do coeficiente fracionário para o primeiro número inteiro subsequente. Impossibilidade. Precedentes.
1. A Corte de origem concluiu que o arredondamento do percentual de vagas destinadas aos portadores de deficiência equivaleria a 100% das vagas ofertadas.
2. A jurisprudência da Corte firmou o entendimento de que a reserva de vagas para portadores de deficiência deve ater-se aos limites da lei, na medida da viabilidade das vagas oferecidas, não sendo possível seu arredondamento no caso de majoração das porcentagens mínima e máxima previstas.
3. Agravo regimental não provido. (Inform. STF 741)

ARE 733.957-AgR/CE
RELATOR: Ministro Celso de Mello
CONCURSO PÚBLICO. AGENTE PENITENCIÁRIO. INVESTIGAÇÃO SOCIAL. VIDA PREGRESSA DO CANDIDATO. EXISTÊNCIA DE REGISTROS CRIMINAIS. PROCEDIMENTOS PENAIS *DE QUE NÃO RESULTOU* CONDENAÇÃO CRIMINAL TRANSITADA EM JULGADO. EXCLUSÃO DO CANDIDATO. IMPOSSIBILIDADE. TRANSGRESSÃO AO POSTULADO CONSTITUCIONAL *DA PRESUNÇÃO DE INOCÊNCIA* (CF, ART. 5º, LVII). RECURSO EXTRAORDINÁRIO A QUE SE NEGA SEGUIMENTO.
- A **exclusão** de candidato **regularmente** inscrito em concurso público, **motivada**, unicamente, **pelo fato** de existirem registros de infrações penais *de que não resultou* condenação criminal **transitada** em julgado **vulnera**, *de modo frontal*, o postulado constitucional *do estado de inocência*, inscrito no art. 5º, inciso LVII, da Lei Fundamental da República. **Precedentes.** DJe de 12.12.2013 (Inform. STF 741)

Servidores admitidos sem concurso: serviços essenciais e modulação de efeitos - 1
O Plenário, por maioria, julgou parcialmente procedente pedido formulado em ação direta, para declarar a inconstitucionalidade dos incisos I, II, IV e V do art. 7º da LC 100/2007, do Estado de Minas Gerais ("Art. 7º Em razão da natureza permanente da função para a qual foram admitidos, são titulares de cargo efetivo, nos termos do inciso I do art. 3º da Lei Complementar nº 64, de 2002, os servidores em exercício na data da publicação desta lei, nas seguintes situações: I - a que se refere o art. 4º da Lei nº 10.254, de 1990, e não alcançados pelos arts. 105 e 106 do Ato das Disposições Constitucionais Transitórias da Constituição do Estado; II - estabilizados nos termos do art. 19 do Ato das Disposições Constitucionais Transitórias da Constituição da República; ... IV - de que trata a alínea 'a' do § 1º do art. 10 da Lei nº 10.254, de 1990, admitidos até 16 de dezembro

de 1998, desde a data do ingresso; V - de que trata a alínea 'a' do § 1º do art. 10 da Lei nº 10.254, de 1990, admitidos após 16 de dezembro de 1998 e até 31 de dezembro de 2006, desde a data do ingresso."). O dispositivo impugnado dispõe sobre a transformação de servidores atuantes na área de educação, mantenedores de vínculo precário com a Administração, em titulares de cargos efetivos, sem necessidade de concurso público.

Servidores admitidos sem concurso: serviços essenciais e modulação de efeitos - 2
Preliminarmente, o Colegiado afastou suposta conexão com a ADI 3.842/MG. Asseverou que as ações diretas cuidariam de atos normativos distintos e autônomos. Rejeitou, ademais, assertiva de que o autor deveria impugnar as normas a que o art. 7º da LC estadual 100/2007 faz referência. Ainda em preliminar, repeliu argumento no sentido de que o autor deveria atacar cada um dos incisos do art. 7º com fundamentos específicos. No ponto, aduziu que a justificativa comum a todos os incisos seria a alegada ofensa ao art. 37, II, da CF. No mérito, o Tribunal reputou que o inciso III ("Art. 7º Em razão da natureza permanente da função para a qual foram admitidos, são titulares de cargo efetivo, nos termos do inciso I do art. 3º da Lei Complementar nº 64, de 2002, os servidores em exercício na data da publicação desta lei, nas seguintes situações: ... III - a que se refere o 'caput' do art. 107 da Lei nº 11.050, de 19 de janeiro de 1993") da norma adversada seria hígido, pois referente a servidores que, de acordo com a lei nele referida, teriam sido aprovados mediante concurso público, para ocupação de cargos efetivos. No tocante aos demais incisos, porém, analisou que tratariam de pessoas contratadas por meio de convênios, sem concurso público, bem assim de servidores estáveis que seriam efetivados como titulares de cargos públicos, também sem concurso. Vencidos, em parte, os Ministros Joaquim Barbosa (Presidente), e Marco Aurélio, que julgavam o pedido totalmente procedente. Entendiam não haver justificativa plausível para a existência do inciso III, exceto para beneficiar servidores estáveis e não efetivos.

Servidores admitidos sem concurso: serviços essenciais e modulação de efeitos - 3
Em seguida, o Plenário, por decisão majoritária, modulou os efeitos da declaração de inconstitucionalidade para, em relação aos cargos para os quais não houvesse concurso público em andamento ou com prazo de validade em curso, dar efeitos prospectivos à decisão, de modo a somente produzir efeitos a partir de 12 meses, contados da data da publicação da ata de julgamento. Esse seria tempo hábil para a realização de concurso público, para a nomeação e a posse de novos servidores. No ponto, a Corte sublinhou que a medida evitaria prejuízo aos serviços públicos essenciais prestados à população. No que se refere aos cargos para os quais existisse concurso em andamento ou dentro do prazo de validade, consignou que a decisão deveria surtir efeitos imediatamente. O Colegiado destacou, entretanto, que ficariam ressalvados dos efeitos da decisão: a) aqueles que já estivessem aposentados e aqueles servidores que, até a data de publicação da ata do julgamento, tivessem preenchido os requisitos para a aposentadoria, exclusivamente para seus efeitos, o que não implicaria efetivação nos cargos ou convalidação da lei inconstitucional para esses servidores; b) os que tivessem se submetido a concurso público quanto aos cargos para os quais aprovados; e c) os servidores que adquiriram estabilidade pelo cumprimento dos requisitos previstos no art. 19 do ADCT. A respeito, o Ministro Ricardo Lewandowski salientou ser necessário preservar a situação de pessoas que, de boa-fé, teriam prestado serviço público como se efetivos fossem, ao abrigo de legislação aparentemente legítima. Seriam servidores públicos de fato, mas os quais, em alguns casos, fora deferida regularmente a aposentadoria. Reputou que essas situações deveriam ser protegidas, como medida de justiça. Vencidos, no tocante à modulação, os Ministros Presidente e Marco Aurélio. O Presidente modulava os efeitos da decisão em menor extensão, para preservar apenas as situações jurídicas daqueles que, após prestarem serviços nos termos da lei ora declarada inconstitucional, estivessem aposentados ou preenchessem os requisitos para aposentadoria até a data de publicação da ata de julgamento, e desde que requeressem o benefício no prazo de um ano, contado da mesma data. O Ministro Marco Aurélio, por sua vez, não modulava os efeitos da decisão.
ADI 4876/DF, rel. Min. Dias Toffoli, 26.3.2014. (ADI-4876) (Inform. STF 740)

Concurso público: fase recursal e participação da OAB - 1
A 1ª Turma, por maioria, concedeu mandado de segurança para anular decisão do Conselho Nacional do Ministério Público - CNMP e assegurar a participação dos impetrantes na fase seguinte do concurso público para ingresso na carreira de promotor de justiça. No caso, em razão de erro grosseiro no enunciado de questões e pela exigência de conteúdo não previsto no edital, os impetrantes, candidatos ao referido cargo, teriam sido reprovados na primeira fase do certame. Diante desse quadro, interpuseram recurso para a comissão do concurso, que anulara apenas uma questão da prova objetiva. Em seguida, com fulcro em lei orgânica do Ministério Público estadual, que admite recurso contra decisão da referida comissão, os impetrantes provocaram o Conselho Superior do Ministério Público estadual — que anulara mais duas questões —, bem como o Colégio de Procuradores de Justiça — que anulara mais uma questão. Em seguida, fora publicado o resultado definitivo da prova objetiva com aprovação dos impetrantes. Entretanto, outros candidatos acionaram o CNMP, que anulara as decisões do Conselho Superior do Ministério Público e do Colégio de Procuradores de Justiça sob o fundamento de que seria obrigatória a participação da OAB em todas as etapas do concurso, o que não teria ocorrido na fase recursal. Além disso, o CNMP entendera que existiria incompatibilidade entre o edital do concurso e a citada lei estadual e concluíra que o princípio da segurança jurídica justificaria a preponderância das normas editalícias sobre as disposições legais, uma vez que o edital publicado seria lei entre as partes. Inicialmente, a Turma, por votação majoritária, rejeitou questão de ordem, suscitada pelo Ministro Marco Aurélio, no sentido de afetar o caso ao Plenário. Vencidos o suscitante e a Ministra Rosa Weber.

Concurso público: fase recursal e participação da OAB - 2
A Turma afirmou que seria incontroverso que a lei orgânica do Ministério Público estadual comporia o conjunto de normas que regulamentaria o certame, consoante disposto em previsão editalícia ("1. O ingresso na carreira do Ministério Público far-se-á mediante concurso público de provas e títulos e observando-se, nas nomeações, a ordem de classificação. O concurso será regido pelas disposições constantes da Lei Federal nº 8.625, de 12 de fevereiro de 1993 - Lei Orgânica Nacional do Ministério Público, Lei Estadual nº 72, de 12 de dezembro de 2008 - Lei Orgânica e Estatuto do Ministério Público do Estado do Ceará ..."). A Turma entendeu, desse modo, que a Administração Pública assumira o compromisso de respeitar os preceitos da aludida lei, o que teria criado expectativa legítima dos candidatos de oferecerem recurso. Concluiu, portanto, que a interpretação de cláusula do edital não poderia restringir direito previsto em lei. Rememorou precedente do Plenário no sentido de não competir a órgão de controle de natureza administrativa declarar a inconstitucionalidade de lei. Reputou, por conseguinte, que o CNMP não teria competência para, com fundamento extraído da Constituição (CF, art. 129, § 3º), negar eficácia a dispositivos da lei orgânica do *Parquet* estadual. Entendeu, contudo, que o CNMP poderia, no controle da atuação administrativa do Ministério Público estadual, analisar o respeito aos princípios constitucionais da Administração Pública, entre eles a legalidade, considerados os critérios extraídos da interpretação conferida à lei estadual, o que não teria ocorrido.

Concurso público: fase recursal e participação da OAB - 3
A Turma sublinhou que seria legítimo o exercício da autotutela pela Administração Pública, a qual, diante de ilegalidade,

poderia anular seus próprios atos sem que isso importasse em desrespeito aos princípios da segurança jurídica ou da confiança. Aludiu que esse entendimento estaria pacificado na Corte (Enunciados 346 e 473 da Súmula do STF). Consignou que seria legítima a atuação revisional do Conselho Superior do Ministério Público e do Colégio de Procuradores de Justiça no tocante à legalidade do resultado da prova objetiva, resguardada a competência da comissão do concurso, integrada por representante da OAB, para decidir quanto ao conteúdo da prova e ao mérito das questões. Vencidos os Ministros Marco Aurélio e Rosa Weber, que pontuavam a necessidade da participação da OAB em todas as fases do concurso, inclusive a recursal.
MS 32176/DF, rel. Min. Dias Toffoli, 18.3.2014. (MS-32176) (Inform. STF 739)

AG. REG. NO AI N. 814.164-MG
RELATOR: MIN. DIAS TOFFOLI
EMENTA: Agravo regimental no agravo de instrumento. Administrativo. Concurso público. Alteração legal dos requisitos para provimento no cargo. Certame em andamento. Adequação do edital à norma. Possibilidade. Nomeação posterior por força de lei. Indenização pelo período não trabalhado. Impossibilidade.
1. Firmou-se, no Supremo Tribunal Federal o entendimento de que é possível a alteração de edital de concurso público, desde que esse não esteja concluído e homologado, quando houver necessidade de adaptação do certame a nova legislação aplicável ao caso.
2. A jurisprudência da Corte é de que o pagamento de remuneração a servidor público, assim como o reconhecimento dos correspondentes efeitos funcionais, pressupõem o efetivo exercício do cargo, sob pena de enriquecimento sem causa.
3. Agravo regimental não provido. (Inform. STF 738)

AG. REG. NO RE N. 733.596-MA
RELATOR: MIN. LUIZ FUX
Ementa: AGRAVO REGIMENTAL NO RECURSO EXTRAORDINÁRIO. ADMINISTRATIVO. CONCURSO PÚBLICO. DIREITO SUBJETIVO À NOMEAÇÃO. CONTRATAÇÃO TEMPORÁRIA. EXISTÊNCIA DE CANDIDATOS DEVIDAMENTE APROVADOS E HABILITADOS EM CERTAME VIGENTE. PRECEDENTES.
1. A contratação precária para o exercício de atribuições de cargo efetivo durante o prazo de validade do concurso público respectivo traduz preterição dos candidatos aprovados e confere a esses últimos direitos subjetivo à nomeação. Precedentes: ARE 692.368-AgR, Rel. Min. Cármen Lúcia, Segunda Turma, DJe 4/10/2012 e AI 788.628-AgR, Rel. Min. Ricardo Lewandowski, Segunda Turma, DJe 8/10/2012.
2. *In casu*, o acórdão recorrido assentou: *"ADMINISTRATIVO. CONSTITUCIONAL. CONCURSO PÚBLICO. PROFESSOR. CANDIDATO APROVADO FORA DO NÚMERO DE VAGAS PREVISTO NO EDITAL. EXPECTATIVA DE DIREITO À NOMEAÇÃO. POSTERIOR CONTRATAÇÃO TEMPORÁRIA. EXISTÊNCIA DE VAGAS NO PRAZO DE VALIDADE DO CONCURSO PARA O MESMO CARGO COMPROVADA. DIREITO LÍQUIDO E CERTO À NOMEAÇÃO".*
3. Agravo regimental **DESPROVIDO**. (Inform. STF 737)

Concurso público e cláusula de barreira - 1
É constitucional a regra denominada "cláusula de barreira", inserida em edital de concurso público, que limita o número de candidatos participantes de cada fase da disputa, com o intuito de selecionar apenas os concorrentes mais bem classificados para prosseguir no certame. Essa conclusão do Plenário, que proveu recurso extraordinário no qual se discutia a legitimidade da aludida cláusula à luz do princípio da isonomia. Preliminarmente, a Corte rejeitou questão de ordem, suscitada da tribuna, no sentido de que a matéria dos autos estaria alegadamente contida no RE 608.482/RN, com repercussão geral reconhecida. A respeito,

o Tribunal afirmou tratar-se de temas distintos. No mérito, o Colegiado explicou que o crescente número de candidatos ao ingresso em carreira pública provocaria a criação de critérios editalícios que restringissem a convocação de concorrentes de uma fase para outra dos certames. Nesse sentido, as regras restritivas subdividir-se-iam em "eliminatórias" e "cláusulas de barreira". As eliminatórias previriam, como resultado de sua aplicação, a eliminação do candidato do concurso por insuficiência em algum aspecto de seu desempenho. Reputou comum a conjunção, com esta, da cláusula de barreira, que restringiria o número de candidatos para a fase seguinte do certame, para determinar que, no universo de pessoas não excluídas pela regra eliminatória, participaria da etapa subsequente apenas número predeterminado de concorrentes, de modo a contemplar apenas os mais bem classificados. Assinalou que estas regras não produziriam eliminação por insuficiência de desempenho, mas estipulariam um corte deliberado no número de concorrentes que poderiam participar de fase posterior. Asseverou que o acórdão recorrido registrara que esse corte premeditado de classificados violaria o princípio da isonomia, porque todos os que tivessem obtido notas mínimas nas fases anteriores seriam tratados indevidamente de forma diferenciada, uns aptos a participar da fase subsequente, outros não. No ponto, o Pleno consignou que nem todas as distinções implicariam quebra de isonomia, postulado que demandaria tratamento igual aos iguais e desigual aos desiguais. Sublinhou jurisprudência no sentido de estar justificado o tratamento desigual entre candidatos de concursos públicos, a concretizar esse princípio.

Concurso público e cláusula de barreira - 2
O Colegiado frisou, ainda, que haveria intrínseca relação entre a isonomia e a impessoalidade na realização de concurso público, que poderia ser definido como um conjunto de atos administrativos concatenados, com prazo preestabelecido para sua conclusão, destinado a selecionar, entre vários candidatos, os que melhor atendessem ao interesse público, considerada a qualificação técnica dos concorrentes. Sob esse aspecto, o concurso público objetivaria selecionar os mais preparados para ocupar determinado cargo, e a impessoalidade significaria buscar critério meritório, que não distinguisse atributos meramente subjetivos. Pontuou que regras diferenciadoras de candidatos em concursos públicos também poderiam estar justificadas em razão da necessidade da Administração de realizar o concurso de maneira eficaz. Assim, a delimitação de número específico de candidatos seria fator imprescindível para a realização de determinados certames, à luz da exigência constitucional de eficiência. Analisou que, no caso concreto, a cláusula de barreira estipulada utilizara-se, como discrímen, do desempenho meritório dos concorrentes nas etapas anteriores do concurso, o que estaria de acordo com os propósitos constitucionais. O Tribunal destacou que as cláusulas de barreira, de modo geral, elegeriam critérios diferenciadores de candidatos em perfeita consonância com a Constituição, à luz do art. 37, *caput* e II. Apontou que essas regras não constituiriam apenas medida operacional fundada em questões financeiras, mas também levariam em conta a limitação de recursos humanos presente na maioria dos concursos. Elucidou que o estabelecimento do número de candidatos aptos a participar de determinada etapa de concurso público também passaria pelo critério de conveniência e oportunidade da Administração, e não infringiria o princípio da isonomia quando o critério de convocação fosse vinculado ao desempenho do concorrente em etapas anteriores. Acresceu que decisões judiciais ampliadoras do rol de participantes em determinada etapa de certame, no afã de atender à isonomia, desrespeitariam o postulado, porque ensejariam a possível preterição de candidatos mais bem classificados.

Concurso público e cláusula de barreira - 3
Em seguida, por decisão majoritária, o Plenário deliberou não modular os efeitos da decisão proferida no extraordinário. No ponto, o Ministro Teori Zavascki ponderou que, não obstante o recorrido tivesse sido empossado em cargo público por força de

decisão cautelar, não se poderia retirar de provimentos dessa natureza sua precariedade. Acrescentou que o candidato, investido no cargo nessa condição, não poderia desconhecer esse fato. Ponderou, entretanto, que deveriam ser assegurados os vencimentos já percebidos e as vantagens do cargo até a decisão final. A Ministra Cármen Lúcia assinalou que a situação precária estaria fundada no descumprimento da regra do edital, que submeteria todos os candidatos, indistintamente. Vencidos os Ministros Roberto Barroso e Luiz Fux, que modulavam os efeitos da decisão para, embora endossar a tese jurídica firmada pelo Tribunal, não decretar a exoneração do recorrido. Assinalavam que ele já se encontraria no exercício do cargo há mais de oito anos, por decisão judicial. Acresciam que ele teria sido investido dentro do número de vagas previstas no edital. Destacavam, ainda, os princípios da segurança jurídica e da confiança.
RE 635739/AL, rel. Min. Gilmar Mendes, 19.2.2014. (RE-635739) (Inform. STF 736)

AG. REG. NO ARE N. 656.360-BA
RELATOR: MIN. DIAS TOFFOLI
EMENTA: Agravo regimental no recurso extraordinário com agravo. Administrativo. Concurso público. Limitação do número de habilitados na fase anterior para participação na subsequente. Possibilidade. Abertura de novo concurso. Prazo de validade. Legislação infraconstitucional. Reexame de fatos e provas. Impossibilidade. Precedentes.
1. Não viola a Constituição Federal a limitação, pelo edital do concurso, do número de candidatos que participarão das fases subsequentes do certame, ainda que importe na eliminação de participantes que, não obstante tenham atingido as notas mínimas necessárias à habilitação, tenham se classificado além do número de vagas previsto no instrumento convocatório.
2. A Corte de origem concluiu, com base em normas infraconstitucionais e nos fatos e nas provas dos autos, que o prazo do concurso do qual participaram os ora agravantes já havia expirado quando da abertura da nova seleção.
3. Inadmissível, em recurso extraordinário, a análise da legislação infraconstitucional e o reexame do conjunto fático-probatório da causa. Incidência das Súmulas nºs 636 e 279/STF. (Inform. STF 736)
4. Agravo regimental não provido.

AG. REG. NO ARE N. 685.870-MG
RELATORA: MIN. CÁRMEN LÚCIA
EMENTA: AGRAVO REGIMENTAL NO RECURSO EXTRAORDINÁRIO COM AGRAVO. PROCESSUAL CIVIL E ADMINISTRATIVO. CONCURSO PÚBLICO. POLICIAL CIVIL. LIMITE DE IDADE. AGRAVO REGIMENTAL AO QUAL SE NEGA PROVIMENTO.
1. A comprovação do requisito etário estabelecido na lei deve ocorrer no momento da inscrição no certame, e não no momento da inscrição do curso de formação. (Inform. STF 735)

AG. REG. NO ARE N. 682.101-GO
RELATOR: MIN. LUIZ FUX
Ementa: AGRAVO REGIMENTAL NO RECURSO EXTRAORDINÁRIO COM AGRAVO. ADMINISTRATIVO. CONCURSO PÚBLICO. POLÍCIA MILITAR. QUESTÃO NÃO PREVISTA NO EDITAL DO CERTAME. ANULAÇÃO. REEXAME DO CONJUNTO FÁTICO-PROBATÓRIO E DE CLÁUSULAS EDITALÍCIAS. IMPOSSIBILIDADE. INCIDÊNCIA DAS SÚMULAS 279 E 454 DO STF.
1. A anulação, por via judicial, de questões de prova objetiva de concurso público, quando *sub judice* a controvérsia sobre a vinculação da Administração Pública ao edital, demanda análise das cláusulas do certame, bem como o reexame do conjunto fático-probatório dos autos, o que atrai a incidência das Súmulas 279 e 454 desta Corte.
2. O recurso extraordinário não se presta ao exame de questões que demandam revolvimento do contexto fático-probatório dos autos, adstringindo-se à análise da violação direta da ordem constitucional.
3. A interpretação de cláusulas editalícias não viabiliza o recurso extraordinário, a teor do Enunciado da Súmula 454 do Supremo Tribunal Federal.
4. *In casu*, o acórdão recorrido assentou: *"MANDADO DE SEGURANÇA. CONCURSO DA POLÍCIA MILITAR DO ESTADO DE GOIÁS. AUSÊNCIA DE PREVISÃO EDITALÍCIA DO CONTEÚDO PROGRAMÁTICO EXIGIDO. ILEGALIDADE. ANULAÇÃO DA QUESTÃO"*.
5. Agravo regimental **DESPROVIDO.** (Inform. STF 735)

Servidores admitidos sem concurso: serviços essenciais e modulação de efeitos - 1
Por ofensa ao art. 37, II, da CF, o Plenário julgou procedente pedido formulado em ação direta ajuizada contra a EC 38/2005, do Estado do Acre, que efetivara todos os servidores públicos admitidos, naquele ente federado, sem concurso público até 31.12.94. Asseverou-se que a investidura em cargo ou emprego público dependeria da prévia aprovação em concurso público desde a promulgação da CF/88, e não a partir de qualquer outro marco fundado em lei estadual. Salientou-se que a situação daqueles que tivessem ingressado no serviço público antes da CF/88 deveria observar o disposto no art. 19 do ADCT, se cabível. O Min. Marco Aurélio registrou competir à Advocacia-Geral da União, exclusivamente, defender o ato adversado em sede de controle concentrado de constitucionalidade. Em seguida, o Min. Dias Toffoli, relator, acompanhado pelos Ministros Teori Zavascki, Rosa Weber, Luiz Fux, Ricardo Lewandowski, Gilmar Mendes e Celso de Mello, votou no sentido de dar efeitos prospectivos à decisão, de modo que somente produzisse seus efeitos a partir de doze meses contados da data da publicação da ata de julgamento. Ponderou que se trataria de mais de onze mil servidores, que atuariam em diversas áreas essenciais, como saúde, educação e segurança. Assim, impenderia fornecer tempo hábil à realização de concurso público, nomeação e posse de novos profissionais, para que a população não fosse prejudicada. Anotou, ainda, que o lapso de doze meses proposto teria fundamento em dois precedentes do STF a versar matéria semelhante, num deles fixado período idêntico (ADI 4125/TO, DJe de 15.2.2011); no outro, de apenas seis meses (ADI 3819/MG, DJe de 28.3.2008). Por sua vez, o Min. Joaquim Barbosa, Presidente, não modulou os efeitos da decisão. Asseverou que entendimento contrário incentivaria o descumprimento da Constituição. Após, deliberou-se suspender o julgamento para que fossem colhidos os votos dos demais Ministros.

Servidores admitidos sem concurso: serviços essenciais e modulação de efeitos - 2
Em conclusão de julgamento, o Plenário, por maioria, acompanhou o voto do Ministro Dias Toffoli, relator, para modular os efeitos de decisão proferida em ação direta. No julgamento da referida ação, havia sido declarada a inconstitucionalidade do art. 37 do ADCT da Constituição do Estado do Acre, acrescido pela EC 38/2005, que efetivara servidores públicos estaduais, sem concurso público, admitidos até 31.12.1994. Naquela assentada, o Tribunal reputara violado o princípio da ampla acessibilidade aos cargos públicos (CF, art. 37, II). Asseverara que a investidura em cargo ou emprego público dependeria da prévia aprovação em concurso público desde a promulgação da Constituição, e não a partir de qualquer outro marco fundado em lei estadual. Salientara, ainda, que a situação daqueles que tivessem ingressado no serviço público antes da CF/1988 deveria observar o disposto no art. 19 do ADCT, se cabível — v. Informativo 706. Na presente sessão, a Corte deliberou no sentido de que a decisão somente tenha eficácia a partir de 12 meses contados da data da publicação da ata de julgamento. Vencidos, neste ponto, os Ministros Joaquim Barbosa, Presidente, e Marco Aurélio, que não modulavam os efeitos do julgado. Consideravam que a Constituição deveria ser respeitada e, por isso, não poderia prevalecer, por mais um ano, quadro de inconstitucionalidade declarada. Pontuavam que a

modulação deveria ser praticada em circunstâncias relevantes, sob pena de se banalizar situações inconstitucionais.
ADI 3609/AC, rel. Min. Dias Toffoli, 5.2.2014. (ADI-3609) (Inform. STF 734)

ADI: concurso público e equiparação remuneratória
O Plenário, por maioria, julgou improcedente pedido formulado em ação direta de inconstitucionalidade proposta contra o art. 1º, *caput* e § 1º, da Lei Complementar 372/2008, do Estado do Rio Grande do Norte. A norma impugnada autoriza o enquadramento, cálculo e pagamento a servidores ocupantes de cargo de nível médio no mesmo patamar de vencimentos conferido a servidores aprovados em concurso público para cargo de nível superior. O Tribunal asseverou que o dispositivo questionado não implicaria provimento derivado, de modo a afastar-se a alegação de ofensa à exigência de concurso público. Afirmou não ter havido a criação de cargos ou a transformação dos já existentes, bem como novo enquadramento, transposição ou nova investidura. Destacou que a lei complementar potiguar mantivera as atribuições e a denominação dos cargos, e estabelecera, para os futuros certames, nível superior de escolaridade. Rejeitou, também, a assertiva de equiparação entre as espécies remuneratórias. Salientou que o mencionado instituto pressuporia cargos distintos, o que não ocorreria no caso. Aduziu, ademais, que o acolhimento da alegação resultaria em quebra do princípio da isonomia, haja vista a concessão de pagamentos distintos a ocupantes de mesmos cargos, com idênticas denominação e estrutura de carreira. Consignou, por fim, a inviabilidade do exame, na via eleita, de eventuais diferenças entre as atribuições dos servidores afetados pela norma. Vencidos os Ministros Marco Aurélio e Joaquim Barbosa, Presidente, que declaravam a inconstitucionalidade do dispositivo. O primeiro assentava a ilegitimidade do Advogado-Geral da União para se pronunciar sobre a inconstitucionalidade da lei, considerado o seu papel de curador da norma, a justificar a sua intervenção no feito. No mérito, reputava que o enquadramento dos servidores que prestaram concurso com exigência de nível médio nas escalas próprias de vencimentos à de nível superior transgrediria os artigos 37, II, e 39, § 1º, II, ambos da CF.
ADI 4303/RN, rel. Min. Cármen Lúcia, 5.2.2014. (ADI-4303) (Inform. STF 734)

Concurso público para cartórios e pontuação em prova de títulos - 1
O Plenário indeferiu mandados de segurança, julgados conjuntamente, em que se impugnava decisão do CNJ, proferida em sede de procedimento de controle administrativo, a qual determinara a cumulatividade na contagem de títulos de mesma categoria, observado o teto de pontuação previsto no edital, em etapa classificatória de concurso público para ingresso e remoção em serviços notariais e de registro. O CNJ reformara orientação do tribunal de justiça, responsável pelo certame, segundo a qual a pontuação para uma mesma categoria de títulos referir-se-ia à pontuação única, independentemente da quantidade de títulos da mesma espécie apresentados. A impetração sustentava: a) ofensa a ampla defesa no procedimento de controle administrativo ante a falta de intimação de todos os candidatos, o que acarretaria a nulidade do feito; b) violação da razoabilidade e proporcionalidade pelos critérios de cumulação de pontos de títulos da mesma categoria, diante da possibilidade de excessos, a gerar distorções na classificação dos candidatos; e c) usurpação de competência da comissão de concurso pela suposta intromissão do CNJ na disciplina interna do certame.

Concurso público para cartórios e pontuação em prova de títulos - 2
Preliminarmente, o Tribunal rejeitou o ingresso da Associação Nacional de Defesa dos Concursos para Cartório - Andecc como *amicus curiae*. Ressaltou que os amigos da Corte não seriam assistentes litisconsorciais e não teriam legitimidade para atuar na defesa de seus próprios interesses. Salientou que, à época das impetrações, o presidente da referida associação fora admitido como litisconsorte ativo num dos mandados de segurança. Além disso, durante o trâmite dos *writs*, nova eleição para a presidência e vice-presidência da Andecc fora realizada, com a vitória de chapa composta por candidatas aprovadas no mesmo certame questionado. O Colegiado também aduziu que — embora possuísse precedente no sentido do abrandamento da orientação que veda a admissão de *amici curiae* em processos de cunho subjetivo (MS 32033/DF, acórdão pendente de publicação, v. Informativo 711) —, no caso, não estariam presentes circunstâncias aptas a configurar exceção àquele entendimento.

Concurso público para cartórios e pontuação em prova de títulos - 3
A Corte afastou, ainda, impugnações acerca da determinação feita pela Ministra Rosa Weber, relatora, para a intimação de litisconsortes. Enfatizou que, conquanto a Ministra Ellen Gracie, então relatora, não tivesse vislumbrado essa necessidade à época da impetração, nesse ínterim, vários atos foram praticados pela comissão do concurso a gerar expectativas concretas nos candidatos e o aumento do nível de litigiosidade. Mencionou, ademais, jurisprudência segundo a qual a existência de situações jurídicas incorporadas torna imprescindível a citação dos que serão atingidos pela decisão a ser proferida (MS 27513/DF, DJe de 29.8.2008). Reconheceu, pois, a existência de litisconsórcio unitário, o que tornaria imperiosa a intimação de todos os interessados para que se manifestassem de acordo com sua conveniência. Assim, rejeitou as alegações de que a intimação dos candidatos interessados ofenderia o art. 10, § 2º, da Lei 12.016/2009 ("*O ingresso de litisconsorte ativo não será admitido após o despacho da petição inicial*"), o art. 47, parágrafo único, do CPC ("*O juiz ordenará ao autor que promova a citação de todos os litisconsortes necessários, dentro do prazo que assinar, sob pena de declarar extinto o processo*") e o Enunciado 631 da Súmula do STF ("*Extingue-se o processo de mandado de segurança se o impetrante não promove, no prazo assinado, a citação do litisconsorte passivo necessário*"). No ponto, o Pleno reputou incabível a pretensão de extinção do processo pela ausência de citação dos litisconsortes necessários antes do despacho da inicial, pois inexistente, na ocasião, despacho a ser descumprido, haja vista que a Ministra Ellen Gracie não considerara necessária a formação de litisconsórcio.

Concurso público para cartórios e pontuação em prova de títulos - 4
No mérito, a Corte observou as peculiaridades da situação em comento, na qual se impugnava decisão do CNJ, proferida em procedimento de controle administrativo, a qual permitira, em fase classificatória do certame, o acúmulo de pontuação de títulos da mesma categoria, se apresentados mais de um, desde que respeitado, no somatório geral, o teto estipulado em cláusula editalícia. O Colegiado enfatizou que estaria em análise a atuação do CNJ no exame de legalidade de decisão específica da comissão de concurso, sendo impertinentes questionamentos quanto à elaboração de teses genéricas acerca da natureza da prova de títulos, em certames para delegações de serviços notariais, ou a emissão de juízos sobre os melhores critérios de valoração possíveis, porquanto não se trataria de processo objetivo. Repeliu, em seguida, a alegação de ofensa aos princípios da ampla defesa e do contraditório. Aludiu a precedentes nos quais foi estabelecido que, veiculada a classificação, os aprovados devem ser intimados sobre a existência de processo administrativo que possa provocar mudança de situação jurídica aperfeiçoada. Observou que, no entanto, o caso em comento não se enquadraria à jurisprudência firmada. Aduziu que a comissão apenas teria divulgado lista com os nomes dos aprovados, convocando-os à apresentação dos títulos. Sublinhou que, na citada relação, não constariam notas referentes ao desempenho dos candidatos até aquele momento. Assim, impossível extrair-se sequer uma classificação provisória, de molde a corroborar afirmações dos impetrantes de perda de colocação específica. O Pleno verificou que essas

argumentações teriam origem em lista provisória e extraoficial elaborada pelos próprios candidatos, a partir da cessão voluntária das notas que cada um deles poderia acessar, de modo particular e restrito, no sítio eletrônico da instituição organizadora do concurso, com o fornecimento do número do CPF. Constatou, ainda, que requerimentos de vários impetrantes pela divulgação da classificação provisória antes da apreciação dos títulos foram indeferidos pela comissão. Por conseguinte, inexistiria prova documental idônea a demonstrar que o CNJ teria atuado com desprezo a situações fático-jurídicas pré-constituídas e regularmente incorporadas ao patrimônio dos candidatos. O Tribunal aduziu haver especulações dos aprovados sobre a exata posição classificatória de cada um deles, as quais não se prestariam ao reconhecimento judicial de direito líquido e certo. Consignou que a decisão do CNJ teria repercutido de forma indistinta sobre todos os candidatos.

Concurso público para cartórios e pontuação em prova de títulos - 5

O Plenário rechaçou, outrossim, arguição de que o CNJ teria usurpado competência da comissão de concurso para regular a seleção de ingresso. Destacou, de início, deficiências no edital no tocante à indefinição de critérios para pontuação por títulos. Realçou que o edital, todavia, não fora impugnado à época de sua publicação por nenhum interessado direto, somente pelo Ministério Público junto ao Tribunal de Contas, por meio de pedido de providências, e de forma parcial. A Corte assinalou que, dentre os questionamentos feitos pelo *parquet* que guardariam pertinência com a controvérsia, os tópicos relativos à ausência de balizas objetivas a respeito do modo de realização das provas escritas e de seus critérios de correção; o aparente caráter apenas eliminatório das provas escritas, o que levaria à distinção entre os candidatos pela prova de títulos; e a supervalorização de itens relacionados à atividade notarial e de registro teriam sido julgados pelo CNJ, em alguma medida, potencialmente danosos ao interesse público, pois não garantiriam a escolha impessoal dos candidatos. Assim, a determinação de esclarecimentos ou de supressões no edital não significaria avocação de tarefas dos organizadores do concurso. O Colegiado asseverou que, por imperativo constitucional, o CNJ teria competência para o exame da legalidade do ato praticado, devendo-se distinguir competência para a prática do ato e competência para a análise da legalidade do ato praticado. Registrou que a primeira caberia à comissão de concurso, mas a segunda, ao CNJ.

Concurso público para cartórios e pontuação em prova de títulos - 6

O Plenário rememorou que, dias antes do término do prazo para a entrega dos títulos, alguns dispositivos referentes aos tipos de títulos, previstos em lei estadual regulatória dos concursos de ingresso e remoção nos serviços notariais e de registro na unidade federativa, tiveram a vigência suspensa por liminar posteriormente referendada pelo STF (ADI 4178 MC/GO, DJe de 7.5.2010). Em decorrência disso, houvera profunda alteração nas possibilidades originais de pontuação. Ocorre que, no mesmo dia em que concedida a liminar, a comissão do concurso corrigira falhas no edital a respeito da ausência de pontuação atribuída a certos itens. Logo, parcela considerável da pontuação a ser atingida fora definida pela comissão quando esta já possuiria os documentos concernentes à parte dos aprovados. Tendo isso em conta, vários processos administrativos foram apresentados ao tribunal de justiça. Diante dessas provocações, a comissão estabelecera que a pontuação seria única para cada categoria, não sendo possível contar mais de uma vez títulos da mesma natureza. O Supremo reiterou que, novamente, outra decisão acerca da classificação dos candidatos fora tomada quando a comissão detinha, em termos potenciais, condições para aferir de antemão a extensão prática do provimento. Consignou, além disso, outros procedimentos de controle administrativo apreciados paralelamente pelo CNJ a envolver pontuação de títulos, a exemplo da valoração de títulos não incluídos na norma estadual e o desmembramento de rubrica, de forma a permitir a cumulação referente a mestrado, doutorado e pós-doutorado. Em face de todo o quadro fático, frisou que a única decisão da comissão de concurso a respeito da contagem de títulos que fora glosada pelo CNJ, ao longo de todo o certame, diria respeito a que proibira a cumulação de pontos, pela eventual apresentação de mais de um título subsumido na mesma alínea. As demais determinações editalícias e outras manifestações da comissão, ainda que de tempestividade questionável, foram consideradas legítimas.

Concurso público para cartórios e pontuação em prova de títulos - 7

O Tribunal afastou, de igual modo, a arguição de decadência para impetração dos mandados de segurança. Alguns impetrantes sustentavam que a matéria já teria sido decidida desde o pedido de providências proposto pelo Ministério Público junto ao Tribunal de Contas em face de diversas cláusulas do edital de concurso. Segundo eles, a decisão impugnada, proferida no subsequente procedimento de controle administrativo, seria mera reiteração da manifestação anterior do CNJ, o que não permitiria a abertura de novo prazo para impetração de *mandamus*. Não obstante a Corte reconhecesse certa similiaridade entre as decisões, afirmou que, no pedido de providências, a controvérsia diria respeito à inexistência de limite geral na prova de títulos, enquanto na decisão questionada, a temática envolveria o trato específico da limitação de cumulação em cada categoria de títulos, individualmente consideradas. Lembrou que a discussão principal dos autos surgira e ganhara força quando iniciada a fase de apresentação de títulos.

Concurso público para cartórios e pontuação em prova de títulos - 8

O Colegiado reconheceu que o CNJ agira com coerência durante as reiteradas manifestações proferidas ao longo de vários procedimentos de controle, atendo-se à concretização do princípio republicano do concurso público, sem perder de vista o respeito à autonomia da Administração Pública para estipular regras editalícias convenientes, com a devida margem de discricionariedade. Refutou, então, tese de parcela dos impetrantes de que a controvérsia referir-se-ia à definição do melhor sentido de determinada cláusula editalícia, ou seja, de que, existentes duas interpretações possíveis de um texto, não caberia ao CNJ determinar qual delas seria a melhor. Ressaltou que, embora esse juízo hipotético fosse teoricamente válido, não seria aplicável à espécie, uma vez que o CNJ não fizera escolha, pois se limitara a cumprir suas atribuições constitucionais de garantir a legalidade e os demais princípios incidentes em concurso público. Concluiu que o CNJ pautara-se pelo devido respeito à autonomia do tribunal de justiça na condução do concurso e que, ao intervir sobre questão específica, limitara-se a fazê-lo dentro de um juízo estrito de legalidade, conformando a Administração às regras do edital que ela mesma publicara.

Concurso público para cartórios e pontuação em prova de títulos - 9

Em seguida, a Corte afastou arguição no sentido de que a soma dos pontos possíveis para os títulos ultrapassaria o teto previsto originariamente no item editalício. Asseverou que a irresignação levaria em conta elementos que fariam parte da definição do problema, a exemplo do cômputo em separado de pontuações para os títulos de mestrado, doutorado e pós-doutorado, além da valoração pela publicação de livros jurídicos e o exercício de magistério. Considerou que os impetrantes não demonstraram que o edital, em sua forma original, permitiria que os candidatos lograssem o teto estabelecido nas pontuações programadas se ausente a cumulação em cada rubrica. Consignou que, ainda que tivesse ocorrido equívoco do CNJ a respeito do somatório possível, manter-se-ia toda a fundamentação exposta, acerca das correlações entre a atividade do CNJ e a garantia dos diversos princípios constitucionais concretizados pelo concurso público. Registrou, também, a impertinência da alegação de que a prova de títulos no concurso em questão apresentaria caráter principal. Reiterou que essa impugnação já teria sido analisada e sublinhou a inexistência de menção à fase de título nem mesmo como fator de desempate. Mencionou, ademais, a impropriedade da assertiva de injustiça cometida pelo CNJ. Realçou que os mesmos argumentos suscitados pelos impetrantes também serviriam para os litisconsortes passivos que defenderiam o ato do CNJ. Constatou que o motivo dessa aparente incongruência decorreria de pequena variação na nota entre o primeiro e os últimos candidatos (1,67), de maneira que a pontuação atribuída aos títulos influenciaria sobremaneira na classificação final. Isso não seria, portanto, efeito de decisão proferida pelo CNJ e independeria do sistema de contagem que se pretendesse adotar, porque as alternâncias de colocação seriam inevitáveis. Na sequência, o Plenário cassou a liminar concedida, que suspendia os efeitos da decisão do CNJ até o julgamento do mérito.

Concurso público para cartórios e pontuação em prova de títulos - 10
Por fim, o Tribunal deliberou encaminhar à Comissão de Regimento proposta no sentido de alterar o Regimento Interno do Supremo Tribunal Federal, para outorgar às Turmas competência para processar e julgar originariamente mandados de segurança e ações ajuizadas contra o CNJ e o CNMP, ressalvada a competência do Plenário para apreciar, em sede originária, mandado de segurança impetrado contra atos individuais do Presidente do STF e do Procurador-Geral da República na condição de Presidentes, respectivamente, do CNJ e do CNMP. MS 28290/DF, rel. Min. Rosa Weber, 4.12.2013. (MS-28290). MS 28330/DF, rel. Min. Rosa Weber, 4.12.2013 (MS-28330). MS 28375/DF, rel. Min. Rosa Weber, 4.12.2013. (MS-28375). MS 28477/GO, rel. Min. Rosa Weber, 4.12.2013. (MS-28477) (Inform. STF 731)

AG. REG. NO RE N. 733.110-RS
RELATOR: MIN. DIAS TOFFOLI
EMENTA: Agravo regimental no recurso extraordinário. Administrativo. Concurso público. Ato administrativo ilegal. Controle judicial. Possibilidade. Candidata aprovada dentro do número de vagas previstas no edital. Direito à nomeação. Análise de cláusulas de edital. Reexame de fatos e provas. Impossibilidade. Precedentes.
1. Não viola o princípio da separação dos poderes o controle de legalidade exercido pelo Poder Judiciário sobre os atos administrativos.
2. O Plenário da Corte, ao apreciar o mérito do RE nº 598.099/MS-RG, Relator o Ministro **Gilmar Mendes**, concluiu que o candidato aprovado em concurso público dentro do número de vagas previstas no edital tem direito subjetivo à nomeação.
3. Inadmissível, em recurso extraordinário, a análise das cláusulas de edital de concurso público e o reexame de fatos e das provas dos autos. Incidência das Súmulas nºs 454 e 279.
4. Agravo regimental não provido. (Inform. STF 729)

AG. REG. NO RE N. 505.654-DF
RELATOR: MIN. MARCO AURÉLIO
CONCURSO PÚBLICO – PROVA DE ESFORÇO FÍSICO. Caso a caso, há de perquirir-se a sintonia da exigência, no que implica fator de tratamento diferenciado, com a função a ser exercida. Não se tem como constitucional a exigência de prova física desproporcional à cabível habilitação aos cargos de escrivão, papiloscopista, perito criminal e perito médico-legista de Polícia Civil. (Inform. STF 728)

AG. REG. NO ARE N. 768.267-AL
RELATORA: MIN. CÁRMEN LÚCIA
EMENTA: AGRAVO REGIMENTAL NO RECURSO EXTRAORDINÁRIO COM AGRAVO. ADMINISTRATIVO. CONCURSO PÚBLICO. CANDIDATO APROVADO FORA DO NÚMERO DE VAGAS E NÃO NOMEADO. INEXISTÊNCIA DE CARGO EFETIVO VAGO. CONTRATAÇÃO DE TEMPORÁRIO. AUSÊNCIA DE PRETERIÇÃO. AGRAVO REGIMENTAL AO QUAL SE NEGA PROVIMENTO. (Inform. STF 728)

Servidor público: acesso e provimento de cargo - 1
O Plenário iniciou julgamento de ação direta de inconstitucionalidade ajuizada contra o inciso IV do art. 20 e o art. 27, §§ 1º a 5º, da Lei 10.961/1992, do Estado de Minas Gerais, que dispõe sobre acesso, enquanto forma de provimento dos cargos públicos naquela unidade federativa. Por vislumbrar ofensa ao princípio constitucional do concurso público (CF, art. 37, II), o Supremo deferira, em 1993, medida cautelar a fim de suspender a vigência dos citados artigos da lei mineira, até o julgamento final da presente ação. Nesta assentada, o Ministro Marco Aurélio, relator, julgou parcialmente procedente o pedido para dar interpretação conforme a Constituição aos dispositivos, de maneira a excluir a movimentação de servidor para cargo de carreira diversa daquela na qual ingressara mediante concurso público. Destacou que a movimentação horizontal de servidor pressuporia situarem-se os cargos dentro da mesma carreira. Apontou a inconstitucionalidade de toda modalidade de provimento que propiciasse ao servidor investir-se, sem prévia aprovação em concurso público destinado ao seu provimento, em cargo que não integrasse a carreira na qual anteriormente investido. O Ministro Celso de Mello, por sua vez, observou que a norma teria sido revogada. O Ministro Roberto Barroso apontou não ter havido revogação expressa, mas sim a edição de leis posteriores que tratariam da mesma matéria. Na sequência, os Ministros Cármen Lúcia, Gilmar Mendes, Celso de Mello, Joaquim Barbosa, Presidente, e Roberto Barroso julgaram procedente o pleito. Entenderam que a previsão de que "*o acesso precederá o concurso público observado o percentual de até trinta por cento das vagas a serem preenchidas*" constituiria ofensa à cláusula constitucional do concurso público universal de provas e títulos. Depois dessas manifestações, pediu vista dos autos o Ministro Teori Zavascki.

Servidor público: acesso e provimento de cargo - 2
Por ofensa ao princípio da ampla acessibilidade aos cargos públicos (CF, art. 37, II), o Plenário, em conclusão de julgamento e por maioria, julgou procedente pedido formulado em ação direta para declarar a inconstitucionalidade do §§ 1º ao 5º do artigo 27 da Lei 10.961/1992, do Estado de Minas Gerais, que dispõem sobre o acesso como forma de provimento dos cargos públicos naquela unidade federativa — v. Informativo 726. Apontou-se que a norma impugnada permitiria que o procedimento de acesso viabilizasse a investidura em cargo de carreira diversa por meio de provimento derivado. Asseverou-se não haver base constitucional para manter na norma estadual o instituto do acesso a novas carreiras por seleções internas. Ponderou-se que essa forma de provimento privilegiaria indevidamente uma categoria de pretendentes que já possuía vínculo com a Administração estadual, em detrimento do público externo. Destacou-se que a norma estaria em antagonismo com o postulado da universalidade que, por imposição constitucional, deveria reger os procedimentos seletivos destinados à investidura em cargos, funções ou empregos públicos. Vencido, em parte, o Ministro Marco Aurélio, que dava parcial provimento ao pedido. Aduzia que o concurso público para ingresso na carreira significaria tratamento igualitário àqueles que se apresentassem para o certame. Frisava que a ordem jurídica constitucional não protegeria a movimentação vertical do servidor, apenas a horizontal, ou seja, dentro da mesma carreira. Afastava a interpretação da norma que contemplasse a denominada movimentação vertical. ADI 917/MG, rel. orig. Min. Marco Aurélio, red. p/ o acórdão Min. Teori Zavascki, 6.11.2013. (ADI-917) (Inform. STF 727)

AG. REG. NO ARE N. 661.760-PB
RELATOR: MIN. DIAS TOFFOLI
EMENTA: Agravo regimental no recurso extraordinário com agravo. Administrativo. Concurso público. Candidata aprovada, inicialmente, fora das vagas do edital. Desistência dos candidatos mais bem classificados. Direito a ser nomeada para ocupar a única vaga prevista no edital de convocação. Precedentes.

1. O Tribunal de origem assentou que, com a desistência dos dois candidatos mais bem classificados para o preenchimento da única vaga prevista no instrumento convocatório, a ora agravada, classificada inicialmente em 3º lugar, tornava-se a primeira, na ordem classificatória, tendo, assim, assegurado o seu direito de ser convocada para assumir a referida vaga.
2. Não se tratando de surgimento de vaga, seja por lei nova ou vacância, mas de vaga já prevista no edital do certame, aplica-se ao caso o que decidido pelo Plenário da Corte, o qual, ao apreciar o mérito do RE nº 598.099/MS-RG, Relator o Ministro **Gilmar Mendes**, concluiu que o candidato aprovado em concurso público dentro do número de vagas previstas no edital tem direito subjetivo à nomeação.
3. Agravo regimental não provido. (Inform. STF 726)

AG. REG. NO ARE N. 683.278-MG
RELATOR: MIN. LUIZ FUX
Ementa: AGRAVO REGIMENTAL NO RECURSO EXTRAORDINÁRIO COM AGRAVO. CONCURSO PÚBLICO. NOMEAÇÃO. POSSE. AGRAVO QUE NÃO ATACA OS FUNDAMENTOS DA DECISÃO QUE INADMITIU O RECURSO EXTRAORDINÁRIO. SUM. 287/STF. INCIDÊNCIA.
1. A impugnação específica da decisão agravada, quando ausente, conduz à inadmissão do recurso extraordinário. Súmula 287 do STF. Precedentes: ARE 680.279-AgR/RS, Rel. Min. Cármen Lúcia, Primeira Turma, DJe 22/5/2012 e ARE 735.978-AgR/PE, Rel. Min. Ricardo Lewandowski, Segunda Turma, DJe 4/9/2013.
2. *In casu*, o acórdão originariamente recorrido assentou: *"CONCURSO PÚBLICO - NOMEAÇÃO E POSSE - COMPARECIMENTO DO CANDIDATO DENTRO DO PRAZO - NECESSIDADE DE EXAMES COMPLEMENTARES - PRORROGAÇÃO DA DATA DA POSSE - ATO DA ADMINISTRAÇÃO - RAZOABILIDADE. - É razoável exigir-se da Administração a prorrogação da data para posse de candidato aprovado em concurso público e devidamente nomeado, se este, comparecendo dentro do prazo, é obstado de tomar posse ante a necessidade de realizar exames complementares a serem realizados pela própria Administração que, por seu turno, não estava preparada para realizá-lo a tempo".*
3. Agravo regimental **DESPROVIDO**. (Inform. STF 726)

AG. REG. NO RE N. 594.233-DF
RELATOR: MIN. DIAS TOFFOLI
EMENTA: Administrativo. Servidor público. Anistia. Extinção de empresa pública. Estrutura absorvida pela Administração direta. Direito ao aproveitamento que não representa violação da exigência de concurso público. Possibilidade de o empregado anistiado vir a ocupar cargo público oriundo de transformação.
1. A benesse concedida pela Lei nº 8.878/94 ficou condicionada à transferência ou absorção da atividade desenvolvida pelo ente extinto por outro órgão da Administração Pública Federal. É possível inferir do acórdão regional que o feixe de competências antes atribuído à Empresa Brasileira de Transportes Urbanos foi conferido ao Ministério dos Transportes.
2. A jurisprudência da Corte já reconheceu que o implemento da exigência prevista na lei de anistia constitui direito do empregado/servidor ao aproveitamento.
3. Não há qualquer ofensa à exigência de concurso público na hipótese, uma vez que o recorrente já figurava nos quadros da Administração, exercendo emprego que, por força de reforma administrativa, foi convertido em cargo público.
4. O recorrente que mantinha vínculo permanente não foi investido em cargo público com burla da regra do concurso público, mas, sim, aproveitado pela Administração por força da conversão de seu vínculo anterior.
5. Com relação ao agravante que mantinha vínculo precário com a Administração, nada há a prover, pelo fato de sua pretensão não estar acobertada pela envergadura da lei de anistia. Essa conclusão a que chegou a Corte de origem somente poderia ser ilidida a partir de nova imersão no cenário fático-probatório constante dos autos. Incide, nesse particular, a Súmula nº 279 da Corte. (Inform. STF 725)

AG. REG. NO RE N. 739.426-MA
RELATORA: MIN. ROSA WEBER
EMENTA: DIREITO ADMINISTRATIVO. CONTRATAÇÃO DE TEMPORÁRIOS. CANDIDATA APROVADA EM CONCURSO PÚBLICO. PRETERIÇÃO. DIREITO À NOMEAÇÃO. PRECEDENTES. ACÓRDÃO RECORRIDO PUBLICADO EM 27.8.2012.
A jurisprudência desta Corte é firme no sentido de que a contratação de temporários para o exercício de atribuições próprias do cargo efetivo, quando existem candidatos aprovados em concurso público vigente, configura preterição na ordem de nomeação e faz surgir para os referidos candidatos o direito à nomeação. Precedentes.
Agravo regimental conhecido e não provido. (Inform. STF 722)

Concurso: criação de cargos e não instalação do órgão
O fato de haver o esgotamento do prazo de validade do concurso antes da instalação do órgão a que vinculadas vagas obstaculiza o reconhecimento do direito do candidato à nomeação. Essa a conclusão da 1ª Turma ao desprover agravo regimental. No caso, o STJ consignara cuidar-se de candidato aprovado fora do número de vagas previstas no edital. Reputou-se inexistir direito subjetivo à nomeação. Esclareceu-se que os cargos públicos teriam sido criados no período de validade do certame. No entanto, o órgão fora instalado muito após o término do prazo de validade do concurso.
RE 748105 AgR/DF, rel. Min. Marco Aurélio, 17.9.2013. (RE-748105) (Inform. STF 720)

Concurso público: impossibilidade de participação de mulheres e isonomia
A imposição de discrímen de gênero para fins de participação em concurso público somente é compatível com a Constituição nos excepcionais casos em que demonstradas a fundamentação proporcional e a legalidade da imposição, sob pena de ofensa ao princípio da isonomia. Com base nessa jurisprudência, a 2ª Turma deu provimento a recurso ordinário em mandado de segurança no qual se questionava edital de concurso público para ingresso em curso de formação de oficiais de polícia militar estadual que previa a possibilidade de participação apenas de candidatos do sexo masculino. Assentou-se a afronta ao mencionado princípio da isonomia, haja vista que tanto o edital quanto a legislação que regeria a matéria não teriam definido qual a justificativa para não permitir que mulheres concorressem ao certame e ocupassem os quadros da polícia militar. RE 528684/MS, rel. Min. Gilmar Mendes, 3.9.2013. (RE-528684) (Inform. STF 718)

AG. REG. NO ARE N. 713.138-CE
RELATORA: MIN. ROSA WEBER
DIREITO ADMINISTRATIVO. CONCURSO PÚBLICO. SOLDADO DA POLÍCIA CIVIL. CANDIDATO. ELIMINAÇÃO NA FASE DE INVESTIGAÇÃO SOCIAL. TRANSAÇÃO PENAL PACTUADA. AUSÊNCIA DE CARATER CONDENATÓRIO. PRINCÍPIO DA PRESUNÇÃO DE INOCÊNCIA. AS RAZÕES DO AGRAVO REGIMENTAL NÃO SÃO APTAS A INFIRMAR OS FUNDAMENTOS QUE LASTREARAM A DECISÃO AGRAVADA. ACÓRDÃO RECORRIDO PUBLICADO EM 23.02.2012.
A jurisprudência desta Corte firmou o entendimento de que viola o princípio da presunção de inocência a exclusão de certame público de candidato que responda a inquérito policial ou ação penal sem trânsito em julgado da sentença condenatória. Precedentes.
As razões do agravo regimental não são aptas a infirmar os fundamentos que lastrearam a decisão agravada.
Agravo regimental conhecido e não provido. (Inform. STF 718)

AG. REG. NO ARE N. 675.202-PB
RELATOR: MIN. RICARDO LEWANDOWSKI
EMENTA: AGRAVO REGIMENTAL EM RECURSO EXTRAORDINÁRIO COM AGRAVO. RAZÕES DO AGRAVO REGIMENTAL DISSOCIADAS DO QUE DELIBERADO NA DECISÃO MONOCRÁTICA. INCIDÊNCIA DA SÚMULA 284 DO STF. CONSTITUCIONAL. ADMINISTRATIVO. CONCURSO PÚBLICO. FISIOTERAPEUTA. CLASSIFICAÇÃO DENTRO DO NÚMERO DE VAGAS PREVISTO NO EDITAL. DIREITO À NOMEAÇÃO. AGRAVO IMPROVIDO.
I – Deficiente a fundamentação do agravo regimental cujas razões estão dissociadas do que decidido na decisão monocrática. Incide, na hipótese, a Súmula 284 desta Corte.
II – O Plenário desta Corte, no julgamento do RE 598.099/MS, Rel. Min. Gilmar Mendes, firmou jurisprudência no sentido do direito subjetivo à nomeação de candidato aprovado dentro do número de vagas previstas no edital de concurso público. Tal direito também se estende ao candidato aprovado fora do número de vagas previstas no edital, mas que passe a figurar entre as vagas em decorrência da desistência de candidatos classificados em colocação superior.
III – Agravo Regimental improvido. (Inform. STF 716)

AG. REG. NO AI N. 698.618-SP
RELATOR: MIN. DIAS TOFFOLI
EMENTA: Agravo regimental no agravo de instrumento. Administrativo. Concurso público. Prazo de validade. Negativa de prestação jurisdicional. Não ocorrência. Legislação infraconstitucional. Reexame de fatos e provas. Nomeação por decisão judicial. Preterição de candidato. Inexistência. Violação do art. 5º, inciso XXXVI, da Constituição Federal. Ofensa reflexa. Precedentes.
1. A jurisdição foi prestada pelo Tribunal de origem mediante decisão suficientemente fundamentada.
2. Inadmissível, em recurso extraordinário, a análise da legislação infraconstitucional e o reexame de fatos e provas dos autos. Incidência das Súmulas nºs 636 e 279/STF.
3. É pacífica a jurisprudência da Corte de que não há falar em desrespeito à ordem de classificação em concurso público quando a Administração nomeia candidatos menos bem colocados por força de determinação judicial.
4. A alegada violação do art. 5º, inciso XXXVI, da Constituição Federal, caso ocorresse, seria indireta ou reflexa, haja vista que sua verificação não prescinde, no caso, da análise da legislação infraconstitucional, das cláusulas do instrumento convocatório e dos fatos e das provas dos autos, a qual é inviável em recurso extraordinário.
5. Agravo regimental não provido. (Inform. STF 714)

AG. REG. NO ARE N. 659.921-MA
RELATOR: MIN. DIAS TOFFOLI
EMENTA: Agravo regimental no recurso extraordinário com agravo. Administrativo. Concurso público. Nomeação de servidores temporários. Preterição de candidata aprovada em concurso vigente. Direito à nomeação. Precedentes.
1. A jurisprudência da Corte é no sentido de que, havendo aprovados em concurso público ainda vigente, configura preterição na ordem de nomeação a contratação temporária de pessoal para o exercício das atribuições destinadas aos aprovados no certame.
2. Agravo regimental não provido. (Inform. STF 714)

AG. REG. NO AI N. 728.699-RS
RELATORA: MIN. ROSA WEBER
EMENTA: DIREITO ADMINISTRATIVO. CONCURSO PÚBLICO. PRAZO DE VALIDADE. EXISTÊNCIA DE VAGAS. CANDIDATOS APROVADOS. DIREITO SUBJETIVO À NOMEAÇÃO. JURISPRUDÊNCIA PACÍFICA. ACÓRDÃO RECORRIDO DISPONIBILIZADO EM 28.4.2008.
A jurisprudência desta Corte firmou-se no sentido de que os candidatos aprovados em concurso público têm direito subjetivo à nomeação para a posse que vier a ser dada nos cargos vagos existentes ou nos que vierem a vagar no prazo de validade do concurso. Reconhecida pela Corte de origem a existência de cargos vagos e de candidatos aprovados, surge o direito à nomeação.
Agravo regimental conhecido e não provido. (Inform. STF 713)

AG. REG. NO AI N. 830.680-PE
RELATORA: MIN. ROSA WEBER
EMENTA: DIREITO ADMINISTRATIVO E PROCESSUAL CIVIL. MILITAR. CONCURSO. LIMITE DE IDADE. PREVISÃO EM LEI. NECESSIDADE. PRECEDENTES. RECURSO QUE NÃO ATACA OS FUNDAMENTOS DA DECISÃO AGRAVADA. IRREGULARIDADE FORMAL. ART. 317, §1º, RISTF. ACÓRDÃO RECORRIDO PUBLICADO EM 19.11.2009.
Não preenchimento do requisito de regularidade formal expresso no artigo 317, § 1º, do RISTF (a petição conterá, sob pena de rejeição liminar, as razões do pedido de reforma da decisão agravada). Ausência de ataque, nas razões do agravo regimental, aos fundamentos da decisão agravada, mormente no que se refere à conformidade do acórdão recorrido com a jurisprudência desta Corte.
Agravo regimental conhecido e não provido. (Inform. STF 713)

AG. REG. NO ARE N. 728.049-RJ
RELATOR: MIN. GILMAR MENDES
Agravo regimental em recurso extraordinário com agravo. 2. Concurso público. 3. Comprovação de habilitação. Momento da posse. Exigência de apresentação de diploma e registro no órgão de classe competente após a conclusão do curso de formação que, no caso, consiste em etapa do referido concurso. 3. Precedentes da Corte. 4. Ausência de argumentos capazes de infirmar a decisão agravada. 5. Agravo regimental a que se nega provimento. (Inform. STF 712)

MS N. 28.603-DF
REDATOR P/ O ACÓRDÃO: MIN. MARCO AURÉLIO
PROCESSO ADMINISTRATIVO – SITUAÇÃO CONSTITUÍDA – INTERESSADOS – CIÊNCIA. Uma vez constatada a ocorrência de situação jurídica constituída, cumpre dar ciência do processo administrativo aos interessados.
PROCESSO ADMINISTRATIVO – CIÊNCIA FICTA. A ciência ficta do processo administrativo, mediante notícia veiculada em Diário, pressupõe o conhecimento da existência pelos destinatários.
NULIDADE – MÉRITO – ARTIGO 249 DO CÓDIGO DE PROCESSO CIVIL – COLEGIADO. O disposto no artigo 249 do Código de Processo Civil, a revelar que não se declarará a nulidade quando possível decidir o mérito em benefício da parte a quem o reconhecimento da pecha aproveitaria, guarda pertinência com a atuação judicante, quer individual, quer no Colegiado.
CONCURSO PÚBLICO – PASSAGEM A FASES SUCESSIVAS – NÚMERO DE CANDIDATOS – ALTERAÇÃO. A alteração do número de candidatos aprovados a passarem a fase subsequente não prejudica o concurso, no que se mostra linear.
CONCURSO PÚBLICO – CANDIDATOS – FEITURA DAS PROVAS – APROVEITAMENTO. Tanto quanto possível, há de placitar-se a aprovação em concurso público, mormente quando o aproveitamento dos candidatos não implica prejuízo a terceiros, sendo desinfluente, para o Direito, a simples expectativa de futuros candidatos no que, ocupadas vagas, venham a inscrever-se em novo certame – considerações. (Inform. STF 710)

AG. REG. NO AI N. 712.683-SE
RELATOR: MIN. MARCO AURÉLIO
RECURSO EXTRAORDINÁRIO RESERVA DE PLENÁRIO. Descabe confundir reserva de Plenário – artigo 97 da Constituição Federal – com interpretação de normas legais.

CONCURSO PÚBLICO – PROVA DE ESFORÇO FÍSICO.
Caso a caso, há de perquirir-se a sintonia da exigência, no que implica fator de tratamento diferenciado a partir da função a ser exercida. Não se tem como constitucional a exigência de prova desproporcional à habilitação ao cargo de médico. (Inform. STF 708)

AG. REG. NO RE N. 602.264-DF
RELATOR: MIN. RICARDO LEWANDOWSKI
Ementa: AGRAVO REGIMENTAL EM RECURSO EXTRAORDINÁRIO. ADMINISTRATIVO. ASCENSÃO FUNCIONAL. INCONSTITUCIONALIDADE. OFENSA À REGRA DO CONCURSO PÚBLICO. PRECEDENTES. SEGURANÇA JURÍDICA E BOA-FÉ. INAPLICABILIDADE AO CASO. PLEITO QUE REVELA A PRETENSÃO DE CONSTITUIR NOVA SITUAÇÃO JURÍDICA E NÃO A PRESERVAÇÃO DE UMA POSIÇÃO CONSOLIDADA. AGRAVO IMPROVIDO.
I – A jurisprudência do Supremo Tribunal Federal firmou-se no sentido de que a promoção do servidor por ascensão funcional constitui forma de provimento derivado incompatível com a determinação prevista no art. 37, II, da Constituição de que os cargos públicos devem ser providos por concurso.
II – Inviável a invocação dos princípios da segurança jurídica e da boa-fé no caso em que se pretende o reconhecimento de uma nova posição jurídica incompatível com a Constituição e não a preservação de uma situação concreta sedimentada.
III – Agravo regimental improvido. (Inform. STF 708)

AG. REG. NO AI N. 764.423-SE
RELATOR: MIN. MARCO AURÉLIO
CONCURSO PÚBLICO – ALTURA MÍNIMA – INEXISTÊNCIA DE LEI. Longe fica de vulnerar a Constituição Federal pronunciamento no sentido da inexigibilidade de altura mínima para habilitação em concurso público quando esta for prevista estritamente no edital, e não em lei em sentido formal e material.
AGRAVO – ARTIGO 557, § 2°, DO CÓDIGO DE PROCESSO CIVIL – MULTA. Se o agravo é manifestamente infundado, impõe-se a aplicação da multa prevista no § 2° do artigo 557 do Código de Processo Civil, arcando a parte com o ônus decorrente da litigância de má-fé. (Inform. STF 707)

Concurso público e segunda chamada em teste de aptidão física - 2
Ressaltou-se que a discussão não se restringiria à eventual violação do princípio da isonomia pela mera remarcação de teste de aptidão física. Afirmou-se que, embora esta Corte tivesse considerado legítima a possibilidade de se remarcar teste físico em razão de casos fortuitos, a existência de previsão editalícia que prescrevesse que alterações corriqueiras de saúde não seriam aptas a ensejar a remarcação de teste físico não ofenderia o princípio da isonomia. Esse princípio implicaria tratamento desigual àqueles que se encontrassem em situação de desigualdade. Deste modo, aplicável em hipótese na qual verificado de forma clara que a atuação estatal tivesse beneficiado determinado indivíduo em detrimento de outro nas mesmas condições. Asseverou-se, portanto, que, em essência, o princípio da isonomia não possibilitaria, de plano, a realização de segunda chamada em etapa de concurso público decorrente de situações individuais e pessoais de cada candidato, especialmente, quando o edital estabelecesse tratamento isonômico a todos os candidatos que, em presumida posição de igualdade dentro da mesma relação jurídica, seriam tratados de forma igualitária.

Concurso público e segunda chamada em teste de aptidão física - 3
Aduziu-se que o concurso público permitiria não apenas a escolha dos candidatos mais bem qualificados, mas também que o processo de seleção fosse realizado com transparência, impessoalidade, igualdade e com o menor custo para os cofres públicos. Dessa maneira, não seria razoável a movimenta-
ção de toda a máquina estatal para privilegiar determinados candidatos que se encontrassem impossibilitados de realizar alguma das etapas do certame por motivos exclusivamente individuais. Consignou-se que, ao se permitir a remarcação do teste de aptidão física nessas circunstâncias, possibilitar-se-ia o adiamento, sem limites, de qualquer etapa do certame, pois o candidato talvez não se encontrasse em plenas condições para realização da prova, o que causaria tumulto e dispêndio desnecessário para a Administração. Aludiu-se que não seria razoável que a Administração ficasse à mercê de situações adversas para colocar fim ao certame, de modo a deixar os concursos em aberto por prazo indeterminado.

Concurso público e segunda chamada em teste de aptidão física - 4
Assinalou-se que, na espécie, entretanto, o recorrido realizara a prova de aptidão física de segunda chamada em razão de liminar concedida pelo Poder Judiciário, em 2002, confirmada por sentença e por acórdão de tribunal regional, tendo sido empossado há quase dez anos. Sublinhou-se que, em casos como este, em que se alteraria jurisprudência longamente adotada, seria sensato considerar a necessidade de se modular os efeitos da decisão com base em razões de segurança jurídica. Essa seria a praxe nesta Corte para as hipóteses de modificação sensível de jurisprudência. Destacou-se que não se trataria de declaração de inconstitucionalidade em controle abstrato, a qual poderia suscitar a modulação dos efeitos da decisão mediante a aplicação do art. 27 da Lei 9.868/99. Tratar-se-ia de substancial mudança de jurisprudência, decorrente de nova interpretação do texto constitucional, a impor ao STF, tendo em vista razões de segurança jurídica, a tarefa de proceder a ponderação das consequências e o devido ajuste do resultado, para adotar a técnica de decisão que pudesse melhor traduzir a mutação constitucional operada. Registrou-se que a situação em apreço não diria respeito a referendo à teoria do fato consumado, tal como pedido pelo recorrido, mas de garantir a segurança jurídica também nos casos de sensível mudança jurisprudencial. Por fim, enquanto o recurso tivesse sido interposto antes da sistemática da repercussão geral, atribuiu-se-lhe os efeitos dela decorrentes e assegurou-se a validade das provas de segunda chamada ocorridas até a data de conclusão do presente julgamento.

Concurso público e segunda chamada em teste de aptidão física - 5
Vencido o Min. Marco Aurélio, que também negava provimento ao recurso, mas com fundamentação diversa. Anotava que a pretensão do recorrido teria sido agasalhada pelo tribunal regional em observância aos princípios da acessibilidade aos cargos públicos, isonomia e razoabilidade, e seria socialmente aceitável. Explanava que em situações excepcionais, desde que demonstrada a justa causa, seria possível colocar em segundo plano o edital. Reputava que, considerada a aplicação da lei no tempo – haja vista que o interesse em recorrer surgira em 3.11.2003, antes, portanto, da introdução do instituto da repercussão geral pela EC 45/2004 – não se poderia emprestar a este julgamento as consequências próprias da admissibilidade da repercussão geral, a irradiar-se a ponto de ficarem os tribunais do país autorizados a declarar prejuízo de outros recursos.
RE 630733/DF, rel. Min. Gilmar Mendes, 15.5.2013. (RE-630733) (Inform. STF 706)

AG. REG. NO AI N. 574.052-RS
RELATOR: MIN. MARCO AURÉLIO
CONCURSO PÚBLICO – DIREITO À NOMEAÇÃO. Possui direito à nomeação candidato aprovado e classificado dentro de número de vagas anunciadas em edital de certame público, haja vista o disposto no artigo 37 da Carta da República. Precedente – Recurso Extraordinário 192.568/PI, de minha relatoria. (Inform. STF 703)

Concurso público e conteúdo programático do edital
A 1ª Turma concedeu mandado de segurança para anular acórdãos do TCU que teriam determinado ao impetrante, Conselho Regional de Medicina Veterinária do Estado do Rio Grande do Sul - CRMV/RS, a dispensa de servidores admitidos por concurso público. Na espécie, a Corte de Contas concluíra que o edital se revestira de subjetividade, ao prever etapa classificatória em que os candidatos seriam avaliados em seus *curricula vitae* via quesitos pontuáveis, a saber, experiência, qualificação técnica e capacidade de comunicação. Entendeu-se, em síntese, que, ao contrário do que decidido pelo TCU, o certame não teria se revestido de critérios subjetivos. Destacou-se que o edital especificara, em termos objetivos, os critérios de avaliação e pontuação que vincularam a comissão responsável pela seleção pública. Asseverou-se que teriam sido atendidos os critérios de impessoalidade, objetividade e isonomia. **MS 26424/DF, Min. Dias Toffoli, 19.2.2013. (MS-26424)** (Inform. STF 695)

Concurso público: conteúdo programático e anulação de questões - 1
A 1ª Turma iniciou julgamento de mandado de segurança no qual pretendia anulação de questões objetivas de concurso público destinado ao provimento de cargo de Procurador da República, porquanto em suposta desconformidade com o conteúdo programático de direito internacional previsto no edital. O impetrante sustenta que fora eliminado na 1ª fase do certame, visto que não atingira o percentual mínimo exigido em um dos grupos em que dividida a prova e que sua inabilitação decorreria desse desacordo. O Min. Luiz Fux, relator, denegou a ordem, no que acompanhado pela Min. Rosa Weber. Salientou inviável esta análise em sede de mandado de segurança, uma vez que demandaria dilação probatória. Ressaltou a jurisprudência do STF no sentido de que o Poder Judiciário seria incompetente para substituir-se à banca examinadora de concurso público no reexame de critérios de correção das provas e de conteúdo das questões formuladas. Assentou que, existente previsão de um determinado tema, cumpriria ao candidato estudar e procurar conhecer, de forma global, os elementos que pudessem ser exigidos nas provas, de modo a abarcar todos os atos normativos e casos paradigmáticos pertinentes. Do contrário, significaria exigir-se das bancas examinadoras a previsão exaustiva, no edital de qualquer concurso, de todos os atos normativos e de todos os *cases* atinentes a cada um dos pontos do conteúdo programático do concurso, o que fugiria à razoabilidade.

Concurso público: conteúdo programático e anulação de questões - 2
Ademais, reputou que estaria comprovada pela autoridade impetrada a congruência entre as questões impugnadas e o disposto no edital do concurso, sendo que os conhecimentos necessários para a indicação das respostas corretas estariam acessíveis em ampla bibliografia, o que afastaria a possibilidade de anulação em juízo. Dissentiu o Min. Marco Aurélio, que concedia, em parte, a ordem para, afastadas as questões, recalcular-se a situação do impetrante. Asseverou que o edital seria a lei do concurso e vincularia tanto os candidatos quanto a Administração Pública. Frisou que o que poderia ser indagado em termos de resolução da ONU teria sido mencionado no conteúdo programático de forma exaustiva, e não exemplificativa. Entretanto, elaborara-se questão disposta em outra resolução, sequer incorporada ao ordenamento jurídico pátrio, a dispensar a instrução do processo para concluir-se sobre o descompasso. Após, pediu vista o Min. Dias Toffoli.

Concurso público: conteúdo programático e anulação de questões - 3
A 1ª Turma retomou julgamento de mandado de segurança no qual pretendida anulação de questões objetivas de concurso público destinado ao provimento de cargo de Procurador da República, porquanto em suposta desconformidade com o conteúdo programático de direito internacional previsto no edital. O impetrante sustenta que fora eliminado na 1ª fase do certame, visto que não atingira o percentual mínimo exigido em um dos grupos em que dividida a prova e que sua inabilitação decorreria desse desacordo – v. Informativo 658. O Min. Dias Toffoli, em voto-vista, acompanhou o Min. Marco Aurélio, para conceder, em parte, a segurança, a fim de assentar a insubsistência das questões impugnadas. Asseverou não se comprometer com a tese de que sempre seria possível a ingerência judicial na análise dos gabaritos oferecidos pelas bancas examinadoras de concurso público, mas que, em cada caso submetido à apreciação judicial, deveria ser enfrentado segundo suas peculiaridades. O Min. Luiz Fux, relator, reajustou voto para conceder, em parte, a segurança. Após, pediu vista a Min. Cármen Lúcia.

Concurso público: conteúdo programático e anulação de questões - 4
Em conclusão, a 1ª Turma, após retificar a proclamação anteriormente proferida, denegou mandado de segurança no qual pretendia anulação de questões objetivas de concurso público destinado ao provimento de cargo de Procurador da República, porquanto em suposta desconformidade com o conteúdo programático de direito internacional previsto no edital. O impetrante sustentava que fora eliminado na 1ª fase do certame, visto que não atingira o percentual mínimo exigido em um dos grupos em que dividida a prova e que sua inabilitação decorreria desse desacordo – v. Informativos 658 e 660. Ressaltou-se a jurisprudência do STF no sentido de que o Poder Judiciário seria incompetente para substituir-se à banca examinadora de concurso público no reexame de critérios de correção das provas e de conteúdo das questões formuladas. Assentou-se que, existente previsão de um determinado tema, cumpriria ao candidato estudar e procurar conhecer, de forma global, os elementos que pudessem ser exigidos nas provas, de modo a abarcar todos os atos normativos e casos paradigmáticos pertinentes. Do contrário, significaria exigir-se das bancas examinadoras a previsão exaustiva, no edital de qualquer concurso, de todos os atos normativos e de todos os *cases* atinentes a cada um dos pontos do conteúdo programático do concurso, o que fugiria à razoabilidade. Ademais, reputou-se que estaria comprovada pela autoridade impetrada a congruência entre as questões impugnadas e o disposto no edital do concurso. Assim, os conhecimentos necessários para a indicação das respostas corretas estariam acessíveis em ampla bibliografia, o que afastaria a possibilidade de anulação em juízo. Por fim, cassou-se a liminar anteriormente deferida. **MS 30860/DF, rel. Min. Luiz Fux, 28.8.2012. (MS-30860)**

Concurso público: mérito de questões e anulação - 1
A 1ª Turma iniciou julgamento de mandado de segurança no qual se postula a anulação de questões objetivas de concurso público para provimento de cargo de Procurador da República, em virtude de suposto equívoco na elaboração destas, de modo que fossem computadas como corretas na pontuação final do impetrante, com as consectárias participação nas fases seguintes e posse no cargo colimado. Na espécie, alegava-se que a banca examinadora teria compreendido inadequadamente conceitos jurídicos. Também se arguia que, interposto o recurso administrativo, não teria sido disponibilizado, pela comissão do concurso, acesso às respectivas respostas. Aduzia-se, ainda, que se pleiteara anulação das assertivas, com efeitos para todos os candidatos, em requerimento administrativo então pendente de julgamento perante o Conselho Superior do Ministério Público Federal. A liminar fora deferida parcialmente com o fito de que o requerente prosseguisse nas etapas conseguintes do certame e, caso lograsse aprovação, fosse reservada vaga a ele até a apreciação do mérito do *writ*.

Concurso público: mérito de questões e anulação - 2
O Min. Luiz Fux, relator, denegou a ordem e cassou a liminar anteriormente deferida, no que foi acompanhado pelas Ministras Rosa Weber e Cármen Lúcia. De início, ressaltou que não teria sido comprovada a liquidez e a certeza do direito do impetrante. Isso porque a anulação, por via judicial, de questões de prova objetiva de concurso público, com vistas à habilitação para

participar em fase posterior do certame, pressuporia a demonstração de que o requerente estivesse apto à etapa seguinte, caso essa anulação fosse estendida à totalidade dos candidatos, consoante os princípios constitucionais da isonomia, da impessoalidade e da eficiência. Assim, explicou que a situação jurídica do requerente deveria ser analisada não só com base na pontuação individual em cada fase do certame, mas também em função da classificação que atingiria em cada uma delas, sendo indispensável, para a espécie, verificar a posição de cada um dos demais aspirantes ao cargo. Sublinhou que essa comprovação deveria decorrer de certidão obtida juntamente à comissão organizadora do concurso (CF, art. 5º, XXXIV, b) ou, se negada em sede administrativa, por ordem judicial, nos moldes da lei do mandado de segurança. Nesse contexto, advertiu que, em hipóteses análogas, haveria utilização imoderada da estreita via do writ. Elucidou que o pleito do impetrante poderia ser deferido por meio de ação de cognição exauriente, em tutela antecipada.

Concurso público: mérito de questões e anulação - 3
Em seguida, rememorou jurisprudência desta Corte no sentido de que o Poder Judiciário seria incompetente para, substituindo-se à banca examinadora de concurso, reexaminar conteúdo de questões formuladas e critérios de correção de provas. A Min. Cármen Lúcia acresceu que eventual erro de banca examinadora poderia gerar lesão, mas não ilegalidade ou abuso de poder com direito líquido e certo a ser amparado por meio de mandado de segurança. De outro lado, o Min. Marco Aurélio dissentiu do relator para conceder, em parte, a segurança, a fim de assentar a insubsistência das questões em comento. Afirmou que, reconhecida erronia no gabarito da prova objetiva, deveria ser reapreciada a situação jurídica do impetrante pela comissão do concurso. Após, pediu vista o Min. Dias Toffoli. **MS 30859/DF, rel. Min. Luiz Fux, 13.3.2012. (MS-30859)**

Concurso público: mérito de questões e anulação - 4
A 1ª Turma retomou julgamento de mandado de segurança no qual se postula a anulação de questões objetivas de concurso público para provimento de cargo de Procurador da República, em virtude de suposto equívoco na elaboração destas, de modo que fossem computadas como corretas na pontuação final do impetrante, com as consectárias participação nas fases seguintes e posse no cargo colimado. Na espécie, alega-se que a banca examinadora teria compreendido inadequadamente conceitos jurídicos. Também se argui que, interposto o recurso administrativo, não teria sido disponibilizado, pela comissão do concurso, acesso às respectivas respostas. Aduz-se, ainda, que se pleiteara anulação das assertivas, com efeitos para todos os candidatos, em requerimento administrativo então pendente de julgamento perante o Conselho Superior do Ministério Público Federal. A liminar fora deferida parcialmente com o fito de que o requerente prosseguisse nas etapas conseguintes do certame e, se lograsse aprovação, fosse reservada vaga a ele até a apreciação do mérito do writ – v. Informativo 658. O Min. Dias Toffoli, em voto-vista, acompanhou o Min. Marco Aurélio, para conceder, em parte, a segurança, a fim de assentar a insubsistência das questões impugnadas. Consignou que a correção da prova afrontara o Código Civil. Asseverou não se comprometer com a tese de que sempre seria possível a ingerência judicial na análise dos gabaritos oferecidos pelas bancas examinadoras de concurso público, mas que, em cada caso submetido à apreciação judicial, deveria ser enfrentado segundo suas peculiaridades. O Min. Luiz Fux, relator, reajustou voto para conceder, em parte, a segurança. Após, pediu vista a Min. Cármen Lúcia.

Concurso público: mérito de questões e anulação - 5
Em conclusão de julgamento, a 1ª Turma, por maioria, concedeu, em parte, mandado de segurança a fim de anular questões objetivas de concurso público para provimento de cargo de Procurador da República, em virtude de equívoco na elaboração destas – v. Informativos 658 e 660. Afirmou-se que, observada erronia no gabarito da prova objetiva, deveria ser reapreciada a situação jurídica do impetrante pela comissão do concurso. Destacou-se precedente da 2ª Turma segundo o qual, em que pese a máxima de que o Judiciário não poderia substituir a banca examinadora, a verificação de erro grosseiro levaria ao reconhecimento de ilegalidade. Por fim, mantiveram-se os efeitos da liminar concedida, que assegurava a participação do candidato nas demais fases do certame e reservava vaga em caso de aprovação final. Vencidas as Ministras Rosa Weber e Cármen Lúcia. Esta destacava a impossibilidade de o Poder Judiciário fazer o controle jurisdicional de mérito do ato administrativo, que, no caso, seria da alçada das bancas examinadoras. **MS 30859/DF, rel. Min. Luiz Fux, 28.8.2012. (MS-30859) (Inform. STF 677)**

Concurso público: cláusula de barreira e concorrentes com deficiência
A 2ª Turma negou provimento a agravo regimental de decisão do Min. Gilmar Mendes que denegara mandado de segurança, do qual relator, impetrado contra ato do Procurador-Geral da República que, em edital de provimento de cargos para o Ministério Público da União, determinara a aplicação de cláusula de barreira (ou afunilamento). Nela, estabelecer-se-iam condições de passagem de candidatos de uma fase para outra no transcorrer de concurso público. O agravante, que disputava uma das vagas destinadas aos concorrentes com deficiência, insurgira-se contra regra do edital que, ao disponibilizar 6 vagas para o cargo pleiteado, determinara fossem corrigidas as provas discursivas dos 17 primeiros colocados. Alegava que, em face de sua aprovação na primeira fase e do não alcance do percentual legal de aprovados no exame, na condição de concorrentes daquela categoria, possuiria direito líquido e certo à correção de seu teste escrito. Assentou-se não assistir razão ao agravante, haja vista tratar-se de norma de avaliação e de classificação a critério do organizador do certame. Frisou-se que a cláusula de barreira para prosseguimento na etapa subsequente, aplicar-se-ia a todos, indistintamente. Destacou-se que, ante as peculiaridades referentes à concorrência de participantes com deficiência, a nota de corte deveria ser distinta da imposta aos demais candidatos, o que se verificara no caso em comento. **MS 30195 AgR/DF, rel. Min. Gilmar Mendes, 26.6.2012. (MS-30195) (Inform. STF 672)**

Concurso público: CNMP e exame psicotécnico - 1
A 2ª Turma denegou mandado de segurança impetrado, pelo Estado de Rondônia e pelo respectivo Ministério Público, contra decisões do Conselho Nacional do Ministério Público - CNMP, proferidas em procedimentos de controle administrativo, que afastaram reprovação de candidatos em exame psicotécnico aplicado em concurso de ingresso para o cargo de promotor público substituto daquela unidade federativa, a fim de garantir-lhes nomeação e posse. Nas situações, primeiramente, em sede cautelar, o CNMP assegurara a eles participação na fase subsequente do certame (prova oral), na qual, posteriormente, aprovados. Depois disso, o Conselho emanara os ora atos impugnados. Inicialmente, salientou-se a competência desta Turma para o julgamento do feito, consoante Emenda Regimental 45/2011 do RISTF. Na sequência, afastaram-se as preliminares suscitadas. No tocante à aduzida decadência, registrou-se que os atos combatidos seriam os de 18.5.2011, logo, tempestivo o presente mandamus impetrado em 8.8.2011, não havendo falar que os prazos iniciar-se-iam das liminares prolatadas nos procedimentos, pois substituídas pelas decisões de mérito. No que concerne à assertiva de ausência de condição de procedibilidade (Lei 12.016/2009, art. 5º, I), afirmou-se que o preceito em questão configuraria tão somente causa impeditiva de que se utilizassem simultaneamente dos embargos de declaração de natureza administrativa e da ação mandamental. A respeito da suposta nulidade dos julgados do CNMP por falta de interesse geral, asseverou-se que a necessidade de observância de critérios objetivos na aplicação do exame psicotécnico em concursos públicos revestir-se-ia de relevância

jurídica e ultrapassaria de fato os interesses subjetivos da causa. No ponto, reportou-se a decisão do STF que reconhecera a repercussão geral do tema no julgamento do AI 758533/MG (DJe de 13.8.2010).

Concurso público: CNMP e exame psicotécnico - 2
Ato contínuo, analisou-se pleito de nulidade dos procedimentos por inobservância dos princípios do contraditório e da ampla defesa, tendo em conta que se deixara de intimar os demais concorrentes aprovados no certame, que seriam afetados pela alteração na ordem classificatória com os prosseguimentos dos não recomendados no psicotécnico. Acerca do assunto, entendeu-se que, nos termos de competência constitucional, o Conselho limitara-se a afastar o exame considerado ilegal em relação a três participantes reprovados naquela etapa, garantindo a manutenção deles, sem interferir na situação jurídica dos outros. Sublinhou-se que os candidatos recomendados não sofreram qualquer tipo de prejuízo. Dessa maneira, assinalou-se que não seria obrigatória a intimação destes para participar do controle de legalidade. Por fim, consignou-se que, embora desnecessário, o CNMP expedira edital de notificação com o intuito de que eventuais interessados pudessem apresentar, se quisessem, razões nos citados procedimentos.

Concurso público: CNMP e exame psicotécnico - 3
No mérito, enfatizou-se que, como salientado na apreciação do AI 758533/MG, a jurisprudência desta Corte consolidara-se no sentido de que a exigência do teste psicotécnico em concurso dependeria de previsão legal e no edital, além de obedecer a critérios objetivos. Observou-se que a previsão do exame em comento estaria no art. 65 da Lei Complementar rondoniense 93/93. Passou-se, então, à análise do segundo aspecto: a necessidade de grau mínimo de objetividade e de publicidade dos critérios de avaliação psicológica. Assim, ressurtiu-se que nada constaria de mais substantivo na Resolução 8/2010 do Conselho Superior do Ministério Público de Rondônia, no edital de abertura do concurso e naquele de convocação para o processo seletivo, que pudesse conferir mínimo de objetividade ao teste ou pudesse servir de informação prévia aos concorrentes. Além disso, rejeitou-se o pedido alternativo dos impetrantes de realização de outra avaliação psicológica. Ponderou-se que a definição ulterior de requisitos a serem utilizados violaria ainda mais o princípio da impessoalidade a que se submeteria a Administração Pública, uma vez que seriam estipuladas novas regras para candidatos conhecidos. Dessumiu-se inexistir direito líquido e certo dos impetrantes a ser tutelado. Alfim, cassou-se medida liminar deferida e julgou-se prejudicado agravo regimental interposto pela União. O Min. Gilmar Mendes registrou que o Tribunal tem admitido mandado de segurança manejado por órgão, geralmente, em situação típica de conflito entre eles. **MS 30822/DF, rel. Min. Ricardo Lewandowski, 5.6.2012. (MS-30822) (Inform. STF 669)**

Concurso público: conteúdo programático e vinculação ao edital
Por reputar que os temas abordados nas questões impugnadas de prova escrita objetiva estariam contemplados no conteúdo programático de direito internacional do edital de concurso público destinado ao provimento de cargo de Procurador da República, a 2ª Turma conheceu, parcialmente, de mandado de segurança e, na parte conhecida, denegou a ordem. Os impetrantes sustentavam que sua eliminação na 1ª fase do certame decorrera do não alcance do percentual mínimo exigido em um dos grupos em que dividida a prova, já que determinadas assertivas teriam abordado assuntos não previstos no conteúdo programático. Reconheceu-se, de início, a prejudicialidade da ação, ante a perda superveniente de objeto, quanto a dois candidatos que, após o deferimento parcial de medida liminar, foram reprovados na etapa seguinte de provas escritas subjetivas. Assim, o feito seria apreciado apenas em relação ao impetrante remanescente, o qual lograra êxito em todos os estágios do concurso. De igual modo, declarou-se o prejuízo do exame do agravo regimental interposto pela União. No mérito, afirmou-se a existência de orientação da Corte no sentido da admissibilidade de controle jurisdicional da legalidade de concurso público quando verificada, em ofensa ao princípio da vinculação ao instrumento convocatório, a desconformidade entre as questões da prova e o programa descrito no edital do certame. Entretanto, concluiu-se que, no caso em apreço, o candidato pretenderia conferir a essa jurisprudência alcance que ela não possuiria. Alfim, cassou-se a medida liminar anteriormente concedida. **MS 30894/DF, rel. Min. Ricardo Lewandowski, 8.5.2012. (MS-30894) (Inform. STF 665)**

Concurso público: edital e princípio da legalidade
A 1ª Turma denegou mandado de segurança no qual se alegava que, apesar da exigência, no edital de concurso público, de aprovação no teste de direção veicular, lei e portaria não previriam essa aptidão para investidura no cargo. Asseverou-se que as etapas do presente certame prescindiriam de disposição expressa em lei em sentido formal e material, sendo bastante que estivessem estipuladas no edital, existente o nexo de causalidade em face das atribuições do cargo. Destacou-se inexistir lei com a estipulação das etapas do concurso, porém, o edital teria sido explícito. **MS 30177/DF, rel. Min. Marco Aurélio, 24.4. 2012. (MS-30177) (Inform. STF 663)**

Concurso público e teste de aptidão física
Em julgamento conjunto, a 2ª Turma denegou mandados de segurança impetrados contra ato do Procurador-Geral da República, que eliminara candidatos de concurso público destinado ao provimento de cargo de Técnico de Apoio Especializado/ Segurança, do quadro do Ministério Público da União - MPU. Os impetrantes alegavam que foram impedidos de participar da 2ª fase do certame, denominada "Teste de Aptidão Física", porquanto teriam apresentado atestados médicos genéricos, em desconformidade com o edital. Consignou-se que o Edital 1/2010 determinaria que os laudos médicos apresentados por ocasião do referido teste físico deveriam ser específicos para esse fim, bem como mencionar expressamente que o candidato estivesse "apto" a realizar o exame daquele concurso. Ademais, ressaltou-se a previsão de eliminação do certame dos que deixassem de apresentar o aludido atestado ou o fizessem em descompasso com o critério em comento. Destacou-se que o edital seria a lei do concurso e vincularia tanto a Administração Pública quanto os candidatos. Desse modo, não se vislumbrou ilegalidade ou abuso de poder. Por derradeiro, cassou-se a liminar anteriormente concedida no MS 29957/DF. **MS 29957/ DF, rel. Min. Gilmar Mendes, 6.3.2012. (MS-29957), MS 30265/DF, rel. Min. Gilmar Mendes, 6.3.2012. (MS-30265) (Inform. STF 657)**

DIREITO ADMINISTRATIVO. AGREGAÇÃO DE MILITAR QUE PARTICIPA DE CURSO DE FORMAÇÃO. O militar aprovado em concurso público tem direito a ser agregado durante o prazo de conclusão de curso de formação, com direito à opção pela respectiva remuneração. Precedentes citados: AgRg no AREsp 134.481-BA, Segunda Turma, DJe 2/5/2012; AgRg no AREsp 172.343-RO, Segunda Turma, DJe 1/8/2012; e AgRg no REsp 1.007.130-RJ, Sexta Turma, DJe 21/2/2011. **AgRg no REsp 1.470.618-RN, Rel. Min. Herman Benjamin, julgado em 16/10/2014. (Inform. STJ 551)**

DIREITO ADMINISTRATIVO E PROCESSUAL CIVIL. TERMO INICIAL DO PRAZO DECADENCIAL PARA IMPETRAR MS CONTRA ATO ADMINISTRATIVO QUE EXCLUI CANDIDATO DE CONCURSO PÚBLICO. O termo inicial do prazo decadencial para a impetração de mandado de segurança no qual se discuta regra editalícia que tenha fundamentado eliminação em concurso público é a data em que o candidato toma ciência do ato administrativo que determina sua exclusão do certame, e não a da publicação do edital. Precedente citado: EREsp 1.266.278-MS, Corte Especial,

DJe 10/5/2013. **REsp 1.124.254-PI**, Rel. Min. Sidnei Beneti, julgado em 1º/7/2014. (Inform. STJ 545)

DIREITO ADMINISTRATIVO. SURDEZ UNILATERAL EM CONCURSO PÚBLICO. Candidato em concurso público com surdez unilateral não tem direito a participar do certame na qualidade de deficiente auditivo. Isso porque o Decreto 5.296/2004 alterou a redação do art. 4º, II, do Decreto 3.298/1999 – que dispõe sobre a Política Nacional para Integração de Pessoa Portadora de Deficiência - e excluiu da qualificação "deficiência auditiva" os portadores de surdez unilateral. Vale ressaltar que a jurisprudência do STF confirmou a validade da referida alteração normativa. Precedente citado do STF: MS 29.910 AgR, Segunda Turma, DJe 1º/8/2011. **MS 18.966-DF**, Rel. Min. Castro Meira, Rel. para acórdão Min. Humberto Martins, julgado em 2/10/2013. (Inform. STJ 535)

DIREITO ADMINISTRATIVO. INVESTIGAÇÃO SOCIAL EM CONCURSO PÚBLICO. Na fase de investigação social em concurso público, o fato de haver instauração de inquérito policial ou propositura de ação penal contra candidato, por si só, não pode implicar a sua eliminação. A eliminação nessas circunstâncias, sem o necessário trânsito em julgado da condenação, viola o princípio constitucional da presunção de inocência. Precedentes citados do STF: ARE 754.528 AgR, Primeira Turma, DJe 28/8/2013; e AI 769.433 AgR, Segunda Turma, DJe 4/2/2010; precedentes citados do STJ: REsp 1.302.206-MG, Segunda Turma, DJe 4/10/2013; EDcl no AgRg no REsp 1.099.909-RS, Quinta Turma, DJe 13/3/2013 e AgRg no RMS 28.825-AC, Sexta Turma, DJe 21/3/2012. **AgRg no RMS 39.580-PE**, Rel. Min. Mauro Campbell Marques, julgado em 11/2/2014. (Inform. STJ 535)

DIREITO ADMINISTRATIVO. EXAME PSICOLÓGICO EM CONCURSO PÚBLICO. É admitida a realização de exame psicotécnico em concursos públicos se forem atendidos os seguintes requisitos: previsão em lei, previsão no edital com a devida publicidade dos critérios objetivos fixados e possibilidade de recurso. Precedentes citados do STF: MS 30.822-DF, Segunda Turma, DJe 26/6/2012; e AgRg no RE 612.821-DF, Segunda Turma, DJe 1º/6/2011. **RMS 43.416-AC**, Rel. Min. Humberto Martins, julgado em 18/2/2014. (Inform. STJ 535)

DIREITO ADMINISTRATIVO. MANDADO DE SEGURANÇA CONTRA LIMITE DE IDADE EM CONCURSO PÚBLICO. O prazo decadencial para impetrar mandado de segurança contra limitação de idade em concurso público conta-se da ciência do ato administrativo que determina a eliminação do candidato pela idade, e não da publicação do edital que prevê a regra da limitação. Precedentes citados: AgRg no AREsp 258.950-BA, Segunda Turma, DJe 18/3/2013; AgRg no AREsp 259.405-BA, Primeira Turma, DJe 18/4/2013. **AgRg no AREsp 213.264-BA**, Rel. Min. Benedito Gonçalves, julgado em 5/12/2013. (Inform. STJ 533)

DIREITO ADMINISTRATIVO. LIMITE ETÁRIO EM CONCURSO PÚBLICO PARA INGRESSO NA CARREIRA DE POLICIAL MILITAR. Não tem direito a ingressar na carreira de policial militar o candidato à vaga em concurso público que tenha ultrapassado, no momento da matrícula no curso de formação, o limite máximo de idade previsto em lei específica e em edital. Precedente citado: RMS 31.923-AC, Primeira Turma, DJe 13/10/2011. **RMS 44.127-AC**, Rel. Min. Humberto Martins, julgado em 17/12/2013. (Inform. STJ 533)

DIREITO ADMINISTRATIVO. EXPECTATIVA DE DIREITO À NOMEAÇÃO EM CONCURSO PÚBLICO.
O candidato aprovado fora das vagas previstas no edital não tem direito subjetivo à nomeação, ainda que surjam novas vagas durante o prazo de validade do certame, seja em decorrência de vacância nos quadros funcionais seja em razão da criação de novas vagas por lei. Isso porque, dentro do parâmetro fixado em repercussão geral pelo STF, os candidatos aprovados em concurso público, mas inseridos em cadastro de reserva, têm apenas expectativa de direito à nomeação. Nesses casos, compete à Administração, no exercício do seu poder discricionário (juízo de conveniência e oportunidade), definir as condições do preenchimento dos seus cargos vagos. Precedentes citados do STJ: AgRg no RMS 38.892-AC, Primeira Turma, DJe 19/4/2013; e RMS 34.789-PB, Primeira Turma, DJe 25/10/2011. Precedente citado do STF: RE 598.099-MS, Plenário, DJ 10/08/2011. **MS 17.886-DF**, Rel. Min. Eliana Calmon, julgado em 11/9/2013. (Inform. STJ 531)

DIREITO ADMINISTRATIVO. DESVIO DE FUNÇÃO NO SERVIÇO PÚBLICO.
A Administração Pública não pode, sob a simples alegação de insuficiência de servidores em determinada unidade, designar servidor para o exercício de atribuições diversas daquelas referentes ao cargo para o qual fora nomeado após aprovação em concurso. O administrador deve agir de acordo com o que estiver expresso em lei, devendo designar cada servidor para exercer as atividades que correspondam àquelas legalmente previstas. Apenas em circunstâncias excepcionais previstas em lei – o que não ocorre na situação em análise –, poderá o servidor público desempenhar atividade diversa daquela pertinente ao seu cargo. Inexistindo as circunstâncias excepcionais, tem o servidor público o direito de ser designado para exercer as atividades correspondentes ao cargo para o qual tenha sido aprovado. **RMS 37.248-SP**, Rel. Min. Mauro Campbell Marques, julgado em 27/8/2013. (Inform. STJ 530)

DIREITO ADMINISTRATIVO. FALTA DE IDENTIFICAÇÃO DO TIPO DE CADERNO DE QUESTÕES EM CERTAME PÚBLICO.
Não tem direito à correção de cartão-resposta de prova aplicada em certame público o candidato que, descumprindo regra contida no edital e expressa no próprio cartão-resposta, abstenha-se de realizar a identificação do seu tipo de caderno de questões. Isso porque viabilizar a correção da folha de resposta de candidato que não tenha observado as instruções contidas no regulamento do certame e ressalvadas no próprio cartão-resposta implicaria privilegiar um candidato em detrimento dos demais, que concorreram em circunstâncias iguais de maturidade, preparação, estresse e procedimento, configurando flagrante violação do princípio da isonomia. **REsp 1.376.731-PE**, Rel. Min. Humberto Martins, julgado em 14/5/2013. (Inform. STJ 525)

DIREITO ADMINISTRATIVO. OFENSA AOS PRINCÍPIOS DA RAZOABILIDADE E DA INTERPRETAÇÃO CONFORME O INTERESSE PÚBLICO.
É ilegal o ato administrativo que determine a exclusão de candidato já emancipado e a menos de dez dias de completar a idade mínima de 18 anos exigida em edital de concurso público para oficial da Polícia Militar, por este não haver atingido a referida idade na data da matrícula do curso de formação, ainda que lei complementar estadual estabeleça essa mesma idade como sendo a mínima necessária para o ingresso na carreira. Nessa situação, ocorre ofensa aos princípios da razoabilidade e da interpretação conforme o interesse público. De fato, estabelece o art. 2º, parágrafo único, da Lei 9.784/1999 que nos processos administrativos devem ser observados, entre outros, os critérios da "adequação entre meios e fins, vedada a imposição de obrigações, restrições e sanções em medida superior àquelas estritamente necessárias ao atendimento do interesse público" (VI) e da "interpretação da norma administrativa da forma que melhor garanta o atendimento do fim público a que se dirige, vedada aplicação retroativa de nova interpretação" (XIII). Nesse contexto, com a interpretação então

conferida, o administrador, a pretexto de cumprir a lei, terminou por violá-la, pois, com o ato praticado, desconsiderou a adequação entre meios e fins, impôs restrição em medida superior àquela estritamente necessária ao atendimento do interesse e, além disso, deixou de interpretar a lei da maneira que garantisse mais efetivamente o atendimento do fim público a que se dirige. **RMS 36.422-MT, Rel. Min. Sérgio Kukina, julgado em 28/5/2013. (Inform. STJ 524)**

DIREITO ADMINISTRATIVO. TERMO INICIAL DO PRAZO PARA IMPETRAÇÃO DE MANDADO DE SEGURANÇA OBJETIVANDO A NOMEAÇÃO EM CARGO PÚBLICO.
Na hipótese em que houver, em ação autônoma, o reconhecimento da nulidade de questões de concurso público, o termo inicial do prazo para que o candidato beneficiado impetre mandado de segurança objetivando sua nomeação no cargo público será a data do trânsito em julgado da decisão judicial. Isso porque o candidato favorecido pela decisão judicial somente passa a ter direito líquido e certo à nomeação a partir da referida data. **AgRg no REsp 1.284.773-AM, Rel. Min. Benedito Gonçalves, julgado em 23/4/2013. (Inform. STJ 522)**

DIREITO ADMINISTRATIVO. RESERVA DE VAGAS EM CONCURSO PÚBLICO PARA PESSOAS COM DEFICIÊNCIA.
Os candidatos que tenham "pé torto congênito bilateral" têm direito a concorrer às vagas em concurso público reservadas às pessoas com deficiência. A mencionada deficiência física enquadra-se no disposto no art. 4º, I, do Dec. 3.298/1999. **RMS 31.861-PE, Rel. Min. Sérgio Kukina, julgado em 23/4/2013. (Inform. STJ 522)**

DIREITO ADMINISTRATIVO. NOMEAÇÃO DE CANDIDATO APROVADO FORA DO NÚMERO DE VAGAS OFERECIDAS NO EDITAL.
Ainda que sejam criados novos cargos durante a validade do concurso, a Administração Pública não poderá ser compelida a nomear candidato aprovado fora do número de vagas oferecidas no edital de abertura do certame na hipótese em que inexista dotação orçamentária específica. Isso porque, para a criação e provimento de novos cargos, a Administração deve observar o disposto na Lei de Responsabilidade Fiscal (LC 101/2000), sendo imprescindível a demonstração do suporte orçamentário e financeiro necessário. A propósito, vale ressaltar que o STF, em repercussão geral, identificou hipóteses excepcionais em que a Administração pode deixar de realizar a nomeação de candidato aprovado dentro do número de vagas, desde que tenham as seguintes características: a) superveniência: os eventuais fatos ensejadores de uma situação excepcional devem ser necessariamente posteriores à publicação do edital do certame público; b) imprevisibilidade: a situação deve ser determinada por circunstâncias extraordinárias, imprevisíveis à época da publicação do edital; c) gravidade: os acontecimentos extraordinários e imprevisíveis devem ser extremamente graves, implicando onerosidade excessiva, dificuldade ou mesmo impossibilidade de cumprimento efetivo das regras do edital; d) necessidade: a solução drástica e excepcional de não cumprimento do dever de nomeação deve ser extremamente necessária, de forma que a Administração somente pode adotar tal medida quando absolutamente não existirem outros meios menos gravosos para lidar com a situação excepcional e imprevisível. **RMS 37.700-RO, Rel. Min. Mauro Campbell Marques, julgado em 4/4/2013. (Inform. STJ 522)**

DIREITO ADMINISTRATIVO. CONVOCAÇÃO DE CANDIDATO PARA FASE DE CONCURSO PÚBLICO.
A convocação de candidato para a fase posterior de concurso público não pode ser realizada apenas pelo diário oficial na hipótese em que todas as comunicações anteriores tenham ocorrido conforme previsão editalícia de divulgação das fases do concurso também pela internet.

Efetivamente, a comunicação realizada apenas pelo diário oficial, nessa situação, caracteriza violação dos princípios da publicidade e da razoabilidade. Ademais, a divulgação das fases anteriores pela internet gera aos candidatos a justa expectativa de que as demais comunicações do certame seguirão o mesmo padrão. Cabe ressaltar, ainda, que o diário oficial não tem o mesmo alcance de outros meios de comunicação, não sendo razoável exigir que os candidatos aprovados em concurso público o acompanhem. **AgRg no RMS 33.696-RN, Rel. Min. Eliana Calmon, DJe 22/4/2013. (Inform. STJ 522)**

DIREITO ADMINISTRATIVO. EFEITOS DE PREVISÃO EDITALÍCIA QUE POSSIBILITE A NOMEAÇÃO DOS APROVADOS, CONFORME DISPONIBILIDADE ORÇAMENTÁRIA, EM NÚMERO INFERIOR OU SUPERIOR ÀS VAGAS DE CERTAME DESTINADO À CONTRATAÇÃO DE SERVIDORES TEMPORÁRIOS.
Não tem direito líquido e certo à nomeação o candidato aprovado dentro do número de vagas em processo seletivo especial destinado à contratação de servidores temporários na hipótese em que o edital preveja a possibilidade de nomeação dos aprovados, conforme a disponibilidade orçamentária existente, em número inferior ou superior ao das vagas colocadas em certame. As regras a serem aplicadas no processo seletivo especial destinado à contratação de servidores temporários devem ser as mesmas do concurso público para cargo efetivo. Todavia, conquanto não se olvide o já decidido pelo STJ acerca do direito subjetivo que nasce para o candidato aprovado em concurso público dentro do número de vagas, deve-se considerar que a situação em análise traz circunstância peculiar – a existência de previsão no edital referente à possibilidade de nomeação dos aprovados, conforme a disponibilidade orçamentária existente, em número inferior ou superior ao das vagas colocadas em certame –, o que afasta o direito líquido e certo à nomeação dos candidatos aprovados, ainda que dentro do número de vagas previsto no edital. **RMS 35.211-SP, Rel. Min. Mauro Campbell Marques, julgado em 2/4/2013. (Inform. STJ 521)**

DIREITO ADMINISTRATIVO. REMARCAÇÃO DE TESTE DE APTIDÃO FÍSICA EM CONCURSO PÚBLICO MOTIVADA PELA GRAVIDEZ DE CANDIDATA.
É possível a remarcação de teste de aptidão física em concurso público com o objetivo de proporcionar a participação de candidata comprovadamente grávida, ainda que o edital não contenha previsão nesse sentido. Nesse contexto, a gravidez deve ser considerada como motivo de força maior, apto a possibilitar a remarcação do referido teste, sem que se configure qualquer ofensa ao princípio constitucional da isonomia. **RMS 37.328-AP, Rel. Min. Humberto Martins, julgado em 21/3/2013. (Inform. STJ 520)**

DIREITO ADMINISTRATIVO. INEXISTÊNCIA DE DIREITO DE BIOMÉDICO À PARTICIPAÇÃO EM CONCURSO PÚBLICO DESTINADO AO PROVIMENTO DE CARGO DE BIÓLOGO.
Os biomédicos não possuem o direito de participar de concurso público cujo edital prescreva como atribuições do cargo atividades específicas de biólogo. Da análise da Lei 6.684/1979 e dos Decretos 88.438/1983 e 88.439/1983, extrai-se a conclusão de que as profissões de biólogo e de biomédico, apesar de se assemelharem em alguns pontos, são distintas, com atribuições e áreas de atuação próprias. Foram, inclusive, reguladas por atos normativos diversos e seus profissionais são registrados em conselhos profissionais distintos. Dessa forma, a Administração, entendendo necessitar de biólogos, não é obrigada a aceitar, em concurso destinado a suprir essa necessidade, profissionais de outras áreas. **REsp 1.331.548-RJ, Rel. Min. Mauro Campbell Marques, julgado em 4/4/2013. (Inform. STJ 520)**

DIREITO ADMINISTRATIVO. EXIGÊNCIA EM CONCURSO PÚBLICO DE REQUISITO NÃO PREVISTO NA LEGISLAÇÃO DE REGÊNCIA.
No caso em que lei estadual que regule a carreira de professor estabeleça, como requisito para a admissão no cargo, apenas a apresentação de diploma em ensino superior, não é possível que o edital do respectivo concurso exija do candidato diploma de pós-graduação. Nesse contexto, é ilegal a exigência estabelecida no edital do concurso, pois impõe o preenchimento de requisito que não encontra fundamento na legislação de regência. **RMS 33.478-RO, Rel. Min. Mauro Campbell Marques, julgado em 21/3/2013.** (Inform. STJ 518)

DIREITO ADMINISTRATIVO. RECLASSIFICAÇÃO DE CANDIDATO EM CONCURSO DE REMOÇÃO DECORRENTE DA EXCLUSÃO DE CRITÉRIO DE CLASSIFICAÇÃO CONSIDERADO INCONSTITUCIONAL.
É legal a reclassificação de candidato em concurso público de remoção, com a consequente destituição da remoção efetivada, na hipótese em que tenha havido alteração do resultado do certame devido à exclusão de critérios de classificação considerados inconstitucionais pelo STF em ação direta de inconstitucionalidade. Precedentes citados: RMS 23.828-RS, Segunda Turma, DJe 20/4/2009, e RMS 24.092-RS, Primeira Turma, DJ 1º/2/2008. **RMS 37.221-RS, Rel. Min. Herman Benjamin, julgado em 7/2/2013.** (Inform. STJ 517).

DIREITO ADMINISTRATIVO. DIREITO DO CANDIDATO APROVADO EM CONCURSO PÚBLICO A SER COMUNICADO PESSOALMENTE SOBRE SUA NOMEAÇÃO.
O candidato tem direito a ser comunicado pessoalmente sobre sua nomeação no caso em que o edital do concurso estabeleça expressamente o seu dever de manter atualizados endereço e telefone, não sendo suficiente a sua convocação apenas por meio de diário oficial se, tendo sido aprovado em posição consideravelmente fora do número de vagas, decorrer curto espaço de tempo entre a homologação final do certame e a publicação da nomeação. Nessa situação, a convocação do candidato apenas por publicação em Diário Oficial configura ofensa aos princípios da razoabilidade e da publicidade. A existência de previsão expressa quanto ao dever de o candidato manter atualizado seu telefone e endereço demonstra, ainda que implicitamente, o intuito da Administração Pública de, no momento da nomeação, entrar em contato direto com o candidato aprovado. Ademais, nesse contexto, não seria possível ao candidato construir real expectativa de ser nomeado e convocado para a posse em curto prazo. Assim, nessa situação, deve ser reconhecido o direito do candidato a ser convocado, bem como a tomar posse, após preenchidos os requisitos constantes do edital do certame. Precedente citado: AgRg no RMS 35.494-RS, DJe 26/3/2012. **AgRg no RMS 37.227-RS, Rel. Min. Mauro Campbell Marques, julgado em 6/12/2012.** (Inform. STJ 515).

DIREITO ADMINISTRATIVO. CANDIDATA GESTANTE QUE, SEGUINDO ORIENTAÇÃO MÉDICA, DEIXE DE APRESENTAR, NA DATA MARCADA, APENAS ALGUNS DOS VÁRIOS EXAMES EXIGIDOS EM CONCURSO PÚBLICO.
Ainda que o edital do concurso expressamente preveja a impossibilidade de realização posterior de exames ou provas em razão de alterações psicológicas ou fisiológicas temporárias, é ilegal a exclusão de candidata gestante que, seguindo a orientação médica de que a realização de alguns dos vários exames exigidos poderia causar dano à saúde do feto, deixe de entregá-los na data marcada, mas que se prontifique a apresentá-los em momento posterior. É certo que, segundo a jurisprudência do STJ, não se pode dispensar tratamento diferenciado a candidatos em virtude de alterações fisiológicas temporárias, mormente quando existir previsão no edital que vede a realização de novo teste, sob pena de ofensa ao princípio da isonomia, principalmente se o candidato deixar de comparecer na data de realização do teste, contrariando regra expressa do edital que preveja a eliminação decorrente do não comparecimento a alguma fase. Todavia, diante da proteção conferida pelo art. 6º da CF à maternidade, deve-se entender que a gravidez não pode ser motivo para fundamentar qualquer ato administrativo contrário ao interesse da gestante, muito menos para impor-lhe qualquer prejuízo. Assim, em casos como o presente, ponderando-se os princípios da legalidade, da isonomia e da razoabilidade, em consonância com a jurisprudência do STF, há de ser possibilitada a remarcação da data para a avaliação, buscando-se dar efetivo cumprimento ao princípio da isonomia, diante da peculiaridade da situação em que se encontra a candidata impossibilitada de realizar o exame, justamente por não estar em igualdade de condições com os demais concorrentes. **RMS 28.400-BA, Rel. Min. Sebastião Reis Júnior, julgado em 19/2/2013.** (Inform. STJ 515).

DIREITO ADMINISTRATIVO. INDENIZAÇÃO POR DANOS MATERIAIS EM DECORRÊNCIA DE NOMEAÇÃO TARDIA PARA CARGO PÚBLICO DETERMINADA EM DECISÃO JUDICIAL.
É indevida a indenização por danos materiais a candidato aprovado em concurso público cuja nomeação tardia decorreu de decisão judicial. O STJ mudou o entendimento sobre a matéria e passou a adotar a orientação do STF no sentido de que não é devida indenização pelo tempo em que se aguardou solução judicial definitiva para que se procedesse à nomeação de candidato para cargo público. Assim, não assiste ao concursado o direito de receber o valor dos vencimentos que poderia ter auferido até o advento da nomeação determinada judicialmente, pois essa situação levaria a seu enriquecimento ilícito em face da inexistência da prestação de serviços à Administração Pública. Precedentes citados: EREsp 1.117.974-RS, DJe 19/12/2011, e AgRg no AgRg no RMS 34.792-SP, DJe 23/11/2011. **AgRg nos EDcl nos EDcl no RMS 30.054-SP, Rel. Min. Og Fernandes, julgado em 19/2/2013.** (Inform. STJ 515).

DIREITO ADMINISTRATIVO. PRORROGAÇÃO DO PRAZO DE VALIDADE DE CONCURSO PÚBLICO. ATO DISCRICIONÁRIO.
A prorrogação do prazo de validade de concurso público é ato discricionário da administração, sendo vedado ao Poder Judiciário o reexame dos critérios de conveniência e oportunidade adotados. Precedentes citados: RMS 25.501-RS, DJe 14/9/2009; MS 9909-DF, DJ 30/3/2005. **AgRg no AREsp 128.916-SP, Rel. Min. Benedito Gonçalves, julgado em 23/10/2012.** (Inform. STJ 507)

CONCURSO PÚBLICO. NOMEAÇÃO. CRIAÇÃO DE VAGAS DURANTE A VALIDADE DO CERTAME.
A Turma, por maioria, entendeu que, se o edital dispuser que serão providas as vagas oferecidas e outras que vierem a existir durante a validade do concurso, os candidatos aprovados fora do número de vagas oferecidas – mas dentro do número das vagas posteriormente surgidas ou criadas – têm direito líquido e certo à nomeação no cargo público, desde que a administração não motive a não nomeação. O Min. Relator destacou o entendimento do STF de que a Administração Pública tem a discricionariedade de identificar a melhor oportunidade ou conveniência para nomear o candidato – aprovado dentro do número de vagas oferecidas – durante o período de validade do concurso. Afirmou que, segundo o STF, o entendimento sobre os aprovados dentro do número de vagas não se estende a todas as vagas surgidas ou criadas durante a validade do concurso, mas apenas àquelas expressamente previstas no edital do certame. Por outro lado, o STF tem posicionamento de que a Administração Pública deve motivar a recusa em prover cargos vagos quando existentes candidatos aprovados em concurso público, não sendo suficiente para justificar a recusa a classificação do candidato, pois do primeiro ao último aprovado, todos foram considerados aptos pela Administração.

No caso, o edital do concurso deixou claro que a seleção foi destinada ao preenchimento de sete vagas oferecidas, bem como daquelas que viessem a existir durante o período em que tivesse validade o certame. Após a realização do concurso, foram convocados os cem candidatos aprovados para o curso de formação. Durante a validade do concurso, foram nomeados os sete mais bem classificados, mais 84 aprovados que não passaram dentro das vagas, restando nove candidatos na lista de espera. Após as mencionadas nomeações, o órgão deixou de nomear os candidatos remanescentes ao argumento de que não havia vagas. Menos de seis meses após o fim da validade do concurso, o órgão lançou novo concurso para preenchimento de trinta vagas. Por não considerar crível a versão de que não havia vagas, visto que, seis meses depois, sem nenhum fato extraordinário, o órgão lançou novo certame, o Min. Relator entendeu que não houve motivação idônea para preterição dos nove candidatos remanescentes, pois a motivação apresentada foi rebatida pelas provas dos autos. Precedentes citados do STF: RE 598.099-MS, DJe 3/10/2011; RE 227.480-RJ, DJe 26/9/2008; RE 581.113-SC, DJe 31/5/2011; MS 24.660-DF, DJe 23/9/2011; do STJ: RMS 34.789-PB, DJe 25/10/2011; AgRg no RMS 26.947-CE, DJe 2/2/2009; AgRg no RMS 34.975-DF, DJe 16/11/2011; EDcl no RMS 34.138-MT, DJe 25/10/2011. **RMS 27.389-PB, Rel. Min. Sebastião Reis Júnior, julgado em 14/8/2012. (Inform. STJ 502)**

CONCURSO PÚBLICO. TESTE FÍSICO. GRAVIDEZ.
A proteção constitucional à maternidade e à gestante não só autoriza, mas até impõe a dispensa de tratamento diferenciado à candidata gestante sem que isso importe em violação do princípio da isonomia, mormente se não houver expressa previsão editalícia proibitiva referente à gravidez. Em harmonia com o entendimento deste Superior Tribunal, é descabida a alegação de perda do objeto do *mandamus* em que se discute a ocorrência de ilegalidade em etapa anterior ao curso de formação (no caso, teste físico) quando se verifica o seu término ou até mesmo a homologação final do concurso. Isso porque o exame da legalidade do ato apontado como coator no concurso público não pode ser subtraído do Poder Judiciário em virtude simplesmente do encerramento do concurso, pois isso tornaria definitiva a ilegalidade ou o abuso de poder alegado, circunscrito pela via mandamental. É verdade que, com referência à legalidade do exame de capacidade física em concursos públicos, a jurisprudência assente do STJ é que devem ser respeitados os requisitos relativos à existência de previsão legal, à objetividade dos critérios adotados e à possibilidade de revisão do resultado obtido pelo candidato, sob pena de violação dos princípios da legalidade, da impessoalidade e da recorribilidade. É também entendimento deste Superior Tribunal que não se pode dispensar tratamento diferenciado a candidato em razão de alterações fisiológicas temporárias quando há previsão editalícia que veda a realização de novo teste de aptidão física em homenagem ao princípio da igualdade (que rege os concursos públicos), máxime se o candidato não comparece no momento da realização do teste, a despeito da regra editalícia segundo a qual o candidato será eliminado se deixar de comparecer a qualquer das etapas do certame. Mas, na hipótese, a candidata (gestante) efetivamente compareceu na data da realização da prova. Ademais, embora haja previsão editalícia de que nenhum candidato merecerá tratamento diferenciado em razão de alterações patológicas ou fisiológicas (contusões, luxações, fraturas etc) ocorridas antes do exame ou durante a realização de qualquer das provas dele, que o impossibilitem de submeter-se às provas do exame físico ou reduzam sua capacidade física ou orgânica, inexiste previsão no edital de que a candidata seria eliminada em razão de gravidez, que não constitui alteração patológica (doença) tampouco alteração fisiológica que tenha natureza assemelhada à daquelas elencadas, não permitindo a interpretação analógica adotada pela autoridade coatora. Além disso, o STF firmou entendimento de que a gestação constitui motivo de força maior que impede a realização da prova física, cuja

remarcação não implica ofensa ao princípio da isonomia. Com essas considerações, a Turma deu provimento ao recurso e concedeu a ordem para, reconhecendo a nulidade da eliminação da candidata, determinar uma nova data para a realização do teste físico. Precedentes citados do STF: AI 825.545-PE, DJe 6/5/2011: do STJ: AgRg no RMS 34.333-GO, DJe 3/10/2011; AgRg no RMS 17.737-AC, DJ 13/6/2005; RMS 23.613-SC, DJe 17/12/2010; AgRg no RMS 33.610-RO, DJe 16/5/2011; AgRg no RMS 28.340-MS, DJe 19/10/2009; AgRg no REsp 798.213-DF, DJ 5/11/2007; REsp 728.267-DF, DJ 26/9/2005, e AgRg no REsp 1.003.623-AL, DJe 13/10/2008. **RMS 31.505-CE, Rel. Min. Maria Thereza de Assis Moura, julgado em 16/8/2012. (Inform. STJ 502)**

CONCURSO PÚBLICO. CANDIDATO ANTERIORMENTE DEMITIDO DO SERVIÇO PÚBLICO FEDERAL. NEGATIVA DE NOMEAÇÃO EM OUTRO CARGO. OFENSA AO PRINCÍPIO DA LEGALIDADE.
O cerne da controvérsia cinge-se à interpretação e aplicação dos princípios da moralidade e da legalidade insculpidos no art. 37, *caput*, da CF. No caso, o impetrante foi aprovado em concurso público para os cargos de analista fiscal de contas públicas e de analista administrativo do TC estadual, mas teve sua nomeação recusada em virtude de anterior demissão dos quadros da PRF por ato de improbidade administrativa. A Min. Relatora observou que, estando ambos os princípios ladeados entre os regentes da Administração Pública, a discussão ganha relevância na hipótese em que o administrador edita ato em obséquio ao imperativo constitucional da moralidade, mas sem previsão legal específica. A Turma entendeu que, por força do disposto nos arts. 5º, II, 37, *caput*, e 84, IV, da CF, a legalidade na Administração Pública é estrita, não podendo o gestor atuar senão em virtude de lei, extraindo dela o fundamento jurídico de validade dos seus atos. Assim, incorre em abuso de poder a negativa de nomeação de candidato aprovado em concurso para o exercício de cargo no serviço público estadual em virtude de anterior demissão no âmbito do Poder Público Federal, se inexistente qualquer previsão em lei ou no edital de regência do certame. **RMS 30.518-RR, Rel. Min. Maria Thereza de Assis Moura, julgado em 19/6/2012. (Inform. STJ 500)**

CONCURSO PÚBLICO. APROVAÇÃO. PRIMEIRO LUGAR. NOMEAÇÃO.
No caso, a impetrante classificou-se em primeiro lugar na disciplina de língua portuguesa em concurso público que oferecia 5.896 vagas para o magistério estadual, distribuídas para diversos municípios. Porém, findado o prazo de validade do certame sem que fosse nomeada, impetrou o *mandamus*, alegando que foram firmados contratos excepcionais por prazo determinado, para o preenchimento de vagas correspondentes ao cargo para o qual fora aprovada. Ocorre que o edital previa reserva técnica de vagas e, conforme o anexo 2, havia reserva técnica de vaga a ser preenchida no município para a disciplina de língua portuguesa. Nesse contexto, a Turma, ao prosseguir o julgamento, por maioria, entendeu que, na hipótese em questão, há direito subjetivo à nomeação da candidata aprovada em primeiro lugar no certame, se havia previsão de vaga, entre as 5.896 ofertadas, no cargo e localidade para a qual se inscreveu, nada importando que tenha sido divulgado apenas o quantitativo total das vagas existentes. Assim, nos municípios com indicação de vaga, embora não se mencionasse quantas eram, é de presumir que pelo menos uma vaga estaria disponível. Em sendo assim, o fato de não ter sido nomeada dentro do prazo de validade do certame, por si só, demonstra o direito líquido e certo da impetrante aprovada em primeiro lugar, independentemente da existência de eventual preterição. Ademais, frisou-se que a hipótese dos autos é diversa do que ocorre nas de aprovação para cadastro de reserva, que se destina ao eventual provimento de vagas que ainda não existem, seja porque os cargos ainda estão providos, seja porque não foram criados por lei. Assim, negou-se provimento ao agravo interposto pelo Estado. Prece-

dentes citados: MS 10.381-DF, DJe 24/4/2009; RMS 22.908-RS, DJe 18/10/2010, e RMS 24.151-RS, DJ 8/10/2007. **AgRg no RMS 26.952-RS, Rel. Min. Maria Thereza de Assis Moura, julgado em 10/4/2012. (Inform. STJ 495)**

CONCURSO PÚBLICO. INDENIZAÇÃO. SERVIDOR NOMEADO POR DECISÃO JUDICIAL.
A nomeação tardia a cargo público em decorrência de decisão judicial não gera direito à indenização. Com esse entendimento, a Turma, por maioria, negou provimento ao especial em que promotora de justiça pleiteava reparação no valor do somatório dos vencimentos que teria recebido caso sua posse se tivesse dado em bom tempo. Asseverou o Min. Relator que o direito à remuneração é consequência do exercício de fato do cargo. Dessa forma, inexistindo o efetivo exercício na pendência do processo judicial, a recorrente não faz jus à percepção de qualquer importância, a título de ressarcimento material. Precedentes citados: EREsp 1.117.974-RS, DJe 19/12/2011; AgRg no AgRg no RMS 34.792-SP, DJe 23/11/2011. **REsp 949.072-RS, Rel. Min. Castro Meira, julgado em 27/3/2012. (Inform. STJ 494)**

CONCURSO PÚBLICO. EDITAL. CONVOCAÇÃO.
In casu, trata-se de candidato aprovado em cadastro de reserva na 170ª colocação em certame que previu apenas dez vagas no edital de abertura. Ocorre que, embora fosse informado da necessidade de manter seu endereço atualizado, porquanto haveria comunicação pessoal da nomeação, somente após seu contato telefônico com o órgão é que foi comunicado de que haviam ocorrido as nomeações, com o chamamento realizado pelo diário oficial estadual (DOE). Sustenta que o edital do concurso continha previsão implícita de comunicação pessoal, uma vez que obrigava a atualização do endereço e número telefônico dos candidatos no trecho referente à sistemática de provimento. Além disso, alega a existência de legislação expressa (art. 51 do Decreto estadual n. 43.911/2005) no sentido de prescrever a publicação no DOE e nos demais meios destinados a esse fim. Nesse contexto, a Turma entendeu que, na hipótese em questão, o edital permitia antever que haveria comunicação por carta ou outro meio, além da publicação no DOE. Ademais, como o candidato foi aprovado na condição de compor o cadastro de reserva, não havia como prever se haveria a real condição de surgir vaga, bem como se seria convocado para a posse, motivo pelo qual seria ainda mais necessário o envio de comunicação pessoal para que pudesse exercer o seu direito à nomeação e posse. Assim, dada a colocação do impetrante, justifica-se, na espécie, a analogia com situações nas quais havia longo transcurso temporal, pois foram previstas poucas vagas, não sendo possível construir uma expectativa evidente de nomeação em curto prazo. Precedentes citados: RMS 34.304-ES, DJe 14/9/2011, e AgRg no Ag 1.369.564-PE, DJe 10/3/2011. **AgRg no RMS 35.494-RS, Rel. Min. Humberto Martins, julgado em 20/3/2012. (Inform. STJ 493)**

RMS. CONCURSO PÚBLICO. LIMINAR. AUSÊNCIA. DIREITO LÍQUIDO E CERTO.
Ao prosseguir o julgamento, a Turma negou provimento ao recurso. É que, *in casu*, trata-se de candidato que participou do concurso para o cargo de agente penitenciário por força de medidas liminares, cujos processos judiciais ainda se encontram em tramitação. Assim, inexistindo trânsito em julgado e não havendo ordem de nomeação e posse, o recorrente possui apenas mera expectativa de direito. Isso porque apenas a concessão de liminares, por si só, não assegura ao candidato a nomeação e a posse no cargo pretendido, tendo em vista o seu caráter precário e transitório. Assim, não há direito líquido e certo à nomeação e à posse, inexistindo situação fática consolidada que as autorize. Ainda mais que, no caso, as ações judiciais que carecem de ultimação referem-se à avaliação psicológica e investigação social nas quais o candidato foi considerado inapto, hipótese em que a nomeação poderia configurar lesão à ordem pública,

6. DIREITO ADMINISTRATIVO

tal a significação do cargo de agente penitenciário. Precedentes citados: MS 14.649-DF, DJe 3/8/2011; AgRg na SS 1.912-PI, DJe 10/8/2009; AgRg na SLS 986-PI, DJe 30/3/2009, e AgRg na SS 1.877-BA, DJe 5/2/2009. **RMS 34.556-RS, Rel. Min. Mauro Campbell Marques, julgado em 1º/3/2012. (Inform. STJ 492)**

Súmula STF nº 686
Só por Lei se pode sujeitar a exame psicotécnico a habilitação de candidato a cargo público.

Súmula STF nº 685
É inconstitucional toda modalidade de provimento que propicie ao servidor investir-se, sem prévia aprovação em concurso público destinado ao seu provimento, em cargo que não integra a carreira na qual anteriormente investido.

Súmula STF nº 684
É inconstitucional o veto não motivado à participação de candidato a concurso público.

Súmula STF nº 683
O limite de idade para a inscrição em concurso público só se legitima em face do art. 7º, XXX, da Constituição, quando possa ser justificado pela natureza das atribuições do cargo a ser preenchido.

Súmula STF nº 15
Dentro do prazo de validade do concurso, o candidato aprovado tem o direito à nomeação, quando o cargo for preenchido sem observância da classificação.

Súmula STJ nº 466
O titular da conta vinculada ao FGTS tem o direito de sacar o saldo respectivo quando declarado nulo seu contrato de trabalho por ausência de prévia aprovação em concurso público.

Súmula STJ nº 377
O portador de visão monocular tem direito de concorrer, em concurso público, às vagas reservadas aos deficientes.

Súmula STJ nº 266
O diploma ou habilitação legal para o exercício do cargo deve ser exigido na posse e não na inscrição para o concurso público.

5.2.1. Contratação temporária de excepcional interesse público

ADI: contratação temporária e especificação de hipótese emergencial
Por não especificar, suficientemente, as hipóteses emergenciais que justificariam medidas de contratação excepcional (CF, art. 37, IX), o Plenário, por maioria, julgou procedente pedido formulado em ação direta para declarar a inconstitucionalidade da Lei 4.599/2005, do Estado do Rio de Janeiro. A norma impugnada dispõe sobre a contração de pessoal por prazo determinado, pela administração pública direta, autárquica e fundacional naquela unidade federativa. A Corte ressaltou que a lei questionada indicaria a precarização na prestação de alguns tipos de serviços básicos, como educação e saúde pública, bem como demonstraria a falta de prioridade dos governos nessas áreas. Afirmou, ainda, que essa norma permitiria contratações de natureza política em detrimento da regra fundamental do concurso público. Vencidos, parcialmente, os Ministros Luiz Fux (relator) e Marco Aurélio, que apenas declaravam a inconstitucionalidade da expressão "considerando-se criados os cargos necessários à realização da atividade", contida no art. 3º da Lei Fluminense 4.599/2005 ("Art. 3º - Até o limite estabelecido no art. 2º desta Lei, a Administração Estadual providenciará abertura de concurso público, considerando-se criados os cargos necessários à realização da atividade, salvo se verificada dispensável a conti-

nuidade do serviço"). O relator conferia, também, interpretação conforme a Constituição para que as contratações temporárias a serem realizadas pelo Estado-membro fossem permitidas, apenas, para atender a comprovada necessidade temporária de excepcional interesse público nas funções legalmente previstas. Ademais, interpretava o art. 2° da impugnada no sentido de que os prazos lá previstos só alcançassem as hipóteses de contratação temporária não decorrente da vacância de cargo efetivo ["Art. 2° - As contratações, de que trata o art. 1° desta Lei, serão feitas por tempo determinado, até o prazo de 02 (dois) anos. Parágrafo único - É admitida a prorrogação dos contratos pelo prazo máximo de até 01 (um) ano, desde que o prazo total seja de 03 (três) anos"]. Sublinhava que, quando a contratação ocorresse em virtude da vacância de cargo efetivo, ela não poderia ter duração superior a 12 meses. Em seguida, o Tribunal, por maioria, modulou os efeitos da declaração de inconstitucionalidade para preservar os contratos celebrados até a data da sessão de julgamento da ação direta. Consignou que os referidos contratos não poderiam exceder a 12 meses de duração. Os Ministros Luiz Fux (relator), Teori Zavascki, Rosa Weber, Cármen Lúcia, Ricardo Lewandowski, Gilmar Mendes e Celso de Mello, ante as circunstâncias especiais do caso — tendo em conta a realização da Copa do Mundo e de eleições neste ano —, estipulavam o prazo de 18 meses. No entanto, em virtude de não se ter alcançado o quórum de 2/3 dos membros da Corte, prevaleceu, para fins de modulação, o voto intermediário com a fixação do mencionado prazo de 12 meses para que fosse observado o disposto no art. 37, II, da CF. Vencido o Ministro Marco Aurélio, que não modulava os efeitos. ADI 3649/RJ, rel. Min. Luiz Fux, 28.5.2014. (ADI-3649) (Inform. STF 748)

Contratação temporária e serviços essenciais
Tendo em conta o que decidido nos autos do RE 658.026/MG (v. em Repercussão Geral), o Plenário proveu recurso extraordinário para declarar a inconstitucionalidade dos artigos 2°, 3° e 4° da LC 1.120/2003, do Município de Congonhal/MG. Os dispositivos tratam da contratação temporária, sem concurso público, de servidores municipais em diversas áreas de atuação. O Colegiado, ainda, por decisão majoritária, modulou os efeitos da decisão no tocante ao art. 2°, I, III e VIII, do aludido diploma ("Art. 2° - Considera-se necessidade temporária de excepcional interesse público a contratação de: I - médicos, dentistas, enfermeiros, técnicos em enfermagem, bioquímico, técnicos em RX, auxiliares de enfermagem e agentes comunitários de saúde, para atendimento no serviço de saúde; ... III - professores, para lecionar nas escolas municipais; ... VIII - técnicos para atender as necessidades do Plano Diretor de Erradicação do 'Aedes Aegypti' do Brasil - PEAs, elaborado pelo Governo Federal e Secretaria Municipal de Saúde"), para preservar os contratos firmados até a data do julgamento, os quais não poderiam ter duração superior a doze meses. O Tribunal destacou a importância dos cargos referidos, que integrariam a saúde e a educação públicas na municipalidade. Vencido o Ministro Marco Aurélio, que não modulava os efeitos da decisão.
RE 527109/MG, rel. Min. Cármen Lúcia, 9.4.2014. (RE-527109) (Inform. STF 742)

Contratação temporária de servidor público sem concurso - 1
É inconstitucional lei que institua hipóteses abrangentes e genéricas de contratações temporárias sem concurso público e tampouco especifique a contingência fática que evidencie situação de emergência. Essa a conclusão do Plenário ao prover, por maioria, recurso extraordinário no qual se discutia a constitucionalidade do art. 192, III, da Lei 509/1999, do Município de Bertópolis/MG ("Art. 192 - Consideram-se como necessidade temporária de excepcional interesse público as contratações que visem a: ... III - suprir necessidades de pessoal na área do magistério"). Prevaleceu o voto do Ministro Dias Toffoli (relator). Ponderou que seria indeclinável a observância do postulado constitucional do concurso público (CF, art. 37, II). Lembrou que as exceções a essa regra somente seriam admissíveis nos termos da Constituição, sob pena de nulidade. Citou o Enunciado 685 da Súmula do STF ("É inconstitucional toda modalidade de provimento que propicie ao servidor investir-se, sem prévia aprovação em concurso público destinado ao seu provimento, em cargo que não integra a carreira na qual anteriormente investido"). Apontou que as duas principais exceções à regra do concurso público seriam referentes aos cargos em comissão e à contratação de pessoal por tempo determinado para atender a necessidade temporária de excepcional interesse público (CF, art. 37, II, "in fine", e IX, respectivamente). Destacou que, nesta última hipótese, deveriam ser atendidas as seguintes condições: a) previsão legal dos cargos; b) tempo determinado; c) necessidade temporária de interesse público; e d) interesse público excepcional. Afirmou que o art. 37, IX, da CF deveria ser interpretado restritivamente, de modo que a lei que excepcionasse a regra de obrigatoriedade do concurso público não poderia ser genérica, como no caso. Frisou que a existência de meios ordinários, por parte da Administração, para atender aos ditames do interesse público, ainda que em situação de urgência e de temporariedade, obstaria a contratação temporária. Além disso, sublinhou que a justificativa de a contratação de pessoal buscar suprir deficiências na área de educação, ou de apenas ser utilizada para preencher cargos vagos, não afastaria a inconstitucionalidade da norma. No ponto, asseverou que a lei municipal regulara a contratação temporária de profissionais para realização de atividade essencial e permanente, sem que fossem descritas as situações excepcionais e transitórias que fundamentassem esse ato, como calamidades e exonerações em massa, por exemplo.

Contratação temporária de servidor público sem concurso - 2
O Ministro Teori Zavascki corroborou o caráter genérico da norma ao autorizar a dispensa de concurso público para suprir necessidade de contratação na área de magistério, e realçou que remanesceria a possibilidade de a Administração contratar dessa forma, desde que justificadamente, o que não seria o caso. O Ministro Marco Aurélio aduziu que a Constituição Estadual proibiria esse tipo de contratação genérica, no tocante ao magistério. Vencido, em parte, o Ministro Roberto Barroso, que dava parcial provimento ao recurso para conferir interpretação conforme a Constituição à norma adversada, no sentido de que as contratações temporárias referidas somente pudessem ocorrer no prazo de doze meses, contados do encerramento do último concurso destinado a preencher os cargos cujas atribuições devessem ser exercidas excepcionalmente por contratados temporários. Ressaltava que, na área do magistério, deveria haver a possibilidade de reposição temporária de profissionais, sob pena de se deixar alunos sem assistência durante determinado período. Em seguida, o Colegiado deliberou, por decisão majoritária, modular os efeitos da decisão, no sentido de manter os contratos firmados até a data do julgamento. Observou, entretanto, que a duração desses contratos não poderia ultrapassar doze meses, nos termos do art. 192, § 1°, II, da referida lei municipal. Além disso, vedou a contratação realizada nos termos do art. 193 do mesmo diploma. Destacou, ainda, que a modulação atingiria apenas os contratos que não fossem nulos por outro motivo além do discutido no recurso. Vencido o Ministro Marco Aurélio, que não modulava os efeitos da decisão.
RE 658026/MG, rel. Min. Dias Toffoli, 9.4.2014. (RE-658026) (Inform. STF 742)

ADI: contratação temporária de professor - 1
O Plenário, por maioria, julgou parcialmente procedente pedido formulado em ação direta, proposta contra o art. 2°, VII, da Lei 6.915/1997, do Estado do Maranhão. Conferiu interpretação conforme a Constituição, de modo a permitir contratações temporárias pelo prazo máximo de 12 meses, contados do último concurso realizado para a investidura de professores.

6. DIREITO ADMINISTRATIVO

A norma impugnada disciplina a contração temporária de professores ["Art. 1º Para atender a necessidade temporária de excepcional interesse público, os órgãos da administração direta, as autarquias e as fundações públicas poderão efetuar contratação de pessoal por tempo determinado, nas condições e prazos previstos nesta Lei. Art. 2º Considera-se necessidade temporária de excepcional interesse público: (...) VII – admissão de professores para o ensino fundamental, ensino especial, ensino médio e instrutores para oficinas pedagógicas e profissionalizantes, desde que não existam candidatos aprovados em concurso público e devidamente habilitados"]. A Corte concluiu que a natureza da atividade pública a ser exercida, se eventual ou permanente, não seria o elemento preponderante para legitimar a forma excepcional de contratação de servidor. Afirmou que seria determinante para a aferição da constitucionalidade de lei, a transitoriedade da necessidade de contratação e a excepcionalidade do interesse público a justificá-la. Aludiu que seria possível haver situações em que o interesse fosse excepcional no sentido de fugir ao ordinário, hipóteses nas quais se teria condição social a demandar uma prestação excepcional, inédita, normalmente imprevista. Citou o exemplo de uma contingência epidêmica, na qual a necessidade de médicos em determinada região, especialistas em uma moléstia específica, permitiria a contratação de tantos médicos quantos fossem necessários para solucionar aquela demanda. Sublinhou que a natureza permanente de certas atividades públicas — como as desenvolvidas nas áreas de saúde, educação e segurança pública — não afastaria, de plano, a autorização constitucional para contratar servidores destinados a suprir uma demanda eventual ou passageira. Mencionou que seria essa necessidade circunstancial, agregada ao excepcional interesse público na prestação do serviço, o que autorizaria a contratação nos moldes do art. 37, IX, da CF.

ADI: Contratação temporária de professor - 2
O Tribunal enfatizou que a citada lei maranhense explicitaria de modo suficiente as situações que caracterizariam a possibilidade de contratação temporária. Além disso, definiria o tempo de duração e vedaria prorrogação. Reputou que a autorização contida na norma questionada teria respaldo no art. 37, IX, da CF, e não representaria contrariedade ao art. 37, II, da CF. Ponderou que eventual inconstitucionalidade, se existisse, decorreria de interpretação desarrazoada que levaria ao desvirtuamento da norma, ao aplicá-la a casos desprovidos de excepcionalidade e que representassem necessidade de contratação duradoura. Esse fato subverteria a regra geral do concurso público como forma de acesso ao cargo público. Assinalou que a manutenção da norma impugnada no ordenamento jurídico não autorizaria o Estado do Maranhão a abandonar as atividades de planejamento, tampouco o desobrigaria de adequar seu quadro de professores efetivos à demanda de ensino. Pontuou que os termos do art. 2º, VII, da norma impugnada mereceriam interpretação conforme a Constituição, apenas para que a literalidade da norma não servisse a uma pretensa escolha do administrador entre a realização de concurso e as contratações temporárias. Ressaltou que a inexistência de "candidatos aprovados em concurso público e devidamente habilitados" pressuporia, por óbvio, a realização de um concurso público que, no entanto, não lograra satisfazer o quantitativo de vagas. Consignou que estaria caracterizada a necessidade de contratação temporária apenas dentro do lapso de 12 meses do encerramento do último concurso destinado a preencher vagas para essa finalidade. Fora dessa hipótese, haveria, em verdade, descumprimento da obrigação constitucional do Estado de realizar concursos públicos para preenchimento das vagas e formação de cadastro de reserva para atividades de caráter permanente. Vencidos, em parte, os Ministros Marco Aurélio e Joaquim Barbosa (Presidente), que julgavam totalmente procedente o pedido, para declarar a inconstitucionalidade do referido preceito legal. Pontuavam que o inciso IX do art. 37 da CF, por ser exceção à regra do caput do art. 37, deveria ser interpretado restritivamente. Observavam que a cláusula final do inciso VII do art. 2º da aludida lei, no que versa uma condição — "desde que não existam candidatos aprovados em concurso público e devidamente habilitados" —, já sinalizaria que não se trataria de situação jurídica enquadrável no inciso IX do art. 37 da CF.
ADI 3247/MA, rel. Min. Cármen Lúcia, 26.3.2014. (ADI-3247) (Inform. STF 740)

ADI: contratações por tempo determinado - 1
Em conclusão de julgamento, o Plenário julgou procedente, em parte, pedido formulado em ação direta para declarar a inconstitucionalidade das contratações por tempo determinado autorizadas para atender as atividades finalísticas do Hospital das Forças Armadas - HFA e aquelas desenvolvidas no âmbito dos projetos do Sistema de Vigilância da Amazônia - SIVAM e do Sistema de Proteção da Amazônia – SIPAM, previstas no art. 2º, VI, d e g, da Lei 8.745/1993, com as alterações da Lei 9.849/1999. O Colegiado asseverou que a previsão de regulamentação contida no art. 37, IX, da CF ("A lei estabelecerá os casos de contratação por tempo determinado para atender a necessidade temporária de excepcional interesse público") criaria mecanismo de flexibilidade limitada para viabilizar a organização da Administração. Consignou que, além da limitação formal decorrente da exigência de lei, haveria limitação material, pela exigência cumulativa na discriminação de cada hipótese autorizadora da contratação temporária, quanto ao tempo determinado e à necessidade temporária de excepcional interesse público. Destacou que essas restrições contidas na Constituição vedariam ao legislador a edição de normas que permitissem burlas ao concurso público. Assinalou que, não obstante situações de nítida inconstitucionalidade, haveria margem admissível de gradações na definição do excepcional interesse público. Ponderou que o art. 4º da Lei 8.745/1993, ao fixar prazo máximo para a contratação, teria observado a primeira parte do inciso IX do art. 37 da Constituição. Quanto às contratações temporárias para o exercício de atividades finalísticas no âmbito do HFA, o Tribunal aduziu que a nota técnica do Ministério do Planejamento, Orçamento e Gestão, a justificar esse procedimento, não pareceria satisfatória a ponto de fundamentar essa medida. Pontuou que a alegada carência de recursos humanos no Poder Executivo e a indefinição jurídica resultante da inviabilidade atual de contratações por tempo determinado resultante da decisão desta Corte no julgamento da ADI 2.135 MC/DF (DJe de 7.3.2008), ADI 2.315/DF (DJU de 15.12.2004) e da ADI 2.310/DF (DJU de 15.12.2004) não seriam argumentos suficientes a embasar a excessiva abrangência da norma atacada. Enfatizou não desconhecer a perturbação, ainda que parcial, que eventual anulação dos contratos temporários provocaria nos serviços do HFA. Registrou que o art. 4º, II, da Lei 8.745/1993 estipularia o prazo máximo de contratação temporária fixado em um ano para as situações descritas na alínea d do inciso VI do art. 2º dessa norma. Assim, a Corte determinou que a declaração de inconstitucionalidade quanto às contratações pelo HFA passaria a ter efeito a partir de um ano após a publicação, no Diário Oficial da União, de sua decisão final. Esclareceu, ainda, que seriam permitidas as prorrogações a que se refere o parágrafo único do art. 4º da referida lei, nos casos de vencimento do contrato em período posterior ao término do julgamento, para a continuação dos contratos até o início dos efeitos dessa decisão.

ADI: contratações por tempo determinado - 2
Ao declarar a inconstitucionalidade das contratações por tempo determinado desenvolvidas no âmbito dos projetos do SIVAM e do SIPAM, previstas no art. 2º, VI, g, da Lei 8.745/1993, com as alterações da Lei 9.849/1999, o Tribunal frisou que, embora as notas técnicas do Ministério do Planejamento mencionassem que esses projetos teriam prazo definido para implementação e entrada em funcionamento, nos termos do Decreto 4.200/2002, essa norma não conteria limitação específica a indicar a transitoriedade das contratações. Salientou que seria necessário

que a própria lei estipulasse metas e cronograma para justificar a situação excepcional. Considerou que a generalidade da lei questionada sugeriria a permanência das contratações temporárias. Limitou os efeitos da declaração de inconstitucionalidade, no tocante ao art. 2º, VI, g, da Lei 8.745/1993, para que ocorressem após quatro anos da publicação da decisão final da ação direta no Diário Oficial da União. Por fim, o Pleno julgou improcedente o pedido quanto à declaração de inconstitucionalidade do inciso IV do art. 2º da Lei 8.745/1993, referente à contratação temporária para atividades letivas. Sinalizou que o Ministério da Educação teria demonstrado que as limitações trazidas pela Lei 8.745/1993, em seu art. 2º, § 1º, seriam aptas a preservar o concurso público como regra. Mencionou as dificuldades apontadas por aquele Ministério nas contratações por concurso público para cargos efetivos, a envolver procedimentos cuja demanda de tempo poderia gerar danos irreversíveis do ponto de vista pedagógico. Não obstante mantida a norma, quanto aos professores temporários, concluiu que essas problemáticas não poderiam driblar a regra do concurso público. ADI 3237/DF, rel. Min. Joaquim Barbosa, 26.3.2014. (ADI-3237) (Inform. STF 740)

DIREITO ADMINISTRATIVO. CONTRATAÇÃO TEMPORÁRIA DE SERVIDOR QUE JÁ POSSUIU CONTRATO COM ÓRGÃO DIVERSO. É possível nova contratação temporária, também com fundamento na Lei 8.745/1993, precedida por processo seletivo equiparável a concurso público, para outra função pública e para órgão sem relação de dependência com aquele para o qual fora contratado anteriormente, ainda que a nova contratação tenha ocorrido em período inferior a 24 meses do encerramento do contrato temporário anterior. De fato, a vedação prevista no art. 9º, III, da Lei 8.745/1993, que proíbe nova contratação temporária do servidor antes de decorridos 24 meses do encerramento do contrato anterior celebrado com apoio na mesma lei, deve ser interpretada restritivamente, de acordo com a finalidade para qual foi criada, ou seja, impedir a continuidade do servidor temporário no exercício de funções públicas permanentes, em burla ao princípio constitucional que estabelece o concurso público como regra para a investidura em cargos públicos. Nesse sentido, na hipótese de contratação de servidor temporário para outra função pública, para outro órgão, sem relação de dependência com aquele para o qual fora contratado anteriormente, precedida por processo seletivo equiparável a concurso público, não se aplica a vedação do art. 9º, III, da Lei 8.745/1993, por referir-se a cargo distinto do que foi ocupado anteriormente. Assim, não deve incidir a referida restrição que, além de não estar abrangida no escopo da lei, implicaria ofensa ao princípio constitucional da igualdade de acesso aos cargos, funções e empregos públicos e da escolha do mais capacitado. Ademais, a elaboração de processo seletivo com características essenciais dos concursos públicos (publicidade, ampla concorrência e provas eliminatórias e classificatórias), diferenciando-se apenas pelo fato de que não concorreriam a cargo público efetivo, mas mera contratação temporária, afasta a existência de motivo idôneo a justificar a não contratação do servidor. Precedente citado: REsp 503.823-MG, Quinta Turma, DJ 17/12/2007. **REsp 1.433.037-DF, Rel. Min. Humberto Martins, julgado em 25/2/2014. (Inform. STJ 540)**

5.3. Estágio probatório, estabilidade, vitaliciedade e vacância

Art. 19 do ADCT e fundação pública de natureza privada - 1
O Plenário iniciou julgamento de recurso extraordinário em que se discute a extensão a empregados de fundação pública de direito privado, da estabilidade prevista no art. 19 do ADCT ("Os servidores públicos civis da União, dos Estados, do Distrito Federal e dos Municípios, da administração direta, autárquica e das fundações públicas, em exercício na data da promulgação da Constituição, há pelo menos cinco anos continuados, e que não tenham sido admitidos na forma regulada no art. 37, da Constituição, são considerados estáveis no serviço público"). No caso, o recorrido ingressara na fundação em 1981 e se aposentara espontaneamente em 1995, sem quebra de continuidade do vínculo jurídico, já que continuara trabalhando até 2005, quando fora demitido sem justa causa. Em virtude disso, pleiteara a reintegração, negada pelo juízo e também pelo tribunal regional sob o fundamento de que a aposentadoria espontânea extinguiria o contrato de trabalho. Na sequência, o TST provera recurso de revista para reconhecer a não extinção do referido contrato, além da estabilidade prevista no art. 19 do ADCT. O Ministro Dias Toffoli (relator) deu provimento ao recurso extraordinário para reconhecer a legalidade da demissão sem justa causa e afastar a decisão que determinara a reintegração do recorrido. Rememorou a jurisprudência do STF no sentido de que a aposentadoria espontânea somente daria causa à extinção do contrato de trabalho se ocorresse o encerramento da relação empregatícia. Constatou que o acórdão recorrido estaria, nesse ponto, de acordo com a orientação jurisprudencial da Corte. Observou que os objetivos institucionais da entidade — exploração de atividades de rádio e televisão com objetivos educacionais e culturais — revelaria que ela não exerceria atividade estatal típica. Notou que, tanto no atual regime constitucional como no anterior, a exploração dos serviços de telecomunicação pelo Estado poderia se dar diretamente ou por meio de concessão pública. Frisou que, apesar da alta relevância social da fundação, não se poderia caracterizá-la como serviço público próprio por não implicar exercício de poder de polícia, tendente à limitação das liberdades dos cidadãos. Por conseguinte, seria plenamente viável a instituição de fundação de natureza privada para a exploração de parte desse complexo comunicacional, na área de rádio e televisão. Sublinhou que a referida fundação se sujeitaria ao regime de direito privado, cuja conformação se assemelharia mais à das empresas públicas e das sociedades de economia mista, do que à das autarquias. Ressaltou que não teria sido por outra razão que a lei autorizara a sua instituição e definira o regime de pessoal como celetista.

Art. 19 do ADCT e fundação pública de natureza privada - 2
O Ministro Dias Toffoli aduziu que a efetividade seria atributo do cargo, enquanto a estabilidade seria a aderência no serviço público quando houvesse o preenchimento de determinadas condições fixadas em lei. Destacou que, na aplicação do art. 19 do ADCT, o servidor público, quando preenchidas as condições fixadas no dispositivo, seria estável, mas não efetivo, ou seja, teria o direito de permanecer no serviço público, no cargo em que fora admitido, mas não seria incorporado à carreira, não teria direito à progressão funcional nem tampouco aos mesmos benefícios dos integrantes da carreira. Consignou que, em relação às empresas públicas e às sociedades de economia mista, o STF teria afastado a possibilidade de reconhecimento da estabilidade especial. Enfatizou que a estabilidade especial do art. 19 do ADCT não se harmonizaria com os direitos e deveres previstos na legislação trabalhista, em especial, com o regime de proteção definido pelo FGTS, consagrado no art. 7º, III, da CF. Reputou que o art. 19 do ADCT só se aplicaria aos servidores públicos, isto é, servidores de pessoas jurídicas de direito público. Essa dedução seria corroborada pelo fato de não haver uma única menção nos autos de que a fundação recorrente tivesse, após a Constituição, realizado a transformação desses empregos em cargos públicos, ocupados automaticamente pelos antigos servidores celetistas, até porque essa mutação seria imprescindível para a devida adequação do quadro de pessoal da fundação ao disposto no art. 39 da CF. Concluiu que, como o recorrido não se beneficiara dessa estabilidade, seria possível sua demissão sem justa causa, sem incorrer em afronta ao art. 7º, I, da CF. Em seguida, pediu vista a Ministra Rosa Weber.
RE 716378/SP, rel. Min. Dias Toffoli, 1º.10.2014. (RE-716378) (Inform. STF 761)

ADI e estabilidade de servidor público

O Plenário confirmou medida cautelar (noticiada no Informativo 137) e julgou procedente pedido formulado em ação direta para declarar a inconstitucionalidade do art. 6º do ADCT da Constituição do Estado do Amazonas, que confere estabilidade aos empregados de empresas públicas, sociedades de economia mista e demais entidades de direito privado sob o controle de estados-membros e municípios. O Tribunal reputou não ser possível à Constituição estadual estender as hipóteses contempladas pelo art. 19 do ADCT da Constituição Federal, que concedera estabilidade no serviço público apenas aos servidores da administração direta, autárquica e de fundações públicas.
ADI 1808/AM, rel. Min. Gilmar Mendes, 18.9.2014. (ADI-1808)
(Inform. STF 759)

ECT: despedida de empregado e motivação - 7

Servidores de empresas públicas e sociedades de economia mista, admitidos por concurso público, não gozam da estabilidade preconizada no art. 41da CF, mas sua demissão deve ser sempre motivada. Essa a conclusão do Plenário ao, por maioria, prover parcialmente recurso extraordinário interposto pela Empresa Brasileira de Correios e Telégrafos - ECT contra acórdão do TST em que discutido se a recorrente teria o dever de motivar formalmente o ato de dispensa de seus empregados. Na espécie, o TST reputara inválida a despedida de empregado da recorrente, ao fundamento de que "a validade do ato de despedida do empregado da ECT está condicionada à motivação, visto que a empresa goza das garantias atribuídas à Fazenda Pública" — v. Informativo 576.

ECT: despedida de empregado e motivação - 8

Preliminarmente, rejeitou-se questão de ordem, formulada da tribuna, no sentido de que o feito fosse julgado em conjunto com o RE 655283/DF, com repercussão geral reconhecida, uma vez que este trataria de despedida motivada em razão da aposentadoria do empregado — tema que se confundiria com o ora em apreço, motivo pelo qual haveria suposta vinculação entre os casos. Reputou-se que as situações seriam, na verdade, distintas. Ademais, reconhecida a repercussão geral naquele extraordinário, não haveria prejuízo. No mérito, prevaleceu o voto do Min. Ricardo Lewandowski, relator. Salientou que, relativamente ao debate sobre a equiparação da ECT à Fazenda Pública, a Corte, no julgamento da ADPF 46/DF (DJe de 26.2.2010), confirmara o seu caráter de prestadora de serviços públicos, e declarara recepcionada, pela ordem constitucional vigente, a Lei 6.538/78, que instituiu o monopólio das atividades postais, excluídos do conceito de serviço postal apenas a entrega de encomendas e impressos. Asseverou, em passo seguinte, que o dever de motivar o ato de despedida de empregados estatais, admitidos por concurso, aplicar-se-ia não apenas à ECT, mas a todas as empresas públicas e sociedades de economia mista que prestariam serviços públicos, em razão de não estarem alcançadas pelas disposições do art. 173, § 1º, da CF, na linha de precedentes do Tribunal.

ECT: despedida de empregado e motivação - 9

Observou que, embora a rigor, as denominadas empresas estatais ostentassem natureza jurídica de direito privado, elas se submeteriam a regime híbrido, ou seja, sujeitar-se-iam a um conjunto de limitações que teriam por escopo a realização do interesse público. Assim, no caso dessas entidades, dar-se-ia derrogação parcial das normas de direito privado em favor de certas regras de direito público. Citou como exemplo dessas restrições, as quais seriam derivadas da própria Constituição, a submissão dos servidores dessas empresas ao teto remuneratório, a proibição de acumulação de cargos, empregos e funções, e a exigência de concurso para ingresso em seus quadros. Ressaltou que o fato de a CLT não prever realização de concurso para a contratação de pessoal destinado a integrar o quadro de empregados das referidas empresas significaria existir mitigação do ordenamento jurídico trabalhista, o qual se substituiria, no ponto, por normas de direito público, tendo em conta essas entidades integrarem a Administração Pública indireta, sujeitando-se, por isso, aos princípios contemplados no art. 37 da CF. Rejeitou, por conseguinte, a assertiva de ser integralmente aplicável aos empregados da recorrente o regime celetista no que diz respeito à demissão.

ECT: despedida de empregado e motivação - 10

Afirmou que o objetivo maior da admissão de empregados das estatais por meio de certame público seria garantir a primazia dos princípios da isonomia e da impessoalidade, a impedir escolhas de índole pessoal ou de caráter puramente subjetivo no processo de contratação. Ponderou que a motivação do ato de dispensa, na mesma linha de argumentação, teria por objetivo resguardar o empregado de eventual quebra do postulado da impessoalidade por parte do agente estatal investido do poder de demitir, razão pela qual se imporia, na situação, que a despedida fosse não só motivada, mas também precedida de procedimento formal, assegurado ao empregado o direito ao contraditório e à ampla defesa. Rejeitou, ainda, o argumento de que se estaria a conferir a esses empregados a estabilidade prevista no art. 41 da CF, haja vista que a garantia não alcançaria os empregados de empresas públicas e sociedades de economia mista, nos termos da orientação já fixada pelo Supremo, que teria ressalvado, apenas, a situação dos empregados públicos aprovados em concurso público antes da EC 19/98.

ECT: despedida de empregado e motivação - 11

Aduziu que o paralelismo entre os procedimentos para a admissão e o desligamento dos empregados públicos estaria, da mesma forma, indissociavelmente ligado à observância do princípio da razoabilidade, porquanto não se vedaria aos agentes do Estado apenas a prática de arbitrariedades, contudo se imporia ademais o dever de agir com ponderação, decidir com justiça e, sobretudo, atuar com racionalidade. Assim, a obrigação de motivar os atos decorreria não só das razões acima explicitadas como também, e especialmente, do fato de os agentes estatais lidarem com a res publica, tendo em vista o capital das empresas estatais — integral, majoritária ou mesmo parcialmente — pertencer ao Estado, isto é, a todos os cidadãos. Esse dever, além disso, estaria ligado à própria ideia de Estado Democrático de Direito, no qual a legitimidade de todas as decisões administrativas teria como pressuposto a possibilidade de que seus destinatários as compreendessem e o de que pudessem, caso quisessem, contestá-las. No regime político que essa forma de Estado consubstanciaria, impenderia demonstrar não apenas que a Administração, ao agir, visara ao interesse público, mas também que agira legal e imparcialmente. Mencionou, no ponto, o disposto no art. 50 da Lei 9.784/99, a reger o processo administrativo no âmbito da Administração Pública Federal ("Art. 50. Os atos administrativos deverão ser motivados, com indicação dos fatos e dos fundamentos jurídicos, quando: I - neguem, limitem ou afetem direitos ou interesses; ... § 1º A motivação deve ser explícita, clara e congruente, podendo consistir em declaração de concordância com fundamentos de anteriores pareceres, informações, decisões ou propostas, que, neste caso, serão parte integrante do ato"). Salientou que, na hipótese de motivação dos atos demissórios das estatais, não se estaria a falar de uma justificativa qualquer, simplesmente pro forma, mas de uma que deixasse clara tanto sua legalidade extrínseca quanto sua validade material intrínseca, sempre à luz do ordenamento legal em vigor. Destarte, sublinhou não se haver de confundir a garantia da estabilidade com o dever de motivar os atos de dispensa, nem de imaginar que, com isso, os empregados teriam "dupla garantia" contra a dispensa imotivada, visto que, concretizada a demissão, eles teriam direito, apenas, às verbas rescisórias previstas na legislação trabalhista.

ECT: despedida de empregado e motivação - 12

Ao frisar a equiparação da demissão a ato administrativo, repeliu a alegação de que a dispensa praticada pela ECT prescindiria de motivação, por configurar ato inteiramente discricionário e não vinculado, e que a empresa teria plena liberdade de escolha no que se refere ao seu conteúdo, destinatário, modo de realização e, ainda, à sua conveniência e oportunidade. Justificou que a natureza vinculada ou discricionária do ato administrativo seria irrelevante para a obrigatoriedade da motivação da decisão. Além disso, o que configuraria a exigibilidade da motivação no caso concreto não seria a discussão sobre o espaço para o emprego de juízo de oportunidade pela Administração, mas o conteúdo da decisão e os valores que ela envolveria. Por fim, reiterou que o entendimento ora exposto decorreria da aplicação, à espécie, dos princípios inscritos no art. 37 da CF, notadamente os relativos à impessoalidade e isonomia, cujo escopo seria o de evitar o favorecimento e a perseguição de empregados públicos, seja em sua contratação, seja em seu desligamento.

ECT: despedida de empregado e motivação - 13
O Min. Teori Zavascki destacou que a espécie seria de provimento parcial do extraordinário, e não desprovimento, conforme o Relator teria explicitado na parte dispositiva de seu voto, proferido em assentada anterior. Sucede que a Corte estaria a afastar a estabilidade, nos termos do art. 41 da CF, mas também a exigir demissão motivada. Por outro lado, negar provimento ao recurso significaria manter o acórdão recorrido, que sufragaria a estabilidade. No ponto, o relator reajustou seu voto. Vencidos, parcialmente, os Ministros Eros Grau, que negava provimento ao recurso, e Marco Aurélio, que o provia. O Min. Marco Aurélio aduzia que o contrato de trabalho, na espécie, seria de direito privado e regido pela CLT. Não se poderia falar em terceiro e novo sistema. Isso seria corroborado pelo art. 173, II, da CF, a firmar sujeição ao regime jurídico próprio das empresas privadas, já que a ECT prestaria atividade econômica. Ao fim, rejeitou-se questão de ordem, suscitada da Tribuna, no sentido de que os efeitos da decisão fossem modulados. Deliberou-se que o tema poderia ser oportunamente aventado em sede de embargos de declaração. RE 589998/PI, rel. Min. Ricardo Lewandowski, 20.3.2013. (RE-589998) (Inform. STF 699)

DIREITO ADMINISTRATIVO. SERVIDOR PÚBLICO. MILITAR TEMPORÁRIO. DECÊNIO LEGAL CUMPRIDO. ESTABILIDADE.
O militar temporário que completa dez anos de serviço prestado ao Exército Brasileiro tem direito à estabilidade no cargo, nos termos do art. 50, IV, da Lei n. 6.880/1980. Precedentes citados: AgRg no AREsp 62.128-RN, DJe 25/4/2012; AgRg no REsp 1.116.097-RJ, DJe 27/2/2012. **REsp 1.261.629-PE, Rel. Min. Eliana Calmon, julgado em 18/10/2012. (Inform. STJ 507).**

Súmula STF nº 47
Reitor de universidade não é livremente demissível pelo presidente da república durante o prazo de sua investidura.

Súmula STJ nº 346
É vedada aos militares temporários, para aquisição de estabilidade, a contagem em dobro de férias e licenças não gozadas.

5.4. Remuneração

REPERCUSSÃO GERAL EM ARE N. 837.041-PE
RELATOR: MIN. TEORI ZAVASCKI
Ementa: ADMINISTRATIVO. RECURSO EXTRAORDINÁRIO COM AGRAVO. MANDADO DE INJUNÇÃO. ESTADO DE PERNAMBUCO. SERVIDORES PÚBLICOS. ART. 7º, IX, DA CONSTITUIÇÃO. REGULAMENTAÇÃO DO PAGAMENTO DE ADICIONAL NOTURNO. MATÉRIA INFRACONSTITUCIONAL. AUSÊNCIA DE REPERCUSSÃO GERAL.
1. A controvérsia relativa à regulamentação do pagamento de adicional noturno para servidores públicos do Estado de Pernambuco, fundada na interpretação da Lei Estadual 10.784/92, é de natureza infraconstitucional.
2. É cabível a atribuição dos efeitos da declaração de ausência de repercussão geral quando não há matéria constitucional a ser apreciada ou quando eventual ofensa à Carta Magna se dê de forma indireta ou reflexa (RE 584.608 RG, Min. ELLEN GRACIE, DJe de 13/3/2009).
3. Ausência de repercussão geral da questão suscitada, nos termos do art. 543-A do CPC. (Inform. STF 770)

ADI: servidores públicos e vinculação remuneratória
O Plenário julgou procedente pedido formulado em ação direta para declarar a inconstitucionalidade do art. 47, "caput", da Constituição do Estado da Bahia ("Lei disporá sobre a isonomia entre as carreiras de policiais civis e militares, fixando os vencimentos de forma escalonada entre os níveis e classes, para os civis, e correspondentes postos e graduações, para os militares"). A Corte, ao reiterar o que decidido na ADI 3.295/AM (DJe de 5.8.2011) e na ADI 3.930/RO (DJe de 23.10.2009), afirmou que o estabelecimento de política remuneratória de servidores do Poder Executivo, à luz da separação de Poderes, seria de competência exclusiva do chefe daquele Poder (CF, art. 61, § 1º, II, a). Além disso, a norma constitucional estadual em exame, ao estabelecer, a toda evidência, hipótese de vinculação remuneratória entre policiais militares e policiais civis do Estado da Bahia, ofenderia o disposto no art. 37, XIII, da CF ("XIII - é vedada a vinculação ou equiparação de quaisquer espécies remuneratórias para o efeito de remuneração de pessoal do serviço público"). Ademais, o argumento de que se trataria de uma disposição meramente programática ou autorizativa para o legislador infraconstitucional, se revelaria frágil, uma vez que não se poderia conceder ao legislador autorização para editar atos normativos em desconformidade com o que estatui a Constituição Federal. O Ministro Roberto Barroso acompanhou o entendimento do Colegiado apenas quanto à inconstitucionalidade material da norma, no tocante à violação ao art. 37, XIII, da CF.
ADI 3777/BA, rel. Min. Luiz Fux, 19.11.2014. (ADI-3777) (Inform. STF 768)

Aumento de jornada de trabalho e irredutibilidade de vencimentos - 1
O Plenário iniciou julgamento de recurso extraordinário em que se discute a legitimidade de decreto estadual que alterara a jornada de trabalho de servidores públicos, sem majorar a remuneração. Na espécie, o referido ato normativo ampliara a jornada de odontólogos, de 20 para 40 horas semanais, sem acréscimo remuneratório. O Ministro Dias Toffoli (relator) deu provimento ao recurso extraordinário. Reputou que aumentar a carga horária de servidores ou de empregados públicos sem a elevação proporcional dos vencimentos violaria o princípio constitucional da irredutibilidade dos vencimentos (CF, art. 37, XV). Reconheceu que, no caso, houvera inegável redução de vencimentos, tendo em vista a não previsão de pagamento pelo aumento da carga horária de trabalho. Rememorou jurisprudência consolidada no sentido de não existir direito adquirido em relação a mudança de regime jurídico. Destarte, não vislumbrou ilicitude no decreto que elevara a jornada de trabalho. Afirmou, entretanto, que, independentemente da possibilidade de alteração legislativa da carga horária, seria impositivo respeitar o princípio da irredutibilidade de vencimentos. Registrou que o decreto mencionado não concedera ao servidor estadual opção quanto à duração de sua jornada de trabalho. Ressaltou que essa norma apenas impusera nova carga horária sem aumento de remuneração. Por fim, reconheceu a inconstitucionalidade da regra fixada pelo decreto estadual e determinou que nova sentença fosse prolatada diante da necessidade de se apreciar outros pedidos. Em seguida, o relator indicou adiamento.

Aumento de jornada de trabalho e irredutibilidade de vencimentos - 2
A ampliação de jornada de trabalho sem alteração da remuneração do servidor consiste em violação da regra constitucional da irredutibilidade de vencimentos (CF, art. 37, XV). Esse o

entendimento do Plenário que, em conclusão de julgamento e por maioria, proveu recurso extraordinário no qual discutida a legitimidade de decreto estadual que alterara a jornada de trabalho de servidores públicos, sem majorar a remuneração. Na espécie, o referido ato normativo ampliara a jornada de odontólogos, de 20 para 40 horas semanais, sem acréscimo remuneratório — v. Informativo 757. O Colegiado reconheceu que, no caso, houvera inegável redução de vencimentos, tendo em vista a não previsão de pagamento pelo aumento da carga horária de trabalho. Rememorou jurisprudência consolidada no sentido de não existir direito adquirido em relação a mudança de regime jurídico. Desse modo, não vislumbrou ilicitude no decreto que elevara a jornada de trabalho. Entretanto, independentemente da possibilidade de alteração legislativa da carga horária, seria impositivo respeitar o princípio da irredutibilidade de vencimentos. Ocorre que o decreto mencionado não concedera ao servidor estadual opção quanto à duração de sua jornada de trabalho, mas apenas impusera nova carga horária sem aumento de remuneração. Concluiu que o decreto não seria aplicável aos servidores que, antes de sua edição, estivessem legitimamente subordinados a carga horária inferior a 40 horas semanais. Assim, declarou a inconstitucionalidade parcial, sem redução de texto, do dispositivo. Além disso, determinou a prolação de nova sentença, na origem, após a produção de provas requeridas pelas partes, levada em conta a questão de direito firmada no julgamento. Vencido, em parte, o Ministro Marco Aurélio, que se limitava a prover o recurso, nos termos em que requerido.

Servidor público: reajuste de vencimentos e dever estatal de indenização - 3

O Plenário retomou julgamento de recurso extraordinário em que se discute eventual direito de indenização por danos patrimoniais decorrentes de omissão do Poder Executivo estadual pelo não envio de projeto de lei destinado a viabilizar o reajuste geral e anual dos vencimentos de servidores públicos da respectiva unidade federativa, consoante previsto no inciso X do art. 37 da CF ("A remuneração dos servidores públicos e o subsídio de que trata o § 4º do art. 39 somente poderão ser fixados ou alterados por lei específica, observada a iniciativa privativa em cada caso, assegurada revisão geral anual, sempre na mesma data e sem distinção de índices") — v. Informativo 630. Em voto-vista, a Ministra Cármen Lúcia acompanhou o Ministro Marco Aurélio, relator, para dar provimento ao recurso. Salientou, de início, a inovação introduzida no sistema constitucional brasileiro a partir de 1998, com a fixação de dever ao empregador estatal de realizar a revisão geral como garantia necessária em uma economia ainda frágil, com índices inflacionários a corroer o valor da moeda e o ganho dos trabalhadores. Em seguida, a Ministra distinguiu reajuste de revisão. Asseverou, ainda, que o não cumprimento da obrigação de promover a revisão geral anual expressamente prevista no texto constitucional teria causado danos aos servidores públicos. Rememorou que o STF já reconhecera a mora do Governador do Estado de São Paulo pela ausência de lei específica nos moldes exigidos pelo art. 37, X, da CF, quando da análise da ADI 2.492/SP (DJU de 22.3.2002). Tendo em vista se tratar de omissão ilícita, reputou que o ressarcimento devido teria natureza reparatória. Afastou, também, a incidência do Enunciado 339 da Súmula do STF ("Não cabe ao Poder Judiciário, que não tem função legislativa, aumentar vencimentos de servidores públicos sob fundamento de isonomia"), porque a situação dos autos não envolveria aumento ou reajuste sem lei específica. Observou, além disso, que no Estado de São Paulo foram editadas leis meramente simbólicas, desprovidas de conteúdo concretizador do direito à revisão geral anual.

Servidor público: reajuste de vencimentos e dever estatal de indenização - 4

Por outro lado, o Ministro Roberto Barroso inaugurou a divergência e negou provimento ao extraordinário. Ressaltou não vislumbrar no artigo em questão dever específico de que a remuneração dos servidores fosse objeto de aumentos anuais e, tampouco, em percentual obrigatoriamente correspondente à inflação apurada no período. Aduziu que a exegese do termo "revisão" abarcaria entendimento no sentido de que o art. 37, X, da CF exigiria uma avaliação anual, que poderia resultar, ou não, em concessão de aumento. Destacou, outrossim, que o preceito deveria ser interpretado em conjunto com outros dispositivos que se distanciariam da lógica de reajustes automáticos e de indexação econômica (CF, artigos 7º, IV, e 37, XIII). Assinalou que a tese segundo a qual a adoção de índice inferior à inflação de determinado período importaria automaticamente em degradação do direito de propriedade mereceria temperamentos. Consignou que a indexação, embora legítima na tentativa de neutralizar o fenômeno inflacionário, teria como efeito colateral a retroalimentação desse mesmo processo de inflação. Advertiu para a necessidade de que os reajustes fossem condicionados às circunstâncias econômicas de cada momento. Por fim, concluiu que o art. 37, X, da CF imporia ao Chefe do Poder Executivo o dever de se pronunciar anualmente e de forma fundamentada sobre a conveniência e a possibilidade de reajuste anual do funcionalismo. Na sequência, pediu vista dos autos o Ministro Teori Zavascki.

Servidor público: reajuste de vencimentos e dever estatal de indenização - 5

O Plenário retomou julgamento de recurso extraordinário em que se discute eventual direito de indenização por danos patrimoniais decorrentes de omissão do Poder Executivo estadual pelo não envio de projeto de lei destinado a viabilizar o reajuste geral e anual dos vencimentos de servidores públicos da respectiva unidade federativa, consoante previsto no inciso X do art. 37 da CF ("X - A remuneração dos servidores públicos e o subsídio de que trata o § 4º do art. 39 somente poderão ser fixados ou alterados por lei específica, observada a iniciativa privativa em cada caso, assegurada revisão geral anual, sempre na mesma data e sem distinção de índices") — v. Informativos 630 e 741. Em voto-vista, o Ministro Teori Zavascki, ao acompanhar divergência inaugurada pelo Ministro Roberto Barroso, negou provimento ao recurso, no que foi acompanhado pelos Ministros Rosa Weber e Gilmar Mendes. Afirmou, inicialmente, que o inciso X do art. 37 da CF, na redação dada pela EC 19/1998, estabeleceria o direito dos servidores públicos à revisão anual de sua remuneração e, em contrapartida, o dever da Administração Pública de encaminhar, aprovar e cumprir lei específica sobre a matéria. Asseverou que a Constituição, entretanto, não fixaria critérios ou índices a serem observados na revisão. Determinaria, apenas, que ela fosse efetuada sem distinção de índices entre os beneficiados. Por isso, assentou não haver a possibilidade de se extrair do texto constitucional qualquer indicação de índice mínimo, ainda que para efetuar a manutenção real do poder aquisitivo dos servidores públicos. Concluiu, portanto, não existir na Constituição nenhuma disposição que garantisse a reposição anual dos índices inflacionários. Consignou, ademais, que não caberia, no caso, invocar o princípio constitucional da irredutibilidade de vencimentos, visto que a jurisprudência do STF seria no sentido de que sua eventual ofensa ocorreria quando houvesse redução do valor nominal dos vencimentos, mas não quando se deixasse de reajustá-los para repor seu poder de compra. Assinalou — após reafirmar a jurisprudência da Corte quanto à inviabilidade de implementação judicial de aumento de vencimentos de servidores públicos — que a pretensão deduzida no recurso extraordinário em comento acabaria por transferir a ausência de lei específica de revisão de vencimentos para o domínio da responsabilidade civil do Estado. Anotou, então, que, em razão da ausência de previsão constitucional relativa a índices mínimos de revisão anual dos vencimentos, suprir essa falta por sentença equivaleria a legislar. O Ministro Luiz Fux acompanhou os Ministros Marco Aurélio (relator) e Cármen Lúcia, e, em consequência, deu provimento ao recurso. Registrou que a norma constitucional em questão — que não precisaria da intermediação do legislador —, estabeleceria um direito subjetivo público do servidor, qual seja, a revisão geral e anual de seus vencimentos. Em seguida, pediu vista dos autos o Ministro Dias Toffoli. RE 565089/SP, rel. Min. Marco Aurélio, 2.10.2014. (RE-565089) (Inform. STF 761)

EC 41/2003: fixação de teto constitucional e irredutibilidade de vencimentos - 1
O teto de retribuição estabelecido pela EC 41/2003 é de eficácia imediata, e submete às referências de valor máximo nele discriminadas todas as verbas de natureza remuneratória percebidas pelos servidores públicos da União, dos Estados, do Distrito Federal e dos Municípios, ainda que adquiridas de acordo com regime legal anterior. Esse o entendimento do Plenário, que, por maioria, deu provimento a recurso extraordinário em que se discutia a aplicabilidade da referida emenda constitucional a servidores públicos que percebessem remuneração acima do teto constitucional. Na espécie, servidores estaduais aposentados e pensionistas, vinculados ao Poder Executivo local, tiveram seus rendimentos submetidos a cortes, após a vigência da EC 41/2003, promovidos com o propósito de adequar suas remunerações aos subsídios do Governador. Preliminarmente, o Colegiado não conheceu de agravo regimental interposto da tribuna por "amicus curiae", que impugnava anterior decisão monocrática do Ministro Teori Zavascki (relator), que indeferira pedido, formulado na véspera do julgamento, cujo conteúdo ampliaria o objeto do recurso extraordinário. O agravante postulava, tendo em conta alegada ineficácia de eventual recurso interposto após o julgamento, que fosse aceito o agravo oral. O Plenário consignou que a legitimidade recursal dos "amici curiae" seria limitada às hipóteses em que não tivesse sido admitida sua intervenção no feito, o que não se daria no caso.

EC 41/2003: fixação de teto constitucional e irredutibilidade de vencimentos - 2
No mérito, a Corte afastou, de início, a alegação de nulidade do acórdão em razão de suposta negativa de jurisdição. Ao reafirmar a jurisprudência do STF quanto à matéria, consignou que o pronunciamento do tribunal de origem teria adotado fundamentação suficiente ao julgar o caso. Vencido, no ponto, o Ministro Marco Aurélio, que assentava a nulidade. Em seguida, e no tocante à aplicabilidade da EC 41/2003, o Plenário asseverou que o teto de retribuição constituiria norma constitucional de estrutura complexa, porque estabelecida pela conjunção de diferentes dispositivos do texto constitucional, cujo sentido normativo seria chancelado por quatro principais ingredientes constitutivos: a) a limitação da autonomia de cada ente federativo, ao se apresentar um ápice remuneratório que deveria ser obrigatoriamente seguido; b) a abrangência inclusiva do teto, a compreender tudo o quanto viesse a remunerar o trabalho do servidor, a qualquer título; c) o recado normativo complementar, presente no ADCT e nos artigos 29 da EC 19/1998 e 9º da EC 41/2003, a determinar que aquilo que sobejasse da incidência do teto constituiria excesso, cuja percepção não poderia ser reclamada, ainda que o direito a ela tivesse sido licitamente adquirido segundo uma ordem jurídica anterior; e, por fim, d) a disposição, que decorreria do sistema constitucional, no sentido de que a garantia da irredutibilidade de proventos não ampararia a percepção de verbas remuneratórias que desbordassem do teto de retribuição. Frisou que esta última assertiva seria depreendida da parte final do inciso III do art. 95, e da alínea c do inciso I do § 5º do art. 128, todos da CF, em sua redação originária ["Art. 95. Os juízes gozam das seguintes garantias: ... III - irredutibilidade de vencimentos, observado, quanto à remuneração, o que dispõem os arts. 37, XI, 150, II, 153, III, e 153, § 2º, I; Art. 128. O Ministério Público abrange: ... § 5º - Leis complementares da União e dos Estados, cuja iniciativa é facultada aos respectivos Procuradores-Gerais, estabelecerão a organização, as atribuições e o estatuto de cada Ministério Público, observadas, relativamente a seus membros: I - as seguintes garantias: ... c) irredutibilidade de vencimentos, observado, quanto à remuneração, o que dispõem os arts. 37, XI, 150, II, 153, III, 153, § 2º, I"], e, além disso, da atual redação do inciso XV do art. 37, também da CF ("Art. 37. A administração pública direta e indireta de qualquer dos Poderes da União, dos Estados, do Distrito Federal e dos Municípios obedecerá aos princípios de legalidade, impessoalidade, moralidade, publicidade e eficiência e, também, ao seguinte: ... XV - o subsídio e os vencimentos dos ocupantes de cargos e empregos públicos são irredutíveis, ressalvado o disposto nos incisos XI e XIV deste artigo e nos arts. 39, § 4º, 150, II, 153, III, e 153, § 2º, I"). Assinalou que, ao condicionar a fruição da garantia de irredutibilidade de vencimentos à observância do teto de retribuição (CF, art. 37, XI), a literalidade dos citados dispositivos constitucionais deixaria fora de dúvida que o respeito ao teto representaria verdadeira condição de legitimidade para o pagamento das remunerações no serviço público. Concluiu que nada, nem mesmo concepções de estabilidade fundamentadas na cláusula do art. 5º, XXXVI, da CF ("a lei não prejudicará o direito adquirido, o ato jurídico perfeito e a coisa julgada"), justificariam excepcionar a imposição do teto de retribuição.

EC 41/2003: fixação de teto constitucional e irredutibilidade de vencimentos - 3
O Plenário destacou que a garantia da irredutibilidade, que hoje assistiria igualmente a todos os servidores, constituiria salvaguarda a proteger a sua remuneração de retrações nominais que viessem a ser determinadas por meio de lei. O mesmo não ocorreria, porém, quando a alteração do limite remuneratório fosse determinada pela reformulação da própria norma constitucional de teto de retribuição. Isso porque a cláusula da irredutibilidade possuiria âmbito de incidência vinculado ao próprio conceito de teto de retribuição, e operaria somente dentro do intervalo remuneratório por ele definido. Esclareceu que a irredutibilidade de vencimentos constituiria modalidade qualificada de direito adquirido. Todavia, o seu âmbito de incidência exigiria a presença de pelo menos dois requisitos cumulativos: a) que o padrão remuneratório nominal tivesse sido obtido conforme o direito, e não de maneira juridicamente ilegítima, ainda que por equívoco da Administração Pública; e b) que o padrão remuneratório nominal estivesse compreendido dentro do limite máximo pré-definido pela Constituição. Aduziu que os excessos eventualmente percebidos fora dessas condições, ainda que com o beneplácito de disciplinas normativas anteriores, não estariam amparados pela regra da irredutibilidade. Ressaltou, ademais, que o pagamento de remunerações superiores aos tetos de retribuição, além de se contrapor a noções primárias de moralidade, de transparência e de austeridade na administração dos gastos com custeio, representaria gravíssima quebra da coerência hierárquica essencial à organização do serviço público. Lembrou, por fim, que o fato de o art. 9º da EC 41/2003 ser objeto de ação direta de inconstitucionalidade ainda pendente de apreciação, não impediria, contudo, que o STF fizesse impor a força normativa do próprio art. 37, XI, da CF, cujo enunciado seria suficiente para coibir situações inconstitucionais de remuneração excessiva. Vencidos os Ministros Marco Aurélio, Celso de Mello e Ricardo Lewandowski (Presidente), que negavam provimento ao recurso. O Ministro Marco Aurélio destacava, de início, a balizas objetivas do acórdão impugnado, que teria decidido que o direito adquirido se sobreporia à novidade que teria vindo com a EC 41/2003. Afirmava, então, que, de acordo com o rol de garantias constitucionais, nem mesmo a lei — entendida esta de forma abrangente, a apanhar as emendas constitucionais — poderia colocar em segundo plano o direito adquirido, o ato jurídico perfeito e a coisa julgada. O Ministro Celso de Mello reafirmava seu entendimento quanto à inconstitucionalidade do art. 9º da EC 41/2003 e à intangibilidade do direito adquirido. O Ministro Ricardo Lewandowski acrescentava que a decisão recorrida, ao perfilhar o entendimento do STF em casos semelhantes, seria de extrema razoabilidade ao assentar o direito dos ora recorridos ao percebimento da integralidade de seus proventos, até que o montante excedente do teto fosse absorvido por subsídio fixado em lei.
RE 609381/GO, rel. Min. Teori Zavascki, 2.10.2014. (RE-609381) (Inform. STF 761)

Pagamento de adicionais por tempo de serviço: coisa julgada e art. 17 do ADCT - 2
Em conclusão de julgamento, o Plenário concedeu mandado de segurança e considerou devidos os adicionais por tempo de serviço que teriam sido incorporados aos proventos de inativo por decisão transitada em julgado após a CF/1988. Assentou, em consequência, a inaplicabilidade, ao caso, do art. 17 do ADCT ("Art. 17. Os vencimentos, a remuneração, as vantagens e os adicionais, bem como os proventos de aposentadoria que estejam sendo percebidos em desacordo com a Constituição serão imediatamente reduzidos aos limites dela decorrentes, não se admitindo, neste caso, invocação de direito adquirido ou percepção de excesso a qualquer título. § 1º - É assegurado o exercício cumulativo de dois cargos ou empregos privativos de médico que estejam sendo exercidos por médico militar na administração pública direta ou indireta. § 2º - É assegurado o exercício cumulativo de dois cargos ou empregos privativos de profissionais de saúde que estejam sendo exercidos na administração pública direta ou indireta"). Na espécie, o impetrante fora beneficiado de decisão judicial proferida em 7.6.1988, com trânsito em julgado em 2.2.1989, pela qual teria sido reconhecido o seu direito, e de outros litisconsortes, à percepção do adicional por tempo de serviço previsto na Lei 4.047/1961 — v. Informativo 565. O Colegiado asseverou que, como a Constituição não estabelecera percentuais mínimos ou máximos para a percepção de vantagem, caberia à legislação infraconstitucional fazê-lo, o que ocorrera no caso. Constatou, também, que os montantes em disputa nos autos seriam distantes do teto fixado para os vencimentos dos servidores públicos. Assinalou que, na situação em apreço, não ocorrera o denominado "repique", porque a gratificação objeto do presente "mandamus" não fora computada, tampouco acumulada, para fins de concessão de ulteriores acréscimos. Sublinhou, no entanto, que a presente decisão não teria o condão de perpetuar o regime jurídico acerca de pagamento da parcela em percentual de 51% sobre o valor do vencimento se houvesse reestruturação de carreira ou mudança do regime jurídico de pagamento. Recordou a jurisprudência da Corte quanto à inexistência de direito adquirido a regime jurídico da forma de cálculo de parcela remuneratória, garantida ao servidor público somente a irredutibilidade de vencimentos. Reputou que a parcela adicional incorporada aos proventos de aposentadoria por ordem judicial transitada em julgado em favor do ora impetrante não afrontara o art. 37, XIV, da CF/1988, em sua redação original. MS 22682/RJ, rel. Min. Cármen Lúcia, 24.9.2014. (MS-22682) (Inform. STF 760)

ADI: remuneração de servidores públicos e instituição de gratificação por ato normativo
O Plenário confirmou medida cautelar e julgou procedente pedido formulado em ação direta para declarar a inconstitucionalidade de ato normativo editado pela Presidência do STJ, em 19.12.1997, nos autos do Processo STJ 2400/1997 ["a) Os servidores das carreiras de Analista Judiciário, Técnico Judiciário e Auxiliar Judiciário do Quadro de Pessoal do Superior Tribunal de Justiça perceberão, a título de Gratificação de Representação Mensal, valor correspondente a 85% (oitenta e cinco por cento) da remuneração das Funções Comissionadas FC-6, FC-5 e FC-4, respectivamente, prevista no artigo 14 da Lei nº 9.421/96; b) para efeito de cálculo dos valores anuais da Representação Mensal serão considerados os valores dos anexos V, VI e VII da Lei nº 9.421/96, bem como o disposto em seu artigo 4º, § 2º; c) a Gratificação de Representação Mensal somente é devida aos servidores em efetivo exercício no Superior Tribunal de Justiça; d) é vedada a percepção cumulativa da Gratificação de Representação Mensal com a retribuição pelo exercício de função comissionada, assegurada a situação mais vantajosa para o servidor; e) tal vantagem é extensiva aos servidores aposentados e aos pensionistas, nos termos do art. 40, §§ 4º e 5º da Constituição Federal; f) as despesas decorrentes da aplicação desta Resolução correrão à conta das dotações orçamentárias do Superior Tribunal de Justiça; g) os efeitos financeiros serão a partir de 1º de janeiro de 1998"]. O Colegiado consignou que a instituição de gratificação remuneratória por meio de ato normativo interno de tribunal sempre fora vedada pela Constituição, mesmo antes da reforma administrativa advinda com a promulgação da EC 19/1998. Acrescentou que a utilização do fundamento de isonomia remuneratória entre os diversos membros e servidores dos Poderes da República, antes contida no art. 39, § 1º, da CF, não prescindiria de veiculação normativa por meio de lei específica, inclusive quando existisse dotação orçamentária suficiente. Ademais, reputou que também teria havido ofensa ao art. 96, II, b, da CF. ADI 1776/DF, rel. Min. Dias Toffoli, 4.9.2014. (ADI-1776) (Inform. STF 757)

Aumento de vencimento e isonomia
Não cabe ao Poder Judiciário, que não tem a função legislativa, aumentar vencimentos de servidores públicos sob o fundamento de isonomia. Com base nesse entendimento, o Plenário, por maioria, reafirmou o Enunciado 339 da Súmula do STF e deu provimento a recurso extraordinário para reformar acórdão que estendera gratificação com base no princípio da isonomia. O Tribunal afirmou que a jurisprudência do STF seria pacífica no sentido de que o aumento de vencimentos de servidores dependeria de lei e não poderia ser efetuado apenas com base no princípio da isonomia. Salientou que tampouco seria possível a equiparação salarial, a pretexto de resguardar a isonomia entre servidores de mesmo cargo, quando o paradigma emanasse de decisão judicial transitada em julgado. Observou que, nos termos da Lei 2.377/1995 do Município do Rio de Janeiro, a gratificação de gestão de sistemas administrativos seria específica para os servidores em exercício na Secretaria Municipal de Administração - SMA. Frisou que o recorrido, apesar de ocupante de cargo efetivo da SMA, estaria em exercício em secretaria diversa. Dessa forma, não cumpriria os requisitos legais para o recebimento e a incorporação da referida gratificação. Vencidos os Ministros Marco Aurélio e Rosa Weber, quanto ao conhecimento do recurso. Pontuavam sobre o conflito de interesse teria solução final no âmbito do Poder Judiciário estadual, já que a controvérsia envolveria interpretação conferida à lei municipal e ao decreto que a regulamentara. Além disso, seria necessário revolver os elementos probatórios para assentar premissas diversas das constantes do acórdão recorrido. Vencido também no mérito o Ministro Marco Aurélio, que negava provimento ao recurso extraordinário. RE 592317/RJ, rel. Min. Gilmar Mendes, 28.8.2014. (RE-592317) (Inform. STF 756)

ADI e adicional de férias a servidor em inatividade
O servidor público em inatividade não pode gozar de férias, porquanto deixou de exercer cargo ou função pública, razão pela qual a ele não se estende adicional de férias concedido a servidores em atividade. Com base nessa orientação, o Plenário confirmou medida cautelar e julgou procedente pedido formulado em ação direta para declarar a inconstitucionalidade do § 2º do art. 9º da Lei 1.897/1989 do Estado do Amazonas. Referida norma estende adicional de férias, no valor de 1/3 da remuneração, aos servidores inativos. O Tribunal asseverou que cláusula de extensão aos servidores inativos dos benefícios e vantagens que viessem a ser concedidos aos servidores ativos não autorizaria a concessão de vantagens pecuniárias compatíveis tão somente com o regime jurídico dos servidores em atividade.
ADI 1158/AM, rel. Min. Dias Toffoli, 20.8.2014. (ADI-1158) (Inform. STF 755)

ADPF: vinculação de vencimentos e superveniência da EC 19/1998 - 1
Ante o óbice à vinculação ou à equiparação de vencimentos consagrado pela EC 19/1998, a alcançar quaisquer espécies remuneratórias, o Plenário julgou parcialmente procedente pedido formulado em arguição de descumprimento de preceito fundamental para declarar não recepcionado, pela citada emenda, o art. 65 da LC 22/1994 do Estado do Pará, no trecho

em que vincula os vencimentos dos delegados de polícia aos dos procuradores de estado ("correspondendo a de maior nível ao vencimento de Procurador do Estado de último nível"). De início, o Tribunal, por maioria, rejeitou preliminar, suscitada pelo Ministro Marco Aurélio, de falta de interesse de agir da Associação dos Procuradores dos Estados - Anap. A Corte asseverou que a requerente seria entidade de classe de âmbito nacional e estaria configurado o vínculo de afinidade temática entre o objeto da demanda e os seus objetivos institucionais. Registrou a suficiência da presença do interesse público no controle, em virtude da feição objetiva do processo. Ademais, ressaltou eventual possibilidade de engessamento remuneratório em decorrência do fato de a categoria servir como paradigma. Vencido o suscitante, por não vislumbrar em que medida os interesses da categoria profissional congregada pela requerente seriam abarcados pela lei impugnada, que versa sobre a remuneração dos delegados de polícia do Estado do Pará. Em seguida, o Colegiado, por votação majoritária, assentou o cabimento da ADPF, nos termos do art. 1º, parágrafo único, I, da Lei 9.882/1999. Considerou evidenciada a relevante controvérsia constitucional sobre lei estadual anterior ao parâmetro de constitucionalidade invocado. Salientou a inviabilidade do ajuizamento de ação direta de inconstitucionalidade para esse fim. Vencido o Ministro Marco Aurélio, que declarava inadequada a ação ao fundamento de que se estaria a potencializar o conceito de preceito fundamental para requerer-se a manifestação declarativa do Supremo sobre alegada não-recepção de um diploma estadual.

ADPF: vinculação de vencimentos e superveniência da EC 19/1998 - 2
Por outro lado, o Tribunal não conheceu da ADPF quanto à pretendida limitação, à vigência da EC 19/1998, dos efeitos de decisão proferida em mandado de segurança — no qual reconhecido aos integrantes da Associação dos Delegados de Polícia do Estado do Pará - Adepol/PA o direito à isonomia de vencimentos relativamente aos procuradores do mesmo ente federativo —, cujo trânsito em julgado ocorrera em 28.5.1997. O Colegiado mencionou que o art. 65 da lei adversada entrara em vigor em 24.3.1994 e não haveria informação de revogação por legislação infraconstitucional superveniente. Destacou que não se questionariam a sua validade e os efeitos por ela produzidos no período compreendido entre o início de sua vigência e a promulgação da EC 19, em 4.7.1998. Apontou que o caso não versaria a possibilidade de desconstituição da coisa julgada formada naquele processo, na medida em que a requerente buscaria a declaração de não-recepção do preceito estadual com a consequente ineficácia, a partir da vigência da EC 19/1998, da decisão proferida em mandado de segurança. Ao ressaltar a natureza subjetiva do "writ", a Corte concluiu que a solicitação não poderia ser apreciada em sede de ADPF. O Ministro Teori Zavascki observou que não estaria em discussão a validade da sentença, de modo a se saber se ela seria passível de rescisão ou não, mas, sim, a sua eficácia temporal. Aduziu que a ADPF não deveria ser conhecida, tendo em conta a desnecessidade desse instrumento para retirar a eficácia da sentença, que seria automática pelo advento da própria emenda constitucional. Frisou que a sentença possuiria eficácia "rebus sic stantibus", razão pela qual se houvesse alteração no estado de direito, despicienda uma sentença rescisória.

ADPF: vinculação de vencimentos e superveniência da EC 19/1998 - 3
O Plenário, então, conheceu da ADPF apenas no que se refere ao pleito de declaração de não recepção do art. 65 da LC paraense 22/1994 pela EC 19/1998. Consignou que a redação conferida pela referida emenda aos artigos 37, XIII, e 39, § 1º, da CF vedara a possibilidade de vinculação ou equiparação de cargos, empregos ou funções, por força de ato normativo infraconstitucional. Além disso, afirmou que a supressão do texto original do art. 241 e a nova redação conferida aos artigos 39, §§ 1º e 4º, e 144, § 9º, ambos da CF, definiriam as balizas a serem observadas daí em diante para a fixação, por lei, da remuneração dos delegados de polícia. Ao enfatizar o redesenho trazido pela EC 19/1998 à ordem constitucional-administrativa, a Corte concluiu pela incompatibilidade material do preceito questionado. Reconheceu, ainda, inexistir incompatibilidade do referido dispositivo estadual com a ordem constitucional vigente naquilo em que tão somente determina a fixação do vencimento básico do delegado de polícia civil com diferença não superior a 5% de uma classe para outra da carreira. Aludiu à jurisprudência da Corte no sentido da validade constitucional da instituição de mera graduação remuneratória relacionada ao escalonamento hierárquico interno de uma carreira.
ADPF 97/PA, rel. Min. Rosa Weber, 21.8.2014. (ADPF-97) (Inform. STF 755)

MS: admissão de "amicus curiae" e teto remuneratório em serventias extrajudiciais
Não é cabível a intervenção de "amicus curiae" em mandado de segurança. Com base nessa orientação, a 1ª Turma resolveu questão de ordem suscitada pelo Ministro Dias Toffoli (relator) no sentido de se indeferir pedido formulado pela Associação dos Notários e Registradores do Brasil - Anoreg/Br para que fosse admitida no presente feito na condição de "amicus curiae". A Turma consignou que, tendo em conta o quanto disposto no art. 24 da Lei 12.016/2009 — dispositivo que afirma serem aplicáveis ao rito do mandado de segurança as normas do CPC que disciplinam exclusivamente o litisconsórcio —, a intervenção de terceiros nessa classe processual seria limitada e excepcional. Asseverou que entendimento contrário poderia, inclusive, comprometer a celeridade do "writ" constitucional. No mérito, a Turma denegou a segurança e, em consequência, cassou liminar anteriormente deferida. Reafirmou a jurisprudência do STF no sentido da necessidade de concurso público para o preenchimento de vaga em serventias extrajudiciais. Assentou, por outro lado, a legitimidade da incidência do teto remuneratório, aplicável aos servidores públicos em geral, àqueles interinamente responsáveis pelos trabalhos nas serventias vagas. MS 29192/DF, rel. Min. Dias Toffoli, 19.8.2014. (MS-29192) (Inform. STF 755)

Polícia civil do DF: extensão de gratificação e legitimidade passiva da União - 1
A 1ª Turma iniciou julgamento de recurso extraordinário em que se discute a legitimidade da União para figurar como parte passiva em ação na qual integrante da polícia civil do Distrito Federal reivindica a extensão de gratificação recebida por policiais federais e, consequentemente, o deslocamento da competência para a justiça federal. Na espécie, o acórdão recorrido concluiu pela ilegitimidade passiva da União e, assim, pela incompetência absoluta da justiça federal. O Ministro Marco Aurélio, relator, negou provimento ao recurso extraordinário. Reputou que a legitimidade seria do Distrito Federal, o que implicaria incompetência absoluta da justiça federal. Afirmou que não se poderia confundir a cláusula incerta no inciso XIV do art. 21 da CF, que previa a competência da União para organizar e manter a polícia civil, com relação jurídica a envolver servidores e o Distrito Federal. Em seguida, pediu vista o Ministro Roberto Barroso.

Polícia civil do DF: extensão de gratificação e legitimidade passiva da União - 2
A União tem legitimidade para figurar como parte passiva em ação na qual integrante da Polícia Civil do Distrito Federal reivindica a extensão de gratificação recebida por policiais federais. Por conseguinte, compete à justiça federal processar e julgar o feito. Essa a orientação da 1ª Turma que, em conclusão de julgamento e por maioria, proveu recurso extraordinário — v. Informativo 737. Prevaleceu o voto do Ministro Roberto Barroso. Afirmou que não apenas a competência legislativa em relação aos policiais do Distrito Federal seria da União, como também o ônus financeiro. O Ministro Luiz Fux acrescentou que haveria previsão constitucional expressa no sentido de que competiria à União manter a Polícia Civil do Distrito Federal. Assentou

que, se por regra constitucional, o ônus financeiro relacionado àquele órgão seria da União, toda ação que buscasse modificar esse ônus seria, consequentemente, de competência da justiça federal. Vencido o Ministro Marco Aurélio (relator), que desprovia o recurso. Reputava não se poder confundir a cláusula do inciso XIV do art. 21 da CF, que prevê a competência da União para organizar e manter a polícia civil, com relação jurídica a envolver servidores e o Distrito Federal. Precedente citado: SS 1.154/DF (DJU de 6.6.1997). RE 275438/DF, rel. orig. Min. Marco Aurélio, red. p/ o acórdão Min. Roberto Barroso, 27.5.2014. (RE-275438) (Inform. STF 748)

Autonomia dos entes federados e vinculação de subsídios
A vinculação automática de subsídios de agentes políticos de distintos entes federativos é inconstitucional. Com base nesse entendimento, o Plenário julgou procedente pedido formulado em ação direta para declarar a inconstitucionalidade do art. 1º da Lei 7.456/2003, do Estado do Espírito Santo. No caso, a norma estadual impugnada estabelece como subsídio mensal pago a deputados estaduais o valor correspondente a 75% do subsídio mensal pago a deputados federais. O Tribunal destacou que qualquer aumento no valor dos subsídios destes resultaria, automaticamente, no aumento dos subsídios daqueles. Assim, reputou haver violação ao princípio da autonomia dos entes federados. ADI 3461/ES, rel. Min. Gilmar Mendes, 22.5.2014. (ADI-3461) (Inform. STF 747)

AG. REG. NA SL N. 665-SP
RELATOR: MINISTRO PRESIDENTE
Ementa: Teto Constitucional. Licença-Prêmio Indenizada. Agente Fiscal de Rendas do Estado de São Paulo. Suspensão da Execução de Decisão que Deferiu o Levantamento da Indenização até o Trânsito em Julgado da Sentença de Mérito. Agravo Regimental ao qual se Nega Provimento.
No caso da licença-prêmio não usufruída, paga em pecúnia ao servidor aposentado, a conclusão pela natureza indenizatória é válida apenas no que se refere ao seu valor total (§ 11 do art. 37 da Constituição, na redação da EC 47/2005).
O caráter indenizatório da parcela não se estende à remuneração do servidor, ainda que para o fim específico de cálculo da licença-prêmio, sob pena de violação ao inc. XI do art. 37 da Constituição, na redação da EC 41/2003.
Entendimento deste Supremo Tribunal Federal no sentido de que afronta a ordem pública a decisão que afasta a aplicação do teto constitucional.
Agravo regimental ao qual se nega provimento, com a manutenção da decisão da Presidência que deferiu a suspensão da execução até o trânsito em julgado da sentença de mérito proferida no processo de origem. (Inform. STF 747)

AG. REG. NO AG. REG. NOS EMB. DECL. NA SS N. 4.416-SP
RELATOR: MINISTRO PRESIDENTE
Ementa: Teto Constitucional. Licença-Prêmio Indenizada. Agente Fiscal de Rendas do Estado de São Paulo. Suspensão da Execução de Decisão que Deferiu o Levantamento da Indenização até o Trânsito em Julgado da Sentença de Mérito. Agravo Regimental ao qual se Nega Provimento.
No caso da licença-prêmio não usufruída, paga em pecúnia ao servidor aposentado, a conclusão pela natureza indenizatória é válida apenas no que se refere ao seu valor total (§ 11 do art. 37 da Constituição, na redação da EC 47/2005).
O caráter indenizatório da parcela não se estende à remuneração do servidor, ainda que para o fim específico de cálculo da licença-prêmio, sob pena de violação ao inc. XI do art. 37 da Constituição, na redação da EC 41/2003.
Entendimento deste Supremo Tribunal Federal no sentido de que afronta a ordem pública a decisão que afasta a aplicação do teto constitucional.
Agravo regimental ao qual se nega provimento, com a manutenção da decisão da Presidência que deferiu a suspensão da execução até o trânsito em julgado da sentença de mérito proferida no processo de origem. (Inform. STF 747)

AG. REG. NO ARE N. 794.339-DF
RELATORA: MIN. CÁRMEN LÚCIA
EMENTA: AGRAVO REGIMENTAL NO RECURSO EXTRAORDINÁRIO COM AGRAVO. ADMINISTRATIVO. DELEGADO DE POLÍCIA. VANTAGEM DE NATUREZA PESSOAL. ABSORÇÃO POR SUBSÍDIO. INEXISTÊNCIA DE DIREITO ADQUIRIDO A FÓRMULA DE COMPOSIÇÃO DA REMUNERAÇÃO. AGRAVO REGIMENTAL AO QUAL SE NEGA PROVIMENTO. (Inform. STF 745)

REPERCUSSÃO GERAL EM ARE N. 800.721-PE
RELATOR: MIN. TEORI ZAVASCKI
Ementa: PROCESSUAL CIVIL. RECURSO EXTRAORDINÁRIO COM AGRAVO. LEI 10.698/03. CONCESSÃO DE "VANTAGEM PECUNIÁRIA INDIVIDUAL". OFENSA AO ART. 37, X, DA CF. MATÉRIA INFRACONSTITUCIONAL. AUSÊNCIA DE REPERCUSSÃO GERAL.
1. A controvérsia relativa à incorporação, a vencimento de servidor, do reajuste de 13,23% sobre sua remuneração é de natureza infraconstitucional, já que decidida pelo Tribunal de origem com base nas Leis 10.697/03 e 10.698/03, não havendo, portanto, matéria constitucional a ser analisada.
2. É cabível a atribuição dos efeitos da declaração de ausência de repercussão geral quando não há matéria constitucional a ser apreciada ou quando eventual ofensa à Constituição Federal se dê de forma indireta ou reflexa (RE 584.608 RG, Min. ELLEN GRACIE, Pleno, DJe de 13/03/2009).
3. Ausência de repercussão geral da questão suscitada, nos termos do art. 543-A do CPC. (Inform. STF 744)

AG. REG. NO RE N. 687.395-MG
RELATOR: MIN. DIAS TOFFOLI
EMENTA: Agravo regimental no recurso extraordinário. Administrativo. Servidor público. Município. Base de cálculo do adicional de insalubridade. Ausência de previsão legal. Incidência sobre o vencimento básico. Possibilidade. Súmula Vinculante nº 4. Precedentes.
1. Diante da proibição constitucional de vinculação de qualquer vantagem de servidor público ou empregado ao salário mínimo e da impossibilidade da modificação da respectiva base de cálculo, não viola a Constituição a decisão do Tribunal que, em razão da omissão legislativa, fixa o vencimento básico do servidor como base de cálculo do adicional de insalubridade.
2. Agravo regimental não provido. (Inform. STF 738)

AG. REG. NO ARE N. 788.879-SP
RELATORA: MIN. CÁRMEN LÚCIA
EMENTA: AGRAVO REGIMENTAL NO RECURSO EXTRAORDINÁRIO COM AGRAVO. ADMINISTRATIVO. TETO REMUNERATÓRIO. VERBA INDENIZATÓRIA: NATUREZA JURÍDICA. OFENSA CONSTITUCIONAL INDIRETA. PRECEDENTES. AGRAVO REGIMENTAL AO QUAL SE NEGA PROVIMENTO. (Inform. STF 738)

ADI: vinculação de vencimentos de servidores públicos e piso salarial profissional - 1
Ao confirmar a orientação proferida quando do julgamento da medida cautelar no sentido do óbice à vinculação de vencimentos de servidores públicos estaduais a piso salarial profissional, o Plenário julgou procedente pedido formulado em ação direta. Declarou, em consequência, a inconstitucionalidade da expressão *assegurada aos servidores ocupantes de cargos ou empregos de nível médio e superior remuneração não inferior ao salário mínimo profissional estabelecido em lei*, contida no inciso II do art. 27 da Constituição do Estado de Santa Catarina, bem como da íntegra da Lei estadual 1.117/1990. O Tribunal

acresceu que, reconhecidas as inconstitucionalidades formal e material do art. 1º, *caput* e parágrafos, da Lei catarinense 1.117/1990, deveria ser reconhecida a inconstitucionalidade, por arrastamento, da totalidade do mencionado diploma legal, o qual se limitaria a veicular normas instrumentalizadoras da aplicação do seu art. 1º.

ADI: vinculação de vencimentos de servidores públicos e piso salarial profissional - 2
Ao aplicar o entendimento acima mencionado, o Plenário confirmou a medida cautelar para julgar procedente pedido formulado em ação direta e declarar, por conseguinte, a inconstitucionalidade do inciso XII do art. 55 da Constituição do Estado de Alagoas (*Art. 55 - São direitos especificamente assegurados aos servidores públicos civis: ... XII - piso salarial profissional para as categorias com habilitação profissional específica*). ADI 668/AL, rel. Min. Dias Toffoli, 19.2.2014. (ADI-668)

ADI: remuneração de magistrados e de servidores públicos estaduais do Poder Judiciário
Ao confirmar, em parte, a medida acauteladora concedida em ação direta, o Plenário assentou a extinção do processo no que se refere à LC 2/1990, do Estado de Mato Grosso, e julgou parcialmente procedente pedido formulado para declarar a inconstitucionalidade da expressão *que servirá de limite máximo para a remuneração dos cargos do Poder Judiciário*, constante do inciso XXXI do art. 26, assim como da expressão *e Judiciário*, contida no caput do art. 145, ambos da Constituição do Estado de Mato Grosso. Os preceitos impugnados dispõem sobre a remuneração no âmbito dos Poderes Legislativo, Executivo e Judiciário. Inicialmente, o Tribunal registrou a carência superveniente da ação, em virtude do desaparecimento do interesse processual, haja vista a revogação da LC estadual 2/1990 pela LC 16/1992. Em seguida, quanto aos demais dispositivos questionados, afirmou a vedação de se estabelecer, em nível estadual, limites à remuneração do Poder Judiciário, os quais seriam fixados na Constituição. Destacou, ademais, que a iniciativa legislativa seria do STF e que a matéria também seria regulada pela Lei Orgânica da Magistratura Nacional – Loman, recepcionada em face da Constituição vigente. ADI 509/MT, rel. Min. Ricardo Lewandowski, 19.4.2014. (ADI-509) (Inform. STF 736)

AG. REG. NO ARE N. 705.661-BA
RELATORA: MIN. ROSA WEBER
EMENTA: DIREITO ADMINISTRATIVO. SERVIDORES PÚBLICOS FEDERAIS. VANTAGEM PECUNIÁRIA INDIVIDUAL. REAJUSTE. LEI 10.698/2003. ALEGADA CONTRARIEDADE AO ART. 37, X, DA CONSTITUIÇÃO DA REPÚBLICA. DEBATE INFRACONSTITUCIONAL. AUMENTO DE VENCIMENTOS DE SERVIDORES PÚBLICOS PELO PODER JUDICIÁRIO SOB O FUNDAMENTO DA ISONOMIA. IMPOSSIBILIDADE. ÓBICE DA SÚMULA 339/STF. ACÓRDÃO RECORRIDO PUBLICADO EM 22.9.2011.
O exame da alegada ofensa ao art. 37, X, da Constituição Federal, dependeria de prévia análise da legislação infraconstitucional aplicada à espécie, Lei 10.698/2003, o que refoge à competência jurisdicional extraordinária, prevista no art. 102 da Constituição Federal.
Divergir do entendimento do acórdão recorrido quanto à natureza do pagamento da vantagem no valor fixo de R$ 59,87 (cinquenta e nove reais e oitenta e sete centavos), estabelecida pela Lei 10.698/03, se revisão geral ou vantagem pecuniária individual, demandaria a análise de legislação infraconstitucional aplicada à espécie, o que torna oblíqua e reflexa eventual ofensa, insuscetível, portanto, de viabilizar o conhecimento do recurso extraordinário.
Na esteira da jurisprudência desta Corte, a equiparação de vencimentos requer a edição de lei específica, razão pela qual não se admite a extensão, pela via judicial, de vantagem de natureza pessoal, legalmente instituída, a pretexto de se empregar tratamento isonômico. Óbice da Súmula 339/STF.

As razões do agravo regimental não são aptas a infirmar os fundamentos que lastrearam a decisão agravada, mormente no que se refere à ausência de ofensa direta e literal a preceito da Constituição da República.
Agravo regimental conhecido e não provido. (Inform. STF 735)

Incorporação de quintos e regime jurídico anterior - 1
É vedada a incorporação de quintos, aos vencimentos de magistrados, decorrente de exercício de função comissionada em cargo público, ocorrido em data anterior ao ingresso na magistratura. Com base nessa orientação, o Tribunal, por maioria, deu parcial provimento a recurso extraordinário em que se discutia, à luz dos artigos 2º, 5º, XXXVI, e 93 da CF, a ocorrência de direito adquirido à incorporação da mencionada vantagem. Em preliminar, por maioria, a Corte conheceu do recurso extraordinário. Pontuou que a controvérsia estabelecida no caso fora considerada, em decisão do Plenário Virtual, como de natureza constitucional e com repercussão geral. Salientou que esse reconhecimento não impossibilitaria que cada Ministro, quando do julgamento final do recurso extraordinário, pudesse se pronunciar em sentido diverso, inclusive quanto à incognoscibilidade do recurso extraordinário. Asseverou que, embora a configuração ou não de direito adquirido constituísse, em geral, matéria de disciplina infraconstitucional, predominaria entendimento de que a discussão relacionada ao sentido e aos limites da própria cláusula da Constituição que estabelecesse essa garantia assumiria características constitucionais. Na espécie, teria natureza constitucional debate acerca do direito à manutenção de regime jurídico. Vencidos, no ponto, os Ministros Luiz Fux, Dias Toffoli e Celso de Melo, que não conheciam do recurso. Afirmavam, com base em precedentes, que, não obstante o sistema constitucional impusesse o respeito ao direito adquirido, a Constituição não o definiria e, em nosso ordenamento positivo, esse conceito representaria matéria de caráter legal. Consideravam que o debate seria concernente à extensão da LC 35/79 (Loman) e, por isso, não haveria conflito direto com a Constituição. Ressaltavam que o pronunciamento do Tribunal seria em tema de estrita legalidade, a dar um desfecho para a dimensão normativa da Loman.

Incorporação de quintos e regime jurídico anterior - 2
No mérito, o Tribunal recordou expressivo número de recursos em que assentado não haver direito adquirido a regime jurídico. Aduziu que a Constituição asseguraria ao titular de direito adquirido a garantia de sua preservação, inclusive em face de lei nova, a incluir a faculdade de exercê-lo no devido tempo. Ponderou que esses direitos subjetivos somente poderiam ser gozados nos termos em que formados. Além disso, deveriam estar de acordo com a estrutura que lhes conferira o correspondente regime jurídico no âmbito do qual adquiridos e em face daqueles que teriam o dever jurídico de entregar a prestação. Consignou que somente no âmbito deste regime é que o titular do direito adquirido estaria habilitado a exigir a correspondente prestação. Registrou, ademais, que o direito pleiteado não estaria revestido de portabilidade a permitir que os recorridos pudessem exercê-lo fora da relação jurídica de onde se originaram, ainda mais quando não subsistente essa vinculação. Observou que, inexistente o vínculo funcional, não haveria sentido em afirmar a sobrevivência de certa parcela remuneratória dessa relação jurídica desfeita. Lembrou que, considerada a vedação constitucional de se acumular cargos remunerados, não seria legítimo possuir, em um dos cargos, vantagem devida pelo exercício de outro. Assinalou não haver direito a se formar regime jurídico híbrido, de caráter pessoal e individual, que acumulasse, em um dos cargos, vantagem própria e exclusiva de outro. Aduziu que a garantia de preservação de direito adquirido não serviria para sustentar a criação e o exercício de um direito de *tertium genus*, composto de vantagens de dois regimes diferentes, cujo exercício cumulativo não teria amparo na lei ou na Constituição. Concluiu pela inexistência de direito adquirido dos recorridos em continuar a

receber os quintos incorporados, após a mudança de regime jurídico. Preservou, no entanto, os valores da incorporação já percebidos em respeito ao princípio da boa-fé.

Incorporação de quintos e regime jurídico anterior - 3
Vencidos os Ministros Luiz Fux e Dias Toffoli, que negavam provimento ao recurso. Rememoravam que os recorridos postulavam a vantagem até o advento da lei dos subsídios. Fixavam a necessidade de se conceder a vantagem aos que não a tivessem recebido, até o advento dessa norma. Estipulavam que o resultado do presente julgamento deveria ter eficácia a partir do presente, sob pena de se gerar situações anti-isonômicas entre magistrados. Vencido, ainda, o Ministro Marco Aurélio, que dava provimento ao recurso em maior extensão. Apontava que o valor recebido à margem da Constituição durante certo período deveria ser alvo de devolução. Frisava que o Estatuto dos Servidores Públicos preveria a devolução, ainda que em parcelas. Asseverava a inexistência, com as consequências próprias, no caso concreto, de direito adquirido dos recorridos. RE 587371/DF, rel. Min. Teori Zavascki, 14.11.2013. (RE-587371) (Inform. STF 728)

AG. REG. NO SEGUNDO AG. REG. NO RE N. 590.164-SP
RELATOR: MIN. DIAS TOFFOLI
EMENTA: Agravo regimental no segundo agravo regimental no recurso extraordinário. Verba de representação de Procuradores do Estado de São Paulo. Inclusão no teto remuneratório. Precedentes.
1. A verba de representação recebida pelos Procuradores do Estado de São Paulo não se caracteriza como vantagem de natureza pessoal e, por isso, deve ser incluída no teto remuneratório da categoria.
2. Agravo regimental não provido. (Inform. STF 727)

AG. REG. NO ARE N. 718.339-RS
RELATOR: MIN. MARCO AURÉLIO
ISONOMIA – VENCIMENTOS – DELEGADO DE POLÍCIA *VERSUS* PROCURADOR DO ESTADO – DIFERENÇA – TERMO INICIAL – PRECEDENTES. Ante o decidido na Ação Direta de Inconstitucionalidade nº 761, as diferenças salariais decorrentes da isonomia entre delegados de polícia e procuradores do Estado do Rio Grande do Sul são devidas a partir da edição da Lei estadual nº 9.696/92.
AGRAVO – ARTIGO 557, § 2º, DO CÓDIGO DE PROCESSO CIVIL – MULTA. Surgindo do exame do agravo o caráter manifestamente infundado, impõe-se a aplicação da multa prevista no § 2º do artigo 557 do Código de Processo Civil. (Inform. STF 726)

AG. REG. NO ARE N.705.174-PR
RELATOR: MIN. DIAS TOFFOLI
EMENTA: Servidor público preso preventivamente. Descontos nos proventos. Ilegalidade. Precedentes.
1. A jurisprudência da Corte fixou entendimento no sentido de que o fato de o servidor público estar preso preventivamente não legitima a Administração a proceder a descontos em seus proventos.
2. Agravo regimental não provido. (Inform. STF 725)

Conversão monetária: competência e irredutibilidade de vencimentos - 1
O direito de servidor público a determinado percentual compensatório em razão de incorreta conversão do padrão monetário — de Cruzeiro Real para Unidade Real de Valor - URV — decorre exclusivamente dos parâmetros estabelecidos pela Lei 8.880/94, e o *quantum debeatur* deve ser apurado no momento da liquidação de sentença. Ademais, esse percentual não pode ser compensado ou abatido por aumentos remuneratórios supervenientes e deve incidir até reestruturação remuneratória de cada carreira, que, ao suprimir o índice, não poderá ofender o princípio da irredutibilidade de vencimentos.

Essa a conclusão do Plenário, que proveu parcialmente recurso extraordinário no qual se discutia a conversão dos vencimentos de servidora pública estadual, tendo em conta a diferença de padrões estabelecidos entre a Lei 8.880/94 e a Lei 6.612/94, do Estado do Rio Grande do Norte. Preliminarmente, admitiu-se a manifestação de *amici curiae*, à luz do art. 543-A, § 6º, do CPC ("*§ 6º O Relator poderá admitir, na análise da repercussão geral, a manifestação de terceiros, subscrita por procurador habilitado, nos termos do Regimento Interno do Supremo Tribunal Federal*"). No mérito, explicou-se que a Lei 8.880/94, instituidora do Plano Real, regulara a conversão do Cruzeiro Real em URV, parâmetro viabilizador da criação do Real. Afirmou-se que, no momento da conversão, inúmeros servidores públicos teriam sido prejudicados em decorrência dos critérios adotados, haja vista o decréscimo em seus vencimentos. Destacou-se haver casos específicos em que o prejuízo teria sido ainda maior, em decorrência de leis estaduais que teriam modificado os parâmetros de conversão firmados pela lei nacional. Sublinhou-se o art. 22, VI, da CF ("*Art. 22. Compete privativamente à União legislar sobre: ... VI - sistema monetário e de medidas, títulos e garantias dos metais*") e aduziu-se que essa competência privativa da União seria tema pacífico. Asseverou-se que a Lei 8.880/94 trataria de sistema monetário, ao passo que seu art. 28 cuidaria da conversão da remuneração de servidores públicos de maneira geral, e não apenas federais. Assim, salientou-se o caráter nacional dessa norma. Concluiu-se que estados-membros e municípios não estariam autorizados a legislar sobre a matéria em detrimento do que previsto na Lei 8.880/94. Demonstrou-se que esse entendimento estaria de acordo com a jurisprudência da Corte. No caso, apontou-se que a Lei potiguar 6.612/94 não poderia ter disciplinado a conversão do padrão monetário a ser observado em relação aos servidores estaduais de forma distinta daquela disposta na Lei 8.880/94. Portanto, seria formalmente inconstitucional. Assim, a Corte declarou, *incidenter tantum*, a inconstitucionalidade da referida Lei 6.612/94, do Estado do Rio Grande do Norte.

Conversão monetária: competência e irredutibilidade de vencimentos - 2
Reputou-se a simples conversão de padrão monetário seria distinta de aumento da remuneração, pois naquele caso os vencimentos permaneceriam no mesmo patamar, conforme precedentes do STF. Assim, nos termos do art. 169, § 1º, I e II, da CF, a concessão de vantagem ou aumento de remuneração é que dependeriam de prévia dotação orçamentária. No particular, não se cuidaria de qualquer dessas duas hipóteses, porquanto a incorporação do índice compensatório representaria apenas medida a evitar perda remuneratória, e não acréscimo nos vencimentos. Rememorou-se que o índice de 11,98% fora reconhecido aos servidores federais no âmbito do Legislativo, do Judiciário e do Ministério Público (ADI 2323 MC/DF, DJU de 20.4.2000). No caso do Executivo Federal, por exemplo, o servidor não teria direito ao aludido percentual, nos termos do que já decidido pela Corte. Sublinhou-se que o direito à diferença decorrente da conversão do Cruzeiro Real em URV incidiria quando o cálculo considerasse valor discrepante do correspondente à data do efetivo pagamento, conforme também já reconhecido pelo STF. Explicitou-se que a incorporação de determinado índice decorrente de conversão equivocada seria medida legítima e necessária, sob pena de a supressão originar ofensa ao princípio da irredutibilidade da remuneração dos servidores públicos. Eventual exclusão do índice durante período em que não alterada a estrutura remuneratória do servidor representaria medida ofensiva ao direito adquirido. Consignou-se que esse índice seria devido em decorrência de equívoco na conversão da moeda, o que não impediria seu acúmulo com índice de aumento posterior concedido a servidores para assegurar poder de compra. Entretanto, a incorporação do índice compensatório não poderia subsistir quando a carreira tivesse sofrido reestruturação, pois o percentual não poderia permanecer indeterminadamente. Assim, por exemplo, com a entrada em vigor da Lei 10.475/2002, a reestruturar as carreiras

dos cargos efetivos da Justiça Federal, os valores das parcelas decorrentes de decisões administrativas e judiciais teriam sido absorvidos pela nova tabela de vencimentos. Nesse sentido, a possibilidade de o regime jurídico de servidor público sofrer alterações obstaria a tese de que o montante compensatório devesse ser mantido indefinidamente. Portanto, seria correto vedar a compensação desse percentual com aumentos supervenientes concedidos a servidores públicos.
RE 561836/RN, rel. Min. Luiz Fux, 25 e 26.9.2013. (RE-561836) (Inform. STF 721)

EMB. DECL. NA ADI N. 4.364-SC
RELATOR: MIN. DIAS TOFFOLI
Embargos de declaração. Ação direta de inconstitucionalidade. Constitucionalidade dos pisos salariais estaduais definidos por norma do Estado de Santa Catarina. Inexistência de omissão, contradição ou obscuridade. Caráter consultivo sobre situação concreta não abarcada pelo julgado. Embargos acolhidos para esclarecimentos. A menção ao dever de obediência a patamar mínimo fixado em lei foi feita - em relação aos trabalhadores alcançados pela lei estadual, não abrangidos por nenhuma forma de negociação coletiva anterior - como reforço argumentativo, com o intuito de realçar a liberdade de atuação dos órgãos sindicais na construção das políticas salariais dos seus representados. Como foi destacado, o piso salarial fixado pela legislação estadual, em razão da limitação contida na Lei Complementar Federal nº 103/2000 e conforme ressalva expressa no art. 3º da lei estadual questionada, não incidirá sobre as profissões que tenham convenção ou acordo coletivo de trabalho, preservando-se e ressalvando-se os pisos salariais assim definidos. Por sua vez, em relação aos trabalhadores não abrangidos por nenhuma forma anterior de negociação coletiva, o piso salarial estadual incidirá, passando a ser esse, portanto, o patamar mínimo legalmente assegurado à categoria, e não mais o "salário mínimo nacional".
2. Embargos acolhidos somente para se prestarem esclarecimentos, não se alterando o dispositivo do acórdão embargado. (Inform. STF 720)

AG. REG. NO RE N. 449.427-PR
RELATOR: MIN. TEORI ZAVASCKI
Ementa: ADMINISTRATIVO. AGRAVO REGIMENTAL NO RECURSO EXTRAORDINÁRIO. AUSÊNCIA DE IMPUGNAÇÃO ESPECÍFICA A FUNDAMENTO DA DECISÃO AGRAVADA. SÚMULA 284/STF. SERVIDOR PÚBLICO. TETO SALARIAL CALCULADO COM LASTRO EM VENCIMENTO BASE INFERIOR AO SALÁRIO MÍNIMO NACIONAL. POSSIBILIDADE. PRECEDENTES DO TRIBUNAL PLENO. OFENSA AO ART. 37, XV, DA CF. INOCORRÊNCIA. OBSERVÂNCIA DO VALOR NOMINAL DA REMUNERAÇÃO GLOBAL DO SERVIDOR.
1. A aplicação do art. 7º, IV, da CF aos servidores públicos leva em conta a remuneração total recebida, não havendo óbice para a fixação de vencimento base em quantia inferior ao salário mínimo nacional (RE 197072, Relator(a): Min. MARCO AURÉLIO, Tribunal Pleno, DJ de 08-06-2001; RE 265129, Relator(a): Min. ILMAR GALVÃO, Tribunal Pleno, DJ de 14-11-2002).
2. A jurisprudência do Supremo Tribunal Federal é firme no sentido de que o princípio da irredutibilidade salarial não é ofendido quando o valor nominal da remuneração global do servidor é preservado.
3. Agravo regimental parcialmente conhecido e, nessa parte, desprovido. (Inform. STF 716)

AG.REG. NO RE N. 671.734-MG
RELATORA: MIN. CÁRMEN LÚCIA
EMENTA: AGRAVO REGIMENTAL NO RECURSO EXTRAORDINÁRIO. ADMINISTRATIVO. MUNICÍPIO DE IPATINGA. SERVIDOR PÚBLICO. BASE DE CÁLCULO DO ADICIONAL DE INSALUBRIDADE. AUSÊNCIA DE LEGISLAÇÃO LOCAL QUE DISCIPLINE O TEMA. ACÓRDÃO DA JUSTIÇA DO TRABALHO QUE SUPRE A OMISSÃO LEGISLATIVA. AUSÊNCIA DE CONTRARIEDADE À SÚMULA VINCULANTE N. 4 DO SUPREMO TRIBUNAL FEDERAL. AGRAVO REGIMENTAL AO QUAL SE NEGA PROVIMENTO. (Inform. STF 715)

AG. REG. NO ARE N. 654.260- RJ
RELATOR: MIN. DIAS TOFFOLI
EMENTA: Agravo regimental no recurso extraordinário com agravo. Teto remuneratório. Empregado de sociedade de economia mista. CEDAE. Entidade sem autonomia financeira. Aplicação do art. 37, inciso XI, da CF. Precedentes.
1. A limitação remuneratória estabelecida pelo art. 37, inciso XI, da Constituição Federal aplica-se também aos empregados das empresas públicas e das sociedades de economia mista que receberem recursos públicos para pagamento de pessoal e custeio em geral, conforme disposto no § 9º do referido artigo.
2. Agravo regimental não provido. (Inform. STF 712)

AG. REG. EM MS N. 27.439-DF
RELATOR: MIN. DIAS TOFFOLI
EMENTA: Agravo regimental em mandado de segurança. Incorporação retroativa de quintos. Período que antecede à criação da função comissionada. Lei nº 8.911/94, art. 3º. Resolução da Câmara dos Deputados nº 70, de 1994. Agravo regimental a que se nega provimento.
1. A Corte assentou entendimento no sentido da insubsistência do agravo regimental quando ele se limita a reiterar os argumentos apresentados na inicial, conforme consagrado no art. 317, § 1º, do RISTF.
2. A Corte já assentou a necessidade de haver o efetivo exercício na função comissionada para efeito de incorporação de quintos (MS nº 22.735/DF, Rel. Min. Ilmar Galvão, Tribunal Pleno, DJ de 6/2/98).
3. Não há amparo legal para a obtenção de quintos relativos a período que antecede à criação da função comissionada, ou seja, a período anterior ao efetivo exercício da função comissionada. A mera atribuição de natureza especial ao cargo dos agravantes não suplanta a exigência legal que impõe o efetivo exercício na função comissionada a partir do respectivo ato de designação.
4. Agravo regimental a que se nega provimento. (Inform. STF 707)

AG. REG. NO RE N. 265.407-SC
RELATOR: MIN. TEORI ZAVASCKI
Ementa: ADMINISTRATIVO E PROCESSUAL CIVIL. AGRAVO REGIMENTAL NO RECURSO EXTRAORDINÁRIO. DELEGADOS DE POLÍCIA E PROCURADORES DO ESTADO. ISONOMIA. EXIGÊNCIA DE LEI ESPECÍFICA. PRECEDENTES. PERDA DE OBJETO. INOCORRÊNCIA.
AGRAVO REGIMENTAL A QUE SE NEGA PROVIMENTO. (Inform. STF 707)

Teto remuneratório e honorários advocatícios
A 1ª Turma, por votação majoritária, negou provimento a agravo regimental de decisão do relator à época, na qual dado provimento a recurso extraordinário para aplicar a sistemática do art. 42 da Lei paulista 10.430/88 – não recepcionado pela CF/88 no ponto em que fixara teto para a remuneração bruta, a qualquer título, dos servidores públicos municipais. Ademais, incluíra os valores percebidos sob a rubrica de honorários advocatícios, por procuradora municipal, na incidência de teto remuneratório, por não se enquadrarem como vantagens de natureza pessoal. Preliminarmente, por maioria, converteram-se os embargos de declaração em agravo regimental, contra o voto do Min. Marco Aurélio. Vencido, também, quanto ao mérito, uma vez que provia o agravo a fim de que o extraordinário viesse a julgamento deste Colegiado. RE 380538 ED/SP, rel. Min. Dias Toffoli, 26.6.2012. (RE-380538) (Inform. STF 672)

DIREITO ADMINISTRATIVO. AUXÍLIO-ALIMENTAÇÃO REFERENTE A PERÍODO DE FÉRIAS.
O servidor público tem direito ao recebimento de auxílio-alimentação referente a período de férias. Precedentes citados: AgRg no AREsp 276.991-BA, Segunda Turma, DJe 8/5/2013; e AgRg no REsp 1.082.563-CE, Sexta Turma, DJe 1º/2/2011. AgRg no REsp 1.360.774-RS, Rel. Min. Humberto Martins, julgado em 18/6/2013. **(Inform. STJ 526)**

DIREITO ADMINISTRATIVO. ABSORÇÃO DA VPNI PELO ACRÉSCIMO REMUNERATÓRIO DECORRENTE DA PROGRESSÃO NA CARREIRA.
A simples absorção do valor referente à VPNI pelo acréscimo remuneratório decorrente da progressão na carreira independe de processo administrativo anterior. A jurisprudência desta Corte Superior sedimentou-se no sentido de que a absorção da vantagem pessoal nominalmente identificada (VPNI) pelos acréscimos remuneratórios decorrentes da progressão na carreira não importa redução nominal de vencimentos, não havendo ofensa ao princípio da irredutibilidade de vencimentos. Nessa esteira de entendimento, por não se tratar de redução de vencimentos, é desnecessária a prévia abertura de processo administrativo para proceder à absorção da VPNI nos moldes da lei. Precedentes citados: AgRg no REsp 1.162.982-RS, Quinta Turma, DJe 2/10/2012; e REsp 935.358-RS, Quinta Turma, DJe 31/5/2010. AgRg no REsp 1.370.740-RS, Rel. Min. Humberto Martins, julgado em 18/6/2013. (Inform. STJ 524)

DIREITO ADMINISTRATIVO. GRATIFICAÇÃO DE ATIVIDADE (GAE) PAGA AOS ADVOGADOS DA UNIÃO. RECURSO REPETITIVO (ART. 543-C DO CPC E RES. 8/2008-STJ).
A Gratificação de Atividade (GAE) instituída pela Lei Delegada 13/1992 é devida aos Advogados da União somente até a edição da MP 2.048-26/2000, momento em que foi substituída pela Gratificação de Desempenho de Atividade Jurídica (GDAJ). A MP 2.048-26/2000 reestruturou e reorganizou carreiras, cargos e funções comissionadas técnicas no âmbito da Administração Pública Federal, entre as quais a de Advogado da União, concedendo-lhes, no art. 41, uma nova gratificação, a GDAJ. Assim, não obstante o fato de o art. 1º dessa medida provisória não ter se referido ao cargo de Advogado da União, devem ser interpretados, sistemática e teleologicamente, seus arts. 41 e 59 para concluir que a GAE foi retirada de todos os cargos tratados por ela — e não apenas dos relacionados às carreiras elencadas em seu art. 1º — para ser substituída pela GDAJ. REsp **1.353.016-AL, Rel. Min. Mauro Campbell Marques, julgado em 12/6/2013.** (Inform. STJ 522)

DIREITO ADMINISTRATIVO. COBRANÇA DE REAJUSTE INCIDENTE SOBRE PARCELA REMUNERATÓRIA INCORPORADA. RECURSO REPETITIVO (ART. 543-C DO CPC E RES. 8/2008-STJ).
A incorporação da Parcela Autônoma do Magistério (PAM) aos vencimentos dos professores públicos do Estado do Rio Grande do Sul não implica, por si só, a prescrição do fundo de direito da pretensão de cobrança dos reajustes incidentes sobre a parcela incorporada instituídos, antes da incorporação, pela Lei Estadual 10.395/1995. De fato, embora a PAM tenha sido incorporada aos vencimentos dos professores públicos do Estado do Rio Grande do Sul (Lei Estadual 11.662/2001), os reajustes incidentes sobre a parcela incorporada e anteriores a esse evento repercutem continuamente na esfera jurídico-patrimonial dos servidores, gerando efeitos financeiros de trato sucessivo. Assim, não há que se falar em negativa inequívoca do direito à revisão da verba incorporada ante a incorporação. Nessa situação, incide a regra da Súmula 85 do STJ, segundo a qual, nas relações jurídicas de trato sucessivo em que a Fazenda Pública figure como devedora, quando não tiver sido negado o próprio direito reclamado, a prescrição atinge apenas as prestações vencidas antes do quinquênio anterior à propositura da ação. Precedentes citados: REsp 1.313.586-RS, Segunda Turma, DJe 4/2/2013 e AgRg no REsp 1.313.646-RS, Primeira Turma, DJe 21/9/2012. **REsp 1.336.213-RS, Rel. Ministro Herman Benjamin, julgado em 12/6/2013.** (Inform. STJ 522)

DIREITO ADMINISTRATIVO. EXTENSÃO DA VPE CRIADA PELA LEI 11.134/2005 AOS MILITARES DO ANTIGO DISTRITO FEDERAL.
A vantagem pecuniária especial (VPE) criada pela Lei 11.134/2005 e devida aos militares da Polícia Militar e do Corpo de Bombeiros Militar do atual Distrito Federal deve ser estendida aos inativos e pensionistas do antigo Distrito Federal. Isso porque o art. 65, § 2º, da Lei 10.486/2002 assegurou aos militares inativos e pensionistas integrantes da Polícia Militar e do Corpo de Bombeiros Militar do antigo DF as vantagens previstas para os policiais militares do atual DF. Percebe-se, assim, que a Lei 10.486/2002 estabelece uma vinculação jurídica permanente entre os militares do antigo e do atual DF, sendo todos igualmente remunerados pela União. A intenção do legislador, ao estabelecer essa vinculação entre os servidores deste e do antigo DF, não foi outra senão a de conferir as vantagens que porventura fossem criadas para os servidores deste distrito àqueles do antigo, até por medida de efetiva justiça. Dessa forma, é desnecessária a menção expressa no art. 1º da Lei 11.134/2005 de que a VPE também deve ser paga aos militares do antigo DF. **EREsp 1.121.981-RJ, Rel. Min. Alderita Ramos de Oliveira (Desembargadora convocada do TJ-PE), julgado em 8/5/2013.** (Inform. STJ 521)

DIREITO ADMINISTRATIVO. NOVA SISTEMÁTICA REMUNERATÓRIA INSTITUÍDA PELA MP 43/2002 PARA OS PROCURADORES DA FAZENDA NACIONAL.
A remuneração dos procuradores da Fazenda Nacional, no período de 1º/3/2002 a 25/6/2002, deve ser realizada do seguinte modo: a) vencimento básico calculado na forma da MP 43/2002; b) pró-labore em valor fixo; c) representação mensal sobre o novo vencimento básico, nos percentuais do DL 2.371/1987; d) gratificação temporária conforme a Lei 9.028/1995; e e) VPNI, em caso de eventual redução na totalidade da remuneração. De acordo com a jurisprudência consolidada do STJ, a Lei 10.549/2002, que resultou da conversão da MP 43/2002, implantou nova sistemática remuneratória para os procuradores da Fazenda Nacional. A citada MP somente teve eficácia retroativa em relação ao novo vencimento básico, conforme o art. 3º da Lei 10.549/2002, não se estendendo ao disposto nos arts. 4º e 5º, referentes ao pró-labore e à representação mensal, que tiveram disposições modificadas somente a partir da publicação da MP 43/2002, em 26/6/2002. Ressalte-se ainda que, na hipótese de decréscimo remuneratório a partir de 26/6/2002, a diferença deverá ser paga a título de Vantagem Pessoal Nominalmente Identificada, a ser reduzida à medida que for reajustado o valor dos vencimentos, nos termos do art. 6º da MP 43/2002. Precedentes citados: AgRg no REsp 1.239.287-RS, Segunda Turma, DJe 5/12/2012; AgRg no AREsp 136.238-AL, Segunda Turma, DJe 15/8/2012, e AgRg no REsp 877.486-RS, Sexta Turma, DJe 5/9/2012. **AgRg no AREsp 272.247-GO, Rel. Min. Herman Benjamin, julgado em 2/4/2013.** (Inform. STJ 521)

DIREITO ADMINISTRATIVO. IMPOSSIBILIDADE DE PAGAMENTO DA GDPGPE NO PERCENTUAL DE 80% AOS SERVIDORES INATIVOS E AOS PENSIONISTAS ATÉ A DATA DA REGULAMENTAÇÃO DA GRATIFICAÇÃO.
Não é possível estender o pagamento da Gratificação de Desempenho do Plano Geral de Cargos do Poder Executivo (GDPGPE) no percentual de 80% do seu valor máximo — devido aos servidores ativos nos moldes do art. 7º-A, § 7º, da Lei 11.357/2006 — aos servidores inativos e aos pensionistas até a data da regulamentação da referida gratificação. Embora o § 7º do art. 7º-A da Lei 11.357/2006 (incluído pela Lei 11.784/2008) determine a percepção de um percentual

fixo (80%) até que seja regulamentada a GDPGPE (o que, inclusive, já ocorreu com a expedição do Dec. 7.133/2010) e até que sejam processados os resultados da primeira avaliação individual e institucional, consoante dicção do § 6º do mesmo artigo, a primeira avaliação de desempenho gerará efeitos desde 1º/1/2009. Deve existir, inclusive, compensação das eventuais diferenças pagas a maior ou a menor aos servidores ativos a título de GDPGPE quando do resultado da avaliação. Nesse contexto, é irrelevante a determinação do art. 10, § 6º, do Dec. 7.133/2010 relativamente à produção de efeitos financeiros a partir da publicação da portaria ministerial que previr as metas globais referentes à avaliação de desempenho institucional. Não se trata, portanto, de bonificação atribuída de forma linear a todo servidor; pelo contrário, trata-se de gratificação devida em razão do efetivo exercício do cargo e variável conforme critérios de avaliação da instituição e do servidor, que, ademais, não tem garantias do quanto lhe será permitido levar para a inatividade. Dessa forma, conclui-se que foi atribuída à GDPGPE, desde a sua implantação – uma vez que os efeitos da primeira avaliação de desempenho retroagirão a 1º/1/2009 –, caráter de vantagem pessoal propter laborem, atrelada à consecução de atividades específicas, na medida em que ela tem por base o desempenho específico e individualizado de cada servidor, sendo o seu valor fixado conforme o resultado da aludida avaliação de desempenho. Consequentemente, não há base legal para que se promova a extensão, aos inativos e pensionistas, do percentual da gratificação devido aos servidores ativos. **REsp 1.368.150-PE, Rel. Min. Humberto Martins, julgado em 16/4/2013.** (Inform. STJ 521)

DIREITO ADMINISTRATIVO. ALCANCE DO REAJUSTE DE 31,87% CONCEDIDO PELAS LEIS 8.622, 8260;1993 E 8.627/1993.
Os demais servidores públicos não fazem jus à diferença entre o reajuste de 31,87% concedido aos oficiais-generais do Exército pelas Leis 8.622/1993 e 8.627/1993, e o reajuste de 28,86%, deferido a todo o funcionalismo público. Isso porque o reajuste concedido aos oficiais-generais não caracteriza revisão geral apta a ser estendida a todos servidores. Precedente citado: EREsp 550.687-PE, Terceira Seção, DJ 31/5/2004. **AgRg no REsp 1.342.593-SC, Rel. Min. Mauro Campbell Marques, julgado em 21/3/2013.** (Inform. STJ 519)

DIREITO ADMINISTRATIVO. PAGAMENTO DE ADICIONAL NOTURNO AO SERVIDOR PÚBLICO FEDERAL QUE PRESTE O SEU SERVIÇO EM HORÁRIO NOTURNO SOB O REGIME DE PLANTÃO.
O adicional noturno previsto no art. 75 da Lei 8.112/1990 será devido ao servidor público federal que preste o seu serviço em horário compreendido entre 22 horas de um dia e 5 horas do dia seguinte, ainda que o serviço seja prestado em regime de plantão. Inicialmente, por determinação expressa do art. 39, § 3º, da CF, aplica-se aos servidores ocupantes de cargo público o disposto no inciso IX do art. 7º da CF, que impõe, como direito básico dos trabalhadores urbanos e rurais, a "remuneração do trabalho noturno superior à do diurno". Nesse contexto, com a finalidade de possibilitar a busca pelo significado mais adequado para a norma constante do referido inciso IX, deve-se lançar mão de quatro princípios de hermenêutica constitucional. Primeiro, tendo em conta o princípio da unidade da constituição – pelo qual as normas constitucionais devem ser interpretadas em seu contexto, e não isoladamente, de modo a evitar as antinomias aparentes –, deve-se considerar o fato de que o direito social referente à superioridade da remuneração do trabalho noturno encontra amparo nos princípios constitucionais da dignidade da pessoa humana e da valorização do trabalho, que exigem uma interpretação não restritiva da norma em questão, de modo que se possa promover uma compensação (nesses casos, financeira) ao trabalhador pelos desgastes sofridos em razão da jornada noturna de trabalho. Isso porque o trabalho noturno é mais penoso, mais desgastante, do que o diurno e, além disso, impõe ao trabalhador o sacrifício de ter que abdicar, muitas vezes, da vida social, do convívio com a família e com os amigos. Segundo, em consideração ao princípio da interpretação conforme a constituição – que obriga o intérprete a buscar o sentido e o alcance da norma dentro da própria Constituição, sobretudo nos seus princípios e valores estruturantes –, deve-se interpretar a norma constante do art. 7º, IX, da CF de modo a promover, em qualquer circunstância, a compensação financeira pelo trabalho noturno, uma vez que essa norma não pode ser interpretada de modo a infringir os princípios constitucionais que a sustentam (como foi dito, os princípios da dignidade da pessoa humana e da valorização do trabalho). Terceiro, não se pode conferir aplicabilidade restrita à norma em análise, de modo a amesquinhar, ou reduzir significativamente, seu campo de aplicação. Pelo contrário, ela deve ser interpretada de modo extensivo, apto a permitir a maior amplitude normativa possível, tendo em vista o princípio da máxima efetividade da norma constitucional – segundo o qual, na interpretação das normas constitucionais, deve-se atribuir-lhes o sentido que lhes empreste maior eficácia. Quarto, a norma consignada no referido inciso IX não deve ser interpretada de maneira casuísta ou de modo a afastar sua aplicação a casos específicos não previstos pela Constituição, tendo em conta o princípio do efeito integrador – para o qual, na interpretação constitucional, deve-se dar prioridade à exegese que favoreça a integração social e possibilite o reforço da unidade política. Sendo assim, interpretando o disposto no inciso IX do art. 7º da CF, deve-se determinar o pagamento do adicional noturno sem qualquer restrição ao servidor público federal que preste o seu serviço em horário noturno. Aplica-se aqui, ademais, a regra básica de hermenêutica segundo a qual não cabe ao intérprete restringir nas hipóteses em que a lei não restringiu, sobretudo quando a norma interpretada é de estatura constitucional e consagra um direito social dos trabalhadores. Ademais, a norma constitucional em apreço é de eficácia plena, portanto de vigência imediata. Além de todas essas considerações, também não se pode conferir interpretação restritiva ao art. 75 da Lei 8.112/1990 – que regulamentou, no plano do serviço público civil federal, o art. 7º, IX, da CF –, uma vez que a norma extraída do art. 75 do Estatuto dos Servidores Públicos da União decorre diretamente da norma constitucional constante do mencionado inciso IX. De mais a mais, quanto ao fato de o trabalhador subordinar-se ao regime de plantão, não haverá alteração desse panorama em relação a ele, pelo menos não completamente, porquanto o plantonista se submete aos mesmos desgastes sofridos pelos demais trabalhadores noturnos nos dias em que dobra a jornada. Ele é obrigado a trocar o dia pela noite, bem como também se vê privado de vivenciar um dia a dia normal, já que a vida dos homens urbanos rege-se pelo horário comercial das empresas. Nesse contexto, é necessário ressaltar que não há por que recusar, nesses casos, eficácia e aplicabilidade ao enunciado da Súmula 213 do STF: "É devido o adicional de serviço noturno, ainda que sujeito o empregado ao regime de revezamento". Isso porque, embora a referida súmula tenha sido editada ainda sob o império da Constituição de 1946, permanece válida a interpretação nela consagrada, uma vez que não houve alteração semântica do texto constitucional quanto ao adicional noturno – visto que o art. 157, III, daquela Constituição determinava "salário do trabalho noturno superior ao do diurno". Por fim, além de tudo que já foi mencionado, o TST, ao examinar o art. 73 da CLT (que regulamenta o adicional noturno para os trabalhadores da iniciativa privada) tem decidido que esse adicional é perfeitamente compatível com o regime de plantões. **REsp 1.292.335-RO, Rel. Min. Castro Meira, julgado em 9/4/2013.** (Inform. STJ 519)

DIREITO ADMINISTRATIVO. FIXAÇÃO DO SOLDO EM VALOR INFERIOR AO SALÁRIO MÍNIMO.
É possível fixar o soldo em valor inferior ao do salário mínimo, desde que a remuneração total percebida pelo militar, já consideradas as vantagens pecuniárias, seja igual ou superior àquele

valor. Conforme os arts. 7°, IV, e 39, § 3°, da CF, nenhum servidor público ativo ou inativo poderá receber remuneração mensal inferior ao salário mínimo, não vigorando essa restrição ao vencimento básico, como no caso do soldo. Precedente citado: REsp 1.186.889-DF, Segunda Turma, DJ 2/6/2010. **AgRg no AREsp 258.848-PE, Rel. Min. Herman Benjamin, julgado em 7/2/2013.** (Inform. STJ 517).

DIREITO ADMINISTRATIVO. INCORPORAÇÃO DA GAE AOS VENCIMENTOS DOS INTEGRANTES DA CARREIRA DO MAGISTÉRIO SUPERIOR.
A incorporação da GAE aos vencimentos dos integrantes da carreira do Magistério Superior, nos termos da Lei n. 11.784/2008, não significa que os novos vencimentos básicos devam corresponder à soma do valor referente ao padrão anterior com o da mencionada gratificação. A Lei n. 11.784/2008, que reestruturou o plano de carreira do Magistério Superior, extinguiu, em seu art. 21, a Gratificação de Atividade Executiva – GAE, ficando seu valor incorporado à tabela dos novos vencimentos básicos dos servidores integrantes da respectiva carreira, de forma a ser preservada a irredutibilidade de vencimentos. Nesse contexto, o STJ entende que o parágrafo único do referido dispositivo legal previu a incorporação da GAE à tabela de vencimentos básicos, e não a soma do valor da gratificação aos valores dos vencimentos básicos anteriormente recebidos pelos servidores. Precedentes citados: AgRg no REsp 1.334.876-RS, Segunda Turma, DJe 10/10/2012, e REsp 1.314.554-SC, Primeira Turma, DJe 27/6/2012. **REsp 1.321.727-RS, Rel. Min. Herman Benjamin, julgado em 7/2/2013.** (Inform. STJ 516).

DIREITO ADMINISTRATIVO. IMPOSSIBILIDADE DE REAJUSTE DAS INDENIZAÇÕES DE TRABALHO DE CAMPO CRIADAS PELO ART. 16 DA LEI N. 8.216/1991 EM RAZÃO DAS ALTERAÇÕES PROMOVIDAS PELO DEC. N. 5.554/2005 AOS ADICIONAIS DE LOCALIDADE PREVISTOS NO DEC. N. 1.656/1995.
As alterações promovidas pelo Dec. n. 5.554/2005 quanto ao adicional de localidade previsto no Dec. n. 1.656/1995, devido ao servidor que receba diárias por deslocamento, não implicam reajuste das indenizações de trabalho de campo criadas pelo art. 16 da Lei n. 8.216/1991, ainda que se considere que essas indenizações devam ser reajustadas com o mesmo percentual e na mesma data de eventual revisão legislativa dos valores das diárias. As diárias são destinadas a cobrir custos suportados pelo servidor no exercício de atividades fora do local de sua lotação. Nesse contexto, o Dec. n. 1.656/1995 estabeleceu, além das diárias, o pagamento de um adicional específico que incide sobre o valor das diárias a depender da cidade para a qual o servidor se desloca, guardando relação com o custo de vida e dificuldade de acesso de cada localidade. O pagamento desse adicional de localidade, contudo, não se relaciona às indenizações de trabalho de campo, criadas pelo art. 16 da Lei n. 8.216/1991, tendo em vista que estas são destinadas a cobrir os custos que o servidor tem na prestação de serviços efetuados fora de sua sede administrativa, mas dentro da mesma localidade de sua lotação funcional. Por esse motivo, as alterações promovidas pelo Dec. n. 5.554/2005 no Dec. n. 1.656/1995, que não reajustaram o valor das diárias – o que implicaria reajuste das indenizações de trabalho de campo criadas pelo art. 16 da Lei n. 8.216/1991 conforme o art. 15 da Lei n. 8.270/1991 –, mas apenas modificaram o rol das localidades para as quais o deslocamento do servidor importaria a percepção de adicional de localidade, não implicam reajuste das indenizações de trabalho de campo criadas pelo art. 16 da Lei n. 8.216/1991. **AgRg no REsp 1.283.707-PB, Rel. Min. Humberto Martins, julgado em 18/12/2012.** (Inform. STJ 516).

DIREITO ADMINISTRATIVO. PAGAMENTO DE AUXÍLIO-TRANSPORTE A SERVIDOR PÚBLICO QUE UTILIZA VEÍCULO PRÓPRIO.
É devido o pagamento de auxílio-transporte ao servidor público que utiliza veículo próprio no deslocamento para o trabalho. Esse é o entendimento do STJ sobre o disposto no art. 1° da MP n. 2.165-36/2001. Precedentes citados: AgRg nos EDcl no Ag 1.261.686-RS, DJe 3/10/2011, e EDcl nos EDcl no AgRg no REsp 576.442-PR, DJe 4/10/2010. **AgRg no AREsp 238.740-RS, Rel. Min. Mauro Campbell Marques, julgado em 18/12/2012.** (Inform. STJ 515).

DIREITO ADMINISTRATIVO. SERVIDOR PÚBLICO FEDERAL. LIMITAÇÃO DO REAJUSTE DE 3,17%. REESTRUTURAÇÃO DA CARREIRA. AUDITORES FISCAIS DA PREVIDÊNCIA SOCIAL.
Não é devido o pagamento do reajuste de 3,17% – estendido aos servidores públicos federais do Poder Executivo pela MP n. 2.225-45/2001 – aos auditores fiscais da Previdência Social nomeados após a estruturação da respectiva carreira, a qual se deu com a edição da MP n. 1.915-1/1999, convertida na Lei n. 10.593/2002. O reajuste de 3,17% foi estendido aos servidores públicos federais do Poder Executivo pela MP n. 2.225-45/2001, tendo como limites, conforme os arts. 8°, 9° e 10 da referida norma, o mês de janeiro de 1995 e a data da reestruturação da carreira dos servidores. A MP n. 1.915-1/1999, com suas reedições, organizou e estruturou a carreira dos auditores fiscais da Previdência Social, tendo o percentual de 3,17 sido absorvido em suas remunerações. Assim, a MP n. 1.915-1/1999, convertida na Lei n. 10.593/2002, constitui termo para pagamento do resíduo de 3,17% aos auditores fiscais da Previdência Social, conforme o art. 10 da MP n. 2.225/2001. Precedente citado: AgRg no REsp 1.086.435-PR, DJ 31/8/2009. **AgRg no Ag 1.428.564-DF, Rel. Min. Arnaldo Esteves Lima, julgado em 4/12/2012.** (Inform. STJ 512).

DIREITO ADMINISTRATIVO. AÇÃO DE COBRANÇA DE VERBAS SALARIAIS. COMPROVAÇÃO DO VÍNCULO ENTRE ADMINISTRAÇÃO PÚBLICA E O SERVIDOR.
Incumbe à Administração Pública demonstrar, enquanto fato impeditivo, modificativo ou extintivo do direito da parte autora (art. 333, II, do CPC), que não houve o efetivo exercício no cargo, para fins de recebimento da remuneração, na hipótese em que é incontroversa a existência do vínculo funcional. Isso porque o recebimento da remuneração por parte do servidor público pressupõe, além do efetivo vínculo entre ele e a Administração Pública, o exercício no cargo. Precedente citado: AgRg no AREsp 149.514-GO, DJe 29/5/2012. **AgRg no AREsp 116.481-GO, Rel. Min. Arnaldo Esteves Lima, julgado em 4/12/2012.** (Inform. STJ 511).

DIREITO ADMINISTRATIVO. SERVIDOR PÚBLICO. INCORPORAÇÃO DA GAE AO VENCIMENTO BÁSICO. RECURSO REPETITIVO (ART. 543-C DO CPC E RES. N. 8/2008-STJ).
Os servidores do quadro do Ministério da Fazenda não têm direito ao recebimento cumulativo da Gratificação de Atividade – GAE com o vencimento básico estabelecido pela Lei n. 11.907/2009. A referida lei determinou a incorporação da GAE ao vencimento básico dos servidores a partir de 1°/7/2008 e estabeleceu que a nova remuneração não poderia ser cumulada com os valores já percebidos anteriormente pelos servidores a título de GAE, para evitar pagamento em duplicidade dos valores referentes à gratificação já incorporada ao novo vencimento (art. 311). Ademais, a supressão do pagamento da GAE a partir de 29/8/2008 (art. 254, I, a da Lei n. 11.907/2009) não produziu nenhum efeito financeiro concreto sobre a remuneração dos servidores, pois já em 1°/7/2008 a gratificação deixou de ser paga como adicional e seus valores foram incorporados ao vencimento básico dos servidores. Precedentes citados: REsp 1.306.871-RS, DJe 23/5/2012, e AgRg no REsp 1.301.046-PR, DJe 24/4/2012. **REsp 1.343.065-PR, Rel. Min. Mauro Campbell Marques, julgado em 28/11/2012.** (Inform. STJ 510).

DIREITO ADMINISTRATIVO. REVISÃO DE GRATIFICAÇÃO ESPECIAL DE LOCALIDADE. RENOVAÇÃO DO PRAZO DECADENCIAL.
O prazo decadencial para a Administração Pública rever o direito ao recebimento de Gratificação Especial de Localidade - GEL renova-se continuamente. Dispunha o art. 17 da Lei n. 8.270/1991 que *"será concedida gratificação especial de localidade aos servidores da União, das autarquias e das fundações públicas federais em exercício em zonas de fronteira ou em localidades cujas condições de vida o justifiquem, conforme dispuser regulamento a ser baixado pelo Poder Executivo no prazo de trinta dias"*. Conforme entendimento do STJ, referida gratificação somente é devida aos servidores que exercem suas funções nas localidades taxativamente enumeradas no Dec. n. 493/1992. Dessa forma, trata-se de vantagem *propter laborem*, devida apenas enquanto subsistentes as circunstâncias elencadas na norma que a instituiu. Assim, em se tratando de discussão a respeito do pagamento de gratificação devida pelo exercício de determinada atividade, a relação jurídica se mostra de trato sucessivo, razão pela qual o prazo decadencial para a Administração rever o ato renova-se continuamente. Registre-se que, nem mesmo a Lei n. 9.527/1997, ao extinguir a referida gratificação e transformá-la em vantagem pessoal nominalmente identificada - VPNI, retirou-lhe a natureza *propter laborem*. Precedente citado: RMS 21.894-RS, DJe 10/3/2008. **REsp 1.322.321-PR, Rel. Min. Diva Malerbi (Desembargadora convocada do TRF da 3ª Região), julgado em 13/11/2012. (Inform. STJ 510)**

DIREITO PROCESSUAL CIVIL. EXECUÇÃO DE SENTENÇA QUE CONCEDE REAJUSTES SALARIAIS A SERVIDOR PÚBLICO. POSSIBILIDADE DE CUMULAÇÃO DAS OBRIGAÇÕES DE FAZER E DE PAGAR QUANTIA CERTA.
É possível a cumulação das execuções das obrigações de fazer – implementação de reajuste – e de pagar quantia certa – pagamento das prestações vencidas – na execução de sentença que concede reajustes salariais a servidor público. Precedentes citados: REsp 952.126-RS, DJe 1º/9/2011, e AgRg no AgRg no AgRg no REsp 633.344-RS, DJe 7/12/2009. **REsp 1.263.294-RR, Rel. Min. Diva Malerbi (Desembargadora convocada do TRF da 3ª Região), julgado em 13/11/2012. (Inform. STJ 509)**

DIREITO ADMINISTRATIVO. DIFERENÇAS REMUNERATÓRIAS. CONVERSÃO. LIMITAÇÃO TEMPORAL.
As diferenças remuneratórias decorrentes da conversão dos proventos dos servidores em URV, embora não possam ser compensadas com reajustes posteriores, ficam limitadas à data da reestruturação da carreira, com a instituição de um novo regime jurídico remuneratório. Precedentes citados: AgRg no REsp 40.081-RS, DJe 16/11/2011, e AgRg no REsp 1.142.274-RS, DJe 5/4/2010. **AgRg no AREsp 199.224-MG, Rel. Min. Mauro Campbell Marques, julgado em 18/10/2012. (Inform. STJ 507)**

SERVIDORES DA SAÚDE. ADIANTAMENTO DO PCCS. PAGAMENTO EM DOBRO.
A *quaestio iuris* é se o adiantamento do PCCS, garantido por meio de decisão exarada em ação trabalhista, é parcela que tem cunho eminentemente salarial, devendo ser paga em dobro, tal como se dá com as demais parcelas vencimentais, uma vez que os servidores médicos da Administração Pública Federal (recorridos) optaram pelo regime de dupla jornada de trabalho previsto na Lei n. 9.436/1997. Inicialmente, é importante esclarecer que na sistemática instituída pela Lei n. 8.112/1990, "remuneração" e "vencimento" têm sentidos precisos, próprios e distintos. A doutrina e a jurisprudência entendem que tais termos não se equivalem, uma vez que a remuneração engloba o referido vencimento (vencimento padrão) e as demais vantagens pecuniárias percebidas decorrentes de lei. E, nos termos do art. 1º, § 2º, da Lei n. 9.436/1997 para a aplicação dos efeitos financeiros – pagamento em dobro – da opção pelo regime de 40 horas semanais, deverão ser observados os valores relativos aos respectivos "vencimentos básicos". Porém, de acordo com os ditames da Lei n. 8.112/1990, o adiantamento de PCCS não detém natureza jurídica de vencimento básico e, consequentemente, não há amparo legal ao pagamento em dobro da mencionada vantagem aos servidores médicos que optaram pela dupla jornada de trabalho. Além disso, tal adiantamento foi expressamente incorporado aos vencimentos dos servidores com a edição da Lei n. 8.460/1992, não havendo, portanto, direito à manutenção da indigitada parcela como vantagem autônoma. Ademais, é imprescindível levar em consideração que, conforme o disposto nos arts. 7º, I, e 8º, § 3º, da Lei n. 7.686/1988, há expressa vedação quanto à utilização do adiantamento do PCCS como base de cálculo de qualquer vantagem ou parcela remuneratória. Com essas e outras ponderações, a Turma conheceu e deu provimento ao recurso para, cassando o acórdão recorrido, restabelecer a sentença de primeiro grau. **REsp 1.050.518-PR, Rel. Min. Laurita Vaz, julgado em 2/8/2012. (Inform. STJ 501)**

SERVIDOR PÚBLICO. FUNÇÃO GRATIFICADA. TETO CONSTITUCIONAL.
O recorrente, servidor de TC estadual, impetrou, na origem, mandado de segurança irresignado com a redução de seus proventos após a edição da Lei estadual n. 13.268/2009, que instituiu o novo plano de carreira para o quadro efetivo dos servidores daquele órgão. Para tanto, invocou o princípio da irredutibilidade dos vencimentos, pois o ato impugnado acarretou redução do valor da função gratificada que ocupa. Nesse contexto, a Turma reiterou que, a partir da entrada em vigor da EC n. 41/2003 (que deu nova redação ao art. 37, XI, da CF), não há falar em direito adquirido ao recebimento de remuneração, proventos ou pensão acima do teto remuneratório estabelecido pela aludida emenda, nem em ato jurídico perfeito que se sobreponha ao teto constitucional, não preponderando a garantia da irredutibilidade de vencimentos diante da nova ordem constitucional. Dessa forma, consignou-se que a garantia da irredutibilidade dos vencimentos (art. 37, XV, da CF) deve ser observada, desde que os valores percebidos se limitem ao teto do funcionalismo público. *In casu*, a redução no valor das funções gratificadas foi efetivada com o específico intuito de adequar a remuneração do recorrente ao teto remuneratório do serviço público (art. 37, XI, da CF). Assim, a adequação dos vencimentos ao limite fixado no texto constitucional não representa violação do princípio que assegura a irredutibilidade de vencimentos, pois essa proteção somente abrange aqueles pagos em conformidade com a Constituição. Precedentes citados do STF: RE 477.447-MG, DJ 24/11/2006; do STJ: RMS 32.258-RJ, DJe 12/11/2010; AgRg no RMS 29.318-PE, DJe 18/10/2010; RMS 24.855-RS, DJ 7/2/2008; RMS 28.226-MA, DJe 30/6/2010, e AgRg no RMS 26.951-CE, DJe 3/11/2008. **RMS 32.796-RS, Rel. Min. Mauro Campbell Marques, julgado em 26/6/2012. (Inform. STJ 500)**

CURSO DE FORMAÇÃO. POLÍCIA CIVIL. AJUDA DE CUSTO.
A Turma consolidou o entendimento de que os candidatos aprovados em concurso público para ingresso na carreira da Polícia Civil do DF têm direito ao recebimento, por mês, durante a participação no curso de formação, de 80% dos vencimentos iniciais do cargo, nos termos do DL n. 2.179/1984. Inicialmente, destacou-se que compete à União legislar com exclusividade sobre o regime jurídico dos integrantes da Polícia Civil, Militar e Corpo de Bombeiros Militar do DF (art. 21, XIV, da CF), logo admite-se, na espécie – em recurso especial –, a análise das leis que regulam a matéria em questão. No mérito, observou a Min. Relatora que, diante da omissão na lei que disciplina o regime jurídico dos policiais civis do DF (Lei n. 9.264/1998), o direito à remuneração dos candidatos durante o curso de formação para o ingresso na carreira da Polícia Civil do DF está assegurado pelo DL n. 2.179/1984 e pela Lei n. 4.878/1965. Esclareceu-se que a Lei n. 9.264/1998 é norma especial,

portanto não revoga nem modifica as leis anteriores que tratem do mesmo assunto (art. 2°, § 2°, da LINDB). Segundo se afirmou, não obstante o DL n. 2.179/1984 referir-se apenas aos policiais federais, ele determina a obrigatoriedade de pagamento de vencimentos aos alunos de curso de formação profissional nas hipóteses da Lei n. 4.878/1965. Lei esta que dispõe sobre o regime jurídico peculiar dos policiais civis da União e do DF. Dessa forma, sustentou-se que não há como fazer distinção entre as respectivas carreiras (civil e federal) no caso em apreço. Precedente citado: REsp 1.195.611-DF, DJe 1°/10/2010. **REsp 1.294.265-DF, Rel. Min. Maria Thereza de Assis Moura, julgado em 25/6/2012. (Inform. STJ 500)**

VALORES RECEBIDOS INDEVIDAMENTE. SERVIDOR PÚBLICO. BOA-FÉ.
É incabível a restituição ao erário dos valores recebidos de boa-fé pelo servidor público em decorrência de errônea ou inadequada interpretação da lei por parte da Administração Pública. Em virtude do princípio da legítima confiança, o servidor público, em regra, tem a justa expectativa de que são legais os valores pagos pela Administração Pública, porque jungida à legalidade estrita. Assim, diante da ausência da comprovação da má-fé no recebimento dos valores pagos indevidamente por erro de direito da Administração, a Turma deu provimento ao recurso para afastar qualquer desconto na remuneração da recorrente, a título de reposição ao erário. Precedente citado do STJ: EREsp 711.995-RS, DJe 7/8/2008. **RMS 18.780-RS, Rel. Min. Sebastião Reis Júnior, julgado em 12/4/2012. (Inform. STJ 495)**

📖 **Súmula Vinculante STF 37**
Não cabe ao Poder Judiciário, que não tem função legislativa, aumentar vencimentos de servidores públicos sob o fundamento de isonomia.

📖 **Súmula Vinculante STF 16**
Os artigos 7°, IV, e 39, § 3° (redação da EC 19/98), da Constituição, referem-se ao total da remuneração percebida pelo servidor público.

📖 **Súmula Vinculante STF 15**
O cálculo de gratificações e outras vantagens do servidor público não incide sobre o abono utilizado para se atingir o salário mínimo.

📖 **Súmula Vinculante STF 6**
Não viola a Constituição o estabelecimento de remuneração inferior ao salário mínimo para as praças prestadoras de serviço militar inicial.

📖 **Súmula Vinculante STF 4**
Salvo nos casos previstos na Constituição, o salário mínimo não pode ser usado como indexador de base de cálculo de vantagem de servidor público ou de empregado, nem ser substituído por decisão judicial.

📖 **Súmula STF n° 682**
Não ofende a Constituição a correção monetária no pagamento com atraso dos vencimentos de servidores públicos.

📖 **Súmula STF n° 681**
É inconstitucional a vinculação do reajuste de vencimentos de servidores estaduais ou municipais a índices federais de correção monetária.

📖 **Súmula STF n° 679**
A fixação de vencimentos dos servidores públicos não pode ser objeto de convenção coletiva.

📖 **Súmula STJ n° 378**
Reconhecido o desvio de função, o servidor faz jus às diferenças salariais decorrentes.

📖 **Súmula STF n° 339**
Não cabe ao poder judiciário, que não tem função legislativa, aumentar vencimentos de servidores públicos sob fundamento de isonomia.

📖 **Súmula STF n° 43**
Não contraria a Constituição Federal o art. 61 da Constituição de São Paulo, que equiparou os vencimentos do ministério público aos da magistratura.

5.5. Aposentadoria e Pensão

GDATFA: gratificações de desempenho e retroação de efeitos financeiros - 1
O termo inicial do pagamento diferenciado das gratificações de desempenho entre servidores ativos e inativos é o da data da homologação do resultado das avaliações, após a conclusão do primeiro ciclo de avaliações, não podendo a Administração retroagir os efeitos financeiros a data anterior. Com base nessa orientação, o Plenário negou provimento a recurso extraordinário no qual se discutia, à luz do art. 40, § 8°, da CF, a obrigatoriedade de extensão, aos servidores inativos e pensionistas, do pagamento da Gratificação de Desempenho de Atividade Técnica de Fiscalização Agropecuária - GDATFA, instituída pela Lei 10.484/2002, no mesmo percentual pago àqueles em atividade. O Tribunal, inicialmente, destacou que a questão em debate seria análoga àquela decidida no julgamento do RE 476.279/DF (DJe de 15.6.2007) e do RE 476.390/DF (DJe de 29.6.2007), nos quais fora apreciada a extensão de outra gratificação — Gratificação de Desempenho de Atividade Técnico-Administrativa – GDATA — aos inativos, e cujo entendimento estaria sedimentado no Enunciado 20 da Súmula Vinculante ["A Gratificação de Desempenho de Atividade Técnico-administrativa - GDATA, instituída pela Lei n° 10.404/2002, deve ser deferida aos inativos nos valores correspondentes a 37,5 (trinta e sete vírgula cinco) pontos no período de fevereiro a maio de 2002 e, nos termos do artigo 5°, parágrafo único, da Lei n° 10.404/2002, no período de junho de 2002 até a conclusão dos efeitos do último ciclo de avaliação a que se refere o artigo 1° da Medida Provisória n° 198/2004, a partir da qual passa a ser de 60 (sessenta) pontos"]. A GDATFA e a GDATA seriam gratificações com as mesmas natureza e características. Originalmente, ambas teriam sido concedidas a todos os servidores de forma geral e irrestrita, apesar de criadas com o propósito de serem pagas de modo diferenciado, segundo a produção ou o desempenho profissional, individual ou institucional. A redação originária do art. 2° da Lei 10.404/2002 teria previsto que o pagamento da GDATA poderia variar entre 10 e 100 pontos, sendo que a pontuação mínima fora posteriormente ampliada para 30 pontos pela Lei 12.702/2012. Já a GDATFA teria limites similares: o art. 2° da Lei 10.484/2002 traria a variação de 10 a 100 pontos, posteriormente modificada para 30 a 100 pontos pela Lei 11.907/2009. Ambas, portanto, tratariam de forma diferenciada os servidores públicos, a variar de acordo com a atuação individual e o desempenho coletivo da instituição.

GDATFA: gratificações de desempenho e retroação de efeitos financeiros - 2
A Corte ressaltou, entretanto, que, ao contrário da GDATA, em relação à GDATFA a Administração teria iniciado e efetivado as avaliações que justificariam o uso do critério diferenciador no pagamento — desempenho individual do servidor e institucional do órgão de lotação —, circunstância imprescindível para legitimar a ausência de paridade entre os servidores ativos e os servidores inativos e pensionistas. Portanto, no caso, a meritocracia pretendida com a criação das gratificações de desempenho teria sido efetivada, o que permitiria a distinção no seu pagamento entre os servidores na ativa — de acordo com a produtividade e o desempenho profissional de cada um —, e entre estes e os aposentados e pensionistas. Outrossim,

o Enunciado 20 da Súmula Vinculante tratara de gratificação específica — GDATA — que, em razão da inexistência de critérios de avaliação justificadores do tratamento diferenciado dos servidores ativos e inativos, acabara sendo devida de modo equivalente para ativos e inativos. Todavia, com relação à GDATFA, apesar de criada com características semelhantes, teria sido implementado, durante sua vigência, o requisito necessário à legitimação do pagamento diferenciado. Contudo, mesmo assim, teria ficado pendente o debate sobre o termo final do direito à paridade. O STF, quando do julgamento do RE 631.389/CE (DJe 3.6.2014) — o qual tratara da Gratificação de Desempenho do Plano Geral de Cargos do Poder Executivo - GDPGPE —, assentara que o marco temporal para o início do pagamento diferenciado das gratificações de desempenho para ativos e inativos seria o dia de conclusão do primeiro ciclo, que corresponderia à data igual ou posterior ao final do ciclo, não podendo retroagir ao seu início. Na situação dos autos, o primeiro ciclo de avaliação de desempenho dos servidores públicos que receberiam a GDATFA se iniciara em 25.10.2010, data da publicação da Portaria MAPA 1.031/2010, que retroagira a essa data o início dos efeitos financeiros. Essa retroação, portanto, teria contrariado a jurisprudência do STF. Na prática, deveria ser observado o dia 23.12.2010, data da conclusão do ciclo e da homologação dos resultados das avaliações. Seria, portanto, ilegítima a mencionada Portaria MAPA no ponto em que fizera retroagir os efeitos financeiros da GDATFA ao início do ciclo avaliativo. RE 662406/AL, rel. Min. Teori Zavascki, 11.12.2014. (RE-662406) (Inform. STF 771)

REPERCUSSÃO GERAL EM RE N. 759.518-AL
RELATOR: MIN. GILMAR MENDES
Recurso extraordinário. Repercussão geral da questão constitucional reconhecida. Reafirmação de jurisprudência. 2. Direito Administrativo e Direito Previdenciário. Vinculação de pensões e proventos de aposentadoria de servidores públicos efetivos a subsídios de agentes políticos. Impossibilidade. 3. Alteração de padrão remuneratório. Matéria de iniciativa privativa do chefe do Poder Executivo. Inconstitucionalidade formal. 4. Impossibilidade de vinculação de vencimentos de cargos distintos. Inconstitucionalidade material. 5. Declarada a inconstitucionalidade do artigo 273 da Constituição do Estado de Alagoas, tanto na sua redação atual como na original. Recurso extraordinário provido. (Inform. STF 769)

REPERCUSSÃO GERAL EM ARE N. 791.475-RJ
RELATOR: MIN. DIAS TOFFOLI
EMENTA: Direto Constitucional. Direito Administrativo. Aposentadoria por invalidez permanente decorrente de acidente em serviço, moléstia profissional ou doença grave, contagiosa ou incurável, na forma da lei. Concessão com base no art. 40, §§ 1º a 3º da Constituição da República, com a redação dada pela EC nº 41/03. Exegese dos arts. 1º e 2º da EC nº 70/12. Direito a proventos integrais. Discussão acerca do alcance das referidas normas constitucionais. Matéria passível de se repetir em inúmeros processos e de repercutir na esfera de interesse de inúmeros servidores aposentados. Presença de repercussão geral. (Inform. STF 768)

Pensão a menor sob guarda de ex-servidor - 1
A 2ª Turma concedeu mandado de segurança para anular acórdão do TCU que considerara ilegal pensão temporária concedida a menor sob guarda de ex-servidora pública federal. Na espécie, o impetrante, beneficiário desde 2003, tivera sua pensão deferida com fundamento no art. 217, II, b, da Lei 8.112/1990 ["Art. 217 São beneficiários das pensões: (...) II - temporária: (...) b) o menor sob guarda ou tutela até 21 (vinte e um) anos de idade"]. O TCU considerara ilegal o referido benefício ao fundamento de que a Lei 8.213/1991 não contemplaria o pagamento de pensão a menor sob guarda e que a relação de beneficiários prevista no seu art. 16 teria sofrido ajustes a partir das edições da Lei 9.032/1995 e da Medida Provisória 1.536/1996, convertida na Lei 9.528/1997. Aquela Corte de Contas destacou que a pensão civil a menor sob guarda teria deixado de ser devida desde o advento do art. 5º da Lei 9.717/1998, que derrogara, do regime próprio de previdência social dos servidores públicos da União, as categorias de pensão civil estatutária destinadas, dentre outros, a menor sob guarda, prevista na Lei 8.112/1990. A Turma asseverou que o TCU, ao exercer sua competência (CF, art. 71, III) no exame da legalidade do ato concessivo de pensão, não estaria submetido aos princípios da ampla defesa e do contraditório e, por isso, estaria afastada a regra da parte inicial do Enunciado 33 da Súmula Vinculante do STF ("Nos processos perante o Tribunal de Contas da União asseguram-se o contraditório e a ampla defesa quando da decisão puder resultar anulação ou revogação de ato administrativo que beneficie o interessado, excetuada a apreciação da legalidade do ato de concessão inicial de aposentadoria, reforma e pensão"). De igual forma, aduziu que não teriam sido desrespeitados os princípios da segurança jurídica e da confiança nos atos praticados pela Administração, pois entre a data da aposentadoria e o exame de sua legalidade não teriam transcorrido mais de cinco anos. A previsão do benefício da pensão por morte ao dependente do segurado na Lei de Planos e Benefícios da Previdência Social (Lei 8.213/1991, art. 18, II, a) seria suficiente para autorizar a concessão do mesmo benefício nos regimes próprios dos servidores públicos, indiferente, juridicamente, a discrepância entre o rol de beneficiários da pensão. As reformas constitucionais ocorridas em matéria previdenciária não teriam tido o condão de extirpar dos entes federados a competência para criar e dispor sobre regime próprio para os seus servidores, com a observância de critérios que preservassem o equilíbrio financeiro e atuarial e, por óbvio, das normas gerais estabelecidas pela União. Sob essa perspectiva, a interpretação do art. 5º da Lei 9.717/1998 a admitir a vinculação dos critérios de concessão de benefícios nos regimes próprios àqueles estipulados no Regime Geral de Previdência Social ofenderia o art. 24, XII, da CF.

Pensão a menor sob guarda de ex-servidor - 2
A Turma ressalvou que o fato de se cuidar de vinculação ao regime previdenciário dos servidores da União tampouco afastaria a existência de vício na interpretação conferida ao dispositivo. De igual modo, estaria caracterizada a impossibilidade de a lei atender à norma constitucional inserida por emenda a ela posterior. Nesse ponto, a Lei 9.717/1998 — que não dispoiria do fundamento constitucional invocado pelo TCU — seria resultado da conversão, em 27.11.1998, da Medida Provisória1.723, editada em 29.10.1998. Houvesse o dispositivo constitucional invocado (art. 40, § 12) estipulado a adoção de parâmetros de simetria entre os dois regimes na forma preconizada pelo TCU, não constaria em seu texto a ressalva "no que couber". Sinalizou a inexistência de lacuna legislativa a autorizar a aplicação subsidiária do RGPS no que se refere aos benefícios previstos no regime próprio de previdência dos servidores federais. A Lei 8.112/1990 apresentaria disciplina exaustiva sobre a pensão por morte, em cumprimento ao que disposto no § 5º da norma originária do art. 40 da CF, hoje § 7º. Considerada a diversidade da natureza das normas previdenciárias em discussão, não se poderia falar em revogação expressa de uma lei pela outra, tampouco em derrogação tácita das alíneas do inciso II do art. 217 da Lei 8.112/1990 (regime próprio) pelo § 2º do art. 16 da Lei 8.213/1991 (regime geral). Ademais, as normas dos sistemas de proteção social deveriam ser fundadas na ideia de abrigo aos menos favorecidos, quando colocados em situação de desamparo pela ocorrência de risco social. Dentre as situações constitucionalmente inseridas na previdência social brasileira, estaria a morte de segurado que fosse provedor econômico de determinada pessoa. Nesse aspecto, a preocupação com os indivíduos em relação a eventos que lhes pudessem causar dificuldade ou até mesmo impossibilidade de subsistência estaria na gênese da proteção social almejada pelo Estado contemporâneo. Enfatizou que a interpretação conferida ao art. 5º da Lei 9.717/1998 pelo TCU, que excluísse da ordem dos

beneficiários, tradicionalmente consagrados pela previdência social, pessoa em comprovada situação de dependência econômica do segurado, seria divorciar-se do sistema de proteção formatado na Constituição, a afrontar, ainda, os princípios da vedação do retrocesso social e da proteção ao hipossuficiente. MS 31770/DF, rel. Min. Cármen Lúcia, 3.11.2014. (MS-31770) (Inform. STF 766)

Mandado de Injunção: aposentadoria especial de oficiais de justiça - 5

O Plenário retomou julgamento de mandado de injunção coletivo impetrado contra alegada omissão quanto à regulamentação do art. 40, § 4º, da CF, para fins de aposentadoria especial de ocupantes do cargo de oficial de justiça avaliador federal. O Sindicato impetrante requer, ainda, a aplicação analógica da disciplina prevista na LC 51/1985, no que regulamenta a aposentadoria especial para servidor público policial — v. Informativo 594. Em voto-vista, o Ministro Roberto Barroso denegou a ordem, no que foi acompanhado pelo Ministro Gilmar Mendes. Para o Ministro Roberto Barroso, a eventual exposição a situações de risco — a que poderiam estar sujeitos os servidores ora substituídos — não garantiria direito subjetivo constitucional à aposentadoria especial. A percepção de gratificações ou adicionais de periculosidade, assim como o fato de poderem obter autorização para porte de arma de fogo de uso permitido (art. 10, § 1º, I, da Lei 10.826/2003, c/c o art. 18, § 2º, I, da IN 23/2005-DG-DPF, e art. 68 da Lei 8.112/1990) não seriam suficientes para reconhecer o direito à aposentadoria especial, em razão da autonomia entre o vínculo funcional e o previdenciário. Os incisos do § 4º do art. 40 da CF utilizariam expressões abertas: "portadores de deficiência", "atividades de risco" e "condições especiais que prejudiquem a saúde ou a integridade física". Dessa forma, a Constituição teria reservado a concretização desses conceitos a leis complementares, com relativa liberdade de conformação, por parte do legislador, para traçar os contornos dessas definições. A lei poderia prever critérios para identificação da periculosidade em maior ou menor grau, nos limites da discricionariedade legislativa, mas o estado de omissão inconstitucional restringir-se-ia à indefinição das atividades inerentemente perigosas. Quanto às atribuições dos oficiais de justiça, previstas no art. 143 do CPC, eles poderiam estar sujeitos a situações de risco, notadamente quando no exercício de suas funções em áreas dominadas pela criminalidade, ou em locais marcados por conflitos fundiários. No entanto, esse risco seria contingente, e não inerente ao serviço, ou seja, o perigo na atividade seria eventual.

Mandado de Injunção: aposentadoria especial de oficiais de justiça - 6

Segundo o Ministro Roberto Barroso, não se estaria a defender a impossibilidade jurídica de a lei prever critérios para aferição de situações concretas de risco no serviço público, para fins de concessão de aposentadoria especial. Seria uma questão de constatar se somente se enquadrariam no conceito de "atividade de risco" aquelas atividades perigosas por sua própria natureza. Portanto, somente em relação a essas atividades existiria um estado de omissão inconstitucional, salvo no caso das "estritamente policiais", já contempladas pela LC 51/1985. No tocante às demais, o reconhecimento do direito à aposentadoria especial dependeria da discricionariedade legislativa, respeitadas as disposições da Constituição. No que tange à alegada prerrogativa para portar arma de fogo, essa não projetaria, de forma automática, efeitos sobre o vínculo previdenciário, de modo a reduzir o tempo de contribuição necessário para aposentadoria. Os diferentes requisitos para usufruir de adicionais trabalhistas e para obter aposentadoria especial demonstrariam a autonomia entre esses institutos. O Congresso Nacional, ao cumprir o dever de legislar previsto no art. 40, § 4º, II, da CF, poderia prever critérios mais ou menos elásticos para identificação das "atividades de risco", mas não poderia deixar de contemplar as atividades inerentemente perigosas, sob pena de violação ao núcleo essencial do dispositivo. Assim, embora as atividades dos substituídos processualmente pudessem ser, em tese, previstas na lei a ser editada, a norma dependeria de escolha política, a ser exercida dentro do espaço próprio de deliberação majoritária, respeitadas as disposições constitucionais.

Mandado de Injunção: aposentadoria especial de oficiais de justiça - 7

O Ministro Teori Zavascki concedeu a ordem, em parte. Lembrou que, desde o julgamento do MI 721/DF (DJe 30.11.2007) o Tribunal reconhecera a omissão e o direito, em tese, à aposentadoria especial dos servidores públicos exercentes de atividades de risco. O pedido, porém, não poderia ser atendido nos termos em que formulado, porque buscaria aplicação subsidiária não da Lei 8.213/1991 e do Decreto 3.048/1999, mas sim da LC 51/1985, que regulamenta atividade específica de servidor público policial, situação diversa daquela exercida pelos representantes da entidade de classe impetrante. O policial, mesmo que não trabalhasse nas atividades externas, perceberia o benefício pelo fato de ser integrante da corporação, por opção política do legislador. Sob esse aspecto, quanto ao oficial de justiça, ainda que eventualmente se submetesse a risco, não se poderia suprir omissão simplesmente com a aplicação da regra de aposentadoria dos policiais. Por fim, fugiria ao âmbito do mandado de injunção a análise específica do enquadramento ou não da atividade desempenhada pelos servidores em algumas das hipóteses abrangidas pelo regime geral da previdência social - RGPS. Por essa razão, a exigência de prova do trabalho habitual e permanente em condições especiais — a partir de 29.4.1995, com a modificação do art. 57, § 3º, da Lei 8.213/1991 pela Lei 9.032/1995 e as limitações efetuadas pelo já revogado Decreto 2.172/1997, a partir de 6.3.1997 — deveria ser apreciada no pleito de aposentadoria especial e não na via do mandado de injunção. Determinou que a autoridade administrativa competente procedesse à análise do pedido de aposentadoria especial dos servidores públicos representados pela entidade impetrante, com a aplicação subsidiária das normas do RGPS nos termos acima referidos, conforme o Enunciado 33 da Súmula Vinculante ("Aplicam-se ao servidor público, no que couber, as regras do regime geral da previdência social sobre aposentadoria especial de que trata o artigo 40, § 4º, inciso III da Constituição Federal, até a edição de lei complementar específica"). Propôs que fosse conferida a essa decisão efeito expansivo, para determinar que a Administração Pública observasse essa orientação em todas as demais situações semelhantes. Em seguida, pediu vista dos autos o Ministro Luiz Fux. MI 833/DF, rel. Min. Cármen Lúcia, 22.10.2014. (MI-833) (Inform. STF 764)

MI: aposentadoria especial e servidores do Poder Judiciário e do Ministério Público - 2

Por ocasião do julgamento do MI 833/DF o Tribunal apreciou, em conjunto, o MI 844/DF — v. Informativo 594. Na espécie, o substituto processual requer o benefício da aposentadoria especial aos servidores inspetores e agentes de segurança judiciária, analistas e técnicos do Ministério Público da União com atribuições de segurança, e demais servidores com atribuições relacionadas a funções de segurança. Após os votos dos Ministros Roberto Barroso e Gilmar Mendes, no sentido de denegação da ordem, e do voto do Ministro Teori Zavascki, no sentido da concessão parcial da ordem, pediu vista o Ministro Luiz Fux. MI 844/DF, rel. Min. Ricardo Lewandowski, 22.10.2014. (MI-844) (Inform. STF 764)

Contagem recíproca de tempo de serviço - 3

A imposição de restrições, por legislação local, à contagem recíproca do tempo de contribuição na Administração Pública e na atividade privada para fins de concessão de aposentadoria afronta o art. 202, § 2º, da CF, com redação anterior à EC 20/1998. Ao reafirmar a jurisprudência do STF, o Plenário reconheceu a existência de repercussão geral do tema e deu parcial provimento a recurso extraordinário para determinar à municipalidade que examine o pedido de aposentadoria do recorrente, considerando a contagem recíproca do tempo de contribuição na Administração Pública e na atividade privada com o fim de sua concessão. Discutia-se pleito de aposentadoria proporcional do funcionalismo público formulado por então ocupante, sem vínculo efetivo, de cargo em comissão, anteriormente à EC 20/1998, que modificou o sistema de previdência social, estabeleceu normas de transição e deu outras providências. Na espécie, o serviço de previdência social de Franco da Rocha/SP indeferira o benefício pretendido sob o fundamento de que a Lei 1.109/1981, daquela localidade, exigiria dez anos de efetivo exercício para obtenção de direito à contagem recíproca do tempo de serviço público municipal e de atividade privada, com a finalidade de conceder aposentadoria — v. Informativo 652. O Tribunal consignou que, ao se cotejar a Constituição em face da norma local, a expressão "segundo critérios estabelecidos em lei", contida na Constituição, diria respeito às compensações, com a reciprocidade de distribuição financeira do ônus, e não com a contagem do tempo de serviço. Destacou que a lei municipal veicularia restrição a direito consagrado pela Constituição sem qualquer condicionante. Além do mais, referida norma local não teria sido recepcionada pela CF/1988. O Ministro Roberto Barroso destacou que o presente julgado ratificaria tese materializada no Enunciado 359 da Súmula do STF ("Ressalvada a revisão prevista em lei, os proventos da inatividade regulam-se pela lei vigente ao tempo em que o militar, ou o servidor civil, reuniu os requisitos necessários"). Asseverou, ainda, que a legislação local, mais restritiva, não poderia afetar os direitos à aposentadoria na forma como dispostos na Constituição. RE 650851 QO/SP, rel. Min. Gilmar Mendes, 1º.10.2014. (RE-650851) (Inform. STF 761)

EC 41/2003: teto remuneratório e vantagens pessoais
A 2ª Turma concedeu mandado de segurança para reconhecer a procurador da república aposentado o direito de — a partir da data da impetração — continuar a receber, sem redução, o montante bruto que percebia anteriormente à EC 41/2003, até a sua total absorção pelas novas formas de composição de seus proventos. A Turma, na sessão de 18.10.2011, concedera a segurança, por maioria, para assentar a existência do direito líquido e certo do impetrante, nos termos acima estabelecidos — v. Informativo 645. Ocorre que, na assentada de 9.9.2014, o Colegiado acolhera questão de ordem suscitada pelo Ministro Gilmar Mendes (relator), para anular o acórdão então prolatado, porquanto a União não teria sido intimada da data do respectivo julgamento. Determinara, em consequência, a inclusão do feito em pauta, com a devida intimação do referido ente, para nova apreciação. Na presente sessão, a Turma consignou que a irredutibilidade de vencimentos seria garantia fundamental, e, portanto, inelidível por emenda à Constituição. Afirmou que o impetrante não possuiria direito adquirido a regime de remuneração, mas direito líquido e certo de não receber a menor, a despeito do advento de nova forma de composição de seus proventos. Ressalvou que, nos termos dos Enunciados 269 e 271 da Súmula do STF, o mandado de segurança não se prestaria aos fins de ação de cobrança, de forma que a concessão da segurança não produzirá efeitos patrimoniais em relação ao período anterior à impetração. MS 27565/DF, rel. Min. Gilmar Mendes, 23.9.2014. (MS-27565) (Inform. STF 760)

Aposentadoria: contagem recíproca e restrições indevidas
O Plenário julgou procedente pedido formulado em ação direta para declarar a inconstitucionalidade do art. 119, VI, da Lei 6.677/1994, do Estado da Bahia ["Art. 119. Contar-se-á para efeito de aposentadoria e disponibilidade: ... VI - até 10 (dez) anos do tempo de serviço em atividade privada vinculada à previdência social, desde que um decênio, pelo menos, no serviço público estadual, ressalvada a legislação federal regulamentadora da matéria"]. O Tribunal confirmou a liminar deferida e consignou que, na sua redação original, o § 2° do art. 202 da CF seria autoaplicável ("Art. 202. É assegurada aposentadoria, nos termos da lei, calculando-se o benefício sobre a média dos trinta e seis últimos salários de contribuição, corrigidos monetariamente mês a mês, e comprovada a regularidade dos reajustes dos salários de contribuição de modo a preservar seus valores reais e obedecidas as seguintes condições: ... § 2° - Para efeito de aposentadoria, é assegurada a contagem recíproca do tempo de contribuição na administração pública e na atividade privada, rural e urbana, hipótese em que os diversos sistemas de previdência social se compensarão financeiramente, segundo critérios estabelecidos em lei"). ADI 1798/BA, rel. Min. Gilmar Mendes, 27.8.2014. (ADI-1798) (Inform. STF 756)

Inativos do DNER e Plano Especial de Cargos do DNIT
Estendem-se aos servidores aposentados e pensionistas os efeitos financeiros decorrentes do enquadramento de servidores ativos do extinto Departamento Nacional de Estradas de Rodagem - DNER, os quais passaram a gozar de benefícios e vantagens resultantes do Plano Especial de Cargos do Departamento Nacional de Infraestrutura de Transportes - DNIT, instituído pela Lei 11.171/2005. Essa conclusão do Plenário, que negou provimento a recurso extraordinário em que se discutia o direito de servidores aposentados e pensionistas do DNER — órgão extinto pela Lei 10.233/2001 — à paridade remuneratória em relação aos servidores ativos, que foram absorvidos pelo DNIT. De início, o Tribunal afastou a incidência do Enunciado 339 de sua Súmula. Consignou jurisprudência consolidada no sentido de que o art. 40, § 8°, da CF, com a redação dada pela EC 20/1998, ao estatuir a regra de paridade de vencimentos entre servidores ativos e inativos que tivessem exercido cargos correspondentes, dispensaria a edição de lei que promovesse a extensão das vantagens. Assim, o próprio texto constitucional, à luz do princípio da isonomia, estabeleceria essa extensão. Em seguida, no que se refere à reestruturação da carreira dos servidores ativos do DNER no Plano Especial de Cargos do DNIT, o Colegiado mencionou que, para se assegurar a inativos e pensionistas do DNER o direito à paridade, tendo em conta a autoaplicabilidade do preceito constitucional em comento, seria necessário apenas cogitar-se da: a) existência de lei que conferisse aos servidores ativos determinada vantagem ou benefício remuneratório; e b) natureza jurídica dos privilégios deferidos aos servidores da ativa. Logo, seria suficiente verificar-se se os servidores aposentados e os pensionistas gozariam dos benefícios caso estivessem em atividade. A Corte reconheceu a incidência da cláusula constitucional da paridade remuneratória, nos moldes previstos pela EC 20/1998, em favor dos inativos e pensionistas do DNER, haja vista a possibilidade inaugurada pela lei de que os servidores ativos do mencionado órgão pudessem ser alocados, por conta de suas atribuições, para o DNIT. RE 677730/RS, rel. Min. Gilmar Mendes, 28.8.2014. (RE-677730) (Inform. STF 756)

Vantagem de caráter geral e extensão a inativos
As vantagens remuneratórias de caráter geral conferidas a servidores públicos, por serem genéricas, são extensíveis a inativos e pensionistas. Com base nessa orientação, o Plenário negou provimento a recurso extraordinário em que se discutia a possibilidade de extensão a servidores aposentados de Verba de Incentivo de Aprimoramento à Docência, instituída pela LC 159/2004, do Estado do Mato Grosso. O Tribunal ressaltou que a aludida verba constituiria vantagem remuneratória concedida indistintamente aos professores ativos. Portanto, extensível aos professores inativos e pensionistas, nos termos do art. 40, § 8°, da CF, em sua redação original. Observou que a recorrida, na condição de professora aposentada antes da EC 41/2003, preenchera os requisitos constitucionais para que fosse reconhecido o seu direito ao percebimento desse benefício. Em seguida, a Corte, por maioria, fixou diretrizes com efeito "erga omnes", para que os objetivos da tutela jurisdicional especial alcançassem de forma eficiente os seus resultados jurídicos: a) as vantagens remuneratórias legítimas e de caráter geral conferidas a determinada categoria, carreira ou, indistintamente, a servidores públicos, por serem vantagens genéricas, seriam extensíveis aos servidores inativos e pensionistas; b) nesses

casos, a extensão alcançaria os servidores que tivessem ingressado no serviço público antes da publicação da EC 20/1998 e da EC 41/2003, e tivessem se aposentado ou adquirido o direito à aposentadoria antes da EC 41/2003; c) em relação aos servidores que tivessem ingressado e se aposentado no serviço público após a EC 41/2003, deveriam ser observados os requisitos estabelecidos na regra de transição contida em seu art. 7º, em virtude da extinção da paridade integral entre ativos e inativos contida no art. 40, § 8º, da CF, redação original, para os servidores que tivesse ingressado no serviço público após a publicação da EC 41/2003; e d) com relação aos servidores que tivessem ingressado no serviço público antes da EC 41/2003 e tivessem se aposentado ou adquirido o direito à aposentadoria após a sua edição, afirmou que seria necessário observar a incidência das regras de transição fixadas pela EC 47/2005, a qual estabelecera efeitos retroativos à data de vigência da EC 41/2003. Vencido, quanto a esses parâmetros, o Ministro Marco Aurélio, que não os fixava para casos diversos. Pontuava que não seria possível julgar matéria, pela primeira vez, em sede extraordinária, muito menos para fugir às balizas intransponíveis da própria causa. RE 596962/MT, rel. Min. Dias Toffoli, 21.8.2014. (RE-596962) (Inform. STF 755)

Aposentadoria por invalidez com proventos integrais: doença incurável e rol taxativo
A concessão de aposentadoria por invalidez com proventos integrais exige que a doença incapacitante esteja prevista em rol taxativo da legislação de regência. Com base nessa orientação, o Plenário deu provimento a recurso extraordinário para reformar acórdão que deferira à recorrida aposentadoria com proventos integrais por invalidez decorrente de doença grave e incurável, embora a enfermidade da qual portadora não estivesse incluída em lei, tendo em conta que norma não poderia alcançar todas as hipóteses consideradas pela medicina como graves, contagiosas e incuráveis. Discutia-se a possibilidade de concessão de aposentadoria por invalidez com proventos integrais nos casos em que a moléstia incurável não estivesse especificada em lei. O Tribunal aduziu que o art. 40, § 1º, I, da CF assegura aos servidores públicos abrangidos pelo regime de previdência nele estabelecido o direito à aposentadoria por invalidez com proventos proporcionais ao tempo de contribuição. Registrou, no entanto, que esse benefício seria devido com proventos integrais quando a invalidez fosse decorrente de acidente em serviço, moléstia profissional ou doença grave, contagiosa ou incurável, "na forma da lei". Asseverou, desse modo, pertencer ao domínio normativo ordinário a definição das doenças e moléstias que ensejariam aposentadoria por invalidez com proventos integrais, cujo rol, segundo a jurisprudência do STF, teria natureza taxativa. RE 656860/MT, rel. Min. Teori Zavascki, 21.8.2014. (RE-656860) (Inform. STF 755)

AG. REG. NO RE N. 439.484-RJ
RELATOR: MIN. ROBERTO BARROSO
EMENTA: AGRAVO REGIMENTAL EM RECURSO EXTRAORDINÁRIO. PENSÃO POR MORTE INSTIUÍDA ANTES DA CONSTITUIÇÃO FEDERA DE 1988. CÔNJUGE VARÃO. VIOLAÇÃO AO PRINCÍPIO DA IGUALDADE. PRECEDENTES.
O cônjuge varão faz jus ao recebimento de pensão por morte no caso em que o óbito ocorreu na vigência da Constituição Federal de 1969, tendo em conta o princípio da igualdade. Precedentes. Agravo regimental a que se nega provimento. (Inform. STF 745)

TCU: menor sob guarda e pensão
Com base nos princípios constitucionais da proteção à criança e ao adolescente (CF, art. 227), a 1ª Turma negou provimento a agravo regimental e confirmou medida liminar que concedera, em parte, a segurança para garantir, a menor de vinte e um anos sob guarda de servidor, o direito à pensão por morte. Na espécie, o TCU, ao analisar o ato concessório da pensão dos impetrantes, deferida com base no art. 217, II, b, da Lei 8.112/1990, negara o registro por considerá-la ilegal. A Corte de Contas entendera que o art. 5º da Lei 9.717/1998 (*Os regimes próprios de previdência social dos servidores públicos da União, dos Estados, do Distrito Federal e dos Municípios, dos militares dos Estados e do Distrito Federal não poderão conceder benefícios distintos dos previstos no Regime Geral de Previdência Social, de que trata a Lei nº 8.213, de 24 de julho de 1991, salvo disposição em contrário da Constituição Federal*) teria derrogado as pensões civis estatutárias destinadas ao filho emancipado e não inválido; ao irmão emancipado e não inválido; ao menor sob guarda; e à pessoa designada, previstas no art. 217, II, a, b, c e d, da Lei 8.112/1990, do regime próprio de previdência social dos servidores públicos da União. A Turma excluíra, ainda, dois dos impetrantes que, ao tempo da impetração, já não mais deteriam condição legal objetiva de *menor sob guarda até vinte e um anos de idade*. MS 31687 AgR/DF, rel. Min. Dias Toffoli, 11.3.2014. (MS-31687) (Inform. STF 738)

AG. REG. NO ARE N. 760.902-RS
RELATOR: MIN. RICARDO LEWANDOWSKI
Ementa: AGRAVO REGIMENTAL NO RECURSO EXTRAORDINÁRIO COM AGRAVO. ADMINISTRATIVO. SERVIDOR PÚBLICO. PROVENTOS. DIFERENCIAÇÃO DO VALOR DA GRATIFICAÇÃO EM DECORRÊNCIA DE SER A APOSENTADORIA INTEGRAL OU PROPORCIONAL. CONTROVÉRSIA INFRACONSTITUCIONAL. OFENSA INDIRETA À CONSTITUIÇÃO. AGRAVO A QUE SE NEGA PROVIMENTO.
I – É inadmissível o recurso extraordinário quando sua análise implica rever a interpretação de norma infraconstitucional que fundamenta a decisão *a quo*. A afronta à Constituição, se ocorrente, seria apenas indireta. Precedentes.
II – Agravo regimental a que se nega provimento. (Inform. STF 734)

AG. REG. NO ARE N. 741.457-DF
RELATOR: MIN. DIAS TOFFOLI
EMENTA: Agravo regimental no recurso extraordinário com agravo. Administrativo. Polícia civil. Curso de formação. Averbação do período para fins de aposentadoria. Ofensa reflexa. Precedentes.
1. A Corte de origem concluiu, com base na Lei nº 4878/65, que a frequência no curso de formação profissional da Academia de Polícia deve ser considerada como de efetivo exercício para fins de aposentadoria.
2. Inadmissível, em recurso extraordinário, a análise da legislação infraconstitucional e o exame de ofensa reflexa à Constituição Federal. Incidência da Súmula nº 636/STF.
3. Agravo regimental não provido. (Inform. STF 726)

Aposentadoria e reestruturação de carreira - 1
Desde que mantida a irredutibilidade, o servidor inativo, embora aposentado no último patamar da carreira anterior, não tem direito adquirido de perceber proventos correspondentes aos da última classe da nova carreira reestruturada por lei superveniente. Todavia, relativamente à reestruturação da carreira disciplinada pela Lei 13.666/2002, do Estado do Paraná, assegura-se aos servidores inativos, com base no art. 40, § 8º, da CF (na redação anterior à EC 41/2003), o direito de terem seus proventos ajustados em condições semelhantes aos dos servidores da ativa, que alicerce nos requisitos objetivos decorrentes do tempo de serviço e da titulação, aferíveis até a data da inativação. Com fundamento no voto médio, essa foi a conclusão do Plenário que, por maioria, deu parcial provimento a recurso extraordinário em que discutidos os reflexos da criação de novo plano de carreira na situação jurídica de servidores aposentados. No acórdão recorrido, ao prover a apelação, a Corte local entendera que a mudança na classificação do quadro próprio do Poder Executivo estadual esbarraria no princípio da isonomia estabelecida entre servidores ativos e inativos (CF, art. 40, § 8º, no texto originário) e nos direitos por estes adquiridos. A Corte consignou jurisprudência — sobre revisão dos proventos

de aposentadoria — segundo a qual o reescalonamento dos ativos na carreira não teria, necessariamente, reflexo no direito assegurado pelo citado dispositivo constitucional. Asseverou, ainda, inexistir direito adquirido a regime jurídico.

Aposentadoria e reestruturação de carreira - 2
O Tribunal, também, enfatizou que, com a norma estadual, os inativos de nível mais elevado, assim como os ativos de igual patamar, foram enquadrados no nível intermediário do plano de reclassificação. Ressalvou que, na espécie, quando houvera essa reestruturação, teriam sido estabelecidas novas classes e novos níveis com a possibilidade de promoção automática dos servidores em atividade embasada em três requisitos: tempo de serviço, titulação e avaliação de desempenho. Observou que a avaliação de desempenho do inativo não mais seria possível, mas, se permitida a promoção automática pelo tempo de serviço ou pela titulação dos servidores em atividade, em última análise, a lei estaria contornando a paridade estabelecida pelo § 8º do art. 40, na redação anterior. Em virtude disso, seria permitido que os inativos pudessem, de igual forma, ser beneficiados com os critérios objetivos relativos ao tempo de serviço e à titulação. O Ministro Roberto Barroso sublinhou que a regra constitucional da paridade garantiria aos inativos o direito às vantagens decorrentes de quaisquer benefícios posteriormente concedidos aos ativos, desde que fundados em critérios objetivos, e não apenas à irredutibilidade do valor nominal dos proventos e à revisão remuneratória geral dada àqueles em atividade. O Ministro Luiz Fux acentuou que, muito embora não devessem ser posicionados no patamar mais alto do novo plano de cargos e salários pelo simples fato de terem se aposentado em nível mais elevado da carreira, eles deveriam experimentar o enquadramento compatível com as promoções e progressões a que teriam jus à época da aposentação. Somou-se aos votos pelo provimento parcial do recurso o proferido pelo Ministro Marco Aurélio, que o desprovia. Reputava não poder examinar legislação ordinária para perquirir quais seriam as condições cujo atendimento se imporia como necessário para a progressão do pessoal da ativa. Realçava que, no tocante aos inativos, o tribunal de justiça teria vislumbrado, de forma acertada, haver a incidência pura e simples da Constituição na disciplina que antecedera a EC 41/2003. Vencidos os Ministros Dias Toffoli, Cármen Lúcia, Gilmar Mendes e Celso de Mello, que davam provimento integral ao recurso extraordinário do Estado do Paraná, uma vez que não concediam aos inativos, no caso concreto, o direito a terem seus proventos ajustados. RE 606199/PR, rel. Min. Teori Zavascki, 9.10.2013. (RE-606199) (Inform. STF 723)

Gratificação de desempenho a ativos e inativos - 1
Os servidores inativos e pensionistas do Departamento Nacional de Obras Contra as Secas - DNOCS têm direito à Gratificação de Desempenho do Plano Geral de Cargos do Poder Executivo - GDPGPE, prevista na Lei 11.357/2006, em percentual igual ao dos servidores ativos, até a implantação do primeiro ciclo de avaliação de desempenho. Com base nessa orientação, o Plenário, por maioria, negou provimento a recurso extraordinário em que discutida, à luz dos artigos 2º; 40, § 8º; 61, § 1º, II, a; e 169, parágrafo único, da CF, a constitucionalidade de se fixar pagamento de gratificação de desempenho nos mesmos patamares a ativos e inativos. Na espécie, o acórdão recorrido estabelecera que, enquanto não adotadas as medidas para a avaliação de desempenho dos servidores em atividade, a gratificação revestir-se-ia de caráter genérico. O Tribunal destacou que, embora a mencionada gratificação tivesse sido prevista com base no trabalho individualmente desenvolvido pelo servidor, norma de transição teria disposto que, independentemente da avaliação e até que esta ocorresse, seriam atribuídos aos servidores, indistintamente, oitenta pontos, de um máximo de cem. Referida pontuação também seria concedida aos pensionistas, aos que tivessem se aposentado de acordo com a regra de transição e àqueles que preenchessem os requisitos para a aposentadoria quando da publicação da EC 41/2003.

Gratificação de desempenho a ativos e inativos - 2
Aduziu-se que o acórdão recorrido não conflitaria com a Constituição porque, no período a anteceder a avaliação dos servidores, a gratificação revestiu-se de natureza linear, a ser observada de forma abrangente para ativos e inativos. Asseverou-se que, inexistente a avaliação de desempenho, a Administração não poderia conceder vantagem diferenciada entre servidores ativos e inativos porque não configurado o caráter pro labore faciendo da GDPGPE. Pontuou-se que, adotadas as medidas para as referidas avaliações, seria possível tratar diferentemente ativos e inativos dentro dos critérios legais. Fixou-se, como termo final do direito aos oitenta por cento pelos inativos e pensionistas, a data em que implementado o primeiro ciclo avaliativo. Vencido o Ministro Teori Zavascki, que dava provimento ao recurso. Frisava que a regra do art. 7º-A, § 6º, da Lei 11.784/2009, ao dispor que *"o resultado da primeira avaliação gera efeitos financeiros a partir de 1º de janeiro de 2009, devendo ser compensadas eventuais diferenças pagas a maior ou a menor"*, traria uma avaliação de desempenho com efeitos desde a origem. Observava que, a se considerar a referida disposição, que impõe a retroação dos efeitos da avaliação à vigência da lei, não haveria nenhum período a descoberto em relação a essa mesma avaliação. Consignava que essa gratificação fora, desde 1º.1.2009, de natureza jurídica pro labore faciendo. Assinalava que, nessa linha de entendimento, inspirara-se o Enunciado 20 da Súmula Vinculante [*"A Gratificação de Desempenho de Atividade Técnico-Administrativa - GDATA, instituída pela Lei nº 10.404/2002, deve ser deferida aos inativos nos valores correspondentes a 37,5 (trinta e sete vírgula cinco) pontos no período de fevereiro a maio de 2002 e, nos termos do artigo 5º, parágrafo único, da Lei nº 10.404/2002, no período de junho de 2002 até a conclusão dos efeitos do último ciclo de avaliação a que se refere o artigo 1º da Medida Provisória no 198/2004, a partir da qual passa a ser de 60 (sessenta) pontos."*] RE 631389/CE, rel. Min. Marco Aurélio, 25.9.2013. (RE-631389) (Inform. STF 721)

AG. REG. NO RE N. 429.189-PE
RELATOR: MIN. TEORI ZAVASCKI
Ementa: PROCESSUAL CIVIL E ADMINISTRATIVO. AGRAVO REGIMENTAL NO RECURSO EXTRAORDINÁRIO. EXAME DOS REQUISITOS DE ADMISSIBILIDADE DO RECURSO EXTRAORDINÁRIO E DO AGRAVO REGIMENTAL DO ESTADO DE PERNAMBUCO. PREENCHIMENTO. APOSENTADORIA COMPULSÓRIA. NOTÁRIOS E REGISTRADORES. IDADE LIMITE ATINGIDA ANTES DE PROMULGADA A EC 20/98. APLICABILIDADE DO INSTITUTO. PRECEDENTE DO TRIBUNAL PLENO.
1. O Plenário do Supremo Tribunal Federal, na ADI 2.602, rel. Min. Joaquim Barbosa, rel. p/ acórdão Min. Eros Grau, DJ de 31/03/2006, reafirmou o entendimento de que se aplica a aposentadoria compulsória aos notários e registradores que completaram 70 anos antes de promulgada a EC 20/98.
2. Agravo regimental a que se nega provimento. (Inform. STF 716)

AG. REG. NO ARE N. 699.864-RJ
RELATOR: MIN. TEORI ZAVASCKI
Ementa: DIREITO ADMINISTRATIVO. AGRAVO REGIMENTAL NO RECURSO EXTRAORDINÁRIO COM AGRAVO. SERVIDOR PÚBLICO. PENSÃO POR MORTE CONCEDIDA ANTERIORMENTE À CONSTITUIÇÃO FEDERAL DE 1988. LEI VIGENTE À DATA DO ÓBITO. AUTOAPLICABILIDADE DO ART. 40, §7º, DA CONSTITUIÇÃO. PRECEDENTES.
1. A jurisprudência desta Corte firmou-se no sentido de que a pensão por morte rege-se pelas leis vigentes à data do óbito.
2. Deve haver paridade entre os valores da pensão recebida e a totalidade dos vencimentos que o servidor falecido percebia, ainda que o óbito seja anterior à Constituição de 1988, pois o artigo 40, § 7º é norma autoaplicável. Precedentes.
3. Agravo regimental a que se nega provimento. (Inform. STF 716)

6. DIREITO ADMINISTRATIVO

AG. REG. NO ARE N. 650.374-CE
RELATORA: MIN. ROSA WEBER
EMENTA: DIREITO ADMINISTRATIVO. PENSÃO POR MORTE. BENEFÍCIO INTEGRAL. AUTO-APLICABILIDADE DO ART. 40, §5°, DA CONSTITUIÇÃO FEDERAL (ATUAL §7°). NATUREZA DA VANTAGEM RECEBIDA PELO INSTITUIDOR DO BENEFÍCIO. EXTENSÃO AOS INATIVOS E PENSIONISTAS. DEBATE DE ÂMBITO INFRACONSTITUCIONAL. ACÓRDÃO RECORRIDO PUBLICADO EM 12.08.2010.
A jurisprudência do Supremo Tribunal Federal é pacífica no sentido de que o artigo 40, § 5°, da Constituição Federal, atual § 7°, é norma de aplicabilidade imediata e determina que o cálculo de pensão por morte de servidor público deve corresponder à totalidade dos vencimentos ou proventos deste quando em atividade. Precedentes.
A controvérsia acerca da possibilidade de extensão aos aposentados e pensionistas das vantagens percebidas pelos servidores em atividade assim como sobre a natureza jurídica das referidas vantagens, está restrita ao âmbito infraconstitucional. Precedentes.
As razões do agravo regimental não são aptas a infirmar os fundamentos que lastrearam a decisão agravada, mormente no que se refere à ausência de ofensa direta e literal a preceito da Constituição da República. Agravo regimental conhecido e não provido. (Inform. STF 716)

Pensão e policial militar excluído da corporação
A 2ª Turma negou provimento a recurso extraordinário interposto de decisão que concedera segurança a dependentes de policial militar excluído da corporação, em sentença transitada em julgado. No caso, a decisão recorrida afastara a alegada inconstitucionalidade do art. 117 da Lei Complementar 53/90, do Estado de Mato Grosso do Sul. O mencionado artigo garantiria, aos dependentes de policial militar excluído ou demitido da corporação, com dez anos de serviço, pensão proporcional ao tempo de contribuição feito à previdência local. Destacou-se que, embora a ADI 1542/MS (DJe de 20.3.2013) — em que se discutia a constitucionalidade da mencionada norma — tenha sido julgada prejudicada, diante da revogação superveniente daquele dispositivo, este fato não atingiria situações consolidadas, do ponto de vista jurídico. Asseverou-se que a Constituição, em seu art. 42, § 1°, estabeleceria competir à lei estadual específica dispor sobre as matérias do art. 142, § 3°, X ("*X - a lei disporá sobre o ingresso nas Forças Armadas, os limites de idade, a estabilidade e outras condições de transferência do militar para a inatividade, os direitos, os deveres, a remuneração, as prerrogativas e outras situações especiais dos militares, consideradas as peculiaridades de suas atividades, inclusive aquelas cumpridas por força de compromissos internacionais e de guerra*"). Enfatizou-se, ainda, que caberia aos estados-membros, por lei especial, regular os direitos previdenciários dos integrantes de sua polícia militar, conforme o art. 42, § 2°, da CF ("*§ 2° Aos pensionistas dos militares dos Estados, do Distrito Federal e dos Territórios aplica-se o que for fixado em lei específica do respectivo ente estatal*"). Concluiu-se que haveria um locupletamento ilícito por parte do Estado, caso viesse a se apropriar do referido benefício. RE 610290/MS, rel. Min. Ricardo Lewandowski, 25.6.2013. (RE-610290) (Inform. STF 712)

AG. REG. NO MI N. 4.771-DF
RELATOR: MIN. TEORI ZAVASCKI
Ementa: MANDADO DE INJUNÇÃO. APOSENTADORIA ESPECIAL DE SERVIDOR PÚBLICO. ART. 40, § 4°, DA CONSTITUIÇÃO FEDERAL, APLICAÇÃO DAS NORMAS DO REGIME GERAL DE PREVIDÊNCIA SOCIAL. AGRAVO DESPROVIDO.
1. Segundo a jurisprudência do STF, a omissão legislativa na regulamentação do art. 40, § 4°, da Constituição, deve ser suprida mediante a aplicação das normas do Regime Geral de Previdência Social previstas na Lei 8.213/91 e no Decreto 3.048/99. Ainda, o mandado de injunção não é o meio processual adequado para assegurar o direito à aposentadoria especial de servidor público já aposentado, diante da falta de impedimento ao exercício do direito.
2. Agravo regimental desprovido. (Inform. STF 711)

AG. REG. NO AI N. 640.141-RJ
RELATOR: MIN. MARCO AURÉLIO
PROVENTOS – ALTERAÇÃO – PESSOAL DA ATIVA – SUPRESSÃO DE PARCELA – EXTENSÃO – IMPROPRIEDADE. Surge inadequada a supressão de parcela integrante de proventos ou pensão, a pretexto de imprimir tratamento igualitário considerado pessoal da ativa. (Inform. STF 711)

AG. REG. NO RE N. 392.172-PR
RELATOR: MIN. MARCO AURÉLIO
APOSENTADORIA – REINGRESSO EM CARGO PÚBLICO – VEDAÇÃO – RESSALVA – ARTIGO 11 DA EMENDA CONSTITUCIONAL Nº 20/98. Mediante o preceito do artigo 11 da Emenda Constitucional nº 20/98, afastou-se a proibição versada no artigo 37, § 10, da Carta Federal relativamente àqueles que, à época da promulgação, tivessem reingressado no serviço público por meio de concurso. (Inform. STF 708)

SEGUNDO AG. REG. NO MI N. 1.508-DF
RELATOR: MIN. TEORI ZAVASCKI
MANDADO DE INJUNÇÃO. APOSENTADORIA ESPECIAL DE SERVIDOR PÚBLICO. ART. 40, § 4°, DA CONSTITUIÇÃO FEDERAL, APLICAÇÃO DAS NORMAS DO REGIME GERAL DE PREVIDÊNCIA SOCIAL. AGRAVO DESPROVIDO.
1. Segundo a jurisprudência do STF, a omissão legislativa na regulamentação do art. 40, § 4°, da Constituição, deve ser suprida mediante a aplicação das normas do Regime Geral de Previdência Social previstas na Lei 8.213/91 e no Decreto 3.048/99. Não se admite a conversão de períodos especiais em comuns, mas apenas a concessão da aposentadoria especial mediante a prova do exercício de atividades exercidas em condições nocivas. Ainda, o STF tem competência para apreciar os mandados de injunção impetrados por servidores públicos municipais, estaduais e distritais. Fundamentos observados pela decisão agravada.
2. Agravo regimental desprovido. (Inform. STF 705)

AG. REG. NO AI N. 465.497-RS
RELATOR: MIN. DIAS TOFFOLI
Agravo regimental no agravo de instrumento. Servidor público. Cargo em comissão. Aposentadoria proporcional. Exoneração anterior à postulação do pedido. Impossibilidade.
1. O Plenário desta Corte reconheceu a impossibilidade da concessão de aposentadoria proporcional, quando o servidor ocupante de cargo em comissão não apresentar mais a condição de servidor público, em razão de sua exoneração.
2. Agravo regimental não provido. (Inform. STF 704)

AG. REG. NO ARE N. 727.541-MS
RELATOR: MIN. MARCO AURÉLIO
ATIVIDADES EXERCIDAS EM CONDIÇÕES DE RISCO OU INSALUBRES – APOSENTADORIA ESPECIAL – SERVIDOR PÚBLICO – ARTIGO 40, § 4°, DA CONSTITUIÇÃO FEDERAL – INEXISTÊNCIA DE LEI COMPLEMENTAR – MORA LEGISLATIVA – PRECEDENTES DO PLENÁRIO. O pronunciamento do Tribunal de origem está em harmonia com a jurisprudência do Supremo. Enquanto não editada a lei reguladora do direito assegurado constitucionalmente, o critério a ser levado em conta é o da Lei nº 8.213/91, mais precisamente o definido no artigo 57. Adotam-se os parâmetros previstos para os trabalhadores em geral. (Inform. STF 703)

Aposentadoria com "Gratificação Extraordinária" e incidência de parcela da GAJ - 4

Em conclusão, a 1ª Turma, por maioria, negou provimento a recurso ordinário em mandado de segurança, em que se requeria a manutenção de cálculo de benefício previdenciário com o restabelecimento da Gratificação de Atividade Judiciária - GAJ, suprimida, pelo art. 8º, § 2º da Lei 10.475/2002, da remuneração de servidores retribuídos por função comissionada e por cargo em comissão – v. Informativo 637. De início, reconheceu-se a ilegitimidade do Presidente do TRF da 1ª Região para figurar como autoridade coatora, por ser mero executor de pronunciamento de observância obrigatória emanado do Conselho da Justiça Federal - CJF. Aduziu-se que a parcela remuneratória vindicada no mandamus fora instituída, pela Lei 7.757/89, com a denominação de "Gratificação Extraordinária". Posteriormente, com a Lei 9.421/96, a referida parcela passara a ser designada "Gratificação de Atividade Judiciária - GAJ". Esta Lei fora editada com o fim de criar as carreiras dos servidores do Poder Judiciário, bem como de fixar os respectivos valores de remuneração. Nessa perspectiva, com objetivo de implementação das carreiras dos servidores do Poder Judiciário da União e do Distrito Federal e dos Territórios, instaurara-se processo administrativo nesta Suprema Corte, no qual se decidira pela transformação de cargos por área de atividade e pelo enquadramento dos servidores efetivos nas carreiras de analista judiciário, técnico judiciário ou auxiliar judiciário, respeitadas, entre outras, as definições de nível de escolaridade exigido anteriormente.

Aposentadoria com "Gratificação Extraordinária" e incidência de parcela da GAJ - 5

No tocante a aposentados e pensionistas relacionados com o cargo efetivo de Chefe de Secretaria, observara-se, no aludido processo administrativo, que o cargo efetivo não mais subsistiria quando da edição da Lei 9.421/96, o que impossibilitaria análise quanto à sua transformação para a nova carreira de servidores efetivos. Em respeito, entretanto, à correspondência de atribuições antes exercidas pelos servidores ocupantes do cargo efetivo de Chefe de Secretaria e aquelas previstas para o cargo de provimento em comissão de Diretor de Secretaria, resguardara-se o pagamento do benefício previdenciário de acordo com o cargo em comissão equivalente. Explicitou-se que a função comissionada correspondente ao extinto cargo efetivo de Chefe de Secretaria corresponderia à FC-09, na época da edição da Lei 9.421/96. Apontou-se que teria sido assegurado, com a edição dessa Lei, aos aposentados e pensionistas relacionados com o extinto cargo efetivo de Chefe de Secretaria, tratamento favorável, se comparado aos demais cargos efetivos de provimento isolado na ordem jurídica anterior ainda subsistentes. Consignou-se que não se poderia invocar a garantia do direito de paridade entre servidores ativos e inativos no regime de previdência dos servidores públicos, previsto no § 4º do art. 40 da CF/88, em sua redação original, uma vez que, ao tempo da edição da Lei 9.421/96, não haveria servidores ativos no provimento do cargo efetivo de Chefe de Secretaria. Assinalou-se que a Lei 9.421/96 não teria se limitado a reajustar a GAJ, mas também o valor das funções comissionadas em respeito à correspondência de atribuições disciplinada na Lei 6.026/74. Por fim, sublinhou-se que não houvera decréscimo do total da remuneração paga. Ao contrário, os aposentados e os pensionistas relacionados com o extinto cargo efetivo de Chefe de Secretaria experimentaram elevação dos proventos pagos em seu benefício. Vencido o Min. Marco Aurélio, que dava provimento ao recurso.
RMS 26612/DF, rel. orig. Min. Marco Aurélio, red. p/ o acórdão Min. Dias Toffoli, 23.4.2013. (RMS-26612) (Inform. STF 703)

Coisa julgada e inoponibilidade

A 1ª Turma desproveu agravo regimental de decisão do Min. Dias Toffoli, que concedera mandado de segurança, do qual relator, para cassar acórdão do TCU, que suspendera pagamento de pensão por considerá-la ilegal. No caso, decisão judicial transitada em julgado condenara a União ao pagamento do referido benefício. Assinalou-se que questões referentes a regime de aposentação da impetrante, bem como a responsabilidade do INSS pelo pagamento, deveriam ter sido arguidas durante a discussão judicial e, eventualmente, após o trânsito em julgado, pela via da ação rescisória. Entretanto, descaberia aventá-las no momento da análise da legalidade da pensão, perante o TCU. Afirmou-se que essa Corte de Contas não poderia, mesmo que indiretamente, alterar as partes alcançadas por decisão judicial já transitada em julgado. **MS 30312 AgR/RJ, rel. Min. Dias Toffoli, 27.11.2012. (MS-30312) (Inform. STF 690)**

Anistia e acumulação de aposentadoria

A 1ª Turma concedeu mandado de segurança para anular acórdão do TCU e restabelecer as pensões percebidas pela impetrante. Tratava-se, na espécie, de *writ* impetrado contra decisão da Corte de Contas que determinara a suspensão de um dos benefícios, ao argumento de que seriam resultantes de cargos que, em atividade, não seriam acumuláveis. Destacou-se que a primeira aposentadoria fora concedida ao marido falecido em 1970 e julgada legal pelo TCU após 7 anos. A segunda ocorrera em 1990 e registrada em 1993, implementada há mais de 15 anos. Acrescentou-se que ambas foram revertidas em pensões em 25.6.98, antes da promulgação da EC 20, de 15.12.98. Inicialmente, rejeitou-se a preliminar de ilegitimidade passiva *ad causam*, em face da jurisprudência do Supremo no sentido de que o TCU seria parte legítima para figurar no polo passivo de mandado de segurança quando a decisão proferida estivesse dotada de caráter impositivo. No mérito, ressaltou-se a relevância das causas de pedir vinculadas a: devido processo legal; passagem do lapso temporal – considerado o art. 54 da Lei 9.784/99 –; aplicação da EC 20/98 no tempo e, em especial, singularidade da primeira pensão, decorrente de indenização em face do Ato Institucional 5 e do art. 8º do ADCT. Destacou-se a natureza jurídica da anistia, no que visaria minimizar atos do passado, a implicar reparação monetária. Frisou-se que a aposentadoria decorrente do AI 5 seria verdadeira indenização e, portanto, acumulável com segunda relação jurídica que o servidor viera a manter com a Administração. Por fim, julgou-se prejudicado o agravo regimental interposto. **MS 28700/DF, rel. Min. Marco Aurélio, 30.10.2012. (MS-28700) (Inform. STF 686)**

Pensão vitalícia à viúva de ex-prefeito – 6

Lei municipal que concedera à viúva de ex-prefeito, falecido no curso do mandato, pensão vitalícia equivalente a 30% dos vencimentos por ele percebidos, encontra base material de apoio na Constituição. Essa a conclusão da 2ª Turma que, por maioria, proveu recursos extraordinários interpostos contra acórdão do Tribunal de Justiça do Estado do Rio de Janeiro que, em ação civil pública proposta pelo Ministério Público estadual, considerara imoral e lesiva ao patrimônio público a mencionada norma local. Na espécie, o acórdão recorrido condenara solidariamente o prefeito que sancionara a lei, os vereadores que a aprovaram e a viúva a restituir ao erário os valores recebidos – v. Informativos 432 e 561.

Pensão vitalícia a viúva de ex-prefeito - 7

Asseverou-se que, não obstante a mencionada lei local não se revestir de normatividade geral, não haveria empecilho constitucional a que fossem editadas leis de efeitos concretos ou mesmo individualizados. Destacou-se que, em determinados casos, apenas lei em sentido formal seria instrumento apto a dispor sobre certas matérias, inclusive pensões especiais. Afastou-se alegação de nulidade formal da lei pelo só fato de dispor sobre situação concreta. Ponderou-se que, na espécie, tanto a petição inicial, quanto os atos decisórios das instâncias ordinárias teriam se limitado a considerar "imoral" a lei por ter conferido tratamento vantajoso a uma pessoa, sem qualquer juízo sobre a razoabilidade ou não, em face das circunstâncias de fato e de direito, da concessão do privilégio. Aduziu-se que se lei concessiva de tratamento privilegiado a destinatários específicos fosse considerada imoral, seriam inconstitucionais, por exemplo, as leis que estabelecessem isenções fiscais.

Verificou-se que, em hipóteses como a dos autos, aplicar-se-ia a imunidade, no que tange a opiniões, palavras e votos de vereadores. Pontuou-se que, embora se tratasse de lei somente em sentido formal, sem densidade normativa geral e abstrata, não deixaria de ser norma, submetida ao correspondente processo legislativo próprio, com aprovação da Câmara de Vereadores e sanção do Prefeito. Vencida a Min. Ellen Gracie, relatora, que conhecia em parte dos recursos e, na parte conhecida, negava-lhes provimento. O Min. Teori Zavascki participou da votação por suceder ao Min. Cezar Peluso, que pedira vista dos autos. **RE 405386/RJ, rel. orig. Min. Ellen Gracie, red. p/ o acórdão Min. Teori Zavascki, 26.2.2013. (RE-405386)** (Inform. STF 696).

DIREITO ADMINISTRATIVO. DEPENDÊNCIA ECONÔMICA PARA CONCESSÃO DE PENSÃO POR MORTE DE SERVIDOR PÚBLICO FEDERAL. Não se exige prova de dependência econômica para a concessão de pensão por morte a filho inválido de servidor público federal. Isso porque, nos termos do art. 217 da Lei 8.112/1990, não há exigência de prova da dependência econômica para o filho inválido, ainda que maior de 21 anos de idade. Conforme se infere do texto expresso da lei, a prova da dependência econômica somente é exigível, nas pensões vitalícias, da mãe, do pai e da pessoa designada maior de 60 anos ou portadora de deficiência. Quanto às pensões temporárias, a prova da dependência é exigida restritivamente do irmão órfão ou da pessoa designada, em qualquer caso até 21 anos ou, se inválido, enquanto perdurar eventual invalidez. **REsp 1.440.855-PB, Rel. Min. Humberto Martins, julgado em 3/4/2014. (Inform. STJ 539)**

DIREITO ADMINISTRATIVO. CARÁTER GERAL DE GRATIFICAÇÃO DE DESEMPENHO DE SERVIDOR PÚBLICO. Devem ser estendidas a todos os aposentados e pensionistas as gratificações de desempenho pagas indistintamente a todos os servidores da ativa, no mesmo percentual, ainda que possuam caráter *pro labore faciendo*. Isso porque as referidas vantagens, quando pagas indistintamente a todos os servidores na ativa, no mesmo percentual, assumem natureza genérica. Precedentes citados: AgRg no REsp 1.314.529-SC, Segunda Turma, DJe 14/8/2012 e REsp 1.291.011/MG, Segunda Turma, DJe 10/2/2012. **AgRg no REsp 1.372.058-CE, Rel. Min. Benedito Gonçalves, julgado em 4/2/2014. (Inform. STJ 534)**

DIREITO ADMINISTRATIVO. RESERVA DE COTA-PARTE DE PENSÃO POR MORTE DE SERVIDOR PÚBLICO.
Não é possível reservar cota-parte de pensão por morte a fim de resguardar eventual beneficiário que ainda não tenha se habilitado. **Isso porque, somente após a habilitação, mesmo que tardia, é que a Administração deverá realizar novo rateio do benefício entre os beneficiários concorrentes.** Precedente citado: REsp 1.002.419-CE, Quinta Turma, DJe 28/9/2009. AgRg no REsp 1.273.009-RJ, Rel. Min. Benedito Gonçalves, julgado em 17/10/2013. **(Inform. STJ 532)**

DIREITO ADMINISTRATIVO. CÔMPUTO DO TEMPO DE SERVIÇO PRESTADO NAS FORÇAS ARMADAS PARA O FIM DE APOSENTADORIA ESPECIAL.
Não é possível computar, para a concessão da aposentadoria especial prevista no art. 1º da LC 51/1985, o tempo de serviço prestado nas Forças Armadas. Observe-se, inicialmente, que a Administração está adstrita ao princípio da legalidade, razão pela qual todos os seus atos devem estar de acordo com a lei, não sendo possível contrariá-la ou tratar de tema que nela não esteja previsto. No caso, dispõe o art. 1º da LC 51/1985 que o "funcionário policial" será aposentado, voluntariamente, com proventos integrais, após trinta anos de serviço, desde que conte pelo menos vinte anos de exercício em cargo de "natureza estritamente policial". Nesse contexto, não há, efetivamente, como proceder à extensão da aposentadoria especial, diante da existência de restrição legal. Ressalte-se que, de acordo com a jurisprudência do STF, a aposentadoria especial será concedida àqueles que tenham exposto sua vida a riscos e prejuízos à saúde e à integridade física, sendo necessária, ainda, expressa previsão em lei complementar. Ademais, é certo que as atividades das Forças Armadas e das carreiras responsáveis pela segurança pública até podem, por vezes, apresentar semelhanças, devido ao uso de armas, hierarquia e coerção para a ordem. Todavia, distinguem-se quanto às finalidades e quanto às atribuições das respectivas carreiras. De fato, deve-se observar que as finalidades e atribuições dos militares das Forças Armadas não são idênticas às dos policiais civis, militares, federais, rodoviários ou ferroviários. Com efeito, enquanto as Forças Armadas se destinam à defesa da pátria, à garantia dos poderes constitucionais, da lei e da ordem, as atribuições dos policiais estão relacionadas com a segurança pública, visando à preservação da ordem pública e da incolumidade das pessoas e do patrimônio. REsp 1.357.121-DF, Rel. Min. Humberto Martins, julgado em 28/5/2013. (Inform. STJ 524)

DIREITO ADMINISTRATIVO. INAPLICABILIDADE DA APOSENTADORIA COMPULSÓRIA POR IDADE A SERVIDOR PÚBLICO OCUPANTE EXCLUSIVAMENTE DE CARGO EM COMISSÃO.
Não é aplicável a regra da aposentadoria compulsória por idade na hipótese de servidor público que ocupe exclusivamente cargo em comissão. Com efeito, a regra prevista no art. 40, § 1º, II, da CF, cujo teor prevê a aposentadoria compulsória do septuagenário, destina-se a disciplinar o regime jurídico dos servidores efetivos, não se aplicando aos servidores em geral. Assim, ao que ocupa exclusivamente cargo em comissão, aplica-se, conforme determina o § 13 do art. 40 da CF, o regime geral de previdência social, no qual não é prevista a aposentadoria compulsória por idade. RMS 36.950-RO, Rel. Min. Castro Meira, DJe 26/4/2013. (Inform. STJ 523)

DIREITO ADMINISTRATIVO. REFORMA DE MILITAR TEMPORÁRIO POR INCAPACIDADE DEFINITIVA PARA O SERVIÇO ATIVO NAS FORÇAS ARMADAS.
Não tem direito à reforma o militar temporário no caso de incapacidade definitiva para o serviço castrense causada por evento que não guarde relação com o exercício da função. Isso porque aos militares temporários somente é garantida a reforma no caso de incapacidade definitiva para o serviço ativo das Forças Armadas se for comprovado que a lesão decorre de circunstância inerente ao exercício da função. Observe-se que o critério de concessão de reforma para militar temporário é diferente daquele considerado para militar estável. Com efeito, para a concessão de reforma de militar temporário, são consideradas duas informações: a extensão da incapacidade para o trabalho e a relação de causalidade da lesão com a atividade militar. Quanto à extensão da incapacidade para o trabalho, o Estatuto dos Militares (Lei 6.880/1980) a distingue em dois tipos: uma chamada de incapacidade definitiva para o serviço ativo nas Forças Armadas (que abrange exclusivamente as atividades militares, não considerando as atividades laborais civis) e a invalidez (conceito que engloba todas as atividades, castrenses ou civis). Quanto ao nexo causal da lesão incapacitante com o exercício da função militar, se comprovado, o militar temporário terá direito à reforma independentemente de sua extensão (incapacidade definitiva ou invalidez). Contudo, se o evento incapacitante não guardar relação com a função castrense, o militar temporário somente terá direito à reforma no caso de invalidez. **REsp 1.328.915-RS, Rel. Min. Mauro Campbell Marques, julgado em 4/4/2013.** (Inform. STJ 522)

DIREITO ADMINISTRATIVO. TERMO INICIAL DOS EFEITOS DA PENSÃO POR MORTE NO CASO DE HABILITAÇÃO POSTERIOR DE DEPENDENTE.
No caso de concessão integral da pensão por morte de servidor público, a posterior habilitação, que inclua novo dependente,

produz efeitos a partir da data de seu requerimento na via administrativa. Presume-se que nessa data tenha ocorrido a ciência da Administração sobre o fato gerador a ensejar a concessão do benefício, o que se infere da análise das regras contidas nos arts. 215, 218 e 219, parágrafo único, da Lei n. 8.112/1990. **REsp 1.348.823-RS, Rel. Min. Mauro Campbell Marques, julgado em 7/2/2013.** (Inform. STJ 516).

DIREITO ADMINISTRATIVO. PRESCINDIBILIDADE DE DEMONSTRAÇÃO DO NEXO CAUSAL ENTRE A DOENÇA INCAPACITANTE E O SERVIÇO MILITAR PARA CONCESSÃO DE REFORMA A MILITAR.
Para a concessão de reforma por invalidez a militar, é desnecessário que a moléstia incapacitante sobrevenha, necessariamente, em consequência de acidente ou doença que tenha relação de causa e efeito com o serviço militar. Segundo a jurisprudência do STJ, deve ser concedida a reforma ao militar quando ficar demonstrada a incapacidade para o serviço castrense, sendo suficiente, para isso, que a doença se manifeste durante o período de prestação do serviço militar. Precedentes citados: AgRg no Ag 1.025.285-MS, DJe 21/9/2009, e REsp 647.335-RJ, DJ 23/4/2007. **AgRg no REsp 980.270-RJ, Rel. Min. Jorge Mussi, julgado em 6/12/2012.** (Inform. STJ 514).

DIREITO ADMINISTRATIVO. PENSÃO POR MORTE DE EX-COMBATENTE. BENEFICIÁRIO INCAPAZ. TERMO INICIAL DO BENEFÍCIO.
A pensão por morte de ex-combatente paga a beneficiário absolutamente incapaz é devida a partir do óbito do segurado, pois contra aquele não corre prescrição. Precedentes citados: AgRg no REsp 1.263.900-PR, DJe 18/6/2012, e REsp 1.257.059-RS, DJe 8/5/2012. **REsp 1.141.465-SC, Rel. Min. Alderita Ramos de Oliveira (Desembargadora convocada do TJ-PE), julgado em 11/12/2012.** (Inform. STJ 512).

DIREITO ADMINISTRATIVO. SERVIDOR PÚBLICO FEDERAL. DOENÇA GRAVE NÃO ESPECIFICADA NO ART. 186, § 1º, DA LEI N. 8.112/1990. ROL EXEMPLIFICATIVO. APOSENTADORIA COM PROVENTOS INTEGRAIS.
O servidor público federal acometido por doença grave que enseje a sua incapacitação para o exercício das atividades inerentes ao cargo que detenha deve ser aposentado com proventos integrais, e não proporcionais, mesmo que a enfermidade que o acometa não esteja especificada no art. 186, § 1º, da Lei n. 8.112/1990. A jurisprudência recente do STJ orienta-se no sentido de que não há como considerar taxativo o rol descrito no art. 186, § 1º, da Lei n. 8.112/1990, haja vista a impossibilidade de a norma alcançar todas as doenças consideradas pela medicina como graves, contagiosas e incuráveis. Precedentes citados: AgRg no AREsp 179.447-RS, DJe 20/8/2012, e AgRg no REsp 1.294.095-GO, DJe 2/4/2012. **REsp 1.322.927-DF, Rel. Min. Diva Malerbi (Desembargadora convocada do TRF da 3ª Região), julgado em 13/11/2012.** (Inform. STJ 509)

DIREITO ADMINISTRATIVO. PENSÃO DE MILITAR. IMPOSSIBILIDADE DE RATEIO ENTRE A VIÚVA E A CONCUBINA.
Não deve ser rateada entre a viúva e a concubina a pensão de militar se os dois relacionamentos foram mantidos concomitantemente. A jurisprudência desta Corte é pacífica no sentido de que é possível o rateio de pensão entre a viúva e a companheira com quem o instituidor da pensão mantinha união estável, assim entendida aquela situação na qual inexiste impedimento para a convolação do relacionamento em casamento, o que somente não se concretiza pela vontade dos conviventes. Nos casos em que o instituidor da pensão falece no estado de casado, necessário se faz que estivesse separado de fato, convivendo unicamente com a companheira, para que esta possa fazer jus ao recebimento da pensão. Não verificada a existência de união estável, mas de concubinato, é indevido o rateio da pensão. Precedentes citados: AgRg no Ag 1.424.071-RO, DJe 30/8/2012; RMS 30.414-PB, DJe 24/4/2012, e AgRg no REsp 1.267.832-RS, DJe 19/12/2011. **AgRg no REsp 1.344.664-RS, Rel. Min. Humberto Martins, julgado em 6/11/2012.** (Inform. STJ 508)

DIREITO ADMINISTRATIVO. PENSÃO POR MORTE. ESTUDANTE UNIVERSITÁRIO. PRORROGAÇÃO DO BENEFÍCIO. IMPOSSIBILIDADE.
Não é possível estender a pensão por morte até os 24 anos de idade pelo fato de o filho beneficiário ser estudante universitário. A jurisprudência do STJ pacificou o entendimento de que a pensão por morte rege-se pela lei vigente à época do óbito do segurado. Assim, estabelecendo o art. 77, § 2º, II, da Lei n. 8.213/1991 a cessação da pensão por morte ao filho que completar 21 anos de idade, salvo se for inválido, não há como, à míngua de amparo legal, estendê-la até os 24 anos de idade quando o beneficiário for estudante universitário. Precedentes citados: REsp 1.269.915-RJ, DJe 13/10/2011; AgRg no Ag 1.076.512-BA, DJe 3/8/2011, e AgRg no REsp 1.126.274-MS, DJe 2/8/2010. **REsp 1.347.272-MS, Rel. Min. Herman Benjamin, julgado em 18/10/2012.** (Inform. STJ 508)

DIREITO ADMINISTRATIVO. DESCONTO RETROATIVO. CONTRIBUIÇÃO PREVIDENCIÁRIA SOBRE GRATIFICAÇÃO NÃO RECOLHIDA.
Não é possível descontar, retroativa e diretamente em folha, os valores referentes à contribuição previdenciária incidente sobre gratificação recebida por servidor público quando a Administração deixa de recolher, por erro, na época própria. Em razão da natureza tributária da parcela, sua cobrança deve observar as normas do direito tributário, assegurando ainda ao servidor o direito ao contraditório e à ampla defesa. Precedentes citados: AgRg no AREsp 14.264-RJ, DJe 18/4/2012; AgRg nos EDcl no REsp 962.676-SC, DJe 15/6/2010, e AgRg no REsp 388.788-SC, DJe 19/3/2009. **AgRg no AREsp 95.329-RO, Rel. Min. Benedito Gonçalves, julgado em 23/10/2012.** (Inform. STJ 507)

DIREITO ADMINISTRATIVO. SERVIDOR PÚBLICO. APOSENTADORIA ESPECIAL.
A concessão de aposentadoria especial a servidor público depende de comprovação da efetiva nocividade da atividade realizada de forma permanente, nos termos do art. 57 da Lei n. 8.213/1991, enquanto não editada lei complementar que discipline o assunto. A EC n. 20/1998 garantiu o direito à concessão de aposentadoria especial aos servidores públicos que exerçam atividades em condições que prejudiquem a saúde ou a integridade física. O art. 40, § 4º, da CF, com redação dada pela EC n. 47/2005, estendeu o benefício aos servidores com deficiência física e aos que exerçam atividades de risco, nos termos definidos em lei complementar, ainda não editada. Assim, diante da omissão legislativa, o STF tem reconhecido a adoção do disposto no art. 57 da Lei n. 8.213/1991 para a concessão de aposentadoria especial aos servidores públicos. Precedente citado do STF: MI 1.683-DF, DJ 1º/10/2012. **RMS 36.806-PE, Rel. Min. Napoleão Nunes Maia Filho, julgado em 4/10/2012.** (Inform. STJ 506)

Súmula Vinculante STF 34

A Gratificação de Desempenho de Atividade de Seguridade Social e do Trabalho – GDASST, instituída pela Lei 10.483/2002, deve ser estendida aos inativos no valor correspondente a 60 (sessenta) pontos, desde o advento da Medida Provisória 198/2004, convertida na Lei 10.971/2004, quando tais inativos façam jus à paridade constitucional (EC 20/1998, 41/2003 e 47/2005).

Súmula Vinculante STF 33

Aplicam-se ao servidor público, no que couber, as regras do regime geral da previdência social sobre aposentadoria especial de que trata o artigo 40, § 4º, inciso III da Constituição Federal, até a edição de lei complementar específica.

Súmula Vinculante STF 20

A Gratificação de Desempenho de Atividade Técnico-Administrativa – GDATA, instituída pela Lei n. 10.404/2002, deve ser deferida aos inativos nos valores correspondentes a 37,5 (trinta e sete vírgula cinco) pontos no período de fevereiro a maio de 2002 e, nos termos do artigo 5º, parágrafo único, da Lei nº 10.404/2002, no período de junho de 2002 até a conclusão dos efeitos do último ciclo de avaliação a que se refere o artigo 1º da Medida Provisória no 198/2004, a partir da qual passa a ser de 60 (sessenta) pontos.

Súmula STF nº 680

O direito ao auxílio-alimentação não se estende aos servidores inativos.

Súmula STF nº 38

Reclassificação posterior à aposentadoria não aproveita ao servidor aposentado.

Súmula STF nº 36

Servidor vitalício está sujeito à aposentadoria compulsória, em razão da idade.

Súmula STF nº 10

O tempo de serviço militar conta-se para efeito de disponibilidade e aposentadoria do servidor público estadual.

5.6. Acumulação remuneratória

AG. REG. NO RE N. 613.100-RS
RELATOR: MIN. ROBERTO BARROSO
EMENTA: AGRAVO REGIMENTAL EM RECURSO EXTRAORDINÁRIO. SERVIDOR PÚBLICO. CUMULAÇÃO DE DOIS CARGOS DE PROFESSOR. COMPATIBILIDADE DE HORÁRIOS. AUSÊNCIA DE CONTROVÉRSIA CONSTITUCIONAL. SÚMULA 279/STF.
Para dissentir da conclusão do acórdão recorrido, seria necessário nova apreciação dos fatos e do material probatório constantes dos autos. Incidência da Súmula 279/STF. Precedentes. Agravo regimental a que se nega provimento. (Inform. STF 748)

Acumulação de cargo e decadência - 3
Em conclusão de julgamento, a 1ª Turma, por maioria, desproveu recurso ordinário em mandado de segurança no qual se pretendia desconstituir a pena de demissão do cargo de agente administrativo do Ministério da Saúde aplicada a servidora pública que acumulara, também, o de professora na rede estadual de ensino — v. Informativo 659. Prevaleceu o voto da Ministra Cármen Lúcia. Destacou, inicialmente, que o recurso ordinário em mandado de segurança teria efeitos equivalentes ao da apelação, e devolveria toda a matéria componente da lide. Asseverou, entretanto, que, na espécie, os dois únicos argumentos trazidos pela recorrente não teriam sido suscitados anteriormente, e que a análise deles implicaria supressão de instância. No que se refere à suposta compatibilidade de horários, em razão da aposentadoria da recorrente do cargo de professora, reputou não constituir elemento suficiente a justificar a indevida acumulação de cargos públicos, pois a vedação constitucional inscrita no art. 37, XVI, da CF, apenas comportaria exceção nos casos ali especificados.

Acumulação de cargo e decadência - 4
A Ministra Cármen Lúcia registrou que, a partir da análise das atribuições do cargo ocupado pela recorrente no Ministério da Saúde, seria possível concluir que não teria natureza técnica.

No ponto, assinalou que a natureza técnica apenas poderia ser conferida aos cargos que exigissem, no desempenho de suas atribuições, a aplicação de conhecimentos especializados de alguma área do saber. Anotou que não estariam nessa categoria os cargos que implicassem a prática de atividades meramente burocráticas, de caráter repetitivo e que não exigissem formação específica. Nesse sentido, atividades de agente administrativo, descritas como atividades de nível médio, não se enquadrariam no conceito constitucional. No que diz respeito à eventual decadência do direito da União de anular os atos de nomeação nos cargos que ensejaram a acumulação, aduziu que o limite temporal de cinco anos teria sido fixado no art. 54 da Lei 9.784/1999. Frisou que a jurisprudência da Turma orientar-se-ia no sentido de que esse prazo decadencial seria aplicável somente a partir da vigência da citada norma. Assim, não teria havido decadência na espécie, uma vez que a portaria de demissão da recorrente teria sido publicada apenas três anos após a entrada em vigor da Lei 9.784/1999. Realçou, ainda, que o prazo decadencial deveria ser contado a partir do conhecimento da ilegalidade pela Administração, o que teria ocorrido em 1997, antes da vigência da citada lei. Afastou, ademais, boa-fé por parte da recorrente, que teria deixado tanto de declarar a ocupação do cargo de professora quanto de optar por um dos cargos quando convocada para esse fim. Vencido o Ministro Luiz Fux (relator), que provia o recurso. RMS 28497/DF, rel. orig. Min. Luiz Fux, red. p/ o acórdão Min. Cármen Lúcia, 20.5.2014. (RMS-28497) (Inform. STF 747)

AG. REG. NO ARE N. 677.617-AP
RELATOR: MIN. ROBERTO BARROSO
EMENTA: AGRAVO REGIMENTAL EM RECURSO EXTRAORDINÁRIO COM AGRAVO. PEDIDO DE ACUMULAÇÃO DE CARGOS PÚBLICOS DE PROFESSOR E DE FARMACÊUTICO. INCOMPATIBILIDADE DE HORÁRIOS VERIFICADA PELO ACÓRDÃO RECORRIDO. INCIDÊNCIA DA SÚMULA 279/STF.
Para dissentir da conclusão do Tribunal de origem, seria necessária uma nova apreciação dos fatos e do material probatório constante dos autos. Incidência da Súmula 279/STF.
Agravo regimental a que se nega provimento. (Inform. STF 741)

SEGUNDO AG. REG. NO ARE N. 708.176-RJ
RELATOR: MIN. MARCO AURÉLIO
SERVIDOR PÚBLICO – APOSENTADORIA – NOVA INVESTIDURA – IMPOSSIBILIDADE DE ACUMULAÇÃO. O artigo 11 da Emenda Constitucional nº 20/1998 contém regramento explícito quanto à impossibilidade de acumulação de proventos decorrentes de aposentadorias regidas pelo artigo 40 da Constituição Federal. (Inform. STF 722)

AG. REG. NO AI N. 747.057-RJ
RELATOR: MIN. MARCO AURÉLIO
RECURSO EXTRAORDINÁRIO – APOSENTADORIA – ACUMULAÇÃO. VALORES ORIUNDOS DE REFORMA MILITAR E PROVENTOS – POSSIBILIDADE. A ressalva contida no artigo 11 da Emenda Constitucional nº 20/1998 não exclui o recebimento simultâneo de valores relativos a reforma militar e proventos de aposentadoria de servidor que retornou ao serviço público antes da promulgação da referida Emenda. (Inform. STF 720)

AG. REG. NO AI N. 532.392-PR
RELATOR: MIN. TEORI ZAVASCKI
Ementa: ADMINISTRATIVO. AGRAVO REGIMENTAL NO AGRAVO DE INSTRUMENTO. SERVIDORA PÚBLICA. ACUMULAÇÃO DE PROVENTOS COM VENCIMENTOS DE PROFESSOR. ACÚMULO TRÍPLICE DE REMUNERAÇÕES. ART. 11 DA EC 20/98. INVIABILIDADE.
1. Segundo a jurisprudência do Supremo Tribunal Federal, apenas se permite a acumulação de proventos e vencimentos

quando se tratar de cargos, funções, ou empregos acumuláveis na atividade, conforme permitido pela Constituição.
2. Não se admite acúmulo tríplice de provimentos e vencimentos de professor, mesmo que decorrentes de aprovações em concursos públicos anteriores à vigência da EC 20/98 (AI 545.424 Agrar, 2ª Turma, Min. Celso de Mello, Dje de 25/03/13; AI 529.499 AgR, 1ª Turma, Min. Ricardo Lewandowski, DJe 17/11/10). Precedentes. 3. Agravo regimental a que se nega provimento. (Inform. STF 716)

AG. REG. NO AI. N. 717.747-SP
RELATOR: MIN. DIAS TOFFOLI
EMENTA: Agravo regimental no agravo de instrumento. Acumulação de proventos com vencimentos. Concurso público para o novo cargo posterior à EC nº 20/98. Inadmissibilidade.
1. Não se tratando de emprego ou função pública acumulável na atividade, na forma prevista na Constituição Federal, não se admite a acumulação se o retorno ao serviço público ocorreu somente após a Emenda Constitucional nº 20/98.
2. Agravo regimental não provido. (Inform. STF 704)

DIREITO ADMINISTRATIVO. INADMISSIBILIDADE DE JORNADA SEMANAL SUPERIOR A SESSENTA HORAS NA HIPÓTESE DE ACUMULAÇÃO DE CARGOS PRIVATIVOS DE PROFISSIONAIS DE SAÚDE. É vedada a acumulação de dois cargos públicos privativos de profissionais de saúde quando a soma da carga horária referente aos dois cargos ultrapassar o limite máximo de sessenta horas semanais. Segundo o que dispõe a alínea c do inciso XVI do art. 37 da CF, é vedada a acumulação remunerada de cargos públicos, exceto, quando houver compatibilidade de horários, observado em qualquer caso o disposto no inciso XI, a de dois cargos ou empregos privativos de profissionais de saúde, com profissões regulamentadas. Por se constituir como exceção à regra da não acumulação, a acumulação de cargos deve ser interpretada de forma restritiva. Ademais, a acumulação remunerada de cargos públicos deve atender ao princípio constitucional da eficiência, na medida em que o profissional da área de saúde precisa estar em boas condições físicas e mentais para bem exercer as suas atribuições, o que certamente depende de adequado descanso no intervalo entre o final de uma jornada de trabalho e o início da outra, o que é impossível em condições de sobrecarga de trabalho. Observa-se, assim, que a jornada excessiva de trabalho atinge a higidez física e mental do profissional de saúde, comprometendo a eficiência no desempenho de suas funções e, o que é mais grave, coloca em risco a vida dos usuários do sistema público de saúde. Também merece relevo o entendimento do TCU no sentido da coerência do limite de sessenta horas semanais – uma vez que cada dia útil comporta onze horas consecutivas de descanso interjornada, dois turnos de seis horas (um para cada cargo), e um intervalo de uma hora entre esses dois turnos (destinado à alimentação e deslocamento) –, fato que certamente não decorre de coincidência, mas da preocupação em se otimizarem os serviços públicos, que dependem de adequado descanso dos servidores públicos (TCU, Acórdão 2.133/2005, DOU 21/9/2005). **MS 19.336-DF, Rel. originária Min. Eliana Calmon, Rel. para acórdão Min. Mauro Campbell Marques, julgado em 26/2/2014. (Inform. STJ 549)**

DIREITO ADMINISTRATIVO. ACUMULAÇÃO DE CARGOS PÚBLICOS INDEPENDENTEMENTE DE CARGA HORÁRIA MÁXIMA CONSIDERADA EM ACÓRDÃO DO TCU.
Havendo compatibilidade de horários, é possível a acumulação de dois cargos públicos privativos de profissionais de saúde, ainda que a soma da carga horária referente àqueles cargos ultrapasse o limite máximo de sessenta horas semanais considerado pelo TCU na apreciação de caso análogo. De fato, o art. 37, XVI, da CF e o art. 118, § 2º, da Lei 8.112/1990 somente condicionam a acumulação lícita de cargos à compatibilidade de horários, não havendo qualquer dispositivo que estabeleça limite máximo, diário ou semanal, à carga horária a ser cumprida. Dessa forma, não se pode negar o direito à acumulação com base numa suposta incompatibilidade com decisão proferida pelo TCU (Acórdão 2.133/2005), a qual não possui força normativa capaz de se sobrepor à garantia constitucional e legal. Ademais, mostra-se desarrazoado negar o referido direito com fundamento em mera presunção de que a realização de jornada de trabalho superior a sessenta horas semanais comprometeria a qualidade do serviço a ser prestado. Precedentes citados: AgRg no REsp 1.168.979-RJ, Sexta Turma, DJe 14/12/2012; MS 15.663-DF, Primeira Seção, DJe 3/4/2012; e EDcl no REsp 1.195.791-RJ, Segunda Turma, DJe 28/6/2012. **AgRg no AREsp 291.919-RJ, Rel. Min. Napoleão Nunes Maia Filho, julgado em 18/4/2013.** (Inform. STJ 521)

DIREITO ADMINISTRATIVO. ACUMULAÇÃO DE CARGOS DE MÉDICO MILITAR COM O DE PROFESSOR DE INSTITUIÇÃO PÚBLICA DE ENSINO.
Caso exista compatibilidade de horários, é possível a acumulação do cargo de médico militar com o de professor de instituição pública de ensino. Com base na interpretação sistemática dos arts. 37, XVI, "c", 42, § 1°, e 142, § 3°, II, da CF, a jurisprudência do STJ admite a acumulação, por militares, de dois cargos privativos de médico ou profissionais de saúde, desde que o servidor não desempenhe funções típicas da atividade castrense. Nesse contexto, conclui-se que o fato de o profissional de saúde integrar os quadros de instituição militar não configura, por si só, impedimento à acumulação de cargos. No entanto, ela só será possível nas hipóteses previstas no art. 37, XVI, da CF, entre as quais se encontra a autorização de acumulação de um cargo de professor com outro técnico ou científico. Desse modo, deve-se considerar lícito, caso haja compatibilidade de horários, o acúmulo remunerado de um cargo de médico e outro de professor. Isso porque aquele possui natureza científica e sua ocupação pressupõe formação em área especializada do conhecimento, dotada de método próprio, de modo a caracterizar um cargo "técnico ou científico", na forma em que disposto na alínea "b" do inciso XVI do art. 37 da CF. Ademais, não parece razoável admitir a acumulação de um cargo de professor com outro técnico ou científico por um lado e, por outro, eliminar desse universo o cargo de médico, cuja natureza científica é indiscutível. **RMS 39.157-GO, Rel. Min. Herman Benjamin, julgado em 26/2/2013.** (Inform. STJ 518)

DIREITO ADMINISTRATIVO E CONSTITUCIONAL. ACUMULAÇÃO DE DOIS PROVENTOS DE APOSENTADORIA PELO RPPS. RETORNO AO SERVIÇO PÚBLICO ANTERIOR À EC N. 20/1998.
Ressalvadas as hipóteses de acumulação de cargo público expressamente previstas na CF, não é possível, após a EC n. 20/1998, cumular mais de uma aposentadoria à conta do regime previdenciário do art. 40 da CF, ainda que o ingresso no cargo em que se deu a segunda aposentadoria tenha ocorrido antes da referida Emenda. O art. 11 da EC n. 20/1998 preservou a situação dos servidores inativos que reingressaram no serviço público antes de sua promulgação, de forma a permitir a percepção tanto dos proventos da aposentadoria como dos vencimentos do novo cargo público. Entretanto, o servidor nessa situação, a partir do momento em que se aposenta novamente, não pode acumular as duas aposentadorias, por expressa vedação constitucional, não havendo que se falar em violação a ato jurídico perfeito nem a direito adquirido. Precedentes citados do STF: AgRg no MS 28.711-DF, DJ 21/9/2012, e RE 584.388-SC, DJ 27/9/2011; e do STJ: AgRg no RMS 15.686-PR, DJe 18/4/2012, e RMS 13.835-PR, DJe 12/5/2008. **RMS 32.756-PE, Rel. Min. Castro Meira, julgado em 27/11/2012.** (Inform. STJ 510)

DIREITO ADMINISTRATIVO. NOTÁRIO. ACUMULAÇÃO INDEVIDA DE CARGO, EMPREGO OU FUNÇÃO PÚBLICA.
A atividade de notário é inacumulável com qualquer cargo, emprego ou função pública, ainda que em comissão, mesmo que o servidor esteja no gozo de férias ou licença

remunerada. O *status* de servidor público, que não é desconfigurado pelo fato de o servidor estar no gozo de férias ou licenças, é incompatível com a atividade de notário nos termos do art. 25 da Lei n. 8.935/1994. **RMS 38.867-AC, Rel. Min. Humberto Martins, julgado em 18/10/2012. (Inform. STJ 508)**

DIREITO ADMINISTRATIVO. SERVIDOR PÚBLICO APOSENTADO. PROFISSIONAIS DA ÁREA DA SAÚDE. CUMULAÇÃO DE CARGOS. TETO REMUNERATÓRIO.
A acumulação de proventos de servidor aposentado em decorrência do exercício cumulado de dois cargos de profissionais da área de saúde legalmente exercidos, nos termos autorizados pela CF, não se submete ao teto constitucional, devendo os cargos ser considerados isoladamente para esse fim. A partir da vigência da EC n. 41/2003, todos os vencimentos percebidos por servidores públicos, inclusive os proventos e pensões, estão sujeitos aos limites estatuídos no art. 37, XI, da CF. Entretanto, a EC n. 41/2003 restabeleceu a vigência do art. 17 do ADCT, que, embora em seu *caput* afaste a invocação do direito adquirido ao recebimento de verbas remuneratórias contrárias à CF, em seus §§ 1º e 2º, traz exceção ao assegurar expressamente o exercício cumulativo de dois cargos ou empregos privativos de profissionais de saúde. Assim, a referida norma excepciona a incidência do teto constitucional aos casos de acumulação de cargos dos profissionais de saúde, devendo tais cargos ser considerados isoladamente para esse fim. Precedente citado: RMS 33.170-DF, DJe 7/8/2012. **RMS 38.682-ES, Rel. Min. Herman Benjamin, julgado em 18/10/2012. (Inform. STJ 508)**

5.7. Outros direitos dos agentes públicos

Procuradores federais e férias - 1
Os procuradores federais têm o direito às férias de 30 dias, por força do que dispõe o art. 5º da Lei 9.527/1997, porquanto não recepcionados com natureza complementar o art. 1º da Lei 2.123/1953 e o art. 17, parágrafo único, da Lei 4.069/1962. Com base nessa orientação, o Plenário conheceu em parte de recurso extraordinário e, na parte conhecida, deu-lhe provimento. Na espécie, discutia-se a compatibilidade, com a CF/1988, de leis que estabelecem férias de 60 dias a procuradores federais. A turma recursal de tribunal local entendera que normatividade anterior à vigente Constituição teria sido por ela recepcionada com "status" de lei complementar, razão pela qual o art. 1º da Lei 2.123/1953 (que garante aos procuradores das autarquias federais as mesmas prerrogativas dos membros do Ministério Público da União) e o parágrafo único do art. 17 da Lei 4.069/1962 (que fixa vencimentos, gratificações e vantagens aos demais membros do serviço jurídico da União), ambos revogados pelo art. 18 da Lei 9.527/1997, somente poderiam ter sido eliminados do mundo jurídico por norma de igual ou superior hierarquia. O tribunal de origem concluíra que as disposições normativas anteriormente citadas continuariam em vigor, pois não teriam sido revogadas pela LC 73/1993. Em preliminar, por ausência de prequestionamento do tema, a Corte não conheceu da alegada incompetência absoluta de juizado especial federal cível para julgar a causa.

Procuradores federais e férias - 2
No mérito, esclareceu que a questão posta estaria centrada na interpretação do art. 131, "caput", da CF ("A Advocacia-Geral da União é a instituição que, diretamente ou através de órgão vinculado, representa a União, judicial e extrajudicialmente, cabendo-lhe, nos termos da lei complementar que dispuser sobre sua organização e funcionamento, as atividades de consultoria e assessoramento jurídico do Poder Executivo") e sua aplicação aos procuradores federais. A evolução legislativa da matéria demonstraria que, até o advento da Medida Provisória 2.229-43/2001, não haveria a carreira de procurador federal mas, sim, cargos diversos cujos titulares seriam responsáveis pela representação judicial, consultoria e assessoria jurídica das autarquias e fundações públicas federais. A esses cargos se refeririam o art. 1º da Lei 2.123/1953 e o art. 17, parágrafo único, da Lei 4.069/1962. A Medida Provisória 2.229-43/2001 criara a carreira de procurador federal, com subordinação administrativa ao Advogado-Geral da União. A procuradoria-geral federal fora criada posteriormente, com a Lei 10.480/2002, e se estruturara segundo o que posto em leis ordinárias, em especial após a Constituição de 1988. Assim, o art. 131 da CF não tratara da Procuradoria-Geral Federal ou dos procuradores federais, ou seja, esse dispositivo constitucional não disciplinara a representação judicial e extrajudicial das autarquias e fundações públicas (Administração indireta), mas apenas da União (Administração direta). O § 3º do art. 131 da CF referira-se à Advocacia-Geral da União e à Procuradoria-Geral da Fazenda Nacional ("Na execução da dívida ativa de natureza tributária, a representação da União cabe à Procuradoria-Geral da Fazenda Nacional, observado o disposto em lei"). Ou seja, à representação judicial e extrajudicial das autarquias e fundações públicas federais não se aplicaria o art. 131 da CF, pelo que a LC 73/1993 (Lei Orgânica da Advocacia-Geral da União) limitara-se a dispor, em seu art. 17, que os "órgãos jurídicos" das autarquias e das fundações públicas seriam vinculados à Advocacia-Geral da União. De toda sorte, a organização e a estrutura não diria respeito com o regime jurídico específico dos membros daquela carreira. Assim, não ofenderia o art. 131 da CF a revogação do art. 1º da Lei 2.123/1953 e do art. 17, parágrafo único, da Lei 4.069/1962 pelo art. 18 da Lei 9.527/1997, pois os dispositivos revogados não teriam sido recepcionados pela Constituição como leis complementares. Juridicamente inadequado, portanto, manter a equiparação dos procuradores autárquicos (hoje procuradores federais) aos membros do Ministério Público Federal. Aqueles teriam perdido, desde a CF/1988, a função de representantes jurídicos da União, transferida para a Advocacia-Geral da União, nos termos do art. 131 da CF. **RE 602381/AL, rel. Min. Cármen Lúcia, 20.11.2014. (RE-602381) (Inform. STF 768)**

Art. 84, § 2º, da Lei 8.112/1990: licença para acompanhar cônjuge e provimento originário
A licença para o acompanhamento de cônjuge ou companheiro de que trata o § 2º do art. 84 da Lei 8.112/1990 não se aplica aos casos de provimento originário de cargo público ("Art. 84. Poderá ser concedida licença ao servidor para acompanhar cônjuge ou companheiro que foi deslocado para outro ponto do território nacional, para o exterior ou para o exercício de mandato eletivo dos Poderes Executivo e Legislativo. ... § 2o No deslocamento de servidor cujo cônjuge ou companheiro também seja servidor público, civil ou militar, de qualquer dos Poderes da União, dos Estados, do Distrito Federal e dos Municípios, poderá haver exercício provisório em órgão ou entidade da Administração Federal direta, autárquica ou fundacional, desde que para o exercício de atividade compatível com o seu cargo"). Com base nessa orientação, a 1ª Turma indeferiu mandado de segurança impetrado por servidor de tribunal regional eleitoral que pretendia obter licença para acompanhar cônjuge, aprovado em concurso público, mas nomeado em lotação diversa daquela do impetrante. A Turma ressalvou, entretanto, que o acórdão impugnado não teria efeito sobre as nomeações dos impetrantes para exercício de cargos em comissão ou funções de confiança, de livre nomeação e exoneração pela autoridade competente, observada a vedação à prática de nepotismo. **MS 28620/DF, rel. Min. Dias Toffoli, 23.9.2014. (MS-28620) (Inform. STF 760)**

AG. REG. NO AI N. 836.957-MA
RELATOR: MIN. DIAS TOFFOLI
EMENTA: Agravo regimental no agravo de instrumento. Servidor público. Férias não gozadas. Indenização. Possibilidade. Precedentes.
1. É pacífica jurisprudência da Corte no sentido de que o servidor público tem direito ao recebimento de indenização pelas férias não gozadas por vontade da Administração, tendo em vista a vedação ao enriquecimento sem causa.
2. Agravo regimental não provido. **(Inform. STF 741)**

AG. REG. NO ARE N. 786.527-BA
RELATORA: MIN. CÁRMEN LÚCIA
EMENTA: AGRAVO REGIMENTAL NO RECURSO EXTRAORDINÁRIO COM AGRAVO. ADMINISTRATIVO. SERVIDOR PÚBLICO. FÉRIAS NÃO GOZADAS NO INTERESSE DA ADMINISTRAÇÃO PÚBLICA. INDENIZAÇÃO PECUNIÁRIA. POSSIBILIDADE. ACÓRDÃO RECORRIDO EM HARMONIA COM A JURISPRUDÊNCIA DO SUPREMO TRIBUNAL FEDERAL. AGRAVO REGIMENTAL AO QUAL SE NEGA PROVIMENTO.
(Inform. STF 738)

ADI e disponibilidade remunerada de servidores públicos - 1
O Plenário julgou parcialmente procedente pedido formulado em ação direta para declarar a inconstitucionalidade da expressão *pelo prazo máximo de um ano*, contida no art. 90, § 3º, da Constituição do Estado do Rio de Janeiro, e reconhecer a não recepção, pela Constituição de 1988, da expressão *com vencimentos e vantagens integrais*, disposta no mesmo preceito, tendo em vista a redação dada pela EC 19/1998 ao dispositivo constitucional paradigma. A norma impugnada versa sobre o instituto da disponibilidade remunerada de servidores públicos (*Art. 90 - São estáveis, após dois anos de efetivo exercício, os servidores nomeados em virtude de concurso público. ... § 3º - Ocorrendo extinção do cargo, o funcionário estável ficará em disponibilidade remunerada, com vencimentos e vantagens integrais, pelo prazo máximo de um ano, até seu aproveitamento obrigatório em função equivalente no serviço público*). O Tribunal aduziu que a EC 19/1998 teria alterado substancialmente parte do art. 41, § 3º, da CF, o qual configuraria paradigma de controle na presente ação. Destacou jurisprudência no sentido da necessidade da adoção de dois juízos subsequentes pela Corte. O primeiro entre o preceito impugnado e o texto constitucional vigente na propositura da ação, com o fim de se verificar a existência de compatibilidade entre ambos, ou seja, juízo de constitucionalidade. O segundo entre o artigo questionado e o parâmetro alterado, atualmente em vigor, com o objetivo de se averiguar sua eventual recepção pelo texto constitucional superveniente. ADI 239/RJ, rel. Min. Dias Toffoli, 19.2.2014. (ADI-239)

ADI e disponibilidade remunerada de servidores públicos - 2
Em seguida, o Pleno asseverou que a imposição do prazo de um ano para o aproveitamento de servidor em disponibilidade ofenderia materialmente a Constituição, porquanto o Poder Legislativo criaria obrigação que não decorreria direta ou indiretamente dos pressupostos essenciais à aplicação do instituto da disponibilidade, definidos na Constituição. Além disso, destacou que a norma violaria o postulado da independência dos Poderes. O Colegiado salientou, também, que o art. 41, § 3º, da CF, em sua redação originária, seria silente em relação ao *quantum* da remuneração devida ao servidor posto em disponibilidade. Observou, no entanto, que a modificação trazida pela EC 19/1998 suplantara a previsão contida na Constituição fluminense, pois determinara, expressamente, que a remuneração do servidor em disponibilidade fosse proporcional ao tempo de serviço. O Ministro Teori Zavascki consignou que, embora acompanhasse o posicionamento já firmado pela Corte, reputava não se tratar propriamente do fenômeno da recepção, mas de inconstitucionalidade, haja vista o envolvimento de duas normas constitucionais. ADI 239/RJ, rel. Min. Dias Toffoli, 19.2.2014. (ADI-239) (Inform. STF 736)

DIREITO ADMINISTRATIVO. HIPÓTESE DE NÃO LEVANTAMENTO DE FGTS. RECURSO REPETITIVO (ART. 543-C DO CPC E RES. 8/2008-STJ). A suspensão do contrato de trabalho em decorrência de nomeação em cargo em comissão não autoriza o levantamento do saldo da conta vinculada ao FGTS. Isso porque o art. 20, VIII, da Lei 8.036/1990 condiciona a liberação do saldo da conta do FGTS ao fato de o trabalhador permanecer três anos ininterruptos "fora do regime do FGTS", circunstância que não ocorre quando o empregado tem seu contrato de trabalho suspenso por força de nomeação em cargo público em comissão. De fato, não ocorre a ruptura do vínculo laboral, nem o empregado fica "fora" do regime do FGTS, mas permanece nele, embora não ocorrendo depósitos por força da suspensão do contrato de trabalho. **REsp 1.419.112-SP, Rel. Min. Og Fernandes, julgado em 24/9/2014. (Inform. STJ 548)**

DIREITO ADMINISTRATIVO. EXIGÊNCIA DO CUMPRIMENTO DO PRAZO DE DOZE MESES DE EXERCÍCIO PARA A PRIMEIRA FRUIÇÃO DE FÉRIAS DE MAGISTRADO. Para o primeiro período aquisitivo de férias de juiz federal substituto serão exigidos doze meses de exercício. De fato, a LC 35/1979 (Loman), ao tratar das férias dos magistrados, não disciplina o início do período aquisitivo do direito a férias na magistratura. Dessa forma, ante o silêncio da Loman, incide o art. 77, § 1º, da Lei 8.112/1990, aplicada subsidiariamente, segundo o qual "Para o primeiro período aquisitivo de férias serão exigidos 12 (doze) meses de exercício". Além disso, o CNJ (PP 0001123-19.2007.2.00.0000, julgado em 4/12/2007) entendeu que o gozo do direito de férias pelo juiz é adquirido após um ano na magistratura, tendo consignado que "o princípio norteador das férias, inclusive dos empregados da iniciativa privada, tal como estabelece a Consolidação das Leis do Trabalho e para os servidores públicos, como definido no Estatuto próprio, é o de período aquisitivo, de sorte que, para adquirir direito ao primeiro período o empregado, servidor ou magistrado deverá completar o período de um ano de serviço prestado". Aliás, esse mesmo entendimento foi reiterado recentemente pelo CNJ (PCA 0001795-51.2012.2.00.0000, julgado em 21/5/2012). Cabe salientar, também, que, em 2004, o Conselho Federal da Justiça normatizou a referida matéria na Resolução 383/2004, que dispõe: "Art. 5º Para o primeiro período aquisitivo de férias, serão exigidos doze meses de exercício", sendo certo que essa disposição se seguiu nas Resoluções 585/2007, 14/2008 e 130/2010 do Conselho da Justiça Federal. Ademais, essa mesma orientação é seguida pelo Conselho Superior da Justiça do Trabalho (TST-CSJT-122/2005-000-90-00.8). **REsp 1.421.612-PB, Rel. Min. Herman Benjamin, julgado em 3/6/2014. (Inform. STJ 543)**

DIREITO ADMINISTRATIVO. SUSPENSÃO CAUTELAR DO PORTE DE ARMA DE FOGO DE SERVIDOR MILITAR POR DECISÃO ADMINISTRATIVA. A Polícia Militar pode, mediante decisão administrativa fundamentada, determinar a suspensão cautelar do porte de arma de policial que responde a processo criminal. Apesar do art. 6º da Lei 10.826/2006 (Estatuto do Desarmamento) conferir o direito ao porte de arma aos servidores militares das forças estaduais, a medida não é absoluta. Com efeito, a suspensão do porte de arma está amparada pela legalidade, uma vez que o Estatuto do Desarmamento possui regulamentação no art. 33, § 1º, do Decreto 5.123/2004, que outorga poderes normativos às forças militares estaduais para restringir o porte de arma de seu efetivo. Nessa conjuntura, verificada a existência de base fática que dê suporte à decisão administrativa, não há que se falar em violação ao princípio constitucional da presunção de inocência. **RMS 42.620-PB, Rel. Min. Humberto Martins, julgado em 25/2/2014. (Inform. STJ 537)**

Licença médica e dispensa
Não é possível a dispensa — com o consequente rompimento do vínculo trabalhista — de servidor ocupante apenas de cargo em comissão, em licença médica para tratamento de doença. Com base nessa orientação, a 1ª Turma, negou provimento a agravo regimental.

AI 759882 AgR/MG, rel. Min. Marco Aurélio, 10.12.2013. (AI-759882) (Inform. STF 732)

AG. REG. NO ARE N. 707.221-BA
RELATORA: MIN. ROSA WEBER
DIREITO ADMINISTRATIVO. SERVIDORA PÚBLICA ESTADUAL. LICENÇA MATERNIDADE. PRORROGAÇÃO. MATÉRIA INFRACONSTITUCIONAL. EVENTUAL VIOLAÇÃO REFLEXA DA CONSTITUIÇÃO DA REPÚBLICA NÃO VIABILIZA O MANEJO DE RECURSO EXTRAORDINÁRIO. AUSÊNCIA DE PREQUESTIONAMENTO. APLICAÇÃO DA SÚMULA STF 282. INAPTIDÃO DO PREQUESTIONAMENTO IMPLÍCITO OU FICTO PARA ENSEJAR O CONHECIMENTO DO APELO EXTREMO. INTERPRETAÇÃO DA SÚMULA STF 356. ACÓRDÃO RECORRIDO PUBLICADO EM 30.11.2010.
A jurisprudência desta Corte é firme no sentido de que a discussão referente à prorrogação de licença maternidade de servidora pública estadual é de natureza infraconstitucional, o que torna oblíqua e reflexa eventual ofensa, insuscetível, portanto de viabilizar o conhecimento do recurso extraordinário. Precedentes. O requisito do prequestionamento obsta o conhecimento de questões constitucionais inéditas. Esta Corte não tem procedido à exegese a *contrario sensu* da Súmula STF 356 e, por consequência, somente considera prequestionada a questão constitucional quando tenha sido enfrentada, de modo expresso, pelo Tribunal *a quo*. A mera oposição de embargos declaratórios não basta para tanto. Logo, as modalidades ditas implícita e ficta de prequestionamento não ensejam o conhecimento do apelo extremo. Aplicação da Súmula STF 282: "É inadmissível o recurso extraordinário, quando não ventilada, na decisão recorrida, a questão federal suscitada". Agravo regimental conhecido e não provido. (Inform. STF 718)

AG. REG. NO RE N. 725.359-SP
RELATOR: MIN. DIAS TOFFOLI
EMENTA: Agravo regimental no recurso extraordinário. Pedido de cabos da aeronáutica para serem promovidos, dentro dos respectivos quadros, da mesma maneira que os cabos do corpo feminino da corporação. Impossibilidade.
1. Mostra-se inviável a aplicação do princípio da isonomia, quando, como no caso ora em análise, há diversos regramentos legais a disciplinar, dentro da mesma carreira, a ascensão funcional de homens e mulheres.
2. Pacífica jurisprudência da Suprema Corte assim dispondo.
3. Agravo regimental não provido. (Inform. STF 716)

AG. REG. NO AI N. 760.595-GO
RELATORA: MIN. ROSA WEBER
EMENTA: DIREITO CONSTITUCIONAL E ADMINISTRATIVO. SERVIDOR PÚBLICO. LICENÇA-PRÊMIO NÃO USUFRUÍDA. PERÍODO ANTERIOR À VIGÊNCIA DA EC 20/98. APOSENTADORIA. CONTAGEM DE TEMPO EM DOBRO. POSSIBILIDADE. DIREITO ADQUIRIDO. ART. 5°, XXXVI, DA LEI MAIOR. JURISPRUDÊNCIA PACÍFICA. ACÓRDÃO RECORRIDO PUBLICADO EM 08.10.2008.
A jurisprudência desta Corte firmou-se no sentido de que o servidor público que completou os requisitos para usufruir da licença-prêmio em data anterior à EC 20/1998, e não a utilizou, tem direito ao cômputo em dobro do tempo de serviço prestado nesse período para fins de aquisição de aposentadoria. Agravo regimental conhecido e não provido. (Inform. STF 712)

AG. REG. NO ARE N. 731.803-RJ
RELATOR: MIN. RICARDO LEWANDOWSKI
Ementa: AGRAVO REGIMENTAL NO RECURSO EXTRAORDINÁRIO COM AGRAVO. ADMINISTRATIVO. SERVIDOR PÚBLICO ESTADUAL. FÉRIAS NÃO GOZADAS POR VONTADE DA ADMINISTRAÇÃO. INDENIZAÇÃO. POSSIBILIDADE. VEDAÇÃO AO ENRIQUECIMENTO SEM CAUSA. REPERCUSSÃO GERAL. RECONHECIMENTO. CONFIRMAÇÃO DA JURISPRUDÊNCIA. AGRAVO IMPROVIDO.
I - A jurisprudência desta Corte firmou-se no sentido de que o servidor público faz jus à indenização por férias não gozadas por vontade da Administração, tendo em vista a responsabilidade objetiva desta e a vedação ao enriquecimento sem causa. Precedentes.
II - O Supremo Tribunal Federal, no julgamento do ARE 721.001/RJ, Rel. Min. Gilmar Mendes, reconheceu a repercussão geral do tema em debate e confirmou a jurisprudência dominante sobre a matéria.
III - Agravo regimental improvido. (Inform. STF 708)

Servidores públicos municipais: remoção e conveniência – 3
Em conclusão de julgamento, a 1ª Turma, por maioria, não conheceu de recurso extraordinário interposto contra acórdão do Tribunal de Justiça do Estado de São Paulo que, ao reconhecer o juízo de conveniência e oportunidade da Administração Pública, reformara sentença que concedera a servidores públicos municipais, removidos para outras unidades, o direito de retornarem ao local de origem ou de optarem por outro de sua conveniência – v. Informativo 403. Assinalou-se a ausência de prequestionamento. Frisou-se que, para se chegar à conclusão pretendida pelos recorrentes, no sentido de que o ato de remoção tivera caráter punitivo, impenderia o reexame do conjunto fático-probatório, vedado pelo Verbete 279 da Súmula do STF. À derradeira, reputou-se que a matéria envolveria análise de legislação local. Vencido o Min. Marco Aurélio, relator, que conhecia do recurso e a ele dava provimento para restabelecer a decisão concessiva da ordem. Participou da votação o Min. Teori Zavascki, por suceder ao Min. Cezar Peluso, que pedira vista dos autos. **RE 275280/SP, rel. orig. Min. Marco Aurélio, red. p/ o acórdão Min. Teori Zavascki, 5.3.2013. (RE-275280)** (Inform. STF 697).

DIREITO ADMINISTRATIVO. REMOÇÃO PARA ACOMPANHAR CÔNJUGE APROVADO EM CONCURSO DE REMOÇÃO.
O servidor público federal não tem direito de ser removido a pedido, independentemente do interesse da Administração, para acompanhar seu cônjuge, também servidor público, que fora removido em razão de aprovação em concurso de remoção. Isso porque o art. 36, parágrafo único, III, a, da Lei 8.112/1990, que prevê a possibilidade de remoção para acompanhar cônjuge ou companheiro, não ampara a referida pretensão, tendo em vista que, na hipótese, a remoção do cônjuge não se deu ex officio, mas voluntariamente. AgRg no REsp 1.290.031-PE, Rel. Min. Arnaldo Esteves Lima, julgado em 20/8/2013. (Inform. STJ 527)

DIREITO ADMINISTRATIVO. DIREITO DE SERVIDOR PÚBLICO FEDERAL À REMOÇÃO PARA ACOMPANHAMENTO DE CÔNJUGE EMPREGADO DE EMPRESA PÚBLICA FEDERAL.
O servidor público federal tem direito de ser removido a pedido, independentemente do interesse da Administração, para acompanhar o seu cônjuge empregado de empresa pública federal que foi deslocado para outra localidade no interesse da Administração. O art. 36, parágrafo único, III, "a", da Lei 8.112/1990 confere o direito ao servidor público federal de ser removido para acompanhar o seu cônjuge "servidor público civil ou militar, de qualquer dos Poderes da União, dos Estados, do Distrito Federal e dos Municípios" que foi deslocado no interesse da Administração. A jurisprudência do STJ vem atribuindo uma interpretação ampliativa ao conceito de servidor público para alcançar não apenas os que se vinculam à Administração Direta, mas também os que exercem suas atividades nas entidades da Administração Indireta. Desse modo, o disposto no referido dispositivo legal deve ser interpretado de forma a possibilitar o reconhecimento do direto de remoção também ao servidor público que pretende acompanhar seu cônjuge empregado de empresa pública federal, até mesmo porquanto a CF, em seu art. 226, consagra o princípio da proteção à família, bem maior que deve ser protegido pelo Poder Público, mormente quando este figura como empregador. **MS 14.195-DF, Rel. Min. Sebastião Reis Júnior, julgado em 13/3/2013.** (Inform. STJ 519)

DIREITO ADMINISTRATIVO. REGRAS DE PROGRESSÃO NA CARREIRA DA EDUCAÇÃO BÁSICA, TÉCNICA E TECNOLÓGICA.
Até o advento do Decreto n. 7.806/2012, que regulamenta o art. 120 da Lei n. 11.784/2008, era possível a docente da Carreira da Educação Básica, Técnica e Tecnológica progredir por titulação sem observância de interstício temporal. Conforme o art. 120 da Lei n. 11.784/2008, "o desenvolvimento na Carreira de Magistério do Ensino Básico, Técnico e Tecnológico dos servidores que integram os Quadros de Pessoal das Instituições Federais de Ensino, subordinadas ou vinculadas ao Ministério da Educação, ocorrerá mediante progressão funcional, exclusivamente, por titulação e desempenho acadêmico, nos termos do regulamento". Ainda, conforme o § 1º do referido artigo, a progressão funcional será feita após o cumprimento, pelo professor, do interstício de dezoito meses de efetivo exercício no nível respectivo. Ocorre que o § 5º do aludido dispositivo legal prevê que, até que seja publicado o regulamento previsto no *caput* para fins de progressão funcional e desenvolvimento na respectiva carreira, devem ser aplicadas as regras estabelecidas nos arts. 13 e 14 da Lei n. 11.344/2006, nas quais há previsão de progressão por titulação sem cumprimento de interstício temporal. Assim, o entendimento do STJ é que a progressão dos docentes da carreira do magistério básico, técnico e tecnológico federal, até a publicação do Decreto n. 7.806/2012, é regida pelas disposições da Lei n. 11.344/2006, com duas possibilidades: por interstício, com avaliação de desempenho; e por titulação, sem observância do interstício. **REsp 1.335.953-RS, Rel. Ministro Herman Benjamin, julgado em 7/2/2013.** (Inform. STJ 517).

DIREITO ADMINISTRATIVO. CONCESSÃO DE LICENÇA PARA ACOMPANHAMENTO DE CÔNJUGE.
É cabível a concessão de licença a servidor público para acompanhamento de cônjuge na hipótese em que se tenha constatado o preenchimento dos requisitos legais para tanto, ainda que o cônjuge a ser acompanhado não seja servidor público e que o seu deslocamento não tenha sido atual. O art. 84, *caput* e § 1º, da Lei n. 8.112/1990 estabelece o direito à licença para o servidor público afastar-se de suas atribuições, por prazo indeterminado e sem remuneração, com o fim de acompanhar cônjuge ou companheiro. A referida norma não exige a qualidade de servidor público do cônjuge do servidor que pleiteia a licença, tampouco que o deslocamento daquele tenha sido atual, não cabendo ao intérprete condicionar a respectiva concessão a requisitos não previstos pelo legislador. A jurisprudência do STJ firmou-se no sentido de que a referida licença é um direito assegurado ao servidor público, de sorte que, preenchidos os requisitos legais, não há falar em discricionariedade da Administração quanto a sua concessão. Precedentes citados: AgRg no REsp 1.195.954-DF, DJe 30/8/2011, e AgRg no Ag 1.157.234-RS, DJe 6/12/2010. **AgRg no REsp 1.243.276-PR, Rel. Min. Benedito Gonçalves, julgado em 5/2/2013.** (Inform. STJ 515).

DIREITO ADMINISTRATIVO. TERMO *A QUO* DO PRAZO PRESCRICIONAL PARA PLEITEAR INDENIZAÇÃO REFERENTE A FÉRIAS NÃO GOZADAS POR SERVIDOR PÚBLICO FEDERAL.
Se um servidor público federal passar à inatividade no serviço público, o prazo prescricional para pleitear indenização referente a férias não gozadas por ele tem início na data da sua inatividade. Isso porque o termo inicial do prazo prescricional para pleitear indenização referente a férias não gozadas inicia-se com a impossibilidade de o servidor usufruí-las. Precedentes citados: AgRg no AREsp 185.117-BA, DJe 25/9/2012, e AgRg no RMS 22.246-ES, DJe 18/4/2012. **AgRg no AREsp 255.215-BA, Rel. Min. Humberto Martins, julgado em 6/12/2012.** (Inform. STJ 514).

DIREITO ADMINISTRATIVO. INCORPORAÇÃO DE QUINTOS. CÔMPUTO DO TEMPO DE SERVIÇO EXERCIDO POR EX-CELETISTA REINTEGRADO SOB O REGIME ESTATUTÁRIO EM RAZÃO DA EXTINÇÃO DE EMPRESA PÚBLICA.
É possível o aproveitamento, para fins de incorporação de quintos, do tempo de serviço cumprido, sob o regime celetista, por ex-empregado reintegrado em cargo público sob o regime estatutário em razão da extinção da empresa pública em que trabalhava. Em consideração ao art. 100 da Lei n. 8.112/1990, o STJ fixou o entendimento de que o tempo de serviço cumprido sob o regime celetista, em momento anterior, por servidor público, é contado para efeito de incorporação de quintos. Entretanto, a análise dos julgados que passaram a afirmar a possibilidade de cômputo do tempo de serviço celetista parece revelar, à primeira vista, que somente teriam sido alcançados os agentes públicos que tiveram o vínculo celetista transformado em estatutário, e que prestavam serviço na Administração direta da União Federal, nos Territórios, nas Autarquias e nas Fundações Públicas, nos termos do art. 243 da Lei n. 8.112/1990. De modo diverso, a referida interpretação jurisprudencial também deve beneficiar o ex-empregado que tenha sido reintegrado em cargo público sob o regime estatutário em razão da extinção da empresa pública em que trabalhava sob o vínculo celetista, tendo em vista, sobretudo, o princípio da isonomia; afinal, se ele passou a ostentar o vínculo estatutário, não há razão ou lógica que lhe impeça o aproveitamento do tempo antes laborado sob o regime celetista, tal como aqueles que experimentaram a transformação do vínculo celetista em estatutário. Ademais, não há como negar que as Empresas Públicas integram a estrutura da Administração, embora não estejam previstas no art. 243 da Lei n. 8.112/1990. Precedentes citados: REsp 1.254.456-PE, DJe 2/5/2012, e AgRg no REsp 906.980-DF, DJe 9/5/2012. **REsp 1.288.380-DF, Rel. Min. Napoleão Nunes Maia Filho, julgado em 13/11/2012.** (Inform. STJ 509)

DIREITO ADMINISTRATIVO. PROMOÇÃO DE MILITAR ANISTIADO POLÍTICO.
Pertencendo o militar anistiado político à carreira dos praças, fica impossibilitado de ser promovido ao oficialato, por serem diversas as carreiras. O STF firmou a orientação de que o instituto da anistia política, previsto no art. 8º do ADCT, deve ser interpretado de modo ampliativo, possibilitando ao beneficiário o acesso às promoções, como se na ativa estivesse. Contudo, a anistia política não abrange as promoções que dependeriam, por lei, de aprovação em concurso público ou aproveitamento em cursos. Precedente citado: AgRg no REsp 1.235.981-RJ, DJe 4/4/2011. **REsp 1.279.476-RJ, Rel. Min. Arnaldo Esteves Lima, julgado em 6/11/2012.** (Inform. STJ 508)

DIREITO ADMINISTRATIVO. REMOÇÃO DE SERVIDOR PARA ACOMPANHAMENTO DE CÔNJUGE. INTERESSE DA ADMINISTRAÇÃO.
A remoção para acompanhamento de cônjuge ou companheiro exige, obrigatoriamente, que o cônjuge seja servidor público deslocado no interesse da Administração, não se admitindo qualquer outra forma de alteração de domicílio, nos termos do art. 36, parágrafo único, III, a, da Lei n. 8.112/1990. Precedentes citados: AgRg no REsp 1.260.423-CE, DJe 23/2/2012; AgRg na MC 17779-PE, DJe 30/6/2011. **REsp 1.310.531-CE, Rel. Min. Mauro Campbell Marques, julgado em 6/11/2012.** (Inform. STJ 508)

DIREITO ADMINISTRATIVO. MILITAR ACOMETIDO DE DEBILIDADE. REINTEGRAÇÃO COMO ADIDO PARA TRATAMENTO MÉDICO.
É ilegal o licenciamento do militar acometido de debilidade física ou mental durante o exercício das atividades castrenses, devendo ser reintegrado aos quadros da corporação na condição de agregado/adido, para tratamento médico-hospitalar até a sua recuperação, conforme

estabelece o art. 82 e seguintes da Lei n. 6.880/1980. Precedentes citados: AgRg no REsp 1.226.918-RS, DJe 27/4/2012, e AgRg nos EDcl no REsp 1.217.801-RS, DJe 21/9/2011. **REsp 1.267.652-RS, Rel. Min. Eliana Calmon, julgado em 23/10/2012. (Inform. STJ 508)**

DIREITO ADMINISTRATIVO. PRORROGAÇÃO DA LICENÇA-MATERNIDADE. SERVIDORAS PÚBLICAS. AUSÊNCIA DE ATO REGULAMENTADOR.
A prorrogação da licença-maternidade prevista no art. 2º da Lei Federal n. 11.770/2008 não é autoaplicável, estando condicionada à edição de ato regulamentar pelo ente administrativo a que se encontra vinculada a servidora pública. Precedentes citados: AgRg no REsp 1.318.879-BA, DJe 1º/6/2012; AgRg no REsp 1.295.961-BA, DJe 23/5/2012; AgRg no REsp 1.293.666-BA, DJe 3/8/2012; AgRg no REsp 1.313.114-BA, DJe 2/8/2012, e AgRg no REsp 1.296.634-BA, DJe 7/5/2012. **EDcl no REsp 1.333.646-BA, Rel. Min. Castro Meira, julgados em 18/10/2012. (Inform. STJ 507)**

5.8. Infração e processo disciplinar

Servidor público e processo administrativo disciplinar
A 2ª Turma iniciou julgamento de recurso ordinário em mandado de segurança no qual se impugna decisão do STJ que mantivera demissão do recorrente do cargo de Auditor-Fiscal da Receita Federal em razão da prática de ilícito administrativo. Na espécie, o recorrente reitera o argumento de que o ato impugnado estaria contaminado por vício de forma que tornaria nulo o processo administrativo disciplinar. Segundo o recorrente, servidor em estágio probatório não poderia compor comissão de inquérito, sob pena de descumprir-se o "caput" do art. 149 da Lei 8.112/1990 ("Art 149. O processo disciplinar será conduzido por comissão composta de três servidores estáveis designados pela autoridade competente, observado o disposto no § 3º do art. 143, que indicará, dentre eles, o seu presidente, que deverá ser ocupante de cargo efetivo superior ou de mesmo nível, ou ter nível de escolaridade igual ou superior ao do indiciado"). Sustenta, ainda, que haveria desproporcionalidade da pena administrativa aplicada, que não levara em conta a absolvição na esfera criminal. A Ministra Cármen Lúcia (relatora), negou provimento ao recurso. Destacou que a estabilidade, exigida pelo art. 149 da Lei 8.112/1990, teria sido adquirida pelo servidor em 1993. O que o "caput" da referida norma exigiria seria que, no momento da designação, o servidor já tivesse atingido a estabilidade. Ademais, o servidor integrante da comissão processante não participara de qualquer ato decisório no processo disciplinar, não demonstrado prejuízo ao recorrente. Quanto à alegada desproporcionalidade da pena em decorrência da absolvição na esfera criminal, a relatora destacou que a jurisprudência da Corte reconheceria a independência entre as esferas penal e administrativa. Nesse ponto, haveria repercussão da primeira na segunda somente nos casos de reconhecimento da inexistência material dos fatos ou da negativa de autoria, até porque o que se valoraria na esfera administrativa não seria o mesmo da esfera penal. No presente caso, a improcedência do pedido condenatório na esfera penal decorrera de falta de prova, admitida, no processo administrativo, a produção de prova suficiente para a formação do convencimento condenatório disciplinar. Em seguida, pediu vista dos autos o Ministro Gilmar Mendes. **RMS 32357/DF, rel. Min. Cármen Lúcia, 4.11.2014. (RMS-32357) (Inform. STF 766)**

Procedimento administrativo disciplinar e impedimento jurisdicional - 2
Em conclusão de julgamento, a 1ª Turma, por maioria, denegou "habeas corpus" em que se discutia nulidade processual por suposto impedimento de desembargador integrante de órgão especial de tribunal, que julgara procedimento administrativo disciplinar contra magistrada — v. Informativo 742. No caso, o mesmo fato teria sido apreciado, primeiro, sob o ângulo administrativo e, depois, sob o criminal. A Turma asseverou que o rol do art. 252 do CPP seria taxativo e deveria ser interpretado de modo restritivo ("Art. 252. O juiz não poderá exercer jurisdição no processo em que: I - tiver funcionado seu cônjuge ou parente, consanguíneo ou afim, em linha reta ou colateral até o terceiro grau, inclusive, como defensor ou advogado, órgão do Ministério Público, autoridade policial, auxiliar da justiça ou perito; II - ele próprio houver desempenhado qualquer dessas funções ou servido como testemunha; III - tiver funcionado como juiz de outra instância, pronunciando-se, de fato ou de direito, sobre a questão; IV - ele próprio ou seu cônjuge ou parente, consanguíneo ou afim em linha reta ou colateral até o terceiro grau, inclusive, for parte ou diretamente interessado no feito"). Explicitou que o inciso III do referido dispositivo trataria de instância judicial e que o julgador — mesmo que tivesse tido contato com provas ou analisado a circunstância sob a perspectiva do processo administrativo ou civil — poderia e deveria se ausentar de si mesmo para julgar. Enfatizou que esse primeiro contato não contaminaria uma análise jurisdicional posterior, na qual seria aplicado outro arcabouço jurídico com ampla defesa e contraditório. Em voto-vista, o Ministro Roberto Barroso acresceu que, ainda que em determinados Estados-membros fosse admissível impedir a participação de determinado desembargador no julgamento criminal por haver participado do processo administrativo, tendo em conta a quantidade de juízes de 2º grau, isso apenas seria possível em poucas unidades da federação, que contariam com efetivo expressivo de magistrados. Dessa forma, o mesmo entendimento não poderia ser aplicado aos demais Estados-membros por uma impossibilidade prática, exceto se admitido que toda punição a envolver instância administrativa e instância judicial desaguasse no STF, o que não seria viável. Vencida a Ministra Rosa Weber, que concedia a ordem por vislumbrar que haveria nulidade em decorrência do impedimento, cuja razão de ser diria respeito à presunção absoluta de que, por ter conhecido os fatos sob outra ótica, o julgador não deveria participar de um juízo condenatório com relação aos mesmos fatos. **HC 120017/SP, rel. Min. Dias Toffoli, 27.5.2014. (HC-120017) (Inform. STF 748)**

PAD: cerceamento de defesa e sanidade mental - 1
A 2ª Turma negou provimento a recurso ordinário em mandado de segurança em que se discutia a nulidade de processo administrativo disciplinar - PAD — que culminara com a demissão de policial rodoviário federal — por suposto cerceamento de defesa e afronta ao devido processo legal e ao contraditório. A defesa sustentava, ainda, a necessidade da realização do exame de sanidade mental, nos termos do art. 160 da Lei 8.112/1990 ("Art. 160. Quando houver dúvida sobre a sanidade mental do acusado, a comissão proporá à autoridade competente que ele seja submetido a exame por junta médica oficial, da qual participe pelo menos um médico psiquiatra. Parágrafo único. O incidente de sanidade mental será processado em auto apartado e apenso ao processo principal, após a expedição do laudo pericial"). No caso, o recorrente fora demitido pelo cometimento da infração disciplinar prevista no art. 117, IX, da mencionada lei ("Art. 117. Ao servidor é proibido: ... IX – valer-se do cargo para lograr proveito pessoal ou de outrem, em detrimento da dignidade da função pública") pela prática de abastecimentos irregulares de viaturas da polícia rodoviária federal.

PAD: cerceamento de defesa e sanidade mental - 2
A Turma afirmou, inicialmente, a inviabilidade do recurso ordinário para suscitar originariamente omissão no julgado questionado, situação passível de impugnação por embargos de declaração, não opostos pelo recorrente. Aludiu não ser aplicável o disposto no art. 515, § 3º, do CPC, do qual se extrairia a denominada "teoria da causa madura", pois a competência originária para conhecimento da causa decorreria diretamente da Constituição. Em seguida, a Turma se reportou ao parecer da Procuradoria-Geral da República, que consignara que o re-

corrente não comparecera aos interrogatórios para os quais fora intimado, mesmo estando apto para tanto, conforme atestado pela junta médica oficial. Além disso, segundo o mencionado parecer, recusara-se a receber o mandado de citação e o despacho de instrução e indiciação. Por consequência, fora declarado revel, nos termos do art. 164 da Lei 8.112/1990, sendo-lhe nomeado defensor dativo, que apresentara defesa escrita. A Turma salientou que, embora os defensores do recorrente não tivessem conseguido ter acesso aos autos em determinada ocasião, eles teriam tido várias oportunidades de manifestação de defesa. Recordou, ainda, que a esposa do recorrente obtivera cópias do feito logo após a recusa dele em receber o mandado de citação, de modo que não se poderia falar em cerceamento de defesa. Sublinhou que o defensor dativo fora regularmente nomeado, haja vista a recusa do recorrente em receber o mandado de citação e apresentar a defesa escrita. Assim, teria sido lavrado o termo de revelia e expedida portaria que designara o defensor. Enfatizou que o exame de sanidade mental, nos termos do art. 160 da Lei 8.112/1990, só deveria ser realizado quando houvesse dúvida sobre a sanidade mental do acusado, o que não seria o caso do recorrente, conforme atestado por junta médica oficial. Asseverou não existir prejuízo à defesa do recorrente, de forma que seria incabível a anulação do PAD, tendo em conta a diretriz estabelecida no Verbete 5 da Súmula Vinculante do STF ("A falta de defesa técnica por advogado no processo administrativo disciplinar não ofende a Constituição"). RMS 31858/DF, rel. Min. Cármen Lúcia, 13.5.2014. (RMS-31858) (Inform. STF 746)

RMS N. 32.758-DF
RELATORA: MIN. CÁRMEN LÚCIA
EMENTA: RECURSO ORDINÁRIO EM MANDADO DE SEGURANÇA. SERVIDORA PÚBLICA FEDERAL. ANALISTA TRIBUTÁRIO DA RECEITA FEDERAL DO BRASIL. INDIGNIDADE DA FUNÇÃO PÚBLICA. ATO DE IMPROBIDADE ADMINISTRATIVA. PROCESSO ADMINISTRATIVO DISCIPLINAR: DEMISSÃO. ALEGADA OFENSA AO DEVIDO PROCESSO LEGAL E SEUS COROLÁRIOS. INOCORRÊNCIA. PRETENDIDA REAPRECIAÇÃO DE MATÉRIA DE FATO CONTROVERTIDA. DESCABIMENTO. RECURSO ORDINÁRIO EM MANDADO DE SEGURANÇA IMPROCEDENTE. (Inform. STF 746)

Art. 170 da Lei 8.112/1990: registro de infração prescrita e presunção de inocência
O art. 170 da Lei 8.112/1990 ("Extinta a punibilidade pela prescrição, a autoridade julgadora determinará o registro do fato nos assentamentos individuais do servidor") é inconstitucional. Essa a conclusão do Plenário ao conceder mandado de segurança para cassar decisão do Presidente da República que, embora reconhecendo a prescrição da pretensão punitiva de infração disciplinar praticada pelo impetrante, determinara a anotação dos fatos apurados em assentamento funcional. O Tribunal asseverou que, em virtude do reconhecimento da extinção da punibilidade pela prescrição, obstar-se-ia a imposição de punição administrativo-disciplinar, tendo em conta que a pretensão punitiva da Administração estaria comprometida de modo direto e imediato. Assim, afirmou que a anotação dessa ocorrência em ficha funcional violaria o princípio da presunção de inocência. Em consequência, a Corte, por maioria, declarou a inconstitucionalidade incidental do art. 170 da Lei 8.112/1990. O Ministro Dias Toffoli (relator) aduziu que o mencionado dispositivo remontaria à prática surgida, em especial, na Formulação 36 do extinto Departamento de Administração do Serviço Público - DASP ("Se a prescrição for posterior à instauração do inquérito, deve-se registrar nos assentamentos do funcionário a prática da infração apenada"). O Ministro Luiz Fux salientou que o registro, em si, seria uma punição, que acarretaria efeitos deletérios na carreira do servidor, em ofensa também ao princípio da razoabilidade. O Ministro Marco Aurélio realçou, de igual forma, que o aludido artigo discreparia da Constituição sob o ângulo da razoabilidade. Por sua vez, o Ministro Ricardo Lewandowski acrescentou que

o preceito em questão atentaria contra a imagem funcional do servidor. Vencido o Ministro Teori Zavascki, que não reputava o art. 170 da Lei 8.112/1990 inconstitucional. Consignava que a incompatibilidade dependeria da interpretação conferida ao dispositivo. Aduzia não conflitar com a Constituição o entendimento de que se trataria de documentação de um fato, ou seja, de que o servidor respondera a um processo e que a ele não fora aplicada pena em razão da prescrição.
MS 23262/DF, rel. Min. Dias Toffoli, 23.4.2014. (MS-23262) (Inform. STF 743)

Aplicação de penalidade administrativa e autoridade competente - 1
O Plenário, por maioria, concedeu mandado de segurança para declarar a insubsistência de penalidade de suspensão aplicada pelo Presidente do STF à servidora pública do respectivo tribunal. No caso, a impetrante cometera infração administrativa e, em consequência, fora-lhe imposta pela Presidência do STF — ao acolher parecer da assessoria jurídica, endossado pelo Diretor-Geral — pena de 60 dias de suspensão. De início, o Colegiado afastou a assertiva de violação ao contraditório e à ampla defesa em decorrência de a impetrante não ter sido ouvida durante a confecção do referido parecer. Registrou que o envio do processo à Presidência ocorrera em virtude da observância do que disposto no Regulamento da Secretaria do Supremo Tribunal Federal. Constatou, ademais, que não se estabeleceria contraditório entre a atividade de consultoria interna prestada no âmbito da Administração, que teria por objetivo fornecer subsídios jurídicos à autoridade competente para decidir, e o eventual interessado no procedimento. Na sequência, ressaltou que o art. 141, I e II, da Lei 8.112/1990 expressamente excluiria da esfera de atribuições da presidência dos tribunais federais a aplicação de penalidades que não fossem de demissão, cassação de aposentadoria ou disponibilidade de servidor vinculado ao respectivo Poder, órgão ou entidade ["Art. 141. As penalidades disciplinares serão aplicadas: I - pelo Presidente da República, pelos Presidentes das Casas do Poder Legislativo e dos Tribunais Federais e pelo Procurador-Geral da República, quando se tratar de demissão e cassação de aposentadoria ou disponibilidade de servidor vinculado ao respectivo Poder, órgão, ou entidade; II - pelas autoridades administrativas de hierarquia imediatamente inferior àquelas mencionadas no inciso anterior quando se tratar de suspensão superior a 30 (trinta) dias"]. A Corte consignou haver discrepância entre a previsão da Lei 8.112/1990, quanto à aplicação de punições disciplinares, e o disposto no art. 65, IX, n, do Regulamento da Secretaria do STF, que limita a suspensão de servidores pelo Diretor-Geral ao prazo máximo 30 dias ["Art. 65. Além das fixadas no Regimento Interno, são atribuições do Diretor-Geral da Secretaria: ... IX - praticar atos de gestão de pessoal, administrativa, orçamentária, financeira e patrimonial, a saber: ... n) elogiar servidores e aplicar penas disciplinares de advertência e de suspensão até trinta dias, submetendo ao Presidente aquelas que excederem a esse período"]. Destacou que o descompasso entre o regulamento administrativo e a lei resolver-se-ia em favor desta última. MS 28033/DF, rel. Min. Marco Aurélio, 23.4.2014. (MS-28033)

Aplicação de penalidade administrativa e autoridade competente - 2
O Tribunal afirmou que o princípio da legalidade exigiria plena submissão da atividade administrativa ao estabelecido em lei. Além disso, aduziu que esse princípio seria garantia de o administrado não ser submetido a arbitrariedades. Sublinhou que o princípio hierárquico, que regeria as relações internas da Administração, não se sobreporia ao da legalidade, mas nele estaria contido. Ponderou que a hierarquia encontraria fundamento e limites na letra da lei. Enfatizou que, segundo a jurisprudência do STF, o art. 5º, LV, da CF consagraria o direito ao duplo grau administrativo, independentemente de depósito prévio de valores. Asseverou que a manutenção do ato impugnado contrariaria esse entendimento. Vencidos os Ministros Roberto Barroso, Luiz Fux e Ricardo Lewandowski,

que denegavam o mandado de segurança. Pontuavam que a aplicação da penalidade pelo Presidente do STF não macularia o processo administrativo, tendo em conta a possibilidade de a mencionada autoridade exercer a avocação. Por fim, o Ministro Marco Aurélio (relator) declarou a inconstitucionalidade da expressão "até trinta dias, submetendo ao Presidente aquelas que excederem a esse período", contida na alínea n do inciso IX do artigo 65 do Regulamento da Secretaria do Supremo. Por outro lado, os Ministros Teori Zavascki e Cármen Lúcia reputaram que a questão resolver-se-ia no campo da legalidade. O Ministro Dias Toffoli, por sua vez, entendeu desnecessária a declaração de inconstitucionalidade, pois o referido regulamento poderia ser alterado em sessão administrativa. O Ministro Celso de Mello salientou que o conflito hierárquico normativo permitiria ao STF, em sede mandamental, afastar a aplicabilidade da norma prevista no regulamento — em observância ao princípio da estrita legalidade —, de modo a incidir a norma legal. Contudo, não se alcançou o quórum para a declaração de inconstitucionalidade. Precedente citado: RE 388.359/PE (DJU de 28.3.2007). MS 28033/DF, rel. Min. Marco Aurélio, 23.4.2014. (MS-28033) (Inform. STF 743)

RMS N. 28.638-DF
RELATOR: MIN. DIAS TOFFOLI
EMENTA: Recurso ordinário em mandado de segurança. Servidor público. Processo administrativo disciplinar. Incursão na conduta prevista no art. 132, IX, da Lei nº 8.112/90. Penalidade de demissão. Recurso ordinário em mandado de segurança ao qual se nega provimento.
1. A mera demonstração de nomeações e exonerações em cargos comissionados e funções de confiança não tem o condão de configurar a ilegalidade de comissão disciplinar, a qual decorreria da ausência de estabilidade de seus integrantes.
2. Diante da gravidade da infração atribuída ao recorrente, não há que se falar em violação do princípio da proporcionalidade, haja vista que a pena aplicada tem previsão legal e foi imposta após a comprovação, por meio de regular procedimento disciplinar, da autoria e da materialidade da transgressão a ele atribuída.
3. Conclusão diversa acerca da adequação da conduta do recorrente, a teor do art. 128 da Lei 8.112/90, demandaria exame e reavaliação de todas as provas integrantes do feito administrativo, procedimento incompatível com a via estreita do writ.
4. Recurso ordinário em mandado de segurança ao qual se nega provimento. (Inform. STF 739)

Sindicância administrativa e súmula vinculante
O Verbete 14 da Súmula Vinculante do STF (*É direito do defensor, no interesse do representado, ter acesso amplo aos elementos de prova que, já documentados em procedimento investigatório realizado por órgão com competência de polícia judiciária, digam respeito ao exercício do direito de defesa*) não alcança sindicância que objetiva elucidação de fatos sob o ângulo do cometimento de infração administrativa. Com base nessa orientação, a 1ª Turma negou provimento a agravo regimental em que se reiterava alegação de ofensa ao referido enunciado, ante a negativa de acesso a sindicância. Rcl 10771 AgR/RJ, rel. Min. Marco Aurélio, 4.2.2014. (Rcl-10771) (Inform. STF 734)

AG. REG. NO ARE N. 748.456-GO
RELATORA: MIN. CÁRMEN LÚCIA
EMENTA: AGRAVO REGIMENTAL NO RECURSO EXTRAORDINÁRIO COM AGRAVO. CONSTITUCIONAL. DEMISSÃO DE SERVIDOR PÚBLICO ESTADUAL. POSSIBILIDADE DE DELEGAÇÃO DE COMPETÊNCIA DE GOVERNADOR A SECRETÁRIO DE ESTADO. PRINCÍPIO DA SIMETRIA. PRECEDENTES. AGRAVO REGIMENTAL AO QUAL SE NEGA PROVIMENTO. (Inform. STF 734)

EMENTA: Recurso ordinário em mandado de segurança. Servidor público. Processo administrativo disciplinar. Incursão na conduta prevista no art. 132, IX, da Lei nº 8.112/90. Penalidade de demissão. Recurso ordinário em mandado de segurança ao qual se nega provimento.
1. A mera demonstração de nomeações e exonerações em cargos comissionados e funções de confiança não tem o condão de configurar a ilegalidade de comissão disciplinar, a qual decorreria da ausência de estabilidade de seus integrantes.
2. Diante da gravidade da infração atribuída ao recorrente, não há que se falar em violação do princípio da proporcionalidade, haja vista que a pena aplicada tem previsão legal e foi imposta após a comprovação, por meio de regular procedimento disciplinar, da autoria e da materialidade da transgressão a ele atribuída.
3. Conclusão diversa acerca da adequação da conduta do recorrente, a teor do art. 128 da Lei 8.112/90, demandaria exame e reavaliação de todas as provas integrantes do feito administrativo, procedimento incompatível com a via estreita do writ.
4. Recurso ordinário em mandado de segurança ao qual se nega provimento. RMS 28638/DF, rel. Min. Dias Toffoli, DJ 24.10.2013 (Inform. STF 731)

AG. REG. NO ARE N. 637.958-MG
RELATORA: MIN. ROSA WEBER
EMENTA: DIREITO ADMINISTRATIVO E PROCESSUAL CIVIL. POLICIAL MILITAR. TRANSGRESSÃO DISCIPLINAR. INSTAURAÇÃO DO PROCEDIMENTO ADMINISTRATIVO DISCIPLINAR – PAD. DEMISSÃO. NEGATIVA DE PRESTAÇÃO JURISDICIONAL NÃO CONFIGURADA. ALEGAÇÃO DE OFENSA AO DEVIDO PROCESSO LEGAL, AO CONTRADITÓRIO E À AMPLA DEFESA. MATÉRIA INFRACONSTITUCIONAL. EVENTUAL VIOLAÇÃO REFLEXA DA CONSTITUIÇÃO DA REPÚBLICA NÃO VIABILIZA O MANEJO DE RECURSO EXTRAORDINÁRIO. AS RAZÕES DO AGRAVO REGIMENTAL NÃO SÃO APTAS A INFIRMAR OS FUNDAMENTOS DA DECISÃO AGRAVADA. ACÓRDÃO RECORRIDO PUBLICADO EM 20.10.2010. Inexiste violação do artigo 93, IX, da Constituição Federal. Na compreensão desta Suprema Corte, o texto constitucional exige que o órgão jurisdicional explicite as razões de seu convencimento, sem necessidade, contudo, do exame detalhado de cada argumento esgrimido pelas partes. Precedentes. O exame da alegada ofensa ao art. 5º, XXXIX, LIII, LIV e LV, da Constituição Federal dependeria de prévia análise da legislação infraconstitucional aplicada à espécie, o que refoge à competência jurisdicional extraordinária, prevista no art. 102 da Constituição Federal. Agravo regimental conhecido e não provido. (Inform. STF 728)

AG. REG. NO ARE N. 763.426-ES
RELATORA: MIN. CÁRMEN LÚCIA
EMENTA: AGRAVO REGIMENTAL NO RECURSO EXTRAORDINÁRIO COM AGRAVO. ADMINISTRATIVO. POLICIAL MILITAR. PROCESSO ADMINISTRATIVO DISCIPLINAR. DEMISSÃO. ABSOLVIÇÃO NA ESFERA PENAL. INDEPENDÊNCIA RELATIVA ENTRE AS ESFERAS ADMINISTRATIVA E PENAL. OBSERVÂNCIA DO DEVIDO PROCESSO LEGAL. REEXAME DE PROVAS. SÚMULA N. 279 DO SUPREMO TRIBUNAL FEDERAL. AGRAVO REGIMENTAL AO QUAL SE NEGA PROVIMENTO. (Inform. STF 726)

RMS N. 32.034-DF
RELATORA: MIN. CÁRMEN LÚCIA
EMENTA: RECURSO ORDINÁRIO EM MANDADO DE SEGURANÇA. ADMINISTRATIVO. DEMISSÃO DE SERVIDOR PÚBLICO. PRESCRIÇÃO DA PRETENSÃO PUNITIVA NÃO CONFIGURADA. INFRAÇÕES DISCIPLINARES CAPITULADAS COMO CRIME. PRAZO FIXADO A PARTIR DA LEI PENAL (ART. 142, § 2º, DA LEI N. 8.112/1990). PORTARIA DE INSTAURAÇÃO DE PROCESSO ADMINISTRATIVO. DES-

NECESSIDADE DE DESCRIÇÃO PORMENORIZADA DAS IRREGULARIDADES EM APURAÇÃO. INDIVIDUALIZAÇÃO DAS CONDUTAS PARA APLICAÇÃO DA PENA. RECURSO ORDINÁRIO EM MANDADO DE SEGURANÇA AO QUAL SE NEGA PROVIMENTO. (Inform. STF 722)

MANDADO DE SEGURANÇA. AUTONOMIA DAS INSTÂNCIAS PENAL E ADMINISTRATIVO-DISCIPLINAR. ABSOLVIÇÃO PENAL POR FALTA DE PROVA. **INOCORRÊNCIA,** EM TAL HIPÓTESE, **DE REPERCUSSÃO DA COISA JULGADA PENAL NA ESFERA DO PROCEDIMENTO DISCIPLINAR.** DOUTRINA. PRECEDENTES. **MANDADO DE SEGURANÇA INDEFERIDO.**
- O exercício do poder disciplinar pelo Estado não está sujeito ao prévio encerramento da "persecutio criminis" que venha a ser instaurada perante órgão competente do Poder Judiciário nem se deixa influenciar por eventual sentença penal absolutória, exceto se, nesta última hipótese, a absolvição judicial resultar do reconhecimento categórico (a) da inexistência de autoria do fato, (b) da inocorrência material do próprio evento ou, ainda, (c) da presença de qualquer das causas de justificação penal. Hipótese em que a absolvição penal dos impetrantes se deu em razão de insuficiência da prova produzida pelo Ministério Público. Consequente ausência, no caso, de repercussão da coisa julgada penal na esfera administrativo-disciplinar. Doutrina. Precedentes. Rel. Min. Celso de Mello, MS 23.190/RJ, DJ 1º/08/133 **(Inform. STF 715)**

Responsabilidade por dano ao erário e PAD - 1
O TCU, em sede de tomada de contas especial, não se vincula ao resultado de processo administrativo disciplinar - PAD, tendo em vista a independência entre as instâncias e os objetos sobre os quais se debruçam as acusações tanto no âmbito disciplinar quanto no de apuração de responsabilidade por dano ao erário. Com base nessa orientação, a 1ª Turma desproveu agravo regimental com intuito de manter decisão do Min. Dias Toffoli, que negara seguimento a mandado de segurança, do qual relator. Tratava-se de impetração com objetivo de anular acórdão daquela Corte de Contas que condenara, solidariamente, o Procurador-Geral, o seu substituto, bem como o Diretor-Geral, todos do DNER, ao ressarcimento do erário e ao pagamento de multa. Eles teriam sido considerados responsáveis pela realização de acordos extrajudiciais em reclamações trabalhistas em face do DNER. Na espécie, o recorrente sustentava que: a) teria sido condenado, exclusivamente, por haver se manifestado, como chefe da Procuradoria Distrital, em processo administrativo referente à proposta de acordo; b) não tivera participação em qualquer ato que importasse em prejuízo ao erário; c) teria sido absolvido em PAD, a ressaltar a impossibilidade de condenação solidária, mesmo porque o advogado público não se responsabilizaria pela emissão de parecer não vinculativo; e d) existiria ofensa ao princípio da segurança jurídica e ao art. 54 da Lei 9.784/99, pois transcorridos mais de 7 anos entre a citação do impetrante e a representação enviada ao TCU.

Responsabilidade por dano ao erário e PAD - 2
De início, entendeu-se inexistir violação aos princípios do contraditório e da ampla defesa. Isso porque o TCU providenciara a notificação do impetrante assim que conhecera de seu envolvimento nas irregularidades apontadas, de modo a conceder-lhe tempo hábil para defesa, inclusive com deferimento de dilação de prazo. Outrossim, rememorou-se precedente do STF segundo o qual, salvo demonstração de culpa ou erro grosseiro, submetida às instâncias administrativo-disciplinares ou jurisdicionais próprias, não caberia a responsabilização de advogado público pelo conteúdo de seu parecer de natureza meramente opinativa. No ponto, verificou-se que a autoridade coatora informara que a condenação em comento não teria se fundado apenas na emissão do citado parecer, mas em diversas condutas, comissivas e omissivas do então impetrante, que teria contribuído para o pagamento de acordos extrajudiciais danosos à União e sem respaldo legal. Assim, afirmou-se haver divergências entre a arguição do recorrente e a da autoridade coatora, a demandar análise fático-probatória, inviável no caso. **MS 27867 AgR/DF, rel. Min. Dias Toffoli, 18.9.2012. (MS-27867) (Inform. STF 680)**

MS: revisão de PAD e prazo decadencial
A 2ª Turma desproveu agravos regimentais de decisões do Min. Gilmar Mendes, que negara seguimento a mandados de segurança, dos quais relator, em cujas decisões entendera que os impetrantes pretenderiam declaração de nulidade de PAD que culminara com suas demissões. Na origem, tratava-se de impetrações contra ato da Presidente da República, que indeferira pedidos de revisão, sendo estes formulados sob o argumento de que o PAD fora conduzido por comissão de natureza temporária (ad hoc). Explicitou-se que a controvérsia seria sobre decadência [Lei 12.016/2009, art 23: "O direito de requerer mandado de segurança extinguir-se-á decorridos 120 (cento e vinte) dias, contados da ciência, pelo interessado, do ato impugnado"]. Registrou-se que houvera a demissão em 1998, mas que o pleito revisional ocorrera em 2010. Concluiu-se pela inexistência de reabertura do prazo decadencial. **MS 30981 AgR/DF, rel. Min. Gilmar Mendes, 14.8.2012. (MS-30981), MS 30982 AgR/DF, rel. Min. Gilmar Mendes, 14.8.2012. (MS-30982) (Inform. STF 675)**

DIREITO ADMINISTRATIVO. TERMO INICIAL DA PRESCRIÇÃO DA PRETENSÃO PUNITIVA DE AÇÃO DISCIPLINAR.
No âmbito de ação disciplinar de servidor público federal, o prazo de prescrição da pretensão punitiva estatal começa a fluir na data em que a irregularidade praticada pelo servidor tornou-se conhecida por alguma autoridade do serviço público, e não, necessariamente, pela autoridade competente para a instauração do processo administrativo disciplinar. Isso porque, de acordo com o art. 142, § 1º, da Lei 8.112/1990, o prazo prescricional da pretensão punitiva começa a correr da data em que a Administração toma conhecimento do fato imputado ao servidor. Ressalte-se que não se desconhece a existência de precedentes desta Corte no sentido de que o termo inicial da prescrição seria a data do conhecimento do fato pela autoridade competente para instaurar o PAD. No entanto, não seria essa a melhor exegese, uma vez que geraria insegurança jurídica para o servidor público, considerando, ademais, que o § 1º, supra, não é peremptório a respeito. Pressupõe, tão só, a data em que o fato se tornou conhecido. Assim, é patente que o conhecimento pela chefia imediata do servidor é suficiente para determinar o termo inicial da prescrição, levando-se em conta, ainda, o art. 143 da mesma lei, que dispõe que "A autoridade que tiver ciência de irregularidade no serviço público é obrigada a promover a sua apuração imediata, mediante sindicância ou processo administrativo disciplinar, assegurada ao acusado ampla defesa". Precedentes citados do STJ: MS 7.885-DF, Terceira Seção, DJ 17/10/2005; e MS 11.974-DF, Terceira Seção, DJe 6/8/2007. Precedente citado do STF: RMS 24.737-DF, Primeira Turma, DJ 1º/6/2004. **MS 20.162-DF, Rel. Min. Arnaldo Esteves Lima, julgado em 12/2/2014. (Inform. STJ 543)**

DIREITO ADMINISTRATIVO. AFASTAMENTO DAS CONCLUSÕES DA COMISSÃO EM PAD.
No processo administrativo disciplinar, quando o relatório da comissão processante for contrário às provas dos autos, admite-se que a autoridade julgadora decida em sentido diverso daquele apontado nas conclusões da referida comissão, desde que o faça motivadamente. Isso porque, segundo o parágrafo único do art. 168 da Lei 8.112/1990, quando "o relatório da comissão contrariar as provas dos autos, a autoridade julgadora poderá, motivadamente, agravar a penalidade proposta, abrandá-la ou isentar o servidor de responsabilidade". Precedentes citados: MS 15.826-DF, Primeira Seção, DJe 31/05/2013; e MS 16.174-DF, Primeira Seção, DJe 17/02/2012. **MS 17.811-DF, Rel. Min. Humberto Martins, julgado em 26/6/2013. (Inform. STJ 526)**

DIREITO ADMINISTRATIVO. DESTITUIÇÃO DE CARGO EM COMISSÃO.
Deve ser aplicada a penalidade de destituição de cargo em comissão na hipótese em que se constate que servidor não ocupante de cargo efetivo, valendo-se do cargo, tenha indicado irmão, nora, genro e sobrinhos para contratação por empresas recebedoras de verbas públicas, ainda que não haja dano ao erário ou proveito pecuniário e independentemente da análise de antecedentes funcionais. Com efeito, é de natureza formal o ilícito administrativo consistente na inobservância da proibição de que o servidor se valha do cargo para lograr proveito pessoal ou de outrem, em detrimento da dignidade da função pública (art. 117, IX, da Lei 8.112/1990). Nesse contexto, não importa, para configuração do ilícito, qualquer discussão acerca da eventual ocorrência de dano ao erário ou da existência de proveito pecuniário, pois o que se pretende é impedir o desvio de conduta por parte do servidor. Ressalte-se que a existência de bons antecedentes funcionais não é suficiente para impedir a aplicação da penalidade, pois a Administração Pública, quando se depara com situações como essa, não dispõe de discricionariedade para aplicar pena menos gravosa, tratando-se, sim, de ato vinculado. **MS 17.811-DF, Rel. Min. Humberto Martins, julgado em 26/6/2013.** (Inform. STJ 526)

DIREITO ADMINISTRATIVO. DESNECESSIDADE DE SUSPENSÃO DE PROCESSO ADMINISTRATIVO DISCIPLINAR DIANTE DA EXISTÊNCIA DE AÇÃO PENAL RELATIVA AOS MESMOS FATOS.
Não deve ser paralisado o curso de processo administrativo disciplinar apenas em função de ajuizamento de ação penal destinada a apurar criminalmente os mesmos fatos investigados administrativamente. As esferas administrativa e penal são independentes, não havendo falar em suspensão do processo administrativo durante o trâmite do processo penal. Ademais, é perfeitamente possível que determinados fatos constituam infrações administrativas, mas não ilícitos penais, permitindo a aplicação de penalidade ao servidor pela Administração, sem que haja a correspondente aplicação de penalidade na esfera criminal. Vale destacar que é possível a repercussão do resultado do processo penal na esfera administrativa no caso de absolvição criminal que negue a existência do fato ou sua autoria, devendo ser revista a pena administrativa porventura aplicada antes do término do processo penal. **MS 18.090-DF, Rel. Min. Humberto Martins, julgado em 8/5/2013.** (Inform. STJ 523)

DIREITO ADMINISTRATIVO. DESNECESSIDADE DE INTIMAÇÃO DO INTERESSADO APÓS O RELATÓRIO FINAL DE PAD.
Não é obrigatória a intimação do interessado para apresentar alegações finais após o relatório final de processo administrativo disciplinar. Isso porque não existe previsão legal nesse sentido. Precedentes citados: RMS 33.701-SC, Primeira Turma, DJe 10/6/2011; e MS 13.498-DF, Terceira Seção, DJe 2/6/2011. **MS 18.090-DF, Rel. Min. Humberto Martins, julgado em 8/5/2013.** (Inform. STJ 523)

DIREITO ADMINISTRATIVO. IRRELEVÂNCIA DO VALOR AUFERIDO PARA A APLICAÇÃO DA PENA DE DEMISSÃO DECORRENTE DA OBTENÇÃO DE PROVEITO ECONÔMICO INDEVIDO.
Deve ser aplicada a penalidade de demissão ao servidor público federal que obtiver proveito econômico indevido em razão do cargo, independentemente do valor auferido.
Isso porque não incide, na esfera administrativa, ao contrário do que se tem na esfera penal, o princípio da insignificância quando constatada falta disciplinar prevista no art. 132 da Lei 8.112/1990. Dessa forma, o proveito econômico recebido pelo servidor é irrelevante para a aplicação da penalidade administrativa de demissão, razão pela qual é despiciendo falar, nessa hipótese, em falta de razoabilidade ou proporcionalidade da pena. Conclui-se, então, que o ato de demissão é vinculado, cabendo unicamente ao administrador aplicar a penalidade prevista. **MS 18.090-DF, Rel. Min. Humberto Martins, julgado em 8/5/2013.** (Inform. STJ 523)

DIREITO ADMINISTRATIVO. UTILIZAÇÃO DE INTERCEPTAÇÃO TELEFÔNICA EM PAD.
É possível utilizar, em processo administrativo disciplinar, na qualidade de "prova emprestada", a interceptação telefônica produzida em ação penal, desde que devidamente autorizada pelo juízo criminal e com observância das diretrizes da Lei 9.296/1996. Precedentes citados: MS 14.226-DF, Terceira Seção, DJe 28/11/2012; e MS 14.140-DF, Terceira Seção, DJe 8/11/2012. **MS 16.146-DF, Rel. Min. Eliana Calmon, julgado em 22/5/2013.** (Inform. STJ 523)

DIREITO ADMINSTRATIVO. PRORROGAÇÃO DE PRAZO DE CONCLUSÃO DO PAD.
A prorrogação motivada do prazo para a conclusão dos trabalhos da comissão em processo administrativo disciplinar não acarreta, por si só, a nulidade do procedimento. De fato, a comissão deve cercar-se de todas as cautelas para colher os elementos de prova de modo a subsidiar a conclusão dos trabalhos. Muitas vezes, até mesmo para preservar o exercício da ampla defesa, é necessário que diversos atos sejam praticados no PAD, nem sempre possíveis dentro do prazo assinalado pela autoridade instauradora. Assim, se as prorrogações de prazo forem efetuadas de forma motivada, não há razão para inquiná-las de ilegalidade. **MS 16.031-DF, Rel. Ministro Humberto Martins, julgado em 26/6/2013.** (Inform. STJ 523)

DIREITO ADMINISTRATIVO. INAPLICABILIDADE DO ART. 125, § 4°, DA CF NO CASO DE EXCLUSÃO DE MILITAR ESTADUAL COMO SANÇÃO DECORRENTE DE PAD.
Em processo administrativo disciplinar, é possível impor sanção consistente na exclusão de militar estadual que viole regras de conduta necessárias à sua permanência na corporação. De fato, admite-se aplicar essa sanção no âmbito administrativo, independentemente da regra contida no § 4° do art. 125 da CF, que estabelece competir à justiça militar estadual processar e julgar os militares dos estados, nos crimes militares definidos em lei, e as ações judiciais contra atos disciplinares militares, ressalvada a competência do júri quando a vítima for civil, cabendo ao tribunal competente decidir sobre a perda do posto e da patente dos oficiais e da graduação das praças. Isso porque, de acordo com a jurisprudência do STF, o referido dispositivo legal somente se aplica no caso em que a perda da graduação for pena acessória de sanção criminal aplicada em processo penal, não incidindo quando se tratar de pena de demissão resultante da apuração de falta grave em processo administrativo disciplinar. **RMS 40.737-PE, Rel. Min. Humberto Martins, julgado em 16/4/2013.** (Inform. STJ 523)

DIREITO ADMINISTRATIVO. UTILIZAÇÃO, EM PROCESSO ADMINISTRATIVO DISCIPLINAR, DE PROVA EMPRESTADA VALIDAMENTE PRODUZIDA EM PROCESSO CRIMINAL.
É possível a utilização, em processo administrativo disciplinar, de prova emprestada validamente produzida em processo criminal, independentemente do trânsito em julgado da sentença penal condenatória. Isso porque, em regra, o resultado da sentença proferida no processo criminal não repercute na instância administrativa, tendo em vista a independência existente entre as instâncias. Precedentes citados: MS 17.472-DF, Primeira Seção, DJe 22/6/2012; e MS 15.787-DF, Primeira Seção, DJe 6/8/2012. **RMS 33.628-PE, Rel. Min. Humberto Martins, julgado em 2/4/2013.** (Inform. STJ 521)

DIREITO ADMINISTRATIVO. NECESSIDADE DE PREJUÍZO PARA O RECONHECIMENTO DE NULIDADE EM PROCESSO ADMINISTRATIVO DISCIPLINAR.
O excesso de prazo para a conclusão do processo administrativo disciplinar não gera, por si só, qualquer nulidade no feito, desde que não haja prejuízo para o acusado. Isso porque não se configura nulidade sem prejuízo (pas de nulité sans grief). Precedentes citados: MS 16.815-DF, Primeira Seção, DJe 18/4/2012; MS 15.810-DF, Primeira Seção, DJe 30/3/2012. **RMS 33.628-PE, Rel. Min. Humberto Martins, julgado em 2/4/2013.** (Inform. STJ 521)

DIREITO ADMINISTRATIVO. SERVIDOR PÚBLICO. DIREITO DE OPÇÃO EM CASO DE ACUMULAÇÃO INDEVIDA DE CARGO, EMPREGO OU FUNÇÃO PÚBLICA.
O direito de opção previsto no caput do art. 133 da Lei n. 8.112/1990 a um dos cargos, empregos ou funções públicas indevidamente acumulados deve ser observado somente nas hipóteses em que o servidor puder fazer pedido de exoneração de um dos cargos. Isso porque o servidor que responde a processo administrativo disciplinar não pode ser exonerado a pedido até o encerramento do processo e o cumprimento da penalidade eventualmente aplicada, de acordo com o art. 172 do mesmo diploma. Assim, fica suspenso o direito de opção previsto no art. 133 enquanto pendente a conclusão de processo administrativo disciplinar em relação a um dos cargos. **RMS 38.867-AC, Rel. Min. Humberto Martins, julgado em 18/10/2012.** (Inform. STJ 508)

PAD. COMISSÃO. ESTABILIDADE DOS MEMBROS.
Os membros da comissão que conduzem o processo administrativo disciplinar devem ser estáveis no atual cargo que ocupam. In casu, havia dois membros na comissão processante que eram servidores da Receita Federal e técnicos do Tesouro/técnicos da Receita Federal, mas, no cargo específico de auditor fiscal não haviam ainda completado três anos para adquirir estabilidade. Sabe-se que, conforme o art. 149 da Lei n. 8.112/1990, o processo disciplinar deve ser conduzido por comissão composta de três servidores estáveis. A Turma, por maioria, entendeu que essa exigência é uma garantia ao investigado, pois tem por escopo assegurar a independência total desses servidores, sem ingerência da chefia. Dessa forma, a estabilidade deve ser no cargo, e não apenas no serviço público, pois este não oferece ao servidor essa independência. **AgRg no REsp 1.317.278-PE, Rel. Min. Humberto Martins, julgado em 28/8/2012.** (Inform. STJ 503)

SERVIDOR PÚBLICO MUNICIPAL. LICENCIAMENTO. PAS. ESTATUTO DO SERVIDOR. SUBMISSÃO.
Na espécie, o recorrente, servidor público municipal, foi submetido a processo administrativo disciplinar, sendo punido com demissão do cargo que ocupava (médico), nos termos do Estatuto dos Funcionários Públicos do Município de São Paulo (Lei n. 8.989/1979, arts. 178, III, VIII, XI e XII; 179, caput, e art 188, III). Afirma que não estava submetido ao referido estatuto, pois as condutas reputadas incorretas foram realizadas quando ele era diretor de um Módulo do PAS (Plano de Atendimento à Saúde), no exercício de atividade privada e licenciado do serviço público, inclusive com prejuízo de seus vencimentos, daí porque sustenta a ilegalidade de sua demissão fundamentada no mencionado diploma. Nesse contexto, destacou a Min. Relatora que, segundo a legislação que instituiu o PAS (Lei municipal n. 11.866/1995), deveriam integrar as cooperativas servidores municipais ativos ou inativos, sendo que aos ativos, seria concedida licença para tanto, sem prejuízo da contagem do período que houvesse o afastamento para fins de aposentadoria, disponibilidade, acesso, evolução funcional e promoção. Dessa forma, o servidor que assume a direção de um Módulo do PAS não deixa de ser servidor público, porquanto não é rompido o vínculo jurídico com o município, notadamente em razão da possibilidade de contagem desse tempo para efeitos de aquisição de direitos próprios do regime estabelecido no Estatuto do Funcionalismo Público Municipal. Ademais, a submissão do servidor às regras do aludido estatuto não se dá apenas quando do exercício do cargo, mas em decorrência do vínculo jurídico estabelecido. Na hipótese, visto que o recorrente exerceu atividade para a qual a condição de servidor era pressuposto, não sendo, portanto, rompido o vínculo jurídico com o município, impõe-se a observância da lei estatutária, motivo pelo qual não configura ilegalidade o ato de demissão fundamentado nessa norma. **RMS 28.977-SP, Rel. Min. Maria Thereza de Assis Moura, julgado em 7/8/2012.** (Inform. STJ 501)

PAD. DEMISSÃO. ALTERAÇÃO. CRÉDITOS PREVIDENCIÁRIOS.
Na espécie, o recorrente, servidor da Empresa de Tecnologia e Informações da Previdência Social (Dataprev), favoreceu ilicitamente uma joalheria de grande porte e diversas outras empresas pelo cancelamento e alteração de créditos previdenciários vultosos, resultando na instauração de PAD que culminou em sua demissão dos quadros do INSS. Daí, interpôs recurso afirmando que houve extrapolação do indiciamento e inobservância dos postulados do devido processo legal, da ampla defesa e do contraditório incidentes no PAD, violando vários dispositivos da Lei n. 8.112/1990. Com esses fundamentos, propugna a nulidade do PAD. E com base no art. 161 da lei mencionada defende a vinculação do poder punitivo da administração à tipificação constante do indiciamento que, segundo ele, estaria cingida ao favorecimento somente à joalheria. Porém, consta do termo de indiciamento o registro de diversas intervenções indevidas do recorrente no sistema Dataprev em benefício não só da joalheria, mas também de diversas empresas, além de outras práticas igualmente lesivas aos cofres públicos e à moralidade administrativa. Outrossim, o supradito termo forneceu ao recorrente os dados fundamentais da acusação (descrição das infrações e indícios de autoria, calcados em elementos de prova claramente especificados) que são propícios ao exercício da defesa. Não houve afronta às garantias do devido processo legal, da ampla defesa e do contraditório no âmbito do PAD (arts. 143, 144, 153 e 155 da referida lei), visto que a comissão processante esclareceu, passo a passo, os procedimentos de inclusão e exclusão de créditos no Dataprev, inclusive com prova testemunhal, elidindo hipóteses de ocorrência de falha técnica, violação da senha do recorrente e erro de digitação. Além do mais, o próprio recorrente admitiu ter efetuado operações indevidas de cancelamento de débitos em nome da joalheria, o que, por si só, constitui transgressão disciplinar punível com demissão. A propósito, um memorando da autarquia consignou que um dos tais débitos atingia R$ 10.203.253,68. Com esses e outros fundamentos, a Turma negou provimento ao recurso. **REsp 1.153.405-RJ, Rel. Min. Og Fernandes, julgado em 13/3/2012.** (Inform. STJ 493)

DEMISSÃO. SERVIDOR PÚBLICO. PROCEDIMENTO ADMINISTRATIVO.
A Turma reconheceu a violação dos princípios constitucionais do devido processo legal e da ampla defesa e anulou a exoneração ad nutum dos recorrentes, que ingressaram na Administração Pública estadual, no período de 1990 a 2001, por meio de contratos celetistas e temporários, contudo foram enquadrados em cargos de provimento efetivo da Câmara Municipal por meio de portarias. Com efeito, revela-se nula a dispensa dos recorrentes enquadrados por força de ato unilateral que, em afronta à segurança jurídica, desconstituiu situação com aparência de legalidade sem que fosse instaurado o devido processo legal. Nessa hipótese, em que a invalidação do ato administrativo repercute no campo de interesses individuais, faz-se necessária a instauração de procedimento administrativo que assegure aos recorrentes todos os direitos previstos na CF, mitigando-se, assim, as Súms. ns. 346 e 473-STF, que preconizam o poder de autotutela da administração pública para anular seus próprios atos, quando eivados de vícios que

os tornem ilegais. Precedentes citados: RMS 25.555-MG, DJe 9/11/2011, e AgRg no RMS 26.730-MG, DJe 1º/3/2010. **RMS 26.261-AP, Rel. Min. Maria Thereza de Assis Moura, julgado em 7/2/2012. (Inform. STJ 490)**

Súmula Vinculante STF 5
A falta de defesa técnica por advogado no processo administrativo disciplinar não ofende a Constituição.

Súmula STF nº 56
Militar reformado não está sujeito à pena disciplinar.

Súmula STF nº 55
Militar da reserva está sujeito à pena disciplinar.

Súmula STF nº 21
Funcionário em estágio probatório não pode ser exonerado nem demitido sem inquérito ou sem as formalidades legais de apuração de sua capacidade.

Súmula STF nº 20
É necessário processo administrativo com ampla defesa, para demissão de funcionário admitido por concurso.

Súmula STF nº 19
É inadmissível segunda punição de servidor público, baseada no mesmo processo em que se fundou a primeira.

Súmula STF nº 18
Pela falta residual, não compreendida na absolvição pelo juízo criminal, é admissível a punição administrativa do servidor público.

Súmula STJ nº 343
É obrigatória a presença de advogado em todas as fases do processo administrativo disciplinar. (vide Súmula Vinculante STF n. 5)

6. RESPONSABILIDADE DO ESTADO

Responsabilidade civil do Estado: superpopulação carcerária e dever de indenizar - 1
O Plenário iniciou julgamento de recurso extraordinário em que discutida a responsabilidade do Estado e o consequente dever de indenizar, por danos morais, o cidadão preso e submetido a tratamento desumano e degradante pela excessiva população carcerária. No caso, o tribunal de origem entendera caracterizado o dano moral porque, após realizado laudo de vigilância sanitária no presídio e decorrido lapso temporal, não teriam sido sanados problemas de superlotação e de falta de condições mínimas de saúde e de higiene do estabelecimento penal. Considerara, ainda, que não assegurado o mínimo existencial, não se poderia aplicar a teoria da reserva do possível. O Ministro Teori Zavascki (relator) deu provimento ao recurso, por reputar presente a responsabilidade civil do Estado, no que foi acompanhado pelo Ministro Gilmar Mendes. O relator registrou, de início, não haver qualquer controvérsia a respeito dos fatos da causa. Pontuou que o próprio acórdão recorrido reconhecera a precariedade do sistema penitenciário estadual, que teria lesado direitos fundamentais do recorrente, quanto à dignidade, intimidade, higidez física e integridade psíquica. Assim, situada a matéria jurídica no âmbito da responsabilidade civil do Estado, cabe a ele responder pelos danos causados por ação ou omissão de seus agentes, em face da autoaplicabilidade do art. 37, § 6º, da CF, que não se sujeitaria a intermediação legislativa ou a providência administrativa de qualquer espécie. Ocorrido o dano e estabelecido o seu nexo causal com a atuação da Administração ou dos seus agentes, nasceria a responsabilidade civil do Estado. Logo, reconhecido o dever estatal, imposto pelo sistema normativo, de manter em seus presídios os padrões mínimos de humanidade previstos no ordenamento jurídico, seria também responsabilidade do Poder Público ressarcir os danos, inclusive morais, comprovadamente causados aos detentos em decorrência da falta ou insuficiência das condições legais de encarceramento.

Responsabilidade civil do Estado: superpopulação carcerária e dever de indenizar - 2
O relator asseverou que as violações a direitos fundamentais causadoras de danos pessoais a detentos em estabelecimentos carcerários não poderiam ser relevadas ao argumento de que a indenização não teria o alcance para eliminar o grave problema prisional globalmente considerado, dependente da definição e da implantação de políticas públicas específicas, providências de atribuição legislativa e administrativa, não de provimentos judiciais. Aduziu que, admitida essa assertiva, significaria justificar a perpetuação da desumana situação constatada nos presídios como aquele em que cumpre pena o recorrente. A criação de subterfúgios teóricos — como a separação dos Poderes, a reserva do possível e a natureza coletiva dos danos sofridos — para afastar a responsabilidade estatal pelas calamitosas condições da carceragem afrontaria não apenas o sentido do art. 37, § 6º, da CF, como determinaria o esvaziamento das inúmeras cláusulas constitucionais e convencionais [Pacto Internacional de Direitos Civis e Políticos das Nações Unidas; Convenção Americana de Direitos Humanos; Princípios e Boas Práticas para a Proteção de Pessoas Privadas de Liberdade nas Américas contida na Resolução 1/2008, aprovada pela Comissão Interamericana de Direitos Humanos; Convenção da ONU contra Tortura e Outros Tratamentos ou Penas Cruéis, Desumanos ou Degradantes; Regras Mínimas para o Tratamento de Prisioneiros (adotadas no 1º Congresso das Nações Unidas para a Prevenção ao Crime e Tratamento de Delinquentes)]. O descumprimento reiterado dessas cláusulas se transformaria em mero e inconsequente ato de fatalidade, o que não poderia ser tolerado. Enfatizou que a invocação seletiva de razões de Estado para negar, especificamente a determinada categoria de sujeitos, o direito à integridade física e moral, não seria compatível com o sentido e o alcance do princípio da jurisdição. Acolher essas razões seria o mesmo que recusar aos detentos os mecanismos de reparação judicial dos danos sofridos, a descoberto de qualquer proteção estatal, em condição de vulnerabilidade juridicamente desastrosa. Seria dupla negativa: do direito e da jurisdição. A garantia mínima de segurança pessoal, física e psíquica dos detentos constituiria inescusável dever estatal. Em seguida, pediu vista dos autos o Ministro Roberto Barroso. **RE 580252/MS, rel. Min. Teori Zavascki, 3.12.2014. (RE-580252) (Inform. STF 770)**

ADI: reconhecimento de responsabilidade civil do Estado e iniciativa legislativa
O Plenário julgou improcedente pedido formulado em ação direta ajuizada em face da Lei 5.645/1998 do Estado do Espírito Santo. A referida norma, de iniciativa parlamentar, autoriza o Poder Executivo estadual a reconhecer a responsabilidade civil pelas violações aos direitos à vida e à integridade física e psicológica decorrentes das atuações de seus agentes contra cidadãos sob a guarda legal do Estado. A Corte destacou não haver, na espécie, a alegada violação ao art. 61, § 1º, II, b, da CF, que fixa a competência privativa do Presidente da República para dispor sobre a organização administrativa e judiciária, matéria tributária e orçamentária, serviços públicos e pessoal da administração dos Territórios. Ademais, a disciplina estabelecida na norma impugnada, ao dispor sobre responsabilidade civil — matéria de reserva legal —, seria, inclusive, salutar. Permitiria que a Administração reconhecesse, "motu proprio", a existência de violação aos direitos nela mencionados. **ADI 2255/ES, rel. Min. Gilmar Mendes, 19.11.2014. (ADI-2255) (Inform. STF 768)**

Ação de ressarcimento e imprescritibilidade - 1
O Plenário iniciou julgamento de recurso extraordinário em que se discute a imprescritibilidade das ações de ressarcimento intentadas em favor do erário. No caso, o Tribunal

de origem considerara prescrita a ação de ressarcimento de danos materiais promovida com fundamento em acidente de trânsito, proposta em 2008, por dano ocorrido em 1997. O Ministro Teori Zavascki (relator) negou provimento ao recurso, no que foi acompanhado pelos Ministros Rosa Weber e Luiz Fux. Mencionou que a controvérsia jurídica diria respeito ao alcance do disposto na parte final do art. 37, § 5º, da CF ("§ 5º - A lei estabelecerá os prazos de prescrição para ilícitos praticados por qualquer agente, servidor ou não, que causem prejuízos ao erário, ressalvadas as respectivas ações de ressarcimento"). Afirmou não haver dúvidas de que a parte final do dispositivo constitucional em comento veicularia, sob a forma da imprescritibilidade, uma ordem de bloqueio destinada a conter eventuais iniciativas legislativas displicentes com o patrimônio público. Todavia, não seria adequado embutir na norma de imprescritibilidade um alcance ilimitado, ou limitado apenas pelo conteúdo material da pretensão a ser exercida — o ressarcimento — ou pela causa remota que dera origem ao desfalque no erário — um ato ilícito em sentido amplo. Frisou que, de acordo com o sistema constitucional, o qual reconheceria a prescritibilidade como princípio, se deveria atribuir um sentido estrito aos ilícitos previstos no § 5º do art. 37 da CF.

Ação de ressarcimento e imprescritibilidade - 2
O relator fixou tese de repercussão geral no sentido de que a imprescritibilidade a que se refere a aludida norma diria respeito apenas a ações de ressarcimento de danos decorrentes de ilícitos tipificados como de improbidade administrativa e como ilícitos penais. Recordou que, no caso concreto, a pretensão de ressarcimento estaria fundamentada em suposto ilícito civil que, embora tivesse causado prejuízo material ao patrimônio público, não revelaria conduta revestida de grau de reprovabilidade mais pronunciado, nem se mostraria especialmente atentatória aos princípios constitucionais aplicáveis à Administração Pública. Por essa razão, não seria admissível reconhecer a regra excepcional de imprescritibilidade. Observou que se deveria aplicar o prazo prescricional comum para as ações de indenização por responsabilidade civil em que a Fazenda figurasse como autora. Recordou que, ao tempo do fato, o prazo prescricional seria de 20 anos de acordo como o CC/1916 (art. 177). Porém, com o advento do CC/2002, o prazo passara para três anos e tivera sua aplicação imediata, em razão da regra de transição do art. 2.028, que preconizara a imediata incidência dos prazos prescricionais reduzidos pela nova lei nas hipóteses em que ainda não houvesse transcorrido mais da metade do tempo estabelecido no diploma revogado. O Ministro Roberto Barroso acompanhou o relator quanto à negativa de provimento ao recurso, no que concerne à demanda posta. Entretanto, restringiu a tese de repercussão geral para assentar que seria prescritível a ação de reparação de danos à Fazenda Pública decorrente de ilícito civil. Pontuou que o caso em exame não trataria da imprescritibilidade em matéria de improbidade nem tampouco de matéria criminal. Assim, na ausência de contraditório, não seria possível o pronunciamento do STF de matéria não ventilada nos autos. Em seguida, pediu vista o Ministro Dias Toffoli. RE 669069/MG, rel. Min. Teori Zavascki, 12.11.2014. (RE-669069) (Inform. STF 767)

AG. REG. NO RE N. 435.444-RS
RELATOR: MIN. ROBERTO BARROSO
EMENTA: AGRAVO REGIMENTAL EM RECURSO EXTRAORDINÁRIO. RESPONSABILIDADE OBJETIVA DO ESTADO. DANOS CAUSADOS AOS PRÓPRIOS AGENTES PÚBLICOS.
O Supremo Tribunal Federal firmou entendimento no sentido de que excluir da responsabilidade do Estado os danos causados aos próprios agentes públicos acabaria por esvaziar o preceito do art. 37, § 6º, da Constituição Federal, estabelecendo distinção nele não contemplada. Precedentes.
Agravo regimental a que se nega provimento. (Inform. STF 750)

AG. REG. NO RE N. 761.510-DF
RELATOR: MIN. ROBERTO BARROSO
EMENTA: AGRAVO REGIMENTAL EM RECURSO EXTRAORDINÁRIO. RESPONSABILIDADE CIVIL DA ADMINISTRAÇÃO PÚBLICA. ROMPIMENTO DA BARRAGEM DE CAMARÁ. AUSÊNCIA DE MATÉRIA CONSTITUCIONAL.
O Supremo Tribunal Federal, em casos análogos, concluiu que a alegada ofensa ao art. 37, § 6º, da Constituição Federal esbarra na necessidade do reexame dos fatos e do material probatório dos autos. Nessas condições, a hipótese atrai a incidência da Súmula 279/STF.
Agravo regimental a que se nega provimento. (Inform. STF 748)

AG. REG. NO ARE N. 692.442-SC
RELATOR: MIN. GILMAR MENDES
Agravo regimental no recurso extraordinário com agravo. 2. Direito Administrativo. 3. Responsabilidade Civil do Município. Indenização por danos morais. Flagrante de tráfico de drogas forjado por servidor público municipal no exercício de suas funções de vigilância sanitária. Fato comprovado definitivamente na esfera criminal. Ocorrência de prejuízo ao dono do estabelecimento comercial (prisão indevida). Nexo de causalidade comprovado. 4. Reexame de conteúdo fático-probatório. Incidência do Enunciado 279 da Súmula do STF. Precedentes. 5. Ausência de argumentos capazes de infirmar a decisão agravada. 6. Agravo regimental a que se nega provimento. (Inform. STF 747)

Lei Geral da Copa: responsabilidade civil, auxílio especial e isenção de custas - 1
O Plenário, por maioria, julgou improcedente pedido formulado em ação direta ajuizada em face dos artigos 23, 37 a 47 e 53, todos da Lei 12.663/2012 (Lei Geral da Copa). Os dispositivos impugnados tratam da responsabilidade civil da União perante a FIFA; da concessão de prêmio em dinheiro e de auxílio especial mensal para jogadores das seleções brasileiras campeãs em 1958, 1962 e 1970; e da isenção de custas processuais concedida à FIFA perante a justiça federal. Prevaleceu o voto do Ministro Ricardo Lewandowski (relator). Inicialmente, explicou que a FIFA solicitara ao governo federal a assinatura de 12 garantias governamentais para a realização da Copa do Mundo de 2014 no Brasil, e que houvera uma decisão soberana do país em se comprometer com o conjunto de garantias apresentadas. Asseverou que haveria significativo impacto econômico para o País em decorrência do evento, além de outros benefícios, como o incremento de serviços e maior aproveitamento do potencial turístico, por exemplo. No que se refere à responsabilidade civil da União (Lei 12.663/2012, art. 23), discorreu que o Brasil assumira, desde a Constituição de 1946, uma postura mais publicista, quando fora adotada a teoria do risco administrativo, segundo a qual não se exigiria a demonstração de culpa ou dolo para a responsabilização do Poder Público por prejuízo causado a terceiro, mas somente a demonstração de nexo de causalidade entre o dano e a ação do Estado. Afirmou que a Constituição atual abrigaria essa teoria, e incorporaria a ideia de que a responsabilidade civil extracontratual, quer do Estado, quer de pessoa jurídica de direito privado prestadora de serviço público, passara a ser objetiva em relação a terceiros. Ressaltou, porém, que o caso fortuito, a força maior e a culpa exclusiva da vítima configurariam excludentes da responsabilidade estatal, porque o nexo causal entre a atividade administrativa e o dano não ficaria evidenciado.

Lei Geral da Copa: responsabilidade civil, auxílio especial e isenção de custas - 2
O relator assinalou que a disposição contida no art. 37, § 6º, da CF, não esgotaria a matéria atinente à responsabilidade civil imputável à Administração, mas configuraria mandamento básico sobre o assunto. Mencionou exemplos de adoção da teoria do risco integral no sistema pátrio. Realçou que nessa modalidade de responsabilidade seria desnecessária a demonstração de nexo causal entre a ação do Estado e o dano. Lembrou que

a Constituição, ao estabelecer a competência da União para explorar serviços e instalações nucleares de qualquer natureza e para exercer o monopólio estatal sobre a pesquisa, a lavra, o enriquecimento e o reprocessamento, a industrialização e o comércio de minérios nucleares e derivados, prevê que a responsabilidade civil por danos atômicos independeria da existência de culpa (CF, art. 21, XXIII, d). Destacou, ainda, que a opção por essa mesma teoria teria sido feita pelo constituinte quando tratara do dano ambiental (CF, art. 225, § 3º). Citou, também, a responsabilidade civil da União perante terceiros no caso de atentado terrorista, ato de guerra ou eventos correlatos, contra aeronaves de matrícula brasileira operadas por empresas brasileiras de transporte aéreo, excluídas as empresas de táxi aéreo (Lei 10.744/2003). Resumiu que, em situações especiais de grave risco para a população ou de relevante interesse público, o Estado poderia ampliar a responsabilidade por danos decorrentes de sua ação ou omissão, para além das balizas do citado dispositivo constitucional, para dividir os ônus decorrentes dessa extensão com toda a sociedade. Destacou que a lei poderia impor a responsabilidade do Estado por atos absolutamente estranhos a ele, o que não configuraria responsabilidade civil propriamente dita, mas outorga de benefício a terceiros lesados. Reputou que a espécie configuraria a teoria do risco social, uma vez tratar de risco extraordinário assumido pelo Estado, mediante lei, em face de eventos imprevisíveis, em favor da sociedade como um todo. Acrescentou que o artigo impugnado não se amoldaria à teoria do risco integral, porque haveria expressa exclusão dos efeitos da responsabilidade civil na medida em que a FIFA ou a vítima houvesse concorrido para a ocorrência do dano. Anotou que se estaria diante de garantia adicional, de natureza securitária, em favor de vítimas de danos incertos que poderiam emergir em razão dos eventos patrocinados pela FIFA, excluídos os prejuízos para os quais a entidade organizadora ou mesmo as vítimas tivessem concorrido.

Lei Geral da Copa: responsabilidade civil, auxílio especial e isenção de custas - 3
No que se refere à concessão de prêmio em dinheiro e pagamento de auxílio especial mensal aos ex-jogadores (Lei 12.663/2012, artigos 37 a 47), o relator discorreu que o aludido prêmio seria cedido pelo Ministério do Esporte, em parcela única no valor fixo de R$ 100.000,00 a todos os titulares e reservas das equipes campeãs em 1958, 1962 e 1970. Quanto aos ex-jogadores já falecidos, o pagamento seria feito a seus sucessores, os quais poderiam habilitar-se para receber montantes proporcionais à respectiva cota-parte, desde que indicados em alvará judicial expedido a requerimento dos interessados, independentemente de inventário ou arrolamento. Ademais, a produção de efeitos dos comandos ora examinados iniciar-se-ia em 1º.1.2013, afastada a incidência do imposto de renda e da contribuição previdenciária sobre os pagamentos. Além disso, as despesas necessárias para seu custeio constariam de programação orçamentária específica do Ministério do Esporte. Quanto ao auxílio especial mensal, frisou que seria destinado apenas aos ex-jogadores que estivessem vivendo em dificuldade financeira. O pagamento mensal seria feito pelo INSS, e o valor seria complementar à renda mensal do favorecido, até que fosse alcançado o máximo do salário de benefício do Regime Geral de Previdência Social. A renda mensal de cada um dos beneficiários, a ser apurada para esses efeitos, consistiria da fração de 1/12 do valor total dos rendimentos informados na Declaração de Ajuste Anual do Imposto de Renda da Pessoa Física. Também teriam direito à percepção desse auxílio especial mensal, quanto a atletas já falecidos, a esposa ou companheira, os filhos menores de 21 anos ou os que tivessem sido declarados inválidos antes de completar essa idade. Se houvesse mais de um familiar, o valor de complementação, a ser pago mediante rateio entre os beneficiários, seria baseado na renda do núcleo familiar, sem que fosse permitido reverter aos demais a parte do dependente cujo direito ao auxílio cessasse. O relator enfatizou que estaria previsto o pagamento retroativo do auxílio especial mensal à data em que, atendidos os requisitos, tivesse sido protocolado requerimento ao INSS. Definiu que as despesas necessárias ao custeio do auxílio constariam de programação orçamentária do Ministério da Previdência Social, portanto não estariam atreladas ao orçamento próprio da Seguridade Social.

Lei Geral da Copa: responsabilidade civil, auxílio especial e isenção de custas - 4
O relator afastou preliminar de prejudicialidade parcial do pleito, tendo em conta o suposto pagamento integral dos prêmios em dinheiro. No ponto, informou que, dos 51 ex-jogadores contemplados pela lei, 39 deles já teriam recebido o valor respectivo. Consignou, no mérito, que tanto os prêmios quanto os auxílios mensais não ofenderiam o postulado constitucional da isonomia. A respeito, aduziu que o tratamento jurídico diferenciado conferido a determinado indivíduo ou grupo nem sempre seria inconstitucional, e seria indispensável, para se chegar a essa conclusão, averiguar-se a legitimidade das causas que ensejassem a desequiparação. Advertiu que a Constituição não proibiria o tratamento privilegiado, mas a concessão de privilégios injustificáveis. No caso, registrou que o art. 217, IV, da CF, imporia ao Poder Público, como valor a ser necessariamente observado, a proteção e o incentivo às manifestações desportivas de criação nacional. Sublinhou que a expressão "de criação nacional" não significaria necessariamente que se tratasse de invenção brasileira, mas de prática desportiva que já tivesse se incorporado aos hábitos e costumes do país. Nesse sentido, o futebol, esporte plenamente incorporado aos costumes nacionais, deveria ser protegido e incentivado por expressa imposição constitucional. Lembrou, ainda, o art. 215, § 1º, da CF, a dispor que o Estado deve proteger as manifestações das culturas populares. Além disso, citou o art. 216 da CF. Diante dessas diretrizes constitucionais, assinalou que seria justificada a iniciativa do legislador em premiar materialmente a visibilidade internacional positiva proporcionada por esse grupo específico e restrito de esportistas, bem como em evitar que a penúria material na qual se encontrariam alguns deles e suas famílias colocasse em xeque o sentimento nacional com relação às seleções campeãs já referidas. Anotou que o diploma impugnado limitara a concessão do auxílio especial mensal aos necessitados, tendo em vista o período histórico por eles vivenciado, no qual o profissionalismo incipiente no futebol brasileiro ainda não permitia aos jogadores retorno financeiro minimamente condizente com o interesse já despertado no povo pelo esporte. Entendeu, ainda, que o texto legal seria razoável ao prever o pagamento de mera complementação da renda mensal auferida por cada contemplado, até que alcançado o teto do Regime Geral de Previdência Social.

Lei Geral da Copa: responsabilidade civil, auxílio especial e isenção de custas - 5
O relator, no que se refere a eventual ofensa ao art. 195, § 5º, da CF, tendo em conta a suposta falta de indicação, na instituição do auxílio especial mensal, da correspondente fonte de custeio total, repeliu a inconstitucionalidade da lei. Rememorou que o benefício discutido não seria figura estranha ao ordenamento jurídico. Observou, a partir do complexo normativo regulador da Seguridade Social, que paralelamente aos benefícios, serviços, programas e projetos expressamente previstos, existiriam outros que seriam qualificados como benefícios especiais ou benefícios de legislação especial. Salientou que esses benefícios especiais teriam sido criados para conceder prerrogativas a algumas categorias profissionais ou para atender a demandas sociais ou individuais de projeção social geradas por fatos extraordinários de repercussão nacional. Nesta segunda hipótese, possuiriam natureza indenizatória ou assistencial e não exigiriam contrapartida dos respectivos beneficiários. Aludiu a diversos exemplos de pensões especiais instituídas em razão da percepção do legislador ordinário com relação a demandas sociais ou de projeção social ligadas a acontecimentos ou realizações excepcionais de inegável repercussão nacional. Também declinou vários casos de pensões especiais de caráter assistencial concedidas em

favor de um ou mais indivíduos que, embora indissociavelmente ligados a fatos ou feitos extraordinários de valor histórico, cultural, político ou social e de inegável repercussão nacional, estariam necessitados de amparo material por parte do Estado. Reputou que esses benefícios especiais, por terem como alvo vicissitudes ligadas a circunstâncias excepcionais, imprevisíveis e não reeditáveis, não poderiam estar hipoteticamente descritos em leis preexistentes.

Lei Geral da Copa: responsabilidade civil, auxílio especial e isenção de custas - 6

O relator entendeu que o auxílio mensal especial criado pela lei em debate se enquadraria como pensão especial de caráter assistencial concedida em favor de um grupo específico de indivíduos nominalmente identificáveis que, embora inegavelmente vinculados a feitos desportivos internacionais extraordinários e de grande repercussão nacional, estariam em situação de penúria. Assinalou que o auxílio especial mensal, por não fazer parte do rol de benefícios e serviços regularmente mantidos e prestados pelo sistema de seguridade social, não estaria submetido à exigência prevista no art. 195, § 5º, da CF. Salientou que a Constituição prescreveria que ações governamentais na área de assistência social não seriam realizadas apenas com os recursos do orçamento da seguridade social, mas também por meio de outras fontes. Observou que haveria, somente após a promulgação da Constituição atual, 25 leis federais de efeitos concretos que concedem ou reajustam pensões especiais mensais, indenizações em prestação única, auxílios especiais e bolsas especiais de educação, nas quais também fora indicado, no lugar da fonte de custeio, a responsabilidade orçamentária da União ou do Tesouro Nacional pelos respectivos encargos. Concluiu que, no caso, por não se tratar de benefício previdenciário, mas de benesse assistencial criada por legislação especial para atender demanda de projeção nacional, o auxílio especial mensal instituído pela Lei da Copa não pressuporia a existência de contribuição ou indicação de fonte de custeio total.

Lei Geral da Copa: responsabilidade civil, auxílio especial e isenção de custas - 7

O Ministro Ricardo Lewandowski repeliu, ainda, suposta inconstitucionalidade do art. 53 da lei em comento, a tratar da isenção de custas e outras despesas judiciais, tendo em conta eventual ofensa ao princípio da isonomia tributária (CF, art. 150, II). Anotou que embora a Lei Geral da Copa tivesse, em seu Capítulo IX, disposições permanentes, o art. 53 estaria inserido no Capítulo X, relativo às disposições finais. Assim, aplicar-se-ia a essa norma o previsto no art. 1º da lei, o qual estabelece, como objeto específico do diploma, dispor, primordialmente, sobre as medidas relativas à Copa das Confederações FIFA 2013, à Copa do Mundo FIFA 2014 e aos eventos relacionados, que serão realizados no Brasil. Além dessas duas competições, o art. 2º, VI, da lei em exame, define como eventos correlatos os congressos da FIFA; as cerimônias; os sorteios; os seminários em geral; as atividades culturais; as partidas; e as sessões de treino, dentre outros. Analisou que a isenção de custas e despesas impugnada somente incidiria sobre demandas provenientes de fatos ocorridos na realização das referidas competições, bem assim de eventos correlatos (Lei 12.663/2012, art. 2º, VI, e). Reputou que seria norma dotada de vigência com expressa limitação temporal e material.

Lei Geral da Copa: responsabilidade civil, auxílio especial e isenção de custas - 8

O relator anotou que o dispositivo objurgado conteria comandos normativos que estabeleceriam, em favor da FIFA e no âmbito dos órgãos do Poder Judiciário da União, a dispensa: a) da antecipação das despesas judiciais (CPC, art. 19); e b) do pagamento das custas e despesas processuais. Destacou que, embora o preceito legal examinado tivesse se utilizado da expressão "são isentos" para estabelecer a dispensa do adiantamento das custas e de outras despesas, a referida prerrogativa processual não se confundiria com o benefício fiscal da isenção, porquanto todas essas despesas seriam de responsabilidade final da parte vencida. Ressaltou que o postulado do art. 150, II, da CF, seria alheio ao afastamento da condenação nas despesas processuais, porque apenas as custas e os emolumentos possuiriam natureza tributária, e seriam qualificados como taxas judiciárias remuneratórias de serviços estatais específicos e divisíveis. Assim, não se confundiriam com as despesas processuais devidas a pessoas estranhas ao corpo funcional do Judiciário, como os peritos, assistentes técnicos, leiloeiros e depositários. Assinalou que o art. 150, § 6º, da CF, dispõe que qualquer subsídio ou isenção, redução de base de cálculo, concessão de crédito presumido, anistia ou remissão, relativos a impostos, taxas ou contribuições, poderia ser concedido mediante a edição de lei específica federal, estadual ou municipal a regular exclusivamente essas matérias ou o correspondente tributo ou contribuição. Assentou que a exigência constitucional de edição de lei específica ficaria regularmente atendida mesmo nas hipóteses em que a norma concessiva de isenção ficasse inserida em diploma a dispor de outras questões correlatas, desde que existente inequívoca pertinência entre a isenção e o tema geral objeto da legislação que o instituíra.

Lei Geral da Copa: responsabilidade civil, auxílio especial e isenção de custas - 9

O relator frisou que, na espécie, a isenção encontrar-se-ia plenamente inserida no contexto da adoção de todas as medidas necessárias, inclusive jurídicas, para assegurar a realização da Copa das Confederações e da Copa do Mundo. Salientou que a isenção tributária não seria privilégio de classe ou de pessoas, mas política de aplicação da regra da capacidade contributiva ou de incentivos de determinadas atividades, que o Estado buscaria incrementar pela conveniência pública. Concluiu que, no caso em debate, a isenção das custas judiciais não teria sido concedida a um beneficiário em particular, de modo a configurar privilégio indevido. Ao contrário, seria benefício fiscal concedido por Estado soberano que, mediante política pública formulada pelo governo, buscara garantir a realização, em seu território, de eventos da maior expressão, o que tornaria legítimos os estímulos destinados a atrair a FIFA, de modo a alcançar os benefícios econômicos e sociais pretendidos. Ressaltou que, para atingir esse mesmo desiderato, outras isenções tributárias de impostos e contribuições sociais federais teriam sido concedidas à FIFA, à sua subsidiária no Brasil e aos seus prestadores de serviços, relativas aos fatos geradores decorrentes das atividades diretamente vinculadas à organização ou realização dos aludidos eventos, por meio da Lei 12.350/2010. Registrou que a realização de grandes eventos internacionais esportivos, dotados de inegável potencial de gerar empregos e atrair investimentos, configuraria interesse constitucionalmente relevante.

Lei Geral da Copa: responsabilidade civil, auxílio especial e isenção de custas - 10

O Ministro Roberto Barroso acrescentou que a análise da lei em debate configuraria hipótese típica de autocontenção judicial. Nesse sentido, a visão do julgador em relação a essa decisão política não poderia se sobrepor a decisões de conveniência e oportunidade tomadas pelos agentes públicos eleitos. Explicou que, caso não se configurasse inconstitucionalidade evidente, de direitos fundamentais e das regras da democracia, não haveria razão para que o STF se sobrepusesse à valoração feita pelos agentes políticos. O Ministro Luiz Fux, no que se refere aos prêmios e aos auxílios concedidos a ex-jogadores, destacou o direito ao reconhecimento — tendo em vista o valor cultural do esporte para a nação e para o mundo — como uma faceta da isonomia. Vencido, em parte, o Ministro Joaquim Barbosa (Presidente), que assentava apenas a inconstitucionalidade do art. 53 da Lei Geral da Copa. Reputava que a concessão de isenções fiscais a entidades privadas envolvidas no evento violaria o princípio da isonomia e a imprescindibilidade de motivação idônea para qualquer tipo de exoneração fiscal. ADI 4976/DF, rel. Min. Ricardo Lewandowski, 7.5.2014. (ADI-4976) (Inform. STF 745)

Responsabilidade civil do Estado por ato lícito: intervenção econômica e contrato - 6

A União, na qualidade de contratante, possui responsabilidade civil por prejuízos suportados por companhia aérea em decorrência de planos econômicos existentes no período objeto da ação. Essa a conclusão do Plenário ao finalizar o julgamento de três recursos extraordinários nos quais se discutia eventual direito a indenização de companhia aérea em virtude da suposta diminuição do seu patrimônio decorrente da política de congelamento tarifário vigente, no País, de outubro de 1985 a janeiro de 1992. A empresa, ora recorrida, requerera também o restabelecimento do equilíbrio econômico-financeiro do contrato de serviço de transporte aéreo, com o ressarcimento dos prejuízos suportados, acrescidos de danos emergentes, lucros cessantes, correção monetária e juros, em face de cláusula contratual — v. Informativo 705. O Tribunal, por maioria, negou provimento aos recursos extraordinários do Ministério Público Federal, na parte em que conhecido, e da União. Não conheceu, ainda, do outro recurso extraordinário da União, referente à participação do *parquet* desde o início da demanda.

Responsabilidade civil do Estado por ato lícito: intervenção econômica e contrato - 7

O Colegiado acompanhou o voto proferido pela Ministra Cármen Lúcia, relatora, que, inicialmente, entendeu prequestionados apenas os artigos 37, XXI e § 6º; 127; 129, IX; 175, parágrafo único, III e IV, da atual Constituição, além do art. 167, II, da EC 1/1969. Além disso, a relatora reputou improcedente o pleito da empresa aérea de incidência dos Enunciados 283 (*É inadmissível o recurso extraordinário, quando a decisão recorrida assenta em mais de um fundamento suficiente e o recurso não abrange todos eles*) e 284 (*É inadmissível o recurso extraordinário, quando a deficiência na sua fundamentação não permitir a exata compreensão da controvérsia*), ambos da Súmula do STF. Assinalou inexistir prejuízo dos recursos extraordinários, considerado o julgamento ocorrido no STJ, uma vez que aquela Corte somente teria modificado percentual de honorários advocatícios. No que tange à intervenção do órgão ministerial, asseverou descabida a discussão sobre nulidade decorrente do momento de sua intimação para integrar a lide, tendo em conta o trânsito em julgado dos fundamentos infraconstitucionais, autônomos para a manutenção da decisão proferida. Por outro lado, admitiu o recurso extraordinário do Ministério Público Federal na condição de *custos legis* (CPC, art. 499, § 2º). Quanto à arguição de pretenso equívoco na fórmula utilizada para fixação do valor indenizatório apto a recompor o equilíbrio do contrato, sublinhou que a análise do princípio do equilíbrio econômico-financeiro delineada pelos recorrentes encontraria óbice no Enunciado 279 da Súmula do STF, a vedar o reexame de provas.

Responsabilidade civil do Estado por ato lícito: intervenção econômica e contrato - 8

A Ministra Cármen Lúcia consignou que a questão a respeito da responsabilidade da União fora suscitada de forma direta e objetiva exclusivamente no recurso do Ministério Público Federal. Mencionou que duas seriam as abordagens sobre o tema constitucional da responsabilidade do Estado: uma fundada na responsabilidade objetiva (CF, art. 37, § 6º) e outra no dever de manutenção das condições efetivas da proposta (CF, art. 37, XXI), de viés contratual. Observou que responsabilidade estatal por atos lícitos, incluídos os decorrentes de políticas públicas, não constituiria novidade no direito, inclusive, no brasileiro. Delimitou que a pretensão seria de ver atribuída a responsabilidade ao Estado por prejuízos financeiros suportados pela companhia aérea ante a implantação de planos econômicos. Assinalou haver cláusula contratual que estipularia a correspondência entre as tarifas a serem aplicadas e os fatores de custo da atividade objeto do contrato de concessão. A relatora retratou que se cuidaria de cláusula essencial ou necessária, tendo como fonte mandamento constitucional de manutenção do equilíbrio econômico e financeiro do negócio administrativo, princípio previsto expressamente no art. 167, II, da CF/1967, mantido idêntico dispositivo na EC 1/1969, vigente na data da outorga por concessão do serviço aéreo à recorrida. Acentuou que a Constituição atual conteria igual exigência (art. 37, XXI), regra repetida na Lei 8.987/1995 (Lei das Concessões e Permissões) e, também, no Decreto-Lei 2.300/1986 (art. 55, II). Registrou que, portanto, no período do desequilíbrio apontado, o Brasil estaria dotado de normas de eficácia plena referentes ao princípio do equilíbrio econômico e financeiro do contrato.

Responsabilidade civil do Estado por ato lícito: intervenção econômica e contrato - 9

Na sequência, a relatora asseverou que o princípio constitucional da estabilidade econômico-financeira seria uma das expressões do princípio da segurança jurídica. Por meio desse princípio, buscar-se-ia conferir maior segurança ao negócio jurídico-administrativo, garantindo à empresa contratada, tanto quanto possível, a permanência das circunstâncias e das expectativas que a animaram a assumir a execução, por sua conta e risco, no interesse público, de atribuições que competiriam a pessoa jurídica de direito público. Explicitou que o caso demonstraria que os reajustes efetivados teriam sido insuficientes para cobrir a variação de custos, consoante afirmado por perito oficial em laudo técnico. A Ministra Cármen Lúcia reportou-se a precedente da Corte segundo o qual os danos patrimoniais gerados pela intervenção estatal em determinado setor importariam a indenização, tendo-se em vista a adoção, no Brasil, da teoria da responsabilidade objetiva do Estado com base no risco administrativo. Para a aplicação da referida doutrina, suficiente a configuração do dano e a verificação do nexo de causalidade entre aquele e a ação estatal (RE 422.941/DF, DJU de 24.3.2006).

Responsabilidade civil do Estado por ato lícito: intervenção econômica e contrato - 10

A Ministra Cármen Lúcia ponderou que os atos que comporiam o "Plano Cruzado" — conquanto não tivessem se afastado do princípio da legalidade, porque plenamente justificados por imperioso interesse do Estado e da sociedade brasileira — teriam provocado diretamente danos à recorrida. Esclareceu que a empresa nada poderia providenciar contra o que lhe fora determinado, pois jungida às regras da concessão de serviço público. Repisou que não se estaria a discutir a legalidade da decisão política. Salientou que, no entanto, os atos administrativos, mesmo os legislativos, submeter-se-iam, em um Estado de Direito, aos ditames constitucionais. Assim, inconteste que o Estado deveria ser responsabilizado pela prática de atos lícitos quando deles decorressem prejuízos específicos, expressos e demonstrados. Na condição de concessionária, não poderia a companhia esquivar-se dos danos, uma vez que não deteria liberdade para atuar conforme sua conveniência. Destacou que a comprovação dos prejuízos ocorrera nas instâncias próprias de exame do acervo fático-probatório. Por fim, considerou irretocável a decisão recorrida, fundada na teoria da responsabilidade do Estado por ato lícito.

Responsabilidade civil do Estado por ato lícito: intervenção econômica e contrato - 11

Vencidos os Ministros Joaquim Barbosa (Presidente), e Gilmar Mendes, que negavam provimento ao segundo recurso extraordinário da União e davam provimento à parte conhecida do recurso da União e ao do Ministério Público Federal, para julgar improcedente o pedido de indenização formulado pela recorrida. Realçavam que o congelamento de preços não afetara de modo exclusivo a recorrida, haja vista que as consequências do ajuste tiveram impacto em vários setores da economia, bem assim em cidadãos economicamente ativos no País no período. O Presidente rememorava que a responsabilidade do Estado por ato de caráter legislativo seria excepcional. Rejeitava, ainda, o pleiteado reequacionamento do contrato administrativo, porquanto a adoção de medidas para a manutenção do equilíbrio econômico-financeiro da avença exigiria anterior alteração unilateral, pela Administração, das condições de prestação do serviço. Aduzia que, na espécie, a suposta quebra decorreria somente de atos legislativos editados pelo governo federal para combater a hiperinflação. Afastava, outrossim, a incidência da teoria da imprevisão, porque a recorrida, quando celebrara o contrato, estaria ciente da situação econômica do País, bem como das tentativas governamentais de controle inflacionário. O Ministro Gilmar Mendes, em acréscimo, consignava a inadequação de se acolher, na situação dos autos, a responsabilidade da União por fato do legislador, em se tratando de medida genérica, sob o risco de transformar o ente federativo em um tipo de seguradora universal. RE 571969/DF, rel. Min. Cármen Lúcia, 12.3.2014. (RE-571969) (Inform. STF 738)

Ementa: AGRAVO REGIMENTAL NO RECURSO EXTRAORDINÁRIO COM AGRAVO. ADMINISTRATIVO. RESPONSABILIDADE OBJETIVA DO ESTADO. ACIDENTE. BURACO EM VIA PÚBLICA. CABIMENTO DE INDENIZAÇÃO. NECESSIDADE DO REEXAME DO CONJUNTO FÁTICO-PROBATÓRIO. INCIDÊNCIA DA SÚMULA 279/STF.
1. O nexo de causalidade apto a gerar indenização por dano moral em face da responsabilidade do Estado, quando controversa sua existência, demanda a análise do conjunto fático-probatório dos autos, o que atrai a incidência da Súmula 279/STF que dispõe *verbis*: *"Para simples reexame de prova não cabe recurso extraordinário"*.
2. O recurso extraordinário não se presta ao exame de questões que demandam revolvimento do contexto fático-probatório dos autos, adstringindo-se à análise da violação direta da ordem constitucional.
3. *In casu*, o acórdão recorrido assentou: *"APELAÇÃO CÍVEL – INDENIZATÓRIA – DANOS MORAIS, ESTÉTICOS E MATERIAIS"*.
4. Agravo regimental **DESPROVIDO**. (Inform. STF 734)

AG. REG. NO ARE N. 742.737-PB
RELATOR: MIN. LUIZ FUX
Ementa: AGRAVO REGIMENTAL NO RECURSO EXTRAORDINÁRIO COM AGRAVO. ADMINISTRATIVO. RESPONSABILIDADE CIVIL. INSERÇÃO DE RESTRIÇÃO INDEVIDA NA CNH DE CONDUTORES. ADMISSIBILIDADE DE RECURSO DE CORTES DIVERSAS. MATÉRIA COM REPERCUSSÃO GERAL REJEITADA PELO PLENÁRIO DO STF NO RE Nº 598.365. CONTROVÉRSIA DE ÍNDOLE INFRACONSTITUCIONAL.
1. Os requisitos de admissibilidade dos recursos da competência de cortes diversas não revelam repercussão geral apta a dar seguimento ao apelo extremo, consoante decidido pelo Plenário virtual do STF, na análise do RE nº 598.365, da Relatoria do Min. Ayres Britto.
2. *In casu*, o acórdão originariamente recorrido assentou: *"ADMINISTRATIVO. RESPONSABILIDADE CIVIL. INSERÇÃO DE RESTRIÇÃO INDEVIDA NA CARTEIRA NACIONAL DE HABILITAÇÃO DE CONDUTORES. OFENSA AO ART. 535 DO CPC NÃO CARACTERIZADA. CONFIGURAÇÃO DO DANO. REVOLVIMENTO DE PROVAS. SÚMULA 7/STJ.*
1. Trata-se, na origem, de Recurso Especial com intuito de revisar entendimento do acórdão recorrido que condenou o DETRAN/PE ao pagamento de indenização por danos morais no valor de R$ 10.000,00 em decorrência da indevida inclusão da frase "vedada para atividade remunerada" na Carteira Nacional de Habilitação do ora agravado. 2. A solução integral da controvérsia, com fundamento suficiente, não caracteriza ofensa ao art. 535 do CPC. 3. A pretensão recursal que impõe a alteração dos pressupostos fáticos assentados no acórdão recorrido para a conclusão da ocorrência de danos demanda reexame dos elementos probatórios dos autos. Incidência do óbice de admissibilidade da Súmula 7/STJ. 4. Agravo Regimental não provido".
3. Agravo regimental **DESPROVIDO**. (Inform. STF 728)

AG. REG. NO ARE N. 680.506-SP
RELATORA: MIN. ROSA WEBER
EMENTA: DIREITO ADMINISTRATIVO. RESPONSABILIDADE CIVIL DO ESTADO. INDENIZAÇÃO POR DANOS MORAIS E MATERIAIS. AUSÊNCIA DE CULPA ADMINISTRATIVA. ANÁLISE DA OCORRÊNCIA DE EVENTUAL AFRONTA AO PRECEITO CONSTITUCIONAL INVOCADO NO APELO EXTREMO DEPENDENTE DA REELABORAÇÃO DA MOLDURA FÁTICA CONSTANTE NO ACÓRDÃO REGIONAL. SÚMULA 279/STF. ACÓRDÃO RECORRIDO PUBLICADO EM 17.01.2011.
A análise da ocorrência de eventual afronta ao preceito constitucional invocado no apelo extremo demandaria a reelaboração da moldura fática delineada na origem, inviável em sede recursal extraordinária, em face do óbice da Súmula 279/STF.
Agravo regimental conhecido e não provido. (Inform. STF 728)

AG. REG. NO ARE N.679.802-PE
RELATOR: MIN. DIAS TOFFOLI
EMENTA: Agravo regimental no recurso extraordinário com agravo. Administrativo. Responsabilidade civil do Poder Público. Disparo de arma de fogo por policial militar em serviço. Lesão corporal. Dever de indenizar demonstrado na origem. Indenização. Valor. Reexame de fatos e provas. Impossibilidade. Precedentes.
1. O Tribunal de Justiça concluiu, com base nos fatos e nas provas dos autos, que o Estado tinha o dever de indenizar o agravado, policial militar, pelos danos por estes sofridos em decorrência de disparo de arma de fogo desferido por outro policial militar dentro da Corporação.
2. Para rever a conclusão a que chegou a Corte de origem acerca do dever de indenizar, bem como quanto ao montante da indenização, seria necessário reexaminar os fatos e as provas dos autos, o que é inadmissível em recurso extraordinário. Incidência da Súmulas nº 279 da Corte.
3. Agravo regimental não provido. (Inform. STF 725)

Imprescritibilidade e ação patrimonial
A 1ª Turma deu provimento a agravo regimental em agravo de instrumento para fazer subir recurso extraordinário e submetê-lo ao Plenário. No caso, a decisão agravada entendera pela imprescritibilidade de ação patrimonial. O Min. Marco Aurélio ressaltou que seria inconcebível reconhecer a imprescritibilidade da referida ação. Aduziu a necessidade de a lei dispor sobre os prazos de prescrição para ilícitos praticados por agente público. Porém, afirmou que a Constituição teria ressalvado essa necessidade no caso de ações de ressarcimento, uma vez que já haveria diploma normativo a tratar desse tema (CF: "Art. 37. ... § 4º Os atos de improbidade administrativa importarão a suspensão dos direitos políticos, a perda da função pública, a indisponibilidade dos bens e o ressarcimento ao erário, na forma e gradação previstas em lei, sem prejuízo da ação penal cabível ... § 5ºA lei estabelecerá os prazos de prescrição para ilícitos praticados por qualquer agente, servidor ou não, que causem prejuízos ao erário, ressalvadas as respectivas ações de ressarcimento"). Consignou que a ressalva não poderia gerar a imprescritibilidade de ação patrimonial.
AI 819135 AgR/SP, rel. Min. Luiz Fux, 28.5.2013. (AI-819135) (Inform. STF 708)

AG. REG. NO ARE N. 697.326-RS
RELATOR: MIN. DIAS TOFFOLI
EMENTA: Agravo regimental no recurso extraordinário com agravo. Administrativo. Estabelecimento de ensino. Ingresso de aluno portando arma branca. Agressão. Omissão do Poder Público. Responsabilidade objetiva. Elementos da responsabilidade civil estatal demonstrados na origem. Reexame de fatos e provas. Impossibilidade. Precedentes.
1. A jurisprudência da Corte firmou-se no sentido de que as pessoas jurídicas de direito público respondem objetivamente pelos danos que causarem a terceiros, com fundamento no

art. 37, § 6°, da Constituição Federal, tanto por atos comissivos quanto por omissivos, desde que demonstrado o nexo causal entre o dano e a omissão do Poder Público.
2. O Tribunal de origem concluiu, com base nos fatos e nas provas dos autos, que restaram devidamente demonstrados os pressupostos necessários à configuração da responsabilidade extracontratual do Estado.
3. Inadmissível, em recurso extraordinário, o reexame de fatos e provas dos autos. Incidência da Súmula n° 279/STF.
4. Agravo regimental não provido. (Inform. STF 703)

DIREITO ADMINISTRATIVO E CIVIL. RESPONSABILIDADE DA CEF PELA SEGURANÇA DE CASA LOTÉRICA. A Caixa Econômica Federal – CEF não tem responsabilidade pela segurança de agência com a qual tenha firmado contrato de permissão de loterias. Isso porque as regras de segurança previstas na Lei 7.102/1983, que dispõe sobre segurança para estabelecimentos financeiros, não alcançam as unidades lotéricas. De acordo com o art. 17 da Lei 4.595/1964, são consideradas instituições financeiras as pessoas jurídicas públicas ou privadas que tenham como atividade principal ou acessória a captação, intermediação ou aplicação de recursos financeiros próprios ou de terceiros, em moeda nacional ou estrangeira, e a custódia de valor de propriedade de terceiros. Ademais, nos termos do art. 18 da Lei 4.595/1964, essas instituições apenas podem funcionar no país mediante prévia autorização do Banco Central da República do Brasil. Assim, forçoso reconhecer que as unidades lotéricas não possuem como atividade principal ou acessória, a captação, intermediação e aplicação de recursos financeiros, tampouco dependem de autorização da autoridade central para funcionamento. Vale destacar que, apesar de as unidades lotéricas prestarem alguns serviços também oferecidos pelas agências bancárias, isso não as torna instituições financeiras submetidas aos ditames da Lei 7.102/1983. Nesse contexto, fica afastada a responsabilidade civil da CEF sobre eventuais prejuízos sofridos pela unidade lotérica, aplicando-se o disposto no art. 2°, IV, da Lei 8.987/1995, segundo o qual o permissionário deve demonstrar capacidade para o desempenho da prestação dos serviços públicos que lhe foram delegados por sua conta e risco. Precedente citado: REsp 1.317.472-RJ, Terceira Turma, DJe 8/3/2013. **REsp 1.224.236-RS, Rel. Min. Luis Felipe Salomão, julgado em 11/3/2014. (Inform. STJ 536)**

**DIREITO PROCESSUAL CIVIL E ADMINISTRATIVO. LEGITIMIDADE DE AGENTE PÚBLICO PARA RESPONDER DIRETAMENTE POR ATOS PRATICADOS NO EXERCÍCIO DE SUA FUNÇÃO.
Na hipótese de dano causado a particular por agente público no exercício de sua função, há de se conceder ao lesado a possibilidade de ajuizar ação diretamente contra o agente, contra o Estado ou contra ambos.** De fato, o art. 37, § 6° da CF prevê uma garantia para o administrado de buscar a recomposição dos danos sofridos diretamente da pessoa jurídica, que, em princípio, é mais solvente que o servidor, independentemente de demonstração de culpa do agente público. Nesse particular, a CF simplesmente impõe ônus maior ao Estado decorrente do risco administrativo. Contudo, não há previsão de que a demanda tenha curso forçado em face da administração pública, quando o particular livremente dispõe do bônus contraposto; tampouco há imunidade do agente público de não ser demandado diretamente por seus atos, o qual, se ficar comprovado dolo ou culpa, responderá de qualquer forma, em regresso, perante a Administração. Dessa forma, a avaliação quanto ao ajuizamento da ação contra o agente público ou contra o Estado deve ser decisão do suposto lesado. Se, por um lado, o particular abre mão do sistema de responsabilidade objetiva do Estado, por outro também não se sujeita ao regime de precatórios, os quais, como é de cursivo conhecimento, não são rigorosamente adimplidos em algumas unidades da Federação. Posto isso, o servidor público possui legitimidade passiva para responder, diretamente, pelo dano gerado por atos praticados no exercício de sua função pública, sendo que,

evidentemente, o dolo ou culpa, a ilicitude ou a própria existência de dano indenizável são questões meritórias. Precedente citado: REsp 731.746-SE, Quarta Turma, DJe 4/5/2009. **REsp 1.325.862-PR, Rel. Min. Luis Felipe Salomão, julgado em 5/9/2013. (Inform. STJ 532)**

**DIREITO ADMINISTRATIVO. RESPONSABILIDADE CIVIL DO ESTADO.
Na fixação do valor da indenização, não se deve aplicar o critério referente à teoria da perda da chance, e sim o da efetiva extensão do dano causado (art. 944 do CC), na hipótese em que o Estado tenha sido condenado por impedir servidor público, em razão de interpretação equivocada, de continuar a exercer de forma cumulativa dois cargos públicos regularmente acumuláveis.** Na hipótese de perda da chance, o objeto da reparação é a perda da possibilidade de obter um ganho como provável, sendo que há que fazer a distinção entre o resultado perdido e a possibilidade de consegui-lo. A chance de vitória terá sempre valor menor que a vitória futura, o que refletirá no montante da indenização. Contudo, na situação em análise, o dano sofrido não advém da perda de uma chance, pois o servidor já exercia ambos os cargos no momento em que foi indevidamente impedido de fazê-lo, sendo este um evento certo, em relação ao qual não restam dúvidas. Não se trata, portanto, da perda de uma chance de exercício cumulativo de ambos os cargos, porque isso já ocorria, sendo que o ato ilícito imputado ao ente estatal gerou dano de caráter certo e determinado, que deve ser indenizado de acordo com sua efetiva extensão (art. 944 do CC). **REsp 1.308.719-MG, Rel. Min. Mauro Campbell Marques, julgado em 25/6/2013.** (Inform. STJ 530)

**DIREITO ADMINISTRATIVO. RESPONSABILIDADE OBJETIVA DO ESTADO NO CASO DE SUICÍDIO DE DETENTO.
A Administração Pública está obrigada ao pagamento de pensão e indenização por danos morais no caso de morte por suicídio de detento ocorrido dentro de estabelecimento prisional mantido pelo Estado.** Nessas hipóteses, não é necessário perquirir eventual culpa da Administração Pública. Na verdade, a responsabilidade civil estatal pela integridade dos presidiários é objetiva em face dos riscos inerentes ao meio no qual foram inseridos pelo próprio Estado. Assim, devem ser reconhecidos os referidos direitos em consideração ao disposto nos arts. 927, parágrafo único, e 948, II, do CC. **AgRg no REsp 1.305.259-SC, Rel. Min. Mauro Campbell Marques, julgado em 2/4/2013.** (Inform. STJ 520)

**DIREITO ADMINISTRATIVO. DANOS MORAIS EM DECORRÊNCIA DE LESÕES SOFRIDAS POR MILITAR EM SERVIÇO.
Não é cabível indenização por danos morais em decorrência de lesões sofridas por militar oriundas de acidente ocorrido durante sessão de treinamento na qual não tenha havido exposição a risco excessivo e desarrazoado.** Os militares, no exercício de suas atividades rotineiras de treinamento, são expostos a situações de risco que ultrapassam a normalidade dos servidores civis, tais como o manuseio de armas de fogo, explosivos etc. As sequelas físicas decorrentes de acidente sofrido por militar em serviço não geram, por si sós, o direito à indenização por danos morais, os quais devem estar vinculados à demonstração de existência de eventual abuso ou negligência dos agentes públicos responsáveis pelo respectivo treinamento, de forma a revelar a submissão do militar a condições de risco que ultrapassem aquelas consideradas razoáveis no contexto no qual foi inserido. Precedente citado: REsp 1.021.500-PR, DJe 13/10/2009. **AgRg no AREsp 29.046-RS, Rel. Min. Arnaldo Esteves Lima, julgado em 21/2/2013.** (Inform. STJ 515).

**DIREITO ADMINISTRATIVO. RESPONSABILIDADE CIVIL. DANO MORAL. CORTE. ENERGIA ELÉTRICA.
Não é possível presumir a existência de dano moral pelo simples corte de energia elétrica por parte da concessio-

nária de serviço público, sendo necessária a comprovação da empresa afetada de prejuízo à sua honra objetiva. Precedente citado: REsp 299.282-RJ, DJ 5/8/2002. **REsp 1.298.689-RS, Rel. Min. Castro Meira, julgado em 23/10/2012. (Inform. STJ 508)**

DIREITO ADMINISTRATIVO. RESPONSABILIDADE CIVIL. DANO MORAL. PESSOA JURÍDICA. HONRA OBJETIVA. VIOLAÇÃO.
Pessoa jurídica pode sofrer dano moral, mas apenas na hipótese em que haja ferimento à sua honra objetiva, isto é, ao conceito de que goza no meio social. Embora a Súm. n. 227/STJ preceitue que "a pessoa jurídica pode sofrer dano moral", a aplicação desse enunciado é restrita às hipóteses em que há ferimento à honra objetiva da entidade, ou seja, às situações nas quais a pessoa jurídica tenha o seu conceito social abalado pelo ato ilícito, entendendo-se como honra também os valores morais, concernentes à reputação, ao crédito que lhe é atribuído, qualidades essas inteiramente aplicáveis às pessoas jurídicas, além de se tratar de bens que integram o seu patrimônio. Talvez por isso, o art. 52 do CC, segundo o qual se aplica "às pessoas jurídicas, no que couber, a proteção aos direitos da personalidade", tenha-se valido da expressão "no que couber", para deixar claro que somente se protege a honra objetiva da pessoa jurídica, destituída que é de honra subjetiva. O dano moral para a pessoa jurídica não é, portanto, o mesmo que se pode imputar à pessoa natural, tendo em vista que somente a pessoa natural, obviamente, tem atributos biopsíquicos. O dano moral da pessoa jurídica, assim sendo, está associado a um "desconforto extraordinário" que afeta o nome e a tradição de mercado, com repercussão econômica, à honra objetiva da pessoa jurídica, vale dizer, à sua imagem, conceito e boa fama, não se referindo aos mesmos atributos das pessoas naturais. Precedente citado: REsp 45.889-SP, DJ 15/8/1994. **REsp 1.298.689-RS, Rel. Min. Castro Meira, julgado em 23/10/2012. (Inform. STJ 508)**

7. BENS PÚBLICOS

Conflito federativo e limites territoriais - 1
O Plenário deu parcial provimento a ações cíveis originárias para que fossem fixadas as linhas divisórias entre os Estados da Bahia e de Goiás e entre os Estados do Piauí e do Tocantins segundo laudo técnico realizado pelo Serviço Geográfico do Exército. A Corte estabeleceu que, demarcados os limites territoriais entre os Estados, seriam preservados os títulos de posse e de propriedade anteriormente definidos. Decidiu, também, que eventuais disputas de posse e de propriedade relativas às áreas delimitadas não seriam decididas pelo STF, mas em ação própria no juízo competente. Assentou que as ações judiciais referentes às áreas abrangidas por essas ações cíveis originárias e ainda não sentenciadas deveriam ser redistribuídas ao juízo competente. Consignou, ainda, que se dois Estados tivessem emitido título de posse ou de propriedade em relação a uma mesma área abrangida por estas ações, prevaleceria o título concedido judicialmente, e, no caso de dois títulos judiciais, o que já houvesse transitado em julgado. O Colegiado asseverou que, na ausência do trânsito em julgado, prevaleceria o primeiro provimento judicial oriundo do juízo competente "ratione loci", à luz do laudo realizado pelo Exército. Determinou, desde logo, a nomeação do Serviço Geográfico do Exército para executar o julgado com a demarcação necessária das divisas entre os Estados conforme o laudo técnico apresentado. Tratava-se, na espécie, de ações cíveis originárias em que se discutia o critério a ser adotado para a fixação de divisas entre os Estados de Minas Gerais, Tocantins, Bahia, Piauí e Goiás. Na ACO 347/BA, o litígio gravitara em torno da demarcação de divisas territoriais entre os Estados da Bahia e Goiás e teria como litisdenunciados, os Estados de Minas Gerais, Piauí e Tocantins. Na ACO 652/PI, apensada àqueles autos, o Estado do Piauí requerera a determinação e demarcação de sua divisa com o Estado do Tocantins. As questões debatidas decorreram de alegadas incertezas quanto ao traçado das linhas limítrofes ante a imprecisão de recursos técnicos disponíveis à época, a gerar insegurança jurídica e conflitos. Realizada audiência de conciliação entre os Estados litigantes, somente o Estado de Minas Gerais aderira ao acordo. Remanesceram os litígios entre os Estados de Tocantins e Piauí e entre os Estados da Bahia e de Goiás em virtude das divergências quanto aos laudos técnicos a serem adotados, se a carta topográfica do IBGE de 1980 ou se aquele elaborado pelo Exército.

Conflito federativo e limites territoriais - 2
O Tribunal frisou que o laudo realizado pelo Serviço Geográfico do Exército — que levara em consideração marcos fixados em estudos anteriormente efetivados — apresentara caráter preciso e técnico. Destacou que a designação do Exército se dera: a) por indicação das partes; e b) por deter técnicas mais atuais no atendimento de parâmetros objetivos e seguros. Esclareceu que a prova pericial feita pelo órgão militar reunira grande quantidade de dados disponíveis sobre as fronteiras em discussão, e fora baseada em preciso mapeamento geográfico. Sublinhou que os limites das divisas em questão teriam sido traçados de modo definitivo e absolutamente claro. Constatou que considerar como pontos de partida para a demarcação das divisas em litígio elementos geográficos diferentes dos divisores das bacias hidrográficas — como propuseram os Estados de Bahia e de Tocantins (nas ACOs 347/BA e 652/PI, respectivamente) — e desconsiderar os trabalhos periciais realizados pelo Exército, além de ser contrário ao que fora acordado desde o início do século passado entre as partes, afrontaria o princípio da economicidade. Considerou consentâneo com os princípios constitucionais da razoabilidade, da segurança jurídica, além da economicidade, que os traçados fronteiriços em debate fossem delineados a partir do arbitrado pelas unidades federadas no acordo de 1919, tomados como ponto de partida os divisores de águas das bacias hidrográficas que teriam ensejado a realização da prova pericial efetivada pelo Serviço Geográfico do Exército. Lembrou que as partes requereram e pagaram pela perícia realizada pelo Exército, que agira dentro da cautela e da técnica. Por fim, ponderou que o instituto do "venire contra factum proprium" desautorizaria o abandono do laudo do Exército como parâmetro para a demarcação. ACO 347/BA, rel. Min. Luiz Fux, 8.10.2014. (ACO-347) ACO 652/PI, rel. Min. Luiz Fux, 8.10.2014. (ACO-652) (Inform. STF 762)

Remarcação de terra indígena demarcada anteriormente à CF/1988
É vedada a remarcação de terras indígenas demarcadas em período anterior à CF/1988. Essa a conclusão da 2ª Turma, que proveu recurso ordinário em mandado de segurança para anular a Portaria 3.508/2009, do Ministério da Justiça. Na espécie, o processo administrativo de demarcação de determinada terra indígena iniciara-se na década de 1970, e sua homologação ocorrera em 1983. Posteriormente, a Funai constituíra novo grupo técnico para estudar a remarcação e ampliação dessa reserva, o que embasara expedição da citada portaria, a homologar a nova demarcação, em 2009. A Turma rememorou o que decidido no Caso Raposa Serra do Sol (Pet 3.388/RR, DJe de 25.9.2009), oportunidade em que a Corte erigira salvaguardas institucionais que assegurariam a validade daquela demarcação e serviriam de norte para as futuras, muito embora a decisão não tivesse eficácia vinculante. Afirmou que, dentre essas salvaguardas, haveria condicionante segundo a qual seria vedada a ampliação de terra indígena já demarcada, tendo em conta o princípio da segurança jurídica. A Turma ressalvou que isso não significaria o afastamento de qualquer possibilidade de ampliação de terra indígena no futuro. Assinalou que, apesar de a Administração não se poder valer do instrumento da demarcação (CF, art. 231) para aumentar terra já demarcada, salvo em hipótese de vício de ilegalidade e, ainda assim, respeitado o prazo deca-

dencial, haveria outros instrumentos capazes de atender às necessidades das comunidades indígenas. Acrescentou que a autotutela da Administração, se necessário, deveria ser exercida em cinco anos (Lei 9.754/1999, art. 54), de maneira que não seria aplicável à espécie, uma vez que a homologação original teria mais de 30 anos. RMS 29542/DF, rel. Min. Cármen Lúcia, 30.9.2014. (RMS-29542) (Inform. STF 761)

RMS: demarcação de terra indígena e análise de requisitos - 1

A 2ª Turma retomou julgamento de recurso ordinário em mandado de segurança em que se impugna portaria que declarara a posse permanente de terra indígena em área situada no Mato Grosso do Sul. Na espécie, o impetrante alega violação a direito líquido e certo, uma vez que o ato teria transformado em indígenas as terras cujo domínio e posse lhe pertenceriam. Argumenta que: a) a declaração de posse indígena pretérita não corresponderia à realidade; b) o processo demarcatório teria sido produzido unilateralmente pela Funai; c) o Decreto 1.775/1994 seria inconstitucional; e d) a ele teria sido negado o direito à ampla defesa no processo administrativo. Na sessão de 29.11.2013, o Ministro Ricardo Lewandowski (relator) negou provimento ao recurso. Consignou que o impetrante não teria trazido qualquer prova pré-constituída que pudesse infirmar o laudo elaborado pela Funai, uma vez que a ocupação da terra pelos índios transcenderia a mera posse, no conceito do direito civil. Nesse sentido, aduziu que para apurar se a área demarcada guardaria ligação anímica com a comunidade indígena e ilidir as conclusões obtidas pela Funai seria necessária a produção de prova, o que — de acordo com a jurisprudência consolidada do Tribunal — não poderia ser feito no presente "writ" ante seus estreitos limites. Por fim, asseverou que o caso Raposa Serra do Sol teria sido atípico, em que se reivindicavam, praticamente, dois terços de um Estado-membro da Federação brasileira, razão pela qual esse precedente, à vista de suas peculiaridades, não poderia ser estendido para além daquele caso. Ademais, não teria nenhum efeito vinculante.

RMS: demarcação de terra indígena e análise de requisitos - 2

Na presente assentada, o Ministro Gilmar Mendes, em voto-vista, proveu o recurso. Ressaltou que apenas se reconheceriam aos índios os direitos sobre as terras que tradicionalmente ocupassem se a área estivesse habitada por eles na data da promulgação da Constituição Federal (marco temporal) e, complementarmente, se houvesse a efetiva relação dos índios com a terra (marco da tradicionalidade da ocupação). No caso em análise, salientou que o relatório de identificação e delimitação da terra indígena, elaborado pela Funai, indicaria que há mais de 70 anos não existiria comunidade indígena ou posse indígena no local em disputa. Logo, o marco objetivo temporal insubstituível não estaria preenchido, e se mostraria desnecessário averiguar a tradicionalidade da posse dos índios, bem como impossível reconhecer a posse indígena daquelas terras. Por outro lado, aduziu ser viável analisar, em recurso ordinário em mandado de segurança, se os requisitos do procedimento demarcatório teriam sido corretamente seguidos, bem como sobre a eventual prova da efetiva e formal presença indígena, no local, em 5.10.1988. Nesse sentido, consignou que, na situação dos autos, a questão posta seria própria do mandado de segurança, pois o laudo da Funai atestaria a inexistência, no local, de posse indígena na data da promulgação da Constituição. Ademais, frisou que o relatório da autarquia mencionada teria adotado como fundamento para a declaração da terra indígena o mero fato de ter havido, em momento pretérito, ocupação indígena no local. Assentou que esse argumento seria insuficiente para legitimar a demarcação pretendida e invocou o Enunciado 650 da Súmula do STF ("Os incisos I e XI do art. 20 da Constituição Federal não alcançam terras de aldeamentos extintos, ainda que ocupadas por indígenas em passado remoto"). Além disso, aduziu que, após o caso Raposa Serra do Sol, o procedimento de demarcação de terras indígenas deveria contar com mais

um pressuposto: a observância das salvaguardas institucionais reafirmadas pelo STF. Assentou que essas orientações não seriam apenas direcionadas àquele feito específico, mas a todos os processos sobre o mesmo tema, de forma que o entendimento da Corte firmado naquela ocasião deveria servir de apoio moral e persuasivo a todas as demandas sobre demarcação de terras indígenas. Em seguida, pediu vista dos autos a Ministra Cármen Lúcia.

RMS: demarcação de terra indígena e análise de requisitos - 3

A 2ª Turma retomou julgamento de recurso ordinário em mandado de segurança em que se impugna portaria que declarara a posse permanente de terra indígena em área situada no Mato Grosso do Sul. Na espécie, o impetrante alega violação a direito líquido e certo, uma vez que o ato teria transformado em indígenas as terras cujo domínio e posse lhe pertenceriam. Argumenta que: a) a declaração de posse indígena pretérita não corresponderia à realidade; b) o processo demarcatório teria sido produzido unilateralmente pela Funai; c) o Decreto 1.775/1994 seria inconstitucional; e d) a ele teria sido negado o direito à ampla defesa no processo administrativo — v. Informativo 752. Em voto-vista, a Ministra Cármen Lúcia acompanhou a divergência iniciada pelo Ministro Gilmar Mendes e proveu o recurso. Ressaltou, de início, a gravidade da situação fundiária instaurada no referido Estado-membro, o que teria conduzido ao acirramento do conflito entre índios e proprietários rurais. Afirmou que o equacionamento do problema — que englobaria fatores de ordem social, econômica, territorial e política —, deveria assentar-se na garantia da segurança das relações sociais e na confiança que todos devem ter nos atos estatais. Consignou que, no julgamento da Petição 3.388/RR (DJe 25.9.2009) — caso Raposa Serra do Sol —, o STF, ao examinar o regime jurídico constitucional de demarcação de terras indígenas no Brasil, teria erigido salvaguardas institucionais intrinsecamente relacionadas e complementares que teriam assegurado a validade da demarcação analisada naqueles autos, mas que serviriam de norte para futuras contendas a serem resolvidas judicialmente. Reafirmou, então, a força jurídico-constitucional daquele precedente histórico, cujos fundamentos, portanto, haveriam de influir, direta ou indiretamente, na aplicação do direito pelos magistrados. Asseverou que a análise da observância, ou não, das mencionadas salvaguardas, no caso dos autos, não dependeria de dilação probatória, inviável em mandado de segurança. Destacou ser incontroversa, na espécie, a inexistência de índios na região na data da promulgação da CF/1988, marco temporal — necessário ao reconhecimento da posse tradicional indígena — firmado no mencionado processo. Em seguida, a Turma deliberou suspender o julgamento para aguardar-se o voto do Ministro Celso de Mello.

RMS: demarcação de terra indígena e análise de requisitos - 4

Em conclusão de julgamento, a 2ª Turma, por maioria, deu provimento ao recurso ordinário em mandado de segurança para declarar a nulidade da portaria e do processo administrativo que visavam a demarcação de terra indígena no Estado do Mato Grosso do Sul — v. Informativos 752 e 758. A Turma consignou que a questão da terra representaria o aspecto fundamental dos direitos e das prerrogativas constitucionais asseguradas ao índio. Asseverou que sem a garantia de permanência nas terras por ele já tradicionalmente ocupadas, expor-se-ia o índio ao risco da desintegração cultural, da perda de sua identidade étnica, da dissolução de seus vínculos históricos, sociais e antropológicos e da erosão de sua própria consciência. Entretanto, destacou que somente se reconheceriam aos índios os direitos sobre as terras que tradicionalmente ocupassem se a área estivesse habitada por eles na data da promulgação da Constituição Federal (marco temporal) e, complementarmente, se houvesse a efetiva relação dos índios com a terra (marco da tradicionalidade da ocupação). Salientou que o relatório de identificação e delimitação da terra indígena, elaborado pela Funai, indicaria ser incontroverso que há mais de 70 anos não existiria comunidade indígena ou posse indígena no local em disputa. Logo, o marco objetivo temporal insubstituível não estaria preenchido, e se mostraria desnecessário averiguar a tradicionalidade da posse dos índios, bem como impossível reconhecer a posse indígena daquelas terras. Pontou ser viável analisar, em recurso ordinário em mandado de segurança, se os requisitos do procedimento demarcatório teriam sido corretamente seguidos, bem como sobre a eventual prova da efetiva e formal presença indígena, no local, em 5.10.1988. Destacou que, no julgamento da Petição 3.388/RR (DJe 25.9.2009) — caso Raposa Serra do Sol —, o STF, ao examinar o regime jurídico constitucional de demarcação de terras indígenas no Brasil, teria erigido salvaguardas institucionais intrinsecamente relacionadas e complementares que teriam assegurado a validade da demarcação analisada naqueles autos, mas que serviriam de norte para futuras contendas a serem resolvidas judicialmente. Asseverou que a análise da observância, ou não, das mencionadas salvaguardas, no caso dos autos, não dependeria de dilação probatória, inviável em mandado de segurança. Aduziu que, se houver a necessidade de terras para que se possam acolher as populações indígenas — mas ausentes os requisitos qualificadores da posse previstos no art. 231 da CF — impor-se-ia que a União, valendo-se da sua competência funcional, formulasse uma declaração expropriatória que conduzisse a um procedimento em que houvesse o pagamento de uma justa e prévia indenização em dinheiro. Vencido o Ministro Ricardo Lewandowski (relator), que negava provimento ao recurso. Entendia que para apurar se a área demarcada guardaria ligação anímica com a comunidade indígena e ilidir as conclusões obtidas pela Funai seria necessária a produção de prova, o que não poderia ser feito na via eleita ante seus estreitos limites. Explicava que o caso Raposa Serra do Sol teria sido atípico, razão pela qual não poderia ser estendido para além daquele caso e, ademais, não teria nenhum efeito vinculante. RMS 29087/DF, rel. orig. Min. Ricardo Lewandowski, red. p/ o acórdão, Min. Gilmar Mendes, 16.9.2014. (RMS-29087) (Inform. STF 759)

DIREITO ADMINISTRATIVO E CIVIL. INEXISTÊNCIA DE DIREITO A INDENIZAÇÃO PELAS ACESSÕES E DE RETENÇÃO PELAS BENFEITORIAS EM BEM PÚBLICO IRREGULARMENTE OCUPADO. Quando irregularmente ocupado o bem público, não há que se falar em direito de retenção pelas benfeitorias realizadas, tampouco em direito a indenização pelas acessões, ainda que as benfeitorias tenham sido realizadas de boa-fé. Isso porque nesta hipótese não há posse, mas mera detenção, de natureza precária. Dessa forma, configurada a ocupação indevida do bem público, resta afastado o direito de retenção por benfeitorias e o pleito indenizatório à luz da alegada boa-fé. Precedentes citados: AgRg no AREsp 456.758-SP, Segunda Turma, DJe 29/4/2014; e REsp 850.970-DF, Primeira Turma, DJe 11/3/2011. **AgRg no REsp 1.470.182-RN**, Rel. Min. Mauro Campbell Marques, julgado em 4/11/2014. (Inform. STJ 551)

Súmula STF nº 650
Os incisos I e XII do art. 20 da Constituição Federal não alcançam terras de aldeamentos extintos, ainda que ocupadas por indígenas em passado remoto.

Súmula STF nº 479
As margens dos rios navegáveis são de domínio público, insuscetíveis de expropriação e, por isso mesmo, excluídas de indenização.

Súmula STF nº 477
As concessões de terras devolutas situadas na faixa de fronteira, feitas pelos estados, autorizam, apenas, o uso, permanecendo o domínio com a união, ainda que esta se mantenha inerte ou tolerante, em relação aos possuidores.

Súmula STJ nº 496
Os registros de propriedade particular de imóveis situados em terrenos de marinha não são oponíveis à União.

Súmula STJ nº 103
Incluem-se entre os imóveis funcionais que podem ser vendidos os administrados pelas forças armadas e ocupados pelos servidores civis.

8. INTERVENÇÃO NA PROPRIEDADE

8.1. Desapropriação

AG. REG. NA ACO N. 644-GO
RELATOR: MIN. DIAS TOFFOLI
EMENTA: Agravo regimental em ação cível originária. Ação de indenização. Desapropriação indireta. Denunciação da lide. Conflito federativo não configurado. Incompetência do STF. Não provimento do agravo.
1. A norma inscrita no art. 102, I, f, segundo o entendimento assentado na Corte, restringe-se, tão somente, àqueles litígios cuja potencialidade ofensiva se revele apta a vulnerar os valores que informam o princípio fundamental que rege, em nosso ordenamento jurídico, o pacto federativo. O caso dos autos está desvestido de qualquer projeção de caráter institucional e em nada afeta as relações políticas entre as unidades federadas, não possuindo densidade suficiente para abalar o pacto federativo, sendo, portanto, inapta para provocar a manifestação do STF na qualidade de Tribunal da Federação. Precedente (ACO 578/MT-QO, Rel. Min. Ellen Gracie, DJ de 22/8/11).
2. Os agravantes demandaram, diretamente à Corte, ação de desapropriação indireta, ancorada no art. 102, I, f, CF, com a pretensão de incluir o Estado de Goiás na relação processual, para resguardar a devida reparação indenizatória. Denunciação per saltum. Inovação. Artigo 456, caput, do Código Civil. O denunciado não mantém relação processual com o adversário do denunciante, não integrando a relação processual principal. Conflito federativo não configurado.
3. Agravo regimental a que se nega provimento. (Inform. STF 707)

DIREITO ADMINISTRATIVO E PROCESSUAL CIVIL. DISPENSA DE CITAÇÃO DO CÔNJUGE NA DESAPROPRIAÇÃO POR UTILIDADE PÚBLICA. Na ação de desapropriação por utilidade pública, a citação do proprietário do imóvel desapropriado dispensa a do respectivo cônjuge. Isso porque o art. 16 do Decreto-Lei 3.365/1941 (Lei das Desapropriações) dispõe que a "citação far-se-á por mandado na pessoa do proprietário dos bens; a do marido dispensa a da mulher". Ressalte-se que, apesar de o art. 10, § 1º, I, do CPC dispor que "ambos os cônjuges serão necessariamente citados para as ações que versem sobre direitos reais imobiliários", o art. 42 do referido Decreto-Lei preconiza que o CPC somente incidirá no que for omissa a Lei das Desapropriações. Assim, havendo previsão expressa quanto à matéria, não se aplica a norma geral. Precedente citado do STF: RE 86.933, Segunda Turma, DJ 18/6/1979. **REsp 1.404.085-CE**, Rel. Min. Herman Benjamin, julgado em 5/8/2014. (Inform. STJ 547)

DIREITO ADMINISTRATIVO. CONSIDERAÇÃO DE RESERVA FLORESTAL NO CÁLCULO DA PRODUTIVIDADE DO IMÓVEL RURAL PARA FINS DE DESAPROPRIAÇÃO. Não se encontrando averbada no registro imobiliário antes da vistoria, a reserva florestal não poderá ser excluída da área total do imóvel desapropriando para efeito de cálculo da produtividade do imóvel rural. Precedente citado do STJ: AgRg no AREsp 196.566-PA, Segunda Turma, DJe 24/9/2012. Precedente citado do STF: MS 24.924-DF, Tribunal Pleno, DJe 4/11/2011. **AgRg no REsp 1.301.751-MT**, Min. Rel. Herman Benjamin, julgado em 8/4/2014. (Inform. STJ 539)

DIREITO ADMINISTRATIVO. COBRANÇA DE LAUDÊMIO NA HIPÓTESE DE DESAPROPRIAÇÃO DO DOMÍNIO ÚTIL DE IMÓVEL AFORADO DA UNIÃO.
A transferência, para fins de desapropriação, do domínio útil de imóvel aforado da União constitui operação apta a gerar o recolhimento de laudêmio. Isso porque, nessa situação, existe uma transferência onerosa entre vivos, de modo a possibilitar a incidência do disposto no art. 3º do Decreto-lei 2.398/1987, cujo teor estabelece ser devido o laudêmio no caso de "transferência onerosa, entre vivos, do domínio útil de terreno aforado da União ou de direitos sobre benfeitorias neles construídas, bem assim a cessão de direito a eles relativos". Nesse contexto, ainda que a transferência ocorra compulsoriamente, é possível identificar a onerosidade de que trata a referida lei, uma vez que há a obrigação de indenizar o preço do imóvel desapropriado àquele que se sujeita ao império do interesse do Estado. REsp 1.296.044-RN, Rel. Min. Mauro Campbell Marques, julgado em 15/8/2013. (Inform. STJ 528)

DIREITO ADMINISTRATIVO. AÇÃO DE INDENIZAÇÃO PELO ARRENDATÁRIO DIRETAMENTE CONTRA A UNIÃO NO CASO DE DESAPROPRIAÇÃO PARA REFORMA AGRÁRIA.
A União é parte legítima para figurar no polo passivo de ação em que o arrendatário objetive ser indenizado pelos prejuízos decorrentes da desapropriação, por interesse social para a reforma agrária, do imóvel arrendado. Isso porque o direito à indenização do arrendatário não se sub-roga no preço do imóvel objeto de desapropriação por interesse social para a reforma agrária, pois a relação entre arrendante (expropriado) e arrendatário é de direito pessoal. Assim, não se aplica, nessa hipótese, o disposto no art. 31 do Decreto-Lei 3.365/1941, pois a sub-rogação no preço ocorre apenas quanto aos direitos reais constituídos sobre o bem expropriado. REsp 1.130.124-PR, Rel. Min. Eliana Calmon, julgado em 4/4/2013. (Inform. STJ 522)

DIREITO ADMINISTRATIVO. DESAPROPRIAÇÃO INDIRETA. VALORIZAÇÃO DA ÁREA REMANESCENTE. REDUÇÃO DO *QUANTUM* INDENIZATÓRIO. IMPOSSIBILIDADE.
Na desapropriação indireta, quando há valorização geral e ordinária da área remanescente ao bem esbulhado em decorrência de obra ou serviço público, não é possível o abatimento no valor da indenização devida ao antigo proprietário. Cabe ao Poder Público, em tese, a utilização da contribuição de melhoria como instrumento legal capaz de fazer face ao custo da obra, devida proporcionalmente pelos proprietários de imóveis beneficiados com a valorização do bem. Precedentes citados: REsp 795.580/SC, DJ 1º/2/2007; REsp 1.074.994-SC, DJe 29/10/2008. **REsp 1.230.687-SC, Rel. Min. Eliana Calmon, julgado em 18/10/2012. (Inform. STJ 507)**

DESAPROPRIAÇÃO. VALOR DA INDENIZAÇÃO. DATA DA AVALIAÇÃO.
A Turma, por maioria, reafirmou o entendimento de que, nas ações de desapropriação - a teor do disposto no artigo 26 do DL n. 3.365/1941 - o valor da indenização será contemporâneo à data da avaliação judicial, não sendo relevante a data em que ocorreu a imissão na posse, tampouco a data em que se deu a vistoria do expropriante. Precedentes citados: REsp 1.195.011-PR, DJe 14/2/2011, e REsp 1.035.057-GO, DJe 8/9/2009. **REsp 1.274.005-MA, Rel. originário Min. Mauro Campbell Marques, Rel. para acórdão Min. Castro Meira, julgado em 27/3/2012. (Inform. STJ 494)**

DESAPROPRIAÇÃO INDIRETA. ESBULHO. PROMESSA DE COMPRA E VENDA NÃO REGISTRADA. INDENIZAÇÃO.
A Turma negou provimento ao recurso ao reafirmar que, em se tratando de desapropriação indireta, a promessa de compra e venda, ainda que não registrada no cartório de imóveis, habilita os promissários compradores a receber a indenização pelo esbulho praticado pelo ente público. Consignou-se que a promessa de compra e venda constitui negócio jurídico, sendo imanentes a ele direitos, deveres, obrigações, exceções e demais categorias eficaciais. Portanto, o registro não interfere na relação de direito obrigacional, apenas produz eficácia perante terceiros que não participaram do contrato. Ademais, possuem direito à indenização o titular do domínio, o titular do direito real limitado e o detentor da posse. Precedente citado: REsp 769.731-PR, DJ 31/5/2007. **REsp 1.204.923-RJ, Rel. Min. Humberto Martins, julgado em 20/3/2012. (Inform. STJ 493)**

DESAPROPRIAÇÃO. LEVANTAMENTO DE DEPÓSITO PELO PROMITENTE COMPRADOR.
A Turma, reformando acórdão do tribunal *a quo*, decidiu caber a intimação dos recorridos para se manifestarem acerca do pedido de levantamento parcial do preço depositado no próprio processo de desapropriação por utilidade pública; somente em caso de eventual oposição fundada destes, seja a questão ventilada em ação própria. *In casu*, os recorrentes assinaram contrato de compromisso de compra e venda de área encravada em gleba desapropriada. Para o Min. Relator, os arts. 31 e 34 do DL n. 3.365/1941 dão azo ao pedido dos recorrentes, mesmo que o contrato não esteja inscrito no cartório de registro de imóveis, sendo irrelevante a discussão acerca da natureza do direito do promitente comprador – se real ou pessoal –, em virtude da ausência de registro, já que os dispositivos em análise não restringem a sub-rogação unicamente aos direitos reais. **REsp 1.198.137-DF, Rel. Min. Teori Albino Zavaski, julgado em 2/2/2012. (Inform. STJ 490)**

Súmula STF nº 652
Não contraria a Constituição o art. 15, § 1º, do Decreto-Lei 3365/1941 (Lei da Desapropriação por Utilidade Pública).

Súmula STF nº 618
Na desapropriação, direta ou indireta, a taxa dos juros compensatórios é de 12% (doze por cento) ao ano.

Súmula STF nº 617
A base de cálculo dos honorários de advogado em desapropriação é a diferença entre a oferta e a indenização, corrigidas ambas monetariamente.

Súmula STF nº 561
Em desapropriação, é devida a correção monetária até a data do efetivo pagamento da indenização, devendo proceder-se à atualização do cálculo, ainda que por mais de uma vez.

Súmula STF nº 476
Desapropriadas as ações de uma sociedade, o poder desapropriante, imitido na posse, pode exercer, desde logo, todos os direitos inerentes aos respectivos títulos.

Súmula STF nº 416
Pela demora no pagamento do preço da desapropriação não cabe indenização complementar além dos juros.

Súmula STF nº 378
Na indenização por desapropriação incluem-se honorários do advogado do expropriado.

Súmula STF nº 218
É competente o juízo da fazenda nacional da capital do estado, e não o da situação da coisa, para a desapropriação promovida por empresa de energia elétrica, se a união federal intervém como assistente.

Súmula STF nº 164
No processo de desapropriação, são devidos juros compensatórios desde a antecipada imissão de posse, ordenada pelo juiz, por motivo de urgência.

Súmula STF nº 157
É necessária prévia autorização do presidente da república para desapropriação, pelos estados, de empresa de energia elétrica.

Súmula STF nº 23
Verificados os pressupostos legais para o licenciamento da obra, não o impede a declaração de utilidade pública para desapropriação do imóvel, mas o valor da obra não se incluirá na indenização, quando a desapropriação for efetivada.

Súmula STJ nº 408
Nas ações de desapropriação, os juros compensatórios incidentes após a Medida Provisória n. 1.577, de 11/06/1997, devem ser fixados em 6% ao ano até 13/09/2001 e, a partir de então, em 12% ao ano, na forma da Súmula n. 618 do Supremo Tribunal Federal.

Súmula STJ nº 354
A invasão do imóvel é causa de suspensão do processo expropriatório para fins de reforma agrária.

Súmula STJ nº 141
Os honorários de advogado em desapropriação direta são calculados sobre a diferença entre a indenização e a oferta, corrigidas monetariamente.

Súmula STJ nº 131
Nas ações de desapropriação incluem-se no cálculo da verba advocatícia as parcelas relativas aos juros compensatórios e moratórios, devidamente corrigidas.

Súmula STJ nº 119
A ação de desapropriação indireta prescreve em vinte anos.

Súmula STJ nº 114
Os juros compensatórios, na desapropriação indireta, incidem a partir da ocupação, calculados sobre o valor da indenização, corrigido monetariamente.

Súmula STJ nº 113
Os juros compensatórios, na desapropriação direta, incidem a partir da imissão na posse, calculados sobre o valor da indenização, corrigido monetariamente.

Súmula STJ nº 70
Os juros moratórios, na desapropriação direta ou indireta, contam-se desde o trânsito em julgado da sentença.

Súmula STJ nº 69
Na desapropriação direta, os juros compensatórios são devidos desde a antecipada imissão na posse e, na desapropriação indireta, a partir da efetiva ocupação do imóvel.

Súmula STJ nº 67
Na desapropriação, cabe a atualização monetária, ainda que por mais de uma vez, independente do decurso de prazo superior a um ano entre o cálculo e o efetivo pagamento da indenização.

Súmula STJ nº 12
Em desapropriação, são cumuláveis juros compensatórios e moratórios.

8.2. Servidão administrativa

Súmula STJ nº 56
Na desapropriação para instituir servidão administrativa são devidos os juros compensatórios pela limitação de uso da propriedade.

8.3. Tombamento

DIREITO ADMINISTRATIVO. REPARAÇÃO DE IMÓVEL TOMBADO. ÔNUS DO PROPRIETÁRIO.
A responsabilidade de reparar e conservar o imóvel tombado é do proprietário, salvo quando demonstrado que ele não dispõe de recurso para proceder à reparação. Precedentes citados: REsp 666.842-RJ, DJe 28/10/2009; REsp 895.443-RJ, DJe 17/12/2008; REsp 1.013.008-MA, DJe 23/6/2008, e REsp 97.852-PR, DJ 8/6/1998. **AgRg no AREsp 176.140-BA, Rel. Min. Castro Meira, julgado em 18/10/2012. (Inform. STJ 507)**

8.4. Limitação administrativa e ocupação

DIREITO ADMINISTRATIVO. LIMITAÇÃO ADMINISTRATIVA. PRESCRIÇÃO DA PRETENSÃO DE RESSARCIMENTO.
A pretensão reparatória do esvaziamento do conteúdo econômico da propriedade decorrente de limitações administrativas prescreve em cinco anos, nos termos do art. 10, parágrafo único, do Decreto-Lei n. 3.365/1941. Os danos eventualmente causados pela limitação administrativa devem ser objeto de ação de direito pessoal, cujo prazo prescricional é de cinco anos, e não de direito real, que seria o caso da desapropriação indireta. A limitação administrativa distingue-se da desapropriação: nesta, há transferência da propriedade individual para o domínio do expropriante, com integral indenização; naquela, há apenas restrição ao uso da propriedade imposta genericamente a todos os proprietários, sem qualquer indenização. Dessa forma, as restrições ao direito de propriedade impostas por normas ambientais, ainda que esvaziem o conteúdo econômico, não constituem desapropriação indireta. Precedentes citados: AgRg no REsp 1.235.798-RS, DJe 13/4/2011; AgRg no REsp 1.192.971-SP, DJe 3/9/2010, e EREsp 901.319-SC, DJe 3/8/2009. **AgRg no REsp 1.317.806-MG, Rel. Min. Humberto Martins, julgado em 6/11/2012. (Inform. STJ 508)**

9. TRÂNSITO

REPERCUSSÃO GERAL EM N. 657.871-SP
RELATOR: MIN. DIAS TOFFOLI
EMENTA: Recurso extraordinário representativo da controvérsia. Aplicação retroativa de lei mais benéfica às infrações de trânsito. Exegese das normas de trânsito. Interpretação realizada à luz das normas do Código Brasileiro de Trânsito revogado e do vigente. Matéria eminentemente infraconstitucional. Ausência de repercussão geral.
1. Não apresenta repercussão geral o recurso extraordinário que discute efeitos de normas de trânsito revogadoras e revogadas.
2. É pacífica a jurisprudência da Corte no sentido de que os conceitos dos institutos do direito adquirido, do ato jurídico perfeito e da coisa julgada não se encontram na Constituição Federal, senão na legislação ordinária, mais especificamente na Lei de Introdução às Normas do Direito Brasileiro.
3. Ausência de repercussão geral. (Inform. STF 768)

DIREITO ADMINISTRATIVO. PRESCINDIBILIDADE DE PRÉVIO PROCESSO ADMINISTRATIVO PARA NEGAR EXPEDIÇÃO DE CNH DEFINITIVA. Não depende de prévio procedimento administrativo a recusa à expedição da CNH definitiva motivada pelo cometimento de infração de trânsito de natureza grave durante o prazo anual de permissão provisória para dirigir (art. 148, § 3º, do CTB). O STJ já se pronunciou no sentido de que o direito à obtenção da habilitação definitiva somente se perfaz se o candidato, após um ano da expedição da permissão para dirigir, não tiver cometido infração de natureza grave ou gravíssima e não for reincidente em infração média, segundo disposto no § 3º do art. 148 do CTB. Assim, a expedição da CNH é mera expectativa de direito, que se concretizará com o implemento das condições estabelecidas na lei. Havendo o cometimento de infração grave, revela-se desnecessária a instauração de prévio processo administrativo, considerando que a aferição do preenchimento dos requisitos estabelecidos pela lei para a concessão da CNH definitiva se dá de forma objetiva. Precedente citado: REsp 726.842-SP, Segunda Turma, DJ 11/12/2006. **REsp 1.483.845-RS, Rel. Min. Mauro Campbell Marques, julgado em 16/10/2014. (Inform. STJ 550)**

DIREITO ADMINISTRATIVO. CONCESSÃO DA CNH DEFINITIVA A MOTORISTA QUE TENHA COMETIDO INFRAÇÃO DE NATUREZA GRAVE NA QUALIDADE DE PROPRIETÁRIO DO VEÍCULO.
É possível conceder a carteira nacional de habilitação definitiva a motorista que tenha cometido, durante o prazo anual de permissão provisória para dirigir, infração administrativa de natureza grave, não na qualidade de condutor, mas na de proprietário do veículo. Conforme o art. 148, § 3º, do CTB, a carteira nacional de habilitação definitiva será conferida ao condutor de veículo no término de um ano, desde que ele não tenha cometido infração de natureza grave ou gravíssima, nem seja reincidente no cometimento de infração média. A jurisprudência do STJ é no sentido de que o referido dispositivo legal visa assegurar a habilitação definitiva ao motorista que não interferiu na segurança do trânsito e da coletividade, não sendo aplicável à hipótese em que o motorista é apenado por infração administrativa, ainda que grave, na condição de proprietário do veículo, e não na de condutor, o que não configuraria óbice legal à concessão da habilitação. Precedentes citados: AgRg no REsp 1.231.072-RS, Primeira Turma, DJe 14/5/2012, e REsp 980.851-RS, Segunda Turma, DJ 27/8/2009. **AgRg no AREsp 262.701-RS, Rel. Min. Humberto Martins, julgado em 12/3/2013.** (Inform. STJ 518)

DIREITO ADMINISTRATIVO. IMPOSSIBILIDADE DE APLICAÇÃO RETROATIVA DA REDAÇÃO DADA PELA LEI N. 11.334/2006 AO ART. 218, III, DO CTB.
A redação dada pela Lei n. 11.334/2006 ao art. 218, III, do CTB não pode ser aplicada às infrações cometidas antes da vigência daquela lei, ainda que a nova redação seja mais benéfica ao infrator do que a anterior. A regra constante no art. 218, III, do Código de Trânsito Brasileiro – CTB diz respeito a infração que não esteja tipificada como crime, mas apenas como infração de cunho administrativo consistente na direção em velocidade superior à máxima permitida. Assim, como não se trata de norma de natureza penal, não há como aplicar a retroatividade da norma mais benéfica. **AgRg nos EDcl no REsp 1.281.027-SP, Rel. Min. Mauro Campbell Marques, julgado em 18/12/2012.** (Inform. STJ 516).

DIREITO ADMINISTRATIVO. POSSIBILIDADE DE CONCESSÃO DE CNH DEFINITIVA AO CONDUTOR QUE PRATIQUE A INFRAÇÃO DE QUE TRATA O ART. 233 DO CTB.
A prática da infração administrativa de natureza grave de que trata o art. 233 do CTB pelo detentor de "permissão para dirigir" não impede que a ele seja concedida a CNH definitiva. De acordo com o art. 148, § 3º, do Código de Trânsito Brasileiro – CTB, o não cometimento de infração grave durante o período em que o condutor trafega com "permissão para dirigir" constitui condição para a concessão de habilitação definitiva. A interpretação teleológica desse dispositivo legal conduz ao entendimento de que o fim buscado pelo legislador foi preservar os objetivos básicos do Sistema Nacional de Trânsito, em especial a segurança e educação para o trânsito, estabelecidos no inciso I do art. 6º do CTB. Assim, não é razoável impedir a concessão de CNH definitiva em razão da falta administrativa prevista no art. 233 do CTB, consistente na conduta de deixar de efetuar o registro da propriedade do veículo no prazo e nas hipóteses legais, porquanto se trata de infração que nada tem a ver com a segurança do trânsito e nenhum risco impõe à coletividade. Precedentes citados: REsp 980.851-RS, Segunda Turma, DJe 27/8/2009, e AgRg no REsp 1.231.072-RS, Primeira Turma, DJe 14/5/2012. **AgRg no AREsp 262.219-RS, Rel. Min. Mauro Campbell Marques, julgado em 7/2/2013.** (Inform. STJ 516).

DIREITO ADMINISTRATIVO. AUTO DE INFRAÇÃO E APLICAÇÃO DE MULTA COM BASE NO ART. 14, I, DA LEI N. 6.938/1981.
O art. 14, I, da Lei n. 6.938/1981, por si só, constitui fundamento suficiente para embasar a autuação de infração e a aplicação de multa administrativa em decorrência de queimada não autorizada. A Lei n. 6.938/1981, que dispõe sobre a Política Nacional do Meio Ambiente, prevê no art. 14, I, a aplicação de multa simples ou diária, com a especificação do respectivo valor, para os casos de "não cumprimento das medidas necessárias à preservação ou correção dos inconvenientes e danos causados pela degradação da qualidade ambiental". A hipótese de queimadas ilegais insere-se nesse dispositivo legal, que constitui base suficiente para a imposição da multa por degradação do meio ambiente, não sendo válido o argumento de que se trata de norma genérica, tampouco a conclusão de que não poderia embasar a aplicação da penalidade. Ademais, qualquer exceção a essa proibição geral, além de estar prevista expressamente em lei federal, deve ser interpretada restritivamente pelo administrador e pelo magistrado. Precedente citado: REsp 1.000.731-RO, DJe 8/9/2009. **REsp 996.352-PR, Rel. Min. Castro Meira, julgado em 5/2/2013.** (Inform. STJ 515).

DIREITO ADMINISTRATIVO. UTILIZAÇÃO DE VEÍCULOS DE PROPRIEDADE DO MP COM PLACA DESCARACTERIZADA.
É possível a descaracterização das placas de alguns veículos oficiais do MP nos moldes do art. 116 do CTB, sob o argumento da necessidade de resguardar a segurança dos integrantes do parquet. O art. 116 do Código de Trânsito Brasileiro (CTB) deve ser interpretado teleologicamente, pois a razão de a lei restringir a possibilidade de descaracterização das placas dos veículos de propriedade dos entes federativos apenas para serviço reservado de caráter policial está adstrita à natureza e aos riscos de tal atividade. Assim, não seria racional que a lei exigisse a identificação dos veículos utilizados por autoridades incumbidas de fazer investigações, como é o caso dos membros do MP, sendo que qualquer disposição nesse sentido implicaria a frustração desse objetivo, bem como poderia colocar em risco a integridade desses agentes públicos. **AgRg no REsp 1.131.577-PR, Rel. Min. Humberto Martins, julgado em 6/11/2012. (Inform. STJ 508)**

§ **Súmula STJ nº 434**
O pagamento da multa por infração de trânsito não inibe a discussão judicial do débito.

10. CONSELHOS PROFISSIONAIS

AG. REG. NO RE N. 704.386-RJ
RELATOR: MIN. LUIZ FUX
Ementa: AGRAVO REGIMENTAL NO RECURSO EXTRAORDINÁRIO. CONSELHO DE FISCALIZAÇÃO PROFISSIONAL. NATUREZA JURÍDICA DA AUTARQUIA. FISCALIZAÇÃO. ATIVIDADE TÍPICA DE ESTADO. ESTABILIDADE DO SERVIDOR. APLICABILIDADE DO ARTIGO 19 DO ADCT. REINTEGRAÇÃO NO CARGO. RECURSO CONTRA ACÓRDÃO DO STJ. CONTROVÉRSIA CONSTITUCIONAL SURGIDA NA INSTÂNCIA ORDINÁRIA. INADMISSIBILIDADE DO RE.
1. O recurso extraordinário contra acórdão do Superior Tribunal

de Justiça proferido em recurso especial só é cabível quando a questão constitucional objeto da controvérsia for diversa da decidida pela instância ordinária. Nesses casos, só é admissível o apelo extremo que a suposta violação constitucional tiver sido, originariamente, apreciada pela Corte Especial. Precedentes: RE 750.300-ED, Rel. Min. Celso de Mello, DJe de 6/9/2013, ARE 644.906-AgR, Rel. Min. Ricardo Lewandowski, Segunda Turma, DJe de 12/4/2012.
2. In casu, o acórdão extraordinariamente recorrido assentou: *"ADMINISTRATIVO. CONSELHO DE FISCALIZAÇÃO PROFISSIONAL. REGIME JURÍDICO. OBSERVÂNCIA DA LEI DE REGÊNCIA EM CADA PERÍODO. RECORRENTE CONTRATADA EM 7.11.1975 E DEMITIDA EM 2.01.2007. VIGÊNCIA DA LEI Nº 9.649/98, ART. 58, PARÁGRAFO 3º. REGIME CELETISTA. DESNECESSIDADE DE PRÉVIO PROCESSO ADMINISTRATIVO. DECISÃO DO STF NA ADI Nº 2.135-MC COM EFEITOS EX NUNC. RECURSO ESPECIAL A QUE SE NEGA PROVIMENTO."*
3. Agravo regimental **DESPROVIDO**. (Inform. STF 764)

REPERCUSSÃO GERAL EM RE N. 795.467-SP
RELATOR: MIN. TEORI ZAVASCKI
Ementa: ADMINISTRATIVO E CONSTITUCIONAL. RECURSO EXTRAORDINÁRIO. INSCRIÇÃO NA ORDEM DOS MÚSICOS DO BRASIL (OMB). PAGAMENTO DE ANUIDADES. NÃO-OBRIGATORIEDADE. OFENSA À GARANTIA DA LIBERDADE DE EXPRESSÃO (ART. 5º, IX, DA CF). REPERCUSSÃO GERAL CONFIGURADA. REAFIRMAÇÃO DA JURISPRUDÊNCIA.
1. O Plenário do Supremo Tribunal Federal, no julgamento do RE 414.426, rel. Min. ELLEN GRACIE, DJe de 10-10-2011, firmou o entendimento de que a atividade de músico é manifestação artística protegida pela garantia da liberdade de expressão, sendo, por isso, incompatível com a Constituição Federal de 1988 a exigência de inscrição na Ordem dos Músicos do Brasil, bem como de pagamento de anuidade, para o exercício de tal profissão.
2. Recurso extraordinário provido, com o reconhecimento da repercussão geral do tema e a reafirmação da jurisprudência sobre a matéria. (Inform. STF 752)

SEGUNDO AG. REG. EM MS N. 28.469-DF
RED. P/ O ACÓRDÃO: MIN. LUIZ FUX
Ementa: AGRAVO REGIMENTAL NO MANDADO DE SEGURANÇA. ADMINISTRATIVO. ACÓRDÃO DO TRIBUNAL DE CONTAS DA UNIÃO. CONSELHO DE FISCALIZAÇÃO PROFISSIONAL. NATUREZA JURÍDICA. AUTARQUIA FEDERAL. EXIGÊNCIA DE CONCURSO PÚBLICO. OBSERVÂNCIA DO ART. 37, II, DA CONSTITUIÇÃO FEDERAL. FISCALIZAÇÃO. ATIVIDADE TÍPICA DO ESTADO. PRINCÍPIO DA PROTEÇÃO DA CONFIANÇA LEGÍTIMA. ANÁLISE. AGRAVO REGIMENTAL PROVIDO PARA RESTAURAR O DEVIDO PROCESSAMENTO DO MANDADO DE SEGURANÇA E POSSIBILITAR UM MELHOR EXAME DA MATÉRIA.
1. Os conselhos de fiscalização profissional têm natureza jurídica de autarquias, consoante decidido no MS 22.643, ocasião na qual restou consignado que: (i) estas entidades são criadas por lei, tendo personalidade jurídica de direito público com autonomia administrativa e financeira; (ii) exercem a atividade de fiscalização de exercício profissional que, como decorre do disposto nos artigos 5º, XIII, 21, XXIV, é atividade tipicamente pública; (iii) têm o dever de prestar contas ao Tribunal de Contas da União (art. 71, II, CRFB/88).
2. Os conselhos de fiscalização profissional, posto autarquias criadas por lei e ostentando personalidade jurídica de direito público, exercendo atividade tipicamente pública, qual seja, a fiscalização do exercício profissional, submetem-se às regras encartadas no artigo 37, inciso II, da CRFB/88, quando da contratação de servidores. Precedente: RE 539.224, 1ª Turma Rel. Min. Luiz Fux, DJe. - 18/06/2012.
3. A fiscalização das profissões, por se tratar de uma atividade típica de Estado, que abrange o poder de polícia, de tributar e de punir, não pode ser delegada (ADI 1.717), excetuando-se a Ordem dos Advogados do Brasil (ADI 3.026).
4. In casu, está em discussão tese relacionada à contratação dos impetrantes, ocorrida há mais de 10 (dez) anos, e a alegação de desrespeito ao processo de seleção e às regras constitucionais aplicáveis (art. 37, II, CRFB/88), fatos que tornam imperativa a análise mais apurada do mandado de segurança, sobretudo em decorrência do princípio da proteção da confiança legítima.
5. Agravo regimental provido apenas para possibilitar um melhor exame do mandado de segurança e facultar às partes a oportunidade de sustentação oral. (Inform. STF 705)

DIREITO ADMINISTRATIVO. INSCRIÇÃO DE INDÚSTRIA DE LATICÍNIOS NO CONSELHO DE QUÍMICA. A pessoa jurídica cuja finalidade precípua é a industrialização e o comércio de laticínios e derivados não é obrigada a registrar-se no Conselho Regional de Química. Precedentes citados: REsp 410.421-SC, Segunda Turma, DJ 1º/8/2005; e REsp 816.846-RJ, Primeira Turma, DJ 17/4/2006. **REsp 1.410.594-PR, Rel. Min. Herman Benjamin, julgado em 22/10/2013. (Inform. STJ 534)**

DIREITO ADMINISTRATIVO E PROCESSUAL CIVIL. INTIMAÇÃO PESSOAL DO REPRESENTANTE DE CONSELHO DE FISCALIZAÇÃO PROFISSIONAL EM EXECUÇÃO FISCAL. RECURSO REPETITIVO (ART. 543-C DO CPC E RES. 8/2008-STJ).
O representante judicial de conselho de fiscalização profissional possui a prerrogativa de ser intimado pessoalmente no âmbito de execução fiscal promovida pela entidade. Incide, nessa hipótese, o disposto no art. 25 da Lei 6.830/1980 (LEF). Deve-se ressaltar, a propósito do tema, que o STF consolidou o entendimento de que os referidos conselhos possuem natureza jurídica autárquica, pois exercem atividade típica de Estado, de modo a abranger, no que concerne à fiscalização de profissões regulamentadas, o poder de polícia, de tributar e o de punir. Nesse contexto, os créditos dos conselhos de fiscalização profissional devem ser cobrados por execução fiscal, pois a expressão "Fazenda Pública" constante do § 1º do art. 2º da LEF – "Qualquer valor, cuja cobrança seja atribuída por lei às entidades de que trata o artigo 1º, será considerado Dívida Ativa da Fazenda Pública." –, deve ser interpretada de maneira a abranger as autarquias. Dessa forma, existindo regra específica sobre a intimação pessoal dos representantes da Fazenda Pública em execução fiscal (art. 25 da LEF), essa prerrogativa deve ser observada no caso dos representantes dos conselhos de fiscalização profissional. REsp 1.330.473-SP, Rel. Min. Arnaldo Esteves Lima, julgado em 12/6/2013. (Inform. STJ 526)

DIREITO ADMINISTRATIVO. IMPOSSIBILIDADE DE CONFERIR AOS PSICÓLOGOS, POR RESOLUÇÃO, AUTORIZAÇÃO PARA O EXERCÍCIO DA TÉCNICA DA ACUPUNTURA.
É inadmissível que resolução do Conselho Federal de Psicologia estenda aos profissionais da área a possibilidade de utilização da acupuntura como método complementar de tratamento, ainda que no Brasil não exista legislação que discipline o exercício dessa técnica. Não se pode deduzir, a partir desse vácuo normativo, que se possa permitir, por intermédio de ato administrativo editado pelo conselho profissional, a prática da acupuntura. Ademais, não é possível aos profissionais de psicologia estender seu campo de trabalho por meio de resolução, pois suas competências já estão fixadas na Lei 4.119/1962, que regulamenta o exercício da profissão. **REsp 1.357.139-DF, Rel. Min. Napoleão Nunes Maia Filho, julgado em 18/4/2013.** (Inform. STJ 520)

DIREITO PROCESSUAL CIVIL. COMPETÊNCIA. MANDADO DE SEGURANÇA CONTRA PRESIDENTE DE SUBSEÇÃO DA OAB.
Compete à Justiça Federal processar e julgar mandado de segurança impetrado contra presidente de subseção da OAB. A

definição da competência para o mandado de segurança dá-se, em regra, pela natureza da autoridade coatora. Há situações, contudo, em que a autoridade apontada como coatora exerce suas funções em entidades que ou são de direito privado, ou não integram os quadros da Administração Pública direta ou indireta. No caso da OAB, o STF entende que se trata de um serviço público independente, categoria única no elenco das personalidades jurídicas existentes no direito brasileiro. Assim, a competência para o *mandamus* deve ser fixada adotando-se como parâmetro a origem da função que foi delegada. No caso, as funções atribuídas à OAB pelo art. 44 da Lei n. 8.906/1994 são de natureza federal, fato que atrai a competência da Justiça Federal. Precedentes citados: CC 122.713-SP, DJe 14/8/2012, e EREsp 235.723-SP, DJ 16/8/2004. **AgRg no REsp 1.255.052-AP, Rel. Min. Humberto Martins, julgado em 6/11/2012. (Inform. STJ 508)**

DIREITO ADMINISTRATIVO. CONSELHO DE FISCALIZAÇÃO PROFISSIONAL. CUSTAS. RECOLHIMENTO OBRIGATÓRIO. Os conselhos de fiscalização profissional estão sujeitos ao pagamento de custas. Em que pese ao fato de os conselhos profissionais possuírem natureza jurídica de autarquia, a isenção do pagamento de custas por expressa previsão no parágrafo único do art. 4º da Lei n. 9.289/1996 não alcança as entidades fiscalizadoras do exercício profissional. Precedentes citados: AgRg no AREsp 2.795-RJ, DJe 19/12/2011 e AgRg no AREsp 15.531-RJ, DJe 21/9/2011. **AgRg no AREsp 200.014-RJ, Rel. Min. Napoleão Nunes Maia Filho, julgado em 20/9/2012. (Inform. STJ 505)**

CONSELHO. FISCALIZAÇÃO PROFISSIONAL. REGIME JURÍDICO.
A controvérsia está em saber a natureza do vínculo jurídico da recorrente com o conselho de fiscalização profissional, a fim de ser apreciada a legalidade do ato de sua demissão. A Min. Relatora ressaltou que o regime jurídico dos funcionários dos conselhos de fiscalização profissional, por força do art. 1º do DL n. 968/1969, era o celetista até o advento da CF/1988, que, em conjunto com a Lei n. 8.112/1990, art. 243, instituiu o regime jurídico único. Essa situação perdurou até a edição do art. 58, § 3º, da Lei n. 9.469/1998, que instituiu novamente o regime celetista para os servidores daqueles conselhos, em razão da promulgação da EC n. 19/1998, que aboliu o regime jurídico único dos servidores públicos. Entretanto, destacou que, no julgamento da ADI 1.171-DF, o STF declarou a inconstitucionalidade dos §§ 1º, 2º, 4º, 5º, 6º, 7º, 8º e do *caput* do art. 58 da Lei n. 9.649/1998, reafirmando a natureza de autarquia especial dos conselhos de fiscalização profissional, cujos funcionários continuaram celetistas, pois permaneceu incólume o § 3º da norma em comento, que submetia os empregados desses conselhos à legislação trabalhista. Porém, frisou que essa situação subsistiu até 2/8/2007, quando o Pretório Excelso, no julgamento da ADI 2.135-DF, suspendeu, liminarmente, com efeitos *ex nunc*, a vigência do art. 39, *caput*, do texto constitucional, com a redação dada pela EC n. 19/1998. Com essa decisão, subsiste, para os servidores da administração pública direta, autarquias e fundações públicas, a obrigatoriedade de adoção do regime jurídico único, ressalvadas as situações consolidadas na vigência da legislação editada nos termos da norma suspensa. *In casu*, a recorrente manteve vínculo trabalhista com o conselho de fiscalização de 7/11/1975 até 2/1/2007, ou seja, antes do retorno ao regime estatutário por força da decisão do STF (na ADI 2.135-DF). Assim, visto que à época a recorrente não estava submetida ao regime estatutário, sendo, portanto, de natureza celetista a relação de trabalho existente, não cabe invocar normas estatutárias para infirmar o ato de dispensa imotivada. Desserte, a Turma, prosseguindo o julgamento, negou provimento ao recurso. Precedente citado: REsp 820.696-RJ, DJe 17/11/2008. **REsp 1.145.265-RJ, Rel. Min. Maria Thereza de Assis Moura, julgado em 14/2/2012. (Inform. STJ 491)**

Súmula STJ nº 413
O farmacêutico pode acumular a responsabilidade técnica por uma farmácia e uma drogaria ou por duas drogarias.

Súmula STJ nº 275
O auxiliar de farmácia não pode ser responsável técnico por farmácia ou drogaria.

Súmula STJ nº 120
O oficial de farmácia, inscrito no conselho regional de farmácia, pode ser responsável técnico por drogaria.

Súmula STJ nº 79
Os bancos comerciais não estão sujeitos a registro nos conselhos regionais de economia.

11. LICITAÇÃO

Inexigibilidade de licitação e critérios para contratação direta de escritório de advocacia - 1
Por ausência de justa causa para a propositura da ação penal, a 1ª Turma, por maioria, rejeitou denúncia ajuizada contra deputado federal — então prefeito à época dos fatos — pela suposta prática do crime previsto no art. 89 da Lei 8.666/1993 ("Dispensar ou inexigir licitação fora das hipóteses previstas em lei, ou deixar de observar as formalidades pertinentes à dispensa ou à inexigibilidade"). A acusação sustentava que o parlamentar teria contratado indevidamente, mediante inexigibilidade de licitação, escritório de advocacia para consultoria jurídica e patrocínio judicial na retomada dos serviços de abastecimento de água e esgoto do município. Constava da denúncia que inexistiria singularidade do objeto do contrato, pois o trabalho jurídico teria natureza ordinária e não seria dotado de complexidade que justificasse a contratação de profissional com notória especialização a justificar a inexigibilidade de licitação. O Ministro Roberto Barroso (relator) consignou que a contratação direta de escritório de advocacia deveria observar os seguintes parâmetros: a) necessidade de procedimento administrativo formal; b) notória especialização do profissional a ser contratado; c) natureza singular do serviço; d) demonstração da inadequação da prestação do serviço pelos integrantes do Poder Público; e e) cobrança de preço compatível com o mercado para o serviço.

Inexigibilidade de licitação e critérios para contratação direta de escritório de advocacia - 2
O relator destacou que o procedimento formal teria sido regularmente observado, inclusive com a oitiva do Procurador-Geral do Município, e que teria havido publicação no Diário Oficial com um resumo do ato justificativo de inexigibilidade. Asseverou que as provas dos autos demonstrariam que a notória especialização estaria presente, pois comprovado que o escritório contratado teria atuado em serviços de advocacia afetos a concessão de saneamento básico de diversos municípios e estados-membros. Explicitou que, na situação dos autos, pela primeira vez, em 30 anos, seria feita a retomada de um serviço de saneamento básico que atenderia a quase 300 mil pessoas. Asseverou que essas circunstâncias, aliadas ao fato de haver resistência declarada da concessionária anterior e a magnitude financeira da operação, não indicariam se tratar de matéria trivial que não exigiria algum grau de sofisticação, razão pela qual a hipótese seria de singularidade do objeto. Acrescentou que a contratação de escritório de advocacia envolveria um teor mínimo de confiança tanto na "expertise", como de confiança pessoal no advogado. Por fim, concluiu que o preço cobrado pelo escritório teria sido módico, uma vez que o serviço envolveria a retomada de uma concessão de valor vultoso, para uma ação judicial que, notadamente, se prolongaria por muito tempo. Vencido o Ministro Marco Aurélio, que recebia a denúncia. Aduzia se tratar de grande município que contaria com corpo jurídico estruturado, remunerado pela população e que estaria à altura

de conduzir a defesa da entidade federada. Ressaltava que a Procuradoria já teria preparado inicial para a propositura da ação e, mesmo assim, se optara por contratar o escritório de advocacia. Inq 3074/SC, rel. Min. Roberto Barroso, 26.8.2014. (Inq-3074) (Inform. STF 756)

AG. REG. NO AI N. 851.342-DF
RELATOR: MIN. DIAS TOFFOLI
EMENTA: Agravo regimental no agravo de instrumento. Administrativo. Prequestionamento. Ausência. Negativa de prestação jurisdicional. Não ocorrência. Permuta. Dispensa de licitação. Discussão. Legislação infraconstitucional. Ofensa reflexa. Reexame de fatos e provas. Impossibilidade. Precedentes.
1. Não se admite o recurso extraordinário quando os dispositivos constitucionais que nele se alega violados não estão devidamente prequestionados. Incidência das Súmulas nºs 282 e 356/STF.
2. A jurisdição foi prestada pelo Tribunal de origem mediante decisão suficientemente motivada.
3. Inadmissível, em recurso extraordinário, a análise da legislação infraconstitucional e o reexame de fatos e provas dos autos. Incidência das Súmulas nºs 636 e 279/STF.
4. Agravo regimental não provido. (Inform. STF 745)

Processo licitatório: punição e proporcionalidade
A 1ª Turma, por maioria, deu provimento a recurso ordinário em mandado de segurança para afastar sanção prevista no art. 7º da Lei 10.520/2002 ["Art. 7º. Quem, convocado dentro do prazo de validade da sua proposta, não celebrar o contrato, deixar de entregar ou apresentar documentação falsa exigida para o certame, ensejar o retardamento da execução de seu objeto, não mantiver a proposta, falhar ou fraudar na execução do contrato, comportar-se de modo inidôneo ou cometer fraude fiscal, ficará impedido de licitar e contratar com a União, Estados, Distrito Federal ou Municípios e, será descredenciado no Sicaf, ou nos sistemas de cadastramento de fornecedores a que se refere o inciso XIV do art. 4º desta Lei, pelo prazo de até 5 (cinco) anos, sem prejuízo das multas previstas em edital e no contrato e das demais cominações legais"]. Na espécie, a empresa, ao concorrer em certame licitatório, após apuração de irregularidade em atestado de capacidade técnica, fora penalizada com suspensão, pelo prazo de um ano, de participar de licitações, bem como impedida de contratar com a Administração Pública com fundamento no aludido preceito. De início, a Turma ressaltou que o certame fora posteriormente revogado pela Administração Pública ante a ausência de conveniência e oportunidade na contratação dos serviços pela alteração do quadro fático subjacente à abertura do pregão. Em seguida, reputou ausentes o prejuízo para a Administração Pública e a demonstração de dolo ou má-fé por parte do licitante. Assim, incabível a subsunção do fato descrito ao art. 7º da Lei 10.520/2002. Vencida, em parte, a Ministra Rosa Weber, que propunha a redução do prazo de inabilitação. RMS 31972/DF, rel. Min. Dias Toffoli, 3.12.2013. (RMS-31972) (Inform. STF 731)

Convênios de prestação de serviços de assistência à saúde: Geap e licitação - conclusão
Em conclusão de julgamento, o Plenário, por maioria, denegou mandados de segurança coletivos, impetrados contra acórdão do TCU, em que se discutia a validade de convênios de prestação de serviços de assistência à saúde entre a Geap - Fundação de Seguridade Social e vários órgãos e entidades da Administração Pública. Na espécie, a Corte de Contas reputara regulares apenas os convênios firmados com os entes patrocinadores da entidade (os Ministérios da Saúde e da Previdência Social, a Empresa de Tecnologia e Informação da Previdência Social - Dataprev e o Instituto Nacional do Seguro Social - INSS). Entendera obrigatória a licitação para a celebração de quaisquer outras avenças com os demais entes da Administração Pública que não os órgãos legítimos detentores da condição de patrocinadores, observado, assim, o disposto no art. 1º, I e II, do Decreto 4.978/2004, alterado pelo Decreto 5.010/2004, e no art. 37, XXI, da CF — v. Informativos 563, 573 e 649. Considerou-se não atendidas as exigências legais a permitir convênios com aqueloutros órgãos e entidades. Registrou-se a legitimidade do ato do TCU. Além disso, assentou-se a ausência de ilegalidade, de ameaça ou violação a direitos no acórdão impugnado. O Min. Ricardo Lewandowski salientou que a Geap não se enquadraria nos requisitos que excepcionariam a obrigatoriedade da realização de procedimento licitatório para a consecução de convênios de adesão com a Administração Pública. O Min. Marco Aurélio enfatizou que a Corte de Contas teria atuado a partir do arcabouço normativo, principalmente do constitucional. O Min. Teori Zavascki complementou que o reconhecimento do direito imporia condição a envolver e modificar a esfera jurídica da Geap, o que não seria possível no caso. Vencidos os Ministros Ayres Britto, relator, Eros Grau e Dias Toffoli, que deferiam parcialmente as ordens. MS 25855/DF, rel. orig. Min. Ayres Britto, red. p/ o acórdão Min. Cármen Lúcia, 20.3.2013. (MS-25855). MS 25866/DF, rel. orig. Min. Ayres Britto, red. p/ o acórdão Min. Cármen Lúcia, 20.3.2013. (MS-25866). MS 25891/DF, rel. orig. Min. Ayres Britto, red. p/ o acórdão Min. Cármen Lúcia, 20.3.2013. (MS-25891). MS 25901/DF; rel. orig. Min. Ayres Britto, red. p/ o acórdão Min. Cármen Lúcia, 20.3.2013. (MS-25901). MS 25919/DF, rel. orig. Min. Ayres Britto, red. p/ o acórdão Min. Cármen Lúcia, 20.3.2013. (MS-25919). MS 25922/DF, rel. orig. Min. Ayres Britto, red. p/ o acórdão Min. Cármen Lúcia, 20.3.2013. (MS-25922). MS 25928/DF; rel. orig. Min. Ayres Britto, red. p/ o acórdão Min. Cármen Lúcia, 20.3.2013. (MS-25928). MS 25934/DF, rel. orig. Min. Ayres Britto, red. p/ o acórdão Min. Cármen Lúcia, 20.3.2013. (MS-25934). MS 25942/DF, rel. orig. Min. Ayres Britto, red. p/ o acórdão Min. Cármen Lúcia, 20.3.2013. (MS-25942) (Inform. STF 699)

Licitação: lei orgânica e restrição - 1
A 2ª Turma deu provimento a recurso extraordinário para declarar a constitucionalidade do art. 36 da Lei Orgânica do Município de Brumadinho/MG, que proibiria agentes políticos e seus parentes de contratar com o município (" *O Prefeito, o Vice-Prefeito, os Vereadores, os ocupantes de cargo em comissão ou função de confiança, as pessoas ligadas a qualquer deles por matrimônio ou parentesco, afim ou consanguíneo, até o 2º grau, ou por adoção e os servidores e empregados públicos municipais, não poderão contratar com o Município, subsistindo a proibição até seis meses após findas as respectivas funções*"). Asseverou-se que a Constituição outorgaria à União a competência para editar normas gerais sobre licitação (CF, art. 22, XXVII) e permitiria que estados-membros e municípios legislassem para complementar as normas gerais e adaptá-las às suas realidades. Afirmou-se que essa discricionariedade existiria para preservar interesse público fundamental, de modo a possibilitar efetiva, real e isonômica competição. Assim, as leis locais deveriam observar o art. 37, XXI, da CF, para assegurar "*a igualdade de condições de todos os concorrentes*". **RE 423560/MG, rel. Min. Joaquim Barbosa, 29.5.2012. (RE-423560)**

Licitação: lei orgânica e restrição - 2
Registrou-se que o art. 9º da Lei 8.666/93 estabeleceria uma série de impedimentos à participação nas licitações, porém não vedaria expressamente a contratação com parentes dos administradores, razão por que haveria doutrinadores que sustentariam, com fulcro no princípio da legalidade, que não se poderia impedir a participação de parentes nos procedimentos licitatórios, se estivessem presentes os demais pressupostos legais. Em particular, a existência de vários interessados em disputar o certame. Não obstante, entendeu-se que, ante a ausência de regra geral para o assunto — a significar que não haveria proibição ou permissão acerca do impedimento à participação em licitações em decorrência de parentesco —, abrir-se-ia campo para a liberdade de atuação dos demais entes federados, a fim de que legislassem de acordo com suas particularidades locais, até que sobreviesse norma geral sobre

o tema. Por fim, consignou-se que a referida norma municipal, editada com base no art. 30, II, da CF, homenagearia os princípios da impessoalidade e da moralidade administrativa, bem como preveniria eventuais lesões ao interesse público e ao patrimônio do município, sem restringir a competição entre os licitantes. **RE 423560/MG, rel. Min. Joaquim Barbosa, 29.5.2012. (RE-423560) (Inform. STF 668)**

DIREITO ADMINISTRATIVO. EXIGÊNCIA DE QUALIFICAÇÃO TÉCNICA EM LICITAÇÃO. É lícita cláusula em edital de licitação exigindo que o licitante, além de contar, em seu acervo técnico, com um profissional que tenha conduzido serviço de engenharia similar àquele em licitação, já tenha atuado em serviço similar. Esse entendimento está em consonância com a doutrina especializada que distingue a qualidade técnica profissional da qualidade técnica operacional e com a jurisprudência do STJ, cuja Segunda Turma firmou o entendimento de que "não fere a igualdade entre os licitantes, tampouco a ampla competitividade entre eles, o condicionamento editalício referente à experiência prévia dos concorrentes no âmbito do objeto licitado, a pretexto de demonstração de qualificação técnica, nos termos do art. 30, inc. II, da Lei n. 8.666/93" (REsp 1.257.886-PE, julgado em 3/11/2011). Além disso, outros dispositivos do mesmo art. 30 permitem essa inferência. Dessa forma, o § 3º do art. 30 da Lei 8.666/1993 estatui que existe a possibilidade de que a comprovação de qualificação técnica se dê por meio de serviços similares, com complexidade técnica e operacional idêntica ou superior. Ainda, o § 10 do art. 30 da mesma lei frisa ser a indicação dos profissionais técnicos responsáveis pelos serviços de engenharia uma garantia da administração. **RMS 39.883-MT, Rel. Min. Humberto Martins, julgado em 17/12/2013. (Inform. STJ 533)**

DIREITO ADMINISTRATIVO. DESCLASSIFICAÇÃO DE LICITANTE DECORRENTE DA FALTA DE APRESENTAÇÃO DE DECLARAÇÃO DE CONCORDÂNCIA DO RESPONSÁVEL TÉCNICO NA FASE DE HABILITAÇÃO.
A sociedade empresária que, em concorrência realizada para ampliação de prédio público, deixe de apresentar, no envelope de habilitação, declaração de concordância do responsável técnico, descumprindo exigência prevista no edital, não tem direito líquido e certo a realizar o referido ato em momento posterior e por meio diverso do estabelecido no instrumento convocatório, tampouco a ser considerada habilitada no procedimento licitatório, ainda que tenha apresentado documentos assinados por seu representante legal que comprovem ser este um engenheiro civil. Deve-se registrar, de início, que a exigência de apresentação de atestado de concordância do responsável técnico encontra respaldo no art. 30, II e § 1º, I, da Lei 8.666/1993. Isso posto, deve-se ressaltar que atos assinados pelo sócio administrador da sociedade empresária, ainda que seja profissional da engenharia civil, não suprem a exigência de concordância deste com o encargo de responsável técnico da obra, munus cujas responsabilidades civil, administrativa e penal diferem das próprias de sócio. Desse modo, a Administração Pública, por conta própria, não pode atribuir a responsabilidade técnica por presunção, uma vez que é necessária expressa concordância do profissional. Assim, não se pode falar que a referida declaração seria pura formalidade que poderia ser relevada pela administração. Ademais, prevendo o edital que a declaração de concordância de responsável técnico deve constar do envelope referente aos documentos de habilitação, configuraria violação dos princípios da legalidade e da impessoalidade dar oportunidade a algum dos licitantes de comprovar o cumprimento da referida exigência por meio diverso do previsto no instrumento convocatório ou em momento posterior do estabelecido no edital, conferindo-lhe prazo superior ao dos demais licitantes. **RMS 38.359-SE, Rel. Min. Benedito Gonçalves, julgado em 11/4/2013. (Inform. STJ 520)**

DIREITO ADMINISTRATIVO. LIMITE DE DISPENSA DE LICITAÇÃO PREVISTO NO ART. 24, II, DA LEI N. 8.666/1993.
Não se amolda à hipótese de dispensa de licitação prevista no art. 24, II, da Lei n. 8.666/1993 a situação em que, contratada organizadora para a realização de concurso público por valor inferior ao limite previsto no referido dispositivo, tenha-se verificado que a soma do valor do contrato com o total arrecado a título de taxa de inscrição supere o limite de dispensa previsto no aludido inciso. A Constituição da República estabelece como regra a obrigatoriedade da realização de licitação, que é desnecessária nas excepcionais hipóteses previstas em lei, como na dispensa para a contratação de serviços de valor inferior ao limite estabelecido no art. 24, II, da Lei n. 8.666/1993. Não cabe ao intérprete criar novos casos de dispensa, sobretudo porquanto a licitação é destinada a garantir a observância do princípio constitucional da isonomia e a seleção da proposta mais vantajosa para a administração (art. 3º da Lei n. 8.666/93). Nesse contexto, ainda que os valores recolhidos como taxa de inscrição não sejam públicos, a adequada destinação deles é de interesse público primário. Mesmo que a contratação direta de banca realizadora de concurso sem licitação não afete o interesse público secundário (direitos patrimoniais da Administração Pública), é contrária ao interesse público primário, pois a destinação de elevado montante de recursos a empresa privada ocorrerá sem o processo competitivo, violando, dessa maneira, o princípio da isonomia. **REsp 1.356.260-SC, Rel. Min. Humberto Martins, julgado em 7/2/2013.** (Inform. STJ 516).

LICITAÇÃO. PREVISÃO DE RECURSOS ORÇAMENTÁRIOS.
A Lei de Licitações exige, para a realização de licitação, a existência de previsão de recursos orçamentários que assegurem o pagamento das obrigações decorrentes de obras ou serviços a serem executados no exercício financeiro em curso, de acordo com o respectivo cronograma, ou seja, a lei não exige a disponibilidade financeira (fato de a Administração ter o recurso antes do início da licitação), mas, tão somente, que haja previsão desses recursos na lei orçamentária. **REsp 1.141.021-SP, Rel. Min. Mauro Campbell Marques, julgado em 21/8/2012. (Inform. STJ 502)**

12. CONTRATOS ADMINISTRATIVOS

REPERCUSSÃO GERAL EM ARE N. 713.211-MG
RELATOR: MIN. LUIZ FUX
RECURSO EXTRAORDINÁRIO COM AGRAVO. ADMINISTRATIVO. AÇÃO CIVIL PÚBLICA. POSSIBILIDADE DE TERCEIRIZAÇÃO E SUA ILICITUDE. CONTROVÉRSIA SOBRE A LIBERDADE DE TERCEIRIZAÇÃO. FIXAÇÃO DE PARÂMETROS PARA A IDENTIFICAÇÃO DO QUE REPRESENTA ATIVIDADE-FIM. POSSIBILIDADE. REPERCUSSÃO GERAL RECONHECIDA. (Inform. STF 749)

Reclamação e art. 71, § 1º, da Lei 8.666/1993
O Plenário retomou julgamento de agravo regimental em que se discute a responsabilidade subsidiária do Estado pelo pagamento de direitos decorrentes de serviço prestado por meio de terceirização, tendo em conta o que decidido pelo STF nos autos da ADC 16/DF (DJe de 9.9.2011). Na espécie, Estado-membro impugna decisão monocrática proferida pelo Ministro Dias Toffoli (relator), que negara seguimento à reclamação, ao fundamento de inadequação da via para reapreciar a decisão do tribunal de origem formulado com base em situação concreta. Na sessão de 27.2.2014, o relator negou provimento ao agravo. Salientou que a reclamação não se amoldaria ao que decidido no paradigma, pois estaria provada a desídia, por parte da Administração, na fiscalização do contrato. Explicou que não se trataria de reconhecer a responsabilidade objetiva estatal, mas de constatar que, no caso concreto, não teria havido o pertinente

acompanhamento da execução contratual. Na presente assentada, o Ministro Joaquim Barbosa (Presidente), em voto-vista, acompanhou o relator. Lembrou que, na ADC 16/DF, a Corte afirmara a constitucionalidade do art. 71, § 1º, da Lei 8.666/1993. Consignou que, de acordo com aquela decisão, a análise da situação concreta poderia resultar na responsabilidade subsidiária da Administração em face do inadimplemento de débitos trabalhistas. Analisou que a culpa do ente estatal poderia decorrer da ausência de fiscalização da empresa contratada, e que seria essa a hipótese dos autos. Em divergência, os Ministros Marco Aurélio e Teori Zavascki proveram o agravo. O Ministro Marco Aurélio afirmou que, de acordo com a decisão tomada na ADC 16/DF, não caberia responsabilidade subsidiária da entidade pública que contratasse empresa para prestar serviços terceirizados. Sublinhou que o órgão público não poderia se substituir à própria empresa para fiscalizar a observância dos direitos trabalhistas, mesmo porque não haveria previsão legal nesse sentido. O Ministro Teori Zavascki reputou que a Corte decidira pela impossibilidade de se transferir à Administração a responsabilidade civil, no caso de inadimplemento contratual. Afirmou que remanesceria a possibilidade de ocorrência de responsabilidade principal — e não subsidiária —, quando existente nexo entre a ação ou a omissão do Estado e o dano causado. Considerou, entretanto, que a hipótese dos autos trataria de responsabilidade por transferência, o que seria vedado. Em seguida, pediu vista dos autos o Ministro Gilmar Mendes. Rcl 15052 AgR/RO, rel. Min. Dias Toffoli, 30.4.2014. (Rcl-15052) (Inform. STF 744)

Responsabilidade subsidiária da Administração Pública por débitos trabalhistas
O Plenário iniciou julgamento conjunto de três reclamações nas quais se alega que decisões do TST e dos TRT's da 3ª e da 9ª Região teriam afastado a aplicação do art. 71, § 1º, da Lei 8.666/1993 ("[a] *inadimplência do contratado, com referência aos encargos trabalhistas, fiscais e comerciais não transfere à Administração Pública a responsabilidade por seu pagamento, nem poderá onerar o objeto do contrato ou restringir a regularização e o uso das obras e edificações, inclusive perante o Registro de Imóveis*"). Referida norma teria sido declarada constitucional no julgamento da ADC 16/DF (DJe de 9.9.2011). Os reclamantes sustentam que as decisões questionadas teriam ainda descumprido o Enunciado 10 da Súmula Vinculante do STF. No caso, a Administração Pública (tomadora de serviços) fora condenada a responder, de forma subsidiária, pelo cumprimento das obrigações trabalhistas de empresas contratadas. Os acórdãos reclamados foram fundamentados no Enunciado 331, IV e V, do TST ("*IV - O inadimplemento das obrigações trabalhistas, por parte do empregador, implica a responsabilidade subsidiária do tomador dos serviços quanto àquelas obrigações, desde que haja participado da relação processual e conste também do título executivo judicial. V - Os entes integrantes da Administração Pública direta e indireta respondem subsidiariamente, nas mesmas condições do item IV, caso evidenciada a sua conduta culposa no cumprimento das obrigações da Lei n.º 8.666, de 21.06.1993, especialmente na fiscalização do cumprimento das obrigações contratuais e legais da prestadora de serviço como empregadora. A aludida responsabilidade não decorre de mero inadimplemento das obrigações trabalhistas assumidas pela empresa regularmente contratada*"). As decisões reclamadas concluíram haver presunção da culpa *in eligendo* ou culpa *in vigilando* por parte do ente estatal. A Ministra Cármen Lúcia, relatora, julgou procedentes os pedidos formulados nas reclamações. Destacou que os atos da Administração Pública presumir-se-iam válidos, legítimos e legais. Apontou que a escolha do contratado privado não seria livre, tampouco discricionária, mas segundo processo licitatório em que seriam observadas todas as fases. Asseverou que, para se comprovar que a Administração Pública teria sido relapsa ou omissa, necessária a prova de que teria assinado contrato e não mais o fiscalizara, o que não ocorrera. Ponderou que, ao contrário do que decidido nas decisões impugnadas, competiria às partes reclamadas o ônus de comprovar, nos autos, que a Administração Pública agira com culpa *in eligendo* ou culpa *in vigilando*. Após, pediu vista dos autos a Ministra Rosa Weber. Rcl 14996/MG, rel. Min. Cármen Lúcia, 7.11.2013. (Rcl-14996) Rcl 15106/MG, rel. Min. Cármen Lúcia, 7.11.2013. (Rcl-15106) Rcl 15342/PR, rel. Min. Cármen Lúcia, 7.11.2013. (Rcl-15342) (Inform. STF 727)

AG. REG. NA Rcl N. 12.758-DF
RELATOR: MIN. LUIZ FUX
Ementa: Agravo Regimental na Reclamação. Responsabilidade Subsidiária. Artigo 71, § 1º, da Lei 8.666/93. Constitucionalidade. ADC nº 16. Administração Pública. Dever de fiscalização. Responsabilização do ente público nos casos de culpa "in eligendo" e de culpa "in vigilando". Reexame de matéria fático-probatória. Impossibilidade. Agravo regimental a que se nega provimento.
1. A aplicação do artigo 71, § 1º, da Lei n. 8.666/93, declarado constitucional pelo Supremo Tribunal Federal no julgamento da ADC nº 16, não exime a entidade da Administração Pública do dever de observar os princípios constitucionais a ela referentes, entre os quais os da legalidade e da moralidade administrativa.
2. As entidades públicas contratantes devem fiscalizar o cumprimento, por parte das empresas contratadas, das obrigações trabalhistas referentes aos empregados vinculados ao contrato celebrado. Precedente: Rcl 11985-AgR, Rel. Min. CELSO DE MELLO, Tribunal Pleno, julgado em 21/02/2013, PROCESSO ELETRÔNICO DJe-050 DIVULG 14-03-2013 PUBLIC 15-03-2013.
3. A comprovação de culpa efetiva da Administração Pública não se revela cognoscível na estreita via da Reclamação Constitucional, que não se presta ao reexame de matéria fático-probatória. Precedentes: Rcl 3.342/AP, Rel. Min. Sepúlveda Pertence; Rcl 4.272/RS, Rel. Min. Celso de Mello; Rcl. 4.733/MT, Rel. Min. Cezar Peluso; Rcl. 3.375-AgR/PI, Rel. Min. Gilmar Mendes.
4. Agravo regimental a que se nega provimento. (Inform. STF 722)

DIREITO ADMINISTRATIVO. CONTRATO ADMINISTRATIVO. RETENÇÃO DE PAGAMENTO. FORNECEDOR EM SITUAÇÃO IRREGULAR PERANTE O FISCO.
É ilegal reter o pagamento devido a fornecedor em situação de irregularidade perante o Fisco. A exigência de regularidade fiscal para a participação no procedimento licitatório funda-se no art. 195, § 3º, da CF e deve ser mantida durante toda a execução do contrato, consoante o art. 55 da Lei n. 8.666/1993. No entanto, o ato administrativo, no Estado democrático de direito, está subordinado ao princípio da legalidade (CF, arts. 5º, II, 37, *caput*, e 84, IV), o que equivale assentar que a Administração poderá atuar tão somente de acordo com o que a lei determina. Não constando do rol do art. 87 da Lei n. 8.666/1993, não pode ser aplicada a retenção do pagamento pelos serviços prestados. O descumprimento de cláusula contratual pode até ensejar, eventualmente, a rescisão do contrato (art. 78 da Lei de Licitações), mas não autoriza, ao mesmo tempo, suspender o pagamento das faturas e exigir a prestação dos serviços pela empresa contratada. Precedentes citados: REsp 633.432-MG, DJ 20/6/2005; AgRg no REsp 1.048.984-DF, DJe 10/9/2009; RMS 24.953-CE, DJe 17/3/2008. **AgRg no REsp 1.313.659-RR, Min. Mauro Campbell Marques, julgado em 23/10/2012.** (Inform. STJ 507)

13. SERVIÇOS PÚBLICOS

ADI e extinção de contratos de serviços públicos - 1
O Plenário confirmou medida cautelar e declarou a inconstitucionalidade do parágrafo único do art. 293 da Constituição do Estado de São Paulo, que estabelece o prazo de até 25 anos para o pagamento de indenização à Companhia de

Saneamento Básico daquele Estado (Sabesp) em decorrência de encampação, após auditoria conjunta entre a Secretaria da Fazenda do Estado e o Município. O Colegiado lembrou que contrato de concessão consubstanciaria acordo típico, bilateral e oneroso, formalizado entre o poder concedente e a empresa concessionária, a prever vantagens e encargos recíprocos e no qual se fixariam, entre outras cláusulas, a forma de prestação e de remuneração do serviço e os termos de encerramento do pacto celebrado. Destacou que, presentes o interesse público e a necessidade de melhorar o atendimento aos usuários, o poder concedente poderia alterar as regras do contrato de maneira unilateral. Esclareceu que eventual modificação não poderia desrespeitar o equilíbrio econômico-financeiro do pacto e as vantagens inicialmente asseguradas à empresa concessionária. Ponderou que não seriam relevantes apenas os valores alusivos à tarifa decorrente da prestação do serviço, mas também e a forma e os prazos de pagamentos e indenizações. Asseverou que a dilação do prazo de ressarcimento, no caso de encampação, para até 25 anos, traria grave ônus financeiro à contratada. Sublinhou que mencionada regra possibilitaria: a) a expropriação imediata do patrimônio de pessoa jurídica de direito privado, sem indenização concomitante; b) a desconsideração dos investimentos realizados pela empresa na garantia da continuidade e da atualidade do abastecimento de água e esgoto; e c) a retirada de bens e instalações utilizados na prestação do serviço. Aduziu que o poder de modificar unilateralmente o contrato constituiria prerrogativa à disposição da Administração para atender ao interesse público, e não instrumento de arbitrariedade ou fonte de enriquecimento ilícito do Estado.

ADI e extinção de contratos de serviços públicos - 2
A Corte frisou a necessidade de se observar as garantias decorrentes do ato jurídico perfeito e do art. 37, XXI, da CF, o qual impõe à Administração o respeito às condições efetivas da proposta formalizada. Assinalou que o cumprimento das regras da proposta inicial significaria observância do equilíbrio primitivo existente entre direitos e obrigações, instituto indispensável à segurança jurídica da citada sociedade de economia mista do Estado de São Paulo e dos respectivos sócios minoritários. Ressaltou que o cálculo do valor, o modo e o prazo para o pagamento da indenização devida em virtude do encerramento antecipado do pacto administrativo, por motivos de conveniência e oportunidade, integrariam o núcleo de direitos iniciais que deveriam ser preservados durante o contrato de concessão. A par desse aspecto, o Tribunal considerou que o constituinte estadual teria legislado sobre matéria reservada à União (CF, artigos 22, XXVII, e 175, I). Concluiu que os princípios norteadores da Administração Pública (legalidade, impessoalidade, moralidade, igualdade, publicidade, probidade administrativa e respeito aos direitos fundamentais dos licitantes e contratados) serviriam a todo e qualquer certame licitatório e contrato administrativo, independentemente do objeto. ADI 1746/SP, rel. Min. Marco Aurélio, 18.9.2014. (ADI-1746) (Inform. STF 759)

Telecomunicações: Lei 9.295/1996 - 9
Em conclusão de julgamento, o Plenário, por maioria, indeferiu pedido formulado em medida cautelar em ação direta de inconstitucionalidade referente ao § 2º do art. 8º da Lei 9.295/1996. O preceito dispõe que "As entidades que, na data de vigência desta Lei, estejam explorando o Serviço de Transporte de Sinais de Telecomunicações por Satélite, mediante o uso de satélites que ocupem posições orbitais notificadas pelo Brasil, têm assegurado o direito à concessão desta exploração". Na presente ação, questionava-se a constitucionalidade do art. 4º e parágrafo único; art. 5º; art. 8º, § 2º; art. 10 e parágrafo único; e art. 13, parágrafo único, da referida norma, que dispõe sobre os serviços de telecomunicações e sua organização. À exceção do § 2º do art. 8º da lei, os demais dispositivos foram julgados em sessões anteriores — v. Informativos 64, 65, 116 e 117. O Tribunal destacou que o "caput" do art. 8º da Lei 9.295/1996 fora revogado pela Lei 9.472/1997, porém, seu § 2º seria autônomo, hábil a ser apreciado nessa via de controle concentrado de constitucionalidade. Apontou que o longo tempo ocorrido até a retomada desse julgamento não prejudicara a presente ação direta pela possibilidade de se renovar o prazo estipulado para a concessão da exploração de serviço de transporte de sinal de telecomunicações por satélites (15 anos). Considerou que, somente a partir da edição da Lei 9.295/1996, esse serviço teria adquirido caráter autônomo e, ainda que se contasse o prazo a partir da data de sua publicação, ocorrido em 20.7.1996, eventual renovação da concessão realizada nessa data pelo prazo máximo fixado na lei somente terminaria em 2026. Pontuou que, ao menos em tese, não se poderia cogitar do exaurimento da eficácia da norma questionada, porque a certeza em relação a essa circunstância dependeria de informações quanto aos prazos das eventuais outorgas de concessões efetivadas com fundamento nessa mesma regra, a serem prestadas por ocasião da análise de mérito. Entendeu plausível a condição que afastara a exigência de licitação contida no art. 175, "caput", da CF ("Incumbe ao Poder Público, na forma da lei, diretamente ou sob regime de concessão ou permissão, sempre através de licitação, a prestação de serviços públicos"). Destacou que a norma questionada fora editada após o advento da EC 8/1995, que permitiu a abertura do setor de telecomunicações à iniciativa privada, no que se convencionou chamar de processo de desestatização do setor de telecomunicações. Apontou que o controle estatal na prestação de serviço de telecomunicações, como determinado expressamente na norma originária do inciso XI do art. 21 da CF, tornaria despicienda a exigência da prévia licitação posta no art. 175 da CF. Lembrou que, à época da edição da Lei 9.295/1996, objeto da presente ação direta de inconstitucionalidade, não se conheceriam os efeitos do processo de desestatização sobre as atividades prestadas pelas empresas a serem privatizadas. Enfatizou que o dispositivo impugnado apenas conferira características de regime peculiar contratual na prestação de serviço de transporte de sinais de telecomunicações por satélite, no momento em que lhe fora reconhecida a autonomia, a garantir a regularidade, continuidade, eficiência e segurança durante o processo de desestatização do setor de telecomunicação.

Telecomunicações: Lei 9.295/1996 - 10
A Corte realçou que a única entidade operadora de satélites na data da edição da norma questionada seria a Embratel, desmembrada do antigo Sistema Telebrás de Comunicações em 22.5.1998, posteriormente privatizada em leilão da Bolsa de Valores do Rio de Janeiro em 29.6.1998, quando já vigente a Lei Geral de Telecomunicações (Lei 9.472/1997), que, dentre vários dispositivos que revogara da Lei 9.295/1996, estaria o "caput" do artigo 8º, pelo qual se atribuiu o serviço de transporte de sinais telecomunicações à condição de serviço autônomo, passível, portanto, de concessão pelo Poder Público. Quanto à situação das entidades enquadradas no dispositivo impugnado, aduziu que a Lei Geral de Telecomunicações disporia que, até a sua regulamentação, continuariam regidos pela Lei 9.295/1996, os serviços por ela disciplinados e os respectivos atos e procedimentos de outorga. Acentuou que o respeito às cláusulas e condições estabelecidos em contratos e respectivos atos de outorga vigentes até a data de regulamentação pela Anatel fora ratificado pelo Decreto 3.896/2001, que dispõe sobre a regência dos serviços de telecomunicações. O Colegiado frisou que a Anatel informaria em seu sítio na internet que a exploração de satélite não seria serviço de telecomunicações, o que afastaria a necessidade de concessão para a sua prestação. Concluiu que, em razão das alterações legislativas posteriores à propositura da presente ação, aliado ao transcurso de longo período de vigência do dispositivo questionado e, ainda, o fato de não divergir do entendimento do STF no julgamento da ADI 1.582/DF (DJU de 6.9.2002) e da ADI 1.863/DF (DJe de 15.2.2008), mostrar-se-ia conveniente a manutenção dos efeitos do § 2º do art. 8º da Lei 9.295/1996. Vencidos, no ponto, os Ministros Carlos Velloso e Marco Aurélio, que deferiam a cautelar. O Ministro Marco Aurélio destacava que não se poderia projetar no tempo

a prestação de serviço de transporte de sinais de telecomunicações sem a devida licitação. ADI 1491 MC/DF, rel. Min. Ricardo Lewandowski, 8.5.2014. (ADI-4976) (Inform. STF 745)

Contrato de adesão para exploração portuária e alteração unilateral - 1
A 1ª Turma negou provimento a recurso ordinário em mandado de segurança em que se requeria tornar sem efeito ato do Ministro de Estado dos Transportes, que determinara ao Secretário de Transportes Aquaviários que procedesse à modificação de cláusula de contrato de adesão firmado entre a União e os titulares de terminais portuários privativos. No caso, cláusula contratual (*A autorizada, quando a operação do terminal exigir a utilização de proteção e acesso aquaviários operados e mantidos pela União ou por concessionária de serviço portuário, acordará com uma ou outra, conforme o caso, a forma da remuneração proporcional que será devida pelo uso da referida infraestrutura*) fora alterada por termo aditivo de ratificação ao contrato de adesão que lhe dera nova redação (*A autorizada obriga-se a remunerar, mensalmente, pela utilização da infraestrutura aquaviária operada e mantida pela União ou concessionária de serviço portuário, de acordo com a tarifa portuária homologada pelo Conselho de Autoridade Portuária - CAP, calculada sobre a tonelagem embarcada e desembarcada ou baldeada nos terminais, a partir da publicação do extrato no D.O.U. dos respectivos instrumentos*). A impetrante alegava violação a ato jurídico perfeito, especialmente por ser o contrato de adesão ato administrativo condicionado e sujeito a prazo determinado, que não poderia ser revogado ou modificado por ato unilateral da Administração, sem prejuízo à manutenção do equilíbrio econômico-financeiro da avença.

Contrato de adesão para exploração portuária e alteração unilateral - 2
A Turma afirmou que a Administração Pública, ao contratar com particulares, conduziria o interesse público e poderia, unilateralmente, modificar cláusula contratual, desde que observados os termos da lei. Mencionou que o interesse público seria pressuposto essencial do contrato administrativo. Assim, ressalvados o objeto do procedimento licitatório e a essência do contrato dele proveniente, alterações contratuais seriam legalmente aceitáveis. Afiançou que o direito do interessado de construir, reformar, ampliar, melhorar, arrendar e explorar instalação portuária (Lei 8.630/1993, artigos 4º, I e II, e 6º, § 1º) se dará por ato unilateral da União, mediante autorização. Asseverou que a delegação desses serviços sujeitar-se-ia às normas de direito público, e seria autorização unilateral, ainda que formalizada por contrato de adesão. Consignou que, ao instituir o contrato de arrendamento como único meio para exploração das áreas e instalações portuárias, a Lei 8.630/1993 revogara, expressamente, norma que permitiria contrato com prazo menor. Naquela época, embora ainda não editada a Lei 8.987/1995, a Turma aludiu que a disciplina assemelhar-se-ia ao regime jurídico da concessão de serviço público, pois a exploração de portos marítimos, fluviais e lacustres teria sido atribuída à União, de forma direta ou mediante autorização, concessão ou permissão, nos termos do art. 21, XII, f, da CF.

Contrato de adesão para exploração portuária e alteração unilateral - 3
A Turma assinalou, ademais, que, atualmente, o Decreto 6.620/2008 determinaria a aplicação da Lei 8.666/1993 e da Lei 8.987/1995, que disporiam sobre o regime de concessão e permissão de serviços públicos ao processo administrativo de licitação para o arrendamento de instalações portuárias. Concluiu que a Administração Pública não teria causado nenhum desequilíbrio econômico-financeiro aos terminais privativos com a nova cláusula contratual. Pontuou que a remuneração devida pela utilização da área portuária permanecera proporcional ao seu uso. Assegurou que a obrigação de pagar pelo uso da infraestrutura portuária já estaria prevista no contrato de adesão originário. Reputou que se estabelecera, agora, critério proporcional à tonelagem embarcada, desembarcada e baldeada, para o cálculo da tarifa pela utilização da infraestrutura portuária, com a devida permissão legal (Lei 8.630/1993, art. 1º, V).

DIREITO ADMINISTRATIVO E PROCESSUAL CIVIL. OBJETO DE AÇÃO CIVIL PÚBLICA PARA ANULAR PERMISSÕES PRECÁRIAS. Em ação civil pública movida para anular permissões para a prestação de serviços de transporte coletivo concedidas sem licitação e para condenar o Estado a providenciar as licitações cabíveis, não cabe discutir eventual indenização devida pelo Estado ao permissionário. A ação civil pública é o instrumento processual destinado à defesa judicial de interesses difusos e coletivos, permitindo a tutela jurisdicional do Estado com vistas à proteção de certos bens jurídicos. Por meio desta ação, reprime-se ou previne-se a ocorrência de danos ao meio ambiente, ao consumidor, ao patrimônio público, aos bens e direitos de valor artístico, estético, histórico, turístico e paisagístico, dentre outros, podendo ter por objeto a condenação em dinheiro ou o cumprimento de obrigação de fazer ou não fazer. Assim, não cabe neste tipo de ação, em que se busca a tutela do bem coletivo, a condenação do Estado a indenizar o réu – na hipótese, a permissionária de transporte público – pelos investimentos realizados, o que pode ser pleiteado em ação autônoma. **AgRg no REsp 1.435.347-RJ, Rel. Min. Mauro Campbell Marques, julgado em 19/8/2014. (Inform. STJ 546)**

DIREITO ADMINISTRATIVO, CONSTITUCIONAL E PROCESSUAL CIVIL. TERMO FINAL DE CONTRATO DE PERMISSÃO NULO. Declarada a nulidade de permissão outorgada sem licitação pública ainda antes da Constituição Federal de 1988, é possível ao magistrado estabelecer, independentemente de eventual direito a indenização do permissionário, prazo máximo para o termo final do contrato de adesão firmado precariamente. Considerando-se o disposto nos arts. 37, caput e inciso XXI, da CF e 2º da Lei 8.666/1993, o interesse privado do permissionário no eventual direito de ser indenizado não pode ser privilegiado, perpetuando-se um contrato reconhecido como nulo pela ausência de licitação. Nessa linha, a jurisprudência do STJ é no sentido de que "extinto o contrato de concessão por decurso do prazo de vigência, cabe ao Poder Público a retomada imediata da prestação do serviço, até a realização de nova licitação, a fim de assegurar a plena observância do princípio da continuidade do serviço público, não estando condicionado o termo final do contrato ao pagamento prévio de eventual indenização, que deve ser pleiteada nas vias ordinárias" (AgRg no REsp 1.139.802-SC, Primeira Turma, DJe 25/4/2011). **AgRg no REsp 1.435.347-RJ, Rel. Min. Mauro Campbell Marques, julgado em 19/8/2014. (Inform. STJ 546)**

DIREITO ADMINISTRATIVO E CONSTITUCIONAL. IMPOSSIBILIDADE DE MANUTENÇÃO POR LONGO PRAZO DE PERMISSÃO PRECÁRIA. A não adoção pelo poder concedente das providências do § 3º do art. 42 da Lei 8.987/1995 não justifica a permanência por prazo muito longo de permissões para a prestação de serviços de transporte coletivo concedidas sem licitação antes da Constituição Federal de 1988. A redação do § 2° do art. 42 da Lei 8.987/1995 fixa o prazo de 24 meses como tempo mínimo necessário que deve ser observado pela Administração Pública para a realização de levantamentos e avaliações indispensáveis à organização das licitações exigidas. Já a exigibilidade da licitação é proveniente da CF. Assim, a legislação infraconstitucional deve ser compatibilizada com os preceitos insculpidos nos arts. 37, XXI, e 175 da CF, não podendo admitir-se um longo lapso temporal, com respaldo no art. 42, § 2°, da Lei 8.987/1995, uma vez que o comando constitucional deve ser plenamente cumprido. Dessa forma, com a prorrogação do contrato de permissão por longo prazo, fundamentada na necessidade de se organizar o procedimento licitatório, prevaleceria suposto direito econômico das empresas, que não pode se sobrepor ao preceito constitucional que obriga a licitar e visa garantir e resguardar o interesse público da contratação precedida de licitação. No mais, o fato de o parágrafo único do art. 40 da Lei 8.987/1995 determinar a aplicação às permissões de todos os demais preceitos legais não a desnatura nem tampouco a torna idêntica à concessão, até porque, segundo regra hermenêutica, a norma não pode ser interpretada em dissonância com o todo legal ou mesmo com o *caput* do artigo que integra. O *caput* do art. 40 confirma o que diz o art. 2º, IV, da mesma lei, ou seja, que a permissão será formalizada mediante licitação e observará os termos legais, sobretudo – diferentemente da concessão –, quanto à precariedade e à revogabilidade unilateral pelo poder concedente. **AgRg no REsp 1.435.347-RJ**, Rel. Min. Mauro Campbell Marques, julgado em 19/8/2014. (Inform. STJ 546)

DIREITO ADMINISTRATIVO. EQUILÍBRIO ECONÔMICO-FINANCEIRO EM CONTRATO DE PERMISSÃO DE SERVIÇO PÚBLICO.
Não há garantia da manutenção do equilíbrio econômico-financeiro do contrato de permissão de serviço de transporte público realizado sem prévia licitação. Precedentes citados: AgRg nos EDcl no REsp 799.250-MG, Segunda Turma, DJe 4/2/2010, e AgRg no Ag 800.898-MG, Segunda Turma, DJe 2/6/2008. **REsp 1.352.497-DF**, Rel. Min. Og Fernandes, julgado em 4/2/2014. (Inform. STJ 535)

DIREITO ADMINISTRATIVO. TARIFA DE ESGOTAMENTO SANITÁRIO. RECURSO REPETITIVO (ART. 543-C DO CPC E RES. 8/2008-STJ).
É legal a cobrança de tarifa de esgoto na hipótese em que a concessionária realize apenas uma – e não todas – das quatro etapas em que se desdobra o serviço de esgotamento sanitário (a coleta, o transporte, o tratamento e a disposição final de dejetos). De fato, o art. 3º, I, "b", da Lei 11.445/2007, ao especificar as atividades contempladas no conceito de serviço público de esgotamento sanitário, referiu-se à coleta, ao transporte, ao tratamento e à disposição final de dejetos. Deve-se ressaltar, contudo, que a legislação em vigor não estabelece o serviço público de esgotamento sanitário somente existirá quando todas as etapas forem efetivadas, tampouco proíbe a cobrança da tarifa pela prestação de uma só ou de algumas dessas atividades. Além do mais, o art. 9º do Decreto 7.217/2010, que regulamenta a referida legislação, confirma a ideia de que o serviço de esgotamento sanitário é formado por um complexo de atividades, explicitando que qualquer uma delas é suficiente para, autonomamente, permitir a cobrança da respectiva tarifa: "Consideram-se serviços públicos de esgotamento sanitário os serviços constituídos por uma ou mais das seguintes atividades: I - coleta, inclusive ligação predial, dos esgotos sanitários; II - transporte dos esgotos sanitários; III - tratamento dos esgotos sanitários; e IV - disposição final dos esgotos sanitários e dos lodos originários da operação de unidades de tratamento coletivas ou individuais, inclusive fossas sépticas". Além disso, a efetivação de alguma das etapas em que se desdobra o serviço de esgotamento sanitário representa dispêndio que deve ser devidamente ressarcido, pois, na prática, entender de forma diferente inviabilizaria a prestação do serviço pela concessionária, prejudicando toda a população que se beneficia com a coleta e escoamento dos dejetos, já que a finalidade da cobrança da tarifa é manter o equilíbrio financeiro do contrato, possibilitando a prestação contínua do serviço público. Precedentes citados: REsp 1.330.195-RJ, Segunda Turma, DJe 4/2/2013; e REsp 1.313.680-RJ, Primeira Turma, DJe 29/6/2012. REsp 1.339.313-RJ, Rel. Min. Benedito Gonçalves, julgado em 12/6/2013. (Inform. STJ 530)

DIREITO ADMINISTRATIVO. REMUNERAÇÃO POR USO DE VIAS PÚBLICAS POR CONCESSIONÁRIA DE SERVIÇO PÚBLICO.
A utilização das vias públicas para prestação de serviços públicos por concessionária – como a instalação de postes, dutos ou linhas de transmissão – não pode ser objeto de cobrança pela Administração Pública. A cobrança é ilegal, pois a exação não se enquadra no conceito de taxa – não há exercício do poder de polícia nem prestação de algum serviço público –, tampouco no de preço público – derivado de um serviço de natureza comercial ou industrial prestado pela Administração. Precedentes citados: REsp 1.246.070-SP, DJe 18/6/2012, e REsp 897.296-RS, DJe 31/8/2009. **AgRg no REsp 1.193.583-MG, Rel. Min. Humberto Martins, julgado em 18/10/2012. (Inform. STJ 508)**

DIREITO ADMINISTRATIVO. CORTE NO FORNECIMENTO DE SERVIÇOS PÚBLICOS ESSENCIAIS.
Não é legítimo o corte no fornecimento de serviços públicos essenciais quando a inadimplência do consumidor decorrer de débitos pretéritos, o débito originar-se de suposta fraude no medidor de consumo de energia apurada unilateralmente pela concessionária e inexistir aviso prévio ao consumidor inadimplente. Precedente citado: REsp 1.285.426-SP, DJe 13/12/2011. **AgRg no AREsp 211.514-SP, Rel. Min. Herman Benjamin, julgado em 18/10/2012. (Inform. STJ 508)**

DIREITO ADMINISTRATIVO. FORNECIMENTO DE ÁGUA E SERVIÇO DE ESGOTO. DÉBITOS DE CONSUMO. RESPONSABILIDADE DO EFETIVO CONSUMIDOR.
A responsabilidade por débito relativo ao consumo de água e serviço de esgoto é de quem efetivamente obteve a prestação do serviço. Trata-se de obrigação de natureza pessoal, não se caracterizando como obrigação *propter rem*. Assim, o inadimplemento é do usuário que obteve a prestação do serviço, razão por que não cabe responsabilizar o atual usuário por débito pretérito relativo ao consumo de água de usuário anterior. Precedentes citados: REsp 1.267.302-SP, DJe 17/11/2011 e AgRg no REsp 1.256.305-SP, DJe 19/9/2011. **AgRg no REsp 1.327.162-SP, Rel. Min. Napoleão Nunes Maia Filho, julgado em 20/9/2012. (Inform. STJ 505)**

📄 **Súmula Vinculante STF 19**

A taxa cobrada exclusivamente em razão dos serviços públicos de coleta, remoção e tratamento ou destinação de lixo ou resíduos provenientes de imóveis, não viola o artigo 145, II, da Constituição Federal.

📄 **Súmula STJ nº 506**

A Anatel não é parte legítima nas demandas entre a concessionária e o usuário de telefonia decorrentes de relação contratual.

📄 **Súmula STJ nº 407**

É legítima a cobrança da tarifa de água fixada de acordo com as categorias de usuários e as faixas de consumo.

14. PROCESSO ADMINISTRATIVO

Supressão de gratificação e contraditório - 2
Em conclusão de julgamento, o Plenário concedeu mandado de segurança impetrado contra ato do TCU que suprimira, sem observância do contraditório, vantagem pessoal incorporada aos vencimentos de servidor. No caso, após ocupar o cargo de analista de finanças do Ministério da Fazenda, o impetrante integrara-se ao quadro funcional do TCU, e lhe fora deferida a averbação do tempo de serviço prestado em função comissionada no citado Ministério, para fins de vantagem pessoal ("quintos") — v. Informativo 575. O Colegiado assentou a nulidade do processo. Aduziu que o impetrante alcançara situação remuneratória posteriormente retirada do cenário jurídico sem que a ele fosse dada oportunidade para se manifestar. Enfatizou que a Corte já proclamara que a anulação de ato administrativo cuja formalização houvesse repercutido no campo de interesses individuais não prescindiria da observância da instauração de processo administrativo que viabilizasse a audição daquele que

teria a situação jurídica modificada. Salientou que cumpriria dar ciência ao servidor, e a autotutela administrativa não poderia afastar o próprio direito de defesa. MS 25399/DF, rel. Min. Marco Aurélio, 15.10.2014. (MS-25399) (Inform. STF 763)

Redução de proventos: devolução de parcelas e contraditório - 3

Em conclusão de julgamento, o Plenário denegou ordem em mandado de segurança coletivo impetrado pela Associação Nacional de Delegados de Polícia Federal - ADPF e outra, no qual se questionava ato do TCU, que suspendera o pagamento da Gratificação de Atividade pelo Desempenho de Função - GADF — recebida cumulativamente com parcela relativa a décimos e quintos — a aposentados e pensionistas filiados àquela entidade e determinara a devolução do montante recebido a esse título nos últimos cinco anos — v. Informativo 575. O Colegiado consignou não se exigir, quanto à tramitação do processo de aposentadoria, a bilateralidade, o contraditório e a audição do servidor envolvido (Enunciado 3 da Súmula Vinculante: "Nos processos perante o Tribunal de Contas da União asseguram-se o contraditório e a ampla defesa quando da decisão puder resultar anulação ou revogação de ato administrativo que beneficie o interessado, excetuada a apreciação da legalidade do ato de concessão inicial de aposentadoria, reforma e pensão"). Enfatizou, ademais, que o conflito retratado na espécie não envolveria incorporação, mas sim ausência do direito à cumulatividade, o que tornaria irrelevante a incorporação anteriormente versada no art. 193 da Lei 8.112/1990. No tocante à devolução das parcelas recebidas, assinalou que a Administração Pública seria regida pelo princípio da legalidade estrita e que somente poderiam ser satisfeitos valores quando previstos em lei. MS 25561/DF, rel. Min. Marco Aurélio, 15.10.2014. (MS-25561) (Inform. STF 763)

Recurso administrativo e julgamento pela mesma autoridade

A 2ª Turma deu provimento parcial a recurso ordinário em mandado de segurança para, apenas, declarar nula decisão proferida por Ministro de Estado e determinar que seja realizado novo julgamento de recurso administrativo interposto pela recorrente. No caso, a autoridade administrativa que revogara a permissão da impetrante para serviço de retransmissão televisiva rejeitara pedido de reconsideração formulado pela permissionária. Posteriormente, a aludida autoridade teria sido alçada ao cargo de Ministro de Estado e, nessa qualidade, julgara o respectivo recurso administrativo interposto. A Turma concluiu que o recurso administrativo deveria ter sido apreciado por autoridade superior e diferente daquela que o decidira anteriormente, de modo que seria nula a decisão proferida pela mesma pessoa. Mencionou o art. 18 da Lei 9.784/1999, que impediria de atuar no processo administrativo o servidor ou a autoridade que tivesse decidido ou participado como perito, testemunha ou representante, nos casos em que já tivesse atuado. RMS 26029/DF, rel. Min. Cármen Lúcia, 11.3.2014. (RMS-26029) (Inform. STF 738)

Poder geral de cautela da Administração e suspensão de pagamento de vantagem - 1

A 2ª Turma iniciou julgamento de recurso ordinário em mandado de segurança no qual se impugna decisão do Conselho da Justiça Federal - CJF, que determinara a instauração de processo administrativo para fins de cancelamento de incorporação de quintos percebidos pela ora recorrente, bem assim ordenara, no exercício geral de cautela, a suspensão do pagamento da vantagem até a conclusão do feito administrativo. Na espécie, a impetrante possuía vínculo empregatício com a Empresa Brasileira de Pesquisa Agropecuária - Embrapa, no exercício da função de advogada entre o período de 27.1.78 até 19.2.2000, quando assumira cargo efetivo de analista judiciário em tribunal regional federal. O conselho de administração do mencionado tribunal, ao aproveitar o tempo de serviço prestado em cargo comissionado, concedera à impetrante a incorporação de cinco quintos de função comissionada por ela exercida. A Ministra Cármen Lúcia, relatora, negou provimento ao recurso, no que acompanhada pelo Min. Ricardo Lewandowski. Não constatou ilegalidade na decisão e tampouco ofensa a direito líquido e certo da impetrante, haja vista que teria sido instaurado processo administrativo no qual garantido o seu direito de defesa. Mencionou orientação fixada pelo STF em julgamento de processo com repercussão geral (RE 594296/MG, DJe de 10.2.2012) no sentido de ser facultado ao Estado a revogação de atos que reputar ilegalmente praticados, desde que seu desfazimento seja precedido de regular processo administrativo, quando desses atos já tiverem decorrido efeitos concretos. Além disso, corroborou o entendimento esposado na decisão recorrida de que a suspensão do pagamento de verba relativa à incorporação de quintos, em situação não consolidada pelo decurso do tempo, impediria que a servidora, ao final do processo administrativo, tivesse descontados de seu salário os valores indevidamente recebidos, na hipótese de anulação do ato. Após, o Ministro Teori Zavascki pediu vista.

Poder geral de cautela da Administração e suspensão de pagamento de vantagem - 2

Os denominados "quintos" incorporados aos vencimentos de servidor podem ser suspensos, no curso de processo administrativo, com fundamento no poder cautelar da Administração (Lei 9.784/1999: *Art. 45: Em caso de risco iminente, a Administração Pública poderá motivadamente adotar providências acauteladoras sem a prévia manifestação do interessado*). Essa a conclusão da 2ª Turma ao finalizar julgamento de recurso ordinário em mandado de segurança no qual se impugnara decisão do Conselho da Justiça Federal - CJF, que, em processo administrativo, determinara o cancelamento de incorporação de quintos percebidos pela ora recorrente, bem assim ordenara, no exercício geral de cautela, a suspensão do pagamento da vantagem até a conclusão do feito administrativo. Na espécie, a impetrante possuía vínculo empregatício com a Empresa Brasileira de Pesquisa Agropecuária - Embrapa, como advogada, no período de 27.1.1978 até 19.2.2000, quando assumira cargo efetivo de analista judiciário em Tribunal Regional Federal. O mencionado tribunal, ao aproveitar o tempo de serviço prestado, concedera à impetrante a incorporação de cinco quintos de função comissionada por ela exercida — v. Informativo 719. A Turma pontuou que, na espécie, não estaria em debate o processo administrativo, devidamente instaurado, ou o direito à ampla defesa, mas a possibilidade de a Administração suspender a parcela questionada. Asseverou que, por se tratar de quintos impugnados pelo TCU, a decisão da autoridade administrativa competente teria sido devidamente motivada e não teria comprometido as finanças da servidora. RMS 31973/DF, rel. Min. Cármen Lúcia, 25.2.2014. (RMS-31973) (Inform. STF 737)

Processo administrativo: contraditório e ampla defesa

Por ofensa aos princípios do contraditório e da ampla defesa, a 2ª Turma deu provimento a recurso ordinário em mandado de segurança para declarar nulo ato administrativo e seus consectários, a fim de garantir à impetrante manifestação prévia em processo administrativo destinado a verificar a regularidade da concessão de benefício fiscal. Asseverou-se que a prerrogativa de a Administração Pública controlar seus próprios atos não dispensaria a observância dos postulados supramencionados em âmbito administrativo. Ademais, ressaltou-se que a manifestação em recurso administrativo não supriria a ausência de intimação da recorrente. Pontuou-se que caberia à Administração dar oportunidade ao interessado em momento próprio e que a impugnação, mediante recurso, de ato que anulara benefício anteriormente concedido, mesmo diante de exame exaustivo das razões de defesa apresentadas, não satisfaria o direito de defesa da impetrante. RMS 31661/DF, rel. Min. Gilmar Mendes, 10.12.2013. (RMS-31661) (Inform. STF 732)

Súmula Vinculante STF 21
É inconstitucional a exigência de depósito ou arrolamento prévios de dinheiro ou bens para admissibilidade de recurso administrativo.

Súmula STJ nº 373
É ilegítima a exigência de depósito prévio para admissibilidade de recurso administrativo.

Súmula STJ nº 312
No processo administrativo para imposição de multa de trânsito, são necessárias as notificações da autuação e da aplicação da pena decorrente da infração.

15. PRESCRIÇÃO

DIREITO ADMINISTRATIVO. PRESCRIÇÃO DA PRETENSÃO DE REAVER VALORES DESPENDIDOS PELO INSS COM PENSÃO POR MORTE. Nas demandas ajuizadas pelo INSS contra o empregador do segurado falecido em acidente laboral, visando ao ressarcimento dos valores decorrentes do pagamento da pensão por morte, o termo a quo da prescrição quinquenal é a data da concessão do referido benefício previdenciário. De fato, a Primeira Seção do STJ, no julgamento do REsp 1.251.993-RS (julgado sob o rito dos recursos repetitivos) firmou posicionamento no sentido de que se aplica o prazo prescricional quinquenal, previsto no Decreto 20.910/1932, nas ações indenizatórias ajuizadas contra a Fazenda Pública. Dessa forma, em respeito ao princípio da isonomia, quando a demanda indenizatória for ajuizada pelo ente estatal contra particular, o prazo prescricional será também o de 5 anos, ou seja, o mesmo aplicado às ações indenizatórias ajuizadas contra a fazenda pública. Ressalte-se que a referida demanda ajuizada pelo INSS, por ser de natureza ressarcitória, não possui qualquer pertinência com as normas previdenciárias. Não se aplicam, assim, os arts. 103 e 104 da Lei 8.213/1991, uma vez que a referida lei regula apenas as relações entre os segurados, seus dependentes e a Previdência Social, não atingindo terceiros que não integram esse específico regime jurídico. Diante disso, o termo a quo da prescrição da pretensão deve ser a data da concessão do referido benefício previdenciário, revelando-se absolutamente incompatível a aplicação da tese de que o lapso prescricional não atinge o fundo de direito. **REsp 1.457.646-PR, Rel. Min. Sérgio Kukina, julgado em 14/10/2014. (Inform. STJ 550)**

DIREITO ADMINISTRATIVO E PROCESSUAL CIVIL. PRAZO PRESCRICIONAL PARA A AGÊNCIA NACIONAL DE SAÚDE (ANS) PROMOVER EXECUÇÃO FISCAL DOS VALORES DESPENDIDOS PELO SUS EM FAVOR DE SERVIÇOS PRESTADOS A CONTRATANTES DE PLANOS DE SAÚDE. Prescreve em cinco anos, nos termos do art. 1º do Decreto 20.910/1932, – e não em três anos como previsto no art. 206, § 3º, V, do CC – a pretensão da ANS de promover execução fiscal para reaver de operadora de plano de saúde os valores despendidos por instituição pública ou privada, conveniada ou contratada pelo SUS, pelos atendimentos efetuados em favor dos contratantes de plano de saúde e respectivos dependentes, quando os serviços prestados estejam previstos em contrato firmado entre a operadora de plano de saúde e seus filiados. Com efeito, o art. 32 da Lei 9.656/1998 estabelece que serão ressarcidos pelas operadoras de plano de saúde os valores despendidos por instituições públicas ou privadas, conveniadas ou contratadas pelo SUS, em razão da prestação de serviços de saúde previstos em contrato firmado entre a operadora de plano de saúde e seus filiados e respectivos dependentes. Já o § 5º do referido dispositivo legal preceitua que os valores devidos e não recolhidos pelas operadoras de plano de saúde devem ser inscritos na dívida ativa da ANS, a qual detém competência para cobrar judicialmente o débito. Desse modo, inscritos em dívida ativa, os valores não se qualificam mais como espécie de indenização civil, como se extrai do art. 39, § 2º, da Lei 4.320/1964. Esclareça-se que, embora o STJ tenha pacificado o entendimento de que a Lei 9.873/1999 só se aplica aos prazos de prescrição referentes à pretensão decorrente do exercício da ação punitiva da Administração Pública, há muito tempo esse Tribunal Superior firmou o entendimento de que a pretensão executória de créditos não tributários observa o prazo quinquenal do Decreto 20.910/1932 (REsp 1.284.645-RS, Segunda Turma, DJe 10/2/2012; e AgRg no REsp 941.671-RS, Primeira Turma, DJe 2/2/2010). Além do mais, a relação jurídica que há entre a ANS e as operadoras de planos de saúde é regida pelo Direito Administrativo, por isso inaplicável o prazo prescricional previsto no Código Civil. **REsp 1.435.077-RS, Min. Rel. Humberto Martins, julgado em 19/8/2014. (Inform. STJ 545)**

DIREITO ADMINISTRATIVO E PREVIDENCIÁRIO. APLICABILIDADE DO ART. 1º DO DECRETO 20.910/1932 AOS CASOS DE REVISÃO DE APOSENTADORIA DE SERVIDOR PÚBLICO. Nos casos em que o servidor público busque a revisão do ato de aposentadoria, ocorre a prescrição do próprio fundo de direito após o transcurso de mais de cinco anos – e não de dez anos – entre o ato de concessão e o ajuizamento da ação. Trata-se da aplicação do art. 1º do Decreto 20.910/1932, segundo o qual as "dívidas passivas da União, dos Estados e dos Municípios, bem assim todo e qualquer direito ou ação contra a Fazenda federal, estadual ou municipal, seja qual for a sua natureza, prescrevem em cinco anos contados da data do ato ou fato do qual se originarem". A existência de norma específica que regula a prescrição quinquenal, nos feitos que envolvem as relações de cunho administrativo – tais como aquelas que envolvem a Administração Pública e os seus servidores –, afasta a adoção do prazo decenal previsto no art. 103, caput, da Lei 8.213/1991, que dispõe sobre os Planos de Benefícios da Previdência Social. Ressalte-se, ademais, que os requisitos e critérios fixados para o regime geral de previdência social – cuja adoção não poderá ser diferenciada tão somente para efeito de aposentadoria – serão aplicáveis aos regimes de previdência dos servidores públicos titulares de cargo efetivo "no que couber", conforme determina a redação do art. 40, § 12, da CF. Precedentes citados: AgRg no AREsp 86.525-RS, Primeira Turma, DJe 16/5/2014; e AgRg no REsp 1.242.708-RS, Segunda Turma, DJe 14/4/2014. **Pet 9.156-RJ, Rel. Min. Arnaldo Esteves Lima, julgado em 28/5/2014. (Inform. STJ 542)**

DIREITO ADMINISTRATIVO. PRAZO PRESCRICIONAL DA PRETENSÃO DE RECEBIMENTO DE VALORES REFERENTES À INCORPORAÇÃO DE QUINTOS PELO EXERCÍCIO DE FUNÇÃO OU CARGO EM COMISSÃO ENTRE 8/4/1998 E 5/9/2001. RECURSO REPETITIVO (ART. 543-C DO CPC E RES. 8/2008-STJ).
Não está prescrita a pretensão dos servidores da justiça federal de recebimento de valores retroativos referentes à incorporação de quintos pelo exercício de função comissionada ou cargo em comissão entre 8/4/1998 a 5/9/2001 – direito surgido com a edição da MP 2.225-45/2001 –, encontrando-se o prazo prescricional suspenso até o encerramento do Processo Administrativo 2004.164940 do CJF, no qual foi interrompida a prescrição. De fato, nesse processo, foi interrompida a prescrição, tendo em vista o reconhecimento administrativo, em decisão do Ministro Presidente do CJF, do direito dos servidores, inclusive com o pagamento de duas parcelas retroativas, em dezembro de 2004 e dezembro de 2006. Para chegar a essa conclusão, cumpre expor algumas premissas. Nos termos do art. 1º do Dec. 20.910/1932, as "dívidas passivas da União, dos Estados e dos Municípios, bem assim todo e qualquer direito ou ação contra a Fazenda federal, estadual ou municipal, seja qual for a sua natureza, prescrevem em cinco anos contados da data do ato ou fato do qual se originarem". Pelo princípio da actio nata, o direito de ação surge com a efetiva lesão do direito

tutelado, quando nasce a pretensão a ser deduzida em juízo, conforme o art. 189 do CC. Deve-se considerar, ainda, que o ato administrativo de reconhecimento do direito pelo devedor pode ter as seguintes consequências: a) interrupção do prazo prescricional, caso ainda esteja em curso (art. 202, VI, do CC); ou b) sua renúncia, quando já se tenha consumado (art. 191 do CC). Interrompido o prazo, a prescrição volta a correr pela metade (dois anos e meio) a contar da data do ato que a interrompeu ou do último ato ou termo do respectivo processo, nos termos do que dispõe o art. 9º do Dec. 20.910/1932. Assim, tendo sido a prescrição interrompida no curso de um processo administrativo, o prazo prescricional não volta a fluir de imediato, mas apenas "do último ato ou termo do processo", consoante dicção do art. 9º do Dec. 20.910/1932. O art. 4º desse diploma legal, por sua vez, estabelece que a prescrição não corre durante o tempo necessário para a Administração apurar a dívida e individualizá-la em relação a cada um dos beneficiados pelo direito. O prazo prescricional interrompido somente volta a fluir, pela metade, quando a Administração pratica algum ato incompatível com o interesse de saldar a dívida, ou seja, quando se torna inequívoca a sua mora. Nesse contexto, observa-se que o direito à incorporação dos quintos surgiu com a edição da MP 2.225-45/2001. Portanto, em 4/9/2001, quando publicada a MP, teve início o prazo prescricional quinquenal do art. 1º do Dec. 20.910/1932. A prescrição foi interrompida em 17/12/2004, com a decisão do Ministro Presidente do CJF exarada nos autos do Processo Administrativo 2004.164940, que reconheceu o direito de incorporação dos quintos aos servidores da Justiça Federal. Ocorre que esse processo administrativo ainda não foi concluído. Assim, como ainda não foi encerrado o processo no qual foi interrompida a prescrição e tendo sido pagas duas parcelas de retroativos – em dezembro de 2004 e dezembro de 2006 –, não flui o prazo prescricional, que não voltou a correr pela metade, nos termos dos art. 4º e 9º do Dec. 20.910/1932. **REsp 1.270.439-PR, Rel. Min. Castro Meira, julgado em 26/6/2013.** (Inform. STJ 527)

DIREITO ADMINISTRATIVO. IMPRESCRITIBILIDADE DA PRETENSÃO DE INDENIZAÇÃO POR DANO MORAL DECORRENTE DE ATOS DE TORTURA.
É imprescritível a pretensão de recebimento de indenização por dano moral decorrente de atos de tortura ocorridos durante o regime militar de exceção. Precedentes citados: AgRg no AG 1.428.635-BA, Segunda Turma, DJe 9/8/2012; e AgRg no AG 1.392.493-RJ, Segunda Turma, DJe 1/7/2011. **REsp 1.374.376-CE, Rel. Min. Herman Benjamin, julgado em 25/6/2013.** (Inform. STJ 523)

DIREITO ADMINISTRATIVO. PRAZO PRESCRICIONAL NA HIPÓTESE DE PRETENSÃO INDENIZATÓRIA DECORRENTE DE DESAPROPRIAÇÃO INDIRETA.
A pretensão indenizatória decorrente de desapropriação indireta prescreve em vinte anos na vigência do CC/1916 e em dez anos na vigência do CC/2002, respeitada a regra de transição prevista no art. 2.028 do CC/2002. De início, cumpre ressaltar que a ação de desapropriação indireta possui natureza real e, enquanto não transcorrido o prazo para aquisição da propriedade por usucapião, ante a impossibilidade de reivindicar a coisa, subsiste a pretensão indenizatória em relação ao preço correspondente ao bem objeto do apossamento administrativo. Com base nessa premissa e com fundamento no art. 550 do CC/1916, dispositivo legal cujo teor prevê prazo de usucapião, o STJ firmou a orientação de que "a ação de desapropriação indireta prescreve em vinte anos" (Súmula 119/STJ). O CC/2002, entretanto, reduziu o prazo da usucapião extraordinária para quinze anos (art. 1.238, caput) e previu a possibilidade de aplicação do prazo de dez anos nos casos em que o possuidor tenha estabelecido no imóvel sua moradia habitual ou realizado obras ou serviços de caráter produtivo. Assim, considerando que a desapropriação indireta pressupõe a realização de obras pelo poder público ou sua destinação em função da utilidade pública ou do interesse social, com fundamento no atual Código Civil, o prazo prescricional aplicável às desapropriações indiretas passou a ser de dez anos. **REsp 1.300.442-SC, Rel. Min. Herman Benjamin, julgado em 18/6/2013.** (Inform. STJ 523)

DIREITO ADMINISTRATIVO. COBRANÇA DE REAJUSTE INCIDENTE SOBRE PARCELA REMUNERATÓRIA INCORPORADA. RECURSO REPETITIVO (ART. 543-C DO CPC E RES. 8/2008-STJ).
A incorporação da Parcela Autônoma do Magistério (PAM) aos vencimentos dos professores públicos do Estado do Rio Grande do Sul não implica, por si só, a prescrição do fundo de direito da pretensão de cobrança dos reajustes incidentes sobre a parcela incorporada instituídos, antes da incorporação, pela Lei Estadual 10.395/1995. De fato, embora a PAM tenha sido incorporada aos vencimentos dos professores públicos do Estado do Rio Grande do Sul (Lei Estadual 11.662/2001), os reajustes incidentes sobre a parcela incorporada e anteriores a esse evento repercutem continuamente na esfera jurídico-patrimonial dos servidores, gerando efeitos financeiros de trato sucessivo. Assim, não há que se falar em negativa inequívoca do direito à revisão da verba incorporada ante a incorporação. Nessa situação, incide a regra da Súmula 85 do STJ, segundo a qual, nas relações jurídicas de trato sucessivo em que a Fazenda Pública figure como devedora, quando não tiver sido negado o próprio direito reclamado, a prescrição atinge apenas as prestações vencidas antes do quinquênio anterior à propositura da ação. Precedentes citados: REsp 1.313.586-RS, Segunda Turma, DJe 4/2/2013 e AgRg no REsp 1.313.646-RS, Primeira Turma, DJe 21/9/2012. **REsp 1.336.213-RS, Rel. Ministro Herman Benjamin, julgado em 12/6/2013.** (Inform. STJ 522)

DIREITO ADMINISTRATIVO. SERVIDOR PÚBLICO. TERMO A QUO DO PRAZO PRESCRICIONAL. RECONHECIMENTO ADMINISTRATIVO DO DÉBITO.
O termo inicial do prazo prescricional de cinco anos, previsto no art. 1º, § 1º, do Dec.-Lei n. 20.910/1932, para que servidor público exija direito, reconhecido administrativamente, ao pagamento de valores devidos a ele pela Administração Pública é a data do reconhecimento administrativo da dívida. A jurisprudência do STJ é firme no sentido de que o reconhecimento do débito implica renúncia, pela Administração, ao prazo prescricional já transcorrido. Precedentes citados: AgRg no AREsp 50.172-DF, DJe 13/4/2012 e AgRg no Ag 1.218.014-RJ, DJe 4/10/2010. **AgRg no AgRg no AREsp 51.586-RS, Rel. Min. Benedito Gonçalves, julgado em 13/11/2012.** (Inform. STJ 509)

DIREITO ADMINISTRATIVO. VERBA ALIMENTAR. SERVIDOR PÚBLICO. PRESCRIÇÃO QUINQUENAL.
Nos casos em que se discute o direito de servidor à verba alimentar decorrente da relação de direito público, a prescrição é a quinquenal disposta no art. 1º do Dec. n. 20.910/1932, e não a bienal do art. 206, § 2º, do CC. O conceito jurídico de prestação alimentar fixado no Código Civil não se confunde com o de verbas remuneratórias de natureza alimentar, pois faz referência às prestações alimentares de natureza civil e privada, incompatíveis com as percebidas em vínculo de direito público. Precedentes citados: AgRg no AREsp 164.513-MS, DJe 27/8/2012, e AgRg no AREsp 16.494-RS, DJe 3/8/2012. **AgRg no AREsp 231.633-AP, Rel. Min. Castro Meira, julgado em 23/10/2012.** (Inform. STJ 508)

DIREITO ADMINISTRATIVO. RELAÇÃO DE TRATO SUCESSIVO. PRESCRIÇÃO. TERMO INICIAL.
Em se tratando de relação de trato sucessivo, o indeferimento do pedido pela Administração é o termo a quo para o cômputo do prazo prescricional quinquenal. **REsp 1.336.285-RS, Min. Mauro Campbell Marques, julgado em 23/10/2012.** (Inform. STJ 508)

DIREITO ADMINISTRATIVO. AÇÃO DE INDENIZAÇÃO CONTRA A FAZENDA PÚBLICA. PRAZO PRESCRICIONAL QUINQUENAL.
As ações de indenização contra a Fazenda Pública prescrevem em cinco anos. Por se tratar de norma especial, que prevalece sobre a geral, aplica-se o prazo do art. 1º do Dec. n. 20.910/1932, e não o de três anos previsto no CC. Precedentes citados: EREsp 1.081.885-RR, DJe 1º/2/2011 e AgRg no Ag 1.364.269-PR, DJe 24/9/2012. **AgRg no AREsp 14.062-RS, Rel. Min. Arnaldo Esteves Lima, julgado em 20/9/2012. (Inform. STJ 505)**

Súmula STF nº 383
A prescrição em favor da fazenda pública recomeça a correr, por dois anos e meio, a partir do ato interruptivo, mas não fica reduzida aquém de cinco anos, embora o titular do direito a interrompa durante a primeira metade do prazo.

Súmula STJ nº 467
Prescreve em cinco anos, contados do término do processo administrativo, a pretensão da Administração Pública de promover a execução da multa por infração ambiental.

16. CONTROLE INTERNO E PELO TRIBUNAL DE CONTAS

TCU: fiscalização de pessoa jurídica de direito privado e "bis in idem"
A 1ª Turma denegou a ordem em mandado de segurança impetrado com o objetivo de anular decisão do TCU que condenara pessoa jurídica de direito privado a ressarcir ao erário débito decorrente de malversação de verbas públicas recebidas de ministério. O impetrante sustentava que a instauração de procedimentos, pela Corte de Contas, em face de pessoas jurídicas de direito privado seria possível apenas depois do advento da EC 19/1998, e o recebimento do valor discutido teria ocorrido em momento anterior. Além disso, alegava que o objeto do aludido procedimento seria similar ao de ação civil pública em trâmite na justiça federal, o que configuraria "bis in idem". A Turma asseverou que o TCU teria atribuição fiscalizadora acerca de verbas recebidas do Poder Público, porquanto implícito ao sistema constitucional a aferição da escorreita aplicação de recursos oriundos da União (CF, art. 71, II). O alcance desse dispositivo seria vasto, de forma a abarcar todos que detivessem, de alguma forma, dinheiro público. Além disso, o Decreto 200/1967 dispõe que quem quer que utilize dinheiros públicos tem de justificar seu bom e regular emprego na conformidade das leis, regulamentos e normas emanadas das autoridades administrativas. Demais disso, o TCU, sem prejuízo de seu mister constitucional, atuaria com fundamento infraconstitucional, previsto no art. 8º de sua lei orgânica. Por fim, as instâncias judicial e administrativa não se confundiriam, razão pela qual a fiscalização do TCU não inibiria a propositura de ação civil pública, mesmo porque, na hipótese de condenação ao final do processo judicial, bastaria comprovar a quitação do débito na esfera administrativa ou vice-versa, de modo que não ocorreria duplo ressarcimento em favor da União pelo mesmo fato. MS 26969/DF, rel. Min. Luiz Fux, 18.11.2014. (MS-26969) (Inform. STF 768)

Controle externo: declaração de bens e autonomia dos Poderes
O Plenário julgou procedente pedido formulado na ADI 4.232/RJ para declarar a inconstitucionalidade dos incisos II a V do art. 1º; dos incisos II a XII e XIV a XIX e das alíneas b a e do inciso XX do art. 2º; todos da Lei fluminense 5.388/2009. Esses dispositivos estabelecem normas suplementares de fiscalização financeira, com fundamento na competência constitucional de controle externo por parte do Poder Legislativo, de modo a determinar a obrigatoriedade da declaração de bens e rendas para o exercício de cargos, empregos e funções nos três Poderes estaduais. Além disso, o Colegiado conferiu interpretação conforme a Constituição ao art. 5º do mesmo diploma legal, para que a obrigação nele contida somente se dirija aos administradores ou responsáveis por bens e valores públicos ligados ao Poder Legislativo. Na mesma assentada, em julgamento conjunto, a Corte julgou parcialmente procedente pedido formulado na ADI 4.203/RJ, na qual se impugnava a integralidade da aludida lei, para declarar a inconstitucionalidade dos dispositivos já mencionados. O Tribunal entendeu que a norma impugnada, ao obrigar os magistrados estaduais a apresentarem declaração de bens à assembleia legislativa, criara modalidade de controle direto dos demais Poderes por aquele órgão, sem o auxílio do tribunal de contas do Estado. Assim, na ausência de fundamento constitucional a essa fiscalização, não poderia a assembleia legislativa, ainda que mediante lei, outorgar-se competência que seria de todo estranha à fisionomia institucional do Poder Legislativo. Ademais, por violar a autonomia do Poder Judiciário (CF, art. 93), assentou a inconstitucionalidade formal da lei estadual, de origem parlamentar, na parte em que pretendera submeter aos seus ditames os magistrados estaduais. ADI 4203/RJ, rel. Min. Dias Toffoli, 30.10.2014. (ADI-4203) ADI 4232/RJ, rel. Min. Dias Toffoli, 30.10.2014. (ADI-4232) (Inform. STF 765)

REPERCUSSÃO GERAL EM ARE N. 823.347-MA
RELATOR: MIN. GILMAR MENDES
Recurso extraordinário com agravo. Repercussão geral da questão constitucional reconhecida. Reafirmação de jurisprudência. 2. Direito Constitucional e Direito Processual Civil. Execução das decisões de condenação patrimonial proferidas pelos Tribunais de Contas. Legitimidade para propositura da ação executiva pelo ente público beneficiário. 3. Ilegitimidade ativa do Ministério Público, atuante ou não junto às Cortes de Contas, seja federal, seja estadual. Recurso não provido. (Inform. STF 765)

TCU e jornada de trabalho de médicos - 3
O Plenário, em conclusão de julgamento e por maioria, concedeu mandado de segurança impetrado contra ato do Presidente do TCU, para manter a situação jurídica dos impetrantes que ingressaram no quadro do TCU antes da Lei 10.356/2001, a qual dispõe sobre o quadro de pessoal e o plano de carreira da Corte de Contas. O referido ato determinara aos ocupantes do cargo de analista de controle externo — área de apoio técnico e administrativo, especialidade medicina —, que optassem por uma das jornadas de trabalho estabelecidas na mencionada lei e, consequentemente, por remuneração equitativa ao número de horas laboradas — v. Informativos 592 e 648. O Tribunal entendeu que o novo texto legal seria aplicável somente aos profissionais de medicina que ingressaram no quadro do TCU a partir da vigência da nova regra, ou seja, dezembro de 2001. Considerou não ser possível, diante da alteração substancial da jornada, bem assim do transcurso de quatro anos, a incidência da lei relativamente aos servidores que se encontrassem, à época em que passara a vigorar, no quadro funcional do TCU, sob pena de se desconhecer por completo a situação jurídica constitucionalmente constituída. Assim, a lei questionada — ao impor jornada de trabalho de 40 horas semanais para percepção do mesmo padrão remuneratório e permitir a manutenção da jornada de 20 horas semanais com redução proporcional de vencimentos aos servidores médicos que àquela época já atuavam no TCU — implicaria decesso, o que afrontaria o art. 37, XV, da CF. Vencido o Ministro Gilmar Mendes, que indeferia a ordem. Pontuava que somente haveria redução de vencimentos, no caso concreto, se a remuneração prevista na nova tabela trazida pela Lei 10.356/2001, para a carga de trabalho de 20 horas semanais, fosse inferior àquela estabelecida em tabela de remuneração vinculada à lei anterior (Lei 9.436/1997) para a jornada de quatro horas diárias. MS 25875/DF, rel. Min. Marco Aurélio, 9.10.2014. (MS-25875) (Inform. STF 762)

Tribunal de contas: fiscalização e acesso a documentos

O Plenário confirmou medida cautelar (noticiada no Informativo 245) e julgou procedente pedido formulado em ação direta para declarar a inconstitucionalidade do § 3º do art. 47 da Lei 12.509/1995, alterado pelo art. 2º da Lei 13.037/2000, ambas do Estado do Ceará. O dispositivo questionado retira, do controle do Tribunal de Contas estadual, o conteúdo de pesquisas e consultorias solicitadas pela Administração para direcionamento de suas ações, bem como de documentos relevantes, cuja divulgação possa importar em danos para o estado-membro. O Tribunal assentou a impropriedade de se inviabilizar o acesso, pela Corte de Contas, a documentos para fins de controle da Administração Pública. ADI 2361/CE, rel. Min. Marco Aurélio, 24.9.2014. (ADI-2361) (Inform. STF 760)

TCU: julgamento de tomada de contas especial e intimação pessoal

A 2ª Turma denegou mandado de segurança em que se pleiteava a anulação de processo de tomada de contas especial no qual fora aplicada pena de multa ao ora impetrante em razão da suposta prática de ato atentatório à Lei 8.666/1993 - Lei de Licitações. Na espécie, a impetrante alegava a ocorrência de nulidade do referido processo de tomada de contas em virtude da ausência de intimação pessoal do advogado do então investigado, impetrante do "writ", para a respectiva sessão de julgamento. De início, a Turma consignou que os julgamentos do TCU não teriam caráter judicial. Motivo pelo qual, não haveria necessidade de notificação prévia e pessoal do advogado. Afirmou que bastaria a publicação, no diário oficial, da data em que se daria a sessão. Pontuou que, a despeito disso, no caso dos autos, o diário oficial teria, de fato, publicado a data da sessão e o deferimento da sustentação oral que fora pleiteada. MS 28644/DF, rel. Min. Ricardo Lewandowski, 12.8.2014. (MS-28644) (Inform. STF 754)

TCU: correção da forma de pagamento de proventos de magistrado

A 1ª Turma iniciou julgamento de mandado de segurança em que se discute decisão do TCU que teria considerado irregular o pagamento, ao impetrante, de proventos equivalentes ao subsídio de Desembargador Federal. No caso, o impetrante — juiz federal — embora tivesse passado à inatividade no ano de 2010, teria adquirido o direito de se aposentar em 1994, quando ainda em vigor o art. 192 da Lei 8.112/1990 ("Art. 192. O servidor que contar tempo de serviço para aposentadoria com provento integral será aposentado: I - com a remuneração do padrão de classe imediatamente superior àquela em que se encontra posicionado"), que garantiria a ele o direito de se aposentar com remuneração equivalente ao cargo imediatamente superior ao seu. O Ministro Roberto Barroso (relator) indeferiu a segurança. Ressaltou que o impetrante pretenderia fosse reconhecido seu direito adquirido a regime jurídico, o que se mostraria contrário à jurisprudência do STF. Destacou que a consolidação da situação individual não se confundiria com a vigência do regime que a embasasse: o legislador poderia alterar os critérios relativos à composição dos proventos dos servidores públicos. Pontuou que o único limite seria a irredutibilidade do valor nominal do benefício, que corresponderia à quantia apurada segundo a legislação vigente ao tempo em que adquirido o direito à aposentadoria, nos termos do Enunciado 359 da Súmula do STF ("Ressalvada a revisão prevista em lei, os proventos da inatividade regulam-se pela lei vigente ao tempo em que o militar, ou o servidor civil, reuniu os requisitos necessários"). Asseverou que não teria havido afronta à irredutibilidade de proventos. Sublinhou que o TCU teria se limitado a determinar que a Seção Judiciária do Distrito Federal procedesse à correção da forma de pagamento de magistrados que tivessem jus ao benefício do art. 192 da Lei 8.112/1990, para que passassem a perceber o subsídio correspondente ao cargo em que se aposentaram, acrescido de parcela compensatória a assegurar a irredutibilidade da respectiva remuneração. Esclareceu que essa parcela seria desvinculada das rubricas que a ela teriam dado origem, passível de atualização pelos índices gerais de reajuste dos servidores públicos e a ser incorporada em razão dos aumentos específicos do respectivo subsídio. Frisou que o TCU não exigira a devolução de valores, ordem essa que partira do Juiz Federal Diretor do Foro e, nesse ponto, deveria ser impugnada no órgão competente. Em divergência, o Ministro Marco Aurélio concedeu a segurança, nos limites de seu voto. Consignou que o impetrante teria direito aos proventos calculados com a incidência do inciso I do art. 192 da Lei 8.112/1990, que passaria a ser parcela única, entretanto, não se vincularia "ad aeternum". Em seguida, pediu vista dos autos a Ministra Rosa Weber. MS 32726/DF, rel. Min. Roberto Barroso, 24.6.2014. (MS-32726) (Inform. STF 752)

Modificação de decisão judicial pelo TCU e coisa julgada - 1

A 2ª Turma retomou julgamento de agravo regimental interposto de decisão do Ministro Celso de Mello (relator), proferida em mandado de segurança, na qual cassada decisão do TCU. No caso, a Corte de Contas determinara a supressão do percentual de 28,86% dos proventos da impetrante, servidora de universidade federal. Aduz-se, na impetração, que o TCU, ao assim decidir, teria desrespeitado decisão judicial transitada em julgado, proferida nos autos de ação ordinária, no sentido de estender aos professores daquela universidade o mesmo índice de reajuste salarial (28,86%) anteriormente concedido aos militares pela Lei 8.622/1993. Na sessão de 29.4.2014, o relator desproveu o agravo. Asseverou que o TCU não disporia, constitucionalmente, de poder para rever decisão judicial transitada em julgado, sequer para determinar a suspensão de benefícios garantidos por sentença revestida da autoridade da coisa julgada, ainda que o direito reconhecido pelo Poder Judiciário não tivesse o beneplácito da jurisprudência prevalecente no âmbito do STF, pois a "res judicata", em matéria civil, só poderia ser legitimamente desconstituída mediante ação rescisória. Acresceu que a norma inscrita no art. 474 do CPC impossibilitaria a instauração de nova demanda para rediscutir a controvérsia, mesmo que com fundamento em novas alegações, pois o instituto da coisa julgada material absorveria, necessariamente, tanto as questões discutidas como as que poderiam ser, mas não foram. Acrescentou que, no direito brasileiro, seriam cabíveis a ação autônoma de impugnação e a ação de modificação, mas sempre em sede estritamente jurisdicional, de modo que caberia à parte interessada ir a juízo pedir revisão (CPC, art. 471, I). Concluiu existir estreito vínculo entre a coisa julgada material e o Estado Democrático de Direito.

Modificação de decisão judicial pelo TCU e coisa julgada - 2

Na presente assentada, o Ministro Teori Zavascki, em divergência, proveu o regimental. De início, afirmou que a força vinculativa das sentenças com trânsito em julgado atuaria "rebus sic stantibus". Assim, a decisão judicial levaria em consideração as circunstâncias fáticas e jurídicas apresentadas no momento de sua prolação. Reputou que, nas relações jurídicas de trato continuado, a eficácia temporal da sentença permaneceria enquanto inalterados os pressupostos que lhe serviriam de suporte. Concluiu, no ponto, que não atentaria contra a coisa julgada o entendimento de que, em face de efetiva alteração do estado de direito superveniente, a sentença anterior, a partir de então, deixaria de ter eficácia. Analisou que essa posterior perda de eficácia da sentença não dependeria de ação rescisória, uma vez que, alteradas as premissas originalmente adotadas pela sentença, a cessação de seus efeitos, via de regra, seria imediata e automática, sem depender de novo pronunciamento judicial. Destacou que as exceções a essa automática cessação da eficácia vinculante da sentença, por decorrência de alteração do "status quo", ocorreriam se, por imposição expressa de lei, fosse atribuída ao beneficiado a iniciativa de provocar o pronunciamento judicial a respeito, o que configuraria espécie de direito potestativo. Assinalou que, na espécie, o TCU não desconsiderara a existência de decisão judicial com trânsito em julgado garantidora da inclusão do percentual de 28,86% na

remuneração da impetrante. Por outro lado, a Corte de Contas promovera juízo sobre a eficácia temporal da decisão judicial, ao assentar que, com o advento da MP 1.704/1998, que estendera o aumento inicialmente concedido aos servidores militares também aos civis, bem assim de leis posteriores reestruturadoras da carreira da impetrante, houvera significativa mudança no estado de direito, e não mais subsistiria o quadro fático-normativo que dera suporte à diferença de vencimentos reconhecida em decisão judicial. Frisou que as supervenientes alterações ocorridas na carreira da impetrante teriam absorvido integralmente a referida diferença. Considerou que os fundamentos adotados pelo TCU seriam compatíveis com o entendimento manifestado pelo STF em situações análogas, inclusive em repercussão geral (RE 561.836/RN, DJe de 10.2.2014). Em seguida, pediu vista dos autos o Ministro Gilmar Mendes.
MS 32435 AgR/DF, rel. Min. Celso de Mello, 3.6.2014. (MS-32435) (Inform. STF 749)

Contribuição sindical e fiscalização do TCU
As contribuições sindicais compulsórias possuem natureza tributária e constituem receita pública, estando os responsáveis sujeitos à competência fiscalizadora do TCU, cujo controle sobre a atuação das entidades sindicais não representa violação à respectiva autonomia assegurada na Constituição. Com base nessa orientação, a 1ª Turma denegou mandado de segurança em que sindicato buscava se desvencilhar da obrigação de prestar contas. MS 28465/DF, rel. Min. Marco Aurélio, 18.3.2014. (MS-28465) (Inform. STF 739)

Anistia e registro de aposentadoria - 1
O Tribunal iniciou julgamento de mandado de segurança impetrado contra ato do Tribunal de Contas da União - TCU que negara registro à aposentadoria das impetrantes — beneficiadas pela anistia com fundamento no art. 8º, § 5º, do ADCT, e reintegradas no quadro funcional do Ministério da Educação —, por ausência de comprovação do vínculo empregatício com órgãos da Administração Pública Federal, antes da concessão da anistia. Sustentam as impetrantes: a) a decadência (Lei 9.784/99, art. 54: "*O direito da Administração de anular os atos administrativos de que decorram efeitos favoráveis para os destinatários decai em cinco anos, contados da data em que foram praticados, salvo comprovada má-fé.*") e b) a violação ao devido processo legal, por não terem sido ouvidas no procedimento que resultara no ato atacado. O Min. Marco Aurélio, relator, indeferiu a segurança, no que foi acompanhado pelos Ministros Cármen Lúcia, Ricardo Lewandowski, Eros Grau, Joaquim Barbosa e Carlos Britto. Ressaltou que o TCU limitou-se a examinar a concessão da aposentadoria com base no art. 71, III, da CF, não considerando a anistia em si, mas o fato de, em momento posterior, não ter sido demonstrado o ingresso no serviço público suficiente a gerar o direito à aposentadoria. Salientou, ademais, não ser aplicável, quando se trata de registro de aposentadoria, o prazo decadencial de 5 anos previsto na Lei 9.784/99. Após, o julgamento foi suspenso com o pedido de vista do Min. Cezar Peluso.

Anistia e registro de aposentadoria - 2
Em conclusão de julgamento, o Plenário denegou mandado de segurança impetrado contra ato do TCU, que negara registro às aposentadorias das impetrantes — v. Informativo 477. No caso, as impetrantes teriam sido beneficiadas pela anistia, com fundamento no art. 8º, § 5º, do ADCT, e reintegradas no quadro funcional do Ministério da Educação. Ressaltou-se que o TCU limitara-se a examinar a concessão da aposentadoria com base no art. 71, III, da CF e não a anistia em si. Reputou-se que as impetrantes não teriam ocupado cargo, função ou emprego público na Administração Pública Federal, mas apenas teriam desempenhado atividade temporária sem qualquer vínculo, junto a pessoas jurídicas de direito privado para a efetivação do transitório Programa Nacional de Alfabetização.
MS 25916/DF, rel. Min. Marco Aurélio, 19.9.2013. (MS-25916) (Inform. STF 720)

SEGUNDO AG. REG. NO RE N. 450.458-DF
RELATOR: MIN. TEORI ZAVASCKI
Ementa: ADMINISTRATIVO. AGRAVOS REGIMENTAIS NO RECURSO EXTRAORDINÁRIO. SERVIDOR PÚBLICO. APOSENTADORIA DECLARADA ILEGAL PELO TRIBUNAL DE CONTAS. DEVOLUÇÃO DOS VALORES INDEVIDAMENTE RECEBIDOS. TERMO INICIAL. DATA DA DECISÃO DO ÓRGÃO DE CONTAS. APLICAÇÃO DA SÚMULA 106 DO TCU. PRECEDENTES. SERVIDOR INDUZIDO A ERRO PELA ADMINISTRAÇÃO. AUSÊNCIA DE PREQUESTIONAMENTO. SÚMULA 282/STF.
1. O Plenário do Supremo Tribunal Federal, em diversas oportunidades, já assentou que, havendo boa-fé do servidor público que recebe valores indevidos a título de aposentadoria, só a partir da data em que for ela julgada ilegítima pelo órgão competente deverá ser devolvida a quantia recebida a maior (MS 26085, Relator(a): Min. CÁRMEN LÚCIA, Tribunal Pleno, DJe de 13-06-2008; e MS 24781, Relator(a): Min. ELLEN GRACIE, Relator(a) p/ Acórdão: Min. GILMAR MENDES, Tribunal Pleno, DJe de 09-06-2011).
2. Agravos regimentais a que se nega provimento. (Inform. STF 716)

TCU e anulação de contratos administrativos - 1
O TCU, embora não tenha poder para anular ou sustar contratos administrativos, possui competência, consoante o art. 71, IX, da CF, para determinar à autoridade administrativa que promova a anulação de contrato e, se for o caso, da licitação de que se originara. Ao ratificar essa orientação, firmada no julgamento do MS 23550/DF (DJU de 31.10.2001), a 1ª Turma denegou mandado de segurança, cuja causa de pedir era a anulação do *decisum* da Corte de Contas que ordenara ao Ministério dos Transportes a declaração de nulidade de avença de sub-rogação e rerratificação, por meio da qual se transferira à impetrante, sob o regime de concessão, a administração e exploração de parte de rodovia. A impetrante aduzia que: a) a declaração de nulidade efetuada pelo Departamento de Estradas e Rodagem (DER) estadual não seria suficiente para retirar o instrumento de concessão do ordenamento jurídico, uma vez que teria a Administração Pública poderes para rever seus atos, nos moldes dos Verbetes 346 e 473 da Súmula desta Suprema Corte; b) o Ministério dos Transportes, ao rever o ato anulatório, teria afastado as irregularidades apontadas pelo Tribunal de Contas do estado, de sorte que inexistiria qualquer desconformidade do contrato com a lei, porque que seria legal e certame; c) a Administração Federal não poderia vincular-se à decisão de Corte de Contas estadual, tendo em vista que a jurisdição desta abarcaria apenas a respectiva unidade federativa; d) essa resolução do Tribunal de Contas local deveria ser declarada nula, em razão de cerceamento do direito de defesa, uma vez que a ora impetrante não fora notificada para integrar o respectivo processo; e e) o Ministério dos Transportes também não teria sido chamado a se manifestar no procedimento perante o TCU, o que representaria violação ao princípio do devido processo legal.

TCU e anulação de contratos administrativos - 2
De início, afirmou-se que o TCU não seria tribunal administrativo, no sentido francês, dotado de poder de solução dos conflitos em última instância. Preceituou-se que o princípio da inafastabilidade da jurisdição impediria que houvesse essa equiparação, além do que os poderes desse órgão estariam devidamente delimitados no art. 71 da CF. Outrossim, anotou-se que a participação do TCU no processo de anulação, resolução ou resilição de contratos, conforme houvesse ou não elemento ilícito ou culposo na causa determinante da extinção anormal do ajuste, limitar-se-ia a determinar à autoridade a fixação de prazo à entidade, com a finalidade de que adotasse providências necessárias ao exato cumprimento da lei, se verificada ilegalidade. Sublinhou-se que os efeitos da inobservância do comando do Tribunal de Contas dilatar-se-iam para outra esfera (Lei 8.443/92: "*Art. 45. Verificada a ilegalidade de ato ou con-*

trato, o Tribunal, na forma estabelecida no Regimento Interno, assinará prazo para que o responsável adote as providências necessárias ao exato cumprimento da lei, fazendo indicação expressa dos dispositivos a serem observados. § 1° No caso de ato administrativo, o Tribunal, se não atendido: I - sustará a execução do ato impugnado; II - comunicará a decisão à Câmara dos Deputados e ao Senado Federal; III - aplicará ao responsável a multa prevista no inciso II do art. 58 desta Lei. § 2° No caso de contrato, o Tribunal, se não atendido, comunicará o fato ao Congresso Nacional, a quem compete adotar o ato de sustação e solicitar, de imediato, ao Poder Executivo, as medidas cabíveis").

TCU e anulação de contratos administrativos - 3
Aludiu-se que se o administrador não se curvasse ao que prescrito pelo TCU, a iniciativa retornaria à própria Corte de Contas (CF, art. 71, X). Ademais, versou-se que, na hipótese de contrato, o ato de sustação seria adotado diretamente pelo Congresso Nacional (CF, art. 71, § 1º). Contudo, a suspensão do ajuste por este último órgão seria desnecessária na espécie, pois o Ministério dos Transportes declarara nulo o termo de sub-rogação. Observou-se que a delegação firmada entre a União e o estado-membro possuiria cláusula de possibilidade de sub-rogação de eventual avença de concessão ao Governo Federal, caso houvesse denúncia daquele instrumento por parte do delegatário. Ocorre que, antes de haver a denúncia pela unidade federativa, o órgão competente para tanto – seu respectivo DER, nos termos de cláusula contratual – já teria anulado o ajuste de concessão. Frisou-se que, a princípio, o Ministério dos Transportes desconheceria a efetiva anulação da mencionada concessão. Assim, constatou-se que esse órgão entendera pela possibilidade de sub-rogação do contrato pela União, o que somente seria definitivamente concretizado após exame da legalidade pelo TCU. Ressaltou-se que, com a remessa do caso a esta Corte de Contas, ela averiguara que teriam sido apuradas irregularidades insanáveis no processo licitatório, pelo Tribunal de Contas do estado, reconhecidas pela Administração estadual, as quais teriam como consequência a invalidação do contrato de concessão. Diante disso, ressurtiu-se que a União, tendo como interveniente o Ministério dos Transportes, não poderia sub-rogar-se no papel antes exercido pelo estado-membro. Isso porque, nulo o contrato de concessão, não subsistiria a cláusula do ajuste de delegação que permitira a referida sub-rogação.

TCU e anulação de contratos administrativos - 4
No ponto, enfatizou-se que contrato nulo, em decorrência de vícios insanáveis, não poderia conservar-se no ordenamento jurídico, nem ser convalidado por ato posterior da Administração. Por fim, repeliu-se qualquer violação constitucional, pois o próprio Ministério dos Transportes provocara o TCU para manifestação quanto à legalidade dos procedimentos licitatórios, bem como da sub-rogação do pacto de concessão. Discorreu-se que, no que concerne aos processos de desestatização, de acordo com o art. 258, do RITCU, o processo de acompanhamento seria o instrumento utilizado para exame da legalidade e legitimidade dos atos de gestão administrativa e, no presente caso, de concessão de serviço público (Instrução Normativa 27/98 do TCU), pelo que a autoridade coatora nada mais fizera senão exercer os poderes que lhe seriam inerentes, sem abusos ou ilegalidades. O Min. Luiz Fux acresceu que careceria de liquidez e certeza o que aventado pela impetrante. Explanou que, conquanto o *writ* tivesse sido manejado em face de ato do TCU, a parte objetivaria discutir decisão que fora adotada no tribunal de origem relativamente à invalidade de licitação. Sobrelevou que, quanto à matéria de fundo, o contrato administrativo sempre seria precedido de licitação; se esta fosse inválida, contaminaria os atos consectários. Esclareceu que a cláusula de sub-rogação não serviria para hipóteses de nulidade, mas para casos de impossibilidade de continuidade da concessão. O Min. Marco Aurélio registrou que a substituição do Ministério dos Transportes por pessoa jurídica de direito privado mostrar-se-ia imprópria. Prelecionou que a atuação do TCU decorrera de provocação do próprio Ministério dos Transportes.
MS 26000/SC, rel. Min. Dias Toffoli, 16.10.2012. (MS-26000) (Inform. STF 684)

Súmula STF nº 653
No tribunal de contas estadual, composto por sete conselheiros, quatro devem ser escolhidos pela assembleia legislativa e três pelo chefe do poder executivo estadual, cabendo a este indicar um dentre auditores e outro dentre membros do ministério público, e um terceiro a sua livre escolha.

Súmula STF nº 347
O tribunal de contas, no exercício de suas atribuições, pode apreciar a constitucionalidade das Leis e dos atos do poder público.

Súmula STF nº 42
É legítima a equiparação de juízes do tribunal de contas, em direitos e garantias, aos membros do poder judiciário.

Súmula STF nº 7
Sem prejuízo de recurso para o congresso, não é exequível contrato administrativo a que o tribunal de contas houver negado registro.

Súmula STF nº 6
A revogação ou anulação, pelo poder executivo, de aposentadoria, ou qualquer outro ato aprovado pelo tribunal de contas, não produz efeitos antes de aprovada por aquele tribunal, ressalvada a competência revisora do judiciário.

17. CONTROLE JURISDICIONAL DE POLÍTICAS PÚBLICAS E DIREITOS SOCIAIS

REPERCUSSÃO GERAL EM RE N. 684.612-RJ
RELATORA: MIN. CÁRMEN LÚCIA
EMENTA: ADMINISTRATIVO E CONSTITUCIONAL. IMPLEMENTAÇÃO DE POLÍTICAS PÚBLICAS ESPECIFICAMENTE QUANTO À SUFICIÊNCIA DE PROFISSIONAIS NA ÁREA DE SAÚDE. ALEGADA CONTRARIEDADE AOS ARTS. 2º E 196 DA CONSTITUIÇÃO DA REPÚBLICA. Repercussão geral reconhecida do tema relativo aos limites da competência do Poder Judiciário para determinar obrigações de fazer ao Estado, consistentes em concursos públicos, contratação de servidores e execução de obras que atendam o direito social da saúde, ao qual a Constituição da República garante especial proteção. (Inform. STF 749)

AG. REG. NO RE N. 788.170-DF
RELATORA: MIN. CÁRMEN LÚCIA
EMENTA: AGRAVO REGIMENTAL NO RECURSO EXTRAORDINÁRIO. ADMINISTRATIVO E CONSTITUCIONAL. INTERVENÇÃO EXCEPCIONAL DO PODER JUDICIÁRIO NA IMPLEMENTAÇÃO DE POLÍTICAS PÚBLICAS: POSSIBILIDADE. PRECEDENTES. AGRAVO REGIMENTAL AO QUAL SE NEGA PROVIMENTO. (Inform. STF 745)

AG. REG. NO RE N. 756.149-RS
RELATOR: MIN. DIAS TOFFOLI
Agravo regimental no recurso extraordinário. Administrativo. Direito à saúde. Dever do Estado. Solidariedade entre os entes federativos. Precedentes.
1. Incumbe ao Estado, em todas as suas esferas, prestar assistência à saúde da população, nos termos do art. 196 da

Constituição Federal, configurando essa obrigação, consoante entendimento pacificado na Corte, responsabilidade solidária entre os entes da Federação.
2. Agravo regimental não provido. (Inform. STF 736)

EMENTA: **AMPLIAÇÃO** E **MELHORIA** NO ATENDIMENTO **DE GESTANTES** EM MATERNIDADES ESTADUAIS. **DEVER ESTATAL** *DE ASSISTÊNCIA MATERNO-INFANTIL* RESULTANTE DE NORMA CONSTITUCIONAL. **OBRIGAÇÃO JURÍDICO-CONSTITUCIONAL** *QUE SE IMPÕE* AO PODER PÚBLICO, **INCLUSIVE** AOS ESTADOS-MEMBROS. **CONFIGURAÇÃO**, *NO CASO*, **DE TÍPICA HIPÓTESE** *DE OMISSÃO INCONSTITUCIONAL* **IMPUTÁVEL** AO ESTADO-MEMBRO. **DESRESPEITO À CONSTITUIÇÃO PROVOCADO** *POR INÉRCIA ESTATAL* (**RTJ** 183/818-819). **COMPORTAMENTO** *QUE TRANSGRIDE* A AUTORIDADE DA LEI FUNDAMENTAL DA REPÚBLICA (**RTJ** 185/794-796). **A QUESTÃO** *DA RESERVA DO POSSÍVEL*: **RECONHECIMENTO** DE SUA INAPLICABILIDADE, **SEMPRE** QUE A INVOCAÇÃO DESSA CLÁUSULA **PUDER COMPROMETER** O NÚCLEO BÁSICO **QUE QUALIFICA** *O MÍNIMO EXISTENCIAL* (**RTJ** 200/191-197). **O PAPEL** DO PODER JUDICIÁRIO **NA IMPLEMENTAÇÃO** DE POLÍTICAS PÚBLICAS **INSTITUÍDAS** PELA CONSTITUIÇÃO E *NÃO EFETIVADAS* PELO PODER PÚBLICO. **A FÓRMULA** *DA RESERVA DO POSSÍVEL* **NA PERSPECTIVA** *DA TEORIA DOS CUSTOS DOS DIREITOS*: **IMPOSSIBILIDADE** DE SUA INVOCAÇÃO *PARA LEGITIMAR O INJUSTO INADIMPLEMENTO* **DE DEVERES ESTATAIS DE PRESTAÇÃO** *CONSTITUCIONALMENTE IMPOSTOS* AO ESTADO. **A TEORIA** DA *"RESTRIÇÃO DAS RESTRIÇÕES"* (**OU** DA *"LIMITAÇÃO DAS LIMITAÇÕES"*). **CARÁTER COGENTE** E **VINCULANTE** DAS NORMAS CONSTITUCIONAIS, *INCLUSIVE DAQUELAS DE CONTEÚDO PROGRAMÁTICO*, **QUE VEICULAM** DIRETRIZES DE POLÍTICAS PÚBLICAS (**CF**, ART. 227). **A COLMATAÇÃO** DE OMISSÕES INCONSTITUCIONAIS *COMO NECESSIDADE INSTITUCIONAL* FUNDADA EM COMPORTAMENTO **AFIRMATIVO** DOS JUÍZES **E** TRIBUNAIS E **DE QUE RESULTA** *UMA POSITIVA CRIAÇÃO JURISPRUDENCIAL* DO DIREITO. **CONTROLE JURISDICIONAL DE LEGITIMIDADE** DA OMISSÃO DO ESTADO: *ATIVIDADE DE FISCALIZAÇÃO JUDICIAL* **QUE SE JUSTIFICA** PELA NECESSIDADE DE OBSERVÂNCIA *DE CERTOS* PARÂMETROS CONSTITUCIONAIS (*PROIBIÇÃO* DE RETROCESSO SOCIAL, *PROTEÇÃO* AO MÍNIMO EXISTENCIAL, *VEDAÇÃO* DA PROIBIÇÃO INSUFICIENTE **E** *PROIBIÇÃO* DE EXCESSO). **DOUTRINA**. **PRECEDENTES** DO SUPREMO TRIBUNAL FEDERAL **EM TEMA** DE IMPLEMENTAÇÃO DE POLÍTICAS PÚBLICAS **DELINEADAS** NA CONSTITUIÇÃO DA REPÚBLICA (**RTJ** 174/687 – **RTJ** 175/1212-1213 – **RTJ** 199/1219-1220). **POSSIBILIDADE JURÍDICO-PROCESSUAL** DE UTILIZAÇÃO DAS "*ASTREINTES*" (**CPC**, ART. 461, § 5°) *COMO MEIO COERCITIVO INDIRETO*. **EXISTÊNCIA**, NO CASO EM EXAME, *DE RELEVANTE INTERESSE SOCIAL*. 2. **AÇÃO CIVIL PÚBLICA**: INSTRUMENTO PROCESSUAL ADEQUADO À PROTEÇÃO JURISDICIONAL DE DIREITOS REVESTIDOS *DE METAINDIVIDUALIDADE*. **LEGITIMAÇÃO ATIVA** DO MINISTÉRIO PÚBLICO (**CF**, ART. 129, III). **A FUNÇÃO INSTITUCIONAL** DO MINISTÉRIO PÚBLICO *COMO "DEFENSOR DO POVO"* (**CF**, ART. 129, II). **DOUTRINA**. **PRECEDENTES**. **RECURSO EXTRAORDINÁRIO** DO MINISTÉRIO PÚBLICO ESTADUAL **CONHECIDO E PROVIDO**. RE 581352, rel. Min. Celso de Mello, J. em 24.09.13. (Inform. STF 726)

DIREITO CONSTITUCIONAL E ADMINISTRATIVO. CONTROLE JURISDICIONAL DE POLÍTICAS PÚBLICAS RELACIONADO A INÚMERAS IRREGULARIDADES ESTRUTURAIS E SANITÁRIAS EM CADEIA PÚBLICA. Constatando-se inúmeras irregularidades em cadeia pública – superlotação, celas sem condições mínimas de salubridade para a permanência de presos, notadamente em razão de defeitos estruturais, de ausência de ventilação, de iluminação e de instalações sanitárias adequadas, desrespeito à integridade física e moral dos detentos, havendo, inclusive, relato de que as visitas íntimas seriam realizadas dentro das próprias celas e em grupos, e que existiriam detentas acomodadas improvisadamente –, a alegação de ausência de previsão orçamentária não impede que seja julgada procedente ação civil pública que, entre outras medidas, objetive obrigar o Estado a adotar providências administrativas e respectiva previsão orçamentária para reformar a referida cadeia pública ou construir nova unidade, mormente quando não houver comprovação objetiva da incapacidade econômico-financeira da pessoa estatal. De fato, evidencia-se, na hipótese em análise, clara situação de violação à garantia constitucional de respeito da integridade física e moral do preso (art. 5°, XLIX, da CF) e aos princípios da *dignidade da pessoa humana* e do *mínimo existencial*. Nessas circunstâncias – em que o exercício da discricionariedade administrativa pelo não desenvolvimento de determinadas políticas públicas acarreta grave vulneração a direitos e garantias fundamentais assegurados pela Constituição –, a intervenção do Poder Judiciário se justifica como forma de implementar, concreta e eficientemente, os valores que o constituinte elegeu como "supremos de uma sociedade fraterna, pluralista e sem preconceitos fundada na harmonia social", como apregoa o preâmbulo da CF. Há, inclusive, precedentes do STF (RE-AgR 795.749, Segunda Turma, DJe 20/5/2014; e ARE-AgR 639.337, Segunda Turma, DJe 15/9/2011) e do STJ (AgRg no REsp 1.107.511-RS, Segunda Turma, DJe 6/12/2013) endossando a possibilidade de excepcional controle judicial de políticas públicas. Além disso, não há, na intervenção em análise, ofensa ao princípio da *separação dos poderes*. Isso porque a concretização dos direitos sociais não pode ficar condicionada à boa vontade do Administrador, sendo de suma importância que o Judiciário atue como órgão controlador da atividade administrativa. Seria distorção pensar que o princípio da *separação dos poderes*, originalmente concebido com o escopo de garantia dos direitos fundamentais, pudesse ser utilizado como óbice à realização dos direitos sociais, igualmente importantes. Tratando-se de direito essencial, incluso no conceito de mínimo existencial, inexistirá empecilho jurídico para que o Judiciário estabeleça a inclusão de determinada política pública nos planos orçamentários do ente político, mormente quando não houver comprovação objetiva da incapacidade econômico-financeira da pessoa estatal. Ademais, também não há como falar em ofensa aos arts. 4°, 6° e 60 da Lei 4.320/1964 (que preveem a necessidade de previsão orçamentária para a realização das obras em apreço), na medida em que a ação civil pública analisada objetiva obrigar o Estado a realizar previsão orçamentária das obras solicitadas, não desconsiderando, portanto, a necessidade de previsão orçamentária das obras. Além do mais, tem-se visto, recorrentemente, a invocação da teoria da reserva do possível, importada do Direito alemão, como escudo para o Estado se escusar do cumprimento de suas obrigações prioritárias. Não se pode deixar de reconhecer que as limitações orçamentárias são um entrave para a efetivação dos direitos sociais. No entanto, é preciso ter em mente que o princípio da reserva do possível não pode ser utilizado de forma indiscriminada. Na verdade, o direito alemão construiu essa teoria no sentido de que o indivíduo só pode requerer do Estado uma prestação que se dê nos limites do razoável, ou seja, na qual o peticionante atenda aos requisitos objetivos para sua fruição. Informa a doutrina especializada que, de acordo com a jurisprudência da Corte Constitucional alemã, os direitos sociais prestacionais estão sujeitos à reserva do possível no sentido daquilo que o indivíduo, de maneira racional, pode esperar da sociedade. Ocorre que não se pode impor preceitos do direito comparado sem atentar para Estado brasileiro. Na Alemanha, os cidadãos já dispõem de um mínimo de prestações materiais capazes de assegurar existência digna. Por esse motivo, o indivíduo não pode exigir do Estado prestações supérfluas, pois isso escaparia do limite do razoável, não sendo exigível que a sociedade arque com esse ônus. Eis a correta compreensão do princípio da reserva do possível, tal como foi formulado pela jurisprudência germânica.

Todavia, situação completamente diversa é a que se observa nos países periféricos, como é o caso do Brasil, país no qual ainda não foram asseguradas, para a maioria dos cidadãos, condições mínimas para uma vida digna. Nesse caso, qualquer pleito que vise a fomentar uma existência minimamente decente não pode ser encarado como sem razão, pois garantir a dignidade humana é um dos objetivos principais do Estado brasileiro. É por isso que o princípio da reserva do possível não pode ser oposto a um outro princípio, conhecido como princípio do mínimo existencial. Desse modo, somente depois de atingido esse mínimo existencial é que se poderá discutir, relativamente aos recursos remanescentes, em quais outros projetos se deve investir. Ou seja, não se nega que haja ausência de recursos suficientes para atender a todas as atribuições que a Constituição e a Lei impuseram ao estado. Todavia, se não se pode cumprir tudo, deve-se, ao menos, garantir aos cidadãos um mínimo de direitos que são essenciais a uma vida digna, entre os quais, sem a menor dúvida, podemos incluir um padrão mínimo de dignidade às pessoas encarceradas em estabelecimentos prisionais. Por esse motivo, não havendo comprovação objetiva da incapacidade econômico-financeira da pessoa estatal, inexistirá empecilho jurídico para que o Judiciário determine a inclusão de determinada política pública nos planos orçamentários do ente político. **REsp 1.389.952-MT, Rel. Min. Herman Benjamin, julgado em 3/6/2014. (Inform. STJ 543)**

18. PROCESSO CIVIL EM GERAL APLICADO À FAZENDA PÚBLICA

RE: formalização de acordo e perda de objeto
Em conclusão de julgamento, a 1ª Turma negou provimento a agravo regimental no qual se alegava perda de objeto do recurso extraordinário em decorrência de acordo efetuado entre o Estado-membro e os autores da demanda, com o consequente pagamento dos débitos estaduais por meio de precatório. No extraordinário, discutia-se o valor de vencimentos percebidos por magistrados da justiça estadual, tendo em conta o montante recebido por secretários de Estado e por Ministros do STF. A Turma asseverou que os fatos relacionados ao acordo, bem como aos pagamentos efetuados pelo Estado-membro, deveriam ser devidamente apreciados na origem, e não interfeririam no recurso extraordinário. Frisou incumbir ao tribunal local analisar a validade dessa tratativa, bem como o destino das verbas advindas dos cofres públicos. Consignou, ademais, que os pagamentos teriam sido realizados e recebidos de boa-fé. O Ministro Marco Aurélio ressaltou que o Estado-membro teria negado a formalização do acordo, a revelar inconformismo com a execução provisória do julgado, o que seria suficiente para desprover o agravo.
RE 222239 AgR/RJ, rel. Min. Dias Toffoli, 27.5.2014. (RE-222239) (Inform. STF 748)

AG. REG. EM MS N. 29.307-DF
RELATOR: MIN. TEORI ZAVASCKI
Ementa: PROCESSUAL CIVIL. MANDADO DE SEGURANÇA CONTRA ATO DO CORREGEDOR NACIONAL DE JUSTIÇA. INTEMPESTIVIDADE. IMPETRAÇÃO EM PRAZO SUPERIOR A 120 DIAS APÓS A CIÊNCIA DO PRIMEIRO ATO. INTERPOSIÇÃO DE RECURSO ADMINISTRATIVO E INEXISTÊNCIA DE INTERRUPÇÃO DO PRAZO DECADENCIAL. SEGUNDA DECISÃO QUE CONFIRMOU A ANTERIOR. DELIBERAÇÃO NEGATIVA. AGRAVO REGIMENTAL A QUE SE NEGA PROVIMENTO. (Inform. STF 747)

DIREITO ADMINISTRATIVO. RESTITUIÇÃO AO ERÁRIO DOS VALORES RECEBIDOS POR FORÇA DE DECISÃO JUDICIAL PRECÁRIA POSTERIORMENTE REVOGADA. É devida a restituição ao erário dos valores de natureza alimentar pagos pela Administração Pública a servidores públicos em cumprimento a decisão judicial precária posteriormente revogada. Não é possível, em tais casos, aplicar o entendimento de que a restituição não seria devida, sob o argumento de que o servidor encontrava-se de boa fé, porquanto sabedor da fragilidade e provisoriedade da tutela concedida. Precedente citado: EREsp 1.335.962-RS, Primeira Seção, DJe 2/8/2013. **EAREsp 58.820-AL, Rel. Min. Benedito Gonçalves, julgado em 8/10/2014. (Inform. STJ 549)**

Fazenda Pública: litigância de má-fé e depósito prévio de multa - 2
A 1ª Turma retomou julgamento de embargos de declaração opostos de decisão, proferida em agravo regimental em recurso extraordinário, a qual impusera multa recursal à Fazenda Pública. O Município embargante sustenta a dispensabilidade do recolhimento prévio do valor da multa aplicada, tendo em vista o disposto no art. 1º-A da Lei 9.494/97 (*"Estão dispensadas de depósito prévio, para interposição de recurso, as pessoas jurídicas de direito público federais, estaduais, distritais e municipais"*) — v. Informativo 624. Em voto-vista, o Ministro Luiz Fux acompanhou o Ministro Ricardo Lewandowski, relator, para não conhecer dos embargos. Destacou que a jurisprudência da Corte seria assente no sentido de que o prévio depósito da multa aplicada, com base no art. 557, § 2º, do CPC, configuraria pressuposto objetivo de recorribilidade. Apontou que a ausência do respectivo depósito inviabilizaria o recurso, ainda que tivesse sido interposto para afastar a mencionada multa. Asseverou que esse requisito seria aplicável inclusive à Fazenda Pública. Aduziu que, como os embargos de declaração estariam previstos no CPC, no capítulo dos recursos — e os primeiros declaratórios foram considerados inadmissíveis e protelatórios —, o depósito da multa seria requisito de admissibilidade de um recurso posterior e, por isso, exigível nos presentes embargos de declaração. Em divergência, os Ministros Marco Aurélio e Dias Toffoli conheciam do recurso. Asseveraram que os embargos de declaração, por visarem esclarecer ou integrar a decisão proferida, não comportariam a exigência do depósito da multa prevista no art. 557, § 2º, do CPC. Sublinharam que a jurisdição ainda não teria se completado. Após, pediu vista dos autos o Ministro Roberto Barroso. RE 414963 ED-AgR/RS, rel. Min. Ricardo Lewandowski, 26.11.2013. (RE-414963) (Inform. STF 730)

AG. REG. NO ARE N. 700.246-BA
RELATOR: MIN. ROBERTO BARROSO
EMENTA: AGRAVO REGIMENTAL EM RECURSO EXTRAORDINÁRIO COM AGRAVO. POLICIAL MILITAR DO ESTADO DA BAHIA. PROVENTOS POR INATIVIDADE CALCULADOS SOBRE O SOLDO ATRIBUÍDO À GRADUAÇÃO IMEDIATAMENTE SUPERIOR. AUSÊNCIA DE QUESTÃO CONSTITUCIONAL.
O exame do recurso extraordinário permite constatar que, de fato, a hipótese envolveria alegadas violações à legislação infraconstitucional, sem que se discuta o seu sentido à luz da Constituição.
O Plenário do Supremo Tribunal Federal já assentou o entendimento, quanto à alegação de ofensa ao art. 93, IX, da Constituição, de que as decisões judiciais não precisam ser necessariamente analíticas, bastando que contenham fundamentos suficientes para justificar suas conclusões. Agravo regimental a que se nega provimento. (Inform. STF 720)

EMB. DECL. NO AI N. 814.490-RS
RELATOR: MIN. RICARDO LEWANDOWSKI
Ementa: EMBARGOS DE DECLARAÇÃO OPOSTOS DE DECISÃO MONOCRÁTICA. CONVERSÃO EM AGRAVO REGIMENTAL. EXECUÇÃO CONTRA A FAZENDA PÚBLICA. JUROS DE MORA. ART. 1º-F DA LEI 9.494/1997, COM RE-

DAÇÃO DA MP 2.180-35/2001. CONSTITUCIONALIDADE. EFICÁCIA IMEDIATA. AGRAVO IMPROVIDO.
I – O Supremo Tribunal Federal, ao julgar o AI 842.063/RS, Rel. Min. Presidente, reconheceu a repercussão geral do tema em debate e reafirmou sua jurisprudência no sentido de que a norma do art. 1º-F da Lei 9.494/97, modificada pela Medida Provisória 2.180-35/2001, é constitucional e possui aplicabilidade imediata, ou seja, desde o início de sua vigência, independentemente da data do ajuizamento da ação. Precedentes.
II – Embargos de declaração recebidos como agravo regimental, ao qual se nega provimento. (Inform. STF 708)

AG. REG. NO ARE N. 715.882-DF
RELATORA: MIN. ROSA WEBER
EMENTA: DIREITO DO TRABALHO E PROCESSUAL CIVIL. OBRIGAÇÕES TRABALHISTAS INADIMPLIDAS. CONDENAÇÃO SUBSIDIÁRIA DA FAZENDA PÚBLICA. 1º-F DA LEI 9.494/1997. INEXISTÊNCIA DE REPERCUSSÃO GERAL - ARE 696.101-RG/DF. INSURGÊNCIA VEICULADA CONTRA A APLICAÇÃO DA SISTEMÁTICA DA REPERCUSSÃO GERAL (ARTS. 324 DO RISTF E 543-B DO CPC). PRECEDENTES. ACÓRDÃO RECORRIDO PUBLICADO 11.11.2009.
O Plenário Virtual desta Corte já proclamou a inexistência de repercussão geral da questão relativa à aplicabilidade dos juros de mora previstos no art. 1º-F da Lei 9.494/1997 aos casos em que a Fazenda Pública é condenada subsidiariamente pelas obrigações trabalhistas inadimplidas pelo empregador principal, em face do caráter infraconstitucional do debate (ARE 696.101-RG/DF). Decisão que se aplica a todos os recursos sobre matéria idêntica. Incidência do art. 328 do RISTF e aplicação do art. 543-B do CPC.
Consoante a regra do art. 324, § 2º, do RISTF, quando o relator declara que a matéria é infraconstitucional, a ausência de pronunciamento dos demais Ministros no prazo de 20 dias será considerada como manifestação pela inexistência de repercussão geral. Agravo regimental conhecido e não provido. (Inform. STF 708)

AG. REG. NO AG. REG. NO AI N. 765.895-RS
RELATORA: MIN. CÁRMEN LÚCIA
EMENTA: AGRAVO REGIMENTAL NO AGRAVO REGIMENTAL NO AGRAVO DE INSTRUMENTO. DECISÃO MONOCRÁTICA. ADMINISTRATIVO E CONSTITUCIONAL. 1. Execução contra a Fazenda Pública. Constitucionalidade do art. 1º-F da Lei n. 9.494/1997. Aplicabilidade imediata da limitação de juros em 6% ao ano. Precedentes. 2. Fixação dos ônus sucumbenciais: juízo de execução. 3. Agravo regimental ao qual se nega provimento. (Inform. STF 707)

DIREITO ADMINISTRATIVO E PROCESSUAL CIVIL. BLOQUEIO DE VERBAS PÚBLICAS PARA GARANTIR O FORNECIMENTO DE MEDICAMENTOS PELO ESTADO. RECURSO REPETITIVO (ART. 543-C DO CPC E RES. 8/2008-STJ).
É possível ao magistrado determinar, de ofício ou a requerimento das partes, o bloqueio ou sequestro de verbas públicas como medida coercitiva para o fornecimento de medicamentos pelo Estado na hipótese em que a demora no cumprimento da obrigação acarrete risco à saúde e à vida do demandante. De acordo com o caput do art. 461 do CPC, na "ação que tenha por objeto o cumprimento de obrigação de fazer ou não fazer, o juiz concederá a tutela específica da obrigação ou, se procedente o pedido, determinará providências que assegurem o resultado prático equivalente ao do adimplemento". O teor do § 5º do mesmo art. 461, por sua vez, estabelece que, para "a efetivação da tutela específica ou a obtenção do resultado prático equivalente, poderá o juiz, de ofício ou a requerimento, determinar as medidas necessárias, tais como a imposição de multa por tempo de atraso, busca e apreensão, remoção de pessoas e coisas, desfazimento de obras e impedimento de atividade nociva, se necessário com requisição de força policial". Nesse contexto, deve-se observar que não é taxativa a enumeração, no aludido § 5º do art. 461, das medidas necessárias à efetivação da tutela específica ou à obtenção do resultado prático equivalente, tendo em vista a impossibilidade de previsão legal de todas as hipóteses fáticas relacionadas à norma. Dessa forma, é lícito ao magistrado adotar, com o intuito de promover a efetivação da tutela, medida judicial que não esteja explicitamente prevista no § 5º do art. 461, mormente na hipótese em que a desídia do ente estatal frente a comando judicial possa implicar grave lesão à saúde ou risco à vida da parte demandante, uma vez que, nessas hipóteses, o direito fundamental à saúde (arts. 6º e 196 da CF) prevalece sobre os interesses financeiros da Fazenda Nacional. Precedentes citados: EREsp 770.969-RS, Primeira Seção, DJ 21/8/2006; REsp. 840.912-RS, Primeira Turma, DJ 23/4/2007; e REsp. 1.058.836/RS, Segunda Turma, DJe 1º/9/2008. REsp 1.069.810-RS, Rel. Min. Napoleão Nunes Maia Filho, julgado em 23/10/2013. (Inform. STJ 532)

DIREITO ADMINISTRATIVO E PROCESSUAL CIVIL. CUMPRIMENTO DE PORTARIA QUE RECONHECE A CONDIÇÃO DE ANISTIADO POLÍTICO.
O procedimento de execução contra a Fazenda Pública (art. 730 do CPC) não é adequado ao cumprimento de portaria ministerial que tenha reconhecido condição de anistiado político. Isso porque não se trata apenas do recebimento de prestação pecuniária, mas sim do integral cumprimento de ato administrativo que reconhece a condição de anistiado político. Ademais, essa espécie de portaria não pode ser considerada título executivo extrajudicial nos termos do art. 585, II, do CPC, pois o referido dispositivo deve ser interpretado de forma restritiva. Ressalte-se, ainda, que não estão presentes, nesse tipo de portaria, os requisitos da certeza e da exigibilidade, que caracterizam os títulos executivos extrajudiciais, devendo o interessado, primeiramente, ingressar com processo de conhecimento para que a dívida seja reconhecida, obtendo, assim, o título executivo hábil ao manejo de ação executiva contra a Fazenda Pública. Precedente citado: AgRg no REsp 1.303.419-PE, Segunda Turma, DJe 20/8/2012. AgRg no REsp 1.362.644-PE, Rel. Min. Humberto Martins, julgado em 23/4/2013. (Inform. STJ 523)

DIREITO ADMINISTRATIVO. POSSIBILIDADE DE EXECUÇÃO PROVISÓRIA CONTRA A FAZENDA PÚBLICA NOS CASOS DE PENSÃO POR MORTE DE SERVIDOR PÚBLICO.
É possível a execução provisória contra a Fazenda Pública nos casos de instituição de pensão por morte de servidor público. Isso porque a referida situação não está inserida nas vedações do art. 2º-B da Lei 9.494/1997, cuja interpretação deve ser restritiva. Com efeito, embora acarrete, por via reflexa, a liberação de recursos públicos, não se trata de concessão de aumento ou extensão de vantagem. Precedentes citados: AgRg no Ag 1.364.594-SP, Primeira Turma, DJe 27/5/2011, e AgRg no Ag 1.168.784-RS, Quinta Turma, DJe 9/8/2010. **AgRg no AREsp 230.482-RS, Rel. Min. Sérgio Kukina, julgado em 7/3/2013.** (Inform. STJ 519)

DIREITO ADMINISTRATIVO E PROCESSUAL CIVIL. TITULARIDADE DOS HONORÁRIOS ADVOCATÍCIOS SUCUMBENCIAIS. ENTIDADES DA ADMINISTRAÇÃO PÚBLICA.
Os honorários advocatícios de sucumbência não constituem direito autônomo do procurador judicial quando vencedora a Administração Pública direta da União, dos Estados, do Distrito Federal e dos Municípios, ou as autarquias, as fundações instituídas pelo Poder Público, as empresas públicas, ou as sociedades de economia mista, visto que integram o patrimônio público da entidade. Precedentes citados: REsp 1.213.051-RS, DJe 8/2/2011, e AgRg no AgRg no REsp 1.251.563-RS, DJe 14/10/2011. **AgRg no AREsp 233.603-RS, Rel. Min. Arnaldo Esteves Lima, julgado em 20/11/2012.** (Inform. STJ 510)

DIREITO PROCESSUAL CIVIL. PRAZOS PROCESSUAIS DIFERENCIADOS. EMPRESA PÚBLICA. INTERPRETAÇÃO RESTRITIVA.
Não é possível a concessão às empresas públicas de prazo em dobro para recorrer e em quádruplo para contestar. As normas que criam privilégios ou prerrogativas especiais devem ser interpretadas restritivamente, não se encontrando as empresas públicas inseridas no conceito de Fazenda Pública previsto no art. 188 do CPC. Precedente citado: REsp 429.087-RS, DJe 25/10/2004. **AgRg no REsp 1.266.098- RS, Rel. Min. Eliana Calmon, julgado em 23/10/2012. (Inform. STJ 507)**

MANDADO DE SEGURANÇA. LEGITIMIDADE PASSIVA. DECISÃO DO CNJ.
A Turma, prosseguindo o julgamento, por maioria, entendeu que o presidente de Tribunal de Justiça estadual que executa decisão proferida pelo CNJ não pode ser considerado autoridade coatora para fins de impetração de mandado de segurança. No caso, o presidente do tribunal decretou o afastamento dos titulares de serventias extrajudiciais efetivados sem concurso público após a CF com base no Pedido de Providências n. 861 do CNJ. Sabe-se que, no mandado de segurança, a autoridade coatora é aquela que ordena a execução do ato impugnado e quem cumpre a ordem é o mero executor. Portanto, como o ato coator emanou do CNJ, o presidente do tribunal não tem legitimidade para figurar no polo passivo da ação mandamental. Assim, não cabe ao Judiciário substituir a autoridade erroneamente indicada na petição inicial como coatora, além do que, no caso, sendo o STF competente para o julgamento do *mandamus*, haveria indevida alteração da competência absoluta. Precedentes citados: RMS 29.896-GO, DJe 2/2/2010, e RMS 30.920-GO, DJe 22/2/2010. **RMS 30.561-GO, Rel. Teori Albino Zavascki, julgado em 14/8/2012. (Inform. STJ 502)**

HONORÁRIOS ADVOCATÍCIOS. AUTARQUIA. DEFENSORIA PÚBLICA ESTADUAL.
A Turma, em consonância com o exposto pela Corte Especial no julgamento do REsp 1.199.715-RJ, representativo de controvérsia, reafirmou o entendimento de não serem devidos honorários advocatícios à Defensoria Pública quando ela atua contra pessoa jurídica de direito público que integra a mesma Fazenda Pública. Dessa forma, deu-se parcial provimento ao recurso para reconhecer a impossibilidade de o recorrente ser condenado a pagar honorários advocatícios à Defensoria Pública estadual. **REsp 1.102.459-RJ, Rel. Min. Adilson Vieira Macabu (Desembargador convocado do TJ-RJ), julgado em 22/5/2012. (Inform. STJ 498)**

Súmula STJ nº 497
Os créditos das autarquias federais preferem aos créditos da Fazenda estadual desde que coexistam penhoras sobre o mesmo bem.

Súmula STJ nº 483
O INSS não está obrigado a efetuar depósito prévio do preparo por gozar das prerrogativas e privilégios da Fazenda Pública.

Súmula STJ nº 452
A extinção das ações de pequeno valor é faculdade da Administração Federal, vedada a atuação judicial de ofício.

19. MANDADO DE SEGURANÇA

AG. REG. EM MS N. 28.528-MA
RELATOR: MIN. DIAS TOFFOLI
EMENTA: Agravo regimental em mandado de segurança. Conselho Nacional de Justiça. Ilegitimidade passiva *ad causam* do órgão apontado como coator. Decadência. Serventia extrajudicial. Inobservância da regra do concurso público. Agravo regimental ao qual se nega provimento.
1. O ato questionado consiste em ato comissivo do Tribunal de Justiça do Maranhão. A decadência fica configurada quando presente ato inequívoco da administração que indefira a pretensão do impetrante.
2. O Conselho Nacional de Justiça não tem legitimidade para compor o polo passivo, pois a existência (eventual) de lesão a direito deriva de concurso público de responsabilidade do Tribunal de Justiça do Maranhão.
3. O STF possui jurisprudência pacífica no sentido da autoaplicabilidade do art. 236, § 3º, da CF/88. Portanto, após a promulgação da Constituição Federal de 1988, é inconstitucional o provimento em serviços notarial e de registro sem a prévia aprovação em concurso público. Precedentes.
4. Agravo regimental ao qual se nega provimento. (Inform. STF 729)

Mandado de segurança e autoridade competente
A 2ª Turma negou provimento a recurso ordinário em mandado de segurança em que se pretendia o pagamento de verba de representação mensal de 175% sobre os vencimentos básicos devidos aos juízes do Tribunal Marítimo. No caso, o mandado de segurança apontara como autoridade coatora o Ministro do Planejamento, Orçamento e Gestão. O STJ denegara a ordem sob o fundamento de que a autoridade competente para apreciar o pedido seria o Secretário de Recursos Humanos daquele Ministério. Além disso, a questão constituiria objeto de outro mandado de segurança impetrado na justiça federal de 1º grau. A Turma manteve a decisão recorrida, que afastara a incidência da teoria da encampação e que assentara não competir ao STJ realizar, por meio de mandado de segurança, o exame da legalidade de decisão proferida por autoridades não mencionadas no art. 105, I, b, da CF.

RMS 32004/DF, rel. Min. Cármen Lúcia, 15.10.2013. (RMS-32004) (Inform. STF 724)

DIREITO ADMINISTRATIVO. TERMO INICIAL DO PRAZO PARA IMPETRAÇÃO DE MANDADO DE SEGURANÇA OBJETIVANDO A NOMEAÇÃO EM CARGO PÚBLICO.
Na hipótese em que houver, em ação autônoma, o reconhecimento da nulidade de questões de concurso público, o termo inicial do prazo para que o candidato beneficiado impetre mandado de segurança objetivando sua nomeação no cargo público será a data do trânsito em julgado da decisão judicial. Isso porque o candidato favorecido pela decisão judicial somente passa a ter direito líquido e certo à nomeação a partir da referida data. **AgRg no REsp 1.284.773-AM, Rel. Min. Benedito Gonçalves, julgado em 23/4/2013.** (Inform. STJ 522)

DIREITO ADMINISTRATIVO E PROCESSUAL CIVIL. ILEGITIMIDADE DO GOVERNADOR DE ESTADO PARA FIGURAR COMO AUTORIDADE COATORA EM MANDADO DE SEGURANÇA EM QUE SE BUSQUE A ATRIBUIÇÃO DE PONTUAÇÃO EM CONCURSO PÚBLICO.
O Governador do Estado é parte ilegítima para figurar como autoridade coatora em mandado de segurança no qual o impetrante busque a atribuição da pontuação referente à questão de concurso público realizado para o provimento de cargos do quadro de pessoal da respectiva unidade federativa. A autoridade coatora, para impetração de mandado de segurança, é aquela que pratica ou ordena, de forma concreta e específica, o ato ilegal ou, ainda, aquela que detém competência para corrigir a suposta ilegalidade, conforme se extrai do art. 6º, § 3º, da Lei 12.016/2009. Na hipótese em análise, constatada a não atribuição de pontuação após a anulação de questão, a autoridade competente para proceder à reclassificação dos impetrantes seria a banca examinadora responsável pelo certame, que é a executora direta do ato impugnado. O Governador do Estado teria competência para nomear e dar

posse aos candidatos, mas não para corrigir a ilegalidade apontada. **AgRg no RMS 37.924-GO, Rel. Min. Mauro Campbell Marques, julgado em 9/4/2013.** (Inform. STJ 519)

DIREITO ADMINISTRATIVO. TERMO INICIAL DO PRAZO DECADENCIAL DO MANDADO DE SEGURANÇA. SUPRESSÃO DE HORAS EXTRAS INCORPORADAS.
O termo inicial do prazo decadencial para impetração de mandado de segurança na hipótese de supressão de valores referentes a horas extras supostamente incorporadas por servidor público é a data em que a verba deixou de ser paga. A exclusão do pagamento de horas extras é ato comissivo que atinge o fundo de direito, portanto está sujeita ao prazo decadencial do art. 23 da Lei n. 12.016/2009, cuja contagem se inicia na data do primeiro pagamento em que houve a supressão da verba, ocasião em que toma ciência o interessado, não se renovando nos meses subsequentes. De modo diverso, no caso de redução, ficaria configurada a prestação de trato sucessivo, pois não haveria a negação do próprio fundo de direito. Precedentes citados: AgRg no Ag 1.337.066-BA, DJe 16/2/2009, e AgRg no REsp 1.110.192-CE, DJe 24/5/2010. **RMS 34.363-MT, Rel. Min. Herman Benjamin, julgado em 6/12/2012.** (Inform. STJ 513).

DIREITO ADMINISTRATIVO. MANDADO DE SEGURANÇA. CABIMENTO. CONFIGURAÇÃO DE PROVA PRÉ-CONSTITUÍDA DA LIQUIDEZ E CERTEZA DO DIREITO À OBTENÇÃO DE MEDICAMENTOS E INSUMOS. LAUDO MÉDICO PARTICULAR.
A instrução de MS somente com laudo médico particular não configura prova pré-constituída da liquidez e certeza do direito do impetrante de obter do Poder Público determinados medicamentos e insumos para o tratamento de enfermidade acometida por ele. O laudo de médico particular, embora aceito como elemento de prova, não pode ser imposto ao magistrado como se a matéria fosse, exclusivamente, de direito. Esse parecer não é espécie de prova suprema ou irrefutável, ainda mais quando a solução da controvérsia, de natureza complexa, depende de conhecimento técnico-científico, necessário para saber a respeito da possibilidade de substituição do medicamento ou sobre sua imprescindibilidade. Além do mais, o laudo médico, como elemento de prova, deve submeter-se ao contraditório, à luz do que dispõe o art. 333, II, do CPC, principalmente quando, para o tratamento da enfermidade, o Sistema Único de Saúde ofereça tratamento adequado, regular e contínuo. Nesse contexto, o laudo médico particular, não submetido ao crivo do contraditório, é apenas mais um elemento de prova, que pode ser ratificado ou infirmado por outras provas a serem produzidas no processo instrutório, dilação probatória incabível no MS. Desse modo, as vias ordinárias, e não a via do MS, representam o meio adequado ao reconhecimento do direito à obtenção de medicamentos do Poder Público, uma vez que, como foi dito, apenas o laudo médico atestado por profissional particular sem o crivo do contraditório não evidencia direito líquido e certo para impetração de MS. **RMS 30.746-MG, Rel. Min. Castro Meira, julgado em 27/11/2012.** (Inform. STJ 511).

Súmula STF nº 632
É constitucional Lei que fixa o prazo de decadência para a impetração de mandado de segurança.

Súmula STF nº 631
Extingue-se o processo de mandado de segurança se o impetrante não promove, no prazo assinado, a citação do litisconsorte passivo necessário.

Súmula STF nº 630
A entidade de classe tem legitimação para o mandado de segurança ainda quando a pretensão veiculada interesse apenas a uma parte da respectiva categoria.

Súmula STF nº 629
A impetração de mandado de segurança coletivo por entidade de classe em favor dos associados independe da autorização destes.

Súmula STF nº 627
No mandado de segurança contra a nomeação de magistrado da competência do presidente da república, este é considerado autoridade coatora, ainda que o fundamento da impetração seja nulidade ocorrida em fase anterior do procedimento.

Súmula STF nº 626
A suspensão da liminar em mandado de segurança, salvo determinação em contrário da decisão que a deferir, vigorará até o trânsito em julgado da decisão definitiva de concessão da segurança ou, havendo recurso, até a sua manutenção pelo Supremo Tribunal Federal, desde que o objeto da liminar deferida coincida, total ou parcialmente, com o da impetração.

Súmula STF nº 625
Controvérsia sobre matéria de direito não impede concessão de mandado de segurança.

Súmula STF nº 624
Não compete ao Supremo Tribunal Federal conhecer originariamente de mandado de segurança contra atos de outros tribunais.

Súmula STF nº 623
Não gera por si só a competência originária do Supremo Tribunal Federal para conhecer do mandado de segurança com base no art. 102, i, "n", da Constituição, dirigir-se o pedido contra deliberação administrativa do tribunal de origem, da qual haja participado a maioria ou a totalidade de seus membros.

Súmula STF nº 622
Não cabe agravo regimental contra decisão do relator que concede ou indefere liminar em mandado de segurança.

Súmula STF nº 512
Não cabe condenação em honorários de advogado na ação de mandado de segurança.

Súmula STF nº 510
Praticado o ato por autoridade, no exercício de competência delegada, contra ela cabe o mandado de segurança ou a medida judicial.

Súmula STF nº 474
Não há direito líquido e certo, amparado pelo mandado de segurança, quando se escuda em Lei cujos efeitos foram anulados por outra, declarada constitucional pelo Supremo Tribunal Federal.

Súmula STF nº 430
Pedido de reconsideração na via administrativa não interrompe o prazo para o mandado de segurança.

Súmula STF nº 429
A existência de recurso administrativo com efeito suspensivo não impede o uso do mandado de segurança contra omissão da autoridade.

Súmula STF nº 405
Denegado o mandado de segurança pela sentença, ou no julgamento do agravo, dela interposto, fica sem efeito a liminar concedida, retroagindo os efeitos da decisão contrária.

Súmula STF nº 392
O prazo para recorrer de acórdão concessivo de segurança conta-se da publicação oficial de suas conclusões, e não da anterior ciência à autoridade para cumprimento da decisão.

Súmula STF nº 330
O Supremo Tribunal Federal não é competente para conhecer de mandado de segurança contra atos dos tribunais de justiça dos estados.

Súmula STF nº 319
O prazo do recurso ordinário para o Supremo Tribunal Federal, em "habeas corpus" ou mandado de segurança, é de cinco dias.

Súmula STF nº 304
Decisão denegatória de mandado de segurança, não fazendo coisa julgada contra o impetrante, não impede o uso da ação própria.

Súmula STF nº 272
Não se admite como ordinário recurso extraordinário de decisão denegatória de mandado de segurança.

Súmula STF nº 271
Concessão de mandado de segurança não produz efeitos patrimoniais em relação a período pretérito, os quais devem ser reclamados administrativamente ou pela via judicial própria.

Súmula STF nº 270
Não cabe mandado de segurança para impugnar enquadramento da Lei 3.780, de 12/7/1960, que envolva exame de prova ou de situação funcional complexa.

Súmula STF nº 269
O mandado de segurança não é substitutivo de ação de cobrança.

Súmula STF nº 268
Não cabe mandado de segurança contra decisão judicial com trânsito em julgado.

Súmula STF nº 267
Não cabe mandado de segurança contra ato judicial passível de recurso ou correição.

Súmula STF nº 266
Não cabe mandado de segurança contra Lei em tese.

Súmula STF nº 248
É competente, originariamente, o Supremo Tribunal Federal, para mandado de segurança contra ato do Tribunal de Contas da União.

Súmula STF nº 101
O mandado de segurança não substitui a ação popular.

Súmula STJ nº 202
A impetração de segurança por terceiro, contra ato judicial, não se condiciona à interposição de recurso.

Súmula STJ nº 177
O Superior Tribunal de Justiça é incompetente para processar e julgar, originariamente, mandado de segurança contra ato de órgão colegiado presidido por ministro de estado.

Súmula STJ nº 105
Na ação de mandado de segurança não se admite condenação em honorários advocatícios.

Súmula STJ nº 41
O Superior Tribunal de Justiça não tem competência para processar e julgar, originariamente, mandado de segurança contra ato de outros tribunais ou dos respectivos órgãos.

20. OUTROS TEMAS DE DIREITO ADMINISTRATIVO

AG. REG. NA AO N. 1.933-PR
RELATOR: MIN. LUIZ FUX
Ementa: AGRAVO REGIMENTAL NA AÇÃO ORIGINÁRIA. DIREITO ADMINISTRATIVO. RESOLUÇÃO DO CONSELHO NACIONAL DE JUSTIÇA. EXIGÊNCIA DE CONCURSO PÚBLICO PARA INGRESSO POR REMOÇÃO NA TITULARIDADE DE SERVIÇOS NOTARIAIS E REGISTRAIS. INCOMPETÊNCIA DO STF PARA JULGAMENTO DA AÇÃO. ENTENDIMENTO FIRMADO PELO TRIBUNAL PLENO NO JULGAMENTO DA AO 1.706, REL. MIN. CELSO DE MELLO. COMPETÊNCIA ORIGINÁRIA DO STF SOMENTE NAS HIPÓTESES DE MANDADO DE SEGURANÇA, DE HABEAS DATA, DE HABEAS CORPUS OU DE MANDADO DE INJUNÇÃO CONTRA O CNJ. MANUTENÇÃO DA DECISÃO AGRAVADA PELOS SEUS PRÓPRIOS FUNDAMENTOS. AGRAVO REGIMENTAL A QUE SE NEGA PROVIMENTO. (Inform. STF 761)

AG. REG. NA Rcl N. 9.351-DF
RELATOR: MIN. LUIZ FUX
Ementa: AGRAVO REGIMENTAL NA RECLAMAÇÃO. CONCURSO PÚBLICO. JUIZ DO TRABALHO. COMPROVAÇÃO DE ATIVIDADE JURÍDICA. ALEGAÇÃO DE AFRONTA AO QUE DECIDIDO NA ADI 3.460. INEXISTÊNCIA. AUSÊNCIA DE IDENTIDADE ESPECÍFICA DE TEMAS ENTRE O ATO RECLAMADO E O PARADIGMA DESTA CORTE. TEMA SUBJACENTE SUBMETIDO À REPERCUSSÃO GERAL. AGRAVO REGIMENTAL A QUE SE NEGA PROVIMENTO. (Inform. STF 761)

Serventia extrajudicial: oitiva de titular efetivado e declaração de nulidade - 7
A 1ª Turma, por maioria, negou provimento a recurso extraordinário em que se discutia a declaração de nulidade de ato do Presidente do Tribunal de Justiça do Estado de Santa Catarina, que efetivara, em 15.6.1990, o recorrente na titularidade de cartório sem concurso público, consoante o art. 14 do ADCT da Constituição da mencionada unidade federativa. Na origem, tratava-se de mandado de segurança impetrado contra o ato mediante o qual, em 12.2.1998, o Presidente daquela Corte afastara a aludida outorga da delegação, sem oitiva do interessado, tendo em conta a inconstitucionalidade assentada, com eficácia retroativa, do citado artigo (ADI 363/SC, DJU de 3.5.1996), e o deferimento de medida cautelar, com efeitos "ex tunc", na ADI 1.573/SC (DJU de 5.9.1997). Alegava o recorrente: a) a inobservância do devido processo legal; e b) a incompetência da autoridade para emanar a decisão hostilizada, que caberia ao Poder Executivo. Além disso, apontava infringência à Constituição (art. 2º; art. 5º, LIV e LV; e art. 236, "caput" e § 1º) — v. Informativos 668 e 706.

Serventia extrajudicial: oitiva de titular efetivado e declaração de nulidade - 8
A Turma consignou que o acórdão recorrido estaria de acordo com a diretriz jurisprudencial do STF. Aduziu que a "mens legislatoris" dos artigos 14, 15 e 39, § 2º, da Lei 8.935/1994 (Lei dos Cartórios) apontaria que a autoridade competente para proceder à declaração de vacância seria a judicial, mais especificamente o Presidente do tribunal de justiça da respectiva unidade da Federação. Isto porque, ante a ausência de menção expressa e tendo o legislador ordinário federal condicionado a delegação para os exercícios das atividades notariais à prévia aprovação em concurso público de provas e títulos realizado pelo Poder Judiciário (Lei 8.935/1994, artigos 14 e 15), supor-se-ia que a declaração de vacância dessa serventia incumbiria ao próprio Poder Judiciário. Ressaltou que o Supremo teria fixado entendimento segundo o qual a

investidura para o exercício dos serviços notariais e de registro, após o advento da CF/1988, dependeria de prévia habilitação em concurso público (CF, art. 37, II). Sublinhou que o art. 22, XXV, da CF — que atribui à União competência para legislar sobre registros públicos —, c/c o art. 236 § 1º, da CF — que outorga à lei regulamentar as atividades dos notários e dos oficiais de registro —, indicaria inexoravelmente que a competência para regular e disciplinar a autoridade competente para declarar a vacância de serventias extrajudiciais recairia sobre a União. Essa conclusão levaria ao afastamento, com declaração incidental de inconstitucionalidade formal, da LC 183/1999, do Estado de Santa Catarina, por usurpação de competência legislativa privativa da União para legislar sobre registros públicos. Por fim, reputou que, uma vez comprovado que o ato de habilitação teria ocorrido em desacordo com o aludido imperativo constitucional, não se cogitaria de instauração de processo administrativo àqueles que se encontrassem nessa situação. Seria, ademais, irrelevante o lapso temporal em que exercidas as atividades. Vencidos os Ministros Marco Aurélio (relator) e Rosa Weber, que davam provimento ao recurso. RE 336739/SC, rel. orig. Min. Marco Aurélio, red. p/ o acórdão Min. Luiz Fux, 6.5.2014. (RE-336739) (Inform. STF 745)

Devido processo legal e vacância de serventia - 2
Ao aplicar o entendimento acima mencionado, a 1ª Turma, por maioria, negou provimento a recurso extraordinário em que se pleiteava, de igual modo, a anulação de ato que declarara vaga serventia titularizada pela recorrente, sem a instauração de procedimento administrativo — v. Informativo 377. Vencidos os Ministros Marco Aurélio (relator) e Rosa Weber, que davam provimento ao recurso. RE 355856/SC, rel. orig. Min. Marco Aurélio, red. p/ o acórdão Min. Roberto Barroso, 6.5.2014. (RE-355856) (Inform. STF 745)

AG. REG. NO ARE N. 725.451-RJ
RELATORA: MIN. CÁRMEN LÚCIA
EMENTA: AGRAVO REGIMENTAL NO RECURSO EXTRAORDINÁRIO COM AGRAVO. CONSTITUCIONAL. ANISTIA. ART. 8º DO ATO DAS DISPOSIÇÕES CONSTITUCIONAIS TRANSITÓRIAS. PROMOÇÃO RESTRITA AO POSTO QUE O MILITAR ALCANÇARIA SE TIVESSE SIDO REFORMADO PELOS TRÂMITES LEGAIS. PRECEDENTES. AGRAVO REGIMENTAL AO QUAL SE NEGA PROVIMENTO. (Inform. STF 725)

DIREITO AMINISTRATIVO. MILITAR ANISTIADO. ANULAÇÃO DE TERMO DE ADESÃO. LEI Nº 11.354/06. DEBATE DE ÂMBITO INFRACONSTITUCIONAL. ALEGAÇÃO DE OFENSA AO ART. 5º, XXXV E XXXVI, DA CONSTITUIÇÃO DA REPÚBLICA. EVENTUAL VIOLAÇÃO REFLEXA DA CONSTITUIÇÃO DA REPÚBLICA NÃO VIABILIZA O MANEJO DE RECURSO EXTRAORDINÁRIO. APLICAÇÃO DA SÚMULA 636/STF. ACÓRDÃO RECORRIDO PUBLICADO EM 27.8.2010.
Tendo a Corte Regional examinado a matéria à luz da legislação infraconstitucional, obter decisão em sentido diverso demandaria a análise de matéria infraconstitucional, o que torna oblíqua e reflexa eventual ofensa, insuscetível de viabilizar o conhecimento do recurso extraordinário, considerada a disposição do art. 102, III, da Lei Maior.
O exame da alegada ofensa ao art. 5º, XXXV e XXXVI, da Constituição Federal, dependeria de prévia análise da legislação infraconstitucional aplicável à espécie, o que refoge à competência jurisdicional extraordinária.
Não cabe recurso extraordinário por contrariedade ao princípio constitucional da legalidade, quando a sua verificação pressuponha rever a interpretação dada a normas infraconstitucionais pela decisão recorrida (Súmula 636/STF). Agravo regimental conhecido e não provido. (Inform. STF 718)

AG. REG. NO ARE N. 724.006-RJ
RELATOR: MIN. GILMAR MENDES
1. Agravo regimental em recurso extraordinário com agravo. 2. Direito Administrativo. 3. Anistia política. Reparação econômica. Ajuizamento de ação pelo anistiado com intuito de pleitear a incidência de juros e correção monetária. Descumprimento de requisito previsto em acordo. Anulação do termo de adesão pela autoridade coatora. 4. Análise de legislação infraconstitucional. Lei 11.354/06. Ofensa meramente reflexa ao texto constitucional. 5. Reexame do conteúdo fático-probatório. Impossibilidade. Incidência do Enunciado 279 da Súmula do STF. Precedentes. 6. Ausência de argumentos capazes de infirmar a decisão agravada. 7. Agravo regimental a que se nega provimento. (Inform. STF 708)

Anistia: empresa extinta e não continuidade
Aos empregados públicos demitidos em virtude de extinção das empresas nas quais trabalhavam, não se estendem os benefícios da anistia versados no art. 2º da Lei 8.878/94, salvo se as respectivas atividades tenham sido transferidas, absorvidas ou executadas por outro órgão ou entidade da Administração Pública Federal. Com base nesse entendimento, a 1ª Turma desproveu agravo regimental de decisão do Min. Dias Toffoli, que negara seguimento a recurso ordinário em mandado de segurança, do qual relator. Na origem, tratava-se de impetração em face de ato dos Ministros de Estado do Planejamento, Orçamento e Gestão; da Fazenda; e da Agricultura e do Abastecimento, que, mediante portaria interministerial, determinaram a anulação de anistia concedida, em 1995, à impetrante e sua consequente demissão do cargo que exercia no serviço público. Na espécie, empregada celetista laborava para o Departamento Nacional de Obras de Saneamento - DNOS, extinto em 1990. Assinalou-se não constar indícios de que as atividades do DNOS tivessem sido transferidas, absorvidas ou executadas por outro órgão ou entidade da Administração Pública Federal. Registrou-se a ausência de comprovação do que alegado pela recorrente, nem mesmo quanto à afirmação de que o mencionado departamento fora extinto por motivação política. Enfatizou-se que o simples argumento de que as atividades do órgão seriam permanentes, e não eventuais, e de que o retorno de seus funcionários e servidores havia sido requisitado pelo Ministério da Agricultura e Reforma Agrária não comprovaria a absorção de suas atividades por este. Asseverou-se inexistir contrariedade ao preceito insculpido no art. 7º, I, da CF, pois a recorrente tivera seu contrato de trabalho legalmente rescindido e, com isso, recebera todas as verbas indenizatórias decorrentes do ato demissionário. **RMS 27359 AgR/DF, rel. Min. Dias Toffoli, 21.8.2012. (RMS-27359) (Inform. STF 676)**

Anistia: deputado estadual e confisco de bens - 3
A 2ª Turma retomou julgamento de recurso extraordinário em que viúva de deputado estadual pretende o reconhecimento de anistia constitucional em favor de seu falecido marido e a consequente devolução dos bens supostamente confiscados por motivação política – v. Informativos 455 e 467. Em voto-vista, o Min. Cezar Peluso dissentiu do relator, Min. Gilmar Mendes, para dar provimento ao recurso. Verificou haver asserção, no processo criminal pelos mesmos fatos, de que, conquanto formalmente observado o trâmite da investigação sumária efetivada pela Comissão Geral de Investigação – CGI, existiria injustiça na sua conclusão. Assim, asseverou que o recurso não envolveria discussão sobre a qualificação jurídica do ato de confisco, cujo caráter de exceção seria vistoso e indiscutível, mas estaria apenas em saber se, à luz desse benefício, o então autor teria jus à restituição dos bens confiscados. Sintetizou anistia como ato que, oriundo, em geral, do Poder Legislativo, extinguiria as sanções cabíveis ou os consectários das já impostas em virtude da prática de atos considerados ilícitos do ponto de vista penal, administrativo ou político. Explicou que seu propósito jurídico estrito seria subtrair

eficácia às reprimendas previstas em lei, quer para inibir-lhes a aplicabilidade, quer para desconstituir-lhes, quando possível, os resultados de eventual incidência.

Anistia: deputado estadual e confisco de bens - 4
Reputou incontroverso que, dentro do período previsto pela Constituição, o autor teria sido atingido na sua esfera cívica e patrimonial, em virtude de motivação exclusivamente política, por atos de exceção. Logo, dessumiu que, de modo algum, poderia dizer-se não ter sido alcançado pela norma do art. 8º, *caput*, do ADCT. Isso porque, além do mandato parlamentar, cuja cassação exauriria seus efeitos jurídicos, perdera os bens físicos, cuja espoliação ainda perseveraria como resultado do confisco, fundado na razão residual puramente política de ser, à época, opositor do regime autoritário. Nesse contexto, avaliou que a tese de que a regra em comento só apanharia e beneficiaria os servidores públicos e trabalhadores da iniciativa privada que tiveram a situação funcional alterada por atos de exceção decorrentes de motivação tão somente política afigurar-se-ia contrária não só a exigências concretas e intuitivas de justiça, mas também a todos os princípios jurídicos que regeriam a matéria.

Anistia: deputado estadual e confisco de bens - 5
Salientou que as hipóteses constantes do dispositivo seriam apenas as de mais largo espectro, por compreenderem maior número de pessoas injuriadas pela rotina punitiva do regime. Igualmente, explanou que esse seria o motivo da especificação normativa do instituto, cuja explicitação, ditada pela necessidade de fixar o alcance da anistia a esse conjunto particularizado de pessoas, não poderia significar expressão *numerus clausus*, dado que: a) seria contraditória com a própria racionalidade do ato político em questão, que tenderia a restaurar a condição jurídica de todas as pessoas prejudicadas por práticas de exceção; b) não se encontraria outra exegese no texto normativo, que aludiria, sem restrições, nem condições – ressalvadas as constantes dos parágrafos, impertinentes no caso –, a toda a classe dos que teriam sido atingidos, em decorrência de motivação exclusivamente política, por atos de exceção; e c) seria sempre generosa a interpretação da anistia, em especial a política, na medida em que proveria, por definição, de gesto amplo de liberalidade e indulgência. Citou doutrina no sentido de que anistia política deveria ser interpretada de forma abrangente, haja vista que, inspirada pelos elevados propósitos de remediar violências suportadas por grupos minoritários, de conciliar espíritos e de promover a paz social, não poderia ser concebida, nem interpretada em termos mesquinhos. Em consonância com essa orientação, relembrou julgado no qual a Corte assentara a vastidão imanente ao art. 8º do ADCT (RE 170934/GO, DJU de 10.8.1999).

Anistia: deputado estadual e confisco de bens - 6
Outrossim, constatou que o deputado fora absolvido em juízo de todas as acusações – cuja idêntica imputação fundamentara o decreto de confisco na esfera administrativa –, com base no reconhecimento formal da inexistência dos fatos. Nestes termos, rememorou precedente do STF, mediante o qual, indubitavelmente, seriam independentes as instâncias penal e administrativa, de modo que só repercutiria aquela nesta quando se manifestasse pela inexistência material do fato ou pela negativa de sua autoria. Sublinhou que, diante daquela *res iudicata*, a decisão administrativa revelara-se despida de substrato de validez e só se mantiveria em virtude da força contemporânea do agressor e da fragilidade do agredido. Sobrelevou que, se apreendidos na esfera penal, os bens seriam restituídos ao réu, pois absolvido em definitivo. Dessa forma, *a fortiori*, não se conceberia que continuassem subtraídos por órgão estranho ao Poder Judiciário, sob regime de exceção, com apoio em arguição de fato ilícito inexistente. Entretanto, considerou não ser possível a restituição dos bens, tendo em conta a destinação pública que lhes fora atribuída, porque, em um dos terrenos erigira-se quartel do Exército e, em outro, sede de empresa estatal. Por isso, solucionou a questão ao determinar à União que indenizasse em espécie, cujo valor atualizado fosse apurado em liquidação de sentença (CPC, art. 475-A). Após, o relator indicou adiamento.

Anistia: deputado estadual e confisco de bens - 7
Em conclusão, a 2ª Turma, por maioria, negou provimento a recurso extraordinário em que viúva de deputado estadual pretendia o reconhecimento de anistia constitucional em favor de seu falecido marido e a consequente devolução dos bens supostamente confiscados por motivação política – v. Informativos 455, 467 e 674. Entendeu-se que a regra do art. 8º do ADCT deveria ser interpretada restritivamente, de modo a contemplar tão só as situações lá descritas, não alcançando hipótese de cassação de mandato de deputado estadual, para efeito de devolução de bens confiscados (*"Art. 8º. É concedida anistia aos que ... foram atingidos, em decorrência de motivação exclusivamente política, por atos de exceção, institucionais ou complementares, ... asseguradas as promoções, na inatividade, ao cargo, emprego, posto ou graduação a que teriam direito se estivessem em serviço ativo ..., respeitadas as características e peculiaridades das carreiras dos servidores públicos civis e militares e observados os respectivos regimes jurídicos"*). Asseverou-se que, mesmo que se admitisse que a cassação e o confisco dos bens do parlamentar tivessem ocorrido ante razões exclusivamente políticas, não haveria como estender-se ao caso as previsões de promoção, na inatividade, ao cargo, emprego, posto ou graduação a que teria direito se ainda no serviço ativo. Dessumiu-se, ademais, existir incompatibilidade operacional entre a pretensão da recorrente e a autorização constitucional.

Anistia: deputado estadual e confisco de bens - 8
Registrou-se que a sentença penal que absolvera o deputado por inexistência de fatos criminosos dera-se quanto aos delitos de falsificação de documento particular, falsidade ideológica e falso reconhecimento de firma. Entretanto, esclareceu-se que os decretos de expropriação de bens não teriam se justificado exclusivamente com base nessas práticas. Isso porque eles teriam se embasado em conclusões de investigação sumária em que se apurara enriquecimento ilícito do deputado. Constatou-se que vários outros atos seriam imputados ao autor e que o processo penal mencionado restringira-se à apuração e absolvição de crimes de falso, os quais alegadamente teriam sido cometidos como forma de transferência de propriedade de 1dos imóveis para o parlamentar. Assim, explicou-se que a conduta objeto da sentença penal absolutória não teria sido exclusiva nem determinante para a conclusão da Comissão Geral de Investigação - CGI, a qual se manifestara pelo confisco de bens em virtude da ocorrência de enriquecimento ilícito, diante da absoluta incompatibilidade entre o rendimento e o patrimônio do deputado. Repisou-se que teria havido confisco de diversos bens do autor, todavia a sentença penal apreciara apenas crimes de falso relacionados a uma propriedade. Destarte, essa absolvição, na esfera criminal, não deteria o condão de implicar efeitos no âmbito administrativo, porquanto sua fundamentação (inexistência dos crimes de falso) e a da decretação do confisco (ocorrência de enriquecimento ilícito decorrente do abuso da qualidade de agente público) seriam totalmente independentes. Vencido o Min. Cezar Peluso, que dava provimento ao recurso ao citar que anistia política interpretar-se-ia de forma abrangente, haja vista que, inspirada pelos elevados propósitos de remediar violências suportadas por grupos minoritários, de conciliar espíritos e de promover a paz social, não poderia ser concebida, nem interpretada restritivamente. **RE 368090/PR, rel. Min. Gilmar Mendes, 21.8.2012. (RE-368090) (Inform. STF 676)**

Anistia e promoção por merecimento - 1
A 1ª Turma deu provimento a recurso ordinário em mandado de segurança para reformar decisão do STJ e assegurar ao recorrente o direito ao recebimento de proventos equivalentes

aos de cargo de administrador (nível superior), nos termos contidos na peça inicial, com efeitos a partir da impetração. Após análise de possível evolução funcional do servidor, fora a ele reconhecido, em decreto de anistia, o direito a perceber reparação econômica relativa a cargo de assistente técnico de administração. No caso, o impetrante, quando demitido em face de razões políticas (28.8.64), ocupava cargo, de nível médio, de auxiliar de escritório. No *mandamus*, defendia que, acaso não perseguido, ocuparia cargo de nível superior, da carreira de assistente técnico-administrativo, hoje correspondente ao de administrador, ao qual poderia ter concorrido se não fosse abruptamente demitido. De início, depreendeu-se da leitura do acórdão recorrido que, conquanto o STJ tivesse assentado a extinção do *writ* sem julgamento do mérito, foram lançadas razões para indeferir o pedido formulado pelo impetrante, portanto, sendo apreciada, inequivocamente, a matéria de fundo.

Anistia e promoção por merecimento - 2
Em seguida, enfatizou-se que o aludido Tribunal teria contrariado jurisprudência sedimentada do STF. Explicitou-se que a questão diria respeito à amplitude da regra do art. 8°, cabeça e § 5°, do ADCT, no que garantiria inclusive aos servidores públicos civis, não apenas aos militares, o direito às promoções ao cargo, emprego ou posto a que teriam acesso se estivessem em serviço ativo. Rememorou-se que o Supremo, originariamente, firmava a limitação do direito à progressão funcional às promoções fundadas no tempo de serviço, a excluir aquelas dependentes do merecimento ou da aprovação em concursos previstos em lei. Acentuou-se que, no entanto, essa posição teria sido revista, conforme revelaria a conclusão do julgamento do RE 165438/DF (DJU de 5.5.2006). Assim, dessumiu-se que as promoções decorrentes de merecimento, apesar de consubstanciarem expectativa de direito, poderiam ser contempladas quando em jogo a concessão da anistia, desde que respeitado o quadro da carreira. Isso porque retirado do servidor público, mediante ato de exceção – exorbitante dos limites do Estado de Direito – o direito básico de concorrer aos cargos. Reputou-se que esse enfoque, só por si, justificaria a adoção de interpretação mais favorável da regra constitucional, em deferência ao indivíduo prejudicado. Na situação dos autos, o reconhecimento da motivação política da demissão encontrar-se-ia estampado naquele ato administrativo que implicara o da condição de anistiado.

Anistia e promoção por merecimento - 3
Sobre os requisitos subjetivos para alcançar as promoções decorrentes tanto de tempo de serviço quanto de merecimento, verificou-se bacharelado comprovado por diploma obtido em 1967. Mencionou-se, ainda, que o recorrente realizara curso no exterior, fora docente de ensino superior e trabalhara em diversas multinacionais, a fazer crer que, inexistente óbice resultante de ato de força, teria galgado a progressão no âmbito da Petrobras. No mais, considerou-se que não haveria certeza relativamente à necessidade de realização de concurso público nas estatais até 1988. Destacou-se regra prevista no manual de pessoal da empresa que permitiria a reclassificação para o grupo de nível superior, cumpridos os parâmetros nele indicados. Observou-se que o impetrante trouxera extensa lista de pessoas que, havendo ingressado nos quadros da empresa na mesma época, lograram progredir ao cargo pretendido pelo recorrente, fato não contraditado pela autoridade coatora. Concluiu-se que a prevalência do dispositivo constitucional e do art. 6°, cabeça e § 3°, da Lei 10.559/2002 implicaria o acolhimento do pedido. O Min. Luiz Fux sublinhou que a matéria resolver-se-ia à luz de princípios constitucionais fundamentais. Discorreu, ainda, acerca da impossibilidade de a parte poder realizar prova de que, se estivesse integrada à empresa, conseguiria a promoção. Explicitou que, nesse caso, ônus da prova deveria ser suportado pelo Poder Público. RMS 28396/DF, rel. Min. Marco Aurélio, 26.6.2012. (RMS-28396) (Inform. STF 672)

Portaria e revisão de anistia política
A 2ª Turma desproveu agravo regimental de decisão do Min. Ricardo Lewandowski, em recurso ordinário em mandado de segurança, do qual relator, interposto de decisão do STJ que denegara o writ lá impetrado em razão de direito individual líquido e certo não atingido. Na espécie, pretendia-se que não fosse iniciado procedimento de revisão de portarias concessivas de anistia, com as consequentes reparações patrimoniais. Invocava-se o postulado da segurança jurídica e que o perdão por parte do Poder Público seria ato eminentemente político, não suscetível de reconsideração ou revogação. Salientou-se, com base no princípio da autotutela da Administração, a possibilidade de revisão dos atos de anistia concedidos com fundamento na Lei 10.559/2002. **RMS 31181 AgR/DF, rel. Min. Ricardo Lewandowski, 3.4.2012. (RMS-31181) (Inform. STF 660)**

Aquisição de imóvel funcional das Forças Armadas e servidor civil - 1
A 2ª Turma iniciou julgamento de recurso ordinário em mandado de segurança no qual pretendida a aquisição de imóvel funcional das Forças Armadas por servidor civil, nos termos da Lei 8.025/90 e do Decreto 99.664/90. Na espécie, o STJ denegara o *writ* lá impetrado ao entendimento de que o ora recorrente não ocuparia de forma regular o bem colimado, na medida em que se aposentara antes da vigência das normas em questão. O Min. Gilmar Mendes, relator, desproveu o recurso. De início, rememorou jurisprudência da Corte no sentido de que a condição de aposentado não retiraria do requerente o *status* de legítimo ocupante do imóvel se o ocupasse regularmente, no momento de sua aposentadoria, nele residindo até a promulgação da Lei 8.025/90. De outro lado, reputou que o bem em litígio não poderia ser alienado. Isso porque administrado pelas Forças Armadas e destinado à ocupação por militares [Lei 8.025/90: *"Art. 1° É o Poder Executivo autorizado a alienar, mediante concorrência pública e com observância do Decreto-Lei nº 2.300, de 21 de novembro de 1986, os imóveis residenciais de propriedade da União situados no Distrito Federal, inclusive os vinculados ou incorporados ao Fundo Rotativo Habitacional de Brasília (FRHB). ... § 2° Não se incluem na autorização a que se refere este artigo, os seguintes imóveis: I - os residenciais administrados pelas Forças Armadas, destinados à ocupação por militares"*].

Aquisição de imóvel funcional das Forças Armadas e servidor civil - 2
Ademais, observou que o precedente invocado nas razões recursais (RMS 22.308/DF, DJU de 4.4.97) partiria da equivocada premissa de que a expressão *"destinados à ocupação por militares"* deveria ser interpretada como *"efetivamente ocupados por militares"*. No ponto, explicitou que a limitação de alheamento desses imóveis residenciais imporia a restrição sobre a coisa, e não sobre o militar. Assim, explicou que a permissão de compra por civil constituiria interpretação deturpada da legislação. Outrossim, salientou que o Decreto 99.664/90 proibiria a venda do imóvel a qualquer pessoa, logo, o óbice não seria pessoal. Nesse contexto, asseverou que a circunstância de o bem ser administrado pelas Forças Armadas evidenciaria sua destinação precípua à ocupação por militar, de maneira que sua excepcional ocupação por civil não o desnaturaria ou desafetaria. Após, pediu vista o Min. Joaquim Barbosa. **RMS 23111/DF, rel. Min. Gilmar Mendes, 6.3.2012. (RMS-23111) (Inform. STF 657)**

Revisão de anistia política e decadência - 1
A 1ª Turma, por maioria, desproveu recursos ordinários em mandados de segurança nos quais alegado direito líquido e certo de que não fosse iniciado procedimento de revisão de ato que concedera anistia política, com as consequentes reparações econômicas. Na espécie, o STJ denegara o writ preventivo lá impetrado sob fundamento de que o ato coator – portaria interministerial que deflagrara a criação de grupo de trabalho para realização de estudos preliminares acerca de anistiados – não

teria atingido qualquer direito individual. Sustentava-se decadência do reexame da concessão de anistia, porquanto este se submeteria à fluência do prazo decadencial de cinco anos. De início, entendeu-se que a portaria impugnada não teria anulado a anistia concedida, tampouco suspendido o seu pagamento, visto que apenas permitiria a instauração de procedimento preliminar de revisão para apurar eventuais ilegalidades. Nesse contexto, salientou-se o poder-dever da Administração Pública de rever seus atos, nos termos do Enunciado 473 da Súmula do STF ("*A Administração pode anular seus próprios atos, quando eivados de vícios que os tornam ilegais, porque deles não se originam direitos; ou revogá-los, por motivo de conveniência ou oportunidade, respeitados os direitos adquiridos, e ressalvada, em todos os casos, a apreciação judicial*").

Revisão de anistia política e decadência - 2
Em seguida, anotou-se que o art. 54 da Lei 9.784/99 não estabeleceria o prazo decadencial de cinco anos para que a Administração revisse seus atos, mas sim para a anulação de atos administrativos dos quais decorressem efeitos favoráveis para os destinatários, salvo comprovada má-fé. Ademais, sublinhou-se que, condicionada à prática de outros atos administrativos, a portaria em questão não se prestaria a produzir lesão ou justo receio que obstasse sua consecução. Esclareceu-se que, no caso, não caberia analisar se teria havido a decadência, uma vez que esta poderia ser afastada diante da má-fé do administrado, elemento a ser apurado em procedimento anulatório, respeitados o contraditório e a ampla defesa. O Min. Luiz Fux acrescentou que se o mandado de segurança fosse provido como preventivo, engessaria a Administração Pública da sua autotutela. Vencido o Min. Marco Aurélio, que, ao assentar a adequação da via eleita, provia o recurso para que o STJ prosseguisse na apreciação dos mandados de segurança como preventivos, ante eventual lesão já perpetrada ou ameaça a esta. **RMS 30973/DF, rel. Min. Cármen Lúcia, 28.2.2012. (RMS-30973), RMS 30975/DF, rel. Min. Cármen Lúcia, 28.2.2012. (RMS-30975) (Inform. STF 656)**

DIREITO CONSTITUCIONAL E ADMINISTRATIVO. DESMEMBRAMENTO DE SERVENTIAS.
Na hipótese de desmembramento de serventias, não há necessidade de consulta prévia aos titulares atingidos pela medida. Não há direito adquirido ao não desmembramento de serviços notariais e de registro, conforme consolidado na Súmula 46 do STF. Diante disso, outorgado o direito de opção – previsto no art. 29, I, da Lei 8.935/1994 – e atendidos os demais ditames legais, não há cogitar violação do direito de defesa, do contraditório ou de outro princípio constitucional. RMS 41.465-RO, Rel. Min. Humberto Martins, julgado em 3/9/2013. (Inform. STJ 530)

DIREITO ADMINISTRATIVO. DIREITO DE ANISTIADO POLÍTICO MILITAR AOS BENEFÍCIOS INDIRETOS DOS MILITARES.
A condição de anistiado político confere ao militar o direito aos planos de seguro e de assistência médica, odontológica e hospitalar assegurados aos militares. Isso porque, conforme o art. 14 da Lei 10.559/2002 (Lei de Anistia), ao "anistiado político são também assegurados os benefícios indiretos mantidos pelas empresas ou órgãos da Administração Pública a que estavam vinculados quando foram punidos". Portanto, os anistiados políticos fazem jus aos benefícios em questão, pois estes constituem direito dos militares, consoante o disposto no art. 50, IV, "e", da Lei 6.880/1980 (Estatuto dos Militares). MS 10.642-DF, Rel. Min. Og Fernandes, julgado em 12/6/2013. (Inform. STJ 526)

DIREITO ADMINISTRATIVO. REGRAS DE PROGRESSÃO NA CARREIRA DA EDUCAÇÃO BÁSICA, TÉCNICA E TECNOLÓGICA. RECURSO REPETITIVO (ART. 543-C DO CPC E RES. N. 8/2008-STJ).
Até o advento do Decreto 7.806/2012, que regulamenta o art. 120 da Lei 11.784/2008, era possível a docente da Carreira da Educação Básica, Técnica e Tecnológica progredir por titulação sem observância de interstício temporal. Conforme o art. 120 da Lei n. 11.784/2008, "o desenvolvimento na Carreira de Magistério do Ensino Básico, Técnico e Tecnológico dos servidores que integram os Quadros de Pessoal das Instituições Federais de Ensino, subordinadas ou vinculadas ao Ministério da Educação, ocorrerá mediante progressão funcional, exclusivamente, por titulação e desempenho acadêmico, nos termos do regulamento". Ainda, conforme o § 1º do mesmo artigo, a progressão funcional será feita após o professor cumprir o interstício de dezoito meses de efetivo exercício no nível respectivo. Ocorre que o § 5º do aludido dispositivo legal prevê que, até que seja publicado o regulamento previsto no caput para fins de progressão funcional e desenvolvimento na respectiva carreira, devem ser aplicadas as regras estabelecidas nos arts. 13 e 14 da Lei n. 11.344/2006, nas quais há previsão de progressão por titulação sem cumprimento de interstício temporal. Assim, o entendimento do STJ é que a progressão dos docentes da carreira do magistério básico, técnico e tecnológico federal, até a publicação do Decreto n. 7.806/2012, é regida pelas disposições da Lei n. 11.344/2006, com duas possibilidades: por interstício, com avaliação de desempenho; e por titulação, sem observância do interstício. REsp 1.343.128-SC, Rel. Min. Mauro Campbell Marques, julgado em 12/6/2013. (Inform. STJ 525)

DIREITO ADMINISTRATIVO E CONSTITUCIONAL. PROIBIÇÃO DE RETIRADA DOS AUTOS POR QUALQUER DAS PARTES NOS CINCO DIAS ANTERIORES AO JULGAMENTO PELO TRIBUNAL DO JÚRI.
Não configura ilegalidade a determinação do Juiz-Presidente do Tribunal do Júri que estabeleça a proibição de retirada dos autos por qualquer das partes, inclusive no caso de réu assistido pela Defensoria Pública, nos cinco dias que antecedam a realização da sessão de julgamento. Com efeito, deve-se considerar lícita a referida limitação, já que tem por objetivo garantir a concretização de princípios materiais do processo, equilibrando a prerrogativa legal da Defensoria Pública com o direito das demais partes. É certo que o art. 128, VII, da LC 80/1994 confere à Defensoria Pública a prerrogativa de ter vista pessoal dos processos fora dos cartórios e secretarias, ressalvadas as vedações legais. Por sua vez, dispõe o art. 803 do CPP que, salvo nos casos expressos em lei, é proibida a retirada de autos do cartório, ainda que em confiança, sob pena de responsabilidade do escrivão. Ocorre que, na hipótese, a solução da controvérsia exige a ponderação entre os dispositivos legais, à luz do princípio da igualdade e da necessidade de garantir a amplitude da defesa e do contraditório, nos termos do art. 5º, LV, da CF. Nesse contexto, afigura-se razoável e proporcional equacionar a prerrogativa de retirada dos autos de uma das partes com o direito da outra de realizar vista em cartório. RMS 41.624-RJ, Rel. Min. Humberto Martins, julgado em 7/5/2013. (Inform. STJ 524)

DIREITO ADMINISTRATIVO. INSCRIÇÃO NO CADIN POR DÉBITOS DE OPERADORAS DE PLANO DE SAÚDE RELATIVOS AO NÃO RESSARCIMENTO DE VALORES AO SUS.
As operadoras de planos de saúde que estejam em débito quanto ao ressarcimento de valores devidos ao SUS podem, em razão da inadimplência, ser inscritas no Cadastro Informativo dos créditos não quitados de órgãos e entidades federais (Cadin). Isso porque as referidas quantias não se enquadram na ressalva contida no § 8º do art. 2º da Lei 10.522/2002, de acordo com a qual os débitos referentes a "preços de serviços públicos" ou "operações financeiras que não envolvam recursos orçamentários" não podem ser inscritos no cadastro. Precedente citado: AgRg no REsp 841.509-RJ, Segunda Turma, DJ 21/8/2009. AgRg no AREsp 307.233-RJ, Rel. Min. Benedito Gonçalves, julgado em 6/6/2013. (Inform. STJ 524)

DIREITO ADMINISTRATIVO. PROMOÇÃO DE ANISTIADO POLÍTICO MILITAR. RECURSO REPETITIVO (ART. 543-C DO CPC E RES. 8/2008-STJ).
Não é possível a promoção de anistiado político (art. 6º da Lei 10.559/2002) para carreira militar diversa da que ele integra. De fato, ao anistiado político foi assegurado, na forma do art. 8º do ADCT, as promoções a que teria direito se na ativa estivesse, em observância ao disposto no art. 6º, §§ 3º e 4º, da Lei 10.559/2002. Essa prerrogativa, contudo, é restrita às promoções da carreira à qual o anistiado pertence. Precedentes citados do STJ: AgRg no REsp 1.279.476-RJ, Primeira Turma, DJe 14/11/2012; e AgRg no AREsp 283.211-RJ, Primeira Turma, DJe 18/3/2013. Precedentes do STF: ARE 692.360-RJ AgR; e RE 630.868-RJ AgR. **REsp 1.357.700-RJ, Rel. Min. Herman Benjamin, julgado em 12/6/2013.** (Inform. STJ 522)

DIREITO ADMINISTRATIVO. ANISTIA POLÍTICA. TERMO DE ADESÃO. DESCUMPRIMENTO.
O anistiado, ao assinar o termo de adesão, compromete-se a não discutir judicialmente graduação diversa daquela concedida pela Comissão de Anistia, sob pena de suspensão do pagamento das parcelas determinadas pelo acordo, conforme a Lei n. 11.354/2006. A aquiescência ao termo de adesão impõe ao anistiado expressa concordância com o valor, a forma e as condições de pagamento e, ainda, a declaração de que não está nem ingressará em juízo reclamando ou impugnando o valor a ele devido. Descumprida essa exigência, não subsiste razão para que a administração continue a pagar os valores atrasados estipulados pela Comissão de Anistia, já que tais verbas serão discutidas na via judicial. Precedentes citados: AgRg no REsp 1.231.573-RJ, DJe 3/5/2011, e REsp 1.189.316-RJ, 28/6/2010. **AgRg no REsp 1.328.001-RJ, Rel. Min. Humberto Martins, julgado em 18/10/2012.** (Inform. STJ 507)

ANISTIADO POLÍTICO. REPARAÇÃO ECONÔMICA CUMULADA COM DANOS MORAIS. IMPOSSIBILIDADE.
A reparação econômica prevista na Lei n. 10.559/2002 possui dúplice caráter indenizatório, abrangendo os danos materiais e morais sofridos pelos anistiados políticos. Embora os direitos expressos na Lei de Anistia não excluam os conferidos por outras normas legais ou constitucionais, é vedada a acumulação de quaisquer pagamentos, benefícios ou indenizações com o mesmo fundamento, facultando-se ao beneficiário a opção mais favorável. Portanto, o anistiado político beneficiado com o recebimento da indenização não pode propor demanda de reparação de danos morais, com base no CC, com a mesma fundamentação utilizada na comissão de anistia, sob pena de infringir o princípio do *bis in idem*. **REsp 1.323.405-DF, Rel. Min. Arnaldo Esteves Lima, julgado em 11/9/2012.** (Inform. STJ 504)

Súmula STF nº 674
A anistia prevista no art. 8º do ato das disposições constitucionais transitórias não alcança os militares expulsos com base em legislação disciplinar ordinária, ainda que em razão de atos praticados por motivação política.

7. DIREITO TRIBUTÁRIO

1. PRINCÍPIOS E DIREITOS DOS CONTRIBUINTES

AG. REG. NO RE N. 748.257-SE
RELATOR: MIN. RICARDO LEWANDOWSKI
Ementa: AGRAVO REGIMENTAL EM RECURSO EXTRAORDINÁRIO. TRIBUTÁRIO. MULTA FISCAL. PERCENTUAL SUPERIOR A 100%. CARÁTER CONFISCATÓRIO. ALEGADA OFENSA AO ART. 97 DA CONSTITUIÇÃO. INEXISTÊNCIA. AGRAVO IMPROVIDO.
I – Esta Corte firmou entendimento no sentido de que são confiscatórias as multas fixadas em 100% ou mais do valor do tributo devido.
II – A obediência à cláusula de reserva de plenário não se faz necessária quando houver jurisprudência consolidada do STF sobre a questão constitucional discutida.
III – Agravo regimental improvido. (Inform. STF 716)

AG. REG. NO RE N. 525.802-SE
RELATOR: MIN. RICARDO LEWANDOWSKI
Ementa: AGRAVO REGIMENTAL NO RECURSO EXTRAORDINÁRIO. TRIBUTÁRIO. ICMS. IMPOSSIBILIDADE DE IMPOR AO CONTRIBUINTE INADIMPLENTE A OBRIGAÇÃO DO RECOLHIMENTO ANTECIPADO DO TRIBUTO. FORMA OBLÍQUA DE COBRANÇA. VIOLAÇÃO AOS PRÍNCIPIOS DA LIVRE CONCORRÊNCIA E DA LIBERDADE DE TRABALHO E COMÉRCIO. AGRAVO IMPROVIDO.
I – Impor ao contribuinte inadimplente a obrigação de recolhimento antecipado do ICMS, como meio coercitivo para pagamento do débito fiscal, importa em forma oblíqua de cobrança de tributo e em contrariedade aos princípios da livre concorrência e da liberdade de trabalho e comércio. Precedentes.
II – Agravo regimental improvido. (Inform. STF 707)

DIREITO TRIBUTÁRIO. EXIGÊNCIA DE GARANTIA PARA LIBERAÇÃO DE MERCADORIA IMPORTADA.
A autoridade fiscal não pode condicionar a liberação de mercadoria importada à prestação de garantia no caso em que a retenção da referida mercadoria decorra da pretensão da Fazenda de efetuar reclassificação tarifária. Precedente citado: AgRg no Ag 1.183.602-RS, Primeira Turma, DJe 7/6/2010. **AgRg no REsp 1.227.611-RS, Rel. Min. Arnaldo Esteves Lima, julgado em 19/3/2013.** (Inform. STJ 518)

Súmula Vinculante STF 28
É inconstitucional a exigência de depósito prévio como requisito de admissibilidade de ação judicial na qual se pretenda discutir a exigibilidade de crédito tributário.

Súmula Vinculante STF 21
É inconstitucional a exigência de depósito ou arrolamento prévios de dinheiro ou bens para admissibilidade de recurso administrativo.

Súmula STF nº 669
Norma legal que altera o prazo de recolhimento da obrigação tributária não se sujeita ao princípio da anterioridade.

Súmula STF nº 667
Viola a garantia constitucional de acesso à jurisdição a taxa judiciária calculada sem limite sobre o valor da causa.

Súmula STF nº 547
Não é lícito à autoridade proibir que o contribuinte em débito adquira estampilhas, despache mercadorias nas alfândegas e exerça suas atividades profissionais.

Súmula STF nº 323
É inadmissível a apreensão de mercadorias como meio coercitivo para pagamento de tributos.

Súmula STF nº 70
É inadmissível a interdição de estabelecimentos como meio coercitivo para cobrança de tributo.

Súmula STF nº 69
A Constituição Estadual não pode estabelecer limite para o aumento de tributos municipais.

Súmula STF nº 67
É inconstitucional a cobrança do tributo que houver sido criada ou aumentado no mesmo exercício financeiro.

Súmula STJ nº 373
É ilegítima a exigência de depósito prévio para admissibilidade de recurso administrativo.

Súmula TFR nº 206
O reajuste da base de cálculo de contribuições previdenciárias, instituído pelo art. 5º e parágrafos da Lei 6.332, de 1976, não está sujeito ao princípio da anterioridade.

2. IMUNIDADES

ECT: imunidade tributária recíproca e IPVA
São imunes à incidência do IPVA os veículos automotores pertencentes à Empresa Brasileira de Correios e Telégrafos - ECT (CF, art. 150, VI, a). Esse o entendimento do Plenário, que, por maioria, julgou procedente pleito formulado em ação cível originária na qual a referida empresa pública buscava o afastamento da exigibilidade do IPVA cobrado por Estado-membro, bem como das sanções decorrentes do não pagamento do tributo, tendo em conta o alegado desempenho de atividades típicas de serviço público obrigatório e exclusivo. A Corte reafirmou sua jurisprudência no sentido de ser aplicável a imunidade tributária recíproca em favor da ECT, inclusive em relação ao IPVA, reiterado o quanto decidido no RE 601.392/PR (DJe de 5.6.2013), na ACO 819 AgR/SE (DJe de 5.12.2011) e na ACO 803 AgR/SP (acórdão pendente de

publicação). Vencido o Ministro Marco Aurélio (relator), que julgava improcedente o pedido. Destacava que só se poderia cogitar de imunidade recíproca quando houvesse possibilidade jurídica de ser, a um só tempo, sujeito passivo e sujeito ativo tributário, o que não ocorreria com as pessoas jurídicas de direito privado, como a ECT.
ACO 879/PB, rel. Min. Marco Aurélio, red. p/ o acórdão Min. Roberto Barroso, 26.11.2014. (ACO-879) (Inform. STF 769)

ICMS: Correios e imunidade tributária recíproca - 1
Não incide o ICMS sobre o serviço de transporte de bens e mercadorias realizado pela Empresa Brasileira de Correios e Telégrafos - ECT. Esse o entendimento do Plenário, que, por maioria, deu provimento a recurso extraordinário em que se discutia o alcance da imunidade tributária recíproca (CF, art. 150, VI, a) relativamente ao referido imposto, incidente sobre específica modalidade de serviço postal realizado pela ECT. A Corte afastou, inicialmente, questão posta no acórdão recorrido no sentido de que a ECT, quando da realização do transporte de mercadoria, e tendo em conta a natureza jurídica de direito privado daquela entidade, não estaria albergada pela proteção da imunidade tributária recíproca. Segundo esse entendimento, tratar-se-ia, na espécie, de contrato oneroso de transporte, ausente norma legal a amparar o tratamento diferenciado. O Colegiado asseverou que o fluxo de atividade dos Correios, no que diz com o serviço postal, estaria previsto no art. 7º, "caput", e § 3º, da Lei 6.538/1978 ("Constitui serviço postal o recebimento, expedição, transporte e entrega de objetos de correspondência, valores e encomendas, conforme definido em regulamento. ... § 3º - Constitui serviço postal relativo a encomendas a remessa e entrega de objetos, com ou sem valor mercantil, por via postal"). O transporte de encomendas, portanto, também estaria inserido no rol das atividades desempenhadas pela entidade em comento, e esta, como assentado no RE 601.392/PR (DJe de 5.6.2013), deveria cumprir o encargo de alcançar todos os lugares do Brasil, sem a possibilidade de recusa, diferentemente das empresas privadas. Além disso, haveria, para os Correios, a possibilidade de terceirizar o serviço, mediante licitação, e as empresas eventualmente contratadas seriam contribuintes do ICMS sobre a prestação dos serviços de transporte. Esse transporte, que se daria entre unidades próprias da ECT, em nenhum momento ensejaria à empresa terceirizada a atividade de receber ou entregar as correspondências ou encomendas diretamente ao usuário do serviço postal. Por outro lado, sendo obrigatórias a regularidade do serviço postal e a garantia de sua continuidade, não seria despropositado que a ECT aproveitasse espaços ociosos nos veículos que utilizasse para exercer atividades afins. Não se estaria, assim, a criar determinada estrutura exclusivamente para competir com particulares, mas, meramente a aproveitar meios já disponíveis e utilizados, necessários ao serviço postal. Ademais, as atividades exercidas sob regime concorrencial existiriam para custear aquela exercida sob o regime constitucional de monopólio. Se assim não fosse, frustrar-se-ia o objetivo do legislador de viabilizar a integração nacional e dar exequibilidade à fruição do direito básico do indivíduo de se comunicar com outras pessoas ou instituições e de exercer outros direitos, com esse relacionados, fundados na própria Constituição. Outrossim, seria impossível separar topicamente as atividades concorrenciais para que se verificasse a tributação. Além disso, o desempenho daquelas atividades não descaracterizaria o viés essencialmente público das finalidades institucionais da empresa pública em comento. Por fim, a ECT não poderia nem deveria ser equiparada a empresa de transporte privado — cuja atividade fim fosse o transporte de mercadorias —, na medida em que, não apenas o recebimento e a entrega de correspondências e encomendas, mas, notadamente, o próprio transporte, seriam todas fases indissociáveis de um serviço postal que se qualificaria pela incindibilidade, tendo em vista a sua última destinação e sua própria função.

RE 627051/PE, rel. Min. Dias Toffoli, 12.11.2014. (RE-627051)

ICMS: Correios e imunidade tributária recíproca - 2
Vencidos os Ministros Roberto Barroso e Marco Aurélio, que desproviam o recurso. O Ministro Roberto Barroso inicialmente destacava o caráter predominantemente econômico do serviço postal. Se considerado serviço público, este, de modo geral, deveria ser prestado em regime concorrencial. Portanto, todas as atividades da ECT deveriam ser prestadas por ela, mas sem exclusão de outras empresas. Quanto à tese do subsídio cruzado, afirmou que a invocação deste, sem demonstração contábil a revelar sua indispensabilidade, seria argumento retórico. Além disso, a atividade a ser tributada na espécie não teria sido incluída no regime de privilégio conferido à ECT, conforme decido pelo STF na ADPF 46/DF (DJe de 26.2.2010). Em decorrência, estar-se-ia a conferir vantagem competitiva à ECT em atividades que esta disputaria com a iniciativa privada. Outrossim, a imunidade recíproca, aplicada a tributo que seria, em última análise, repassado ao consumidor final, e no intuito de dar vantagem competitiva à referida entidade em atividade não monopolizada, não teria nenhum grau de substrato constitucional. O Ministro Marco Aurélio, ao reiterar entendimento sustentado quando do julgamento da ADPF 46/DF, aduzia não haver, na cláusula constitucional de manutenção do serviço postal pela União, o encerramento de monopólio. A despeito disso, este último, conforme fora decidido naquela assentada, teria ficado restrito à atividade essencial, sem chegar, portanto, às atividades enquadradas como atividades secundárias. Ressaltou que a Corte estaria, de forma pretoriana, passo a passo, a alargar o conceito constitucional da imunidade recíproca. Ademais, não se poderia deixar de levar em conta a livre iniciativa e a livre concorrência, considerada a opção pelo privado, advinda da CF/1988. Ao se desprezar estes predicados — princípios básicos da economia —, estar-se-ia a gerar um contexto de verdadeiro privilégio, e todo privilégio seria odioso. Dever-se-ia buscar, tanto quanto possível, no caso, o tratamento igualitário, tendo presente, inclusive, o disposto no art. 173, § 1º, II, da CF.
RE 627051/PE, rel. Min. Dias Toffoli, 12.11.2014. (RE-627051) (Inform. STF 767)

ECT: imunidade recíproca e IPTU - 1
A imunidade tributária recíproca reconhecida à Empresa Brasileira de Correios e Telégrafos - ECT alcança o IPTU incidente sobre imóveis de sua propriedade, bem assim os por ela utilizados. No entanto, se houver dúvida acerca de quais imóveis estariam afetados ao serviço público, cabe à administração fazendária produzir prova em contrário, haja vista militar em favor do contribuinte a presunção de imunidade anteriormente conferida em benefício dele. Com base nesse entendimento, o Plenário, por maioria, desproveu recurso extraordinário no qual se discutia o alcance da imunidade tributária recíproca relativa ao IPTU, incidente sobre imóveis de propriedade da ECT. O Tribunal salientou que, embora a interpretação literal da Constituição reconhecesse a imunidade recíproca apenas às pessoas políticas, autarquias e fundações, a jurisprudência do STF estenderia o beneplácito às empresas públicas e às sociedades de economia mista, desde que prestadoras de serviço público. Assentou que essas entidades poderiam figurar como instrumentalidades das pessoas políticas, de modo a ocupar-se dos serviços públicos atribuídos aos entes federativos aos quais estariam vinculadas, franqueado o regime tributário próprio das autarquias e das fundações públicas. Frisou, no tocante aos tributos incidentes sobre o patrimônio das empresas públicas e das sociedades de economia mista, a necessidade de se analisar a capacidade contributiva, para fins de imunidade, a partir da materialidade do tributo. Distinguiu os institutos da isenção — que seria uma benesse decorrente da lei — e da imunidade — que decorreria diretamente do texto constitucional. Deduziu que, no primeiro caso, incumbiria ao contribuinte que pretendesse a fruição da benesse o ônus de demonstrar seu enquadramento na situação contemplada, enquanto, no segundo, as presunções sobre o enquadramento originalmente conferido deveriam militar a favor

do contribuinte. Constatou, a partir desse cenário, que se a imunidade já houvesse sido deferida o seu afastamento só poderia ocorrer mediante a constituição de prova em contrário produzida pelo Fisco. Sublinhou que o oposto ocorreria com a isenção, que constituiria mero benefício fiscal concedido pelo legislador ordinário, presunção que militaria em favor da Fazenda Pública.
RE 773992/BA, rel. Min. Dias Toffoli, 15.10.2014. (RE-773992)

ECT: imunidade recíproca e IPTU - 2
A Corte observou que, no caso dos autos, a autuação fiscal se dera sob a alegação de que a ECT seria empresa pública sujeita ao regime jurídico de direito privado, a atrair a regra do art. 173, § 1º, da CF. Ressaltou, todavia, que esse argumento já teria sido refutado em manifestações anteriores do Colegiado. Destacou que, ao reconhecer a abrangência da imunidade recíproca às empresas prestadoras de serviço público de prestação obrigatória e exclusiva do Estado — a exemplo da ECT —, o STF não se pautaria pelo regime jurídico da entidade integrante da Administração Indireta. Vencidos os Ministros Marco Aurélio e Roberto Barroso, que proviam o recurso. O primeiro pontuava que a imunidade recíproca seria inerente ao pacto federativo, a contemplar apenas os entes políticos e não as pessoas jurídicas de direito privado. Além disso, asseverava que a imunidade seria incompatível com a distribuição de dividendo. O segundo considerava que a Constituição não teria tratado o serviço postal como serviço público e, ainda que o tivesse, ele não seria serviço público de natureza autárquica, um serviço público típico. Ponderava que conceder imunidade à ECT implicaria reconhecer vantagem competitiva contra as empresas privadas, o que seria vedado pelo art. 173 da CF.
RE 773992/BA, rel. Min. Dias Toffoli, 15.10.2014. (RE-773992)
(Inform. STF 763)

Veículo de radiodifusão e imunidade tributária
O Plenário confirmou medida cautelar e julgou procedente pedido formulado em ação direta para declarar a inconstitucionalidade da expressão "e veículos de radiodifusão", constante do art. 193, VI, d, da Constituição do Estado do Rio de Janeiro, bem como da expressão "e veículo de radiodifusão", constante do art. 40, XIV, da Lei estadual 1.423/1989. Os dispositivos se referem à concessão de imunidade tributária no tocante a livros, jornais, periódicos, o papel destinado a sua impressão e a veículos de radiodifusão. O Colegiado reputou que teria havido expansão indevida do modelo de imunidade relativo a livros, jornais, periódicos e o papel destinado a sua impressão.
ADI 773/RJ, rel. Min. Gilmar Mendes, 20.8.2014. (ADI-773)
(Inform. STF 755)

Componentes eletrônicos que acompanham livro e imunidade tributária - 1
O Plenário iniciou julgamento de recurso extraordinário em que se discute o alcance da imunidade prevista no art. 150, VI, d, da CF, de modo a abarcar componentes eletrônicos que acompanham e complementam material didático impresso, utilizados em curso prático de montagem de computadores. No caso, após o indeferimento de mandado de segurança, pelo juízo, sob o fundamento de que os componentes eletrônicos não se enquadrariam na figura do livro eletrônico e, por isso, não gozariam da imunidade, o tribunal de origem reformara a sentença para reconhecer o benefício. No acórdão recorrido, a Corte local assentara tratar-se de conjunto integrado, de cunho educativo, em que os fascículos impressos ensinam como montar um sistema de testes, enquanto os elementos eletrônicos permitem o demonstrativo prático da montagem pretendida. O Ministro Marco Aurélio (relator) negou provimento ao recurso extraordinário para reconhecer a imunidade tributária, no que foi acompanhado pelos Ministros Roberto Barroso, Teori Zavascki, Rosa Weber e Luiz Fux. Inicialmente, descreveu o impacto das inovações tecnológicas sobre a realidade fática e sobre o direito. Sublinhou que a informática revolucionara os meios de ensino e de difusão da cultura e do pensamento. Observou que o acesso aos conteúdos didáticos e às informações mais variadas, em razão da rede mundial de computadores, ou por meio de CD-ROMs ou similares, teria sido ampliada de forma extraordinária. Constatou que, no chamado "ambiente virtual", a troca de informações e a aquisição de conteúdos didáticos, especialmente por meio de cópias de arquivos realizadas em "sites" especializados, ou até mesmo em periódicos das mais prestigiadas universidades do mundo, imporiam o redimensionamento da compreensão tradicional acerca desses meios. Salientou que o ensino e a exposição de ideias por meio digital teriam se tornado parte essencial e construtiva da cultura moderna, o que diferenciaria em estrutura, procedimento, velocidade, facilidade e amplitude de acesso relativo ao que existia antes. Registrou que isso não significaria o abandono por completo dos livros ou das mídias impressas. Destacou que, em vez de exclusão de formas, presenciar-se-ia, ao menos até a época atual, fenômeno de integração ou de complementação de meios. Consignou que a difusão de ideias e a profusão da cultura ainda ocorreriam por meios tradicionais, mas não mais apenas por eles. Lembrou que o invento de Gutemberg manteria utilidade e relevância, agora acompanhado e integrado aos meios digitais e aos elementos eletrônicos.
RE 595676/RJ, rel. Min. Marco Aurélio, 6.8.2014. (RE-595676)

Componentes eletrônicos que acompanham livro e imunidade tributária - 2
O relator analisou que a situação em debate não se faria presente em 1988, quando da promulgação da Constituição. À época, o legislador constituinte não poderia antever tamanha evolução tecnológica. Reconheceu a necessidade de aperfeiçoamento interpretativo da nova e irreversível realidade digital quanto aos campos da informação, da comunicação e da educação. Avaliou que a interpretação constitucional haveria de ser modernizante, sem se afastar-se do texto da Constituição. Nesse desafio hermenêutico ao qual seria lançado, o STF deveria adentrar o tema discutido, para desempenhar o papel de intérprete contemporâneo na medida do possível. Afirmou que, de um lado, a interpretação literal, mais direta e imediata do enunciado constitucional, favoreceria o alcance restrito à regra de imunidade, excluídos da abrangência os ditos elementos eletrônicos. De outro, a interpretação sistêmico-teleológica do dispositivo, consideradas ainda as premissas fáticas fixadas pelo tribunal de origem, apontaria em sentido diverso, na direção do desprovimento do extraordinário e da conclusão de imunidade quanto aos componentes eletrônicos que veiculariam informações e conteúdos didáticos junto com os livros e periódicos impressos. Constatou que essas seriam os balizas do caso, cuja definição deveria ser precedida da compreensão adequada da razão das imunidades tributárias no sistema constitucional pátrio — especificamente, a dos livros, jornais e periódicos (CF, art. 150, VI, d) —, bem como da evolução tecnológica apontada. Explicitou que as normas de imunidade tributária constantes da Constituição visariam proteger valores políticos, morais, culturais e sociais essenciais, e não permitiriam que os entes tributassem certas pessoas, bens, serviços ou situações ligadas a esses valores. Recordou que onde houvesse regra constitucional de imunidade, não poderia haver exercício da competência tributária. Asseverou que as regras de imunidade deveriam ser vistas como elementos de um sistema harmônico e integrado de normas e propósitos constitucionais e interpretadas em função do papel que cumprissem em favor dos valores prestigiados por esse sistema. Isso valeria, especialmente, para as imunidades previstas no mencionado art. 150, VI, considerados os impostos. Destacou a necessidade permanente de compatibilizar a abordagem finalística das imunidades com o conjunto normativo e axiológico que seria a Constituição. Frisou que, nela, existiria uma variedade de objetivos opostos, estabelecidos em normas de igual hierarquia. Reputou que nesse âmbito de antinomias potenciais, o elemento sistemático adquiriria relevância prática junto ao teleológico. Sob tal perspectiva, cada norma jurídica deveria ser interpretada com consideração de todas as demais, e não de forma isolada, presente a busca pela

harmonia e integridade sistêmica da Constituição. Concluiu que combinados os elementos sistemático e teleológico, a interpretação deveria cumprir função de harmonização, influenciada, prioritariamente, por princípios como o da dignidade da pessoa humana, da igualdade, do Estado Democrático de Direito, da República e da Federação.
RE 595676/RJ, rel. Min. Marco Aurélio, 6.8.2014. (RE-595676)

Componentes eletrônicos que acompanham livro e imunidade tributária - 3
O Ministro Marco Aurélio assinalou que a postura hermenêutica do STF alusiva às normas de imunidade das alíneas a, b e c do inciso VI do art. 150 da CF seria a mesma adotada para a norma da alínea d do preceito constitucional, ou seja, em relação à imunidade dos livros, jornais e periódicos. O dispositivo visaria promover a educação, garantir o princípio da liberdade de manifestação do pensamento e da expressão da atividade intelectual, artística, científica e de comunicação, de modo a facilitar e estimular a circulação de ideias, o direito de informar e de ser informado e a própria liberdade de imprensa. Acresceu que considerados esses propósitos, a imunidade se apresentaria como essencial ao próprio desenvolvimento da cultura, da democracia e da cidadania participativa e reivindicatória. Aduziu que a definição interpretativa do alcance da norma constitucional deveria guardar relação mais do que íntima com a compreensão da função política e social que a imunidade cumprisse em favor da difusão das ideias, da educação, da cultura, da democracia e da cidadania. A norma objetivaria proteger não simplesmente o livro, jornal ou periódico como suportes físicos de ideias e comunicação, mas o valor intrínseco do conteúdo veiculado, de natureza educacional, informativa, expressiva do pensamento individual ou coletivo. Sublinhou que o meio seria secundário, e importaria, precipuamente, promover e assegurar o direito fundamental à educação, à cultura, à informação, à participação política dos cidadãos. Mencionou que o STF teria compreendido bem a distinção e aplicado a norma de imunidade com base nessa diretriz. Frisou que as normas constitucionais deveriam ser aplicadas aos fatos da vida. No entanto, o intérprete deveria observar o contexto cuja regulação configurasse o fim da norma e, sensibilizado ou mesmo influenciado por esse fim, definir a extensão e o conteúdo de sua incidência. Ressaltou que as normas também precisariam se conformar aos fatos, sociais e políticos. Assim, em busca de equilíbrio entre a realidade dos fatos e o texto normativo, a interpretação constitucional não poderia olhar apenas para o passado, mas também para o presente e o futuro, de modo que a concretização da Constituição não resultasse em retrocessos sociais indesejados quanto aos valores por ela própria prestigiados.
RE 595676/RJ, rel. Min. Marco Aurélio, 6.8.2014. (RE-595676)

Componentes eletrônicos que acompanham livro e imunidade tributária - 4
O relator ponderou que a abordagem teleológica e sistemática da imunidade discutida deveria, portanto, conformar a Constituição de 1988 à evolução tecnológica vivida já na segunda década do Século XXI. Enfatizou que, para não se ter uma Constituição ultrapassada, a evolução interpretativa do preceito constitucional deveria avançar ainda mais e observar as novas dimensões dos meios de ensino e comunicação. Afiançou que o impacto tecnológico implicara a ampliação dos conceitos de livro, imprensa e revistas periódicas, fenômeno ao qual o Supremo não poderia ficar alheio. Ignorar essa realidade colocaria em risco a própria efetividade da Constituição. Realçou que, tendo em vista o uso cada vez maior de meios digitais e magnéticos em substituição aos tradicionais livros e jornais, não evoluir na interpretação significaria reduzir, dia após dia, o alcance da imunidade em referência. Declarou que considerada a realidade fático-tecnológica, poder-se-ia dizer que negar a imunidade aos novos formatos de transmissão de educação, cultura e informação resultaria, hoje, em amesquinhar a norma constitucional e, amanhã, esvaziá-la por completo. Assegurou que o acórdão recorrido não mereceria reparos, uma vez que a extensão da imunidade tributária em favor desses elementos justificar-se-ia em razão de constituírem material complementar ao conteúdo educativo. Asseverou que não se trataria de bens que pudessem ser caracterizados como brindes comerciais, disponíveis apenas como forma de atrair a aquisição do produto pelo público, tampouco seriam ornamentais. Representariam, inequivocamente, elementos indispensáveis ao conjunto didático, a integrar o produto final, acabado, voltado a veicular informações de cunho educativo atinentes a cursos de montagem de computadores, comercializados pela recorrida. Destacou que fascículo impresso e componentes eletrônicos seriam partes fisicamente distinguíveis, finalística e funcionalmente unitárias. Assim, reconheceu atendido o pressuposto básico da imunidade de que cuidaria a alínea d do inciso VI do art. 150 da CF. Depreendeu que a circunstância de esse elemento revestir a forma de peças eletrônicas não conduziria a negar a validade constitucional dessa conclusão, considerado o alcance interpretativo que o STF conferiria ao aludido preceito. A interpretação literal deveria ser afastada como método isolado para a solução de casos tão complexos como o dos autos, mas poderia servir como ponto de partida para a utilização dos demais métodos segundo os valores envolvidos e imanentes à norma. Em acréscimo, o Ministro Roberto Barroso pontuou ser necessário haver relação de unidade entre o fascículo e o bem que o acompanhasse. Por sua vez, o Ministro Teori Zavascki pontuou que, para reconhecer a imunidade, os equipamentos teriam de ser parte acessória e não principal, sem autonomia própria. Em seguida, o julgamento foi suspenso em razão do pedido de vista do Ministro Dias Toffoli.
RE 595676/RJ, rel. Min. Marco Aurélio, 6.8.2014. (RE-595676) (Inform. STF 753)

Entidades beneficentes de assistência social e imunidade - 1
O Plenário iniciou julgamento conjunto de recurso extraordinário, com repercussão geral reconhecida, e de quatro ações diretas de inconstitucionalidade em que debatida a constitucionalidade do art. 55 da Lei 8.212/1991, o qual dispõe sobre as exigências que devem ser cumulativamente cumpridas por entidades beneficentes de assistência social para fins de concessão de imunidade tributária em relação às contribuições para a seguridade social. No RE 566.622/RS, a controvérsia envolve a discussão quanto à constitucionalidade da redação original do preceito mencionado. Na ADI 2.028/DF e na ADI 2.036/DF, são impugnados o art. 1º — na parte em que alterou a redação do art. 55, III, da Lei 8.212/1991, e acrescentou-lhe os §§ 3º, 4º e 5º —, bem como os artigos 4º, 5º e 7º, da Lei 9.732/1998. Na ADI 2.228/DF, são contestados o art. 55, II e III, da Lei 8.212/1991, com a redação conferida pelo art. 5º da Lei 9.429/1996, e, subsidiariamente, o art. 18, III e IV, da Lei 8.742/1993; os artigos 2º, IV, e 3º, VI e parágrafos 1º e 4º, o art. 4º, "caput" e parágrafo único, todos do Decreto 2.536/1998; e, subsidiariamente os artigos 1º, IV, 2º, IV e parágrafos 1º e 3º, o art. 7º, § 4º, do Decreto 752/1993. Por fim, na ADI 2.621/DF, são questionados os artigos 3º — na parte em que alterou a redação do art. 55, II, da Lei 8.212/1991 — e 5º — na parte em que alterou a redação dos artigos 9º e 18, III e IV, da Lei 8.742/1993 —, ambos da MP 2.187-13/2001, bem assim os artigos 2º, IV, 3º, VI, parágrafos 1º e 4º, "caput" e parágrafo único, do art. 4º, todos do Decreto 2.536/1998; e, subsidiariamente os artigos 1º, IV, 2º, IV, §§ 1º e 3º, 7º, § 4º, do Decreto 752/1993.

Entidades beneficentes de assistência social e imunidade - 2
No recurso extraordinário, sociedade beneficente de assistência social, ora recorrente, defende que as modificações e exigências trazidas pelas alterações legislativas caracterizariam requisitos para concessão de imunidade e, por isso, deveriam ser veiculadas por lei complementar (CF, art. 146, II). Aduz preencher as exigências do art. 14 do CTN ("O disposto na alínea 'c' do inciso IV do artigo 9º é subordinado à observância dos seguintes requisitos pelas entidades nele referidas: I - não distribuírem

qualquer parcela de seu patrimônio ou de suas rendas, a qualquer título; II - aplicarem integralmente, no País, os seus recursos na manutenção dos seus objetivos institucionais; III - manterem escrituração de suas receitas e despesas em livros revestidos de formalidades capazes de assegurar sua exatidão. § 1º Na falta de cumprimento do disposto neste artigo, ou no § 1º do artigo 9º, a autoridade competente pode suspender a aplicação do benefício. § 2º Os serviços a que se refere a alínea 'c' do inciso IV do artigo 9º são exclusivamente, os diretamente relacionados com os objetivos institucionais das entidades de que trata este artigo, previstos nos respectivos estatutos ou atos constitutivos"). A recorrente infere, ainda, ser titular da imunidade tributária prevista na Constituição ("Art. 195. A seguridade social será financiada por toda a sociedade, de forma direta e indireta, nos termos da lei, mediante recursos provenientes dos orçamentos da União, dos Estados, do Distrito Federal e dos Municípios, e das seguintes contribuições sociais: ... § 7º - São isentas de contribuição para a seguridade social as entidades beneficentes de assistência social que atendam às exigências estabelecidas em lei"). O Ministro Marco Aurélio (relator) deu provimento ao recurso extraordinário. Explicou que as normas de imunidade tributária constantes da Constituição objetivariam proteger valores políticos, morais, culturais e sociais essenciais, a não permitir que os entes tributassem certas pessoas, bens, serviços ou situações ligadas a esses valores. Lembrou que o § 7º do art. 195 da CF traria dois requisitos para o gozo da imunidade: ser pessoa jurídica a desempenhar atividades beneficentes de assistência social e atender a parâmetros legais. No que se refere à primeira condição, asseverou que o STF conferiria sentido mais amplo ao termo "assistência social" constante do artigo 203 da CF, a concluir que, entre as formas de promover os objetivos revelados nos incisos desse preceito, estariam incluídos os serviços de saúde e educação. Reputou que toda pessoa jurídica a prestar esses serviços, sem fins lucrativos, com caráter assistencial, em favor da coletividade e, em especial, dos hipossuficientes, atuaria em conjunto com o Poder Público na satisfação de direitos fundamentais sociais. Destacou que essa seria a razão de o constituinte ter assegurado a imunidade a essas pessoas em relação tanto aos impostos como às contribuições sociais, a partir da impossibilidade de tributar atividades típicas do Estado em favor da realização de direitos fundamentais no campo da assistência social.

Entidades beneficentes de assistência social e imunidade - 3

O Ministro Marco Aurélio frisou que a definição do alcance formal e material do segundo requisito (observância de "exigências estabelecidas em lei") deveria considerar o motivo da imunidade em discussão — a garantia de realização de direitos fundamentais. Sinalizou que, por se tratar de limitação ao poder de tributar, as "exigências legais" ao exercício das imunidades seriam sempre "normas de regulação" às quais o constituinte originário teria feito referência no inciso II do art. 146 da CF, a serem dispostas em lei complementar. Assinalou que para disciplinar as condições referidas no § 7º do art. 195 da CF, dever-se-ia observar a reserva absoluta de lei complementar, sob pena de negar-se que a imunidade discutida fosse uma limitação ao poder de tributar. Ponderou caber à lei ordinária apenas prever requisitos que não extrapolassem os estabelecidos no CTN ou em lei complementar superveniente. Seria, portanto, vedado criar obstáculos novos, adicionais aos já previstos em ato complementar. Pontuou que, sob o pretexto de disciplinar aspectos das entidades pretendentes à imunidade, o legislador ordinário teria restringido o alcance subjetivo da regra constitucional, em favor da coletividade e a impor condições formais reveladoras de autênticos limites à imunidade. Entendeu que teria ocorrido regulação do direito sem que estivesse autorizado pelo art. 146, II, da CF. Aduziu que o art. 55 da Lei 8.212/1991 previria requisitos para o exercício da imunidade tributária contida no § 7º do art. 195 da CF, a revelar condições prévias ao aludido direito. Assim, deveria ser reconhecida a inconstitucionalidade formal desse dispositivo no que ultrapassasse o definido no art. 14 do CTN, por afronta ao art. 146, II, da CF. Considerou que os requisitos legais exigidos na parte final do mencionado § 7º, enquanto não editada nova lei complementar sobre a matéria, seriam somente aqueles do aludido art. 14 do CTN. Concluiu por assegurar o direito à imunidade de que trata o art. 195, § 7º, da CF — haja vista que reconhecido pelo tribunal "a quo" que a entidade preencheria os requisitos exigidos no CTN — e, por consequência, desconstituir o crédito tributário inscrito em dívida ativa, com a extinção da respectiva execução fiscal. Após o voto dos Ministros Joaquim Barbosa (Presidente), Cármen Lúcia e Roberto Barroso, no mesmo sentido do relator, pediu vista dos autos o Ministro Teori Zavascki.

Entidades beneficentes de assistência social e imunidade - 4

Na sequência, o Ministro Joaquim Barbosa (Presidente), relator das ações diretas de inconstitucionalidade, rejeitou preliminar de não conhecimento, suscitada da tribuna pela Advocacia-Geral da União - AGU. Para o referido órgão, as ações diretas teriam por objeto dispositivos substancialmente alterados por legislação posterior, inclusive com a revogação expressa de alguns artigos impugnados, o que inviabilizaria a análise em controle concentrado de constitucionalidade. A AGU aduzia, também, haver aditado a inicial para incluir a Lei 12.101/1999, publicada após a inserção dos feitos em pauta para julgamento. Arguia que, embora o STF admitisse aditamento de petição inicial, seria necessária a abertura de prazo para a manifestação dos requeridos, o que não ocorrera. O Presidente asseverou que legislação tributária seria prolixa, de inovação quase cotidiana e, no que diz respeito à imunidade tributária, as alterações quantitativas não teriam modificado o cerne da controvérsia constitucional. Destacou que o apelo ao vício do processo legislativo sempre fora argumento fraco para a construção de critérios decisórios relativos à imunidade tributária. Reconheceu que o art. 195, § 7º, da CF aludiria à lei, sem qualificá-la, para dispor que o reconhecimento da situação de imunidade dependeria do que dispusesse o ordenamento infraconstitucional. Realçou que vinculações mais restritas à livre disposição do indivíduo para agir no campo da benemerência ou filantropia exigiriam o rigor da lei complementar, nos termos do inciso II do art. 146 da CF. Salientou que o art. 195, § 7º, da CF não poderia ser interpretado de forma isolada e sem observância do disposto no art. 146, II, da CF. Sublinhou que a competência para dispor sobre imunidade deveria ser construída de forma a prever a utilização da lei complementar. Explicou que o § 195, § 7º, da CF adotaria três critérios para o reconhecimento da imunidade ao pagamento de contribuições destinadas ao custeio da seguridade social: a) o caráter beneficente da entidade, ou seja, a ausência de fins lucrativos destinados ao benefício ou aumento patrimonial para os participantes da entidade; b) a dedicação às atividades de assistência social; e c) a observância às exigências definidas em lei.

Entidades beneficentes de assistência social e imunidade - 5

O Ministro Joaquim Barbosa acrescentou que o art. 203 da CF definiria os contornos da assistência social, a indicar quais seriam as finalidades que deveriam ser atingidas com as respectivas ações. Ademais, para caracterizar-se como ação de assistência social, a prestação dos benefícios e serviços deveria ser universal — prestada a quem dela necessitasse — e gratuita, independente de contribuição. Observou que os artigos 150, VI, c; 195, § 7º; e 206, todos da CF não condicionariam o reconhecimento da imunidade à exclusividade da prestação de serviços ou benefícios gratuitos, uma vez que os conceitos de beneficência e ação de assistência social não se confundiriam no plano constitucional. Advertiu que a circunstância de a entidade cobrar pela prestação de alguns de seus serviços ou benefícios, ou possuir outras fontes de receita que buscassem o lucro, não lhe retiraria a condição de beneficente. Por fim, o Presidente julgou parcialmente procedentes os pedidos formulados nas ações diretas para reconhecer a inconstitucionalidade do art. 1º — na parte em que alterou a redação do art. 55, III, da Lei 8.212/1991, e acrescentou-lhe os parágrafos 3º, 4º e 5º —, bem como dos artigos 4º, 5º e 7º, da Lei 9.732/1998. Declarou, ainda, a inconstitucionalidade do art. 55, II, da Lei 8.212/1991, tanto em sua redação original, como na redação dada pela Lei 9.429/1996; do art. 18, III e IV, da Lei 8.742/1993; do art. 2º, IV, 3º, VI, parágrafos 1º e 4º e parágrafo único, do Decreto 2.536/1998 e dos artigos 1º, IV, 2º, IV, parágrafos 3º, 4º e 7º, do Decreto 752/1993. Após o voto dos Ministros Cármen Lúcia e Roberto Barroso, no mesmo sentido do relator, pediu vista dos autos o Ministro Teori Zavascki. ADI 2028/DF, rel. Min. Joaquim Barbosa, 4.6.2014. (ADI-2028) ADI 2036/DF, rel. Min. Joaquim Barbosa, 4.6.2014. (ADI 2036) ADI 2621/DF, rel. Min. Joaquim Barbosa, 4.6.2014. (ADI-2621) ADI 2228/DF, rel. Min. Joaquim Barbosa, 4.6.2014. (ADI-2228) RE 566622/RS, rel. Min. Marco Aurélio, 4.6.2014. (RE-566622) (Inform. STF 749)

Crédito tributário: sucessão e imunidade recíproca - 1
A imunidade tributária recíproca (CF, art. 150, VI, a) não afasta a responsabilidade tributária por sucessão, na hipótese em que o sujeito passivo era contribuinte regular do tributo devido. Com base nessa orientação, o Plenário deu provimento a recurso extraordinário para reformar acórdão que considerara aplicável a imunidade recíproca a débitos tributários da extinta Rede Ferroviária Federal S.A. – RFFSA, sucedida pela União. No recurso extraordinário, discutia-se a aplicação da imunidade tributária recíproca de créditos tributários já constituídos e transferidos à União por sucessão. Na espécie, o Município ajuizara execução fiscal referente a IPTU e contribuição de melhoria, incidente sobre imóvel de propriedade da RFFSA. A União, após suceder a RFFSA em direitos e obrigações, opusera embargos à execução, julgados procedentes sob o fundamento da imunidade recíproca. O Colegiado afirmou que a imunidade tributária recíproca seria norma constitucional de competência que proibiria a instituição de impostos sobre o patrimônio, a renda e os serviços dos entes federados. Consignou que essa imunidade seria instrumento de preservação e calibração do pacto federativo, destinado a proteger os entes federados de eventuais pressões econômicas, projetadas para induzir escolhas políticas ou administrativas da preferência do ente tributante. Nesse contexto, realçou que a imunidade tributária recíproca seria inaplicável se a atividade ou a entidade tributada demonstrasse capacidade contributiva; se houvesse risco à livre iniciativa e às condições de justa concorrência econômica; ou se não houvesse risco ao pleno exercício da autonomia política que a Constituição conferira aos entes federados. Mencionou que a Constituição seria expressa ao excluir da imunidade: a) o patrimônio; b) a renda; e c) os serviços relacionados com a exploração de atividades econômicas regidas pelas normas aplicáveis a empreendimentos privados ou em que houvesse contraprestação ou pagamento de preço ou tarifas pelo usuário. Assinalou que a RFFSA, por ser sociedade de economia mista, constituída sob a forma de sociedade por ações, apta, portanto, a cobrar pela prestação de seus serviços e a remunerar o capital investido, não teria jus à imunidade. Registrou que, com a liquidação da pessoa jurídica e com a já mencionada sucessão, a União se tornara responsável tributária pelos créditos inadimplidos, nos termos dos artigos 130 e seguintes do CTN.

Crédito tributário: sucessão e imunidade recíproca - 2
A Corte frisou que a regra constitucional da imunidade, por se destinar à proteção específica do ente federado, seria inaplicável aos créditos tributários constituídos legitimamente contra pessoas jurídicas dotadas de capacidade contributiva e cuja tributação em nada afetaria o equilíbrio do pacto federativo. Anotou que qualquer imunidade tributária prejudicaria, em certa medida, a expectativa de arrecadação dos entes federados. Aduziu que essa perda deveria ser tolerada pelos entes para satisfazer a outros valores, tão ou mais relevantes, previstos na Constituição. Reputou, porém, que haveria desequilíbrio no pacto federativo, ao invés de sua preservação, caso se deixasse de tributar pessoa jurídica dotada de capacidade contributiva.

Ressaltou que a União não poderia se livrar da responsabilidade tributária ao alegar simplesmente que o tributo seria devido por sociedade de economia mista, tampouco por sugerir a aplicação de regra constitucional que protegeria a autonomia política de entes federados. Sublinhou que a responsabilidade tributária dos sucessores protegeria o erário de um tipo de inadimplência bastante específica, que seria o desaparecimento jurídico do contribuinte, conjugado com a transferência integral ou parcial do patrimônio a outra pessoa jurídica. Assim, a desconstituição da pessoa jurídica faria com que o crédito tributário não pudesse mais ser exigido contra o contribuinte original, que deixaria de existir juridicamente. Explicou que o patrimônio — material ou imaterial — transferido deveria garantir o crédito. Salientou, por fim, que o sucessor, ainda que se tratasse de um ente federado, deveria arcar com a dívida. RE 599176/PR, rel. Min. Joaquim Barbosa, 5.6.2014. (RE-599176) (Inform. STF 749)

Imunidade recíproca e sociedade de economia mista - 1
O Plenário iniciou julgamento de recurso extraordinário em que se discute a aplicação da imunidade tributária (CF, art. 150, VI, a) a empresa de saneamento básico, constituída sob a forma de empresa pública, cuja composição acionária seja negociada em bolsa de valores. No caso, o acórdão recorrido entendera que a empresa recorrente, não poderia gozar de benefícios fiscais não extensivos ao setor privado. O Ministro Joaquim Barbosa (relator e Presidente) negou provimento ao recurso, no que foi acompanhado pelos Ministros Teori Zavascki e Luiz Fux. Afirmou que o Estado-membro optara por prestar serviços de esgoto e de fornecimento de água por meio da administração indireta, sob a forma de sociedade de economia mista. Frisou que essa empresa teria o capital aberto e suas ações seriam negociadas em bolsa de valores. Registrou, ademais, que a recorrente obtivera significativo lucro nos últimos anos e que fora classificada como investimento viável de rentabilidade por agência de classificação de risco. Ressaltou que os investidores da recorrente seriam beneficiados com a distribuição de lucros, sob as formas legais admissíveis, como dividendos, juros sobre capital próprio, debêntures, partes negociáveis, entre outros. Não obstante, ponderou não existir reprovação no desiderato e na realização de lucros. Pelo contrário: a Constituição expressamente teria reservado à iniciativa privada o exercício de atividades econômicas. Mencionou que a intervenção direta do Estado na economia e no mercado seria expressamente subsidiária. Contudo, realçou que consistiria em desvio sistêmico assegurar garantias indissociáveis do Estado e do interesse público a empreendimentos dotados de capacidade contributiva e cuja função seria distribuir os resultados dessa atividade ao patrimônio dos empreendedores. O Ministro salientou que a circunstância de o sócio majoritário ser um ente federado não impressionaria, pois não seria função primária do Estado participar nos lucros de qualquer pessoa jurídica, nem de auferir quaisquer outros tipos de receita. Explicou que as receitas primárias e secundárias do Estado teriam uma finalidade em si. Asseverou que, se o Estado-membro optara por prestar serviços essenciais por meio de uma pessoa jurídica capaz de distribuir lucros, haveria capacidade contributiva. Consequentemente, não existiria qualquer risco ao pacto federativo. Afiançou que a imunidade tributária recíproca se daria em detrimento da competência tributária de outros entes federados. Destacou que não faria sentido desprover municípios e a própria União de recursos legítimos, a pretexto de assegurar à pessoa jurídica distribuidora de lucros vantagem econômica incipiente em termos de harmonia federativa. Avaliou que, se a carga tributária realmente fosse proibitiva, bastaria ao Estado escolher outra forma de regência de personalidade jurídica, que não envolvesse a possibilidade de acumulação e de distribuição de lucros. Assim, sempre que um ente federado criasse uma instrumentalidade estatal dotada de capacidade contributiva, capaz de acumular e de distribuir lucros, de contratar pelo regime geral das leis trabalhistas, não haveria ameaça ao pacto federativo a justificar a incidência da imunidade recíproca.

Imunidade recíproca e sociedade de economia mista - 2

Em divergência, o Ministro Roberto Barroso deu provimento ao recurso. Lembrou que o tema da extensão da imunidade recíproca às sociedades de economia mista suscitara inúmeras discussões no âmbito do STF com a identificação de diversos cenários específicos que poderiam exigir tratamento próprio. Recordou que a hipótese mais singela teria sido objeto de acórdão específico do Plenário a envolver a prestação de serviço público em regime de exclusividade e sem intuito de lucro. Naquele caso prevalecera o entendimento de que a imunidade deveria ser reconhecida. Da mesma forma, a 2ª Turma teria reconhecido a salvaguarda nas situações em houvesse intuito de lucro, desde que se tratasse de serviço público em ambiente não concorrencial. Destacou que o art. 150, VI, a, da CF estabelece a imunidade recíproca sobre os serviços de cada um dos entes políticos, assim como os respectivos patrimônios e rendas. Nesses termos, a prestação do serviço público pela administração direta de determinado ente geraria a incidência da imunidade. Consignou que esse seria o elemento central que deveria induzir a interpretação teleológica das demais hipóteses. Assinalou que o fato de o Poder Público optar pela delegação de determinado serviço público não deveria onerar a sua prestação por ser em regime não concorrencial. Aduziu que a Constituição pretendera desonerar o próprio serviço, notadamente para fins de promoção da modicidade tarifária. Enfatizou que a prestação por agentes privados, teoricamente justificada pela busca da eficiência, não deveria ter o efeito adverso de fazer incidir uma obrigação tributária sobre o serviço ou sobre bens que estivessem a ele diretamente afetos. Considerou que a negociação de participação acionária em bolsa não afastaria esse interesse legítimo. Registrou que seria pouco provável que a tributação produzisse impacto sobre as margens de lucro da equação econômico-financeira da concessão. Em vez disso, o impacto tributário tenderia a ser repassado no preço da tarifa. Sublinhou que não haveria razão para estender a imunidade ao patrimônio que não estivesse afetado ao serviço ou mesmo à renda auferida pela sociedade de economia mista. Essa seria uma renda própria da entidade personalizada, sujeita normalmente aos efeitos da tributação. Aludiu que a distribuição de dividendos ao Poder Público, se tributáveis, poderia ser objeto de eventual imunização. Por fim, reiterou que a imunidade recairia sobre o serviço e que a maior preocupação do constituinte seria com a questão da modicidade tarifária. Em seguida, o julgamento foi suspenso. RE 600867/SP, rel. Min. Joaquim Barbosa, 5.6.2014. (RE-600867) (Inform. STF 749)

RELATOR: MIN. DIAS TOFFOLI
EMENTA: Agravo regimental no recurso extraordinário com agravo. Cadastro de contribuintes. Inscrição. Exoneração de obrigação legal. Questão infraconstitucional. Imunidade. Afronta reflexa.
1. A orientação da Corte é no sentido de que a imunidade tributária, por si só, não autoriza a exoneração de cumprimento das obrigações acessórias impostas por lei.
2. O Tribunal de origem restringiu-se a examinar as normas infraconstitucionais de regência, sendo certo que a suposta afronta ao texto constitucional, caso ocorresse, seria reflexa ou indireta.
3. Agravo regimental não provido. (Inform. STF 736)

Entidades beneficentes: contribuição para o PIS e imunidade

A imunidade tributária prevista no art. 195, § 7º, da CF (§ 7º - *São isentas de contribuição para a seguridade social as entidades beneficentes de assistência social que atendam às exigências estabelecidas em lei*), regulamentada pelo art. 55 da Lei 8.212/1991, abrange a contribuição para o PIS. Com base nessa orientação, o Plenário negou provimento ao recurso extraordinário em que se discutia o reconhecimento de imunidade tributária às entidades filantrópicas em relação à contribuição para o PIS, por suposta ausência de lei específica a tratar dos requisitos para o gozo da mencionada imunidade. Preliminarmente, por maioria, o Tribunal conheceu do recurso. Vencido, no ponto, o Ministro Marco Aurélio, que entendia que a matéria seria de ordem estritamente legal. No mérito, a Corte assinalou que a jurisprudência orientar-se-ia no sentido de que a contribuição para o PIS seria tributo e estaria abrangida pela imunidade consagrada na Lei 8.212/1991. Acresceu que não seria necessário lei complementar para a completude do que estabelecido no art. 195, § 7º, da CF. Sublinhou que as exigências constitucionais feitas às entidades beneficentes de assistência social, para o gozo de imunidade, estariam satisfeitas com a simples edição de lei ordinária, que seria a Lei 8.212/1991. Precedentes citados: RE 469079/SP (DJU de 20.4.2006); ADI 2028 MC/DF (DJU de 23.11.99); e MI 616/SP (DJU de 25.10.2002).
RE 636941/RS, rel. Min. Luiz Fux, 13.2.2014. (RE-636941) (Inform. STF 735)

AG. REG. NO AI N. 674.339-SP
RELATOR: MIN. DIAS TOFFOLI
EMENTA: IMUNIDADE. ENTIDADE EDUCACIONAL. ARTIGO 150, INCISO VI, ALÍNEA C, DA CONSTITUIÇÃO FEDERAL. IPTU. IMÓVEL VAGO. FINALIDADES ESSENCIAIS. PRESUNÇÃO. ÔNUS DA PROVA. PRECEDENTES.
1. A condição de um imóvel estar vago ou sem edificação não é suficiente, por si só, para destituir a garantia constitucional da imunidade.
2. A regra da imunidade se traduz numa negativa de competência, limitando, a priori, o poder impositivo do Estado.
3. Na regra imunizante, como garantia decorre diretamente da Carta Política, mediante decote de competência legislativa, as presunções sobre o enquadramento originariamente conferido devem militar a favor das pessoas ou entidades que se socorrem da norma constitucional.
4. Quanto à imunidade prevista no art. 150, inciso VI, alínea c, da Constituição Federal, o ônus de elidir a presunção de vinculação às atividades essenciais é do Fisco.
5. A não utilização temporária do imóvel deflagra uma neutralidade, não atentando contra os requisitos autorizadores da imunidade. Precedentes da Corte.
6. Agravo regimental não provido. (Inform. STF 735)

Imunidade tributária e serviço de impressão gráfica – (conclusão)

As prestadoras de serviços de composição gráfica, que realizam serviços por encomenda de empresas jornalísticas ou editoras de livros, não estão abrangidas pela imunidade tributária prevista no art. 150, VI, d, da CF ("*Art. 150. Sem prejuízo de outras garantias asseguradas ao contribuinte, é vedado à União, aos Estados, ao Distrito Federal e aos Municípios: ... VI - instituir impostos sobre: ... d) livros, jornais, periódicos e o papel destinado a sua impressão*"). Com base nesta orientação, a 2ª Turma, em conclusão de julgamento e por maioria, negou provimento a agravo regimental em recurso extraordinário em que discutida a exigibilidade do ISS relativamente à confecção/ impressão (insumos intangíveis) de jornais para terceiros — v. Informativos 497, 541 e 550. A Turma destacou que a garantia da imunidade estabelecida pela Constituição, em favor dos livros, dos jornais, dos periódicos e do papel destinado à sua impressão revestir-se-ia de significativa importância de ordem político-jurídica, destinada a preservar e a assegurar o próprio exercício das liberdades de manifestação do pensamento e de informação jornalística. Pontuou que a mencionada imunidade objetivaria preservar direitos fundamentais — como a liberdade de informar e o direito do cidadão de ser informado —, a evitar situação de submissão tributária das empresas jornalísticas. Frisou que, no ponto, os serviços de composição gráfica realizados por empresas contratadas para realizar esses trabalhos, seriam meros prestadores de serviço e, por isso, a eles não se aplicaria a imunidade tributária. Vencido o Ministro Eros Grau, que dava provimento ao recurso.
RE 434826 AgR/MG, rel. orig. Min. Cezar Peluso, red. p/ o acórdão Min. Celso de Mello, 19.11.2013. (RE-434826) (Inform. STF 729)

REPERCUSSÃO GERAL EM RE N. 727.851-MG
RELATOR: MIN. MARCO AURÉLIO
IPVA – AUTOMÓVEL – ALIENAÇÃO FIDUCIÁRIA – RELAÇÃO JURÍDICA A ENVOLVER O ESTABELECIMENTO FINANCEIRO E O MUNICÍPIO – IMUNIDADE RECÍPROCA ADMITIDA NA ORIGEM – RECURSO EXTRAORDINÁRIO – REPERCUSSÃO GERAL CONFIGURADA. Possui repercussão geral a controvérsia relativa à incidência da imunidade recíproca, prevista no artigo 150, inciso VI, alínea "a", da Carta da República, no tocante ao Imposto sobre a Propriedade de Veículos Automotores – IPVA a recair em automóvel alienado fiduciariamente por instituição financeira a município. (Inform. STF 726)

AG. REG. NO ARE N. 694.453-DF
RELATOR: MIN. RICARDO LEWANDOWSKI
Ementa: AGRAVO REGIMENTAL NO RECURSO EXTRAORDINÁRIO COM AGRAVO. IMUNIDADE TRIBUTÁRIA. ENTIDADE RELIGIOSA. IMÓVEL DESTINADO À RESIDÊNCIA DE MINISTRO RELIGIOSO. INCIDÊNCIA DO ART. 150, VI, **B**, DA CONSTITUIÇÃO. APLICABILIDADE DAS RAZÕES QUE DERAM ENSEJO À EDIÇÃO DA SÚMULA 724 DESTA CORTE. AGRAVO IMPROVIDO.
I – Este Tribunal, no julgamento do RE 325.822/SP, Relator para o acórdão o Ministro Gilmar Mendes, assentou que a imunidade prevista no art. 150, VI, **b**, da Constituição impede a incidência de IPTU sobre imóveis de propriedade de entidade religiosa mas locados a terceiros, na hipótese em que a renda decorrente dos aluguéis é vertida em prol das atividades essenciais da entidade.
II – Se a circunstância de a entidade religiosa alugar o imóvel de sua propriedade a terceiro, sem qualquer vínculo com ela, não afasta a imunidade mencionada, nada justifica o óbice ao gozo do benefício na hipótese de o bem em questão ser destinado à residência dos seus ministros religiosos.
III – Agravo regimental improvido. (Inform. STF 715)

Imunidade tributária e imóvel vago
A 1ª Turma, por maioria, negou provimento a recurso extraordinário em que discutido se imóvel não edificado pertencente ao Serviço Social da Indústria - SESI estaria alcançado pela imunidade tributária. Na espécie, reconheceu-se que, por ser o recorrido entidade de direito privado, sem fins lucrativos, encaixar-se-ia na hipótese do art. 150, VI, c, da CF e, por isso, estaria imune. Apontou-se que a constatação de que imóvel vago ou sem edificação não seria suficiente, por si só, para destituir a garantia constitucional da imunidade tributária. Ponderou-se que, caso já tivesse sido deferido o *status* de imune ao contribuinte, o afastamento dessa imunidade somente poderia ocorrer mediante prova em contrário produzida pela administração tributária. Asseverou-se não ser possível considerar que determinado imóvel destinar-se-ia a finalidade diversa da exigida pelo interesse público apenas pelo fato de, momentaneamente, estar sem edificação ou ocupação. Assinalou-se que a qualquer momento poderia deixar sua condição de imóvel vago. Vencido o Min. Marco Aurélio, que dava provimento ao recurso. Assentava não poder concluir que um imóvel não edificado estivesse diretamente relacionado a serviço prestado. Explicitava que a imunidade do art. 150, VI, c, da CF não seria linear, tendo em vista a restrição disposta no seu § 4° ("*As vedações expressas no inciso VI, alíneas 'b' e 'c', compreendem somente o patrimônio, a renda e os serviços, relacionados com as finalidades essenciais das entidades nelas mencionadas*").
RE 385091/DF, rel. Min. Dias Toffoli, 6.8.2013. (RE-385091) (Inform. STF 714)

Art. 150, VI, d, da CF: imunidade tributária e Finsocial
A contribuição para o Finsocial, incidente sobre o faturamento das empresas, não está abrangida pela imunidade objetiva prevista no art. 150, VI, d, da CF/88, anterior art. 19, III, d, da Carta de 1967/69 ("*Art. 150. Sem prejuízo de outras garantias asseguradas ao contribuinte, é vedado à União, aos Estados,* ao Distrito Federal e aos Municípios: ... VI - instituir impostos sobre: ... d) livros, jornais, periódicos e o papel destinado a sua impressão*"). Com base nessa orientação, o Plenário, por maioria, negou provimento a recurso extraordinário em que se discutia a extensão da aludida imunidade tributária a fatos geradores ocorridos anteriormente e posteriormente à CF/88. Reafirmou-se jurisprudência da Corte no sentido de que a contribuição para o Finsocial possuiria natureza tributária de imposto (de competência residual da União), incidente sobre o faturamento das empresas. Caracterizar-se-ia como tributo pessoal e, desse modo, não levaria em consideração a capacidade contributiva do comprador de livros, mas sim a do vendedor. Assim, aduziu-se que a imunidade recairia sobre o livro (objeto tributado) e não sobre o livreiro ou sobre a editora. Vencido o Min. Marco Aurélio, que dava provimento ao recurso. Ao conferir interpretação mais ampla ao dispositivo constitucional, reputava que o Finsocial estaria alcançado pela imunidade, porquanto se trataria de imposto incidente sobre a renda bruta. Alguns precedentes citados: RE 103778/DF (DJU de 13.12.85); RE 109484/PR (DJU de 27.5.88); RE 252132/SP (DJU de 19.11.99); RE 174476/SP (DJU de 12.12.97). RE 628122/SP, rel. Min. Gilmar Mendes, 19.6.2013. (RE-628122) **(Inform. STF 711)**

EMENTA: Casa da Moeda do Brasil (CMB). Empresa governamental delegatária de serviços públicos. Emissão de papel moeda, cunhagem de moeda metálica, fabricação de fichas telefônicas e impressão de selos postais. Regime constitucional de monopólio (CF, art. 21, VII). Outorga de delegação à CMB, mediante lei, que não descaracteriza a estatalidade do serviço público, notadamente quando constitucionalmente monopolizado pela pessoa política (a União Federal, no caso) que é dele titular. A delegação da execução de serviço público, mediante outorga legal, não implica alteração do regime jurídico de direito público, inclusive o de direito tributário, que incide sobre referida atividade. Consequente extensão, a essa empresa pública, em matéria de impostos, da proteção constitucional fundada na garantia da imunidade tributária recíproca (CF, art. 150, VI, a). O alto significado político-jurídico dessa prerrogativa constitucional, que traduz uma das projeções concretizadoras do princípio da Federação. Imunidade tributária da Casa da Moeda do Brasil, em face do ISS, quanto às atividades executadas no desempenho do encargo, que, a ela outorgado mediante delegação, foi deferido, constitucionalmente, à União Federal. Doutrina (Regina Helena Costa, inter alios). Precedentes. Recurso extraordinário improvido. RE 610517/RJ* RELATOR: Min. Celso de Mello (Inform. STF 710)

AG. REG. NO AI N. 797.034-SP
RELATOR: MIN. MARCO AURÉLIO
IMUNIDADE RECÍPROCA – INFRAERO – PRESTAÇÃO DE SERVIÇO PÚBLICO – ARTIGO 150, INCISO VI, ALÍNEA "A, DA CONSTITUIÇÃO FEDERAL. O Tribunal reafirmou o entendimento jurisprudencial e concluiu pela possibilidade de extensão da imunidade tributária recíproca à Empresa Brasileira de Infraestrutura Aeroportuária – INFRAERO, na qualidade de empresa pública prestadora de serviço público. (Inform. STF 710)

RE N. 601.392-PR
RED P/ O ACÓRDÃO: MIN. GILMAR MENDES
Recurso extraordinário com repercussão geral. 2. Imunidade recíproca. Empresa Brasileira de Correios e Telégrafos. 3. Distinção, para fins de tratamento normativo, entre empresas públicas prestadoras de serviço público e empresas públicas exploradoras de atividade. Precedentes. 4. Exercício simultâneo de atividades em regime de exclusividade e em concorrência com a iniciativa privada. Irrelevância. Existência de peculiaridades no serviço postal. Incidência da imunidade prevista no art. 150, VI, "a", da Constituição Federal. 5. Recurso extraordinário conhecido e provido. (Inform. STF 709)

Imunidade: PIS/Cofins e receita cambial decorrente de exportação - 1

É inconstitucional a incidência da contribuição para PIS e Cofins sobre a receita decorrente da variação cambial positiva obtida nas operações de exportação. Com base nessa orientação, o Plenário negou provimento a recurso extraordinário no qual sustentada ofensa aos artigos 149, § 2º, I, e 150, § 6º, da CF, sob a alegação de que a expressão contida no texto constitucional "receitas decorrentes de exportação" não autorizaria interpretação extensiva a alcançar receita decorrente de variação cambial positiva. Rememorou-se que o STF teria assentado que a imunidade prevista no art. 149, § 2º, I, da CF somente tutelaria as receitas decorrentes das operações de exportação, de modo a não alcançar o lucro das empresas exportadoras. Isso porque se trataria de imunidade objetiva, concedida às receitas advindas das operações de exportação, e não subjetiva, a tutelar as empresas exportadoras, no que se refere ao seu lucro (RE 474132/SC, DJe de 1º.12.2010 e RE 564413/SC, DJe de 3.11.2010). Recordou-se que, nos aludidos precedentes, fora fixado que receitas seriam ganhos auferidos pela pessoa jurídica e que se incorporariam ao seu patrimônio. Desta forma, não se restringiriam à noção de faturamento (percebido na alienação de mercadorias e serviços), mas abarcariam também o produto de operações financeiras e de qualquer outra natureza, desde que revelador de capacidade contributiva. Esclareceu que exportação, por sua vez, seria a operação de envio de bem ou prestação de serviço a pessoa residente ou sediada no exterior. Portanto, receita decorrente de exportação configuraria o ingresso proveniente de operação de exportação de bem ou serviço, sempre que se incorporasse ao patrimônio da empresa exportadora.
RE 627815/PR, rel. Min. Rosa Weber, 23.5.2013. (RE-627815)

Imunidade: PIS/Cofins e receita cambial decorrente de exportação - 2

Consignou-se que variações cambiais constituiriam atualizações de obrigações ou de direitos estabelecidos em contratos de câmbio e estariam compreendidas entre dois grandes marcos: a contratação (fechamento) do câmbio com a venda para uma instituição financeira, por parte do exportador, da moeda estrangeira que resultara da operação de exportação; e a liquidação do câmbio com a entrega da moeda estrangeira à instituição financeira e o consequente pagamento, ao exportador, do valor equivalente em moeda nacional, à taxa de câmbio acertada na data do fechamento do contrato de câmbio. Assinalou-se que as variações cambiais poderiam ser consideradas: a) ativas, quando fossem favoráveis ao contribuinte, a gerar-lhe receitas; e b) passivas, quando o desfavorecessem, a implicar perdas. Aduziu-se que o contrato de câmbio revelaria transação inerente à exportação, diretamente vinculada aos negócios realizados em moeda estrangeira. Consubstanciaria etapa inafastável de processo de exportação de bens e serviços, pois todas as transações com residentes no exterior pressuporiam a efetivação de uma operação cambial, consistente na troca de moedas: o exportador venderia a divisa estrangeira que recebera do comprador à instituição financeira autorizada a operar com câmbio, a fim de receber o pagamento em moeda nacional. Ou seja, o exportador estaria obrigado a celebrar o contrato de câmbio, pois não se permitiria que recebesse o pagamento em moeda estrangeira.
RE 627815/PR, rel. Min. Rosa Weber, 23.5.2013. (RE-627815)

Imunidade: PIS/Cofins e receita cambial decorrente de exportação - 3

Destacou-se que o STF, em inúmeras oportunidades em que debatida a questão da hermenêutica constitucional aplicada ao tema das imunidades, adotara a interpretação teleológica do instituto, a emprestar-lhe abrangência maior, com escopo de assegurar à norma supralegal máxima efetividade. Ademais, enfatizou-se que a imunidade em questão não seria concedida apenas às "receitas de exportação", mas sim às "receitas decorrentes de exportação". Sublinhou que o adjetivo "decorrentes" conferiria maior amplitude à desoneração constitucional, a suprimir do alcance da competência impositiva federal todas as receitas que resultassem da exportação, que nela encontrassem a sua causa, representando consequências financeiras do negócio jurídico de compra e venda internacional. Evidenciaria, assim, a intenção, contida na Constituição, de se desonerarem as exportações por completo, a fim de que as empresas brasileiras não fossem coagidas a exportarem tributos que, de outra forma, onerariam operações de exportação, quer de modo direto, quer indireto. Por fim, concluiu-se que eventual variação da taxa de câmbio entre o fechamento e a liquidação do contrato configuraria receita decorrente de exportação, sempre que fosse favorável ao exportador. Logo, as receitas cambiais relativas à exportação estariam abrangidas pela imunidade do art. 149, § 2º, I, da CF.
RE 627815/PR, rel. Min. Rosa Weber, 23.5.2013. (RE-627815) (Inform. STF 707)

Imunidade e imóvel vago

A 1ª Turma, por maioria, deu provimento a agravo regimental para desprover agravo de instrumento interposto de decisão que não admitira recurso extraordinário em que discutido se imóvel vago pertencente à instituição educacional estaria alcançado pela imunidade tributária. Na espécie, o Min. Dias Toffoli, ao conhecer do agravo de instrumento, provera o extraordinário para assentar a pretendida benesse. Na ocasião, registrara o descompasso entre a jurisprudência do STF e o acórdão recorrido. A Corte de origem teria entendido que entidade educacional sem fins lucrativos não gozaria de imunidade tributária referente a imóvel vago, sem edificação, já que a propriedade em questão encontrar-se-ia vazia e sem utilização relacionada às suas finalidades essenciais. O Min. Marco Aurélio consignou que a imunidade das instituições educacionais compreenderia somente o patrimônio, a renda e os serviços relacionados às finalidades essenciais dessas entidades (CF, art. 150 § 4º). Ressaltou que o referido terreno não estaria sendo utilizado em busca do êxito das finalidades essenciais da instituição. A Min. Rosa Weber assentou que não teria como prover o recurso extraordinário sem reexaminar a premissa fática de que o imóvel não estaria sendo usado de acordo com suas finalidades essenciais. Vencido o Min. Dias Toffoli, que mantinha a decisão agravada. **AI 661713 AgR/SP, rel. orig. Min. Dias Toffoli, red. p/ o acórdão Min. Marco Aurélio, 19.3.2013.** (AI-661713) (Inform. STF 699)

Caixa de assistência de advogados e art. 150, VI, a e c, da CF – 1

Ao acolher proposta do Min. Ricardo Lewandowski, relator, a 2ª Turma recebeu embargos de declaração com efeitos modificativos para afetar ao Plenário julgamento de recurso extraordinário – anterior à sistemática da repercussão geral – em que discutida a extensão de imunidades tributárias, previstas nas alíneas a e c do inciso VI do art. 150 da CF, à embargante, Caixa de Assistência dos Advogados de Minas Gerais [CF: "*Art. 150. Sem prejuízo de outras garantias asseguradas ao contribuinte, é vedado à União, aos Estados, ao Distrito Federal e aos Municípios: ... VI - instituir impostos sobre: a) patrimônio, renda ou serviços, uns dos outros; ... c) patrimônio, renda ou serviços dos partidos políticos, inclusive suas fundações, das entidades sindicais dos trabalhadores, das instituições de educação e de assistência social, sem fins lucrativos, atendidos os requisitos da lei*"]. Na situação em comento, cuida-se de embargos opostos de acórdão em que negado provimento a recurso interposto de decisão do Relator, mediante a qual dera provimento a apelo extraordinário deduzido, na origem, pelo Município de Belo Horizonte, ora embargado. **RE 405267 ED-AgR/MG, rel. Min. Ricardo Lewandowski, 12.3.2013. (RE-405267)**

Caixa de assistência de advogados e art. 150, VI, a e c, da CF - 2

Ressaltou-se que, no tocante à imunidade relacionada na alínea c, esta Corte constatara a existência de repercussão geral da questão constitucional suscitada nos autos do RE 600010/SP

(DJe de 19.3.2010), pendente de análise do mérito. Sublinhou-se que o tema adversado levaria em conta circunstância de que Caixa de Assistência dos Advogados seria órgão integrante da OAB nos termos dos artigos 45, IV, e 62, ambos da Lei 8.906/94 - Estatuto da Advocacia. Assinalou-se que o presente processo trataria não apenas de matéria semelhante àquela com repercussão geral reconhecida, como também da imunidade recíproca da alínea a do mesmo dispositivo constitucional. Alfim, aludiu-se à necessidade de se prevenir ocorrência de decisões divergentes. **RE 405267 ED-AgR/MG, rel. Min. Ricardo Lewandowski, 12.3.2013. (RE-405267)** (Inform. STF 698).

Cooperativa: imunidade tributária e IPMF

Inexistente legislação complementar regulamentadora de tratamento diferenciado às cooperativas, não se lhes reconhece imunidade tributária relativamente ao extinto Imposto Provisório sobre Movimentação Financeira - IPMF. Essa a conclusão da 2ª Turma ao desprover agravo regimental de decisão do Min. Gilmar Mendes, em que negado seguimento a agravo de instrumento, do qual relator. Os ora agravantes sustentavam que os artigos 146, III, c, e 174, § 2º, da CF seriam autoaplicáveis e que o Supremo teria reconhecido a repercussão geral do tema no RE 599362/RJ (DJe de 14.12.2010). Reputou-se não demonstrado o desacerto da decisão ora agravada. Por fim, verificou-se que a matéria em análise não guardaria similitude com o paradigma de repercussão geral apontado, que cuidaria da incidência da contribuição para o PIS sobre o ato cooperativo ou cooperado. **AI 740269 AgR/SP, rel. Min. Gilmar Mendes, 18.9.2012. (AI-740269)** (Inform. STF 680)

Art. 150, VI, b e c, da CF: Maçonaria e Imunidade Tributária - 3

As organizações maçônicas não estão dispensadas do pagamento do imposto sobre propriedade predial e territorial urbana - IPTU. Essa a conclusão da 1ª Turma ao conhecer, em parte, de recurso extraordinário e, por maioria, negar-lhe provimento. Na espécie, discutia-se se templos maçônicos se incluiriam no conceito de "*templos de qualquer culto*" ou de "*instituições de assistência social*" para fins de concessão da imunidade tributária prevista no art. 150, VI, b e c, da CF ["*Art. 150. Sem prejuízo de outras garantias asseguradas ao contribuinte, é vedado à União, aos Estados, ao Distrito Federal e aos Municípios: ... VI - instituir impostos sobre: ... b) templos de qualquer culto; c) patrimônio, renda ou serviços dos partidos políticos, inclusive suas fundações, das entidades sindicais dos trabalhadores, das instituições de educação e de assistência social, sem fins lucrativos, atendidos os requisitos da lei*"] – v. Informativo 582. Entendeu-se que o enquadramento da recorrente na hipótese de imunidade constitucional seria inviável, consoante o Verbete 279 da Súmula do STF ("*Para simples reexame de prova não cabe recurso extraordinário*"). Aludiu-se, ainda, à observância do art. 14 do CTN para que pudesse existir a possibilidade do gozo do benefício, matéria que não possuiria índole constitucional. Pontuou-se que a maçonaria seria uma ideologia de vida e não uma religião. **RE 562351/RS, rel. Min. Ricardo Lewandowski, 4.9.2012. (RE-562351)**

Art. 150, VI, b e c, da CF: Maçonaria e Imunidade Tributária - 4

Vencido o Min. Marco Aurélio, que dava provimento ao recurso para reconhecer o direito à imunidade tributária dos templos em que realizados os cultos da recorrente. Sustentava que, diversamente das isenções tributárias, que configurariam favores fiscais do Estado, as imunidades decorreriam diretamente das liberdades, razão pela qual mereceriam interpretação, no mínimo, estrita. Frisava não caber potencializar o disposto no art. 111, II, do CTN – que determinaria a interpretação literal da legislação tributária que dispusesse sobre outorga de isenção –, estendendo-o às imunidades. Destacava que a Constituição não teria restringido a imunidade à prática de uma religião, mas apenas àquele ente que fosse reconhecido como templo de qualquer culto. Asseverava que, em perspectiva menos rígida do conceito de religião, certamente se conseguiria classificar a maçonaria como corrente religiosa, que contemplaria física e metafísica. Explicava haver inequívocos elementos de religiosidade na maçonaria. Presumia conceito mais largo de religião, até mesmo em deferência ao art. 1º, V, da CF, que consagraria o pluralismo como valor basilar da República. Realçava que o pluralismo impediria que o Poder Judiciário adotasse definição ortodoxa de religião. **RE 562351/RS, rel. Min. Ricardo Lewandowski, 4.9.2012. (RE-562351)** (Inform. STF 678)

Entidade de previdência privada e imunidade tributária

A 1ª Turma, por maioria, proveu agravo regimental em recurso extraordinário para restabelecer posicionamento de que a agravante, entidade de previdência privada, gozaria de imunidade tributária garantida pela Constituição. Na espécie, consta do acórdão recorrido, objeto do extraordinário, que "*De início, deve-se examinar se a remuneração dos serviços prestados descaracteriza a impetrante como instituição de assistência social. (...) Observe-se que a cobrança dos serviços prestados pelas entidades em tela não as descaracteriza como assistenciais, pois a gratuidade não constitui requisito previsto tanto pela Constituição Federal como por lei complementar*". Na monocrática ora adversada, afastara-se a imunidade, por entender afirmado no acórdão que a mencionada sociedade prestaria serviços a seus associados mediante pagamento de contribuição. Prevaleceu o voto do Min. Marco Aurélio. Inferiu inexistir assertiva na decisão do Tribunal *a quo* àquele respeito. Ato contínuo, consignou haver reiterados pronunciamentos do Supremo no sentido de que a entidade agravante seria detentora de imunidade tributária. Complementou que não se poderia ter descompasso em determinados processos, reconhecendo-se essa imunidade, porque não haveria contribuição dos beneficiários para a manutenção do próprio benefício, e, em outros, ter-se decisão diversa. Ante o contexto, entendeu que a ela conferir-se-ia imunidade tributária, consoante o Verbete 730 da Súmula do STF ("*A imunidade tributária conferida a instituições de assistência social sem fins lucrativos pelo art. 150, VI, 'c', da Constituição, somente alcança as entidades fechadas de previdência social privada se não houver contribuição dos beneficiários*"). Vencido o Min. Dias Toffoli, relator, que desprovia o agravo. **RE 163164 AgR/SP, rel. orig. Min. Dias Toffoli, red. p/ o acórdão Min. Marco Aurélio, 12.6.2012. (RE-163164)** (Inform. STF 670)

Fundação educacional e certificado de entidade beneficente - 1

A 1ª Turma iniciou julgamento de recurso ordinário em mandado de segurança no qual fundação educacional pretende afastar decisão do Ministro de Estado da Previdência e Assistência Social que, ao manter decisão do Conselho Nacional de Assistência Social, teria cancelado seu certificado de entidade beneficente da assistência social relativo ao período de 1º.1.98 a 31.12.2000. O fundamento do ato coator seria a não aplicação de 20% da receita bruta da recorrente em gratuidade conforme exigência prevista no inciso IV do art. 2º do Decreto 752/93 c/c o art. 2º, III, da Resolução 46/94 daquele Ministério. Alega-se: a) direito adquirido com base no Decreto-Lei 1.572/77; b) ofensa ao princípio da reserva de lei do art. 150, I, da CF em razão do contido nos Decretos 752/93 e 2.536/98, os quais preveem a aplicação anual, em gratuidade, de pelo menos 20% da receita bruta proveniente da venda de serviços; c) quebra de isonomia tributária, ao se exigir que a recorrente aplicasse 20% de sua receita bruta em gratuidade; d) ocorrência de tributação *in natura* ofensiva à imunidade do art. 195, § 7º, da CF, ao argumento de que os mencionados decretos apenas substituiriam a obrigação de dar, pagar tributo, por obrigação de fazer. A Min. Cármen Lúcia, relatora, desproveu o recurso. Inicialmente, não conheceu das alegações contidas nos itens c e d por entender que seriam questões novas e que não teriam sido objeto do mandado de segurança e do acórdão recorrido. **RMS 28456/DF, rel. Min. Cármen Lúcia, 30.11.2010. (RMS-28456)**

Fundação educacional e certificado de entidade beneficente - 2
Em seguida, a relatora fez um histórico da legislação correlata à isenção das entidades beneficentes de assistência social. Destacou que o ato coator dataria de 11.3.2008 e que estariam em vigor, quando da renovação do certificado, as Leis 8.742/93 e 8.909/94 e o Decreto 2.536/98, que revogou o Decreto 752/93. Não obstante, o cancelamento do certificado da ora recorrente teria sido mantido com fundamento no Decreto 752/93 e na Resolução 46/94 do Ministério da Previdência e Assistência Social. Registrou vigorar sobre a matéria, hoje, a Lei 12.101/2009 – que alterou a Lei 8.742/93 e revogou o art. 55 da Lei 8.212/91 –, cujo art. 13 mantém a obrigatoriedade de aplicação de pelo menos 20% da receita bruta anual da entidade de educação em gratuidade. Rejeitou a assertiva de violação ao art. 150, I, da CF, porque o princípio da legalidade tributária diria respeito à exigência de lei para instituição ou aumento de tributos, o que não se teria. Na espécie, reputou que lei instituíra requisito a ser cumprido por entidade beneficente para obtenção do mencionado certificado. Realçou que, quanto à renovação periódica do certificado de entidade beneficente, esta Corte decidira não haver imunidade absoluta nem afronta ao art. 195, § 7º, da CF, ao estabelecer essa exigência. Após, pediu vista dos autos o Min. Dias Toffoli. RMS 28456/DF, rel. Min. Cármen Lúcia, 30.11.2010. (RMS-28456)

Fundação educacional e certificado de entidade beneficente - 3
Em conclusão, a 1ª Turma negou provimento a recurso ordinário em mandado de segurança no qual fundação educacional pretendia afastar decisão do Ministro de Estado da Previdência e Assistência Social que, ao manter decisão do Conselho Nacional de Assistência Social, teria cancelado seu certificado de entidade beneficente de assistência social relativo ao período de 1º.1.98 a 31.12.2000. O fundamento do ato coator seria a não aplicação de 20% da receita bruta da recorrente em gratuidade conforme exigência prevista no inciso IV do art. 2º do Decreto 752/93 c/c o art. 2º, III, da Resolução 46/94, daquele Ministério – vide Informativo 611. Preliminarmente, não se conheceu da impetração na parte em que se alegava quebra de isonomia tributária, ao se exigir que a recorrente aplicasse 20% de sua receita bruta em gratuidade, e ocorrência de tributação *in natura* ofensiva à imunidade do art. 195, § 7º, da CF, por entender que seriam questões novas, não objeto do mandado de segurança e do acórdão recorrido. RMS 28456/DF, rel. Min. Cármen Lúcia, 22.5.2012. (RMS-28456)

Fundação educacional e certificado de entidade beneficente - 4
Destacou-se que o ato coator dataria de 11.3.2008 e que estariam em vigor, quando da renovação do certificado, as Leis 8.742/93 e 8.909/94 e o Decreto 2.536/98, que revogara o Decreto 752/93. Não obstante, o cancelamento do certificado da ora recorrente teria sido mantido com fundamento no Decreto 752/93 e na Resolução 46/94, do Ministério da Previdência e Assistência Social. Registrou-se vigorar sobre a matéria, hoje, a Lei 12.101/2009 – que alterara a Lei 8.742/93 e revogara o art. 55 da Lei 8.212/91 –, cujo art. 13 manteria a obrigatoriedade de aplicação de pelo menos 20% da receita bruta anual da entidade de educação em gratuidade. Rejeitou-se a assertiva de violação ao art. 150, I, da CF, porque o princípio da legalidade tributária diria respeito à exigência de lei para instituição ou aumento de tributos, o que não se teria. Na espécie, reputou-se que lei instituíra requisito a ser cumprido por entidade beneficente para obtenção do mencionado certificado. Realçou-se que, quanto à renovação periódica do certificado de entidade beneficente, esta Corte decidira não haver imunidade absoluta nem afronta ao art. 195, § 7º, da CF, ao se estabelecer essa exigência. RMS 28456/DF, rel. Min. Cármen Lúcia, 22.5.2012. **(RMS-28456)** **(Inform. STF 667)**

DIREITO TRIBUTÁRIO. ICMS E IMUNIDADE DAS ENTIDADES DE ASSISTÊNCIA SOCIAL SEM FINS LUCRATIVOS. Não há imunidade tributária em relação ao ICMS decorrente da prática econômica desenvolvida por entidade de assistência social sem fins lucrativos que tem por finalidade realizar ações que visem à promoção da pessoa com deficiência, quando desempenhar atividade franqueada da Empresa Brasileira de Correios e Telégrafos (ECT), ainda que a renda obtida reverta-se integralmente aos fins institucionais da referida entidade. De fato, a jurisprudência do STF é firme no sentido de que a imunidade prevista no art. 150, VI, c, da CF também se aplica ao ICMS, desde que a atividade seja relacionada com as finalidades essenciais da entidade. Assim, a referida imunidade compreende somente o patrimônio, a renda e os serviços, relacionados com as finalidades essenciais das entidades nele mencionadas (art. 150, § 4º, da CF). Nesse mesmo sentido, o art. 14, § 2º, do CTN afirma que os serviços imunes das instituições de assistência social são, exclusivamente, os diretamente relacionados com os objetivos institucionais da entidade, previstos nos respectivos estatutos ou atos constitutivos. Desse modo, a imunidade em relação ao ICMS não pode ser concedida no caso, porquanto a atividade econômica franqueada dos Correios foge dos fins institucionais da entidade, ou seja, o serviço prestado não possui relação com seus trabalhos na área de assistência social, ainda que o resultado das vendas seja revertido em prol das suas atividades essenciais. **RMS 46.170-MS**, Rel. Min. Humberto Martins, julgado em 23/10/2014. (Inform. STJ 551)

DIREITO TRIBUTÁRIO E INTERNACIONAL PÚBLICO. COBRANÇA DE TRIBUTO DE ESTADO ESTRANGEIRO. O Município não pode cobrar IPTU de Estado estrangeiro, embora possa cobrar taxa de coleta domiciliar de lixo. Encontra-se pacificado na jurisprudência do STJ o entendimento de que os Estados estrangeiros possuem imunidade tributária e de jurisdição, segundo os preceitos das Convenções de Viena de 1961 (art. 23) e de 1963 (art. 32), que concedem isenção sobre impostos e taxas, ressalvadas aquelas decorrentes da prestação de serviços individualizados e específicos que lhes sejam prestados. Assim, em tese, a Taxa de Coleta Domiciliar de Lixo que decorra da prestação de serviço específico pode ser cobrada do Estado estrangeiro. Ademais, a Súmula Vinculante 19 do STF preconiza que "a taxa cobrada exclusivamente em razão dos serviços públicos de coleta, remoção e tratamento ou destinação de lixo ou resíduos provenientes de imóveis não viola o artigo 145, II, da Constituição Federal". **RO 138-RJ**, Rel. Min. Herman Benjamin, julgado em 25/2/2014. (Inform. STJ 538)

DIREITO TRIBUTÁRIO. REQUISITOS PARA A CONCESSÃO DE IMUNIDADE TRIBUTÁRIA A INSTITUIÇÃO DE ENSINO SEM FINS LUCRATIVOS. Não é possível condicionar a concessão de imunidade tributária prevista para as instituições de educação e de assistência social sem fins lucrativos à apresentação de certificado de entidade de assistência social na hipótese em que prova pericial tenha demonstrado o preenchimento dos requisitos para a incidência da norma imunizante. De fato, o art. 150, VI, c, da CF/1988 prevê a concessão de imunidade tributária às instituições de educação sem fins lucrativos, delegando à lei infraconstitucional os requisitos para a incidência da norma imunizante. Nesse contexto, o art. 14 do CTN elencou os pressupostos para qualificar uma instituição de ensino como entidade desprovida de finalidade lucrativa, dispondo que essas entidades não podem distribuir qualquer parcela de seu patrimônio ou de suas rendas a qualquer título, devem aplicar integralmente no país os seus recursos na manutenção dos seus objetivos institucionais e devem manter escrituração de suas receitas e despesas em livros revestidos de formalidades capazes de assegurar sua exatidão. Assim, condicionar a concessão de imunidade tributária à apresentação do certificado de entidade de assistência social, na hipótese em que perícia técnica tenha demonstrado o preenchimento dos requisitos legais, implica acréscimo desarrazoado e ilegal de pressupostos não previstos em lei para tanto, ainda mais quando o próprio texto constitucional prevê como condicionante para a concessão do referido benefício apenas a inexistência de finalidade lucrativa por parte da instituição. **AgRg no AREsp 187.172-DF**, Rel. Min. Napoleão Nunes Maia Filho, julgado em 18/2/2014. (Inform. STJ 535)

DIREITO PROCESSUAL CIVIL E TRIBUTÁRIO. ÔNUS DA PROVA REFERENTE À IMUNIDADE TRIBUTÁRIA DE ENTIDADE DE RELIGIOSA. Para fins de cobrança de ITBI, é do município o ônus da prova de que imóvel pertencente a entidade religiosa está desvinculado de sua destinação institucional. De fato, em se tratando de entidade religiosa, há presunção relativa de que o imóvel da entidade está vinculado às suas finalidades essenciais, o que impede a cobrança de impostos sobre aquele imóvel de acordo com o art. 150, VI, *c*, da CF. Nesse contexto, a descaracterização dessa presunção para que incida ITBI sobre imóvel de entidade religiosa é ônus da Fazenda Pública municipal, nos termos do art. 333, II, do CPC. Precedentes citados: AgRg no AREsp 239.268-MG, Segunda Turma, DJe 12.12.2012 e AgRg no AG 849.285-MG, Primeira Turma, DJ 17.5.2007. **AgRg no AREsp 444.193-RS**, Rel. Min. Mauro Campbell Marques, julgado em 4/2/2014. (Inform. STJ 534)

DIREITO TRIBUTÁRIO E PROCESSUAL CIVIL. ÔNUS DA PROVA RELACIONADO AO AFASTAMENTO DA IMUNIDADE TRIBUTÁRIA PREVISTA NO § 2º DO ART. 150 DA CF. O ônus de provar que o imóvel não está afetado a destinação compatível com os objetivos e finalidades institucionais de entidade autárquica recai sobre o ente tributante que pretenda, mediante afastamento da imunidade tributária prevista no § 2º do art. 150 da CF, cobrar IPTU sobre o referido imóvel. Isso porque, conforme orientação jurisprudencial predominante no STJ, presume-se que o imóvel de entidade autárquica está afetado a destinação compatível com seus objetivos e finalidades institucionais. Precedentes citados: AgRg no REsp 1.233.942-RJ, Primeira Turma, DJe 26/9/2012; e AgRg no AREsp 236.545-MG, Segunda Turma, DJe 26/11/2012. **AgRg no AREsp 304.126-RJ**, Rel. Min. Benedito Gonçalves, julgado em 13/8/2013. (Inform. STJ 527)

Súmula STF nº 730
A imunidade tributária conferida a instituições de assistência social sem fins lucrativos pelo art. 150, VI, *c*, da Constituição, somente alcança as entidades fechadas de previdência social privada se não houver contribuição dos beneficiários.

Súmula STF nº 724
Ainda quando alugado a terceiros, permanece imune ao IPTU o imóvel pertencente a qualquer das entidades referidas pelo art. 150, VI, *c*, da Constituição, desde que o valor dos aluguéis seja aplicado nas atividades essenciais de tais entidades.

Súmula STF nº 657
A imunidade prevista no art. 150, VI, d, da CF abrange os filmes e papéis fotográficos necessários à publicação de jornais e periódicos.

Súmula STF nº 591
A imunidade ou a isenção tributária do comprador não se estende ao produtor contribuinte do Imposto sobre Produtos Industrializados.

Súmula STF nº 336
A imunidade da autarquia financiadora, quanto ao contrato de financiamento, não se estende à compra e venda entre particulares, embora constantes os dois atos de um só instrumento.

Súmula STJ nº 352
A obtenção ou a renovação do Certificado de Entidade Beneficente de Assistência Social (Cebas) não exime a entidade do cumprimento dos requisitos legais supervenientes. *(Comentário: o certificado é exigido para o reconhecimento da imunidade)*

Súmula TFR nº 166
Os Municípios não estão sujeitos ao recolhimento do salário-educação.

3. LEGISLAÇÃO, FONTES E HIERARQUIA

AG. REG. NO AI N. 633.572-SP
RELATOR: MIN. DIAS TOFFOLI
EMENTA: Agravo regimental no agravo de instrumento. PIS. Medida provisória nº 1.212/95 e reedições. Constitucionalidade.
1. É legítima a disciplina de matéria de natureza tributária por meio de medida provisória, instrumento a que a Constituição confere força de lei.
2. Não perde eficácia a medida provisória não apreciada pelo Congresso Nacional que é reeditada dentro de seu prazo de validade.
3. O Pleno do Supremo Tribunal Federal, na ocasião do julgamento da ADI nº 1.417/DF, somente declarou a inconstitucionalidade da parte final do art. 18 da Lei nº 9.715/98.
4. Ausência de violação dos princípios da legalidade, da irretroatividade e da anterioridade.
5. Anterioridade nonagesimal observada, conforme o art. 13 da Medida Provisória nº 1.212/95 e a Lei de Conversão nº 9.715/98.
6. Agravo regimental não provido. (Inform. STF 717)

Súmula Vinculante STF 8
São inconstitucionais o parágrafo único do artigo 5º do decreto-lei n. 1.569/1977 e os artigos 45 e 46 da lei n. 8.212/1991, que tratam de prescrição e decadência de crédito tributário. *(Comentário: contribuições previdenciárias são tributos e a matéria – prescrição e decadência tributárias – é regulada por lei complementar, de modo que se aplicam os prazos quinquenais do CTN).*

4. FATO GERADOR, OBRIGAÇÃO, LANÇAMENTO E CRÉDITO

REPERCUSSÃO GERAL EM ARE N. 784.682-MG
RELATOR: MIN. MARCO AURÉLIO
REPERCUSSÃO GERAL – IPVA – LOCAL DE RECOLHIMENTO – ARTIGOS 146, INCISOS I E III, E 155, INCISO III, DA CARTA DA REPÚBLICA. Possui repercussão geral a controvérsia acerca do local a ser pago o Imposto sobre a Propriedade de Veículos Automotores – IPVA, se em favor do estado no qual se encontra sediado ou domiciliado o contribuinte ou onde registrado e licenciado o veículo automotor cuja propriedade constitui fato gerador do tributo. (Inform. STF 743)

Indústria de cigarros: cancelamento de registro especial e obrigação tributária - 4
A cassação de registro especial para a fabricação e comercialização de cigarros, em virtude de descumprimento de obrigações tributárias por parte da empresa, não constitui sanção política. Essa a conclusão do Plenário que, ao finalizar julgamento, por decisão majoritária, negou provimento a recurso extraordinário, interposto por indústria de cigarros, em que se discutia a

validade de norma que prevê interdição de estabelecimento, por meio de cancelamento de registro especial, em caso do não cumprimento de obrigações tributárias (Decreto-Lei 1.593/77) – v. Informativo 505. Preponderou o voto do Min. Joaquim Barbosa, relator e Presidente. Salientou, inicialmente, precedentes da Corte no sentido da proibição constitucional às sanções políticas. Asseverou que essa orientação não serviria, entretanto, de escusa ao deliberado e temerário desrespeito à legislação tributária. Não haveria se falar em sanção política se as restrições à prática de atividade econômica combatessem estruturas empresariais que se utilizassem da inadimplência tributária para obter maior vantagem concorrencial. Assim, para ser reputada inconstitucional, a restrição ao exercício de atividade econômica deveria ser desproporcional. Aduziu que a solução da controvérsia seria, no entanto, mais sutil do que o mero reconhecimento do art. 2º, II, do Decreto-Lei 1.593/77 como sanção política ou como salvaguarda da saúde pública e do equilíbrio concorrencial. A questão de fundo consistiria em saber se a interpretação específica adotada pelas autoridades fiscais, no caso concreto, caracterizaria sanção política, dada a ambiguidade do texto normativo em questão. Assim, a norma extraída a partir da exegese do aludido dispositivo legal seria inconstitucional se atentasse contra um dos três parâmetros constitucionais: 1) relevância do valor dos créditos tributários em aberto, cujo não pagamento implicaria a restrição ao funcionamento da empresa; 2) manutenção proporcional e razoável do devido processo legal de controle do ato de aplicação da penalidade; 3) manutenção proporcional e razoável do devido processo legal de controle de validade dos créditos tributários cujo inadimplemento importaria na cassação do registro especial. Julgou atendidas essas três salvaguardas constitucionais, e concluiu que a interpretação dada pela Secretaria da Receita Federal não reduziria a norma ao status de sanção política.

Indústria de cigarros: cancelamento de registro especial e obrigação tributária - 5
Ressaltou que seriam relevantes tanto o montante dos créditos cuja compensação não fora homologada quanto o montante total do débito tributário atribuído à empresa. Além disso, o risco à efetividade da tutela jurisdicional relativa à cassação do registro especial, existente por ocasião do julgamento da AC 1657 MC/SP (DJU de 11.5.2007), enfraqueceria com o julgamento de mérito da questão, já que, realizado o controle de constitucionalidade incidental da norma, não haveria mais expectativa juridicamente importante de reversão da penalidade. Ademais, não estaria demonstrado o risco à efetividade da tutela jurisdicional, no tocante ao controle de validade dos créditos tributários cujo inadimplemento levaria à cassação do registro especial. Considerou, ainda, ausente a plausibilidade da tese que defenderia a possibilidade de compensação de créditos referentes às antigas obrigações do Estado, cujos títulos teriam sido denominados "moeda podre", em virtude de sua duvidosa liquidez e de restrições postas pela legislação ordinária. Enfatizou pesarem, também, alegações graves contra o recorrente. Diante do contexto excepcional, a parte deveria ter demonstrado com precisão os motivos que teriam conduzido à sistemática e reiterada inobservância das normas de tributação. Não bastaria apontar a inconstitucionalidade absoluta do dispositivo analisado. Por fim, reputou que a assertiva imprecisa da existência de discussão sobre o sistema de tributação da indústria do cigarro com o IPI, fundada na suposta inconstitucionalidade da tributação via pautas de preços fixos, não teria sido parte do quadro apresentado ao tribunal de origem. O argumento não poderia ser usado para confirmar a plausibilidade da tese de violação do direito ao livre exercício de atividade econômica lícita.

Indústria de cigarros: cancelamento de registro especial e obrigação tributária - 6
O Min. Ricardo Lewandowski sublinhou que o descumprimento reiterado de obrigações fiscais por parte de empresas do ramo provocaria distorção do mercado, pois permitiria o comércio de produtos em patamar de preço inferior à concorrência. Nesse sentido, a livre iniciativa não seria absoluta. Ressaltou, ainda, que os Enunciados 70 ("É inadmissível a interdição de estabelecimento como meio coercitivo para cobrança de tributo"), 323 ("É inadmissível a apreensão de mercadorias como meio coercitivo para pagamento de tributos") e 547 ("Não é lícito à autoridade proibir que o contribuinte em débito adquira estampilhas, despache mercadorias nas alfândegas e exerça suas atividades profissionais") da Súmula do STF não seriam aplicáveis à espécie, por aludirem a devedores inseridos no regime geral de atividades econômicas. Além disso, a norma em comento não estabeleceria meio coercitivo para cobrança de tributo, mas sanções por práticas de atos ilícitos contra a ordem tributária.

Indústria de cigarros: cancelamento de registro especial e obrigação tributária - 7
Vencidos os Ministros Gilmar Mendes, Marco Aurélio e Celso de Mello, que proviam o recurso e, incidentalmente, declaravam a inconstitucionalidade do art. 2º, II, do Decreto-Lei 1.593/77. O Min. Gilmar Mendes consignava que a norma impugnada não teria outro sentido além de reforçar a eficácia das normas tributárias a onerar o segmento econômico em questão. Tratar-se-ia, portanto, de sanção política estabelecida em benefício da arrecadação fiscal, o que estaria em descompasso com a jurisprudência da Corte. Nesse sentido, destacava os Enunciados 70, 323 e 547 da Súmula do STF. Reconhecia que o caso cuidaria de contumaz sonegadora, mas alertava para a gravidade de se impedir o exercício de atividade econômica em face de mero inadimplemento de tributo, mormente diante dos princípios constitucionais da livre iniciativa e do devido processo legal. O Min. Marco Aurélio apontava que não se trataria de norma a tutelar a saúde, porque caso a atividade fosse proibida, sequer caberia discutir a regra em comento. Ao contrário, condicionar-se-ia indevidamente a continuidade dessa atividade ao adimplemento de obrigações tributárias, principais ou acessórias. O Min. Celso de Mello acentuava que o poder de tributar não poderia chegar à desmedida do poder de destruir, pois esta extraordinária prerrogativa do Estado traduziria poder que somente deveria ser exercido dentro dos limites que o tornassem compatível com a liberdade de trabalho, comércio e indústria, bem assim com o direito de propriedade. RE 550769/RJ, rel. Min. Joaquim Barbosa, 22.5.2013. (RE-550769) (Inform. STF 707)

DIREITO TRIBUTÁRIO. IRREGULARIDADE DE NOTIFICAÇÃO DE LANÇAMENTO REFERENTE À TCFA DIANTE DA AUSÊNCIA DE PRAZO PARA A APRESENTAÇÃO DE DEFESA ADMINISTRATIVA.
É irregular a notificação de lançamento que vise constituir crédito tributário referente à taxa de controle e fiscalização ambiental – TCFA na hipótese em que não conste, na notificação, prazo para a apresentação de defesa administrativa. A cobrança de TCFA submete-se ao procedimento administrativo fiscal, que contempla exigências prévias para a constituição do crédito tributário mediante lançamento. Entre essas exigências, encontra-se, em consideração ao art. 11, II, do Dec. n. 70.235/1972, a obrigatoriedade de constância, na notificação de lançamento, de prazo para a sua impugnação. **AgRg no REsp 1.352.234-PR, Rel. Min. Humberto Martins, julgado em 21/2/2013.** (Inform. STJ 516).

DIREITO TRIBUTÁRIO. IMPRESCINDIBILIDADE DE LANÇAMENTO DE DÉBITOS OBJETO DE COMPENSAÇÃO INDEVIDA DECLARADA EM DCTF ENTREGUE ANTES DE 31/10/2003.
É necessário o lançamento de ofício para a cobrança de débitos objeto de compensação indevida declarada em DCTF apresentada antes de 31/10/2003. A Declaração de Débitos e Créditos Tributários Federais - DCTF é documento complexo que comporta a constituição do crédito tributário (rubrica "débitos apurados"), a declaração de valores que,

na ótica do contribuinte, devem ser abatidos desse crédito (rubrica "créditos vinculados") e a confissão inequívoca de determinado valor (rubrica "saldo a pagar"). Da interpretação do art. 5º do Decreto-Lei n. 2.124/1984, do art. 2º da IN/SRF n. 45/1998, do art. 7º da IN/SRF n. 126/1998, do art. 90 da MP n. 2.158-35/2001, do art. 3º da MP n. 75/2002 e do art. 8º da IN/SRF n. 255/2002, extrai-se que, antes de 31/10/2003, havia a necessidade de lançamento de ofício para cobrar a diferença do "débito apurado" em DCTF decorrente de compensação indevida. De 31/10/2003 em diante, a partir da eficácia do art. 18 da MP n. 135/2003, convertida na Lei n. 10.833/2003, o lançamento de ofício deixou de ser necessário. Cabe ressaltar, no entanto, que o encaminhamento do "débito apurado" em DCTF decorrente de compensação indevida para inscrição em dívida ativa passou a ser precedido de notificação ao sujeito passivo para pagar ou apresentar manifestação de inconformidade, recurso este que suspende a exigibilidade do crédito tributário na forma do art. 151, III, do CTN (art. 74, § 11, da Lei n. 9.430/1996). Precedente citado: REsp 1.205.004-SC, DJe 16/5/2011. **REsp 1.332.376-PR, Rel. Min. Mauro Campbell Marques, julgado em 6/12/2012.** (Inform. STJ 515).

DIREITO TRIBUTÁRIO. INCIDÊNCIA DE JUROS DE MORA SOBRE MULTA FISCAL PUNITIVA.
É legítima a incidência de juros de mora sobre multa fiscal punitiva, a qual integra o crédito tributário. Precedentes citados: REsp 1.129.990-PR, DJe 14/9/2009, e REsp 834.681-MG, DJe 2/6/2010. **AgRg no REsp 1.335.688-PR, Rel. Min. Benedito Gonçalves, julgado em 4/12/2012.** (Inform. STJ 511).

DIREITO TRIBUTÁRIO. REVISÃO DO LANÇAMENTO. ERRO DE DIREITO.
O lançamento do tributo pelo Fisco com base em legislação revogada, equivocadamente indicada em declaração do contribuinte, não pode ser posteriormente revisto. O erro de fato é aquele consubstanciado na inexatidão de dados fáticos, atos ou negócios que dão origem à obrigação tributária. Tal erro autoriza a revisão do lançamento do tributo, de acordo com o art. 149, VIII, do CTN. Por outro lado, o erro de direito é o equívoco na valoração jurídica dos fatos, ou seja, desacerto sobre a incidência da norma à situação concreta. Nessa situação, o erro no ato administrativo de lançamento do tributo é imodificável (erro de direito), em respeito ao princípio da proteção à confiança, a teor do art. 146 do CTN. Precedentes citados: EDcl no REsp 1.174.900-RS, DJe 9/5/2011, e REsp 1.130.545-RJ, DJe 22/2/2011. **AgRg no Ag 1.422.444-AL, Rel. Min. Benedito Gonçalves, julgado em 4/10/2012.** (Inform. STJ 506)

DIREITO TRIBUTÁRIO. DECLARAÇÃO E COMPENSAÇÃO TRIBUTÁRIAS EFETUADAS PELO CONTRIBUINTE VIA DCTF. FISCO. CONSTITUIÇÃO INDEVIDA DE CRÉDITO TRIBUTÁRIO.
O Fisco não pode proceder à inscrição do débito em dívida ativa e negar a CND ao contribuinte, desconsiderando a declaração e a compensação tributárias, efetuadas por ele via Declaração de Contribuições de Tributos Federais (DCTF), sem notificá-lo do indeferimento da compensação. Ao promover a compensação (CTN, art. 156, II), o contribuinte deve informá-la ao Fisco para que averigue a regularidade do procedimento e, então, homologue, ainda que tacitamente, a compensação efetuada, a partir da qual não se poderá recusar a expedição de Certidão Negativa de Débito (CND). Caso a autoridade administrativa discorde da extinção – por considerar inexistente ou insuficiente o crédito devido ao contribuinte, ou ainda por considerar inexistente o direito à compensação – deverá praticar ato manifestando essa discordância por meio de processo administrativo tributário (que suspenderá o crédito tributário), antes de propor ação fiscal contra o contribuinte. Precedentes citados: REsp 962.379-RS, DJe 28/10/2008; REsp 1.140.730-RS, DJe 21/6/2011; AgRg no REsp 892.901-RS, DJe 7/3/2008; REsp 999.020-PR, DJe 21/5/2008, e AgRg no REsp 1.228.660-RS, DJe 27/9/2011; REsp 1.157.847-PE, DJe 6/4/2010, e AgRg no REsp 1.126.548-RS, DJe 14/12/2010. **AgRg no AREsp 227.242-CE, Rel. Min. Benedito Gonçalves, julgado em 9/10/2012.** (Inform. STJ 506)

Súmula STF nº 565
A multa fiscal moratória constitui pena administrativa, não se incluindo no crédito habilitado em falência.

Súmula STF nº 563
O concurso de preferência a que se refere o parágrafo único do art. 187, do Código Tributário Nacional, é compatível com o disposto no art. 9º, I, da Constituição Federal.

Súmula STF nº 192
Não se inclui no crédito habilitado em falência a multa fiscal com efeito de pena administrativa.

Súmula STJ nº 436
A entrega de declaração pelo contribuinte reconhecendo débito fiscal constitui o crédito tributário, dispensada qualquer outra providência por parte do fisco. (Comentário: o fisco pode inscrever o débito em dívida ativa e executá-lo, independentemente de outra providência)

Súmula STJ nº 409
Em execução fiscal, a prescrição ocorrida antes da propositura da ação pode ser decretada de ofício (art. 219, § 5º, do CPC).

Súmula STJ nº 250
É legítima a cobrança de multa fiscal de empresa em regime de concordata.

Súmula STJ nº 112
O depósito somente suspende a exigibilidade do crédito tributário se for integral e em dinheiro.

Súmula STJ nº 85
Nas relações jurídicas de trato sucessivo em que a Fazenda Pública figure como devedora, quando não tiver sido negado o próprio direito reclamado, a prescrição atinge apenas as prestações vencidas antes do quinquênio anterior à propositura da ação.

Súmula TFR nº 248
O prazo da prescrição interrompido pela confissão e parcelamento da dívida fiscal recomeça a fluir no dia em que o devedor deixar de cumprir o acordo celebrado.

Súmula TFR nº 227
A mudança de critério jurídico adotado pelo fisco não autoriza a revisão do lançamento.

Súmula TFR nº 219
Não havendo antecipação de pagamento, o direito de constituir o crédito previdenciário extingue-se decorridos 5 (cinco) anos do primeiro dia do exercício seguinte àquele em que ocorreu o fato gerador.

Súmula TFR nº 163
Nas relações jurídicas de trato sucessivo, em que a Fazenda Pública figure como devedora, somente prescrevem as prestações vencidas antes do quinquênio anterior à propositura da ação.

Súmula TFR nº 153
Constituído, no quinquênio, através de auto de infração ou notificação de lançamento, o crédito tributário, não há que se falar em decadência, fluindo, a partir daí, em princípio, o prazo prescricional, que, todavia, fica em suspenso, até que sejam decididos os recursos administrativos.

Súmula TFR nº 106.
A seguradora não tem direito à restituição do Imposto sobre Produtos Industrializados, no caso de sinistro ocorrido com mercadoria, após a sua saída do estabelecimento produtor.

Súmula TFR nº 45
As multas fiscais, sejam moratórias ou punitivas, estão sujeitas à correção monetária.

5. SUJEIÇÃO PASSIVA, RESPONSABILIDADE E DENÚNCIA ESPONTÂNEA

DIREITO TRIBUTÁRIO. TERMO INICIAL DA CORREÇÃO MONETÁRIA INCIDENTE SOBRE OS CRÉDITOS ESPONTANEAMENTE RECONHECIDOS PELA ADMINISTRAÇÃO TRIBUTÁRIA.
A correção monetária incide a partir do término do prazo de trezentos e sessenta dias, previsto no art. 24 da Lei 11.457/2007, contado da data do protocolo do pedido administrativo de ressarcimento realizado pelo contribuinte. Isso porque, conforme dispõe o art. 24 da Lei 11.457/2007, é "obrigatório que seja proferida decisão administrativa no prazo máximo de 360 (trezentos e sessenta) dias a contar do protocolo de petições, defesas ou recursos administrativos do contribuinte". Portanto, o Fisco somente deve ser considerado em mora a partir do término do referido prazo, quando, então, estará configurada a denominada "resistência ilegítima" prevista na Súmula 411 do STJ: "É devida a correção monetária ao creditamento do IPI quando há oposição ao seu aproveitamento decorrente de resistência ilegítima do Fisco". **REsp 1.331.033-SC, Rel. Min. Mauro Campbell Marques, Segunda Turma, julgado em 2/4/2013.** (Inform. STJ 522)

TRANSPORTADOR. RESPONSABILIDADE TRIBUTÁRIA. EXTRAVIO. AVARIA. MERCADORIAS IMPORTADAS.
O transportador não responde, no âmbito tributário, por extravio ou avaria de mercadorias importadas sob o regime de suspensão de impostos e destinadas à comercialização em loja franca (*duty free*). É que tais mercadorias permanecerão com suspensão do pagamento de tributos até a sua venda, quando, então, a suspensão converter-se-á automaticamente em isenção de tributos (art. 15, §§ 2º e 3º, do DL n. 1.455/1976). Assim, caso a internação se realizasse normalmente, não haveria tributação em razão da isenção de caráter objetivo incidente sobre as mercadorias importadas. Logo, como houve extravio, não há responsabilidade subjetiva do transportador em virtude da ausência de prejuízo fiscal. Precedentes citados: REsp 726.285-AM, DJ 6/3/2006; AgRg no REsp 1.127.607-SP, DJe 20/11/2009, e AgRg no REsp 1.090.518-RJ, DJe 24/8/2011. **REsp 1.101.814-SP, Rel. Min. Arnaldo Esteves Lima, julgado em 22/5/2012.** (Inform. STJ 498)

IMPORTADOR. LOCATÁRIO. RESPONSABILIDADE TRIBUTÁRIA. SUBSTITUIÇÃO TRIBUTÁRIA.
A empresa locatária de aparelho de ultrassom diagnóstico (recorrente), mesmo com a isenção especial do art. 149, III, do Dec. n. 91.030/1985 (Regulamento Aduaneiro), foi responsabilizada pelo Fisco para pagar os tributos incidentes sobre a importação do bem (imposto de importação e de IPI), com base no art. 124, I, do CTN. Isso caracterizaria a solidariedade de fato porque a recorrente se enquadraria nos termos do art. 1º do referido *codex*, por possuir interesse comum na situação. Porém, a Fazenda Nacional, ao lavrar o auto de infração, não incluiu o responsável tributário principal, atacando diretamente a locatária, que assumiu a responsabilidade em razão de seu particular interesse na situação. De acordo com o art. 121 do mencionado código, o sujeito passivo da obrigação principal é a pessoa obrigada ao pagamento do tributo. Assim, devendo o tributo de importação ser pago pelo importador, dele é a obrigação principal de pagá-lo, sendo dele também a responsabilidade por burlar a isenção e ter contra si auto de infração sob esse título. Sabe-se da possibilidade de a Fazenda Nacional indicar responsável solidário, *in casu*, solidariedade de fato, mas, sendo certa a legitimidade do importador para responder pelo tributo, deve ele constar no auto de infração que serve de supedâneo ao crédito tributário. Tanto é assim que o art. 134 do supradito *codex* dispõe que, nos casos de impossibilidade de exigência do cumprimento da obrigação (principal) pelo contribuinte, respondem solidariamente com ele aqueles que intervieram ou se omitiram. O STJ já reconheceu que a responsabilidade tributária deve ser atribuída ao contribuinte de fato autor do desvio, e não a terceiro de boa-fé, como na hipótese dos autos, em que o recorrente não tem a possibilidade de verificar a origem fiscal do aparelho. Conforme demonstrado, o contribuinte originário é o importador. Assim, a interpretação de tal dispositivo deixa clara a intenção do legislador de impor ao contribuinte principal a responsabilidade pela obrigação. Na verdade, está a se erguer uma nova forma de substituição tributária, visto que de solidariedade, estritamente, não se trata, por não haver devedor principal inscrito para a vinculação da solidariedade. Com essas ponderações, a Turma deu provimento ao recurso da empresa locatária, julgando prejudicada o recurso da Fazenda Nacional. Precedente citado: EDcl no AgRg no REsp 706.254-RO, DJe de 6/5/2008. **REsp 1.294.061-PE, Rel. Min. Francisco Falcão, julgado em 15/3/2012.** (Inform. STJ 493)

Súmula STJ nº 435
Presume-se dissolvida irregularmente a empresa que deixar de funcionar no seu domicílio fiscal, sem comunicação aos órgãos competentes, legitimando o redirecionamento da execução fiscal para o sócio-gerente.

Súmula STJ nº 430
O inadimplemento da obrigação tributária pela sociedade não gera, por si só, a responsabilidade solidária do sócio-gerente.

Súmula STJ nº 360
O benefício da denúncia espontânea não se aplica aos tributos sujeitos a lançamento por homologação regularmente declarados, mas pagos a destempo.

6. SUSPENSÃO, EXTINÇÃO E EXCLUSÃO DO CRÉDITO

FGTS: prazo prescricional para cobrança em juízo - 1
Limita-se a cinco anos o prazo prescricional relativo à cobrança judicial de valores devidos, pelos empregados e pelos tomadores de serviço, ao FGTS. Com base nesse entendimento, o Plenário, por maioria, negou provimento a recurso extraordinário com agravo e alterou orientação jurisprudencial — que fixava prazo prescricional de 30 anos — para estabelecer novo lapso temporal (quinquenário), a contar do presente julgado. Na espécie, o TST confirmara julgado do TRT que garantira a empregado que prestara serviços no exterior o prazo prescricional trintenário para a cobrança de contribuições devidas ao FGTS, a ser calculado sobre todas as parcelas de natureza salarial. O TST aplicara, assim, o Enunciado 362 de sua Súmula ["É trintenária a prescrição do direito de reclamar contra o não-recolhimento da contribuição para o FGTS, observado o prazo de 2 (dois) anos após o término do contrato de trabalho"]. O agravante (empregador) defendia a não aplicação da prescrição trintenária para a cobrança de diferenças do FGTS, ao fundamento de que o referido fundo integraria o rol dos direitos dos trabalhadores. Alegava, assim, que o FGTS derivaria do vínculo de emprego, razão pela qual a ele seria aplicado o prazo quinquenal previsto no art. 7º, XXIX, da CF. A Corte sublinhou que a questão constitucional ora versada seria diversa daquela que

ensejara a interposição do RE 584.608/SP (DJe de 13.8.2009), cuja repercussão geral fora negada pelo STF. Apontou que, no mencionado recurso, discutia-se o prazo prescricional aplicável sobre a cobrança da correção monetária incidente sobre a multa de 40% sobre os depósitos do FGTS. No presente apelo, seria discutido o prazo prescricional aplicável para a cobrança das contribuições ao FGTS não depositadas tempestivamente pelos empregadores e tomadores de serviço e, portanto, não meras diferenças nos recolhimentos.

FGTS: prazo prescricional para cobrança em juízo - 2
O Colegiado apontou que normas diversas a disciplinar o FGTS teriam ensejado diferentes teses quanto à sua natureza jurídica: híbrida, tributária, previdenciária, de salário diferido, de indenização, dentre outras. Em verdade, antes do advento da CF/1988, o Supremo já afastara a tese do suposto caráter tributário ou previdenciário das contribuições devidas a esse fundo e salientara ser o FGTS direito de índole social e trabalhista. Ressaltou que, não obstante julgados que assentaram a finalidade estritamente social de proteção ao trabalhador, o STF continuara a perfilhar a tese da prescrição trintenária do FGTS, em virtude do disposto no art. 20 da Lei 5.107/1966 c/c art. 144 da Lei 3.807/1960. Ao se posicionar pela prescrição trintenária nos casos de recolhimento e de não recolhimento do FGTS, a jurisprudência da Corte estaria em divergência com a ordem constitucional vigente. Isso porque o art. 7°, XXIX, da CF prevê, de forma expressa, o prazo quinquenário a ser aplicado à propositura das ações atinentes a "créditos resultantes das relações de trabalho". Desse modo, a existência de disposição constitucional expressa acerca do prazo aplicável à cobrança do FGTS, após a promulgação da CF/1988, significaria não mais subsistirem razões para se adotar o prazo de prescrição trintenário. Via de consequência, o Plenário reconheceu a inconstitucionalidade dos artigos 23, § 5°, da Lei 8.036/1990; e 55, do Regulamento do FGTS aprovado pelo Decreto 99.684/1990, na parte em que ressalvam o "privilégio do FGTS à prescrição trintenária", por afronta ao art. 7°, XXIX, da CF. No caso, o recorrido ajuizara sua reclamação trabalhista em 19.4.2007, com pedido de pagamento de FGTS relativo ao período de maio de 2001 a dezembro de 2003. Não obstante a reclamação tivesse sido ajuizada no biênio imediatamente posterior ao término da relação de emprego, ela somente seria apta a alcançar os valores devidos e não adimplidos nos cinco anos anteriores ao seu ajuizamento. A dizer de outro modo, deveria ser dado parcial provimento ao presente recurso extraordinário para reconhecer como não devidas as contribuições ao FGTS quanto ao período anterior a 19.4.2002, em razão da prescrição. Entretanto, por mais de vinte anos e mesmo com o advento da CF/1988, o STF e o TST entendiam que o prazo prescricional aplicável ao FGTS seria o trintenário. O Colegiado destacou, ainda, a necessidade de garantia da segurança jurídica, tendo em conta a mudança jurisprudencial operada.

FGTS: prazo prescricional para cobrança em juízo - 3
Vencidos o Ministro Marco Aurélio, que provia o recurso em parte, e os Ministros Teori Zavascki e Rosa Weber, que desproviam o recurso, mas mantinham a jurisprudência anterior da Corte. O Ministro Marco Aurélio assentava que, observado o biênio, seria possível pleitear, na inicial da reclamação trabalhista, as parcelas dos últimos cinco anos. Esclarecia que o provimento seria parcial porque haveria parcelas não prescritas. Os Ministros Teori Zavascki e Rosa Weber entendiam que o prazo prescricional ora debatido seria de trinta anos. O Ministro Teori Zavascki reputava que, no caso do FGTS, haveria duas relações jurídicas completamente distintas: a) a relação estabelecida entre o FGTS e o empregador, cuja natureza não seria de salário, nem de verba trabalhista diretamente, porque o Fundo não poderia ser credor trabalhista e, portanto, não poderia ser empregado; b) a relação entre o empregado e o Fundo, em que se poderia até mesmo cogitar da aplicação do inciso XXIX, do art. 7°, da CF, mas não na relação jurídica posta quanto à execução de uma contribuição ao Fundo, não feita oportunamente, sob pena de haver prazos prescricionais diferentes para a mesma pretensão. ARE 709212/DF, rel. Min. Gilmar Mendes, 13.11.2014. (ARE-709212) (Inform. STF 767)

RPV: débitos tributários e compensação - 1
O Plenário iniciou julgamento de recurso extraordinário em que se discute a possibilidade de compensação de requisições de pequeno valor - RPV com débitos tributários, nos termos dos parágrafos 9° e 10 do art. 100 da CF ["§ 9° No momento da expedição dos precatórios, independentemente de regulamentação, deles deverá ser abatido, a título de compensação, valor correspondente aos débitos líquidos e certos, inscritos ou não em dívida ativa e constituídos contra o credor original pela Fazenda Pública devedora, incluídas parcelas vincendas de parcelamentos, ressalvados aqueles cuja execução esteja suspensa em virtude de contestação administrativa ou judicial. § 10. Antes da expedição dos precatórios, o Tribunal solicitará à Fazenda Pública devedora, para resposta em até 30 (trinta) dias, sob pena de perda do direito de abatimento, informação sobre os débitos que preencham as condições estabelecidas no § 9°, para os fins nele previstos"]. Na espécie, o acórdão recorrido afirmara que a compensação somente seria possível em relação a pagamentos a serem efetuados por meio de precatórios, excetuadas, portanto, as obrigações definidas em lei como de pequeno valor, nos termos do § 3° do art. 100 da CF ("O disposto no 'caput' deste artigo relativamente à expedição de precatórios não se aplica aos pagamentos de obrigações definidas em leis como de pequeno valor que as Fazendas referidas devam fazer em virtude de sentença judicial transitada em julgado"). O Ministro Luiz Fux (relator) se manifestou pela prejudicialidade do recurso em virtude da declaração de inconstitucionalidade dos parágrafos 9° e 10 do art. 100 da CF proferida na ADI 4.357/DF (DJe de 26.9.2014) e na ADI 4.425/DF (DJe de 19.12.2013). Após os votos dos Ministros Roberto Barroso e Rosa Weber, que acompanharam o relator, pediu vista dos autos o Ministro Marco Aurélio.

RPV: débitos tributários e compensação - 2
A declaração de inconstitucionalidade dos parágrafos 9° e 10 do art. 100 da CF ["§ 9° No momento da expedição dos precatórios, independentemente de regulamentação, deles deverá ser abatido, a título de compensação, valor correspondente aos débitos líquidos e certos, inscritos ou não em dívida ativa e constituídos contra o credor original pela Fazenda Pública devedora, incluídas parcelas vincendas de parcelamentos, ressalvados aqueles cuja execução esteja suspensa em virtude de contestação administrativa ou judicial. § 10. Antes da expedição dos precatórios, o Tribunal solicitará à Fazenda Pública devedora, para resposta em até 30 (trinta) dias, sob pena de perda do direito de abatimento, informação sobre os débitos que preencham as condições estabelecidas no § 9°, para os fins nele previstos"], proferida na ADI 4.357/DF (DJe de 26.9.2014) e na ADI 4.425/DF (DJe de 19.12.2013), também se aplica às requisições de pequeno valor - RPV. Essa conclusão do Plenário ao finalizar o julgamento de recurso extraordinário e a ele negar provimento. Discutia-se a possibilidade de compensação de RPV com débitos tributários, nos termos dos referidos dispositivos constitucionais — v. Informativo 762. Reajustaram seus votos os Ministros Luiz Fux (relator), Roberto Barroso e Rosa Weber. RE 657686/DF, rel. Min. Luiz Fux, 23.10.2014. (RE-657686) (Inform. STF 764)

REPERCUSSÃO GERAL EM RE N. 796.939-RS
RELATOR: MIN. RICARDO LEWANDOWSKI
Ementa: CONSTITUCIONAL. PROCESSO ADMINISTRATIVO TRIBUTÁRIO. INDEFERIMENTO DE PEDIDOS DE RESSARCIMENTO, RESTITUIÇÃO OU COMPENSAÇÃO DE TRIBUTOS. MULTAS. INCIDÊNCIA *EX LEGE*. SUPOSTO CONFLITO COM O ART. 5°, XXXIV. REPERCUSSÃO GERAL RECONHECIDA.

I – A matéria constitucional versada neste recurso consiste na análise da constitucionalidade dos §§ 15 e 17 do art. 74 da Lei 9.430/1996, com redação dada pelo art. 62 da Lei 12.249/2010.
II – Questão constitucional que ultrapassa os limites subjetivos da causa, por possuir relevância econômica e jurídica.
III – Repercussão geral reconhecida. (Inform. STF 751)

DIREITO TRIBUTÁRIO. APLICABILIDADE DE LIMITES À COMPENSAÇÃO TRIBUTÁRIA RELACIONADOS A TRIBUTO DECLARADO INCONSTITUCIONAL. Os limites estabelecidos pelas Leis 9.032/1995 e 9.129/1995 são aplicáveis à compensação de indébito tributário, ainda que este decorra da declaração de inconstitucionalidade da contribuição social pelo STF. Isso porque a Primeira Seção do STJ consolidou o entendimento de que, "enquanto não declaradas inconstitucionais as Leis 9.032/1995 e 9.129/1995, em sede de controle difuso ou concentrado, sua observância é inafastável pelo Poder Judiciário, uma vez que a norma jurídica, enquanto não regularmente expurgada do ordenamento, nele permanece válida, razão pela qual a compensação do indébito tributário, ainda que decorrente da declaração de inconstitucionalidade da exação, submete-se às limitações erigidas pelos diplomas legais que regem a compensação tributária" (REsp 796.064-RJ, Primeira Seção, DJe 10/11/2008). Precedentes citados: EREsp 905.288-SP, Primeira Seção, DJe 6/11/2009; e EREsp 860.370-SP, Primeira Seção, DJe 6/11/2009. **EREsp 872.559-SP, Rel. Min. Ari Pargendler, julgado em 9/4/2014.** (Inform. STJ 543)

DIREITO PROCESSUAL CIVIL E TRIBUTÁRIO. EXIGÊNCIA DE TRÂNSITO EM JULGADO PARA FINS DE COMPENSAÇÃO TRIBUTÁRIA. O disposto no art. 170-A do CTN, que exige o trânsito em julgado para fins de compensação de crédito tributário, somente se aplica às demandas ajuizadas após a vigência da LC 104/2001, a qual acrescentou o referido artigo ao CTN. Precedentes citados: REsp 1.266.798-CE, Segunda Turma, DJe 25/4/2012; e AgRg nos EDcl no REsp 1.100.424-PR, Segunda Turma, DJe 27/4/2011. **AgRg no REsp 1.240.038-PR, Rel. Min. Og Fernandes, julgado em 8/4/2014.** (Inform. STJ 541)

DIREITO TRIBUTÁRIO. EFEITOS DA SUSPENSÃO DA NORMA AUTORIZADORA DE PARCELAMENTO DO CRÉDITO TRIBUTÁRIO. Ocorre a prescrição da pretensão executória do crédito tributário objeto de pedido de parcelamento após cinco anos de inércia da Fazenda Pública em examinar esse requerimento, ainda que a norma autorizadora do parcelamento tenha tido sua eficácia suspensa por medida cautelar em ação direta de inconstitucionalidade. De fato, em caso análogo, a Primeira Turma do STJ já decidiu que a concessão de medida cautelar em ADI que suspende a lei ensejadora do pedido de parcelamento não suspende a exigibilidade do crédito tributário, na medida em que esse provimento judicial não impede o fisco de indeferir, desde logo, o pedido de administrativo e, ato contínuo, promover a respectiva execução. Isso porque o deferimento de cautelar com eficácia *ex nunc* em ação direta de inconstitucionalidade constitui determinação dirigida aos aplicadores da norma contestada para que, nas suas futuras decisões, (a) deixem de aplicar o preceito normativo objeto da ação direta de inconstitucionalidade e (b) apliquem a legislação anterior sobre a matéria, mantidas, no entanto, as decisões anteriores em outro sentido (salvo se houver expressa previsão de eficácia *ex tunc*). Precedente citado: AgREsp 1.234.307-DF, Rel. Min. Benedito Gonçalves, DJe de 12/6/2012. **REsp 1.389.795-DF, Rel. Min. Ari Pargendler, julgado em 5/12/2013.** (Inform. STJ 534)

DIREITO TRIBUTÁRIO. IMPOSSIBILIDADE DE COMPENSAÇÃO DE PRECATÓRIO ESTADUAL COM CRÉDITO TRIBUTÁRIO FEDERAL.
Não é possível a compensação de precatórios estaduais com dívidas oriundas de tributos federais. Isso porque, nessa hipótese, não há identidade entre devedor e credor. Precedentes citados: AgRg no AREsp 94.667-BA, Primeira Turma, DJe 2/4/2012; e AgRg no AREsp 125.196-RS, Segunda Turma, DJe 15/2/2013. **AgRg no AREsp 334.227-RS, Rel. Min. Sérgio Kukina, julgado em 6/8/2013.** (Inform. STJ 528)

DIREITO TRIBUTÁRIO. IMPOSSIBILIDADE DE CONSTITUIÇÃO DE CRÉDITO TRIBUTÁRIO COM BASE EM CONFISSÃO DE DÍVIDA REALIZADA APÓS A EXTINÇÃO DO CRÉDITO PELA DECADÊNCIA. RECURSO REPETITIVO (ART. 543-C DO CPC E RES. 8/2008-STJ).
Não é possível a constituição de crédito tributário com base em documento de confissão de dívida tributária apresentado, para fins de parcelamento, após o prazo decadencial previsto no art. 173, I, do CTN. A decadência, consoante disposto no art. 156, V, do referido diploma legal, é forma de extinção do crédito tributário. Sendo assim, uma vez extinto o direito, não pode ser reavivado por qualquer sistemática de lançamento ou autolançamento, seja ela via documento de confissão de dívida, declaração de débitos, parcelamento seja de outra espécie qualquer (DCTF, GIA, DCOMP, GFIP etc.). Isso porque, além de não haver mais o que ser confessado sob o ponto de vista jurídico (os fatos podem ser sempre confessados), não se pode dar à confissão de débitos eficácia superior àquela própria do lançamento de ofício (arts. 145 e 149), forma clássica de constituição do crédito tributário da qual evoluíram todas as outras formas – lançamento por declaração (art. 147), lançamento por arbitramento (art. 148) e lançamento por homologação (art. 150). Se a administração tributária, de conhecimento dos mesmos fatos confessados, não pode mais lançar de ofício o tributo, por certo que este não pode ser constituído via autolançamento ou confissão de dívida existente dentro da sistemática do lançamento por homologação. Dessa forma, a confissão de dívida para fins de parcelamento não tem efeitos absolutos, não podendo reavivar crédito tributário já extinto. **REsp 1.355.947–SP, Rel. Min. Mauro Campbell Marques, julgado em 12/6/2013.** (Inform. STJ 522)

DIREITO TRIBUTÁRIO. DÉBITO FISCAL. COMPENSAÇÃO COM PRECATÓRIO VENCIDO E NÃO PAGO. LEGISLAÇÃO DO ENTE FEDERADO.
A pretensão de compensar débitos fiscais com precatórios está sujeita à autorização do regime legislativo estadual regulador da matéria, conforme sistemática estabelecida pela EC n. 62/2009. Precedentes citados: RMS 28.783-PR, DJe 18/8/2011, e RMS 29.467-PR, DJe 23/9/2011. **RMS 36.173-PR, Rel. Min. Herman Benjamin, julgado em 18/10/2012.** (Inform. STJ 508)

Súmula Vinculante STF 8

São inconstitucionais o parágrafo único do artigo 5º do decreto-lei nº 1.569/1977 e os artigos 45 e 46 da lei n. 8.212/1991, que tratam de prescrição e decadência de crédito tributário. *(Comentário: contribuições previdenciárias são tributos e a matéria – prescrição e decadência tributárias – é regulada por lei complementar, de modo que se aplicam os prazos quinquenais do CTN).*

Súmula STF nº 544

Isenções tributárias concedidas sob condição onerosa não podem ser livremente suprimidas.

Súmula STJ nº 409

Em execução fiscal, a prescrição ocorrida antes da propositura da ação pode ser decretada de ofício (art. 219, § 5º, do CPC).

Súmula STJ nº 250

É legítima a cobrança de multa fiscal de empresa em regime de concordata.

Súmula STJ nº 112

O depósito somente suspende a exigibilidade do crédito tributário se for integral e em dinheiro.

Súmula STJ nº 85
Nas relações jurídicas de trato sucessivo em que a Fazenda Pública figure como devedora, quando não tiver sido negado o próprio direito reclamado, a prescrição atinge apenas as prestações vencidas antes do quinquênio anterior à propositura da ação.

Súmula TFR nº 248
O prazo da prescrição interrompido pela confissão e parcelamento da dívida fiscal recomeça a fluir no dia em que o devedor deixar de cumprir o acordo celebrado.

Súmula TFR nº 219
Não havendo antecipação de pagamento, o direito de constituir o crédito previdenciário extingue-se decorridos 5 (cinco) anos do primeiro dia do exercício seguinte àquele em que ocorreu o fato gerador.

Súmula TFR nº 163
Nas relações jurídicas de trato sucessivo, em que a Fazenda Pública figure como devedora, somente prescrevem as prestações vencidas antes do quinquênio anterior à propositura da ação.

Súmula TFR nº 153
Constituído, no quinquênio, através de auto de infração ou notificação de lançamento, o crédito tributário, não há que se falar em decadência, fluindo, a partir daí, em princípio, o prazo prescricional, que, todavia, fica em suspenso, até que sejam decididos os recursos administrativos.

7. IMPOSTOS EM ESPÉCIE

7.1. Imposto de importação e imposto de exportação

DIREITO TRIBUTÁRIO. DEMORA INJUSTIFICADA DA ADMINISTRAÇÃO NA CONCESSÃO DO BENEFÍCIO DE EX-TARIFÁRIO. A concessão do benefício de *ex-tarifário* alcança a importação realizada entre o pedido do referido benefício fiscal e a sua efetiva concessão, se a administração fazendária demorar injustificadamente a analisar e conceder o benefício. A concessão do benefício fiscal denominado *ex-tarifário* consiste na isenção ou redução de alíquota do imposto de importação, a critério da administração fazendária, para o produto desprovido de similar nacional, sob a condição de comprovação dos requisitos pertinentes. Sobre o referido benefício cabe uma interpretação sistemática e a incidência do princípio da razoabilidade. É certo que a autorização de desembaraço aduaneiro com suspensão de tributos constitui ato discricionário do Ministro de Estado da Fazenda (art. 12 do Decreto-Lei 2.472/1988), sujeito, portanto, a juízo de oportunidade e conveniência. Porém, a injustificada demora da Administração na análise do pedido de concessão de regime *ex-tarifário*, por se tratar de importação de mercadoria sem similar nacional, somente concluída após a internação do bem, não pode prejudicar o contribuinte que atuou com prudente antecedência, sob pena de flagrante e direta ofensa ao princípio da razoabilidade. Assim, deve-se assegurar ao requerente a redução de alíquota do imposto de importação, nos termos da legislação de regência. Não haveria lógica em entender de modo diferente, pois acarretaria a situação de o requerente, apesar de iniciar o procedimento para concessão do benefício fiscal, apresentar os documentos exigidos e preencher todos os requisitos necessários, não se beneficiar do *ex-tarifário*, mas somente abrir portas para que seus concorrentes paguem o imposto de importação com a alíquota reduzida. **REsp 1.174.811-SP, Rel. Min. Arnaldo Esteves Lima, julgado em 18/2/2014. (Inform. STJ 544)**

DIREITO TRIBUTÁRIO. PENA DE MULTA PREVISTA NO ART. 108 DO DECRETO-LEI 37/1966.
É aplicável a pena de multa (art. 108 do Decreto-Lei 37/1966) – e não a pena de perdimento (art. 105, VI) – na hipótese de subfaturamento de mercadoria importada. A pena de perdimento incide nos casos de falsificação ou adulteração de documento necessário ao embarque ou desembaraço da mercadoria. A de multa, por sua vez, destina-se a punir declaração inexata de valor, natureza ou quantidade da mercadoria importada. Precedentes citados: AgRg no REsp 1.341.312-PR, Segunda Turma, DJe 8/3/2013; e REsp 1.242.532-RS, Segunda Turma, DJe 2/8/2012. **REsp 1.240.005-RS, Rel. Min. Eliana Calmon, julgado em 5/9/2013.** (Inform. STJ 530)

DIREITO TRIBUTÁRIO. APLICABILIDADE DA ISENÇÃO GENÉRICA DE II E DE IPI PREVISTA NOS ARTS. 2º, II, J, E 3º, I, DA LEI 8.032/1990.
As isenções de imposto de importação e de imposto sobre produtos industrializados previstas no art. 2º, II, "j", e no art. 3º, I, da Lei 8.032/1990 (restabelecidas pelo art. 1º, IV, da Lei 8.402/1992) aplicam-se às importações de peças e componentes de reposição, reparo e manutenção necessárias ao funcionamento de plataformas petrolíferas, sendo indiferente a revogação que o art. 13 da Lei 8.032/1990 trouxe em relação ao Decreto-lei 1.953/1982. De fato, o Decreto-lei 1.953/1982 trata de isenções especificamente relacionadas a bens destinados a prospecção e produção de petróleo. Por sua vez, os arts. 2º, II, "j", e 3º, I, da Lei 8.032/1990 cuidam de isenção genericamente relacionada a embarcações, nas quais se incluem as plataformas petrolíferas. Nesse contexto, deve-se asseverar que a revogação da legislação especial não impede a concessão da isenção genérica. **REsp 1.341.077-RJ, Rel. Min. Mauro Campbell Marques, julgado em 9/4/2013.** (Inform. STJ 519)

7.2. IMPOSTO DE RENDA

IRPF e valores recebidos acumuladamente - 4
É inconstitucional o art. 12 da Lei 7.713/1988 ("No caso de rendimentos recebidos acumuladamente, o imposto incidirá, no mês do recebimento ou crédito, sobre o total dos rendimentos, diminuídos do valor das despesas com ação judicial necessárias ao seu recebimento, inclusive de advogados, se tiverem sido pagas pelo contribuinte, sem indenização"). Com base nessa orientação, em conclusão de julgamento e por maioria, o Plenário negou provimento a recurso extraordinário em que se discutia a constitucionalidade da referida norma — v. Informativo 628. O Tribunal afirmou que o sistema não poderia apenar o contribuinte duas vezes. Esse fenômeno ocorreria, já que o contribuinte, ao não receber as parcelas na época própria, deveria ingressar em juízo e, ao fazê-lo, seria posteriormente tributado com uma alíquota superior de imposto de renda em virtude da junção do que percebido. Isso porque a exação em foco teria como fato gerador a disponibilidade econômica e jurídica da renda. A novel Lei 12.350/2010, embora não fizesse alusão expressa ao regime de competência, teria implicado a adoção desse regime mediante inserção de cálculos que direcionariam à consideração do que apontara como "épocas próprias", tendo em conta o surgimento, em si, da disponibilidade econômica. Desse modo, transgrediria os princípios da isonomia e da capacidade contributiva, de forma a configurar confisco e majoração de alíquota do imposto de renda. Vencida a Ministra Ellen Gracie, que dava provimento ao recurso por reputar constitucional o dispositivo questionado. Considerava que o preceito em foco não violaria o princípio da capacidade contributiva. Enfatizava que o regime de caixa seria o que melhor aferiria a possibilidade de contribuir, uma vez que exigiria o pagamento do imposto à luz dos rendimentos efetivamente percebidos, independentemente do momento em que surgido o direito a eles. **RE 614406/RS, rel. orig. Min. Ellen Gracie, red. p/ o acórdão Min. Marco Aurélio, 23.10.2014.** (RE-614406) (Inform. STF 764)

7. DIREITO TRIBUTÁRIO

REPERCUSSÃO GERAL EM ARE N. 784.854-CE
RELATOR: MINISTRO PRESIDENTE
EMENTA: TRIBUTÁRIO. GRATIFICAÇÃO DE ATIVIDADE DE COMBATE E CONTROLE DE ENDEMIAS – GACEN. NATUREZA JURÍDICA. IMPOSTO DE RENDA. INCIDÊNCIA. MATÉRIA DE ÍNDOLE INFRACONSTITUCIONAL. ATRIBUIÇÃO DOS EFEITOS DA AUSÊNCIA DE REPERCUSSÃO GERAL. (Inform. STF 764)

IR de pessoa jurídica: fato gerador - 5
Ante a peculiaridade do caso, consistente no uso do imposto de renda com função extrafiscal, o Plenário, em conclusão de julgamento e por maioria, negou provimento a recurso extraordinário e, em consequência, afastou a incidência retroativa do art. 1º, I, da Lei 7.988/1989. A mencionada norma, editada em 28.12.1989, elevou de 6% para 18% a alíquota do imposto de renda aplicável ao lucro decorrente de exportações incentivadas, apurado no ano-base de 1989 — v. Informativos 111, 419 e 485. Prevaleceu o voto do Ministro Nelson Jobim. Observou, de início, que o Enunciado 584 da Súmula do STF ("Ao imposto de renda calculado sobre os rendimentos do ano-base, aplica-se a lei vigente no exercício financeiro em que deve ser apresentada a declaração") continuaria sendo adotado para fins de interpretação do fato gerador do imposto de renda, de modo a corroborar orientação no sentido de que, em razão de o fato gerador do imposto de renda ocorrer somente em 31 de dezembro, se a lei fosse editada antes dessa data, sua aplicação a fatos ocorridos no mesmo ano de edição não violaria o princípio da irretroatividade. Ressaltou, entretanto, que na situação dos autos ter-se-ia utilizado o imposto de renda em seu caráter extrafiscal. No ponto, esclareceu que a União, por meio do Decreto-lei 2.413/1988, reduzira a alíquota do imposto cobrada sobre a renda auferida sobre certos negócios e atividades, a fim de estimular as exportações, a determinar o comportamento do agente econômico. Essas operações teriam, portanto, tributação diferenciada das demais, e seriam tratadas como unidades contábeis distintas das demais operações. Por isso, o Ministro Nelson Jobim reputou falacioso o argumento da União de que seria materialmente impossível tomar os rendimentos como unidades isoladas, pois, do contrário, não poderia haver o incentivo de operações específicas. Asseverou que, uma vez alcançado o objetivo extrafiscal, não seria possível modificar as regras de incentivo, sob pena de quebra do vínculo de confiança entre o Poder Público e a pessoa privada, e da própria eficácia de políticas de incentivo fiscal. Concluiu, destarte, que, no caso do imposto de renda ser utilizado em caráter extrafiscal, a configuração do fato gerador dar-se-ia no momento da realização da operação para, então, ser tributado com alíquota reduzida. Dessa forma, depois da realização do comportamento estimulado, a lei nova apenas poderia ter eficácia para novas possibilidades de comportamentos, sob pena de ofensa ao princípio da irretroatividade da lei em matéria de extrafiscalidade. Os Ministros Carlos Velloso (relator), Joaquim Barbosa e Marco Aurélio também negaram provimento ao recurso, sob entendimento de que o fato gerador do imposto de renda de pessoa jurídica seria complexo – e ocorreria nos diversos momentos em que acontecessem os fatos econômicos que afetassem o patrimônio da pessoa jurídica. Assim, afastaram o Enunciado 584 da Súmula do STF. Vencidos os Ministros Eros Grau e Menezes Direito, que davam provimento ao recurso extraordinário. Entendiam aplicável o Enunciado 584 da Súmula do STF, mesmo nos casos de imposto de renda com função extrafiscal. RE 183130/PR, rel. orig. Min. Carlos Velloso, red. p/ o acórdão Min. Teori Zavascki, 25.9.2014. (RE-183130) (Inform. STF 760)

IR: nova hipótese de incidência e irretroatividade tributária
A 1ª Turma desproveu recurso extraordinário em que se pleiteava a incidência do art. 63, § 1º, da MP 812/1994, convertida na Lei 8.981/1995, sobre conduta que teria sido praticada em momento anterior à edição daquele ato normativo ("Art. 63. Os prêmios distribuídos sob a forma de bens e serviços, através de concursos e sorteios de qualquer espécie, estão sujeitos à incidência do imposto, à alíquota de trinta e cinco por cento, exclusivamente na fonte. § 1º O imposto de que trata este artigo incidirá sobre o valor de mercado do prêmio, na data da distribuição, e será pago até o terceiro dia útil da semana subsequente ao da distribuição"). No caso, em 30.11.1994, a associação recorrida fora autorizada a distribuir gratuitamente prêmios a seus associados. No entanto, posteriormente a essa autorização, em 31.12.1994, fora editada a referida medida provisória, que criara nova hipótese de incidência do imposto de renda, ao incluir a distribuição de prêmios na abrangência daquela exação. O Ministro Marco Aurélio (relator) destacou que a autorização em comento precedera à medida provisória e por isso, à época em que distribuídos os prêmios, não haveria a hipótese de incidência. Dessa forma, consignou que não caberia a imposição do ônus, pois a lei nova não poderia retroagir, visto que não existiria, ainda, a base de incidência ao fato imponível. O Ministro Roberto Barroso acompanhou o relator, porém por fundamento diverso. Considerou que a criação de um tributo, por medida provisória, no último dia do exercício, seria uma burla ao direito fundamental à anterioridade e à segurança jurídica. RE 230536/SP, rel. Min. Marco Aurélio, 10.6.2014. (RE-230536) (Inform. STF 750)

AO 63/RS
RELATOR: Ministro Celso de Mello
EMENTA: IMPOSTO DE RENDA. VERBA DE REPRESENTAÇÃO DE MAGISTRADO (LOMAN, art. 65, V). PRETENDIDO RECONHECIMENTO, POR JUÍZES DO TRABALHO, DA INEXISTÊNCIA DE OBRIGAÇÃO TRIBUTÁRIA NO EXERCÍCIO DE 1988. INVOCAÇÃO, PARA TANTO, DO DECRETO-LEI Nº 2.019/83 (art. 2º). INCOMPATIBILIDADE MATERIAL ENTRE ESSA LEGISLAÇÃO PRÉ-CONSTITUCIONAL E A SUPERVENIENTE CONSTITUIÇÃO DE 1988, QUE CONSAGRA O PRINCÍPIO DA ISONOMIA TRIBUTÁRIA (CF, art. 150, II). PRECEDENTES DO SUPREMO TRIBUNAL FEDERAL. OCORRÊNCIA, NA ESPÉCIE, DE TÍPICA HIPÓTESE DE REVOGAÇÃO DO DIPLOMA LEGISLATIVO ANTERIOR E INFERIOR À LEI FUNDAMENTAL DA REPÚBLICA. O FENÔMENO DA RECEPÇÃO E AS CONSEQUÊNCIAS JURÍDICAS DELE DECORRENTES: UMA VISÃO DESSE TEMA NA JURISPRUDÊNCIA CONSTITUCIONAL DO STF. "AÇÃO DECLARATÓRIA" JULGADA IMPROCEDENTE. DJe de 17.2.2014. (Inform. STF 745)

REPERCUSSÃO GERAL EM ARE N. 802.082-SC
RELATOR: MIN. TEORI ZAVASCKI
Ementa: PROCESSUAL CIVIL. RECURSO EXTRAORDINÁRIO COM AGRAVO. ESTADO DE SANTA CATARINA. SERVIDORES PÚBLICOS. HORAS DE SOBREAVISO. INCIDÊNCIA DE IMPOSTO DE RENDA. NATUREZA DA VERBA. MATÉRIA INFRACONSTITUCIONAL. AUSÊNCIA DE REPERCUSSÃO GERAL.

1. A controvérsia relativa à incidência do Imposto de Renda sobre a importância paga a título de horas de sobreaviso é de natureza infraconstitucional, já que o caráter indenizatório da verba foi decidido pelo Tribunal de origem à luz da legislação estadual pertinente, não havendo, portanto, matéria constitucional a ser analisada.

2. O Supremo Tribunal Federal firmou entendimento no sentido de que é ônus do recorrente a demonstração formal e fundamentada de repercussão geral da matéria constitucional versada no recurso extraordinário, com indicação específica das circunstâncias reais que evidenciem, no caso concreto, a relevância econômica, política, social ou jurídica. No presente caso, a alegação de repercussão geral não está acompanhada de fundamentação nos moldes exigidos pela jurisprudência desta Corte.

3. A teor do art. 102, III, a, da Constituição, fundamento da interposição do presente recurso extraordinário, não cabe invocar nesse apelo a violação a norma infraconstitucional, razão pela qual não se conhece a alegada violação aos arts. 43, I e II, do CTN, 45, II, e 638, do Decreto 3.000/99.

4. É cabível a atribuição dos efeitos da declaração de ausência de repercussão geral quando não há matéria constitucional a ser apreciada ou quando eventual ofensa à Constituição Federal se dê de forma indireta ou reflexa (RE 584.608 RG, Min. ELLEN GRACIE, Pleno, DJe de 13/03/2009).

5. Ausência de repercussão geral da questão suscitada, nos termos do art. 543-A do CPC. (Inform. STF 744)

Plano Verão: IRPJ e correção monetária de balanço - conclusão

Preliminarmente, por maioria, o Tribunal conheceu os recursos, vencidos, no ponto, os Ministros Eros Grau e Joaquim Barbosa, Presidente, que entendiam que as decisões recorridas fundar-se-iam em interpretação de legislação infraconstitucional, o que ensejaria ofensa indireta à Constituição. No mérito, o Plenário considerou que o valor fixado para a OTN, decorrente de expectativa de inflação, além de ter sido aplicado de forma retroativa, em ofensa à garantia do direito adquirido (CF, art. 5°, XXXVI) e ao princípio da irretroatividade (CF, art. 150, III, a), ficara muito aquém daquele efetivamente verificado no período. Reputou que isso implicaria majoração da base de incidência do imposto sobre a renda e criação fictícia de renda ou lucro, por via imprópria. Além disso, consignou que não teriam sido utilizados os meios próprios para inibir os efeitos inflacionários, ante a obrigação tributária, em afronta aos princípios da capacidade contributiva e da igualdade (CF, artigos 145, § 1°, e 150, II). Asseverou que essa fixação realizara-se sem observância da própria base de cálculo do aludido imposto. A Corte aduziu, ainda, que se deixara de observar o direito introduzido pela Lei 7.730/1989 — a afastar a inflação e a revogar o art. 185 da Lei 6.404/1976 e as normas de correção monetária de balanço previstas no Decreto-lei 2.341/1987 —, porquanto a retroatividade implementada incidiria sobre fatos surgidos em período no qual inexistente a correção. Assentou que isso implicaria situação gravosa, ante o surgimento de renda a ser tributada. Mencionou, também, o efeito repristinatório da declaração de inconstitucionalidade, a restaurar a eficácia das normas derrogadas pelos dispositivos ora reputados inconstitucionais. Os Ministros Roberto Barroso e Ricardo Lewandowski fizeram ressalva no sentido de não caber ao STF estipular o índice aplicável. Vencidos os Ministros Dias Toffoli, Luiz Fux e Gilmar Mendes, que desproviam os recursos. Anotavam que seria defeso ao Judiciário substituir-se ao Legislativo para fixar índices de correção monetária diversos daqueles estabelecidos em lei. Salientavam, também, que a alteração do critério legal para a indexação das demonstrações financeiras das pessoas jurídicas, nos moldes em que realizada pela legislação questionada, não seria equiparável à majoração de tributo. Registravam, também, não haver direito constitucional à observância de determinado índice de correção monetária.
RE 208526/RS, rel. Min. Marco Aurélio, 20.11.2013. (RE-208526)
RE 256304/RS, rel. Min. Marco Aurélio, 20.11.2013. (RE-256304) (Inform. STF 729)

Imposto de renda e dedução de prejuízos - 2

O direito ao abatimento dos prejuízos fiscais acumulados em exercícios anteriores decorre de benefício fiscal em favor do contribuinte, que é instrumento de política tributária passível de revisão pelo Estado. Ademais, a Lei 8.981/1995 não incide sobre fatos geradores ocorridos antes do início de sua vigência. Com base nessa orientação, a 1ª Turma, em conclusão de julgamento e por maioria, conheceu em parte do recurso extraordinário e, na parte conhecida, negou-lhe provimento. No caso, o acórdão recorrido considerara legítima a aplicação — para o período-base de 1994 — dos artigos 42 e 58 da Medida Provisória 812, publicada no DOU de 31.12.1994 (convertida na Lei 8.981/1995), que limitaram em 30% a parcela dos prejuízos verificados em exercícios anteriores, para efeito da determinação do lucro real para pagamento de imposto de renda, e para fixação da base de cálculo da contribuição social sobre o lucro — v. Informativo 185. A Turma afirmou que a questão teria sido dirimida pelo Plenário do STF no julgamento do RE 344944/SP (DJe de 28.8.2009), de modo que o precedente deveria ser aplicado ao presente feito. Vencido o Ministro Ilmar Galvão, relator, que conhecia em parte do recurso e, na parte conhecida, dava-lhe provimento.
RE 244293/SC, rel. orig. Ilmar Galvão, red. p/ o acórdão Min. Dias Toffoli, 19.11.2013. (RE-244293) (Inform. STF 729)

Dedução do valor da CSLL e base de cálculo do IRPJ - 7

Não é possível a dedução do valor equivalente à CSLL de sua própria base de cálculo, bem como da base de cálculo do IRPJ, nos termos previstos no art. 1°, parágrafo único, da Lei 9.316/96 ("Art. 1° O valor da contribuição social sobre o lucro líquido não poderá ser deduzido para efeito de determinação do lucro real, nem de sua própria base de cálculo. Parágrafo único. Os valores da contribuição social a que se refere este artigo, registrados como custo ou despesa, deverão ser adicionados ao lucro líquido do respectivo período de apuração para efeito de determinação do lucro real e de sua própria base de cálculo"). Essa a conclusão do Plenário que, por maioria, negou provimento a recurso extraordinário no qual alegada transgressão aos artigos 145, § 1°; 146, III, a; e 153, III, todos da CF – v. Informativo 525. Preliminarmente, rejeitou-se pedido no sentido de que fosse realizada nova sustentação oral, em decorrência do transcurso de cinco anos do início da apreciação feito e da mudança na composição da Corte, desde então. Asseverou-se que, nos termos do art. 134, § 2°, do RISTF, os Ministros que não assistiram ao relatório e à sustentação oral poderiam participar do julgamento se se declarassem habilitados a votar.

Dedução do valor da CSLL e base de cálculo do IRPJ - 8

No mérito, prevaleceu o voto do Min. Joaquim Barbosa, relator e Presidente. Aduziu que o valor devido a título de CSLL não deveria, nos termos da Constituição, ser tratado como despesa operacional ou necessária para fins de apuração do IRPJ e, portanto, dedutível. Ressaltou que nem todas as despesas seriam relevantes à apuração do IR, pois a despesa operacional ou a necessária deveria estar direta, intrínseca ou intimamente ligada à atividade empresarial. Realçou que o valor devido a título de CSLL não consistiria em despesa necessária ou operacional à realização da operação ou do negócio que antecederiam o fato jurídico tributário: auferir renda. Rejeitou a assertiva de que a proibição da dedução implicaria cálculo do tributo sobre valor que efetivamente não corresponderia à renda. Salientou que o quadro em exame seria marcado por dois momentos distintos: no primeiro, o contribuinte receberia um fluxo de novas riquezas que, depois da devida apuração, representaria ou não renda; no segundo, se confirmada a existência do lucro real e em razão da incidência das regras-matrizes do IRPJ e da CSLL, uma parte daquele valor teria de ser destinada aos cofres públicos. Concluiu não haver dupla tributação ou incidência do IRPJ sobre a CSLL, haja vista que o valor que deveria ser pago a título de CSLL não deixara de ser lucro ou renda para o contribuinte, em razão da destinação que por ele seria dada após a apuração de ambas as exações.

Dedução do valor da CSLL e base de cálculo do IRPJ - 9

Pelas mesmas razões, o Relator não vislumbrou a apontada ofensa à reserva de lei complementar para dispor sobre normas gerais em matéria de IR (CF, art. 146, III, a), porquanto os artigos 43 e 44 do CTN não especificariam o que se deveria entender por lucro real, na extensão pretendida pela recorrente, nem conceituariam renda, tomado o mesmo parâmetro, nada havendo nesses dispositivos que viabilizassem a identificação dos valores pagos a título de CSLL como despesa operacional ou necessária à atividade empresarial, para fins de tornar obrigatório o cômputo dos gastos na apuração do IRPJ. Repeliu, de igual modo, a mencionada afronta ao princípio da capacidade contributiva (CF, art. 145, §1°), na sua acepção objetiva ou subjetiva, visto que a vedação da dedução do valor da CSLL na apuração do IRPJ não levaria inexoravelmente à tributação do patrimônio ou de qualquer outra grandeza que não fosse renda. Consignou que, independentemente de ser alocado à extinção do crédito tributário, o valor pago a título de CSLL também representaria renda para o contribuinte, podendo ser incluído no cálculo da obrigação tributária referente ao IRPJ. Aduziu, ademais, não haver indicação de que a ausência da dedução pleiteada exasperasse demasiadamente a carga tributária, de modo a torná-la desproporcional, proibitiva ou punitiva da atividade.

Dedução do valor da CSLL e base de cálculo do IRPJ - 10
Por fim, reputou improcedente o argumento de desrespeito à regra da anterioridade. Considerou que o prazo previsto pela regra da anterioridade especial, aplicável à CSLL (CF, art. 195, § 7º), não se somaria à regra da anterioridade tradicional (CF, art. 150, III, b), aplicável ao IR. Além disso, a circunstância de qualquer aumento pertinente à CSLL somente ser exigível após noventa dias da data de publicação da respectiva lei que o determinar não afetaria a contagem do prazo de anterioridade para tributo da espécie imposto, como seria o caso do IR. Tendo em conta que o período discutido nos autos do mandado de segurança impetrado pela ora recorrente limitar-se-ia ao ano-base de 1997, e que a obrigação tributária deveria ser solvida em 30.3.98, constatou que, independentemente de se considerar relevante para a incidência da regra de anterioridade o momento em que ocorrido o fato gerador ou aquele em que apurado o tributo, o período discutido pelo contribuinte já teria extrapolado o prazo de anterioridade previsto no art. 150, III, a, da CF. Vencido o Min. Marco Aurélio, que dava provimento ao recurso.
RE 582525/SP, rel. Min. Joaquim Barbosa, 9.5.2013. (RE-582525) (Inform. STF 705)

DIREITO TRIBUTÁRIO. RESPONSABILIDADE PELO RECOLHIMENTO DO IMPOSTO DE RENDA CUJA DECLARAÇÃO FOI TRANSMITIDA COM DADO EQUIVOCADO PELA FONTE PAGADORA. Mesmo que a fonte pagadora (substituta tributária) equivocadamente tenha deixado de efetuar a retenção de determinada quantia, a título de imposto de renda, sobre importância paga a empregado, tendo, ainda, expedido comprovante de rendimentos informando que a respectiva renda classifica-se como rendimento isento e não tributável, o sujeito passivo da relação jurídico-tributária (substituído tributário) deverá arcar com o imposto de renda devido e não recolhido. Isso porque o STJ tem entendimento pacífico de que o contribuinte substituído, que realiza o fato gerador, é quem efetivamente tem o dever de arcar com o ônus da tributação, que não é afastado pela responsabilidade pessoal do substituto tributário. Precedentes citados: REsp 962.610-RS, Segunda Turma, DJ 7/2/2008; e AgRg no REsp 716.970-CE, Primeira Turma, DJ 29/8/2005. **REsp 1.218.222-RS**, Rel. Min. Mauro Campbell Marques, julgado em 4/9/2014. (Inform. STJ 548)

DIREITO TRIBUTÁRIO. HIPÓTESE DE INCIDÊNCIA DE IMPOSTO DE RENDA SOBRE IMPORTÂNCIA RECEBIDA EM RAZÃO DE OBRIGAÇÃO ALTERNATIVA ASSUMIDA EM ACORDO COLETIVO DE TRABALHO. Incide imposto de renda sobre a quantia recebida pelo empregado em razão de acordo coletivo de trabalho firmado com o empregador, no qual fora ajustado a constituição de fundo de aposentadoria e pensão e, alternativamente, o pagamento de determinado valor em dinheiro correspondente ao que seria vertido para o aludido fundo. Isso porque os valores recebidos pelo empregado, em razão da não perfectibilização do fundo de aposentadoria e pensão, possuem natureza jurídica de acréscimo patrimonial, a ensejar incidência do imposto de renda. Precedentes citados: REsp 996.341-RS, Primeira Turma, DJe 26/6/2008; e REsp 1.058.771-RS, Segunda Turma, DJe 31/8/2009. **REsp 1.218.222-RS**, Rel. Min. Mauro Campbell Marques, julgado em 4/9/2014. (Inform. STJ 548)

DIREITO TRIBUTÁRIO. RESPONSABILIDADE PELO PAGAMENTO DA MULTA APLICADA EM DECORRÊNCIA DO NÃO RECOLHIMENTO DE IMPOSTO DE RENDA. Na hipótese em que a fonte pagadora deixa de efetuar a retenção do imposto de renda, expedindo comprovante de rendimentos o qual os classifica como isentos e não tributáveis, de modo a induzir o empregado/contribuinte a preencher equivocadamente sua declaração de imposto de renda, não é este – mas sim o empregador – o responsável pelo pagamento da multa prevista no art. 44, I, da Lei 9.430/1996. De fato, eximir o contribuinte da multa prevista no art. 44, I, da Lei 9.430/1996 (art. 957, I, do Decreto 3.000/1999 – multa de 75% sobre o valor não recolhido) sempre que não houver a intenção de omitir os valores devidos é excessivamente permissivo e faz tábula rasa ao disposto no art. 136 do CTN, uma vez que, segundo a dicção legal, a omissão dos valores na declaração de imposto de renda enseja a responsabilização objetiva do contribuinte. No entanto, na hipótese em foco, há situação específica em que não houve a omissão dos valores tributáveis na declaração; mas, sim, o registro desses valores como rendimentos isentos e não tributáveis, em razão da informação equivocada fornecida pela fonte pagadora/empregador. Nesse passo, o art. 722 do Decreto 3.000/1999 fixa a responsabilidade exclusiva da fonte pagadora pelo recolhimento da multa aplicada de ofício e dos juros de mora, quando não há recolhimento do tributo devido, mas o rendimento se encontrar incluído na declaração de imposto de renda do contribuinte. Desse modo, a fonte pagadora/empregador deve ser responsabilizada diretamente pela multa prevista no art. 44, I, da Lei 9.430/1996, liberando-se o contribuinte, por ter sido induzido a erro, da referida responsabilidade. Precedentes citados: REsp 374.603-SC, Primeira Turma, DJ 25/5/2006; e REsp 383.309-SC, Segunda Turma, DJ 7/4/2006. **REsp 1.218.222-RS**, Rel. Min. Mauro Campbell Marques, julgado em 4/9/2014. (Inform. STJ 548)

DIREITO TRIBUTÁRIO E PROCESSUAL CIVIL. ILEGITIMIDADE ATIVA DA FONTE PAGADORA PARA PLEITEAR RESTITUIÇÃO DE IRPJ PAGO A MAIOR. Não tem legitimidade para pleitear a restituição do indébito a pessoa jurídica que retém na fonte IRPJ a maior relativo às importâncias pagas a outra pessoa jurídica pela prestação de serviços caracterizadamente de natureza profissional. Segundo os arts. 121 e 165 do CTN, a repetição de indébito tributário pode ser postulada pelo sujeito passivo que pagou, ou seja, que arcou efetivamente com ônus financeiro da exação. Em face disso, pode-se concluir que a empresa que é a fonte pagadora da renda não tem legitimidade ativa para postular a repetição de indébito de IR que foi retido quando do pagamento para a empresa contribuinte. Isso porque a obrigação legal imposta pelo art. 45, parágrafo único, do CTN é a de proceder à retenção e ao repasse ao Fisco do IR devido pelo contribuinte. Não há propriamente pagamento por parte da responsável tributária, uma vez que o ônus econômico da exação é assumido direta e exclusivamente pelo contribuinte que realizou o fato gerador correspondente, cabendo a este, tão-somente, o direito à restituição. Precedentes citados: REsp 596.275-RJ, Primeira Turma, DJ 9/10/2006; e AgREsp 895.824-RS, Segunda Turma, DJe 30/9/2008. **REsp 1.318.163-PR**, Rel. Min. Benedito Gonçalves, julgado em 20/5/2014. (Inform. STJ 543)

DIREITO TRIBUTÁRIO. ÍNDICE APLICÁVEL À CORREÇÃO MONETÁRIA DAS DEMONSTRAÇÕES FINANCEIRAS DO ANO-BASE DE 1989. O IPC é o índice aplicável à correção monetária das demonstrações financeiras de janeiro de 1989, para fins de apuração da base de cálculo do Imposto de Renda da Pessoa Jurídica. Com efeito, o STF reconheceu a inconstitucionalidade dos arts. 30, § 1º, da Lei 7.730/1989 e 30 da Lei 7.799/1989, normas que veiculavam a indexação da correção monetária das demonstrações financeiras no período-base de 1989, para efeito da apuração do Imposto de Renda da Pessoa Jurídica e Contribuição Social sobre o Lucro Líquido, no âmbito do Plano de Estabilização Econômica - Plano Verão.

Cumpre esclarecer que, antes de implementar o referido plano econômico, a inflação era medida com base nas coletas de preços praticados entre o dia 15 do mês anterior e o dia 14 do mês de referência. Daí a escolha do dia 15 de janeiro de 1989 para servir de base ao chamado "choque" de preços e implantação do Plano Verão. Ocorre que a última coleta de preços abrangeu somente o período de 15/11/1988 a 14/12/1988, dela resultando o IPC de 28,79% que, por sua vez, foi utilizado na apuração da OTN de janeiro de 1989, a chamada OTN "cheia", cujo valor atingiu Cz$6.170,17 (NCz$ 6,17). Sendo assim, o período de 15/12/1988 a 14/1/1989 ficou à margem da coleta de preços e, consequentemente, não deu sua contribuição à obtenção do valor da OTN de janeiro/1989, situação que não foi solucionada com o uso da OTN Fiscal, cujo valor atingia, no dia 15/1/1989, NCz$ 6,92. Posteriormente ao dia 15/1/1989, foi concluída a coleta de preços do período faltante e o número oficial obtido do IPC foi expressivo: 70,28%, índice que não foi considerado de nenhuma forma nos cálculos dos valores das OTNs. Desse modo, ficou caracterizado prejuízo aos contribuintes do Imposto de Renda pela aplicação dos arts. 30, § 1º, da Lei 7.730/1989 e 30, da Lei 7.799/1989, só recentemente declarado inconstitucional pelo STF, pois houve um significativo expurgo da parcela real de correção monetária, implicando desrespeito ao direito dos contribuintes de corrigirem suas demonstrações financeiras com base em índices que refletissem a real inflação do período. Neste contexto, após a declaração de inconstitucionalidade dos arts. 30, § 1º, da Lei 7.730/1989 e 30 da Lei 7.799/1989 pelo STF, é necessária a revisão da jurisprudência do STJ no sentido de que a correção monetária das demonstrações financeiras no período-base de 1989 deverá tomar como parâmetro os termos da legislação revogada pelo Plano Verão. Destarte, considerando que até 15 de janeiro de 1989 a OTN já era fixada com base no IPC, e que somente no próprio mês de janeiro, por disposição especifica da Lei 7.799/1989 (art. 30, declarado inconstitucional), o seu valor foi determinado de forma diferente (NCz$ 6,92) e também que a BTN criada passou a ser fixada pelo IPC, deverá ser aplicado o IPC para o período como índice de correção monetária, consoante os arts. 6º, parágrafo único, do Decreto-Lei 2.283/1986, 6º, parágrafo único, do Decreto-Lei 2.284/1986, e 5º, §2º, da Lei 7.777/1989. Assim, deve ser afastado o reconhecimento da duplicidade de índices de correção monetária por este STJ para um mesmo período, quer se trate de obrigação civil ou tributária. Ou seja, não se pode ter como válido em direito tributário o percentual de 28,79% para janeiro de 1989 (OTN de NCz$ 6,17), quando o mesmo já fora afastado pelos precedentes do STJ para as dívidas civis. Sendo assim, os índices do IPC aplicáveis são aqueles consagrados pela jurisprudência do STJ e já referidos no REsp 43.055-SP (Corte Especial, DJ 25/8/1994) e nos EREsp 439.677-SP (Primeira Seção, DJ 25/9/2006), quais sejam: índice de 42,72% em janeiro de 1989 e reflexo lógico de 10,14% em fevereiro de 1989, não se aplicando o mencionado índice de 70,28% ou o índice de 28,79%. **EREsp 1.030.597-MG, Rel. Min. Mauro Campbell Marques, julgado em 23/4/2014. (Inform. STJ 539)**

DIREITO TRIBUTÁRIO. NÃO INCIDÊNCIA DE IR SOBRE VERBA INDENIZATÓRIA DECORRENTE DE DEMISSÃO SEM JUSTA CAUSA NO PERÍODO DE ESTABILIDADE PROVISÓRIA.
Não incide imposto de renda sobre o valor da indenização paga ao empregado demitido sem justa causa no período de estabilidade provisória. Precedentes citados: REsp 1.335.511-PB, Segunda Turma, DJe 10/10/2012; e AgRg no REsp 1.011.594-SP, Segunda Turma, DJe 28/9/2009. **AgRg no REsp 1.215.211-RJ, Rel. Min. Napoleão Nunes Maia Filho, Primeira Turma, julgado em 6/8/2013.** (Inform. STJ 528)

DIREITO TRIBUTÁRIO. DEDUÇÃO NA DECLARAÇÃO DE IMPOSTO DE RENDA DE GASTOS COM PROFISSIONAL DE SAÚDE NÃO INSCRITO EM CONSELHO PROFISSIONAL.
Na declaração anual de imposto de renda, é possível a dedução de valor referente à despesa do contribuinte com profissional de saúde, mesmo que este não seja regularmente inscrito no respectivo conselho profissional. Isso porque o art. 8º, I, da Lei 8.134/1990, que estabelece rol de hipóteses de dedução do imposto de renda, não fez qualquer restrição à devida inscrição nos respectivos conselhos profissionais. Ademais, o § 1º, "c", do referido artigo exige apenas a comprovação do gasto por meio de recibo no qual conste nome, endereço, CPF ou CNPJ do emissor ou indicação do nome do profissional no cheque emitido pelo contribuinte. Assim, uma vez verificado que o contribuinte comprovou as despesas médicas nos termos da legislação de regência, é possível a dedução efetuada na declaração de ajuste anual do imposto de renda. **AgRg no REsp 1.375.793-RJ, Rel. Min. Humberto Martins, julgado em 4/6/2013.** (Inform. STJ 525)

DIREITO TRIBUTÁRIO. INCIDÊNCIA DE IRPJ E CSLL SOBRE OS JUROS REMUNERATÓRIOS DEVIDOS NA DEVOLUÇÃO DOS DEPÓSITOS JUDICIAIS. RECURSO REPETITIVO (ART. 543-C DO CPC E RES. 8/2008-STJ).
Incidem IRPJ e CSLL sobre os juros remuneratórios devidos na devolução dos depósitos judiciais efetuados para suspender a exigibilidade do crédito tributário. Inicialmente, é importante estabelecer que a taxa Selic pode possuir natureza jurídica de acordo com a previsão legal ou relação jurídica que origina sua incidência, ou seja, ora pode ter natureza de juros compensatórios, ora de juros moratórios ou até mesmo de correção monetária. Nesse contexto, o art. 1º, § 3º, da Lei 9.703/1998, que regula os depósitos judiciais para fins de suspensão da exigibilidade de tributos, estabelece que o depósito, após o encerramento da lide, deve ser devolvido ao depositante vitorioso "acrescido de juros", na forma do art. 39, § 4º, da Lei 9.250/1995 (Selic). Esta lei, por sua vez, atribui a natureza jurídica de juros à remuneração do capital depositado. Portanto, a natureza jurídica da remuneração do capital é de juros remuneratórios, o que resulta em acréscimo patrimonial que compõe a esfera de disponibilidade do contribuinte. Assim, considerando o fato de que a legislação do IRPJ trata os juros como receitas financeiras, deve-se concluir que incidem IRPJ e CSLL sobre os juros remuneratórios decorrentes dos depósitos judiciais devolvidos. Precedentes citados: AgRg no Ag 1.359.761-SP, Primeira Turma, DJe 6/9/2011; e REsp 1.086.875-PR, Segunda Turma, DJe 6/8/2012. **REsp 1.138.695-SC, Rel. Min. Mauro Campbell Marques, julgado em 22/5/2013.** (Inform. STJ 521)

DIREITO TRIBUTÁRIO. INCIDÊNCIA DE IRPJ E CSLL SOBRE OS JUROS DE MORA DECORRENTES DE REPETIÇÃO DO INDÉBITO. RECURSO REPETITIVO (ART. 543-C DO CPC E RES. 8/2008-STJ).
Incidem IRPJ e CSLL sobre os juros decorrentes da mora na devolução de valores determinada em ação de repetição do indébito tributário. O STJ entende que, embora os juros de mora na repetição do indébito tributário decorrente de sentença judicial configurem verbas indenizatórias, eles possuem natureza jurídica de lucros cessantes, constituindo evidente acréscimo patrimonial, razão pela qual é legítima a tributação pelo IRPJ, salvo a existência de norma específica de isenção ou a constatação de que a verba principal a que se referem os juros é isenta ou está fora do campo de incidência do imposto (tese em que o acessório segue o principal). No caso da repetição do indébito, o tributo (principal), quando efetivamente pago, pode ser deduzido como despesa (art. 7º da Lei n. 8.541/1992) e, a contrario sensu, se o valor for devolvido, deve integrar as receitas da empresa a fim de compor o lucro real e o lucro líquido ajustado como base de cálculo do IRPJ e da CSLL. Desse modo, a tese da acessoriedade dos juros de mora não socorre aos contribuintes, pois a verba principal não escapa à base de cálculo das referidas exações. Ainda, conforme a legislação do IRPJ, os juros moratórios – dada a natureza de lucros cessantes – encontram-se dentro da base de cálculo dos impostos, na medida em que compõem o lucro operacional da empresa.

Precedente citado: EDcl no REsp 1.089.720-RS, Primeira Seção, DJe 6/3/2013. **REsp 1.138.695-SC, Rel. Min. Mauro Campbell Marques, julgado em 22/5/2013.** (Inform. STJ 521)

DIREITO TRIBUTÁRIO. INCIDÊNCIA DE IR SOBRE O LUCRO AUFERIDO EM OPERAÇÃO DE VENDA DE TDA.
Incide imposto de renda sobre o ganho de capital oriundo da diferença positiva entre o preço de aquisição e o preço de venda de TDA a terceiros. O recebimento de indenização em virtude de desapropriação para fins de reforma agrária não entra no cômputo do rendimento bruto da pessoa física ou do lucro real da pessoa jurídica, mesmo se for apurado nessa transferência ganho de capital, consoante o art. 22, parágrafo único, da Lei 7.713/1988 e o art. 184, § 5º, da CF/1988. Outrossim, não é tributada a operação financeira consistente na obtenção do rendimento do título da dívida agrária – TDA. Essas "isenções" têm recebido amparo no STJ e foram estendidas pela jurisprudência aos terceiros portadores do título no que diz respeito ao resgate do seu valor principal ou dos valores correspondentes a juros compensatórios e moratórios ali previstos. Ocorre que, na hipótese tratada, o que se pretende excluir da tributação é a própria operação de compra e venda desses títulos no mercado, ou seja, uma operação financeira como outra qualquer, suscetível de gerar rendimento tributável (art. 43, I, do CTN). Trata-se de situação diferente da aquisição do título como indenização pro soluto da desapropriação realizada, ou do recebimento dos juros que remuneram o título enquanto não vencido o principal, ou do recebimento do valor do título quando de seu vencimento. A venda de TDA pode gerar lucro ou prejuízo se comparados os preços de aquisição e de venda. O lucro gerado é ganho de capital que deve submeter-se à tributação do imposto de renda como qualquer outro título mobiliário. Não há aí qualquer impacto na justa e prévia indenização, visto que a tributação somente ocorre quando o título for alienado com lucro (ganho de capital) pelo expropriado ou pelo portador. **REsp 1.124.133-RJ, Rel. Min. Mauro Campbell Marques, julgado em 7/3/2013.** (Inform. STJ 520)

DIREITO TRIBUTÁRIO. APLICABILIDADE DA ISENÇÃO GENÉRICA DE II E DE IPI PREVISTA NOS ARTS. 2º, II, J, E 3º, I, DA LEI 8.032/1990.
As isenções de imposto de importação e de imposto sobre produtos industrializados previstas no art. 2º, II, "j", e no art. 3º, I, da Lei 8.032/1990 (restabelecidas pelo art. 1º, IV, da Lei 8.402/1992) aplicam-se às importações de peças e componentes de reposição, reparo e manutenção necessárias ao funcionamento de plataformas petrolíferas, sendo indiferente a revogação que o art. 13 da Lei 8.032/1990 trouxe com relação ao Decreto-lei 1.953/1982. De fato, o Decreto-lei 1.953/1982 trata de isenções especificamente relacionadas a bens destinados a prospecção e produção de petróleo. Por sua vez, os arts. 2º, II, "j", e 3º, I, da Lei 8.032/1990 cuidam de isenção genericamente relacionada a embarcações, nas quais se incluem as plataformas petrolíferas. Nesse contexto, deve-se asseverar que a revogação da legislação especial não impede a concessão da isenção genérica. **REsp 1.341.077-RJ, Rel. Min. Mauro Campbell Marques, julgado em 9/4/2013.** (Inform. STJ 519)

DIREITO TRIBUTÁRIO. INCIDÊNCIA DO IMPOSTO DE RENDA SOBRE OS RENDIMENTOS AUFERIDOS PELO PORTADOR DE CADIOPATIA GRAVE NÃO APOSENTADO.
O portador de cardiopatia grave não tem direito à isenção do imposto de renda sobre seus vencimentos no caso em que, mesmo preenchendo os requisitos para a aposentadoria por invalidez, opte por continuar trabalhando. O art. 6º, XIV, da Lei n. 7.713/1988 exige, para que se reconheça o direito à isenção, a presença de dois requisitos cumulativos: que os rendimentos sejam relativos a aposentadoria, pensão ou reforma; e que a pessoa física seja portadora de uma das doenças ali elencadas. Inexiste, portanto, previsão legal expressa da situação em análise como hipótese de exclusão do crédito tributário, o que se exige em face da regra contida no art. 150, § 6º, da CF. Ademais, o art. 111, II, do CTN determina que seja interpretada literalmente a legislação tributária que disponha sobre outorga de isenção. Ressalte-se, ainda, que não se caracteriza qualquer ofensa ao princípio da isonomia em face da comparação da situação do indivíduo aposentado com o que esteja em atividade. Com efeito, há de ser observada a finalidade do benefício, que é diminuir o sacrifício dos definitivamente aposentados, aliviando-os dos encargos financeiros. Por fim, deve-se considerar que a parte final do inciso XIV do art. 6º da Lei n. 7.713/1988, ao estabelecer que haverá isenção do imposto de renda "mesmo que a doença tenha sido contraída depois da aposentadoria ou reforma", tem por objetivo apenas afastar o risco de tratamento diferenciado entre os inativos. Assim, não são isentos os rendimentos auferidos pelo contribuinte não aposentado em razão de sua atividade, ainda que se trate de pessoa portadora de uma das moléstias ali referidas. **RMS 31.637-CE, Rel. Min. Castro Meira, julgado em 5/2/2013.** (Inform. STJ 516).

DIREITO TRIBUTÁRIO. DEDUÇÃO DAS DESPESAS COM FÉRIAS DE EMPREGADO NA DECLARAÇÃO DO IRPJ.
É possível ao empregador deduzir as despesas relacionadas ao pagamento de férias de empregado na declaração do IRPJ correspondente ao ano do exercício em que o direito às férias foi adquirido pelos empregados. De fato, uma vez adquirido o direito às férias, a despesa em questão corresponde a uma obrigação líquida e certa contraída pelo empregador, embora não realizada imediatamente. Dispõe o art. 134 da CLT que "as férias serão concedidas por ato do empregador, em um só período, nos 12 (doze) meses subsequentes à data em que o empregado tiver adquirido o direito". De acordo com o art. 47 da Lei n. 4.506/1964, são operacionais as despesas não computadas nos custos necessárias à atividade da empresa e à manutenção da respectiva fonte produtora. Ainda, conforme o § 1º do referido artigo, são necessárias as despesas pagas ou incorridas para a realização das transações ou operações exigidas pela atividade da empresa. Despesa incorrida é aquela que existe e possui os atributos de liquidez e certeza. A legislação autoriza o abatimento dessas despesas na apuração do lucro operacional da empresa (art. 43 da Lei n. 4.506/1964). Se a lei permite a dedução das despesas pagas e das incorridas, não só aquelas que já foram efetivamente adimplidas são dedutíveis. Na legislação tributária, prevalece a regra do regime de competência, de modo que as despesas devem ser deduzidas no lucro real do período base competente, ou seja, naquele em que, jurídica ou economicamente, tornarem-se devidas ou em que possam ser excluídas do lucro líquido para determinação do lucro real. Com a aquisição do direito às férias pelo empregado, a obrigação de concedê-las juntamente com o pagamento das verbas remuneratórias correspondentes passa a existir juridicamente para o empregador de forma líquida e certa. Nesse momento, a pessoa jurídica incorre numa despesa passível de dedução na apuração do lucro real do ano-calendário em que se aperfeiçoou o direito adquirido do empregado. **REsp 1.313.879-SP, Rel. Min. Herman Benjamin, julgado em 7/2/2013.** (Inform. STJ 516).

DIREITO TRIBUTÁRIO. INCIDÊNCIA DO IMPOSTO DE RENDA SOBRE JUROS DE MORA PAGOS EM RAZÃO DE DECISÃO JUDICIAL QUE CONDENE A UNIÃO A RESSARCIR SERVIDORES POR PROMOÇÕES QUE NÃO TENHAM SIDO EFETIVADAS NO MOMENTO OPORTUNO.
Incide imposto de renda sobre o valor correspondente aos juros de mora relativos a quantias pagas em decorrência de decisão judicial que condene a União a ressarcir servidores públicos por promoções que, de forma ilegal, não tenham sido efetivadas no momento oportuno. Em regra, incide imposto de renda sobre os juros de mora, de acordo com o disposto no art. 16, parágrafo único, da Lei n. 4.506/1964, segundo a qual serão também classificados como rendimentos de trabalho assalariado os juros de mora e quaisquer outras indenizações pelo atraso

no pagamento das remunerações ali previstas. As exceções à regra, reconhecidas pela jurisprudência do STJ, dizem respeito aos juros de mora incidentes sobre verba principal isenta ou fora do campo de incidência do IR e àqueles decorrentes de verbas trabalhistas pagas no contexto de despedida ou rescisão do contrato de trabalho. A situação em tela não se encaixa em qualquer das exceções supracitadas, pois se trata do pagamento de verbas que são sabidamente remuneratórias não isentas, devendo, assim, prevalecer a regra geral contida no parágrafo único do art. 16 da Lei n. 4.506/1964. **AgRg no REsp 1.348.003-PR, Rel. Min. Mauro Campbell Marques, julgado em 6/12/2012**. (Inform. STJ 515).

DIREITO TRIBUTÁRIO. INCIDÊNCIA DE IMPOSTO DE RENDA DA PESSOA FÍSICA SOBRE JUROS DE MORA DECORRENTES DE BENEFÍCIOS PREVIDENCIÁRIOS PAGOS EM ATRASO.
Incide imposto de renda da pessoa física sobre os juros moratórios decorrentes de benefícios previdenciários pagos em atraso. Conforme o art. 16, parágrafo único, da Lei n. 4.506/1964, "serão também classificados como rendimentos de trabalho assalariado os juros de mora e quaisquer outras indenizações pelo atraso no pagamento das remunerações previstas neste artigo". Assim, os juros moratórios, apesar de terem a natureza jurídica de lucros cessantes, amoldam-se à hipótese de incidência do imposto de renda prevista no inciso II do art. 43 do CTN (proventos de qualquer natureza). Nesse contexto, há duas exceções à regra da incidência do imposto de renda sobre os juros de mora. Nos termos do art. 6º, V, da Lei n. 7.713/1988, na situação excepcional em que o trabalhador perde o emprego, os juros de mora incidentes sobre as verbas remuneratórias ou indenizatórias que lhe são pagas são isentos de imposto de renda. Além disso, não incide o referido tributo sobre os juros de mora decorrentes de verba principal isenta ou fora do seu campo de incidência (tese do acessório que segue o principal). Por outro lado, não há regra isentiva para os juros de mora incidentes sobre verbas previdenciárias remuneratórias pagas a destempo, o que acarreta a aplicação da regra geral do art. 16, parágrafo único, da Lei n. 4.506/1964. Precedentes citados: REsp 1.089.720-RS, DJe 28/11/2012, e REsp 1.227.133-RS, DJe 19/10/2011. **AgRg no AREsp 248.264-RS, Rel. Min. Mauro Campbell Marques, julgado em 27/11/2012**. (Inform. STJ 514).

DIREITO TRIBUTÁRIO. IMPOSTO DE RENDA. ABONO DE PERMANÊNCIA.
Incide IR sobre os rendimentos recebidos a título de abono de permanência a que se referem os arts. 40, § 19, da CF; 2º, § 5º, e 3º, § 1º, da EC n. 41/2003; e 7º da Lei n. 10.887/2004. O abono possui natureza remuneratória e confere acréscimo patrimonial ao beneficiário, não havendo lei que autorize a isenção. Precedente citado: REsp 1.192.556-PE, DJe 6/9/2010. **AREsp 225.144-DF, Rel. Min. Herman Benjamin, julgado em 6/11/2012**. (Inform. STJ 508).

Súmula STF nº 587
Incide Imposto de Renda sobre o pagamento de serviços técnicos contratados no exterior e prestados no Brasil.

Súmula STF nº 586
Incide o Imposto de Renda sobre os juros remetidos para o exterior, com base em contrato de mútuo.

Súmula STF nº 584
Ao Imposto de Renda calculado sobre os rendimentos do ano-base, aplica-se a lei vigente no exercício financeiro em que deve ser apresentada a declaração.

Súmula STJ nº 498
Não incide imposto de renda sobre a indenização por danos morais.

Súmula STJ nº 463
Incide imposto de renda sobre os valores percebidos a título de indenização por horas extraordinárias trabalhadas, ainda que decorrentes de acordo coletivo.

Súmula STJ nº 386
São isentas de imposto de renda as indenizações de férias proporcionais e o respectivo adicional.

Súmula STJ nº 215
A indenização recebida pela adesão ao programa de incentivo à demissão voluntária não está sujeita à incidência do imposto de renda.

Súmula STJ nº 136
O pagamento de licença-prêmio não gozada por necessidade do serviço não está sujeito ao Imposto de Renda.

Súmula STJ nº 125
O pagamento de férias não gozadas por necessidade de serviço não está sujeito à incidência do Imposto de Renda.

Súmula TFR nº 264
As cooperativas não estão sujeitas à tributação do Imposto de Renda por excesso de retirada de seus dirigentes.

Súmula TFR nº 182
É ilegítimo o lançamento do Imposto de Renda arbitrado com base apenas em extratos ou depósitos bancários.

Súmula TFR nº 130
No cálculo do Imposto de Renda, não se inclui o ágio cambial pago na aquisição da moeda estrangeira a ser remetida ao Exterior a título de juros devidos.

Súmula TFR nº 101
As multas fiscais não são dedutíveis como despesas operacionais, para fins do Imposto de Renda.

Súmula TFR nº 76
Em tema de Imposto de Renda, a desclassificação da escrita somente se legitima na ausência de elementos concretos que permitam a apuração do lucro real da empresa, não a justificando o simples atraso na escrita.

Súmula TFR nº 39
Não está sujeita ao Imposto de Renda a indenização recebida por pessoa jurídica em decorrência de desapropriação amigável ou judicial.

7.3. IPI

IPI e importação de automóveis para uso próprio - 1
O Plenário iniciou julgamento de recurso extraordinário em que se discute a incidência do IPI na importação de automóveis para uso próprio, por pessoa física, como consumidor final, que não atua na compra e venda de veículos, ante o princípio da não-cumulatividade do referido tributo. O Ministro Marco Aurélio (relator) desproveu o recurso para assentar a exigibilidade do IPI relativo à importação, praticada por pessoa natural não contribuinte, de veículo automotor para uso próprio. Ressaltou que o IPI incidiria sobre produtos enquadrados como industrializados, ou seja, decorrentes da produção. Afirmou que, conforme preceitua o art. 153, § 3º, da CF, o IPI seria seletivo, em função da essencialidade do produto. A cláusula ensejaria a consideração, consoante o produto e a utilidade que apresentasse, de alíquotas distintas. O IPI seria um tributo não cumulativo. A definição desse instituto estaria no inciso II do referido parágrafo. Resultaria na compensação do que devido em cada operação subsequente, quando cobrado, com o montante exigido nas operações anteriores. Frisou que, no entanto, não incidiria sobre

produtos destinados ao exterior. Nesse ponto, notar-se-ia que a recíproca, em termos de normatização constitucional, não seria verdadeira. A imunidade, porque o benefício estaria preconizado na Constituição e não em outra legislação, apenas alcançaria os produtos industrializados que fossem exportados.

IPI e importação de automóveis para uso próprio - 2
O relator consignou que a Constituição não distinguiria o contribuinte do imposto que, ante a natureza, poderia ser um nacional, pessoa natural ou pessoa jurídica brasileira, de modo que seria neutro o fato de não estar no âmbito do comércio e a circunstância de adquirir o produto para uso próprio. Assinalou a impossibilidade de o tributo ser confundido com o de importação. Recordou que o CTN preveria, em atendimento ao disposto no art. 146 da CF, os parâmetros necessários a ter-se como legítima a incidência do IPI em bens importados, presente a definição do fato gerador, da base de cálculo e do contribuinte. O art. 46 do CTN esclareceria que o imposto recairia em produtos industrializados e, no caso, teria como fato gerador o desembaraço aduaneiro, quando de procedência estrangeira (inciso I). O parágrafo único do citado artigo definiria produto industrializado, considerado como aquele submetido a qualquer operação que lhe modificasse a natureza ou a finalidade, ou o aperfeiçoasse para consumo. Sob o ângulo da base de cálculo, disporia o art. 47 do CTN que, se o produto adviesse do estrangeiro, o preço normal seria o versado no inciso II do artigo 20 do CTN, acrescido do montante do Imposto sobre a Importação, das taxas exigidas para entrada do produto no País, dos encargos cambiais efetivamente pagos pelo importador ou dele exigíveis.

IPI e importação de automóveis para uso próprio - 3
O Ministro Marco Aurélio considerou que incidiria o referido imposto quando ocorresse a produção em território nacional. Ponderou que políticas de mercado referentes à isonomia deveriam ser conducentes a homenagear, tanto quanto possível, a circulação dos produtos nacionais, sem prejuízo, evidentemente, do fenômeno no tocante aos estrangeiros. A situação estaria invertida, simplesmente, desprezada a regência constitucional e legal, fosse assentado não incidir o imposto em produtos industrializados de origem estrangeira, fabricados fora do País e neste introduzidos via importação. Concluiu que o valor dispendido com o produto importado surgiria como próprio à tributação, sem distinção dos elementos que, porventura, o tivessem norteado. Então, a toda evidência, a cobrança do tributo, pela vez primeira, não implicaria o que vedado pelo princípio da não-cumulatividade, ou seja, a cobrança em cascata. Em seguida, pediu vista o Ministro Roberto Barroso. RE 723651/PR, rel. Min. Marco Aurélio, 20.11.2014. (RE-723651) (Inform. STF 768)

IPI e alteração da base de cálculo por lei ordinária - 1
É inconstitucional, por ofensa ao art. 146, III, a, da CF, o § 2º do art. 14 da Lei 4.502/1964, com a redação dada pelo art. 15 da Lei 7.798/1989, no ponto em que determina a inclusão de descontos incondicionais na base de cálculo do IPI ("Art. 14. Salvo disposição em contrário, constitui valor tributável: ... § 2º. Não podem ser deduzidos do valor da operação os descontos, diferenças ou abatimentos, concedidos a qualquer título, ainda que incondicionalmente"). Essa a conclusão do Plenário, que negou provimento a recurso extraordinário no qual se discutia a constitucionalidade do aludido preceito. O Tribunal assentou prevalecer o disposto na alínea a do inciso II do art. 47 do CTN, que define o valor da operação como a base de cálculo do IPI. Recordou que a Constituição previra que a lei complementar exerceria diferentes funções em matéria tributária como, por exemplo, criação de tributos na hipótese dos empréstimos compulsórios (art. 148), criação de impostos não previstos na Constituição (art. 154) e criação de novas fontes de custeio da seguridade social (art. 195, § 4º, c/c o art. 154, I). Avaliou que nesses casos, as normas complementares eventualmente editadas teriam âmbito federal. Asseverou, no entanto, que, na hipótese do art. 146, III, a, da CF, a lei complementar possuiria a qualidade de norma nacional ["Art. 146. Cabe à lei complementar: I - dispor sobre conflitos de competência, em matéria tributária, entre a União, os Estados, o Distrito Federal e os Municípios; II - regular as limitações constitucionais ao poder de tributar; III - estabelecer normas gerais em matéria de legislação tributária, especialmente sobre: a) definição de tributos e de suas espécies, bem como, em relação aos impostos discriminados nesta Constituição, a dos respectivos fatos geradores, bases de cálculo e contribuintes"]. Pontuou que, no âmbito deste último inciso, a lei complementar atuaria entre a rigidez da Constituição e a mutabilidade constante da legislação ordinária.

IPI e alteração da base de cálculo por lei ordinária - 2
A Corte assinalou que a lei complementar, com caráter de lei nacional, explicitaria princípios e conceitos indeterminados da Constituição. Ressaltou que a ação posterior do legislador ordinário deveria, portanto, observar as normas gerais contidas na lei complementar. Consignou que, considerada a aludida alínea a, preceito constitucional aplicável a espécie, cumpriria ao legislador complementar definir os fatos geradores, as bases de cálculo e os contribuintes dos impostos previstos na Constituição. Mencionou que a lei complementar teria papel limitador da instituição de impostos em face do legislador ordinário, além de objetivar a harmonização do sistema impositivo nacional. Reputou que a incidência dos impostos apenas poderia ocorrer se formuladas, previamente, tanto as normas gerais, por meio de lei complementar, quanto as normas instituidoras dessa espécie tributária, de competência do legislador ordinário de cada ente tributante e em conformidade com as aludidas diretrizes gerais. Frisou que as leis ordinárias federais, como a da situação examinada, não poderiam implicar inovação no trato dos fatos geradores, bases de cálculo e contribuintes dos impostos federais, a revelar disciplina dissociada das normas gerais precedentes. Caso isso ocorresse, ter-se-ia invasão de competência a ensejar a declaração de inconstitucionalidade formal do ato ordinário. Observou que a sujeição de todo e qualquer diploma ordinário à lei complementar de normas gerais, incluído o federal, decorreria do caráter nacional do ato complementar. Afirmou que sob a óptica jurídico-contábil, os descontos incondicionais seriam parcelas redutoras dos preços de compra e venda outorgados independentemente de evento posterior. Salientou que esse tipo de abatimento repercutiria necessariamente no preço final praticado, ou seja, no valor da operação. Depreendeu que a legislação ordinária, ao impossibilitar a dedução do desconto incondicional, como se este compusesse o preço final cobrado, acabara por disciplinar de forma inovadora a base de cálculo do IPI, de modo a ampliar o alcance material desse elemento da obrigação tributária para além do previsto na norma complementar competente (CTN). Concluiu que o legislador ordinário incorrera em inconstitucionalidade formal, por invadir área reservada à lei complementar pelo art. 146, III, a, da CF. O Ministro Roberto Barroso ressalvou seu ponto de vista no sentido de que, no caso, haveria inconstitucionalidade material e não formal em razão de a lei ordinária ter vulnerado aspecto material da Constituição. RE 567935/SC, rel. Min. Marco Aurélio, 4.9.2014. (RE-567935) (Inform. STF 757)

Decreto-Lei 1.437/1975 e cobrança pelo fornecimento de selos de controle do IPI - 1
O art. 3º do Decreto-Lei 1.437/1975 (*O Ministro da Fazenda poderá determinar seja feito, mediante ressarcimento de custo e demais encargos, em relação aos produtos que indicar e pelos critérios que estabelecer, o fornecimento do selo especial a que se refere o artigo 46 da Lei número 4.502, de 30 de novembro de 1964, com os parágrafos que lhe foram acrescidos pela alteração 12ª do artigo 2º do Decreto-lei nº 34, de 18 de novembro de 1966*) é incompatível com a Constituição de 1988, por violar o princípio da legalidade tributária (CF, art. 150, I), bem assim por vulnerar o art. 25, I, do ADCT. Com base nessa orientação, o Plenário, por maioria, deu provimento a recurso extraordinário em que se discutia a possibilidade de cobrança pelo fornecimento de selo de controle do IPI, nos moldes previs-

tos na mencionada norma. O Tribunal aduziu que, em inúmeros precedentes, o STF teria afastado a incidência da cobrança desses selos, efetuada com fundamento no Decreto-Lei 1.437/1975 e na Lei 4.502/1964. Entretanto, a administração tributária continuaria aplicando o referido decreto-lei, a gerar assimetria concorrencial. Mencionou que o art. 146-A da CF, incluído pela EC 42/2003, versaria a possibilidade de se utilizar da tributação para prevenir desequilíbrios da concorrência, não o contrário. Aludiu que o art. 170, IV, da CF preveria a livre concorrência como princípio vetor da ordem econômica. Ponderou que estaria em jogo a insubsistência da cobrança pelo fornecimento dos selos de controle do IPI, ante a falta de lei que legitimasse a referida exigência. Rememorou que a gratuidade do selo fora conferida pelo art. 46, § 1º, da Lei 4.502/1964 (*O regulamento poderá determinar, ou autorizar que o Ministério da Fazenda, pelo seu órgão competente, determine a rotulagem, marcação ou numeração, pelos importadores, arrematantes, comerciantes ou repartições fazendárias, de produtos estrangeiros cujo controle entenda necessário, bem como prescrever, para estabelecimentos produtores e comerciantes de determinados produtos nacionais, sistema diferente de rotulagem, etiquetagem obrigatoriedade de numeração ou aplicação de selo especial que possibilite o seu controle quantitativo. § 1º O selo especial de que trata este artigo será de emissão oficial e sua distribuição aos contribuintes será feita gratuitamente, mediante as cautelas e formalidades que o regulamento estabelecer*).

Decreto-Lei 1.437/1975 e cobrança pelo fornecimento de selos de controle do IPI - 2
A Corte acrescentou que essa previsão, todavia, teria sido infirmada pelo art. 3º do Decreto-Lei 1.437/1975. Assinalou que o regramento admitiria a cobrança do selo, com o intuito de ressarcimento de custos e encargos dele decorrentes, conforme critérios definidos pelo Ministro da Fazenda, em ato secundário. Registrou que estaria presente a delegação de poder normativo à autoridade administrativa, que poderia explicitar todos os elementos que comporiam a incidência. Consignou que essa delegação não se harmonizaria com o inciso I do art. 25 do ADCT (*Art. 25. Ficam revogados, a partir de cento e oitenta dias da promulgação da Constituição, sujeito este prazo a prorrogação por lei, todos os dispositivos legais que atribuam ou deleguem a órgão do Poder Executivo competência assinalada pela Constituição ao Congresso Nacional, especialmente no que tange a: I - ação normativa*). Assentou que, por ser o selo do IPI pré-condição para a circulação dos produtos alcançados pela regra do art. 46 da Lei 4.502/1964, não se poderia falar em preço público, evidenciado pela voluntariedade, ou seja, pela necessidade de o usuário aquiescer com o pagamento em relação à contraprestação pelo usufruto de serviços públicos. Afirmou que a finalidade da cobrança seria de controle quantitativo, matéria inerente ao exercício de poderes fiscalizatórios por parte da administração fazendária, de modo a incidir o art. 77 do CTN. Ademais, assinalou que o selo do IPI não geraria nenhum proveito ao contribuinte, razão pela qual o fornecimento dele não poderia ser considerado serviço público. Ao contrário, seria requisito de regularidade na prática de uma atividade privada. Asseverou que o art. 150, I, da CF (*Art. 150. Sem prejuízo de outras garantias asseguradas ao contribuinte, é vedado à União, aos Estados, ao Distrito Federal e aos Municípios: I - exigir ou aumentar tributo sem lei que o estabeleça*) preconizaria que a exigência de tributos só se revelaria possível mediante lei formal. Vencidos os Ministros Roberto Barroso e Rosa Weber, que negavam provimento ao recurso. Pontuavam que a cobrança pelo fornecimento dos selos de controle do IPI seria uma obrigação acessória. Ressaltavam que o pagamento pelo custo dos selos seria uma decorrência natural de o contribuinte suportar esse ônus, que não poderia ser repartido por toda a sociedade. Não vislumbravam violação à legalidade, porque haveria previsão expressa da existência do selo, uma vez que a cobrança fora instituída por decreto-lei que, à época, supriria a necessidade de lei formal. RE 662113/PR, rel. Min. Marco Aurélio, 12.2.2014. (RE-662113) (Inform. STF 735)

AG. REG. NO RE N. 600.891-PR
RELATORA: MIN. CÁRMEN LÚCIA
EMENTA: AGRAVO REGIMENTAL NO RECURSO EXTRAORDINÁRIO. TRIBUTÁRIO. ARRENDAMENTO MERCANTIL. CONSTITUCIONALIDADE DA INCIDÊNCIA DO IMPOSTO SOBRE PRODUTOS INDUSTRIALIZADOS - IPI. PRECEDENTES. AGRAVO REGIMENTAL AO QUAL SE NEGA PROVIMENTO. (Inform. STF 721)

ED: crédito-prêmio do IPI e declaração de inconstitucionalidade - 2
Em conclusão, o Plenário acolheu parcialmente embargos de declaração para assentar a extensão da declaração de inconstitucionalidade do art. 1º do Decreto-Lei 1.724/79 no ponto em que conferida delegação ao Ministro de Estado da Fazenda para extinguir os incentivos fiscais concedidos pelos artigos 1º e 5º do Decreto-Lei 491/69 (crédito-prêmio do IPI). Os contribuintes, ora embargantes, alegavam a existência de contradição entre o que decidido na conclusão do recurso extraordinário e o que registrado, posteriormente, em sua proclamação – v. Informativo 374. Aduziu-se a discrepância do conteúdo da ata de julgamento acerca da inconstitucionalidade no voto condutor e com a maioria então formada. O Min. Dias Toffoli acrescentou que o pleito dos contribuintes seria mais amplo, a pretender também a manifestação da Corte sobre questão não decidida e nem debatida na origem, qual seja, a constitucionalidade do art. 3º, I, do Decreto-Lei 1.894/81. RE 208260 ED/RS, Min. Marco Aurélio, 12.6.2013. (RE-208260) (Inform. STF 711)

AG. REG. NO RE N. 732.651-RS
RELATOR: MIN. RICARDO LEWANDOWSKI
Ementa: AGRAVO REGIMENTAL NO RECURSO EXTRAORDINÁRIO. CONSTITUCIONAL. TRIBUTÁRIO. IPI. IMPORTAÇÃO DE BEM PARA USO PRÓPRIO POR NÃO CONTRIBUINTE. IMPOSSIBILIDADE DE INCIDÊNCIA. PRINCÍPIO DA NÃO CUMULATIVIDADE. AGRAVO IMPROVIDO.
I – A exigência de IPI na importação de bem para uso próprio por pessoa não contribuinte do tributo implica violação ao princípio da não cumulatividade.
II – Agravo regimental improvido. (Inform. STF 707)

DIREITO TRIBUTÁRIO. INCIDÊNCIA DE IPI NA REVENDA DE PRODUTOS IMPORTADOS. Não é ilegal a nova incidência de IPI no momento da saída de produto de procedência estrangeira do estabelecimento do importador, após a incidência anterior do tributo no desembaraço aduaneiro. Seja pela combinação dos arts. 46, II e 51, parágrafo único, do CTN - que compõem o fato gerador do referido imposto -, seja pela combinação dos arts. 51, II, do CTN, 4º, I, da Lei 4.502/1964, 79 da MP 2.158-35/2001 e 13 da Lei 11.281/2006 - que definem a sujeição passiva -, os produtos importados estão sujeitos a uma nova incidência do IPI quando de sua saída do estabelecimento importador na operação de revenda. Essa interpretação não ocasiona a ocorrência de *bis in idem*, dupla tributação ou bitributação, pois a lei elenca dois fatos geradores distintos: o desembaraço aduaneiro proveniente da operação de compra do produto industrializado do exterior e a saída do produto industrializado do estabelecimento importador equiparado a estabelecimento produtor, isto é, a primeira tributação recai sobre o preço da compra, na qual já está embutida a margem de lucro da empresa estrangeira, e a segunda tributação recai sobre o preço da venda, na qual já está embutida a margem de lucro da empresa brasileira importadora. Além disso, a nova incidência do IPI não onera a cadeia além do razoável, pois o importador, na primeira operação, apenas acumula a condição de contribuinte de fato e de direito em razão da territorialidade, já que o estabelecimento industrial produtor estrangeiro não pode ser eleito pela lei nacional brasileira como contribuinte de direito do IPI - os limites da soberania tributária o impedem -, e a empresa importadora nacional brasileira acumula o crédito do imposto a ser pago na saída do produto como contribuinte de direito - não-cumulatividade -, mantendo-se a tributação apenas sobre o valor agregado. Precedentes citados: REsp 1.386.686-SC, Segunda Turma, DJe 24/10/2013 e REsp 1.385.952-SC, Segunda Turma, DJe 11/9/2013. **REsp 1.429.656-PR, Rel. Ministro Mauro Campbell Marques, julgado em 11/2/2014. (Inform. STJ 535)**

DIREITO TRIBUTÁRIO. MODIFICAÇÃO DA OPÇÃO DO REGIME DE CÁLCULO DE CRÉDITO PRESUMIDO DE IPI.
Após optar, em determinado exercício, pela manutenção do sistema original de cálculo do crédito presumido de IPI previsto na Lei 9.363/1996 ou pela migração para o regime alternativo preconizado pela Lei 10.276/2001, o contribuinte não poderá retificar sua opção em relação ao exercício em que ela foi realizada ou em relação aos exercícios anteriores, mesmo que a escolha tenha ocorrido por desídia decorrente da ausência de modificação da sistemática quando legalmente possível (dentro do prazo legal), ou ainda que ela se relacione ao regime mais oneroso. Precedentes citados: AgRg no REsp 1.119.893/RS, Segunda Turma, DJe 1/8/2013; e REsp 1.002.855/SC, Segunda Turma, DJe 15/4/2008. **AgRg no REsp 1.239.867-RS, Rel. Min. Benedito Gonçalves, julgado em 4/2/2014. (Inform. STJ 534)**

DIREITO TRIBUTÁRIO. PRESCRIÇÃO DA PRETENSÃO DE RECONHECIMENTO DE CRÉDITOS PRESUMIDOS DE IPI.
Prescreve em cinco anos a pretensão de reconhecimento de créditos presumidos de IPI a título de benefício fiscal a ser utilizado na escrita fiscal ou mediante ressarcimento. Isso porque o referido prazo prescricional deve obedecer ao art. 1º do Dec. 20.910/1932, e não aos dispositivos do CTN. Precedentes citados: REsp 1.129.971-BA, Primeira Seção, DJe 10/3/2010 (julgado sob o procedimento dos recursos repetitivos); REsp 982.020-PE, Segunda Turma, DJe 14/2/2011; e AgRg no REsp 1.240.435-RS, Primeira Turma, DJe 22/11/2011. **AgRg no AREsp 292.142-MG, Rel. Min. Castro Meira, julgado em 21/5/2013. (Inform. STJ 523)**

DIREITO TRIBUTÁRIO. CREDITAMENTO DO IPI EM RELAÇÃO À ENERGIA ELÉTRICA CONSUMIDA NO PROCESSO PRODUTIVO.
O contribuinte não tem direito a crédito presumido de IPI, em relação à energia elétrica consumida no processo produtivo, como ressarcimento das contribuições ao PIS/Pasep e à Cofins, na forma estabelecida pelo art. 1º da Lei 9.363/1996. Isso porque a energia elétrica consumida na produção industrial não integra o conceito de "matéria-prima", "produto intermediário" ou "material de embalagem" para efeito da legislação do IPI. Efetivamente, é de se observar que os citados termos veiculam conceitos jurídicos que não se encontram diretamente definidos na legislação que instituiu o benefício do crédito presumido, mas sim na própria legislação do imposto, conforme remissão feita pelo parágrafo único do art. 3º da mesma lei, o qual permite a utilização subsidiária da legislação do IPI para o estabelecimento dos conceitos de "matéria-prima", "produtos intermediários" e "material de embalagem". Nesse contexto, o art. 82 do Dec. 87.981/1982 (RIPI) prevê que os estabelecimentos industriais poderão creditar-se "do imposto relativo a matérias-primas, produtos intermediários e material de embalagem, adquiridos para emprego na industrialização de produtos tributados, incluindo-se, entre as matérias-primas e produtos intermediários, aqueles que, embora não se integrando ao novo produto, forem consumidos no processo de industrialização". De fato, a expressão "consumidos no processo de industrialização" significa consumo, desgaste ou alteração de suas propriedades físicas ou químicas durante a industrialização. Portanto, a legislação tributária considera como insumo aquilo que se integra, de forma física ou química, ao novo produto ou aquilo que sofre consumo, desgaste ou alteração de suas propriedades físicas ou químicas. Desse modo, a energia elétrica consumida no processo produtivo, por não sofrer ou provocar ação direta mediante contato físico com o produto, não integra o conceito de "matéria-prima" ou "produto intermediário" para efeito da legislação do IPI e, por conseguinte, para efeito da obtenção do crédito presumido do imposto como ressarcimento das contribuições ao PIS/PASEP e à COFINS. Ainda, observe-se que esse entendimento já se encontra pacificado na seara administrativa pela Súmula 12 do Segundo Conselho de Contribuintes do Ministério da Fazenda. Precedentes citados: AgRg no REsp 1.000.848-SC, Primeira Turma, DJe 20/10/2010; e AgRg no REsp 919.628- PR, Segunda Turma, DJe 24/8/2010. **REsp 1.331.033-SC, Rel. Min. Mauro Campbell Marques, julgado em 2/4/2013.** (Inform. STJ 522)

DIREITO TRIBUTÁRIO. CRÉDITO TRIBUTÁRIO. IPI. NÃO--CUMULATIVIDADE. POSSIBILIDADE DE CORREÇÃO MONETÁRIA.
É devida a correção monetária de créditos de IPI decorrentes do princípio constitucional da não-cumulatividade (créditos escriturais) nos casos em que a Fazenda Pública resista injustificadamente ao aproveitamento pelo contribuinte. A atualização dos créditos justifica-se pela demora no reconhecimento do direito que será pleiteado judicialmente, dada a tramitação normal dos feitos judiciais. Não autorizar a correção monetária nessa circunstância geraria o enriquecimento indevido do Fisco. Precedentes citados: REsp 1.035.847-RS, DJe 3/8/2009; EREsp 490.547-PR, DJ 10/10/2005, e EREsp 605.921-RS, DJe 24/11/2008. **AgRg no AREsp 85.538-BA, Rel. Min. Benedito Gonçalves, julgado em 4/10/2012. (Inform. STJ 506)**

DIREITO TRIBUTÁRIO. IPI. IMPORTAÇÃO DE VEÍCULO AUTOMOTOR POR PESSOA FÍSICA PARA USO PRÓPRIO. NÃO INCIDÊNCIA.
O IPI não incide sobre a importação por pessoa física de veículo automotor para uso próprio. O princípio da não--cumulatividade seria violado em virtude da impossibilidade de compensação posterior, porquanto o particular não é contribuinte da exação. Além disso, o fato gerador do IPI é uma operação de natureza mercantil ou assemelhada. Precedentes do STF: AgRg no RE 550.170-SP, DJe 3/8/2011; AgRg no RE 255.090-RS, DJe 7/10/2010; do STJ: AgRg no AREsp 172.520-RS, DJe 28/8/2012; REsp 848.339-SP, DJe 1º/12/2008; REsp 1.314.339-SP, DJe 18/9/2012, e AREsp 229.743-RS, DJe 17/9/2012. **AgRg no AREsp 204.994-PR, Rel. Min. Napoleão Nunes Maia Filho, julgado em 9/10/2012. (Inform. STJ 506)**

DIREITO TRIBUTÁRIO. INCLUSÃO DO CRÉDITO-PRÊMIO DE IPI NA BASE DE CÁLCULO DO IMPOSTO DE RENDA.
O crédito-prêmio de IPI gera acréscimo patrimonial, devendo, portanto, compor a base de cálculo do IR. O Imposto de Renda (IR), amparado no princípio da universalidade (art. 153, § 2º, I, da CF), incide na totalidade do resultado positivo da empresa, observadas as adições e subtrações autorizadas por lei. O crédito-prêmio de Imposto sobre Produtos Industrializados (IPI), como todo benefício fiscal, acaba por diminuir a carga tributária, majorando, indiretamente, o lucro da empresa. Com efeito, o benefício fiscal, ao reduzir o prejuízo, aumenta indiretamente o resultado da empresa, repercutindo na base de cálculo do IR. Nessas situações, o imposto incide sobre o lucro da empresa, que é, direta ou indiretamente, influenciado por todas as receitas, créditos, benefícios, despesas, etc. Assim, como o crédito-prêmio de IPI representa inegável acréscimo patrimonial, e não há autorização legal expressa de dedução ou subtração desses valores, eles devem compor a base de cálculo do imposto de renda. **REsp 957.153-PE, Rel. Min. Castro Meira, julgado em 4/10/2012. (Inform. STJ 506)**

Súmula STJ nº 495

A aquisição de bens integrantes do ativo permanente da empresa não gera direito a creditamento de IPI.

Súmula STJ nº 494
O benefício fiscal do ressarcimento do crédito presumido do IPI relativo às exportações incide mesmo quando as matérias-primas ou os insumos sejam adquiridos de pessoa física ou jurídica não contribuinte do PIS/PASEP.

Súmula STJ nº 411
É devida a correção monetária ao creditamento do IPI quando há oposição ao seu aproveitamento decorrente de resistência ilegítima do Fisco. *(Comentário: se não houve oposição do fisco, é inviável a correção monetária dos créditos do IPI e do ICMS, por conta de sua natureza escritural)*

Súmula TFR nº 161
Não se inclui na base de cálculo do PIS a parcela relativa ao IPI. *(Comentário: entendimento ultrapassado pelo STJ, que entende inviável a exclusão do IPI da base de cálculo do PIS/COFINS, exceto no caso de crédito presumido de IPI. Ademais, o STF entende que a matéria é mesmo da competência do STJ)*

Súmula TFR nº 106
A seguradora não tem direito à restituição do Imposto sobre Produtos Industrializados, no caso de sinistro ocorrido com mercadoria, após a sua saída do estabelecimento produtor.

Súmula TFR nº 81
Mármores e granitos afeiçoados ao emprego final, mediante processo de industrialização, estão sujeitos ao Imposto sobre Produtos Industrializados.

7.4. ITR

DIREITO TRIBUTÁRIO. ISENÇÃO DE ITR RELATIVA A ÁREA DE RESERVA LEGAL. A isenção de Imposto Territorial Rural (ITR) prevista no art. 10, § 1º, II, *a*, da Lei 9.393/1996, relativa a área de reserva legal, depende de prévia averbação desta no registro do imóvel. Precedentes citados: EREsp 1.027.051-SC, Primeira Seção, DJe 21/10/2013; e EREsp 1.310.871-PR, Primeira Seção, DJe 4/11/2013. **AgRg no REsp 1.243.685-PR, Rel. Min. Benedito Gonçalves, julgado em 5/12/2013.** (Inform. STJ 533)

Súmula STJ nº 139
Cabe à Procuradoria da Fazenda Nacional propor execução fiscal para cobrança do crédito relativo ao ITR. *(Comentário: a atual redação do art. 153, § 4º, III, da CF permite a fiscalização e cobrança do ITR pelos Municípios que assim optarem, na forma da lei)*

7.5. IOF

Súmula STF nº 664
É inconstitucional o inciso V do art. 1º da Lei 8.033/1990, que instituiu a incidência do imposto nas operações de crédito, câmbio e seguros - IOF sobre saques efetuados em caderneta de poupança.

Súmula STJ nº 185
Nos depósitos judiciais, não incide o Imposto sobre Operações Financeiras.

7.6. ICMS

7.6.1. ICMS: Incidência, conflitos de competência

DIREITO TRIBUTÁRIO. NÃO INCIDÊNCIA DE ICMS SOBRE A OPERAÇÃO DE VENDA, REALIZADA POR AGÊNCIA DE AUTOMÓVEIS, DE VEÍCULO USADO OBJETO DE CONSIGNAÇÃO PELO PROPRIETÁRIO.
Não incide ICMS sobre a operação de venda, promovida por agência de automóveis, de veículo usado objeto de consignação pelo proprietário. A circulação de mercadorias prevista no art. 155 da CF é a jurídica, que exige efetivo ato de mercancia, para o qual concorrem a finalidade de obtenção de lucro e a transferência de titularidade, a qual, por sua vez, pressupõe a transferência de uma pessoa para outra da posse ou da propriedade da mercadoria. A mera consignação do veículo, cuja venda deverá ser promovida por agência de automóveis, não representa circulação jurídica da mercadoria, porquanto não induz à transferência da propriedade ou da posse da coisa, inexistindo, dessa forma, troca de titularidade a ensejar o fato gerador do ICMS. Nesse negócio jurídico, não há transferência de propriedade à agência de automóveis, pois ela não adquire o veículo de seu proprietário, apenas intermedeia a venda da coisa a ser adquirida diretamente pelo comprador. De igual maneira, não há transferência de posse, haja vista que a agência de automóveis não exerce sobre a coisa nenhum dos poderes inerentes à propriedade (art. 1.228 do CC). Com efeito, a consignação do veículo não pressupõe autorização do proprietário para a agência usar ou gozar da coisa, tampouco a agência pode dispor sobre o destino da mercadoria, pode, apenas, promover a sua venda em conformidade com as condições estabelecidas pelo proprietário. Em verdade, a consignação do veículo significa mera detenção precária da mercadoria para exibição, facilitando, dessa forma, a realização do serviço de intermediação contratado. **REsp 1.321.681-DF, Rel. Min. Benedito Gonçalves, julgado em 26/2/2013.** (Inform. STJ 515).

Súmula STF nº 662
É legítima a incidência do ICMS na comercialização de exemplares de obras cinematográficas, gravados em fitas de videocassete.

Súmula STF nº 579
A cal virgem e a hidratada estão sujeitas ao Imposto de Circulação de Mercadorias.

Súmula STJ nº 163
O fornecimento de mercadorias com a simultânea prestação de serviços em bares, restaurantes e estabelecimentos similares constitui fato gerador do ICMS a incidir sobre o valor total da operação.

7.6.2. ICMS: Não incidência

DIREITO TRIBUTÁRIO. NÃO INCIDÊNCIA DE ICMS SOBRE A OPERAÇÃO DE VENDA, REALIZADA POR AGÊNCIA DE AUTOMÓVEIS, DE VEÍCULO USADO OBJETO DE CONSIGNAÇÃO PELO PROPRIETÁRIO.
Não incide ICMS sobre a operação de venda, promovida por agência de automóveis, de veículo usado objeto de consignação pelo proprietário. A circulação de mercadorias prevista no art. 155 da CF é a jurídica, que exige efetivo ato de mercancia, para o qual concorrem a finalidade de obtenção de lucro e a transferência de titularidade, a qual, por sua vez, pressupõe a transferência de uma pessoa para outra da posse ou da propriedade da mercadoria. A mera consignação do veículo, cuja venda deverá ser promovida por agência de automóveis, não representa circulação jurídica da mercadoria, porquanto não induz à transferência da propriedade ou da posse da coisa, inexistindo, dessa forma, troca de titularidade a ensejar o fato gerador do ICMS. Nesse negócio jurídico, não há transferência de propriedade à agência de automóveis, pois ela não adquire o veículo de seu proprietário, apenas intermedeia a venda da coisa a ser adquirida diretamente pelo comprador. De igual maneira, não há transferência de posse, haja vista que a agência de automóveis não exerce sobre a coisa nenhum dos poderes inerentes à propriedade (art. 1.228 do CC). Com efeito, a consignação do veículo não pressupõe autorização do proprietário

para a agência usar ou gozar da coisa, tampouco a agência pode dispor sobre o destino da mercadoria, pode, apenas, promover a sua venda em conformidade com as condições estabelecidas pelo proprietário. Em verdade, a consignação do veículo significa mera detenção precária da mercadoria para exibição, facilitando, dessa forma, a realização do serviço de intermediação contratado. **REsp 1.321.681-DF, Rel. Min. Benedito Gonçalves, julgado em 26/2/2013.** (Inform. STJ 515).

Súmula Vinculante 32/STF
O ICMS não incide sobre alienação de salvados de sinistro pelas seguradoras.

Súmula STF nº 573
Não constitui fato gerador do Imposto de Circulação de Mercadorias a saída física de máquinas, utensílios e implementos a título de comodato.

Súmula STJ nº 166
Não constitui fato gerador do ICMS o simples deslocamento de mercadoria de um para outro estabelecimento do mesmo contribuinte.

Súmula STJ nº 135
O ICMS não incide na gravação e distribuição de filmes e videoteipes.

7.6.3. ICMS: Imunidades

AG. REG. NO AI N. 856.945-MS
RELATORA: MIN. ROSA WEBER
EMENTA: DIREITO TRIBUTÁRIO. ICMS. IMUNIDADE. PRETENSÃO DE ENQUADRAMENTO DE PRODUTO DESTI-NA-DO À EXPORTAÇÃO COMO SEMIELABORADO. LEI COMPLEMENTAR 65/1991. DEBATE DE ÂMBITO INFRACONS-TITUCIONAL. EVENTUAL VIOLAÇÃO REFLEXA DA CONS-TI-TUI-ÇÃO DA REPÚBLICA NÃO VIABILIZA O MANEJO DE RECURSO EXTRAORDINÁRIO. ACÓRDÃO RECORRIDO PUBLICADO EM 16.3.2010.
As razões do agravo regimental não são aptas a infirmar os fundamentos que lastrearam a decisão agravada, mormente no que se refere ao âmbito infraconstitucional do debate, a inviabilizar o trânsito do recurso extraordinário.
Agravo regimental conhecido e não provido. (Inform. STF 725)

AG. REG. NO RE N. 296.199-PB
RELATOR: MIN. TEORI ZAVASCKI
Ementa: TRIBUTÁRIO. AGRAVO REGIMENTAL NO RECURSO EXTRAORDINÁRIO. ICMS. ART. 155, § 2º, X, B, DA CONSTITUIÇÃO FEDERAL. OPERAÇÕES INTERESTADUAIS ENVOLVENDO COMBUSTÍVEIS E OUTROS DERIVADOS DE PETRÓLEO. IMUNIDADE. BENEFÍCIO QUE NÃO SE APLICA AO CONSUMIDOR FINAL. PRECEDENTE DO PLENÁRIO DO STF: RE 198.088, REL. MIN. ILMAR GALVÃO, DJ DE 05.09.2003.
AGRAVO REGIMENTAL A QUE SE NEGA PROVIMENTO. (Inform. STF 707)

7.6.4. Alíquotas e base de cálculo

ICMS e redução da base de cálculo - 1
A redução da base de cálculo de ICMS equivale à hipótese de isenção parcial, a acarretar a anulação proporcional de crédito desse mesmo imposto, relativo às operações anteriores, salvo disposição em lei estadual em sentido contrário. Assim, reduzida a base de cálculo, tem-se impossibilitado o creditamento integral, sem que se possa falar em ofensa ao princípio da não-cumulatividade (CF, art. 155, § 2º, II, b). Essa a conclusão do Plenário ao julgar conjuntamente dois recursos extraordinários em que se discutia a possibilidade de estorno proporcional de crédito de ICMS nos casos em que as operações subsequentes estivessem sujeitas à redução de base de cálculo. No RE 635.688/RS, com repercussão geral reconhecida, o Tribunal, por maioria, negou provimento ao recurso interposto por empresa contribuinte. Na espécie, questionava-se a possibilidade de o Estado do Rio Grande do Sul proceder à anulação proporcional do crédito fiscal relativo às operações de saída interna de mercadorias componentes da cesta básica, que teriam sido beneficiadas por redução de base de cálculo, nos termos da Lei gaúcha 8.820/1989 e do Convênio ICMS 128/1994. A controvérsia constitucional seria concernente à interpretação do art. 155, § 2º, II, da CF, o qual determina que, em matéria de ICMS, os casos de isenção ou de não incidência, não deverão implicar crédito para compensação com o montante devido nas operações ou prestações seguintes e acarretarão a anulação do crédito relativo às operações anteriores.

ICMS e redução da base de cálculo - 2
O Tribunal recordou que, no julgamento do RE 174.478/SP (DJe de 29.5.2008), a Corte mudara seu entendimento e assentara a tese de que a redução de base de cálculo deveria ser tomada para efeito do que dispõe o art. 155, § 2º, da CF, como forma de "isenção parcial". Asseverou que, embora tivessem estrutura jurídica diversa, tanto a isenção total — que elimina o dever de pagamento do tributo, porque lhe ceifa a incidência — quanto a redução de base de cálculo ou de alíquota — que apenas restringe o critério quantitativo do consequente da regra matriz de incidência tributária — teriam semelhante efeito prático: exonerariam, no todo ou em parte, o contribuinte do pagamento do tributo. Ponderou, no entanto, que o modo como se processaria essa exoneração, em termos jurídicos, seria diferente: a) na isenção total, seria afastada a própria incidência, ou seria dispensado integralmente o pagamento do tributo, em relação aos sujeitos e às situações atingidos pelo benefício; e b) na isenção parcial, haveria a incidência do tributo, mas o valor a ser pago seria menor do que aquele que seria devido não fosse a mudança (redução) no critério quantitativo da norma tributária padrão, seja na alíquota, seja na base de cálculo. Consignou que a obrigação de anular os créditos não estaria contida na Constituição, que apenas relegaria essa opção ao âmbito da discricionariedade política do legislador estadual, a caracterizar típica escolha de política fiscal. Assinalou que a existência de previsão legislativa expressa significaria reconhecer o direito à manutenção do crédito. Por outro lado, ante a falta de norma, seria mandamental a anulação do crédito relativo às operações anteriores. Esclareceu que, na situação dos autos, o Convênio ICMS 128/1994 disporia sobre tratamento tributário para as operações com as mercadorias que compõem a cesta básica e autorizaria expressamente os Estados-membros e o Distrito Federal a "não exigir a anulação proporcional do crédito" nas saídas internas desses produtos.

ICMS e redução da base de cálculo - 3
O Plenário destacou que, a despeito da autorização prevista no § 1º da Cláusula Primeira do Convênio ICMS 128/1994, não constaria que a legislação estadual do Rio Grande do Sul tivesse efetivamente previsto a possibilidade de manutenção integral dos créditos nas hipóteses de redução de base de cálculo. Aduziu que, ao contrário, teria determinado que fosse exigida a anulação proporcional do crédito. Frisou que o legislador estadual poderia ter adotado solução diversa, mas não o fizera. Destacou que, à falta de lei que autorizasse o aproveitamento integral do crédito, teria plena aplicação a regra do art. 155, § 2º, II, b, da CF. Sublinhou que o convênio, por si só, não asseguraria a concessão do benefício em questão. Pontuou que o convênio seria condição necessária, mas não suficiente, porque teria sentido jurídico meramente autorizativo, e não impositivo: permitiria a concessão do

benefício fiscal por parte de cada um dos Estados-membros e do Distrito Federal, mas não o criaria "per se". Observou que a essa conclusão se chegaria com a leitura do art. 150, § 6º, com redação dada pela EC 3/1993, combinado com o art. 155, § 2º, XII, g, ambos da CF. Registrou que: a) o primeiro exigiria lei específica para a veiculação de isenção ou redução de base de cálculo; e b) o segundo determinaria que a concessão de isenções, incentivos e benefícios fiscais, em matéria de ICMS, deveria observar o procedimento de deliberação previsto em lei complementar, atualmente a LC 24/1975. Salientou que, nas hipóteses de isenção parcial de base de cálculo, a Fazenda estadual estaria autorizada a proceder à anulação proporcional dos créditos, ressalvada a previsão em sentido contrário na legislação estadual, o que não se verificara no caso em tela. Vencido o Ministro Marco Aurélio, que dava provimento ao recurso para garantir ao contribuinte o creditamento do ICMS na integralidade. Enfatizava não se poder confundir isenção com redução da base de cálculo. Apontava que, na espécie, o contribuinte não poderia optar pelo sistema tradicional ou pelo sistema com redução da base de cálculo mais creditamento proporcional.

ICMS e redução da base de cálculo - 4
No RE 477.323/RS, a Corte deu provimento ao recurso. Na espécie, o tribunal de origem declarara a inconstitucionalidade de o Fisco estadual negar o direito de contribuinte utilizar-se, integralmente, de créditos do ICMS relativos à aquisição de insumos, envolvida a prestação de serviço de transportes, mesmo na hipótese de operações de saídas tributadas sob o regime de base de cálculo reduzida. O ora recorrente, Estado do Rio Grande do Sul, arguia a constitucionalidade da restrição ao uso de créditos do mencionado imposto ante a possibilidade de o contribuinte escolher pelo regime de benefício fiscal. O Ministro Marco Aurélio (relator) observou que o contribuinte teria tido oportunidade de optar pelos diferentes sistemas — tradicional ou com redução da base de cálculo. O Colegiado, tendo isso em conta, enfatizou que os convênios teriam natureza autorizativa e não impositiva, e, consequentemente, não dispensariam lei em sentido formal para a concretização dos benefícios neles previstos, como exigido pelo art. 150, § 6º, da CF. RE 635688/RS, rel. Min. Gilmar Mendes, 16.10.2014. (RE-635688) RE 477323/RS, rel. Min. Marco Aurélio, 16.10.2014. (RE-477323) (Inform. STF 763)

📖 Súmula STF nº 572
No cálculo do Imposto sobre Circulação de Mercadorias devido na saída de mercadorias para o exterior, não se incluem fretes pagos a terceiros, seguros e despesas de embarque.

📖 Súmula STJ nº 457
Os descontos incondicionais nas operações mercantis não se incluem na base de cálculo do ICMS.

📖 Súmula STJ nº 431
É ilegal a cobrança de ICMS com base no valor da mercadoria submetido ao regime de pauta fiscal.

📖 Súmula STJ nº 395
O ICMS incide sobre o valor da venda a prazo constante da nota fiscal.

📖 Súmula STJ nº 391
O ICMS incide sobre o valor da tarifa de energia elétrica correspondente à demanda de potência efetivamente utilizada.

📖 Súmula STJ nº 237
Nas operações com cartão de crédito, os encargos relativos ao financiamento não são considerados no cálculo do ICMS.

7.6.5. ICMS: não cumulatividade, crédito

DIREITO TRIBUTÁRIO. CREDITAMENTO DE ICMS INCIDENTE SOBRE A ENERGIA ELÉTRICA UTILIZADA NA PRESTAÇÃO DE SERVIÇOS DE TELECOMUNICAÇÕES. RECURSO REPETITIVO (ART. 543-C DO CPC E RES. 8/2008-STJ).
É possível o creditamento do ICMS incidente sobre a energia elétrica utilizada pelas empresas de telefonia na prestação de serviços de telecomunicações. De fato, o art. 19 da LC 87/1996 estabeleceu a não-cumulatividade do ICMS, prevendo a compensação do que for devido em cada operação relativa à circulação de mercadorias ou "prestação de serviços" de transporte interestadual e intermunicipal e "de comunicação" com o montante cobrado nas anteriores pelo mesmo ou por outro estado. Por sua vez, o art. 33, II, "b", da LC 87/1996 dispõe que a entrada de energia elétrica em estabelecimento implicará direito a crédito quando a energia tiver sido "consumida no processo de industrialização". Por seu turno, o art. 1º do Dec. 640/1962 equiparou os serviços de telecomunicações à indústria básica para todos os efeitos legais. Por conseguinte, a Primeira Seção do STJ instituiu, no julgamento do REsp 842.270-RS, DJe 26/6/2012, a compreensão de que o ICMS incidente sobre a energia elétrica consumida pelas empresas de telefonia, que promovem processo industrial por equiparação, pode ser creditado para abatimento do imposto devido quando da prestação de serviços. Na ocasião, entendeu-se, ademais, que a regra constante do art. 1º do Dec. 640/1962 é inteiramente compatível com o CTN e com a legislação superveniente e atual, continuando em pleno vigor o referido dispositivo legal, já que não foi revogado. Além disso, considerando a definição de serviço de telecomunicações determinada pelo art. 60 da Lei 9.472/1997 (Lei Geral de Telecomunicações) – segundo o qual serviço de telecomunicações é o conjunto de atividades que possibilita a oferta de "telecomunicação", qualificada, pelo § 1º do dispositivo, como a "transmissão, emissão ou recepção, por fio, radioeletricidade, meios ópticos ou qualquer outro processo eletromagnético, de símbolos, caracteres, sinais, escritos, imagens, sons ou informações de qualquer natureza" –, percebe-se que a energia elétrica é um insumo essencial e indispensável para a realização do processo, equiparável, em seus fundamentos, ao de industrialização, que resulta na prestação do serviço de telecomunicações, o que legitima a incidência do princípio da não-cumulatividade. Ademais, conforme firmado no voto-vista do Min. Castro Meira, ainda no precedente mencionado, o art. 33, II, "b", da Lei Complementar 87/1996 precisa ser interpretado conforme a constituição, de modo a permitir que a não-cumulatividade alcance os três núcleos de incidência do ICMS previstos no texto da Constituição (a circulação de mercadorias, a prestação de serviços de transporte e os serviços de comunicação), sem restringi-la apenas à circulação de mercadorias, que, embora seja a vertente central, não representa a única hipótese de incidência do imposto. Precedentes citados: REsp 842.270-RS, Primeira Seção, DJe 26/6/2012; e AgRg no AgRg no REsp 1.134.930-MS, Segunda Turma, DJe 19/12/2012. **REsp 1.201.635-MG, Rel. Min. Sérgio Kukina, julgado em 12/6/2013.** (Inform. STJ 530)
(Comentário: ver informativo STJ 522)

DIREITO TRIBUTÁRIO. CREDITAMENTO DE ICMS SOBRE A ENERGIA ELÉTRICA CONSUMIDA PELAS PRESTADORAS DE SERVIÇOS DE TELECOMUNICAÇÕES. RECURSO REPETITIVO (ART. 543-C DO CPC E RES. 8/2008-STJ).
É possível o creditamento do ICMS incidente sobre a energia elétrica consumida pelas prestadoras de serviços de telecomunicações para abatimento do imposto devido quando da prestação de serviços. O art. 19 da LC 87/1996, em âmbito legal, assegura o direito à não-cumulatividade para o ICMS, prevendo a compensação do que for devido em cada operação relativa à circulação de mercadorias ou prestação de serviços de transporte – interestadual e intermunicipal – e

de comunicação com o montante cobrado nas operações anteriores pelo mesmo estado ou por outro. Por sua vez, o art. 33, II, "b", do referido dispositivo legal prevê a possibilidade de creditamento de ICMS relativamente à aquisição de energia elétrica, na hipótese em que o estabelecimento a utilize no processo de industrialização. A propósito, por força do Dec. 640/1962 – recepcionado pela Constituição atual e compatível com a legislação tributária posterior –, os serviços de comunicação são equiparados à indústria. Assim, em virtude da essencialidade da energia elétrica, como insumo, para o exercício da atividade de telecomunicações, induvidoso se revela o direito ao creditamento de ICMS, em atendimento ao princípio da não-cumulatividade. Precedentes citados: REsp 842.270-RS, Primeira Seção, DJe 26/6/2012, e AgRg no AgRg no REsp 1.134.930-MS, Segunda Turma, DJe 19/12/2012. **REsp 1.201.635-MG, Rel. Min. Sérgio Kukina, julgado em 12/6/2013.** (Inform. STJ 522)

DIREITO TRIBUTÁRIO. CREDITAMENTO DE ICMS APURADO NA IMPORTAÇÃO DE EQUIPAMENTO CEDIDO EM COMODATO.
O contribuinte não tem o dever de estornar crédito de ICMS apurado na importação de equipamento destinado ao ativo permanente da empresa na hipótese em que o bem seja, posteriormente, cedido em comodato a terceiro. Esse entendimento é extraído da interpretação dos arts. 20, § 3°, I, e 21, I, ambos da LC n. 87/1996. O primeiro artigo autoriza o creditamento do imposto cobrado na operação que tenha resultado na entrada de mercadoria no estabelecimento, mesmo a destinada ao ativo permanente, mas excepciona a hipótese em que a saída subsequente não for tributada ou estiver isenta. O segundo impõe ao contribuinte o dever de estornar o ICMS creditado se incidir essa regra excepcional, isto é, quando o próprio creditamento for vedado. Se os equipamentos são cedidos em comodato, não se pode falar em "saída" sob a perspectiva da legislação do ICMS, entendida como circulação de mercadoria com transferência de propriedade. Nesse caso, os bens não deixam de integrar o patrimônio do contribuinte. **REsp 1.307.876-SP, Rel. Min. Herman Benjamin, julgado em 5/2/2013.** (Inform. STJ 516).

Súmula STJ nº 334

O ICMS não incide no serviço dos provedores de acesso à Internet.

7.6.6. Sujeição passiva, responsabilidade, substituição tributária

REPERCUSSÃO GERAL EM RE N. 781.926-GO
RELATOR: MIN. LUIZ FUX
EMENTA: RECURSO EXTRAORDINÁRIO COM AGRAVO. TRIBUTÁRIO. IMPOSTO SOBRE CIRCULAÇÃO DE MERCADORIAS E SERVIÇOS - ICMS. AQUISIÇÃO DE MERCADORIA COM DIFERIMENTO. DIREITO A CREDITAMENTO DO TRIBUTO. VEDAÇÃO. HIPÓTESE DE SUBSTITUIÇÃO TRIBUTÁRIA PARA TRÁS. ALEGADA VIOLAÇÃO AO PRINCÍPIO DA NÃO-CUMULATIVIDADE. ADI 4.171. REPERCUSSÃO GERAL RECONHECIDA. (Inform. STF 737)

AG. REG. NO RE N. 525.802-SE
RELATOR: MIN. RICARDO LEWANDOWSKI
Ementa: AGRAVO REGIMENTAL NO RECURSO EXTRAORDINÁRIO. TRIBUTÁRIO. ICMS. IMPOSSIBILIDADE DE IMPOR AO CONTRIBUINTE INADIMPLENTE A OBRIGAÇÃO DO RECOLHIMENTO ANTECIPADO DO TRIBUTO. FORMA OBLÍQUA DE COBRANÇA. VIOLAÇÃO AOS PRÍNCIPIOS DA LIVRE CONCORRÊNCIA E DA LIBERDADE DE TRABALHO E COMÉRCIO. AGRAVO IMPROVIDO.
I – Impor ao contribuinte inadimplente a obrigação de recolhimento antecipado do ICMS, como meio coercitivo para pagamento do débito fiscal, importa em forma oblíqua de cobrança de tributo e em contrariedade aos princípios da livre concorrência e da liberdade de trabalho e comércio. Precedentes.
II – Agravo regimental improvido. (Inform. STF 707)

DIREITO TRIBUTÁRIO. RESTITUIÇÃO DO ICMS PAGO A MAIOR NA HIPÓTESE EM QUE A BASE DE CÁLCULO REAL SEJA INFERIOR À PRESUMIDA.
Na hipótese em que a base de cálculo real do ICMS for inferior à presumida, é possível pedir a restituição da diferença paga a maior a estados não signatários do Convênio Interestadual 13/1997. De fato, o STF, no julgamento da ADI 1.851-AL, já decidiu que, no regime de substituição tributária, somente haverá direito à restituição quando não ocorrer o fato gerador. Deve-se ressaltar, todavia, que os efeitos dessa decisão não alcançam todos os estados integrantes da Federação, mas apenas aqueles que sejam signatários do referido convênio. **AgRg no REsp 1.371.922-SP, Rel. Min. Humberto Martins, julgado em 6/8/2013.** (Inform. STJ 526)

Súmula STJ nº 432

As empresas de construção civil não estão obrigadas a pagar ICMS sobre mercadorias adquiridas como insumos em operações interestaduais.

7.6.7. ICMS: Telecomunicações

REPERCUSSÃO GERAL EM ARE N. 668.974-DF
RELATOR: MIN. MARCO AURÉLIO
IMPOSTO SOBRE CIRCULAÇÃO DE MERCADORIAS E SERVIÇOS – TELECOMUNICAÇÕES – INADIMPLÊNCIA ABSOLUTA DOS USUÁRIOS – DIREITO AO CRÉDITO – PRINCÍPIO DA NÃO CUMULATIVIDADE – RECURSO EXTRAORDINÁRIO – REPERCUSSÃO GERAL CONFIGURADA. Possui repercussão geral a controvérsia relativa ao direito do contribuinte de aproveitar valores pagos do Imposto sobre a Circulação de Mercadorias e Serviços, para abatimento do tributo devido quanto a operações subsequentes, alusivos a prestações de serviço de comunicação, quando ocorrida inadimplência absoluta dos respectivos usuários. (Inform. STF 753)

AG. REG. NO AI N. 622.948-AC
RELATOR: MIN. ROBERTO BARROSO
EMENTA: AGRAVO REGIMENTAL EM AGRAVO DE INSTRUMENTO. ICMS. SERVIÇOS DE COMUNICAÇÃO. HABILITAÇÃO DE TELEFONE MÓVEL. NÃO INCIDÊNCIA. PRECEDENTES.
O ato de habilitação de aparelho móvel celular não implica serviço efetivo de telecomunicação, mas apenas disponibilização deste. A despeito de a Constituição Federal autorizar a tributação sobre os serviços de comunicação, tal circunstância não permite que legislador amplie a hipótese de incidência de modo a alcançar as atividades que antecedem ou viabilizam o serviço que constitui a materialidade do imposto.
Agravo regimental a que se nega provimento. (Inform. STF 747)

ICMS e habilitação de celular - 4
O serviço de habilitação de celular configura atividade preparatória ao serviço de comunicação, não sujeito à incidência do ICMS. Essa orientação firmada pelo Plenário, que, em conclusão de julgamento e por maioria, desproveu recurso extraordinário no qual se discutia a possibilidade de cobrança da referida exação — v. Informativo 643. Aduziu-se que, consoante se poderia inferir da Lei Geral de Telecomunicações, o serviço de habilitação de telefonia móvel não seria atividade-fim, mas atividade-meio para o serviço de comunicação. Asseverou-se que a atividade em

questão não se incluiria na descrição de serviços de telecomunicação constante do art. 2º, III, da LC 87/1996, por corresponder a procedimento tipicamente protocolar, cuja finalidade referir-se-ia a aspecto preparatório. Ademais, destacou-se que, no ato de habilitação, não ocorreria qualquer serviço efetivo de telecomunicação, mas ele apenas seria disponibilizado, de sorte a assegurar ao usuário a possibilidade de seu uso. Vencidos os Ministros Marco Aurélio, relator, e Ricardo Lewandowski, que davam provimento ao recurso por considerarem a habilitação indispensável para que se utilizasse o telefone móvel. Assim, existente cobrança pelo serviço de forma específica, cabível a tributação. RE 572020/DF, rel. orig. Min. Marco Aurélio, red. p/ o acórdão Min. Luiz Fux, 6.2.2014. (Inform. STF 734)

DIREITO TRIBUTÁRIO. ICMS. SERVIÇOS SUPLEMENTARES AO DE COMUNICAÇÃO.
Não incide ICMS sobre a prestação de serviços acessórios ao de comunicação. A incidência do ICMS, no que se refere à prestação dos serviços de comunicação, deve ser extraída da CF e da LC n. 87/1996, incidindo o tributo sobre os serviços de comunicação prestados de forma onerosa, através de qualquer meio, inclusive a geração, a emissão, a recepção, a transmissão, a retransmissão, a repetição e a ampliação de comunicação de qualquer natureza (art. 2º, III, da LC n. 87/1996). A prestação de serviços conexos ao de comunicação por meio da telefonia móvel (que são preparatórios, acessórios ou intermediários da comunicação) não se confunde com a prestação da atividade fim; processo de transmissão (emissão ou recepção) de informações de qualquer natureza; esta sim, passível de incidência do ICMS. Exemplos de serviços acessórios são a troca de titularidade de aparelho celular, conta detalhada, troca de aparelho, troca de número, mudança de endereço de cobrança de conta telefônica, troca de área de registro, troca de plano de serviço, bloqueio de DDD e DDI, habilitação e religação. Desse modo, a despeito de alguns deles serem essenciais à efetiva prestação do serviço de comunicação e admitirem a cobrança de tarifa pela prestadora do serviço (concessionária de serviço público), por assumirem o caráter de atividade meio, não constituem, efetivamente, serviços de comunicação, razão pela qual não é possível a incidência do ICMS. Ressalte-se que, nesse sentido, é a orientação consolidada na Súm. n. 350/STJ, que dispõe que "o ICMS não incide sobre o serviço de habilitação de telefone celular". Precedentes citados: REsp 1.022.257-RS, DJe 17/3/2008, e RMS 11.368-MT, DJ 9/2/2005. **REsp 1.176.753-RJ, Rel. originário Min. Napoleão Nunes Maia Filho, Rel. para acórdão Min. Mauro Campbell Marques, julgado em 28/11/2012. (Inform. STJ 510)**

ICMS. DEPÓSITO ADMINISTRATIVO. LEVANTAMENTO. LEGITIMAÇÃO SUBJETIVA ATIVA.
Cuida-se, na espécie, do levantamento de valores depositados administrativamente relativos à cobrança de ICMS sobre serviços de instalação de linhas telefônicas. A Turma, prosseguindo o julgamento, por maioria, deu provimento ao agravo; assim, afastou-se o levantamento do depósito administrativo pela empresa de telefonia, por se entender que somente o contribuinte de fato (o que suporta efetivamente o ônus financeiro do tributo) é que está legitimado para o pedido de repetição de valores indevidamente pagos ao Fisco. In casu, o valor depositado foi repassado para o consumidor final, ou seja, o usuário do serviço de telefonia. Assim, apenas o usuário do serviço tem legitimidade subjetiva ativa para requerer o levantamento do depósito em função de haver suportado o ônus indevido (art. 166 do CTN e Súm. n. 546-STF). Ademais, consignou-se que o depósito realizado pela empresa de telefonia não diminuiu seu patrimônio, tendo em vista que essa quantia foi repassada ao contribuinte, sendo que o levantamento pleiteado acabaria por beneficiar indevidamente pessoa que não sofreu o encargo, caracterizando enriquecimento ilícito. Outrossim, anotou-se que o recurso especial do estado-membro agravante será oportunamente julgado. Precedentes citados: REsp 554.203-RS, DJ 24/5/2004, e REsp 906.405-SC, DJe 12/6/2008. **AgRg no Ag 1.365.535-MG, Rel. originário Min. Benedito Gonçalves, Rel. para acórdão Min. Napoleão Nunes Maia Filho, julgado em 7/2/2012. (Inform. STJ 490)**

Súmula STJ nº 350
O ICMS não incide sobre o serviço de habilitação de telefone celular.

7.6.8. ICMS: Energia elétrica e combustíveis

REPERCUSSÃO GERAL EM RE N. 714.139-SC
RELATOR: MIN. MARCO AURÉLIO
IMPOSTO SOBRE A CIRCULAÇÃO DE MERCADORIAS E SERVIÇOS – ENERGIA ELÉTRICA – SERVIÇOS DE TELECOMUNICAÇÃO – SELETIVIDADE – ALÍQUOTA VARIÁVEL – ARTIGOS 150, INCISO II, E 155, § 2º, INCISO III, DA CARTA FEDERAL – ALCANCE – RECURSO EXTRAORDINÁRIO – REPERCUSSÃO GERAL CONFIGURADA. Possui repercussão geral a controvérsia relativa à constitucionalidade de norma estadual mediante a qual foi prevista a alíquota de 25% alusiva ao Imposto sobre a Circulação de Mercadorias e Serviços incidente no fornecimento de energia elétrica e nos serviços de telecomunicação, em patamar superior ao estabelecido para as operações em geral – 17%. (Inform. STF 760)

REPERCUSSÃO GERAL EM RE N. 753.681-SC
RELATOR: MIN. TEORI ZAVASCKI
Ementa: PROCESSUAL CIVIL. RECURSO EXTRAORDINÁRIO. ICMS SOBRE A ENERGIA ELÉTRICA. REPETIÇÃO DE INDÉBITO. LEGITIMIDADE ATIVA DO CONSUMIDOR FINAL. MATÉRIA INFRACONSTITUCIONAL. AUSÊNCIA DE REPERCUSSÃO GERAL.
1. A controvérsia relativa à legitimidade ativa do consumidor final para ajuizar ação de repetição de indébito de ICMS sobre a energia elétrica, fundada na interpretação do art. 166 do CTN, é de natureza infraconstitucional.
2. É cabível a atribuição dos efeitos da declaração de ausência de repercussão geral quando não há matéria constitucional a ser apreciada ou quando eventual ofensa à Carta Magna se dê de forma indireta ou reflexa (RE 584.608 RG, Min. ELLEN GRACIE, DJe de 13/03/2009).
3. Ausência de repercussão geral da questão suscitada, nos termos do art. 543-A do CPC. (Inform. STF 756)

AG. REG. NO RE N. 296.199-PB
RELATOR: MIN. TEORI ZAVASCKI
Ementa: TRIBUTÁRIO. AGRAVO REGIMENTAL NO RECURSO EXTRAORDINÁRIO. ICMS. ART. 155, § 2º, X, B, DA CONSTITUIÇÃO FEDERAL. OPERAÇÕES INTERESTADUAIS ENVOLVENDO COMBUSTÍVEIS E OUTROS DERIVADOS DE PETRÓLEO. IMUNIDADE. BENEFÍCIO QUE NÃO SE APLICA AO CONSUMIDOR FINAL. PRECEDENTE DO PLENÁRIO DO STF: RE 198.088, REL. MIN. ILMAR GALVÃO, DJ DE 05.09.2003.
AGRAVO REGIMENTAL A QUE SE NEGA PROVIMENTO. (Inform. STF 707)

DIREITO TRIBUTÁRIO. NÃO CUMULATIVIDADE DO ICMS INCIDENTE NA AQUISIÇÃO DE COMBUSTÍVEL POR EMPRESA DE TRANSPORTE FLUVIAL. O ICMS incidente na aquisição de combustível a ser utilizado por empresa de prestação de serviço de transporte fluvial no desempenho de sua atividade-fim constitui crédito dedutível na operação seguinte (art. 20 da LC 87/1996). Isso porque combustível constitui insumo indispensável à atividade em questão. Com efeito, se o constituinte originário inseriu os prestadores de serviços de transporte e comunicação no âmbito do ICMS, é imperativo que se compatibilize o princípio da não cumulatividade com as suas atividades, o que só será possível mediante a definição de um critério que preserve um mínimo de créditos, imune às constantes tentativas de mitigação por parte dos Estados-membros. Esse novo critério deve garantir o direito de crédito sobre todos os materiais empregados de forma absolutamente necessária nos veículos utilizados na prestação do serviço de transporte, assim como nas centrais telefônicas de propriedade dos prestadores de serviço de comunicação, por exemplo, até porque esses materiais impactam decisivamente a composição do preço do serviço que será oferecido ao público. Ademais, tratando-se o combustível de insumo, não se lhe aplica a limitação prevista no art. 33, I, da LC 87/1996 – de acordo com a qual "somente darão direito de crédito as mercadorias destinadas ao uso ou consumo do estabelecimento nele entradas a partir de 1º de janeiro de 2020" –, pois só alcança as mercadorias destinadas ao uso ou consumo do estabelecimento. **REsp 1.435.626-PA, Rel. Min. Ari Pargendler, julgado em 3/6/2014. (Inform. STJ 543)**

A energia furtada antes da entrega ao consumidor final não pode ser objeto de incidência do ICMS, tomando por base de cálculo o valor da última operação realizada entre a empresa produtora e a que distribui e comercializa a eletricidade. O fato gerador do ICMS é o consumo de energia elétrica, portanto o momento do consumo é o elemento temporal da obrigação tributária, sendo o aspecto espacial o local onde ela é consumida, logo o estado de destino é que recolhe o imposto. Dessa forma, o ICMS deve incidir sobre o valor da energia efetivamente consumida. Portanto, embora a base de cálculo do ICMS inclua as operações de produção e distribuição, conforme determinam os arts. 34, § 9º, do ADCT e 9º da LC n. 87/1996, essas fases não configuram isoladamente hipótese de incidência do mencionado imposto. Assim, a energia elétrica furtada nas operações de transmissão e distribuição não sofre incidência de ICMS por absoluta "intributabilidade" em face da não ocorrência do fato gerador. Precedente citado: REsp 960.476-SC, DJe 13/5/2009. **REsp 1.306.356-PA, Rel. Min. Castro Meira, julgado em 28/8/2012. (Inform. STJ 503)**

7.6.9. ICMS: importação, *leasing* internacional

"Leasing" e Incidência de ICMS
O Tribunal iniciou julgamento de recurso extraordinário, afetado ao Pleno pela 1ª Turma, em que se discute a constitucionalidade, ou não, da incidência do ICMS na importação de bem móvel realizada mediante operação de arrendamento mercantil (*leasing*). O recurso impugna acórdão do Tribunal de Justiça do Estado de São Paulo, que reputara indevido o recolhimento do referido imposto, quando do desembaraço aduaneiro, ao fundamento de que o contrato de *leasing* é complexo e, no caso, não fora exercida a opção de compra, não se cuidando, dessa forma, de operação que envolvesse circulação de mercadoria, mas prevalecendo a prestação de serviços consoante previsão da Lei Complementar 56/87. A Min. Ellen Gracie, relatora, deu provimento ao recurso, e reportou-se à orientação fixada no julgamento do RE 206069/SP (DJU de 1º.9.2006), de sua relatoria, no sentido de reconhecer a constitucionalidade da incidência do ICMS sobre a entrada de mercadoria importada, qualquer que seja a natureza do ajuste internacional motivador da importação. Asseverou, inicialmente, que o Constituinte de 1988 conferiu tratamento especialíssimo à incidência de ICMS sobre itens importados (CF, art. 155, § 2º, IX, a), e que a análise desse dispositivo revela que, nessa circunstância, a imposição de ICMS prescinde da verificação da natureza do negócio jurídico motivador da importação. Esclareceu que se elegeu o elemento fático "entrada de mercadoria importada" como caracterizador da circulação jurídica da mercadoria ou do bem, e se dispensaram indagações sobre os contornos do negócio jurídico realizado no exterior. Ressaltou que o legislador constituinte assim o fez porque, de outra forma, não seria possível a tributação do negócio jurídico que ensejou a importação por não estar ele ao alcance do fisco brasileiro, nem ter sido pautado pelas leis brasileiras, já que realizado no exterior. Por isso, ante a impossibilidade de tributar o próprio ajuste — a teor da regra das transações internas, em que o vendedor é o contribuinte do ICMS — ele optou por sujeitar ao ICMS o resultado do ajuste, consubstanciado na entrada da mercadoria importada. Daí, em contraponto ao sistema da incidência genérica sobre a circulação econômica, o imposto será recolhido pelo utilizador do bem que seja contribuinte do ICMS. Além disso, frisou que a Lei 6.099/74, que rege a matéria, ao tratar do *leasing* internacional (art. 17), teria objetivado proteger o mercado interno e evitar a elisão fiscal. Considerou, ainda, que o disposto no inciso VIII do art. 3º da Lei Complementar 87/96, que prevê a incidência do ICMS apenas na hipótese do exercício da opção de compra pelo arrendatário, só se aplicaria nas operações internas, eis que a opção de compra constante do contrato internacional não está no âmbito da incidência do ICMS e o arrendador sediado no exterior não é dele contribuinte. Por fim, observou que a isenção pretendida pela recorrida ocasionaria uma inevitável situação de privilégio em prejuízo aos bens e mercadorias nacionais objetos de *leasing*. Após, antecipou pedido de vista dos autos o Min. Eros Grau. **RE 226899/SP, rel. Min. Ellen Gracie, 4.2.2009. (RE-226899)**
(Comentário: ver Informativo STF 629 – RE 540.839/SP – ICMS em leasing *internacional)*

"Leasing" e incidência de ICMS - 3
O Tribunal retomou julgamento de recurso extraordinário em que se discute a constitucionalidade da incidência do ICMS na importação de bem móvel realizada mediante operação de arrendamento mercantil (*leasing*) — v. Informativos 534 e 570. O Ministro Joaquim Barbosa, Presidente, em voto-vista, negou provimento ao recurso. Considerou possível, em tese, a incidência do ICMS nas operações de importação amparadas por contratos de arrendamento mercantil. Entretanto, salientou que um dos obstáculos a ser enfrentado seria a lesão da capacidade contributiva pela ausência de normas gerais adequadas a mensurar o aspecto econômico da operação. Consignou que a tributação não poderia absorver integralmente a utilidade econômica do fato tributado a ponto de torná-lo inviável, a não ser nas hipóteses permitidas pela Constituição e pela lei. Aludiu que a capacidade contributiva conciliaria dois interesses relevantes: do ponto de vista do Estado, asseguraria a solidariedade no custeio dos serviços públicos, de modo que nenhuma atividade que gerasse riqueza pudesse se furtar à manutenção da máquina administrativa (desiderato fiscal); do ponto de vista do contribuinte, garantiria a ele o estímulo necessário ao trabalho e à iniciativa econômica, ao preservar a utilidade e a fruição de sua atividade e ao prevenir o efeito de desestímulo característico das porções mais elevadas da curva de Laffer. Constatou que a jurisprudência do STF tenderia a utilizar o princípio da capacidade contributiva para justificar a tributação, e não para desonerar contribuintes.

"Leasing" e incidência de ICMS - 4
O Presidente citou precedente (RE 547245/SC, DJe de 5.3.2010) em que o Tribunal fixara entendimento segundo o qual o arrendamento mercantil não se confundiria com locação ou com simples compra e venda. Ressaltou que a evolução social e de conceitos teria sido adotada, naquele caso, para ampliar a tributação pelo ISS. Porém, aqui, as virtudes econômicas contemporâneas indicariam caminho contrário em relação ao ICMS-importação, sob pena da instituição de verdadeiro "imposto de importação de competência estadual". Rememorou que, consideradas as características econômicas únicas do contrato, o valor integral da operação não refletiria a expressão econômica do *leasing*, como se compra e venda fosse. Além

disso, destacou que outro problema a ser enfrentado diria respeito à competência da União para criar tributos de fins extrafiscais regulatórios, com o escopo de intervir no comércio exterior e na balança comercial. Mencionou que não haveria notícia de que a lei complementar de normas gerais ou os Estados e o Distrito Federal teriam criado mecanismo de controle baseado na existência ou não de similares nacionais, como operaria a Câmara de Comércio Exterior - Camex no âmbito federal. Recordou que alguns convênios Confaz permitiriam a outorga de isenção em casos de aquisição de bens para o ativo fixo, mas essas normas seriam apenas autorizativas e não se aplicariam às importações que não fossem destinadas aos bens de capital. Sublinhou que, tendo em vista a proibição da outorga de isenções heterônomas, seria possível conceber cenário no qual eventual política de estímulo federal estaria prejudicada pela tributação local.

"Leasing" e incidência de ICMS - 5
O Presidente enfatizou, ainda, que a preocupação acerca da manutenção das condições de concorrência equilibrada não se aplicaria às hipóteses em que ausente produto similar nacional. Além disso, destacou que, no caso em exame, teria sido reconhecida a existência de isenção para as operações internas. Deste modo, ponderou que tributar as operações externas e desonerar as operações internas teria como risco iminente a violação da isonomia e o desequilíbrio da concorrência e, como risco próximo, contrariedade a tratados internacionais que exigiriam reciprocidade de tratamento em matéria fiscal. Ademais, considerou essencial abordar a problemática referente à alegada dificuldade de o aparato fiscal constatar a real natureza do negócio jurídico e de fazer o tributo alcançar a parte localizada em território estrangeiro. Não vislumbrou óbice constitucional para a incidência do ICMS nas operações de entrada de mercadorias, independentemente do negócio jurídico subjacente, desde que justificada pelo risco concreto de lesão do mercado interno. Realçou não ser possível assentar a tributação baseada em simples presunções, sob o risco de subscrever a cobrança de impostos sobre aquilo que efetivamente não fosse riqueza, requisito indispensável da autorização democrática que embasaria o poder fiscal. Por fim, anotou que a grande quantidade de obrigações acessórias e os elevados graus de técnica e profissionalismo dos aparatos fiscais seriam mais do que suficientes para que o Estado verificasse a ocorrência de fatos geradores, apurasse o montante devido, encontrasse os sujeitos passivos e cobrasse a exação. Não haveria, assim, margem para temer a hipossuficiência fiscal ou o risco hipotético de os contribuintes se furtarem impunemente ao pagamento dos débitos. Após a manifestação do Presidente, pediu vista o Ministro Teori Zavascki.

"Leasing" e incidência de ICMS - 6
O ICMS — tributo próprio à circulação de mercadorias qualificada pela compra e venda — não incide na importação de bem móvel realizada mediante operação de arrendamento mercantil quando não exercida a opção de compra e, por consequência, suscetível de devolução ao arrendador. Com base nessa orientação, o Plenário, por maioria e em conclusão de julgamento, reafirmou jurisprudência e desproveu recurso extraordinário interposto contra acórdão de tribunal local que reputara indevido o recolhimento do referido imposto, quando do desembaraço aduaneiro, ao fundamento de que o contrato de "leasing" seria complexo — v. Informativos 534, 570 e 729. Na espécie, a Corte estadual considerara indevido o recolhimento de ICMS, quando do desembaraço aduaneiro, na importação de aeronave realizada mediante contrato de arrendamento mercantil no qual não fora exercida a opção de compra. Por conseguinte, reconhecera devida apenas a incidência do ISS. O Colegiado, ao reafirmar jurisprudência do tema, aplicou o que fora decidido no julgamento do RE 540.829/SP (j. em 26.9.2014, acórdão pendente de publicação, v. Informativo 758), com repercussão geral reconhecida. Destacou que, na espécie, conforme apontado pela decisão recorrida, não se cuidaria de operação a envolver circulação de mercadoria, a prevalecer prestação de serviços consoante previsão da Lei Complementar 56/1987. Os Ministros Teori Zavascki, Gilmar Mendes e Celso de Mello, com ressalvas de pontos de vista pessoal no sentido contrário, aderiram às conclusões do Colegiado para negar provimento ao extraordinário. Vencida a Ministra Ellen Gracie (relatora) que dava provimento. Reconhecia a constitucionalidade da incidência do ICMS sobre a entrada de mercadoria importada, qualquer que fosse a natureza do ajuste internacional motivador da importação. RE 226899/SP, rel. orig. Min. Ellen Gracie, red. p/ o acórdão Min. Cármen Lúcia, 1º.10.2014. (RE-226899) (Inform. STF 761)

ICMS e "leasing" internacional – 1
O Plenário iniciou julgamento de recurso extraordinário em que se discute, à luz do art. 155, II e § 2º, IX e XII, a e d, da CF, a constitucionalidade, ou não, da incidência de ICMS sobre operações de importação de mercadorias, sob o regime de arrendamento mercantil internacional. O Min. Gilmar Mendes, relator, proveu o recurso para declarar a incidência do ICMS na importação de bens mediante operações de leasing financeiro com o exterior. Inicialmente, salientou que esta Corte teria posicionamentos divergentes sobre o tema. Em seguida, aduziu que, na vigência da redação original do art. 155, § 2º, IX, a, da CF ("§ 2º - O imposto previsto no inciso I, b, atenderá ao seguinte: ... IX - incidirá também: a) sobre a entrada de mercadoria importada do exterior, ainda quando se tratar de bem destinado a consumo ou ativo fixo do estabelecimento, assim como sobre serviço prestado no exterior, cabendo o imposto ao Estado onde estiver situado o estabelecimento destinatário da mercadoria ou do serviço"), o STF afirmara a não-incidência do tributo em comento nas importações de bens realizadas por pessoa física para uso próprio, o que culminara na edição do Enunciado 660 de sua súmula ("Não incide ICMS na importação de bens por pessoa física ou jurídica que não seja contribuinte do imposto"). Ocorre que o constituinte derivado editara a EC 33/2001, que alterara a redação do aludido dispositivo constitucional ("§ 2.º O imposto previsto no inciso II atenderá ao seguinte: ... IX - incidirá também: a) sobre a entrada de bem ou mercadoria importados do exterior por pessoa física ou jurídica, ainda que não seja contribuinte habitual do imposto, qualquer que seja a sua finalidade, assim como sobre o serviço prestado no exterior, cabendo o imposto ao Estado onde estiver situado o domicílio ou o estabelecimento do destinatário da mercadoria, bem ou serviço"), em típico caso de tentativa de corrigenda da interpretação conferida. Assim, apontou que o constituinte, ao ampliar a base econômica do ICMS, objetivara deixar claro que qualquer pessoa física ou jurídica poderia ser contribuinte da exação, ainda que não fosse contribuinte habitual do imposto. Nesse contexto, destacou que não haveria como subsistir a orientação fixada no RE 461968/SP (DJU de 24.8.2007), no sentido de que o ICMS incide nas hipóteses em que o bem ou a mercadoria importados por meio de arrendamento mercantil internacional tivessem a propriedade transferida para o arrendatário. Isso porque esse entendimento convolar-se-ia em obstáculo à teleologia da norma constitucional. RE 540829/SP, rel. Min. Gilmar Mendes, 1º.6.2011. (RE-540829)

ICMS e "leasing" internacional – 2
Explicou que, no leasing financeiro, o arrendatário possuiria, ao término do contrato, as opções de devolução ou compra do bem e de renovação do ajuste. Por esse motivo, a Constituição previra a incidência de ICMS na importação — na entrada do bem ou da mercadoria —, pois, de outra maneira, a exação ficaria à disposição do particular, a depender apenas do tipo de avença que desejasse celebrar. Ressaltou que isso permitiria elisão fiscal, com graves repercussões a partir do negócio jurídico entabulado. Concluiu que a situação em apreço apresentaria as seguintes possibilidades: 1) se determinado bem for adquirido por contrato de compra e venda internacional, incide ICMS, pois haverá a circulação de mercadoria, a qual será transferida ao patrimônio do adquirente; 2) se bem da mesma espécie for adquirido por contrato de compra e venda

interno, incide ICMS; 3) se o mesmo bem for objeto de operação de arrendamento mercantil, *leasing* financeiro interno, incide ISS, consoante jurisprudência pacificada neste Tribunal (RE 592905/SC, DJe de 5.3.2010) e 4) se bem similar for objeto de importação mediante arrendamento mercantil internacional em que não seja feita a escolha de compra, a posição que vem se formando no STF impedirá a incidência do ICMS na importação — e tampouco do ISS. Diante desse quadro, notadamente da última hipótese, asseverou a ofensa ao princípio da isonomia, haja vista a concessão de vantagens não estendidas àquelas operações realizadas em âmbito interno. Ademais, reputou-se que, se adotada a mencionada tese, o poder de tributar do Estado ficaria à disposição do contribuinte. Tendo em conta todos esses motivos, asseverou que os fundamentos firmados no RE 206069/SP (DJU de 1º.9.2006), deveriam ser acolhidos, de modo a garantir a incidência do ICMS na importação de bem ou de mercadoria provenientes do exterior, independentemente da natureza do contrato internacional celebrado. RE 540829/SP, rel. Min. Gilmar Mendes, 1º.6.2011. (RE-540829)

ICMS e "leasing" internacional – 3

Em divergência, o Min. Luiz Fux desproveu o recurso para manter a jurisprudência decenária desta Corte, segundo a qual a exegese desse novel preceito constitucional pressuporia a entrada e a posterior circulação desse bem para a incidência do ICMS, a fim de não transmudá-lo em imposto de importação. Afirmou que a Constituição delegara à lei complementar o estabelecimento de normas gerais em matéria tributária e o CTN dispusera, como regra de exegese, que na aplicação do direito tributário seriam obedecidos os conceitos de direito privado. Assinalou que o art. 155, II, da CF determinaria que o ICMS seria imposto derivado de uma operação de circulação de mercadoria e que presumiria uma compra e venda. Assim, incabível desnaturarem-se os vínculos de direito privado, de forma a equiparar o *leasing* à compra e venda. Observou que se tentara empreender interpretação teleológica à espécie para que a entrada da mercadoria fosse fato gerador do ICMS. No ponto, reiterou que, conforme realçado no RE 461968/SP (DJU de 24.8.2007), para não haver a transfiguração do ICMS em imposto de importação, aquele apenas incidiria se o ingresso se desse a título de circulação da mercadoria, sob pena de violação não só ao art. 146, III, da CF, como também, à luz dessa interpretação teleológica, do art. 155, § 2º, IX, a, da CF. Enfatizou, ainda, que em nível infraconstitucional, o STJ, em julgamento de recurso especial representativo da controvérsia, assentara que o referido imposto incidiria sobre a entrada de bem ou de mercadoria importados do exterior, desde que atinentes à operação relativa à circulação desses por pessoa física ou jurídica, ainda que não contribuinte habitual do tributo, qualquer que seja a finalidade. Por fim, esclareceu que os conceitos de direito privado não poderiam ser desnaturados pelo direito tributário, assim como, por analogia, seria indevida a criação de tributo inexistente. Após, pediu vista a Min. Cármen Lúcia. RE 540829/SP, rel. Min. Gilmar Mendes, 1º.6.2011. (RE-540829)
(Comentário – ver Informativo STF 614 – julgamento do RE 429.306/PR, relativo a II e IPI incidentes sobre operação de leasing internacional)

ICMS e "leasing" internacional - 4

O Plenário retomou julgamento de recurso extraordinário em que se discute a constitucionalidade da incidência de ICMS sobre operações de importação de mercadorias, sob o regime de arrendamento mercantil internacional, em face do art. 155, II e § 2º, IX e XII, a e d, da CF — v. Informativo 629. A Ministra Cármen Lúcia, em voto-vista, acompanhou a divergência e negou provimento ao recurso. De início, aduziu que os fatos narrados neste processo teriam ocorrido antes das alterações perpetradas pela EC 33/2001. Portanto, a norma originária do texto constitucional deveria ser utilizada como parâmetro para a solução da controvérsia. Salientou que a circunstância de se tratar de recurso extraordinário com repercussão geral reconhecida não autorizaria desconsiderar as características do caso concreto em exame. Aduziu que se poderia, no máximo, fazer observações sobre o novo regime instituído pela referida emenda constitucional, mas se deveria aplicar o direito à espécie com base no quadro normativo vigente na data em que o fato gerador do tributo surgira. Destacou a necessidade de se observar a interpretação conjunta do inciso II e do § 2º, IX, a, do art. 155 da CF. Advertiu que examinar a alínea a do inciso IX do § 2º do art. 155 da Constituição, isoladamente, implicaria concluir que qualquer entrada de mercadoria importada estaria sujeita ao ICMS. RE 540829/SP, rel. Min. Gilmar Mendes, 20.11.2013. (RE-540829)

ICMS e "leasing" internacional - 5

A Ministra Cármen Lúcia consignou que o STF sempre afirmara que o ICMS incide sobre a circulação econômica de mercadorias. Assim, se não houvesse aquisição da mercadoria, mas mera posse decorrente do arrendamento, não se poderia cogitar de circulação econômica. Desta forma, sublinhou que caberia à Fazenda Pública examinar o contrato de arrendamento para verificar a incidência de ICMS. Assinalou que não haveria incidência de ICMS sobre a operação de arrendamento mercantil sempre que a mercadoria fosse passível de restituição ao proprietário e enquanto não fosse efetivada a opção de compra. Por outro lado, afirmou que sobre a operação de arrendamento a envolver bem insuscetível de devolução, seja por circunstâncias naturais ou físicas ou por se tratar de insumo, incidiria ICMS, porque nessa hipótese o contrato teria apenas a forma de arrendamento, mas conteúdo de compra e venda. Apontou que, nos termos do acórdão recorrido, o caso dos autos seria de contrato de arrendamento mercantil internacional de bem suscetível de devolução, sem opção de compra. Ademais, enfatizou que o entendimento de que o ICMS incidiria sobre toda e qualquer entrada de mercadoria importada poderia resultar em situações configuradoras de afronta ao princípio constitucional da vedação de confisco (CF, art. 150, IV). Isso porque, no caso de mercadoria que não constitua o patrimônio do arrendatário, o tributo, ao invés de integrar o valor da mercadoria, como seria da natureza do ICMS, expropriaria parcela do efetivo patrimônio da empresa. Após, pediu vista o Ministro Teori Zavascki. RE 540829/SP, rel. Min. Gilmar Mendes, 20.11.2013. (RE-540829)

ICMS e "leasing" internacional - 6

Não incide o ICMS importação na operação de arrendamento mercantil internacional, salvo na hipótese de antecipação da opção de compra na medida em que o arrendamento mercantil não implica, necessariamente, transferência de titularidade sobre o bem. Com base nessa orientação, o Plenário, por maioria e em conclusão de julgamento, desproveu recurso extraordinário se discutia a constitucionalidade da incidência de ICMS sobre operações de importação de mercadorias, sob o regime de arrendamento mercantil internacional — v. Informativos 629 e 729. O Tribunal assinalou que a incidência do ICMS pressuporia operação de circulação de mercadoria. Assim, se não houver aquisição de mercadoria, mas mera posse decorrente do arrendamento, não se poderia cogitar de circulação econômica. Dessa forma, sublinhou que caberia à Fazenda Pública examinar o contrato de arrendamento para verificar a incidência de ICMS. Frisou que não haveria a aludida incidência sobre a operação de arrendamento mercantil sempre que a mercadoria fosse passível de restituição ao proprietário e enquanto não fosse efetivada a opção de compra. Por outro lado, afirmou que sobre a operação de arrendamento a envolver bem insuscetível de devolução, fosse por circunstâncias naturais ou físicas ou por se tratar de insumo, incidiria ICMS, porque nessa hipótese o contrato teria apenas a forma de arrendamento, mas conteúdo de compra e venda. Apontou que, nos termos do acórdão recorrido, o caso dos autos seria de contrato de arrendamento mercantil internacional de bem suscetível de devolução, sem opção de compra. Ademais, enfatizou que o entendimento de que o ICMS incidiria sobre toda e qualquer entrada de mercadoria importada poderia resultar em situações configuradoras de afronta ao princípio constitucional da vedação de confisco (CF, art. 150, IV). Isso porque, no caso de mercadoria que não constitua o patrimônio do arrendatário, o tributo, ao invés de integrar o valor da mercadoria, como seria da natureza do ICMS, expropriaria parcela do efetivo patrimônio da empresa. Salientou que os conceitos de direito privado não poderiam ser desnaturados pelo direito tributário. Vencidos os Ministros Gilmar Mendes (relator) e Teori Zavascki, que davam provimento ao recurso. O relator aplicava o precedente firmado no RE 206.069/SP (DJU de 1º.9.2006), de modo a garantir a incidência do ICMS na importação de bem ou mercadoria provenientes do exterior, independentemente da natureza do contrato internacional celebrado. O Ministro Teori Zavascki, em acréscimo, pontuava que a natureza e o conteúdo do contrato celebrado no exterior não poderia comprometer a ocorrência do fato gerador do ICMS. RE 540829/SP, rel. orig. Min. Gilmar Mendes, red. p/ o acórdão Min. Luiz Fux, 11.9.2014. (RE-540829) (Inform. STF 758)

AG. REG. NO RE N. 431.075-SP
RELATOR: MIN. GILMAR MENDES
Agravo regimental em recurso extraordinário. 2. Tributário. ICMS. Importação. Sujeito ativo. Alínea "a" do inciso IX do § 2º do art. 155 da CF. 3. Estabelecimento jurídico do importador. O sujeito ativo da relação jurídico-tributária do ICMS é o Estado onde estiver situado o domicílio ou o estabelecimento do destinatário jurídico da mercadoria. 4. Agravo regimental a que se nega provimento. (Inform. STF 738)

ICMS: importação e EC 33/2001 - 5
O Plenário retomou julgamento de 2 recursos extraordinários em que se discute a constitucionalidade, ou não, da incidência do ICMS sobre operações de importação de bens realizadas, por pessoas jurídicas que não se dedicam habitualmente ao comércio, durante a vigência da EC 33/2001, a qual deu nova redação ao art. 155, § 2º, IX, a, da CF, que prevê a incidência do aludido tributo *"sobre a entrada de bem ou mercadoria importados do exterior por pessoa física ou jurídica, ainda que não seja contribuinte habitual do imposto, qualquer que seja a sua finalidade, assim como sobre o serviço prestado no exterior, cabendo o imposto ao Estado onde estiver situado o domicílio ou o estabelecimento do destinatário da mercadoria, bem ou serviço"* — v. Informativos 436 e 569. Em voto-vista, o Min. Dias Toffoli negou provimento ao recurso interposto pelo Estado do Rio Grande do Sul e proveu o do contribuinte. Concordou, de início, com o posicionamento do relator no tocante à constitucionalidade, em tese, da cobrança do ICMS na importação, por empresas prestadoras de serviços médicos, de aparelhos destinados a integrar seu ativo fixo relativamente a fatos geradores ocorridos depois da vigência da EC 33/2001. Destacou que a nova redação do preceito em comento fora concebida para alcançar situações como a dos autos, uma vez que a jurisprudência da Corte era pacífica no sentido da impossibilidade de tributação das importações de bens destinados ao consumo ou ativo de sociedades civis (Enunciado 660: *"Não incide ICMS na importação de bens por pessoa física ou jurídica que não seja contribuinte do imposto."*). Aduziu que a mencionada norma alcançaria a pessoa natural ou física, bem como a sociedade ou associação civil de fins não econômicos, desde que realizassem o fato imponível, ou seja, a importação de bens do exterior, mesmo que tal negócio jurídico não se destinasse à atividade comercial ou industrial. Observou, ainda, que a materialidade do tributo deveria envolver operações de circulação de bens ou mercadorias, ou seja, a prática de um negócio jurídico que configurasse a transferência de domínio.

ICMS: importação e EC 33/2001 - 6
Em seguida, divergiu do relator — que reputara a questão de índole infraconstitucional — no que concerne à alegada violação da reserva de lei de normas gerais em matéria tributária para dispor sobre a nova modalidade de tributação causada pela ausência ou insuficiência da legislação federal ou da legislação local para dar concreção à ampliada competência tributária. Asseverou que a própria Constituição faria menção à exigência de lei complementar para disciplinar a cobrança do referido tributo, a afastar a conclusão sobre a necessidade de se proceder à interpretação de normas infraconstitucionais. Assinalou que se deveria examinar se a LC 87/96 seria compatível com a ampliação da hipótese de incidência do ICMS na importação veiculada pela EC 33/2001 e se haveria legislação regional integradora apta a viabilizar a cobrança do imposto nas operações de importação de bens efetuadas por pessoas físicas ou jurídicas não comerciantes. Entendeu que, somente com o advento da LC 114/2002 — mais de 1 ano após a entrada em vigor da EC 33/2001 —, teriam sido definidos os aspectos da hipótese de incidência do ICMS, a recair também sobre os bens importados, seja qual for sua finalidade, reconhecendo, ainda, a qualidade de contribuinte a qualquer pessoa que importe bem, mesmo sem habitualidade ou intuito comercial. Dessa forma, enfatizou que, entre a edição da EC 33/2001 e a LC 114/2002, o ICMS incidente sobre a importação permanecera sob a regência da redação primitiva da LC 87/96, a qual previa a incidência do imposto sobre a importação de mercadorias por contribuinte por intermédio de seus estabelecimentos comerciais. Registrou que, na espécie, as operações teriam sido efetuadas em data anterior à modificação da LC 87/96 pela LC 114/2002, o que tornariam insubsistentes as exações. Rejeitou, também, a possibilidade de utilização das normas estaduais anteriormente editadas sobre o tema, porquanto possuiriam como fundamento de validade a LC 87/96. Assim, considerou que o tributo fora lançado em desconformidade com os princípios aplicáveis à tributação vigente no país. Após, o relator indicou adiamento.

ICMS: Importação e EC 33/2001 - 7
Após a EC 33/2001, é constitucional a instituição do ICMS incidente sobre a importação de bens, sendo irrelevante a classificação jurídica do ramo de atividade da empresa importadora. Ademais, a validade da constituição do crédito tributário depende da existência de lei complementar sobre normas gerais e de legislação local de instituição do ICMS incidente sobre operações de importação realizadas por empresas que não sejam comerciantes, nem prestadoras de serviços de comunicação ou de transporte interestadual ou intermunicipal. Além disso, a incidência do tributo também depende da observância das regras de anterioridade e de irretroatividade, aferidas em cada legislação local de instituição dos novos critérios materiais, pessoais e quantitativos da regra-matriz. Também não se poderia falar em constitucionalidade superveniente para legitimar legislação local anterior à EC 33/2001 ou à Lei Complementar 114/2002, com o único objetivo de validar crédito tributário constituído em momento no qual não haveria permissão constitucional. Com base nesse entendimento, o Plenário negou provimento ao RE 474267/RS, interposto pela Fazenda Pública, e deu provimento ao RE 439796/PR, interposto pelo contribuinte. No caso, discutia-se a constitucionalidade da incidência do ICMS sobre operações de importação de bens realizadas por pessoas jurídicas que não se dedicariam habitualmente ao comércio, durante a vigência da EC 33/2001 — v. Informativos 569 e 613.

ICMS: Importação e EC 33/2001 - 8
Rememorou-se que nenhuma das três restrições observadas pela Corte no julgamento de precedentes relacionados ao tema, firmados antes da EC 33/2000, continuaria aplicável. Afirmou-se que a caracterização de bem como mercadoria independeria da qualidade jurídica do adquirente. Apontou-se a inexistência de cumulatividade a ser equilibrada com a compensação, na medida em que haveria apenas uma única operação. Além disso, mencionou-se que, com a alteração realizada no texto constitucional em 2000, a falta do critério para definição do sujeito ativo teria sido suprida com a inserção da palavra "domicílio" no art. 155, § 2º, IX, a, da CF [*Art. 155. Compete aos Estados e ao Distrito Federal instituir impostos sobre: ... II - operações relativas à circulação de mercadorias e sobre prestações de serviços de transporte interestadual e intermunicipal e de comunicação, ainda que as operações e as prestações se iniciem no exterior ... § 2.º O imposto previsto no inciso II atenderá ao*

seguinte. ... IX - incidirá também: a) sobre a entrada de bem ou mercadoria importados do exterior por pessoa física ou jurídica, ainda que não seja contribuinte habitual do imposto, qualquer que seja a sua finalidade, assim como sobre o serviço prestado no exterior, cabendo o imposto ao Estado onde estiver situado o domicílio ou o estabelecimento do destinatário da mercadoria, bem ou serviço"]. Lembrou-se que, de acordo com a jurisprudência desta Corte, a existência de competência tributária seria insuficiente para justificar a cobrança do tributo e a constituição do crédito tributário. Sublinhou-se que a competência legislativa deveria ser observada e que se deveria seguir o procedimento legislativo previsto. Essa diretriz jurisprudencial viria desde a antiga discussão sobre a incidência do ICM no fornecimento de alimentos e bebidas por restaurantes e congêneres (Enunciado 574 da Súmula do STF). Consignou-se que a própria norma que instituísse o tributo deveria encontrar fundamento de validade nas normas gerais para assegurar estabilidade e previsibilidade.

ICMS: Importação e EC 33/2001 - 9
Asseverou-se que, para se considerar válida a constituição do crédito tributário, a sua incidência deveria ocorrer na presença concomitante de três condicionantes: existência de competência; exercício dessa competência pela União, com base em norma geral em matéria tributária; e exercício de competência por cada um dos Estados-membros e pelo Distrito Federal, resultante na regra-matriz de incidência tributária. Observou-se que alguns entes federados teriam se precipitado, ora à EC 33/2001, ora à LC 114/2002, e teriam criado regras-matrizes sem o necessário fundamento de validade. Nesses casos, entendeu-se aplicável a orientação firmada por esta Corte no julgamento do RE 346084/PR (DJU de 1º.9.2006) e do RE 390840/MG (DJU de 15.8.2006), que teria afastado o fenômeno da constitucionalidade superveniente do sistema jurídico pátrio. Reputou-se que, para ser constitucionalmente válida a incidência do ICMS sobre operações de importação de bens, as modificações no critério material na base de cálculo e no sujeito passivo da regra-matriz deveriam ter sido realizadas em lei posterior à EC 33/2001 e à LC 114/2002. O relator reajustou, parcialmente, o voto. RE 439796/PR, rel. Min. Joaquim Barbosa, 6.11.2013. (RE-439796) RE 474267/RS, rel. Min. Joaquim Barbosa, 6.11.2013. (RE-474267) (Inform. STF 727)

DIREITO TRIBUTÁRIO. ICMS SOBRE BEM OBJETO DE CONTRATO DE LEASING INTERNACIONAL.
Incide o ICMS sobre bem objeto de contrato de leasing internacional quando o bem importado for destinado ao ativo fixo da empresa. Inicialmente, segundo jurisprudência do STF, o disposto no art. 3º, VIII, da LC n. 87/1996, que prevê a não incidência do ICMS nas operações de arrendamento mercantil, aplica-se exclusivamente às operações internas de leasing. Assim, verificando que se trata de leasing internacional, para definir a incidência de ICMS ou não, deve-se verificar se o bem importado integrará o ativo fixo do contratante. Para tanto se utiliza como parâmetro o art. 179, IV, da Lei n. 6.404/1976, com redação dada pela Lei n. 11.638/2007, segundo o qual ativo fixo compreende "os direitos que tenham por objeto bens corpóreos destinados à manutenção das atividades da companhia ou empresa ou exercidos com essa finalidade, inclusive os decorrentes de operações que transfiram à companhia benefícios, riscos e controle desses bens". Restado comprovado que o bem importado compõe o ativo fixo, tratando-se de leasing internacional, há presunção constitucional de circulação jurídica do bem (art. 155, § 2º, IX, **a**, da CF) e passa-se a ser devido o pagamento do ICMS pelo contratante. Por fim, deverá considerar como fato gerador a entrada do bem importado no território nacional. Precedentes citados do STF: RE 206.069-SP, DJ 1º/9/2006; RE 461.968-SP, DJ 24/8/2007; do STJ: EREsp 783.814-RJ, DJe 15/9/2008; REsp 1.131.718-SP, DJe 9/4/2010 (RECURSO REPETITIVO), e AgRg no REsp 1.205.993-SP, DJe 5/11/2010. **AgRg no AREsp 83.402-SP, Rel. Min. Benedito Gonçalves, julgado em 4/10/2012. (Inform. STJ 506)**

Súmula STF nº 661
Na entrada de mercadoria importada do exterior, é legítima a cobrança do ICMS por ocasião do desembaraço aduaneiro.

Súmula STF nº 660
Não incide ICMS na importação de bens por pessoa física ou jurídica que não seja contribuinte do imposto. *(Comentário: entendimento ultrapassado pela atual redação do art. 155, § 2º, IX, "a" da CF/88)*

Súmula STF nº 577
Na importação de mercadoria do exterior, o fato gerador do Imposto de Circulação de Mercadorias ocorre no momento de sua entrada no estabelecimento do importador.

Súmula STF nº 575
É lícita a cobrança do Imposto de Circulação de Mercadorias sobre produtos importados sobre regime de alíquota zero.

Súmula STJ nº 198
Na importação de veículo por pessoa física, destinado a uso próprio, incide o ICMS.

Súmula STJ nº 155
O ICMS incide na importação de aeronave, por pessoa física, para uso próprio.

Súmula STJ nº 71
O bacalhau importado de país signatário do GATT é isento do ICM. *(Comentário: ver Informativo STJ 386 – Resp 871.760/BA repetitivo – atualmente, o STJ analisa os convênios interestaduais e, inexistindo isenção para o pescado nacional, afasta o benefício em relação ao similar importado)*

Súmula STJ nº 20
A mercadoria importada de país signatário do GATT é isenta do ICM, quando contemplado com esse favor o similar nacional. *(Comentário: ver Informativo STJ 386 – Resp 871.760/BA repetitivo – atualmente, o STJ analisa os convênios interestaduais e, inexistindo isenção para o pescado nacional, afasta o benefício em relação ao similar importado)*

7.6.10. ICMS: Distribuição da receita, valor adicionado

ICMS. EXTRAÇÃO DE MINERAL. MUNICÍPIOS CONTÍGUOS. VALOR ADICIONADO.
A Turma decidiu, por maioria, que se destina ao município onde são realizadas as operações de entrada e saída de mercadoria o direito de receber as parcelas integrais do valor adicionado decorrente do ICMS arrecadado em seu território. *In casu*, a Companhia Vale do Rio Doce extrai potássio dos subsolos de dois municípios, entretanto a "boca da mina" encontra-se localizada no território do recorrente, onde é beneficiado e comercializado, ocorrendo, portanto, neste localidade o fato gerador do ICMS. Precedentes citados: RMS 4.354-MG, DJ 14/8/1995, e RMS 14.238-MG, DJ 16/9/2002. **RMS 32.423-SE, Rel. Min. Cesar Asfor Rocha, julgado em 15/3/2012. (Inform. STJ 493)**

7.6.11. ICMS: Restituição, compensação, creditamento

Crédito de ICMS: transferência - 2
Em conclusão de julgamento, o Plenário declarou o prejuízo, ante a revogação da norma questionada, de medida cautelar em ação direta de inconstitucionalidade, ajuizada em face do art. 17 da Lei 10.789/1998 do Estado de Santa Catarina. O dispositivo impugnado dá nova redação ao § 1º do art. 31 da Lei

10.297/1996, e dispõe sobre a transferência de saldos credores acumulados de ICMS para o pagamento de créditos tributários próprios ou de terceiros — v. Informativo 134.
ADI 1894 MC/SC, rel. orig. Min. Néri da Silveira, red. p/ o acórdão Min. Cármen Lúcia, 19.2.2014. (ADI-1894) (Inform. STF 736)

AG. REG. NO AG.REG. NO RE N. 515.765-RS
RELATOR: MIN. LUIZ FUX
Ementa: AGRAVOS REGIMENTAIS. RECURSO EXTRAORDINÁRIO. TRIBUTÁRIO. ICMS. ESTADO DO RIO GRANDE DO SUL. TRANSPORTADORA. SISTEMA DE BASE DE CÁLCULO REDUZIDA. PRINCÍPIO DA NÃO CUMULATIVIDADE. DECRETO 33.178/89. SOBRESTAMENTO PELO PRECEDENTE DO RE 433.967-EDv. PLEITO DE MODIFICAÇÃO DE PARADIGMA PARA O RECURSO EXTRAORDINÁRIO Nº 174.478-ED. CABIMENTO. QUADRO FÁTICO DIVERSO. PROVIMENTO.
1. O precedente do RE 433.967-EDv refere-se aos casos de creditamento do ICMS recolhido nas etapas anteriores quando da aquisição de produtos da cesta básica.
2. A hipótese vertente nos autos refere-se a situação diversa, em que a contribuinte, transportadora, pleiteia o creditamento do ICMS proporcional ao valor da redução da base de cálculo.
3. In casu, eis a ementa do acórdão impugnado pelo extraordinário: APELAÇÃO CÍVEL. ICMS. EXECUÇÃO FISCAL. SISTEMA DE REDUÇÃO DA BASE DE CÁLCULO. APROPRIAÇÃO DE CRÉDITOS SOBRE A BASE REDUZIDA. POSSIBILIDADE. DESCARACTERIZAÇÃO DO TÍTULO EXECUTIVO. 1. A Constituição, para o fim de concretizar o princípio da não cumulatividade do ICMS, determina o sistema de compensação por creditamento. Conflita, por isso, com a Carta Magna, a adoção de qualquer outro sistema, como por exemplo o da redução da base de cálculo, mesmo que seja por opção do contribuinte, desimportando inclusive o resultado pecuniário. É que, no caso, o sistema eleito pela Carta Magna traduz o próprio conteúdo da garantia que ela assegura, que é, em substância, de proveito integral. Exegese do art. 155, § 2.º, I, da CF. Precedentes desta Corte e também do STF. 2. Havendo direito de crédito do ICMS que incidiu sobre a base reduzida, resta descaracterizada a CDA, levando o processo executório fiscal à extinção, mesmo que, em tese, nem toda apropriação seja legítima. É que a hipótese não é de mera exclusão do excesso mediante cálculos aritméticos, mas de nova apuração do tributo. Precedente do STJ. 3. Apelação desprovida e sentença confirmada em reexame.
4. O Plenário do Supremo, no julgamento do RE nº 174.478-ED, Rel. Min. Cezar Peluso, assentou: EMENTA: TRIBUTO. Imposto sobre Circulação de Mercadorias. ICMS. Créditos relativos à entrada de insumos usados em industrialização de produtos cujas saídas foram realizadas com redução da base de cálculo. Caso de isenção fiscal parcial. Previsão de estorno proporcional. Art. 41, inc. IV, da Lei estadual nº 6.374/89, e art. 32, inc. II, do Convênio ICMS nº 66/88. Constitucionalidade reconhecida. Segurança denegada. Improvimento ao recurso. Aplicação do art. 155, § 2º, inc. II, letra "b", da CF. Alegação de mudança da orientação da Corte sobre os institutos da redução da base de cálculo e da isenção parcial. Distinção irrelevante segundo a nova postura jurisprudencial. Acórdão carente de vício lógico. Embargos de declaração rejeitados. O Supremo Tribunal Federal entrou a aproximar as figuras da redução da base de cálculo do ICMS e da isenção parcial, a ponto de as equiparar, na interpretação do art. 155, § 2º, II, "b", da Constituição da República.
5. Agravo regimental da contribuinte provido para afastar o sobrestamento.
6. Consequente desprovimento do primeiro agravo da contribuinte e provimento do regimental do Estado do Rio Grande do Sul. (Inform. STF 711)

DIREITO TRIBUTÁRIO. CREDITAMENTO DE ICMS SOBRE A ENERGIA ELÉTRICA CONSUMIDA PELAS PRESTADORAS DE SERVIÇOS DE TELECOMUNICAÇÕES. RECURSO REPETITIVO (ART. 543-C DO CPC E RES. 8/2008-STJ).
É possível o creditamento do ICMS incidente sobre a energia elétrica consumida pelas prestadoras de serviços de telecomunicações para abatimento do imposto devido quando da prestação de serviços. O art. 19 da LC 87/1996, em âmbito legal, assegura o direito à não-cumulatividade para o ICMS, prevendo a compensação do que for devido em cada operação relativa à circulação de mercadorias ou prestação de serviços de transporte — interestadual e intermunicipal — e de comunicação com o montante cobrado nas operações anteriores pelo mesmo estado ou por outro. Por sua vez, o art. 33, II, "b", do referido dispositivo legal prevê a possibilidade de creditamento de ICMS relativamente à aquisição de energia elétrica, na hipótese em que o estabelecimento a utilize no processo de industrialização. A propósito, por força do Dec. 640/1962 — recepcionado pela Constituição atual e compatível com a legislação tributária posterior —, os serviços de comunicação são equiparados à indústria. Assim, em virtude da essencialidade da energia elétrica, como insumo, para o exercício da atividade de telecomunicações, induvidoso se revela o direito ao creditamento de ICMS, em atendimento ao princípio da não-cumulatividade. Precedentes citados: REsp 842.270-RS, Primeira Seção, DJe 26/6/2012, e AgRg no AgRg no REsp 1.134.930-MS, Segunda Turma, DJe 19/12/2012. **REsp 1.201.635-MG, Rel. Min. Sérgio Kukina, julgado em 12/6/2013.** (Inform. STJ 522)

DIREITO TRIBUTÁRIO. CORREÇÃO MONETÁRIA NO CASO DE MORA DA FAZENDA PÚBLICA PARA APRECIAR PEDIDOS ADMINISTRATIVOS DE RESSARCIMENTO DE CRÉDITOS DE IPI EM DINHEIRO OU MEDIANTE COMPENSAÇÃO COM OUTROS TRIBUTOS.
Incide correção monetária sobre o valor relativo a créditos de IPI na hipótese de mora da Fazenda Pública para apreciar pedido administrativo de ressarcimento em dinheiro ou mediante compensação com outros tributos. A situação em análise — que envolve crédito de um determinado tributo recebido em dado período de apuração e utilizado fora da escrita fiscal — não se confunde com a hipótese relativa a crédito escritural — crédito de um determinado tributo recebido em dado período de apuração e utilizado para abatimento desse mesmo tributo em outro período de apuração dentro da escrita fiscal —, caso em que, em regra, não há direito à correção monetária. Com efeito, na hipótese de ressarcimento de créditos — sistemática extraordinária de aproveitamento —, os créditos outrora escriturais passam a ser objeto de ressarcimento em dinheiro ou mediante compensação com outros tributos em virtude da impossibilidade de dedução com débitos de IPI decorrentes das saídas de produtos — normalmente porque isentos, não tributados ou sujeitos à alíquota zero —, ou até mesmo por opção do contribuinte, nas hipóteses permitidas por lei. Esses créditos deixam de ser escriturais, pois não estão mais acumulados na escrita fiscal para uso exclusivo no abatimento do IPI devido na saída. São utilizáveis fora da escrita fiscal. Nestes casos, o ressarcimento em dinheiro ou ressarcimento mediante compensação com outros tributos se dá por meio de requerimento do contribuinte que, muitas vezes, diante das vicissitudes burocráticas do Fisco, demora a ser atendido, gerando uma defasagem no valor do crédito que não existiria caso fosse reconhecido anteriormente ou caso pudesse ter sido utilizado na escrita fiscal mediante a sistemática ordinária de aproveitamento. Essa foi exatamente a situação caracterizada no REsp 1.035.847-RS, julgado conforme a sistemática dos recursos repetitivos, no qual foi reconhecida a incidência de correção monetária. A lógica é simples: se há pedido de ressarcimento de créditos de IPI (em dinheiro ou via compensação com outros tributos) e esses créditos são reconhecidos pela Receita Federal com mora, essa demora no ressarcimento enseja a incidência de correção monetária, uma vez que caracteriza também a chamada "resistência ilegítima" exigida pela Súmula 411 do STJ. Precedentes citados: REsp 1.122.800-RS, Segunda Turma, DJe 15/3/2011, e AgRg no REsp 1.082.458-RS, Segunda Turma, DJe 16/2/2011. **EAg 1.220.942-SP, Rel. Min. Mauro Campbell Marques, julgado em 10/4/2013.** (Inform. STJ 521)

DIREITO CIVIL. INEXISTÊNCIA DE DIREITO DO ADQUIRENTE DE EMBALAGENS PLÁSTICAS PERSONALIZADAS À INDENIZAÇÃO EM FACE DO FORNECEDOR DO PRODUTO NA HIPÓTESE EM QUE ESTE TENHA INCLUÍDO O ICMS NA OPERAÇÃO DE SAÍDA E TENHA IMPUGNADO JUDICIALMENTE O TRIBUTO.
A empresa fornecedora de embalagens plásticas personalizadas que inclui o ICMS na operação de saída e impugna judicialmente a incidência do tributo não tem que indenizar o adquirente do produto na hipótese em que ela tenha obtido êxito na mencionada demanda judicial e o Fisco, em razão disso, tenha obrigado o adquirente a estornar os valores de ICMS creditados e a recolher o referido imposto. Em hipóteses como a descrita, a empresa fornecedora de embalagens personalizadas que inclui o ICMS na operação de saída e impugna judicialmente a incidência do tributo, depositando os respectivos valores, não pratica ato ilícito, porquanto age em conformidade com norma tributária cogente na época da transação, que lhe impõe o tributo em questão, e dentro do seu direito de questionar a referida norma, tendo em vista o entendimento pacífico do STJ de que não incide ICMS na venda de embalagens personalizadas (Súmula 156 do STJ). Além do mais, entende este Tribunal que o Fisco Estadual, ante a procedência do pedido na ação da fornecedora de embalagens personalizadas e levantamento do valor depositado judicialmente, não pode estornar os valores creditados do ICMS e exigi-los do adquirente. Dessa forma, a insurgência do adquirente deveria ter sido direcionada contra a Fazenda Estadual, fosse para impugnar o estorno dos créditos, fosse para repetir o indébito, na via processual própria, não existindo direito da adquirente à indenização em face da fornecedora. **AgRg no AREsp 122.928-RS, Rel. Min. Luis Felipe Salomão, julgado em 7/2/2013.** (Inform. STJ 518)

DIREITO CIVIL. INEXISTÊNCIA DE DIREITO DO ADQUIRENTE DE EMBALAGENS PLÁSTICAS PERSONALIZADAS À INDENIZAÇÃO EM FACE DO FORNECEDOR DO PRODUTO NA HIPÓTESE EM QUE ESTE TENHA INCLUÍDO O ICMS NA OPERAÇÃO DE SAÍDA E TENHA IMPUGNADO JUDICIALMENTE O TRIBUTO.
A empresa fornecedora de embalagens plásticas personalizadas que inclui o ICMS na operação de saída e impugna judicialmente a incidência do tributo não tem que indenizar o adquirente do produto na hipótese em que ela tenha obtido êxito na mencionada demanda judicial e o Fisco, em razão disso, tenha obrigado o adquirente a estornar os valores de ICMS creditados e a recolher o referido imposto. Em hipóteses como a descrita, a empresa fornecedora de embalagens personalizadas que inclui o ICMS na operação de saída e impugna judicialmente a incidência do tributo, depositando os respectivos valores, não pratica ato ilícito, porquanto age em conformidade com norma tributária cogente na época da transação, que lhe impõe o tributo em questão, e dentro do seu direito de questionar a referida norma, tendo em vista o entendimento pacífico do STJ de que não incide ICMS na venda de embalagens personalizadas (Súmula 156 do STJ). Além do mais, entende este Tribunal que o Fisco Estadual, ante a procedência do pedido na ação da fornecedora de embalagens personalizadas e levantamento do valor depositado judicialmente, não pode estornar os valores creditados do ICMS e exigi-los do adquirente. Dessa forma, a insurgência do adquirente deveria ter sido direcionada contra a Fazenda Estadual, fosse para impugnar o estorno dos créditos, fosse para repetir o indébito, na via processual própria, não existindo direito da adquirente à indenização em face da fornecedora. **AgRg no AREsp 122.928-RS, Rel. Min. Luis Felipe Salomão, julgado em 7/2/2013.** (Inform. STJ 518)

DIREITO TRIBUTÁRIO. ICMS. DIREITO DE CRÉDITO. LIMITAÇÃO TEMPORAL DA LC N. 87/1996.
São legítimas as restrições impostas pela LC n. 87/1996, inclusive a limitação temporal prevista no art. 33, para o aproveitamento dos créditos de ICMS em relação à aquisição de bens destinados ao uso e consumo ou ao ativo permanente do estabelecimento contribuinte. O princípio constitucional da não cumulatividade, por si só, não permite o amplo e irrestrito creditamento relativo a material de uso e consumo ou a bens destinados ao ativo permanente das empresas. Precedentes citados do STF: RE-AgR 545.845-SP; do STJ: RMS 20.454-RJ, DJ 31/5/2007, e REsp 1.105.151-SP, DJe 13/5/2009. **AgRg no AREsp 186.016-PE, Rel. Min. Herman Benjamin, julgado em 18/10/2012.** (Inform. STJ 508)

DIREITO TRIBUTÁRIO. APROVEITAMENTO DE CRÉDITO. ICMS SOBRE PRODUTOS INTERMEDIÁRIOS. NECESSIDADE DE PROVA PERICIAL.
O enquadramento de uma mercadoria como produto intermediário com a finalidade de aproveitamento de créditos de ICMS depende de prova pericial. São produtos intermediários aqueles que integram o processo produtivo e se agregam à mercadoria para posterior circulação. Para a sua identificação, exige-se conhecimento técnico especializado, porquanto a prova do fato é complexa diante da diversificação da atividade empresarial. Precedentes citados: REsp 324.481-SP, DJ 3/11/2003, e REsp 1.114.628-SP, DJe 8/2/2010. **AgRg no AREsp 224.082-RS, Rel. Min. Humberto Martins, julgado em 18/10/2012.** (Inform. STJ 507)

ICMS. CRÉDITO PRESUMIDO. ESTABELECIMENTO EXPORTADOR. CAPACIDADE CONTRIBUTIVA.
Trata-se de mandado de segurança impetrado, na origem, contra ato do governador de estado para afastar a exigência do Fisco com base no § 1º do art. 13-A do Decreto estadual n. 12.056/2006 e suas prorrogações, que restringiu o direito de estabelecimento frigorífico exportador ao benefício fiscal de crédito presumido de ICMS. Para o Min. Relator, a ação mandamental revela-se adequada para tutelar o pleito da impetrante, porquanto não se trata de impugnação de lei em tese, mas dos efeitos concretos derivados do ato normativo que faz restrição expressa à condição da empresa impetrante como frigorífero exportador, existindo situação individual e concreta a ser tutelada. Destacou, inicialmente, que, segundo o parágrafo primeiro daquele artigo, somente farão jus ao crédito presumido os estabelecimentos que não realizem operações de exportação ou de saída com o fim específico de exportação, durante o período de vigência do aludido benefício. Cuida-se, portanto, de obrigações acessórias a serem cumpridas, não sendo tal benefício um direito absoluto dos contribuintes. Nesse sentido, salientou que o princípio da igualdade, defendido pela recorrente, deve ser relativizado pelo princípio da capacidade contributiva, de modo que seja atribuído a cada sujeito passivo tratamento adequado à sua condição, para minimizar desigualdades naturais. Assim, o ente tributante pode conceder benefícios fiscais como o crédito presumido, para equilibrar determinadas situações fático-jurídicas, obstando discriminações e extinguindo privilégios, de modo a tributar, de forma mais justa, determinada hipótese de incidência tributária. Dessarte, consignou que não se mostra razoável e proporcional a concessão do benefício fiscal pleiteado; pois, caso a postura extrafiscal do Estado não fosse permitida, a recorrente teria direito ao aludido benefício fiscal e passaria a ter uma situação de maior vantagem em relação às demais pequenas empresas do setor de carnes. Ademais, os grandes frigoríferos exportadores do regime diferenciado do crédito presumido já contam com isenção de ICMS nas exportações, devido à previsão constitucional. Precedente citado do STF: RE 388.312-MG, DJe 11/10/2011. **RMS 37.652-MS, Rel. Min. Humberto Martins, julgado em 26/6/2012.** (Inform. STJ 500)

SÚMULA STJ nº 509
É lícito ao comerciante de boa-fé aproveitar os créditos de ICMS decorrentes de nota fiscal posteriormente declarada inidônea, quando demonstrada a veracidade da compra e venda.

7.6.12. ICMS: Outras matérias

Protocolo Confaz 21/2011: ICMS e operação interestadual não presencial

É inconstitucional a cobrança de ICMS pelo Estado de destino, com fundamento no Protocolo ICMS 21/2011 do Conselho Nacional de Política Fazendária - Confaz, nas operações interestaduais de venda de mercadoria a consumidor final realizadas de forma não presencial. Com base nesse entendimento, o Plenário negou provimento a recurso extraordinário em que se discutia a constitucionalidade do mencionado protocolo, que dispõe sobre a exigência de parcela do ICMS pelo estado-membro destinatário da mercadoria ou bem devida na operação interestadual em que o consumidor final adquire mercadoria ou bem de forma não presencial por meio de internet, "telemarketing" ou "showroom". Julgou, ainda, procedentes os pedidos formulados em ações diretas para declarar a inconstitucionalidade desse mesmo protocolo. O Tribunal frisou que, no julgamento da ADI 4.565 MC/PI (DJe de 27.6.2011), fora assentado que, nas operações interestaduais cuja mercadoria fosse destinada a consumidor final não contribuinte, apenas o estado-membro de origem cobraria o tributo, com a aplicação da alíquota interna. Realçou que o regime tributário diverso configuraria bitributação. Mencionou que os signatários do Protocolo teriam invadido a competência das unidades federadas de origem, que constitucionalmente seriam os sujeitos ativos da relação tributária quando da venda de bens ou serviços a consumidor final não contribuinte localizado em outra unidade da Federação. Asseverou que essa hipótese ofenderia o princípio do não confisco, bem como o do tráfego de pessoas e bens (CF, art. 150, V). Consignou que o Protocolo impugnado, ao determinar que o estabelecimento remetente fosse o responsável pela retenção e recolhimento do ICMS em favor da unidade federada destinatária, vulneraria a exigência de lei em sentido formal e complementar (CF, art. 155, § 2º, XII, b) para instituir uma nova modalidade de substituição tributária. Em seguida, a Corte, por maioria, deliberou modular os efeitos da declaração de inconstitucionalidade do aludido Protocolo a partir do deferimento da concessão da medida liminar, ressalvadas as ações já ajuizadas. Vencido o Ministro Marco Aurélio, que não modulava.
ADI 4628/DF, rel. Min. Luiz Fux, 17.9.2014. (ADI-4628)
ADI 4713/DF, rel. Min. Luiz Fux, 17.9.2014. (ADI-4713)
RE 680089/SE, rel. Min. Gilmar Mendes, 17.9.2014. (RE-680089) (Inform. STF 759)

ICMS: revogação de benefício fiscal e princípio da anterioridade tributária

Configura aumento indireto de tributo e, portanto, está sujeita ao princípio da anterioridade tributária, a norma que implica revogação de benefício fiscal anteriormente concedido. Com base nessa orientação, a 1ª Turma, por maioria, manteve decisão do Ministro Marco Aurélio (relator), que negara seguimento a recurso extraordinário, por entender que o acórdão impugnado estaria em consonância com o precedente firmado na ADI 2.325 MC/DF (DJU de 6.10.2006). Na espécie, o tribunal "a quo" afastara a aplicação — para o ano em que publicados — de decretos estaduais que teriam reduzido benefício de diminuição de base de cálculo do ICMS, sob o fundamento de ofensa ao princípio da anterioridade tributária. A Turma afirmou que os mencionados atos normativos teriam reduzido benefício fiscal vigente e, em consequência, aumentado indiretamente o aludido imposto, o que atrairia a aplicação do princípio da anterioridade. Frisou que a concepção mais adequada de anterioridade seria aquela que afetasse o conteúdo teleológico da garantia. Ponderou que o mencionado princípio visaria garantir que o contribuinte não fosse surpreendido com aumentos súbitos do encargo fiscal, o que propiciaria um direito implícito e inafastável ao planejamento. Asseverou que o prévio conhecimento da carga tributária teria como base a segurança jurídica e, como conteúdo, a garantia da certeza do direito. Ressaltou, por fim, que toda alteração do critério quantitativo do consequente da regra matriz de incidência deveria ser entendida como majoração do tributo. Assim, tanto o aumento de alíquota, quanto a redução de benefício, apontariam para o mesmo resultado, qual seja, o agravamento do encargo. Vencidos os Ministros Dias Toffoli e Rosa Weber, que proviam o agravo regimental. Após aduzirem que benefícios fiscais de redução de base de cálculo se caracterizariam como isenção parcial, pontuavam que, de acordo com a jurisprudência do STF, não haveria que se confundir instituição ou aumento de tributos com revogação de isenções fiscais, uma vez que, neste caso, a exação já existiria e persistiria, embora com a dispensa legal de pagamento.
RE 564225 AgR/RS, rel. Min. Marco Aurélio, 2.9.2014. (RE-564225) (Inform. STF 757)

Isenção de ICMS e guerra fiscal

O Plenário, por maioria, confirmou medida cautelar e julgou procedente pedido formulado em ação direta para declarar a inconstitucionalidade da LC 358/2009, do Estado do Mato Grosso, que concede isenção de ICMS para as operações de aquisição de automóveis por oficiais de justiça estaduais. O Colegiado reputou que o pacto federativo reclamaria, para a preservação do equilíbrio horizontal na tributação, a prévia deliberação dos Estados-membros e do Distrito Federal para a concessão de benefícios fiscais relativamente ao ICMS, nos termos do art. 155, § 2º, g, da CF e da LC 24/1975. Pontuou que a lei complementar estadual padeceria de inconstitucionalidade formal, porque careceria do necessário amparo em convênio interestadual, o que caracterizaria hipótese típica de guerra fiscal. Acresceu que a isonomia tributária (CF, art. 150, II) tornaria inválidas as distinções entre contribuintes em razão de ocupação profissional ou função por eles exercida, máxime nas hipóteses em que, sem base no postulado da razoabilidade, fosse conferido tratamento discriminatório em benefício da categoria dos oficiais de justiça estaduais. Vencido o Ministro Marco Aurélio, que julgava o pedido improcedente. Não vislumbrava a existência, no caso, de guerra fiscal, tendo em vista tratar-se de tributo de competência estadual, cuja isenção prejudicaria o próprio ente federado.
ADI 4276/MT, rel. Min. Luiz Fux, 20.8.2014. (ADI-4276) (Inform. STF 755)

ADI: ICMS e isenção tributária - 1

O Plenário, por maioria, julgou parcialmente procedente pedido formulado em ação direta para declarar, sem pronúncia de nulidade, a inconstitucionalidade do § 2º do art. 192 da Constituição do Estado do Ceará. Na mesma assentada, a Corte declarou a inconstitucionalidade do parágrafo único do art. 193; do "caput" e parágrafo único do art. 201; do parágrafo único do art. 273; e do inciso III do art. 283; e a constitucionalidade do § 1º do art. 192, todos da mencionada Constituição estadual. Além disso, deu interpretação conforme ao "caput" do art. 193 da Constituição do Estado do Ceará para excluir de seu âmbito de incidência o imposto sobre operações relativas ao ICMS ("Art. 192. A lei poderá isentar, reduzir ou agravar tributos, com finalidades extrafiscais por incentivo a atividades socialmente úteis ou desestimular práticas inconvenientes ao interesse público, observados os disciplinamentos federais. §1º O ato cooperativo, praticado entre o associado e sua cooperativa, não implica em operação de mercado. §2º Concede-se isenção tributária de ICMS aos implementos e equipamentos destinados aos deficientes físicos auditivos, visuais, mentais e múltiplos, bem como aos veículos automotores de fabricação nacional com até 90 HP de potência adaptados para o uso de pessoas portadoras de deficiência. Art. 193. As microempresas são isentas de tributos estaduais nos limites definidos pela União, como elemento indicativo dessa categoria. Parágrafo único. A isenção tributária se estende a operações relativas à circulação de mercadorias para destinatário localizado neste ou em outro Estado e sobre prestação de transportes interestaduais, intermunicipais e comunicações. ... Art. 201. Não incidirá imposto, conforme a lei dispuser, sobre todo e qualquer produto agrícola pertencente à cesta básica, produzido por pequenos e microprodutores rurais que utilizam apenas a mão-de-obra familiar, vendido diretamente aos consumidores finais. Parágrafo único. A não-incidência abrange produtos oriundos de associações e cooperativas de produção e de produtores, cujos quadros sociais sejam compostos exclusivamente por pequenos e microprodutores e trabalhadores rurais sem terra. ... Art. 273. Toda entidade pública ou privada que inclua o atendimento à criança e ao adolescente, inclusive os órgãos de segurança, tem por finalidade prioritária assegurar-lhes os direitos fundamentais. Parágrafo único. As empresas privadas que absorvam contingentes de até cinco por cento de deficientes no seu quadro funcional gozarão de incentivos fiscais de redução de um por cento no ICMS. ... Art. 283. Para estimular a confecção e comercialização de aparelhos de fabricação alternativa para as pessoas portadoras de deficiência, o Estado concederá: ... III - isenção de cem por cento do ICMS").

ADI: ICMS e isenção tributária - 2
O Tribunal afirmou que a concessão de benefícios fiscais não seria matéria relativa à iniciativa legislativa privativa do Chefe do Poder Executivo, nos termos do art. 61, § 1º, II, b, da CF. Observou que, à luz das regras de competência tributária, seria correto afirmar que o poder de exonerar corresponderia a uma derivação do poder de tributar. Assim, não haveria impedimentos para que as entidades investidas de competência tributária, como os Estados-membros, definissem hipóteses de isenção ou de não-incidência das espécies tributárias em geral, ainda que por disposição de Constituição estadual. Sublinhou que o art. 146, III, c, da CF determina que lei complementar estabeleça normas gerais sobre matéria tributária e, em especial, quanto ao adequado tratamento tributário a ser conferido ao ato cooperativo praticado pelas sociedades cooperativas. Salientou que o § 1º do art. 192 da Constituição cearense dispõe que o ato cooperativo, praticado entre o associado e sua cooperativa, não implica operação de mercado. Ressaltou não haver a alegada inconstitucionalidade desse preceito, porquanto, nos termos do art. 24, I, da CF, a União — responsável por estabelecer normas gerais —, os Estados-membros e o Distrito Federal — com a prerrogativa de suplementar as lacunas da lei federal de normas gerais, a fim de afeiçoá-las às particularidades locais — detêm competência para legislar sobre direito tributário, concorrentemente e, se não existir lei federal sobre normas gerais, os Estados-membros podem exercer a competência legislativa plena (CF, art. 24, § 3º). Frisou que o STF, ao apreciar situação análoga, assentara que enquanto não fosse promulgada a lei complementar a que se refere o art. 146, III, c, da CF, os Estados-membros — que possuem competência concorrente em se tratando de direito tributário (CF, art. 24, I e § 3º) — poderiam dar às cooperativas o tratamento que julgassem adequado.

ADI: ICMS e isenção tributária - 3
A Corte destacou que a concessão unilateral de benefícios fiscais relativos ao ICMS, sem a prévia celebração de convênio intergovernamental, nos termos do que dispõe a LC 24/1975, afrontaria o art. 155, § 2º, XII, g, da CF. Enfatizou que o comando constitucional contido no art. 155, § 2º, XII, g, da CF, que reserva à lei complementar federal regular a forma como, mediante deliberação dos Estados-membros e do Distrito Federal, isenções, incentivos e benefícios fiscais serão concedidos e revogados, revelaria a manifesta inconstitucionalidade material dos dispositivos da Constituição estadual ao outorgar incentivo fiscal incompatível com a Constituição. Registrou que a jurisprudência do STF seria pacífica no sentido da inconstitucionalidade de texto normativo estadual que outorgasse benefícios fiscais relativos ao ICMS, sem a prévia e necessária celebração de convênio entre os Estados-membros e o Distrito Federal. Ponderou que o "caput" do art. 193 da Constituição do Estado do Ceará daria isenção às microempresas de tributos estaduais, ao passo que seu parágrafo único estenderia o benefício, de forma expressa, ao ICMS. Asseverou que o ICMS deveria ser excluído, mediante interpretação conforme a Constituição, do âmbito de incidência do "caput" do art. 193 Constituição estadual para não frustrar a declaração de inconstitucionalidade de seu parágrafo único.

O Colegiado não vislumbrou inconstitucionalidade em relação aos demais tributos estaduais, porquanto o Estado-membro deteria competência para a medida e a própria Constituição, em seu art. 170, IX, dispõe como princípio da ordem econômica o "tratamento favorecido para as empresas de pequeno porte constituídas sob as leis brasileiras e que tenham sua sede e administração no País". Reconheceu a inconstitucionalidade dos artigos 201, "caput" e parágrafo único; 273, parágrafo único; e 283, II, todos da Constituição cearense, porquanto pela simples leitura dos dispositivos verificar-se-ia que o imposto neles tratado seria o ICMS. Vencido, em parte, o Ministro Marco Aurélio, que julgava inconstitucional o § 1º do art. 192 da Constituição estadual, por vício formal. Pontuava que o mencionado preceito vedaria o poder de iniciativa do Chefe do Executivo. Por fim, o Plenário, por maioria, deliberou modular os efeitos da declaração de inconstitucionalidade do § 2º do art. 192 da Constituição cearense, para conceder o prazo de 12 meses, a partir da publicação da ata da sessão de julgamento, para que essa matéria pudesse ser submetida ao Confaz. Vencido, quanto à modulação, o Ministro Marco Aurélio. ADI 429/CE, rel. Min. Luiz Fux, 20.8.2014. (ADI-429) (Inform. STF 755)

REPERCUSSÃO GERAL EM RE N. 790.799-PB
RELATOR: MIN. LUIZ FUX
EMENTA: RECURSO EXTRAORDINÁRIO. TRIBUTÁRIO. ICMS. AQUISIÇÃO DE VEÍCULOS AUTOMOTORES POR PORTADOR DE DEFICIÊNCIA FÍSICA. ISENÇÃO. INTERPRETAÇÃO DE LEGISLAÇÃO INFRACONSTITUCIONAL. IMPOSSIBILIDADE. REEXAME DO CONJUNTO FÁTICO-PROBATÓRIO. INCIDÊNCIA DA SÚMULA 279 DESTA CORTE. INEXISTÊNCIA DE REPERCUSSÃO GERAL. (Inform. STF 744)

AG. REG. NO ARE N. 669.013-SP
RELATORA: MIN. CÁRMEN LÚCIA
EMENTA: AGRAVO REGIMENTAL NO RECURSO EXTRAORDINÁRIO COM AGRAVO. TRIBUTÁRIO. IMPOSTO SOBRE CIRCULAÇÃO DE MERCADORIAS E SERVIÇOS – ICMS. IMPOSSIBILIDADE DE CONCESSÃO DE BENEFÍCIO FISCAL UNILATERAL SEM PRÉVIA AUTORIZAÇÃO POR CONVÊNIO INTERESTADUAL. PRECEDENTES. AGRAVO REGIMENTAL AO QUAL SE NEGA PROVIMENTO. (Inform. STF 738)

Zona Franca de Manaus e isenção de ICMS - 1
O Plenário julgou procedente pedido formulado em ação direta para declarar a inconstitucionalidade dos Convênios ICMS 1, 2 e 6, de 1990, do Conselho Nacional de Política Fazendária - Confaz. O Convênio 1/1990 exclui o açúcar de cana do benefício da não incidência do ICMS quando da remessa para comercialização ou industrialização na Zona Franca de Manaus - ZFM; o Convênio 2/1990 revoga isenção concedida anteriormente e fixa níveis de tributação na remessa de produtos industrializados semielaborados para o Município de Manaus; e o Convênio 6/1990 cancela o benefício da manutenção de crédito resultante da não incidência do ICMS nas operações de remessa de mercadoria nacional para a ZFM. De início, o Colegiado rejeitou questão preliminar de que a ação, supostamente, tratara de normas que implicariam mera ofensa indireta à Constituição. No ponto, esclareceu que a demonstração de invalidade das normas impugnadas não prescindiria do cotejo destas com outros preceitos infraconstitucionais, que seriam os artigos 4º e 49 do Decreto-Lei 288/1967. Entretanto, realçou que a ZFM seria considerada um conjunto de incentivos fiscais indutores do desenvolvimento regional e mantida, com esse caráter, pelas Disposições Constitucionais Transitórias. Assim, admitir-se que preceitos infraconstitucionais reduzissem ou eliminassem os favores fiscais existentes esvaziaria de eficácia real o preceito constitucional. O Plenário, então, delimitou que haveria de definir o alcance do art. 40 do ADCT (*Art. 40. É mantida a Zona Franca de Manaus, com suas características de área livre de comércio,*

de exportação e importação, e de incentivos fiscais, pelo prazo de vinte e cinco anos, a partir da promulgação da Constituição. Parágrafo único. Somente por lei federal podem ser modificados os critérios que disciplinaram ou venham a disciplinar a aprovação dos projetos na Zona Franca de Manaus), ou seja, se essa norma de caráter temporário teria permitido a recepção do arcabouço pré-constitucional de incentivos à ZFM, ainda que incompatíveis com o sistema constitucional do ICMS instituído a partir de 1988. Ponderou que o conflito dos dispositivos impugnados com o elenco pré-constitucional de incentivos fiscais pertinentes não se resolveria pela aplicação de regras de direito intertemporal, pois a preservação da eficácia dessas normas decorreria da determinação do art. 40 do ADCT.

Zona Franca de Manaus e isenção de ICMS - 2
No mérito, o Tribunal destacou que o art. 92 do ADCT, incluído pela EC 42/2003, aumentara o prazo constante do art. 40 do ADCT, que passou a encerrar-se em 2023. Lembrou que a ZFM, instituída pela Lei 3.173/1957, somente tivera existência jurídica e pleno funcionamento com a edição do Decreto-Lei 288/1967. Colacionou, ainda, o art. 5º da LC 4/1969, que concedera isenção do ICMS nas hipóteses especificadas. Explicou que as indústrias instaladas ou que viessem a instalar-se na ZFM também teriam sido excluídas dos convênios necessários para a concessão ou revogação de isenções do ICMS, regulamentados pela LC 24/1975, que vedara expressamente às demais unidades da federação determinar a exclusão de incentivo fiscal, prêmio ou estímulo concedido pelo Estado do Amazonas. Asseverou que, quando do advento da ordem constitucional vigente, a antiga legislação do ICMS conferia à saída de mercadorias para a ZFM o mesmo tratamento fiscal outorgado à exportação, cujas operações, no regime constitucional anterior, eram feitas sem a cobrança do ICMS, bem como era vedado aos entes federados modificar esse favorecimento fiscal. A Corte frisou que a Constituição atual (art. 155, § 2º, XII, g) agregara novas hipóteses de incidência do ICMS, razão pela qual alegado que teria sido criado imposto novo, sujeito a disciplina diversa da existente sob a égide da Constituição anterior. Sublinhou a edição do Convênio 65/1988, que tornara expressa a isenção do ICMS sobre circulação de mercadorias às saídas de produtos industrializados de origem nacional para comercialização ou industrialização na área, desde que o estabelecimento destinatário tivesse domicílio em Manaus. Registrou que, no primeiro momento, os Estados-membros e o Distrito Federal teriam repetido, por convênio celebrado nos termos da LC 24/1975, o quadro legal existente quando da promulgação da Constituição atual. Analisou que a inovação da matéria ocorrera a partir dos convênios impugnados nesta ação direta.

Zona Franca de Manaus e isenção de ICMS - 3
O Plenário equacionou que imporia saber se as normas questionadas respaldar-se-iam na competência conferida aos Estados-membros e ao Distrito Federal para disporem sobre isenções, incentivos e benefícios fiscais referentes ao ICMS (CF, art.155, § 2º, XII, g), de modo a conferir ao art. 40 do ADCT natureza de norma programática, cuja intenção teria sido atendida no Convênio 65/1988, sem que daí resultasse a impossibilidade de os Estados-membros definirem, a seu critério, outro alcance do regime de incentivos fiscais da ZFM, como nos convênios impugnados. Reputou que a norma constitucional transitória discutida impusera a preservação do elenco pré-constitucional de incentivos à ZFM, de maneira a restringir o exercício da competência conferida aos Estados-membros e ao Distrito Federal no corpo normativo permanente da Constituição em vigor. Nesse sentido, as normas constitucionais transitórias se explicariam pela necessidade de subtrair temporariamente determinadas situações preexistentes à incidência imediata da nova disciplina constitucional permanente. Aduziu que, para preservar o projeto desenvolvimentista concedido sob a vigência da ordem constitucional anterior para a região setentrional do país, o constituinte originário tornara expressa a manutenção, por tempo determinado, da disciplina jurídica existente, ao afirmar a finalidade de apoio ou fomento para a criação de um centro industrial, comercial e agropecuário na região da ZFM. Consignou que o normativo jurídico pré-constitucional de incentivo fiscal à área teria sido alçado à estatura de norma constitucional pelo art. 40 do ADCT e adquirira, por força dessa regra transitória, a natureza de imunidade tributária. Dessa forma, não se haveria de cogitar de incompatibilidade do regramento pré-constitucional referente aos incentivos fiscais conferidos à ZFM com o sistema tributário nacional surgido com a Constituição em vigor. Por essa razão, o art. 4º do Decreto-Lei 288/1967, que atrairia a não incidência do ICMS estipulada no art. 23, II, § 7º, da Constituição pretérita, estaria vigente, e desoneraria a saída de mercadorias do território nacional para consumo ou industrialização na ZFM. Sublinhou que a desoneração dessas operações também teria sido estendida às hipóteses de incidência do imposto acrescentadas pela ordem constitucional vigente.

Zona Franca de Manaus e isenção de ICMS - 4
A Corte registrou que todos os produtos industrializados destinados à ZFM, semielaborados ou não, estariam cobertos pela não incidência de ICMS incorporada pelo art. 40 do ADCT, e que excluir alguns significaria restringir o alcance da garantia constitucional. Sob esse enfoque, a determinação expressa de manutenção do conjunto de incentivos referentes à ZFM, extraídos da legislação pré-constitucional, exigiria a não incidência do ICMS sobre as operações de saída de mercadorias para aquela área de livre comércio, sob pena de se proceder a uma redução do quadro fiscal expressamente mantido por dispositivo constitucional específico. Realçou, ainda, o advento da EC 42/2003, que tornara explícito o reconhecimento da não incidência sobre serviços prestados a destinatários no exterior, e abandonara a subdivisão dos produtos industrializados presente na Constituição (art. 155, § 2º, X, a). Além disso, a aludida emenda assentara a não incidência do ICMS sobre mercadorias destinadas ao exterior, nos termos do art. 4º do Decreto-Lei 288/1967. Por fim, concluiu que a incidência do ICMS determinada nas situações previstas nos convênios questionados gerara redução da eficácia real do art. 40 do ADCT.
ADI 310/AM, rel. Min. Cármen Lúcia, 19.2.2014. (ADI-310) (Inform. STF 736)

ICMS e transporte rodoviário de passageiros - 4
É devida a cobrança de ICMS nas operações ou prestações de serviço de transporte terrestre interestadual e intermunicipal de passageiros e de cargas. Com base nesta orientação, em conclusão de julgamento, o Plenário, por maioria, reputou improcedente pedido formulado em ação direta ajuizada contra os artigos 4º; 11, II, a e c; 12, V e XIII, da Lei Complementar 87/1996 (Lei Kandir), que dispõem sobre os contribuintes do ICMS, estabelecem o local da operação ou da prestação de serviço de transporte, para os efeitos da cobrança do imposto, e definem o estabelecimento responsável, bem como fixam o momento de ocorrência da hipótese de incidência do tributo — v. Informativos 415 e 522. Asseverou-se não afrontar o princípio da isonomia o não acolhimento da tese de extensão do resultado da ADI 1.600/DF (DJU de 20.6.2003) — que, à exceção do transporte aéreo de cargas nacional, declarara inconstitucional a instituição de ICMS sobre a prestação de serviços de transporte aéreo intermunicipal, interestadual e internacional — às operações de transporte terrestre de passageiros e de cargas. Pontuou-se não haver indicação precisa da similitude entre os quadros a que se submeteriam a aviação brasileira e as empresas de transporte terrestre, regidas por normativas distintas. Esclareceu-se que os custos, os riscos, a intensidade da prestação, a abrangência, a rotatividade e o grau de submissão à regulação estatal pertinente ao transporte aéreo não seriam os mesmos aplicáveis às empresas que explorariam economicamente a malha viária. Frisou-se que a escolha da LC 87/1996 como objeto da presente ação direta ocultaria o vício efetivamente debatido, que seria a alegada omissão do legislador, circunstância que tornaria essa espe-

cífica tentativa de controle de constitucionalidade inadequada para a solução da problemática. Lembrou-se que a criação de obrigações acessórias poderia ser feita por lei ordinária, porque não haveria reserva de lei complementar para esse efeito. Destacou-se não ser possível exigir da LC 87/1996 a especificação de todos os detalhes dos documentos que viabilizassem o exercício do direito ao crédito, como a indicação do adquirente da passagem, a sua eventual condição de contribuinte de ICMS, o itinerário, entre outros. Enfatizou-se a compatibilidade da LC 87/1996 com a Constituição, que preservou a repartição de competência tributária e o direito ao crédito, como meio de anular a acumulação da carga tributária. Sublinhou-se ser inequívoco o propósito da Constituição de tributar as operações de transporte terrestre de passageiros, seja por interpretação direta do art. 155, II, da CF, seja pelo exame da incorporação do antigo imposto federal sobre transportes ao ICMS. Vencidos os Ministros Nelson Jobim, relator, Sepúlveda Pertence, Gilmar Mendes e Celso de Mello, que julgavam procedente o pleito, com eficácia ex nunc. Os Ministros Gilmar Mendes e Celso de Mello limitavam a modulação dos efeitos do que decidido, com ressalvas apenas à aplicação da eficácia ex tunc aos casos concretos sub judice em período anterior à conclusão do julgamento da presente ação.
ADI 2669/DF, rel. orig. Min. Nelson Jobim, red. p/ o acórdão Min. Marco Aurélio, 5.2.2014. (Inform. STF 734)

AG. REG. NO AG.REG. NO RE N. 515.765-RS
RELATOR: MIN. LUIZ FUX
Ementa: AGRAVOS REGIMENTAIS. RECURSO EXTRAORDINÁRIO. TRIBUTÁRIO. ICMS. ESTADO DO RIO GRANDE DO SUL. TRANSPORTADORA. SISTEMA DE BASE DE CÁLCULO REDUZIDA. PRINCÍPIO DA NÃO CUMULATIVIDADE. DECRETO 33.178/89. SOBRESTAMENTO PELO PRECEDENTE DO RE 433.967-EDv. PLEITO DE MODIFICAÇÃO DE PARADIGMA PARA O RECURSO EXTRAORDINÁRIO Nº 174.478-ED. CABIMENTO. QUADRO FÁTICO DIVERSO. PROVIMENTO.
1. O precedente do RE 433.967-EDv refere-se aos casos de creditamento do ICMS recolhido nas etapas anteriores quando da aquisição de produtos da cesta básica.
2. A hipótese vertente nos autos refere-se a situação diversa, em que a contribuinte, transportadora, pleiteia o creditamento do ICMS proporcional ao valor da redução da base de cálculo.
3. In casu, eis a ementa do acórdão impugnado pelo extraordinário: APELAÇÃO CÍVEL. ICMS. EXECUÇÃO FISCAL. SIS-TEMA DE REDUÇÃO DA BASE DE CÁLCULO. APROPRIAÇÃO DE CRÉDITOS SOBRE A BASE REDUZIDA. POSSIBILIDADE. DESCARACTERIZAÇÃO DO TÍTULO EXECUTIVO. 1. A Constituição, para o fim de concretizar o princípio da não cumulatividade do ICMS, determina o sistema de compensação por creditamento. Conflita, por isso, com a Carta Magna, a adoção de qualquer outro sistema, como por exemplo o da redução da base de cálculo, mesmo que seja por opção do contribuinte, desimportando inclusive o resultado pecuniário. É que, no caso, o sistema eleito pela Carta Magna traduz o próprio conteúdo da garantia que ela assegura, que é, em substância, de proveito integral. Exegese do art. 155, § 2.º, I, da CF. Precedentes desta Corte e também do STF. 2. Havendo direito de crédito do ICMS que incidiu sobre a base reduzida, resta descaracterizada a CDA, levando o processo executório fiscal à extinção, mesmo que, em tese, nem toda apropriação seja legítima. É que a hipótese não é de mera exclusão do excesso mediante cálculos aritméticos, mas de nova apuração do tributo. Precedente do STJ. 3. Apelação desprovida e sentença confirmada em reexame.
4. O Plenário do Supremo, no julgamento do RE nº 174.478-ED, Rel. Min. Cezar Peluso, assentou: EMENTA: TRIBUTO. Imposto sobre Circulação de Mercadorias. ICMS. Créditos relativos à entrada de insumos usados em industrialização de produtos cujas saídas foram realizadas com redução da base de cálculo. Caso de isenção fiscal parcial. Previsão de estorno proporcional. Art. 41, inc. IV, da Lei estadual nº 6.374/89, e art. 32, inc. II, do Convênio ICMS nº 66/88. Constitucionalidade reconhecida. Segurança denegada. Improvimento ao recurso. Aplicação do art. 155, § 2º, inc. II, letra "b", da CF. Alegação de mudança da orientação da Corte sobre os institutos da redução da base de cálculo e da isenção parcial. Distinção irrelevante segundo a nova postura jurisprudencial. Acórdão carente de vício lógico. Embargos de declaração rejeitados. O Supremo Tribunal Federal entrou a aproximar as figuras da redução da base de cálculo do ICMS e da isenção parcial, a ponto de as equiparar, na interpretação do art. 155, § 2º, II, "b", da Constituição da República.
5. Agravo regimental da contribuinte provido para afastar o sobrestamento.
6. Consequente desprovimento do primeiro agravo da contribuinte e provimento do regimental do Estado do Rio Grande do Sul. (Inform. STF 711)

ICMS. DEPÓSITO ADMINISTRATIVO. LEVANTAMENTO. LEGITIMAÇÃO SUBJETIVA ATIVA.
Cuida-se, na espécie, do levantamento de valores depositados administrativamente relativos à cobrança de ICMS sobre serviços de instalação de linhas telefônicas. A Turma, prosseguindo o julgamento, por maioria, deu provimento ao agravo; assim, afastou-se o levantamento do depósito administrativo pela empresa de telefonia, por se entender que somente o contribuinte de fato (o que suporta efetivamente o ônus financeiro do tributo) é que está legitimado para o pedido de repetição de valores indevidamente pagos ao Fisco. In casu, o valor depositado foi repassado para o consumidor final, ou seja, o usuário do serviço de telefonia. Assim, apenas o usuário do serviço tem legitimação subjetiva ativa para requerer o levantamento do depósito em função de haver suportado o ônus indevido (art. 166 do CTN e Súm. n. 546-STF). Ademais, consignou-se que o depósito realizado pela empresa de telefonia não diminuiu seu patrimônio, tendo em vista que essa quantia foi repassada ao contribuinte, sendo que o levantamento pleiteado acabaria por beneficiar indevidamente pessoa que não sofreu o encargo, caracterizando enriquecimento ilícito. Outrossim, anotou-se que o recurso especial do estado-membro agravante será oportunamente julgado. Precedentes citados: REsp 554.203-RS, DJ 24/5/2004, e REsp 906.405-SC, DJe 12/6/2008. **AgRg no Ag 1.365.535-MG, Rel. originário Min. Benedito Gonçalves, Rel. para acórdão Min. Napoleão Nunes Maia Filho, julgado em 7/2/2012. (Inform. STJ 490)**

Súmula STF nº 615
O princípio constitucional da anualidade (§ 29 do art. 153 da CF) não se aplica à revogação de isenção do ICM.

Súmula STF nº 574
Sem lei estadual que a estabeleça é ilegítima a cobrança do Imposto sobre Circulação de Mercadorias sobre o fornecimento de alimentação e bebidas em restaurante ou estabelecimento similar.

Súmula STF nº 569
É inconstitucional a discriminação de alíquotas do Imposto de Circulação de Mercadorias nas operações interestaduais, em razão de o destinatário ser, ou não, contribuinte. *(Comentário: entendimento ultrapassado pela atual redação constitucional)*

Súmula STJ nº 433
O produto semielaborado, para fins de incidência de ICMS, é aquele que preenche cumulativamente os três requisitos do art. 1º da Lei Complementar n. 65/1991.

Súmula STJ nº 129
O exportador adquire o direito de transferência de crédito do ICMS quando realiza a exportação do produto e não ao estocar a matéria-prima.

Súmula STJ nº 95
A redução da alíquota do Imposto sobre Produtos Industrializados não implica redução do ICMS.

Súmula STJ nº 94
A parcela relativa ao ICMS inclui-se na base de cálculo do FINSOCIAL.

Súmula STJ nº 68
A parcela relativa ao ICM inclui-se na base de cálculo do PIS.
(Comentário: a matéria vem sendo reexaminada pelo STF)

Súmula TFR nº 258
Inclui-se na base de cálculo do PIS a parcela relativa ao ICM.
(Comentário: a matéria vem sendo reexaminada pelo STF)

7.7. ITCMD

TERMO INICIAL. PRESCRIÇÃO. REPETIÇÃO DE INDÉBITO. ITCMD.
O cerne da controvérsia diz respeito ao *dies a quo* da prescrição para a ação de repetição de indébito de imposto (ITCMD) sobre a transmissão de bem imóvel mediante doação. Na espécie, o contribuinte, em razão de acordo de separação judicial, prometeu doar nua-propriedade de bem imóvel às filhas. Para isso, recolheu, em 29/12/1998, o imposto de transmissão correspondente. Todavia, em razão de ação proposta pela ex-esposa, a promessa de doação foi declarada ineficaz por decisão transitada em julgado em 8/8/2002, com o consequente registro imobiliário do bem em nome da ex-esposa. Daí, o recorrente requereu a repetição de indébito administrativamente, em 17/11/2006, a qual foi negada em 30/7/2007, dando ensejo à demanda judicial ajuizada em 15/8/2007. O fato gerador do imposto de transmissão (art. 35, I, do CTN) é a transferência da propriedade imobiliária, que apenas se opera mediante o registro do negócio jurídico no ofício competente. O recolhimento do ITCMD, via de regra, ocorre antes da realização do fato gerador, porquanto o prévio pagamento do imposto é, normalmente, exigido como condição para o registro da transmissão do domínio. Assim, *in casu*, não é possível afirmar que o pagamento antecipado pelo contribuinte, ao tempo de seu recolhimento, foi indevido, porquanto realizado para satisfazer requisito indispensável para o cumprimento da promessa de doação declarada em acordo de separação judicial. Considerando, portanto, que é devido o recolhimento antecipado do ITCMD para fins de consecução do fato gerador, não se mostra possível aplicar o art. 168, I, do CTN, porquanto esse dispositivo dispõe sobre o direito de ação para reaver tributo não devido. Deve, portanto, na espécie, ser mantido o entendimento do acórdão *a quo* de que o direito de ação para o contribuinte reaver a exação recolhida nasceu (*actio nata*) com o trânsito em julgado da decisão judicial do juízo de família (de anulação do acordo de promessa de doação) e o consequente registro imobiliário (em nome exclusivo da ex-esposa) que impediram a realização do negócio jurídico prometido, na medida em que, somente a partir desse momento, configurou-se o indébito tributário (*lato sensu*) pelo não aproveitamento do imposto recolhido. Assim, na hipótese, aplica-se, por analogia, o disposto no art. 168, II, do CTN. Precedentes citados: REsp 771.781-SP, DJ 29/6/2007, e AgRg no AgRg no REsp 764.808-MG, DJ 12/4/2007. **REsp 1.236.816-DF, Rel. Min. Benedito Gonçalves, julgado em 15/3/2012. (Inform. STJ 493)**

Súmula STF nº 590
Calcula-se o Imposto de Transmissão *Causa Mortis* sobre o saldo credor da promessa de compra e venda, no momento da abertura da sucessão do promitente comprador.

Súmula STF nº 435
O Imposto de Transmissão *causa mortis* pela transferência de ações é devido ao Estado em que tem sede a companhia.

Súmula STF nº 331
É legítima a incidência do Imposto de Transmissão *Causa Mortis* no inventário por morte presumida.

Súmula STF nº 114
O Imposto de Transmissão *Causa Mortis* não é exigível antes da homologação do cálculo.

Súmula STF nº 113
O Imposto de Transmissão *Causa Mortis* é calculado sobre o valor dos bens na data da avaliação.

Súmula STF nº 112
O Imposto de Transmissão *Causa Mortis* é devido pela alíquota vigente ao tempo da abertura da sucessão.

7.8. IPTU

IPTU: majoração da base de cálculo e decreto
É inconstitucional a majoração, sem edição de lei em sentido formal, do valor venal de imóveis para efeito de cobrança do IPTU, acima dos índices oficiais de correção monetária. Com base nessa orientação, o Plenário negou provimento a recurso extraordinário em que se discutia a legitimidade da majoração, por decreto, da base de cálculo acima de índice inflacionário, em razão de a lei municipal prever critérios gerais que seriam aplicados quando da avaliação dos imóveis. Ressaltou-se que o aumento do valor venal dos imóveis não prescindiria da edição de lei, em sentido formal. Consignou-se que, salvo as exceções expressamente previstas no texto constitucional, a definição dos critérios que compõem a regra tributária e, especificamente, a base de cálculo, seria matéria restrita à atuação do legislador. Deste modo, não poderia o Poder Executivo imiscuir-se nessa seara, seja para definir, seja para modificar qualquer dos elementos da relação tributária. Aduziu-se que os municípios não poderiam alterar ou majorar, por decreto, a base de cálculo do IPTU. Afirmou-se que eles poderiam apenas atualizar, anualmente, o valor dos imóveis, com base nos índices anuais de inflação, haja vista não constituir aumento de tributo (CTN, art. 97, § 1º) e, portanto, não se submeter à reserva legal imposta pelo art. 150, I, da CF. O Min. Roberto Barroso, embora tivesse acompanhado a conclusão do relator no tocante ao desprovimento do recurso, fez ressalva quanto à generalização da tese adotada pela Corte. Salientou que o caso concreto não envolveria questão de reserva de lei, mas de preferência de lei, haja vista a existência da referida espécie normativa a tratar da matéria, que não poderia ser modificada por decreto.
RE 648245/MG, rel. Min. Gilmar Mendes, 1º.8.2013. (RE-648245) (Inform. STF 713)

AG. REG. NO AI N. 772.064-SP
RELATORA: MIN. ROSA WEBER
EMENTA: DIREITO TRIBUTÁRIO. IPTU. INSTITUIÇÃO DE ALÍQUOTAS DIFERENCIADAS. IMÓVEL NÃO EDIFICADO. POSSIBILIDADE. PRECEDENTES. ACÓRDÃO RECORRIDO PUBLICADO EM 24.11.2008.
A jurisprudência deste Supremo Tribunal Federal é firme no sentido de que a instituição de alíquotas diferenciadas em razão de estar ou não edificado o imóvel urbano não se confunde com o instituto da progressividade, razão pela qual não se divisa a alegada ofensa à Constituição Federal.
Agravo regimental conhecido e não provido. (Inform. STF 713)

DIREITO TRIBUTÁRIO. DESNECESSIDADE DE PRÉVIA INSCRIÇÃO DE UNIDADES AUTÔNOMAS NO REGISTRO DE IMÓVEIS PARA A COBRANÇA DE IPTU INDIVIDUALIZADO.

O fisco, verificando a divisão de imóvel preexistente em unidades autônomas, pode proceder às novas inscrições de IPTU, ainda que não haja prévio registro das novas unidades em cartório de imóveis. Conforme o art. 32 do CTN, o fato gerador do IPTU é a propriedade, o domínio útil ou a posse. O art. 34 do referido diploma, por sua vez, preconiza que o "contribuinte do imposto é o proprietário do imóvel, o titular do seu domínio útil, ou o seu possuidor a qualquer título". Observa-se, portanto, que é absolutamente dispensável o prévio registro imobiliário das novas unidades para proceder ao lançamento do IPTU individualizado. Basta a configuração da posse do bem imóvel para dar ensejo à exação. Assim, verificando-se a superveniência de unidades autônomas, é devida a cobrança do IPTU de forma individualizada, uma vez que é pacífico o entendimento de que os impostos reais – IPTU e ITBI, em especial – referem-se aos bens autonomamente considerados. Desse modo, seria incabível tratar diversos imóveis como universalidade para fins de tributação. Precedente citado: REsp 722.752-RJ, Segunda Turma, DJe 11/11/2009. **REsp 1.347.693-RS, Rel. Min. Benedito Gonçalves, julgado em 11/4/2013.** (Inform. STJ 520)

DIREITO PROCESSUAL CIVIL E TRIBUTÁRIO. CITAÇÃO POSTAL. IPTU. PRESCRIÇÃO. INTERRUPÇÃO.
A citação encaminhada ao endereço do imóvel para cobrança de crédito relativo ao IPTU é considerada válida e atende a finalidade de interromper a prescrição do crédito tributário, na redação anterior à LC n. 118/2005. Precedentes citados: REsp 1.168.621-RS, DJe 26/4/2012, e AgRg no Ag 1.140.052-RJ, DJe 2/3/2010. **REsp 1.276.120-RJ, Rel. Min. Diva Malerbi (Desembargadora convocada do TRF da 3ª Região), julgado em 13/11/2012.** (Inform. STJ 510)

DIREITO TRIBUTÁRIO. IPTU. CESSIONÁRIA DE IMÓVEL DA UNIÃO.
O IPTU é exigível de cessionária de imóvel pertencente à União, salvo quando aquela detém a posse mediante relação pessoal, sem animus domini. Precedentes citados: AgRg no REsp 1.121.332-RJ, DJe 29/10/2009; AgRg no REsp 885.353-RJ, DJe 6/8/2009; AgRg no Ag 1.129.472-SP, DJe 1º/7/2009; AgRg no Ag 878.938-RJ, DJ 18/10/2007; REsp 696.888-RJ, DJ 16/5/2005, e REsp 325.489-SP, DJ 24/2/2003. **AgRg no REsp 1.337.903-MG, Rel. Min. Rel. Min. Castro Meira, julgado em 9/10/2012.** (Inform. STJ 506)

Súmula STF nº 668
É inconstitucional a lei municipal que tenha estabelecido, antes da Emenda Constitucional 29/2000, alíquotas progressivas para o IPTU, salvo se destinada a assegurar o cumprimento da função social da propriedade urbana.

Súmula STF nº 589
É inconstitucional a fixação de adicional progressivo do Imposto Predial e Territorial Urbano em função do número de imóveis do contribuinte.

Súmula STF nº 583
Promitente-comprador de imóvel residencial transcrito em nome de autarquia é contribuinte do Imposto Predial e Territorial Urbano.

Súmula STF nº 539
É constitucional a lei do Município que reduz o Imposto Predial Urbano sobre imóvel ocupado pela residência do proprietário, que não possua outro.

Súmula STJ nº 399
Cabe à legislação municipal estabelecer o sujeito passivo do IPTU.

Súmula STJ nº 397
O contribuinte do IPTU é notificado do lançamento pelo envio do carnê ao seu endereço.

Súmula STJ nº 160
É defeso, ao Município, atualizar o IPTU, mediante decreto, em percentual superior ao índice oficial de correção monetária.

7.9. ISS

REPERCUSSÃO GERAL EM RE N. 634.764-RJ
RELATOR: MIN. GILMAR MENDES
Recurso extraordinário. Repercussão geral reconhecida. 2. Imposto sobre Serviços de Qualquer Natureza. Incidência sobre exploração da atividade de apostas, tais como a venda de bilhetes, pules ou cupons de apostas. Controvérsia quanto à constitucionalidade. 3. Exploração de jogo. Conceito de serviço. Base de cálculo. 4. Repercussão geral reconhecida. (Inform. STF 737)

DIREITO TRIBUTÁRIO. COMPETÊNCIA PARA COBRANÇA DE ISS. DEC.-LEI N. 406/1968. LC N. 116/2003. ARRENDAMENTO MERCANTIL. RECURSO REPETITIVO (ART. 543-C DO CPC E RES. N. 8/2008-STJ).
O Município competente para a cobrança de ISS sobre operações de arrendamento mercantil, na vigência do Dec.-Lei n. 406/1968, é o do local onde sediado o estabelecimento prestador (art. 12), e, a partir da LC n. 116/2003, é aquele onde o serviço é efetivamente prestado (art. 3º). A LC n. 116/2003 adotou um sistema misto, considerando o imposto devido no local do estabelecimento prestador, ou, na sua falta, no local do domicílio do prestador e, para outras hipóteses definidas, o local da prestação do serviço, do estabelecimento do tomador ou do intermediário (art. 3º). Vê-se, assim, que nem mesmo a LC n. 116/2003, que sucedeu o Dec.-Lei n. 406/1968, prestigiou uma integralidade o entendimento externado pelo STJ, de modo que não se considera como competente para a arrecadação do tributo, em todos os casos, o Município em que efetivamente prestado o serviço. Ademais, ao definir estabelecimento prestador emprestou-lhe alcance bastante amplo, quando assinalou, em seu art. 4º, que "considera-se estabelecimento prestador o local onde o contribuinte desenvolva a atividade de prestar serviços, de modo permanente ou temporário, e que configure unidade econômica ou profissional, sendo irrelevantes para caracterizá-lo as denominações de sede, filial, agência, posto de atendimento, sucursal, escritório de representação ou contato ou quaisquer outras que venham a ser utilizadas". Dessa forma, somente após a vigência da LC n. 116/2003 é que se poderá afirmar que, existindo unidade econômica ou profissional do estabelecimento prestador do serviço no Município onde a prestação do serviço é perfectibilizada, ou seja, onde ocorrido o fato gerador tributário, ali deverá ser recolhido o tributo. É certo que a opção legislativa representa um potente duto de esvaziamento das finanças das localidades periféricas do sistema bancário nacional, ou seja, através dessa modalidade contratual se instala um mecanismo altamente perverso de descapitalização dos Municípios de pequeno porte, onde se faz a captação da proposta de contrato bancário, para depois drenar para os grandes centros financeiros do País os recursos assim recolhidos, teria esse mecanismo um forte impacto sobre o ideal federalista descentralizador. No entanto, a interpretação do mandamento legal leva a conclusão de ter sido privilegiada a segurança jurídica do sujeito passivo da obrigação tributária, para evitar dúvidas e cobranças de impostos em duplicata, sendo certo que eventuais fraudes (como a manutenção de sedes fictícias) devem ser combatidas por meio da fiscalização e não do afastamento da norma legal, o que seria verdadeira quebra do princípio da legalidade. **REsp 1.060.210-SC, Rel.**

Min. Napoleão Nunes Maia Filho, julgado em 28/11/2012. (Inform. STJ 510)
Obs. do organizador: essa informação baseou-se no voto inicial do relator, bastante modificado no curso dos debates, até a conclusão do julgamento. Sugerimos que o leitor busque o acórdão no site do STJ.

DIREITO TRIBUTÁRIO. ISS. BASE DE CÁLCULO. PREÇO DO SERVIÇO. VALOR TOTAL DA OPERAÇÃO CONTRATADA. RECURSO REPETITIVO (ART. 543-C DO CPC E RES. N. 8/2008-STJ).

A base de cálculo do ISS, no caso de arrendamento mercantil financeiro, abrange o valor total da operação contratada, inclusive para os casos de lançamento por homologação. Tanto o art. 9º do Dec.-Lei n. 406/1968 como o art. 7º da atual LC n. 116/2003 estabelecem que a base de cálculo do tributo é o preço do serviço, que, no caso de arrendamento mercantil financeiro, só pode ser entendido como tudo aquilo que o arrendatário paga ao arrendador em troca da disponibilização e fruição do bem objeto do contrato. A complexidade do contrato de arrendamento mercantil, destacada pelo STF no julgamento do RE 592. 905-SC, não permite pinçar partes dele para o fim de definir o serviço prestado e, consequentemente, a sua base de cálculo, ainda que sua nota característica seja o financiamento. A operação engloba diversas fases e procedimentos, mas em essência, é una, única, e assim deve ser entendida para o fim de se definir a base de cálculo do tributo. Como explicitado no referido julgado do STF, sobressai o aspecto financeiro da operação. Assim sendo, não há como excluir o valor do financiamento da base de cálculo do ISS. O legislador ordinário não excepcionou, para fins de estabelecimento da base de cálculo do ISS sobre o arrendamento mercantil financeiro, qualquer parcela, como fez quando tratou da exclusão do valor dos materiais fornecidos pelo prestador de serviços de empreitada, subempreitada ou construção civil. Precedentes citados do STF: RE 592.905-SC, DJE 5/3/2010; do STJ: AgRg no REsp 853.281-SC, DJE 16/9/2008; AgRg nos EDcl no REsp 982.956-RS, DJE de 6/8/2009; AgRg nos EDcl no REsp 982.956-RS, DJE 6/8/2009; AgRg nos EDcl no Ag 855.164-SC, DJ 23/8/2007, e AgRg no AgRg nos EDcl no REsp 979.670-SC, DJe 26/2/2009. **REsp 1.060.210-SC, Rel. Min. Napoleão Nunes Maia Filho, julgado em 28/11/2012. (Inform. STJ 510)**
Obs. do organizador: essa informação baseou-se no voto inicial do relator, bastante modificado no curso dos debates, até a conclusão do julgamento. Esse ponto, por exemplo (base de cálculo), acabou não sendo apreciado pelo colegiado, tendo sido excluído do acórdão. Sugerimos que o leitor busque o acórdão no site do STJ.

DIREITO TRIBUTÁRIO. ISS. SERVIÇO DE MARKETING. BASE DE CÁLCULO. VALOR GLOBAL COBRADO PELO SERVIÇO.

A base de cálculo do ISS, na prestação de serviços de marketing, é o valor global cobrado pelos serviços, não sendo legítima a dedução dos valores recebidos a título de reembolso por ausência de previsão legal. Precedentes citados: REsp 1.293.162-RS, DJe 3/8/2012; AgRg no AREsp 211.232-SC, DJe 17/9/2012; e AgRg no REsp 1.141.557-SP, DJe 24/8/2012. **AREsp 227.724-SP, Rel. Min. Benedito Gonçalves, julgado em 20/11/2012. (Inform. STJ 510)**

DIREITO TRIBUTÁRIO. ISS. CONSTRUÇÃO CIVIL. BASE DE CÁLCULO. ABATIMENTO DOS MATERIAIS EMPREGADOS E DAS SUBEMPREITADAS. POSSIBILIDADE.

É possível a dedução da base de cálculo do ISS dos valores das subempreitadas e dos materiais utilizados em construção civil. O STF, ao julgar o RE 603.497-MG, no rito do art. 543-B do CPC, entendeu ser possível, mesmo na vigência da LC n. 116/2003, a dedução da base de cálculo do ISS do material empregado na construção civil. No mesmo sentido, no RE 599.497-RJ, concluiu-se que a orientação adotada no recurso acima é aplicável aos valores das subempreitadas, pois o art. 9º do Dec.-Lei n. 406/1968 foi recepcionado pela CF. Precedentes citados: REsp 976.486-RS, DJe 10/8/2011; AgRg no AgRg no REsp 1.228.175-MG, DJe 1º/9/2011, e AgRg no Ag 1.410.608-RS, DJe 21/10/2011. **REsp 1.327.755-RJ, Rel. Min. Herman Benjamin, julgado em 18/10/2012. (Inform. STJ 508)**

DIREITO TRIBUTÁRIO. ISS. INDUSTRIALIZAÇÃO POR ENCOMENDA.

A industrialização por encomenda está sujeita à incidência de ISS, e não de ICMS. A prestação de serviço personalizado feita em conformidade com o interesse exclusivo do cliente, distinto dos serviços destinados ao público em geral, caracteriza espécie de prestação de serviço que está elencada na lista de serviços da LC n. 116/2003. Precedentes citados: AgRg no REsp 1.280.329-MG, DJe 13/4/2012; AgRg no Ag 1.362.310-RS, DJe 6/9/2011; REsp 1.097.249-ES, DJe 26/11/2009. **AgRg no AREsp 207.589-RS, Rel. Min. Humberto Martins, julgado em 6/11/2012. (Inform. STJ 508)**

DIREITO TRIBUTÁRIO. TRANSPORTE COLETIVO. VENDA ANTECIPADA DE PASSAGEM. REAJUSTE. ISS. BASE DE CÁLCULO.

A base de cálculo do ISS incidente sobre a prestação de serviço de transporte coletivo de passageiros é o preço efetivamente pago pelo usuário no ato da compra e venda dos bilhetes (seja vale-transporte ou passagem escolar), não o vigente no momento posterior em que se dá a efetiva prestação. Assim, mostra-se indevido o recolhimento do tributo sobre a diferença verificada quando da majoração da tarifa de transporte ocorrida entre a compra do bilhete antecipado e a efetiva prestação do serviço, pois o momento da incidência do fato gerador é o da compra das passagens. Precedentes citados: AgRg no AREsp 89.695-RS, DJe 8/3/2012; AgRg no REsp 1.172.322-RS, DJe 5/10/2010, e REsp 922.239-MG, DJe 3/3/2008. **AgRg no AREsp 112.288-RS, Rel. Min. Benedito Gonçalves, julgado em 20/9/2012. (Inform. STJ 505)**

Súmula Vinculante STF 31

É inconstitucional a incidência do imposto sobre serviços de qualquer natureza – ISS sobre operações de locação de bens móveis.

Súmula STF nº 663

Os §§ 1º e 3º do art. 9º do DL 406/68 foram recebidos pela Constituição. *(Comentário: o STJ entende que a tributação fixa do ISS não foi afastada pela LC 116/2003)*

Súmula STF nº 588

O Imposto sobre Serviços não incide sobre os depósitos, as comissões e taxas de desconto, cobrados pelos estabelecimentos bancários.

Súmula STJ nº 424

É legítima a incidência de ISS sobre os serviços bancários congêneres da lista anexa ao DL n. 406/1968 e à LC n. 56/1987.

Súmula STJ nº 274

O ISS incide sobre o valor dos serviços de assistência médica, incluindo-se neles as refeições, os medicamentos e as diárias hospitalares.

Súmula STJ nº 167

O fornecimento de concreto, por empreiteira, para construção civil, preparado no trajeto até a obra em betoneiras acopladas a caminhões, é prestação de serviço, sujeitando-se apenas à incidência do ISS.

Súmula STJ nº 156

A prestação do serviço de composição gráfica, personalizada e sob encomenda, ainda que envolva fornecimento de mercadorias, está sujeita, apenas, ao ISS.

Súmula STJ nº 138
O ISS incide na operação de arrendamento mercantil de coisas móveis.

7.10. ITBI

Art. 150, VI, c, da CF: ITBI e finalidades essenciais - 1
A destinação do imóvel às finalidades essenciais da entidade deve ser pressuposta no caso do Imposto de Transmissão Inter Vivos de Bens Imóveis - ITBI, sob pena de não haver imunidade para esse tributo [CF: "*Art. 150. Sem prejuízo de outras garantias asseguradas ao contribuinte, é vedado à União, aos Estados, ao Distrito Federal e aos Municípios: ... VI - instituir impostos sobre: ... c) patrimônio, renda ou serviços dos partidos políticos, inclusive suas fundações, das entidades sindicais dos trabalhadores, das instituições de educação e de assistência social, sem fins lucrativos, atendidos os requisitos da lei; ... § 4º - As vedações expressas no inciso VI, alíneas 'b' e 'c', compreendem somente o patrimônio, a renda e os serviços, relacionados com as finalidades essenciais das entidades nelas mencionadas"*]. Com base nesse entendimento, a 1ª Turma proveu recurso extraordinário para reconhecer a imunidade para ITBI relativamente à aquisição do terreno objeto da impetração. Inicialmente, afastou-se alegação de que o caso comportaria revolvimento de fatos e provas, porquanto o tribunal de origem deixara de reconhecer o benefício constitucional da citada imunidade sob o fundamento de que o Serviço Nacional de Aprendizagem - Senac teria que aguardar a realização objetiva do seu projeto — construção de edifício que se destinaria aos fins próprios da entidade — para, só então, evitar a ação defensiva do Poder Público. Consignou-se inexistir controvérsia de fato, mas sim valoração dele.

Art. 150, VI, c, da CF: ITBI e finalidades essenciais - 2
Observou-se que, na espécie, remanesceria apenas questão de direito sobre a condicionante constitucional da vinculação às finalidades essenciais da entidade, que, conforme assentado pelas instâncias ordinárias, preencheria os requisitos legais para usufruto da imunidade. Acentuou-se que o fato gerador do ITBI seria a transmissão jurídica do imóvel e não fatos supervenientes. Registrou-se que, quanto ao benefício do art. 150, VI, c, da CF, o ônus de elidir a presunção de vinculação às atividades essenciais seria do Fisco. No mais, reportou-se ao que decidido no julgamento do RE 385091/DF (acórdão pendente de publicação, v. Informativo 714). O Ministro Marco Aurélio, ao acompanhar o relator, distinguiu a presente situação daquela referida no precedente em que se teria, de forma projetada no tempo, um imóvel desocupado. Enfatizou, ainda, que o próprio tribunal recorrido teria apontado existir, ao menos, ideia de se construir no imóvel prédio que seria destinado às finalidades do Senac.
RE 470520/SP, rel. Min. Dias Toffoli, 17.9.2013. (RE-470520) (Inform. STF 720)

Súmula STF nº 656
É inconstitucional a lei que estabelece alíquotas progressivas para o imposto de transmissão inter vivos de bens imóveis - ITBI com base no valor venal do imóvel.

Súmula STF nº 470
O Imposto de Transmissão Inter Vivos não incide sobre a construção, ou parte dela, realizada, inequivocamente, pelo promitente-comprador, mas sobre o valor do que tiver sido construído antes da promessa de venda.

Súmula STF nº 329
O Imposto de Transmissão Inter Vivos não incide sobre a transferência de ações de sociedade imobiliária.

Súmula STF nº 326
É legítima a incidência do Imposto de Transmissão Inter Vivos sobre a transferência do domínio útil.

Súmula STF nº 111
É legítima a incidência do Imposto de Transmissão Inter Vivos sobre a restituição, ao antigo proprietário, de imóvel que deixou de servir à finalidade da sua desapropriação.

Súmula STF nº 110
O Imposto de Transmissão Inter Vivos não incide sobre a construção, ou parte dela, realizada pelo adquirente, mas sobre o que tiver sido construído ao tempo da alienação do terreno.

Súmula STF nº 108
É legítima a incidência do Imposto de Transmissão Inter Vivos sobre o valor do imóvel ao tempo da alienação, e não da promessa, na conformidade da legislação local.

Súmula STF nº 82
São inconstitucionais o Imposto de Cessão e a taxa sobre inscrição de promessa de venda de imóvel, substitutos do Imposto de Transmissão, por incidirem sobre ato que não transfere o domínio.

Súmula STF nº 75
Sendo vendedora uma autarquia, a sua imunidade fiscal não compreende o Imposto de Transmissão Inter Vivos, que é encargo do comprador.

8. CONTRIBUIÇÕES EM ESPÉCIE

8.1. PIS, PASEP, COFINS E FINSOCIAL

Cofins e revogação de isenção por lei ordinária - 1
O Tribunal iniciou exame de embargos de divergência opostos em face de acórdão da 1ª Turma, que negara provimento a agravo de instrumento sob o fundamento de que a controvérsia diria respeito ao cabimento de recurso de competência de outro tribunal. Na espécie, a embargante suscitava divergência entre o acórdão recorrido — que mantivera decisão do STJ na qual se entenderia que a revogação da isenção da Cofins pela Lei 9.430/1996, por não ter sido veiculada em lei complementar, ofenderia o princípio da hierarquia das leis — e a orientação fixada pelo STF no julgamento do RE 377.457 QO/PR (DJe de 19.12.2008) e do RE 381.964 QO/PR (DJe de 19.12.2008), nos quais se assentara a constitucionalidade da revogação da referida isenção estabelecida pela LC 70/1991, por lei ordinária. O Ministro Gilmar Mendes (relator) acolheu os embargos de divergência para reformar o acórdão recorrido e reafirmar a tese de que a isenção concedida às sociedades civis de profissão regulamentada, anteriormente prevista no art. 6º, II, da LC 70/1991, teria sido revogada pelo art. 56 da Lei 9.430/1996. Os Ministros Rosa Weber, Celso de Mello e Ricardo Lewandowski (Presidente) acompanharam o voto do relator. Preliminarmente, o Ministro Gilmar Mendes destacou que o STJ teria efetivamente discutido a questão constitucional relativa à possibilidade de revogação, por lei ordinária, de isenção concedida por lei complementar. Portanto, aquele tribunal não teria se limitado a abordar somente a questão relativa ao cabimento de recurso especial, o que fora assinalado pelo acórdão recorrido. Outrossim, a matéria em discussão seria, de fato, idêntica àquela examinada pelo STF nos precedentes apontados pelo embargante. A jurisprudência tradicional do STF seria no sentido da inexistência de hierarquia constitucional entre lei complementar e lei ordinária, espécies normativas formalmente distintas exclusivamente em relação à matéria eventualmente reservada à lei complementar pela própria Constituição. Ademais, no caso das contribuições sociais, desde logo previstas no texto da Constituição, a jurisprudência também seria pacífica ao afirmar que sua disciplina específica seria perfeitamente factível mediante legislação ordinária,

salvo o que se caracterizasse como normas gerais em matéria tributária, relativamente aos aspectos referidos na alínea b do inciso III do art. 146 da CF. Além do mais, especificamente com relação à LC 70/1991, o STF, no julgamento da ADC 1/DF (DJU de 16.6.1995), reconhecera, precisamente pelas razões referidas, que o diploma legal seria, materialmente, lei ordinária. Portanto, ao contrário do que afirmado no acórdão proferido pelo STJ, a questão do conflito aparente entre as normas em comento — art. 56 da Lei 9.430/1996 e art. 6º, II, da LC 70/1991 — não se resolveria por critérios hierárquicos, mas por critérios constitucionais quanto à materialidade própria a cada uma dessas espécies legais. Logo, a solução do conflito seria sim matéria constitucional.

Cofins e revogação de isenção por lei ordinária - 2
O Ministro Marco Aurélio não conheceu do recurso. Ressaltou que o STJ, certo ou errado, teria concluído não poder adentrar o tema de fundo, alusivo ao conflito de interesses, porque envolveria matéria constitucional. Não teria, portanto, definido a questão de direito, se poderia uma lei ordinária afastar ou não isenção prevista em lei complementar. Não se teria, então, o que cotejar em termos de matéria de fundo com os precedentes do STF para dizer que a 1ª Turma não os teria observado. A Turma teria, simplesmente, se defrontado com questão processual, dirimida à luz do CPC. Em seguida, o julgamento foi suspenso. AI 597906 EDv/PR, rel. Min. Gilmar Mendes, 26.11.2014. (AI-597906) (Inform. STF 769)

Cooperativa prestadora de serviço e incidência de contribuição social - 1
Incide o PIS/PASEP sobre atos ou negócios jurídicos praticados por cooperativa prestadora de serviço com terceiros tomadores de serviço, resguardadas as exclusões e deduções legalmente previstas. Ademais, são legítimas as alterações introduzidas pela Medida Provisória 1.858/1999, no que revoga a isenção da COFINS e PIS concedidas às sociedades cooperativas. Com base nesse entendimento, o Plenário proveu o RE 599.362/RJ, em que se discutia a exigibilidade da contribuição para o PIS sobre os atos próprios das sociedades cooperativas, tendo em vista o disposto na Medida Provisória 2.158-33/2001, originariamente editada sob o nº 1.858/1999. Na mesma assentada, e em julgamento conjunto, o Colegiado deu provimento ao RE 598.085/RJ, em que se debatia a constitucionalidade das alterações introduzidas pela Medida Provisória 1.858/1999, que revogara a isenção da contribuição para o PIS e a COFINS, concedida pela LC 70/1991 às sociedades cooperativas. No primeiro recurso extraordinário, o Tribunal registrou que o cerne da controvérsia seria saber se as receitas auferidas pelas cooperativas de trabalho decorrentes dos negócios jurídicos praticados com terceiros — não cooperados — se inseririam na materialidade da contribuição ao PIS/PASEP. Por outro lado, analisou se, caso não configurasse receita da cooperativa, e sim do cooperado, poderia caracterizá-la como hipótese de não incidência tributária. Afirmou que a Constituição imporia ao Estado o apoio e o estímulo à formação de cooperativa (CF, art. 174, § 2º). Além disso, estabeleceria que a lei complementar dispensasse tratamento adequado dirigido ao ato cooperativo praticado por sociedade cooperativa (CF, art. 146, III, c). Sublinhou que o texto constitucional possibilitaria a tributação de ato cooperativo ao dispor que a lei complementar estabelecesse a forma adequada para tanto. Desta maneira, não garantiria a imunidade ou a não incidência de tributos.

Cooperativa prestadora de serviço e incidência de contribuição social - 2
O Colegiado verificou que, do tema em exame, se extrairiam dois importantes valores constitucionais: de um lado, a clara vontade do constituinte de fomentar a criação de organizações cooperativistas; e, de outro, a fixação de regime universalista de financiamento da seguridade social. Ao tratar do financiamento da seguridade social, a Constituição determinara que ele fosse suportado por toda a sociedade (CF, art. 195). Frisou que ficariam imunes das contribuições para a seguridade social apenas as entidades beneficentes de assistência social que atendessem às exigências estabelecidas em lei (CF, art. 195, § 7º). Ressaltou que o art. 146, III, c, da CF não garantira imunidade ou tratamento necessariamente privilegiado às cooperativas, mas tratamento diferenciado. Assim, esse dispositivo vedaria a interferência estatal no funcionamento das cooperativas, além de dispensá-las de autorização para a sua formação (CF, art. 5º, XVIII), e de possibilitar a criação de regime tributário adequado para os seus atos cooperativos. Portanto, no âmbito tributário, o comando constitucional seria dirigido ao ato cooperativo e teria eficácia imediata naquilo que garantisse a quem o praticasse o direito negativo de impedir que os poderes do Estado viessem a inserir nos respectivos ordenamentos regras que deixassem de respeitar a eficácia mínima da norma constitucional. Dessa forma, seria evitado tratamento gravoso ou prejudicial ao ato cooperativo, além de se respeitarem, igualmente, as peculiaridades das cooperativas com relação às demais sociedades de pessoas e de capitais. Nessa perspectiva, até que sobreviesse a lei complementar que definisse o adequado tratamento tributário ao ato cooperativo, a legislação ordinária relativa a cada espécie tributária deveria, com relação a ele, garantir a neutralidade e a transparência, para que o tratamento tributário conferido ao ato cooperativo não resultasse em tributação mais gravosa aos cooperados — pessoas físicas ou pessoas jurídicas — do que aquela que incidisse se as mesmas atividades fossem realizadas sem a associação em cooperativa.

Cooperativa prestadora de serviço e incidência de contribuição social - 3
O Plenário consignou que a Lei 5.764/1971 fora recepcionada pela Constituição com natureza de lei ordinária e que o seu artigo 79 apenas definiria o que seria ato cooperativo, sem nada referir quanto ao regime de tributação. Aduziu que a alegação de que as sociedades cooperativas não possuiriam faturamento, nem receita — e que, portanto, não haveria a incidência de qualquer tributo sobre a pessoa jurídica —, levaria ao mesmo resultado prático de se conferir a elas, sem expressa autorização constitucional, imunidade tributária. Asseverou que o tratamento tributário adequado ao ato cooperativo seria questão política que deveria ser resolvida na esfera competente. Destarte, eventual insuficiência de normas não poderia ser tida por violadora do princípio da isonomia. No segundo recurso extraordinário, o Tribunal assentou não haver hierarquia entre lei complementar e lei ordinária. Afirmou que, por subsumir ao texto constitucional, certas matérias requereriam lei complementar, enquanto outras, lei ordinária. Assim, seria possível que uma lei formalmente complementar, mas materialmente ordinária, fosse revogada por lei ordinária. Ressaltou que isso teria ocorrido no caso concreto. Dessa forma, reputou legítima a revogação da isenção veiculada na LC 70/1991 pela Medida Provisória 1.859/1999, que validamente operara derrogação da norma concessiva de isenção em matéria da COFINS. RE 599362/RJ, rel. Min. Dias Toffoli, 5 e 6.11.2014 (RE-599362) RE 598085/RJ, rel. Min. Luiz Fux, 5 e 6.11.2014. (RE-598085) (Inform. STF 766)

Incidência da COFINS sobre o ICMS - 3
O valor retido em razão do ICMS não pode ser incluído na base de cálculo da COFINS sob pena de violar o art. 195, I, b, da CF ["Art. 195. A seguridade social será financiada por toda a sociedade, de forma direta e indireta, nos termos da lei, mediante recursos provenientes dos orçamentos da União, dos Estados, do Distrito Federal e dos Municípios, e das seguintes contribuições sociais: I - do empregador, da empresa e da entidade a ela equiparada na forma da lei, incidentes sobre: ... b) a receita ou o faturamento"] — v. Informativos 161 e 437. Com base nesse entendimento, o Plenário, em conclusão de julgamento e por maioria, proveu recurso extraordinário. De início, deliberou pelo prosseguimento na apreciação do feito, independentemente do exame conjunto com a ADC 18/DF (cujo mérito encontra-se pendente de julgamento) e com o

RE 544.706/PR (com repercussão geral reconhecida em tema idêntico ao da presente controvérsia). O Colegiado destacou a demora para a solução do caso, tendo em conta que a análise do processo fora iniciada em 1999. Ademais, nesse interregno, teria havido alteração substancial na composição da Corte, a recomendar que o julgamento se limitasse ao recurso em questão, sem que lhe fosse atribuído o caráter de repercussão geral. Em seguida, o Tribunal entendeu que a base de cálculo da COFINS somente poderia incidir sobre a soma dos valores obtidos nas operações de venda ou de prestação de serviços. Dessa forma, assentou que o valor retido a título de ICMS não refletiria a riqueza obtida com a realização da operação, pois constituiria ônus fiscal e não faturamento. Vencidos os Ministros Eros Grau e Gilmar Mendes, que desproviam o recurso. O primeiro considerava que o montante do ICMS integraria a base de cálculo da COFINS por estar incluído no faturamento e se tratar de imposto indireto que se agregaria ao preço da mercadoria. O segundo pontuava que a COFINS não incidiria sobre a renda, e nem sobre o incremento patrimonial líquido, que consideresse custos e demais gastos que viabilizassem a operação, mas sobre o produto das operações, da mesma maneira que outros tributos como o ICMS e o ISS. Ressaltava, assim, que, apenas por lei ou por norma constitucional se poderia excluir qualquer fator que compusesse o objeto da COFINS. RE 240785/MG, rel. Min. Marco Aurélio, 8.10.2014. (RE-240785) (Inform. STF 762)

REPERCUSSÃO GERAL EM RE N. 633.345-ES
RELATOR: MIN. MARCO AURÉLIO
COFINS E PIS – IMPORTAÇÕES – ALÍQUOTAS DIFERENCIADAS – RECURSO EXTRAORDINÁRIO – REPERCUSSÃO GERAL CONFIGURADA. Possui repercussão geral a controvérsia alusiva à constitucionalidade da previsão, no artigo 8º, incisos I e II, § 9º, da Lei nº 10.865, de 2004, de alíquotas mais onerosas quanto ao regime monofásico de importação de autopeças – 2,3% para a Contribuição ao PIS-Importação e 10,8% para a Cofins-Importação –, apesar de a norma ter estabelecido a observância das alíquotas gerais – 1,65% e 7,6% – relativamente à importação dos mesmos bens por pessoas jurídicas fabricantes de máquinas e veículos. (Inform. STF 760)

REPERCUSSÃO GERAL EM ARE N. 790.928-PE
RELATOR: MIN. LUIZ FUX
RECURSO EXTRAORDINÁRIO COM AGRAVO. TRIBUTÁRIO. PRINCÍPIO DA NÃO CUMULATIVIDADE. ART. 195, § 12, CF/88. PIS. COFINS. ARTIGO 3º , NOTADAMENTE INCISO II E §§ 1º E 2º, DAS LEIS Nºs 10.833/2003, 10.637/2002. ARTIGO 31, § 3º, DA LEI Nº 10.865/2004. RELEVÂNCIA DA MATÉRIA E TRANSCENDÊNCIA DE INTERESSES. REPERCUSSÃO GERAL RECONHECIDA. (Inform. STF 757)

AG. REG. NO RE N. 548.422-RJ
RELATOR: MIN. ROBERTO BARROSO
EMENTA: DIREITO TRIBUTÁRIO. COFINS. CONCEITO DE FATURAMENTO. RESTRIÇÃO ÀS RECEITAS ESTRITAMENTE RELACIONADAS À VENDA DE MERCADORIAS E SERVIÇOS.
1. Nos termos da jurisprudência do Supremo Tribunal Federal assentada antes da Emenda Constitucional nº 20/1998, as expressões receita bruta e faturamento devem ser tidas como sinônimas, de modo que ambas devem se circunscrever aos valores auferidos com venda de mercadorias, de serviços ou de mercadorias e serviços.
2. O acórdão regional adotou conceito amplo de faturamento, sem atentar para a restrição adotada pelo Plenário da Corte em diversos precedentes.
3. Agravo regimental a que se nega provimento. (Inform. STF 745)

REPERCUSSÃO GERAL EM RE N. 698.531-ES
RELATOR: MIN. MARCO AURÉLIO
REPERCUSSÃO GERAL – PIS – EMPRÉSTIMO E AQUISIÇÃO DE MÁQUINAS E EQUIPAMENTOS JUNTO A PESSOA JURÍDICA ESTRANGEIRA – DESPESAS – EXCLUSÃO DA BASE DE CÁLCULO – ARTIGO 3º, INCISOS I E II, DA LEI Nº 10.637/2002 – VEDAÇÃO – ISONOMIA TRIBUTÁRIA E PROIBIÇÃO DE DISCRIMINAÇÃO EM RAZÃO DA PROCEDÊNCIA DE BENS E SERVIÇOS. Possui repercussão geral a controvérsia acerca da eventual ofensa aos artigos 150, inciso II, e 152 da Constituição de 1988 por disciplina legal restritiva de créditos da contribuição ao PIS, na sistemática não cumulativa, consideradas operações de empréstimo e aquisição de máquinas e equipamentos com pessoas jurídicas estrangeiras. (Inform. STF 743)

RE N. 568.503-RS
RELATORA: MIN. CÁRMEN LÚCIA
EMENTA: TRIBUTÁRIO. CONTRIBUIÇÃO SOCIAL. § 6º DO ART. 195, DA CONSTITUIÇÃO DA REPÚBLICA: APLICAÇÃO À CONTRIBUIÇÃO AO PIS. LEI DE CONVERSÃO DE MEDIDA PROVISÓRIA. DISPOSITIVO SUSCITADO AUSENTE DO TEXTO DA MEDIDA PROVISÓRIA: CONTAGEM DA ANTERIORIDADE NONAGESIMAL A PARTIR DA PUBLICAÇÃO DA LEI.
1. A contribuição ao PIS sujeita-se à regra do § 6º do art. 195 da Constituição da República.
2. Aplicação da anterioridade nonagesimal à majoração de alíquota feita na conversão de medida provisória em lei.
3. Recurso extraordinário ao qual se nega provimento. (Inform. STF 738)

PIS e anterioridade nonagesimal
A contribuição social para o PIS submete-se ao princípio da anterioridade nonagesimal (CF, art. 195, § 6º), e, nos casos em que a majoração de alíquota tenha sido estabelecida somente na lei de conversão, o termo inicial da contagem é a data da conversão da medida provisória em lei. Com base nessa orientação, o Plenário negou provimento a recurso extraordinário em que se discutia a não sujeição dessa contribuição ao referido postulado constitucional. No caso, o projeto de lei de conversão da Medida Provisória 164/2004, que resultara na promulgação da Lei 10.865, em 30 de abril de 2004, introduzira dispositivo que teria majorado a alíquota da aludida contribuição para água mineral. Ocorre que tal majoração não havia sido prevista, originariamente, pela Medida Provisória, adotada em janeiro de 2004. Entretanto, as alterações inseridas pela referida lei teriam produzido efeitos a partir de 1º de maio de 2004 (Lei 10.865, art. 50). O Plenário reputou que a jurisprudência seria pacífica no sentido de que se aplicaria o princípio da anterioridade nonagesimal às contribuições sociais. O Ministro Luiz Fux destacou que, em regra, o termo inicial para a contagem do prazo nonagesimal seria a data da publicação da medida provisória e não a da lei na qual fosse convertida. Todavia, se houvesse agravamento da carga tributária pela lei de conversão, a contagem do termo iniciar-se-ia da publicação desta. RE 568503/RS, rel. Min. Cármen Lúcia, 12.2.2014. (RE-568503) (Inform. STF 735)

AG. REG. NO RE N. 635.398-SC
RELATORA: MIN. ROSA WEBER
EMENTA: DIREITO TRIBUTÁRIO. CONTRIBUIÇÃO PARA O PIS E COFINS. BASE DE CÁLCULO. SALÁRIOS E ENCARGOS SOCIAIS. EMPRESAS PRESTADORAS DE SERVIÇOS TERCEIRIZADOS. INCIDÊNCIA. PRECEDENTES. ACÓRDÃO RECORRIDO PUBLICADO EM 04.8.2010.
O Tribunal de origem decidiu em sintonia com a jurisprudência firmada por esta Corte, no sentido de que, por se tratarem, receita bruta e faturamento, de termos juridicamente equivalentes, significando, ambos, o total dos valores auferidos com a venda de mercadorias, de serviços ou de mercadorias e serviços,

afigura-se inviável a exclusão dos salários e encargos sociais dos trabalhadores temporários da base de cálculo do PIS e da COFINS devido pelas empresas prestadoras de serviço de locação de mão de obra temporária.
Agravo regimental conhecido e não provido. (Inform. STF 735)

REPERCUSSÃO GERAL EM RE N. 659.412-RJ
RELATOR: MIN. MARCO AURÉLIO
PIS E COFINS – LOCAÇÃO DE BENS MÓVEIS – FATURAMENTO – ALCANCE – ADMISSIBILIDADE NA ORIGEM – RECURSO EXTRAORDINÁRIO DO CONTRIBUINTE – REPERCUSSÃO GERAL CONFIGURADA. Possui repercussão geral a controvérsia relativa à incidência da contribuição para o Programa de Integração Social – PIS e da Contribuição para o Financiamento da Seguridade Social – Cofins sobre as receitas provenientes da locação de bens móveis. (Inform. STF 726)

EMB.DECL. NO AG. REG. NO RE N. 415.296-GO
RELATOR: MIN. TEORI ZAVASCKI
Ementa: PROCESSUAL CIVIL. EMBARGOS DE DECLARAÇÃO NO AGRAVO REGIMENTAL NO RECURSO EXTRAORDINÁRIO. INCLUSÃO DO ICMS NA BASE DE CÁLCULO DO PIS E DA COFINS. REPERCUSSÃO GERAL DO TEMA RECONHECIDA NO RE 574.706 RG, REL. MIN. CÁRMEN LÚCIA, DJE DE 16/05/2008. DEVOLUÇÃO DOS AUTOS À ORIGEM, PARA APLICAÇÃO DA SISTEMÁTICA DA REPERCUSSÃO GERAL. EMBARGOS DE DECLARAÇÃO ACOLHIDOS, COM EFEITOS INFRINGENTES. (Inform. STF 725)

AG. REG. NO RE N. 540.257-SP
RELATOR: MIN. MARCO AURÉLIO
RECURSO EXTRAORDINÁRIO – REPERCUSSÃO GERAL ADMITIDA – PROCESSO VERSANDO A MATÉRIA – SOBRESTAMENTO – MANUTENÇÃO. O tema atinente à constitucionalidade da revogação da isenção dos atos cooperativos, em relação ao PIS e à Cofins, por meio da Medida Provisória nº 1.858/89 teve repercussão geral admitida pelo denominado Plenário Virtual no Recurso Extraordinário nº 598.085/RJ. A matéria de fundo, tanto no mencionado recurso como neste extraordinário, diz respeito à definição da incidência ou não dessas contribuições sobre as receitas decorrentes de tais atos. Impõe-se aguardar o julgamento do mérito do paradigma, considerados o regime da repercussão geral, presentes os processos múltiplos, e a possibilidade de revisão do entendimento. (Inform. STF 711)

Imunidade: PIS/Cofins e valores recebidos a título de transferência de ICMS por exportadora - 1
É inconstitucional a incidência da contribuição para PIS e Cofins não cumulativas sobre os valores recebidos por empresa exportadora em razão da transferência a terceiros de créditos de ICMS. Com base nesse entendimento, o Plenário, por maioria, negou provimento a recurso extraordinário em que discutido se os valores correspondentes à transferência de créditos de ICMS integrariam a base de cálculo de contribuição para PIS e Cofins não cumulativas. Inicialmente, aduziu-se que a apropriação de créditos de ICMS na aquisição de mercadorias teria suporte na técnica da não cumulatividade (CF, art. 155, § 2º, I), a fim de evitar que sua incidência em cascata onerasse demasiadamente a atividade econômica e gerasse distorções concorrenciais. Esclareceu-se, na sequência, que a não incidência e a isenção nas operações de saída implicariam a anulação do crédito relativo às operações anteriores. Destacou-se, contudo, que tratamento distinto seria conferido no caso de exportações, uma vez que a Constituição concederia imunidade a essas operações, bem como asseguraria a manutenção e o aproveitamento do montante do imposto cobrado nas operações e prestações anteriores (art. 155, § 2º, X, a). Frisou-se que essa norma teria por finalidade incentivar as exportações – ao desonerar as mercadorias nacionais do seu ônus econômico, de maneira a permitir que empresas brasileiras exportassem produtos, e não tributos –, mas não impedir a incidência cumulativa do ICMS.

Imunidade: PIS/Cofins e valores recebidos a título de transferência de ICMS por exportadora - 2
Reputou-se que a exação pretendida pela União violaria a letra e o escopo da imunidade prevista no art. 155, § 2º, X, a, da CF ["Art. 155. Compete aos Estados e ao Distrito Federal instituir impostos sobre: ... II - operações relativas à circulação de mercadorias e sobre prestações de serviços de transporte interestadual e intermunicipal e de comunicação, ainda que as operações e as prestações se iniciem no exterior; ... § 2.º O imposto previsto no inciso II atenderá ao seguinte: ... X - não incidirá: a) sobre operações que destinem mercadorias para o exterior, nem sobre serviços prestados a destinatários no exterior, assegurada a manutenção e o aproveitamento do montante do imposto cobrado nas operações e prestações anteriores"]. Ofender-se-ia seu preceito porque se obstaculizaria o aproveitamento dos créditos, mediante a expropriação parcial deles, correspondente à carga tributária advinda da incidência das contribuições em questão. Transgredir-se-ia seu objetivo, pois se permitiria a exportação de tributos, tendo em conta que o ônus econômico seria acrescido ao valor das mercadorias postas à venda no mercado internacional, a abalar a competitividade das empresas nacionais. Afastou-se, também, a alegação de afronta ao art. 150, § 6º, da CF ("§ 6.º Qualquer subsídio ou isenção, redução de base de cálculo, concessão de crédito presumido, anistia ou remissão, relativos a impostos, taxas ou contribuições, só poderá ser concedido mediante lei específica, federal, estadual ou municipal, que regule exclusivamente as matérias acima enumeradas ou o correspondente tributo ou contribuição, sem prejuízo do disposto no art. 155, § 2º, XII, g"), haja vista que o deslinde da controvérsia não diria respeito à concessão de benefícios fiscais.

Imunidade: PIS/Cofins e valores recebidos a título de transferência de ICMS por exportadora - 3
Além disso, rechaçou-se a assertiva de que o acórdão recorrido teria malferido o art. 195, caput e I, b, da CF ["Art. 195. A seguridade social será financiada por toda a sociedade, de forma direta e indireta, nos termos da lei, mediante recursos provenientes dos orçamentos da União, dos Estados, do Distrito Federal e dos Municípios, e das seguintes contribuições sociais: I - do empregador, da empresa e da entidade a ela equiparada na forma da lei, incidentes sobre: ... b) a receita ou o faturamento"]. Explicitou-se que o conceito constitucional de receita não se confundiria com o conceito contábil. Salientou-se que caberia ao intérprete da Constituição sua definição, à luz de princípios e postulados constitucionais tributários, dentre os quais o princípio da capacidade contributiva. Registrou-se que o aproveitamento dos créditos de ICMS por ocasião da saída imune para o exterior não geraria receita tributável. Tratar-se-ia de mera recuperação do montante pago a título de ICMS na cadeia antecedente, a fim de desonerar a exportadora. Asseverou-se, ainda, que o art. 149, § 2º, I, da CF ("Art. 149. Compete exclusivamente à União instituir contribuições sociais, de intervenção no domínio econômico e de interesse das categorias profissionais ou econômicas, como instrumento de sua atuação nas respectivas áreas, observado o disposto nos arts. 146, III, e 150, I e III, e sem prejuízo do previsto no art. 195, § 6º, relativamente às contribuições a que alude o dispositivo. ... § 2º As contribuições sociais e de intervenção no domínio econômico de que trata o caput deste artigo: I - não incidirão sobre as receitas decorrentes de exportação") – aplicável inclusive às contribuições sociais para financiamento da seguridade social – imunizaria as receitas provenientes de exportação. Ademais, as receitas oriundas da cessão a terceiros, por empresa exportadora, de créditos do ICMS, enquadrar-se-iam como "receitas decorrentes de exportação". Vencido o Min. Dias Toffoli, que dava provimento ao recurso ao fundamento de que a cessão de créditos de ICMS

não configuraria operação de exportação, mas sim operação interna. RE 606107/RS, rel. Min. Rosa Weber, 22.5.2013. (RE-606107) (Inform. STF 707)

DIREITO TRIBUTÁRIO. ISENÇÃO TRIBUTÁRIA DO SENAI REFERENTE À IMPORTAÇÃO DE PRODUTOS E SERVIÇOS. O Serviço Nacional de Aprendizagem Industrial (SENAI) goza de isenção do imposto de importação, da contribuição ao PIS-importação e da COFINS-importação independentemente de a entidade ser classificada como beneficente de assistência social ou de seus dirigentes serem remunerados. Isso porque a isenção decorre diretamente dos arts. 12 e 13 da Lei 2.613/1955. Apesar de o art. 195, § 7º, da CF disciplinar a imunidade das entidades beneficentes de assistência social, não há exclusão de quaisquer outros benefícios fiscais que possam ser concedidos por lei ordinária, tal como o caso da isenção prevista na Lei 2.613/1955. Pensar de forma diferente significaria admitir que para essas entidades o ordenamento jurídico somente possibilitaria a imunidade, sem prever quaisquer outros benefícios fiscais, o que é absurdo lógico. Isso tudo é válido enquanto os arts. 12 e 13 da Lei 2.613/1955 permanecerem em vigor no ordenamento jurídico, ou seja, enquanto não houver sua revogação ou declaração de sua inconstitucionalidade. Desse modo, também se exclui a relevância de se verificar o cumprimento dos requisitos do art. 55 da Lei 8.212/1991 (agora dos arts. 1º, 2º, 18, 19 e 29 da Lei 12.101/2009), notadamente, a existência de remuneração ou não de seus dirigentes. Ademais, também não se vê qualquer conflito com os arts. 175 a 179 do CTN, pois a isenção concedida nos termos dos arts. 12 e 13 da Lei 2.613/1955 se deu por lei e em caráter geral para as entidades SESI, SESC, SENAI e SENAC, criando uma equiparação de tratamento com a União no que diz respeito a seus bens e serviços, o que permite a abrangência dos tributos posteriormente instituídos que onerem tais bens e serviços, havendo, portanto, especificação suficiente dos tributos a que se aplica, pois os invoca justamente pela sua hipótese de incidência (patrimônio, renda e serviços). Precedentes citados: AgRg no AREsp 73.797-CE, Primeira Turma, DJe 11/3/2013; e REsp 1.293.322-ES, Segunda Turma, DJe 24/9/2012. **REsp 1.430.257-CE, Rel. Min. Mauro Campbell Marques, julgado em 18/2/2014. (Inform. STJ 539)**

DIREITO TRIBUTÁRIO. BASE DE CÁLCULO DA CONTRIBUIÇÃO PARA O PIS. A base de cálculo da contribuição para o PIS incidente sobre os ganhos em operações de *swap* com finalidade de *hedge* atreladas à variação cambial deve ser apurada pelo regime de competência – e não pelo regime de caixa – se o contribuinte tiver feito a opção pela apuração segundo aquele regime. Embora o art. 30, *caput*, da MP 2.158-35/2001 excepcione a regra geral do regime de competência estabelecida pela legislação federal, o regime de caixa não decorre de imposição legal, mas do exercício de uma faculdade assegurada ao contribuinte, na medida em que o § 1º desse mesmo artigo garante à pessoa jurídica a opção de continuar a adotar o regime de competência, inclusive para as receitas mencionadas no *caput*. Pela lógica do sistema, a opção pelo regime de competência implica a dispensa da fruição do regime de caixa. Esses dispositivos da MP 2.158-35/2001 também podem ser aplicados a eventuais ganhos auferidos em operações de *swap* com finalidade de *hedge*, desde que atreladas à variação cambial. Já em relação às operações de *swap/hedge* que não estejam atreladas à variação cambial, não se mostra possível a aplicação do regime de caixa, porquanto extrapola a previsão normativa contida no art. 30 da MP 2.158-35/2001. Observe-se que o contrato de *swap/hedge* produz seus efeitos jurídicos desde a sua celebração, sendo que o encontro de contas que ocorre no seu termo final apenas exaure o objeto do negócio jurídico. Logo, a liquidação do contrato não se caracteriza como condição suspensiva para o adimplemento das obrigações assumidas para só então permitir a tributação da receita financeira, mas apenas encerra a avença que fez repercutir seus efeitos desde o momento em que foi pactuada. **REsp 1.235.220-PR, Rel. Min. Benedito Gonçalves, julgado em 22/4/2014. (Inform. STJ 539)**

DIREITO TRIBUTÁRIO. INCIDÊNCIA DO PIS E DA COFINS SOBRE A CORREÇÃO MONETÁRIA E OS JUROS REFERENTES À VENDA DE IMÓVEL. Os juros e a correção monetária decorrentes de contratos de alienação de imóveis realizados no exercício da atividade empresarial do contribuinte compõem a base de cálculo da contribuição ao PIS e da COFINS. De início, esclareça-se que, no julgamento do RE 585.235-MG (DJe 27/11/2008), o STF apreciou o recurso submetido a repercussão geral e definiu que a noção de faturamento deve ser compreendida no sentido estrito de receita bruta das vendas de mercadorias e da prestação de serviços de qualquer natureza, ou seja, a soma das receitas oriundas do exercício das atividades empresariais, excluindo-se do conceito de faturamento os aportes financeiros estranhos à atividade desenvolvida pela empresa. O STJ, por sua vez, firmou entendimento de que a receita proveniente das atividades de construir, alienar, comprar, alugar, vender imóveis e intermediar negócios imobiliários integra o conceito de faturamento para os fins de tributação a título de PIS e COFINS, incluindo-se aí as provenientes da locação de imóveis próprios e integrantes do ativo imobilizado, ainda que não seja o objeto social da empresa, pois o sentido de faturamento acolhido pela lei e pelo STF não foi o estritamente comercial. Ademais, aplica-se a esses casos, por analogia, o recurso representativo da controvérsia REsp 929.521-SP (Primeira Seção, DJe 13/10/2009) e a Súmula 423 do STJ: "A Contribuição para Financiamento da Seguridade Social – COFINS incide sobre as receitas provenientes das operações de locação de bens móveis". Sendo assim, se a correção monetária e os juros (receitas financeiras) decorrem diretamente das operações de venda de imóveis realizadas pelas empresas – operações essas que constituem os seus objetos sociais –, esses rendimentos devem ser considerados como um produto da venda de bens ou serviços, ou seja, constituem faturamento, base de cálculo das contribuições ao PIS e da COFINS, pois são receitas inerentes e acessórias aos referidos contratos e devem seguir a sorte do principal. **REsp 1.432.952-PR, Rel. Min. Mauro Campbell Marques, julgado em 25/2/2014. (Inform. STJ 537)**

DIREITO TRIBUTÁRIO. MAJORAÇÃO DA ALÍQUOTA DA COFINS. A majoração da alíquota da Cofins de 3% para 4% prevista no art. 18 da Lei 10.684/2003 não alcança as sociedades corretoras de seguro. Isso porque as referidas sociedades, responsáveis por intermediar a captação de interessados na realização de seguros, não podem ser equiparadas aos agentes de seguros privados (art. 22, § 1º, da Lei 8.212/1991), cuja atividade é típica das instituições financeiras na busca de concretizar negócios jurídicos nas bolsas de mercadorias e futuros. Precedentes citados: AgRg no AREsp 341.927/RS, Primeira Turma, DJe 29/10/2013; e AgRg no AREsp 370.921/RS, Segunda Turma, DJe 9/10/2013. **AgRg no AREsp 426.242-RS, Rel. Min. Herman Benjamin, julgado em 4/2/2014. (Inform. STJ 534)**

DIREITO TRIBUTÁRIO. REPETIÇÃO DA CONTRIBUIÇÃO PARA O PIS E DA COFINS NA HIPÓTESE DE CONTRIBUINTE VINCULADO À TRIBUTAÇÃO PELO LUCRO PRESUMIDO. RECURSO REPETITIVO (ART. 543-C DO CPC E RES. 8/2008-STJ).
O contribuinte vinculado ao regime tributário por lucro presumido tem direito à restituição de valores – referentes à contribuição para o PIS e à COFINS – pagos a maior em razão da utilização da base de cálculo indicada no § 1º do art. 3º da Lei 9.718/1998, mesmo após a EC 20/1998 e a edição das Leis 10.637/2002 e 10.833/2003. De início, esclarece-se que o STF declarou inconstitucional o § 1º do art. 3º da Lei 9.718/1998, isso porque a norma ampliou indevida-

mente o conceito de receita bruta, desconsiderando a noção de faturamento pressuposta na redação original do art. 195, I, b, da CF. Assim, o faturamento deve ser compreendido no sentido estrito de receita bruta decorrente da venda de mercadorias e da prestação de serviços de qualquer natureza, ou seja, considerando a soma das receitas oriundas do exercício das atividades empresariais. Entretanto, a reconhecida inconstitucionalidade não se estende às Leis 10.637/2002 e 10.833/2003, tendo em vista a nova redação atribuída ao art. 195, I, b, da CF pela EC 20/1998, prevendo que as contribuições sociais pertinentes também incidissem sobre a receita. Além do mais, deve-se ressaltar que, após a EC 20/1998 e a edição das Leis 10.637/2002 e 10.833/2003, o direito à repetição passou a ser condicionado ao enquadramento no rol do inciso II dos arts. 8º e 10 das referidas leis, respectivamente, que excluem determinados contribuintes da sistemática não-cumulativa, quais sejam: "as pessoas jurídicas tributadas pelo imposto de renda com base no lucro presumido ou arbitrado". Dessa forma, mesmo após as mudanças legislativas mencionadas, o contribuinte vinculado à sistemática de tributação pelo lucro presumido não foi abrangido pelos novos ditames legais, estando submetido à Lei 9.718/1998, com todas as restrições impostas pela declaração de inconstitucionalidade no STF. Precedentes citados do STJ: AgRg no REsp 961.340-SC, Segunda Turma, DJe 23/11/2009; e REsp 979.862-SC, Segunda Turma, DJe 11/6/2010. **REsp 1.354.506-SP, Rel. Min. Mauro Campbell Marques, julgado em 14/8/2013.** (Inform. STJ 529)

DIREITO TRIBUTÁRIO. BASE DE CÁLCULO DAS CONTRIBUIÇÕES PARA O PIS/PASEP E DA COFINS NA HIPÓTESE DE VENDA DE VEÍCULOS NOVOS POR CONCESSIONÁRIA DE VEÍCULOS. RECURSO REPETITIVO (ART. 543-C DO CPC E RES. 8/2008-STJ).
Na venda de veículos novos, a concessionária deve recolher as contribuições para o PIS/PASEP e a COFINS sobre a receita bruta/faturamento (arts. 2º e 3º da Lei 9.718/1998) – compreendido o valor de venda do veículo ao consumidor –, e não apenas sobre a diferença entre o valor de aquisição do veículo junto à fabricante concedente e o valor da venda ao consumidor (margem de lucro). Decerto, entre a pessoa jurídica fabricante (montadora-concedente) e o distribuidor (concessionária), há uma relação de concessão comercial cujo objeto é o veículo a ser vendido ao consumidor. Esse vínculo, sob o ponto de vista comercial, é regido pela Lei 6.729/1979, que caracteriza o fornecimento de mercadorias pela concedente à concessionária como uma compra e venda mercantil, pois estabelece que o preço de venda ao consumidor deve ser livremente fixado pela concessionária, enquanto na relação entre concessionária e concedente cabe a este fixar "o preço de venda" àquela (art. 13). Confirma o entendimento de que há uma compra e venda mercantil o disposto no art. 23 da mencionada lei, segundo o qual há obrigação da concedente de readquirir da concessionária o estoque de veículos pelo "preço de venda" à rede de distribuição. Desse modo, é evidente que, na relação de "concessão comercial" prevista na Lei 6.729/1979, existe um contrato de compra e venda mercantil que é celebrado entre o concedente e a concessionária e outro contrato de compra e venda que é celebrado entre a concessionária e o consumidor, sendo que é o segundo contrato que gera faturamento para a concessionária. Saliente-se, a propósito, que não há mera intermediação, tampouco operação de consignação. Isso, inclusive, é confirmado pelo art. 5º da Lei 9.718/1998, que, quando equipara para fins tributários as operações de compra e venda de veículos automotores usados à uma operação de consignação, parte do pressuposto de que a operação de compra e venda de carros novos não configura consignação. Efetivamente, só se equipara aquilo que não o é; se já o fosse, não seria necessário equiparar. Sendo assim, caracterizada a venda de veículos automotores novos, a operação se enquadra dentro do conceito de "faturamento" definido pelo STF quando examinou o art. 3º, caput, da Lei n.

9.718/1998, fixando que a base de cálculo do PIS e da COFINS é a receita bruta/faturamento que decorre exclusivamente da venda de mercadorias e/ou de serviços, não se considerando receita bruta de natureza diversa. Precedentes citados: AgRg nos EREsp 529.034-RS, Corte Especial, DJ 1º/8/2006; e AgRg no AREsp 67.356-DF, Primeira Turma, DJe 30/4/2012. **REsp 1.339.767-SP, Rel. Min. Mauro Campbell Marques, julgado em 26/6/2013.** (Inform. STJ 526)

DIREITO TRIBUTÁRIO. CRÉDITO PRESUMIDO. ICMS. IMPOSSIBILIDADE DE INCLUSÃO NA BASE DE CÁLCULO DO PIS E DA COFINS.
Não é possível a inclusão do crédito presumido de ICMS na base de cálculo da contribuição do PIS e da Cofins. O crédito-presumido do ICMS configura incentivo voltado à redução de custos, com a finalidade de proporcionar maior competitividade no mercado para as empresas de um determinado Estado-membro, não assumindo natureza de receita ou faturamento. Assim, não se tratando de receita, não há que se falar em incidência do crédito presumido do ICMS na base de cálculo do PIS e da Cofins. Precedentes citados: AgRg no REsp 1.229.134-SC, DJe 3/5/2011, e AgRg no REsp 1.165.316-SC, DJe 14/11/2011. **AgRg no REsp 1.329.781-RS, Rel. Min. Arnaldo Esteves Lima, julgado em 27/11/2012.** (Inform. STJ 510)

DIREITO TRIBUTÁRIO. PIS E COFINS. BASE DE CÁLCULO. INCLUSÃO DO ICMS.
O ICMS está incluído na base de cálculo do PIS e da Cofins. A jurisprudência do STJ cristalizou o entendimento de que o ICMS está incluído no cálculo do PIS e da Cofins nas Súm. ns. 68 e 94, respectivamente. Precedente citado: AgRg no REsp 1.212.949-SP, DJe 10/5/2012. **AgRg no AREsp 186.811-SC, Rel. Min. Arnaldo Esteves Lima, julgado em 4/10/2012.** (Inform. STJ 506)

DIREITO TRIBUTÁRIO. PIS E COFINS. ATOS NÃO COOPERATIVOS. INCIDÊNCIA.
A contribuição ao PIS e à Cofins incide sobre os atos praticados por cooperativa com terceiros. As receitas resultantes da prática de atos cooperativos – que são aqueles que a cooperativa realiza com os seus cooperados ou com outras cooperativas (art. 79 da Lei n. 5.764/1971) – estão isentas do pagamento de tributos, inclusive de contribuições de natureza previdenciária. Por outro lado, estão submetidas à tributação aquelas decorrentes da prática de atos da cooperativa com não associados. Assim, não se pode concluir que esteja vedada a tributação de toda e qualquer operação praticada pelas cooperativas. O fato de o art. 146, III, c, da CF prever o adequado tratamento tributário do ato cooperativo não significa isenção ou imunidade tributária ampla e irrestrita às cooperativas, com a desoneração do recolhimento de contribuições previdenciárias. Até porque, segundo os princípios da universalidade e da solidariedade social, em que se fundamentam os arts. 194 e 195 da CF, a expansão e manutenção do sistema de seguridade social serão financiados por toda a sociedade, direta ou indiretamente. Precedentes citados: REsp 1.192.187-SP, DJe 17/8/2010, e AgRg no REsp 911.778-RN, DJe 24/4/2008. **AgRg no AREsp 170.608-MG, Rel. Min. Arnaldo Esteves Lima, julgado em 9/10/2012.** (Inform. STJ 506)

DIREITO TRIBUTÁRIO. PIS. HONORÁRIOS DE SUCUMBÊNCIA. PRESTAÇÃO DE SERVIÇOS POR SOCIEDADE DE ADVOGADOS.
Incide contribuição ao PIS sobre as receitas decorrentes da prestação de serviços advocatícios de sociedade de advogados. A partilha dos resultados da atividade econômica é condição intrínseca ao contrato de sociedade nos termos do art. 981 do CC. Conforme dispõe a Lei n. 8.906/1994, a sociedade civil de advogados, uma vez atendidas as formalidades legais, adquire personalidade jurídica (art. 15, § 1°), devendo as procu-

rações ser outorgadas individualmente aos advogados e indicar a sociedade de que façam parte (art. 15, § 3°), sendo que a sociedade responde em caráter principal pelos danos causados aos clientes por ação ou omissão no exercício da advocacia, enquanto o sócio responde de forma subsidiária (art. 17). Nesse contexto, o art. 22 da Lei n. 8.906/1994, que estabelece que a prestação de serviço profissional assegura aos inscritos na OAB o direito aos honorários convencionados, aos fixados por arbitramento judicial e aos de sucumbência, deve ser interpretado de forma sistemática com o regime que disciplina a sociedade de advogados. Portanto, se o serviço é prestado pela sociedade, com indicação a respeito na procuração, ela tem legitimidade para levantar o valor dos honorários, operando-se os efeitos tributários daí decorrentes. Precedente citado: AgRg nos EREsp 1.114.785-SP, DJe 19/11/2010. **REsp 1.283.410-PE, Rel. Min. Herman Benjamin, julgado em 20/9/2012. (Inform. STJ 505)**

ISENÇÃO. PIS. COFINS. TRANSPORTE DE MERCADORIAS.
O transporte interno de mercadorias entre o estabelecimento produtor e o porto ou aeroporto alfandegado, ainda que posteriormente exportadas, não configura transporte internacional de cargas de molde a afastar a regra de isenção do PIS e da Cofins prevista no art. 14 da MP n. 2.158-35/2001. **REsp 1.251.162-MG, Rel. Min. Castro Meira, julgado em 8/5/2012. (Inform. STJ 497)**

Súmula STF n° 659
É legítima a cobrança da COFINS, do PIS e do FINSOCIAL sobre as operações relativas a energia elétrica, serviços de telecomunicações, derivados de petróleo, combustíveis e minerais do País.

SÚMULA STJ n° 508
A isenção da Cofins concedida pelo art. 6°, II, da LC n. 70/1991 às sociedades civis de prestação de serviços profissionais foi revogada pelo art. 56 da Lei n. 9.430/1996.

Súmula STJ n° 468
A base de cálculo do PIS, até a edição da MP n. 1.212/1995, era o faturamento ocorrido no sexto mês anterior ao do fato gerador.

Súmula STJ n° 423
A Contribuição para Financiamento da Seguridade Social – Cofins incide sobre as receitas provenientes das operações de locação de bens móveis.

Súmula STJ n° 276
As sociedades civis de prestação de serviços profissionais são isentas da Cofins, irrelevante o regime tributário adotado. *(a partir do entendimento do STF, o STJ cancelou esta súmula para reconhecer a inexistência de isenção)*

8.2. CSLL

ED: cancelamento de voto vogal e supostas contradições - 1
O Plenário, ao julgar embargos de declaração, acolheu-os, sem efeito modificativo, apenas para prestar esclarecimento, mantendo, assim, a orientação firmada no julgamento do recurso extraordinário, em que reconhecida a repercussão geral. Dessa forma, o Tribunal reafirmou o entendimento no sentido de que a Contribuição Social sobre o Lucro Líquido – CSLL incide sobre o lucro das empresas exportadoras, uma vez que a imunidade prevista no art. 149, § 2°, I, da CF (com a redação dada pela EC 33/2001) não o alcança. Inicialmente, a Corte afastou, por maioria, preliminar de nulidade arguida em razão do cancelamento da transcrição do voto vogal do Ministro Celso de Mello na composição do acórdão. Destacou que o cancelamento do voto vogal traduziria faculdade processual reconhecida ao juiz que o tivesse proferido. Vencido o Ministro Marco Aurélio (relator), que provia os embargos de declaração para determinar a juntada do voto do Ministro Celso de Mello. Afirmava que apregoado o processo, tudo que fosse veiculado por integrante do Tribunal mostrar-se-ia público e não ficaria no campo da disponibilidade do autor. Sublinhava que o acórdão revelaria um grande todo e deveria satisfazer a regra do art. 93, IX, da CF ("todos os julgamentos dos órgãos do Poder Judiciário serão públicos e fundamentadas todas as decisões, sob pena de nulidade"). Em seguida, o Tribunal refutou as demais alegações da embargante. No que se refere à primeira delas, a de que não seria possível a qualificação, em tese, de imunidades tributárias como subsídios proibidos ou passíveis de proibição em razão do conceito de subsídio estabelecido no Acordo sobre Subsídios e Medidas Compensatórias – ASMC. O Colegiado ressaltou que filigranas conceituais não estariam em jogo e a norma internacional não as envolveria. Frisou que, consoante o art. 1° do mencionado Acordo, subsídio consistiria em contribuição financeira concedida pelo governo, que poderia ocorrer sob diferentes modalidades: desde transferência direta de fundos, fornecimento de bens e serviços, financiamentos, delegação de atribuições governamentais a corpos privados, até renúncia de receitas públicas por meio de incentivos fiscais. Realçou que a equiparação pelo acordo internacional, sob o rótulo comum de subsídio, de modos tão diversos de contribuições financeiras governamentais, incluída expressamente a concessão de benefícios fiscais, revelaria o quanto seria impróprio pautar-se em esquemas de linguagem, como pretendera a embargante, para reduzir o alcance normativo da expressão subsídio e sustentar a contradição veiculada.

ED: cancelamento de voto vogal e supostas contradições - 2
O Plenário observou que a segunda contradição arguida seria também de ordem conceitual. A embargante teria apontado o descompasso em qualificar a imunidade como possível violação do ASMC, porquanto o Acordo Geral sobre Tarifas e Comércio excluiria expressamente do conceito de subsídio as desonerações relacionadas à exportação. Recordou que o art. 16 do Acordo Geral sobre Tarifas e Comércio traria regras gerais sobre os subsídios à exportação. Rememorou que o dispositivo receberia notas e provisões suplementares, entre as quais a que excepcionaria da denominação de subsídio a desoneração de tributos sobre "produto exportado", desde que prevista idêntica incidência quanto a bens similares destinados ao consumo interno. Ponderou que haveria um ponto fundamental: considerada a referência a "produto exportado" pela norma internacional, a desoneração excepcionada possuiria nítida natureza objetiva. Salientou, portanto, que a discutida nota ou provisão suplementar não teria aplicação no caso debatido, porque a CSLL não constituiria tributo incidente sobre "produto exportado", objeto de proteção da nota adicional ao mencionado art.16, mas ônus que recairia na figura do exportador. Assim, se imunidade houvesse ou fosse reconhecida pelo Pleno, essa seria subjetiva, fora do alcance da exceção estabelecida pela nota mencionada. Por último, ante a ausência de antinomia, a Corte rejeitou a assertiva de contradição a envolver a norma constitucional de imunidade e as regras dos acordos internacionais, hipoteticamente solucionada pelo Colegiado em favor das últimas. Depreendeu que os votos da Ministra Ellen Gracie e do Ministro Joaquim Barbosa apenas demonstrariam o uso dos compromissos internacionais firmados pelo Brasil como vetor interpretativo para revelar o alcance mais razoável da EC 33/2001. Consignou que, do conteúdo do voto desse Ministro, seria possível concluir que se de antinomia ele tivesse tratado, resolveria em favor da competência do Poder Legislativo e não dos acordos internacionais, como erroneamente sustentara a embargante. **RE 564413 ED/SC, rel. Min. Marco Aurélio, 13.8.2014. (RE-564413) (Inform. STF 754)**

Correção monetária de demonstrações financeiras
A 1ª Turma, por maioria, negou provimento a agravo regimental em que se discutia a possibilidade de correção monetária de demonstrações financeiras. Inicialmente, a Turma afirmou que a controvérsia a envolver o art. 4° da Lei 9.249/1995, cingir-

-se-ia a âmbito infraconstitucional. Ademais, verificou que a natureza dos créditos escriturais acumulados concernentes aos prejuízos fiscais do IRPJ e às bases negativas da CSLL seria distinta. Consignou posicionamento da Corte segundo o qual a dedução de prejuízos de exercícios anteriores da base de cálculo do IRPJ e a compensação das bases negativas da CSLL constituiriam favores fiscais. Nesse sentido, os prejuízos ocorridos em exercícios não se caracterizariam como fato gerador, mas meras deduções, cuja proteção para exercícios futuros teria sido autorizada nos termos da lei. Em seguida, a Turma ressaltou que o art. 39, § 4°, da Lei 9.250/1995 não seria aplicável ao caso, uma vez que o dispositivo apenas se referiria à utilização da taxa SELIC aos valores provenientes de tributos pagos indevidamente ou a maior, para fins de compensação, o que não seria a situação dos autos. Vencido o Ministro Marco Aurélio, que provia o agravo. Pontuava que a ausência de correção monetária implicaria transformação do imposto de renda em imposto sobre o patrimônio da própria empresa, em razão da alta inflação existente à época. RE 807062 AgR/PR, rel. Min. Dias Toffoli, 2.9.2014. (RE-807062) (Inform. STF 757)

REPERCUSSÃO GERAL EM RE N. 612.686-SC
RELATOR: MIN. LUIZ FUX
Ementa: RECURSO EXTRAORDINÁRIO. DIREITO TRIBUTÁRIO. ENTIDADE FECHADA DE PREVIDÊNCIA COMPLEMENTAR. INCIDÊNCIA DE IRPJ E DE CSLL. BASE DE CÁLCULO PARA AS EXAÇÕES. RENDA E LUCRO. NATUREZA JURÍDICA NÃO-LUCRATIVA DOS FUNDOS DE PENSÃO DETERMINADA POR LEI. ARGUIÇÃO DE INCONSTITUCIONALIDADE DA MP N° 2.222/2001 REVOGADA PELA LEI N° 11.053/04. LEI N° 10.426. INCOMPATIBILIDADE DA RETENÇÃO DO IRPJ NA FONTE. LEI N° 6.465/77, REVOGADA PELA LEI COMPLEMENTAR N° 109/01. ALEGAÇÃO DE NÃO OCORRÊNCIA DE FATO GERADOR DECORRENTE DE VEDAÇÃO CONSTITUCIONAL E INFRACONSTITUCIONAL. NATUREZA JURÍDICA. EFEITOS. SITUAÇÃO QUE NÃO SE SUBSUME A TESE DE IMUNIDADE RECHAÇADA PELO PLENÁRIO NO RE 202.700. CONTRADIÇÃO VERIFICADA. ARTIGO 543-A, § 4°, DO CÓDIGO DE PROCESSO CIVIL. REPERCUSSÃO GERAL DA QUESTÃO CONSTITUCIONAL RECONHECIDA.
1. A CSLL e o IRPJ, respectivamente, e a natureza jurídica não-lucrativa das entidades fechadas de previdência complementar, determinada pela lei federal que trata dessas pessoas jurídicas (Lei n° 6.435/77, revogada pela Lei complementar n° 109/01, atualmente em vigor), em tese, afasta a incidência das exações, uma vez que a configuração do fato gerador desses tributos decorre do exercício de atividade empresarial que tenha por objeto ou fim social a obtenção de lucro.
2. Os rendimentos auferidos nas aplicações de fundos de investimento das entidades fechadas, uma vez ausente a finalidade lucrativa dos fundos de pensão para configurar o fato gerador do tributo e as prévias constituições de reserva de contingência e reserva especial e revisão do plano atuarial, ao longo de pelo menos 3 (três) exercícios financeiros para aferir-se sobre a realização ou não do superávit, não equivale a lucro, sob o ângulo contábil, afastada a retenção do IRPJ.
3. *In casu*, argui-se no recurso extraordinário a alegada inconstitucionalidade da regra do artigo 1° da MP n° 2.222, de 4 de setembro de 2001, ao estabelecer que *a partir de 1° de janeiro de 2002, os rendimentos e ganhos auferidos nas aplicações de recursos das provisões, reservas técnicas e fundos de entidades abertas de previdência complementar e de sociedades seguradoras que operam planos de benefícios de caráter previdenciário, ficam sujeitos à incidência do imposto de renda de acordo com as normas de tributação aplicáveis às pessoas físicas e às pessoas jurídicas não-financeiras.*
4. A natureza da entidade de previdência complementar em regra se contrapõe à incidência dos tributos de IRPJ e de CSLL, que pressupõem a ocorrência do fato gerador lucro ou faturamento pela pessoa jurídica, ante à previsão do artigo 195, I, *a* e *c*, da CF/88.

5. A inconstitucionalidade da MP n° 2.222/01, reclama, para apreciação dessa questão, a análise prévia sobre a possibilidade jurídica ou não na realização do fato gerador do IRPJ, que é objeto da referida medida provisória.
6. Repercussão geral reconhecida, nos termos do artigo 543-A do Código de Processo Civil. (Inform. STF 739)

DIREITO TRIBUTÁRIO. HIPÓTESE DE INCLUSÃO DO ICMS NA BASE DE CÁLCULO DO IRPJ E DA CSLL. No regime de lucro presumido, o ICMS compõe a base de cálculo do IRPJ e da CSLL. Precedentes citados: AgRg no REsp 1.393.280-RN, Segunda Turma, DJe 16/12/2013; e REsp 1.312.024-RS, Segunda Turma, DJe 7/5/2013. **AgRg no REsp 1.423.160-RS, Rel. Min. Herman Benjamin, julgado em 27/3/2014. (Inform. STJ 539)**

DIREITO TRIBUTÁRIO. INCIDÊNCIA DE IRPJ E CSLL SOBRE OS JUROS REMUNERATÓRIOS DEVIDOS NA DEVOLUÇÃO DOS DEPÓSITOS JUDICIAIS. RECURSO REPETITIVO (ART. 543-C DO CPC E RES. 8/2008-STJ).
Incidem IRPJ e CSLL sobre os juros remuneratórios devidos na devolução dos depósitos judiciais efetuados para suspender a exigibilidade do crédito tributário. Inicialmente, é importante estabelecer que a taxa Selic pode possuir natureza jurídica de acordo com a previsão legal ou relação jurídica que origina sua incidência, ou seja, ora pode ter natureza de juros compensatórios, ora de juros moratórios ou até mesmo de correção monetária. Nesse contexto, o art. 1°, § 3°, da Lei 9.703/1998, que regula os depósitos judiciais para fins de suspensão da exigibilidade de tributos, estabelece que o depósito, após o encerramento da lide, deve ser devolvido ao depositante vitorioso "acrescido de juros", na forma do art. 39, § 4°, da Lei 9.250/1995 (Selic). Esta lei, por sua vez, atribui a natureza jurídica de juros à remuneração do capital depositado. Portanto, a natureza jurídica da remuneração do capital é de juros remuneratórios, o que resulta em acréscimo patrimonial que compõe a esfera de disponibilidade do contribuinte. Assim, considerando o fato de que a legislação do IRPJ trata os juros como receitas financeiras, deve-se concluir que incidem IRPJ e CSLL sobre os juros remuneratórios decorrentes dos depósitos judiciais devolvidos. Precedentes citados: AgRg no Ag 1.359.761-SP, Primeira Turma, DJe 6/9/2011; e REsp 1.086.875-PR, Segunda Turma, DJe 6/8/2012. **REsp 1.138.695-SC, Rel. Min. Mauro Campbell Marques, julgado em 22/5/2013.** (Inform. STJ 521)

DIREITO TRIBUTÁRIO. INCIDÊNCIA DE IRPJ E CSLL SOBRE OS JUROS DE MORA DECORRENTES DE REPETIÇÃO DO INDÉBITO. RECURSO REPETITIVO (ART. 543-C DO CPC E RES. 8/2008-STJ).
Incidem IRPJ e CSLL sobre os juros decorrentes da mora na devolução de valores determinada em ação de repetição do indébito tributário. O STJ entende que, embora os juros de mora na repetição do indébito tributário decorrente de sentença judicial configurem verbas indenizatórias, eles possuem natureza jurídica de lucros cessantes, constituindo evidente acréscimo patrimonial, razão pela qual é legítima a tributação pelo IRPJ, salvo a existência de norma específica de isenção ou a constatação de que a verba principal a que se referem os juros é isenta ou está fora do campo de incidência do imposto (tese em que o acessório segue o principal). No caso da repetição do indébito, o tributo (principal), quando efetivamente pago, pode ser deduzido como despesa (art. 7° da Lei n. 8.541/1992) e, a contrario sensu, se o valor for devolvido, deve integrar as receitas da empresa a fim de compor o lucro real e o lucro líquido ajustado como base de cálculo do IRPJ e da CSLL. Desse modo, a tese da acessoriedade dos juros de mora não socorre aos contribuintes, pois a verba principal não escapa à base de cálculo das referidas exações. Ainda, conforme a legislação do IRPJ, os juros moratórios – dada a natureza de lucros cessantes – encontram-se dentro da base de cálculo dos impostos, na medida em que compõem

o lucro operacional da empresa. Precedente citado: EDcl no REsp 1.089.720-RS, Primeira Seção, DJe 6/3/2013. **REsp 1.138.695-SC, Rel. Min. Mauro Campbell Marques, julgado em 22/5/2013.** (Inform. STJ 521)

8.3. Contribuições ao Regime Geral de Previdência Social

Contribuição previdenciária e participação nos lucros - 4
Incide contribuição previdenciária sobre as parcelas pagas a título de participação nos lucros referentes ao período entre a promulgação da CF/1988 e a entrada em vigor da Medida Provisória 794/1994, que regulamentou o art. 7º, XI, da CF ("Art. 7º. São direitos dos trabalhadores urbanos e rurais, além de outros que visem à melhoria de sua condição social: ... XI - participação nos lucros, ou resultados, desvinculada da remuneração, e, excepcionalmente, participação na gestão da empresa conforme definido em lei"), convertida, posteriormente, na Lei 10.101/2000. Essa a orientação do Plenário que, em conclusão de julgamento e por maioria, proveu recurso extraordinário em que discutida a questão — v. Informativo 760. O Colegiado asseverou haver precedentes de ambas as Turmas do STF no sentido da incidência da contribuição previdenciária sobre as mencionadas parcelas. Acresceu que a seguridade social seria financiada por toda a sociedade, conforme se depreenderia dos artigos 195, I, a; e 201, § 11, ambos da CF ["Art. 195. A seguridade social será financiada por toda a sociedade, de forma direta e indireta, nos termos da lei, mediante recursos provenientes dos orçamentos da União, dos Estados, do Distrito Federal e dos Municípios, e das seguintes contribuições sociais: I - do empregador, da empresa e da entidade a ela equiparada na forma da lei, incidentes sobre: a) a folha de salários e demais rendimentos do trabalho pagos ou creditados, a qualquer título, à pessoa física que lhe preste serviço, mesmo sem vínculo empregatício ... Art. 201. A previdência social será organizada sob a forma de regime geral, de caráter contributivo e de filiação obrigatória, observados critérios que preservem o equilíbrio financeiro e atuarial, e atenderá, nos termos da lei, a: ... § 11. Os ganhos habituais do empregado, a qualquer título, serão incorporados ao salário para efeito de contribuição previdenciária e consequente repercussão em benefícios, nos casos e na forma da lei"]. Ao se interpretar teleologicamente a cláusula prevista no inciso XI do art. 7º da CF, concluir-se-ia que o objetivo da desvinculação seria impedir que essa parcela servisse de base de cálculo para outras. A aludida medida provisória teria estabelecido hipótese de isenção e não de não incidência, razão pela qual não poderia abranger período pretérito. Vencido o Ministro Dias Toffoli (relator), que negava provimento ao recurso. Registrava que entendimento diverso implicaria a tributação, inclusive, nas hipóteses de convenção coletiva, a versar sobre participação nos lucros e resultados, firmada anteriormente à lei. RE 569441/RS, rel. orig. Min. Dias Toffoli, red. p/ o acórdão Min. Teori Zavascki, 30.10.2014. (RE-569441) (Inform. STF 765)

REPERCUSSÃO GERAL EM RE N. 761.263-SC
RELATOR: MIN. TEORI ZAVASCKI
Ementa: CONSTITUCIONAL. TRIBUTÁRIO. CONTRIBUIÇÃO SOCIAL. SEGURADO ESPECIAL. ARTIGO 195, § 8º, DA CF/88. RESULTADO DA COMERCIALIZAÇÃO DA PRODUÇÃO. ART. 25 DA LEI 8.212/91, DESDE SUA REDAÇÃO ORIGINÁRIA. RECEITA BRUTA. BASE DE CÁLCULO. AUSÊNCIA DE IDENTIDADE. NECESSIDADE DE LEI COMPLEMENTAR. RECONHECIMENTO DA INCONSTITUCIONALIDADE DE DISPOSITIVOS DA LEI 8.212/91. EFEITOS REPRISTINATÓRIOS. Possui repercussão geral a questão atinente à constitucionalidade da contribuição a ser recolhida pelo segurado especial, prevista no art. 25 da Lei 8.212/1991, desde a sua redação originária, diante da ausência de identidade de sua base de cálculo (receita bruta) com a prevista no art. 195, § 8º, da Constituição Federal (resultado da comercialização). (Inform. STF 746)

Contribuição sobre serviços prestados por cooperados por intermédio de cooperativas
É inconstitucional a contribuição a cargo de empresa, destinada à seguridade social, no montante de "quinze por cento sobre o valor bruto da nota fiscal ou fatura de prestação de serviços, relativamente a serviços que lhe são prestados por cooperados por intermédio de cooperativas de trabalho", prevista no art. 22, IV, da Lei 8.212/1991, com a redação dada pela Lei 9.876/1999. Com base nessa orientação, o Plenário deu provimento a recurso extraordinário no qual se discutia a obrigação de recolhimento da exação. Na espécie, o tribunal "a quo" entendera ser possível a fixação da mencionada alíquota via lei ordinária. Decidira, ainda, pela validade da equiparação da cooperativa à empresa mercantil, que ampliara o rol dos sujeitos passivos das contribuições sociais. A Corte, de início, salientou que a Lei 9.876/1999 transferira a sujeição passiva da obrigação tributária para as empresas tomadoras dos serviços. Em seguida, assentou que, embora os sócios/usuários pudessem prestar seus serviços no âmbito dos respectivos locais de trabalho, com seus equipamentos e técnicas próprios, a prestação dos serviços não seria dos sócios/usuários, mas da sociedade cooperativa. Apontou que os terceiros interessados nesses serviços efetuariam os pagamentos diretamente à cooperativa, que se ocuparia, posteriormente, de repassar aos sócios/usuários as parcelas relativas às respectivas remunerações. O colegiado aduziu que a tributação de empresas, na forma delineada na Lei 9.876/1999, mediante desconsideração legal da personalidade jurídica das sociedades cooperativas, subverteria os conceitos de pessoa física e de pessoa jurídica estabelecidos pelo direito privado. Reconheceu que a norma teria extrapolado a base econômica delineada no art. 195, I, a, da CF, ou seja, a regra sobre a competência para se instituir contribuição sobre a folha de salários ou sobre outros rendimentos do trabalho. Reputou afrontado o princípio da capacidade contributiva (CF, art. 145, § 1º), porque os pagamentos efetuados por terceiros às cooperativas de trabalho, em face de serviços prestados por seus associados, não se confundiriam com os valores efetivamente pagos ou creditados aos cooperados. Sublinhou que o legislador ordinário, ao tributar o faturamento da cooperativa, descaracterizara a contribuição hipoteticamente incidente sobre os rendimentos do trabalho dos cooperados, com evidente "bis in idem". Assim, o Tribunal concluiu que contribuição destinada a financiar a seguridade social, que tivesse base econômica estranha àquelas indicadas no art. 195 da CF, somente poderia ser legitimamente instituída por lei complementar, nos termos do art. 195, § 4º, da CF. RE 595838/SP, rel. Min. Dias Toffoli, 23.4.2014. (RE-595838) (Inform. STF 743)

Transportador autônomo: alteração da base de cálculo e princípio da legalidade - 4
Em conclusão, o Plenário, por maioria, deu provimento a recurso ordinário em mandado de segurança coletivo, afetado pela 2ª Turma, em que pretendia a declaração de ilegalidade da Portaria 1.135/2001, editada pelo Ministro de Estado da Previdência e Assistência Social. Alegava-se que a referida norma, ao alterar a redação do Decreto 3.048/99, teria aumentado a base de cálculo da contribuição social incidente sobre as remunerações ou retribuições pagas ou creditadas a transportador autônomo pelo frete, carreto ou transporte de passageiros realizado por conta própria, prevista no art. 22, III, da Lei 8.212/91 ("Art. 22. A contribuição a cargo da empresa, destinada à Seguridade Social, além do disposto no art. 23, é de: ... III - vinte por cento sobre o total das remunerações pagas ou creditadas a qualquer título, no decorrer do mês, aos segurados contribuintes individuais que lhe prestem serviços") – v. Informativos 431 e 445.

Transportador autônomo: alteração da base de cálculo e princípio da legalidade - 5
Preponderou o voto do Min. Marco Aurélio, que restabeleceu os parâmetros constantes da redação anterior do Decreto 3.048/99, no sentido de se utilizar a alíquota de 11,71% sobre o valor bruto do frete, carreto ou transporte de passageiros. Asseverou que não haveria campo para incidência do inciso III do art. 22 da Lei 8.212/91, porquanto o frete satisfeito visaria também fazer frente ao combustível, ao desgaste do veículo, e a outros ônus, situação concreta não prevista na aludida lei. Por essa razão, teria sido editado o decreto para regulamentá-la. Considerou que este seria inconstitucional por ferir o princípio da legalidade – visto que a nova percentagem teria sido estabelecida por simples portaria –, mas que, em face dos limites do pedido – por se tratar de processo subjetivo –, necessário reconhecer apenas a inconstitucionalidade da portaria impugnada. Vencidos os Ministros Eros Grau, relator, e Gilmar Mendes, que negavam provimento ao recurso. Assentavam a inconstitucionalidade do decreto e da portaria que o alterara, mas reconheciam que a mera declaração de ilegalidade da portaria implicaria a conservação do percentual fixado pelo decreto, o qual estaria ainda mais distante da base de cálculo definida pela Lei 8.212/91, e não poderia ser declarado inconstitucional na via eleita, sob pena de reformatio in pejus. Declaravam que a consequência natural desse ato seria a incidência do tributo sobre a integralidade da remuneração, o que agravaria a situação da recorrente. RMS 25476/DF, rel. orig. Min. Eros Grau, red. p/ o acórdão Min. Marco Aurélio, 22.5.2013. (RMS-25476) (Inform. STF 707)

DIREITO TRIBUTÁRIO. CONTRIBUIÇÃO SOCIAL AO FUNRURAL. A despeito dos arts. 1º da Lei 8.540/1992, 1º da Lei 9.528/1997 e 1º da Lei 10.256/2001, desde a vigência da Lei 8.212/1991, não é possível exigir a contribuição social ao FUNRURAL, a cargo do empregador rural pessoa física, incidente sobre o valor comercial dos produtos rurais. A contribuição social incidente sobre a produção rural foi extinta pela Lei 8.213/1991 para os produtores rurais empregadores pessoas físicas, que passaram a recolher contribuições sobre a folha de salários de seus empregados. Todavia, a referida contribuição foi mantida para os segurados especiais (produtores rurais em regime de economia familiar). Dessa forma, com a criação do Plano de Custeio da Previdência Social pela Lei 8.212/1991, os produtores rurais passaram a contribuir para a Previdência Social, ou sobre o resultado da comercialização (segurados especiais), ou sobre a folha de salários (caso dos empregadores rurais pessoas físicas). Com o advento da Lei 8.540/1992, que deu nova redação ao art. 25 da Lei 8.212/1991, voltou-se a exigir dos produtores rurais empregadores pessoas físicas o recolhimento de contribuição social sobre a comercialização de produtos. Entretanto, o STF, sob o rito do art. 543-B do CPC (RE 596.177-RS, Tribunal Pleno, DJe 29/8/2011), declarou a inconstitucionalidade do art. 1º da Lei 8.540/1992, com base nos seguintes fundamentos: (I) referido dispositivo teria criado nova hipótese de incidência de contribuição social não prevista no art. 195, I, da CF; (II) os empregadores rurais pessoa física estariam sujeitos a dupla tributação ao recolher a Contribuição para Financiamento da Seguridade Social – COFINS, além daquela instituída pela Lei 8.540/1992, ferindo, portanto, o princípio da isonomia; e (III) a lei é formalmente inconstitucional, em razão de que nova fonte de custeio da Seguridade Social só poderia ser criada por meio de Lei Complementar. Saliente-se que as posteriores alterações legislativas impostas ao art. 25 da Lei 8.212/1991 por meio dos arts. 1º da Lei 9.528/1997 e 1º da Lei 10.256/2001 não alteram a conclusão em torno da mesma inconstitucionalidade, haja vista padecerem, por igual, de vício semelhante ao do art. 1º da Lei 8.540/1992, marcadamente no ponto em que havia determinado o restabelecimento da contribuição ao FUNRURAL. **REsp 1.070.441-SC, Rel. Min. Sérgio Kukina, julgado em 2/9/2014. (Inform. STJ 548)**

DIREITO PREVIDENCIÁRIO E TRIBUTÁRIO. CONTRIBUIÇÃO PREVIDENCIÁRIA SOBRE LICENÇA CASAMENTO E LICENÇA PARA PRESTAÇÃO DE SERVIÇO ELEITORAL. Incide contribuição previdenciária a cargo da empresa sobre os valores pagos a título de licença casamento (art. 473, II, da CLT) e de licença para prestação de serviço eleitoral (art. 98 da Lei 9.504/1997). Consoante a jurisprudência do STJ, o parâmetro para incidência da contribuição previdenciária é o caráter salarial da verba, já a não incidência ocorre nas verbas de natureza indenizatória. Posto isso, cumpre esclarecer que a licença para prestação do serviço eleitoral e a licença casamento não ostentam caráter indenizatório. Sua natureza estrutural remete ao inafastável caráter remuneratório, integrando parcela salarial cujo ônus é do empregador, sendo irrelevante a inexistência da efetiva prestação laboral no período, porquanto mantido o vínculo de trabalho, o que atrai a incidência tributária sobre as indigitadas verbas. Ademais, não se sustenta, e não encontra albergue na jurisprudência do STJ o parâmetro de que qualquer afastamento ao serviço justificaria o não pagamento de contribuição previdenciária. Assim, há hipóteses em que ocorre o efetivo afastamento do empregado, ou seja, não há a efetiva prestação do serviço ou o efetivo tempo a disposição do empregador, mas ainda assim é devida a incidência tributária, tal como ocorre quanto ao salário-maternidade, situação na qual a mãe se ausenta para cuidar do filho e nem por isso a contribuição é indevida. No mesmo caminho estão as férias gozadas, situação em que o empregado se ausenta por, em regra, 30 dias – período muito maior do que as vinculadas à licença TRE eleição e à licença casamento –, e ainda assim a incidência da contribuição previdenciária se faz presente. **REsp 1.455.089-RS, Rel. Min. Humberto Martins, julgado em 16/9/2014. (Inform. STJ 548)**

DIREITO TRIBUTÁRIO. APLICABILIDADE DA PENA DE PERDIMENTO A MERCADORIAS IMPORTADAS. A mercadoria importada qualificada como bagagem acompanhada que fora apreendida em zona secundária e desacompanhada de Declaração de Bagagem Acompanhada (DBA) será restituída ao viajante até o limite da cota de isenção determinada pela Receita Federal (art. 33 da IN 1.059/2010 da RFB), aplicável a pena de perdimento em relação à mercadoria que exceda esse limite. Isso porque, conforme dispõe o art. 33 da IN 1.059/2010 da RFB, o viajante procedente do exterior poderá trazer, com a isenção a que se refere o *caput* do art. 32, em sua bagagem acompanhada (art. 2º, III), livros, folhetos, periódicos, bens de uso ou consumo pessoal e outros bens cujos limites de valor global não ultrapassem os limites da cota de isenção determinada por esse dispositivo normativo. De fato, de acordo com o art. 3º, os "viajantes que ingressarem no território brasileiro deverão efetuar a declaração do conteúdo de sua bagagem, mediante o preenchimento, a assinatura e a entrega à autoridade aduaneira da Declaração de Bagagem Acompanhada (DBA)". Todavia, o art. 3º-A, *caput*, dessa mesma Instrução Normativa, determina que estão dispensados de apresentar a DBA de que trata o art. 3º "os viajantes que não estiverem obrigados a dirigir-se ao canal 'bens a declarar'". Ocorre que, entre os viajantes que estão obrigados a dirigir-se ao canal "bens a declarar" – e que, portanto, devem apresentar a DBA – enquadra-se o viajante que trouxer "bens cujo valor global ultrapasse o limite de isenção para a via de transporte, de acordo com o disposto no art. 33" (art. 6º, VIII, da IN 1.059/2010 da RFB). Deste modo, se o que está dentro da cota de isenção dispensa declaração de bens, conclui-se que a pena de perdimento só é pertinente aos produtos que, por estarem acima dos limites da cota, venham a configurar dano ao erário, nos termos do art. 689 do Decreto 6.759/2009, já que, quanto a eles, há sim a obrigação de apresentação de declaração e demais formalidades de internação. **REsp 1.443.110-PR, Rel. Min. Humberto Martins, julgado em 12/8/2014. (Inform. STJ 546)**

DIREITO TRIBUTÁRIO E PREVIDENCIÁRIO. INCIDÊNCIA DE CONTRIBUIÇÃO PREVIDENCIÁRIA SOBRE FÉRIAS GOZADAS. Incide contribuição previdenciária a cargo da empresa sobre o valor pago a título de férias gozadas. Isso porque as férias gozadas são verbas de natureza remuneratória e salarial, nos termos do art. 148 da CLT, e, portanto, integram o salário de contribuição. Ademais, tem-se que os fundamentos e pressupostos apresentados no REsp 1.230.957-RS (Primeira Seção, DJe 18/3/2014), apreciado pela sistemática dos recursos repetitivos, para justificar a incidência da contribuição previdenciária sobre o salário-maternidade, também servem como sustentação para a incidência do tributo sobre as férias gozadas, quais sejam: "O fato de não haver prestação de trabalho durante o período de afastamento da segurada empregada, associado à circunstância de a maternidade ser amparada por um benefício previdenciário, não autoriza conclusão no sentido de que o valor recebido tenha natureza indenizatória ou compensatória, ou seja, em razão de uma contingência (maternidade), paga-se à segurada empregada benefício previdenciário correspondente ao seu salário, possuindo a verba evidente natureza salarial". Precedentes citados: AgRg no REsp 1.355.135-RS, Primeira Turma, DJe 27/2/2013; e AgRg nos EDcl no AREsp 135.682/MG, Segunda Turma, DJe 14/6/2012. **AgRg no REsp 1.240.038-PR, Rel. Min. Og Fernandes, julgado em 8/4/2014. (Inform. STJ 541)**

DIREITO TRIBUTÁRIO. INCIDÊNCIA DE CONTRIBUIÇÃO PREVIDENCIÁRIA SOBRE VERBAS TRABALHISTAS. RECURSO REPETITIVO (ART. 543-C DO CPC E RES. 8/2008-STJ). Estão sujeitas à incidência de contribuição previdenciária as parcelas pagas pelo empregador a título de horas extras e seu respectivo adicional, bem como os valores pagos a título de adicional noturno e de periculosidade. Por um lado, a Lei 8.212/1991, em seu art. 22, I, determina que a contribuição previdenciária a cargo da empresa é de "vinte por cento sobre o *total das remunerações pagas, devidas ou creditadas a qualquer título, durante o mês, aos segurados empregados e trabalhadores avulsos que lhe prestem serviços, destinadas a retribuir o trabalho, qualquer seja a sua forma*, inclusive as gorjetas, os ganhos habituais sob a forma de utilidades e os adiantamentos decorrentes de reajuste salarial, *quer pelos serviços efetivamente prestados, quer pelo tempo à disposição do empregador ou tomador de serviços*, nos termos da lei ou do contrato ou, ainda, de convenção ou acordo coletivo de trabalho ou sentença normativa". Por outro lado, o § 2° do art. 22 da Lei 8.212/1991, ao consignar que não integram o conceito de remuneração as verbas listadas no § 9° do art. 28 do mesmo diploma legal, expressamente exclui uma série de parcelas da base de cálculo do tributo. Com base nesse quadro normativo, o STJ consolidou firme jurisprudência no sentido de que não sofrem a incidência de contribuição previdenciária "as importâncias pagas a título de indenização, que não correspondam a serviços prestados nem a tempo à disposição do empregador" (REsp 1.230.957-RS, Primeira Seção, DJe 18/3/2014, submetido ao rito do art. 543-C do CPC). Nesse contexto, se a verba trabalhista possuir natureza remuneratória, destinando-se a *retribuir o trabalho, qualquer que seja a sua forma*, ela deve integrar a base de cálculo da contribuição. Desse modo, consoante entendimento pacífico no âmbito da Primeira Seção do STJ, os adicionais noturno e de periculosidade, as horas extras e seu respectivo adicional constituem verbas de natureza remuneratória, razão pela qual se sujeitam à incidência de contribuição previdenciária. Precedentes citados: REsp 1.098.102-SC, Primeira Turma, DJe 17/6/2009; e AgRg no AREsp 69.958-DF, Segunda Turma, DJe 20/6/2012. **REsp 1.358.281-SP, Rel. Min. Herman Benjamin, julgado em 23/4/2014. (Inform. STJ 540)**

DIREITO TRIBUTÁRIO E PREVIDENCIÁRIO. ISENÇÃO DE CONTRIBUIÇÃO SOCIAL SOBRE DESPESAS COM MEDICAMENTOS PAGOS DIRETAMENTE PELO EMPREGADOR. Não incide contribuição social sobre o valor dos medicamentos adquiridos pelo empregado e pagos pelo empregador ao estabelecimento comercial de forma direta, desde que o montante não conste na folha de pagamento. De fato, o art. 28, § 9°, *q*, da Lei 8.212/1991 estabelece que não integra o salário de contribuição "o valor relativo à assistência prestada por serviço médico ou odontológico, próprio da empresa ou por ela conveniado, inclusive o reembolso de despesas com medicamentos, óculos, aparelhos ortopédicos, despesas médico-hospitalares e outras similares, desde que a cobertura abranja a totalidade dos empregados e dirigentes da empresa". Ademais, embora não conste na folha de pagamento, trata-se em verdade de forma de reembolso dos valores despendidos pelos empregados com medicamentos, sendo que esse sistema apenas evita etapas do moroso procedimento interno de reembolso via folha de pagamento que, com certeza, seria prejudicial ao empregado. **REsp 1.430.043-PR, Rel. Min. Mauro Campbell Marques, julgado em 25/2/2014. (Inform. STJ 538)**

DIREITO TRIBUTÁRIO E PREVIDENCIÁRIO. INCIDÊNCIA DE CONTRIBUIÇÃO PREVIDENCIÁRIA SOBRE O SALÁRIO PATERNIDADE. RECURSO REPETITIVO (ART. 543-C DO CPC E RES. 8/2008-STJ). Incide contribuição previdenciária a cargo da empresa sobre os valores pagos a título de salário paternidade. Esse salário refere-se ao valor recebido pelo empregado durante os cinco dias de afastamento em razão do nascimento de filho (arts. 7°, XIX, da CF; 473, III, da CLT; e 10, § 1°, do ADCT). Ao contrário do que ocorre com o salário-maternidade, o salário paternidade constitui ônus da empresa, ou seja, não se trata de benefício previdenciário. Desse modo, em se tratando de verba de natureza salarial, é legítima a incidência de contribuição previdenciária. Ademais, ressalte-se que o salário paternidade deve ser tributado, por se tratar de licença remunerada prevista constitucionalmente, não se incluindo no rol dos benefícios previdenciários. Precedente citado: AgRg nos EDcl no REsp 1.098.218-SP, Segunda Turma, DJe 9/11/2009. **REsp 1.230.957-RS, Rel. Min. Mauro Campbell Marques, julgado em 26/2/2014. (Inform. STJ 536)**

DIREITO TRIBUTÁRIO E PREVIDENCIÁRIO. INCIDÊNCIA DE CONTRIBUIÇÃO PREVIDENCIÁRIA SOBRE O SALÁRIO-MATERNIDADE. RECURSO REPETITIVO (ART. 543-C DO CPC E RES. 8/2008-STJ). Incide contribuição previdenciária a cargo da empresa sobre os valores pagos a título de salário-maternidade. De fato, o art. 201, § 11, da CF estabelece que "os ganhos habituais do empregado, a qualquer título, serão incorporados ao salário para efeito de contribuição previdenciária e consequente repercussão em benefícios, nos casos e na forma da lei". Ademais, no âmbito infraconstitucional, o art. 22, I, da Lei 8.212/1991 (redação dada pela Lei 9.876/1999) prescreve que: a contribuição a cargo da empresa, destinada à Seguridade Social incide "sobre o total das remunerações pagas, devidas ou creditadas a qualquer título [...] destinadas a retribuir o trabalho, qualquer que seja a sua forma, inclusive as gorjetas, os ganhos habituais sob a forma de utilidades e os adiantamentos decorrentes de reajuste salarial, quer pelos serviços efetivamente prestados, quer pelo tempo à disposição do empregador ou tomador de serviços [...]". Posto isso, deve-se observar que o salário-maternidade, para efeitos tributários, tem natureza salarial, e a transferência do encargo à Previdência Social (pela Lei 6.136/1974) não tem o condão de mudar sua natureza. Nos termos do art. 3° da Lei 8.212/1991, "a Previdência Social tem por fim assegurar aos seus beneficiários meios indispensáveis de manutenção, por motivo de incapacidade, idade avançada, tempo de serviço, desemprego involuntário, encargos de família e reclusão ou morte daqueles de quem dependiam economicamente". O fato de não haver prestação de trabalho durante o período de afastamento da segurada empregada, associado à circunstância de a maternidade ser amparada por um benefício previdenciário, não autoriza conclusão no sentido de que o valor recebido tenha natureza indenizatória ou compensatória, ou seja, em razão de uma contingência (maternidade), paga-se à segurada empregada benefício previdenciário correspondente ao seu salário, possuindo a verba evidente natureza salarial. Não é por outra razão que, atualmente, o art. 28, § 2°, da Lei 8.212/1991 dispõe expressamente que o salário maternidade é considerado salário de contribuição. Ademais, sem embargo das posições em sentido contrário, não há indício de incompatibilidade entre a incidência da contribuição previdenciária sobre o salário maternidade e a CF, a qual, em seu art. 5º, I, assegura a igualdade entre homens e mulheres em direitos e obrigações. Por seu turno, o art. 7º, XX, da CF assegura a proteção do mercado de trabalho da mulher, mediante incentivos específicos, nos termos da lei, e, no que se refere ao salário-maternidade, por opção do legislador infraconstitucional, a transferência do ônus referente ao pagamento dos salários, durante o período de afastamento, constitui incentivo suficiente para assegurar a proteção ao mercado de trabalho da mulher. Assim, não é dado ao Poder Judiciário, a título de interpretação, atuar como legislador positivo, a fim de estabelecer política protetiva mais ampla e, desse modo, desincumbir o empregador do ônus referente à contribuição previdenciária incidente sobre o salário-maternidade, quando não foi esta a política legislativa. Precedentes citados: AgRg nos EDcl no REsp 1.040.653-SC, Primeira Turma, DJe 15/9/2011; e AgRg no Ag 1.424.039-DF, Segunda Turma, DJe 21/10/2011. **REsp 1.230.957-RS, Rel. Min. Mauro Campbell Marques, julgado em 26/2/2014. (Inform. STJ 536)**

DIREITO TRIBUTÁRIO E PREVIDENCIÁRIO. NÃO INCIDÊNCIA DE CONTRIBUIÇÃO PREVIDENCIÁRIA SOBRE O TERÇO CONSTITUCIONAL DE FÉRIAS GOZADAS. RECURSO REPETITIVO (ART. 543-C DO CPC E RES. 8/2008-STJ). Não incide contribuição previdenciária a cargo da empresa sobre o valor pago a título de terço constitucional de férias gozadas. Nos termos do art. 7º, XVII, da CF, os trabalhadores urbanos e rurais têm direito ao gozo de férias anuais remuneradas com, pelo menos, um terço a mais do que o salário normal. Com base nesse dispositivo, o STF firmou orientação no sentido de que o terço constitucional de férias tem por finalidade ampliar a capacidade financeira do trabalhador durante seu período de férias, possuindo, portanto, natureza "compensatória/indenizatória". Além disso, levando em consideração o disposto no art. 201, § 11 (incluído pela EC 20/1998), da CF ("os ganhos habituais do empregado, a qualquer título, serão incorporados ao salário para efeito de contribuição previdenciária e consequente repercussão em benefícios, nos casos e na forma da lei"), o STF pacificou que somente as parcelas incorporáveis ao salário do servidor sofrem a incidência da contribuição previdenciária. Cumpre observar que esse entendimento refere-se a casos em que os servidores são sujeitos a regime próprio de previdência, o que não justifica a adoção de conclusão diversa em relação aos trabalhadores sujeitos ao Regime Geral da Previdência Social – RGPS. Isso porque a orientação do STF se ampara, sobretudo, nos arts. 7º, XVII, e 201, § 11, da CF, sendo que este último preceito constitucional estabelece regra específica do RGPS. Cabe ressaltar que a adoção desse entendimento não implica afastamento das regras contidas nos arts. 22 e 28 da Lei 8.212/1991, tendo em vista que a importância paga a título de terço constitucional de férias não se destina a retribuir serviços prestados nem configura tempo à disposição do empregador. Desse modo, é imperioso concluir que a importância paga a título de terço constitucional de férias possui natureza indenizatória/compensatória, e não constitui ganho habitual do empregado, razão pela qual sobre ela não é possível a incidência de contribuição previdenciária. Precedentes citados do STJ: AgRg nos EREsp 957.719-SC, Primeira Seção, DJe de 16/11/2010; e EDcl no AgRg no AREsp 16.759-RS, DJe 19/12/2011. Precedentes citados do STF: AgR no AI 710.361-MG, Primeira Turma, DJe 8/5/2009; e AgR no RE 587.941-SC, Segunda Turma, DJe 21/11/2008. **REsp 1.230.957-RS, Rel. Min. Mauro Campbell Marques, julgado em 26/2/2014. (Inform. STJ 536)**

DIREITO TRIBUTÁRIO E PREVIDENCIÁRIO. NÃO INCIDÊNCIA DE CONTRIBUIÇÃO PREVIDENCIÁRIA SOBRE O TERÇO CONSTITUCIONAL DE FÉRIAS INDENIZADAS. RECURSO REPETITIVO (ART. 543-C DO CPC E RES. 8/2008-STJ). Não incide contribuição previdenciária a cargo da empresa sobre o valor pago a título de terço constitucional de férias indenizadas. O art. 28, § 9º, "d", da Lei 8.212/1991 (com redação dada pela Lei 9.528/1997) estabelece que não integram o salário de contribuição "as importâncias recebidas a título de férias indenizadas e respectivo adicional constitucional, inclusive o valor correspondente à dobra da remuneração de férias de que trata o art. 137 da Consolidação das Leis do Trabalho-CLT". Destarte, no que se refere ao adicional de férias relativo às férias indenizadas, a não incidência de contribuição previdenciária decorre de previsão legal. **REsp 1.230.957-RS, Rel. Min. Mauro Campbell Marques, julgado em 26/2/2014. (Inform. STJ 536)**

DIREITO TRIBUTÁRIO E PREVIDENCIÁRIO. INCIDÊNCIA DE CONTRIBUIÇÃO PREVIDENCIÁRIA SOBRE O AVISO PRÉVIO INDENIZADO. RECURSO REPETITIVO (ART. 543-C DO CPC E RES. 8/2008-STJ). Não incide contribuição previdenciária a cargo da empresa sobre o valor pago a título de aviso prévio indenizado. A despeito da atual moldura legislativa (Lei 9.528/1997 e Decreto 6.727/2009), as importâncias pagas a título de indenização, que não correspondam a serviços prestados nem a tempo à disposição do empregador, não ensejam a incidência de contribuição previdenciária. A CLT estabelece que, em se tratando de contrato de trabalho por prazo indeterminado, a parte que, sem justo motivo, quiser a sua rescisão, deverá comunicar a outra da sua intenção com a devida antecedência. Não concedido o aviso prévio pelo empregador, nasce para o empregado o direito aos salários correspondentes ao prazo do aviso, garantida sempre a integração desse período no seu tempo de serviço (art. 487, § 1º, da CLT). Desse modo, o pagamento decorrente da falta de aviso prévio, isto é, o aviso prévio indenizado, visa reparar o dano causado ao trabalhador que não fora alertado sobre a futura rescisão contratual com a antecedência mínima estipulada na CF (atualmente regulamentada pela Lei 12.506/2011). Destarte, não há como se conferir à referida verba o caráter remuneratório, por não retribuir o trabalho, mas sim reparar um dano. Ressalte-se que, se o aviso prévio é indenizado, no período que lhe for correspondente o empregado não presta trabalho algum, nem fica à disposição do empregador. Assim, por ser não coincidir com a hipótese de incidência, é irrelevante a circunstância de não haver previsão legal de isenção em relação a tal verba. Precedentes citados: AgRg no REsp 1.218.883-SC, Primeira Turma, DJe de 22/2/2011; e AgRg no REsp 1.220.119-RS, Segunda Turma, DJe de 29/11/2011. **REsp 1.230.957-RS, Rel. Min. Mauro Campbell Marques, julgado em 26/2/2014. (Inform. STJ 536)**

DIREITO TRIBUTÁRIO E PREVIDENCIÁRIO. NÃO INCIDÊNCIA DE CONTRIBUIÇÃO PREVIDENCIÁRIA SOBRE A IMPORTÂNCIA PAGA NOS QUINZE DIAS QUE ANTECEDEM O AUXÍLIO-DOENÇA. RECURSO REPETITIVO (ART. 543-C DO CPC E RES. 8/2008-STJ). Não incide contribuição previdenciária a cargo da empresa sobre a importância paga nos quinze dias que antecedem o auxílio-doença. Inicialmente, no que se refere ao segurado empregado, durante os primeiros quinze dias consecutivos ao do afastamento da atividade por motivo de doença, incumbe ao empregador efetuar o pagamento do seu salário integral (art. 60, § 3º, da Lei 8.213/1991, com redação dada pela Lei 9.876/1999). Não obstante nesse período haja o pagamento efetuado pelo empregador, a importância paga não é destinada a retribuir o trabalho, sobretudo porque no intervalo dos quinze dias consecutivos ocorre a interrupção do contrato de trabalho, ou seja, nenhum serviço é prestado pelo empregado. Assim, a importância paga não se enquadra na hipótese de incidência da exação, que exige verba de natureza remuneratória. Com efeito, esse pagamento tem apenas o escopo de transferir o encargo da Previdência Social para o empregador que, evidentemente, não possui meios de se ressarcir do "auxílio" cujo pagamento lhe foi transferido pela Lei. Trata-se, pois, de política previdenciária destinada a desonerar os cofres da Previdência. Acrescente-se que a opção legislativa, de estabelecer regra própria para o segurado empregado, não tem o condão de alterar a natureza da verba paga durante o período de incapacidade. Ainda, ressalte-se que a incapacidade não se dá a partir do décimo sexto dia, de modo que não se pode confundir o início do pagamento do benefício pela Previdência Social com o início do período de incapacidade. Precedentes citados: AgRg no REsp 957.719-SC, Primeira Turma, DJe 2/12/2009; e AgRg no REsp 1.100.424-PR, Segunda Turma, DJe 18/3/2010. **REsp 1.230.957-RS, Rel. Min. Mauro Campbell Marques, julgado em 26/2/2014. (Inform. STJ 536)**

DIREITO TRIBUTÁRIO. FISCALIZAÇÃO DA CONTABILIDADE DA PRESTADORA DE SERVIÇOS COMO PRESSUPOSTO PARA O RECONHECIMENTO DE SOLIDARIEDADE NA FASE DE COBRANÇA DE CONTRIBUIÇÕES PREVIDENCIÁRIAS INCIDENTES SOBRE A CESSÃO DE MÃO DE OBRA.
Na cobrança de contribuições previdenciárias realizada com base na redação original do art. 31 da Lei n. 8.212/1991, não é lícita a autuação da tomadora de serviços sem que antes tenha havido a fiscalização da contabilidade da prestadora de serviços executados mediante cessão de mão de obra. O art. 31 da Lei n. 8.212/1991, em sua redação original, reconhece a existência de responsabilidade solidária entre o tomador e o prestador de serviços pelas contribuições previdenciárias incidentes sobre a cessão de mão de obra. A referida solidariedade, entretanto, ocorrerá na fase de cobrança do tributo, pressupondo, desse modo, a regular constituição do crédito tributário, cuja ocorrência, antes da vigência da Lei n. 9.711/1998 – que deu nova redação ao art. 31 da Lei n. 8.212/1991 –, demandava a fiscalização da contabilidade da empresa prestadora dos serviços de mão de obra, devedora principal da contribuição previdenciária. Precedentes citados: AgRg no REsp 1.348.395-RJ, Segunda Turma, DJe 4/12/2012, e AgRg no REsp 1.174.800-RS, Segunda Turma, DJe 23/4/2012. **AgRg no REsp 1.194.485-ES, Rel. Min. Diva Malerbi (Desembargadora convocada do TRF 3ª Região), julgado em 26/2/2013. (Inform. STJ 518)**

DIREITO TRIBUTÁRIO. CONTRIBUIÇÃO PREVIDENCIÁRIA SOBRE VALORES REPASSADOS PELAS OPERADORAS DE PLANO DE SAÚDE AOS MÉDICOS CREDENCIADOS.
Não incide contribuição previdenciária sobre os valores repassados pelas operadoras de plano de saúde aos médicos credenciados. Precedentes citados: REsp 874.179-RJ, DJe 14/9/2010, e REsp 987.342-PR, DJe 12/5/2011. **AgRg no AREsp 176.420-MG, Rel. Min. Napoleão Nunes Maia Filho, julgado em 13/11/2012. (Inform. STJ 509)**

DIREITO TRIBUTÁRIO. CONTRIBUIÇÕES PREVIDENCIÁRIAS. CONTRATAÇÃO DE MÃO DE OBRA TERCEIRIZADA. RESPONSABILIDADE DA EMPRESA TOMADORA DO SERVIÇO.
A partir da redação do art. 31 da Lei n. 8.212/1991 dada pela Lei n. 9.711/1998, a empresa contratante é responsável, com exclusividade, pelo recolhimento da contribuição previdenciária por ela retida do valor bruto da nota fiscal ou fatura de prestação de serviços, afastada, em relação ao montante retido, a responsabilidade supletiva da empresa prestadora cedente de mão de obra. Em consonância com o exposto pela Primeira Seção desta Corte no julgamento do REsp 1.131.047-MA, DJe 2/12/2010, representativo de controvérsia, a responsabilidade pelo recolhimento da contribuição previdenciária retida na fonte incidente sobre a mão de obra utilizada na prestação de serviços contratados é exclusiva do tomador do serviço, nos termos do art. 33, § 5°, da Lei n. 8.212/1991, não havendo falar em responsabilidade supletiva da empresa cedente. **AgRg no AgRg no REsp 721.866-SE, Rel. Min. Arnaldo Esteves Lima, julgado em 20/9/2012. (Inform. STJ 505)**

Súmula STF nº 732
É constitucional a cobrança da contribuição do salário-educação, seja sob a Carta de 1969, seja sob a Constituição Federal de 1988, e no regime da Lei 9.424/1996.

Súmula STJ nº 425
A retenção da contribuição para a seguridade social pelo tomador do serviço não se aplica às empresas optantes pelo Simples.

Súmula STJ nº 351
A alíquota de contribuição para o Seguro de Acidente do Trabalho (SAT) é aferida pelo grau de risco desenvolvido em cada empresa, individualizada pelo seu CNPJ, ou pelo grau de risco da atividade preponderante quando houver apenas um registro.

8.4. Contribuições para regimes próprios de servidores, fundos de saúde

DIREITO TRIBUTÁRIO. REPETIÇÃO DO INDÉBITO. INCONSTITUCIONALIDADE DA CONTRIBUIÇÃO RECOLHIDA.
É cabível a repetição do indébito tributário no caso de pagamento de contribuição para custeio de saúde considerada inconstitucional em controle concentrado, independentemente de os contribuintes terem usufruído do serviço de saúde prestado pelo Estado. A declaração de inconstitucionalidade de lei que instituiu contribuição previdenciária é suficiente para justificar a repetição dos valores indevidamente recolhidos. Além do mais, o fato de os contribuintes terem usufruído do serviço de saúde prestado pelo Estado não retira a natureza indevida da exação cobrada. O único pressuposto para a repetição do indébito é a cobrança indevida de tributo, conforme dispõe o art. 165 do CTN. Precedente citado: AgRg no REsp 1.206.761-MG, DJe 2/5/2011. **AgRg no AREsp 242.466-MG, Rel. Min. Castro Meira, julgado em 27/11/2012. (Inform. STJ 512).**

DIREITO TRIBUTÁRIO. CONTRIBUIÇÃO PREVIDENCIÁRIA INCIDENTE SOBRE VALORES RECEBIDOS EM EXECUÇÃO JUDICIAL.
É devida a retenção na fonte da contribuição do Plano de Seguridade do Servidor Público – PSS, incidente sobre valores pagos em cumprimento de decisão judicial, independentemente de condenação ou de prévia autorização no título executivo. Isso porque o desconto na fonte, realizada nos termos do art. 16-A da Lei n. 10.887/2004, constitui obrigação *ex lege*. Precedentes citados: REsp 1.196.777-RS, DJe 4/11/2010, e REsp 1.196.778-RS, DJe 4/11/2010. **EDcl no AgRg no REsp 1.266.616-RS, Rel. Min. Humberto Martins, julgado em 20/11/2012. (Inform. STJ 510)**

REPETIÇÃO DE INDÉBITO. CONTRIBUIÇÃO PARA CUSTEIO DE SAÚDE.
Cuida-se de repetição de indébito fundada na declaração de inconstitucionalidade da cobrança de contribuição para custeio de serviços de saúde criada por lei estadual a qual determinava a adesão compulsória dos servidores do estado ao Fundo de Assistência à Saúde – FAS. O tribunal de origem reconheceu a inconstitucionalidade da filiação obrigatória, mas negou o pedido de repetição de indébito ao argumento de que a devolução das contribuições recolhidas só seria devida depois do pedido formal de desligamento do FAS. Além disso, o tribunal *a quo* consignou que a servidora teve a seu dispor o serviço de saúde e poderia ter usufruído dos serviços mantidos pelo instituto de previdência estadual. Nesse contexto, a Turma determinou a restituição de todas as contribuições indevidamente recolhidas, considerando irrelevante a afirmação de que a autora da ação teve ao seu dispor o serviço de saúde, bem como o de eventual utilização deste, pois o que define a possibilidade de repetição do indébito

é a cobrança indevida do tributo (art. 165 do CTN). Precedentes citados: AgRg no REsp 1.183.371-MG, DJe 2/2/2011; AgRg no REsp 1.194.641-MG, DJe 21/10/2010, e REsp 1.059.771-MG, DJe 19/6/2009. **REsp 1.294.775-RS, Rel. Min. Castro Meira, julgado em 16/2/2012. (Inform. STJ 491)**

8.5. CPMF

CPMF. RESGATE DE APLICAÇÕES FINANCEIRAS DA INCORPORADA PELA INCORPORADORA.
A Turma entendeu ser devida a cobrança de contribuição provisória sobre movimentação ou transmissão de valores e de créditos e direitos de natureza financeira – CPMF – na operação promovida pela empresa incorporadora para resgate de investimentos realizados pela empresa incorporada antes da incorporação. A decisão baseia-se no fato de que, segundo o art. 227, § 3º, da Lei n. 6.404/1976, a sociedade incorporada extingue-se com a incorporação. Assim, as aplicações financeiras realizadas pela incorporada, quando são resgatadas pela incorporadora, caracterizam transação equiparada à movimentação financeira entre contas-correntes de diferentes titularidades, fato gerador de CPMF segundo interpretação dos arts. 2º, VI, e 4º, V, da Lei n. 9.311/1996. Caso fosse outro o entendimento, isso estimularia aplicações financeiras de sociedades que estão prestes a ser incorporadas para posterior resgate da incorporadora, criando mecanismo elisivo já afastado pela legislação de regência ao tratar igualmente movimentações financeiras equivalentes (art. 2º, VI, da Lei n. 9.311/1996). **REsp 1.237.340-PR, Rel. Min. Herman Benjamin, julgado em 13/3/2012. (Inform. STJ 493)**

8.6. Outras contribuições

Contribuição para o Sebrae e desnecessidade de lei complementar
A contribuição destinada ao Sebrae possui natureza de contribuição de intervenção no domínio econômico e não necessita de edição de lei complementar para ser instituída. Com base nessa jurisprudência, o Plenário, por maioria, negou provimento a recurso extraordinário em que se alegava: a) indevida exigência do pagamento da referida exação, pois criada por meio de lei ordinária, em afronta ao art. 146, II, a, da CF; e b) identidade de fato gerador e base de cálculo com outras contribuições, em violação ao art. 195, § 4º, c/c o art. 154, I, ambos da CF. Reputou-se que o acórdão recorrido estaria em consonância com a orientação da Corte. Vencido o Min. Marco Aurélio, que dava provimento ao recurso. Assentava a exigência de lei complementar, bem como realçava o fato de a contribuinte, além de já submetida a outras contribuições, não se incluir no rol de beneficiárias do Sebrae, haja vista não se identificar com micro e pequenas empresas. Precedente citado: RE 396266/SC (DJU de 27.2.2004). **RE 635682/RJ, rel. Min. Gilmar Mendes, 25.4.2013.** (RE-635682) (Inform. STF 703)

DIREITO TRIBUTÁRIO. FUNDO ESPECIAL DE DESENVOLVIMENTO E APERFEIÇOAMENTO DAS ATIVIDADES DE FISCALIZAÇÃO - FUNDAF.
São inexigíveis os valores cobrados de concessionária, com fundamento em atos regulamentares da Receita Federal, a título de contribuição para o Fundo Especial de Desenvolvimento e Aperfeiçoamento das Atividades de Fiscalização (FUNDAF). Os valores cobrados a título de contribuição para o FUNDAF – a qual tem por objetivo ressarcir os custos pelo exercício do poder de polícia na fiscalização aduaneira em porto administrado pela concessionária – têm natureza jurídica de taxa (e não de preço público), tendo em vista que o seu pagamento é compulsório e decorre do exercício regular de típico poder de polícia, conforme se afere do art. 22 do Decreto-Lei 1.455/1976. Nesse contexto, cabe esclarecer que a taxa está sujeita às limitações constitucionais ao poder de tributar, entre as quais o princípio da legalidade estrita, previsto no art. 150, I, da CF e no art. 97 do CTN. Desse modo, na norma instituidora do tributo, devem constar todos os aspectos da tipicidade tributária (aspecto material, aspecto pessoal, aspecto espacial, aspecto temporal e aspecto quantitativo). Entretanto, a referida taxa encontra-se em desconformidade com o citado princípio, tendo em vista que os seus elementos constitutivos estão previstos não em lei, mas em atos regulamentares da Receita Federal, por indevida delegação de competência prevista no Decreto-Lei 1.455/1978 e no Decreto 91.030/1985, os quais não subsistem, por força do disposto no art. 25 do ADCT, o qual expressamente revogou os dispositivos legais que delegavam a órgão do Poder Executivo competência assinalada pela CF/1988 ao Congresso Nacional. **REsp 1.275.858-DF, Rel. Min. Benedito Gonçalves, julgado em 19/9/2013.** (Inform. STJ 531)

Súmula STJ nº 499
As empresas prestadoras de serviços estão sujeitas às contribuições ao SESC e SENAC, salvo se integradas noutro serviço social.

9. TAXAS

REPERCUSSÃO GERAL EM RE N. 789.218-MG
RELATOR: MIN. DIAS TOFFOLI
EMENTA: TRIBUTÁRIO. REPERCUSSÃO GERAL. RATIFICAÇÃO DA JURISPRUDÊNCIA. TAXA DE EXPEDIENTE. FATO GERADOR. EMISSÃO DE GUIA PARA PAGAMENTO DE TRIBUTO. AUSÊNCIA DOS CRITÉRIOS EXIGIDOS PELO ART. 145, II, CF/88. INCONSTITUCIONALIDADE.
1. A emissão de guia de recolhimento de tributos é de interesse exclusivo da Administração, sendo mero instrumento de arrecadação, não envolvendo a prestação de um serviço público ao contribuinte.
2. Possui repercussão geral a questão constitucional suscitada no apelo extremo. Ratifica-se, no caso, a jurisprudência da Corte consolidada no sentido de ser inconstitucional a instituição e a cobrança de taxas por emissão ou remessa de carnês/guias de recolhimento de tributos. Precedente do Plenário da Corte: Rp nº 903, Rel. Min. Thompson Flores, DJ de 28/6/74.
3. Recurso extraordinário do qual se conhece, mas ao qual, no mérito, se nega provimento. (Inform. STF 753)

ADI: pedágio e preço público - 1
O pedágio cobrado pela efetiva utilização de rodovias não tem natureza tributária, mas de preço público, consequentemente, não está sujeito ao princípio da legalidade estrita. Com base nesse entendimento, o Plenário julgou improcedente pedido formulado em ação direta ajuizada contra o Decreto 34.417/1992, do Estado do Rio Grande do Sul, que autoriza a cobrança de pedágio em rodovia estadual. O Tribunal recordou que a Constituição autoriza a cobrança de pedágio ("Art. 150. Sem prejuízo de outras garantias asseguradas ao contribuinte, é vedado à União, aos Estados, ao Distrito Federal e aos Municípios: ...V - estabelecer limitações ao tráfego de pessoas ou bens, por meio de tributos interestaduais ou intermunicipais, ressalvada a cobrança de pedágio pela utilização de vias conservadas pelo Poder Público"). Rememorou que essa norma reproduziria, em linhas gerais, regra semelhante contida nas Constituições de 1946 e 1967. Ressalvou, contudo, que a EC 1/1969 não repetiria a parte final dessa disposição ("Art. 19. É vedado à União, aos Estados, ao Distrito Federal e aos Municípios: ... II - estabelecer limitações ao tráfego de pessoas ou mercadorias, por meio de tributos interestaduais ou intermunicipais"). Ressaltou que a falta de referência à cobrança de pedágio, no regime constitucional precedente despertara a controvérsia a respeito da natureza

dessa exação — se tributária ou não tributária —, divergência que persistiria, especialmente no âmbito doutrinário. Afirmou que os defensores da natureza tributária, da subespécie taxa, o fariam sob os seguintes fundamentos: a) a referência ao pedágio, nas limitações constitucionais ao poder de tributar; b) o pagamento de um serviço específico ou divisível, prestado ao contribuinte ou posto à sua disposição; e c) a impossibilidade de remunerar serviços públicos por meio outro que não o de taxa. Aludiu, entretanto, que os defensores da natureza contratual da exação como preço público a fariam com base nas seguintes considerações: a) a inclusão no texto constitucional apenas esclareceria que, apesar de não incidir tributo sobre o tráfego de pessoas ou bens, poderia, excepcionalmente, ser cobrado o pedágio, espécie jurídica diferenciada; b) a ausência de compulsoriedade na utilização de rodovias; e c) a cobrança se daria em virtude da utilização efetiva do serviço, e não seria devida com base no seu oferecimento potencial.

ADI: pedágio e preço público - 2
A Corte realçou que essa discussão teria sido contaminada pela figura do denominado "selo-pedágio", prevista na Lei 7.712/1988, reconhecido como taxa pelo STF. Lembrou, porém, que essa exação seria compulsória a todos os usuários de rodovias federais, por meio de pagamento renovável mensalmente, independentemente da frequência de uso, cobrada antecipadamente, como contrapartida a serviço específico ou divisível, prestado ao contribuinte ou posto à sua disposição. Consignou haver profundas diferenças entre o citado "selo-pedágio" e o pedágio, na forma em que atualmente disciplinado. Asseverou que esse último somente seria cobrado se, quando e cada vez que houvesse efetivo uso da rodovia, o que não ocorreria com o "selo-pedágio", que seria exigido em valor fixo, independentemente do número de vezes que o contribuinte fizesse uso das estradas durante o mês. Destacou que o enquadramento do pedágio como taxa ou preço público independeria de sua localização topológica no texto constitucional, mas seria relacionado ao preenchimento, ou não, dos requisitos previstos no art. 3º do CTN ("Tributo é toda prestação pecuniária compulsória, em moeda ou cujo valor nela se possa exprimir, que não constitua sanção de ato ilícito, instituída em lei e cobrada mediante atividade administrativa plenamente vinculada").

ADI: pedágio e preço público - 3
O Plenário sublinhou que seria irrelevante também, para a definição da natureza jurídica do pedágio, a existência, ou não, de via alternativa gratuita para o usuário trafegar. Reconheceu que a cobrança de pedágio poderia, indiretamente, limitar o tráfego de pessoas. Observou, todavia, que essa restrição seria agravada quando, por insuficiência de recursos, o Estado não construísse rodovias ou não conservasse adequadamente as existentes. Ponderou que, diante dessa realidade, a Constituição autorizara a cobrança de pedágio em rodovias conservadas pelo Poder Público, inobstante a limitação de tráfego que essa cobrança pudesse eventualmente acarretar. Registrou, assim, que a contrapartida de oferecimento de via alternativa gratuita como condição para a cobrança de pedágio não seria uma exigência constitucional, tampouco estaria prevista em lei ordinária. Consignou que o elemento nuclear para identificar e distinguir taxa e preço público seria o da compulsoriedade, presente na primeira e ausente na segunda espécie. Nesse sentido, mencionou o Enunciado 545 da Súmula do STF ("Preços de serviços públicos e taxas não se confundem, porque estas, diferentemente daqueles, são compulsórias e têm sua cobrança condicionada à prévia autorização orçamentária, em relação à lei que as instituiu"). ADI 800/RS, rel. Min. Teori Zavascki, 11.6.2014. (ADI-800) (Inform. STF 750)

REPERCUSSÃO GERAL EM ARE 748.445-SC
RELATOR: MIN. RICARDO LEWANDOWSKI
Ementa: RECURSO EXTRAORDINÁRIO. REPERCUSSÃO GERAL. ANOTAÇÃO DE RESPONSABILIDADE TÉCNICA. LEI 6.496/1977. MANIFESTAÇÃO DO EXERCÍCIO DO PODER DE POLÍCIA. NATUREZA DE TAXA. SUBMISSÃO AO PRINCÍPIO DA ESTRITA LEGALIDADE. EXISTÊNCIA DE REPERCUSSÃO GERAL. RECURSO EXTRAORDINÁRIO A QUE SE NEGA PROVIMENTO.
O Tribunal reconheceu a existência de repercussão geral da matéria debatida nos presentes autos, para reafirmar a jurisprudência desta Corte, no sentido de que a Anotação de Responsabilidade Técnica, instituída pela Lei 6.496/1977, cobrada pelos Conselhos Regionais de Engenharia, Arquitetura e Agronomia, tem natureza jurídica de taxa, sendo, portanto, necessária a observância do princípio da legalidade tributária previsto no art. 150, I, da Constituição. Em consequência, conheceu do recurso extraordinário, desde já, mas lhe negou provimento. (Inform. STF 735)

AG. REG. NO AI N. 753.964-RJ
RELATOR: MIN. MARCO AURÉLIO
ÁGUA E ESGOTO – TARIFA *VERSUS* TAXA. A jurisprudência do Supremo é no sentido de haver, relativamente ao fornecimento de água e tratamento de esgoto, o envolvimento de tarifa e não de taxa.
AGRAVO – ARTIGO 557, § 2º, DO CÓDIGO DE PROCESSO CIVIL – MULTA. Surgindo do exame do agravo o caráter manifestamente infundado, impõe-se a aplicação da multa prevista no § 2º do artigo 557 do Código de Processo Civil. (Inform. STF 726)

Taxa e número de empregados - 1
O número de empregados não pode ser utilizado como base de cálculo para a cobrança da taxa de localização e funcionamento de estabelecimento industrial e comercial. Com base nesse entendimento, a 1ª Turma, por maioria, desproveu recurso extraordinário em que se discutia a exigibilidade da mencionada taxa. No caso, o município arguia que a taxa cobrada, objeto da Lei paulistana 9.670/83, corresponderia à atividade estatal de polícia, a qual se traduziria pela efetiva fiscalização de posturas municipais. Rejeitou-se, em votação majoritária, questão de ordem no sentido de que a matéria fosse submetida ao Plenário. Vencido o Ministro Marco Aurélio, suscitante, por entender que a questão debatida diria respeito a conflito de lei municipal — no tocante à base de incidência da taxa — com a Constituição. No mérito, esclareceu-se que, ao contrário do que ocorreria com o tamanho do imóvel, o número de empregados não poderia ser elemento integrante da base de cálculo de nenhum imposto. Destacou-se que o legislador municipal, ao se basear no número de empregados para dimensionar a atividade municipal de fiscalização, teria levado em conta qualidades externas e estranhas ao exercício do poder de polícia, sem pertinência quanto ao aspecto material da hipótese de incidência. Refutou-se assertiva quanto à pertinência da norma com o disposto no Enunciado 29 da Súmula Vinculante ("*É constitucional a adoção, no cálculo do valor de taxa, de um ou mais elementos da base de cálculo própria de determinado imposto, desde que não haja integral identidade entre uma base e outra*"). Recordou-se que a taxa seria tributo contraprestacional (vinculado) usado na remuneração de atividade específica, seja serviço ou exercício do poder de polícia e, por isso, não se ateria a sinais presuntivos de riqueza. Explicou-se que as taxas se comprometeriam somente com o custo do serviço específico e divisível que as motivaria, ou com a atividade de polícia desenvolvida. Precedentes citados: RE 220316/MG (DJe de 29.6.2001); RE 588322/RO (DJe de 3.10.2010); RE 88327/SP (DJU de 28.9.79); RE 108495/SP (DJU de 16.5.86); RE 100201/SP (DJ U de 22.11.85); RE 190776/RJ (DJU de 24.10.97).

Taxa e número de empregados - 2
Vencido o Ministro Marco Aurélio, que dava provimento ao recurso. Consignava que o fato de a taxa considerar, entre outros fatores, o número de empregados não transgrediria o princípio da razoabilidade, presente a definição de poder de polícia contida no art. 78 do CTN ("*Considera-se poder de polícia atividade*

da administração pública que, limitando ou disciplinando direito, interesse ou liberdade, regula a prática de ato ou abstenção de fato, em razão de interesse público concernente à segurança, à higiene, à ordem, aos costumes, à disciplina da produção e do mercado, ao exercício de atividades econômicas dependentes de concessão ou autorização do Poder Público, à tranquilidade pública ou ao respeito à propriedade e aos direitos individuais ou coletivos. Parágrafo único. Considera-se regular o exercício do poder de polícia quando desempenhado pelo órgão competente nos limites da lei aplicável, com observância do processo legal e, tratando-se de atividade que a lei tenha como discricionária, sem abuso ou desvio de poder").
RE 554951/SP, rel. Min. Dias Toffoli, 15.10.2013. (RE-554951) (Inform. STF 724)

AG. REG. NO RE N. 727.579-SP
RELATORA: MIN. ROSA WEBER
EMENTA: DIREITO TRIBUTÁRIO. EMBARGOS À EXECUÇÃO FISCAL. TAXA DE INSTALAÇÃO, LOCALIZAÇÃO E FUNCIONAMENTO. BASE DE CÁLCULO. NÚMERO DE EMPREGADOS DO ESTABELECIMENTO. ELEMENTO ESTRANHO AO CUSTO DA ATIVIDADE ESTATAL NO REGULAR EXERCÍCIO DO PODER DE POLÍCIA. INCONSTITUCIONALIDADE. DECISÃO REGIONAL EM HARMONIA COM A JURISPRUDÊNCIA DO STF. PRECEDENTES. ACÓRDÃO REGIONAL DISPONIBILIZADO EM 01.12.2011.
As razões do agravo regimental não são aptas a infirmar os fundamentos da decisão agravada, mormente no que se refere à conformidade do entendimento regional com a jurisprudência do STF, a inviabilizar o trânsito do recurso extraordinário.
Agravo regimental conhecido e não provido. (Inform. STF 715)

AG. REG. NO AI N. 510.583-SP
RELATOR: MIN. MARCO AURÉLIO
TAXA DE COMBATE A SINISTROS – CONSTITUCIONALIDADE. O Tribunal, no julgamento do Recurso Extraordinário nº 206.777/SP, da relatoria do ministro Ilmar Galvão, concluiu pela constitucionalidade da Taxa de Combate a Sinistros. (Inform. STF 707)

DIREITO TRIBUTÁRIO. TAXA DE SAÚDE SUPLEMENTAR POR REGISTRO DE PRODUTO.
É ilegal a cobrança da Taxa de Saúde Suplementar por Registro de Produto, prevista no art. 20, II, da Lei 9.961/2000, em relação a requerimentos de registro efetuados antes de 1º de janeiro de 2000, data do início da vigência dessa lei. Precedente citado: REsp 1.064.236-RJ, Segunda Turma, DJe 13/2/2009. **REsp 1.192.225-RJ, Rel. Min. Eliana Calmon, julgado em 21/5/2013.** (Inform. STJ 524)

Súmula Vinculante STF 29
É constitucional a adoção, no cálculo do valor de taxa, de um ou mais elementos da base de cálculo própria de determinado imposto, desde que não haja integral identidade entre uma base e outra.

Súmula Vinculante STF 19
A taxa cobrada exclusivamente em razão dos serviços públicos de coleta, remoção e tratamento ou destinação de lixo ou resíduos provenientes de imóveis, não viola o artigo 145, II, da constituição federal.

Súmula STF nº 670
O serviço de iluminação pública não pode ser remunerado mediante taxa. *(Comentário: os Municípios e o DF podem cobrar a contribuição do art. 149-A da CF)*

Súmula STF nº 665
É constitucional a Taxa de Fiscalização dos Mercados de Títulos e Valores Mobiliários instituída pela Lei 7.940/1989.

Súmula STF nº 545
Preços de serviços públicos e taxas não se confundem, porque estas, diferentemente daqueles, são compulsórias e têm sua cobrança condicionada à prévia autorização orçamentária, em relação à lei que as instituiu.

Súmula STJ nº 412
A ação de repetição de indébito de tarifas de água e esgoto sujeita-se ao prazo prescricional estabelecido no Código Civil. *(Comentário: STJ adotou o entendimento de que tarifa de água e esgoto não tem natureza tributária, independentemente de ser cobrada por concessionária ou autarquia)*

10. EMPRÉSTIMOS COMPULSÓRIOS

DIREITO TRIBUTÁRIO. CESSÃO DE CRÉDITO DECORRENTE DE EMPRÉSTIMO COMPULSÓRIO SOBRE ENERGIA ELÉTRICA.
É possível a cessão dos créditos decorrentes de empréstimo compulsório sobre energia elétrica. De fato, o empréstimo compulsório instituído em favor da Eletrobrás pela Lei 4.156/1962 e alterações posteriores tem a forma de resgate disciplinada pelo Dec.-Lei 1.512/1976. Ao estabelecer o modo de devolução do referido tributo, a legislação de regência não criou óbice à cessão do respectivo crédito a terceiros, razão pela qual não há impedimento para tanto. Precedente citado: REsp 1.094.429-RJ, Segunda Turma, DJe 4/11/2009. **AgRg no REsp 1.090.784-DF, Rel. Min. Arnaldo Esteves Lima, julgado em 11/4/2013.** (Inform. STJ 520)

11. CONTRIBUIÇÃO DE MELHORIA

DIREITO TRIBUTÁRIO. REQUISITOS PARA A INSTITUIÇÃO DE CONTRIBUIÇÃO DE MELHORIA.
A instituição de contribuição de melhoria depende de lei prévia e específica, bem como da ocorrência de efetiva valorização imobiliária em razão da obra pública, cabendo ao ente tributante o ônus de realizar a prova respectiva. Precedentes citados: REsp 927.846-RS, Primeira Turma, DJe 20/8/2010; e AgRg no REsp 1.304.925-RS, Primeira Turma, DJe 20/4/2012. **REsp 1.326.502-RS, Rel. Min. Ari Pargendler, julgado em 18/4/2013.** (Inform. STJ 522)

12. ADMINISTRAÇÃO TRIBUTÁRIA, FISCALIZAÇÃO, CERTIDÕES, DÍVIDA ATIVA, CADIN

REPERCUSSÃO GERAL EM RE N. 770.149-PE
RELATOR: MIN. MARCO AURÉLIO
MUNICÍPIO – PODERES EXECUTIVO E LEGISLATIVO – DÉBITO – CERTIDÃO POSITIVA DE DÉBITO COM EFEITO DE NEGATIVA – INADIMPLÊNCIA DO PODER LEGISLATIVO – ALCANCE – RECURSO EXTRAORDINÁRIO – REPERCUSSÃO GERAL CONFIGURADA. Possui repercussão geral a controvérsia atinente ao direito do Município, como entidade da Federação, à Certidão Positiva de Débito com Efeito de Negativa – CPDEN, apesar da inadimplência do Poder Legislativo local quanto ao cumprimento de obrigações tributárias acessórias. (Inform. STF 754)

Exigência de garantia para impressão de nota fiscal - 1
A exigência, pela Fazenda Pública, de prestação de fiança, garantia real ou fidujussória para a impressão de notas fiscais de contribuintes em débito com o Fisco viola as garantias do livre exercício do trabalho, ofício ou profissão (CF, art. 5º,

XIII), da atividade econômica (CF, art. 170, parágrafo único) e do devido processo legal (CF, art. 5º, LIV). Com base nessa orientação, o Plenário deu provimento a recurso extraordinário para restabelecer sentença, que deferira a segurança e assegurara o direito do contribuinte à impressão de talonários de notas fiscais independentemente da prestação de garantias. O Tribunal declarou, ainda, a inconstitucionalidade do parágrafo único do art. 42 da Lei 8.820/1989, do Estado do Rio Grande do Sul ("A Fiscalização de Tributos Estaduais, quando da autorização para impressão de documentos fiscais, poderá limitar a quantidade a ser impressa e exigir garantia, nos termos do art. 39, quando a utilização dos referidos documentos puder prejudicar o pagamento do imposto vincendo, ou quando ocorrer uma das hipóteses mencionadas no art. 39"). Discutia-se eventual configuração de sanção política em decorrência do condicionamento de expedição de notas fiscais mediante a oferta de garantias pelo contribuinte inadimplente com o fisco. No caso, a Corte de origem dera provimento parcial à apelação interposta pelo Fisco para reconhecer a constitucionalidade da Lei gaúcha 8.820/1989. Dessa forma, autorizara a impressão de talonários de notas fiscais de contribuinte em mora somente após a prestação, pelo devedor, de fiança idônea, garantia real ou outra fidejussória capaz de cobrir obrigações tributárias futuras decorrentes de operações mercantis presumidas.

Exigência de garantia para impressão de nota fiscal - 2

O Colegiado consignou que o aludido dispositivo legal vincularia a continuidade da atividade econômica do contribuinte em mora ao oferecimento de garantias ou ao pagamento prévio do valor devido a título de tributo. Mencionou que, ante a impossibilidade de impressão de talonário de notas fiscais, salvo garantia prevista com base em débitos ainda não existentes, o contribuinte encontrar-se-ia coagido a quitar a pendência sem poder questionar o passivo, o que poderia levar ao encerramento de suas atividades. Aludiu que se trataria de providência restritiva de direito, complicadora ou mesmo impeditiva da atividade empresarial do contribuinte para forçá-lo ao adimplemento dos débitos. Sublinhou que esse tipo de medida, denominada pelo Direito Tributário, sanção política, desafiaria as liberdades fundamentais consagradas na Constituição, ao afastar a ação de execução fiscal, meio legítimo estabelecido pela ordem jurídica de cobrança de tributos pelo Estado. Realçou que, ao assim proceder, o Estado incorreria em desvio de poder legislativo. Rememorou precedente em que assentada a inconstitucionalidade de sanções políticas por afrontar o direito ao exercício de atividades econômicas e profissionais lícitas, bem como por ofensa ao devido processo legal substantivo em virtude da falta de proporcionalidade e razoabilidade dessas medidas gravosas que objetivariam substituir os mecanismos de cobrança de créditos tributários. O Tribunal, ademais, ressaltou o teor dos Enunciados 70 ("É inadmissível a interdição de estabelecimento como meio coercitivo para cobrança de tributo"), 323 ("É inadmissível a apreensão de mercadorias como meio coercitivo para pagamento de tributos") e 547 ("Não é lícito à autoridade proibir que o contribuinte em débito adquira estampilhas, despache mercadorias nas alfândegas e exerça suas atividades profissionais") de sua Súmula. Precedentes citados: ADI 173/DF (DJe de 20.9.2009) e RE 413.782/SC (DJU de 1º.4.2005). RE 565048/RS, rel. Min. Marco Aurélio. 29.5.2014. (RE-565048) (Inform. STF 748)

Indústria de cigarros: cancelamento de registro especial e obrigação tributária - 4

A cassação de registro especial para a fabricação e comercialização de cigarros, em virtude de descumprimento de obrigações tributárias por parte da empresa, não constitui sanção política. Essa conclusão do Plenário que, ao finalizar julgamento, por decisão majoritária, negou provimento a recurso extraordinário, interposto por indústria de cigarros, em que se discutia a validade de norma que prevê interdição de estabelecimento, por meio de cancelamento de registro especial, em caso do não cumprimento de obrigações tributárias (Decreto-Lei 1.593/77) – v. Informativo 505. Preponderou o voto do Min. Joaquim Barbosa, relator e Presidente. Salientou, inicialmente, precedentes da Corte no sentido da proibição constitucional às sanções políticas. Asseverou que essa orientação não serviria, entretanto, de escusa ao deliberado e temerário desrespeito à legislação tributária. Não haveria se falar em sanção política se as restrições à prática de atividade econômica combatessem estruturas empresariais que se utilizassem da inadimplência tributária para obter maior vantagem concorrencial. Assim, para ser reputada inconstitucional, a restrição ao exercício de atividade econômica deveria ser desproporcional. Aduziu que a solução da controvérsia seria, no entanto, mais sutil do que o mero reconhecimento do art. 2º, II, do Decreto-Lei 1.593/77 como sanção política ou como salvaguarda da saúde pública e do equilíbrio concorrencial. A questão de fundo consistiria em saber se a interpretação específica adotada pelas autoridades fiscais, no caso concreto, caracterizaria sanção política, dada a ambiguidade do texto normativo em questão. Assim, a norma extraída a partir da exegese do aludido dispositivo legal seria inconstitucional se atentasse contra um dos três parâmetros constitucionais: 1) relevância do valor dos créditos tributários em aberto, cujo não pagamento implicaria a restrição ao funcionamento da empresa; 2) manutenção proporcional e razoável do devido processo legal de controle do ato de aplicação da penalidade; 3) manutenção proporcional e razoável do devido processo legal de controle de validade dos créditos tributários cujo inadimplemento importaria na cassação do registro especial. Julgou atendidas essas três salvaguardas constitucionais, e concluiu que a interpretação dada pela Secretaria da Receita Federal não reduziria a norma ao status de sanção política.

Indústria de cigarros: cancelamento de registro especial e obrigação tributária - 5

Ressaltou que seriam relevantes tanto o montante dos créditos cuja compensação não fora homologada quanto o montante total do débito tributário atribuído à empresa. Além disso, o risco à efetividade da tutela jurisdicional relativa à cassação do registro especial, existente por ocasião do julgamento da AC 1657 MC/SP (DJU de 11.5.2007), enfraqueceria com o julgamento de mérito da questão, já que, realizado o controle de constitucionalidade incidental da norma, não haveria mais expectativa juridicamente importante de reversão da penalidade. Ademais, não estaria demonstrado o risco à efetividade da tutela jurisdicional, no tocante ao controle de validade dos créditos tributários cujo inadimplemento levaria a cassação do registro especial. Considerou, ainda, ausente a plausibilidade da tese que defenderia a possibilidade de compensação de créditos referentes às antigas obrigações do Estado, cujos títulos teriam sido denominados "moeda podre", em virtude de sua duvidosa liquidez e de restrições postas pela legislação ordinária. Enfatizou pesarem, também, alegações graves contra a recorrente. Diante do contexto excepcional, a parte deveria ter demonstrado com precisão os motivos que teriam conduzido à sistemática e reiterada inobservância das normas de tributação. Não bastaria apontar a inconstitucionalidade absoluta do dispositivo analisado. Por fim, reputou que a assertiva imprecisa da existência de discussão sobre o sistema de tributação da indústria do cigarro com o IPI, fundada na suposta inconstitucionalidade da tributação via pautas de preços fixos, não teria sido parte do quadro apresentado ao tribunal de origem. O argumento não poderia ser usado para confirmar a plausibilidade da tese de violação do direito ao livre exercício de atividade econômica lícita.

Indústria de cigarros: cancelamento de registro especial e obrigação tributária - 6

O Min. Ricardo Lewandowski sublinhou que o descumprimento reiterado de obrigações fiscais por parte de empresas do ramo provocaria distorção do mercado, pois permitiria o comércio de produtos em patamar de preço inferior à concorrência. Nesse sentido, a livre iniciativa não seria absoluta. Ressaltou, ainda, que os Enunciados 70 ("É inadmissível a interdição de estabelecimento como meio coercitivo para cobrança de tributo"), 323 ("É inadmissível a apreensão de mercadorias como meio coercitivo para pagamento de tributos") e 547 ("Não é lícito à autoridade proibir que o contribuinte em débito adquira estampilhas, despache mercadorias nas alfândegas e exerça suas atividades profissionais") da Súmula do STF não seriam aplicáveis à espécie, por aludirem a devedores inseridos no regime geral de atividades econômicas. Além disso, a norma em comento não estabeleceria meio coercitivo para cobrança de tributo, mas sanções por práticas de atos ilícitos contra a ordem tributária.

Indústria de cigarros: cancelamento de registro especial e obrigação tributária - 7
Vencidos os Ministros Gilmar Mendes, Marco Aurélio e Celso de Mello, que proviam o recurso e, incidentalmente, declaravam a inconstitucionalidade do art. 2º, II, do Decreto-Lei 1.593/77. O Min. Gilmar Mendes consignava que a norma impugnada não teria outro sentido além de reforçar a eficácia das normas tributárias a onerar o segmento econômico em questão. Tratar-se-ia, portanto, de sanção política estabelecida em benefício da arrecadação fiscal, o que estaria em descompasso com a jurisprudência da Corte. Nesse sentido, destacava os Enunciados 70, 323 e 547 da Súmula do STF. Reconhecia que o caso cuidaria de contumaz sonegador, mas alertava para a gravidade de se impedir o exercício de atividade econômica em face de mero inadimplemento de tributo, mormente diante dos princípios constitucionais da livre iniciativa e do devido processo legal. O Min. Marco Aurélio apontava que não se trataria de norma a tutelar a saúde, porque caso a atividade fosse proibida, sequer caberia discutir a regra em comento. Ao contrário, condicionar-se-ia indevidamente a continuidade dessa atividade ao adimplemento de obrigações tributárias, principais ou acessórias. O Min. Celso de Mello acentuava que o poder de tributar não poderia chegar à desmedida do poder de destruir, pois esta extraordinária prerrogativa do Estado traduziria poder que somente deveria ser exercido dentro dos limites que o tornassem compatível com a liberdade de trabalho, comércio e indústria, bem assim com o direito de propriedade. RE 550769/RJ, rel. Min. Joaquim Barbosa, 22.5.2013. (RE-550769) (Inform. STF 707)

DIREITO TRIBUTÁRIO. HIPÓTESE DE NÃO EXPEDIÇÃO DE CERTIDÃO POSITIVA COM EFEITOS DE NEGATIVA. A penhora de bem de valor inferior ao débito não autoriza a expedição de certidão positiva com efeitos de negativa. Isso porque a expedição da referida certidão está condicionada à existência de penhora suficiente ou à suspensão da exigibilidade do crédito tributário, nos termos dos arts. 151 e 206 do CTN. Precedentes citados: EDcl no Ag 1.389.047-SC, Segunda Turma, DJe 31/8/2011; e AgRg no REsp 1.022.831-SP, Primeira Turma, DJe 8/5/2008. **REsp 1.479.276-MG**, Rel. Min. Mauro Campbell Marques, julgado em 16/10/2014. (Inform. STJ 550)

DIREITO TRIBUTÁRIO. HIPÓTESE DE IMPOSSIBILIDADE DE EXPEDIÇÃO DE CERTIDÃO POSITIVA COM EFEITO DE NEGATIVA. Não é possível a expedição de certidão positiva com efeito de negativa em favor de sócio que tenha figurado como fiador em Termo de Confissão de Dívida Tributária na hipótese em que o parcelamento dele decorrente não tenha sido adimplido. De fato, o art. 4º, II, da Lei 6.830/1980 dispõe que a execução fiscal poderá ser promovida contra o fiador. Assim sendo, a responsabilidade do sócio fiador, na hipótese, decorre da sua presença como fiador do parcelamento não adimplido. **REsp 1.444.692-CE**, Rel. Min. Herman Benjamin, julgado em 13/5/2014. (Inform. STJ 543)

DIREITO TRIBUTÁRIO. PROTESTO DE CDA. É possível o protesto de Certidão de Dívida Ativa (CDA). No regime instituído pelo art. 1º da Lei 9.492/1997 ("Protesto é o ato formal e solene pelo qual se prova a inadimplência e o descumprimento de obrigação originada em títulos e outros documentos de dívida."), o protesto foi ampliado, desvinculando-se dos títulos estritamente cambiariformes para abranger todos e quaisquer "títulos ou documentos de dívida". Nesse sentido, há, tanto no STJ (REsp 750.805/RS) quanto na Justiça do Trabalho, precedentes que autorizam o protesto, por exemplo, de decisões judiciais condenatórias, líquidas e certas, transitadas em julgado. Dada a natureza bifronte do protesto – o qual representa, de um lado, instrumento para constituir o devedor em mora e provar a inadimplência e, de outro, modalidade alternativa para cobrança de dívida –, não é dado ao Poder Judiciário substituir-se à Administração para eleger, sob o enfoque da necessidade (utilidade ou conveniência), as políticas públicas para recuperação, no âmbito extrajudicial, da dívida ativa da Fazenda Pública. A manifestação sobre essa relevante matéria, com base na valoração da necessidade e pertinência desse instrumento extrajudicial de cobrança de dívida, carece de legitimação por romper com os princípios da independência dos poderes (art. 2º da CF) e da imparcialidade. Quanto aos argumentos de que o ordenamento jurídico (Lei 6.830/1980) já instituiu mecanismo para a recuperação do crédito fiscal e de que o sujeito passivo não participou da constituição do crédito, estes são falaciosos. A Lei das Execuções Fiscais disciplina exclusivamente a cobrança judicial da dívida ativa e não autoriza, por si, a conclusão de que veda, em caráter permanente, a instituição ou utilização de mecanismos de cobrança extrajudicial. A defesa da tese de impossibilidade do protesto seria razoável apenas se versasse sobre o "Auto de Lançamento", esse sim procedimento unilateral dotado de eficácia para imputar débito ao sujeito passivo. A inscrição em dívida ativa, de onde se origina a posterior extração da Certidão que poderá ser levada a protesto, decorre ou do exaurimento da instância administrativa (na qual foi possível impugnar o lançamento e interpor recursos administrativos) ou de documento de confissão de dívida, apresentado pelo próprio devedor (como o DCTF, a GIA e o Termo de Confissão para adesão ao parcelamento). O sujeito passivo, portanto, não pode alegar que houve "surpresa" ou "abuso de poder" na extração da CDA, uma vez que esta pressupõe sua participação na apuração do débito. Note-se, aliás, que o preenchimento e entrega da DCTF ou GIA (documentos de confissão de dívida) corresponde integralmente ao ato do emitente de cheque, nota promissória ou letra de câmbio. Outrossim, a possibilidade do protesto da CDA não implica ofensa aos princípios do contraditório e do devido processo legal, pois subsiste, para todo e qualquer efeito, o controle jurisdicional, mediante provocação da parte interessada, em relação à higidez do título levado a protesto. Ademais, a Lei 9.492/1997 deve ser interpretada em conjunto com o contexto histórico e social. De acordo com o "II Pacto Republicano de Estado por um sistema de Justiça mais acessível, ágil e efetivo", definiu-se como meta específica para dar agilidade e efetividade à prestação jurisdicional a "revisão da legislação referente à cobrança da dívida ativa da Fazenda Pública, com vistas à racionalização dos procedimentos em âmbito judicial e administrativo". Nesse sentido, o CNJ considerou que estão conformes com o princípio da legalidade normas expedidas pelas Corregedorias de Justiça dos Estados do Rio de Janeiro e de Goiás que, respectivamente, orientam seus órgãos a providenciar e admitir o protesto de CDA e de sentenças condenatórias transitadas em julgado, relacionadas às obrigações alimentares. A interpretação contextualizada da Lei 9.492/1997 representa medida que corrobora a tendência moderna de intersecção dos regimes jurídicos próprios do Direito Público e Privado. **REsp 1.126.515-PR**, Rel. Min. Herman Benjamin, julgado em 3/12/2013. (Inform. STJ 533)

DIREITO TRIBUTÁRIO. CAUÇÃO PARA EXPEDIÇÃO DE CERTIDÃO POSITIVA COM EFEITOS DE NEGATIVA.
O contribuinte pode, após o vencimento de sua obrigação e antes da execução fiscal, garantir o juízo de forma

antecipada mediante o oferecimento de fiança bancária, a fim de obter certidão positiva com efeitos de negativa. De fato, a prestação de caução mediante o oferecimento de fiança bancária, ainda que no montante integral do valor devido, não se encontra encartada nas hipóteses elencadas no art. 151 do CTN, não suspendendo a exigibilidade do crédito tributário. Entretanto, tem o efeito de garantir o débito exequendo em equiparação ou antecipação à penhora, permitindo-se, neste caso, a expedição de certidão positiva com efeitos de negativa. **AgRg no Ag 1.185.481-DF, Rel. Min. Napoleão Nunes Maia Filho, julgado em 14/10/2013.** (Inform. STJ 532)

DIREITO TRIBUTÁRIO. MANIFESTAÇÃO ADMINISTRATIVA CONTRA A COBRANÇA DE DÉBITO INSCRITO EM DÍVIDA ATIVA.

O pedido administrativo realizado pelo contribuinte de cancelamento de débito inscrito em dívida ativa não suspende a exigibilidade do crédito tributário, não impedindo o prosseguimento da execução fiscal e a manutenção do nome do devedor no CADIN. A leitura do art. 151, III, do CTN revela que não basta o protocolo de reclamações ou recursos para a suspensão da exigibilidade do crédito tributário. A manifestação de inconformidade ("reclamações" ou "recursos"), para ser dotada de efeito suspensivo, deve estar expressamente disciplinada na legislação específica que rege o processo tributário administrativo. Nesse contexto, a manifestação administrativa (é irrelevante o nomen iuris, isto é, "defesa", "pedido de revisão de débito inscrito na dívida ativa" ou qualquer outro) não constitui "recurso administrativo", dele diferindo em sua essência e nos efeitos jurídicos. O recurso é o meio de impugnação à decisão administrativa que analisa a higidez da constituição do crédito e, portanto, é apresentado no curso do processo administrativo, de forma antecedente à inscrição em dívida ativa, possuindo, por força do art. 151, III, do CTN, aptidão para suspender a exigibilidade da exação. A manifestação apresentada após a inscrição em dívida ativa, por sua vez, nada mais representa que o exercício do direito de petição aos órgãos públicos. É essencial registrar que, após a inscrição em dívida ativa, há presunção relativa de que foi encerrado, de acordo com os parâmetros legais, o procedimento de apuração do quantum debeatur. Se isso não impede, por um lado, o administrado de se utilizar do direito de petição para pleitear à Administração o desfazimento do ato administrativo (na hipótese em análise, o cancelamento da inscrição em dívida ativa) – já que esta tem o poder-dever de anular os atos ilegais –, por outro lado, não reabre, nos termos acima (ou seja, após a inscrição em dívida ativa), a discussão administrativa. Pensar o contrário implicaria subverter o ordenamento jurídico, conferindo ao administrado o poder de duplicar ou "ressuscitar", tantas vezes quantas lhe for possível e/ou conveniente, o contencioso administrativo. Cabe ressaltar, a propósito, que inexiste prejuízo ao contribuinte porque a argumentação apresentada após o encerramento do contencioso administrativo, como se sabe, pode plenamente ser apreciada na instância jurisdicional. É inconcebível, contudo, que a Administração Pública ou o contribuinte criem situações de sobreposição das instâncias administrativa e jurisdicional. Se a primeira foi encerrada, ainda que irregularmente, cabe ao Poder Judiciário a apreciação de eventual lesão ou ameaça ao direito do sujeito processual interessado. **REsp 1.389.892-SP, Rel. Min. Herman Benjamin, julgado em 27/8/2013.** (Inform. STJ 532)

DIREITO TRIBUTÁRIO. FORMAÇÃO DA CERTIDÃO DE DÍVIDA ATIVA.

A ausência de prévio processo administrativo não enseja a nulidade da Certidão de Dívida Ativa (CDA) nos casos de tributos sujeitos a lançamento de ofício. Com efeito, cabe ao contribuinte impugnar administrativamente a cobrança tributária e não ao fisco que, com observância da lei aplicável ao caso, lançou o tributo. Precedentes citados: AgRg no REsp 1.080.522-RJ, Primeira Turma, Dje 29/10/2008; e REsp 1.095.425-MG, Primeira Turma, Dje 22/4/2009. **AgRg no AREsp 370.295-SC, Rel. Min. Humberto Martins, julgado em 1º/10/2013.** (Inform. STJ 531)

DIREITO TRIBUTÁRIO E PREVIDENCIÁRIO. IMPOSSIBILIDADE DE INSCRIÇÃO EM DÍVIDA ATIVA DE VALOR INDEVIDAMENTE RECEBIDO A TÍTULO DE BENEFÍCIO PREVIDENCIÁRIO. RECURSO REPETITIVO (ART. 543-C DO CPC E RES. 8/2008-STJ).

Não é possível a inscrição em dívida ativa de valor correspondente a benefício previdenciário indevidamente recebido e não devolvido ao INSS. Isso porque a inscrição em dívida ativa de valor decorrente de ilícito extracontratual deve ser fundamentada em dispositivo legal específico que a autorize expressamente. Ocorre que, nas leis próprias do INSS (Lei 8.212/1991 e Lei 8.213/1991), não há dispositivo legal semelhante ao disposto no parágrafo único do art. 47 da Lei 8.112/1990 – o qual prevê a inscrição em dívida ativa de valores não pagos pelo servidor público federal que tiver sido demitido, exonerado ou tiver sua aposentadoria ou disponibilidade cassada. Se o legislador quisesse que o recebimento indevido de benefício previdenciário ensejasse a inscrição em dívida ativa, teria previsto expressamente na Lei 8.212/1991 ou na Lei 8.213/1991, o que não fez. Incabível, assim, por se tratar de restrição de direitos, qualquer analogia com o que dispõe o art. 47 da Lei 8.112/1990. Isso significa que, recebido o valor a maior pelo beneficiário, a forma prevista em lei para o INSS reavê-lo se dá através do desconto do próprio benefício a ser pago em períodos posteriores e, nos casos de dolo, fraude ou má-fé, a lei prevê a restituição de uma só vez (descontando-se do benefício) ou mediante acordo de parcelamento (art. 115, II e § 1º, da Lei 8.213/1991 e art. 154, II e § 2º, do Dec. 3.048/1999). Na impossibilidade da realização desses descontos, seja porque o beneficiário deixou de sê-lo (suspensão ou cessação), seja porque seu benefício é insuficiente para a realização da restituição de uma só vez ou, ainda, porque a pessoa que recebeu os valores o fez indevidamente jamais tendo sido a real beneficiária, a lei não prevê a inscrição em dívida ativa. Nessas situações, por falta de lei específica que determine a inscrição em dívida ativa, torna-se imperativo que seu ressarcimento seja precedido de processo judicial para o reconhecimento do direito do INSS à repetição. De ressaltar, ademais, que os benefícios previdenciários indevidamente recebidos, qualificados como enriquecimento ilícito, não se enquadram no conceito de crédito tributário ou não tributário previsto no art. 39, § 2º, da Lei 4.320/1964, a justificar sua inscrição em dívida ativa. Sendo assim, o art. 154, § 4º, II, do Dec. 3.048/99, que determina a inscrição em dívida ativa de benefício previdenciário pago indevidamente, não encontra amparo legal. Precedentes citados: AgRg no AREsp. 225.034-BA, Segunda Turma, DJe 19/2/2013; e AgRg no AREsp 188.047-AM, Primeira Turma, DJe 10/10/2012. **REsp 1.350.804-PR, Rel. Min. Mauro Campbell Marques, julgado em 12/6/2013.** (Inform. STJ 522)

DIREITO TRIBUTÁRIO. FISCALIZAÇÃO DA CONTABILIDADE DA PRESTADORA DE SERVIÇOS COMO PRESSUPOSTO PARA O RECONHECIMENTO DE SOLIDARIEDADE NA FASE DE COBRANÇA DE CONTRIBUIÇÕES PREVIDENCIÁRIAS INCIDENTES SOBRE A CESSÃO DE MÃO DE OBRA.

Na cobrança de contribuições previdenciárias realizada com base na redação original do art. 31 da Lei n. 8.212/1 991, não é lícita a autuação da tomadora de serviços sem que antes tenha havido a fiscalização da contabilidade da prestadora de serviços executados mediante cessão de mão de obra. O art. 31 da Lei n. 8.212/1991, em sua redação original, reconhece a existência de responsabilidade solidária entre o tomador e o prestador de serviços pelas contribuições previdenciárias incidentes sobre a cessão de mão de obra.

A referida solidariedade, entretanto, ocorrerá na fase de cobrança do tributo, pressupondo, desse modo, a regular constituição do crédito tributário, cuja ocorrência, antes da vigência da Lei n. 9.711/1998 – que deu nova redação ao art. 31 da Lei n. 8.212/1991 –, demandava a fiscalização da contabilidade da empresa prestadora dos serviços de mão de obra, devedora principal da contribuição previdenciária. Precedentes citados: AgRg no REsp 1.348.395-RJ, Segunda Turma, DJe 4/12/2012, e AgRg no REsp 1.174.800-RS, Segunda Turma, DJe 23/4/2012. **AgRg no REsp 1.194.485-ES, Rel. Min. Diva Malerbi (Desembargadora convocada do TRF 3ª Região), julgado em 26/2/2013.** (Inform. STJ 518)

DIREITO TRIBUTÁRIO. EXIGÊNCIA DE GARANTIA PARA LIBERAÇÃO DE MERCADORIA IMPORTADA.
A autoridade fiscal não pode condicionar a liberação de mercadoria importada à prestação de garantia no caso em que a retenção da referida mercadoria decorra da pretensão da Fazenda de efetuar reclassificação tarifária. Precedente citado: AgRg no Ag 1.183.602-RS, Primeira Turma, DJe 7/6/2010. **AgRg no REsp 1.227.611-RS, Rel. Min. Arnaldo Esteves Lima, julgado em 19/3/2013.** (Inform. STJ 518)

DIREITO TRIBUTÁRIO. POSSIBILIDADE DE EXPEDIÇÃO DE CERTIDÃO POSITIVA COM EFEITOS DE NEGATIVA EM NOME DE ESTABELECIMENTO QUE TENHA CNPJ INDIVIDUAL.
É possível a expedição de certidões negativas de débito ou positivas com efeitos de negativas em nome de filial de grupo econômico, ainda que existam pendências tributárias da matriz ou de outras filiais, desde que possuam números de CNPJ distintos. O art. 127, I, do CTN consagra o princípio da autonomia de cada estabelecimento da empresa que tenha o respectivo CNPJ. Efetivamente, cada empresa é identificada como contribuinte pelo número de sua inscrição no CNPJ, que "compreende as informações cadastrais de entidades de interesse das administrações tributárias da União, dos Estados, do Distrito Federal e dos Municípios". Ainda que se afirme que o conjunto de filiais e a matriz façam parte de um todo indissolúvel denominado "pessoa jurídica", a existência de registros de CNPJ diferentes caracteriza a autonomia patrimonial, administrativa e jurídica de cada um dos estabelecimentos, fato que justifica a expedição do documento de modo individual. Precedentes citados: AgRg no REsp 1.235.407-RJ, DJe 19/4/2011; AgRg no REsp 961.422-SC, DJe 15/6/2009, e AgRg no REsp 1.114.696-AM, DJe 20/10/2009. **AgRg no AREsp 192.658-AM, Rel. Min. Castro Meira, julgado em 23/10/2012.** (Inform. STJ 508)

Súmula STF nº 473
A administração pode anular seus próprios atos, quando eivados de vícios que os tornam ilegais, porque deles não se originam direitos; ou revogá-los, por motivo de conveniência e oportunidade, respeitados os direitos adquiridos, e ressalvada, em todos os casos, a apreciação judicial.

Súmula STF nº 346
A administração pública pode declarar a nulidade dos seus próprios atos.

Súmula STJ nº 446
Declarado e não pago o débito tributário pelo contribuinte, é legítima a recusa de expedição de certidão negativa ou positiva com efeito de negativa.

Súmula STJ nº 439
Estão sujeitos à fiscalização tributária, ou previdenciária, quaisquer livros comerciais, limitado o exame aos pontos objeto da investigação.

Súmula TFR nº 38
Os certificados de quitação e de regularidade de situação não podem ser negados, se o débito estiver garantido por penhora regular (Código Tributário Nacional, art. 206).

Súmula TFR nº 29
Os certificados de quitação e de regularidade não podem ser negados, enquanto pendente de decisão, na via administrativa, o débito levantado.

13. AÇÕES TRIBUTÁRIAS, PROCESSUAL TRIBUTÁRIO

13.1. Execução Fiscal: citação, competência, penhora, fiança, depósito, substituição, reforço, levantamento

DIREITO TRIBUTÁRIO. REQUISITOS PARA A MEDIDA DE INDISPONIBILIDADE DE BENS E DIREITOS (ART. 185-A DO CTN). RECURSO REPETITIVO (ART. 543-C DO CPC E RES. 8/2008-STJ).
A indisponibilidade de bens e direitos autorizada pelo art. 185-A do CTN depende da observância dos seguintes requisitos: (i) citação do devedor; (ii) inexistência de pagamento ou apresentação de bens à penhora no prazo legal; e (iii) a não localização de bens penhoráveis após o esgotamento das diligências realizadas pela Fazenda, ficando este caracterizado quando houver nos autos (a) pedido de acionamento do Bacen Jud e consequente determinação pelo magistrado e (b) a expedição de ofícios aos registros públicos do domicílio do executado e ao Departamento Nacional ou Estadual de Trânsito - DENATRAN ou DETRAN. Quanto aos requisitos para indisponibilidade de bens e direitos, infere-se do art. 185-A do CTN que a ordem judicial para a decretação da indisponibilidade de bens e direitos do devedor ficou condicionada aos seguintes: (i) citação do executado; (ii) inexistência de pagamento ou de oferecimento de bens à penhora no prazo legal; e, por fim, (iii) não forem encontrados bens penhoráveis. (Nesse sentido: AgRg no REsp 1.409.433-PE, Primeira Turma, DJe 18/12/2013). Especificamente em relação ao último requisito, a Primeira Seção do STJ firmou entendimento no sentido de que o credor deve comprovar o esgotamento das diligências aptas à localização dos bens do devedor, quando pretender a indisponibilidade de bens e direitos com base no art. 185-A do CTN (AgRg no AREsp 343.969-RS, Segunda Turma, DJe 3/12/2013; e AgRg no AREsp 428.902-BA, Primeira Turma, DJe 28/11/2013). Nessa medida, importa ponderar a respeito das diligências levadas a efeito pela Fazenda Pública, para saber se as providências tomadas correspondem, razoavelmente, a todas aquelas que poderiam ser realizadas antes do requerimento de indisponibilidade de bens requerida no âmbito do Poder Judiciário (art. 185-A do CTN). Sob essa perspectiva, tem-se que o acionamento do Bacen Jud e a expedição de ofícios aos registros públicos de bens no cartório do domicílio do executado são medidas razoáveis a se exigir do Fisco quando este pretender a indisponibilidade de bens do devedor. Além dessas medidas, tem-se ainda por razoável a exigência de prévia expedição de ofício ao Departamento de Trânsito Nacional ou Estadual (DENATRAN ou DETRAN), pois, se houver um veículo na titularidade do executado, facilmente se identificará. **REsp 1.377.507-SP, Rel. Min. Og Fernandes, julgado em 26/11/2014.** (Inform. STJ 552)

DIREITO PROCESSUAL CIVIL E TRIBUTÁRIO. MANDADO DE INTIMAÇÃO E NECESSIDADE DE EXPRESSA MENÇÃO DO PRAZO PARA INTERPOSIÇÃO DE EMBARGOS À EXECUÇÃO FISCAL. Em sede de execução fiscal, é necessário que o mandado de intimação da penhora contenha expressa menção do prazo legal para o oferecimento de embargos à execução. Isso porque a intimação é feita na pessoa do devedor, razão pela qual o mandado deve registrar, expressamente, o prazo de defesa, de modo que o executado possa dimensionar o espaço temporal de que dispõe para constituir advogado com vista à defesa técnica que os princípios constitucionais do contraditório e da ampla defesa lhe asseguram. Precedentes citados: AgRg no REsp 1.085.967-RJ, Segunda Turma, DJe 23/4/2009; e AgRg no REsp 1.063.263-RS, Primeira Turma, DJe 6/8/2009. **EREsp 1.269.069-CE, Rel. Min. Herman Benjamin, julgado em 6/4/2014. (Inform. STJ 546)**

DIREITO PROCESSUAL CIVIL E TRIBUTÁRIO. ARREMATAÇÃO DE IMÓVEL EM EXECUÇÃO FISCAL DE DÉBITOS PREVIDENCIÁRIOS POR VALOR ABAIXO AO DA AVALIAÇÃO. Em segundo leilão realizado no âmbito de execução fiscal de Dívida Ativa originariamente do INSS e agora da União, é válida a arrematação de bem imóvel por valor abaixo ao da avaliação, exceto por preço vil. Isso porque, nessa situação, incide o regramento especial estabelecido na Lei 8.212/1991, sendo subsidiária a aplicação do CPC. A alienação do bem no segundo leilão por qualquer valor, excetuado o vil, é permitida pelo art. 98, II, da Lei 8.212/1991. Assim, o art. 690, § 1º, do CPC não é aplicável a essa hipótese, pois, ao exigir a alienação do imóvel por valor nunca inferior ao da avaliação, revela-se incompatível com o art. 98 da Lei 8.212/1991. **REsp 1.431.155-PB, Rel. Min. Mauro Campbell Marques, julgado em 27/5/2014. (Inform. STJ 542)**

DIREITO PROCESSUAL CIVIL E TRIBUTÁRIO. ARREMATAÇÃO DE IMÓVEL MEDIANTE PAGAMENTO PARCELADO EM EXECUÇÃO FISCAL DE DÉBITOS PREVIDENCIÁRIOS. Em segundo leilão realizado no âmbito de execução fiscal de Dívida Ativa originariamente do INSS e agora da União, é válida a arrematação de bem imóvel mediante pagamento parcelado, podendo a primeira parcela ser inferior a 30% do valor da avaliação. Isso porque, nessa situação, incide o regramento especial estabelecido na Lei 8.212/1991, sendo subsidiária a aplicação do CPC. O art. 98, § 1º, da Lei 8.212/1991 permite a alienação do bem no segundo leilão mediante pagamento parcelado do valor da arrematação, na forma prevista para os parcelamentos administrativos de débitos previdenciários (hodiernamente, arts. 10 e seguintes da Lei 10.522/2002). Assim, o art. 690, § 1º, do CPC não é aplicável a essa hipótese, pois, ao exigir oferta de pelo menos 30% do valor à vista e priorizar a "proposta mais conveniente", revela-se incompatível com o art. 98 da Lei 8.212/1991. **REsp 1.431.155-PB, Rel. Min. Mauro Campbell Marques, julgado em 27/5/2014. (Inform. STJ 542)**

DIREITO PROCESSUAL CIVIL E TRIBUTÁRIO. ARREMATAÇÃO DE IMÓVEL EM EXECUÇÃO FISCAL EM CONDIÇÕES NÃO PUBLICADAS EM EDITAL DE LEILÃO. Em segundo leilão realizado no âmbito de execução fiscal de Dívida Ativa originariamente do INSS e agora da União, caso não publicadas as condições do parcelamento no edital do leilão, é nula a arrematação de bem imóvel por valor abaixo ao da avaliação e mediante o pagamento da primeira parcela em montante inferior a 30% ao da avaliação. Isso porque, nessa situação, incide o regramento especial estabelecido na Lei 8.212/1991, sendo subsidiária a aplicação do CPC. O art. 98, § 2º, da Lei 8.212/1991 determina que todas as condições do parcelamento constem do edital de leilão. A falta dos requisitos do parcelamento do valor da arrematação no edital de leilão gera nulidade na forma do art. 244 do CPC, casos em que a nulidade poderia ser sanada se o ato, realizado de outra forma, alcançasse sua finalidade. Na hipótese, acaso houvesse sido publicada a possibilidade de parcelamento, poderiam acorrer à hasta pública outros licitantes, que foram afastados pelas condições mais duras de arrematação. Embora a arrematação tenha ocorrido, e o preço não tenha sido vil, a falta de publicação das condições do parcelamento no edital de leilão prejudicou a concorrência e, por consequência, o executado, que viu seu bem ser alienado por valor inferior ao que poderia atingir se houvesse outros concorrentes. **REsp 1.431.155-PB, Rel. Min. Mauro Campbell Marques, julgado em 27/5/2014. (Inform. STJ 542)**

DIREITO PROCESSUAL CIVIL E TRIBUTÁRIO. GARANTIA DO JUÍZO NO ÂMBITO DE EXECUÇÃO FISCAL. A garantia do juízo no âmbito da execução fiscal (arts. 8º e 9º da Lei 6.830/1980) deve abranger honorários advocatícios que, embora não constem da Certidão de Dívida Ativa (CDA), venham a ser arbitrados judicialmente. Em relação aos honorários advocatícios, é preciso distinguir duas situações: há hipóteses em que a verba é expressamente incluída entre os encargos a serem lançados na CDA (por exemplo, Decreto-Lei 1.025/1969, que se refere à dívida ativa da União); e há situação em que os honorários advocatícios são arbitrados judicialmente (seja a título provisório, por ocasião do recebimento da petição inicial, seja com o trânsito em julgado da sentença proferida nos embargos do devedor). Na primeira hipótese, em que os honorários advocatícios estão abrangidos entre os encargos da CDA, não há dúvida de que a garantia judicial deve abrangê-los, pois, conforme já decidido pelo STJ (REsp 687.862-RJ, Primeira Turma, DJ 5/9/2005), a segurança do juízo está vinculada aos valores descritos na CDA, a saber: principal, juros e multa de mora e demais encargos constantes da CDA. Na segunda hipótese, em que os honorários são arbitrados judicialmente, deve-se atentar que a legislação processual é aplicável subsidiariamente à execução fiscal, conforme art. 1º da Lei 6.830/1980. Posto isso, o art. 659 do CPC, seja em sua redação original, de 1973, seja com a alteração promovida pela Lei 11.382/2006, sempre determinou que a penhora de bens seja feita de modo a incluir o principal, os juros, as custas e os honorários advocatícios. Assim, por força da aplicação subsidiária do CPC e por exigência da interpretação sistemática e histórica das leis, tendo sempre em mente que a Lei 6.830/1980 foi editada com o propósito de tornar o processo judicial de recuperação dos créditos públicos mais célere e eficiente que a execução comum do CPC, tudo aponta para a razoabilidade da exigência de que a garantia inclua os honorários advocatícios, estejam eles lançados ou não na CDA. **REsp 1.409.688-SP, Rel. Min. Herman Benjamin, julgado em 11/2/2014. (Inform. STJ 539)**

DIREITO TRIBUTÁRIO. CAUÇÃO EM EXECUÇÃO FISCAL. O seguro garantia judicial não pode ser utilizado como caução em execução fiscal. Isso porque não há norma legal disciplinadora do seguro garantia judicial, não estando essa modalidade de caução entre as previstas no art. 9º da Lei 6.830/1980. Precedentes citados: AgRg no AREsp 266.570-PA, Segunda Turma, DJe 18/3/2013; e AgRg no REsp 1.201.075-RJ, Primeira Turma, DJe 9/8/2011. AgRg no REsp 1.394.408-SP, Rel. Min. Napoleão Nunes Maia Filho, julgado em 17/10/2013. (Inform. STJ 532)

DIREITO TRIBUTÁRIO E PROCESSUAL CIVIL. PENHORA, POR DÍVIDAS TRIBUTÁRIAS DA MATRIZ, DE VALORES DEPOSITADOS EM NOME DE FILIAIS. RECURSO REPETITIVO (ART. 543-C DO CPC E RES. 8/2008-STJ). Os valores depositados em nome das filiais estão sujeitos à penhora por dívidas tributárias da matriz. De início, cabe ressaltar que, no âmbito do direito privado, cujos princípios gerais, à luz do art. 109 do CTN, são informadores para a definição dos institutos de direito tributário, a filial é uma espécie de estabelecimento empresarial, fazendo parte do acervo patrimonial de uma única pessoa jurídica, partilhando os mesmos sócios, contrato social e firma ou denominação da matriz. Nessa condição, consiste, conforme doutrina majoritária, em uma universalidade de fato, não ostenta personalidade jurídica própria, nem é sujeito de direitos, tampouco uma pessoa distinta da sociedade empresária. Cuida-se de um instrumento para o exercício da atividade empresarial. Nesse contexto, a discriminação do patrimônio da sociedade empresária mediante a criação de filiais não afasta a unidade patrimonial da pessoa jurídica, que, na condição de devedora, deve responder, com todo o ativo do patrimônio social, por suas dívidas à luz da regra de direito processual prevista no art. 591 do CPC, segundo a qual "o devedor responde, para o cumprimento de suas obrigações, com todos os seus bens presentes e futuros, salvo as restrições estabelecidas em lei". Cumpre esclarecer, por oportuno, que o princípio tributário da autonomia dos estabelecimentos, cujo conteúdo normativo preceitua que estes devem ser considerados, na forma da legislação específica de cada tributo, unidades autônomas e independentes nas relações jurídico-tributárias travadas com a administração fiscal, é um instituto de direito material ligado ao nascimento da obrigação tributária de cada imposto especificamente considerado e não tem relação com a responsabilidade patrimonial dos devedores, prevista em um regramento de direito processual, ou com os limites da responsabilidade dos bens da empresa e dos sócios definidos no direito empresarial. Além disso, a obrigação de que cada estabelecimento se inscreva com número próprio no CNPJ tem especial relevância para a atividade fiscalizatória da administração tributária, não afastando a unidade patrimonial da empresa, cabendo ressaltar que a inscrição da filial no CNPJ é derivada da inscrição do CNPJ da matriz. Diante do exposto, limitar a satisfação do crédito público, notadamente do crédito tributário, a somente o patrimônio do estabelecimento que participou da situação caracterizada como fato gerador é adotar interpretação absurda e odiosa. Absurda porque não se concilia, por exemplo, com a cobrança dos créditos em uma situação de falência, em que todos os bens da pessoa jurídica (todos os estabelecimentos) são arrecadados para pagamento dos credores; com a possibilidade de responsabilidade contratual subsidiária dos sócios pelas obrigações da sociedade como um todo (arts. 1.023, 1.024, 1.039, 1.045, 1.052 e 1.088 do CC); ou com a administração de todos os estabelecimentos da sociedade pelos mesmos órgãos de deliberação, direção, gerência e fiscalização. Odiosa porque, por princípio, o credor privado não pode ter mais privilégios que o credor público, salvo exceções legalmente expressas e justificáveis. **REsp 1.355.812-RS, Rel. Min. Mauro Campbell Marques, julgado em 22/5/2013.** (Inform. STJ 524)

DIREITO PROCESSUAL CIVIL. INTIMAÇÃO POR CARTA COM AVISO DE RECEBIMENTO DO REPRESENTANTE DA FAZENDA PÚBLICA NACIONAL. RECURSO REPETITIVO (ART. 543-C DO CPC E RES. 8/2008-STJ).
É válida a intimação do representante judicial da Fazenda Pública Nacional por carta com aviso de recebimento quando o respectivo órgão não possuir sede na comarca em que tramita o feito. O STJ uniformizou o entendimento de que a Fazenda Pública Nacional, em regra, possui a prerrogativa da intimação pessoal. Entretanto, no caso de inexistência de órgão de representação judicial na comarca em que tramita o feito, admite-se a intimação pelos Correios, à luz do art. 237, II, do CPC, aplicável subsidiariamente às execuções fiscais. Ademais, o próprio legislador adotou a mesma solução nos casos de intimações a serem concretizadas fora da sede do juízo (art. 6º, § 2º, da Lei 9.028/1995). Precedentes citados: EREsp 743.867-MG, Primeira Seção, DJ 26/3/2007; REsp 1.234.212-RO, Segunda Turma, DJe 31/3/2011; e REsp 1.001.929-SP, Primeira Turma, DJe 7/10/2009. **REsp 1.352.882-MS, Rel. Min. Herman Benjamin, julgado em 12/6/2013.** (Inform. STJ 522)

DIREITO PROCESSUAL CIVIL. NOMEAÇÃO DE BENS À PENHORA EM EXECUÇÃO FISCAL. RECURSO REPETITIVO (ART. 543-C DO CPC E RES. 8/2008-STJ).
Na execução fiscal, o executado não tem direito subjetivo à aceitação do bem por ele nomeado à penhora em desacordo com a ordem estabelecida no art. 11 da Lei 6.830/1980 e art. 655 do CPC na hipótese em que não tenha apresentado elementos concretos que justifiquem a incidência do princípio da menor onerosidade (art. 620 do CPC). Em princípio, nos termos do art. 9º, III, da Lei 6.830/1980, cumpre ao executado nomear bens à penhora, observada a ordem do art. 11 do mesmo diploma legal. É do devedor o ônus de comprovar a imperiosa necessidade de afastar a ordem legal dos bens penhoráveis e, para que essa providência seja adotada, é insuficiente a mera invocação genérica do art. 620 do CPC. Exige-se, para a superação da ordem legal estabelecida, que estejam presentes circunstâncias fáticas especiais que justifiquem a prevalência do princípio da menor onerosidade para o devedor no caso concreto. Precedentes citados: EREsp 1.116.070-ES, Primeira Seção, DJ 16/11/2010; e AgRg no Ag 1.372.520-RS, Segunda Turma, DJe 17/3/2011. **REsp 1.337.790-PR, Rel. Min. Herman Benjamin, julgado em 12/6/2013.** (Inform. STJ 522)

DIREITO TRIBUTÁRIO E PROCESSUAL CIVIL. REAVALIAÇÃO DOS BENS PENHORADOS EM EXECUÇÃO FISCAL.
Ainda que a avaliação dos bens penhorados em execução fiscal tenha sido efetivada por oficial de justiça, caso o exame seja objeto de impugnação pelas partes antes de publicado o edital de leilão, é necessária a nomeação de avaliador oficial para que proceda à reavaliação. O referido entendimento deriva da redação do art. 13, § 1º, da Lei n. 6.830/1980, estando consagrado na jurisprudência do STJ. Precedentes citados: REsp 1.213.013-RS, DJe 19/11/2010, e REsp 1.026.850-RS, DJe 2/4/2009. **REsp 1.352.055-SC, Rel. Min. Mauro Campbell Marques, julgado em 6/12/2012.** (Inform. STJ 515).

DIREITO PROCESSUAL CIVIL E TRIBUTÁRIO. CITAÇÃO POSTAL. IPTU. PRESCRIÇÃO. INTERRUPÇÃO.
A citação encaminhada ao endereço do imóvel para cobrança de crédito relativo ao IPTU é considerada válida e atende a finalidade de interromper a prescrição do crédito tributário, na redação anterior à LC n. 118/2005. Precedentes citados: REsp 1.168.621-RS, DJe 26/4/2012, e AgRg no Ag 1.140.052-RJ, DJe 2/3/2010. **REsp 1.276.120-RJ, Rel. Min. Diva Malerbi (Desembargadora convocada do TRF da 3ª Região), julgado em 13/11/2012.** (Inform. STJ 510)

DIREITO TRIBUTÁRIO. INDISPONIBILIDADE DE BENS DO DEVEDOR TRIBUTÁRIO. EXAURIMENTO DAS DILIGÊNCIAS.
É necessária a comprovação do esgotamento de diligências destinadas à localização de bens do devedor para a determinação de indisponibilidade de bens e direitos prevista no art. 185-A do CTN. A medida de decretação da indisponibilidade geral dos bens, com fundamento no mencionado dispositivo do CTN, a qual é mais gravosa do que a simples penhora on line dos valores executados, exige o prévio esgotamento de todas as diligências possíveis tendentes à localização de bens do devedor. No AgRg no Ag 1.429.330-BA, a Primeira Seção conceituou o esgotamento das diligências para localização de bens como o "uso dos meios ordinários que possibilitam o encontro de bens e direitos de titularidade da parte executada, como, por exemplo, o acionamento do sistema Bacen Jud e a expedição de ofícios aos registros públicos do órgão de bens para que informem se há patrimônio em nome do devedor". Precedentes citados: REsp 1.184.765-PA, DJe 3/12/2010 (Repetitivo); AgRg no Ag 1.164.948-SP, DJe 2/2/2011, e AgRg no Ag 1.429.330-BA, DJe 3/9/2012. **AgRg no REsp 1.329.012-SC, Rel. Min. Benedito Gonçalves, julgado em 13/11/2012.** (Inform. STJ 509)

DIREITO TRIBUTÁRIO. RESTRIÇÃO DA INDISPONIBILIDADE DE BENS AO DEVEDOR TRIBUTÁRIO.
Não é possível a decretação de indisponibilidade de bens prevista no art. 185-A do CTN aos feitos executivos decorrentes de dívida não tributária. A classificação de origem da dívida ativa é questão relevante para determinar o regramento normativo aplicado ao caso, sendo indevida a aplicação de institutos previstos no CTN a dívidas de natureza não tributária. O fato de a LEF afirmar que os débitos de natureza não tributária compõem a dívida ativa da Fazenda Pública não faz que tais débitos passem a ter natureza tributária apenas em razão de sua inscrição na dívida ativa. O art. 185-A do CTN aplica-se apenas às execuções fiscais de dívidas tributárias, já que o *caput* faz referência ao devedor tributário, ou seja, àquele que figura na execução fiscal como devedor de tributo ao Fisco. Precedentes citados: REsp 1.279.941-MT, DJe 24/10/2011; REsp 1.018.060-RS, DJe 21/5/2008, e REsp 1.073.094-PR, DJe 23/9/2009. **REsp 1.347.317-PR, Rel. Min. Humberto Martins, julgado em 6/11/2012. (Inform. STJ 508)**

Súmula STJ nº 515
A reunião de execuções fiscais contra o mesmo devedor constitui faculdade do Juiz.

Súmula STJ nº 452
A extinção das ações de pequeno valor é faculdade da Administração Federal, vedada a atuação judicial de ofício.

Súmula STJ nº 451
É legítima a penhora da sede do estabelecimento comercial.

Súmula STJ nº 429
A citação postal, quando autorizada por lei, exige o aviso de recebimento.

Súmula STJ nº 414
A citação por edital na execução fiscal é cabível quando frustradas as demais modalidades.

Súmula STJ nº 406
A Fazenda Pública pode recusar a substituição do bem penhorado por precatório.

Súmula STJ nº 400
O encargo de 20% previsto no DL n. 1.025/1969 é exigível na execução fiscal proposta contra a massa falida.

Súmula STJ nº 375
O reconhecimento da fraude à execução depende do registro da penhora do bem alienado ou da prova de má-fé do terceiro adquirente.

Súmula STJ nº 190
Na execução fiscal, processada perante a Justiça Estadual, cumpre à Fazenda Pública antecipar o numerário destinado ao custeio das despesas com o transporte dos oficiais de justiça.

Súmula STJ nº 189.
É desnecessária a intervenção do Ministério Público nas execuções fiscais.

Súmula STJ nº 128
Na execução fiscal haverá segundo leilão, se no primeiro não houver lanço superior à avaliação.

Súmula STJ nº 121
Na execução fiscal o devedor deverá ser intimado, pessoalmente, do dia e hora da realização do leilão.

Súmula STJ nº 58
Proposta a execução fiscal, a posterior mudança de domicílio do executado não desloca a competência já fixada.

Súmula TFR nº 224
O fato de não serem adjudicados bens que, levados a leilão, deixaram de ser arrematados, não acarreta a extinção do processo de execução.

Súmula TFR nº 210
Na execução fiscal, não sendo encontrado o devedor, nem bens arrestáveis, é cabível a citação editalícia.

Súmula TFR nº 209
Nas execuções fiscais da Fazenda Nacional é legítima a cobrança cumulativa de juros de mora e multa moratória.

Súmula TFR nº 190
A intimação pessoal da penhora ao executado torna dispensável a publicação de que trata o art. 12 da Lei das Execuções Fiscais.

Súmula TFR nº 189
Proposta a execução fiscal, a posterior mudança de domicílio do executado não desloca a competência já fixada.

Súmula TFR nº 99
A Fazenda Pública, nas execuções fiscais, não está sujeita a prévio depósito para custear despesas do avaliador.

Súmula TFR nº 44
Ajuizada a execução fiscal anteriormente à falência, com penhora realizada antes desta, não ficam os bens penhorados sujeitos à arrecadação no juízo falimentar; proposta a execução fiscal contra a massa falida, a penhora far-se-á no rosto dos autos do processo de quebra, citando-se o síndico.

13.2. Execução Fiscal: redirecionamento, responsabilidade

DIREITO PROCESSUAL CIVIL E TRIBUTÁRIO. PERMANÊNCIA DA RESPONSABILIDADE DA PESSOA JURÍDICA APESAR DO REDIRECIONAMENTO DE EXECUÇÃO FISCAL PARA SÓCIO-GERENTE. Nos casos de dissolução irregular da sociedade empresária, o redirecionamento da Execução Fiscal para o sócio-gerente não constitui causa de exclusão da responsabilidade tributária da pessoa jurídica. O STJ possui entendimento consolidado de que "Os diretores não respondem pessoalmente pelas obrigações contraídas em nome da sociedade, mas respondem para com esta e para com terceiros solidária e ilimitadamente pelo excesso de mandato e pelos atos praticados com violação do estatuto ou lei" (EREsp 174.532-PR, Primeira Seção, DJe 20/8/2001). Isso, por si só, já seria suficiente para conduzir ao entendimento de que persiste a responsabilidade da pessoa jurídica. Além disso, atente-se para o fato de que nada impede que a Execução Fiscal seja promovida contra sujeitos distintos, por cumulação subjetiva em regime de litisconsórcio. Com efeito, são distintas as causas que deram ensejo à responsabilidade tributária e, por consequência, à definição do polo passivo da demanda: a) no caso da pessoa jurídica, a responsabilidade decorre da concretização, no mundo material, dos elementos integralmente previstos em abstrato na norma que define a hipótese de incidência do tributo; b) em relação ao sócio-gerente, o "fato gerador" de sua responsabilidade, conforme acima demonstrado, não é o simples inadimplemento da obrigação tributária, mas a dissolução irregular (ato ilícito). De todo o mais, não há sentido em concluir que a prática, pelo sócio-gerente, de ato ilícito (dissolução irregular) constitui causa de exclusão da responsabilidade tributária da pessoa jurídica, fundada em circunstância independente. Em primeiro lugar, porque a legislação de Direito Material (CTN e legislação esparsa) não contém previsão legal nesse sentido. Ademais, a prática de ato ilícito imputável a um terceiro, posterior à ocorrência do fato gerador, não afasta a inadimplência (que é imputável à pessoa jurídica, e não ao respectivo sócio-gerente) nem anula ou invalida o surgimento da obrigação tributária e a constituição do respectivo crédito, o qual, portanto, subsiste normalmente. Entender de modo diverso, seria concluir que o ordenamento jurídico conteria a paradoxal previsão de que um ato ilícito – dissolução irregular –, ao fim, implicaria permissão para a pessoa jurídica (beneficiária direta da aludida dissolução) proceder ao arquivamento e ao registro de sua baixa societária, uma vez que não mais subsistiria débito tributário a ela imputável, em detrimento de terceiros de boa-fé (Fazenda Pública e demais credores). **REsp 1.455.490-PR, Rel. Min. Herman Benjamin, julgado em 26/8/2014. (Inform. STJ 550)**

DIREITO PROCESSUAL CIVIL. HIPÓTESE DE REDIRECIONAMENTO DE EXECUÇÃO FISCAL DE DÍVIDA ATIVA NÃO-TRIBUTÁRIA CONTRA REPRESENTANTE LEGAL DA SOCIEDADE EMPRESÁRIA EXECUTADA. RECURSO REPETITIVO (ART. 543-C DO CPC E RES. 8/2008-STJ).
Quando a sociedade empresária for dissolvida irregularmente, é possível o redirecionamento de execução fiscal de dívida ativa não-tributária contra o sócio-gerente da pessoa jurídica executada, independentemente da existência de dolo. Na esteira do entendimento firmado na Súmula 435 do STJ, a qual foi concebida no âmbito de execução fiscal de dívida tributária, a dissolução irregular da sociedade empresária é causa suficiente para o redirecionamento da execução fiscal contra o sócio-gerente. Isso porque o sócio-gerente tem o dever de manter atualizados os registros empresariais e comerciais, em especial quanto à localização da sociedade empresária e a sua dissolução. Caso não proceda assim, ocorrerá presunção de ilícito, uma vez que a ilicitude se dá justamente pela inobservância do rito próprio para a dissolução da sociedade empresarial, nos termos das Leis 8.934/1994 e 11.101/2005 e dos arts. 1.033 a 1.038 e 1.102 a 1.112 do CC. Desse modo, é obrigação dos gestores das sociedades empresárias manter atualizados os respectivos cadastros, incluindo nos atos relativos à mudança de endereço dos estabelecimentos e, especialmente, os referentes à dissolução da sociedade. Nessa linha intelectiva, não se pode conceber que a dissolução irregular da sociedade seja considerada "infração à lei" para efeito do art. 135 do CTN e assim não seja para efeito do art. 10 do Decreto 3.078/1919. Aliás, cabe registrar que o art. 135, III, do CTN traz similar comando ao do art. 10 do referido Decreto, sendo que a única diferença entre eles é que, enquanto o CTN enfatiza a exceção – a responsabilização dos sócios em situações excepcionais –, o Decreto enfatiza a regra – a ausência de responsabilização dos sócios em situações regulares. Ademais, ambos trazem a previsão de que os atos praticados em nome da sociedade com excesso de poder (mandato), em violação a lei, contrato ou estatutos sociais ensejam a responsabilização dos sócios perante terceiros (redirecionamento) e a própria sociedade da qual fazem parte, não havendo em nenhum dos casos a exigência de dolo. Precedentes citados: REsp 697.108-MG, Primeira Turma, DJe 13/5/2009; e AgRg no AREsp 8.509-SC, Segunda Turma, DJe 4/10/2011.**REsp 1.371.128-RS, Rel. Min. Mauro Campbell Marques, julgado em 10/9/2014. (Inform. STJ 547)**

DIREITO TRIBUTÁRIO. FRAUDE À EXECUÇÃO. EXECUÇÃO FISCAL.
Não se aplica a Súm. n. 375/STJ em execução fiscal de crédito de natureza tributária. Dispõe a Súm. n. 375/STJ que "o reconhecimento da fraude à execução depende do registro da penhora do bem alienado ou da prova de má-fé do terceiro adquirente". O art. 185 do CTN, seja em sua redação original seja na redação dada pela LC n. 118/2005, presume a ocorrência de fraude à execução quando, no primeiro caso, a alienação se dá após a citação do devedor na execução fiscal e, no segundo caso (após a LC n. 118/2005), quando a alienação é posterior à inscrição do débito tributário em dívida ativa. Precedente citado:

REsp 1.141.990-PR (Repetitivo), DJe 19/11/2010. **REsp 1.341.624-SC, Rel. Min. Arnaldo Esteves Lima, julgado em 6/11/2012. (Inform. STJ 508)**

EXECUÇÃO FISCAL. REDIRECIONAMENTO. SÓCIO NÃO GERENTE. QUALIFICAÇÃO JURÍDICA DOS FATOS.
A Turma reiterou o entendimento do STJ sobre a hipótese de redirecionamento da execução fiscal contra sócio-gerente, que depende de comprovação de conduta com excesso de mandato ou infringência à lei, contrato social ou estatuto, não bastando a simples inadimplência no recolhimento de tributos. Ademais, para haver o redirecionamento na hipótese de dissolução irregular da sociedade, exige-se a permanência do sócio na administração no momento da irregularidade. No caso, o ex-sócio não exerceu nenhuma atividade de gerência na sociedade e foi excluído desta antes da dissolução irregular, razão pela qual não é possível o redirecionamento da execução fiscal contra ele. Para decidir a questão, o Min. Relator afastou o óbice do enunciado da Súm. n. 7/STJ com base na possibilidade de o STJ analisar a qualificação jurídica dos fatos quando errônea a interpretação ou a capitulação destes, hipóteses em que consequentemente haverá aplicação incorreta da lei. Precedentes citados: REsp 1.035.260-RS, DJe 13/5/2009; AgRg no Ag 1.005.938-RS, DJe 12/4/2010, e EAg 1.105.993-RJ, DJe 1º/2/2011. **AgRg no REsp 1.279.422-SP, Rel. Min. Humberto Martins, julgado em 13/3/2012. (Inform. STJ 493)**

Súmula STJ nº 435

Presume-se dissolvida irregularmente a empresa que deixar de funcionar no seu domicílio fiscal, sem comunicação aos órgãos competentes, legitimando o redirecionamento da execução fiscal para o sócio-gerente.

Súmula STJ nº 430

O inadimplemento da obrigação tributária pela sociedade não gera, por si só, a responsabilidade solidária do sócio-gerente.

Súmula STJ nº 251

A meação só responde pelo ato ilícito quando o credor, na execução fiscal, provar que o enriquecimento dele resultante aproveitou ao casal.

Súmula TFR nº 112

Em execução fiscal, a responsabilidade pessoal do sócio-gerente de sociedade por quotas, decorrente de violação da lei ou excesso de mandato, não atinge a meação de sua mulher.

13.3. Execução Fiscal: prescrição, prazos

DIREITO PROCESSUAL CIVIL E TRIBUTÁRIO. PRESCINDIBILIDADE DE REQUERIMENTO DO RÉU PARA A EXTINÇÃO DE EXECUÇÃO FISCAL POR ABANDONO DA CAUSA. Se a Fazenda Pública – tendo sido intimada pessoalmente para se manifestar sobre seu interesse no prosseguimento de execução fiscal não embargada – permanecer inerte por mais de trinta dias, não será necessário requerimento do executado para que o juiz determine, *ex officio*, a extinção do processo sem julgamento de mérito (art. 267, III, do CPC), afastando-se, nesse caso, a incidência da Súmula 240 do STJ. Precedente citado: REsp 1.120.097-SP, Primeira Seção, DJe 26/10/2010 (julgado sob o procedimento dos Recursos Repetitivos). **AgRg no REsp 1.450.799-RN, Rel. Min. Assusete Magalhães, julgado em 21/8/2014. (Inform. STJ 549)**

DIREITO PROCESSUAL CIVIL E TRIBUTÁRIO. INOCORRÊNCIA DE PRECLUSÃO PARA A FAZENDA PÚBLICA EM EXECUÇÃO FISCAL. Não implica preclusão a falta de imediata impugnação pela Fazenda Pública da alegação deduzida em embargos à execução fiscal de que o crédito tributário foi extinto pelo pagamento integral. A preclusão consiste na simples perda de uma faculdade processual. Nos casos relacionados a direitos materiais indisponíveis da Fazenda Pública, a falta de manifestação não autoriza concluir automaticamente que são verdadeiros os fatos alegados pela parte contrária. Em razão da indisponibilidade do direito controvertido e do princípio do livre convencimento, nada impede, inclusive, que o juízo examine esse tema. **REsp 1.364.444-RS, Rel. Min. Herman Benjamin, julgado em 8/4/2014. (Inform. STJ 542)**

EXECUÇÃO FISCAL. PRESCRIÇÃO. CITAÇÃO. RETROAÇÃO. PROPOSITURA DA AÇÃO.
A Turma, em conformidade com o exposto pela Primeira Seção deste Superior Tribunal no julgamento do REsp 1.120.295-SP, DJe 21/5/2010, representativo de controvérsia, reafirmou o entendimento de que o art. 174 do CTN deve ser interpretado em conjunto com o disposto no art. 219, § 1º, do CPC, de modo que o marco interruptivo atinente à prolação do despacho que ordena a citação do executado retroage à data do ajuizamento do feito executivo, a qual deve ser empreendida no prazo prescricional. Dessarte, a propositura da ação constitui o *dies ad quem* do prazo prescricional e, simultaneamente, o termo inicial para sua recontagem sujeita às causas interruptivas previstas no art. 174, parágrafo único, do CTN. **AgRg no REsp 1.293.997-SE, Rel. Min. Humberto Martins, julgado em 20/3/2012. (Inform. STJ 493)**

Súmula STJ nº 314
Em execução fiscal, não localizados bens penhoráveis, suspende-se o processo por um ano, findo o qual se inicia o prazo da prescrição quinquenal intercorrente.

13.4. Execução Fiscal: CDA

DIREITO TRIBUTÁRIO E PROCESSUAL CIVIL. EXECUÇÃO FISCAL PROMOVIDA EM FACE DE HOMÔNIMO. Deve ser extinta a execução fiscal que, por erro na CDA quanto à indicação do CPF do executado, tenha sido promovida em face de pessoa homônima. Em princípio, a indicação equivocada do CPF do executado constitui simples erro material, que pode ser corrigido, na forma do art. 2º, § 8º, da Lei 6.830/1980, porque, em regra, não modifica o polo passivo se os demais dados como nome, endereço e número do processo administrativo estiverem indicados corretamente. Entretanto, quando se trata de homônimo, o erro na indicação do CPF acaba por incluir no processo executivo pessoa diversa daquela, em tese, efetivamente devedora do imposto. Ressalte-se que, em caso de homonímia, só é possível verificar quem é o real executado por intermédio do CPF. Assim, tem aplicação a Súmula 392 do STJ, segundo a qual "a Fazenda Pública pode substituir a certidão de dívida ativa (CDA) até a prolação da sentença de embargos, quando se tratar de correção de erro material ou formal, vedada a modificação do sujeito passivo da execução". **REsp 1.279.899-MG, Rel. Min. Napoleão Nunes Maia Filho, julgado em 18/2/2014. (Inform. STJ 536)**

Súmula STJ nº 392
A Fazenda Pública pode substituir a certidão de dívida ativa (CDA) até a prolação da sentença de embargos, quando se tratar de correção de erro material ou formal, vedada a modificação do sujeito passivo da execução.

13.5. Execução Fiscal: embargos e exceção de pré-executividade

DIREITO PROCESSUAL CIVIL E TRIBUTÁRIO. HIPÓTESE DE NÃO SUJEIÇÃO DE SENTENÇA A REEXAME NECESSÁRIO. Não se sujeita ao reexame necessário, ainda que a Fazenda Pública tenha sido condenada a pagar honorários advocatícios, a sentença que extinguiu execução fiscal em razão do acolhimento de exceção de pré-executividade pela qual se demonstrara o cancelamento, pelo Fisco, da inscrição em dívida ativa que lastreava a execução. Em relação à dívida ativa da Fazenda Pública, a lei somente prevê a remessa oficial em caso de sentença de procedência nos respectivos embargos do devedor (art. 475, II, do CPC). O CPC nada dispôs sobre o instituto do reexame necessário na hipótese do *decisum* que acolhe exceção de pré-executividade, tendo em vista tratar-se esse meio impugnativo de criação jurisprudencial. Se a matéria suscitada em exceção de pré-executividade fosse ventilada em embargos do devedor, o acolhimento do pedido, contra a argumentação fazendária, acarretaria a incidência do art. 475 do CPC. Por coerência, se a extinção da execução fiscal decorrer de acolhimento de exceção de pré-executividade, o reexame necessário somente deverá ser afastado na hipótese em que a Fazenda Pública, intimada para se manifestar sobre a referida objeção processual, a ela expressamente anuiu. Já a condenação ao pagamento dos encargos de sucumbência, por si só, não enseja a aplicação do art. 475 do CPC. A imposição do dever de pagamento dos honorários advocatícios possui natureza condenatória, mas reflete mera decorrência da derrota da parte, de modo que, se se entender que representa, por si, hipótese sujeita ao disposto no art. 475 do CPC, o procedimento da submissão ao duplo grau de jurisdição constituirá regra aplicável em qualquer hipótese, isto é, nos casos de julgamento com ou sem resolução do mérito, conclusão inadmissível. Dessa forma, somente a condenação ao pagamento dos honorários que tenha por fonte causadora a derrota da Fazenda Pública em relação ao conteúdo da exceção de pré-Executividade é que estará sujeita ao reexame necessário (aplicação, por analogia, da Súmula 325 do STJ). Caso a execução fiscal seja encerrada por força do cancelamento da CDA (art. 26 da Lei 6.830/1980), seja este motivado por reconhecimento expresso da Fazenda Pública quanto à procedência das alegações lançadas na objeção pré-executiva, seja por iniciativa de ofício do Fisco, o cabimento em si da condenação ao pagamento de verba honorária, ou a discussão quanto ao seu montante, somente poderá ser debatido por meio do recurso voluntário, não incidindo o art. 475, I, do CPC. **REsp 1.415.603-CE, Rel. Min. Herman Benjamin, julgado em 22/5/2014. (Inform. STJ 544)**

DIREITO PROCESSUAL CIVIL E TRIBUTÁRIO. GARANTIA DO JUÍZO PARA EMBARGOS À EXECUÇÃO FISCAL. Não devem ser conhecidos os embargos à execução fiscal opostos sem a garantia do juízo, mesmo que o embargante seja beneficiário da assistência judiciária gratuita. De um lado, a garantia do pleito executivo é condição de procedibilidade dos embargos de devedor nos exatos termos do art. 16, § 1º, da Lei 6.830/1980. De outro lado, o art. 3º da Lei 1.060/1950 é cláusula genérica, abstrata e visa à isenção de despesas de natureza processual, como custas e honorários advocatícios, não havendo previsão legal de isenção de garantia do juízo para embargar. Assim, em conformidade com o princípio da especialidade das leis, o disposto no art. 16, § 1º, da Lei 6.830/1980 deve prevalecer sobre o art. 3º, VII, da Lei 1.060/1950, o qual determina que os beneficiários da justiça gratuita ficam isentos dos depósitos previstos em lei para interposição de recurso, ajuizamento de ação e demais atos processuais inerentes ao exercício da ampla defesa e do contraditório. Precedentes citados: AgRg no REsp 1.257.434-RS, Segunda Turma, DJe 30/8/2011; e REsp 1.225.743-RS, Segunda Turma, DJe 16/3/2011. **REsp 1.437.078-RS, Rel. Min. Humberto Martins, julgado em 25/3/2014. (Inform. STJ 538)**

DIREITO PROCESSUAL CIVIL E TRIBUTÁRIO. HONORÁRIOS ADVOCATÍCIOS EM EXCEÇÃO DE PRÉ-EXECUTIVIDADE PARCIALMENTE PROCEDENTE. Julgada procedente em parte a exceção de pré-executividade, são devidos honorários de advogado na medida do respectivo proveito econômico. REsp 1.276.956-RS, Rel. Min. Ari Pargendler, julgado em 4/2/2014. (Inform. STJ 534)

DIREITO PROCESSUAL CIVIL E TRIBUTÁRIO. HONORÁRIOS DE SUCUMBÊNCIA NO ÂMBITO DE EMBARGOS À EXECUÇÃO FISCAL NO CASO DE RENÚNCIA PARA ADESÃO A PARCELAMENTO. São cabíveis honorários de sucumbência no âmbito de embargos à execução fiscal ajuizada para a cobrança de valores inscritos em Dívida Ativa pelo INSS, ainda que extintos com resolução de mérito em decorrência de renúncia ao direito sobre o qual se funda a ação para fins de adesão ao parcelamento de que trata a Lei 11.941/2009. Ao julgar o REsp 1.353.826-SP, submetido ao regime do art. 543-C do CPC, a Primeira Seção ratificou o entendimento de que o art. 6º, § 1º, da Lei 11.941/2009 só dispensou dos honorários advocatícios o sujeito passivo que desistir de ação ou renunciar ao direito em demanda na qual se requer "o restabelecimento de sua opção ou a sua reinclusão em outros parcelamentos". Nos demais casos, à míngua de disposição legal em sentido contrário, aplica-se a regra geral do art. 26 do CPC. Além disso, no crédito executado não está incluído o encargo legal de 20% previsto no art. 1º do Decreto-Lei 1.025/1969, que substitui os honorários advocatícios nas execuções fiscais da União. A orientação da Súmula 168 do TFR ("O encargo de 20%, do Decreto-Lei 1.025, de 1969, é sempre devido nas execuções fiscais da União e substitui, nos embargos, a condenação do devedor em honorários advocatícios") não pode ser ampliada, pois tem aplicação específica às hipóteses de embargos à execução fiscal da União, em que o encargo de 20% do Decreto-Lei 1.025/1969 compõe a dívida (REsp 1.143.320-RS, Primeira Seção, submetido ao rito do art. 543-C do CPC, DJe 21/5/2010). Nos demais processos em que se discute o crédito fiscal, a exemplo das ações declaratórias, condenatórias, cautelares e dos embargos à execução fiscal de dívida que não contempla o encargo de 20% do Decreto-Lei 1.025/1969, deve prevalecer o disposto no art. 26 do CPC, segundo o qual, se "o processo terminar por desistência ou reconhecimento do pedido, as despesas e os honorários serão pagos pela parte que desistiu ou reconheceu". REsp 1.392.607-RS, Rel. Min. Herman Benjamin, julgado em 15/10/2013. (Inform. STJ 533)

DIREITO PROCESSUAL CIVIL E TRIBUTÁRIO. REQUISITOS PARA A ATRIBUIÇÃO DE EFEITO SUSPENSIVO AOS EMBARGOS À EXECUÇÃO FISCAL. RECURSO REPETITIVO (ART. 543-C DO CPC E RES. 8/2008-STJ).
A oposição de embargos à execução fiscal depois da penhora de bens do executado não suspende automaticamente os atos executivos, fazendo-se necessário que o embargante demonstre a relevância de seus argumentos ("fumus boni juris") e que o prosseguimento da execução poderá lhe causar dano de difícil ou de incerta reparação ("periculum in mora"). Com efeito, as regras da execução fiscal não se incompatibilizam com o art. 739-A do CPC/1973, que condiciona a atribuição de efeitos suspensivos aos embargos do devedor ao cumprimento de três requisitos: apresentação de garantia, verificação pelo juiz da relevância da fundamentação e perigo de dano irreparável ou de difícil reparação. Para chegar a essa conclusão, faz-se necessária uma interpretação histórica dos dispositivos legais pertinentes ao tema. A previsão no ordenamento jurídico pátrio da regra geral de atribuição de efeito suspensivo aos embargos do devedor somente ocorreu com o advento da Lei 8.953/1994, que promoveu a reforma do processo de execução do CPC/1973, nele incluindo o § 1º do art. 739 e o inciso I do art. 791. Antes dessa reforma, inclusive na vigência do Decreto-lei 960/1938 – que disciplinava a cobrança judicial da dívida ativa da Fazenda Pública em todo o território nacional – e do CPC/1939, nenhuma lei previa expressamente a atribuição, em regra, de efeitos suspensivos aos embargos do devedor. Nessa época, o efeito suspensivo derivava de construção doutrinária que,

posteriormente, quando suficientemente amadurecida, culminou no projeto que foi convertido na citada Lei n. 8.953/1994. Sendo assim, é evidente o equívoco da premissa de que a Lei 6.830/1980 (LEF) e a Lei 8.212/1991 (LOSS) adotaram a postura suspensiva dos embargos do devedor antes mesmo de essa postura ter sido adotada expressamente pelo próprio CPC/1973 (com o advento da Lei 8.953/1994). Dessa forma, à luz de uma interpretação histórica dos dispositivos legais pertinentes ao tema e tendo em vista os princípios que influenciaram as várias reformas no CPC/1973 e as regras dos feitos executivos da Fazenda Pública – considerando, em especial, a eficácia material do processo executivo, a primazia do crédito público sobre o privado e a especialidade das execuções fiscais –, é ilógico concluir que a LEF e o art. 53, § 4º, da Lei 8.212/1991 foram, em algum momento, ou são incompatíveis com a ausência de efeito suspensivo aos embargos do devedor. Isso porque, quanto ao regime jurídico desse meio de impugnação, há a invocação – com derrogações específicas sempre no sentido de dar maiores garantias ao crédito público – da aplicação subsidiária do disposto no CPC/1973, que tinha redação dúbia a respeito, admitindo diversas interpretações doutrinárias. Por essa razão, nem a LEF nem o art. 53, § 4º, da LOSS devem ser considerados incompatíveis com a atual redação do art. 739-A do CPC/1973. Cabe ressaltar, ademais, que, embora por fundamentos variados – fazendo uso da interpretação sistemática da LEF e do CPC/1973, trilhando o inovador caminho da teoria do diálogo das fontes ou utilizando da interpretação histórica dos dispositivos (o que se faz nesta oportunidade) – a conclusão acima exposta tem sido adotada predominantemente no STJ. Saliente-se, por oportuno, que, em atenção ao princípio da especialidade da LEF, mantido com a reforma do CPC/1973, a nova redação do art. 736 do CPC, dada pela Lei 11.382/2006 – artigo que dispensa a garantia como condicionante dos embargos –, não se aplica às execuções fiscais, haja vista a existência de dispositivo específico, qual seja, o art. 16, § 1º, da LEF, que exige expressamente a garantia para a admissão de embargos à execução fiscal. Precedentes citados: AgRg no Ag 1.381.229-PR, Primeira Turma, DJe de 2/2/2012; e AgRg nos EDcl no Ag 1.389.866-PR, Segunda Turma, DJe de DJe 21/9/2011. **REsp 1.272.827-PE, Rel. Min. Mauro Campbell Marques, julgado em 22/5/2013.** (Inform. STJ 526)

Súmula STJ nº 394
É admissível, em embargos à execução, compensar os valores de imposto de renda retidos indevidamente na fonte com os valores restituídos apurados na declaração anual.

Súmula STJ nº 393
A exceção de pré-executividade é admissível na execução fiscal relativamente às matérias conhecíveis de ofício que não demandem dilação probatória.

Súmula STJ nº 153
A desistência da execução fiscal, após o oferecimento dos embargos, não exime o exequente dos encargos da sucumbência.

Súmula TFR nº 184
Em execução movida contra sociedade por quotas, o sócio-gerente, citado em nome próprio, não tem legitimidade para opor embargos de terceiro, visando livrar da constrição judicial seus bens particulares.

13.6. Execução Fiscal: outros temas

REPERCUSSÃO GERAL EM RE N. 774.458-PR
RELATOR: MIN. TEORI ZAVASCKI
Ementa: PROCESSUAL CIVIL. RECURSO EXTRAORDINÁRIO. CONSELHOS DE FISCALIZAÇÃO PROFISSIONAL. EXECUÇÃO FISCAL. EXTINÇÃO. VALOR IRRISÓRIO DO DÉBITO

EXECUTADO. ART. 8º DA LEI 12.514/11. MATÉRIA INFRA-CONSTITUCIONAL. AUSÊNCIA DE REPERCUSSÃO GERAL.
1. Tem natureza infraconstitucional a controvérsia relativa à extinção da execução fiscal de créditos de conselho de fiscalização profissional em função do valor irrisório do débito executado, decidida que foi pelo Tribunal de origem à luz do art. 8º da Lei 12.514/11.
2. Inviável, em recurso extraordinário, apreciar violação ao art. 5º, XXXV e XXXVI, da Constituição Federal, que pressupõe intermediário exame e aplicação de normas infraconstitucionais (AI 796.905-AgR, Rel. Min. LUIZ FUX, Primeira Turma, DJe de 21.5.2012; AI 622.814-AgR, Rel. Min. DIAS TOFFOLI, Primeira Turma, DJe de 08.3.2012; ARE 642.062-AgR, Rel. Min. ELLEN GRACIE, Segunda Turma, DJe de 19.8.2011).
3. É cabível a atribuição dos efeitos da declaração de ausência de repercussão geral quando não há matéria constitucional a ser apreciada ou quando eventual ofensa à Carta Magna se dê de forma indireta ou reflexa (RE 584.608 RG, Min. ELLEN GRACIE, DJe de 13/03/2009).
4. Ausência de repercussão geral da questão suscitada, nos termos do art. 543-A do CPC. (Inform. STF 757)

DIREITO PROCESSUAL CIVIL E TRIBUTÁRIO. EXECUÇÃO FISCAL AJUIZADA CONTRA PESSOA JURÍDICA FALIDA. RECURSO REPETITIVO (ART. 543-C DO CPC E RES. 8/2008-STJ). A constatação posterior ao ajuizamento da execução fiscal de que a pessoa jurídica executada tivera sua falência decretada antes da propositura da ação executiva não implica a extinção do processo sem resolução de mérito. Por um lado, a sentença que decreta a falência apenas estabelece o início da fase do juízo concursal, ao fim do qual, então, ocorrerá a extinção da personalidade jurídica. Não há, portanto, dois ou mais entes com personalidade jurídica a concorrerem à legitimidade passiva da execução, mas uma pessoa jurídica em estado falimentar. A massa falida, como se sabe, não detém personalidade jurídica, mas apenas personalidade judiciária, isto é, atributo que permite a participação nos processos instaurados pela pessoa jurídica ou contra ela no Poder Judiciário. Trata-se de universalidade que sucede, em todos os direitos e obrigações, a pessoa jurídica. Assim, deve-se dar oportunidade de retificação da denominação do executado – o que não implica alteração do sujeito passivo da relação processual –, sendo plenamente aplicável a regra do art. 284 do CPC: "Verificando o juiz que a petição inicial não preenche os requisitos exigidos nos arts. 282 e 283, ou que apresenta defeitos e irregularidades capazes de dificultar o julgamento de mérito, determinará que o autor a emende, ou a complete, no prazo de 10 (dez) dias". Esse entendimento também se extrai do disposto no art. 51 do CC: "nos casos de dissolução da pessoa jurídica ou cassada a autorização para seu funcionamento, ela subsistirá para os fins de liquidação, até que esta se conclua". Por outro lado, à luz do disposto no art. 2º, § 8º, da Lei 6.830/1980 ("Até a decisão de primeira instância, a Certidão de Dívida Ativa poderá ser emendada ou substituída, assegurada ao executado a devolução do prazo para embargos"), além da correção da petição inicial, é igualmente necessária a retificação da CDA. Outrossim, a extinção do processo sem resolução de mérito violaria os princípios da celeridade e da economia processual. Por fim, trata-se de correção de "erro material no formal", e não de "modificação do sujeito passivo da execução", não se caracterizando afronta à Súmula 392 do STJ: "A Fazenda Pública pode substituir a certidão de dívida ativa (CDA) até a prolação da sentença de embargos, quando se tratar de correção de erro material ou formal, vedada a modificação do sujeito passivo da execução". Precedentes citados: REsp 1.192.210-RJ, Segunda Turma, DJe 4/2/2011; REsp 1.359.041-SE, Segunda Turma, DJe 28/6/2013; e EDcl no REsp 1.359.259-SE, Segunda Turma, DJe 7/5/2013. **REsp 1.372.243-SE, Rel. originário Min. Napoleão Nunes Maia Filho, Rel. para acórdão Min. Og Fernandes, julgado em 11/12/2013. (Inform. STJ 538)**

DIREITO PROCESSUAL CIVIL. APLICABILIDADE DO ART. 20 DA LEI 10.522/2002 EM EXECUÇÃO FISCAL PROMOVIDA PELA PROCURADORIA-GERAL FEDERAL. RECURSO REPETITIVO (ART. 543-C DO CPC E RES. 8/2008-STJ). As execuções fiscais de crédito de autarquia federal promovidas pela Procuradoria-Geral Federal para cobrança de débitos iguais ou inferiores a R$ 10 mil não devem, com base no art. 20 da Lei 10.522/2002, ter seus autos arquivados sem baixa na distribuição. Efetivamente, o comando inserido no artigo mencionado refere-se unicamente aos débitos inscritos na Dívida Ativa da União pela Procuradoria-Geral da Fazenda Nacional ou por ela cobrados, de valor consolidado igual ou inferior a R$ 10 mil. No entanto, pela leitura dos arts. 10, caput e parágrafos 11, 12 e 13, da Lei 10.480/2002, 22 da Lei 11.457/2007, 12 da LC 73/1973 e 1º do Decreto-Lei 147/1967, verifica-se que são distintas as atribuições da Procuradoria-Geral Federal e da Procuradoria-Geral da Fazenda Nacional, não sendo possível, por isso, equiparalas para os fins do art. 20 da Lei 10.522/2002. Além disso, nos casos em que a representação judicial é atribuída à Procuradoria-Geral Federal, os requisitos para a dispensa de inscrição de crédito, a autorização para o não ajuizamento de ações e a não interposição de recursos, assim como o requerimento de extinção das ações em curso ou de desistência dos respectivos recursos judiciais, estão previstos no art. 1º-A da Lei 9.469/1997, que exclui expressamente sua aplicação aos casos em que a representação judicial é atribuída à Procuradoria-Geral da Fazenda Nacional. Ressalte-se que, com a União, representada pela Procuradoria da Fazenda Nacional, compondo o polo ativo da ação, a Primeira Seção, no RESP 1.111.982-SP, julgado conforme a sistemática dos recursos repetitivos, decidiu que o art. 20 da Lei 10.522/2002 não determina a extinção do processo sem resolução de mérito, mas apenas o arquivamento do feito sem baixa na distribuição, quando do caráter irrisório da execução fiscal. Precedente citado: REsp 1.363.163-SP, Primeira Seção, DJe 30/9/2013. **REsp 1.343.591-MA, Rel. Min. Og Fernandes, julgado em 11.12.2013. (Inform. STJ 533)**

DIREITO PROCESSUAL CIVIL E TRIBUTÁRIO. VALOR DOS HONORÁRIOS DE SUCUMBÊNCIA NO ÂMBITO DE EMBARGOS À EXECUÇÃO FISCAL NO CASO DE RENÚNCIA PARA ADESÃO A PARCELAMENTO. No âmbito de embargos à execução fiscal ajuizada para a cobrança de valores inscritos em Dívida Ativa pelo INSS, extintos com resolução de mérito em decorrência de renúncia ao direito sobre o qual se funda a ação para fins de adesão ao parcelamento de que trata a Lei 11.941/2009, a verba de sucumbência deve ser de 1% do valor consolidado do débito parcelado. A Segunda Turma do STJ entende aplicável, por analogia, a essas situações de adesão a parcelamento, a norma do art. 4º da Lei 10.684/2003 – que incide nos débitos com a Previdência Social –, segundo o qual "o valor da verba de sucumbência será de um por cento do valor do débito consolidado decorrente da desistência da respectiva ação judicial". Precedente citado: REsp 1.247.620-RS, Segunda Turma, DJe 11/10/2012. **REsp 1.392.607-RS, Min. Herman Benjamin, julgado em 15/10/2013. (Inform. STJ 533)**

CÉDULA DE CRÉDITO BANCÁRIO. TÍTULO EXECUTIVO EXTRAJUDICIAL. REQUISITOS LEGAIS.
A cédula de crédito bancário, de acordo com o novo diploma legal (Lei n.10.931/2004), é título executivo extrajudicial, representativo de operações de crédito de qualquer natureza, que autoriza sua emissão para documentar a abertura de crédito em conta-corrente, nas modalidades crédito rotativo ou cheque especial. Para tanto, a cártula deve vir acompanhada de claro demonstrativo acerca dos valores utilizados pelo cliente, consoante as exigências legais enumeradas nos incisos I e II do § 2º do art. 28 da lei mencionada – de modo a lhe conferir liquidez e exequibilidade. Com base nesse entendimento, a Turma deu provimento ao recurso para que, uma vez reconhecida a executividade do título em questão, o

tribunal *a quo* prossiga no julgamento da apelação e analise as demais alegações trazidas no recurso. **REsp 1.103.523-PR, Rel. Min. Luis Felipe Salomão, julgado em 10/4/2012. (Inform. STJ 495)**

13.7. Mandado de segurança

DIREITO TRIBUTÁRIO E PROCESSUAL CIVIL. LEGITIMIDADE PASSIVA EM MS PARA INGRESSO NO SIMPLES NACIONAL. A legitimidade passiva em mandado de segurança impetrado contra o indeferimento, por autoridade fiscal integrante de estrutura administrativa estadual, de ingresso no Simples Nacional, em razão da existência de débitos do impetrante com a Fazenda Estadual sem exigibilidade suspensa, é da autoridade estadual – e não do Delegado da Receita Federal. O art. 16, § 6º, da LC 123/2006 dispõe que "O indeferimento da opção pelo Simples Nacional será formalizado mediante ato da Administração Tributária segundo regulamentação do Comitê Gestor". O Comitê Gestor do Simples Nacional (CGSN), composto por representantes de todos os entes federados (art. 2º da LC 116/2003), por meio da Resolução 4, de 30 de maio de 2007, estabeleceu que o termo de indeferimento será expedido pela Administração Tributária do ente federado que indeferiu o ingresso no Simples Nacional, inclusive na hipótese da existência de débitos tributários (art. 8º, *caput*, da Resolução CGSN 4), regulamentação mantida no art. 14 da Resolução CGSN 94, de 29 de novembro de 2011. Constata-se, portanto, que o ato de indeferimento de ingresso no Simples Nacional pela existência de débitos com os fiscos federal, estaduais, municipais ou distrital é de responsabilidade da Administração Tributária do respectivo ente federado. Por conseguinte, incide o art. 41, § 5º, I, da LC 123/2006, que exclui "os mandados de segurança nos quais se impugnem atos de autoridade coatora pertencente a Estado, Distrito Federal ou Município" da regra contida no *caput*, segundo a qual os processos relativos a impostos e contribuições abrangidos pelo Simples Nacional serão ajuizados em face da União. **REsp 1.319.118-RS, Rel. Min. Benedito Gonçalves, julgado em 13/6/2014. (Inform. STJ 545)**

DIREITO TRIBUTÁRIO. MANDADO DE SEGURANÇA. INTERRUPÇÃO E SUSPENSÃO DO PRAZO PRESCRICIONAL. O ajuizamento de mandado de segurança interrompe e suspende o fluxo do prazo prescricional de ação de cobrança de parcelas pretéritas à impetração, somente se reiniciando após o trânsito em julgado do mandamus. Precedentes citados: AgRg no Ag 1.344.634-GO, DJe 17/3/2011, e AgRg no REsp 1.161.472-SC, DJe 29/11/2010. **AgRg no REsp 1.294.191-GO, Rel. Min. Diva Malerbi (Desembargadora convocada do TRF da 3ª Região, julgado em 13/11/2012. (Inform. STJ 509)**

Súmula STF nº 625
Controvérsia sobre matéria de direito não impede concessão de mandado de segurança.

Súmula STF nº 512
Não cabe condenação em honorários de advogado na ação de mandado de segurança.

Súmula STF nº 510
Praticado o ato por autoridade, no exercício de competência delegada, contra ela cabe o mandado de segurança ou a medida judicial.

Súmula STF nº 460
É incabível o mandado de segurança para convalidar a compensação tributária realizada pelo contribuinte.

Súmula STF nº 405
Denegado o mandado de segurança pela sentença, ou no julgamento do agravo, dela interposto, fica sem efeito a liminar concedida, retroagindo os efeitos da decisão contrária.

Súmula STF nº 304
Decisão denegatória de mandado de segurança, não fazendo coisa julgada contra o impetrante, não impede o uso da ação própria.

Súmula STF nº 271
Concessão de mandado de segurança não produz efeitos patrimoniais em relação a período pretérito, os quais devem ser reclamados administrativamente ou pela via judicial própria.

Súmula STF nº 269
O mandado de segurança não é substitutivo da ação de cobrança.

Súmula STF nº 267
Não cabe mandado de segurança contra decisão judicial com trânsito em julgado.

Súmula STF nº 266
Não cabe mandado de segurança contra lei em tese.

Súmula STJ nº 213
O mandado de segurança constitui ação adequada para a declaração do direito à compensação tributária.

Súmula STJ nº 169
São inadmissíveis embargos infringentes no processo de mandado de segurança.

Súmula STJ nº 105
Na ação de mandado de segurança não se admite condenação em honorários advocatícios.

Súmula TFR nº 145
Extingue-se o processo de mandado de segurança, se o autor não promover, no prazo assinado, a citação do litisconsorte necessário.

Súmula TFR nº 59
A autoridade fiscal de primeiro grau que expede a notificação para pagamento do tributo está legitimada passivamente para a ação de segurança, ainda que sobre a controvérsia haja decisão, em grau de recurso, de conselho de contribuintes.

13.8. Repetição, compensação, anulatória, declaratória

Desvinculação de contribuição e legitimidade de contribuinte
O disposto no art. 76 do ADCT — que desvincula 20% do produto da arrecadação da União em impostos, contribuições sociais e contribuições de domínio econômico de órgão, fundo ou despesa —, independente de sua validade constitucional, não gera direito a repetição de indébito. Com base nesse entendimento, o Plenário desproveu recurso extraordinário em que se discutia a constitucionalidade da desvinculação tributária levada a efeito pelas EC 27/2000 e EC 42/2003. No caso, a recorrente alegava ter direito à restituição da denominada Desvinculação de Receitas da União - DRU em razão de sua suposta inconstitucionalidade. O Tribunal afirmou que os impostos seriam tributos classificados como não-vinculados. Assim, seria possível a exação sem contraprestação específica de determinado serviço público, pois o montante arrecadado não teria destinação predeterminada (CF, art. 167, IV). Todavia, a Constituição vincularia a arrecadação de impostos a determinados fins, conforme

observado de seus artigos 158, 159, 198, § 2°, 212 e 37, XXII. As contribuições sociais e as contribuições de intervenção no domínio econômico, por outro lado, seriam tributos com destinação de arrecadação vinculada. Todas seriam alcançadas pela desvinculação estabelecida pelo art. 76 do ADCT. De qualquer forma, não seria possível concluir que, da eventual inconstitucionalidade da desvinculação parcial da receita das contribuições sociais, decorreria a devolução ao contribuinte do montante correspondente ao percentual desvinculado. Sublinhou que a tributação não seria inconstitucional ou ilegal, hipótese em que se autorizaria a repetição do indébito tributário ou o reconhecimento de inexistência de relação jurídico-tributária. Portanto, faltaria legitimidade processual à recorrente, pois ela não seria beneficiada pela declaração de inconstitucionalidade. RE 566007/RS, rel. Min. Cármen Lúcia, 13.11.2014. (RE-566007) (Inform. STF 767)

DIREITO TRIBUTÁRIO E PROCESSUAL CIVIL. ILEGITIMIDADE PASSIVA "AD CAUSAM" DO INSS EM AÇÃO DE REPETIÇÃO DE INDÉBITO TRIBUTÁRIO. Após a vigência da Lei 11.457/2007, o INSS não possui legitimidade passiva nas demandas em que se questione a exigibilidade das contribuições sociais previstas nas alíneas "a", "b" e "c" do parágrafo único do art. 11 da Lei 8.212/1991, ainda que se tenha por objetivo a restituição de indébito de contribuições recolhidas em momento anterior ao advento da Lei 11.457/2007. De fato, da leitura dos arts. 2°, 16 e 23 da Lei 11.457/2007, infere-se que as atividades referentes à tributação, fiscalização, arrecadação, cobrança e recolhimento das contribuições sociais vinculadas ao INSS foram transferidas à Secretaria da Receita Federal do Brasil, órgão da União, cuja representação, após os prazos estipulados no art. 16 da Lei 11.457/2007, ficou a cargo exclusivo da Procuradoria-Geral da Fazenda Nacional. Precedente citado: REsp 1.265.333-RS, Segunda Turma, DJe 26/2/2013.**REsp 1.355.613-RS**, Rel. Min. Humberto Martins, julgado em 24/4/2014. (Inform. STJ 539)

DIREITO TRIBUTÁRIO. IMPOSSIBILIDADE DE COMPENSAÇÃO DE PRECATÓRIOS DO IPERGS COM CRÉDITOS TRIBUTÁRIOS DO ESTADO DO RIO GRANDE DO SUL.
Os precatórios emitidos por dívidas do Instituto de Previdência do Estado do Rio Grande do Sul – IPERGS não podem ser utilizados para compensar créditos tributários de titularidade do Estado do Rio Grande do Sul. Precedentes citados: AgRg no AREsp 113.781-RS, Segunda Turma, DJe 15/2/2013; e AgRg no REsp 1.238.247-RS, Primeira Turma, DJe 13/6/2012. **AgRg no AREsp 48.935-RS**, Rel. Min. Sérgio Kukina, julgado em 19/3/2013. (Inform. STJ 518)

DIREITO TRIBUTÁRIO. REPETIÇÃO DE INDÉBITO. IPTU. LEGITIMIDADE ATIVA.
Apenas o proprietário do imóvel tem legitimidade ativa para propor ação de repetição de indébito de IPTU. A relação tributária estabelecida entre a Fazenda e o proprietário do imóvel (art. 34 do CTN) prevalece sobre qualquer estipulação contratual que determine que terceiro arcará com o pagamento de IPTU, pois a referida avença não é oponível à Fazenda. Segundo o art. 123 do CTN, convenções particulares relativas à responsabilidade pelo pagamento de tributos não modificam a definição legal do sujeito passivo das obrigações tributárias correspondentes. Precedente citado: AgRg no REsp 836.089-SP, DJe 26/4/2011. **AgRg no AgRg no AREsp 143.631-RJ**, Rel. Min. Benedito Gonçalves, julgado em 4/10/2012. (Inform. STJ 506)

Súmula STF n° 546
Cabe restituição do tributo pago indevidamente, quando reconhecido, por decisão, que o contribuinte *de jure* não recuperou do contribuinte *de facto* o *quantum* respectivo.

Súmula STF n° 383
A prescrição em favor da Fazenda Pública recomeça a correr, por 2 (dois) anos e meio, a partir do ato interruptivo, mas não fica reduzida aquém de 5 (cinco) anos, embora o titular do direito a interrompa durante a primeira metade do prazo.

Súmula STF n° 262
Não cabe medida possessória liminar para liberação alfandegária de automóveis.

Súmula STF n° 239
Decisão que declara indevida a cobrança do imposto em determinado exercício não faz coisa julgada em relação aos posteriores.

Súmula STF n° 150
Prescreve a execução no mesmo prazo de prescrição da ação.

Súmula STJ n° 461
O contribuinte pode optar por receber, por meio de precatório ou por compensação, o indébito tributário certificado por sentença declaratória transitada em julgado.

Súmula STJ n° 447
Os Estados e o Distrito Federal são partes legítimas na ação de restituição de imposto de renda retido na fonte proposta por seus servidores.

Súmula STJ n° 232
A Fazenda Pública, quando parte no processo, fica sujeita à exigência do depósito prévio dos honorários do perito.

Súmula STJ n° 188
Os juros moratórios, na repetição de indébito tributário, são devidos a partir do trânsito em julgado da sentença.

Súmula STJ n° 162
Na repetição de indébito tributário, a correção monetária incide a partir do pagamento indevido.

Súmula STJ n° 106
Proposta a ação no prazo fixado para o seu exercício, a demora na citação, por motivos inerentes ao mecanismo da Justiça, não justifica o acolhimento da arguição de prescrição ou decadência.

Súmula TFR n° 247
Não constitui pressuposto da ação anulatória do débito fiscal o depósito de que cuida o art. 38 da Lei 6.830, de 1980.

Súmula TFR n° 213.
O exaurimento da via administrativa não é condição para a propositura de ação de natureza previdenciária.

Súmula TFR n° 47
Cancelado o débito fiscal, a correção monetária, relativa à restituição da importância depositada em garantia de instância, incide a partir da data da efetivação do depósito.

Súmula TFR n° 46
Nos casos de devolução do depósito efetuado em garantia de instância e de repetição do indébito tributário, a correção monetária é calculada desde a data do depósito ou do pagamento indevido e incide até o efetivo recebimento da importância reclamada.

13.9. Outros temas de processo tributário

DIREITO TRIBUTÁRIO. CONTRIBUIÇÃO PREVIDENCIÁRIA RETIDA NA FONTE.
A determinação de retenção na fonte da contribuição previdenciária, na forma e pelo modo estabelecido no art.

16-A da Lei n. 10.887/2004, nada mais representa do que uma providência de arrecadação do tributo, não traduzindo juízo de certeza quanto à legitimidade ou não da exação tributária ou do respectivo valor. Com isso, o contribuinte não fica inibido de promover, contra a entidade credora, ação própria de repetição de indébito ou outra que for adequada para, se for o caso, obter a devida tutela jurisdicional a respeito. Precedente citado: EDcl no REsp 1.196.778-RS, DJe 7/6/2011. **EDcl no AgRg no REsp 1.266.616-RS, Rel. Min. Humberto Martins, julgado em 20/11/2012. (Inform. STJ 510)**

COMPETÊNCIA. MEDIDA CAUTELAR FISCAL. COMARCA SEM VARA FEDERAL. INTERESSE DE AGIR. EXIGIBILIDADE DO CRÉDITO. PARCELAMENTO POSTERIOR À CONSTRIÇÃO.
Em preliminar, a Turma decidiu que a incompetência relativa para julgamento de medida cautelar fiscal deve ser arguida por meio de exceção, no prazo da resposta, sob pena de a matéria ficar preclusa. No caso, a cautelar foi ajuizada na Justiça Federal com competência territorial sobre a comarca da sede da empresa. Por força do disposto no art. 109, § 3º, da CF e art. 15, I, da Lei n. 5.010/1966, a Justiça estadual também seria competente, por delegação, para apreciar a ação. Em outras palavras, por tratar-se de competência federal delegada à Justiça estadual, os dois juízos teriam competência para apreciar a matéria. Nesse contexto, se o contribuinte tivesse o interesse de ser a ação processada no seu domicílio, deveria apresentar exceção para que a incompetência territorial fosse reconhecida. Como a arguição da incompetência foi feita fora do prazo da resposta, ficou perpetuada a competência do juízo federal. Em outra preliminar, a Turma entendeu que o parcelamento requerido após a realização de constrição patrimonial e ajuizamento da execução fiscal não afeta o interesse de agir do fisco. Assim, se a suspensão da exigibilidade do crédito em razão do parcelamento for posterior à constrição, ou a garantia permanece na medida cautelar fiscal, ou se transfere para a execução fiscal, na qual poderá ser pleiteada a sua substituição, conforme a ordem prevista no art. 655 do CPC. O que não pode ocorrer é o crédito tributário ficar sem garantia alguma, já que a constrição foi realizada antes mesmo do pedido de parcelamento e já havia execução fiscal em curso. **REsp 1.272.414-SC, Rel. Min. Mauro Campbell Marques, julgado em 24/4/2012. (Inform. STJ 496)**

Súmula STJ nº 447
Os Estados e o Distrito Federal são partes legítimas na ação de restituição de imposto de renda retido na fonte proposta por seus servidores.

Súmula STJ nº 345
São devidos honorários advocatícios pela Fazenda Pública nas execuções individuais de sentença proferida em ações coletivas, ainda que não embargadas.

Súmula STJ nº 317
É definitiva a execução de título extrajudicial, ainda que pendente apelação contra sentença que julgue improcedentes os embargos.

Súmula STJ nº 162
Na repetição de indébito tributário, a correção monetária incide a partir do pagamento indevido.

Súmula STJ nº 66
Compete à Justiça Federal processar e julgar execução fiscal movida por Conselho de fiscalização profissional.

Súmula STJ nº 55
Tribunal Regional Federal não é competente para julgar recurso de decisão proferida por juiz estadual não investido de jurisdição federal.

Súmula STJ nº 3
Compete ao Tribunal Regional Federal dirimir conflito de competência verificado, na respectiva Região, entre Juiz Federal e Juiz Estadual investido de jurisdição federal.

14. PROGRAMAS DE PARCELAMENTO, REFIS, PAES

DIREITO TRIBUTÁRIO. EXCLUSÃO DE HONORÁRIOS DE SUCUMBÊNCIA DA CONSOLIDAÇÃO DE DÍVIDA PREVIDENCIÁRIA PARCELADA COM BASE NA LEI 11.941/2009.
O parcelamento autorizado pela Lei 11.941/2009 implica que os débitos de origem previdenciária cobrados pela PGFN sejam consolidados com a redução da totalidade do valor relativo a honorários de sucumbência. Os benefícios fiscais previstos nos incisos do art. 1º, § 3º, da Lei 11.941/2009, quando mencionam a redução do "encargo legal", estão se referindo ao encargo legal previsto no art. 1º do Decreto-Lei 1.025/1969. O referido encargo legal tem por objetivo atender a despesas referentes à arrecadação de verbas tributárias não pagas pelo contribuinte, abrangendo, inclusive, a verba sucumbencial. Com o regime da Lei 11.457/2007, houve a unificação de tratamento no que se refere aos débitos de contribuições previdenciárias e aos demais débitos tributários, tornando-se atribuição da Secretaria da Receita Federal do Brasil (além das competências atribuídas pela legislação vigente à Secretaria da Receita Federal) "planejar, executar, acompanhar e avaliar as atividades relativas a tributação, fiscalização, arrecadação, cobrança e recolhimento das contribuições sociais previstas nas alíneas 'a', 'b' e 'c' do parágrafo único do art. 11 da Lei nº 8.212, de 24 de julho de 1991, e das contribuições instituídas a título de substituição" (art. 2º). Dessa forma, os chamados "honorários previdenciários" foram substituídos pelo encargo legal. Além disso, a Lei 11.941/2009 incluiu o art. 37-A na Lei 10.522/2002, o qual dispõe que "os créditos das autarquias e fundações públicas federais, de qualquer natureza, não pagos nos prazos previstos na legislação, serão acrescidos de juros e multa de mora, calculados nos termos e na forma da legislação aplicável aos tributos federais", sendo que "os créditos inscritos em Dívida Ativa serão acrescidos de encargo legal, substitutivo da condenação do devedor em honorários advocatícios, calculado nos termos e na forma da legislação aplicável à Dívida Ativa da União" (§ 1º). A interpretação teleológica e sistemática da legislação, sobretudo da Lei 11.941/2009, impõe a conclusão de que a não inclusão dos chamados honorários previdenciários no valor consolidado nas hipóteses em que a lei exclui o encargo legal atende à finalidade buscada pelo legislador – incentivar a adesão ao programa de parcelamento fiscal. Não se trata de interpretação extensiva da legislação tributária, tampouco ampliação da lei que concede o parcelamento, mas do enquadramento adequado das verbas em confronto – encargo legal e honorários advocatícios. **REsp 1.430.320-AL, Rel. Min. Mauro Campbell Marques, julgado em 21/8/2014. (Inform. STJ 545)**

DIREITO TRIBUTÁRIO. EXCLUSÃO DO PROGRAMA DE RECUPERAÇÃO FISCAL (REFIS) DECORRENTE DA INEFICÁCIA DO PARCELAMENTO. A pessoa jurídica pode ser excluída do REFIS quando se demonstre a ineficácia do parcelamento, em razão de o valor das parcelas ser irrisório para a quitação do débito. Com efeito, o REFIS é um programa que impõe ao contribuinte o pagamento das dívidas fiscais por meio de parcelamento, isto é, o débito tributário é amortizado pelo adimplemento mensal. A par disso, a impossibilidade de quitar o débito é equiparada à inadimplência para efeitos de exclusão de parcelamento com fundamento no art. 5º, II, da Lei 9.964/2000. Nessa hipótese, em razão da "tese da parcela ínfima", é justificável a exclusão de contribuinte do REFIS, uma vez que o programa de parcelamento foi criado para regularizar as pendências fiscais, prevendo penalidades pelo descumprimento das obrigações assumidas, bem como a suspensão do crédito tributário enquanto o contribuinte fizer parte do programa. Assim, não se pode admitir a existência de débito tributário perene, ou até, absurdamente, que o valor da dívida fiscal aumente tendo em vista o transcurso de tempo e a irrisoriedade das parcelas pagas. Nesse passo, o STJ já decidiu ser possível a exclusão do contribuinte do REFIS quando a parcela se mostrar ínfima, nos mesmos moldes do Programa de Parcelamento Especial – PAES, criado pela Lei 10.684/2003. De fato, a finalidade de todo parcelamento, salvo disposição legal expressa em sentido contrário, é a quitação do débito, e não o seu crescente aumento. Nesse passo, ao se admitir a existência de uma parcela que não é capaz de quitar sequer os encargos do débito, não se está diante de parcelamento ou de moratória, mas de uma remissão, pois o valor do débito jamais será quitado. Entretanto, a remissão deve vir expressa em lei, e não travestida de parcelamento, consoante exigência do art. 150, § 6º, da CF. Ademais, a fragmentação do débito fiscal em parcelas ínfimas estimularia a evasão fiscal, pois a pessoa jurídica devedora estaria suscetível a ter a sua receita e as suas atividades esvaziadas por seus controladores, os quais *pari passu* estariam encorajados a constituir nova pessoa jurídica, que assumiria a receita e as atividades desenvolvidas por aqueloutra incluída no REFIS. Esse procedimento de manter a pessoa jurídica antiga endividada para com o Fisco, pagando eternamente parcelas irrisórias, e nova pessoa jurídica desenvolvendo as mesmas atividades outrora desenvolvidas pela antiga, constitui simulação vedada expressamente pelo CTN. Por fim, em relação aos crimes previstos nos arts. 1º e 2º da Lei 8.137/1990 e 95 da Lei 8.212/1991, durante o período em que a pessoa jurídica relacionada com o agente dos aludidos crimes estiver incluída no REFIS, a pretensão punitiva se encontrará suspensa, demonstrando a toda evidência a opção legislativa pelo recebimento do crédito tributário em vez de efetuar a punição criminal. Por tudo isso, não há como sustentar um programa de parcelamento que permita o aumento da dívida ao invés de sua amortização, em verdadeiro descompasso com o ordenamento jurídico, que não tolera a conduta criminosa, a evasão fiscal e a perenidade da dívida tributária para com o Fisco. Precedente citado: REsp 1.238.519-PR, Segunda Turma, DJe 28/8/2013. **REsp 1.447.131-RS, Rel. Min. Mauro Campbell Marques, julgado em 20/5/2014.** (Inform. STJ 542)

DIREITO PROCESSUAL CIVIL E TRIBUTÁRIO. PENHORA EFETIVADA APÓS ADESÃO A PARCELAMENTO TRIBUTÁRIO. Não cabe a efetivação da penhora pelo sistema Bacen-Jud após a adesão ao parcelamento tributário disposto pela Lei 11.419/2009, ainda que o pedido de bloqueio de valores tenha sido deferido antes da referida adesão. O art. 11, I, da Lei 11.941/2009 prevê a manutenção de penhora realizada previamente ao parcelamento do débito. Como o parcelamento representa hipótese de suspensão da exigibilidade do crédito tributário, a causa incide a partir dele, sem efeito retroativo. Em contrapartida, se ainda não havia penhora na execução fiscal, a suspensão decorrente do parcelamento obsta o andamento do feito no que diz respeito às medidas de cobrança. **REsp 1.421.580-SP, Rel. Min. Herman Benjamin, julgado em 4/2/2014.** (Inform. STJ 537)

DIREITO TRIBUTÁRIO. ERRO NA INDICAÇÃO DE VALORES NO REFIS. O contribuinte não pode, com fundamento no art. 5º, III, da Lei 9.964/2000, ser excluído do Programa de Recuperação Fiscal (REFIS) em razão de, por erro, ter indicado valores a menor para as operações já incluídas em sua confissão de débitos. De fato, o art. 5º, III, da Lei 9.964/2000 prevê a exclusão do contribuinte que deixar de incluir débitos no parcelamento, ou seja, deixar de indicar na confissão de dívidas obrigações tributárias que sabe existentes. Entretanto, o dispositivo não visa punir aquele que, por erro, subdimensiona os valores das operações já incluídas em sua confissão de débitos. Com efeito, não demonstrada a conduta dolosa do contribuinte, não há razão para excluí-lo do programa de parcelamento. Precedente citado: REsp 1.147.613-RS, Segunda Turma, DJe 27/4/2011. **AgRg no AREsp 228.080-MG, Rel. Min. Arnaldo Esteves Lima, julgado em 5/11/2013.** (Inform. STJ 533)

DIREITO TRIBUTÁRIO. MANUTENÇÃO DA PENHORA NA HIPÓTESE DE PARCELAMENTO TRIBUTÁRIO. São constitucionais os arts. 10 e 11, I, segunda parte, da Lei 11.941/2009, que não exigem a apresentação de garantia ou arrolamento de bens para o parcelamento de débito tributário, embora autorizem, nos casos de execução fiscal já ajuizada, a manutenção da penhora efetivada. Não há infringência ao princípio constitucional da isonomia tributária (art. 150, II, CF), pois o que a lei realiza, ao regrar a faculdade de obtenção do parcelamento – sem contudo determinar o cancelamento da penhora –, é distinguir situações diversas, ou seja, aquela em que ainda não haja penhora decorrente do ajuizamento da execução fiscal, e aquela em que já exista a penhora decretada judicialmente. Note-se que o devedor que ainda não chegou a ser acionado revela-se, em princípio e concretamente, menos recalcitrante ao adimplemento da dívida tributária do que o devedor que já chegou a ter contra si processo de execução e penhora, devedor este que, certamente, tem débito mais antigo – tanto que lhe foi possível antes o questionar, inclusive em processo administrativo. A garantia, no caso do devedor que já tem penhora contra si, deve realmente ser tratada com maior cautela, em prol da Fazenda Pública. Assim, a distinção das situações jurídicas leva à diferença de tratamento das consequências. Isso quer dizer que, já havendo penhora em execução fiscal ajuizada, a exigibilidade do crédito tributário não se suspende, permanecendo intacto, exigível. A propósito, os comandos legais em questão não pressuporiam lei complementar (art. 146, III, b, da CF c/c art. 97, VI, do CTN), pois a reserva legal não vai além da necessidade de lei ordinária, dada a diversidade de situações jurídicas semelhantes. **AI no REsp 1.266.318-RN, Rel. originário Min. Napoleão Nunes Maia Filho, Rel. para acórdão Min. Sidnei Beneti, julgado em 6/11/2013.** (Inform. STJ 532)

DIREITO PROCESSUAL CIVIL. HONORÁRIOS SUCUMBENCIAIS NO CASO DE RENÚNCIA AO DIREITO OU DESISTÊNCIA DE AÇÃO COM O OBJETIVO DE ADERIR AO REGIME DE PARCELAMENTO DA LEI 11.941/2009. RECURSO REPETITIVO (ART. 543-C DO CPC E RES. 8/2008-STJ). São devidos honorários advocatícios sucumbenciais na hipótese de renúncia ao direito ou desistência de ação com o objetivo de aderir ao regime de parcelamento tributário instituído pela Lei 11.941/2009. O art. 6º desse diploma legal dispõe que "o sujeito passivo que possuir ação judicial em curso, na qual requer o restabelecimento de sua opção ou a sua reinclusão em outros parcelamentos, deverá, como condição para valer-se das prerrogativas dos arts. 1º, 2º e 3º desta Lei, desistir da respectiva ação judicial e renunciar a qualquer alegação de direito sobre a qual se funda a referida ação [...]". Ainda, conforme o § 1º deste artigo, "ficam dispensados os honorários advocatícios em razão da extinção da ação [...]". Assim, entende-se que a renúncia ao direito sobre o qual se funda a ação, para fins de adesão a parcelamento, não tem como efeito necessário a dispensa dos honorários. Há que analisar, no caso concreto, se existe subsunção ao disposto no art. 6º, § 1º, da Lei 11.941/2009, que condiciona a exoneração do pagamento dos honorários sucumbenciais à hipótese de extinção do processo com resolução de mérito por desistência ou renúncia em demanda na qual o sujeito passivo requer o restabelecimento de sua opção ou sua reinclusão em outros parcelamentos. Essa regra é excepcional em nosso sistema processual civil, o qual impõe os ônus sucumbenciais à parte que desistir ou reconhecer a renúncia (art. 26 do CPC), devendo, por conseguinte, ser interpretada restritivamente. Precedentes citados: EREsp 1.181.605-RS, Corte Especial, DJe 28/11/2012 e AgRg no REsp 1.258.563-RS, Segunda Turma, DJe 28/11/2012. **REsp 1.353.826-SP, Rel. Ministro Herman Benjamin, julgado em 12/6/2013.** (Inform. STJ 522)

DIREITO TRIBUTÁRIO. PRESCRIÇÃO. TERMO *A QUO* DO PRAZO PRESCRICIONAL QUINQUENAL PARA A COBRANÇA DE CRÉDITOS TRIBUTÁRIOS EXCLUÍDOS DO REFIS.
Quando interrompido pelo pedido de adesão ao Refis, o prazo prescricional de 5 anos para a cobrança de créditos tributários devidos pelo contribuinte excluído do programa reinicia na data da decisão final do processo administrativo que determina a exclusão do devedor do referido regime de parcelamento de débitos fiscais. O Programa de Recuperação Fiscal – Refis, regime peculiar de parcelamento dos tributos devidos à União, é causa de suspensão da exigibilidade do crédito tributário (art. 151, VI, do CTN) e, ao mesmo tempo, causa de interrupção da prescrição (art. 174, parágrafo único, IV, do CTN), na medida em que representa confissão extrajudicial do débito. Dessa forma, o crédito tributário submetido ao aludido programa será extinto se houver quitação integral do parcelamento, ou, ao contrário, retomará a exigibilidade em caso de rescisão do programa, hipótese em que o prazo prescricional será reiniciado, uma vez que, como foi dito, a submissão do crédito ao programa representa causa de interrupção, e não de suspensão, da prescrição. Ocorre que, no caso do Refis, o Fisco, atento aos princípios do contraditório e da ampla defesa, prevê a obrigatoriedade de instauração de processo administrativo para a exclusão de tal regime de parcelamento, nos moldes da Resolução CG/Refis 9/2001, com as alterações promovidas pela Resolução CG/Refis 20/2001 – editada conforme autorização legal do art. 9º da Lei n. 9.964/2000 para regulamentar a exclusão. Assim, considerando o fato de que o STJ possui entendimento de que a instauração do contencioso administrativo, além de representar causa de suspensão da exigibilidade do crédito tributário, amolda-se à hipótese do art. 151, III, do CTN – razão pela qual perdurará a suspensão da exigibilidade até decisão final na instância administrativa –, deve ser prestigiada a orientação de que, uma vez instaurado o contencioso administrativo, a exigibilidade do crédito tributário – e, com ela, a fluência da prescrição – somente será retomada após a decisão final da autoridade fiscal. **REsp 1.144.963-SC, Rel. Min. Herman Benjamin, julgado em 20/11/2012.** (Inform. STJ 511)

DIREITO TRIBUTÁRIO. PARCELAMENTO ESPECIAL (LEI N. 10.684/2003). DÉBITOS POSTERIORES A 28/2/2003.
É possível a cumulação do parcelamento previsto na Lei n. 10.684/2003 (PAES) com outra modalidade de parcelamento, desde que os débitos tenham vencimento posterior a 28/2/2003. Segundo jurisprudência pacificada do STJ, a vedação de concessão de outros parcelamentos prevista no art. 1º, § 10, da Lei n. 10.684/2003 somente é aplicável aos débitos com vencimento até o dia 28/2/2003, e não aos débitos posteriores à referida data. Precedentes citados: AgRg no REsp 1.255.366-RS, DJe 10/8/2011, e AgRg no Ag 1.369.550-RJ, DJe 30/3/2011. **AgRg no REsp 1.313.079-RS, Rel. Min. Napoleão Nunes Maia Filho, julgado em 13/11/2012.** (Inform. STJ 510)

PARCELAMENTO TRIBUTÁRIO. CANCELAMENTO. ARROLAMENTO DE BENS.
O parcelamento tributário que prevê a redução de alguns encargos de mora, reduzindo o montante original do crédito tributário, não constitui motivo para o cancelamento do arrolamento de bens que foi efetuado pela Receita Federal, nos termos do art. 64 da Lei n. 9.532/1997, em razão de o débito fiscal atingir em 2001 valor superior a R$ 500 mil, o que, *in casu*, representava mais de 30% do patrimônio conhecido do devedor. **REsp 1.236.077-RS, Rel. Min. Benedito Gonçalves, julgado em 22/5/2012.** (Inform. STJ 498)

Súmula STJ nº 437
A suspensão da exigibilidade do crédito tributário superior a quinhentos mil reais para opção pelo Refis pressupõe a homologação expressa do comitê gestor e a constituição de garantia por meio do arrolamento de bens.

Súmula STJ nº 355
É válida a notificação do ato de exclusão do programa de recuperação fiscal do Refis pelo Diário Oficial ou pela Internet.

15. SISTEMAS SIMPLIFICADOS DE TRIBUTAÇÃO, SIMPLES

Simples Nacional: vedação e isonomia - 1
É constitucional a exigência contida no art. 17, V, da LC 123/2006 ("Art. 17. Não poderão recolher os impostos e contribuições na forma do Simples Nacional a microempresa ou a empresa de pequeno porte: ... V - que possua débito com o Instituto Nacional do Seguro Social - INSS, ou com as Fazendas Públicas Federal, Estadual ou Municipal, cuja exigibilidade não esteja suspensa"). Essa a conclusão do Plenário ao desprover, por maioria, o recurso extraordinário. De início, rememorou-se que o Simples Nacional teria sido criado com o objetivo de concretizar as diretrizes constitucionais do tratamento jurídico diferenciado às microempresas e empresas de pequeno porte (CF, artigos 170, IX, e 179). Lembrou-se, ainda, que a EC 42/2003 trouxera modificações ao texto constitucional, dentre elas a necessidade de edição de lei complementar para se definir o tratamento favorecido às microempresas e às empresas de pequeno porte, e facultara a instituição de regime único de arrecadação de impostos e contribuições da União, dos Estados, do Distrito Federal e dos Municípios (CF, art. 146, III, d, e parágrafo único). Salientou-se existir o princípio constitucional do tratamento favorecido para microempresas e empresas de pequeno porte, fundado em questões sociais e econômicas ligadas à necessidade de se conferirem condições justas e igualitárias de competição para essas empresas. Destacou-se, no ponto, a relevância do setor na geração de emprego e renda no País. Sinalizou-se, ainda, que a alta carga tributária seria o segundo principal motivo para o encerramento das atividades em empresas dessa categoria. Frisou-se que, nesse contexto, teria sido promulgada a LC 123/2006, a estabelecer tratamento diferenciado e favorecido especialmente no que se refere a regime de arrecadação tributária; cumprimento de obrigações trabalhistas e previdenciárias; acesso a crédito e ao mercado; capitalização e inovação tecnológica; associativismo; regras de inclusão; acesso à justiça, dentre outros. Esse tratamento favorável estaria inserto no contexto das políticas públicas voltadas à concretude dos objetivos da Constituição.

Simples Nacional: vedação e isonomia - 2
Assinalou-se que o Simples Nacional seria regime especial de tributação de caráter opcional por parte dos contribuintes, mas de observância obrigatória pelos entes federados. Não configuraria mero benefício fiscal, mas microssistema tributário próprio, aplicável apenas a alguns contribuintes, no contexto constitucional aludido. Assim, mesmo que a adesão fosse facultativa e que as vedações ao ingresso no regime constassem expressamente do texto legal, os critérios da opção legislativa precisariam, necessariamente, ser compatíveis com a Constituição. No que se refere aos critérios adotados pelo legislador, observou-se que, primeiramente, ter-se-ia definido o universo dos contemplados pela proteção constitucional com base na receita bruta auferida pela pessoa jurídica. Além disso, ter-se-ia estipulado requisitos e hipóteses de vedações, norteados por aspectos relacionados ao contribuinte e por fatores predominantemente extrafiscais (LC 123/2006, art. 17). Sublinhou-se que a Corte já teria afirmado não haver ofensa ao princípio da isonomia tributária se a lei,

por motivos extrafiscais, imprimisse tratamento desigual a microempresas e empresas de pequeno porte de capacidade contributiva distinta, ao afastar do Simples Nacional as pessoas jurídicas cujos sócios teriam condição de disputar o mercado de trabalho sem assistência do Estado. A Corte, ainda, teria reconhecido a possibilidade de se estabelecerem exclusões do regime simplificado com base em critérios subjetivos. Dessa forma, reputou-se não haver óbice a que o legislador infraconstitucional criasse restrições de ordem subjetiva a uma proteção constitucionalmente prevista.

Simples Nacional: vedação e isonomia - 3
Asseverou-se, no tocante à vedação disposta no inciso V da norma em debate, que toda e qualquer exigência de regularidade fiscal sempre teria, como efeito indireto, a indução ao pagamento, ainda que parcelado, de tributos. Caberia perquirir, portanto, a se a citada regra imporia discriminação arbitrária, desarrazoada e incompatível com a isonomia, considerada a capacidade contributiva dos agentes. No ponto, anotou-se que a instituição do Simples Nacional teria por escopo implementar justiça tributária, ao diferenciar microempresas e empresas de pequeno porte dos demais contribuintes, em razão da capacidade contributiva presumidamente menor naqueles casos. Observou-se que, em razão desse regime tributário favorecido, houvera significativa redução na carga tributária das empresas, a tornar mais fácil o cumprimento das obrigações para com o Fisco. Frisou-se que essa presunção de capacidade contributiva reduzida, porém, não seria válida, aprioristicamente, aos inadimplentes. Assim, o tratamento tributário a ser conferido nesses casos não poderia implicar desoneração, pois todos os contribuintes estariam adstritos ao pagamento de tributos. Afirmou-se que não seria razoável favorecer aqueles em débito com o Fisco, que participariam do mercado com vantagem competitiva em relação aos adimplentes. Consignou-se, ainda, que nos termos da lei complementar, para que o empreendedor usufruísse de outras benesses do sistema, como o acesso a crédito, dentre outros, também não poderia estar em débito com o Fisco e com o INSS. Salientou-se, ainda, que as micro e pequenas empresas teriam a prerrogativa de parcelamento de débitos dessa natureza, o que corroboraria a ideia de que o Simples Nacional estimularia o ingresso de contribuintes.

Simples Nacional: vedação e isonomia - 4
Ponderou-se que admitir o ingresso no programa daquele que não possui regularidade fiscal, e que sequer pretende parcelar o débito ou suspender seu pagamento, significaria comunicar ao adimplente que o dever de pagar seus tributos seria inconveniente, pois receberia o mesmo tratamento dado ao inadimplente. Dessa perspectiva, a norma em discussão não violaria o princípio da isonomia, mas o confirmaria, pois o adimplente e o inadimplente não estariam na mesma situação jurídica. Ressaltou-se que a imposição de confissão de dívida mediante parcelamento de débito para aderir ao regime não violaria o acesso à justiça, o contraditório e a ampla defesa, pois seria requisito exigido de todo contribuinte que pretendesse parcelar seu débito. Além disso, não haveria impedimento ao acesso ao Judiciário. Ademais, lembrou-se que a Corte inadmitiria apenas expediente sancionatório indireto para forçar o cumprimento da obrigação tributária pelo contribuinte, o que não seria o caso. Reputou-se, de outro lado, que a regularidade fiscal, nos termos da LC 123/2006, também teria como fundamento extrafiscal o incentivo ao ingresso dos empreendedores no mercado formal. Registrou-se que a condicionante em análise não seria fator de desequilíbrio concorrencial, pois seria exigência imposta a todas as empresas, e representaria forma indireta de se reprovar a infração das leis fiscais, de forma a garantir a neutralidade, com enfoque na livre concorrência. Vencido o Ministro Marco Aurélio, que provia o recurso por reputar inconstitucional o preceito em questão, que configuraria coação política. RE 627543/RS, rel. Min. Dias Toffoli, 30.10.2013. **(RE-627543) (Inform. STF 726)**

DIREITO TRIBUTÁRIO. REGIME TRIBUTÁRIO DO SIMPLES. IMPOSSIBILIDADE DE INCLUSÃO DA TCFA.
Não é possível a inclusão da TCFA no regime tributário do Simples. A Taxa de Controle e Fiscalização Ambiental (TCFA), instituída pela Lei n. 6.938/1981 e alterada pela Lei n. 10.165/2000, decorre da fiscalização de atividades poluidoras e utilizadoras de recursos ambientais, ou seja, remunera o exercício do poder de polícia exercido pelo Ibama. O Sistema Integrado de Recolhimento de Tributos (Simples) engloba o recolhimento exclusivo de tributos e contribuições expressamente elencados na Lei n. 9.317/1996 e LC n. 123/2006, não sendo possível abranger, por ausência de previsão legal, a TCFA. Precedentes citados do STF: RE 416.601-DF, DJ 30/9/2005; do STJ: AgRg no Ag 1.419.767-MG, DJe 1º/8/2012, e REsp 695.368-RJ, DJ 11/4/2005. **REsp 1.242.940-PR, Rel. Min. Benedito Gonçalves, julgado em 23/10/2012. (Inform. STJ 508)**

DIREITO TRIBUTÁRIO. SERVIÇO DE CALL CENTER. INCLUSÃO NO REGIME DO SIMPLES.
É possível o enquadramento de sociedade empresária que exerce atividade de call center no regime tributário do Simples. O art. 9°, XIII, da Lei n. 9.317/1996 veda o ingresso de representante comercial no regime simplificado. Porém, o serviço de *call center* não se assemelha à representação comercial, considerando que busca atrair consumidores, destinatários finais dos bens e serviços oferecidos no mercado de consumo, mediante recursos de telefonia e demais meios de telecomunicações. Na representação comercial, por outro lado, a mediação realizada pelo representante visa à celebração de negócios mercantis, os quais não possuem natureza civil, mas empresarial (art. 1° da Lei n. 4.886/1965). Além disso, o STJ possui orientação no sentido de que, para a incidência da vedação imposta pelo art. 9°, XIII, da Lei n. 9.317/1996 é necessária não só a semelhança das atividades àquelas listadas no dispositivo, como também a exigência de habilitação profissional para seu desempenho, não prevista em lei para a prestação de serviços de *call center*. Precedente citado: REsp 969.799-SC, DJ 25/9/2007. **REsp 1.301.231-ES, Herman Benjamin, julgado em 2/10/2012. (Inform. STJ 506)**

Súmula STJ nº 448
A opção pelo Simples de estabelecimentos dedicados às atividades de creche, pré-escola e ensino fundamental é admitida somente a partir de 24/10/2000, data de vigência da Lei n. 10.034/2000.

16. ÍNDICES, SELIC

DIREITO TRIBUTÁRIO. TERMO INICIAL DA CORREÇÃO MONETÁRIA INCIDENTE SOBRE OS CRÉDITOS ESPONTANEAMENTE RECONHECIDOS PELA ADMINISTRAÇÃO TRIBUTÁRIA.
A correção monetária incide a partir do término do prazo de trezentos e sessenta dias, previsto no art. 24 da Lei 11.457/2007, contado da data do protocolo do pedido administrativo de ressarcimento realizado pelo contribuinte. Isso porque, conforme dispõe o art. 24 da Lei 11.457/2007, é "obrigatório que seja proferida decisão administrativa no prazo máximo de 360 (trezentos e sessenta) dias a contar do protocolo de petições, defesas ou recursos administrativos do contribuinte". Portanto, o Fisco somente deve ser considerado em mora a partir do término do referido prazo, quando, então, estará configurada a denominada "resistência ilegítima" prevista na Súmula 411 do STJ: "É devida a correção monetária ao creditamento do IPI quando há oposição ao seu aproveitamento decorrente de resistência ilegítima do Fisco". **REsp 1.331.033-SC, Rel. Min. Mauro Campbell Marques, Segunda Turma, julgado em 2/4/2013. (Inform. STJ 522)**

DIREITO TRIBUTÁRIO. IRPJ E CSSL. BASE DE CÁLCULO. ANO-BASE DE 1990. CORREÇÃO MONETÁRIA DAS DEMONSTRAÇÃO FINANCEIRA PELA BTNF.
Aplica-se o BTN Fiscal na correção monetária das demonstrações financeiras do período-base de 1990, para fins de apuração da base de cálculo do Imposto de Renda da Pessoa Jurídica – IRPJ e da Contribuição Social sobre o Lucro – CSSL. Precedentes citados do STF: RE 201.465-MG, DJ 17/10/2003; do STJ: AgRg no EREsp 636.275-RJ, DJe 8/9/2008, e EREsp 210.261-ES, DJe 23/6/2008. **AgRg nos EAg 427.916-PR, Rel. Min. Arnaldo Esteves Lima, julgado em 14/11/2012. (Inform. STJ 510)**

DIREITO TRIBUTÁRIO. INCIDÊNCIA DA TAXA SELIC SOBRE RECOLHIMENTO ANTECIPADO DO IRPJ.
Não incide a taxa Selic sobre valores referentes ao recolhimento antecipado, por estimativa, do IRPJ, com base no art. 2º da Lei n. 9.430/1996. A antecipação do pagamento do imposto de renda pessoa jurídica (IRPJ) não configura pagamento indevido à Fazenda Pública que justifique a correção monetária e a incidência de juros moratórios. O regime de antecipação mensal não é imposição, mas opção oferecida pela Lei n. 9.430/1996. Precedentes citados: AgRg no REsp 889.076-CE, DJ 3/12/2007; REsp 611.628-SC, DJ 3/10/2005, e REsp 492.865-RS, DJ 25/4/2005. **AgRg no AREsp 205.566-CE, Rel. Min. Herman Benjamin, julgado em 18/10/2012. (Inform. STJ 508)**

CORREÇÃO MONETÁRIA. ÍNDICES NEGATIVOS. APLICAÇÃO.
O cerne da questão é a aplicação de índices negativos (IGP-M) de correção monetária para fins de cálculo de atualização do montante da execução nos períodos deflacionários. No caso, a agravante alega que não houve dúvidas quanto à inclusão da correção monetária a ser aplicada (na decisão transitada em julgado na ação de conhecimento), todavia não foi feita nenhuma ressalva quanto à exclusão de índices negativos, de modo que excluí-los na fase de execução afronta à coisa julgada. Entende o STJ que a correção monetária possui a função de manter o poder aquisitivo da moeda e recompor seu valor originário corroído pela inflação, sob pena de redução do débito judicialmente apurado. No entanto, não deve representar, por si só, nem um *plus* nem um *minus* em sua substância. De modo que, *in casu*, os índices negativos de correção monetária (deflação) verificados no curso do período a ser corrigido devem ser considerados no cálculo de atualização do montante da execução. Contudo, ressaltou-se que, se, no cálculo final, a atualização implicar redução do principal, deve prevalecer o valor nominal. Precedente citado: REsp 1.265.580-RS, DJe 18/4/2012. **AgRg no REsp 1.300.928-RS, Rel. Min. Maria Isabel Gallotti, julgado em 5/6/2012. (Inform. STJ 499)**

17. CRIMES TRIBUTÁRIOS

Proposta de Súmula Vinculante: Crime Material contra a Ordem Tributária e Lançamento Definitivo do Tributo
O Tribunal, por maioria, acolheu a proposta de edição da Súmula Vinculante 29 com o seguinte teor: *"Não se tipifica crime material contra a ordem tributária, previsto no artigo 1º, inciso I, da Lei nº 8.137/90, antes do lançamento definitivo do tributo"*. Vencidos os Ministros Joaquim Barbosa, Ellen Gracie e Marco Aurélio, que não aprovavam a proposta por entender que o tema tratado não estaria cristalizado o bastante na Corte para ser objeto de Súmula Vinculante. **PSV 29/DF, 2.12.2009.** (PSV-29) (Inform. STF 570)

DIREITO TRIBUTÁRIO. PENA DE PERDIMENTO. VEÍCULO UTILIZADO EM CONTRABANDO OU DESCAMINHO.
A pena de perdimento de veículo utilizado em contrabando ou descaminho somente é aplicada se demonstrada a responsabilidade do proprietário na prática do delito. Para a aplicação da Súm. n. 138/TFR, ainda que o proprietário do veículo transportador ou um preposto seu não esteja presente no momento da autuação, é possível a aplicação da pena de perdimento sempre que for comprovado, pelas mais diversas formas de prova, que sua conduta (comissiva ou omissiva) concorreu para a prática delituosa ou, de alguma forma, trouxe-lhe algum benefício (art. 95 do Decreto-Lei n. 37/1966). **REsp 1.342.505-PR, Rel. Min. Eliana Calmon, julgado em 18/10/2012. (Inform. STJ 508)**

DIREITO TRIBUTÁRIO. PENA DE PERDIMENTO DE VEÍCULO. PROPORCIONALIDADE DA PENA.
Para a aplicação da pena de perdimento de veículo utilizado para a prática de contrabando ou descaminho, pode-se considerar não só a proporcionalidade entre o valor dos bens apreendidos e do automóvel, mas também a habitualidade da conduta. A proporcionalidade da punição deve ser entendida axiologicamente, tendo-se em consideração a finalidade da sanção, que tem por objetivo impedir a habitualidade do descaminho. Comprovada a habitualidade, o valor resultante dos bens apreendidos não é o único parâmetro para aplicação da sanção, já que não se podem mensurar os danos anteriormente concretizados. **REsp 1.342.505-PR, Rel. Min. Eliana Calmon, julgado em 18/10/2012. (Inform. STJ 508)**

USO DE RECIBOS IDEOLOGICAMENTE FALSOS. DECLARAÇÃO DE IRPF. TIPIFICAÇÃO.
Constitui mero exaurimento do delito de sonegação fiscal a apresentação de recibo ideologicamente falso à autoridade fazendária, no bojo de ação fiscal, como forma de comprovar a dedução de despesas para a redução da base de cálculo do imposto de renda de pessoa física (IRPF), (Lei n. 8.137/1990). Na espécie, o paciente, em procedimento fiscal instaurado contra terceira pessoa (psicóloga), teria apresentado recibo referente a tratamento não realizado, para justificar declaração anterior prestada à Receita Federal por ocasião do recolhimento do seu IRPF. Segundo se afirmou, o falso teria sido cometido única e exclusivamente com o objetivo de reduzir ou suprimir o pagamento do imposto de renda. Assim, em consonância com o enunciado da Súm. n. 17 desta Corte, exaurida a potencialidade lesiva do documento para a prática de outros crimes, a conduta do falso ficaria absorvida pelo crime de sonegação fiscal. Noticiou-se, por fim, o adimplemento do débito fiscal, oriundo da referida sonegação, na esfera administrativa. Nesse contexto, a Turma determinou o trancamento da ação penal – por falta de justa causa – instaurada contra o paciente com fulcro nos arts. 299 e 304 ambos do CP. **HC 131.787-PE, Rel. Min. Marco Aurélio Bellizze, julgado em 14/8/2012. (Inform. STJ 502)**

MEDIDAS INVESTIGATÓRIAS. DELITOS CONEXOS A CRIMES CONTRA A ORDEM TRIBUTÁRIA. AUSÊNCIA DE LANÇAMENTO DEFINITIVO.
Não há nulidade na decretação de medidas investigatórias para apurar crimes autônomos conexos ao crime de sonegação fiscal quando o crédito tributário ainda pende de lançamento definitivo. Conforme a jurisprudência do STF, à qual esta Corte vem aderindo, não há justa causa para a persecução penal do crime de sonegação fiscal antes do lançamento do crédito tributário, sendo este condição objetiva de punibilidade. No caso, foram decretadas medidas investigatórias (interceptação telefônica, busca e apreensão e quebra de sigilo bancário e fiscal) antes do lançamento do crédito tributário. Porém, buscava-se apurar não apenas crimes contra a ordem tributária, mas também os de formação de quadrilha e falsidade ideológica. Portanto, não há ilegalidade na autorização das medidas investigatórias, visto que foram decretadas para apurar outros crimes nos quais não há necessidade de instauração de processo administrativo-tributário. Nesse caso, incumbe ao juízo criminal investigar o esquema criminoso, cabendo à autoridade administrativo-fiscal averiguar o montante de tributo que não foi pago. Assim, a

Turma entendeu que não são nulas as medidas decretadas, pois atenderam os pressupostos e fundamentos de cautelaridade, sobretudo porque, quando do oferecimento da denúncia, os créditos tributários já tinham sido definitivamente lançados. Precedentes do STF: HC 81.611-DF, DJ 13/5/2005, e do STJ: RHC 24.049-SP, DJe 7/2/2011. **HC 148.829-RS, Rel. Min. Laurita Vaz, julgado em 21/8/2012. (Inform. STJ 502)**

Súmula Vinculante STF 24

Não se tipifica crime material contra a ordem tributária, previsto no art. 1°, incisos I a IV, da lei n. 8.137/90, antes do lançamento definitivo do tributo.

18. OUTRAS MATÉRIAS

AG. REG. NO AI N. 738.804-SP

RELATORA: MIN. ROSA WEBER
EMENTA: DIREITO TRIBUTÁRIO. IPTU. IMUNIDADE. ENTIDADE DE ASSISTÊNCIA SOCIAL SEM FINS LUCRATIVOS. LOCAÇÃO DE IMÓVEL. DESTINAÇÃO DA RENDA OBTIDA COM O ALUGUEL. SÚMULA 279/STF. ANÁLISE DA OCORRÊNCIA DE EVENTUAL AFRONTA À CONSTITUIÇÃO DA REPÚBLICA DEPENDENTE DO REEXAME DA MOLDURA FÁTICA CONSTANTE NO ACÓRDÃO REGIONAL. ACÓRDÃO RECORRIDO PUBLICADO EM 19.12.2007.

À luz da moldura fática delineada no acórdão recorrido, a pretensão da recorrente de obter decisão em sentido diverso do acórdão recorrido encontra óbice na Súmula 279/STF.

Agravo regimental conhecido e não provido. (Inform. STF 725)

DIREITO PROCESSUAL CIVIL E TRIBUTÁRIO. LEVANTAMENTO PARCIAL DE DEPÓSITO JUDICIAL PELO MUNICÍPIO.

Não caracteriza hipótese de conversão de depósito em renda (art. 156, VI, do CTN) – caso de extinção do crédito tributário – o repasse aos municípios previsto no § 2º do art. 1º da Lei 10.819/2003. A Lei 10.819/2003 concede ao município que instituir fundo de reserva destinado a garantir eventual obrigação de ressarcimento o repasse de parcela correspondente a 70% do valor dos depósitos em instituição financeira referentes a créditos tributários controvertidos de competência municipal efetuados a partir de sua vigência (arts. 1° e 2°). O repasse em questão configura hipótese de levantamento parcial sob a condição resolutiva de que o contribuinte venha a ser vencedor no processo. Com efeito, estabelece o art. 4° da Lei 10.819/2003 que, "encerrado o processo litigioso com ganho de causa para o depositante, mediante ordem judicial, o valor do depósito efetuado nos termos desta Lei, acrescido da remuneração que lhe foi originariamente atribuída, será colocado à disposição do depositante pela instituição financeira responsável, no prazo de três dias úteis (...)". **REsp 1.365.433-MG, Rel. Min. Herman Benjamin, julgado em 5/9/2013.** (Inform. STJ 531)

DIREITO TRIBUTÁRIO. INEXISTÊNCIA DE ABUSIVIDADE NA COBRANÇA DE TARIFA DE ENERGIA ELÉTRICA COM BASE EM DEMANDA DE POTÊNCIA.

É possível a cobrança da tarifa binômia, composta pelo efetivo consumo de energia elétrica e pela demanda disponibilizada, dos consumidores enquadrados no Grupo A da Resolução n. 456/2000 da Aneel. A prestação de serviço de energia elétrica aos usuários do Grupo A – aqueles que utilizam tensão igual ou superior a 2.300 volts – é tarifada com base no binômio demanda de potência disponibilizada e energia efetivamente medida e consumida. Nesse contexto, o entendimento do STJ é que não é abusiva a cobrança pela disponibilização de um potencial de energia a esses usuários. Precedentes citados: AgRg no AREsp 236.788-RS, DJe 26/11/2012, e AgRg no AgRg no Ag 1.418.172-RJ, DJe 13/12/2011. **AgRg no REsp 1.110.226-PR, Rel. Min. Napoleão Nunes Maia Filho, julgado em 5/2/2013.** (Inform. STJ 515).

DIREITO TRIBUTÁRIO. EXTENSÃO DE ISENÇÃO FISCAL A CATEGORIA NÃO CONTEMPLADA.

Não é possível ao Poder Judiciário estender benefício de isenção fiscal a categoria não abrangida por regra isentiva na hipótese de alegação de existência de situação discriminatória e ofensa ao princípio da isonomia. A concessão de isenção fiscal é ato discricionário, fundado em juízo de conveniência e oportunidade do Poder Público, não sendo possível ao Poder Judiciário, sob o pretexto de tornar efetivo o princípio da isonomia, reconhecer situação discriminatória de categorias não abrangidas pela regra isentiva e estender, por via transversa, benefício fiscal sem que haja previsão legal específica. Precedente citado do STF: RE 405.579-PR, DJ 3/8/2011. **AgRg no AREsp 248.264-RS, Rel. Min. Mauro Campbell Marques, julgado em 27/11/2012.** (Inform. STJ 514).

DIREITO TRIBUTÁRIO. COBRANÇA DE TARIFA DE ESGOTAMENTO SANITÁRIO NA HIPÓTESE EM QUE A CONCESSIONÁRIA RESPONSÁVEL PELO SERVIÇO REALIZE APENAS A COLETA E O TRANSPORTE DOS DEJETOS SANITÁRIOS.

É possível a cobrança de tarifa de esgotamento sanitário mesmo na hipótese em que a concessionária responsável pelo serviço realize apenas a coleta e o transporte dos dejetos sanitários, sem a promoção do seu tratamento final. O art. 3°, I, b, da Lei n. 11.445/2007 deixa claro que o serviço de esgotamento sanitário é constituído por diversas atividades, dentre as quais a coleta, o transporte e o tratamento final dos dejetos, mas não estabeleceu que somente exista o serviço público de esgotamento sanitário na hipótese em que todas as etapas estejam presentes, nem proibiu a cobrança de tarifa pela só prestação de uma ou algumas destas atividades. Ademais, o art. 9º do Dec. n. 7.217/2010, que regulamenta a Lei n. 11.445/2007, confirma a ideia de que o serviço de esgotamento sanitário encerra um complexo de atividades, qualquer delas suficiente e autônoma a permitir a cobrança da respectiva tarifa, uma vez que o dispositivo legal é expresso ao afirmar que constitui serviço de esgotamento sanitário "[...] uma ou mais das seguintes atividades: I – coleta [...]; II – transporte [...]; III – tratamento dos esgotos sanitários [...]". Além disso, o concessionário é remunerado pela tarifa que cobra pela realização do serviço, o que viabiliza a própria prestação das atividades de coleta e transporte. Se a concessionária é onerada com a instalação, operação e manutenção de toda a estrutura necessária à coleta e ao escoamento do esgoto, deve ser remunerada por isso, sob pena de não haver receita suficiente para custear o sistema já implantado, sua manutenção e expansão. Por fim, deve-se ressaltar que o benefício individualmente considerado para o usuário do serviço de esgotamento sanitário está na coleta e escoamento dos dejetos, sendo o tratamento final de efluentes uma etapa complementar, de destacada natureza socioambiental, travada entre a concessionária e o Poder Público. Assim, não pode o usuário do serviço, sob a alegação de que não há tratamento, evadir-se do pagamento da tarifa. Precedentes citados: REsp 1.313.680-RJ, DJe 29/6/2012, e AREsp 208.959-RJ, DJ 30/10/2012. **REsp 1.330.195-RJ, Rel. Min. Castro Meira, julgado em 6/12/2012.** (Inform. STJ 514).

DIREITO TRIBUTÁRIO. COBRANÇA DE LAUDÊMIO. TRANSFERÊNCIA DE DIREITOS SOBRE BENFEITORIAS CONSTRUÍDAS EM TERRENO DE MARINHA.

É cabível a cobrança de laudêmio quando o ocupante transfere a terceiros direitos sobre benfeitorias construídas em terreno de marinha, conforme previsto no art. 3º do Dec.-lei n. 2.398/1987. Precedente citado: REsp 1.214.683-SC, DJe 4/3/2011. **EDcl nos EDcl nos EDcl no Ag 1.405.978-SC, Rel. Min. Herman Benjamin, julgados em 18/10/2012.** (Inform. STJ 508)

Súmula STF nº 473
A administração pode anular seus próprios atos, quando eivados de vícios que os tornam ilegais, porque deles não se originam direitos; ou revogá-los, por motivo de conveniência e oportunidade, respeitados os direitos adquiridos, e ressalvada, em todos os casos, a apreciação judicial.

Súmula STF nº 400
Decisão que deu razoável interpretação à lei, ainda que não seja a melhor, não autoriza recurso extraordinário, pela letra *a* do art. 101, III, da Constituição Federal.

Súmula STJ nº 353
As disposições do Código Tributário Nacional não se aplicam às contribuições para o FGTS. *(Comentário: contribuições ao FGTS não têm natureza tributária)*

Súmula STF nº 346
A administração pública pode declarar a nulidade dos seus próprios atos.

Súmula STJ nº 345
São devidos honorários advocatícios pela Fazenda Pública nas execuções individuais de sentença proferida em ações coletivas, ainda que não embargadas.

Súmula STJ nº 317
É definitiva a execução de título extrajudicial, ainda que pendente apelação contra sentença que julgue improcedentes os embargos.

Súmula TFR nº 47
Cancelado o débito fiscal, a correção monetária, relativa à restituição da importância depositada em garantia de instância, incide a partir da data da efetivação do depósito.

Súmula TFR nº 46
Nos casos de devolução do depósito efetuado em garantia de instância e de repetição do indébito tributário, a correção monetária é calculada desde a data do depósito ou do pagamento indevido e incide até o efetivo recebimento da importância reclamada.

8. DIREITO EMPRESARIAL

1. INSCRIÇÃO E REGISTRO PÚBLICO

REGISTRO. ALTERAÇÃO CONTRATUAL. DOCUMENTOS EXIGIDOS.
É ilegal a exigência de certidão de regularidade fiscal estadual para o registro de alteração contratual perante a Junta Comercial por não estar prevista na lei de regência (Lei n. 8.934/1994) nem no decreto federal que a regulamentou (Dec. n. 1.800/1996), mas em decreto estadual que sequer possui lei estadual correspondente. É que o parágrafo único do art. 37 da lei supradita dispõe claramente que, além dos documentos alistados nesse artigo, nenhum outro documento será exigido das firmas individuais e sociedades referidas nas alíneas **a**, **b** e **d** do inciso II do art. 32. E o decreto que a regulamentou esclarece, em seu art. 34, parágrafo único, que outros documentos só podem ser exigidos se houver expressa determinação legal. Assim, é ilegítima a exigência de apresentação de documento prevista apenas em decreto estadual. **REsp 724.015-PE, Rel. Min. Antonio Carlos Ferreira, julgado em 15/5/2012. (Inform. STJ 497)**

2. DESCONSIDERAÇÃO DA PERSONALIDADE

DIREITO EMPRESARIAL. LEGITIMIDADE DA BRASIL TELECOM S/A PARA RESPONDER PELOS ATOS PRATICADOS PELA TELESC. RECURSO REPETITIVO (ART. 543-C DO CPC E RES. 8/2008-STJ).
A Brasil Telecom S/A tem legitimidade para responder pelos atos praticados pela Telesc quanto a credores cujo título não tiver sido constituído até o ato de incorporação, independentemente de se referir a obrigações anteriores a ele. Isso porque a sucessão, por incorporação, de empresas determina a extinção da personalidade jurídica da incorporada, com a transmissão de seus direitos e obrigações à incorporadora. De fato, a incorporação, conforme o art. 227 da Lei 6.404/1976 e o art. 1.116 do CC, é a operação pela qual uma ou mais sociedades são absorvidas por outra, que lhes sucede em todos os direitos e obrigações. Por esse instituto, em linhas gerais, determinada sociedade empresarial, a incorporadora, engloba outra, a incorporada, integrando ao seu patrimônio tanto o ativo quanto o passivo da incorporada, a qual terá extinta sua personalidade jurídica, conforme se extrai dos enunciados normativos dos arts. 219 e 227, § 3º, da Lei 6.404/1976 e do art. 1.118 do CC. Dessa forma, fica claro que a incorporação caracteriza-se, essencialmente, por dois requisitos: a absorção total do patrimônio da incorporada pela incorporadora (todos os direitos e obrigações) e a extinção da personalidade jurídica da incorporada. Assim, deve-se reconhecer a legitimidade da sociedade empresária sucessora, por incorporação, para responder pelos atos da incorporada, inclusive quanto a credores cujo título não esteja constituído até o ato de incorporação, independentemente de se referir a obrigações anteriores a ele.

REsp 1.322.624-SC, Rel. Ministro Paulo de Tarso Sanseverino, julgado em 12/6/2013. (Inform. STJ 522)

DIREITO EMPRESARIAL E PROCESSUAL CIVIL. DESCONSIDERAÇÃO DA PERSONALIDADE JURÍDICA. EXTENSÃO, NO ÂMBITO DE PROCEDIMENTO INCIDENTAL, DOS EFEITOS DA FALÊNCIA À SOCIEDADE DO MESMO GRUPO.
É possível, no âmbito de procedimento incidental, a extensão dos efeitos da falência às sociedades do mesmo grupo, sempre que houver evidências de utilização da personalidade jurídica da falida com abuso de direito, para fraudar a lei ou prejudicar terceiros, e desde que, demonstrada a existência de vínculo societário no âmbito do grupo econômico, seja oportunizado o contraditório à sociedade empresária a ser afetada. Nessa hipótese, a extensão dos efeitos da falência às sociedades integrantes do mesmo grupo da falida encontra respaldo na teoria da desconsideração da personalidade jurídica, sendo admitida pela jurisprudência firmada no STJ. **AgRg no REsp 1.229.579-MG, Rel. Min. Raul Araújo, julgado em 18/12/2012.** (Inform. STJ 513).

3. SOCIEDADE ANÔNIMA

DIREITO EMPRESARIAL E PROCESSUAL CIVIL. IMPOSSIBILIDADE DE UTILIZAÇÃO DE CRÉDITO PERTENCENTE À SOCIEDADE ANÔNIMA PARA GARANTIR OBRIGAÇÃO DE SÓCIO.
Não cabe bloqueio judicial de parte de crédito cobrado em execução judicial movida por sociedade anônima contra terceiro, na hipótese em que a decisão judicial que o determina é proferida em sede de ação cautelar movida por ex-cônjuge em face do outro ex-consorte, a fim de garantir àquele direito a ações da referida sociedade anônima, quando a participação acionária já se encontra assegurada por sentença com trânsito em julgado proferida em ação de sobrepartilha de bens sonegados. De fato, o reconhecimento posterior do direito à meação de cônjuge em relação às ações sonegadas traz como consequência natural apenas a possibilidade de assunção da condição de acionista da companhia, posição essa que não garante a ele, por si só, direito sobre créditos da pessoa jurídica em face de terceiros. Isso porque nenhum acionista tem direito de apossamento sobre créditos pertencentes à pessoa jurídica, a serem recebidos em ação ajuizada por esta em face de terceiros. Ressalte-se que, nos termos do que dispõe o art. 109, I, da Lei 6.404/1976 (Lei das Sociedades Anônimas), o que se garante ao acionista é a participação nos lucros sociais da companhia, participação essa que ocorre com o recebimento de dividendos, quando, na forma e no percentual estabelecidos pelo estatuto da sociedade. Aponte-se, ainda, que o direito à percepção dividendos é antecedido por procedimento de relativa complexidade, o que, em princípio, impede que tal direito (o recebimento de dividendos) seja decantado de forma singela de um crédito a ser recebido pela sociedade em ação própria ajuizada contra terceiros. Por outra ótica, mesmo que se buscasse os dividendos recebidos

pelo outro ex-consorte relativamente às ações sonegadas, com mais razão o conflito não diria respeito à pessoa jurídica, que efetivamente pagara dividendos a quem figurava como acionista da companhia e não deu causa a possíveis ilegalidades – devendo eventuais prejuízos serem recompostos perante quem, eventualmente, recebeu de forma indevida os dividendos. De resto, a própria Lei das Sociedades Anônimas traz as formas de constituição de garantias incidentes sobre ações da companhia, o que, em princípio, seria suficiente ao acautelamento da eficácia da decisão proferida na sobrepartilha, que é a averbação do gravame nos livros próprios – livro "Registro de Ações Nominativas" ou nos livros da instituição financeira –, como prevê o art. 40, hipótese em que o direito de preferência sobre as ações seria oponível contra terceiros. Por outra linha de fundamentação, reconhecer a condição de acionista de ex-cônjuge, com direito a parcela das ações da companhia, e posteriormente determinar que o patrimônio da própria pessoa jurídica suporte o pagamento dos valores equivalentes ao que teria direito o acionista, implica reconhecer um direito de recesso ou retirada não previsto em lei, mediante uma espécie de dissolução parcial da sociedade, no tocante às ações sonegadas, o que contraria a própria essência das sociedades anônimas. Com efeito, a decisão que determinou à sociedade anônima o pagamento, com patrimônio próprio, dos valores a que faria jus o acionista em razão de ações de que é titular, procedeu, a toda evidência, a uma autorização de retirada ou recesso sem previsão legal, e isso tudo sem observância dos procedimentos mínimos de apuração em balanço especial e no bojo de ação na qual a pessoa jurídica não figurou como parte, circunstância que denuncia a extrapolação dos limites subjetivos da coisa julgada. **REsp 1.179.342-GO, Rel. Min. Luis Felipe Salomão, julgado em 27/5/2014. (Inform. STJ 544)**

DIREITO CIVIL, EMPRESARIAL E PROCESSUAL CIVIL. CÁLCULO DE DIVIDENDOS NO ÂMBITO DE DEMANDA DE COMPLEMENTAÇÃO DE AÇÕES RELATIVAS A CONTRATO DE PARTICIPAÇÃO FINANCEIRA. RECURSO REPETITIVO (ART. 543-C DO CPC E RES. 8/2008-STJ). No âmbito de demanda de complementação de ações relativas a contrato de participação financeira para a aquisição de linha telefônica, deve-se observar – ressalvada a manutenção de critérios diversos nas hipóteses de coisa julgada – os seguintes critérios no que diz respeito à obrigação de pagar dividendos: a) os dividendos são devidos durante todo o período em que o consumidor integrou ou deveria ter integrado os quadros societários; b) sobre o valor dos dividendos não pagos, incide correção monetária desde a data de vencimento da obrigação e juros de mora desde a citação; e, c) no caso das ações convertidas em perdas e danos, é devido o pagamento de dividendos desde a data em que as ações deveriam ter sido subscritas até a data do trânsito em julgado do processo de conhecimento, incidindo juros de mora e correção monetária segundo os critérios do item anterior. Realmente, a Lei das Sociedades por Ações (Lei 6.404/1976) assegura aos acionistas direitos essenciais, entre os quais o direito de "participar dos lucros sociais" (art. 109, I), que se dá, principalmente, na forma de distribuição de dividendos, conforme a redação do art. 202, caput, da mesma lei: "Os acionistas têm direito de receber como dividendo obrigatório, em cada exercício, a parcela dos lucros estabelecida no estatuto ou, se este for omisso, a importância determinada de acordo com as seguintes normas". Assim, havendo lucro, o titular de ações de uma S/A, especialmente o titular de ações preferenciais, tem direito ao recebimento de dividendos, salvo hipóteses excepcionais – como as previstas no art. 202, §§ 3º e 4º, da Lei 6.404/1976. Ademais, o § 3º do art. 205 da Lei 6.404/1976 estabelece que o "dividendo deverá ser pago, salvo deliberação em contrário da assembleia-geral, no prazo de 60 (sessenta) dias da data em que for declarado e, em qualquer caso, dentro do exercício social", o que implica afirmar que os dividendos são uma obrigação de dar quantia certa, de trato sucessivo (pois se repete a cada exercício), com datas de vencimento previamente estabelecidas. Desse modo, a incidência de correção monetária e juros de mora segue o mesmo critério utilizado para obrigações dessa natureza, qual seja, correção monetária desde o vencimento (art. 205, § 3º, Lei 6.404/1976) e juros de mora desde a citação (arts. 389 e 405 do CC). Quanto aos termos inicial e final da obrigação de pagar dividendos, tem-se que, conforme o art. 205, caput, da Lei 6.404/1976, os dividendos são devidos "à pessoa que, na data do ato de declaração do dividendo, estiver inscrita como proprietária ou usufrutuária da ação". Em outras palavras, os dividendos são devidos durante todo o período em que o consumidor integrou ou deveria ter integrado os quadros societários. Sendo assim, o termo inicial da obrigação de pagar os dividendos é a data em que o consumidor se tornou acionista da sociedade, ou seja, a data da subscrição das ações – que não se confunde com a data da assinatura do contrato de participação financeira. Nesse contexto, um consumidor que tivesse pagado R$ 1.000,00 por um contrato de participação financeira a ser cumprido no prazo de 12 meses poderia ter, com o fim do prazo, recebido uma linha telefônica e, por exemplo, 1.000 ações da companhia. Posteriormente, analisando-se os critérios para o cálculo do número de ações e sendo verificado que o consumidor deveria ter recebido 1.200 ações – restando, portanto, um saldo de 200 ações a serem complementadas –, teria ele direito a todos os dividendos distribuídos a partir do término do prazo de 12 meses do seu contrato (data em que todas 1.200 ações deveriam ter sido subscritas). No tocante ao termo final da obrigação de pagar dividendos, há duas situações distintas: relativamente às 1.000 ações efetivamente subscritas, a obrigação se estende até a data da alienação destas ações (com as devidas formalidades), momento em que os dividendos serão devidos ao adquirente das ações; já com relação às 200 ações a serem complementadas, a obrigação vai até a data do trânsito em julgado da ação de conhecimento, data em que, hipoteticamente, o consumidor teria deixado de ser acionista. **REsp 1.301.989-RS, Rel. Min. Paulo de Tarso Sanseverino, julgado em 12/3/2014. (Inform. STJ 538)**

DIREITO CIVIL, EMPRESARIAL E PROCESSUAL CIVIL. CRITÉRIO PARA A CONVERSÃO DA OBRIGAÇÃO DE SUBSCREVER AÇÕES EM PERDAS E DANOS. RECURSO REPETITIVO (ART. 543-C DO CPC E RES. 8/2008-STJ). No âmbito de demanda de complementação de ações relativas a contrato de participação financeira para a aquisição de linha telefônica, converte-se a obrigação de subscrever ações em perdas e danos multiplicando-se o número de ações devidas pela cotação destas no fechamento do pregão da Bolsa de Valores no dia do trânsito em julgado, com juros de mora desde a citação; ressalvada a manutenção de outros critérios definidos em título executivo ante a existência de coisa julgada. Precedentes citados: REsp 1.025.298-RS, Segunda Seção, DJe 11/2/2011; e EDcl no REsp 1.025.298-RS, Segunda Seção, DJe 1/2/2013. **REsp 1.301.989-RS, Rel. Min. Paulo de Tarso Sanseverino, julgado em 12/3/2014. (Inform. STJ 538)**

DIREITO PROCESSUAL CIVIL E EMPRESARIAL. LEGITIMIDADE ATIVA EM AÇÃO DE COMPLEMENTAÇÃO DE AÇÕES FUNDAMENTADA EM CESSÃO DE DIREITOS RELACIONADA A CONTRATO DE PARTICIPAÇÃO FINANCEIRA. RECURSO REPETITIVO (ART. 543-C DO CPC E RES. 8/2008-STJ). O cessionário de contrato de participação financeira para a aquisição de linha telefônica tem legitimidade para ajuizar ação de complementação de ações somente na hipótese em que o instrumento de cessão lhe conferir, expressa ou tacitamente, o direito à subscrição de ações, conforme apurado nas instâncias ordinárias. De fato, os contratos de participação financeira, no sistema de telefonia, continham dois objetos distintos: a habilitação de uma linha telefônica e a subscrição de ações da companhia telefônica. Desse modo, o consumidor que pretendesse transferir seus direitos a terceiros dispunha, essencialmente, de três alternativas: (a) ceder a titularidade da linha telefônica; (b) ceder a titularidade das ações que lhe foram subscritas; ou (c) ceder o direito à subscrição de ações. Na alternativa (a), o cessionário sucedia o consumidor apenas na titularidade da linha telefônica, nada lhe assistindo no que tange a ações da companhia. Na alternativa (b), o cessionário passava a titularizar as ações já efetivamente subscritas em nome do consumidor, não lhe assistindo o direito à complementação de ações. Na alternativa (c), o cessionário passava a suceder o consumidor no direito à subscrição de ações, assistindo-lhe o direito de titularizar as ações complementares, ou seja, aquelas ainda não subscritas em nome do consumidor. Nesse contexto, um consumidor que tivesse pagado R$ 1.000,00 por um contrato de participação financeira a ser cumprido no prazo de 12 meses poderia ter, com o fim do prazo, recebido uma linha telefônica e, por exemplo, 1.000 ações da companhia. Posteriormente, analisando-se os critérios para o cálculo do número de ações e sendo verificado que o consumidor deveria ter recebido 1.200 ações – restando, portanto, um saldo de 200 ações a serem complementadas –, no caso de cessão de direitos: na hipótese da alternativa (a), essas 200 ações deverão ser subscritas em nome do consumidor, pois o cessionário somente adquiriu a linha telefônica; na alternativa (b), as 200 ações também deverão ser subscritas em nome do consumidor, pois esse cedeu apenas as ações que detinha (1.000 ações), não cedeu o direito à subscrição de ações; e na alternativa (c), as 200 ações deverão ser subscritas em nome do cessionário, porque esse passou a ser titular do direito à subscrição de ações. Ante o exposto, verifica-se que o cessionário somente terá legitimidade para pleitear a complementação de ações se tiver sucedido o consumidor também no direito à subscrição de ações. Precedentes citados: REsp 453.805-RS, Segunda Seção, DJ 10/2/2003; AgRg no Ag 1.390.714-PR, Quarta Turma, DJe 25/4/2013; e AgRg nos EDcl no AgRg nos EDcl no Ag 932.217-RS, Terceira Turma, DJe 6/10/2009. **REsp 1.301.989-RS, Rel. Min. Paulo de Tarso Sanseverino, julgado em 12/3/2014.** (Inform. STJ 538)

DIREITO EMPRESARIAL. PRAZO PRESCRICIONAL PARA A COBRANÇA DE DEBÊNTURES.
Prescreve em cinco anos a pretensão de cobrança de valores relativos a debêntures. Isso porque, nessa hipótese, deve ser aplicada a regra prevista no art. 206, § 5º, I, do CC, que estabelece em cinco anos o prazo de prescrição "de cobrança de dívidas líquidas constantes de instrumento público ou particular". Ressalte-se que não cabe na hipótese, por ampliação ou analogia, sem qualquer previsão legal, aplicar às debêntures o prazo prescricional relativo às notas promissórias e às letras de câmbio, bem como o prazo prescricional para haver o pagamento de título de crédito propriamente dito. Com efeito, deve-se considerar que a interpretação das normas sobre prescrição e decadência não pode ser realizada de forma extensiva. Precedentes citados: AgRg no AREsp 94.684-DF, Primeira Turma, DJe 25/5/2012; e AgRg no REsp 1.149.542-PR, Segunda Turma, DJe 21/5/2010. **REsp 1.316.256-RJ, Rel. Min. Luis Felipe Salomão, julgado em 18/6/2013.** (Inform. STJ 526)

DIREITO EMPRESARIAL. LEGITIMIDADE DA BRASIL TELECOM S/A PARA RESPONDER PELOS ATOS PRATICADOS PELA TELESC. RECURSO REPETITIVO (ART. 543-C DO CPC E RES. 8/2008-STJ).
A Brasil Telecom S/A tem legitimidade para responder pelos atos praticados pela Telesc quanto a credores cujo título não tiver sido constituído até o ato de incorporação, independentemente de se referir a obrigações anteriores a ele. Isso porque a sucessão, por incorporação, de empresas determina a extinção da personalidade jurídica da incorporada, com a transmissão de seus direitos e obrigações à incorporadora. De fato, a incorporação, conforme o art. 227 da Lei 6.404/1976 e o art. 1.116 do CC, é a operação pela qual uma ou mais sociedades são absorvidas por outra, que lhes sucede em todos os direitos e obrigações. Por esse instituto, em linhas gerais, determinada sociedade empresarial, a incorporadora, engloba outra, a incorporada, integrando ao seu patrimônio tanto o ativo quanto o passivo da incorporada, a qual terá extinta sua personalidade jurídica, conforme se extrai dos enunciados normativos dos arts. 219 e 227, § 3º, da Lei 6.404/1976 e do art. 1.118 do CC. Dessa forma, fica claro que a incorporação caracteriza-se, essencialmente, por dois requisitos: a absorção total do patrimônio da incorporada pela incorporadora (todos os direitos e obrigações) e a extinção da personalidade jurídica da incorporada. Assim, deve-se reconhecer a legitimidade da sociedade empresária sucessora, por incorporação, para responder pelos atos da incorporada, inclusive quanto a credores cujo título não esteja constituído até o ato de incorporação, independentemente de se referir a obrigações anteriores a ele. **REsp 1.322.624-SC, Rel. Ministro Paulo de Tarso Sanseverino, julgado em 12/6/2013.** (Inform. STJ 522)

INDENIZAÇÃO. LEGALIDADE. PRIVATIZAÇÃO.
Trata-se, na espécie, de ação proposta pelo acionista minoritário (recorrido) em que se busca condenar a empresa controladora (recorrente) a indenizar a empresa controlada por supostos prejuízos que lhe teria causado quando das privatizações dos seus ativos. Preliminarmente, sustentou-se a legitimidade ativa de qualquer acionista – independentemente da natureza de suas ações – para propor ação de indenização, desde que preste caução para custas e honorários de advogados devidos no caso de a ação vir ser julgada improcedente, nos termos do art. 246, § 1º, b, da Lei n. 6.404/1976. Em relação à suposta necessidade de correção do polo passivo, esta Corte, no exame do Ag 80.928-RJ, já se manifestou no sentido da ilegitimidade da União para figurar como ré, decisão transitada em julgado. Quanto ao mérito, diante da notícia de fato novo – a incorporação da empresa controlada pela empresa controladora –, a Turma julgou improcedente a ação originária com resolução de mérito (art. 269, I, do CPC), uma vez que caracterizada a confusão entre credor e devedor, nos termos do art. 381 e seguintes do CC. Segundo se argumentou, eventuais créditos da empresa controlada (suposta credora), assim como eventuais obrigações, passaram a ser créditos ou obrigações da própria controladora. Operada a confusão entre credor e devedor, não há possibilidade jurídica para o prosseguimento da demanda. Considerou, ainda, o Min. Relator não ter ocorrido nenhum tipo de abuso de poder por parte da empresa controladora, que apenas cumpriu o determinado na Lei n. 8.031/1990, na qual, inclusive, existia autorização, como uma das formas de pagamento – das ações alienadas da empresa controlada – de títulos da dívida pública emitidos pelo Tesouro Nacional (art. 16 da referida lei). Concluiu-se, por fim, que dadas as circunstâncias dos autos, não há condenação, vencido ou vencedor. Assim, cada parte arcará com os honorários advocatícios de seus patronos e responderá por metade das custas e despesas processuais, não sendo devido o pagamento do prêmio previsto no § 2º do art. 246 da Lei n. 6.404/1976, liberando-se o levantamento da caução pela ora recorrida. **REsp 745.739-RJ, Rel. Min. Massami Uyeda, julgado em 28/8/2012.** (Inform. STJ 503)

SOCIEDADE ANÔNIMA. RESPONSABILIDADE DOS ADMINISTRADORES. CONTAS APROVADAS PELA AGO.
A aprovação das contas sem reservas pela assembleia geral ordinária (AGO), salvo se anulada, exonera os administradores e diretores de quaisquer responsabilidades (art. 134, § 3º, da Lei n. 6.404/1976 – Lei das Sociedades Anônimas). Na espécie, a empresa recorrente ajuizou ação indenizatória para obter do recorrido (diretor financeiro da empresa) reparação correspondente ao valor das operações (derivativos) que realizou sem consentimento e que geraram prejuízos em razão da disparidade cambial. Todavia, a regra do art. 134, § 3º, da lei supradita é especial em relação ao art. 159 do referido diploma legal, de modo que, no caso de aprovação de contas, não bastaria a prévia deliberação da assembleia geral para a propositura da ação de responsabilidade civil, como ocorreu na hipótese,

mas, mister, antes de tal propositura ou concomitantemente a ela, o ajuizamento da ação de anulação da assembleia que aprovou as contas da sociedade (art. 286 da mencionada lei). Salientou-se ainda que, somente após o trânsito em julgado da sentença que acolher a anulatória (pela ocorrência de erro, dolo, fraude ou simulação), será possível ajuizar a ação de responsabilidade pertinente. *In casu*, não é cabível ação de responsabilidade civil contra quem dela, por força de lei e do ato jurídico perfeito, foi exonerado. Precedentes citados: AgRg no Ag 640.050-RS, DJe 1º/6/2009; AgRg no Ag 950.104-DF, DJe 30/3/2009, e REsp 257.573-DF, DJ 25/6/2001. **REsp 1.313.725-SP, Rel. Min. Ricardo Villas Bôas Cueva, julgado em 26/6/2012. (Inform. STJ 500)**

CISÃO PARCIAL DA EMPRESA. CITAÇÃO DA SUCESSORA.
A Turma, em preliminar, aplicou os princípios da economia processual, da instrumentalidade das formas e aquele de que não há nulidade sem prejuízo, para confirmar decisão monocrática que julgou liminarmente o mérito do agravo de instrumento, com base no art. 527 do CPC, antes de intimada a parte contrária. Para o douto colegiado, não houve prejuízo para o direito de defesa da parte, haja vista ter impugnado a decisão unipessoal mediante agravo interno, devolvendo a apreciação da matéria ao tribunal *a quo*, com posterior manejo dos recursos processualmente admissíveis, até trazer a controvérsia à apreciação do STJ. No mérito, a Turma decidiu que a empresa cindenda pode ser citada para substituir a empresa parcialmente cindida na relação processual em que a vítima de acidente automobilístico pleiteia indenização por danos morais, apesar da estabilização da demanda. Para a Min. Relatora, se há sucessão das empresas, consoante dispõe a legislação societária, a sucessora não pode ser considerada, no processo, como um terceiro a quem não se estende a sentença judicial, desde que o juiz considere, analisando a situação concreta, que as obrigações em litígio estão abrangidas pelo regime de sucessão disposto na lei das sociedades anônimas. A análise da responsabilidade da sucessora pelos atos praticados pela companhia cindida é matéria que se confunde com o mérito da ação, momento em que o protocolo da operação será analisado, os bens sucedidos serão individualizados e a responsabilidade pelo acidente, definida. **REsp 1.294.960-RJ, Rel. Min. Nancy Andrighi, julgado em 17/4/2012. (Inform. STJ 495)**

4. SOCIEDADE COOPERATIVA

DIREITO CIVIL. NECESSIDADE DE RATEIO PROPORCIONAL DOS PREJUÍZOS EXPERIMENTADOS POR COOPERATIVA.
A distribuição aos cooperados dos eventuais prejuízos da cooperativa deve ocorrer de forma proporcional à fruição, por cada um deles, dos serviços prestados pela entidade, ainda que haja alteração do estatuto, por deliberação da Assembleia Geral Ordinária, determinando que a distribuição dos prejuízos seja realizada de forma igualitária. Primeiramente, não é possível o estabelecimento do critério igualitário para o rateio dos prejuízos em razão de alteração estatutária promovida por Assembleia Geral Ordinária, porquanto a alteração do estatuto social de uma cooperativa é de competência exclusiva da Assembleia Geral Extraordinária, nos termos do art. 46, I, da Lei 5.764/1971. Além disso, embora a Assembleia Geral dos associados seja, nos termos do art. 38 da Lei 5.764/1971, o órgão supremo da sociedade, as suas deliberações não podem ultrapassar os limites estatutários, muito menos os legais. Nesse contexto, não seria admitido o estabelecimento de distribuição igualitária ou linear dos prejuízos entre os cooperados, na medida em que essa deliberação seria contrária ao disposto no art. 89 da Lei 5.764/1971, segundo o qual a distribuição dos prejuízos de cooperativa deve ser realizada de forma proporcional à fruição dos serviços da cooperativa por cada cooperado. Por fim, pontue-se que a ressalva contida no art. 80, parágrafo único, da Lei 5.764/1971 trata tão somente da possibilidade de previsão em estatuto de cooperativa do rateio igualitário das despesas gerais da sociedade – as quais não se confundem com os prejuízos –, que devem ser apuradas mediante levantamento contábil separado para possibilitar o seu rateio linear se houver autorização estatutária. **REsp 1.303.150-DF, Rel. Min. Nancy Andrighi, julgado em 5/3/2013.** (Inform. STJ 520)

5. FALÊNCIA

5.1. Falência: competência jurisdicional

DIREITO EMPRESARIAL E PROCESSUAL CIVIL. JUÍZO UNIVERSAL DA FALÊNCIA. O reconhecimento, por sentença transitada em julgado, de que elidiu a falência o depósito do valor principal do título executivo extrajudicial cujo inadimplemento baseou o pedido de quebra (art. 1º, § 3º, Decreto-Lei 7.661/1995) não torna prevento o juízo para um segundo pedido de falência fundado na execução frustrada (art. 2º, I, do Decreto-Lei 7.661/1945) do título executivo advindo daquela sentença quanto aos juros e a correção monetária. O juízo da falência é indivisível porque competente para todas as ações sobre bens e interesses da massa falida, conforme enfatizava o art. 7º, § 2º, da antiga Lei Falimentar (Decreto-Lei 7.661/45), norma repetida no art. 76 da atual Lei de Recuperação de Empresas (Lei 11.101/2005). O objetivo do *vis atractiva* do juízo falimentar é submeter a universalidade dos bens do devedor comum a um regime único, evitando que apareçam duas ou mais falências paralelas em juízos diferentes, para que, assim, haja paridade no tratamento dos créditos. É necessário, portanto, que, para se instaurar o juízo universal da falência, seja efetivamente decretada a falência pelo juízo competente. Na hipótese em análise, houve reconhecimento do depósito elisivo do primitivo pedido de quebra, por sentença transitada em julgado, desaparecendo a possibilidade de decretação da falência com fundamento no título de crédito, não se tendo, por isso, instaurado o juízo universal da falência. Efetivamente, o fato de existir uma execução frustrada, advinda de um título judicial nascido de uma ação falimentar extinta pelo depósito elisivo parcial, não tem o condão de determinar a distribuição, por prevenção, de um segundo pedido de falência, pelo fato de que não mais existe a possibilidade de ocorrerem falências em juízos diferentes. **REsp 702.417-SP, Rel. Min. Raul Araújo, julgado em 11/3/2014. (Inform. STJ 539)**

FALÊNCIA. INCOMPETÊNCIA ABSOLUTA REQUERIDA COMO RELATIVA. MOMENTO OPORTUNO.
Não há nulidade na sentença declaratória de falência proferida antes de apreciada a exceção de incompetência relativa, quando, na realidade, a pretensão do excipiente era ver declarada a incompetência absoluta da Justiça comum em face do suposto interesse do Banco Central do Brasil – Bacen na lide, o que atrairia a competência da Justiça Federal. A alegação do recorrente de que o processo foi suspenso posteriormente à decisão de quebra da empresa, e não antes, no momento do recebimento da exceção, não tem o condão de macular a decisão impugnada, pois, *in casu*, a exceção de incompetência era absoluta, devendo ser requerida como preliminar da contestação nos próprios autos da ação principal, e não via exceção de incompetência, instrumento adequado para os casos de incompetência relativa, em que há a suspensão do processo, em conformidade com o art. 306 do CPC. Quanto à competência para processar e julgar o pedido de falência de empresa em liquidação extrajudicial,

ou seja, sob intervenção do Bacen, a Turma decidiu que é da Justiça estadual. Precedentes citados: REsp 931.134-MA, DJe 3/4/2009, e CC 43.128-SP, DJ 1º/2/2006. **REsp 1.162.469-PR, Rel. Min. Paulo de Tarso Sanseverino, julgado em 12/4/2012. (Inform. STJ 495)**

5.2. Falência: pressupostos, requerimento, depósito elisivo

DIREITO EMPRESARIAL. PEDIDO DE FALÊNCIA FUNDADO EM IMPONTUALIDADE INJUSTIFICADA. Em pedido de falência requerido com fundamento na impontualidade injustificada (art. 94, I, da Lei 11.101/2005), é desnecessária a demonstração da insolvência econômica do devedor, independentemente de sua condição econômica. Os dois sistemas de execução por concurso universal existentes no direito pátrio – insolvência civil e falência –, entre outras diferenças, distanciam-se um do outro no tocante à concepção do que seja estado de insolvência, necessário em ambos. O processo de insolvência civil apoia-se no pressuposto da insolvência econômica, que consiste na presença de ativo deficitário para fazer frente ao passivo do devedor, nos termos do art. 748 do CPC: "Dá-se a insolvência toda vez que as dívidas excederem à importância dos bens do devedor". O sistema falimentar, ao contrário, não tem alicerce na insolvência econômica. O pressuposto para a instauração de processo de falência é a insolvência jurídica, que é caracterizada a partir de situações objetivamente apontadas pelo ordenamento jurídico. No direito brasileiro, caracteriza a insolvência jurídica, nos termos do art. 94 da Lei 11.101/2005, a impontualidade injustificada (inciso I), execução frustrada (inciso II) e a prática de atos de falência (inciso III). Nesse sentido, a insolvência que autoriza a decretação de falência é presumida, uma vez que a lei decanta a insolvência econômica de atos caracterizadores da insolvência jurídica, pois se presume que o empresário individual ou a sociedade empresária que se encontram em uma das situações apontadas pela norma estão em estado pré-falimentar. É bem por isso que se mostra possível a decretação de falência independentemente de comprovação da insolvência econômica. **REsp 1.433.652-RJ, Rel. Min. Luis Felipe Salomão, julgado em 18/9/2014. (Inform. STJ 550)**

DIREITO EMPRESARIAL. HIPÓTESE EM QUE NÃO SE CARACTERIZA USO ABUSIVO DA VIA FALIMENTAR. Diante de depósito elisivo de falência requerida com fundamento na impontualidade injustificada do devedor (art. 94, I, da Lei 11.101/2005), admite-se, embora afastada a decretação de falência, a conversão do processo falimentar em verdadeiro rito de cobrança para apurar questões alusivas à existência e à exigibilidade da dívida cobrada, sem que isso configure utilização abusiva da via falimentar como sucedâneo de ação de cobrança/execução. Com efeito, o referido uso abusivo da via falimentar tem sido uma preocupação tanto da lei quanto da jurisprudência, ainda na vigência do Decreto-Lei 7.661/1945 (antiga Lei de Falências). De um modo geral, entendia-se que "o processo de falência não deve ser desvirtuado para servir de instrumento de coação para a cobrança de dívidas. Considerando os graves resultados que decorrem da quebra da empresa, o seu requerimento merece ser examinado com rigor formal, e afastado sempre que a pretensão do credor seja tão somente a satisfação do seu crédito" (REsp 136.565-RS, Quarta Turma, DJ 14/6/1999). Nesse particular, é de se ter em mente que, diferentemente da Lei 11.101/2005 (art. 94, I), o sistema disciplinado pelo Decreto-Lei 7.661/1945 não estabelecia valor mínimo para que o credor ajuizasse pedido de falência do devedor com base na impontualidade injustificada. Tal circunstância propiciava pedidos de falência apoiados em valores de somenos importância, sugestivos, deveras, de mera substituição do processo de execução/cobrança pelo falimentar. No sistema antigo, por não haver parâmetro legal seguro para abortar essas empreitadas, ficou a cargo da jurisprudência obstar o abuso no exercício do direito de pleitear a quebra do devedor. Porém, a anomia anterior quanto a critérios de aferição do abuso foi colmatada com a edição da Lei de Falências atual, tendo esta previsto o valor de 40 salários mínimos como piso a justificar o pedido de falência com fulcro na impontualidade injustificada. Com efeito, a questão do abuso ou da substituição da cobrança por falência há de ser vista sob o enfoque da nova Lei de Falências. Os pedidos de falência por impontualidade de dívidas aquém desse piso são legalmente considerados abusivos, e a própria lei encarrega-se de embaraçar o atalhamento processual, pois elevou tal requisito à condição de procedibilidade da falência (art. 94, I). Porém, superando-se esse valor, a ponderação legal já foi realizada segundo a ótica e prudência do legislador. Assim, não cabe ao Judiciário obstar pedidos de falência que observaram os critérios estabelecidos pela lei, a partir dos quais o legislador separou as situações já de longa data conhecidas, de uso controlado e abusivo da via falimentar. Portanto, tendo o pedido de falência sido aparelhado em impontualidade injustificada de títulos que superam o piso legal de 40 salários mínimos (art. 94, I, da Lei 11.101/2005), por absoluta presunção legal, fica afastada a alegação de atalhamento do processo de execução pela via falimentar, devendo a ação prosseguir, mesmo que seja sob o rito de mera cobrança, tendo em vista o depósito elisivo efetuado com o propósito de afastar a possibilidade de decretação da quebra (art. 98, parágrafo único). Precedente citado: REsp 604.435-SP, Terceira Turma, DJ 1º/2/2006. **REsp 1.433.652-RJ, Rel. Min. Luis Felipe Salomão, julgado em 18/9/2014. (Inform. STJ 550)**

DIREITO EMPRESARIAL. HIPÓTESES AUTÔNOMAS DE PEDIDO DE FALÊNCIA. É desnecessário o prévio ajuizamento de execução forçada para se requerer falência com fundamento na impontualidade do devedor. Isso porque o art. 94, I e II, da Lei de Falências (Lei 11.101/2005) prevê a impontualidade e a execução frustrada como hipóteses autônomas de falência, não condicionando a primeira à segunda. Precedentes citados: REsp 1.079.229-SP, Quarta Turma, DJe 12/6/2014; e AgRg no Ag 1.073.663-PR, Quarta Turma, DJe 10/2/2011. **REsp 1.354.776-MG, Min. Rel. Paulo de Tarso Sanseverino, julgado em 26/8/2014. (Inform. STJ 547)**

DIREITO EMPRESARIAL. INSTRUÇÃO DO PEDIDO DE FALÊNCIA COM DUPLICATAS VIRTUAIS. A duplicata virtual protestada por indicação é título executivo apto a instruir pedido de falência com base na impontualidade do devedor. Isso porque o art. 94, I, da Lei de Falências (Lei 11.101/2005) não estabelece nenhuma restrição quanto à cartularidade do título executivo que embasa um pedido de falência. **REsp 1.354.776-MG, Min. Rel. Paulo de Tarso Sanseverino, julgado em 26/8/2014. (Inform. STJ 547)**

Súmula STJ nº 361

A notificação do protesto, para requerimento de falência da empresa devedora, exige a identificação da pessoa que a recebeu.

Súmula STJ nº 248

Comprovada a prestação dos serviços, a duplicata não aceita, mas protestada, é título hábil para instruir pedido de falência.

Súmula STJ nº 29

No pagamento em juízo para elidir falência, são devidos correção monetária, juros e honorários de advogado.

5.3. Falência: créditos, habilitação, preferências, extraconcursais, restituição

DIREITO EMPRESARIAL. FALÊNCIA DE INCORPORADORA IMOBILIÁRIA E CLASSIFICAÇÃO DOS CRÉDITOS ORIUNDOS DE DESPESAS EFETUADAS POR ADQUIRENTE DE IMÓVEL PARA A CONCLUSÃO DE PRÉDIO RESIDENCIAL. Quando o adquirente de unidade imobiliária – em razão da impossibilidade de conclusão da edificação por parte da incorporadora responsável, ante a decretação de sua falência – tenha assumido despesas necessárias à conclusão do prédio residencial, os gastos desembolsados pelo adquirente devem ser inscritos no processo de falência da referida incorporadora como créditos quirografários. No processo falimentar, especialmente no tocante aos créditos habilitados, o princípio norteador é o da *par conditio creditorum*, na esteira do qual os credores do falido devem ser tratados em igualdade de condições, salvo se a lei expressamente dispuser de forma contrária, como ocorre com os créditos com preferências e privilégios eleitos pelo legislador como dignos de prioridade no pagamento. Neste contexto, o art. 43, III, da Lei 4.591/1964 (Lei de Incorporações Imobiliárias) preconiza que, no caso de decretação da quebra do incorporador e ante a impossibilidade de término da construção do edifício pela maioria dos adquirentes, estes se tornam credores privilegiados em relação aos valores já pagos ao incorporador pela compra do imóvel. Na hipótese em foco, o valor ora pleiteado é oriundo de mero ressarcimento dos custos das obras de finalização do empreendimento imobiliário. Assim, o crédito em análise não se encontra inserto em nenhuma das hipóteses previstas no art. 102, §§ 2º e 3º, do Decreto-Lei 7.661/1945 – que previa a classificação de créditos como privilegiados e especiais –, sendo certo, portanto, que a atribuição de privilégio previsto no art. 43, III, da Lei das Incorporações Imobiliárias refere-se, tão somente, aos créditos decorrentes das importâncias pagas ao incorporador pela aquisição das unidades autônomas, e não por despesas com construção do prédio residencial. **REsp 1.185.336-RS**, Rel. Luis Felipe Salomão, julgado em 2/9/2014. (Inform. STJ 548)

DIREITO EMPRESARIAL. EFICÁCIA DE ARREMATAÇÃO DE BEM IMÓVEL EM RELAÇÃO À MASSA FALIDA. É eficaz em relação à massa falida o ato de transferência de imóvel ocorrido em virtude de arrematação em praça pública e realizado após a decretação da falência. De fato, de acordo com o que se infere da interpretação do art. 52, *caput* e inciso VIII, do Decreto-Lei 7.661/1945 (a revogada Lei de Falências), não produz efeito em relação à massa falida a venda ou a transferência de estabelecimento comercial feita pelo devedor sem o consentimento ou pagamento de todos os credores que impossibilite a solvência do passivo – excetuada a hipótese de anuência tácita dos credores, previamente notificados do negócio. Todavia, conforme já salientado pelo STJ (REsp 1.187.706-MG, Terceira Turma, DJe 13/5/2013), o artigo em questão torna ineficaz as alienações realizadas entre particulares a partir do termo legal da falência, em face da possibilidade de fraude em relação ao patrimônio da massa falida, causando prejuízo aos seus credores (sem destaque no original). Nesse contexto, é necessário consignar que a arrematação não constitui ato cuja prática pode ser imputada à falida, pois se trata de negócio jurídico estabelecido entre o Estado e o arrematante. A doutrina atual, nesse sentido, a conceitua como sendo o negócio jurídico de direito público pelo qual o Estado, no exercício de sua soberania, transfere, ao licitante vencedor, o domínio da coisa penhorada mediante o pagamento do preço. Há, além do mais, precedente do STJ (REsp 533.108-SP, Terceira Turma, DJ 17/12/2004) no qual já se afirmou que a ineficácia prevista no art. 52, VIII, do Decreto-Lei 7.661/45 não abrange as hipóteses de arrematação de bem da falida. Além disso, o referido dispositivo legal está inserido topograficamente no Decreto-Lei 7.661/1945 na Seção que regula especificamente as hipóteses de revogação de atos praticados pelo devedor antes da falência (Seção Quinta do Título II). **REsp 1.447.271-SP**, Rel. Min. Nancy Andrighi, julgado em 22/5/2014. (Inform. STJ 543)

DIREITO PROCESSUAL CIVIL E EMPRESARIAL. CLASSIFICAÇÃO DE CRÉDITO REFERENTE A HONORÁRIOS ADVOCATÍCIOS NO PROCESSO DE FALÊNCIA. RECURSO REPETITIVO (ART. 543-C DO CPC E RES. N. 8/2008-STJ). Os créditos resultantes de honorários advocatícios, sucumbenciais ou contratuais, têm natureza alimentar e equiparam-se aos trabalhistas para efeito de habilitação em falência, seja pela regência do Decreto-lei 7.661/1945, seja pela forma prevista na Lei 11.101/2005, observado o limite de valor previsto no art. 83, I, do referido diploma legal. A questão deve ser entendida a partir da interpretação do art. 24 da Lei 8.906/1994 (EOAB), combinado com o art. 102 do Decreto-lei 7.661/1945, dispositivo este cuja regra foi essencialmente mantida pelo art. 83 da Lei 11.101/2005 no que concerne à posição dos créditos trabalhistas e daqueles com privilégio geral e especial. Da interpretação desses dispositivos, entende-se que os créditos decorrentes de honorários advocatícios, contratuais ou sucumbenciais, equiparam-se a créditos trabalhistas para habilitação em processo falimentar. Vale destacar que, por força da equiparação, haverá o limite de valor para o recebimento – tal como ocorre com os credores trabalhistas –, na forma preconizada pelo art. 83, I, da Lei de Recuperação Judicial e Falência. Esse fator inibe qualquer possibilidade de o crédito de honorários obter mais privilégio que o trabalhista, afastando também suposta alegação de prejuízo aos direitos dos obreiros. Precedentes citados do STJ: REsp 988.126-SP, Terceira Turma, DJe 6/5/2010; e REsp 793.245-MG, Terceira Turma, DJ 16/4/2007. **REsp 1.152.218-RS**, Rel. Min. Luis Felipe Salomão, julgado em 7/5/2014. (Inform. STJ 540)

DIREITO PROCESSUAL CIVIL E EMPRESARIAL. CLASSIFICAÇÃO DE CRÉDITO REFERENTE A HONORÁRIOS ADVOCATÍCIOS POR SERVIÇOS PRESTADOS À MASSA FALIDA. RECURSO REPETITIVO (ART. 543-C DO CPC E RES. N. 8/2008-STJ). São créditos extraconcursais os honorários de advogado resultantes de trabalhos prestados à massa falida, depois do decreto de falência, nos termos dos arts. 84 e 149 da Lei 11.101/2005. De início, cumpre ressaltar que os credores da falida não se confundem com os credores da massa falida. Os credores da falida são titulares de valores de origem anterior à quebra, que devem ser habilitados no quadro geral de créditos concursais pela regência da nova lei (art. 83 da Lei 11.101/2005). As dívidas da massa falida, por sua vez, são créditos relacionados ao próprio processo de falência, nascidos, portanto, depois da quebra, e pelo atual sistema legal devem ser pagos antes dos créditos concursais (art. 84 da Lei 11.101/2005), com exceção dos créditos trabalhistas de natureza estritamente salarial vencidos nos três meses anteriores à decretação da falência, que serão pagos tão logo haja disponibilidade em caixa (art. 151 da Lei 11.101/2005). Em outras palavras, os serviços prestados à massa falida após a decretação da falência são créditos extraconcursais (arts. 84 e 149 da Lei 11.101/2005), que devem ser satisfeitos antes, inclusive, dos trabalhistas, à exceção do que dispõe o art. 151. **REsp 1.152.218-RS**, Rel. Min. Luis Felipe Salomão, julgado em 7/5/2014. (Inform. STJ 540)

DIREITO EMPRESARIAL. COMPENSAÇÃO NO PROCESSO FALIMENTAR. Os valores a serem restituídos à massa falida decorrentes da procedência de ação revocatória não podem ser compensados com eventual crédito habilitado no processo de falência pelo réu condenado. Isso porque à ação revocatória subjaz uma situação de ilegalidade preestabelecida em prejuízo da coletividade de credores, ilegalidade que não pode beneficiar quem a praticou, viabilizando satisfação expedita de seus créditos. Nessa ordem de ideias, a ação revocatória, de eficaz instrumento vocacionado à restituição de bens que escoaram fraudulentamente do patrimônio da falida, tornar-se-ia engenhosa ferramenta de lavagem de capitais recebidos em desconformidade com a par conditio creditorum. Ademais, a doutrina vem apregoando que as hipóteses legais que impedem a compensação do crédito perante a massa não estão listadas exaustivamente no art. 46 do Decreto-Lei n. 7.661/1945 (correspondente, em parte, ao art. 122 da Lei n. 11.101/2005). Aplicam-se também ao direito falimentar as hipóteses que vedam a compensação previstas no direito comum, como aquelas previstas nos arts. De 1.015 a 1.024 do CC de 1916, entre as quais se destaca a compensação realizada em prejuízo de direitos de terceiros (art. 1.024). REsp 1.121.199-SP, Rel. originário Min. Raul Araújo, Rel. para acórdão Min. Luis Felipe Salomão, julgado em 10/9/2013. (Inform. STJ 531)

DIREITO EMPRESARIAL E PROCESSUAL CIVIL. CUSTAS JUDICIAIS NAS HABILITAÇÕES RETARDATÁRIAS DE CRÉDITO.
Nas falências regidas pelo Decreto-Lei 7.661/1945, a habilitação retardatária de crédito enseja o pagamento de custas judiciais. Embora os arts. 82 e 98 do Decreto-Lei 7.661/1945, que tratavam da habilitação de crédito, não fizessem menção expressa ao recolhimento de custas processuais nas habilitações retardatárias, o art. 23 do referido diploma legal estabelecia que, em algumas situações, haveria a necessidade de seu recolhimento. Desse modo, enquanto a habilitação de crédito formulada no prazo do edital de convocação de credores é mero incidente processual – o que acarreta a isenção de custas –, a habilitação tardia do crédito constitui procedimento autônomo, que acarreta a movimentação de toda a máquina judiciária para seu processamento e para sua análise, ensejando, assim, o pagamento de custas judiciais. Confirmando esse entendimento, a Lei 11.101/2005, em seu art. 10, § 3º, prevê que os credores retardatários ficarão sujeitos ao pagamento de custas. Isso ocorre porque são eles que dão causa às despesas, com a efetivação dos atos processuais da habilitação. REsp 512.406-SP, Rel. Min. Raul Araújo, julgado em 27/8/2013. (Inform. STJ 528)

DIREITO EMPRESARIAL. LEGITIMIDADE PARA A PROPOSITURA DE AÇÃO DE NULIDADE DE NEGÓCIO JURÍDICO EFETIVADO PELA SOCIEDADE EMPRESARIAL FALIDA.
O ajuizamento de típica ação revocatória pelo síndico no âmbito de procedimento falencial regido pelo Decreto-Lei n. 7.661/1945 não retira a legitimidade de qualquer credor habilitado para a propositura de ação com pedido de reconhecimento de nulidade de negócio jurídico envolvendo bem de sociedade empresarial falida. Cuidando-se de ações distintas, não é aplicável à ação de nulidade o regramento da ação revocatória estabelecido pelo art. 55 do Decreto-Lei n. 7.661/1945, cujo teor confere legitimidade apenas subsidiária aos credores em relação ao síndico da massa. Desse modo, qualquer credor, por força do disposto no art. 30, II, do Decreto-Lei n. 7.661/1945, é, em princípio, parte legítima para a propositura da ação anulatória. **REsp 1.353.864-GO, Rel. Min. Sidnei Beneti, julgado em 7/3/2013.** (Inform. STJ 517).

DIREITO EMPRESARIAL. INAPLICABILIDADE DO PRAZO PREVISTO NO ART. 56, § 1º, DO DECRETO-LEI N. 7.661/1945 À AÇÃO ANULATÓRIA DE NEGÓCIO JURÍDICO REALIZADO POR SOCIEDADE EMPRESARIAL FALIDA.
O direito de credor habilitado da massa falida de anular, mediante ação anulatória, negócio jurídico realizado pela sociedade empresarial falida não está sujeito ao prazo decadencial de um ano. Efetivamente, a referida ação não se confunde com a típica ação revocatória, de modo que não lhe é aplicável o prazo previsto no art. 56, § 1º, do Decreto-Lei n. 7.661/1945. **REsp 1.353.864-GO, Rel. Min. Sidnei Beneti, julgado em 7/3/2013.** (Inform. STJ 517).

DIREITO EMPRESARIAL. POSSIBILIDADE DE INCLUSÃO DE MULTA MORATÓRIA DE NATUREZA TRIBUTÁRIA NA CLASSIFICAÇÃO DOS CRÉDITOS DE FALÊNCIA DECRETADA NA VIGÊNCIA DA LEI N. 11.101/2005.
É possível a inclusão de multa moratória de natureza tributária na classificação dos créditos de falência decretada na vigência da Lei n. 11.101/2005, ainda que a multa seja referente a créditos tributários anteriores à vigência da lei mencionada. No regime do Decreto-Lei n. 7.661/1945, impedia-se a cobrança da multa moratória da massa falida, tendo em vista a regra prevista em seu art. 23, parágrafo único, III, bem como o entendimento consolidado nas Súmulas 192 e 565 do STF. Com a vigência da Lei n. 11.101/2005, tornou-se possível a cobrança da multa moratória de natureza tributária da massa falida, pois o art. 83, VII, da aludida lei preceitua que "as multas contratuais e as penas pecuniárias por infração das leis penais ou administrativas, inclusive as multas tributárias" sejam incluídas na classificação dos créditos na falência. Além disso, deve-se observar que a Lei n. 11.101/2005 é aplicável às falências decretadas após a sua vigência, em consideração ao disposto em seu art. 192. **REsp 1.223.792-MS, Rel. Min. Mauro Campbell Marques, julgado em 19/2/2013.** (Inform. STJ 515).

DIREITO EMPRESARIAL E PROCESSUAL CIVIL. LEGITIMIDADE ATIVA. IMPOSSIBILIDADE DE A SOCIEDADE FALIDA AJUIZAR AÇÃO COM O OBJETIVO DE RECEBER VALOR QUE DEVERIA TER SIDO EXIGIDO PELA MASSA FALIDA.
A sociedade empresária falida não tem legitimidade para o ajuizamento de ação cujo objetivo seja o recebimento de valor que, segundo alega, deveria ter sido exigido pela massa falida, mas não o foi. Decretada sua falência, a sociedade não mais possui personalidade jurídica e não pode postular, em nome próprio, representada por um de seus sócios, direitos da massa falida, nem mesmo em caráter extraordinário. Somente a massa falida, por seu representante legal, que é o síndico (administrador), tem legitimidade para postular em juízo buscando assegurar seus próprios direitos. É certo que se assegura à sociedade falida o direito de fiscalizar a administração da massa; todavia, mesmo nessa hipótese, a falida somente poderá intervir na condição de assistente, mas nunca como autora. **REsp 1.330.167-SP, Rel. Min. Sidnei Beneti, julgado em 5/2/2013.** (Inform. STJ 513).

Súmula STF nº 565

A multa fiscal moratória constitui pena administrativa, não se incluindo no crédito habilitado em falência. *(Comentário: atualmente, o art. 83, VII, da Lei 11.101/2005 prevê as multas tributárias como créditos oponíveis à massa. Ademais, a habilitação do crédito tributário no processo de falência é uma prerrogativa do fisco – ver Informativo STJ 389 – REsp 1.103.405/MG)*

Súmula STF nº 495

A restituição em dinheiro da coisa vendida a crédito, entregue nos quinze dias anteriores ao pedido de falência ou de concordata, cabe, quando, ainda que consumida ou transformada, não faça o devedor prova de haver sido alienada a terceiro. *(Comentário: lembre-se que a legislação atual não prevê concordata, mas apenas recuperação judicial ou extrajudicial)*

Súmula STF nº 417

Pode ser objeto de restituição, na falência, dinheiro em poder do falido, recebido em nome de outrem, ou do qual, por Lei ou contrato, não tivesse ele a disponibilidade.

Súmula STF nº 192

Não se inclui no crédito habilitado em falência a multa fiscal com efeito de pena administrativa. *(Comentário: atualmente, o art. 83, VII, da Lei 11.101/2005 prevê as multas tributárias como créditos oponíveis à massa. Ademais, a habilitação do crédito tributário no processo de falência é uma prerrogativa do fisco – ver Informativo STJ 389 – REsp 1.103.405/MG)*

Súmula STJ nº 307
A restituição de adiantamento de contrato de câmbio, na falência, deve ser atendida antes de qualquer crédito.

Súmula STJ nº 219
Os créditos decorrentes de serviços prestados à massa falida, inclusive a remuneração do síndico, gozam dos privilégios próprios dos trabalhistas. *(Comentário: ver art. 84 da Lei 11.101/2005 – créditos extraconcursais)*

Súmula STJ nº 36
A correção monetária integra o valor da restituição, em caso de adiantamento de câmbio, requerida em concordata ou falência.

5.4. Falência: processo

DIREITO EMPRESARIAL. LEGITIMIDADE PARA A PROPOSITURA DE AÇÃO DE NULIDADE DE NEGÓCIO JURÍDICO EFETIVADO PELA SOCIEDADE EMPRESARIAL FALIDA.
O ajuizamento de típica ação revocatória pelo síndico no âmbito de procedimento falencial regido pelo Decreto-Lei n. 7.661/1945 não retira a legitimidade de qualquer credor habilitado para a propositura de ação com pedido de reconhecimento de nulidade de negócio jurídico envolvendo bem de sociedade empresarial falida. Cuidando-se de ações distintas, não é aplicável à ação de nulidade o regramento da ação revocatória estabelecido pelo art. 55 do Decreto-Lei n. 7.661/1945, cujo teor confere legitimidade apenas subsidiária aos credores em relação ao síndico da massa. Desse modo, qualquer credor, por força do disposto art. 30, II, do Decreto-Lei n. 7.661/1945, é, em princípio, parte legítima para a propositura da ação anulatória. **REsp 1.353.864-GO, Rel. Min. Sidnei Beneti, julgado em 7/3/2013.** (Inform. STJ 517).

DIREITO EMPRESARIAL. INAPLICABILIDADE DO PRAZO PREVISTO NO ART. 56, § 1º, DO DECRETO-LEI N. 7.661/1945 À AÇÃO ANULATÓRIA DE NEGÓCIO JURÍDICO REALIZADO POR SOCIEDADE EMPRESARIAL FALIDA.
O direito de credor habilitado da massa falida de anular, mediante ação anulatória, negócio jurídico realizado pela sociedade empresarial falida não está sujeito ao prazo decadencial de um ano. Efetivamente, a referida ação não se confunde com a típica ação revocatória, de modo que não lhe é aplicável o prazo previsto no art. 56, § 1º, do Decreto-Lei n. 7.661/1945. **REsp 1.353.864-GO, Rel. Min. Sidnei Beneti, julgado em 7/3/2013.** (Inform. STJ 517).

DIREITO EMPRESARIAL E PROCESSUAL CIVIL. IMPOSSIBILIDADE DE SUSTENTAÇÃO ORAL NO JULGAMENTO DE AGRAVO DE INSTRUMENTO OCORRIDO APÓS A REVOGAÇÃO DO § 1º DO ART. 207 DO DEC.-LEI 7.661/1945, NO CASO DE FALÊNCIA DECRETADA ANTES DA VIGÊNCIA DA LEI 11.101/2005.
No caso de falência decretada antes do início da vigência da Lei n. 11.101/2005, não é possível a realização de sustentação oral no agravo de instrumento se, na data da sessão de julgamento, já não mais vigorava o § 1º do art. 207 do Decreto-lei n. 7.661/1945, revogado pela Lei n. 6.014/1973. A falência decretada antes da entrada em vigor da Lei n. 11.101/2005 deve seguir as regras contidas no Decreto-lei n. 7.661/1945. A Lei n. 6.014/1973 excluiu o § 1º do art. 207 do referido decreto-lei, eliminando a possibilidade de sustentação oral no julgamento do agravo de instrumento em processo falimentar e determinando que, em tais processos, os procedimentos e os prazos do agravo de instrumento deveriam observar as normas contidas no CPC. Assim, se, na data da sessão de julgamento, já não mais vigorava o § 1º do art. 207 do Decreto-lei n. 7.661/1945, devem ser aplicadas, subsidiariamente, as normas do CPC, que não autorizam a realização de sustentação oral em agravo de instrumento. **AgRg no REsp 1.229.579-MG, Rel. Min. Raul Araújo, julgado em 18/12/2012.** (Inform. STJ 513).

PROCESSO FALIMENTAR. SUCUMBÊNCIA DE CREDOR HABILITANTE. ASSISTÊNCIA LITISCONSORCIAL. HONORÁRIOS ADVOCATÍCIOS.
Na espécie, a *quaestio juris* está em saber se cabem honorários advocatícios sucumbenciais em favor do falido no caso de habilitação parcial de crédito em processo falimentar regido pela revogada Lei de Falências (Dec.-lei n. 7.661/1945). Como consabido, no processo falimentar, o falido exerce, a um só tempo, dever de auxílio e também direito de fiscalizar a administração da massa, podendo, no último caso, intervir como assistente nos feitos em que a massa seja parte ou interessada (art. 36 do mencionado decreto). Portanto, é a própria Lei de Falências revogada que delineia a atuação do falido no processo falimentar, franqueando-lhe a possibilidade de, como assistente, pleitear providências necessárias à conservação dos seus direitos (Lei n. 11.101/2005, arts. 103 e 104). *In casu*, o falido defende interesse próprio em controvérsia instalada em habilitação de crédito incidental à falência, portanto sua posição se assemelha à de assistente litisconsorcial. Trata-se de uma espécie de assistência litisconsorcial *sui generis* porque, muito embora a massa falida subjetiva seja a comunhão de interesses dos credores, representada pelo síndico/administrador, em não raras vezes os interesses da coletividade altercam-se com os interesses individuais do falido, hipóteses em que não se pode falar que ele mantém relação de auxílio com a massa. Assim, aplica-se a regra do art. 52 do CPC, em que o assistente sujeita-se aos mesmos ônus processuais que o assistido, não lhe podendo ser negados, em contrapartida, os consectários benéficos de sua atuação. Ademais, sendo o assistente qualificado (ou litisconsorcial) considerado verdadeiro litisconsorte (art. 54 do CPC), as regras da assistência aplicáveis devem ser as mesmas destinadas às partes principais, mormente a que enuncia que, concorrendo diversos autores ou diversos réus, os vencidos respondem pelas despesas e honorários em proporção (art. 23 do CPC). Dessa forma, uma vez reconhecida a sucumbência exclusiva do credor habilitante em decisão transitada em julgado, impende o arbitramento de honorários em favor do advogado do falido, a teor do § 4º do art. 20 do CPC, além do fato de ter ele impugnado, de forma substancial, os créditos cuja habilitação se pleiteava. Precedente citado: REsp 443.867-RS, DJ 17/2/2003. **REsp 1.003.359-RS, Rel. Min. Luis Felipe Salomão, julgado em 6/9/2012.** (Inform. STJ 503)

Súmula STF nº 265
Na apuração de haveres não prevalece o balanço não aprovado pelo sócio falecido, excluído ou que se retirou.

Súmula STJ nº 88
São admissíveis embargos infringentes em processo falimentar.

Súmula STJ nº 25
Nas ações da lei de falências o prazo para a interposição de recurso conta-se da intimação da parte.

5.5. Falência: outros temas

DIREITO EMPRESARIAL. SUSPENSÃO DA FLUÊNCIA DE JUROS LEGAIS E CONTRATUAIS EM LIQUIDAÇÃO EXTRAJUDICIAL. Após a decretação da liquidação extrajudicial de instituição financeira, os juros contra a massa liquidanda, sejam eles legais ou contratuais, terão sua fluência ou contagem suspensa enquanto o passivo não for integralmente pago aos credores habilitados, devendo esses juros serem computados e pagos apenas após a satisfação integral do passivo se houver ativo que os suporte, observando-se a ordem do quadro geral de credores. De fato, a regra legal segundo a qual a decretação da liquidação extrajudicial produzirá, de imediato, a não fluência de juros (art. 18, d, da Lei 6.024/1974) não discrimina a natureza destes, se remuneratórios, moratórios ou legais. A respeito dessa discriminação, deve-se dizer que se trata de tipificação abrangente, na medida em que visa à preservação do ativo para pagamento da massa, por presumir, com caráter relativo, que o ativo não é suficiente para o pagamento de todos os credores. Dessa forma, na liquidação extrajudicial, os juros, sejam eles legais ou contratuais, têm sua fluência suspensa por força do art. 18, d, da Lei 6.024/1974, a exemplo do que ocorre durante o processamento da falência (art. 124 da Lei 11.101/2005, que, de forma expressa, prevê a inexigibilidade dos juros "previstos em lei ou em contrato" que tenham vencido após a decretação da falência, condicionada à ausência de ativo para o pagamento dos credores). **REsp 1.102.850-PE**, Rel. Min. Maria Isabel Gallotti, julgado em 4/11/2014. (Inform. STJ 551)

Súmula STJ nº 305

É descabida a prisão civil do depositário quando, decretada a falência da empresa, sobrevém a arrecadação do bem pelo síndico.

6. RECUPERAÇÃO JUDICIAL E EXTRAJUDICIAL

DIREITO EMPRESARIAL E PROCESSUAL CIVIL. INCOMPETÊNCIA DO JUÍZO UNIVERSAL PARA JULGAR AÇÃO DE DESPEJO MOVIDA CONTRA SOCIEDADE EMPRESÁRIA EM RECUPERAÇÃO JUDICIAL. Não se submete à competência do juízo universal da recuperação judicial a ação de despejo movida, com base na Lei 8.245/1991 (Lei do Inquilinato), pelo proprietário locador para obter, unicamente, a retomada da posse direta do imóvel locado à sociedade empresária em recuperação. A Lei da Recuperação Judicial (Lei 11.101/2005) não prevê exceção que ampare o locatário que tenha obtido o deferimento de recuperação judicial, estabelecendo, ao contrário, que o credor proprietário de bem imóvel, quanto à retomada do bem, não se submete aos efeitos da recuperação judicial (art. 49, § 3º, da Lei 11.101/2005). Na espécie, tratando-se de credor titular da posição de proprietário, prevalecem os direitos de propriedade sobre a coisa, sendo inaplicável à hipótese de despejo a exceção prevista no § 3º, in fine, do art. 49 da Lei 11.101/2005 – que não permite, durante o prazo de suspensão a que se refere o § 4º do art. 6º da referida lei, a venda ou a retirada do estabelecimento do devedor dos bens de capital essenciais a sua atividade empresarial –, pois, no despejo, regido por legislação especial, tem-se a retomada do imóvel locado, e não se trata de venda ou mera retirada do estabelecimento do devedor de bem essencial a sua atividade empresarial. Nesse sentido, a melhor interpretação a ser conferida aos arts. 6º e 49 da Lei 11.101/2005 é a de que, em regra, apenas os credores de quantia líquida se submetem ao juízo da recuperação, com exclusão, dentre outros, do titular do direito de propriedade. Portanto, conclui-se que a efetivação da ordem do despejo não se submete à competência do Juízo universal da recuperação, não se confundindo com eventual execução de valores devidos pelo locatário relativos a aluguéis e consectários, legais e processuais, ainda que tal pretensão esteja cumulada na ação de despejo. Precedente citado: AgRg no CC 103.012-GO, Segunda Seção, DJe de 24/6/2010. **CC 123.116-SP**, Rel. Min. Raul Araújo, julgado em 14/8/2014. (Inform. STJ 551)

DIREITO EMPRESARIAL. NÃO SUBMISSÃO DE CRÉDITO GARANTIDO POR ALIENAÇÃO FIDUCIÁRIA AOS EFEITOS DE RECUPERAÇÃO JUDICIAL. Não se submetem aos efeitos da recuperação judicial os créditos garantidos por alienação fiduciária de bem não essencial à atividade empresarial. O art. 49, caput, da Lei 11.101/2005 estabelece que estão sujeitos à recuperação judicial todos os créditos existentes na data do pedido, ainda que não vencidos. Por sua vez, o § 3º do mesmo artigo prevê hipóteses em que os créditos não se submeterão aos efeitos da recuperação judicial, entre eles, os créditos garantidos por alienação fiduciária. A jurisprudência do STJ, no entanto, tendo por base a limitação prevista na parte final do § 3º do art. 49 – que impede a venda ou a retirada do estabelecimento do devedor dos bens de capital essenciais à sua atividade empresarial – e inspirada no princípio da preservação da empresa, tem estabelecido hipóteses em que se abre exceção à regra da não submissão do crédito garantido por alienação fiduciária ao procedimento da recuperação judicial. De acordo com a linha seguida pelo STJ, a exceção somente é aplicada a casos que revelam peculiaridades que recomendem tratamento diferenciado visando à preservação da atividade empresarial, como, por exemplo, no caso em que o bem dado em alienação fiduciária componha o estoque da sociedade, ou no caso de o bem alienado ser o imóvel no qual se situa a sede da empresa. Em suma, justifica-se a exceção quando se verificar, pelos elementos constantes dos autos, que a retirada dos bens prejudique de alguma forma a atividade produtiva da sociedade. Caso contrário, isto é, inexistente qualquer peculiaridade que justifique excepcionar a regra legal do art. 49, § 3º, deve prevalecer a regra de não submissão, excluindo-se dos efeitos da recuperação judicial os créditos de titularidade da interessada que possuem garantia de alienação fiduciária. **CC 131.656-PE**, Rel. Min. Maria Isabel Gallotti, julgado em 8/10/2014. (Inform. STJ 550)

DIREITO EMPRESARIAL. CONTROLE JUDICIAL DO PLANO DE RECUPERAÇÃO JUDICIAL. Cumpridas as exigências legais, o juiz deve conceder a recuperação judicial do devedor cujo plano tenha sido aprovado em assembleia (art. 58, caput, da Lei 11.101/2005), não lhe sendo dado se imiscuir no aspecto da viabilidade econômica da empresa. De fato, um vértice sobre o qual se apoia a referida lei é, realmente, a viabilidade econômica da empresa, exigindo-se expressamente que o plano de recuperação contenha demonstrativo nesse sentido (art. 53, II). No entanto, se é verdade que a intervenção judicial no quadrante mercadológico de uma empresa em crise visa tutelar interesses públicos relacionados à sua função social e à manutenção da fonte produtiva e dos postos de trabalho, não é menos certo que a recuperação judicial, com a aprovação do plano, desenvolve-se essencialmente como uma nova relação negocial estabelecida entre o devedor e os credores reunidos em assembleia. Realmente, existe previsão legal para o magistrado conceder, manu militari, a recuperação judicial contra decisão assemblear – cram down (art. 58, § 1º) –, mas não o inverso, porquanto isso geraria exatamente o fechamento da empresa, com a decretação da falência (art. 56, § 4º), solução que se posiciona exatamente na contramão do propósito declarado da lei. Ademais, o magistrado não é a pessoa mais indicada para aferir a viabilidade econômica de planos de recuperação judicial, sobretudo daqueles que já passaram pelo crivo positivo dos credores em assembleia, haja vista que as projeções de sucesso da empreitada e os diversos graus de tolerância obrigacional recíproca estabelecida entre credores e devedor não são questões propriamente jurídicas, devendo, pois, acomodar-se na seara negocial da recuperação judicial. Assim, o magistrado deve exercer o controle de legalidade do plano de recuperação – no que se insere o repúdio à fraude e ao abuso de direito –, mas não o controle de sua viabilidade econômica. Nesse sentido, na I Jornada de Direito Comercial CJF/STJ, foram aprovados os Enunciados 44 e 46, que refletem com precisão esse entendimento: 44: "A homologação de plano de recuperação judicial aprovado pelos credores está sujeita ao controle de legalidade"; e 46: "Não compete ao juiz deixar de conceder a recuperação judicial ou de homologar a extrajudicial com fundamento na análise econômico-financeira do plano de recuperação aprovado pelos credores". **REsp 1.359.311-SP**, Rel. Min. Luis Felipe Salomão, julgado em 9/9/2014. (Inform. STJ 549)

DIREITO EMPRESARIAL. CRÉDITOS EXTRACONCURSAIS E DEFERIMENTO DO PROCESSAMENTO DE RECUPERAÇÃO JUDICIAL. São extraconcursais os créditos originários de negócios jurídicos realizados após a data em que foi deferido o pedido de processamento de recuperação judicial. Inicialmente, impõe-se assentar como premissa que o ato deflagrador da propagação dos principais efeitos da recuperação judicial é a decisão que defere o pedido de seu processamento. Importa ressaltar, ainda, que o ato que defere o pedido de processamento da recuperação é responsável por conferir publicidade à situação de crise econômico-financeira da sociedade, a qual, sob a perspectiva de fornecedores e de clientes, potencializa o risco de se manter relações jurídicas com a pessoa em recuperação. Esse incremento de risco associa-se aos negócios a serem realizados com o devedor em crise, fragilizando a atividade produtiva em razão da elevação dos custos e do afastamento de fornecedores, ocasionando, assim, perda de competitividade. Por vislumbrar a formação desse quadro e com o escopo de assegurar mecanismos de proteção àqueles que negociarem com a sociedade em crise durante o período de recuperação judicial, o art. 67 da Lei 11.101/2005 estatuiu que "os créditos decorrentes de obrigações contraídas pelo devedor durante a recuperação judicial [...] serão considerados extraconcursais [...] em caso de decretação de falência". Em semelhante perspectiva, o art. 84, V, do mesmo diploma legal dispõe que "serão considerados créditos extraconcursais [...] os relativos a [...] obrigações resultantes de atos jurídicos válidos praticados durante a recuperação judicial". Desse modo, afigura-se razoável concluir que conferir precedência na ordem de pagamentos na hipótese de quebra do devedor foi a maneira encontrada pelo legislador para compensar aqueles que participem ativamente do processo de soerguimento da empresa. Não se pode perder de vista que viabilizar a superação da situação de crise econômico-financeira da sociedade devedora – objetivo do instituto da recuperação judicial – é pré-condição necessária para promoção do princípio maior da Lei 11.101/2005 consagrado em seu art. 47: o de preservação da empresa e de sua função social. Nessa medida, a interpretação sistemática das normas insertas na Lei 11.101/2005 (arts. 52, 47, 67 e 84) autorizam a conclusão de que a sociedade empresária deve ser considerada "em recuperação judicial" a partir do momento em que obtém o deferimento do pedido de seu processamento. **REsp 1.398.092-SC**, Rel. Min. Nancy Andrighi, julgado em 6/5/2014. (Inform. STJ 543)

DIREITO EMPRESARIAL E PROCESSUAL CIVIL. REPERCUSSÃO DA HOMOLOGAÇÃO DE PLANO DE RECUPERAÇÃO JUDICIAL. A homologação do plano de recuperação judicial da devedora principal não implica extinção de execução de título extrajudicial ajuizada em face de sócio coobrigado. Com efeito, a novação disciplinada na Lei 11.101/2005 é muito diversa da novação prevista na lei civil. Se a novação civil faz, como regra, extinguir as garantias da dívida, inclusive as reais prestadas por terceiros estranhos ao pacto (art. 364 do CC), a novação decorrente do plano de recuperação judicial traz, como regra, a manutenção das garantias (art. 59, caput, da Lei 11.101/2005), sobretudo as reais, que só serão suprimidas ou substituídas "mediante aprovação expressa do credor titular da respectiva garantia" por ocasião da alienação do bem gravado (art. 50, § 1º, da Lei 11.101/2005). Além disso, a novação específica da recuperação judicial desfaz-se na hipótese de falência, quando então os "credores terão reconstituídos seus direitos e garantias nas condições originalmente contratadas" (art. 61, § 2º, da Lei 11.101/2005). O plano de recuperação judicial opera, portanto, uma novação sui generis e sempre sujeita a uma condição resolutiva, que é o eventual descumprimento do que ficou acertado no plano. Dessa forma, embora o plano de recuperação judicial opere novação das dívidas a ele submetidas, as garantias reais ou fidejussórias são, em regra, preservadas, circunstância que possibilita ao credor exercer seus direitos contra terceiros garantidores e impõe a manutenção das ações e execuções aforadas em face de fiadores, avalistas ou coobrigados em geral. Ressalte-se, ainda, que não haveria lógica no sistema se a conservação dos direitos e privilégios dos credores contra coobrigados, fiadores e obrigados de regresso (art. 49, § 1º, da Lei 11.101/2005) dissesse respeito apenas ao interregno temporal entre o deferimento da recuperação e a aprovação do plano, cessando esses direitos após a concessão definitiva com a homologação judicial. **REsp 1.326.888-RS**, Rel. Min. Luis Felipe Salomão, julgado em 8/4/2014. (Inform. STJ 540)

DIREITO EMPRESARIAL. SUJEIÇÃO DE CRÉDITO DERIVADO DE HONORÁRIOS ADVOCATÍCIOS SUCUMBENCIAIS À RECUPERAÇÃO JUDICIAL.
Os créditos derivados de honorários advocatícios sucumbenciais estão sujeitos aos efeitos da recuperação judicial, mesmo que decorrentes de condenação proferida após o pedido de recuperação. De fato, essa verba não pode ser considerada como "créditos existentes à data do pedido de recuperação judicial" (art. 49 da Lei 11.101/2005) na hipótese que tenha nascido de sentença prolatada em momento posterior ao pedido de recuperação. Essa circunstância, todavia, não é suficiente para excluí-la, automaticamente, das consequências da recuperação judicial. Cabe registrar que possuem natureza alimentar os honorários advocatícios, tanto os contratualmente pactuados como os de sucumbência. Desse modo, tanto honorários advocatícios quanto créditos de origem trabalhista constituem verbas que ostentam natureza alimentar. Como consequência dessa afinidade ontológica, impõe-se dispensar-lhes, na espécie, tratamento isonômico, de modo que aqueles devem seguir – na ausência de disposição legal específica – os ditames aplicáveis às quantias devidas em virtude da relação de trabalho. Assim, em relação à ordem de classificação dos créditos em processos de execução concursal, os honorários advocatícios têm tratamento análogo àquele dispensado aos créditos trabalhistas. É necessário ressaltar que os créditos trabalhistas estão submetidos aos efeitos da recuperação judicial, ainda que reconhecidos em juízo posteriormente ao seu processamento. Dessa forma, a natureza comum de ambos os créditos – honorários advocatícios de sucumbência e verbas trabalhistas – autoriza que sejam regidos, para efeitos de sujeição à recuperação judicial, da mesma forma. Sabe-se que o art. 24 do Estatuto da Advocacia (Lei 8.906/1994) prevê a necessidade de habilitação dos créditos decorrentes de honorários quando se constatar a ocorrência de "concurso de credores, falência, liquidação extrajudicial, concordata ou insolvência civil". É importante ressaltar que o Estatuto da Advocacia (Lei 8.906/1994) é anterior à publicação da Lei de Recuperação Judicial e Falência (Lei 11.101/2005), de modo que, por imperativo lógico, não se poderia exigir que vislumbrasse nas hipóteses de concessão de recuperação judicial. **REsp 1.377.764-MS**, Rel. Min. Nancy Andrighi, julgado em 20/8/2013. (Inform. STJ 531)

DIREITO EMPRESARIAL. NÃO SUJEIÇÃO DO CRÉDITO GARANTIDO POR CESSÃO FIDUCIÁRIA DE DIREITO CREDITÓRIO AO PROCESSO DE RECUPERAÇÃO JUDICIAL.
O crédito garantido por cessão fiduciária de direito creditório não se sujeita aos efeitos da recuperação judicial, nos termos do art. 49, § 3º, da Lei n. 11.101/2005. Conforme o referido dispositivo legal, os créditos decorrentes da propriedade fiduciária de bens móveis e imóveis não se submetem aos efeitos da recuperação judicial. A cessão fiduciária de títulos de crédito é definida como "o negócio jurídico em que uma das partes (cedente fiduciante) cede à outra (cessionária fiduciária) seus direitos de crédito perante terceiros em garantia do cumprimento de obrigações ". Apesar de, inicialmente, o CC/2002 ter restringido a possibilidade de constituição de propriedade

fiduciária aos bens móveis infungíveis, a Lei n. 10.931/2004 contemplou a possibilidade de alienação fiduciária de coisa fungível e de cessão fiduciária de direitos sobre coisas móveis ou de títulos de crédito, hipóteses em que, salvo disposição contrária, é atribuída ao credor a posse direta e indireta do bem objeto da propriedade fiduciária ou do título representativo do direito ou do crédito. Além disso, a Lei n. 10.931/2004 incluiu o art. 1.368-A ao CC/2002, com a seguinte redação: "as demais espécies de propriedade fiduciária ou de titularidade fiduciária submetem-se à disciplina específica das respectivas leis especiais, somente se aplicando as disposições deste Código naquilo que não for incompatível com a legislação especial". Desse modo, pode-se concluir que a propriedade fiduciária contempla a alienação fiduciária de bens móveis, infungíveis (arts. 1.361 a 1.368-A do CC) e fungíveis (art. 66-B da Lei n. 4.728/1965), além de cessão fiduciária de direitos sobre coisas móveis ou de títulos de crédito. Assim, o crédito garantido por cessão fiduciária de direito creditório, espécie do gênero propriedade fiduciária, não se submete aos efeitos da recuperação judicial. Como consequência, os direitos do proprietário fiduciário não podem ser suspensos na hipótese de recuperação judicial, já que a posse direta e indireta do bem e a conservação da garantia são direitos assegurados ao credor fiduciário pela lei e pelo contrato. **REsp 1.202.918-SP, Rel. Min. Villas Bôas Cueva, julgado em 7/3/2013.** (Inform. STJ 518)

DIREITO EMPRESARIAL. SUJEIÇÃO DOS CRÉDITOS CEDIDOS FIDUCIARIAMENTE AOS EFEITOS DA RECUPERAÇÃO JUDICIAL.

Não estão sujeitos aos efeitos da recuperação judicial os créditos representados por títulos cedidos fiduciariamente como garantia de contrato de abertura de crédito na forma do art. 66-B, § 3º, da Lei n. 4.728/1965. A Lei n. 11.101/2005 estabelece, como regra geral, que estão sujeitos à recuperação judicial todos os créditos existentes na data do pedido, ainda que não vencidos (art. 49, *caput*). Todavia, há alguns créditos que, embora anteriores ao pedido de recuperação judicial, não se sujeitam aos seus efeitos. Segundo o § 3º do art. 49 da Lei n. 11.101/2005, o credor titular da posição de proprietário fiduciário de bens móveis não se submete aos efeitos da recuperação judicial. Ademais, de acordo com o art. 83 do CC/2002, consideram-se móveis, para os efeitos legais, os direitos pessoais de caráter patrimonial e as respectivas ações. O § 3º do art. 49 da Lei n. 11.101/2005, após estabelecer a regra de que o credor titular da posição de proprietário fiduciário de bens móveis ou imóveis "não se submeterá aos efeitos da recuperação judicial", estabelece que "prevalecerão os direitos de propriedade sobre a coisa e as condições contratuais, observada a legislação respectiva, não se permitindo, contudo, durante o prazo de suspensão a que se refere o § 4º do art. 6º desta Lei, a venda ou a retirada do estabelecimento do devedor dos bens de capital essenciais a sua atividade empresarial". Isso, contudo, não permite inferir que, não sendo o título de crédito "coisa corpórea", à respectiva cessão fiduciária não se aplicaria a regra da exclusão do titular de direito fiduciário do regime de recuperação. Com efeito, a explicitação contida na oração "prevalecerão os direitos de propriedade sobre a coisa" tem como escopo deixar claro que, no caso de bens corpóreos, estes poderão ser retomados pelo credor para a execução da garantia, salvo em se tratando de bens de capital essenciais à atividade empresarial, hipótese em que a lei concede o prazo de cento e oitenta dias durante o qual é vedada a sua retirada do estabelecimento do devedor. Assim, tratando-se de credor titular da posição de proprietário fiduciário de bens móveis ou imóveis, de arrendador mercantil, de proprietário ou promitente vendedor de imóvel cujos respectivos contratos contenham cláusulas de irrevogabilidade ou irretratabilidade, inclusive em incorporações imobiliárias, ou de proprietário em contrato de venda com reserva de domínio, seu crédito não se submeterá aos efeitos da recuperação judicial e prevalecerão os direitos de propriedade sobre a coisa e as condições contratuais, observada a legislação respectiva, não se permitindo, contudo, durante o prazo de suspensão a que se refere o § 4º do art. 6º desta Lei, a venda ou a retirada do estabelecimento do devedor dos bens de capital essenciais a sua atividade empresarial. Portanto, em face da regra do art. 49, § 3º, da Lei n. 11.101/2005, devem ser excluídos dos efeitos da recuperação judicial os créditos que possuem garantia de cessão fiduciária. **REsp 1.263.500-ES, Rel. Min. Maria Isabel Gallotti, julgado em 5/2/2013.** (Inform. STJ 514)

DIREITO CIVIL E EMPRESARIAL. RECUPERAÇÃO JUDICIAL. TRANSFERÊNCIA DE VALORES LEVANTADOS EM CUMPRIMENTO DE PLANO HOMOLOGADO PARA A GARANTIA DE JUÍZO DE EXECUÇÃO FISCAL EM TRÂMITE SIMULTÂNEO.

As verbas previstas em plano de recuperação judicial aprovado e essenciais ao seu cumprimento não podem ser transferidas a juízo executivo com o intuito de garantir o juízo de execução fiscal ajuizada em face da empresa em crise econômico-financeira, ainda que a inexistência de garantia do juízo da execução gere a suspensão do executivo fiscal. O princípio da preservação da empresa foi alçado como paradigma a ser promovido em nome do interesse público e coletivo, e não com esteio em meros interesses privados circunstancialmente envolvidos, uma vez que a empresa, na qualidade de importante instrumento de organização produtiva, encerra em si um feixe de múltiplos interesses, entre os quais se destacam os interesses dos sócios (majoritários e minoritários), dos credores, dos parceiros e fornecedores, dos empregados, dos consumidores e da comunidade (ante a geração de impostos, criação de postos de trabalho e movimentação do mercado). Dessa forma, embora o deferimento do processamento da recuperação judicial ou a homologação do plano aprovado não tenham, por si só, o condão de suspender as execuções fiscais ajuizadas contra a empresa em crise econômico-financeira, são vedados os atos judiciais que inviabilizam a recuperação judicial da empresa, ainda que indiretamente resultem efetiva suspensão do procedimento executivo fiscal, não pelo mero deferimento do processamento da recuperação ou pela simples homologação do plano, mas por ausência de garantia do juízo executivo. Por consequência, os valores previstos em plano de recuperação judicial aprovado e essenciais ao seu cumprimento não podem ser transferidos a juízo executivo com o intuito de garantir o juízo de execução fiscal, na medida em que representam atos judiciais que inviabilizam a recuperação judicial da empresa. O interesse no prosseguimento da execução fiscal que não fora oportunamente garantida não pode se sobrepor de tal maneira a fazer sucumbir o interesse público da coletividade na manutenção da empresa tida ainda por economicamente viável. **REsp 1.166.600-RJ, Rel. Min. Nancy Andrighi, julgado em 4/12/2012.** (Inform. STJ 512).

DIREITO EMPRESARIAL. RECUPERAÇÃO JUDICIAL. NOVAÇÃO DE DÍVIDA TRABALHISTA ILÍQUIDA.

O crédito trabalhista só estará sujeito à novação imposta pelo plano de recuperação judicial quando já estiver consolidado ao tempo da propositura do pedido de recuperação. Conforme art. 59 da Lei n. 11.101/2005, o plano de recuperação judicial implica novação dos créditos anteriores ao pedido. De acordo com o art. 6º, § 1º, da referida lei, estão excluídas da *vis atractiva* do juízo falimentar e do efeito suspensivo dos pedidos de falência e recuperação as ações nas quais se demandam quantias ilíquidas (não consolidadas). O § 2º desse mesmo artigo acrescenta que as ações de natureza trabalhista serão processadas perante a justiça especializada até a apuração do respectivo crédito, que será inscrito no quadro-geral de credores pelo valor determinado em sentença. Dessa forma, na sistemática introduzida pela Lei de Falências, se ao tempo do pedido de recuperação o valor ainda estiver sendo apurado em ação trabalhista, esta seguirá o seu curso normal e o valor que nela se apurar será incluído nominalmente no quadro-geral de credores, não havendo novação. **REsp 1.321.288-MT, Rel. Min. Sidnei Beneti, julgado em 27/11/2012. (Inform. STJ 510)**

DIREITO PROCESSUAL CIVIL E EMPRESARIAL. SOCIEDADE AVALIZADA EM RECUPERAÇÃO JUDICIAL. PROSSEGUIMENTO DE EXECUÇÃO CONTRA AVALISTA.
Não se suspendem as execuções individuais direcionadas aos avalistas de título cujo devedor principal (avalizado) é sociedade em recuperação judicial. Dispõe o *caput* do art. 6º da Lei n. 11.101/2005 que "a decretação da falência ou o deferimento do processamento da recuperação judicial suspende o curso da prescrição e de todas as ações e execuções em face do devedor, inclusive aquelas dos credores particulares do sócio solidário". A suspensão alcança apenas os sócios solidários presentes naqueles tipos societários em que a responsabilidade pessoal dos consorciados não é limitada às suas respectivas quotas/ações, como é o caso, por exemplo, da sociedade em nome coletivo (art. 1.039 do CC) e da sociedade em comandita simples, no que concerne aos sócios comanditados (art. 1.045 do CC). A razão de ser da norma que determina a suspensão das ações, ainda que de credores particulares dos sócios solidários, é simples, pois, na eventualidade de decretação da falência da sociedade os efeitos da quebra estendem-se àqueles, conforme dispõe o art. 81 da Lei n. 11.101/2005. Situação diversa, por outro lado, ocupam os devedores solidários ou coobrigados. Para eles, a disciplina é exatamente inversa, considerando que o art. 49, § 1º, da Lei n. 11.101/2005 estabelece que "os credores do devedor em recuperação judicial conservam seus direitos e privilégios contra os coobrigados, fiadores e obrigados de regresso". Nesse sentido, na recente I Jornada de Direito Comercial realizada pelo CJF/STJ foi aprovado o Enunciado n. 43, segundo o qual "[a] suspensão das ações e execuções previstas no art. 6º da Lei n. 11.101/2005 não se estende aos coobrigados do devedor". Precedentes citados: EAg 1.179.654-SP, DJe 13/4/2012, e REsp 1.095.352-SP, DJe 25/11/2010. **REsp 1.269.703-MG, Rel. Min. Luis Felipe Salomão, julgado em 13/11/2012. (Inform. STJ 510)**

Súmula STJ nº 480
O juízo da recuperação judicial não é competente para decidir sobre a constrição de bens não abrangidos pelo plano de recuperação da empresa.

Súmula STJ nº 264
É irrecorrível o ato judicial que apenas manda processar a concordata preventiva. (Comentário: lembre-se que a legislação atual não prevê concordata, mas apenas recuperação judicial ou extrajudicial)

Súmula STJ nº 250
É legítima a cobrança de multa fiscal de empresa em regime de concordata.

Súmula STJ nº 133
A restituição da importância adiantada, a conta de contrato de câmbio, independe de ter sido a antecipação efetuada nos quinze dias anteriores ao requerimento da concordata.

Súmula STJ nº 8
Aplica-se a correção monetária aos créditos habilitados em concordata preventiva, salvo durante o período compreendido entre as datas de vigência da lei 7.274, de 10-12-84, e do decreto-lei 2.283, de 27-02-86.

7. CONTRATOS EMPRESARIAIS

7.1. Alienação Fiduciária

DIREITO CIVIL. IMPOSSIBILIDADE DE PURGAÇÃO DA MORA EM CONTRATOS DE ALIENAÇÃO FIDUCIÁRIA FIRMADOS APÓS A VIGÊNCIA DA LEI 10.931/2004. RECURSO REPETITIVO (ART. 543-C DO CPC E RES. 8/2008-STJ). Nos contratos firmados na vigência da Lei 10.931/2004, que alterou o art. 3º, §§ 1º e 2º, do Decreto-lei 911/1969, compete ao devedor, no prazo de cinco dias após a execução da liminar na ação de busca e apreensão, pagar a integralidade da dívida – entendida esta como os valores apresentados e comprovados pelo credor na inicial –, sob pena de consolidação da propriedade do bem móvel objeto de alienação fiduciária. De início, convém esclarecer que a Súmula 284 do STJ, anterior à Lei 10.931/2004, orienta que a purgação da mora, nos contratos de alienação fiduciária, só é permitida quando já pagos pelo menos 40% (quarenta por cento) do valor financiado. A referida súmula espelha a redação primitiva do § 1º do art. 3º do Decreto-lei 911/1969, que tinha a seguinte redação: "Despachada a inicial e executada a liminar, o réu será citado para, em três dias, apresentar contestação ou, se já houver pago 40% (quarenta por cento) do preço financiado, requerer a purgação de mora." Contudo, do cotejo entre a redação originária e a atual – conferida pela Lei 10.931/2004 –, fica límpido que a lei não faculta mais ao devedor a purgação da mora, expressão inclusive suprimida das disposições atuais, não se extraindo do texto legal a interpretação de que é possível o pagamento apenas da dívida vencida. Ademais, a redação vigente do art. 3º, §§ 1º e 2º, do Decreto-lei 911/1969 estabelece que o devedor fiduciante poderá pagar a integralidade da dívida pendente e, se assim o fizer, o bem lhe será restituído livre de ônus, não havendo, portanto, dúvida acerca de se tratar de pagamento de toda a dívida, isto é, de extinção da obrigação. Vale a pena ressaltar que é o legislador quem está devidamente aparelhado para apreciar as limitações necessárias à autonomia privada em face de outros valores e direitos constitucionais. A propósito, a normatização do direito privado desenvolveu-se de forma autônoma em relação à Constituição, tanto em perspectiva histórica quanto em conteúdo, haja vista que o direito privado, em regra, disponibiliza soluções muito mais diferenciadas para conflitos entre os seus sujeitos do que a Constituição poderia fazer. Por isso não se pode presumir a imprevidência do legislador que, sopesando as implicações sociais, jurídicas e econômicas da modificação do ordenamento jurídico, vedou para alienação fiduciária de bem móvel a purgação da mora, sendo, pois, a matéria insuscetível de controle jurisdicional infraconstitucional. Portanto, sob pena de se gerar insegurança jurídica e violar o princípio da tripartição dos poderes, não cabe ao Poder Judiciário, a pretexto de interpretar a Lei 10.931/2004, criar hipótese de purgação da mora não contemplada pela lei. Com efeito, é regra basilar de hermenêutica a prevalência da regra excepcional, quando há confronto entre as regras específicas e as demais do ordenamento jurídico. Assim, como o CDC não regula contratos específicos, em casos de incompatibilidade entre a norma consumerista e a aludida norma específica, deve prevalecer essa última, pois a lei especial traz novo regramento a par dos já existentes. Nessa direção, é evidente que as disposições previstas no CC e no CDC são aplicáveis à relação contratual envolvendo alienação fiduciária de bem móvel, quando houver compatibilidade entre elas. Saliente-se ainda que a alteração operada pela Lei 10.931/2004 não alcança os contratos de alienação fiduciária firmados anteriormente à sua vigência. De mais a mais, o STJ, em diversos precedentes, já afirmou que, após o advento da Lei 10.931/2004, que deu nova redação ao art. 3º do Decreto-lei 911/1969, não há falar em purgação da mora, haja vista que, sob a nova sistemática, após o decurso do prazo de 5 (cinco) dias contados da execução da liminar, a propriedade do bem fica consolidada em favor do credor fiduciário, devendo o devedor efetuar o pagamento da integralidade do débito remanescente a fim de obter a restituição do bem livre de ônus. Precedentes citados: AgRg no REsp 1.398.434-MG, Quarta Turma, DJe 11/2/2014; e AgRg no REsp 1.151.061-MS, Terceira Turma, DJe 12/4/2013. **REsp 1.418.593-MS, Rel. Min. Luís Felipe Salomão, julgado em 14/5/2014. (Inform. STJ 540)**

Alienação fiduciária em garantia. DECRETO-LEI N° 911/69. **EQUIPAÇÃO DO DEVEDOR-FIDUCIANTE AO DEPOSITÁRIO.** Prisão civil do devedor-fiduciante em face do princípio da proporcionalidade. A prisão civil do devedor-fiduciante no âmbito do contrato de alienação fiduciária em garantia viola o princípio da proporcionalidade, visto que: a) o ordenamento jurídico prevê outros meios processuais-executórios postos à disposição do credor-fiduciário para a garantia do crédito, de forma que a prisão civil, como medida extrema de coerção do devedor inadimplente, não passa no exame da proporcionalidade como proibição de excesso, em sua tríplice configuração: adequação, necessidade e proporcionalidade em sentido estrito; e b) o Decreto-Lei n° 911/69, ao instituir uma ficção jurídica, equiparando o devedor-fiduciante ao depositário, para todos os efeitos previstos nas leis civis e penais, criou uma figura atípica de depósito, transbordando os limites do conteúdo semântico da expressão "depositário infiel" insculpida no art. 5°, inciso LXVII, da Constituição e, dessa forma, desfigurando o instituto do depósito em sua conformação constitucional, o que perfaz a violação ao princípio da reserva legal proporcional. Recurso extraordinário conhecido e não provido. **RE N. 349.703-RS. RELATOR P/ O ACÓRDÃO: MIN. GILMAR MENDES.** (Inform. STF 549)

Súmula Vinculante STF 25

É ilícita a prisão civil de depositário infiel, qualquer que seja a modalidade do depósito.

Súmula STJ nº 419

Descabe a prisão civil do depositário judicial infiel.

Súmula STJ nº 384

Cabe ação monitória para haver saldo remanescente oriundo de venda extrajudicial de bem alienado fiduciariamente em garantia.

Súmula STJ nº 284

A purga da mora, nos contratos de alienação fiduciária, só é permitida quando já pagos pelo menos 40% (quarenta por cento) do valor financiado.

Súmula STJ nº 245

A notificação destinada a comprovar a mora nas dívidas garantidas por alienação fiduciária dispensa a indicação do valor do débito.

Súmula STJ nº 92

A terceiro de boa-fé não e oponível a alienação fiduciária não anotada no certificado de registro do veículo automotor.

Súmula STJ nº 72

A comprovação da mora é imprescindível à busca e apreensão do bem alienado fiduciariamente.

Súmula STJ nº 28

O contrato de alienação fiduciária em garantia pode ter por objeto bem que já integrava o patrimônio do devedor.

7.2. Leasing

ARRENDAMENTO MERCANTIL. RESTITUIÇÃO DO VALOR RESIDUAL GARANTIDO. PRAZO PRESCRICIONAL GERAL. Trata-se de recurso especial no qual se discute a definição do prazo prescricional para a propositura de ação visando à restituição do valor residual garantido (VRG) em contrato de arrendamento mercantil: se o prazo trienal previsto no art. 206, § 3°, IV, do CC/2002 ou se aquele geral decenal do art. 205 do mesmo diploma legal. A Min. Relatora fez ponderações sobre a natureza do VRG, que deve ser entendido como o adiantamento da quantia que seria devida ao final do contrato, na hipótese de o arrendatário pretender adquirir o bem. Isto é, além do arrendamento já pago durante a vigência do contrato, o arrendatário deveria pagar mais essa importância previamente ajustada se pretendesse ficar com a propriedade do bem arrendado, capitalizando-se de modo a tornar menos onerosa a opção de adquirir o bem no termo final do contrato. Caso o arrendatário não pretenda ficar com o bem, desfeito o arrendamento mercantil, e não importa a causa, nada justificaria a manutenção com a arrendadora do valor residual garantido e pago por antecipação, devendo ser devolvidos os valores recebidos pelo arrendador a título de VRG. Ressaltou, ainda, que, não se tratando de pedido fundado no princípio que veda o enriquecimento sem causa, mas de restituição de quantias em razão do desfazimento do arrendamento mercantil, cuja natureza contratual já basta para conferir caráter pessoal às obrigações dele decorrentes, o prazo prescricional para esta ação é o geral (de dez anos, previsto no art. 205 do CC/2002 ou vintenário, conforme regra prevista no art. 177 do CC/1916 para as ações pessoais). Considerando as datas dos fatos discutidos nos autos, a Min. Relatora entendeu correta a utilização pelo Tribunal de origem da regra de transição do art. 2.028 do CC/2002 para afastar a prescrição, já que não se havia encerrado o prazo estipulado no art. 205 do CC/2002. **REsp 1.174.760-PR, Rel. Min. Nancy Andrighi, julgado em 1°/12/2011.** (Inform. STJ 488)

Súmula STJ nº 369

No contrato de arrendamento mercantil (leasing), ainda que haja cláusula resolutiva expressa, é necessária a notificação prévia do arrendatário para constituí-lo em mora.

Súmula STJ nº 293

A cobrança antecipada do valor residual garantido (VRG) não descaracteriza o contrato de arrendamento mercantil.

7.3. Consórcio

Súmula STJ nº 35

Incide correção monetária sobre as prestações pagas, quando de sua restituição, em virtude da retirada ou exclusão do participante de plano de consórcio.

7.4. Mútuo

Súmula Vinculante STF 7

A norma do §3° do artigo 192 da Constituição, revogada pela Emenda Constitucional n. 40/2003, que limitava a taxa de juros reais a 12% ao ano, tinha sua aplicação condicionada à edição de lei complementar.

Súmula STF nº 596

As disposições do Decreto 22.626/1933 não se aplicam às taxas de juros e aos outros encargos cobrados nas operações realizadas por instituições públicas ou privadas, que integram o sistema financeiro nacional.

Súmula STJ nº 382

A estipulação de juros remuneratórios superiores a 12% ao ano, por si só, não indica abusividade.

Súmula STJ nº 381

Nos contratos bancários, é vedado ao julgador conhecer, de ofício, da abusividade das cláusulas.

Súmula STJ nº 379

Nos contratos bancários não regidos por legislação específica, os juros moratórios poderão ser convencionados até o limite de 1% ao mês.

Súmula STJ nº 328
Na execução contra instituição financeira, é penhorável o numerário disponível, excluídas as reservas bancárias mantidas no Banco Central.

Súmula STJ nº 297
O Código de Defesa do Consumidor é aplicável às instituições financeiras.

Súmula STJ nº 296
Os juros remuneratórios, não cumuláveis com a comissão de permanência, são devidos no período de inadimplência, à taxa média de mercado estipulada pelo Banco Central do Brasil, limitada ao percentual contratado.

Súmula STJ nº 295
A Taxa Referencial (TR) é indexador válido para contratos posteriores à Lei n. 8.177/91, desde que pactuada.

Súmula STJ nº 294
Não é potestativa a cláusula contratual que prevê a comissão de permanência, calculada pela taxa média de mercado apurada pelo Banco Central do Brasil, limitada à taxa do contrato.

Súmula STJ nº 288
A Taxa de Juros de Longo Prazo (TJLP) pode ser utilizada como indexador de correção monetária nos contratos bancários.

Súmula STJ nº 287
A Taxa Básica Financeira (TBF) não pode ser utilizada como indexador de correção monetária nos contratos bancários.

Súmula STJ nº 286
A renegociação de contrato bancário ou a confissão da dívida não impede a possibilidade de discussão sobre eventuais ilegalidades dos contratos anteriores.

Súmula STJ nº 285
Nos contratos bancários posteriores ao Código de Defesa do Consumidor incide a multa moratória nele prevista.

Súmula STJ nº 283
As empresas administradoras de cartão de crédito são instituições financeiras e, por isso, os juros remuneratórios por elas cobrados não sofrem as limitações da Lei de Usura.

Súmula STJ nº 271
A correção monetária dos depósitos judiciais independe de ação específica contra o banco depositário.

Súmula STJ nº 259
A ação de prestação de contas pode ser proposta pelo titular de conta-corrente bancária.

Súmula STJ nº 258
A nota promissória vinculada a contrato de abertura de crédito não goza de autonomia em razão da iliquidez do título que a originou.

Súmula STJ nº 247
O contrato de abertura de crédito em conta-corrente, acompanhado do demonstrativo de débito, constitui documento hábil para o ajuizamento da ação monitória.

Súmula STJ nº 233
O contrato de abertura de crédito, ainda que acompanhado de extrato da conta-corrente, não é título executivo.

Súmula STJ nº 79
Os bancos comerciais não estão sujeitos a registro nos conselhos regionais de economia.

Súmula STJ nº 30
A comissão de permanência e a correção monetária são inacumuláveis.

Súmula STJ nº 26
O avalista do título de crédito vinculado a contrato de mútuo também responde pelas obrigações pactuadas, quando no contrato figurar como devedor solidário.

7.5. Fiança bancária

Súmula STJ nº 332
A fiança prestada sem autorização de um dos cônjuges implica a ineficácia total da garantia.

7.6. Distribuição, representação e concessão comercial

DIREITO EMPRESARIAL. RESOLUÇÃO DE CONTRATO DE REPRESENTAÇÃO COMERCIAL POR JUSTA CAUSA E PAGAMENTO DE AVISO PRÉVIO. Não é devida a verba atinente ao aviso prévio – um terço das comissões auferidas pelo representante comercial nos três meses anteriores à resolução do contrato (art. 34 da Lei 4.886/1965) –, quando o fim do contrato de representação comercial se der por justa causa. Segundo entendimento doutrinário, o aviso prévio é incompatível com a arguição de falta grave cometida pela outra parte. Assim, se cometida falta grave, a denúncia do contrato de representação comercial terá natureza abrupta, rompendo-se a avença tão logo a denúncia chegue ao conhecimento da parte faltosa. Precedentes citados: REsp 417.058-MG, Terceira Turma, DJ 10/3/2003; e REsp 1.085.903-RS, Terceira Turma, DJe 30/11/2009. **REsp1.190.425-RJ, Rel. Min. Luis Felipe Salomão, julgado em 2/9/2014. (Inform. STJ 546)**

DIREITO EMPRESARIAL. INCIDÊNCIA DA BOA-FÉ OBJETIVA NO CONTRATO DE REPRESENTAÇÃO COMERCIAL. Não é possível ao representante comercial exigir, após o término do contrato de representação comercial, a diferença entre o valor da comissão estipulado no contrato e o efetivamente recebido, caso não tenha havido, durante toda a vigência contratual, qualquer resistência ao recebimento dos valores em patamar inferior ao previsto no contrato. Inicialmente, cumpre salientar que a Lei 4.886/1965 dispõe serem vedadas, na representação comercial, alterações que impliquem, direta ou indiretamente, a diminuição da média dos resultados auferidos pelo representante nos últimos seis meses de vigência do contrato. De fato, essa e outras previsões legais introduzidas pela Lei 8.420/1992 tiveram caráter social e protetivo em relação ao representante comercial autônomo que, em grande parte das vezes, ficava à mercê do representado, que alterava livre e unilateralmente o contrato de acordo com os seus interesses e, normalmente, em prejuízo do representante, pois economicamente dependente daquele. Essa restrição foi introduzida para compensar o desequilíbrio entre o representado e o representante, este reconhecidamente mais fraco do ponto de vista jurídico e econômico. Nesse sentido, nem mesmo as alterações consensuais e bilaterais são admitidas quando resultarem em prejuízos diretos ou indiretos para o representante. Todavia, no caso em que a comissão tenha sido paga ao representante em valor inferior ao que celebrado no contrato, durante toda a sua vigência, sem resistência ou impugnação por parte do representante, pode-se concluir que a este interessava a manutenção do contrato, mesmo que em termos remuneratórios inferiores, tendo em vista sua anuência tácita para tanto. Verifica-se, nessa hipótese, que não houve uma redução da comissão do representante em relação à média dos resultados auferidos nos últimos seis meses de vigência do contrato, o que, de fato, seria proibido nos termos do art. 32, § 7°, da Lei 4.886/1965. Desde o início da relação contratual, tendo sido a comissão paga em valor inferior ao que pactuado, conclui-se que a cláusula que estipula pagamento de comissão em outro valor nunca chegou a viger. Ainda, observa-se que, nessa situação, não houve qualquer redução da remuneração do representante que lhe pudesse causar prejuízos, de forma a contrariar o caráter eminentemente protetivo e social da lei. Se o representante permanece silente durante todo o contrato em relação ao valor da comissão, pode-se considerar que tenha anuído tacitamente com essa condição de pagamento, não sendo razoável que, somente após o término do contrato, venha a reclamar a diferença. Com efeito, a boa-fé objetiva, princípio geral do direito recepcionado pelos arts. 113 e 422 do CC/2002 como instrumento de interpretação do negócio jurídico e norma de conduta a ser observada pelas partes contratantes, exige de todos um comportamento condizente com um padrão ético de confiança e lealdade, induz deveres acessórios de conduta, impondo às partes comportamentos obrigatórios implicitamente contidos em todos os contratos, a serem observados para que se concretizem as justas expectativas oriundas da própria celebração e execução da avença, mantendo-se o equilíbrio da relação. Essas regras de conduta não se orientam exclusivamente ao cumprimento da obrigação, permeando toda a relação contratual, de modo a viabilizar a satisfação dos interesses globais envolvidos no negócio, sempre tendo em vista a plena realização da sua finalidade social. Além disso, o referido princípio tem a função de limitar o exercício dos direitos subjetivos. A esta função, aplica-se a teoria do adimplemento substancial das obrigações e a teoria dos atos próprios com meio de rever a amplitude e o alcance dos deveres contratuais, daí derivando o instituto da supressio, que indica a possibilidade de considerar suprimida determinada obrigação contratual na hipótese em que o não exercício do direito correspondente, pelo credor, gerar ao devedor a legítima expectativa de que esse não exercício se prorrogará no tempo. Em outras palavras, haverá redução do conteúdo obrigacional pela inércia qualificada de uma das partes em exercer direito ou faculdade ao longo da execução do contrato, criando para a outra a sensação válida e plausível, a ser apurada casuisticamente, de ter havido a renúncia àquela prerrogativa. Assim, o princípio da boa-fé objetiva torna inviável a pretensão do representante comercial de exigir retroativamente valores que foram por ele dispensados, de forma a preservar uma expectativa legítima, construída e mantida ao longo de toda a relação contratual pelo representante. **REsp 1.162.985-RS, Rel. Ministra Nancy Andrighi, julgado em 18/6/2013.** (Inform. STJ 523)

DIREITO EMPRESARIAL. BASE DE CÁLCULO DA COMISSÃO DE REPRESENTANTE COMERCIAL.
O valor dos tributos incidentes sobre as mercadorias integra a base de cálculo da comissão do representante comercial. De acordo com o art. 32, § 4°, da Lei 4.886/1965, a comissão paga ao representante comercial deve ser calculada pelo valor total das mercadorias. Nesse contexto, na base de cálculo da comissão do representante, deve ser incluído o valor dos tributos incidentes sobre as mercadorias. Isso porque, no Brasil, o preço total da mercadoria traz embutido tanto o IPI, cobrado na indústria, quanto o ICMS, compondo o próprio preço do produto. Não é o que ocorre em outros países, onde se compra a mercadoria e o imposto é exigido depois, destacado do preço. No Brasil, o preço total da mercadoria inclui os tributos indiretos incidentes até a fase de cada operação. Ademais, depreende-se da leitura do art. 32, § 4°, que a lei não faz distinção, para os fins de cálculo da comissão do representante, entre o preço líquido da mercadoria, com a exclusão dos tributos, e aquele pelo qual a mercadoria é efetivamente vendida, constante da nota fiscal, razão pela qual a interpretação que deve ser dada ao dispositivo legal é que a comissão do representante comercial deve incidir sobre o preço final, pelo qual a mercadoria é vendida. Nesse sentido, o referido dispositivo legal veio vedar a prática antiga de descontar uma série variada de custos do valor da fatura, como despesas financeiras, impostos e despesas de embalagens. De fato, o preço constante na nota fiscal é o que melhor reflete o resultado obtido pelas partes (representante e representado), sendo justo que sobre ele incida o cálculo da comissão. Precedente citado: REsp 998.591-SP, Quarta Turma, DJe 27/6/2012. **REsp 1.162.985-RS, Rel. Ministra Nancy Andrighi, julgado em 18/6/2013.** (Inform. STJ 523)

7.7. Outros contratos empresariais

DIREITO EMPRESARIAL. LEI RENATO FERRARI. PAGAMENTO ANTECIPADO AO FATURAMENTO.
O distribuidor não poderá exigir da concessionária de veículos automotores o pagamento antecipado do preço das mercadorias por ele fornecidas se não houver a referida previsão no contrato, hipótese em que o pagamento somente poderá ser exigido após o faturamento do respectivo pedido, e, apenas se não realizado o pagamento, poderá ser oposta a exceção de contrato não cumprido. A Lei Renato Ferrari (Lei n. 6.729/1979) estabelece, de forma genérica, os direitos e obrigações do concedente e do concessionário, dispondo, em seu art. 11, que o "pagamento do preço das mercadorias fornecidas pelo concedente não poderá ser exigido, no todo ou em parte, antes do faturamento, salvo ajuste diverso entre o concedente e sua rede de distribuição". As Convenções da Categoria Econômica dos Produtores e da Categoria Econômica dos Distribuidores de Veículos Automotores foram firmadas como fontes supletivas de direitos e obrigações para disciplinar as relações desse ramo econômico. Tais convenções não determinam que o pagamento do preço seja efetuado antes do faturamento do pedido de mercadoria. Portanto, somente ocorrendo o descumprimento da obrigação de uma das partes, pode a outra deixar de cumprir sua parcela na obrigação, conforme art. 476 do CC (exceção de contrato não cumprido), porque, em tese, poderá não receber o que lhe seria devido. Assim, a concessionária só pode ser penalizada se deixar de cumprir sua obrigação de pagar à vista e após o faturamento. Precedente citado: REsp 981.750-MG, DJe 23/4/2010. **REsp 1.345.653-SP, Rel. Min. Ricardo Villas Bôas Cueva, julgado em 4/12/2012.** (Inform. STJ 512).

CONTRATO. DISSOLUÇÃO ANTECIPADA. JOINT VENTURE.
In casu, cuidou-se originariamente de ação de dissolução de sociedade e contrato de parceria, para pôr fim a contrato de joint venture por intermédio do qual as partes criaram sociedade empresarial. O juízo singular indeferiu o pedido de antecipação de tutela que buscava a imediata dissolução da empresa. Já o tribunal a quo antecipou os efeitos da tutela e determinou a sua dissolução. Portanto, a quaestio juris está em saber se é possível antecipar os efeitos da tutela e determinar a dissolução de empresa constituída a partir de contrato de joint venture. Nesse panorama, destacou a Min. Relatora que é facultado à parte lesada pelo inadimplemento contratual pedir a resolução do contrato, se não preferir exigir-lhe o cumprimento, cabendo, em qualquer dos casos, indenização por perdas e danos (art. 475 do CC). Entretanto, ressaltou que a exegese da norma não pode ser isolada, mas deve ser feita de forma sistemática, à luz dos demais preceitos e princípios consagrados pelo Codex Civil, em que devem ser sopesadas todas as regras de conduta aplicáveis à relação contratual, a fim de eleger a solução que melhor conciliar os diversos direitos envolvidos e trouxer menor prejuízo às partes. Dessa forma, consignou que, no caso, diante da indefinição quanto à parte que primeiro teria inadimplido o contrato, bem como em face dos riscos decorrentes da perpetuação do vínculo contratual, torna-se razoável mitigar parcialmente os efeitos do art. 475 do CC, rescindindo o contrato e deixando que eventuais prejuízos sejam compensados mediante indenização. Ademais, frisou que o pleno exercício

da liberdade de contratar pressupõe um acordo que cumpra determinada função econômica e social, sem a qual não se pode falar em legítima manifestação de vontade. Assim, na espécie, não se mostra razoável impor a uma das partes a obrigação de se manter subordinada ao contrato se ele não cumprir nenhuma função social e/ou econômica. Pois, embora o comportamento exigido dos contratantes deva pautar-se pela boa-fé contratual, tal diretriz não obriga as partes a manter-se vinculadas contratualmente *ad aeternum*, mas indica que as controvérsias nas quais o direito ao rompimento contratual tenha sido exercido de forma desmotivada, imoderada ou anormal resolvem-se, se for o caso, em perdas e danos. Dessarte, concluiu que a rescisão do acordo de *joint venture* é a medida que melhor harmoniza os interesses de todas as partes direta ou indiretamente envolvidas no contrato, contemplando a sua função social e o princípio da boa-fé objetiva, bem como a melhor forma de os arts. 474 e 475 do CC incidirem na espécie. Com essas considerações, a Turma negou provimento ao recurso. **REsp 1.250.596-SP, Rel. Min. Nancy Andrighi, julgado em 3/11/2011.** (Inform. STJ 486)

Súmula STJ nº 469
Aplica-se o Código de Defesa do Consumidor aos contratos de plano de saúde.

Súmula STJ nº 465
Ressalvada a hipótese de efetivo agravamento do risco, a seguradora não se exime do dever de indenizar em razão da transferência do veículo sem a sua prévia comunicação.

Súmula STJ nº 402
O contrato de seguro por danos pessoais compreende os danos morais, salvo cláusula expressa de exclusão.

Súmula STJ nº 371
Nos contratos de participação financeira para a aquisição de linha telefônica, o Valor Patrimonial da Ação (VPA) é apurado com base no balancete do mês da integralização.

Súmula STJ nº 335
Nos contratos de locação, é válida a cláusula de renúncia à indenização das benfeitorias e ao direito de retenção.

Súmula STJ nº 326
Na ação de indenização por dano moral, a condenação em montante inferior ao postulado na inicial não implica sucumbência recíproca.

Súmula STJ nº 308
A hipoteca firmada entre a construtora e o agente financeiro, anterior ou posterior à celebração da promessa de compra e venda, não tem eficácia perante os adquirentes do imóvel.

Súmula STJ nº 294
Não é potestativa a cláusula contratual que prevê a comissão de permanência, calculada pela taxa média de mercado apurada pelo Banco Central do Brasil, limitada à taxa do contrato.

Súmula STJ nº 291
A ação de cobrança de parcelas de complementação de aposentadoria pela previdência privada prescreve em cinco anos.

Súmula STJ nº 290
Nos planos de previdência privada, não cabe ao beneficiário a devolução da contribuição efetuada pelo patrocinador.

Súmula STJ nº 289
A restituição das parcelas pagas a plano de previdência privada deve ser objeto de correção plena, por índice que recomponha a efetiva desvalorização da moeda.

Súmula STJ nº 239
O direito à adjudicação compulsória não se condiciona ao registro do compromisso de compra e venda no cartório de imóveis.

Súmula STJ nº 229
O pedido do pagamento de indenização à seguradora suspende o prazo de prescrição até que o segurado tenha ciência da decisão.

Súmula STJ nº 76
A falta de registro do compromisso de compra e venda de imóvel não dispensa a prévia interpelação para constituir em mora o devedor.

Súmula STJ nº 61
O seguro de vida cobre o suicídio não premeditado.

Súmula STJ nº 60
É nula a obrigação cambial assumida por procurador do mutuário vinculado ao mutuante, no exclusivo interesse deste.

8. TÍTULOS DE CRÉDITO

8.1. Aspectos gerais

DIREITO EMPRESARIAL. ÔNUS DO CANCELAMENTO DE PROTESTO. RECURSO REPETITIVO (ART. 543-C DO CPC E RES. 8/2008-STJ). No regime próprio da Lei 9.492/1997, legitimamente protestado o título de crédito ou outro documento de dívida, salvo inequívoca pactuação em sentido contrário, incumbe ao devedor, após a quitação da dívida, providenciar o cancelamento do protesto. Com efeito, tendo em vista os critérios hermenêuticos da especialidade e da cronologia, a solução para o caso deve ser buscada, em primeira linha, no Diploma especial que cuida dos serviços de protesto (Lei 9.492/1997), e não no consumerista. Ademais, a interpretação sistemática do ordenamento jurídico também conduz à conclusão de que, ordinariamente, incumbe ao devedor, após a quitação do débito, proceder ao cancelamento. Observe-se que, tendo em vista que o protesto regular é efetuado por decorrência de descumprimento da obrigação – ou recusa do aceite –, o art. 325 do CC estabelece que as despesas com o pagamento e quitação presumem-se a cargo do devedor. Outrossim, não se pode ignorar que a quitação do débito estampado em título de crédito implica a devolução da cártula ao devedor (o art. 324 do CC, inclusive, dispõe que a entrega do título ao devedor firma a presunção de pagamento). Efetivamente, como o art. 26, *caput*, da Lei 9.492/1997 disciplina que o cancelamento do registro do protesto será solicitado mediante a apresentação do documento protestado – conforme o § 1º, apenas na impossibilidade de apresentação do original do título ou do documento de dívida protestado é que será exigida a declaração de anuência –, é possível inferir que o ônus do cancelamento é mesmo do devedor, pois seria temerária para com os interesses do devedor e eventuais coobrigados a interpretação de que a lei especial estivesse dispondo que, mesmo com a quitação da dívida, o título de crédito devesse permanecer em posse do credor. Nessa linha de intelecção, é bem de ver que a documentação exigida para o cancelamento do protesto – título de crédito ou outro documento de dívida protestado, ou declaração de anuência daquele que figurou no registro de protesto como credor – também permite concluir que, ordinariamente, não é o credor que providenciará o cancelamento do protesto. É bem de ver que o art. 19 da Lei 9.492/1997 estabelece que o pagamento do título ou do documento de dívida apresentado para protesto será feito diretamente no tabelionato competente, no valor igual ao declarado pelo apresentante, acrescido dos emolumentos e demais despesas – isto é, incumbe ao devedor que realizar o pagamento do débito antes do registro do protesto pagar emolumentos. Assim, não é razoável imaginar que, para o cancelamento após a quitação do débito, tivesse o credor da obrigação extinta que arcar com o respectivo montante, acrescido de tributos, que devem ser pagos por ocasião do requerimento de cancelamento. Dessa forma, conforme entendimento consolidado no STJ, no tocante ao cancelamento do protesto regularmente efetuado, não obstante o referido art. 26 da Lei de Protestos faça referência a "qualquer interessado", a melhor interpretação é a de que este é o devedor, de modo a pesar, ordinariamente, sobre sua pessoa o ônus do cancelamento. Ressalte-se que, ao estabelecer que o cancelamento do registro do protesto poderá ser solicitado por qualquer interessado, não se está a dizer que não possam as partes pactuar que o cancelamento do protesto incumbirá ao credor (que passará a ter essa obrigação, não por decorrência da lei de regência, mas contratual). Precedentes citados: AgRg no AREsp 493.196-RS, Terceira Turma, DJe 9/6/2014; e EDcl no Ag 1.414.906-SC, Quarta Turma, DJe 11/3/2013. **REsp 1.339.436-SP, Rel. Min. Luis Felipe Salomão, julgado em 10/9/2014.** (Inform. STJ 549)

DIREITO EMPRESARIAL. EXECUÇÃO DE AVALISTA DE NOTA PROMISSÓRIA DADA EM GARANTIA DE CRÉDITO CEDIDO POR FACTORING.
Para executar, em virtude da obrigação avalizada, o avalista de notas promissórias dadas pelo faturizado em garantia da existência do crédito cedido por contrato de factoring, o faturizador exequente não precisa demonstrar a inexistência do crédito cedido. Com efeito, ainda que as notas promissórias tenham sido emitidas para garantir a exigibilidade do crédito cedido, o avalista não integra a relação comercial que enseou esse crédito, nem é parte no contrato de fomento mercantil. Na condição de avalista, questões atinentes à relação entre o devedor principal das notas promissórias e a sociedade de fomento mercantil lhe são estranhas. Isso decorre da natureza pessoal dessas questões e da autonomia característica do aval. Assim, na ação cambial somente é admissível defesa fundada em direito pessoal decorrente das relações diretas entre devedor e credor cambiários, em defeito de forma do título ou na falta de requisito necessário ao exercício da ação. **REsp 1.305.637-PR, Rel. Min. Nancy Andrighi, julgado em 24/9/2013.** (Inform. STJ 532)

Súmula STJ nº 476
O endossatário de título de crédito por endosso-mandato só responde por danos decorrentes de protesto indevido se extrapolar os poderes de mandatário.

Súmula STJ nº 475
Responde pelos danos decorrentes de protesto indevido o endossatário que recebe por endosso translativo título de crédito contendo vício formal extrínseco ou intrínseco, ficando ressalvado seu direito de regresso contra os endossantes e avalistas.

8.2. Nota promissória e letra de câmbio

Súmula STF nº 387
A cambial emitida ou aceita com omissões, ou em branco, pode ser completada pelo credor de boa-fé antes da cobrança ou do protesto.

Súmula STJ nº 258
A nota promissória vinculada a contrato de abertura de crédito não goza de autonomia em razão da iliquidez do título que a originou.

8.3. Cheque

DIREITO EMPRESARIAL. TERMO INICIAL DOS JUROS DE MORA RELATIVOS A CRÉDITO VEICULADO EM CHEQUE.
Os juros de mora sobre a importância de cheque não pago contam-se da primeira apresentação pelo portador à instituição financeira, e não da citação do sacador. A mora ex re independe de qualquer ato do credor, como interpelação ou citação, porquanto decorre do próprio inadimplemento de obrigação positiva, líquida e com termo implementado, desde que não seja daquelas em que a própria lei afasta a constituição de mora automática. Assim, em se tratando de mora ex re, aplica-se o antigo e conhecido brocardo dies interpellat pro homine (o termo interpela no lugar do credor). Com efeito, fica límpido que o art. 219 do CPC, assim como o 405 do CC, deve ser interpretado à luz do ordenamento jurídico, tendo aplicação residual para casos de mora ex persona – evidentemente, se ainda não houve a prévia constituição em mora por outra forma legalmente admitida. Assim, citação implica caracterização da mora apenas se ela já não tiver ocorrido pela materialização de uma das diversas hipóteses indicadas no ordenamento jurídico. No caso, a matéria referente aos juros relativos à cobrança de crédito estampado em cheque por seu portador é regulada pela Lei do Cheque, que estabelece a incidência dos juros de mora a contar da primeira apresentação do título (art. 52, II). Ademais, por materializar uma ordem a terceiro para pagamento à vista, o momento natural de realização do cheque é a apresentação (art. 32), quando a instituição financeira verifica a existência de disponibilidade de fundos (art. 4º, § 1º), razão pela qual a apresentação é necessária. **REsp 1.354.934-RS, Rel. Min. Luis Felipe Salomão, julgado em 20/8/2013.** (Inform. STJ 532)

DIREITO EMPRESARIAL. EFEITOS DA PÓS-DATAÇÃO DE CHEQUE.
A pós-datação de cheque não modifica o prazo de apresentação nem o prazo de prescrição do título. Isso porque conferir eficácia à referida pactuação extracartular em relação aos prazos de apresentação e de prescrição descaracterizaria o cheque como ordem de pagamento à vista. Além disso, configuraria infringência ao disposto no art. 192 do CC, de acordo com o qual os prazos de prescrição não podem ser alterados por acordo das partes. Ademais, resultaria violação dos princípios cambiários da abstração e da literalidade. Dessa forma, deve--se ressaltar que o prazo de apresentação deve ser contado da data de emissão (isto é, aquela regularmente consignada na cártula, oposta no espaço reservado para a data), sendo de trinta dias para os cheques emitidos na mesma praça daquela em que se situa a agência pagadora; e de sessenta dias, a contar também da data de emissão, para os cheques emitidos em outra praça. O prazo de prescrição, por sua vez, inicia-se seis meses contados a partir da expiração do prazo de apresentação. **REsp 1.124.709-TO, Rel. Min. Luis Felipe Salomão, julgado em 18/6/2013.** (Inform. STJ 528)

DIREITO EMPRESARIAL. PROTESTO DE CHEQUE NOMINAL À ORDEM POR ENDOSSATÁRIO TERCEIRO DE BOA-FÉ.
É possível o protesto de cheque nominal à ordem, por endossatário terceiro de boa-fé, após o decurso do prazo de apresentação, mas antes da expiração do prazo para ação cambial de execução, ainda que, em momento anterior, o título tenha sido sustado pelo emitente em razão do inadimplemento do negócio jurídico subjacente à emissão da cártula. Isso porque o cheque, sendo título de crédito, submete--se aos princípios da literalidade, da abstração, da autonomia das obrigações cambiais e da inoponibilidade das exceções pessoais a terceiros de boa-fé. Além disso, caracterizando o cheque levado a protesto como título executivo extrajudicial, dotado de inequívoca certeza e exigibilidade, não se concebe que o credor de boa-fé possa ser tolhido de seu direito de se

resguardar quanto à prescrição, tanto no que tange ao devedor principal, quanto em relação aos demais coobrigados, haja vista que, conforme o disposto no art. 202, III, do CC, o protesto cambial interrompe o prazo prescricional para ajuizamento de ação cambial de execução – ficando, nesse contexto, superada, com a vigência do CC, a Súmula 153 do STF. Além do mais, tem-se que o protesto – meio extrajudicial mediante o qual o devedor é intimado pelo tabelião para que pague ou providencie a sustação do protesto, antes que venha a ser lavrado – representa medida bem menos severa ao emitente se comparada a outra medida cabível em consideração à executividade do cheque levado a protesto: a execução do título de crédito na via judicial. Isso porque, além de o protesto não envolver atos de agressão ao patrimônio do executado, a publicidade negativa ao demandado em execução é tão ou mais ampla do que a decorrente do protesto, haja vista que, além de ser possível a consulta do processo mediante simples acesso aos sites de tribunais, os órgãos de proteção ao crédito também fazem uso de dados de caráter público da distribuição do Judiciário, referentes a ações executivas para negativação do nome dos executados. Ademais, como o art. 1º da Lei 9.492/1997, em cláusula aberta, admite o protesto de outros "documentos de dívida" – entenda-se: prova escrita a demonstrar a existência de obrigação pecuniária, líquida, certa e exigível –, não há razoabilidade em entender que o protesto, instituto desde a sua origem concebido para protesto cambial, seja imprestável para o protesto facultativo de título de crédito dotado de executividade. **REsp 1.124.709-TO, Rel. Min. Luis Felipe Salomão, julgado em 18/6/2013.** (Inform. STJ 528)

Súmula STF nº 600

Cabe ação executiva contra o emitente e seus avalistas, ainda que não apresentado o cheque ao sacado no prazo legal, desde que não prescrita a ação cambiária.

Súmula STF nº 28

O estabelecimento bancário é responsável pelo pagamento de cheque falso, ressalvadas as hipóteses de culpa exclusiva ou concorrente do correntista.

Súmula STJ nº 388

A simples devolução indevida de cheque caracteriza dano moral.

Súmula STJ nº 370

Caracteriza dano moral a apresentação antecipada de cheque pré-datado.

Súmula STJ nº 299

É admissível a ação monitória fundada em cheque prescrito.

8.4. Duplicata

Súmula STJ nº 248

Comprovada a prestação dos serviços, a duplicata não aceita, mas protestada, é título hábil para instruir pedido de falência.

8.5. Cédula de crédito rural, Cédula de Produto Rural

DIREITO CIVIL E EMPRESARIAL. ÍNDICE DE REAJUSTE DE SALDO DEVEDOR DE CRÉDITO RURAL. O índice de correção monetária aplicável às cédulas de crédito rural no mês de março de 1990, nas quais prevista a indexação aos índices da caderneta de poupança, é o BTN no percentual de 41,28%. Precedentes citados: REsp 47.186-RS, Segunda Seção, DJ 4/12/1995; AgRg nos EDcl no REsp 1.428.280-RS, Terceira Turma, DJe 03/04/2014; AgRg no AREsp 84.842-RS, Terceira Turma, DJe 1/7/2013; e AgRg no REsp 1320198/RS, Quarta Turma, julgado em 17/9/2013, DJe 27/9/2013. **REsp 1.319.232-DF, Rel. Min. Paulo de Tarso Sanseverino, julgado em 4/12/2014.** (Inform. STJ 552)

DIREITO EMPRESARIAL. GARANTIA PESSOAL PRESTADA EM CÉDULA DE CRÉDITO RURAL. Admite-se o aval nas cédulas de crédito rural. Isso porque a vedação contida no § 3º do art. 60 do Decreto-Lei 167/1967 ("são nulas quaisquer outras garantias, reais ou pessoais, salvo quando prestadas pelas pessoas físicas participantes da empresa emitente, por esta ou por outras pessoas jurídicas") não alcança o referido título, sendo aplicável apenas às notas e duplicatas rurais. Enquanto as notas promissórias rurais e as duplicatas rurais representam o preço de vendas a prazo de bens de natureza agrícola (Decreto-Lei 167/1967, arts. 42 e 46), as cédulas de crédito rural correspondem a financiamentos obtidos com as instituições financeiras (Decreto-Lei 167/1967, art. 1º). Por consequência, o mecanismo de contratação envolvendo a cédula de crédito rural é direto, ou seja, há a participação da instituição de crédito no negócio firmado entre essas e o produtor rural, ao contrário do que ocorre com as notas promissórias e duplicatas rurais, nas quais as instituições financeiras não participam da relação jurídica originária, ingressando na relação cambial apenas durante o ciclo de circulação do título de crédito (nota promissória e duplicata rural). Frise-se ainda que, na cédula de crédito rural, o financiamento é viabilizado no interesse do produtor, sendo prática comum que se faça o respectivo pagamento com o resultado da venda da produção. A par disso e atendo-se a pareceres emitidos por comissões parlamentares sobre o projeto de lei que culminou na aprovação da Lei 6.754/1979, bem como à exposição de motivos do referido diploma legal, apresenta-se inexorável a conclusão de que a inclusão dos parágrafos 1º a 4º do art. 60 do Decreto-Lei 167/1967, operada pela Lei 6.754/1979, não teve como alvo as cédulas de crédito rural, sobretudo pelo fato dessa modalidade cambial não ter sido mencionada nas referidas proposições. Ademais, a apontada linha interpretativa é a que melhor atende à função social do contrato, haja vista que, no plano objetivo, diante da impossibilidade de oferecer garantia pessoal (aval), uma gama enorme de pequenos produtores rurais tem acesso ao crédito obstruído ou só o encontra franqueado em linhas de crédito menos vantajosas. Nesse passo, observa-se, como consequência, o encarecimento do crédito rural na medida em que, mantida a vedação à garantia de natureza pessoal para as cédulas de crédito rural, as instituições financeiras passam, na prática, a realizar as mesmas operações, utilizando-se de cédulas de crédito bancário, que admitem o aval. Por fim, não se descura que o art. 11, III, "c", da LC 95/1998 estabelece que "os parágrafos devem traduzir aspectos complementares à norma enunciada no caput do artigo e as exceções à regra por este estabelecida". Contudo, afigura-se imprecisa a invocação da LC 95/1998 para se interpretar o art. 60 do Decreto-Lei 167/1967, uma vez que essa linha hermenêutica parte do arcabouço normativo que visa à orientação do legislador, e não do intérprete. Além disso, não se pode olvidar que as alterações propostas pela Lei 6.754 datam do ano de 1979, ou seja, são muito anteriores à edição da referida Lei Complementar. **REsp 1.483.853-MS, Rel. Min. Moura Ribeiro, julgado em 4/11/2014.** (Inform. STJ 552)

DIREITO EMPRESARIAL. CAPITALIZAÇÃO DE JUROS EM CONTRATOS DE CRÉDITO RURAL. RECURSO REPETITIVO (ART. 543-C DO CPC E RES. 8/2008 DO STJ). A legislação sobre cédulas de crédito rural admite o pacto de capitalização de juros em periodicidade inferior à semestral. Diante da pacificação do tema, publicou-se a Súmula 93 do STJ, segundo a qual "a legislação sobre cédulas de crédito rural, comercial e industrial admite o pacto de capitalização de juros". Assim, nas cédulas de crédito rural, industrial e comercial, a capitalização semestral dos juros possui autorização *ex lege*, não dependendo de pactuação expressa, a qual, por sua vez, é necessária para a incidência de juros em intervalo inferior ao semestral. Essa disciplina não foi alterada pela MP 1.963-17, de 31/3/2000. Com efeito, há muito é pacífico no STJ o entendimento de que, na autorização contida no art. 5º do Decreto-Lei 167/1967, inclui-se a permissão para a capitalização dos juros nas cédulas de crédito rural, ainda que em periodicidade mensal, desde que pactuada no contrato ("as importâncias fornecidas pelo financiador vencerão juros às taxas que o Conselho Monetário Nacional fixar e serão exigíveis em 30 de junho e 31 de dezembro ou no vencimento das prestações, se assim acordado entre as partes; no vencimento do título e na liquidação, por outra forma que vier a ser determinada por aquele Conselho, podendo o financiador, nas datas previstas, capitalizar tais encargos na conta vinculada a operação"). A autorização legal está presente desde a concepção do título de crédito rural pela norma específica, que no particular prevalece sobre o art. 4º do Decreto 22.626/1933 (Lei de Usura), e não sofreu qualquer influência com a edição da MP 1.963-17/2000 (2.170-36/2001). **REsp 1.333.977-MT, Rel. Min. Maria Isabel Gallotti, julgado em 26/2/2014. (Inform. STJ 537)**

DIREITO EMPRESARIAL. AVAL EM CÉDULA DE CRÉDITO RURAL.
Tratando-se de Cédula de Crédito Rural emitida por pessoa física, é nulo o aval prestado por pessoa física estranha ao negócio jurídico garantido. Segundo o art. 60, *caput*, do Decreto-lei 167/1967, são aplicáveis às cédulas de crédito rural as mesmas regras de direito cambiário, no que forem cabíveis, inclusive em relação ao aval, dispensado o protesto para assegurar o direito de regresso contra endossantes e seus avalistas. Contudo, o § 3º do mencionado dispositivo define que são nulas quaisquer garantias reais ou pessoais, salvo quando prestadas pelas pessoas físicas participantes da empresa emitente, pela própria empresa ou por outras pessoas jurídicas. Precedente citado: REsp 599.545-SP, Terceira Turma, DJ 25/10/2007. **REsp 1.353.244-MS, Rel. Min. Sidnei Beneti, julgado em 28/5/2013.** (Inform. STJ 525)

▤ **Súmula STJ nº 298**
O alongamento de dívida originada de crédito rural não constitui faculdade da instituição financeira, mas, direito do devedor nos termos da lei.

▤ **Súmula STJ nº 93**
A legislação sobre cédulas de crédito rural, comercial e industrial admite o pacto de capitalização de juros.

▤ **Súmula STJ nº 16**
A legislação ordinária sobre crédito rural não veda a incidência da correção monetária.

8.6. Cédulas de crédito comercial e industrial

DIREITO EMPRESARIAL E PROCESSUAL CIVIL. EXEQUIBILIDADE DE CÉDULA DE CRÉDITO BANCÁRIO. RECURSO REPETITIVO (ART. 543-C DO CPC E RES. 8/2008-STJ).
A Cédula de Crédito Bancário – título executivo extrajudicial, representativo de operações de crédito de qualquer natureza –, quando acompanhada de claro demonstrativo dos valores utilizados pelo cliente, é meio apto a documentar a abertura de crédito em conta-corrente nas modalidades de crédito rotativo ou cheque especial. Com efeito, a partir da Lei 10.931/2004, em superação à jurisprudência firmada pelo STJ, a Cédula de Crédito Bancário passou a ser título executivo extrajudicial representativo de operações de crédito de qualquer natureza, podendo, assim, ser emitida para documentar a abertura de crédito em conta-corrente. Ressalte-se, contudo, que, para ostentar exequibilidade, o título deve atender às exigências taxativamente elencadas nos incisos do § 2º do art. 28 do mencionado diploma legal. Tese firmada para fins do art. 543-C do CPC: "A Cédula de Crédito Bancário é título executivo extrajudicial, representativo de operações de crédito de qualquer natureza, circunstância que autoriza sua emissão para documentar a abertura de crédito em conta corrente, nas modalidades de crédito rotativo ou cheque especial. O título de crédito deve vir acompanhado de claro demonstrativo acerca dos valores utilizados pelo cliente, trazendo o diploma legal, de maneira taxativa, a relação de exigências que o credor deverá cumprir, de modo a conferir liquidez e exequibilidade à Cédula (art. 28, § 2º, incisos I e II, da Lei n. 10.931/2004)". Precedentes citados: REsp 1.283.621-MS, Segunda Seção, DJe 18/6/2012; AgRg no AREsp 248.784-SP, Quarta Turma, DJe 28/5/2013. **REsp 1.291.575-PR, Rel. Min. Luis Felipe Salomão, julgado em 14/8/2013.** (Inform. STJ 527)

▤ **Súmula STJ nº 93**
A legislação sobre cédulas de crédito rural, comercial e industrial admite o pacto de capitalização de juros.

9. PROPRIEDADE INDUSTRIAL

9.1. Marca

DIREITO EMPRESARIAL. UTILIZAÇÃO DE PROPAGANDA COMPARATIVA. É lícita a propaganda comparativa entre produtos alimentícios de marcas distintas e de preços próximos no caso em que: a comparação tenha por objetivo principal o esclarecimento do consumidor; as informações veiculadas sejam verdadeiras, objetivas, não induzam o consumidor a erro, não depreciem o produto ou a marca, tampouco sejam abusivas (art. 37, § 2º, do CDC); e os produtos e marcas comparados não sejam passíveis de confusão. Com efeito, a propaganda comparativa é a forma de publicidade que identifica explícita ou implicitamente concorrentes de produtos ou serviços afins, consagrando-se, em verdade, como um instrumento de decisão do público consumidor. Embora não haja lei vedando ou autorizando expressamente a publicidade comparativa, o tema sofre influência das legislações consumerista e de propriedade industrial nos âmbitos marcário e concorrencial. Pelo prisma dos arts. 6º, III e IV, 36 e 37, do CDC, a publicidade comparativa não é vedada, desde que obedeça ao princípio da veracidade das informações, seja objetiva, e não seja abusiva. Segundo entendimento doutrinário, para que a propaganda comparativa viole o direito marcário do concorrente, as marcas devem ser passíveis de confusão ou a referência da marca deve estar cumulada com ato depreciativo da imagem de seu produto, acarretando a degenerescência e o consequente desvio de clientela. Além do mais, a doutrina também ensina que a tendência atual é no sentido de permitir a publicidade comparativa, desde que: a) o seu conteúdo seja objetivo – isto é, que se mostre sem enganosidade ou abusividade, confrontando dados e características essenciais e verificáveis (que não sejam de apreciação exclusivamente subjetiva) –, não se admitindo a comparação que seja excessivamente geral; b) não seja enganosa (no sentido de possibilitar a indução em erro dos consumidores e destinatários da mensagem); c) não veicule informação falsa em detrimento do concorrente; e d) distinga de modo claro as marcas exibidas, sem dar ensejo a confusão entre os destinatários da mensagem e sem contribuir para a degenerescência de marca notória. De mais a mais, a Resolução 126/1996, III, do Mercosul e o art. 32 do Código Brasileiro de Autorregulamentação Publicitária (CBAP) também mencionam, como limite à propaganda comparativa – além do fato de não se poder estabelecer confusão entre os produtos ou marcas e de não ser permitido denegrir o objeto da comparação – que o seu principal objetivo seja o esclarecimento da informação ao consumidor. Além disso, a jurisprudência do STJ já se pronunciou no sentido de que a finalidade da proteção ao uso das marcas – garantida pelo disposto no art. 5°, XXIX, da CF e regulamentada pelo art. 129 da LPI – é dupla: por um lado a protege contra usurpação, proveito econômico parasitário e o desvio desleal de clientela alheia e, por outro, evita que o consumidor seja confundido quanto à procedência do produto (REsp 1.105.422-MG, Terceira Turma, DJe 18/5/2011; e REsp 1.320.842-PR, Quarta Turma, DJe 1/7/2013). Entender de modo diverso seria impedir a livre iniciativa e a livre concorrência (arts. 1°, IV, 170, *caput*, e IV, da CF), ensejando restrição desmedida à atividade econômica e publicitária, o que implicaria retirar do consumidor acesso às informações referentes aos produtos comercializados e o poderoso instrumento decisório, não sendo despiciendo lembrar que o direito da concorrência tem como finalidade última o bem-estar do consumidor. **REsp 1.377.911-SP, Rel. Min. Luis Felipe Salomão, julgado em 2/10/2014. (Inform. STJ 550)**

DIREITO EMPRESARIAL. DIREITO DE USO EXCLUSIVO DE MARCA REGISTRADA. O uso, por quem presta serviço de ensino regular, da mesma marca anteriormente registrada, na classe dos serviços de educação, por quem presta, no mesmo Município, serviços de orientação e reeducação pedagógica a alunos com dificuldades escolares viola o direito de uso exclusivo de marca. O registro da marca, embora garanta proteção nacional à exploração exclusiva por parte do titular, encontra limite no princípio da especialidade, que restringe a exclusividade de utilização do signo a um mesmo nicho de produtos e serviços. Assim, uma mesma marca pode ser utilizada por titulares distintos se não houver qualquer possibilidade de se confundir o consumidor. Para se verificar a possibilidade de confusão na utilização da mesma marca por diferentes fornecedores de produtos e serviços, deve ser observada, inicialmente, a Classificação Internacional de Produtos e de Serviços, utilizada pelo INPI como parâmetro para concessão ou não do registro de uma marca. É verdade que a tabela de classes não deve ser utilizada de forma absoluta para fins de aplicação do princípio da especialidade, servindo apenas como parâmetro inicial na análise de possibilidade de confusão. Porém, na hipótese, embora os serviços oferecidos sejam distintos, eles são complementares, pois têm finalidades idênticas, além de ocuparem os mesmos canais de comercialização. **REsp 1.309.665-SP, Rel. Min. Paulo de Tarso Sanseverino, julgado em 4/9/2014. (Inform. STJ 548)**

DIREITO EMPRESARIAL. PRECEDÊNCIA DE NOME EMPRESARIAL QUE NÃO IMPLICA DIREITO AO REGISTRO DE MARCA. A sociedade empresária fornecedora de medicamentos cujos atos constitutivos tenham sido registrados em Junta Comercial de um Estado antes do registro de marca no Instituto Nacional da Propriedade Industrial (INPI) por outra sociedade que presta serviços médicos em outro Estado, não tem direito ao registro de marca de mesma escrita e fonética, ainda que a marca registrada coincida com seu nome empresarial. Isso porque as formas de proteção ao nome empresarial e à marca comercial não se confundem. A tutela daquele se circunscreve à unidade federativa de competência da Junta Comercial em que registrados os atos constitutivos da empresa, podendo ser estendida a todo o território nacional, desde que feito pedido complementar de arquivamento nas demais Juntas Comerciais. Por sua vez, a proteção à marca obedece ao sistema atributivo, sendo adquirida pelo registro validamente expedido pelo INPI, que assegura ao titular seu uso exclusivo em todo o território nacional, nos termos do art. 129, *caput* e § 1°, da Lei 9.279/1996 (LPI). Conforme esclarecido pela Terceira Turma do STJ, "A interpretação do art. 124, V, da LPI que melhor compatibiliza os institutos da marca e do nome comercial é no sentido de que, para que a reprodução ou imitação de elemento característico ou diferenciado de nome empresarial de terceiros constitua óbice ao registro de marca – que possui proteção nacional –, necessário, nessa ordem: (i) que a proteção ao nome empre-

sarial não goze somente de tutela restrita a alguns Estados, mas detenha a exclusividade sobre o uso do nome em todo o território nacional e (ii) que a reprodução ou imitação seja 'suscetível de causar confusão ou associação com estes sinais distintivos'. Não sendo essa, incontestavelmente, a hipótese dos autos, possível a convivência entre o nome empresarial e a marca, cuja colidência foi suscitada" (REsp 1.204.488-RS, DJe 2/3/2011). Além disso, não cabe a aplicação ao caso do art. 8° da Convenção da União de Paris de 1883 (CUP), pois o escopo desse dispositivo é assegurar a proteção do nome empresarial de determinada sociedade em país diverso que o seu de origem, que seja signatário da CUP, e não em seu país de origem, onde se deve atentar às leis locais. Nesse sentido, não se pode olvidar que o art. 1.166 do CC estabelece que "A inscrição do empresário, ou dos atos constitutivos das pessoas jurídicas, ou as respectivas averbações, no registro próprio, asseguram o uso exclusivo do nome nos limites do respectivo Estado". Já o art. 124, XIX, da LPI veda o registro de marca que reproduza outra preexistente, ainda que em parte e com acréscimo, "suscetível de causar confusão ou associação com marca alheia". Nessa toada, a finalidade da proteção ao uso das marcas é dupla: por um lado protegê-la contra usurpação, proveito econômico parasitário e o desvio desleal de clientela alheia e, por outro, evitar que o consumidor seja confundido (REsp 1.105.422-MG, Terceira Turma, DJe 18/5/2011). Ademais, sem perder de vista o enfoque pelo ângulo do direito marcário, a possibilidade de confusão e/ou associação entre as marcas é notória, por possuírem identidade fonética e escrita quanto ao elemento nominativo e ambas se destinarem ao segmento mercadológico médico. **REsp 1.184.867-SC, Rel. Min. Luis Felipe Salomão, julgado em 15/5/2014. (Inform. STJ 548)**

DIREITO EMPRESARIAL. NECESSIDADE DE OBSERVÂNCIA DA PADRONIZAÇÃO DOS PRODUTOS E SERVIÇOS NO CASO DE LICENÇA DE USO DE MARCA. É possível ao titular do registro de marca, após conceder licença de uso, impedir a utilização da marca pelo licenciado quando não houver observância à nova padronização dos produtos e dos serviços, ainda que o uso da marca tenha sido autorizado sem condições ou efeitos limitadores. De fato, o licenciamento de uso autoriza o titular do registro da marca a exercer controle sobre as especificações, natureza e qualidade dos produtos ou serviços prestados pelo licenciado, conforme disposto no art. 139 da Lei 9.279/1996. A marca é mais que mera denominação: traz em si o conceito do produto ou serviço que carrega, identificando-o e garantindo seu desempenho e eficiência; possui feição concorrencial, distinguindo-a em relação às marcas dos concorrentes; facilita o reconhecimento e a captação de clientes; diminui o risco para a clientela, que conta com a padronização dos produtos, serviços, atendimento e demais atributos que a cercam. Assim, com a licença de uso, o licenciado compromete-se, *ex lege*, a preservar a integridade e a reputação da marca, obrigando-se a zelar por ela. Ao licenciante assiste o direito de exercer controle efetivo sobre a atenção do licenciado em relação ao zelo da marca que usa. Dessa forma, a não observância dos padrões dos produtos e serviços pelo licenciado para o uso da marca demonstra seu uso indevido e autoriza a tutela inibitória para impedir a utilização. Ademais, mostra-se irrelevante o fato acerca da inexistência de condições ou efeitos limitadores na autorização de uso, pois é da essência da própria marca que, quando utilizada por terceiros, tenha suas características respeitadas, pois a inobservância dos traços distintivos desvirtua a sua existência. **REsp 1.387.244-DF, Rel. Min. João Otávio de Noronha, julgado em 25/2/2014. (Inform. STJ 538)**

DIREITO CIVIL E EMPRESARIAL. TERMO INICIAL DO PRAZO PRESCRICIONAL PARA PLEITEAR INDENIZAÇÃO DECORRENTE DO USO DE MARCA INDUSTRIAL QUE IMITE OUTRA PREEXISTENTE.
O termo inicial do prazo prescricional de cinco anos (art. 225 da Lei 9.279/1996) para pleitear indenização pelos

prejuízos decorrentes do uso de marca industrial que imite outra preexistente, suscetível de causar confusão ou associação com marca alheia registrada (art. 124, XIX), é a data da violação do direito à propriedade industrial e se renova enquanto houver o indevido uso. Isso porque o prazo prescricional começa a correr tão logo nasça a pretensão, a qual tem origem com a violação do direito subjetivo, o direito de propriedade industrial. Ademais, considerando que a citada violação é permanente, enquanto o réu continuar a utilizar marca alheia registrada, diariamente o direito será violado, nascendo nova pretensão indenizatória, motivo pelo qual não há como reconhecer que a pretensão do autor estava prescrita quando do ajuizamento da demanda. REsp 1.320.842-PR, Rel. Min. Luis Felipe Salomão, julgado em 14/5/2013. (Inform. STJ 525)

DIREITO EMPRESARIAL. MITIGAÇÃO DA EXCLUSIVIDADE DECORRENTE DO REGISTRO NO CASO DE MARCA EVOCATIVA.

Ainda que já tenha sido registrada no INPI, a marca que constitui vocábulo de uso comum no segmento mercadológico em que se insere – associado ao produto ou serviço que se pretende assinalar – pode ser utilizada por terceiros de boa-fé. Com efeito, marcas evocativas, que constituem expressão de uso comum, de pouca originalidade, atraem a mitigação da regra de exclusividade decorrente do registro, possuindo um âmbito de proteção limitado. Isso porque o monopólio de um nome ou sinal genérico em benefício de um comerciante implicaria exclusividade inadmissível a favorecer a detenção e o exercício do comércio de forma única, com prejuízo não apenas à concorrência empresarial – impedindo os demais industriais do ramo de divulgarem a fabricação de produtos semelhantes através de expressões de conhecimento comum, obrigando-os a buscar nomes alternativos estranhos ao domínio público –, mas sobretudo ao mercado geral, que teria dificuldades para identificar produtos similares aos do detentor da marca. Nesse sentido, a Lei 9.279/1996, que regula direitos e obrigações relativos à propriedade industrial, em seu art. 124, VI, dispõe não ser registrável como marca sinal de caráter genérico, necessário, vulgar ou simplesmente descritivo, quando tiver relação com o produto ou serviço a distinguir, ou aquele empregado comumente para designar uma característica do produto ou serviço. Vale destacar que a linha que divide as marcas genéricas – não sujeitas a registro – das evocativas é extremamente tênue, por vezes imperceptível, fruto da própria evolução ou desenvolvimento do produto ou serviço no mercado. Há expressões, por exemplo, que, não obstante estejam diretamente associadas a um produto ou serviço, de início não estabelecem com este uma relação de identidade tão próxima ao ponto de serem empregadas pelo mercado consumidor como sinônimas. Com o transcorrer do tempo, porém, à medida que se difundem no mercado, o produto ou serviço podem vir a estabelecer forte relação com a expressão, que passa a ser de uso comum, ocasionando sensível redução do seu caráter distintivo. Nesses casos, expressões que, a rigor, não deveriam ser admitidas como marca – por força do óbice contido no art. 124, VI, da Lei 9.279/1996 – acabam sendo registradas pelo INPI, ficando sujeitas a terem sua exclusividade mitigada. Precedente citado: REsp 1.166.498-RJ, Terceira Turma, DJe 30/3/2011. REsp 1.315.621-SP, Rel. Min. Nancy Andrighi, julgado em 4/6/2013. (Inform. STJ 526)

DIREITO PROCESSUAL CIVIL. CUMULAÇÃO DO PEDIDO DE RECONHECIMENTO DE NULIDADE DE REGISTRO MARCÁRIO COM O DE REPARAÇÃO DE DANOS.

É indevida a cumulação, em um mesmo processo, do pedido de reconhecimento de nulidade de registro marcário com o de reparação de danos causados por particular que teria utilizado indevidamente marca de outro particular. Tendo em vista o disposto no art. 109, I, da CF, a análise do pedido anulatório é de competência da Justiça Federal, pois há interesse do INPI. A lide reparatória, entretanto, não envolve a entidade autárquica federal, cuidando-se de demanda entre particulares, cuja apreciação compete à Justiça Estadual. Desse modo, não é possível a acumulação de pedidos, porquanto, na forma do artigo 292, § 1º, II, do CPC, esta só é possível na hipótese em que o mesmo juízo é competente para de todos conhecer. REsp 1.188.105-RJ, Rel. Min. Luis Felipe Salomão, julgado em 5/3/2013. (Inform. STJ 519)

DIREITO EMPRESARIAL. POSSIBILIDADE DE OBTENÇÃO DE UMA DECLARAÇÃO GERAL E ABSTRATA DO INPI REFERENTE À CARACTERIZAÇÃO DE UMA MARCA COMO DE ALTO RENOME.

É legítimo o interesse do titular de uma marca em obter do INPI, pela via direta, uma declaração geral e abstrata de que sua marca é de alto renome. A denominada "marca de alto renome", prevista no art. 125 da Lei de Propriedade Industrial, consiste em um temperamento do princípio da especialidade, pois confere à marca proteção em todos os ramos de atividade. Tal artigo não estabeleceu os requisitos necessários à caracterização do alto renome de uma marca, de modo que a regulamentação do tema ficou a cargo do INPI. Atualmente, a sistemática imposta pela aludida autarquia, por meio da Resolução n. 121/2005, somente admite que o interessado obtenha o reconhecimento do alto renome pela via incidental, a partir do momento em que houver a prática, por terceiros, de atos potencialmente capazes de violar a marca. Inexiste, portanto, um procedimento administrativo tendente à obtenção de uma declaração direta e abstrata. Parte da doutrina entende que o alto renome não dependeria de registro. Nessa concepção, a marca que possuísse a condição de alto renome no plano fático seria absoluta, de sorte que ninguém, em sã consciência, poderia desconhecê-la. Entretanto, ainda que uma determinada marca seja de alto renome, até que haja uma declaração oficial nesse sentido, essa condição será ostentada apenas em tese. Dessa forma, mesmo que exista certo consenso de mercado acerca do alto renome, esse atributo depende da confirmação daquele a quem foi conferido o poder de disciplinar a propriedade industrial no Brasil, declaração que constitui um direito do titular, inerente ao direito constitucional de proteção integral da marca, não apenas para que ele tenha a certeza de que sua marca de fato possui essa peculiaridade, mas, sobretudo, porque ele pode - e deve - atuar preventivamente no sentido de preservar e proteger o seu patrimônio intangível, sendo desproposital pensar que o interesse de agir somente irá surgir com a efetiva violação. Deve-se considerar, ainda, que o reconhecimento do alto renome só pela via incidental imporia ao titular um ônus injustificado, de constante acompanhamento dos pedidos de registro de marcas a fim de identificar eventuais ofensas ao seu direito marcário. Ademais, não se pode perder de vista que muitas vezes sequer ocorre a tentativa de depósito da marca ilegal junto ao INPI, até porque, em geral, o terceiro sabe da inviabilidade de registro, em especial quando a colidência se dá com marca de alto renome. Nesses casos, a controvérsia não chega ao INPI, impedindo que o titular da marca adote qualquer medida administrativa incidental visando à declaração do alto renome. Acrescente-se, por oportuno, que, ao dispor que "a proteção de marcas de alto renome não dependerá de registro na jurisdição em que é reivindicada", a *Association Internationale pour la Protection de la Propriété Industrielle* (AIPPI) não isentou; ou pelo menos não impediu; essas marcas de registro, tampouco afirmou que essa condição; de alto renome - independeria de uma declaração oficial; apenas salientou que elas estariam resguardadas mesmo sem prévio registro, ou seja, prevaleceriam sobre marcas colidentes, ainda que estas fossem registradas anteriormente. REsp 1.162.281-RJ, Rel. Min. Nancy Andrighi, julgado em 19/2/2013. (Inform. STJ 517)

DIREITO EMPRESARIAL. IMPOSSIBILIDADE DE O PODER JUDICIÁRIO RECONHECER, ANTES DA MANIFESTAÇÃO DO INPI, A CARACTERIZAÇÃO DE UMA MARCA COMO DE ALTO RENOME.
Caso inexista uma declaração administrativa do INPI a respeito da caracterização, ou não, de uma marca como sendo de alto renome, não pode o Poder Judiciário conferir, pela via judicial, a correspondente proteção especial. A lacuna existente na Resolução n. 121/2005 -; que prevê a declaração do alto renome de uma marca apenas pela via incidental -; configura omissão do INPI na regulamentação do art. 125 da LPI, situação que justifica a intervenção do Poder Judiciário. Entretanto, até que haja a manifestação do INPI pela via direta, a única ilegalidade praticada será a inércia da Administração Pública. Assim, é incabível, ao menos nesse momento, a ingerência do Poder Judiciário no mérito do ato omissivo, competindo-lhe, caso provocado, a adoção de medidas tendentes a ocasionar a manifestação do INPI. Desse modo, na ausência de uma declaração administrativa da referida autarquia, a decisão judicial que reconhece o alto renome de uma marca caracteriza usurpação de atividade que legalmente compete àquele órgão, consistindo em violação da tripartição dos poderes do Estado, assegurada pelo art. 2º da CF/1988. **REsp 1.162.281-RJ**, Rel. Min. Nancy Andrighi, julgado em 19/2/2013. (Inform. STJ 517).

DIREITO EMPRESARIAL. IMPOSSIBILIDADE DE IMPORTAÇÃO PARALELA DE UÍSQUE DE MARCA ESTRANGEIRA SEM O CONSENTIMENTO DO TITULAR DA MARCA.
Não é possível a realização de "importação paralela" de uísque de marca estrangeira para o Brasil na hipótese em que o titular da marca se oponha à importação, mesmo que o pretenso importador já tenha realizado, em momento anterior à oposição, "importações paralelas" dos mesmos produtos de maneira consentida e legítima. O titular de determinada marca estrangeira e o seu distribuidor no Brasil podem firmar entre si um contrato de distribuição com cláusula de exclusividade territorial, de modo que aquele distribuidor contratante detenha a garantia de exclusividade na distribuição dos produtos daquela marca no território brasileiro. Nesse contexto, ocorre a chamada "importação paralela" na hipótese em que outro distribuidor - que não tenha acordado cláusula de exclusividade na distribuição dos produtos da marca no território nacional - adquira, no estrangeiro - isto é, fora dos circuitos de distribuição exclusiva -, produtos originais daquela mesma marca estrangeira para a venda no Brasil, considerando o fato de que terceiros não estão obrigados aos termos de contrato celebrado entre o fornecedor e o seu distribuidor brasileiro exclusivo. Nesse caso, a mercadoria entra na área protegida não porque houve venda direta ou atuação invasiva de outro distribuidor, mas porque um adquirente "de segundo grau", que comprou o bem do próprio titular ou de outro concessionário da mesma marca, revendeu-o no território reservado. No tocante ao regramento dado pelo sistema jurídico brasileiro às hipóteses de "importação paralela", deve-se indicar que o art. 132, III, da Lei n. 9.279/1996 proíbe que o titular da marca impeça a livre circulação de produtos originais colocados no mercado interno por ele próprio ou por outrem com o seu consentimento. Ou seja, permitiu-se a chamada comercialização paralela interna ou nacional, hipótese em que, após a primeira venda do produto no mercado interno, o direito sobre a marca se esgota, de modo que o titular da marca não poderá mais invocar o direito de exclusividade para impedir as vendas subsequentes. Com isso, a nova Lei da Propriedade Industrial incorporou ao sistema jurídico brasileiro o conceito de exaustão nacional da marca, segundo o qual o esgotamento do direito sobre a marca somente se dá após o ingresso consentido do produto no mercado nacional, o que implica afirmar que o titular da marca ainda detém direitos sobre ela até o ingresso legítimo do produto no país. Dessa maneira, o titular da marca internacional tem, em princípio, o direito de exigir o seu consentimento para a "importação paralela" dos produtos de sua marca para o mercado nacional. Como ressalva, ademais, cabe afirmar que certos casos, como o dos medicamentos, podem vir a receber tratamento legal diferenciado, imposto por necessidades específicas determinadas por cada Estado, especialmente relacionadas à necessidade de fornecimento de determinados produtos à população, de estímulo à concorrência para evitar a formação de monopólios ou cartéis ou de atendimento privilegiado de determinadas áreas do consumo. Não se cogita, no entanto, nenhuma dessas hipóteses no caso em que se está diante de importação de uísque, produto desprovido de fornecimento imprescindível e que, além disso, possui farto fornecimento por diversos produtores e marcas em salutar concorrência no mercado nacional. **REsp 1.200.677-CE**, Rel. Min. Sidnei Beneti, julgado em 18/12/2012. (Inform. STJ 514).

DIREITO EMPRESARIAL. PROTEÇÃO DE MARCA NOTÓRIA. EFEITOS *EX NUNC*.
A proteção de marca notória registrada no INPI produz efeitos ex nunc, não atingindo registros regularmente constituídos em data anterior. O direito de exclusividade ao uso da marca em decorrência do registro no INPI, excetuadas as hipóteses de marcas notórias, é limitado à classe para a qual foi deferido, não abrangendo produtos não similares, enquadrados em outras classes. O registro da marca como notória, ao afastar o princípio da especialidade, confere ao seu titular proteção puramente defensiva e acautelatória, a fim de impedir futuros registros ou uso por terceiros de outras marcas iguais ou parecidas, não retroagindo para atingir registros anteriores. Precedente citado: REsp 246.652-RJ, DJ 16/4/2007. **AgRg no REsp 1.163.909-RJ**, Rel. Min. Massami Uyeda, julgado em 2/10/2012. (Inform. STJ 505)

Súmula STJ nº 143
Prescreve em cinco anos a ação de perdas e danos pelo uso de marca comercial.

9.2. PATENTE

DIREITO EMPRESARIAL. REQUISITOS DE VALIDADE DE PATENTE DE REVALIDAÇÃO. Uma patente pipeline concedida no exterior e revalidada no Brasil não pode ser anulada ao fundamento de falta de um dos requisitos de mérito do art. 8º da Lei 9.279/1996 (Lei de Propriedade Industrial – LPI), mas apenas por ausência de requisito especificamente aplicável a ela (como, por exemplo, por falta de pagamento da anuidade no Brasil) ou em razão de irregularidades formais. Da leitura dos arts. 230 e 231 da LPI e de acordo com doutrina especializada, uma vez concedida a patente *pipeline* por outra jurisdição, ela não poderá ser anulada invocando-se a ausência de um dos requisitos de mérito previstos no art. 8º da LPI para a concessão das patentes ordinárias (novidade, atividade inventiva e aplicação industrial). Precedentes citados: REsp 1.145.637-RJ, Terceira Turma, DJe 8/2/2010; e REsp 1.092.139-RJ, Terceira Turma, DJe 4/11/2010. **REsp 1.201.454-RJ**, Rel. Min. Ricardo Villas Bôas Cueva, julgado em 14/10/2014. (Inform. STJ 550)

10. AÇÕES, PROCESSO CIVIL

DIREITO CIVIL E EMPRESARIAL. PRAZO PRESCRICIONAL DAS AÇÕES DE INDENIZAÇÃO CONTRA ARMAZÉNS GERAIS.
Nas ações de indenização contra armazéns gerais, o prazo prescricional é de três meses. Isso porque o disposto no art. 11 do Dec. 1.102/1903 é norma especial em relação ao art. 177 do CC/1916. Precedentes citados: REsp 767.246-RJ, Quarta Turma, DJ 27/11/2006; REsp 89.494-MG, Quarta Turma, DJ de 29/8/2005. **AgRg no REsp 1.186.115-RJ, Rel. Min. Isabel Gallotti, julgado em 14/5/2013.** (Inform. STJ 525)

Súmula STJ nº 451
É legítima a penhora da sede do estabelecimento comercial.

Súmula STJ nº 389
A comprovação do pagamento do "custo do serviço" referente ao fornecimento de certidão de assentamentos constantes dos livros da companhia é requisito de procedibilidade da ação de exibição de documentos ajuizada em face da sociedade anônima.

Súmula STJ nº 384
Cabe ação monitória para haver saldo remanescente oriundo de venda extrajudicial de bem alienado fiduciariamente em garantia.

Súmula STJ nº 380
A simples propositura da ação de revisão de contrato não inibe a caracterização da mora do autor.

Súmula STJ nº 375
O reconhecimento da fraude à execução depende do registro da penhora do bem alienado ou da prova de má-fé do terceiro adquirente.

Súmula STJ nº 372
Na ação de exibição de documentos, não cabe a aplicação de multa cominatória.

Súmula STJ nº 322
Para a repetição de indébito, nos contratos de abertura de crédito em conta-corrente, não se exige a prova do erro.

Súmula STJ nº 300
O instrumento de confissão de dívida, ainda que originário de contrato de abertura de crédito, constitui título executivo extrajudicial.

Súmula STJ nº 299
É admissível a ação monitória fundada em cheque prescrito.

Súmula STJ nº 270
O protesto pela preferência de crédito, apresentado por ente federal em execução que tramita na Justiça Estadual, não desloca a competência para a Justiça Federal.

Súmula STJ nº 199
Na execução hipotecária de crédito vinculado ao sistema financeiro da habitação, nos termos da Lei n. 5.741/71, a petição inicial deve ser instruída com, pelo menos, dois avisos de cobrança.

Súmula STJ nº 143
Prescreve em cinco anos a ação de perdas e danos pelo uso de marca comercial.

Súmula STJ nº 39
Prescreve em vinte anos a ação para haver indenização, por responsabilidade civil, de sociedade de economia mista.

11. OUTROS TEMAS DE DIREITO EMPRESARIAL

DIREITO EMPRESARIAL. LEGITIMIDADE DA BRASIL TELECOM S/A PARA RESPONDER PELOS ATOS PRATICADOS PELA TELESC. RECURSO REPETITIVO (ART. 543-C DO CPC E RES. 8/2008-STJ).
A Brasil Telecom S/A tem legitimidade para responder pelos atos praticados pela Telesc quanto a credores cujo título não tiver sido constituído até o ato de incorporação, independentemente de se referir a obrigações anteriores a ele. Isso porque a sucessão, por incorporação, de empresas determina a extinção da personalidade jurídica da incorporada, com a transmissão de seus direitos e obrigações à incorporadora. De fato, a incorporação, conforme o art. 227 da Lei 6.404/1976 e o art. 1.116 do CC, é a operação pela qual uma ou mais sociedades são absorvidas por outra, que lhes sucede em todos os direitos e obrigações. Por esse instituto, em linhas gerais, determinada sociedade empresarial, a incorporadora, engloba outra, a incorporada, integrando ao seu patrimônio tanto o ativo quanto o passivo da incorporada, a qual terá extinta sua personalidade jurídica, conforme se extrai dos enunciados normativos dos arts. 219 e 227, § 3º, da Lei 6.404/1976 e do art. 1.118 do CC. Dessa forma, fica claro que a incorporação caracteriza-se, essencialmente, por dois requisitos: a absorção total do patrimônio da incorporada pela incorporadora (todos os direitos e obrigações) e a extinção da personalidade jurídica da incorporada. Assim, deve-se reconhecer a legitimidade da sociedade empresária sucessora, por incorporação, para responder pelos atos da incorporada, inclusive quanto a credores cujo título não esteja constituído até o ato de incorporação, independentemente de se referir a obrigações anteriores a ele. **REsp 1.322.624-SC, Rel. Ministro Paulo de Tarso Sanseverino, julgado em 12/6/2013.** (Inform. STJ 522)

Súmula STF nº 646
Ofende o princípio da livre concorrência lei municipal que impede a instalação de estabelecimentos comerciais do mesmo ramo em determinada área.

Súmula STF nº 645
É competente o município para fixar o horário de funcionamento de estabelecimento comercial.

Súmula STJ nº 227
A pessoa jurídica pode sofrer dano moral.

9. DIREITO DO TRABALHO

1. CONTRATO DE TRABALHO

REPERCUSSÃO GERAL EM RE N. 635.546-MG
RELATOR: MIN. MARCO AURÉLIO
ISONOMIA - PRESTAÇÃO DE SERVIÇO TERCEIRIZADO - EMPREGADOS DO QUADRO FUNCIONAL DA TOMADORA - ADMISSIBILIDADE DO TRATAMENTO IGUALITÁRIO NA ORIGEM - RECURSO EXTRAORDINÁRIO - REPERCUSSÃO GERAL CONFIGURADA. Possui repercussão geral a controvérsia acerca da possibilidade de se reconhecer aos empregados terceirizados os mesmos direitos conferidos aos trabalhadores contratados pela tomadora dos serviços e vinculados à Administração Pública, a teor do princípio da isonomia e da proibição preceituada no artigo 7º, inciso XXXII, da Carta Maior, no que tange à distinção laborativa. (Inform. STF 625)

DIREITO CIVIL. DANO MORAL. PRIVAÇÃO DO TRABALHO POR DANO AMBIENTAL.
A privação das condições de trabalho em decorrência de dano ambiental configura dano moral. Estando o trabalhador impossibilitado de trabalhar, revela-se patente seu sofrimento, angústia e aflição. O ócio indesejado imposto pelo acidente ambiental gera a incerteza quanto à viabilidade futura de sua atividade profissional e manutenção própria e de sua família. Precedente citado: REsp 1.114.398-PR, DJe 16/2/2012 (REPETITIVO). **REsp 1.346.430-PR, Rel. Min. Luis Felipe Salomão, julgado em 18/10/2012. (Inform. STJ 507)**

2. JORNADA DE TRABALHO

Art. 384 da CLT e recepção pela CF/1988 - 1
O art. 384 da CLT ["Em caso de prorrogação do horário normal, será obrigatório um descanso de quinze (15) minutos no mínimo, antes do início do período extraordinário do trabalho"] foi recepcionado pela CF/1988 e se aplica a todas as mulheres trabalhadoras. Essa a conclusão do Plenário que, por maioria, desproveu recurso extraordinário em que discutida a compatibilidade do referido dispositivo com a Constituição vigente, à luz do princípio da isonomia, para fins de pagamento, pela empresa empregadora, de indenização referente ao intervalo de 15 minutos, com adicional de 50% previsto em lei. Preliminarmente, o Colegiado, por decisão majoritária, rejeitou questão de ordem, suscitada pelo Ministro Marco Aurélio, no sentido de não haver quórum para julgamento, tendo em conta se tratar de conflito de norma com a Constituição, e a sessão contar com menos de oito integrantes. No ponto, o Ministro Celso de Mello frisou que não se cuidaria de juízo de constitucionalidade, mas de discussão em torno do direito pré-constitucional. Assim, o juízo da Corte seria positivo ou negativo de recepção. Vencido o suscitante. No mérito, o Colegiado ressaltou que a cláusula geral da igualdade teria sido expressa em todas as Constituições brasileiras, desde 1824. Entretanto, somente com a CF/1934 teria sido destacado, pela primeira vez, o tratamento igualitário entre homens e mulheres. Ocorre que a essa realidade jurídica não teria garantido a plena igualdade entre os sexos no mundo dos fatos. Por isso, a CF/1988 teria explicitado, em três mandamentos, a garantia da igualdade. Assim: a) fixara a cláusula geral de igualdade, ao prescrever que todos são iguais perante a lei, sem distinção de qualquer natureza; b) estabelecera cláusula específica de igualdade de gênero, ao declarar que homens e mulheres são iguais em direitos e obrigações; e c) excepcionara a possibilidade de tratamento diferenciado, que seria dado nos termos constitucionais. Por sua vez, as situações expressas de tratamento desigual teriam sido dispostas formalmente na própria Constituição, a exemplo dos artigos 7º, XX; e 40, § 1º, III, a e b. Desse modo, a Constituição se utilizara de alguns critérios para o tratamento diferenciado. Em primeiro lugar, considerara a histórica exclusão da mulher do mercado regular de trabalho e impusera ao Estado a obrigação de implantar políticas públicas, administrativas e legislativas de natureza protetora no âmbito do direito do trabalho. Além disso, o texto constitucional reputara existir componente biológico a justificar o tratamento diferenciado, tendo em vista a menor resistência física da mulher. Ademais, levara em conta a existência de componente social, pelo fato de ser comum o acúmulo de atividades pela mulher no lar e no ambiente de trabalho. No caso, o dispositivo legal em comento não retrataria mecanismo de compensação histórica por discriminações socioculturais, mas levara em conta os outros dois critérios (componentes biológico e social). O Plenário assinalou que esses parâmetros constitucionais legitimariam tratamento diferenciado, desde que a norma instituidora ampliasse direitos fundamentais das mulheres e atendesse ao princípio da proporcionalidade na compensação das diferenças.
RE 658312/SC, rel. Min. Dias Toffoli, 27.11.2014. (RE-658312)

Art. 384 da CLT e recepção pela CF/1988 - 2
O Colegiado reputou que, ao se analisar o teor da norma discutida, seria possível inferir que ela trataria de forma proporcional de aspectos de evidente desigualdade, ao garantir período mínimo de descanso de 15 minutos antes da jornada extraordinária de trabalho à mulher. Embora, com o tempo, tivesse ocorrido a supressão de alguns dispositivos a cuidar da jornada de trabalho feminina na CLT, o legislador teria mantido a regra do art. 384, a fim de garantir à mulher diferenciada proteção, dada sua identidade biossocial peculiar. Por sua vez, não existiria fundamento sociológico ou comprovação por dados estatísticos a amparar a tese de que essa norma dificultaria ainda mais a inserção da mulher no mercado de trabalho. O discrímen não violaria a universalidade dos direitos do homem, na medida em que o legislador vislumbrara a necessidade de maior proteção a um grupo de trabalhadores, de forma justificada e proporcional. Inexistiria, outrossim, violação da Convenção sobre a Eliminação de Todas as Formas de Discriminação contra a Mulher, recepcionada pela Constituição, que

proclamara, inclusive, outros direitos específicos das mulheres: a) nas relações familiares, ao coibir a violência doméstica; e b) no mercado de trabalho, ao proibir a discriminação e garantir proteção especial mediante incentivos específicos. Dessa forma, tanto as disposições constitucionais como as infraconstitucionais não impediriam tratamentos diferenciados, desde que existentes elementos legítimos para o discrímen e que as garantias fossem proporcionais às diferenças existentes entre os gêneros ou, ainda, definidas por conjunturas sociais. Na espécie, não houvera tratamento arbitrário em detrimento do homem. A respeito, o Colegiado anotou outras espécies normativas em que concebida a igualdade não a partir de sua formal acepção, mas como um fim necessário em situações de desigualdade: direitos trabalhistas extensivos aos trabalhadores não incluídos no setor formal; licença maternidade com prazo superior à licença paternidade; prazo menor para a mulher adquirir direito à aposentadoria por tempo de serviço e contribuição; obrigação de partidos políticos reservarem o mínimo de 30% e o máximo de 70% para candidaturas de cada sexo; proteção especial para mulheres vítimas de violência doméstica; entre outras. Além disso, a jurisprudência da Corte entenderia possível, em etapa de concurso público, exigir-se teste físico diferenciado para homens e mulheres quando preenchidos os requisitos da necessidade e da adequação para o discrímen. Não obstante, o Colegiado concluiu que, no futuro, poderia haver efetivas e reais razões fáticas e políticas para a revogação da norma, ou mesmo para ampliação do direito a todos os trabalhadores.
RE 658312/SC, rel. Min. Dias Toffoli, 27.11.2014. (RE-658312)

Art. 384 da CLT e recepção pela CF/1988 - 3
O Ministro Gilmar Mendes sublinhou que a Corte só poderia invalidar a discriminação feita pelo legislador se ela fosse arbitrária, o que não seria o caso. O Ministro Celso de Mello frisou que o juízo negativo de recepção do art. 384 da CLT implicaria transgressão ao princípio que veda o retrocesso social, que cuidaria de impedir que os níveis de concretização de prerrogativas inerentes aos direitos sociais, uma vez atingidos, viessem a ser reduzidos ou suprimidos, exceto nas hipóteses em que políticas compensatórias viessem a ser implementadas. A Ministra Cármen Lúcia acrescentou que a Constituição atual teria inovado no sentido de estabelecer um sistema jurídico capaz de possibilitar novos espaços de concretização de direitos que sempre existiram — notadamente o princípio da igualdade. Vencidos os Ministros Luiz Fux e Marco Aurélio, que proviam o recurso, para assentar a não-recepção do art. 384 da CLT pela CF/1988. O Ministro Luiz Fux ponderava que, em atendimento à isonomia, o dispositivo deveria ser aplicável somente em relação às atividades que demandassem esforço físico. O Ministro Marco Aurélio consideraria que o preceito trabalhista não seria norma protetiva, mas criaria discriminação injustificada no mercado de trabalho, em detrimento da mulher.
RE 658312/SC, rel. Min. Dias Toffoli, 27.11.2014. (RE-658312)
(Inform. STF 769)

REPERCUSSÃO GERAL EM RE N. 820.729-DF
RELATOR: MIN. TEORI ZAVASCKI
Ementa: PROCESSUAL CIVIL. RECURSO EXTRAORDINÁRIO. NORMA COLETIVA DE TRABALHO. PAGAMENTO DAS HORAS IN ITINERE. FIXAÇÃO DE LIMITE INFERIOR À METADE DO TEMPO EFETIVAMENTE GASTO NO TRAJETO ATÉ O LOCAL DO SERVIÇO. VALIDADE. MATÉRIA INFRACONSTITUCIONAL. AUSÊNCIA DE REPERCUSSÃO GERAL.
1. A controvérsia relativa à validade de norma coletiva de trabalho que limita o pagamento de horas *in itinere* a menos da metade do tempo efetivamente gasto pelo trabalhador no seu trajeto até o local do serviço, fundada na interpretação da Consolidação das Leis do Trabalho e da Lei 10.243/01, é de natureza infraconstitucional.
2. É cabível a atribuição dos efeitos da declaração de ausência de repercussão geral quando não há matéria constitucional a ser apreciada ou quando eventual ofensa à Carta Magna se dê de forma indireta ou reflexa (RE 584.608 RG, Min. ELLEN GRACIE, DJe de 13/3/2009).
3. Ausência de repercussão geral da questão suscitada, nos termos do art. 543-A do CPC. (Inform. STF 761)

Súmula STF nº 675
Os intervalos fixados para descanso e alimentação durante a jornada de seis horas não descaracterizam o sistema de turnos ininterruptos de revezamento para o efeito do art. 7º, XIV, da Constituição.

3. RESCISÃO DO CONTRATO DE TRABALHO

REPERCUSSÃO GERAL EM RE N. 631.053-DF
RED. P/ O ACÓRDÃO: MIN. CELSO DE MELLO
E M E N T A: RECURSO EXTRAORDINÁRIO – EXAME DO DIREITO POTESTATIVO DE RESOLUÇÃO UNILATERAL DO CONTRATO INDIVIDUAL DE TRABALHO EM FACE DA PROTEÇÃO CONSTITUCIONAL DISPENSADA À RELAÇÃO DE EMPREGO – A DISPENSA IMOTIVADA COMO ATO MERAMENTE POTESTATIVO DO EMPREGADOR – POSSIBILIDADE, OU NÃO, DE O REGULAMENTO INTERNO DA INSTITUIÇÃO UNIVERSITÁRIA DE ENSINO RESTRINGIR O EXERCÍCIO, PELO EMPREGADOR, DE SEU DIREITO POTESTATIVO DE PROMOVER A DISPENSA SEM JUSTA CAUSA – O DIREITO DO EMPREGADO PROFESSOR À LIBERDADE DE CÁTEDRA E À LIVRE PESQUISA DO DIREITO – PRERROGATIVA OPONÍVEL AO DIREITO POTESTATIVO DA INSTITUIÇÃO UNIVERSITÁRIA DE ENSINO? – CONSEQUENTE DISCUSSÃO EM TORNO DA NECESSIDADE DE PRÉVIA INSTAURAÇÃO DE INQUÉRITO ADMINISTRATIVO, PREVISTA EM REGULAMENTO INTERNO, PARA EFEITO DE LEGITIMAR A DISPENSA, SEM JUSTA CAUSA, DE PROFESSOR POR INSTITUIÇÃO PARTICULAR DE ENSINO SUPERIOR – ALEGADA VIOLAÇÃO A PRECEITOS INSCRITOS NA CONSTITUIÇÃO DA REPÚBLICA (CF, ART. 7º, I, E ADCT/88, ART. 10, I) – CONTROVÉRSIA A CUJO RESPEITO O PLENÁRIO VIRTUAL DO SUPREMO TRIBUNAL FEDERAL RECONHECEU EXISTENTE A REPERCUSSÃO GERAL. (Inform. STF 765)

REPERCUSSÃO GERAL EM RE N. 806.190-GO
RELATOR: MIN. GILMAR MENDES
Recurso extraordinário. Repercussão geral da questão constitucional reconhecida. Reafirmação de jurisprudência. 2. Artigo 31 da Lei 8.880/94. Indenização adicional decorrente de demissão imotivada de empregado. Medida legislativa emergencial. Norma de ajustamento do sistema monetário. Implementação do Plano Real. Competência privativa da União. 3. Inexistência de inconstitucionalidade formal. 4. Recurso extraordinário provido. (Inform. STF 752)

AG. REG. NO ARE N. 696.131-SP
RELATOR: MIN. ROBERTO BARROSO
EMENTA: AGRAVO REGIMENTAL NO RECURSO EXTRAORDINÁRIO COM AGRAVO. AUSÊNCIA DE CONTROVÉRSIA SOB A ÓTICA CONSTITUCIONAL. PRESCRIÇÃO TRABALHISTA.
O Plenário do Supremo Tribunal Federal manifestou-se pela ausência de repercussão geral da controvérsia acerca da prescrição trabalhista, se parcial ou total, por entender que a discussão possui natureza infraconstitucional (ARE 697.514-RG, Rel. Min. Gilmar Mendes – Tema 583). Agravo regimental a que se nega provimento. (Inform. STF 747)

AG. REG. NO AI N. 737.279-SP
RELATOR: MIN. MARCO AURÉLIO
RECURSO EXTRAORDINÁRIO – SERVIDOR REGIDO PELA CONSOLIDAÇÃO DAS LEIS DO TRABALHO – APOSENTADORIA VOLUNTÁRIA – NÃO EXTINÇÃO DO VÍNCULO EMPREGATÍCIO – CONSEQUÊNCIAS. A aposentadoria voluntária não extingue o vínculo empregatício, pelo que, tendo o servidor regido pela Consolidação das Leis do Trabalho sido demitido em consequência do pedido de aposentadoria, cabe o pagamento de verbas rescisórias. (Inform. STF 716)

Súmula Vinculante STF 22
A Justiça do Trabalho é competente para processar e julgar as ações de indenização por danos morais e patrimoniais decorrentes de acidente de trabalho propostas por empregado contra empregador, inclusive aquelas que ainda não possuíam sentença de mérito em primeiro grau quando da promulgação da Emenda Constitucional no 45/04.

Súmula STJ nº 278
O termo inicial do prazo prescricional, na ação de indenização, é a data em que o segurado teve ciência inequívoca da incapacidade laboral.

4. SINDICATO E CIPA

Súmula STF nº 677
Até que Lei venha a dispor a respeito, incumbe ao ministério do trabalho proceder ao registro das entidades sindicais e zelar pela observância do princípio da unicidade.

Súmula STF nº 676
A garantia da estabilidade provisória prevista no art. 10, II, "a", do ato das disposições constitucionais transitórias, também se aplica ao suplente do cargo de direção de comissões internas de prevenção de acidentes (CIPA).

5. ACIDENTE DE TRABALHO

ACIDENTE DE TRABALHO. DANOS MORAIS. CULPA DE NATUREZA LEVE. AFASTAMENTO DA SÚM. N. 229/STF.
No caso, o recorrente processou a recorrida, empresa industrial, buscando indenização por danos morais, estéticos e emergentes cumulados com lucros cessantes decorrentes de acidente do trabalho. Alegou que, por não trabalhar com equipamentos de proteção, sofreu graves sequelas em acidente ocorrido em 1980. A sentença, proferida antes da EC n. 45/2004, reconheceu a culpa da recorrida e condenou-a a pagar quinhentos salários mínimos por danos morais, mais a diferença entre o valor recebido do INSS e seu último salário, até atingir 65 anos de idade. O acórdão recorrido deu provimento à apelação da recorrida, concluindo que, somente com o advento da CF/1988, é que passou a ser devida a parte da indenização pelo ato ilícito em dano causado por acidente ocorrido no trabalho, independentemente do grau da culpa. O Min. Relator asseverou que a jurisprudência da Terceira e da Quarta Turma firmou-se no sentido de que, desde a edição da Lei n. 6.367/1976, para a responsabilidade do empregador, basta a demonstração da culpa, ainda que de natureza leve, não sendo mais aplicável a Súm. n. 229/STF, que previa a responsabilização apenas em casos de dolo ou culpa grave. Uma vez reconhecida a culpa da recorrida, cumpre ao STJ aplicar o direito à espécie, nos termos do art. 257 do RISTJ e da Súm. n. 456/STF, por analogia. Assim, perfeitamente cabível a condenação em danos morais. Diante dessa e de outras considerações, a Turma deu parcial provimento ao recurso e fixou a indenização em R$ 250 mil, devendo a correção monetária ser contada a partir da publicação da presente decisão e os juros de mora a partir da data do evento danoso, nos termos da Súm. n. 54/STJ. Em acréscimo, deverá a recorrida pagar mensalmente ao recorrente a diferença salarial determinada pela sentença nos termos por ela fixados, até a data em que o recorrente completar 65 anos de idade. **REsp 406.815-MG, Rel. Min. Antonio Carlos Ferreira, julgado em 12/6/2012.** (Inform. STJ 499)

6. FGTS

FGTS: prazo prescricional para cobrança em juízo - 1
Limita-se a cinco anos o prazo prescricional relativo à cobrança judicial de valores devidos, pelos empregados e pelos tomadores de serviço, ao FGTS. Com base nesse entendimento, o Plenário, por maioria, negou provimento a recurso extraordinário com agravo e alterou orientação jurisprudencial — que fixava prazo prescricional de 30 anos — para estabelecer novo lapso temporal (quinquenário), a contar do presente julgado. Na espécie, o TST confirmara julgado do TRT que garantira a empregado que prestara serviços no exterior o prazo prescricional trintenário para a cobrança de contribuições devidas ao FGTS, a ser calculado sobre todas as parcelas de natureza salarial. O TST aplicara, assim, o Enunciado 362 de sua Súmula ["É trintenária a prescrição do direito de reclamar contra o não-recolhimento da contribuição para o FGTS, observado o prazo de 2 (dois) anos após o término do contrato de trabalho"]. O agravante (empregador) defendia a não aplicação da prescrição trintenária para a cobrança de diferenças do FGTS, ao fundamento de que o referido fundo integraria o rol dos direitos dos trabalhadores. Alegava, assim, que o FGTS derivaria do vínculo de emprego, razão pela qual a ele seria aplicado o prazo quinquenal previsto no art. 7º, XXIX, da CF. A Corte sublinhou que a questão constitucional ora versada seria diversa daquela que ensejara a interposição do RE 584.608/SP (DJe de 13.8.2009), cuja repercussão geral fora negada pelo STF. Apontou que, no mencionado recurso, discutia-se o prazo prescricional aplicável sobre a cobrança da correção monetária incidente sobre a multa de 40% sobre os depósitos do FGTS. No presente apelo, seria discutido o prazo prescricional aplicável para a cobrança das contribuições ao FGTS não depositadas tempestivamente pelos empregadores e tomadores de serviço e, portanto, não meras diferenças nos recolhimentos.
ARE 709212/DF, rel. Min. Gilmar Mendes, 13.11.2014. (ARE-709212)

FGTS: prazo prescricional para cobrança em juízo - 2
O Colegiado apontou que normas diversas a disciplinar o FGTS teriam ensejado diferentes teses quanto à sua natureza jurídica: híbrida, tributária, previdenciária, de salário diferido, de indenização, dentre outras. Em verdade, antes do advento da CF/1988, o Supremo já afastara a tese do suposto caráter tributário ou previdenciário das contribuições devidas a esse fundo e salientara ser o FGTS direito de índole social e trabalhista. Ressaltou que, não obstante julgados que assentaram a finalidade estritamente social de proteção ao trabalhador, o STF continuara a perfilhar a tese da prescrição trintenária do FGTS, em virtude do disposto no art. 20 da Lei 5.107/1966 c/c art. 144 da Lei 3.807/1960. Ao se posicionar pela prescrição trintenária aos casos de recolhimento e de não recolhimento do FGTS, a jurisprudência da Corte estaria em divergência com a ordem constitucional vigente. Isso porque o art. 7º, XXIX, da CF prevê, de forma expressa, o prazo quinquenal a ser aplicado à propositura das ações atinentes a "créditos resultantes das relações de trabalho". Desse modo, a existência de disposição

constitucional expressa acerca do prazo aplicável à cobrança do FGTS, após a promulgação da CF/1988, significaria não mais subsistirem razões para se adotar o prazo de prescrição trintenário. Via de consequência, o Plenário reconheceu a inconstitucionalidade dos artigos 23, § 5°, da Lei 8.036/1990; e 55, do Regulamento do FGTS aprovado pelo Decreto 99.684/1990, na parte em que ressalvam o "privilégio do FGTS à prescrição trintenária", por afronta ao art. 7°, XXIX, da CF. No caso, o recorrido ajuizara sua reclamação trabalhista em 19.4.2007, com pedido de pagamento de FGTS relativo ao período de maio de 2001 a dezembro de 2003. Não obstante a reclamação tivesse sido ajuizada no biênio imediatamente posterior ao término da relação de emprego, ela somente seria apta a alcançar os valores devidos e não adimplidos nos cinco anos anteriores ao seu ajuizamento. A dizer de outro modo, deveria ser dado parcial provimento ao presente recurso extraordinário para reconhecer como não devidas as contribuições ao FGTS quanto ao período anterior a 19.4.2002, em razão da prescrição. Entretanto, por mais de vinte anos e mesmo com o advento da CF/1988, o STF e o TST entendiam que o prazo prescricional aplicável ao FGTS seria o trintenário. O Colegiado destacou, ainda, a necessidade de garantia da segurança jurídica, tendo em conta a mudança jurisprudencial operada.
ARE 709212/DF, rel. Min. Gilmar Mendes, 13.11.2014. (ARE-709212)

FGTS: prazo prescricional para cobrança em juízo - 3
Vencidos o Ministro Marco Aurélio, que provia o recurso em parte, e os Ministros Teori Zavascki e Rosa Weber, que desproviam o recurso, mas mantinham a jurisprudência anterior da Corte. O Ministro Marco Aurélio assentava que, observado o biênio, seria possível pleitear, na inicial da reclamação trabalhista, as parcelas dos últimos cinco anos. Esclarecia que o provimento seria parcial porque haveria parcelas não prescritas. Os Ministros Teori Zavascki e Rosa Weber entendiam que o prazo prescricional ora debatido seria de trinta anos. O Ministro Teori Zavascki reputava que, no caso do FGTS, haveria duas relações jurídicas completamente distintas: a) a relação estabelecida entre o FGTS e o empregador, cuja natureza não seria de salário, nem de verba trabalhista diretamente, porque o Fundo não poderia ser credor trabalhista e, portanto, não poderia ser empregado; b) a relação entre o empregado e o Fundo, em que se poderia até mesmo cogitar da aplicação do inciso XXIX, do art. 7°, da CF, mas não na relação jurídica posta quanto à execução de uma contribuição ao Fundo, não feita oportunamente, sob pena de haver prazos prescricionais diferentes para a mesma pretensão.
ARE 709212/DF, rel. Min. Gilmar Mendes, 13.11.2014. (ARE-709212) (Inform. STF 767)

ED: art. 19-A da Lei 8.036/90 e arguição de irretroatividade - 1
O Plenário iniciou julgamento de embargos de declaração opostos de acórdão no qual assentada, em repercussão geral, a constitucionalidade do art. 19-A da Lei 8.036/90. O mencionado preceito dispõe sobre a obrigatoriedade do depósito do Fundo de Garantia do Tempo de Serviço - FGTS na conta do trabalhador cujo contrato com a Administração Pública seja declarado nulo por ausência de prévia aprovação em concurso público, desde que mantido o seu direito ao salário. O Estado de Roraima sustenta omissão acerca da manifestação sobre eventual irretroatividade da norma, introduzida pelo art. 9° da Medida Provisória 2.164-41/2001. Preliminarmente, o Tribunal rejeitou questão de ordem suscitada pelo procurador estadual no sentido da concomitância de análise com a ADI 3.127/DF, pendente de apreciação. A Corte asseverou não haver prejudicialidade, tendo em conta o conhecimento da repercussão geral no extraordinário. Salientou a possibilidade, inclusive, de o resultado deste julgamento implicar prejuízo à ação direta.
RE 596478 ED/RR, rel. Min. Dias Toffoli, 5.2.2014. (RE-596478)

ED: art. 19-A da Lei 8.036/90 e arguição de irretroatividade - 2
Em seguida, o Ministro Dias Toffoli, relator, não conheceu dos embargos opostos pela Universidade do Estado do Rio de Janeiro e pelos *amici curiae* (Estados de Rondônia, Mato Grosso do Sul, Piauí, Paraíba, Alagoas, Goiás, Acre, Amazonas e Minas Gerais). No mérito, rejeitou os declaratórios apresentados pelo Estado do Roraima por considerar ausentes os pressupostos de embargabilidade. O relator aduziu que a matéria concernente à irretroatividade do art. 19-A da Lei 8.036/90 já fora efetivamente debatida e decidida pelo Colegiado, que, majoritariamente, consignara a natureza declaratória da norma e afirmara a sua constitucionalidade. Rejeitou, ainda, a alegação de que a causa de pedir em comento consistiria em tese acessória do recurso extraordinário. O Ministro Marco Aurélio, por sua vez, desproveu os embargos, mas por fundamento diverso. Aduziu que, embora o tema houvesse sido examinado no tribunal *a quo*, a parte apenas o ventilara expressamente em sede de agravo de instrumento para o trâmite do extraordinário. Assim, o Plenário não estaria, à época, compelido a analisar a irretroatividade. Depois do voto do Ministro Marco Aurélio, pediu vista dos autos o Ministro Roberto Barroso.
RE 596478 ED/RR, rel. Min. Dias Toffoli, 5.2.2014. (RE-596478)

ED: art. 19-A da Lei 8.036/1990 e arguição de irretroatividade - 3
O Plenário, ao concluir o julgamento de embargos de declaração, rejeitou-os e manteve o entendimento firmado na apreciação do recurso extraordinário, em que reconhecida a repercussão geral. Dessa forma, reafirmou-se a orientação no sentido da constitucionalidade do art. 19-A da Lei 8.036/1990 que dispõe sobre a obrigatoriedade do depósito do FGTS na conta de trabalhador cujo contrato com a Administração Pública tenha sido declarado nulo por ausência de prévia aprovação em concurso público, desde que mantido o seu direito ao salário. O Estado de Roraima sustenta omissão acerca da manifestação sobre eventual irretroatividade da norma, introduzida pelo art. 9° da Medida Provisória 2.164-41/2001 — v. Informativo 734. Inicialmente, o Tribunal não conheceu dos embargos opostos pela Universidade do Estado do Rio de Janeiro e pelos "amici curiae" (Mato Grosso do Sul, Piauí, Paraíba, Alagoas, Goiás, Acre, Amazonas e Minas Gerais). Conheceu, apenas, dos embargos de declaração apresentados pelo Estado de Roraima — por se tratar de embargante e não de "amicus curiae" — e os rejeitou. Em seguida, a Corte asseverou que o art. 19-A da Lei 8.036/1990, com a redação dada pela MP 2.164/2001, garantiria o depósito do FGTS, sob pena de o trabalhador se encontrar em situação de desamparo. Destacou que a norma seria mera explicitação do fato de serem devidas verbas salariais. Assinalou que, ao se considerar que os depósitos do FGTS constituiriam simples consectário dessa obrigação, forçoso concluir que abrangeriam todo o período em relação ao qual seriam devidas as verbas salariais. Frisou que, assim, a lei não seria propriamente retroativa, mas sim declaratória de um dever já existente. Salientou que o acolhimento da pretensão do embargante significaria dar efeitos infringentes ao recurso, além de se mostrar incompatível com a natureza declaratória da norma e com as razões de decidir que prevaleceram no acórdão embargado. O Ministro Marco Aurélio, por sua vez, desproveu os embargos, mas por fundamento diverso. Aduziu que, embora o tema houvesse sido examinado no tribunal "a quo", a parte apenas o ventilara expressamente em sede de agravo de instrumento para o trâmite do extraordinário. Assim, o Plenário não estaria, à época, compelido a analisar a irretroatividade.
RE 596478 ED/RR, rel. Min. Dias Toffoli, 11.9.2014. (RE-596478) (Inform. STF 758)

DIREITO ADMINISTRATIVO. INAPLICABILIDADE DA TAXA PROGRESSIVA DE JUROS ÀS CONTAS VINCULADAS AO FGTS DE TRABALHADOR AVULSO. RECURSO REPETITIVO (ART. 543-C DO CPC E RES. 8/2008-STJ). Não se aplica a taxa progressiva de juros às contas vinculadas ao FGTS de trabalhadores qualificados como avulsos. Isso porque o trabalhador avulso não preenche os requisitos legais para tanto. Com efeito, a legislação de regência, desde a criação do fundo, prevê que a taxa progressiva de juros estaria condicionada à existência de vínculo empregatício, inclusive impondo percentuais diversos a depender do tempo de permanência na mesma empresa. Por definição legal, inserta no art. 9º, VI, do Decreto 3.048/1999, trabalhador avulso é "aquele que, sindicalizado ou não, presta serviço de natureza urbana ou rural, a diversas empresas, sem vínculo empregatício, com a intermediação obrigatória do órgão gestor de mão-de-obra, nos termos da Lei n. 8.630, de 25 de fevereiro de 1993, ou do sindicato da categoria, assim considerados". Precedentes citados do STJ: REsp 1.176.691-ES, Primeira Turma, DJe 29/6/2010; e AgRg no REsp 1.313.963-RS, Segunda Turma, DJe 18/10/2012. **REsp 1.349.059-SP**, Rel. Min. Og Fernandes, julgado em 26/3/2014. (Inform. STJ 546)

DIREITO PROCESSUAL CIVIL. MANDADO DE SEGURANÇA. LEGITIMIDADE ATIVA. CUMPRIMENTO DE SENTENÇA ARBITRAL.
A câmara arbitral ou o próprio árbitro não têm legitimidade ativa para impetrar MS com o objetivo de dar cumprimento à sentença arbitral em que reconhecido ao trabalhador despedido sem justa causa o direito de levantar o saldo da conta vinculada do FGTS. Nos termos do disposto no art. 6º do CPC, somente é permitido pleitear, em nome próprio, direito de outrem nos casos previstos em lei. Assim, cabe a cada um dos trabalhadores submetidos ao procedimento arbitral insurgir-se contra o ato que recusou a liberação do levantamento do FGTS assegurado na via arbitral. Precedente citado: AgRg no REsp 1.059.988-SP, DJe 24/9/2009. **REsp 1.290.811-RJ**, Rel. Min. Eliana Calmon, julgado em 18/10/2012. (Inform. STJ 507)

Súmula Vinculante STF 1
Ofende a garantia constitucional do ato jurídico perfeito a decisão que, sem ponderar as circunstâncias do caso concreto, desconsidera a validez e a eficácia de acordo constante de termo de adesão instituído pela Lei Complementar n. 110/2001.

SÚMULA STJ nº 514
A CEF é responsável pelo fornecimento dos extratos das contas individualizadas vinculadas ao FGTS dos Trabalhadores participantes do Fundo de Garantia do Tempo de Serviço, inclusive para fins de exibição em juízo, independentemente do período em discussão.

Súmula STJ nº 466
O titular da conta vinculada ao FGTS tem o direito de sacar o saldo respectivo quando declarado nulo seu contrato de trabalho por ausência de prévia aprovação em concurso público.

Súmula STJ nº 459
A Taxa Referencial (TR) é o índice aplicável, a título de correção monetária, aos débitos com o FGTS recolhidos pelo empregador mas não repassados ao fundo.

Súmula STJ nº 252
Os saldos das contas do FGTS, pela legislação infraconstitucional, são corrigidos em 42,72% (IPC) quanto às perdas de janeiro de 1989 e 44,80% (IPC) quanto às de abril de 1990, acolhidos pelo STJ os índices de 18,02% (LBC) quanto as perdas de junho de 1987, de 5,38% (BTN) para maio de 1990 e 7,00%(TR) para fevereiro de 1991, de acordo com o entendimento do STF (RE 226.855-7-RS).

Súmula STJ nº 210
A ação de cobrança das contribuições para o FGTS prescreve em trinta (30) anos.

10. DIREITO PROCESSUAL DO TRABALHO

1. COMPETÊNCIA

Período pré-contratual e competência da justiça do trabalho
A justiça do trabalho é competente para julgar as demandas instauradas entre pessoas jurídicas de direito privado integrantes da Administração indireta e seus empregados, cuja relação é regida pela CLT, irrelevante o fato de a ação ser relativa ao período pré-contratual. Com base nesse entendimento, a 2ª Turma negou provimento a agravo regimental em recurso extraordinário com agravo no qual se discutia a competência para o julgamento de causa referente à contratação de advogados terceirizados no lugar de candidatos aprovados em concurso realizado pela Petrobrás Transporte S/A-Transpetro. A Turma ressaltou, ainda, que a jurisprudência do STF seria pacífica no sentido de que a ocupação precária por terceirização para desempenho de atribuições idênticas às de cargo efetivo vago, para o qual houvesse candidatos aprovados em concurso público vigente, configuraria ato equivalente à preterição da ordem de classificação no certame, a ensejar o direito à nomeação.
ARE 774137 AgR/BA, rel. Min. Teori Zavascki, 14.10.2014. (ARE-774137) (Inform. STF 763)

AG. REG. NO RE N. 562.900-RS
RED P/ O ACÓRDÃO: MIN. ROBERTO BARROSO
EMENTA: AGRAVO REGIMENTAL EM RECURSO EXTRAORDINÁRIO. DIREITO PROCESSUAL E MATERIAL DO TRABALHO.
1. São autônomos os acórdãos proferidos em agravo de instrumento e em recurso de revista, ainda que formalizados em um mesmo documento.
2. A interposição de recurso de embargos (CLT, art. 894) contra o acórdão do recurso de revista não impede a impugnação imediata, por recurso extraordinário, do acórdão relativo ao agravo de instrumento. O julgamento dos embargos pode dar ensejo à interposição de outro extraordinário, sem que disso resulte, por si só, a inviabilidade de qualquer um deles.
3. Agravo regimental provido apenas para afastar a causa de inadmissibilidade apontada na decisão ora agravada. (Inform. STF 734)

AG. REG. NO RE N. 716.896-DF
RELATOR: MIN. RICARDO LEWANDOWSKI
AGRAVO REGIMENTAL EM RECURSO EXTRAORDINÁRIO. PROCESSUAL CIVIL. COMPETÊNCIA. COMPLEMENTAÇÃO DE APOSENTADORIA. EX-EMPREGADOR. JUSTIÇA DO TRABALHO. AGRAVO IMPROVIDO.
I - A jurisprudência desta Corte firmou-se no sentido de que compete à Justiça do Trabalho o julgamento de ação de complementação de aposentadoria a cargo de ex-empregador. Precedentes.
II - Agravo regimental improvido. (Inform. STF 704)

Competência trabalhista e execução de contribuições sociais
A competência da Justiça do Trabalho para execução de contribuições sociais pressupõe decisão condenatória em parcela trabalhista geradora da incidência da referida espécie tributária. Com fulcro nesse entendimento, a 1ª Turma desproveu agravos regimentais em decisões do Min. Marco Aurélio, que negara seguimento a recursos extraordinários, dos quais relator, em que o INSS pretendia estender à Justiça do Trabalho a competência para execução de acordo extrajudicial não baseada em título emanado por essa justiça especializada. Reputou-se que, no caso, a competência constitucional disposta no art. 114, VIII ("Art. 114. Compete à Justiça do Trabalho processar e julgar: ... VIII - a execução, de ofício, das contribuições sociais previstas no art. 195, I, a, e II, e seus acréscimos legais, decorrentes das sentenças que proferir") estaria restrita às decisões prolatadas pela Justiça do Trabalho e que o tribunal a quo teria observado o Verbete 368 da Súmula do TST, no sentido de que a competência da justiça trabalhista, quanto à execução das contribuições previdenciárias, limitar-se-ia às sentenças condenatórias em pecúnia que proferir e aos valores, objeto de acordo homologado, que integrassem o salário de contribuição. RE 564424 AgR/PA, rel. Min. Marco Aurélio, 18.9.2012. (RE-564424), RE 565765 AgR/RS, rel. Min. Marco Aurélio, 18.9.2012. (RE-565765), RE 564526 AgR/PE, rel. Min. Marco Aurélio, 18.9.2012. (RE-564526) (Inform. STF 680)

DIREITO PROCESSUAL CIVIL. COMPETÊNCIA PARA JULGAR AÇÃO EM QUE O AUTOR PRETENDA, ALÉM DO RECEBIMENTO DE VALORES POR SERVIÇOS PRESTADOS COMO COLABORADOR DE SOCIEDADE DO RAMO PUBLICITÁRIO, A COMPENSAÇÃO POR DANOS MORAIS DECORRENTES DE ACUSAÇÕES QUE SOFRERA.

Compete à Justiça Comum Estadual processar e julgar ação em que o autor pretenda, além do recebimento de valores referentes a comissões por serviços prestados na condição de colaborador de sociedade do ramo publicitário, a compensação por danos morais sofridos em decorrência de acusações infundadas de que alega ter sido vítima na ocasião de seu descredenciamento em relação à sociedade. A competência para julgamento de demanda levada a juízo é fixada em razão da natureza da causa, que, a seu turno, é definida pelo pedido e pela causa de pedir. Na situação em análise, a ação proposta não tem causa de pedir e pedido fundados em eventual relação de trabalho entre as partes, pois em nenhum momento se busca o reconhecimento de qualquer relação dessa natureza ou ainda o recebimento de eventual verba daí decorrente. Trata-se, na hipótese, de pretensões derivadas da prestação de serviços levada a efeito por profissional liberal de forma autônoma e sem subordinação, razão pela qual deve ser aplicada a orientação da Súmula 363 do STJ, segundo a qual compete "à Justiça Estadual processar e julgar a ação de cobrança ajuizada por profissional liberal contra cliente". CC 118.649-SP, Rel. Min. Raul Araújo, julgado em 24/4/2013. (Inform. STJ 521)

DIREITO PROCESSUAL CIVIL. COMPETÊNCIA PARA O JULGAMENTO DE AÇÃO ENVOLVENDO CONTRATO DE MÚTUO REALIZADO EM DECORRÊNCIA DE RELAÇÃO DE TRABALHO.

Compete à Justiça do Trabalho processar e julgar ação de execução por quantia certa, proposta por empregador em face de seu ex-empregado, na qual sejam cobrados valores relativos a contrato de mútuo celebrado entre as partes para o então trabalhador adquirir veículo automotor particular destinado ao exercício das atividades laborais. A competência para julgamento de demanda levada a juízo é fixada em razão da natureza da causa, que é definida pelo pedido e pela causa de pedir deduzidos. Na hipótese descrita, a execução possui como causa de pedir um contrato de mútuo firmado dentro da própria relação de trabalho e em função dela. Dessa forma, cuidando-se de lide envolvendo pacto acessório ao contrato de trabalho, é manifesta a competência da Justiça Trabalhista. **CC 124.894-SP, Rel. Min. Raul Araújo, julgado em 10/4/2013.** (Inform. STJ 520)

DIREITO PROCESSUAL CIVIL. COMPETÊNCIA PARA O JULGAMENTO DE AÇÃO DE INDENIZAÇÃO POR DANOS MATERIAIS E DE COMPENSAÇÃO POR DANOS MORAIS PROPOSTA POR PASTOR EM FACE DE CONGREGAÇÃO RELIGIOSA À QUAL PERTENCIA.

Compete à Justiça Comum Estadual processar e julgar ação de indenização por danos materiais e de compensação por danos morais proposta por pastor em face de congregação religiosa à qual pertencia na qual o autor, reconhecendo a inexistência de relação trabalhista com a ré, afirme ter sido afastado indevidamente de suas funções. A competência para julgamento de demanda levada a juízo é fixada em razão da natureza da causa, que é definida pelo pedido e pela causa de pedir deduzidos. Na hipótese em análise, a questão jurídica enfatiza aspectos de política interna de uma congregação religiosa na relação com seus ministros, envolvendo direitos e garantias constitucionais de liberdade e exercício de culto e de crença religiosos (CF, art. 5º, VI e VIII). Trata-se, portanto, de discussão atinente ao alegado direito de pastor excluído supostamente de forma indevida de suas funções à indenização material e reparação moral do direito civil. Nesse contexto, considerando o cunho eminentemente religioso e civil da controvérsia, tem aplicação o entendimento consolidado nesta Corte de que não compete à Justiça do Trabalho processar e julgar demanda em que a causa de pedir e o pedido deduzidos na inicial não guardem relação com as matérias de competência da Justiça Laboral elencadas no art. 114 da CF. **CC 125.472-BA, Rel. Min. Raul Araújo, julgado em 10/4/2013.** (Inform. STJ 520)

DIREITO PROCESSUAL CIVIL. COMPETÊNCIA PARA DECIDIR SOBRE PEDIDO DE INDENIZAÇÃO POR DANOS QUE TERIAM DECORRIDO DA INADEQUADA ATUAÇÃO DE SINDICATO NO ÂMBITO DE RECLAMAÇÃO TRABALHISTA QUE CONDUZIRA NA QUALIDADE DE SUBSTITUTO PROCESSUAL.

Compete à Justiça do Trabalho processar e julgar demanda proposta por trabalhador com o objetivo de receber indenização em razão de alegados danos materiais e morais causados pelo respectivo sindicato, o qual, agindo na condição de seu substituto processual, no patrocínio de reclamação trabalhista, teria conduzido o processo de forma inadequada, gerando drástica redução do montante a que teria direito a título de verbas trabalhistas. Com efeito, considerando que os alegados danos teriam advindo justamente de deficiente atuação do sindicato na defesa dos interesses do autor perante a Justiça do Trabalho, deve-se concluir que a demanda ora em discussão somente será resolvida adequadamente no âmbito daquela justiça especializada, a mesma que antes conheceu da lide original. **CC 124.930-MG, Rel. Min. Raul Araújo, julgado em 10/4/2013.** (Inform. STJ 518)

DIREITO PROCESSUAL CIVIL. COMPETÊNCIA PARA JULGAMENTO DE DEMANDA CUJA CAUSA DE PEDIR E PEDIDO NÃO SE REFIRAM A EVENTUAL RELAÇÃO DE TRABALHO ENTRE AS PARTES.

Compete à Justiça Comum Estadual processar e julgar ação de reconhecimento e de dissolução de sociedade mercantil de fato, cumulada com pedido de indenização remanescente, na hipótese em que a causa de pedir e o pedido deduzidos na petição inicial não façam referência à existência de relação de trabalho entre as partes. A competência para julgamento de demanda levada a juízo é fixada em razão da natureza da causa, que é definida pelo pedido e pela causa de pedir deduzidos. Na hipótese descrita, a demanda versa sobre relação jurídica de cunho eminentemente civil, não sendo fundada em eventual relação de trabalho existente entre as partes. Nesse contexto, conforme a jurisprudência do STJ, não compete à Justiça do Trabalho processar e julgar demanda em que a causa de pedir e o pedido deduzidos na inicial não guardem relação com as matérias de competência dessa justiça especializada elencadas no art. 114 da CF. Precedentes citados: CC 76.597-RJ, Segunda Seção, DJ 16/8/2007, e CC 72.770-SP, Segunda Seção, DJ 1º/8/2007. **CC 121.702-RJ, Rel. Min. Raul Araújo, julgado em 27/2/2013.** (Inform. STJ 518)

DIREITO PROCESSUAL CIVIL. COMPETÊNCIA DA JUSTIÇA DO TRABALHO PARA PROCESSAR E JULGAR AÇÃO DE INDENIZAÇÃO DECORRENTE DE ATOS OCORRIDOS DURANTE A RELAÇÃO DE TRABALHO.

Compete à Justiça do Trabalho processar e julgar ação de indenização por danos morais e materiais proposta por ex-empregador cuja causa de pedir se refira a atos supostamente cometidos pelo ex-empregado durante o vínculo laboral e em decorrência da relação de trabalho havida entre as partes. Precedentes citados: CC 80.365-RS, Segunda Seção, DJ 10/5/2007, e CC 74.528-SP, Segunda Seção, DJe 4/8/2008. **CC 121.998-MG, Rel. Min. Raul Araújo, julgado em 27/2/2013.** (Inform. STJ 518)

DIREITO PROCESSUAL CIVIL. COMPETÊNCIA DA JUSTIÇA DO TRABALHO PARA JULGAR DEMANDA VISANDO AO RESSARCIMENTO DE DANOS CAUSADOS POR EMPREGADO A EMPREGADOR.

Compete à Justiça do Trabalho julgar ação por meio da qual ex-empregador objetiva o ressarcimento de valores supostamente apropriados de forma indevida pelo ex-empregado, a pretexto de pagamento de salário. Há precedentes do STJ no sentido de que demandas propostas por ex-empregador visando ao ressarcimento de danos causados pelo ex-empregado em decorrência da relação de emprego devem ser processadas e julgadas na Justiça do Trabalho. Tal competência tem por fundamento o art. 114 da CF, segundo o qual compete à Justiça do Trabalho processar e julgar "as ações oriundas da relação do trabalho" (caput), bem como "as ações de indenização por dano moral ou patrimonial, decorrentes da relação de trabalho" (inc. VI), não havendo distinção em razão de ser a ação de autoria do empregado ou do empregador. Precedentes citados: CC 89.023-SP, DJ 12/12/2007, e CC 80.365-RS, DJ 10/5/2007. **CC 122.556-AM, Rel. Maria Min. Isabel Gallotti, julgado em 24/10/2012.** (Inform. STJ 510)

Súmula Vinculante STF 23

A Justiça do Trabalho é competente para processar e julgar ação possessória ajuizada em decorrência do exercício do direito de greve pelos trabalhadores da iniciativa privada.

Súmula Vinculante STF 22

A Justiça do Trabalho é competente para processar e julgar as ações de indenização por danos morais e patrimoniais decorrentes de acidente de trabalho propostas por empregado contra empregador, inclusive aquelas que ainda não possuíam sentença de mérito em primeiro grau quando da promulgação da Emenda Constitucional n. 45/04.

Súmula STF nº 736
Compete à justiça do trabalho julgar as ações que tenham como causa de pedir o descumprimento de normas trabalhistas relativas à segurança, higiene e saúde dos trabalhadores.

Súmula STJ nº 236
Não compete ao Superior Tribunal de Justiça dirimir conflitos de competência entre juízes trabalhistas vinculados a Tribunais Regionais do Trabalho diversos.

Súmula STJ nº 225
Compete ao Tribunal Regional do Trabalho apreciar recurso contra sentença proferida por órgão de primeiro grau da Justiça Trabalhista, ainda que para declarar-lhe a nulidade em virtude de incompetência.

Súmula STJ nº 222
Compete à Justiça Comum processar e julgar as ações relativas à contribuição sindical prevista no art. 578 da CLT.

Súmula STJ nº 180
Na lide trabalhista, compete ao tribunal regional do trabalho dirimir conflito de competência verificado, na respectiva região, entre juiz estadual e junta de conciliação e julgamento.

Súmula STJ nº 170
Compete ao juízo onde primeiro for intentada a ação envolvendo acumulação de pedidos, trabalhista e estatutário, decidi-la nos limites da sua jurisdição, sem prejuízo do ajuizamento de nova causa, com o pedido remanescente, no juízo próprio.

Súmula STJ nº 97
Compete à justiça do trabalho processar e julgar reclamação de servidor público relativamente a vantagens trabalhistas anteriores à instituição do regime jurídico único.

Súmula STJ nº 82
Compete à justiça federal, excluídas as reclamações trabalhistas, processar e julgar os feitos relativos à movimentação do FGTS.

Súmula STJ nº 10
Instalada a junta de conciliação e julgamento, cessa a competência do juiz de direito em matéria trabalhista, inclusive para a Execução das sentenças por ele proferidas.

2. PROCEDIMENTOS, SENTENÇA, RECURSOS E EXECUÇÃO

AG. REG. NO ARE N. 683.810-DF
RELATOR: MIN. LUIZ FUX
Ementa: AGRAVO REGIMENTAL NO RECURSO EXTRAORDINÁRIO COM AGRAVO. TRABALHISTA. EXECUÇÃO. HORAS EXTRAS. CÁLCULOS. IMPUGNAÇÃO. MOMENTO PROCESSUAL. PRINCÍPIOS DA AMPLA DEFESA E DO CONTRADITÓRIO. MATÉRIA COM REPERCUSSÃO GERAL REJEITADA PELO PLENÁRIO DO STF NO ARE Nº 748.371. CONTROVÉRSIA DE ÍNDOLE INFRACONSTITUCIONAL.
1. Os princípios da ampla defesa, do contraditório, do devido processo legal e dos limites da coisa julgada, quando debatidos sob a ótica infraconstitucional, não revelam repercussão geral apta a tornar o apelo extremo admissível, consoante decidido pelo Plenário virtual do STF, na análise do ARE nº 748.371, da Relatoria do Min. Gilmar Mendes.
2. *In casu*, o acórdão recorrido originariamente assentou: *"AGRAVO. AGRAVO DE INSTRUMENTO. EXECUÇÃO.* HORAS EXTRAS. CUMULATIVIDADE. *Confirmada a ordem de obstaculização do Recurso de Revista, na medida em que não demonstrada a satisfação dos requisitos de admissibilidade insculpidos no artigo 896 da CLT. Agravo não provido."*
3. Agravo Regimental a que se **NEGA PROVIMENTO**. (Inform. STF 720)

Coisa julgada e ação de cumprimento
A 1ª Turma iniciou julgamento de agravo regimental interposto de decisão do Min. Menezes Direito, que negara seguimento a recurso extraordinário, do qual relator. No caso, o recurso extraordinário fora manejado de acórdão do TST, que declarara extinta a execução de ação de cumprimento, transitada em julgado, fundada em sentença normativa proferida em dissídio coletivo, mas lá reformada em grau de recurso. Ocorre que a ação de cumprimento fora proposta antes do trânsito em julgado da sentença normativa na qual se fundara. O Min. Dias Toffoli, relator, negou provimento ao agravo regimental. Ressaltou que a extinção da ação de cumprimento por afastamento da eficácia da sentença normativa que a embasara não ofenderia a coisa julgada. O Min. Luiz Fux acompanhou o relator. Afirmou que seria insustentável juridicamente dar curso à execução de título que teria por alicerce sentença normativa que não perduraria mais. Em divergência, o Min. Marco Aurélio deu provimento ao agravo regimental, no que foi seguido pela Min. Rosa Weber. Consignou que, uma vez transitada em julgado a ação de cumprimento, a única forma de afastá-la do cenário jurídico seria mediante revisão (CPC: *"Art. 471. Nenhum juiz decidirá novamente as questões já decididas, relativas à mesma lide, salvo: I - se, tratando-se de relação jurídica continuativa, sobreveio modificação no estado de fato ou de direito; caso em que poderá a parte pedir a revisão do que foi estatuído na sentença"*), em se tratando de relação jurídica continuativa, ou rescisória, se cabível. Após, em razão do empate na votação, a Turma suspendeu o julgamento do processo para aguardar convocação de Ministro integrante da 2ª Turma. **RE 394051 AgR/SP, rel. Min. Dias Toffoli, 19.3.2013. (RE-394051)** (Inform. STF 699).

EMENTA: CONSTITUCIONAL. RECLAMAÇÃO. AGRAVO REGIMENTAL. DECISÃO QUE NEGOU SEGUIMENTO AO PEDIDO. PRELIMINAR DE ILEGITIMIDADE ATIVA. A ENTIDADE DE CLASSE, QUANDO POSTULA EM JUÍZO DIREITOS DE SEUS FILIADOS, AGE COMO REPRESENTANTE PROCESSUAL. NECESSIDADE DE AUTORIZAÇÃO DE ASSEMBLÉIA GERAL. MÉRITO. ALEGAÇÃO DE AFRONTA ÀS DECISÕES DO SUPREMO TRIBUNAL FEDERAL NAS ADIs 1.721 E 1.770. INEXISTÊNCIA. DESPROVIMENTO DO AGRAVO REGIMENTAL. 1. A associação atua em Juízo, na defesa de direito de seus filiados, como *representante processual*. Para fazê-lo, necessita de autorização expressa (inciso XXI do art. 5º da CF). Na AO 152, o Supremo Tribunal Federal definiu que essa autorização bem pode ser conferida pela assembleia geral da entidade, não se exigindo procuração de cada um dos filiados. 2. O caso dos autos retrata associação que pretende atuar em Juízo, na defesa de alegado direito de seus filiados. Atuação fundada tão-somente em autorização constante de estatuto. Essa pretendida atuação é inviável, pois o STF, nesses casos, exige, além de autorização genérica do estatuto da entidade, uma autorização específica, dada pela Assembleia Geral dos filiados. 3. Quanto ao mérito, na ADI 1.770, o STF decidiu que é inconstitucional o § 1º do art. 453 da CLT, que trata de readmissão de empregado público aposentado por empresa estatal. Já na ADI 1.721 o STF declarou inconstitucional o § 2º do art. 453 da CLT, *que impõe automática ruptura do vínculo de empregado aposentado por tempo de contribuição proporcional*. 4. A recorrente pretende representar filiados que não são empregados de empresas estatais. Ademais, não houve demonstração de que esses filiados se aposentaram por tempo de contribuição proporcional. 5. Há, no caso concreto, ilegitimidade da associação recorrente para postular em nome dos seus filiados. Não há, de outro lado, identidade entre o conteúdo dos atos reclamados e o das decisões nas ADIs 1.721 e 1.770. 6. Agravo regimental desprovido. **AG.REG.NA Rcl. N. 5.215-SP. RELATOR: MIN. CARLOS BRITTO.** (Inform. STF 547)

DIREITO PROCESSUAL CIVIL. EXECUÇÃO. TERMO INICIAL DA PRESCRIÇÃO. DÚVIDA SOBRE A LEGITIMIDADE DA ENTIDADE DE CLASSE.
Quando houver dúvida sobre a legitimidade de sindicato ou associação de classe para promover a execução de demanda coletiva, conta-se o prazo prescricional para o ajuizamento das execuções individuais pelos trabalhadores a partir da publicação da decisão sobre a legitimidade da entidade de classe. Enquanto não decidido o embate sobre a legitimidade do ente coletivo, não se pode falar em inércia por parte dos trabalhadores por ele representados. Essa só poderá ser reconhecida após o término do prazo prescricional contado a partir da publicação da decisão sobre a legitimidade da entidade. Precedentes citados: AgRg no AgRg no REsp 1.165.488-RS, DJe 30/5/2012; AgRg no REsp 1.171.508-RS, DJe 23/4/2012, e AgRg no Ag 1.367.397-RS, DJe 13/3/2012. **AgRg no REsp 1.240.333-RS, Rel. Min. Castro Meira, julgado em 18/10/2012.** (Inform. STJ 507)

DIREITO PROCESSUAL CIVIL. PREFERÊNCIA DO CRÉDITO TRABALHISTA SOBRE O TRIBUTÁRIO. EXECUÇÃO CONTRA DEVEDOR SOLVENTE.
A preferência dos créditos trabalhistas sobre os créditos tributários, prevista no art. 186 do CTN, não se limita ao concurso universal de credores, em razão de insolvência civil ou falência, aplicando-se, da mesma forma, aos casos de execução contra devedor solvente. A alegação de que a preferência prevista no art. 711 do CPC somente é aplicável ao devedor insolvente não encontra amparo na jurisprudência desta Corte, segundo a qual a preferência de direito material se sobrepõe à de direito processual, aplicando-se, da mesma forma, aos casos de execução contra devedor solvente. Raciocínio inverso conspiraria contra a *ratio essendi* do art. 186 do CTN, que visa resguardar a satisfação do crédito trabalhista, tendo em vista a natureza alimentar de referidas verbas, sendo irrelevante para a incidência do preceito a natureza jurídica da relação que originou a execução fiscal e se contra devedor solvente ou insolvente. Precedentes citados: REsp 871.190-SP, DJe 3/11/2008; REsp 280.871-SP, DJe 23/3/2009, e REsp 1.180.192-SC, DJe 24/3/2010. **AgRg no AREsp 215.749-SP, Rel. Min. Humberto Martins, julgado em 16/10/2012.** (Inform. STJ 506)

DEPÓSITO RECURSAL TRABALHISTA. MOVIMENTAÇÃO E ADMINISTRAÇÃO.
A Turma entendeu que a movimentação das contas de depósito recursal trabalhista regidas pelo art. 899, §§ 1º a 7º, da CLT é da alçada exclusiva do juízo laboral e que ele não detém autonomia para dispor dos depósitos recursais efetivados por empresa cuja quebra venha a ser decretada. A destinação do numerário, inclusive em observância da *par conditio creditorum*, há de ser dada pelo juízo universal da falência. Assim, o acesso aos depósitos realizados nas contas recursais trabalhistas não se dá de forma direta, mas mediante expedição de ofício ao respectivo juízo laboral para que, oportunamente – isto é, após o trânsito em julgado da reclamação trabalhista –, transfira o valor consignado para conta judicial à disposição do juízo falimentar, essa sim de sua livre movimentação. **RMS 32.864-SP, Min. Rel. Nancy Andrighi, julgado em 28/2/2012.** (Inform. STJ 492)

11. DIREITO DO CONSUMIDOR

1. CONCEITO DE CONSUMIDOR E RELAÇÃO DE CONSUMO

Antinomia entre o CDC e a Convenção de Varsóvia: transporte aéreo internacional - 1
O Plenário iniciou julgamento conjunto de recurso extraordinário e de recurso extraordinário com agravo em que se discute a norma prevalecente nas hipóteses de conflito entre o Código de Defesa do Consumidor – CDC e a Convenção de Varsóvia, alterada posteriormente pelo Protocolo Adicional 4, assinado em Montreal, a qual rege o transporte aéreo internacional. No RE 636.331/RJ, com repercussão geral reconhecida, a controvérsia envolve os limites de indenização por danos materiais em decorrência de extravio de bagagem em voos internacionais. No ARE 766.618/SP, a questão posta em debate diz respeito ao prazo prescricional para fins de ajuizamento de ação de responsabilidade civil por atraso em voo internacional.
RE 636331/RJ, rel. Min. Gilmar Mendes, e ARE 766618/SP, rel. Min. Roberto Barroso, 8.5.2014. (RE-636331)

Antinomia entre o CDC e a Convenção de Varsóvia: transporte aéreo internacional - 2
No RE 636.331/RJ, o Ministro Gilmar Mendes (relator) assentou a prevalência da Convenção de Varsóvia e demais acordos internacionais subscritos pelo Brasil em detrimento do CDC não apenas na hipótese de extravio de bagagem. Em consequência, deu provimento ao recurso extraordinário para limitar o valor da condenação por danos materiais ao patamar estabelecido na Convenção de Varsóvia, com as modificações efetuadas pelos acordos internacionais posteriores. Aduziu que a antinomia ocorreria, a princípio, entre o art. 14 do CDC, que impõe ao fornecedor do serviço o dever de reparar os danos causados, e o art. 22 da Convenção de Varsóvia — introduzida no direito pátrio pelo Decreto 20.704/1931 —, que fixa limite máximo para o valor devido pelo transportador, a título de reparação. Afastou, de início, a alegação de que o princípio constitucional que impõe a defesa do consumidor (CF, art. 5º, XXXII, e art. 170, V) impediria a derrogação do CDC por norma mais restritiva, ainda que por lei especial. Salientou que a proteção ao consumidor não seria a única diretriz a orientar a ordem econômica. Consignou também que o próprio texto constitucional, desde sua redação originária, determina, no art. 178, a observância dos acordos internacionais, quanto à ordenação do transporte aéreo internacional ("Art. 178. A lei disporá sobre a ordenação dos transportes aéreo, aquático e terrestre, devendo, quanto à ordenação do transporte internacional, observar os acordos firmados pela União, atendido o princípio da reciprocidade"). Realçou que, no tocante à aparente antinomia entre o disposto no CDC e na Convenção de Varsóvia — e demais normas internacionais sobre transporte aéreo —, não haveria diferença de hierarquia entre os diplomas normativos. Ambos teriam estatura de lei ordinária e, por isso, a solução do conflito envolveria a análise dos critérios cronológico e da especialidade.
RE 636331/RJ, rel. Min. Gilmar Mendes, e ARE 766618/SP, rel. Min. Roberto Barroso, 8.5.2014. (RE-636331)

Antinomia entre o CDC e a Convenção de Varsóvia: transporte aéreo internacional - 3
O Ministro Gilmar Mendes destacou, em relação ao critério cronológico, que os acordos internacionais em comento seriam mais recentes que o CDC. Observou que, não obstante o Decreto 20.704 tivesse sido publicado em 1931, sofrera sucessivas modificações que seriam posteriores ao CDC. O relator acrescentou, ainda, que a Convenção de Varsóvia — e os regramentos internacionais que a modificaram — seriam normas especiais em relação ao CDC, porquanto disciplinariam modalidade especial de contrato, qual seja, o contrato de transporte aéreo internacional de passageiros. Tendo em conta tratar-se de conflito entre regras que não possuiriam o mesmo âmbito de validade, sendo uma geral e outra específica, concluiu que deveria ser aplicado o parágrafo 2º do art. 2º da Lei de Introdução às Normas de Direito Brasileiro ("A lei nova, que estabeleça disposições gerais ou especiais a par das já existentes, não revoga nem modifica a lei anterior"). Frisou, ademais, que as disposições previstas nos aludidos acordos internacionais incidiriam exclusivamente nos contratos de transporte aéreo internacional de pessoas, bagagens ou carga. Assim, não alcançariam o transporte nacional de pessoas, que estaria excluído da abrangência do art. 22 da Convenção de Varsóvia. Por fim, esclareceu que a limitação indenizatória abarcaria apenas a reparação por danos materiais, e não morais.
RE 636331/RJ, rel. Min. Gilmar Mendes, e ARE 766618/SP, rel. Min. Roberto Barroso, 8.5.2014. (RE-636331)

Antinomia entre o CDC e a Convenção de Varsóvia: transporte aéreo internacional - 4
No ARE 766.618/SP, o Ministro Roberto Barroso (relator), ao afirmar que por força do art. 178 da CF, em caso de conflito, as normas das convenções que regem o transporte aéreo internacional prevaleceriam sobre o CDC, deu provimento ao recurso. Por conseguinte, julgou improcedente o pleito ante a ocorrência da prescrição. Abordou, de igual modo, os critérios tradicionais de solução de antinomias no Direito brasileiro: o da hierarquia, o cronológico e o da especialização. No entanto, reputou que a existência de dispositivo constitucional legitimaria a admissão dos recursos extraordinários nessa matéria, pois, se assim não fosse, a discussão cingir-se-ia ao âmbito infraconstitucional. Explicou, no ponto, que o art. 178 da CF previra parâmetro para a solução desse conflito, de modo que as convenções internacionais deveriam prevalecer. Reconheceu, na espécie, a incidência do art. 29 da Convenção de Varsóvia, que estabelece o prazo prescricional de dois anos, a contar da chegada da aeronave. No que se refere ao RE 636.331/RJ, acompanhou o voto proferido pelo Ministro Gilmar Mendes. Após o voto do Ministro Teori Zavascki, que acolhia ambos os recursos ao fundamento de que a Convenção de Varsóvia — e o sucessor Protocolo Adicional 4, de Montreal — preponderaria sobre o CDC, pediu vista a Ministra Rosa Weber.
RE 636331/RJ, rel. Min. Gilmar Mendes, e ARE 766618/SP, rel. Min. Roberto Barroso, 8.5.2014. (RE-636331) (Inform. STF 745)

EMENTA: RECURSO EXTRAORDINÁRIO. DANOS MORAIS DECORRENTES DE ATRASO OCORRIDO EM VOO INTERNACIONAL. APLICAÇÃO DO CÓDIGO DE DEFESA DO CONSUMIDOR. MATÉRIA INFRACONSTITUCIONAL. NÃO CONHECIMENTO.
1. O princípio da defesa do consumidor se aplica a todo o capítulo constitucional da atividade econômica. 2. Afastam-se as normas especiais do Código Brasileiro da Aeronáutica e da Convenção de Varsóvia quando implicarem retrocesso social ou vilipêndio aos direitos assegurados pelo Código de Defesa do Consumidor. 3. Não cabe discutir, na instância extraordinária, sobre a correta aplicação do Código de Defesa do Consumidor ou sobre a incidência, no caso concreto, de específicas normas de consumo veiculadas em legislação especial sobre o transporte aéreo internacional. Ofensa indireta à Constituição de República. 4. Recurso não conhecido. **RE N. 351.750-RJ. RELATOR P/ O ACÓRDÃO: MIN. CARLOS BRITTO.** (Inform. STF 560)

DIREITO DO CONSUMIDOR. CONFIGURAÇÃO DE RELAÇÃO DE CONSUMO ENTRE PESSOAS JURÍDICAS. Há relação de consumo entre a sociedade empresária vendedora de aviões e a sociedade empresária administradora de imóveis que tenha adquirido avião com o objetivo de facilitar o deslocamento de sócios e funcionários. O STJ, adotando o conceito de consumidor da teoria finalista mitigada, considera que a pessoa jurídica pode ser consumidora quando adquirir o produto ou serviço como destinatária final, utilizando-o para atender a uma necessidade sua, não de seus clientes. No caso, a aeronave foi adquirida para atender a uma necessidade da própria pessoa jurídica – o deslocamento de sócios e funcionários –, não para ser incorporada ao serviço de administração de imóveis. Precedentes citados: REsp 1.195.642-PR, Terceira Turma, DJe 21/11/2012; e REsp 733.560-RJ, Terceira Turma, DJe de 2/5/2006. **AgRg no REsp 1.321.083-PR**, Rel. Min. Paulo de Tarso Sanseverino, julgado em 9/9/2014. (Inform. STJ 548)

DIREITO DO CONSUMIDOR. APLICAÇÃO DO CDC A CONTRATO DE SEGURO EMPRESARIAL. Há relação de consumo entre a seguradora e a concessionária de veículos que firmam seguro empresarial visando à proteção do patrimônio desta (destinação pessoal) – ainda que com o intuito de resguardar veículos utilizados em sua atividade comercial –, desde que o seguro não integre os produtos ou serviços oferecidos por esta. Cumpre destacar que consumidor é toda pessoa física ou jurídica que adquire ou utiliza, como destinatário final, produto ou serviço oriundo de um fornecedor. Por sua vez, destinatário final, segundo a teoria subjetiva ou finalista, adotada pelo STJ, é aquele que ultima a atividade econômica, ou seja, que retira de circulação do mercado o bem ou o serviço para consumi-lo, suprindo uma necessidade ou satisfação própria, não havendo, portanto, a reutilização ou o reingresso dele no processo produtivo, seja na revenda, no uso profissional, na transformação do bem por meio de beneficiamento ou montagem, ou em outra forma indireta. Nessa medida, se a sociedade empresária firmar contrato de seguro visando proteger seu patrimônio (destinação pessoal), mesmo que seja para resguardar insumos utilizados em sua atividade comercial, mas sem integrar o seguro nos produtos ou serviços que oferece, haverá caracterização de relação de consumo, pois será aquela destinatária final dos serviços securitários. Situação diversa seria se o seguro empresarial fosse contratado para cobrir riscos dos clientes, ocasião em que faria parte dos serviços prestados pela pessoa jurídica, o que configuraria consumo intermediário, não protegido pelo CDC. Precedentes citados: REsp 733.560-RJ, Terceira Turma, DJ 2/5/2006; e REsp 814.060-RJ, Quarta Turma, DJe 13/4/2010. **REsp 1.352.419-SP**, Rel. Min. Ricardo Villas Bôas Cueva, julgado em 19/8/2014. (Inform. STJ 548)

DIREITO DO CONSUMIDOR. INCIDÊNCIA DO CDC AOS CONTRATOS DE APLICAÇÃO FINANCEIRA EM FUNDOS DE INVESTIMENTO. O CDC é aplicável aos contratos referentes a aplicações em fundos de investimento firmados entre as instituições financeiras e seus clientes, pessoas físicas e destinatários finais, que contrataram o serviço da instituição financeira par investir economias amealhadas ao longo da vida. Nessa situação, é aplicável o disposto na Súmula 297 do STJ, segundo a qual "O Código de Defesa do Consumidor é aplicável às instituições financeiras". Precedentes citados: REsp 1.214.318-RJ, Terceira Turma, DJe de 18/9/2012; e REsp 1.164.235-RJ, Terceira Turma, DJe de 29/2/2012. **REsp 656.932-SP**, Rel. Min. Antonio Carlos Ferreira, julgado em 24/4/2014. (Inform. STJ 541)

DIREITO DO CONSUMIDOR E INTERNACIONAL PRIVADO. INAPLICABILIDADE DO CDC AO CONTRATO DE TRANSPORTE INTERNACIONAL DE MERCADORIA DESTINADA A INCREMENTAR A ATIVIDADE COMERCIAL DA CONTRATANTE. Para efeito de fixação de indenização por danos à mercadoria ocorridos em transporte aéreo internacional, o CDC não prevalece sobre a Convenção de Varsóvia quando o contrato de transporte tiver por objeto equipamento adquirido no exterior para incrementar a atividade comercial de sociedade empresária que não se afigure vulnerável na relação jurídico-obrigacional. Na hipótese em foco, a mercadoria transportada destinava-se a ampliar e a melhorar a prestação do serviço e, por conseguinte, aumentar os lucros. Sob esse enfoque, não se pode conceber o contrato de transporte isoladamente. Na verdade, a importação da mercadoria tem natureza de ato complexo, envolvendo (i) a compra e venda propriamente dita, (ii) o desembaraço para retirar o bem do país de origem, (iii) o eventual seguro, (iv) o transporte e (v) o desembaraço no país de destino mediante o recolhimento de taxas, impostos etc. Essas etapas do ato complexo de importação, conforme o caso, podem ser efetivadas diretamente por agentes da própria empresa adquirente ou envolver terceiros contratados para cada fim específico. Mas essa última possibilidade – contratação de terceiros –, por si, não permite que se aplique separadamente, a cada etapa, normas legais diversas da incidente sobre o ciclo completo da importação. Desse modo, não há como considerar a importadora destinatária final do ato complexo de importação nem dos atos e contratos intermediários, entre eles o contrato de transporte, para o propósito da tutela protetiva da legislação consumerista, sobretudo porque a mercadoria importada irá integrar a cadeia produtiva dos serviços prestados pela empresa contratante do transporte. Neste contexto, aplica-se, no caso em análise, o mesmo entendimento adotado pelo STJ nos casos de financiamento bancário ou de aplicação financeira com o propósito de ampliar capital de giro e de fomentar a atividade empresarial. O capital obtido da instituição financeira, evidentemente, destina-se, apenas, a fomentar a atividade industrial, comercial ou de serviços e, com isso, ampliar os negócios e o lucro. Daí que nessas operações não se aplica o CDC, pela ausência da figura do consumidor, definida no art. 2º do referido diploma. Assim, da mesma forma que o financiamento e a aplicação financeira mencionados fazem parte e não podem ser desmembrados do ciclo de produção, comercialização e de prestação de serviços, o contrato de transporte igualmente não pode ser retirado do ato complexo ora em análise. Observe-se que, num e noutro caso, está-se diante de uma engrenagem complexa, que demanda a prática de vários outros atos com o único escopo de fomentar a atividade da pessoa jurídica. Ademais, não se desconhece que o STJ tem atenuado a incidência da teoria finalista, aplicando o CDC quando, apesar de relação jurídico-obrigacional entre comerciantes ou profissionais, estiver caracterizada situação de vulnerabilidade ou hipossuficiência. Entretanto, a empresa importadora não apresenta vulnerabilidade ou hipossuficiência, o que afasta a incidência das normas do CDC. Dessa forma, inexistindo relação de consumo, circunstância que impede a aplicação das regras específicas do CDC, há que ser observada a Convenção de Varsóvia, que regula especificamente o transporte aéreo internacional. Precedentes citados: REsp 1.358.231-SP, Terceira Turma, DJ de 17/6/2013; e AgRg no Ag 1.291.994-SP, Terceira Turma, DJe de 6/3/2012. **REsp 1.162.649-SP, Rel. originário Min. Luis Felipe Salomão, Rel. para acórdão Min. Antonio Carlos Ferreira, julgado em 13/5/2014. (Inform. STJ 541)**

DIREITO CIVIL E DO CONSUMIDOR. REGIME JURÍDICO APLICÁVEL EM AÇÃO REGRESSIVA PROMOVIDA PELA SEGURADORA CONTRA COMPANHIA AÉREA DE TRANSPORTE CAUSADORA DO DANO. Quando não incidir o CDC, mas, sim, a Convenção de Varsóvia, na relação jurídica estabelecida entre a companhia aérea causadora de dano à mercadoria por ela transportada e o segurado – proprietário do bem danificado –, a norma consumerista, também, não poderá ser aplicada em ação regressiva promovida pela seguradora contra a transportadora. Isso porque a sub-rogação transfere ao novo credor todos os direitos, ações, privilégios e garantias do primitivo, em relação à dívida, contra o devedor principal e os fiadores. Nessa linha, tratando-se de ação regressiva promovida pela seguradora contra o causador do dano, a jurisprudência do STJ confere àquela os mesmo direitos, ações e privilégios do segurado a quem indenizou. Portanto, inexistindo relação de consumo entre o segurado – proprietário do bem danificado – e a transportadora, não incide as regras específicas do CDC, mas, sim, a Convenção de Varsóvia na ação regressiva ajuizada pela seguradora contra a companhia aérea causadora do dano. Precedente citado: REsp 982.492-SP, Quarta Turma, Dje 17/10/2011; e REsp 705.148-PR, Quarta Turma, DJe 1º/3/2011. **REsp 1.162.649-SP, Rel. originário Min. Luis Felipe Salomão, Rel. para acórdão Min. Antonio Carlos Ferreira, julgado em 13/5/2014. (Inform. STJ 541)**

DIREITO DO CONSUMIDOR. CONSUMIDOR POR EQUIPARAÇÃO.
Em uma relação contratual avençada com fornecedor de grande porte, uma sociedade empresária de pequeno porte não pode ser considerada vulnerável, de modo a ser equiparada à figura de consumidor (art. 29 do CDC), na hipótese em que o fornecedor não tenha violado quaisquer dos dispositivos previstos nos arts. 30 a 54 do CDC. De fato, o art. 29 do CDC dispõe que, "Para os fins deste Capítulo e do seguinte, equiparam-se aos consumidores todas as pessoas determináveis ou não, expostas às práticas nele previstas". Este dispositivo está inserido nas disposições gerais do Capítulo V, referente às Práticas Comerciais, e faz menção também ao Capítulo VI, que trata da Proteção Contratual. Assim, para o reconhecimento da situação de vulnerabilidade, o que atrairia a incidência da equiparação prevista no art. 29, é necessária a constatação de violação a um dos dispositivos previstos no art. 30 a 54, dos Capítulos V e VI, do CDC. Nesse contexto, caso não tenha se verificado práticas abusivas na relação contratual examinada, a natural posição de inferioridade do destinatário de bens ou serviços não possibilita, por si só, o reconhecimento da vulnerabilidade. REsp 567.192-SP, Rel. Min. Raul Araújo, julgado em 5/9/2013. **(Inform. STJ 530)**

DIREITO DO CONSUMIDOR. APLICABILIDADE DO CDC AOS CONTRATOS DE ADMINISTRAÇÃO IMOBILIÁRIA.
É possível a aplicação do CDC à relação entre proprietário de imóvel e a imobiliária contratada por ele para administrar o bem. Isso porque o proprietário do imóvel é, de fato, destinatário final fático e também econômico do serviço prestado. Revela-se, ainda, a presunção da sua vulnerabilidade, seja porque o contrato firmado é de adesão, seja porque é uma atividade complexa e especializada ou, ainda, porque os mercados se comportam de forma diferenciada e específica em cada lugar e período. No cenário caracterizado pela presença da administradora na atividade de locação imobiliária sobressaem pelo menos duas relações jurídicas distintas: a de prestação de serviços, estabelecida entre o proprietário de um ou mais imóveis e a administradora; e a de locação propriamente dita, em que a imobiliária atua como intermediária de um contrato de locação. Nas duas situações, evidencia-se a destinação final econômica do serviço prestado ao contratante, devendo a relação jurídica estabelecida ser regida pelas disposições do diploma consumerista. **REsp 509.304-PR, Rel. Min. Villas Bôas Cueva, julgado em 16/5/2013.** (Inform. STJ 523)

DIREITO DO CONSUMIDOR. CONSUMO INTERMEDIÁRIO. VULNERABILIDADE. FINALISMO APROFUNDADO.
Não ostenta a qualidade de consumidor a pessoa física ou jurídica que não é destinatária fática ou econômica do bem ou serviço, salvo se caracterizada a sua vulnerabilidade frente ao fornecedor. A determinação da qualidade de consumidor deve, em regra, ser feita mediante aplicação da teoria finalista, que, numa exegese restritiva do art. 2º do CDC, considera destinatário final tão somente o destinatário fático e econômico do bem ou serviço, seja ele pessoa física ou jurídica. Dessa forma, fica excluído da proteção do CDC o consumo intermediário, assim entendido como aquele cujo produto retorna para cadeias de produção e distribuição, compondo o custo (e, portanto, o preço final) de um novo bem ou serviço. Vale dizer, só pode ser considerado consumidor, para fins de tutela pelo CDC, aquele que exaure a função econômica do bem ou serviço, excluindo-o de forma definitiva do mercado de consumo. Todavia, a jurisprudência do STJ, tomando por base o conceito de consumidor por equiparação previsto no art. 29 do CDC, tem evoluído para uma aplicação temperada da teoria finalista frente às pessoas jurídicas, num processo que a doutrina vem denominando "finalismo aprofundado". Assim, tem se admitido que, em determinadas hipóteses, a pessoa jurídica adquirente de um produto ou serviço possa ser equiparada à condição de consumidora, por apresentar frente ao fornecedor alguma vulnerabilidade, que constitui o princípio-motor da política nacional das relações de consumo, premissa expressamente fixada no art. 4º, I, do CDC, que legitima toda a proteção conferida ao consumidor. A doutrina tradicionalmente aponta a existência de três modalidades de vulnerabilidade: técnica (ausência de conhecimento específico acerca do produto ou serviço objeto de consumo), jurídica (falta de conhecimento jurídico, contábil ou econômico e de seus reflexos na relação de consumo) e fática (situações em que a insuficiência econômica, física ou até mesmo psicológica do consumidor o coloca em pé de desigualdade frente ao fornecedor). Mais recentemente, tem se incluído também a vulnerabilidade informacional (dados insuficientes sobre o produto ou serviço capazes de influenciar no processo decisório de compra). Além disso, a casuística poderá apresentar novas formas de vulnerabilidade aptas a atrair a incidência do CDC à relação de consumo. Numa relação interempresarial, para além das hipóteses de vulnerabilidade já consagradas pela doutrina e pela jurisprudência, a relação de dependência de uma das partes frente à outra pode, conforme o caso, caracterizar uma vulnerabilidade legitimadora da aplicação do CDC, mitigando os rigores da teoria finalista e autorizando a equiparação da pessoa jurídica compradora à condição de consumidora. Precedentes citados: REsp 1.196.951-PI, DJe 9/4/2012, e REsp 1.027.165-ES, DJe 14/6/2011. **REsp 1.195.642-RJ, Rel. Min. Nancy Andrighi, julgado em 13/11/2012. (Inform. STJ 510)**

FACTORING. OBTENÇÃO DE CAPITAL DE GIRO. CDC.
A atividade de *factoring* não se submete às regras do CDC quando não for evidente a situação de vulnerabilidade da pessoa jurídica contratante. Isso porque as empresas de *factoring* não são instituições financeiras nos termos do art. 17 da Lei n. 4.595/1964, pois os recursos envolvidos não foram captados de terceiros. Assim, ausente o trinômio inerente às atividades das instituições financeiras: coleta, intermediação e aplicação de recursos. Além disso, a empresa contratante não está em situação de vulnerabilidade, o que afasta a possibilidade de considerá-la consumidora por equiparação (art. 29 do CDC). Por

fim, conforme a jurisprudência do STJ, a obtenção de capital de giro não está submetida às regras do CDC. Precedentes citados: REsp 836.823-PR, DJe 23/8/2010; AgRg no Ag 1.071.538-SP, DJe 18/2/2009; REsp 468.887-MG, DJe 17/5/2010; AgRg no Ag 1.316.667-RO, DJe 11/3/2011, e AgRg no REsp 956.201-SP, DJe 24/8/2011. **REsp 938.979-DF, Rel. Min. Luis Felipe Salomão, julgado em 19/6/2012. (Inform. STJ 500)**

CDC. RESPONSABILIDADE CIVIL. PROVEDOR DE INTERNET. ANÚNCIO ERÓTICO.

O recorrente ajuizou ação de indenização por danos morais contra a primeira recorrida por ter-se utilizado do seu sítio eletrônico, na rede mundial de computadores, para veicular anúncio erótico no qual aquele ofereceria serviços sexuais, constando para contato o seu nome e endereço de trabalho. A primeira recorrida, em contestação, alegou que não disseminou o anúncio, pois assinara contrato de fornecimento de conteúdo com a segunda recorrida, empresa de publicidade, no qual ficou estipulado que aquela hospedaria, no seu sítio eletrônico, o *site* desta, entabulando cláusula de isenção de responsabilidade sobre todas as informações divulgadas. Para a Turma, o recorrente deve ser considerado consumidor por equiparação, art. 17 do CDC, tendo em vista se tratar de terceiro atingido pela relação de consumo estabelecida entre o provedor de *internet* e os seus usuários. Segundo o CDC, existe solidariedade entre todos os fornecedores que participaram da cadeia de prestação de serviço, comprovando-se a responsabilidade da segunda recorrida, que divulgou o anúncio de cunho erótico e homossexual, também está configurada a responsabilidade da primeira recorrida, *site* hospedeiro, por imputação legal decorrente da cadeia de consumo ou pela culpa *in eligendo*, em razão da parceria comercial. Ademais, é inócua a limitação de responsabilidade civil prevista contratualmente, pois não possui força de revogar lei em sentido formal. **REsp 997.993-MG, Rel. Min. Luis Felipe Salomão, julgado em 21/6/2012. (Inform. STJ 500)**

RESPONSABILIDADE CIVIL. ADVOGADO. EXERCÍCIO DA PROFISSÃO.

A Turma manteve a condenação de advogado ora recorrente ao pagamento de indenização por danos morais ao cliente no valor de R$ 15 mil, em decorrência de sua conduta maliciosa no exercício da profissão. No caso em comento, o recorrente foi contratado para propor ação ordinária contra o Estado do Paraná, pleiteando diferenças salariais e gratificações. Procurado diversas vezes pelo recorrido, ele negou o recebimento de procuração outorgada em seu favor, bem como o ajuizamento de qualquer demanda judicial em seu nome. Tal fato foi, inclusive, apurado em representação instaurada na OAB, que resultou em arquivamento diante da negativa do recorrente. Transcorridos quase vinte anos, após pesquisa realizada pela nova advogada contratada, descobriu-se que a ação havia sido efetivamente proposta pelo recorrente, até mesmo com recursos especiais para os tribunais superiores, tendo sido julgada improcedente. Em preliminar, afastou-se a alegada prescrição. Segundo observou o Min. Relator, na ação de reparação de danos em apreço, fundada no direito comum, e de acordo com as regras de transição do CC/2002 (art. 2.028), há de ser aplicado o novo prazo prescricional de três anos, consoante o disposto no art. 206, § 3°, IV, do referido diploma legal, contado o prazo da data da entrada em vigor do novo Código, e não da data do fato gerador do direito. No mérito, sustentou-se a inaplicabilidade do CDC nas relações contratuais entre clientes e advogados, que, de fato, são regidas pelo EOAB e pelo direito comum. Ao final, considerando o patente padecimento moral do recorrido diante das inverdades perpetradas pelo recorrente e da angústia de não saber o resultado da demanda, ainda que fosse negativa, manteve-se a responsabilização do advogado. **REsp 1.228.104-PR, Rel. Min. Sidnei Beneti, julgado em 15/3/2012. (Inform. STJ 493)**

DIREITO DO CONSUMIDOR. PESSOA JURÍDICA. INSUMOS. NÃO INCIDÊNCIA DAS NORMAS CONSUMERISTAS.

In casu, a recorrente, empresa fornecedora de gás, ajuizou na origem ação contra sociedade empresária do ramo industrial e comercial, ora recorrida, cobrando diferenças de valores oriundos de contrato de fornecimento de gás e cessão de equipamentos, em virtude de consumo inferior à cota mínima mensal obrigatória, ocasionando também a rescisão contratual mediante notificação. Sobreveio sentença de improcedência do pedido. O tribunal de justiça negou provimento à apelação. A recorrente interpôs recurso especial, sustentando que a relação jurídica entre as partes não poderia ser considerada como consumerista e que não é caso de equiparação a consumidores hipossuficientes, uma vez que a recorrida é detentora de conhecimentos técnicos, além de possuir fins lucrativos. A Turma entendeu que a recorrida não se insere em situação de vulnerabilidade, porquanto não se apresenta como sujeito mais fraco, com necessidade de proteção estatal, mas como sociedade empresária, sendo certo que não utiliza os produtos e serviços prestados pela recorrente como sua destinatária final, mas como insumos dos produtos que manufatura. Ademais, a sentença e o acórdão recorrido partiram do pressuposto de que todas as pessoas jurídicas são submetidas às regras consumeristas, razão pela qual entenderam ser abusiva a cláusula contratual que estipula o consumo mínimo, nada mencionando acerca de eventual vulnerabilidade – técnica, jurídica, fática, econômica ou informacional. O art. 2° do CDC abarca expressamente a possibilidade de as pessoas jurídicas figurarem como consumidores, sendo relevante saber se a pessoa – física ou jurídica – é "destinatária final" do produto ou serviço. Nesse passo, somente se desnatura a relação consumerista se o bem ou serviço passam a integrar a cadeia produtiva do adquirente, ou seja, tornam-se objeto de revenda ou de transformação por meio de beneficiamento ou montagem, ou, ainda, quando demonstrada sua vulnerabilidade técnica, jurídica ou econômica frente à outra parte, situação que não se aplica à recorrida. Diante dessa e de outras considerações, a Turma deu provimento ao recurso para reconhecer a não incidência das regras consumeristas, determinando o retorno dos autos ao tribunal de apelação, para que outro julgamento seja proferido. **REsp 932.557-SP, Rel. Min. Luis Felipe Salomão, julgado em 7/2/2012. (Inform. STJ 490)**

Súmula STJ n° 469
Aplica-se o Código de Defesa do Consumidor aos contratos de plano de saúde.

Súmula STJ n° 321
O Código de Defesa do Consumidor é aplicável à relação jurídica entre a entidade de previdência privada e seus participantes.

Súmula STJ n° 297
O Código de Defesa do Consumidor é aplicável às instituições financeiras.

2. PRINCÍPIOS E DIREITOS BÁSICOS

AG. REG. NO ARE N. 759.995-RJ
RELATORA: MIN. CÁRMEN LÚCIA
EMENTA: AGRAVO REGIMENTAL NO RECURSO EXTRAORDINÁRIO COM AGRAVO. DIREITO DO CONSUMIDOR. SÍTIO DE BUSCA NA INTERNET. DIVULGAÇÃO DE FOTOGRAFIAS. DETERMINAÇÃO JUDICIAL DE EXCLUSÃO DO MATERIAL FOTOGRÁFICO. ALEGADA AFRONTA AO PRINCÍPIO DA LEGALIDADE. NECESSIDADE DE PRÉVIA ANÁLISE DA

LEGISLAÇÃO INFRACONSTITUCIONAL. OFENSA CONSTITUCIONAL INDIRETA. SÚMULA N. 636 DO SUPREMO TRIBUNAL FEDERAL. AGRAVO REGIMENTAL AO QUAL SE NEGA PROVIMENTO. (Inform. STF 725)

DIREITO DO CONSUMIDOR. LEGALIDADE DO SISTEMA CREDIT SCORING. RECURSO REPETITIVO (ART. 543-C DO CPC E RES. 8/2008 DO STJ). No que diz respeito ao sistema credit scoring, definiu-se que: a) é um método desenvolvido para avaliação do risco de concessão de crédito, a partir de modelos estatísticos, considerando diversas variáveis, com atribuição de uma pontuação ao consumidor avaliado (nota do risco de crédito); b) essa prática comercial é lícita, estando autorizada pelo art. 5°, IV, e pelo art. 7°, I, da Lei 12.414/2011 (Lei do Cadastro Positivo); c) na avaliação do risco de crédito, devem ser respeitados os limites estabelecidos pelo sistema de proteção do consumidor no sentido da tutela da privacidade e da máxima transparência nas relações negociais, conforme previsão do CDC e da Lei 12.414/2011; d) apesar de desnecessário o consentimento do consumidor consultado, devem ser a ele fornecidos esclarecimentos, caso solicitados, acerca das fontes dos dados considerados (histórico de crédito), bem como as informações pessoais valoradas; e) o desrespeito aos limites legais na utilização do sistema credit scoring, configurando abuso no exercício desse direito (art. 187 do CC), pode ensejar a responsabilidade objetiva e solidária do fornecedor do serviço, do responsável pelo banco de dados, da fonte e do consulente (art. 16 da Lei 12.414/2011) pela ocorrência de danos morais nas hipóteses de utilização de informações excessivas ou sensíveis (art. 3°, § 3°, I e II, da Lei 12.414/2011), bem como nos casos de comprovada recusa indevida de crédito pelo uso de dados incorretos ou desatualizados. REsp 1.419.697-RS, Rel. Min. Paulo de Tarso Sanseverino, julgado em 12/11/2014. (Inform. STJ 551)

DIREITO DO CONSUMIDOR. HIPÓTESE DE DESCABIMENTO DE CONDENAÇÃO EM INDENIZAÇÃO POR DANO MORAL COLETIVO. Não cabe condenação a reparar dano moral coletivo quando, de cláusula de contrato de plano de saúde que excluiu a cobertura de próteses cardíacas indispensáveis a procedimentos cirúrgicos cobertos pelo plano, não tenham decorrido outros prejuízos além daqueles experimentados por quem, concretamente, teve o tratamento embaraçado ou teve de desembolsar os valores ilicitamente sonegados pelo plano. Como categoria autônoma de dano, a qual não se relaciona necessariamente com os tradicionais atributos da pessoa humana relativos à dor, sofrimento ou abalo psíquico, é possível afirmar-se cabível o dano moral coletivo. Além disso, embora o mesmo direito não pertença, a um só tempo, a mais de uma categoria de direito coletivo (direitos difusos, coletivos em sentido estrito e individuais homogêneos), isso não implica dizer que, no mesmo cenário fático ou jurídico conflituoso, violações simultâneas de direitos de mais de uma espécie não possam ocorrer. No entanto, na hipótese não se vislumbra dano de ordem coletiva, cujas vítimas seriam os atuais contratantes do plano de saúde, nem de ordem difusa, cujas vítimas seriam os indetermináveis futuros contratantes do plano. Os prejuízos, na hipótese, dizem respeito a direitos individuais homogêneos. Na verdade, a cláusula contratual restritiva permanece inoperante até que algum contratante venha a pleitear o serviço por ela excluído. Antes disso, é mera previsão contratual abstrata, incapaz de gerar qualquer efeito fora da idealização normativa avençada. Aplica-se a antiga – e cotidianamente repetida – ideia segundo a qual a responsabilidade civil requer, de regra, ilegalidade da conduta (salvo exceções de responsabilidade por ato lícito), dano e nexo causal. Se é certo que a cláusula contratual em apreço constitui reconhecida ilegalidade, não é menos certo que nem toda ilegalidade se mostra apta a gerar dano, circunstância essa que se faz presente no caso em exame. REsp 1.293.606-MG, Rel. Min. Luis Felipe Salomão, julgado em 2/9/2014. (Inform. STJ 547)

DIREITO CIVIL. RESPONSABILIDADE CIVIL. FALHA NO SERVIÇO POSTAL CONTRATADO.
É cabível a indenização por danos morais ao advogado que, em razão da entrega tardia da petição ao tribunal pela prestadora de serviços contratada, teve o recurso considerado intempestivo. O fato de a ECT inserir-se na categoria de prestadora de serviço público não a afasta das regras próprias do CDC quando é estabelecida relação de consumo com seus usuários. É direito básico do consumidor a adequada e eficaz prestação dos serviços públicos em geral, nos termos dos arts. 6°, X, e 22, caput, do CDC. As empresas públicas prestadoras de serviços públicos submetem-se ao regime de responsabilidade civil objetiva prevista no art. 14 do código supradito. Essa responsabilidade pelo risco administrativo (art. 37, § 6°, da CF) é confirmada e reforçada com a celebração de contrato de consumo, do qual emergem deveres próprios do microssistema erigido pela Lei n. 8.078/1990. Assim, a empresa fornecedora será responsável se o defeito ou a falha no serviço prestado for apto a gerar danos ao consumidor. A comprovação da gravidade do ato ilícito gera, ipso facto, o dever de indenizar em razão de uma presunção natural, que decorre da experiência comum, de que houve um abalo significativo à dignidade da pessoa. Portanto, o dano moral é in re ipsa, extraído não exatamente da prova de sua ocorrência, mas da análise da gravidade do ato ilícito em abstrato. REsp 1.210.732-SC, Rel. Min. Luis Felipe Salomão, julgado em 2/10/2012. (Inform. STJ 505)

CONTRATO DE SEGURO. CLÁUSULA ABUSIVA. NÃO OBSERVÂNCIA DO DEVER DE INFORMAR.
A Turma decidiu que, uma vez reconhecida a falha no dever geral de informação, direito básico do consumidor previsto no art. 6°, III, do CDC, é inválida cláusula securitária que exclui da cobertura de indenização o furto simples ocorrido no estabelecimento comercial contratante. A circunstância de o risco segurado ser limitado aos casos de furto qualificado (por arrombamento ou rompimento de obstáculo) exige, de plano, o conhecimento do aderente quanto às diferenças entre uma e outra espécie – qualificado e simples – conhecimento que, em razão da vulnerabilidade do consumidor, presumidamente ele não possui, ensejando, por isso, o vício no dever de informar. A condição exigida para cobertura do sinistro – ocorrência de furto qualificado –, por si só, apresenta conceituação específica da legislação penal, para cuja conceituação o próprio meio técnico-jurídico encontra dificuldades, o que denota sua abusividade. REsp 1.293.006-SP, Rel. Min. Massami Uyeda, julgado em 21/6/2012. (Inform. STJ 500)

DEFEITO DE FABRICAÇÃO. RELAÇÃO DE CONSUMO. ÔNUS DA PROVA.
No caso, houve um acidente de trânsito causado pela quebra do banco do motorista, que reclinou, determinando a perda do controle do automóvel e a colisão com uma árvore. A fabricante alegou cerceamento de defesa, pois não foi possível uma perícia direta no automóvel para verificar o defeito de fabricação, em face da perda total do veículo e venda do casco pela seguradora. Para a Turma, o fato narrado amolda-se à regra do art. 12 do CDC, que contempla a responsabilidade pelo fato do produto. Assim, considerou-se correta a inversão do ônus da prova, atribuído pelo próprio legislador ao fabricante. Para afastar sua responsabilidade, a montadora deveria ter tentado, por outros meios, demonstrar a inexistência do defeito ou a culpa exclusiva do consumidor, já que outras provas confirmaram o defeito do banco do veículo e sua relação de causalidade com o evento

danoso. Além disso, houve divulgação de *recall* pela empresa meses após o acidente, chamado que englobou, inclusive, o automóvel sinistrado, para a verificação de possível defeito na peça dos bancos dianteiros. Diante de todas as peculiaridades, o colegiado não reconheceu cerceamento de defesa pela impossibilidade de perícia direta no veículo sinistrado. Precedente citado: REsp 1.036.485-SC, DJe 5/3/2009. **REsp 1.168.775-RS, Rel. Min. Paulo de Tarso Sanseverino, julgado em 10/4/2012. (Inform. STJ 495)**

CONSUMIDOR. PLANO DE SAÚDE. REDE CONVENIADA. ALTERAÇÃO. INFORMAÇÃO.
Tendo em vista a importância que a rede conveniada assume para a continuidade do contrato, a operadora de plano de saúde somente cumprirá o dever de informar se comunicar individualmente a cada associado o descredenciamento de médicos e hospitais. Isso porque o direito à informação visa assegurar ao consumidor uma escolha consciente, permitindo que suas expectativas em relação ao produto ou serviço sejam de fato atingidas, manifestando o que vem sendo denominado de consentimento informado ou vontade qualificada. Diante disso, o comando do art. 6º, III, do CDC somente será efetivamente cumprido quando a informação for prestada ao consumidor de forma adequada, assim entendida como aquela que se apresenta simultaneamente completa, gratuita e útil, vedada, no último caso, a diluição da comunicação efetivamente relevante pelo uso de informações soltas, redundantes ou destituídas de qualquer serventia para o consumidor. Precedentes citados: REsp 418.572-SP, DJe 30/3/2009, e REsp 586.316-MG, DJe 19/3/2009. **REsp 1.144.840-SP, Rel. Min. Nancy Andrighi, julgado em 20/3/2012. (Inform. STJ 483)**

DANO MORAL COLETIVO. INSTITUIÇÃO FINANCEIRA. ATENDIMENTO PRIORITÁRIO.
A Turma negou provimento ao apelo especial e manteve a condenação do banco, em ação civil pública ajuizada pelo Ministério Público, ao pagamento de indenização por danos morais coletivos em decorrência do inadequado atendimento dos consumidores prioritários. No caso, o atendimento às pessoas idosas, com deficiência física, bem como àquelas com dificuldade de locomoção era realizado somente no segundo andar da agência bancária, após a locomoção dos consumidores por três lances de escada. Inicialmente, registrou o Min. Relator que a dicção do art. 6º, VI, do CDC é clara ao possibilitar o cabimento de indenização por danos morais aos consumidores tanto de ordem individual quanto coletivamente. Em seguida, observou que não é qualquer atentado aos interesses dos consumidores que pode acarretar dano moral difuso. É preciso que o fato transgressor seja de razoável significância e desborde dos limites da tolerabilidade. Ele deve ser grave o suficiente para produzir verdadeiros sofrimentos, intranquilidade social e alterações relevantes na ordem patrimonial coletiva. Na espécie, afirmou ser indubitável a ocorrência de dano moral coletivo apto a gerar indenização. Asseverou-se não ser razoável submeter aqueles que já possuem dificuldades de locomoção, seja pela idade seja por deficiência física seja por qualquer causa transitória, como as gestantes, à situação desgastante de subir escadas, acaso 23 degraus, em agência bancária que, inclusive, possui plena capacidade de propiciar melhor forma de atendimento aos consumidores prioritários. Destacou-se, ademais, o caráter propedêutico da indenização por dano moral, tendo como objetivo, além da reparação do dano, a pedagógica punição do infrator. Por fim, considerou-se adequado e proporcional o valor da indenização fixado (R$ 50.000,00). **REsp 1.221.756-RJ, Rel. Min. Massami Uyeda, julgado em 2/2/2012. (Inform. STJ 490)**

Súmula STJ nº 407
É legítima a cobrança da tarifa de água fixada de acordo com as categorias de usuários e as faixas de consumo.

3. RESPONSABILIDADE PELO FATO DO PRODUTO OU DO SERVIÇO

DIREITO DO CONSUMIDOR. HIPÓTESE DE DANO MORAL IN RE IPSA PROVOCADO POR COMPANHIA AÉREA. No caso em que companhia aérea, além de atrasar desarrazoadamente o voo de passageiro, deixe de atender aos apelos deste, furtando-se a fornecer tanto informações claras acerca do prosseguimento da viagem (em especial, relativamente ao novo horário de embarque e ao motivo do atraso) quanto alimentação e hospedagem (obrigando-o a pernoitar no próprio aeroporto), tem-se por configurado dano moral indenizável in re ipsa, independentemente da causa originária do atraso do voo. Inicialmente, cumpre destacar que qualquer causa originária do atraso do voo – acidente aéreo, sobrecarga da malha aérea, condições climáticas desfavoráveis ao exercício do serviço de transporte aéreo etc. – jamais teria o condão de afastar a responsabilidade da companhia aérea por abusos praticados por ela em momento posterior, haja vista tratar-se de fatos distintos. Afinal, se assim fosse, o caos se instalaria por ocasião de qualquer fatalidade, o que é inadmissível. Ora, diante de fatos como esses – acidente aéreo, sobrecarga da malha aérea ou condições climáticas desfavoráveis ao exercício do serviço de transporte aéreo –, deve a fornecedora do serviço amenizar o desconforto inerente à ocasião, não podendo, portanto, limitar-se a, de forma evasiva, eximir-se de suas responsabilidades. Além disso, considerando que o contrato de transporte consiste em obrigação de resultado, o atraso desarrazoado de voo, independentemente da sua causa originária, constitui falha no serviço de transporte aéreo contratado, o que gera para o consumidor direito à assistência informacional e material. Desse modo, a companhia aérea não se libera do dever de informação, que, caso cumprido, atenuaria, no mínimo, o caos causado pelo infortúnio, que jamais poderia ter sido repassado ou imputado ao consumidor. Ademais, os fatos de inexistir providência quanto à hospedagem para o passageiro, obrigando-o a pernoitar no próprio aeroporto, e de não ter havido informações claras quanto ao prosseguimento da viagem permitem aferir que a companhia aérea não procedeu conforme as disposições do art. 6º do CDC. Sendo assim, inexiste na hipótese caso fortuito, que, caso existisse, seria apto a afastar a relação de causalidade entre o defeito do serviço (ausência de assistência material e informacional) e o dano causado ao consumidor. No caso analisado, reputa-se configurado o dano moral, porquanto manifesta a lesão injusta a componentes do complexo de valores protegidos pelo Direito, à qual a reparação civil é garantida por mandamento constitucional, devendo recompor a vítima da violação de seus direitos de personalidade (art. 5º, V e X, da CF e art. 6º, VI, do CDC). Além do mais, configurado o fato do serviço, o fornecedor responde objetivamente pelos danos causados aos consumidores, nos termos do art. 14 do CDC. Sendo assim, o dano moral em análise opera-se in re ipsa, prescindindo de prova de prejuízo. Precedentes citados: AgRg no Ag 1.410.645-BA, Terceira Turma, DJe 7/11/2011; e AgRg no REsp 227.005-SP, Terceira Turma, DJ 17/12/2004. **REsp 1.280.372-SP, Rel. Min. Ricardo Villas Bôas Cueva, julgado em 7/10/2014. (Inform. STJ 550)**

DIREITO DO CONSUMIDOR. DANO MORAL NO CASO DE VEÍCULO ZERO QUILÔMETRO QUE RETORNA À CONCESSIONÁRIA POR DIVERSAS VEZES PARA REPAROS. É cabível reparação por danos morais quando o consumidor de veículo automotor zero quilômetro necessita retornar à concessionária por diversas vezes para reparar defeitos apresentados no veículo adquirido. Precedentes citados: REsp 1.395.285-SP, Terceira Turma, DJe 12/12/2013; AgRg no AREsp 60.866-RS, Quarta Turma, DJe 1/2/2012; e AgRg no AREsp 76.980-RS, Quarta Turma, DJe 24/8/2012. **REsp 1.443.268-DF, Rel. Min. Sidnei Beneti, julgado em 3/6/2014. (Inform. STJ 544)**

DIREITO DO CONSUMIDOR. INCIDÊNCIA DO ART. 27 DO CDC ANTE A CARACTERIZAÇÃO DE FATO DO SERVIÇO. Prescreve em cinco anos a pretensão de correntista de obter reparação dos danos causados por instituição financeira decorrentes da entrega, sem autorização, de talonário de cheques a terceiro que, em nome do correntista, passa a emitir várias cártulas sem provisão de fundos, gerando inscrição indevida em órgãos de proteção ao crédito. Na hipótese, o serviço mostra-se defeituoso, na medida em que a instituição financeira não fornece a segurança legitimamente esperada pelo correntista. Isso porque constitui fato notório que os talonários de cheques depositados em agência bancária somente podem ser retirados pelo próprio correntista, mediante assinatura de documento atestando a sua entrega, para possibilitar o seu posterior uso. O Banco tem a posse desse documento, esperando-se dele um mínimo de diligência na sua guarda e entrega ao seu correntista. A Segunda Seção do STJ, a propósito, editou recentemente enunciado sumular acerca da responsabilidade civil das instituições financeiras, segundo o qual as "instituições financeiras respondem objetivamente pelos danos gerados por fortuito interno relativo a fraudes e delitos praticados por terceiros no âmbito de operações bancárias" (Súmula 479). Sendo assim, em face da defeituosa prestação de serviço pela instituição bancária, não atendendo à segurança legitimamente esperada pelo consumidor, tem-se a caracterização de fato do serviço, disciplinado pelo art. 14 do CDC. O STJ, aliás, julgando um caso semelhante – em que os talões de cheque foram roubados da empresa responsável pela entrega de talonários –, entendeu tratar-se de hipótese de defeito na prestação do serviço, aplicando o art. 14 do CDC (REsp 1.024.791-SP, Quarta Turma, DJe 9/3/2009). Ademais, a doutrina, analisando a falha no serviço de banco de dados, tem interpretado o CDC de modo a enquadrá-la, também, como fato do serviço. Ante o exposto, incidindo o art. 14 do CDC, deve ser aplicado, por consequência, o prazo prescricional previsto no art. 27 do mesmo estatuto legal, segundo o qual prescreve em cinco anos a pretensão à reparação pelos danos causados por fato do serviço, iniciando-se a contagem do prazo a partir do conhecimento do dano e de sua autoria. REsp, Rel. Min. Paulo de Tarso Sanseverino, julgado em 3/4/2014. (Inform. STJ 542)

DIREITO DO CONSUMIDOR. DANO MORAL DECORRENTE DA PRESENÇA DE CORPO ESTRANHO EM ALIMENTO. A aquisição de produto de gênero alimentício contendo em seu interior corpo estranho, expondo o consumidor a risco concreto de lesão à sua saúde e segurança, ainda que não ocorra a ingestão de seu conteúdo, dá direito à compensação por dano moral. A lei consumerista protege o consumidor contra produtos que coloquem em risco sua segurança e, por conseguinte, sua saúde, integridade física, psíquica, etc. Segundo o art. 8º do CDC, "os produtos e serviços colocados no mercado de consumo não acarretarão riscos à saúde ou segurança dos consumidores". Tem-se, assim, a existência de um dever legal, imposto ao fornecedor, de evitar que a saúde ou segurança do consumidor sejam colocadas sob risco. Vale dizer, o CDC tutela o dano ainda em sua potencialidade, buscando prevenir sua ocorrência efetiva (o art. 8º diz "não acarretarão riscos", não diz necessariamente "danos"). Desse dever imposto pela lei, decorre a responsabilidade do fornecedor de "reparar o dano causado ao consumidor por defeitos decorrentes de [...] fabricação [...] de seus produtos" (art. 12 do CDC). Ainda segundo o art. 12, § 1º, II, do CDC, "o produto é defeituoso quando não oferece a segurança que dele legitimamente se espera [...], levando-se em consideração [...] o uso e os riscos" razoavelmente esperados. Em outras palavras, há defeito – e, portanto, fato do produto – quando oferecido risco dele não esperado, segundo o senso comum e sua própria finalidade. Assim, na hipótese em análise, caracterizado está o defeito do produto (art. 12 do CDC), o qual expõe o consumidor a risco concreto de dano à sua saúde e segurança, em clara infringência ao dever legal dirigido ao fornecedor, previsto no art. 8º do CDC. Diante disso, o dano indenizável decorre do risco a que fora exposto o consumidor. Ainda que, na espécie, a potencialidade lesiva do dano não se equipare à hipótese de ingestão do produto contaminado (diferença que necessariamente repercutirá no valor da indenização), é certo que, mesmo reduzida, também se faz presente na hipótese de não ter havido ingestão do produto contaminado. Ademais, a priorização do ser humano pelo ordenamento jurídico nacional exige que todo o Direito deva convergir para sua máxima tutela e proteção. Desse modo, exige-se o pronto repúdio a quaisquer violações dirigidas à dignidade da pessoa, bem como a responsabilidade civil quando já perpetrados os danos morais ou extrapatrimoniais. Nessa linha de raciocínio, tem-se que a proteção da segurança e da saúde do consumidor tem, inegavelmente, cunho constitucional e de direito fundamental, na medida em que esses valores decorrem da especial proteção conferida à dignidade da pessoa humana (art. 1º, III, da CF). Cabe ressaltar que o dano moral não mais se restringe à dor, à tristeza e ao sofrimento, estendendo sua tutela a todos os bens personalíssimos. Em outras palavras, não é a dor, ainda que se tome esse termo no sentido mais amplo, mas sua origem advinda de um dano injusto que comprova a existência de um prejuízo moral ou imaterial indenizável. Logo, uma vez verificada a ocorrência de defeito no produto, a afastar a incidência exclusiva do art. 18 do CDC à espécie (o qual permite a reparação do prejuízo material experimentado), é dever do fornecedor de reparar também o dano extrapatrimonial causado ao consumidor, fruto da exposição de sua saúde e segurança a risco concreto e da ofensa ao direito fundamental à alimentação adequada, corolário do princípio da dignidade da pessoa humana. REsp 1.424.304-SP, Rel. Min. Nancy Andrighi, julgado em 11/3/2014. (Inform. STJ 537)

DIREITO DO CONSUMIDOR. PRAZO DE PRESCRIÇÃO EM CASO DE DANO PESSOAL DECORRENTE DE DANO AMBIENTAL. Conta-se da data do conhecimento do dano e de sua autoria - e não da data em que expedida simples notificação pública a respeito da existência do dano ecológico - o prazo prescricional da pretensão indenizatória de quem sofreu danos pessoais decorrentes de contaminação de solo e de lençol freático ocasionada por produtos utilizados no tratamento de madeira destinada à fabricação de postes de luz. Apesar da natural ênfase conferida aos vários aspectos do dano ambiental, trata-se, também, de um acidente de consumo, que se enquadra simultaneamente nos arts. 12 (fato do produto) e 14 do CDC (fato do serviço). Com efeito, os postes de luz constituem um insumo fundamental para a distribuição de energia elétrica aos seus consumidores, sendo que a contaminação ambiental decorreu exatamente dos produtos utilizados no tratamento desses postes. Se o dano sofrido pelos consumidores finais tivesse sido um choque provocado por uma descarga elétrica, não haveria dúvida acerca da incidência do CDC. Ocorre que a regra do art. 17 do CDC, ampliando o conceito básico de consumidor do art. 2º, determina a aplicação do microssistema normativo do consumidor a todas as vítimas do evento danoso, protegendo-se os chamados *bystandars*, que são as vítimas inocentes de acidentes de consumo. Esse fato, de um lado, constitui fato do produto (art. 12), em face das substâncias químicas utilizadas, e, de outro lado, apresenta-se também como fato do serviço (art. 14), pois o tratamento dos postes de luz liga-se ao serviço de distribuição de energia elétrica. Consequentemente, a prescrição é regulada pela norma do art. 27 do CDC, que estabelece um prazo de cinco anos, flexibilizando o seu termo inicial. Precedente citado: REsp 1.346.489-RS, Terceira Turma, DJe 26/8/2013. AgRg no REsp 1.365.277-RS, Rel. Min. Paulo de Tarso Sanseverino, julgado em 20/2/2014. (Inform. STJ 537)

DIREITO DO CONSUMIDOR. RESPONSABILIDADE DE HOSPITAL POR DANOS DECORRENTES DE TRANSFUSÃO DE SANGUE.
O hospital que realiza transfusão de sangue com a observância de todas as cautelas exigidas por lei não é responsável pelos danos causados a paciente por futura manifes-

tação de hepatite C, ainda que se considere o fenômeno da janela imunológica. Os estabelecimentos hospitalares são fornecedores de serviços, respondendo objetivamente pela reparação dos danos causados aos consumidores por defeitos dos serviços. Relativamente às transfusões sanguíneas, a doutrina especializada esclarece que ainda não é possível a eliminação total dos riscos de transfusão de sangue contaminado, mesmo que se adotem todos os testes adequados à análise sanguínea. Por isso, não sendo absoluta a segurança que o consumidor razoavelmente pode esperar nesses casos, o só fato da existência do fenômeno da janela imunológica não é passível de tornar defeituoso o serviço prestado pelo hospital. **REsp 1.322.387-RS, Rel. Min. Luis Felipe Salomão, julgado em 20/8/2013.** (Inform. STJ 532)

DIREITO CIVIL E DO CONSUMIDOR. PAGAMENTO COM SUB-ROGAÇÃO.
Aplica-se a regra contida no art. 14 do CDC, que estabelece a responsabilidade objetiva do fornecedor pelo fato do serviço, em ação regressiva ajuizada por seguradora objetivando o ressarcimento de valor pago a segurado que tivera seu veículo roubado enquanto estava sob a guarda de manobrista disponibilizado por restaurante. Isso porque, na ação regressiva, devem ser aplicadas as mesmas regras do CDC que seriam utilizadas em eventual ação judicial promovida pelo segurado (consumidor) contra o restaurante (fornecedor). Com efeito, após o pagamento do valor contratado, ocorre sub-rogação, transferindo-se à seguradora todos os direitos, ações, privilégios e garantias do segurado, em relação à dívida, contra o restaurante, de acordo com o disposto no art. 349 do CC. **REsp 1.321.739-SP, Rel. Min. Paulo de Tarso Sanseverino, julgado em 5/9/2013.** (Inform. STJ 530)

DIREITO DO CONSUMIDOR. RESPONSABILIDADE PELO FATO DO SERVIÇO.
O restaurante que ofereça serviço de manobrista (valet parking) prestado em via pública não poderá ser civilmente responsabilizado na hipótese de roubo de veículo de cliente deixado sob sua responsabilidade, caso não tenha concorrido para o evento danoso. O roubo, embora previsível, é inevitável, caracterizando, nessa hipótese, fato de terceiro apto a romper o nexo de causalidade entre o dano (perda patrimonial) e o serviço prestado. Ressalte-se que, na situação em análise, inexiste exploração de estacionamento cercado com grades, mas simples comodidade posta à disposição do cliente. É certo que a diligência na guarda da coisa está incluída nesse serviço. Entretanto, as exigências de garantia da segurança física e patrimonial do consumidor são menos contundentes do que aquelas atinentes aos estacionamentos de shopping centers e hipermercados, pois, diferentemente destes casos, trata-se de serviço prestado na via pública. **REsp 1.321.739-SP, Rel. Min. Paulo de Tarso Sanseverino, julgado em 5/9/2013.** (Inform. STJ 530)

DIREITO DO CONSUMIDOR. PRAZO DE PRESCRIÇÃO DA PRETENSÃO DE RESSARCIMENTO POR DANOS DECORRENTES DA QUEDA DE AERONAVE.
É de cinco anos o prazo de prescrição da pretensão de ressarcimento de danos sofridos pelos moradores de casas atingidas pela queda, em 1996, de aeronave pertencente a pessoa jurídica nacional e de direito privado prestadora de serviço de transporte aéreo. Isso porque, na hipótese, verifica-se a configuração de um fato do serviço, ocorrido no âmbito de relação de consumo, o que enseja a aplicação do prazo prescricional previsto no art. 27 do CDC. Com efeito, nesse contexto, enquadra-se a sociedade empresária no conceito de fornecedor estabelecido no art. 3º do CDC, enquanto os moradores das casas atingidas pela queda da aeronave, embora não tenham utilizado o serviço como destinatários finais, equiparam-se a consumidores pelo simples fato de serem vítimas do evento (bystanders), de acordo com o art. 17 do referido diploma legal. Ademais, não há dúvida de que o evento em análise configura fato do serviço, pelo qual responde o fornecedor, em consonância com o disposto do art. 14 do CDC. Importante esclarecer, ainda, que a aparente antinomia entre a Lei 7.565/1986, Código Brasileiro de Aeronáutica, o CDC e o CC/1916, no que tange ao prazo de prescrição da pretensão de ressarcimento em caso de danos sofridos por terceiros na superfície, causados por acidente aéreo, não pode ser resolvida pela simples aplicação das regras tradicionais da anterioridade, da especialidade ou da hierarquia, que levam à exclusão de uma norma pela outra, mas sim pela aplicação coordenada das leis, pela interpretação integrativa, de forma a definir o verdadeiro alcance de cada uma delas à luz do caso concreto. Tem-se, portanto, que uma norma geral anterior (CC/1916), que, por sinal, sequer regulava de modo especial o contrato de transporte, e duas especiais que lhe são posteriores (CBA/1986 e CDC/1990). No entanto, nenhuma delas expressamente revoga a outra, é com ela incompatível ou regula inteiramente a mesma matéria, o que permite afirmar que essas normas se interpenetram, promovendo um verdadeiro diálogo de fontes. A propósito, o CBA regula, nos arts. 268 a 272, a responsabilidade do transportador aéreo perante terceiros na superfície e estabelece, no seu art. 317, II, o prazo prescricional de dois anos da pretensão de ressarcimento dos danos a eles causados. Essa norma especial, no entanto, não foi revogada, como já afirmado, nem impede a incidência do CDC quando evidenciada a relação de consumo entre as partes envolvidas. Destaque-se, por oportuno, que o CBA não se limita a regulamentar apenas o transporte aéreo regular de passageiros, realizado por quem detenha a respectiva concessão, mas todo serviço de exploração de aeronave, operado por pessoa física ou jurídica, proprietária ou não, com ou sem fins lucrativos. Assim, o CBA será plenamente aplicado, desde que a relação jurídica não esteja regida pelo CDC, cuja força normativa é extraída diretamente da CF (art. 5º, XXXII). Ademais, não há falar em incidência do art. 177 do CC/1916, diploma legal reservado ao tratamento das relações jurídicas entre pessoas que se encontrem em patamar de igualdade, o que não ocorre na hipótese. **REsp 1.202.013-SP, Rel. Min. Nancy Andrighi, julgado em 18/6/2013.** (Inform. STJ 525)

DIREITO DO CONSUMIDOR. VIOLAÇÃO DO DEVER DE INFORMAÇÃO PELO FORNECEDOR.
No caso em que consumidor tenha apresentado reação alérgica ocasionada pela utilização de sabão em pó, não apenas para a lavagem de roupas, mas também para a limpeza doméstica, o fornecedor do produto responderá pelos danos causados ao consumidor na hipótese em que conste, na embalagem do produto, apenas pequena e discreta anotação de que deve ser evitado o "contato prolongado com a pele" e que, "depois de utilizar" o produto, o usuário deve lavar e secar as mãos. Isso porque, embora não se possa falar na ocorrência de defeito intrínseco do produto, haja vista que a hipersensibilidade ao produto é condição inerente e individual do consumidor, tem-se por configurado defeito extrínseco do produto, qual seja, a inadequada informação na embalagem do produto, o que implica configuração de fato do produto (CDC, art. 12) e, por efeito, responsabilização civil do fornecedor. Esse entendimento deve prevalecer, porquanto a informação deve ser prestada de forma inequívoca, ostensiva e de fácil compreensão, principalmente no tocante às situações de perigo, haja vista que se trata de direito básico do consumidor (art. 6º, III, do CDC) que se baseia no princípio da boa-fé objetiva. Nesse contexto, além do dever de informar, por meio de instruções, a forma correta de utilização do produto, todo fornecedor deve, também, advertir os usuários acerca de cuidados e precauções a serem adotados, alertando sobre os riscos correspondentes, principalmente na hipótese em que se trate de um grupo de hipervulneráveis (como aqueles que têm hipersensibilidade ou problemas imunológicos ao produto). Ademais, o art. 31 do CDC estabelece que a "oferta e apresentação de produtos ou serviços devem assegurar informações corretas, claras, precisas, ostensivas e

em língua portuguesa sobre suas características, qualidades, quantidade, composição, preço, garantia, prazos de validade e origem, entre outros dados, bem como sobre os riscos que apresentam à saúde e segurança dos consumidores". Por fim, ainda que o consumidor utilize o produto para a limpeza do chão dos cômodos da sua casa, e não apenas para a lavagem do seu vestuário, não há como isentar a responsabilidade do fornecedor por culpa exclusiva do consumidor (CDC, art. 12, § 3º, III) em razão de uso inadequado do produto. Isso porque a utilização do sabão em pó para limpeza doméstica não representa, por si só, conduta descuidada apta a colocar a consumidora em risco, haja vista que não se trata de uso negligente ou anormal do produto, sendo, inclusive, um comportamento de praxe nos ambientes residenciais. **REsp 1.358.615-SP, Rel. Min. Luis Felipe Salomão, julgado em 2/5/2013.** (Inform. STJ 524)

DIREITO DO CONSUMIDOR. DANOS MORAIS. DEVOLUÇÃO DE CHEQUE POR MOTIVO DIVERSO.

É cabível a indenização por danos morais pela instituição financeira quando cheque apresentado fora do prazo legal e já prescrito é devolvido sob o argumento de insuficiência de fundos. Considerando que a Lei n. 7.357/1985 diz que a "a existência de fundos disponíveis é verificada no momento da apresentação do cheque para pagamento" (art. 4º, § 1º) e, paralelamente, afirma que o título deve ser apresentado para pagamento em determinado prazo (art. 33), impõe-se ao sacador (emitente), de forma implícita, a obrigação de manter provisão de fundos somente durante o prazo de apresentação do cheque. Com isso, evita-se que o sacador fique obrigado em caráter perpétuo a manter dinheiro em conta para o seu pagamento. Por outro lado, a instituição financeira não está impedida de proceder à compensação do cheque após o prazo de apresentação se houver saldo em conta. Contudo, não poderá devolvê-lo por insuficiência de fundos se a apresentação tiver ocorrido após o prazo que a lei assinalou para a prática desse ato. Ademais, de acordo com o Manual Operacional da Compe (Centralizadora da Compensação de Cheques), o cheque deve ser devolvido pelo "motivo 11" quando, em primeira apresentação, não tiver fundos e, pelo "motivo 12", quando não tiver fundos em segunda apresentação. Dito isso, é preciso acrescentar que só será possível afirmar que o cheque foi devolvido por falta de fundos quando ele podia ser validamente apresentado. No mesmo passo, vale destacar que o referido Manual estabelece que o cheque sem fundos [motivos 11 e 12] somente pode ser devolvido pelo motivo correspondente. Diante disso, se a instituição financeira fundamentou a devolução de cheque em insuficiência de fundos, mas o motivo era outro, resta configurada uma clara hipótese de defeito na prestação do serviço bancário, visto que o banco recorrido não atendeu a regramento administrativo baixado de forma cogente pelo órgão regulador; configura-se, portanto, sua responsabilidade objetiva pelos danos deflagrados ao consumidor, nos termos do art. 14 da Lei n. 8.078/1990. Tal conclusão é reforçada quando, além de o cheque ter sido apresentado fora do prazo, ainda se consumou a prescrição. **REsp 1.297.353-SP, Rel. Min. Sidnei Beneti, julgado em 16/10/2012.** (Inform. STJ 507)

RESPONSABILIDADE CIVIL. GESTOR DO FUNDO DERIVATIVO.

A responsabilidade civil não pode ser imputada ao gestor do fundo derivativo (recorrente); pois, ainda que o CDC seja aplicável à relação jurídica estabelecida entre ele e o investidor (Súm. n. 297-STJ), não se pode falar em ofensa ao direito à informação (CDC, art. 8º), em publicidade enganosa (CDC, art. 37, § 1º) ou em defeito na prestação do serviço por parte do gestor de negócios (CDC, art. 14, § 1º, II). *In casu*, o recorrido é investidor habitual e experiente (analista financeiro), tendo ciência dos riscos e oscilações de investimento dessa natureza. Ademais, não se pode alegar defeito na prestação do serviço pelo gestor de negócios porque, embora remunerado pelo investidor (consumidor) para providenciar as aplicações mais rentáveis, não assumiu obrigação de resultado, vinculando-se a lucro certo, mas obrigação de meio, de bem gerir o investimento, visando à tentativa máxima de obtenção de lucro. Por outro lado, os fundos derivativos são investimentos agressivos, com alto risco, podendo proporcionar ganhos relevantes, mas também perdas substanciais. Dessarte, sendo a perda do investimento um risco que pode, razoavelmente, ser esperado pelo investidor desse tipo de fundo, não se pode alegar defeito no serviço, sem que haja culpa por parte do gestor do fundo. Também, não há como presumir má gestão do fundo, gestão fraudulenta ou propaganda enganosa, mormente quando as instituições financeiras são fiscalizadas pelo Bacen, inexistindo indícios de que tenham descumprido normas e obrigações estipuladas. Os prejuízos havidos devem ser atribuídos à desvalorização cambial efetivada pelo Governo Federal em janeiro de 1999, bem assim ao alto grau de risco ínsito às aplicações em fundos de investimento derivativo. Assim, conclui-se que a desvalorização da moeda naquela época é evento equiparável a caso fortuito e força maior, que foge ao alcance do recorrente. Precedentes citados: REsp 1.003.893-RJ, DJe 8/9/2010; REsp 343.617-GO, DJ 16/9/2002, e RMS 15.154-PE, DJ 2/12/2002. **REsp 799.241-RJ, Rel. Min. Raul Araújo, julgado em 14/8/2012.** (Inform. STJ 502)

INTERNET. PROVEDOR DE PESQUISA. FILTRAGEM PRÉVIA. RESTRIÇÃO DOS RESULTADOS. DIREITO À INFORMAÇÃO.

A filtragem do conteúdo das pesquisas feitas por cada usuário não constitui atividade intrínseca ao serviço prestado pelos provedores de pesquisa, de modo que não se pode reputar defeituoso, nos termos do art. 14 do CDC, o *site* que não exerce esse controle sobre os resultados das buscas. Assim, não é possível, sob o pretexto de dificultar a propagação de conteúdo ilícito ou ofensivo na *web*, reprimir o direito da coletividade à informação. Isso porque os provedores de pesquisa não podem ser obrigados a eliminar do seu sistema os resultados derivados da busca de determinado termo ou expressão, tampouco os resultados que apontem para uma foto ou texto específico, independentemente da indicação do URL da página onde este estiver inserido. Os provedores de pesquisa realizam suas buscas dentro de um universo virtual, cujo acesso é público e irrestrito, ou seja, seu papel restringe-se à identificação de páginas na *web* onde determinado dado ou informação, ainda que ilícito, estão sendo livremente veiculados. Dessa forma, ainda que seus mecanismos de busca facilitem o acesso e a consequente divulgação de páginas cujo conteúdo seja potencialmente ilegal, fato é que essas páginas são públicas e compõem a rede mundial de computadores e, por isso, aparecem no resultado dos *sites* de pesquisa. Além disso, sopesados os direitos envolvidos e o risco potencial de violação de cada um deles, deve sobrepor-se a garantia da liberdade de informação assegurada pelo art. 220, § 1º, da CF, sobretudo considerando que *internet* representa importante veículo de comunicação social de massa. E, uma vez preenchidos os requisitos indispensáveis à exclusão da *web* de uma determinada página virtual sob a alegação de veicular conteúdo ilícito ou ofensivo – notadamente a identificação do URL dessa página –, a vítima carecerá de interesse de agir contra o provedor de pesquisa, por absoluta falta de utilidade da jurisdição. Se a vítima identificou, via URL, o autor do ato ilícito, não tem motivo para demandar contra aquele que apenas facilita o acesso a esse ato que, até então, encontra-se publicamente disponível na rede para divulgação. **REsp 1.316.921-RJ, Rel. Min. Nancy Andrighi, julgado em 26/6/2012.** (Inform. STJ 500)

QO. PEDIDO DE DESISTÊNCIA. INTERESSE COLETIVO. DANO MORAL. PROVEDOR DE CONTEÚDO.

Em questão de ordem, a Turma indeferiu o pedido de desistência, reconhecendo o interesse da coletividade na uniformização do entendimento sobre o tema. Assim, o pedido de desistência pode ser indeferido com fundamento na natureza nacional da jurisdição do STJ – orientadora da interpretação da legislação infraconstitucional – e na repercussão da tese adotada pelo Tribunal para toda a coletividade. No mérito, a Turma reconheceu a responsabilidade civil do provedor de conteúdo por dano moral na situação em que deixa de retirar material ofensivo da rede social de relacionamento via internet, mesmo depois de notificado pelo prejudicado. A Min. Relatora registrou que os serviços prestados por provedores de conteúdo, mesmo gratuitos para o usuário, estão submetidos às regras do CDC. Consignou, ainda, que esses provedores não respondem objetivamente pela inserção no *site*, por terceiros, de informações ilegais. Além disso, em razão do direito à inviolabilidade de correspondência (art. 5º, XII, da CF), bem como das limitações operacionais, os provedores não podem ser obrigados a exercer um controle prévio do conteúdo das informações postadas por seus usuários. A inexistência do controle prévio, contudo, não exime o provedor do dever de retirar imediatamente o conteúdo ofensivo assim que tiver conhecimento inequívoco da existência desses dados. Por último, o provedor deve manter sistema minimamente eficaz de identificação dos usuários, cuja efetividade será avaliada caso a caso. **REsp 1.308.830-RS, Rel. Min. Nancy Andrighi, julgado em 8/5/2012. (Inform. STJ 497)**

PRAZO PRESCRICIONAL. SEGURO. RESTITUIÇÃO. CONTRATO DE CORRETAGEM.
O prazo prescricional para corretora e administradora de seguros exigir da segurada a restituição de valor pago à segurada em razão de sinistro é vintenário (art. 177 do CC/1916). É que, na espécie, além da relação de consumo entre o segurado e a seguradora, há também a relação jurídica firmada entre o corretor e a seguradora (decorrente do contrato de corretagem ou intermediação), em vínculo de caráter pessoal, a qual pode atrair a responsabilidade solidária daquele que intermediou o negócio perante o consumidor. Nessa hipótese, devido à atuação ostensiva do corretor como representante da seguradora, forma-se uma cadeia de fornecimento que torna solidários seus integrantes (arts. 14 e 18 do CDC). Assim, como o pagamento da corretora ocorreu em virtude da obrigação solidária existente entre ela e a seguradora, e não da relação exclusiva entre a seguradora e o segurado, o prazo prescricional aplicado à hipótese é o vintenário, sendo ainda possível a cobrança de quota do corretor referente ao valor pago à segurada nos termos do art. 913 do CC/1916, vigente à época dos fatos e do ajuizamento da ação. Com essas e outras considerações, a Turma deu parcial provimento ao recurso a fim de afastar a prescrição ânua e determinar o retorno dos autos ao tribunal de origem para que prossiga o julgamento da ação. **REsp 658.938-RJ, Rel. Min. Raul Araújo, julgado em 15/5/2012. (Inform. STJ 497)**

CDC. SEGURO AUTOMOTIVO. OFICINA CREDENCIADA. DANOS MATERIAIS E MORAIS.
A Turma, aplicando o Código de Defesa do Consumidor, decidiu que a seguradora tem responsabilidade objetiva e solidária pela qualidade dos serviços executados no automóvel do consumidor por oficina que indicou ou credenciou. Ao fazer tal indicação, a seguradora, como fornecedora de serviços, amplia a sua responsabilidade aos consertos realizados pela oficina credenciada. Quanto aos danos morais, a Turma entendeu que o simples inadimplemento contratual, má qualidade na prestação do serviço, não gera, em regra, danos morais por caracterizar mero aborrecimento, dissabor, envolvendo controvérsia possível de surgir em qualquer relação negocial, sendo fato comum e previsível na vida social, embora não desejável nos negócios contratados. Precedentes citados: REsp 723.729-RJ, DJ 30/10/2006, e REsp 1.129.881-RJ, DJe 19/12/2011. **REsp 827.833-MG, Rel. Min. Raul Araújo, julgado em 24/4/2012. (Inform. STJ 496)**

CIRURGIA ESTÉTICA. DANOS MORAIS.
Nos procedimentos cirúrgicos estéticos, a responsabilidade do médico é subjetiva com presunção de culpa. Esse é o entendimento da Turma que, ao não conhecer do apelo especial, manteve a condenação do recorrente – médico – pelos danos morais causados ao paciente. Inicialmente, destacou-se a vasta jurisprudência desta Corte no sentido de que é de resultado a obrigação nas cirurgias estéticas, comprometendo-se o profissional com o efeito embelezador prometido. Em seguida, sustentou-se que, conquanto a obrigação seja de resultado, a responsabilidade do médico permanece subjetiva, com inversão do ônus da prova, cabendo-lhe comprovar que os danos suportados pelo paciente advieram de fatores externos e alheios a sua atuação profissional. Vale dizer, a presunção de culpa do cirurgião por insucesso na cirurgia plástica pode ser afastada mediante prova contundente de ocorrência de fator imponderável, apto a eximi-lo do dever de indenizar. Considerou-se, ainda, que, apesar de não estarem expressamente previstos no CDC o caso fortuito e a força maior, eles podem ser invocados como causas excludentes de responsabilidade dos fornecedores de serviços. No caso, o tribunal *a quo*, amparado nos elementos fático-probatórios contidos nos autos, concluiu que o paciente não foi advertido dos riscos da cirurgia e também o médico não logrou êxito em provar a ocorrência do fortuito. Assim, rever os fundamentos do acórdão recorrido importaria necessariamente no reexame de provas, o que é defeso nesta fase recursal ante a incidência da Súm. n. 7/STJ. **REsp 985.888-SP, Min. Luis Felipe Salomão, julgado em 16/2/2012. (Inform. STJ 491)**

RESPONSABILIDADE CIVIL. ACIDENTE AÉREO. PRESCRIÇÃO. CONFLITO ENTRE O CBA E O CDC
In casu, busca-se saber qual o prazo de prescrição aplicável à pretensão daquele que alegadamente experimentou danos morais em razão de acidente aéreo ocorrido nas cercanias de sua residência. Em 2003, a recorrida ajuizou ação objetivando indenização por danos morais contra a companhia aérea ora recorrente, noticiando que, em 1996, o avião de propriedade desta caiu a poucos metros de sua casa. Alegou que o acidente acarretou-lhe incapacidade para continuar trabalhando em seus afazeres domésticos durante longo período, em razão do abalo psicológico gerado pelo acidente. O juízo singular julgou extinto o feito com resolução de mérito, ante o reconhecimento da prescrição, aplicando ao caso o prazo bienal previsto no art. 317, II, do Código Brasileiro de Aeronáutica (CBA). O tribunal de justiça aplicou a prescrição vintenária prevista no CC/1916, anulando a sentença e determinando novo julgamento. Sobreveio o REsp, no qual sustenta a recorrente, em síntese, omissão no acórdão recorrido e prescrição da pretensão indenizatória do autor, seja pela aplicação do prazo bienal previsto no CBA seja pela aplicação quinquenal prevista no CDC. A Turma entendeu que não se aplica o prazo geral prescricional do CC/1996, por existirem leis específicas a regular o caso, entendimento sufragado no REsp 489.895-SP. Apesar de o terceiro – vítima do acidente aéreo – e o transportador serem, respectivamente, consumidor por equiparação e fornecedor, o fato é que o CDC não é o único diploma a disciplinar a responsabilidade do transportador por danos causados pelo serviço prestado. O CBA disciplina também o transporte aéreo e confere especial atenção à responsabilidade civil do transportador por dano tanto a passageiros quanto a terceiros na superfície. Não obstante isso, para além da utilização de métodos clássicos para dirimir conflitos aparentes entre normas, busca-se a força normativa dada a cada norma pelo ordenamento constitucional vigente, para afirmar que a aplicação de determinada lei – e não de outra – ao caso concreto é a solução que melhor realiza as diretrizes insculpidas

na lei fundamental. Por essa ótica hierarquicamente superior aos métodos hermenêuticos comuns, o conflito entre o CDC e o CBA – que é anterior à CF/88 e, por isso mesmo, não se harmoniza em diversos aspectos com a diretriz constitucional protetiva do consumidor – deve ser solucionado com prevalência daquele (CDC), porquanto é a norma que melhor materializa as perspectivas do constituinte no seu desígnio de conferir especial proteção ao polo hipossuficiente da relação consumerista. Assim, as vítimas de acidentes aéreos localizadas em superfície são consumidores por equiparação (*bystanders*), devendo ser a elas estendidas as normas do art. 17 do CDC, relativas a danos por fato do serviço. De qualquer modo, no caso em julgamento, a pretensão da autora está mesmo fulminada pela prescrição, ainda que se aplique o CDC em detrimento do CBA. É que os danos alegadamente suportados pela autora ocorreram em outubro de 1996, tendo sido a ação ajuizada somente em maio de 2003, depois de escoado o prazo de cinco anos a que se refere o art. 27 do CDC. Diante dessa e de outras considerações a Turma deu provimento ao recurso. Precedente citado: REsp 489.895-SP, DJe 23/4/2010. **REsp 1.281.090-SP, Rel. Min. Luis Felipe Salomão, julgado em 7/2/2012. (Inform. STJ 490)**

Súmula STF nº 28
O estabelecimento bancário é responsável pelo pagamento de cheque falso, ressalvadas as hipóteses de culpa exclusiva ou concorrente do correntista.

Súmula STJ nº 479
As instituições financeiras respondem objetivamente pelos danos gerados por fortuito interno relativo a fraudes e delitos praticados por terceiros no âmbito de operações bancárias.

Súmula STJ nº 388
A simples devolução indevida de cheque caracteriza dano moral.

Súmula STJ nº 387
É lícita a cumulação das indenizações de dano estético e dano moral.

Súmula STJ nº 370
Caracteriza dano moral a apresentação antecipada de cheque pré-datado.

Súmula STJ nº 362
A correção monetária do valor da indenização do dano moral incide desde a data do arbitramento.

Súmula STJ nº 227
A pessoa jurídica pode sofrer dano moral.

Súmula STJ nº 186
Nas indenizações por ato ilícito, os juros compostos somente são devidos por aquele que praticou o crime.

Súmula STJ nº 130
A empresa responde, perante o cliente, pela reparação de dano ou furto de veículo ocorridos em seu estacionamento.

Súmula STJ nº 54
Os juros moratórios fluem a partir do evento danoso, em caso de responsabilidade extracontratual.

Súmula STJ nº 43
Incide correção monetária sobre dívida por ato ilícito a partir da data do efetivo prejuízo.

Súmula STJ nº 37
São cumuláveis as indenizações por dano material e dano moral oriundos do mesmo fato.

4. RESPONSABILIDADE POR VÍCIO DO PRODUTO OU DO SERVIÇO

DIREITO DO CONSUMIDOR. VÍCIO DO PRODUTO DECORRENTE DA INCOMPATIBILIDADE ENTRE O VEÍCULO ADQUIRIDO E A QUALIDADE DO COMBUSTÍVEL COMERCIALIZADO NO BRASIL. O consumidor pode exigir a restituição do valor pago em veículo projetado para uso *off-road* adquirido no mercado nacional na hipótese em que for obrigado a retornar à concessionária, recorrentemente por mais de 30 dias, para sanar panes decorrentes da incompatibilidade, não informada no momento da compra, entre a qualidade do combustível necessário ao adequado funcionamento do veículo e a do combustível disponibilizado nos postos nacionais, persistindo a obrigação de restituir ainda que o consumidor tenha abastecido o veículo com combustível de baixa qualidade recomendado para a utilização em meio rural. De início, esclareça-se que, nos termos do art. 18 do CDC, "Os fornecedores de produtos de consumo duráveis ou não duráveis respondem solidariamente pelos vícios de qualidade ou quantidade que os tornem impróprios ou inadequados ao consumo a que se destinam (...)". Assim, se o veículo funciona com determinado combustível e é vendido no Brasil, deve-se considerar como uso normal o seu abastecimento com quaisquer das variedades desse combustível comercializadas em território nacional. Se apenas uma dessas variedades se mostrasse compatível com o funcionamento adequado do motor, ainda seria possível cogitar na não configuração de vício do produto, se o consumidor houvesse sido adequadamente informado, no momento da compra, de que o automóvel apenas poderia ser abastecido com a variedade específica em questão. Acrescente-se que, se apenas determinado combustível vendido fora do País, pela sua qualidade superior, é compatível com as especificações do fabricante do automóvel, é de se concluir que a utilização de quaisquer das variantes de combustível ofertadas no Brasil mostram-se igualmente contra-recomendadas. Ademais, há de se ressaltar que, na situação em análise, o comportamento do consumidor foi absolutamente desinfluente. Isso porque a causalidade concorrente não afasta a responsabilidade civil do fornecedor diante da inegável existência de vício do produto. Posto isso, salienta-se que o art. 18, § 1º, do CDC dispõe que, "Não sendo o vício sanado no prazo máximo de trinta dias, pode o consumidor exigir (...) a restituição imediata da quantia paga, monetariamente atualizada, sem prejuízo de eventuais perdas e danos". O vício do produto ocorre quando o produto não se mostra adequado ao fim a que se destina, incompatível com o uso a que se propõe. Nessa conjuntura, não é possível afirmar que o veículo, após visitar a oficina pela primeira vez, tenha retornado sem vício, pois reincidiu nas panes e sempre pelo mesmo motivo. Dessa forma, ainda que o veículo tenha retornado da oficina funcionando e que cada ordem de serviço tenha sido cumprida em menos de 30 dias, o vício não estava expurgado. A propósito, há de se ressaltar que o veículo em questão foi projetado para uso *off-road*. Portanto, é de se admitir que houvesse uma razoável expectativa do consumidor em utilizar, senão habitualmente, ao menos eventualmente, a variedade de combustível disponível em meio rural. Isso corresponde, afinal, ao uso normal que se pode fazer do produto adquirido, dada a sua natureza e finalidade. Assim, é de admitir que o consumidor deveria ter sido, pelo menos, informado de forma adequada, no momento da compra, que o veículo não poderia ser abastecido com combustível recomendado para a utilização em meio rural. Essa era uma informação que poderia interferir decisivamente na opção de compra do bem e não poderia, por isso, ser omitida, sob pena de ofensa ao dever de ampla informação. **REsp 1.443.268-DF, Rel. Min. Sidnei Beneti, julgado em 3/6/2014. (Inform. STJ 544)**

DIREITO DO CONSUMIDOR. VÍCIO DE QUANTIDADE DE PRODUTO NO CASO DE REDUÇÃO DO VOLUME DE MERCADORIA.

Ainda que haja abatimento no preço do produto, o fornecedor responderá por vício de quantidade na hipótese em que reduzir o volume da mercadoria para quantidade diversa da que habitualmente fornecia no mercado, sem informar na embalagem, de forma clara, precisa e ostensiva, a diminuição do conteúdo. É direito básico do consumidor a "informação adequada e clara sobre os diferentes produtos e serviços, com especificação correta de quantidade, características, composição, qualidade e preço, bem como sobre os riscos que apresentem" (art. 6º, III, do CDC). Assim, o direito à informação confere ao consumidor uma escolha consciente, permitindo que suas expectativas em relação ao produto ou serviço sejam de fato atingidas, manifestando o que vem sendo denominado de consentimento informado ou vontade qualificada. Diante disso, o comando legal somente será efetivamente cumprido quando a informação for prestada de maneira adequada, assim entendida aquela que se apresenta simultaneamente completa, gratuita e útil, vedada, no último caso, a diluição da comunicação relevante pelo uso de informações soltas, redundantes ou destituídas de qualquer serventia. Além do mais, o dever de informar é considerado um modo de cooperação, uma necessidade social que se tornou um autêntico ônus proativo incumbido aos fornecedores (parceiros comerciais, ou não, do consumidor), pondo fim à antiga e injusta obrigação que o consumidor tinha de se acautelar (*caveat emptor*). Além disso, o art. 31 do CDC, que cuida da oferta publicitária, tem sua origem no princípio da transparência (art. 4º, *caput*) e é decorrência do princípio da boa-fé objetiva. Não obstante o amparo legal à informação e à prevenção de danos ao consumidor, as infrações à relação de consumo são constantes, porque, para o fornecedor, o lucro gerado pelo dano poderá ser maior do que o custo com a reparação do prejuízo causado ao consumidor. Assim, observe-se que o dever de informar não é tratado como mera obrigação anexa, e sim como dever básico, essencial e intrínseco às relações de consumo, não podendo afastar a índole enganosa da informação que seja parcialmente falsa ou omissa a ponto de induzir o consumidor a erro, uma vez que não é válida a "meia informação" ou a "informação incompleta". Com efeito, é do vício que advém a responsabilidade objetiva do fornecedor. Ademais, informação e confiança entrelaçam-se, pois o consumidor possui conhecimento escasso dos produtos e serviços oferecidos no mercado. Ainda, ressalte-se que as leis imperativas protegem a confiança que o consumidor depositou na prestação contratual, na adequação ao fim que razoavelmente dela se espera e na confiança depositada na segurança do produto ou do serviço colocado no mercado. Precedentes citados: REsp 586.316-MG, Segunda Turma, DJe 19/3/2009; e REsp 1.144.840-SP, Terceira Turma, DJe 11/4/2012. **REsp 1.364.915-MG, Rel. Min. Humberto Martins, julgado em 14/5/2013.** (Inform. STJ 524)

DIREITO DO CONSUMIDOR. VÍCIO OCULTO. DEFEITO MANIFESTADO APÓS O TÉRMINO DA GARANTIA CONTRATUAL. OBSERVÂNCIA DA VIDA ÚTIL DO PRODUTO.

O fornecedor responde por vício oculto de produto durável decorrente da própria fabricação e não do desgaste natural gerado pela fruição ordinária, desde que haja reclamação dentro do prazo decadencial de noventa dias após evidenciado o defeito, ainda que o vício se manifeste somente após o término do prazo de garantia contratual, devendo ser observado como limite temporal para o surgimento do defeito o critério de vida útil do bem. O fornecedor não é, *ad aeternum*, responsável pelos produtos colocados em circulação, mas sua responsabilidade não se limita, pura e simplesmente, ao prazo contratual de garantia, o qual é estipulado unilateralmente por ele próprio. Cumpre ressaltar que, mesmo na hipótese de existência de prazo legal de garantia, causaria estranheza afirmar que o fornecedor estaria sempre isento de responsabilidade em relação aos vícios que se tornaram evidentes depois desse interregno. Basta dizer, por exemplo, que, embora o construtor responda pela solidez e segurança da obra pelo prazo legal de cinco anos nos termos do art. 618 do CC, não seria admissível que o empreendimento pudesse desabar no sexto ano e por nada respondesse o construtor. Com mais razão, o mesmo raciocínio pode ser utilizado para a hipótese de garantia contratual. Deve ser considerada, para a aferição da responsabilidade do fornecedor, a natureza do vício que inquinou o produto, mesmo que tenha ele se manifestado somente ao término da garantia. Os prazos de garantia, sejam eles legais ou contratuais, visam a acautelar o adquirente de produtos contra defeitos relacionados ao desgaste natural da coisa, são um intervalo mínimo de tempo no qual não se espera que haja deterioração do objeto. Depois desse prazo, tolera-se que, em virtude do uso ordinário do produto, algum desgaste possa mesmo surgir. Coisa diversa é o vício intrínseco do produto, existente desde sempre, mas que somente vem a se manifestar depois de expirada a garantia. Nessa categoria de vício intrínseco, certamente se inserem os defeitos de fabricação relativos a projeto, cálculo estrutural, resistência de materiais, entre outros, os quais, em não raras vezes, somente se tornam conhecidos depois de algum tempo de uso, todavia não decorrem diretamente da fruição do bem, e sim de uma característica oculta que esteve latente até então. Cuidando-se de vício aparente, é certo que o consumidor deve exigir a reparação no prazo de noventa dias, em se tratando de produtos duráveis, iniciando a contagem a partir da entrega efetiva do bem e não fluindo o citado prazo durante a garantia contratual. Porém, em se tratando de vício oculto não decorrente do desgaste natural gerado pela fruição ordinária do produto, mas da própria fabricação, o prazo para reclamar a reparação se inicia no momento em que ficar evidenciado o defeito, mesmo depois de expirado o prazo contratual de garantia, devendo ter-se sempre em vista o critério da vida útil do bem, que se pretende "durável". A doutrina consumerista – sem desconsiderar a existência de entendimento contrário – tem entendido que o CDC, no § 3º do art. 26, no que concerne à disciplina do vício oculto, adotou o critério da vida útil do bem, e não o critério da garantia, podendo o fornecedor se responsabilizar pelo vício em um espaço largo de tempo, mesmo depois de expirada a garantia contratual. Assim, independentemente do prazo contratual de garantia, a venda de um bem tido por durável com vida útil inferior àquela que legitimamente se espera, além de configurar um defeito de adequação (art. 18 do CDC), evidencia uma quebra da boa-fé objetiva, que deve nortear as relações contratuais, sejam elas de consumo, sejam elas regidas pelo direito comum. Constitui, em outras palavras, descumprimento do dever de informação e a não realização do próprio objeto do contrato, que era a compra de um bem cujo ciclo vital se esperava, de forma legítima e razoável, fosse mais longo. Os deveres anexos, como o de informação, revelam-se como uma das faces de atuação ou operatividade; do princípio da boa-fé objetiva, sendo quebrados com o perecimento ou a danificação de bem durável de forma prematura e causada por vício de fabricação. Precedente citado: REsp 1.123.004-DF, DJe 9/12/2011. **REsp 984.106-SC, Rel. Min. Luis Felipe Salomão, julgado em 4/10/2012.** (Inform. STJ 506)

DIREITO CIVIL. VÍCIO DO PRODUTO. AQUISIÇÃO DE VEÍCULO ZERO QUILÔMETRO PARA USO PROFISSIONAL. RESPONSABILIDADE SOLIDÁRIA.

Há responsabilidade solidária da concessionária (fornecedor) e do fabricante por vício em veículo zero quilômetro. A aquisição de veículo zero quilômetro para uso profissional como táxi, por si só, não afasta a possibilidade de aplicação das normas protetivas do CDC. Todos os que participam da introdução do produto ou serviço no mercado respondem solidariamente por eventual vício do produto ou de adequação, ou seja, imputa-se a toda a cadeia de fornecimento a responsabilidade pela garantia de qualidade e adequação do referido produto ou serviço (arts. 14 e 18 do CDC). Ao contrário do que ocorre na responsabilidade pelo fato do produto, no vício do produto a responsabilidade é solidária entre todos os fornecedores, inclusive o comerciante, a teor do que preconiza o art. 18 do mencionado *codex*. **REsp 611.872-RJ, Rel. Min. Antonio Carlos Ferreira, julgado em 2/10/2012. (Inform. STJ 505)**

COMPRA E VENDA DE IMÓVEL. RESCISÃO CONTRATUAL. CULPA DA CONSTRUTORA. PAGAMENTO DE ALUGUÉIS. RECIPROCIDADE DE CLÁUSULAS ENTRE FORNECEDOR E CONSUMIDOR.
A Turma firmou o entendimento de que, no caso de rescisão de contrato de compra e venda de imóvel ainda que motivada por culpa da construtora – que o entregara fora do prazo e com defeitos –, é devido pelo adquirente (consumidor) o pagamento de aluguéis referente ao período em que ocupou o bem. Segundo afirmou o Min. Relator, a retribuição pelo uso do imóvel está amparada em imperativo legal que veda o enriquecimento sem causa. Embora o descumprimento contratual da construtora acarrete a ela penalidades e perdas e danos a serem compensados, o comprador não está isento de ressarcir os benefícios auferidos durante o período em que usufruiu do imóvel. Decidiu-se, em seguida, ser extensível à construtora a multa moratória prevista – exclusivamente – em desfavor do adquirente no instrumento contratual avençado. Em observância aos princípios gerais do direito, ou pela principiologia adotada no CDC, ou por imperativo de equidade, sustentou-se que deve haver reciprocidade entre as penalidades impostas tanto ao consumidor quanto ao fornecedor. Assim, prevendo o contrato a incidência de multa moratória para o caso de descumprimento contratual por parte do consumidor, a mesma multa deverá incidir em desfavor do fornecedor, caso seja deste a mora ou o inadimplemento. Por fim, consignou-se que não cabe à construtora, vencida na demanda, ressarcir o adquirente dos gastos com o laudo de vistoria confeccionado extrajudicialmente, pois não se trata de despesa "endoprocessual", ou em razão do processo, afastada, assim, a regra da sucumbência, consoante interpretação sistemática dos arts. 20, § 2º, e 19 do CPC. **REsp 955.134-SC, Rel. Min. Luis Felipe Salomão, julgado em 16/8/2012. (Inform. STJ 502)**

RESPONSABILIDADE. INCORPORAÇÃO IMOBILIÁRIA. CONSTRUÇÃO.
O incorporador, como impulsionador do empreendimento imobiliário em condomínio, atrai para si a responsabilidade pelos danos que possam advir da inexecução ou da má execução do contrato de incorporação, abarcando-se os danos resultantes de construção defeituosa (art. 31, §§ 2º e 3º, da Lei n. 4.591/1964). Ainda que o incorporador não seja o executor direto da construção do empreendimento imobiliário, mas contrate construtor, permanece responsável juntamente com ele pela solidez e segurança da edificação (art. 618 do CC). *In casu*, trata-se de obrigação de garantia assumida solidariamente com o construtor. Por conseguinte, o incorporador é o principal garantidor do empreendimento no seu todo, solidariamente responsável com outros envolvidos nas diversas etapas da incorporação. Essa solidariedade decorre da natureza da relação jurídica estabelecida entre o incorporador e o adquirente de unidades autônomas e também de previsão legal, não podendo ser presumida (art. 942, *caput*, do CC; art. 25, § 1º, do CDC e arts. 31 e 43 da Lei n. 4.591/1964). Conclui-se, assim, que o incorporador e o construtor são solidariamente responsáveis por eventuais vícios e defeitos de construção surgidos no empreendimento imobiliário, sendo que o incorporador responde mesmo que não tenha assumido diretamente a execução da obra. **REsp 884.367-DF, Rel. Min. Raul Araújo, julgado em 6/3/2012. (Inform. STJ 492)**

Súmula STJ nº 477
A decadência do art. 26 do CDC não é aplicável à prestação de contas para obter esclarecimentos sobre cobrança de taxas, tarifas e encargos bancários.

5. PRÁTICAS COMERCIAIS

DIREITO DO CONSUMIDOR. PRAZO PARA O CREDOR EXCLUIR DE CADASTRO DE PROTEÇÃO AO CRÉDITO A INSCRIÇÃO DO NOME DE DEVEDOR. RECURSO REPETITIVO (ART. 543-C DO CPC E RES. 8/2008-STJ). Diante das regras previstas no CDC, mesmo havendo regular inscrição do nome do devedor em cadastro de órgão de proteção ao crédito, após o integral pagamento da dívida, incumbe ao credor requerer a exclusão do registro desabonador, no prazo de cinco dias úteis, a contar do primeiro dia útil subsequente à completa disponibilização do numerário necessário à quitação do débito vencido. A jurisprudência consolidada do STJ perfilha o entendimento de que, quando se trata de inscrição em bancos de dados restritivos de crédito (Serasa, SPC, dentre outros), tem-se entendido ser do credor, e não do devedor, o ônus da baixa da indicação do nome do consumidor, em virtude do que dispõe o art. 43, § 3º, combinado com o art. 73, ambos do CDC. No caso, o consumidor pode "exigir" a "imediata correção" de informações inexatas – não cabendo a ele, portanto, proceder a tal correção (art. 43, § 3º) –, constituindo crime "deixar de corrigir imediatamente informação sobre consumidor constante de cadastro, banco de dados, fichas ou registros que sabe ou deveria saber ser inexata" (art. 73). Quanto ao prazo, como não existe regramento legal específico e como os prazos abrangendo situações específicas não estão devidamente amadurecidos na jurisprudência do STJ, faz-se necessário o estabelecimento de um norte objetivo, o qual se extrai do art. 43, § 3º, do CDC, segundo o qual o "consumidor, sempre que encontrar inexatidão nos seus dados e cadastros, poderá exigir sua imediata correção, devendo o arquivista, no prazo de cinco dias úteis, comunicar a alteração aos eventuais destinatários das informações incorretas". Ora, para os órgãos de sistema de proteção ao crédito, que exercem a atividade de arquivamento de dados profissionalmente, o CDC considera razoável o prazo de cinco dias úteis para, após a investigação dos fatos referentes à impugnação apresentada pelo consumidor, comunicar a retificação a terceiros que deles recebeu informações incorretas. Assim, evidentemente, esse mesmo prazo também será considerado razoável para que seja requerida a exclusão do nome do outrora inadimplente do cadastro desabonador por aquele que promove, em exercício regular de direito, a verídica inclusão de dado de devedor em cadastro de órgão de proteção ao crédito. **REsp 1.424.792-BA, Rel. Min. Luis Felipe Salomão, julgado em 10/9/2014. (Inform. STJ 548)**

DIREITO DO CONSUMIDOR. COBRANÇA POR HOSPITAL DE VALOR ADICIONAL PARA ATENDIMENTOS FORA DO HORÁRIO COMERCIAL.
O hospital não pode cobrar, ou admitir que se cobre, dos pacientes conveniados a planos de saúde valor adicional por atendimentos realizados por seu corpo médico fora do horário comercial. A pedra de toque do direito consumerista é o princípio da vulnerabilidade do consumidor, mormente no que tange aos contratos. Nesse contexto, independentemente do exame da razoabilidade/possibilidade de cobrança de honorários médicos majorados pela prestação de serviços fora do horário comercial, salta aos olhos que se trata de custos que incumbem ao hospital. Este, por conseguinte, deveria cobrar por seus serviços diretamente das operadoras de planos de saúde, e não dos particulares/consumidores. Além disso, cabe ressaltar que o consumidor, ao contratar um plano de seguro de assistência privada à saúde, tem a legítima expectativa de que, no tocante aos procedimentos médico-hospitalares cobertos, a empresa contratada arcará com os custos necessários, isto é, que haverá integral assistência para a cura da doença. No caso, cuida-se de cobrança iníqua, em prevalecimento sobre a fragilidade do consumidor, de custo que deveria estar coberto pelo preço exigido da operadora de saúde – negócio jurídico mercantil do qual não faz parte o consumidor usuário do plano

de saúde –, caracterizando-se como conduta manifestamente abusiva, em violação à boa-fé objetiva e ao dever de probidade do fornecedor, vedada pelas arts. 39, IV, X, e 51, III, IV, X, XIII, XV, do CDC e 422 do CC. Ademais, na relação mercantil existente entre o hospital e as operadoras de planos de saúde, os contratantes são empresários – que exercem atividade econômica profissionalmente –, não cabendo ao consumidor arcar com os ônus/consequências de eventual equívoco quanto à gestão empresarial. **REsp 1.324.712-MG, Rel. Min. Luis Felipe Salomão, julgado em 24/9/2013.** (Inform. STJ 532)

DIREITO DO CONSUMIDOR. EXIGÊNCIA DE CAUÇÃO PARA ATENDIMENTO MÉDICO DE EMERGÊNCIA.

É incabível a exigência de caução para atendimento médico-hospitalar emergencial. Antes mesmo da vigência da Lei 12.653/2012, a Quarta Turma do STJ (REsp 1.256.703-SP, DJe 27/9/2011) já havia se manifestado no sentido de que é dever do estabelecimento hospitalar, sob pena de responsabilização cível e criminal, da sociedade empresária e prepostos, prestar o pronto atendimento. Com a superveniente vigência da Lei 12.653/2012, que veda a exigência de caução e de prévio preenchimento de formulário administrativo para a prestação de atendimento médico-hospitalar premente, a solução para o caso é expressamente conferida por norma de caráter cogente. REsp 1.324.712-MG, Rel. Min. Luis Felipe Salomão, julgado em 24/9/2013. (Inform. STJ 532)

DIREITO DO CONSUMIDOR. INCRIÇÃO DOS NOMES DE CONSUMIDORES EM CADASTROS DE PROTEÇÃO AO CRÉDITO EM RAZÃO DE DÉBITOS DISCUTIDOS JUDICIALMENTE.

É lícita a inscrição dos nomes de consumidores em cadastros de proteção ao crédito por conta da existência de débitos discutidos judicialmente em processos de busca e apreensão, cobrança ordinária, concordata, despejo por falta de pagamento, embargos, execução fiscal, falência ou execução comum na hipótese em que os dados referentes às disputas judiciais sejam públicos e, além disso, tenham sido repassados pelos próprios cartórios de distribuição de processos judiciais às entidades detentoras dos cadastros por meio de convênios firmados com o Poder Judiciário de cada estado da Federação, sem qualquer intervenção dos credores litigantes ou de qualquer fonte privada. Os dados referentes a processos judiciais que não corram em segredo de justiça são informações públicas nos termos dos art. 5º, XXXIII e LX, da CF, visto que publicadas na imprensa oficial, portanto de acesso a qualquer interessado, mediante pedido de certidão, conforme autoriza o parágrafo único do art. 155 do CPC. Sendo, portanto, dados públicos, as entidades detentoras de cadastros de proteção ao crédito não podem ser impedidas de fornecê-los aos seus associados, sob pena de grave afronta ao Estado Democrático de Direito, que prima, como regra, pela publicidade dos atos processuais. Deve-se destacar, nesse contexto, que o princípio da publicidade processual existe para permitir a todos o acesso aos atos do processo, exatamente como meio de dar transparência à atividade jurisdicional. Além disso, o fato de as entidades detentoras dos cadastros fornecerem aos seus associados informações processuais representa medida menos burocrática e mais econômica tanto para os associados, que não precisarão se dirigir, a cada novo negócio jurídico, ao distribuidor forense para pedir uma certidão em nome daquele com quem se negociará, quanto para o próprio Poder Judiciário, que emitirá um número menor de certidões de distribuição, o que implicará menor sobrecarga aos funcionários responsáveis na tarefa. O STJ, ademais, tem o entendimento pacificado de que a simples discussão judicial da dívida não é suficiente para obstacularizar ou remover a negativação de devedor em banco de dados. Por fim, ressalve-se que, em se tratando de inscrição decorrente de dados públicos, como os de cartórios de protesto de títulos ou de distribuição de processos judiciais, sequer se exige a prévia comunicação do consumidor. Consequentemente, a ausência de precedente comunicação nesses casos não enseja dano moral. Precedente citado: REsp 866.198-SP, Terceira Turma, DJe 5/2/2007. **REsp 1.148.179-MG, Rel. Min. Nancy Andrighi, julgado em 26/2/2013.** (Inform. STJ 517).

DIREITO CIVIL E DO CONSUMIDOR. CANCELAMENTO DE PROTESTO DE TÍTULO PAGO *A POSTERIORI*. ÔNUS DO DEVEDOR.

Legitimamente protestado o título de crédito, cabe ao devedor que paga posteriormente a dívida, e não ao credor, o ônus de providenciar a baixa do protesto em cartório, sendo irrelevante tratar-se de relação de consumo, não havendo que falar em dano moral pela manutenção do apontamento. O pagamento da dívida de título de crédito legitimamente protestado não retira do devedor o ônus de proceder ao cancelamento do registro no cartório competente, independentemente de se tratar de relação de consumo. O art. 26 da Lei n. 9.492/1997 – Lei de Protestos – dispõe que qualquer interessado, mediante apresentação do documento protestado, pode solicitar o cancelamento do registro do protesto no tabelionato de protesto de títulos. Entretanto, o STJ tem entendido que o maior interessado no cancelamento do referido registro é o devedor, sendo, portanto, encargo dele. Vale ressaltar que se tem conferido tratamento diferenciado aos casos de inscrição em bancos de dados restritivos de crédito, ocasião em que o ônus da baixa da indicação do nome do consumidor é do credor em virtude do que dispõe o código consumerista (arts. 43, § 3º, e 73). Precedentes citados: REsp 1.195.668-RS, DJe 17/10/2012, e REsp 880.199-SP, DJ 12/11/2007. **REsp 959.114-MS, Rel. Min. Luis Felipe Salomão, julgado em 18/12/2012.** (Inform. STJ 512).

DIREITO CIVIL. CLÁUSULA DE CONTRATO BANCÁRIO. PESQUISA, DIVULGAÇÃO E INFORMAÇÃO AO CRC.

A cláusula contratual que dispõe sobre a autorização para consultar, pesquisar e divulgar informações à Central de Risco de Crédito do Banco Central do Brasil – CRC pela instituição financeira não viola o direito à intimidade e ao sigilo bancário. A Res. n. 2.724/2000-Bacen, que substituiu a Res. n. 2.390/1997-Bacen, regulamentou fornecimento de informações ao CRC, dispondo que as instituições financeiras nela discriminadas devem prestar informações acerca dos débitos e responsabilidades por garantias de clientes. Inicialmente, cabe registrar que o CRC não constitui um serviço restritivo ou negativo. As informações nele constantes referem-se às operações e aos títulos de crédito no âmbito do Sistema Financeiro Nacional, bem como às respectivas garantias contratadas, tanto por pessoas físicas quanto jurídicas perante às instituições financeiras. Seu desiderato é a monitoração de todos os bancos e instituições congêneres com vistas à manutenção da estabilidade do sistema bancário e, por conseguinte, do próprio sistema de crédito mediante a proteção dos recursos depositados pelos cidadãos nas referidas instituições. A mencionada resolução também determinou que o acesso às informações do CRC só é possível mediante autorização do cliente pesquisado. Assim, por estar redigida de acordo com a legislação vigente, a cláusula contratual em questão não importa numa fragilização da proteção dada ao consumidor de serviços bancários. As informações a serem divulgadas, pesquisadas e consultadas, segundo a cláusula, são consolidadas, ou seja, são informações seguras e precisas. Ademais, as instituições financeiras são responsáveis pelos danos causados pelo lançamento incorreto ou indevido que venha a causar prejuízo ao consumidor. Precedentes citados: REsp 786.239-SP, DJe 13/5/2009, e REsp 994.253-RS, DJe 24/11/2008. **REsp 1.346.050-SP, Rel. Min. Sidnei Beneti, julgado em 20/11/2012.** (Inform. STJ 510)

DIREITO CIVIL E CONSUMIDOR. ILICITUDE NA NEGATIVA DE CONTRATAR SEGURO DE VIDA.

A negativa pura e simples de contratar seguro de vida é ilícita, violando a regra do art. 39, IX, do CDC. Diversas opções poderiam substituir a simples negativa de contratar, como a formulação de prêmio mais alto ou ainda a redução de cobertura securitária, excluindo-se os sinistros relacionados à doença preexistente, mas não poderia negar ao consumidor a prestação de serviços. As normas expedidas pela Susep para regulação de seguros devem ser interpretadas em consonância com o mencionado dispositivo. Ainda que o ramo securitário consubstancie atividade de alta complexidade técnica, regulada por órgão específico, a contratação de seguros está inserida no âmbito das relações de consumo, portanto tem necessariamente de respeitar as disposições do CDC. A recusa da contratação é possível, como previsto na Circular Susep n. 251/2004, mas apenas em hipóteses realmente excepcionais. **REsp 1.300.116-SP, Rel. Min. Nancy Andrighi, julgado em 23/10/2012. (Inform. STJ 507)**

PROTESTO DE TÍTULO. CANCELAMENTO APÓS PAGAMENTO. RESPONSABILIDADE DO DEVEDOR.
A Turma, por maioria, firmou o entendimento de que, no caso de protesto regularmente lavrado, não é do credor a responsabilidade pela baixa do registro após a quitação da dívida. Nos termos do art. 26 da Lei n. 9.492/1997, o cancelamento do registro de protesto pode ser solicitado pelo devedor ou qualquer garante da dívida que detenham a posse do título protestado ou da carta de anuência do credor, não importando se a relação que deu origem à cártula é de consumo. A Min. Maria Isabel Gallotti destacou que não se confunde o registro de dados de maus pagadores previsto no art. 43 do CDC com o de protesto de títulos. O caráter público por assemelhação conferido pelo § 4º do referido artigo a tais cadastros não os equipara, em natureza e finalidade, aos cartórios extrajudiciais, delegatários de atividade pública, sujeitos à rígida disciplina e fiscalização estatal. A atividade dos cartórios é pública por natureza e de caráter essencial ao regime legal dos títulos de crédito, não se alterando a disciplina dos atos concernentes ao protesto conforme esteja o título protestado vinculado ou não à relação de consumo subjacente. Assim, diante da existência de legislação específica, não há como transpor a disciplina do art. 43 do CDC para a atividade dos cartórios extrajudiciais. Diante dessas considerações, deu-se provimento ao recurso especial para restabelecer a sentença que julgou improcedente o pedido de condenação do credor por danos morais decorrente da manutenção do nome do devedor no cartório de protesto de título, mesmo após o pagamento do débito. **REsp 1.195.668-RS, Rel. originário Min. Luis Felipe Salomão, Rel. para acórdão Min. Maria Isabel Gallotti, julgado em 11/9/2012. (Inform. STJ 504)**

CADASTRO DE INADIMPLENTES. BAIXA DA INSCRIÇÃO. RESPONSABILIDADE. PRAZO.
O credor é responsável pelo pedido de baixa da inscrição do devedor em cadastro de inadimplentes no prazo de cinco dias úteis, contados da efetiva quitação do débito, sob pena de incorrer em negligência e consequente responsabilização por danos morais. Isso porque o credor tem o dever de manter os cadastros dos serviços de proteção ao crédito atualizados. Quanto ao prazo, a Min. Relatora definiu-o pela aplicação analógica do art. 43, § 3º, do CDC, segundo o qual o consumidor, sempre que encontrar inexatidão nos seus dados e cadastros, poderá exigir sua imediata correção, devendo o arquivista, no prazo de cinco dias úteis, comunicar a alteração aos eventuais destinatários das informações incorretas. O termo inicial para a contagem do prazo para baixa no registro deverá ser do efetivo pagamento da dívida. Assim, as quitações realizadas mediante cheque, boleto bancário, transferência interbancária ou outro meio sujeito a confirmação, dependerão do efetivo ingresso do numerário na esfera de disponibilidade do credor. A Min. Relatora ressalvou a possibilidade de estipulação de outro prazo entre as partes, desde que não seja abusivo, especialmente por tratar-se de contratos de adesão. Precedentes citados: REsp 255.269-PR, DJ 16/4/2001; REsp 437.234-PB, DJ 29/9/2003; AgRg no Ag 1.094.459-SP, DJe 1º/6/2009, e AgRg no REsp 957.880-SP, DJe 14/3/2012. **REsp 1.149.998-RS, Rel. Min. Nancy Andrighi, julgado em 7/8/2012. (Inform. STJ 501)**

Súmula STJ nº 404
É dispensável o aviso de recebimento (AR) na carta de comunicação ao consumidor sobre a negativação de seu nome em bancos de dados e cadastros.

Súmula STJ nº 385
Da anotação irregular em cadastro de proteção ao crédito, não cabe indenização por dano moral, quando preexistente legítima inscrição, ressalvado o direito ao cancelamento.

Súmula STJ nº 359
Cabe ao órgão mantenedor do Cadastro de Proteção ao Crédito a notificação do devedor antes de proceder à inscrição.

Súmula STJ nº 356
É legítima a cobrança da tarifa básica pelo uso dos serviços de telefonia fixa.

Súmula STJ nº 323
A inscrição do nome do devedor pode ser mantida nos serviços de proteção ao crédito até o prazo máximo de cinco anos, independentemente da prescrição da execução.

6. PROTEÇÃO CONTRATUAL

DIREITO DO CONSUMIDOR. POSSIBILIDADE DE SEGURADORA OU OPERADORA DE PLANO DE SAÚDE CUSTEAR TRATAMENTO EXPERIMENTAL. A seguradora ou operadora de plano de saúde deve custear tratamento experimental existente no País, em instituição de reputação científica reconhecida, de doença listada na CID-OMS, desde que haja indicação médica para tanto, e os médicos que acompanhem o quadro clínico do paciente atestem a ineficácia ou a insuficiência dos tratamentos indicados convencionalmente para a cura ou controle eficaz da doença. Cumpre esclarecer que o art. 12 da Lei 9.656/1998 estabelece as coberturas mínimas que devem ser garantidas aos segurados e beneficiários dos planos de saúde. Nesse sentido, as operadoras são obrigadas a cobrir os tratamentos e serviços necessários à busca da cura ou controle da doença apresentada pelo paciente e listada na Classificação Estatística Internacional de Doenças e Problemas Relacionados com a Saúde, da Organização Mundial de Saúde (CID-OMS). Já o art. 10, I, da referida Lei estabelece que as seguradoras ou operadoras de plano de saúde podem excluir da cobertura o tratamento clínico ou cirúrgico experimental. Nessa linha intelectiva, a autorização legal para que um determinado tratamento seja excluído deve ser entendida em confronto com as coberturas mínimas que são garantidas. Tanto é assim que o art. 10 da Lei 9.656/1998 faz menção expressa ao art. 12 do mesmo diploma legal e vice-versa. Desse modo, o tratamento experimental, por força de sua recomendada utilidade, embora eventual, transmuda-se em tratamento mínimo a ser garantido ao paciente, escopo da Lei 9.656/1998, como se vê nos citados arts. 10 e 12. Isto é, nas situações em que os tratamentos convencionais não forem suficientes ou eficientes – fato atestado pelos médicos que acompanham o quadro clínico do paciente –, existindo no País tratamento experimental, em instituição de reputação científica reconhecida, com indicação para a doença, a seguradora ou operadora de plano de saúde deve arcar com os custos do tratamento, na medida em que passa a ser o único de real interesse para o contratante. Assim, a restrição contida no art. 10, I, da Lei 9.656/1998 somente deve ter aplicação nas hipóteses em que os tratamentos convencionais mínimos garantidos pelo art. 12 da mesma Lei sejam de fato úteis e eficazes para o contratante segurado. Ou seja, não pode o paciente, à custa da seguradora ou operadora de plano de saúde, optar por tratamento experimental, por considerá-lo mais eficiente ou menos agressivo, pois lhe é disponibilizado tratamento útil, suficiente para atender o mínimo garantido pela Lei. **REsp 1.279.241-SP, Rel. Min. Raul Araújo, julgado em 16/9/2014. (Inform. STJ 551)**

AG. REG. NO ARE N. 736.100-SP
RELATOR: MIN. LUIZ FUX
Ementa: AGRAVO REGIMENTAL NO RECURSO EXTRAORDINÁRIO COM AGRAVO. DIREITO DO CONSUMIDOR. RESTITUIÇÃO DE VALORES DESPENDIDOS POR CONSUMIDOR PARA A IMPLANTAÇÃO DE REDE ELÉTRICA EM PROPRIEDADE RURAL. REPERCUSSÃO GERAL REJEITADA PELO PLENÁRIO VIRTUAL NO ARE N° 683.017-RG. TEMA N° 604 DA GESTÃO POR TEMAS DA REPERCUSSÃO GERAL.
1. A possibilidade, ou não, de restituição integral dos valores despendidos pelo consumidor para financiar obras de implantação de rede elétrica em propriedade rural, à luz dos incisos II e XXXVI e do § 1º do art. 5º da Constituição Federal de 1988, já restou analisado no ARE n. 683.017-RG, em que o Plenário desta Corte decidiu rejeitar sua repercussão geral, uma vez que a matéria está restrita à análise de norma infraconstitucional.
2. *In casu*, o acórdão originariamente recorrido deu provimento ao recurso inominado e julgou procedente o pedido inicial para declarar nulo o contrato e condenar a parte recorrida a restituir à parte recorrente as quantias indevidamente pagas a título de custeio de fornecimento de energia elétrica.
3. Agravo regimental desprovido. (Inform. STF 715)

REPERCUSSÃO GERAL EM ARE N. 675.505-RJ
RELATOR: MIN. GILMAR MENDES
Código de Defesa do Consumidor. 2. Cobrança de tarifas e taxas administrativas acessórias, vinculadas a contratos bancários. Controvérsia que se situa no âmbito da legislação infraconstitucional. Inexistência de repercussão geral. (Inform. STF 713)

DIREITO CIVIL E DO CONSUMIDOR. RETENÇÃO DE PARTE DO VALOR DAS PRESTAÇÕES NA HIPÓTESE DE DISTRATO.
Na hipótese de distrato referente à compra e venda de imóvel, é justo e razoável admitir-se a retenção, pela construtora vendedora, como forma de indenização pelos prejuízos suportados, de parte do valor correspondente às prestações já pagas, compensação que poderá abranger, entre outras, as despesas realizadas com divulgação, comercialização, corretagem e tributos, bem como o pagamento de quantia que corresponda à eventual utilização do imóvel pelo adquirente distratante. Precedente citado: RC-DESP no AREsp 208.018-SP, Terceira Turma, DJe 5/11/2012. REsp 1.132.943-PE, Rel. Min. Luis Felipe Salomão, julgado em 27/8/2013. (Inform. STJ 530)

DIREITO CIVIL E DO CONSUMIDOR. ABUSIVIDADE DE CLÁUSULA DE DISTRATO.
É abusiva a cláusula de distrato – fixada no contexto de compra e venda imobiliária mediante pagamento em prestações – que estabeleça a possibilidade de a construtora vendedora promover a retenção integral ou a devolução ínfima do valor das parcelas adimplidas pelo consumidor distratante. Isso porque os arts. 53 e 51, IV, do CDC coíbem cláusula de decaimento que determine a retenção de valor integral ou substancial das prestações pagas, por consubstanciar vantagem exagerada do incorporador. Nesse contexto, o art. 53 dispõe que, nos "contratos de compra e venda de móveis ou imóveis mediante pagamento em prestações, bem como nas alienações fiduciárias em garantia, consideram-se nulas de pleno direito as cláusulas que estabeleçam a perda total das prestações pagas em benefício do credor que, em razão do inadimplemento, pleitear a resolução do contrato e a retomada do produto alienado". O inciso IV do art. 51, por sua vez, estabelece que são nulas de pleno direito, entre outras, as cláusulas contratuais relativas ao fornecimento de produtos e serviços que estabeleçam obrigações consideradas iníquas, abusivas, que coloquem o consumidor em desvantagem exagerada ou sejam incompatíveis com a boa-fé ou a equidade. Além disso, o fato de o distrato pressupor um contrato anterior não implica desfiguração da sua natureza contratual. Isso porque, conforme o disposto no art. art. 472 do CC, "o distrato faz-se pela mesma forma exigida para o contrato", o que implica afirmar que o distrato nada mais é que um novo contrato, distinto ao contrato primitivo. Dessa forma, como em qualquer outro contrato, um instrumento de distrato poderá, eventualmente, ser eivado de vícios, os quais, por sua vez, serão passíveis de revisão em juízo, sobretudo no campo das relações consumeristas. Em outras palavras, as disposições estabelecidas em um instrumento de distrato são, como quaisquer outras disposições contratuais, passíveis de anulação por abusividade. REsp 1.132.943-PE, Rel. Min. Luis Felipe Salomão, julgado em 27/8/2013. (Inform. STJ 530)

DIREITO DO CONSUMIDOR. APLICAÇÃO DE MULTA A FORNECEDOR EM RAZÃO DO REPASSE AOS CONSUMIDORES DOS VALORES DECORRENTES DO EXERCÍCIO DO DIREITO DE ARREPENDIMENTO.
O Procon pode aplicar multa a fornecedor em razão do repasse aos consumidores, efetivado com base em cláusula contratual, do ônus de arcar com as despesas postais decorrentes do exercício do direito de arrependimento previsto no art. 49 do CDC. De acordo com o *caput* do referido dispositivo legal, o consumidor pode desistir do contrato, no prazo de sete dias a contar de sua assinatura ou do ato de recebimento do produto ou serviço, sempre que a contratação de fornecimento de produtos e serviços ocorrer fora do estabelecimento comercial, especialmente por telefone ou a domicílio. O parágrafo único do art. 49 do CDC, por sua vez, especifica que o consumidor, ao exercer o referido *direito de arrependimento*, terá de volta, imediatamente e monetariamente atualizados, todos os valores eventualmente pagos, a qualquer título, durante o *prazo de reflexão* – período de sete dias contido no *caput* do art. 49 do CDC –, entendendo-se incluídos nestes valores todas as despesas decorrentes da utilização do serviço postal para a devolução do produto, quantia esta que não pode ser repassada ao consumidor. Aceitar o contrário significaria criar limitação ao direito de arrependimento legalmente não prevista, de modo a desestimular o comércio fora do estabelecimento, tão comum nos dias atuais. Deve-se considerar, ademais, o fato de que eventuais prejuízos enfrentados pelo fornecedor nesse tipo de contratação são inerentes à modalidade de venda agressiva fora do estabelecimento comercial (pela internet, por telefone ou a domicílio). REsp 1.340.604-RJ, Rel. Min. Mauro Campbell Marques, julgado em 15/8/2013. (Inform. STJ 528)

DIREITO DO CONSUMIDOR. ABUSIVIDADE DE CLÁUSULA EM CONTRATO DE CONSUMO.
É abusiva a cláusula contratual que atribua exclusivamente ao consumidor em mora a obrigação de arcar com os honorários advocatícios referentes à cobrança extrajudicial da dívida, sem exigir do fornecedor a demonstração de que a contratação de advogado fora efetivamente necessária e de que os serviços prestados pelo profissional contratado sejam privativos da advocacia. É certo que o art. 395 do CC autoriza o ressarcimento do valor de honorários decorrentes da contratação de serviços advocatícios extrajudiciais. Todavia, não se pode perder de vista que, nos contratos de consumo, além da existência de cláusula expressa para a responsabilização do consumidor, deve haver reciprocidade, garantindo-se igual direito ao consumidor na hipótese de inadimplemento do fornecedor. Ademais, deve-se ressaltar que a liberdade contratual, integrada pela boa-fé objetiva, acrescenta ao contrato deveres anexos, entre os quais se destaca o ônus do credor de minorar seu prejuízo mediante soluções amigáveis antes da contratação de serviço especializado. Assim, o exercício regular do direito de ressarcimento aos honorários advocatícios depende da demonstração de sua imprescindibilidade para a solução

extrajudicial de impasse entre as partes contratantes ou para a adoção de medidas preparatórias ao processo judicial, bem como da prestação efetiva de serviços privativos de advogado. **REsp 1.274.629-AP, Rel. Min. Nancy Andrighi, julgado em 16/5/2013.** (Inform. STJ 524)

DIREITO CIVIL E DO CONSUMIDOR. NECESSIDADE DE INTERPRETAÇÃO DE CLÁUSULA DE CONTRATO DE SEGURO DE SAÚDE DA FORMA MAIS FAVORÁVEL À PARTE ADERENTE.
No caso em que o contrato de seguro de saúde preveja automática cobertura para determinadas lesões que acometam o filho de "segurada" nascido durante a vigência do pacto, deve ser garantida a referida cobertura, não apenas ao filho da "segurada titular", mas também ao filho de "segurada dependente". Tratando-se, nessa hipótese, de relação de consumo instrumentalizada por contrato de adesão, as cláusulas contratuais, redigidas pela própria seguradora, devem ser interpretadas da forma mais favorável à outra parte, que figura como consumidora aderente, de acordo com o que dispõe o art. 47 do CDC. Assim, deve-se entender que a expressão "segurada" abrange também a "segurada dependente", não se restringindo à "segurada titular". Com efeito, caso a seguradora pretendesse restringir o campo de abrangência da cláusula contratual, haveria de especificar ser esta aplicável apenas a titular do seguro contratado. **REsp 1.133.338-SP, Rel. Min. Paulo de Tarso Sanseverino, julgado em 2/4/2013.** (Inform. STJ 520)

DIREITO DO CONSUMIDOR. LEGITIMIDADE DE CLÁUSULA DE FIDELIZAÇÃO EM CONTRATO DE TELEFONIA.
A cláusula de fidelização é, em regra, legítima em contrato de telefonia. Isso porque o assinante recebe benefícios em contrapartida à adesão dessa cláusula, havendo, além disso, a necessidade de garantir um retorno mínimo à empresa contratada pelas benesses conferidas. Precedente citado: AgRg no REsp 1.204.952-DF, DJe de 20/8/2012. **AgRg no AREsp 253.609-RS, Rel. Min. Mauro Campbell Marques, julgado em 18/12/2012.** (Inform. STJ 515).

DIREITO DO CONSUMIDOR. ENVIO DE CARTÃO DE CRÉDITO À RESIDÊNCIA DO CONSUMIDOR. NECESSIDADE DE PRÉVIA E EXPRESSA SOLICITAÇÃO.
É vedado o envio de cartão de crédito, ainda que bloqueado, à residência do consumidor sem prévia e expressa solicitação. Essa prática comercial é considerada abusiva nos moldes do art. 39, III, do CDC, contrariando a boa-fé objetiva. O referido dispositivo legal tutela os interesses dos consumidores até mesmo no período pré-contratual, não sendo válido o argumento de que o simples envio do cartão de crédito à residência do consumidor não configuraria ilícito por não implicar contratação, mas mera proposta de serviço. **REsp 1.199.117-SP, Rel. Min. Paulo de Tarso Sanseverino, julgado em 18/12/2012.** (Inform. STJ 511).

DIREITO PROCESSUAL CIVIL E DO CONSUMIDOR. CONVENÇÃO DE ARBITRAGEM. NULIDADE DA CLÁUSULA.
É nula a cláusula que determine a utilização compulsória da arbitragem em contrato que envolva relação de consumo, ainda que de compra e venda de imóvel, salvo se houver posterior concordância de ambas as partes. A Lei de Arbitragem dispõe que a pactuação do compromisso e da cláusula arbitral constitui hipótese de extinção do processo sem julgamento do mérito, obrigando a observância da arbitragem quando pactuada pelas partes com derrogação da jurisdição estatal. Tratando-se de contratos de adesão genéricos, a mencionada lei restringe a eficácia da cláusula compromissória, permitindo-a na hipótese em que o aderente tome a iniciativa de instituir a arbitragem ou de concordar expressamente com a sua instituição (art. 4º, § 2º, da Lei n. 9.307/1996). O art. 51, VII, do CDC estabelece serem nulas as cláusulas contratuais que determinem a utilização compulsória da arbitragem. Porém, o CDC veda apenas a adoção prévia e compulsória da arbitragem no momento da celebração do contrato, mas não impede que, posteriormente, diante de eventual litígio, havendo consenso entre as partes (em especial a aquiescência do consumidor), seja instaurado o procedimento arbitral. Portanto, não há conflito entre as regras dos arts. 51, VII, do CDC e 4º, § 2º, da Lei n. 9.307/1996; pois, havendo contrato de adesão que regule uma relação de consumo, deve-se aplicar a regra específica do CDC, inclusive nos contratos de compra e venda de imóvel. Assim, o ajuizamento da ação judicial evidencia, ainda que de forma implícita, a discordância do autor em se submeter ao procedimento arbitral. Precedente citado: REsp 819.519-PE, DJ 5/11/2007. **REsp 1.169.841-RJ, Rel. Min. Nancy Andrighi, julgado em 6/11/2012.** (Inform. STJ 508)

DIREITO CIVIL. CONTRATO DE SEGURO DE VEÍCULO. PREVISÃO DE COBERTURA DE CRIME DE ROUBO. ABRANGÊNCIA DO CRIME DE EXTORSÃO.
É devido o pagamento de indenização por seguradora em razão dos prejuízos financeiros sofridos por vítima de crime de extorsão constrangida a entregar o veículo segurado a terceiro, ainda que a cláusula contratual delimitadora dos riscos cobertos somente preveja as hipóteses de colisão, incêndio, furto e roubo. Em que pese ser de rigor a interpretação restritiva em matéria de direito penal, especialmente ao se aferir o espectro de abrangência de determinado tipo incriminador, isso por força do princípio da tipicidade fechada ou estrita legalidade (CF, art. 5º, XXXIX; e CP, art. 1º), tal viés é reservado à seara punitivo-preventiva (geral e especial) inerente ao Direito Penal, cabendo ao aplicador do Direito Civil emprestar aos institutos de direito privado o efeito jurídico próprio, especialmente à luz dos princípios da boa-fé objetiva e da conservação dos contratos. A restrição legal do art. 757 do CC encerra vedação de interpretação extensiva somente quando a cláusula delimitadora de riscos cobertos estiver redigida de modo claro e insusceptível de dúvidas. Assim, é possível afastar terminologias empregadas na construção de cláusulas contratuais que redundem na total subtração de efeitos de determinada avença, desde que presente um sentido interpretativo que se revele apto a preservar a utilidade econômica e social do ajuste. Além disso, havendo relação de consumo, devem ser observadas as diretrizes hermenêuticas de interpretação mais favorável ao consumidor (art. 47, CDC), da nulidade de cláusulas que atenuem a responsabilidade do fornecedor, ou redundem em renúncia ou disposição de direitos pelo consumidor (art. 51, I, CDC), ou desvirtuem direitos fundamentais inerentes à natureza do contrato (art. 51, § 1º, II, CDC). A proximidade entre os crimes de roubo e extorsão não é meramente topológico-geográfica, mas também conceitual, uma vez que, entre um e outro, o que essencialmente os difere é a extensão da ação do agente criminoso e a forçada participação da vítima. A distinção é muito sutil já que, no roubo, o réu desapossa, retira violentamente o bem da vítima; na extorsão, com o mesmo método, obriga a entrega. Dessa forma, a singela vinculação da cláusula que prevê os riscos cobertos a conceitos de direito penal está aquém daquilo que se supõe de clareza razoável no âmbito das relações consumeristas, sobretudo diante da carga limitativa que o dispositivo do ajuste encerra, pois a peculiar e estreitíssima diferenciação entre roubo e extorsão perpassa o entendimento do homem médio, mormente em se tratando de consumidor, não lhe sendo exigível a capacidade de diferenciar tipos penais. Trata-se de situação distinta daquela apreciada pela Quarta Turma, na qual se assentou que a cobertura securitária estabelecida para furto e roubo não abrangia hipóteses de apropriação indébita (REsp n. 1.177.479-PR). Precedente citado: REsp 814.060-RJ, DJe 13/4/2010. **REsp 1.106.827-SP, Rel. Min. Marco Buzzi, julgado em 16/10/2012.** (Inform. STJ 506)

SEGURO DE SAÚDE. CARÊNCIA. ATENDIMENTO EMERGENCIAL. SITUAÇÃO-LIMITE.

A questão consiste em saber se, em seguro de assistência à saúde, é possível a seguradora invocar prazo de carência contratual para restringir o custeio dos procedimentos de emergência de que depende o beneficiário do seguro ao período concernente às doze primeiras horas de atendimento médico-hospitalar, a contar da internação. No caso, o recorrente ajuizou ação de obrigação de fazer em face da seguradora ora recorrida, sustentando ser beneficiário do seguro de assistência à saúde firmado com a recorrida. Aduz que, ao ser atendido no hospital, foi diagnosticada a existência de tumor cerebral maligno, com quadro médico grave e risco de morte, razão pela qual foi imediatamente internado para posterior intervenção neurocirúrgica. Apesar do caráter emergencial do exame de ressonância magnética nuclear, foi negada, pela recorrida, a sua cobertura ao argumento de que o contrato do recorrente estaria sujeito ao prazo de carência de 180 dias a partir da adesão ao seguro. E que, diante dessa situação, foi sua genitora quem custeou os exames. O juiz *a quo* julgou procedentes os pedidos formulados na inicial, obrigando a recorrida a custear todos os procedimentos necessários até a cessação e extirpação da moléstia, sob pena de arcar com multa diária de R$ 1 mil, determinando, também, o reembolso dos valores despendidos. Interposta apelação, o tribunal de justiça deu parcial provimento ao recurso da recorrida para limitar o período da cobertura. O recorrente interpôs recurso especial, que foi admitido. A Turma entendeu que, diante do disposto no art. 12 da Lei n. 9.656/1998, é possível a estipulação contratual de prazo de carência, todavia o inciso V, "c", do mesmo dispositivo estabelece o prazo máximo de 24 horas para cobertura dos casos de urgência e emergência. Os contratos de seguro e assistência à saúde são pactos de cooperação e solidariedade, cativos e de longa duração, informados pelos princípios consumeristas da boa-fé objetiva e função social, tendo o objetivo precípuo de assegurar ao consumidor, no que tange aos riscos inerentes à saúde, tratamento e segurança para amparo necessário de seu parceiro contratual. Os artigos 18, § 6º, III, e 20, § 2º, do CDC preveem a necessidade da adequação dos produtos e serviços à legítima expectativa do consumidor de, em caso de pactuação de contrato oneroso de seguro de assistência à saúde, não ficar desamparado no que tange a procedimento médico premente e essencial à preservação de sua vida. Como se trata de situação limite em que há nítida possibilidade de violação de direito fundamental à vida, não é possível a seguradora invocar prazo de carência contratual para restringir o custeio dos procedimentos de emergência relativos ao tratamento de tumor cerebral que aflige o beneficiário do seguro. Precedente citado do STF: RE 201819, DJ 27/10/2006; do STJ: REsp 590.336-SC, DJ 21/2/2005, e REsp 466.667-SP, DJ 17/12/2007. **REsp 962.980-SP, Rel. Min. Luis Felipe Salomão, julgado em 13/3/2012. (Inform. STJ 493)**

BANCÁRIO. PERMANÊNCIA. PLANO DE SAÚDE. DEMISSÃO SEM JUSTA CAUSA.

O cerne da *quaestio* é saber se o recorrido (ex-empregado bancário) faz jus ao direito de permanecer no plano de saúde que possuía no momento da demissão sem justa causa com as mesmas condições de cobertura assistencial de que gozava quando da vigência de seu contrato laboral, bem como se há delimitação de tempo para essa permanência. O art. 30 da Lei n. 9.656/1998 confere tal direito após o término do vínculo empregatício, desde que o empregado assuma o pagamento integral da contribuição. *In casu*, o recorrido despenderia pelo pagamento integral o valor total de R$ 276,68. Mas, com a alteração unilateral do plano pela recorrente (caixa de assistência dos funcionários do banco) e o argumento de que, nos termos do seu estatuto, só é possível a manutenção no Plano Associado enquanto perdurar o vínculo empregatício do titular com o banco, o recorrido foi obrigado a aderir a plano mais oneroso (no valor de R$ 592,92) e menos benéfico, com limitações ao atendimento de seus dependentes. Assim, a recorrente faltou com os deveres anexos, instrumentais, secundários ou acessórios que se revelam como uma das faces de operatividade do princípio da boa-fé objetiva, notadamente os de lealdade, de não agravar a situação do parceiro contratual, esclarecimento, informação e consideração para com os legítimos interesses dele. Além do mais, a legislação (arts. 6º, III, IV, V, 46, 51, I, IV, XV, §§ 1º e 2º, do CDC e 16, IX, da Lei n. 9.656/1998) impõe o reconhecimento do direito do recorrido de permanecer no plano de saúde em que se enquadrava com iguais condições e cobertura assistencial, no período subsequente ao rompimento de seu vínculo empregatício com o banco. Porém, como o § 1º do art. 30 da Lei n. 9.656/1998 impõe a manutenção do ex-empregado como beneficiário do plano de saúde contanto que assuma o pagamento integral, pelo período máximo de 24 meses e, no caso, por força de antecipação dos efeitos da tutela, o recorrido permaneceu no Plano Associado desde 2003, não pode mais ser imposto à recorrente a manutenção do recorrido naquele plano. Prosseguindo o julgamento, com essas e outras fundamentações, a Turma deu parcial provimento ao recurso apenas para reconhecer que a manutenção do recorrido naquele plano não pode ser imposta à recorrente, pois vencido o prazo fixado em lei. Quanto aos demais pontos, manteve o acórdão *a quo*, inclusive os ônus sucumbenciais. Precedentes citados: REsp 820.379-DF, DJ 6/8/2007, e REsp 1.078.991-DF, DJe 16/6/2009. **REsp 925.313-DF, Rel. Min. Luis Felipe Salomão, julgado em 6/3/2012. (Inform. STJ 492)**

CONTRATO. PLANO. SAÚDE. CLÁUSULA ABUSIVA.

O cerne da questão cinge-se à análise da existência de abuso na cláusula do contrato de plano de saúde que prevê limite de valor para cobertura de tratamento médico-hospitalar. *In casu*, a beneficiária de plano de saúde foi internada em hospital conveniado, em razão de moléstia grave e permaneceu em UTI. Todavia, quando atingido o limite financeiro (R$ 6.500,00) do custo de tratamento previsto no contrato celebrado entre as partes, a recorrida (mantenedora do plano de saúde) negou-se a cobrir as despesas médico-hospitalares excedentes. De fato, o sistema normativo vigente permite às seguradoras fazer constar da apólice de plano de saúde privado cláusulas limitativas de riscos adicionais relacionados com o objeto da contratação, de modo a responder pelos riscos somente na extensão contratada. No entanto, tais cláusulas limitativas não se confundem com as cláusulas que visam afastar a responsabilidade da seguradora pelo próprio objeto nuclear da contratação. Na espécie, a seguradora de plano de saúde assumiu o risco de cobrir o tratamento da moléstia que acometeu a segurada. Porém, por meio de cláusula limitativa e abusiva, reduziu os efeitos jurídicos dessa cobertura ao estabelecer um valor máximo para as despesas hospitalares, tornando, assim, inócuo o próprio objeto do contrato. É que tal cláusula não é meramente limitativa de extensão de risco porque excludente da própria essência do risco assumido. O Min. Relator ressaltou que não se pode equiparar o seguro-saúde a um seguro patrimonial, no qual é possível e fácil aferir o valor do bem segurado, criando limites de reembolso/indenização. Pois, quem segura a saúde de outrem está garantindo o custeio de tratamento de doenças que, por sua própria natureza, são imprevisíveis, sendo essa uma das razões que leva a pessoa a contratar seguro de saúde. Assim, seja por violação das normas do CDC (arts. 4º, 6º, 51) ou do disposto na Lei n. 9.656/1998 e no DL n. 73/1966, deve ser considerada abusiva a cláusula contratual de seguro-saúde que crie limitação de valor para o custeio de tratamento de saúde ou de internação hospitalar de segurado ou beneficiário. Com efeito, em observância à função social dos contratos, à boa-fé objetiva e à proteção à dignidade humana, deve ser reconhecida a nulidade de tal cláusula. Com essas e outras considerações, a Turma deu provimento ao recurso para, julgando procedente a ação e improcedente a reconvenção, condenar a seguradora ao pagamento das despesas médico-hospitalares (deduzindo-se as já suportadas pela recorrida) a título de danos materiais e dos danos morais decorrentes da cláusula abusiva e da injusta recusa da cobertura securitária pela operadora do plano de saúde, o que causou aflição à segurada (acometida de moléstia grave que levaria a estado terminal) que necessitava dar continuidade à sua internação em UTI e ao tratamento médico hospitalar adequado. Precedente citado: REsp 326.147-SP, DJe 8/6/2009. **REsp 735.750-SP, Rel. Min. Raul Araújo, julgado em 14/2/2012. (Inform. STJ 491)**

Súmula Vinculante STF 25
É ilícita a prisão civil de depositário infiel, qualquer que seja a modalidade do depósito.

SÚMULA STJ nº 506
A Anatel não é parte legítima nas demandas entre a concessionária e o usuário de telefonia decorrentes de relação contratual.

Súmula STJ nº 465
Ressalvada a hipótese de efetivo agravamento do risco, a seguradora não se exime do dever de indenizar em razão da transferência do veículo sem a sua prévia comunicação.

Súmula STJ nº 454
Pactuada a correção monetária nos contratos do SFH pelo mesmo índice aplicável à caderneta de poupança, incide a taxa referencial (TR) a partir da vigência da Lei n. 8.177/1991.

Súmula STJ nº 450
Nos contratos vinculados ao SFH, a atualização do saldo devedor antecede sua amortização pelo pagamento da prestação.

Súmula STJ nº 422
O art. 6º, e, da Lei n. 4.380/1964 não estabelece limitação aos juros remuneratórios nos contratos vinculados ao SFH.

Súmula STJ nº 419
Descabe a prisão civil do depositário judicial infiel.

Súmula STJ nº 412
A ação de repetição de indébito de tarifas de água e esgoto sujeita-se ao prazo prescricional estabelecido no Código Civil.

Súmula STJ nº 405
A ação de cobrança do seguro obrigatório (DPVAT) prescreve em três anos.

Súmula STJ nº 402
O contrato de seguro por danos pessoais compreende os danos morais, salvo cláusula expressa de exclusão.

Súmula STJ nº 382
A estipulação de juros remuneratórios superiores a 12% ao ano, por si só, não indica abusividade.

Súmula STJ nº 381
Nos contratos bancários, é vedado ao julgador conhecer, de ofício, da abusividade das cláusulas.

Súmula STJ nº 380
A simples propositura da ação de revisão de contrato não inibe a caracterização da mora do autor.

Súmula STJ nº 379
Nos contratos bancários não regidos por legislação específica, os juros moratórios poderão ser convencionados até o limite de 1% ao mês.

Súmula STJ nº 369
No contrato de arrendamento mercantil (leasing), ainda que haja cláusula resolutiva expressa, é necessária a notificação prévia do arrendatário para constituí-lo em mora.

Súmula STJ nº 308
A hipoteca firmada entre a construtora e o agente financeiro, anterior ou posterior à celebração da promessa de compra e venda, não tem eficácia perante os adquirentes do imóvel.

Súmula STJ nº 302
É abusiva a cláusula contratual de plano de saúde que limita no tempo a internação hospitalar do segurado.

Súmula STJ nº 296
Os juros remuneratórios, não cumuláveis com a comissão de permanência, são devidos no período de inadimplência, à taxa média de mercado estipulada pelo Banco Central do Brasil, limitada ao percentual contratado.

Súmula STJ nº 295
A Taxa Referencial (TR) é indexador válido para contratos posteriores à Lei n. 8.177/91, desde que pactuada.

Súmula STJ nº 294
Não é potestativa a cláusula contratual que prevê a comissão de permanência, calculada pela taxa média de mercado apurada pelo Banco Central do Brasil, limitada à taxa do contrato.

Súmula STJ nº 293
A cobrança antecipada do valor residual garantido (VRG) não descaracteriza o contrato de arrendamento mercantil.

Súmula STJ nº 291
A ação de cobrança de parcelas de complementação de aposentadoria pela previdência privada prescreve em cinco anos.

Súmula STJ nº 290
Nos planos de previdência privada, não cabe ao beneficiário a devolução da contribuição efetuada pelo patrocinador.

Súmula STJ nº 289
A restituição das parcelas pagas a plano de previdência privada deve ser objeto de correção plena, por índice que recomponha a efetiva desvalorização da moeda.

Súmula STJ nº 288
A Taxa de Juros de Longo Prazo (TJLP) pode ser utilizada como indexador de correção monetária nos contratos bancários.

Súmula STJ nº 287
A Taxa Básica Financeira (TBF) não pode ser utilizada como indexador de correção monetária nos contratos bancários.

Súmula STJ nº 286
A renegociação de contrato bancário ou a confissão da dívida não impede a possibilidade de discussão sobre eventuais ilegalidades dos contratos anteriores.

Súmula STJ nº 285
Nos contratos bancários posteriores ao Código de Defesa do Consumidor incide a multa moratória nele prevista.

Súmula STJ nº 284
A purga da mora, nos contratos de alienação fiduciária, só é permitida quando já pagos pelo menos 40% (quarenta por cento) do valor financiado.

Súmula STJ nº 283
As empresas administradoras de cartão de crédito são instituições financeiras e, por isso, os juros remuneratórios por elas cobrados não sofrem as limitações da Lei de Usura.

Súmula STJ nº 257
A falta de pagamento do prêmio do seguro obrigatório de Danos Pessoais Causados por Veículos Automotores de Vias Terrestres (DPVAT) não é motivo para a recusa do pagamento da indenização.

Súmula STJ nº 245
A notificação destinada a comprovar a mora nas dívidas garantidas por alienação fiduciária dispensa a indicação do valor do débito.

Súmula STJ nº 229
O pedido do pagamento de indenização à seguradora suspende o prazo de prescrição até que o segurado tenha ciência da decisão.

Súmula STJ nº 176
É nula a clausula contratual que sujeita o devedor a taxa de juros divulgada pela Anbid/Cetip.

Súmula STJ nº 92
A terceiro de boa-fé não é oponível a alienação fiduciária não anotada no certificado de registro do veículo automotor.

Súmula STJ nº 72
A comprovação da mora é imprescindível na busca e apreensão do bem alienado fiduciariamente.

Súmula STJ nº 61
O seguro de vida cobre o suicídio não premeditado.

Súmula STJ nº 60
É nula a obrigação cambial assumida por procurador do mutuário vinculado ao mutuante, no exclusivo interesse deste.

Súmula STJ nº 35
Incide correção monetária sobre as prestações pagas, quando de sua restituição, em virtude da retirada ou exclusão do participante de plano de consórcio.

Súmula STJ nº 31
A aquisição, pelo segurado, de mais de um imóvel financiado pelo Sistema Financeiro da Habitação, situados na mesma localidade, não exime a seguradora da obrigação de pagamento dos seguros.

Súmula STJ nº 30
A comissão de permanência e a correção monetária são inacumuláveis.

Súmula STJ nº 28
O contrato de alienação fiduciária em garantia pode ter por objeto bem que já integrava o patrimônio do devedor.

7. DEFESA DO CONSUMIDOR EM JUÍZO

DIREITO PROCESSUAL CIVIL E DO CONSUMIDOR. TUTELA DE INTERESSES INDIVIDUAIS HOMOGÊNEOS, COLETIVOS E DIFUSOS POR UMA MESMA AÇÃO COLETIVA. Em uma mesma ação coletiva, podem ser discutidos os interesses dos consumidores que possam ter tido tratamento de saúde embaraçado com base em determinada cláusula de contrato de plano de saúde, a ilegalidade em abstrato dessa cláusula e a necessidade de sua alteração em consideração a futuros consumidores do plano de saúde. O CDC expõe as diversas categorias de direitos tuteláveis pela via coletiva. Com efeito, as tutelas pleiteadas em ações civis públicas não são necessariamente puras e estanques – ou seja, não é preciso que se peça, de cada vez, uma tutela referente a direito individual homogêneo, em outra ação, uma tutela de direitos coletivos em sentido estrito e, em outra, uma tutela de direitos difusos, notadamente em ação manejada pelo Ministério Público, que detém legitimidade ampla no processo coletivo. Sendo verdadeiro que um determinado direito não pertence, a um só tempo, a mais de uma categoria, isso não implica afirmar que, no mesmo cenário fático ou jurídico conflituoso, violações simultâneas de direitos de mais de uma espécie não possam ocorrer. Nesse sentido, tanto em relação aos direitos individuais homogêneos quanto aos coletivos, há – ou, no mínimo, pode haver – uma relação jurídica comum subjacente. Nos direitos coletivos, todavia, a violação do direito do grupo decorre diretamente dessa relação jurídica base, ao passo que nos individuais homogêneos a relação jurídica comum é somente o cenário remoto da violação a direitos, a qual resulta de uma situação fática apenas conexa com a relação jurídica base antes estabelecida. Assim, eventual negativa indevida do plano de saúde pode gerar danos individuais, concretamente identificáveis em posterior liquidação. Mas essa recusa é antecedida por uma relação jurídica comum a todos os contratantes, que podem ou não vir a sofrer danos pela prática abusiva. A mencionada relação jurídica base consiste exatamente no contrato de prestação de serviços de saúde firmado entre uma coletividade de consumidores e a administradora do plano, razão pela qual se pode vislumbrar o direito coletivo, e não exclusivamente um direito individual homogêneo. Vale dizer, portanto, que há uma obrigação nova de indenizar eventuais danos individuais resultantes da recusa indevida em custear tratamentos médicos (direitos individuais homogêneos), mas também há outra, de abstrata ilegalidade da cláusula contratual padrão, e que atinge o grupo de contratantes de forma idêntica e, portanto, indivisível (direitos coletivos em sentido estrito). Por outra ótica, eventual ajuste da cláusula ilegal refere-se a interesses de uma coletividade de pessoas indeterminadas e indetermináveis, traço apto a identificar a pretensão como uma tutela de interesses difusos. **REsp 1.293.606-MG**, Rel. Min. Luis Felipe Salomão, julgado em 2/9/2014. (Inform. STJ 547)

DIREITO DO CONSUMIDOR E PROCESSUAL CIVIL. RESTITUIÇÃO DE TEB EM SEDE DE AÇÃO CIVIL PÚBLICA AJUIZADA POR ASSOCIAÇÃO CIVIL DE DEFESA DO CONSUMIDOR. Em sede de ação civil pública ajuizada por associação civil de defesa do consumidor, instituição financeira pode ser condenada a restituir os valores indevidamente cobrados a título de Taxa de Emissão de Boleto Bancário (TEB) dos usuários de seus serviços. Com efeito, os interesses individuais homogêneos não deixam de ser também interesses coletivos. Porém, em se tratando de direitos coletivos em sentido estrito, de natureza indivisível, estabelece-se uma diferença essencial diante dos direitos individuais homogêneos, que se caracterizam pela sua divisibilidade. Nesse passo, embora os direitos individuais homogêneos se originem de uma mesma circunstância de fato, esta compõe somente a causa de pedir da ação civil pública, já que o pedido em si consiste na reparação do dano (divisível) individualmente sofrido por cada prejudicado. Na hipótese em foco, o mero reconhecimento da ilegalidade da TEB caracteriza um interesse coletivo em sentido estrito, mas a pretensão de restituição dos valores indevidamente cobrados a esse título evidencia um interesse individual homogêneo, perfeitamente tutelável pela via da ação civil pública. Assentir de modo contrário seria esvaziar quase que por completo a essência das ações coletivas para a tutela de direitos individuais homogêneos, inspiradas nas *class actions* do direito anglo-saxão e idealizadas como instrumento de facilitação do acesso à justiça, de economia judicial e processual, de equilíbrio das partes no processo e, sobretudo, de cumprimento e efetividade do direito material, atentando, de uma só vez, contra dispositivos de diversas normas em que há previsão de tutela coletiva de direitos, como as Leis 7.347/1985, 8.078/1990, 8.069/1990, 8.884/1994, 10.257/2001, 10.741/2003, entre outras. **REsp 1.304.953-RS**, Rel. Min. Nancy Andrighi, julgado em 26/8/2014. (Inform. STJ 546)

DIREITO PROCESSUAL CIVIL. LEGITIMIDADE E COISA JULGADA EM EXECUÇÃO INDIVIDUAL DE SENTENÇA COLETIVA QUE JULGOU QUESTÃO REFERENTE A EXPURGOS INFLACIONÁRIOS SOBRE CADERNETAS DE POUPANÇA. RECURSO REPETITIVO (ART. 543-C DO CPC E RES. 8/2008-STJ). A sentença proferida pelo Juízo da 12ª Vara Cível da Circunscrição Especial Judiciária de Brasília-DF, na ação civil coletiva n. 1998.01.1.016798-9, que condenou o Banco do Brasil ao pagamento de diferenças decorrentes de expurgos inflacionários sobre cadernetas de poupança ocorridos em janeiro de 1989 (Plano Verão), é aplicável, por força da coisa julgada, indistintamente a todos os detentores de caderneta de poupança do Banco do Brasil, independentemente de sua residência ou domicílio no Distrito Federal, reconhecendo-se ao beneficiário o direito de ajuizar o cumprimento individual da sentença coletiva no Juízo de seu domicílio ou no Distrito Federal; os poupadores ou seus sucessores detêm legitimidade ativa – também por força da coisa julgada –, independentemente de fazerem parte ou não dos quadros associativos do IDEC, de ajuizarem o cumprimento individual da sentença coletiva proferida na ação civil pública n. 1998.01.1.016798-9, pelo Juízo da 12ª Vara Cível da Circunscrição Especial Judiciária de Brasília-DF. Inicialmente, é oportuno elucidar que o Instituto de Defesa do Consumidor – IDEC ajuizou ação coletiva contra o Banco do Brasil, a qual foi distribuída à 19ª Vara Cível do Fórum Central da Comarca de São Paulo. Acolhendo exceção de incompetência aforada pelo próprio Banco do Brasil, ao fundamento de que "o objetivo do IDEC é obter uma única sentença, permitindo a todos o recebimento dos índices expurgados da poupança, sem que cada um dos poupadores tenha que promover sua demanda individualmente", o Poder Judiciário do Estado de São Paulo concluiu que a ação deveria ter sido proposta na sede do Banco do Brasil, situado no Distrito Federal, em razão de abranger toda uma coletividade de âmbito nacional. O Juízo da 12ª Vara Cível da Circunscrição Especial Judiciária de Brasília, ao qual foi redistribuída a ação coletiva, proferiu sentença, rejeitando a preliminar de inépcia da inicial, arguida sob o fundamento de não ter sido delimitada a abrangência da ação, reconheceu o âmbito nacional da demanda e o efeito *erga omnes* da ação, confirmando a competência da Justiça do Distrito Federal para o processamento do feito. Julgado o mérito da causa, o Banco do Brasil foi condenado, de forma genérica, observado o art. 95 do CDC, a incluir o índice de 48,16% no cálculo do reajuste dos valores depositados nas contas de poupança mantidos em janeiro de 1989, até o advento da MP 32/1989, tudo a ser apurado em liquidação de sentença. A referida sentença foi integralmente confirmada pelas instâncias superiores, a despeito da irresignação recursal do Banco do Brasil para restringir os feitos da sentença aos limites da competência territorial, conforme a interpretação do art. 16 da Lei da Ação Civil Pública. Destaque-se que a sentença é clara ao afirmar a sua abrangência nacional e o efeito *erga omnes*, assertiva que não perde a sua força dispositiva em razão de estar formalmente situada no âmbito da parte da sentença destinada à fundamentação, sem ter sido formalmente reproduzida no dispositivo. Nesse passo, pode-se afirmar que não cabe restringir os efeitos subjetivos da sentença após o trânsito em julgado se na ação civil pública foi pedida eficácia nacional da sentença a ser proferida – motivo esse da declinação da competência da Justiça Paulista para o Distrito Federal – e se tais razões foram expressamente acolhidas pelo juízo de primeiro grau e confirmadas pelas instâncias superiores, rejeitando-se o pleito de limitação dos efeitos da sentença ao território do Distrito Federal, deduzido com base no art. 16 (REsp 1.348.425-DF, Quarta Turma, DJe 24/5/2013). Convém ressaltar que a doutrina preceitua ser a coisa julgada um pressuposto negativo endereçado ao juiz do processo futuro – que deve exercer o seu poder-dever de abstenção, sem exercer qualquer juízo de valor acerca da sentença –, pois inclui sob o manto da intangibilidade pan-processual tanto as questões deduzidas como as que poderiam tê-lo sido. Por isso, no plano coletivo, aproxima-se a coisa julgada de uma norma legal e traz embutida ou pressuposta a exegese feita judicialmente, já definida quanto aos seus campos subjetivo e objetivo de aplicação. Ademais, da leitura das decisões que foram prolatadas na ação coletiva, fica nítido que o provimento jurisdicional deve contemplar todos aqueles que mantinham conta de poupança com o Banco do Brasil, e não apenas aqueles poupadores vinculados ao IDEC. Portanto, não há dúvida de que a sentença prolatada na ação coletiva fixou o índice expurgado e abrangeu, indistintamente, todos aqueles que mantinham conta de poupança com o Banco, em janeiro de 1989 (Plano Verão). Esclareça-se que, existindo coisa julgada material, só mediante ações autônomas de impugnação – ação rescisória ou *querela nullitatis insanabilis* –, com amplo contraditório e participação como parte do substituto processual que manejou a ação coletiva, se poderia cogitar sua desconstituição. **REsp 1.391.198-RS**, Rel. Min. Luis Felipe Salomão, julgado em 13/8/2014. (Inform. STJ 544)

DIREITO PROCESSUAL CIVIL. COMPETÊNCIA PARA O JULGAMENTO DE AÇÃO PROPOSTA POR CONSUMIDOR POR EQUIPARAÇÃO. O foro do domicílio do autor da demanda é competente para processar e julgar ação de inexigibilidade de título de crédito e de indenização por danos morais proposta contra o fornecedor de serviços que, sem ter tomado qualquer providência para verificar a autenticidade do título e da assinatura dele constante, provoca o protesto de cheque clonado emitido por falsário em nome do autor da demanda, causando indevida inscrição do nome deste em cadastros de proteção ao crédito. De início, vale ressaltar que a competência para o julgamento de demanda levada a juízo é fixada em razão da natureza da causa, a qual é definida pelo pedido e pela causa de pedir deduzidos, que, na hipótese, demonstram a ocorrência de acidente de consumo, situação apta a atrair a competência do foro do domicílio do consumidor. Com efeito, a referida lide tem como fundamento dano moral emergente de uma relação de consumo supostamente defeituosa, da qual o autor não teria participado, mas teria sido atingido reflexamente em virtude de alegado descumprimento pelo fornecedor do dever de cuidado. Assim, pode-se afirmar que, nessa situação, houve uma relação de consumo entre o fornecedor de serviços e o suposto falsário, bem como acidente de consumo decorrente da alegada falta de segurança na prestação do serviço por parte do estabelecimento fornecedor, que poderia ter identificado a fraude e evitado o dano provocado ao terceiro com a simples conferência de assinatura em cédula de identidade. Outrossim, claro é o enquadramento do autor, suposta vítima da má prestação do serviço, no conceito de consumidor por equiparação, pois, conquanto não tenha mantido relação de consumo com o demandado, suportou danos que emergiram de um acidente de consumo ocasionado em razão de atitude insegura do estabelecimento comercial. Desse modo, consta no CDC, na Seção que trata da "Responsabilidade pelo Fato do Produto e do Serviço", que, "Para os efeitos desta Seção, equiparam-se aos consumidores todas as vítimas do evento" (art. 17). Nesse contexto, em se tratando de relação de consumo, a competência é absoluta, razão pela qual deve ser fixada no domicílio do consumidor. Precedentes citados: AgRg nos EDcl no REsp 1.192.871-RS, Terceira Turma, DJe 26/9/2012; e REsp 1.100.571-PE, Quarta Turma, DJe 18/8/2011. **CC 128.079-MT**, Rel. Min. Raul Araújo, julgado em 12/3/2014. (Inform. STJ 542)

DIREITO PROCESSUAL CIVIL E DO CONSUMIDOR. LEGITIMIDADE DO MP NA DEFESA DE DIREITOS DE CONSUMIDORES DE SERVIÇOS MÉDICOS.
O Ministério Público tem legitimidade para propor ação civil pública cujos pedidos consistam em impedir que determinados hospitais continuem a exigir caução para atendimento médico-hospitalar emergencial e a cobrar, ou admitir que se cobre, dos pacientes conveniados a planos de saúde valor adicional por atendimentos realizados por seu corpo médico fora do horário comercial. Cuida-se, no

caso, de buscar a proteção de direitos do consumidor, uma das finalidades primordiais do MP, conforme preveem os arts. 127 da CF e 21 da Lei 7.347/1985. Além disso, tratando-se de interesse social compatível com a finalidade da instituição, o MP tem legitimidade para mover ação civil pública em defesa dos interesses e direitos dos consumidores difusos, coletivos e individuais homogêneos, conforme o disposto no art. 81 do CDC. **REsp 1.324.712-MG, Rel. Min. Luis Felipe Salomão, julgado em 24/9/2013.** (Inform. STJ 532)

DIREITO CIVIL E PROCESSUAL CIVIL. EXECUÇÃO INDIVIDUAL DE SENTENÇA COLETIVA. TERMO INICIAL DOS JUROS DE MORA.
Reconhecida a procedência do pedido em ação civil pública destinada a reparar lesão a direitos individuais homogêneos, os juros de mora somente são devidos a partir da citação do devedor ocorrida na fase de liquidação de sentença, e não a partir de sua citação inicial na ação coletiva. De acordo com o art. 95 do CDC, a sentença de procedência na ação coletiva que tenha por causa de pedir danos referentes a direitos individuais homogêneos será, em regra, genérica, dependendo de superveniente liquidação. Essa liquidação serve não apenas para apuração do valor do débito, mas também para aferir a titularidade do crédito, razão pela qual é denominada pela doutrina de "liquidação imprópria". Assim, tratando-se de obrigação que ainda não é líquida, pois não definidos quem são os titulares do crédito, é necessária, para a caracterização da mora, a interpelação do devedor, o que se dá com a sua citação na fase de liquidação de sentença. **AgRg no REsp 1.348.512-DF, Rel. Min. Luis Felipe Salomão, julgado em 18/12/2012.** (Inform. STJ 513).

DIREITO PROCESSUAL CIVIL. ISENÇÃO DE TAXA JUDICIÁRIA PARA PROPOSITURA DE AÇÃO CIVIL PÚBLICA OU COLETIVA.
A inexistência de previsão no Código Tributário estadual de isenção de taxa judiciária para a propositura de ação civil pública ou de ação coletiva não retira a eficácia dos arts. 18 da LACP e 87 do CDC, que estabelecem a impossibilidade de adiantamento de custas, emolumentos, honorários periciais e quaisquer outras despesas. **REsp 1.288.997-RJ, Rel. Min. Nancy Andrighi, julgado em 16/10/2012.** (Inform. STJ 507)

DIREITO PROCESSUAL CIVIL. AÇÃO CIVIL PÚBLICA. ADIANTAMENTO DE DESPESAS.
Não é devido o recolhimento de quantia relativa à "taxa judiciária" para o ajuizamento de ação civil pública em defesa dos interesses coletivos de consumidores. As ações civis públicas, em sintonia com o disposto no artigo 6º, VIII, do CDC, ao propiciar a facilitação da tutela dos direitos individuais homogêneos dos consumidores, viabilizam a otimização da prestação jurisdicional, abrangendo toda uma coletividade atingida em seus direitos, dada a eficácia vinculante das suas sentenças. O legislador instituiu referidas ações partindo da premissa de que são, presumivelmente, propostas por legitimado ativo que se apresenta como representante idôneo de interesses sociais. As ações coletivas fazem parte de um arcabouço normativo próprio, constituindo microssistema com regras particulares, que devem ser compatibilizadas e integradas numa interpretação sistemática, sem se descuidar do inequívoco objetivo legal e constitucional de facilitação do acesso coletivo à Justiça. O art. 18 da Lei n. 7.347/1985 é norma processual especial que expressamente afastou a necessidade, por parte do legitimado extraordinário, de efetuar o adiantamento de custas, emolumentos, honorários periciais e quaisquer outras despesas para o ajuizamento de ação coletiva, que apenas serão recolhidos ao final pelo requerido, se for sucumbente, ou pela autora, quando manifesta a sua má-fé. Além disso, o art. 87 do CDC dispõe que, nas ações coletivas de defesa do consumidor, não haverá adiantamento de quaisquer despesas. **REsp 978.706-RJ, Rel. Min. Luis Felipe Salomão, julgado em 20/9/2012.** (Inform. STJ 505)

ACP. REPARAÇÃO FLUIDA (FLUID RECOVERY). FORMA DE LIQUIDAÇÃO. BENEFICIÁRIOS IDENTIFICADOS E OBRIGAÇÃO PASSÍVEL DE APURAÇÃO.
A liquidação do valor devido em execução de ação coletiva realizada com base no art. 100 do CDC – nos casos em que os beneficiários são identificados, e a obrigação objeto da decisão é passível de individualização – deve ser realizada por arbitramento, considerando cada um dos contratos. No caso, em ação civil pública, uma empresa de arrendamento mercantil foi condenada a restituir aos consumidores, em dobro, os valores referentes às multas cobradas em percentual superior a 2% decorrentes do inadimplemento contratual. De início, a Turma, por unanimidade, reconheceu a legitimidade do MP para a liquidação e execução de forma subsidiária, quando inertes os beneficiários da decisão em ação civil pública, conforme previsto no art. 100 do CDC. Quanto aos outros pontos, o Min. Antonio Carlos Ferreira, no voto-desempate, consignou que deve ser utilizado o instituto da reparação fluida (fluid recovery), diante da decisão judicial que pode ser individualmente executada, mas com a inércia dos interessados em liquidá-la. Caso isso não fosse possível, correria o risco de haver enriquecimento indevido do causador do dano. Quanto à forma de liquidação, registrou que há peculiaridades: todos os beneficiários da decisão são conhecidos e há possibilidade de apurar o valor efetivamente devido com base nas peculiaridades de cada um dos contratos é a que prestigiará o decidido no título executivo. **REsp 1.187.632-DF, Rel. originário Min. João Otávio de Noronha, Rel. para acórdão Min. Antonio Carlos Ferreira, julgado em 5/6/2012.** (Inform. STJ 499)

LEGITIMIDADE. MP. LIQUIDAÇÃO E EXECUÇÃO DE SENTENÇA COLETIVA.
Não obstante ser ampla a legitimação para impulsionar a liquidação e a execução da sentença coletiva, admitindo-se que a promovam o próprio titular do direito material, seus sucessores ou um dos legitimados do art. 82 do CDC, o art. 97 impõe uma gradação de preferência que permite a legitimidade coletiva subsidiariamente, uma vez que, nessa fase, o ponto central é o dano pessoal sofrido pelas vítimas. Assim, no ressarcimento individual (arts. 97 e 98 do CDC), a liquidação e a execução serão obrigatoriamente personalizadas e divisíveis, devendo prioritariamente ser promovidas pelas vítimas ou seus sucessores de forma singular, uma vez que o próprio lesado tem melhores condições de demonstrar a existência do seu dano pessoal, o nexo etiológico com o dano globalmente reconhecido, bem como o montante equivalente à sua parcela. Todavia, para o cumprimento de sentença, o escopo é o ressarcimento do dano individualmente experimentado, de modo que a indivisibilidade do objeto cede lugar à sua individualização. O art. 98 do CDC preconiza que a execução coletiva terá lugar quando já houver sido fixado o valor da indenização devida em sentença de liquidação, a qual deve ser – em sede de direitos individuais homogêneos – promovida pelos próprios titulares ou sucessores. A legitimidade do Ministério Público para instaurar a execução exsurgirá, se for o caso, após o prazo de um ano do trânsito em julgado, se não houver a habilitação de interessados em número compatível com a gravidade do dano, nos termos do art. 100 do CDC. É que a hipótese versada nesse dispositivo encerra situação em que, por alguma razão, os consumidores lesados desinteressam-se do cumprimento individual da sentença, retornando a legitimação dos entes públicos indicados no art. 82 do CDC para requerer ao juízo a apuração dos danos globalmente causados e a reversão dos valores apurados para o Fundo de Defesa dos Direitos Difusos (art. 13 da LACP), com vistas a que a sentença não se torne inócua, liberando o fornecedor que atuou ilicitamente de arcar com a reparação dos danos causados. No caso, não se tem

notícia da publicação de editais cientificando os interessados da sentença exequenda, o que constitui óbice à sua habilitação na liquidação, sendo certo que o prazo decadencial sequer iniciou o seu curso, não obstante já se tenham escoado quase treze anos do trânsito em julgado. Assim, conclui-se que, no momento em que se encontra o feito, o Ministério Público, a exemplo dos demais entes públicos indicados no art. 82 do CDC, carece de legitimidade para a liquidação da sentença genérica, haja vista a própria conformação constitucional deste órgão e o escopo precípuo dessa forma de execução, qual seja, a satisfação de interesses individuais personalizados que, apesar de se encontrarem circunstancialmente agrupados, não perdem sua natureza disponível. **REsp 869.583-DF, Rel. Min. Luis Felipe Salomão, julgado em 5/6/2012. (Inform. STJ 499)**

DENUNCIAÇÃO DA LIDE. CDC. DEFEITO NA PRESTAÇÃO DE SERVIÇO.
A Turma, ao rever orientação dominante desta Corte, assentou que é incabível a denunciação da lide nas ações indenizatórias decorrentes da relação de consumo seja no caso de responsabilidade pelo fato do produto, seja no caso de responsabilidade pelo fato do serviço (arts. 12 a 17 do CDC). Asseverou o Min. Relator que, segundo melhor exegese do enunciado normativo do art. 88 do CDC, a vedação ao direito de denunciação da lide não se restringiria exclusivamente à responsabilidade do comerciante pelo fato do produto (art. 13 do CDC), mas a todo e qualquer responsável (real, aparente ou presumido) que indenize os prejuízos sofridos pelo consumidor. Segundo afirmou, a proibição do direito de regresso na mesma ação objetiva evitar a procrastinação do feito, tendo em vista a dedução no processo de uma nova causa de pedir, com fundamento distinto da formulada pelo consumidor, qual seja, a discussão da responsabilidade subjetiva. Destacou-se, ainda, que a única hipótese na qual se admite a intervenção de terceiro nas ações que versem sobre relação de consumo é o caso de chamamento ao processo do segurador – nos contratos de seguro celebrado pelos fornecedores para garantir a sua responsabilidade pelo fato do produto ou do serviço (art. 101, II, do CDC). Com base nesse entendimento, a Turma negou provimento ao recurso especial para manter a exclusão de empresa prestadora de serviço da ação em que se pleiteia compensação por danos morais em razão de instalação indevida de linhas telefônicas em nome do autor e posterior inscrição de seu nome em cadastro de devedores de inadimplentes. **REsp 1.165.279-SP, Rel. Min. Paulo de Tarso Sanseverino, julgado em 22/5/2012. (Inform. STJ 498)**

ACP. LEGITIMIDADE DO MP. CONSUMIDOR. VALE-TRANSPORTE ELETRÔNICO. DIREITO À INFORMAÇÃO.
A Turma, por maioria, reiterou que o Ministério Público tem legitimidade para propor ação civil pública que trate da proteção de quaisquer direitos transindividuais, tais como definidos no art. 81 do CDC. Isso decorre da interpretação do art. 129, III, da CF em conjunto com o art. 21 da Lei n. 7.347/1985 e arts. 81 e 90 do CDC e protege todos os interesses transindividuais, sejam eles decorrentes de relações consumeristas ou não. Ressaltou a Min. Relatora que não se pode relegar a tutela de todos os direitos a instrumentos processuais individuais, sob pena de excluir do Estado e da democracia aqueles cidadãos que mais merecem sua proteção. Outro ponto decidido pelo colegiado foi de que viola o direito à plena informação do consumidor (art. 6º, III, do CDC) a conduta de não informar na roleta do ônibus o saldo do vale-transporte eletrônico. No caso, a operadora do sistema de vale-transporte deixou de informar o saldo do cartão para mostrar apenas um gráfico quando o usuário passava pela roleta. O saldo somente era exibido quando inferior a R$ 20,00. Caso o valor remanescente fosse superior, o portador deveria realizar a consulta na internet ou em "validadores" localizados em lojas e supermercados. Nessa situação, a Min. Relatora entendeu que a operadora do sistema de vale-transporte deve possibilitar ao usuário a consulta ao crédito remanescente durante o transporte, sendo insuficiente a disponibilização do serviço apenas na internet ou em poucos guichês espalhados pela região metropolitana. A informação incompleta, representada por gráficos disponibilizados no momento de uso do cartão, não supre o dever de prestar plena informação ao consumidor. Também ficou decidido que a indenização por danos sofridos pelos usuários do sistema de vale-transporte eletrônico deve ser aferida caso a caso. Após debater esses e outros assuntos, a Turma, por maioria, deu parcial provimento ao recurso somente para afastar a condenação genérica ao pagamento de reparação por danos materiais e morais fixada no tribunal de origem. Precedentes citados: do STF: RE 163.231-SP, 29/6/2001; do STJ: REsp 635.807-CE, DJ 20/6/2005; REsp 547.170-SP, DJ 10/2/2004, e REsp 509.654-MA, DJ 16/11/2004. **REsp 1.099.634-RJ, Rel. Min. Nancy Andrighi, julgado em 8/5/2012. (Inform. STJ 497)**

COMPETÊNCIA. CONSUMIDOR E ASSOCIAÇÃO DE POUPANÇA E EMPRÉSTIMO.
É da competência da Justiça estadual o julgamento de ação de consignação em pagamento ajuizada por mutuário contra a Associação de Poupança e Empréstimo Poupex. O entendimento baseia-se no fato de a referida associação ser entidade de direito privado (sociedade simples) e, na hipótese, não está em questão qualquer interesse da União, entidade autárquica ou empresa pública federal. Sabe-se que a Poupex é supervisionada por fundação pública (Fundação Habitacional do Exército – FHE), mas esta não participa da lide como ré, assistente ou oponente, razão pela qual não atrai o disposto no art. 109, I, da CF. Ademais, a lide não envolve discussão sobre o Fundo de Compensação de Variações Salariais – FCVS, o que também justifica a fixação da competência da Justiça estadual para apreciar o feito. Precedentes citados: REsp 481.965-DF, DJ 23/6/2003; CC 18.916-DF, DJ 28/4/1997, e CC 34.614-SP, DJ 2/9/2002. **REsp 948.482-RS, Rel. Min. Luis Felipe Salomão, julgado em 6/3/2012. (Inform. STJ 492)**

ACP. EXECUÇÃO. FUNDO PÚBLICO DE DEFESA DO CONSUMIDOR.
A Turma confirmou as decisões de primeiro e segundo graus acerca da legitimidade do Ministério Público para executar montante residual depositado em juízo – em razão de acordo extrajudicial firmado entre o *Parquet* e o réu em ACP – cujo objetivo seja a reparação de dano coletivo a consumidores. Isso se deve à previsão do art. 100 do CDC, segundo o qual, transcorrido um ano sem habilitação de número de interessados compatível com a extensão do dano, o *Parquet* pode requerer que os valores remanescentes sejam depositados no fundo criado pela Lei n. 7.347/1985. O Min. Relator registrou que a legitimidade do MP para a execução decorre de lei (art. 100 c/c art. 82 do CDC). Afirmou, ainda, não ser necessário que a possibilidade de destinação do fundo seja pedida expressamente na inicial da ACP, já que tal hipótese é uma opção de execução, prevista em lei, somente possível caso os cidadãos lesados permaneçam inertes. **REsp 996.771-RN, Rel. Min. Luis Felipe Salomão, julgado em 6/3/2012. (Inform. STJ 492)**

CONSUMIDOR. ACP. DIREITO INDIVIDUAL HOMOGÊNEO.
A Turma manteve o entendimento das instâncias ordinárias que concluíram pela inépcia da exordial com fundamento nos arts. 267, I e VI, e 295, II, III e V, do CPC. É que, na hipótese dos autos, o instituto dedicado à proteção e defesa dos consumidores e cidadãos (recorrente), na exordial da ação civil pública, asseveia defender direitos individuais homogêneos de consumidores, requerendo a revisão de contrato de compra e venda de imóvel celebrado entre consumidores e a imobiliária (recorrida). Alega, ainda, que a recorrida onera excessivamente os consumidores contratantes. Todavia, o recorrente apresentou um único contrato, assinado entre dois consumidores, de um lado, como adquirentes de um lote de terreno, e a recorrida, de outro, como vendedora, sendo que tal contrato não foi

reconhecido como de adesão pelas instâncias ordinárias. É sabido que, para a configuração da legitimidade ativa de associação para a propositura de ação civil pública, é mister que o objeto da lide seja a defesa de direitos difusos, coletivos ou individuais homogêneos. Nesse contexto, a não caracterização desses direitos não só vicia a legitimidade ativa *ad causam*, mas também torna a ação coletiva instrumento inadequado por voltar-se para a tutela jurisdicional de direitos individuais, afastando o interesse processual do demandante. Isso porque a abrangência dos direitos defendidos na ação civil pública deve ser suficiente para atender à condição de interesses coletivos, tendo em vista o disposto no art. 81 do CDC. Assim, não se pode admitir o ajuizamento de tal ação sem haver, ao menos, indícios de que a situação tutelada é pertencente a um número razoável de consumidores. *In casu*, não foi comprovada a existência de vários consumidores que estivessem sendo lesados pelo mesmo tipo de contrato, deixando dúvidas quanto à existência de direito individual homogêneo, afirmada pela promovente com base em mera presunção. Desse modo, não é cabível o ajuizamento de ação coletiva para a defesa de direitos meramente individuais, o que resulta na carência da ação. Com essas e outras considerações, a Turma negou provimento ao recurso. **REsp 823.063-PR, Rel. Min. Raul Araújo, julgado em 14/2/2012.** (Inform. STJ 491)

COMPRA E VENDA. VEÍCULO. DENUNCIAÇÃO À LIDE. APROVEITAMENTO. ATOS PRATICADOS.
A jurisprudência deste Superior Tribunal é firme no sentido de que o art. 88 do CDC veda a denunciação à lide nos processos nos quais se discute uma relação de consumo. Tal orientação, contudo, é restrita apenas às hipóteses de fornecimento de produtos previstos no art. 13 do CDC. Tal vedação não se estende às hipóteses de prestação de serviços reguladas pelo art. 14 do referido código. Na espécie, ficou comprovado que se trata de fornecimento de produto defeituoso, assim estaria vedada a litisdenunciação. Ocorre que o juízo de primeiro grau deferiu a denunciação, pois havia à época controvérsia acerca da aplicação do diploma consumerista. Logo, o processo desenvolveu-se com a citação e participação do litisdenunciado. A Turma entendeu que a denunciação à lide já produziu seus efeitos procrastinatórios e, interpretando o art. 88 do CDC teleologicamente, entendeu que este deveria ser aproveitado, pois não traria qualquer desvantagem ao consumidor, como não representaria restrição ao direito de defesa do litisdenunciado. Precedentes citados: REsp 660.113-RJ, DJ 6/12/2004, e REsp 782.919-SP, DJ 1º/2/2006. **REsp 972.766-SP, Rel. Min. Nancy Andrighi, julgado em 25/9/2007.** (Inform. STJ 333)

Súmula Vinculante STF 27

Compete à Justiça estadual julgar causas entre consumidor e concessionária de serviço público de telefonia, quando a ANATEL não seja litisconsorte passiva necessária, assistente, nem oponente.

Súmula STF nº 643

O Ministério Público tem legitimidade para promover ação civil pública cujo fundamento seja a ilegalidade de reajuste de mensalidades escolares.

Súmula STJ nº 470

O Ministério Público não tem legitimidade para pleitear, em ação civil pública, a indenização decorrente do DPVAT em benefício do segurado.

12. DIREITO AMBIENTAL

1. PATRIMÔNIO CULTURAL BRASILEIRO

DIREITO ADMINISTRATIVO. REPARAÇÃO DE IMÓVEL TOMBADO. ÔNUS DO PROPRIETÁRIO.
A responsabilidade de reparar e conservar o imóvel tombado é do proprietário, salvo quando demonstrado que ele não dispõe de recurso para proceder à reparação. Precedentes citados: REsp 666.842-RJ, DJe 28/10/2009; REsp 895.443-RJ, DJe 17/12/2008; REsp 1.013.008-MA, DJe 23/6/2008, e REsp 97.852-PR, DJ 8/6/1998. **AgRg no AREsp 176.140-BA, Rel. Min. Castro Meira, julgado em 18/10/2012.** (Inform. STJ 507)

2. PROTEÇÃO DA FLORA

AMBIENTAL. RESTRIÇÃO À ATIVIDADE ECONÔMICA. MADEIREIRA EXPLORADORA DE MOGNO.
A edição de norma que suspende o transporte, a comercialização e a exportação de madeira, bem como as autorizações para exploração e desmatamento têm efeito sobre a madeira já derrubada, sob pena de esvaziar o comando normativo do ato protetivo. O Min. Relator asseverou que, caso a Instrução Normativa n. 3/1998 do Ibama – que restringiu a exploração de mogno – não pudesse ter o alcance por ela definido, deveria ser reconhecida sua parcial ilegalidade e inconstitucionalidade, pois o transporte, a comercialização e a exportação pressupõem logicamente que a madeira já esteja derrubada. Pelo contrário, a referida instrução normativa embasou-se no art. 14, **b**, da Lei n. 4.771/1965 e nos arts. 225, § 1º, V e VII, da CF. Ademais, os atos da Administração tendentes a proteger o ambiente, tal como a restrição à atividade econômica desenvolvida pela madeireira, devem ser plenamente aceitos, dada a previsão do art. 170, VI, da CF. **REsp 1.183.279-PA, Rel. Min. Humberto Martins, julgado em 16/8/2012. (Inform. STJ 502)**

3. COMPETÊNCIA EM MATÉRIA AMBIENTAL

RE 673.681/SP
RELATOR: Ministro Celso de Mello
Lei municipal contestada em face de Constituição estadual. Possibilidade de controle normativo abstrato por Tribunal de Justiça (**CF**, art. 125, § 2º). Competência do Município para dispor sobre preservação e defesa da integridade do meio ambiente. A incolumidade do patrimônio ambiental como expressão de um direito fundamental constitucionalmente atribuído à generalidade das pessoas (**RTJ** 158/205-206 RTJ 164/158-161, v.g). A questão do meio ambiente como um dos tópicos mais relevantes da presente agenda nacional e internacional. O poder de regulação dos Municípios em tema de formulação de políticas públicas, de regras e de estratégias legitimadas por seu peculiar interesse e destinadas a viabilizar, de modo efetivo, a proteção local do meio ambiente. Relações entre a lei e o regulamento. Os regulamentos de execução (ou subordinados) como condição de eficácia e aplicabilidade da norma legal dependente de regulamentação executiva. Previsão, no próprio corpo do diploma legislativo, da necessidade de sua regulamentação. Inocorrência de ofensa, em tal hipótese, ao postulado da reserva constitucional de administração, que traduz emanação resultante do dogma da divisão funcional do poder. Doutrina. Precedentes. Legitimidade da competência monocrática do Relator para, em sede recursal extraordinária, tratando-se de fiscalização abstrata sujeita à competência originária dos Tribunais de Justiça (**CF**, art. 125, § 2º), julgar o apelo extremo, em ordem, até mesmo, a declarar a inconstitucionalidade ou a confirmar a validade constitucional do ato normativo impugnado. Precedentes (**RE** 376.440-ED/DF, Rel. Min. DIAS TOFFOLI, Pleno, v.g.). Recurso extraordinário conhecido e provido. DJ 16.12.2014. (Inform. STF 770)

DIREITO ADMINISTRATIVO E AMBIENTAL. REGULAMENTAÇÃO DO ACESSO A FONTES DE ABASTECIMENTO DE ÁGUA.
É possível que decreto e portaria estaduais disponham sobre a obrigatoriedade de conexão do usuário à rede pública de água, bem como sobre a vedação ao abastecimento por poço artesiano, ressalvada a hipótese de inexistência de rede pública de saneamento básico. Os estados membros da Federação possuem domínio de águas subterrâneas (art. 26, I, da CF), competência para legislar sobre a defesa dos recursos naturais e a proteção do meio ambiente (art. 24, VI, da CF) e poder de polícia para precaver e prevenir danos ao meio ambiente (art. 23, VI e XI, da CF). Assim, a intervenção desses entes sobre o tema não só é permitida como também imperativa. Vale acrescentar que o inciso II do art. 12 da Lei 9.433/1997 condiciona a extração de água do subterrâneo à respectiva outorga, o que se justifica pela notória escassez do bem, considerado como recurso limitado, de domínio público e de expressivo valor econômico. Nesse contexto, apesar de o art. 45 da Lei 11.445/2007 admitir soluções individuais de abastecimento de água, a interpretação sistemática do dispositivo não afasta o poder normativo e de polícia dos estados no que diz respeito ao acesso às fontes de abastecimento de água e à determinação de conexão obrigatória à rede pública. **REsp 1.306.093-RJ, Rel. Min. Herman Benjamin, julgado em 28/5/2013.** (Inform. STJ 525)

4. DEFESA DO MEIO AMBIENTE EM JUÍZO

DIREITO PROCESSUAL CIVIL E AMBIENTAL. LEGITIMIDADE PARA A PROPOSITURA DE AÇÃO CIVIL PÚBLICA EM DEFESA DE ZONA DE AMORTECIMENTO DE PARQUE NACIONAL.
O MPF possui legitimidade para propor, na Justiça Federal, ação civil pública que vise à proteção de zona de amortecimento de parque nacional, ainda que a referida área não seja de domínio da União. Com efeito, tratando-se de proteção ao meio ambiente, não há competência exclusiva de um ente da Federação para promover medidas protetivas. Impõe-se amplo aparato de fiscalização a ser exercido pelos quatro entes federados, independentemente do local onde a ameaça ou o dano estejam ocorrendo e da competência para o licenciamento. Deve-se considerar que o domínio da área em que o dano ou o risco de dano se manifesta é apenas um dos critérios definidores da legitimidade para agir do MPF. Ademais, convém ressaltar que o poder-dever de fiscalização dos outros entes deve ser exercido quando determinada atividade esteja, sem o devido acompanhamento do órgão local, causando danos ao meio ambiente. **AgRg no REsp 1.373.302-CE, Rel. Min. Humberto Martins, julgado em 11/6/2013.** (Inform. STJ 526)

DIREITO PROCESSUAL CIVIL E AMBIENTAL. CUMULAÇÃO DAS OBRIGAÇÕES DE RECOMPOSIÇÃO DO MEIO AMBIENTE E DE COMPENSAÇÃO POR DANO MORAL COLETIVO.
Na hipótese de ação civil pública proposta em razão de dano ambiental, é possível que a sentença condenatória imponha ao responsável, cumulativamente, as obrigações de recompor o meio ambiente degradado e de pagar quantia em dinheiro a título de compensação por dano moral coletivo. Isso porque vigora em nosso sistema jurídico o princípio da reparação integral do dano ambiental, que, ao determinar a responsabilização do agente por todos os efeitos decorrentes da conduta lesiva, permite a cumulação de obrigações de fazer, de não fazer e de indenizar. Ademais, deve-se destacar que, embora o art. 3º da Lei 7.347/1985 disponha que "a ação civil poderá ter por objeto a condenação em dinheiro ou o cumprimento de obrigação de fazer ou não fazer", é certo que a conjunção "ou" – contida na citada norma, bem como nos arts. 4º, VII, e 14, § 1º, da Lei 6.938/1981 – opera com valor aditivo, não introduzindo, portanto, alternativa excludente. Em primeiro lugar, porque vedar a cumulação desses remédios limitaria, de forma indesejada, a Ação Civil Pública – importante instrumento de persecução da responsabilidade civil de danos causados ao meio ambiente –, inviabilizando, por exemplo, condenações em danos morais coletivos. Em segundo lugar, porque incumbe ao juiz, diante das normas de Direito Ambiental – recheadas que são de conteúdo ético intergeracional atrelado às presentes e futuras gerações –, levar em conta o comando do art. 5º da LINDB, segundo o qual, ao se aplicar a lei, deve-se atender "aos fins sociais a que ela se dirige e às exigências do bem comum", cujo corolário é a constatação de que, em caso de dúvida ou outra anomalia técnico-redacional, a norma ambiental demanda interpretação e integração de acordo com o princípio hermenêutico in dubio pro natura, haja vista que toda a legislação de amparo dos sujeitos vulneráveis e dos interesses difusos e coletivos há sempre de ser compreendida da maneira que lhes seja mais proveitosa e melhor possa viabilizar, na perspectiva dos resultados práticos, a prestação jurisdicional e a ratio essendi da norma. Por fim, a interpretação sistemática das normas e princípios ambientais leva à conclusão de que, se o bem ambiental lesado for imediata e completamente restaurado, isto é, restabelecido à condição original, não há falar, como regra, em indenização. Contudo, a possibilidade técnica, no futuro, de restauração in natura nem sempre se mostra suficiente para reverter ou recompor integralmente, no âmbito da responsabilidade civil, as várias dimensões do dano ambiental causado; por isso não exaure os deveres associados aos princípios do poluidor-pagador e da reparação integral do dano. Cumpre ressaltar que o dano ambiental é multifacetário (ética, temporal, ecológica e patrimonialmente falando, sensível ainda à diversidade do vasto universo de vítimas, que vão do indivíduo isolado à coletividade, às gerações futuras e aos processos ecológicos em si mesmos considerados). Em suma, equivoca-se, jurídica e metodologicamente, quem confunde prioridade da recuperação in natura do bem degradado com impossibilidade de cumulação simultânea dos deveres de repristinação natural (obrigação de fazer), compensação ambiental e indenização em dinheiro (obrigação de dar), e abstenção de uso e nova lesão (obrigação de não fazer). **REsp 1.328.753-MG, Rel. Min. Herman Benjamin, julgado em 28/5/2013.** (Inform. STJ 526)

5. PROTEÇÃO DA FAUNA

DIREITO AMBIENTAL. POSSE IRREGULAR DE ANIMAIS SILVESTRES POR LONGO PERÍODO DE TEMPO. O particular que, por mais de vinte anos, manteve adequadamente, sem indício de maus-tratos, duas aves silvestres em ambiente doméstico pode permanecer na posse dos animais. Nesse caso específico, aplicar o art. 1º da Lei 5.197/1967 ("Os animais de quaisquer espécies, em qualquer fase do seu desenvolvimento e que vivem naturalmente fora do cativeiro, constituindo a fauna silvestre, bem como seus ninhos, abrigos e criadouros naturais são propriedades do Estado, sendo proibida a sua utilização, perseguição, destruição, caça ou apanha") e o art. 25 da Lei 9.605/1998 ("Verificada a infração, serão apreendidos seus produtos e instrumentos, lavrando-se os respectivos autos") equivaleria à negação da sua finalidade, que não é decorrente do princípio da legalidade, mas uma inerência dele. A legislação deve buscar a efetiva proteção dos animais. Assim, seria desarrazoado determinar a apreensão dos animais para duvidosa reintegração ao seu habitat e seria difícil identificar qualquer vantagem em transferir a posse para um órgão da Administração Pública. Ademais, no âmbito criminal, o art. 29, § 2º, da Lei 9.605/1998 expressamente prevê que "no caso de guarda doméstica de espécie silvestre não considerada ameaçada de extinção, pode o juiz, considerando as circunstâncias, deixar de aplicar a pena". Precedente citado: REsp 1.084.347-RS, Segunda Turma, DJe 30/9/2010. **REsp 1.425.943-RN, Rel. Min. Herman Benjamin, julgado em 2/9/2014.** (Inform. STJ 550)

6. RESPONSABILIDADE CIVIL AMBIENTAL

DIREITO AMBIENTAL E CIVIL. RESPONSABILIDADE CIVIL EM DECORRÊNCIA DE DANO AMBIENTAL PROVOCADO PELA EMPRESA RIO POMBA CATAGUASES LTDA. NO MUNICÍPIO DE MIRAÍ-MG. RECURSO REPETITIVO (ART. 543-C DO CPC E RES. 8/2008-STJ). Em relação ao acidente ocorrido no Município de Miraí-MG, em janeiro de 2007, quando a empresa de Mineração Rio Pomba Cataguases Ltda., durante o desenvolvimento de sua atividade empresarial, deixou vazar cerca de 2 bilhões de litros de resíduos de lama tóxica (bauxita), material que atingiu quilômetros de extensão e se espalhou por cidades dos Estados do Rio de Janeiro e de Minas Gerais, deixando inúmeras famílias desabrigadas e sem seus bens (móveis e imóveis): a) a responsabilidade por dano ambiental é objetiva, informada pela teoria do risco integral, sendo o nexo de causalidade o fator aglutinante que permite que o risco se integre na unidade do ato, sendo descabida a invocação, pela empresa responsável pelo dano ambiental, de excludentes de responsabilidade civil para afastar a sua obrigação de indenizar; b) em decorrência do acidente, a empresa deve recompor os danos materiais e morais causados; e c) na fixação da indenização por danos morais, recomendável que o arbitramento seja feito caso a caso e com moderação, proporcionalmente ao grau de culpa, ao nível socioeconômico dos autores, e, ainda, ao porte da empresa recorrida, orientando-se o juiz pelos critérios sugeridos pela doutrina e jurisprudência, com razoabilidade, valendo-se de sua experiência e bom senso, atento à realidade da vida e às peculiaridades de cada caso, de modo a que, de um lado, não haja enriquecimento sem causa de quem recebe a indenização e, de outro lado, haja efetiva compensação pelos danos morais experimentados por aquele que fora lesado.** Com efeito, em relação aos danos ambientais, incide a teoria do risco integral, advindo daí o caráter objetivo da responsabilidade, com expressa previsão constitucional (art. 225, § 3º, da CF) e legal (art.14, § 1º, da Lei 6.938/1981), sendo, por conseguinte, descabida a alegação de excludentes de responsabilidade, bastando, para tanto, a ocorrência de resultado prejudicial ao homem e ao ambiente advinda de uma ação ou omissão do responsável (EDcl no REsp 1.346.430-PR, Quarta Turma, DJe 14/2/2013). Ressalte-se que a Lei 6.938/1981, em seu art. 4°, VII, dispõe que, dentre os objetivos da Política Nacional do Meio Ambiente, está "a imposição ao poluidor e ao predador da obrigação de recuperar e/ou indenizar os danos causados". Mas, para caracterização da obrigação de indenizar, é preciso, além da ilicitude da conduta, que exsurja do dano ao bem jurídico tutelado o efetivo prejuízo de cunho patrimonial ou moral, não sendo suficiente tão somente a prática de um fato *contra legem* ou *contra jus*, ou que contrarie o padrão jurídico das condutas. Assim, a ocorrência do dano moral não reside exatamente na simples ocorrência do ilícito em si, de sorte que nem todo ato desconforme com o ordenamento jurídico enseja indenização por dano moral. O importante é que o ato ilícito seja capaz de irradiar-se para a esfera da dignidade da pessoa, ofendendo-a de forma relativamente significante, sendo certo que determinadas ofensas geram dano moral *in re ipsa*. Na hipótese em foco, de acordo com prova delineada pelas instâncias ordinárias, constatou-se a existência de uma relação de causa e efeito, verdadeira ligação entre o rompimento da barragem com o vazamento de 2 bilhões de litros de dejetos de bauxita e o resultado danoso, caracterizando, assim, dano material e moral. **REsp 1.374.284-MG, Rel. Min. Luis Felipe Salomão, julgado em 27/8/2014. (Inform. STJ 545)**

DIREITO AMBIENTAL. RESPONSABILIDADE CIVIL OBJETIVA POR DANO AMBIENTAL PRIVADO. O particular que deposite resíduos tóxicos em seu terreno, expondo-os a céu aberto, em local onde, apesar da existência de cerca e de placas de sinalização informando a presença de material orgânico, o acesso de outros particulares seja fácil, consentido e costumeiro, responde objetivamente pelos danos sofridos por pessoa que, por conduta não dolosa, tenha sofrido, ao entrar na propriedade, graves queimaduras decorrentes de contato com os resíduos. A responsabilidade civil por danos ambientais, seja por lesão ao meio ambiente propriamente dito (dano ambiental público), seja por ofensa a direitos individuais (dano ambiental privado), é objetiva, fundada na teoria do risco integral, em face do disposto no art. 14, § 1º, da Lei 6.938/1981, que consagra o princípio do poluidor-pagador. A responsabilidade objetiva fundamenta-se na noção de risco social, que está implícito em determinadas atividades, como a indústria, os meios de transporte de massa, as fontes de energia. Assim, a responsabilidade objetiva, calcada na teoria do risco, é uma imputação atribuída por lei a determinadas pessoas para ressarcirem os danos provocados por atividades exercidas no seu interesse e sob seu controle, sem que se proceda a qualquer indagação sobre o elemento subjetivo da conduta do agente ou de seus prepostos, bastando a relação de causalidade entre o dano sofrido pela vítima e a situação de risco criada pelo agente.

Imputa-se objetivamente a obrigação de indenizar a quem conhece e domina a fonte de origem do risco, devendo, em face do interesse social, responder pelas consequências lesivas da sua atividade independente de culpa. Nesse sentido, a teoria do risco como cláusula geral de responsabilidade civil restou consagrada no enunciado normativo do parágrafo único do art. 927 do CC, que assim dispôs: "Haverá obrigação de reparar o dano, independentemente de culpa, nos casos especificados em lei, ou quando a atividade normalmente desenvolvida pelo autor do dano implicar, por sua natureza, risco para os direitos de outrem". A teoria do risco integral constitui uma modalidade extremada da teoria do risco em que o nexo causal é fortalecido de modo a não ser rompido pelo implemento das causas que normalmente o abalariam (v.g. culpa da vítima; fato de terceiro, força maior). Essa modalidade é excepcional, sendo fundamento para hipóteses legais em que o risco ensejado pela atividade econômica também é extremado, como ocorre com o dano nuclear (art. 21, XXIII, "c", da CF e Lei 6.453/1977). O mesmo ocorre com o dano ambiental (art. 225, *caput* e § 3º, da CF e art. 14, § 1º, da Lei 6.938/1981), em face da crescente preocupação com o meio ambiente. Nesse mesmo sentido, extrai-se da doutrina que, na responsabilidade civil pelo dano ambiental, não são aceitas as excludentes de fato de terceiro, de culpa da vítima, de caso fortuito ou de força maior. Nesse contexto, a colocação de placas no local indicando a presença de material orgânico não é suficiente para excluir a responsabilidade civil. **REsp 1.373.788-SP, Rel. Min. Paulo de Tarso Sanseverino, julgado em 6/5/2014. (Inform. STJ 544)**

DIREITO PROCESSUAL CIVIL E AMBIENTAL. COMPROVAÇÃO DO EXERCÍCIO DA PESCA PROFISSIONAL PARA LEGITIMAR A PROPOSITURA DE AÇÃO PARA RESSARCIMENTO DE DANO AMBIENTAL. RECURSO REPETITIVO (ART. 543-C DO CPC E RES. 8/2008 DO STJ). Relativamente ao acidente ocorrido no dia 5 de outubro de 2008, quando a indústria Fertilizantes Nitrogenados de Sergipe (Fafen), subsidiária da Petrobras, deixou vazar para as águas do rio Sergipe cerca de 43 mil litros de amônia, que resultou em dano ambiental provocando a morte de peixes, camarões, mariscos, crustáceos e moluscos e consequente quebra da cadeia alimentar do ecossistema fluvial local: para demonstração da legitimidade para vindicar indenização por dano ambiental que resultou na redução da pesca na área atingida, o registro de pescador profissional e a habilitação ao benefício do seguro-desemprego, durante o período de defeso, somados a outros elementos de prova que permitam o convencimento do magistrado acerca do exercício dessa atividade, são idôneos à sua comprovação. Note-se que, para se habilitar ao benefício do seguro-desemprego, durante o período de defeso, é exigido pelo art. 2º da Lei 10.779/2003 a apresentação ao Ministério do Trabalho e Emprego dos seguintes documentos: "I - registro de pescador profissional devidamente atualizado, emitido pela Secretaria Especial de Aquicultura e Pesca da Presidência da República, com antecedência mínima de um ano da data do início do defeso; II - comprovante de inscrição no Instituto Nacional do Seguro Social - INSS como pescador, e do pagamento da contribuição previdenciária; III - comprovante de que não está em gozo de nenhum benefício de prestação continuada da Previdência ou da Assistência Social, exceto auxílio acidente e pensão por morte; e IV - atestado da Colônia de Pescadores a que esteja filiado, com jurisdição sobre a área onde atue o pescador artesanal, que comprove: a) o exercício da profissão, na forma do art. 1º desta Lei; b) que se dedicou à pesca, em caráter ininterrupto, durante o período compreendido entre o defeso anterior e o em curso; e c) que não dispõe de outra fonte de renda diversa da decorrente da atividade pesqueira. Parágrafo único. O Ministério do Trabalho e Emprego poderá, quando julgar necessário, exigir outros documentos para a habilitação do benefício." **REsp 1.354.536-SE, Rel. Min. Luis Felipe Salomão, julgado em 26/3/2014. (Inform. STJ 538)**

DIREITO CIVIL E AMBIENTAL. RESPONSABILIDADE POR DANOS AMBIENTAIS DECORRENTES DE ACIDENTE CAUSADO POR SUBSIDIÁRIA DA PETROBRAS. RECURSO REPETITIVO (ART. 543-C DO CPC E RES. 8/2008 DO STJ). Relativamente ao acidente ocorrido no dia 5 de outubro de 2008, quando a indústria Fertilizantes Nitrogenados de Sergipe (Fafen), subsidiária da Petrobras, deixou vazar para as águas do rio Sergipe cerca de 43 mil litros de amônia, que resultou em dano ambiental provocando a morte de peixes, camarões, mariscos, crustáceos e moluscos e consequente quebra da cadeia alimentar do ecossistema fluvial local: a responsabilidade por dano ambiental é objetiva, informada pela teoria do risco integral, sendo o nexo de causalidade o fator aglutinante que permite que o risco se integre na unidade do ato, sendo descabida a invocação, pela empresa responsável pelo dano ambiental, de excludentes de responsabilidade civil para afastar a sua obrigação de indenizar. A doutrina menciona que, conforme o art. 14, § 1º, da Lei 6.938/1981, a responsabilidade por dano ambiental é objetiva, tendo por pressuposto a existência de atividade que implique riscos para a saúde e para o meio ambiente, sendo o nexo de causalidade o fator aglutinante que permite que o risco se integre na unidade do ato que é fonte da obrigação de indenizar, de modo que, aquele que explora a atividade econômica coloca-se na posição de garantidor da preservação ambiental, e os danos que digam respeito à atividade estarão sempre vinculados a ela. Por isso descabe a invocação, pelo responsável pelo dano ambiental, de excludentes de responsabilidade civil. No mesmo sentido, há recurso repetitivo do STJ em situação análoga (REsp 1.114.398/PR, Segunda Seção, DJe 16/2/2012). Com efeito, está consolidando no âmbito do STJ a aplicação aos casos de dano ambiental da teoria do risco integral, vindo daí o caráter objetivo da responsabilidade. (AgRg no REsp 1.412.664-SP, Quarta Turma, DJe 11/3/2014, AgRg no AREsp 201.350-PR, Quarta Turma, DJe 8/10/2013). REsp 1.354.536-SE, Rel. Min. Luis Felipe Salomão, julgado em 26/3/2014. (Inform. STJ 538)

DIREITO CIVIL E AMBIENTAL. CARÁTER DA RESPONSABILIDADE POR DANOS MORAIS DECORRENTES DE ACIDENTE AMBIENTAL CAUSADO POR SUBSIDIÁRIA DA PETROBRAS. RECURSO REPETITIVO (ART. 543-C DO CPC E RES. 8/2008 DO STJ). Relativamente ao acidente ocorrido no dia 5 de outubro de 2008, quando a indústria Fertilizantes Nitrogenados de Sergipe (Fafen), subsidiária da Petrobras, deixou vazar para as águas do rio Sergipe cerca de 43 mil litros de amônia, que resultou em dano ambiental provocando a morte de peixes, camarões, mariscos, crustáceos e moluscos e consequente quebra da cadeia alimentar do ecossistema fluvial local: é inadequado pretender conferir à reparação civil dos danos ambientais caráter punitivo imediato, pois a punição é função que incumbe ao direito penal e administrativo. O art. 225, § 3º, da CF estabelece que todos têm direito ao meio ambiente ecologicamente equilibrado, bem de uso comum do povo e essencial à sadia qualidade de vida, e que "as condutas e atividades consideradas lesivas ao meio ambiente sujeitarão os infratores, pessoas físicas ou jurídicas, a sanções penais e administrativas, independentemente da obrigação de reparar os danos causados". Nesse passo, no REsp 1.114.398/PR, (julgado sob o rito do art. 543-C do CPC, DJe 16/2/2012) foi consignado ser patente o sofrimento intenso de pescador profissional artesanal, causado pela privação das condições de trabalho, em consequência do dano ambiental, sendo devida compensação por dano moral, fixada, por equidade. A doutrina realça que, no caso da compensação de danos morais decorrentes de dano ambiental, a função preventiva essencial da responsabilidade civil é a eliminação de fatores capazes de produzir riscos intoleráveis, visto que a função punitiva cabe ao direito penal e administrativo, propugnando que os principais critérios para arbitramento da compensação devem ser a intensidade do risco criado e a gravidade do dano, devendo o juiz considerar o tempo durante o qual a degradação persistirá, avaliando se o dano é ou não reversível, sendo relevante analisar o grau de proteção jurídica atribuído ao bem ambiental lesado. Assim, não há falar em caráter de punição à luz do ordenamento jurídico brasileiro – que não consagra o instituto de direito comparado dos danos punitivos (*punitive damages*) –, haja vista que a responsabilidade civil por dano ambiental prescinde da culpa e que, revestir a compensação de caráter punitivo propiciaria o *bis in idem* (pois, como firmado, a punição imediata é tarefa específica do direito administrativo e penal). Dessa forma, conforme consignado no REsp 214.053-SP, para "se estipular o valor do dano moral devem ser consideradas as condições pessoais dos envolvidos, evitando-se que sejam desbordados os limites dos bons princípios e da igualdade que regem as relações de direito, para que não importe em um prêmio indevido ao ofendido, indo muito além da recompensa ao desconforto, ao desagrado, aos efeitos do gravame suportado" (Quarta Turma, DJ 19/3/2001). Com efeito, na fixação da indenização por danos morais, recomendável que o arbitramento seja feito com moderação, proporcionalmente ao grau de culpa, ao nível socioeconômico dos autores e, ainda, ao porte da empresa recorrida, orientando-se o juiz pelos critérios sugeridos pela doutrina e jurisprudência, com razoabilidade, valendo-se de sua experiência e do bom senso, atento à realidade da vida e às peculiaridades de cada caso. Assim, é preciso ponderar diversos fatores para se alcançar um valor adequado ao caso concreto, para que, de um lado, não haja nem enriquecimento sem causa de quem recebe a indenização e, de outro lado, haja efetiva compensação pelos danos morais experimentados por aquele que fora lesado. REsp 1.354.536-SE, Rel. Min. Luis Felipe Salomão, julgado em 26/3/2014. (Inform. STJ 538)

DIREITO CIVIL E AMBIENTAL. VALOR DA INDENIZAÇÃO POR DANOS MORAIS DECORRENTES DE ACIDENTE AMBIENTAL CAUSADO POR SUBSIDIÁRIA DA PETROBRAS. RECURSO REPETITIVO (ART. 543-C DO CPC E RES. 8/2008 DO STJ). Relativamente ao acidente ocorrido no dia 5 de outubro de 2008, quando a indústria Fertilizantes Nitrogenados de Sergipe (Fafen), subsidiária da Petrobras, deixou vazar para as águas do rio Sergipe cerca de 43 mil litros de amônia, que resultou em dano ambiental provocando a morte de peixes, camarões, mariscos, crustáceos e moluscos e consequente quebra da cadeia alimentar do ecossistema fluvial local: em vista das circunstâncias específicas e homogeneidade dos efeitos do dano ambiental verificado no ecossistema do rio Sergipe - afetando significativamente, por cerca de seis meses, o volume pescado e a renda dos pescadores na região afetada -, sem que tenha sido dado amparo pela poluidora para mitigação dos danos morais experimentados e demonstrados por aqueles que extraem o sustento da pesca profissional, não se justifica, em sede de recurso especial, a revisão do *quantum* arbitrado, a título de compensação por danos morais, em R$ 3.000,00. REsp 1.354.536-SE, Rel. Min. Luis Felipe Salomão, julgado em 26/3/2014. (Inform. STJ 538)

DIREITO CIVIL E AMBIENTAL. INDENIZAÇÃO POR LUCROS CESSANTES DECORRENTES DE ACIDENTE AMBIENTAL CAUSADO POR SUBSIDIÁRIA DA PETROBRAS. RECURSO REPETITIVO (ART. 543-C DO CPC E RES. 8/2008 DO STJ). Relativamente ao acidente ocorrido no dia 5 de outubro de 2008, quando a indústria Fertilizantes Nitrogenados de Sergipe (Fafen), subsidiária da Petrobras, deixou vazar para as águas do rio Sergipe cerca de 43 mil litros de amônia, que resultou em dano ambiental provocando a morte de peixes, camarões, mariscos, crustáceos e moluscos e consequente quebra da cadeia alimentar do ecossistema fluvial local: o dano material somente é indenizável mediante prova efetiva de sua ocorrência, não havendo falar em indenização por lucros cessantes dissociada do dano efetivamente demonstrado nos autos; assim, se durante o interregno em que foi experimentado os efeitos do dano ambiental, houve o período de "defeso" – incidindo a proibição sobre toda atividade de pesca do lesado –, não há que se cogitar em indenização por lucros cessantes durante essa vedação. Nesse passo, o art. 402 do CC estabelece que, salvo as exceções expressamente previstas em lei, as perdas e danos devidos ao credor abrangem, além do que efetivamente perdeu, o que razoavelmente deixou de lucrar por consequência do evento danoso. Esse é o entendimento do STJ (REsp 615.203-MS, Quarta Turma, DJe 8/9/2009; REsp 1.110.417-MA, Quarta Turma, DJe 28/4/2011). Dessarte, tendo sido apurado que, durante o interregno em que foi experimentado os efeitos do dano ambiental, havia o "defeso", em que, a teor do art. 1º, caput, da Lei 10.779/2003, é vedada a atividade pesqueira, não há cogitar em indenização por lucros cessantes. Ademais, no caso de recebimento do seguro-desemprego durante o período de "defeso", é bem de ver que o art. 4º, I, II e IV, do mencionado diploma legal estabelece ser proibido o recebimento do benefício simultaneamente ao exercício de atividade remunerada, início de percepção de outra renda ou desrespeito ao período de defeso. **REsp 1.354.536-SE, Rel. Min. Luis Felipe Salomão, julgado em 26/3/2014. (Inform. STJ 538)**

DIREITO PROCESSUAL CIVIL. HONORÁRIOS ADVOCATÍCIOS EM AÇÃO DE INDENIZAÇÃO POR DANOS AMBIENTAIS DECORRENTES DE ACIDENTE CAUSADO POR SUBSIDIÁRIA DA PETROBRAS. RECURSO REPETITIVO (ART. 543-C DO CPC E RES. 8/2008 DO STJ). Relativamente ao acidente ocorrido no dia 5 de outubro de 2008, quando a indústria Fertilizantes Nitrogenados de Sergipe (Fafen), subsidiária da Petrobras, deixou vazar para as águas do rio Sergipe cerca de 43 mil litros de amônia, que resultou em dano ambiental provocando a morte de peixes, camarões, mariscos, crustáceos e moluscos e consequente quebra da cadeia alimentar do ecossistema fluvial local: no caso concreto, os honorários advocatícios, fixados em 20% do valor da condenação arbitrada para o acidente – em atenção às características específicas da demanda e à ampla dilação probatória – não se justifica a sua revisão, em sede de recurso especial. **REsp 1.354.536-SE, Rel. Min. Luis Felipe Salomão, julgado em 26/3/2014. (Inform. STJ 538)**

DIREITO AMBIENTAL E CIVIL. INEXISTÊNCIA DE DANO MORAL DECORRENTE DA NÃO CONCESSÃO DE AUTORIZAÇÃO PARA A REALIZAÇÃO DE DESMATAMENTO E QUEIMADA.
Não gera dano moral a conduta do Ibama de, após alguns anos concedendo autorizações para desmatamento e queimada em determinado terreno com a finalidade de preparar o solo para atividade agrícola, deixar de fazê-lo ao constatar que o referido terreno integra área de preservação ambiental. Isso porque a negativa da autarquia recorrente em conceder novas autorizações para queimada e desmatamento constitui a harmonização de dois valores constitucionais supremos: de um lado, o desenvolvimento do trabalho rural como fator de dignificação da pessoa humana, de erradicação da pobreza e de valorização do núcleo familiar; de outro, a preservação do meio ambiente ecologicamente equilibrado como condição de continuidade do desenvolvimento da própria atividade rural. Diante das inúmeras implicações negativas que o uso do fogo traz ao meio ambiente em geral, não se pode considerar que atenda à função social a exploração da terra que provoque danos à saúde, empobrecimento gradual do solo, perda de biodiversidade, danos à rede de transmissão elétrica, entre outros, pois essas "externalidades" não preenchem as exigências do art. 186, I e II, da CF. Com efeito, o atendimento pleno da função social da propriedade requer que a propriedade seja aproveitada de modo racional e adequado,

os recursos naturais disponíveis sejam adequadamente utilizados e a preservação do meio ambiente seja observada. Desse modo, o art. 186 está perfeitamente harmonizado com os arts. 5º, XXII, e 225 da CF, pelos quais o agricultor não se escusa do dever de preservar o meio ambiente a pretexto de exercer seu direito constitucional de propriedade. Isso porque, ao mesmo tempo em que o art. 225 da CF prevê a titularidade coletiva do direito ao meio ambiente, determina também que é dever de toda a sociedade defendê-lo e preservá-lo, nela incluído, portanto, o próprio agricultor, que está constitucionalmente comprometido com a exploração sustentável da agricultura. Como se pode depreender, o agricultor é simultaneamente agente agressor do meio ambiente e titular do direito difuso à preservação ambiental contra suas próprias técnicas agropastoris. Assim, não se legitima a pretensão indenizatória que busca responsabilizar o Poder Público por proteger o próprio agricultor – na qualidade de titular coletivo do direito ao meio ambiente ecologicamente equilibrado – contra os danos provocados pelas suas próprias técnicas de plantio. Além disso, a simples vedação da utilização de técnica degradadora no preparo do solo não impede que se dê continuidade à atividade agrícola com o uso sustentável de técnicas alternativas à queima e ao desmatamento. A excepcionalidade do emprego do fogo leva à inarredável conclusão de que se trata de uma técnica de uso residual, subsidiário, devendo ser preferidas as formas de preparo do solo que privilegiem a exploração agrícola sustentável. Ademais, a concessão de autorização para queimada e desmatamento nos anos anteriores não gera um direito para o agricultor, pois a negativa configura nítido exercício do poder de autotutela (Súmula 473 do STF), por meio do qual a Administração Pública busca justamente recompor a legalidade do ato administrativo. Por fim, ganha substancial relevo o princípio da supremacia do interesse público sobre o privado, porque a limitação imposta pelo Poder Público quanto à forma de exploração da propriedade constitui medida restritiva a um direito individual que, todavia, reverte positivamente em favor de um direito de titularidade difusa – o meio ambiente. Posto isso, a eliminação dos fatores de agressão ao meio ambiente, muito antes de obstar a exploração agrícola ou mesmo reduzir sua produtividade, objetiva, justamente, garantir a existência de condições futuras para a continuidade do desenvolvimento da atividade de campo. **REsp 1.287.068-RR, Rel. Min. Herman Benjamin, julgado em 10/9/2013. (Inform. STJ 531)**

7. RESPONSABILIDADE ADMINISTRATIVA AMBIENTAL

AMBIENTAL. PESCA. INFRAÇÃO. LEI N. 9.605/1998. CARACTERIZAÇÃO.
Trata-se, na origem, de ação ajuizada a fim de anular auto de infração lavrado com base nos arts. 34 e 35 da Lei n. 9.605/1998, uma vez que o recorrido largou uma rede em um rio, em época de piracema, por assustar-se com a presença de agentes. O Min. Relator asseverou que a Administração Pública é regida pelo princípio da legalidade, em especial, no exercício de atividade sancionadora, da tipicidade/taxatividade, de modo que, se ela não comprova, na esfera judicial, que foi correta a qualificação jurídica feita no lançamento, a autuação não pode subsistir. Todavia, no caso, a autuação foi correta ao enquadrar a ação do infrator. O próprio legislador cuidou, no art. 36, de enunciar o que deve ser entendido como pesca: "ato tendente a retirar, extrair, coletar, apanhar, apreender ou capturar espécimes dos grupos dos peixes". Assim, ao analisar as condutas previstas nos arts. 34 e 35 e o conceito de pesca disposto no art. 36, a Turma concluiu que o recorrido, ao abandonar uma rede (material proibido e predatório) em um rio, em época de

piracema, pescou, uma vez que, pela análise de todo o contexto apresentado no acórdão, houve a demonstração de prática de ato tendente a retirar peixe ou qualquer das outras espécies de seu *habitat* próprio elencadas no art. 36. **REsp 1.223.132-PR, Rel. Min. Mauro Campbell Marques, julgado em 5/6/2012.** (Inform. STJ 499)

Súmula STJ nº 467

Prescreve em cinco anos, contados do término do processo administrativo, a pretensão da Administração Pública de promover a execução da multa por infração ambiental.

8. RESPONSABILIDADE PENAL AMBIENTAL

Princípio da insignificância e crime ambiental
A 2ª Turma, por maioria, concedeu *habeas corpus* para aplicar o princípio da insignificância em favor de condenado pelo delito descrito no art. 34, *caput,* parágrafo único, II, da Lei 9.605/98 (*"Art. 34: Pescar em período no qual a pesca seja proibida ou em lugares interditados por órgão competente: ... Parágrafo único. Incorre nas mesmas penas quem: ... II - pesca quantidades superiores às permitidas, ou mediante a utilização de aparelhos, petrechos, técnicas e métodos não permitidos"*). No caso, o paciente fora flagrado ao portar 12 camarões e rede de pesca fora das especificações da Portaria 84/2002 do IBAMA. Prevaleceu o voto do Min. Cezar Peluso, que reputou irrelevante a conduta em face do número de espécimes encontrados na posse do paciente. O Min. Gilmar Mendes acresceu ser evidente a desproporcionalidade da situação, porquanto se estaria diante de típico crime famélico. Asseverou que outros meios deveriam reprimir este tipo eventual de falta, pois não seria razoável a imposição de sanção penal à hipótese. Vencido o Min. Ricardo Lewandowski, que denegava a ordem, tendo em conta a objetividade da lei de defesa do meio ambiente. Esclarecia que, apesar do valor do bem ser insignificante, o dispositivo visaria preservar a época de reprodução da espécie que poderia estar em extinção. Ressaltava que o paciente teria reiterado essa prática, embora não houvesse antecedente específico nesse sentido. HC 112563/SC, rel. orig. Min. Ricardo Lewandowski, red. p/ o acórdão Min. Cezar Peluso, 21.8.2012. (HC-112563) (Inform. STF 676)

Dano ambiental e nexo de causalidade
Em conclusão de julgamento, a 2ª Turma, por maioria, deferiu *habeas corpus* para determinar o trancamento de ação penal ajuizada contra proprietário de área localizada em parque estadual, denunciado por crime contra o meio ambiente. Na espécie, conforme escritura de compra e venda, o paciente adquirira gleba de terra na região e, no contrato estaria previsto o direito de os proprietários anteriores procederem à colheita do que fora por eles plantado. Ao verificar desmatamento naquela área de plantio, a fiscalização ambiental lavrara boletins de ocorrência que culminaram em ação civil pública contra o paciente pelos crimes dos artigos 38, 39, 40 e 48 da Lei 9.605/98 (Lei de Crimes Ambientais). No STJ, reconhecera-se excesso acusatório com parcial concessão da ordem e delimitara-se a imputação ao crime do art. 40 da Lei 9.605/98. Ressaltou-se não ser possível que intervenções legislativas apanhassem realidades constituídas e as transformassem em práticas ilícitas. Asseverou-se que: a) o mencionado parque ambiental fora criado em data posterior à aquisição da propriedade; b) o plantio de mandioca seria preexistente à aquisição da propriedade; c) o paciente substituíra o mandiocal por gramíneas; d) o dano não adviera do plantio de gramíneas, mas da supressão da vegetação para o plantio daqueles tubérculos; e) a área em questão seria pouco significativa. Destacou-se que, por restringir-se a imputação ao delito de dano, não se verificaria nexo de causalidade entre a conduta imputada ao paciente e o malefício ambiental por ele supostamente causado. Frisou-se que o laudo técnico apontara para a regeneração natural da área, com indicação de medidas simples para o afastamento do dano, que poderiam ser obtidas pelas vias administrativas e cíveis. Reajustou o voto o Min. Ayres Britto, relator. Vencida a Min. Ellen Gracie, que denegava a ordem. HC 95154/SP, rel. Min. Ayres Britto, 27.3.2012. (HC-95154) (Inform. STF 660)

13. DIREITO DA CRIANÇA E DO ADOLESCENTE

1. PRINCÍPIOS

EMENTA: CRIANÇAS E ADOLESCENTES. DEVER DE PROTEÇÃO INTEGRAL À INFÂNCIA E À JUVENTUDE. OBRIGAÇÃO CONSTITUCIONAL QUE SE IMPÕE AO PODER PÚBLICO. CRIAÇÃO DE DOIS NOVOS CONSELHOS TUTELARES E DISPONIBILIZAÇÃO, PELO MUNICÍPIO DE FLORIANÓPOLIS, DE RECURSOS MATERIAIS E HUMANOS AOS CONSELHOS JÁ EXISTENTES (SETORES ILHA E CONTINENTE). CONFIGURAÇÃO, NO CASO, DE TÍPICA HIPÓTESE DE OMISSÃO INCONSTITUCIONAL IMPUTÁVEL AO MUNICÍPIO. DESRESPEITO À CONSTITUIÇÃO PROVOCADO POR INÉRCIA ESTATAL (RTJ 183/818-819). COMPORTAMENTO QUE TRANSGRIDE A AUTORIDADE DA LEI FUNDAMENTAL (RTJ 185/794-796). IMPOSSIBILIDADE DE INVOCAÇÃO, PELO PODER PÚBLICO, DA CLÁUSULA DA RESERVA DO POSSÍVEL SEMPRE QUE PUDER RESULTAR, DE SUA APLICAÇÃO, COMPROMETIMENTO DO NÚCLEO BÁSICO QUE QUALIFICA O MÍNIMO EXISTENCIAL (RTJ 200/191-197). O PAPEL DO PODER JUDICIÁRIO NA IMPLEMENTAÇÃO DE POLÍTICAS PÚBLICAS INSTITUÍDAS PELA CONSTITUIÇÃO E NÃO EFETIVADAS PELO PODER PÚBLICO. A FÓRMULA DA RESERVA DO POSSÍVEL NA PERSPECTIVA DA TEORIA DOS CUSTOS DOS DIREITOS: IMPOSSIBILIDADE DE SUA INVOCAÇÃO PARA LEGITIMAR O INJUSTO INADIMPLEMENTO DE DEVERES ESTATAIS DE PRESTAÇÃO CONSTITUCIONALMENTE IMPOSTOS AO ESTADO. A TEORIA DA "RESTRIÇÃO DAS RESTRIÇÕES" (OU DA "LIMITAÇÃO DAS LIMITAÇÕES"). CARÁTER COGENTE E VINCULANTE DAS NORMAS CONSTITUCIONAIS, INCLUSIVE DAQUELAS DE CONTEÚDO PROGRAMÁTICO, QUE VEICULAM DIRETRIZES DE POLÍTICAS PÚBLICAS (CF, ART. 227). A COLMATAÇÃO DE OMISSÕES INCONSTITUCIONAIS COMO NECESSIDADE INSTITUCIONAL FUNDADA EM COMPORTAMENTO AFIRMATIVO DOS JUÍZES E TRIBUNAIS E DE QUE RESULTA UMA POSITIVA CRIAÇÃO JURISPRUDENCIAL DO DIREITO. CONTROLE JURISDICIONAL DE LEGITIMIDADE SOBRE A OMISSÃO DO ESTADO: ATIVIDADE DE FISCALIZAÇÃO JUDICIAL QUE SE JUSTIFICA PELA NECESSIDADE DE OBSERVÂNCIA DE CERTOS PARÂMETROS CONSTITUCIONAIS (PROIBIÇÃO DE RETROCESSO SOCIAL, PROTEÇÃO AO MÍNIMO EXISTENCIAL, VEDAÇÃO DA PROIBIÇÃO INSUFICIENTE E PROIBIÇÃO DE EXCESSO). DOUTRINA. PRECEDENTES DO SUPREMO TRIBUNAL FEDERAL EM TEMA DE IMPLEMENTAÇÃO DE POLÍTICAS PÚBLICAS DELINEADAS NA CONSTITUIÇÃO DA REPÚBLICA (RTJ 174/687 – RTJ 175/1212-1213 – RTJ 199/1219-1220). POSSIBILIDADE JURÍDICO-PROCESSUAL DE UTILIZAÇÃO DAS "ASTREINTES" (CPC, ART. 461, § 5º) COMO MEIO COERCITIVO INDIRETO. DOUTRINA. JURISPRUDÊNCIA. PRECEDENTE DO STF. RECURSO EXTRAORDINÁRIO DO MINISTÉRIO PÚBLICO ESTADUAL CONHECIDO E PROVIDO. RE 488208/SC, rel. Min. Celso de Mello, J. em 1º.07.2013. (Inform. STF 720)

DIREITO DA CRIANÇA E DO ADOLESCENTE. DIREITO À INFORMAÇÃO E À DIGNIDADE. VEICULAÇÃO DE IMAGENS CONSTRANGEDORAS.
É vedada a veiculação de material jornalístico com imagens que envolvam criança em situações vexatórias ou constrangedoras, ainda que não se mostre o rosto da vítima. A exibição de imagens com cenas de espancamento e de tortura praticados por adulto contra infante afronta a dignidade da criança exposta na reportagem, como também de todas as crianças que estão sujeitas a sua exibição. O direito constitucional à informação e à vedação da censura não é absoluto e cede passo, por juízo de ponderação, a outros valores fundamentais também protegidos constitucionalmente, como a proteção da imagem e da dignidade das crianças e dos adolescentes (arts. 5º, V, X, e 227 da CF). Assim, esses direitos são restringidos por lei para a proteção dos direitos da infância, conforme os arts. 15, 17 e 18 do ECA. **REsp 509.968-SP, Rel. Min. Ricardo Villas Bôas Cueva, julgado em 6/12/2012.** (Inform. STJ 511).

2. DIREITO À CONVIVÊNCIA FAMILIAR

DIREITO DA CRIANÇA E DO ADOLESCENTE. HIPÓTESE DE ADOÇÃO DE DESCENDENTE POR ASCENDENTES. Admitiu-se, excepcionalmente, a adoção de neto por avós, tendo em vista as seguintes particularidades do caso analisado: os avós haviam adotado a mãe biológica de seu neto aos oito anos de idade, a qual já estava grávida do adotado em razão de abuso sexual; os avós já exerciam, com exclusividade, as funções de pai e mãe do neto desde o seu nascimento; havia filiação socioafetiva entre neto e avós; o adotado, mesmo sabendo de sua origem biológica, reconhece os adotantes como pais e trata a sua mãe biológica como irmã mais velha; tanto adotado quanto sua mãe biológica concordaram expressamente com a adoção; não há perigo de confusão mental e emocional a ser gerada no adotando; e não havia predominância de interesse econômico na pretensão de adoção. De fato, a adoção de descendentes por ascendentes passou a ser censurada sob o fundamento de que, nessa modalidade, havia a *predominância do interesse econômico*, pois as referidas adoções visavam, principalmente, à possibilidade de se deixar uma pensão em caso de falecimento, até como ato de gratidão, quando se adotava quem havia prestado ajuda durante períodos difíceis. Ademais, fundamentou-se a inconveniência dessa modalidade de adoção no argumento de que haveria quebra da harmonia familiar e confusão entre os graus de parentesco, inobservando-se a ordem natural existente entre parentes. Atento a essas críticas, o legislador editou o § 1º do art. 42 do ECA, segundo o qual "Não podem adotar os ascendentes e os irmãos do adotando", visando evitar que o instituto fosse indevidamente utilizado com intuitos meramente patrimoniais ou assistenciais, bem como buscando proteger o adotando em relação a eventual *confusão mental e patrimonial* decorrente da *transformação* dos avós em pais e, ainda, com a justificativa de proteger, essencialmente, o interesse da criança e do adolescente, de modo que não fossem verificados apenas os fatores econômicos, mas principalmente o lado psicológico que tal modalidade geraria no adotado. No caso em análise, todavia, é inquestionável a possibilidade da mitigação do § 1º do art. 42 do ECA, haja vista que esse dispositivo visa atingir situação distinta da aqui analisada. Diante da leitura do art. 1º do ECA ("Esta Lei dispõe sobre a proteção integral à criança e ao adolescente") e do art. 6º desse mesmo diploma legal ("Na interpretação desta Lei levar-se-ão em conta os fins sociais a que ela se dirige, as exigências do bem comum, os direitos e deveres individuais e coletivos, e a condição peculiar da criança e do adolescente como pessoas em desenvolvimento"), deve-se conferir prevalência aos princípios da *proteção integral* e da *garantia do melhor interesse do menor*. Ademais, o § 7º do art. 226 da CF deu ênfase à família, como forma de garantir a dignidade da pessoa humana, de modo que o direito das famílias está ligado ao princípio da dignidade da pessoa humana de forma molecular. É também com base em tal princípio que se deve solucionar o caso analisado, tendo em vista se tratar de supraprincípio constitucional. Nesse contexto, não se pode descuidar, no direito familiar, de que as estruturas familiares estão em mutação e, para se lidar com elas, não bastam somente as leis. É necessário buscar subsídios em diversas áreas, levando-se em conta aspectos individuais de cada situação e os direitos de 3ª Geração. Dessa maneira, não cabe mais ao Judiciário fechar os olhos à realidade e fazer da letra do § 1º do art. 42 do ECA tábula rasa à realidade, de modo a perpetuar interpretação restrita do referido dispositivo, aplicando-o, por consequência, de forma estrábica e, dessa forma, pactuando com a injustiça. No caso analisado, não se trata de mero caso de adoção de neto por avós, mas sim de regularização de filiação socioafetiva. Deixar de permitir a adoção em apreço implicaria inobservância aos interesses básicos do menor e ao princípio da dignidade da pessoa humana. **REsp 1.448.969-SC, Rel. Min. Moura Ribeiro, julgado em 21/10/2014. (Inform. STJ 551)**

DIREITO CIVIL. ADOÇÃO. CADASTRO DE ADOTANTES. ORDEM DE PREFERÊNCIA. OBSERVÂNCIA. EXCEÇÃO. MELHOR INTERESSE DO MENOR.
A observância, em processo de adoção, da ordem de preferência do cadastro de adotantes deverá ser excepcionada em prol do casal que, embora habilitado em data posterior à de outros adotantes, tenha exercido a guarda da criança pela maior parte da sua existência, ainda que a referida guarda tenha sido interrompida e posteriormente retomada pelo mesmo casal. O cadastro de adotantes preconizado pelo ECA visa à observância do interesse do menor, concedendo vantagens ao procedimento legal da adoção, uma comissão técnica multidisciplinar avalia previamente os pretensos adotantes, o que minimiza consideravelmente a possibilidade de eventual tráfico de crianças ou mesmo a adoção por intermédio de influências escusas, bem como propicia a igualdade de condições àqueles que pretendem adotar. Entretanto, sabe-se que não é absoluta a observância da ordem de preferência das pessoas cronologicamente cadastradas para adotar determinada criança. A regra legal deve ser excepcionada em prol do princípio do melhor interesse da criança, base de todo o sistema de proteção ao menor, evidente, por exemplo, diante da existência de vínculo afetivo entre a criança e o pretendente à adoção. Além disso, recorde-se que o art. 197-E, § 1º, do ECA afirma expressamente que a ordem cronológica das habilitações somente poderá deixar de ser observada pela autoridade judiciária nas hipóteses previstas no § 13 do art. 50 daquela lei, quando comprovado ser essa a melhor solução no interesse do adotando. Precedentes citados: REsp 1.172.067-MG, DJe 14/4/2010, e REsp 837.324-RS, DJ 31/10/2007. **REsp 1.347.228-SC, Rel. Min. Sidnei Beneti, julgado em 6/11/2012. (Inform. STJ 508)**

ADOÇÃO PÓSTUMA. FAMÍLIA ANAPARENTAL.
Para as adoções *post mortem*, vigem, como comprovação da inequívoca vontade do *de cujus* em adotar, as mesmas regras que comprovam a filiação socioafetiva, quais sejam, o tratamento do menor como se filho fosse e o conhecimento público dessa condição. Ademais, o § 6º do art. 42 do ECA (incluído pela Lei n. 12.010/2009) abriga a possibilidade de adoção póstuma na hipótese de óbito do adotante no curso do respectivo procedimento, com a constatação de que ele manifestou, em vida, de forma inequívoca, seu desejo de adotar. *In casu*, segundo as instâncias ordinárias, verificou-se a ocorrência de inequívoca manifestação de vontade de adotar, por força de laço socioafetivo preexistente entre adotante e adotando, construído desde quando o infante (portador de necessidade especial) tinha quatro anos de idade. Consignou-se, ademais, que, na chamada família anaparental – sem a presença de um ascendente –, quando constatados os vínculos subjetivos que remetem à família, merece o reconhecimento e igual *status* daqueles grupos familiares descritos no art. 42, § 2º, do ECA. Esses elementos subjetivos são extraídos da existência de laços afetivos – de quaisquer gêneros –, da congruência de interesses, do compartilhamento de ideias e ideais, da solidariedade psicológica, social e financeira e de outros fatores que, somados, demonstram o *animus* de viver como família e dão condições para se associar ao grupo assim construído a estabilidade reclamada pelo texto da lei. Dessa forma, os fins colimados pela norma são a existência de núcleo familiar estável e a consequente rede de proteção social que pode gerar para o adotando. Nesse tocante, o que informa e define um núcleo familiar estável são os elementos subjetivos, que podem ou não existir, independentemente do estado civil das partes. Sob esse prisma, ressaltou-se que o conceito de núcleo familiar estável não pode ficar restrito às fórmulas clássicas de família, mas pode, e deve, ser ampliado para abarcar a noção plena apreendida nas suas bases sociológicas. Na espécie, embora os adotantes fossem dois irmãos de sexos opostos, o fim expressamente assentado pelo texto legal – colocação do adotando em família estável – foi plenamente cumprido, pois os irmãos, que viveram sob o mesmo teto até o óbito de um deles, agiam como família que eram, tanto entre si como para o infante, e naquele grupo familiar o adotando se deparou com relações de afeto, construiu – nos limites de suas possibilidades – seus valores sociais, teve amparo nas horas de necessidade físicas e emocionais, encontrando naqueles que o adotaram a referência necessária para crescer, desenvolver-se e inserir-se no grupo social de que hoje faz parte. Dessarte, enfatizou-se que, se a lei tem como linha motivadora o princípio do melhor interesse do adotando, nada mais justo que a sua interpretação também se revista desse viés. **REsp 1.217.415-RS, Rel. Min. Nancy Andrighi, julgado em 19/6/2012. (Inform. STJ 500)**

3. PREVENÇÃO

DIREITO DA CRIANÇA E DO ADOLESCENTE. NEGATIVA DE EMBARQUE DE CRIANÇA PARA O EXTERIOR.
É lícita a conduta de companhia aérea consistente em negar o embarque ao exterior de criança acompanhada por apenas um dos pais, desprovido de autorização na forma estabelecida no art. 84 do ECA, ainda que apresentada – conforme estabelecido em portaria da vara da infância e da juventude – autorização do outro genitor escrita de próprio punho e elaborada na presença de autoridade fiscalizadora no momento do embarque. Isso porque, quando se tratar de viagem para o exterior, exige-se a autorização judicial, que somente é dispensada se a criança ou adolescente estiverem acompanhados de ambos os pais ou responsáveis, ou se viajarem na companhia de um deles, com autorização expressa do outro por meio de documento com firma reconhecida (art. 84 do ECA). Dessa forma, portaria expedida pela vara da infância e juventude que estabeleça a possibilidade de autorização do

outro cônjuge mediante escrito de próprio punho elaborado na presença das autoridades fiscalizadoras no momento do embarque não tem a aptidão de suprir a forma legalmente exigida para a prática do ato. Ademais, deve-se ressaltar que o poder normativo da justiça da infância e da juventude deve sempre observar o princípio da proteção integral da criança e do adolescente e, sobretudo, as regras expressas do diploma legal regente da matéria. Além disso, é válido mencionar que, não obstante o País tenha passado por uma onda de desburocratização, a legislação deixou clara a ressalva de que o reconhecimento de firma não seria dispensado quando exigido em lei, bem como que a dispensa seria exclusivamente para documentos a serem apresentados à administração direta e indireta (art. 1º do Dec. 63.166/1968, art. 2º do Dec. 83.936/1979 e art. 9º do Dec. 6.932/2009). **REsp 1.249.489-MS, Rel. Min. Luiz Felipe Salomão, julgado em 13/8/2013.** (Inform. STJ 529)

4. MEDIDAS SOCIOEDUCATIVAS E ATO INFRACIONAL – DIREITO MATERIAL

HC N. 123.445-MG
RELATOR: MIN. GILMAR MENDES
Habeas Corpus. 2. Medida socioeducativa. Semiliberdade. 3. Adequação e proporcionalidade da medida a alcançar os objetivos do Estatuto da Criança e do Adolescente. 4. Medida aplicada diante de elementos concretos justificadores. 5. Ordem denegada. (Inform. STF 761)

DIREITO DA CRIANÇA E DO ADOLESCENTE. REITERAÇÃO NA PRÁTICA DE ATOS INFRACIONAIS GRAVES PARA APLICAÇÃO DA MEDIDA DE INTERNAÇÃO. Para se configurar a "reiteração na prática de atos infracionais graves" (art. 122, II, do ECA) – uma das taxativas hipóteses de aplicação da medida socioeducativa de internação –, não se exige a prática de, no mínimo, três infrações dessa natureza. Com efeito, de acordo com a jurisprudência do STF, não existe fundamento legal para essa exigência. O aplicador da lei deve analisar e levar em consideração as peculiaridades de cada caso concreto para uma melhor aplicação do direito. O magistrado deve apreciar as condições específicas do adolescente – meio social onde vive, grau de escolaridade, família – dentre outros elementos que permitam uma maior análise subjetiva do menor. Precedente citado do STJ: HC 231.170-SP, Quinta Turma, DJe 19/4/2013. Precedente citado do STF: HC 84.218-SP, Primeira Turma, DJe 18/4/2008. **HC 280.478-SP, Rel. Min. Marco Aurélio Bellizze, julgado em 18/2/2014.** (Inform. STJ 536)

ECA: estudo do caso e medida de internação - 1
Ante a inadequação da via eleita, a 1ª Turma extinguiu *habeas corpus* em que a defesa pleiteava a nulidade do processo em virtude da ausência de realização de estudo do caso por equipe multidisciplinar para fins de fixação de medida socioeducativa (ECA: *"Art. 186. Comparecendo o adolescente, seus pais ou responsável, a autoridade judiciária procederá a oitiva dos mesmos, podendo solicitar opinião de profissional qualificado ... § 2º Sendo o fato grave, passível de aplicação de medida de internação ou colocação em regime de semiliberdade, a autoridade judiciária, verificando que o adolescente não possui advogado constituído, nomeará defensor, designando, desde logo, audiência em continuação, podendo determinar a realização de diligências e estudo do caso"*). Na situação em comento, tratava-se de menor que perpetrara atos infracionais correspondentes a 2 tentativas e 2 homicídios qualificados, em conjunto com outro adolescente e 3 agentes maiores de idade. De início, assentou-se ser o feito substitutivo de recurso ordinário constitucional. **HC 107473/MG, rel. Min. Rosa Weber, 11.12.2012. (HC-107473)**

ECA: estudo do caso e medida de internação - 2
Ato contínuo, rejeitou-se proposta formulada pelo Min. Marco Aurélio de concessão, de ofício, da ordem. O Colegiado inferiu não haver na espécie manifesta ilegalidade ou teratologia. Ponderou-se, para tanto, que, embora a medida de internação fosse excepcional e se pudesse até razoavelmente divergir acerca de sua pertinência em oportunidades limítrofes, a prática de condutas graves com violência extremada contra pessoa a justificaria. Considerou-se não haver falar em nulidade de processo por falta de laudo técnico, uma vez que este consistiria faculdade do magistrado e a conclusão judicial teria arrimo em outros elementos constantes dos autos. Demais disso, assinalou-se que o estudo seria apenas subsídio para auxiliar o juiz, especialmente para avaliar a medida socioeducativa mais adequada. O Min. Marco Aurélio reputava essencial a existência de relatório de equipe interprofissional à valia de ato a ser praticado, principalmente quando fosse o de internação. Acentuava observar a forma imposta no § 4º do art. 186 do Estatuto (*"Na audiência em continuação, ouvidas as testemunhas arroladas na representação e na defesa prévia, cumpridas as diligências e juntado o relatório da equipe interprofissional, será dada a palavra ao representante do Ministério Público e ao defensor, sucessivamente, pelo tempo de vinte minutos para cada um, prorrogável por mais dez, a critério da autoridade judiciária, que em seguida proferirá decisão"*). **HC 107473/MG, rel. Min. Rosa Weber, 11.12.2012. (HC-107473)** (Inform. STF 692).

Princípio da insignificância e ato infracional
Ante a incidência do princípio da insignificância, a 2ª Turma, por maioria, concedeu *habeas corpus* para trancar ação movida contra menor representado pela prática de ato infracional análogo ao crime de furto simples tentado (niqueleira contendo cerca de R$ 80,00). De início, esclareceu-se que o paciente, conforme depreender-se-ia dos autos, seria usuário de drogas e possuiria antecedentes pelo cometimento de outros atos infracionais. Em seguida, destacou-se a ausência de efetividade das medidas socioeducativas anteriormente impostas. Rememorou-se o entendimento da Turma segundo o qual as medidas previstas no ECA teriam caráter educativo, preventivo e protetor, não podendo o Estado ficar impedido de aplicá-las (HC 98381/RS, DJe de 20.11.2009). Resolveu-se, no entanto, que incidiria o princípio da bagatela à espécie. Assevero-se não ser razoável que o direito penal e todo o aparelho do Estado-polícia e do Estado-juiz movimentassem-se no sentido de atribuir relevância típica a furto tentado de pequena monta quando as circunstâncias do delito dessem conta de sua singeleza e miudez. Vencido o Min. Ricardo Lewandowski que, em face das peculiaridades do caso concreto, denegava a ordem. **HC 112400/RS, rel. Min. Gilmar Mendes, 22.5.2012. (HC-112400)** (Inform. STF 667)

ECA. REMISSÃO. CUMULAÇÃO. MEDIDA SOCIOEDUCATIVA.
A Turma entendeu ser possível cumular a remissão (art. 126 do ECA) com a aplicação de medida socioeducativa que não implique restrição à liberdade do menor infrator, nos termos do art. 127 do ECA. *In casu*, não se mostra incompatível a medida socioeducativa de liberdade assistida cumulada com a remissão concedida pelo *Parquet*, porquanto aquela não possui caráter de penalidade. Ademais, a remissão pode ser aplicada em qualquer fase do procedimento menorista, uma vez que prescinde de comprovação da materialidade e da autoria do ato infracional, nem implica reconhecimento de antecedentes infracionais. Dessa forma, não ocorre violação dos princípios do contraditório e da ampla defesa quando a proposta oferecida pelo Ministério Público é homologada antes da oitiva do adolescente, como na espécie. Precedentes citados do STF: RE 248.018-SP, DJe 20/6/2008; e RE 229.382-SP, DJ 31/10/2001; do STJ: HC 135.935-SP, DJe 28/9/2009; HC 112.621-MG, DJe 3/11/2008, e REsp 328.676-SP, DJ 22/4/2003. **HC 177.611-SP, Rel. Min. Og Fernandes, julgado em 1º/3/2012.** (Inform. STJ 492)

Súmula STJ nº 492

O ato infracional análogo ao tráfico de drogas, por si só, não conduz obrigatoriamente à imposição de medida socioeducativa de internação do adolescente.

5. ATO INFRACIONAL – DIREITO PROCESSUAL

DIREITO DA CRIANÇA E DO ADOLESCENTE. POSSIBILIDADE DE TRANSFERÊNCIA DE ADOLESCENTE SUBMETIDO À INTERNAÇÃO PARA ESTABELECIMENTO SITUADO EM LOCAL DIVERSO DAQUELE EM QUE RESIDAM SEUS PAIS. Na hipótese em que a internação inicial de adolescente infrator se dá em estabelecimento superlotado situado em local diverso daquele onde residam seus pais, é possível a transferência do reeducando para outro centro de internação localizado, também, em lugar diverso do da residência de seus pais. Reconhecendo a importância da família no processo de ressocialização do adolescente, o art. 124, VI, do ECA garante ao adolescente infrator sob o regime de internação o direito de ser custodiado no local ou na localidade mais próxima do domicílio de seus pais. Entretanto, esse direito não é absoluto, como nenhum outro o é no Estado Democrático de Direito, podendo ser afastado em casos excepcionais. Na hipótese, o adolescente encontrava-se, inicialmente, internado em estabelecimento localizado em município diverso daquele em que residia, pois neste não havia centro de internação. Posteriormente, em razão da superlotação do estabelecimento em que se encontrava, o adolescente foi transferido para outro centro de internação localizado em município também diverso da residência de seus pais. Nesse contexto, a transferência de adolescente infrator para localidade diversa daquela em que iniciou o cumprimento de sua internação não é ilegal, pois a manutenção de adolescente em unidade de internação superlotada pode gerar problemas de ressocialização do infrator, o qual poderia ficar sem condições mínimas de higiene e habitabilidade, além da ausência de ações socioeducativas adequadas nos moldes preconizados pelo ECA. Ademais, não se mostra razoável a manutenção de adolescente em unidade de internação com instalações em estado calamitoso e incapaz de manter e educar o adolescente submetido à medida socioeducativa de maneira adequada, sob o argumento de mantê-lo próximo a sua família a todo custo. Além disso, é razoável o critério adotado pela Administração para transferir o infrator, uma vez que, não sendo residente naquela localidade, foi transferido para outra comarca para que os outros adolescentes que morassem naquele município pudessem continuar ali internados. Por fim, tão logo seja possível, deve o adolescente ser colocado em uma unidade de internação sem superlotação próxima à residência de sua família, para facilitar o convívio e a ressocialização. **HC 287.618-MG, Rel. Min. Sebastião Reis Júnior, julgado em 13/5/2014. (Inform. STJ 542)**

Vara especializada e competência
É constitucional lei estadual que confere poderes ao Conselho da Magistratura para atribuir aos juizados da infância e juventude competência para processar e julgar crimes de natureza sexual praticados contra criança e adolescente, nos exatos limites da atribuição que a Constituição Federal confere aos tribunais. Com base nesse entendimento, a 2ª Turma denegou *habeas corpus* em que se discutia a incompetência absoluta de vara especializada para processar e julgar o paciente pela suposta prática de delito de atentado violento ao pudor contra menor (CP, artigos 214 e 224). Reputou-se que não haveria violação aos princípios constitucionais da legalidade, do juiz natural e do devido processo legal, visto que a leitura interpretativa do art. 96, I, a, da CF admitiria a alteração da competência dos órgãos do Poder Judiciário por deliberação dos tribunais.

Consignou-se que a especialização de varas consistiria em alteração de competência territorial em razão da matéria, e não em alteração de competência material, regida pelo art. 22 da CF. **HC 113018/RS, rel. Min. Ricardo Lewandowski, 29.10.2013. (HC-113018) (Inform. STF 726)**

ECA. ASSISTENTE DA ACUSAÇÃO. LEGITIMIDADE RECURSAL.
A questão cinge-se em saber se é possível o recurso da apelação do assistente da acusação no ECA. Consta dos autos que o menor foi representado pelo ato infracional análogo ao crime tipificado no art. 121, § 2º, II, do CP. A sentença julgou procedente a representação, aplicando-lhe medida socioeducativa de semiliberdade por prazo indeterminado e desclassificando a conduta para o ato infracional análogo ao crime tipificado no art. 129, § 3º, do CP. A defesa e o assistente de acusação interpuseram apelação, tendo o tribunal local negado provimento ao recurso do menor e dado provimento ao recurso do assistente de acusação para aplicar uma medida mais rigorosa: a internação. A defesa interpôs recurso especial, sustentando contrariedade aos arts. 118, 120, 121, § 5º, 122, § 2º, e 198 do ECA e 27 do CP. O recurso foi inadmitido na origem, subindo a esta Corte por meio de provimento dado a agravo de instrumento. A Turma entendeu que, na Lei n. 8.069/1990, a figura do assistente de acusação é estranha aos procedimentos recursais da Justiça da Infância e Adolescência. Assim, os recursos interpostos em processos de competência especializada devem seguir a sistemática do CPC, não havendo previsão legal para aplicação das normas previstas no CPP. Dessa forma, a disciplina estabelecida nos arts. 268 a 273 do CPP não tem aplicabilidade nos procedimentos regidos pelo ECA, que possui caráter especial, faltando, portanto, legitimidade ao apelo interposto por assistente de acusação, por manifesta ausência de previsão legal. Diante dessas e de outras considerações a Turma não conheceu do recurso e concedeu o *habeas corpus* de ofício, para anular o acórdão referente à apelação do assistente de acusação restabelecendo o *decisum* de primeiro grau. Precedentes citados: REsp 1.044.203-RS, DJe 16/3/2009, e REsp 605.025-MG, DJ 21/11/2005. **REsp 1.089.564-DF, Rel. Min. Sebastião Reis Júnior, julgado em 15/3/2012. (Inform. STJ 493)**

Súmula STJ nº 342

No procedimento para aplicação de medida socioeducativa, é nula a desistência de outras provas em face da confissão do adolescente.

Súmula STJ nº 338

A prescrição penal é aplicável nas medidas socioeducativas.

Súmula STJ nº 265

É necessária a oitiva do menor infrator antes de decretar-se a regressão da medida socioeducativa.

Súmula STJ nº 108

A aplicação de medidas socioeducativas ao adolescente, pela pratica de ato infracional, é da competência exclusiva do juiz.

6. ACESSO À JUSTIÇA E MINISTÉRIO PÚBLICO

DIREITO PROCESSUAL CIVIL. LEGITIMIDADE ATIVA DO MP EM AÇÃO CIVIL PÚBLICA PARA DEFESA DE DIREITOS DA CRIANÇA E DO ADOLESCENTE.
O Ministério Público tem legitimidade para promover ação civil pública a fim de obter compensação por dano moral difuso decorrente da submissão de adolescentes

a tratamento desumano e vexatório levado a efeito durante rebeliões ocorridas em unidade de internação. Isso porque, segundo o art. 201, V, do ECA, o MP é parte legítima para "promover o inquérito civil e a ação civil pública para a proteção dos interesses individuais, difusos ou coletivos relativos à infância e à adolescência". Precedente citado: REsp 440.502-SP, Segunda Turma, DJe 24/9/2010. **AgRg no REsp 1.368.769-SP, Rel. Min. Humberto Martins, julgado em 6/8/2013.** (Inform. STJ 526)

ECA. PODER NORMATIVO DA AUTORIDADE JUDICIÁRIA. LIMITES.

Nos termos do art. 149 do ECA (Lei n. 8.069/1990), a autoridade judiciária pode disciplinar, por portaria, a entrada e permanência de criança ou adolescente desacompanhados dos pais ou responsáveis nos locais e eventos discriminados no inciso I, devendo essas medidas ser fundamentadas, caso a caso, vedadas as determinações de caráter geral, ex vi do § 2º. **REsp 1.292.143-SP, Rel. Min. Teori Zavascki, julgado em 21/6/2012.** (Inform. STJ 500)

AÇÃO CIVIL PÚBLICA. TERMO DE AJUSTAMENTO DE CONDUTA. INEXISTÊNCIA DE DIREITO SUBJETIVO DO PARTICULAR.

A quaestio juris consiste em saber se o recorrente teria o direito subjetivo de firmar o compromisso de ajustamento de conduta previsto no ECA e na Lei da Ação Civil Pública, ou se dispõe o Ministério Público da faculdade de não assiná-lo sem sequer discutir suas cláusulas. A Turma entendeu que tanto o art. 5º, § 6º, da Lei n. 7.347/1985 (Lei da Ação Civil Pública) quanto o art. 211 do ECA dispõem que os legitimados para a propositura da ação civil pública poderão tomar dos interessados compromisso de ajustamento de sua conduta às exigências legais. Assim, do mesmo modo que o Ministério Público não pode obrigar qualquer pessoa física ou jurídica a assinar termo de cessação de conduta, também não é obrigado a aceitar a proposta de ajustamento formulada pelo particular. O compromisso de ajustamento de conduta é um acordo semelhante ao instituto da conciliação e, como tal, depende da convergência de vontades entre as partes. Ademais, não se pode obrigar o MP a aceitar uma proposta de acordo – ou mesmo exigir que ele apresente contrapropostas tantas vezes quantas necessárias – para que as partes possam compor uma causa de aumento dentre aquelas previstas no art. 226 do CP ["Art. 226. A pena é aumentada: I - de quarta parte, se o crime é cometido com o concurso de 2 (duas) ou mais pessoas; II - de metade, se o agente é ascendente, padrasto ou madrasta, tio, irmão, cônjuge, companheiro, tutor, curador, preceptor ou empregador da vítima ou por qualquer outro título tem autoridade sobre ela"], tendo em vista o que disposto no parágrafo único do art. 68 do CP ("No concurso de causas de aumento ou de diminuição previstas na parte especial, pode o juiz limitar-se a um só aumento ou a uma só diminuição, prevalecendo, todavia, a causa que mais aumente ou diminua"). posições eram absolutamente antagônicas. **REsp 596.764-MG, Rel. Min. Antonio Carlos Ferreira, julgado em 17/5/2012.** (Inform. STJ 497)

ECA. MEDIDAS PROTETIVAS DETERMINADAS DE OFÍCIO.

A Turma entendeu que o magistrado de vara da infância e juventude tem o poder de determinar, mesmo de ofício, a realização de matrícula em estabelecimento de ensino, quando a criança ou adolescente estiver em situação de risco, sem que isso importe em violação do princípio dispositivo. O Min. Relator, amparado na uníssona jurisprudência do STF e do STJ, registrou a possibilidade de haver ordem judicial mediante provocação. Quanto ao caso analisado, com base na doutrina sobre o tema e no acórdão recorrido, afirmou que a ordem de ofício dada pelo magistrado tem caráter administrativo-judicial (não jurisdicional) e submete-se a controle judicial quanto a sua juridicidade, especialmente quanto aos aspectos da necessidade e da proporcionalidade da medida. Com essas observações, entendeu-se que a municipalidade não tem direito líquido e certo de se opor ao cumprimento da ordem do juiz da vara da infância e juventude, mesmo que esta tenha sido dada de ofício. Precedentes citados do STF: AgRg no RE 410.715-SP, DJ 3/2/2006, e do STJ: REsp 1.185.474-SC, DJe 29/4/2010. **RMS 36.949-SP, Rel. Min. Humberto Martins, julgado em 13/3/2012.** (Inform. STJ 493)

7. CRIMES

ECA: fotografia de atos libidinosos e causas especiais de aumento de pena - 1

A 1ª Turma iniciou julgamento de habeas corpus em que se discute a tipicidade da conduta, à época dos fatos, de fotografar atos libidinosos com criança e a aplicação concomitante de duas causas especiais de aumento de pena. A defesa alega que a conduta teria deixado de ser prevista no ECA no período posterior à mudança promovida pela Lei 10.764/2003 e anterior à alteração pela Lei 11.829/2008. Além disso, pleiteia que seja imposta apenas uma causa de aumento dentre aquelas previstas no art. 226 do CP ["Art. 226. A pena é aumentada: I - de quarta parte, se o crime é cometido com o concurso de 2 (duas) ou mais pessoas; II - de metade, se o agente é ascendente, padrasto ou madrasta, tio, irmão, cônjuge, companheiro, tutor, curador, preceptor ou empregador da vítima ou por qualquer outro título tem autoridade sobre ela"], tendo em vista o que disposto no parágrafo único do art. 68 do CP ("No concurso de causas de aumento ou de diminuição previstas na parte especial, pode o juiz limitar-se a um só aumento ou a uma só diminuição, prevalecendo, todavia, a causa que mais aumente ou diminua").
HC 110960/DF, rel. Min. Luiz Fux, 25.6.2013. (HC-110960)

ECA: fotografia de atos libidinosos e causas especiais de aumento de pena - 2

Os Ministros Luiz Fux, relator, Rosa Weber e Dias Toffoli julgaram extinto o writ, por inadequação da via processual, e entenderam não ser caso de concessão, de ofício, da ordem. O relator enfatizou que o tipo legal "produzir fotografia" comportaria, no vernáculo, o ato de fotografar. Frisou que a assertiva da atipicidade da conduta careceria de consistência lógica, teleológica e, sobretudo, semântica. Explicitou que a teleologia da norma do ECA visaria à proteção da menoridade contra estes comportamentos deletérios para a vida em sociedade e para a própria formação individual da criança. Em seguida, registrou não vislumbrar arbitrariedade ou teratologia na dosimetria da pena. Acentuou que a previsão do art. 68 do CP estabeleceria, sob o ângulo literal, apenas uma possibilidade de atuação. Após, pediu vista o Min. Marco Aurélio.
HC 110960/DF, rel. Min. Luiz Fux, 25.6.2013. (HC-110960)

ECA: fotografia de atos libidinosos e causas especiais de aumento de pena - 3
Por inadequação da via processual, a 1ª Turma, em conclusão de julgamento e por maioria, declarou a extinção de "habeas corpus", em que discutida a tipicidade da conduta, à época dos fatos, de fotografar atos libidinosos com criança e a aplicação concomitante de duas causas especiais de aumento de pena — v. Informativo 712. A defesa alegava que a conduta teria deixado de ser prevista no ECA no período posterior à mudança promovida pela Lei 10.764/2003 e anterior à alteração pela Lei 11.829/2008. Além disso, pleiteava fosse imposta apenas uma causa de aumento dentre aquelas previstas no art. 226 do CP ["Art. 226. A pena é aumentada: I - de quarta parte, se o crime é cometido com o concurso de 2 (duas) ou mais pessoas; II - de metade, se o agente é ascendente, padrasto ou madrasta, tio, irmão, cônjuge, companheiro, tutor, curador, preceptor ou empregador da vítima ou por qualquer outro título tem autoridade sobre ela"], tendo em vista o que disposto no parágrafo único do art. 68 do CP ("No concurso de causas de aumento ou de diminuição previstas na parte especial, pode o juiz limitar-se a um só aumento ou a uma só diminuição, prevalecendo, todavia, a causa que mais aumente ou diminua"). O Colegiado reputou ausentes os requisitos para a concessão, de ofício, da ordem. Enfatizou que o tipo legal "produzir fotografia" comportaria, no vernáculo, o ato de fotografar. Frisou que a assertiva da atipicidade da conduta careceria de consistência lógica, teleológica e, sobretudo, semântica. Explicitou que a teleologia da norma do ECA visa-

ria à proteção da menoridade contra esses comportamentos deletérios para a vida em sociedade e para a própria formação individual da criança. Em seguida, registrou não vislumbrar arbitrariedade ou teratologia na dosimetria da pena. Acentuou que a previsão do art. 68 do CP estabeleceria, sob o ângulo literal, apenas uma possibilidade de atuação. Vencido o Ministro Marco Aurélio, que deferia parcialmente a ordem para expungir da pena imposta ao paciente a causa de aumento do art. 226, I, do CPP. Entendia possível observar-se somente uma das hipóteses do aludido dispositivo legal, ou seja, a que implicasse maior majoração.
HC 110960/DF, rel. Min. Luiz Fux, 19.8.2014. (HC-110960) (Inform. STF 755)

HC N. 103.787-MG
RELATOR: MIN. RICARDO LEWANDOWSKI
Ementa: *HABEAS CORPUS*. PENAL. PRÁTICA DA MENDICÂNCIA E CORRUPÇÃO DE MENOR. *ABOLITIO CRIMINIS*. ATIPICIDADE SUPERVENIENTE DOS FATOS ATRIBUÍDOS AO PACIENTE. ORDEM CONCEDIDA DE OFÍCIO PARA TRANCAR A AÇÃO PENAL. *WRIT* PREJUDICADO.
I – A alegada ocorrência da *abolitio criminis* da imputação feita ao paciente não foi examinada pelo STJ no acórdão ora atacado, não podendo esta Suprema Corte analisá-la, sob pena de indevida supressão de instância e de extravasamento dos limites de competência do STF descritos no art. 102 da Constituição Federal.
II – O caso, porém, apresenta peculiaridades que recomendam a concessão da ordem, de ofício.
III – A Lei 12.015/2009 revogou a Lei 2.252/1954, que tratava da corrupção de menores, todavia, inseriu o art. 244-B no Estatuto da Criança e do Adolescente (Lei 8.069/1990), cuja redação é a mesma da norma revogada.
IV – O art. 60 do Decreto-Lei 3.688/1941 (Lei das Contravenções Penais), por sua vez, foi revogado pela Lei 11.983/2009, descriminalizando, assim, a conduta antes descrita como mendicância.
V – Segundo o art. 244-B do ECA, pratica o crime de corrupção de menor quem corrompe ou facilita a corrupção de menor de dezoito anos, com ele praticando infração penal ou induzindo-o a praticá-la.
VI – O objetivo desse dispositivo é a proteção do menor em relação à influência negativa de adultos em uma fase de formação da personalidade, evitando, com isso, sua inserção precoce no mundo do crime.
VII – Deixando de ser a mendicância infração penal, desaparece, no caso sob exame, o objeto jurídico tutelado pelo ECA, uma vez que não mais existe a contravenção que os menores foram levados a praticar, ocorrendo, por consequência, a *abolitio criminis* em relação aos dois delitos imputados ao paciente.
VIII – Ordem concedida de ofício para, reconhecendo a atipicidade fatos atribuídos ao paciente, trancar a ação penal relativamente às duas imputações (mendicância e corrupção de menor).
IX – *Habeas corpus* prejudicado. (Inform. STF 609)

DIREITO DA CRIANÇA E DO ADOLESCENTE E PENAL. APLICABILIDADE DE ESCUSA ABSOLUTÓRIA NA HIPÓTESE DE ATO INFRACIONAL.
Nos casos de ato infracional equiparado a crime contra o patrimônio, é possível que o adolescente seja beneficiado pela escusa absolutória prevista no art. 181, II, do CP. De acordo com o referido artigo, é isento de pena, entre outras hipóteses, o descendente que comete crime contra o patrimônio em prejuízo de ascendente, ressalvadas as exceções delineadas no art. 183 do mesmo diploma legal, cujo teor proíbe a aplicação da escusa: a) se o crime é de roubo ou de extorsão, ou, em geral, quando haja emprego de grave ameaça ou violência à pessoa; b) ao estranho que participa do crime; ou c) se o crime é praticado contra pessoa com idade igual ou superior a 60 anos. Efetivamente, por razões de política criminal, com base na existência de laços familiares ou afetivos entre os envolvidos, o legislador optou por afastar a punibilidade de determinadas pessoas. Nessa conjuntura, se cumpre aos ascendentes o dever de lidar com descendentes maiores que lhes causem danos ao patrimônio, sem que haja interesse estatal na aplicação de pena, também não se observa, com maior razão, interesse na aplicação de medida socioeducativa ao adolescente pela prática do mesmo fato. Com efeito, tendo em mente que, nos termos do art. 103 do ECA, ato infracional é a conduta descrita como crime ou contravenção penal, é possível a aplicação de algumas normas penais na omissão do referido diploma legal, sobretudo na hipótese em que se mostrarem mais benéficas ao adolescente. Ademais, não há razoabilidade no contexto em que é prevista imunidade absoluta ao sujeito maior de 18 anos que pratique crime em detrimento do patrimônio de seu ascendente, mas no qual seria permitida a aplicação de medida socioeducativa, diante da mesma situação fática, ao adolescente. De igual modo, a despeito da função reeducativa ou pedagógica da medida socioeducativa que eventualmente vier a ser imposta, não é razoável a ingerência do Estado nessa relação específica entre ascendente e descendente, porque, a teor do disposto no art. 1.634, I, do CC, compete aos pais, quanto à pessoa dos filhos menores, dirigir-lhes a criação e educação. Portanto, se na presença da imunidade absoluta aqui tratada não há interesse estatal na aplicação de pena, de idêntico modo, não deve haver interesse na aplicação de medida socioeducativa.
HC 251.681-PR, Rel. Min. Sebastião Reis Júnior, julgado em 3/10/2013. (Inform. STJ 531)

DIREITO PROCESSUAL PENAL. COMPETÊNCIA PARA PROCESSAR E JULGAR ACUSADO DE CAPTAR E ARMAZENAR, EM COMPUTADORES DE ESCOLAS MUNICIPAIS, VÍDEOS PORNOGRÁFICOS, ORIUNDOS DA INTERNET, ENVOLVENDO CRIANÇAS E ADOLESCENTES.
Compete à Justiça Comum Estadual processar e julgar acusado da prática de conduta criminosa consistente na captação e armazenamento, em computadores de escolas municipais, de vídeos pornográficos oriundos da internet, envolvendo crianças e adolescentes. Segundo o art. 109, V, da CF, compete aos juízes federais processar e julgar "os crimes previstos em tratado ou convenção internacional, quando, iniciada a execução no País, o resultado tenha ou devesse ter ocorrido no estrangeiro, ou reciprocamente". Nesse contexto, de acordo com o entendimento do STJ e do STF, para que ocorra a fixação da competência da Justiça Federal, não basta que o Brasil seja signatário de tratado ou convenção internacional que preveja o combate a atividades criminosas dessa natureza, sendo necessário, ainda, que esteja evidenciada a transnacionalidade do delito. Assim, inexistindo indícios do caráter transnacional da conduta apurada, estabelece-se, nessas circunstâncias, a competência da Justiça Comum Estadual.
CC 103.011-PR, Rel. Min. Assusete Magalhães, julgado em 13/3/2013. (Inform. STJ 520)

DIREITO PENAL. CONSUMAÇÃO NO CRIME DE CORRUPÇÃO DE MENORES.
A simples participação de menor de dezoito anos em infração penal cometida por agente imputável é suficiente à consumação do crime de corrupção de menores – previsto no art. 1º da revogada Lei n. 2.252/1954 e atualmente tipificado no art. 244-B do ECA –, sendo dispensada, para sua configuração, prova de que o menor tenha sido efetivamente corrompido. Isso porque o delito de corrupção de menores é considerado formal, de acordo com a jurisprudência do STJ. **HC 159.620-RJ, Rel. Min. Maria Thereza de Assis Moura, julgado em 12/3/2013.** (Inform. STJ 518)

ART. 241 DO ECA, ANTES DA REDAÇÃO DADA PELA LEI N. 10.764/2003. REPRODUÇÃO FOTOGRÁFICA DE CRIANÇAS E ADOLESCENTES EM POSES ERÓTICAS. INTERNET.

A insurgência principal consiste em considerar, ou não, as fotos publicadas pelo paciente em sítio eletrônico de sua propriedade como o crime previsto no art. 241 do ECA, antes da redação dada pela Lei n. 10.764/2003, uma vez que o impetrante alega ter sido dada uma espécie de interpretação extensiva ao dispositivo, ao se considerar que as fotos, conforme tiradas, configuram pornografia, porquanto não possuem, segundo o impetrante, conotação sexual. O Min. Relator observou que as instâncias ordinárias se basearam em amplo conjunto fático-probatório e alcançar conclusão diversa no sentido de que a conduta imputada ao paciente não se amolda ao tipo penal previsto importaria no reexame fático-probatório dos autos, providência inviável na via estreita do *habeas corpus*. Ainda assim não fosse, inexiste no ordenamento jurídico uma norma penal não incriminadora explicativa que esclareça o conceito de pornografia infantil ou infanto-juvenil, razão pela qual a previsão contida no citado artigo antes da redação dada pelas Leis n. 10.764/2003 e 11.829/2008 não se limita à criminalização de condutas de publicar fotos de crianças e adolescentes totalmente despidas. Cabe ao intérprete da lei, buscando a melhor aplicação da norma ali contida, diante do caso concreto, analisar se a conduta praticada pelo paciente se amolda à prevista no dispositivo em questão, de modo que nada impede que se analise, além das fotos, isoladamente, o contexto em que elas estão inseridas. Ademais, segundo perícia realizada, foram publicadas fotos de crianças e adolescentes seminuas, algumas de roupas de banho, outras mostrando partes do corpo e outras em poses relativamente sensuais, em sítios de conteúdo pedófilo. Diante dessa e de outras considerações, a Turma denegou a ordem. **HC 168.610-BA, Rel. Min. Sebastião Reis Júnior, julgado em 19/4/2012. (Inform. STJ 495)**

Súmula STJ nº 500

A configuração do crime do art. 244-B do ECA independe da prova da efetiva corrupção do menor, por se tratar de delito formal.

14. DIREITO DO IDOSO

1. PREVIDÊNCIA E ASSISTÊNCIA SOCIAL

Benefício de prestação continuada: tutela constitucional de hipossuficientes e dignidade humana - 11
O Plenário, por maioria, negou provimento a recursos extraordinários julgados em conjunto – interpostos pelo INSS – em que se discutia o critério de cálculo utilizado com o intuito de aferir-se a renda mensal familiar per capita para fins de concessão de benefício assistencial a idoso e a pessoa com deficiência, previsto no art. 203, V, da CF – v. Informativo 669. Declarou-se a inconstitucionalidade incidenter tantum do § 3º do art. 20 da Lei 8.742/93 ["Art. 20. O benefício de prestação continuada é a garantia de um salário mínimo mensal à pessoa com deficiência e ao idoso com 65 (sessenta e cinco) anos ou mais que comprovem não possuir meios de prover a própria manutenção nem de tê-la provida por sua família ... § 3º Considera-se incapaz de prover a manutenção da pessoa com deficiência ou idosa a família cuja renda mensal per capita seja inferior a 1/4 (um quarto) do salário mínimo"] e do parágrafo único do art. 34 da Lei 10.741/2003.
RE 567985/MT, rel. orig. Min. Marco Aurélio, red. p/ o acórdão Min. Gilmar Mendes, 17 e 18.4.2013. (RE-567985)
RE 580963/PR, rel. Min. Gilmar Mendes, 17 e 18.4.2013. (RE-580963)

Benefício de prestação continuada: tutela constitucional de hipossuficientes e dignidade humana - 12
Prevaleceu o voto do Min. Gilmar Mendes, relator do RE 580963/PR. Ressaltou haver esvaziamento da decisão tomada na ADI 1232/DF – na qual assentada a constitucionalidade do art. 20, § 3º, da Lei 8.742/93 –, especialmente por verificar que inúmeras reclamações ajuizadas teriam sido indeferidas a partir de condições específicas, a demonstrar a adoção de outros parâmetros para a definição de miserabilidade. Aduziu que o juiz, diante do caso concreto, poderia fazer a análise da situação. Destacou que a circunstância em comento não seria novidade para a Corte. Citou, no ponto, a ADI 223 MC/DF (DJU de 29.6.90), na qual, embora declarada a constitucionalidade da Medida Provisória 173/90 – que vedava a concessão de medidas liminares em hipóteses que envolvessem a não observância de regras estabelecidas no Plano Collor –, o STF afirmara não estar prejudicado o exame pelo magistrado, em controle difuso, da razoabilidade de outorga, ou não, de provimento cautelar. O Min. Celso de Mello acresceu que, conquanto excepcional, seria legítima a possibilidade de intervenção jurisdicional dos juízes e tribunais na conformação de determinadas políticas públicas, quando o próprio Estado deixasse de adimplir suas obrigações constitucionais, sem que isso pudesse configurar transgressão ao postulado da separação de Poderes.
RE 567985/MT, rel. orig. Min. Marco Aurélio, red. p/ o acórdão Min. Gilmar Mendes, 17 e 18.4.2013. (RE-567985)
RE 580963/PR, rel. Min. Gilmar Mendes, 17 e 18.4.2013. (RE-580963)

Benefício de prestação continuada: tutela constitucional de hipossuficientes e dignidade humana - 13
O Min. Gilmar Mendes aludiu que a Corte deveria revisitar a controvérsia, tendo em conta discrepâncias, haja vista a existência de ação direta de inconstitucionalidade com efeito vinculante e, ao mesmo tempo, pronunciamentos em reclamações, julgadas de alguma forma improcedentes, com a validação de decisões contrárias ao que naquela decidido. Enfatizou que a questão seria relevante sob dois prismas: 1º) a evolução ocorrida; e 2º) a concessão de outros benefícios com a adoção de critérios distintos de 1/4 do salário mínimo. O Min. Luiz Fux considerou que, nos casos em que a renda per capita superasse até 5% do limite legal em comento, os juízes teriam flexibilidade para conceder a benesse, compreendido como grupo familiar os integrantes que contribuíssem para a sobrevivência doméstica. No tocante ao parágrafo único do art. 34 do Estatuto do Idoso, o Min. Gilmar Mendes reputou violado o princípio da isonomia. Realçou que, no referido estatuto, abrira-se exceção para o recebimento de dois benefícios assistenciais de idoso, mas não permitirá a percepção conjunta de benefício de idoso com o de deficiente ou de qualquer outro previdenciário. Asseverou que o legislador incorrera em equívoco, pois, em situação absolutamente idêntica, deveria ser possível a exclusão do cômputo do benefício, independentemente de sua origem.
RE 567985/MT, rel. orig. Min. Marco Aurélio, red. p/ o acórdão Min. Gilmar Mendes, 17 e 18.4.2013. (RE-567985)
RE 580963/PR, rel. Min. Gilmar Mendes, 17 e 18.4.2013. (RE-580963)

Benefício de prestação continuada: tutela constitucional de hipossuficientes e dignidade humana - 14
No RE 567985/MT, ficaram vencidos, parcialmente, o Min. Marco Aurélio, relator, que apenas negava provimento ao recurso, sem declarar a inconstitucionalidade do art. 20, § 3º, da Lei 8.742/93, e os Ministros Teori Zavascki e Ricardo Lewandowski, que davam provimento ao recurso. O Min. Teori Zavascki salientava que a norma teria sido declarada constitucional em controle concentrado e que o juízo em sentido contrário dependeria da caracterização de pressuposto de inconstitucionalidade superveniente, inocorrente na espécie. Além disso, se presentes mudanças na legislação infraconstitucional, tratar-se-ia de revogação de lei. O Min. Ricardo Lewandowski acrescentava que a matéria em discussão envolveria políticas públicas, com imbricações no plano plurianual. De outro lado, vencidos, no RE 580963/PR, os Ministros Dias Toffoli, Ricardo Lewandowski e Marco Aurélio, que, por não vislumbrarem inconstitucionalidade no art. 34, parágrafo único, da Lei 10.741/2003, davam provimento ao recurso. O Min. Teori Zavascki, não presente apelo extremo, fizera ressalva no sentido de que a decisão do juízo de origem estaria em consonância com o posicionamento por ele manifestado.
RE 567985/MT, rel. orig. Min. Marco Aurélio, red. p/ o acórdão Min. Gilmar Mendes, 17 e 18.4.2013. (RE-567985)
RE 580963/PR, rel. Min. Gilmar Mendes, 17 e 18.4.2013. (RE-580963)

Benefício de prestação continuada: tutela constitucional de hipossuficientes e dignidade humana - 15

Por fim, não se alcançou o quórum de 2/3 para modulação dos efeitos da decisão no sentido de que os preceitos impugnados tivessem validade até 31.12.2015, consoante requerido pela Advocacia-Geral da União. Votaram pela modulação os Ministros Gilmar Mendes, Rosa Weber, Luiz Fux, Cármen Lúcia e Celso de Mello. O Min. Gilmar Mendes rememorou a inconstitucionalidade por omissão relativamente ao art. 203, V, da CF e afirmou a razoabilidade do prazo proposto. Obtemperou que devolver-se-ia ao Legislativo a possibilidade de conformar todo esse sistema, para redefinir a política pública do benefício assistencial de prestação continuada, a suprimir as inconstitucionalidades apontadas. A Min. Rosa Weber adicionou ser salutar que o Supremo, ainda que sem sanção, indicasse um norte temporal. O Min. Luiz Fux ressaltou que o STF, em outras oportunidades, já exortara o legislador para que ele cumprisse a Constituição. O Min. Celso de Mello esclareceu que o objetivo seria preservar uma dada situação, visto que, se declarada, pura e simplesmente, a inconstitucionalidade, ter-se-ia supressão do ordenamento positivo da própria regra. Criar-se-ia, dessa maneira, vazio legislativo que poderia ser lesivo aos interesses desses grupos vulneráveis referidos no inciso V do art. 203 da CF. Em divergência, votaram contra a modulação os Ministros Teori Zavascki, Ricardo Lewandowski, Joaquim Barbosa (Presidente) e Dias Toffoli. Este último apenas no que se refere ao RE 580963/PR. O Min. Teori Zavascki mencionou que, se o Supremo fixasse prazo, deveria também estabelecer consequência pelo seu descumprimento. O Min. Ricardo Lewandowski observou que o postulado da dignidade humana não poderia ficar suspenso por esse período e o que o STF deveria prestigiar a autonomia do Congresso Nacional para fixar a própria pauta. O Presidente sublinhou que estipular prazo ao legislador abalaria a credibilidade desta Corte, porque, se não respeitado, a problemática retornaria a este Tribunal. O Min. Marco Aurélio abstivera-se de votar sobre esse tópico, pois não concluíra pela inconstitucionalidade dos dispositivos. O Min. Dias Toffoli não se manifestou no RE 567985/MT, porquanto impedido.
RE 567985/MT, rel. orig. Min. Marco Aurélio, red. p/ o acórdão Min. Gilmar Mendes, 17 e 18.4.2013. (RE-567985)
RE 580963/PR, rel. Min. Gilmar Mendes, 17 e 18.4.2013. (RE-580963) (Inform. STF 702)

DIREITO PREVIDENCIÁRIO. EXCLUSÃO DE BENEFÍCIO DE VALOR MÍNIMO PERCEBIDO POR MAIOR DE 65 ANOS NA COMPOSIÇÃO DA RENDA FAMILIAR.

O benefício previdenciário de valor mínimo recebido por pessoa acima de 65 anos não deve ser considerado na composição da renda familiar, para fins de concessão do benefício assistencial a outro membro da família, conforme preconiza o art. 34, parágrafo único, da Lei n. 10.741/2003 (Estatuto do Idoso). Precedentes citados: Pet 7.203-PE, DJe 11/10/2011, AREsp 232.991-SC, DJe 25/9/2012; AgRg no Ag 1.394.595-SP, DJe 9/5/2012, e AgRg no REsp 1.247.868-RS, DJe 13/10/2011. **AgRg no AREsp 215.158-CE, Rel. Min. Mauro Campbell Marques, julgado em 18/10/2012. (Inform. STJ 507)**

DIREITO PREVIDENCIÁRIO. BENEFÍCIO ASSISTENCIAL. MEIOS DE PROVA DA CONDIÇÃO DE MISERABILIDADE.

O critério previsto no art. 20, § 3º, da Lei n. 8.742/1993 (renda mensal per capita inferior a ¼ do salário mínimo) não impede a concessão do correspondente benefício assistencial, desde que comprovada, por outros meios, a miserabilidade do postulante. A CF assegura um salário mínimo de benefício mensal à pessoa portadora de deficiência e ao idoso que comprovem não possuir meios de prover à própria manutenção ou de tê-la provida por sua família. A Lei n. 8.742/1993 dispõe que a concessão desse benefício será devido a quem não possua meios de prover sua manutenção ou cuja família possua renda mensal per capita inferior a ¼ do salário mínimo. No julgamento do REsp 1.112.557-MG, representativo de controvérsia, o STJ firmou o entendimento de que a limitação do valor da renda *per capita* familiar não deve ser considerada a única forma de comprovar que a pessoa não possui outros meios para prover a própria manutenção ou de tê-la provida por sua família, visto que esse critério é apenas um elemento objetivo para aferir a necessidade. Ademais, no âmbito judicial vige o princípio do livre convencimento motivado do juiz, não o sistema de tarifação legal de provas. Assim, essa delimitação do valor da renda familiar *per capita* não deve ser tida como único meio de prova da condição de miserabilidade do beneficiado, não podendo vincular o magistrado a um elemento probatório sob pena de cercear o seu direito de julgar. Precedente citado: REsp 1.112.557-MG, DJe 20/11/2009. **AgRg no AREsp 224.185-SP, Rel. Min. Teori Albino Zavascki, julgado em 2/10/2012. (Inform. STJ 505)**

ACP. LEGITIMIDADE ATIVA. MP. BENEFÍCIO PREVIDENCIÁRIO.

Ministério Público (MP) possui legitimidade para propor ação civil pública (ACP) com o objetivo de proteger os interesses de segurados de benefícios previdenciários. Ressalta a Min. Relatora que, com esse entendimento, foi restabelecida antiga jurisprudência, após os julgamentos sobre a matéria terem oscilado ultimamente; em várias decisões, inclusive na Terceira Seção, vinha-se recusando a legitimidade *ad causam* do MP em ACPs com o objetivo de discutir questões ligadas à seguridade social, como direitos relativos à concessão de benefício assistencial a idosos e portadores de deficiência, revisão de benefícios previdenciários e equiparação de menores sob guarda judicial a filhos de segurados para fins previdenciários. No entanto, segundo a Min. Relatora, deve haver nova reflexão sobre o tema em razão, sobretudo, do relevante interesse social envolvido no ajuizamento da ACP de natureza previdenciária, pois o reconhecimento da legitimidade do MP, além do interesse social, traz inegável economia processual, evitando-se a proliferação de demandas individuais idênticas com resultados divergentes e com o consequente acúmulo de feitos nas instâncias do Judiciário, o que, certamente, não contribui para uma prestação jurisdicional eficiente, célere e uniforme. Observa que o STF já vinha reconhecendo a legitimidade do MP para a ACP destinada à proteção de direitos sociais, tais como a moradia e a educação, e agora, em julgado mais recente, afirmou aquela Corte que certos direitos individuais homogêneos podem ser classificados como interesses ou direitos coletivos, ou identificar-se com interesses sociais e individuais indisponíveis, esclarecendo que, nesses casos, a ACP presta-se à defesa deles, legitimando o MP para a causa (art. 127, *caput*, e art. 129, III, da CF/1988). Desse modo, concluiu que o MP detém legitimidade para propor ACP na defesa de interesses individuais homogêneos (arts. 127, § 1º, e 129, II e III, da CF/1988). Assim, assevera a Min. Relatora, entre outras considerações, que, para fins de legitimidade do *Parquet* para a ACP quando se tratar de direitos individuais homogêneos, ainda que disponíveis, o que deve ser observado é a presença do relevante interesse social de que se reveste o direito a ser tutelado. Diante do exposto, a Turma negou provimento ao REsp interposto pelo Instituto Nacional do Seguro Social (INSS). No recurso, este buscava a extinção do feito sem julgamento do mérito, alegando a ilegitimidade do MPF para promover ACP pertinente a reajustes e revisões de benefícios previdenciários concedidos a partir de março de 1994, com inclusão da variação integral do IRSM de fevereiro de 1994 (39,67%) nos salários de contribuição integrantes do período básico de cálculo antes da conversão em URV. Anotou-se que o tribunal de origem entendeu ser cabível a revisão, confirmando a sentença de primeiro grau que também restringiu os efeitos do julgado à subseção judiciária em que proposta a ação, na forma do art. 16 da Lei n. 7.347/1985. Precedentes citados do STF: RE 163.231-SP, DJ 29/6/2001; RE 195.056-PR, DJ 30/5/2003; AgRg no RE 514.023-RJ, DJe 5/2/2010; RE 228.177-MG, DJe 5/3/2010; AgRg no RE 472.489-RS, DJe 29/8/2008; AgRg no AI 516.419-PR, DJe 30/11/2010; RE 613.044-SC, DJe 25/6/2010; do STJ: EREsp 644.821-PR, DJe 4/8/2008; AgRg nos EREsp 274.508-SP, DJ 10/4/2006; AgRg no REsp 938.951-DF, DJe 10/3/2010; REsp 413.986-PR, DJ 11/11/2002, e AgRg no AgRg no Ag 422.659-RS, DJ 5/8/2002. **REsp 1.142.630-PR, Rel. Min. Laurita Vaz, julgado em 7/12/2010.** (Inform. STJ 459)

2. ENTIDADES DE ATENDIMENTO AO IDOSO

HC. INTERDIÇÃO. IDOSO.
A impetrante do *habeas corpus* alega que a paciente, sua mãe, com mais de noventa anos, estaria a sofrer maus-tratos no asilo em que se encontra albergada, a seu ver um verdadeiro cárcere privado. Requer, ao final, a remoção da paciente daquele local, com o fito de que venha a morar com ela, e a nomeação de outra pessoa para sua guarda distinta de seu irmão, atual responsável pela genitora, contra o qual disse pesar acusação de falta de lisura no trato dos bens da idosa. Porém, lê-se do teor do acórdão recorrido que a questão da interdição já está em discussão em processo específico, sede pertinente à defesa dos direitos da paciente. Daí que inviável o manejo de *habeas corpus*, também porque, nessa via estreita, é impossível a discussão probatória que se faz necessária na hipótese. Precedentes citados: RHC 19.186-BA, DJ 11/12/2006, e HC 20.791-SP, DJ 2/12/2002. **RHC 25.788-SP, Rel. Min. Aldir Passarinho Junior, julgado em 4/8/2009.** (Inform. STJ 401)

3. REAJUSTE DE SEGURO E PLANO DE SAÚDE

DIREITO CIVIL E DO CONSUMIDOR. REAJUSTE DE MENSALIDADE DE SEGURO-SAÚDE EM RAZÃO DE ALTERAÇÃO DE FAIXA ETÁRIA DO SEGURADO. É válida a cláusula, prevista em contrato de seguro-saúde, que autoriza o aumento das mensalidades do seguro quando o usuário completar sessenta anos de idade, desde que haja respeito aos limites e requisitos estabelecidos na Lei 9.656/1998 e, ainda, que não se apliquem índices de reajuste desarrazoados ou aleatórios, que onerem em demasia o segurado. Realmente, sabe-se que, quanto mais avançada a idade do segurado, independentemente de ser ele enquadrado ou não como idoso, maior será seu risco subjetivo, pois normalmente a pessoa de mais idade necessita de serviços de assistência médica com maior frequência do que a que se encontra em uma faixa etária menor. Trata-se de uma constatação natural, de um fato que se observa na vida e que pode ser cientificamente confirmado. Por isso mesmo, os contratos de seguro-saúde normalmente trazem cláusula prevendo reajuste em função do aumento da idade do segurado, tendo em vista que os valores cobrados a título de prêmio devem ser proporcionais ao grau de probabilidade de ocorrência do evento risco coberto. Maior o risco, maior o valor do prêmio. Atento a essa circunstância, o legislador editou a Lei 9.656/1998, preservando a possibilidade de reajuste da mensalidade de seguro-saúde em razão da mudança de faixa etária do segurado, estabelecendo, contudo, algumas restrições a esses reajustes (art. 15). Desse modo, percebe-se que ordenamento jurídico permitiu expressamente o reajuste das mensalidades em razão do ingresso do segurado em faixa etária mais avançada em que os riscos de saúde são abstratamente elevados, buscando, assim, manter o equilíbrio atuarial do sistema. Posteriormente, em razão do advento do art. 15, § 3º, da Lei 10.741/2003 (Estatuto do Idoso) que estabelece ser "vedada a discriminação do idoso nos planos de saúde pela cobrança de valores diferenciados em razão da idade", impõe-se encontrar um ponto de equilíbrio na interpretação dos diplomas legais que regem a matéria, a fim de se chegar a uma solução justa para os interesses em conflito. Nesse passo, não é possível extrair-se do art. 15, § 3º, do Estatuto do Idoso uma interpretação que repute, abstratamente, abusivo todo e qualquer reajuste que se baseie em mudança de faixa etária, mas tão somente o aumento discriminante, desarrazoado, que, em concreto, traduza verdadeiro fator de discriminação do idoso, por visar dificultar ou impedir a permanência dele no seguro-saúde; prática, aliás, que constitui verdadeiro abuso de direito e violação ao princípio da igualdade e divorcia-se da boa-fé contratual. Ressalte-se que o referido vício – aumento desarrazoado – caracteriza-se pela ausência de justificativa para o nível do aumento aplicado. Situação que se torna perceptível, sobretudo, pela demasiada majoração do valor da mensalidade do contrato de seguro de vida do idoso, quando comparada com os percentuais de reajustes anteriormente postos durante a vigência do pacto. Igualmente, na hipótese em que o segurador se aproveita do advento da idade do segurado para não só cobrir despesas ou riscos maiores, mas também para aumentar os lucros há, sim, reajuste abusivo e ofensa às disposições do CDC. Além disso, os custos pela maior utilização dos serviços de saúde pelos idosos não podem ser diluídos entre os participantes mais jovens do grupo segurado, uma vez que, com isso, os demais segurados iriam, naturalmente, reduzir as possibilidades de seu seguro-saúde ou rescindi-lo, ante o aumento da despesa imposta. Nessa linha intelectiva, não se pode desamparar uns, os mais jovens e suas famílias, para pretensamente evitar a sobrecarga de preço para os idosos. Destaque-se que não se está autorizando a oneração de uma pessoa pelo simples fato de ser idosa; mas, sim, por demandar mais do serviço ofertado. Nesse sentido, considerando-se que os aumentos dos seguros-saúde visam cobrir a maior demanda, não se pode falar em discriminação, que somente existiria na hipótese de o aumento decorrer, pura e simplesmente, do advento da idade. Portanto, excetuando-se as situações de abuso, a norma inserida na cláusula em análise – que autoriza o aumento das mensalidades do seguro em razão de o usuário completar sessenta anos de idade – não confronta o art. 15, § 3º, do Estatuto do Idoso, que veda a discriminação negativa, no sentido do injusto. Precedente citado: REsp 866.840-SP, Quarta Turma, DJe 17/8/2011. **REsp 1.381.606-DF, Rel. originária Min. Nancy Andrighi, Rel. para acórdão Min. João Otávio De Noronha, julgado em 7/10/2014.** (Inform. STJ 551)

4. OUTROS DIREITOS DO IDOSO

DIREITO CONSTITUCIONAL E PROCESSUAL CIVIL. DIREITO DE PREFERÊNCIA DOS IDOSOS NO PAGAMENTO DE PRECATÓRIOS. O direito de preferência em razão da idade no pagamento de precatórios, previsto no art. 100, § 2º, da CF, não pode ser estendido aos sucessores do titular originário do precatório, ainda que também sejam idosos. De fato, os dispositivos constitucionais introduzidos pela EC 62/2009 mencionam que o direito de preferência será outorgado aos titulares que tenham 60 anos de idade ou mais na data de expedição do precatório (art. 100, § 2º, da CF) e aos titulares originais de precatórios que tenham completado 60 anos de idade até a data da referida emenda (art. 97, § 18, do ADCT). Além disso, esse direito de preferência é personalíssimo, conforme previsto no art. 10, § 2º, da Resolução 115/2010 do CNJ. **RMS 44.836-MG**, Rel. Ministro Humberto Martins, julgado em 20/2/2014. (Inform. STJ 535)

PENHORA. NUA PROPRIEDADE. IMÓVEL UTILIZADO COMO RESIDÊNCIA DA GENITORA DO DEVEDOR. BEM DE FAMÍLIA.
A Turma firmou o entendimento de que a nua propriedade é suscetível de constrição judicial, salvo se o imóvel do executado for considerado bem de família. Na hipótese dos autos, a proteção conferida pela Lei n. 8.009/1990 foi estendida ao imóvel do nu-proprietário (executado), onde reside sua genitora na condição de usufrutuária vitalícia. Segundo se asseverou, a Constituição Federal alçou o direito à moradia à condição de desdobramento da própria dignidade humana. Em especial atenção ao idoso conferiu-lhe expectativa de moradia digna no seio da família natural, situando-o, por conseguinte, como parte integrante desse núcleo familiar. Assim, quer por considerar a genitora do nu-proprietário como membro dessa entidade familiar, quer por vislumbrar o devido amparo à mãe idosa – pois o nu-proprietário habita com sua família direta outro imóvel alugado – reputou-se devidamente justificada a proteção legal ao imóvel em questão. **REsp 950.663-SC**, Rel. Min. Luis Felipe Salomão, julgado em 10/4/2012. (Inform. STJ 495)

15. DIREITO DA PESSOA COM DEFICIÊNCIA

RMS 32.732-TA/DF
RELATOR: Ministro Celso de Mello
Concurso público. Pessoa portadora de deficiência. Reserva percentual de cargos e empregos públicos (CF, art. 37, VIII). Ocorrência, na espécie, dos requisitos necessários ao reconhecimento do direito vindicado pela recorrente. Atendimento, no caso, da exigência de compatibilidade entre o estado de deficiência e o conteúdo ocupacional ou funcional do cargo público disputado, independentemente de a deficiência *produzir dificuldade* para o exercício da atividade funcional. Pessoa portadora de necessidades especiais cuja situação de deficiência não a incapacita nem a desqualifica, *de modo absoluto*, para o exercício das atividades funcionais. Inadmissibilidade da exigência adicional de a situação de deficiência também produzir "dificuldades para o desempenho das funções do cargo". Reconhecimento, em favor de pessoa comprovadamente portadora de necessidades especiais, do direito de investidura em cargos públicos, desde que – obtida prévia aprovação em concurso público de provas ou de provas e títulos dentro da reserva percentual a que alude o art. 37, VIII, da Constituição – a deficiência *não se revele absolutamente incompatível* com as atribuições funcionais inerentes ao cargo ou ao emprego público. Incidência, na espécie, das cláusulas de proteção fundadas na Convenção das Nações Unidas sobre os Direitos das Pessoas com Deficiência. Incorporação desse ato de direito internacional público, com eficácia e hierarquia de norma constitucional (CF, art. 5º, § 3º), ao ordenamento doméstico brasileiro (Decreto nº 6.949/2009). Primazia da norma mais favorável: critério que deve reger a interpretação judicial, em ordem a tornar mais efetiva a proteção das pessoas e dos grupos vulneráveis. Precedentes. Vetores que informam o processo hermenêutico concernente à interpretação/aplicação da Convenção Internacional sobre os Direitos das Pessoas portadoras de deficiência (Artigo 3). Mecanismos compensatórios *que concretizam*, no plano da atividade estatal, a implementação *de ações afirmativas*. Necessidade de recompor, pelo respeito à diversidade humana e à igualdade de oportunidades, sempre vedada qualquer ideia de discriminação, o próprio sentido de igualdade inerente às instituições republicanas. Parecer favorável da Procuradoria-Geral da República. Recurso ordinário provido. DJe de 19.5.2014. (Inform. STF 762)

AG. REG. NO ARE N. 735.077-ES
RELATOR: MIN. DIAS TOFFOLI
EMENTA: Agravo regimental no recurso extraordinário com agravo. Concurso público. Reserva de vagas para portadores de deficiência. Arredondamento do coeficiente fracionário para o primeiro número inteiro subsequente. Impossibilidade. Precedentes.
1. A Corte de origem concluiu que o arredondamento do percentual de vagas destinadas aos portadores de deficiência equivaleria a 100% das vagas ofertadas.
2. A jurisprudência da Corte firmou o entendimento de que a reserva de vagas para portadores de deficiência deve ater-se aos limites da lei, na medida da viabilidade das vagas oferecidas, não sendo possível seu arredondamento no caso de majoração das porcentagens mínima e máxima previstas.
3. Agravo regimental não provido. (Inform. STF 741)

Entes públicos e acessibilidade - 1
É dever do Estado-membro remover toda e qualquer barreira física, bem como proceder a reformas e adaptações necessárias, de modo a permitir o acesso de pessoas com restrição locomotora à escola pública. Com base nessa orientação, a 1ª Turma deu provimento a recurso extraordinário em que discutido: a) se o ato de se determinar à Administração Pública a realização de obras significaria olvidar o princípio da separação dos Poderes, porquanto se trataria de ato discricionário; b) se necessário o exame de disponibilidade orçamentária do ente estatal. Consignou-se que a Constituição (artigos 227, § 2º, e 244), a Convenção Internacional sobre Direitos das Pessoas com Deficiência, a Lei 7.853/1989; e as Leis paulistas 5.500/1986 e 9.086/1995 asseguram o direito das pessoas com deficiência ao acesso a prédios públicos. Frisou-se o dever de a Administração adotar providências que viabilizassem essa acessibilidade. Pontuou-se presente o controle jurisdicional de políticas públicas. Asseverou-se a existência de todos os requisitos a viabilizar a incursão judicial nesse campo, a saber: a natureza constitucional da política pública reclamada; a existência de correlação entre ela e os direitos fundamentais; a prova de que haveria omissão ou prestação deficiente pela Administração Pública, inexistindo justificativa razoável para esse comportamento. Destacou-se a promulgação, por meio do Decreto 6.949/2009, da Convenção Internacional sobre os Direitos das Pessoas com Deficiência e seu Protocolo Facultativo, incorporado ao cenário normativo brasileiro segundo o procedimento previsto no § 3º do art. 5º da Constituição. Ressalvou-se o disposto no artigo 9º do mencionado decreto ["1. A fim de possibilitar às pessoas com deficiência viver de forma independente e participar plenamente de todos os aspectos da vida, os Estados Partes tomarão as medidas apropriadas para assegurar às pessoas com deficiência o acesso, em igualdade de oportunidades com as demais pessoas, ao meio físico, ao transporte, à informação e comunicação, inclusive aos sistemas e tecnologias da informação e comunicação, bem como a outros serviços e instalações abertos ao público ou de uso público, tanto na zona urbana como na rural. Essas medidas, que incluirão a identificação e a eliminação de obstáculos e barreiras à acessibilidade, serão aplicadas, entre outros, a: a) Edifícios, rodovias, meios de transporte e outras instalações internas e externas, inclusive escolas, residências, instalações médicas e local de trabalho"].
RE 440028/SP, rel. Min. Marco Aurélio, 29.10.2013. (RE-440028)

Entes públicos e acessibilidade - 2
Sublinhou-se que, ao remeter à lei a disciplina da matéria, a Constituição não obstaculizou a atuação do Poder Judiciário, em especial quando em debate a dignidade da pessoa humana e a busca de uma sociedade justa e solidária (CF, artigos 1º, III, e 3º, I). Reputou-se que as normas definidoras dos direitos e garantias fundamentais teriam aplicação imediata, sem que fossem excluídos outros direitos decorrentes do regime e dos princípios por ela adotados ou dos tratados internacionais de que a República Federativa do Brasil fosse parte (CF, art. 5º, §§ 1º e 2º). Assinalou-se que o acesso ao Judiciário para reclamar contra lesão ou ameaça de lesão a direito seria cláusula pétrea. Observou-se que a acessibilidade, quando se tratasse de escola pública, seria primordial ao pleno desenvolvimento da pessoa (CF, art. 205). Lembrou-se que o art. 206, I, da CF asseguraria, ainda, a *"igualdade de condições para o acesso e permanência na escola"*. Registrou-se que barreiras arquitetônicas que impedissem a locomoção de pessoas acarretariam inobservância à regra constitucional, a colocar cidadãos em desvantagem no tocante à coletividade. Concluiu-se que a imposição quanto à acessibilidade aos prédios públicos seria reforçada pelo direito à cidadania, ao qual teriam *jus* as pessoas com deficiência.
RE 440028/SP, rel. Min. Marco Aurélio, 29.10.2013. (RE-440028) (Inform. STF 726)

Adaptação de veículos de transporte coletivo e acessibilidade
O Plenário julgou improcedente pedido formulado em ação direta de inconstitucionalidade proposta contra a Lei 10.820/92, do Estado de Minas Gerais, que dispõe sobre a obrigatoriedade de empresas concessionárias de transporte coletivo intermunicipal promoverem adaptações em seus veículos, a fim de facilitar o acesso e a permanência de pessoas com deficiência física ou com dificuldade de locomoção. Salientou-se que a Constituição dera destaque à necessidade de proteção às pessoas com deficiência, ao instituir políticas e diretrizes de acessibilidade física (CF, artigos 227, § 2º; e 244), bem como de inserção nas diversas áreas sociais e econômicas da comunidade. Enfatizou-se a incorporação, ao ordenamento constitucional, da Convenção Internacional sobre os Direitos das Pessoas com Deficiência – primeiro tratado internacional aprovado pelo rito legislativo previsto no art. 5º, § 3º, da CF –, internalizado por meio do Decreto 6.949/2009. Aduziu-se que prevaleceria, no caso, a densidade do direito à acessibilidade física das pessoas com deficiência (CF, art. 24, XIV), não obstante pronunciamentos da Corte no sentido da competência privativa da União (CF, art. 22, XI) para legislar sobre trânsito e transporte. Consignou-se que a situação deveria ser enquadrada no rol de competências legislativas concorrentes dos entes federados. Observou-se que, à época da edição da norma questionada, não haveria lei geral nacional sobre o tema. Desse modo, possível aos estados-membros exercerem a competência legislativa plena, suprindo o espaço normativo com suas legislações locais (CF, art. 24, § 3º). Ressaltou-se que a preocupação manifestada, quando do julgamento da medida cautelar, sobre a ausência de legislação federal protetiva encontrar-se-ia superada, haja vista a edição da Lei 10.098/2000, a estabelecer normas gerais e critérios básicos de promoção da acessibilidade de pessoas com deficiência. Registrou-se que, diante da superveniência dessa lei nacional, a norma mineira, embora constitucional, perderia força normativa, na atualidade, naquilo que contrastasse com a legislação geral de regência do tema (CF, art. 24, § 4º).
ADI 903/MG, rel. Min. Dias Toffoli, 22.5.2013. (ADI-903) (Inform. STF 707)

Concurso público: cláusula de barreira e concorrentes com deficiência
A 2ª Turma negou provimento a agravo regimental de decisão do Min. Gilmar Mendes que denegara mandado de segurança, do qual relator, impetrado contra ato do Procurador-Geral da República que, em edital de provimento de cargos para o Ministério Público da União, determinara a aplicação de cláusula de barreira (ou afunilamento). Nela, estabelecer-se-iam condições de passagem de candidatos de uma fase para outra no transcorrer de concurso público. O agravante, que disputava uma das vagas destinadas aos concorrentes com deficiência, insurgira-se contra regra do edital que, ao disponibilizar 6 vagas para o cargo pleiteado, determinara fossem corrigidas as provas discursivas dos 17 primeiros colocados. Alegava que, em face de sua aprovação na primeira fase e do não alcance do percentual legal de aprovados no exame, na condição de concorrentes daquela categoria, possuiria direito líquido e certo à correção de seu teste escrito. Assentou-se não assistir razão ao agravante, haja vista tratar-se de norma de avaliação e de classificação a critério do organizador do certame. Frisou-se que a cláusula de barreira para prosseguimento na etapa subsequente, aplicar-se-ia a todos, indistintamente. Destacou-se que, ante as peculiaridades referentes à concorrência de participantes com deficiência, a nota de corte deveria ser distinta da imposta aos demais candidatos, o que se verificara no caso em comento. **MS 30195 AgR/DF, rel. Min. Gilmar Mendes, 26.6.2012. (MS-30195) (Inform. STF 672)**

DIREITO ADMINISTRATIVO. SURDEZ UNILATERAL EM CONCURSO PÚBLICO. Candidato em concurso público com surdez unilateral não tem direito a participar do certame na qualidade de deficiente auditivo. Isso porque o Decreto 5.296/2004 alterou a redação do art. 4º, II, do Decreto 3.298/1999 – que dispõe sobre a Política Nacional para Integração de Pessoa Portadora de Deficiência - e excluiu da qualificação "deficiência auditiva" os portadores de surdez unilateral. Vale ressaltar que a jurisprudência do STF confirmou a validade da referida alteração normativa. Precedente citado do STF: MS 29.910 AgR, Segunda Turma, DJe 1º/8/2011. **MS 18.966-DF, Rel. Min. Castro Meira, Rel. para acórdão Min. Humberto Martins, julgado em 2/10/2013. (Inform. STJ 535)**

DIREITO ADMINISTRATIVO. RESERVA DE VAGAS EM CONCURSO PÚBLICO PARA PESSOAS COM DEFICIÊNCIA. Os candidatos que tenham "pé torto congênito bilateral" têm direito a concorrer às vagas em concurso público reservadas às pessoas com deficiência. A mencionada deficiência física enquadra-se no disposto no art. 4º, I, do Dec. 3.298/1999. **RMS 31.861-PE, Rel. Min. Sérgio Kukina, julgado em 23/4/2013.** (Inform. STJ 522)

DIREITO ADMINISTRATIVO. SERVIDOR PÚBLICO. APOSENTADORIA ESPECIAL.
A concessão de aposentadoria especial a servidor público depende de comprovação da efetiva nocividade da atividade realizada de forma permanente, nos termos do art. 57 da Lei n. 8.213/1991, enquanto não editada lei complementar que discipline o assunto. A EC n. 20/1998 garantiu o direito à concessão de aposentadoria especial aos servidores públicos que exerçam atividades em condições que prejudiquem a saúde ou a integridade física. O art. 40, § 4º, da CF, com redação dada pela EC n. 47/2005, estendeu o benefício aos servidores com deficiência física e aos que exerçam atividades de risco, nos termos definidos em lei complementar, ainda não editada. Assim, diante da omissão legislativa, o STF tem reconhecido a adoção do disposto no art. 57 da Lei n. 8.213/1991 para a concessão de aposentadoria especial aos servidores públicos. Precedente citado do STF: MI 1.683-DF, DJ 1º/10/2012. **RMS 36.806-PE, Rel. Min. Napoleão Nunes Maia Filho, julgado em 4/10/2012. (Inform. STJ 506)**

Súmula STJ nº 377
O portador de visão monocular tem direito de concorrer, em concurso público, às vagas reservadas aos deficientes.

16. DIREITO SANITÁRIO

1. O DIREITO À SAÚDE NA ORDEM CONSTITUCIONAL

ARE 727.864/PR
RELATOR: Ministro Celso de Mello
EMENTA: CUSTEIO, *PELO ESTADO,* **DE SERVIÇOS HOSPITALARES PRESTADOS** POR INSTITUIÇÕES PRIVADAS **EM BENEFÍCIO** DE PACIENTES **DO SUS** ATENDIDOS PELO SAMU **NOS CASOS** DE URGÊNCIA **E** DE INEXISTÊNCIA *DE LEITOS NA REDE PÚBLICA.* **DEVER ESTATAL** *DE ASSISTÊNCIA À SAÚDE* **E** *DE PROTEÇÃO À VIDA* **RESULTANTE** DE NORMA CONSTITUCIONAL. **OBRIGAÇÃO JURÍDICO-CONSTITUCIONAL** *QUE SE IMPÕE AOS ESTADOS.* **CONFIGURAÇÃO,** *NO CASO,* **DE TÍPICA HIPÓTESE** *DE OMISSÃO INCONSTITUCIONAL* **IMPUTÁVEL** *AO ESTADO.* **DESRESPEITO À CONSTITUIÇÃO PROVOCADO** *POR INÉRCIA ESTATAL* (**RTJ** 183/818-819). **COMPORTAMENTO** *QUE TRANSGRIDE* A AUTORIDADE DA LEI FUNDAMENTAL DA REPÚBLICA (**RTJ** 185/794-796). **A QUESTÃO** *DA RESERVA DO POSSÍVEL*: RECONHECIMENTO *DE SUA INAPLICABILIDADE,* **SEMPRE** QUE A INVOCAÇÃO DESSA CLÁUSULA **PUDER COMPROMETER** *O NÚCLEO BÁSICO* **QUE** QUALIFICA *O MÍNIMO EXISTENCIAL* (**RTJ** 200/191-197). **O PAPEL** DO PODER JUDICIÁRIO **NA IMPLEMENTAÇÃO** DE POLÍTICAS PÚBLICAS **INSTITUÍDAS** PELA CONSTITUIÇÃO **E** *NÃO EFETIVADAS* PELO PODER PÚBLICO. **A FÓRMULA** *DA RESERVA DO POSSÍVEL* **NA PERSPECTIVA** *DA TEORIA DOS CUSTOS DOS DIREITOS*: **IMPOSSIBILIDADE** DE SUA INVOCAÇÃO *PARA LEGITIMAR O INJUSTO INADIMPLEMENTO* **DE DEVERES ESTATAIS DE PRESTAÇÃO** CONSTITUCIONALMENTE IMPOSTOS AO PODER PÚBLICO. **A TEORIA** DA *"RESTRIÇÃO DAS RESTRIÇÕES"* (**OU** DA *"LIMITAÇÃO DAS LIMITAÇÕES"*). **CARÁTER COGENTE E VINCULANTE** DAS NORMAS CONSTITUCIONAIS, *INCLUSIVE DAQUELAS DE CONTEÚDO PROGRAMÁTICO,* **QUE VEICULAM** DIRETRIZES DE POLÍTICAS PÚBLICAS, **ESPECIALMENTE** *NA ÁREA DA SAÚDE* (**CF,** ARTS. 6º, 196 **E** 197). **A QUESTÃO** *DAS "ESCOLHAS TRÁGICAS".* **A COLMATAÇÃO** DE OMISSÕES INCONSTITUCIONAIS *COMO NECESSIDADE INSTITUCIONAL* FUNDADA EM COMPORTAMENTO **AFIRMATIVO** DOS JUÍZES **E** TRIBUNAIS **E DE QUE RESULTA** *UMA POSITIVA CRIAÇÃO JURISPRUDENCIAL* DO DIREITO. **CONTROLE JURISDICIONAL DE LEGITIMIDADE** DA OMISSÃO DO PODER PÚBLICO: *ATIVIDADE DE FISCALIZAÇÃO JUDICIAL* **QUE SE JUSTIFICA** *PELA NECESSIDADE* DE OBSERVÂNCIA *DE CERTOS* **PARÂMETROS CONSTITUCIONAIS** (*PROIBIÇÃO* DE RETROCESSO SOCIAL, *PROTEÇÃO* AO MÍNIMO EXISTENCIAL, *VEDAÇÃO* DA PROTEÇÃO INSUFICIENTE **E** *PROIBIÇÃO* DE EXCESSO). **DOUTRINA. PRECEDENTES** DO SUPREMO TRIBUNAL FEDERAL **EM TEMA** DE IMPLEMENTAÇÃO DE POLÍTICAS PÚBLICAS **DELINEADAS** NA CONSTITUIÇÃO DA REPÚBLICA (**RTJ** 174/687 – **RTJ** 175/1212-1213 – **RTJ** 199/1219-1220). **EXISTÊNCIA**, NO CASO EM EXAME, *DE RELEVANTE INTERESSE SOCIAL.*
2. **AÇÃO CIVIL PÚBLICA: INSTRUMENTO PROCESSUAL ADEQUADO** À PROTEÇÃO JURISDICIONAL DE DIREITOS REVESTIDOS *DE METAINDIVIDUALIDADE.* **LEGITIMAÇÃO ATIVA** DO MINISTÉRIO PÚBLICO (**CF,** ART. 129, III). **A FUNÇÃO INSTITUCIONAL** DO MINISTÉRIO PÚBLICO *COMO "DEFENSOR DO POVO"* (**CF,** ART. 129, II). **DOUTRINA. PRECEDENTES.**
3. **RESPONSABILIDADE SOLIDÁRIA** DAS PESSOAS POLÍTICAS **QUE INTEGRAM** O ESTADO FEDERAL BRASILEIRO, **NO CONTEXTO** *DO SISTEMA ÚNICO DE SAÚDE* (SUS). **COMPETÊNCIA COMUM** DOS ENTES FEDERADOS (UNIÃO, ESTADOS-MEMBROS, DISTRITO FEDERAL E MUNICÍPIOS) **EM TEMA** DE PROTEÇÃO **E** ASSISTÊNCIA À SAÚDE PÚBLICA **E/OU** INDIVIDUAL (**CF,** ART. 23, II). **DETERMINAÇÃO CONSTITUCIONAL** QUE, **AO INSTITUIR** *O DEVER ESTATAL* DE DESENVOLVER AÇÕES **E** DE PRESTAR SERVIÇOS DE SAÚDE, **TORNA** AS PESSOAS POLÍTICAS *RESPONSÁVEIS SOLIDÁRIAS* **PELA CONCRETIZAÇÃO** DE TAIS OBRIGAÇÕES JURÍDICAS, **O QUE LHES CONFERE** LEGITIMAÇÃO PASSIVA *"AD CAUSAM"* **NAS DEMANDAS** MOTIVADAS POR RECUSA DE ATENDIMENTO NO ÂMBITO **DO SUS. CONSEQUENTE POSSIBILIDADE DE AJUIZAMENTO** DA AÇÃO **CONTRA** *UM, ALGUNS* **OU** *TODOS OS ENTES ESTATAIS.* **PRECEDENTES. RECURSO EXTRAORDINÁRIO** *A QUE SE NEGA SEGUIMENTO.* DJe de 17.9.2014. (Inform. STF 766)

Direito à saúde e manutenção de medicamento em estoque
A 1ª Turma negou provimento a recurso extraordinário para assentar a legitimidade de determinação judicial no sentido de que o Estado do Rio de Janeiro mantivesse determinado medicamento em estoque. No caso, o Ministério Público Federal ajuizara ação civil pública, cujo pedido fora julgado parcialmente procedente, na qual se postulava a aquisição, pelo referido ente federativo, de medicamento a portadores da doença de Gaucher, e a manutenção de estoque por certo período, para evitar interrupção do tratamento, tendo em conta lapsos na importação do produto. Preliminarmente, a Turma afastou o sobrestamento do feito por falta de similitude com o RE 566.471 RG/RN — processo com repercussão geral reconhecida, que versa sobre o dever do Estado de fornecer medicamento de alto custo a portador de doença grave —, por entender diversa a matéria. No mérito, reafirmou a jurisprudência da Corte quanto à ausência de violação ao princípio da separação dos Poderes quando do exame pelo Poder Judiciário de ato administrativo tido por ilegal ou abusivo. Aduziu, ademais, que o Poder Público, qualquer que fosse a esfera institucional de sua atuação no plano da organização federativa brasileira, não poderia se mostrar indiferente ao problema da saúde da população, sob pena de incidir, ainda que por censurável omissão, em grave comportamento inconstitucional.
RE 429903/RJ, rel. Min. Ricardo Lewandowski, 25.6.2014. (RE-429903) (Inform. STF 752)

AG. REG. NO ARE N. 788.795-PR
RELATOR: MIN. RICARDO LEWANDOWSKI
Ementa: AGRAVO REGIMENTAL NO RECURSO EXTRAORDINÁRIO COM AGRAVO. CONSTITUCIONAL. DIREITO À SAÚDE. DEVER DO ESTADO. FORNECIMENTO DE MEDICAMENTO. OBRIGAÇÃO SOLIDÁRIA DOS ENTES DA FEDERAÇÃO. AGRAVO A QUE SE NEGA PROVIMENTO.
I – A jurisprudência desta Corte firmou-se no sentido de que é solidária a obrigação dos entes da Federação em promover os atos indispensáveis à concretização do direito à saúde, tais como, na hipótese em análise, o fornecimento de medicamento à recorrida, paciente destituída de recursos materiais para arcar com o próprio tratamento. Desse modo, a usuária dos serviços de saúde, no caso, possui direito de exigir de um, de alguns ou de todos os entes estatais o cumprimento da referida obrigação. Precedentes.
II – Agravo regimental a que se nega provimento. (Inform. STF 741)

AG. REG. NO ARE N. 709.925-PE
RELATORA: MIN. ROSA WEBER
EMENTA: DIREITO CONSTITUCIONAL. SAÚDE. TRATAMENTO MÉDICO. PROCEDIMENTO CIRÚRGICO. IMPLANTE DE "TUBO DE AHMED". GLAUCOMA AVANÇADO. SOLIDARIEDADE DOS ENTES FEDERATIVOS. PRECEDENTES. PEDIDO DE APLICAÇÃO DA SISTEMÁTICA DA REPERCUSSÃO GERAL. INADEQUAÇÃO. AUSÊNCIA DE IDENTIDADE DA CONTROVÉRSIA. ACÓRDÃO RECORRIDO PUBLICADO EM 08.02.2012.
A jurisprudência desta Corte firmou-se no sentido de que a saúde é direito de todos. É dever do Estado prestar assistência à saúde, conforme art. 196 da Constituição Federal, podendo o requerente pleitear de qualquer um dos entes federativos – União, Estados, Distrito Federal e os Municípios. Precedentes. Controvérsia divergente daquela em que reconhecida a repercussão geral pelo Plenário desta Casa – RE 566.471-RG/RN. Inadequada a aplicação da sistemática da repercussão geral (art. 543-B do CPC).
Agravo regimental conhecido e não provido. (Inform. STF 741)

AI 759.543/RJ
RELATOR: Ministro Celso de Mello
1. AMPLIAÇÃO E MELHORIA NO ATENDIMENTO À POPULAÇÃO **NO HOSPITAL MUNICIPAL** *SOUZA AGUIAR*. **DEVER ESTATAL** *DE ASSISTÊNCIA À SAÚDE* **RESULTANTE** DE NORMA CONSTITUCIONAL. **OBRIGAÇÃO JURÍDICO-CONSTITUCIONAL** *QUE SE IMPÕE AOS MUNICÍPIOS* (**CF**, ART. 30, VII). **CONFIGURAÇÃO**, NO CASO, **DE TÍPICA HIPÓTESE** *DE OMISSÃO INCONSTITUCIONAL* **IMPUTÁVEL** *AO MUNICÍPIO*. **DESRESPEITO À CONSTITUIÇÃO PROVOCADO** *POR INÉRCIA ESTATAL* (**RTJ** 183/818-819). **COMPORTAMENTO** *QUE TRANSGRIDE* A AUTORIDADE DA LEI FUNDAMENTAL DA REPÚBLICA (**RTJ** 185/794-796). **A QUESTÃO** *DA RESERVA DO POSSÍVEL*: RECONHECIMENTO *DE SUA INAPLICABILIDADE*, **SEMPRE** QUE A INVOCAÇÃO DESSA CLÁUSULA **PUDER COMPROMETER** *O NÚCLEO BÁSICO* QUE QUALIFICA *O MÍNIMO EXISTENCIAL* (**RTJ** 200/191-197). **O PAPEL** DO PODER JUDICIÁRIO **NA** *IMPLEMENTAÇÃO* DE POLÍTICAS PÚBLICAS **INSTITUÍDAS** PELA CONSTITUIÇÃO **E NÃO EFETIVADAS** PELO PODER PÚBLICO. **A FÓRMULA** *DA RESERVA DO POSSÍVEL* **NA PERSPECTIVA** *DA TEORIA DOS CUSTOS DOS DIREITOS*: **IMPOSSIBILIDADE** DE SUA INVOCAÇÃO *PARA LEGITIMAR O INJUSTO INADIMPLEMENTO* **DE DEVERES ESTATAIS DE PRESTAÇÃO** *CONSTITUCIONALMENTE IMPOSTOS* AO PODER PÚBLICO. **A TEORIA** DA "*RESTRIÇÃO DAS RESTRIÇÕES*" (**OU** DA "*LIMITAÇÃO DAS LIMITAÇÕES*"). **CARÁTER COGENTE E VINCULANTE** DAS NORMAS CONSTITUCIONAIS, *INCLUSIVE DAQUELAS DE CONTEÚDO PROGRAMÁTICO*, **QUE VEICULAM** DIRETRIZES DE POLÍTICAS PÚBLICAS, **ESPECIALMENTE** *NA ÁREA DA SAÚDE* (**CF**, ARTS. 6º, 196 E 197). **A QUESTÃO DAS** "*ESCOLHAS TRÁGICAS*". **A COLMATAÇÃO** DE OMISSÕES INCONSTITUCIONAIS *COMO NECESSIDADE INSTITUCIONAL* FUNDADA EM COMPORTAMENTO **AFIRMATIVO** DOS JUÍZES **E** TRIBUNAIS **E DE QUE RESULTA** *UMA POSITIVA CRIAÇÃO JURISPRUDENCIAL* DO DIREITO. **CONTROLE JURISDICIONAL DE LEGITIMIDADE** DA OMISSÃO DO PODER PÚBLICO: *ATIVIDADE DE FISCALIZAÇÃO JUDICIAL* QUE SE JUSTIFICA *PELA NECESSIDADE* DE OBSERVÂNCIA *DE CERTOS* **PARÂMETROS CONSTITUCIONAIS** (*PROIBIÇÃO* DE RETROCESSO SOCIAL, *PROTEÇÃO* AO MÍNIMO EXISTENCIAL, *VEDAÇÃO* DA PROTEÇÃO INSUFICIENTE **E** *PROIBIÇÃO* DE EXCESSO). **DOUTRINA**. **PRECEDENTES** DO SUPREMO TRIBUNAL FEDERAL **EM TEMA** DE IMPLEMENTAÇÃO DE POLÍTICAS PÚBLICAS **DELINEADAS** NA CONSTITUIÇÃO DA REPÚBLICA (**RTJ** 174/687 – **RTJ** 175/1212-1213 – **RTJ** 199/1219-1220). **EXISTÊNCIA**, NO CASO EM EXAME, *DE RELEVANTE INTERESSE SOCIAL*.
2. AÇÃO CIVIL PÚBLICA: INSTRUMENTO PROCESSUAL ADEQUADO À PROTEÇÃO JURISDICIONAL DE DIREITOS REVESTIDOS *DE METAINDIVIDUALIDADE*. **LEGITIMAÇÃO ATIVA** DO MINISTÉRIO PÚBLICO (**CF**, ART. 129, III). **A FUNÇÃO INSTITUCIONAL** DO MINISTÉRIO PÚBLICO *COMO "DEFENSOR DO POVO"* (**CF**, ART. 129, II). **DOUTRINA**. **PRECEDENTES. RECURSO EXTRAORDINÁRIO IMPROVIDO**.
DJe de 11.11.2013 (Inform. STF 740)

AG. REG. NO ARE N. 744.170-RS
RELATOR: MIN. MARCO AURÉLIO
SAÚDE – FORNECIMENTO DE REMÉDIOS. O preceito do artigo 196 da Constituição Federal assegura aos necessitados o fornecimento, pelo Estado, dos medicamentos indispensáveis ao restabelecimento da saúde. (Inform. STF 734)

DIREITO PROCESSUAL CIVIL E CONSTITUCIONAL. LEGITIMIDADE PASSIVA DA UNIÃO EM DEMANDAS QUE ENVOLVEM O SUS. A União – e não só Estados, Distrito Federal e Municípios – tem legitimidade passiva em ação de indenização por erro médico ocorrido em hospital da rede privada durante atendimento custeado pelo Sistema Único de Saúde (SUS). A saúde pública não só é um direito fundamental do homem como também é um dever do Poder Público, expressão que abarca, em conjunto, a União, os Estados-membros, o Distrito Federal e os Municípios, nos termos dos arts. 2º e 4º da Lei 8.080/1990, que trata do SUS. O funcionamento do SUS é de responsabilidade solidária de todos os referidos entes, cabendo a qualquer um deles a legitimidade ad causam para figurar no polo passivo de demandas que objetivem garantir acesso à medicação ou ao tratamento médico adequado a pessoas desprovidas de recursos financeiros, consoante se extrai de farta jurisprudência do STJ. Assim, a União, bem como os demais entes federativos, possui legitimidade para figurar no polo passivo de quaisquer demandas que envolvam o SUS, inclusive as relacionadas a indenização por erro médico ocorrido em hospitais privados conveniados. **REsp 1.388.822-RN, Rel. Min. Benedito Gonçalves, julgado em 16/6/2014. (Inform. STJ 543)**

AG. REG. NO RE N. 668.722-RS
RELATOR: MIN. DIAS TOFFOLI
EMENTA: Agravo regimental no recurso extraordinário. Direito à saúde. Portadora de doença grave. Determinação para que o Estado forneça fraldas descartáveis. Caracterização da necessidade. Reexame de fatos e provas. Impossibilidade. Precedentes.
1. O Poder Judiciário, em situações excepcionais, pode determinar que a Administração Pública adote medidas concretas, assecuratórias de direitos constitucionalmente reconhecidos como essenciais, como é o caso da saúde.

2. A Corte de origem consignou ser necessária a aquisição das fraldas descartáveis, em razão da condição de saúde da agravada e a impossibilidade de sua representante legal de fazê-lo às suas expensas.
3. Inadmissível, em recurso extraordinário, o reexame dos fatos e das provas dos autos. Incidência da Súmula nº 279/STF.
4. Agravo regimental não provido. (Inform. STF 725)

2. VIGILÂNCIA SANITÁRIA

Súmula STJ nº 413
O farmacêutico pode acumular a responsabilidade técnica por uma farmácia e uma drogaria ou por duas drogarias.

Súmula STJ nº 275
O auxiliar de farmácia não pode ser responsável técnico por farmácia ou drogaria.

Súmula STJ nº 120
O oficial de farmácia, inscrito no conselho regional de farmácia, pode ser responsável técnico por drogaria.

3. PLANO DE SAÚDE

ED: Lei 9.656/1998 e eficácia
O Plenário acolheu embargos de declaração, conferindo-lhes efeitos modificativos, e prestou esclarecimentos a respeito de alegada contradição em decisão que deferira, em parte, medida cautelar (noticiada nos Informativos 167 e 317) para suspender a eficácia dos seguintes preceitos da Lei 9.656/1998: a) do art. 35-G e da expressão "atuais e", contida no § 2º do art. 10, na redação dada pela MP 1.908-18/1999; b) do art. 35-E, na redação dada pela MP 2.177-44/2001; e c) da expressão "artigo 35-E", contida no art. 3º da MP 1.908-18/1999. O Colegiado afirmou que, quanto ao art. 3º da MP 1.908/1999, a suspensão da locução "artigo 35-E" não alcançaria a vigência do respectivo § 2º. Relativamente ao § 2º do art. 35-E da Lei 9.656/1998, com a redação dada pela MP 2.177-44/2001, o afastamento da eficácia deveria restringir-se à expressão "independentemente da data de sua celebração". O § 2º do art. 35-E submete, à aprovação da Agência Nacional de Saúde - ANS, a modificação das prestações pecuniárias relativas a planos e seguros privados de assistência à saúde independentemente do momento de celebração do contrato, o que alcançaria as avenças formalizadas antes e após o início da vigência. Considerada a premissa a fundamentar a suspensão do dispositivo, tornar-se-ia necessário esclarecer que continuariam a depender de prévia anuência da citada autarquia os reajustes de contratos firmados a partir da entrada em vigor da lei. Ante a motivação consignada, a rigor, a suspensão de eficácia deveria restringir-se à expressão "independentemente da data de sua celebração".
ADI 1931 MC-ED/DF, rel. Min. Marco Aurélio, 22.10.2014. (ADI-1931) (Inform. STF 764)

DIREITO CIVIL E DO CONSUMIDOR. POSSIBILIDADE DE INCLUSÃO DE DEPENDENTE EM CONTRATO DE SEGURO DE SAÚDE.

Na hipótese de seguro de saúde contratado em momento anterior ao início da vigência da Lei 9.656/1998, caso não tenha sido garantido à titular segurada o direito de optar pela adaptação do contrato ao sistema da nova lei (art. 35, caput, da Lei 9.656/1998), é possível a inclusão, na qualidade de dependente, de neto, filho de uma de suas filhas originariamente indicada como dependente no referido seguro. Isso porque, nesse contexto, não se admite impor ao contratante a restrição estabelecida no § 5º do art. 35 da Lei 9.656/1998, segundo o qual a "manutenção dos contratos originais pelos consumidores não-optantes tem caráter personalíssimo, devendo ser garantida somente ao titular e a seus dependentes já inscritos, permitida inclusão apenas de novo cônjuge e filhos, e vedada a transferência da sua titularidade, sob qualquer pretexto, a terceiros". De fato, se não houve opção, por imperativo lógico, não se pode considerar a titular segurada como não-optante, sendo, nesse caso, inaplicável a restrição. **REsp 1.133.338-SP, Rel. Min. Paulo de Tarso Sanseverino, julgado em 2/4/2013.** (Inform. STJ 520)

DIREITO CIVIL E DO CONSUMIDOR. NECESSIDADE DE INTERPRETAÇÃO DE CLÁUSULA DE CONTRATO DE SEGURO DE SAÚDE DA FORMA MAIS FAVORÁVEL À PARTE ADERENTE.
No caso em que o contrato de seguro de saúde preveja automática cobertura para determinadas lesões que acometam o filho de "segurada" nascido durante a vigência do pacto, deve ser garantida a referida cobertura, não apenas ao filho da "segurada titular", mas também ao filho de "segurada dependente". Tratando-se, nessa hipótese, de relação de consumo instrumentalizada por contrato de adesão, as cláusulas contratuais, redigidas pela própria seguradora, devem ser interpretadas da forma mais favorável à outra parte, que figura como consumidora aderente, de acordo com o que dispõe o art. 47 do CDC. Assim, deve-se entender que a expressão "segurada" abrange também a "segurada dependente", não se restringindo à "segurada titular". Com efeito, caso a seguradora pretendesse restringir o campo de abrangência da cláusula contratual, haveria de especificar ser esta aplicável apenas à titular do seguro contratado. **REsp 1.133.338-SP, Rel. Min. Paulo de Tarso Sanseverino, julgado em 2/4/2013.** (Inform. STJ 520)

PLANO DE SAÚDE COLETIVO. MANUTENÇÃO APÓS APOSENTADORIA.
O trabalhador que participou de plano de saúde coletivo, decorrente do vínculo empregatício, por mais de dez anos tem direito à manutenção do benefício com a mesma cobertura, sem nenhuma carência, desde que assuma o pagamento integral da contribuição à operadora do plano de saúde. No caso, o trabalhador aposentou-se em 1.994, mas continuou como beneficiário do plano de saúde coletivo custeado pela empregadora, por liberalidade desta, por mais cinco anos após a aposentadoria. Assim, o trabalhador aposentado ainda era beneficiário de plano de saúde coletivo mantido em razão do vínculo empregatício quando do início da vigência da Lei n. 9.656/1998, o que atraiu a aplicação do disposto no art. 31 dessa lei, segundo o qual o aposentado tem direito à manutenção do benefício nas mesmas condições dos beneficiários da ativa. De acordo com a jurisprudência do STJ, o disposto no art. 31 da Lei n. 9.656/1998 é autoaplicável, ou seja, contém todos os elementos necessários ao exercício dos direitos que assegura. Dessa forma, a Res. n. 21/1999 do Conselho de Saúde Suplementar – CONSU, que limitou a aplicação do disposto no art. 31 a aposentadorias ocorridas após 2 de janeiro de 1.999, extrapolou o poder regulamentar e fez restrição não existente na mencionada lei. Quanto à aplicabilidade da norma no tempo, o Min. Relator afirmou ser certo que a Lei n. 9.656/1998 aplica-se a fatos ocorridos a partir de sua vigência, mas o diploma deve atingir também as relações de trato sucessivo, mesmo que constituídas anteriormente, tal como no caso examinado. Ademais, o art. 31 determina que o beneficiário deve assumir integralmente a mensalidade do plano de saúde, o que não gera desequilíbrio econômico-financeiro do contrato da apólice coletiva. Precedentes citados: REsp 650.400-SP, DJe de 5/8/2010; REsp 925.313-DF, DJe 26/3/2012; REsp 1.078.991-DF, DJe de 16/6/2009, e REsp 820.379-DF, DJ 6/8/2007. **REsp 531.370-SP, Rel. Min. Raul Araújo, julgado em 7/8/2012.** (Inform. STJ 501)

RESPONSABILIDADE. PLANO DE SAÚDE. PRESTAÇÃO. SERVIÇO.

Reiterando seu entendimento, a Turma decidiu que a operadora de plano de saúde é solidariamente responsável pela sua rede de serviços médico-hospitalar credenciada. Reconheceu-se sua legitimidade passiva para figurar na ação indenizatória movida por segurado, em razão da má prestação de serviço por profissional conveniado. Assim, ao selecionar médicos para prestar assistência em seu nome, o plano de saúde se compromete com o serviço, assumindo essa obrigação, e por isso tem responsabilidade objetiva perante os consumidores, podendo em ação regressiva averiguar a culpa do médico ou do hospital. Precedentes citados: AgRg no REsp 1.037.348-SP, DJe 17/8/2011; AgRg no REsp 1.029.043-SP, DJe 8/06/2009, e REsp 138.059-MG, DJ 11/6/2001. **REsp 866.371-RS, Rel. Min. Raul Araújo, julgado em 27/3/2012. (Inform. STJ 494)**

SEGURO DE SAÚDE. CARÊNCIA. ATENDIMENTO EMERGENCIAL. SITUAÇÃO-LIMITE.

A questão consiste em saber se, em seguro de assistência à saúde, é possível a seguradora invocar prazo de carência contratual para restringir o custeio dos procedimentos de emergência de que depende o beneficiário do seguro ao período concernente às doze primeiras horas de atendimento médico-hospitalar, a contar da internação. No caso, o recorrente ajuizou ação de obrigação de fazer em face da seguradora ora recorrida, sustentando ser beneficiário do seguro de assistência à saúde firmado com a recorrida. Aduz que, ao ser atendido no hospital, foi diagnosticada a existência de tumor cerebral maligno, com quadro médico grave e risco de morte, razão pela qual foi imediatamente internado para posterior intervenção neurocirúrgica. Apesar do caráter emergencial do exame de ressonância magnética nuclear, foi negada, pela recorrida, a sua cobertura ao argumento de que o contrato do recorrente estaria sujeito ao prazo de carência de 180 dias a partir da adesão ao seguro. E que, diante dessa situação, foi sua genitora quem custeou os exames. O juiz *a quo* julgou procedentes os pedidos formulados na inicial, obrigando a recorrida a custear todos os procedimentos necessários até a cessação e extirpação da moléstia, sob pena de arcar com multa diária de R$ 1 mil, determinando, também, o reembolso dos valores despendidos. Interposta apelação, o tribunal de justiça deu parcial provimento ao recurso da recorrida para limitar o período da cobertura. O recorrente interpôs recurso especial, que foi admitido. A Turma entendeu que, diante do disposto no art. 12 da Lei n. 9.656/1998, é possível a estipulação contratual de prazo de carência, todavia o inciso V, "c", do mesmo dispositivo estabelece o prazo máximo de 24 horas para cobertura dos casos de urgência e emergência. Os contratos de seguro e assistência à saúde são pactos de cooperação e solidariedade, cativos e de longa duração, informados pelos princípios consumeristas da boa-fé objetiva e função social, tendo o objetivo precípuo de assegurar ao consumidor, no que tange aos riscos inerentes à saúde, tratamento e segurança para amparo necessário de seu parceiro contratual. Os artigos 18, § 6º, III, e 20, § 2º, do CDC preveem a necessidade da adequação dos produtos e serviços à legítima expectativa do consumidor de, em caso de pactuação de contrato oneroso de seguro de assistência à saúde, não ficar desamparado no que tange a procedimento médico premente e essencial à preservação de sua vida. Como se trata de situação limite em que há nítida possibilidade de violação de direito fundamental à vida, não é possível a seguradora invocar prazo de carência contratual para restringir o custeio dos procedimentos de emergência relativos ao tratamento de tumor cerebral que aflige o beneficiário do seguro. Precedente citado do STF: RE 201819, DJ 27/10/2006; do STJ: REsp 590.336-SC, DJ 21/2/2005, e REsp 466.667-SP, DJ 17/12/2007. **REsp 962.980-SP, Rel. Min. Luis Felipe Salomão, julgado em 13/3/2012. (Inform. STJ 493)**

CONTRATO. PLANO. SAÚDE. CLÁUSULA ABUSIVA.

O cerne da questão cinge-se à análise da existência de abuso na cláusula do contrato de plano de saúde que prevê limite de valor para cobertura de tratamento médico-hospitalar. *In casu*, a beneficiária de plano de saúde foi internada em hospital conveniado, em razão de moléstia grave e permaneceu em UTI. Todavia, quando atingido o limite financeiro (R$ 6.500,00) do custo de tratamento previsto no contrato celebrado entre as partes, a recorrida (mantenedora do plano de saúde) negou-se a cobrir as despesas médico-hospitalares excedentes. De fato, o sistema normativo vigente permite às seguradoras fazer constar da apólice de plano de saúde privado cláusulas limitativas de riscos adicionais relacionados com o objeto da contratação, de modo a responder pelos riscos somente na extensão contratada. No entanto, tais cláusulas limitativas não se confundem com as cláusulas que visam afastar a responsabilidade da seguradora pelo próprio objeto nuclear da contratação. Na espécie, a seguradora de plano de saúde assumiu o risco de cobrir o tratamento da moléstia que acometeu a segurada. Porém, por meio de cláusula limitativa e abusiva, reduziu os efeitos jurídicos dessa cobertura ao estabelecer um valor máximo para as despesas hospitalares, tornando, assim, inócuo o próprio objeto do contrato. É que tal cláusula não é meramente limitativa de extensão de risco porque excludente da própria essência do risco assumido. O Min. Relator ressaltou que não se pode equiparar o seguro-saúde a um seguro patrimonial, no qual é possível e fácil aferir o valor do bem segurado, criando limites de reembolso/indenização. Pois, quem segura a saúde de outrem está garantindo o custeio de tratamento de doenças que, por sua própria natureza, são imprevisíveis, sendo essa uma das razões que leva a pessoa a contratar seguro de saúde. Assim, seja por violação das normas do CDC (arts. 4º, 6º, 51) ou do disposto na Lei n. 9.656/1998 e no DL n. 73/1966, deve ser considerada abusiva a cláusula contratual de seguro-saúde que crie limitação de valor para o custeio de tratamento de saúde ou de internação hospitalar de segurado ou beneficiário. Com efeito, em observância à função social dos contratos, à boa-fé objetiva e à proteção à dignidade humana, deve ser reconhecida a nulidade de tal cláusula. Com essas e outras considerações, a Turma deu provimento ao recurso para, julgando procedente a ação e improcedente a reconvenção, condenar a seguradora ao pagamento das despesas médico-hospitalares (deduzindo-se as já suportadas pela recorrida) a título de danos materiais e dos danos morais decorrentes da cláusula abusiva e da injusta recusa da cobertura securitária pela operadora do plano de saúde, o que causou aflição à segurada (acometida de moléstia grave que levaria a estado terminal) que necessitava dar continuidade à sua internação em UTI e ao tratamento médico hospitalar adequado. Precedente citado: REsp 326.147-SP, DJe 8/6/2009. **REsp 735.750-SP, Rel. Min. Raul Araújo, julgado em 14/2/2012. (Inform. STJ 491)**

CONSUMIDOR. PLANO DE SAÚDE. REDE CONVENIADA. ALTERAÇÃO. INFORMAÇÃO.

Tendo em vista a importância que a rede conveniada assume para a continuidade do contrato, a operadora de plano de saúde somente cumprirá o dever de informar se comunicar individualmente a cada associado o descredenciamento de médicos e hospitais. Isso porque o direito à informação visa assegurar ao consumidor uma escolha consciente, permitindo que suas expectativas em relação ao produto ou serviço sejam de fato atingidas, manifestando o que vem sendo denominado de consentimento informado ou vontade qualificada. Diante disso, o comando do art. 6º, III, do CDC somente será efetivamente cumprido quando a informação for prestada ao consumidor de forma adequada, assim entendida como aquela que se apresenta simultaneamente completa, gratuita e útil, vedada, no último caso, a diluição da comunicação efetivamente relevante pelo uso de informações soltas, redundantes ou destituídas de qualquer serventia para o consumidor. Precedentes citados: REsp 418.572-SP, DJe 30/3/2009, e REsp 586.316-MG, DJe 19/3/2009. **REsp 1.144.840-SP, Rel. Min. Nancy Andrighi, julgado em 20/3/2012. (Inform. STJ 483)**

Súmula STJ nº 469

Aplica-se o Código de Defesa do Consumidor aos contratos de plano de saúde.

Súmula STJ nº 302

É abusiva a cláusula contratual de plano de saúde que limita no tempo a internação hospitalar do segurado.

4. RESPONSABILIDADE DOS PROFISSIONAIS DA SAÚDE

DANO MORAL. EXAME CLÍNICO. HIV.
Trata-se, na origem, de ação de compensação por danos morais ajuizada pela recorrente contra o hospital ora recorrido pelo fato de o nosocômio ter emitido três exames de HIV com o resultado positivo equivocado. A Min. Relatora ressaltou que o defeito no fornecimento do serviço, com exame repetido e confirmado, ainda que com a ressalva do médico de que poderia ser necessário exame complementar, causa sofrimento à paciente, visto que o recorrido assumiu a obrigação de realizar exame com resultado veraz, o que não ocorreu. Nesse contexto, a Turma, por maioria, deu parcial provimento ao recurso, para condenar o recorrido a pagar a quantia de R$ 15 mil a título de danos morais. **REsp 1.291.576-RS, Rel. Min. Nancy Andrighi, julgado em 28/2/2012. (Inform. STJ 492)**

CIRURGIA ESTÉTICA. DANOS MORAIS.
Nos procedimentos cirúrgicos estéticos, a responsabilidade do médico é subjetiva com presunção de culpa. Esse é o entendimento da Turma que, ao não conhecer do apelo especial, manteve a condenação do recorrente – médico – pelos danos morais causados ao paciente. Inicialmente, destacou-se a vasta jurisprudência desta Corte no sentido de que é de resultado a obrigação nas cirurgias estéticas, comprometendo-se o profissional com o efeito embelezador prometido. Em seguida, sustentou-se que, conquanto a obrigação seja de resultado, a responsabilidade do médico permanece subjetiva, com inversão do ônus da prova, cabendo-lhe comprovar que os danos suportados pelo paciente advieram de fatores externos e alheios a sua atuação profissional. Vale dizer, a presunção de culpa do cirurgião por insucesso na cirurgia plástica pode ser afastada mediante prova contundente de ocorrência de fator imponderável, apto a eximi-lo do dever de indenizar. Considerou-se, ainda, que, apesar de não estarem expressamente previstos no CDC o caso fortuito e a força maior, eles podem ser invocados como causas excludentes de responsabilidade dos fornecedores de serviços. No caso, o tribunal *a quo*, amparado nos elementos fático-probatórios contidos nos autos, concluiu que o paciente não foi advertido dos riscos da cirurgia e também o médico não logrou êxito em provar a ocorrência do fortuito. Assim, rever os fundamentos do acórdão recorrido importaria necessariamente no reexame de provas, o que é defeso nesta fase recursal ante a incidência da Súm. n. 7/STJ. **REsp 985.888-SP, Min. Luis Felipe Salomão, julgado em 16/2/2012. (Inform. STJ 491)**

5. CRIMES CONTRA A SAÚDE PÚBLICA

Súmula STF nº 736

Compete à justiça do trabalho julgar as ações que tenham como causa de pedir o descumprimento de normas trabalhistas relativas à segurança, higiene e saúde dos trabalhadores.

6. SISTEMA ÚNICO DE SAÚDE (SUS)

DIREITO ADMINISTRATIVO. EXIGIBILIDADE DE PARECER FAVORÁVEL DE CONSELHO MUNICIPAL DE SAÚDE PARA CREDENCIAMENTO NO SUS. É lícita a exigência de parecer favorável de Conselho Municipal de Saúde para o credenciamento de laboratório de propriedade particular no SUS. Cabe anotar que o SUS se expressa por meio de uma complexa organização estatal e social, na qual colaboram pessoas jurídicas de direito público e privadas. Entretanto, embora a integração de prestadores privados no SUS seja desejável e permitida mediante credenciamento, para tanto é necessário o atendimento de normas gerais de direito público, conforme previsto no art. 24, parágrafo único, da Lei 8.080/1990. Posto isso, cumpre salientar que, para garantir o seu próprio funcionamento concatenado, o sistema, desde os seus primórdios, possui uma lógica de permeabilidade para a participação social, que se expressa por meio de conselhos (art. 198, III, da CF e art. 7º, VIII, da Lei 8.080/1990). A Lei 8.143/1990, por sua vez, que regulamenta a participação da comunidade na gestão do SUS, prevê a atuação dos Conselhos de Saúde em cada esfera de governo, em especial no que se refere à formulação de estratégias e no controle da execução da política de saúde. Nesse contexto, observa-se que a exigência de parecer favorável de Conselho Municipal de Saúde, além de ser impessoal, tem embasamento na legislação pertinente e vigente. **RMS 45.638-RS, Rel. Min. Humberto Martins, julgado em 5/8/2014. (Inform. STJ 545)**

17. DIREITO URBANÍSTICO

Ocupação e parcelamento do solo urbano: loteamentos fechados e plano diretor - 1

O Plenário iniciou julgamento de recurso extraordinário em que se discute a obrigatoriedade de previsão no plano diretor para fins de regramento da ocupação e do parcelamento do solo urbano em loteamento fechados, também denominados condomínios horizontais ou condomínios urbanísticos. Na espécie, discute-se a constitucionalidade — em face dos artigos 182, §§ 1º e 2º, da CF — da LC 710/2005 do Distrito Federal, que dispõe sobre a disciplina de projetos urbanísticos em lotes integrados por unidades autônomas e áreas comuns condominiais. O Ministro Teori Zavascki (relator) negou provimento ao recurso, no que foi acompanhado pelo Ministro Roberto Barroso. Reputou a Lei Complementar distrital 710/2005 legítima, sob o aspecto formal e material. Destacou que a norma impugnada estabeleceria uma forma diferenciada de ocupação e parcelamento do solo urbano em loteamentos fechados, a tratar da disciplina interna desses espaços e dos requisitos urbanísticos mínimos a serem neles observados. De início, mencionou que a Constituição prevê competência concorrente aos entes federativos para fixar normas gerais de urbanismo (art. 24, I e § 1º, e 30, II) e que, a par dessa competência, aos municípios fora atribuída posição de preponderância a respeito de matérias urbanísticas. O relator mencionou que a atuação municipal no planejamento da política de desenvolvimento e expansão urbana deveria ser conduzida com a aprovação, pela Câmara Municipal, de um plano diretor — obrigatório para as cidades com mais de 20.000 habitantes —, cujo conteúdo deveria sistematizar a existência física, econômica e social da cidade, de modo a servir de parâmetro para a verificação do cumprimento da função social das propriedades inseridas em perímetro urbano. Destacou que a lei geral de urbanismo vigente seria o Estatuto das Cidades (Lei 10.257/2001) que também positivara normas gerais a serem observadas na elaboração de planos diretores.
RE 607940/DF, rel. Min. Teori Zavascki, 21.8.2014. (RE-607940)

Ocupação e parcelamento do solo urbano: loteamentos fechados e plano diretor - 2

No tocante à lei impugnada, o Ministro Teori Zavascki aduziu que ela se diferenciaria da Lei 6.766/1979, notadamente, pela: a) possibilidade de fechamento físico e da limitação de acesso da área a ser loteada; e b) transferência, aos condôminos, dos encargos decorrentes da instalação da infraestrutura básica do projeto e dos gastos envolvidos na administração do loteamento, a exemplo do consumo de água, energia elétrica, limpeza e conservação. Consignou que a lei distrital disporia sobre padrão normativo mínimo a ser aplicado a projetos de futuros loteamentos fechados, com o objetivo de evitar situações de ocupação irregular do solo, à margem de controle pela Administração. Asseverou, ainda, que nem toda matéria urbanística relativa às formas de parcelamento, ao uso ou à ocupação do solo deveria estar inteiramente regrada no plano diretor. Enfatizou que determinados modos de aproveitamento do solo urbano, pelas suas singularidades, poderiam receber disciplina jurídica autônoma. Em divergência, o Ministro Marco Aurélio deu provimento ao extraordinário por entender que o acórdão recorrido colocara em segundo plano o que previsto no art. 182, §§ 1º e 2º, da CF. Em seguida, o julgamento foi suspenso em virtude do pedido de vista formulado pelo Ministro Luiz Fux.
RE 607940/DF, rel. Min. Teori Zavascki, 21.8.2014. (RE-607940) (Inform. STF 755)

**REPERCUSSÃO GERAL EM RE N. 607.940-DF
RELATOR: MIN. AYRES BRITTO**
CONSTITUCIONAL. CRIAÇÃO DE PROJETOS URBANÍSTICOS OBRIGATORIEDADE DO PLANO DIRETOR COMO INSTRUMENTO DA POLÍTICA DE DESENVOLVIMENTO URBANO DOS MUNICÍPIOS.
Possui repercussão geral a questão constitucional atinente à obrigatoriedade do plano diretor como instrumento da política de ordenamento urbano. (Inform. STF 630)

Usucapião Especial Urbano e Lei Municipal

A Turma, por indicação do Min. Marco Aurélio, deliberou afetar ao Plenário julgamento de recurso extraordinário interposto contra acórdão do Tribunal de Justiça do Estado do Rio Grande do Sul que denegara pedido formulado em ação de usucapião especial urbano, ao fundamento de que a área requerida possuiria metragem inferior ao módulo definido por legislação municipal, sendo inaplicável ao caso o art. 183 da CF ("Aquele que possuir como sua área urbana de até duzentos e cinquenta metros quadrados, por cinco anos, ininterruptamente e sem oposição, utilizando-a para sua moradia ou de sua família, adquirir-lhe-á o domínio, desde que não seja proprietário de outro imóvel urbano ou rural."). **RE 422349/RS, rel. Min. Dias Toffoli, 27.4.2010. (RE-422349)** (Inform. STF 584)

ACP. CONEXÃO. NUNCIAÇÃO. OBRA NOVA.

In casu, a proprietária do lote contíguo à obra nunciada e a associação de moradores ajuizaram, na origem, ação de nunciação de obra nova cumulada com pedido de anulação de alvará de construção. Outra associação de defesa da cidade interpôs ação civil pública e, por conexão, ambas as ações foram reunidas e julgadas. O tribunal a quo manteve a ordem de demolição do prédio em construção por infringência das restrições convencionais, fixadas pelo loteador e devidamente registradas em cartório, uma vez que essas restrições deveriam ser observadas nas escrituras subsequentes. Para isso, baseou-se no art. 572 do CC/1916, com dupla fundamentação: uma de que as restrições convencionais devem ser observadas desde que mais rigorosas que as previstas pela legislação urbanística; o outro fundamento deu-se com a análise específica do art. 39 da Lei municipal n. 8.001/1973 (com a redação dada pela Lei municipal n. 9.846/1985), bem como do art. 5º, XXII, da CF/1988, o qual fora sucintamente ventilado na apelação, mas com expressa manifestação daquele tribunal. A questão a ser dirimida no REsp está em saber se as restrições feitas pelo loteador, em convenção particular, quanto à utilização do solo, guardam consonância com o art. 572 do CC/1916, ou seja, em síntese, se as limitações dadas ao uso da propriedade introduzidas pelo particular prevalecem ou não sobre normas municipais, na interpretação dada pelo citado artigo. A matéria em debate, segundo destacado, tem importância fundamental na garantia dos espaços verdes, criação e desenvolvimento urbano dos municípios que por ventura venham a passar por situação semelhante. No caso, a questão tornou-se polêmica pelo fato de a obra ter obtido alvará de construção. Neste Superior Tribunal, houve empate no julgamento quanto ao conhecimento do REsp, o que foi resolvido com o voto de desempate do Min. Carlos Fernando Mathias pelo conhecimento. Depois, ocorreu outro empate, agora quanto ao mérito. Então, renovou-se o julgamento e o Min. Mauro Campbell Marques o desempatou ao acompanhar o voto do Min. Relator, destacando que se depreende dos autos que a real intenção do loteador era limitar o direito de construir dos promitentes compradores e de seus sucessores, vedando a construção de edifícios multifamiliares. Assim, com ou sem lei municipal, toda cadeia dominial está sujeita aos termos do contrato de compra e venda consignado no registro do imóvel, sendo essa cláusula dotada de eficácia *erga omnes*. Isso porque, de acordo com art. 135 do CC/1916, após registrados, os atos jurídicos, no caso a compra e venda, produzem efeitos em relação aos terceiros. No mesmo sentido é o art. 18 da Lei n. 6.766/1979, já incidente à época da aquisição do terreno pela construtora recorrente. Logo, a construtora tinha conhecimento das restrições referentes ao loteamento constantes do registro do imóvel. Dessa forma, ela passa a se subsumir a esse regramento legal vigente. Por outro lado, assevera o Min. Relator, com base na doutrina, que são admissíveis as restrições convencionais ao direito de propriedade e ao direito de construir, à luz do *jus variandi* e do regramento constitucional sobre a matéria. No entanto, explica que essas limitações convencionais não ocorreriam em favor do interesse privado, mas da coletividade. Ainda, segundo o Min. Relator, é possível à Administração e ao legislador municipal ampliar ou mitigar as restrições urbanístico-ambientais convencionais, embora hoje se lhes exija um caráter mais rigoroso. De pouco uso ou respeito no modelo do *laissez-faire*, elas agora estão em ascensão no Brasil e no direito comparado, como forma de, a um só tempo, estimular novo consenso de índole solidária e garantir em favor dos cidadãos espaços verdes e de convivência urbana, em que impere a qualidade de vida, a beleza estética e a redução dos impactos de desastres naturais, tal como enchentes. Entre outras considerações, observa que o tribunal *a quo* reconheceu a validade da restrição convencional do loteador, interpretando adequadamente o art. 572 do CC/1916; porém, quanto à lei local, este Superior Tribunal não pode pronunciar-se. Diante do exposto, ao prosseguir o julgamento, a Turma negou provimento ao recurso da construtora. **REsp 302.906-SP, Rel. Min. Herman Benjamin, julgado em 26/8/2010**. (Inform. STJ 444)

ACP. PRESERVAÇÃO. CONJUNTO ARQUITETÔNICO.

A associação de moradores recorrente, mediante ação civil pública (ACP), busca o sequestro de importante conjunto arquitetônico incrustado em seu bairro, bem como o fim de qualquer atividade que lhe prede ou polua, além da proibição de construir nele anexos ou realizar obras em seu exterior ou interior. Nesse contexto, a legitimidade da referida associação para a ACP deriva de seu próprio estatuto, enquanto ele dispõe que um dos objetivos da associação é justamente zelar pela qualidade de vida no bairro, ao buscar a manutenção do ritmo e grau de sua ocupação e desenvolvimento, para que prevaleça sua feição de zona residencial. Sua legitimidade também condiz com a CF/1988, pois o *caput* de seu art. 225 expressamente vincula o meio ambiente à sadia qualidade de vida. Daí a conclusão de que a proteção ambiental correlaciona-se diretamente com a qualidade de vida dos moradores do bairro. Também a legislação federal agasalha essa hipótese, visto reconhecer que o conceito de meio ambiente encampa o de loteamento, paisagismo e estética urbana numa relação de continência. Destaca-se o teor do art. 3º, III, **a** e **d**, da Lei n. 6.938/1981, que dispõe ser poluição qualquer degradação ambiental oriunda de atividades que, direta ou indiretamente, prejudiquem a saúde e o bem-estar da população ou atinjam as condições estéticas do meio ambiente. Em suma, diante da legislação vigente, não há como invocar a falta de pertinência temática entre o objeto social da recorrente e o pleito desenvolvido na ação (art. 5º, V, **b**, da Lei n. 7.347/1985). **REsp 876.931-RJ, Rel. Min. Mauro Campbell Marques, julgado em 10/8/2010**. (Inform. STJ 442)

18. DIREITO DA IMPROBIDADE ADMINISTRATIVA

1. SUJEITOS E MODALIDADES DE IMPROBIDADE

AC 3.585 - MC/RS
RELATOR: Ministro Celso de Mello
EMENTA: Improbidade administrativa. Agente político. Comportamento alegadamente ocorrido no exercício de mandato **de Governador** de Estado. **Legitimidade**, em tal situação, **da sujeição** ao regime de responsabilização política (**Lei** nº 1.079/50), **desde** que ainda titular de referido mandato eletivo, **e igual submissão** à disciplina normativa da responsabilização civil por improbidade administrativa (**Lei** nº 8.429/92). **Extinção subsequente** do mandato de Governador de Estado. **Exclusão** do regime **fundado** na Lei nº 1.079/50 (art. 76, parágrafo único). **Possibilidade**, contudo, **de aplicação**, a ex-Governador de Estado, **do regime jurídico** fundado na **Lei** nº **8.429/92**. **Doutrina**. **Precedentes**. Regime de plena responsabilidade dos agentes estatais, **inclusive** dos agentes políticos, **como expressão necessária** do primado da ideia republicana. **O respeito** à moralidade administrativa **como pressuposto legitimador** dos atos governamentais. **Pretensão cautelar** que, se acolhida, **transgrediria** o dogma republicano da responsabilização dos agentes públicos. Medida cautelar **a que se nega** seguimento. DJe de 5.6.2014. **(Inform. STF 761)**

AG. REG. NO ARE N. 705.826-SP
RELATORA: MIN. ROSA WEBER
DIREITO ADMINISTRATIVO. AÇÃO CIVIL PÚBLICA. IMPROBIDADE ADMINISTRATIVA. PROPAGANDA INSTITUCIONAL COM CARÁTER INFORMATIVO. AUSÊNCIA DE EVIDÊNCIA DE PROMOÇÃO PESSOAL. ANÁLISE DA OCORRÊNCIA DE EVENTUAL AFRONTA AOS PRECEITOS CONSTITUCIONAIS INVOCADOS NO APELO EXTREMO DEPENDENTE DA REELABORAÇÃO DA MOLDURA FÁTICA CONSTANTE NO ACÓRDÃO REGIONAL. SÚMULA 279/STF. ÂMBITO INFRACONSTITUCIONAL DO DEBATE. EVENTUAL VIOLAÇÃO REFLEXA DA CONSTITUIÇÃO FEDERAL NÃO VIABILIZA O MANEJO DE RECURSO EXTRAORDINÁRIO. ACÓRDÃO RECORRIDO PUBLICADO EM 30.10.2009.
As razões do agravo regimental não são aptas a infirmar os fundamentos que lastrearam a decisão agravada, morrmente no que se refere ao óbice da Súmula 279 do STF, a inviabilizar o trânsito do recurso extraordinário. Precedentes.
Agravo conhecido e não provido. (Inform. STF 718)

DIREITO ADMINISTRATIVO. REQUISITO PARA A CONFIGURAÇÃO DE ATO DE IMPROBIDADE ADMINISTRATIVA QUE ATENTE CONTRA OS PRINCÍPIOS DA ADMINISTRAÇÃO PÚBLICA. Para a configuração dos atos de improbidade administrativa que atentam contra os princípios da administração pública (art. 11 da Lei 8.429/1992), é dispensável a comprovação de efetivo prejuízo aos cofres públicos. De fato, o art. 21, I, da Lei 8.429/1992 dispensa a ocorrência de efetivo dano ao patrimônio público como condição de aplicação das sanções por ato de improbidade, salvo quanto à pena de ressarcimento. Precedentes citados: REsp 1.320.315-DF, Segunda Turma, DJe 20/11/2013; e AgRg nos EDcl no AgRg no REsp 1.066.824-PA, Primeira Turma, DJe 18/9/2013. **REsp 1.192.758-MG**, Rel. originário Min. Napoleão Nunes Maia Filho, Rel. para acórdão Min. Sérgio Kukina, julgado em 4/9/2014. (Inform. STJ 547)

DIREITO CONSTITUCIONAL E ADMINISTRATIVO. NÃO CONFIGURAÇÃO DE ATO DE IMPROBIDADE ADMINISTRATIVA. Não configura improbidade administrativa a contratação, por agente político, de parentes e afins para cargos em comissão ocorrida em data anterior à lei ou ao ato administrativo do respectivo ente federado que a proibisse e à vigência da Súmula Vinculante 13 do STF. A distinção entre conduta ilegal e conduta ímproba imputada a agente público ou privado é muito antiga. A ilegalidade e a improbidade não são situações ou conceitos intercambiáveis, cada uma delas tendo a sua peculiar conformação estrita: a improbidade é uma ilegalidade qualificada pelo intuito malsão do agente, atuando com desonestidade, malícia, dolo ou culpa grave. A confusão conceitual que se estabeleceu entre a ilegalidade e a improbidade deve provir do caput do art. 11 da Lei 8.429/1992, porquanto ali está apontada como ímproba qualquer conduta que ofenda os princípios da Administração Pública, entre os quais se inscreve o da legalidade (art. 37 da CF). Mas nem toda ilegalidade é ímproba. Para a configuração de improbidade administrativa, deve resultar da conduta enriquecimento ilícito próprio ou alheio (art. 9º da Lei 8.429/1992), prejuízo ao Erário (art. 10 da Lei 8.429/1992) ou infringência aos princípios nucleares da Administração Pública (arts. 37 da CF e 11 da Lei 8.429/1992). A conduta do agente, nos casos dos arts. 9º e 11 da Lei 8.429/1992, há de ser sempre dolosa, por mais complexa que seja a demonstração desse elemento subjetivo. Nas hipóteses do art. 10 da Lei 8.429/1992, cogita-se que possa ser culposa. Em nenhuma das hipóteses legais, contudo, se diz que possa a conduta do agente ser considerada apenas do ponto de vista objetivo, gerando a responsabilidade objetiva. Quando não se faz distinção conceitual entre ilegalidade e improbidade, ocorre a aproximação da responsabilidade objetiva por infrações. Assim, ainda que demonstrada grave culpa, se não evidenciado o dolo específico de lesar os cofres públicos ou de obter vantagem indevida, bens tutelados pela Lei 8.429/1992, não se configura improbidade administrativa. **REsp 1.193.248-MG**, Rel. Min. Napoleão Nunes Maia Filho, julgado em 24/4/2014. (Inform. STJ 540)

DIREITO ADMINISTRATIVO. AÇÃO POR ATO DE IMPROBIDADE ADMINISTRATIVA. Não comete ato de improbidade administrativa o médico que cobre honorários por procedimento realizado em hospital privado que também seja conveniado à rede pública de saúde, desde que o atendimento não seja custeado pelo próprio sistema público de saúde. Isso porque, nessa situação, o médico não age na qualidade de agente público e, consequentemente, a cobrança não se enquadra como ato de improbidade. Com efeito, para o recebimento de ação por ato de improbidade administrativa, deve-se focar em dois aspectos, quais sejam, se a conduta investigada foi praticada por agente público ou por pessoa a ele equiparada, no exercício do *munus publico*, e se o ato é realmente um ato de improbidade administrativa. Quanto à qualidade de agente público, o art. 2º da Lei 8.429/1992 o define como sendo "todo aquele que exerce, ainda que transitoriamente ou sem remuneração, por eleição, nomeação, designação, contratação ou qualquer outra forma de investidura ou vínculo, mandato, cargo, emprego ou função nas entidades mencionadas no artigo anterior". Vale destacar, na apreciação desse ponto, que é plenamente possível a realização de atendimento particular em hospital privado que seja conveniado ao Sistema Único de Saúde – SUS. Assim, é possível que o serviço médico seja prestado a requerimento de atendimento particular e a contraprestação ao hospital seja custeada pelo próprio paciente – suportado pelo seu plano de saúde ou por recursos próprios. Na hipótese em análise, deve-se observar que não há atendimento pelo próprio SUS e não há como sustentar que o médico tenha prestado os serviços na qualidade de agente público, pois a mencionada qualificação somente restaria configurada se o serviço tivesse sido custeado pelos cofres públicos. Por consequência, se o ato não foi praticado por agente público ou por pessoa a ele equiparada, não há falar em ato de improbidade administrativa. **REsp 1.414.669-SP, Rel. Min. Napoleão Nunes Maia Filho, julgado em 20/2/2014.** (Inform. STJ 537)

DIREITO ADMINISTRATIVO. IMPROBIDADE ADMINISTRATIVA POR VIOLAÇÃO AOS PRINCÍPIOS DA ADMINISTRAÇÃO PÚBLICA.
O atraso do administrador na prestação de contas, sem que exista dolo, não configura, por si só, ato de improbidade administrativa que atente contra os princípios da Administração Pública (art. 11 da Lei n. 8.429/92). Isso porque, para a configuração dessa espécie de ato de improbidade administrativa, é necessária a prática dolosa de conduta que atente contra os princípios da Administração Pública. Dessa forma, há improbidade administrativa na omissão dolosa do administrador, pois o dever de prestar contas está relacionado ao princípio da publicidade, tendo por objetivo dar transparência ao uso de recursos e de bens públicos por parte do agente estatal. Todavia, o simples atraso na entrega das contas, sem que exista dolo na espécie, não configura ato de improbidade. Precedente citado: REsp 1.307.925-TO, Rel. Segunda Turma, DJe 23/8/2012. **AgRg no REsp 1.382.436-RN, Rel. Min. Humberto Martins, julgado em 20/8/2013.** (Inform. STJ 529)

DIREITO ADMINISTRATIVO. ATO DE IMPROBIDADE ADMINISTRATIVA QUE CAUSE LESÃO AO ERÁRIO.
Para a configuração dos atos de improbidade administrativa que causem prejuízo ao erário (art. 10 da Lei 8.429/1992), é indispensável a comprovação de efetivo prejuízo aos cofres públicos. Precedentes citados: REsp 1.233.502-MG, Segunda Turma, DJe 23/8/2012; e REsp 1.206.741-SP, Primeira Turma, DJe 23/5/2012. **REsp 1.173.677-MG, Rel. Min. Napoleão Nunes Maia Filho, julgado em 20/8/2013.** (Inform. STJ 528)

DIREITO ADMINISTRATIVO. APLICABILIDADE DA LEI DE IMPROBIDADE ADMINISTRATIVA A GOVERNADOR DE ESTADO.
É possível o ajuizamento de ação de improbidade administrativa em face de Governador de Estado. Isso porque há perfeita compatibilidade entre o regime especial de responsabilização política e o regime de improbidade administrativa previsto na Lei 8.429/1992. **EDcl no AgRg no REsp 1.216.168-RS, Rel. Min. Humberto Martins, julgado em 24/9/2013.** (Inform. STJ 527)

DIREITO ADMINISTRATIVO. IMPROBIDADE ADMINISTRATIVA POR VIOLAÇÃO AOS PRINCÍPIOS DA ADMINISTRAÇÃO PÚBLICA.
Configura ato de improbidade administrativa a conduta de professor da rede pública de ensino que, aproveitando-se dessa condição, assedie sexualmente seus alunos. Isso porque essa conduta atenta contra os princípios da administração pública, subsumindo-se ao disposto no art. 11 da Lei 8.429/1992. **REsp 1.255.120-SC, Rel. Min. Humberto Martins, julgado em 21/5/2013.** (Inform. STJ 523)

DIREITO ADMINISTRATIVO. CONTRATAÇÃO DE SERVIDORES SEM CONCURSO. LEI LOCAL.
A contratação temporária de servidores e sua prorrogação sem concurso público amparadas em legislação local não traduz, por si só, ato de improbidade administrativa. Os atos fundamentados em lei local não caracterizam o dolo genérico, essencial para os casos de improbidade administrativa que atentam contra os princípios da Administração Pública (art. 11 da Lei n. 8.429/1992). Precedentes citados: REsp 1.231.150-MG, DJe 12/4/2012, e AgRg no Ag 1.324.212-MG, DJe 13/10/2010. **EDcl no AgRg no AgRg no AREsp 166.766-SE, Rel. Min. Humberto Martins, julgado em 23/10/2012.** (Inform. STJ 508)

DIREITO ADMINISTRATIVO. IMPROBIDADE ADMINISTRATIVA. LAUDO MÉDICO PARA SI PRÓPRIO.
Emitir laudo médico de sua competência em seu próprio benefício caracteriza ato de improbidade administrativa que atenta contra os princípios da Administração Pública (art. 11 da Lei n. 8.429/1992). Conforme jurisprudência desta corte, não se pode confundir improbidade com simples ilegalidade. A improbidade é ilegalidade tipificada e qualificada pelo elemento subjetivo da conduta do agente, sendo indispensável o dolo para caracterizá-la. No caso do art. 11 da lei de improbidade administrativa, o elemento subjetivo necessário é o dolo eventual ou genérico de realizar conduta que atente contra os princípios da Administração Pública. Assim, não se exige a presença de intenção específica para caracterizar o ato como ímprobo, pois a atuação deliberada em desrespeito às normas legais, cujo desconhecimento é inescusável, evidencia a presença do dolo. Dessa forma, não há como afastar o elemento subjetivo daquele que emite laudo médico para si mesmo. Precedentes citados: AIA 30-AM, DJe 28/9/2011, e AgRg no AREsp 8.937-MG, DJe 2/2/2012. **AgRg no AREsp 73.968-SP, Rel. Min. Benedito Gonçalves, julgado em 2/10/2012.** (Inform. STJ 505)

ATO DE IMPROBIDADE. PREFEITO. AQUISIÇÃO DE CAMINHÃO. VEÍCULO GRAVADO.
Comete ato de improbidade administrativa prefeita municipal que autoriza a compra de um caminhão de carga, sem examinar a existência de gravames que impossibilitam a sua transferência para o município. *In casu*, o veículo encontrava-se alienado fiduciariamente a uma financeira e penhorado pelo Banco do Brasil. Portanto, mostra-se evidenciado o dano ao patrimônio público e a culpa na atuação negligente da gestora pública, pois constitui seu dever legal a garantia e a proteção do patrimônio público, assegurando o efetivo e adequado cumprimento das obrigações do fornecedor contratado com relação à entrega do objeto, antes de liberar o pagamento devido. **REsp 1.151.884-SC, Rel. Min. Castro Meira, julgado em 15/5/2012.** (Inform. STJ 497)

IMPROBIDADE ADMINISTRATIVA. ART. 11, I, DA LIA. DOLO.
A Turma, por maioria, deu provimento ao recurso para afastar a condenação dos recorrentes nas sanções do art. 11, I, da Lei de Improbidade Administrativa (LIA) sob o entendimento de que não ficou evidenciada nos autos a conduta dolosa dos acusados. Segundo iterativa jurisprudência desta Corte, para que seja reconhecida a tipificação da conduta do agente como

incurso nas previsões da LIA é necessária a demonstração do elemento subjetivo, consubstanciado pelo dolo para os tipos previstos nos arts. 9º (enriquecimento ilícito) e 11 (violação dos princípios da Administração Pública) e, ao menos, pela culpa nas hipóteses do art. 10º (prejuízo ao erário). No voto divergente, sustentou o Min. Relator Teori Zavascki que o reexame das razões fáticas apresentadas no édito condenatório pelo tribunal *a quo* esbarraria no óbice da Súm. n. 7 desta Corte, da mesma forma, a revisão da pena fixada com observância dos princípios da proporcionalidade e da razoabilidade. **REsp 1.192.056-DF, Rel. originário Min. Teori Albino Zavascki, Rel. para o acórdão Min. Benedito Gonçalves, julgado em 17/4/2012. (Inform. STJ 495)**

2. SANÇÕES DE IMPROBIDADE ADMINISTRATIVA

DIREITO ADMINISTRATIVO E PROCESSUAL CIVIL. REVISÃO EM RECURSO ESPECIAL DAS PENAS IMPOSTAS EM RAZÃO DA PRÁTICA DE ATO DE IMPROBIDADE ADMINISTRATIVA. As penalidades aplicadas em decorrência da prática de ato de improbidade administrativa, caso seja patente a violação aos princípios da proporcionalidade e da razoabilidade, podem ser revistas em recurso especial. Nessa situação, não se aplica a Súmula 7 do STJ. **EREsp 1.215.121-RS**, Rel. Min. Napoleão Nunes Maia Filho, julgado em 14/8/2014. (Inform. STJ 549)

DIREITO ADMINISTRATIVO. INDISPONIBILIDADE DE BENS NA HIPÓTESE DE ATO DE IMPROBIDADE QUE ATENTE CONTRA OS PRINCÍPIOS DA ADMINISTRAÇÃO PÚBLICA. No caso de improbidade administrativa, admite-se a decretação da indisponibilidade de bens também na hipótese em que a conduta tida como ímproba se subsuma apenas ao disposto no art. 11 da Lei 8.429/1992, que trata dos atos que atentam contra os princípios da administração pública. Precedentes citados: AgRg no REsp 1.311.013-RO, Segunda Turma, julgado em 4/12/2012. **AgRg no REsp 1.299.936-RJ, Rel. Min. Mauro Campbell Marques, julgado em 18/4/2013.** (Inform. STJ 523)

DIREITO ADMINISTRATIVO. IMPROBIDADE ADMINISTRATIVA. INDISPONIBILIDADE DE BENS.
A decretação de indisponibilidade de bens em decorrência da apuração de atos de improbidade administrativa deve observar o teor do art. 7º, parágrafo único, da Lei n. 8.429/1992, limitando-se a constrição aos bens necessários ao ressarcimento integral do dano, ainda que adquiridos anteriormente ao suposto ato de improbidade, ou até mesmo ao início da vigência da referida lei. Precedentes citados: REsp 1.078.640-ES, DJe 23/3/2010, e REsp 1.040.254-CE, DJe 2/2/2010. **AgRg no REsp 1.191.497-RS, Rel. Min. Humberto Martins, julgado em 20/11/2012. (Inform. STJ 510)**

IMPROBIDADE ADMINISTRATIVA. PERDA. DIREITOS POLÍTICOS. FUNÇÃO PÚBLICA.
A Turma ratificou a decisão do tribunal de origem que, em caso de apelação, condenou professor da rede pública estadual à perda dos seus direitos políticos e da função pública que exercia na época dos fatos, pela prática de ato de improbidade administrativa na modalidade dolosa, por ter recebido sua remuneração sem ter exercido suas atividades e sem estar legalmente licenciado de suas funções. Para o Min. Relator, é impossível exercer a função pública quando suspensos os direitos políticos. **REsp 1.249.019-GO, Rel. Min. Cesar Asfor Rocha, julgado em 15/3/2012. (Inform. STJ 493)**

3. INDISPONIBILIDADE DE BENS

DIREITO ADMINISTRATIVO E PROCESSUAL CIVIL. REQUISITOS DA MEDIDA CAUTELAR DE INDISPONIBILIDADE DE BENS PREVISTA NO ART. 7º DA LEI 8.429/1992. RECURSO REPETITIVO (ART. 543-C DO CPC E RES. 8/2008-STJ).
É possível decretar, de forma fundamentada, medida cautelar de indisponibilidade de bens do indiciado na hipótese em que existam fortes indícios acerca da prática de ato de improbidade lesivo ao erário. De fato, o art. 7º da Lei 8.429/1992 (Lei de Improbidade Administrativa) instituiu medida cautelar de indisponibilidade de bens que apresenta caráter especial em relação à compreensão geral das medidas cautelares. Isso porque, para a decretação da referida medida, embora se exija a demonstração de *fumus boni iuris* – consistente em fundados indícios da prática de atos de improbidade –, é desnecessária a prova de *periculum in mora* concreto – ou seja, de que os réus estariam dilapidando efetivamente seu patrimônio ou de que eles estariam na iminência de fazê-lo (colocando em risco eventual ressarcimento ao erário). O requisito do *periculum in mora* estaria implícito no referido art. 7º, parágrafo único, da Lei 8.429/1992, que visa assegurar "o integral ressarcimento" de eventual prejuízo ao erário, o que, inclusive, atende à determinação contida no art. 37, § 4º, da CF (REsp 1.319.515-ES, Primeira Seção, DJe 21/9/2012; e EREsp 1.315.092-RJ, Primeira Seção, DJe 7/6/2013). Ora, como a indisponibilidade dos bens visa evitar que ocorra a dilapidação patrimonial, não é razoável aguardar atos concretos direcionados à sua diminuição ou dissipação, na medida em que exigir a comprovação de que esse fato estaria ocorrendo ou prestes a ocorrer tornaria difícil a efetivação da medida cautelar em análise (REsp 1.115.452-MA, Segunda Turma, DJ 20/4/2010). Além do mais, o disposto no referido art. 7º em nenhum momento exige o requisito da urgência, reclamando apenas a demonstração, numa cognição sumária, de que o ato de improbidade causou lesão ao patrimônio público ou ensejou enriquecimento ilícito. **REsp 1.366.721-BA, Rel. Min. Napoleão Nunes Maia Filho, Rel. para acórdão Min. Og Fernandes, julgado em 26/2/2014. (Inform. STJ 547)**

DIREITO ADMINISTRATIVO. INDISPONIBILIDADE DE BENS EM AÇÃO DE IMPROBIDADE ADMINISTRATIVA. Os valores investidos em aplicações financeiras cuja origem remonte a verbas trabalhistas não podem ser objeto de medida de indisponibilidade em sede de ação de improbidade administrativa. Isso porque a aplicação financeira das verbas trabalhistas não implica a perda da natureza salarial desta, uma vez que o seu uso pelo empregado ou trabalhador é uma defesa contra a inflação e os infortúnios. Ademais, conforme entendimento pacificado no STJ, a medida de indisponibilidade de bens deve recair sobre a totalidade do patrimônio do acusado, excluídos aqueles tidos como impenhoráveis. Desse modo, é possível a penhora do rendimento da aplicação, mas o estoque de capital investido, de natureza salarial, é impenhorável. **REsp 1.164.037-RS, Rel. Min. Sérgio Kukina, Rel. para acórdão Min. Napoleão Nunes Maia Filho, julgado em 20/2/2014. (Inform. STJ 539)**

DIREITO ADMINISTRATIVO. DECRETAÇÃO DE INDISPONIBILIDADE E SEQUESTRO DE BENS ANTES DO RECEBIMENTO DA INICIAL EM AÇÃO DE IMPROBIDADE.
É possível a decretação de indisponibilidade e sequestro de bens antes mesmo do recebimento da petição inicial da ação civil pública destinada a apurar a prática de ato de improbidade administrativa. Precedentes citados: AgRg no AREsp 20.853-SP, Primeira Turma, DJe 29/6/2012; REsp 1.078.640-ES, Primeira Turma, DJe 23/3/2010, e EDcl no Ag 1.179.873-PR, Segunda Turma, DJe 12/3/2010. **AgRg no REsp 1.317.653-SP, Rel. Min. Mauro Campbell Marques, julgado em 7/3/2013. (Inform. STJ 518)**

DIREITO ADMINISTRATIVO. NECESSIDADE DE RECEBIMENTO DA INICIAL NO CASO DE INDÍCIOS DE ATO QUE POSSA SER ENQUADRADO EM HIPÓTESE DE IMPROBIDADE PREVISTA NA LEI N. 8.429/1992.
Deve ser recebida a petição inicial de ação de improbidade no caso em que existam indícios da prática de ato ímprobo por prefeito que, no contexto de campanha de estímulo ao pagamento do IPTU, fizera constar seu nome, juntamente com informações que colocavam o município entre outros que detinham bons índices de qualidade de vida, tanto na contracapa do carnê de pagamento do tributo quanto em outros meios de comunicação. Tal conduta, em princípio, pode configurar indevida prática de promoção pessoal mediante a utilização de informes publicitários oficiais, subsumindo-se, dessarte, a hipótese de ato de improbidade administrativa prevista na Lei n. 8.429/1992. Nesse contexto, havendo indícios da prática de ato de improbidade, é prematura a extinção do processo com julgamento de mérito, tendo em vista que, na fase inicial da ação, ainda inexistem elementos suficientes para um juízo conclusivo acerca da demanda. Com efeito, de acordo com a jurisprudência do STJ, existindo meros indícios de cometimento de atos enquadráveis na Lei n. 8.429/1992, a petição inicial há de ser recebida, fundamentalmente, pois, na fase inicial prevista no art. 17, §§ 7º, 8º e 9º, vale o princípio in dubio pro societate, a fim de possibilitar o maior resguardo do interesse público. **AgRg no REsp 1.317.127-ES, Rel. Min. Mauro Campbell Marques, julgado em 7/3/2013.** (Inform. STJ 518)

DIREITO ADMINISTRATIVO E PROCESSUAL CIVIL. COMPROVAÇÃO DO *PERICULUM IN MORA* PARA A DECRETAÇÃO DE INDISPONIBILIDADE DE BENS POR ATO DE IMPROBIDADE.
Para a decretação da indisponibilidade de bens pela prática de ato de improbidade administrativa que tenha causado lesão ao patrimônio público, não se exige que seu requerente demonstre a ocorrência de *periculum in mora*. Nesses casos, a presunção quanto à existência dessa circunstância milita em favor do requerente da medida cautelar, estando o *periculum in mora* implícito no comando normativo descrito no art. 7º da Lei n. 8.429/1992, conforme determinação contida no art. 37, § 4º, da CF. Precedente citado: REsp 1.319.515-ES, DJe 21/9/2012. **AgRg no REsp 1.229.942-MT, Rel. Min. Mauro Campbell Marques, julgado em 6/12/2012.** (Inform. STJ 515).

4. QUESTÕES PROCESSUAIS E PRESCRIÇÃO

Ação civil pública e foro por prerrogativa de função - 2
Em conclusão de julgamento, o Plenário reputou prejudicado agravo regimental em que negado seguimento a pedido no sentido de que ação civil pública, por ato de improbidade administrativa, supostamente praticado por parlamentar, fosse apreciada no STF — v. Informativo 732. Na espécie, Senador da República figurara no polo passivo da ação civil pública, o que ensejara a alegada competência da Corte, entretanto, posteriormente renunciara ao cargo, a implicar a prejudicialidade do agravo. O Ministro Roberto Barroso (relator) reajustou o voto. **Pet 3067 AgR/MG, rel. Min. Roberto Barroso, 19.11.2014.** (Pet-3067) (Inform. STF 768)

Ação de improbidade administrativa: Ministro de Estado e foro competente - 1
O Plenário iniciou julgamento de agravo regimental em petição no qual se discute a competência para processar e julgar ação civil por improbidade administrativa supostamente praticada por parlamentar, à época Ministro de Estado. Na espécie, tribunal regional federal declinara de sua competência e remetera os autos o STF que, por sua vez, determinara a suspensão do processo até o final julgamento dos embargos de declaração na ADI 2.797/DF (DJe de 28.2.2013). Após o julgamento da referida ação — em que assentada a inconstitucionalidade da Lei 10.628/2002, que acrescceu os §§ 1º e 2º ao artigo 84 do CPP —, o Ministro Cezar Peluso, então relator da petição, reconhecera a incompetência do STF e determinara o retorno dos autos ao juízo de origem. Ocorre que, anteriormente, em 13.6.2007, o STF concluíra, na Rcl 2.138/DF (DJe de 18.4.2008) pela "incompetência dos juízos de primeira instância para processar e julgar ação civil de improbidade administrativa ajuizada contra agente político que possui prerrogativa de foro perante o Supremo Tribunal Federal, por crime de responsabilidade, conforme o art. 102, I, c, da Constituição". No presente regimental, o agravante sustenta que: a) a Rcl 2.138/DF fixa a competência do STF para processar e julgar ações de improbidade contra réus com prerrogativa de foro criminal; b) o julgamento da ADI 2.797/DF não interfere na decisão deste processo; e c) os agentes políticos respondem apenas por crimes de responsabilidade, mas não pelos atos de improbidade administrativa previstos na Lei 8.429/1992. O Ministro Teori Zavascki (relator) deu provimento ao agravo e consignou que seriam duas as questões trazidas a debate no recurso, ambas a respeito da posição jurídica dos agentes políticos em face da Lei 8.429/1992, que trata das sanções por ato de improbidade. A primeira seria verificar se haveria submissão dos agentes políticos ao duplo regime sancionatório (o fixado na Lei 8.429/1992 e na Lei 1.079/1950, que dispõe sobre crimes de responsabilidade). A segunda seria consolidar entendimento quanto à existência, ou não, de prerrogativa de foro nas ações que visassem a aplicar as mencionadas sanções, em face da ausência de posição do STF sobre o tema. No que concerne à questão do duplo regime sancionatório, o relator enfatizou que, sob o ângulo constitucional, seria difícil justificar a tese de que todos os agentes políticos sujeitos a crime de responsabilidade, nos termos da Lei 1.079/1950 ou do Decreto-lei 201/1967, estariam imunes, mesmo que em parte, às sanções do art. 37, § 4º da CF ("§ 4º - Os atos de improbidade administrativa importarão a suspensão dos direitos políticos, a perda da função pública, a indisponibilidade dos bens e o ressarcimento ao erário, na forma e gradação previstas em lei, sem prejuízo da ação penal cabível"). Segundo essa norma constitucional, qualquer ato de improbidade estaria sujeito às sanções nela estabelecidas, inclusive à da perda do cargo e à da suspensão de direitos políticos.
Pet 3240 AgR/DF, rel. Min. Teori Zavascki, 19.11.2014. (Pet-3240)

Ação de improbidade administrativa: Ministro de Estado e foro competente - 2
O relator assinalou que ao legislador ordinário, por sua vez, a quem o dispositivo delegara competência apenas para normatizar a forma e a gradação dessas sanções, não seria dado limitar o alcance do referido mandamento constitucional. Somente a Constituição poderia fazê-lo e, salvo em relação a atos de improbidade do Presidente da República, não se poderia identificar no texto constitucional qualquer limitação dessa natureza. Ressalvou que as normas constitucionais que dispõem sobre crimes de responsabilidade poderiam ser divididas em dois grandes grupos: a) as que tratam exclusivamente de competência para o processo e julgamento desses crimes — normas tipicamente instrumentais —, a estabelecerem foro por prerrogativa de função (CF, artigos 52, I e II; 96, III; 102, I, c; e 105, I); e b) as que dispõem sobre aspectos objetivos do crime, a indicar condutas típicas (CF, artigos 29-A, §§ 2º e 3º; 50, "caput" e § 2º; e 85, V). Ponderou que não se poderia identificar nas normas do primeiro grupo qualquer elemento a indicar sua incompatibilidade material com o regime do art. 37, § 4º, da CF. O que elas incitariam seria um problema de ordem processual, concernente à necessidade de compatibilizar as normas sobre prerrogativa de foro com o processo destinado à aplicação das sanções por improbidade administrativa, em

especial as que implicassem a perda do cargo e a suspensão dos direitos políticos. Quanto às normas do segundo grupo, a única alusão à improbidade administrativa como crime de responsabilidade seria a do inciso V do art. 85 da CF, ao considerar crime de responsabilidade os atos praticados pelo Presidente da República contra a "probidade na administração", o que daria ensejo a processo e julgamento perante o Senado Federal (CF, art. 86). Somente nessa restrita hipótese é que se identificaria, no âmbito material, concorrência de regimes (o geral do art. 37, § 4º, e o especial dos artigos 85, V, e 86, todos da CF). Não se poderia negar ao legislador ordinário a faculdade de dispor sobre aspectos materiais dos crimes de responsabilidade, a tipificar outras condutas além daquelas indicadas no texto constitucional. Essa atribuição existiria especialmente em relação a condutas de autoridades que a própria Constituição, sem tipificar, indicaria como possíveis agentes daqueles crimes. Todavia, no desempenho de seu mister, ao legislador ordinário cumpriria observar os limites próprios da atividade normativa infraconstitucional, que não o autorizaria a afastar ou a restringir injustificadamente o alcance de qualquer preceito constitucional. Por isso mesmo, não lhe seria lícito, a pretexto de tipificar crimes de responsabilidade, excluir os respectivos agentes das sanções decorrentes do comando do art. 37, § 4º, da CF.
Pet 3240 AgR/DF, rel. Min. Teori Zavascki, 19.11.2014. (Pet-3240)

Ação de improbidade administrativa: Ministro de Estado e foro competente - 3
O Ministro Teori Zavascki frisou que, excetuada a hipótese de atos de improbidade praticados pelo Presidente da República, submetidos a regime especial, não haveria norma constitucional que imunizasse os agentes políticos, sujeitos a crime de responsabilidade, de qualquer das sanções por ato de improbidade previstas no art. 37, § 4º, da CF. Igualmente incompatível com a Constituição seria eventual preceito normativo infraconstitucional que impusesse imunidade dessa natureza. Haveria situação de cunho estritamente processual relacionada com a competência para o processo e julgamento das ações de improbidade, já que elas poderiam conduzir agentes políticos da mais alta expressão a sanções de perda do cargo e a suspensão de direitos políticos. Essa seria a real e delicada questão institucional no que concerne à polêmica sobre atos de improbidade praticados por agentes políticos. Nesse ponto, concluiu que a solução constitucional para o problema seria o reconhecimento, também para as ações de improbidade, do foro por prerrogativa de função assegurado nas ações penais. Explicou que, embora as sanções aplicáveis aos atos de improbidade não tivessem natureza penal, haveria laços de identidade entre as duas espécies, seja quanto às funções (punitiva, pedagógica e intimidatória), seja quanto ao conteúdo. Com efeito, não haveria diferença entre a perda da função pública ou a suspensão dos direitos políticos ou a imposição de multa pecuniária, quando decorrente de ilícito penal e de ilícito administrativo. Nos dois casos, as consequências práticas em relação ao condenado seriam idênticas. A rigor, a única distinção se situaria em plano puramente jurídico, relacionado com os efeitos da condenação em face de futuras infrações, porquanto a condenação criminal produziria as consequências próprias do antecedente e da perda da primariedade, que poderiam redundar em futuro agravamento de penas ou, indiretamente, em aplicação de pena privativa de liberdade.
Pet 3240 AgR/DF, rel. Min. Teori Zavascki, 19.11.2014. (Pet-3240)

Ação de improbidade administrativa: Ministro de Estado e foro competente - 4
Do ponto de vista dos direitos fundamentais e do postulado da dignidade da pessoa humana, não pareceria lógico que se investisse o acusado de amplas garantias até mesmo quando devesse responder por infração penal que produziria simples pena de multa pecuniária e se lhe negassem garantias semelhantes quando a infração, conquanto administrativa, pudesse resultar em pena mais severa, como a perda de função pública ou a suspensão de direitos políticos. Ao se buscar consolidar entendimento quanto às regras sobre competências jurisdicionais, os dispositivos da Constituição comportam interpretação sistemática que permite preencher vazios e abarcar certas competências implícitas, mas inafastáveis por imperativo do próprio regime constitucional. Em suma, por entender que essa linha de compreensão também deveria ser adotada em relação ao foro por prerrogativa de função, o relator reconheceu a competência do STF para processar e julgar a ação de improbidade contra o requerido, deputado federal. Determinou, ainda, o desmembramento do processo em relação aos demais demandados para que, no tocante a eles, tivesse prosseguimento no foro próprio. Em seguida, pediu vista dos autos o Ministro Roberto Barroso.
Pet 3240 AgR/DF, rel. Min. Teori Zavascki, 19.11.2014. (Pet-3240) (Inform. STF 768)

EMB. DECL. NO AG. REG. NO ARE N. 717.180-SP
RELATORA: MIN. ROSA WEBER
E M E N T A: EMBARGOS DE DECLARAÇÃO. DIREITO ADMINISTRATIVO. AÇÃO CIVIL PÚBLICA. IMPROBIDADE ADMINISTRATIVA. DANO AO PATRIMÔNIO PÚBLICO MUNICIPAL. CONDENAÇÃO AO RESSARCIMENTO INTEGRAL DOS VALORES RECEBIDOS INDEVIDAMENTE. ANÁLISE DA OCORRÊNCIA DE EVENTUAL AFRONTA AOS PRECEITOS CONSTITUCIONAIS INVOCADOS NO APELO EXTREMO DEPENDENTE DA REELABORAÇÃO DA MOLDURA FÁTICA CONSTANTE NO ACÓRDÃO REGIONAL. ÂMBITO INFRACONSTITUCIONAL DO DEBATE. OMISSÃO INOCORRENTE. CARÁTER INFRINGENTE.
Inexistente o vício da omissão apontado, devidamente explicitados, no acórdão embargado, os fundamentos pelos quais não prospera a insurgência apresentada.
Ausente omissão justificadora da oposição de embargos declaratórios, nos termos do art. 535 do CPC, a evidenciar o caráter meramente infringente da insurgência.
Embargos de declaração rejeitados. (Inform. STF 757)

Ação civil pública e foro por prerrogativa de função
O Plenário iniciou julgamento de agravo regimental interposto de decisão proferida pelo Ministro Ayres Britto, que negara seguimento a pedido de que ação civil pública, por ato de improbidade administrativa supostamente praticado por parlamentar, fosse apreciada no STF. O Ministro Roberto Barroso, relator, negou provimento ao recurso e reafirmou a decisão agravada quanto à incompetência do STF para processar e julgar o presente feito, por inexistir foro por prerrogativa de função em ação civil pública por improbidade. Após, pediu vista dos autos o Ministro Teori Zavascki.
Pet 3067 AgR/MG, rel. Min. Roberto Barroso, 12.12.2013. (Pet-3067) (Inform. STF 732)

AG. REG. NO RE N. 590.136-MT
RELATOR: MIN. DIAS TOFFOLI
EMENTA: Agravo regimental no recurso extraordinário. Improbidade administrativa. Prerrogativa de foro. Inexistência. Precedentes.
1. Inexiste foro por prerrogativa de função nas ações de improbidade administrativa.
2. Matéria já pacificada na jurisprudência da Suprema Corte.
3. Agravo regimental não provido. (Inform. STF 707)

REPERCUSSÃO GERAL EM ARE N. 683.235-PA
RED. P/ O ACÓRDÃO: MIN. GILMAR MENDES
Recurso extraordinário com agravo. 2. Administrativo. Aplicação da Lei de Improbidade Administrativa – Lei 8.429/1992 a prefeitos. 3. Repercussão Geral reconhecida.

DIREITO ADMINISTRATIVO. REQUISITOS PARA A REJEIÇÃO SUMÁRIA DE AÇÃO DE IMPROBIDADE ADMINISTRATIVA (ART. 17, § 8°, DA LEI 8.429/1992). Após o oferecimento de defesa prévia prevista no § 7° do art. 17 da Lei 8.429/1992 – que ocorre antes do recebimento da petição inicial –, somente é possível a pronta rejeição da pretensão deduzida na ação de improbidade administrativa se houver prova hábil a evidenciar, de plano, a inexistência de ato de improbidade, a improcedência da ação ou a inadequação da via eleita. Isso porque, nesse momento processual das ações de improbidade administrativa, prevalece o princípio *in dubio pro societate*. Esclareça-se que uma coisa é proclamar a ausência de provas ou indícios da materialização do ato ímprobo; outra, bem diferente, é afirmar a presença de provas cabais e irretorquíveis, capazes de arredar, prontamente, a tese da ocorrência do ato ímprobo. Presente essa última hipótese, aí sim, deve a ação ser rejeitada de plano, como preceitua o referido § 8° da Lei 8.429/1992. Entretanto, se houver presente aquele primeiro contexto (ausência ou insuficiência de provas do ato ímprobo), o encaminhamento judicial deverá operar em favor do prosseguimento da demanda, exatamente para se oportunizar a ampla produção de provas, tão necessárias ao pleno e efetivo convencimento do julgador. Com efeito, somente após a regular instrução processual é que se poderá concluir pela existência de: (I) eventual dano ou prejuízo a ser reparado e a delimitação do respectivo montante; (II) efetiva lesão a princípios da Administração Pública; (III) elemento subjetivo apto a caracterizar o suposto ato ímprobo. **REsp 1.192.758-MG**, Rel. originário Min. Napoleão Nunes Maia Filho, Rel. para acórdão Min. Sérgio Kukina, julgado em 4/9/2014. (Inform. STJ 547)

DIREITO PROCESSUAL CIVIL. AÇÃO DE IMPROBIDADE ADMINISTRATIVA E REEXAME NECESSÁRIO. A sentença que concluir pela carência ou pela improcedência de ação de improbidade administrativa não está sujeita ao reexame necessário previsto no art. 19 da Lei de Ação Popular (Lei 4.717/1965). Isso porque essa espécie de ação segue um rito próprio e tem objeto específico, disciplinado na Lei 8.429/1992, não cabendo, neste caso, analogia, paralelismo ou outra forma de interpretação, para importar instituto criado em lei diversa. A ausência de previsão da remessa de ofício, na hipótese em análise, não pode ser vista como uma lacuna da Lei de Improbidade que precisa ser preenchida, mormente por ser o reexame necessário instrumento de exceção no sistema processual, devendo, portanto, ser interpretado restritivamente. **REsp 1.220.667-MG**, Rel. Min. Napoleão Nunes Maia Filho, julgado em 4/9/2014. (Inform. STJ 546)

DIREITO ADMINISTRATIVO E PROCESSUAL CIVIL. INTERRUPÇÃO DO PRAZO PRESCRICIONAL NAS AÇÕES DE IMPROBIDADE ADMINISTRATIVA. Nas ações civis por ato de improbidade administrativa, interrompe-se a prescrição da pretensão condenatória com o mero ajuizamento da ação dentro do prazo de cinco anos contado a partir do término do exercício de mandato, de cargo em comissão ou de função de confiança, ainda que a citação do réu seja efetivada após esse prazo. Se a ação de improbidade foi ajuizada dentro do prazo prescricional, eventual demora na citação do réu não prejudica a pretensão condenatória da parte autora. Assim, à luz do princípio da especialidade e em observância ao que dispõe o art. 23, I, da Lei 8.429/1992, o tempo transcorrido até a citação do réu, nas ações de improbidade, que já é amplo em razão do próprio procedimento estabelecido para o trâmite da ação, não justifica o acolhimento da arguição de prescrição, uma vez que o ajuizamento da ação de improbidade, à luz do princípio do *actio nata*, já tem o condão de interrompê-la. **REsp 1.391.212-PE**, Rel. Min. Humberto Martins, julgado em 2/9/2014. (Inform. STJ 546)

DIREITO ADMINISTRATIVO E PROCESSUAL CIVIL. COMPETÊNCIA PARA PROCESSAR E JULGAR ATO DE IMPROBIDADE ADMINISTRATIVA DECORRENTE DO DESVIO DE VERBA FEDERAL TRANSFERIDA PARA MUNICÍPIO MEDIANTE CONVÊNIO. O simples fato de verba federal ter sido transferida da União, mediante convênio, para a implementação de política pública em Município não afasta a competência da Justiça Federal para processar e julgar suposto ato de improbidade administrativa decorrente do desvio da referida quantia. Isso porque nem toda transferência de verba que um ente federado faz para outro enseja o entendimento de que o dinheiro veio a ser incorporado ao seu patrimônio. A questão depende do exame das cláusulas dos convênios e/ou da análise da natureza da verba transferida. Assim, a depender da situação fático-jurídica delineada no caso concreto, poder-se-á aplicar o entendimento da Súmula 209 do STJ ("Compete a Justiça Estadual processar e julgar prefeito por desvio de verba transferida e incorporada ao patrimônio municipal") ou aquele outro constante da Súmula 208 do STJ ("Compete a Justiça Federal processar e julgar prefeito municipal por desvio de verba sujeita a prestação de contas perante órgão federal"). **REsp 1.391.212-PE**, Rel. Min. Humberto Martins, julgado em 2/9/2014. (Inform. STJ 546)

DIREITO ADMINISTRATIVO. CONCESSÃO DE LIMINAR INAUDITA ALTERA PARTE EM AÇÃO DE IMPROBIDADE ADMINISTRATIVA.
Em ação de improbidade administrativa, é possível a concessão de liminar "inaudita altera parte" a fim de obstar o recebimento pelo demandado de novas verbas do poder público e de benefícios fiscais e creditícios. Isso porque, ressalvadas as medidas de natureza exclusivamente sancionatória – por exemplo, a multa civil, a perda da função pública e a suspensão dos direitos políticos –, pode o magistrado, a qualquer tempo, com fundamento no poder geral de cautela, adotar a tutela necessária para fazer cessar ou extirpar a atividade nociva, a teor do que disciplinam os arts. 461, § 5°, e 804 do CPC, 11 da Lei 7.347/1985 e 21 da mesma lei combinado com os arts. 83 e 84 do CDC. Assim, embora o art. 17, § 7°, da LIA estabeleça como regra a prévia notificação do acusado para se manifestar sobre a ação de improbidade, pode o magistrado, excepcionalmente, conceder medida liminar sempre que verificar que a observância daquele procedimento legal poderá tornar ineficaz a tutela de urgência pretendida. Precedentes citados: EDcl no Ag 1.179.873-PR, Segunda Turma, DJe 12/3/2010 e REsp 880.427-MG, Primeira Turma, DJe 4/12/2008. **REsp 1.385.582-RS**, Rel. Min. Herman Benjamin, julgado em 1°/10/2013. (Inform. STJ 531)

DIREITO ADMINISTRATIVO, CONSTITUCIONAL E PROCESSUAL CIVIL. FORO POR PRERROGATIVA DE FUNÇÃO NAS AÇÕES DE IMPROBIDADE ADMINISTRATIVA.
Os Conselheiros dos Tribunais de Contas dos Estados não possuem foro por prerrogativa de função nas ações de improbidade administrativa. Isso porque, ainda que o agente político tenha prerrogativa de foro previsto na CF quanto aos processos penais ou decorrentes da prática de crime de responsabilidade, essa prerrogativa não se estende às ações de improbidade administrativa. **AgRg na Rcl 12.514-MT**, Rel. Min. Ari Pargendler, julgado em 16/9/2013. (Inform. STJ 527)

DIREITO ADMINISTRATIVO. INQUÉRITO CIVIL PARA APURAÇÃO DE ATOS DE IMPROBIDADE ADMINISTRATIVA.
Não é possível impedir o prosseguimento de inquérito civil instaurado com a finalidade de apurar possível incompatibilidade entre a evolução patrimonial de vereadores e seus respectivos rendimentos, ainda que o referido procedimento tenha-se originado a partir de denúncia anônima, na hipótese em que realizadas administrativamente as investigações necessárias para a formação de juízo de valor sobre a veracidade da notícia. A CF impôs

ao MP o dever de promover o inquérito civil e a ação civil pública para a proteção do patrimônio público e social, do meio ambiente e de outros interesses difusos e coletivos (art. 129, III). O dever constitucional deve ser compatibilizado com a vedação ao anonimato (art. 5°, IV, CF), com base no princípio da concordância prática. Nos termos do art. 22 da Lei 8.429/1992, o MP pode, mesmo de ofício, requisitar a instauração de inquérito policial ou procedimento administrativo para apurar qualquer ilícito previsto no mencionado diploma legal. Ressalte-se que o art. 13 dessa lei obriga os agentes públicos a disponibilizar periodicamente informações sobre seus bens e evolução patrimonial. Vale destacar que os agentes políticos sujeitam-se a uma diminuição na esfera de privacidade e intimidade, de modo que se mostra ilegítima a pretensão de não revelar fatos relacionados à evolução patrimonial. Precedentes citados: RMS 37.166-SP, Primeira Turma, DJe 15/4/2013; e RMS 30.510-RJ, Segunda Turma, DJe 10/2/2010. **RMS 38.010-RJ, Rel. Min. Herman Benjamin, julgado em 4/4/2013.** (Inform. STJ 522)

DIREITO ADMINISTRATIVO. IMPROBIDADE ADMINISTRATIVA. DEVIDO PROCESSO LEGAL. REMESSA DOS AUTOS AO MP.
Não há nulidade processual pela simples remessa dos autos ao MP para manifestação após o oferecimento da defesa preliminar na ação de improbidade administrativa.
A decretação da nulidade exige a demonstração do efetivo prejuízo pela parte, de sorte que, mesmo que tenha havido erro procedimental, deve o réu demonstrar em que amplitude tal equívoco lhe causou danos. Precedente citado: AgRg no AREsp 35.837-RS, DJe 26/4/2012. **AgRg no REsp 1.269.400-SE, Rel. Min. Humberto Martins, julgado em 23/10/2012.** (Inform. STJ 507)

IMPROBIDADE ADMINISTRATIVA. DEFESA PRÉVIA. NULIDADE.
A falta de notificação do acusado para apresentar defesa prévia nas ações submetidas ao rito da Lei de Improbidade Administrativa (art. 17, § 7°, da Lei n. 8.429/1992) é causa de nulidade relativa do feito, devendo ser alegada em momento oportuno e devidamente comprovado o prejuízo à parte. Com esse entendimento, a Turma negou provimento ao recurso, mantida a condenação do recorrente. Precedentes citados: REsp 1116932-SP, DJe 14/10/2009, e REsp 1.034.511-CE, DJe 22/9/2009. **EDcl no REsp 1.194.009-SP, Rel. Min. Arnaldo Esteves Lima, julgados em 17/5/2012.** (Inform. STJ 497)

Súmula STJ n° 329

O Ministério Público tem legitimidade para propor ação civil pública em defesa do patrimônio público.

Súmula STJ n° 209

Compete à justiça estadual processar e julgar prefeito por desvio de verba transferida e incorporada ao patrimônio municipal.

19. DIREITOS HUMANOS

ARE 722.744/DF
RELATOR: Ministro Celso de Mello
Liberdade de expressão. Profissional de imprensa e empresa de comunicação social. Proteção constitucional. Direito de crítica: *prerrogativa fundamental* **que se compreende** na liberdade constitucional de manifestação do pensamento. **Magistério da doutrina. Precedentes** do Supremo Tribunal Federal (**ADPF 130/DF**, Rel. Min. AYRES BRITTO – **AI 505.595-AgR/RJ**, Rel. Min. CELSO DE MELLO – **Pet 3.486/DF**, Rel. Min. CELSO DE MELLO, *v.g.*). **Jurisprudência comparada** (*Tribunal Europeu de Direitos Humanos* **e** *Tribunal Constitucional Espanhol*). *O significado político* **e** *a importância jurídica da Declaração de Chapultepec* (**11/03/1994**). **Matéria jornalística e responsabilidade civil.** *Excludentes anímicas* **e** *direito de crítica*. **Precedentes. Plena legitimidade** do direito constitucional de crítica *a figuras públicas* ou *notórias*, **ainda** que de seu exercício resulte *opinião jornalística extremamente dura* e *contundente*. **Recurso extraordinário provido. Consequente improcedência** da ação de reparação civil por danos morais. DJe de 13.3.2014. (Inform. STF 750)

Custódia cautelar e fundamentação inidônea
Por atacar decisão monocrática do STJ e ante a ausência de interposição de agravo regimental, a 2ª Turma não conheceu de *habeas corpus*, mas concedeu a ordem, de ofício, para permitir que o paciente responda o processo em liberdade, se não estiver preso por outro motivo. No caso, ele fora denunciado por portar e ter em sua residência algumas pedras de *crack*. A Turma consignou que os argumentos esboçados pelo juízo de origem não teriam atendido ao disposto no art. 312 do CPP. Salientou que a pouca quantidade de droga apreendida e a falta de outros elementos a sinalizar o envolvimento efetivo do paciente no tráfico de entorpecentes não justificariam a manutenção da custódia cautelar para garantir a ordem pública. Assinalou, ainda, que, com a entrada em vigor da Lei 12.403/2011, nos termos da nova redação do art. 319 do CPP, o juiz dispõe de outras medidas cautelares de natureza pessoal diversas da prisão, de modo a permitir, diante das circunstâncias do caso concreto, a escolha da medida mais ajustada à espécie. Dessa forma, essas medidas serviriam, mesmo que cautelarmente, de resposta justa e proporcional ao mal supostamente causado pelo acusado. Reputou que, na situação dos autos, a prisão cautelar revelar-se-ia medida desproporcional. Ressaltou que esse seria um caso emblemático do abuso de prisão cautelar. Frisou que o STF deveria exigir, especialmente em tráfico de drogas, a observância da apresentação do preso ao juiz, como previsto na Convenção Interamericana de Direitos Humanos. HC 119095/MG, rel. Min. Gilmar Mendes, 26.11.2013. (HC-119095/MG) (Inform. STF 730)

ADPF e Lei da Anistia – 1
A Lei 6.683/79 (Lei da Anistia) é compatível com a Constituição Federal de 1988 e a anistia por ela concedida foi ampla e geral, alcançando os crimes de qualquer natureza praticados pelos agentes da repressão no período compreendido entre 2.9.61 e 15.8.79. Com base nesse entendimento, o Tribunal, por maioria, julgou improcedente arguição de descumprimento de preceito fundamental ajuizada pelo Conselho Federal da Ordem dos Advogados do Brasil em que se pretendia fosse declarada a não recepção pela Constituição Federal de 1988 da Lei 6.683/79 ou conferido ao § 1º do seu art. 1º interpretação conforme a Constituição, "de modo a declarar, à luz dos seus preceitos fundamentais, que a anistia concedida pela citada lei aos crimes políticos ou conexos não se estende aos crimes comuns praticados pelos agentes da repressão contra opositores políticos, durante o regime militar (1964/1985)". Inicialmente, o Tribunal, por maioria, conheceu da ação, rejeitando todas as preliminares suscitadas. Vencido, no ponto, o Min. Marco Aurélio que assentava a inadequação da ação.
ADPF 153/DF, rel. Min. Eros Grau, 28.4.2010. (ADPF-153)
Continuação: **ADPF 153/DF, rel. Min. Eros Grau, 29.4.2010. (ADPF-153).**

ADPF e Lei da Anistia – 2
No mérito, afastou-se, primeiro, a alegação de que a Lei 6.683/79 não teria sido recebida pela CF/88 porque a conexão criminal que aproveitaria aos agentes políticos que praticaram crimes comuns contra opositores políticos, presos ou não, durante o regime militar ofenderia diversos preceitos fundamentais. Quanto à apontada afronta ao art. 5º, caput, da CF (isonomia em matéria de segurança) – em razão de ter sido estendida a anistia a classes absolutamente indefinidas de crimes –, afirmou-se, salientando a desigualdade entre a prática de crimes políticos e crimes conexos com eles, que a lei poderia, sem violar a isonomia, que consiste também em tratar desigualmente os desiguais, anistiá-los, ou não, desigualmente. No que se refere à ofensa ao art. 5º, XXXIII, da CF – em virtude de ter sido concedida anistia a pessoas indeterminadas, o que não permitira o conhecimento da identidade dos responsáveis pelos crimes perpetrados contra as vítimas de torturas –, asseverou-se que a anistia teria como característica a objetividade, porque ligada a fatos, devendo ser mesmo concedida a pessoas indeterminadas. Ressaltou-se, no ponto, que a Lei da Anistia não impediria o acesso a informações relativas à atuação dos agentes da repressão no período compreendido entre 2.9.61 e 15.8.79, e que romper com a boa-fé dos atores sociais e os anseios das diversas classes e instituições políticas que ao final dos anos 70 que pugnaram por uma Lei de Anistia ampla, geral e irrestrita implicaria prejudicar o acesso à verdade histórica. Acrescentou-se estar pendente de julgamento na Corte a ADI 4077/DF, que questiona a constitucionalidade das Leis 8.159/91 e 11.111/2005, sensível para resolver a controvérsia político-jurídica sobre o acesso a documentos do regime anterior. No que respeita à citada agressão aos princípios democrático e republicano – ao fundamento de que para produzir o efeito de anistia de agentes públicos que cometeram crimes contra o povo, o diploma legal deveria ser legitimado, depois da entrada em vigor da CF/88, pelo órgão legislativo oriundo de eleições livres ou diretamente pelo povo soberano, mediante referendo –, enfatizou-se que o argumento adotado levaria não só ao afastamento do fenômeno da recepção do direito anterior à Constituição, mas ao

reconhecimento de que toda a legislação anterior à ela seria, exclusivamente por força dela, formalmente inconstitucional. No que tange à assertiva de desrespeito à dignidade da pessoa humana e do povo brasileiro que não poderia ser negociada, e que, no suposto acordo político, a anistia aos responsáveis por delitos de opinião servira para encobrir a concessão de impunidade aos criminosos oficiais, tendo sido usada a dignidade das pessoas e do povo como moeda de troca para permitir a transição do regime militar ao Estado de Direito, reputou-se que se estaria a ignorar o momento talvez mais importante da luta pela redemocratização do país, o da batalha da anistia. Frisou-se que toda gente que conhece a história do Brasil saberia da existência desse acordo político que resultara no texto da Lei 6.683/79. Concluiu-se que, não obstante a dignidade não tenha preço, a indignidade que o cometimento de qualquer crime expressa não poderia ser retribuída com a proclamação de que o instituto da anistia violaria a dignidade humana. **ADPF 153/DF, rel. Min. Eros Grau, 28.4.2010. (ADPF-153) ADPF 153/DF, rel. Min. Eros Grau, 29.4.2010. (ADPF-153).**

ADPF e Lei da Anistia – 3
Em seguida, repeliu-se a pretensa interpretação conforme a Constituição. Salientou-se, de início, que o § 1º do art. 1º da Lei da Anistia definiria os crimes conexos aos crimes políticos como os crimes de qualquer natureza relacionados com os crimes políticos ou praticados por motivação política, ou seja, seriam crimes comuns, porém com essa relação. Após citar a alusão a crimes conexos a crimes políticos existente na concessão de anistia por vários decretos, observou-se que a expressão crimes conexos a crimes políticos conotaria sentido a ser sindicado no momento histórico da sanção da lei. No ponto, aduziu-se que o legislador realmente teria procurado estender a conexão aos crimes praticados pelos agentes do Estado contra os que lutavam contra o Estado de exceção. Daí o caráter bilateral da anistia, ampla e geral, que só não fora irrestrita porque não abrangera os já condenados, com sentença transitada em julgado, pela prática de crimes de terrorismo, assalto, sequestro e atentado pessoal. Salientou-se que se estaria diante de lei-medida, que disciplina diretamente determinados interesses, mostrando-se imediata e concreta, e que configura ato administrativo completável por agente da Administração, mas trazendo em si mesma o resultado específico pretendido, ao qual se dirige. Afirmou-se haver, portanto, necessidade de, no caso de lei-medida, interpretar-se, em conjunto com o seu texto, a realidade no e do momento histórico no qual editada, e não a realidade atual. Assim, seria a realidade histórico-social da migração da ditadura para a democracia política, da transição conciliada de 1979 que haveria de ser ponderada para poder se discernir o significado da expressão crimes conexos na Lei 6.683/79. Frisou-se que, nesse contexto, a Lei 6.683/79 teria veiculado uma decisão política assumida nesse momento de transição, sendo certo que o § 1º do seu art. 1º, ao definir o que se considerariam crimes conexos aos crimes políticos, teria o sentido indisfarçável de fazer compreender, no alcance da anistia, os delitos de qualquer natureza cometidos pelos agentes civis e militares da repressão. Mencionou-se a circunstância de a Lei da Anistia preceder a Convenção das Nações Unidas contra a Tortura e outros Tratamentos ou Penas Cruéis, Desumanos ou Degradantes e a Lei 9.455/97, que define o crime de tortura. Registrou-se, também, o fato de o preceito veiculado pelo art. 5º, XLIII, da CF, que declara insuscetíveis de graça e anistia a prática da tortura, entre outros crimes, não alcançar, por impossibilidade lógica, anistias consumadas anteriormente a sua vigência. Consignou-se que a Constituição não recebe leis em sentido material, abstratas e gerais, mas não afeta, por outro lado, leis-medida que a tenham precedido. **ADPF 153/DF, rel. Min. Eros Grau, 28.4.2010. (ADPF-153) ADPF 153/DF, rel. Min. Eros Grau, 29.4.2010. (ADPF-153).**

ADPF e Lei da Anistia – 4
Destacou-se que, no Estado Democrático de Direito, o Poder Judiciário não estaria autorizado a alterar, a dar outra redação, diversa da nele contemplada, a texto normativo. Não incumbiria ao Supremo modificar, portanto, textos normativos concessivos de anistias, mas tão-somente apurar a sua compatibilidade com a Constituição. A revisão de lei de anistia, se mudanças do tempo e da sociedade a impuserem, haveria, ou não, de ser feita pelo Poder Legislativo. Atentou-se, ainda, para o que disposto no art. 4º da EC 26/85 ("Art. 4º É concedida anistia a todos os servidores públicos civis da administração direta e indireta e militares, punidos por atos de exceção, institucionais ou complementares. § 1º É concedida, igualmente, anistia aos autores de crimes políticos ou conexos, e aos dirigentes e representantes de organizações sindicais e estudantis, bem como aos servidores civis ou empregados que hajam sido demitidos ou dispensados por motivação exclusivamente política, com base em outros diplomas legais. § 2º A anistia abrange os que foram punidos ou processados pelos atos imputáveis previstos no 'caput' deste artigo, praticados no período compreendido entre 2 de setembro de 1961 e 15 de agosto de 1979."). Explicou-se que a EC 26/85, cujo art. 1º conferiu aos membros da Câmara dos Deputados e ao Senado Federal o poder de se reunirem unicameralmente em Assembleia Nacional Constituinte, livre e soberana, em 1º.2.87, na sede do Congresso Nacional, seria dotada de caráter constitutivo, instalando um novo sistema normativo. Destarte, a anistia da Lei 6.683/79 teria sido reafirmada, no texto da EC 26/85, pelo Poder Constituinte da Constituição de 1988. A emenda constitucional produzida pelo Poder Constituinte originário teria constitucionalizado a anistia. Assim, afirmada a integração da anistia de 1979 na nova ordem constitucional, ter-se-ia que sua adequação à Constituição de 1988 resultaria inquestionável. Assentou-se que se imporia o desembaraço dos mecanismos que ainda dificultam o conhecimento do quanto ocorrera durante o período em questão, o que deverá ocorrer quando do julgamento da citada ADI 4077/DF. Por fim, realçou-se ser necessário dizer, vigorosa e reiteradamente, que a decisão de improcedência não excluiria o repúdio a todas as modalidades de tortura, de ontem e de hoje, civis e militares, policiais ou delinquentes. Vencidos os Ministros Ricardo Lewandowski e Ayres Britto, que julgavam parcialmente procedente o pedido. O primeiro dava interpretação conforme ao § 1º do art. 1º da Lei 6.683/79, de modo a que se entendesse que os agentes do Estado não estariam automaticamente abrangidos pela anistia contemplada no referido dispositivo legal, devendo o juiz ou tribunal, antes de admitir o desencadeamento da persecução penal contra estes, realizar uma abordagem caso a caso, mediante a adoção dos critérios da preponderância e da atrocidade dos meios, nos moldes da jurisprudência do Supremo, para o fim de caracterizar o eventual cometimento de crimes comuns com a consequente exclusão da prática de delitos políticos ou ilícitos considerados conexos. O segundo excluía da anistia os crimes previstos no art. 5º, XLIII, da CF. **ADPF 153/DF, rel. Min. Eros Grau, 28.4.2010. (ADPF-153) ADPF 153/DF, rel. Min. Eros Grau, 29.4.2010. (ADPF-153).** (Inform. STF 584)

DIREITO INTERNACIONAL PRIVADO. CONVENÇÃO DA HAIA SOBRE ASPECTOS CIVIS DO SEQUESTRO INTERNACIONAL DE CRIANÇAS.
Não se deve ordenar o retorno ao país de origem de criança que fora retida ilicitamente no Brasil por sua genitora na hipótese em que, entre a transferência da criança e a data do início do processo para sua restituição, tenha decorrido mais de um ano e, além disso, tenha sido demonstrado, por meio de avaliação psicológica, que a criança já estaria integrada ao novo meio em que vive e que uma mudança de domicílio poderia causar malefícios ao seu desenvolvimento. De fato, a Convenção de Haia sobre os Aspectos Civis do Sequestro Internacional de Crianças, incorporada

ao ordenamento jurídico brasileiro com a edição do Dec. 3.413/2000, tem por objetivo: a) assegurar o retorno imediato de crianças ilicitamente transferidas para qualquer Estado Contratante ou nele retidas indevidamente; e b) fazer respeitar de maneira efetiva nos outros Estados Contratantes os direitos de guarda e visita existentes num Estado Contratante (art. 1º). De acordo com o art. 12 da convenção, quando uma criança tiver sido ilicitamente transferida ou retida e tenha decorrido um período de menos de um ano entre a data da transferência ou da retenção indevidas e a data do início do processo perante a autoridade judicial ou administrativa do Estado Contratante onde a criança se encontrar, a autoridade respectiva deverá ordenar o retorno imediato da criança. Ainda conforme esse dispositivo, a autoridade judicial ou administrativa respectiva, mesmo após expirado o mencionado período de um ano, deverá ordenar o retorno da criança, salvo quando for provado que a criança já se encontra integrada ao seu novo meio. Isso porque a referida convenção tem como escopo a tutela do princípio do melhor interesse da criança, de forma a garantir-lhe o bem estar e a integridade física e emocional de acordo com suas verdadeiras necessidades. Para que se possa entender esse princípio, bem como para sua aplicação, o julgador deve considerar uma série de fatores, como o amor e os laços afetivos entre os pais, os familiares e a criança, o lar da criança, a escola, a comunidade, os laços religiosos e a habilidade do guardião de encorajar contato e comunicação saudável entre a criança e o outro genitor. Essas considerações, essencialmente subjetivas, são indicadores que conduzem o juiz à descoberta do que lhe parece ser o melhor interesse da criança em cada caso concreto. Por isso a Convenção de Haia, não obstante apresente reprimenda rigorosa ao sequestro internacional de menores, com determinação expressa de seu retorno ao país de origem, garante o bem estar e a integridade física e emocional da criança, o que deve ser avaliado de forma criteriosa, fazendo-se necessária a prova pericial psicológica. **REsp 1.293.800-MG, Rel. Min. Humberto Martins, julgado em 28/5/2013.** (Inform. STJ 525)

CONVENÇÃO DA HAIA. PROVA PERICIAL. AVALIAÇÃO PSICOLÓGICA DO MENOR.
Discute-se a aplicação da Convenção sobre os Aspectos Civis do Sequestro Internacional de Crianças (Convenção da Haia), promulgada no Brasil mediante o Dec. n. 3.413/2000. Trata-se, na origem, de ação de busca, apreensão e restituição ajuizada pela União contra a segunda recorrente, cidadã brasileira, com o propósito de compelir a entregar seu filho, primeiro recorrente, menor, nascido no estrangeiro e filho do ora assistente, cidadão estrangeiro, à autoridade central brasileira e, ato contínuo, à autoridade central estrangeira, para restituição. Postulam os recorrentes a anulação de todos os atos processuais praticados desde o julgamento antecipado da lide, a fim de que os autos retornem à primeira instância para a produção das provas, em especial a perícia psicológica. O Min. Relator observou que a Convenção da Haia, contundente na reprimenda ao sequestro e na determinação de retorno imediato do menor ilicitamente transferido, revela, de forma equilibrada, grande preocupação com o bem-estar deste, assegurando-lhe, sobretudo, o equilíbrio emocional e a integridade física. Consta dos autos uma única avaliação psicológica do menor, efetuada há mais de três anos, a partir de um único encontro entre a perita do juízo e a criança. A conclusão dessa avaliação não conduz à certeza de ausência de grave dano no retorno da criança ao estado estrangeiro. Assim, asseverou o Min. Relator, é imprescindível a realização da perícia psicológica requerida, pois o interesse do menor sobreleva qualquer outro. Diante dessa e de outras considerações, a Turma deu parcial provimento para anular os provimentos ordinários e determinar a realização apenas da perícia psicológica. **REsp 1.239.777- PE, Rel. Min. Cesar Asfor Rocha, julgado em 12/4/2012. (Inform. STJ 495)**

Súmula STF nº 674

A anistia prevista no art. 8º do ato das disposições constitucionais transitórias não alcança os militares expulsos com base em legislação disciplinar ordinária, ainda que em razão de atos praticados por motivação política.

20. DIREITO PROCESSUAL COLETIVO

1. COMPETÊNCIA, CONEXÃO, CONTINÊNCIA E LITISPENDÊNCIA

DIREITO CONSTITUCIONAL E PROCESSUAL CIVIL. COMPETÊNCIA DA JUSTIÇA FEDERAL DO DISTRITO FEDERAL PARA O JULGAMENTO DE AÇÃO COLETIVA. A entidade associativa, ainda que possua abrangência local – e não âmbito nacional –, poderá, a seu critério, ajuizar ação coletiva em face da União na Justiça Federal do DF, independentemente do lugar do território nacional onde tenha ocorrido a lesão ao direito vindicado. Isso porque o art. 109, § 2°, da CF aponta a Justiça Federal do DF como juízo universal para apreciar as ações judiciais intentadas contra a União, haja vista que Brasília, por ser a Capital Federal (art. 18, § 1°, da CF), é onde se situa a sede constitucional da representação política e administrativa do País. O art. 2º-A da Lei 9.494/1997, de fato, prevê que a "sentença civil prolatada em ação de caráter coletivo proposta por entidade associativa, na defesa dos interesses e direitos dos seus associados, abrangerá apenas os substituídos que tenham, na data da propositura da ação, domicílio no âmbito da competência territorial do órgão prolator". Contudo, esse artigo no versa sobre competência jurisdicional, mas, sim, sobre os efeitos subjetivos de sentença coletiva prolatada em ação proposta por entidade associativa. Ademais, a competência constitucional da Justiça Federal do DF para processar e julgar demanda ajuizada em desfavor da União não poderia ser mitigada por lei ordinária. Dessa forma, proposta a ação coletiva contra a União na Justiça Federal do DF, não há que cogitar falta de competência territorial. **CC 133.536-SP, Rel. Min. Benedito Gonçalves, julgado em 14/8/2014.** (Inform. STJ 546)

DIREITO PROCESSUAL CIVIL. COMPETÊNCIA PARA O JULGAMENTO DE AÇÃO CIVIL PÚBLICA.
Em ação civil pública ajuizada na Justiça Federal, não é cabível a cumulação subjetiva de demandas com o objetivo de formar um litisconsórcio passivo facultativo comum, quando apenas um dos demandados estiver submetido, em razão de regra de competência ratione personae, à jurisdição da Justiça Federal, ao passo que a Justiça Estadual seja a competente para apreciar os pedidos relacionados aos demais demandados. De fato, a fixação do foro para o julgamento de ação civil pública leva em consideração uma espécie *sui generis* de competência territorial absoluta, que se fixa primeiramente em razão do local e extensão do dano (art. 2° da Lei 7.347/1985), desencadeando a partir daí uma competência relativa concorrente entres os outros juízos absolutamente competentes. Entretanto, isso não derroga as regras alusivas à competência também absoluta da Justiça Federal, que têm estatura constitucional e que, na verdade, definem hipótese de jurisdição especial, o que não exclui a observância do critério da extensão e do local do dano no âmbito federal. Desse modo, a Justiça Federal também tem competência funcional e territorial sobre o local de qualquer dano, circunstância que torna as regras constitucionais de definição de sua competência rigorosamente compatíveis e harmônicas com aquelas previstas nos diplomas legais sobre processo coletivo que levam em conta também o local e a extensão do dano. A respeito do litisconsórcio facultativo comum, cabe ressaltar que esse traduz um verdadeiro cúmulo de demandas, que buscam vários provimentos somados em uma sentença formalmente única. Sendo assim, e levando-se em conta que todo cúmulo subjetivo tem por substrato um cúmulo objetivo, com causas de pedir e pedidos materialmente diversos (embora formalmente únicos), para a formação de litisconsórcio facultativo comum há de ser observada a limitação segundo a qual só é lícita a cumulação de pedidos se o juízo for igualmente competente para conhecer de todos eles (art. 292, § 1°, II, do CPC). Portanto, como no litisconsórcio facultativo comum o cúmulo subjetivo ocasiona cumulação de pedidos, não sendo o juízo competente para conhecer de todos eles, ficará inviabilizado o próprio litisconsórcio, notadamente nos casos em que a competência se define *ratione personae*, como é a jurisdição cível da Justiça Federal. Ademais, tal conclusão se harmoniza, inclusive, com a regra segundo a qual "os litisconsortes serão considerados, em suas relações com a parte adversa, como litigantes distintos" (art. 48 do CPC). **REsp 1.120.169-RJ, Rel. Min. Luis Felipe Salomão, julgado em 20/8/2013.** (Inform. STJ 530)

DIREITO PROCESSUAL CIVIL. CONTINÊNCIA DE AÇÕES COLETIVAS PROPOSTAS POR ENTIDADES DISTINTAS.
No caso em que duas ações coletivas tenham sido propostas perante juízos de competência territorial distinta contra o mesmo réu e com a mesma causa de pedir e, além disso, o objeto de uma, por ser mais amplo, abranja o da outra, competirá ao juízo da ação de objeto mais amplo o processamento e julgamento das duas demandas, ainda que ambas tenham sido propostas por entidades associativas distintas. Se, na situação descrita, o polo ativo da ação de objeto mais amplo abrange os indivíduos representados na ação de objeto mais restrito, caracteriza-se a identidade entre as partes necessária à caracterização da continência (art. 104 do CPC), uma vez que os substituídos é que suportarão os efeitos da decisão. Nesse contexto, inclusive, deve-se ressaltar que o aspecto subjetivo da litispendência nas ações coletivas deve ser visto sob a ótica dos beneficiários atingidos pelos efeitos da decisão, e não pelo simples exame das partes que figuram no polo ativo da demanda. Dessa maneira, considerando, além da identidade entre as partes – por se tratar de legitimados concorrentes –, a existência de idênticas causas de pedir e a abrangência de um pedido pelo outro, tem-se por configurada a continência, o que implica reunião das ações, para que se evitem decisões contraditórias. Além disso, nesse contexto, analisar a existência de continência demanda o revolvimento da matéria fática, o que é vedado pela Súmula 7 do STJ. Precedente citado: AgRg no REsp 1.186.059-RS, PRIMEIRA TURMA, DJe 22/2/2011. **REsp 1.318.917-BA, Rel. Min. Antonio Carlos Ferreira, julgado em 12/3/2013.** (Inform. STJ 520)

DIREITO ADMINISTRATIVO E PROCESSUAL CIVIL. COMPETÊNCIA. ACP. LOCAL DO DANO.
A competência para processar e julgar ação civil pública é absoluta e se dá em função do local onde ocorreu o dano.
O art. 2º da Lei n. 7.347/1985, que disciplina a Ação Civil Pública (ACP), estabelece que as ações da referida norma serão propostas no foro do local onde ocorrer o dano, cujo juízo terá competência funcional para processar e julgar a causa. A *ratio legis* da utilização do local do dano como critério definidor da competência nas ações coletivas é proporcionar maior celeridade no processamento, na instrução e, por conseguinte, no julgamento do feito, dado que é muito mais fácil apurar o dano e suas provas no juízo em que os fatos ocorreram. Precedentes citado: CC 97.351-SP, DJe 10/6/2009. **AgRg nos EDcl no CC 113.788-DF, Rel. Min. Arnaldo Esteves Lima, julgado em 14/11/2012. (Inform. STJ 510)**

Súmula STJ nº 489
Reconhecida a continência, devem ser reunidas na Justiça Federal as ações civis públicas propostas nesta e na Justiça estadual.

2. LEGITIMAÇÃO, LEGITIMADOS, MINISTÉRIO PÚBLICO

Seguro DPVAT e legitimidade do Ministério Público - 1
A tutela dos direitos e interesses de beneficiários do seguro DPVAT - Danos Pessoais Causados por Veículos Automotores de Via Terrestre, nos casos de indenização paga, pela seguradora, em valor inferior ao determinado no art. 3º da Lei 6.914/1974, reveste-se de relevante natureza social (interesse social qualificado), de modo a conferir legitimidade ativa ao Ministério Público para defendê-los em juízo mediante ação civil coletiva. Essa a conclusão do Plenário, que proveu recurso extraordinário no qual discutida a legitimidade do "Parquet" na referida hipótese. O Colegiado assinalou ser necessário identificar a natureza do direito material a ser tutelado, uma vez que o art. 127 da CF ("O Ministério Público é instituição permanente, essencial à função jurisdicional do Estado, incumbindo-lhe a defesa da ordem jurídica, do regime democrático e dos interesses sociais e individuais indisponíveis") refere-se a "interesses sociais e individuais indisponíveis" e o art. 129, III, da CF ("São funções institucionais do Ministério Público: ... III - promover o inquérito civil e a ação civil pública, para a proteção do patrimônio público e social, do meio ambiente e de outros interesses difusos e coletivos"), a "interesses difusos e coletivos". Estabeleceu que "direitos ou interesses difusos e coletivos" e "direitos ou interesses individuais homogêneos" seriam categorias de direitos ontologicamente diferenciadas, de acordo com a conceituação legal (Lei 8.078/1990 - CDC, art. 81, parágrafo único). Asseverou que direitos difusos e coletivos seriam direitos subjetivamente transindividuais — porque de titularidade múltipla, coletiva e indeterminada — e materialmente indivisíveis. Frisou que a ação civil pública, regulada pela Lei 7.347/1985, seria o protótipo dos instrumentos destinados a tutelar direitos transindividuais. Nesses casos, a legitimação ativa, invariavelmente em regime de substituição processual, seria exercida por entidades e órgãos expressamente eleitos pelo legislador, dentre os quais o Ministério Público. Destacou que a sentença de mérito faria coisa julgada com eficácia "erga omnes", salvo se improcedente o pedido por insuficiência de prova. Em caso de procedência, a sentença produziria, também, o efeito secundário de tornar certa a obrigação do réu de indenizar os danos individuais decorrentes do ilícito civil objeto da demanda. A execução, na hipótese, também invariavelmente em regime de substituição processual, seguiria o rito processual comum, e eventual produto da condenação em dinheiro reverteria ao Fundo de Defesa dos Direitos Difusos (Lei 9.008/1995 e Decreto 1.306/1994).
RE 631111/GO, rel. Min. Teori Zavascki, 6 e 7.8.2014 (RE-631111)

Seguro DPVAT e legitimidade do Ministério Público - 2
O Tribunal consignou que os direitos individuais homogêneos, por outro lado, seriam direitos subjetivos individuais, e a qualificação "homogêneos" seria destinada a identificar um conjunto de direitos ligados entre si por uma relação de semelhança, a propiciar a defesa coletiva de todos eles. Nesse caso, os sujeitos de direito seriam determinados ou determináveis, e o objeto material seria divisível, passível de decomposição em unidades autônomas, com titularidade própria. Esses direitos seriam os mesmos de que trata o art. 46, II e IV, do CPC, cuja coletivização teria sentido meramente instrumental, como estratégia para permitir sua mais efetiva tutela em juízo. Sintetizou que "defesa coletiva" ou "tutela coletiva" de direitos homogêneos referir-se-ia não ao direito material tutelado, mas ao instrumento de sua tutela. Sublinhou que o núcleo de homogeneidade desses direitos seria formado por três elementos das normas jurídicas concretas neles subjacentes: a) a existência da obrigação; b) a natureza da prestação devida; e c) o sujeito passivo. Por sua vez, a identidade do sujeito ativo e a sua específica vinculação com a relação jurídica, inclusive no que diz respeito à quantidade devida, seriam elementos pertencentes a um domínio marginal, formado pelas partes diferenciadas e acidentais dos direitos homogêneos, portanto a sua margem de heterogeneidade. Reputou que a tutela de direitos individuais homogêneos teria como instrumento básico a ação civil coletiva, disciplinada nos artigos 91 a 100 do CDC. Tratar-se-ia de procedimento especial com quatro características fundamentais. A primeira delas seria a repartição da atividade cognitiva em duas fases: uma, a da ação coletiva, destinada ao juízo de cognição sobre as questões fáticas e jurídicas relacionadas com o núcleo de homogeneidade dos direitos tutelados; e outra, a da ação de cumprimento, desdobrada em uma ou mais ações, promovida na hipótese de procedência do pedido na ação coletiva, destinada a complementar a atividade cognitiva mediante juízo específico sobre as situações individuais de cada um dos lesados e a efetivar os correspondentes atos executórios. A segunda característica seria a dupla forma da legitimação ativa: na primeira fase, por substituição processual; na segunda, pelo regime comum da representação. A terceira característica diria respeito à natureza da sentença, sempre genérica. Faria juízo apenas sobre a existência da obrigação do devedor, a identidade do sujeito passivo da obrigação e a natureza da prestação devida. Os demais elementos (a identidade do titular do direito e qual a prestação a que especificamente faria jus) seriam objeto de outra sentença, proferida na ação de cumprimento. Por fim, a quarta característica da ação coletiva seria a sua autonomia em relação à ação individual, representada pela faculdade atribuída ao titular do direito subjetivo de aderir ou não ao processo coletivo, compreendida em: a) liberdade de se litisconsorciar ao substituto processual autor da ação coletiva; b) liberdade de promover ou de prosseguir na ação individual simultânea à ação coletiva; e c) liberdade de executar em seu favor a sentença de procedência resultante da ação coletiva. O Colegiado registrou que as normas processuais e procedimentais reguladoras da ação civil coletiva em defesa do consumidor aplicar-se-iam, por analogia, às demais hipóteses de tutela coletiva de direitos individuais homogêneos. Dessa forma, em qualquer situação: a) a ação coletiva não prejudicaria a propositura da ação individual com o mesmo objeto, e o autor individual ficaria vinculado ao resultado de sua própria demanda; b) a sentença da ação coletiva, quanto aos demais titulares individuais, faria coisa julgada "erga omnes", mas somente em caso de procedência do pleito; c) a sentença genérica de procedência serviria de título para a propositura da ação individual de cumprimento, pelo regime de representação, consistente de atividade cognitiva de liquidação por artigos, seguida de atividade executória, de acordo com o procedimento comum do CPC e em conformidade com a natureza da prestação devida.
RE 631111/GO, rel. Min. Teori Zavascki, 6 e 7.8.2014. (RE-631111)

Seguro DPVAT e legitimidade do Ministério Público - 3

O Plenário ponderou que, consideradas as características próprias dos direitos transindividuais e dos direitos individuais homogêneos, também seria particular o tratamento processual atribuído a cada qual. Equacionou que, estabelecidas as distinções, tanto do ponto de vista do direito material, quanto do ponto de vista processual, cumpriria examinar o papel do Ministério Público em relação à tutela jurisdicional de cada uma dessas espécies. A esse respeito, no que se refere aos direitos transindividuais, lembrou que dentre as mais proeminentes funções institucionais atribuídas pela Constituição ao Ministério Público estaria a de promover o inquérito civil e a ação civil pública, para a proteção do patrimônio público e social, do meio ambiente e de outros interesses difusos e coletivos. Concluiu, no ponto, que relativamente às ações civis públicas que tivessem por objeto a tutela de direitos e interesses transindividuais, a legitimação atribuída ao Ministério Público (CF, art. 129, III) deveria ser entendida em sentido amplo e irrestrito. Verificou que, em relação à tutela dos direitos individuais homogêneos, divisíveis e individualizáveis e de titularidade determinada, seria cabível a postulação em juízo por parte do próprio titular individual. Asseverou que, no caso de direitos homogêneos decorrentes de relações de consumo, o primeiro dos legitimados ativos eleitos pelo CDC seria o Ministério Público. Além dessa hipótese, haveria outras em que o Ministério Público seria incumbido de demandar em juízo a tutela coletiva em prol de direitos de natureza individual e disponível: propositura de ação de responsabilidade por danos causados aos investidores no mercado de valores mobiliários e propositura de ação de responsabilidade pelos prejuízos causados a credores por ex-administradores de instituições financeiras em liquidação ou falência. Nesses três casos, os direitos lesados seriam individuais, divisíveis e disponíveis.
RE 631111/GO, rel. Min. Teori Zavascki, 6 e 7.8.2014. (RE-631111)

Seguro DPVAT e legitimidade do Ministério Público - 4

A Corte assinalou que a legitimação do Ministério Público para tutelar, em juízo, direitos individuais homogêneos disponíveis, que tivessem como origem relações de consumo, estaria prevista no CDC. Assim, para que se pudesse fazer juízo da compatibilidade dessa norma de legitimação com as funções institucionais do órgão legitimado, seria importante observar as especiais características da ação coletiva correspondente. Nesse sentido, apontou que a legitimação ocorreria em regime de substituição processual. Os titulares do direito não seriam sequer indicados ou qualificados individualmente na petição inicial, mas chamados por edital a intervir como litisconsortes, se desejassem. Sublinhou que os objetivos perseguidos na ação coletiva seriam visualizados não propriamente pela ótica individual, mas pela perspectiva global. A condenação genérica fixaria a responsabilidade do réu pelos danos causados, e caberia aos próprios titulares, depois, promover a ação de cumprimento, consistente na liquidação e execução pelo dano sofrido. Consignou que, no que se refere à legitimação ativa, haveria substancial alteração de natureza quando se passasse à ação de cumprimento, porque indispensável a iniciativa do titular do direito. Nesta, buscar-se-ia satisfazer direitos individuais específicos, disponíveis e até mesmo passíveis de renúncia ou perda. Explicou que a propositura da ação de cumprimento dependeria de iniciativa do próprio interessado ou de sua expressa autorização. Mesmo quando intentada de forma coletiva, a ação de cumprimento se daria em litisconsórcio ativo, por representante, e não por substituto processual. O Colegiado realçou o fundamento constitucional da legitimação e, sob esse aspecto, relativamente a direitos individuais disponíveis, a legitimação "ad causam" suporia, segundo a regra geral, a existência de nexo de conformidade entre as partes da relação de direito material e as partes da relação processual. Frisou que a legitimação por substituição processual seria admitida apenas como exceção, contudo, no sistema em vigor, haveria tendência de expansão das hipóteses de substituição processual, notadamente com o intuito de viabilizar a tutela coletiva. Reputou que a Constituição, que consagra essa técnica para a tutela de direitos difusos e coletivos (art. 129, III), adota-a também para direitos individuais, seja pela via do mandado de segurança coletivo, seja pela via de procedimentos comuns, para a tutela de outras espécies de direitos lesados ou ameaçados. Registrou que, nesse contexto, estaria inserida a legitimação do Ministério Público, a quem a lei já conferira o poder-dever de oficiar, como "custos legis", em todas as causas nas quais houvesse interesse público evidenciado pela natureza da lide ou qualidade da parte (CPC, art. 82, III); e a quem a Constituição atribui a incumbência de defender interesses sociais (art. 127). Observou que "interesses sociais" e "interesse público" seriam equivalentes, e passíveis de ser definidos como interesses cuja tutela, no âmbito de determinado ordenamento jurídico, seria julgada como oportuna para o progresso material e moral da sociedade a cujo ordenamento jurídico corresponderia. Sublinhou que seriam relacionados com situações que, de alguma forma, ocorressem para preservar a organização e o funcionamento da comunidade jurídica e politicamente considerada, ou para atender suas necessidades de bem-estar e desenvolvimento.
RE 631111/GO, rel. Min. Teori Zavascki, 6 e 7.8.2014. (RE-631111)

Seguro DPVAT e legitimidade do Ministério Público - 5

O Plenário, no que diz respeito à constitucionalidade da legitimação do Ministério Público para promover demandas em defesa de outros direitos individuais homogêneos, que não nas hipóteses já referidas, previstas pelo legislador ordinário, ponderou ser necessário interpretar o alcance do art. 127 da CF. Examinou que a orientação da Corte ao longo do tempo a respeito do tema não seria pacífica. Mencionou a existência de três correntes: a) os direitos individuais homogêneos, porque pertencentes a um grupo de pessoas, qualificar-se-iam como subespécie de direitos coletivos e, assim, poderiam ser amplamente tutelados pelo Ministério Público (CF, art. 129, III). Reputou que a adoção dessa linha expandiria de modo extremado o âmbito da legitimação, a credenciar o Ministério Público para defender irrestritamente quaisquer direitos homogêneos, independentemente de sua essencialidade material, o que não seria compatível com a Constituição; b) a legitimação ativa do Ministério Público para a tutela de direitos individuais homogêneos se limitaria às hipóteses previstas pelo legislador ordinário. Ressaltou que essa tese imporia excessivas restrições à atuação do Ministério Público, notadamente quando presentes hipóteses concretas, não previstas pelo legislador ordinário, em que a tutela de direitos individuais seria indispensável ao resguardo de relevantes interesses da própria sociedade ou de segmentos importantes dela; e c) a legitimação do Ministério Público para tutelar em juízo direitos individuais homogêneos se configuraria nos casos em que a lesão a esses direitos comprometeria também interesses sociais subjacentes, com assento no art. 127 da CF. Enfatizou que esse posicionamento guardaria harmonia com os valores constitucionais e não acarretaria as consequências demasiado restritivas ou expansivas das outras duas.
RE 631111/GO, rel. Min. Teori Zavascki, 6 e 7.8.2014. (RE-631111)

Seguro DPVAT e legitimidade do Ministério Público - 6

O Colegiado asseverou que o objeto da demanda diria respeito a direitos individuais homogêneos, já que se trataria de um conjunto de direitos subjetivos individuais, divisíveis, com titulares identificados ou identificáveis, assemelhados por um núcleo de homogeneidade. Seriam, por isso, suscetíveis de tutela pelos próprios titulares, em ações individuais, ou de tutela coletiva, mediante ação própria, promovida em regime de substituição processual. Frisou que a legitimação ativa do Ministério Público se justificaria com base no art. 127 da CF, pelo interesse social do qual revestida a tutela do conjunto de segurados que teriam sido lesados pela seguradora. Consignou que o seguro DPVAT seria obrigatório por força da Lei 6.194/1974, e sua finalidade seria proteger as vítimas de acidentes automobilísticos. Por isso, a lei imporia como obrigatório que os danos pessoais cobertos pelo seguro compreendessem as indenizações por morte, por invalidez permanente total ou parcial e por despesas de assistência médica e suplementares, bem como que o pagamento da indenização fosse efetuado mediante simples prova do dano. Registrou tratar-se de responsabilidade objetiva, vinculada à teoria do risco, desnecessária qualquer prova de culpa. Enfatizou que, pela natureza e finalidade desse seguro, o seu adequado funcionamento transcenderia os interesses individuais dos segurados. Lembrou que o art. 27, parágrafo único, da Lei 8.212/1991, determina às seguradoras o repasse à Seguridade Social de 50% do valor total do prêmio, destinado ao SUS para custeio de assistência médico-hospitalar dos segurados vitimados em acidentes de trânsito. Consignou haver manifesto interesse social nessa controvérsia coletiva, hipótese semelhante a outros direitos individuais homogêneos, em relação aos quais o STF considerara haver interesse social qualificado, a autorizar a tutela do Ministério Público mediante ação coletiva: direitos individuais homogêneos sobre o valor de mensalidades escolares; sobre contratos vinculados ao Sistema Financeiro da Habitação; sobre contratos de "leasing"; sobre interesses previdenciários de trabalhadores rurais; sobre aquisição de imóveis em loteamentos irregulares; e sobre diferenças de correção monetária em contas vinculadas ao FGTS. RE 631111/GO, rel. Min. Teori Zavascki, 6 e 7.8.2014. (RE-631111)

Seguro DPVAT e legitimidade do Ministério Público - 7
O Ministro Roberto Barroso ressalvou que o caso concreto cuidaria de seguradora que, por cerca de 20 anos, teria pago o prêmio do seguro DPVAT a menor, a atingir extenso grupo de pessoas que seriam, geralmente, hipossuficientes, razão pela qual haveria interesse social a legitimar a atuação do Ministério Público. Assim, concluiu no sentido de que, nas situações em que houvesse relevância social do pedido e da causa de pedir, o Ministério Público poderia atuar como substituto processual dos interessados em ações nas quais debatidas questões afetas ao seguro DPVAT. O Ministro Gilmar Mendes acrescentou que o conceito de interesse social não seria axiologicamente neutro, mas carregado de ideologia e valor, e por isso condicionado ao tempo e espaço em que afirmado. Assinalou que, no caso, haveria elementos suficientes a substancializar o conceito de interesse social. O Ministro Celso de Mello sublinhou que, na perspectiva do Ministério Público, quando os direitos ou interesses individuais homogêneos se mostrassem qualificados pela nota da relevância social, as ações promovidas pela instituição representariam poderosos instrumentos processuais concretizadores de prerrogativas fundamentais atribuídas às pessoas pelo ordenamento, não obstante o fato de esses direitos, individualmente considerados, serem disponíveis, porque a repercussão de sua violação seria capaz de conferir-lhes relevância social. RE 631111/GO, rel. Min. Teori Zavascki, 6 e 7.8.2014. (RE-631111) (Inform. STF 753)

Associações: Legitimidade Processual e Autorização Expressa – 1
O Tribunal iniciou julgamento de recurso extraordinário em que se discute o alcance da expressão "quando expressamente autorizados", constante do inciso XXI do art. 5º da CF ("as entidades associativas, quando expressamente autorizadas, têm legitimidade para representar seus filiados judicial ou extrajudicialmente;"). Na espécie, a Associação do Ministério Público Catarinense - ACMP ajuizara ação ordinária, em que pleiteara, em prol de seus associados, a incidência e os pagamentos reflexos do percentual correspondente a 11,98% sobre a gratificação eleitoral, retroativamente a março de 1994, calculada sobre os vencimentos dos juízes federais, mas reduzida por força de sua conversão em URVs. O pedido, julgado improcedente na 1ª instância, fora acolhido, em sede de apelação, pelo TRF da 4ª Região. No momento da execução do acórdão, os ora recorridos tiveram sua inicial indeferida pelo juízo monocrático, sob o fundamento de que os efeitos do acórdão somente alcançariam os associados que tivessem, na data da propositura da ação de conhecimento, autorizado expressamente à ACMP o ajuizamento da demanda, não abarcando todos os filiados, indistintamente. Contra essa decisão, interpuseram agravo de instrumento, acolhido pelo TRF da 4ª Região, que decidira que associações e sindicatos, na qualidade de substitutos processuais, possuiriam legitimidade para ajuizar ações, de qualquer natureza, inclusive mandamentais, visando à defesa de direitos de seus filiados, sem que fosse necessária a autorização expressa ou procuração individual destes, os quais teriam legitimidade para propor, individualmente, a execução de direito assegurado na ação. Na espécie, a União, recorrente, aponta, em suma, ofensa aos artigos 5º, XXI e XXXVI, e 8º, III, da CF, ao argumento de não ser possível a execução de título judicial por aqueles que não tenham, na data da propositura da ação de conhecimento, autorizado, explicitamente, a citada associação a ajuizar a demanda. O Min. Ricardo Lewandowski, relator, conheceu em parte do recurso — por ausência de prequestionamento quanto aos artigos 5º, XXXVI e 8º, III, da CF — e, na parte conhecida, negou-lhe provimento. RE 573232/SC, rel. Min. Ricardo Lewandowski, 25.11.2009. (RE-573232)

Associações: Legitimidade Processual e Autorização Expressa – 2
O Min. Ricardo Lewandowski, salientando que a Constituição Federal, no seu art. 5º, XXI, não fez qualquer alusão à forma como se dará a autorização dos filiados, mas apenas consignou que esta deveria ser expressa, afirmou, reportando-se a precedente da Corte (AO 152/RS, DJU de 3.3.2000), que a locução "quando expressamente autorizados" significaria "quando existir manifesta anuência", o que se daria quando a autorização adviesse do estatuto da associação para que ajuíze ações de interesses de seus membros ou de deliberação tomada por eles em assembleia geral. Asseverou que a exigência, não prevista na Constituição, de se colher uma autorização individual dos filiados para cada ação ajuizada pelas associações, esvaziaria a atribuição de tais entidades de defender o interesse de seus membros, múnus que se inseriria nos quadros da democracia participativa adotada pela CF/88, de forma complementar à democracia representativa tradicionalmente praticada no país. Observou, ademais, que a ACMP invocaria sua qualidade de substituta dos membros do Ministério Público que atuaram no período de 1994 a 1999 como promotores eleitorais em Santa Catarina, tendo por base, para isso, tanto a autorização contida no seu estatuto quanto o disposto no art. 5º, XXI, da CF. Concluiu que, na linha daquele e de outros precedentes do Supremo, qualquer filiado, independentemente de ter autorizado expressamente a associação para a propositura da ação, poderia promover a execução da sentença, desde que sua pretensão estivesse compreendida no âmbito da eficácia subjetiva do título judicial. Em divergência, o Min. Marco Aurélio também conheceu em parte do recurso, mas, na parte conhecida, deu-lhe provimento, por reputar não ser possível, na fase de realização do título executivo judicial, alterar-se esse título, para incluir-se pessoas que não foram apontadas como beneficiárias na inicial da ação de conhecimento e que não autorizaram a ACMP, como exigido no art. 5º, XXI, da CF. Após, pediu vista dos autos o Min. Joaquim Barbosa. RE 573232/SC, rel. Min. Ricardo Lewandowski, 25.11.2009. (RE-573232)

Associações: legitimidade processual e autorização expressa - 3
O Plenário retomou julgamento de recurso extraordinário em que se discute o alcance da expressão "quando expressamente autorizados", constante do inciso XXI do art. 5º da CF ("as entidades associativas, quando expressamente autorizadas, têm legitimidade para representar seus filiados judicial ou extrajudicialmente"). Na espécie, a Associação do

Ministério Público Catarinense - ACMP ajuizara ação ordinária em que pleiteara, em prol de seus associados, a incidência e os pagamentos reflexos do percentual correspondente a 11,98% sobre a gratificação eleitoral, retroativamente a março de 1994, calculada sobre os vencimentos dos juízes federais, mas reduzida por força de sua conversão em Unidade Real de Valor (URV) — v. Informativo 569. Em voto-vista, o Ministro Joaquim Barbosa, Presidente, acompanhou o Ministro Ricardo Lewandowski, relator, para negar provimento ao recurso, porém, com fundamentação diversa. Aduziu que as ações ajuizadas por associações para a defesa de direitos e interesses difusos e coletivos não despertariam discussão referente a substituição e representação processual, porque o caráter incindível do bem da vida pleiteado não comportaria cumprimento individualizado da condenação imposta e, por conseguinte, essa discussão seria despida de utilidade. Asseverou que discussões travadas sobre a extensão dos conceitos de parte e interessados seriam retomadas no presente julgado para explicitar que, quando se tratasse de direitos difusos e coletivos, a titularidade do bem reivindicado não se exauriria no sujeito que figurasse no polo ativo da demanda.
RE 573232/SC, rel. Min. Ricardo Lewandowski, 3.10.2013. (RE-573232)

Associações: legitimidade processual e autorização expressa - 4
O Ministro Joaquim Barbosa prosseguiu, afirmando que, da mesma forma, na hipótese de direitos individuais homogêneos, a pluralidade de situações jurídicas congêneres desestimularia o ajuizamento de ações com igual conteúdo, com consequências prejudiciais à prestação jurisdicional célere. Registrou adotar premissa distinta da defendida pelo relator, que poderia desencadear resultados, caso associações agissem como substitutas processuais desatreladas da delimitação específica dos titulares dos interesses defendidos. Destacou que o art. 5º, XXI, da CF veicularia hipótese de representação processual, razão porque a previsão estatutária e a expressa autorização dada pelos seus integrantes, em assembleia da associação, seriam pressupostos processuais para a aferição da capacidade para estar no processo em defesa de direitos individuais homogêneos dos integrantes da associação. Entendeu que, em vista da peculiaridade dos limites subjetivos da coisa julgada formada na ação coletiva, não existiria afronta ao art. 5º, XXI, da CF, se o título judicial fosse utilizado para propositura de execução individual por associado que não tivesse concorrido para a deliberação favorável ao ajuizamento da demanda. Em suma, frisou que a ausência de autorização não impediria que o beneficiado propusesse execução individual baseada em sentença proferida em ação coletiva movida por associação para defesa de interesse individual homogêneo. Após o voto do Ministro Joaquim Barbosa, pediu vista o Ministro Teori Zavascki.
RE 573232/SC, rel. Min. Ricardo Lewandowski, 3.10.2013. (RE-573232)

Associações: legitimidade processual e autorização expressa - 5
A autorização estatutária genérica conferida a associação não é suficiente para legitimar a sua atuação em juízo na defesa de direitos de seus filiados, sendo indispensável que a declaração expressa exigida no inciso XXI do art. 5º da CF ("as entidades associativas, quando expressamente autorizadas, têm legitimidade para representar seus filiados judicial ou extrajudicialmente") seja manifestada por ato individual do associado ou por assembleia geral da entidade. Por conseguinte, somente os associados que apresentaram, na data da propositura da ação de conhecimento, autorizações individuais expressas à associação, podem executar título judicial proferido em ação coletiva. Com base nessa orientação, o Plenário, em conclusão de julgamento, e por votação majoritária, proveu recurso extraordinário no qual se discutia a legitimidade ativa de associados que, embora não tivessem autorizado explicitamente a associação a ajuizar a demanda coletiva, promoveram a execução de sentença pro-

latada em favor de outros associados que, de modo individual e expresso, teriam fornecido autorização para a entidade atuar na fase de conhecimento — v. Informativos 569 e 722. Em preliminar, ante a ausência de prequestionamento quanto aos artigos 5º, XXXVI, e 8º, III, da CF, o Tribunal conheceu em parte do recurso. No mérito, reafirmou a jurisprudência da Corte quanto ao alcance da expressão "quando expressamente autorizados", constante da cláusula inscrita no mencionado inciso XXI do art. 5º da CF. Asseverou que esse requisito específico acarretaria a distinção entre a legitimidade das entidades associativas para promover demandas em favor de seus associados (CF, art. 5º, XXI) e a legitimidade das entidades sindicais (CF, art. 8º, III). O Colegiado reputou não ser possível, na fase de execução do título judicial, alterá-lo para que fossem incluídas pessoas não apontadas como beneficiárias na inicial da ação de conhecimento e que não autorizaram a atuação da associação, como exigido no preceito constitucional em debate. Ademais, a simples previsão estatutária de autorização geral para a associação seria insuficiente para lhe conferir legitimidade. Por essa razão, ela própria tivera a cautela de munir-se de autorizações individuais. Vencidos os Ministros Ricardo Lewandowski (relator), Joaquim Barbosa (Presidente) e Cármen Lúcia, que negavam provimento ao recurso.
RE 573232/SC, rel. orig. Min. Ricardo Lewandowski, red. p/ o acórdão Min. Marco Aurélio, 14.5.2014. (RE-573232) (Inform. STF 746)

EMENTA: AMPLIAÇÃO E MELHORIA NO ATENDIMENTO **DE GESTANTES** EM MATERNIDADES ESTADUAIS. **DEVER ESTATAL** *DE ASSISTÊNCIA* **MATERNO-INFANTIL** RESULTANTE DE NORMA CONSTITUCIONAL. **OBRIGAÇÃO JURÍDICO-CONSTITUCIONAL** *QUE SE IMPÕE* AO PODER PÚBLICO, **INCLUSIVE** AOS ESTADOS-MEMBROS. CONFIGURAÇÃO, *NO CASO*, **DE TÍPICA HIPÓTESE** *DE OMISSÃO INCONSTITUCIONAL* **IMPUTÁVEL** AO ESTADO-MEMBRO. **DESRESPEITO À CONSTITUIÇÃO** PROVOCADO *POR INÉRCIA ESTATAL* (**RTJ** 183/818-819). **COMPORTAMENTO** *QUE TRANSGRIDE* A AUTORIDADE DA LEI FUNDAMENTAL DA REPÚBLICA (**RTJ** 185/794-796). **A QUESTÃO** *DA RESERVA DO POSSÍVEL*: RECONHECIMENTO DE SUA INAPLICABILIDADE, **SEMPRE** QUE A INVOCAÇÃO DESSA CLÁUSULA **PUDER COMPROMETER** O NÚCLEO BÁSICO **QUE QUALIFICA** *O* **MÍNIMO** *EXISTENCIAL* (**RTJ** 200/191-197). **O PAPEL** DO PODER JUDICIÁRIO **NA IMPLEMENTAÇÃO** DE POLÍTICAS PÚBLICAS **INSTITUÍDAS** PELA CONSTITUIÇÃO **E** *NÃO EFETIVADAS* PELO PODER PÚBLICO. **A FÓRMULA** *DA RESERVA DO POSSÍVEL* **NA PERSPECTIVA** *DA TEORIA DOS CUSTOS DOS DIREITOS*: **IMPOSSIBILIDADE** DE SUA INVOCAÇÃO *PARA* **LEGITIMAR** *O* **INJUSTO** *INADIMPLEMENTO* **DE DEVERES ESTATAIS DE PRESTAÇÃO** *CONSTITUCIONALMENTE IMPOSTOS* AO ESTADO. **A TEORIA** DA *"***RESTRIÇÃO** *DAS* **RESTRIÇÕES***"* (**OU** DA *"***LIMITAÇÃO** *DAS* **LIMITAÇÕES***"*). **CARÁTER COGENTE E VINCULANTE** DAS NORMAS CONSTITUCIONAIS, **INCLUSIVE** *DAQUELAS DE CONTEÚDO PROGRAMÁTICO*, **QUE VEICULAM** DIRETRIZES DE POLÍTICAS PÚBLICAS (**CF**, ART. 227). **A COLMATAÇÃO** DE OMISSÕES INCONSTITUCIONAIS *COMO* **NECESSIDADE** *INSTITUCIONAL* FUNDADA EM COMPORTAMENTO **AFIRMATIVO** DOS JUÍZES **E** TRIBUNAIS **E DE QUE RESULTA** *UMA POSITIVA* **CRIAÇÃO** *JURISPRUDENCIAL* DO DIREITO. **CONTROLE JURISDICIONAL DE LEGITIMIDADE** DA OMISSÃO DO ESTADO: *ATIVIDADE DE FISCALIZAÇÃO JUDICIAL* **QUE SE JUSTIFICA** PELA NECESSIDADE DE OBSERVÂNCIA *DE CERTOS* PARÂMETROS CONSTITUCIONAIS (*PROIBIÇÃO* DE RETROCESSO SOCIAL, *PROTEÇÃO* AO MÍNIMO EXISTENCIAL, *VEDAÇÃO* DA PROIBIÇÃO INSUFICIENTE **E** *PROIBIÇÃO* DE EXCESSO). **DOUTRINA. PRECEDENTES** DO SUPREMO TRIBUNAL FEDERAL **EM TEMA** DE IMPLEMENTAÇÃO DE POLÍTICAS PÚBLICAS **DELINEADAS** NA CONSTITUIÇÃO DA REPÚBLICA (**RTJ** 174/687 – **RTJ** 175/1212-1213 – **RTJ** 199/1219-1220). **POSSIBILIDADE JURÍDICO-PROCESSUAL** DE UTILIZAÇÃO DAS

"ASTREINTES" (**CPC**, ART. 461, § 5º) *COMO MEIO COERCITIVO INDIRETO*. **EXISTÊNCIA**, NO CASO EM EXAME, *DE RELEVANTE INTERESSE SOCIAL*. **2. AÇÃO CIVIL PÚBLICA: INSTRUMENTO PROCESSUAL ADEQUADO** À PROTEÇÃO JURISDICIONAL DE DIREITOS REVESTIDOS *DE METAINDIVIDUALIDADE*. **LEGITIMAÇÃO ATIVA** DO MINISTÉRIO PÚBLICO (**CF**, ART. 129, III). **A FUNÇÃO INSTITUCIONAL** DO MINISTÉRIO PÚBLICO *COMO "DEFENSOR DO POVO"* (**CF**, ART. 129, II). **DOUTRINA**. **PRECEDENTES**. **RECURSO EXTRAORDINÁRIO** DO MINISTÉRIO PÚBLICO ESTADUAL **CONHECIDO E PROVIDO**. RE 581352, rel. Min. Celso de Mello, J. em 24.09.13. (Inform. STF 726)

EMB. DECL. NO AI N. 857.903-RJ
RELATOR: MIN. GILMAR MENDES
Embargos de declaração em agravo de instrumento. 2. Decisão monocrática. Embargos de declaração recebidos como agravo regimental. 3. Legitimidade do Ministério Público para ajuizar ação civil pública em defesa dos interesses individuais homogêneos dos consumidores. Precedentes. 4. Discussão acerca da natureza do direito tutelado. Índole infraconstitucional. Necessidade de reexaminar o conjunto fático-probatório. Enunciado 279. 5. Ausência de argumentos capazes de infirmar a decisão agravada. 6. Agravo regimental a que se nega provimento. (Inform. STF 720)

AG. REG. NO RE N. 401.482-PR
RELATOR: MIN. TEORI ZAVASCKI
Ementa: PROCESSUAL CIVIL. AGRAVO REGIMENTAL NO RECURSO EXTRAORDINÁRIO. AÇÃO CIVIL PÚBLICA. DEFESA DE INTERESSES INDIVIDUAIS HOMOGÊNEOS DISPONÍVEIS. LEGITIMIDADE ATIVA DO MINISTÉRIO PÚBLICO. PRECEDENTES.
1. O Ministério Público possui legitimidade para propor ação civil coletiva em defesa de interesses individuais homogêneos de relevante caráter social, ainda que o objeto da demanda seja referente a direitos disponíveis (RE 500.879-AgR, rel. Min. Cármen Lúcia, Primeira Turma, DJe de 26-05-2011; RE 472.489-AgR, rel. Min. Celso De Mello, Segunda Turma, DJe de 29-08-2008).
2. Agravo regimental a que se nega provimento. (Inform. STF 711)

Conflito de atribuições e superfaturamento em construção de conjuntos habitacionais
O Plenário iniciou julgamento de ação cível originária em que o Ministério Público do Estado do Paraná suscita conflito negativo de atribuição em face do Ministério Público Federal para a investigação de possível superfaturamento na construção de conjuntos habitacionais em município paranaense. Na espécie, os valores para o financiamento das obras teriam sido disponibilizados pela Caixa Econômica Federal - CEF, oriundos do Fundo de Garantia por Tempo de Serviço - FGTS, e colocados no mercado de consumo por meio do Sistema Financeiro de Habitação. O Min. Luiz Fux, relator, não conheceu do conflito de atribuição, no que foi acompanhado pelo Min. Teori Zavascki. Primeiramente, recordou que se pronunciara em outra oportunidade pela remessa dos autos ao STJ, caso existente conflito federativo, à semelhança do que ocorreria quando envolvida controvérsia sobre competência entre juízes pertencentes a tribunais distintos. Em seguida, rememorou preliminar recentemente aventada pelo Min. Teori Zavascki, no sentido de competir à União dizer se teria, ou não, interesse na causa. Assim, por analogia, caberia ao parquet federal a palavra definitiva na questão. Por fim, consignou que, se vencido na preliminar de inexistência de conflito federativo a ser dirimido pelo STF, manifestar-se-ia a respeito dos demais temas arguidos no feito. O Min. Teori Zavascki explicitou que se estaria a decidir, no caso, sobre qual parquet iria promover investigação de natureza civil. Na sequência, reiterou os fundamentos expendidos em seu voto nas Petições 4706/DF e 4863/RN (v. Informativo 699), para concluir que a natureza desta controvérsia não se qualificaria como de conflito federativo, apto a atrair a incidência do art. 102, f, da CF. Em divergência, o Min. Marco Aurélio conheceu do pedido e estabeleceu a atribuição do Ministério Público Federal. Reafirmou entendimento segundo o qual, ante o silêncio da Constituição, caberia ao Supremo atuar em favor da própria sociedade para que o inquérito civil público prosseguisse. Aduziu que, como o parquet da União não seria hierarquicamente superior ao estadual, não cumpriria a ele definir atribuição. No mérito, assentou cuidar-se de abatimento em prestações de mutuários da CEF, cujo objeto seria o superfaturamento havido tendo em conta o que financiado pela referida instituição. Ato contínuo, assinalou existir interesse a definir o inquérito como da atribuição do órgão federal. Após, pediu vista o Min. Joaquim Barbosa, Presidente.
ACO 924/PR, rel. Min. Luiz Fux, 23.5.2013. (ACO-924) (Inform. STF 707)

Legitimidade do Ministério Público: ação civil pública e pontuação em concurso público - 1
A Turma iniciou julgamento de recurso extraordinário em que se debate a legitimidade, ou não, do Ministério Público para promover ação civil pública com o objetivo de questionar o estabelecimento de critérios de pontuação em concurso público. No caso, Ministério Público Estadual ajuizara ação civil pública em torno de certame para diversas categorias profissionais de determinada prefeitura, em que asseverara que a pontuação adotada privilegiava candidatos os quais já integravam o quadro da Administração Pública Municipal. O Min. Menezes Direito, relator, negou provimento ao recurso, para assentar que o tema relativo ao conceito de direito individual homogêneo estaria no plano infraconstitucional, escapando, assim, da abrangência do recurso extraordinário. Ressaltou, ademais, que o MPE afirma a sua legitimação com base na identificação de dano ao patrimônio público, por meio da invalidação de normas de edital de concurso público em desacordo com os princípios que regem a atuação da Administração Pública (CF, art. 37). Entendeu, todavia, que, na espécie, não se trataria de defender o patrimônio público – tendo em conta que a ação versaria sobre o regime de pontuação de certame municipal –, mas sim de tutelar interesses que seriam próprios dos candidatos. **RE 216443/MG, rel. Min. Menezes Direito, 5.5.2009. (RE-216443)**

Legitimidade do Ministério Público: ação civil pública e pontuação em concurso público - 2
Em divergência, o Min. Marco Aurélio proveu o extraordinário, no que foi acompanho pelos Ministros Carlos Britto e Ricardo Lewandowski. De início, ressaltou que o STF possui entendimento no sentido de que é matéria constitucional a questão relativa ao exame da atribuição de pontos a candidatos em virtude de seu desempenho profissional anterior em atividade relacionada a concurso público. Quanto à legitimação do parquet, registrou a existência de tratamento diferenciado conforme se cuide de sua atuação na defesa da ordem jurídica (CF, art. 127) ou em inquérito civil e ação civil pública (CF, art. 129, III). Salientou que se teria, no caso, o interesse coletivo, na medida em que se conferira tratamento distinto a certos candidatos em detrimento dos demais, quando o concurso público objetiva a igualização. Frisou haver lesão a partir do momento em que abandonada tal premissa. Após, pediu vista a Min. Cármen Lúcia. **RE 216443/MG, rel. Min. Menezes Direito, 5.5.2009. (RE-216443)**

Legitimidade do Ministério Público: ação civil pública e pontuação em concurso público - 3
O Ministério Público tem legitimidade para promover ação civil pública sobre direitos individuais homogêneos quando presente o interesse social. Essa a orientação da 1ª Turma que, em conclusão de julgamento e, por maioria, proveu recurso

extraordinário no qual discutida a legitimidade ativa *ad causam* daquele órgão. No caso, Ministério Público estadual ajuizara ação civil pública em torno de certame para diversas categorias profissionais de determinada prefeitura, em que asseverara que a pontuação adotada privilegiaria candidatos os quais já integrariam o quadro da Administração Pública Municipal – v. Informativo 545. Salientou-se que a matéria cuidada na ação proposta teria a relevância exigida a justificar a legitimidade do Ministério Público estadual. Vencido o Min. Menezes Direito, que desprovia o recurso. RE 216443/MG, rel. orig. Min. Menezes Direito, red. p/ o acórdão Min. Marco Aurélio, 28.8.2012. (RE-216443) (Inform. STF 677)

DIREITO PROCESSUAL CIVIL. LEGITIMIDADE DO MP PARA PROPOR AÇÃO CIVIL PÚBLICA EM DEFESA DE INTERESSES COLETIVOS E INDIVIDUAIS HOMOGÊNEOS DOS MUTUÁRIOS DO SFH. O Ministério Público tem legitimidade ad causam para propor ação civil pública com a finalidade de defender interesses coletivos e individuais homogêneos dos mutuários do Sistema Financeiro da Habitação. Precedentes citados: EREsp 644.821-PR, Corte Especial, DJe 4/8/2008; e AgRg no EREsp 633.470-CE, Corte Especial, DJ 14/8/2006. REsp 1.114.035-PR, Rel. originário Min. Sidnei Beneti, Rel. para acórdão Min. João Otávio de Noronha, julgado em 7/10/2014. (Inform. STJ 552)

DIREITO PROCESSUAL CIVIL. LITISCONSÓRCIO ATIVO FACULTATIVO ENTRE MINISTÉRIO PÚBLICO FEDERAL, ESTADUAL E DO TRABALHO. Pode ser admitido litisconsórcio ativo facultativo entre o Ministério Público Federal, o Ministério Público Estadual e o Ministério Público do Trabalho em ação civil pública que vise tutelar pluralidade de direitos que legitimem a referida atuação conjunta em juízo. Nos termos do art. 5º, § 5º, da Lei 7.347/1985: "Admitir-se-á o litisconsórcio facultativo entre os Ministérios Públicos da União, do Distrito Federal e dos Estados na defesa dos interesses e direitos de que cuida esta lei". Além disso, à luz do art. 128 da CF, o Ministério Público abrange: o Ministério Público da União, composto pelo Ministério Público Federal, o Ministério Público do Trabalho, o Ministério Público Militar e o Ministério Público do Distrito Federal e Territórios; e os Ministérios Públicos dos Estados. Assim, o litisconsórcio ativo facultativo entre os ramos do Ministério Público da União e os Ministérios Públicos dos Estados, em tese, é possível, sempre que as circunstâncias do caso recomendem, para a propositura de ações civis públicas que visem à responsabilização por danos morais e patrimoniais causados ao meio-ambiente, ao consumidor, a bens e direitos de valor artístico, estético, histórico e paisagístico, à ordem econômica e urbanística, bem como a qualquer outro interesse difuso ou coletivo, inclusive de natureza trabalhista. Essa atuação conjunta deve-se ao cunho social do *Parquet* e à posição que lhe foi erigida pelo constituinte (de instituição essencial à função jurisdicional do Estado), incumbindo-lhe a defesa da ordem jurídica, do regime democrático e dos interesses sociais e individuais indisponíveis. A propósito, há de se registrar que o STJ e o STF já admitiram litisconsórcio facultativo entre o Ministério Público Federal e o Ministério Público Estadual (REsp 382.659-RS, Primeira Turma, DJ 19/12/2003; e STF--ACO 1.020-SP, Tribunal Pleno, DJe 20/03/2009). Por outro lado, há também precedentes contrários ao litisconsórcio ativo facultativo entre os ramos do Ministério Público. Entretanto, observe-se que os precedentes desfavoráveis ao litisconsórcio ativo facultativo entre o Ministério Público Federal e o Estadual versam sobre a ilegitimidade do MPE para a propositura de ação civil pública que objetive a tutela de bem da União, atribuição esta inserida no âmbito do MPF e submetida ao crivo da Justiça Federal, ensejando, portanto, a impossibilidade de atuação do *Parquet* Estadual seja como parte, seja como litisconsorte. Em nenhum momento foi enfrentada hipótese de conjugação de interesses trabalhistas, estaduais e federais. Anote-se, por oportuno, que, a princípio, também não há qualquer óbice para que o MPT atue em litisconsórcio ativo facultativo com o MPF

e o MPE, desde que a ação civil pública também vise à tutela de interesse difuso ou coletivo de natureza trabalhista. REsp 1.444.484-RN, Rel. Min. Benedito Gonçalves, julgado em 18/9/2014. (Inform. STJ 549)

DIREITO PROCESSUAL CIVIL. LEGITIMIDADE DO MP PARA AJUIZAR ACP CUJA CAUSA DE PEDIR SEJA FUNDADA EM CONTROVÉRSIA TRIBUTÁRIA. O Ministério Público tem legitimidade para ajuizar ação civil pública cujo pedido seja a condenação por improbidade administrativa de agente público que tenha cobrado taxa por valor superior ao custo do serviço prestado, ainda que a causa de pedir envolva questões tributárias. De acordo com o parágrafo único do art. 1º da Lei 7.347/1985, não será cabível ação civil pública para veicular pretensões que envolvam tributos. Essa restrição, entretanto, está relacionada ao pedido, o qual tem aptidão para formar coisa julgada, e não à causa de pedir. Na hipótese em foco, a análise da questão tributária é indispensável para que se constate eventual ato de improbidade, por ofensa ao princípio da legalidade, configurando causa de pedir em relação à pretensão condenatória, estando, portanto, fora do alcance da vedação prevista no referido dispositivo. REsp 1.387.960-SP, Rel. Min. Og Fernandes, julgado em 22/5/2014. (Inform. STJ 543)

DIREITO PROCESSUAL CIVIL. LEGITIMIDADE DA DEFENSORIA PÚBLICA EM AÇÕES COLETIVAS EM SENTIDO ESTRITO. A Defensoria Pública não possui legitimidade extraordinária para ajuizar ação coletiva em favor de consumidores de determinado plano de saúde particular que, em razão da mudança de faixa etária, teriam sofrido reajustes abusivos em seus contratos. A Defensoria Pública, nos termos do art. 134 da CF, "é instituição essencial à função jurisdicional do Estado, incumbindo-lhe a orientação jurídica e a defesa, em todos os graus, dos necessitados, na forma do art. 5º, LXXIV". Assim, a Defensoria Pública é vertida na prestação de assistência jurídica ao necessitado que comprovar "insuficiência de recursos" (CF, art. 5º, LXXIV), isto é, aquele que, sem prejuízo da sua subsistência, não possuir meios de arcar com as despesas atinentes aos serviços jurídicos de que precisa – contratação de advogado e despesas processuais. Verifica-se que o legislador infraconstitucional, por meio da LC 80/1994 – responsável por organizar a Defensoria Pública da União, do Distrito Federal e dos Territórios e prescrever normas gerais para sua organização nos Estados – também vincula a atuação da instituição em comento à defesa em prol dos necessitados. Portanto, diante das funções institucionais da Defensoria Pública, há, sob o aspecto subjetivo, limitador constitucional ao exercício de sua finalidade específica, devendo todos os elementos normativos serem interpretados à luz desse parâmetro, inclusive no tocante aos processos coletivos, restringindo, assim, a legitimidade ativa dessa instituição para atender efetivamente as suas funções institucionais conferidas pela CF. Diante disso, conforme entendimento doutrinário, a Defensoria Pública tem pertinência subjetiva para ajuizar ações coletivas em defesa de interesses difusos, coletivos ou individuais homogêneos, sendo que, no tocante aos difusos, sua legitimidade será ampla, bastando, para tanto, que beneficie grupo de pessoas necessitadas, haja vista que o direito tutelado é pertencente a pessoas indeterminadas, e, mesmo que indiretamente venham a ser alcançadas pessoas que tenham "suficiência" de recursos, isso, por si só, não irá elidir essa legitimidade. No entanto, em se tratando de interesses coletivos em sentido estrito ou individuais homogêneos, diante de grupos determinados de lesados, a legitimação deverá ser restrita às pessoas notadamente necessitadas. Posto isso, deve-se considerar que, ao optar por contratar plano particular de saúde, parece intuitivo que não se está diante de consumidor que possa ser considerado necessitado, a ponto de ser patrocinado, de forma coletiva, pela Defensoria Pública. Ao revés, trata-se de grupo que, ao demonstrar capacidade para arcar com assistência de saúde privada, acabou como em condições de arcar com as despesas inerentes aos serviços jurídicos de que necessita, sem prejuízo de sua subsistência, não havendo falar em necessitado. Assim, o grupo em questão não é apto a conferir legitimidade ativa adequada à Defensoria Pública, para fins de ajuizamento de ação civil. Precedente citado do STF: ADI 558-MC, Tribunal Pleno, DJ 26/3/1993. **REsp 1.192.577-RS, Rel. Min. Luis Felipe Salomão, julgado em 15/5/2014.** (Inform. STJ 541)

DIREITO PROCESSUAL CIVIL. CAUSA DE PEDIR EM AÇÃO COLETIVA.
Na hipótese em que sindicato atue como substituto processual em ação coletiva para a defesa de direitos individuais homogêneos, não é necessário que a causa de pedir, na primeira fase cognitiva, contemple descrição pormenorizada das situações individuais de todos os substituídos. De fato, é clássica a concepção de que o interesse de agir é identificado pela análise do binômio necessidade-utilidade. Em outras palavras, a referida condição da ação se faz presente quando a tutela jurisdicional mostrar-se necessária à obtenção do bem da vida pretendido e o provimento postulado for efetivamente útil ao demandante, proporcionando-lhe melhora em sua situação jurídica. Tem prevalecido no STJ o entendimento de que a aferição das condições da ação deve ocorrer *in status assertionis*, ou seja, à luz das afirmações do demandante (teoria da asserção). Assim, em ações coletivas, é suficiente para a caracterização do interesse de agir a descrição exemplificativa de situações litigiosas de origem comum (art. 81, III, do CDC), que precisam ser solucionadas por decisão judicial; sendo desnecessário, portanto, que a causa de pedir contemple descrição pormenorizada das situações individuais de cada substituído. Isso porque, no microssistema do processo coletivo, prevalece a repartição da atividade cognitiva em duas fases: num primeiro momento, há uma limitação da cognição às questões fáticas e jurídicas comuns às situações dos envolvidos; apenas em momento posterior, em caso de procedência do pedido, é que a atividade cognitiva é integrada pela identificação das posições individuais de cada um dos substituídos. **REsp 1.395.875-PE, Rel. Min. Herman Benjamin, julgado em 20/2/2014.** (Inform. STJ 538)

DIREITO PROCESSUAL CIVIL. LEGITIMIDADE DO MP EM AÇÃO CIVIL PÚBLICA.
O Ministério Público tem legitimidade para ajuizar ação civil pública com o objetivo de garantir o acesso a critérios de correção de provas de concurso público. De início, esclarece-se que o concurso público é o principal instrumento de garantia do sistema de meritocracia na organização estatal, um dos pilares dorsais do Estado Social de Direito brasileiro, condensado e concretizado na CF. Suas duas qualidades essenciais – ser *concurso*, o que implica genuína competição, sem cartas marcadas, e ser *público*, no duplo sentido de certame transparente e de controle amplo de sua integridade – impõem generoso reconhecimento de legitimidade *ad causam* no acesso à justiça. **REsp 1.362.269-CE, Rel. Min. Herman Benjamin, julgado em 16/5/2013.** (Inform. STJ 528)

DIREITO PROCESSUAL CIVIL. INGRESSO DO MP EM AÇÃO CIVIL PÚBLICA NA HIPÓTESE DE VÍCIO DE REPRESENTAÇÃO DA ASSOCIAÇÃO AUTORA.
Na ação civil pública, reconhecido o vício na representação processual da associação autora, deve-se, antes de proceder à extinção do processo, conferir oportunidade ao Ministério Público para que assuma a titularidade ativa da demanda. Isso porque as ações coletivas trazem em seu bojo a ideia de indisponibilidade do interesse público, de modo que o art. 13 do CPC deve ser interpretado em consonância com o art. 5º, § 3º, da Lei 7.347/1985. Precedente citado: REsp 855.181-SC, Segunda Turma, DJe 18/9/2009. **REsp 1.372.593-SP, Rel. Min. Humberto Martins, julgado em 7/5/2013.** (Inform. STJ 524)

DIREITO PROCESSUAL CIVIL. LEGITIMIDADE ATIVA DO MP PARA O AJUIZAMENTO DE AÇÃO CIVIL PÚBLICA.
O Ministério Público tem legitimidade para ajuizar ação civil pública contra a concessionária de energia elétrica com a finalidade de evitar a interrupção do fornecimento do serviço à pessoa carente de recursos financeiros diagnosticada com enfermidade grave e que dependa, para sobreviver, da utilização doméstica de equipamento médico com alto consumo de energia. Conforme entendimento do STJ, o MP detém legitimidade ativa *ad causam* para propor ação civil pública que objetive a proteção do direito à saúde de pessoa hipossuficiente, porquanto se trata de direito fundamental e indisponível, cuja relevância interessa à sociedade. Precedentes citados: REsp 1.136.851-SP, Segunda Turma, DJe 7/3/2013 e AgRg no REsp 1.327.279-MG, Primeira Turma, DJe 4/2/2013. **AgRg no REsp 1.162.946-MG, Rel. Ministro Sérgio Kukina, julgado em 4/6/2013.** (Inform. STJ 523)

DIREITO PROCESSUAL CIVIL. LEGITIMIDADE DO MP PARA A PROPOSITURA DE AÇÃO CIVIL PÚBLICA OBJETIVANDO O FORNECIMENTO DE CESTA DE ALIMENTOS SEM GLÚTEN A PORTADORES DE DOENÇA CELÍACA.
O Ministério Público é parte legítima para propor ação civil pública tendo por objeto o fornecimento de cesta de alimentos sem glúten a portadores de doença celíaca. Essa conclusão decorre do entendimento que reconhece a legitimidade do Ministério Público para a defesa da vida e da saúde, direitos individuais indisponíveis. **AgRg no AREsp 91.114-MG, Rel. Min. Humberto Martins, julgado em 7/2/2013.** (Inform. STJ 517)

DIREITO PROCESSUAL CIVIL. LEGITIMIDADE DO MINISTÉRIO PÚBLICO PARA A DEFESA DE DIREITOS DOS CONSUMIDORES ATINENTES À INSCRIÇÃO DE SEUS NOMES EM CADASTROS DE INADIMPLENTES.
O Ministério Público tem legitimidade para o ajuizamento de ação civil pública com o objetivo de impedir o repasse e de garantir a exclusão ou a abstenção de inclusão em cadastros de inadimplentes de dados referentes a consumidores cujos débitos estejam em fase de discussão judicial, bem como para requerer a compensação de danos morais e a reparação de danos materiais decorrentes da inclusão indevida de seus nomes nos referidos cadastros. A Lei n. 7.347/1985, que dispõe sobre a legitimidade do MP para a propositura de ação civil pública, é aplicável a quaisquer interesses de natureza transindividual, tais como definidos no art. 81 do CDC, ainda que eles não digam respeito às relações de consumo. Essa conclusão é extraída da interpretação conjunta do art. 21 da Lei n. 7.347/1985 e dos arts. 81 e 90 do CDC, os quais evidenciam a reciprocidade e complementaridade desses diplomas legislativos, mas principalmente do disposto no art. 129, III, da CF, que estabelece como uma das funções institucionais do MP "promover o inquérito civil e a ação civil pública, para proteção do patrimônio público e social, do meio ambiente e de outros interesses difusos e coletivos". Mesmo no que se refere aos interesses de natureza individual homogênea, após grande discussão doutrinária e jurisprudencial acerca da legitimidade processual extraordinária do MP, firmou-se o entendimento de que, para seu reconhecimento, basta a demonstração da relevância social da questão. Nesse sentido, o STF pacificou o tema ao estabelecer que, no gênero "interesses coletivos", ao qual faz referência o art. 129, III, da CF, incluem-se os "interesses individuais homogêneos", que, a ideia de tutela, dessa forma, pode ser pleiteada pelo MP. O STJ, na mesma linha, já decidiu que os interesses individuais homogêneos são considerados relevantes por si mesmos, sendo desnecessária a comprovação dessa relevância. Ademais, além da grande importância política que possui a solução jurisdicional de conflitos de massa, a própria CF permite a atribuição de outras funções ao MP, desde que compatíveis com sua finalidade (art. 129, IX). Em hipóteses como a discutida, em que se vise à tutela

de um determinado número de pessoas ligadas por uma circunstância de fato, qual seja, a inclusão de seu nome em cadastros de inadimplentes, fica clara a natureza individual homogênea do interesse tutelado. Outrossim, a situação individual de cada consumidor não é levada em consideração no momento da inclusão de seu nome no cadastro, bastando que exista demanda judicial discutindo o débito, o que evidencia a prevalência dos aspectos coletivos e a homogeneidade dos interesses envolvidos. Assim, não se pode relegar a tutela de todos os direitos a instrumentos processuais individuais, sob pena de excluir da proteção do Estado e da democracia aqueles cidadãos que sejam mais necessitados, ou possuam direitos cuja tutela seja economicamente inviável sob a ótica do processo individual. **REsp 1.148.179-MG, Rel. Min. Nancy Andrighi, julgado em 26/2/2013.** (Inform. STJ 516).

DIREITO PROCESSUAL CIVIL. LEGITIMIDADE ATIVA. AÇÃO CIVIL PÚBLICA. MINISTÉRIO PÚBLICO. ECA.
O MP detém legitimidade para propor ação civil pública com o intuito de impedir a veiculação de vídeo, em matéria jornalística, com cenas de tortura contra uma criança, ainda que não se mostre o seu rosto. A legitimidade do MP, em ação civil pública, para defender a infância e a adolescência abrange os interesses de determinada criança (exposta no vídeo) e de todas indistintamente, ou pertencentes a um grupo específico (aquelas sujeitas às imagens com a exibição do vídeo), conforme previsão dos arts. 201, V, e 210, I, do ECA. Precedentes citados: REsp 1.060.665-RJ, DJe 23/6/2009, e REsp 50.829-RJ, DJ 8/8/2005. **REsp 509.968-SP, Rel. Min. Ricardo Villas Bôas Cueva, julgado em 6/12/2012.** (Inform. STJ 511)

ACP. INSTALAÇÃO DE LINHA TELEFÔNICA. AUTORIZAÇÃO EXPRESSA.
A Turma manteve decisão proferida em ACP ajuizada pelo MP em que se condenou a empresa de telefonia ora recorrente ao cumprimento de diversas obrigações de fazer e não fazer, entre elas, a de não prestar serviços de habilitação de linha telefônica sem autorização expressa, bem como a de excluir os nomes de todos os consumidores dos bancos de restrição de crédito em que não há prova escrita da solicitação do referido serviço, sob pena de pagamento de multa diária. Em preliminar, sustentou-se a regularidade da pretensão deduzida na inicial – o pedido de imposição de obrigação de fazer ou não fazer à empresa telefônica –, feita sem qualquer afronta ao ordenamento jurídico. Em seguida, considerou-se o MP como parte legítima *ad causam* para a propositura da ACP na defesa de interesses individuais homogêneos dos consumidores. No mérito, a Min. Relatora asseverou que não houve qualquer violação da legislação federal na análise do conjunto probatório uma vez que o *decisum* condenatório está amparado em vasta documentação juntada aos autos, em que se verifica que inúmeros consumidores tiveram linhas telefônicas instaladas em seus nomes, em estados diversos de seu domicílio, sem sua autorização, gerando, assim, cobranças indevidas pelo serviço e irregular inscrição em cadastro de inadimplentes. Esclareceu, ainda, que o acórdão recorrido, ao manter a sentença condenatória, em momento algum, restringiu o direito da empresa de atender as solicitações via *call center*, nem sequer se exigiu a formalidade da assinatura de contrato escrito. De fato, o que se impõe à empresa telefônica é o condicionamento da prestação do serviço à autorização escrita do consumidor de forma a evidenciar a sua concordância. Observou, ainda, a Min. Relatora que a rotina da empresa em nada será alterada; pois, conforme afirmado nas próprias razões recursais, os prepostos já são orientados para, quando da instalação da linha telefônica, conferir os dados do consumidor e colher sua assinatura no termo de aceitação dos serviços. **REsp 976.217-RO, Rel. Min. Maria Isabel Gallotti, julgado em 11/9/2012.** (Inform. STJ 504)

> **Súmula STF nº 643**
> O Ministério Público tem legitimidade para promover ação civil pública cujo fundamento seja a ilegalidade de reajuste de mensalidades escolares.

> **Súmula STJ nº 470**
> O Ministério Público não tem legitimidade para pleitear, em ação civil pública, a indenização decorrente do DPVAT em benefício do segurado.

> **Súmula STJ nº 329**
> O Ministério Público tem legitimidade para propor ação civil pública em defesa do patrimônio público.

3. AÇÃO E PROCEDIMENTOS, SENTENÇA, COISA JULGADA E RECURSOS

REPERCUSSÃO GERAL EM ARE N. 738.109-RS
RELATOR: MIN. TEORI ZAVASCKI
Ementa: PROCESSUAL CIVIL E CONSTITUCIONAL. RECURSO EXTRAORDINÁRIO COM AGRAVO. SUSPENSÃO DE AÇÃO INDIVIDUAL EM RAZÃO DE AJUIZAMENTO DE AÇÃO CIVIL PÚBLICA COM A MESMA FINALIDADE. MATÉRIA INFRACONSTITUCIONAL. AUSÊNCIA DE REPERCUSSÃO GERAL (ART. 543-A DO CPC).
1. A controvérsia a respeito da viabilidade da suspensão de ação individual, por força de propositura de ação coletiva é de natureza infraconstitucional não havendo, portanto, matéria constitucional a ser analisada (AI 830.805-AgR/DF, Rel. Min. ROSA WEBER, Primeira Turma, DJe de 23.5.2012; ARE 642.119-AgR/DF, Rel. Min. CÁRMEN LÚCIA, Primeira Turma, DJe de 15.3.2012; AI 807.715-AgR/SP, Rel. Min. RICARDO LEWANDOWSKI, Primeira Turma, DJe de 25.11.2010; AI 789.312-AgR/MG, Rel. Min. ELLEN GRACIE, Segunda Turma, DJe de 25.10.2010).
2. Não há violação ao art. 5º, inciso XXXV, da Constituição Federal, por suposta omissão não sanada pelo acórdão recorrido ante o entendimento da Corte que exige, tão somente, sua fundamentação, ainda que sucinta (AI 791.292 QO-RG/PE, Rel. Min. GILMAR MENDES, DJe de 13.8.2010), nem ao seus incisos II, XXXVI, LIV e LV, em razão de necessidade de revisão de interpretação de norma infraconstitucional (AI 796.905-AgR/PE, Rel. Min. LUIZ FUX, Primeira Turma, DJe de 21.5.2012; AI 622.814-AgR/PR, Rel. Min. DIAS TOFFOLI, Primeira Turma, DJe de 08.3.2012; ARE 642.062-AgR/RJ, Rel. Min. ELLEN GRACIE, Segunda Turma, DJe de 19.8.2011).
3. A matéria infraconstitucional utilizada como razão de decidir pelo acórdão recorrido tendo sido confirmada, definitivamente, pelo Superior Tribunal de Justiça, torna-se imutável e, sendo suficiente para sua manutenção, faz incidir o óbice da Súmula/STF 283.
4. Norma definidora de princípios fundantes da República, por ser disposição demasiado genérica, é insuficiente para infirmar o juízo formulado pelo acórdão recorrido.
5. É cabível a atribuição dos efeitos da declaração de ausência de repercussão geral quando não há matéria constitucional a ser apreciada ou quando eventual ofensa à Constituição Federal se dê de forma indireta ou reflexa (RE 584.608-RG/SP, Rel. Min. ELLEN GRACIE, Pleno, DJe de 13.3.2009).
6. **Ausência de repercussão geral da questão suscitada, nos termos do art. 543-A do CPC.** (Inform. STF 727)

AG. REG. NO RE N. 468.140-PE
RELATOR: MIN. RICARDO LEWANDOWSKI
Ementa: AGRAVO REGIMENTAL NO RECURSO EXTRAORDINÁRIO. DIREITO COLETIVO. ALCANCE TERRITORIAL DA EFICÁCIA DAS DECISÕES PROFERIDAS EM AÇÕES COLETIVAS. ANÁLISE DE NORMAS INFRACONSTITUCIONAIS. PRECEDENTES. AGRAVO IMPROVIDO.
I - A questão atinente à limitação territorial da eficácia da decisão proferida em ação coletiva proposta por entidade associativa restringe-se ao âmbito infraconstitucional (Leis 7.347/1985, 8.078/1990 e 9.494/1997), não guardando relação com o art. 5º, XXI, da Constituição. Precedentes.
II - Agravo regimental improvido. (Inform. STF 721)

AG. REG. NO RE N. 503.630-DF
RELATOR: MIN. MARCO AURÉLIO
AÇÃO CIVIL PÚBLICA – EXCLUSÃO DE CORRÉUS – PERMANÊNCIA DA UNIDADE DA FEDERAÇÃO – INCONSTITUCIONALIDADE DE LEI. Ante o afastamento dos demais corréus, ganha contornos de controle concentrado de constitucionalidade ação civil pública, no que apenas sobeja a inconstitucionalidade de ato normativo. Ausência de enquadramento da espécie em precedente do Tribunal acerca do controle difuso, passível de ocorrer no âmbito da citada ação. (Inform. STF 720)

DIREITO PROCESSUAL CIVIL. EFEITO *ERGA OMNES* DA SENTENÇA CIVIL PROFERIDA EM AÇÃO CIVIL PÚBLICA. O art. 16 da LACP (Lei 7.347/1985), que restringe o alcance subjetivo de sentença civil aos limites da competência territorial do órgão prolator, tem aplicabilidade nas ações civis públicas que envolvam direitos individuais homogêneos.
De início, cumpre esclarecer que a questão jurídica em análise é distinta daquela fixada como representativa de controvérsia no julgamento do REsp 1.243.887-PR (Corte Especial, DJe 12/12/2011). Naquela oportunidade, definiu-se o "foro competente para a liquidação individual de sentença proferida em ação civil pública". Aqui, por outro lado, debate-se o alcance da eficácia subjetiva da sentença civil. Posto isso, nada obstante as críticas doutrinárias a respeito do art. 16 da LACP, estando em vigor o referido dispositivo, que restringe o alcance subjetivo da sentença civil, e atuando o julgador nos limites do direito posto, cabe-lhe, mediante interpretação sistêmica, encontrar uma hipótese para sua incidência. De fato, o caráter indivisível dos direitos difusos e coletivos *stricto sensu* conduz ao impedimento prático, e mesmo lógico, de qualquer interpretação voltada a cindir os efeitos da sentença civil em relação àqueles que estejam ligados por circunstâncias de fato ou que estejam ligados entre si ou com a parte contrária por uma relação jurídica base preexistente à lesão ou à ameaça de lesão. Entretanto, o art. 16 da LACP encontra aplicação naquelas ações civis públicas que envolvam direitos individuais homogêneos, únicos a admitir, pelo seu caráter divisível, a possibilidade de decisões eventualmente distintas, ainda que não desejáveis, para os titulares dos direitos autônomos, embora homogêneos. **REsp 1.114.035-PR**, Rel. originário Min. Sidnei Beneti, Rel. para acórdão Min. João Otávio de Noronha, julgado em 7/10/2014. (Inform. STJ 552)

DIREITO PROCESSUAL CIVIL. EFEITO ERGA OMNES DA SENTENÇA CIVIL PROFERIDA EM AÇÃO CIVIL PÚBLICA. Tem abrangência nacional a eficácia da coisa julgada decorrente de ação civil pública ajuizada pelo Ministério Público, com assistência de entidades de classe de âmbito nacional, perante a Seção Judiciária do Distrito Federal, e sendo o órgão prolator da decisão final de procedência o STJ. É o que se extrai da inteligência dos arts. 16 da LACP, 93, II, e 103, III, do CDC. **REsp 1.319.232-DF**, Rel. Min. Paulo de Tarso Sanseverino, julgado em 4/12/2014. (Inform. STJ 552)

DIREITO CIVIL E PROCESSUAL CIVIL. TERMO INICIAL DOS JUROS MORATÓRIOS EM AÇÃO CIVIL PÚBLICA. RECURSO REPETITIVO (ART. 543-C DO CPC E RES. 8/2008-STJ). Os juros de mora incidem a partir da citação do devedor no processo de conhecimento da ação civil pública quando esta se fundar em responsabilidade contratual, cujo inadimplemento já produza a mora, salvo a configuração da mora em momento anterior. De fato, a tese de que o julgamento de ação civil pública se limita à proclamação anódina de tese – incentivado o condenado a procrastinar a concretude da condenação no aguardo da propositura de execuções individuais, para, só então, iniciar o curso de juros de mora – contém o germe da destruição da efetividade do relevante instrumento processual que é a ação civil pública. Atente-se a duas consequências certas: a) ninguém aguardará o desfecho de ação civil pública para o ajuizamento de ações individuais, visto que o aguardo significará perda de valor de juros moratórios pelo largo tempo em que durar o processamento da ação civil pública; e b) implantar-se-á a necessidade de ajuizamento, em judicialização de massa, de execuções individuais ulteriores ao julgamento da ação civil pública, frustrando-se a possibilidade de execução mandamental da sentença da ação civil pública. A procrastinação do início da contagem dos juros moratórios traria o efeito perverso de estimular a resistência ao cumprimento da condenação transitada em julgado da ação coletiva, visto que seria economicamente mais vantajoso, como acumulação e trato do capital, não cumprir de imediato o julgado e procrastinar a efetivação dos direitos individuais. É preciso atentar, ademais, que, na ação civil pública visando à composição de lide de diretos homogêneos, também ocorre válida citação, como em todo e qualquer processo, da qual resulta, como é da congruência dos institutos jurídicos, a concreta constituição em mora, que só pode ser relativa a todos os interessados consorciados no mesmo interesse homogêneo, não havendo dispositivo legal que excepcione essa constituição em mora, derivada do inequívoco conhecimento da pretensão formulada coletivamente em prol de todos os beneficiários. É incongruente interpretar o instituto da ação civil pública em detrimento dele próprio. Observe-se, ainda, que a sentença condenatória de ação civil pública, embora genérica, continua sendo condenatória, impondo-se o seu cumprimento nos termos de seus componentes jurídicos, inclusive os juros de mora já desencadeados pela citação para a ação coletiva. A natureza condenatória não é desvirtuada pela "liquidação" que se segue. Assim, mesmo no caso de a sentença genérica não fazer expressa referência à fluência dos juros moratórios a partir da citação para a ação civil pública, incidem esses juros desde a data da citação na fase de conhecimento da ação civil pública, como, aliás, decorre da previsão legal dos arts. 219 do CPC e 405 do CC. Ressalte-se que a orientação ora adotada, de que os juros de mora devem incidir a partir da citação na ação civil pública, não se aplica a casos em que o devedor tenha sido anteriormente a ela constituído em mora, dados os termos eventualmente constantes do negócio jurídico ou outra forma de constituição anterior em mora, inclusive no caso de contratualmente estabelecida para momento anterior. Nesses termos, fica ressalvada a possibilidade de os juros de mora serem fixados a partir do evento danoso na eventual hipótese de ação civil pública fundar-se em responsabilidade extracontratual, nos termos da Súmula 54 do STJ. Da mesma forma fica ressalvada a hipótese de os juros incidirem a partir de outro momento anterior em que efetivamente configurada a mora. Precedente citado: REsp 1.209.595-ES, Segunda Turma, DJe 3/2/2011. **REsp 1.370.899-SP**, Rel. Min. Sidnei Beneti, julgado em 21/5/2014. (Inform. STJ 549)

DIREITO PROCESSUAL CIVIL. TUTELA ESPECÍFICA EM SENTENÇA PROFERIDA EM AÇÃO CIVIL PÚBLICA NA QUAL SE DISCUTA DIREITO INDIVIDUAL HOMOGÊNEO. É possível que sentença condenatória proferida em ação civil pública em que se discuta direito individual homogêneo contenha determinações explícitas da forma de liquidação e/ou estabeleça meios tendentes a lhe conferir maior efetividade, desde que essas medidas se voltem uniformemente para todos os interessados. Com efeito, o legislador, ao estabelecer que "a condenação será genérica" no art. 95 do CDC, procurou apenas enfatizar que, no ato de prolação da sentença, o bem jurídico objeto da tutela coletiva (mesmo que se trate de direitos individuais homogêneos) ainda deve ser tratado de forma indivisível, alcançando todos os interessados de maneira uniforme. Ademais, as medidas em questão encontram amparo nos arts. 84, §§ 4º e 5º, e 100 do CDC, que praticamente repetem os termos do art. 461, § 5º, do CPC. **REsp 1.304.953-RS**, Rel. Min. Nancy Andrighi, julgado em 26/8/2014. (Inform. STJ 546)

DIREITO PROCESSUAL CIVIL. EFICÁCIA DA SENTENÇA EM AÇÃO CIVIL PÚBLICA. Em ação civil pública, a falta de publicação do edital destinado a possibilitar a intervenção de interessados como litisconsortes (art. 94 do CDC) não impede, por si só, a produção de efeitos *erga omnes* de sentença de procedência relativa a direitos individuais homogêneos. A Corte Especial do STJ decidiu que "os efeitos e a eficácia da sentença não estão circunscritos a lindes geográficos, mas aos limites objetivos e subjetivos do que foi decidido, levando-se em conta, para tanto, sempre a extensão do dano e a qualidade dos interesses metaindividuais postos em juízo" (REsp 1.243.887-PR, submetido ao rito do art. 543-C do CPC, DJ 12/12/2011). Não fosse assim, haveria graves limitações à extensão e às potencialidades da ação civil pública. Com efeito, quanto à eficácia subjetiva da coisa julgada na ação civil pública, incide o CDC por previsão expressa do art. 21 da própria Lei 7.347/1985. De outra parte, a ausência de publicação do edital previsto no art. 94 do CDC constitui vício sanável, que não gera nulidade apta a induzir a extinção da ação civil pública, porquanto, sendo regra favorável ao consumidor, como tal deve ser interpretada. **REsp 1.377.400-SC**, Rel. Min. Og Fernandes, julgado em 18/2/2014. (Inform. STJ 536)

DIREITO PROCESSUAL CIVIL. SUSPENSÃO DE PROCESSOS INDIVIDUAIS EM FACE DO AJUIZAMENTO DE AÇÃO COLETIVA. RECURSO REPETITIVO (ART. 543-C DO CPC E RES. 8/2008-STJ). É possível determinar a suspensão do andamento de processos individuais até o julgamento, no âmbito de ação coletiva, da questão jurídica de fundo neles discutida relativa à obrigação de estado federado de implementar, nos termos da Lei 11.738/2008, piso salarial nacional para os profissionais do magistério público da educação básica do respectivo ente. Deve ser aplicado, nessa situação, o mesmo entendimento adotado pela Segunda Seção do STJ no julgamento do REsp 1.110.549-RS, de acordo com o qual, "ajuizada ação coletiva atinente a macro lide geradora de processos multitudinários, suspendem-se as ações individuais, no aguardo do julgamento da ação coletiva" (DJe de 14/12/2009). Cabe ressaltar, a propósito, que esse entendimento não nega vigência aos arts. 103 e 104 do CDC – com os quais se harmoniza –, mas apenas atualiza a interpretação dos mencionados artigos ante a diretriz legal resultante do disposto no art. 543-C do CPC. Deve-se considerar, ademais, que as ações coletivas implicam redução de atos processuais, configurando-se, assim, um meio de concretização dos princípios da celeridade e economia processual. Reafirma-se, portanto, que a coletivização da demanda, seja no polo ativo seja no polo passivo, é um dos meios mais eficazes para o acesso à justiça, porquanto, além de reduzir os custos, consubstancia-se em instrumento para a concentração de litigantes em um polo, evitando-se, assim, os problemas decorrentes de inúmeras causas semelhantes. **REsp 1.353.801-RS**, Rel. Min. Mauro Campbell Marques, julgado em 14/8/2013. (Inform. STJ 527)

Súmula STJ nº 345

São devidos honorários advocatícios pela Fazenda Pública nas execuções individuais de sentença proferida em ações coletivas, ainda que não embargadas.

4. EXECUÇÃO

DIREITO PROCESSUAL CIVIL. NECESSIDADE DE CONSIDERAÇÃO DA SITUAÇÃO INDIVIDUAL DE CADA EXEQUENTE PARA A APLICAÇÃO, EM PROCESSO COLETIVO, DA DISPENSA DE CAUÇÃO PREVISTA NO ART. 475-O, § 2º, I, DO CPC. No âmbito de execução provisória em processo coletivo, para a aplicação da regra constante do art. 475-O, § 2º, I, do CPC – que admite a dispensa de caução para o levantamento de depósito em dinheiro e a prática de atos que importem alienação de propriedade ou dos quais possa resultar grave dano ao executado –, deve o magistrado considerar a situação individual de cada um dos beneficiários. Primeiramente, além de o STJ já ter admitido o cabimento de execução provisória no âmbito de processo coletivo, essa espécie de execução deve ocorrer nos termos da lei processual geral (CPC), diante da lacuna da legislação específica, o que implica possibilidade de aplicação das regras constantes do art. 475-O do CPC em processos coletivos. Nesse contexto, cabe mencionar que, nos termos da lei processual geral, a execução provisória depende, em regra, de caução prestada pelos exequentes (art. 475-O, III). Contudo, se atendidos os requisitos estabelecidos pelo § 2º, I, do art. 475-O – crédito de natureza alimentar ou decorrente de ato ilícito, crédito de até sessenta salários mínimos e exequentes em estado de necessidade –, a caução poderá ser dispensada. Desse modo, admitida a aplicabilidade do art. 475-O aos processos coletivos, pode-se aferir o modo de aplicação dessas referidas regras processuais – em especial, da regra do art. 475-O, § 2º, I, do CPC – a esse tipo de processo. Nessa conjuntura, à luz da interpretação sistemático-teleológica, a aplicação da regra constante do referido § 2º, I, do art. 475-O do CPC deve considerar a situação individual de cada um dos beneficiários do processo coletivo, e não apenas de um autor coletivo. Isso porque, se, em vez de uma execução provisória coletiva, fossem promovidas diversas demandas individuais, seria possível a cada um dos substituídos o cogitado levantamento de valores sem o oferecimento de caução, desde que atendidos os requisitos do referido artigo. Ora, se a aplicação do art. 475-O, § 2º, I, do CPC não considerar a situação individual de cada exequente, será mais conveniente, nesses casos, o ajuizamento de diversos processos individuais, e não de um único processo coletivo. Pelo contrário, a tutela coletiva deve ser prestigiada como forma de garantir a efetividade do acesso à justiça. Em situações como esta, não permitir o levantamento de valores em dinheiro sem contracautela, levando-se em conta a situação individual de cada beneficiário, implica conferir menor efetividade ao processo coletivo em relação ao individual, o que contraria os propósitos da tutela coletiva. De mais a mais, na ponderação entre o risco de irreversibilidade da medida de levantamento de quantias em dinheiro sem caução e o risco decorrente do não atendimento da necessidade alimentar dos destinatários da ação coletiva, deve prevalecer o interesse dos hipossuficientes. **REsp 1.318.917-BA**, Rel. Min. Antonio Carlos Ferreira, julgado em 12/3/2013. (Inform. STJ 520)

5. AÇÃO POPULAR

Súmula STF nº 365

Pessoa jurídica não tem legitimidade para propor ação popular.

Súmula STF nº 101

O mandado de segurança não substitui a ação popular.

6. MANDADO DE SEGURANÇA COLETIVO

TRANSPORTE ALTERNATIVO. PASSAGENS. SUBSTITUIÇÃO PROCESSUAL.

Trata-se de recurso interposto pela Confederação Nacional de Transporte Alternativo de Passageiros contra acórdão proferido por TJ. No caso, a questão reside em saber se a ausência de autorização expressa dos substituídos para a impetração de mandado de segurança coletivo objetivando a defesa de interesses da categoria conduz à ilegitimidade ativa da entidade de classe impetrante. Para o Min. Relator, a Lei n. 7.788/1989, em seu art. 8º, estabelece que as entidades sindicais poderão atuar como substitutas processuais da categoria que representam. Assente a autorização legal, revela-se desnecessária a autorização expressa do titular do direito subjetivo. A legitimação ativa para a impetração de *mandamus*, conferida pela letra **b** do inciso LXX do art. 5º da CF/1988, dispensa autorização individual ou assemblear (Súm. n. 629-STF). Destacou haver entendimento do STF, consagrado na Súm. n. 630, no sentido de que "a entidade de classe tem legitimação para o mandado de segurança ainda quando a pretensão veiculada interesse apenas a uma parte da respectiva categoria". *In casu*, a despeito de a entidade de classe possuir legitimidade ativa para a impetração do mandado de segurança coletivo *ab origine*, o mencionado *mandamus* não denota condições de procedibilidade, ante a ilegitimidade passiva da autoridade apontada coatora. Além disso, a fiscalização de veículos utilizados no transporte alternativo remunerado de passageiros e a eventual aplicação de sanções administrativas, notadamente a apreensão de veículos e o condicionamento da liberação deles ao pagamento de multas, são atividades que não se inserem no âmbito de competência do secretário de Estado de Transporte do Estado do Rio de Janeiro, ao revés, incumbem aos agentes do Departamento de Transportes Rodoviários do Estado do Rio de Janeiro, autarquia estadual criada pela Lei estadual n. 1.221/1987, com personalidade jurídica própria. **RMS 20.762-RJ, Rel. Min. Luiz Fux, julgado em 5/8/2008.** (Inform. STJ 362)

Súmula STF nº 629

A impetração de mandado de segurança coletivo por entidade de classe em favor dos associados independe da autorização destes.

21. DIREITO INTERNACIONAL

1. IMUNIDADES DIPLOMÁTICAS, CONSULARES, DE ESTADO E DE ORGANIZAÇÃO INTERNACIONAL

AP 570/ES
RELATOR: Ministro Celso de Mello
DIPLOMATA. PRERROGATIVA DE FORO. INFRAÇÕES PENAIS COMUNS. TRATAMENTO NORMATIVO DO TEMA NO CONSTITUCIONALISMO BRASILEIRO. PERDA DA CONDIÇÃO **DE CHEFE** DE MISSÃO DIPLOMÁTICA *DE CARÁTER PERMANENTE*. REMOÇÃO *"EX OFFICIO"* PARA A SECRETARIA DE ESTADO EM BRASÍLIA. **CESSAÇÃO IMEDIATA** DA PRERROGATIVA *"RATIONE MUNERIS"*. **INSUBSISTÊNCIA** *DA COMPETÊNCIA PENAL ORIGINÁRIA* DO SUPREMO TRIBUNAL FEDERAL. **REMESSA** DOS AUTOS AO MAGISTRADO **DE PRIMEIRO** GRAU. DJe de 29.10.2013 (Inform. STF 739)

EMENTA: EXECUÇÃO JUDICIAL CONTRA ESTADO ESTRANGEIRO. COMPETÊNCIA ORIGINÁRIA DO SUPREMO TRIBUNAL FEDERAL (**CF**, art. 102, I, "e"). **IMUNIDADE DE JURISDIÇÃO** (*imunidade à jurisdição cognitiva*) **E IMUNIDADE DE EXECUÇÃO** (*imunidade à jurisdição executiva*). *O "STATUS QUAESTIONIS"* **NA JURISPRUDÊNCIA** DO SUPREMO TRIBUNAL FEDERAL. **PRECEDENTES. DOUTRINA. PREVALÊNCIA** DO ENTENDIMENTO **NO SENTIDO** *DA IMPOSSIBILIDADE JURÍDICA* DE EXECUÇÃO JUDICIAL **CONTRA** ESTADOS ESTRANGEIROS, **EXCETO** *NA HIPÓTESE DE EXPRESSA RENÚNCIA*, **POR ELES**, A ESSA PRERROGATIVA DE ORDEM JURÍDICA. **POSIÇÃO PESSOAL DO RELATOR** (MINISTRO CELSO DE MELLO), **QUE ENTENDE VIÁVEL** A EXECUÇÃO **CONTRA** ESTADOS ESTRANGEIROS, **DESDE** QUE OS ATOS DE CONSTRIÇÃO JUDICIAL **RECAIAM** SOBRE BENS **QUE NÃO** GUARDEM **VINCULAÇÃO ESPECÍFICA** COM A ATIVIDADE DIPLOMÁTICA **E/OU** CONSULAR. **OBSERVÂNCIA**, *NO CASO*, PELO RELATOR, *DO PRINCÍPIO DA COLEGIALIDADE*. **JULGAMENTO DA CAUSA NOS TERMOS** *DA JURISPRUDÊNCIA PREDOMINANTE* **NO SUPREMO TRIBUNAL FEDERAL. PROCESSO DE EXECUÇÃO** DECLA-RADO *EXTINTO*, **SEM** RESOLUÇÃO DE MÉRITO. ACO 709/SP, J. em 26.08.13. (Inform. STF 722)

Reclamação trabalhista contra a ONU/PNUD: imunidade de jurisdição e execução - 3
A Organização das Nações Unidas - ONU e sua agência Programa das Nações Unidas para o Desenvolvimento - PNUD possuem imunidade de jurisdição e de execução relativamente a causas trabalhistas. Essa a conclusão do Plenário que, por votação majoritária, conheceu em parte de recursos extraordinários interpostos pela ONU e pela União, e, na parte conhecida, a eles deu provimento para reconhecer afronta à literal disposição contida na Seção 2 da Convenção sobre Privilégios e Imunidades das Nações Unidas, promulgada pelo Decreto 27.784/50 ("Seção 2 - A Organização das Nações Unidas, seus bens e haveres, qualquer que seja sua sede ou o seu detentor, gozarão da imunidade de jurisdição, salvo na medida em que a Organização a ela tiver renunciado em determinado caso. Fica, todavia, entendido que a renúncia não pode compreender medidas executivas"). Na espécie, a ONU/PNUD questionava julgado da justiça do trabalho que afastara a imunidade de jurisdição daquele organismo internacional, para fins de execução de sentença concessiva de direitos trabalhistas previstos na legislação pátria a brasileiro contratado pelo PNUD. A União ingressara no feito, na condição de assistente simples da ONU/PNUD, apenas na fase executiva – v. Informativo 545.
RE 597368/MT, rel. orig. Min. Ellen Gracie, red. p/ o acórdão Min. Teori Zavascki, 15.5.2013. (RE-597368)
RE 578543/MT, rel. orig. Min. Ellen Gracie, red. p/ o acórdão Min. Teori Zavascki, 15.5.2013. (RE-578543)

Reclamação trabalhista contra a ONU/PNUD: imunidade de jurisdição e execução - 4
Prevaleceu o voto da Min. Ellen Gracie, relatora. Considerou, em síntese, que o acórdão recorrido ofenderia tanto o art. 114 quanto o art. 5º, § 2º, ambos da CF, já que conferiria interpretação extravagante ao primeiro preceito, no sentido de que ele teria o condão de afastar toda e qualquer norma de imunidade de jurisdição acaso existente em matéria trabalhista. De igual forma, asseverou que esse entendimento desprezaria o teor de tratados internacionais celebrados pelo Brasil que assegurariam a imunidade de jurisdição e de execução da recorrente. Os Ministros Ricardo Lewandowski e Luiz Fux destacaram que eventuais conflitos de interesses seriam resolvidos mediante conciliação e arbitragem, nos termos do art. 29 da aludida convenção e do art. 8º do decreto que a internalizou. O Min. Teori Zavascki acrescentou que a não observância de tratados internacionais, já incorporados ao ordenamento pátrio, ofenderia a Súmula Vinculante 10 ["Viola a cláusula de reserva de plenário (CF, artigo 97) a decisão de órgão fracionário de tribunal que, embora não declare expressamente a inconstitucionalidade de lei ou ato normativo do poder público, afasta sua incidência, no todo ou em parte"]. Ademais, realçou que, se cláusula pertencente a sistema estabelecido em compromissos internacionais fosse reputada inconstitucional, seria indispensável, além de sua formal declaração interna de revogação ou de inconstitucionalidade, também a denúncia em foro internacional próprio. O Min. Gilmar Mendes salientou que não se trataria de concessão de bill de indenidade a esse ente e que a responsabilidade do governo brasileiro, no caso da União, seria de índole política. O Min. Dias Toffoli sublinhou que a relação firmada com o PNUD, entidade sem autonomia, não teria viés empregatício, mas configuraria convênio.
RE 597368/MT, rel. orig. Min. Ellen Gracie, red. p/ o acórdão Min. Teori Zavascki, 15.5.2013. (RE-597368)
RE 578543/MT, rel. orig. Min. Ellen Gracie, red. p/ o acórdão Min. Teori Zavascki, 15.5.2013. (RE-578543)

Reclamação trabalhista contra a ONU/PNUD: imunidade de jurisdição e execução - 5
Vencidos, em parte, os Ministros Cármen Lúcia e Marco Aurélio, que negavam provimento ao recurso da União (RE 578543/MT). A Min. Cármen Lúcia aduzia que, embora a imunidade de jurisdição da ONU pudesse ser aferida por critério objetivo concernente a existência de instrumento normativo internacional ratificado pelo Brasil, a União possuiria responsabilidade subsidiária relativamente aos direitos trabalhistas do recorrido. Enfatizava que essa obrigação decorreria de disposições firmadas no Acordo Básico de Assistência Técnica com a Organização das Nações Unidas, promulgado pelo Decreto 59.308/96. O Min. Marco Aurélio acrescia que o pano de fundo não revelaria litígio entre a União e o PNUD, porém envolveria trabalhador. A controvérsia diria respeito a questão que teria ficado estampada em acordo formalizado e introduzido no Brasil mediante o decreto, qual seja, a assunção, pela União, da responsabilidade quanto aos ônus trabalhistas.
RE 597368/MT, rel. orig. Min. Ellen Gracie, red. p/ o acórdão Min. Teori Zavascki, 15.5.2013. (RE-597368)
RE 578543/MT, rel. orig. Min. Ellen Gracie, red. p/ o acórdão Min. Teori Zavascki, 15.5.2013. (RE-578543) (Inform. STF 706)

DIREITO PROCESSUAL CIVIL E INTERNACIONAL PÚBLICO. IMUNIDADE DE JURISDIÇÃO DE ESTADO ESTRANGEIRO. Antes de se extinguir a execução fiscal para a cobrança de taxa decorrente de prestação de serviço individualizado e específico, deve-se cientificar o Estado estrangeiro executado, para lhe oportunizar eventual renúncia à imunidade de jurisdição. Encontra-se pacificado na jurisprudência do STJ o entendimento de que os Estados estrangeiros possuem imunidade tributária e de jurisdição, segundo os preceitos das Convenções de Viena de 1961 (art. 23) e de 1963 (art. 32), que concedem isenção sobre impostos e taxas, ressalvadas aquelas decorrentes da prestação de serviços individualizados e específicos que lhes sejam prestados. Prevalece no STF a orientação de que, "salvo renúncia, é absoluta a imunidade do Estado estrangeiro à jurisdição executória" (ACO 543 AgR, Tribunal Pleno, DJ 24/11/2006). Por essa razão, se a existência da demanda for comunicada ao Estado estrangeiro, e este não renunciar expressamente à imunidade de jurisdição, o processo deve ser extinto sem resolução de mérito (STF, ACO 645 AgR, Tribunal Pleno, DJ 17/8/2007). **RO 138-RJ, Rel. Min. Herman Benjamin, julgado em 25/2/2014. (Inform. STJ 538)**

2. EXTRADIÇÃO

PPE: legitimidade da Interpol e dupla tipicidade
A 2ª Turma resolveu questão de ordem, suscitada pelo Ministro Celso de Mello (relator), em sede de pedido de prisão preventiva para fins de extradição, no sentido de indeferir o pleito de prisão cautelar. No caso, o requerimento fora formulado em razão de suposta prática do crime, nos EUA, de invasão de dispositivo informático. Preliminarmente, a Turma conheceu do pedido que, embora não realizado por Estado estrangeiro, fora deduzido pela Interpol, a qual a Lei 12.878/2013, ao alterar o § 2º do art. 82 do Estatuto do Estrangeiro, outorgara legitimidade para apresentar o requerimento. No mérito, assinalou que as supostas práticas delituosas imputadas ao extraditando teriam ocorrido em 2011, anteriormente, portanto, à vigência da Lei 12.737/2012, que acrescentara o art. 154-A ao CP ["Invadir dispositivo informático alheio, conectado ou não à rede de computadores, mediante violação indevida de mecanismo de segurança e com o fim de obter, adulterar ou destruir dados ou informações sem autorização expressa ou tácita do titular do dispositivo ou instalar vulnerabilidades para obter vantagem ilícita: Pena - detenção, de 3 (três) meses a 1 (um) ano, e multa"]. Assim, estaria descaracterizado o requisito da dupla tipicidade, a exigir que a conduta atribuída ao extraditando, considerado o tempo de sua prática, estivesse simultânea e juridicamente qualificada como crime tanto no Brasil quanto no Estado estrangeiro interessado (CF, art. 5º, XXXIX; e CP, art. 1º). Além disso, ainda que a conduta do extraditando tivesse sido perpetrada sob a égide da nova lei, o tratado extradicional firmado entre Brasil e EUA conteria cláusula (Artigo II) que somente permitiria a entrega do extraditando se e quando se tratasse de delitos expressamente previstos em rol exaustivo, o que não se verificaria em relação ao delito de invasão de dispositivo informático, a cujo respeito seria silente a aludida norma. Ademais, o tratado bilateral de extradição seria qualificado como lei especial em face da legislação doméstica nacional, o que lhe atribuiria precedência jurídica sobre o Estatuto do Estrangeiro em hipóteses de omissão ou antinomia. Assim, se inadmissível a extradição na hipótese, também seria inviável a prisão cautelar para esse fim.
PPE 732 QO/DF, rel. Min. Celso de Mello, 11.11.2014. (PPE-732) (Inform. STF 767)

Ext N. 1.305-DF
RELATORA: MIN. ROSA WEBER
EMENTA: EXTRADIÇÃO INSTRUTÓRIA. CRIMES DE RAPTO AGRAVADO, DE OFENSA À INTEGRIDADE FÍSICA QUALIFICADA, DE AMEAÇA E DE TRÁFICO DE ESTUPEFACIENTES. CORRESPONDÊNCIA COM OS CRIMES DOS ARTS. 148, § 2º, 129 E 147, DO CÓDIGO PENAL E DOART. 36 DA LEI 11.343/2006. DUPLA INCRIMINAÇÃO CONFIGURADA. DELITOS DE OFENSA À INTEGRIDADE FÍSICA E DE AMEAÇA NÃO EXTRADITÁVEIS. ART. 77, IV, DA LEI 6.815/80. CRIMES REMANESCENTES NÃO PRESCRITOS. INEXISTÊNCIA DE ÓBICES LEGAIS. DEFERIMENTO PARCIAL DA EXTRADIÇÃO. ENTREGA CONDICIONADA À ASSUNÇÃO DE COMPROMISSO QUANTO À DETRAÇÃO DA PENA. 1. Pedido de extradição formulado pelo Governo de Portugal que atende aos requisitos da Lei 6.815/1980 e da Convenção de Extradição entre os Estados Membros da Comunidade dos Países de Língua Portuguesa firmado em 23.11.2005, promulgado pelo Decreto 7.935, de 19.02.2013. 2. Crimes de rapto agravado, de ofensa à integridade física qualificada, de ameaça e de tráfico de estupefacientes que correspondem aos delitos previstos nos arts. 148, § 2º, 129 e 147, do Código Penal e no art. 36 da Lei 11.343/2006, respectivamente. Dupla incriminação atendida.4. Os crimes de ofensa à integridade física qualificada e de ameaça, por terem penas não superiores a um ano, não são extraditáveis, conforme art. 77, IV, da Lei 6.815/1980. 5. Irrelevância da ausência do texto legal estrangeiro referente à prescrição, quando, excepcionalmente, demonstrada sua inocorrência. Precedente. 6. Inocorrência de prescrição ou óbice legais quanto aos delitos remanescentes.7. O compromisso de detração da pena, considerando o período de prisão decorrente da extradição, deve ser assumido antes da entrega do preso, não obstando a concessão da extradição. O mesmo é válido para os demais compromissos previstos no art. 91 da Lei 6.815/1980.8. Extradição parcialmente deferida. (Inform. STF 764)

Extradição e requisitos para concessão de pedido de extensão
A 1ª Turma deferiu segundo pedido de extensão de extradição formulado pelo Governo da Itália em desfavor de nacional italiano investigado naquele País pela prática do crime de duplo homicídio grave, o qual não integrara o pedido originário anteriormente formulado pelo Estado requerente. Inicialmente, a Turma, com base na jurisprudência do STF, afastou alegação de incompetência de órgão fracionário para julgamento de extradição. Em seguida, rejeitou também a assertiva de nulidade de interrogatório conduzido por membro do Ministério Público italiano. Ressaltou que, na Itália, os Procuradores da República integrariam o Poder Judiciário, porquanto seriam, segundo a legislação italiana, magistrados com atribuições inerentes às funções próprias de "parquet". Ademais, a Turma consignou que o pedido de extensão da extradição atenderia aos pressupostos

necessários a seu deferimento, quais sejam: a) existência de dupla tipicidade, porquanto os fatos delituosos imputados ao extraditando corresponderiam, tanto na legislação brasileira, quanto na italiana, ao crime de homicídio qualificado; b) não ocorrência da prescrição da pretensão punitiva, de acordo com as regras de ambas as legislações; c) presença de detalhes pormenorizados quanto à indicação concreta sobre o local, a data, a natureza e as circunstâncias dos fatos delituosos.
Ext 1234-Extn-segunda/República Italiana, rel. Min. Dias Toffoli, 30.9.2014. (Ext-1234) (Inform. STF 761)

Ext N. 1.284-DF
RELATOR: MIN. MARCO AURÉLIO
EXTRADIÇÃO – REQUISITOS. Uma vez atendidos requisitos legais sob o ângulo da existência de ordem de prisão ou de título condenatório criminal, da dupla tipologia e da ausência de prescrição, respeitando os documentos anexados ao processo a forma prevista em lei, cumpre reconhecer a possibilidade de implementar a extradição, cabendo o ato definidor ao Chefe do Poder Executivo Nacional. (Inform. STF 761)

Ext N. 1.333-DF
RELATORA: MIN. ROSA WEBER
EMENTA: EXTRADIÇÃO INSTRUTÓRIA. TRÁFICO DE DROGAS SINTÉTICAS E ORGANIZAÇÃO CRIMINOSA. CONCORDÂNCIA DO EXTRADITANDO. CONTROLE DA LEGALIDADE. DUPLA INCRIMINAÇÃO CONFIGURADA. PRESCRIÇÃO. INOCORRÊNCIA. INEXISTÊNCIA DE ÓBICES LEGAIS À EXTRADIÇÃO. ENTREGA CONDICIONADA À ASSUNÇÃO DE COMPROMISSOS.
1. Pedido de extradição formulado pelo Governo do Reino dos Países Baixos que atende os requisitos da Lei 6.815/1980 e do Tratado de Extradição específico.
2. A concordância defensiva com o pleito extradicional não afasta o controle da legalidade por este Supremo Tribunal Federal. Precedentes.
3. Crimes de produção, fabricação, processamento, beneficiamento, posse e transporte de drogas, além de participação em organização criminosa, nos termos da Lei Holandesa de Entorpecentes, que correspondem aos crimes previstos nos arts. 33 e 35 da Lei 11.343/2006. Dupla incriminação atendida.
4. Inocorrência de prescrição e inexistência de óbices legais.
5. Irrelevância da ausência do texto legal estrangeiro referente à prescrição, quando, excepcionalmente, demonstrada sua inocorrência. Precedente.
6. O compromisso de detração da pena, considerando o período de prisão decorrente da extradição, deve ser assumido antes da entrega do preso, não obstando a concessão da extradição. O mesmo é válido para os demais compromissos previstos no art. 91 da Lei nº 6.815/1980.
7. Extradição deferida. (Inform. STF 748)

Prisão preventiva para fins de extradição e progressão de regime - 1
Em face da peculiaridade do caso, o Plenário, por maioria, em questão de ordem suscitada pelo Ministro Ricardo Lewandowski (relator), indeferiu pedido de revogação de prisão preventiva para fins de extradição e, de ofício, concedeu "habeas corpus" para afastar a vedação de progressão de regime ao extraditando. Determinou, em consequência, que o juízo da execução da pena verifique se o apenado preenche os requisitos do art. 112 da LEP para que possa, eventualmente, autorizar a progressão para o regime semiaberto. Ponderou, ainda, comunicar o resultado do julgado ao Ministro da Justiça e à Presidente da República, titular das relações diplomáticas do País, porque a extradição nada mais seria do que um elemento dessas relações internacionais entre os Estados. Na espécie, em 14.4.2005, a Corte deferira extradição com a ressalva do art. 89 da Lei 6.815/1990 ("Quando o extraditando estiver sendo processado, ou tiver sido condenado, no Brasil, por crime punível com pena privativa de liberdade, a extradição será executada somente depois da conclusão do processo ou do cumprimento da pena, ressalvado, entretanto, o disposto no artigo 67"). Ocorre que o extraditando fora condenado, no Brasil, a 28 anos de reclusão e, desde 31.12.2005, cumpre pena em regime fechado. Requerida, na origem, a progressão de regime, o pleito fora indeferido ao fundamento de que o deferimento de extradição do apenado obstaria a progressão de regime. O tribunal "a quo" registrou, ainda, que decisão diferente frustraria a execução penal e o próprio processo de execução, aliado ao risco de fuga do extraditando.
Ext 947 QO/República do Paraguai, rel. Min. Ricardo Lewandowski, 28.5.2014. (Ext-947)

Prisão preventiva para fins de extradição e progressão de regime - 2
O STF aduziu que, a prevalecer a decisão do tribunal "a quo", que indeferira a progressão de regime, o extraditando cumpriria a integralidade da pena em regime fechado. Apontou a peculiar situação dos autos, a salientar que a missão diplomática do país do extraditando teria sido notificada, porém, não poderia, seja no prazo da lei, seja no prazo do tratado bilateral de extradição, adotar providências para a remoção do súdito estrangeiro. Anotou que essa impossibilidade decorreria da existência de outro título jurídico legitimador da prisão, fundado na condenação penal imposta por autoridade judiciária brasileira. O Colegiado destacou que, se brasileiro fosse, com igual condenação, bastaria ao extraditando cumprir um sexto da pena — aproximadamente cinco anos de prisão — para fins de progressão de regime. No entanto, ele já teria cumprido nove anos em regime fechado. Asseverou que a exclusão do estrangeiro do sistema progressivo de cumprimento de pena conflitaria com princípios constitucionais, especialmente o da prevalência dos direitos humanos e o da isonomia (CF, artigos 4º, II, e 5º, *caput*, respectivamente). Sublinhou que decidir de forma diversa levaria à absurda situação de a prisão provisória na extradição tornar-se prisão com prazo indeterminado, a violar princípios constitucionais. Frisou que, na hipótese, estaria configurada situação de excesso de execução, nos termos do disposto no artigo 185 da LEP ("Haverá excesso ou desvio de execução sempre que algum ato for praticado além dos limites fixados na sentença, em normas legais ou regulamentares"), a onerar, de maneira injusta, o próprio "status libertatis" do extraditando. Vencidos, em parte, os Ministros Teori Zavascki e Marco Aurélio. O Ministro Teori Zavascki consignava que a extradição fora autorizada pelo STF e, seguida a fase executória, o Poder Executivo optara, ainda que silenciosamente, por executar a entrega do estrangeiro após cumprida a pena no Brasil. Vislumbrava que, feita essa escolha, o estrangeiro teria o direito de cumprir a pena segundo a legislação brasileira, inclusive em regime aberto, o que seria incompatível com a prisão preventiva. Defendia que a solução mais adequada seria revogar expressamente a prisão preventiva, porque desprovida de eficácia e incompatível com a execução ou a progressão. Salientava, também, a necessidade de comunicação, ao Ministro da Justiça, desse fato superveniente. O Ministro Marco Aurélio acrescentava que o extraditando pretenderia obter decisão declaratória no sentido de que a prisão preventiva não mais subsistiria.
Ext 947 QO/República do Paraguai, rel. Min. Ricardo Lewandowski, 28.5.2014. (Ext-947) (Inform. STF 748)

Prazo prescricional e suspensão condicional da pena - 1
Durante a suspensão condicional da pena, não corre prazo prescricional (CP, art. 77 c/c o art. 112). Com base nesse entendimento, a 2ª Turma afastou a alegada extinção de punibilidade do extraditando pela prescrição da pretensão punitiva estatal e deferiu a extradição. No caso, fora requerida a extradição executória de réu condenado, pela prática de crime de "fraude" mediante emissão de cheques sem provisão de fundos, a pena de três anos de prisão. A defesa sustentava a atipicidade da conduta imputada ao extraditando, a necessidade de sobrestamento do pedido de extradição em face da repercussão geral

reconhecida nos autos do RE 608.898 RG/DF — em que se discute o tema da expulsão de estrangeiro que possui filho brasileiro nascido após o fato motivador da expulsão —, além da já mencionada extinção de punibilidade pela prescrição da pretensão punitiva. A Turma concluiu que o pedido de extradição atenderia aos requisitos formais exigidos na legislação de regência. O Estado requerente teria demonstrado a competência jurisdicional para a instrução e julgamento dos crimes impostos ao extraditando, além de ter instruído seu pedido com cópia de sentença final de privação de liberdade e dos demais documentos exigidos pelo art. 80 da Lei 6.815/1980. Esclareceu que, tendo em vista o sistema de contenciosidade limitada adotado pelo Brasil, não seria possível analisar a aplicabilidade e as implicações do novo Código Penal do país requerente, que teria entrado em vigor em 2014. Mencionou que essa matéria deveria ser debatida no juízo de origem. Registrou o disposto no Verbete 421 da Súmula do STF ("Não impede a extradição a circunstância de ser o extraditando casado com brasileira ou ter filho brasileiro"). Explanou que a questão debatida no RE 608.898 RG/DF trataria de expulsão e não de extradição, institutos que não se confundiriam.
Ext 1254/Romênia, rel. Min. Teori Zavascki, 29.4.2014. (Ext-1254)

Prazo prescricional e suspensão condicional da pena - 2
A Turma consignou que teria sido reconhecido o dolo específico de lesar vítimas ao se perpetrar o crime de "fraude" mediante emissão de cheques sem provisão de fundos. Dessa forma, teria sido atendido o requisito da dupla tipicidade, pois, no caso concreto, o aludido crime de "fraude" corresponderia ao crime de estelionato previsto no art. 171, "caput", do CP. Observou que, em relação à legislação penal brasileira, o prazo prescricional seria calculado nos termos do art. 109, IV, c/c o art. 112, I, ambos do CP, de modo que a prescrição se aperfeiçoaria em oito anos a partir de setembro de 2005. No cômputo do prazo prescricional seria necessário, porém, observar a suspensão da pena — de sua concessão até sua revogação —, período em que a prescrição também estaria suspensa. Assim, iniciada a contagem em setembro de 2005, suspensa em fevereiro de 2006, e retomada em fevereiro de 2007, a prescrição da pretensão executória somente ocorreria, em princípio, em outubro de 2014. Assinalou que, pela legislação penal de origem, o prazo de prescrição da pretensão executória, também de oito anos, só se teria iniciado na data em que se tornara definitiva a revogação da suspensão da execução da pena, e deveria ser contado somente a partir de fevereiro de 2007, ocasião em que fora determinada a revogação do benefício. Por fim, determinou o imediato recolhimento do extraditando com direito a detração do tempo em que estivera preso no Brasil por força do pedido de extradição.
Ext 1254/Romênia, rel. Min. Teori Zavascki, 29.4.2014. (Ext-1254) (Inform. STF 744)

Ext N. 1.321-DF
RELATORA: MIN. ROSA WEBER
Ementa: EXTRADIÇÃO EXECUTÓRIA. HOMICÍDIO. DUPLA INCRIMINAÇÃO CONFIGURADA. PRESCRIÇÃO. INOCORRÊNCIA. INEXISTÊNCIA DE ÓBICES LEGAIS À EXTRADIÇÃO. ENTREGA CONDICIONADA À ASSUNÇÃO DE COMPROMISSOS. AFASTAMENTO DA PENA ACESSÓRIA DE "INTERDIÇÃO PERPÉTUA DO EXERCÍCIO DE FUNÇÕES PÚBLICAS".
1. Pedido de extradição formulado pelo Governo da Itália que atende os requisitos da Lei 6.815/1980 e do Tratado de Extradição específico.
2. Crime de homicídio que corresponde ao crime previsto no art. 121 do Código Penal Brasileiro. Dupla incriminação atendida.
3. Inocorrência de prescrição e inexistência de óbices legais.
4. O compromisso de detração da pena, considerando o período de prisão decorrente da extradição, deve ser assumido antes da entrega do preso, não obstando a concessão da extradição.

O mesmo é válido para os demais compromissos previstos no art. 91 da Lei nº 6.815/1980.
5. Afastamento da pena acessória incompatível com a vedação prevista no art. 5º, XLVII, "b", da Constituição da República, que proíbe sanções penais de caráter perpétuo. Precedentes.
6. Extradição deferida. (Inform. STF 743)

Pedido de reextradição e prejudicialidade
O anterior deferimento de extradição a outro Estado não prejudica pedido de extradição por fatos diversos, mas garante preferência ao primeiro Estado requerente na entrega do extraditando. Com base nesse entendimento, a 2ª Turma deferiu, em parte, pedido de extradição instrutória formulada pela República Italiana. No caso, a República Argentina requerera a extradição do acusado, deferida pela Corte nos autos da Ext 1.250/República Argentina (DJe de 24.9.2012), por suposto crime de tráfico e associação para o tráfico internacional de entorpecentes, em decorrência de fato que teria ocorrido em abril de 2008. Na presente extradição, a imputação referir--se-ia à hipotética prática de tráfico de entorpecente ocorrida entre novembro e dezembro de 2007. A Turma concluiu que o Estatuto do Estrangeiro permitiria a reextradição a outro país, desde que houvesse consentimento do Estado brasileiro ("Art. 91. Não será efetivada a entrega sem que o Estado requerente assuma o compromisso: ... IV - de não ser o extraditando entregue, sem consentimento do Brasil, a outro Estado que o reclame"). Destacou que o Decreto 5.867/2006, que promulgou o Acordo de Extradição entre os Estados Partes do Mercosul e a República da Bolívia e a República do Chile, também reafirma a possibilidade de reextradição a terceiro Estado ("Artigo 15. Da Reextradição a um Terceiro Estado. A pessoa entregue somente poderá ser reextraditada a um terceiro Estado com o consentimento do Estado Parte que tenha concedido a extradição, salvo o caso previsto na alínea 'a' do artigo 14 deste Acordo. O consentimento deverá ser solicitado por meio dos procedimentos estabelecidos na parte final do mencionado artigo"). Consignou a possibilidade de não efetivação da extradição pelo primeiro Estado requerente quando a extradição fosse instrutória e o estrangeiro viesse a ser absolvido, o que viabilizaria sua entrega ao segundo Estado requerente. Ademais, destacou que, caso a República da Argentina viesse a desistir da extradição, o estrangeiro poderia ser entregue ao Estado italiano. Ressalvou, em todas essas hipóteses, o cumprimento de pena por condenação no Brasil (Estatuto do Estrangeiro, art. 89). Quanto ao mérito, entendeu atendidos os requisitos da dupla tipicidade e da não ocorrência de prescrição. Por fim, afirmou que o fato de o extraditando possuir filho brasileiro não constituiria óbice ao deferimento da extradição.
Ext 1276/DF, rel. Min. Gilmar Mendes, 25.3.2014. (EXT-1276) (Inform. STF 740)

Ext N. 1.271-DF
RELATOR: MIN. RICARDO LEWANDOWSKI
Ementa: EXTRADIÇÃO INSTRUTÓRIA. GOVERNO DA ESPANHA. TRATADO DE EXTRADIÇÃO. DUPLA TIPICIDADE. CRIMES DE LESÕES CORPORAIS COM MEIO PERIGOSO E DE AGRESSÃO SEXUAL. AUSÊNCIA DE PRESCRIÇÃO. PRESENTES OS REQUISITOS FORMAIS E MATERIAIS PARA O DEFERIMENTO DO PEDIDO. CRIMES DE INVASÃO DE DOMICÍLIO E DE VIOLAÇÃO DE MEDIDA CAUTELAR. PRESCRIÇÃO DA PRETENSÃO PUNITIVA ESTIPULADA NA LEGISLAÇÃO NACIONAL. ESTRANGEIRO QUE RESPONDE A PROCESSO NO BRASIL POR TRÁFICO TRANSNACIONAL DE ENTORPECENTES. EXTRADIÇÃO PARCIALMENTE DEFERIDA.
I - O delito previsto no art. 148, 1º e 4º, do Código Penal espanhol corresponde ao crime inscrito no art. 129, § 9º, do Código Penal brasileiro, bem como o crime tipificado no art. 178 do Código Penal estrangeiro, equivale ao delito de atentado violento ao pudor, na forma tentada (art. 214, c/c art. 14, inciso II, do CPB).
II - A extradição não deve prosperar em relação aos delitos

de *invasão de domicílio* e de *violação de medida cautelar*, em virtude da prescrição da pretensão punitiva estatal, segundo a legislação brasileira. Os delitos nacionais são correspondentes aos arts. 150, §1º, e 330 do Código Penal brasileiro. Consideradas as penas em abstrato cominadas - 2 (dois) anos e 6 (seis) meses de detenção - e a ausência de notícia da ocorrência de marcos interruptivos desde a época dos fatos (2009), forçoso é concluir pela extinção da acusação, quanto aos referidos delitos.
III - Extradição parcialmente deferida - apenas em relação aos delitos de lesões corporais com meio perigoso e de agressão sexual - a qual permanecerá sobrestada até a resolução do processo a que o estrangeiro reponde no Brasil, podendo ser efetivada imediatamente, por decisão da Presidenta da República. (Inform. STF 737)

Ext N. 1.306-DF
RELATOR: MIN. RICARDO LEWANDOWSKI
Ementa: EXTRADIÇÃO INSTRUTÓRIA. GOVERNO DO REINO UNIDO. EXTENSÃO DO TRATADO POR TROCA DE NOTAS. ILHAS DE TURKS E CAICOS. CRIMES DE QUADRILHA E CORRUPÇÃO PASSIVA. DUPLA TIPICIDADE. *COMMON LAW*. IMPOSSIBILIDADE DE EXAME DE PROVAS. PEDIDO DE REFÚGIO INDEFERIDO PELO CONARE. NÃO OCORRÊNCIA DE PERSEGUIÇÃO POLÍTICA. ALEGAÇÕES DE VÍCIOS DE NATUREZA FORMAL. NÃO OCORRÊNCIA. AUSÊNCIA DE PRESCRIÇÃO. COMPROMISSO DO ESTADO REQUERENTE DE COMUTAR A PENA EVENTUALMENTE IMPOSTA EM PERIODO NÃO SUPERIOR A 30 ANOS. DETRAÇÃO. EXTRADIÇÃO DEFERIDA.
I - A extensão do Tratado de Extradição entre a República Federativa do Brasil e o Reino Unido da Grã-Bretanha e Irlanda do Norte ás Ilhas Turks e Caicos foi realizada por intermédio de troca de notas, nos termos do art. 16 do Tratado de Extradição firmado entre os dois países.
II – As condutas imputadas ao extraditando, *suborno* e *conspiração*, amoldam-se aos arts. 288 e 317 do Código Penal brasileiro, na medida em que, segundo as imputações realizadas no Estado requerente, associaram-se mais de três pessoas com o objetivo de cometer crimes e houve solicitação ou recebimento de vantagem indevida para si ou para outrem, direta ou indiretamente, ainda que fora da função pública ou antes de assumi-la, mas em razão dela. Dupla tipicidade atendida.
III – Os delitos são de natureza criminal comum, o que afasta a alegação de que se estaria extraditando por crime político.
IV – No pedido de extradição não cabe ao Tribunal pesquisar os elementos de convicção nos quais se fundou a Justiça do Estado estrangeiro para iniciar a investigação penal e decretar a prisão preventiva do extraditando. Precedentes.
V - O pedido de refúgio foi indeferido pelo CONARE e, posteriormente, em grau de recurso administrativo de última instância pelo Ministro de Estado da Justiça.
VI - No processo extradicional, os sistemas jurídicos de natureza diversa, tal como ocorre na espécie (*Civil Law* e *Common Law*), devem ser compatibilizados, sob pena de a cooperação jurídica internacional tornar-se inviável.
VII - A entrega do extraditando fica condicionada à formalização de compromisso, pelo Estado requerente, de comutar em pena não superior a 30 (trinta) anos, as penas de prisão perpétua eventualmente impostas ao extraditando e a observância da detração em relação ao período de prisão preventiva no Brasil.
VIII - Extradição deferida, condicionada à formalização de compromisso. (Inform. STF 731)

Ext N. 1.247-REPÚBLICA PORTUGUESA
RELATORA: MIN. CÁRMEN LÚCIA
EMENTA: EXTRADIÇÃO INSTRUTÓRIA. PRISÃO DECRETADA PELA JUSTIÇA PORTUGUESA. TRATADO ESPECÍFICO: REQUISITOS ATENDIDOS. CRIMES DE BURLA SIMPLES, BURLA QUALIFICADA E FALSIFICAÇÃO AGRAVADA DE DOCUMENTO. DELITOS DE FALSO ABSORVIDOS PELOS DELITOS DE BURLA: PRINCÍPIO DA CONSUNÇÃO. PRESCRIÇÃO. EXTINÇÃO DA PUNIBILIDADE DOS CRIMES DE BURLA SIMPLES. EXTRADITANDO QUE RESPONDE A AÇÃO PENAL NO BRASIL. EXTRADIÇÃO PARCIALMENTE DEFERIDA, CONDICIONADA À CONCLUSÃO DA AÇÃO PENAL A QUE RESPONDE O EXTRADITANDO NO BRASIL, SALVO DETERMINAÇÃO EM CONTRÁRIO DA PRESIDENTE DA REPÚBLICA. PRECEDENTES.
1. O pedido formulado pela República Portuguesa atende aos pressupostos necessários ao seu deferimento parcial, nos termos da Lei n. 6.815/80 e do Tratado de Extradição específico, inexistindo irregularidades formais.
2. Pela legislação brasileira, os fatos imputados ao Extraditando contêm elementos que configuram, em tese, os crimes de estelionato (art. 171 do Código Penal) e falsificação de documentos públicos (art. 297 do Código Penal). Os delitos de falso, contudo, são absorvidos, no caso, pelos de estelionato, impondo-se que, em relação a eles, seja a extradição indeferida.
3. Os delitos de burla simples encontram-se prescritos pela legislação portuguesa.
4. A aplicação, ao caso, do art. V, item II, do Tratado de Extradição firmado entre Brasil e Portugal é discricionariedade da Presidência da República, incumbindo a este Supremo Tribunal Federal somente a análise da legalidade do pedido extradicional.
5. A Súmula n. 421 deste Supremo Tribunal Federal dispõe que não impede a extradição a circunstância de ser o Extraditando casado com brasileira ou ter filho brasileiro.
6. A existência de processo no Brasil, por crime diverso e que teria ocorrido em data posterior ao fato objeto do pedido de Extradição, não impede o deferimento da extradição, cuja execução deve aguardar a conclusão do processo ou do cumprimento da pena eventualmente aplicada, salvo determinação em contrário do Presidente da República (arts. 89 e 67 da Lei n. 6.815/1980).
7. Extradição parcialmente deferida. (Inform. STF 726)

Extradição e art. 89 do Estatuto do Estrangeiro
A 2ª Turma resolveu questão de ordem em extradição, para reconhecer que o extraditando poderá ser entregue imediatamente ao país requerente, sob pena de expedição de alvará de soltura. Na espécie, em 22.7.2011, o estrangeiro fora preso por determinação desta Corte, para fins de extradição, cuja decisão transitara em julgado em 6.12.2012. Porém, até a presente data, sua extradição não fora efetivada. Informações solicitadas noticiaram que a manutenção da custódia decorrera de condenação, em 9.9.2013, pela justiça, no território brasileiro, do delito de falsidade ideológica. Apenado a um ano de reclusão e ao pagamento de 10 dias-multa, em regime inicial aberto, a reprimenda fora posteriormente substituída por restritiva de direito. A Turma apontou que, conquanto não houvesse transitado em julgado a condenação pelo crime praticado no Brasil, não existiria outro motivo para a segregação cautelar do extraditando. Ressaltou, ainda, o que disposto no art. 89 da Lei 6.815/80 ("*Quando o extraditando estiver sendo processado, ou tiver sido condenado, no Brasil, por crime punível com pena privativa de liberdade, a extradição será executada somente depois da conclusão do processo ou do cumprimento da pena, ressalvado, entretanto, o disposto no artigo 67*"). Aduziu que, nos termos da Lei 6.815/80, caberia ao Presidente da República avaliar a conveniência e a oportunidade da entrega do estrangeiro antes da conclusão da ação ou do cumprimento da pena. Ressaltou, ademais, a peculiaridade do caso e a iminência da extinção da pena do extraditando. Por fim, julgou prejudicado pedido de transferência para outra superintendência da polícia federal.
Ext 1232 QO/Governo da Espanha, rel. Min. Gilmar Mendes, 8.10.2013. (Ext-1232)

QUEST. ORD. EM Ext N. 1.232-REINO DA ESPANHA
RELATOR:MIN. GILMAR MENDES
Questão de ordem. 2. Extradição parcialmente deferida. Trânsito em julgado. 3. Estrangeiro condenado pela Justiça brasileira por falsidade ideológica (art. 299, *caput*, do CP) à pena de

1 ano, com detração de 10 meses e 29 dias. Regime aberto. Substituição da pena privativa de liberdade por 1 pena restritiva de direito. 4. Reprimenda na iminência de ser extinta (em 10 de outubro de 2013). Art. 67 da Lei 6.815/80. 5. Questão de ordem resolvida no sentido de reconhecer que o extraditando poderá ser entregue imediatamente, sob pena de expedição de alvará de soltura. (Inform. STF 726)

EXT N. 1.261-GOVERNO DA ITÁLIA
RELATOR : MIN. ROBERTO BARROSO
EXTRADIÇÃO EXECUTÓRIA REQUERIDA PELO GOVERNO DA ITÁLIA. REGULARIDADE FORMAL. INDEFERIMENTO DE PEDIDO QUANTO AO CRIME DE EVASÃO SEM VIOLÊNCIA CONTRA PESSOA POR FALTA DE TIPICIDADE NO BRASIL. DEFERIMENTO DO PLEITO QUANTO AO CRIME DE TRÁFICO DE ENTORPECENTES. NÃO OCORRÊNCIA DE PRESCRIÇÃO DIANTE DA PREVISÃO DE CAUSA ESPECÍFICA DE INTERRUPÇÃO DO PRAZO PREVISTA EM TRATADO BILATERAL.
1. Extradição executória requerida pelo Governo da Itália com fundamento no Tratado Bilateral entre a República Federativa do Brasil e a República Italiana, promulgado pelo Decreto nº 863/93.
2. Condenação do requerido por tráfico de entorpecentes e por evasão em sentença transitada em julgado proferida pelo Poder Judiciário do país requerente.
3. Regularidade formal do pedido. Nota Verbal acompanhada da ordem de execução da sanção penal, de cópia da legislação italiana pertinente, da sentença e de decisão de unificação das penas, com a correspondente tradução. Cumprida a ordem de prisão preventiva, o requerido foi interrogado e apresentou defesa.
4. Pedido de extradição indeferido em relação ao crime de evasão. Ausência de dupla tipificação, pois o art. 352, do Código Penal Brasileiro, exige que a evasão ocorra com violência contra pessoa.
5. Pedido de extradição deferido quanto ao crime de tráfico de entorpecentes. O requerido tem nacionalidade italiana e teve sua extradição requerida para efetivação de execução de pena privativa de liberdade, imposta por Tribunal competente, por crime previsto na legislação penal de ambos os países signatários de Tratado de Extradição. O Brasil não é competente para julgamento do crime, que não tem natureza política.
6. Não ocorrência de prescrição da pretensão executória na Itália e no Brasil em relação ao crime de tráfico e entorpecentes. No que se refere à aplicação da lei penal brasileira, houve interrupção do prazo prescricional quando do recebimento do pedido de extradição, na forma prevista no Tratado Bilateral entre o Brasil e a Itália. (Inform. STF 720)

Extradição e constituição de crédito tributário
Não há que se falar na exigência de comprovação da constituição definitiva do crédito tributário para se conceder extradição. Com base nesse entendimento, a 2ª Turma deferiu pedido de extradição instrutória, fundado em promessa de reciprocidade, para que nacional alemão responda por crime de sonegação de impostos. Observou-se ser necessário aplicar ao caso o que disposto no art. 89 da Lei 6.815/80 (Estatuto do Estrangeiro: "Art. 89. Quando o extraditando estiver sendo processado, ou tiver sido condenado, no Brasil, por crime punível com pena privativa de liberdade, a extradição será executada somente depois da conclusão do processo ou do cumprimento da pena, ressalvado, entretanto, o disposto no artigo 67"), tendo em vista que o extraditando fora condenado, em parte pela prática de delito diverso no Brasil. Enfatizou-se que se exigiria a tipicidade em ambos os Estados para o reconhecimento do pedido, e não que o Estado requerente seguisse as mesmas regras fazendárias existentes no Brasil.
Ext 1222/República Federal da Alemanha, 20.8.2013. (Ext-1222) (Inform. STF 716)

Ext N. 1.290-DF
RELATORA: MIN. ROSA WEBER
EMENTA: EXTRADIÇÃO. CRIME DE TRÁFICO DE PESSOAS. CORRESPONDÊNCIA COM O CRIME DE TRÁFICO INTERNO DE PESSOA PARA FIM DE EXPLORAÇÃO SEXUAL. DUPLA INCRIMINAÇÃO CONFIGURADA. PRESCRIÇÃO: NÃO-OCORRÊNCIA. INEXISTÊNCIA DE ÓBICES LEGAIS À EXTRADIÇÃO. ENTREGA CONDICIONADA À ASSUNÇÃO DE COMPROMISSO QUANTO À DETRAÇÃO DA PENA.
1. Pedido de extradição formulado pela República da Colômbia que atende aos requisitos da Lei nº 6.815/1980 e do Tratado de Extradição específico.
2. Crime de tráfico de pessoas que corresponde ao crime de tráfico interno de pessoa para fim de exploração sexual, do art. 231-A do Código Penal. Dupla incriminação atendida.
3. Não-ocorrência de prescrição e inexistência de óbices legais.
4. O compromisso de detração da pena, considerando o período de prisão decorrente da extradição, deve ser assumido antes da entrega do preso, não obstando a concessão da extradição. O mesmo é válido para os demais compromissos previstos no art. 91 da Lei nº 6.815/1980.
5. Extradição deferida. (Inform. STF 715)

Ext N. 1.304-DF
RELATOR: MIN. TEORI ZAVASCKI
Ementa: EXTRADIÇÃO. GOVERNO DE PORTUGAL. EXISTÊNCIA DE TRATADO BILATERAL PREVENDO DE EXTRADIÇÃO VOLUNTÁRIA. DISPENSA DE INTERROGATÓRIO. PRESSUPOSTOS E REQUISITOS ATENDIDOS. EXTRADIÇÃO DEFERIDA.
1. O Tratado de Extradição firmado entre o Governo da República Federativa do Brasil e o Governo da República Portuguesa, promulgado pelo Decreto 1.325/94, prevê, em seu artigo XIII, que "a pessoa detida para efeito de extradição pode declarar que consente com sua entrega imediata à parte requerente e que renuncia ao processo judicial de extradição, depois de advertida de que tem direito a este processo". Em casos tais, prevê o Tratado um procedimento especial, mais célere, em substituição ao processo extradicional comum (que, entre nós, é o da Lei 6.815/80). No caso, o Extraditando, estando detido, apresentou formalmente o pedido de extradição voluntária. Nos termos da jurisprudência do STF em situação análoga (Ext 1144, Min. Ellen Gracie, DJ de 20.09.2009), foi dispensado o interrogatório. Tendo o procedimento comum sido cumprido em todas as etapas, não subsiste razão para, no caso, adotar o procedimento especial previsto no Tratado.
2. Atendidos os pressupostos e requisitos próprios, defere-se o pedido de extradição. (Inform. STF 715)

Ext N. 1.251- REPÚBLICA FRANCESA
RELATOR: MIN. GILMAR MENDES
Extradição instrutória. 2. Crimes de tráfico internacional de entorpecentes, contrabando e formação de quadrilha. 3. Superveniência de sentença condenatória com aplicação de pena de 10 anos de reclusão. Possibilidade de conversão da extradição instrutória em extradição executória. 4. Atendimento dos requisitos formais. Dupla tipicidade e punibilidade. 5. O fato de o extraditando ter filho brasileiro não constitui óbice ao deferimento da extradição. 6. Alegações de insuficiência de provas da participação do estrangeiro nos fatos delituosos e de julgamento à revelia devem ser suscitadas perante a Justiça francesa. Sistema de contenciosidade limitada peculiar ao processo de extradição. 7. Pedido deferido. (Inform. STF 711)

Ext N. 1.252-REINO DA ESPANHA
RELATORA: MIN. CÁRMEN LÚCIA
EMENTA: EXTRADIÇÃO. PEDIDO FORMULADO COM BASE NO TRATADO DE EXTRADIÇÃO BRASIL-ESPANHA. CRIME DE TRÁFICO INTERNACIONAL DE PESSOA PARA FIM DE EXPLORAÇÃO SEXUAL E CRIME DE FAVORECIMENTO DA PROSTITUIÇÃO: DUPLA TIPICIDADE ATENDIDA. PRESCRI-

ÇÃO: NÃO-OCORRÊNCIA. EXTRADITANDO COM CÔNJUGE E FILHAS NO BRASIL: APLICAÇÃO DA SÚMULA 421 DO SUPREMO TRIBUNAL FEDERAL. EXTRADIÇÃO DEFERIDA.
1. O pedido formulado pelo Reino da Espanha atende aos pressupostos necessários ao seu deferimento, nos termos da Lei n. 6.815/80 e do Tratado de Extradição específico.
2. Satisfeito está o requisito da dupla tipicidade, previsto no art. 77, inc. II, da Lei n. 6.815/80. Os fatos delituosos imputados ao Extraditando corresponde, no Brasil, ao crime de tráfico internacional de pessoa para fim de exploração sexual, previsto no art. 231 do Código Penal, e ao crime de favorecimento da prostituição ou outra forma de exploração sexual, previsto no art. 228, §2º, do Código Penal.
3. Em atendimento ao disposto no art. 77, inc. VI, da Lei n. 6.815/80 e no art. VI, alínea c, do Tratado específico, observa-se não ter ocorrido a prescrição da pena, sob a análise da legislação de ambos os Estados.
4. Extraditando tem esposa e filhas brasileiras: irrelevância: aplicação da Súmula n. 421, deste Supremo Tribunal Federal: "não impede a extradição a circunstância de ser o extraditando casado com brasileira ou ter filho brasileiro".
5. A jurisprudência deste Supremo Tribunal é firme no sentido de que mesmo em ocorrendo concurso de jurisdições penais entre o Brasil e o Estado requerente, torna-se lícito deferir a extradição naquelas hipóteses em que o fato delituoso, ainda que pertencendo, cumulativamente, ao domínio das leis brasileiras, não haja originado procedimento penal-persecutório, contra o extraditando, perante órgãos competentes do Estado brasileiro. Precedentes
6. O Reino da Espanha deverá assegurar a detração do tempo em que o Extraditando tenha permanecido preso no Brasil, por força do pedido formulado: aplicação da regra prevista no art. VI 1, do Tratado específico: "a extradição não será concedida sem que o Estado requerente dê garantias de que será computado o tempo da prisão que tiver sido imposta ao reclamado no estado requerido, por força da extradição".
7. Extradição deferida. (Inform. STF 710)

PPE N. 623-REPÚBLICA DO LÍBANO
RELATORA: MIN. CÁRMEN LÚCIA
EMENTA: PRISÃO PREVENTIVA PARA EXTRADIÇÃO. PEDIDO DE EXTRADIÇÃO FORMULADO PELA REPÚBLICA DO LÍBANO. EXTRADITANDO PRESO. AUSÊNCIA DE CÓPIAS DE TEXTOS LEGAIS, COMO EXIGE A LEI N. 6.815/80. ABERTURA DE PRAZO PARA QUE O ESTADO REQUERENTE APRESENTASSE OS DOCUMENTOS REQUISITADOS EM DILIGÊNCIA DETERMINADA PELO PLENÁRIO DESTE STF, TIDOS POR INDISPENSÁVEIS AO EXAME DA LEGALIDADE E PROCEDÊNCIA DA EXTRADIÇÃO. OMISSÃO DO ESTADO-REQUERENTE EM COMPLEMENTAR A INSTRUÇÃO DO PEDIDO. PEDIDO DE EXTRADIÇÃO INDEFERIDO.
1. O Estado requerente é obrigado a produzir, nos autos do processo extradicional, todas as informações e documentos aptos a comprovar os requisitos necessários ao deferimento, por este Supremo Tribunal, do pedido de extradição, sob pena de indeferimento.
2. Na espécie vertente, mesmo intimada para que, no prazo improrrogável de 60 dias, a) formalizasse o pedido de extradição; b) providenciasse a cópia "dos documentos necessários à aferição da ocorrência ou não do trânsito em julgado da condenação e de cópias (...) das normas penais concernentes ao crime de tráfico internacional de entorpecentes – previsto nos arts. 125 e 126 da Lei nº 673/9 –, às penas correspondentes e à prescrição e suas causas de suspensão e interrupção", tudo devidamente traduzido para o idioma português, nos termos do art. 80 da Lei n. 6.815/80; c) esclarecesse os pressupostos constitucionais ou legais que garantiriam a "possibilidade jurídica de a República do Líbano formular pedido de extradição com base em promessa de reciprocidade, à vista do que dispõe o artigo 30 do Código Penal libanês"; d) elucidasse "se existe possibilidade legal e constitucional de os libaneses naturalizados serem objetos de pedidos de extradição"; e e) indicasse a autoridade que, na forma do ordenamento libanês tem poderes para autorizar o oferecimento, em nome do Estado, de promessa de reciprocidade; a representação diplomática do Estado-Requerente não atendeu integralmente às exigências referentes aos itens "b", "c" e "d", o que impede, na linha da jurisprudência deste Supremo Tribunal, o prosseguimento da presente prisão preventiva para extradição.
3. Extradição indeferida. (Inform. STF 708)

Ext N. 1.125 QO-CONFEDERAÇÃO HELVÉTICA
RELATOR: MIN. GILMAR MENDES
Questão de ordem. 2. Extradição parcialmente deferida. Plenário. 3. Manutenção de valores custodiados no Banco Central do Brasil, aguardando manifestação das partes para posterior decisão do STF. 4. Pedido de levantamento dos valores custodiados em nome do estrangeiro para pagamento de proposta de honorários advocatícios. 5. Ausência de certeza quanto à origem dos valores bloqueados e falta de decisão judicial executória. Apreciação descumprimento contratual ou, ainda, confissão de dívida por parte do extraditando foge à competência constitucional desta Corte. 6. Questão de ordem que se resolve no sentido de indeferir o pedido. Determinação ao Ministério da Justiça para diligenciar junto ao Estado requerente meio e forma para que o valor possa ser transferido àquele país, ao qual cabe decidir seu destino. (Inform. STF 706)

Extradição e honorários advocatícios
O exame de eventual descumprimento contratual por parte do extraditando com o seu advogado, bem como a confissão de dívida firmada em favor de seu defensor, se destituídos de elementos probatórios suficientes da licitude dos valores bloqueados, não podem ser apreciados em sede de extradição. Com base nessa orientação, a 2ª Turma resolveu questão de ordem em extradição no sentido de indeferir o pedido de levantamento de valores para o pagamento de honorários advocatícios devidos por nacional suíço entregue às autoridades daquele país. Na espécie, a defesa do estrangeiro requerera a liberação de valores apreendidos e acautelados junto ao Bancen e à CEF e consequente expedição de alvarás de levantamento das quantias em favor de seu representante legal. Argumentava, ainda, que os valores não teriam vínculo com os fatos apurados pela justiça suíça, porque frutos do trabalho do extraditando no Brasil. Posteriormente, apresentara confissão de dívida, formalizada pelo extraditando, decorrente do não pagamento de honorários advocatícios, com pedido de liberação de quantia em favor do causídico. Destacou-se que, em razão de o processo de extradição competir, originariamente, ao STF, também a ele competiria apreciar pleito incidental de restituição ou levantamento de bens ou valores, perpetrado por terceiro. Asseverou-se, todavia, que o direito sobre coisa ou moeda tidos em depósito dever-se-ia mostrar incontroverso e indene de dúvidas. Aduziu-se que, embora o Estado requerente não tivesse protestado pela apreensão ou devolução de numerário em instituição bancária nacional, os autos não conteriam elementos suficientes para aferir a procedência dos valores. Concluiu-se que a pretensão do advogado em satisfazer seus honorários submeter-se-ia à esfera cível competente, juízo em que obteria decisão executória, com fundamento em título extrajudicial – no caso, o contrato de serviço ou a confissão de dívida –, a legitimar a apropriação do montante relativo aos serviços prestados.
Ext 1125 QO/Confederação Helvética, rel. Min. Gilmar Mendes, 24.4.2013. (Ext-1125) (Inform. STF 703)

Extradição e incidência do art. 366 do CPP
A 2ª Turma acolheu, em parte, embargos de declaração para, sem alterar o julgamento, esclarecer que não caberia, em extradição passiva, indagar sobre ser o procedimento estrangeiro idêntico ou similar ao adotado na legislação pátria, mas, sim, se haveria, pela narrativa dos fatos, dupla tipicidade da conduta praticada para, então, saber se aplicável a legislação nacional sobre a prescrição penal. Os embargos foram opostos ao argumento de que o embargante já teria sido citado no

Estado requerente. Pretendia-se, ainda, a manifestação da Corte quanto à constitucionalidade do art. 366 do CPP ("*Se o acusado, citado por edital, não comparecer, nem constituir advogado, ficarão suspensos o processo e o curso do prazo prescricional, podendo o juiz determinar a produção antecipada das provas consideradas urgentes e, se for o caso, decretar prisão preventiva, nos termos do disposto no art. 312*") e sua incidência no âmbito do processo extradicional, em face da necessidade de citação editalícia e decisão judicial de suspensão da prescrição. Aduziu-se que os embargos não mereceriam acolhida no que concerne à aplicação do art. 366 do CPP ao processo de extradição. Destacou-se jurisprudência do STF acerca da constitucionalidade da mencionada norma, inexistente qualquer incompatibilidade com a Constituição. **Ext 1218 ED/ EUA, rel. Min. Ricardo Lewandowski, 19.3.2013. (Ext-1218)** (Inform. STF 699).

Súmula STF nº 692

Não se conhece de "habeas corpus" contra omissão de relator de extradição, se fundado em fato ou direito estrangeiro cuja prova não constava dos autos, nem foi ele provocado a respeito.

Súmula STF nº 421

Não impede a extradição a circunstância de ser o extraditando casado com brasileira ou ter filho brasileiro.

3. EXPULSÃO

HC: reingresso ao Brasil e decreto expulsório de estrangeiro
A 2ª Turma denegou ordem em "habeas corpus" no qual cidadão americano pretendia salvo-conduto para reingressar no Brasil e nele transitar, não obstante decreto presidencial, de 30.10.1978, que o expulsara do País. A defesa sustentava que, cessado o regime militar — com a abertura política e o advento de novo regime constitucional —, buscara informações e autoridades diplomáticas não lhe haver qualquer impedimento para a entrada do súdito estrangeiro no Brasil. Em 2011, o paciente fora impedido de entrar no País, embora portador de visto consular, sob alegação de haver, no sítio da polícia federal, notícia sobre o decreto de sua expulsão. Aduzia, em consequência, estar caracterizado constrangimento ilegal na sua liberdade de ir e vir. A Ministra Cármen Lúcia (relatora) consignou que, apesar de haver solicitado, não recebera, por parte do Ministério da Justiça, cópia do inquérito sumário do paciente. A relatora destacou que a Advocacia-Geral da União informara que o processo de expulsão obedecera às normas previstas no Decreto 66.689/1970 e que o estrangeiro não apresentara defesa capaz de desfazer o conceito de pessoa nociva e perigosa a ele imputado. Tendo em conta esses fatos, a Turma asseverou que, diante da fé pública das informações prestadas, não estaria comprovada qualquer ilegalidade no ato expulsório.
HC 119773/DF, rel. Min. Cármen Lúcia, 30.9.2014. (HC-119773) (Inform. STF 761)

HC 92.769/RJ
RELATOR: Ministro Celso de Mello
"*HABEAS CORPUS*". **EXPULSÃO DE ESTRANGEIRO. ATO DISCRICIONÁRIO** DO ESTADO BRASILEIRO. **EXAME JUDICIAL LIMITADO À LEGITIMIDADE JURÍDICA** DESSE ATO, **CONSIDERADOS** OS PRESSUPOSTOS LEGAIS **DE INEXPULSABILIDADE (LEI Nº 6.815/80**, ART. 75). **DOUTRINA. PRECEDENTES** (HC 87.053/DF, Rel. Min. CELSO DE MELLO, **PLENO**, *v.g.*). **INOCORRÊNCIA**, NA ESPÉCIE, **DE CAUSA LEGAL OBSTATIVA** DO ATO EXPULSÓRIO. **PEDIDO INDEFERIDO**. DJe de 22.5.2014. (Inform. STF 756)

HC N. 117.944-SP
RELATOR: MIN. DIAS TOFFOLI
EMENTA: *Habeas corpus*. Expulsão de estrangeiro. Direito de permanecer no Brasil. Artigo 75 do Estatuto do Estrangeiro (Lei nº 6.815/80. Ordem concedida em menor extensão.
1. Em princípio, se o caso não é de flagrante constrangimento ilegal, segundo o enunciado da Súmula nº 691, não compete ao Supremo Tribunal Federal conhecer de **habeas corpus** contra decisão em que o relator da causa, em **habeas corpus** requerido a Tribunal Superior, indefere a liminar.
2. Entretanto, o caso evidencia situação de flagrante ilegalidade apta a ensejar o afastamento excepcional do referido óbice processual.
3. Segundo a jurisprudência consolidada do Supremo Tribunal Federal, não é possível aferir-se, na via estreita do writ, a existência da união estável por lapso superior a 5 anos, nem a prova de dependência econômica da companheira e da prole do paciente. Precedentes.
4. Pelo que se depreende dos documentos que instruem a impetração, em especial as informações prestadas pelo Ministério da Justiça (fls. 58/64 do anexo de instrução 12), embora decretada a expulsão, estão em andamento diligências administrativas tendentes à comprovação do alegado vínculo familiar e da dependência econômica, visando a eventual reversão da medida caso verificada superveniente ausência dos requisitos autorizadores.
5. Está configurada a situação excepcional de constrangimento ilegal flagrante, a ensejar a superação do óbice processual evidenciado e a suspensão dos efeitos do decreto de expulsão do paciente, consubstanciado na Portaria nº 2.037, de 30 de julho de 2010, até que sejam concluídas as diligências administrativas ordenadas.
6. Ordem concedida em menor extensão. (Inform. STF 745)

PROGRESSÃO DE REGIME. ESTRANGEIRO. PROCESSO DE EXPULSÃO.
Trata-se de *habeas corpus* em favor de paciente estrangeiro que cumpre pena de quatro anos e dez meses de reclusão em regime fechado pela prática do delito de tráfico de drogas (art. 33, caput, da Lei n. 11.343/2006), cujo término está previsto para 3/11/2013. Na espécie, o paciente teve o pedido de progressão ao regime semiaberto deferido pelo juízo das execuções criminais. Dessa decisão, o Ministério Público interpôs agravo em execução no tribunal *a quo*, o qual deu provimento ao recurso ministerial para reformar a decisão recorrida, determinando o retorno do condenado ao regime fechado. É consabido que a situação irregular de estrangeiro no País não é circunstância, por si só, apta a afastar o princípio da igualdade entre nacionais e estrangeiros. Embora este Superior Tribunal entenda não ser possível o deferimento do benefício da progressão de regime prisional ao condenado estrangeiro cujo processo de expulsão esteja em andamento, o caso *sub examine* é *sui generis*. Isso porque o paciente é casado com uma brasileira desde 2005, tendo com ela dois filhos nascidos no Brasil, situação que, em princípio, inviabilizaria a decretação de sua expulsão nos termos do art. 75, II, do Estatuto do Estrangeiro e da Súm. n. 1/STF. Além disso, o paciente já cumpriu pena no regime semiaberto por cerca de sete meses, sem qualquer tentativa de fuga, período em que usufruiu, até mesmo, saídas temporárias. Assim sendo, a possibilidade de fuga e, consequentemente, de frustração do decreto de expulsão não justifica o indeferimento do pedido da progressão ao regime semiaberto. Inclusive, o STF já decidiu que o fato de o condenado por tráfico de droga ser estrangeiro, estar preso, não ter domicílio no país e ser objeto de processo de expulsão não constitui óbice à progressão de regime de cumprimento da pena. Desarte, diante das peculiaridades do caso, não existe qualquer obstáculo à progressão para regime prisional intermediário, que não equivale à liberdade do paciente. Com essas e outras ponderações, a Turma

concedeu a ordem para permitir ao paciente a progressão ao regime semiaberto, restabelecendo a decisão do juízo da execução penal. Precedente citado do STF: HC 97.147-MT, DJe 12/2/2010. **HC 219.017-SP, Rel. Min. Laurita Vaz, julgado em 15/3/2012.** (Inform. STJ 493)

4. HOMOLOGAÇÃO DE SENTENÇA ESTRANGEIRA

Homologação de sentença estrangeira e admissibilidade
O Plenário, por maioria, não conheceu de recurso extraordinário no qual se impugnava acórdão do STJ, que homologara parcialmente sentença estrangeira. A referida Corte endossara o reconhecimento da paternidade, mas excluíra a verba alimentar, por considerar que a fixação de alimentos ofenderia a ordem pública, tendo em conta o parâmetro utilizado para a estipulação do valor, assim como o termo inicial — nascimento do alimentando — para o cumprimento da obrigação. De início, por maioria, rejeitou-se questão de ordem, suscitada pelo Ministro Ricardo Lewandowski, para que o julgamento fosse realizado de forma reservada. O Tribunal afirmou que a questão relativa à paternidade não estaria em jogo, porquanto já homologada, e que a discussão cingir-se-ia a aspecto estritamente processual. Na sequência, a Corte não vislumbrou matéria constitucional a ser apreciada pelo STF. Salientou a possibilidade de controle das decisões homologatórias de sentenças estrangeiras proferidas pelo STJ. Registrou, no entanto, a necessidade de rigor no exame da alegação de afronta à Constituição nessas hipóteses (CF, art. 102, II, a), sob pena de criação de nova instância revisional. O Colegiado destacou, ademais, que a recorrente invocara, genericamente, o princípio da dignidade da pessoa humana e o direito de igualdade entre os filhos, sem explicitar em que consistiriam as supostas vulnerações. Consignou, ainda, que a argumentação da recorrente estaria baseada em tratados e convenções internacionais que não possuiriam estatura constitucional. Vencidos os Ministros Marco Aurélio, relator, que conhecia do recurso extraordinário e lhe dava provimento, e o Ministro Dias Toffoli, que negava provimento ao recurso. O relator assentava o descabimento da revisão do tema de fundo da sentença estrangeira. O Ministro Dias Toffoli, por sua vez, entendia configurada a ofensa à ordem pública, uma vez que a sentença estrangeira padeceria de fundamentação no tópico relativo ao valor da pensão, já que não observado o binômio capacidade e necessidade.
RE 598770/República Italiana, rel. orig. Min. Marco Aurélio, red. p/ o acórdão Min. Roberto Barroso, 12.2.2014. (RE-598770) (Inform. STF 735)

DIREITO PROCESSUAL CIVIL. DESNECESSIDADE DE COMPROVAÇÃO DO TRÂNSITO EM JULGADO PARA A HOMOLOGAÇÃO DE SENTENÇA ESTRANGEIRA DE DIVÓRCIO CONSENSUAL.
É possível a homologação de sentença estrangeira de divórcio, ainda que não exista prova de seu trânsito em julgado, na hipótese em que, preenchidos os demais requisitos, tenha sido comprovado que a parte requerida foi a autora da ação de divórcio e que o provimento judicial a ser homologado teve caráter consensual. O art. 5°, III, da Res. 9/2005 do STJ estabelece como requisito à referida homologação a comprovação do trânsito em julgado da sentença a ser homologada. Todavia, a jurisprudência do STJ é firme no sentido de que, quando a sentença a ser homologada tratar de divórcio consensual, será possível inferir a característica de trânsito em julgado. Precedentes citados: SEC 3.535-IT, Corte Especial, DJe 16/2/2011; e SEC 6.512-IT, Corte Especial, DJe 25/3/2013. **SEC 7.746-US, Rel. Min. Humberto Martins, julgado em 15/5/2013.** (Inform. STJ 521)

Súmula STF n° 420
Não se homologa sentença proferida no estrangeiro sem prova do trânsito em julgado.

5. DIREITO DO COMÉRCIO INTERNACIONAL

TRIPS. PRAZO MAIOR. PATENTE INTELECTUAL.
Discute-se, nos autos, a possibilidade da aplicação, no ordenamento jurídico, do tratado internacional TRIPS (*Agreement on Trade-Related Aspects of Intellectual Property Rights*), ratificado pelo Congresso Nacional por meio do Dec. n. 1.355/1994. Esse tratado prorrogou o prazo de patente de 10 anos previsto na Lei n. 5.772/1971 para 15 anos. Ressaltou o Min. Relator que houve mudança nas decisões firmadas nos primeiros julgamentos sobre o tema neste Superior Tribunal. Em precedente mais recente da Turma, passou-se a considerar que o TRIPS não é uma lei uniforme, ou seja, não é tratado editado de forma a propiciar automática e literal aplicação às relações jurídicas de direito privado em cada Estado que adere a ele, pois necessita ser recepcionado por instrumento próprio (no caso do Brasil, foi o citado decreto). Ressalta o Min. Relator que o TRIPS não pode gerar obrigações e direitos às pessoas de direito privado, nem suas obrigações podem ser reclamadas no prazo de vigência concedido na legislação anterior. Também explicita que não se pode pretender aplicação do prazo previsto no art. 65.4 do TRIPS por falta de manifestação legislativa adequada nesse sentido. Entretanto, o afastamento desse prazo não abrange o prazo genérico previsto em seu art. 65.2, por ser ele um direito concedido ao Brasil e, nessa qualidade, não pode sofrer os efeitos de uma pretensa omissão de manifestação de vontade. Quanto a esse prazo, não existe dispositivo no tratado que obrigue o país a manifestar interesse nesse ponto, como condição de eficácia de seu direito. Com esse entendimento, entre outras considerações, a Turma deu provimento ao recurso do INPI para restabelecer a sentença que julgou improcedente o pedido de extensão de patente com base no citado decreto. Precedentes citados: REsp 960.728-RJ, DJe 15/4/2009, e REsp 729.376-RJ, DJe 18/12/2009. **REsp 775.778-RJ, Min. Sidnei Beneti, julgado em 17/8/2010** (ver Informativo n. 432). (Inform. STJ 443)

6. CONVENÇÕES

Antinomia entre o CDC e a Convenção de Varsóvia: transporte aéreo internacional - 1
O Plenário iniciou julgamento conjunto de recurso extraordinário e de recurso extraordinário com agravo em que se discute a norma prevalecente nas hipóteses de conflito entre o Código de Defesa do Consumidor – CDC e a Convenção de Varsóvia, alterada posteriormente pelo Protocolo Adicional 4, assinado em Montreal, a qual rege o transporte aéreo internacional. No RE 636.331/RJ, com repercussão geral reconhecida, a controvérsia envolve os limites de indenização por danos materiais em decorrência de extravio de bagagem em voos internacionais. No ARE 766.618/SP, a questão posta em debate diz respeito ao prazo prescricional para fins de ajuizamento de ação de responsabilidade civil por atraso em voo internacional.
RE 636331/RJ, rel. Min. Gilmar Mendes, e ARE 766618/SP, rel. Min. Roberto Barroso, 8.5.2014. (RE-636331)

Antinomia entre o CDC e a Convenção de Varsóvia: transporte aéreo internacional - 2
No RE 636.331/RJ, o Ministro Gilmar Mendes (relator) assentou a prevalência da Convenção de Varsóvia e demais acordos internacionais subscritos pelo Brasil em detrimento do CDC não

apenas na hipótese de extravio de bagagem. Em consequência, deu provimento ao recurso extraordinário para limitar o valor da condenação por danos materiais ao patamar estabelecido na Convenção de Varsóvia, com as modificações efetuadas pelos acordos internacionais posteriores. Aduziu que a antinomia ocorreria, a princípio, entre o art. 14 do CDC, que impõe ao fornecedor do serviço o dever de reparar os danos causados, e o art. 22 da Convenção de Varsóvia — introduzida no direito pátrio pelo Decreto 20.704/1931 —, que fixa limite máximo para o valor devido pelo transportador, a título de reparação. Afastou, de início, a alegação de que o princípio constitucional que impõe a defesa do consumidor (CF, art. 5°, XXXII, e art. 170, V) impediria a derrogação do CDC por norma mais restritiva, ainda que por lei especial. Salientou que a proteção ao consumidor não seria a única diretriz a orientar a ordem econômica. Consignou também que o próprio texto constitucional, desde sua redação originária, determina, no art. 178, a observância dos acordos internacionais, quanto à ordenação do transporte aéreo internacional ("Art. 178. A lei disporá sobre a ordenação dos transportes aéreo, aquático e terrestre, devendo, quanto à ordenação do transporte internacional, observar os acordos firmados pela União, atendido o princípio da reciprocidade"). Realçou que, no tocante à aparente antinomia entre o disposto no CDC e na Convenção de Varsóvia — e demais normas internacionais sobre transporte aéreo —, não haveria diferença de hierarquia entre os diplomas normativos. Ambos teriam estatura de lei ordinária e, por isso, a solução do conflito envolveria a análise dos critérios cronológico e da especialidade.
RE 636331/RJ, rel. Min. Gilmar Mendes, e ARE 766618/SP, rel. Min. Roberto Barroso, 8.5.2014. (RE-636331)

Antinomia entre o CDC e a Convenção de Varsóvia: transporte aéreo internacional - 3
O Ministro Gilmar Mendes destacou, em relação ao critério cronológico, que os acordos internacionais em comento seriam mais recentes do que o CDC. Observou que, não obstante o Decreto 20.704 tivesse sido publicado em 1931, sofrera sucessivas modificações que seriam posteriores ao CDC. O relator acrescentou, ainda, que a Convenção de Varsóvia — e os regramentos internacionais que a modificaram — seriam normas especiais em relação ao CDC, porquanto disciplinariam modalidade especial de contrato, qual seja, o contrato de transporte aéreo internacional de passageiros. Tendo em conta tratar-se de conflito entre regras que não possuiriam o mesmo âmbito de validade, sendo uma geral e outra específica, concluiu que deveria ser aplicado o parágrafo 2° do art. 2° da Lei de Introdução às Normas de Direito Brasileiro ("A lei nova, que estabeleça disposições gerais ou especiais a par das já existentes, não revoga nem modifica a lei anterior"). Frisou, ademais, que as disposições previstas nos aludidos acordos internacionais incidiriam exclusivamente nos contratos de transporte aéreo internacional de pessoas, bagagens ou carga. Assim, não alcançariam o transporte nacional de pessoas, que estaria excluído da abrangência do art. 22 da Convenção de Varsóvia. Por fim, esclareceu que a limitação indenizatória abarcaria apenas a reparação por danos materiais, e não morais.
RE 636331/RJ, rel. Min. Gilmar Mendes, e ARE 766618/SP, rel. Min. Roberto Barroso, 8.5.2014. (RE-636331)

Antinomia entre o CDC e a Convenção de Varsóvia: transporte aéreo internacional - 4
No ARE 766.618/SP, o Ministro Roberto Barroso (relator), ao afirmar que por força do art. 178 da CF, em caso de conflito, as normas das convenções que regem o transporte aéreo internacional prevaleceriam sobre o CDC, deu provimento ao recurso. Por conseguinte, julgou improcedente o pleito ante a ocorrência da prescrição. Abordou, de igual modo, os critérios tradicionais de solução de antinomias no Direito brasileiro: o da hierarquia, o cronológico e o da especialização. No entanto, reputou que a existência de dispositivo constitucional legitimaria a admissão dos recursos extraordinários nessa matéria, pois, se assim não fosse, a discussão cingir-se-ia ao âmbito infraconstitucional. Explicou, no ponto, que o art. 178 da CF previra parâmetro para a solução desse conflito, de modo que as convenções internacionais deveriam prevalecer. Reconheceu, na espécie, a incidência do art. 29 da Convenção de Varsóvia, que estabelece o prazo prescricional de dois anos, a contar da chegada da aeronave. No que se refere ao RE 636.331/RJ, acompanhou o voto proferido pelo Ministro Gilmar Mendes. Após o voto do Ministro Teori Zavascki, que acolhia ambos os recursos ao fundamento de que a Convenção de Varsóvia — e o sucessor Protocolo Adicional 4, de Montreal — preponderaria sobre o CDC, pediu vista a Ministra Rosa Weber.
RE 636331/RJ, rel. Min. Gilmar Mendes, e ARE 766618/SP, rel. Min. Roberto Barroso, 8.5.2014. (RE-636331) (Inform. STF 745)

7. DIREITO INTERNACIONAL PRIVADO

DIREITO PROCESSUAL CIVIL E DIREITO INTERNACIONAL PRIVADO. COMPETÊNCIA PARA RECONHECIMENTO DE DIREITO A MEAÇÃO DE BENS LOCALIZADOS FORA DO BRASIL. Em ação de divórcio e partilha de bens de brasileiros, casados e residentes no Brasil, a autoridade judiciária brasileira tem competência para reconhecer o direito à meação e a existência de bens situados no exterior, fazer incluir seus valores na partilha. O Decreto-lei 4.657/1942 (Lei de Introdução às normas do Direito Brasileiro) prevê, no art. 7°, § 4°, que o regime de bens, legal ou convencional, deve obedecer "à lei do país em que tiverem os nubentes domicílio, e, se este for diverso, a do primeiro domicílio conjugal". E, no art. 9°, que, para qualificar e reger as obrigações, aplicar-se-á a lei do país em que se constituírem. As duas regras conduzem à aplicação da legislação brasileira, estando diretamente voltadas ao direito material vigente para a definição da boa partilha dos bens entre os divorciantes. Para o cumprimento desse mister, impõe-se ao magistrado, antes de tudo, a atenção ao direito material, que não excepciona bens existentes fora do Brasil, sejam eles móveis ou imóveis. Se fosse diferente, para dificultar o reconhecimento de direito ao consorte ou vilipendiar o que disposto na lei brasileira atinente ao regime de bens, bastaria que os bens de raiz e outros de relevante valor fossem adquiridos fora das fronteiras nacionais, inviabilizando-se a aplicação da norma a determinar a distribuição equânime do patrimônio adquirido na constância da união. A exegese não afronta o art. 89 do CPC, pois esse dispositivo legal disciplina a competência internacional exclusiva do Poder Judiciário brasileiro para dispor acerca de bens imóveis situados no Brasil e para proceder a inventário e partilha de bens (móveis e imóveis) situados no Brasil. Dele se extrai que a decisão estrangeira que viesse a dispor sobre bens imóveis ou móveis (estes em sede de inventário e partilha) mostrar-se-ia ineficaz no Brasil. O reconhecimento de direitos e obrigações relativos ao casamento, com apoio em normas de direito material a ordenar a divisão igualitária entre os cônjuges do patrimônio adquirido na constância da união, não exige que os bens móveis e imóveis existentes fora do Brasil sejam alcançados, pela Justiça Brasileira, a um dos contendores, demanda apenas a consideração dos seus valores para fins da propalada equalização. **REsp 1.410.958-RS, Rel. Min. Paulo de Tarso Sanseverino, julgado em 22/4/2014. (Inform. STJ 544)**

DIREITO PROCESSUAL CIVIL E INTERNACIONAL PRIVADO. IRREGULARIDADE NA CITAÇÃO COMO ÓBICE À HOMOLOGAÇÃO DE SENTENÇA ESTRANGEIRA. Não pode ser homologada sentença estrangeira que decrete divórcio de brasileira que, apesar de residir no Brasil em local conhecido, tenha sido citada na ação que tramitou no exterior apenas mediante publicação de edital em jornal estrangeiro, sem que tenha havido a expedição de

carta rogatória para chamá-la a integrar o processo. Isso porque, nessa situação, fica desatendido requisito elementar para homologação da sentença estrangeira, qual seja, a prova da regular citação ou verificação da revelia. Com efeito, a jurisprudência do STJ dispõe ser "Inviável a homologação de sentença estrangeira quando não comprovada a citação válida da parte requerida, seja no território do país prolator da decisão homologanda, seja no Brasil, mediante carta rogatória" (SEC 980-FR, Corte Especial, DJ 16/10/2006). Precedentes citados: SEC 1.483-LU, Corte Especial, DJe 29/4/2010; e SEC 2.493-DE, Corte Especial, DJe 25/6/2009. **SEC 10.154-EX, Rel. Min. Laurita Vaz, julgado em 1º/7/2014. (Inform. STJ 543)**

DIREITO DO CONSUMIDOR E INTERNACIONAL PRIVADO. INAPLICABILIDADE DO CDC AO CONTRATO DE TRANSPORTE INTERNACIONAL DE MERCADORIA DESTINADA A INCREMENTAR A ATIVIDADE COMERCIAL DA CONTRATANTE. Para efeito de fixação de indenização por danos à mercadoria ocorridos em transporte aéreo internacional, o CDC não prevalece sobre a Convenção de Varsóvia quando o contrato de transporte tiver por objeto equipamento adquirido no exterior para incrementar a atividade comercial de sociedade empresária que não se afigure vulnerável na relação jurídico-obrigacional. Na hipótese em foco, a mercadoria transportada destinava-se a ampliar e a melhorar a prestação do serviço e, por conseguinte, aumentar os lucros. Sob esse enfoque, não se pode conceber o contrato de transporte isoladamente. Na verdade, a importação da mercadoria tem natureza de ato complexo, envolvendo (i) a compra e venda propriamente dita, (ii) o desembaraço para retirar o bem do país de origem, (iii) o eventual seguro, (iv) o transporte e (v) o desembaraço no país de destino mediante o recolhimento de taxas, impostos etc. Essas etapas do ato complexo de importação, conforme o caso, podem ser efetivadas diretamente por agentes da própria empresa adquirente ou envolver terceiros contratados para cada fim específico. Mas essa última possibilidade – contratação de terceiros –, por si, não permite que se aplique separadamente, a cada etapa, normas legais diversas da incidente sobre o ciclo completo da importação. Desse modo, não há como considerar a importadora destinatária final do ato complexo de importação nem dos atos e contratos intermediários, entre eles o contrato de transporte, para o propósito da tutela protetiva da legislação consumerista, sobretudo porque a mercadoria importada irá integrar a cadeia produtiva dos serviços prestados pela empresa contratante do transporte. Neste contexto, aplica-se, no caso em análise, o mesmo entendimento adotado pelo STJ nos casos de financiamento bancário ou de aplicação financeira com o propósito de ampliar capital de giro e de fomentar a atividade empresarial. O capital obtido da instituição financeira, evidentemente, destina-se, apenas, a fomentar a atividade industrial, comercial ou de serviços e, com isso, ampliar os negócios e o lucro. Daí que nessas operações não se aplica o CDC, pela ausência da figura do consumidor, definida no art. 2º do referido diploma. Assim, da mesma forma que o financiamento e a aplicação financeira mencionados fazem parte e não podem ser desmembrados do ciclo de produção, comercialização e de prestação de serviços, o contrato de transporte igualmente não pode ser retirado do ato complexo ora em análise. Observe-se que, num e noutro caso, está-se diante de uma engrenagem complexa, que demanda a prática de vários outros atos com o único escopo de fomentar a atividade da pessoa jurídica. Ademais, não se desconhece que o STJ tem atenuado a incidência da teoria finalista, aplicando o CDC quando, apesar de relação jurídico-obrigacional entre comerciantes ou profissionais, estiver caracterizada situação de vulnerabilidade ou hipossuficiência. Entretanto, a empresa importadora não apresenta vulnerabilidade ou hipossuficiência, o que afasta a incidência das normas do CDC. Dessa forma, inexistindo relação de consumo, circunstância que impede a aplicação das regras específicas do CDC, há que ser observada a Convenção de Varsóvia, que regula especificamente o transporte aéreo internacional. Precedentes citados: REsp 1.358.231-SP, Terceira Turma, DJ de 17/6/2013; e AgRg no Ag 1.291.994-SP, Terceira Turma, DJe de 6/3/2012. **REsp 1.162.649-SP, Rel. originário Min. Luis Felipe Salomão, Rel. para acórdão Min. Antonio Carlos Ferreira, julgado em 13/5/2014. (Inform. STJ 541)**

22. DIREITO PREVIDENCIÁRIO

1. CONTRIBUIÇÕES SOCIAIS

Contribuição previdenciária e participação nos lucros - 1
O Plenário iniciou julgamento de recurso extraordinário em que se discute a incidência da contribuição previdenciária sobre as parcelas pagas a título de participação nos lucros referentes ao período entre a promulgação da CF/1988 e a entrada em vigor da Medida Provisória 794/1994, que regulamentou o art. 7º, XI, da CF ("Art. 7º. São direitos dos trabalhadores urbanos e rurais, além de outros que visem à melhoria de sua condição social: ... XI - participação nos lucros, ou resultados, desvinculada da remuneração, e, excepcionalmente, participação na gestão da empresa conforme definido em lei"), convertida, posteriormente, na Lei 10.101/2000. O Ministro Dias Toffoli (relator) negou provimento ao recurso. Destacou que, antes da CF/1988, a participação dos empregados nos lucros da empresa teria caráter salarial. Afirmou que com o advento do art. 7º, XI, da CF houvera substancial alteração da natureza jurídica dessa participação em face de ter sido desvinculada da remuneração. Após mencionar as correntes doutrinárias acerca da eficácia da norma constitucional em comento, acolheu aquela que defende a autoaplicabilidade da primeira parte do mencionado preceito constitucional referente à participação nos lucros ou resultados apenas no que diz respeito à desvinculação da remuneração, e que ficaria a cargo do legislador ordinário disciplinar a forma como se daria essa participação. Frisou que, no período que antecedera a referida medida provisória, não poderia o Poder Público, a pretexto de ausência de regulamentação, vincular à remuneração do empregado, para fins de incidência da contribuição previdenciária, os valores recebidos na rubrica participação nos lucros ou resultados.
RE 569441/RS, rel. Min. Dias Toffoli, 25.9.2014. (RE-569441)

Contribuição previdenciária e participação nos lucros - 2
O relator ressaltou que, na vigência da atual Constituição, não seria possível dar tratamento diferenciado aos valores pagos a título de participação nos lucros pelas empresas que teriam implementado esse programa antes da lei regulamentadora específica. Consignou que apenar a empresa que se antecipara à regulamentação e efetivara o direito social à participação nos lucros ou resultados, desvinculada da remuneração, mediante regular acordo coletivo e convenção, seria reduzir o direito à norma, e não elevá-lo, de modo a garantir a máxima eficácia do texto constitucional. Realçou que a regulamentação estabelecida pela Medida Provisória 794/1994 pouco inovara, ao prestigiar a livre negociação entre as partes e ao procurar não interferir substancialmente nas relações entre as empresas e seus empregados. Registrou que, atento ao verdadeiro conteúdo do inciso XI do art. 7º da CF, o legislador se limitara a prever que dos instrumentos decorrentes da negociação deveriam constar regras claras e objetivas quanto à fixação dos direitos substantivos concernentes à participação nos lucros ou resultados, assim como das regras adjetivas, aí incluídos os mecanismos de aferição do cumprimento do acordo celebrado, a periodicidade da distribuição dos benefícios, o período de vigência e os prazos para a revisão dos acordos. Concluiu que a importância recebida a título de participação nos lucros ou resultados da empresa não integraria a base de cálculo da contribuição previdenciária a que se refere o art. 195, I, da CF, por se tratar de hipótese de não incidência.
RE 569441/RS, rel. Min. Dias Toffoli, 25.9.2014. (RE-569441)

Contribuição previdenciária e participação nos lucros - 3
Em divergência, os Ministros Teori Zavascki, Rosa Weber, Marco Aurélio e Luiz Fux deram provimento ao recurso. O Ministro Marco Aurélio pontuou que a seguridade social seria financiada por toda a sociedade, conforme se depreenderia dos artigos 195, I, a, e 201, § 11, ambos da CF ["Art. 195. A seguridade social será financiada por toda a sociedade, de forma direta e indireta, nos termos da lei, mediante recursos provenientes dos orçamentos da União, dos Estados, do Distrito Federal e dos Municípios, e das seguintes contribuições sociais: I - do empregador, da empresa e da entidade a ela equiparada na forma da lei, incidentes sobre: a) a folha de salários e demais rendimentos do trabalho pagos ou creditados, a qualquer título, à pessoa física que lhe preste serviço, mesmo sem vínculo empregatício ... Art. 201. A previdência social será organizada sob a forma de regime geral, de caráter contributivo e de filiação obrigatória, observados os critérios que preservem o equilíbrio financeiro e atuarial, e atenderá, nos termos da lei, a: ... § 11. Os ganhos habituais do empregado, a qualquer título, serão incorporados ao salário para efeito de contribuição previdenciária e consequente repercussão em benefícios, nos casos e na forma da lei"]. Enfatizou que, ao se interpretar teleologicamente a cláusula prevista no inciso XI do art. 7º da CF, se concluiria que o objetivo da desvinculação seria impedir que essa parcela servisse de base de cálculo para outras. Asseverou que a aludida medida provisória estabelecera hipótese de isenção e não de não incidência, por isso mesmo, não poderia abranger período pretérito. Os Ministros Rosa Weber, Teori Zavascki e Luiz Fux, ao salientarem o caráter residual da situação, aduziram haver precedentes de ambas as Turmas do STF no sentido da incidência da contribuição previdenciária sobre as mencionadas parcelas. Em seguida, o relator indicou adiamento.
RE 569441/RS, rel. Min. Dias Toffoli, 25.9.2014. (RE-569441)
(Inform. STF 760)

ED e contribuição previdenciária do empregador rural pessoa física
O Plenário acolheu, parcialmente, embargos de declaração, apenas para retificar a ementa do acórdão embargado de modo a suprimir o seu item I ("Ofensa ao art. 150, II, da CF em virtude da exigência de dupla contribuição caso o produtor rural seja empregador"), sem, contudo, alterar o resultado do julgamento. No caso, o Tribunal declarara a inconstitucionalidade do art. 1º da Lei 8.540/92, que alterou a redação dos artigos 12, V e VII; 25, I e II; e 30, IV, da Lei 8.212/91 e instituiu contribuição a ser recolhida pelo empregador rural, pessoa física, sobre receita bruta proveniente da venda de sua produção. Reputou-se que a declaração de inconstitucionalidade formal a envolver a necessidade de lei complementar para a instituição de nova fonte

de custeio para a seguridade social seria suficiente. Rejeitaram-se, porém, os embargos, quanto ao pedido de declaração de constitucionalidade da Lei 10.256/2001. Ressaltou-se que essa matéria não teria sido discutida e seria objeto do RE 718874/RS, com repercussão geral reconhecida (DJe de 11.9.2013). **RE 596177 ED/RS, rel. Min. Ricardo Lewandowski, 17.10.2013.** (RE-596177) (Inform. STF 724)

DIREITO TRIBUTÁRIO. FISCALIZAÇÃO DA CONTABILIDADE DA PRESTADORA DE SERVIÇOS COMO PRESSUPOSTO PARA O RECONHECIMENTO DE SOLIDARIEDADE NA FASE DE COBRANÇA DE CONTRIBUIÇÕES PREVIDENCIÁRIAS INCIDENTES SOBRE A CESSÃO DE MÃO DE OBRA.
Na cobrança de contribuições previdenciárias realizada com base na redação original do art. 31 da Lei n. 8.212/1991, não é lícita a autuação da tomadora de serviços sem que antes tenha havido a fiscalização da contabilidade da prestadora de serviços executados mediante cessão de mão de obra. O art. 31 da Lei n. 8.212/1991, em sua redação original, reconhece a existência de responsabilidade solidária entre o tomador e o prestador de serviços pelas contribuições previdenciárias incidentes sobre a cessão de mão de obra. A referida solidariedade, entretanto, ocorrerá na fase de cobrança do tributo, pressupondo, desse modo, a regular constituição do crédito tributário, cuja ocorrência, antes da vigência da Lei n. 9.711/1998 – que deu nova redação ao art. 31 da Lei n. 8.212/1991 –, demandava a fiscalização da contabilidade da empresa prestadora dos serviços de mão de obra, devedora principal da contribuição previdenciária. Precedentes citados: AgRg no REsp 1.348.395-RJ, Segunda Turma, DJe 4/12/2012, e AgRg no REsp 1.174.800-RS, Segunda Turma, DJe 23/4/2012. **AgRg no REsp 1.194.485-ES, Rel. Min. Diva Malerbi (Desembargadora convocada do TRF 3ª Região), julgado em 26/2/2013.** (Inform. STJ 518)

DIREITO PREVIDENCIÁRIO. INCIDÊNCIA DE CONTRIBUIÇÃO PREVIDENCIÁRIA SOBRE O ADICIONAL DE HORAS EXTRAS.
Incide contribuição previdenciária sobre os valores pagos a título de horas extras. A incidência decorre do fato de que o adicional de horas extras integra o conceito de remuneração. Precedentes citados: AgRg no REsp 1.311.474-PE, DJe 17/9/2012, e AgRg no AREsp 69.958-DF, DJe 20/6/2012. **AgRg no REsp 1.222.246-SC, Rel. Min. Humberto Martins, julgado em 6/12/2012.** (Inform. STJ 514)

Súmula Vinculante STF 8
São inconstitucionais o parágrafo único do artigo 5º do Decreto-Lei n. 1.569/1977 e os artigos 45 e 46 da Lei nº 8.212/1991, que tratam de prescrição e decadência de crédito tributário.

Súmula STF nº 688
É legítima a incidência da contribuição previdenciária sobre o 13º salário.

Súmula STJ nº 458
A contribuição previdenciária incide sobre a comissão paga ao corretor de seguros.

Súmula STJ nº 425
A retenção da contribuição para a seguridade social pelo tomador do serviço não se aplica às empresas optantes pelo Simples.

Súmula STJ nº 351
A alíquota de contribuição para o Seguro de Acidente do Trabalho (SAT) é aferida pelo grau de risco desenvolvido em cada empresa, individualizada pelo seu CNPJ, ou pelo grau de risco da atividade preponderante quando houver apenas um registro.

2. PRESTAÇÕES EM GERAL

AG. REG. NO ARE N. 791.166-RS
RELATOR: MIN. DIAS TOFFOLI
EMENTA: Agravo regimental no recurso extraordinário com agravo. Auxílio-reclusão. Prequestionamento. Ausência. Preenchimento dos requisitos para percepção do benefício. Legislação infraconstitucional. Ofensa reflexa. Fatos e provas. Reexame. Impossibilidade. Precedentes.
1. Não se admite o recurso extraordinário quando o tema nele suscitado não está devidamente prequestionado. Incidência das Súmulas nºs 282 e 356/STF.
2. Inadmissível, em recurso extraordinário, a análise da legislação infraconstitucional e o reexame de fatos e das provas dos autos. Incidência das Súmulas nºs 636 e 279/STF.
3. Agravo regimental não provido. (Inform. STF 745)

DIREITO PREVIDENCIÁRIO. BENEFÍCIO ESPECIAL DE RENDA CERTA. RECURSO REPETITIVO (ART. 543-C DO CPC E RES. 8/2008-STJ). O Benefício Especial de Renda Certa, instituído pela Caixa de Previdência dos Funcionários do Banco do Brasil (PREVI), é devido exclusivamente aos assistidos que, no período de atividade, contribuíram por mais de 360 meses (30 anos) para o plano de benefícios. Se o tempo de contribuição exigido para aquisição dos proventos "integrais" de complementação de aposentadoria é 360 meses (30 anos), e aqueles participantes que permanecem na ativa após cumprir esse período continuaram vertendo contribuições para o seu plano de benefícios, as parcelas pagas a partir da 361ª, embora constituam parte de suas reservas individuais de poupança, não foram consideradas na apuração dos benefícios de complementação correspondentes, tornando-se excedentes e sem finalidade alguma no fundo constituído no plano de benefícios. Com efeito, o Benefício Especial de Renda Certa destina-se a compensar o excedente contributivo em prol daqueles que, em atividade, aportaram um número superior às 360 contribuições levadas em conta para o cálculo do benefício. Verifica-se situação diversa em relação aos participantes que contribuíram por exatos 360 meses ou por prazo ainda menor (aposentadoria proporcional ao tempo de contribuição), que tiveram todas as contribuições computadas no cálculo de seus proventos de aposentadoria complementar e, portanto, as respectivas reservas individuais de poupança não receberam recurso algum que possa ser considerado excedente. Acrescente-se que a circunstância de o participante ultrapassar o número de 360 contribuições para a PREVI, já na condição de aposentado e auferindo os rendimentos de seu benefício complementar, não tem relevância alguma para efeito de concessão do Benefício Especial de Renda Certa, porque não se constituem em fonte de custeio da referida renda, tratando-se, portanto, de obrigação decorrente das próprias regras do plano, que impõem a continuidade das contribuições indistintamente a todos os assistidos, tenham ou não contribuído, no período de atividade, por mais de 360 meses. Observa-se, pois, que a extensão do referido benefício especial a todos os participantes da PREVI que recebem complementação de aposentadoria, independentemente de terem contribuído por mais de 360 meses, no período de atividade, sem previsão de custeio para o plano de benefícios correspondente, não se compatibiliza com o princípio do mutualismo, inerente ao regime fechado de previdência privada, e nem com os dispositivos da Constituição Federal e da legislação complementar que regulamentam o sistema, porque enseja transferência de reservas financeiras a parcela dos filiados, frustrando o objetivo legal de proporcionar benefícios previdenciários ao conjunto dos participantes e assistidos, a quem, de fato, pertence o patrimônio constituído. Ademais, a destinação dos valores do Benefício Especial de

Renda Certa não tem semelhança alguma com a hipótese de rateio entre todos os participantes do resultado superavitário dos planos de benefícios, apurado no final do exercício (art. 20 da LC 109/2001). Precedentes citados: REsp 1.313.665-RJ, Terceira Turma, DJe 8/6/2012; e REsp 1.224.594-RJ, Quarta Turma, DJe 17/10/2011. **REsp 1.331.168-RJ, Rel. Min. Maria Isabel Gallotti, julgado em 12/11/2014. (Inform. STJ 552)**

DIREITO PREVIDENCIÁRIO. FLEXIBILIZAÇÃO DO CRITÉRIO BAIXA RENDA PARA A CONCESSÃO DE AUXÍLIO-RECLUSÃO. É possível a concessão de auxílio-reclusão aos dependentes do segurado que recebia salário de contribuição pouco superior ao limite estabelecido como critério de baixa renda pela legislação da época de seu encarceramento. À semelhança do entendimento do STJ que reconheceu a possibilidade de flexibilização do critério econômico definido legalmente para a concessão do Benefício Assistencial de Prestação Continuada, previsto na LOAS (REsp 1.112.557-MG, Terceira Seção, DJe 20/11/2009, julgado sob o rito do art. 543-C do CPC), é possível a concessão do auxílio-reclusão quando o caso concreto revelar a necessidade de proteção social, permitindo ao julgador a flexibilização do critério econômico para deferimento do benefício pleiteado, ainda que o salário de contribuição do segurado supere o valor legalmente fixado como critério de baixa renda no momento de sua reclusão. **REsp 1.479.564-SP, Rel. Min. Napoleão Nunes Maia Filho, julgado em 6/11/2014. (Inform. STJ 552)**

DIREITO PREVIDENCIÁRIO E PROCESSUAL CIVIL. DISPENSA DE PRÉVIO REQUERIMENTO ADMINISTRATIVO PARA OBTENÇÃO DE BENEFÍCIO PREVIDENCIÁRIO. Para o ajuizamento de ação judicial em que se objetive a concessão de benefício previdenciário, dispensa-se, excepcionalmente, o prévio requerimento administrativo quando houver: (i) recusa em seu recebimento por parte do INSS; ou (ii) resistência na concessão do benefício previdenciário, a qual se caracteriza (a) pela notória oposição da autarquia previdenciária à tese jurídica adotada pelo segurado ou (b) pela extrapolação da razoável duração do processo administrativo. Como regra geral, a falta de postulação administrativa de benefício previdenciário resulta em ausência de interesse processual dos que litigam diretamente no Poder Judiciário. Isso porque a pretensão, nesses casos, carece de elemento configurador de resistência pela autarquia previdenciária à pretensão. Não há conflito. Não há lide. Por conseguinte, não existe interesse de agir nessas situações. Ademais, o Poder Judiciário é a via destinada à resolução dos conflitos, o que também indica que, enquanto não houver resistência do devedor, carece de ação aquele que "judicializa" sua pretensão. Nessa linha intelectiva, a dispensa do prévio requerimento administrativo impõe grave ônus ao Poder Judiciário, uma vez que este, nessas circunstâncias, passa a figurar como órgão administrativo previdenciário, pois acaba assumindo atividades administrativas. Em contrapartida, o INSS passa a ter que pagar benefícios previdenciários que poderiam ter sido deferidos na via administrativa, acrescidos pelos custos de um processo judicial, como juros de mora e honorários advocatícios. Nesse passo, os próprios segurados, ao receberem, por meio de decisão judicial, benefícios previdenciários que poderiam ter sido deferidos na via administrativa, terão parte de seus ganhos reduzidos pela remuneração contratual de advogado. Entretanto, haverá interesse processual do segurado nas hipóteses de negativa do recebimento do requerimento ou de resistência na concessão do benefício previdenciário, caracterizado pela notória oposição da autarquia à tese jurídica adotada pelo segurado, ou, ainda, por extrapolação da razoável duração do processo administrativo. No caso da notória oposição da autarquia à tese jurídica adotada pelo segurado, vale dizer que a resistência à pretensão se concretiza quando o próprio INSS adota, institucionalmente ou pela prática, posicionamento contrário ao embasamento jurídico do pleito, de forma que seria mera formalidade impor ao segurado a prévia protocolização de requerimento administrativo. Esse entendimento, aliás, está em consonância com a decisão proferida pelo STF em Repercussão Geral, no RE 631.240-MG (julgado em 3/9/2014, DJe 10/11/2014). Precedente citado: AgRg no AREsp 152.247-PE, Segunda Turma, DJe 8/2/2013. **REsp 1.488.940-GO, Rel. Min. Herman Benjamin, julgado em 18/11/2014. (Inform. STJ 552)**

DIREITO PREVIDENCIÁRIO. CRITÉRIO ECONÔMICO PARA CONCESSÃO DO AUXÍLIO-RECLUSÃO. Na análise de concessão do auxílio-reclusão a que se refere o art. 80 da Lei 8.213/1991, o fato de o recluso que mantenha a condição de segurado pelo RGPS (art. 15 da Lei 8.213/1991) estar desempregado ou sem renda no momento do recolhimento à prisão indica o atendimento ao requisito econômico da baixa renda, independentemente do valor do último salário de contribuição. Inicialmente, cumpre ressaltar que o Estado entendeu por bem amparar os que dependem do segurado preso e definiu como critério econômico para a concessão do benefício a baixa renda do segurado (art. 201, IV, da CF). Diante disso, a EC 20/1998 estipulou um valor fixo como critério de baixa renda que todos os anos é corrigido pelo Ministério da Previdência Social. De fato, o art. 80 da Lei 8.213/1991 determina que o auxílio-reclusão será devido quando o segurado recolhido à prisão "não receber remuneração da empresa". Da mesma forma, ao regulamentar a concessão do benefício, o § 1º do art. 116 do Decreto 3.048/1999 estipula que "é devido auxílio-reclusão aos dependentes do segurado quando não houver salário de contribuição na data do seu efetivo recolhimento à prisão, desde que mantida a qualidade de segurado". É certo que o critério econômico da renda deve ser constatado no momento da reclusão, pois é nele que os dependentes sofrem o baque da perda do provedor. Ressalte-se que a jurisprudência do STJ assentou posição de que os requisitos para a concessão do benefício devem ser verificados no momento do recolhimento à prisão, em observância ao princípio *tempus regit actum* (AgRg no REsp 831.251-RS, Sexta Turma, DJe 23/5/2011; REsp 760.767-SC, Quinta Turma, DJ 24/10/2005; e REsp 395.816-SP, Sexta Turma, DJ 2/9/2002). **REsp 1.480.461-SP, Rel. Min. Herman Benjamin, julgado em 23/9/2014. (Inform. STJ 550)**

DIREITO PREVIDENCIÁRIO. ATIVIDADES CONCOMITANTES PRESTADAS SOB O RGPS E PRINCÍPIO DA UNICIDADE DE FILIAÇÃO. O segurado que manteve dois vínculos concomitantes com o RGPS – um na condição de contribuinte individual e outro como empregado público – pode utilizar as contribuições efetivadas como contribuinte individual na concessão de aposentadoria junto ao RGPS, sem prejuízo do cômputo do tempo como empregado público para a concessão de aposentadoria sujeita ao Regime Próprio, diante da transformação do emprego público em cargo público. De fato, o contribuinte possuía dois vínculos com o Regime Geral, um na condição de contribuinte individual e outro como empregado público, regido pela CLT. Entretanto, o tempo de serviço e as contribuições recolhidas na condição de contribuinte individual não se confundem com o vínculo empregatício mantido como servidor público. Assim, não há óbice para utilizar o tempo prestado ao estado no regime celetista para fins de aposentadoria estatutária e as contribuições como contribuinte individual na concessão da aposentadoria previdenciária por tempo de contribuição, não havendo falar em violação ao princípio da unicidade de filiação. Ademais, o art. 96 da Lei 8.213/1991 veda apenas que o mesmo lapso temporal, durante o qual o segurado exerceu simultaneamente uma atividade privada e outra sujeita a regime próprio de previdência, seja computado em duplicidade, o que não é o caso, pois não há contagem em duplicidade, uma é decorrente da contratação celetista, e outra da condição de contribuinte individual. **AgRg no REsp 1.444.003-RS, Rel. Min. Humberto Martins, julgado em 8/5/2014. (Inform. STJ 544)**

DIREITO PREVIDENCIÁRIO. IMPOSSIBILIDADE DE APLICAÇÃO RETROATIVA DO DECRETO 4.882/2003 PARA RECONHECIMENTO DE ATIVIDADE ESPECIAL. RECURSO REPETITIVO (ART. 543-C DO CPC E RES. 8/2008-STJ). O limite de tolerância para configuração da especialidade do tempo de serviço para o agente ruído deve ser de 90 dB no período de 6/3/1997 a 18/11/2003, conforme Anexo IV do Decreto 2.172/1997 e Anexo IV do Decreto 3.048/1999, sendo impossível aplicação retroativa do Decreto 4.882/2003, que reduziu o patamar para 85 dB, sob pena de ofensa ao art. 6º da LINDB. De início, a legislação que rege o tempo de serviço para fins previdenciários é aquela vigente à época da prestação, matéria essa já abordada de forma genérica em dois recursos representativos de controvérsias, submetidos ao rito do art. 543-C do CPC (REsp 1.310.034-PR, Primeira Seção, DJe 19/12/2012 e REsp 1.151.363-MG, Terceira Seção, DJe 5/4/2011). Ademais, o STJ, no âmbito de incidente de uniformização de jurisprudência, também firmou compreensão pela impossibilidade de retroagirem os efeitos do Decreto 4.882/2003. (Pet 9.059-RS, Primeira Seção, DJe 9/9/2013). Precedentes citados: AgRg no REsp 1.309.696-RS, Primeira Turma, DJe 28/6/2013; e AgRg no REsp 1.352.046-RS, Segunda Turma, DJe 8/2/2013. **REsp 1.398.260-PR**, Rel. Min. Herman Benjamin, julgado em 14/5/2014. (Inform. STJ 541)

DIREITO PREVIDENCIÁRIO. APLICABILIDADE DA REGRA DE TRANSIÇÃO PREVISTA NO ART. 142 DA LEI 8.213/1991. O inscrito no RGPS até 24/7/1991, mesmo que nessa data não mais apresente condição de segurado, caso restabeleça relação jurídica com o INSS e volte a ostentar a condição de segurado após a Lei 8.213/1991, tem direito à aplicação da regra de transição prevista no art. 142 do mencionado diploma, devendo o requisito da carência, para a concessão de aposentadoria urbana por idade, ser definido de acordo com o ano em que o segurado implementou apenas o requisito etário – e não conforme o ano em que ele tenha preenchido, simultaneamente, tanto o requisito da carência quanto o requisito etário. Com o advento da Lei 10.666/2003, que passou a disciplinar especificamente a questão da dissociação dos requisitos para obtenção do benefício, a nova sistemática não faz distinção entre o tempo anterior e o posterior à perda da qualidade de segurado. Nesse sentido, o § 1º do art. 3º dessa mesma lei estabelece que, para a concessão de aposentadoria por idade, "a perda da qualidade de segurado não será considerada para a concessão desse benefício", desde que o segurado preencha o requisito da carência (recolhimento mínimo de contribuições) exigido para a concessão do benefício. Além disso, sob a perspectiva da Lei 10.666/2003, o STJ, em sede de incidente de uniformização de jurisprudência (Pet 7.476-PR, Terceira Seção, DJe 25/4/2011), firmou orientação de que a norma contida no § 1º do art. 3º da Lei 10.666/2003 permitiu a dissociação da comprovação dos requisitos para os benefícios da aposentadoria por contribuição, da aposentadoria especial e da aposentadoria por idade urbana, os quais pressupõem contribuição, de modo que não é necessária a manutenção da qualidade de segurado para fins de concessão do benefício da aposentadoria urbana por idade. Sendo assim, admitindo-se a aplicação do art. 142 da Lei 8.213/1991 combinado com o § 1º do art. 3º da Lei 10.666/2003, deve-se permitir a incidência da regra de transição do art. 142 da Lei 8.213/1991 ao segurado inscrito no RGPS até 24/7/1991 que tenha reestabelecido o vínculo com o INSS após a Lei 8.213/1991. Além do mais, no tocante à aplicação da regra de transição prevista no art. 142 da Lei 8.213/1991, o STJ já afirmou que não é obrigatório o preenchimento simultâneo dos dois referidos requisitos (idade mínima e carência) para a concessão da aposentadoria urbana por idade (AgRg no AG 1.364.714-RS, Quinta Turma, DJe 6/5/2011; e REsp 784.145-SC, Quinta Turma, DJ 28/11/2005). Isso porque a interpretação a ser dada ao aludido dispositivo legal deve ser finalística, em conformidade com os seus objetivos, que estão voltados à proteção do segurado que se encontre no período de transição ali especificado. Dessa forma, a implementação dos requisitos para a aposentadoria urbana por idade poderá ocorrer em momentos diversos (sem simultaneidade) e, uma vez que o segurado atinja o requisito etário (idade mínima), o prazo de carência será consolidado, de modo que ele poderá cumpri-la posteriormente à implementação do requisito etário. **REsp 1.412.566-RS**, Rel. Min. Mauro Campbell Marques, julgado em 27/3/2014. (Inform. STJ 539)

DIREITO PROCESSUAL CIVIL E PREVIDENCIÁRIO. IRREPETIBILIDADE DE BENEFÍCIO PREVIDENCIÁRIO. Não está sujeito à repetição o valor correspondente a benefício previdenciário recebido por determinação de sentença que, confirmada em segunda instância, vem a ser reformada apenas no julgamento de recurso especial. Recentemente a Primeira Seção, mudando o entendimento jurisprudencial até então vigente, decidiu ser devida a restituição ao erário dos valores de benefício previdenciário recebidos em antecipação dos efeitos da tutela (art. 273 do CPC) a qual tenha sido posteriormente revogada. Na ocasião do julgamento, afastou-se o elemento boa-fé objetiva porque, recebendo o pagamento em caráter provisório, não é dado ao beneficiário presumir que os valores correspondentes se incorporam definitivamente ao seu patrimônio, embora se reconheça sua boa-fé subjetiva, decorrente da legitimidade do recebimento por ordem judicial (REsp 1.384.418-SC, julgado em 12/6/2013, publicado no Informativo de Jurisprudência 524, de 28/8/2013). Entretanto, na hipótese ora em análise há uma peculiaridade: o beneficiário recebe o benefício por força de decisão proferida, em cognição exauriente, pelo Juiz de primeiro grau (sentença), a qual foi confirmada em segunda instância. Esse duplo conforme – ou dupla conformidade – entre a sentença e o acórdão gera a estabilização da decisão de primeira instância, razão pela qual, ainda que o resultado do julgamento em segundo grau se dê por maioria, é vedada a oposição dos embargos infringentes para rediscussão da matéria. Vale dizer, nessas hipóteses, subsiste ao inconformado apenas a interposição de recursos de natureza extraordinária (REsp ou RE), de fundamentação vinculada, em que é vedado o reexame de fatos e provas, além de, em regra, não possuírem efeito suspensivo. Logo, se de um lado a dupla conformidade limita a possibilidade de recurso do vencido, tornando estável a relação jurídica submetida a julgamento, e por isso passível de execução provisória; de outro, cria no vencedor a legítima expectativa de que é titular do direito reconhecido na sentença e confirmado pelo tribunal de segunda instância. Essa expectativa legítima de titularidade do direito, advinda de ordem judicial com força definitiva, é suficiente para caracterizar a boa-fé exigida de quem recebe a verba de natureza alimentar posteriormente cassada, porque, no mínimo, confia – e, de fato, deve confiar – no acerto do duplo julgamento. A par desses argumentos, cabe destacar que a própria União, por meio da Súmula 34 da AGU, reconhece a irrepetibilidade da verba recebida de boa-fé, por servidor público, em virtude de interpretação errônea ou inadequada da Lei pela Administração. Desse modo, e com maior razão, assim também deve ser entendido na hipótese em que o restabelecimento do benefício previdenciário dá-se por ordem judicial posteriormente reformada. Ademais, não se mostra razoável impor ao beneficiário a obrigação de devolver a verba que por longo período recebeu de boa-fé, em virtude de ordem judicial com força definitiva, na medida em que, justamente pela natureza alimentar do benefício então restabelecido, pressupõe-se que os valores correspondentes foram por ele utilizados para a manutenção da própria subsistência e de sua família. Assim, na espécie, a ordem de restituição de tudo o que foi recebido, seguida à perda do respectivo benefício, fere a dignidade da pessoa humana e abala a confiança que se espera haver dos jurisdicionados nas decisões judiciais. **EREsp 1.086.154-RS**, Rel. Min. Nancy Andrighi, julgado em 20/11/2013. (Inform. STJ 536)

DIREITO PREVIDENCIÁRIO. PRINCÍPIO DO PARALELISMO DAS FORMAS NA REVISÃO DE BENEFÍCIO ASSISTENCIAL.
O INSS pode suspender ou cancelar benefício de prestação continuada concedido judicialmente, desde que conceda administrativamente o contraditório e a ampla defesa ao beneficiário, não se aplicando o princípio do paralelismo das formas. O STJ, por meio da Sexta Turma, aplicou o entendimento de que era necessário respeitar o princípio do paralelismo das formas, ou seja, concedido o benefício por meio de decisão judicial, somente por outra decisão judicial seria possível a autarquia fazer a revisão para suspender ou cancelar o benefício, nos termos do art. 471, I, do CPC (REsp 1.201.503-RS, DJe 26/11/2012). No entanto, esse princípio não é de observância obrigatória, devendo-se impedir, entretanto, o cancelamento ou suspensão unilateral do benefício por parte da autarquia, sem dar oportunidade ao beneficiário de apresentar provas que entender necessárias. Efetivamente, não se exige o paralelismo de formas por três motivos: 1) a legislação previdenciária, que é muito prolixa, não faz essa exigência, não podendo o Poder Judiciário exigir ou criar obstáculos à autarquia não previstos em lei; 2) foge da razoabilidade e proporcionalidade, uma vez que, por meio do processo administrativo, respeitando-se o devido processo legal, o contraditório e a ampla defesa, é possível extrair elementos suficientes para apurar a veracidade ou não dos argumentos para a suspensão ou cancelamento do benefício, o que não impede posterior revisão judicial; 3) a grande maioria dos benefícios sociais concedidos pela Lei Orgânica da Assistência Social (Lei 8.742/1993) são deferidos por meio de decisão judicial, o que acarretaria excessiva demanda judicial, afetando em demasia o Poder Judiciário, bem como o departamento jurídico da autarquia, além da necessidade de defesa técnica, contratada pelo cidadão, sempre que houver motivos para a revisão do benefício. Precedente citado do STJ: AgRg no Ag 1.105.324-BA, Quinta Turma, DJe 17/8/2009. Precedente citado do STF: RE 469.657 AgR, Segunda Turma, DJe 13/8/2012. **REsp 1.429.976-CE, Rel. Min. Humberto Martins, julgado em 18/2/2014. (Inform. STJ 536)**

AG. REG. NO AI N. 816.525-SC
RELATOR: MIN. GILMAR MENDES
Agravo regimental em agravo de instrumento. 2. Previdenciário. 3. Ex-combatente. Pensão especial. Benefício previdenciário. 4. Cumulação. Possibilidade. 5. Art. 53, II, do ADCT. 5. Agravo regimental a que se nega provimento. (Inform. STF 728)

Revisão de benefício previdenciário e prazo decadencial - 1
Não há direito adquirido à inexistência de prazo decadencial para fins de revisão de benefício previdenciário. Ademais, aplica-se o lapso decadencial de dez anos para o pleito revisional a contar da vigência da Medida Provisória 1.523/97 aos benefícios originariamente concedidos antes dela. Essa a conclusão do Plenário, que proveu recurso extraordinário interposto de decisão que afastara a decadência de direito à revisão de aposentadoria por invalidez, originalmente concedida em 1995, cuja ação revisional fora proposta em 2009. Inicialmente, discorreu-se que o regime geral de previdência social constituiria sistema básico de proteção social, de caráter público, institucional e contributivo, com a finalidade de proteger de forma limitada trabalhadores da iniciativa privada. Afirmou-se que o direito à previdência social seria um direito fundamental, baseado na dignidade da pessoa humana, na solidariedade, na cidadania e nos valores sociais do trabalho (CF, art. 1º, II, III e IV). Distinguiu-se o direito ao benefício previdenciário em si considerado, de caráter fundamental, e a graduação pecuniária das prestações, afetada por um conjunto de circunstâncias sociais, econômicas e atuariais, variáveis em cada momento histórico. Afirmou-se existirem interesses conflitantes, por parte de trabalhadores ativos e segurados; contribuintes abastados e humildes; geração atual e futura. Apontou-se que a tarefa de realizar o equilíbrio entre essas forças seria do legislador, e que somente haveria invalidade se a escolha legislativa desrespei-

tasse o núcleo essencial do direito em questão. Entendeu-se que a instituição do prazo fixado pela Medida Provisória 1.523/97 não configuraria esse tipo de vício. Frisou-se que, no tocante ao direito à obtenção de benefício previdenciário, não haveria prazo algum. Isso significaria que esse direito fundamental poderia ser exercido a qualquer tempo, sem que se atribuísse consequência negativa à inércia do beneficiário. Por sua vez, a decadência instituída pela medida provisória em análise atingiria apenas a pretensão de rever benefício previdenciário. Ponderou-se que o estabelecimento de limite temporal máximo destinar-se-ia a resguardar a segurança jurídica e facilitar a previsão do custo global das prestações devidas. Reputou-se que essa exigência relacionar-se-ia à manutenção do equilíbrio atuarial do sistema previdenciário, do qual dependeria a continuidade da própria previdência.
RE 626489/SE, rel. Min. Roberto Barroso, 16.10.2013. (RE-626489)

Revisão de benefício previdenciário e prazo decadencial - 2
Com base nessas premissas, afastou-se eventual inconstitucionalidade na criação, por lei, de prazo decadencial razoável para o questionamento de benefícios já reconhecidos. Considerou-se legítimo que o Estado, ao sopesar justiça e segurança jurídica, procurasse impedir que situações geradoras de instabilidade social e litígios pudessem se eternizar. Acresceu-se que o regime geral de previdência social seria sistema de seguro na modalidade de repartição simples, a significar que todas as despesas seriam diluídas entre os segurados. Não se cuidaria de um conjunto de contas puramente individuais, mas de sistema baseado na solidariedade, a aumentar a interdependência entre os envolvidos. Diante disso, haveria maior razão para se estipular prazo para a revisão de atos de concessão, a conciliar os interesses individuais com o imperativo de manutenção do equilíbrio financeiro e atuarial do sistema. Nesse sentido, asseverou-se que o lapso de dez anos seria razoável, inclusive porque também adotado quanto a eventuais previsões revisionais por parte da Administração (Lei 8.213/91, art. 103-A).
RE 626489/SE, rel. Min. Roberto Barroso, 16.10.2013. (RE-626489)

Revisão de benefício previdenciário e prazo decadencial - 3
Mencionou-se que a Corte teria precedentes no sentido de que a lei aplicável para a concessão e benefício, bem como para fixar os critérios de seu cálculo, seria aquela em vigor no momento em que os pressupostos da prestação previdenciária teriam se aperfeiçoado, de acordo com a regra *tempus regit actum*. Assim, não haveria direito subjetivo à prevalência de norma posterior mais favorável, tampouco poderia ser utilizada para esse fim eventual lei superveniente mais gravosa. No caso, sublinhou-se não se incorporar ao patrimônio jurídico de beneficiário suposto direito à aplicação de regra sobre decadência para eventuais pedidos revisionais. Frisou-se que a decadência não integraria o espectro de pressupostos e condições para a concessão do benefício, de maneira a não se poder exigir a manutenção de seu regime jurídico. Portanto, a ausência de prazo decadencial para a revisão no momento em que deferido o benefício não garantiria ao beneficiário a manutenção do regime jurídico pretérito, no qual existente a prerrogativa de pleitear a revisão da decisão administrativa a qualquer tempo. Pontuou-se que a lei poderia criar novos prazos de decadência e prescrição, ou alterar os já existentes, de modo que, ressalvada a hipótese de prazos antigos já aperfeiçoados, não haveria direito adquirido a regime jurídico prévio. Na hipótese dos autos, portanto, não haveria direito adquirido a que prazo decadencial jamais pudesse ser estabelecido. Destacou-se precedentes nesse sentido. Analisou-se, por outro lado, que o termo inicial da contagem do prazo decadencial em relação aos benefícios originariamente concedidos antes da entrada em vigor da Medida Provisória 1.523/97 seria o momento de vigência da nova lei.

Evidenciou-se que, se antes da modificação normativa podia o segurado promover, a qualquer tempo, o pedido revisional, a norma superveniente não poderia incidir sobre tempo passado, de modo a impedir a revisão, mas estaria apta a incidir sobre tempo futuro, a contar de sua vigência.
RE 626489/SE, rel. Min. Roberto Barroso, 16.10.2013. (RE-626489)

Revisão de benefício previdenciário e prazo decadencial - 4
O Ministro Teori Zavascki salientou que esse entendimento — no sentido de que o novo prazo decadencial seria aplicável a atos praticados antes da norma instituidora desse prazo, desde que a contagem se iniciasse a partir da vigência da novel regra — seria consolidado na Corte, em matéria de direito intertemporal, especialmente sobre prescrição e decadência. Repisou, ainda, que a inauguração de prazo de decadência pela medida provisória em debate afetaria tanto a Administração quanto o particular, visto que ambos não mais contariam com tempo indeterminado para revisão do ato concessório de benefício previdenciário. O Ministro Luiz Fux distinguiu retroatividade e retrospectividade de lei, esta a significar que a norma jurídica poderia atribuir efeitos futuros a situações ou relações jurídicas já existentes, como por exemplo as modificações dos estatutos funcionais ou de regras de previdência dos servidores públicos. Assim, a medida provisória em questão atingiria relações jurídicas pendentes, em andamento, e não voltaria seu alcance para o passado, para os atos jurídicos perfeitos. Portanto, não retroagiria.
RE 626489/SE, rel. Min. Roberto Barroso, 16.10.2013. (RE-626489) (Inform. STF 724)

AG. REG. NO ARE N. 653.095-RS
RELATOR: MIN. LUIZ FUX
AGRAVO REGIMENTAL NO RECURSO EXTRAORDINÁRIO COM AGRAVO. PREVIDENCIÁRIO. CUMULAÇÃO DE AUXÍLIO SUPLEMENTAR COM APOSENTADORIA POR INVALIDEZ. VALORES RECEBIDOS DE BOA-FÉ. RESTITUIÇÃO. MATÉRIA COM REPERCUSSÃO GERAL REJEITADA PELO PLENÁRIO VIRTUAL NO JULGAMENTO DO AI N.º 841.473. ALEGAÇÃO DE VIOLAÇÃO A RESERVA DE PLENÁRIO. AUSÊNCIA DE DECLARAÇÃO DE INCONSTITUCIONALIDADE PELO TRIBUNAL *A QUO*. MATÉRIA DE ORDEM INFRACONSTITUCIONAL.
1. O dever do beneficiário de boa-fé em restituir aos cofres públicos os valores que lhe foram concedidos mediante decisão judicial ou pagos indevidamente pela Administração Pública, posto controvérsia de natureza infraconstitucional, não revelam repercussão geral apta a tornar o apelo extremo admissível, consoante decidido pelo Plenário Virtual do STF, na análise do AI n. 841.473–RG, Relator Min. Cezar Peluso, DJe de 31/8/2011.
2. O princípio da reserva de plenário resta indene nas hipóteses em que não há declaração de inconstitucionalidade por órgão fracionário do Tribunal de origem, mas apenas a interpretação da norma em sentido contrário aos interesses da parte. Precedentes: ARE 683001-AgR, Rel. Min. Marco Aurélio, Primeira Turma, DJe 18/2/2013, ARE 701.883-AgR, Rel. Min. Celso de Mello, Segunda Turma, DJe de 12/11/2012, e ARE 701.883-AgR, Rel. Min. Celso de Mello, Segunda Turma, DJe de 12/11/2012.
3. *In casu*, o acórdão recorrido assentou, *in verbis*: "*AÇÃO ACIDENTÁRIA. IMPOSSIBILIDADE DE CUMULAÇÃO DE AUXÍLIO SUPLEMENTAR COM APOSENTADORIA POR INVALIDEZ. COBRANÇA PELA AUTARQUIA DOS VALORES PAGOS INDEVIDAMETNO. IMPOSSIBILIDADE. Não se mostrava viável a cobrança dos valores pela Autarquia Federal, diante da ausência de má-fé por parte do segurado e do caráter alimentar do benefício previdenciário. O benefício não pode ser sancionado pelo erro cometido pela própria autarquia previdenciária que não constatou a impossibilidade de cumulação no momento em que deferira a aposentadoria por invalidez. APELAÇÃO DESPROVIDA*".
4. Agravo regimental **DESPROVIDO**. (Inform. STF 720)

DIREITO PREVIDENCIÁRIO. PRAZO DECADENCIAL PARA REVISÃO DO ATO DE CONCESSÃO DE BENEFÍCIO PREVIDENCIÁRIO ANTERIOR À VIGÊNCIA DA MP N. 1.523-9/1997. RECURSO REPETITIVO (ART. 543-C DO CPC E RES. N. 8/2008-STJ).
Incide o prazo de decadência do art. 103 da Lei n. 8.213/1991, instituído pela MP n. 1.523-9/1997, convertida na Lei n. 9.528/1997, no direito de revisão dos benefícios concedidos ou indeferidos anteriormente a esse preceito normativo, com o termo a quo a contar da vigência da MP. Até o advento da MP n. 1.523-9/1997 (convertida na Lei n. 9.528/1997) não havia previsão normativa de prazo decadencial da ação de revisão do ato concessivo de benefício previdenciário. Todavia, com a nova redação dada pela referida MP ao art. 103 da Lei n. 8.213/1991 (Lei de Benefícios da Previdência Social), publicada em 28/6/1997, ficou estabelecido ser de dez anos o prazo de decadência de todo e qualquer direito ou ação do segurado ou beneficiário para a revisão do ato de concessão de benefício. Portanto, até 27/6/1997 – dia anterior à publicação da referida MP –, qualquer segurado poderia exercer seu direito de revisão do benefício, não havendo previsão para fulminar tal direito pelo decurso futuro de prazo. Entretanto, a contar de 28/6/1997, com a publicação da inovação legal citada, os mesmos segurados continuaram a poder exercer seu direito de revisão, mas desta vez sob novo regime jurídico, isto é, com prazo de 10 anos a contar da alteração legislativa (MP n. 1.523-9/1997). Assim, relativamente aos benefícios anteriormente concedidos, o termo inicial do prazo de decadência do direito de revisão é a data em que entrou em vigor a norma fixando o referido prazo decenal. Ademais, o suporte de incidência do prazo decadencial previsto no art. 103 da Lei n. 8.213/1991 é o direito de revisão dos benefícios, e não o direito ao benefício previdenciário. O direito ao benefício está incorporado ao patrimônio jurídico, e não é possível que lei posterior imponha a modificação ou extinção. Já o direito de revisão do benefício consiste na possibilidade de o segurado alterar a concessão inicial em proveito próprio, o que resulta em direito exercitável de natureza contínua sujeito à alteração de regime jurídico. Por conseguinte, não viola o direito adquirido e o ato jurídico perfeito a aplicação da citada norma sobre o direito de revisão das prestações concedidas antes da instituição do prazo decadencial. Portanto, a lei nova se aplica às situações jurídicas anteriores, mas o termo inicial do prazo decadencial deve ser a contar da vigência da norma instituidora (28/6/1997). Precedentes citados: REsp 1.303.988-PE, DJe 21/3/2012, e AgRg no AREsp 103.845-SC, DJe 1º/8/2012.
REsp 1.309.529-PR, Rel. Min. Herman Benjamin, julgado em 28/11/2012. (Inform. STJ 510)

DIREITO PREVIDENCIÁRIO. REVISÃO DA RENDA MENSAL INICIAL. BURACO NEGRO.
A revisão da renda mensal inicial prevista no art. 144 da Lei n. 8.213/1991 é devida aos benefícios concedidos entre 5/10/1988 e 5/4/1991, independentemente da legislação utilizada para a concessão do benefício previdenciário. A revisão da renda mensal inicial nos termos do art. 144 da Lei n. 8.213/1991 toma como parâmetro a data da concessão do benefício, e não a legislação utilizada no cálculo deste, razão pela qual deverão ser revistos todos os benefícios concedidos no período determinado no dispositivo. Precedentes citados: EREsp 1.241.750-SC, DJe 29/3/2012; EREsp 1.230.943-PR, DJe 29/3/2012, e AgRg no REsp 1.238.881-PR, DJe 29/6/2012.
AgRg no REsp 1.324.507-SC, Rel. Min. Humberto Martins, julgado em 18/10/2012. (Inform. STJ 508)

DIREITO PREVIDENCIÁRIO. ÍNDICES DE REAJUSTAMENTO DOS BENEFÍCIOS PREVIDENCIÁRIOS.
Os reajustamentos dos benefícios previdenciários devem ser feitos de acordo com os critérios estabelecidos no art. 41 da Lei n. 8.213/1991, não sendo possível a utilização dos mesmos índices previstos para reajuste dos benefícios de valor mínimo, dos salários de contribuição ou do art.

58 do ADCT. Precedente citado: AgRg no Ag 1.190.577-MG, DJe 30/11/2011, e AgRg no Ag 1.281.280-MG, DJe 1º/2/2011. **AREsp 168.279-MG, Rel. Min. Herman Benjamin, julgado em 18/10/2012. (Inform. STJ 508)**

DIREITO PREVIDENCIÁRIO. BENEFÍCIO PREVIDENCIÁRIO. PROVA. RECLAMAÇÃO TRABALHISTA.
A sentença trabalhista, por se tratar de decisão judicial, pode ser considerada como início de prova material para a concessão do benefício previdenciário, bem como para revisão da renda mensal inicial, ainda que a autarquia previdenciária não tenha integrado a contenda trabalhista. Precedentes citados: AgRg no Ag 1.428.497-PI, DJe 29/2/2012, e AgRg no REsp 1.100.187-MG, DJe 26/10/2011. **EDcl no AgRg no AREsp 105.218-MG, Rel. Min. Humberto Martins, julgado em 23/10/2012. (Inform. STJ 508)**

Súmula STJ nº 456
É incabível a correção monetária dos salários de contribuição considerados no cálculo do salário de benefício de auxílio-doença, aposentadoria por invalidez, pensão ou auxílio-reclusão concedidos antes da vigência da CF/1988.

Súmula STJ nº 427
A ação de cobrança de diferenças de valores de complementação de aposentadoria prescreve em cinco anos contados da data do pagamento.

Súmula STJ nº 159
O benefício acidentário, no caso de contribuinte que perceba remuneração variável, deve ser calculado com base na média aritmética dos últimos doze meses de contribuição.

Súmula STJ nº 146
O segurado, vítima de novo infortúnio, faz jus a um único benefício somado ao salário de contribuição vigente no dia do acidente.

3. APOSENTADORIA POR INVALIDEZ

AG. REG. NO RE N. 731.203-MG
RELATOR: MIN. MARCO AURÉLIO
APOSENTADORIA INTEGRAL X PROPORCIONAL – INVALIDEZ – MOLÉSTIA GRAVE ESPECIFICADA EM LEI – PRECEDENTES. A aposentadoria por invalidez decorrente de moléstia grave especificada em lei implica o direito à integralidade dos proventos. (Inform. STF 720)

DIREITO PREVIDENCIÁRIO. TERMO INICIAL DE APOSENTADORIA POR INVALIDEZ REQUERIDA EXCLUSIVAMENTE NA VIA JUDICIAL. RECURSO REPETITIVO (ART. 543-C DO CPC E RES. 8/2008-STJ). A citação válida deve ser considerada como termo inicial para a implantação da aposentadoria por invalidez concedida na via judicial quando ausente prévia postulação administrativa. Isso porque, na hipótese em apreço – na qual a aposentadoria por invalidez é solicitada exclusivamente na via judicial, sem que exista prévia postulação administrativa –, é a citação válida que, além de informar o litígio, constitui o réu em mora quanto à cobertura do evento causador da incapacidade, tendo em vista a aplicação do *caput* do art. 219 do CPC. Ademais, não há como adotar, como termo inicial do benefício, a data da ciência do laudo do perito judicial que constata a incapacidade, haja vista esse documento constituir simples prova produzida em juízo que apenas declara situação fática preexistente. Além disso, observa-se que, até mesmo em hipótese distinta, na qual o benefício tenha sido solicitado na via administrativa, o reconhecimento da incapacidade pelo laudo da perícia médica inicial feita pela Previdência Social deve ter efeito retroativo, conforme disposto no art. 43, § 1º, "a" e "b", da Lei 8.213/1991. Tese firmada para fins do art. 543-C do CPC: "A citação válida informa o litígio, constitui em mora a autarquia previdenciária federal e deve ser considerada como termo inicial para a implantação da aposentadoria por invalidez concedida na via judicial quando ausente a prévia postulação administrativa". Precedente citado: AgRg no AREsp 298.910-PB, Segunda Turma, DJe 2/5/2013. **REsp 1.369.165-SP, Rel. Min. Benedito Gonçalves, julgado em 26/2/2014. (Inform. STJ 536)**

DIREITO PREVIDENCIÁRIO. CÁLCULO DA RENDA MENSAL INICIAL NO CASO DE CONVERSÃO DO AUXÍLIO-DOENÇA EM APOSENTADORIA POR INVALIDEZ.
No caso de benefício de aposentadoria por invalidez precedido de auxílio-doença, a renda mensal inicial será calculada de acordo com o disposto no art. 36, § 7º, do Dec. 3.048/1999, exceto quando o período de afastamento tenha sido intercalado com períodos de atividade laborativa, hipótese em que incidirá o art. 29, § 5º, da Lei 8.213/1991. Precedentes citados: AgRg no REsp 1.153.905-SC, Sexta Turma, DJe 7/2/2013; AgRg no REsp 1.024.748-MG, Quinta Turma, DJe 21/8/2012; AgRg no Ag 1270670-PR, Sexta Turma, DJe 23/5/2012. **AgRg nos EREsp 909.274-MG, Rel. Min. Alderita Ramos de Oliveira (Desembargadora convocada do TJ-PE), julgado em 12/6/2013.** (Inform. STJ 527)

DIREITO PREVIDENCIÁRIO. ANÁLISE DOS ASPECTOS SOCIOECONÔMICOS, PROFISSIONAIS E CULTURAIS DO SEGURADO PARA CONCESSÃO DE APOSENTADORIA POR INVALIDEZ.
Para a concessão de aposentadoria por invalidez, na hipótese em que o laudo pericial tenha concluído pela incapacidade parcial para o trabalho, devem ser considerados, além dos elementos previstos no art. 42 da Lei 8.213/1991, os aspectos socioeconômicos, profissionais e culturais do segurado. Precedentes citados: AgRg no Ag 1.425.084-MG, Quinta Turma, DJe 23/4/2012; AgRg no AREsp 81.329-PR, Quinta Turma, DJe 1º/3/2012, e AgRg no Ag 1.420.849-PB, Sexta Turma, DJe 28/11/2011. **AgRg no AREsp 283.029-SP, Rel. Min. Humberto Martins, julgado em 9/4/2013.** (Inform. STJ 520)

4. APOSENTADORIA POR IDADE E POR TEMPO DE SERVIÇO

AG. REG. NO ARE N. 731.375-RS
RELATOR: MIN. MARCO AURÉLIO
APOSENTADORIA INTEGRAL X PROPORCIONAL – BENEFÍCIO MAIS VANTAJOSO – REVISÃO – DIREITO ADQUIRIDO – PRECEDENTE. Possui o segurado do Instituto Nacional do Seguro Social – INSS direito adquirido ao cálculo do benefício mais vantajoso, consideradas as datas a partir das quais a aposentadoria proporcional poderia ter sido requerida, observado o preenchimento dos requisitos pertinentes. Precedente: Recurso Extraordinário nº 630.501/RS, julgado no âmbito da repercussão geral, para o qual fui designado redator do acórdão. (Inform. STF 716)

Aposentadoria e certidão de tempo de serviço como aluno-aprendiz
A 2ª Turma negou provimento a agravo regimental de decisão do Min. Ricardo Lewandowski em mandado de segurança, do qual relator, em que concedera a ordem contra ato do TCU, que considerara irregular a concessão de aposentadoria à impetrante por entender indevido o cômputo do tempo de serviço como aluna-aprendiz. No agravo, a União insurgia-se quanto à ausência de prova efetiva do tempo de serviço prestado naquela condição. Observou-se que o STF firmara entendimento, em casos idênticos, no sentido da legalidade do cômputo desse

período. Ato contínuo, assentou-se não assistir razão à agravante, haja vista que a impetrante, a fim de comprovar o período de trabalho, juntara certidão de tempo de serviço expedida por escola técnica, na qual anotada a quantidade de dias trabalhados como aluna-aprendiz, oportunidade em que teria recebido, como forma de remuneração, o ensino e a alimentação. **MS 28399 AgR/DF, rel. Min. Ricardo Lewandowski, 22.5.2012. (MS-28399) (Inform. STF 667)**

DIREITO PREVIDENCIÁRIO. APOSENTADORIA POR IDADE HÍBRIDA. Caso o trabalhador rural, ao atingir a idade prevista para a concessão da aposentadoria por idade rural (60 anos, se homem, e 55 anos, se mulher), ainda não tenha alcançado o tempo mínimo de atividade rural exigido na tabela de transição prevista no art. 142 da Lei 8.213/1991, poderá, quando completar 65 anos, se homem, e 60 anos, se mulher, somar, para efeito de carência, o tempo de atividade rural aos períodos de contribuição sob outras categorias de segurado, para fins de concessão de aposentadoria por idade "híbrida", ainda que inexistam contribuições previdenciárias no período em que exerceu suas atividades como trabalhador rural. A modalidade "híbrida" foi introduzida pela Lei 11.718/2008 para permitir uma adequação da norma para as categorias de trabalhadores urbanos e rurais, possibilitando ao segurado especial a soma do tempo de atividade rural sem contribuições previdenciárias ao tempo de contribuição em outra classificação de segurado, com a finalidade de implementar o tempo necessário de carência. Com isso, o legislador permitiu ao rurícola o cômputo de tempo rural como período contributivo, para efeito de cálculo e pagamento do benefício etário. Assim, sob o enfoque da atuária, não se mostra razoável exigir do segurado especial contribuição para obtenção da aposentadoria por idade híbrida, relativamente ao tempo rural. Por isso, não se deve inviabilizar a contagem do trabalho rural como período de carência. **REsp 1.367.479-RS, Rel. Min. Mauro Campbell Marques, julgado em 4/9/2014. (Inform. STJ 548)**

DIREITO PREVIDENCIÁRIO. INÍCIO DE PROVA MATERIAL DE ATIVIDADE RURAL. Para fins de reconhecimento do direito à aposentadoria por idade de trabalhador rural, a certidão de casamento que qualifique o cônjuge da requerente como rurícola não pode ser considerada como início de prova material na hipótese em que esse tenha exercido atividade urbana no período de carência. Precedentes citados: AgRg no REsp 947.379-SP, Quinta Turma, DJ 26/11/2007; e AgRg no Ag 1.340.365-PR, Quinta Turma, DJe 29/11/2010. **AgRg no REsp 1.310.096-SP, Rel. Min. Napoleão Nunes Maia Filho, julgado em 25/2/2014. (Inform. STJ 538)**

DIREITO PREVIDENCIÁRIO. CÔMPUTO DO PERÍODO DE GOZO DE AUXÍLIO-ACIDENTE PARA EFEITO DA CARÊNCIA NECESSÁRIA À CONCESSÃO DE APOSENTADORIA POR IDADE.
O período em que o segurado estiver recebendo apenas auxílio-acidente é apto a compor a carência necessária à concessão de aposentadoria por idade. De acordo com o § 5º do art. 29 da Lei n. 8.213/1991, o período de recebimento de "benefícios por incapacidade" será computado como tempo de contribuição, portanto de carência, para efeito de concessão de aposentadoria por idade. Não é correta a interpretação que restringe o conceito de "benefícios por incapacidade", de modo a considerar que este compreende apenas o auxílio-doença e a aposentadoria por invalidez, não abrangendo o auxílio-acidente. Isso porque não é possível extrair a referida limitação dos artigos de lei que regem o tema. Desse modo, cabe invocar a regra de hermenêutica segundo a qual "onde a lei não restringe, não cabe ao intérprete restringir". **REsp 1.243.760-PR, Rel. Min. Laurita Vaz, julgado em 2/4/2013. (Inform. STJ 518)**

DIREITO PREVIDENCIÁRIO. TEMPO DE SERVIÇO PRESTADO POR TRABALHADOR COM IDADE INFERIOR A 14 ANOS EM REGIME DE ECONOMIA FAMILIAR.
O tempo de serviço em atividade rural realizada por trabalhador com idade inferior a 14 anos, ainda que não vinculado ao Regime de Previdência Social, pode ser averbado e utilizado para o fim de obtenção de benefício previdenciário. Comprovada a atividade rural do trabalhador com idade inferior a 14 anos e realizada em regime de economia familiar, esse tempo deve ser computado para fins previdenciários. A proibição do trabalho às pessoas com menos de 14 anos de idade foi estabelecida em benefício dos menores e não deve ser arguida para prejudicá-los. Precedentes citados: AR 3.629-RS, DJe 9/9/2008, e EDcl no REsp 408.478-RS, DJ 5/2/2007. **AR 3.877-SP, Rel. Min. Marco Aurélio Bellizze, julgada em 28/11/2012. (Inform. STJ 510)**

5. APOSENTADORIA ESPECIAL

Aposentadoria especial e uso de equipamento de proteção - 1
O Plenário iniciou julgamento de recurso extraordinário com agravo em que se discute eventual descaracterização do tempo de serviço especial, para fins de aposentadoria, em decorrência do uso de equipamento de proteção individual (EPI) — informado no perfil profissiográfico previdenciário (PPP) ou documento equivalente — capaz de eliminar a insalubridade. Questiona-se, ainda, a fonte de custeio para essa aposentadoria especial. Preliminarmente, o Tribunal converteu o agravo em recurso extraordinário. Mencionou que o agravo preencheria todos os requisitos, de modo a permitir o imediato julgamento do extraordinário, porquanto presentes no debate o direito fundamental à previdência social, com reflexos mediatos nos cânones constitucionais do direito à vida e à saúde. No mérito, o Ministro Luiz Fux (relator) deu provimento ao recurso do INSS. Esclareceu que o denominado PPP poderia ser conceituado como documento histórico-laboral do trabalhador, que reuniria, dentre outras informações, dados administrativos, registros ambientais e resultados de monitoração biológica durante todo o período em que este exercera suas atividades, referências sobre as condições e medidas de controle da saúde ocupacional de todos os trabalhadores, além da comprovação da efetiva exposição dos empregados a agentes nocivos, e eventual neutralização pela utilização de EPI. Citou a necessidade de se indicar a atividade exercida pelo trabalhador, o agente nocivo ao qual estaria ele exposto, a intensidade e a concentração do agente, além de exames médicos clínicos. Frisou que aos trabalhadores seria assegurado o exercício de suas funções em ambiente saudável e seguro (CF, artigos 193 e 225). Destacou que o anexo IV do Decreto 3.048/1999 (Regulamento da Previdência Social) traria a classificação dos agentes nocivos e, por sua vez, a Lei 9.528/1997, ao modificar a Lei de Benefícios da Previdência Social, teria fixado a obrigatoriedade de as empresas manterem laudo técnico atualizado, sob pena de multa, bem como de elaborarem e manterem PPP, a abranger as atividades desenvolvidas pelo trabalhador. Sublinhou que a Lei 9.528/1997 seria norma de aplicabilidade contida, ante a exigência de regulamentação administrativa, que ocorrera por meio da Instrução Normativa 95/2003, cujo marco temporal de eficácia fora fixado para 1º.1.2004. Aduziu, também, que a Instrução Normativa 971/2009, da Receita Federal, ao dispor sobre normas gerais de tributação previdenciária e de arrecadação das contribuições sociais destinadas à previdência social e às outras entidades ou fundos, teria assentado que referida contribuição não seria devida se houvesse a efetiva utilização, comprovada pela empresa, de equipamentos de proteção individual que neutralizassem ou reduzissem o grau de exposição a níveis legais de tolerância.
ARE 664335/SC, rel. Min. Luiz Fux, 3.9.2014. (ARE-664335)

Aposentadoria especial e uso de equipamento de proteção - 2
O Ministro Luiz Fux reconheceu que os tribunais estariam a adotar a teoria da proteção extrema, no sentido de que, ainda que o EPI fosse efetivamente utilizado e hábil a eliminar a insalubridade, não estaria descaracterizado o tempo de serviço especial prestado (Enunciado 9 da Súmula da Turma Nacional de Uniformização dos Juizados Especiais Federais). Salientou que a controvérsia interpretativa a respeito da concessão de aposentadoria especial encerraria situações diversas: a) para o INSS, se o EPI fosse comprovadamente utilizado e eficaz na neutralização da insalubridade, a aposentadoria especial não deveria ser concedida; b) para a justiça de 1ª instância, o benefício seria devido; c) para a receita federal, a contribuição não seria devida e a concessão do benefício, sem fonte de custeio, afrontaria a Constituição (art. 195, § 5º). Realçou que a melhor interpretação constitucional a ser dada ao instituto seria aquela que privilegiasse, de um lado, o trabalhador e, de outro, o preceito do art. 201 da CF. Ponderou que, apesar de constar expressamente na Constituição (art. 201, § 1º) a necessidade de lei complementar para regulamentar a aposentadoria especial, a EC 20/1998 teria fixado, expressamente, em seu art. 15, como norma de transição, que "até que a lei complementar a que se refere o art. 201, § 1º, da Constituição Federal, seja publicada, permanece em vigor o disposto nos artigos 57 e 58 da Lei nº 8.213, de 24 de julho de 1991, na redação vigente à data da publicação desta Emenda". Registrou que a concessão de aposentadoria especial dependeria, em todos os casos, de comprovação, pelo segurado, perante o INSS, do tempo de trabalho permanente, não ocasional nem intermitente, exercido em condições especiais que prejudicassem a saúde ou a integridade física, durante o período mínimo de 15, 20 ou 25 anos, a depender do agente nocivo. Asseverou que não se poderia exigir dos trabalhadores expostos a agentes prejudiciais à saúde e com maior desgaste, o cumprimento do mesmo tempo de contribuição daqueles empregados que não estivessem expostos a qualquer agente nocivo. Ressaltou, outrossim, não ser possível considerar que todos os agentes químicos, físicos e biológicos seriam capazes de prejudicar os trabalhadores de igual forma e grau, do que resultaria a necessidade de se determinar diferentes tempos de serviço mínimo para aposentadoria, de acordo com cada espécie de agente nocivo. Assentou que a verificação da nocividade laboral para caracterizar o direito à aposentadoria especial conferiria maior eficácia ao instituto à luz da Constituição. Discordou do entendimento segundo o qual o benefício previdenciário seria devido em qualquer hipótese, desde que o ambiente fosse insalubre (risco potencial do dano). No caso concreto, assinalou que, a tratar especificamente do agente nocivo ruído, o aresto recorrido se baseara na tese jurídica de que a utilização de equipamento de proteção individual que neutralizasse, eliminasse ou reduzisse a nocividade dos agentes não excluiria a aposentadoria especial. Não indicara, contudo, se o equipamento seria eficiente para gerar aposentadoria especial. Nesse aspecto, consignou que a tese escorreita a ser firmada seria no sentido de que a utilização de equipamento de proteção individual, comprovada mediante formulário (PPP ou documento equivalente) na forma estabelecida pela legislação previdenciária, não caracterizaria tempo de serviço especial e, via de consequência, não permitiria que o trabalhador tivesse direito à aposentadoria especial. Enfatizou que a autoridade competente poderia, no exercício da fiscalização, aferir as informações prestadas pela empresa e constantes no laudo técnico de condições ambientais do trabalho, sem prejuízo do controle judicial. Consignou que as atividades laborais nocivas e sua respectiva eliminação deveriam ser meta da sociedade, do Estado, do empresariado e dos trabalhadores como princípios basilares da Constituição. Em seguida, pediu vista dos autos o Ministro Roberto Barroso.
ARE 664335/SC, rel. Min. Luiz Fux, 3.9.2014. (ARE-664335)

Aposentadoria especial e uso de equipamento de proteção - 3
O direito à aposentadoria especial pressupõe a efetiva exposição do trabalhador a agente nocivo à sua saúde, de modo que, se o Equipamento de Proteção Individual (EPI) for realmente capaz de neutralizar a nocividade, não haverá respaldo constitucional à concessão de aposentadoria especial. Ademais — no que se refere a EPI destinado a proteção contra ruído —, na hipótese de exposição do trabalhador a ruído acima dos limites legais de tolerância, a declaração do empregador, no âmbito do Perfil Profissiográfico Previdenciário (PPP), no sentido da eficácia do EPI, não descaracteriza o tempo de serviço especial para a aposentadoria. Esse o entendimento do Plenário que, em conclusão de julgamento, desproveu recurso extraordinário com agravo em que discutida eventual descaracterização do tempo de serviço especial, para fins de aposentadoria, em decorrência do uso de EPI — informado no PPP ou documento equivalente — capaz de eliminar a insalubridade. Questionava-se, ainda, a fonte de custeio para essa aposentadoria especial — v. Informativo 757. O Colegiado afirmou que o denominado PPP poderia ser conceituado como documento histórico-laboral do trabalhador, que reuniria, dentre outras informações, dados administrativos, registros ambientais e resultados de monitoração biológica durante todo o período em que ele exercera suas atividades, referências sobre as condições e medidas de controle da saúde ocupacional de todos os trabalhadores, além da comprovação da efetiva exposição dos empregados a agentes nocivos, e eventual neutralização pela utilização de EPI. Seria necessário indicar a atividade exercida pelo trabalhador, o agente nocivo ao qual estaria ele exposto, a intensidade e a concentração do agente, além de exames médicos clínicos. Não obstante, aos trabalhadores seria assegurado o exercício de suas funções em ambiente saudável e seguro (CF, artigos 193 e 225). A respeito, o anexo IV do Decreto 3.048/1999 (Regulamento da Previdência Social) traz a classificação dos agentes nocivos e, por sua vez, a Lei 9.528/1997, ao modificar a Lei de Benefícios da Previdência Social, fixa a obrigatoriedade de as empresas manterem laudo técnico atualizado, sob pena de multa, bem como de elaborarem e manterem PPP, a abranger as atividades desenvolvidas pelo trabalhador. A referida Lei 9.528/1997 seria norma de aplicabilidade contida, ante a exigência de regulamentação administrativa, que ocorreria por meio da Instrução Normativa 95/2003, cujo marco temporal de eficácia fora fixado para 1º.1.2004. Ademais, a Instrução Normativa 971/2009, da Receita Federal, ao dispor sobre normas gerais de tributação previdenciária e de arrecadação das contribuições sociais destinadas à previdência social e às outras entidades ou fundos, assenta que referida contribuição não é devida se houver a efetiva utilização, comprovada pela empresa, de equipamentos de proteção individual que neutralizem ou reduzam o grau de exposição a níveis legais de tolerância.
ARE 664335/SC, rel. Min. Luiz Fux, 4.12.2014. (ARE-664335)

Aposentadoria especial e uso de equipamento de proteção - 4
O Colegiado reconheceu que os tribunais estariam a adotar a teoria da proteção extrema, no sentido de que, ainda que o EPI fosse efetivamente utilizado e hábil a eliminar a insalubridade, não estaria descaracterizado o tempo de serviço especial prestado (Enunciado 9 da Súmula da Turma Nacional de Uniformização dos Juizados Especiais Federais). Destacou, entretanto, que o uso de EPI com o intuito de evitar danos sonoros — como no caso — não seria capaz de inibir os efeitos do ruído. Salientou que a controvérsia interpretativa a respeito da concessão de aposentadoria especial encerraria situações diversas: a) para o INSS, se o EPI fosse comprovadamente utilizado e eficaz na neutralização da insalubridade, a aposentadoria especial não deveria ser concedida; b) para a justiça de 1ª instância, o benefício seria devido; e c) para a Receita Federal, a contribuição não seria devida e a concessão do benefício, sem fonte de custeio, afrontaria a Constituição (art. 195, § 5º). Realçou que a

melhor interpretação constitucional a ser dada ao instituto seria aquela que privilegiasse, de um lado, o trabalhador e, de outro, o preceito do art. 201 da CF. Ponderou que, apesar de constar expressamente na Constituição (art. 201, § 1º) a necessidade de lei complementar para regulamentar a aposentadoria especial, a EC 20/1998 fixa, expressamente, em seu art. 15, como norma de transição, que "até que a lei complementar a que se refere o art. 201, § 1º, da Constituição Federal, seja publicada, permanece em vigor o disposto nos artigos 57 e 58 da Lei nº 8.213, de 24 de julho de 1991, na redação vigente à data da publicação desta Emenda". A concessão de aposentadoria especial dependeria, em todos os casos, de comprovação, pelo segurado, perante o INSS, do tempo de trabalho permanente, não ocasional nem intermitente, exercido em condições especiais que prejudicassem a saúde ou a integridade física, durante o período mínimo de 15, 20 ou 25 anos, a depender do agente nocivo. Não se poderia exigir dos trabalhadores expostos a agentes prejudiciais à saúde e com maior desgaste, o cumprimento do mesmo tempo de contribuição daqueles empregados que não estivessem expostos a qualquer agente nocivo. Outrossim, não seria possível considerar que todos os agentes químicos, físicos e biológicos seriam capazes de prejudicar os trabalhadores de igual forma e grau, do que resultaria a necessidade de se determinar diferentes tempos de serviço mínimo para aposentadoria, de acordo com cada espécie de agente nocivo. A verificação da nocividade laboral para caracterizar o direito à aposentadoria especial conferiria maior eficácia ao instituto à luz da Constituição. O Plenário discordou do entendimento segundo o qual o benefício previdenciário seria devido em qualquer hipótese, desde que o ambiente fosse insalubre (risco potencial do dano). A autoridade competente poderia, no exercício da fiscalização, aferir as informações prestadas pela empresa e constantes no laudo técnico de condições ambientais do trabalho, sem prejuízo do controle judicial. As atividades laborais nocivas e sua respectiva eliminação deveriam ser meta da sociedade, do Estado, do empresariado e dos trabalhadores como princípios basilares da Constituição. O Ministro Marco Aurélio, ao acompanhar o dispositivo da decisão colegiada, limitou-se a desprover o recurso, sem acompanhar as teses fixadas. O Ministro Teori Zavascki, por sua vez, endossou apenas a primeira tese, tendo em vista reputar que a segunda — alusiva a ruído acima dos limites de tolerância — não teria conteúdo constitucional. O Ministro Luiz Fux (relator) reajustou seu voto relativamente ao EPI destinado à proteção contra ruído.
ARE 664335/SC, rel. Min. Luiz Fux, 4.12.2014. (ARE-664335) (Inform. STF 770)

REPERCUSSÃO GERAL EM RE N. 788.092-SC
RELATOR: MIN. DIAS TOFFOLI
EMENTA: DIREITO PREVIDENCIÁRIO E CONSTITUCIONAL. CONSTITUCIONALIDADE DO ART. 57, § 8º, DA LEI Nº 8.213/91. DISCUSSÃO ACERCA DA POSSIBILIDADE DE PERCEPÇÃO DO BENEFÍCIO DA APOSENTADORIA ESPECIAL INDEPENDENTEMENTE DO AFASTAMENTO DO BENEFICIÁRIO DAS ATIVIDADES LABORAIS NOCIVAS À SAÚDE. MATÉRIA PASSÍVEL DE REPETIÇÃO EM INÚMEROS PROCESSOS, COM REPERCUSSÃO NA ESFERA DE INTERESSE DE BENEFICIÁRIOS DA PREVIDÊNCIA SOCIAL. PRESENÇA DE REPERCUSSÃO GERAL. (Inform. STF 768)

DIREITO PREVIDENCIÁRIO. DOCUMENTO NOVO PARA FINS DE COMPROVAÇÃO DE ATIVIDADE RURAL EM AÇÃO RESCISÓRIA.
É possível ao tribunal, na ação rescisória, analisar documento novo para efeito de configuração de início de prova material destinado à comprovação do exercício de atividade rural, ainda que esse documento seja preexistente à propositura da ação em que proferida a decisão rescindenda referente à concessão de aposentadoria rural por idade. Nesse caso, é irrelevante o fato de o documento apresentado ser preexistente à propositura da ação originária, pois devem ser consideradas as condições desiguais pelas quais passam os trabalhadores rurais, adotando-se a solução pro misero. Dessa forma, o documento juntado aos autos é hábil à rescisão do julgado com base no art. 485, VII, do CPC, segundo o qual a sentença de mérito transitada em julgado pode ser rescindida quando, "depois da sentença, o autor obtiver documento novo, cuja existência ignorava, ou de que não pôde fazer uso, capaz, por si só, de lhe assegurar pronunciamento favorável".
AR 3.921-SP, Rel. Min. Sebastião Reis Júnior, julgado em 24/4/2013. (Inform. STJ 522)

DIREITO PREVIDENCIÁRIO. INÍCIO DE PROVA MATERIAL PARA COMPROVAÇÃO DO EXERCÍCIO DE ATIVIDADE RURAL.
Para a concessão de aposentadoria rural, a certidão de nascimento dos filhos que qualifique o companheiro como lavrador deve ser aceita como início de prova documental do tempo de atividade rurícola da companheira. Precedentes citados: AgRg no AG 1.274.601-SP, Sexta Turma, DJe 20/9/2010 e AgRg no REsp 951.518-SP, Quinta Turma, DJe 29/9/2008.
AR 3.921-SP, Rel. Min. Sebastião Reis Júnior, julgado em 24/4/2013. (Inform. STJ 522)

Súmula STF nº 726

Para efeito de aposentadoria especial de professores, não se computa o tempo de serviço prestado fora da sala de aula.

6. AUXÍLIO-DOENÇA

REPERCUSSÃO GERAL EM ARE N. 821.296-PE
RELATOR: MIN. ROBERTO BARROSO
Ementa: PREVIDENCIÁRIO. AUXÍLIO-DOENÇA. VERIFICAÇÃO DOS REQUISITOS PARA CONCESSÃO DO BENEFÍCIO. 1. Hipótese em que o acórdão recorrido consigna a ausência dos requisitos necessários à concessão do auxílio-doença. 2. Discussão que envolve matéria infraconstitucional, além de exigir o revolvimento da matéria fática (Súmula 279/STF). 3. Inexistência de repercussão geral. (Inform. STF 763)

DIREITO PREVIDENCIÁRIO. CÔMPUTO DO PERÍODO DE GOZO DE AUXÍLIO-DOENÇA PARA EFEITO DA CARÊNCIA NECESSÁRIA À CONCESSÃO DE APOSENTADORIA POR IDADE.
O período de recebimento de auxílio-doença deve ser considerado no cômputo do prazo de carência necessário à concessão de aposentadoria por idade, desde que intercalado com períodos contributivos. Isso porque, se o período de recebimento de auxílio-doença é contado como tempo de contribuição (art. 29, § 5º, da Lei 8.213/1991), consequentemente, também deverá ser computado para fins de carência, se recebido entre períodos de atividade (art. 55, II, da Lei 8.213/1991). Da mesma forma, o art. 60, III, do Dec. 3.048/1999 estabelece que, enquanto não houver lei específica que discipline a matéria, será contado como tempo de contribuição o período em que o segurado tenha recebido auxílio-doença entre períodos de atividade. Precedentes citados: REsp 1.243.760-PR, Quinta Turma, DJe 9/4/2013; e AgRg no REsp 1.101.237-RS, Quinta Turma, DJe 1º/2/2013. **REsp 1.334.467-RS, Rel. Min. Castro Meira, julgado em 28/5/2013.** (Inform. STJ 524)

Súmula STJ nº 44

A definição, em ato regulamentar, de grau mínimo de disacusia, não exclui, por si só, a concessão do benefício previdenciário.

7. PENSÃO POR MORTE

AG. REG. NO ARE N. 763.778-RS
RELATORA: MIN. CÁRMEN LÚCIA
EMENTA: AGRAVO REGIMENTAL NO RECURSO EXTRAORDINÁRIO COM AGRAVO. PREVIDENCIÁRIO. PENSÃO POR MORTE A MENOR SOB GUARDA DA AVÓ. CONDIÇÃO DE BENEFICIÁRIA DEPENDENTE: ANÁLISE PRÉVIA DE NORMA INFRACONSTITUCIONAL E REEXAME DE FATOS E PROVAS. OFENSA CONSTITUCIONAL INDIRETA. SÚMULA N. 279 DO SUPREMO TRIBUNAL FEDERAL. AGRAVO REGIMENTAL AO QUAL SE NEGA PROVIMENTO. (Inform. STF 725)

EMENTA: UNIÃO CIVIL ENTRE PESSOAS DO MESMO SEXO. ALTA RELEVÂNCIA SOCIAL E JURÍDICO-CONSTITUCIONAL DA QUESTÃO PERTINENTE ÀS UNIÕES HOMOAFETIVAS. LEGITIMIDADE CONSTITUCIONAL DO RECONHECIMENTO E QUALIFICAÇÃO DA UNIÃO ESTÁVEL HOMOAFETIVA *COMO ENTIDADE FAMILIAR*: **POSIÇÃO CONSAGRADA** NA JURISPRUDÊNCIA DO SUPREMO TRIBUNAL FEDERAL **(ADPF 132/RJ E ADI 4.277/DF). O AFETO COMO VALOR JURÍDICO IMPREGNADO DE NATUREZA CONSTITUCIONAL: A VALORIZAÇÃO** *DESSE NOVO PARADIGMA* **COMO NÚCLEO CONFORMADOR DO CONCEITO DE FAMÍLIA.** O *DIREITO À BUSCA DA FELICIDADE*, **VERDADEIRO** POSTULADO CONSTITUCIONAL IMPLÍCITO **E EXPRESSÃO DE UMA IDÉIA-FORÇA QUE DERIVA** DO PRINCÍPIO DA ESSENCIAL DIGNIDADE DA PESSOA HUMANA. **PRINCÍPIOS DE YOGYAKARTA** (2006): **DIREITO** *DE QUALQUER PESSOA* **DE CONSTITUIR** FAMÍLIA, **INDEPENDENTEMENTE** DE SUA ORIENTAÇÃO SEXUAL **OU** IDENTIDADE DE GÊNERO. **DIREITO** DO COMPANHEIRO, *NA UNIÃO ESTÁVEL HOMOAFETIVA*, **À PERCEPÇÃO** DO BENEFÍCIO DA PENSÃO POR MORTE DE SEU PARCEIRO, *DESDE QUE OBSERVADOS* OS REQUISITOS DO ART. 1.723 DO CÓDIGO CIVIL. **O ART. 226, § 3º,** DA LEI FUNDAMENTAL **CONSTITUI TÍPICA NORMA DE INCLUSÃO.** *A FUNÇÃO CONTRAMAJORITÁRIA* **DO SUPREMO TRIBUNAL FEDERAL NO ESTADO DEMOCRÁTICO DE DIREITO.** *A PROTEÇÃO DAS MINORIAS* **ANALISADA NA PERSPECTIVA** *DE UMA CONCEPÇÃO MATERIAL* **DE DEMOCRACIA CONSTITUCIONAL.** RECURSO EXTRAORDINÁRIO CONHECIDO E PROVIDO. (RE 477.554/MG, rel. Min. Celso de Mello, DJ 03.08.11) (Inform. STF 635)

DIREITO PREVIDENCIÁRIO. CONCESSÃO DE BENEFÍCIO PREVIDENCIÁRIO A CRIANÇA OU ADOLESCENTE SOB GUARDA JUDICIAL. No caso em que segurado de regime previdenciário seja detentor da guarda judicial de criança ou adolescente que dependa economicamente dele, ocorrendo o óbito do guardião, será assegurado o benefício da pensão por morte ao menor sob guarda, ainda que este não tenha sido incluído no rol de dependentes previsto na lei previdenciária aplicável. O fim social da lei previdenciária é abarcar as pessoas que foram acometidas por alguma contingência da vida. Nesse aspecto, o Estado deve cumprir seu papel de assegurar a dignidade da pessoa humana a todos, em especial às crianças e aos adolescentes, cuja proteção tem absoluta prioridade. O ECA não é uma simples lei, uma vez que representa política pública de proteção à criança e ao adolescente, verdadeiro cumprimento do mandamento previsto no art. 227 da CF. Ademais, não é dado ao intérprete atribuir à norma jurídica conteúdo que atente contra a dignidade da pessoa humana e, consequentemente, contra o princípio de proteção integral e preferencial a crianças e adolescentes, já que esses postulados são a base do Estado Democrático de Direito e devem orientar a interpretação de todo o ordenamento jurídico. Desse modo, embora a lei previdenciária aplicável ao segurado seja lei específica da previdência social, não menos certo é que a criança e adolescente tem norma específica que confere ao menor sob guarda a condição de dependente para todos os efeitos, inclusive previdenciários (art. 33, § 3º, do ECA). **RMS 36.034-MT, Rel. Min. Benedito Gonçalves, julgado em 26/2/2014. (Inform. STJ 546)**

DIREITO PREVIDENCIÁRIO. TERMO INICIAL DE PENSÃO POR MORTE REQUERIDA POR PENSIONISTA MENOR DE DEZOITO ANOS. A pensão por morte será devida ao dependente menor de dezoito anos desde a data do óbito, ainda que tenha requerido o benefício passados mais de trinta dias após completar dezesseis anos. De acordo com o inciso II do art. 74 da Lei 8.213/1991, a pensão por morte será devida ao conjunto dos dependentes do segurado que falecer, aposentado ou não, a contar da data do requerimento, caso requerida após trinta dias do óbito. Entretanto, o art. 79 da referida lei dispõe que tanto o prazo de decadência quanto o prazo de prescrição são inaplicáveis ao "pensionista menor". A menoridade de que trata esse dispositivo só desaparece com a maioridade, nos termos do art. 5º do CC – segundo o qual "A menoridade cessa aos dezoito anos completos, quando a pessoa fica habilitada à prática de todos os atos da vida civil" –, e não aos dezesseis anos de idade. **REsp 1.405.909-AL, Rel. Min. Sérgio Kukina, Rel. para acórdão Min. Ari Pargendler, julgado em 22/5/2014. (Inform. STJ 546)**

DIREITO PREVIDENCIÁRIO. COMPROVAÇÃO DA UNIÃO ESTÁVEL PARA EFEITO DE CONCESSÃO DE PENSÃO POR MORTE.
Para a concessão de pensão por morte, é possível a comprovação da união estável por meio de prova exclusivamente testemunhal. Ressalte-se, inicialmente, que a prova testemunhal é sempre admissível caso a legislação não disponha em sentido contrário. Ademais, a Lei 8.213/1991 somente exige prova documental quando se tratar de comprovação de tempo de serviço. Precedentes citados: REsp 778.384-GO, Quinta Turma, DJ 18/9/2006; e REsp 783.697-GO, Sexta Turma, DJ 9/10/2006. **AR 3.905-PE, Rel. Min. Campos Marques (Desembargador convocado do TJ-PR), julgado em 26/6/2013. (Inform. STJ 527)**

DIREITO PREVIDENCIÁRIO. PENSÃO POR MORTE NA HIPÓTESE DE FILHO MAIOR DE 21 ANOS. RECURSO REPETITIVO (ART. 543-C DO CPC E RES. 8/2008-STJ).
O filho maior de 21 anos, ainda que esteja cursando o ensino superior, não tem direito à pensão por morte, ressalvadas as hipóteses de invalidez ou deficiência mental ou intelectual previstas no art. 16, I, da Lei 8.213/1991. O art. 16, I, da Lei 8.213/1991 é taxativo, não cabendo ao Poder Judiciário legislar positivamente, usurpando função do Poder Legislativo. Precedentes citados: MS 12.982-DF, Corte Especial, DJe 31⁄3⁄08; REsp 771.993-RS, Quinta Turma, DJ 23⁄10⁄06; e AgRg no Ag 1.076.512-BA, Sexta Turma, DJe 3⁄8⁄11. **REsp 1.369.832-SP, Rel. Min. Arnaldo Esteves Lima, julgado em 12/6/2013. (Inform. STJ 525)**

DIREITO PREVIDENCIÁRIO. RECOLHIMENTO POST MORTEM DAS CONTRIBUIÇÕES PREVIDENCIÁRIAS PARA A CONCESSÃO DE PENSÃO POR MORTE.
Não se admite o recolhimento post mortem de contribuições previdenciárias a fim de que, reconhecida a qualidade de segurado do falecido, seja garantida a concessão de pensão por morte aos seus dependentes. De fato, esse benefício é devido ao conjunto de dependentes do segurado que falecer, mas desde que exista, ao tempo do óbito, a qualidade de segurado do instituidor. Nesse contexto, é imprescindível o recolhimento das contribuições pelo próprio contribuinte, de acordo com o art. 30, II, da Lei 8.212/1991. Sendo assim, não obstante o exercício de atividade pelo segurado obrigatório ensejar sua filiação obrigatória no RGPS, para seus dependentes perceberem a pensão por morte, são necessários a inscrição e o

recolhimento das respectivas contribuições em época anterior ao óbito, diante da natureza contributiva do sistema. Dessa forma, não há base legal para uma inscrição post mortem ou para que sejam regularizadas, após a morte do segurado, as contribuições não recolhidas em vida por ele. Precedente citado: REsp 1.328.298-PR, Segunda Turma, DJe 28/9/2012. **REsp 1.346.852-PR, Rel. Min. Humberto Martins, julgado em 21/5/2013.** (Inform. STJ 525)

PENSÃO ESPECIAL. FILHA DESQUITADA. EQUIPARAÇÃO. FILHA SOLTEIRA.
Na espécie, trata-se de demanda em que a recorrida visa à percepção de pensão especial disciplinada pela Lei n. 6.782/1980 nos mesmos moldes em que percebida por sua mãe, falecida em 1994. A Turma manteve o entendimento do tribunal *a quo* que condenou a União a pagar pensão especial à demandante que, embora tenha perdido a condição de solteira, regra estabelecida pelo parágrafo único do art. 5º da Lei n. 3.373/1958, após seu divórcio, voltou a depender economicamente de seu pai (instituidor da pensão) e, depois do falecimento dele, manteve essa condição ao conviver com sua mãe, beneficiária da pensão especial. O STF e o STJ reconhecem que, na aplicação da Lei n. 3.373/1958, a filha separada, desde que comprovada a dependência econômica em relação ao instituidor do benefício, é equiparada à filha solteira. Precedentes citados do STF: MS 22.604-SC, DJ 8/10/1999; do STJ: REsp 911.937-AL, DJe 22/4/2008, e REsp 157.600-RJ, DJ 3/8/1998. **REsp 1.297.958-DF, Rel. Min. Teori Albino Zavascki, julgado em 16/2/2012.** (Inform. STJ 491)

Súmula STJ nº 416
É devida a pensão por morte aos dependentes do segurado que, apesar de ter perdido essa qualidade, preencheu os requisitos legais para a obtenção de aposentadoria até a data do seu óbito.

8. AUXÍLIO-ACIDENTE

REPERCUSSÃO GERAL EM RE N. 613.033-SP
RELATOR: MIN. DIAS TOFFOLI
EMENTA: DIREITO PREVIDENCIÁRIO. REVISÃO DE BENE-FÍCIO. AUXÍLIO-ACIDENTE. LEI Nº 9.032/95. BENEFÍCIOS CONCEDIDOS ANTES DE SUA VIGÊNCIA. INAPLICABILIDADE. JURISPRUDÊNCIA PACIFICADA NA CORTE. MATÉRIA COM REPERCUSSÃO GERAL. REAFIRMAÇÃO DA JURISPRUDÊNCIA DO SUPREMO TRIBUNAL FEDERAL.
(Inform. STF 630)

DIREITO PREVIDENCIÁRIO. AUXÍLIO-ACIDENTE. AGRAVAMENTO DA LESÃO INCAPACITANTE. APLICAÇÃO DO PRINCÍPIO *TEMPUS REGIT ACTUM*.
Deve ser considerado, para fins de auxílio-acidente, o percentual estabelecido pela lei vigente no momento em que se dá o agravamento das lesões incapacitantes do beneficiário, e não o do momento em que o benefício foi concedido inicialmente. O agravamento da lesão incapacitante tem como consequência a alteração do auxílio-acidente, sendo considerado um novo fato gerador para a concessão do benefício. Dessa forma, o agravamento da lesão gera a concessão de um novo benefício, devendo-se aplicar a lei em vigor na data do fato agravador, por incidência do princípio *tempus regit actum*. **AgRg no REsp 1.304.317-SP, Rel. Min. Ari Pargendler, julgado em 4/12/2012.** (Inform. STJ 512).

DIREITO PREVIDENCIÁRIO E PROCESSUAL CIVIL. TERMO *A QUO* PARA PAGAMENTO DE AUXÍLIO-ACIDENTE.
O termo inicial para pagamento de auxílio-acidente é a data da citação da autarquia previdenciária se ausente prévio requerimento administrativo ou prévia concessão de auxílio-doença. O laudo pericial apenas norteia o livre convencimento do juiz quanto a alguma incapacidade ou mal surgido anteriormente à propositura da ação, sendo que a citação válida constitui em mora o demandado (art. 219 do CPC). Precedentes citados: EREsp 735.329-RJ, DJe 6/5/2011; AgRg no Ag 1.182.730-SP, DJe 1º/2/2012; AgRg no AgRg no Ag 1.239.697-SP, 5/9/2011, e REsp 1.183.056-SP, DJe 17/8/2011. **AgRg no AREsp 145.255-RJ, Rel. Min. Napoleão Nunes Maia Filho, julgado em 27/11/2012.** (Inform. STJ 511).

AUXÍLIO-ACIDENTE. MAJORAÇÃO DO PERCENTUAL. LEI N. 9.032/1995. BENEFÍCIOS CONCEDIDOS ANTES DE SUA VIGÊNCIA.
A Turma reconheceu que o benefício de auxílio-acidente concedido em momento anterior à edição da Lei n. 9.032/1995 (que alterou a redação do art. 86 da Lei n. 8.213/1991) deverá observar o disposto na legislação em vigor quando de sua concessão. Na oportunidade, destacou-se que o STF reconheceu a repercussão geral do tema, firmando posicionamento pela impossibilidade de aplicação retroativa da majoração prevista na Lei n. 9.032/1995 aos benefícios de auxílio-acidente concedidos em data anterior à vigência da respectiva norma. É que a majoração de benefícios previdenciários, além de submetida ao postulado da contrapartida (CF, art. 195, § 5º), também depende, para efeito de sua veiculação, da observância do princípio da reserva de lei. E, segundo o posicionamento do STF, o mencionado dispositivo legal não trouxe qualquer previsão de fonte de custeio para atender, especificamente, a aplicação da lei aos benefícios anteriormente concedidos. Assim, revisto anterior posicionamento contrário do STJ sobre a matéria. Com fundamento no art. 543-B, § 3º, do CPC, a Turma, em sede de retratação, negou provimento ao recurso. Precedente citado do STF: RE 613.033-SP, DJe 9/6/2011. **REsp 1.072.739-RS, Rel. Min. Og Fernandes, julgado em 11/9/2012.** (Inform. STJ 504)

SÚMULA STJ nº 507
A acumulação de auxílio-acidente com aposentadoria pressupõe que a lesão incapacitante e a aposentadoria sejam anteriores a 11/11/1997, observado o critério do art. 23 da Lei n. 8.213/1991 para definição do momento da lesão nos casos de doença profissional ou do trabalho.

9. BENEFÍCIO ASSISTENCIAL

DIREITO PREVIDENCIÁRIO. EXCLUSÃO DE BENEFÍCIO DE VALOR MÍNIMO PERCEBIDO POR MAIOR DE 65 ANOS NA COMPOSIÇÃO DA RENDA FAMILIAR.
O benefício previdenciário de valor mínimo recebido por pessoa acima de 65 anos não deve ser considerado na composição da renda familiar, para fins de concessão do benefício assistencial a outro membro da família, conforme preconiza o art. 34, parágrafo único, da Lei n. 10.741/2003 (Estatuto do Idoso). Precedentes citados: Pet 7.203-PE, DJe 11/10/2011, AREsp 232.991-SC, DJe 25/9/2012; AgRg no Ag 1.394.595-SP, DJe 9/5/2012, e AgRg no REsp 1.247.868-RS, DJe 13/10/2011. **AgRg no AREsp 215.158-CE, Rel. Min. Mauro Campbell Marques, julgado em 18/10/2012.** (Inform. STJ 507)

DIREITO PREVIDENCIÁRIO. BENEFÍCIO ASSISTENCIAL. MEIOS DE PROVA DA CONDIÇÃO DE MISERABILIDADE.
O critério previsto no art. 20, § 3º, da Lei n. 8.742/1993 (renda mensal per capita inferior a ¼ do salário mínimo) não impede a concessão do correspondente benefício assistencial, desde que comprovada, por outros meios, a miserabilidade do postulante. A CF assegura um salário mínimo de benefício mensal à pessoa portadora de deficiência e ao idoso que comprovem não possuir meios de prover à própria manutenção ou de tê-la provida por sua família. A Lei n. 8.742/1993 dispõe que a concessão desse benefício será devido a quem não possua

meios de prover sua manutenção ou cuja família possua renda mensal per capita inferior a ¼ do salário mínimo. No julgamento do REsp 1.112.557-MG, representativo de controvérsia, o STJ firmou o entendimento de que a limitação do valor da renda *per capita* familiar não deve ser considerada a única forma de comprovar que a pessoa não possui outros meios para prover a própria manutenção ou de tê-la provida por sua família, visto que esse critério é apenas um elemento objetivo para aferir a necessidade. Ademais, no âmbito judicial vige o princípio do livre convencimento motivado do juiz, não o sistema de tarifação legal de provas. Assim, essa delimitação do valor da renda familiar *per capita* não deve ser tida como único meio de prova da condição de miserabilidade do beneficiado, não podendo vincular o magistrado a um elemento probatório sob pena de cercear o seu direito de julgar. Precedente citado: REsp 1.112.557-MG, DJe 20/11/2009. **AgRg no AREsp 224.185-SP, Rel. Min. Teori Albino Zavascki, julgado em 2/10/2012. (Inform. STJ 505)**

10. PREVIDÊNCIA PRIVADA COMPLEMENTAR

AG. REG. NO R 627.268-AM
RELATOR: MIN. DIAS TOFFOLI
EMENTA: Agravo regimental no recurso extraordinário. Previdência privada. Complementação de aposentadoria. Competência. Modulação dos efeitos. Marco temporal. Sentença de mérito. Alegada ofensa ao art. 5º, inciso XXXV, da Constituição Federal. Não ocorrência. Princípios do devido processo legal, da ampla defesa e do contraditório. Ofensa reflexa. Precedentes.
1. O Plenário da Corte, no exame do RE nº 586.453/SE, da Relatoria da Ministra **Ellen Gracie**, Relator para o acórdão o Ministro **Dias Toffoli**, concluiu que compete à Justiça comum processar e julgar os feitos nos quais se discute complementação de aposentadoria em face de entidades de previdência privada.
2. Na ocasião, modularam-se os efeitos da mencionada decisão para definir a competência da Justiça do Trabalho para processar e julgar, até o trânsito em julgado e a correspondente execução, todas as causas da espécie em que, até a data da conclusão do referido julgamento (20/2/13), houver sido proferida sentença de mérito.
3. Modulação dos efeitos que se aplica ao caso, tendo em vista a existência de sentença de mérito proferida pela Justiça laboral em 2/10/97.
4. Não houve a alegada violação do art. 5º, inciso XXXV, da Constituição Federal, uma vez que o agravante teve acesso aos recursos cabíveis.
5. A afronta aos princípios da legalidade, do devido processo legal, da ampla defesa e do contraditório, dos limites da coisa julgada e da prestação jurisdicional, quando depende, para ser reconhecida como tal, da análise de normas infraconstitucionais, configura apenas ofensa indireta ou reflexa à Constituição da República.
6. Agravo regimental não provido. **(Inform. STF 717)**

DIREITO PREVIDENCIÁRIO. IMPOSSIBILIDADE DE RESTITUIÇÃO DE PARCELAS EM CASO DE MIGRAÇÃO ENTRE PLANOS DE BENEFÍCIOS DE PREVIDÊNCIA COMPLEMENTAR. Não cabe o resgate, por participante ou assistido de plano de benefícios, das parcelas pagas a entidade fechada de previdência privada complementar quando, mediante transação extrajudicial, tenha ocorrido a migração dos participantes ou assistidos a outro plano de benefícios da mesma entidade. A Súmula 289 do STJ ("A restituição das parcelas pagas pelo participante a plano de previdência privada deve ser objeto de correção plena, por índice que recomponha a efetiva desvalorização da moeda") trata de hipótese em que há o rompimento do vínculo contratual com a entidade de previdência privada, e, portanto, não de situação em que, por acordo de vontades, envolvendo concessões recíprocas, haja migração de participante em gozo do benefício de previdência privada para outro plano, auferindo em contrapartida vantagem. Ademais, os arts. 14, III, e 15, I, da LC 109/2001 esclarecem que a portabilidade não caracteriza resgate, sendo manifestamente inadequada a aplicação deste instituto e da Súmula 289 para caso em que o assistido não se desligou do regime jurídico de previdência privada. Dessarte, nos termos de abalizada doutrina, a migração – pactuada em transação – de planos de benefícios administrados pela mesma entidade fechada de previdência privada ocorre em um contexto de amplo redesenho da relação contratual previdenciária, com o concurso de vontades do patrocinador, da entidade fechada de previdência complementar, por meio de seu conselho deliberativo, e autorização prévia do órgão público fiscalizador, operando-se não o resgate de contribuições, mas a transferência de reservas de um plano de benefícios para outro, geralmente no interior da mesma entidade fechada de previdência complementar. Ora, se para a migração fosse aplicada a mesma solução conferida ao resgate, essa solução resultaria em tratamento igualitário para situações desiguais, em flagrante violação à isonomia. Outrossim, estabelece o art. 18 da LC 109/2001 que cabe ao plano de benefícios arcar com as demais despesas – inclusive com o resgate vindicado –, por isso não cabe ser deferido o resgate das contribuições vertidas ao plano, sob pena de lesão aos interesses dos demais assistidos e participantes do plano de benefícios primevo a que eram vinculados, e consequente violação ao art. 3º, VI, da LC 109/2001. O CDC traça regras que presidem a situação específica do consumo e, além disso, define princípios gerais orientadores do direito das obrigações; todavia, "[é] certo que, no que lhe for específico, o contrato" continua regido pela lei que lhe é própria (REsp 80.036-SP, Quarta Turma, DJ 25/3/1996). Desse modo, em conformidade com entendimento doutrinário, não cabe a aplicação do CDC dissociada das normas específicas inerentes à relação contratual de previdência privada complementar e à modalidade contratual da transação – negócio jurídico disciplinado pelo Código Civil, inclusive no tocante à disciplina peculiar para o seu desfazimento. **AgRg no AREsp 504.022-SC, Rel. Min. Luis Felipe Salomão, julgado em 10/9/2014. (Inform. STJ 550)**

DIREITO PREVIDENCIÁRIO. PLANOS DE BENEFÍCIOS DE PREVIDÊNCIA PRIVADA FECHADA PATROCINADOS PELA ADMINISTRAÇÃO DIRETA E INDIRETA. RECURSO REPETITIVO (ART. 543-C DO CPC E RES. 8/2008-STJ). Nos planos de benefícios de previdência privada fechada, patrocinados pelos entes federados – inclusive suas autarquias, fundações, sociedades de economia mista e empresas controladas direta ou indiretamente –, é vedado o repasse de abono e vantagens de qualquer natureza para os benefícios em manutenção, sobretudo a partir da vigência da LC 108/2001, independentemente das disposições estatutárias e regulamentares; e não é possível a concessão de verba não prevista no regulamento do plano de benefícios de previdência privada, pois a previdência complementar tem por pilar o sistema de capitalização, que pressupõe a acumulação de reservas para assegurar o custeio dos benefícios contratados, em um período de longo prazo. De início, cumpre consignar que a relação contratual mantida entre a entidade de previdência privada administradora do plano de benefícios e os assistidos não se confunde com a relação de emprego, estabelecida entre participantes obreiros e a patrocinadora. Desse modo, é manifestamente descabida a aplicação pura e simples – alheia às peculiaridades do regime de previdência privada –, dos princípios, regras gerais e disposições normativas próprias do direito do trabalho. A constituição de reservas no regime de previdência privada complementar deve ser feita por meio de cálculos embasados em estudos de natureza atuarial, que prevejam as despesas e garantam, em longo prazo, o respectivo custeio. Dessarte, os planos de previdência complementar de adesão facultativa devem ser elaborados com base em cálculos atuariais e reavaliados ao final de cada exercício, conforme o art. 43 da ab-rogada Lei 6.435/1977 e o art. 23 da LC 109/2001. Nesse passo, o art. 202 da CF consagra o regime de financiamento por capitalização, ao estabelecer que a previdência privada tem caráter complementar – baseado na constituição de reservas que garantam o benefício contratado –, adesão facultativa e organização autônoma em relação ao regime geral de previdência social. Nesse sentido, a EC 20/1998 passou a estabelecer, no art. 202, § 3º, ser vedado o aporte de recursos à entidade de previdência privada pela União, Estados, Distrito Federal e Municípios, suas autarquias, fundações, empresas públicas, sociedades de economia mista e outras entidades públicas, salvo na qualidade de patrocinador, situação na qual, em hipótese alguma, sua contribuição normal poderá exceder a do segurado. A propósito, o art. 7º, parágrafo único, da LC 108/2001 estabelece que a despesa administrativa da entidade de previdência será custeada pelo patrocinador e pelos participantes e assistidos, facultada aos patrocinadores a cessão de pessoal às entidades de previdência complementar que patrocinam, desde que ressarcidos os custos correspondentes. Cabe, ainda, observar que, no regime fechado de previdência privada, a entidade não opera com patrimônio próprio – sendo-lhe vedada até mesmo a obtenção de lucro –, tratando-se tão somente de administradora do fundo formado pelas contribuições da patrocinadora e dos participantes e assistidos, havendo um mutualismo, com explícita submissão ao regime de capitalização. Na verdade, existe explícito mecanismo de solidariedade sobre os valores alocados ao fundo comum obtidos pelo plano de benefícios pertencentes aos participantes e beneficiários do plano, de modo que todo excedente do fundo de pensão é aproveitado em favor de seus próprios integrantes. Ademais, o art. 20 da LC 109/2001 estabelece que o resultado superavitário dos planos de benefícios das entidades fechadas, ao final do exercício, depois de satisfeitas as exigências regulamentares relativas aos mencionados planos, será destinado à constituição de reserva de contingência, para garantia de benefícios, até o limite de vinte e cinco por cento do valor das reservas matemáticas. Constituída a reserva de contingência, com os valores excedentes será estabelecida reserva especial para revisão do plano de benefícios que, se não utilizada por três exercícios consecutivos, determinará a revisão obrigatória do plano de benefícios. Nesse contexto, é razoável a vedação, incidindo para os planos de benefícios já instituídos, do repasse de ganhos de produtividade, abono e vantagens de qualquer natureza obtidos pelos participantes em atividade para os benefícios promovidos pelo plano de previdência, em razão de regra jurídica cogente contida no art. 3º, parágrafo único, da LC 108/2001. Ressalte-se, ainda, que a LC 108/2001 vinculou assistidos, participantes, entidade de previdência privada e órgãos públicos fiscalizador e regulador às suas regras de caráter cogente e eficácia imediata, sendo desnecessária a submissão das novas diretrizes traçadas pela referida norma à deliberação do conselho da entidade de previdência privada e posterior aprovação pelo órgão público fiscalizador, a fim de promover alteração regulamentar. Convém esclarecer que é dever do Estado velar pelos interesses dos participantes e beneficiários dos planos – verdadeiros detentores do fundo formado –, garantindo a irredutibilidade do benefício, mas não a concessão, em prejuízo do equilíbrio atuarial, de ganhos reais aos assistidos, que já gozam de situação privilegiada com relação aos participantes – que poderão, em caso de desequilíbrio atuarial, ver reduzidos os benefícios a serem concedidos. Por fim, *mutatis mutandis*, em se tratando de relação estatutária, envolvendo servidores públicos, consoante a iterativa jurisprudência do STF, só há violação ao direito adquirido e à irredutibilidade de vencimentos em caso de redução do valor nominal dos vencimentos. **REsp 1.425.326-RS**, Rel. Min. Luis Felipe Salomão, julgado em 28/5/2014. (Inform. STJ 541)

DIREITO CIVIL. PREVIDÊNCIA PRIVADA. AUXÍLIO CESTA-ALIMENTAÇÃO. CONTEMPLAÇÃO APENAS AOS TRABALHADORES EM ATIVIDADE.

O auxílio cesta-alimentação, parcela concedida a título indenizatório aos empregados em atividade, mediante convenção coletiva de trabalho, não se incorpora aos proventos da complementação de aposentadoria pagos por entidade fechada de previdência privada. No julgamento do REsp 1.207.071-RJ, representativo de controvérsia, DJe 8/8/2012, consolidou-se o entendimento de que o auxílio cesta-alimentação estabelecido em acordo ou convenção coletiva de trabalho, com amparo na Lei n. 6.321/1976 (Programa de Alimentação do Trabalhador), apenas para os empregados em atividade, não tem natureza salarial, tendo sido concebido com o escopo de ressarcir o empregado das despesas com a alimentação destinada a suprir as necessidades nutricionais da jornada de trabalho. Sua natureza não se altera, mesmo na hipótese de ser fornecido mediante tíquetes, cartões eletrônicos ou similares, não se incorporando, pois, aos proventos de complementação de aposentadoria pagos por entidade de previdência privada (Lei n. 7.418/1985, Dec. n. 51/1991 e Portaria n. 3/2002). Precedentes citados: AgRg no REsp 1.015.234-RS, DJe 29/8/2012, e AgRg no AREsp 37.648-RS, DJe 9/8/2012. **AgRg no AREsp 13.324-SE**, Rel. Min. Raul Araújo, julgado em 20/11/2012. (Inform. STJ 509)

ABONO ÚNICO PREVISTO EM CONVENÇÃO COLETIVA DE TRABALHO. COMPLEMENTAÇÃO DE APOSENTADORIA.

A Turma entendeu que o abono único previsto em norma coletiva para empregados em atividade, tendo em vista sua natureza indenizatória, não integra a complementação de aposentadoria dos ex-empregados inativos beneficiários da entidade privada de previdência complementar. No caso, as negociações coletivas celebradas não suprimiram vantagens dos inativos, mas, tão somente, não lhes estenderam o abono único, concedendo-o apenas aos empregados da ativa. Ressaltou-se que o contrato coletivo, como qualquer outro contrato, deve observar a intenção das partes que o firmaram; pois, se elas convencionaram e reduziram a termo o pactuado, é porque depositaram a sua confiança de que o pacto seria respeitado (*pacta sunt servanda*). Outrossim, a entidade privada de previdência complementar não participou das referidas convenções coletivas, razão pela qual não se deve estender a ela obrigação que sequer as partes contratantes convencionaram. Nesse tocante, destacou-se que a inclusão de despesas com inativos – não previstas na negociação coletiva e não contidas previamente na planificação econômica da entidade de previdência privada – acarretaria prejuízo financeiro e atuarial à entidade, comprometendo a cobertura dos compromissos por ela assumidos e a sua gestão. Ademais, frisou-se que a incorporação do abono único aos proventos de complementação de aposentadoria dos inativos violaria o princípio da autonomia privada coletiva, bem como os arts. 3º, parágrafo único, 6º, § 3º, da LC n. 108/2001 e 68, *caput*, da LC n. 109/2001. Assim, consignou-se que, a natureza do abono único previsto em acordo coletivo ou convenção coletiva de trabalho para os empregados da ativa, – consignada a vontade dos signatários em conferir-lhe caráter indenizatório e destituído de habitualidade –, não é remuneratória nem integrante da complementação de aposentadoria dos inativos, por interferir no equilíbrio econômico e atuarial da entidade de previdência privada. **AgRg no REsp 1.293.221-RS**, Rel. Min. Marco Buzzi, julgado em 6/9/2012. (Inform. STJ 503)

REVISÃO DE BENEFÍCIO. PREVIDÊNCIA COMPLEMENTAR. PERÍCIA ATUARIAL.
Para negar o pedido de produção de prova pericial, o magistrado deve fundamentar a decisão com critérios técnicos ou registrar, fundamentadamente, que os elementos dos autos são suficientes para apreciar a questão objeto da prova. No caso, a entidade de previdência complementar requereu, tanto na contestação quanto na fase de produção de prova, a realização de perícia atuarial com o intuito de demonstrar que não suportaria o pagamento de benefício nos termos pretendidos pela autora da ação. A produção da prova foi negada nas instâncias ordinárias. A Min. Relatora destacou que o pedido de revisão do benefício formulado pela autora seria resultante da mescla de dois planos de previdência, um que foi extinto em 1983 e outro vigente, situação que torna indispensável a realização de perícia para verificar a solvência, a liquidez e o equilíbrio econômico-financeiro e atuarial da entidade de previdência, exigidos pela LC n. 109/2001. Com essas e outras considerações, a Turma anulou a sentença e os atos subsequentes para que seja realizada a perícia atuarial, a fim de verificar a compatibilidade do pedido de revisão da pensão com o equilíbrio financeiro e atuarial da entidade de previdência complementar. Precedentes citados: REsp 1.193.040-RS, DJe 25/6/2010; MC 16.197-RS, DJe 19/8/2010, e REsp 814.465-MS, DJe 24/5/2011. **REsp 1.244.810-RS, Rel. Min. Maria Isabel Gallotti, julgado em 19/6/2012. (Inform. STJ 500)**

11. DESAPOSENTAÇÃO

Art. 18, § 2º, da Lei 8.213/1991 e "desaposentação" - 1
O Plenário iniciou julgamento de recursos extraordinários em que se discute a possibilidade de reconhecimento da "desaposentação", consistente na renúncia a benefício de aposentadoria, com a utilização do tempo de serviço ou contribuição que fundamentara a prestação previdenciária originária, para a obtenção de benefício mais vantajoso em nova aposentadoria. Na espécie, beneficiários do Regime Geral de Previdência Social - RGPS obtiveram êxito em ações judiciais ajuizadas em face do INSS para que lhes fosse concedido novo benefício previdenciário, em detrimento de outro anteriormente auferido, em razão da permanência dos segurados em atividade e do consequente preenchimento dos requisitos legais para uma nova modalidade de aposentação. O Tribunal, de início, rejeitou questão preliminar relativa à alegada nulidade do acórdão recorrido por suposta ofensa à cláusula de reserva de plenário (CF, art. 97), no ponto em que teria sido declarada, implicitamente, a inconstitucionalidade do § 2º do art. 18 da Lei 8.213/1991 ("O aposentado pelo Regime Geral de Previdência Social-RGPS que permanecer em atividade sujeita a este Regime, ou a ele retornar, não fará jus a prestação alguma da Previdência Social em decorrência do exercício dessa atividade, exceto ao salário-família e à reabilitação profissional, quando empregado"). Asseverou não ter havido, no caso, declaração de inconstitucionalidade, visto que, ao afirmar a validade da "desaposentação", o acórdão recorrido teria entendido, simplesmente, não haver na legislação brasileira norma específica que cuidasse do instituto e, portanto, não lhe seria aplicável a referida norma. Assinalou ter ocorrido interpretação do próprio sistema que disciplinaria o regime de previdência social. Reiterou, por fim, o quanto disposto no parágrafo único do art. 481 do CPC ("Os órgãos fracionários dos tribunais não submeterão ao plenário, ou ao órgão especial, a arguição de inconstitucionalidade, quando já houver pronunciamento destes ou do plenário do Supremo Tribunal Federal sobre a questão"), porquanto já haveria pronunciamento da Corte Especial do STJ sobre a matéria. RE 661256/SC, rel. Min. Roberto Barroso, 9.10.2014. (RE-661256) RE 827833/SC, rel. Min. Roberto Barroso, 9.10.2014. (RE-827833)

Art. 18, § 2º, da Lei 8.213/1991 e "desaposentação" - 2
No mérito, o Ministro Roberto Barroso (relator), deu parcial provimento aos recursos para assentar o direito dos recorridos à "desaposentação", observados, para o cálculo do novo benefício, os fatores relativos à idade e à expectativa de vida — elementos do fator previdenciário — aferidos no momento da aquisição da primeira aposentadoria. Consignou que a Constituição instituiria para o RGPS duplo fundamento: contributividade e solidariedade. O caráter contributivo adviria do fato de os próprios trabalhadores arcarem com parte da contribuição social destinada à previdência social, nos termos dos artigos 195, II, e 201 da CF. Já o caráter solidário teria como base o princípio da dignidade humana e o fato de toda a sociedade participar, em alguma medida, do custeio da previdência. Afirmou que, por conta disso, e por se tratar de sistema de repartição simples, não haveria, no sistema brasileiro, comutatividade estrita entre contribuição e benefício. Aduziu que, dentro dessas balizas — solidariedade e caráter contributivo —, o legislador ordinário teria amplo poder de conformação normativa do sistema previdenciário. Entretanto, haveria dois limites ao mencionado poder: a) a correspondência mínima entre contribuição e benefício — embora não houvesse comutatividade rígida entre ambos —, sob pena de se anular o caráter contributivo do sistema; e b) o dever de observância ao princípio da isonomia, que seria objetivo da República, direito fundamental e princípio específico do RGPS (CF, art. 201, § 1º). Consignou serem estes dois limites os parâmetros da solução proposta no caso dos autos. Registrou que os aposentados do regime geral, diferentemente dos aposentados do regime próprio dos servidores públicos, seriam imunes à cobrança de contribuição previdenciária, nos termos do art. 195, II, da CF, porém, se voltassem a trabalhar, estariam sujeitos aos deveres impostos a todos os trabalhadores ativos, inclusive a contribuição social incidente sobre os salários percebidos na nova atividade. Frisou que a simetria de deveres, no entanto, não se repetiria no tocante aos seus direitos — na interpretação que se pretenderia conferir ao § 2º do art. 18 da Lei 8.213/1991 —, tendo em conta que a norma disporia que o trabalhador que voltasse à ativa, após ter sido aposentado, receberia apenas salário-família e reabilitação profissional. Asseverou que violaria o sistema constitucional contributivo e solidário impor-se ao trabalhador, que voltasse à atividade, apenas o dever de contribuir, sem poder aspirar a nenhum tipo de benefício em troca, exceto os mencionados salário-família e reabilitação. Concluiu que a vedação pura e simples da "desaposentação" — que, ademais, não constaria expressamente de nenhuma norma legal —, produziria resultado incompatível com a Constituição, ou seja, obrigar o trabalhador a contribuir sem ter perspectiva de benefício posterior. RE 661256/SC, rel. Min. Roberto Barroso, 9.10.2014. (RE-661256) RE 827833/SC, rel. Min. Roberto Barroso, 9.10.2014. (RE-827833)

Art. 18, § 2º, da Lei 8.213/1991 e "desaposentação" - 3
O relator destacou que a "desaposentação" seria possível, visto que o § 2º do art. 18 da Lei 8.213/1991, diferentemente do que alegado pelos recorrentes, não impossibilitaria a renúncia ao vínculo previdenciário original, com a aquisição de novo vínculo. Ressaltou, porém, que, para a concessão do novo benefício, deveriam ser levados em conta os proventos já recebidos pelo segurado — a despeito de serem válidos e de terem sido recebidos de boa-fé —, e as contribuições pagas após a aposentadoria original. Advertiu que essas condições levariam em conta a necessidade de que a fórmula atuarial que se aplicasse aos segurados fosse uma fórmula universalizável e que produzisse o mesmo resultado para todos os que se encontrassem em igual situação dentro do sistema. Observou que, nos termos do art. 29, I, da Lei 8.213/1991, o cálculo do benefício previdenciário se daria ao multiplicar-se a média aritmética das contribuições pelo fator previdenciário, este último composto por quatro variáveis: tempo de contribuição, alíquota de contribuição, idade e expectativa de vida. Indicou que, quanto às duas primeiras — tempo e alíquota de contribuição — dever-se-ia computar

todo o período que antecedesse a "desaposentação", isto é, tanto o período anterior, como o posterior ao estabelecimento do primeiro vínculo previdenciário. Já quanto às duas outras variáveis relativas ao fator previdenciário — idade e expectativa de vida —, que teriam como finalidade graduar o benefício em função do tempo que o segurado ainda viria a permanecer no sistema, asseverou que, para a efetivação da "desaposentação", deveria ser considerado, como marco temporal, o momento em que o primeiro vínculo fora estabelecido. Ressaltou que a aplicação da fórmula descrita faria com que o segundo benefício, resultante da "desaposentação", fosse intermediário em relação a duas situações extremas também aventadas: proibir a "desaposentação" ou permiti-la sem a restituição de qualquer parcela dos proventos anteriormente recebidos. Registrou que a mencionada forma de cálculo produziria, ao redundar num aumento médio de 24,7% no valor da aposentadoria, custo fiscal totalmente assimilável. Aduziu, portanto, que, quem se aposentasse pela segunda vez, já tendo desfrutado dos benefícios do sistema por certo período, não iria se aposentar novamente, em condições iguais às daqueles que se aposentassem pela primeira vez e nunca tivessem sido beneficiários do sistema. A razão da diferença seria objetiva e não haveria legitimidade constitucional em se equiparar as duas situações, sob pena de se tratar igualmente desiguais. Afirmou que a solução proposta se afiguraria justa, porquanto o segurado não contribuiria para o sistema previdenciário em vão, mas também não se locupletaria deste último, além de preservar seu equilíbrio atuarial. Propôs que a decisão da Corte começasse a produzir efeitos somente a partir de 180 dias da publicação, o que permitiria ao INSS e à União que se organizassem para atender a demanda dos potenciais beneficiários, tanto sob o ponto de vista operacional, quanto do custeio. Além disso, prestigiaria, na maior medida legítima, a liberdade de conformação do legislador, que poderia instituir regime alternativo ao aposentado e que atendesse às diretrizes constitucionais delineadas. RE 661256/SC, rel. Min. Roberto Barroso, 9.10.2014. (RE-661256) RE 827833/SC, rel. Min. Roberto Barroso, 9.10.2014. (RE-827833)

Art. 18, § 2°, da Lei 8.213/1991 e "desaposentação" - 4
Em síntese, o Ministro Roberto Barroso assentou as seguintes diretrizes: a) inexistência de fundamentos legais válidos que impediriam a renúncia a uma aposentadoria concedida pelo RGPS para o fim de requerimento de um novo benefício mais vantajoso, tendo em conta as contribuições obrigatórias efetuadas em razão de atividade laboral realizada após o primeiro vínculo; b) exigência de que fossem levados em consideração os proventos já recebidos pelo interessado, com o objetivo de preservar a uniformidade atuarial, relacionada à isonomia e à justiça entre gerações; c) utilização, no cálculo dos novos proventos, dos fatores idade e expectativa de vida com referência ao momento de aquisição da primeira aposentadoria, de modo a impedir a deturpação da finalidade desses fatores como instrumentos de graduação dos benefícios segundo o tempo estimado de sua fruição pelo segurado; e d) produção dos efeitos da decisão a partir de 180 dias contados da publicação do acórdão, salvo edição de ato normativo para disciplinar a matéria de modo diferente. Em seguida, o julgamento foi suspenso. RE 661256/SC, rel. Min. Roberto Barroso, 9.10.2014. (RE-661256) RE 827833/SC, rel. Min. Roberto Barroso, 9.10.2014. (RE-827833)

Art. 18, § 2°, da Lei 8.213/1991 e "desaposentação" - 5
O Plenário retomou julgamento de recursos extraordinários em que se discute a possibilidade de reconhecimento da "desaposentação", consistente na renúncia a benefício de aposentadoria, com a utilização do tempo de serviço ou contribuição que fundamentara a prestação previdenciária originária, para a obtenção de benefício mais vantajoso em nova aposentadoria — v. Informativo 762. Na presente assentada, a Corte apreciou também o RE 381.367/RS, que aborda a referida controvérsia — v. Informativo 600. O Ministro Dias Toffoli, de início, afirmou não vislumbrar inconstitucionalidade no § 2° do art. 18 da Lei 8.213/1991 ("O aposentado pelo Regime Geral de Previdência Social - RGPS que permanecer em atividade sujeita a este Regime, ou a ele retornar, não fará jus a prestação alguma da Previdência Social em decorrência do exercício dessa atividade, exceto ao salário-família e à reabilitação profissional, quando empregado"). Além disso, não seria o caso de lhe conferir interpretação conforme o texto constitucional, a permitir, como pretendido, o recálculo dos proventos de quem, já aposentado, voltasse a trabalhar. Seria clara a interpretação que a União e o INSS dariam ao citado dispositivo, no sentido de que este, combinado com o art. 181-B do Decreto 3.048/1999 ("As aposentadorias por idade, tempo de contribuição e especial concedidas pela previdência social, na forma deste Regulamento, são irreversíveis e irrenunciáveis"), impediriam a "desaposentação". Por outro lado, apesar de a Constituição não o vedar expressamente, o texto constitucional não preveria especificamente o direito que se pretende ver reconhecido, qual seja, a "desaposentação". A Constituição disporia, de forma clara e específica, que ficariam remetidas à legislação ordinária as hipóteses em que as contribuições vertidas ao sistema previdenciário repercutissem, de forma direta, na concessão dos benefícios, nos termos dos artigos 194 e 195. A "desaposentação", entretanto, não possuiria previsão legal. Assim, esse instituto não poderia ter natureza jurídica de ato administrativo, que pressuporia o atendimento ao princípio da legalidade administrativa. Nada obstante, se a aposentadoria tivesse sido declarada e se fizesse por meio de ato administrativo lícito, não haveria que se falar em desconstituição deste por meio da "desaposentação", mesmo porque, sendo lícita a concessão do direito previdenciário, sua retirada do mundo jurídico não poderia ser admitida com efeitos "ex tunc". RE 661256/SC, rel. Min. Roberto Barroso, 29.10.2014. RE 827833/SC, rel. Min. Roberto Barroso, 29.10.2014. RE 381367/RS, rel. Min. Marco Aurélio, 29.10.2014.

Art. 18, § 2°, da Lei 8.213/1991 e "desaposentação" - 6
O Ministro Dias Toffoli asseverou, ademais, que o fator previdenciário, instituído pela Lei 9.876/1999, também deveria ser levado em consideração. Esse instituto, num primeiro momento, poderia até ser visto como um ônus para o trabalhador. Entretanto, o fator previdenciário permitiria que o contribuinte gozasse do benefício antes da idade mínima, com a possibilidade, inclusive, de escolher uma data para a aposentadoria, em especial quando entendesse que dali para a frente não conseguiria manter sua média contributiva. Portanto, a ideia de que o fator previdenciário imporia um ônus escorchante seria falsa. Sua instituição no sistema previdenciário brasileiro, na medida em que representaria, no formato em que instituído, instrumento típico do sistema de repartição, afastaria a tese de que a correlação entre as remunerações auferidas durante o período laboral e o benefício concedido implicaria a adoção do regime de capitalização. Por outro lado, a "desaposentação" tornaria imprevisíveis e flexíveis os parâmetros utilizados, a título de "expectativa de sobrevida" — elemento do fator previdenciário —, mesmo porque passaria esse elemento a ser manipulado pelo beneficiário da maneira que melhor o atendesse. O objetivo de estimular a aposentadoria tardia, estabelecido na lei que instituíra o citado fator, cairia por terra, pois a "desaposentação" ampliaria o problema das aposentadorias precoces. Igualmente, não haveria violação ao sistema atuarial ao se vedar a "desaposentação". Isso porque, ao contrário do que sustentado nos autos, as estimativas de receita deveriam ser calculadas considerados os dados estatísticos, os elementos atuariais e a população economicamente ativa como um todo. O equilíbrio exigido pela lei não seria, portanto, entre a contribuição do segurado e o financiamento do benefício a ser por ele percebido. Além do mais, o regime previdenciário nacional possuiria, já há algum tempo, feição nitidamente solidária e contributiva, a preponderar o caráter solidário. Por fim, ainda que existisse dúvida quanto à vinculação e ao real sentido do enunciado

normativo previsto no art. 18, § 2°, da Lei 8.213/1991, o qual impediria que se reconhecesse a possibilidade da "desaposentação", na espécie caberia a aplicação da máxima jurídica "in dubio pro legislatore". Se houvesse, no futuro, efetivas e reais razões fáticas e políticas para a revogação da referida norma, ou mesmo para a instituição e a regulamentação do instituto em comento, o espaço democrático para esses debates haveria de ser o Congresso Nacional. RE 661256/SC, rel. Min. Roberto Barroso, 29.10.2014, RE 827833/SC, rel. Min. Roberto Barroso, 29.10.2014. RE 381367/RS, rel. Min. Marco Aurélio, 29.10.2014.

Art. 18, § 2°, da Lei 8.213/1991 e "desaposentação" - 7
Por sua vez, o Ministro Teori Zavascki, ao acompanhar o Ministro Dias Toffoli, destacou, inicialmente, que o RGPS, como definido no art. 201 da CF e nas Leis 8.212/1991 e 8.213/1991, teria natureza estatutária ou institucional, e não contratual, ou seja, seria inteiramente regrado por lei, sem qualquer espaço para intervenção da vontade individual. A natureza estatutária desse regime acarretaria, então, consequências importantes em relação à formação, à aquisição, à modificação e ao exercício dos correspondentes direitos subjetivos. No caso, os direitos subjetivos somente nasceriam, ou seja, somente se tornariam adquiridos, quando inteiramente aperfeiçoados os requisitos próprios previstos na lei — o ato-condição —, diferentemente do que ocorreria com os direitos subjetivos oriundos de situações individuais, que nasceriam e se aperfeiçoariam imediatamente, segundo cláusulas legitimamente estabelecidas pela manifestação de vontade. Em razão disso, a jurisprudência do STF enfatizaria, sistematicamente, que não haveria direito adquirido a determinado regime jurídico. Portanto, no âmbito do RGPS, que seria estatutário, os direitos subjetivos estariam integralmente disciplinados pelo ordenamento jurídico. Esses direitos seriam apenas aqueles legalmente previstos — segundo a configuração jurídica que lhes tivesse sido atribuída — no momento em que implementados os requisitos necessários à sua aquisição. Isso significaria que a ausência de proibição à obtenção ou ao usufruto de certa vantagem não poderia ser tida como afirmação do direito subjetivo de exercê-la. Na verdade, dada a natureza institucional do regime, a simples ausência de previsão estatutária do direito equivaleria à inexistência do dever de prestação por parte da previdência social. Consideradas as premissas expostas, verificou que as Leis 8.870/1994 e 9.032/1995 teriam extinguido a disciplina legal que previa a existência de pecúlios (Lei 8.212/1991, art. 18, § 2°, e Lei 8.213/1991, artigos 81, II, e 82, todos na redação originária). Aqueles seriam devidos, por exemplo, ao segurado aposentado por idade ou por tempo de serviço pelo RGPS que voltasse à atividade, quando dela se afastasse. O pecúlio, nesse caso, consistiria em pagamento único de valor correspondente à soma das importâncias relativas às contribuições do segurado, remuneradas de acordo com o índice de remuneração básica dos depósitos de poupança. No período em que vigente essa disciplina legal, a contribuição dos segurados do regime geral seria destinada à formação dos citados benefícios — os pecúlios —, ainda que não existissem formalmente fundos individuais. Ou seja, a contribuição do aposentado teria, na época, característica típica de regime previdenciário de capitalização e não de repartição. RE 661256/SC, rel. Min. Roberto Barroso, 29.10.2014. RE 827833/SC, rel. Min. Roberto Barroso, 29.10.2014. RE 381367/RS, rel. Min. Marco Aurélio, 29.10.2014.

Art. 18, § 2°, da Lei 8.213/1991 e "desaposentação" - 8
O Ministro Teori Zavascki ressaltou que a Lei 9.032/1995, ao ultimar o processo de extinção dos pecúlios, incluíra o parágrafo 4° ao art. 12 da Lei 8.212/1991 ("O aposentado pelo Regime Geral de Previdência Social-RGPS que estiver exercendo ou que voltar a exercer atividade abrangida por este Regime é segurado obrigatório em relação a essa atividade, ficando sujeito às contribuições de que trata esta Lei, para fins de custeio da Seguridade Social"), e o parágrafo 3° ao art. 11 da Lei 8.213/1991 ("O aposentado pelo Regime Geral de Previdência Social - RGPS que estiver exercendo ou que voltar a exercer atividade abrangida por este Regime é segurado obrigatório em relação a essa atividade, ficando sujeito às contribuições de que trata a Lei n° 8.212, de 24 de julho de 1991, para fins de custeio da Seguridade Social"). Com isso, teria sido dada às contribuições vertidas pelo aposentado trabalhador finalidade diferente da que até então teria, típica de capitalização, e teriam passado a ser devidas para fins de custeio da seguridade social, e, portanto, um regime de repartição. Ficaria claro, então, que, a partir da extinção dos pecúlios, as contribuições pagas destinar-se-iam ao custeio atual do sistema geral de seguridade, e não ao pagamento, ou eventual incremento ou melhoria de futuro benefício específico para o próprio segurado ou para seus dependentes. Assim, presente o estatuto jurídico delineado, não haveria como supor a existência do direito subjetivo à "desaposentação". Esse benefício não teria previsão no sistema previdenciário estabelecido atualmente, o que, considerada a natureza estatutária da situação jurídica em que se inseriria, seria indispensável para que gerasse um correspondente dever de prestação. Ademais, para se reconhecer o direito à "desaposentação" seria necessário declarar previamente a inconstitucionalidade — inexistente, visto que compatíveis com o caráter solidário do sistema — do parágrafo 2° do art. 18, e do parágrafo 3° do art. 11, ambos da Lei 8.213/1991, bem como do parágrafo 4° do art. 12 da Lei 8.212/1991. Declarada a inconstitucionalidade, porém, isso não geraria outra coisa senão o retorno ao "status quo" anterior, ou seja, o retorno aos pecúlios ou a restituição das contribuições vertidas. Não haveria como se criar, sob o pretexto dessa inconstitucionalidade, um terceiro benefício jamais previsto em legislação, o que iria contra a natureza estatutária antes aludida. Outrossim, a solidariedade, a respaldar, como dito, a constitucionalidade dos sistema atual, justificaria a cobrança de contribuições pelo aposentado que voltasse a trabalhar. Este deveria adimplir seu recolhimento mensal como qualquer trabalhador, mesmo que não obtivesse nova aposentadoria. A razão de solidariedade seria essa, a contribuição de um não seria exclusiva desse, mas sua para a manutenção de toda a rede protetiva. O Ministro Roberto Barroso, relator do RE 661.256/SC e do RE 827.833/SC, confirmou o voto proferido na assentada anterior. Asseverou que as duas soluções extremas — proibir a "desaposentação", o que levaria à funcionalização plena do contribuinte; ou permiti-la sem levar em conta os proventos já recebidos, o que, além de anti-isonômico, estimularia as aposentadorias precoces —, seriam incompatíveis com a Constituição. Em razão disso, seria cabível a "desaposentação", desde que consideradas os saques já feitos no sistema. Em seguida, pediu vista dos autos a Ministra Rosa Weber. RE 661256/SC, rel. Min. Roberto Barroso, 29.10.2014. RE 827833/SC, rel. Min. Roberto Barroso, 29.10.2014. RE 381367/RS, rel. Min. Marco Aurélio, 29.10.2014. (Inform. STF 765)

DIREITO PREVIDENCIÁRIO. DESAPOSENTAÇÃO E DESNECESSIDADE DE DEVOLUÇÃO DOS VALORES RECEBIDOS EM RAZÃO DA APOSENTADORIA ANTERIOR. RECURSO REPETITIVO (ART. 543-C DO CPC E RES. 8/2008-STJ).
É possível a renúncia à aposentadoria por tempo de serviço (desaposentação) objetivando a concessão de novo benefício mais vantajoso da mesma natureza (reaposentação), com o cômputo dos salários de contribuição posteriores à aposentadoria anterior, não sendo exigível, nesse caso, a devolução dos valores recebidos em razão da aposentadoria anterior. Precedentes citados: AgRg no REsp 1.270.606-RS, Sexta Turma, DJe 12/4/2013; AgRg no REsp 1.321.325-RS, Segunda Turma, DJe 20/8/2012, e AgRg no REsp 1.255.835-PR, Quinta Turma, DJe 12/9/2012. **REsp 1.334.488-SC, Rel. Min. Herman Benjamin, julgado em 8/5/2013.** (Inform. STJ 520)

12. AÇÕES PREVIDENCIÁRIAS

Ação perante o INSS e prévio requerimento administrativo - 1
O Plenário iniciou julgamento de recurso extraordinário em que se discute a possibilidade de propositura de ação judicial em matéria previdenciária sem que haja prévia postulação administrativa do benefício. No caso, trata-se de ação em que se pleiteia a concessão de aposentadoria rural por idade, proposta por segurada que não formulara requerimento administrativo. Preliminarmente, por maioria, o Colegiado conheceu do recurso. Vencida, no ponto, a Ministra Rosa Weber, que entendia cuidar-se de ofensa meramente reflexa à Constituição. No mérito, o Ministro Roberto Barroso (relator), acompanhado pelos Ministros Teori Zavascki, Rosa Weber, Luiz Fux, Gilmar Mendes, Celso de Mello e Ricardo Lewandowski (Presidente eleito), proveu parcialmente o recurso. Asseverou que a instituição de condições para o regular exercício do direito de ação seria compatível com o art. 5º, XXXV, da CF ("XXXV - a lei não excluirá da apreciação do Poder Judiciário lesão ou ameaça a direito"). Assinalou que, na situação dos autos, para se caracterizar a presença de interesse em agir, seria preciso haver necessidade de ir a juízo. Reputou que a concessão de benefício previdenciário dependeria de requerimento do interessado, e não se caracterizaria ameaça ou lesão a direito antes de sua apreciação e eventual indeferimento pelo INSS, ou se o órgão não oferecesse resposta após 45 dias. Ressalvou que a exigência de prévio requerimento não se confundiria, entretanto, com o exaurimento das vias administrativas. Consignou, ainda, que a exigência de prévio requerimento administrativo não deveria prevalecer quando o entendimento da Administração fosse notória e reiteradamente contrário à postulação do segurado. Acresceu que, nas hipóteses de pretensão de revisão, restabelecimento ou manutenção de benefício anteriormente concedido — uma vez que o INSS teria o dever legal de conceder a prestação mais vantajosa possível — o pedido poderia ser formulado diretamente em juízo, porque nesses casos a conduta do INSS já configuraria o não acolhimento da pretensão.
RE 631240/MG, rel. Min. Roberto Barroso, 27.8.2014. (RE-631240)

Ação perante o INSS e prévio requerimento administrativo - 2
O Ministro Teori Zavascki ressaltou que, nos casos de prestação previdenciária cuja concessão só pudesse haver, se e quando requerido pelo segurado, o interesse de agir em juízo pressuporia prévio requerimento administrativo ou a demonstração de resistência por parte do INSS. O Ministro Luiz Fux frisou que a inexistência do prévio requerimento administrativo tornaria não demonstrada a lesão a que se refere a Constituição (art. 5º, XXXV), exigível para propiciar o acesso à Justiça. O Ministro Gilmar Mendes observou que a Constituição proibiria as disposições legais de obstacularizarem o exercício de direito, mas não as impediria de disciplinar a matéria. Lembrou o alto índice de judicialização do País, particularmente nos juizados especiais, em que tramitaria boa parte das causas sobre direito previdenciário. O Ministro Celso de Mello sintetizou que não ofenderia o direito fundamental ao processo ou a cláusula constitucional da inafastabilidade da proteção judicial efetiva, em situações de dano atual ou iminente a determinada prerrogativa jurídica, a estipulação e observância das condições da ação, requisitos mínimos de admissibilidade do exercício legítimo desse direito. O Ministro Ricardo Lewandowski apontou que a existência de questões fáticas a serem dirimidas, como, por exemplo, a submissão do interessado a junta médica, exigiria prévio pronunciamento administrativo. Em divergência, os Ministros Marco Aurélio e Cármen Lúcia desproveram o recurso. O Ministro Marco Aurélio pontuou que a Constituição não condicionaria a postulação judicial ao exaurimento prévio das vias administrativas. Por outro lado, em seu texto, haveria duas situações jurídicas em que indispensável o requerimento administrativo: dissídio coletivo de natureza econômica (CF, art. 114, § 2º); e ações submetidas à justiça desportiva. Ressaltou não haver exceção, mormente para situação em que o embate seria desequilibrado, a envolver cidadão e Estado, sob pena de beneficiar o polo mais forte da relação jurídica. Destacou não caber retrocesso em termos de cidadania, a obstaculizar o livre acesso ao Judiciário. A Ministra Cármen Lúcia assinalou que o art. 5º, XXXV, da CF, não poderia se submeter a condicionantes e que, no caso, o cidadão que optasse por provocar o Judiciário diretamente o faria por necessidade, tendo em vista algum embaraço como, por exemplo, a ausência de órgão do INSS na localidade. Sublinhou que esse entrave deveria ser provado perante a jurisdição competente.
RE 631240/MG, rel. Min. Roberto Barroso, 27.8.2014. (RE-631240)

Ação perante o INSS e prévio requerimento administrativo - 3
Na sequência, o relator ponderou que, tendo em vista a prolongada oscilação jurisprudencial na matéria, inclusive no STF, dever-se-ia estabelecer uma fórmula de transição, para lidar com as ações em curso, nos seguintes termos: a) as ações já ajuizadas até a data da presente decisão, sem que tivesse havido prévio requerimento administrativo, ficariam sobrestadas; b) o autor seria intimado a dar entrada no pedido administrativo em 30 dias, sob pena de extinção do processo; c) comprovado o protocolo, o INSS seria intimado a se manifestar em até 90 dias acerca do pedido, prazo dentro do qual a autarquia deveria colher todas as provas eventualmente necessárias e proferir decisão; d) se o pedido fosse acolhido administrativamente, ou não pudesse ter o seu mérito analisado por motivos imputáveis ao próprio requerente, extinguir-se-ia a ação; e) caso contrário, estaria caracterizado o interesse em agir e a ação deveria prosseguir. Em seguida, o julgamento foi suspenso para posterior deliberação quanto à aludida proposta.
RE 631240/MG, rel. Min. Roberto Barroso, 27.8.2014. (RE-631240)

Ação perante o INSS e prévio requerimento administrativo - 4
A exigibilidade de prévio requerimento administrativo como condição para o regular exercício do direito de ação, para que se postule judicialmente a concessão de benefício previdenciário, não ofende o art. 5º, XXXV, da CF ("XXXV - a lei não excluirá da apreciação do Poder Judiciário lesão ou ameaça a direito"). Esse é o entendimento do Plenário, que, em conclusão de julgamento e por maioria, proveu parcialmente recurso extraordinário em que discutida a possibilidade de propositura de ação judicial para pleitear aposentadoria rural por idade, por parte de segurada que não formulara prévio requerimento administrativo — v. Informativo 756. Preliminarmente, por maioria, o Colegiado conheceu do recurso. Vencida, no ponto, a Ministra Rosa Weber, que entendia cuidar-se de ofensa meramente reflexa à Constituição. No mérito, o Colegiado asseverou que, na situação dos autos, para se caracterizar a presença de interesse em agir, seria preciso haver necessidade de ir a juízo. Reputou que a concessão de benefício previdenciário dependeria de requerimento do interessado, e não se caracterizaria ameaça ou lesão a direito antes de sua apreciação e eventual indeferimento pelo INSS, ou se o órgão não oferecesse resposta após 45 dias. Ressalvou que a exigência de prévio requerimento não se confundiria, entretanto, com o exaurimento das vias administrativas. Consignou, ainda, que a exigência de prévio requerimento administrativo não deveria prevalecer quando o entendimento da Administração fosse notório e reiteradamente contrário à postulação do segurado. Acresceu que, nas hipóteses de pretensão de revisão, restabelecimento ou manutenção de

benefício anteriormente concedido — uma vez que o INSS teria o dever legal de conceder a prestação mais vantajosa possível — o pedido poderia ser formulado diretamente em juízo, porque nesses casos a conduta do INSS já configuraria o não acolhimento da pretensão.
RE 631240/MG, rel. Min. Roberto Barroso, 3.9.2014. (RE-631240)

Ação perante o INSS e prévio requerimento administrativo - 5
Em seguida, o Plenário ponderou que, tendo em vista a prolongada oscilação jurisprudencial na matéria, inclusive no STF, dever-se-ia estabelecer uma fórmula de transição, para lidar com as ações em curso. Quanto aos processos iniciados até a data da sessão de julgamento, sem que tivesse havido prévio requerimento administrativo nas hipóteses em que exigível, seria observado o seguinte: a) caso o processo corresse no âmbito de Juizado Itinerante, a ausência de anterior pedido administrativo não deveria implicar a extinção do feito; b) caso o INSS já tivesse apresentado contestação de mérito, estaria caracterizado o interesse em agir pela resistência à pretensão; c) caso não se enquadrassem nos itens "a" e "b" as demais ações ficariam sobrestadas. Nas ações sobrestadas, o autor seria intimado a dar entrada no pedido administrativo em 30 dias, sob pena de extinção do processo. Comprovada a postulação administrativa, o INSS seria intimado a se manifestar acerca do pedido em até 90 dias, prazo dentro do qual a Autarquia deveria colher todas as provas eventualmente necessárias e proferir decisão. Acolhido administrativamente o pedido, ou se não pudesse ter o seu mérito analisado por motivos imputáveis ao próprio requerente, extinguir-se-ia a ação. Do contrário, estaria caracterizado o interesse em agir e o feito deveria prosseguir. Em todas as situações descritas nos itens "a", "b" e "c", tanto a análise administrativa quanto a judicial deveriam levar em conta a data do início do processo como data de entrada do requerimento, para todos os efeitos legais. Vencidos os Ministros Marco Aurélio e Cármen Lúcia, que desproviam o recurso. Assinalavam que o art. 5º, XXXV, da CF, não poderia se submeter a condicionantes. Vencida, em menor extensão, a Ministra Rosa Weber, que não subscrevia a fórmula de transição proposta.
RE 631240/MG, rel. Min. Roberto Barroso, 3.9.2014. (RE-631240) (Inform. STF 757)

AG. REG. NO RE N. 430.418-RS
RELATOR: MIN. ROBERTO BARROSO
EMENTA: AGRAVO REGIMENTAL EM RECURSO EXTRAORDINÁRIO. CONTRIBUIÇÃO SOCIAL DO APOSENTADO QUE RETORNA À ATIVIDADE. POSSIBILIDADE. PRINCÍPIO DA SOLIDARIEDADE. PRECEDENTES.
O Supremo Tribunal Federal consolidou o entendimento de que é constitucional a cobrança de contribuição previdenciária sobre o salário do aposentado que retorna à atividade.
O princípio da solidariedade faz com que a referibilidade das contribuições sociais alcance a maior amplitude possível, de modo que não há uma correlação necessária e indispensável entre o dever de contribuir e a possibilidade de auferir proveito das contribuições vertidas em favor da seguridade.
Agravo regimental a que se nega provimento. (Inform. STF 745)

RE N. 586.453-SE
REDATOR P/ O ACÓRDÃO: MIN. DIAS TOFFOLI
EMENTA: Recurso extraordinário – Direito Previdenciário e Processual Civil – Repercussão geral reconhecida – Competência para o processamento de ação ajuizada contra entidade de previdência privada e com o fito de obter complementação de aposentadoria – Afirmação da autonomia do Direito Previdenciário em relação ao Direito do Trabalho – Litígio de natureza eminentemente constitucional, cuja solução deve buscar trazer maior efetividade e racionalidade ao sistema – Recurso provido para afirmar a competência da Justiça comum para o processamento da demanda - Modulação dos efeitos do julgamento, para manter, na Justiça Federal do Trabalho, até final execução, todos os processos dessa espécie em que já tenha sido proferida sentença de mérito, até o dia da conclusão do julgamento do recurso (20/2/13).
1. A competência para o processamento de ações ajuizadas contra entidades privadas de previdência complementar é da Justiça comum, dada a autonomia do Direito Previdenciário em relação ao Direito do Trabalho. Inteligência do art. 202, § 2º, da Constituição Federal a excepcionar, na análise desse tipo de matéria, a norma do art. 114, inciso IX, da Magna Carta.
2. Quando, como ocorre no presente caso, o intérprete está diante de controvérsia em que há fundamentos constitucionais para se adotar mais de uma solução possível, deve ele optar por aquela que efetivamente trará maior efetividade e racionalidade ao sistema.
3. Recurso extraordinário de que se conhece e ao qual se dá provimento para firmar a competência da Justiça comum para o processamento de demandas ajuizadas contra entidades privadas de previdência buscando-se o complemento de aposentadoria.
4. Modulação dos efeitos da decisão para reconhecer a competência da Justiça Federal do Trabalho para processar e julgar, até o trânsito em julgado e a correspondente execução, todas as causas da espécie em que houver sido proferida sentença de mérito até a data da conclusão, pelo Plenário do Supremo Tribunal Federal, do julgamento do presente recurso (20/2/2013).
5. Reconhecimento, ainda, da inexistência de repercussão geral quanto ao alcance da prescrição de ação tendente a questionar as parcelas referentes à aludida complementação, bem como quanto à extensão de vantagem a aposentados que tenham obtido a complementação de aposentadoria por entidade de previdência privada sem que tenha havido o respectivo custeio. (Inform. STF 709)

DIREITO PROCESSUAL CIVIL E PREVIDENCIÁRIO. COMPETÊNCIA PARA JULGAR PEDIDO DE PENSÃO POR MORTE DECORRENTE DE ÓBITO DE EMPREGADO ASSALTADO NO EXERCÍCIO DO TRABALHO. Compete à Justiça Estadual – e não à Justiça Federal – processar e julgar ação que tenha por objeto a concessão de pensão por morte decorrente de óbito de empregado ocorrido em razão de assalto sofrido durante o exercício do trabalho. Doutrina e jurisprudência firmaram compreensão de que, em regra, o deslinde dos conflitos de competência de juízos em razão da matéria deve ser dirimido com a observância da relação jurídica controvertida, notadamente no que se refere à causa de pedir e ao pedido indicados pelo autor da demanda. Na hipótese, a circunstância afirmada não denota acidente do trabalho típico ou próprio, disciplinado no *caput* do art. 19 da Lei 8.213/1991 (Lei de Benefícios da Previdência Social), mas acidente do trabalho atípico ou impróprio, que, por presunção legal, recebe proteção na alínea "a" do inciso II do art. 21 da Lei de Benefícios. Nessa hipótese, o nexo causal é presumido pela lei diante do evento, o que é compatível com o ideal de proteção ao risco social que deve permear a relação entre o segurado e a Previdência Social. Desse modo, o assalto sofrido no local e horário de trabalho equipara-se ao acidente do trabalho, e o direito à pensão por morte decorrente do evento inesperado e violento deve ser apreciado pelo juízo da Justiça Estadual, nos termos do art. 109, I, parte final, da CF combinado com o art. 21, II, "a", da Lei 8.213/1991. **CC 132.034-SP, Rel. Min. Benedito Gonçalves, julgado em 28/5/2014. (Inform. STJ 542)**

DIREITO PROCESSUAL CIVIL E PREVIDENCIÁRIO. JUROS DE MORA DEVIDOS PELA FAZENDA PÚBLICA. Nas ações previdenciárias em curso, tem aplicação imediata a alteração no regramento dos juros de mora devidos pela Fazenda Pública efetivada pela Lei 11.960/2009 no art. 1º-F da Lei 9.494/1997. Isso porque essa norma tem natureza eminentemente processual, aplicando-se aos processos em andamento, à luz do princípio *tempus regit actum*. Precedentes citados:

EREsp 1.207.197-RS, Corte Especial, DJe 2/8/2011; e AgRg nos EAg 1.301.602-SP, Terceira Seção, DJe 20/3/2013. **AgRg nos EAg 1.159.781-SP**, Rel. Min. Sidnei Beneti, julgado em 19/2/2014. (Inform. STJ 536)

DIREITO PREVIDENCIÁRIO E PROCESSUAL CIVIL. REFORMATIO IN PEJUS EM REEXAME NECESSÁRIO.
O Tribunal, em remessa necessária, inexistindo recurso do segurado, não pode determinar a concessão de benefício previdenciário que entenda mais vantajoso ao segurado. É certo que o juiz pode conceder ao autor benefício previdenciário diverso do requerido na inicial, desde que preenchidos os requisitos legais atinentes ao benefício concedido, sem que isso configure julgamento *extra petita* ou *ultra petita*. Esse entendimento, ressalte-se, leva em consideração os fins sociais das normas previdenciárias, bem como a hipossuficiência do segurado. Contudo, a referida possibilidade não se estende à hipótese de julgamento da remessa necessária (art. 475 do CPC), tendo em vista sua específica devolutividade, restrita à confirmação da sentença e à consequente promoção da maior segurança possível para a Fazenda Pública, evitando-se que este seja indevidamente condenada. Nesse contexto, a concessão de benefício mais vantajoso ao beneficiário no julgamento de remessa necessária importaria verdadeira *reformatio in pejus*, situação que não pode ser admitida (Súmula 45 do STJ). Precedentes citados: EDcl no REsp 1.144.400-SC, Sexta Turma, DJe 27/8/2012; e REsp 1.083.643-MG, Quinta Turma, DJe 3/8/2009. **REsp 1.379.494-MG**, Rel. Min. Sérgio Kukina, julgado em 13/8/2013. (Inform. STJ 528)

DIREITO PROCESSUAL CIVIL E PREVIDENCIÁRIO. DEVOLUÇÃO DE BENEFÍCIO PREVIDENCIÁRIO RECEBIDO EM RAZÃO DE ANTECIPAÇÃO DOS EFEITOS DA TUTELA POSTERIORMENTE REVOGADA.
O segurado da Previdência Social tem o dever de devolver o valor de benefício previdenciário recebido em antecipação dos efeitos da tutela (art. 273 do CPC) a qual tenha sido posteriormente revogada. Historicamente, a jurisprudência do STJ, com fundamento no princípio da irrepetibilidade dos alimentos, tem isentado os segurados do RGPS da obrigação de restituir valores obtidos por antecipação de tutela que posteriormente tenha sido revogada. Já os julgados que cuidam da devolução de valores percebidos indevidamente por servidores públicos evoluíram para considerar não apenas o caráter alimentar da verba, mas também a boa-fé objetiva envolvida na situação. Nestes casos, o elemento que evidencia a boa-fé objetiva consiste na legítima confiança ou justificada expectativa de que os valores recebidos sejam legais e de que passem a integrar definitivamente o seu patrimônio. Nas hipóteses de benefícios previdenciários oriundos de antecipação de tutela, não há dúvida de que existe boa-fé subjetiva, pois, enquanto o segurado recebe os benefícios, há legitimidade jurídica, apesar de precária. Do ponto de vista objetivo, todavia, não há expectativa de definitividade do pagamento recebido via tutela antecipatória, não podendo o titular do direito precário pressupor a incorporação irreversível da verba ao seu patrimônio. Efetivamente, não há legitimidade jurídica para o segurado presumir que não terá de devolver os valores recebidos, até porque, invariavelmente, está o jurisdicionado assistido por advogado e, conforme o disposto no art. 3º da LINDB, segundo o qual ninguém se escusa de cumprir a lei, alegando que não a conhece, deve estar ciente da precariedade do provimento judicial que lhe é favorável e da contraposição da autarquia previdenciária quanto ao mérito. Ademais, em uma escala axiológica, evidencia-se a desproporcionalidade da hipótese analisada em relação aos casos em que o próprio segurado pode tomar empréstimos de instituição financeira e consignar descontos em folha, isto é, o erário "empresta", via antecipação de tutela posteriormente cassada, ao segurado e não pode cobrar sequer o principal.

Já as instituições financeiras emprestam e recebem, mediante desconto em folha, não somente o principal como também os juros remuneratórios. **REsp 1.384.418-SC**, Rel. Min. Herman Benjamin, julgado em 12/6/2013. (Inform. STJ 524)

DIREITO PROCESSUAL CIVIL E PREVIDENCIÁRIO. FORMA DE DEVOLUÇÃO DE BENEFÍCIO PREVIDENCIÁRIO RECEBIDO EM ANTECIPAÇÃO DOS EFEITOS DE TUTELA POSTERIORMENTE REVOGADA.
Na devolução de benefício previdenciário recebido em antecipação dos efeitos da tutela (art. 273 do CPC) a qual tenha sido posteriormente revogada, devem ser observados os seguintes parâmetros: a) a execução de sentença declaratória do direito deverá ser promovida; e b) liquidado e incontroverso o crédito executado, o INSS poderá fazer o desconto em folha de até 10% da remuneração dos benefícios previdenciários em manutenção até a satisfação do crédito. Isso porque o caráter alimentar dos benefícios previdenciários está ligado ao princípio constitucional da dignidade da pessoa humana, de forma que as imposições obrigacionais sobre os respectivos proventos não podem comprometer o sustento do segurado. **REsp 1.384.418-SC**, Rel. Min. Herman Benjamin, julgado em 12/6/2013. (Inform. STJ 524)

DIREITO PREVIDENCIÁRIO E PROCESSUAL CIVIL. CONCESSÃO DE BENEFÍCIO PREVIDENCIÁRIO DIVERSO DO REQUERIDO NA INICIAL.
O juiz pode conceder ao autor benefício previdenciário diverso do requerido na inicial, desde que preenchidos os requisitos legais atinentes ao benefício concedido. Isso porque, tratando-se de matéria previdenciária, deve-se proceder, de forma menos rígida, à análise do pedido. Assim, nesse contexto, a decisão proferida não pode ser considerada como extra petita ou ultra petita. **AgRg no REsp 1.367.825-RS**, Rel. Min. Humberto Martins, julgado em 18/4/2013. (Inform. STJ 522)

DIREITO TRIBUTÁRIO E PREVIDENCIÁRIO. IMPOSSIBILIDADE DE INSCRIÇÃO EM DÍVIDA ATIVA DE VALOR INDEVIDAMENTE RECEBIDO A TÍTULO DE BENEFÍCIO PREVIDENCIÁRIO. RECURSO REPETITIVO (ART. 543-C DO CPC E RES. 8/2008-STJ).
Não é possível a inscrição em dívida ativa de valor correspondente a benefício previdenciário indevidamente recebido e não devolvido ao INSS. Isso porque a inscrição em dívida ativa de valor decorrente de ilícito extracontratual deve ser fundamentada em dispositivo legal específico que a autorize expressamente. Ocorre que, nas leis próprias do INSS (Lei 8.212/1991 e Lei 8.213/1991), não há dispositivo legal semelhante ao disposto no parágrafo único do art. 47 da Lei 8.112/1990 – o qual prevê a inscrição em dívida ativa de valores não pagos pelo servidor público federal que tiver sido demitido, exonerado ou tiver sua aposentadoria ou disponibilidade cassada. Se o legislador quisesse que o recebimento indevido de benefício previdenciário ensejasse a inscrição em dívida ativa, teria previsto expressamente na Lei 8.212/1991 ou na Lei 8.213/1991, o que não fez. Incabível, assim, por se tratar de restrição de direitos, qualquer analogia com o que dispõe o art. 47 da Lei 8.112/1990. Isso significa que, recebido o valor a maior pelo beneficiário, a forma prevista em lei para o INSS reavê-lo se dá através de desconto do próprio benefício a ser pago em períodos posteriores e, nos casos de dolo, fraude ou má-fé, a lei prevê a restituição de uma só vez (descontando-se do benefício) ou mediante acordo de parcelamento (art. 115, II e § 1º, da Lei 8.213/1991 e art. 154, II e § 2º, do Dec. 3.048/1999). Na impossibilidade da realização destes descontos, seja porque o beneficiário deixou de sê-lo (suspensão ou cessação), seja porque seu benefício é insuficiente para a realização da restituição de uma só vez ou, ainda, porque a pessoa que recebeu os valores o fez indevidamente jamais tendo sido a real beneficiária, a lei não prevê a inscrição em dívida ativa. Nessas situações, por falta de lei específica que

determine a inscrição em dívida ativa, torna-se imperativo que seu ressarcimento seja precedido de processo judicial para o reconhecimento do direito do INSS à repetição. De ressaltar, ademais, que os benefícios previdenciários indevidamente recebidos, qualificados como enriquecimento ilícito, não se enquadram no conceito de crédito tributário ou não tributário previsto no art. 39, § 2°, da Lei 4.320/1964, a justificar sua inscrição em dívida ativa. Sendo assim, o art. 154, § 4°, II, do Dec. 3.048/99, que determina a inscrição em dívida ativa de benefício previdenciário pago indevidamente, não encontra amparo legal. Precedentes citados: AgRg no AREsp. 225.034-BA, Segunda Turma, DJe 19/2/2013; e AgRg no AREsp 188.047-AM, Primeira Turma, DJe 10/10/2012. **REsp 1.350.804-PR, Rel. Min. Mauro Campbell Marques, julgado em 12/6/2013.** (Inform. STJ 522)

DIREITO PREVIDENCIÁRIO E PROCESSUAL CIVIL. PRÉVIO REQUERIMENTO ADMINISTRATIVO PARA OBTENÇÃO DE BENEFÍCIO PREVIDENCIÁRIO.
O prévio requerimento administrativo é indispensável para o ajuizamento da ação judicial em que se objetive a concessão de benefício previdenciário quando se tratar de matéria em que não haja resistência notória por parte do INSS à pretensão do beneficiário. A Segunda Turma do STJ firmou o entendimento de que o interesse processual do segurado e a utilidade da prestação jurisdicional concretizam-se nas hipóteses de recusa de recebimento do requerimento e de negativa de concessão do benefício previdenciário, seja pelo concreto indeferimento do pedido seja pela notória resistência da autarquia à tese jurídica esposada. Com efeito, se o segurado postulasse sua pretensão diretamente no Poder Judiciário, sem requerer administrativamente o objeto da ação, correr-se-ia o risco de a Justiça Federal substituir definitivamente a Administração Previdenciária. **AgRg no REsp 1.341.269-PR, Rel. Min. Castro Meira, julgado em 9/4/2013.** (Inform. STJ 520)

DIREITO PROCESSUAL CIVIL E PREVIDENCIÁRIO. REVOGAÇÃO DE ANTECIPAÇÃO DA TUTELA. NÃO RESTITUIÇÃO DOS VALORES RECEBIDOS.
Os valores percebidos pelo segurado por força de tutela antecipada posteriormente revogada não devem ser devolvidos aos cofres públicos. Precedentes citados: AgRg no AREsp 151.349-MG, DJe 29/5/2012, e AgRg no AREsp 22.854-PR, DJe 9/11/2011. **AgRg no AREsp 194.038-MG, Rel. Min. Mauro Campbell Marques, julgado em 18/10/2012.** (Inform. STJ 507)

DIREITO PROCESSUAL CIVIL E PREVIDENCIÁRIO. HONORÁRIOS ADVOCATÍCIOS. TERMO FINAL PARA APURAÇÃO DA BASE DE CÁLCULO. OBSERVÂNCIA DA SÚM. N. 111/STJ.
A base de cálculo da verba honorária nas ações previdenciárias é composta das parcelas vencidas até a data da decisão judicial em que o direito do segurado foi reconhecido. Os honorários advocatícios incidem sobre o valor da condenação, nesta compreendidas as parcelas vencidas até a prolação da decisão judicial concessiva do benefício, em consonância com a Súm. n. 111/STJ. Precedente citado: AgRg no REsp 1.267.184-PR, DJe 5/9/2012. **AgRg nos EDcl no AREsp 155.028-SP, Rel. Min. Mauro Campbell Marques, julgado em 18/10/2012.** (Inform. STJ 507)

DIREITO PROCESSUAL CIVIL. EXECUÇÃO FISCAL. COBRANÇA DE VALORES RELATIVOS À CONCESSÃO FRAUDULENTA DE BENEFÍCIO PREVIDENCIÁRIO. IMPOSSIBILIDADE.
O processo de execução fiscal não é o meio adequado para a cobrança judicial de dívida que tenha origem em fraude relacionada à concessão de benefício previdenciário. O valor referente ao benefício concedido de forma fraudulenta não tem natureza de crédito tributário e não permite sua inscrição na dívida ativa. O conceito de dívida ativa (tributária ou não tributária) envolve apenas os créditos certos e líquidos, conforme dispõem os arts. 2° e 3° da Lei n. 6.380/1980 e 39, § 2°, da Lei n. 4.320/1964. Ausente a liquidez e certeza em relação aos valores cobrados, impossível sua cobrança por meio de execução fiscal. Precedentes citados: AgRg no AREsp 171.560-MG, DJe 21/8/2012; AgRg no AREsp 16.682-RS, DJe 16/3/2012; AgRg no REsp 1.225.313-RS, DJe 18/4/2011. **AgRg no AREsp 188.047-AM, Rel. Min. Benedito Gonçalves, julgado em 4/10/2012.** (Inform. STJ 506)

Súmula STF n° 729

A decisão na Ação Direta de Constitucionalidade não se aplica à antecipação de tutela em causa de natureza previdenciária.

Súmula STF n° 689

O segurado pode ajuizar ação contra a instituição previdenciária perante o juízo federal do seu domicílio ou nas varas federais da capital do estado-membro.

Súmula STJ n° 242

Cabe ação declaratória para reconhecimento de tempo de serviço para fins previdenciários.

Súmula STJ n° 226

O Ministério Público tem legitimidade para recorrer na ação de acidente do trabalho, ainda que o segurado esteja assistido por advogado.

Súmula STJ n° 204

Os juros de mora nas ações relativas a benefícios previdenciários incidem a partir da citação válida.

Súmula STJ n° 178

O INSS não goza de isenção do pagamento de custas e emolumentos, nas ações acidentárias e de benefícios, propostas na justiça estadual.

Súmula STJ n° 149

A prova exclusivamente testemunhal não basta à comprovação da atividade rurícola, para efeito da obtenção de benefício previdenciário.

Súmula STJ n° 111

Os honorários advocatícios, nas ações previdenciárias, não incidem sobre as prestações vencidas após a sentença.

Súmula STJ n° 110

A isenção do pagamento de honorários advocatícios, nas ações acidentarias, é restrita ao segurado.

Súmula STJ n° 89

A ação acidentária prescinde do exaurimento da via administrativa.

23. DIREITO FINANCEIRO

1. COMPETÊNCIA LEGISLATIVA

ADI: matéria orçamentária e competência legislativa
O Plenário julgou parcialmente procedente pedido formulado em ação direta para declarar a inconstitucionalidade do inciso I do art. 189 da Constituição do Estado de Rondônia, inserido pela EC estadual 17/1999, e confirmou, quanto a esse dispositivo, medida cautelar anteriormente deferida (noticiada no Informativo 195). A Corte afirmou que a norma impugnada, ao considerar como integrantes da receita aplicada na manutenção e desenvolvimento do ensino as despesas empenhadas, liquidadas e pagas no exercício financeiro, afrontaria o quanto disposto no art. 24, I, II, e § 1º, da CF ("Art. 24. Compete à União, aos Estados e ao Distrito Federal legislar concorrentemente sobre: I - direito tributário, financeiro, penitenciário, econômico e urbanístico; II - orçamento; ... § 1º - No âmbito da legislação concorrente, a competência da União limitar-se-á a estabelecer normas gerais"). O Ministro Roberto Barroso, ao acompanhar esse entendimento, acrescentou que o art. 212 da CF ("A União aplicará, anualmente, nunca menos de dezoito, e os Estados, o Distrito Federal e os Municípios vinte e cinco por cento, no mínimo, da receita resultante de impostos, compreendida a proveniente de transferências, na manutenção e desenvolvimento do ensino") estabeleceria a necessidade de efetiva liquidação das despesas nele versadas. Não bastaria, portanto, o simples empenho da despesa para que se considerasse cumprido o mandamento constitucional, prática adotada pelo Estado de Rondônia.
ADI 2124/RO, rel. Min. Gilmar Mendes, 19.11.2014. (ADI-2124)
(Inform. STF 768)

2. VINCULAÇÃO DE RECEITA

ADI e vinculação de receita
O Plenário, por maioria, julgou parcialmente procedente pedido formulado em ação direta para declarar a inconstitucionalidade dos artigos 309, § 1º, e 314, "caput", § 5º e da expressão "e garantirá um percentual mínimo de 10% (dez por cento) para a educação especial", contida na parte final do § 2º do art. 314, todos da Constituição do Estado do Rio de Janeiro. Além disso, o Colegiado declarou a inconstitucionalidade por arrastamento das expressões "à UERJ e", "306, § 1º (atual 309), e" e "e, na hipótese da UERJ, sobre a sua receita tributária líquida" do art. 1º da Lei fluminense 1.729/1990 e do art. 6º da Lei fluminense 2.081/1993, que regulamentam os referidos dispositivos da Constituição estadual. As citadas normas estabelecem vinculação de receita para a educação em geral e, especificamente, para a UERJ e a FAPERJ. O Tribunal ressaltou que a jurisprudência do STF seria pacífica no sentido da inconstitucionalidade das normas que estabelecessem vinculação de parcelas das receitas tributárias a órgãos, fundos ou despesas. Frisou que essas leis desrespeitariam a vedação contida no art. 167, IV, da CF, bem como restringiriam a competência constitucional do Poder Executivo para a elaboração das propostas de leis orçamentárias. Essa regra constitucional somente seria excepcionada nos casos expressamente previstos na parte final do inciso IV do art. 167 da CF, que ressalva "a destinação de recursos para as ações e serviços públicos de saúde, para manutenção e desenvolvimento do ensino e para realização de atividades da administração tributária, como determinado, respectivamente, pelos artigos 198, § 2º, 212 e 37, XXII, e a prestação de garantias às operações de crédito por antecipação de receita, previstas no art. 165, § 8º, bem como o disposto no § 4º deste artigo". Em relação ao art. 332 da Constituição fluminense, também impugnado, o Colegiado recordou que o STF já teria declarado a constitucionalidade de norma de conteúdo semelhante prevista no art. 329 da Constituição estadual. Rememorou que a EC 32/2003 à Constituição estadual apenas alterara a sua redação sem modificar sua essência, além de deslocar essa norma para o art. 332 da Constituição estadual ["Art. 332. O Estado do Rio de Janeiro destinará, anualmente, à Fundação de Amparo à Pesquisa - FAPERJ, 2% (dois por cento) da receita tributária do exercício, deduzidas as transferências e vinculações constitucionais e legais"]. Concluiu que o art. 332 da Constituição fluminense estaria em harmonia com o art. 218, § 5º, da CF. Vencido, em parte, o Ministro Marco Aurélio, que julgava procedente o pedido para declarar também a inconstitucionalidade do art. 332, por afrontar a iniciativa do Chefe do Poder Executivo para propor lei orçamentária.
ADI 4102/RJ, rel. Min. Cármen Lúcia, 30.10.2014. (ADI-4102)

3. TRANSFERÊNCIA DE RECURSOS

DIREITO FINANCEIRO. RESTRIÇÃO À TRANSFERÊNCIA DE RECURSOS FEDERAIS A MUNICÍPIO. A restrição para transferência de recursos federais a Município que possui pendências no Cadastro Único de Exigências para Transferências Voluntárias (CAUC) não pode ser suspensa sob a justificativa de que os recursos destinam-se à pavimentação de vias públicas. Isso porque a pavimentação de vias públicas não pode ser enquadrada no conceito de ação social previsto no art. 26 da Lei 10.522/2002. A suspensão da restrição para a transferência de recursos federais aos Estados, Distrito Federal e Municípios inscreve-se em norma de direito financeiro e é exceção à regra, estando limitada às situações de execução de ações sociais ou ações em faixa de fronteira, não podendo sua interpretação ser abrangente a ponto de abarcar situações que o legislador não previu. Nessa linha, o conceito da expressão "ações sociais", para o fim da Lei 10.522/2002, deve ser resultado de uma interpretação restritiva, teleológica e sistemática, mormente diante do fato de que qualquer ação governamental em prol da sociedade poderia ser passível de enquadramento no conceito de ação social. Além disso, a interpretação que resultar do conceito de "ações sociais" não pode conflitar com o que estabelece o § 3º do art. 25 da LC 101/2000 ("Para fins da aplicação das sanções de suspensão de transferências voluntárias constantes desta Lei Complementar, excetuam-se aquelas relativas a ações de educação, saúde e assistência social"). Ao contrário, deve com ele ser coerente, complementando a intenção do legislador federal em prever situações que devam ser, obrigatoriamente, implementadas pelo ente federado inscrito no Cadastro Único de Exigências para Transferências Voluntárias (CAUC), subsistema do Sistema Integrado de Administração Financeira do Governo Federal (SIAFI), não sendo, por isso, razoável a suspensão da transferência de recursos federais necessários à respetiva implementação. A ação social a que se refere a Lei 10.522/2002 é referente às ações que objetivam atender a direitos sociais assegurados aos cidadãos, cuja realização é obrigatória por parte do Poder Público, como aquelas mencionadas na CF, nos arts. 6°, 193, 194, 196, 201, 203, 205, 215 e 217 (alimentação, moradia, segurança, proteção à maternidade e à infância, assistência aos desamparados, ordem social, seguridade social, saúde, previdência social, assistência social, educação, cultura e desporto). Diferente é o direito à infraestrutura urbana e aos serviços públicos, os quais abarcam o direito à pavimentação de vias públicas e compõem o rol de direitos que dão significado à garantia do direito a cidades sustentáveis, conforme previsão do art. 2° da Lei 10.257/2001 (Estatuto das Cidades). **REsp 1.372.942-AL, Rel. Min. Benedito Gonçalves, julgado em 1°/4/2014. (Inform. STJ 539)**

4. PRECATÓRIO E REQUISIÇÃO DE PEQUENO VALOR (RPV)

RPV: débitos tributários e compensação - 1
O Plenário iniciou julgamento de recurso extraordinário em que se discute a possibilidade de compensação de requisições de pequeno valor - RPV com débitos tributários, nos termos dos parágrafos 9° e 10 do art. 100 da CF ["§ 9° No momento da expedição dos precatórios, independentemente de regulamentação, deles deverá ser abatido, a título de compensação, valor correspondente aos débitos líquidos e certos, inscritos ou não em dívida ativa e constituídos contra o credor original pela Fazenda Pública devedora, incluídas parcelas vincendas de parcelamentos, ressalvados aqueles cuja execução esteja suspensa em virtude de contestação administrativa ou judicial. § 10. Antes da expedição dos precatórios, o Tribunal solicitará à Fazenda Pública devedora, para resposta em até 30 (trinta) dias, sob pena de perda do direito de abatimento, informação sobre os débitos que preencham as condições estabelecidas no § 9°, para os fins nele previstos"]. Na espécie, o acórdão recorrido afirmara que a compensação somente seria possível em relação a pagamentos a serem efetuados por meio de precatórios, excetuadas, portanto, as obrigações definidas em lei como de pequeno valor, nos termos do § 3° do art. 100 da CF ("O disposto no 'caput' deste artigo relativamente à expedição de precatórios não se aplica aos pagamentos de obrigações definidas em leis como de pequeno valor que as Fazendas referidas devam fazer em virtude de sentença judicial transitada em julgado"). O Ministro Luiz Fux (relator) se manifestou pela prejudicialidade do recurso em virtude da declaração de inconstitucionalidade dos parágrafos 9° e 10 do art. 100 da CF proferida na ADI 4.357/DF (DJe de 26.9.2014) e na ADI 4.425/DF (DJe de 19.12.2013). Após os votos dos Ministros Roberto Barroso e Rosa Weber, que acompanharam o relator, pediu vista dos autos o Ministro Marco Aurélio.
RE 657686/DF, rel. Min. Luiz Fux, 9.10.2014. (RE-657686)

RPV: débitos tributários e compensação - 2
A declaração de inconstitucionalidade dos parágrafos 9° e 10 do art. 100 da CF ["§ 9° No momento da expedição dos precatórios, independentemente de regulamentação, deles deverá ser abatido, a título de compensação, valor correspondente aos débitos líquidos e certos, inscritos ou não em dívida ativa e constituídos contra o credor original pela Fazenda Pública devedora, incluídas parcelas vincendas de parcelamentos, ressalvados aqueles cuja execução esteja suspensa em virtude de contestação administrativa ou judicial. § 10. Antes da expedição dos precatórios, o Tribunal solicitará à Fazenda Pública devedora, para resposta em até 30 (trinta) dias, sob pena de perda do direito de abatimento, informação sobre os débitos que preencham as condições estabelecidas no § 9°, para os fins nele previstos"], proferida na ADI 4.357/DF (DJe de 26.9.2014) e na ADI 4.425/DF (DJe de 19.12.2013), também se aplica às requisições de pequeno valor - RPV. Essa a conclusão do Plenário ao finalizar a análise de recurso extraordinário e a ele negar provimento. Discutia-se a possibilidade de compensação de RPV com débitos tributários, nos termos dos referidos dispositivos constitucionais — v. Informativo 762. Reajustaram seus votos os Ministros Luiz Fux (relator), Roberto Barroso e Rosa Weber.
RE 657686/DF, rel. Min. Luiz Fux, 23.10.2014. (RE-657686)
(Inform. STF 764)

Litisconsórcio facultativo e fracionamento de precatório - 1
O fracionamento do valor da execução, em caso de litisconsórcio facultativo, para expedição de requisição de pequeno valor em favor de cada credor, não implica violação ao art. 100, § 8°, da CF, com a redação dada pela EC 62/2009 ("É vedada a expedição de precatórios complementares ou suplementares de valor pago, bem como o fracionamento, repartição ou quebra do valor da execução para fins de enquadramento de parcela do total ao que dispõe o § 3° deste artigo"). Com base nessa orientação, o Plenário negou provimento a recurso extraordinário em que se discutia a possibilidade de fracionamento de valores devidos pela Fazenda Pública em caso de litisconsórcio facultativo para fins de expedição de requisição de pequeno valor em benefício dos credores individualmente considerados. O Tribunal afirmou que, após precedentes da 1ª Turma terem reconhecido a possibilidade de fracionamento para a expedição imediata de precatório relativamente à parte incontroversa de título judicial, a jurisprudência do STF se consolidara no sentido contrário à tese defendida pelo recorrente, que se apegara à literalidade do texto constitucional.
RE 568645/SP, rel. Min. Cármen Lúcia, 24.9.2014. (RE-568645)

Litisconsórcio facultativo e fracionamento de precatório - 2
A Corte ressaltou não ser possível prender-se à expressão "valor da execução" para impedir o fracionamento. Sublinhou que as execuções promovidas por litisconsortes facultativos nasceriam fracionadas. Registrou que o próprio executado poderia opor a um ou alguns dos litisconsortes obstáculos à execução da sentença, como prescrição, realização de pagamento, dentre outros, nos termos do art. 741, VI, do CPC ("Art. 741. Na execução contra a Fazenda Pública, os embargos só poderão versar sobre: ... VI - qualquer causa impeditiva, modificativa ou extintiva da obrigação, como pagamento, novação, compensação, transação ou prescrição, desde que superveniente à sentença"). Salientou que o raciocínio desenvolvido pelo recorrente levaria a inviabilizar o tratamento singularizado de cada litisconsorte facultativo, o que poderia trazer prejuízos à própria Fazenda Pública. Frisou que o caso analisado seria de litisconsórcio facultativo simples e, portanto, a execução promovida deveria considerar cada litigante autonomamente, de modo que seria dado a cada um o que lhe fosse devido segundo a sentença proferida. Enfatizou que não faria sentido interpretar um dispositivo constitucional para desestimular a salutar formação de litisconsórcios facultativos simples e fomentar a discussão judicial de pedidos idênticos, especialmente após a inserção da garantia da razoável duração do processo na Constituição.
RE 568645/SP, rel. Min. Cármen Lúcia, 24.9.2014. (RE-568645)
(Inform. STF 760)

Modulação: precatório e EC 62/2006 - 7

O Plenário retomou exame de questão de ordem na qual proposta a modulação dos efeitos, no tempo, do quanto decidido no julgamento conjunto de ações diretas de inconstitucionalidade em que declarados parcialmente inconstitucionais dispositivos da EC 62/2009, que instituíra regime especial de pagamento de precatórios pelos Estados, Distrito Federal e Municípios. Na ocasião, o Tribunal, por maioria, rejeitara a arguição de inconstitucionalidade formal consistente na inobservância do interstício dos turnos de votação. No mérito, por maioria, declarara inconstitucional: a) a expressão "na data de expedição do precatório", contida no § 2º do art. 100 da CF, na redação da EC 62/2009. A Corte explicara que a regra configuraria critério de aplicação de preferência no pagamento de idosos, contudo, esse balizamento temporal discriminaria, sem fundamento, aqueles que viessem a alcançar 60 anos em data posterior à expedição do precatório, enquanto pendente e ainda não ocorrido o pagamento; b) os §§ 9º e 10 do art. 100 da CF, incluídos pela EC 62/2009, e o art. 97, II, do ADCT, que fixam regime unilateral de compensação dos débitos da Fazenda Pública inscritos em precatório. O Colegiado considerara esse critério beneficiaria exclusivamente o devedor público, em ofensa ao princípio da isonomia. Além disso, os dispositivos instituiriam nítido privilégio em favor do Estado e em detrimento do cidadão, cujos débitos em face do Poder Público sequer poderiam ser compensados com as dívidas fazendárias; c) a expressão "índice oficial de remuneração básica da caderneta de poupança", constante do § 12 do art. 100 da CF, incluído pela EC 62/2009, para que aos precatórios de natureza tributária se aplicassem os mesmos juros de mora incidentes sobre o crédito tributário; d) por arrastamento, a mesma expressão contida no art. 1º-F da Lei 9.494/1997, na redação dada pela Lei 11.960/2009, porquanto reproduziria a literalidade do comando contido no § 12 do art. 100 da CF; e) a expressão "independentemente de sua natureza", sem redução de texto, contida no § 12 do art. 100 da CF, incluído pela EC 62/2009, para afastar a incidência dos juros moratórios calculados segundo índice da caderneta de poupança quanto aos créditos devidos pela Fazenda Pública em razão de relações jurídico-tributárias; f) por arrastamento, a expressão "índice oficial de remuneração da caderneta de poupança", contida no art. 1º-F da Lei 9.494/97, com a redação dada pelo art. 5º da Lei 11.960/2009; e g) o § 15 do art. 100 da CF e todo o art. 97 do ADCT. A Corte entendera que, ao criarem regime especial para pagamento de precatórios para Estados, Distrito Federal e Municípios, veiculariam nova moratória na quitação dos débitos judiciais da Fazenda Pública e imporiam contingenciamento de recurso para esse fim, a violar a cláusula constitucional do Estado de Direito, o princípio da separação de Poderes, o postulado da isonomia, a garantia do acesso à justiça, a efetividade da tutela judicial, o direito adquirido e a coisa julgada — v. Informativo 725.
ADI 4357 QO/DF e ADI 4425 QO/DF, rel. Min. Luiz Fux, 19.3.2014. (ADI-4357)

Modulação: precatório e EC 62/2006 - 8

Em voto-vista, o Ministro Roberto Barroso acompanhou, em linhas gerais, o voto proferido pelo Ministro Luiz Fux, relator. Aderiu à proposta geral de modulação do prazo de cinco anos para a subsistência da EC 62/2009. Conferiu, de igual modo, efeitos retroativos à declaração de inconstitucionalidade da expressão contida no § 2º do art. 100 da CF, relativamente aos credores com 60 anos de idade, bem assim da expressão constante no § 12 do mesmo preceito, acerca da correção dos indébitos tributários. Na sequência, acolheu solução intermediária formulada pelo relator que, ao reajustar o voto, declarou a inconstitucionalidade da sistemática da compensação, com efeitos "ex tunc", apenas nas situações em que houvesse ajuizamento de demanda por particular, com pedido de declaração de inconstitucionalidade dos §§ 9º e 10 do art. 100 da CF. Nos casos em que o credor se conformasse com a compensação, ou adotasse esse mecanismo, os pagamentos manter-se-iam hígidos. Assim, as compensações já realizadas até a data do julgamento seriam válidas, resguardados os direitos dos credores que ingressaram em juízo para questioná-las. O Ministro Roberto Barroso considerou, ainda, que o índice oficial de remuneração básica da caderneta de poupança que tivesse servido de base para o pagamento dos acordos deveria subsistir até 14.3.2013, data da conclusão do exame de mérito das ações diretas. Nesse tópico, o Ministro Luiz Fux reajustou seu voto. Em acréscimo, o Ministro Roberto Barroso apresentou proposição de quatro medidas de transição para viabilizar o pagamento dos precatórios, a saber: 1) utilização compulsória, a partir de 1º.1.2015, de 70% dos recursos da conta dos depósitos judiciais tributários para o pagamento de precatórios; 2) subsistência limitada da possibilidade de acordo direto, observada a ordem de preferência dos credores e a redução máxima de 25% dos seus créditos, devidamente atualizados; 3) possibilidade de compensação de precatórios vencidos com dívida ativa já inscrita; e 4) elevação, em 1%, da vinculação de receitas correntes líquidas destinadas a precatórios em 0,5% em 2015 e 0,5% em 2016, para os entes que não tivessem condições de dividir o saldo devedor por cinco e pagar 1/5 por ano. Nessa última hipótese, se houvesse a demonstração de que a entidade federativa não conseguiria majorar a vinculação sem comprometer outras obrigações constitucionais, poderia deixar de aumentá-la, no entanto, vedar-se-ia a realização de publicidade institucional. Após o voto do Ministro Teori Zavascki, que seguiu, na íntegra, o voto do relator, inclusive com os referidos reajustes, pediu vista dos autos o Ministro Dias Toffoli.
ADI 4357 QO/DF e ADI 4425 QO/DF, rel. Min. Luiz Fux, 19.3.2014. (ADI-4357) (Inform. STF 739)

Precatórios e vinculação de receita

O Plenário confirmou medida cautelar e julgou procedente pedido formulado em ação direta para declarar a inconstitucionalidade do art. 245 da Constituição do Estado do Paraná ("Art. 245. Toda importância recebida pelo Estado, da União Federal, a título de indenização ou pagamento de débito, ficará retida à disposição do Poder Judiciário, para pagamento, a terceiros, de condenações judiciais decorrentes da mesma origem da indenização ou do pagamento"). Na decisão acauteladora, o Tribunal consignara que a vinculação exclusiva das importâncias federais recebidas pelo Estado-membro, para o efeito da norma questionada, acarretaria descumprimento do disposto no art. 100 da CF, pois, independentemente da ordem de precedência cronológica de apresentação dos precatórios, instituiria preferência absoluta em favor do pagamento de determinadas condenações judiciais. ADI 584/PR, rel. Min. Dias Toffoli, 19.3.2014. (ADI-584) (Inform. STF 739)

Precatório e sequestro de verbas públicas - 3

Em conclusão de julgamento, a 1ª Turma, por maioria, negou provimento a recurso extraordinário por considerar que a questão debatida demandaria reexame do conjunto fático-probatório dos autos. Na espécie, estado-membro interpusera o apelo extremo contra julgado que determinara o sequestro de rendas públicas para pagamento de precatório ao fundamento de que o recorrente retirara, por conta própria, precatório que figurava em primeiro lugar na ordem de apresentação para pagamento, o que afrontaria o art. 100, § 2º, da CF e o art. 78, § 4º, do ADCT — v. Informativo 572. Considerou-se que, para se concluir de modo diverso, seria necessário revolver fatos e provas, providência vedada em sede extraordinária, a incidir o Enunciado da Súmula 279 do STF. Vencidos os Ministros Marco Aurélio e Dias Toffoli, que conheciam do extraordinário e lhe davam provimento. O Min. Dias Toffoli noticiava a existência de ordem judicial, proferida pelo tribunal de justiça local, que suspendera o pagamento do precatório objeto desta ação, por fundada dúvida sobre a própria existência de crédito, a reforçar convicção quanto ao acolhimento do recurso.
RE 583932/BA, rel. orig. Min. Ayres Britto, red. p/ o acórdão Min Cármen Lúcia, 18.6.2013. (RE-583932) (Inform. STF 711)

AG. REG. NA Rcl N. 5.860-SC
RELATOR: MIN. TEORI ZAVASCKI
Ementa: AGRAVO REGIMENTAL EM RECLAMAÇÃO.
CONSTITUCIONAL. REQUISIÇÃO DE PEQUENO VALOR.
EXECUÇÃO PROMOVIDA POR SINDICATO. ALEGAÇÃO
DE OFENSA À ADI 1662 (REL. MIN. MAURÍCIO CORRÊA).
DECISÃO PARADIGMA RESTRITA À SISTEMÁTICA DOS
PRECATÓRIOS. AUSÊNCIA DE ESTRITA ADERÊNCIA DO
ATO IMPUGNADO AO ACÓRDÃO ALEGADAMENTE OFENDIDO. PRECEDENTES. AGRAVO REGIMENTAL A QUE SE
NEGA PROVIMENTO. (Inform. STF 710)

RPV e correção monetária - 1

É devida correção monetária no período compreendido entre a data de elaboração do cálculo da requisição de pequeno valor - RPV e sua expedição para pagamento. Essa a conclusão do Plenário que, em decisão majoritária, deu provimento a recurso extraordinário com agravo para determinar que servidora pública receba valores referentes à RPV devida pelo Estado com correção monetária, desde o cálculo final até a expedição. Preponderou o voto do Min. Joaquim Barbosa, Presidente e relator. Preliminarmente, reputou que a matéria estaria prequestionada, bem assim que o tema seria constitucional. Ressaltou que o pedido formulado pela recorrente não estaria precluso, embora realizado após a expedição da RPV. Apontou que o pleito teria sido expresso no sentido de que correção monetária e juros fossem apurados a partir da data do último cálculo, de modo a não se cogitar de omissão ou extemporaneidade. No mérito, lembrou orientação da Corte segundo a qual: a) no prazo normal para pagamento de precatórios, não seriam cabíveis juros, de acordo com a Súmula Vinculante 17 ("Durante o período previsto no parágrafo 1º do artigo 100 da Constituição, não incidem juros de mora sobre os precatórios que nele sejam pagos"); b) no caso de mora, para dissuadir a inadimplência, o devedor seria obrigado ao pagamento de juros. Explicou que a diferença entre precatório e RPV seria a quantia paga pelo Estado, condenado por sentença transitada em julgado. Cada ente federado poderia estabelecer o valor considerado de menor monta, para pagamento em sessenta dias, sem necessidade de inclusão em listas ordinárias de antiguidade e relevância para adimplemento em exercício subsequente. Asseverou que a diferença baseada no valor seria irrelevante para a determinação da mora, pois a Administração estaria proibida de optar pela inadimplência em ambos os casos.
ARE 638195/RS, rel. Min. Joaquim Barbosa, 29.5.2013. (ARE-638195)

RPV e correção monetária - 2

Explicou que a finalidade da correção monetária seria a recuperação da perda do poder aquisitivo da moeda. No ponto, reconheceu que, caracterizadas mora e inflação, cabível a correção monetária do crédito de RPV pago fora do tempo. A respeito da incidência de juros e correção entre a data do último cálculo e o efetivo pagamento, assentou o direito à aplicação de correção, calculada com base nesse período. Constatou o transcurso do prazo de um ano e nove meses entre a data em que realizado o primeiro cálculo e a expedição da RPV. Por fim, impôs a remessa do feito à origem, para que lá fosse analisado o índice mais adequado à correção. O Min. Teori Zavascki, ao acompanhar esse entendimento, afirmou que a correção monetária seria devida independentemente do prazo mediado entre a elaboração do cálculo e a expedição da RPV. O termo a quo para o cálculo da correção deveria sempre ser o da elaboração da conta. O Min. Luiz Fux sublinhou a existência, em determinados tribunais, de sistema eletrônico em que, emitida a RPV, automaticamente o valor seria corrigido até o pagamento. Assim, o problema não teria caráter nacional. O Min. Dias Toffoli admitiu a correção monetária, desde que superado o prazo de um ano, período a partir do qual a aplicação desse índice de atualização seria cabível, de acordo com a legislação existente desde o Plano Real. Vencidos os Ministros Gilmar Mendes e Marco Aurélio. O Min. Gilmar Mendes desprovia o recurso, diante da dispersão de votos e fundamentos apresentada. O Min. Marco Aurélio, por sua vez, provia o recurso em maior extensão. Além de acompanhar a maioria quanto à correção monetária, assinalava a incidência de juros da mora a partir da citação do Estado. Entendia que a repercussão geral, no caso, teria sido admitida de forma ampla, a compreender ambos os assuntos.
ARE 638195/RS, rel. Min. Joaquim Barbosa, 29.5.2013. (ARE-638195) (Inform. STF 708)

Complementação de precatório e citação da Fazenda Pública - 1

A 1ª Turma iniciou julgamento de agravo regimental interposto contra decisão do Min. Ricardo Lewandowski, que provera agravo de instrumento, do qual relator, para conhecer de recurso extraordinário e determinar a expedição de novo precatório derivado do reconhecimento, pelo tribunal de origem, de saldo remanescente de parcelas de acordo, com a consequente citação da Fazenda Pública. Sustenta a recorrente que o Estado-membro já havia sido citado quando da interposição dos embargos à execução, na forma do art. 730 do CPC. O relator negou provimento ao recurso. Destacou a necessidade de se realizar a citação do agravado para complementação de eventuais débitos decorrentes de decisões judiciais, porquanto seriam regidos exclusivamente pela sistemática do art. 100 e parágrafos da CF, sendo defesa a expedição de mero ofício complementar ao Poder Público para que promovesse o pagamento em prazo assinalado pelo juiz. Após, pediu vista o Min. Luiz Fux. AI 646081 AgR/SP, rel. Min. Ricardo Lewandowski, 12.4.2011. (AI-646081)

Complementação de precatório e citação da Fazenda Pública - 2

O pagamento de complementação de débitos da Fazenda Pública Federal, Estadual ou Municipal, decorrentes de decisões judiciais e objeto de novo precatório não dá ensejo à nova citação da Fazenda Pública. Com base nessa orientação, a 1ª Turma, em conclusão de julgamento e por maioria, reformou decisão do Ministro Ricardo Lewandowski, que, ao conhecer de recurso extraordinário, determinara a expedição de novo precatório derivado do reconhecimento, pelo tribunal de origem, de saldo remanescente de parcelas de acordo, com a consequente citação da Fazenda Pública — v. Informativo 623. A Turma destacou que o recurso extraordinário fora interposto em data anterior à regulamentação do instituto da repercussão geral. Asseverou que, ante a insuficiência no pagamento do precatório, bastaria a requisição do valor complementar do depósito realizado. Pontuou que eventual erro de cálculo não impediria que a Fazenda Pública viesse aos autos para impugná-lo. O Ministro Ricardo Lewandowski reajustou o voto proferido anteriormente. Vencido o Ministro Dias Toffoli, que negava provimento ao recurso, por entender necessária a citação da Fazenda Pública.
AI 646081 AgR/SP, rel. Min. Ricardo Lewandowski, 26.11.2013. (AI-646081) (Inform. STF 730)

Precatório e Sequestro de Verbas Públicas - 1

A Turma iniciou julgamento de recurso extraordinário interposto pelo Estado da Bahia contra acórdão da Corte de Justiça daquela unidade federativa que, em mandado de segurança, determinara o sequestro de verbas públicas, ao fundamento de que o recorrente retirara, por conta própria, precatório que figurava em primeiro lugar na ordem de apresentação para pagamento. O Estado-membro sustenta transgressão ao art. 100, § 2º, da CF e ao art. 78, § 4º, do ADCT. Aduz que a empresa recorrida não teria comprovado a alegada preterição da ordem cronológica de pagamento dos precatórios. Apresenta fato novo consistente na inexistência de dívida a solver, porquanto o crédito discutido no precatório não mais pertenceria à recorrida. O Min. Carlos Britto, relator, desprovou o recurso, no que foi acompanhado pelos Ministros Cármen Lúcia e Ricardo Lewandowski. Considerou que, para se concluir de modo diverso do Tribunal de origem, seria necessário o reexame do conjunto fático-probatório dos autos, providência vedada em sede extraordinária. Acrescentou que o Plenário do STF — no julgamento da SS 2287 AgR/BA — declarara a ocorrência de preterição na ordem cronológica do pagamento do precatório em exame, sendo este mesmo entendimento confirmado pelo Min. Ricardo Lewandowski ao apreciar pedido de liminar em ação cautelar ajuizada com o objetivo de atribuir efeito suspensivo ao presente recurso. Quanto ao suposto fato novo, consignou que a matéria não fora debatida na instância local nem constara das razões do extraordinário, caracterizando inovação insuscetível de ser apreciada nesta oportunidade. Assinalou, no ponto, que a questão alusiva à inexistência da dívida seria objeto de ação declaratória, julgada extinta sem apreciação do mérito, pelo Tribunal de Justiça local, em 1ª instância. Tendo isso em vista, reputou que o acolhimento da pretensão do recorrente significaria antecipação do juízo a ser emitido na citada ação declaratória, a conferir ao recurso extraordinário contornos de ação rescisória. Ao final, noticiou o pagamento de parcela de acordo envolvendo diversos precatórios, inclusive precatórios patrimoniais posteriores ao da recorrida. **RE 583932/BA, rel. Min. Carlos Britto, 15.12.2009.** (RE-583932)

Precatório e Sequestro de Verbas Públicas - 2
Em divergência, o Min. Marco Aurélio proveu o extraordinário. Inicialmente, enfatizou que a Turma estaria julgando o tema de fundo, o que afastaria a possibilidade de se cogitar de pressuposto negativo de desenvolvimento válido do processo, qual seja, a coisa julgada. Mencionou que a decisão do Pleno se limitara à problemática da suspensão de segurança e que a ação cautelar referida geraria efeitos "intramuros". Em seguida, asseverou que, à época em que impetrada a segurança, não havia a base para o sequestro determinado, a saber, pagamento de um credor mais novo na frente da credora ora recorrida. Assinalou que a situação dos autos deveria ser apreciada com base no art. 100 da CF, em sua redação original, e que a Corte primitiva fizera mesclarem indevida entre o mencionado dispositivo constitucional e o art. 78, § 4º, do ADCT para chegar à errônea premissa de que a retirada desse precatório para a correção de sua parte mais importante — seu conteúdo econômico — revelaria preterição. Após, pediu vista dos autos o Min. Dias Toffoli. **RE 583932/BA, rel. Min. Carlos Britto, 15.12.2009.** (RE-583932)

Precatório e sequestro de verbas públicas - 3
Em conclusão de julgamento, a 1ª Turma, por maioria, negou provimento a recurso extraordinário por considerar que a questão debatida demandaria reexame do conjunto fático-probatório dos autos. Na espécie, estado-membro interpusera o apelo extremo contra julgado que determinara o sequestro de rendas públicas para pagamento de precatório ao fundamento de que o recorrente retirara, por conta própria, precatório que figurava em primeiro lugar na ordem de apresentação para pagamento, o que afrontaria o art. 100, § 2º, da CF e o art. 78, § 4º, do ADCT — v. Informativo 572. Considerou-se que, para se concluir de modo diverso, seria necessário revolver fatos e provas, providência vedada em sede extraordinária, a incidir o Enunciado da Súmula 279 do STF. Vencidos os Ministros Marco Aurélio e Dias Toffoli, que conheciam o extraordinário e lhe davam provimento. O Min. Dias Toffoli noticiava a existência de ordem judicial, proferida pelo tribunal de justiça local, que suspendera o pagamento do precatório objeto desta ação, por fundada dúvida sobre a própria existência de crédito, a reforçar convicção quanto ao acolhimento do recurso.
RE 583932/BA, rel. orig. Min. Ayres Britto, red. p/ o acórdão Min Cármen Lúcia, 18.6.2013. (RE-583932) (Inform. STF 711)

Precatório: regime especial e EC 62/2009 - 20
Em conclusão, o Plenário, por maioria, julgou parcialmente procedente pedido formulado em ações diretas, propostas pelo Conselho Federal da Ordem dos Advogados do Brasil e pela Confederação Nacional das Indústrias - CNI, para declarar a inconstitucionalidade: a) da expressão "na data de expedição do precatório", contida no § 2º do art. 100 da CF; b) dos §§ 9º e 10 do art. 100 da CF; c) da expressão "índice oficial de remuneração básica da caderneta de poupança", constante do § 12 do art. 100 da CF, do inciso II do § 1º e do § 16, ambos do art. 97 do ADCT; d) do fraseado "independentemente de sua natureza", inserido no § 12 do art. 100 da CF, para que aos precatórios de natureza tributária se apliquem os mesmos juros de mora incidentes sobre o crédito tributário; e) por arrastamento, do art. 5º da Lei 11.960/2009; e f) do § 15 do art. 100 da CF e de todo o art. 97 do ADCT (especificamente o caput e os §§ 1º, 2º, 4º, 6º, 8º, 9º, 14 e 15, sendo os demais por arrastamento ou reverberação normativa) — v. Informativos 631, 643 e 697. ADI 4357/DF, rel. orig. Min. Ayres Britto, red. p/ o acórdão Min. Luiz Fux, 13 e 14.3.2013. (ADI-4357). ADI 4425/DF, rel. orig. Min. Ayres Britto, red. p/ o acórdão Min. Luiz Fux, 13 e 14.3.2013. (ADI-4425)

Precatório: regime especial e EC 62/2009 - 21
Preliminarmente, acolheu-se questão de ordem suscitada pelo Min. Marco Aurélio, para se apreciar primeiro o art. 100 da CF e, em seguida, o art. 97 do ADCT. Vencidos os Min. Gilmar Mendes, Celso de Mello e Joaquim Barbosa, Presidente, que propugnavam pela continuidade de julgamento sem a separação das matérias disciplinadas nos referidos dispositivos. No tocante ao art. 100, § 2º, da CF ["Os débitos de natureza alimentícia cujos titulares tenham 60 (sessenta) anos de idade ou mais na data de expedição do precatório, ou sejam portadores de doença grave, definidos na forma da lei, serão pagos com preferência sobre todos os demais débitos, até o valor equivalente ao triplo do fixado em lei para fins do disposto no § 3º deste artigo, admitido o fracionamento para essa finalidade, sendo que o restante será pago na ordem cronológica de apresentação do precatório"], assinalou-se que a emenda, em primeira análise, criara benefício anteriormente inexistente para os idosos e para os portadores de deficiência, em reverência aos princípios da dignidade da pessoa humana, da razoabilidade e da proporcionalidade. Entretanto, relativamente à expressão "na data da expedição do precatório", entendeu-se haver transgressão ao princípio da igualdade, porquanto a preferência deveria ser estendida a todos credores que completassem 60 anos de idade na pendência de pagamento de precatório de natureza alimentícia. No ponto, o Min. Luiz Fux reajustou o seu voto para acompanhar o Relator. ADI 4357/DF, rel. orig. Min. Ayres Britto, red. p/ o acórdão Min. Luiz Fux, 13 e 14.3.2013. (ADI-4357). ADI 4425/DF, rel. orig. Min. Ayres Britto, red. p/ o acórdão Min. Luiz Fux, 13 e 14.3.2013. (ADI-4425)

Precatório: regime especial e EC 62/2009 - 22
Quanto aos §§ 9º e 10 do art. 100 da CF ["§ 9º No momento da expedição dos precatórios, independentemente de regulamentação, deles deverá ser abatido, a título de compensação, valor correspondente aos débitos líquidos e certos, inscritos ou não em dívida ativa e constituídos contra o credor original pela Fazenda Pública devedora, incluídas parcelas vincendas de parcelamentos, ressalvadas aquelas cuja execução esteja suspensa em virtude de contestação administrativa ou judicial. § 10 Antes da expedição dos precatórios, o Tribunal solicitará à Fazenda Pública devedora, para resposta em até 30 (trinta) dias, sob pena de perda do direito de abatimento, informação sobre os débitos que preencham as condições estabelecidas no § 9º, para os fins nele previstos"], apontou-se configurar compensação obrigatória de crédito a ser inscrito em precatório com débitos perante a Fazenda Pública. Aduziu-se que os dispositivos consagrariam superioridade processual da parte pública — no que concerne aos créditos privados reconhecidos em decisão judicial com trânsito em julgado — sem que considerada a garantia do devido processo legal e de seus principais desdobramentos: o contraditório e a ampla

defesa. Reiterou-se que esse tipo unilateral e automático de compensação de valores embaraçaria a efetividade da jurisdição, desrespeitaria a coisa julgada e afetaria o princípio da separação dos Poderes. Enfatizou-se que a Fazenda Pública disporia de outros meios igualmente eficazes para a cobrança de seus créditos tributários e não-tributários. Assim, também se reputou afrontado o princípio constitucional da isonomia, uma vez que o ente estatal, ao cobrar crédito de que titular, não estaria obrigado a compensá-lo com eventual débito seu em face do credor contribuinte. Pelos mesmos motivos, assentou-se a inconstitucionalidade da frase "permitida por iniciativa do Poder Executivo a compensação com débitos líquidos e certos, inscritos ou não em dívida ativa e constituídos contra o devedor originário pela Fazenda Pública devedora até a data da expedição do precatório, ressalvados aqueles cuja exigibilidade esteja suspensa ... nos termos do § 9º do art. 100 da Constituição Federal", contida no inciso II do § 9º do art. 97 do ADCT. ADI 4357/DF, rel. orig. Min. Ayres Britto, red. p/ o acórdão Min. Luiz Fux, 13 e 14.3.2013. (ADI-4357). ADI 4425/DF, rel. orig. Min. Ayres Britto, red. p/ o acórdão Min. Luiz Fux, 13 e 14.3.2013. (ADI-4425)

Precatório: regime especial e EC 62/2009 - 23
Declarou-se, ainda, a inconstitucionalidade parcial do § 12 do art. 100 da CF ("A partir da promulgação desta Emenda Constitucional, a atualização de valores requisitórios, após sua expedição, até o efetivo pagamento, independentemente de sua natureza, será feita pelo índice oficial de remuneração básica da caderneta de poupança, e para fins de compensação da mora, incidirão juros simples no mesmo percentual de juros incidentes sobre a caderneta de poupança, ficando excluída a incidência de juros compensatórios"), no que diz respeito à expressão "índice oficial de remuneração básica da caderneta de poupança", bem como do inciso II do § 1º e do § 16, ambos do art. 97 do ADCT. Realçou-se que essa atualização monetária dos débitos inscritos em precatório deveria corresponder ao índice de desvalorização da moeda, no fim de certo período, e que esta Corte já consagrara não estar refletida, no índice estabelecido na emenda questionada, a perda de poder aquisitivo da moeda. Dessa maneira, afirmou-se a afronta à garantia da coisa julgada e, reflexamente, ao postulado da separação dos Poderes. Na sequência, expungiu-se, de igual modo, a expressão "independentemente de sua natureza", prevista no mesmo § 12 em apreço. Aludiu-se que, para os precatórios de natureza tributária, deveriam ser aplicados os mesmos juros de mora incidentes sobre todo e qualquer crédito tributário. Em passo seguinte, ao apreciar o § 15 do art. 100 da CF ("Sem prejuízo do disposto neste artigo, lei complementar a esta Constituição Federal poderá estabelecer regime especial para pagamento de crédito de precatórios de Estados, Distrito Federal e Municípios, dispondo sobre vinculações à receita corrente líquida e forma e prazo de liquidação") e o caput do art. 97 do ADCT ("Até que seja editada a lei complementar de que trata o § 15 do art. 100 da Constituição Federal, os Estados, o Distrito Federal e os Municípios que, na data de publicação desta Emenda Constitucional, estejam em mora na quitação de precatórios vencidos, relativos às suas administrações direta e indireta, inclusive os emitidos durante o período de vigência do regime especial instituído por este artigo, farão esses pagamentos de acordo com as normas a seguir estabelecidas, sendo inaplicável o disposto no art. 100 desta Constituição Federal, exceto em seus §§ 2º, 3º, 9º, 10, 11, 12, 13 e 14, e sem prejuízo dos acordos de juízos conciliatórios já formalizados na data de promulgação desta Emenda Constitucional"), registrou-se que os preceitos impugnados subverteriam os valores do Estado de Direito, do devido processo legal, do livre e eficaz acesso ao Poder Judiciário e da razoável duração do processo. Frisou-se que esses artigos ampliariam, por mais 15 anos, o cumprimento de sentenças judiciais com trânsito em julgado e desfavoráveis ao Poder Público, cujo prazo já teria sido, outrora, prorrogado por 10 anos pela Emenda Constitucional 30/2000. ADI 4357/DF, rel. orig. Min. Ayres Britto, red. p/ o acórdão Min. Luiz Fux, 13 e 14.3.2013. (ADI-4357). ADI 4425/DF, rel. orig. Min. Ayres Britto, red. p/ o acórdão Min. Luiz Fux, 13 e 14.3.2013. (ADI-4425)

Precatório: regime especial e EC 62/2009 - 24
Entendeu-se adequada a referência à EC 62/2009 como a "emenda do calote". Mencionou-se que esse calote feriria o princípio da moralidade administrativa, haja vista o inadimplemento, por parte do Estado, de suas próprias dívidas. Além disso, sublinhou-se que o Estado: a) reconheceria o descumprimento, durante anos, de ordens judiciais de pagamento em desfavor do erário; b) propor-se-ia a adimpli-las, mas limitado a percentual pequeno de sua receita; c) forçaria, com esse comportamento, que os titulares de crédito assim inscritos os levassem a leilão. Desse modo, verificou-se a inconstitucionalidade do inciso I do § 8º e de todo o § 9º, ambos do art. 97 do ADCT ("§ 8º A aplicação dos recursos restantes dependerá de opção a ser exercida por Estados, Distrito Federal e Municípios devedores, por ato do Poder Executivo, obedecendo à seguinte forma, que poderá ser aplicada isoladamente ou simultaneamente: I - destinados ao pagamento dos precatórios por meio do leilão; ... § 9º Os leilões de que trata o inciso I do § 8º deste artigo: I - serão realizados por meio de sistema eletrônico administrado por entidade autorizada pela Comissão de Valores Mobiliários ou pelo Banco Central do Brasil; II - admitirão a habilitação de precatórios, ou parcela de cada precatório indicada pelo seu detentor, em relação aos quais não esteja pendente, no âmbito do Poder Judiciário, recurso ou impugnação de qualquer natureza, permitida por iniciativa do Poder Executivo a compensação com débitos líquidos e certos, inscritos ou não em dívida ativa e constituídos contra devedor originário pela Fazenda Pública devedora até a data da expedição do precatório, ressalvados aqueles cuja exigibilidade esteja suspensa nos termos da legislação, ou que já tenham sido objeto de abatimento nos termos do § 9º do art. 100 da Constituição Federal; III - ocorrerão por meio de oferta pública a todos os credores habilitados pelo respectivo ente federativo devedor; IV - considerarão automaticamente habilitado o credor que satisfaça o que consta no inciso II; V - serão realizadas tantas vezes quanto necessário em função do valor disponível; VI - a competição por parcela do valor total ocorrerá a critério do credor, com deságio sobre o valor desta; VII - ocorrerão na modalidade deságio, associado ao maior volume ofertado cumulado ou não com o maior percentual de deságio, pelo maior percentual de deságio, podendo ser fixado valor máximo por credor, ou por outro critério a ser definido em edital; VIII - o mecanismo de formação de preço constará nos editais publicados para cada leilão; IX - a quitação parcial dos precatórios será homologada pelo respectivo Tribunal que o expediu"). ADI 4357/DF, rel. orig. Min. Ayres Britto, red. p/ o acórdão Min. Luiz Fux, 13 e 14.3.2013. (ADI-4357). ADI 4425/DF, rel. orig. Min. Ayres Britto, red. p/ o acórdão Min. Luiz Fux, 13 e 14.3.2013. (ADI-4425)

Precatório: regime especial e EC 62/2009 - 25
Consignou-se que idêntica solução alcançaria os incisos II e III do § 8º do art. 97 do ADCT ("§ 8º ... II - destinados a pagamento à vista de precatórios não quitados na forma do § 6º e do inciso I, em ordem única e crescente de valor por precatório; III - destinados a pagamento por acordo direto com os credores, na forma estabelecida por lei própria da entidade devedora, que poderá prever criação e forma de funcionamento de câmara de conciliação"), por malferir os princípios da moralidade, da impessoalidade e da igualdade. Por fim, constatou-se que,

para a maioria dos entes federados, não faltaria dinheiro para o adimplemento dos precatórios, mas sim compromisso dos governantes quanto ao cumprimento de decisões judiciais. Nesse contexto, observou-se que o pagamento de precatórios não se contraporia, de forma inconciliável, à prestação de serviços públicos. Além disso, arrematou-se que configuraria atentado à razoabilidade e à proporcionalidade impor aos credores a sobrecarga de novo alongamento temporal do perfil das dívidas estatais em causa, inclusive mediante leilões, deságios e outros embaraços. ADI 4357/DF, rel. orig. Min. Ayres Britto, red. p/ o acórdão Min. Luiz Fux, 13 e 14.3.2013. (ADI-4357) ADI 4425/DF, rel. orig. Min. Ayres Britto, red. p/ o acórdão Min. Luiz Fux, 13 e 14.3.2013. (ADI-4425)

Precatório: regime especial e EC 62/2009 - 26
Vencidos os Ministros Teori Zavascki, Dias Toffoli e Gilmar Mendes, que julgavam o pedido improcedente. O Min. Teori Zavascki apontava que o parâmetro para aferição de inconstitucionalidade de emenda constitucional estaria restrito às cláusulas pétreas (CF, art. 60, § 4º), respeitado o processo legislativo próprio. Observados esses limites, o poder constituinte reformador seria soberano. Consideraria que a EC 62/2009 não teria aptidão para abolir, ainda que parcialmente, qualquer dos princípios protegidos no dispositivo constitucional citado. Frisava que eventual declaração de inconstitucionalidade do novo regime de pagamento de precatórios significaria retorno ao sistema antigo, perverso para os credores, na medida em que vincularia a satisfação dos débitos à conveniência da Fazenda e tornaria as obrigações contraídas sem prazo e sem sanção. Assim, a EC 62/2009 não significaria retrocesso institucional, mesmo porque ela deveria ser avaliada à luz do regime anterior, não de um regime ideal. Salientava que os avanços obtidos no art. 100 da CF seriam escassos em relação ao texto pretérito. O Min. Dias Toffoli sublinhava que a EC 62/2009 não atingiria a coisa julgada, pois não haveria mudança no quantum debeatur. Ademais, lembrava que a Corte decidira que todo processo a envolver precatórios seria administrativo, sem interferência no âmbito jurisdicional (ADI 1098/SP, DJU de 25.10.96). O Min. Gilmar Mendes, ao reiterar posicionamento externado em assentada anterior, asseverava que o remédio constitucional adequado para tratar de precatórios inadimplidos seria a intervenção federal. Entretanto, a situação revelaria escassez de recursos por parte dos entes federados. Assim, sequer essa solução seria eficaz. Diante de quadro a revelar descumprimento da Constituição, caberia ao poder reformador propor novos procedimentos que superassem esse estado de permanente anomia, como ocorria no regime anterior. ADI 4357/DF, rel. orig. Min. Ayres Britto, red. p/ o acórdão Min. Luiz Fux, 13 e 14.3.2013. (ADI-4357) ADI 4425/DF, rel. orig. Min. Ayres Britto, red. p/ o acórdão Min. Luiz Fux, 13 e 14.3.2013. (ADI-4425)

Precatório: regime especial e EC 62/2009 - 27
Vencidos em menor extensão os Ministros Marco Aurélio e Ricardo Lewandowski. Declaravam a inconstitucionalidade das expressões: a) "inclusive os emitidos durante o período de vigência do regime especial instituído por este artigo", contida no caput; b) "e a vencer", prevista no § 2º; e c) "60 (sessenta) anos de idade até a data da promulgação desta Emenda Constitucional", disposta no § 18, todas do art. 97 do ADCT. Conferiam, ainda, interpretação conforme a Constituição aos §§ 14 e 17 do mesmo dispositivo. No que diz respeito ao § 14, o Min. Marco Aurélio o fazia na mesma linha já manifestada pelo CNJ. O Min. Ricardo Lewandowski, por sua vez, salientava que se trataria de solução provisória para os débitos vencidos, não podendo ultrapassar o prazo de 15 anos. O Min. Marco Aurélio divergia do Relator para assentar a constitucionalidade do inciso I do § 1º, dos incisos I e II do § 2º, dos §§ 3º a 5º, 10, 12 e 15, do art. 97 do ADCT. Acolhia o pleito, parcialmente, para julgar inconstitucionais as expressões: a) "acrescido do índice oficial de remuneração básica da caderneta de poupança e de juros simples no mesmo percentual dos juros incidentes sobre a caderneta de poupança", inserida no inciso II do § 1º; b) "não se aplicando neste caso, a regra do § 3º do art. 100 da Constituição Federal", contida no § 11; c) "não poderão sofrer sequestro de valores", prevista no § 13; e d) "será feita pelo índice oficial de remuneração básica da caderneta de poupança, e, para fins de compensação da mora, incidirão juros simples no mesmo percentual de juros incidentes sobre a caderneta de poupança", disposta no § 16 do aludido preceito. Reputava que o afastamento da regência atinente à correção monetária e juros simples não implicaria vácuo normativo, haja vista o restabelecimento das regras antecedentes, ou seja, juros de meio por cento ao ano. O Min. Ricardo Lewandowski, acerca do inciso II do § 1º do art. 97 retirava do texto a questão alusiva à correção inflacionária, tendo como base a mesma correção da caderneta de poupança. No entanto, admitia juros baseados nesse índice. Com relação ao § 16, asseverava que a correção monetária far-se-ia pelo índice oficial, mas, a título de mora, os juros pagos para a caderneta de poupança. O Min. Marco Aurélio requereu a retificação da ata da sessão anterior para fazer constar que não declarava a inconstitucionalidade da expressão "independentemente de sua natureza", contida no § 12 do art. 100 da CF. Por fim, deliberou-se apreciar questão relativa a eventual modulação de efeitos da decisão oportunamente. ADI 4357/DF, rel. orig. Min. Ayres Britto, red. p/ o acórdão Min. Luiz Fux, 13 e 14.3.2013. (ADI-4357). ADI 4425/DF, rel. orig. Min. Ayres Britto, red. p/ o acórdão Min. Luiz Fux, 13 e 14.3.2013. (ADI-4425) (Inform. STF 698)

ADI N. 4.426-CE
RELATOR: MIN. DIAS TOFFOLI
EMENTA: Ação Direta de Inconstitucionalidade. AMB. Lei nº 14.506, de 16 de novembro de 2009, do Estado do Ceará. Fixação de limites de despesa com a folha de pagamento dos servidores estaduais do Poder Executivo, do Poder Legislativo, do Poder Judiciário e do Ministério Público estadual. Conhecimento parcial. Inconstitucionalidade.

1. Singularidades do caso afastam, excepcionalmente, a aplicação da jurisprudência do Supremo Tribunal Federal sobre a prejudicialidade da ação, visto que houve impugnação em tempo adequado e a sua inclusão em pauta antes do exaurimento da eficácia da lei temporária impugnada, existindo a possibilidade de haver efeitos em curso (art. 7º da Lei 14.506/2009).

2. Conquanto a AMB tenha impugnado a integralidade da lei estadual, o diploma limita a execução orçamentária não apenas em relação aos órgãos do Poder Judiciário, mas também em relação aos Poderes Executivo e Legislativo e do Ministério Público, os quais são alheios à sua atividade de representação. Todos os fundamentos apresentados pela requerente para demonstrar a suposta inconstitucionalidade restringem-se ao Poder Judiciário, não alcançando os demais destinatários. Conhecimento parcial da ação.

3. Conforme recente entendimento firmado por esta Corte, "*[a] lei não precisa de densidade normativa para se expor ao controle abstrato de constitucionalidade, devido a que se trata de ato de aplicação primária da Constituição. Para esse tipo de controle, exige-se densidade normativa apenas para o ato de natureza infralegal*" (ADI 4.049/DF-MC, Relator o Ministro **Ayres Britto**, DJ de 8/5/09). Outros precedentes: ADI 4.048/DF-MC, Relator Ministro **Gilmar Mendes**, DJ de 22/8/08; ADI 3.949/DF-MC, Relator Ministro **Gilmar Mendes**, DJ de 7/8/09). Preliminar de não conhecimento rejeitada.

4. Apenas o art. 2º da lei impugnada coincide com o disposto na lei de diretrizes orçamentárias. Essa semelhança, contudo, não impede, por si só, o conhecimento da ação, uma vez que a Lei de Diretrizes Orçamentárias, em tese, não conteria os mesmos vícios apontados pela AMB, pois contou com a participação do Poder Judiciário na sua elaboração.
5. A expressão "não poderá exceder", presente no artigo 169 da Constituição Federal, conjugada com o caráter nacional da lei complementar ali mencionada, assentam a noção de marco negativo imposto a todos os membros da Federação, no sentido de que os parâmetros de controle de gastos ali estabelecidos não podem ser ultrapassados, sob pena de se atentar contra o intuito de preservação do equilíbrio orçamentário (receita/despesa) consagrado na norma.
6. O diploma normativo versa sobre execução orçamentária, impondo limites especialmente às despesas não previstas na folha normal de pessoal. Tais limites, conquanto não estejam disciplinados na lei de diretrizes orçamentárias e na lei orçamentária anual, buscam controlar a forma de gestão dos recursos orçamentários já aprovados. A participação necessária do Poder Judiciário na construção do pertinente diploma orçamentário diretivo, em conjugação com os outros Poderes instituídos, é reflexo do **status** constitucional da autonomia e da independência que lhe são atribuídas no artigo 2º do Diploma Maior. Esse é o entendimento que decorre diretamente do conteúdo do art. 99, § 1º, da Constituição Federal.
7. A autonomia financeira não se exaure na simples elaboração da proposta orçamentária, sendo consagrada, inclusive, na execução concreta do orçamento e na utilização das dotações postas em favor do Poder Judiciário. O diploma impugnado, ao restringir a execução orçamentária do Judiciário local, é formalmente inconstitucional, em razão da ausência de participação desse na elaboração do diploma legislativo.
8. Ação direta de inconstitucionalidade julgada parcialmente procedente para declarar, com efeitos **ex tunc**, a inconstitucionalidade da expressão "*e Judiciário*" contida nos arts. 1º e 6º da lei impugnada e para declarar a inconstitucionalidade parcial sem redução de texto dos demais dispositivos da Lei nº 14.506/09 do Estado do Ceará, afastando do seu âmbito de incidência o Poder Judiciário. (Inform. STF 627) *noticiado no Informativo 615

DIREITO CONSTITUCIONAL E PROCESSUAL CIVIL. DIREITO DE PREFERÊNCIA DOS IDOSOS NO PAGAMENTO DE PRECATÓRIOS. O direito de preferência em razão da idade no pagamento de precatórios, previsto no art. 100, § 2º, da CF, não pode ser estendido aos sucessores do titular originário do precatório, ainda que também sejam idosos. De fato, os dispositivos constitucionais introduzidos pela EC 62/2009 mencionam que o direito de preferência será outorgado aos titulares que tenham 60 anos de idade ou mais na data de expedição do precatório (art. 100, § 2º, da CF) e aos titulares originais de precatórios que tenham completado 60 anos de idade até a data da referida emenda (art. 97, § 18, do ADCT). Além disso, esse direito de preferência é personalíssimo, conforme previsto no art. 10, § 2º, da Resolução 115/2010 do CNJ. **RMS 44.836-MG, Rel. Ministro Humberto Martins, julgado em 20/2/2014. (Inform. STJ 535)**

DIREITO FINANCEIRO. INEXISTÊNCIA DE QUEBRA DA ORDEM DE PRECEDÊNCIA NO CASO DE PAGAMENTO DE PRECATÓRIOS DE CLASSES DIFERENTES.
No caso em que a data de vencimento do precatório comum seja anterior à data de vencimento do precatório de natureza alimentar, o pagamento daquele realizado antes do pagamento deste não representa, por si só, ofensa ao direito de precedência constitucionalmente estabelecido. De fato, a única interpretação razoável que se pode dar ao texto constitucional é que a estrita observância da ordem cronológica estabelecida pela CF deve ocorrer dentro de cada uma das classes de precatório – de modo que os precatórios de natureza alimentar seguem uma ordem de pagamento que não pode ser comparada com a dos precatórios comuns –, porquanto a utilização de interpretação diversa praticamente inviabilizaria qualquer pagamento de precatório de natureza comum, o que não se pode admitir. **RMS 35.089-MG, Rel. Min. Eliana Calmon, julgado em 9/4/2013. (Inform. STJ 521)**

DIREITO PROCESSUAL CIVIL. CONDENAÇÃO DA FAZENDA EM HONORÁRIOS. RENÚNCIA AOS VALORES EXCEDENTES A 40 SALÁRIOS MÍNIMOS.
É cabível a condenação da Fazenda em honorários advocatícios, mesmo nos casos em que a parte exequente renuncie aos valores excedentes a quarenta salários mínimos, a fim de possibilitar o pagamento por meio de requisição de pequeno valor – RPV. Precedentes citados: AgRg no REsp 1.274.428-RS, DJe 13/9/2012; AgRg no REsp 1.324.019-RS, DJe 7/8/2012; AgRg no REsp 1.282.482-RS, DJe 23/5/2012, e AgRg no REsp 1.204.040-RS, DJe 29/11/2011. **AgRg no REsp 1.328.643-RS, Rel. Min. Eliana Calmon, julgado em 23/10/2012. (Inform. STJ 507)**

Súmula vinculante STF nº 17

Durante o período previsto no parágrafo 1º do artigo 100 da Constituição, não incidem juros de mora sobre os precatórios que nele sejam pagos.

Súmula STJ nº 311

Os atos do presidente do tribunal que disponham sobre processamento e pagamento de precatório não têm caráter jurisdicional.

2. AÇÕES ELEITORAIS

📌 Súmula Vinculante STF 18

A dissolução da sociedade ou do vínculo conjugal, no curso do mandato, não afasta a inelegibilidade prevista no § 7º do artigo 14 da Constituição Federal.

ADI: inquérito policial eleitoral e autorização judicial - 1

O Plenário, por maioria, deferiu, em parte, pedido de medida cautelar em ação direta de inconstitucionalidade, para suspender, até julgamento final da ação, a eficácia do art. 8º da Resolução 23.396/2013, do Tribunal Superior Eleitoral - TSE ("O inquérito policial eleitoral somente será instaurado mediante determinação da Justiça Eleitoral, salvo a hipótese de prisão em flagrante"). A resolução impugnada dispõe sobre a apuração de crimes eleitorais. Em preliminar, a Corte rejeitou pleito de

sustentação oral feito pela Associação Nacional dos Membros do Ministério Público - CONAMP e da Associação dos Procuradores da República na condição de "amici curiae". Na espécie, os pedidos de ingresso foram deduzidos após a inclusão em pauta da presente ação. O Tribunal reafirmou jurisprudência quanto à impossibilidade de terceiros se manifestarem após a liberação dos autos para julgamento. Destacou que os "amici curiae" poderiam requerer o seu ingresso por ocasião do julgamento definitivo. Vencidos os Ministros Marco Aurélio, Gilmar Mendes, Celso de Mello e Dias Toffoli, que acolhiam o pronunciamento dos postulantes. O Ministro Marco Aurélio enfatizava admitir a participação, ainda que o requerimento fosse posterior à inclusão do processo em pauta. O Ministro Gilmar Mendes visumbrava a possibilidade de, em princípio, rever a jurisprudência. Ressaltava que o STF poderia indeferir o ingresso caso se tratasse de pedido abusivo. O Ministro Celso de Mello sublinhava a importância da admissão do "amicus curiae", porque, de um lado, permitiria a pluralização do debate constitucional e, de outro, conferiria maior legitimidade às decisões do STF, quando tomadas, como na espécie, em sede de controle normativo abstrato. Frisava este que, em face do julgamento da presente medida cautelar, poder-se-ia interpretar essa vedação no sentido de não ser possível a admissão de "amicus curiae" depois de incluído o feito em pauta, para efeito de julgamento definitivo.
ADI 5104 MC/DF, rel. Min. Roberto Barroso, 21.5.2014 (ADI-5104)

ADI: inquérito policial eleitoral e autorização judicial - 2

Na sequência, a Corte assentiu o cabimento da ação direta. Aludia a precedentes segundo os quais ato infralegal pode ser objeto de impugnação via ação direta de inconstitucionalidade, a pretexto de regulamentar dispositivos legais, assumir caráter autônomo e inovador. Além disso, reiterou a idoneidade desse tipo de controle concentrado para fins de questionamento de resoluções normativas do TSE. No mérito, o Plenário, por maioria, concedeu, parcialmente, a medida cautelar para suspender a eficácia do art. 8º da Resolução 23.396/2013, do TSE. Prevaleceu o voto do Ministro Teori Zavascki, no sentido de que a medida acautelatória se limitasse ao art. 8º da mencionada resolução, embora tivessem sido impugnados os artigos 3º ao 13. De início, reconheceu que se estaria diante de juízo de natureza cautelar, motivo por que deveriam ser analisados os requisitos da presença do risco de dano e da relevância do Direito, ou seja, da probabilidade de êxito futuro da pretensão declaratória de inconstitucionalidade. Asseverou que, à primeira vista, o preceito adversado teria inovado em relação aos atos regulamentares que disciplinaram os últimos sufrágios, de modo a subtrair a atribuição do Ministério Público Eleitoral de determinar a instauração de inquérito policial. Visumbrou que o art. 8º da Resolução 23.396/2013, do TSE, poderia representar a existência de vício de inconstitucionalidade formal, com a edição de norma processual em desacordo com o princípio da legalidade estrita, e também material, ao afetar as funções constitucionais do órgão ministerial.
ADI 5104 MC/DF, rel. Min. Roberto Barroso, 21.5.2014 (ADI-5104)

ADI: inquérito policial eleitoral e autorização judicial - 3

No tocante aos demais dispositivos questionados, o Ministro Teori Zavascki aduziu que eles seriam reproduções de normas anteriores, a exemplo dos Códigos Eleitoral e de Processo Penal, assim como de outras resoluções do TSE. Logo, reputou ausente o "periculum in mora", porquanto não haveria indícios de que a vigência de preceitos semelhantes em eleições anteriores teria obstaculizado o normal desenvolvimento das competências investigatórias do "parquet". Ademais, frisou que a utilidade da ação direta estaria necessariamente relacionada à sua aptidão a fim de restringir a pena de inelegibilidade às hipóteses de demissão que guardassem conexão direta com a sanção de improbidade administrativa. Acompanhava o Min. Dias Toffoli no que se refere à alínea n. No mesmo diapasão, declarava a inconstitucionalidade da expressão "ou proferida por órgão colegiado" inserta nas alíneas e e j, pois necessário o trânsito em julgado, além de caracterizado o excesso do legislador, em ofensa ao princípio da proporcionalidade. Vencido no tópico, aceitava a detração sugerida pelo relator. **ADC 29/DF, rel. Min. Luiz Fux, 15 e 16.2.2012, (ADC-29), ADC 30/DF, rel. Min. Luiz Fux, 15 e 16.2.2012, (ADC-30), ADI 4578/DF, rel. Min. Luiz Fux, 15 e 16.2.2012, (ADI-4578) (Inform. STF 650)**

Lei da "Ficha Limpa" e hipóteses de inelegibilidade - 18

Ao seu turno, o Min. Celso de Mello observava que a iniciativa popular não poderia legitimar nem justificar a formulação de leis que transgredissem a Constituição e que pudessem implicar, a partir de sua incidência, supressão ou limitação de direitos fundamentais, já que estes compõem núcleo insuscetível de reforma, até mesmo por efeito de deliberação do Congresso Nacional quando no desempenho de seu poder reformador. Em seguida, distinguia inelegibilidade inata – resultante diretamente da existência de certas situações, a exemplo das relações de parentesco ou conjugais – da cominada – típica sanção de direito eleitoral que restringiria a capacidade eleitoral passiva de qualquer cidadão, na medida em que o privaria, ainda que temporariamente, do exercício de um direito fundamental, qual seja, o da participação política. Rejeitava a questão da presunção de inocência, no sentido de não admitir a possibilidade de que decisão ainda recorrível pudesse gerar inelegibilidade. Confirmava a validade constitucional das alíneas c, d, f, h, i, p e q do inciso II do art. 1º da LC 135/2010. Relativamente à alínea g, na mesma linha dos votos proferidos pelos Ministros Dias Toffoli e Gilmar Mendes, dava interpretação conforme, de sorte que o inciso II do art. 71 da CF fosse aplicado a todos os ordenadores de despesas, mas elucidava que o Chefe do Executivo, ainda quando atuasse nessa condição de ordenador de despesas, submeter-se-ia ao tribunal de contas e ao Poder Legislativo, nos termos do inciso I da citada norma constitucional. Acatava a interpretação conforme atribuída pelo Min. Dias Toffoli no que dizia respeito às alíneas m e o, contudo, acrescentava a esta última, consoante defendido pelo Min. Gilmar Mendes, a necessidade de que a demissão do serviço público guardasse conexão com atos de improbidade administrativa. Assentava, ainda, a inconstitucionalidade das alíneas e e l. Por derradeiro, vencido na parte referente à presunção de inocência, acolhia a proposta do relator no tocante à detração, bem como sua formulação original quanto à alínea k ["o Presidente da República, o Governador de Estado e do Distrito Federal, o Prefeito, os membros do Congresso Nacional, das Assembleias Legislativas, da Câmara Legislativa, das Câmaras Municipais, que renunciarem a seus mandatos desde o oferecimento de representação ou petição capaz de autorizar a abertura de processo por infringência a dispositivo da Constituição Federal, da Constituição Estadual, da Lei Orgânica do Distrito Federal ou da Lei Orgânica do Município, para as eleições que se realizarem durante o período remanescente do mandato para o qual foram eleitos e nos 8 (oito) anos subsequentes ao término da legislatura"] com o fito de que compreendesse somente a renúncia efetivada após a instauração de processo, não em face de mera representação ou de simples denúncia que qualquer cidadão pudesse fazer à Câmara contra o Presidente da República ou deputado. **ADC 29/ DF, rel. Min. Luiz Fux, 15 e 16.2.2012, (ADC-29), ADC 30/DF, rel. Min. Luiz Fux, 15 e 16.2.2012, (ADC-30), ADI 4578/DF, rel. Min. Luiz Fux, 15 e 16.2.2012, (ADI-4578) (Inform. STF 650)**

Lei da "Ficha Limpa" e hipóteses de inelegibilidade - 19

O Presidente dessumiu que, para a presunção de inocência, não importaria que as medidas gravosas ou lesivas fossem de ordem criminal ou não, haja vista que se objetivaria preservar a condição do réu, enquanto não julgado, de não ser tratado como coisa. Logo, se não condenado, nenhuma medida restritiva em sua esfera jurídica lhe poderia ser imposta com base em juízo de culpabilidade ainda não formado em caráter definitivo. Seguia o Min. Gilmar Mendes, no concernente à alínea m, ao fundamento de que a causa de inelegibilidade vinculada a decisões de órgãos corporativos e profissionais conferiria a ente não estatal o poder de retirar um direito público subjetivo, que deveria ser tratado no campo da área pública. Assentia com as inconstitucionalidades sugeridas por arrastamento pelo Min. Dias Toffoli e, no mais, acompanhava-o integralmente. **ADC 29/ DF, rel. Min. Luiz Fux, 15 e 16.2.2012, (ADC-29), ADC 30/DF, rel. Min. Luiz Fux, 15 e 16.2.2012, (ADC-30), ADI 4578/DF, rel. Min. Luiz Fux, 15 e 16.2.2012, (ADI-4578) (Inform. STF 650)**

Lei da "Ficha Limpa" e hipóteses de inelegibilidade - 20

No tocante à ação declaratória ajuizada pelo PPS (ADC 29/DF) – na qual requerida também a incidência do diploma adversado a atos e fatos jurídicos anteriores ao seu advento –, o Min. Luiz Fux afirmou que a consideração desses, para fins de aplicação da LC 135/2010, não maculariam o princípio constitucional da irretroatividade das leis. O Min. Dias Toffoli, ao destacar a inexistência de direito adquirido a regime jurídico de elegibilidade, reputou que a aplicação do diploma dito a respeito à retroatividade em processos eleitorais vindouros, cujo marco temporal único para exame das condições de elegibilidade seria o registro da candidatura. Se assim não fosse, ter-se-ia o duplo regime jurídico de inelegibilidades num mesmo processo eleitoral, a concorrer com as inelegibilidades submetidas à LC 135/2010 e outros, à legislação anterior. Sublinhou que, se uma norma passasse a exigir novas condições para que alguém fosse candidato, essa inovação, não obstante pautada em fato pretérito, somente deveria valer para processos eleitorais futuros, visto que a criação de novo critério seleciondor seria das condições de elegibilidade – que, necessariamente, operar-se-ia para o futuro –, buscaria evitar a eleição de inelegíveis e não a criação de cláusulas de inelegibilidade casuísticas. Nesse contexto, a Min. Rosa Weber vislumbrou que a elegibilidade seria resguardada por ocasião de cada pleito eleitoral segundo a lei da época, não havendo que se falar em direito adquirido. Ademais, as hipóteses de inelegibilidade consagradas na norma em tela teriam caráter geral e aplicar-se-iam a todos, para o futuro, ou seja, apenas **ADC 29/DF, rel. Min. Luiz Fux, 15 e 16.2.2012, (ADC-29), ADC 30/DF, rel. Min. Luiz Fux, 15 e 16.2.2012, (ADC-30), ADI 4578/DF, rel. Min. Luiz Fux, 15 e 16.2.2012, (ADI-4578) (Inform. STF 650)**

Lei da "Ficha Limpa" e hipóteses de inelegibilidade - 21

A Min. Cármen Lúcia realçou que o que se passaria na vida de alguém não se desagregaria de sua história, de forma que, quando um cidadão se propusesse a ser o representante dos demais, a vida pregressa comporia a persona que se oferecería ao eleitor e seu conhecimento haveria de ser de interesse público, a fim de se chegar à conclusão de sua aptidão – que a Constituição diria moral e proba – para esse mister. O direito marcaria, traçaria a etapa e os dados dessa vida passada que precisariam ser levados em conta. Apontou que a norma impugnada pregaria e confirmaria cada qual dos princípios constitucionais. O Min. Ricardo Lewandowski rememorou inexistir retroatividade porquanto não se cuidaria de sanção, porém de condição de elegibilidade. O Min. Ayres Britto citou que a Constituição, em seu § 9º do art. 14, teria autorizado a lei complementar a criar, estabelecer requisitos (pre-requisitos) de configuração do direito de se candidatar. Não dissera restrições ao exercício de direito, ao contrário, pressupostos que, se não preenchidos, afastariam o próprio direito à candidatura. **ADC 29/DF, rel. Min. Luiz Fux, 15 e 16.2.2012, (ADC-29), ADC 30/DF, rel. Min. Luiz Fux, 15 e 16.2.2012, (ADC-30), ADI 4578/DF, rel. Min. Luiz Fux, 15 e 16.2.2012, (ADI-4578) (Inform. STF 650)**

relator declarava inconstitucionais, em parte, as alíneas e ["os que forem condenados, em decisão transitada em julgado ou proferida por órgão judicial colegiado, desde a condenação até o transcurso do prazo de 8 (oito) anos após o cumprimento da pena, pelos crimes: ..."] e l ["os que forem condenados à suspensão dos direitos políticos, em decisão transitada em julgado ou proferida por órgão judicial colegiado, por ato doloso de improbidade administrativa que importe lesão ao patrimônio público e enriquecimento ilícito, desde a condenação ou o trânsito em julgado até o transcurso do prazo de 8 (oito) anos após o cumprimento da pena"] do inciso I do art. 1º da LC 64/90, com a redação conferida pela LC 135/2010, para a interpretação conforme a Constituição, admitir a redução do prazo de 8 anos de inelegibilidades posteriores ao cumprimento da pena, do prazo de inelegibilidade decorrido entre a condenação e o seu trânsito em julgado (detração). **ADC 29/DF, rel. Min. Luiz Fux, 15 e 16.2.2012. (ADC-29), ADC 30/DF, rel. Min. Luiz Fux, 15 e 16.2.2012. (ADC-30), ADI 4578/DF, rel. Min. Luiz Fux, 15 e 16.2.2012. (ADI-4578)** (Inform. STF 650)

Lei da "Ficha Limpa" e hipóteses de inelegibilidade - 15

O Min. Dias Toffoli, tendo em conta a aplicação do princípio da presunção de inocência às causas de inelegibilidade previstas na LC 135/2010, entendia incompatível com a Constituição vedar a participação no pleito eleitoral de condenados por suposta prática de ilícitos criminais, eleitorais ou administrativos, por órgãos judicantes colegiados, mesmo antes da definitividade do julgado". Razão pela qual declarava a inconstitucionalidade das expressões "ou proferida por órgão colegiado" contidas nas alíneas d, ["os que tenham contra sua pessoa representação julgada procedente pela Justiça Eleitoral, em decisão transitada em julgado ou proferida por órgão colegiado, em processo de apuração de abuso do poder econômico ou político, para a eleição na qual concorrem ou tenham sido diplomados, bem como para as que se realizarem nos 8 (oito) anos seguintes"], e h ["os detentores de cargo na administração pública direta, indireta ou fundacional, que beneficiarem a si ou a terceiros, pelo abuso do poder econômico ou político, que forem condenados em decisão transitada em julgado ou proferida por órgão judicial colegiado, para a eleição na qual concorrem ou tenham sido diplomados, bem como para as que se realizarem nos 8 (oito) anos seguintes"] e l do inciso I do art. 1º e "ou proferida por órgão colegiado da Justiça Eleitoral" dispostas nas alíneas j, ["os que forem condenados, em decisão transitada em julgado ou proferida por órgão colegiado da Justiça Eleitoral, por corrupção eleitoral, por captação ilícita de sufrágio, por doação, captação ou gastos ilícitos de recursos de campanha ou por conduta vedada aos agentes públicos em campanhas eleitorais que impliquem cassação do registro ou do diploma, pelo prazo de 8 (oito) anos a contar da eleição"] e p ["a pessoa física e os dirigentes de pessoas jurídicas responsáveis por doações eleitorais tidas por ilegais por decisão transitada em julgado ou proferida por órgão colegiado da Justiça Eleitoral, pelo prazo de 8 (oito) anos após a decisão, observando-se o procedimento previsto no art. 22"] do preceito. Em consequência, enunciava a inconstitucionalidade, por arrastamento: a) do caput do art. 15; b) da expressão "independente da apresentação de recurso" inserida no paragrafo único do art. 15; c) dos artigos 26-A e 26-C, caput e §§ 1º, 2º e 3º, todos da LC 64/90, com as alterações promovidas pela LC 135/2010; e d) do art. 3º da LC 135/2010. **ADC 29/DF, rel. Min. Luiz Fux, 15 e 16.2.2012. (ADC-29). ADC 30/DF, rel. Min. Luiz Fux, 15 e 16.2.2012. (ADC-30). ADI 4578/DF, rel. Min. Luiz Fux, 15 e 16.2.2012. (ADI-4578)** (Inform. STF 650)

Lei da "Ficha Limpa" e hipóteses de inelegibilidade - 16

Além disso, conferia interpretação conforme às alíneas m e o ["os que forem demitidos do serviço público em decorrência de processo administrativo ou judicial, pelo prazo de 8 (oito) anos, contado da decisão, salvo se o ato houver sido suspenso ou anulado pelo Poder Judiciário"] do inciso I do art. 1º, l, para

---

emprestar interpretação conforme a Constituição ao dispositivo constitucional de restrição de direito fundamental, impenderia alínea o, asseverava que, para que se amoldasse à dogmática lização segura e eficiente por parte do Estado. Relativamente segundo uma miríade de regras disciplinares a dificultar fiscariam competência constitucional para fazê-lo e que operariam político essencial a ser praticada por órgãos que não possuím, registrava que essa disposição traria restrição grave a direito sujeitar-se-ia aos termos do art. 71, I, da CF. Quanto à alínea Executivo, ainda quando atuasse como ordenador despesa, à parte final da alínea g, no sentido de que o Chefe do Poder seguinte, também dava interpretação conforme à Constituição estruturante do Estado Democrático de Direito. Em passo Todavia, consagraria a segurança jurídica como fundamento trânsito em julgado. Enaltecia que a exigência de coisa julgada para a suspensão de direitos políticos como sanção não de probidade não significaria dispensa da probidade administrativa ou da moralidade para o exercício de mandato eletivo. da moralidade para o exercício do mandato eletivo, a saber: o voto, a escolha de candidatos no âmbito dos partidos políticos e o controle das candidaturas pelos cidadãos eleitores, cidadãos candidatos e partidos. Reprochava a dispensa do fulcro de impedir a candidatura e a consequente eleição de pessoas inaptas, sob o enfoque da probidade administrativa e postos à disposição dos cidadãos e dos diversos grupos com populares. Ressaltava a existência de outros mecanismos relativizar princípios constitucionais para atender anseios o Min. Gilmar Mendes, de início, enfatizava o forte teor simbólico da lei a complementar e, no ponto, vislumbrava não ser possível

Lei da "Ficha Limpa" e hipóteses de inelegibilidade - 17

O Min. Gilmar Mendes, de início, enfatizava o forte teor simbólico da lei a complementar e, no ponto, vislumbrava não ser possível relativizar princípios constitucionais para atender anseios populares. Ressaltava a existência de outros mecanismos postos à disposição dos cidadãos e dos diversos grupos com o fulcro de impedir a candidatura e a consequente eleição de pessoas inaptas, sob o enfoque da probidade administrativa e da moralidade para o exercício do mandato eletivo, a saber: o voto, a escolha de candidatos no âmbito dos partidos políticos e o controle das candidaturas pelos cidadãos eleitores, cidadãos candidatos e partidos. Reprochava a dispensa do trânsito em julgado. Enaltecia que a exigência de coisa julgada para a suspensão de direitos políticos como sanção não de probidade não significaria dispensa da probidade administrativa ou da moralidade para o exercício de mandato eletivo. Todavia, consagraria a segurança jurídica como fundamento estruturante do Estado Democrático de Direito. Em passo seguinte, também dava interpretação conforme à Constituição à parte final da alínea g, no sentido de que o Chefe do Poder Executivo, ainda quando atuasse como ordenador despesa, sujeitar-se-ia aos termos do art. 71, I, da CF. Quanto à alínea m, registrava que essa disposição traria restrição grave a direito político essencial a ser praticada por órgãos que não possuiriam competência constitucional para fazê-lo e que operariam segundo uma miríade de regras disciplinares a dificultar fiscalização segura e eficiente por parte do Estado. Relativamente à alínea o, asseverava que, para que se amoldasse à dogmática constitucional de restrição de direito fundamental, impenderia emprestar interpretação conforme a Constituição ao dispositivo

mandato, no curso deste, tomaria situação distinta a análise daquelas que levaram o TSE e o STF a firmar jurisprudência no sentido de que a dissolução da sociedade ou do vínculo conjugal não afastaria a inelegibilidade do cônjuge. Observou-se que a circunstância descrita nos autos não se enquadraria no teor da Súmula Vinculante 18, uma vez que o referido verbete teria de separações fictícias que garantissem um terceiro mandato de fraudar o dispositivo constitucional da inelegibilidade, por meio fato, para fins de vedar ao cônjuge a possibilidade de burlar o cuidado da dissolução da sociedade conjugal por separação de inconstitucional. Registrou-se, ademais, ser distinta a discussão do vínculo conjugal por morte, matéria não tratada na Súmula Vinculante 18. Por fim, realçou-se que a prefeita constituíra novo núcleo familiar.
AC 3298 AgR/PB, rel. Min. Teori Zavascki, 24.4.2013. (AC-3298) (Inform. STF 703)

Lei da "Ficha Limpa" e hipóteses de inelegibilidade - 10
A Lei da "Ficha Limpa" é compatível com a Constituição e pode ser aplicada a atos e fatos ocorridos anteriormente à edição da LC 135/2010. Essa a conclusão do Plenário ao julgar procedente pedido formulado em duas ações declaratórias de constitucionalidade e improcedente o pedido formulado em ação direta de inconstitucionalidade. As primeiras foram ajuizadas pelo Partido Popular Socialista - PPS e pelo Conselho Federal da Ordem dos Advogados do Brasil, tendo por objeto a integralidade da LC 135/2010 — que alterou a LC 64/90, para instituir hipóteses de inelegibilidade —, e a última, pela Confederação Nacional das Profissões Liberais - CNPL, em face do art. 1º, I, m, do mesmo diploma ["Art. 1º São inelegíveis: I - para qualquer cargo: ... m) os que forem excluídos do exercício da profissão, por decisão sancionatória do órgão profissional competente, em decorrência de infração ético-profissional, pelo prazo de 8 (oito) anos, salvo se o ato houver sido anulado ou suspenso pelo Poder Judiciário"] — v. Informativos 647 e 650. Preliminarmente, reiterou-se que a análise do Colegiado cingir-se-ia às hipóteses de inelegibilidade introduzidas pela LC 135/2010.
ADC 29/DF, rel. Min. Luiz Fux, 15 e 16.2.2012. (ADC-29), ADC 30/DF, rel. Min. Luiz Fux, 15 e 16.2.2012. (ADC-30), ADI 4578/DF, rel. Min. Luiz Fux, 15 e 16.2.2012. (ADI-4578) (Inform. STF 650)

Lei da "Ficha Limpa" e hipóteses de inelegibilidade - 11
No mérito, ressaltou-se que o diploma normativo em comento representaria significativo avanço democrático com o escopo de viabilizar o banimento da vida pública de pessoas que não atenderiam às exigências de moralidade e probidade, considerada a vida pregressa, em observância ao que disposto no art. 14, § 9º, da CF ("Lei complementar estabelecerá outros casos de inelegibilidade e os prazos de sua cessação, a fim de proteger a probidade administrativa, a moralidade para exercício de mandato considerada vida pregressa do candidato, e a normalidade e legitimidade das eleições contra a influência do poder econômico ou o abuso do exercício de função, cargo ou emprego na administração direta ou indireta"). Enfatizou-se, outrossim, que a norma seria fruto de iniciativa popular, a evidenciar o esforço da população brasileira em trazer norma de aspecto moralizador para a seara política. Não obstante, assinalou-se eventual caráter contramajoritário do Supremo, o qual não estaria vinculado às aspirações populares.
ADC 29/DF, rel. Min. Luiz Fux, 15 e 16.2.2012. (ADC-29), ADC 30/DF, rel. Min. Luiz Fux, 15 e 16.2.2012. (ADC-30), ADI 4578/DF, rel. Min. Luiz Fux, 15 e 16.2.2012. (ADI-4578) (Inform. STF 650)

Lei da "Ficha Limpa" e hipóteses de inelegibilidade - 12
Assentou-se que os critérios eleitos pelo legislador complementar estariam em harmonia com a Constituição e que a LC 135/2010 deveria ser apreciada sob a ótica da valorização da moralidade e da probidade no trato da coisa pública, da proteção ao interesse público. Além disso, os dispositivos adversados ostentariam o beneplácito da adequação, da necessidade e da razoabilidade. O Min. Luiz Fux, relator, teceu considerações sobre o princípio da presunção de inocência e repeliu a alegação de que a norma o ofenderia. Aduziu que o exame desse postulado não deveria ser feito sob enfoque penal e, no âmbito eleitoral, e sim sob enfoque penal e processual penal, a inelegibilidade não seria pena, motivo poderia ser relativizado. O Min. Joaquim Barbosa, na assentada anterior, relembrara que inelegibilidade não seria pena, motivo pelo qual inaplicável a incidência do princípio da irretroatividade da lei, notadamente, da presunção de inocência ou da irretroatividade de inelegibilidade. A Min. Rosa Weber, após escorço histórico sobre o tema, discorrera que o princípio estaria relacionado à questão probatória no processo penal, a obstar a imposição de sanções antes dos processados serem alvos de um julgamento. Sinalizou, todavia, que a presunção de inocência admitiria exceções por não ser absoluta. Ademais, frisou que o postulado não seria universalmente compreendido como garantia que perdurasse até o trânsito em julgado e que irradiaria efeitos no campo eleitoral. No campo eleitoral, especialmente no que se refere à elegibilidade, consignou a prevalência da proteção do público e da coletividade. Explicitou, ainda, que as inelegibilidades decorreriam de julgamento por órgão colegiado, sem necessidade de trânsito em julgado. Esclareceu, no ponto, que a própria lei complementar teria previsto a possibilidade de correção, por órgão recursal, de eventuais irregularidades na decisão ("Art. 26-C. O órgão colegiado do tribunal ao qual couber a apreciação do recurso contra as decisões colegiadas a que se referem as alíneas d, e, h, j, l e n do inciso I do art. 1º poderá, em caráter cautelar, suspender a inelegibilidade sempre que existir plausibilidade da pretensão recursal e desde que a providência tenha sido expressamente requerida, sob pena de preclusão, por ocasião da interposição do recurso").
ADC 29/DF, rel. Min. Luiz Fux, 15 e 16.2.2012. (ADC-29), ADC 30/DF, rel. Min. Luiz Fux, 15 e 16.2.2012. (ADC-30), ADI 4578/DF, rel. Min. Luiz Fux, 15 e 16.2.2012. (ADI-4578) (Inform. STF 650)

Lei da "Ficha Limpa" e hipóteses de inelegibilidade - 13
Na sequência, a Min. Cármen Lúcia ressurtiu que nos debates da constituinte, adotara-se o princípio da não culpabilidade penal e que, no caso, estar-se-ia em sede de direito eleitoral. Relativamente à não exigência de trânsito em julgado, o Min. Ricardo Lewandowski rechaçou eventual conflito com o art. 15, III, da CF, ao ponderar que o legislador escolhera por sobrelevar os direitos previstos no art. 14, § 9º, do mesmo diploma. O Min. Ayres Britto asseverou que a Constituição, na defesa da probidade administrativa, teria criado uma espécie de processo legal eleitoral substantivo, que possuiria dois conteúdos: o princípio da respeitabilidade para a representação da coletividade e o direito que tem o eleitor de escolher candidatos honoráveis. Arrematou que a lei complementar seria decorrência da saturação do povo com os maus-tratos infligidos à coisa pública e que as matérias relativas a retroação, corporação, órgão colegiado, presunção de inocência já teriam sido exaustivamente debatidas no Congresso Nacional quando da análise da lei. O Min. Marco Aurélio, por sua vez, anotou que o conceito alusivo à vida pregressa seria aberto. Aquiesceu ao elastecimento do prazo de inelegibilidade previsto em alíneas da lei vergastada — a qual não permitiria inelegibilidade por prazo indeterminado —, e salientou tratar-se de opção político-normativa a não implicar ao STF atuar como legislador positivo e adotar, impropriamente, a detração. Mencionou, ainda, que esta Corte proclamara não poder haver a execução da pena antes do trânsito em julgado da decisão condenatória e que o preceito não versaria sobre inelegibilidade.
ADC 29/DF, rel. Min. Luiz Fux, 15 e 16.2.2012. (ADC-29), ADC 30/DF, rel. Min. Luiz Fux, 15 e 16.2.2012. (ADC-30), ADI 4578/DF, rel. Min. Luiz Fux, 15 e 16.2.2012. (ADI-4578) (Inform. STF 650)

Lei da "Ficha Limpa" e hipóteses de inelegibilidade - 14
Assim, no pertinente à ação declaratória proposta pelo Conselho Federal da Ordem dos Advogados do Brasil (ADC 30/DF), ficaram parcialmente vencidos os Ministros Luiz Fux, Dias Toffoli, Gilmar Mendes, Celso de Mello e Cezar Peluso, Presidente. O

RE N. 637.485-RJ

RELATOR: MIN. GILMAR MENDES

RECURSO EXTRAORDINÁRIO. REPERCUSSÃO GERAL. REELEIÇÃO. PREFEITO. INTERPRETAÇÃO DO ART. 14, § 5º, DA CONSTITUIÇÃO. MUDANÇA DA JURISPRUDÊNCIA EM MATÉRIA ELEITORAL. SEGURANÇA JURÍDICA.

I. REELEIÇÃO. MUNICÍPIOS. INTERPRETAÇÃO DO ART. 14, § 5º, DA CONSTITUIÇÃO. PROIBIÇÃO DE TERCEIRA ELEIÇÃO EM CARGO DA MESMA NATUREZA, AINDA QUE EM MUNICÍPIO DIVERSO. O instituto da reeleição tem fundamento não somente no postulado da continuidade administrativa, mas também no princípio republicano, que impede a perpetuação de uma mesma pessoa no grupo no poder. O princípio republicano condiciona a interpretação e a aplicação do próprio comando da norma constitucional, de modo a repelir a terceira eleição por apenas uma única vez. Esse princípio impede a terceira eleição não apenas no mesmo município, mas em relação a qualquer outro município da federação. Entendimento contrário tornaria possível a figura do denominado "prefeito itinerante" ou do "prefeito profissional", o que claramente é incompatível com esse princípio, que também traduz um postulado de temporariedade/alternância do exercício do poder. Portanto, ambos os princípios — continuidade administrativa e republicanismo — condicionam a interpretação e a aplicação teleológicas do art. 14, § 5º, da Constituição. O cidadão que exerce dois mandatos consecutivos como prefeito de determinado município fica inelegível para o cargo da mesma natureza em qualquer outro município da federação.

II. MUDANÇA DA JURISPRUDÊNCIA EM MATÉRIA ELEITORAL. SEGURANÇA JURÍDICA. ANTERIORIDADE ELEITORAL. NECESSIDADE DE AJUSTE DOS EFEITOS DA DECISÃO. Mudanças radicais na interpretação da Constituição devem ser acompanhadas da devida e cuidadosas reflexão sobre suas consequências, tendo em vista o postulado da segurança jurídica. Não só a Corte Constitucional, mas também o Tribunal que exerce o papel de órgão de cúpula da Justiça Eleitoral devem adotar tais cautelas por ocasião das chamadas viragens jurisprudenciais na interpretação dos preceitos constitucionais que dizem respeito aos direitos políticos e ao processo eleitoral. Não se pode deixar de considerar o peculiar caráter normativo dos atos judiciais emanados do Tribunal Superior Eleitoral, que regem todo o processo eleitoral. Mudanças na jurisprudência eleitoral, portanto, têm efeitos normativos diretos sobre os pleitos eleitorais, com sérias repercussões sobre os direitos fundamentais dos cidadãos (eleitores e candidatos) e partidos políticos. No âmbito eleitoral, a segurança jurídica assume a sua face de princípio da confiança para proteger e estabilização das expectativas de todos aqueles que de alguma forma participam dos pleitos eleitorais. A importância fundamental do princípio da segurança jurídica para o regular transcurso dos processos eleitorais está plasmada no princípio da anterioridade eleitoral positivado no art. 16 da Constituição. O Supremo Tribunal Federal fixou a interpretação desse artigo 16, entendendo-o como uma garantia constitucional (1) do devido processo legal eleitoral, (2) da igualdade de chances e (3) das minorias (RE 633.703). Em razão da interpretação peculiar dos atos judiciais emanados do Tribunal Superior Eleitoral, os quais regem normativamente todo o processo eleitoral, é razoável concluir que a Constituição também alberga uma norma, ainda que implícita, que traduz o postulado da segurança jurídica como princípio da anterioridade ou anualidade em relação à altera-

---

(Inform. STF 708)

AC 2821 MC-AgR/AM, rel. Min. Luiz Fux, 29.5.2013. (AC-2821)

cautelar em virtude do término do mandato eletivo em análise. atual diploma – v. Informativo 637. Registrou-se o prejuízo da 1997 a 2004, razão pela qual se determinara a cassação do feito, por dois mandatos, em município contíguo, nos anos de reeleito em 2008. Ocorre que ele já exercera o cargo de Prefeito de Prefeito, para o qual fora eleito em 2004, e posteriormente origem, o ora agravante pretendia sua recondução ao cargo

25. DIREITO ELEITORAL

1. ELEGIBILIDADE E INELEGIBILIDADE. FICHA LIMPA. CANDIDATURA

REPERCUSSÃO GERAL EM RE N. 843.455-DF

RELATOR: MIN. TEORI ZAVASCKI

Ementa: DIREITO ELEITORAL. REGISTRO DE CANDIDATURA. ELEIÇÃO SUPLEMENTAR PARA PREFEITO MUNICIPAL. CANDIDATA CASADA COM O ANTERIOR OCUPANTE DO CARGO. OBSERVÂNCIA DO PRAZO DE DESINCOMPATIBILIZAÇÃO DE SEIS MESES (ART. 14, § 7º, DA CONSTITUIÇÃO FEDERAL). REPERCUSSÃO GERAL CONFIGURADA.
1. Possui repercussão geral a questão relativa à observância, em eleição suplementar, do prazo de desincompatibilização de seis meses previsto no art. 14, § 7º, da CF/88.
2. Repercussão geral reconhecida. (Inform. STF 770)

LC 135/2010 e retroatividade

A 2ª Turma acolheu proposta do Ministro Gilmar Mendes para afetar ao Plenário julgamento de agravo regimental em recurso extraordinário com agravo, no qual discute a possibilidade de aplicação retroativa da LC 135/2010 (Lei da Ficha Limpa) em face de condenações já impostas e com tempo predefinido inferior ao estabelecido na referida lei complementar.
ARE 790774 AgR/DF, rel. Min. Ricardo Lewandowski, 20.5.2014. (ARE-790774) (Inform. STF 747)

Art. 14, § 7º, da CF: morte de cônjuge e inelegibilidade - 1

O Enunciado 18 da Súmula Vinculante do STF ("A dissolução da sociedade ou do vínculo conjugal, no curso do mandato, não afasta a inelegibilidade prevista no § 7º do artigo 14 da Constituição Federal") não se aplica aos casos de extinção do vínculo conjugal pela morte de um dos cônjuges. Com base nessa orientação, o Plenário deu provimento a recurso extraordinário para deferir o registro de candidatura da recorrente. Discutia-se eventual inelegibilidade para reeleição de cônjuge supérstite que se elegera em pleito seguinte ao da morte do então detentor do cargo eletivo — ocorrida no curso do mandato, com regular secessão do vice. A recorrente, eleita prefeita em 2008, ano seguinte ao falecimento de seu marido (2007) e reeleita em 2012, fora afastada do cargo (2013) pelo TSE, que indeferira o registro de sua candidatura, sob o fundamento de configuração de terceiro mandato consecutivo do mesmo grupo familiar. O Plenário ressaltou que o § 7º do art. 14 da CF ["§ 7º - São inelegíveis, no território de jurisdição do titular, o cônjuge e os parentes consanguíneos ou afins, até o segundo grau ou por adoção, do Presidente da República, de Governador de Estado ou Território, do Distrito Federal, de Prefeito ou de quem os haja substituído dentro dos seis meses anteriores ao pleito, salvo se já titular de mandato eletivo e candidato à reeleição"] restringiria a capacidade eleitoral passiva, ao prever hipóteses de inelegibilidade reflexa ou indireta. Afirmou que a referida norma teria por objetivo impedir a hegemonia política de um mesmo grupo familiar, ao dar efetividade à alternância no poder, preceito básico do regime democrático. Destacou que, atualmente, a Corte viria

interpretando teleologicamente o dispositivo constitucional em questão no sentido de que a dissolução do vínculo matrimonial no curso do mandato não afastaria a inelegibilidade nos casos em que houvesse evidente fraude na separação ou divórcio, com o intuito de burlar a vedação constitucional e perpetuar o grupo familiar no poder. Rememorou precedente em que, apesar de se reafirmar a ilegibilidade da perpetuação de grupos familiares no poder, o STF reformara decisão do TSE, para deferir registro de candidatura, por considerar que o reconhecimento judicial da separação de fato de candidato, antes do início do mandato do ex-sogro, não caracterizaria a inelegibilidade prevista no art. 14, § 7º, da CF, já que não haveria perenização no poder pela mesma família (RE 446.999/PE, DJU 9.9.2005).
RE 758461/PB, rel. Min. Teori Zavascki, 22.5.2014 (RE-758461)

Art. 14, § 7º, da CF: morte de cônjuge e inelegibilidade - 2

A Corte sublinhou que, entre os desideratos do art. 14, § 7º, da CF, registrar-se-iam o de inibir a perpetuação política de grupos familiares e o de inviabilizar a utilização da máquina administrativa em benefício de parentes detentores do poder. Asseverou que, no entanto, a superveniência da morte do titular, no curso do prazo legal de desincompatibilização deste, afastaria ambas as situações. Explicou que a morte, além de fazer desaparecer o "grupo político familiar", impediria que os aspirantes ao poder se beneficiassem de eventuais benesses que o titular lhes poderia proporcionar. Enfatizou que raciocínio contrário representaria perenização dos efeitos jurídicos de antigo casamento, desfeito pelo falecimento, para restringir direito constitucional de concorrer à eleição. Frisou que o aludido preceito da Constituição, norma que imporia limitação de direito, sobretudo concernente à cidadania, deveria ter sua interpretação igualmente restritiva, de modo a não comportar ampliação. Consignou que haveria outras especificidades do caso que não poderiam ser desprezadas: a) o falecimento ter ocorrido mais de um ano antes do pleito, dentro, portanto, do prazo para possível desincompatibilização do ex-prefeito; b) o cônjuge supérstite haver concorrido contra o grupo político do ex-marido; c) a recorrente ter se casado novamente durante seu primeiro mandato e constituído nova instituição familiar; e d) o TSE ter respondido à consulta, para assentar a elegibilidade de candidatos que, em tese, estivessem em situação idêntica à dos autos. Registrou que o fundamento para a edição do Verbete 18 da Súmula Vinculante do STF fora a ocorrência de separações e divórcios fraudulentos, como forma de obstar a incidência da inelegibilidade. Aludiu que a hipótese ora versada, de extinção do vínculo matrimonial pela morte de um dos cônjuges, certamente não teria sido considerada na oportunidade.
RE 758461/PB, rel. Min. Teori Zavascki, 22.5.2014 (RE-758461) (Inform. STF 747)

"Prefeito itinerante" e princípio republicano - 3

Em conclusão, o Plenário julgou prejudicado agravo regimental interposto de decisão indeferitória de medida liminar em ação cautelar, na qual se pretendia atribuir efeito suspensivo a recurso extraordinário em que se discute a possibilidade, ou não, de candidatura ao cargo de Prefeito em Município diverso, após o exercício de dois mandatos em municipalidade contígua. Na correção monetária de depósitos em cadernetas de poupança, por alegados expurgos inflacionários decorrentes de diversos planos econômicos. A ADPF objetiva solver suposta controvérsia constitucional acerca da interpretação conferida aos efeitos decorrentes dos planos econômicos denominados Cruzado, Bresser, Verão, Collor I e Collor II. No RE 591.797/SP, a temática abrange os valores não bloqueados pelo Banco Central do Brasil - Bacen relativamente ao plano econômico Collor I. No RE 626.307/SP, a questão envolvida diz respeito aos planos econômicos Bresser e Verão. No RE 631.363/SP, a discussão refere-se aos depósitos bloqueados pelo Bacen em relação ao plano econômico Collor I. Por fim, no RE 632.212/SP, a controvérsia alude a valores não bloqueados pelo Bacen relativamente ao plano econômico Collor II. Em princípio, o Colegiado, por maioria, deliberou iniciar o julgamento com a leitura dos relatórios e as sustentações orais, e, em seguida, suspendê-lo para prosseguimento em data a ser fixada pela Presidência. Assim, rejeitou proposta formulada pelo Ministro Marco Aurélio, acompanhado pelo Ministro Gilmar Mendes, no sentido de que a apreciação dos processos fosse agendada para o início do ano judiciário de 2014, com sessões contínuas. O suscitante destacava a complexidade do tema e o fato de, consideradas as sessões de quarta-feira, estar prevista a realização de apenas três sessões de julgamento antes do recesso judiciário e das férias coletivas, em janeiro, o que acarretaria a cisão no exame dos feitos. Vencidos, também, os Ministros Celso de Mello e Joaquim Barbosa, Presidente, que se manifestavam pela não interrupção do julgamento depois que este tivesse sido iniciado. O primeiro, ao realçar o princípio da concentração dos atos processuais, consignava não ser conveniente a solução de continuidade, ainda que a análise prosseguisse na semana seguinte. Na sequência, após a leitura dos relatórios e as sustentações orais, o julgamento foi suspenso. ADPF 165/DF, rel. Min. Ricardo Lewandowski, 27 e 28.11.2013. (ADPF-165) RE 591797/SP, rel. Min. Dias Toffoli, 27 e 28.11.2013 (RE-591797) RE 626307/SP, rel. Min. Dias Toffoli, 27 e 28.11.2013. (RE-626307) RE 631363/SP, rel. Min. Gilmar Mendes, 27 e 28.11.2013 (RE-631363) RE 632212/SP, rel. Min. Gilmar Mendes, 27 e 28.11.2013 (RE-632212)

Correção monetária e planos econômicos - 2

O Plenário converteu em diligência julgamento conjunto de arguição de descumprimento de preceito fundamental e de recursos extraordinários em que se discute o direito a diferenças de correção monetária de depósitos em cadernetas de poupança, por alegados expurgos inflacionários decorrentes de diversos planos econômicos. A ADPF objetiva solver suposta controvérsia constitucional acerca da interpretação conferida aos efeitos decorrentes dos planos econômicos denominados Cruzado, Bresser, Verão, Collor I e Collor II. No RE 591.797/SP, a temática abrange os valores não bloqueados pelo Banco Central do Brasil - Bacen relativamente ao plano econômico Collor I. No RE 626.307/SP, a questão envolvida diz respeito aos planos econômicos Bresser e Verão. No RE 631.363/SP, a discussão refere-se aos depósitos bloqueados pelo Bacen em relação ao plano econômico Collor I. Por fim, no RE 632.212/SP, a controvérsia alude a valores não bloqueados pelo Bacen relativamente ao plano econômico Collor II — v. Informativo 730. A Corte acolheu proposta formulada pelo Ministro Ricardo Lewandowski para baixar os autos à Procuradoria Geral da República a fim de que seja proferida nova manifestação. No caso, o "parquet" requerera a emissão de novo parecer antes da análise de mérito dos processos. Com isso e contra a assertiva da União quanto à existência de erros em perícia elaborada pelo órgão ministerial. O Ministro Ricardo Lewandowski mencionou que a conversão pleiteada encontraria respaldo no disposto no art. 11 da Lei 9.882/1999 ("Ao declarar a inconstitucionalidade de lei ou ato normativo, no processo de arguição de descumprimento de preceito fundamental, e tendo em vista razões de segurança jurídica ou de excepcional interesse social, poderá o Supremo Tribunal Federal, por maioria de dois terços de seus membros, restringir os efeitos daquela declaração ou decidir que ela só tenha eficácia a partir de seu trânsito em julgado ou de outro momento que venha a ser fixado") e no art. 140 do RISTF ("O Plenário ou a Turma poderá converter o julgamento em diligência, quando necessária à decisão da causa"). ADPF 165/DF, rel. Min. Ricardo Lewandowski, 28.5.2014. RE 591797/SP, rel. Min. Dias Toffoli, 28.5.2014. (RE-591797) RE 626307/SP, rel. Min. Dias Toffoli, 28.5.2014. (RE-626307) RE 631363/SP, rel. Min. Gilmar Mendes, 28.5.2014. (RE-631363) RE 632212/SP, rel. Min. Gilmar Mendes, 28.5.2014. (RE-632212) (Informativo STF 748)

DIREITO CIVIL. ÍNDICE DE CORREÇÃO DOS DEPÓSITOS DE CADERNETA DE POUPANÇA NO PLANO COLLOR II. RECURSO REPETITIVO (ART. 543-C DO CPC E RES. 8/2008-STJ). Foram acolhidos embargos de declaração para sanar erro material, fixando-se o percentual de 20,21%, relativo ao BTN, como índice de correção dos depósitos de caderneta de poupança para o Plano Collor II, em vez do IPC. De fato, o voto-condutor do acórdão embargado se encaminha pelo direito adquirido do poupador à adoção do critério remuneratório previsto na Lei 8.088/1990, qual seja, o Bônus do Tesouro Nacional (BTN), cujo índice estaria fixado no patamar de 20,21%. Todavia, na parte dispositiva foi estabelecido o percentual de 21,87% correspondente ao Índice de Preços ao Consumidor (IPC), em contradição à fundamentação anteriormente adotada, incorrendo essa que também ficou estampada na ementa do julgado. Assim, constatada a contradição entre a fundamentação e a parte dispositiva do acórdão embargado, devem ser os embargos de declaração ser acolhidos para sanar o erro material verificado. **EDcl no REsp 1.147.595-RS, Rel. Min. Marco Aurélio Bellizze, julgado em 12/11/2014. (Informativo STJ 552)**

24. DIREITO ECONÔMICO

1. PRINCÍPIOS GERAIS DA ATIVIDADE ECONÔMICA

AG. REG. NO RE N. 545.068-DF
RELATOR: MIN. DIAS TOFFOLI
EMENTA: Agravo regimental no recurso extraordinário. Responsabilidade civil do Estado. Setor sucroalcooleiro. Fixação de preços. Princípio da livre iniciativa. Violação. Precedentes.
1. A jurisprudência desta Corte é no sentido de que fere o princípio da livre iniciativa a fixação de preços em valores abaixo dos reais.
2. No exame do RE n° 632.644/DF-AgR, Primeira Turma, Relator o Ministro Luiz Fux, DJe de 10/5/12, reconheceu-se a "responsabilidade objetiva da União em face do ato estatal que fixou os preços dos produtos sucroalcooleiros em valores inferiores ao levantamento de custos realizados pela Fundação Getúlio Vargas".
3. Agravo regimental não provido. (Inform. STF 708)

2. SISTEMA FINANCEIRO NACIONAL

Súmula Vinculante STF 7

A norma do § 3° do artigo 192 da Constituição, revogada pela Emenda Constitucional n. 40/2003, que limitava a taxa de juros reais a 12% ao ano, tinha sua aplicação condicionada à edição de lei complementar.

Súmula STF n° 596

As disposições do Decreto 22626/1933 não se aplicam às taxas de juros e aos outros encargos cobrados nas operações realizadas por instituições públicas ou privadas, que integram o sistema financeiro nacional.

Súmula STJ n° 283

As empresas administradoras de cartão de crédito são instituições financeiras e, por isso, os juros remuneratórios por elas cobrados não sofrem as limitações da Lei de Usura.

3. DIREITO CONCORRENCIAL. LEI ANTITRUSTE

CABIMENTO DO RECURSO ESPECIAL EM ANTECIPAÇÃO DE TUTELA. DECISÃO DO CADE SOBRE CLÁUSULA DE RAIO.
A Turma, por maioria, entendeu ser cabível recurso especial contra decisão não definitiva, desde que não se trate de reexame do seu contexto fático, mas da interpretação da abrangência de norma legal sobre a viabilidade da aplicação do instituto da tutela antecipada, ou o controle da legitimidade das decisões de medidas liminares. No mérito, o colegiado deferiu a suspensão provisória - até julgamento definitivo nas instâncias ordinárias - da execução de decisão administrativa do CADE que, dentre outras medidas, obrigou *shopping center* a abster-se de incluir nas relações contratuais de locação de espaços comerciais a cláusula de raio, pela qual os lojistas se obrigam a não instalar lojas a pelo menos 2 km de distância do centro de compras. Precedentes citados: AgRg no RESP 1.052.435-RS, DJe de 5/11/2008, e RESP. 696.858-CE, DJe de 1°/8/2006. RESp 1.125.661-DF, Rel. Min. Napoleão Nunes Maia Filho, julgado em 27/3/2012. (Inform. STJ 494)

4. PLANOS ECONÔMICOS

ADPF e Plano Real - 3

O Plenário, em conclusão de julgamento e por maioria, conheceu de arguição de descumprimento de preceito fundamental, e em seguida, por unanimidade, referendou medida cautelar deferida para determinar a suspensão dos processos em curso, nos quais fosse questionada a constitucionalidade do art. 38 da Lei 8.880/1994 ("Art. 38. O cálculo dos índices de correção monetária, no mês em que se verificar a emissão do Real de que trata o art. 3° desta lei, bem como no mês subsequente, tomará por base preços em Real, o equivalente em URV dos preços em cruzeiros reais, e os preços nominados ou convertidos em URV dos meses imediatamente anteriores, segundo critérios estabelecidos em lei. Parágrafo Único. Observado o disposto no paragrafo único do art. 7°, é nula de pleno direito e não surtirá nenhum efeito a aplicação de índice, para fins de correção monetária, calculado de forma diferente da estabelecida no caput deste artigo") — v. Informativo 485. A Corte afirmou que a norma em comento, ao estabelecer mecanismo de transição entre o regime anterior e o superveniente Plano Real, se constituiria, por isso mesmo, em pilar fundamental do referido plano, seja do ponto de vista econômico, seja do ponto de vista jurídico. Seria temerário, a essa altura, já passados tantos anos da implantação do Plano Real — cujas virtudes foram reconhecidas inclusive pelas correntes doutrinárias e políticas que à época a ele se opuseram —, deixar de confirmar a liminar deferida, o que resultaria num ambiente de profunda insegurança jurídica sobre atos e negócios de quase duas décadas. Ademais, a tradição inflacionária do Brasil teria motivado múltiplas discussões judiciais a respeito da correção monetária. O STF, inclusive, já teria apreciado a constitucionalidade de diversos planos econômicos, ao examinar a perspectiva do direito adquirido e do ato jurídico perfeito. Vencidos os Ministros Marco Aurélio e Ayres Britto, que não conheciam da arguição.
ADPF 77 MC/DF, rel. Min. Dias Toffoli, 19.11.2014. (ADPF-77)
(Inform. STF 768)

Correção monetária e planos econômicos - 1

O Plenário iniciou julgamento conjunto de arguição de descumprimento de preceito fundamental e de recursos extraordinários em que se discute o direito a diferenças de

para sanar, com efetividade, o estado de inconstitucionalidade descrito como causa de pedir. Consignou que isso não ocorreria caso o STF se limitasse a declarar a inconstitucionalidade de norma que apenas repetiria o conteúdo de outra, de maior hierarquia, vigente há muito tempo e não impugnada na presente ação direta.
ADI 5104 MC/DF, rel. Min. Roberto Barroso, 21.5.2014. (ADI-5104)

ADI: inquérito policial eleitoral e autorização judicial - 4

Em acréscimo, o Ministro Ricardo Lewandowski registrou que a justiça eleitoral seria uma justiça "sui generis", porquanto possuiria três funções: a) judicante ou jurisdicional; b) administrativa; e c) regulamentar. Mencionou, ainda, que estaria em jogo uma prerrogativa de caráter incondicionado do Ministério Público, a saber, requerer não apenas investigações, mas, também, abertura de inquérito policial. O Ministro Celso de Mello salientou que resolução do TSE não poderia contrariar a lei e a Constituição, seja exigindo, em matéria eleitoral, o que a lei não exigira ou proibira, ou distinguindo onde o próprio legislador não distinguira. Assinalou que se trataria de competência normativa de segundo grau ou secundária, a qual estaria necessariamente subordinada, no que diz respeito à sua validade e eficácia, à autoridade hierárquica das leis e, acima delas, da Constituição. Ratificou, além disso, que o poder de requisição do Ministério Público representaria prerrogativa de ordem constitucional (CF, art. 129, VIII).
ADI 5104 MC/DF, rel. Min. Roberto Barroso, 21.5.2014. (ADI-5104) (Inform. STF 747)

ADI: inquérito policial eleitoral e autorização judicial - 5

Vencidos, em parte, os Ministros Roberto Barroso (relator), Luiz Fux, Marco Aurélio e Joaquim Barbosa (Presidente), que deferiam a medida cautelar em maior extensão. O relator, inicialmente, rejeitava a alegação de que a Resolução 23.396/2013, do TSE, teria invadido a competência da União para legislar sobre processo. Afirmava que a resolução fora editada com base no poder normativo previsto no art. 23, IX, do Código Eleitoral, bem como no art. 105 da Lei 9.504/1997. Em seguida, após discorrer sobre a opção do constituinte brasileiro pelo sistema acusatório, ingressou no exame individualizado das impugnações materiais. Por conseguinte, conferia interpretação conforme a Constituição: a) ao art. 3º, para explicitar que as notícias-crime poderiam ser encaminhadas diretamente ao Ministério Público Eleitoral ou à autoridade policial, bem como ao juiz. Ressaltava que, no entanto, nesta última hipótese, ao magistrado caberia somente efetuar a remessa do material ao "parquet"; b) ao artigo 4º, para assentar que a verificação da competência jurisdicional deveria ser efetuada pelo juiz eleitoral apenas no momento em que efetivamente atuasse nos autos do inquérito; c) ao art. 5º, para esclarecer que a autoridade policial deveria informar imediatamente o juízo eleitoral, o qual deveria remeter, de pronto, os autos ao "parquet". No ponto, o Ministro Roberto Barroso reajustou seu voto para acolher a manifestação do Ministro Luiz Fux; e d) ao art. 10, para explicar que a competência do juiz eleitoral para deferir diligências requeridas pelo Ministério Público limitar-se-ia às situações submetidas à reserva de jurisdição. Por fim, suspendia a eficácia dos artigos 6º, 8º e 11 da resolução questionada. Os Ministros Marco Aurélio e Luiz Fux acompanhavam o voto do relator. O Ministro Marco Aurélio aduzia que a justiça eleitoral se submeteria de igual forma à legislação. Ademais, o poder a ela conferido de expedir instruções seria voltado, de início, para a execução do Código Eleitoral, e não para atuar como legislador positivo. Por sua vez, o Presidente suspendia a eficácia dos artigos 3º ao 13 da Resolução 23.396/2013, do TSE, até o julgamento do mérito. Realçava que o regramento relativo à instauração de inquéritos não decorreria do sistema normativo eleitoral, mas sim do sistema processual penal, de maneira que a fixação de atribuições e o estabelecimento de regras para a instauração e o trâmite do denominado inquérito policial eleitoral extrapolaria o poder regulamentar complementar concedido à justiça eleitoral.
ADI 5104 MC/DF, rel. Min. Roberto Barroso, 21.5.2014. (ADI-5104)

ADI: inquérito policial eleitoral e autorização judicial - 6

Vencidos, na integralidade, os Ministros Dias Toffoli e Gilmar Mendes, que indeferiam a medida acauteladora. O primeiro afirmava que tanto a polícia quanto o Ministério Público poderiam requisitar à justiça eleitoral a abertura de procedimento investigatório, e ela determinaria essa abertura. Portanto, não entrevia cerceamento ao poder investigatório de quem quer que fosse. Entendia ser imprescindível que houvesse a prévia formalização perante a justiça eleitoral, para conferir transparência, oficialidade e segurança jurídica aos referidos procedimentos. Sinalizava que razões históricas justificariam essa detenção do poder de polícia judiciária nas mãos da magistratura eleitoral, bem assim a necessidade de supervisão do Poder Judiciário, para impedir que órgãos parciais — tendo em conta que o Ministério Público seria parte e a polícia estaria submetida às autoridades civis do Poder Executivo — atuassem, de maneira a interferir no processo eleitoral de modo direcionado. O Ministro Gilmar Mendes observava que o modelo da justiça eleitoral seria institucional e viria sendo delineado ao longo da história. Por consequência, não poderia revê-lo em sede de liminar, haja vista envolver uma área muito sensível.
ADI 5104 MC/DF, rel. Min. Roberto Barroso, 21.5.2014. (ADI-5104) (Inform. STF 747)

LC 64/1990 e investigação judicial eleitoral

A investigação judicial eleitoral e o conhecimento de fatos notórios pelo magistrado, bem como de fatos constantes do processo, ainda que não tenham sido articulados como causa de pedir por qualquer das partes, não afronta o princípio do devido processo legal. Essa a conclusão do Plenário ao julgar improcedente pedido formulado em ação direta de inconstitucionalidade ajuizada em face das expressões "ainda que não alegados pelas partes" e "públicos e notórios, dos indícios e presunções e ... atentando para circunstâncias ou fatos, ainda que não indicados ou alegados pelas partes", contidas, respectivamente, no art. 7º, parágrafo único ("Parágrafo único. O Juiz, ou Tribunal, formará sua convicção pela livre apreciação da prova, atendendo aos fatos e às circunstâncias constantes dos autos, ainda que não alegados pelas partes, mencionando, na decisão, os que motivaram seu convencimento"), e no art. 23 ("O Tribunal formará sua convicção pela livre apreciação dos fatos públicos e notórios, dos indícios e presunções e prova produzida, atentando para circunstâncias ou fatos, ainda que não indicados ou alegados pelas partes, mas que preservem o interesse público de lisura eleitoral"), ambos da LC 64/1990. A Corte lembrou que o CPC/1939, em seu art. 118, já facultava ao magistrado considerar os fatos e circunstâncias constantes no processo, ainda que não alegados pelas partes. Destacou que o CPC/1973 conferiu maiores poderes ao juiz na condução e instrução do processo. Asseverou que as normas processuais eleitorais questionadas direcionariam direitos e interesses indisponíveis, de ordem pública. Apontou que, tendo em conta a existência de relação direta entre o exercício da atividade probatória e a qualidade da tutela jurisdicional, a finalidade da produção de provas de ofício pelo magistrado seria possibilitar a elucidação de fatos imprescindíveis para a formação da convicção necessária ao julgamento do mérito. Salientou que as partes continuariam a ter a função precípua de propor os elementos indispensáveis à instrução do processo. O Colegiado anotou, ainda, que as normas questionadas teriam aberto caminho para que se pudesse suprir a deficiência da instrução. Enfatizou que a possibilidade de o juiz formular presunções mediante raciocínios indutivos feitos a partir de prova indiciária, de fatos

publicamente conhecidos ou de regras da experiência, não afrontaria o devido processo legal, porquanto as premissas da decisão estariam explicitadas em seu pronunciamento, sujeito aos recursos inerentes à legislação processual.
ADI 1082/DF, rel. Min. Marco Aurélio, 22.5.2014. (ADI-1082) (Inform. STF 747)

AG. REG. NO ARE N. 756.071-SP
RELATOR: MIN. LUIZ FUX
Ementa: AGRAVO REGIMENTAL NO RECURSO EXTRAORDINÁRIO COM AGRAVO. ELEITORAL. DEFERIMENTO DE REGISTRO DE CANDIDATURA NÃO IMPUGNADA. LEGITIMIDADE PARA RECORRER. SEGURANÇA JURÍDICA. APLICAÇÃO DE ENTENDIMENTO A PARTIR DAS ELEIÇÕES DE 2014. RECURSO A QUE SE NEGA PROVIMENTO.
1. A legitimidade do Ministério Público para recorrer da decisão que deferiu o registro de candidatura não impugnada restou fixada, pelo Plenário desta Corte, a partir das eleições de 2014, por razões de segurança jurídica.
2. *In casu*, o acórdão recorrido assentou: *"AGRAVO REGIMENTAL. RECURSO ESPECIAL ELEITORAL. ILEGITIMIDADE DO RECORRENTE. AUSÊNCIA DE IMPUGNAÇÃO NA PRIMEIRA INSTÂNCIA. SÚMULA 11/TSE. APLICAÇÃO. NÃO PROVIMENTO. 1. Aquele que não impugnou o pedido de registro de candidatura não detém legitimidade para recorrer da sentença que o deferir, salvo quando se tratar de matéria constitucional (Súmula 11/TSE). 2. O enunciado da Súmula 11/TSE aplica-se, indistintamente, a candidatos, aos partidos políticos, às coligações e ao Ministério Público Eleitoral. Precedentes. 3. Agravo regimental não provido."*
3. Agravo regimental **DESPROVIDO**. (Inform. STF 742)

AG. REG. NO ARE N. 729.746-RJ
RELATOR: MIN. LUIZ FUX
Ementa: AGRAVO REGIMENTAL NO RECURSO EXTRAORDINÁRIO COM AGRAVO. ELEITORAL. DEFERIMENTO DE REGISTRO DE CANDIDATURA NÃO IMPUGNADA. LEGITIMIDADE PARA RECORRER. SEGURANÇA JURÍDICA. APLICAÇÃO DE ENTENDIMENTO A PARTIR DAS ELEIÇÕES DE 2014. RECURSO A QUE SE NEGA PROVIMENTO.
1. A legitimidade do Ministério Público para recorrer da decisão que deferiu o registro de candidatura não impugnada será fixada partir das eleições de 2014, por razões de segurança jurídica.
2. *In casu*, o acórdão recorrido assentou: *"Agravo regimental. Ilegitimidade. 1 Nos termos da Súmula- TSE n° 11, a parte que não impugnou o pedido de registro de candidatura, seja ela candidato, partido político, coligação ou o Ministério Público Eleitoral, não tem legitimidade para recorrer da decisão que o deferiu, salvo se se cuidar de matéria constitucional. 2. Infere-se a ilegitimidade do Ministério Público Eleitoral - ante a ausência de impugnação - para interpor agravo regimental contra decisão deferitória de pedido de registro que versou sobre questão alusiva ao atendimento da exigência de apresentação de certidão criminal, a que se referem os arts. 27, II, da Res.-TSE n° 23.373 e 11, 1', VII, da Lei n° 9.50419 7. Agravo regimental não conhecido."*
3. Agravo regimental **DESPROVIDO**. (Inform. STF 741)

Ação penal pública e preparo
A deserção por falta de pagamento do valor devido pelas fotocópias para formação do traslado, quando se trate de ação penal pública, traduz rigor formal excessivo, por impossibilitar o exercício da ampla defesa. Com base nessa orientação, a 1ª Turma concedeu *habeas corpus* para afastar a deserção por ausência de preparo e determinar que o Tribunal Superior Eleitoral julgue o recurso do paciente. No caso, o Tribunal Regional Eleitoral o condenara pela prática do crime de transporte irregular de eleitores no dia eleição (Lei 6.091/74, artigos 10 e 11, c/c o art. 302 do Código Eleitoral). A defesa interpusera recurso especial e, ante a inadmissão, agravo de instrumento o qual fora desprovido por falta de pagamento do valor devido a título de fotocópias para formação do traslado (Código Eleitoral, art. 279, § 7°). Asseverou-se que haveria previsão legal no sentido de que a deserção se configuraria apenas quando se tratasse de ação penal privada (CPP: *"Art. 806 ... § 2° A falta do pagamento das custas, nos prazos fixados em lei, ou marcados pelo juiz, importará renúncia à diligência requerida ou deserção do recurso interposto"*), e não de ação penal pública, como na espécie.
HC 116840/MT, rel. Min. Luiz Fux, 15.10.2013. (HC-116840) (Inform. STF 724)

Processo eleitoral e legitimidade do Ministério Público
Não deve ser conferida interpretação amplíssima ao art. 127 da CF, porquanto o legislador pode conformar a atuação do Ministério Público, em especial para recorrer. Com base nessa orientação, a 2ª Turma manteve decisão do Ministro Teori Zavascki, que negou provimento a recurso extraordinário com agravo. Discutia-se a legitimidade do Ministério Público Eleitoral para recorrer, com base no aludido dispositivo constitucional, em hipótese na qual o Tribunal Superior Eleitoral - TSE possui entendimento sedimentado no sentido da carência de legitimidade para questionar posterior deferimento de registro de candidatura quando não anteriormente impugnado seja pelo candidato, pelo partido político, pela coligação ou pelo Ministério Público Eleitoral, salvo quando se tratar de matéria constitucional. No presente agravo regimental, o Ministério Público Eleitoral reiterou o argumento da possibilidade de apresentação de recursos pelo *parquet* nas situações em que cabível a intervenção ministerial na defesa da ordem democrática, da ordem jurídica e dos interesses sociais e individuais indisponíveis, independentemente de a instituição figurar como parte no processo específico. A Turma ratificou a manifestação do relator, que ressaltou, na decisão agravada, que, embora o art. 127 da CF conferisse legitimação ao Ministério Público, não o faria de forma irrestrita em toda e qualquer situação. Ademais, a questão situar-se-ia no âmbito de processo eleitoral, regido por normas infraconstitucionais pertinentes, de maneira que a ofensa à Constituição seria reflexa. Assim, se adotada a interpretação pleiteada pelo órgão ministerial, o legislador não poderia sequer fixar prazo para recurso ou formas de o mencionado órgão atuar em juízo.
ARE 757179 AgR/MG, rel. Min. Teori Zavascki, 10.9.2013. (ARE-757179) (Inform. STF 719)

Propaganda partidária e legitimidade do Ministério Público para representação - 1
O Ministério Público tem legitimidade para representar contra propagandas partidárias irregulares. Com base nesse entendimento, o Plenário, por maioria, julgou parcialmente procedente pedido formulado em ação direta de inconstitucionalidade proposta contra a expressão "que somente poderá ser oferecida por partido político", constante do art. 45, § 3°, da Lei 9.096/95, com a redação conferida pela Lei 12.034/2009 ("A representação, que somente poderá ser oferecida por partido político, será julgada pelo Tribunal Superior Eleitoral quando se tratar de programa em bloco ou inserções nacionais e pelos Tribunais Regionais Eleitorais quando se tratar de programas em bloco ou inserções transmitidos nos Estados correspondentes") para dar interpretação conforme a Constituição de modo a garantir a atuação do Ministério Público. Esclareceu-se que a representação de que trata este artigo versaria apenas sobre a propaganda partidária irregular. Explicitou-se que a propaganda, no Direito Eleitoral, se dividiria em: a) intrapartidária ou pré-eleitoral, que visaria à promoção do pretenso candidato perante os demais filiados à agremiação partidária; b) eleitoral *stricto sensu*, que teria por fito a captação de votos perante o eleitorado; c) institucional, que possuiria conteúdo educativo, informativo ou de orientação social, promovida pelos órgãos públicos, nos termos do art. 37, § 1°, da CF; e d) partidária. Aduziu-se que a propaganda partidária, alvo da discussão travada nesta ADI, seria aquela organizada pelos partidos políticos, no afã de difundir suas ideias e propostas, o que serviria para cooptar filiados para

as agremiações, bem como para enraizar suas plataformas e opiniões na consciência da comunidade. Derivaria do chamado direito de antena, assegurado aos partidos políticos pelo art. 17, § 3º, da Constituição.
ADI 4617/DF, rel. Min. Luiz Fux, 19.6.2013. (ADI-4617)

Propaganda partidária e legitimidade do Ministério Público para representação - 2
Ressaltou-se que o art. 45, § 1º, da Lei Orgânica dos Partidos Políticos vedaria, na propaganda partidária, a participação de pessoa filiada a partido que não o responsável pelo programa e a divulgação de propaganda de candidatos a cargos eletivos. Além disso, impediria a defesa de interesses pessoais ou de outros partidos, e a utilização de imagens ou cenas incorretas ou incompletas, efeitos ou quaisquer outros recursos que pudessem distorcer ou falsear os fatos ou a sua comunicação. Apontou-se que essas proibições resguardariam princípios caros ao Direito Eleitoral, como a igualdade de chances entre os partidos políticos, a moralidade eleitoral, a defesa das minorias e, em última análise, a democracia. Consignou-se que a Constituição atribuiria ao parquet a defesa da ordem jurídica, do regime democrático e dos interesses sociais indisponíveis, por isso mesmo não lhe poderia tolher a legitimidade para representar contra propagandas partidárias irregulares. Sublinhou-se que a expressão impugnada, ao dispor que a representação "somente poderá ser oferecida por partido político", vulneraria de forma substancial o papel constitucional do Ministério Público na defesa das instituições democráticas. Vencido o Min. Teori Zavascki, que também julgava parcialmente procedente o pedido, mas reputava que o vício da inconstitucionalidade se resolveria com redução de texto, ou seja, com a exclusão da palavra "somente".
ADI 4617/DF, rel. Min. Luiz Fux, 19.6.2013. (ADI-4617) (Inform. STF 711)

Súmula STF nº 728
É de três dias o prazo para a interposição de recurso extraordinário contra decisão do tribunal superior eleitoral, contado, quando for o caso, a partir da publicação do acórdão, na própria sessão de julgamento, nos termos do art. 12 da Lei 6055/1974, que não foi revogado pela Lei 8950/1994.

3. RECURSOS ORÇAMENTÁRIOS E CAMPANHAS ELEITORAIS

ADI e financiamento de campanha eleitoral - 1
O Plenário iniciou julgamento de ação direta de inconstitucionalidade proposta contra os artigos 23, §1º, I e II; 24; e 81, *caput* e § 1º, da Lei 9.504/1997 (Lei das Eleições), que tratam de doações a campanhas eleitorais por pessoas físicas e jurídicas. A ação questiona, ainda, a constitucionalidade dos artigos 31; 38, III; 39, *caput* e §5º, da Lei 9.096/1995 (Lei Orgânica dos Partidos Políticos), que regulam a forma e os limites em que serão efetivadas as doações aos partidos políticos. O Ministro Luiz Fux, relator, julgou procedente o pedido para declarar a inconstitucionalidade das normas impugnadas. Destacou haver três enfoques na presente ação: o primeiro, relativo à possibilidade de campanha política ser financiada por doação de pessoa jurídica; o segundo, quanto aos valores e aos limites de doações às campanhas; e o terceiro, referente ao debate sobre o financiamento com recursos do próprio candidato. Na sequência, mencionou dados colacionados em audiência pública realizada sobre o tema, nos quais demonstrado o aumento de gastos em campanhas eleitorais. Enfatizou, no ponto, a crescente influência do poder econômico sobre o processo político em decorrência do aumento dos gastos de candidatos de partidos políticos durante campanhas eleitorais. Registrou que, em 2002, os candidatos gastaram 798 milhões de reais, ao passo que, em 2012, os valores superaram 4,5 bilhões de reais, com aumento de 471% de gastos. Explicitou que, no Brasil, o gasto seria da ordem de R$ 10,93 *per capita*; na França, R$ 0,45; no Reino Unido, R$ 0,77; e na Alemanha, R$ 2,21. Comparado proporcionalmente ao PIB, o Brasil estaria no topo do *ranking* dos países que mais gastariam em campanhas eleitorais. Destacou que 0,89% de toda a riqueza gerada no País seria destinada a financiar candidaturas de cargos representativos, a superar os Estados Unidos da América, que gastariam 0,38% do PIB.
ADI 4650/DF, rel. Min. Luiz Fux, 11 e 12.12.2013. (ADI-4650)

ADI e financiamento de campanha eleitoral - 2
Em seguida, o relator refutou as preliminares de: a) ilegitimidade ativa *ad causam* do Conselho Federal da Ordem dos Advogados do Brasil; b) não conhecimento da ação por impossibilidade jurídica do pedido no sentido de que o STF instaurasse nova disciplina sobre o tema versado pelas normas atacadas, bem assim de que impusesse ao Poder Legislativo alteração de norma vigente; e c) inadequação da via eleita, ao argumento de que haveria, em um único processo, pedido de ação direta de inconstitucionalidade cumulado com ação direta de inconstitucionalidade por omissão. No tocante a tais assertivas, destacou que as normas questionadas revelar-se-iam aptas a figurar como objeto de controle concentrado de constitucionalidade, porquanto consistiriam em preceitos primários, gerais e abstratos. Além disso, sublinhou que as impugnações veiculadas denotariam que o legislador teria se excedido no tratamento dispensado ao financiamento de campanha. Assim, o exame da alegada ofensa à Constituição decorreria de ato comissivo e não omissivo. Observou, também, que o STF seria a sede própria para o presente debate. Pontuou que reforma política deveria ser tratada nas instâncias políticas majoritárias, porém, isso não significaria deferência cega do juízo constitucional em relação às opções políticas feitas pelo legislador. Frisou que os atuais critérios adotados pelo legislador no tocante ao financiamento das campanhas eleitorais não satisfariam as condições necessárias para o adequado funcionamento das instituições democráticas, porque não dinamizariam seus elementos nucleares, tais como o pluralismo político, a igualdade de chances e a isonomia formal entre os candidatos. Inferiu ser necessária cautela ao se outorgar competência para reforma do atual sistema àqueles diretamente interessados no resultado dessa alteração. Aduziu não pretender defender progressiva transferência de poderes decisórios das instituições legislativas para o Poder Judiciário, o que configuraria processo de juristocracia, incompatível com o regime democrático. Acentuou que, embora a Constituição não contivesse tratamento específico e exaustivo no que concerne ao financiamento de campanhas eleitorais, isso não significaria que teria, nessa matéria, outorgado um cheque em branco ao legislador, que o habilitasse a adotar critério que melhor aprouvesse.
ADI 4650/DF, rel. Min. Luiz Fux, 11 e 12.12.2013. (ADI-4650)

ADI e financiamento de campanha eleitoral - 3
No mérito, o Ministro Luiz Fux julgou inconstitucional o modelo brasileiro de financiamento de campanhas eleitorais por pessoas naturais baseado na renda, porque dificilmente haveria concorrência equilibrada entre os participantes nesse processo político. Sinalizou ser fundamental que a legislação disciplinadora do processo eleitoral, da atividade dos partidos políticos ou de seu financiamento, do acesso aos meios de comunicação, do uso de propaganda, dentre outros, não negligenciasse a ideia de igualdade de chances, sob pena de a concorrência entre as agremiações se tornar algo ficcional com comprometimento do próprio processo democrático. De igual maneira concluiu pela inconstitucionalidade das normas no que tange ao uso de recursos próprios por parte dos candidatos. Avaliou que essa regra perpetuaria a desigualdade, ao conferir poder político incomparavelmente maior aos ricos do que aos pobres.
ADI 4650/DF, rel. Min. Luiz Fux, 11 e 12.12.2013. (ADI-4650)

ADI e financiamento de campanha eleitoral - 4
Quanto à autorização de doações em campanhas eleitorais por pessoa jurídica, o relator entendeu que esse modelo não se mostraria adequado ao regime democrático em geral e à cidadania, em particular. Ressalvou que o exercício de cidadania, em sentido estrito, pressuporia três modalidades de atuação física: o *jus sufragius*, que seria o direito de votar; o *jus honorum*, que seria o direito de ser votado; e o direito de influir na formação da vontade política por meio de instrumentos de democracia direta como o plebiscito, o referendo e a iniciativa popular de leis. Destacou que essas modalidades seriam inerentes às pessoas naturais e, por isso, o desarrazoado de sua extensão às pessoas jurídicas. Sinalizou que, conquanto pessoas jurídicas pudessem defender bandeiras políticas, humanísticas ou causas ambientais, não significaria sua indispensabilidade no campo político, a investir vultosas quantias em campanhas eleitorais. Perfilhou entendimento de que a participação de pessoas jurídicas apenas encareceria o processo eleitoral sem oferecer, como contrapartida, a melhora e o aperfeiçoamento do debate. Apontou que o aumento dos custos de campanhas não corresponderia ao aprimoramento do processo político, com a pretendida veiculação de ideias e de projetos pelos candidatos. Lembrou que, ao contrário, nos termos do que debatido nas audiências públicas, os candidatos que tivessem despendido maiores recursos em suas campanhas possuiriam maior êxito nas eleições.
ADI 4650/DF, rel. Min. Luiz Fux, 11 e 12.12.2013. (ADI-4650)

ADI e financiamento de campanha eleitoral - 5
Ponderou que a exclusão das doações por pessoas jurídicas não teria efeito adverso sobre a arrecadação dos fundos por parte dos candidatos aos cargos políticos. Rememorou que todos os partidos políticos teriam acesso ao fundo partidário e à propaganda eleitoral gratuita nos veículos de comunicação, a proporcionar aos candidatos e as suas legendas, meios suficientes para promoverem suas campanhas. Repisou que o princípio da liberdade de expressão, no aspecto político, teria como finalidade estimular a ampliação do debate público, a permitir que os indivíduos conhecessem diferentes plataformas e projetos políticos. Acentuou que a excessiva participação do poder econômico no processo político desequilibraria a competição eleitoral, a igualdade política entre candidatos, de modo a repercutir na formação do quadro representativo. Observou que, em um ambiente cujo êxito dependesse mais dos recursos despendidos em campanhas do que das plataformas políticas, seria de se presumir que considerável parcela da população ficasse desestimulada a disputar os pleitos eleitorais.
ADI 4650/DF, rel. Min. Luiz Fux, 11 e 12.12.2013. (ADI-4650)

ADI e financiamento de campanha eleitoral - 6
Com relação aos mecanismos de controle dos financiamentos de campanha, rechaçou a afirmação da Presidência da República no sentido de que a discussão acerca da doação por pessoa jurídica deveria se restringir aos instrumentos de fiscalização. Aduziu que, defender que a questão da doação por pessoa jurídica se restrinja aos mecanismos de controle e transparência dos gastos seria insuficiente para amainar o cenário em que o poder político mostrar-se-ia atraído pelo poder econômico. Ressaltou que a possibilidade de que as empresas continuassem a investir elevadas quantias — não contabilizadas (caixa dois) — nas campanhas eleitorais não constituiria empecilho para que o STF declarasse a desfuncionalidade do atual modelo. Assinalou a inconstitucionalidade dos critérios de doação a campanhas por pessoas jurídicas, sob o enfoque da isonomia entre elas, haja vista que o art. 24 da Lei das Eleições não estende essa faculdade a toda espécie de pessoa jurídica. Enfatizou que o aludido preceito estabelece rol de entidades que não poderiam realizar doações em dinheiro ou estimáveis em dinheiro a candidatos ou a partidos políticos, a exemplo das associações de classe e sindicais, bem como entidades integrantes do terceiro setor. Realçou, como resultado desse impedimento, que as empresas privadas — cuja maioria se destina à atividade lucrativa — seriam as protagonistas em doações entre as pessoas jurídicas, em detrimento das entidades sem fins lucrativos e dos sindicatos, a desaguar em ausência de equiparação entre elas. Entendeu, ademais, que a decisão deveria produzir seus efeitos ordinários, *ex tunc*, com salvaguarda apenas das situações concretas já consolidadas até o momento. Aduziu inexistir ofensa à segurança jurídica, porque a própria legislação eleitoral excepcionaria o princípio da anualidade (Lei das Eleições: "*Art. 17-A. A cada eleição caberá à lei, observadas as peculiaridades locais, fixar até o dia 10 de junho de cada ano eleitoral ...*"). Reputou que, por ser facultado ao legislador alterar regramento de doações para campanhas eleitorais no próprio ano da eleição, seria ilógico pugnar pela modulação de efeitos por ofensa à regra da anualidade.
ADI 4650/DF, rel. Min. Luiz Fux, 11 e 12.12.2013. (ADI-4650)

ADI e financiamento de campanha eleitoral - 7
Feitas essas considerações, o Ministro Luiz Fux julgou procedente o pleito para: declarar a inconstitucionalidade parcial sem redução de texto do art. 24 da Lei 9.504/1997, na parte em que autoriza, *a contrario sensu*, a doação por pessoas jurídicas a campanhas eleitorais, com eficácia *ex tunc*, salvaguardadas as situações concretas consolidadas até o presente momento, e declarar a inconstitucionalidade do art. 24, parágrafo único, e do art. 81, *caput* e § 1º, da Lei 9.507/1994, também com eficácia *ex tunc*, salvaguardadas as situações concretas consolidadas até o momento. Declarar, ainda, a inconstitucionalidade parcial sem redução de texto do art. 31 da Lei 9.096/1995, na parte em que autoriza, *a contrario sensu*, a realização de doações por pessoas jurídicas a partidos políticos, e declarar a inconstitucionalidade das expressões "*ou pessoa jurídica*", constante no art. 38, III, e "*e jurídicas*", inserta no art. 39, *caput* e § 5º, todos da Lei 9.096/1995, com eficácia *ex tunc*, salvaguardadas as situações concretas consolidadas até o presente momento. Da mesma forma, votou pela declaração de inconstitucionalidade, sem pronúncia de nulidade, do art. 23, § 1º, I e II, da Lei 9.504/1997, e do art. 39, § 5º, da Lei 9.096/1995, com exceção da expressão "*e jurídicas*", devidamente examinada no tópico relativo à doação por pessoas jurídicas, com a manutenção da eficácia dos aludidos preceitos pelo prazo de 24 meses. Recomendou ao Congresso Nacional a edição de um novo marco normativo de financiamento de campanhas, dentro do prazo razoável de 24 meses, observados os seguintes parâmetros: a) o limite a ser fixado para doações a campanha eleitoral ou a partidos políticos por pessoa natural, deverá ser uniforme e em patamares que não comprometam a igualdade de oportunidades entre os candidatos nas eleições; b) idêntica orientação deverá nortear a atividade legiferante na regulamentação para o uso de recursos próprios pelos candidatos; e c) em caso de não elaboração da norma pelo Congresso Nacional, no prazo de 18 meses, será outorgado ao TSE a competência para regular, em bases excepcionais, a matéria.
ADI 4650/DF, rel. Min. Luiz Fux, 11 e 12.12.2013. (ADI-4650)

ADI e financiamento de campanha eleitoral - 8
Em antecipação de voto, o Ministro Joaquim Barbosa, Presidente, acompanhou a manifestação do relator, exceto quanto à modulação de efeitos. Aduziu que a questão proposta não se reduziria à indagação sobre eventual ofensa ao princípio republicano pela permissão conferida às pessoas jurídicas de fazerem doações financeiras a candidatos ou a partidos políticos em virtude de suposto enfraquecimento da necessária separação entre o espaço público e o privado. Destacou que também estaria em discussão saber se os critérios de limitação das doações por pessoas naturais ofenderia o princípio da igualdade por exacerbar as desigualdades políticas. Registrou que a eleição popular seria a pedra de toque do funcionamento democrático e dos sistemas representativos contemporâneos. Acentuou que a formação do Estado moderno seria permeada

por um processo de rompimento com a patrimonialização do poder e que o seu viés econômico não mais deveria condicionar o exercício do poder político. Consignou que, no âmbito eleitoral, a Constituição (art. 14, § 9º) estabelece como dever do Estado a proteção da normalidade e da legitimidade das eleições contra a influência do poder econômico, de modo a impedir que o resultado das eleições fosse norteado pela lógica do dinheiro e garantir que o valor político das ideias apresentadas pelo candidato não dependesse do valor econômico. Em consequência, assentou que a permissão dada às empresas de contribuírem para o financiamento de campanhas eleitorais de partidos políticos seria inconstitucional. Realçou que o financiamento de campanha poderia representar para as empresas uma maneira de acesso ao campo político, pelo conhecido "toma lá, dá cá".
ADI 4650/DF, rel. Min. Luiz Fux, 11 e 12.12.2013. (ADI-4650)

ADI e financiamento de campanha eleitoral - 9

Na assentada de 12.12.2013, também em antecipação de voto, o Ministro Dias Toffoli perfilhou o entendimento adotado pelo relator. No entanto, sinalizou que se pronunciaria sobre a modulação dos efeitos em momento oportuno. Frisou que a análise do tema seria de alto relevo político e social, tendo em conta a importância da sistemática do financiamento eleitoral para o Estado Democrático de Direito e para a lisura e a normalidade do pleito, na construção de um processo eleitoral razoavelmente equânime entre os candidatos, com a livre escolha dos representantes políticos pelos cidadãos. Ressaltou que não se objetivaria, com o julgamento, substituir-se ao Poder Legislativo na opção política por determinados sistemas ou modelos de financiamento do processo eleitoral. Observou, além disso, que estariam envolvidas na questão as cláusulas pétreas referentes aos princípios constitucionais do Estado Democrático de Direito e da República (art. 1º, *caput*), da cidadania (art. 1º, II), da soberania popular (art. 1º, parágrafo único, e art. 14, *caput*), da isonomia (art. 5º, *caput*, e art. 14, *caput*) e da proteção da normalidade e da legitimidade das eleições contra a influência do poder econômico (art. 14, § 9º). Asseverou que o STF, no exercício da jurisdição constitucional, deveria atuar como garante das condições e da regularidade do processo democrático, restabelecendo o exercício da cidadania mediante regras constitucionais de financiamento eleitoral, de modo a preservar o Estado Democrático de Direito, a soberania popular e a livre e igual disputa democrática, exercida, exclusivamente, por seus atores — eleitor, candidato e partido político —, com igualdade de chances. Reputou, no tocante ao exercício da soberania popular, que o cidadão, pessoa física, seria o único constitucionalmente legitimado a exercitá-la e que o momento do voto seria a ocasião em que haveria a perfeita consumação do princípio da igualdade, em que todos os cidadãos — ricos, pobres, de qualquer raça, orientação sexual, credo — seriam formal e materialmente iguais entre si. Consignou, por outro lado, inexistir comando ou princípio constitucional que justificasse a participação de pessoas jurídicas no processo eleitoral brasileiro, em qualquer fase ou forma, já que não poderiam exercer a soberania pelo voto direto e secreto. Assim, admitir que as pessoas jurídicas pudessem financiar o processo eleitoral seria violar a soberania popular. Considerou que o financiamento de campanhas eleitorais por pessoas jurídicas implicaria evidente influência do poder econômico sobre as eleições, a qual estaria expressamente vedada no art. 14, § 9º, da CF. Admiti-lo significaria possibilitar a quebra da igualdade jurídica nas disputas eleitorais e o desequilíbrio no pleito. Após fazer retrospecto histórico sobre a influência do poder econômico nas práticas eleitorais no Brasil, concluiu que o financiamento eleitoral por pessoas jurídicas representaria uma reminiscência dessas práticas oligárquicas e da participação hipertrofiada do poder privado na realidade eleitoral pátria, em direta afronta às cláusulas pétreas da Constituição.
ADI 4650/DF, rel. Min. Luiz Fux, 11 e 12.12.2013. (ADI-4650)

ADI e financiamento de campanha eleitoral - 10

Em antecipação de voto, o Ministro Roberto Barroso acompanhou integralmente o relator. Destacou, de início, que a discussão não envolveria simples reflexão sobre financiamento de campanha política e participação de pessoas jurídicas nessa atividade. Afirmou que a questão posta em debate diria respeito ao momento vivido pela democracia brasileira e às relações entre a sociedade civil, a cidadania e a classe política. Mencionou que a temática perpassaria o princípio da separação dos Poderes, assim como o papel desempenhado por cada um deles nos últimos 25 anos de democracia no País. Aduziu que o Poder Legislativo estaria no centro da controvérsia relativa ao financiamento de campanhas, haja vista se tratar do fórum, por excelência, da tomada de decisões políticas. Observou que o grande problema do modelo político vivido atualmente seria a dissintonia entre a classe política e a sociedade civil, com o afastamento de ambas, decorrente da centralidade em que o dinheiro adquirira no processo eleitoral pátrio. Assinalou o aspecto negativo de o interesse privado aparecer travestido de interesse público. Registrou, ainda, que o sistema eleitoral brasileiro possuiria viés antidemocrático e antirrepublicano em virtude da conjugação de dois fatores: o sistema eleitoral proporcional com lista aberta somado à possibilidade de financiamento privado por empresas. Realçou que o seu voto pela inconstitucionalidade das normas não significaria condenação genérica da participação de pessoas jurídicas no financiamento eleitoral. Consistiria, ao revés, declaração específica no modelo em vigor nos dias atuais, porquanto ofensivo ao princípio democrático, na medida em que desigualaria as pessoas e os candidatos pelo poder aquisitivo ou pelo poder de financiamento. Salientou que a ideia subjacente à democracia seria a igualdade, ou seja, uma pessoa, um voto. Consignou não vislumbrar que o único modelo democrático de financiamento eleitoral fosse aquele que proibisse a participação de pessoas jurídicas. Contudo, no atual modelo brasileiro, considerou antirrepublicano, antidemocrático e, em certos casos, contrário à moralidade pública o financiamento privado de campanha. Asseverou que, embora a reforma política não pudesse ser feita pelo STF, este desempenharia duas grandes funções: a contramajoritária (ao assentar a inconstitucionalidade de lei aprovada por pessoas escolhidas pelas maiorias políticas) e a representativa (ao concretizar anseios da sociedade que estariam paralisados no processo político majoritário). Propôs, por conseguinte, um diálogo institucional com o Congresso Nacional no sentido do barateamento do custo das eleições, uma vez que não bastaria coibir esse tipo de financiamento. Citou a existência de propostas em trâmite na Casa Legislativa pela votação em lista (voto em lista fechada ou pré-ordenada) e o voto distrital majoritário. Após, o julgamento foi suspenso pelo pedido de vista formulado pelo Ministro Teori Zavascki na sessão anterior.
ADI 4650/DF, rel. Min. Luiz Fux, 11 e 12.12.2013. (ADI-4650)

ADI e financiamento de campanha eleitoral - 11

O Plenário retomou julgamento de ação direta de inconstitucionalidade proposta contra os artigos 23, §1º, I e II; 24; e 81, "caput" e § 1º, da Lei 9.504/1997 (Lei das Eleições), que tratam de doações a campanhas eleitorais por pessoas físicas e jurídicas. A ação questiona, ainda, a constitucionalidade dos artigos 31; 38, III; 39, "caput" e §5º, da Lei 9.096/1995 (Lei Orgânica dos Partidos Políticos), que regulam a forma e os limites em que serão efetivadas as doações aos partidos políticos — v. Informativo 732. Em voto-vista, o Ministro Teori Zavascki divergiu do entendimento esposado pelo Ministro Luiz Fux (relator), para julgar improcedente o pedido formulado. Afirmou que, se por um lado, seria possível afirmar que o poder econômico poderia interferir negativamente no sistema democrático, ao favorecer a corrupção eleitoral e outras formas de abuso; por outro, não se poderia imaginar um sistema democrático de qualidade sem partidos políticos fortes e atuantes, especialmente em campanhas eleitorais, o que pressuporia a disponibilidade de recursos financeiros expressivos. Sob esse ângulo, a existência desses

recursos contribuiria para que os partidos tivessem condições de viabilizar o proselitismo político, a difusão de doutrinas e de propostas administrativas. Reputou que seria fundamental o estabelecimento de um adequado marco normativo, que, no entanto, não seria suficiente para coibir as más relações entre política e dinheiro. Ressaltou ser necessário, no entanto, que as normas fossem efetivamente cumpridas e as punições aplicadas, conforme o caso. Asseverou que o financiamento de partidos e de campanhas eleitorais seria contingência indelével no sistema democrático. Consignou que, para evitar a produção de efeitos negativos, não haveria soluções simples.
ADI 4650/DF, rel. Min. Luiz Fux, 2.4.2014. (ADI-4650)

ADI e financiamento de campanha eleitoral - 12
O Ministro Teori Zavascki constatou não haver, na Constituição, disciplina específica sobre a matéria. Salientou duas referências à influência do poder econômico em seara eleitoral (CF, art. 14, §§ 9º e 10). Frisou que essas normas não buscariam combater o concurso do poder econômico em campanhas eleitorais, mas a influência econômica abusiva. Asseverou, nesse sentido, que o financiamento privado de campanhas e, especificamente, as contribuições de pessoas jurídicas, não poderiam ser considerados manifestamente incompatíveis com a Constituição, a ponto de impedir sua autorização pelo legislador ordinário. Considerou que o argumento no sentido de que as pessoas jurídicas não exerceriam cidadania, pois não seriam aptas a votar, não seria suficiente para concluir-se que a Constituição proibiria o aporte de recursos aos partidos. Sublinhou que haveria muitas pessoas naturais sem habilitação para votar e que, não obstante, poderiam contribuir financeiramente para campanhas e agremiações. Destacou que as pessoas jurídicas, embora não votassem, fariam parte da realidade social, em que desempenhariam importante papel. Ademais, existiriam apenas para, direta ou indiretamente, atender interesses das pessoas naturais nelas envolvidas. Acresceu que a suposta contribuição por interesse, atribuída às pessoas jurídicas, não seria exclusividade delas, pois as contribuições de pessoas naturais não seriam desinteressadas. Ressalvou que, em ambos os casos, não se poderia presumir que esses interesses seriam invariavelmente ilegítimos. Assinalou que as doações advindas de ambas as fontes seriam incompatíveis com a Constituição apenas se abusivas.
ADI 4650/DF, rel. Min. Luiz Fux, 2.4.2014. (ADI-4650)

ADI e financiamento de campanha eleitoral - 13
O Ministro Teori Zavascki rememorou legislação pretérita que optara por proibir pessoas jurídicas de contribuir para partidos políticos e campanhas eleitorais (Lei 5.692/1971), o que, entretanto, não coibira abusos, gastos excessivos e corrupção. Sublinhou que a posterior permissão de doações, em níveis limitados e controlados, de acordo com as normas adversadas, seria uma resposta às moderações anteriores, verificadas quando vigente a proibição que se buscaria reimplantar por meio da ação direta. Considerou que a corrupção eleitoral e o abuso do poder econômico não seriam produto do atual regime normativo. No ponto, explicou que o cenário corrupto a ser combatido não estaria centrado em normas, mas no seu sistemático descumprimento. Registrou que a solução não seria eliminar a lei, mas estabelecer e aplicar mecanismos de controle e de sanções que impusessem a sua efetiva observância. Consignou, ainda, que o elevado custo de campanhas eleitorais, não obstante fosse uma realidade incontestável, não seria justificativa para a procedência do pedido formulado na ação. Asseverou que a solução para os gastos excessivos de campanhas não seria declarar a inconstitucionalidade das fontes de financiamento, que provavelmente continuariam a existir, embora informal e ilegitimamente. A solução mais plausível seria a imposição de limites, acompanhada de mecanismos de controle e de punição. Ressaltou que a definição dos limites adequados não constaria de forma imediata da Constituição, de modo que cumpriria à lei dispor a respeito (Lei 9.504/1997, art. 17-A).
ADI 4650/DF, rel. Min. Luiz Fux, 2.4.2014. (ADI-4650)

ADI e financiamento de campanha eleitoral - 14
O Ministro Teori Zavascki ponderou que eventual demora, por parte do Poder Legislativo, no sentido de fixar esses limites e criar os pertinentes mecanismos de controle somente autorizaria a substituição, provisória e temporária, pelo Poder Judiciário, no exercício dessa atribuição, nas hipóteses e segundo os mecanismos previstos constitucionalmente. Assim, caberia o ajuizamento de ação direta de inconstitucionalidade por omissão ou mandado de injunção, conforme o caso. Reputou, ainda, que a regulamentação das doações feitas por pessoas naturais, no sentido de serem mais igualitárias em relação a ricos e pobres, conforme aduzido na inicial, também constituiria déficit normativo. Asseverou não ser viável, em ação direta de inconstitucionalidade, que o STF produzisse, desde logo, uma norma que cuidasse do tema e que substituísse o critério vigente. Salientou que a desigualdade econômica entre pessoas físicas seria insuscetível de eliminação no plano meramente formal, mediante provimento jurisdicional ou legal. A respeito, concluiu que, a não ser que se proibisse toda e qualquer doação por parte de pessoas naturais, qualquer que fosse o critério adotado, não haveria como eliminar uma desigualdade existente no plano material. Aduziu que seria mais importante, inclusive, preservar a igualdade de armas entre os principais atores da disputa, que seriam os candidatos e os partidos. Sob esse aspecto, sublinhou que a desigualdade existente no cenário político extrapolaria a capacidade econômica de agremiações, tendo em vista a privilegiada posição dos partidos ocupantes dos postos de governo, o que representaria vantagem estratégica significativa em relação aos demais. Concluiu que o modelo legal existente deveria ser aperfeiçoado, mas não desfeito, e que caberia ao Judiciário zelar pela sua efetividade.
ADI 4650/DF, rel. Min. Luiz Fux, 2.4.2014. (ADI-4650)

ADI e financiamento de campanha eleitoral - 15
O Ministro Marco Aurélio, por sua vez, julgou parcialmente procedente o pedido formulado, para declarar, com eficácia "ex tunc", a inconstitucionalidade parcial, sem redução de texto, do art. 24, "caput", da Lei 9.504/1997, na parte em que autoriza a doação, por pessoas jurídicas, a campanhas eleitorais, bem como a inconstitucionalidade do parágrafo único do mencionado dispositivo e do art. 81, "caput" e § 1º, da mesma lei. Declarou ainda, com eficácia "ex tunc", a inconstitucionalidade parcial, sem redução de texto, do art. 31 da Lei 9.096/1995, no ponto em que admite doações, por pessoas jurídicas, a partidos políticos, e a inconstitucionalidade das expressões "ou pessoa jurídica" (art. 38, III), e "e jurídicas" (art. 39, "caput" e § 5º), do mesmo diploma. Discorreu que, para mostrar-se efetiva como direito fundamental, a democracia precisaria desenvolver-se por meio de processo eleitoral justo e igualitário, regido por normas que o impedissem de ser subvertido pela influência do poder econômico. Aduziu que o financiamento privado por empresas em favor de campanhas eleitorais e de partidos políticos tenderia a corromper as democracias. Nesse sentido, afirmou que um sistema político que não permitisse que o cidadão comum e a sociedade civil influenciassem as decisões legislativas, derrotados pela força das elites econômicas, não poderia ser considerado democrático em sentido pleno.
ADI 4650/DF, rel. Min. Luiz Fux, 2.4.2014. (ADI-4650)

ADI e financiamento de campanha eleitoral - 16
O Ministro Marco Aurélio considerou que, no regime democrático atual, não obstante assegurados direitos e liberdades, a representação política seria incapaz de ser exercida no interesse dos representados, porque voltada exclusivamente aos interesses dos próprios representantes. Além disso, esses representantes fariam prevalecer os propósitos dos financiadores das campanhas eleitorais que os teriam levado aos cargos. Reputou que, no País, viver-se-ia a plutocracia, em que o poder seria exercido pelo grupo mais rico, em detrimento dos menos

favorecidos. Citou que os elevados custos de campanhas políticas revelariam o papel decisivo do poder econômico para os resultados das eleições. Explicou que as empresas doadoras não estariam atreladas a questões ideológicas, mas tenderiam a favorecer os partidos maiores e detentores dos cargos eletivos. Ademais, o número de empresas seria relativamente pequeno, embora a quantidade de recursos doados fosse expressiva. Isso implicaria influência política por uma estrutura socioeconômica hierarquizada, cujos membros trocariam dinheiro por serviços governamentais. Consignou que a elite econômica, por meio de ações puramente pragmáticas, modelaria as decisões de governo e as políticas públicas prioritárias, além de contribuir para a debilidade ideológica do sistema partidário. Sintetizou que a disciplina atual do financiamento eleitoral vulneraria princípios fundamentais da ordem constitucional (CF, artigos 1º, "caput" e parágrafo único; 3º, I e IV; e 5º, "caput"). Frisou que a participação política, no país, só poderia evoluir se limitada acentuadamente a influência daqueles que buscariam cooptar o processo eleitoral por meio de dinheiro. No tocante ao financiamento por pessoas naturais, assinalou que seria possível, desde que presentes restrições mais significativas e critérios lineares, tendo em vista a desigualdade de recursos financeiros. Ressalvou que o dever de fixação do critério adequado incumbiria ao legislador, preservada a viabilidade de intervenção judicial em face de medidas carentes de razoabilidade.
ADI 4650/DF, rel. Min. Luiz Fux, 2.4.2014. (ADI-4650)

ADI e financiamento de campanha eleitoral - 17
O Ministro Ricardo Lewandowski acompanhou o voto do relator, para julgar procedente o pedido formulado, com eficácia "ex nunc", mantidas as situações consolidadas. Entendeu que o financiamento de partidos e campanhas, por empresas privadas, como autorizado pela legislação eleitoral, feriria o equilíbrio dos pleitos, que deveria reger-se pelo princípio "one man, one vote". Asseverou que as doações milionárias feitas por empresas a políticos desfigurariam esse princípio, pois as pessoas comuns não poderiam contrapor-se ao poder econômico, visto que somente poderiam manifestar sua vontade política mediante manifestação pessoal, na forma do voto. Verificou que o financiamento privado desatenderia determinação expressa no art. 14, § 9º, da CF. Além disso, considerou que essa prática também violaria o art. 1º, parágrafo único, da CF, segundo o qual o poder emana do povo, que seria o conjunto dos cidadãos, somente. Registrou que a vontade das pessoas jurídicas não poderia concorrer com a dos eleitores, quanto menos sobrepor-se a essa vontade. Apontou ainda a vulneração do princípio da igualdade, e anotou que as empresas teriam peso político muito maior do que o dos cidadãos, tendo em conta o poder econômico. Além disso, reputou que a legislação eleitoral adversada confrontaria o sufrágio universal direto, secreto e com igual valor para todos (CF, art. 14, "caput"), exercido exclusivamente por pessoas naturais. Frisou que não haveria razão em permitir que as pessoas jurídicas tivessem qualquer participação no processo eleitoral, nem mesmo mediante apoio financeiro, sobretudo porque elas defenderiam interesses materiais, na forma do lucro. Essa pretensão seria incompatível com a permanente aspiração de aprimorar o bem comum, que emanaria dos votos individuais dos eleitores. Destacou, ainda, que a ideia do constituinte originário, no sentido de implementar uma democracia participativa, em complemento à democracia representativa, nunca teria sido realizada plenamente, porque não teriam sido removidos os obstáculos para a manifestação direta do cidadão no plano político, mediante plebiscito, referendo e iniciativa popular (CF, art. 14, I, II e III). Em seguida, o julgamento foi suspenso em face de pedido de vista do Ministro Gilmar Mendes.
ADI 4650/DF, rel. Min. Luiz Fux, 2.4.2014. (ADI-4650) (Inform. STF 741)

4. PROPAGANDA ELEITORAL

Pet N. 4.868-PR
RELATOR: MIN. ROBERTO BARROSO
EMENTA: DENÚNCIA. IMPUTAÇÃO DE PRÁTICA DE BOCA DE URNA E DE DIVULGAÇÃO IRREGULAR DE PROPAGANDA ELEITORAL. PEÇA ACUSATÓRIA QUE DESCREVE CONDUTAS ATÍPICAS.
1. É atípica a conduta do candidato que se limita a cumprimentar pessoas em mais de uma zona eleitoral, estando acompanhado de correligionários e portando broche da sua campanha.
2. Diante disso, mais do que mera rejeição da denúncia, impõe-se, na hipótese, a absolvição do requerido. (Inform. STF 747)

AG. REG. NO ARE N. 654.680-DF
RELATOR: MIN. LUIZ FUX
Ementa: AGRAVO REGIMENTAL NO RECURSO EXTRAORDINÁRIO COM AGRAVO. ELEITORAL. CARACTERIZAÇÃO DE PROPAGANDA ELEITORAL ANTECIPADA. MATÉRIA INFRACONSTITUCIONAL. OFENSA REFLEXA. REEXAME DO CONJUNTO FÁTICO-PROBATÓRIO. IMPOSSIBILIDADE. INCIDÊNCIA DA SÚMULA 279/STF. VIOLAÇÃO AOS PRINCÍPIOS DA AMPLA DEFESA E DO CONTRADITÓRIO. MATÉRIA COM REPERCUSSÃO GERAL REJEITADA PELO PLENÁRIO DO STF NO ARE Nº 748.371. CONTROVÉRSIA DE ÍNDOLE INFRACONSTITUCIONAL. ALEGADA VIOLAÇÃO AO ARTIGO 93, IX, DA CF/88. INEXISTÊNCIA.
1. A propaganda eleitoral antecipada, quando controvertida a sua configuração, demanda a análise de normas infraconstitucionais e o reexame do conjunto fático-probatório dos autos. Precedente: ARE 713.446-AgR, Rel. Min. Ellen Gracie, Segunda Turma, DJe 11/9/2009.
2. O recurso extraordinário não se presta ao exame de questões que demandam revolvimento do contexto fático-probatório dos autos, em face da incidência da Súmula 279/STF que dispõe, verbis: "Para simples reexame de prova não cabe recurso extraordinário".
3. Os princípios da ampla defesa, do contraditório, do devido processo legal e dos limites da coisa julgada, quando debatidos sob a ótica infraconstitucional, não revelam repercussão geral apta a tornar o apelo extremo admissível, consoante decidido pelo Plenário virtual do STF, na análise do ARE nº 748.371, da Relatoria do Min. Gilmar Mendes.
4. A decisão judicial tem que ser fundamentada (art. 93, IX), ainda que sucintamente, sendo prescindível que a mesma se funde na tese suscitada pela parte. Precedente: AI-QO-RG 791.292, Rel. Min. Gilmar Mendes, Tribunal Pleno, DJe de 13/8/2010.
5. *In casu*, o acórdão recorrido assentou: "*Eleições 2010. Propaganda Eleitoral antecipada. Discurso proferido em evento comemorativo do dia do trabalhador. Intempestividade precoce. 1. Não é precoce o recurso interposto contra decisão monocrática antes da intimação pessoal da Advocacia-Geral da União, quando o inteiro teor da decisão já estava disponível nos autos e havia sido publicado no Diário da Justiça Eletrônico. Preliminar de intempestividade rejeitada, por unanimidade. 2. Ao interromper o encadeamento temático de sua fala, o representado atraiu a atenção dos ouvintes para a representada, incluindo seu nome dentro do raciocínio de ser necessário dar continuidade aos feitos do seu governo. Propaganda eleitoral antecipada caracterizada. Decisão por maioria, com ressalva de entendimento do relator. 3. Nos termos do art. 367, 1, do Código Eleitoral, na imposição e cobrança de qualquer multa, salvo no caso das condenações criminais, o valor do arbitramento deve considerar, principalmente, a condição econômica do eleitor. A multa fixada dentro dos limites legais não ofende os princípios da proporcionalidade e razoabilidade. Valor mantido por maioria. 4. As reportagens de jornal e os comentários de sítios da Internet que noticiam o evento não traduzem apenas o conteúdo do discurso, mas a percepção da interpretação dos que o divulgam,*

a qual - por mais respeitável que seja – não pode servir como base para a aplicação de sanção. De outro modo, se estaria punindo não o fato, mas a interpretação a ele emprestada por terceiros. 5. Nos discursos proferidos de forma improvisada não é possível presumir o prévio conhecimento do beneficiário por não ter ele o acesso prévio ao que será dito pelo autor da propaganda. Decisão por maioria, com ressalva do relator".
6. Agravo regimental **DESPROVIDO**. (Inform. STF 729)

5. VOTAÇÃO

Voto impresso e art. 14 da CF - 1
O Plenário julgou procedente pedido formulado em ação direta para declarar a inconstitucionalidade do art. 5º da Lei 12.034/2009, que dispõe sobre o voto impresso ["*Art. 5º Fica criado, a partir das eleições de 2014, inclusive, o voto impresso conferido pelo eleitor, garantido o total sigilo do voto e observadas as seguintes regras: § 1º A máquina de votar exibirá para o eleitor, primeiramente, as telas referentes às eleições proporcionais; em seguida, as referentes às eleições majoritárias; finalmente, o voto completo para conferência visual do eleitor e confirmação final do voto. § 2º Após a confirmação final do voto pelo eleitor, a urna eletrônica imprimirá um número único de identificação do voto associado à sua própria assinatura digital. § 3º O voto deverá ser depositado de forma automática, sem contato manual do eleitor, em local previamente lacrado. § 4º Após o fim da votação, a Justiça Eleitoral realizará, em audiência pública, auditoria independente do software mediante o sorteio de 2% (dois por cento) das urnas eletrônicas de cada Zona Eleitoral, respeitado o limite mínimo de 3 (três) máquinas por município, que deverão ter seus votos em papel contados e comparados com os resultados apresentados pelo respectivo boletim de urna. § 5º É permitido o uso de identificação do eleitor por sua biometria ou pela digitação do seu nome ou número de eleitor, desde que a máquina de identificar não tenha nenhuma conexão com a urna eletrônica*"].
ADI 4543/DF, rel. Min. Cármen Lúcia, 6.11.2013. (ADI-4543)

Voto impresso e art. 14 da CF - 2
Asseverou-se que, nos termos do *caput* da norma questionada, seria permitido ao eleitor conferir seu voto, pois associado o conteúdo desse ato de cidadania com a assinatura digital da urna. Entretanto, anotou-se que a inviolabilidade e o segredo do voto suporiam a impossibilidade de se ter, no exercício do voto ou no próprio voto, qualquer forma de identificação pessoal. Registrou-se, ademais, que o sigilo da votação também estaria comprometido caso ocorresse falha na impressão ou travamento de papel na urna eletrônica, visto que necessária intervenção humana para resolver o problema, o que exporia os votos registrados até então. Além disso, em eventual pedido de recontagem, seria novamente possível a identificação dos eleitores. Salientou-se que a introdução de impressoras potencializaria falhas e impediria o transcurso regular dos trabalhos nas diversas seções eleitorais. O módulo impressor, além de apresentar problemas de conexão, seria vulnerável a fraudes. Ademais, haveria a possibilidade de cópia, adulteração e troca de votos decorrente da votação impressa. Seria também maior a vulnerabilidade do sistema, porque o voto impresso não atingiria o objetivo de possibilitar a recontagem e a auditoria.
ADI 4543/DF, rel. Min. Cármen Lúcia, 6.11.2013. (ADI-4543)

Voto impresso e art. 14 da CF - 3
Lembrou-se que o voto impresso teria sido anteriormente previsto, por força da Lei 10.408/2002, mas não teria sido levado a efeito em razão das dificuldades jurídicas e materiais constatadas. Por esse motivo, promulgara-se a Lei 10.740/2003, que abandonara aquele modelo, segundo o qual o voto digital era impresso e depositado em urna lacrada. Rememorou-se, ademais, que a partir da implementação paulatina do voto eletrônico, desde 1996, abandonara-se a impressão de votos, para incrementar o segredo desse ato, conforme assegurado na Constituição. A respeito, discorreu-se que o segredo do voto seria conquista destinada a garantir a inviolabilidade do querer democrático do eleitor e a intangibilidade do seu direito por qualquer forma de pressão. Registrou-se que a história do País conteria diversos vícios nos processos eleitorais, que teriam sido consideravelmente atenuados com o sistema de votação eletrônica. Retroagir nesse ponto configuraria afronta à Constituição, e a impressão do voto feriria o direito ao segredo. Consignou-se que o cidadão não poderia ser compelido a prestar contas sobre seu voto, porquanto a urna seria espaço de liberdade cidadã, onde ele poderia realizar sua escolha livre e inquestionável, não podendo ser tolhido pelo exigir do outro, sob pena de viciar todo o sistema.
ADI 4543/DF, rel. Min. Cármen Lúcia, 6.11.2013. (ADI-4543)

Voto impresso e art. 14 da CF - 4
Frisou-se que, se o ato de votar seria próprio, não haveria necessidade de prová-lo ou de prestar contas. Corroborou-se que o sistema seria dotado de segurança incontestável, como reiteradamente demonstrado. Acentuou-se que eventual vulneração do segredo do voto comprometeria não apenas o art. 14 da CF ("*A soberania popular será exercida pelo sufrágio universal e pelo voto direto e secreto, com valor igual para todos, e, nos termos da lei, mediante: ...*"), mas também o art. 60, § 4º, II ("*§ 4º - Não será objeto de deliberação a proposta de emenda tendente a abolir: ... II - o voto direto, secreto, universal e periódico*"), que é núcleo imodificável do sistema. Acresceu-se que o § 2º do dispositivo questionado retiraria o segredo do voto, pois o número de identificação associado à assinatura digital poderia favorecer a coação de eleitores pela possibilidade de vincular o voto a compromissos espúrios. O eleitor seria identificado e poderia ser compelido a comprovar sua ação na cabine de votação. Explicou-se que o sistema atual permitiria que o resultado fosse transmitido às centrais sem a identificação do eleitor e com alteração sequencial dos eleitores a cada sessão, a reforçar o segredo. Sublinhou-se, ademais, que a impressão do voto criaria discrímen em relação às pessoas com deficiência visual e aos analfabetos, que não teriam como identificar seus votos, razão pela qual pediriam ajuda de terceiros, em violação ao princípio de sigilo constitucionalmente assegurado. Destacou-se o princípio "*um eleitor, um voto*", conquista recente que seria reforçada no sistema eletrônico, pois somente seria aberta a urna após a identificação do eleitor, que não seria substituído e não votaria mais de uma vez. Entretanto, vedada a conexão entre o instrumento de identificação e a respectiva urna, nos termos da lei questionada, possibilitar-se-ia a permanência da abertura da urna, e o eleitor poderia votar mais de uma vez, a contrariar a garantia da unidade eleitor e voto. Esse princípio sustentaria a democracia representativa, haja vista que asseguraria a correlação entre o conteúdo das urnas e a vontade do eleitorado.
ADI 4543/DF, rel. Min. Cármen Lúcia, 6.11.2013. (ADI-4543)

Voto impresso e art. 14 da CF - 5
Pontuou-se que a justiça eleitoral estaria em constante aperfeiçoamento de rigoroso sistema de segurança, paralelamente ao sistema de informatização, o que garantiria total inviolabilidade e transparência da votação eletrônica. Destacou-se, ainda, a Lei 10.740/2003, que instituíra o Registro Digital de Voto - RDV, a permitir o armazenamento dos votos em formato digital e a resguardar o sigilo. Com o RDV seria possível recontar os votos de forma automatizada, sem comprometer o segredo dos votos ou a credibilidade do sistema de votação. Além disso, os interessados poderiam auditar o sistema antes, durante e depois das eleições. Mencionou-se, também, outro sistema de segurança, a denominada "*votação paralela*", uma simulação realizada um dia antes das eleições, monitorada por empresa de auditoria externa e acompanhada pela imprensa, pelo Ministério Público,

pela OAB e por fiscais dos partidos. O Ministro Celso de Mello sublinhou o art. 312 do Código Eleitoral, a tipificar o crime de violar ou tentar violar o sigilo do voto, o que demonstraria a gravidade dessa prática. Além disso, destacou que esse diploma estabeleceria, em seu art. 220, a sanção da nulidade de votação, quando preterida a formalidade essencial do sigilo dos sufrágios. ADI 4543/DF, rel. Min. Cármen Lúcia, 6.11.2013. (ADI-4543) (Inform. STF 727)

6. PARTIDOS POLÍTICOS

ADI: Lei das Eleições e prazo de registro de partido político
Reveste-se de constitucionalidade a regra contida no art. 4º da Lei 9.504/1997, que exige prazo mínimo de um ano de existência para que partidos políticos possam concorrer em eleições. Com base nessa orientação, o Plenário confirmou medida cautelar e reputou improcedente pedido formulado em ação direta ajuizada contra o citado artigo ("Art. 4º. Poderá participar das eleições o partido que, até um ano antes do pleito, tenha registrado seu estatuto no Tribunal Superior Eleitoral, conforme o disposto em lei, e tenha, até a data da convenção, órgão de direção constituído na circunscrição, de acordo com o respectivo estatuto"). Em acréscimo, o Ministro Luiz Fux asseverou que o processo eleitoral seria da competência da União e, por consequência, não haveria afronta à Constituição.
ADI 1817/DF, rel. Min. Dias Toffoli, 28.5.2014. (ADI-1817) (Inform. STF 748)

7. NÚMERO DE PARLAMENTARES

Redefinição de número de parlamentares - 18
Em conclusão de julgamento, o Plenário, por maioria, julgou procedentes os pedidos formulados em ações diretas de inconstitucionalidade para declarar a inconstitucionalidade do parágrafo único do art. 1º da LC 78/1993, e da Resolução TSE 23.389/2013 — v. Informativos 750 e 751. O Tribunal sublinhou que a celeuma em torno da distribuição de cadeiras entre os Estados-membros não seria exclusividade brasileira, mas, tema sensível em qualquer país que adotasse o modelo federado, razão pela qual seria objeto de preocupação do legislador brasileiro desde a CF/1891. Observou que se trataria de controvérsia acerca do número de representantes da população que pudessem levar as demandas dos Estados-membros ao cenário político nacional. Salientou que a Câmara dos Deputados seria a caixa de ressonância do povo, o que demonstraria a dimensão política da controvérsia. Registrou a permanente alteração na base de cálculo para a definição do número de parlamentares, porque flutuante no tempo e no espaço o contingente populacional de cada unidade da Federação. Além disso, lembrou que o número de entes federados também poderia sofrer alterações. Consignou que todos os critérios de representação proporcional teriam vantagens e desvantagens, e nenhum deles seria capaz de alcançar a perfeita proporcionalidade das representações políticas. Analisou que, a partir dessa constatação, o número de representantes dos entes federados estaria ligado a ampla discricionariedade e a carga valorativa. Constatou que, à exceção da EC 1/1969, a qual alterou a base de cálculo "população" para "número de eleitores", os demais textos constitucionais pátrios seriam fiéis ao fator "população". No tocante à fixação do número de representantes, a Corte explicitou que a CF/1934 delegou essa função ao TSE; a EC 8/1967, à Justiça Eleitoral; os demais textos constitucionais exigem a fixação do número de representantes pela via legislativa ordinária ou por lei complementar, como a CF/1988. Concluiu, no ponto, que a tradição histórica do federalismo brasileiro não permitiria a delegação à Justiça Eleitoral ou ao TSE da responsabilidade de fixar o número de representantes. Registrou que o comando contido no art. 45, § 1º, da CF, não contemplaria inferência no sentido de que a lei complementar poderia estabelecer o número total de deputados sem a fixação, de imediato e em seu bojo, da representação por ente federado, para delegar implicitamente essa responsabilidade política ao TSE. Afirmou que o texto constitucional impõe o estabelecimento, por lei complementar, tanto do número total de deputados, quanto da representação por cada Estado-membro e Distrito Federal. Depreendeu, a partir das Constituições anteriores, que quando o constituinte pretendera delegar essa atribuição ao TSE, fizera-o expressamente. Lembrou que o art. 2º, § 2º, do ADCT é expresso ao autorizar o TSE à edição de normas regulamentadoras do plebiscito de 1993. ADI 4947/DF, rel. orig. Min. Gilmar Mendes, red. p/ o acórdão Min. Rosa Weber. ADI 5020/DF, rel. orig. Min. Gilmar Mendes, red. p/ o acórdão Min. Rosa Weber. ADI 5028/DF, rel. orig. Min. Gilmar Mendes, red. p/ o acórdão Min. Rosa Weber. ADI 5130 MC/DF, rel. orig. Min. Gilmar Mendes, red. p/ o acórdão Min. Rosa Weber. ADI 4963/PB, rel. Min. Rosa Weber, 25.6.2014 e 1º.7.2014. ADI 4965/PB, rel. Min. Rosa Weber, 25.6.2014 e 1º.7.2014.

Redefinição de número de parlamentares - 19
A Corte asseverou que, a partir da LC 78/1993, não se poderia extrair fundamento para a fixação do número de representantes por ente federado à maneira empreendida pela Resolução TSE 23.389/2013, tampouco delegação para esse fim. Reconheceu que o TSE desempenharia papel fundamental na normatização, organização e arbitramento do processo político eleitoral. Acresceu que essas atribuições, realizadas por órgão técnico, especializado e independente, representariam aperfeiçoamento do Estado Democrático de Direito, no sentido de oferecer-lhe segurança e efetividade. Reputou que as exigências de autonomia e independência demandariam mecanismos aptos e eficazes para o desempenho das funções do órgão, o que incluiria necessariamente a competência para editar atos normativos. Ressalvou não haver perfeita identidade entre a função normativa "sui generis" do TSE, exercida na esfera administrativa, e a função tradicionalmente exercida pela Administração Pública de regulamentar leis, de modo a viabilizar seu cumprimento, ou editar regulamento autônomo. Assinalou que a competência para editar normas da Justiça Eleitoral não extrapolaria o que especificado em lei complementar, ato qualificado do Parlamento. Consignou que, embora apto a produzir efeitos normativos abstratos com força de lei, o poder normativo do TSE teria limites materiais condicionados aos parâmetros fixados pelo legislador. Nesse sentido, a norma de caráter regulatório preservaria sua legitimidade quando cumprisse o conteúdo material da legislação eleitoral. O Colegiado ponderou que poderiam ser criadas regras novas, desde que preservada a ordem vigente de direito. Aduziu que delegações demasiado amplas não seriam compatíveis com a Constituição. Sublinhou que ao TSE não competiria legislar, mas promover a normatização da legislação eleitoral. Alertou, entretanto, que isso não significaria reduzir o poder normativo para preencher lacunas. Frisou que o art. 45, § 1º, da CF, contempla dois comandos distintos destinados ao legislador complementar: estabelecer o número total de deputados e a representação por Estados-membros e pelo Distrito Federal, proporcionalmente à população, respeitados os limites de oito a 70 assentos por ente federado. Pontuou que a LC 78/1993 é omissa quanto a este segundo comando, e não o concretiza no que se refere à proporcionalidade. Por outro lado, a norma complementar não atribui ao TSE a escolha de critério para calcular a representação proporcional. Deduziu que, ao confiar determinada matéria ao legislador complementar, a Constituição exigiria dele uma escolha valorativa. Desse modo, a força normativa da Constituição ao convocar o legislador complementar seria análoga à constrição exercida sobre a atuação do constituinte estadual. Assim, não existiria autorização para que o TSE exercesse juízo de valor quanto ao critério de cálculo de representação

proporcional, sem qualquer parâmetro que vinculasse essa atividade. Reputou que a renúncia do legislador complementar ao exercício de sua competência exclusiva não se prestaria a legitimar o preenchimento de lacuna pelo TSE. ADI 4947/DF, rel. orig. Min. Gilmar Mendes, red. p/ o acórdão Min. Rosa Weber. ADI 5020/DF, rel. orig. Min. Gilmar Mendes, red. p/ o acórdão Min. Rosa Weber. ADI 5028/DF, rel. orig. Min. Gilmar Mendes, red. p/ o acórdão Min. Rosa Weber. ADI 5130 MC/DF, rel. orig. Min. Gilmar Mendes, red. p/ o acórdão Min. Rosa Weber. ADI 4963/PB, rel. Min. Rosa Weber, 25.6.2014 e 1º.7.2014. ADI 4965/PB, rel. Min. Rosa Weber, 25.6.2014 e 1º.7.2014.

Redefinição de número de parlamentares - 20
Vencidos os Ministros Gilmar Mendes, Roberto Barroso e Dias Toffoli, que julgavam improcedentes os pedidos. O Ministro Teori Zavascki, por seu turno, julgava parcialmente procedentes os pleitos formulados para: a) conferir ao parágrafo único do art. 1º da LC 78/1993 interpretação conforme a Constituição no sentido de que a atribuição conferida ao TSE não se traduzisse propriamente numa delegação de poderes normativos, mas apenas de atribuição meramente executiva, destinada a atualizar periodicamente, no ano anterior a cada eleição, mediante simples cálculos, o número de vagas a serem disputadas; e b) assentar, por efeito de derivação, a inconstitucionalidade da Resolução TSE 23.389/2013. Em seguida, por não se ter alcançado o quórum de 2/3 de seus membros, o Tribunal, por maioria, deixou de modular os efeitos da declaração de inconstitucionalidade. Os Ministros Rosa Weber, Gilmar Mendes, Dias Toffoli, Roberto Barroso, Celso de Mello, Cármen Lúcia e Ricardo Lewandowski acolhiam a proposta de modulação. Os dois últimos estipulavam que a aludida resolução deveria vigorar até as próximas eleições, por entenderem não ser possível dar-lhe sobrevida maior do que lhe dera o TSE. Por sua vez, os Ministros Rosa Weber, Gilmar Mendes, Dias Toffoli, Roberto Barroso e Celso de Mello mantinham a vigência da Resolução TSE 23.389/2013 até a superveniência de lei complementar. Aduziam que a supressão da resolução levaria a uma situação de maior inconstitucionalidade do que a sua subsistência, ante a desproporcionalidade da representação política. De outro lado, os Ministros Marco Aurélio, Teori Zavascki, Luiz Fux e Joaquim Barbosa (Presidente) rejeitaram a referida proposta de modulação. O Ministro Marco Aurélio sublinhou que a declaração de inconstitucionalidade da mencionada resolução não inviabilizaria as eleições vindouras, que seriam realizadas mesmo que não houvesse a aludida norma. O Ministro Luiz Fux enfatizou que declarar a inconstitucionalidade da resolução e aplicá-la para as eleições configuraria "contradictio in terminis". O Ministro Teori Zavascki ressaltou que, ao contrário de outras resoluções do TSE que teriam regulado as eleições anteriores a 2014, a Resolução 23.389/2013 inovara no plano jurídico, razão pela qual fora declarada sua inconstitucionalidade. Assim, a existência, ou a inexistência, de resolução do TSE para as eleições de 2014 não faria diferença no plano jurídico. Salientou haver supervalorização da necessidade de modulação no caso. O Ministro Joaquim Barbosa realçou que seria nefasta a prática de se declarar a incompatibilidade de determinada lei com a Constituição, mas ao mesmo tempo modular os efeitos da decisão e manter o "status quo". Frisou que a segurança jurídica estaria ameaçada se a Corte reconhecesse que o TSE infringira a Constituição, mas por motivos de ordem pragmática, a resolução editada pelo TSE valesse para as próximas eleições. Advertiu que seria dever do STF fazer o que estivesse ao seu alcance para incutir no espírito dos agentes constitucionais a necessidade de se cumprir a Constituição e as leis. ADI 4947/DF, rel. orig. Min. Gilmar Mendes, red. p/ o acórdão Min. Rosa Weber. ADI 5020/DF, rel. orig. Min. Gilmar Mendes, red. p/ o acórdão Min. Rosa Weber. ADI 5028/DF, rel. orig. Min. Gilmar Mendes, red. p/ o acórdão Min. Rosa Weber. ADI 5130 MC/DF, rel. orig. Min. Gilmar Mendes, red. p/ o acórdão Min. Rosa Weber. ADI 4963/PB, rel. Min. Rosa Weber, 25.6.2014 e 1º.7.2014. ADI 4965/PB, rel. Min. Rosa Weber, 25.6.2014 e 1º.7.2014. (Inform. STF 752)

26. DIREITO AGRÁRIO

1. CONTRATOS AGRÁRIOS

DIREITO CIVIL E PROCESSO CIVIL. PREÇO A SER DEPOSITADO PARA O EXERCÍCIO DO DIREITO DE PREFERÊNCIA EM ARRENDAMENTO RURAL.
Em ação de adjudicação compulsória proposta por arrendatário rural que teve desrespeitado o seu direito de preferência para a aquisição do imóvel, o preço a ser depositado para que o autor obtenha a transferência forçada do bem (art. 92, § 4º, da Lei 4.505/1964) deve corresponder àquele consignado na escritura pública de compra e venda registrada no cartório de registro de imóveis, ainda que inferior ao constante do contrato particular de compra e venda firmado entre o arrendador e o terceiro que tenha comprado o imóvel. De fato, o art. 92 do Estatuto da Terra (Lei 4.504/1964) e o art. 45 do Dec. 59.566/1966 (que regulamentou a lei) preveem expressamente o direito de preferência, legal e real, outorgado ao arrendatário como garantia do uso econômico da terra explorada por ele, direito que é exclusivo do preferente em adquirir o imóvel arrendado, em igualdade de condições, sendo uma forma de restrição ao direito de propriedade do arrendante. Dessa maneira, vendendo o arrendador o imóvel sem a notificação do arrendatário, aparece a pretensão do arrendatário em ver declarada a invalidade do negócio entre arrendador e o terceiro, adjudicando o imóvel ao preemptor, desde que realizada no prazo decadencial de seis meses, e desde que efetuado o depósito do preço. Realmente, no tocante ao preço, nem a lei nem o seu regulamento foram suficientemente claros sobre qual seria o valor a ser depositado. A interpretação sistemática e teleológica do comando legal leva à conclusão de que o melhor norte para definição do preço a ser depositado pelo arrendatário é aquele consignado na escritura pública de compra e venda registrada em cartório. Isso porque a própria lei estabelece como marco legal para o exercício do direito de preferência a data da transcrição da escritura pública no registro de imóveis, ou seja, confere ao arrendatário o prazo de 6 meses para depositar o preço constante do ato de alienação do imóvel a que teve conhecimento por meio da transcrição no cartório imobiliário. Nessa linha de intelecção, por consectário lógico, o arrendatário, ao tomar conhecimento do ato da alienação no registro de imóveis, verifica o preço lá declarado – constante da escritura pública – e efetua o depósito (se houver o intento na aquisição do imóvel), exercendo, no momento próprio, a faculdade que o ordenamento jurídico vigente lhe concedeu. Não se pode olvidar que a escritura pública é um ato realizado perante o notário que revela a vontade das partes na realização de negócio jurídico, revestida de todas as solenidades prescritas em lei, isto é, demonstra de forma pública e solene a substância do ato, gozando o seu conteúdo de presunção de veracidade, trazendo maior segurança jurídica e garantia para a regularidade da compra. Com efeito, referido instrumento é requisito formal de validade do negócio jurídico de compra de imóvel em valor superior a 30 salários mínimos (art. 108 do CC), justamente por sua maior segurança e por expressar a realidade econômica da transação, para diversos fins. Outrossim, não podem o arrendador e o terceiro se valerem da própria torpeza para impedir a adjudicação compulsória, haja vista que simularam determinado valor no negócio jurídico publicamente escriturado, mediante declaração de preço que não refletia a realidade, com o fito de burlar a lei - pagando menos tributo. **REsp 1.175.438-PR, Rel. Min. Luis Felipe Salomão, julgado em 25/3/2014. (Inform. STJ 538)**

DIREITO CIVIL. EMISSÃO DE CPR SEM A ANTECIPAÇÃO DO PAGAMENTO DO PREÇO.
A emissão de Cédula de Produto Rural - CPR em garantia de contrato de compra e venda de safra futura não pressupõe, necessariamente, a antecipação do pagamento do produto. Isso porque a emissão desse título de crédito pode se dar tanto para financiamento da safra, com o pagamento antecipado do preço, como numa operação de *hedge*, na qual o agricultor, independentemente do recebimento antecipado do pagamento, pretenda apenas se proteger dos riscos de flutuação de preços no mercado futuro. Nesta hipótese, a CPR funciona como um título de securitização, mitigando os riscos para o produtor, que negocia, a preço presente, sua safra no mercado futuro. Além disso, o legislador não incluiu na Lei 8.929/1994 qualquer dispositivo que imponha, como requisito de validade desse título, o pagamento antecipado do preço. Assim, não é possível, tampouco conveniente, restringir a utilidade da CPR à mera obtenção imediata de financiamento em pecúnia. Se a CPR pode desempenhar um papel maior no fomento ao setor agrícola, não há motivos para que, à falta de disposições legais que o imponham, restringir a sua aplicação. Precedente citado: REsp 1.023.083-GO, Terceira Turma, DJe 1º/7/2010. **REsp 866.414-GO, Rel. Min. Nancy Andrighi, julgado em 20/6/2013. (Inform. STJ 526)**

DIREITO CIVIL E AGRÁRIO. DIREITO DE PREFERÊNCIA NA AQUISIÇÃO DE IMÓVEL RURAL.
O contrato firmado como "arrendamento de pastagens", na hipótese em que não tenha havido o exercício da posse direta da terra explorada pelo tomador da pastagem, não confere o direito de preempção previsto na Lei 4.504/1966 e no Dec. 59.566/1966. De fato, o art. 92, § 3º, da Lei 4.504/1966 e o art. 45 do Dec. 59.566/1966 estabelecem o direito de preempção do arrendatário rural na aquisição do imóvel arrendado. Pode-se afirmar que o referido direito foi conferido ao arrendatário rural como garantia do uso econômico da terra explorada por ele, não abrangendo outras modalidades de contratos agrários por se tratar de norma restritiva do direito de propriedade. Nesse contexto, vale observar que o contrato de arrendamento rural tem como elemento essencial a posse do imóvel pelo arrendatário, que passa a ter o uso e gozo da propriedade. Dessa forma, na hipótese em que tenha sido firmado contrato de "arrendamento de pastagens" sem que o tomador da pastagem tenha a posse direta da terra a ser explorada, deve-se afastar a natureza do contrato de arrendamento para considerá-lo como de "locação de pastagem", caso em que não é possível exercer o direito de preferência que a lei estabelece para o arrendatário. **REsp 1.339.432-MS, Rel. Min. Luis Felipe Salomão, julgado em 16/4/2013. (Inform. STJ 522)**

2. DESAPROPRIAÇÃO PARA A REFORMA AGRÁRIA

MS: desapropriação para reforma agrária e esbulho - 1
O Plenário retomou julgamento de mandado de segurança em que se sustenta a insubsistência de decreto expropriatório que implicara a declaração de utilidade pública, para fins de reforma agrária, de imóvel rural. Alega-se esbulho possessório, ausência de notificação prévia para vistoria do local e configuração de força maior, tendo em vista a condição de saúde do proprietário. Na sessão de 27.5.2010, o Min. Marco Aurélio, relator, concedeu a segurança. Registrou, no tocante ao suscitado esbulho, ter havido sucessivas invasões, ocorridas durante anos — período em que realizada a vistoria para fins de reforma agrária. Consignou que, mesmo diante de liminar favorável em ação para reintegração de posse, obtida perante a justiça comum, a fazenda teria sido novamente invadida. Rejeitou, contudo, as demais alegações. Aduziu que, a questão alusiva à prévia ciência da vistoria não estaria suficientemente elucidada. Mencionou que, diante da dificuldade de se notificar o proprietário, publicara-se edital. No entanto, não haveria comprovação do descumprimento da regra relativa à necessidade de publicação desse edital, por três vezes consecutivas, em jornal de grande circulação na capital do Estado de localização do imóvel (Lei 8.629/93, art. 2º, § 3º). Quanto ao argumento de que a exploração do imóvel teria sido inviabilizada em razão de doença do impetrante, destacou que ele deveria ter feito cumprir a função social da propriedade mediante preposto, na hipótese de não estar em condições de fazê-lo pessoalmente. Ademais, observou que o caso fortuito e a força maior aptos a afastar o enquadramento de uma propriedade como improdutiva decorreriam de acontecimentos estranhos à vontade do proprietário.
MS 25344/DF, rel. Min. Marco Aurélio, 1º.8.2013. (MS-25344)

MS: desapropriação para reforma agrária e esbulho - 2
Nesta assentada, os Ministros Luiz Fux, Gilmar Mendes e Celso de Mello acompanharam o relator. O Min. Luiz Fux afirmou que as provas apresentadas favoreceriam o impetrante, porque demonstrado que a terra estaria invadida quando da vistoria, a ofender a lei. As demais questões, atinentes à produtividade do imóvel, por exemplo, estariam superadas por esse fato, mesmo porque, verificada a invasão, seria quase lógico que o proprietário estaria impedido de produzir. O Min. Gilmar Mendes acresceu ser irrelevante, para esses efeitos, a percentagem invadida do terreno — se ínfima ou significativa —, porque estaria configurado conflito agrário, o que a norma procura obstar. O Min. Celso de Mello reputou que a Corte não poderia chancelar comportamentos ilícitos e agressões inconstitucionais ao direito de propriedade e à posse de terceiros, perpetradas por particulares ou por movimentos sociais organizados.
MS 25344/DF, rel. Min. Marco Aurélio, 1º.8.2013. (MS-25344)

MS: desapropriação para reforma agrária e esbulho - 3
Em divergência, o Min. Roberto Barroso denegou a ordem. De início, ponderou que, conforme informações constantes nos autos, a porção da propriedade que o impetrante alega estar invadida incidiria em território titulado pelo Estado de Mato Grosso a outro proprietário. Assentou que essa fração teria sido ocupada pelo Movimento dos Trabalhadores Rurais sem Terra - MST de forma consensual, por força da existência de contrato de comodato de área rural. Destacou, ainda, que o terreno objeto de esbulho representaria 1% da propriedade total desapropriada. Pontuou que não haveria prova no sentido de que a área em que incidente a ocupação fosse determinante para a administração da propriedade. Asseverou que a complexidade dos fatos estaria em contraposição à segurança e liquidez requeridas, e que haveria elementos a suscitar dúvidas. Por fim, ressaltou a possibilidade de as partes resolverem a lide nas vias ordinárias. Os Ministros Teori Zavascki, Rosa Weber e Cármen Lúcia acompanharam a divergência. O Min. Teori Zavascki salientou dúvidas quanto à natureza da invasão, se de caráter coletivo ou individual, bem como quanto à área objeto de disputa possessória. Aduziu que essas incertezas operariam contra o direito líquido e certo do impetrante. As Ministras Rosa Weber e Cármen Lúcia enfatizaram que a concessão da ordem pressuporia fatos translúcidos e incontroversos, o que não se configuraria na espécie. Após, o Min. Ricardo Lewandowski pediu vista dos autos
MS 25344/DF, rel. Min. Marco Aurélio, 1º.8.2013. (MS-25344)

MS: desapropriação para reforma agrária e esbulho - 4
O Plenário, em conclusão de julgamento, por maioria, denegou mandado de segurança em que se discutia a legitimidade de decreto expropriatório que implicara a declaração de utilidade pública, para fins de reforma agrária, de imóvel rural — v. Informativo 713. A Corte asseverou que, conforme informações constantes nos autos, a porção da propriedade que o impetrante afirmava estar invadida — o que, segundo alegado, obstaria a desapropriação — incidiria em território titulado pelo Estado de Mato Grosso a outro proprietário. Além disso, a referida fração teria sido ocupada pelo Movimento dos Trabalhadores Rurais sem Terra - MST de forma consensual, por força da existência de contrato de comodato de área rural. Destacou, ainda, que o terreno objeto de esbulho representaria 1% da propriedade total desapropriada, ausente prova no sentido de que a área em que incidente a ocupação fosse determinante para a administração da propriedade. Por outro lado, a complexidade dos fatos estaria em contraposição à segurança e liquidez requeridas em mandado de segurança, existentes, no caso, elementos a suscitar dúvidas. Por fim, haveria a possibilidade de as partes resolverem a lide nas vias ordinárias. Vencidos os Ministros Marco Aurélio (relator), Luiz Fux, Gilmar Mendes e Celso de Mello, que concediam a segurança.
MS 25344/DF, rel. orig. Min. Marco Aurélio, red. p/ o acórdão Min. Roberto Barroso, 12.11.2014. (MS-25344) (Inform. STF 767)

Desapropriação e fundamentos - 3
Em conclusão de julgamento, o Plenário, por maioria, denegou mandado de segurança em que se pleiteava anular decreto expropriatório que implicara a declaração de interesse social, para fins de reforma agrária, de imóvel rural do impetrante — v. Informativo 618. Entendeu-se não haver direito líquido e certo nos termos alegados pelo impetrante. Afastaram-se argumentos quanto à existência de conflitos sociais na área e sucessivas invasões no imóvel rural provocadas pelo Movimento dos Sem Terra/MST — antes da vistoria por parte do INCRA —, que teriam contribuído para a avaliação da improdutividade do imóvel rural. Asseverou-se que o mandado de segurança, caracterizado pela celeridade e pela impossibilidade de dilação probatória, seria via imprópria para a discussão de questões que demandassem o revolvimento de fatos e provas. Pontuou-se ser controversa a titularidade da área supostamente ocupada pelo MST. Destacou-se não haver certeza de que o terreno em que fora instalado o acampamento do mencionado movimento corresponderia àquele pertencente ao imóvel desapropriado. Aduziu-se que a controvérsia dos autos não ficara adstrita à propriedade da terra, mas à efetiva invasão. Vencidos os Ministros Marco Aurélio, Ellen Gracie, Gilmar Mendes e Celso de Mello, que concediam a segurança. Assentavam não se poder desconsiderar que fundamentos constitucionais garantiriam a intangibilidade do direito de propriedade — ainda que de modo não absoluto —, além de disciplinarem os procedimentos de expropriação dos bens de patrimônio privado. Sublinhavam que a prática ilícita do esbulho possessório, quando afetasse os graus de utilização da terra e de eficiência em sua exploração, a comprometer os índices fixados pelos órgãos governamentais competentes, seria causa inibitória da válida edição de decreto presidencial de declaração expropriatória para fins de reforma agrária por interesse social. Frisavam haver norma a inibir o Poder Executivo e sua autarquia de iniciar procedimento para

se obter declaração expropriatória em caso de invasão fundiária. Recordavam que o tribunal de origem assentara que a vistoria fora imprópria, porque realizada à margem da lei disciplinadora e, por consequência, o decreto formalizado pelo Presidente da República estaria juridicamente contaminado. Anotavam que o esbulho possessório, enquanto subsistisse e até dois anos após a desocupação do imóvel rural invadido por movimento social organizado, impediria que fossem realizados atos de vistoria, de avaliação e de desapropriação da propriedade.
MS 26336/DF, rel. Min. Joaquim Barbosa, 5.2.2014. (MS-26336) (Inform. STF 734)

Título da dívida agrária e inadimplemento
Exaurido o período vintenário para resgate de títulos da dívida agrária, o pagamento complementar de indenização fixada em decisão final em ação expropriatória deve ser efetuado na forma do art. 100 da CF, e não em títulos da dívida agrária complementares. Com base nessa orientação, a 2ª Turma conheceu, em parte, de recurso extraordinário e, nesta, negou-lhe provimento. No caso, por decisão judicial, fora determinado o pagamento de indenização complementar em expropriação para fins de reforma agrária. Decorrido o lapso temporal de vinte anos, teria sido exigido que a referida complementação fosse feita por precatório, à vista e em dinheiro, e não por meio de título da dívida agrária. Preliminarmente, a Turma não conheceu das assertivas de inclusão de juros compensatórios na aludida complementação e de não cabimento de indenização em relação à cobertura florestal, porquanto ambas as alegações não teriam sido suscitadas na decisão recorrida. No mérito, reputou-se que o pagamento por título da dívida agrária, após o mencionado período, violaria o princípio da prévia e justa indenização. Aduziu-se que se fosse atendida a pretensão da recorrente, passados vinte anos, postergar-se-ia ad aeternum o pagamento da indenização.
RE 595168/BA, rel. Min. Ricardo Lewandowski, 6.8.2013. (RE-595168) (Inform. STF 714)

DIREITO ADMINISTRATIVO. DELIMITAÇÃO DO VALOR DE INDENIZAÇÃO POR DESAPROPRIAÇÃO PARA FINS DE REFORMA AGRÁRIA.
Nas desapropriações para fins de reforma agrária, o valor da indenização deve ser contemporâneo à avaliação efetivada em juízo, tendo como base o laudo adotado pelo juiz para a fixação do justo preço, pouco importando a data da imissão na posse ou mesmo a da avaliação administrativa. De fato, a avaliação efetivada em juízo, ordinariamente, deverá se reportar à época em que for realizada – e não ao passado – para fixar a importância correspondente ao bem objeto da expropriação, haja vista que exigir que esses trabalhos técnicos refiram-se à realidade passada (de anos, muitas vezes) pode prejudicar a qualidade das avaliações e o contraditório. A propósito, extrai-se do art. 26 do Decreto-Lei 3.365/1941 que a indenização, em regra, deverá corresponder ao valor do imóvel apurado na data da perícia (avaliação judicial). Precedentes citados: REsp 1.314.758-CE, Segunda Turma, DJe 24/10/2013; e AgRg no REsp 1.395.872-CE, Segunda Turma, DJe 25/10/2013. **AgRg no REsp 1.459.124-CE**, Rel. Min. Herman Benjamin, 18/9/2014. (Inform. STJ 549)

DIREITO ADMINISTRATIVO. DIVERGÊNCIA ENTRE A ÁREA REGISTRADA E A MEDIDA PELOS PERITOS NO ÂMBITO DE DESAPROPRIAÇÃO PARA FINS DE REFORMA AGRÁRIA.
No procedimento de desapropriação para fins de reforma agrária, caso se constate que a área registrada em cartório é inferior à medida pelos peritos, o expropriado poderá levantar somente o valor da indenização correspondente à área registrada, devendo o depósito indenizatório relativo ao espaço remanescente ficar retido em juízo até que o expropriado promova a retificação do registro ou até que seja decidida, em ação própria, a titularidade do domínio. Essa é a interpretação que se extrai do art. 34, caput e parágrafo único, do Decreto-lei 3.365/1941, segundo o qual "O levantamento do preço será deferido mediante prova de propriedade, de quitação de dívidas fiscais que recaiam sobre o bem expropriado, e publicação de editais, com o prazo de 10 dias, para conhecimento de terceiros." e "Se o juiz verificar que há dúvida fundada sobre o domínio, o preço ficará em depósito, ressalvada aos interessados a ação própria para disputá-lo". Precedentes citados: REsp 1.321.842-PE, Segunda Turma, DJe 24/10/2013; REsp 596.300-SP, Segunda Turma, DJe 22/4/2008; e REsp 841.001-BA, Primeira Turma, DJ 12/12/2007. **REsp 1.286.886-MT**, Rel. Min. Herman Benjamin, julgado em 6/5/2014. (Inform. STJ 540)

DIREITO ADMINISTRATIVO E PROCESSUAL CIVIL. INCIDÊNCIA DE CORREÇÃO MONETÁRIA, INCLUÍDOS EXPURGOS INFLACIONÁRIOS, E JUROS NA COMPLEMENTAÇÃO DE TDA. Em desapropriação para fins de reforma agrária, é possível a incidência de juros e de correção monetária, com a inclusão dos expurgos inflacionários, no cálculo de complementação de título da dívida agrária (TDA). Precedente citado: REsp 1.321.842-PE, Segunda Turma, DJe 24/10/2013. **AgRg no REsp 1.293.895-MG**, Rel. Min. Mauro Campbell Marques, julgado em 11/2/2014. (Inform. STJ 535)

DIREITO ADMINISTRATIVO. AÇÃO DE INDENIZAÇÃO PELO ARRENDANTE DIRETAMENTE CONTRA A UNIÃO NO CASO DE DESAPROPRIAÇÃO PARA REFORMA AGRÁRIA.
A União é parte legítima para figurar no polo passivo de ação em que o arrendatário objetive ser indenizado pelos prejuízos decorrentes da desapropriação, por interesse social para a reforma agrária, do imóvel arrendado. Isso porque o direito à indenização do arrendatário não se sub-roga no preço do imóvel objeto de desapropriação por interesse social para a reforma agrária, pois a relação entre arrendante (expropriado) e arrendatário é de direito pessoal. Assim, não se aplica, nessa hipótese, o disposto no art. 31 do Decreto-Lei 3.365/1941, pois a sub-rogação no preço ocorre apenas quanto aos direitos reais constituídos sobre o bem expropriado. **REsp 1.130.124-PR**, Rel. Min. Eliana Calmon, julgado em 4/4/2013. (Inform. STJ 522)

Súmula STJ nº 354
A invasão do imóvel é causa de suspensão do processo expropriatório para fins de reforma agrária.

27. DIREITO EDUCACIONAL

1. DIREITOS DO EDUCANDO

Ensino público: gratuidade e "taxa de alimentação"
A cobrança de "taxa de alimentação" por instituição federal de ensino profissionalizante é inconstitucional. Com base nessa orientação, a 1ª Turma deu provimento a recurso extraordinário em que se questionava a referida exigência. No caso, aluno de escola técnico-agrícola, proveniente da zona rural, matriculado sob o regime de internato, fora compelido a satisfazer a exação. A cobrança teria sido instituída por portarias administrativas que teriam afastado o Programa Nacional de Alimentação Escolar - PNAE de alunos do ensino médio e do profissionalizante. A Turma salientou que o princípio da legalidade teria sido desrespeitado ante a ausência de lei autorizadora de cobrança da citada "anuidade-alimentação". Consignou que as aludidas portarias administrativas seriam inadequadas para criar obrigações dessa natureza. Além disso, afirmou que, mesmo que a "taxa" tivesse sido instituída por lei, ainda assim seria inconstitucional, por afrontar o princípio da gratuidade do ensino público. Asseverou que a instituição de ensino em comento, autarquia federal, não poderia reforçar o orçamento com base na referida anuidade sem vulnerar o art. 206, IV, da CF. Sublinhou que a interpretação conjunta dos artigos 206, IV, e 208, VI, da CF revelaria que programa de alimentação de estudantes em instituição pública de ensino profissionalizante que se apresentasse oneroso consistiria na própria negativa de adoção do programa. Reputou que o princípio constitucional da gratuidade de ensino público em estabelecimento oficial alcançaria não apenas o ensino em si. Abarcaria, também, as garantias de efetivação do dever do Estado com a educação previsto na Constituição. Nessas garantias, estaria englobado o atendimento ao educando em todas as etapas da educação básica, incluído o nível médio profissionalizante, além do fornecimento de alimentação. Enfatizou que o envolvimento, na espécie, de autarquia federal de ensino profissional conduziria à impossibilidade da cobrança pretendida. Destacou que conclusão diversa distorceria o sistema de educação pública gratuita consagrado na Constituição.
RE 357148/MT, rel. Min. Marco Aurélio, 25.2.2014. (RE-357148) (Inform. STF 737)

> **Súmula Vinculante STF 12**
> A cobrança de taxa de matrícula nas universidades públicas viola o disposto no art. 206, IV, da Constituição Federal.

2. TRANSFERÊNCIA DE MATRÍCULA

AG. REG. NO AI N. 858.241-GO
RELATOR: MIN. RICARDO LEWANDOWSKI
Ementa: AGRAVO REGIMENTAL NO AGRAVO DE INSTRUMENTO. CONSTITUCIONAL. ADMINISTRATIVO. UNIVERSIDADE. TRANSFERÊNCIA OBRIGATÓRIA. MILITAR. CONGENERIDADE DAS INSTITUIÇÕES DE ENSINO ENVOLVIDAS. PRECEDENTES. AGRAVO REGIMENTAL A QUE SE NEGA PROVIMENTO.
I - No julgamento da ADI 3.324/DF, Min. Marco Aurélio, assentou-se a legitimidade da garantia de matrícula de servidores públicos civis e militares, e seus dependentes, transferidos em razão do interesse da Administração, respeitando-se a congeneridade das instituições envolvidas.
II - Agravo regimental a que se nega provimento. (Inform. STF 734)

DIREITO ADMINISTRATIVO. SERVIDOR PÚBLICO. MUDANÇA DE OFÍCIO DA SEDE. RESERVA DE VAGA. INSTITUIÇÃO DE ENSINO SUPERIOR.
Servidores públicos, civis ou militares, transferidos de ofício têm direito à matrícula em instituição de ensino superior do local de destino, desde que observado o requisito da congeneridade em relação à instituição de origem, salvo se não houver curso correspondente em estabelecimento congênere no local da nova residência, hipótese em que deve ser assegurada a matrícula em instituição não congênere. Em regra, a matrícula fica garantida em instituições de ensino congêneres, ou seja, de universidade pública para pública ou de privada para privada. Precedente citado: AgRg no REsp 1161861-RS, DJe 4/2/2010. **AgRg no REsp 1.335.562–RS, Rel. Min. Arnaldo Esteves Lima, julgado em 6/11/2012. (Inform. STJ 508)**

3. DIPLOMA ESTRANGEIRO E DE CURSOS NÃO RECONHECIDOS OU EXTINTOS

DIREITO CIVIL. RESPONSABILIDADE CIVIL DE INSTITUIÇÃO DE ENSINO PELA EXTINÇÃO DE CURSO SUPERIOR. É cabível indenização por danos morais ao aluno universitário que fora compelido a migrar para outra instituição educacional pelo fato de a instituição contratada ter extinguido de forma abrupta o curso, ainda que esta tenha realizado convênio, com as mesmas condições e valores, com outra instituição para continuidade do curso encerrado. De fato, é possível a extinção de curso superior por instituição educacional, no exercício de sua autonomia universitária, desde que forneça adequada e prévia informação de encerramento do curso (art. 53 da Lei 9.394/1996 – Lei de Diretrizes e Bases da Educação). Partindo-se desta premissa (legalidade no agir do instituto educacional), é necessário verificar se houve ou não excesso no exercício desse direito, em consonância com o enunciado normativo do art. 187 do CC, que regulou de forma moderna e inovadora o instituto do abuso de direito no sistema jurídico como autêntica cláusula geral. O exercício desse direito de extinção deve ater-se aos limites impostos pela ordem jurídica, especialmente o balizamento traçado pelo princípio da boa-fé objetiva. Exige-se, portanto, a necessidade de oferta de alternativas ao aluno, com iguais condições e valores, de forma a minimizar os prejuízos advindos com a frustração do aluno em não poder mais cursar a faculdade escolhida. Na situação em análise, todavia, a instituição educacional, ao extinguir de forma abrupta o curso oferecido, agiu com excesso no exercício do direito, dando ensejo à reparação pelos danos morais sofridos. **REsp 1.341.135-SP, Rel. Min. Paulo de Tarso Sanseverino, julgado em 14/10/2014. (Inform. STJ 549)**

DIREITO ADMINISTRATIVO. EXIGÊNCIA DE PROCESSO SELETIVO PARA A REVALIDAÇÃO DE DIPLOMA OBTIDO EM INSTITUIÇÃO DE ENSINO ESTRANGEIRA. RECURSO REPETITIVO (ART. 543-C DO CPC E RES. 8/2008-STJ).
É legal a exigência feita por universidade, com base em resolução por ela editada, de prévia aprovação em processo seletivo como condição para apreciar pedido de revalidação de diploma obtido em instituição de ensino estrangeira.
De início, observe-se que o registro de diploma estrangeiro no Brasil está submetido a prévio processo de revalidação, segundo o regime previsto na Lei de Diretrizes e Bases da Educação Brasileira (art. 48, § 2º, da Lei 9.394/1996). Ademais, inexiste qualquer dispositivo legal que proíba a universidade de adotar o referido procedimento, o qual está em consonância com sua autonomia didático-científica e administrativa (art. 53, V, da Lei 9.394/1996 e art. 207 da CF). Portanto, desde que observados os requisitos legais e os princípios constitucionais, deve-se garantir às universidades a liberdade para editar regras específicas acerca do procedimento destinado à revalidação de diplomas expedidos por universidades estrangeiras. **REsp 1.349.445-SP, Rel. Min. Mauro Campbell Marques, julgado em 8/5/2013. (Inform. STJ 520)**

DIREITO ADMINISTRATIVO E PROCESSUAL CIVIL. REVOGAÇÃO DE ANTECIPAÇÃO DE TUTELA. TEORIA DO FATO CONSUMADO.
Não é possível dispensar a submissão ao processo de revalidação de diploma estrangeiro estabelecido na Lei n. 9.394/1996 (LDB) ainda que o autor, por força de antecipação de tutela na ação originária, esteja exercendo a atividade profissional há vários anos. É firme a jurisprudência do STJ no sentido de que não se aplica a teoria do fato consumado em situações amparadas por medidas de natureza precária, como liminar e antecipação do efeito da tutela, não havendo que se falar em situação consolidada pelo decurso do tempo, sob pena de se chancelar situação contrária à lei. Essa linha de pensamento tem sido extensivamente aplicada nos casos referentes a concurso público, nas hipóteses em que o candidato consegue provimento liminar para mantê-lo no certame, mas a ação é julgada improcedente ao final. Precedentes citados: MS 13.895-DF, DJe 23/3/2012; AgRg no REsp 1.263.232-SE, DJe 9/9/2011; AgRg no REsp 1.018.824-SE, DJe 13/12/2010; AgRg no RMS 22.307-PA, DJe 2/8/2010, e AgRg no Ag 1.070.142-RJ, DJe 9/3/2009. **REsp 1.333.588-RS, Rel. Min. Eliana Calmon, julgado em 16/10/2012. (Inform. STJ 506)**

4. PROUNI

ADI e Prouni - 4
Em conclusão, o Plenário, por maioria, julgou improcedente pedido formulado em ação direta ajuizada, pela Confederação Nacional dos Estabelecimentos de Ensino - Confenen, pelo Partido Democratas - DEM e pela Federação Nacional dos Auditores-Fiscais da Previdência Social - Fenafisp, contra a Medida Provisória 213/2004, convertida na Lei 11.096/2005, que instituiu o Programa Universidade para Todos - Prouni, regulou a atuação de entidades de assistência social no ensino superior, e deu outras providências – v. Informativo 500. O programa instituído pela norma adversada concedera bolsas de estudos em universidades privadas a alunos que cursaram o ensino médio completo em escolas públicas ou em particulares, como bolsistas integrais, cuja renda familiar fosse de pequena monta, com quotas para negros, pardos, indígenas e àqueles com necessidades especiais. De início, não se conheceu da ação proposta pela Fenafisp, por falta de legitimidade ativa (CF, art. 103, IX). Também em preliminar, consideraram-se presentes os pressupostos de relevância e urgência da matéria tratada na medida provisória questionada que, ao ser convertida em lei, não impediria a continuidade do debate jurisdicional. Em acréscimo, o Min. Gilmar Mendes sublinhou a prioridade do tema abordado pela medida provisória, bem assim o caráter especial e de exceção que assumiria a análise do atendimento de seus pressupostos constitucionais por esta Corte (ADI 4048 MC/DF, DJe de 22.8.2008). ADI 3330/DF, rel. Min. Ayres Britto, 3.5.2012. (ADI-3330)

ADI e Prouni - 5
No mérito, asseverou-se que a norma adversada erigira a educação à condição de direito social, dever do Estado e uma de suas políticas públicas prioritárias. Afastou-se a alegação de que os artigos 10 e 11 da lei impugnada afrontariam os artigos 146, II, e 195, § 7º, da CF, ao argumento de invadirem seara reservada à lei complementar, ao pretenderem conceituar entidade beneficente de assistência social, e ao estabelecerem requisitos para que assim fosse intitulada. Nesse ponto, assentou-se que o termo "isenção", contido no § 7º do art. 195 da CF, traduziria imunidade tributária, desoneração fiscal que teria como destinatárias as entidades beneficentes de assistência social que satisfizessem os requisitos legais. Assim, ter-se-ia conferido à lei a força de aportar consigo as regras de configuração de determinadas entidades privadas como de beneficência no campo da assistência social, para terem jus a uma desoneração antecipadamente criada. Repeliu-se, de igual modo, a assertiva de que os dispositivos legais em causa não se limitariam a estabelecer requisitos para o gozo dessa imunidade, mas desvirtuariam o próprio conceito constitucional de "entidade beneficente de assistência social". Aduziu-se que a elaboração do conceito dogmático haveria de se lastrear na própria normatividade constitucional, na regra que teriam as entidades beneficentes de assistência social como instituições privadas que se somariam ao Estado para o desempenho de atividades tanto de inclusão e promoção social quanto de integração comunitária (CF, art. 203, III). Esclareceu-se que esta seria a principal razão pela qual a Constituição, ao se referir às entidades de beneficência social que atuassem especificamente na área de educação, tê-las-ia designado por "escolas comunitárias confessionais ou filantrópicas" (art. 213). Destacou-se que a lei em comento não teria laborado no campo material reservado à lei complementar, mas tratado apenas de erigir critério objetivo de contabilidade compensatória da aplicação financeira em gratuidade por parte das instituições educacionais que, atendido, possibilitaria o gozo integral da isenção quanto aos impostos e contribuições. ADI 3330/DF, rel. Min. Ayres Britto, 3.5.2012. (ADI-3330)

ADI e Prouni - 6
Rechaçaram-se, de igual modo, as alegações de afronta aos princípios da igualdade, da isonomia, da não discriminação e do devido processo legal ao argumento de que não se afiguraria legítimo, no ordenamento, que vagas no ensino superior fossem reservadas com base na condição socioeconômica do aluno ou em critério racial ou de suas condições especiais. Salientou-se que a igualdade seria valor que teria, no combate aos fatores de desigualdade, o seu modo próprio de realização. Além disso, a distinção em favor dos estudantes que tivessem cursado o ensino médio em escolas públicas e os egressos de escolas privadas contemplados com bolsa integral constituiria discrímen a compensar anterior e factual inferioridade. Desacolheu-se a tese de que o art. 7º da Lei 11.096/2005 violaria o princípio da autonomia universitária (CF, art. 207), porque o Prouni seria pro-

grama de ações afirmativas que se operacionalizaria mediante concessão de bolsas e por ato de adesão ou participação voluntária e, portanto, incompatível com a ideia de vinculação forçada. Esgrimiu-se, ademais, a assertiva de ofensa ao princípio da livre iniciativa (CF, art. 170), ao fundamento de que este postulado já nasceria relativizado pela própria Constituição. Isso porque a liberdade de iniciativa estaria sujeita aos limites impostos pela atividade normativa e reguladora do Estado, justificados pelo objetivo maior de proteção de valores também garantidos pela ordem constitucional e reconhecidos pela sociedade como relevantes para uma existência digna, conforme os ditames da justiça social. Rechaçou-se o pretenso desrespeito do art. 9º da lei em causa ao art. 5º, XXXIX, da CF, porquanto a matéria nele versada não seria de natureza penal. Frisou-se que o referido dispositivo listaria as únicas sanções aplicáveis pelo Ministério da Educação – aliado ao controle e gerenciamento do programa, por se referir à matéria essencialmente administrativa – aos casos de descumprimento das obrigações assumidas pelo estabelecimento de ensino superior, depois da assinatura do termo de adesão ao programa. ADI 3330/DF, rel. Min. Ayres Britto, 3.5.2012. (ADI-3330)

ADI e Prouni - 7
O Min. Joaquim Barbosa, em voto-vista, acompanhou a conclusão do relator e apontou duas questões distintas que seriam por ele examinadas: a) eventual transgressão aos princípios da isonomia, da autonomia universitária e da livre iniciativa; e b) alegada violação de reserva de lei complementar para dispor sobre limitações ao poder de tributar. Ressaltou que o Prouni teria público alvo social e economicamente focado, qual seja, estudantes com renda familiar per capita de até um salário-mínimo e meio para bolsas integrais e até três salários mínimos para as parciais. Mencionou que a lei estabeleceria cinco critérios distintos e concomitantes para que o estudante pudesse se candidatar a bolsa mantida pelo Prouni, em universidade privada: ser brasileiro, não possuir diploma de curso superior, perceber renda familiar no montante mencionado, ter cursado ensino médio completo em escola da rede pública ou em estabelecimento privado na condição de bolsista integral e, por fim, ser aprovado em processo seletivo adotado pela instituição privada de ensino superior. Esclareceu que essas condições visariam compatibilizar situação de coexistência de vagas ociosas nos cursos superiores do país – notadamente nas universidades privadas – com a dificuldade de acesso à educação superior pelos indivíduos pertencentes às camadas sociais mais humildes. ADI 3330/DF, rel. Min. Ayres Britto, 3.5.2012. (ADI-3330)

ADI e Prouni - 8
No tocante à notória existência de vagas ociosas, dessumiu ser lícito concluir que uma das razões seriam as dificuldades financeiras das famílias em arcar com o alto custo das mensalidades escolares. Salientou ser a pobreza crônica, a perpassar diversas gerações e atingir contingente considerável de famílias do país, fruto da falta de oportunidades educacionais, o que levaria, por conseguinte, a certa inconsistência na mobilidade social. A soma desses fatores caracterizar-se-ia como ciclo cumulativo de desvantagens competitivas – elemento de bloqueio socioeconômico a confinar milhões de brasileiros a viver eternamente na pobreza. Entendeu que o Prouni seria suave tentativa de mitigar essa cruel condição e que investir pontualmente, ainda que de forma gradativa – mas sempre com o intuito de abrir oportunidades educacionais a segmentos sociais mais amplos, que historicamente não a tiveram –, constituiria objetivo governamental constitucionalmente válido. Asseverou que o importante seria a interrupção do mencionado ciclo de exclusão para esses grupos sociais desafortunados e a forma de proporcionar mobilidade social estaria no investimento no nível de escolaridade da população, com facilidades no acesso e na permanência no ensino superior. Demonstrou, com base em dados estatísticos, que o nível de emprego teria aumentado de forma significativa dentre aqueles que integraram o referido programa, com efetiva melhoria da renda familiar, a enfraquecer o argumento de vulneração constitucional da isonomia. O Prouni estaria inserido em conceito mais amplo de ação afirmativa, em face da natureza elitista e excludente do sistema educacional brasileiro. Não vislumbrou, ainda, ofensa ao princípio da autonomia universitária (CF, art. 207) em qualquer de seus aspectos, ao confirmá-lo na voluntariedade da adesão ao programa, inclusive com prazo de vigência. ADI 3330/DF, rel. Min. Ayres Britto, 3.5.2012. (ADI-3330)

ADI e Prouni - 9
Entendeu não desrespeitado o princípio da livre iniciativa (CF, art. 170, parágrafo único), tendo em vista a ociosidade de vagas nas instituições de ensino superior, a favorecer a manutenção de suas atividades, frente aos benefícios tributários de que passariam a usufruir. Acentuou o nítido caráter administrativo das sanções dispostas no art. 9º da Lei 11.096/2005 que – ao prescrever penalidades para o descumprimento das obrigações assumidas pelos estabelecimentos que aderiram ao Prouni – não afrontaria o art. 5º, XXXIX, da CF, por não ter conteúdo criminal. Analisou, em seguida, as questões tributárias postas no sentido de que: a) haveria campo de desoneração que não pressuporia desempenho de atividades em serviço de completa gratuidade; e b) não poderia a gratuidade tributária ser limitada por requisitos impostos por legislação infraconstitucional, a definir aspectos cruciais da entidade beneficente, como a proporção da receita bruta aplicada em gratuidade e a quantidade mínima de bolsas oferecidas. Salientou a confusão entre os regimes das entidades assistenciais e das entidades privadas voltadas à exploração lucrativa. Destacou que o art. 195, § 7º, da CF adotaria três critérios para o reconhecimento da imunidade ao pagamento de contribuições destinadas ao custeio da seguridade social: a) caráter beneficente da entidade; b) dedicação às atividades de assistência social; e c) observância às exigências definidas em lei. Em sentido semelhante, o art. 150, VI, c, da CF, relativo aos impostos, referir-se-ia às instituições de educação e assistência social, sem fins lucrativos, atendidos os requisitos legais. Além disso, o art. 206 da CF definiria os contornos da assistência social, a indicar quais as finalidades a serem atingidas com as respectivas ações. ADI 3330/DF, rel. Min. Ayres Britto, 3.5.2012. (ADI-3330)

ADI e Prouni - 10
Registrou que, para caracterizar-se como ação de assistência social, a prestação de benefícios e serviços dever-se-ia caracterizar pela universalidade – prestada a quem dela necessitar – e pela gratuidade. Assim, a imunidade seria salvaguarda da atividade assistencial, que poderia se materializar com a oferta de serviços educacionais. Contudo, nem toda prestação de serviço educacional seria, necessariamente, assistencial e, portanto, imune aos impostos e às contribuições sociais. Nesse contexto, o Prouni utilizaria a capacidade ociosa das entidades privadas, voltadas ao lucro, que não seriam assistenciais nem filantrópicas, de modo a promover o acesso à educação de grupos de pessoas em evidente desvantagem social, econômica e histórica. Depreendeu que o aludido programa seria incentivo fiscal à integração das instituições educacionais de exploração privada, na política de ampliação de acesso à educação, sem reger, diretamente, as atividades sem fins lucrativos próprias das entidades assistenciais. Ademais, por se tratar de incentivo fiscal, não versaria sobre a imunidade das entidades assistenciais e, por essa razão, dispensável lei complementar para ser instituída. Apontou que os critérios escolhidos para a aplicação dos incentivos seriam adequados e proporcionais e, em nenhum momento, ter-se-ia demonstrado que as exigências inviabilizariam essas entidades. Por fim, sob a ótica financeira, concluiu que o programa apresentaria baixo custo por aluno, comparado ao que despendido nas instituições públicas em geral – para uma minoria – e até mesmo ao que se pagaria nas instituições de ensino privadas. ADI 3330/DF, rel. Min. Ayres Britto, 3.5.2012. (ADI-3330)

ADI e Prouni - 11
O Min. Gilmar Mendes afirmou que a jurisprudência do STF teria se inclinado no sentido de que o art. 195, § 7º, da CF teria natureza específica e excepcional em face da regra geral prevista no art. 146, II, da CF (ADI 2036 MC/DF, DJU de 16.6.2000), razão pela qual seria despicienda a exigência de lei complementar para instituição da isenção tributária em exame. Colacionou precedente da Corte que compatibilizaria a utilização de leis complementar e ordinária no tocante à regulamentação, respectivamente, das imunidades tributárias e das entidades que dela deveriam fruir (ADI 1082 MC/DF, DJU de 13.2.2004). Ao retomar entendimento do Supremo na ADI 2545 MC/DF (DJU de 7.2.2003), explanou que os dispositivos agora atacados inspirar-se-iam no art. 55 da Lei 8.212/91, objeto desse julgado, cuja orientação adotada denotaria que o modelo normativo então vergastado não teria laborado no campo material reservado à lei complementar. Isso porque tão somente erigira critério objetivo de contabilidade compensatória de aplicação financeira em gratuidade por parte das instituições educacionais. ADI 3330/DF, rel. Min. Ayres Britto, 3.5.2012. (ADI-3330)

ADI e Prouni - 12
Desse modo, afirmou que o propósito da referida norma seria determinar que as entidades beneficentes de assistência social, agraciadas por "isenção" legal, fossem obrigadas a investir o resultado operacional na manutenção e no desenvolvimento de seus objetivos institucionais. Assim, pontificou que a MP 213/2004, convertida na Lei 11.096/2005, apenas teria regulado a forma pela qual se empregaria o resultado operacional obtido por meio da imunidade tributária, com o escopo de ampliar o acesso ao ensino superior, mediante concessão de bolsas de estudos. Explicou que, em vez de arcar diretamente com os custos dessas benesses conferidas aos estudantes, o Poder Público concederia a "isenção" às entidades educacionais, a fim de que estas aplicassem o resultado obtido no financiamento dessas bolsas. Inferiu, pois, que a lei federal examinada não trataria de ensino em si, mas de política pública para fomentá-lo, sem, contudo, interferir na maneira como a atividade educacional desenvolver-se-ia. O diploma tampouco usurparia a competência legislativa dos estados e do Distrito Federal de editar normas específicas sobre educação, porquanto cuidaria de concessão de bolsas por meio de adesão voluntária de faculdades privadas ao Prouni, as quais, em contrapartida, contemplar-se-iam com imunidade tributária. Finalizou que o programa comportaria política de inclusão social que conjugaria critério de raça com o socioeconômico e que o número de ingressantes no ensino superior por meio dele seria próximo ao total de discentes atualmente matriculados em instituições públicas. ADI 3330/DF, rel. Min. Ayres Britto, 3.5.2012. (ADI-3330)

ADI e Prouni - 13
A Min. Rosa Weber ratificou o que decidido no julgamento da ADPF 186/DF (acórdão pendente de publicação, v. Informativo 663), em que discutidas as políticas de ações afirmativas e a reserva de vagas em universidades públicas, no que diz respeito às alegadas inconstitucionalidades por afronta aos princípios da isonomia, da autonomia universitária e da livre iniciativa. Reportou que a educação seria não só direito social como também dever do Estado, inclusive com a possibilidade de acesso ao ensino superior. Entendeu inexistir vulneração ao princípio da livre iniciativa, que poderia ser limitada de forma a realizar objetivos públicos traçados pelo Estado, tais como as metas de inclusão social e acesso à educação, e também porque o programa seria de adesão voluntária. Destacou não haver inconstitucionalidade no fato de a norma priorizar – na distribuição dos recursos disponíveis no Fundo de Financiamento ao Estudante do Ensino Superior – Fies – as instituições de direito privado que aderissem ao Prouni porque tão somente estimularia a participação nesse programa, sem deixar de fazer o repasse às não aderentes. ADI 3330/DF, rel. Min. Ayres Britto, 3.5.2012. (ADI-3330)

ADI e Prouni - 14
O Min. Luiz Fux sobressaiu que o art. 206 da CF traria um subprincípio da isonomia ao assentar que um dos cânones pétreos da educação seria garantir a igualdade de acesso a ela, o que seria viabilizado pelo Prouni. Assinalou que a lei desse programa estabeleceria critérios para que algumas entidades pudessem nele se enquadrar, o que não teria nenhuma vinculação com o poder de tributar. Descartou o argumento no sentido de que haveria violação ao princípio da reserva legal, em paralelismo com o direito criminal, porque esse visaria evitar-se que fosse imposta sanção que, se a parte soubesse de sua existência, não praticaria determinado ato. Sinalizou que, na norma, as sanções estariam previstas legalmente e encartadas no termo de adesão, a se revelar programa público de aceitação voluntária e, por isso, observaria os princípios da livre iniciativa e da autonomia universitária. Concluiu que o Prouni seria exemplo eloquente de fomento público de atividades particulares relevantes, tanto mais que consentâneo com o ideário da nação, que prometeria essa sociedade justa e solidária, com a erradicação das desigualdades. ADI 3330/DF, rel. Min. Ayres Britto, 3.5.2012. (ADI-3330)

ADI e Prouni -15
Vencido o Min. Marco Aurélio, que julgava procedente o pedido. Assentava vício formal sob o ângulo do não atendimento aos requisitos constitucionais de relevância e urgência, bem como quanto à regência de matéria reservada a lei complementar pela medida provisória em comento. Frisava, de início, que, embora o projeto de lei que trataria da matéria em apreço tivesse sido encaminhado ao Congresso Nacional em regime de urgência, diante da demora parlamentar em sua apreciação, fora solicitada a sua retirada, com a subsequente edição da medida provisória. Repisava que a urgência necessária para editar-se essa espécie legislativa seria "urgência maior", em contraposição àquela a autorizar o encaminhamento de projeto de lei de iniciativa do Presidente da República (CF, art. 64, §1º). Reputava, assim, merecer glosa a substituição do projeto de lei com pleito de urgência pela medida provisória. Versava, ainda, que o vício originário no tocante à edição da medida provisória contaminaria a lei de conversão. Além disso, assinalava que o art. 146 da CF faria remissão à necessidade de lei complementar no que se refere ao poder de tributar. No ponto, lembrava que essa espécie legislativa não serviria a disciplinar tema reservado à lei complementar (CF, art. 62, § 1º, III). ADI 3330/DF, rel. Min. Ayres Britto, 3.5.2012. (ADI-3330)

ADI e Prouni-16
Observava que não se cogitaria de universidade pública, mas de questão ligada a faculdades privadas. Entendia violada a autonomia universitária em virtude do poder conferido ao Ministério da Educação para prever sanções a serem aplicadas às instituições cujas obrigações assumidas no termo de adesão fossem descumpridas. Constatava que o diploma em questão projetaria para a definição daquele Ministério das situações de fato que desaguariam em sanção. Relativamente ao vício material, registrava que o próprio Estado compeliria a iniciativa privada a fazer o que seria seu dever: viabilizar o acesso universitário, de forma larga, àqueles que tivessem o requisito de escolaridade para alcançá-lo. Mencionava que a imposição – de adesão ao programa – até mesmo às universidades detentoras de imunidade assegurada constitucionalmente para que tivessem jus a essa prerrogativa seria desproporcional. Realçava existir transgressão ao princípio da isonomia em face do afastamento do Fies na hipótese de não se aderir ao referido programa. ADI 3330/DF, rel. Min. Ayres Britto, 3.5.2012. (ADI-3330) (Inform. STF 664)

5. ENADE

DIREITO ADMINISTRATIVO. ENADE. OBRIGATORIEDADE. APLICAÇÃO DA TEORIA DO FATO CONSUMADO. O Exame Nacional do Desempenho dos Estudantes (Enade) é obrigatório a todos os estudantes convocados regularmente para a sua realização, sendo legal exigir o comparecimento ao referido exame como condição para a colação de grau e consequente obtenção do diploma de curso superior, salvo situações excepcionais nas quais se aplica a teoria do fato consumado. A jurisprudência do STJ tem se firmado no sentido de aplicar a teoria do fato consumado nos casos em que a restauração da estrita legalidade ocasionaria mais danos sociais do que a manutenção da situação consolidada pelo decurso do tempo. A teoria do fato consumado apoia-se na evidência empírica de que o tempo não retrocede – pelo contrário, foge irreparavelmente –, de sorte que é naturalmente impossível regressar a situações ultrapassadas para desconstituir relações que se consolidaram como fatos, pois a reversão desse quadro implicaria inexoravelmente danos desnecessários e irreparáveis. Precedentes citados: AgRg no REsp 1.291.328-RS, DJe 9/5/2012; AgRg no REsp 1.049.131-MT, DJe 25/6/2009. REsp 1.346.893-PR, Rel. Min. Mauro Campbell Marques, julgado em 6/11/2012. (Inform. STJ 508)

6. QUESTÕES RELATIVAS A PROCESSO JUDICIAL

Súmula STF nº 643

O Ministério Público tem legitimidade para promover ação civil pública cujo fundamento seja a ilegalidade de reajuste de mensalidades escolares.

Súmula STJ nº 34

Compete à justiça estadual processar e julgar causa relativa a mensalidade escolar, cobrada por estabelecimento particular de ensino.

7. AUTONOMIA UNIVERSITÁRIA

AG. REG. NO ARE N. 756.192-BA
RELATOR: MIN. LUIZ FUX
Ementa: AGRAVO REGIMENTAL NO RECURSO EXTRAORDINÁRIO COM AGRAVO. ADMINISTRATIVO. ENSINO SUPERIOR. TAXA DE INSCRIÇÃO. INSENÇÃO. AUTONOMIA UNIVERSITÁRIA. MATÉRIA DE ÍNDOLE INFRACONSTITUCIONAL. OFENSA REFLEXA AO TEXTO DA CONSTITUIÇÃO. PRECEDENTES. REPERCUSSÃO GERAL NÃO EXAMINADA EM FACE DE OUTROS FUNDAMENTOS QUE OBSTAM A ADMISSÃO DO APELO EXTREMO.

1. A autonomia universitária, quando *sub judice* a controvérsia, encerra análise da legislação infraconstitucional que disciplina a espécie. A violação reflexa e oblíqua da Constituição Federal decorrente da necessidade de análise de malferimento de dispositivo infraconstitucional torna inadmissível o recurso extraordinário. Precedentes: ARE 751425 AgR/PB, Rel. Min. Rosa Weber, Primeira Turma, DJe 17/9/2013, ARE 694618 AgR/SP, Rel. Min. Gilmar Mendes, Segunda Turma, DJe 12/11/2013, AI 699.740-AgR/AC, Rel. Min, Ricardo Lewandowski, Segunda Turma, DJe de 8/11/2012, e AI 855.359-AgR/AM, Rel. Min. Joaquim Barbosa, Segunda Turma, DJe 22/6/2012.
2. *In casu*, o acórdão recorrido assentou: *"ADMINISTRATIVO E PROCESSUAL CIVIL. AÇÃO CIVIL PÚBLICA. ENSINO. MINISTÉRIO PÚBLICO FEDERAL. LEGITIMIDADE ATIVA. UNIÃO. ILEGITIMIDADE PASSIVA AD CAUSAM. TAXA DE INSCRIÇÃO. ISENÇÃO. HIPOSSUFICIÊNCIA. POSSIBILIDADE."*
3. Agravo regimental **DESPROVIDO**. (Inform. STF 747)

8. CONSELHO NACIONAL DE EDUCAÇÃO

DIREITO ADMINISTRATIVO. LIMITES DE ATUAÇÃO DO PROFISSIONAL DE EDUCAÇÃO FÍSICA. RECURSO REPETITIVO (ART. 543-C DO CPC E RES. 8/2008-STJ). O profissional de educação física que tenha concluído apenas o curso de licenciatura, de graduação plena, somente pode exercer suas atribuições na educação básica (área formal), sendo-lhe proibido o exercício da profissão em clubes, academias, hotéis, spas, etc. (área não formal). Conforme estabelecem os arts. 44, II, e 62, da Lei 9.394/1996, regulamentados pelos arts. 1º do Decreto 3.276/1999, arts. 1º e 2º da Resolução CNE/CP 2/2002, art. 14 da Resolução CNE/CES 7/2004 e art. 2º, III, "a", c/c Anexo da Resolução CNE/CES 4/2009, há atualmente duas modalidades de cursos para profissionais de educação física: (a) o curso de licenciatura, de graduação plena, para atuação na educação básica, de duração mínima de 3 anos, com carga horária mínima de 2.800 horas/aula; e (b) o curso de graduação/bacharelado em educação física, para atuação em áreas não formais, de duração mínima de 4 anos, com carga horária mínima de 3.200 horas/aula. Sendo assim, o profissional de educação física que pretende atuar de forma plena, nas áreas formais e não formais (sem nenhuma restrição), deve concluir tanto o curso de licenciatura, de graduação plena, quanto o curso de graduação/bacharelado, haja vista tratar-se de cursos distintos, com disciplinas e objetivos particulares. Além do mais, as Resoluções do Conselho Nacional de Educação foram emitidas com supedâneo no art. 6º da Lei 4.024/1961 (com a redação conferida pela Lei 9.131/1995), em vigor por força do art. 92 da Lei 9.394/1996, sendo certo que essas Resoluções, em momento algum, extrapolam o âmbito de simples regulação, porque apenas tratam das modalidades de cursos previstos na Lei 9.394/1996 (licenciatura e bacharelado). REsp 1.361.900-SP, Rel. Min. Benedito Gonçalves, julgado em 12/11/2014. (Inform. STJ 552)

28. LEIS ORGÂNICAS E OUTRAS NORMAS DAS CARREIRAS PÚBLICAS

1. MAGISTRATURA

Magistratura: lei estadual e vício formal
O Plenário confirmou medida cautelar (noticiada no Informativo 307) e julgou procedente pedido formulado em ação direta para declarar a inconstitucionalidade do art. 49 do código de normas criado pelo Provimento 4/1999, da Corregedoria Geral da Justiça do Tribunal de Justiça do Estado do Maranhão. O preceito dispõe sobre o expediente de magistrados estaduais. O Colegiado asseverou, na linha de precedentes, tratar-se de inconstitucionalidade formal, uma vez que a matéria seria reservada a lei complementar de iniciativa do STF (CF, art. 93, VII). Precedentes citados: ADI 2.753/CE (DJU de 11.4.2003); ADI 841/RJ (DJU de 21.10.1994); ADI 1.422/RJ (DJU de 21.11.1999); e ADI 2.580/CE (DJU de 4.10.2002).
ADI 2880/MA, rel. Min. Gilmar Mendes, 30.10.2014. (ADI-2880) (Inform. STF 765)

PAD em face de magistrado e afastamento cautelar de funções
A 2ª Turma denegou a ordem em mandado de segurança impetrado em face de decisão do CNJ, pela qual afastara cautelarmente magistrado do exercício de suas funções e determinara a instauração de processo administrativo disciplinar, tendo em conta suposto descumprimento de seus deveres funcionais. O impetrante sustentava a ausência de justa causa para embasar as medidas tomadas pelo CNJ. A Turma ponderou que a proposta de afastamento teria lastro no conjunto de elementos que evidenciariam práticas incompatíveis com o exercício da judicatura, a recomendar a providência acauteladora. A compreensão do CNJ resultaria do exame de diversas condutas imputadas ao impetrante, que demonstrariam comprometimento de sua isenção e imparcialidade no exercício judicante. Nesse sentido, o afastamento cautelar das funções estaria de acordo com o art. 27, § 3º, da LC 35/1979 (Loman). Embora a instauração de processo administrativo disciplinar não implicasse, necessariamente, a medida cautelar, ela poderia ser adotada quando a continuidade do exercício do ofício judicante pelo investigado pudesse interferir no curso da apuração ou comprometer a legitimidade de sua atuação e a higidez dos atos judiciais, como seria o caso. Além disso, não caberia falar em ausência de justa causa para instauração do procedimento, sequer na intangibilidade dos atos de conteúdo jurisdicional, nos termos do art. 41 da Loman. Essa prerrogativa, vocacionada à garantia de independência do magistrado no exercício da jurisdição, não seria absoluta. Sob esse aspecto, não autorizaria a prática de ilegalidades. Ademais, a análise dos fatos a serem apurados pelo CNJ não avançaria sobre o mérito das decisões judiciais prolatadas pelo impetrante, mas sobre sua conduta, supostamente parcial. Embora os atos judiciais e a parcialidade de magistrado na condução do processo estivessem sujeitos a medidas processuais específicas, como recursos, a atuação do juiz poderia e deveria ser objeto de exame disciplinar quando houvesse indícios de violação dos deveres funcionais impostos pela lei e pela Constituição. A normalidade e juridicidade da atuação do magistrado interessariam não somente ao jurisdicionado, mas ao Judiciário e a toda a sociedade. O conteúdo das decisões judiciais estaria sujeito apenas ao exame judicial, mas essa garantia não constituiria imunidade do magistrado a permitir-lhe atuar em descompasso com a lei e a ética. Assim, não se poderia tolher prematuramente a atuação do CNJ, uma vez existentes elementos indiciários a recomendar apuração.
MS 32721/DF, rel. Min. Cármen Lúcia, 11.11.2014. (MS-32721) (Inform. STF 767)

MS e alteração de critério de desempate na promoção de magistrados
A 1ª Turma denegou mandado de segurança impetrado contra decisão do CNJ, na qual definido o critério de desempate a ser utilizado na promoção por antiguidade de magistrados no Estado do Mato Grosso. Na espécie, os impetrantes pleiteavam fosse adotada a regra prevista na LC estadual 281/2007, que estabelece o tempo de serviço público como critério de desempate, em detrimento da ordem de classificação no concurso, conforme estabelecido pela LC 35/1979 - Loman. A Turma aduziu que os princípios da irretroatividade das normas, da segurança jurídica e da proteção da confiança vedariam que lei posterior produzisse efeitos retroativos capazes de desconstituir uma lista de antiguidade já publicada e em vigor desde momento pretérito à edição da referida lei complementar estadual. Ademais, ressaltou que a norma local não poderia modificar matéria de competência de lei complementar nacional (CF, art. 93).
MS 28494/MT, rel. Min. Luiz Fux, 2.9.2014. (MS-28494) (Inform. STF 757)

Pagamento de ajuda de custo em remoção a pedido de magistrado
O regramento conferido à ajuda de custo por mudança de sede de servidores públicos, até que sobrevenha norma específica para tratar da matéria, pode ser aplicado subsidiariamente aos magistrados, ainda que a remoção para outra circunscrição tenha ocorrido a pedido. Com base nessa orientação, a 2ª Turma julgou parcialmente procedente pedido formulado em ação originária e assegurou a juiz substituto o direito a perceber os custos extraordinários decorrentes das despesas de transporte para mudança dele. Na espécie, magistrado pleiteara, no CNJ, pagamento de ajuda de custo para fazer frente às despesas não só de sua pessoa, como também de seus sogros (dependentes econômicos). Denegado o pleito, o ora autor reitera perante a justiça federal, com acréscimo de indenização por danos morais resultantes do indeferimento administrativo. Na sequência, os autos foram remetidos ao STF em razão do disposto no art. 102, I, n, da CF. A Turma, ante a peculiaridade do caso concreto e, tendo em vista a existência de precedente específico (AO 1569 QO/DF, DJe de 24.6.2010), manteve a competência do Supremo para processar e julgar o pedido. No mérito, asseverou que a LC 35/1979 (Loman) não indicaria critérios para pagamento de indenização para custeio de despesas de sogros, o que autorizaria a aplicação subsidiária de normas que regem os servidores públicos federais: Lei 8.112/1990 (artigos 53, § 1º, e 54) e Decreto 4.004/2001. Destacou que os ascendentes do

cônjuge não estariam arrolados entre os dependentes autorizados a receber ajuda de custo nos moldes da legislação e, nesse ponto, o pedido foi indeferido. No que tange ao pleito de indenização por dano moral, a Turma também o rejeitou. Ponderou que, afastada suposta prática de ato discriminatório e abuso de poder, incabível falar-se em dano moral advindo do exercício regular de função administrativa exercido pelo CNJ e pelo tribunal a que vinculado o magistrado, quando da recusa do pedido de ajuda de custo para sogros. Salientou que, passados quase 35 anos da edição da LC 35/1979, o direito à ajuda de custo, prevista em seu art. 65, I, ainda penderia de lei ordinária. Frisou que a ajuda de custo consistiria em vantagem de caráter indenizatório destinada a compensar magistrado pelas despesas advindas de mudança de domicílio e, no ponto, a Turma acolheu a pretensão.
AO 1656/DF, rel. Min. Cármen Lúcia, 5.8.2014. (AO-1656) (Inform. STF 753)

ED: juízes classistas aposentados e auxílio-moradia - 1
O Plenário acolheu, sem efeitos modificativos, embargos declaratórios opostos de acórdão que reconhecera o direito de juízes classistas inativos aos reflexos de parcela autônoma de equivalência incidente sobre proventos e pensões de 1992 a 1998 e, após esse período, o direito à irredutibilidade dos respectivos valores. Preliminarmente, o Tribunal rejeitou arguição de inexistência dos embargos, sob o argumento de que a assinatura eletrônica utilizada na protocolação não pertenceria aos subscritores da peça. O Colegiado aduziu que as razões recursais teriam sido assinadas pelo Advogado-Geral da União, pela Secretária-Geral de Contencioso da Advocacia-Geral da União e por Advogado da União, todos dotados de capacidade postulatória e investidos de poderes de representação da entidade política. Observou que apenas a transmissão do arquivo eletrônico fora efetuada por servidor do órgão.
RMS 25841 ED/DF, rel. Min. Marco Aurélio, 19.3.2014. (RMS-25841)

ED: juízes classistas aposentados e auxílio-moradia - 2
No mérito, a Corte esclareceu que duas questões teriam sido submetidas à apreciação quando do julgamento do recurso ordinário. A primeira consistiria em saber se os magistrados classistas que se aposentaram ou satisfizeram os requisitos para aposentação na vigência da Lei 6.903/1981 teriam direito a perceber proventos em paridade com os classistas da ativa. Na ocasião, o STF assentara que a legislação (Lei 9.603/1981, art. 7º) estabeleceria a paridade entre ambos, até a entrada em vigor da Lei 9.528/1997 (art. 5º), que submeteria a categoria ao regime geral de previdência social. A segunda temática dissera respeito ao exame de eventual direito dos juízes classistas em atividade entre 1992 e 1998 ao recebimento proporcional da parcela de equivalência, tendo em conta o advento da Lei 9.655/1998, que desvincularia a remuneração dos juízes classistas de 1ª instância da justiça do trabalho dos vencimentos dos juízes togados. O acórdão embargado consignara o direito à percepção da parcela autônoma de equivalência surgida, para os juízes togados, com a edição da Lei 8.448/1992. A previsão alcançaria também os classistas ativos, cuja remuneração era fixada proporcionalmente aos vencimentos dos togados ativos (art. 1º), até a referida desvinculação. Assim, os classistas que se aposentaram ou cumpriram as condições para aposentadoria na vigência da Lei 6.903/1981, beneficiários do regime da paridade, possuiriam direito aos reflexos da parcela autônoma de equivalência nos próprios proventos, não em virtude da suposta equiparação com os togados da ativa, mas em decorrência da simetria legal dos ganhos com os classistas em atividade. Na presente assentada, o Pleno reputou não haver como firmar a efetiva extensão da paridade entre os classistas inativos e ativos sem determinar-se a remuneração a que teriam direito os classistas em atuação enquanto vigente o regime. Por conseguinte, considerou necessário reflexão sobre a forma de cálculo dos vencimentos do cargo paradigma, de modo que, no pedido relativo à incidência da Lei 6.903/1981 aos aposentados ou aos que atendessem aos requisitos para a jubilação na respectiva vigência, estaria implícita a análise e a solução do pleito de repercussão da parcela de equivalência salarial aos classistas da ativa e, por via de consequência, aos classistas inativos.
RMS 25841 ED/DF, rel. Min. Marco Aurélio, 19.3.2014. (RMS-25841) (Inform. STF 739)

Magistratura e auxílio-alimentação - 1
O Plenário iniciou julgamento de ação direta de inconstitucionalidade proposta contra a Resolução 133/2011 do Conselho Nacional de Justiça - CNJ e a Resolução 311/2011 do Tribunal de Justiça do Estado de Pernambuco. O primeiro ato impugnado, ao disciplinar a equiparação de vantagens entre a magistratura e o Ministério Público, considerou devido o pagamento de auxílio-alimentação aos magistrados. A norma do tribunal local, por sua vez, autorizou o pagamento da mencionada verba aos juízes daquela unidade da federação. O Ministro Marco Aurélio, relator, conheceu do pedido, em parte, e, na parte conhecida, julgou-o procedente para declarar a inconstitucionalidade formal das normas questionadas. Salientou, de início, que, embora o autor tivesse requerido a declaração de inconstitucionalidade de toda a resolução editada pelo CNJ, as justificativas se circunscreveram apenas à inconstitucionalidade do auxílio-alimentação, a caracterizar irresignação genérica quanto às demais vantagens constantes na norma. Isso acarretaria a inadmissibilidade da ação em relação aos pontos não atacados motivadamente. Atestou a adequação da via eleita, por entender tratar-se de ato normativo secundário dotado de generalidade de lei. Asseverou, também, não vislumbrar a necessidade de reserva de lei complementar para dispor sobre a matéria. Ponderou que a fundamentação adotada pelo CNJ para instituir o auxílio-alimentação para os magistrados qual seja, a necessidade de equiparação, por simetria, dos critérios remuneratórios adotados pelos membros do Ministério Público, que percebem a referida verba seria destituída de embasamento constitucional. Apontou que no art. 93 da Constituição de 1988 inexistiria a técnica de especificidade temática, como ocorreria na Constituição de 1969, com a redação dada pela EC 7/77 (art. 112, parágrafo único). Destacou que a redação original do inciso V do art. 93 da Constituição de 1988, ao cuidar de limites e escalonamento para a fixação dos "*vencimentos*" dos magistrados, não exigia lei complementar para disciplinar assunto relativo a pagamentos em favor dos integrantes da carreira.
ADI 4822/PE, rel. Min. Marco Aurélio, 2.10.2013. (ADI-4822)

Magistratura e auxílio-alimentação - 2
O Ministro Marco Aurélio assinalou, ainda, que essa situação não fora modificada pela EC 19/98, que definiu a figura do "*subsídio*" como forma exclusiva de remuneração dos magistrados, a impor novos parâmetros e escalas. Mencionou que a verba questionada possuiria caráter indenizatório, haja vista consistir em valor a ser pago aos magistrados para recompor o patrimônio individual em virtude de gastos realizados com alimentação ocorridos no âmbito do exercício da função judicial. Assim, o auxílio-alimentação não se enquadraria no conceito de verba remuneratória, gênero do qual seriam espécies os "*vencimentos*" e os "*subsídios*". Ressaltou que caberia ao legislador ordinário federal instituí-lo quanto aos juízes federais, do trabalho e militares, e ao legislador de cada Estado-membro, no que concerne aos juízes estaduais. Consignou, ademais, que a simetria disposta no § 4º do art. 129 da CF ("*§ 4º Aplica-se ao Ministério Público, no que couber, o disposto no art. 93*") significaria que ao *parquet* aplicar-se-iam as garantias institucionais da magistratura, e não o inverso. Assentou a não cabimento da paridade remuneratória obrigatória e da concessão linear e automática, à magistratura, de verbas indenizatórias concedidas ao Ministério Público, a exemplo do auxílio-alimentação. Externou seu posicionamento no sentido de que o CNJ teria extrapolado suas funções ao editar o ato normativo, tendo em conta o princípio da reserva legal. Reputou, além disso, que

a Resolução 311/2011 do Tribunal de Justiça do Estado de Pernambuco conteria idêntico vício de inconstitucionalidade.
ADI 4822/PE, rel. Min. Marco Aurélio, 2.10.2013. (ADI-4822)

Magistratura e auxílio-alimentação - 3
Em divergência, o Ministro Teori Zavascki julgou o pleito improcedente. Reconheceu a Resolução 133/2011 do CNJ como ato normativo primário, de âmbito de competência constitucional do CNJ. Registrou que, ao estender o auxílio-alimentação à magistratura, o CNJ teria exercido atividade eminentemente administrativa. Ressaltou que o STF teria declarado a compatibilidade do art. 65 da Loman com a Constituição de 1988, a encerrar rol taxativo de vantagens, sem importar se de natureza indenizatória ou não. Salientou que, entretanto, o tema exigiria reflexão em face da alteração trazida pela EC 19/98 no regime remuneratório da magistratura. Considerou que, a partir da mencionada emenda, fora instituída remuneração por subsídio fixado em parcela única, e que o art. 65 da Loman seria com ela incompatível. Pontuou que, não mais subsistente esse dispositivo, porque contrário à nova ordem constitucional, seria possível ao CNJ editar resoluções, como fizera anteriormente, sobre teto remuneratório e subsídios da magistratura. Entendeu que a paridade de regimes entre magistratura e Ministério Público poderia ser deduzida diretamente da Constituição e, por isso, não haveria vício nas resoluções impugnadas. No que se refere ao reconhecimento do direito ao auxílio-alimentação, afirmou que as normas questionadas não teriam natureza constitutiva, mas declarativa. Destacou o caráter indenizatório dessa verba, a qual seria reconhecida a universalidade dos trabalhadores e atribuída a todos os servidores. Assim, em face do devido tratamento simétrico, concluiu que o auxílio-alimentação deveria ser estendido aos integrantes da magistratura. Após o voto do Ministro Teori Zavascki, o julgamento foi suspenso.
ADI 4822/PE, rel. Min. Marco Aurélio, 2.10.2013. (ADI-4822)

Magistratura e auxílio-alimentação - 4
O Plenário retomou julgamento de ação direta de inconstitucionalidade proposta contra a Resolução 133/2011 do Conselho Nacional de Justiça - CNJ e a Resolução 311/2011 do Tribunal de Justiça do Estado de Pernambuco. O primeiro ato impugnado, ao disciplinar a equiparação de vantagens entre a magistratura e o Ministério Público, considerou devido o pagamento de auxílio-alimentação aos magistrados. A norma do tribunal local, por sua vez, autorizou o pagamento da mencionada verba aos juízes daquela unidade da federação — v. Informativo 722. Em voto-vista, o Ministro Luiz Fux acompanhou a divergência iniciada pelo Ministro Teori Zavascki e julgou improcedente o pedido. Consignou que o mencionado benefício, pago a todos os trabalhadores, não poderia excluir os magistrados federais. Destacou que, historicamente, sempre houvera simetria entre as carreiras do Ministério Público com relação à magistratura, esta a servir de paradigma. Apontou a competência normativa do CNJ para regular a matéria. Asseverou que essa simetria constitucionalmente prevista não poderia ficar condicionada à edição de lei, sob pena de a força normativa da Constituição vir a depender de atos estatais de estatura infraconstitucional. Rememorou que a concessão do auxílio-alimentação não fora reconhecida por ato primário, mas por ato normativo do CNJ, que gozaria de presunção de legitimidade e de constitucionalidade. Esclareceu que não se estaria diante de vinculação de remuneração (CF, art. 37, XIII). Frisou que a simetria entre as carreiras do Ministério Público e a magistratura teria sido assentada pela Constituição, ao dispor que deveriam receber o mesmo tratamento pelo ordenamento jurídico. Aduziu que as vantagens estabelecidas no art. 65 da Loman não seriam *numerus clausus*, caso contrário, as magistradas não teriam direito à licença-maternidade. De igual forma, os juízes não usufruiriam do adicional de férias e do 13º salário. Lembrou que, para a magistratura federal, o recebimento da vantagem questionada teria fundamento no art. 52 da Lei 5.010/1966 (*"Aos Juízes e servidores da Justiça Federal aplicam-se, no que couber, as*

disposições do Estatuto dos Funcionários Públicos Civis da União"). Sublinhou que a Constituição (artigos 95 e 128, § 5º e I) estabeleceria paridade quase integral entre as garantias dos magistrados e dos membros do Ministério Público. Salientou que, com a edição da EC 45/2004, o Ministério Público e a magistratura, que já compartilhavam traços institucionais comuns, teriam sido também equiparados no que se refere ao regime aplicável às suas carreiras. Por fim, pontuou que o pagamento de auxílio-alimentação a magistrados não representaria qualquer imoralidade, ilegalidade ou inconstitucionalidade. Após o voto do Ministro Luiz Fux, pediu vista o Ministro Dias Toffoli.
ADI 4822/PE, rel. Min. Marco Aurélio, 20.11.2013. (ADI-4822) (Inform. STF 729)

Aposentadoria de magistrado e art. 184, II, da Lei 1.711/1952 - 1
O Plenário iniciou julgamento de mandado de segurança em que se pleiteia o aumento de 20% sobre os proventos referentes à remuneração da última classe da carreira de magistrado de TRT, nos termos do art. 184, II, da Lei 1.711/1952 (*"O funcionário que contar 35 anos de serviço será aposentado: ... II - com provento aumentado de 20% quando ocupante da última classe da respectiva carreira"*). No caso, o impetrante aposentou-se como Ministro do TST. Sustenta que, mesmo antes de sua posse no cargo de Ministro do TST, já possuía mais de 35 anos averbados para fins de aposentadoria, ou seja, já teria direito adquirido a se aposentar como juiz do TRT. O Ministro Gilmar Mendes, relator, denegou a segurança, no que foi acompanhado pelo Ministro Teori Zavascki. Afirmou que não haveria direito ao benefício de acréscimo de 20% sobre os proventos do cargo de Ministro do TST, com fundamento no art. 184, III, da Lei 1.711/1952 (*"O funcionário que contar 35 anos de serviço será aposentado: ... III - com a vantagem do inciso II, quando ocupante de cargo isolado se tiver permanecido no mesmo durante três anos"*), porquanto o impetrante confessara, expressamente, na petição inicial, não cumprir o requisito temporal de permanência de três anos no cargo isolado de Ministro até a data em que essa norma deixara de vigorar. Rememorou precedente do Tribunal em que se afirmara que ocupante de cargo de Ministro de tribunal superior não poderia pleitear o benefício do inciso II do art. 184 da Lei 1.711/1952, apenas o do inciso III do dispositivo legal supracitado (MS 24.042/DF, DJU de 31.10.2003).
MS 25079/DF, rel. Min. Gilmar Mendes, 30.10.2013. (MS-25079)

Aposentadoria de magistrado e art. 184, II, da Lei 1.711/1952 - 2
O relator consignou que, ao assumir cargo isolado, não poderia o impetrante alegar direito a benefício cujos requisitos fossem inerentes à carreira que deixara por vontade própria. Desta forma, destacou que o impetrante abrira mão do regime jurídico de magistrado trabalhista para assumir o cargo isolado de Ministro do TST e, assim, acatara novas regras a serem cumpridas (Lei 1.711/1952, art. 184, III, c/c a Lei 8.112/1990, art. 250). Em divergência, o Ministro Roberto Barroso concedeu a ordem. Assinalou que o impetrante reunira os requisitos para se aposentar como magistrado do TRT, beneficiando-se da vantagem do art. 184, II, da Lei 1.711/1952. Sublinhou que o fato de ter tomado posse, depois, como Ministro do TST não afetaria essa situação jurídica, que constituiria direito adquirido em seu favor (Enunciado 359 da Súmula do STF). Asseverou que, embora as posições de Ministro do TST fossem consideradas cargos isolados para vários fins, o juiz do trabalho que ocupasse cargo de Ministro do TST, em vaga reservada à magistratura de carreira, não renunciaria à condição de juiz, especialmente porque manteria os direitos adquiridos nessa condição. Reputou que a finalidade do art. 184, II, da Lei 1.711/1952 seria premiar o agente público que tivesse atingido o topo da carreira, razão pela qual não poderia ser interpretado de forma a prejudicar o magistrado que avançasse para além desse topo.
MS 25079/DF, rel. Min. Gilmar Mendes, 30.10.2013. (MS-25079)

Aposentadoria de magistrado e art. 184, II, da Lei 1.711/1952 - 3

Em conclusão de julgamento, o Plenário, por maioria, denegou mandado de segurança em que se pleiteava o aumento de 20% sobre os proventos referentes à remuneração da última classe da carreira de magistrado de TRT, nos termos do art. 184, II, da Lei 1.711/1952 ("*O funcionário que contar 35 anos de serviço será aposentado: ... II - com provento aumentado de 20% quando ocupante da última classe da respectiva carreira*") — v. Informativo 726. No caso, o impetrante se aposentou como Ministro do TST. Sustentava que, mesmo antes de sua posse no cargo de Ministro do TST, já possuía mais de 35 anos averbados para fins de aposentadoria, ou seja, já teria direito adquirido a se aposentar como juiz do TRT. Prevaleceu o voto do Ministro Gilmar Mendes, relator. Afirmou que não haveria direito ao benefício de acréscimo de 20% sobre os proventos do cargo de Ministro do TST, com fundamento no art. 184, III, da Lei 1.711/1952 ("*O funcionário que contar 35 anos de serviço será aposentado: ... III - com a vantagem do inciso II, quando ocupante de cargo isolado se tiver permanecido no mesmo durante três anos*"), porquanto o impetrante confessara, expressamente, na petição inicial, não cumprir o requisito temporal de permanência de três anos no cargo isolado de Ministro até a data em que essa norma deixara de vigorar. Rememorou precedente do STF em que se afirmara que ocupante de cargo de Ministro de tribunal superior não poderia pleitear o benefício do inciso II do art. 184 da Lei 1.711/1952, apenas o do inciso III do dispositivo legal supracitado (MS 24042/DF, DJU de 31.10.2003). Consignou que, ao assumir cargo isolado, não poderia o impetrante alegar direito a benefício cujos requisitos fossem inerentes à carreira que deixara por vontade própria. Desta forma, destacou que o impetrante abrira mão do regime jurídico de magistrado trabalhista para assumir o cargo isolado de Ministro do TST e, assim, assumira novas regras a serem cumpridas (Lei 1.711/1952, art. 184, III, c/c a Lei 8.112/1990, art. 250).
MS 25079/DF, rel. Min. Gilmar Mendes, 6.11.2013. (MS-25079)

Aposentadoria de magistrado e art. 184, II, da Lei 1.711/1952 - 4

O Ministro Teori Zavascki sublinhou que o impetrante poderia requerer aposentadoria tanto como juiz do TRT, com o adicional de 20%, quanto como Ministro do TST, sem os 20%. Entretanto, não poderia pleitear o referido adicional sobre a remuneração de Ministro do TST, como fizera na petição do mandado de segurança. O Ministro Marco Aurélio ressaltou que o impetrante, para chegar ao TST, teria sido exonerado do cargo de juiz do TRT, motivo pelo qual não teria direito à aposentadoria neste cargo. Vencidos os Ministros Roberto Barroso, Rosa Weber, Luiz Fux, Ricardo Lewandowski e Celso de Mello, que ponderavam ser possível interpretar o pedido, ao analisar toda a petição e não apenas o capítulo final "do pedido". Deste modo, inferiam ser possível conceder a ordem, em menor extensão, para reconhecer o direito à aposentadoria no cargo de juiz do TRT com o aludido adicional. Assinalavam que o impetrante reunira os requisitos para se aposentar como magistrado do TRT, beneficiando-se da vantagem do art. 184, II, da Lei 1.711/1952. Sublinhavam que o fato de ter tomado posse, depois, como Ministro do TST não afetaria essa situação jurídica, pois não constituiria direito adquirido em seu favor (Enunciado 359 da Súmula do STF). Asseveravam que, embora as posições de Ministro do TST fossem considerados cargos isolados para vários fins, o juiz do trabalho que ocupasse cargo de Ministro do TST, em vaga reservada à magistratura de carreira, não renunciaria à condição de juiz, especialmente porque manteria os direitos adquiridos nessa condição. Reputavam que a finalidade do art. 184, II, da Lei 1.711/1952 seria premiar o agente público que tivesse atingido o topo da carreira, razão pela qual não poderia ser interpretado de forma a prejudicar o magistrado que avançasse para além desse topo.
MS 25079/DF, rel. Min. Gilmar Mendes, 6.11.2013. (MS-25079)
(Inform. STF 727)

EMENTA: MANDADO DE SEGURANÇA. ENTIDADES DE CLASSE DA MAGISTRATURA NACIONAL. IMPUGNAÇÃO À *RESOLUÇÃO 170/2013* DO CONSELHO NACIONAL DE JUSTIÇA. **ALEGAÇÃO** DE MÚLTIPLAS OFENSAS AO TEXTO DA CONSTITUIÇÃO. **ATO** DO CONSELHO NACIONAL DE JUSTIÇA **QUE OBJETIVOU REGULAMENTAR** *A PARTICIPAÇÃO DE MAGISTRADOS EM CONGRESSOS, SEMINÁRIOS, SIMPÓSIOS, ENCONTROS JURÍDICOS E CULTURAIS E EVENTOS SIMILARES*. **COMPETÊNCIA** DO CONSELHO NACIONAL DE JUSTIÇA *QUE TRADUZ DIRETA EMANAÇÃO* DO TEXTO DA CONSTITUIÇÃO DA REPÚBLICA **E QUE LHE OUTORGA** PODER PARA, *LEGITIMAMENTE*, **PRATICAR** ATOS **E EXPEDIR** REGULAÇÕES NORMATIVAS **DESTINADAS A VIABILIZAR O CUMPRIMENTO**, *POR PARTE DOS MAGISTRADOS*, **DE SEUS DEVERES FUNCIONAIS**, *NOTADAMENTE OS DE PROBIDADE E DE RESPEITO AOS PRINCÍPIOS DA LEGALIDADE, DA MORALIDADE E DA IMPESSOALIDADE* **NO DESEMPENHO** DO OFÍCIO JURISDICIONAL. **NECESSIDADE** DE O MAGISTRADO **MANTER** *CONDUTA IRREPREENSÍVEL* EM SUA VIDA PÚBLICA **E** PARTICULAR, **RESPEITANDO**, *SEMPRE*, **A VEDAÇÃO CONSTITUCIONAL** *QUE O IMPEDE* DE RECEBER, *A QUALQUER TÍTULO OU PRETEXTO*, AUXÍLIOS **OU** CONTRIBUIÇÕES DE PESSOAS FÍSICAS, DE ENTIDADES PÚBLICAS **OU** DE EMPRESAS PRIVADAS, **RESSALVADAS AS EXCEÇÕES PREVISTAS EM LEI** (*CF*, ART. 95, PARÁGRAFO ÚNICO, N. IV). **SUBSTRATO ÉTICO-JURÍDICO** DESSE DEVER **QUE REPOUSA** EM DUPLO FUNDAMENTO, **TANTO** *DE ÍNDOLE CONSTITUCIONAL* **QUANTO** *DE NATUREZA DEONTOLÓGICA*. **AS VEDAÇÕES CONSTITUCIONAIS REFERIDAS** NO ART. 95, PARÁGRAFO ÚNICO, DA LEI FUNDAMENTAL **COMO ELEMENTOS** *DE GARANTIA DA IMPARCIALIDADE* **DO MAGISTRADO E** *DE PRESERVAÇÃO DE SUA INTEGRIDADE PESSOAL E PROFISSIONAL*. **O ALTO SIGNIFICADO** *DO CÓDIGO DE ÉTICA DA MAGISTRATURA NACIONAL*. **LIBERDADE DE ASSOCIAÇÃO. ESTRUTURA CONSTITUCIONAL** DESSE DIREITO FUNDAMENTAL (**ADI 3.045/DF**, REL. MIN. CELSO DE MELLO). **ALEGADO DESRESPEITO** A ESSA LIBERDADE PÚBLICA IMPUTADO AO CONSELHO NACIONAL DE JUSTIÇA. **APARENTE INOCORRÊNCIA**, *NA ESPÉCIE*, **DE SITUAÇÃO DE LESIVIDADE. RESTRIÇÕES** QUE, **FUNDADAS** NA CONSTITUIÇÃO **E EXPLICITADAS** PELO CONSELHO NACIONAL DE JUSTIÇA (**RESOLUÇÃO CNJ** 170/2013), **TÊM OS MAGISTRADOS** *COMO OS SEUS ÚNICOS* **E** *ESPECÍFICOS DESTINATÁRIOS*. **LEGITIMIDADE CONSTITUCIONAL DOS PODERES NORMATIVOS** RECONHECIDOS AO CONSELHO NACIONAL DE JUSTIÇA (**ADI 3.367/DF E ADC 12/DF**). **INFORMAÇÕES PRESTADAS** PELO CNJ **E** PELO CORREGEDOR NACIONAL DE JUSTIÇA **CUJO TEOR** *OBSTARIA* O RECONHECIMENTO DA PLAUSIBILIDADE JURÍDICA DA PRETENSÃO MANDAMENTAL DEDUZIDA, *EM LITISCONSÓRCIO ATIVO*, PELAS ENTIDADES DE CLASSE DA MAGISTRATURA NACIONAL. **DESCARACTERIZAÇÃO DA RELEVÂNCIA JURÍDICA** DA POSTULAÇÃO MANDAMENTAL **QUE SE MOSTRARIA** *IGUALMENTE AFETADA* **PELA APARENTE INADEQUAÇÃO** DO MEIO PROCESSUAL UTILIZADO, **EIS QUE INVIÁVEL** O MANEJO DE MANDADO DE SEGURANÇA *PARA IMPUGNAR ATO EM TESE* (**SÚMULA** 266/STF), *ASSIM CONSIDERADO* AQUELE QUE SE MOSTRA REVESTIDO *DOS ATRIBUTOS DE NORMATIVIDADE E DE GENERALIDADE ABSTRATA*. **PRECEDENTES. MEDIDA CAUTELAR INDEFERIDA**. MS 3040 MC/DF, Rel. Min. Celso de Mello, j. 08.07/13 (Inform. STF 716)

AG. REG. NA AO N. 1.334-SC
RELATOR: MIN. GILMAR MENDES
Ementa: Magistrados. Conversão, em pecúnia, de licença-prêmio não gozada. Decisão monocrática. Pedido improcedente. Inexistência do direito à licença-prêmio. Precedentes. Agravo regimental fundado no direito dos magistrados ao adicional por tempo de serviço até o advento da Lei 11.143/2006, que fixou os

subsídios em parcela única. Matéria estranha à que foi objeto da decisão agravada. Agravo desprovido. (Inform. STF 713)

AG. REG. NA MED. CAUT. NA Rcl N. 13.115-RS
RED P/ O ACÓRDÃO: MIN. MARCO AURÉLIO
JUDICIÁRIO – AUTONOMIA. Consoante disposto no artigo 99 da Carta de 1988, ao Poder Judiciário é assegurada autonomia administrativa e financeira.
TRIBUNAIS – DIREÇÃO – REGÊNCIA. Ao contrário do versado no artigo 112 do Diploma Maior anterior – Emenda Constitucional nº 1, de 1969 –, o atual não remete mais à Lei Orgânica da Magistratura a regência da direção dos tribunais, ficando a disciplina a cargo do regimento interno.
RECLAMAÇÃO – EFEITO TRANSCENDENTE. Reiterados são os pronunciamentos do Supremo no sentido de não se admitir, como base para pedido formulado em reclamação, o efeito transcendente. (Inform. STF 709)

TCU: contraditório e ordem judicial
A 1ª Turma, ao superar preliminar de ilegitimidade passiva do TCU, denegou mandado de segurança impetrado por magistrada contra julgado daquela Corte de contas que determinara a suspensão do pagamento de benefícios, bem assim a restituição dos valores indevidos. Na situação em comento, a juíza obtivera, via liminar, o direito à percepção de auxílio-alimentação, cujos efeitos perduraram durante anos, até o STJ assentar a ilegalidade do referido pagamento. Enfatizou-se que cassação ou revogação de ato administrativo benéfico deveria ser precedida de oitiva do interessado, em atenção aos princípios constitucionais do contraditório e da ampla defesa. No entanto, não existiria, no caso, ato administrativo concessivo do auxílio-alimentação, porque o direito à percepção dessa verba fora reconhecido, a título precário, pelo Poder Judiciário, observado o devido processo legal. Frisou-se que as medidas cautelares seriam destituídas de cunho definitivo (CPC, art. 273, § 4º), cuja responsabilidade pelos seus danos seria objetiva, conforme dispõem os artigos 273, § 3º (*"Art. 273. O juiz poderá, a requerimento da parte, antecipar, total ou parcialmente, os efeitos da tutela pretendida no pedido inicial, desde que, existindo prova inequívoca, se convença da verossimilhança da alegação e: ... § 3º A efetivação da tutela antecipada observará, no que couber e conforme sua natureza, as normas previstas nos arts. 588, 461, §§ 4º e 5º, e 461-A"*), e 475-O, I, ambos do CPC (*"Art. 475-O. A execução provisória da sentença far-se-á, no que couber, do mesmo modo que a definitiva, observadas as seguintes normas: I - corre por iniciativa, conta e responsabilidade do exequente, que se obriga, se a sentença for reformada, a reparar os danos que o executado haja sofrido"*). Reputou-se desnecessária, na espécie, a oitiva do administrado no procedimento administrativo voltado à cobrança de danos causados ao erário, haja vista que o devido processo legal fora observado no âmbito do próprio processo judicial. Afastou-se, ainda, a alegação de boa-fé da impetrante, porque teria ciência do caráter incerto do provimento jurisdicional, condicionado à confirmação do término do julgamento. Por fim, proclamou-se que, consoante jurisprudência, seria exaustiva a enumeração das vantagens remuneratórias previstas na Lei Orgânica da Magistratura. MS 29247/RN, rel. Min. Marco Aurélio, 20.11.2012. (MS-29247) (Inform. STF 689)

Antiguidade e norma aplicável - 1
A 1ª Turma negou provimento a recurso ordinário em mandado de segurança no qual se pleiteava aplicação da regra vigente à data do julgamento de recurso administrativo para definição de antiguidade de juízes no âmbito do TRT. No caso, o recorrente e a recorrida tomaram posse no cargo e entraram em exercício na mesma data. Contavam, ainda, com igual tempo nas classes de juiz do trabalho substituto e de titular de vara, bem como do total prestado à magistratura. O recorrente, entretanto, figurara em diversas listas de antiguidade como mais antigo que a recorrida. Ela, então, ingressara com pedido de retificação das referidas listas, por estarem invertidas, uma vez que lograra

melhor posição no concurso público para ingresso no cargo de juiz substituto do trabalho e, com base no art. 7º do Regimento Interno do TRT, deveria ser reconhecida como mais antiga (*"A antiguidade dos Juízes, para colocação nas sessões do Tribunal, distribuição de serviço, substituições e quaisquer outros efeitos, conta-se do efetivo exercício, prevalecendo, em igualdade de condições: I - a data da posse; II - a data da nomeação; III - a colocação anterior na classe de onde se deu a promoção, ou a ordem de classificação em concurso; IV - a idade"*). RMS 26079/SC, rel. Min. Luiz Fux, 27.3.2012. (RMS-26079)

Antiguidade e norma aplicável - 2
O TST, ao julgar o recurso administrativo, determinara a correção da mencionada lista. O recorrente sustentava que aquela Corte deveria, de ofício, ter observado a nova redação do preceito, cujo critério de desempate beneficiar-lhe-ia (*"A antiguidade dos Juízes titulares de Vara de Trabalho e do Tribunal Regional do Trabalho será determinada, sucessivamente: I - pela data do exercício; II - pela data da nomeação; IV - pela ordem cronológica de abertura da vaga ocupada. Parágrafo único: Os critérios estabelecidos nesse artigo referem-se à nova classe"*). Reputou-se que, com fundamento no princípio *tempus regit actum*, a norma vigente ao tempo da posse dos interessados deveria prevalecer no critério de desempate, sob pena de gerar insegurança jurídica ao subordinar a lista de antiguidade a critério introduzido por alterações no Regimento Interno. RMS 26079/SC, rel. Min. Luiz Fux, 27.3.2012. (RMS-26079) (Inform. STF 660)

Tribunal e eleição de órgãos diretivos
Ao confirmar o que manifestado na apreciação da medida cautelar, o Plenário, por maioria, julgou procedente pedido formulado em ação direta, ajuizada pelo Procurador-Geral da República, para declarar a inconstitucionalidade do art. 62 da Constituição do Estado de São Paulo, na redação dada pela EC 7/99, do mesmo ente federado (*"O Presidente e o 1º Vice-Presidente do Tribunal de Justiça e o Corregedor Geral da Justiça comporão o Conselho Superior da Magistratura e serão eleitos a cada biênio, dentre os integrantes do órgão especial, pelos Desembargadores, Juízes dos Tribunais de Alçada e Juízes vitalícios"*). Dessa forma, reputou-se que o preceito adversado afrontaria o próprio texto da Constituição (artigos 92 e 96, I, a) ao prever que todos os juízes elegeriam órgão diretivo daquela Corte estadual. Vencido o Min. Marco Aurélio, que julgava o pleito improcedente. ADI 2012/SP, rel. Min. Ricardo Lewandowski, 27.10.2011. (ADI-2012) (Inform. STF 646)

Juízes substitutos e inamovibilidade - 1
O Plenário iniciou julgamento de mandado de segurança impetrado por juiz substituto contra ato do Conselho Nacional de Justiça - CNJ que julgara improcedente pedido de providências por ele formulado, sob o fundamento de que o instituto da inamovibilidade (CF, art. 95, II) não alcança os juízes substitutos, ainda que assegurados pela vitaliciedade. Na espécie, o magistrado alega que, ao ingressar na magistratura do Estado do Mato Grosso, fora lotado em uma determinada comarca, mas, posteriormente, tivera sua lotação alterada, várias vezes, para comarcas distintas. O Min. Ricardo Lewandowski, relator, concedeu parcialmente a ordem para anular a decisão do CNJ por entender que a garantia da inamovibilidade se estenderia aos juízes substitutos. Asseverou que a Constituição, ao falar de juízes, faria referência às garantias da magistratura, condicionando apenas a vitaliciedade, no primeiro grau, a dois anos de exercício. Dessa forma, a irredutibilidade de subsídio e a inamovibilidade estariam estabelecidas desde o ingresso do magistrado na carreira, ou seja, aplicar-se-iam imediatamente. Em seguida, tendo em conta o que disposto na Lei Orgânica da Magistratura Nacional (Lei Complementar 35/79) quanto à inamovibilidade (*"Art. 30 - O Juiz não poderá ser removido ou promovido senão com seu assentimento, manifestado na forma da lei, ressalvado o disposto no art. 45, item I. Art. 31 -*

Em caso de mudança da sede do Juízo será facultado ao Juiz remover-se para ela ou para Comarca de igual entrância, ou obter a disponibilidade com vencimentos integrais. ... Art. 45 - O Tribunal ou seu órgão especial poderá determinar, por motivo de interesse público, em escrutínio secreto e pelo voto de dois terços de seus membros efetivos: I - a remoção de Juiz de instância inferior;"), reputou que a regra seria o juiz que ostenta o predicamento da inamovibilidade ser removido apenas com seu assentimento, consistindo exceção isso ocorrer quando, por escrutínio secreto, o tribunal ou seu órgão especial assim o determinar por motivo de interesse público. MS 27958/DF, rel. Min. Ricardo Lewandowski, 3.2.2011. (MS-27958)

Juízes substitutos e inamovibilidade - 2
O relator acrescentou que a inamovibilidade seria uma garantia da magistratura para que fosse assegurada independência e imparcialidade do próprio Poder Judiciário. Aduziu, por outro lado, ser possível que a substituição fosse exercida por meio de escala sem que se removesse compulsoriamente o magistrado de sua comarca ou vara, de modo que respondesse temporariamente pelo serviço nos casos em que o juiz titular estivesse afastado ou sobrecarregado, nos termos do art. 50, § 1º, do Código de Organização do Estado de Mato Grosso (*"Art. 50. Em suas faltas ou impedimentos, os Juízes de Direito serão substituídos, uns pelos outros, segundo escala anual aprovada pelo Conselho da Magistratura. § 1º Cada Juiz terá três substitutos sucessivos."*). Em divergência, o Min. Marco Aurélio denegou a ordem por considerar que a inamovibilidade não guardaria pertinência com o cargo de juiz substituto, haja vista que o juiz seria nomeado substituto para atender às necessidades de substituição. Ressaltou que assentar que o juiz substituto goza da prerrogativa inerente à inamovibilidade descaracterizaria o próprio cargo por ele ocupado e que eventual abuso do poder se resolveria em outro campo, sendo que cada Estado poderia ter a organização judiciária, limitando a movimentação do juiz substituto. Após, pediu vista dos autos o Min. Ayres Britto. MS 27958/DF, rel. Min. Ricardo Lewandowski, 3.2.2011. (MS-27958)

Juízes substitutos e inamovibilidade - 3
Em conclusão, o Plenário, por maioria, concedeu mandado de segurança impetrado por juiz substituto contra ato do CNJ, para anular decisão, que julgara improcedente pedido de providências por ele formulado, sob o fundamento de que o instituto da inamovibilidade (CF, art. 95, II) não alcançaria juízes substitutos, ainda que assegurados pela vitaliciedade. Ademais, também por votação majoritária, invalidou ato da Presidência do Tribunal de Justiça do Estado de Mato Grosso, ao qual vinculado o magistrado, que determinara sua remoção e que resultara no pedido de providências respectivo, mantidos os atos já praticados até a data da anulação. Na espécie, o juiz alegava que, ao ingressar na magistratura estadual, fora lotado em determinada comarca, mas, posteriormente, tivera sua lotação alterada, várias vezes, para comarcas distintas — v. Informativo 614. Asseverou-se que a Constituição, ao tratar de juízes, faria referência às garantias da magistratura, condicionando apenas a vitaliciedade, no primeiro grau, a dois anos de exercício. Dessa forma, a irredutibilidade de subsídio e a inamovibilidade estariam estabelecidas desde o ingresso do magistrado na carreira, ou seja, aplicar-se-iam imediatamente. Em seguida, tendo em conta o que disposto na Loman (LC 35/79) quanto à inamovibilidade (*"Art. 30 - O Juiz não poderá ser removido ou promovido senão com seu assentimento, manifestado na forma da lei, ressalvado o disposto no art. 45, item I. Art. 31 - Em caso de mudança da sede do Juízo será facultado ao Juiz remover-se para ela ou para Comarca de igual entrância, ou obter a disponibilidade com vencimentos integrais. ... Art. 45 - O Tribunal ou seu órgão especial poderá determinar, por motivo de interesse público, em escrutínio secreto e pelo voto de dois terços de seus membros efetivos: I - a remoção de Juiz de instância inferior;"*), reputou-se que a regra seria o juiz que ostentasse o predicamento da inamovibilidade ser removido apenas com seu assentimento, consistindo exceção isso ocorrer quando, por escrutínio secreto, o tribunal ou seu órgão especial assim o determinar por motivo de interesse público. MS 27958/DF, rel. Min. Ricardo Lewandowski, 17.5.2012. (MS-27958)

Juízes substitutos e inamovibilidade - 4
Acrescentou-se que a inamovibilidade seria garantia da magistratura para assegurar independência e imparcialidade do próprio Poder Judiciário. Aduziu-se, por outro lado, ser possível que a substituição fosse exercida por meio de escala sem que se removesse compulsoriamente o magistrado de sua comarca ou vara, de modo que respondesse temporariamente pelo serviço nos casos em que o juiz titular estivesse afastado ou sobrecarregado, nos termos do art. 50, § 1º, do Código de Organização do Estado de Mato Grosso (*"Art. 50. Em suas faltas ou impedimentos, os Juízes de Direito serão substituídos, uns pelos outros, segundo escala anual aprovada pelo Conselho da Magistratura. § 1º Cada Juiz terá três substitutos sucessivos"*). Em voto-vista, o Min. Ayres Britto, Presidente, registrou a distinção entre inamovibilidade e vitaliciedade. Assim, esta ocorreria após dois anos de exercício no cargo de juiz, a significar que a perda da função se daria apenas por trânsito em julgado de decisão judicial; aquela garantiria a permanência do juiz na unidade judiciária em que formalmente lotado, salvo por motivo de interesse público, reconhecido em decisão da maioria absoluta do respectivo tribunal ou do CNJ. Explicitou que o contraponto ao juiz substituto seria o titular, e não o vitalício. Frisou que o concurso público se faria para cargo de juiz de determinado ramo do Poder Judiciário, e para que ele, juiz substituto, fosse designado para atuar em determinada unidade de competência judicante. A lotação alcançaria, portanto, tanto o titular quanto o substituto. Ressaltou não se confundir nomeação com lotação, visto que esta adstringir-se-ia a certa base físico-judiciária; aquela vincular-se-ia ao cargo. Anotou a possibilidade de alteração da lotação inicial do magistrado substituto por motivo de interesse público, devidamente justificado, sem necessidade de decisão colegiada do tribunal. Ocorre que a decisão plural impenderia somente no caso de remoção, de ofício, de juiz titular. Logo, seria possível que a designação compulsória de substituto se desse por decisão de presidente de tribunal, vice-presidente ou corregedor. A decisão administrativa, entretanto, deveria ser motivada, nos termos do art. 93, X, da CF. Pontuou que essa fundamentação deveria ser limitada pelos princípios do art. 37 da CF, bem como pelo do juiz natural (CF, art. 5º, LIII) e da vedação de tribunal de exceção (CF, art. 5º, XXXVII), a evitar que o substituto se transformasse em juiz itinerante. MS 27958/DF, rel. Min. Ricardo Lewandowski, 17.5.2012. (MS-27958)

Juízes substitutos e inamovibilidade - 5
O Min. Cezar Peluso frisou que a competência desse magistrado em relação ao cargo compreenderia base territorial predefinida, fora da qual ele não seria substituto. O Min. Celso de Mello apontou que esse juiz teria a função de substituir ou de auxiliar, mas ocuparia seu cargo em área territorialmente delimitada. Vencido o Min. Marco Aurélio, que denegava a ordem por considerar que a inamovibilidade não guardaria pertinência com o cargo de juiz substituto, haja vista que o juiz seria assim nomeado para atender às necessidades de substituição. Ressaltava que assentar que o juiz substituto gozaria da prerrogativa inerente à inamovibilidade descaracterizaria o próprio cargo por ele ocupado e que eventual abuso do poder se resolveria em outro campo, sendo que cada Estado-membro poderia ter a própria organização judiciária, a limitar a movimentação do juiz substituto. Ademais, não admitia o mandado de segurança contra o ato do tribunal local. MS 27958/DF, rel. Min. Ricardo Lewandowski, 17.5.2012. (MS-27958) (Inform. STF 666)

DIREITO ADMINISTRATIVO. AFASTAMENTO CAUTELAR DE MAGISTRADO EM PROCESSO ADMINISTRATIVO. INEXISTÊNCIA DE DIREITO AO GOZO DE FÉRIAS.
O magistrado afastado cautelarmente de suas funções até o término do processo administrativo disciplinar não tem direito ao gozo de férias e ao pagamento do terço constitucional, bem como à conversão dos dias em pecúnia. Com o afastamento das funções, não há fadiga pela rotina das atividades funcionais e, consequentemente, não há como sustentar o direito ao gozo de férias, dada a ausência de causa. A exigência de que tenha sido exercido efetivamente o trabalho para recebimento das férias está em sintonia com a própria razão de ser desse benefício. Este tem como fundamento normas de higiene física e mental do indivíduo, buscando assegurar um período de descanso ao trabalhador que, fatigado pela rotina de suas atividades, já não apresenta o mesmo rendimento de antes. Dessa forma, não havendo efetiva prestação de serviços durante o período aquisitivo, não há direito a férias, menos ainda ao terço constitucional e à conversão de dias em pecúnia. Precedentes citados: AgRg no RMS 20.521-SP, DJe 8/4/2011; RMS 19.622-MT, DJ 11/9/2006, e RMS 20.238-AC, DJ 20/3/2006. **RMS 33.579-SP, Rel. Min. Herman Benjamin, julgado em 9/10/2012. (Inform. STJ 507)**

DIREITO ADMINISTRATIVO. ORDEM NA LISTA DE ANTIGUIDADE. TEMPO DE SERVIÇO NO CARGO.
O tempo de serviço no cargo, e não a classificação no concurso, é o que determina a ordem de figuração da lista de antiguidade na magistratura, ainda que tenha ocorrido preterição na nomeação em virtude de aguardo de decisão judicial. A demora na investidura no cargo, no aguardo de decisão judicial sobre o direito à nomeação (que a jurisprudência do STF não considera preterição ilegítima), não tem o efeito de modificar a realidade dos fatos, nem justifica, por si só, que se reconheça como prestado um tempo de serviço que não ocorreu efetivamente. A ordem de classificação no concurso só é relevante em caso de empate, ou seja, quando for o mesmo tempo de serviço de dois ou mais juízes. Precedentes citados do STF: AgRg no RE 593.373-DF, DJ 18/4/2011; RE 630.440-DF, DJe 10/8/2011, e do STJ: EREsp 1.117.974-RS, DJe 19/12/2011. **RMS 34.032-RS, Rel. Min. Teori Albino Zavascki, julgado em 16/10/2012. (Inform. STJ 506)**

Súmula STF nº 731
Para fim da competência originária do Supremo Tribunal Federal, é de interesse geral da magistratura a questão de saber se, em face da Lei orgânica da magistratura nacional, os juízes têm direito à licença-prêmio.

2. MINISTÉRIO PÚBLICO

Ministério Público: designação bienal para exercício de funções e inamovibilidade - 1
O Plenário iniciou julgamento de ação direta ajuizada em face das expressões "para vigorar por um biênio", constante do art. 216; "antes do término do prazo", constante do art. 217; e "antes do término do prazo", constante do art. 218, todos da LC 75/1993, que dispõe sobre o Estatuto do Ministério Público da União - MPU. Os dispositivos tratam de designações bienais de membros da carreira para o exercício de funções institucionais. O Ministro Gilmar Mendes (relator), acompanhado pelos Ministros Roberto Barroso, Teori Zavascki, Rosa Weber e Luiz Fux, julgou o pedido parcialmente procedente, para declarar a inconstitucionalidade parcial dos dispositivos impugnados, sem redução de texto, de modo a afastar interpretação que implicasse remoção de membro da carreira de seu ofício de lotação. Registrou que a inamovibilidade dos membros ministeriais é assegurada pelo art. 128, § 5º, I, b, da CF. A relevância das atividades exercidas pelo Ministério Público indicaria a necessidade de preservar os membros da carreira de temores de perseguições que inibissem o livre exercício de suas atribuições. Nesse sentido, a inamovibilidade teria por fim proteger a autonomia conferida à instituição.
ADI 5052/DF, rel. Min. Gilmar Mendes, 30.10.2014. (ADI-5052)

Ministério Público: designação bienal para exercício de funções e inamovibilidade - 2
O relator assinalou que o modelo organizacional concebido pela aludida lei complementar estaria assentado, expressivamente, em designações dos integrantes da carreira para o exercício de atribuições não apenas no âmbito da instituição, como também para atuação perante órgãos específicos do Poder Judiciário. Assim, em certas circunstâncias, a observância da inamovibilidade não se evidenciaria de forma clara. Nesse contexto, seria preciso identificar em que unidades da estrutura organizacional do MPU haveria de ser efetivamente assegurada a garantia em apreço, ou seja, se a inamovibilidade estaria atrelada à ideia de vinculação territorial. Constatou que a lei complementar em análise estabelece que, no âmbito do MPU, as unidades de lotação corresponderiam a "ofícios". Desse modo, os membros da carreira, depois de lotados em determinado ofício, gozariam da inamovibilidade. Por outro lado, no que concerne às designações bienais, objetos da ação direta, deixariam margem à lotação de integrantes da carreira, independentemente de sua vontade e em caráter definitivo, em ofício diverso daquele em que atuassem. Interpretação nesse sentido conduziria ao grave risco de movimentações casuísticas, em afronta à inamovibilidade. Nesse sentido, as designações, na forma em que definidas nos dispositivos impugnados, teriam por claro objetivo, além das designações de natureza eventual, a remoção do integrante da carreira, independentemente de vontade. Rememorou que a Corte, em caso análogo, declarara, por ofensa à inamovibilidade, a inconstitucionalidade de norma estadual que, na mesma linha dos dispositivos ora adversados, previa mandato fixo de magistrados, pelo prazo de dois anos, para o exercício da jurisdição em vara especializada em organizações criminosas (ADI 4.414/AL, DJe de 14.6.2013). Em seguida, pediu vista o Ministro Dias Toffoli.
ADI 5052/DF, rel. Min. Gilmar Mendes, 30.10.2014. (ADI-5052)
(Inform. STF 765)

CNMP e intimação de membros do Ministério Público
A 2ª Turma, por maioria, denegou mandado de segurança impetrado contra ato do Conselho Nacional do Ministério Público – CNMP, que determinara a promotor de justiça que se abstivesse de requerer a não intimação do órgão do Ministério Público de segunda instância nos feitos em que tivesse atuado. Considerou, ainda, prejudicado o agravo regimental interposto. No caso, contra o impetrante, promotor de justiça, fora instaurada representação para preservação da autonomia do Ministério Público perante o CNMP. O referido Conselho julgara procedente o feito, cuja decisão transitara em julgado. No presente "writ", o impetrante aduzia que, em face do que decidido pelo STF no julgamento do HC 87.926/SP (DJe de 25.4.2008) e, para que não fosse suscitada a nulidade dos julgamentos dos recursos que envolvessem o Ministério Público como recorrente ou como recorrido, passara a requerer que o órgão do Ministério Público, com assento nas câmaras do tribunal de origem, não se manifestasse após a apresentação de razões ou contrarrazões pelo órgão da mesma instituição com atuação em primeira instância. A Turma citou o artigo 41 da Lei Orgânica Nacional do Ministério Público ("Constituem prerrogativas dos membros do Ministério Público, no exercício de sua função, além de outras previstas na Lei Orgânica: ... IV - receber intimação pessoal em qualquer processo e grau de jurisdição, através da entrega dos autos com vista"). Ponderou que essa regra se repetiria no art. 85 da Lei Orgânica do Ministério Público do Espírito Santo. Enfatizou a competência do CNMP para zelar pela autonomia funcional do Ministério Público, conforme dispõe a Constituição ("Art. 130-A. ... § 2º

Compete ao Conselho Nacional do Ministério Público o controle da atuação administrativa e financeira do Ministério Público e do cumprimento dos deveres funcionais de seus membros, cabendo-lhe: ... II. zelar pela observância do art. 37 e apreciar, de ofício ou mediante provocação, a legalidade dos atos administrativos praticados por membros ou órgãos do Ministério Público da União e dos Estados, podendo desconstituí-los, revê-los ou fixar prazo para que se adotem as providências necessárias ao exato cumprimento da lei, sem prejuízo da competência dos Tribunais de Contas"). Assinalou que o impetrante não poderia, a pretexto de exercer sua independência funcional, formular requerimentos que tolhessem prerrogativas garantidas pela Constituição ou pela Lei Orgânica Nacional do Ministério Público aos demais órgãos e membros do Ministério Público que atuassem em segunda instância. Frisou que, em mandado de segurança no qual se analisaria direito líquido e certo do impetrante, o STF não poderia manifestar-se sobre o que decidido no citado "habeas corpus", tampouco sobre o papel do Ministério Público em 2º grau de jurisdição. Vencido o Ministro Ricardo Lewandowski, que concedia a segurança. Entendia que o impetrante, por mais esdrúxula que pudesse ser a tese defendida, teria o direito de petição que asseguraria a ele pleitear perante o Poder Judiciário. Sublinhava que o CNMP, como órgão administrativo, não poderia cercear a livre manifestação de membro do Ministério Público que estivesse em plena atuação, a menos que tivesse sido suspenso, o que não se enquadraria à espécie.
MS 28408/DF, rel. Min. Cármen Lúcia, 18.3.2014. (MS-28408) (Inform. STF 739)

MS N. 28.028-ES
RELATORA: MIN. CÁRMEN LÚCIA
EMENTA: MANDADO DE SEGURANÇA. CONSELHO NACIONAL DO MINISTÉRIO PÚBLICO. ANULAÇÃO DE ATO DO CONSELHO SUPERIOR DO MINISTÉRIO PÚBLICO DO ESTADO DO ESPÍRITO SANTO EM TERMO DE AJUSTAMENTO DE CONDUTA. ATIVIDADE-FIM DO MINISTÉRIO PÚBLICO ESTADUAL. INTERFERÊNCIA NA AUTONOMIA ADMINISTRATIVA E NA INDEPENDÊNCIA FUNCIONAL DO CONSELHO SUPERIOR DO MINISTÉRIO PÚBLICO NO ESPÍRITO SANTO – CSMP/ES. MANDADO DE SEGURANÇA CONCEDIDO. (Inform. STF 709)

3. DEFENSORIA PÚBLICA

Sustentação oral em correição parcial e prerrogativa da DPU
A 2ª Turma concedeu parcialmente *habeas corpus* a fim de garantir à defesa o direito de apresentar razões escritas e de realizar sustentação oral na ocasião do julgamento de correição parcial proposta, no STM, em desfavor do paciente. No caso, o feito fora promovido naquele tribunal com o objetivo de desconstituir sentença proferida por Conselho Permanente de Justiça, o qual julgara extinta, sem resolução de mérito, ação penal em que o réu seria processado pela suposta prática do crime de deserção. O pleito da Defensoria Pública da União — de que fosse intimada da data da apreciação da correição parcial com a finalidade de proferir sustentação oral — fora indeferido pelo tribunal *a quo*, mediante a justificativa de que o procedimento não teria sido suscitado por nenhuma das partes do processo, mas sim pelo juiz-auditor corregedor. A impetração sustentava ofensa ao contraditório e à ampla defesa e requeria fosse que: a) concedida vista dos autos à instituição para apresentação de razões escritas, porquanto o feito teria o intuito de desconstituir sentença favorável ao paciente; b) deferida a oportunidade de defender oralmente suas razões quando do julgamento da correição em tela; e c) assegurado a membro da DPU o exercício de sua prerrogativa legal de sentar-se no mesmo plano do Ministério Público (Lei Complementar 80/94, art. 4º,§ 7º). Verificou-se que o direito de sustentar oralmente nas correições parciais adviria do próprio regimento interno do órgão em questão, pelo que deveria ter sido franqueado à defesa. Citou-se jurisprudência do STF segundo a qual deveria ser atendido o pedido explícito da instituição de defender oralmente suas razões. Com relação ao requerimento de sentar-se no mesmo plano do *parquet*, denegou-se a ordem. Explicou-se que a matéria não poderia ser apreciada, porque não relativa ao risco aparente à liberdade de locomoção, de modo a justificar sua arguição pela via estreita do *writ*. Precedente citado: HC 112839/RJ (DJe de 17.9.2012). HC 112516/RJ, rel. Min. Ricardo Lewandowski, 11.9.2012. (HC-112516) (Inform. STF 679)

4. ADVOCACIA

REPERCUSSÃO GERAL EM RE N. 769.254-SP
RELATOR: MIN. TEORI ZAVASCKI
Ementa: PROCESSUAL CIVIL. RECURSO EXTRAORDINÁRIO. LIMITAÇÕES AO EXERCÍCIO DA ADVOCACIA. MATÉRIA INFRACONSTITUCIONAL. AUSÊNCIA DE REPERCUSSÃO GERAL.
1. Tem natureza infraconstitucional a controvérsia a respeito da conformação das prerrogativas do exercício da advocacia, originada que está na Lei 8.906/94, cujo art. 7º assegura ao advogado, dentre outros direitos, o livre exercício da profissão em todo o território nacional, o livre ingresso em repartições públicas para a prática de ato ou colheita de prova ou de informação útil ao exercício da atividade profissional, o exame, em qualquer órgão dos Poderes Judiciário e Legislativo ou da Administração Pública em geral, de autos referentes a processos findos ou em andamento e a vista de processos judiciais ou administrativos de qualquer natureza, em cartório ou na repartição competente, bem como sua retirada pelo prazo legal. Portanto, não há questão constitucional a ser analisada.
2. A norma constitucional que preconiza a harmonia e independência entre os Poderes da União, pela sua generalidade, é insuficiente para infirmar o específico juízo formulado pelo acórdão recorrido no caso. Incidência do óbice da Súmula 284/STF.
3. Incabível, em recurso extraordinário, apreciar violação ao art. 5º, II, da CF/88, que pressupõe intermediário exame e aplicação de normas infraconstitucionais pertinentes (AI 796.905-AgR, Rel. Min. LUIZ FUX, Primeira Turma, DJe de 21.5.2012; AI 622.814-AgR, Rel. Min. DIAS TOFFOLI, Primeira Turma, DJe de 08.3.2012; ARE 642.062-AgR, Rel. Min. ELLEN GRACIE, Segunda Turma, DJe de 19.8.2011).
4. É cabível a atribuição dos efeitos da declaração de ausência de repercussão geral quando não há matéria constitucional a ser apreciada ou quando eventual ofensa à Carta Magna se dê de forma indireta ou reflexa (RE 584.608 RG, Min. ELLEN GRACIE, Pleno, DJe de 13/03/2009).
5. Ausência de repercussão geral da questão suscitada, nos termos do art. 543-A do CPC. (Inform. STF 753)

Advogado e atendimento em posto do INSS
É direito do advogado, no exercício de seu múnus profissional, ser recebido no posto do Instituto Nacional do Seguro Social - INSS, independentemente de distribuição de fichas, em lugar próprio ao atendimento. Com base nessa orientação, a 1ª Turma, por maioria, negou provimento a recurso extraordinário em que se alegava ofensa ao princípio da isonomia, em decorrência de tratamento diferenciado dispensado ao advogado, em detrimento dos demais segurados. No caso, a Ordem dos Advogados do Brasil - OAB tivera mandado de segurança concedido na origem para eximir os advogados da necessidade de se submeterem à distribuição de fichas nos postos do INSS.

A Turma ressaltou que, segundo o art. 133 da CF, o advogado seria "indispensável à administração da justiça, sendo inviolável por seus atos e manifestações no exercício da profissão, nos limites da lei". Afirmou que essa norma constitucional revelaria o papel central e fundamental do advogado na manutenção do Estado Democrático de Direito, na aplicação e na defesa da ordem jurídica e na proteção dos direitos do cidadão. Considerou que o advogado atuaria como guardião da liberdade, considerada a atividade desempenhada e os bens jurídicos tutelados. Tendo isso em conta, afastou a assertiva de violação ao princípio da igualdade. Ponderou que essa prerrogativa não configuraria privilégio injustificado, mas demonstraria a relevância constitucional da advocacia na atuação de defesa do cidadão em instituição administrativa. Além disso, a Turma sublinhou que a alínea c do inciso VI do art. 7º da Lei 8.906/1994 (Estatuto da OAB) seria categórica ao revelar como direito dos citados profissionais ingressar livremente "em qualquer edifício ou recinto em que funcione repartição judicial ou outro serviço público onde o advogado deva praticar ato ou colher prova ou informação útil ao exercício da atividade profissional, dentro do expediente ou fora dele, e ser atendido desde que se ache presente qualquer servidor ou empregado". Salientou que essa norma daria concreção ao preceito constitucional a versar a indispensabilidade do profissional da advocacia. Reputou, ademais, incumbir ao INSS aparelhar-se para atender, a tempo e a modo, não só os profissionais da advocacia que se dirigissem aos postos de atendimento para cuidar de interesses de constituintes, mas também todos os segurados, pois se esperaria que o tratamento célere fosse proporcionado tanto aos advogados quanto ao público em geral. Vencido o Ministro Dias Toffoli, que dava provimento ao recurso extraordinário. Pontuava que as pessoas que não pudessem pagar advogado ficariam atrás, na fila, porque teriam de esperar o advogado constituído ser atendido primeiro, o que prejudicaria o hipossuficiente.
RE 277065/RS, rel. Min. Marco Aurélio, 8.4.2014. (RE-277065) (Inform. STF 742)

Atividade policial e exercício da advocacia: incompatibilidade
A vedação do exercício da atividade de advocacia por aqueles que desempenham, direta ou indiretamente, atividade policial, não afronta o princípio da isonomia. Com base nessa orientação, o Plenário julgou improcedente pedido formulado em ação direta de inconstitucionalidade proposta contra o art. 28, V, da Lei 8.906/1994 - Estatuto da Advocacia. O ato impugnado dispõe ser o exercício da advocacia, mesmo em causa própria, incompatível com as atividades dos *ocupantes de cargos ou funções vinculados direta ou indiretamente a atividade policial de qualquer natureza*. O Tribunal aduziu que referida vedação não pretenderia fazer distinção qualificativa entre a atividade da polícia e a da advocacia, porquanto cada qual prestaria relevantes serviços no âmbito social. Destacou que o aludido óbice não constituiria inovação trazida pela Lei 8.906/1994, porque constaria expressamente no anterior Estatuto da OAB - Lei 4.215/1963. Em acréscimo, o Ministro Dias Toffoli, relator, consignou que o legislador pretendera estabelecer cláusula de incompatibilidade de exercício simultâneo das referidas atividades, por ser prejudicial às relevantes funções exercidas por cada uma dessas categorias.
ADI 3541/DF, rel. Min. Dias Toffoli, 12.2.2014. (ADI-3541) (Inform. STF 735)

DIREITO ADMINISTRATIVO. INCOMPATIBILIDADE ENTRE O EXERCÍCIO DA ADVOCACIA E O DE CARGO DE FISCALIZAÇÃO. O exercício do cargo de Fiscal Federal Agropecuário é incompatível com o exercício da advocacia. O art. 28, V, da Lei 8.906/1994 estabelece ser incompatível com o exercício da advocacia, mesmo em causa própria, as atividades dos "ocupantes de cargos ou funções vinculados direta ou indiretamente à atividade policial de qualquer natureza". A intenção do legislador foi assegurar a isenção e a independência no exercício da advocacia, bem como evitar que determinados agentes pudessem captar clientes, em razão de eventuais facilidades proporcionadas pelo exercício do cargo público. Neste contexto, a vedação relacionada à "atividade policial de qualquer natureza" alcança as atividades administrativas de fiscalização, autuação, apreensão e interdição, compreendidas no poder de polícia. Afinal, conferir vedação apenas à "atividade policial" no âmbito da segurança pública não se coaduna com a extensão prevista na norma em análise pela expressão "de qualquer natureza". Ademais, a finalidade da incompatibilidade, como se observa do § 2º do art. 28 da Lei 8.906/1994, é obstar o exercício da advocacia por agente que, no exercício de função pública, tenha "poder de decisão relevante sobre interesses de terceiro". Desse modo, o exercício do cargo de Fiscal Federal Agropecuário, por compreender prerrogativas e atribuições de fiscalização, autuação, apreensão e interdição – atividades típicas de polícia administrativa, com poder de decisão sobre interesses de terceiros – é incompatível com o exercício da advocacia. **REsp 1.377.459-RJ, Rel. Min. Benedito Gonçalves, julgado em 20/11/2014. (Inform. STJ 552)**

DIREITO ADMINISTRATIVO. COMPETÊNCIA PARA DECIDIR SOBRE INCOMPATIBILIDADE OU IMPEDIMENTO PARA O EXERCÍCIO DA ADVOCACIA. Compete exclusivamente à OAB averiguar se o caso é de incompatibilidade ou de impedimento para o exercício da advocacia e decidir em qual situação devem ser enquadrados os ocupantes de cargos ou funções referidos nos arts. 28 a 30 do Estatuto da Advocacia. Precedente citado: AgRg no REsp 1.287.861-CE, Segunda Turma, DJe 5/3/2012. **AgRg no REsp 1.448.577-RN, Rel. Min. Herman Benjamin, julgado em 7/8/2014. (Inform. STJ 549)**

DIREITO ADMINISTRATIVO. PREJUÍZO AO ERÁRIO IN RE IPSA NA HIPÓTESE DO ART. 10, VIII, DA LEI DE IMPROBIDADE ADMINISTRATIVA. É cabível a aplicação da pena de ressarcimento ao erário nos casos de ato de improbidade administrativa consistente na dispensa ilegal de procedimento licitatório (art. 10, VIII, da Lei 8.429/1992) mediante fracionamento indevido do objeto licitado. De fato, conforme entendimento jurisprudencial do STJ, a existência de prejuízo ao erário é condição para determinar o ressarcimento ao erário, nos moldes do art. 21, I, da Lei 8.429/1992 (REsp 1.214.605-SP, Segunda Turma, DJe 13/6/2013; e REsp 1.038.777-SP, Primeira Turma, DJe 16/3/2011). No caso, não há como concluir pela inexistência do dano, pois o prejuízo ao erário é inerente (*in re ipsa*) à conduta ímproba, na medida em que o Poder Público deixa de contratar a melhor proposta, por condutas de administradores. Precedentes citados: REsp 1.280.321-MG, Segunda Turma, DJe 9/3/2012; e REsp 817.921-SP, Segunda Turma, DJe 6/12/2012. **REsp 1.376.524-RJ, Rel. Min. Humberto Martins, julgado em 2/9/2014. (Inform. STJ 549)**

29. DIREITO PENAL MILITAR

RMS N. 31.834-DF
RELATORA: MIN. CÁRMEN LÚCIA
EMENTA: RECURSO ORDINÁRIO EM MANDADO DE SEGURANÇA. PENAL MILITAR. TERMO INICIAL DA PRESCRIÇÃO DA PRETENSÃO EXECUTÓRIA. TRÂNSITO EM JULGADO DA SENTENÇA CONDENATÓRIA PARA DEFESA E ACUSAÇÃO. INCIDÊNCIA DO ART. 126, § 1º, DO CÓDIGO PENAL MILITAR COMO NORMA ESPECIAL EM VEZ DO ART. 112, INC. I, DO CÓDIGO PENAL. PRESCRIÇÃO DA PRETENSÃO PUNITIVA RECONHECIDA.

1. A prescrição da pretensão executória tem como marco inicial o trânsito em julgado para ambas as partes, nos termos do art. 126, § 1º, do Código Penal Militar, que, como lei especial, aplica-se, não tendo incidência, no caso, o art. 112, inc. I, do Código Penal. Precedentes.
2. Recurso ao qual se nega provimento. (Inform. STF 745)

"Sursis": recurso posterior e aumento de pena - 1
A 2ª Turma iniciou julgamento de *habeas corpus* em que se pretende o restabelecimento de decisão de primeiro grau que declarou extinta a punibilidade pelo cumprimento do *sursis* ou, subsidiariamente, o abatimento dos dois anos em que a paciente cumpriria pena em liberdade condicional. Na espécie, ela fora denunciada pela suposta prática do crime de peculato (CPM, art. 303, § 1º), porém, condenada à pena de um ano e dois meses de reclusão pelo delito de apropriação indébita (CPM, art. 248 c/c o art. 71 do CP), com o benefício do *sursis* pelo prazo de dois anos e o direito de apelar em liberdade. Após a leitura da sentença condenatória, o magistrado procedeu à audiência admonitória, ocasião em que a paciente fora alertada a respeito das vantagens e desvantagens da realização da mencionada audiência naquele momento processual e a ela foram apresentadas as condições para o cumprimento do *sursis*. A condenação transitara em julgado para a defesa e, após, iniciou-se o julgamento da apelação ministerial, não encerrado em função de pedido de vista. No Tribunal *a quo*, a Ministra relatora fora informada de que, nos autos da execução provisória da reprimenda aplicada à paciente, declarara-se a extinção da punibilidade pelo cumprimento integral do *sursis*. Na conclusão de julgamento da apelação, o STM dera provimento ao recurso ministerial e condenara a paciente à pena de quatro anos de reclusão, em regime aberto, pela prática do crime de peculato e tornara sem eficácia a extinção da punibilidade pelo cumprimento do *sursis*.
HC 115252/BA, rel. Min. Ricardo Lewandowski, 17.9.2013.
(HC-115252)

"Sursis": recurso posterior e aumento de pena - 2
O Ministro Ricardo Lewandowski, relator, não conheceu do *writ* na parte que concerne ao abatimento dos dois anos de *sursis*. Afirmou que essa matéria não constaria do acórdão do STM e não fora ventilada nos embargos infringentes perante aquele Tribunal, e o exame pelo STF poderia caracterizar decisão *per saltum*. Quanto à extinção da pena pelo cumprimento do *sursis*, destacou que a legislação seria adversa à tese defendida pela paciente. Frisou que a defensoria pública fora intimada da audiência admonitória e não se manifestara. Observou que o art. 84 do CPM dispõe que a *"execução da pena privativa da liberdade, não superior a 2 (dois) anos, pode ser suspensa, por 2 (dois) anos a 6 (seis) anos"*, desde que estivessem presentes os requisitos objetivos e subjetivos para a suspensão condicional da pena. Mencionou, também, o art. 613 do CPPM (*"A suspensão também ficará sem efeito se, em virtude de recurso interposto pelo Ministério Público, for aumentada a pena, de modo que exclua a concessão do benefício"*). Asseverou que o art. 160 da LEP, ao tratar da suspensão condicional da pena privativa de liberdade, aplicável subsidiariamente à espécie, dispõe que, *"transitada em julgado a sentença condenatória [momento em que se realizaria a audiência admonitória], o Juiz a lerá ao condenado, em audiência, advertindo-o das consequências de nova infração penal e do descumprimento das condições impostas"*. Assim, em face da taxatividade dos dispositivos legais, conheceu do *habeas corpus* nessa parte para indeferir o pedido. Após, pediu vista dos autos o Ministro Gilmar Mendes.
HC 115252/BA, rel. Min. Ricardo Lewandowski, 17.9.2013.
(HC-115252) (Inform. STF 720)

HC N. 115.590-RJ
RELATOR: MIN. LUIZ FUX
Ementa: HABEAS CORPUS. DIREITO PENAL MILITAR. CRIME DE ESTELIONATO (CPM, ART. 251). PRINCÍPIO DA INSIGNIFICÂNCIA. INAPLICABILIDADE. OFENSIVIDADE CONCRETA DA CONDUTA. ALTA REPROVAÇÃO SOCIAL. COMPETÊNCIA DA JUSTIÇA CASTRENSE. NÃO CARACTERIZAÇÃO. DELITO PRATICADO POR SOLDADO DAS FORÇAS ARMADAS CONTRA MEMBRO DA CORPORAÇÃO FORA DAS DEPENDÊNCIAS MILITARES. AUSÊNCIA DE INTUITO DE CONTRAPOR-SE À INSTITUIÇÃO MILITAR OU A QUALQUER DE SUAS ESPECÍFICAS FINALIDADES. ORDEM CONCEDIDA PARA DETERMINAR A REMESSA DO FEITO PARA A JUSTIÇA COMUM.

1. O princípio insignificância penal é aplicável apenas quando presentes, cumulativamente, as seguintes condições objetivas: (a) mínima ofensividade da conduta do agente, (b) nenhuma periculosidade social da ação, (c) grau reduzido de reprovabilidade do comportamento, e (d) inexpressividade da lesão jurídica provocada, o que reclama criteriosa análise de cada caso, a fim de evitar que sua adoção indiscriminada constitua verdadeiro incentivo à prática de pequenos delitos patrimoniais. Precedentes do STF: AI-QO nº 559.904, rel. Min. Sepúlveda Pertence, j. 07/06/2005, Primeira Turma; HC nº 104.401/MA, Segunda Turma, rel. Min. Ellen Gracie, DJe de 08.02.011; HC nº 101.998/MG, rel. Min. Dias Toffoli, Primeira Turma, DJe de 22.03.11).
2. *In casu*, o desfalque patrimonial de R$ 900,00 (novecentos reais) sofrido pela vítima ocorreu, porquanto se colhe da inicial que *"(...) o paciente (...), no dia 08/07/2011, utilizou o cartão e senha, mediante fraude,* [da vítima], *sem o conhecimento desta, para saque de dinheiro no Banco do Brasil. Como havia pouco dinheiro em conta corrente, o paciente contraiu um empréstimo em nome do lesado no terminal de Autoatendimento no valor de R$ 792,31 em 10 parcelas"*, caracterizando fato

penalmente relevante, máxime quando considerado o soldo de um soldado conscrito das Forças Armadas, bem como a existência de prévia condenação do paciente por crime de mesma natureza pela Justiça Militar. Inviável, portanto, a declaração de atipicidade da conduta do paciente com fulcro no princípio da insignificância penal.
3. A necessária congruência entre a definição legal do crime militar e as razões da existência da Justiça Militar exsurge como critério básico, implícito na Constituição, a impedir a subtração arbitrária da Justiça comum de delitos que não tenham conexão com a vida castrense (RE nº 122.706, rel. Min. Sepúlveda Pertence, Plenário, j. 21/11/1990).
4. Na espécie, embora o paciente e a vítima fossem militares à época, o crime não foi praticado em lugar sujeito à administração militar nem durante o horário de expediente, sendo certo que não há quaisquer elementos nos autos que denotem sua intenção de contrapor-se à instituição militar ou a qualquer de suas específicas finalidades ou operações. Destarte, não há elementos suficientes para assentar a excepcional competência da Justiça Penal militar.
5. Ordem de *habeas corpus* concedida para determinar a remessa do processo para a Justiça Comum. (Inform. STF 719)

HC N. 112.897-RJ
RELATORA: MIN. CÁRMEN LÚCIA
EMENTA: *HABEAS CORPUS*. CONSTITUCIONAL E PENAL MILITAR. CRIME DE DESERÇÃO. CAUSAS DE SUSPENSÃO E DE INTERRUPÇÃO DO PRAZO PRESCRICIONAL. REINCORPORAÇÃO. ART. 132 DO CÓDIGO PENAL MILITAR. APLICAÇÃO RESTRITA AOS FORAGIDOS. PRESCRIÇÃO. EXTINÇÃO DA PUNIBILIDADE. ORDEM CONCEDIDA.
1. Capturado o desertor no curso do processo-crime de deserção, a superveniência de uma segunda deserção não suspende ou interrompe a fluência do prazo prescricional da primeira deserção. Precedentes.
2. Na espécie, o caráter permanente do crime de deserção cessou em 20.6.2008, data na qual o Paciente foi capturado, o que afasta a aplicação do disposto no art. 132 do Código Penal Militar, norma dirigida exclusivamente aos foragidos.
3. Ordem concedida. (Inform. STF 719)

Justiça militar: homicídio culposo e perdão judicial
O art. 123 do Código Penal Militar não contempla a hipótese de perdão judicial como causa de extinção da punibilidade e, ainda que *in bonan partem*, não se aplica, por analogia, o art. 121, § 5º, do Código Penal ("*§ 5º - Na hipótese de homicídio culposo, o juiz poderá deixar de aplicar a pena, se as consequências da infração atingirem o próprio agente de forma tão grave que a sanção penal se torne desnecessária*"). Na espécie, o paciente fora condenado por homicídio culposo por não ter observado as normas de segurança quanto ao manejo de armas de fogo e, tampouco, regra técnica de profissão, o que causara o resultado morte. Observou-se que o art. 123 do CPM traria os casos de extinção de punibilidade e de seu rol não constaria o perdão judicial, embora essa possibilidade estivesse prevista no art. 255 do mesmo diploma, a cuidar de receptação culposa. Aduziu-se que a analogia pressuporia lacuna, omissão na lei e, na situação, tratar-se-ia de silêncio eloquente.
HC 116254/SP, rel. Min. Rosa Weber, 25.6.2013. (HC-116254) (Inform. STF 712)

HC N. 115.610-RS
RELATORA: MIN. ROSA WEBER
HABEAS CORPUS. MILITAR. DESOBEDIÊNCIA. BIS IN IDEM. INOCORRÊNCIA. PRINCÍPIO DA CONSUNÇÃO. INAPLICABILIDADE. ORDEM DENEGADA.
Distintos os fatos que deram ensejo ao inquérito para apuração de eventual crime de deserção e ao inquérito deflagrador da ação penal em curso, não é possível acatar a tese da Defesa quanto à existência de bis in idem e de violação da coisa julgada.
Inaplicável o princípio da consunção quanto às condutas tipificadoras do crime de desobediência, que não foram meio necessário nem fase para consecução do delito de deserção, o qual sequer se consumou. Inexistência de esgotamento do dano social no delito fim.
Ordem denegada. (Inform. STF 711)

HC N. 116.555-RJ
RELATOR: MIN. GILMAR MENDES
1. Habeas corpus. 2. Crime de posse de substância entorpecente em quantidade mínima. Local sujeito à administração castrense (CPM, art. 290). 3. Aplicação do princípio da insignificância. Impossibilidade. Precedente do Plenário (HC n. 103.684/DF). 4. Alegação de ausência da materialidade delitiva. Ilegalidade inexistente. Laudo toxicológico indica tratar-se de cannabis sativa (maconha) a droga apreendida. 5. Ordem denegada. (Inform. STF 711)

HC N.115.591-PE
RELATORA: MIN. ROSA WEBER
EMENTA: HABEAS CORPUS. FURTO. MILITAR. APLICAÇÃO DO PRINCÍPIO DA INSIGNIFICÂNCIA. IMPOSSIBILIDADE. ELEVADA REPROVABILIDADE DA CONDUTA. ORDEM DENEGADA.
1. A pertinência do princípio da insignificância deve ser avaliada considerando não só o valor do dano decorrente do crime, mas igualmente outros aspectos relevantes da conduta imputada.
2. O valor da res furtiva, equivalente à metade dos rendimentos da vítima, não pode ser considerado insignificante para aplicação do princípio da bagatela.
3. Ainda que a quantia subtraída fosse ínfima, não poderia ser aplicado o referido princípio, ante a elevada reprovabilidade da conduta do militar que se aproveita do ambiente da caserna para subtrair dinheiro de um colega.
4. Aos militares cabe a guarda da lei e da ordem, competindo-lhes o papel de guardiões da estabilidade, a serviço do direito e da paz social, razão pela qual deles se espera conduta exemplar para o restante da sociedade, o que não se verificou na espécie.
5. Ordem denegada. (Inform. STF 703)

Militar: panfletos e declarações em páginas da internet
O militar que distribui panfletos com críticas ao salário e à excessiva jornada de trabalho não comete o crime de incitamento à desobediência (CPM, art. 155) e, tampouco, o de publicação ou crítica indevida às Forças Armadas (CPM, art.166). Com base nesse entendimento, a 2ª Turma concedeu habeas corpus para trancar ação penal instaurada contra militar que, à época da apuração dos fatos, seria Presidente da Associação de Praças do Exército Brasileiro no Rio Grande do Norte - APEB/RN. Na espécie, ao paciente foram imputadas as condutas de: a) incitar praças à desobediência militar por meio de declarações divulgadas na internet, na página eletrônica da APEB/RN; e b) criticar publicamente o Exército Brasileiro e o Governo Federal, no tocante a determinado projeto, por meio do panfleto distribuído durante desfile cívico- militar. Consignou-se que em nenhum momento houvera incitação ao descumprimento de ordem de superior hierárquico, incitamento à desobediência, insubordinação ou indisciplina. Teriam ocorrido relatos de situações, abstratamente consideradas, de excesso de jornada de trabalho, de entraves a tratamentos de saúde fora do aquartelamento, de insatisfação quanto aos valores recebidos a título de soldo pelos soldados. Ressaltou-se que, para se desobedecer a uma ordem, essa deveria ser identificada e, no material acostado aos autos, não haveria individualização de comando de autoridade militar que se pretendesse descumprir. Pontuou-se que os panfletos teriam como destinatários os cidadãos civis que assistiam a desfile cívico-militar. Reconheceu-se que as Forças Armadas, nos termos do art. 142 da CF, seriam organizadas com base na hierarquia e na disciplina, as quais não se confundiriam com desmandos e arbitrariedades. **HC 106808/RN, rel. Min. Gilmar Mendes, 9.4.2013. (HC-106808)** (Inform. STF 701).

29. DIREITO PENAL MILITAR

Deserção e condição de militar - 2
Em conclusão, a 1ª Turma deu provimento a agravo regimental e denegou *habeas corpus* em que se discutia condição de procedibilidade de ação penal. Tratava-se de agravo interposto de decisão monocrática da Min. Ellen Gracie, que negara seguimento a *writ*, do qual então relatora, ao fundamento de que o paciente estaria a reiterar matéria objeto de idêntica medida julgada pela 2ª Turma deste Supremo. Na espécie, absolvido, em primeira instância, da imputação de crime de deserção, fora condenado em apelação provida pelo STM – v. Informativo 660. Destacou-se que, embora o *habeas* julgado pela 2ª Turma e a presente ordem tivessem o mesmo pedido – nulidade do processo em que decretada ou reconhecida a deserção –, a causa de pedir seria diferente. Naquele, alegava-se a inadequação da conduta do paciente ao tipo penal; neste, sustentava-se a ausência de condição de procedibilidade da ação, porque o paciente fora excluído do Exército por portaria, posteriormente suspensa por norma de comando militar. Asseverou-se que a tese segundo a qual o paciente não mais deteria condição de militar não fora apreciada pelas instâncias de origem e, ainda que tivesse sido, os efeitos não se teriam concretizado, porquanto suspensa a norma por ato de autoridade superior. **HC 102800 AgR/SP, rel. Min. Rosa Weber, 19.3.2013.** (HC-102800) (Inform. STF 699).

Justiça militar e causa interruptiva da prescrição
Ante o princípio da especialidade, não é possível estender-se à disciplina militar o disposto no inciso IV do art. 117 do CP ("*Art. 117 - O curso da prescrição interrompe-se: ... - pela publicação da sentença ou acórdão condenatórios recorríveis*") para considerar, em prejuízo do réu, como marco interruptivo, acórdão que lhe majore a pena imposta. Essa a conclusão da 1ª Turma ao conceder *habeas corpus* para declarar extinta a punibilidade do paciente. Assentou-se que, em matéria castrense, o acórdão não interromperia a prescrição, somente a sentença (CPM: "*Art. 125. ... § 5º O curso da prescrição da ação penal interrompe-se: ... II - pela sentença condenatória recorrível*"). Observou-se a pena concretizada e o tempo transcorrido entre a publicação da sentença condenatória e a data do trânsito em julgado da apelação perante o STM, para se reputar consumada a prescrição intercorrente da pretensão punitiva do Estado. O Min. Luiz Fux enfatizou que a criação por analogia de causa interruptiva de prescrição no campo do direito penal seria *in malam partem*. HC 111653/SP, rel. Min. Dias Toffoli, 6.11.2012. (HC-111653) (Inform. STF 687)

Deserção e crime permanente
A natureza do crime de deserção, previsto no art. 187 do CPM, é permanente e o marco prescricional inicia-se com a cessação da referida permanência, ou seja, com a captura ou a apresentação voluntária do militar. Com base nesse entendimento, a 2ª Turma denegou *habeas corpus* em que se pleiteava o reconhecimento da prescrição por possuir o paciente menos de 21 anos quando se afastara das fileiras do Exército. Consignou-se que o réu teria mais de 21 anos quando se apresentara ao batalhão e, portanto, não haveria direito à redução do prazo prescricional do art. 129 do CPM ("*São reduzidos de metade os prazos da prescrição, quando o criminoso era, ao tempo do crime, menor de vinte e um anos ou maior de setenta*"). HC 112511/PE, rel. Min. Ricardo Lewandowski, 2.10.2012. (HC-112511) (Inform. STF 682)

Princípio da insignificância e militar da reserva
A 1ª Turma denegou *habeas corpus* em que pleiteada a aplicação do princípio da insignificância em favor de policial militar da reserva acusado de utilizar documento falso – passe livre conferido àqueles da ativa – para obter passagem de ônibus intermunicipal sem efetuar pagamento do preço. Explicitou-se que, embora o valor do bilhete fosse apenas de R$ 48,00, seria inaplicável o referido postulado. Asseverou-se que a conduta revestir-se-ia de elevada reprovabilidade, porquanto envolveria policial militar. HC 108884/RS, rel. Min. Rosa Weber, 12.6.2012. (HC-108884) (Inform. STF 670)

Cola de sapateiro e crime militar
A 1ª Turma negou provimento a recurso ordinário em *habeas corpus* no qual se pretendia trancar ação penal sob a alegação de que a Lei 11.343/2006 não classificaria a cola de sapateiro como entorpecente. No caso, o recorrente, militar preso em flagrante no interior de estabelecimento sujeito à administração castrense, fora surpreendido, sem apresentar capacidade de autodeterminação, inalando substância que, conforme perícia, conteria tolueno, solvente orgânico volátil, principal componente da cola de sapateiro. Reputou-se que deveria ser observada a regência especial da matéria e, portanto, descaberia ter presente a Lei 11.343/2006, no que preceituaria, em seus artigos 1º e 66, a necessidade de a substância entorpecente estar especificada em lei. Incidiria, assim, o disposto no art. 290 do CPM ("*Receber, preparar, produzir, vender, fornecer, ainda que gratuitamente, ter em depósito, transportar, trazer consigo, ainda que para uso próprio, guardar, ministrar ou entregar de qualquer forma a consumo substância entorpecente, ou que determine dependência física ou psíquica, em lugar sujeito à administração militar, sem autorização ou em desacordo com determinação legal ou regulamentar*"). RHC 98323/MG, rel. Min. Marco Aurélio, 6.3.2012. (RHC-98323) (Inform. STF 657)

Crime militar e termo inicial para o cômputo da prescrição
O art. 112, I, do CP ("*No caso do art. 110 deste Código, a prescrição começa a correr: I - do dia em que transita em julgado a sentença condenatória, para a acusação, ou a que revoga a suspensão condicional da pena ou o livramento condicional*") não é aplicável aos crimes militares para cômputo do termo inicial da prescrição. Com base nesse entendimento, a 2ª Turma indeferiu *habeas corpus* em que se pleiteava o reconhecimento de prescrição da pretensão executória do Estado. Enfatizou-se a necessidade de se observar o art. 126, § 1º, a, do CPM ["*Começa a correr a prescrição: a) do dia em que passa em julgado a sentença condenatória ou a que revoga a suspensão condicional da pena ou o livramento condicional*"] norma especial e específica sobre o tema. HC 108977/AM, rel. Min. Ayres Britto, 7.2.2012. (HC-108977) (Inform. STF 654)

DIREITO PENAL MILITAR. INCIDÊNCIA DE AGRAVANTE GENÉRICA NO CRIME DE CONCUSSÃO.
Não configura bis in idem a aplicação da agravante genérica prevista no art. 70, II, l, do CPM – incidente nos casos em que o militar pratica o delito estando de serviço – nos crimes de concussão (art. 305 do CPM) praticados em serviço. Isso porque a referida circunstância agravante não se insere no tipo penal descrito no art. 305 do CPM, cujo teor é o seguinte: "Exigir, para si ou para outrem, direta ou indiretamente, ainda que fora da função ou antes de assumi-la, mas em razão dela, vantagem indevida". Insta consignar que o militar pode cometer o delito de concussão estando ou não em serviço, mas o fato de estar "de serviço" torna o crime mais grave, pela particular infringência ao seu dever. Precedentes citados: AgRg no REsp 1.417.380-RJ, Quinta Turma, DJe de 17/2/2014; e HC 230.075-RJ, Quinta Turma, DJe de 19/12/213. **HC 286.802-RJ, Rel. Min. Felix Fischer, julgado em 23/10/2014. (Inform. STJ 551)**

DIREITO PENAL MILITAR. SUBSTITUIÇÃO DE PENA E CRIMES MILITARES.
Não cabe substituir por pena restritiva de direitos, com fundamento no art. 44 do CP, a pena privativa de liberdade aplicada aos crimes militares. Isso porque o art. 59 do CPM disciplinou de modo diverso as hipóteses de substituição cabíveis sob sua égide. Precedente citado do STJ: AgRg no

Ag 1.324.415-BA, Sexta Turma, DJe de 17/10/2012. Precedentes citados do STF: HC 94.083-DF, Segunda Turma, DJe de 12/3/2010; e HC 80.952-PR, Primeira Turma, DJ de 5/10/2001. **HC 286.802-RJ, Rel. Min. Felix Fischer, julgado em 23/10/2014. (Inform. STJ 551)**

DIREITO PENAL MILITAR. TIPICIDADE DA CONDUTA NO CRIME DE DESCUMPRIMENTO DE MISSÃO.
A ausência injustificada nos dias em que o militar tenha sido designado para a função específica de comando de patrulhas configura o crime de descumprimento de missão. De acordo com o art. 196 do CPM, é típica a conduta de "deixar o militar de desempenhar a missão que lhe foi confiada". O crime de descumprimento de missão está previsto no capítulo de crimes em serviço, e a missão, aqui, deve ser entendida como incumbência, tarefa designada ao militar. A missão confiada não deixa de ser serviço e, conforme entendimento doutrinário, trata-se de incumbência de maior relevância, de caráter *intuitu personae* e na qual o sujeito ativo deveria representar seu superior hierárquico. Essa interpretação é condizente com a ordem jurídica militar, norteada pela hierarquia e disciplina, e que objetiva a proteção especial dos interesses do Estado e das instituições militares. Nesse contexto, deve-se considerar que o comando de força patrulha consiste verdadeira *longa manus* do comandante na fiscalização das diretrizes baixadas pelo próprio Comando. Com esse encargo, o militar recebe verdadeira missão, mais especificamente, a de comandar todo o efetivo na atividade operacional. **REsp 1.301.155-SP, Rel. Min. Rogerio Schietti Cruz, julgado em 22/4/2014. (Inform. STJ 540)**

DIREITO PENAL MILITAR. DESNECESSIDADE DE QUE A PRIVAÇÃO DA LIBERDADE DA VÍTIMA SE ESTENDA POR LONGO INTERVALO DE TEMPO PARA A CONFIGURAÇÃO DO CRIME DO ART. 244 DO CPM.
Para que se configure a extorsão mediante sequestro prevista no art. 244 do Código Penal Militar, não é necessário que a privação da liberdade da vítima se estenda por longo intervalo de tempo. Com efeito, o fato de a privação da liberdade durar apenas curto lapso temporal não descaracteriza o referido crime, que consiste em extorquir ou tentar extorquir, para si ou para outrem, mediante sequestro de pessoa, indevida vantagem econômica. Ressalte-se que esse delito não exige, para sua consumação, que ocorra a efetiva obtenção da vantagem indevida. Ademais, a única referência feita pelo CPM em relação ao período de privação de liberdade da vítima diz respeito à figura qualificada da extorsão mediante sequestro (art. 244, § 1º, primeira parte), exigindo-se, somente nesse caso, que o sequestro dure mais de 24 horas. **HC 262.054-RJ, Rel. Min. Jorge Mussi, julgado em 2/4/2013. (Inform. STJ 518)**

30. DIREITO PROCESSUAL PENAL MILITAR

Processo penal militar e interrogatório ao final da instrução
A 2ª Turma afetou ao Plenário o julgamento de "habeas corpus" em que se discute a possibilidade de realização de interrogatório ao final da instrução criminal, nos termos da Lei 11.719/2008, em sede de processo penal militar.
HC 123228/AM, rel. Min. Cármen Lúcia, 11.11.2014. (HC-123228) (Inform. STF 767)

Processo penal militar: interrogatório e art. 400 do CPP
Em razão do princípio da especialidade, prevalece, para os casos de jurisdição militar, a norma processual penal militar e, por consequência, incabível a aplicação do rito previsto no art. 400 do CPP, com a redação trazida pela Lei 11.719/2008. Com base nessa orientação, a 2ª Turma denegou "habeas corpus" em que se pleiteava o afastamento do art. 302 do CPPM, a fim de que o interrogatório do paciente fosse realizado ao final da instrução criminal.
HC 122673/PA, rel. Min. Cármen Lúcia, 24.6.2014. (HC-122673) (Inform. STF 752)

Justiça militar: deserção em tempo de paz e "sursis" - 1
São compatíveis com a Constituição a alínea a do inciso II do art. 88 do CPM ("Art. 88. A suspensão condicional da pena não se aplica: ... II - em tempo de paz: a) por crime contra a segurança nacional, de aliciação e incitamento, de violência contra superior, oficial de dia, de serviço ou de quarto, sentinela, vigia ou plantão, de desrespeito a superior, de insubordinação, ou de deserção") e a alínea a do inciso II do art. 617 do CPPM ("Art. 617. A suspensão condicional da pena não se aplica: ... II - em tempo de paz: a) por crime contra a segurança nacional, de aliciação e incitamento, de violência contra superior, oficial de serviço, sentinela, vigia ou plantão, de desrespeito a superior e desacato, de insubordinação, insubmissão ou de deserção"). Com base nessa orientação, o Plenário, por maioria, denegou "habeas corpus" em que requerida a suspensão condicional da execução de pena privativa de liberdade imposta a militar condenado a quatro meses de detenção, em regime aberto, pela prática do crime de deserção. A Corte asseverou que, no tocante às Forças Armadas, os valores hierarquia e disciplina teriam dimensão específica e valiosa, consagrada na Constituição ("Art. 142. As Forças Armadas, constituídas pela Marinha, pelo Exército e pela Aeronáutica, são instituições nacionais permanentes e regulares, organizadas com base na hierarquia e na disciplina ..."). Apontou que Constituição traria, em seu bojo, regime jurídico diferenciado para as infrações militares, a exemplo do § 2º do art. 142, que não admite "habeas corpus" em relação a punições disciplinares militares, ainda que encerrem restrições de caráter ambulatorial. Sublinhou que, ao elaborar o Código Penal Militar, o legislador optara por distinguir entre crimes que admitiriam a suspensão condicional e crimes que não a admitiriam. Estes seriam considerados próprios e afrontariam a hierarquia e a disciplina inerentes às Forças Armadas. O Colegiado frisou que essa escolha legislativa deveria ser respeitada pelo Poder Judiciário. Por outro lado, o Pleno destacou, também, que a matéria relativa a eventual ocorrência da prescrição defendida da tribuna, por ocasião da sustentação oral, não seria analisada em razão da ausência, nos autos, de elementos que pudessem atestar a alegada menoridade do paciente.
HC 119567/RJ, rel. orig. Min. Dias Toffoli, red. p/ o acórdão Min. Roberto Barroso, 22.5.2014. (HC-119567)

Justiça militar: deserção em tempo de paz e "sursis" - 2
Vencidos os Ministros Dias Toffoli (relator), Rosa Weber, Gilmar Mendes, Celso de Mello e Joaquim Barbosa (Presidente), que declaravam não recepcionadas pela Constituição vigente as referidas normas. Diante desse entendimento, concediam a ordem para implementar, em favor do paciente, o benefício do "sursis", pelo prazo de dois anos, nos termos do art. 84 do CPM. Destacavam que deveriam ser cumpridas as condições previstas no art. 626, c/c o § 2º do art. 608, ambos do CPPM, exceto se o réu ainda estivesse ativo no serviço, com o compromisso de comparecer trimestralmente perante o juízo da execução. Observavam que, diante de deserção consumada durante breve período e da apresentação voluntária do militar ao serviço, que assumiria as consequências de seu ato, não pareceria plausível que mero imperativo legal impedisse que o julgador apreciasse, em face da situação concreta registrada nos autos, os pressupostos subjetivos e objetivos inerentes à suspensão condicional da pena, para conceder ou não o benefício. Caso contrário, vedar-se-ia, de forma absoluta e cogente, a implementação da suspensão condicional da pena. Assentavam a possibilidade de se aplicar uma proporcionalidade "in concreto". Reputavam que os valores da disciplina, da ordem e da hierarquia militares, contemplados no texto da Constituição, não excluiriam os militares do âmbito de incidência do sistema de proteção constitucional em matéria de direitos e garantias fundamentais.
HC 119567/RJ, rel. orig. Min. Dias Toffoli, red. p/ o acórdão Min. Roberto Barroso, 22.5.2014. (HC-119567) (Inform. STF 747)

HC 121.008-MC/RJ
RELATOR: Ministro Celso de Mello
"*HABEAS CORPUS*". INQUÉRITO POLICIAL MILITAR (IPM). **PRETENDIDA SUSPEIÇÃO** DO ENCARREGADO DO IPM. **INADMISSIBILIDADE** (**CPPM**, art. 142). **SITUAÇÃO** QUE, *SE OCORRENTE*, **NÃO AFETARIA** A VALIDADE JURÍDICA DO PROCESSO PENAL *ULTERIORMENTE* INSTAURADO. **DOUTRINA**. **PRECEDENTES**. **POSSIBILIDADE LEGAL** *DE A PRÓPRIA AUTORIDADE*, **NO EXERCÍCIO** DE SUAS FUNÇÕES, QUANDO PRATICADO O DELITO EM SUA PRESENÇA ("*OU CONTRA ELA*"), **DAR VOZ DE PRISÃO** AO SUPOSTO INFRATOR **E** PROMOVER A LAVRATURA DO RESPECTIVO AUTO DE PRISÃO EM FLAGRANTE (**CPPM**, art. 249). **AUSÊNCIA** DE PLAUSIBILIDADE JURÍDICA. **MEDIDA CAUTELAR INDEFERIDA**. DJe de 17.2.2014. (Inform. STF 746)

Procurador-Geral da Justiça Militar e manifestação exclusiva

A concessão exclusiva de vista ao Procurador-Geral da Justiça Militar para manifestação quanto a preliminar de inconstitucionalidade, arguida, por Ministro integrante do STM, durante sessão de julgamento, não afronta os princípios do contraditório e da ampla defesa, nos termos do parágrafo único do art. 79-A do Regimento Interno do STM - RISTM ("Se a inconstitucionalidade for arguida na sessão de julgamento, pelo Relator ou por outro Ministro, o julgamento será interrompido e o Relator abrirá vista dos autos ao Procurador-Geral da Justiça Militar, pelo prazo de dez dias, para parecer; recebidos os autos com o parecer, o julgamento prosseguirá na sessão ordinária que se seguir, apreciando-se, na sequência, a arguição de inconstitucionalidade e o mérito da causa"). Essa a orientação da 1ª Turma, que, preliminarmente, por maioria, rejeitou questão de ordem, vencido o Ministro Marco Aurélio, suscitante, no sentido de que a matéria fosse submetida ao Plenário. O Ministro Marco Aurélio apontava que a única causa de pedir veiculada na impetração diria respeito ao conflito do RISTM com a Constituição. O Ministro Dias Toffoli (relator), por sua vez, sublinhou que a respeito do tema haveria precedentes do Plenário do STF. No mérito, a Turma indeferiu o "habeas corpus". Asseverou que o presente "writ" teria sido impetrado tendo em vista o cerceamento de defesa, pelo fato de não ter sido dada a palavra ao acusado, que não arguira o tema da inconstitucionalidade. Aduziu que a palavra fora deferida exclusivamente ao "parquet" na qualidade de fiscal da lei e não de parte.
HC 105311/DF, rel. Min. Dias Toffoli, 29.4.2014. (HC-105311) (Inform. STF 744)

Lei 5.836/1972: Conselho de Justificação e princípio da ampla defesa e contraditório

A 2ª Turma negou provimento a recurso ordinário em mandado de segurança em que se alegava nulidade, por ofensa ao princípio da ampla defesa e contraditório, de ato administrativo que homologara julgamento realizado pelo Conselho de Justificação e encaminhara os autos ao STM. No caso, o recorrente fora submetido ao Conselho de Justificação, órgão destinado a avaliar, por meio de processo especial, a incapacidade de oficial das Forças Armadas para permanecer na ativa. A Turma observou que o STM seria competente para julgar o referido processo administrativo, consoante o disposto nos artigos 13, V, a, e 14 da Lei 5.836/1972 ["Art. 13. Recebidos os autos do processo do Conselho de Justificação, o Ministro Militar, dentro do prazo de 20 (vinte) dias, aceitando ou não o julgamento e, neste último caso, justificando os motivos de seu despacho, determina: ... V - a remessa do processo ao Superior Tribunal Militar: a) se a razão pela qual o oficial foi julgado culpado está prevista nos itens I, III e V do artigo 2º. Art. 14. É da competência do Superior Tribunal Militar julgar, em instância única, os processos oriundos de Conselhos de Justificação, a ele remetidos por Ministro Militar"]. Destacou não haver previsão legal de recurso contra o despacho de comandante militar que aceitasse o julgamento do Conselho de Justificação — comissão processante — e determinasse a remessa do processo ao STM, que atuaria, nessa hipótese, como órgão administrativo. Além disso, sublinhou que o despacho proferido pelo comandante resumir-se-ia a homologar a decisão da comissão e a determinar a remessa obrigatória dos autos ao STM. Asseverou que, após a homologação, a esfera de competência do comandante estaria esgotada. A Turma enfatizou, ademais, que o art. 15 da Lei 5.836/1972 garantiria ao ora recorrente o direito à ampla defesa e ao contraditório, uma vez que determinaria, após a distribuição do processo e antes de seu julgamento pelo STM, a abertura de prazo de cinco dias para a defesa se manifestar por escrito sobre a decisão do Conselho de Justificação. Afirmou que não seria aplicável à espécie o Decreto 76.322/1975 e as Leis 6.880/1980 e 9.784/1999, uma vez que a Lei 5.836/1972, que dispõe sobre o Conselho de Justificação, seria específica. Por fim, no que se refere à alegação de que haveria vícios que maculariam o processo administrativo e permitiriam declarar o impetrante justificado, reputou que essa assertiva deveria ser apreciada no âmbito do STM, pois não aproveitaria ao recorrente, uma vez que, na espécie, discutir-se-ia a legalidade do imediato envio dos autos ao STM, em momento anterior à publicação da decisão do Conselho de Justificação.
RMS 32645/DF, rel. Min. Ricardo Lewandowski, 22.4.2014. (RMS-32645) (Inform. STF 743)

Justiça federal comum e justiça militar: sobrestamento de feito

A existência de questão prejudicial heterogênea decidida perante a justiça federal comum, pendente de recurso, que concede mandado de segurança para determinar o licenciamento do paciente, possibilita a suspensão prejudicial de ação penal militar concernente à existência, ou não, de delito castrense enquanto não for resolvida, em definitivo, controvérsia de natureza civil. Com base nessa orientação, a 2ª Turma negou provimento a recursos ordinários em habeas corpus, julgados conjuntamente, em que questionados acórdãos da Corte militar, que denegara habeas corpus impetrado em favor dos recorrentes e mantivera decisão de sobrestamento do feito. Na espécie, teriam sido ajuizadas ações civis perante a justiça federal comum, com objetivo de viabilizar o desligamento dos pacientes das respectivas instituições militares. Ambas objetivavam, no âmbito da justiça federal comum, a extinção do procedimento penal. A Turma asseverou que a manutenção da denegação do writ não implicaria risco de prescrição penal, porque incidiria causa a obstar o lapso prescricional, de forma que, ainda que adviesse o insucesso definitivo do processo de natureza civil pela justiça federal comum, a pretensão punitiva do Estado estaria preservada. Consignou, no ponto, regra constante do CPM (Art. 125. A prescrição da ação penal, salvo o disposto no § 1º deste artigo, regula-se pelo máximo da pena privativa de liberdade cominada ao crime, verificando-se: ... § 4º A prescrição da ação penal não corre: I - enquanto não resolvida, em outro processo, questão de que dependa o reconhecimento da existência do crime). Destacou, ademais, a correção do julgado do STM, que teria aplicado regra do CPPM [Art. 124. O juiz poderá suspender o processo e aguardar a solução, pelo juízo cível, de questão prejudicial que se não relacione com o estado civil das pessoas, desde que: a) tenha sido proposta ação civil para dirimi-la]. Esclareceu que, tornada definitiva decisão favorável aos ora recorrentes, a viabilizar o seu desligamento das forças armadas, estaria descaracterizado, no plano da tipicidade penal, o crime de deserção.
HC 119405/AM e RHC 119626/DF, rel. Min. Celso de Mello, 25.2.2014. (HC-119405) (Inform. STF 737)

Justiça militar e correição parcial - 1

A 2ª Turma iniciou julgamento de habeas corpus impetrado contra decisão do STM que rejeitara preliminar de não conhecimento de pedido de correição parcial e, no mérito, deferira o pleito de juiz-auditor corregedor para desconstituir decisão de primeira instância, que arquivara inquérito, e determinar a remessa deste à Procuradora-Geral da Justiça Militar. Na espécie, fora encontrada cerca de 1g de maconha na posse do paciente, preso em local sujeito à Administração castrense. O juiz-auditor determinara, a pedido do parquet militar, o arquivamento do inquérito, cuja decisão transitara em julgado. Na sequência, houvera a representação do corregedor perante o STM para o desarquivamento do feito. A Min. Cármen Lúcia, relatora, denegou o writ. Assentou a tempestividade da correição parcial, que teria sido apresentada no prazo de 5 dias, uma vez que a conclusão dos autos arquivados ao juiz corregedor ocorrera em 7.10.2011 (sexta-feira) e a representação fora protocolizada no STM em 13.10.2011, depois do feriado do dia 12. Mencionou que o STF já assentara que o prazo para correição parcial seria de 5 dias entre a conclusão ao juiz-auditor dos autos do inquérito arquivado e o protocolo no STM. Ademais, reportou-se às informações prestadas pelo corregedor a corroborar a tempestividade, esclarecendo estar comprovada mesmo sem ter-se em conta a Emenda Regimental 19, de 22.6.2011, que dera nova redação ao art. 152 do RISTM. **HC 112977/RJ, rel. Min. Cármen Lúcia, 13.11.2012. (HC-112977)**

Justiça militar e correição parcial - 2
Quanto à assertiva de que a correição parcial constituiria ato de promoção de ação penal pública e que o órgão do Poder Judiciário teria atuado como parte, em substituição ao Ministério Público militar, entendeu não haver constrangimento ilegal. Assinalou que a legislação processual penal castrense estabeleceria expressamente a respeito [CPPM: "Art. 498. O Superior Tribunal Militar poderá proceder à correição parcial: ... b) mediante representação do Ministro Corregedor-Geral, para corrigir arquivamento irregular em inquérito ou processo. ... 2º O Regimento do Superior Tribunal Militar disporá a respeito do processo e julgamento da correição parcial"] e que o Supremo sempre reputara como válida a competência daquele magistrado para promover, por representação, a correição parcial no STM. Além disso, consignou que esta Corte afirmara a compatibilidade do referido preceito com o art. 129, I, da CF ("Art. 129. São funções institucionais do Ministério Público: I - promover, privativamente, a ação penal pública, na forma da lei"). Ao fim, refutou alegação de que a defesa não tivera oportunidade de se manifestar, por escrito, quanto à correição. Anotou que a defensoria ter-se-ia dado por ciente daquela representação em 21.11.2011. Após, pediu vista o Min. Gilmar Mendes. **HC 112977/RJ, rel. Min. Cármen Lúcia, 13.11.2012. (HC-112977) (INFORM STF 688)**

Justiça militar e correição parcial - 3
A 2ª Turma retomou julgamento de habeas corpus impetrado contra decisão do STM que rejeitara preliminar de não conhecimento de pedido de correição parcial e, no mérito, deferira o pleito de juiz-auditor corregedor para desconstituir decisão de primeira instância, que arquivara inquérito, e determinar a remessa deste à Procuradoria-Geral da Justiça Militar — v. Informativo 688. O Min. Gilmar Mendes, em voto-vista, ao dissentir no tocante à tempestividade da representação, concedeu a ordem para cassar o acórdão do STM e, por conseguinte, manter o arquivamento do auto de prisão em flagrante. Indicou que o lapso de 5 dias fora contado a partir do despacho de conclusão de 7.10.2011, porém deveria ter sido computado da entrega dos autos na corregedoria. Reproduziu o que decidido pelo Plenário do STF no HC 83255/SP (DJU de 12.3.2004), no sentido de que o prazo recursal para o Ministério Público contar-se-ia da entrega de processo, com vista, em setor administrativo incumbido de recebê-lo. Complementou que o prazo não se iniciaria da deliberada aposição do ciente do membro do parquet ou de distribuição interna. Obtemperou que o entendimento, renovado no exame de outras impetrações, mostrar-se-ia aplicável ao caso em tela, por se tratar igualmente de prazo peremptório e, portanto, preclusivo. Avaliou que não se deveria admitir que se deixasse ao arbítrio de juiz-auditor a definição do dies a quo do prazo de representação, sob pena de ofensa ao art. 498, § 1º, do CPPM. Por isso, asseverou ter a representação dado entrada no STM quando ultrapassado o lapso de 5 dias. Após, a Min. Cármen Lúcia, relatora, indicou adiamento. **HC 112977/RJ, rel. Min. Cármen Lúcia, 5.2.2013. (HC-112977) (INFORM STF 694)**

Justiça militar e correição parcial - 4
Em conclusão de julgamento, a 2ª Turma concedeu a ordem de habeas corpus por considerar intempestiva a representação formulada por juiz-auditor corregedor. O writ foi impetrado contra decisão do STM que acolhera correição parcial para cassar despacho de desarquivamento e determinar a remessa dos autos à Procuradoria-Geral de Justiça Militar. Na espécie, fora encontrado cerca de 1g de maconha na posse do paciente, preso em local sujeito à Administração castrense. O juiz-auditor determinara, a pedido do parquet militar e com base no princípio da insignificância, o arquivamento do inquérito, e a decisão transitara em julgado. Na sequência, houvera a representação do corregedor perante o STM para o desarquivamento do feito — v. Informativos 688 e 694. A Turma reiterou jurisprudência do Supremo no sentido de que o prazo recursal para o Ministério Público seria contado da entrega dos autos com vista ao departamento administrativo incumbido de recebê-los, e não da deliberada aposição do ciente do membro do Ministério Público ou da distribuição interna dos autos. Destacou que se trataria de prazo peremptório e, portanto, preclusivo. A Ministra Cármen Lúcia, relatora, reajustou o voto proferido anteriormente. **HC 112977/RJ, rel. Min. Cármen Lúcia, 25.2.2014. (HC-112977) (Inform. STF 737)**

Crime praticado por civil e competência da justiça militar
Compete à justiça militar processar e julgar civil denunciado pela suposta prática dos delitos de desacato e resistência contra militar. Com base nesse entendimento, a 1ª Turma extinguiu habeas corpus por inadequação da via processual. A impetração alegava a incompetência da justiça militar e postulava a declaração de inconstitucionalidade do art. 90-A da Lei 9.099/1995, para que fosse excluída qualquer exegese que afastasse a aplicação da Lei 9.099/1995 aos acusados civis indiciados ou processados perante a justiça militar. No caso, o paciente, ao ser revistado, teria desobedecido à ordem de militares em serviço no Complexo do Morro do Alemão — no desempenho de serviço de vigilância, garantia e preservação da ordem pública — e contra eles praticado violência. Rememorou-se precedente da Turma no sentido de que a natureza militar do crime atrairia a competência da justiça militar, mesmo que cometido por civil. Recordou-se, ademais, que o Plenário já teria declarado a constitucionalidade do art. 90-A da Lei 9.099/1995. **HC 113128/RJ, rel. Min. Roberto Barroso, 10.12.2013. (HC-113128) (Inform. STF 732)**

Justiça militar: deserção em tempo de paz e "sursis" - 1
O Plenário iniciou julgamento de habeas corpus em que se pleiteia a concessão da suspensão condicional da pena a militar condenado pela prática do crime de deserção. Alega-se que a vedação legal desse incidência não teria sido recepcionada pela Constituição [CPM: "Art. 88. A suspensão condicional da pena não se aplica: ... II - em tempo de paz: a) por crime contra a segurança nacional, de aliciação e incitamento, de violência contra superior, oficial de dia, de serviço ou de quarto, sentinela, vigia ou plantão, de desrespeito a superior, de insubordinação, ou de deserção"]. O Min. Dias Toffoli, relator, concedeu a ordem para implementar o benefício do sursis pelo prazo de 2 anos (CPM, art. 84), devendo o paciente cumprir as condições previstas no art. 626 do CPPM, excetuada a da alínea a ("tomar ocupação, dentro de prazo razoável, se for apto para o trabalho"), na hipótese de estar ativo no serviço. Determinou que ele ficasse obrigado a comparecer trimestralmente perante o juízo da execução e designou o juiz-auditor que o sentenciara para presidir a audiência admonitória (CPPM, art. 611). **HC 113857/AM, rel. Min. Dias Toffoli, 26.6.2013. (HC-113857)**

Justiça militar: deserção em tempo de paz e "sursis" - 2
O relator salientou que o preceito em questão ofenderia mais diretamente a equidade, pela qual se esperaria harmonia na aplicação dos princípios constitucionais e das normas infraconstitucionais. Ponderou que o legislador deveria inspirar-se na proporcionalidade para estabelecer tipos penais incriminadores, de modo a não cominar sanções ínfimas para delitos que violassem bens jurídicos de relevo maior nem penas exageradas para infrações de menor potencial ofensivo. Acrescentou que também seria necessário observar a proporcionalidade para as normas tendentes à individualização dessas mesmas penas, com atenção às condições específicas do infrator e às consequências da violação cometida ao bem jurídico tutelado pela lei e a eventual vítima do crime. Explicitou que, alguns dias após ter se ausentado do posto de serviço, o paciente se apresentara voluntariamente à Administração castrense, que o reincorporara

ao Exército. Entendeu que, por mero imperativo de lei, não se poderia impedir a apreciação das condições objetivas e subjetivas do delito e de seu autor, a vedar-se de forma absoluta e cogente a aplicação do *sursis* aos que, em tempo de paz, fossem sentenciados por idêntico crime e preenchessem os requisitos previstos no art. 84 do CPM. Nessa conformidade, declarou não recepcionada pela Constituição a alínea a do inciso II do art. 88 do CPM — e, em consequência, a alínea a do inciso II do art. 617 do CPPM — na parte em que excluiria, em tempo de paz, a suspensão condicional da pena aos condenados por delito de deserção.
HC 113857/AM, rel. Min. Dias Toffoli, 26.6.2013. (HC-113857)

Justiça militar: deserção em tempo de paz e "sursis" - 3
Em divergência, o Min. Luiz Fux denegou a ordem, no que foi acompanhado pelo Min. Marco Aurélio. Aduziu que a jurisprudência do Supremo inclinar-se-ia pela constitucionalidade do tratamento processual penal mais gravoso aos crimes submetidos à justiça militar, em virtude da hierarquia e da disciplina próprias das instituições castrenses. Nesse sentido, citou precedente a cuidar da suspensão condicional do processo relativo a militar responsabilizado por crime de deserção. Acentuou que a *ratio* seria idêntica para a situação da suspensão condicional da pena. Observou que, no próprio texto constitucional, haveria discrímen do regime de disciplina das instituições militares. O Min. Marco Aurélio enfatizou que a matéria referir-se-ia a predicados muito caros às Forças Armadas. Sublinhou que, como princípio de hermenêutica, somente se deveria declarar um preceito normativo conflitante com a Lei Maior se o conflito fosse evidente. Mencionou que a Constituição seria categórica ao remeter ao legislador a organização da justiça castrense e também a definição dos crimes e consequências deles. Assinalou que o afastamento da suspensão condicional da pena seria opção política normativa. Após, pediu vista o Min. Teori Zavascki.
HC 113857/AM, rel. Min. Dias Toffoli, 26.6.2013. (HC-113857)

Justiça militar: deserção em tempo de paz e "sursis" - 4
Ante o empate na votação, o Plenário, em conclusão de julgamento, deferiu *habeas corpus* para permitir a suspensão condicional da pena a militar condenado pela prática do crime de deserção — v. Informativo 712. Por não alcançar o quórum de seis votos, o Tribunal assentou a impossibilidade de pronunciamento quanto a recepção ou não, pela Constituição, da alínea a do inciso II do art. 88 do CPM e da alínea a do inciso II do art. 617 do CPPM, na parte em que excluiria, em tempo de paz, a suspensão condicional da pena aos condenados por delito de deserção. O Colegiado implementou, por ser a decisão mais favorável ao paciente (RISTF, art. 146, parágrafo único), o benefício do *sursis* pelo prazo de dois anos (CPM, art. 84), devendo este cumprir as condições previstas no art. 626 do CPPM, excetuada a da alínea a ("*tomar ocupação, dentro de prazo razoável, se for apto para o trabalho*"), na hipótese de estar ativo no serviço. Ademais, determinou ao paciente a obrigação de comparecer trimestralmente perante o juízo da execução e designou o juiz-auditor que o sentenciara para presidir a audiência admonitória (CPPM, art. 611). Salientou que o preceito em questão ofenderia mais diretamente a equidade, pela qual se esperaria harmonia na aplicação dos princípios constitucionais e das normas infraconstitucionais. Ressaltou que o legislador deveria inspirar-se na proporcionalidade para estabelecer tipos penais incriminadores, de modo a não cominar sanções ínfimas para delitos que violassem bens jurídicos de relevo maior nem penas exageradas para infrações de menor potencial ofensivo. Acrescentou que também seria necessário observar a proporcionalidade para as normas tendentes à individualização dessas mesmas penas, com atenção às condições específicas do infrator e às consequências da violação cometida ao bem jurídico tutelado pela lei e a eventual vítima do crime. Explicitou que, alguns dias após ter-se ausentado do posto de serviço, o paciente se apresentara voluntariamente à administração castrense, que o reincorporara ao Exército. Entendeu que, por mero imperativo de lei, não se poderia impedir a apreciação das condições objetivas e subjetivas do delito e de seu autor, a vedar-se de forma absoluta e cogente a aplicação do *sursis* aos que, em tempo de paz, fossem sentenciados por idêntico crime e preenchessem os requisitos previstos no art. 84 do CPM.
HC 113857/AM, rel. Min. Dias Toffoli, 5.12.2013. (HC-113857)

Justiça militar: deserção em tempo de paz e "sursis" - 5
Os Ministros Luiz Fux, Marco Aurélio, Teori Zavascki, Roberto Barroso e Ricardo Lewandowski denegavam a ordem. Aduziam que a jurisprudência do Supremo inclinar-se-ia pela constitucionalidade do tratamento processual penal mais gravoso aos crimes submetidos à justiça militar, em virtude da hierarquia e da disciplina próprias das instituições castrenses. Nesse sentido, rememoravam precedente a cuidar da suspensão condicional do processo relativo a militar responsabilizado por crime de deserção. Acentuavam que a *ratio* seria idêntica para a situação da suspensão condicional da pena. Observavam que, no próprio texto constitucional, haveria discrímen do regime de disciplina das instituições militares. Enfatizavam que a matéria referir-se-ia a predicados muito caros às Forças Armadas. Sublinhavam que, como princípio de hermenêutica, somente se deveria declarar um preceito normativo conflitante com a Lei Maior se o conflito fosse evidente. Mencionavam que a Constituição seria categórica ao remeter ao legislador a organização da justiça castrense e também a definição dos crimes e consequências deles. Por fim, assinalavam que o afastamento da suspensão condicional da pena seria opção política normativa.
HC 113857/AM, rel. Min. Dias Toffoli, 5.12.2013. (HC-113857)
(Inform. STF 731)

"Sursis": recurso posterior e aumento de pena - 1
A 2ª Turma iniciou julgamento de *habeas corpus* em que se pretende o restabelecimento de decisão de primeiro grau que declarou extinta a punibilidade pelo cumprimento do *sursis* ou, subsidiariamente, o abatimento dos dois anos em que a paciente cumprira pena em liberdade condicional. Na espécie, ela fora denunciada pela suposta prática do crime de peculato (CPM, art. 303, § 1º), porém, condenada por pena de um ano e dois meses de reclusão pelo delito de apropriação indébita (CPM, art. 248 c/c art. 71 do CP), com o benefício do *sursis* pelo prazo de dois anos e o direito de apelar em liberdade. Após a leitura da sentença condenatória, o magistrado procedeu à audiência admonitória, ocasião em que a paciente fora alertada a respeito das vantagens e desvantagens da realização da mencionada audiência naquele momento processual e a ela foram apresentadas as condições para o cumprimento do *sursis*. A condenação transitara em julgado para a defesa e, após, iniciou-se o julgamento da apelação ministerial, não encerrado em função de pedido de vista. No Tribunal *a quo*, a Ministra relatora fora informada de que, nos autos da execução provisória da reprimenda aplicada à paciente, declarara-se a extinção da punibilidade pelo cumprimento integral do *sursis*. Na conclusão de julgamento da apelação, o STM dera provimento ao recurso ministerial e condenara a paciente à pena de quatro anos de reclusão, em regime aberto, pela prática do crime de peculato e tornara sem eficácia a extinção da punibilidade pelo cumprimento do *sursis*.
HC 115252/BA, rel. Min. Ricardo Lewandowski, 17.9.2013. (HC-115252)

"Sursis": recurso posterior e aumento de pena - 2
O Ministro Ricardo Lewandowski, relator, não conheceu do *writ* na parte que concerne ao abatimento dos dois anos de *sursis*. Afirmou que essa matéria não constaria do acórdão do STM e não fora ventilada nos embargos infringentes perante aquele Tribunal, e o exame pelo STF poderia caracterizar decisão *per saltum*. Quanto à extinção da pena pelo cumprimento do *sursis*, destacou que a legislação seria adversa à tese defendida pela paciente. Frisou que a defensoria pública fora intimada da audiência admonitória e não se manifestara. Observou que o

art. 84 do CPM dispõe que a *"execução da pena privativa da liberdade, não superior a 2 (dois) anos, pode ser suspensa, por 2 (dois) anos a 6 (seis) anos"*, desde que estivessem presentes os requisitos objetivos e subjetivos para a suspensão condicional da pena. Mencionou, também, o art. 613 do CPPM (*"A suspensão também ficará sem efeito se, em virtude de recurso interposto pelo Ministério Público, for aumentada a pena, de modo que exclua a concessão do benefício"*). Asseverou que o art. 160 da LEP, ao tratar da suspensão condicional da pena privativa de liberdade, aplicável subsidiariamente à espécie, dispõe que, *"transitada em julgado a sentença condenatória* [momento em que se realizaria a audiência admonitória], *o Juiz a lerá ao condenado, em audiência, advertindo-o das consequências de nova infração penal e do descumprimento das condições impostas"*. Assim, em face da taxatividade dos dispositivos legais, conheceu do *habeas corpus* nessa parte para indeferir o pedido. Após, pediu vista dos autos o Ministro Gilmar Mendes.
HC 115252/BA, rel. Min. Ricardo Lewandowski, 17.9.2013. (HC-115252)

"Sursis": recurso posterior e aumento de pena - 3
Reveste-se de ineficácia a decisão que declara extinta a punibilidade pelo cumprimento do *sursis* se, em decorrência do provimento de apelação interposta pelo Ministério Público Militar, for aumentada a pena aplicada, de modo a excluir o benefício (CPPM, art. 613). Com base nesse entendimento, a 2ª Turma, em conclusão de julgamento, conheceu, em parte, do pedido e, nessa parte, denegou a ordem — v. Informativo 720. Salientou-se que o STM, ao prover o recurso interposto pelo Ministério Público Militar, teria condenado a paciente a crime diverso e mais gravoso do que aquele pelo qual fora condenada em primeiro grau, afastada a possibilidade de se obter o *sursis*. Deliberou-se não se conhecer do *writ* na parte relativa ao abatimento dos dois anos de *sursis*. Afirmou-se que essa matéria não constaria do acórdão do STM, e o exame pelo STF caracterizaria decisão *per saltum*. Quanto ao restabelecimento da decisão de primeiro grau, pontuou-se que a interposição de apelação pelo órgão ministerial não impediria a realização de audiência admonitória. Asseverou-se que o art. 613 do CPPM preveria exatamente a situação posta nos autos, no sentido de que "[a] *suspensão também ficará sem efeito se, em virtude de recurso interposto pelo Ministério Público, for aumentada a pena, de modo que exclua a concessão do benefício"*. Aduziu-se que o contido naquele artigo não diria respeito à revogação do *sursis*, mas à sua ineficácia. Portanto, não seria possível a produção de efeitos semelhantes ao art. 705 do CPPM, que também trataria de ineficácia e não de revogação. Citou-se precedente da Corte (HC 65604/SP, DJU de 27.5.88) que fizera a distinção entre a revogação contida no art. 708 do CPP (repetida no art. 615 do CPPM) e a ineficácia estabelecida no art. 706 daquele mesmo diploma, cuja regra fora repisada no art. 613 do CPPM. Esclareceu-se que a ineficácia decorrente de causa verificada no curso da execução do *sursis*, ou depois de ele estar extinto, apaga os efeitos já produzidos, não se confundindo, portanto, com a revogação. Concluiu-se que, à luz do sistema legal, outra não poderia ser a conclusão senão condicionar a eficácia do *sursis* ao resultado do recurso interposto pelo *Parquet*.
HC 115252/BA, rel. Min. Ricardo Lewandowski, 5.11.2013. (HC-115252) (Inform. STF 727)

HC N. 116.124-SP
RELATOR: MIN. GILMAR MENDES
Habeas corpus. 2. Crime de ingresso clandestino (art. 302 do CPM). Delito praticado por civis. 3. Competência para processo e julgamento. 4. A conduta de ingressar em território das Forças Armadas afronta diretamente a integridade e o funcionamento das instituições militares. Subsunção do comportamento dos agentes ao preceito primário incriminador consubstanciado no art. 9º, inciso III, "a", do CPM. Submissão à jurisdição especializada. 5. Reconhecida a competência da Justiça Militar da União para processar e julgar o crime de ingresso clandestino em quartel militar praticado por civis. Ordem denegada. (Inform. STF 718)

HC N. 113.760-CE
RELATOR: MIN. GILMAR MENDES
Habeas corpus. 2. Militar. Competência. 3. Falsificação de Carteira de Inscrição e Registro de Aquaviário (CIR). Crime militar não evidenciado. 4. Competência da Justiça Federal. Precedentes. 5. Ordem Concedida. (Inform. STF 716)

Competência: policiamento de trânsito e delito praticado por civil contra militar
Ante a inadequação da via processual, a 1ª Turma julgou extinto *habeas corpus* substitutivo de recurso ordinário em que se arguia a incompetência da justiça militar para processar e julgar civil, em tempo de paz, por delito de desobediência (CPM, art. 301). No caso, o paciente descumprira ordem de soldado do exército em serviço externo de policiamento de trânsito defronte a quartel. Rejeitou-se, por maioria, proposta de concessão da ordem, de ofício, formulada pelo Min. Dias Toffoli, relator. O Min. Marco Aurélio pontuou que a Constituição ressalvaria a competência da justiça castrense (art. 109, IV). Ademais, o delito enquadrar-se-ia como militar, consoante a alínea d do inciso III do art. 9º do CPM ["*Art. 9º Consideram-se crimes militares, em tempo de paz: ... III - os crimes praticados por militar da reserva, ou reformado, ou por civil, contra as instituições militares, considerando-se como tais não só os compreendidos no inciso I, como os do inciso II, nos seguintes casos: ... d) ainda que fora do lugar sujeito à administração militar, contra militar em função de natureza militar, ou no desempenho de serviço de vigilância, garantia e preservação da ordem pública, administrativa ou judiciária, quando legalmente requisitado para aquele fim, ou em obediência a determinação legal superior"*]. Salientou que o militar teria agido, na garantia e preservação da ordem pública, a partir do poder de polícia, que a segurança pública propriamente dita poderia implementar. Vencidos o relator e o Min. Roberto Barroso, que concediam, de ofício, o *writ* para que, reconhecida a incompetência da justiça militar, o processo fosse encaminhado à justiça federal para as providências cabíveis.
HC 115671/RJ, rel. orig. Min. Dias Toffoli, red. p/ o acórdão Min. Marco Aurélio, 13.8.2013. (HC-115671) (Inform. STF 715)

HC N. 116.364-DF
RELATOR: MIN. DIAS TOFFOLI
EMENTA: *Habeas corpus.* **Processual Penal Militar. Correição parcial (CPPM, art. 498). Descabimento contra decisão que declara extinta a punibilidade do agente e contra a qual não há recurso voluntário das partes, fazendo, assim, coisa julgada. A coisa julgada, seja formal ou material, conforme o fundamento da decisão, impede que a inércia da parte, no caso o MPM, seja suprida pelo órgão judiciário legitimado para proceder à correição parcial. Precedentes. Prescrição. Reincorporação ao serviço militar. Superveniência de nova deserção. Prescrição do primeiro delito. Incidência da regra do art. 125 do CPM. Inaplicabilidade da regra do art. 132 do mesmo *códex*. Ordem concedida.**
1. Não cabe a interposição pelo Juiz-Auditor Corregedor da Justiça Militar da União de correição parcial contra a decisão que declara extinta a punibilidade de desertor em face da consumação da prescrição da pretensão punitiva, a qual não se confunde com o simples deferimento do arquivamento de inquérito requerido pelo Ministério Público.
2. A coisa julgada, seja formal ou material conforme o fundamento da decisão, impede que a inércia da parte, no caso, o MPM, seja suprida pelo órgão judiciário legitimado para proceder à correição parcial.

3. Há, no CPM, duas hipóteses de prescrição em caso de deserção. A primeira se refere ao militar que deserta e é, posteriormente, reincorporado, em virtude de se apresentar voluntariamente ou de ser preso. A esse é aplicável uma norma geral relativa à prescrição prevista no CPM, art. 125. A segunda hipótese de prescrição é dirigida ao trânsfuga, ou seja, àquele que permanece no estado de deserção. A ele é aplicável a norma especial do CPM contida no art. 132.
4. A norma geral do art. 125 do CPM é aplicável ao militar desertor que se apresenta ou é capturado, contando-se daí o prazo prescricional. Precedentes.
5. Ordem concedida. (Inform. STF 714)

RHC N. 115.757-AM
RELATOR: MIN. LUIZ FUX
Ementa: Processual penal militar. Recurso Ordinário em *Habeas Corpus*. Apropriação indébita de coisa achada – art. 249, parágrafo único, do CPM. Ausência de citação. Inocorrência. Ato processual realizado e comprovado por certidão do oficial de justiça. Réu foragido do sistema prisional. Esgotamento dos meios de localização. Revelia.
1. A revelia decretada nos termos do art. 412 do CPPM, após exauridos todos os meios de localização, revela-se indene de *error in procedendo*.
2. *In casu*, o paciente foi denunciado pela prática do crime descrito no art. 249, parágrafo único, do Código Penal Militar, por apropriar-se indevidamente de uma pistola encontrada nos destroços de um helicóptero do exército que acabara de cair, e, como estava preso pela prática de outro delito, foi citado nas dependências de uma delegacia, sendo certo que empreendeu fuga e não foi mais encontrado, por isso que o Juiz Auditor após diligenciar intensamente no sentido de localizá-lo, esgotando, para tanto, todos os meios disponíveis, decretou a revelia acertadamente, como descrito no parecer ministerial.
3. Recurso ordinário em *habeas corpus* desprovido. (Inform. STF 712)

Justiça militar: Lei 11.719/2008 e interrogatório
Aplica-se ao processo penal militar a reforma legislativa que prevê o interrogatório ao final da instrução [CPP: "Art. 400. Na audiência de instrução e julgamento, a ser realizada no prazo máximo de 60 (sessenta) dias, proceder-se-á à tomada de declarações do ofendido, à inquirição das testemunhas arroladas pela acusação e pela defesa, nesta ordem, ressalvado o disposto no art. 222 deste Código, bem como aos esclarecimentos dos peritos, às acareações e ao reconhecimento de pessoas e coisas, interrogando-se, em seguida, o acusado"]. Com base nessa orientação, em julgamento conjunto, a 1ª Turma concedeu *habeas corpus* para determinar a incidência subsidiária da mencionada regra, que adveio com a Lei 11.719/2008.
HC 115698/AM, rel. Min. Luiz Fux, 25.6.2013. (HC-115698)
HC 115530/PR, rel. Min. Luiz Fux, 25.6.2013. (HC-115530)
(Inform. STF 712)

HC N. 113.430-SP
RELATOR: MIN. DIAS TOFFOLI
Habeas corpus. Constitucional. Processual penal militar. Crime de desacato praticado por civil contra militar em situação de atividade em lugar sujeito à administração militar. Circunstância que atrai o art. 9°, inciso III, alínea b, do Código Penal Militar. Conduta que se enquadra no art. 299 do Código Penal Militar. Competência da Justiça castrense para processar e julgar. Incidência do art. 124 da Constituição Federal. Precedente. Ordem denegada.
1. Cuida-se, na espécie, de crime de desacato praticado por civil contra militar em situação de atividade em lugar sujeito à administração militar, uma vez que praticado na enfermaria do 5° Batalhão de Infantaria Leve, localizado em Lorena/SP, atraindo, na espécie, a forma prevista no art. 9°, inciso III, alínea b, do Código Penal Militar.

2. À luz das circunstâncias, considerando que a conduta do paciente se enquadra no art. 299 do Código de Penal Militar, a competência para processá-la e julgá-la é da Justiça castrense, por força do art. 124 da Constituição Federal.
3. Ordem denegada. (Inform. STF 704)

HC N. 114.309-MG
RELATOR: MIN. RICARDO LEWANDOWSKI
Ementa: HABEAS CORPUS. CONFLITO POSITIVO DE COMPETÊNCIA. JUSTIÇA PENAL MILITAR X JUSTIÇA PENAL COMUM. QUESTÃO RESOLVIDA EM FAVOR DA JUSTIÇA MILITAR. CRIME PRATICADO EM LUGAR SUJEITO À ADMINISTRAÇÃO MILITAR. OFENSA À ORDEM ADMINISTRATIVA MILITAR. ARTS. 9°, II, E, DO CÓDIGO PENAL MILITAR, E 124 DA CONSTITUIÇÃO FEDERAL. APLICABILIDADE. ORDEM DENEGADA.
I – Impetrante/paciente denunciado na Justiça Militar do Estado de Minas Gerais pela suposta prática do crime de corrupção passiva (art. 308, § 1°, do CPM) e na Justiça Penal comum pela suposta prática dos delitos de formação de quadrilha (art. 288 do CP), estelionato (art. 171 do CP) e peculato (art. 312, § 1°, do CP).
II – Acertada a decisão que resolveu o conflito positivo de competência em favor da Justiça Penal Militar, uma vez que se trata de crime praticado em local sujeito à administração militar, por militar atuando em razão de sua função, contra a ordem administrativa militar, na forma prevista no art. 9°, II, e, do Código Penal Militar, e por força do art. 124 da Constituição Federal, conforme apontou a decisão ora questionada.
III – Ordem denegada. (Inform. STF 703)

HC e erronia no uso da expressão "ex officio"
A 1ª Turma iniciou julgamento de *habeas corpus* em que pretendida declaração de nulidade de julgamento em virtude de tribunal local, ao julgar apelação do Ministério Público, haver reconhecido, de ofício, nulidade não arguida. Na espécie, a Corte estadual anulara decisão prolatada por juiz-auditor de justiça militar que deferira indulto pleno ao paciente. A defesa alega, em suma, afronta à garantia constitucional da coisa julgada, uma vez que a decisão que concedera indulto seria de pleno direito e, somente por ações e instrumentos próprios de impugnação poderia o órgão acusador desconstituí-la. O Min. Dias Toffoli, relator, julgou extinto o *writ* e salientou não ser caso de concessão, de ofício, da ordem. Pontuou que, ao votar, o desembargador, equivocadamente, usara a expressão "de ofício". Asseverou que, ao contrário do que sustentado, o *parquet* teria pedido a nulidade. Aduziu que o fato de o magistrado haver utilizado o mencionado termo não retiraria dos autos a circunstância de a nulidade haver sido peticionada. Por fim, consignou que não se poderia conceder indulto se houvesse recurso pendente por parte da acusação. Após, pediu vista dos autos a Min. Rosa Weber. **HC 108444/SP, rel. Min. Dias Toffoli, 12.3.2013. (HC-108444)** (Inform. STF 698).

Justiça militar e correição parcial - 3
A 2ª Turma retomou julgamento de *habeas corpus* impetrado contra decisão do STM que rejeitara preliminar de não conhecimento de pedido de correição parcial e, no mérito, deferira o pleito de juiz-auditor corregedor para desconstituir decisão de primeira instância, que arquivara inquérito, e determinar a remessa deste à Procuradoria-Geral da Justiça Militar – v. Informativo 688. O Min. Gilmar Mendes, em voto-vista, ao dissentir no tocante à tempestividade da representação, concedeu a ordem para cassar o acórdão do STM e, por conseguinte, manter o arquivamento do auto de prisão em flagrante. Indicou que o lapso de 5 dias fora contado a partir do despacho de conclusão de 7.10.2011, porém deveria ter sido computado da entrega dos autos na corregedoria. Reproduziu o que decidido pelo Plenário do STF no HC 83255/SP (DJU de 12.3.2004), no sentido de que o prazo recursal para o Ministério Público contar-se-ia da entrega de processo, com vista, em setor administrativo incum-

bido de recebê-lo. Complementou que o prazo não se iniciaria da deliberada aposição do ciente de membro do *parquet* ou de distribuição interna. Obtemperou que o entendimento, renovado no exame de outras impetrações, mostrar-se-ia aplicável ao caso em tela, por se tratar igualmente de prazo peremptório e, portanto, preclusivo. Avaliou que não se deveria admitir que se deixasse ao arbítrio de juiz-auditor a definição do *dies a quo* do prazo de representação, sob pena de ofensa ao art. 498, § 1°, do CPPM. Por isso, asseverou ter a representação dado entrada no STM quando ultrapassado o lapso de 5 dias. Após, a Min. Cármen Lúcia, relatora, indicou adiamento. **HC 112977/RJ, rel. Min. Cármen Lúcia, 5.2.2013. (HC-112977)** (Inform. STF 694).

Competência: policiamento ostensivo e delito praticado por civil contra militar
Compete à justiça federal comum processar e julgar civil, em tempo de paz, por delitos alegadamente cometidos por estes em ambiente estranho ao da Administração castrense e praticados contra militar das Forças Armadas na função de policiamento ostensivo, que traduz típica atividade de segurança pública. Essa a conclusão da 2ª Turma ao conceder habeas corpus para invalidar procedimento penal instaurado contra o paciente perante a justiça militar, desde a denúncia, inclusive, sem prejuízo da renovação da *persecutio criminis* perante órgão judiciário competente, contanto que ainda não consumada a prescrição da pretensão punitiva do Estado. Determinou-se, ainda, a remessa dos aludidos autos ao TRF da 2ª Região para que, mediante regular distribuição, fossem encaminhados a uma das varas criminais competentes. Na espécie, atribuir-se-ia a civil a suposta prática de conduta tipificada como desacato a militar. Por sua vez, o membro do Exército estaria no contexto de atividade de policiamento, em virtude de "processo de ocupação e pacificação" de comunidades cariocas. Sopesou-se que a mencionada atividade seria de índole eminentemente civil, porquanto envolveria típica natureza de segurança pública, a afastar o ilícito penal questionado da esfera da justiça castrense. Pontuou-se que instauraria – por se tratar de agente público da União – a competência da justiça federal comum (CF, art. 109, IV). Constatou-se que o Supremo, ao defrontar-se com situação assemelhada, não considerara a atividade de policiamento ostensivo função de natureza militar. A par disso, reconhecera a incompetência absoluta da justiça castrense para processar e julgar civis que, em tempo de paz, tivessem cometido fatos que, embora em tese delituosos, não se subsumiriam à descrição abstrata dos elementos componentes da estrutura jurídica dos tipos penais castrenses que definiriam crimes militares em sentido impróprio. **HC 112936/RJ, rel. Min. Celso de Mello, 5.2.2013. (HC-112936)** (Inform. STF 694).

Justiça militar: correição parcial e punibilidade
A 2ª Turma concedeu habeas corpus para reformar acórdão do STM, no qual deferida correição parcial, e determinar o restabelecimento da decisão declaratória de extinção de punibilidade por supostas práticas de crimes de deserção. Enfatizou-se descaber a interposição de correição parcial, por juiz-auditor corregedor, contra ato decisório em que se reconhecera a perda do jus puniendi estatal, sobretudo por se tratar de matéria de direito e não de erro procedimental. Frisou-se que, no caso, o Ministério Público Militar, titular da ação penal, não recorrera da decisão extintiva da punibilidade, que se tornara imutável. Reputou-se, portanto, que o aresto atacado violaria a coisa julgada material. **HC 110538/DF, rel. Min. Gilmar Mendes, 5.2.2013. (HC-110538)** (Inform. STF 694).

Corrupção ativa de civil contra militar e competência
Compete à justiça castrense processar e julgar civil denunciado pela suposta prática de crime de corrupção ativa (CPM, art. 309) perpetrado contra militar em ambiente sujeito à administração castrense. Com base nesse entendimento, a 2ª Turma, por maioria, denegou *habeas corpus* em que sustentada competência da justiça comum. Reputou-se que a conduta de pagar vantagem indevida a agente militar para obter documento falso, expedido para série de atividades profissionais e de lazer em âmbito de transporte fluvial e marítimo seria apta a afetar a ordem administrativa militar, suficiente a atrair a autoridade daquela justiça especializada (CPM, art. 9°, III, *a* e CF, art. 124). Vencido o Min. Celso de Mello, que concedia a ordem para que o paciente fosse processado e julgado pela justiça federal comum. Destacava que os bens, os interesses e os serviços da União estariam diretamente afetados, a ensejar a incompetência da justiça castrense. Obtemperava que o delito cometido por civil, em tempo de paz, sem abalo das instituições militares ou comprometimento das segurancas interna ou externa do país, deveria ser submetido ao Poder Judiciário comum, sob pena de transgressão à Convenção Americana de Direitos Humanos, de que o Brasil seria signatário. **HC 113950/CE, rel. Min. Ricardo Lewandoski, 27.11.2012. (HC-113950)** (Inform. STF 690)

Crime praticado por militar e competência
Compete à justiça castrense processar e julgar militar condenado pela prática de crime de estelionato (CPM, art. 251) perpetrado contra civil em ambiente sujeito à administração militar. Com base nesse entendimento, a 1ª Turma denegou *habeas corpus* em que sustentada a competência da justiça comum. Reputou-se que a conduta de empregar nota de empenho falsa em nome da Marinha seria apta a causar dano, ainda que indireto, à credibilidade e à imagem das Forças Armadas, suficiente a atrair a competência da justiça militar. **HC 113177/RJ, rel. Min. Rosa Weber, 13.11.2012. (HC-113177)** (Inform. STF 688)

Justiça militar e correição parcial - 1
A 2ª Turma iniciou julgamento de *habeas corpus* impetrado contra decisão do STM que rejeitara preliminar de não conhecimento de pedido de correição parcial e, no mérito, deferira o pleito de juiz-auditor corregedor para desconstituir decisão de primeira instância, que arquivara inquérito, e determinar a remessa deste à Procuradora-Geral da Justiça Militar. Na espécie, fora encontrada cerca de 1g de maconha na posse do paciente, preso em local sujeito à Administração castrense. O juiz-auditor determinara, a pedido do *parquet* militar, o arquivamento do inquérito, cuja decisão transitara em julgado. Na sequência, houvera a representação do corregedor perante o STM para o desarquivamento do feito. A Min. Cármen Lúcia, relatora, denegou o *writ*. Assentou a tempestividade da correição parcial, que teria sido apresentada no prazo de 5 dias, uma vez que a conclusão dos autos arquivados ao juiz corregedor ocorrera em 7.10.2011 (sexta-feira) e a representação fora protocolizada no STM em 13.10.2011, depois do feriado do dia 12. Mencionou que o STF já assentara que o prazo para correição parcial seria de 5 dias entre a conclusão ao juiz-auditor dos autos do inquérito arquivado e o protocolo no STM. Ademais, reportou-se às informações prestadas pelo corregedor e corroborar a tempestividade, esclarecendo estar comprovada mesmo sem ter-se em conta a Emenda Regimental 19, de 22.6.2011, que dera nova redação ao art. 152 do RISTM. **HC 112977/RJ, rel. Min. Cármen Lúcia, 13.11.2012. (HC-112977)**

Justiça militar e correição parcial - 2
Quanto à assertiva de que a correição parcial constituiria ato de promoção de ação penal pública e que o órgão do Poder Judiciário teria atuado como parte, em substituição ao Ministério Público militar, entendeu não haver constrangimento ilegal. Assinalou que a legislação processual penal castrense estabeleceria expressamente a respeito [CPPM: "Art. 498. O Superior Tribunal Militar poderá proceder à correição parcial: ... b) mediante representação do Ministro Corregedor-Geral, para corrigir arquivamento irregular em inquérito ou processo. ... 2° O Regimento do Superior Tribunal Militar disporá a respeito do processo e julgamento da correição parcial"] e que o Supremo sempre reputara como válida a competência daquele magistrado para promover, por representação, a correição parcial no STM. Além disso, consignou que esta Corte afirmara a compatibili-

dade do referido preceito com o art. 129, I, da CF ("*Art. 129. São funções institucionais do Ministério Público: I - promover, privativamente, a ação penal pública, na forma da lei*"). Ao fim, refutou alegação de que a defesa não tivera oportunidade de se manifestar, por escrito, quanto à correição. Anotou que a defensoria ter-se-ia dado por ciente daquela representação em 21.11.2011. Após, pediu vista o Min. Gilmar Mendes. **HC 112977/RJ, rel. Min. Cármen Lúcia, 13.11.2012. (HC-112977) (Inform. STF 688)**

Justiça militar e ato libidinoso - 1
A 2ª Turma denegou *habeas corpus* impetrado em favor de militar – condenado pela prática de ato libidinoso – no qual discutidas questões sobre: a) extinção de punibilidade; b) decadência, em face de não representação de vítima em crime sexual; c) anulação de julgamento e de condenação pelo STM, ante suposto uso indevido de prova emprestada e insuficiência de acervo probatório; e d) suspensão condicional da pena. De início, assinalou-se não haver qualquer vício pela ausência de representação da vítima, uma vez que – conquanto o CPM e o CPPM fossem silentes acerca da matéria – o instituto seria incompatível com a natureza da ação penal militar, em regra, pública, com exceção das hipóteses previstas no art. 122 do CPM ("*Nos crimes previstos nos arts. 136 a 141, a ação penal, quando o agente for militar ou assemelhado, depende da requisição do Ministério Militar a que aquele estiver subordinado; no caso do art. 141, quando o agente for civil e não houver coautor militar, a requisição será do Ministério da Justiça*"). Em seguida, assentou-se não prosperar o pedido de reconhecimento de prescrição da pretensão punitiva, haja vista que, embora o CPM fizesse referência somente à sentença penal, o acórdão condenatório que reformasse sentença absolutória também teria o condão de interromper lapso prescricional. **HC 109390/MS, rel. Min. Gilmar Mendes, 18.9.2012. (HC-109390)**

Justiça militar e ato libidinoso - 2
Relativamente ao argumento da defesa de utilização indevida e insuficiência de provas, registrou-se que, nos crimes contra os costumes, o depoimento da vítima ganharia relevo. Dessa forma, por se tratar de delito praticado sem testemunhas oculares, a narrativa firme e harmônica da vítima possuiria significativo valor probatório. Ademais, sublinhou-se que a imputação não se detivera exclusivamente na manifestação de ofendido, mas na conjugação de suas declarações com os depoimentos colhidos sob o crivo do contraditório. Cuidar-se-ia, portanto, de prova regularmente produzida em juízo. Acrescentou-se que as testemunhas, cujos depoimentos seriam atacados, não foram tempestivamente contraditadas, consoante destacado no acórdão do STM. No que diz respeito ao pleito de suspensão condicional da pena, aludiu-se à orientação do STF, em situação análoga, no sentido de inexistir incompatibilidade entre o art. 5º, XLVI, da CF e o art. 88, II, a, do CPM. Este último vedaria a concessão do mencionado *sursis* a condenados por delitos nele especificados, incluída a conduta atribuída ao paciente. Ao fim, não se identificou, no caso, qualquer ilegalidade à constrição do direito de ir e vir. **HC 109390/MS, rel. Min. Gilmar Mendes, 18.9.2012. (HC-109390) (Inform. STF 680)**

Justiça militar: correição parcial e punibilidade
Em julgamento conjunto, a 1ª Turma concedeu *habeas corpus* para reformar acórdãos do STM, nos quais deferidas correições parciais, e determinar o restabelecimento das decisões declaratórias de extinção de punibilidade por supostas práticas de crimes de deserção. Enfatizou-se descaber a interposição de correição parcial, por juiz-auditor corregedor, contra ato decisório em que se extinguiria a punibilidade de desertor, a não se confundir com o simples deferimento de arquivamento de inquérito requerido pelo Ministério Público. Registrou-se que a coisa julgada, formal ou material, conforme o fundamento da decisão, impediria que a inércia da parte – *parquet* – fosse suprida por órgão judiciário legitimado à mencionada representação [CPPM: "*Art 498. O Superior Tribunal Militar poderá proceder à correição parcial: ... b) mediante representação do Ministro Corregedor-Geral, para corrigir arquivamento irregular em inquérito ou processo*"]. **HC 112148/RS e HC 113036/PR, rel. Min. Dias Toffoli, 11.9.2012. (HC-112148) (Inform. STF 679)**

Justiça militar: civil e uso de documento falso
A 1ª Turma denegou *habeas corpus* impetrado em favor de civil, no qual alegada a incompetência da justiça militar que o condenara pela prática de uso de documento falso (CPM, art. 315). Esclareceu-se, preliminarmente, que não se cuidaria de utilização de carteira de arrais-amador, cujo julgamento seria da justiça federal. Observou-se que o paciente pretendera obter averbação em cadastro naval de habilitações específicas de aquaviário – mediante a apresentação de certificados falsos de cursos por ele não realizados –, para obter ascensão de categoria, a fim de pilotar embarcações maiores. Asseverou-se que, na espécie, servir-se de documento falso visaria lesionar de forma direta a própria lisura dos cadastros sob a Administração castrense. Por fim, consignou-se a competência da justiça militar. Cassada a liminar anteriormente deferida. **HC 113477/CE, rel. Min. Dias Toffoli, 11.9.2012. (HC-113477) (Inform. STF 679)**

Falsificação documental e incompetência da justiça militar
A justiça castrense é incompetente para processar e julgar militar reformado acusado pela suposta prática dos crimes de falsificação e uso de documentos falsos em face da Caixa Econômica Federal. Com base nessa orientação, a 2ª Turma concedeu *habeas corpus* para determinar a extinção de procedimento penal instaurado contra o paciente perante a justiça militar. Asseverou-se que o delito praticado contra aquela instituição financeira não ofenderia as organizações militares e, portanto, competente a justiça federal. Determinou-se a invalidação de todos os atos processuais, desde a denúncia, inclusive, por incompetência absoluta daquela justiça especializada. **HC 106683/RS, rel. Min. Celso de Mello, 12.6.2012. (HC-106683) (Inform. STF 670)**

Art. 453 do CPPM e deserção
A justiça militar deve justificar, em cada situação, a imprescindibilidade da adoção de medida constritiva do *status libertatis* do indiciado ou do réu, sob pena de caracterização de ilegalidade ou de abuso de poder na decretação de prisão meramente processual. Com base nesse entendimento, a 2ª Turma proveu recurso ordinário em *habeas corpus* para assegurar a processado pela suposta prática do crime de deserção o direito de não ser preso, cautelarmente, em decorrência apenas de invocação do art. 453 do CPPM ("*O desertor que não for julgado dentro de sessenta dias, a contar do dia de sua apresentação voluntária ou captura, será posto em liberdade, salvo se tiver dado causa ao retardamento do processo*"), garantindo-se-lhe, em consequência, até o trânsito em julgado de eventual condenação e se outro motivo não existir, o direito de aguardar em liberdade a conclusão do procedimento penal. Inicialmente, acentuou-se que a matéria envolveria posição do STM no sentido de não ser possível a concessão de liberdade provisória a preso por deserção antes de decorrido o prazo previsto no mencionado dispositivo. Em seguida, salientou-se que a Corte castrense limitara-se, ao fundamentar sua decisão, a referir-se às palavras da lei. Desse modo, sublinhou-se que lhe impenderia indicar razões concretas a demonstrar a excepcional necessidade de adoção dessa medida. Reportou-se, no ponto, à jurisprudência da Turma segundo a qual a decretação da custódia cautelar deveria, inclusive na justiça militar, atender aos requisitos previstos para a prisão preventiva (CPP, art. 312). Precedente citado: HC 89645/PA, DJe de 28.9.2007. **RHC 105776/PA, rel. Min. Celso de Mello, 22.5.2012. (RHC-105776) (Inform. STF 667)**

Competência e lugar sujeito à administração militar - 1

Ao reafirmar entendimento no sentido de que a condição de militar da ativa não seria suficiente, por si só, para atrair a excepcional competência da justiça castrense, a 2ª Turma, por maioria, deferiu *habeas corpus* para invalidar ação penal instaurada em desfavor de sargento da Marinha perante a justiça militar da União, desde a denúncia, inclusive. No caso, o paciente fora condenado por crime de atentado violento ao pudor praticado contra menor de catorze anos (CPM, art. 233 c/c o art. 236, I), conduta esta perpetrada em complexo naval onde o militar ministrava aulas de karatê para garotos. Ressaltou-se, de início, que do art. 9º, II, b, do CPM ["*Consideram-se crimes militares, em tempo de paz: ... II - os crimes previstos neste Código, embora também o sejam com igual definição na lei penal comum, quando praticados: ... b) por militar em situação de atividade ou assemelhado, em lugar sujeito à administração militar, contra militar da reserva, ou reformado, ou assemelhado, ou civil*"], poder-se-ia depreender a predominância do critério do lugar do crime (*ratione loci*). Consignou-se, entretanto, a dificuldade em se definir os contornos do que poderia ser considerado "*lugar sujeito à administração militar*". HC 95471/MS, rel. Min. Gilmar Mendes, 15.5.2012. (HC-95471)

Competência e lugar sujeito à administração militar - 2

Observou-se que o local em que supostamente cometido o delito seria uma associação civil de direito privado e que o fato teria ocorrido no exercício de atividade estranha à função militar, a afastar a configuração de crime dessa espécie. Asseverou-se que a simples circunstância de a Marinha haver disponibilizado instalações para a referida entidade não transformaria esta em "*lugar sujeito à administração militar*". Ademais, destacou-se que a competência da justiça castrense não poderia ser ampliada indevidamente, a ponto de equiparar-se clube social a organização militar. Assinalou-se que por mais grave que tivesse sido a eventual prática criminosa, ela não teria reflexo na ordem e na disciplina militares, cuja tutela seria a razão maior de ser dessa justiça. Por fim, ressalvou-se a possibilidade de renovação da *persecutio criminis* perante o órgão competente da justiça comum, desde que ainda não consumada a prescrição da pretensão punitiva do Estado. Vencido o Min. Ricardo Lewandowski, que indeferia a ordem ao fundamento de tratar-se de crime militar, porque executado por militar, em dependência de igual natureza, em entidade que congregaria militares e seus familiares, contra menor, filho de militar subordinado ao paciente. HC 95471/MS, rel. Min. Gilmar Mendes, 15.5.2012. (HC-95471) (Inform. STF 666)

Deserção e condição de militar

A 1ª Turma iniciou julgamento de agravo regimental em *habeas corpus* interposto de decisão monocrática da Min. Ellen Gracie, que negara seguimento a *writ*, do qual então relatora, ao fundamento que o paciente estaria a reiterar matéria objeto de idêntica medida julgada pela 2ª Turma deste Supremo. Na espécie, absolvido, em primeira instância, da imputação de crime de deserção, fora condenado em apelação provida pelo STM. A Min. Rosa Weber, relatora, deu provimento ao agravo, porém, denegou a ordem, no que foi acompanhada pelos Ministros Luiz Fux e Cármen Lúcia. Destacou que, embora o *habeas* julgado pela 2ª Turma e a presente ordem tivessem o mesmo pedido – nulidade do processo em que decretada ou reconhecida a deserção –, a causa de pedir seria diferente. Naquele, alegava-se a inadequação da conduta do paciente ao tipo penal; neste, sustentava-se a ausência da condição de procedibilidade da ação, porque o paciente fora excluído do Exército por portaria, posteriormente suspensa por norma do comando militar. A relatora asseverou que a tese segundo a qual o paciente não mais deteria condição de militar não fora apreciada pelas instâncias de origem e, ainda que tivesse sido, os efeitos não teriam se concretizado, porquanto suspensa a norma por ato de autoridade superior.

Em divergência, os Ministros Marco Aurélio e Dias Toffoli deram provimento ao agravo exclusivamente para que o *writ* viesse a julgamento. Após, pediu vista o Min. Marco Aurélio. HC 102800 AgR/SP, rel. Min. Rosa Weber, 3.4.2012. (HC-102800) (Inform. STF 660)

Imputações distintas pelo mesmo fato e litispendência

A 2ª Turma desproveu recurso ordinário em *habeas corpus* no qual pretendida a anulação de ação penal em trâmite na justiça castrense por, supostamente, estar o recorrente sendo processado pelos mesmos fatos também na justiça comum, a implicar litispendência. No caso, o paciente fora denunciado como incurso no art. 326 do CPM ("*Revelar fato de que tem ciência em razão do cargo ou função e que deva permanecer em segredo, ou facilitar-lhe a revelação, em prejuízo da administração militar*") perante auditoria militar estadual e no art. 37 da Lei 11.343/2006 ("*Colaborar, como informante, com grupo, organização ou associação destinados à prática de qualquer dos crimes previstos nos arts. 33, caput e § 1º, e 34 desta Lei*") perante vara criminal da justiça comum. Consignou-se que, embora o fato fosse único, as imputações seriam distintas e estariam bem delineadas, a permitir a submissão do paciente tanto à justiça estadual quanto à justiça militar. Além disso, asseverou-se que as referidas infrações penais tipificadas na legislação extravagante e no CPM revestir-se-iam de autonomia e tutelariam bens jurídicos diversos, quais sejam, a saúde pública e a ordem administrativa militar, respectivamente. Assim, concluiu-se pelo afastamento da assertiva de litispendência. RHC 108491/MG, rel. Min. Gilmar Mendes, 28.2.2012. (RHC-108491) (Inform. STF 656)

Militar e tribunal do júri

Compete à justiça comum processar e julgar crime praticado por militar contra militar quando ambos estiverem em momento de folga. Com esse entendimento, a 1ª Turma, por maioria, concedeu *habeas corpus* para extirpar o decreto condenatório nos autos de ação penal processada perante a justiça castrense. Na espécie, o paciente, que se encontrava de folga, ao sair de uma roda de samba em boate, praticara crimes dolosos contra as vidas de dois civis e um militar. A impetração sustentava que, em relação à vítima militar, o paciente fora julgado e condenado pela justiça militar e pelo tribunal do júri, o que importaria em *bis in idem*. Assinalou-se, no caso, não ser a qualificação do agente a revelar a competência da justiça castrense e não haver qualquer aspecto a atrair a incidência do art. 9º do CPM quanto à definição de crime militar ["*Art. 9º Consideram-se crimes militares, em tempo de paz: ... II - os crimes previstos neste Código, embora também o sejam com igual definição na lei penal comum, quando praticados: a) por militar em situação de atividade ou assemelhado, contra militar na mesma situação ou assemelhado; b) por militar em situação de atividade ou assemelhado, em lugar sujeito à administração militar, contra militar da reserva, ou reformado, ou assemelhado, ou civil; c) por militar em serviço ou atuando em razão da função, em comissão de natureza militar, ou em formatura, ainda que fora do lugar sujeito à administração militar contra militar da reserva, ou reformado, ou civil; d) por militar durante o período de manobras ou exercício, contra militar da reserva, ou reformado, ou assemelhado, ou civil; e) por militar em situação de atividade, ou assemelhado, contra o patrimônio sob a administração militar, ou a ordem administrativa militar*"]. Ressaltou-se a competência do tribunal do júri para processar e julgar o militar em relação às vítimas civis e militar. Vencido o Min. Dias Toffoli, relator, que não conhecia do *writ*, mas – com base no art. 9º, II, a, do CPM e no CC 7017/RJ (DJU de 14.4.94) –, concedia, de ofício, a ordem para, em relação à vítima militar, fixar a competência da justiça castrense, abolida a decisão do tribunal do júri. HC 110286/RJ, rel. orig. Min. Dias Toffoli, red. p/ o acórdão Min. Marco Aurélio, 14.2.2012. (HC-110286) (Inform. STF 655)

Processo Penal Militar e Dupla Intimação
A Turma iniciou julgamento de *habeas corpus* em que se sustenta a necessidade de dupla intimação da sentença condenatória: a do réu militar e a do advogado por ele constituído. O Min. Marco Aurélio, relator, concedeu a ordem para declarar insubsistente a certidão alusiva ao trânsito em julgado, devendo ser o réu cientificado pessoalmente do acórdão condenatório. Entendeu indispensável tanto a intimação do advogado como a do réu. Consignou que, em face do critério da especialidade, não se aplicaria o Código de Processo Penal comum – que apenas exige a dupla intimação quando o réu estiver sob a custódia do Estado – e sim, o Militar, a partir da interpretação sistemática do seus artigos 288, 443, 445, 446 e 537 (*"Art 288. As intimações e notificações, para a prática de atos ou seu conhecimento no curso do processo, poderão, salvo determinação especial do juiz, ser feitas pelo escrivão às partes, testemunhas e peritos, por meio de carta, telegrama ou comunicação telefônica, bem como pessoalmente, se estiverem presentes em juízo, o que será certificado nos autos. Residente fora da sede do juízo 1º A intimação ou notificação à pessoa que residir fora da sede do juízo poderá ser feita por carta ou telegrama, com assinatura da autoridade judiciária. Intimação ou notificação a advogado ou curador 2º A intimação ou notificação ao advogado constituído nos autos com poderes ad juditia, ou de ofício, ao defensor dativo ou ao curador judicial, supra o do acusado, salvo se este estiver preso, caso em que deverá ser intimado ou notificado pessoalmente, com conhecimento do responsável pela sua guarda, que o fará apresentar em juízo, no dia e hora designados, salvo motivo de força maior, que comunicará ao juiz. ... Art. 443. Se a sentença ou decisão não for lida na sessão em que se proclamar o resultado do julgamento, sê-lo-á pelo auditor em pública audiência, dentro do prazo de oito dias, e dela ficarão, desde logo, intimados o representante do Ministério Público, o réu e seu defensor, se presentes. ... Art. 445. A intimação da sentença condenatória será feita, se não o tiver sido nos termos do art. 443: a) ao defensor de ofício ou dativo; b) ao réu, pessoalmente, se estiver preso; c) ao defensor constituído pelo réu. Intimação a réu solto ou revel. Art. 446. A intimação da sentença condenatória a réu solto ou revel far-se-á após a prisão, e bem assim ao seu defensor ou advogado que nomear por ocasião da intimação, e ao representante do Ministério Público. ... Art 537. O diretor-geral da Secretaria do Tribunal remeterá ao auditor cópia do acórdão condenatório para que ao réu, seu advogado ou curador, conforme o caso, sejam feitas as devidas intimações. 1º Feita a intimação ao réu e ao seu advogado ou curador, será enviada ao diretor-geral da Secretaria, para juntada aos autos, a certidão da intimação passada pelo oficial de justiça ou por quem tiver sido encarregado da diligência. 2º O procurador-geral terá ciência nos próprios autos."*). Após, pediu vista o Min. Dias Toffoli. **HC 99109/RJ, rel. Min. Marco Aurélio, 5.10.2010.** (HC-99109) (Inform. STF 603)

Processo penal militar e dupla intimação – 2
A 1ª Turma retomou julgamento de habeas corpus em que se sustenta a necessidade de dupla intimação da sentença condenatória: a do réu militar e a do advogado por ele constituído – v. Informativo 603. Em voto-vista, o Min. Dias Toffoli dissentiu do Min. Marco Aurélio, relator, para denegar a ordem. Aduziu que essa regra aplicar-se-ia à decisão de 1º grau, mas não à de 2º, que seria a hipótese dos autos. Ademais, ressaltou que, quanto ao julgamento do acórdão, apenas haveria obrigatoriedade de intimação pessoal do réu quando estivesse preso (CPPM, artigos 288, § 2º e 537). Após o voto do Min. Luiz Fux, que, por entender flagrante a violação à cláusula do devido processo legal, acompanhava o relator, pediu vista dos autos a Min. Cármen Lúcia. HC 99109/RJ, rel. Min. Marco Aurélio, 17.5.2011. (HC-99109)

Processo penal militar e dupla intimação - 3
Em conclusão de julgamento, a 1ª Turma, por maioria, denegou *habeas corpus* em que se sustentava a necessidade de dupla intimação da sentença condenatória: a do réu militar e a do advogado por ele constituído – v. Informativos 603 e 627. Assentou-se que: a) essa regra aplicar-se-ia à decisão de 1º grau, mas não à de 2º, que seria a hipótese dos autos; e b) apenas haveria obrigatoriedade de intimação pessoal do réu em relação ao julgamento do acórdão, quando ele estivesse preso (CPPM, artigos 288, § 2º, e 537) Ressaltou-se que houvera a intimação do defensor e que, por estar o paciente solto no curso da ação penal, sua intimação pessoal não seria imprescindível, motivo por que teria havido o regular trânsito em julgado do processo. Vencidos os Ministros Marco Aurélio, relator, e Luiz Fux, que concediam a ordem para declarar insubsistente a certidão alusiva ao trânsito em julgado, por entenderem indispensável tanto a intimação do advogado como a do réu. Consignavam que, em face do critério da especialidade, não se aplicaria o Código de Processo Penal comum – que apenas exigiria a comunicação oficial do ato a ambos quando o réu estivesse sob a custódia do Estado – e sim, o Militar, a partir da interpretação sistemática dos seus artigos 288, 443, 445, 446 e 537. HC 99109/RJ, rel. orig. Min. Marco Aurélio, red. p/ o acórdão Min. Dias Toffoli, 27.3.2012. (HC-99109) (Inform. STF 660)

Militar e custeio de despesas de transporte pessoal
A 2ª Turma concedeu *habeas corpus* para invalidar, desde a audiência de inquirição de testemunhas de acusação e de defesa, o processo que condenara o paciente pela prática do delito de peculato em coautoria e em continuidade delituosa. No caso, o Estado custeara as despesas de deslocamento do militar da cidade sede da organização militar - OM em que servia para aquela na qual transcorria processo penal militar. Posteriormente, quando da inquirição das testemunhas arroladas pela acusação, a administração militar recusara-se a custear o deslocamento do réu ao argumento de insuficiência de recursos. Ressaltou-se o previsto no art. 28 do Decreto 4.307/2002 (*"O militar da ativa terá direito apenas ao transporte pessoal, quando tiver de efetuar deslocamento fora da sede de sua OM nos seguintes casos: I - interesse da Justiça ou da disciplina, quando o assunto envolver interesse da Força Armada a que pertence o militar, quando a União for autora, litisconsorte ou ré"*) que, ao regulamentar a Medida Provisória 2.215/2001, dispôs sobre a reestruturação da remuneração dos militares das Forças Armadas. Aduziu-se que questões de conveniência administrativa ou de eventual incapacidade financeira do Poder Público não poderiam desobrigar o Estado desse dever, expresso em decreto presidencial. Destacou-se não se cuidar de mera interpretação, mas de cumprimento da explícita obrigação governamental e que o direito de audiência, de um lado, e o direito de presença, de outro, derivariam da garantia constitucional do devido processo legal. Esse postulado asseguraria ao acusado o direito de comparecer aos atos processuais a serem realizados perante o juízo processante, ainda que situado em local diverso da sede da organização militar em que servisse, com o transporte pessoal custeado pelo Estado, porque no interesse da justiça. Reafirmou-se a jurisprudência do STF no sentido de que o acusado teria direito público subjetivo de comparecer, assistir e presenciar, sob pena de nulidade absoluta, os atos processuais, notadamente aqueles produzidos na fase de instrução do processo penal. HC 98676/PA, rel. Min. Celso de Mello, 7.2.2012. (HC-98676) (Inform. STF 654)

DIREITO PENAL MILITAR. COMPETÊNCIA PARA PROCESSAR E JULGAR CRIME PRATICADO COM O FIM DE BURLAR A EXECUÇÃO CRIMINAL MILITAR.
Compete à Justiça Militar processar e julgar estelionato cometido por militar mediante a emissão, em favor de entidade filantrópica, de cheque sem provisão de fundos com o fim de burlar obrigação de doar cestas básicas assumida por ocasião do recebimento de pena alternativa imposta em substituição a condenação proferida pela Justiça Militar. Ainda que, na hipótese, o delito não tenha sido praticado em serviço militar ou nos limites da administração militar, deve-se observar que o acusado procedeu em razão de sua função, pois, enquanto militar, cumpria as condições de pena alternativa imposta em

substituição a condenação proferida pela Justiça Militar. Assim, as circunstâncias do caso se subsumem à hipótese descrita no art. 9°, II, "c", do CPM. De fato, é evidente que a conduta de tentar burlar a execução criminal militar, a despeito de também ter atingido interesse particular civil na situação em análise, revela inequívoca afronta e conspurcação da autoridade da sentença penal condenatória proferida pela Justiça Penal Militar, a qual, por isso, possui interesse direto e imediato de processar e julgar o crime subsequente. **REsp 1.300.270-SC, Rel. Min. Laurita Vaz, julgado em 19/8/2014. (Inform. STJ 545)**

DIREITO PROCESSUAL PENAL MILITAR. COMPETÊNCIA PARA JULGAMENTO DE CRIME DE DESACATO CONTRA MILITAR QUE ESTEJA REALIZANDO POLICIAMENTO NAVAL.
Compete à Justiça Militar da União processar e julgar ação penal promovida contra civil que tenha cometido crime de desacato contra militar da Marinha do Brasil em atividade de patrulhamento naval. Nos termos do art. 9°, III, "d", do CPM, considera-se crime militar, em tempo de paz, os delitos praticados por civil, ainda que fora do lugar sujeito à administração militar, contra militar em função de natureza militar, ou no desempenho de serviço de vigilância, garantia e preservação da ordem pública, administrativa ou judiciária, quando legalmente requisitado para aquele fim, ou em obediência a determinação legal superior. A função militar é atribuição específica conferida por lei ao militar, como integrante das forças armadas, exercitadas com características próprias da instituição militar, sobrelevando-se o poder legal conferido à autoridade militar. Vale destacar que, segundo a doutrina, a CF e a legislação infraconstitucional não fazem distinção entre as atribuições primárias e subsidiárias na definição da competência da justiça militar. Nesse contexto, deve-se reconhecer como militar o crime praticado por civil contra militar no exercício das funções que lhe foram legalmente atribuídas, seja ela de caráter subsidiário ou não. **CC 130.996-PA, Rel. Min. Rogerio Schietti Cruz, julgado em 12/2/2014. (Inform. STJ 544)**

Súmula STF n° 694
Não cabe "habeas corpus" contra a imposição da pena de exclusão de militar ou de perda de patente ou de função pública.

Súmula STJ n° 192
Compete ao juízo das execuções penais do estado a execução das penas impostas a sentenciados pela justiça federal, militar ou eleitoral, quando recolhidos a estabelecimentos sujeitos à administração estadual.

Súmula STJ n° 172
Compete à justiça comum processar e julgar militar por crime de abuso de autoridade, ainda que praticado em serviço.

Súmula STJ n° 90
Compete à justiça estadual militar processar e julgar o policial militar pela prática do crime militar, e a comum pela prática do crime comum simultâneo aquele.

Súmula STJ n° 78
Compete à justiça militar processar e julgar policial de corporação estadual, ainda que o delito tenha sido praticado em outra unidade federativa.

Súmula STJ n° 75
Compete à justiça comum estadual processar e julgar o policial militar por crime de promover ou facilitar a fuga de preso de estabelecimento penal.

Súmula STJ n° 53
Compete à justiça comum estadual processar e julgar civil acusado de pratica de crime contra instituições militares estaduais.

Súmula STJ n° 47
Compete à justiça militar processar e julgar crime cometido por militar contra civil, com emprego de arma pertencente à corporação, mesmo não estando em serviço.